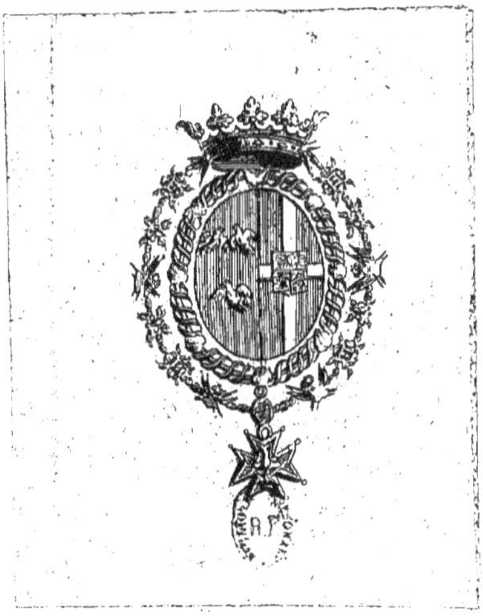

DICTIONNAIRE UNIVERSEL DE COMMERCE.

TOME SECOND.

F=Z.

DICTIONNAIRE UNIVERSEL DE COMMERCE:

CONTENANT TOUT CE QUI CONCERNE

LE COMMERCE QUI SE FAIT DANS LES QUATRE PARTIES DU MONDE, par terre, par mer, de proche en proche, & par des voyages de long cours, tant en gros qu'en détail.

L'EXPLICATION DE TOUS LES TERMES QUI ONT RAPPORT AU NEGOCE;

LES MONNOYES DE COMPTE, QUI SERVENT A Y TENIR LES LIVRES, ET ECRITURES DES MARCHANDS:

LES MONNOYES REELLES D'OR, D'ARGENT DE BILLON, DE CUIVRE, D'ETAIN, &c; leur titre, leur valeur, leur fabrique & monnoyage, & leur évaluation sur le pied de celles de France:

LES POIDS ET MESURES QUI Y SONT EN USAGE, REDUITES LES UNES AUX AUTRES.

LES PRODUCTIONS QUI CROISSENT ET QUI SE TROUVENT DANS TOUS les Lieux où les Nations d'Europe éxercent leur Commerce;

LES ETOFFES, OUVRAGES ET MANUFACTURES D'OR ET D'ARGENT, &c. leur nom, leur qualité, leur aunage, avec la description des Métiers propres à y travailler.

LES COMPAGNIES DE COMMERCE TANT FRANÇOISES qu'Etrangéres, pour les Indes Orientales & Occidentales, &c. avec l'Histoire de leurs Etablissemens, leur Regie & Administration, &c.

LES BANQUES ETABLIES POUR LA COMMODITE' ET LA SEURETE' DU NEGOCE ET DES NEGOCIANS:

LES CONSULS QUE LES NATIONS DE L'EUROPE TIENNENT LES UNES chez les autres, ou dans les Echelles du Levant, &c. leurs Jurisdictions, Droits, & Prérogatives.

LES CHAMBRES D'ASSURANCES:

LE DE'TAIL DU COMMERCE DE LA FRANCE EN GENERAL, LE CONSEIL ROYAL DE COMMERCE, LES CHAMBRES DES VILLES QUI ONT DROIT d'y envoyer leurs Députez; les Juges des Manufactures, & les Inspecteurs départis dans les Provinces.

LES JURISDICTIONS CONSULAIRES DE PARIS ET DES AUTRES VILLES DU ROYAUME, DIFFERENS LIVRES DES MARCHANDS, LEURS COMPTES ET SOCIETEZ:

ENFIN, TOUTES LES FOIRES, TANT FRANCHES QU'AUTRES, QUI SE tiennent en France & dans les Lieux les plus célébres de l'Europe, & des autres Parties du Monde.

LES EDITS, DECLARATIONS, ORDONNANCES, ARRESTS, ET REGLEMENS donnez en matiére de Commerce.

Ouvrage Posthume du Sieur JAQUES SAVARY DES BRUSLONS, *Inspecteur général des Manufactures pour le Roi, à la Douane de Paris,*

CONTINUE' SUR LES MEMOIRES DE L'AUTEUR, ET DONNE' AU PUBLIC, *Par* Mr. PHILEMON-LOUIS SAVARY, son Frére.

TOME SECOND.

A AMSTERDAM,

Chez les JANSONS à WAESBERGE.

M. DCC. XXVI.

C. A. Coypel Inv. M. Pool Sculp.

DICTIONNAIRE UNIVERSEL DE COMMERCE.

F Sixiéme lettre de l'Alphabet.

Les Marchands, Banquiers & Teneurs de Livres, se servent de cette lettre, pour abreger les renvois qu'ils font aux differentes pages, ou, comme ils disent, au folio de leurs Livres & Registres. Fol. 2. veut dire, folio 2. ou, seconde page. Les florins se marquent aussi par une F, de ces deux manieres, FL. ou Fs.

FABRICANT. Nom que l'on donne à ceux qui travaillent, ou qui font travailler sur le métier, à la fabrique des étoffes & draps d'or, d'argent, de soye & de laine, & autres pareilles sortes d'ouvrages & marchandises. C'est ce qu'on appelle proprement un Manufacturier. *Voyez* MANUFACTURIER.

FABRICATEUR. On le dit quelquefois des Ouvriers des Monnoyes, qui travaillent à la fabrication des especes. Le plus ordinairement on l'entend des Faux-Monnoyeurs. *Voyez* MONNOYAGE.

FABRICATION. Terme de Monnoyage, qui signifie l'action du Monnoyeur qui fabrique les especes, ou la fonte d'une nouvelle monnoye.

Dans ce dernier sens, on dit, qu'il a été ordonné une Fabrication de loüis d'or à 36 liv.

FABRICATION. Se prend aussi pour la confection Billets de Banque. L'Arrêt du Conseil du mois de Juillet 1719, porte; Que toutes les fabrications de Billets, ordonnées pour la Banque Royale, seront fixées à 400 millions.

FABRIQUE. Façon, ou maniere de construire quelque ouvrage. On dit très-bien en ce sens; On invente tous les jours en France de nouvelles Fabriques d'étoffes: La Fabrique des draps d'Elbeuf vaut mieux que celle de Roüen.

Les Reglemens des Manufactures, veulent que le nom du lieu de la Fabrique des étoffes, & celui de l'Ouvrier qui les a fabriquées, soit mis en laine tout au long, & sans abbreviation, sur le chef & premier bout de chacune piece.

On appelle Plomb de Fabrique, ou Plomb de Manufacture, un petit morceau de plomb, plat & rond, qui s'applique au bout de l'une des lisieres de l'étoffe, du côté du chef; sur lequel plomb est empreint le nom du lieu où l'étoffe a été fabriquée, avec les chiffres de l'année.

Le plomb de Fabrique ne s'applique aux étoffes, qu'après qu'elles ont été examinées par les Maîtres & Gardes, Jurez, ou Egards des lieux. *Voyez* MANUFACTURE.

FABRIQUER. Travailler à faire certaines especes d'ouvrages; comme étoffes, tapisseries, bas, chapeaux, &c. On dit plus ordinairement Manufacturer, qui a la même signification. *Voyez* MANUFACTURER.

FABRIQUER DE LA MONNOYE. C'est fondre les métaux qu'on y employe, les reduire en lames, les tailler & les marquer de l'empreinte du Prince, & leur donner le titre & poids portez par les Ordonnances. *Voyez* MONNOYAGE.

FACE. Terme d'exploitation & de marchandise de bois.

On nomme ainsi le côté des arbres, ou pieds cormiers, que les Officiers des Eaux & Forêts ont marqué de leur marteau, pour déterminer l'étenduë des coupes adjugées aux Marchands. *Voyez* PIED CORMIER.

FAÇON. Nom général que l'on donne à toutes sortes de linges ouvrez, qui se fabriquent dans la Ville de Caën. *Voyez* LINGE.

FAÇON. On appelle Peigne en Façon, le buis, l'yvoire, la corne, l'écaille de tortuë, ou autre matiere, dont les Peigniers font les peignes, lorsqu'ils ont été preparez avec l'écoüenette, ou la rape fine, & qu'il ne reste plus qu'à y faire les dents. *Voyez* PEIGNE.

FAÇON. Signifie le travail d'un Artisan, la peine, le tems qu'il a employé à un ouvrage; ce sur quoi on regle sa récompense & son salaire. On donne tant par piece au Tissier, ou Tisserant, pour la Façon de chaque piece de drap, de chaque piece de toile.

FAÇON Se dit aussi des divers ornemens, des diverses figures & enrichissemens que l'on donne à un ouvrage. Il y a bien des Façons à ce brocard: Les Façons de cette broderie sont trop chargées.

FAÇON. S'entend encore de la maniere dont une étoffe est fabriquée; Cette étoffe de soye est d'une façon, d'une mode nouvelle. On s'en sert quelquefois, pour dire qu'un ouvrage a toute sa perfection: Cette piece de drap a toutes ses Façons: Voilà la derniere Façon que je donne à cette serge.

FAÇONNE'. On dit d'un drap, d'un velours, d'un taffetas, qu'ils sont bien façonnez, quand la fabrique en est bonne, & que l'Ouvrier n'a oublié de lui donner aucune des façons qui font la perfection de ces sortes d'étoffes.

FAÇONNE'. Une étoffe façonnée, est celle qui a diverses façons, ou desseins, sur sa superficie. On le dit par opposition à une étoffe unie.

FAÇONNER. Donner à un ouvrage sa façon. Cet Ouvrier façonne bien ses étoffes. Ce Fabriquant ignore la bonne maniere de façonner les ferandines.

FAÇONNIER. L'Artisan, l'Ouvrier qui façonne les étoffes. Il y a autant de divers Façonniers pour les Manufactures, qu'il y a de differentes étoffes à y fabriquer: ainsi il y a des Façonniers en or, en argent, en soye, en laine, &c.

Marchand Façonnier de soye, est celui qui prépare les soyes, pour être employées aux étoffes. Il s'appelle autrement Marchand Appareilleur.

Les Façonniers des draps, & autres étoffes de lainerie, sont tenus par les Reglemens, de porter leurs étoffes, au sortir du foulon, aux Bureaux des Jurez Drappiers, pour y être visitez & marquez.

FACTEUR, qu'on nomme autrement COMMISSIONNAIRE, quelquefois COMMIS, & assez souvent COURTIER. C'est un homme qui agit pour un autre, qui achete & qui vend pour lui, &c. On en parle amplement à l'art. des Commissionnaires. *Voyez* COMMISSIONNAIRE.

FACTEUR. Se dit aussi de celui qui tient les Registres d'une Messagerie, qui a soin de délivrer les balots, paquets & marchandises, qui sont arrivez par les mulets, chevaux & charettes d'un Messager; qui les fait décharger sur son Livre; & qui reçoit les droits de voiture, s'ils n'ont pas été acquittez au lieu de leur changement. *Voyez* MESSAGER, & MESSAGERIE.

FACTEUR. Est encore un Commis ambulant des Postes, qui va par la Ville porter & distribuer les lettres & paquets arrivez par les Couriers. *Voyez* Poste.

FACTORERIE, ou FACTORIE. Lieu où réside un Facteur; le bureau dans lequel il fait le commerce pour ses Maîtres, ou pour ses Commettans.

Ce terme n'est guéres d'usage que dans les endroits des Indes Orientales, & autres parties de l'Asie, où les Nations d'Europe envoyent leurs vaisseaux pour trafiquer, & où ils entretiennent des Facteurs & des Commis, pour faire les achats des marchandises du Pays, & pour vendre ou échanger celles qu'ils y portent d'Europe.

La Factorerie tient en quelque sorte le milieu entre le Comptoir & la loge: elle est plus considerable que celle-ci, & moins importante que l'autre. *Voyez* COMPTOIR, & LOGE.

FACTURE. Compte, état, ou memoire des marchandises qu'un Facteur envoye à son Maître, un Commissionnaire à son Commettant, un Associé à son Associé, ou un Marchand à un autre Marchand.

Les Factures s'écrivent ordinairement, ou à la fin des lettres d'avis, ou sur des feuilles volantes renfermées dans ces mêmes lettres.

Elles doivent faire mention, 1°. De la datte des envois, du nom de ceux qui les font, des personnes à qui ils sont fait, du tems des payemens, du nom du Voiturier, & des marques & numero, des balles, balots, paquets, caisses, au tonneaux.

2°. Des especes, qualitez & quantitez des marchandises qui sont renfermées sous les emballages, comme aussi de leurs numero, poids, mesures, ou aunages.

3°. De leur prix, & des frais pour raison d'icelles; comme les droits d'entrée, ou de sortie, si l'on en a payé; ceux de commission & de courtage, dont on est convenu; enfin, ce qu'il en a coûté pour l'emballage, le portage, & autres telles me-

menuës dépenses; de toutes lesquelles sommes avancées, droits payez, & frais faits, l'on doit former un total au pied des Factures.

On dit, que l'on vend sa marchandise sur le pied de la Facture; pour dire, que l'on la vend au prix courant.

On appelle Liasse des Factures, un lasset dans lequel les Marchands enfilent les Factures, les lettres d'avis, celles d'envoi & demande, & autres telles écritures, qui peuvent servir d'instruction, à mesure qu'ils les reçoivent de leur Correspondans.

Livre de Facture, c'est un Livre sur lequel les Marchands dressent les Factures, ou comptes des différentes sortes de marchandises qu'ils reçoivent, qu'ils envoyent, ou qu'ils vendent.

Ils tiennent ce Livre, pour ne pas embarrasser le Livre journal, des ratures, qu'il est assez difficile d'éviter, en dressant ces sortes de Factures, ou comptes.

Le Livre de Facture est du nombre de ceux que l'on appelle Livres d'Aydes, ou Livres auxiliaires. Il sert également dans les parties doubles & les parties simples. *Voyez* LIVRE DES FACTURES.

FACTURIER. Ce terme est en usage dans quelques Manufactures de toiles, où il signifie ce qu'on nomme ailleurs un Fabriquant, ou un Tisserant.

L'Instruction génerale du 12 May 1692, envoyée aux Inspecteurs des toiles, porte, Qu'il sera donné du tems aux Facturiers, pour reformer leurs métiers, lames & rots sur le pied des largeurs ordonnées par les Reglemens. *Voyez* TISSERANT.

FAGOT. Assemblage de plusieurs choses menuës, liées avec une hare, ou autre semblable lien.

FAGOT. Les Maîtres Tonneliers appellent des Futailles en Fagot, les futailles dont tous les bois sont taillez; mais qui ne sont pas encore montées; ni reliées de cerceaux.

FAGOT. Plumes en Fagot, sont des plumes d'autruche, encore en paquets, & telles qu'on les tire de la premiere main.

FAGOT, en termes d'exploitation & de marchandise de bois. Signifie de menus morceaux de bois rond, au dedans desquels on enferme quelques broutilles, que l'on lie ensuite tout ensemble avec une hare par le milieu.

Les Fagots font une partie du négoce de bois à brûler. Ils se font plus ou moins longs & gros, suivant l'usage des lieux où ils se fabriquent. En les façonnant, on les mesure avec une petite chaînette, afin de leur donner une grosseur toûjours égale. *Voyez* CHAISNE.

Les Fagots destinez pour la consommation de Paris, doivent avoir trois pieds & demi de long, sur dix-sept à dix-huit pouces de tour, ou grosseur, à l'endroit de la hare, & doivent être garnis au dehors de paremens raisonnables, & au dedans de menu bois, sans mélange de feüillages.

Les Marchands de bois, avant que d'exposer en vente les Fagots qu'ils amenent à Paris par la riviere, sont tenus d'en faire porter un échantillon, ou montre, au Bureau de la Ville; pour, sur le raport des Officiers Mouleurs de bois, qui en ont fait la visite, le prix en être fixé par les Prevôt des Marchands, & Echevins, qui en tiennent Registre.

Les Fagots se vendent au cent, & quatre par dessus; c'est-à-dire, que le Marchand en donne aux Bourgeois cent quatre pour cent. *Ordonnance de Paris, du mois de Decembre* 1672, *chap.* 17, *Art.* 1, 21 *&* 27,

Les Fagots sont envoyez à Paris pour l'ordinaire par batteaux. Ceux qui viennent des forêts de Normandie, en remontant la riviere de Seine arrivent dans les Ports de l'Ecole & Malaquais; & ceux qui viennent par les rivieres de Marne & d'Yonne, entrantes dans la Seine au dessus de Paris, se vendent au Port de la Gréve.

On nomme l'Ame d'un Fagot, le plus menu bois qui est renfermé dans le milieu du Fagot.

On appelle Triques de Fagot, les paremens d'un Fagot; c'est-à-dire, les plus gros bâtons qui paroissent à l'exterieur du Fagot.

On dit, qu'on a châtré un Fagot; pour dire, qu'on a ôté quelques bâtons de son parement. Ce sont ordinairement les Regratiers qui se mêlent de châtrer les fagots; ce qui néanmoins leur est défendu par les Ordonnances de la Ville.

Il est permis aux Chandeliers & Fruitiers de Paris, de faire le regrat des Fagots, & de les vendre en détail, & à la piece; mais seulement au dessus d'un demi-quarteron à la fois; leur étant défendu d'en avoir chez eux plus grande provision qu'un millier, ni de les vendre au dessus de la taxe faite à l'Hôtel de Ville pour le regrat, dont ils doivent avoir la pancarte affichée dans leur boutique.

Il est pareillement fait défenses à tous Crocheteurs, & autres, d'en faire amas sur les Ports, pour les revendre; & aux Regratiers & Gagnedeniers, d'en exposer aucun en vente, qu'il ne soit entier, & sans aucune alteration.

Les Fagots payent en France les droits d'entrée à raison de 30. *s. du millier en nombre.*

FAGOTTAGE. Se dit également du travail du Fagotteur, & du salaire qu'il en reçoit. Le Fagotage se paye ordinairement au millier.

FAGOTTER. Mettre du menu bois de branchages en fagots.

FAGOTTER. Se dit aussi des plumes d'autruche, que l'on remet en paquets, qu'en termes de Plumassier on appelle des Fagots.

Il est défendu par les Statuts des Maîtres Plumassiers de Paris, & à tous Marchands Forains, d'y acheter des plumes brutes, pour les relier & fagotter, & ensuite les revendre aux Maîtres, comme venant de la premiere main. *Voyez* BRUT, *&* AUTRUCHE.

FAGOTTEUR. Bucheron qui travaille dans les bois à faire des fagots.

FAIANCE. *Voyez* FAYANCE.

FAILINE. Espece de serge, qui se fabrique en plusieurs lieux de la Généralité de Bourgogne.

Les Failines doivent avoir demi-aune de large, au retour du foulon. Leurs rots ont trois quarts & demi. Leur chaîne est composée de huit cens quatre-vint fils, composant vingt-deux portées, de quarante fils chaque portée, les lisieres comprises. *Voyez* SERGE, *où l'on a donné l'extrait du Reglement de* 1718.

FAILLES. Les Flamans nomment ainsi certaines écharpes de femmes, qui sont faites d'une étoffe de soye à gros grain, qu'on appelle Taffetas à Failles. *Voyez* TAFFETAS A FAILLES.

FAILLI. Marchand, Banquier, ou Négociant, qui a fait faillite. *Voyez* BANQUEROUTIER.

FAILLIR, en termes de Commerce. Signifie manquer à payer des Lettres & Billets de change à leur échéance, les laisser protester, se cacher pour éviter la rigueur de ses Créanciers. *Voyez* BANQUEROUTE.

FAILLITE. Espece de banqueroute, la moins odieuse de toutes. *Voyez* BANQUEROUTE.

FAINE, FAYNE, ou FOUENE. Sorte de gland, ou noisette, que produit le hestre, & qui en est la semence. *Voyez* HESTRE.

FAIRE. Est un verbe, dont on se sert dans la Langue Françoise, & qui y est d'un très-grand usage. On ne va mettre ici que ce qui a raport au commerce, & dont on use ordinairement en matiere mercantille.

FAIRE prix d'une chose. C'est convenir entre le Vendeur & l'Acheteur, de la somme qu'elle vaut.

FAIRE trop cher une étoffe. C'est la priser au-delà de sa valeur.

FAIRE pour un autre. C'est être son Commissionnaire, vendre pour lui.

FAIRE bon pour quelqu'un. C'est être sa caution; c'est promettre de payer soi-même, faute de payement par celui pour qui on fait bon. Faire bon, signifie aussi tenir compte à quelqu'un d'une somme à l'acquit d'un autre. En ce sens l'on dit: J'ai ordre de M. un tel de vous faire bon de 2000. liv. c'est-à-dire, de vous payer pour lui 2000. liv.

FAIRE les deniers bons. C'est s'engager à suppléer de son argent ce qui peut manquer à une somme promise.

FAIRE faillite, banqueroute, cessions de biens. *Voyez ces trois articles.*

FAIRE un trou à la lune. C'est s'évader clandestinement, pour ne pas payer ses dettes; ou être en état de traiter plus sûrement avec ses Créanciers.

FAIRE de l'argent. C'est recueillir de l'argent de ses Débiteurs, ou en ramasser par la vente de ses marchandises, de ses fonds & de ses meubles, afin d'acquitter ses billets, promesses, lettres de change, ou ses autres dettes.

FAIRE fond sur quelqu'un, sur la bourse de quelqu'un. C'est avoir confiance qu'un ami, qu'un parent vous aidera de son credit & de sa bourse, pour soûtenir votre commerce, & vous secourir dans le besoin.

FAIRE un fonds. C'est rassembler de l'argent, & le destiner à quelque entreprise considerable; comme achat de marchandises, établissement de manufactures, voyages de long cours, & autres semblables.

FAIRE une bonne maison, faire ses affaires. C'est s'enrichir par son commerce, y être heureux.

FAIRE queuë. C'est demeurer reliquataire, & ne pas faire l'entier payement de la somme qu'on s'étoit obligé, ou qu'on étoit tenu d'acquitter en son entier.

FAIRE boire les peaux. Terme de Chamoiseur & de Megissier. C'est faire tremper les peaux de chevre, de mouton, ou autres semblables animaux, dans quelque eau courante, après qu'elles ont passé sur le chevalet, & sous le couteau de riviere, du côté de la chair.

Le tems que les peaux doivent boire est different, suivant la chaleur qu'il fait. Cette façon se donne immédiatement avant de les travailler de fleur pour la seconde fois. *Voyez* CHAMOIS.

FAIRE prendre l'humeur aux peaux de mouton. Terme de Megissier. *Voyez* MEGIER.

FAIRE revenir les aiguilles. C'est ce qu'on appelle plus communément, Donner le revenu aux aiguilles. *Voyez* REVENU, *ou* AIGUILLE.

FAIRE la ceinture d'un four. Terme de Boulanger & de Patissier. C'est arranger au dedans du four, le long de ce qu'on appelle la Ceinture, le bois fendu qui doit servir à le chauffer, en laissant l'âtre du milieu vuide. *Voyez* FOUR.

FAIRE la traitte. Se dit en Canada, du commerce que les François font des castors, & autres pelleteries, que les Sauvages leur apportent; ce qui est different d'Aller en traite, qui signifie, porter aux Sauvage jusques dans leur habitation, les marchandises propres à échanger avec eux. *Voyez* TRAITTE, & COUREURS DE BOIS.

On se sert aussi de ce terme pour le commerce des Negres sur la Côté de Guinée; & l'on y dit, Faire la traitte des Negres, au lieu de dire, Acheter des Negres. *Voyez* NEGRES.

FAISEUR D'INSTRUMENS. Celui qui fait ou qui vend des instrumens.

Il y a à Paris deux sortes d'Ouvriers, à qui l'on donne le nom de Faiseurs d'instrumens; les uns qui font les instrumens de Mathematiques; & les autres, à qui il appartient seuls de faire & vendre les instrumens de Musique. Ceux-ci composent une des Communautez des Arts & Métiers de la Ville & Fauxbourgs de Paris. Les autres ne font point de Corps à part; mais font partie de celui des Fondeurs de petits ouvrages.

On va parler de chacun d'eux dans les articles suivans.

FAISEURS D'INSTRUMENS DE MUSIQUE.

La Communauté des Maîtres Faiseurs d'instrumens de Musique de la Ville & Fauxbourgs de Paris, n'est pas d'une grande antiquité, les Lettres Patentes pour la création de ce nouveau Corps de Jurande n'étant que du mois de Juillet 1599, sous le Regne de Henri IV.

Les Lettres, qui n'avoient d'abord été enregistrées qu'au Châtelet; mais qui le furent près d'un siecle après au Parlement, par Arrêt du 6 Septembre 1680, à la requisition & sur les conclusions du Procureur Général du Roy, contiennent en quatorze articles les Statuts & Reglemens, par lesquels cette Communauté est encore présentement gouvernée.

Par ces Statuts nul ne peut être admis à tenir boutique d'instrumens de Musique à Paris, qu'il ne soit reçû par deux Maîtres Jurez étant en Charge; qu'il n'ait fait chef-d'œuvre, ou experience, suivant la qualité de l'Aspirant; & qu'il n'ait fait apparoître de sa capacité, bonne vie & mœurs, aussi-bien que de son apprentissage; de quoy ne sont pas même exempts les Privilegiez pourvûs par Lettres de Maîtrise du Roy, & des Princes ou Princesses.

Les Jurez ne peuvent être que deux ans en Charge, au bout desquels d'autres doivent être élûs à la pluralité des voix des Maîtres de la Communauté.

L'apprentissage est de six années entieres & consécutives chez l'un des Maîtres du métier.

De cet apprentissage sont exempts les Fils de Maîtres, qui ne sont pas non plus tenus du chef-d'œuvre; ne devant que la simple experience.

Aucun Maître ne peut avoir plus d'un Apprentif en même tems: il leur est néantmoins permis d'en prendre un second, lorsque les quatre premieres années de l'ancien Apprentif sont achevées.

Nul ne peut travailler en chambre, qui ne soit Apprentif de la Communauté de Paris; & nul même avec cette qualité ne peut faire des instrumens de Musique, que pour les vendre aux Maîtres.

Il n'est permis à châque Maître, que d'avoir & ouvrir une seule boutique,

La Veuve d'un Maître decedé, peut continuer de tenir celle de son mary, tant qu'elle reste en viduité, & d'y avoir un Compagnon, Apprentif de Paris, qui travaille pour elle.

Il est défendu aux Maîtres, de faire colporter leurs ouvrages dans les ruës, ou dans les maisons particulieres, pour les vendre ou revendre.

Les marchandises foraines, soit instrumens de Musique tout ouvrez, soit bois de sapin, ou autres bois & choses semblables, propres à les fabriquer, doivent être loties entre les Maîtres, & non achetées en gros par aucun d'eux, à peine de confiscation, & d'amende arbitraire.

Les Maîtres peuvent non-seulement faire toutes sortes d'Estuis pour mettre & enfermer les instrumens qu'ils fabriquent; mais encore enrichir ces instrumens de filets d'or, d'argent & d'yvoire, aussi-bien que de toute espece de marquetterie; ces ornemens étant du métier, sans que les Maîtres d'aucune autre Communauté; comme seroient les Tablettiers, Menuisiers de placage, & autres, les en puissent empêcher, sous prétexte que ces ouvrages leur sont propres.

Des Jurez en titre d'Offices ayant été créez en 1691, pour toutes les Communautez des Arts & Métiers de la Ville de Paris, les Faiseurs d'instrumens de Musique en obtinrent l'incorporation à leur Communauté, par des Lettres Patentes du 8 Juillet 1699. Ils se procurerent aussi de semblables unions de toutes les autres Charges; comme de Treforiers, qui furent encore créez de tems en tems jusqu'en 1707; d'Auditeurs des comptes, de Greffiers, de Gardes d'Archives, &c. mais toutes ces créations & incorporations ne changerent rien à la discipline de leurs Statuts, qui leur furent même confirmez par tous les divers Arrêts du Conseil, qu'ils obtinrent pour se faire incorporer ces nouvelles Charges. Il est vray que ces Arrêts établissent quelques augmentations de droits pour les receptions & les visites; mais qui ne doivent avoir lieu que jusqu'à l'entier remboursement des sommes empruntées pour la finance de tous ces Offices de nouvelle création.

Les instrumens de Musique, que les Maîtres ont permission de faire, sont de trois sortes; les uns, qu'on appelle Instrumens à corde; d'autres, qu'on nomme Instrumens à vent; & d'autres encore, qui sont les Instrumens de percution.

On appelle Instrumens à corde, ceux qui sont montez de cordes, soit de leton, soit de celles qu'on appelle Cordes à boyau. De ce nombre sont le Monocorde, ou Trompette marine; le Colachon, le Rebec, les Violons, les Violes, la Lyre, la Mandore, la Pandore, le Thuorbe, la Harpe, le Listre, le Psalterion, le Timpanon, la Guitare, l'Epinette, le Clavessin, le Manicordion, & la Vielle.

De ces instrumens à cordes, il y en a qui se touchent avec un archet, comme le violon & la viole; d'autres qui se pincent avec les doigts, comme le luth & le thuorbe, d'autres, qui ne rendent leur son que par le moyen des touches d'un clavier, qu'on hausse ou qu'on baisse, comme le clavessin & l'épinette; & quelques-uns, dont on jouë en frappant sur les cordes avec de petits bâtons, ou de longues aiguilles de leton, comme le psalterion & le timpanon. On parle ailleurs des diverses cordes qui servent à monter tous ces instrumens, de la maniere de les fabriquer, & du commerce qui s'en fait. *Voyez* Corde à boyau. *Voyez aussi* Boyaudier.

De la seconde espece d'instrumens (qui sont ceux où le vent est necessaire, pour en tirer du son & de l'harmonie) il y en a quelques-uns, entr'autres, les Orgues, la Cornemuse & la Musette, où l'on se sert de soufflets pour les animer; & d'autres qui s'embouchent, c'est-à-dire, dont on jouë en soufflant dedans avec la bouche.

De cette derniere sorte sont, la Flute, le Hautbois, le Flageolet, le Chalumeau de Pan, ou Siflet de Chauderonnier; les Sacquebutes, Cornet à bouquin, le Serpent, les Bassons, & ces autres instrumens, nouvellement inventez, qu'on appelle des Fagots, de Courtaux, de Cervelas, des Tournebouts, & plusieurs autres.

Les Corps de chasse, les Trompes & les Trompettes sont aussi du nombre des instrumens de Musique à vent, qui ne se sonnent, qu'en les embouchant; mais ce sont les Orfévres qui les font, s'ils sont d'argent; & les Chauderonniers, s'ils sont de cuivre.

Enfin, les instrumens de percution, c'est-à-dire, qui se frappent, pour en tirer du son, sont les Tambours, les Timbales, les Cloches, les Carillons, les Cimbales, les Claquebois, les Castagnettes, les Orgues Turques, les Rebubes, ou Trompes d'acier, & peu d'autres.

De ces instrumens, il n'y a que les Tambours de basque, les castagnettes, & les orgues à la Turque, que fabriquent les Maîtres Faiseurs d'instrumens de Musique: les autres se font, ou par les Chauderonniers, comme les timbales & les cimbales; ou par les Fondeurs, comme les cloches & carillons; ou par les Boisseliers, comme les tambours militaires; ou bien ils viennent d'Allemagne, comme le trompes d'acier, appellées par mépris Trompes à Laquais.

Faiseurs d'Instrumens de Mathematiques. Il y a à Paris deux Communautez des Arts & Métiers, dont les Maîtres prennent la qualité de Maîtres Faiseurs d'instrumens de Mathematiques.

L'une de ces Communautez est celle des Couteliers; l'autre la Communauté des Maîtres Fondeurs: mais comme il n'y a que cette derniere à qui il appartienne de fondre en cuivre, & que presentement la plûpart de ces instrumens sont de ce métail, c'est aussi à elle que sont enfin restez les Maîtres Faiseurs d'instrumens de Mathematiques, que la Communauté des Couteliers s'étoit réünis vers le milieu du dix-septiéme siecle; & qui depuis par Arrêt du Parlement, ont été adjugez à celle des Fondeurs, qui les avoit revendiquez.

Il faut avoüer que cette union des Maîtres Faiseurs d'instrumens de Mathematiques, & des Maîtres Fondeurs, a quelque chose d'extraordinaire, & que ces deux Arts paroissent mal assortis: aussi est-ce moins une societé d'Arts, qu'une societé de discipline & de police; & l'on n'a garde de confondre les Butterfields, les Chapelots, les Sevins, & tant d'autres habiles Gens, dont ceux qui se servent de leurs instrumens, admirent la précision dans les divisions de leurs ouvrages, la beauté dans leurs fabriques, & l'utilité de leurs nouvelles inventions, avec de simples Artisans, qui ne sçavent que placer quelques modéles dans la terre dont ils remplissent leurs moules, & y couler le métail qu'ils y ont mis en fusion.

Les principaux instrumens qui sortent des mains de ces habiles Ouvriers, sont des Cercles, des Demi cercles, des Cercles entiers divisez par degrez & par minutes, avec lunettes & sans lunettes; des Planchettes quarrées & rondes, &c. des Equerres d'Arpenteurs, divisez ou non divisez; des Carrez geometriques; des Compas de proportion, avec pinules ou sans pinules; des Toises & des Pieds-de-roy, brisez & non brisez; des Piquets & des Chaînes d'Ingenieurs & d'Arpenteurs; toutes sortes de Quadrans au soleil, à la lune, aux étoiles, universels, équinoxiaux, astronomiques, horisontaux, &c. des Boussoles de toutes especes; des Déclinatoires; des Sciateres; des Niveaux d'eau, d'air, de reflexion, à lunettes, à pendules, &c. des Compas à plusieurs pointes tranchantes, à trois pointes, à verge, à ressort, &c. des Porte-crayons; des Tirelignes, de plusieurs sortes; des Regles avec division & sans division; des Reciplangles; des Alhidacdes, ou Rapporteurs; des Microscopes de leton; des Pedometres, des Globes, des Spheres, des Planispheres, des Astrolabes; enfin, un grand nombre d'autres instrumens inventez depuis moins de cinquante ans, & qui s'inventent encore chaque jour, pour les operations & découvertes astronomiques & de Geometrie; aussi-bien que pour la commodité & avancement de quantité d'autres Sciences, & de plusieurs Arts & Métiers.

Tous ces instrumens, qui sont la plûpart fondus par les Maîtres Fondeurs, ou forgez par les Maîtres Faiseurs d'instrumens de Mathematiques, se font avec divers outils, dont plusieurs leur sont communs avec les Artisans qui travaillent sur les métaux; & quantité leur sont propres.

Faiseurs de Bas au me'tier. Ce sont ceux qui travaillent aux ouvrages de bonneterie sur cette ingenieuse machine, d'abord inventée, mais négligée en France; & qui depuis y a été rapportée d'Angleterre, où l'Inventeur François avoit été s'établir. *Voyez* Bas au me'tier.

FAISSE, ou FESSE. Terme de Vanier. C'est l'osier tors, dont se font les ouvrages de vanerie.

FAISSERIE, ou FESSERIE. Il se dit des ouvrages des Vaniers, qui sont à claire-voye; comme les clayes, clayettes, saladiers, charieres, cages, &c. On appelle Mandrerie, les ouvrages d'osier epais, qui ne sont point à jour; & Clôture, ou Closerie, ceux qui sont encore plus serrez; ce qui comprend seulement les hottes de Vandangeurs, & les vans à vaner. *Voyez* Vanier.

FAISSES, ou FAESSES D'HUILE. On nomme ainsi la partie grossiere & épaisse de l'huile, qui étant reposée, tombe au fond des barils & tonneaux. C'est proprement le sediment, ou la lie de l'huile.

Les Faisses d'huile s'employent à differens usages. Il s'en consomme beaucoup dans la Manufacture des Savons, particulierement pour ceux qui sont les plus communs; & c'est pour cela qu'il s'en envoye quantité à Roüen.

Les Courroyeurs s'en servent dans l'apprêt de leurs cuirs, pour les amollir, & les rendre plus doux.

Il en entre aussi quelque peu dans la fabrique des flambeaux communs, qui sont faits de poix résine; & l'on s'en sert encore à frotter & enduire les vis de pressoirs; ce qui tient lieu de savon noir, ou de graisse.

Toutes sortes d'huiles produisent des Faisses; mais celle de baleine en donne le plus: l'huile de noix au contraire est celle qui en fournit le moins.

Plus il y a de Faisses dans une piece d'huile, moins le Marchand y trouve son compte; les Faisses ne se vendant que très-peu, en comparaison de l'huile claire, & bien purifiée.

FAISSIER, ou FESSIR. Vanier qui fait des ouvrages de Faisserie. *Voyez* Faisserie.

FAISTE. Terme de Manufacture de lainage. Il se dit du dos d'un drap, ou d'une autre étoffe de laine. C'est le côté opposé aux lisieres, lorsqu'une piece est pliée en double, l'endroit en dedans, lisiere sur lisiere.

Il est au choix de l'Acheteur de faire auner son étoffe ou par le côté du Faiste, ou par celui des lisieres, conformément à un Arrêt du Conseil, en forme de Reglement du 3 Octobre 1689. *Voyez l'article des* Reglemens.

FAISTIERE. Tuille courbée en rond, qui sert à couvrir le Faiste des maisons. *Voyez* Tuille.

FAIT. Ce qui est consommé, dont on est convenu, contre quoy il n'est plus loisible de revenir.

On dit, en termes de Commerce, C'est un prix fait, un marché fait, un compte fait; pour dire, un compte arrêté, un marché conclu, un prix fixé.

On dit aussi, Un prix fait; pour signifier un prix certain, qu'on ne veut ni augmenter, ni baisser.

On appelle Comptes faits, des Livres d'Arithmetique donnez au Public par les Sieurs Barrême pere & fils; où sans avoir besoin de faire aucune operation, on trouve toutes sortes de calculs, depuis les plus petits nombres jusqu'aux plus grands. *Voyez* Compte.

Fait des Marchands, qu'on nomme autrement Droit de Boeste. Droit qui se leve sur la riviere de Loire. *Voyez* Compagnie *des Marchands frequentans la riviere de Loire.*

FALOURDE. Gros fagot lié par les deux bouts, fait de perches coupées, ou de menus rondins de bois flotté. On en fait aussi des hares & roüettes, qui attachent & lient les perches des trains.

Toutes ces Falourdes doivent avoir trois pieds & demi de long, & vint-six pouces de tour. Cinquante font la voye. Elles servent aux Boulangers & Patissiers pour chauffer le four.

Les Regrattiers en font le détail, & les vendent à la piece aux pauvres gens qui n'ont pas le moyen de faire provision de bois de chauffage.

FANEQUE. Mesure de grains, dont on se sert dans quelques Villes d'Espagne, comme à Cadix, S. Sebastien, & Bilbao. Il faut vingt-trois à vingt-quatre Faneques de S. Sebastien pour le tonneau de Nantes, de la Rochelle & d'Avray; c'est-à-dire, pour neuf septiers & demi de Paris.

La mesure de Bilbao étant un peu plus grande, vingt à vingt-un Faneques suffisent pour un tonneau de Nantes, Avray, & la Rochelle.

FANO. Petit poids dont on se sert à Goa, & dans quelques autres lieux des Indes Orientales, pour peser le rubis. Il est de deux carats de Venise.

FANON, ou FANOS. Monnoye de la Côte de Malabar. Le Fanon est une piece d'or extraordinairement petite, dont le prix n'est guéres que de huit sous Tournois de France. *Voyez* Fanos.

Fanon. C'est aussi une des sortes de marchandises que l'on tire de la baleine. *Voyez* Baleine.

FANON, ou FANON. Monnoye des Indes, qui s'y fabrique, & qui y a cours en divers endroits, particulierement le long de la Côte de Coromandel, de-

depuis le Cap de Comorin jusques vers le Bengale.

Les Fanos ont pareillement cours dans l'Isle de Ceylan; mais il ne s'y en fabrique pas.

Il y a des Fanos d'or, & des Fanos d'argent.

Les Fanos d'or ne sont pas tous ni du même poids, ni du même titre; ce qui fait une grande difference pour leur valeur. Les plus forts valent environ dix sols; il en faut 10 pour un écu de France de soixante sous. Les plus foibles ne valent guéres plus de six blancs: ils pesent sept grains; mais l'or est si bas, qu'il en faut 22 pour l'écu: ceux-là se fabriquent à Asem. Les Fanos du Pegu tiennent le milieu: ils pesent de même que ceux d'Asem; mais l'or en étant à plus haut titre, les quinze font l'écu; c'est-à-dire, qu'ils valent quatre sous Tournois.

Il y a aussi des Fanons d'or, qui ont cours à Pontichery, principal Comptoir des François, qui valent environ six sous. Ils sont faits à peu près comme la moitié d'un pois, & pas plus gros. On donne quatorze doudous pour ce Fanon, & deux caches pour un doudou. *Voyez* CACHE.

Les Fanos d'argent ne valent pas tout-à-fait dix-huit deniers de France. Il en faut vingt pour le pardo, monnoye que les Portugais font fabriquer à Goa, & qui y a cours pour vingt-sept sous.

FANTI. On nomme ainsi à Venise, les Clercs, ou Facteurs du College de Commerce. Ce sont eux par qui les Marchands font faire les protêts des Lettres & Billets de change.

FARAIS. On nomme ainsi au Bastion de France, les filets, & quelquefois les ficelles, dont les Corailleurs font les filets propres à la pêche du corail. Ils sont differens des filets qu'on appelle Herbages, qui sont le plus vieux des Farais qu'on défait, & qu'on réduit en vieux chanvres, pour mettre aux chevrons, qui servent à tirer le corail du fond de la mer. *Voyez* CORAIL.

FARATELLE. Poids dont on se sert dans quelques lieux du Continent des grandes Indes. Il est égal à deux livres des Lisbonne, où la livre est de quatorze onces, poids de marc; ce qui revient à une livre trois quarts de Paris.

FARDER. Employer de l'artifice, pour faire paroître une chose plus belle qu'elle n'est. On dit, Farder sa marchandise; pour dire, n'en faire paroître que le plus beau. Les Statuts des Tonneliers ordonnent que l'osier fendu sera loyal & marchand, sans qu'il soit pourri, heudri ni fardé, de pire osier dedans les molles que par dehors.

FARDIN. *Voyez* FARTAING.

FARDOS. Monnoye d'argent, qui a cours à Bantam. Les cinq Fardos font environ neuf livres, à raison de 35 f. 6. d. monnoye de France, chaque Fardos.

Le Fardos est aussi une monnoye de compte.

FARGOT. Terme Flamand, particulierement en usage du côté de Lisle. Il signifie un ballot, ou petite balle de marchandises, du poids de cent cinquante à cent soixante livres. Il faut deux Fargots pour la charge d'un mulet, ou d'un cheval de bast. Je vous envoye quatre Fargots de camelots, pour faire passer en Espagne par Bayonne.

Quelques Flamands disent aussi Frangotte, qui a la même signification.

FARINE. Grain moulu, & réduit en poudre, dont avec un bluteau, on a séparé le son. On fait aussi des Farines de légumes secs.

Les Farines propres à faire du pain, sont celles du froment, du méteil, du seigle, du sarasin, & du mays.

La Farine d'avoine s'appelle Gruau, & sert à faires des boissons & des boüillies refraîchissantes.

Les Gantiers & Parfumeurs employent la Farine de féves de haricot dans les poudres qu'ils font pour dessécher les cheveux.

Les Farines de froment, de seigle, ou de méteil, ont differens degrez de bonté, & differens noms, suivant les diverses divisions du bluteau par où on les passe.

La plus belle est celle qu'on appelle Pure fleur de farine; ensuite est celle qu'on nomme la Farine blanche d'après la fleur; puis les fins gruaux; après viennent les gros gruaux; & enfin les recoupettes.

On peut voir à l'article du PAIN, *les differentes sortes de pains qu'on peut faire avec ces Farines. Voyez aussi l'article des* BOULANGERS.

La plûpart des Farines qui s'employent à Paris, & qui n'y sont pas mouluës, ou aux environs, viennent de Picardie, de Meulan, de Pontoise; de Mantes, de S. Germain, & de Poissy.

De ces Farines, les meilleures sont celles de Meulan & de Pontoise; celles de Picardie sont les moindres; celles de Mantes, Poissy & S. Germain, tiennent le milieu.

Les bonnes Farines sont celles qui sont les plus séches, qui se conservent davantage, qui rendent beaucoup en pain, qui boivent bien l'eau, & pour qui il faut le four bien chaud.

La Farine de blé nielé, rend le pain violet; l'eau trop chaude aux fines Farines, donne au pain une couleur rouge; & la Farine du blé germé rend la pâte lâche, & difficile à bouffer dans le four.

L'Ordonnance de la Ville de Paris de 1672, prescrit aux Regrattiers, Boulangers & Patissiers, la quantité de Farines qu'ils peuvent acheter à la fois, & combien ils peuvent faire de provision chez eux.

L'article 8 du sixiéme chapitre, concernant la marchandise des grains, fait défenses à tous Hôteliers, Maîtres Grainiers, & Regrattiers, de faire acheter sur les Ports, des Farines par eux, ou par personnes interposées, qu'aux jours de marchez & après midy, dont ils ne pourront acheter à la fois que deux septiers, & en avoir seulement que huit de provision.

Et par l'article 10 du même chapitre, les Boulangers de gros & petit pain n'ont permission d'enlever chaque jour plus grande quantité qu'un muid de farine, & les Patissiers seulement trois septiers.

FARINE DE POIS ET DE FROMENT. L'article 116 de l'Instruction génerale pour la teinture des laines, met ces deux farines & leur son, au nombre des drogues que les Teinturiers appellent Non-colorantes; c'est-à-dire, qui d'elles mêmes ne produisent aucune couleur; mais qui servent à incorporer sur les laines, soyes, fils & étoffes, la teinture des drogues colorantes. *Voyez* DROGUE. *Voyez aussi* TEINTURE.

Les Farines ne payent point de droits d'entrée en France, parce que c'est la nourriture des pauvres. Les droits de sortie sont de 1 liv. 10 s. le baril du poids de deux cens livres.

FOLLE FARINE. Le plus leger de la farine, que le vent enleve, & qui s'attache aux parois du moulin. On se sert de cette folle Farine pour faire de l'amidon. *Voyez* AMIDON.

FARINIER, FARINIERE. Marchand & Marchande de farine.

FARTHING, ou FARDIN. Petite monnoye de cuivre, qui se fabrique en Angleterre, & qui y a cours environ pour un liard, ou trois deniers de France. Il y en a de quatruples, de doubles & de simples. Quatre Farthings simples font un peny, ou sol d'Angleterre.

Les Farthings sont commodes, & même necessaires ; mais ils n'ont pourtant cours que dans de fort petits payemens; & l'on ne peut obliger personne à en recevoir autrement.

Il n'est pas vray, comme le dit un Auteur, qu'il se batte des Farthings dans presque tous les villages d'Angleterre, qui n'ont cours que dans le village, & quelquefois dans la ruë où ils ont été fabriquez ; & il n'est pas plus veritable qu'ils ne sont marquez qu'au nom de ceux qui ont acheté du Roy la permission de les faire battre.

Il est certain, au contraire, que tous les Farthings qui se trouvent dans la Grande Bretagne, portent le nom & l'image du Roy, avec une femme au revers, & l'inscription *Britannia*; & qu'ils ont tous également cours dans le Royaume.

FAU, ou FOUTEAU. *Voyez* HESTRE.

FAUCILLE. Instrument de fer fait en croissant, avec un petit manche de bois, qui sert à faire la moisson du blé, de l'orge, & autres semblables grains.

Les Faucilles sont du nombre des ouvrages des Taillandiers, & font partie du négoce des Quincailliers. Il s'en fabrique quelques-unes aux environs de Paris; mais la plus grande quantité vient de Forest, de Champagne, & de quelques autres provinces du Royaume. On en tire aussi des Pays Etrangers.

Les Faucilles payent en France les droits d'entrée & de sortie sur le pied des Vollans, ou Faulx à faucher. VOYEZ FAULX.

FAUCONNEAU, qu'on appelle aussi ESTOURNEAU. C'est la piece la plus élevée de la machine à monter des fardeaux, qu'on nomme un engin. Il a deux poulies à ses deux bouts, pour porter & faire tourner le cable. Il pose sur la pointe du poinçon, & est soûtenu par deux liens, qui sont emmortoisez à tenons dans la salette. *Voyez* ENGIN.

FAUDAGE. Terme de Manufacture, en usage à Amiens. Il signifie la même chose que Pliage. *Voyez ci-après* FAUDER, *&* FAUDE'E. *Voyez aussi* PLIAGE.

FAUDAGE. Signifie aussi la marque, ou fil de soye, que les Courroyeurs des étoffes de lainerie mettent aux pieces d'étoffes qu'ils plient & appointent, après les avoir levées de dessus le courroy.

L'article 229 des Reglemens & Statuts de la Sayetterie d'Amiens de l'année 1666, porte : Que les Apprentifs du Courroy, qui seront reçûs Maîtres, declareront au Greffe, en s'y faisant enregistrer, la qualité & couleur des fils de soye, ou enseignes, avec lesquelles ils prétendent faire le Faudage des pieces qu'ils auront courroyées.

FAUDE'E. Pliage des étoffes de laine. On dit aussi Fauder & Faudage. *Voyez ces deux articles.*

FAUDE'E. Une étoffe faudée, est une étoffe pliée, & marquée de soye de couleur, suivant les Reglemens. *Voyez comme dessus.*

FAUDER UNE ETOFFE. C'est plier une étoffe en double dans sa longueur, ensorte que les deux lisieres se touchent ; ce que l'on fait avant que de la plier en plis quarrez sur un métier, qu'on appelle Plioir.

FAUDER. C'est aussi marquer avec de la soye une étoffe, après qu'elle a été courroyée.

L'article 201 du Reglement de 1666, pour la Sayetterie d'Amiens, ordonne, Que chaque Maître Courroyeur de ladite Sayetterie, sera tenu de fauder & marquer les pieces qu'il aura courroyées, d'un fil de soye qui lui soit propre, & de la couleur qu'il aura choisie.

FAUDER, ou FAUDE'E. Signifient aussi quelquefois le pliement ou pliage des étoffes en plis quarrez ; & c'est en ce sens que ces termes sont pris dans plusieurs articles des Statuts & Reglemens de la Sayetterie d'Amiens.

Le 116 article porte, Qu'il est défendu aux Sayetteurs d'exposer à la vente aucunes pieces de marchandises, qu'elles ne soient faudées d'une demie-aune de Roy, en telle sorte que l'une des entrebattes soit au dessus de la piece, & l'autre au dessous, afin qu'on puisse voir les plombs & les marques du Maître, sans y faire aucun double pli, ni les coudre que de deux points dans le milieu des deux lisieres, à peine de 10 liv. d'amende pour chaque piece autrement faudée, ou pliée.

L'article 149 ordonne la même chose, & sur les mêmes peines, pour le Faudage ou pliage des étoffes faites par les Maîtres de la Sayetterie, qu'on nomme Hautelisseurs.

FAUDET. Les Laineurs, ou Emplaigneurs, appellent ainsi une espece de grand gril de bois, soûtenu de quatre petits pieds, aussi de bois, qui est placé sous la perche à lainer pour recevoir l'étoffe à mesure qu'elle se laine.

Les Tondeurs de draps se servent aussi d'une sorte de Faudet, pour mettre sous la table à tondre, dans lequel ils font tomber l'étoffe, lorsque la tablée est entierement tonduë. Ce Faudet est composé de deux pieces, qui jointes ensemble par le milieu, ressemblent à une espece de manne, qui n'auroit point de bordure aux deux bouts.

FAVEUR. Grace que l'on accorde à quelqu'un.

On appelle, en termes de commerce, Jours de Faveur, les dix jours que l'Ordonnance accorde aux Marchands, Banquiers & Négocians, après l'écheance de leurs Lettres & Billets de change, pour les faire protester.

Ce dix jours sont appellez de Faveur, parce que proprement il ne dépend que des Porteurs de Lettres, de les faire protester dès le lendemain de l'écheance; & que c'est une faveur qu'ils font à ceux sur qui elles sont tirées, d'en differer le protest jusqu'à la fin de ces dix jours.

Le Porteur ne peut néantmoins differer de les faire protester, faute de payemens, au-delà du dixiéme jour, sans courir risque que la Lettre ne demeure pour son compte particulier.

Les dix jours de Faveur se comptent du lendemain du jour de l'écheance des Lettres, à la reserve de celles tirées sur la Ville de Lyon, payables en payemens, qui doivent

vent être protestés dans les trois jours après le payement échû, ainsi qu'il est porté par le neuviéme article du Reglement de la Place des Changes de Lyon, du 2 Juin 1667.

Les Dimanches & Fêtes, même les plus solemnelles, sont compris dans les dix jours de Faveur; & c'est sur quoy les Porteurs de Lettres doivent être attentifs, afin de prendre leurs mesures; & qu'une pieté mal entenduë leur faisant passer le tems du protest, les Lettres ne leur restent à leurs propres perils & fortunes. Le plus sûr, & où la pieté trouve également son compte, c'est de les faire porter la veille des Fêtes.

Il n'y a point de benefice des dix jours de Faveur pour les Lettres payables à vûë: si-tôt qu'elles sont présentées, elles doivent être payées; ou faute de payement, aussi-tôt protestées. On peut avoir recours pour cette matiere importante dans le commerce des Lettres & Billets de change, au Parfait Négociant, premiere Partie, Livre 3, Chapitre 6, ou aux articles de ce Dictionnaire, où il en est traité. *Voyez* Billets de change, *ou* Lettres de change.

Faveur. Se dit aussi dans le Commerce; lorsqu'une marchandise n'ayant pas eu d'abord de débit, & s'étant même donnée à perte, elle se remet en vogue, ou redevient de mode par la suite. Ainsi l'on dit: Les satins rayez, les taffetas à flâmes, ont repris faveur; ils sont augmentez de vingt pour cent.

Faveur. S'entend encore du credit que les actions des Compagnies de Commerce, ou leurs Billets prennent dans le Public; ou, au contraire, du discredit où ils tombent.

Faveur. On donne aussi ce nom à petits rubans fort étroits. C'est la seconde sorte des rubans de soye, qui se fabriquent à Lyon, & dans les rubaneries de Forest. Ils ont près de cinq lignes de largeur; c'est-à-dire, trois lignes plus que ce qu'on appelle Nompareille. *Voyez* Ruban de soye.

FAULX, ou FAUX, qu'on nomme aussi VOLLANT. Instrument de fer à long manche, avec lequel on couppe l'herbe des prez, les avoines, les blez sarasins, & quelques autres grains.

Les Taillandiers font & vendent les Faulx à faucher; mais ils font aussi partie du négoce des Quincailliers.

Les Faulx, Vollans & Faucilles, de toutes sortes, payent en France les droits de sortie, à raison de 30 s. le cent pesant.

A l'égard des droits de la Doüane de Lyon, ils se payent; sçavoir, pour les Faulx, ou Vollans, tant d'ancienne que de nouvelle réapreciation, 14 sols du quintal; & pour les Faucilles, si elles sont du Pays, 23 s. du cent en nombre; & si elles sont de celles qui s'appellent des Dailles 33 s.

FAUS, qui s'écrit aussi FAUX. Ce qui n'est pas véritable, qui est alteré, qui est imaginé pour tromper & pour surprendre, en diminuant le prix ou la quantité de quelque chose. Un Faus poids, une Fausse mesure, un Faus-aunage, &c. Faus-or, Faus-argent, Fausse-monnoye.

FAUS-DIAMANT. Diamant contrefait avec du verre. On le dit aussi de toutes les autres pierreries factices. *Voyez* Diamant.

Les fausses pierres payent en France les droits de sortie, comme mercerie; c'est à dire, 3 liv. du cent pesant, conformement au Tarif de 1664; & seulement 2 liv. si elles sont destinées pour les Pays Etrangers, suivant l'Arrêt du 3 Juillet 1692.

FAUSSE-COULEUR. Terme de Teinturier. *Voyez* Faus-teint.

FAUS ET DOUBLE EMPLOY. *Voyez* DOUBLE EMPLOY.

FAUSSE-EQUIERRE. Instrument dont se servent divers Ouvriers; entr'autres, les Menuisiers, les Charpentiers, les Maçons, les Marbriers, & les Tailleurs de pierre, pour mesurer ou tracer des angles irreguliers.

La Fausse-équierre de fer, qu'on appelle aussi Compas à fausse-équierre, est un long compas, dont les jambes sont plattes jusqu'à six pouces près de leur extremité, qui s'arrondissent & se terminent en pointe. Ces compas n'ont qu'une charniere simple; ensorte qu'en les ouvrant, ou les resserrant, il donne des angles d'autant de degrez, que ceux qui s'en servent, en ont besoin.

La Fausse-équierre de bois sert au même usage que celle de fer, & à la matiere près lui est tout-à-fait semblable, hors qu'elle n'est pas si longue, & qu'elle n'a point de pointe. Les Menuisiers se servent de la Fausse-équierre de bois; les Tailleurs de pierre & Marbriers, de celle de fer; & les Charpentiers & Maçons, de l'une & de l'autre.

On appelle Buveaux, des especes de fausses-équierres de bois, à l'usage de ces derniers Ouvriers, dont la piece mobile de l'une des branches est un peu ceintrée en dedans, & celle de l'autre est rabattuë en chanfrain.

FAUS-FRAIS. *Voyez* FRAIS.

FAUS-JOUR. Lumiere, clarté sombre & oblique, qui donne une autre couleur aux choses, ou qui peut en cacher les défauts.

La plûpart des Marchands se procurent des Faus-jours, qui puissent être favorables à leurs étoffes. Pour cela ils couvrent les fenêtres de leurs magasins, ou le haut de leurs boutiques, de machines de bois, qui se haussent ou qui se baissent à leur gré, suivant qu'ils ont besoin de plus ou de moins de lumiere, pour faire valoir leurs marchandises.

Ces machines s'appellent Abatans, parce qu'elles s'abattent à la volonté du Maître; & Abat-jour, parce qu'elles abattent & diminuent le jour.

On n'a que faire d'ajoûter que les Faus-jours sont avantageux au Vendeur, & très-désavantageux à l'Acheteur: l'usage que les Marchands en ont introduit, est une preuve de l'un & de l'autre.

FAUSSE-MONNOYE. Monnoye qui n'est pas au titre des Ordonnances, ou qui est fabriquée par d'autres que les Officiers commis à cet effet. *Voyez* Monnoye.

FAUSSE-OPALE. Sorte de pierre précieuse, que l'on appelle autrement Girasol. *Voyez* Girasol.

FAUS-PLY. C'est un ply dans une étoffe, qui n'est pas où il doit être, & qui en diminuë la beauté.

L'habileté d'un Marchand, sur-tout dans le détail, est de bien reprendre les mêmes plis des étoffes qu'il a dépliées, pour en faire la montre; n'y ayant rien qui les gâte tant, & qui les mette plus hors de vente, que quand elles ont pris de Faus-plis.

FAUS-SAUNAGE. Commerce de faus-fel. Ce terme n'eft guéres en ufage qu'en France; où non-feulement il eft défendu de faire entrer des fels étrangers dans le Royaume; mais où il n'eft permis qu'au feul Adjudicataire des Gabelles, ou à fes Commis, comme font les Regrattiers & Regrattieres, d'en débiter dans toute l'étenduë de fa Ferme.

Le Faus-faunage ne s'exerce ordinairement que fur les frontieres voifines de celles qui font privilegiées: on a cependant vû dans les premieres années de la guerre pour la fucceffion d'Efpagne, des bandes de Faus-fauniers s'avancer jufqu'aux portes de Paris, & débiter leur faus-fel dans les environs.

Il n'y a guéres de commerce de contrebande défendu fous des peines plus rigoureufes, que celui du Faus-faunage. Les nobles qui s'en mêlent, font déchûs de nobleffe, privez de leurs Charges; & leurs maifons, qui ont fervi de retraite aux Faus-fauniers, font rafées.

A l'égard des Roturiers, s'ils fe font attroupez avec armes, ils font envoyez aux galeres pour neuf ans; & en cas de recidive, pendus. S'ils font ce trafic fans port d'armes, ils encourent l'amende de 300 liv. & la confifcation de leurs harnois, chevaux, charrettes, bateaux, &c. pour la premiere fois; & celle des galeres de neuf ans, pour la feconde: & s'ils ne font que ce qu'on appelle, en termes de Faus-faunage, de fimples Porte-cols, ils payent d'abord 200 liv. d'amende; & enfuite, s'ils recidivent, ils font condamnez aux galeres pour fix ans.

Enfin, les femmes & les filles même font fujettes aux peines du Faus-faunage, déclarées par le Titre 17 de l'Ordonance de 1680; fçavoir, à 200 liv. pour la premiere fois; au foüet & 300 liv. pour la feconde; & au banniffement perpetuel hors du Royaume, pour la troifiéme.

Le commerce des fels étrangers n'eft guéres puni moins feverement; & quiconque en fait entrer en France, fans permiffion par écrit, eft déclaré avoir encouru la peine des galeres.

La crainte de toutes ces peines, & un grand nombre de brigades d'Archers de Gabelles, repanduës fur tous les paffages, n'intimident guéres ces Faus-fauniers; & c'eft peut-être de tous les trafics de contrebande, celui qui eft le plus exercé; & qui apparemment continuëra de l'être davantage, s'il eft vray que les foupçons d'intelligence entre les Faus-fauniers, & ceux qui femblent veiller, pour empêcher le Faus-faunage, ne foient pas tout-à-fait mal fondez.

FAUS-SAUNIER. Celui qui fait le trafic du faus-fel, qui exerce le faus-faunage. *Voyez l'article précedent.*

FAUS-SEL. C'eft le fel des Pays Etrangers, qui eft entré en France fans permiffion; & celui qui fe trouve dans l'étenduë de la Ferme des Gabelles, & qui n'a pas été pris au grenier à fel de l'Adjudicataire, ou aux regrats. *Voyez* FAUS-SAUNAGE.

FAUSSURES. Terme de Fondeur. Ce font les parois de la cloche, à l'endroit où ils commencent à fe recourber en dehors, & à s'élargir. *Voyez* FONDEUR DE CLOCHES.

FAUS-TEINT, ou FAUSSES-TEINTURES. Ce font les teintures qui fe font avec des drogues défenduës, qui falfifiant les couleurs, durciffent & dégradent les étoffes.

Les Reglemens pour les Teinturiers, tant du grand que du petit teint, marquent quelles font les bonnes & mauvaifes drogues. On en traite amplement en d'autres articles de ce Dictionnaire. *Voyez* DROGUES, *ou* TEINT.

FAUVE. L'une des cinq couleurs fimples & matrices des Teinturiers.

Le Fauve couleur de racine, ou de noifette, fe fait avec la racine, l'écorce, la feüille de noyer, ou la coque de la noix, qui toutes rendent une très-bonne couleur.

Le Fauve fe pourroit encore faire avec de la fuye de cheminée, & feroit bon; mais cette drogue fent trop mauvais. On s'en fert feulement dans quelques couleurs compofées, où entre le Fauve.

La garoüille fait une couleur entre fauve & gris; mais elle n'eft permife que dans la nuance du gris de rat.

Le frontanel, la malherbe & le fuftel, mêlez à la fuye de cheminée, font auffi un Fauve jaunâtre. Cette teinture eft défenduë.

Il ne fe tire point de nuances du Fauve; il entre feulement dans la compofition de plufieurs couleurs. *Voyez* COULEUR.

FAUX. *Voyez* FAUS.

FAYALLE. Monnoye de compte, dont on fe fert au Japon.

Quelques-uns évaluënt la Fayalle fur le pied de la piftole de France, c'eft-à-dire, à dix livres; d'autres la font valoir jufqu'à douze livres dix fous. Cette difference vient apparemment de ce que la premiere évaluation eft faite fur la livre de France, qui ne vaut que vingt fous; & la feconde, fur la livre, ou florin de Hollande, qui vaut ving-cinq fous.

Depuis l'année 1685, les Hollandois n'ont plus permiffion de porter au Japon que pour 300000 Faylles de marchandifes; ce qui leur eft néantmoins commun avec les Chinois, les Siamois, & les autres Nations des Indes, qui y trafiquent, dont les cargaifons ont été pareillement fixées à un certain nombre de Fayalles. *Voyez le* COMMERCE *du Japon.*

FAYANCE, ou FAYENCE. Efpece de poterie fine, faite de terre vernifiée, ou plûtôt émaillée, dont l'invention eft venuë de Fayance, Ville d'Italie.

L'on voit dans les cabinets des Curieux, des Fayances peintes par les plus fameux Peintres, particulierement par Raphaël & Jules Romain; ce qui les rend d'une rareté & d'un prix extraordinaire.

Les plus belles Fayances qui fe faffent en France, font celles de Nevers, de Roüen, & de Saint Cloud; mais elles n'approchent, ni pour les deffeins, ni pour la fineffe, ni pour l'émail, de celles de Hollande

La fabrique de Delft, fur-tout, l'emporte de beaucoup fur les autres Fayances de l'Europe, & imite affez celles de la Chine & du Japon, qu'on appelle communément Porcelaine.

On ne met pas au rang des Fayances de France, qui cedent à celles de Delft, ces Fayances de nouvelle fabrique, ou plûtôt ces vrayes porcelaines, que les François ont inventées depuis quelques années, & dont il y a eu des Manufactures fucceffivement établies à Roüen, à Paffy près Paris, & enfuite à S. Cloud.

Les Connoiſſeurs eſtiment que ces porcelaines Françoiſes ne cedent en rien à celles des Indes. On ſe réſerve d'én parler dans leur article. *Voyez* PORCELAINE.

La Fayance étrangere, ou porcelaine contrefaite, comme l'appellent les Tarifs de France, payent les droits d'entrée dans le Royaume, à raiſon de 20 liv. du cent peſant, ſuivant l'Arrêt du 26 Février 1692; réduits néantmoins en faveur des Hollandois, mais ſeulement pour la Fayance de leur fabrique, à 10 liv. conformement à la Declaration du Roy du 19 May 1699.

A l'égard des droits de ſortie, ils ſont reglez à 6 liv. du cent peſant par le Tarif de 1664.

FAYANCIER. Celui qui fait ou qui vend des fayances.

Il y en a une Communauté à Paris, ſous le nom de Marchands Verriers, Maîtres Couvreurs de flacons & bouteilles en oſier, fayance, &c. Ce ſont ces Marchands à qui l'on donne communément le nom de Fayanciers. *Voyez* VERRIER.

FAYNE, ou FOUENE. Eſpece de noiſette, ou de gland, qui eſt le fruit ou la ſemence de l'arbre que l'on nomme Heſtre. *Voyez* HESTRE.

FAYOLES. Sortes de petites féves, que l'on appelle autrement Haricots, ou Féveroles. *Voyez* HARICOT.

FECES D'HUILE. *Voyez* FAISSES D'HUILE.

FEILLETTE, FEUILLETTE, ou FILLETTE. Sorte de tonneau deſtiné à mettre du vin. Il ſignifie auſſi une petite meſure des liqueurs. *Voyez* FEUILLETTE.

FELIN. Petit poids dont ſe ſervent les Orfévres & les Monnoyeurs, qui peſe ſept grains & un cinquiéme de grain. Les deux Felins ſont la maille. Le marc eſt compoſé de ſix cens quarante Felins. *Voyez* ONCE.

FELLE, ou FESLE. Eſpece de Sarbatane, ou de longue canne de fer, percée & vuidée dans toute ſa longueur, qui ſert aux Gentilshommes Verriers à cueillir, c'eſt-à-dire, prendre le verre pour le ſouffler, & en faire pluſieurs ſortes d'ouvrages. La Felle a environ cinq pieds de long, & guéres moins d'un pouce de groſſeur.

C'eſt avec la Felle que ſe ſoufflent auſſi les glaces de miroirs, qui n'excedent pas quarante-cinq pouces de volume, qui ſont les plus grandes qu'on puiſſe ſouffler. Les autres au deſſus de ce volume, ſe coulent à peu près comme ſe coule le plomb. *Voyez* VERRE, & GLACE.

FELLIN. Petite étoffe de laine. *Voyez* FERLIN.

FELOURS. Monnoye de cuivre qui ſe frappe à Maroc. C'eſt une eſpece de gros double, comme ceux de France. Il en faut huit pour faire une blanquille, menuë monnoye d'argent, qui ſe fabrique dans la même Ville, & qui vaut ſix blancs, ou deux ſous ſix deniers de France.

FENDERIE. Lieu dans les forges où l'on fend le fer, après qu'il a été coulé en gueuſe. *Voyez* FER.

FENDEUR. Celui qui fend. On appelle à Paris, Scieurs & Fendeurs de bois, de pauvres gens qui vont par les maiſons offrir aux Bourgeois leur ſervice, pour ſcier fendre & ferrer le bois de corde. Leurs outils ſont, la Scie, le Chevalet, le Maillet, & les Coins de fer.

FENDEUR. Se dit encore dans les coupes & exploitations de bois, des bucherons qui débitent en quartiers, les bois que d'autres bucherons ont abattus, & ſciez de longueur.

FENDEUR. Eſt encore dans les ardoiſieres, l'Ouvrier qui fend les callots, ou pierres d'ardoiſe. *Voyez* ARDOISIERE.

FENDIS. Eſpece d'ardoiſe. *Voyez* ARDOISE.

FENDIS. Se dit auſſi d'une pierre d'ardoiſe, fenduë en pluſieurs parties, & prête à être taillée & équarrie. Une pierre en cet état eſt appellée une Pierre en fendis. *Voyez comme deſſus.*

FENDOIR. Terme de Vanier. L'outil que les Maîtres Vaniers appellent un Fendoir, eſt un morceau de buis, ou d'autre bois dur, de ſept ou huit pouces de long, avec une eſpece de tête partagée en trois, dont chaque piece eſt taillée en pointe de diamans.

Le Fendoir ne ſert qu'à fendre l'oſier qu'on veut ſéparer en trois; celui qu'on fend en deux, ou en quatre, ſe fendant avec le couteau.

Pour ſe ſervir du Fendoir, il faut amorcer le gros bout de l'oſier; c'eſt àdire, l'ouvrir en trois parties, puis y inſinuer la tête de l'outil, & le conduire avec un mouvement à demi circulaire juſqu'à la derniere pointe de l'oſier.

FENDOIR, qu'on nomme plus ordinairement FENTOIR. Moyen coupperet, dont ſe ſervent les Bouchers. *Voyez* FENTOIR.

FENESTRE. Ouverture qu'on pratique en pluſieurs endroits d'un bâtiment, pour donner paſſage à la lumiere.

Les boutiques & les ouvroirs des Maîtres Oyers & Rôtiſſeurs, ſont nommez des Fenêtres dans leurs anciens Statuts; & il leur eſt défendu d'appeller les Chalans, qui ſont à la Fenêtre de leur Voiſin. *Voyez* RÔTISSEUR.

FENIN. Petite monnoye de compte, qui eſt en uſage pour tenir les Livres à Naumbourg, Ville Epiſcopale d'Allemagne. C'eſt auſſi une eſpece courante de cuivre. L'un & l'autre Fenin vaut deux deniers & demi de France. Il en faut douze pour le gros, & vingt-quatre gros pour la richedale, priſe ſur le pied de l'écu de France de ſoixante ſous.

FENOUIL. Semence un peu longue & canelée, platte d'un côté, & arrondie de l'autre, d'un goût douceâtre & un peu ſucré, qui a quelque raport à celui de l'anis. Cette ſemence, dont l'odeur eſt aſſez agréable, provient d'une plante du même nom, très-connuë dans les potagers.

Le Fenoüil fait partie du négoce des Marchands Epiciers, Droguiſtes, Confiſeurs & Apoticaires. Ils le tirent preſque tous de Languedoc, particulierement des environs de Montpellier, où il s'en receuille une très-grande quantité. Autrefois ils le faiſoient venir d'Italie; & il étoit venu ſous le nom de Fenoüil de Florence; mais depuis que les Languedociens ſe ſont aviſez d'en cultiver la plante, il n'eſt plus fait de mention du Fenoüil de Florence.

On ſe ſert du Fenoüil en Médecine; étant propre, ainſi que l'anis, à diſſiper les vents qui ſont dans le corps, & à corriger certains purgatifs. Les Confiſeurs en ſont des dragées, qu'ils débitent, quoiqu'improprement, ſous le titre d'Anis couverts. *Voyez* CONFITURE, à *à l'endroit où il est fait mention des diverses sortes de dragées.*

Le Fenoüil entre aussi dans la composition d'une sorte de liqueur, qui est une espece d'eau-de-vie très-vive, que l'on nomme Eau de Fenoüillette, ou de Fenoüil dont la plus estimée vient de l'Isle de Rhé.

Les bonnes qualitez du Fenoüil sont d'être nouveau, tirant sur le verd, longuet, bien nourri, d'un goût doux & sucré, ayant l'odeur agréable; & sur-tout qu'il ne soit point mêlangé de poussiere, de menuës bûchettes, ou d'autres corps étrangers, à quoy il se trouve très-sujet.

Il y a une autre sorte de semence, que l'on nomme Fenoüil sauvage; mais elle entre peu dans le commerce des Marchands du Corps de l'Epicerie; non plus qu'une autre espece de Fenoüil, que l'on appelle Fenoüil marin, autrement Bacille, ou *Creta-marina.* Cette derniere sorte de Fenoüil est proprement ce qu'on appelle de la Passepierre, qui se confit dans le vinaigre, soit toute seule, soit avec des cornichons, ou petits concombres.

Le Fenoüil paye en France les droits d'entrée, à raison de 25 *f. le cent pesant, conformement au Tarif de* 1664.

A l'égard des droits de la Doüane de Lyon, ils sont de 10 *f. le quintal pour l'ancienne & nouvelle appreciation, & encore* 16 *f. pour les anciens & nouveaux quatre pour cent.*

FENOUILLETTE. Nom que l'on donne à cette Espece d'eau-de-vie, qui se fait avec la graine, ou semence de fenoüil.

Pour faire de la Fenoüillette, on met sur trois pintes de bonne eau-de-vie & sur deux pintes de vin blanc, une livre de fenoüil nouveau & verd, & une once de reglisse; puis on distille le tout dans un alembic, pour en tirer deux pintes d'essence: l'on mêle ensuite une pinte de cette essence avec six pintes de forte eau-de-vie, une pinte d'esprit de vin, & une pinte d'eau boüillie, dans laquelle, lorsqu'elle a été refroidie, on a mis une pinte de sucre clarifié. Enfin, ayant mêlé une demie-livre d'amandes douces, avec cinq ou six pintes d'eau cruë, & les ayant à demi passées à la chausse, on y ajoûte le premier mélange où est entré l'essence de fenoüil; ce qui acheve de faire la Fenoüillette.

La meilleure Eau de Fenoüillette vient de l'Isle de Rhé. Bien des Gens croyent qu'il faudroit plû-tôt donner à celle-ci le nom d'Anisette, que celui de Fenoüillette; supposant que c'est l'anis, & non pas le fenoüil qui entre dans sa composition.

On en fait aussi d'excellente à Montpellier, mais qui est plus douce; & moins anisée

FENTOIR, ou FENDOIR. Moyen coupperet, dont les Bouchers se servent pour fendre les veaux & les moutons, après qu'ils les ont égorgez.

Il y a aussi un Fentoir tout de fer, dont la lame a plus d'un pied de large, & autant de longueur, se courbant en demi cercle par le dos. On appelle le Fentoir de fer, Fentoir à bœuf.

FENUGREC. Plante qui croît en plusieurs Provinces de France, qui se cultive particulierement à Aubervilliers près Paris. Quelques-uns l'appellent Senegré, mais très-improprement.

Cette plante a ses tiges rondes, creuses & d'un banc obscur. Ses feüilles sont petites, à demi rondes, dentelées, disposées à peu près comme celles du trefle. Elle produit une assez petite fleur blanche, d'où naît une gousse longue & pointuë, raisonnablement grosse, & de la forme d'une corne de bœuf, ou de bouc sauvage.

La graine qui est enfermée dans cette gousse, & qui porte le même nom que la plante, est moins grosse qu'un grain de chenevis, dure & solide, de figure triangulaire, & d'une odeur forte & assez mauvaise.

Cette graine étant nouvelle, est de couleur jaune presque doré; mais gardée, elle devient rougeâtre, & même brune.

Outre le commerce qui se fait de cette graine en France, où il s'en consomme assez, on en envoye en Hollande, & en d'autres Pays Etrangers.

Les Teinturiers s'en servent dans le rouge-écarlate de France, où elle réussit très-bien.

Les Medecins, qui la mettent quelquefois en usage, ne l'ordonnent guéres qu'en décoctions, ou en cataplasmes, & seulement à l'exterieur, pour ramollir & resoudre.

On en donne aussi aux bestiaux, mais particulierement aux chevaux, pour leur donner de l'appetit, & les engraisser.

Pour ce qui est du choix que l'on doit faire du Fenugrec, il suffit qu'il soit nouveau, bien nourri, & que sa couleur soit la plus dorée qu'il sera possible.

Le Fenugrec paye en France les droits d'entrée, à raison de 10 *f. du cent pesant; & ceux de sortie, sur le pied de* 8. *f.*

FEODER. Mesure des liquides, dont on se sert en Allemagne. Le Feoder est estimé la charge d'une charrette tirée par deux chevaux. Deux Feoders & demi font le roder; six ames, le Feoder; vingt vertel, l'ame & quatre massems ou masses, le vertel; en sorte que le roder contient 1200 masses, le Feoder 480, l'ame 80, & le vertel 41.

Quoique le Feoder soit comme la mesure commune d'Allemagne, ses divisions ou diminutions ne sont pas pourtant les mêmes par-tout; & l'on peut presque dire, qu'il n'y a que le nom qui soit semblable.

A Nuremberg, le Feoder est de 12 heemers, & le heemer de 64 masses; ce qui faut 768 masses au Feoder.

A Vienne, le Feoder est de 32 heemers; le heemer de 32 achtelings; & l'achtelin de 4 seitlens. L'ame y est de 80 masses; le vertel, qu'on nomme aussi Schreve, de quatre masses; & le driclinck, mesure qui est propre à cette Capitale d'Autriche, de 24 heemers.

A Ausbourg, le Feoder est de 8 jez, & le jé de 2 muids, ou 12 besons, le beson de 8 masses; ce qui fait 768 masses au Feoder, comme à celui de Nuremberg.

A Heidelberg, le Feoder est de 10 ames, l'ame de 12 vertels, & le vertel de 4 masses: ainsi le Feoder n'est que de 480 masses.

Dans le Wirtemberg, le Feoder est de 6 ames, l'ame de 16 yunes, & l'yune de 10 masses; & par consequent il y a 960 masses dans le Feoder.

FER. Métail dur & sec, difficile à fondre, mais ductile, & dont l'on forge presque tous les outils des Artisans, pour coupper & pour battre.

De tous les métaux, le Fer est du plus grand usage pour les besoins & les commoditez de la vie, & l'or & l'argent, tout precieux qu'ils soient, ne lui sont point comparables à cet égard.

Les Chymistes, ausquels les noms extraordinaires ne coûtent guéres, appellent le Fer, *Mars*; prétendant qu'il a quelque raport à la planete qui porte ce nom.

Les mines de Fer sont assez communes dans les trois anciennes Parties de la Terre: sur-tout l'Europe en a beaucoup; & en particulier la France en est très-abondante.

Le nouveau Monde, au contraire, si riche en mines des plus précieux métaux, n'a point de mines de Fer: aussi ses habitans n'estiment-ils point l'or & l'argent, en comparaison d'un métail si utile; peut-être ce sentiment naturel fondé sur la nécessité, vaut-il bien l'entêtement pour l'or & l'argent, que l'opinion ou la vanité ont fait naître, & entretiennent parmi des peuples plus polis.

La matiere d'où se tire le Fer, ou pour parler en termes de l'art, la mine de Fer, se trouve dans les mines à differentes profondeurs, & est de diverses figures.

Quant à la forme, quelquefois elle est en pierre de la grosseur du poing, & quelquefois seulement en sable. Pour sa profondeur, souvent elle est à peine couverte d'un, de deux, ou de trois pouces de terre; mais ordinairement il faut la foüiller à quatre, cinq, ou six pieds de fond.

Après qu'on a amassé la quantité de matiere qu'on veut fondre, & l'avoir bien lavée, pour en séparer la terre, on la met dans de grands fourneaux avec du charbon, qu'on couvre de castine, qui est une espece de mineral, ou terre particuliere, qui se trouve mêlée avec la mine de Fer. Au défaut de castine, on se sert de cailloux, ou gréve de riviere, ou de pierre à faire de la chaux. Après que le feu a été mis au charbon, on le rend de plus vif en plus vif, en l'excitant par le moyen de plusieurs gros soufflets, ausquels pour l'ordinaire la chute de quelque ruisseau donne le mouvement.

Le meilleur charbon est celui qui est fait de jeune bois, conservé dans un lieu sec, gardé d'un an ou deux; le charbon nouveau, ou fait de jeune bois, se consommant avec trop de facilité, & rendant le fer trop cassant.

Quand la mine est fonduë, & bien écumée, on le fait couler par un trou reservé exprès à l'avant du fourneau; d'où sortant avec rapidité, & comme un torrent de feu, elle tombe dans les moules diversement préparez, suivant la diversité des ouvrages qu'on veut fondre.

Les principaux de ces ouvrages, qui sortent immediatement de la fonderie, sont des canons, des contre-cœurs de cheminées, des boulets, des bombes, des landiers, des marmites, & quantité d'autres ustenciles de cuisine; enfin, des gueuses, qui sont des pieces de fer, de dix à douze pieds de long, sur dix ou douze pouces de large; & du poids de seize ou dix-huit cens livres, & même davantage.

Plus la mine est en fusion, plus le Fer est excellent. Le Fer qui n'a que cette premiere façon, s'appelle Fer de fonte. Le Fer de fonte d'Allemagne souffre la lime: celui de France ne se peut polir qu'avec le grès & l'émeril.

Pour rendre le Fer en état d'être travaillé par les Maréchaux, Taillandiers, Serruriers, & autres Ouvriers, il faut le fondre une seconde fois, le battre avec un pesant & gros marteau, que l'eau fait mouvoir; ensuite le remettre à la forge, que l'on nomme Chaufferie; & puis en le battant encore sur l'enclume, le réduire en barres, ou en verges de plusieurs grosseurs, longueurs & figures; pour lors il souffre la lime; mais il ne peut plus se fondre.

Il y a du Fer de divers échantillons, qu'on distingue, ou par ses noms differens, ou par ses differentes longueurs & grosseurs.

Le Fer plat a neuf à dix pieds de long, quelquefois plus, & environ quatre lignes dépaisseur, sur deux pouces & demi de large.

Le Fer qu'on nomme Quarré, a deux pouces en quarré, mais diverses longueurs. Le quarré bâtard a neuf pieds de long, & seize à dix-huit lignes en quarré.

Le Fer Cornette a huit à neuf pieds de long, trois pouces de large, & quatre à cinq lignes d'épaisseur.

Le Fer rond a six à sept pieds de long, sur neuf lignes de diametre.

Le Carillon est un petit Fer, qui n'a que huit à neuf lignes en quarré.

Le Courçon, ainsi nommé, parce qu'il est court, a deux pouces & demi en quarré, & seulement trois ou quatre pieds de long.

Le petit Fer en botte, qu'on employe ordinairement pour faire les vergettes des vitrages, n'est guére plus gros que le petit doigt.

Il y a deux manieres de connoître la bonne ou mauvaise qualité du Fer, la casse & la forge.

A l'égard de la forge, tout Fer qui est doux sous le marteau, est cassant à froid; & au contraire, s'il est ferme, c'est signe qu'il sera pliant.

Pour ce qui est de la casse, le détail en est plus grand.

Le Fer qui en le cassant est noir dans la cassure, est bon, doux & maniable, froid & à la lime; mais il est ordinairement cendreux.

Celui dont la cassure paroît grise-noire, & tirant sur le blanc, est plus dur, & par consequent plus propre aux gros ouvrages, comme sont ceux des Maréchaux & Taillandiers.

Le Fer, dont le grain est raisonnablement gros, & dont une partie de la cassure est blanche, l'autre grise, & l'autre noire, est également bon pour la forge & pour la lime.

Le grain très-gros, & clair à la casse, comme l'étain de glace, est également difficile à employer à la lime & à la forge, & est le moindre de tous.

Enfin, le grain petit & serré, comme celui de l'acier, est ployant à froid; mais il se lime & se soude mal; il est pourtant propre aux outils pour travailler à la terre.

Une gueuse de Fer est le gros lingot qui sort de la forge. C'est avec les gueuses, quand elles ont passé à la chaufferie, qu'on fabrique tous les differens échantillons de Fer, dont on a parlé ci-dessus.

La tôle eſt un Fer applatti de plusieurs épaiſſeurs & largeurs.

Le fil de Fer, qu'on appelle auſſi Fil d'Archal, ou de Richard, eſt du Fer paſſé & tiré à travers d'une eſpece de filiere. *Voyez* Fil, *à l'endroit où il eſt fait mention du fil de fer.*

Le meilleur Fer eſt celui où l'on ne remarque ni fentes, ni gerſures.

On appelle Fer Rouverain, celui qui eſt caſſant à chaud: Fer aigre, celui qui ſe caſſe aiſément à froid: Fer cendreux, celui qui devient difficilement clair à la lime: Fer pailleux, celui qui lorſqu'on le bat, ou qu'on le ploye, ſe partage en diverſes pailles.

La plûpart du Fer qui ſe conſume en France, vient des mines du Royaume, quoiqu'on en tire auſſi d'Eſpagne, de Suede, d'Allemagne. Les Etrangers enlevent en récompenſe beaucoup de nos Fers.

Les Provinces de France les plus fecondes en mines de fer, ſont, la Campagne, la Lorraine, la Normandie, la Bourgogne, le Maine, le Berry, le Nivernois, la Navarre, & le Bearn.

Le Fer de Senouche eſt doux & pliant: celui de Vibray près Montmirail au Mans, eſt auſſi de bonne qualité, mais plus ferme: Saint-Diſier en fournit de plus caſſant, & dont le grain eſt plus gros: celui qu'on tire du Nivernois, eſt doux, & propre à être employé à faire des épées, & des canons de mouſquets: le Fer de Bourgogne eſt médiocrement doux: le Fer de Champagne eſt plus caſſant; celui de Normandie l'eſt encore davantage; & celui de Roche eſt fort doux, & fort fin.

Les Fer de Suede & d'Allemagne ſont pour la plûpart meilleurs, & plus ployans que ceux de France: mais les Fers d'Eſpagne ſont preſque tous rouverains, & mêlez de grains d'acier, qui ſont fâcheux ſous la lime.

Le Fer de toutes ſortes, ouvré ou non ouvré, paye en France les droits d'entrée, à raiſon d' 1 *liv.* 10 *ſ. du cent peſant, conformement à l'Arrêt, du* 25 *Novembre* 1687.

A l'égard des droits de ſortie, ils avoient été reglez ſur le pied de 20 *liv. le millier peſant, par Arrêt du Conſeil d'Etat du* 2 *Avril* 1701; *ce qui revenoit à* 40 *ſ. le quintal, au lieu de* 8 *ſ. fixez par le Tarif de* 1664; *mais par un Arrêt ſubſequent du* 5 *Novembre* 1718, *ils ont été reduits ſur l'ancien pied, & le Fer ne paye plus que* 8 *ſ. du cent peſant, ſoit qu'il ſoit ouvré ou non ouvré, vieil ou neuf.*

Fer en feuille. C'eſt de la tôle extremement battuë par le moyen de petits martelets, & réduits en feüilles très-minces, & grandes environ d'un pied en quarre, un peu plus longues que larges. Ce Fer eſt de deux ſortes, le noir & le blanc, qui ne different pourtant que par la couleur.

Le Fer blanc ſe blanchit avec l'étain & l'eau-forte. On y employe l'eau forte d'abord; parce que le Fer étant trop poli, ne retiendroit point la teinture.

Les feüille de fer blanc ſont ou doubles, ou ſimples; c'eſt-à-dire, qu'il y en a de plus fortes & de plus foibles. Les foibles ſont employées par les Ferreurs d'aiguillettes, & autres Ouvriers; les autres par les Ferblantiers, qui en font des lanternes, des lampes, des râpes à ſucre & à tabac; de la vaiſelle d'armée, comme plats, baſſins, aſſiettes, &c. Il s'en conſume quantité dans les armemens de mer.

Il vient beaucoup de fer noir & blanc d'Allemagne, particuliement de Nuremberg & de Hambourg. Il eſt preſque toûjours dans de petits barils de ſapin, qui ſont ordinairement de 300 feüilles de Fer noir, & de 450 feüilles de blanc. Les navires Suedois en apportent quantité par le Port de Roüen.

Il s'en fait auſſi en France, à Beaumont-la-Ferriere près la Charité dans le Nivernois, qui ne ſont pas d'une moindre qualité que ceux d'Allemagne. Les barils contiennent les mêmes quantitez de feüilles de Fer blanc ou noir; mais ils ſont de bois de heſtre; ce qui peut les faire reconnoître d'avec les Fers en feüilles étrangers.

Toutes ces ſortes de Fer ſe vendent par les Marchands de Fer, qui ſont du Corps de la Mercerie, & qui s'appliquent particulierement à ce négoce.

Le Fer en feüilles, ſoit blanc, ſoit noir, paye en France les droits d'entrée, ſuivant ſa qualité; ſçavoir, les feüilles de fer blanc doubles, 20 *liv. le baril de* 450 *feüilles; & les ſimples,* 10 *liv. conformement à l'Arrêt du* 3 *Juillet* 1692: *les feüilles de fer noir doubles,* 7 *liv.* 10 *ſ. & les ſimples,* 3 *liv.* 15 *ſ. ſuivant le Tarif de* 1664.

A l'égard des droits de ſortie, les feüilles de fer blanc & noir ſimples, payent 12 *ſ. du cent en nombre, & les doubles à proportion.*

L'on fait avec le Fer, ou l'Aſier, diverſes préparations chymiques; tels que ſont le ſafran de Mars aſtringent ou aperitif, qu'on nomme *Crocus Martis aperiens*, ou *aſtringens*; le Mars diaphoretique, les huiles, les criſtaux, les ſels, les teintures, les ſyrops de Mars, & bien d'autres, que l'envie des s'enrichir dans les uns, & le deſir de guérir dans les autres, mettent en vogue: mais comme toutes ces drogues de nouvelle édition ont plus de raport à la Médecine qu'au Commerce, on peut en chercher la façon & l'uſage dans les Pharmacopées, ou dans les Traitez de Chymie.

Ce qu'on nomme ordinairement Acier, n'eſt autre choſe que du Fer rafiné, & trempé d'une certaine maniere. *Voyez* Acier.

Fer. Terme de Manufacture, en uſage dans la Sayetterie d'Amiens. Il ſignifie ce qu'on nomme ailleurs un Coin, ou une Marque; c'eſt-à-dire, le poinçon avec lequel on plombe les étoffes.

Ferrer une étoffe; c'eſt la marquer, ou la plomber. Une étoffe ferrée; c'eſt une étoffe qui a ſon plomb. Les Eſgards Ferreurs ſont ceux qui ſont chargez de mettre l'empreinte du coin aux étoffes. Enfin, le droit de Ferrage; c'eſt le droit qu'on paye par piece aux Eſgards, pour chaque plomb qu'ils frappent.

Fer. Il y a quantité d'outils & d'inſtrumens, auſquels les Ouvriers & Artiſans qui s'en ſervent, donnent le nom de Fers; en y ajoûtant néantmoins, pour l'ordinaire, quelques autres termes, qui puiſſent en déſigner & fixer l'uſage. On va en donner ici les principaux.

Les Relieurs-Doreurs des Livres ont, entr'autres outils qu'ils nomment Fers, le Fer à polir, & quantité de Fers à dorer ſur cuir.

Le Fer à polir, eſt un gros & long outil, dont la tête, qui eſt de forme triangulaire, & de quatre ou cinq pouces de longueur, eſt élevée de cinq ou ſix lignes par le dos, & finit

finit en une espece de tranchant émoussé par le devant. Cet outil est emmanché de bois ; & porte en tout, manche & fer, environ dix-huit pouces de long. Le Relieur s'en sert pour polir & lisser les couvertures des Livres, qui sont de veau, après qu'elles ont été marbrées & glairées. On s'en sert, après l'avoir fait raisonnablement chauffer ; & pour s'en servir, on le tient à deux mains, le manche appuyé sur le bras droit.

A l'égard des Fers à dorer, qu'en general on appelle Petits fers, il y en a pour antiquer les tranches ; d'autres pour dorer les dos & les couvertures des Livres ; & d'autres pour les armoiries qu'on y met quelquefois, ou pour faire honneur aux personnes à qui l'on en fait present, ou pour distinguer & reconnoître les Livres d'une Bibliotheque. C'est aussi avec des Fers, qu'on met au dos les titres & le nombre des tomes.

Tous ces Fers sont gravez en relief, & representent differentes parties des desseins, ou des armoiries, dont on veut orner un Livre ; ou simplement une seule lettre de l'alphabet, pour ceux qui doivent servir aux titres. Quelques-uns de ces Fers, qui sont faits en cylindres, & qui roulent entre deux branches de fer, comme la molette d'un éperon, se conduisent le long d'une regle de fer : les autres s'appuyent seulement comme un cachet, dont on veut conserver l'empreinte sur la cire. Ils ont tous un manche de bois, parce qu'on ne s'en sert qu'à chaud. Lorsque l'on veut s'en servir, l'on glaire l'endroit qu'on veut dorer, que l'on couvre d'or en feüille ; après quoi on applique les Fers.

Fer. Les Menuisiers de placage & de marquetterie, appellent simplement Fer, un petit outil tranchant, un peu tourné en crochet par le bout, monté sur un manche de bois, dont ils se servent à faire l'ouverture des pesnes & des entrées, dans les ouvrages ausquels ils veulent attacher des serrures.

Fer. Les Maîtres Esgratigneurs-Découpeurs ont pareillement differens Fers d'acier très-tranchants, dont ils font les piquûres, égratigneures & découpures de leurs étoffes. C'est encore avec ces Fers qu'ils taillent les differentes figures de ces petits morceaux de taffetas noir, qu'on appelle des mouches, dont les femmes aiment tant à se servir, pour relever leur beauté. *Voyez* Descouper.

Fer a clore. Terme de Vanier. Les Vaniers-Clôturiers ; c'est-à-dire, ceux de cette profession qui font les vans à vaner les grains, & les hottes à porter la vandange, appellent ainsi une espece de batte de fer, dont ils se servent pour battre & clore leur osier.

Cette batte est differente de celle des Vaniers-Mandriers ; en ce que celle-ci est plus épaisse, plus longue, & toute droite ; & que le Fer à clore est tourné en croissant vers le bout, & n'a ni la force, ni la longueur, ni l'épaisseur de la batte.

Il y a divers Fers à clore, plus ou moins forts, suivant que les montans des ouvrages de vanerie, entre lesquels ils doivent passer, sont plus ou moins ferrez.

Fer a dresser, ou Dressoir. Terme de Miroitier. C'est un instrument de fer, en forme de demi-cercle, de huit ou dix pouces de large dans son grand diametre, de quatre à cinq lignes d'épaisseur, uni & fort poli du côté de sa section. Les Ouvriers qui mettent les glaces au teint, s'en servent pour étendre & dresser sur la pierre de liais, la feüille d'étain qu'ils disposent à recevoir le vif-argent. *Voyez* Glace.

Fer quarré. Outil de Maçons & de Tailleurs en pierre, qui sert aux uns à dresser & unir des enduits, & aux autres à finir leur ouvrage.

C'est une espece de grand ciseau à queuë d'ironde, sans biseau, & trés-large par le bout, avec un manche de bois. Il y a aussi des Fers carrez-bretelez ; c'est-à-dire, qui ont des dents ; ils servent à dégrossir les enduits qu'on veut dresser. Il y en a des uns & des autres de diverses grandeurs. Tous se poussent à la main.

Fer a tirer. Espece de très-petite filiere, qui sert à réduire le fil d'or, ou d'argent, tant fin que faux, à son dernier point de finesse. *Voyez* Filiere.

Fer a souder. Les Plombiers, Vitriers, Fontainiers, & autres semblables Ouvriers, qui employent de la soudure, appellent Fer à souder, un fer de figure cylindrique, avec une queuë aussi de fer, qui sort du centre de la base du cylindre, dont ils se servent à étendre & appliquer leur soudure. On nomme Mouflettes, les deux mourceaux de bois qui servent à le prendre, & qui empêchent l'Ouvrier d'être incommodé de la chaleur, lorsqu'il le retire du feu, où on le fait presque rougir avant de souder. Il y a des Fers à souder de diverses formes & grosseurs ; entr'autres, des Fers triangulaires. Ceux-ci sont petits, & ne sont propres qu'aux Plombiers.

Fer a souder. Les Fers à souder des Chauderonniers, sont differents de tous ceux dont se servent les autres Ouvriers qui employent la soudure. Ils en ont de deux sortes, les uns pour l'étain, & les autres pour le cuivre : ces derniers sont de cuivre, les autres sont de fer. Des uns & des autres, il y en a de ronds & de quarrez : ceux-ci sont pour souder dans le milieu de la piece. Il y en a aussi de plats pour souder dans la quarre des chauderons, & autres ouvrages de cuivre. Presque tous sont sans manche de bois ; mais au lieu de mouflettes, on les tient par une longue queuë de fer. Leur longueur est depuis douze jusqu'à dix-huit vingt pouces. Le côté qui sert à souder, est un peu recourbé en croissant, à ceux qui sont ronds : aux quarrez, c'est un mourceau de fer, en forme de cube, d'environ dix-huit lignes, qui est rivé au bout de la queuë.

Fer. Terme de Monnoye. On dit, qu'une pistole est entre deux Fers, quand elle reste en équilibre avec le poids qu'on lui oppose ; qu'elle ne l'emporte pas, & qu'elle n'en est pas non plus emportée.

FERANDINE, ou FERRANDINE, qu'on nomme aussi BURAIL. Etoffe legere, dont toute la chîne est de soye ; mais qui n'est tramée que de laine, ou même de poil, de fil, ou de coton. C'est une espece de petite moire, ou de poux de soye.

Les Ferandines, suivant le Reglement de 1667, ne peuvent être que de quatre largeurs, qui sont, un quartier & demi, une demie-aune moins un seize, une demi-aune entiere, & une demie-aune un seize, qui ne peuvent être augmentées, ou diminuées au plus que de deux dents de peigne ; c'est-à-dire, de l'épaisseur d'un teston, ou piece de 15 s. La soye qu'on y employe, doit être, ou tout soye cruë, ou tout soye cuite, sans mélange de l'une avec l'autre, à peine de 60 liv. d'amende.

La longueur des pieces des Ferandines sont de soixante à soixante-dix aunes.

Les

Les Ferandines payent en France 4 ſ. la livre de droits de ſortie.

FERANDINIER. Marchand Manufacturier, qui fait, & fait fabriquer, & vend de la ferandine.

Les trois Reglemens pour les Manufactures de ſoye, donnez en 1667, pour les Villes de Paris, Lyon & Tours, ne mettent aucune difference entre les Ferandiniers, & les autres Ouvriers en draps d'or, d'argent & de ſoye. Il y a cependant à Paris une Communauté de Maîtres Ferandiniers-Gaziers, qui ſemblent faire un Corps à part, & qui pourſuit des Statuts particuliers, ſous le nom de Marchands Fabriquans.

Ils ſont comme diviſez en deux claſſes: dans la premiere, ſont ceux qui retiennent le nom de Ferandiniers, & qui ne font que des ferandines & des griſettes, ou autres legeres étoffes mêlées de ſoye, de laine, de poil, & de coton; & dans l'autre, ſont les Gaziers, ou Gazetiers, qui ne fabriquent que des Gazes. *Voyez* GAZE, *&* GAZIER.

FERBLANTIER. Ouvrier qui travaille à divers ouvrages de fer blanc; comme plats, aſſiettes, lampes, & lanternes, &c.

La veritable qualité des Ferblantiers, eſt Taillandiers Ouvriers en fer blanc & noir. Ils ſont de la Communauté des Taillandiers. *Voyez* TAILLANDIER.

FERET D'ESPAGNE, qu'on appelle auſſi PIERRE HEMATITE. C'eſt un minéral en forme de pierre rougeâtre, dure, peſante, & par aiguilles longues & pointuës, dont la piquûre eſt très-dangereuſe.

Ce minéral ſe trouve dans toutes les mines de fer; & il ne porte apparemment le nom de Feret d'Eſpagne par privilege, que parce que c'eſt en Eſpagne qu'on a d'abord découvert la vertu, qu'on ſuppoſe qu'il a, d'arrêter le ſang.

Les Doreurs & les Orfévres s'en ſervent, pour polir l'or qu'ils employent en feüilles; étant auſſi propre à cet uſage, que la ſanguine ordinaire.

On broye le Feret, pour le faire entrer dans quelques compoſitions galleniques; & les Chercheurs de pierre philoſophale, le mettent au nombre des drogues importantes, ſur leſquelles ils fondent leurs riches, mais chimeriques eſperances.

Il faut choiſir le Ferret d'Eſpagne haut en couleur, en belles aiguelles, & le plus approchant du cinabre qu'il ſe pourra.

Le Feret d'Eſpagne paye en France les droits d'entrée, comme la pierre de ſanguine.

FERET. Terme de Verrerie. C'eſt une verge de fer, mais qui n'eſt point percée comme la felle. Les Verriers s'en ſervent à cueillir le verre dont ils veulent faire des ornemens ſur les ouvrages qu'ils ont ſoufflez à la felle. *Voyez* VERRE.

FERLANDE, ou FRELANDE. Les Angevins nomment ainſi la petite monnoye de billon, qu'on nomme à Paris Sous marquez. *Voyez* SOU.

FERLET. Eſpece d'inſtrument de bois, en forme de T, dont on ſe ſert dans les papeteries, pour jetter les feüilles de papier les unes après les autres ſur les cordes qui ſont dans les étendoirs, pour les faire ſécher, après qu'elles ont été collées & preſſées. *Voyez* PAPIER.

FERLIN. Ancienne monnoye qui valoit le quart d'un denier. On n'en voit plus que dans les cabinets des Curieux.

FERLIN, ou FELLIN, comme l'appelle le Tarif de la Doüane de Lyon. Etoffe de laine qui ſe fabrique en Angleterre.

Les Ferlins payent en France les droits d'entrée à raiſon de 3 liv. la piece de ſept à huit aunes; ſuivant l'Arrêt du 20 Decembre 1687.

Ils ne peuvent entrer que par Calais & S. Vallery, conformement aux Arrêts du 8 Novembre 1687, & 3 Juillet 1692.

FERMAGE. Prix qu'un Fermier donne pour un bien, droit ou heritage, qu'il a pris à ferme.

FERME. Bail, ou loüage, qu'on fait d'un heritage, moyennant une certaine ſomme en argent, ou une redevance en grains, ou autres eſpeces de fruits. On prend auſſi à Ferme des droits, comme les dixmes, les droits ſeigneuriaux, les droits de bac, de paſſage, de pontenage, &c.

On dit, Donner une Ferme à la moitié, au tiers, au quart; pour dire, la donner à la charge que le Fermier en rendra la moitié, le tiers, ou le quart en grains qui croiſſent ſur la terre, francs & quittes de tous frais.

FERMER UN COMPTE. Signifie la même choſe que Solder un compte. *Voyez* COMPTE.

FERMER UNE ESTOFFE, en termes de Manufacture. C'eſt la bien clore, la bien frapper ſur le métier. On dit en ce ſens, Ce drap eſt bien fermé; pour dire, qu'il n'eſt point lâche, qu'il eſt bien fabriqué, bien frappé.

FERMER LES PORTS, ou, comme on dit dans quelques endroits, METTRE UN EMBARGO. C'eſt empêcher qu'il n'entre ou qu'il ne ſorte aucun bâtiment dans les Ports d'un Etat.

On ferme les Ports de deux manieres; ou par une défenſe génerale, qui regarde tous les navires; ce que font ſouvent les Anglois, quand ils veulent tenir quelque entrepriſe, ou quelque nouvelle ſecrete; ou par une défenſe particuliere, qui n'eſt que pour les bâtimens marchands, pour obliger les Matelots qui ſervent deſſus, de prendre parti ſur les navires de guerre, quand on a de la peine à en former les équipages. Cette derniere défenſe eſt très-préjudiciable au commerce, & ne doit avoir lieu que dans des occaſions importantes, & d'où peut dépendre le ſalut de l'Etat. *Voyez* EMBARGO.

FERMER. On dit, en termes de commerce, qu'un Marchand a fermé ſa boutique, lorſqu'il a quitté le trafic, ou qu'il a fait banqueroute.

On dit auſſi, que les bourſes ſont fermées; pour ſignifier que l'argent eſt rare, & qu'on en trouve difficilement à emprunter.

FERMES. On appelle en France les cinq groſſes Fermes, les principales Fermes d'entrée & de ſortie, pour leſquelles il y a des Tarifs particuliers; commme la Doüane de Paris, la Doüane de Lion, celle de Valence, la Contablie & Convoy de Bordeaux, &c. auſquelles néantmoins on a depuis ajoûté quantité d'autres droits.

FERMES GENERALES. Il ſe dit des trois grandes Fermes du Roy, & celles qui en dépendent, réunies dans un ſeul bail. Ces trois Fermes ſont, les Gabelles, les Aydes, & les cinq groſſes Fermes. On les appelle auſſi Fermes-unies.

FER-

FERMIER. Celui qui prend à ferme, ou un droit, ou un heritage, moyennant un certain prix par an.

Fermier General. On le dit en France, des Cautions de l'Adjudicataire des Fermes générales du Roy.

Sous-Fermier. C'est celui qui afferme sous un autre.

FERMOIR. Gros ciseau de fer aceré, qui sert à dégrossir & ébaucher les ouvrages de charpente & de menuiserie. Son biseau est des deux côtez; & il a un manche de bois fort, & capable de soûtenir les coups redoublez du maillet. Il y en a de diverses grandeurs.

Fermoir a nez rond. C'est le même outil; mais dont le taillant est un peu échancré, & abbattu en chanfrain.

Fermoir a trois dents. Les Sculpteurs en marbre & en pierre se servent de cet outil, pour ébaucher leur ouvrage. Il est semblable au grand Fermoir des Menuisiers; hors qu'il y a deux ouvertures au tranchant, qui le sépare comme en trois dents, d'où il a pris son nom.

FERNANBOUC. Nom qu'on donne au bois de Bresil, qui vient de Fernanbouc, Ville de la Province de Bresil, dans la partie de l'Amerique, qui appartient aux Portugais. *Voyez* Bresil.

FERRAGE. Droit qui se paye aux Tailleurs particuliers des Monnoyes de France, pour la fourniture des fers nécessaires pour monnoyer les especes.

Ce droit est de seize deniers par marc d'or, & de huit deniers par marc d'argent.

Par le Reglement de l'année 1670, le Maître est tenu de payer le Ferrage sur le pied de la quantité de marcs d'or & d'argent, qui ont passé de net en délivrance. *V.* Tailleur de Monnoyes.

Ferrage. Il se dit aussi du droit qui se paye aux Esgards, ou Jurez de la Sayetterie d'Amiens, pour marquer les étoffes, & leur apposer le plomb. *Voyez* Ferrer.

FERRAILLE. Vieux fers inutiles & roüillez.

Les Chauderonniers appellent aussi Ferraille, les fers qui servent à monter les rechaux de tôle; comme sont les pieds, la grille, & la fourchette.

FERRAILLEUR. Celui qui ramasse des vieux fers, & qui en fait négoce.

Les Ferrailleurs sont differens de ceux qu'on appelle Crieurs de vieux fers & vieux drapeaux, qui font une Communauté de Paris, érigée en Corps de Jurande, depuis le milieu du dix-septiéme siecle, & dont on parle à l'article des Crieurs.

Ceux qu'on nomme Ferrailleurs, sont de petits Marchands Merciers, la plûpart établis sur le Quay de la Vallée de Misere à Paris, ou dans quelques Fauxbourgs, comme celui de S. Antoine, qui achetent de vieux carosses, & qui les dépecent, ou qui s'accommodent avec les Crieurs de vieux fers, de ceux qu'ils ont ramassez dans les courses qu'ils font dans les ruës de Paris.

Il est défendu par l'article 45 des Statuts des Maîtres Selliers-Lormiers-Carossiers, renouvellez en 1678, à tous Ferrailleurs, & Défaiseurs de vieux carosses, de vendre aucuns carosses, coches, caleches, chaises roulantes, & autres choses appartenantes audit métier, qu'il ne soit mis par pieces, & rompu par morceaux, à peine de confiscation & d'amende.

Ferrailleur. Les Chauderonniers nomment aussi de la sorte, des Maîtres Serruriers, qui ne travaillent que pour eux, & dont tout l'ouvrage consiste à faire les grilles, les pieds & les fourchettes des rechaux de tôle. C'est chez ces Ferrailleurs que tous les Chauderonniers de Paris se fournissent de cette sorte de ferraille, d'où ils ont pris leur nom. Il n'y en a guéres que dans le Fauxbourg S. Antoine, & seulement dans la ruë de Naples.

FERRANDINE. *Voyez* FERANDINE.

FERRAND. On appelle à Paris, Maréchal Ferrand, celui qui ferre & qui panse les chevaux; ce qui le distingue en quelque sorte des Maréchaux de gros ouvrages; qui, quoique de la même Communauté, semblent faire un métier à part. Ce sont ces derniers qui ferrent les roues de carosses & de charettes, & qui font tous les ferrements de charruës. *Voyez* Mareschal.

FERRE'E. Etoffe ferrée, est celle qui est plombée, & marquée d'un coin d'acier.

FERREMENTS. Il se dit en général de toutes sortes d'outils de fer: mais quelquefois il se prend en mauvaise part; & pour lors il s'entend des outils, dont les Voleurs se servent pour crocheter des portes.

FERRER UNE PIECE D'ESTOFFE. C'est y apposer un plomb de visite; & le marquer avec un coin d'acier.

Ce terme est particulierement en usage dans la fabrique de la Sayetterie d'Amiens. Dans les autres Manufactures de lainage, on dit, Plomber, ou Marquer. *Voyez l'un & l'autre de ces termes.*

FERRERIE. On appelle Grosse Ferrerie, les gros ouvrages ausquels les Maréchaux Ferrands ont droit de travailler par leurs Statuts & Lettres Patentes. *Voyez* Mareschal.

FERRETIER. Terme de Mareschal Ferrand. C'est le marteau qui lui sert à ajuster ses fers sur l'enclume à chaud ou à froid.

FERREUR. Celui qui plombe & qui marque avec un coin d'acier, les étoffes de laine. A Amiens, il y a six Esgards, ou Jurez de la Sayetterie, que l'on appelle Ferreurs en blanc; d'autres, qu'on nomme Ferreurs en noir; & d'autres encore, Ferreurs de gueldes. *Voyez* Esgards.

Ferreur d'aiguillettes & de lassets. *Voyez* Aiguilletier.

FERRIERE. Sac de cuir, que les Maréchaux qui suivent les équipages, ou les Voituriers, portent avec eux en voyage, pour avoir toûjours ce qu'il faut pour ferrer les chevaux en cas de besoin. On met ordinairement dans la Ferriere, un brochoir, des tricoises, des clous à pointes, & des fers à tous pieds.

FERRONNERIE. Ouvrage de Ferronnerie. Ce terme comprend tous les menus ouvrages de fer, que les Cloutiers, & autres Ouvriers qui travaillent en fer, ont droit de forger & fabriquer en vertu de leurs Statuts & Lettres Patentes. On appelle aussi Ferronnerie, le lieu où l'on fait & où l'on vend de ces sortes d'ouvrages.

FERRONNIER. Celui qui fait ou qui vend des ouvrages de ferronnerie. Les Maîtres Cloutiers de Paris se qualifient Maîtres Marchands Ferronniers. *Voyez* Cloutier.

FERTEL, ou SCHREVE. Mesure d'Allemagne pour les liquides. Le Fertel est de quatre masses; & il faut vingt Fertels pour une ame. Le Fertel se nomme Vertel à Heidelberg. *Voyez* Ame, *ou* Feoder.

FERTEL, ou FERTELLE. Mesure de grains, qui contient le quart d'un boisseau. Elle n'est guéres en usage que dans le Pays de Brabant.

FESSE. — *Voyez* FAISSE.
FESSERIE. — *Voyez* FAISSERIE.
FESSES D'HUILE. — *Voyez* FAISSES D'HUILE.
FESSIER. — *Voyez* FAISSIER.

FESTES AUX AIS. Les petits Marchands de Paris appellent ainsi les jours de Fêtes des Patrons des Paroiſſes ſur leſquelles ils demeurent; parce que, quoique les ais de leurs boutiques ſoient fermez, la plûpart ne laiſſent pas de vendre en dedans, & d'y continuer leur négoce, comme les jours qu'ils nomment Ouvriers; faiſant ainſi entendre, que la Fête n'eſt pas pour eux, mais ſeulement pour les ais de leur boutique.

FEU. Premier & ſecond Feu. Terme de Teinturier du grand teint. Donner le premier ou ſecond feu à une étoffe que l'on a miſe à la teinture; c'eſt la paſſer pour la premiere ou ſeconde fois dans une teinture boüillante de la chaudiere.

On dit quelquefois dans le même ſens, Donner le premier ou le ſecond rechaud.

FEU. On appelle Couleur de feu, un rouge vif & foncé, qui, pour ainſi dire, a l'éclat du feu. Les couleurs de feu orangé & nacarat, ſont faites avec bourre & garance, ſans mêler de fuſtel.

Couleur de feu ponceau ne ſe dit guéres que des rubans. C'eſt ce qu'il y a de plus beau & de plus cher dans ce négoce.

FEU, en termes de Lapidaire. Signifie l'éclat que jettent les pierreries. Il ſe dit particulierement du diamant.

FEU. Les Serruriers & Quincailliers appellent un Feu, l'aſſemblage de tous les uſtenciles de fer, qui ſervent à entretenir & attiſer le feu d'une cheminée; comme la grille, la pelle, les tenailles, les pincettes, &c.

On appelle un Feu d'argent, ces uſtenciles, lorſqu'ils ont des ornemens d'argent. Les Feux d'argent ſont du nombre des meubles faits de ce métail, dont l'uſage a été défendu en France par une Ordonnance de Louis XIV.

FE'VE D'HARICOT. Légume que l'on mange en verd; & que l'on fait auſſi ſécher, pour les garder. *Voyez* HARICOT.

Les Féves d'Haricot payent en France les droits d'entrée & de ſortie, comme légumes. V. LEGUMES.

FE'VES DE MARAIS. Groſſes féves, qui ne ſe mangent guéres qu'en verd, & lorſqu'elles ſont encore fraîches. On en fait auſſi ſécher; mais alors elles ne ſervent qu'à la nourriture des beſtiaux. *Elles payent les droits comme les Féves.*

Les Maîtres Gantiers & Parfumeurs préparent la farine de Féves, pour faire de la poudre à deſſecher les cheveux. *Voyez* POUDRE.

FE'VE. On appelle Germe de féve, en termes de manége, & de marchandiſe de chevaux, la marque noire qui vient dans les creux des coins des chevaux: c'eſt ce qui ſert à en connoître l'âge. *Voyez* CHEVAL.

FEVEROLLE. *Voyez* HARICOT.

FEUILLE. Ne ſe dit au propre, que de ces petits tiſſus de fibres, ou filamens ligneux, de couleur verte, ou approchant du verd, très plats, & pour l'ordinaire longuets & dentelez, dont les arbres recommencent à ſe couvrir au printems, & qui en diſtinguent les eſpeces. On le dit auſſi de ces parties des fleurs minces, & de diverſes figures & couleurs, qui les compoſent, & qui en forment le calice.

FEUILLE D'INDE, que les Epiciers-Droguiſtes appellent *Folium Indicum*, ou *Indum*. Eſpece de drogue dont l'odeur approche de celle de la canelle. *Voyez* FOLIUM-INDICUM.

FEUILLE ORIENTALE. C'eſt un des noms que quelques Droguiſtes & Botaniſtes donnent au Sené, cette plante médicinale ſi connuë, & qui eſt un ſi excellent purgatif. *Voyez* SENE'.

FEUILLE DE NOYER. Cette feüille ſe met du nombre des drogues colorantes des Teinturiers, qui ſont communes au grand & au petit teint. *Voyez* DROGUES. *Voyez auſſi* NOYER.

FEUILLE. Se dit encore de quantité de choſes, qui étant très-plattes & très-minces, reſſemblent par cette qualité aux feüilles des arbres, dont elles empruntent leur nom.

FEUILLE DE PAPIER. C'eſt du papier, qui au ſortir des moules, & après avoir été bien collé & bien ſéché, ſe plie en deux; enſorte que chaque feüille ſe trouve compoſée de deux feüillets. Il faut vingt-cinq Feüilles de papier pour faire une main. *Voyez* PAPIER.

FEUILLE DE CARTES A CHAPPERONNIER. Eſpece de carton leger, dont les Faiſeurs de chapperons ſoûtenoient l'étoffe, dont ils faiſoient autrefois cet ancien habillement des bonnes Bourgeoiſes de Paris.

Ces ſortes de Cartes payent en France les droits d'entrée, à raiſon de 25. ſ. du cent peſant; & ceux de ſortie, ſur le pied de 22. ſ.

FEUILLE. Se dit chez les Meſſagers, & Fermiers des Caroſſez & Coches publics, de l'extrait ou duplicata de leurs Regiſtres, que portent avec eux leurs Cochers, Chartiers & Voituriers, & qui leur tient lieu de Lettres de voiture. On les appelle Feüilles, parce que ces extraits ſont écrits ſur des feüilles volantes de papier. Elles doivent être toutes conformes aux Regiſtres, & porter la quantité, poids & qualité des marchandiſes & perſonnes, qui ſont voiturées par ces commoditez publiques. C'eſt ordinairement ſur ces Feüilles, que ceux à qui les ballots, marchandiſes & denrées ſont adreſſez, mettent leur décharge au bas des articles qui les concernent; ce qui s'appelle Décharger la Feüille. *Voyez* MESSAGER.

FEUILLE Se dit auſſi de divers métaux, qui ſont réduits avec le marteau en lames très-plattes, & quelquefois ſi minces & ſi legeres, que le moindre ſouffle les peut enlever. Dans ce ſens, il y a de l'or, de l'argent, du cuivre, & de l'étain en feüille, que frappent & fabriquent les Batteurs d'or, en les battant à froid ſur une enclume, entre des morceaux de veſſie de cochon, qui, en termes de l'art, ſe nomment Beautruche. *Voyez* BATTEUR D'OR. *Voyez auſſi les articles de ces deux métaux.*

FEUILLE DE FER BLANC. C'eſt du fer réduit en feüille, & blanchi avec l'étain. Feüille de fer noir, c'eſt le même fer, qui n'a point été étamé. On l'appelle auſſi de la tôle, quand on lui a laiſſé une certaine épaiſſeur. *Voyez l'article general du* FER, *où il eſt parlé du Fer en feüille.*

FEUILLE DE LETON. C'eſt du cuivre bien battu, & réduit en feüilles très minces. V. LETON.

Les Feüilles de leton payent en France les droits d'entrée, à raiſon de 4 liv. du cent peſant.

FEUILLE. On appelle la Feüille d'une ſcie, ou plûtôt la ſcie même, cette piece de fer très-mince & dentelée, avec laquelle on refend, l'on ébauche, ou l'on couppe les bois, ou d'autres matieres ſolides, & propres à être ſciées.

Il y a des Feüilles de scie sans dents, qui servent à scier les marbres & les pierres dures. *V.* Scie.

Feuille. Se dit aussi de ces menuës pieces de bois précieux, & de diverses couleurs, que les Ebenistes, ou Menuisiers de placage, ont réduites en lames d'environ une ligne d'épaisseur avec la scie à refendre. *Voyez* Marqueterie.

Feuille de Hestre. C'est du bois de hestre débité en petites planches très-minces, de quatre pouces de largeur, & de trois pieds à trois pieds & demi de longueur, dont on fait les fourreaux d'épées, de bayonnettes, & autres semblables armes, que montent les Fourbisseurs.

Les meilleures Feüilles de Hestre, & desquelles se servent les Fourbisseurs de Paris, viennent de Villers-Cotterets. On les vend au cent.

Feuille de Sauge. C'est une espece de pioche, instrument dont se servent les Maçons & Terrassiers. *Voyez* Pioche.

Feuille. On donne aussi le nom de Feüilles aux ciselets dont les Fourbisseurs, Armuriers, Arquebusiers, & autres Ouvriers, qui font sur leurs ouvrages des ornemens de ciselure, se servent pour former d'un seul coup de marteau, les diverses figures de feüilles qu'ils veulent y représenter.

Ces Feüilles sont en forme de poinçons d'un acier très-aceré, de trois à quatre pouces de long; & ont à une de leurs extrémitez une feüille, ou de chesne, ou de laurier, gravée en creux: quand la Feüille est frappée, on la refend avec un autre ciselet, qu'on nomme Couteau à refendre. *Voyez cet article.*

Feuille. Les Vignerons, Cabaretiers & Marchands de vin, distinguent & marquent l'âge des vins par le mot de Feüille; chaque Feüille désignant une année. Ainsi l'on dit: Du vin de deux, de trois & de quatre Feüilles; pour dire, du vin de deux, de trois & de quatre années. *V.* Vin.

Feuille de Vermillon. Les Gantiers & Parfumeurs nomment de la sorte, des feüilles d'un papier très-fin, de six ou sept pouces en quarré, un peu plus longues que larges, qui sont couvertes dans le milieu, de ce beau rouge, dont les Dames font tant de cas pour s'embellir. La plûpart de ce rouge vient d'Espagne, de Portugal, & d'Italie. Celui de Portugal vient plus ordinairement en assiette. *Voyez* Vermillon.

FEUILLERET. Espece de rabot, qui sert à feüiller; c'est-à-dire, à faire des feüilleures. Le fust de ce rabot a pardessous une feüilleure, qui le dirige le long de la planche que l'Ouvrier veut feüiller.

FEUILLET, Partie d'une feüille pliée en deux.

L'Ordonnance de 1673, art. 3 & 4 du Titre 3, veut, Que les Livres des Négocians & Marchands, aussi-bien que ceux des Agens de Change & de Banque, soient cottez, signez & paraphez; les uns sur le premier & dernier Feüillet; & les autres sur tous les Feüillets, par les Consuls, ou Maires des Villes, s'il n'y a point de Jurisdiction Consulaire: Et de plus, qu'à ceux des Agens de Banque, il sera fait mention au premier Feüillet, du nom de celui qui s'en doit servir, de la qualité du Livre, & si c'est le premier ou second.

FEUILLETTE, que l'on écrit aussi FEILLETTE, & que quelques-uns appellent FILLETTE. Sorte de futaille, ou moyen tonneau, servant à mettre du vin, ou d'autres liqueurs. La Feüillette est la moitié du muid de Paris: aussi lui donne-t-on le plus souvent le nom de Demi-muid. Ce terme est particulierement en usage en Bourgogne. *Voyez* Muid.

En quelques Provinces de France, singulierement du côté de Lyon, la Feüillette est aussi une petite mesure à liqueur, qui revient à une chopine, ou moitié de la pinte de Paris.

Quelques-uns veulent que le mot de Feüillette soit tiré des Italiens, *Foglietta*, qui est chez eux une petite mesure: mais d'autres prétendent au contraire, que ce sont les Italiens qui l'ont pris des François; parce que *Foglietta* chez les premiers n'est pas bien ancien.

FEUILLIERE. Terme de Carrier. On appelle les Feüillieres d'une carriere, les veines de terre, qui en couvrent le ciel; & qui n'étant point soûtenuës, peuvent causer des fondis. On fortifie ordinairement les Feüillieres par des piliers de moëlon, ou par des madriers & des arcs-boutans de bois. *Voyez* Carriere.

FEULTREMENT. Terme de Teinture. Il se dit particulierement des nuances des soyes propres à la tapisserie sur canevas; lorsque par le peu d'habileté du Teinturier, ces nuances sont confonduës, & mal suivies. On dit aussi, Broüillement.

FEURE. Ancien mot, qui signifioit autrefois toutes sortes d'Ouvriers, qui travailloient sur les métaux, particulierement sur le fer.

Quoique ce terme ne soit plus d'usage, il se conserve cependant toûjours dans les Statuts & Lettres Patentes de quelques Communautez des Arts & Métiers de la Ville de Paris.

Feures Mareschaux. C'est la qualité que prennent les Maîtres Maréchaux ferrants chevaux & carosses de la Ville de Paris, dans leurs Statuts, & que les Rois depuis plusieurs siécles leur donnent dans leurs Lettres Patentes. *Voyez* Mareschal.

Feures Couteliers. C'est pareillement le nom que les Couteliers ont dans leurs Statuts & Lettres Patentes. *Voyez* Coutelier.

FEVROLES. Especes de féves très-petites, que l'on nomme aussi Haricots, ou Fayoles. *Voyez* Haricot.

FEUTRAGE. Action par laquelle on feutre. Il se dit dans les manufactures de lainage, de la préparation du feutre, sur lequel on regle le mélange des laines pour les draps qui ne vont point à la teinture. *Voyez ci-après* Feutre.

Feutrage. Se dit aussi, en termes de Chapelier, de la façon que l'on donne aux capades, en les marchant & feutrant avec la main. *V.* Chapeau.

FEUTRAITTE. Droit que l'on paye aux Seigneurs en quelques endroits de France, pour avoir permission de tirer sur leurs terres, la mine de fer, qui sert à entretenir les fourneaux des forges & fonderiers.

FEUTRE. Sorte d'étoffe de laine toute seule, ou de laine & de poil, qui n'a ni filure, ni croisure, ni tissure, & qui ne prend de consistance qu'à force d'être maniée, & foulée avec de la lie & de la colle, & ensuite façonnée sur un bassin, à l'aide de l'eau & du feu.

Les poils de castor, d'autruche, de chameau, de lapin, & les laines de vigogne, d'agnelins, ou petits moutons, sont les matieres les plus ordinaires qui entrent dans la composition du Feutre; & les chapeaux de toutes sortes, sont les

les ouvrages les plus communs, où les Feutres qui font faits de ces matieres, soient employez.

On fait pourtant des souliers & des chaussons de Feutre; mais le commerce en est peu considerable, en comparaison de celui des chapeaux.

Quand le Feutre destiné aux chapeaux, est entierement foulé & préparé, on le réduit dans un seul morceau, de la figure à peu près d'un grand entonnoir, ou d'une chausse à hypocras; & pour lors il est propre à être mis en forme, & de devenir chapeau, qui est le nom le plus usité qu'il prend en perdant le sien. En de certains cas néantmoins le chapeau conserve encore le nom de Feutre, mais toûjours par dérision; comme quand les bords en sont trop étendus, on l'appelle un grand Feutre; ou quand il a servi long tems, un vieux Feutre. *Voyez* CHAPEAU.

FEUTRE. C'est aussi une maniere de bourre, dont les Selliers se servent pour feutrer les selles.

Les Feutres pour Selliers payent en France les droits de sortie, comme mercerie; c'est-à-dire, à raison de 2 liv. du cent pesant, s'ils sont destinez & declarez pour les Pays Etrangers, conformement à l'Arrêt du 3 Juillet 1692.

FEUTRE. Est encore dans les manufactures de Drapperie, un morceau de laine, ou espece d'étoffe, qu'on a feutrée, pour servir d'épreuve au mélange des laines, dont certains draps doivent être fabriquez.

L'on a dit ailleurs (dans l'article des Draps) qu'on fait de deux sortes de draps; sçavoir, des draps en blanc, c'est-à-dire, fabriquez avec de la laine blanche, pour être ensuite mis à la teinture; & des draps mélangez, dont les laines sont filées toutes teintes & mêlées des couleurs dont ils doivent rester, sans qu'il soit nécessaire qu'ils passent par la main du Teinturier, après avoir été fabriquez.

C'est pour préparer les laines propres à ces derniers draps, & en assurer le mélange, que l'on fait l'échantillon ou Feutre dont on parle dans cet article; & dont on ne croit pas inutile de donner ici une description, aussi-bien que du mélange des laines, que l'on fait d'après l'échantillon ou feutre.

Maniere de faire le Feutre & le mélange des laines, pour les draps qu'on appelle Mélangez.

Le Feutre, ou échantillon, qu'on fait dans les manufactures de Drapperie, ne devant servir que pour juger du mélange des laines que l'on veut employer à chaque piece de drap mélangé, & voir l'effet bon ou mauvais, que les couleurs qu'on veut mêler, peuvent faire à la vûë, on n'employe à cet échantillon que très-peu de laine, qui pour l'ordinaire ne va guéres qu'à deux gros pesans.

Après que le Directeur de la Manufacture a fait le choix des couleurs, qui lui agréent, ou qu'il croit pouvoir plaire au public, il les pese séparement, & en met plus ou moins de chaque couleur, suivant qu'il veut qu'il y en ait quelqu'une qui domine plus ou moins que les autres.

Chaque grain pesant de laine dans l'échantillon, s'estime à 20 livres pesant des mêmes laines, dans le mélange de celles qu'on doit faire ensuite pour la fabrique des draps, pour l'essai desquels on fait la Feutre. Un exemple va expliquer la chose.

Un Fabriquant veut mélanger son drap de trois couleurs; supposons de couleur de caffé, de feüille-morte, & de bleu-pâle: il veut encore que le caffé soit la couleur dominante, c'est-à-dire, celle du fond, la feüille-morte, la couleur moyenne, & le bleu-pâle, celle qui s'y fasse remarquer le moins.

Pour cela, il pese d'abord pour son Feutre 70 grains de la premiere laine, 25 de la seconde, & 20 de la derniere: & ensuite, parce que chacun des grains de l'échantillon multipliez, comme on l'a dit, par vingtaines de livres de laine, font 1400 l. pour la laine caffé, 500 l. pour la laine feüille-morte, & 400 l. pour le bleu-pâle, qui font en tout 2300 l. il en destine ce nombre pour la fabrique de ses draps, qui à raison de 65 à 70 liv. par piece de 38 à 40 aunes chacune, suffit pour en fabriquer environ 28 ou 30 pieces.

Les laines de l'échantillon ainsi pesées, puis bien mêlées, bien huilées, & bien cardées, on les moüille dans de l'eau claire; ensuite on les enduit de savon noir, & en cet état on les roule & les manie long-tems entre les mains, jusqu'à ce qu'étant entierement foulées, elles soient réduites en un morceau de Feutre, tout-à-fait semblable à celui dont les Chapeliers font leurs chapeaux.

Le Feutre achevé, on le dégorge dans l'eau claire, pour en ôter l'huile & le savon qu'on y avoit d'abord mis; quand il est bien sec, on en tire le poil au chardon, après quoi on le tond une, ou même plusieurs fois, s'il est nécessaire; ensorte que le fond paroisse, & qu'on y découvre les differentes couleurs qu'on y a mises. Enfin, ayant été un peu moüillé, & mis en presse, on l'examine; & si l'on est content des couleurs, on en fait le mélange en la maniere qu'on va dire; sinon, on recommence un autre Feutre, auquel on augmente ou l'on diminuë ce qu'on trouve de trop ou de trop peu dans le mélange du premier.

Quand on est content de l'échantillon, on travaille à rompre la laine, c'est-à-dire, à la mélanger.

Pour cela un Ouvrier s'établit au centre d'un lieu destiné à cet usage, & autour de lui plusieurs femmes, qui forment une espece de cercle, tournent sans cesse avec les laines de diverses couleurs, qui sont entrées dans le feutre.

Toutes ces femmes sont mêlées, ensorte qu'il ne s'en trouve jamais deux de suite qui portent les mêmes couleurs: & pour se servir de l'exemple qu'on a employé dans l'échantillon: D'abord marche une femme avec la couleur caffé, qui est le fond; une seconde la suit avec la feüille-morte qui est la couleur moyenne; puis vient une troisiéme avec le bleu-pâle, qui est la couleur qui doit dominer le moins: une quatriéme recommence avec le caffé, & ainsi alternativement, tant qu'il a de femmes destinées à ce mélange; qui toutes attentives aux ordres de l'Ouvrier, qui est au milieu, jettent en passant autour de lui, plus ou moins de la laine dont elles sont chargées, suivant qu'il le leur prescrit.

Toute la laine étant bien rompuë, c'est-à-dire, bien mêlée, on la fait battre sur des clayes, afin de la mieux ouvrir, & d'en faire sortir la poussiere & les ordures qui pourroient y être.

On l'ouvre encore davantage, en la passant par de grosses cardes, qu'en Languedoc on nomme Cardasses, dont les unes sont attachées sur une espece de chevalet, & les autres sont à la main des Ouvriers qui donnent aux laines cette façon.

On se sert ensuite de cardes plus fines, pour fondre mieux les couleurs ensemble; mais elles ne reçoivent cette nouvelle façon, que l'on appelle Rembourage, qu'après qu'elles ont été humectées d'huile.

En-

Enfin, on leur donne le dernier cardage avec des cardes très-fines; & c'est au sortir de là qu'on les distribuë aux Fileuses; aux unes, qui filent le plus fin, pour la chaîne; & aux autres, qui filent plus gros, pour la tréme.

Les laines destinées pour la chaîne étant filées, l'Ourdisseur en forme des trogues; c'est-à-dire, des chaînes suffisamment longues, pour en faire deux pieces de drap sur chaque métier.

Les trogues ourdies se collent avec de la colle de Flandre, fonduë dans de l'eau chaude, & se séchent à l'air, étenduës sur des perches, que portent des fourchettes aussi de bois, fichées en terre.

Quand elles sont à peu près séches, on en sépare les fils, en faisant passer tout du long un peigne de fil de fer, crainte qu'en les laissant sécher tout-à-fait, la colle ne les unît tellement ensemble, qu'on ne les peut plus séparer sans les rompre.

Enfin, lorsqu'elles sont bien séches, & qu'on a rejoint les fils rompus avec de la laine de la même filure, on les donne au Tisserant, qui les monte sur le métier; & qui avec la tréme qu'on lui fournit, en fabrique un drap conforme pour les couleurs à l'échantillon, ou feutre, qui en a d'abord été fait.

FEUTRER DES LAINES. C'est en faire un morceau de feutre, avant de travailler au mélange. *Voyez l'article précédent.*

Feutrer. Terme de Chapelier. C'est manier l'étoffe d'un chapeau, réduite en capades, pour lui donner du corps. On dit aussi, Marcher, quoique cette façon ne se donne qu'avec les mains. On feutre d'abord à froid, & ensuite à chaud sur le bassin. *Voyez* Chapeau.

Feutrer une selle. Terme de Sellier. C'est la remplir de bourre.

FEUTRES. Terme de Papeterie. Ce sont des morceaux de revêche, ou autres étoffes de laine, sur lesquels les Ouvriers, qui travaillent dans les moulins à papier, couchent les feüilles de papier, à mesure qu'elles se fabriquent. On leur donne aussi le nom de Flottes *Voyez* Papier.

FEUTRIER. On nomme ainsi dans les Manufactures de Drapperie, l'Ouvrier qui prépare le feutre, ou échantillons pour les draps mélangez.

Feutrier. Se disoit aussi autrefois des Ouvriers qui faisoient, & des Marchands qui vendoient le feutre, c'est-à-dire, une étoffe sans tissure, dont on faisoit des manteaux de pluye.

FEUTRIER. Terme de Chapelier. Il se dit d'un morceau de toile forte & neuve, dans laquelle on enveloppe les capades, le lambeau entre-deux, pour les marcher, ou feutrer à chaud sur le bassin, afin de pouvoir les mettre en état d'en former un chapeau. *Voyez* Chapeau.

FI, ou FY. Terme de Marchand Boucher. C'est une espece de maladie, qui prend assez souvent aux bœufs & aux vaches, & qui même se communique aux hommes. Les Statuts des Maîtres Bouchers leur défendent de vendre des animaux attaquez du Fi.

FIAMETTE. Couleur rouge, qui imite celle de feu clair.

FIASQUE, en Italien *Fiasco.* Mesure des liqueurs, dont on se sert dans quelques Villes d'Italie. Elle revient à peu près à la bouteille, ou pinte de Paris. A Florence, vingt Fiasques font le baril; & soixante Fiasques, le star ou staro.

FICELLE, que l'on écrit quelquefois FISCELLE; FISELLE, ou FISELE. Petite corde fort déliée, composée de deux ou trois menus brins de fil de chanvre, cablez ou tortillez ensemble.

On se sert de la Ficelle, à lier des paquets de marchandises, à ficeller du tabac à raper, à coudre des emballages, & à empointer les pieces de drap, & autres étoffes de laine. On en fait aussi des sangles, des filets, ou reseaux pour la chasse, ou pour la pêche; des émouchettes pour les chevaux; des lames ou lisses pour les Tisserans & Ouvriers qui travaillent de la navette sur le métier, & quantité d'autres semblables ouvrages.

La Ficelle est plus ou moins grosse, plus torse ou plus lâche, suivant l'usage à quoi elle est destinée.

La plus torse & la plus unie se nomme du Foüet, à cause qu'on en met au bout des foüets des Cochers, pour les faire mieux claquer, ou pour toucher plus vivement les chevaux.

La Ficelle se vend par pelottes, ou par paquets, en forme de gros écheveaux de fil. Ses bonnes qualitez sont, d'être bien séche, bien blanche, & filée comme il faut; c'est-à-dire bien cablée, & bien unie; sur-tout que les pelottes soient aussi belles dedans que dehors; les Cordiers qui la fabriquent étant très-sujets à tromper là dessus.

Les lieux de France où il se fait le plus de Ficelle, sont, Paris, Abbeville, Rouen & Troyes.

La Ficelle de Paris est pour l'ordinaire par petites pelotes d'environ une once.

Il en vient d'Abbeville de trois sortes La premiere est à deux fils, & est très-fine, très-blanche, & très-unie: elle se nomme Ficelle lisse, a cause qu'elle sert particulierement aux Ouvriers qui travaillent de la navette, pour faire les lisses de leurs métiers. La seconde, qui est à trois fils, & un peu plus grosse que la lisse, se nomme simplement de la Ficelle. Enfin, la troisiéme, qui est pareillement à trois fils, mais beaucoup plus grossiere que la seconde, s'appelle du Cacheron. Les Ficelles d'Abbeville sont en pelotes de quinze onces, de sept onces & demi, ou de trois onces trois quarts.

La Ficelle de Roüen est en paquets de douze ou quatorze pouces de longueur, pliez en maniere d'écheveaux; & celle de Troyes, par grosses pelottes de deux à trois livres. Cette derniere est la moins estimée de toutes; étant pour l'ordinaire brune, peu torse, & fort cassante.

Il se tire de Hollande quelques Ficelles très-fines, dont on se sert à empaqueter certaines especes de marchandises, particulierement les linons & les toiles de batistes; ce qui fait qu'il s'en consomme beaucoup dans les blanchisseries de Picardie.

Ce sont les Maîtres Cordiers, & les Marchands Merciers, Epiciers & Chandeliers, qui font à Paris le commerce de la Ficelle, soit en gros, soit en détail: les Cordiers néantmoins ne vendent guéres que celle qu'ils ont eux-mêmes fabriquée quoique par leurs Statuts ils ayent la faculté de vendre toutes sortes de ficelle foraine.

La Ficelle se vend au poids; quelquefois pourtant à la brasse & à la toise, mais rarement, & seulement dans le plus petit détail.

La Ficelle est employée dans le Tarif de 1664, sous le titre de Cordage, & comme telle, les droits d'entrée & de sortie du Royaume, & des Provinces reputées étrangeres, ne dûi-

doivent être payez; sçavoir, à l'entrée, sur le pied de 15 s. du cent pesant; & à la sortie, à raison de 40 s. aussi du cent pesant.

Ficelle. Est aussi un terme de Marchand Chapelier, qui signifie cette marque que la Ficelle a faite au pied de la forme du chapeau, lorsqu'on l'a enficelé. Cette marque est plus ordinairement appellée le Lien du chapeau. *V.* Chapeau.

FICELLER. Lier un paquet de marchandise, ou autre chose, avec de la ficelle.

Ficeller. On dit, en termes de Doüane, qu'un ballot, une balle, ou une caisse de marchandises, a été ficellé & plombé; pour signifier, que l'on a passé un morceau de ficelle autour du nœud de la corde de l'emballage, au bout de laquelle les Visiteurs ont mis le plomb du Bureau.

On ficelle les ballots, pour empêcher qu'ils ne soient ouverts ou visitez en chemin dans les autres Bureaux de la route, par où ils doivent passer; & aussi afin qu'on ne puisse en tirer des marchandises, & en substituer d'autres à la place. *Voyez* Emballage.

FICELLIER. Espece de tourniquet de bois fort leger, sur lequel les Marchands qui font un grand détail, & dont les marchandises doivent être ficellées, ont coûtume de devider la ficelle, qui leur sert à faire des paquets.

Le Ficellier s'attache dans les magasins ou boutiques, au dessus du comptoir; afin que le Marchand puisse toûjours avoir sa ficelle à la main.

Quelques-uns appellent cette legere machine, une Tournette, parce qu'elle tourne sur deux tourillons, quand on tire le bout de la ficelle, qui y est devidée.

FICHE. Ouvrage de Serrurerie. C'est une espece de penture.

Les Fiches sont composées de deux aîles, qui sont jointes ensemble par le nœud de la fiche, On les appelle Fiches, parce que leurs aîles entrent & se fichent dans une entaille étroite, qu'on fait au bois.

Il y a de deux sortes de Fiches, la Fiche à gond, & la Fiche à double nœud, qui ont encore chaçune leur subdivision en differentes especes.

Ce qu'on nomme simplement Fiche à gond, est une grosse fiche propre à porter une porte cochere, dont le gond se scelle en plâtre. Il s'en fait depuis deux pouces de haut jusqu'à six pouces.

Les Fiches à bouton, à vase, & à pointe, sont aussi du nombre des Fiches à gond. Les dernieres & les premieres ne sont plus d'usage. Les Fiches à vase se distinguent par leur hauteur, qu'on compte en augmentant de demi-pouce, depuis deux pouces jusqu'à cinq, & par pouces depuis cinq jusqu'à douze. Cette hauteur se compte seulement entre les deux vases; ces deux ornemens ne se comprenant point dans la mesure. Elles servent, suivant leur force & qualité, à ferrer des volets d'armoires, des croisées, & les portes qu'on veut démonter.

Les Fiches à double nœud, qu'on nomme aussi Fiches à charniere, sont aussi de plusieurs sortes, sçavoir, celles qu'on nomme simplement Fiches à double nœud, les Fiches à chapelet, & celles à renfondrement. Il y a aussi des doubles nœuds à vase. Il se fait des deux premieres sortes de Fiches depuis demi-pouce jusqu'à quatorze & quinze pouces de hauteur. Il y a même des chapelets extraordinaires qui sont aussi hauts que la porte même, à laquelle ils servent de penture. *Voyez* Chapelet.

Pour les Fiches de renfondrement, qui sont celles qu'on peut démonter, par le moyen de la broche qu'on leve, elles ont depuis deux pouces & demi jusqu'à six pouces de hauteur; & les doubles nœuds à vase, depuis trois pouces jusqu'à un pied.

Les Maîtres Serruriers de Paris font fort peu de ces sortes de Fiches, quoiqu'il s'en consomme quantité dans les bâtimens de cette Capitale, & des environs. Ils les achetent toutes faites des Quincailliers, qui les tirent de Forest, & de quelques villages près de Sedan, entr'autres, de Vignes-au-bois.

Fiche. C'est aussi un outil de Maçon & de Limosin, qui leur sert à faire entrer le mortier entre les joints des pierres de taille. On l'appelle aussi Couteau à ficher le mortier. Il est de fer très-plat, & finissant en pointe, avec un manche de bois.

FICHER LE MORTIER. Terme de Maçonnerie. C'est faire entrer le mortier dans les joints des pierres avec l'outil qui s'appelle une Fiche. On dit, Reficher ou Rejoinctoyer les vieilles assisses, lorsque dans une muraille, ou autre ouvrage de maçonnerie, on en remaçonne les joints.

FICHEUR. Limosin, ou Ouvrier, qui fiche le mortier.

FICHURE. Espece de harpon à trois pointes, fait en forme de trident, avec lequel les Pêcheurs dardent le poisson dans les étangs salez. Elle n'est guéres differente de la foüine.

FIEL. Petite vessicule, qui contient une humeur jaune & amere, qui se trouve dans les animaux, à la reserve de fort peu d'entr'eux, qu'on dit qui n'ont point de fiel; ce qui est certain des pigeons.

C'est du Fiel de bœuf qu'on tire assez souvent la pierre qu'on appelle Pierre de fiel, & quelquefois Bezoard de bœuf. Elle est de la couleur & de la grosseur d'un jaune d'œuf, molasse, & par écailles. On s'en sert pour peindre en mignature: elle produit la même couleur que la gomme gutte.

La pierre de Fiel est aussi de quelque usage dans la Médecine; & peut-être auroit-elle la même réputation que les bezoards qui viennent des Indes d'Orient & d'Occident, si elle nous étoit apportée d'aussi loin. Il faut la choisir haute en couleur, & bien séche.

Fiel de verre. Ecume séparée de dessus la matiere du verre, avant qu'elle se vitrifie. Il se nomme autrement Axonge, ou Sel de verre. *Voyez* Axonge.

FIERTONS. Terme de Monnoyeurs. On nommoit autrefois Fiertons, les poids sur lesquels se faisoit la verification des flaons.

Les Fiertons contenoient les poids du remede de l'ouvrage qui devoit être monnoyé. On les nomme presentement Deneraux. *Voyez cet article.*

FIERTONNEURS. Officiers Monnoyeurs créez en 1214., par Philippes le Bel.

Ces Officiers devoient aller visiter deux fois le jour, le matin & de relevée, les Ouvriers de chaque fourneau, & dans ces visites être munis de leurs balances & fiertons, pour y recevoir l'ouvrage qui se trouvoit devant chacun de ces Ouvriers. *Voyez* Deneraux.

FIGIE-CAQUE. Sorte de fruit qui croît à la Chine, qui fait partie du commerce que les Chinois font à Siam Il coûte quatre taëls cinq mas le pic à Canton, & se vend cinq taëls deux mas à Siam.

FIGUE. Il n'y a perfonne qui ne connoiffe ce fruit délicieux, que les Délicats mettent avec la pêche & le melon au deffus de tous les meilleurs fruits. Il y en a un nombre prodigieux de differentes efpeces, qu'on laiffe aux Botaniftes à diftinguer, & à décrire.

A l'égard du commerce, on n'y en connoît proprement que de deux fortes, les violettes, & les blanches. Les unes & les autres viennent prefque toutes de Provence, à la referve des Figues en gros cabat, qui font auffi apportées d'Efpagne.

Lorfque les Figues font mûres, les Provençaux les cueillent, & les font fécher au foleil: quand elles font fuffifamment féches, ils les arrangent dans des cabats de feüilles de palmier, ou dans des caiffes d'une médiocre grandeur; y mettant quelques feüilles de laurier, & un peu d'anis verd en grain.

Les Figues de Provence fe diftinguent par les Marchands Epiciers de Paris, en Figues violettes, en groffes Figues, ou Figues graffes, & en Figues de Marfeille en petits cabats. Les Figues violettes doivent être grandes, féches, nouvelles, & bien fleuries: les Figues de Marfeille doivent être choifies petites, blanches, nouvelles, féches, non coriaces, & dans de petits cabats de diverfes couleurs: enfin, les groffes Figues, ou Figues graffes; grandes, & autant qu'il fe peut, doivent avoir les qualitez de celles de Marfeille.

A l'égard des Figues en gros cabats, foit de Provence, foit d'Efpagne, elles font fort inferieures en bonté aux trois autres fortes, & font prefque toûjours dures & coriaces.

Les Figues de toutes fortes payent en France les droits d'entrée, à raifon de 14 f. du cent pefant, conformement au Tarif de 1664; & pour ceux de fortie, 12 fous.

Les droits qu'elles payent à la Doüane de Lyon, ne font que de 2 f. 6 d. le quintal.

FIGURE. C'eft la reprefentation, l'imitation de quelque objet réel, comme d'hommes, d'animaux, de fleurs, de fruits, &c. Il y a auffi des Figures qui font de pure imagination & de caprice, comme les grotefques & les arabefques.

FIGURE D'ALBASTRE. Le Tarif de la Doüane de Lyon, comprend fous ce nom les differéns ouvrages de fculpture, qui fe font avec l'albâtre. *Voyez* ALBASTRE.

Les Figures d'Albâtre payent les droits de la Doüane de Lyon, tant d'ancienne taxation, que de nouvelle réapreciation, à raifon de 40 f. du quintal.

Les Figures de plâtre payent à la même Doüane 10 f. auffi du quintal.

FIGURE, en termes de Manufacture. Se dit des divers deffeins qu'on repréfente fur les velours, damas, fatins, taffetas, pannes, moquettes, & autres ouvrages de foye & de laine.

Les Figures les plus ordinaires de ces deffeins, font des fleurs imitées d'après nature, ou des grotefques & compartimens de pure fantaifie. Les reprefentations d'hommes, d'animaux, de fontaines, & de païfages, ne s'y font introduits que depuis que le goût des étoffes de la Chine, & fur-tout de celles qu'on appelle Furies, a dominé en France.

C'eft la tréme des étoffes qui fert à faire la Figure; la chaîne proprement ne fert que de fond ou de champs.

Quand on monte un métier d'étoffe figurée, il faut qu'il y ait une perfonne qui marque au Fabriquant combien il faut qu'il leve de fils de fa chaîne, pour y reprefenter la figure du deffein, avec la tréme qu'il doit paffer à travers les fils levez: c'eft ce qu'on appelle, Lire un deffein. *Voyez* DESSEIN.

On appelle auffi Figures, les deffeins du linge damaffé, & ceux des dentelles de fil ou de foye, & autres femblables ouvrages.

FIGURES, en termes d'Arithmetique. Sont les caracteres ou chiffres qui forment les nombres. Ainfi pour marquer 1234, il faut quatre Figures ou chiffres, un 1, un 2, un 3, & un 4. Quand on fait la regle, qu'on appelle Addition, il faut mettre les Figures, c'eft-à-dire, les chiffres en colonnes, & les uns fous les autres; les nombres fimples fous les nombres fimples, les dizaines fous les dizaines, les centaines fous les centaines, & ainfi des autres: par exemple, . .

$$\begin{array}{r} 1234 \\ 2424 \\ \hline 3658 \end{array}$$

FIGURE'. Se dit des étoffes fur lefquelles il y a quelque deffein, ou figure; ce qui les diftingue des étoffes pleines, de la même qualité. On dit, Un velours figuré: Un fatin, un taffetas figurez.

FIL. Corps long & délié, qu'on fait avec quelques matieres molles & douces, en les tortillant enfemble avec un roüet, ou avec un fufeau, ou quelqu'autre machine propre à les tordre, & à les unir en un feul tiffu.

Les matieres les plus ordinaires, dont on fait du Fil, font, la foye, la laine: quelques plantes, comme le chanvre, le lin, les orties: des productions de certains arbriffeaux, telles que font le coton, la hoüatte; une forte de foye d'Orient, qui vient dans des gouffes; & ce qu'on nomme des Ecorces d'arbres: enfin, le poil de plufieurs animaux, entr'autres, des chameaux, des chevres, des caftors, & de ces bœufs de la Loüifiane, dont le poil eft fi beau, fi fin & fi long, que la foye même n'eft guéres plus belle.

Ce qu'on appelle Fil, fans y rien ajoûter, pour en fpecifier la matiere, s'entend toûjours du Fil, qui eft fait avec de la filaffe de lin, ou de chanvre, & qui fert à coudre & à fabriquer divers ouvrages de lingerie. Le commerce qui fe fait en France, de cette forte de Fil, eft très-confiderable, & ne cede guéres à la plûpart des plus riches négoces qui s'y faffent.

A Paris, ce font les Marchands Merciers qui font ce commerce: c'eft un des plus importans de la Mercerie; & où fouvent l'on fait de plus grandes fortunes.

La plûpart des Fils qui fe vendent à Paris, fe tire de plufieurs Provinces du Royaume; & encore de la Flandre Françoife, de la Flandre Auftrichienne, & de Hollande.

Les uns s'achetent & fe vendent à la livre, d'autres à la groffe d'écheveaux, quelques autres à la poignée, & d'autres encore en moches & à la douzaine; ce qui s'entend de la vente en gros; car pour le détail, ils fe débitent à l'once, à la demie-once, au gros & à l'écheveau.

Il y a quantité de Fils, qui fe diftinguent par le nombre de tours dont chaque écheveau doit être compofé: d'autres fe connoiffent par le N°, en augmentant de fineffe; fouvent depuis N° 3 ou 4, jufqu'à N° 300, & quelquefois 400: d'autres encore (ce font ceux qui fe vendent à la livre) ne fe diftinguent que par le prix qui hauffe, fuivant la fineffe.

On va entrer dans le détail de la plûpart de ces fortes de Fils,

Fils, du moins de ceux dont le commerce est le plus grand, & le plus ordinaire; dont il se vend davantage, & desquels l'usage est le plus connu, & le plus commun.

Fils qui viennent de Lisle en Flandre

Les Fils blancs, bon-ouvrier, appellez ordinairement Fils d'Espinay, qui se fabriquent à Lisle, Capitale de la Flandre Françoise, ont quarante huit tours, & se vendent à la douzaine. On en connoît la grosseur par le No; augmentant toûjours de finesse depuis No 14, qui sont les plus gros, jusqu'à N° 300, qui sont les plus fins. Ces numero vont de deux en deux; c'est-à-dire, qu'après No 14 on compte N° 16, & après le 16 le 18, & ainsi de suite jusqu'à 300.

Les Fils en poignées, blancs, n'ont que trente tours: chaque poignée, (ainsi nommée de la maniere dont les écheveaux sont liez ensemble) est composée d'une douzaine d'écheveaux, s'ils commencent au No 3, & ne vont que jusqu'à N° 40. Cette augmentation de numero sert à connoître leur finesse, comme aux Fils d'Espinay; ce qui doit s'entendre de tous les Fils, ou Etrangers, ou François, qui se vendent ou s'achetent de cette sorte.

C'est aussi par le numero que se distinguent les Fils demi-blancs, nommez autrement à la Religieuse: les écheveaux de ceux-ci n'ont qu'autant de tours que les blancs; mais ils se vendent comme ceux d'Espinay.

Ceux qu'on appelle Fils bis en trois, ont quarante-huit tours. Ils sont propres à la couture, & à quelques autres usages, principalement à faire des lisses, & monter les métiers de plusieurs Fabriquans.

Les Fils à gant bis sont des fils assez fins, qui ne servent qu'aux Maîtres Gantiers, pour coudre leurs gants. Il y en a de différente grosseur, qui tous se vendent à la livre, & qui n'ont que seize tours. On les fait teindre à Paris de diverses couleurs; & comme on s'en sert au lieu de soye pour la couture des gants, on les met à la teinture de soye, pour qu'ils se déteignent moins.

Les Fils bis, qu'on appelle Fils de Flandre, sont plûs gros que les Fils à gant: ils servent néant-moins au même usage, & se mettent à la même teinture qu'eux. Ils n'ont que sept tours.

Les Fils à marquer, bleu bon teint, se tirent de Lisle tout teints. Il y a des Ouvriers qui en font par quatre tours, & d'autres par sept. Ils s'achetent à la grosse de douze douzaines, & se débitent, ou à la douzaine, ou à l'écheveau.

Fils de Malines, d'Anvers, & de Hollande.

Les Fils de Malines sont les plus beaux & les plus fins qui se fassent. Il y en a dont la finesse est si grande, qu'ils échappent presque à la vûë; & l'on prend pour les filer des précautions si extraordinaires contre l'air & contre le jour, qu'on ne comprend qu'à peine comment il se trouve des personnes qui en veulent entreprendre le filage.

On pourroit mettre ces Fils au nombre de ceux qui se fabriquent à Lisle, s'en filant beaucoup dans cette Ville, & aux environs; mais comme c'est à Malines qu'ils ont commencé à se filer, & qu'on en employe quantité aux dentelles, qu'on nomme Dentelles de Malines, les Fils en ont aussi conservé le nom.

Les écheveaux de ces Fils ne sont point composez de tours reglez; y en ayant plus ou moins, suivant la volonté des Ouvriers, qui les font ainsi inégaux pour la commodité du débit en détail.

Pour ce qui est du négoce en gros, ces Fils se vendent à la livre; les moindres sept ou huit francs; ce qui va ensuite en augmentant jusqu'à trois & quatre cens francs la livre, même davantage. On les distribuë à l'once & au gros.

Les Fils blancs d'Anvers sont pareillement propres à faire des dentelles; mais ni si fines, ni de si bonne qualité que celles de Malines. On les vend, comme ceux de Malines, à l'écheveau, en détail, & à l'once en gros.

Les Fils de Hollande sont des Fils plats & blancs, qu'on appelle communément Fils au grelot, qui se tirent de Dorpt. Ils ont quarante-huit tours, & se comptent par numero, pour en estimer la grosseur ou la finesse. Les numero ne commencent qu'au nombre 14, & vont jusqu'à 400. Ils se vendent à la douzaine. L'usage de ces Fils le plus ordinaire est pour broder des mousselines, des linons & des batistes; & pour faire ce qu'on nomme des Effilez, qui sont ces especes de petites franges, dont on se sert dans les deüils, au lieu de dentelles.

Les Fils Sangles-blancs, qui viennent aussi de Hollande, sont propres à picoter; c'est-à-dire, à faire des picots aux points & aux dentelles. Ils se vendent en gros, à la livre, ordinairement depuis un écu jusqu'à vingt francs. Il y en a pourtant de plus chers. Le détail s'en fait à l'once, & à l'écheveau.

Fils de France.

Les Fils, qu'on nomme de Bretagne, se tirent de Rennes, ou teints, ou en blanc. Il y en a de toutes couleurs, & de toute finesse: ils ne servent qu'à coudre, & ne s'achetent & ne se vendent qu'à la livre. Ces Fils sont envoyés par paquets de quatre livres; & chacun de ces paquets est divisé en quatre autres paquets d'une livre, qu'on appelle Botte. Ces bottes sont composées de trente deux à trente-trois écheveaux; de sorte qu'un écheveau pese environ une demie once.

Les Fils Bas-Bretons, autrement dits les Fils de Cologne, se fabriquent à Morlaix, & aux environs. Ils se vendent à la livre, ordinairement depuis quinze sous jusqu'à quatre francs; c'est suivant la force & la finesse. Ces Fils ne sont point tors, & servent à tricoter. Ils entrent aussi dans la fabrique de quelques étoffes, entr'autres, des speculations. Les Frangers s'en servent dans l'effilé, en les mêlant avec les Fils de Hollande; & les Cordonniers en font les coutures des quartiers de leurs souliers les plus propres, soit à homme, soit à femme.

Les Fils en moches, qui se tirent de Rennes, sont à peu près de la même qualité que les Fils Bas-Bretons; aussi servent-ils aux mêmes usages. On les vend à la moche; c'est-à-dire, au paquet de plusieurs écheveaux liez ensemble par un bout. Chaque moche pese dix livres.

Les Fils de chanvre, qui se filent à Troyes, viennent en blanc, ou teints de toutes couleurs. Ils servent à la couture, & se vendent à la livre. Il s'en fait aussi de bis à deux ou trois brins: ces derniers, outre qu'on les employe aussi à coudre, sont propres aux Chandeliers & aux Rôtisseurs. Enfin, il se fait encore à Troyes des Fils sangle bleu bon teint, qui se vendent pareillement à la livre. Ce sont de ces sortes de Fils, qui servent aux Tisserans à faire ces rayes bleuës, qu'on appelle Linteaux, qui sont aux deux bouts de la plûpart des napes & serviettes de table.

Fil de Guibray, ainsi nommé, parce qu'autrefois il se vendoit presque tout à la foire de Guibray; est un fil fait

d'étoud'étoupes, & mis en écheveaux. Il se blanchit, & s'esbourre d'abord avec une lessive faite de cendres, & ensuite en le mettant sur l'herbe. Ce sont les Habitans de la Chapelle-Moche, gros Bourg de Basse Normandie, qui filent, fabriquent & blanchissent la plûpart de cette espece de Fils, qui vient à Paris. Les Marchands Ciriers s'en servent pour faire les meches des cierges & de la bougie filée; & pour ce qu'ils nomment des Colets blancs, qu'ils ajoûtent aux meches, ou bras des flambeaux de poing. *Voyez plus bas* Fil de Moche

Les meilleurs Fils à marquer qui se fassent en France, sont ceux qu'on tire d'Auvergne, où on les appelle du Filet. Il s'en fabrique quantité à Thiers, à Lezoux à Croupines, à Ambert, & en quelques lieux voisins de ceux-ci.

Il peut y avoir quelques autres especes de Fils François, qu'on auroit obmis ici; comme ceux de Laval, & d'autres lieux du Pays du Maine; ceux du Perche, ceux de Menu, ceux de Bailleul, &c. mais ils reviennent tous à quelques-unes des sortes dont on vient de parler.

On ne dira rien ici du commerce des Fils pour la fabrique de tant de toiles, qui se font dans plusieurs des Provinces de France, comme la Normandie, la Bretagne, le Maine, &c. parce qu'outre qu'on traite amplement de toutes ces toiles dans leurs propres articles, l'on a raporté dans celui du Commerce en général, ses differentes foires ou marchez des Provinces de France, où se portent ces Fils; & d'où les Tisserans, où les Entrepreneurs des Manufactures de toiles & lingerie, ont coûtume de les acheter eux-mêmes, ou de les faire enlever par leurs Commissionnaires, soit blanchis, soit en écru. *Voyez l'article des* Toiles, *& celui du* Commerce *de France.*

On croit devoir remarquer ici, comme à l'endroit le plus convenable, qu'il est défendu par les Reglemens pour les Manufactures & Fabriques des toiles, de devider du gros Fil avec du Fil menu, ni du Fil de chanvre avec du Fil de lin; les Fils devant être devidez separément, suivant leur qualité, à peine de 50 liv. d'amende. *On peut voir le Reglement du 14 Aoust 1676, pour les toiles de Bretagne & de Normandie, & le Reglement des toiles de Laval, du 30 May 1700.*

On appelle Fil retord, un Fil composé de plusieurs fils déja filez, qu'on unit ensemble en les tordant, ou avec un roüet, ou sur le fuseau. Ce Fil ne sert guéres qu'à la couture. Il s'en fait quantité en Bretagne, particulierement à Rennes, où on les met aussi à la teinture. L'on en tire beaucoup pour Paris, Roüen & la Picardie; & il s'en fait des envois considerables en Espagne & en Angleterre. *Voyez ci-dessus* Fil de Bretagne.

Les Fils payent en France les droits d'entrée & de sortie, suivant leur differente qualité; sçavoir, à l'entrée, en consequence du Tarif de 1664.

Le Fil d'Espinay de Flandres, & Fil de lin de toutes sortes, 7 liv. du cent pesant.

Le Fil de chanvre, 50 s.

Le Fil d'étoupes, blanc & écru, 15 s.

Les droits de sortie sont; sçavoir, pour le Fil de lin & de chanvre, blanc, teint, ou ecru, d'Espinay, de Paris, de Lyon, & d'ailleurs, comme mercerie; c'est-à-dire, 3 liv. du cent pesant, suivant le Tarif de 1664; & seulement 2 liv. s'ils sont destinez & declarez pour les Pays Etrangers, suivant l'Arrêt de 1692.

Le Fil d'étoupes, de lin & chanvre, blanc ou écru, 20 s.

A l'égard de la Doüane de Lyon, les Fils y payent, tant pour l'ancienne taxation, que pour la nouvelle réapreciation; sçavoir:

Le Fil crud du Païs, 7 s. 6. d. du quintal, & l'étranger, 9 s.

Le Fil teint de France, 12 s. l'étranger, 17 s.

Le Fil de Balle, 4 s.

Le Fil d'étoupes du Païs, 2 s. 6 d. l'étranger, 4 s. s'il est blanc, 9 s.

Le Fil Nestric, 3 s.

Le Fil Pallemard du Païs, 4 s. l'étranger, 6 s.

Le Fil d'Orillac & de Bourgogne, 35 s.

Le Fil blanc du Païs, 10 s.

Le Fil de lin crud, étranger, 1 liv. 15 s.

Le Fil blanc d'Allemagne & de Lorraine, 3 liv.

Le Fil d'Espinay, de Flandres, 5 liv.

Le blanc façon d'Espinay, de France, 3 liv.

Le Fil de Bretagne, 26 s.

Le Fil de Trevols, 5 s.

Le Fil de Lisses de Milan, 10 liv.

Il faut remarquer que tous les droits de ces diverses especes de Fils se payent à raison du quintal.

Ruban de Fil. C'est une espece de tissu, tantôt simple, tantôt croisé, qui se fait de Fil. Il y en a de deux sortes, le Ruban & le Rouleau. *Voyez ces deux articles.*

Dentelle de Fil. On le dit quelquefois pour distinguer les dentelles véritablement de fil, d'avec celles qui sont faites avec de l'or, de l'argent, ou de la soye. Ordinairement pourtant les dentelles de Fil ne se specifient que par le nom des lieux & des villes où elles se fabriquent, ou du moins où elles se font d'abord fabriquées, sans qu'il soit nécessaire d'ajoûter qu'elles sont de Fil. Ainsi quand on dit, Des dentelles d'Angleterre, de Malines, de Dieppe, &c. on comprend d'abord, que toutes ces sortes de dentelles ne sont faites que de Fil. *Voyez* Dentelle.

Bas de Fil, Chaussons de Fil; Chemisettes, Bonnets, Calleçons de Fil, &c. Ce sont tous ouvrages de bonneterie, faits au fuseau, ou au métier, dont la matiere n'est que de Fil. *Voyez* Bonnetier.

Fil-Agor, ou Seizaine, C'est ainsi que les Cordiers & les Emballeurs appellent une sorte de corde de la grosseur d'une menuë plume à écrire, composée de trois fils de chanvre bien cablez, ou tortillez ensemble, qui sert ordinairement à corder des ballots & paquets de marchandises, ou de hardes & meubles.

Il y a une autre espece de corde propre au même usage, de moitié moins grosse que la précedente, que les mêmes Emballeurs & Cordiers nomment de la menuë Seizaine. Cette derniere ne differe en rien de la premiere que par la grosseur.

Enfin, il y a encore une troisiéme sorte de Fil agor, plus menuë que les deux autres, dont les Pêcheurs sur rivieres se servent pour monter quantité de leurs filets & engins. Les unes & les autres se vendent à la livre, ainsi que toutes les sortes de cordes. *Voyez* Corde.

Fil d'Archal. *Voyez ci après l'article des* Fils de metaux, *qui se tirent à l'argue, & qui se passent à la filiere.*

Fil d'Arbalestre. Gros fil, ou menuë ficelle de chanvre, dont les Ferandiniers, Gaziers, & autres Ouvriers qui travaillent de la navette, se servent à faire cette partie de leur

leur métier, qu'ils appellent des Fourches ou Arbalestres. *Voyez* ARBALESTRE.

Le gros Fil d'Arbalestre paye en France les droits d'entrée & de sortie sur le pied de mercerie; sçavoir, 10 liv. du cent pour l'entrée, conformement à l'Arrêt du 3 Juillet 1692; & 3 liv. pour la sortie, suivant le Tarif de 1664; réduits néantmoins à 2 liv. par ledit Arrêt 1692, lorsqu'il est destiné & declaré pour les Pays Etrangers.

A l'égard des droits de la Doüane de Lyon, le Fil d'Arbalestre paye 10 s. de la caisse.

FIL-BLANC. On appelle Fil blanc, en termes de Marine, le fil qui n'a point encore passé par le goudron; & Fil goudronné, celui qui a passé dans le goudron chaud.

FIL DE CARRET. Se dit dans la Marine, d'un Fil de chanvre neuf, de la grosseur de deux lignes, dont plusieurs joints ou retors ensemble forment l'un des cordons, dont les cables ou cordes sont composez.

Les Marins nomment encore Fil de Carret, un fil qu'on a tiré de l'un des cordons de quelque vieux cable, ou cordage coupé par morceaux d'une certaine longueur, qui est d'un grand usage sur les vaisseaux, pour en racommoder les manœuvres, lorsqu'elles viennent à se rompre ou casser.

Le Fil de Carret, venant des Pays Etrangers, paye en France 14 s. du cent pesant, conformement au Tarif de 1664.

FIL DE CHAISNETTE. Gros fil, ou menuë ficelle, dont les Tisserans font cette partie de leur métier, qu'ils nomment des Chaînettes, à cause qu'elles servent à lever ou baisser les fils de la chaîne, à travers desquels ils lancent la navette. *Voyez* CHAISNETTE.

Le Fil de Chaînette paye en France les droits d'entrée sur le pied de 30 s. du cent pesant; & à la sortie, 40 s.

Les droits de la Doüane de Lyon pour cette sorte de Fil, sont de 22 s. 6 den. le quintal.

FIL DE CHEVAL. C'est du fil qui est fait avec le poil ou ploc de cheval. *Voyez* CHEVAL. *Voyez aussi* PLOC.

Le Fil de poil de cheval paye en France les droits de sortie, comme crin de cheval, c'est-à-dire, 30 s. du cent pesant.

FIL DE FER. *Voyez ci après l'article des* FILS, *qui se font avec des métaux.*

FIL A GARGOUCHE, OU A GARGOUSSE. Terme de Marine, qui signifie du Fil de chanvre ordinaire, qui sert à coudre les garcouches, qui sont des morceaux de parchemin, ou gros papier, dans lesquels l'on renferme ce qu'il convient de poudre pour la charge de chaque canon. En Dannemarc, on se sert de fil de laine, au lieu de fil de chanvre, pour coudre les gargouches.

FIL-GROS. On nomme ainsi parmi les Cordonniers & Savetiers, un gros fil gris, dont ces Artisans se servent pour faire les coutures de leurs souliers, particulierement pour joindre les grosses semelles à l'empeigne. Ils employent aussi du fil blanc de Cologne pour les ouvrages les plus délicats, & faits de cuir leger, comme le maroquin, & le veau d'Angleterre. Ces fils se poissent, ou se cirent, suivant leur qualité; le blanc avec la cire; le gris avec la poix de Bourgogne, ou avec un composé de cire, de poix résine & d'huile. On trouve de ces Fils chez les Marchands de crespin. Quelquefois les Cordonniers & Savetiers de campagne font filer le gris par leurs filles & par leurs femmes.

FIL DE GUIBRAY. *Voyez ci-devant l'article general du* FIL, *ou ci-après l'article particulier du* FIL DE MOSCHE.

On appelle PETITS FILS, en termes de Manufactures de Lainage, les fils qui composent la chaîne des lisieres des étoffes, parce qu'ils ne sont pas de si bonne qualité que les fils du reste de la chaîne. Le nombre des portées de fils se comptent quelquefois y compris, & quelquefois non compris les petit fils & liteaux. *Voyez* LISIERE.

FIL DE LAINE. Il se dit en général de toutes sortes de laines filées; mais en particulier de celle qui sert à la fabrique des tapisseries, soit au métier, soit à l'aiguille.

Le Fil de laines fines à tapisseries, de toutes couleurs, paye en France les droits de sortie, à raison de 7 l. le cent pesant; & le Fil de laines moyennes & grosses, aussi de toutes couleurs, comme mercerie, 3 liv.

Le Fil de laine pour étamines paye les droits de la Doüane de Lyon, à raison de 45 s. la charge, tant pour l'ancienne que pour la nouvelle réapreciation.

FIL DE LISSE. C'est une espece de fil, ou de ficelle, médiocrement grosse, dont les Ouvriers qui travaillent de la navette, se servent à monter leur métier, & à en faire ce qu'ils appellent des Lisses. *Voyez* LISSE.

Le Fil de Lisse de Milan paye les droits de la Doüane de Lyon, à raison de 10 liv. le quintal.

FIL A MESCHE. Terme de Chandelier. On appelle Fil à méche, dans la fabrique de la chandelle moulée, un petit morceau de panne, ou fil à Tisserant, environ d'un pouce de longueur, plié en double, & lié par le bout. Il sert à deux usages; premierement, pour placer la méche au milieu du moule, quand on la tire avec l'aiguille; & en second lieu, pour l'attacher au crochet du culot. *Voyez* CHANDELLE MOULÉE.

FIL DE MOSCHE. C'est une sorte de fil d'étoupe de lin peu tord, tantôt fin, tantôt gros, qu'on a mis en écheveau; & qu'on a fait ensuite blanchir, en le faisant passer par la lessive, & sur le pré.

Le Fil de Mosche est envoyé par paquets d'un certain poids, & d'un certain nombre d'écheveaux.

Il en vient de plusieurs endroits de France, particulierement de Normandie, d'un Bourg appellé la Chapelle Mosche, d'où il a pris son nom.

On l'appelle aussi Fil de Guibray, parce qu'il s'en vendoit autrefois une très-grande quantité à la foire de Guibray.

Il vient de Cologne & de Bretagne, des Fils qui sont à peu près de la même qualité que ceux de Mosche; ce qui fait que souvent on les vend sous le titre de Fils de Mosche, ou de Fils de Guibray.

Toutes ces sortes de Fils s'employent ordinairement par les Selliers, les Bourreliers, & les Cordonniers, pour coudre leurs ouvrages. Il s'en consume aussi beaucoup dans les Manufactures de bas, & autres ouvrages de fil au tricot. On en fabrique des rubans; & les Marchands Epiciers-Ciriers s'en servent pour faire des méches aux bougies filées & aux cierges, & des colets aux flambeaux de poing. *Voyez ci-devant l'article general du* FIL.

FIL DE RICHARD. *Voyez ci après l'article des* FILS DE MÉTAIL, *tirez à la filiere.*

FIL DE SAYETTE. C'est de la laine filée, qui vient de Flandres, & particulierement du Bourg de Turcoing, & de quelques villages voisins.

D

Il y en a de deux sortes; les Filez razes, & les Filez mols. Les premiers ne se trouvent point ailleurs qu'à Turcoing, & dans les lieux les plus prochains: pour les autres, on en file dans le plat Pays; mais à sept ou huit lieuës de Turcoing, & quelquefois dans l'Artois.

Les Marchands qui font le négoce du Fil de Sayette, demeurent tous à Turcoing, où le petit peuple apporte vendre toutes les semaines ce qu'il en a filé.

Les laines qu'on employe aux Fils de sayette viennent de Hollande, ou sont du crû du Pays. Ceux qui se font des laines de Hollande seule, se nomment Superfins. Les petits fins sont ceux qui sont filez moitié laine de Hollande, & moitié laine du crû du Pays. On les appelle quelquefois Fils ordinaires. Pour les communs, ils ne se filent que de laine du Pays. Outre la difference des laines, qui donnent ces divers noms aux Fils de sayette, il leur vient encore de la finesse du filage.

Les Superfins s'employent particulierement dans les fabriques de lainage d'Amiens, pour faire la chaîne des étoffes. On en fait la tréme aussi-bien que la chaîne des camelots façon de Bruxelles, mêlez de soye, qui se travaillent dans la même Ville. A Paris, on s'en sert pour la tréme des grisettes, des papelines, & autres étoffes de ces qualitez, qu'on vend sous le nom des étoffes de Paris.

Les Ouvriers en bas au métier consument une grande quantité de ces laines filées, ainsi que les Faiseurs de cordonnets, qui les mêlent avec du poil de chevre.

On en fait aussi quelquefois des boutons & des boutonnieres; avec cette difference que les Fils de laine raze ne s'employent guéres que pour les étoffes; & ceux de laine molle, pour les bas, les cordonnets, les boutonnieres & les boutons.

Le Fil de sayette est par petits écheveaux. Pour les faire teindre, on en met six ensemble, que l'on nomme une Pantine. Les paquets qu'on envoye, sont de trois ou quatre livres chacun, envelopez dans du papier bleu; & chaque ballot est pour l'ordinaire de quinze à dix-huit paquets.

Comme il se fait à Amiens une grande consomption de cette sorte de Fil, il paroît assez vrai-semblable, ou que ce Fil a pris son nom de la Sayetterie de cette Ville, ou qu'il lui a donné le sien.

Le Fil de Sayette paye en France les droits d'entrée sur le pied de 3 livres du cent pesant.

Fil suivable, terme en usage dans la Sayetterie d'Amiens. Il signifie des laines dont le filage est égal. *Voyez* Suivable.

Fil de vache, ou Fil de poil de vache. C'est un Fil fait avec ce qu'on appelle Ploc de vache. *Voyez* Ploc.

Le Fil de poil de vache paye en France les droits de sortie à raison de 13 f. du cent pesant.

Fil de voile de Tre', ou de Trevier. C'est en termes de marine un fil de chanvre, & gros comme le ligneul des Cordonniers, dont on se sert à coudre les voiles.

Fil. Se dit aussi des métaux passez par la filiere, & reduits en un corps si menu & si delié, qu'on en peut faire une partie des ouvrages où entrent les fils filez avec la soye, la laine, ou le chanvre.

Les métaux qu'on reduit ordinairement en fils, sont l'or, l'argent, le cuivre & le fer. Ainsi il y a du Fil d'or, du Fil d'argent, du Fil de cuivre qu'on appelle plus communement Fil de leton & Fil de fer. On va parler de ces quatre sortes de Fils dans les trois paragraphes suivants.

Fil d'or et d'argent. Le Fil d'or, qu'on appelle aussi Or trait, n'est autre chose qu'un lingot surdoré, que le Tireur d'or a fait passer par une infinité de pertuis ou trous de filiere; toûjours de plus menus en plus menus, & qui a été reduit par ce moyen à être encore moins gros qu'un cheveu.

Le Fil d'argent, qui est aussi nommé Argent trait, est la même chose que le Fil d'or, à l'exception que l'un est surdoré, & que l'autre ne l'est pas.

Il y a du Fil d'or faux, & du Fil d'argent faux; le premier se fabrique avec un lingot de cuivre rouge, qu'on a d'abord argenté, & ensuite surdoré; & le second, avec un pareil lingot de cuivre rouge, qui n'a été seulement qu'argenté, qu'on fait passer par la filiere, de même que le fil d'or ou d'argent fin. On parle ailleurs de la maniere de tirer l'or & l'argent, tant fin que faux, pour le disposer à être employé en trait, en lame, ou en filé. *V.* Or.

Le Fil d'or & d'argent fin, trait, ou filé, paye en France les droits d'entrée, comme or & argent fin, à raison de 6 liv. la livre; & le Fil d'or & d'argent faux, aussi trait ou filé, sur le pied de 10 f. le marc composé de 8 onces, suivant l'Arrêt du 14 Juin 1689.

A l'égard de la sortie, l'un paye comme or & argent fin, c'est-à-dire 3 liv. 4 f. de la livre pesant; & l'autre comme or & argent faux, à raison de 6 f. aussi la livre de poids.

Les droits de la Doüane de Lyon pour le Fil d'or ou argent trait sont de 3 liv. 15 f. la livre pesant.

Fil de leton. Le Fil de leton est du cuivre jaune tiré à travers les pertuis d'une filiere.

Il y en a de plusieurs grosseurs, qui s'employent à divers ouvrages.

Les plus deliées, que l'on appelle Manicordion, servent à faire des cordes de plusieurs instruments de musique, comme Manicordions (d'où il a pris son nom) Clavecins, Epinettes, & autres, &c.

Les Epingliers en consument une très-grande quantité de diverses grosseurs, pour la fabrique de leurs épingles; & il s'en fait surtout des envois considérables à l'Aigle & à Rugle en Normandie, & dans les autres Provinces de France, où ces sortes de fabriques sont établies.

Il vient d'Allemagne, particuliérement d'Aix-la-Chapelle & de ses environs, beaucoup de Fil de leton de toutes sortes d'assortimens & d'échantillons, depuis les plus menus jusques aux plus gros. Ces Fils sont envoyez en bottes ou paquets ronds en forme de cercles de differens poids & diametres. Leur figure circulaire les fait nommer letons en cerceaux; on en tire aussi beaucoup de Suede.

Le Fil de leton paye en France les droits d'entrée à raison de 4 liv. du cent pesant, & pour la sortie 4 liv. 4 f. conformément au Tarif de 1664

Les droits que cette marchandise paye à la Doüane de Lyon, sont, sçavoir:

Le Fil de leton commun, 20 sols le quintal; & le Fil de leton à faire poignées d'épées, 4 liv. 10 f. tant pour l'ancienne taxation, que pour la nouvelle reapréciation.

Fil de fer. Le Fil de fer s'appelle aussi Fil d'archal. Le fameux M. Menage cet étymologiste si habile, fait venir ce mot de *Filium* & *d'auricalcum*; mais les plus sensez de ceux qui en font commerce, croient simplement, & avec assez d'apparence, qu'un nommé Richard Archal ayant

ayant inventé la maniere de tirer le fer à travers les pertuis d'une filiere, a laissé son nom à cette marchandise, que le peuple pour cela nomme aussi assez communement Fil de Richard.

Il y a du Fil de fer de diverses grosseurs, en diminuant toûjours depuis environ six lignes de diametre jusques aux plus petits échantillons. C'est de ces Fils les plus fins, qui se nomment du Manicordion, du même nom qu'on donne aux Fils fins de leton, avec lesquels on fait ainsi que de ceux-ci une partie des cordes de Clavecins, Psalterions, Manicordions, & autres semblables instruments de musique.

Il se fabrique quantité de Fil de fer en France, en Suisse & en Allemagne, surtout à Hambourg, & aux environs de Cologne & de Liege. Le meilleur est celui de Liege; celui de Suisse est encore assez bon: le moins éstimé est celui de France, parce qu'il se trouve aigre & pailleux.

Les Fils de fer deliez viennent particuliérement de Cologne; il y en a de hüit ou dix sortes de grosseurs, qui s'envoyent en barils du poids d'environ deux milliers.

Quoique les François en tirent beaucoup en droiture de Hambourg, les Anglois & Hollandois en font encore entrer par Bordeaux une très-grande quantité; qui leur vient par le retour de leurs flottes de la mer Baltique.

Le Fil de fer de Hambourg se distingue par numero suivant sa grosseur; le plus fin s'appelle du Fil à carde, & sous ce nom sont comprises plusieurs grosseurs. Où finit le plus gros Fil à carde, commence le numero 00, & ensuite viennent les No 0. No ½. No 1. No 2. No 3. No 4. No 5. & No 6. Ce dernier numero est gros à peu prés comme une des plus fortes plumes d'oye.

Les sortes dont il se consume le plus, sont les No 00. No 0. & No ½. La consomption des autres sortes est moindre à mesure qu'elles grossissent.

Le Fil de fer d'Allemagne est lié par paquets, le paquet pesant 4 livres 12 onces; il se vend en France au cent, poids de marc. Les paquets du Fil de fer de Suisse pésent dix livres le paquet.

Les provinces de France où il se fabrique le plus de Fil de fer, sont, la Normandie, la Champagne, le Limosin & la Bourgogne.

Le Fil de fer de Bourgogne n'est que de gros échantillons, depuis la grosseur d'une plume à écrire jusques à la grosseur du petit doigt; il n'est propre qu'à border des marmites, des chauderons, & autres semblables ustenciles de cuivre.

Celui de Champagne est aussi trés gros, & seulement propre aux Chauderonniers: il vient par paquets de dix livres; & comme il n'est communement que de quatre grosseurs, il ne se distingue aussi que par premiere, deux, trois, & quatre sortes.

Le Fil de fer de Normandie approche beaucoup de celui d'Allemagne, & pour ses échantillons ou grosseurs, & pour sa bonté, hors qu'il est un peu plus roide & plus ferme. Les échantillons du Fil de fer de Normandie commencent aussi par Fil à carde qui est le plus fin; aprés suivent, mais toûjours en augmentant de grosseur, le Fil de 7 ℔ & de 6 ℔, qui répondent au No 00 d'Allemagne; Fil de 5 ℔ pour Fil No 0; Fil de ¼ pour Fil No ½; Fil à grêly pour Fil No 1; Fil de 8 onces pour Fil No 2; Fil de 10 onces pour Fil No 3; Fil de 12 onces pour Fil No 4; Fil de 14 onces pour Fil No 5; Fil de 16 onces pour Fil No 6. Ce Fil de fer vient par paquets de 6 ℔; les paquets se nomment Torches, & sont de forme ronde semblable à un petit cerceau.

Les Marchands de Lyon font aussi quelque commerce de Fil de fer, qu'ils tirent en partie de Savoye & en partie de Suisse; mais comme il est fort cher, il ne s'en fait pas grande consomption, & on n'y a recours que quand Paris manque des autres Fils de fer. On donne au Fil de fer qui vient de Lyon, les mêmes noms qu'à celui d'Allemagne suivant ses échantillons ou grosseur.

Les Marchands de fer, qui font le commerce de toutes sortes de Fils, se servent d'une espéce de mesure pour en connoître la grosseur & les reduire à leur numero; ils lui donnent le nom de jauge; & disent, jauger du Fil de fer, pour exprimer cette sorte de mesurage. *V.* JAUGE.

Le Fil d'archal, ou Fil de fer de toutes sortes, paye en France les droits d'entrée à raison de 3 liv. du cent pesant, & à la sortie 40 s. conformément au Tarif de 1664.

A l'égard des droits de la Doüane de Lyon, ils se payent, sçavoir:

Le Fil de fer de toutes sortes de France, 12 sols le quintal.

Le Fil de fer d'Allemagne, 16 sols.

Et le Fil de fer d'Italie, 32 s. 6 d. tant pour l'ancienne taxation que pour la nouvelle réapréciation.

FIL DE PERLES, ou FILET DE PERLES. C'est un collier de perles enfilées ensemble que les femmes mettent sur leur gorge pour leur servir de parure. *Voyez* PERLE.

FILAGE. Maniere de filer différentes matieres propres à faire des fils, telles que sont la soye, la laine, le chanvre, &c.

Le Filage de la laine destinée pour faire la chaîne d'une étoffe, doit être différent de celui dont on fait la tréme. Le bon Filage de la leine contribuë tellement à la bonne fabrique des étoffes, qu'il n'y a rien à quoi un maître ou entrepreneur des manufactures doive davantage prendre garde.

FILANDIERE. Femme ou fille dont le métier est de filer: on appelle une bonne Filandiere, celle qui file promtement & uniment, & qui tord bien son fil.

Il y a dans les manufactures, des hommes dont toute l'occupation est de filer de la laine au roüet: en quelques lieux on les appelle Filandiers, leur véritable nom est Fileur. On dit aussi plus ordinairement Fileuse, que Filandiere. *Voyez* FILEUR & FILEUSE.

FILASSE. Filaments que produisent certaines plantes, qui après plusieurs sortes de préparations, deviennent propres à être filez.

Le lin, le chanvre, les orties sont les plantes d'Europe desquelles on peut tirer de la Filasse: La Chine & les grandes Indes ont des écorces d'arbres qu'on y employe aux mêmes usages. On connoît en France, & peut-être que trop pour le bien de ses manufactures, les diverses étoffes d'écorces d'arbre que fabriquent les Indiens & les Chinois.

FILASSIER. Ouvrier qui donne les dernieres façons aux filasses, après que le chanvre a été grossiérement concassé par l'instrument qu'on nomme Brie en Normandie, & Braïoire en d'autres endroits.

On appelle aussi Filassier, celui qui fait négoce de filasse. Les maîtresses Linieres de Paris se qualifient maîtresses Linieres, Chanvrieres, Filassieres. *Voyez* CHANVRE.

FILATRICE. Eſpéce de Fleuret, qu'on appelle en quelques lieux Filoſelle, ou Boure de ſoye.

Les Filoſelles, ou Filatrices, payent en France les droits de l'entrée à raiſon de 13 livres le cent peſant; & pour ceux de ſortie, comme mercerie, c'eſt-à dire 3 liv. ou ſeulement 2 liv. ſi elles ſont déclarées pour les Pays étrangers, ſuivant l'Arrêt du 3 Juillet 1692.

A la Doüane de Lyon elles payent pour tout droit 6 livres du quintal.

FILATRICE. C'eſt auſſi une étoffe dont la chaîne eſt de ſoye & la tréme eſt de fleuret: elle doit avoir comme la Papeline, à laquelle elle reſſemble fort, demie aune de large, ou demie aune demi quart, avec une liſiere d'un côté de l'étoffe, différente en couleur de celles de la chaîne. *Voyez* PAPELINE, avec laquelle elle a tant de raport, que les Reglemens de Paris, de Lyon & de Tours de 1667, n'en font qu'un ſeul & même article, pour leur largeur & fabrique.

Les Filatrices étoffes, payent en France les droits d'entrée à raiſon de 24 ſols la piéce de 12 aunes, conformément au Tarif de 1664; & par celui de la Doüane de Lyon la moitié du droit que payent les taffetas, ſuivant leur qualité ou les lieux d'où on les tire. Voyez TAFFETAS.

FILATTIER. FILATTIERE. Ouvrier & Ouvriere qui filent cette ſorte de laine, que l'on nomme à Amiens Fil de ſayette. Les Reglements de la Sayetterie de cette Ville, veulent que tous les fils de ſayette que les Filattiers y apportent, ſoient vendus au marché; & permettent aux Peſeurs de fil de ſe tranſporter dans les maiſons & hôtelleries, où s'en fait la décharge, pour en compter les bottes & obliger leſdits Filattiers de les repreſenter. *Voyez* PESEUR DE FIL.

FILATTIER. Signifie auſſi un Marchand qui fait le commerce de fil de ſayette. Par l'article 36 des Reglements citez dans l'article précédent, il eſt enjoint à tous les Filattiers Forains qui ameneront fils de ſayette dans la Ville d'Amiens, de porter & expoſer en vente leurſdits fils au marché, ſans en vendre ailleurs, ni en reſerver aucune choſe en leurs hôtelleries; & vendre le tout au plus tard dans le troiſiéme marché, à peine de confiſcation & de 50 livres d'amende.

FILE' D'OR. FILE' D'ARGENT. Ce qu'on appelle du Filé d'or, ou du Filé d'argent, n'eſt autre choſe que de l'or ou de l'argent trait, qu'on a écaché ou mis en lame très-mince & très-flexible, qu'on a enſuite filé ſur de la ſoye ou ſur du fil de chanvre ou de lin, par le moyen d'un roüet & de quelques bobines paſſées dans de menuës broches de fer.

Il y a du Filé d'or fin, & du Filé d'or faux; du Filé d'argent fin, & du Filé d'argent faux. Pour les Filez d'or & d'argent fin on ſe ſert de ſoye; & pour les Filez d'or & d'argent faux on ne doit employer que du fil, n'étant pas permis d'y faire entrer de la ſoye.

Ce qu'on nomme du Filé rebours, eſt du Filé d'or & d'argent, ſoit fin, ſoit faux, qui a été filé à contre ſens.

Les Filez d'or & d'argent tant fin que faux, payent en France les droits d'entrée & de ſortie comme les fils d'or & d'argent fins ou faux. Voyez cy-devant FIL D'OR ET D'ARGENT.

FILER. C'eſt réduire en fil les ſoyes, laines, chanvres, poils d'animaux, & autres matieres molles & douces, propres à s'étendre & ſe lier enſemble, pour n'en former qu'un ſeul tiſſu, long, étroit & delié.

L'on file au roüet, au fuſeau, & à d'autres machines ou inſtruments convenables aux différentes matieres qu'on veut filer.

Les chanvres, les lins, les orties & les autres plantes de ſemblable nature, ſe moüillent dans le filage; les ſoyes, les laines, les cotons, &c. ſe filent à ſec, & n'ont pas beſoin d'eau.

Il y a cependant une maniere de filer la ſoye au ſortir de deſſus les cocons, où il faut employer l'eau chaude, & même un peu boüillante. *Voyez l'article de Soyes.*

Le filage au roüet & au fuſeau ſe fait avec une quenoüille, ſur le haut de laquelle on étend & l'on attache la laine, la ſoye, le chanvre, ou autre choſe qu'on veut filer.

On appelle Fuſée, la bobine ou petit cylindre ſur lequel le fil ſe roule quand on file au roüet; lorſqu'on file au fuſeau, c'eſt ſur le fuſeau même qu'on devide le fil à meſure qu'on en a filé, autant que le bras peut s'étendre. *Voyez* ROUET, FUSEAU, & QUENOUILLE.

FILER SEC, quand on parle du filage des laines. C'eſt filer de la laine qui a été auparavant dégraiſſée avec du ſavon noir.

FILER LA BOUGIE. Terme de Cirier. C'eſt la faire paſſer pluſieurs fois par la cire fonduë, & par les trous ronds d'une filiere, afin de la mettre à ſon degré de groſſeur ſuivant ſon eſpece & qualité. *Voyez* BOUGIE.

FILER LE LUMIGNON. Terme de Cardeur. C'eſt tordre cette groſſe meche de fil d'étoupes de chanvre, que les Marchands Epiciers-Ciriers mettent dans les flambeaux de poing, ou qu'ils appliquent le long du bois des torches. *Voyez* FILEUR DE LUMIGNON.

FILER. Se dit auſſi des vers à ſoye & des araignées quand ils tirent la ſoye de leur eſtomac, les uns pour en faire leurs cocons, & les autres leur toile. *Voyez* VER A SOYE, & ARAIGNE'E.

FILER. Se dit encore de l'ouvrage de celui, qui par le moyen de l'eau chaude & d'un métier, dont on donne ailleurs la deſcription, leve la ſoye de deſſus les cocons & en fait des écheveaux: cette ſoye s'appelle Soye cuite *Voyez l'article de la Soye, & celui du ver qui la produit.*

FILER LE PLOMB. Terme de Vitrier. C'eſt tirer de petits lingots de plomb à travers de la machine que les Vitriers appellent un Tire-plomb; pour les aplatir, & y faire des deux côtez ces renures, qui ſervent à tenir & enchaſſer le verre, particuliérement celui qu'on employe à faire des paneaux de vitres. *Voyez* TIRE-PLOMB.

FILET. Diminutif de Fil, qui ſignifie un fil très-delié.

FILET. Eſt au contraire quelquefois augmentatif; & alors c'eſt un gros fil, ou maniere de ficelle, qui ſert à faire pluſieurs ſortes de reſeaux & de rets.

FILET. On nomme ainſi dans le commerce des fils, un fil bleu qui ſert à marquer le linge: il en vient d'excellent de Liſle en Flandre; & d'autre qui en approche, de pluſieurs lieux de l'Auvergne. *Voyez* FIL.

FILET. C'eſt auſſi de la laine filée, qu'on nomme autrement Fil de ſayette. *Voyez* SAYETTE.

FILET, en terme de monnoye. C'eſt la même choſe que ce qu'on appelle autrement Cordon. *Voyez* MONNOYE.

Filet. Eſt encore un réſeau fait de fil ou de menuë ficelle, dont l'on ſe ſert à la chaſſe des bêtes à quatre pieds, à l'oiſellerie & à la pêche du poiſſon, tant de mer que d'eau douce.

Les Maîtres Oiſeliers de la Ville & Fauxbourgs de Paris ont ſeuls le droit de faire des Filets à prendre des oiſeaux; & il n'eſt non plus permis qu'à eux d'aller à la chaſſe deſdits oiſeaux, à la gluë, à la pipée, aux Filets, &c. *Voyez* Oiselier.

Ce ſont les Maîtres Pêcheurs, tant de mer que ſur riviere, ou leurs femmes, garçons & compagnons, qui travaillent aux filets dont ils ſe ſervent dans leurs différentes pêches; mais il ne leur eſt pas libre d'en faire les mailles à leur volonté. Les Ordonnances de Marine pour les Pêcheurs de mer, & celles des Eaux & Forêts pour les Pêcheurs ſur rivieres, déterminant la largeur que les mailles de chaque eſpece de Filet doivent avoir.

Les principaux Filets dont on ſe ſert pour la pêche de mer, ſont les Folles, les Dreiges, les Trameaux, ou Hameaux, les Tramaillades, les Picots, les Fichures, les Baſtudes & les Bouliers.

Les Folles ont leurs mailles de cinq pouces en quarré, les Dreiges, d'un pouce neuf lignes; les Trameaux ou Hameaux, de neuf pouces; les Picots comme les Dreiges.

Les Filets à pêcher des vives peuvent n'avoir de maille que treize lignes en quarré, depuis le 15 Fevrier juſques au 15 Avril ſeulement; & les mailles des Filets à pêcher la ſardine doivent être en tout tems de quatre lignes en quarré, & au deſſus.

Voyez Pêcherie, *& le titre III. du livre V. de l'Ordonnance de la Marine de* 1681.

On remet à parler ailleurs des Filets dont ſe ſervent les Pêcheurs en eaux douces, de leurs noms, de leur uſage, & du moule de leurs mailles ordonné par les Officiers des Eaux & Forêts de France. *Voyez* Pêche en riviere.

Filet. Les Maîtres Paumiers appellent auſſi des Filets, les grands réſeaux dont ils couvrent les ouvertures de leurs jeux de paume, pour retenir & conſerver les balles que les joueurs pouſſent par hazard plus haut qu'ils ne veulent. C'eſt aux Maîtres Paumiers qu'appartient la fabrique de ces ſortes de Filets. *Voyez* Paumier.

Filet, en termes de Chandelier. Signifie une certaine quantité d'eau que l'on jette dans le ſuif lorſqu'il eſt en fonte, pour le faire revenir, c'eſt à dire pour l'épurer & en précipiter les craſſes.

La quantité d'eau du Filet s'eſtime ſuivant la force de la fonte; mais l'expérience a fait remarquer, qu'il n'en faut point du tout pour commencer les chandelles plongées, & qu'il ne leur falloit donner le filet qu'après leur troiſiéme couche, parce qu'autrement la méche qui s'imbibe aiſément d'eau, feroit petiller la chandelle. *Voyez* Chandelle.

FILEUR. FILEUSE. Ouvrier & Ouvriere qui réduiſent en fil les matieres propres à être filées.

Le filage occupe, & fait ſubſiſter en France un nombre infini de perſonnes du menu peuple. La Champagne, la Flandre Françoiſe & la Picardie ont beaucoup de Fileurs & Fileuſes de laine, qu'on y appelle vulgairement Houpiers & Houpieres. Lyon & Tours n'en ont guéres moins pour les ſoyes; & la Normandie & la Bretagne en occupent quantité à filer leurs chanvres & leurs lins.

Fileur. Eſt auſſi celui qui conduit & leve les fils de ſoye de deſſus les cocons, qu'on met dans l'eau chaude pour les filer & devider ſur la machine dont on a donné la deſcription à l'article des Soyes. *Voyez* Soye.

Fileur. Se dit pareillement des ouvriers qui paſſent & tirent par la filiere diverſes ſortes de métaux, & particuliérement l'or, l'argent, le leton, le fer, pour en faire des fils d'or, d'argent, de leton & de fer. *Voyez* Fil, *ou l'article* Or.

Fileur de Lumignon. Artiſan qui travaille à filer groſſiérement le fil d'étoupe de chanvre écru, deſtiné pour faire cette ſorte de groſſe méche, que les Marchands Epiciers-Ciriers appellent Lumignon, & qu'ils font entrer dans la fabrique des torches & des flambeaux de poing. A Paris, ce ſont les Maîtres Cardeurs qui ſe mêlent de filer le lumignon, leurs Statuts leur donnant entr'autres qualitez celle de Fileurs de Lumignon. *Voyez* Cardeur.

FILEURE. Qualité de ce qui eſt filé. On dit: La Fileure de ce drap eſt trop groſſe, eſt bien fine; la Fileure de cet argent eſt extrêmement déliée: cette ſoye, cette laine, ce coton, ſont d'une Fileure inégale. On connoît le drap à la Fileure, & la ſerge à la croiſeure.

FILEZ-RAZES. FILEZ-MOLS. Ce ſont les deux premieres eſpeces des laines filées qu'on nomme Fils de ſayette. *Voyez* Fil de Sayette.

FILIERE. Plaque d'acier, ou de fer, plus longue que large, percée à jour de pluſieurs trous, qui vont toûjours en diminuant de groſſeur, que l'on nomme pertuis, par leſquels l'on fait paſſer les métaux pour les réduire en fils.

C'eſt à travers de cette ſorte de Filiere, que ſe tirent les fils d'or & d'argent trait, tant fin que faux, deſtinez pour la fabrique des étoffes & autres marchandiſes; le fil d'archal, le fil de leton, propre à faire des épingles; le fil d'acier dont on fait les éguilles, &c. & tous les métaux dont on fait les cordes de Clavecins, & autres ſemblables inſtruments.

Les Tireurs d'or ſe ſervent de cinq ſortes de Filieres différentes, qui ont chacune leur nom particulier.

La premiere, dont les pertuis ſont les plus gros, & qui ſert à tirer à l'argue, ſe nomme Calibre; la ſeconde s'appelle ſimplement Filiere; la troiſiéme, eſt nommée Ras; la quatriéme, eſt appellée Pregaton; & la cinquiéme & derniere, qui eſt la plus menuë de toutes, ſe nomme Fer à tirer.

L'ouverture la plus grande du pertuis, c'eſt à dire, celle par où l'on commence à faire entrer le bout du lingot ou du fil, s'appelle l'Embouchure. La plus petite, qui eſt celle par où il ſort du côté qu'on le tire, ſe nomme l'Oeüil.

Avant que le lingot ou le fil d'or ou d'argent ſoit parvenu à ce dernier degré de fineſſe, que les Tireurs d'or appellent Fil trait ſuperfin, qui ordinairement n'eſt pas ſi gros qu'un cheveu; il faut qu'il paſſe par plus de cent quarante pertuis, ſoit du Calibre, ſoit de la Filiere, ſoit du Ras, ſoit du Pregaton, ſoit enfin du Fer à tirer. *V.* Or, *à l'endroit où il eſt parlé de la maniere de tirer l'or & l'argent fin.*

Les Filieres de fer ſervant à tirer le fil d'archal, payent en France les droits d'entrée à raiſon de 30 *ſ. du cent peſant, & ceux de ſortie ſur le pied de* 35 *ſ. conformément au Tarif de* 1664.

Filiere. Les Fourbisseurs, Eperonniers, Armuriers, Arquebusiers, & autres Artisans à qui il est permis de damasquiner leurs ouvrages, se servent aussi de Filieres pour réduire le fil d'or, ou d'argent qu'ils veulent employer, à la grosseur convenable à l'ouvrage qu'ils entreprennent.

Filiere. C'est encore un des outils des Ouvriers en ciselure, dont ils se servent pour former dans les figures en relief, la prunelle & les coins des yeux. Ils sont du nombre des Ciselets. *Voyez* Ciselet.

Filiere. Se dit aussi chez les Marchands Ciriers, d'un instrument de cuivre jaune en forme de tourteau, épais d'un doigt, vuide par le milieu, & percé à jour de quantité de trous de différentes grosseurs, par lesquels on fait passer la bougie à mesure qu'on la tire de la bassine par le moyen d'un tour.

La Filiere est encastrée ou arrêtée dans les oreilles de la bassine, c'est à dire, de la boëte dans laquelle est la cire fonduë. La cire sert à grossir imperceptiblement la bougie, à mesure qu'elle passe dedans; & les divers trous de la Filiere, à la faire plus grosse, ou plus menuë, suivant qu'ils ont plus ou moins d'ouverture.

Filiere. On appelle encore de la sorte les outils & instruments d'acier, qui servent à divers ouvriers à faire des vis & des écrous.

La Filiere est proprement composée de trois piéces, d'une plaque d'acier avec son manche ou de fer ou de bois, d'un Tarot & du Tourne-à-gauche; il y a néanmoins de petites Filieres qui n'ont point de Tourne à gauche, & à qui le haut du Tarot, qui est applati, en peut servir.

C'est la plaque d'acier qui est la vraie Filiere, & qui sert seule à faire la vis, le Tarot ne servant qu'à faire l'écrou; cette plaque est percée de divers trous tarotez, plus ou moins grands, suivant le pas des vis.

Quand on veut travailler une vis à la Filiere, on lime en rond un morceau de bon acier; mais avec un peu plus de diametre que n'en a le trou sur le pas duquel on la veut faire; laissant néanmoins le bout d'enhaut taillé quarrément, pour le faire entrer dans une des entailles du Tourne-à-gauche.

Le morceau d'acier preparé, on serre la Filiere dans un étau, si c'est une gros vis; ou bien on la tient à la main, si la vis est petite; & ensuite on tourne le morceau suivant le pas de la vis qui lui convient, dont il prend toutes les cannelures.

Le Tarot est une véritable vis, mais qui a une tête quarrée, ou plate, suivant qu'on s'en sert à la main, ou avec le tourne-à-gauche. *Voyez* Tarot & E'crou.

Enfin le Tourne à-gauche est une piéce de fer plate, un peu longue & carrée, percée de divers trous aussi carrez, mais de différentes grandeurs, afin qu'ils puissent servir aux gros & petits Tarots. *Voyez* Tourne-a-gauche.

Filiere double. C'est une Filiere séparée en deux dans toute sa longueur, en sorte que chaque trou est coupé par le milieu de son diametre; les deux piéces se raprochant néanmoins, & se rejoignant par le moyen des vis qu'elle a aux extrêmitez. Les Arquebusiers s'en servent beaucoup

FILLE LINGERE. On nomme ainsi les Apprentisses des Marchandes Lingeres. *V.* Lingere.

FILLETTE. Que l'on nomme plus ordinairement Feuillette ou Feillette. Espece de futaille propre à mettre des liqueurs. On le dit aussi d'une petite mesure d'étain, qui en quelques Provinces de France sert à les mesurer pour les vendre en détail *V.* Veuillette.

FILLOIRS. On nomme ainsi à Amiens ceux à qui par les Statuts de la Sayetterie il est permis de faire la revente du fil de Sayette.

L'Article 37 desdits Statuts défend à tous Habitans de ladite Ville, de faire la revente du fil de Sayette, attendu qu'elle appartient aux Filatiers, Revendeurs ou Filloirs.

FILON On appelle ainsi les fils de métail, qui composent les veines des mines. *Voyez* Mine.

FILOSELLE Nom qu'on donne en Languedoc à une espece de grosse soye, ou de fleuret; on l'appelle en d'autres endroits Filatrice, Boure de soye, & Padouë: ce dernier nom lui vient de ce qu'on s'en sert à la fabrique des rubans qu'on nomme Padouës.

La Filoselle paye en France les droits de sortie conformément au Tarif de 1664, à raison de 17 livres du cent pesant.

Les droits qu'elle paye à la Doüane de Lyon sont de 18 livres de la balle, pour l'ancienne taxation, & 6 livres de nouvelle réapréciation.

FILOTIER. Nom que l'on donne dans quelques Provinces de France à ceux qui vont dans les marchez, où se fait le negoce des fils, les achtter en détail pour les revendre en gros.

FILURE. *V.* Fileure.

FIMPI. Arbre qui croît dans quelques Isles de l'Amerique, & dans l'Isle de Madagascar, qui produit la Canelle blanche. *V.* Canelle blanche.

FIN. Ce qui est pur & sans mélange. Il se dit des métaux, particulierement de l'or, de l'argent & de l'étain.

L'or fin doit être à 24 carat; mais il s'en trouve peu, pour ne pas dire point du tout, qui aille jusques à ce point de finesse. L'or qui est si fin est mol, & difficile à travailler; il faut qu'il y ait toûjours une certaine quantité d'alliage.

Le titre de l'argent fin est de douze deniers.

L'étain fin est celui qui n'a point été mélangé de plomb, ce qui le differencie de l'étain commun. *Voyez* Or, Argent, & E'tain.

Fin. On se sert aussi de ce terme pour évaluer le titre de monnoyes d'or, d'argent & de billon; ainsi on dit, que les Loüis d'or tiennent de Fin 21 carats, 28, 30 deuxiémes; que les Loüis d'argent ou écus blancs en tiennent 10 deniers, 22 grains; & les douzains seulement 2 deniers; pour faire entendre, que ces derniers sont composez d'une sixiéme partie d'argent & de cinq parties de cuivre; que les écus ont prés d'onze parties d'argent, & un peu plus d'un douziéme d'alliage; & que dans les Loüis il y a environ 22 parties d'or, & le reste aussi d'alliage.

Fin. Se dit encore de ce qui est vrai, naturel, qui n'est point contrefait ni falsifié: un diamant fin, une pierre fine; de l'azur fin, qui est absolument fait avec le Lapis lazuli.

Fin. Signifie pareillement ce qui est le plus excellent en son espéce: ainsi l'on dit, du vin fin; pour dire, du vin exquis & délicat.

Fin. Est encore ce qui est menu ou delié. On dit, du drap fin, de la serge, de la toile fine, de la soye fine, du fil fin, des dentelles fines, des éguilles, des épingles fines,

fines, des lames fines, un chapeau fin, & aussi de quantité d'autres marchandises & ouvrages.

On se sert quelquefois parmi les Négocians du mot *Fino*, pour signifier Fin. Ce terme vient des Espagnols, & Italiens.

FIN D'AUTRUCHE. C'est le plus delié du duvet, ou poil de l'autruche, que l'on a séparé du gros pour être employé dans la fabrique des chapeaux communs: on lui donne aussi les noms de Ploc & de Laine d'Autruche; & par corruption, de Laine d'Autriche. *Voyez* AUTRUCHE.

FIN DE NON RECEVOIR. Exception que l'on propose en Justice, pour se dispenser de payer une chose, en soutenant que le Demandeur est venu à tard, & qu'il y a prescription.

Il y a dans le Droit & dans les Coûtumes, des Fins de non-recevoir, & des prescriptions de différentes especes; mais il ne sera parlé dans cet article que de celles qui ont du raport au commerce.

L'Ordonnance de 1673 a donné des Réglemens pour trois sortes de Fins de non recevoir, ou de prescriptions.

La premiere, regarde les fournitures & ventes à crédit que font les Marchands & Ouvriers.

La seconde, les cautionnements faits pour l'évenement des lettres de change; & la troisiéme, le payement des lettres de change.

Par le premier Réglement, qui est contenu dans les articles VII. IX. & X. du titre premier de cette Ordonnance, les Marchands en gros & en détail, aussi bien que toutes sortes d'ouvriers & artisans, Maçons, Charpentiers, Couvreurs, Serruriers, Vitriers, & autres de pareille qualité, sont tenus de demander payement dans l'an, après la délivrance de leurs marchandises: encore qu'il y eût eu continuation de fournitures; si ce n'est qu'avant l'année il y eût un compte arrêté, sommation, ou interpellation judiciaire, cédule, obligation, ou contrât.

Les Marchands & Ouvriers peuvent néanmoins, encore que l'année soit expirée, déferer le serment à ceux ausquels la fourniture a été faite, les assigner, & les faire interroger; & à l'égard des veuves, tuteurs de leurs enfans, heritiers & ayans cause, leur faire déclarer s'ils sçavent que la chose est dûë.

Cette disposition de l'Ordonnance doit engager les Marchands à être très-soigneux de faire arrêter leurs Parties, ou de tirer de leurs débiteurs des promesses ou obligations, s'ils ne peuvent être payez dans l'année; d'autant que lorsque les Parties sont arrêtées, l'action dure 30 ans du jour de leur arrêté, ou de la date des promesses & obligations.

Les Fins de non recevoir établies par l'Ordonnance au sujet des demandes que les Marchands font à ceux à qu'ils ont fourni leurs marchandises, ne peuvent avoir lieu de Marchand à Marchand; & cela parce que les Marchands devant avoir des livres, qui contiennent comme une obligation reciproque de payer, la prescription ne peut avoir lieu entr'eux, à cause de la continuité de ce qui est fourni, & reçû de part & d'autre, ce qui rend leur condition égale. Aussi il est de l'usage dans les Jurisdictions Consulaires, de ne point admettre la Fin de non-recevoir entre Marchands; ce qui a été jugé ainsi par Arrêt du Grand Conseil du 12 Juillet 1672.

Les deux autres especes de prescriptions ou Fins de non recevoir, dont il est fait mention dans l'Ordonnance de 1673, sont comprises dans les articles 20, 21, & 22 du titre V.

A l'égard de celle qui concerne les cautions données pour l'évenement des lettres de change, l'article XX. porte qu'elles doivent être déchargées de plein droit, s'il n'en a été fait aucune demande pendant trois ans, à compter du jour des derniéres poursuites. Et pour la seconde qui regarde les lettres & billets de change, les articles XXI & XXII. veulent qu'elles soient réputées acquittées après 5 ans de cessation de demande & poursuites, à compter du lendemain, ou de l'écheance, ou du protêt, ou de la derniere poursuite; à la charge néanmoins que les prétendus débiteurs seront tenus d'affirmer s'ils en sont requis, qu'ils ne sont plus redevables; & leurs veuves, héritiers, ou ayans cause, qu'ils estiment de bonne foi qu'il n'est plus rien dû, ce qui doit pareillement avoir lieu à l'égard des mineurs & des absents.

Avant cette Ordonnance, les lettres de change ne se prescrivoient que par 30 ans, ainsi que les obligations & promesses. Mais comme en fait de lettres de change tout doit être fait en bref, que le payement en doit être prompt, & qu'on a peu de tems pour faire les procédures & diligences des prôtets, & poursuites en garantie; il a été jugé nécessaire & utile au commerce de faire une distinction des lettres & billets de change, d'avec les autres actes, en établissant en leur faveur cette Loi, qui réduit la prescription à 5 ans, afin de rendre la fortune des Négocians plus certaine.

Les billets payables au porteur ou à ordre, qui ne sont pas causez pour lettres de change fournies ou à fournir, & qui ont cours parmi les Gens de finance, n'ont pas le même privilege.

Voyez Monsieur Savary dans son parfait Négociant, livre III. chap. VI. de la premiere Partie.

FINANCE. Ce terme s'entend le plus ordinairement des deniers publics du Roi & de l'Etat; il signifie cependant quelquefois de l'argent monnoyé. Ce Banquier a bien de la Finance dans son coffre; les jeunes gens ne sont pas beaucoup chargez de Finance. On dit aussi un baril de Finance; pour dire, un baril d'especes monnoyées.

L'écriture de Finance est une écriture ronde, dont on se sert pour dresser des comptes & les mettre en grosse.

Le chiffre de Finance est le chiffre Romain un peu déguisé; on le nomme aussi Chiffre François. *Voyez* CHIFFRE.

FINANCER. Fournir de l'argent comptant.

FINANCIER. Celui qui manie les Finances du Roi. On le dit dans le négoce pour signifier un homme extrêmement à son aise, qui a fait une grande fortune. Il est riche comme un Financier.

FINE-GRISE. Espece de laine qui vient d'Allemagne. *Voyez* LAINE.

FINITO. Signifie l'arrêté ou l'état final d'un compte. Il est resté redevable par le Finito de son compte, de la somme de tant.

Ce mot vient des Italiens, comme la plus grande partie des autres termes de commerce: ce sont eux qui l'ont réduit en art, & qui en ont appris les termes aux autres Nations de l'Europe.

Finito est plus en usage parmi les Financiers, & chez les gens

gens de pratique, que dans le commerce, dans lequel on se sert plus ordinairement du terme de Soulte, de Bilan, ou Balance. Souldre un compte, c'est à dire en payer le reliquat, le clore & l'arrêter.

FINO. Terme étranger qui a passé dans quelques Provinces de France, & qu'on substituë assez souvent à celui de Fin. *Voyez* Fin.

FIRKIN, ou Barillet. Mesure dont on se sert en Angleterre pour les liquides; il est plus ou moins grand suivant les diverses liqueurs qu'il contient. Le Firkin d'Alé contient 8 gallons, & celui de biere 9; deux Firkins de biere font le Kilderkin, deux Kilderkins le baril, & deux barils le Hoghshead ou muid. Les barils de beure & de savon ne sont que sur le pied de ceux d'Alé, c'est-à-dire d'un galon par Firkin moins forts que ceux de biere.

FIRMAN. On appelle ainsi dans les Indes Orientales, particuliérement dans les Etats du Grand Mogol, les Passeports ou permissions de trafiquer, que les Princes accordent aux Marchands étrangers.

FIRMIER. Fil d'argent doré sans soye, que les Grecs de Constantinople portent en Moscovie, parmi les Marchandises qu'ils y échangent contre des Pelleteries.

FISCELLE, FISELLE, ou FISSELLE. C'est un des plus petits ouvrages de corderie. *V.* Ficelle. *Voyez aussi* Corde.

FLACHES. Terme de Commerce & d'exploitation de bois. Ce sont les endroits les plus proches de l'écorce, qu'on nomme autrement Aubier. Ces Flaches doivent s'ôter en équarrissant les arbres.

FLACHEUX. On nomme ainsi les bois mal battus & équarris, & qui pour ce deffaut sont difficiles à toiser & à reduire au cent.

FLACON. Grosse bouteille de verre qu'on garnit ordinairement d'un bouchon qui ferme à vis.

Flacon. Se dit aussi d'une bouteille de terre dont le col est fort long.

Les Flacons de Verre payent en France les droits d'entrée à raison de 20. du cent pesant; & ceux de sortie sur le pied de 2 s. la douzaine.

A l'égard des Flacons de terre, ils payent comme bouteilles de terre 1 s. de la douzaine.

Flacon. Les Maîtres Fayanciers & Ferriers sont appellez dans leurs Statuts Maîtres Garnisseurs & Couvreurs de Flacons. *Voyez* Verrier, & Fayancier.

FLAINE. Espece de coutil qui se fabrique dans la Province de Normandie, & dans le Pays de Forêt; on en tire aussi de Flandres. *Voyez* Coutil.

Les Flaines payent les droits de la Doüane de Lyon suivant leur qualité ou le pays d'où on les tire; sçavoir:

Les Flaines de Flandres, la charge de trois quintaux, 7 livres d'ancienne taxation, & 3 livres de nouvelle réapreciation.

Les Flaines du Pays de Forêt & autres semblables, 4 s. la piéce, ou 3 livres 6 s. la charge, tant d'anciens que de nouveaux droits.

Et les Flaines de Normandie, la charge de trois quintaux, 5 livres d'ancienne taxation, & 2 livres 5 s. de nouvelle réapreciation.

FLAMBART. Espece de graisse, ou suif, que les Chaircutiers tirent des viandes de porc qu'ils font cuire, & qui se trouvent sur le boüillon lorsqu'il est refroidi. On fait fondre cette graisse une seconde fois, pour l'épurer, & la rendre plus semblable au sain-doux.

Il s'envoye beaucoup de Flambart à Roüen pour les manufactures de savons. Les Tondeurs de draps en employent souvent au lieu de sain-doux pour l'ensimage des étoffes de laines qu'ils tondent, ce qui est néanmoins contraire aux Reglemens généraux des manufactures: les Chandeliers en font aussi quelquefois entrer dans la composition de leurs chandelles, quoique cela ne leur soit pas permis. *Voyez* Ensimage, Sain-doux, & Suif.

FLAMBE. Plante qui produit une fleur assez agréable, dont la racine est odoriferante. On l'appelle plus ordinairement Glaïeul & Iris, n'ayant le nom de Flambe que parce que sa fleur semble representer la lumiere d'un Flambeau. *Voyez* Iris.

FLAMBEAU DE POING. Terme d'Epicier-Cirier. L'on donne ce nom à plusieurs grosses méches jointes ensemble, couvertes de cire, qu'on allume dans les cérémonies d'Eglise, aux pompes funebres, dans les illuminations des fêtes publiques, & la nuit pour éclairer à se conduire dans les ruës, ou à la campagne. On l'appelle Flambeau de poing, parce que lorsqu'il est allumé, les pages ou valets de pied le portent ordinairement au poing.

Les Flambeaux dont on se sert dans les cérémonies d'Eglise, dans les funerailles, & dans les illuminations, sont de cire blanche; à l'égard des autres, ils sont indifféremment ou de cire blanche, ou de cire jaune.

Les Flambeaux de poing sont de figure quarrée, arondis par les angles, & d'une égale grosseur depuis le haut jusques en bas. Ils sont composez de quatre méches, à peu près grosses comme le pouce, & longues d'environ trois pieds, qui se nomment les bras du Flambeau. Ces méches sont faites d'une sorte de très-gros-fil d'étoupe de chanvre écru, à demi filé, & dont le filage s'est fait à gauche, auquel on donne communément le nom de Lumignon. Ce fil se tire pour l'ordinaire du Pont Sainte Mexance, par pelotes du poids de 13, ou 14 onces.

Le morceau de méche blanche, long d'environ trois pouces, que l'on met au bout du Flambeau, du côté qu'il doit être allumé, se nomme le colet du Flambeau; il est ajoûté, ou plûtôt hanté sur les extrémités des bras. Le fil dont il est formé est d'étoupe de lin blanchi, grossiérement filé, qui vient de Guibray, ou de la Chapelle Mosche en Normandie, ce qui le fait appeller communément fil de Guibray, ou fil de Mosche.

Les Flambeaux de poing se fabriquent à la cuilliere, à peu prés comme les cierges & les bougies de tables, & font une des principales parties du négoce des Marchands Epiciers-Ciriers.

Maniere de fabriquer les Flambeaux de poing.

Les méches, ou bras des Flambeaux, étant préparez, & disposez de longueur & grosseur convenables, on en prend pour l'ordinaire une douzaine à la fois, que l'on accroche séparément par le collet autour d'un petit cerceau de fer, suspendu au dessus d'une grande poêle, ou bassine, dans laquelle il y a de la cire fonduë.

Les méches en cet état, on prend dans une grande cuilliere de fer blanc, de la cire de la bassine, que l'on jette doucement sur le haut des bras, un peu au dessus de l'endroit où le collet est ajoûté; ensorte que cette cire venant à couler le long des bras, ils s'en trouvent également couverts,

verts, depuis le haut jusqu'en bas; ce qui ne se réïtere d'abord que deux fois.

Après que ces deux jets de cire ont été donnez à chaque bras en particulier, on les met étuver tous dans un lit de plume, pour entretenir la chaleur de la cire; ensuite on les en retire l'un après l'autre, pour les rouler sur une table; & lorsqu'il y a quatre bras de roulez, on les joint ensemble, en les soudant avec un fer chaud, qu'on appelle un Soudoir.

Les quatre bras étant ainsi joints & soudez l'un contre l'autre, on les accroche de nouveau au cerceau par les quatre collets, qui n'en forment alors qu'un seul; puis on leur donne autant de jets de cire, qu'il est nécessaire par raport à la grosseur & au poids que l'on veut donner aux Flambeaux; s'en faisant ordinairement d'une livre, d'une livre & demie, & de deux livres.

Les Flambeaux ayant reçû tous leurs jets de cire, on les met sur la table, pour en perfectionner la forme, en les équarissant par le moyen d'un outil de buis très-poli, qui se nomme le Cochois: Cette façon se donne, en faisant passer le cochois, & en l'appuyant fortement le long des angles rentrants, que l'union des bras a formez.

Après cette façon, les flambeaux sont achevez; & il ne reste plus qu'à les marquer par le bas, du nom du Marchand qui les a fabriquez; ce qui se fait avec une espece de poinçon de buis gravé, que l'on appuye sur la cire, pour lui en faire prendre l'empreinte.

C'est cette marque qui rend le Marchand Cirier garant de la bonne fabrique de ses Flambeaux.

Les Flambeaux achevez & marquez, sont pendus au plancher par le collet, pour les faire rafermir à l'air; & lorsqu'ils sont suffisamment fermes, on les lie ensemble par demie-douzaine avec de la ficelle, & des bandes de papier, ordinairement bleu pour les Flambeaux blancs, & blanc pour les jaunes. *Voyez* Cierge; *vous y trouverez plusieurs choses qui ont beaucoup de raport à la fabrique des Flambeaux, qui n'ont point été expliquées ici, pour éviter les redites.*

Flambeau d'Eglise. On nomme ainsi de gros Flambeaux de cire blanche, longs depuis cinq jusqu'à sept pieds, & du poids de quatre jusqu'à six livres, dont on se sert dans les ceremonies Ecclesiastiques, particulierement dans les grandes Eglises, lorsqu'on fait à l'Autel du Chœur l'élevation de la sainte Hostie & du Calice.

Ces Flambeaux se fabriquent à peu près, comme ceux dont on a parlé dans l'article précedent; à la réserve qu'il n'y a qu'une méche, qu'elle est toute de coton, & qu'il ne s'en fait point que de la plus belle & de la plus pure cire blanche. Les quarres se font comme aux Flambeaux de table. *Voyez l'article suivant.*

Flambeau de Table, que quelques-uns nomment aussi Flambeau de Chambre. Espece de bougie quarrée, d'environ un pied de long, de forme piramidale, dont les angles sont arrondis.

Cette sorte de Flambeau n'a qu'une seule méche, & se fabrique à la cuilliere, à peu près comme les bougies rondes: avec cette différence, qu'aux Flambeaux de table, les quarres ont été formées par le moyen de l'outil de buis, que les Ciriers appellent Cochois; & que les bougies ordinaires n'ont été simplement qu'arrondies, en les roulant sur une table.

Les flambeaux de table ne sont guéres en usage que chez le Roy, & chez les Princes du Sang. *Voyez* Cierge.

FLAMBER UN CHAPEAU. Terme de Chapelier, qui veut dire, faire passer un chapeau sur la flamme d'un feu clair, pour en ôter les plus longs poils, & le rendre ras. *Voyez* Tondre.

Flamber le Cuir. Terme de Courroyeur. C'est le faire passer par dessus la flamme d'un feu clair, pour lui donner quelque façon. Les cuirs des Courroyeurs se flambent deux fois sur un feu de paille, l'une, pour les préparer à recevoir le suif; & l'autre, après qu'ils l'ont reçû, pour que le suif les penetre davantage. *Voyez* Courroyer.

Flamber de la Viande. Terme de Rôtisseur. C'est la faire passer sur le feu, pour en ôter quelques petits poils, ou duvet, qui y sont restez en l'habillant, ou en la plumant. Il ne se dit guéres que de la volaille, & du gibier à plumes.

FLANELLE. Sorte d'étoffe tout de laine, non croisée, legere, & peu serrée, mais fort chaude. Elle est composée d'une chaîne & d'une tréme; & se fabrique avec la navette sur un métier à deux marches, de même que les revéches, les bayettes, & autres semblables étoffes, qui n'ont point de croisure.

Il se fait des Flanelles de plusieurs largeurs & longueurs, dont les plus ordinaires sont, demie-aune, deux tiers, & trois quarts; les pieces contenant depuis vingt-quatre jusqu'à soixante-dix aunes, mesure de Paris.

La France tiroit autrefois quantité de Flanelles d'Angleterre, qui étoient fort estimées: mais depuis que le commerce a été interrompu par de longues guerres entre ces deux Royaumes, & que les Fabriquans François se sont appliquez à les imiter, il ne s'en voit quasi plus d'Angleterre chez les Marchands de France, même en tems de paix.

Les lieux de France où il se manufacture le plus de Flanelles, sont, Reims, Castres, Roüen & Beauvais. Celles de Beauvais, sont les moins estimées; étant pour l'ordinaire très-grossieres.

Le principal usage des Flanelles est pour mettre entre deux étoffes, au lieu d'oüette, ou de coton, pour rendre les vétemens plus chauds. Quelques-uns s'en servent aussi à faire des camisoles & des caleçons pour l'hyver. Les Anglois en consument beaucoup à faire des chemises, au lieu de toile; ce qui fait qu'ils leur donnent aussi le nom de Lingettes, particulierement aux plus fines, qui sont pour l'ordinaire les plus étroites. Quelques-uns attribuënt à ces chemises de Flanelle, la vertu de beaucoup soulager les personnes sujettes à des rhumatismes.

Les Flanelles Etrangeres payent en France les droits d'entrée, à raison de trente pour cent de leur valeur; & ne peuvent entrer que par Calais & S. Valery, suivant l'Arrêt du 3. Juillet 1692.

Flanelle de Rouen. Il se fabrique à Roüen des étoffes sans croisure, auxquelles on donne aussi le nom de Flanelles, quoiqu'elles n'ayent aucun raport aux vrayes Flanelles, ni pour leur matiere, ni pour leur qualité.

Ces étoffes sont larges, ou de trois quarts, ou d'une aune & un quart, mesure de Paris, les pieces plus ou moins longues. La chaîne est de fil de chanvre; & la tréme, de laines de différentes couleurs, qui forment des rayes en travers sur la largeur de l'étoffe. Les plus étroites de ces sortes de Flanelles rayées s'employent en jupons, & les

les plus larges servent à faire des robes de chambre. Les unes & les autres sont de bon teint, & peuvent soûtenir plusieurs savonnages, sans rien perdre de leur couleur.

A Paris, quelques Marchands leur donnent le nom de Molleton, quoiqu'elles ne soient pas non plus semblables à l'étoffe qui porte ce nom; ne devant être regardée tout au plus que comme des especes de droguets, ou tiretaines, rayez, laine & fil, plus larges que les tiretaines, ou droguets ordinaires. *Voyez* MOLLETON.

FLANELLES. Terme de Manufacture de glace. On appelle Flanelles, parmi les Ouvriers qui mettent les glaces au teint, les pieces d'étoffes de laine, mollettes, & peu serrées, à travers desquelles se filtre le vif-argent, qui coule de dessous une glace étamée. Elles servent à purifier ce mineral, des ordures qu'il a contractées pendant le peu de tems qu'il est resté sur la feüille d'étain. Elles s'appellent Flanelles, parce qu'elles sont assez souvent de cette sorte d'étoffe; mais elles portent toûjours ce nom, de quelque étoffe qu'on se serve.

On nomme aussi Flanelle, l'étoffe qu'on met sur la glace, avant de la charger de plombs, ou de boulets de canon, quoiqu'on y employe aussi d'autres étoffes; comme du molleton, de la revêche & de la serge. *Voyez* GLACE.

FLANS. *Voyez* FLAONS, *à l'article suivant.*

FLAONS. Terme de Monnoye. Ce sont les morceaux des divers métaux, qu'on employe dans le monnoyage, coupez de la grandeur, de l'épaisseur & de la rondeur des especes, & réduits au poids porté par les Ordonnances; en un mot, les especes neuves, à qui il ne reste plus que de recevoir aux balanciers les empreintes de pille & de croix, qui leur donne cours dans le commerce.

Les Flaons sont apparemment ainsi nommez, ou du terme de Flattir, qui est la derniere façon qu'ils recevoient avant de les marquer, lorsque l'on fabriquoit la monnoye au marteau; ou de celui de Flattoir, qui est l'instrument avec lequel on leur donnoit cette façon. *Voyez* MONNOYAGE.

FLAQUIERE. Partie du harnois d'un mulet.

Les Flaquieres de mulet payent en France les droits d'entrée, à raison de 25. s. du cent pesant, conformement au Tarif de 1664; & ceux de la Doüane de Lyon, sur le pied de 16 s. de la charge pour l'ancienne taxation, & 4 sous le cent pour la nouvelle réapreciation.

FLASQUE, ou FLAQUE. Espece de ceintures, qui se fabriquent en Italie.

Les Flasques payent les droits de la Doüane de Lyon; sçavoir, celles qui sont garnies de passemens d'or & d'argent, à raison de 27 s. de la douzaine; & celles qui ne sont que de soye, qu'on nomme Flasques de Milan, seulement 13 s. 6 den.

FLATIN. Petit couteau de poche, pliant, emmanché de corne, ou de bois, qu'on nomme aussi Jambette. Cette sorte de couteaux se fait en Forest, & porte le nom de l'Ouvrier qui en a été l'Inventeur, qui se nommoit Denis Flatin. Ce sont ces couteaux qui font une partie du négoce des petits Merciers qui étalent aux foires de campagne, ou qui portent toute leur boutique de mercerie, pendüe à leur col dans une manne d'osier.

FLATIR, ou FLATTIR. Terme de Monnoyeurs C'est la derniere façon que l'on donnoit dans le monnoyage au marteau, aux carreaux, ou morceaux d'or, d'argent, ou de cuivre, que l'on avoit couppez, pour en faire des especes.

Cette façon, après laquelle les carreaux s'appelloient Flaons, consistoit à les arrondir le plus qu'il étoit possible, en adoucissant avec le flatoir les pointes qui restoient à la tranche, après les avoir ajustez. *Voyez* MONNOYAGE AU MARTEAU.

FLATOIR, ou FLATTOIR. Marteau dont se servoient autrefois les Ouvriers des Monnoyes, & qui leur est de peu d'usage, depuis que les especes se fabriquent au moulin.

Il y avoit de deux sortes de Flatoirs, la Masse & le Martelet. La masse étoit fort grosse: elle servoit à réduire les lames à l'épaisseur convenable, en les frappant sur une enclume. Pour le martelet, qui est le véritable Flatoir, il étoit plus leger, & servoit à flatir les carreaux; c'est-à-dire, à en adoucir les pointes, & les rendre à peu près d'une figure ronde. *Voyez l'article précedent. Voyez aussi* MONNOYAGE AU MARTEAU.

FLAVET, qu'on nomme aussi LINGETTE. Espece de serge, dont la piece porte environ vingt aunes de long. *Voyez* SERGE.

Les Flavets payent en France les droits d'entrée, à raison de 4 liv. de la piece.

FLAYAU. *Voyez* FLEAU.

FLEAU, qu'on appelle aussi TRAVERSIN. Terme de Balancier. C'est cette piece de fer, un peu enflée vers le milieu, qui a des trous à chaque bout, pour y attacher les cordes, qui soûtiennent les plateaux, ou bassins de la balance, & qui est partagée en deux par une aiguille, qui tombe dessus perpendiculairement. C'est aussi au Fleau que tiennent les branches, qui par le moyen des boulons rendent le Fleau mobile. *V.* BALANCE.

FLEAU. C'est encore la partie du peson, ou balance Romaine, sur laquelle sont marquez les points de division, qui font connoître le poids des marchandises, denrées, métaux, & autres choses qu'on y veut peser. On l'appelle plus ordinairement Branche, ou Verge. *V.* ROMAINE.

FLEAU. C'est aussi une espece de petits crochets de bois, sur lesquels les Vitriers portent par la Ville, les panneaux, & autres marchandises de verre, qu'ils vont mettre en place chez les Bourgeois.

Ces crochets sont presque tout semblables à ceux de ces Porte-faix, que de-là on appelle Crocheteurs; à la reserve qu'ils sont plus legers, & moins longs; & qu'ils ont deux tringles, aussi de bois, qui les traversent & coupent à angles droits par le milieu, afin de garantir des atteintes des passans, une marchandise aussi fragile que celle qu'ils portent. Le Fleau se met sur le dos, & s'y attache par deux bretelles, qui passent par dessus les épaules.

FLECHE. Terme de fabrique de tapisserie de haute-lisse. C'est une simple ficelle, que l'Ouvrier entrelasse dans les fils de la chaîne, au dessus des bâtons de croisure, afin que ces fils se maintiennent toûjours dans une égale distance. *Voyez* HAUTELISSE.

FLECHE. Ce que les Eventaillistes & les Tablettiers appellent les Fleches d'une monture d'éventail, sont les petits morceaux de bois, d'écaille, d'yvoire, &c. qui se placent par un bout, à distance égale, entre chaque ply du papier, ou de quelque autre matiere que ce soit, qui fasse le fond de l'éventail. Toutes les Fleches d'un éventail sont enfilées

& arrêtées ensemble avec un petit fil de leton ; & c'est en les ouvrant & resserant, que l'éventail s'ouvre ou se ferme. *V.* Eventail.

Fleche, qu'on nomme aussi Arbre, & Poinçon. C'est, en termes de Charpentier, une forte piece de bois, élevée perpendiculairement sur le milieu de l'empatement d'une gruë, qui soûtient le rancher ou échellier, & sur la pointe de laquelle il tourne.

Fleche. C'est encore une grosse piece de bois de charronnage, ordinairement d'orme, dont on se sert pour les trains des carrosses & charriots. La Fleche est de dix à douze pieds de long pour les carosses à arcs, & de douze à quinze pour les autres. Elle doit être courbée, sans nœuds, & d'un beau braquement. Les berlines n'ont point de Fleche, mais deux brancards. Les Charrons achetent en grume le bois d'orme, dont ils font les fleches, & les débitent & façonnent ensuite, suivant leurs differentes longueurs. *Voyez* Orme. *Voyez aussi* Carosse.

Fleche de Lard. Terme de Chaircutier. Il se dit des morceaux de graisse, ou de panne, longs & étroits, qui se levent de dessus les côtez des porcs, depuis les épaules jusqu'aux cuisses. Les Picards disent une Flique de lard; & autrefois on disoit, une Fliche de lard. Les Chaircutiers de Paris font un négoce considerable de Fleches de lard; les Rôtisseurs & les Cuisiniers en consumant beaucoup à barder & larder leurs viandes. Il s'en envoye aussi quantité à l'armée: l'on en met même sur les vaisseaux pour la provision des Officiers.

FLECHES, ou ATTENTES. Nom que l'on donne à certains filamens rougeâtres, accompagnez de petites languettes couleur d'or, qui se trouvent placées au milieu de la fleur du safran. Ce sont ces filamens que l'on appelle véritablement Safran. *V.* Safran.

FLETT, ou FLEECHTE-DALLER. Monnoye d'argent, qui a cours en Danemarc, & qui vaut quatre marcs, ou soixante-quatre schillings Danois; ce qui revient à quarante-un ou quarante-deux sous de France. Il y a aussi des demis Fletts, qui ont cours pour la moitié.

Flett-marc-Dansche. Est encore une monnoye d'argent, qui vaut seize schillings Danois, ou huit schillings lubs: c'est-à-dire, environ dix sous de France. Il y a aussi des demis Fletts-marcs qui valent cinq sols.

FLETTE. Petit bateau, dont on se sert sur les rivieres pour voiturer des marchandises en petite quantité.

C'est aussi de Flettes que se servent les Maîtres Passeurs-d'eau de la Ville de Paris, pour passer les Bourgeois, hardes, paquets & marchandises d'un rivage de la Seine à l'autre.

Ces Bâteliers, ou Maîtres Passeurs, sont obligez par l'Ordonnance de 1672, de tenir des Flettes garnies de leurs crocs & avirons aux lieux qui leur sont marquez par les Prevôt des Marchands & Echevins; & sont responsables solidairement avec leurs Garçons, des pertes qui arrivent dans leurs Flettes au passage de la riviere. *V.* Bastelier.

FLEUR. Production de la nature, qui dans la plûpart des arbres precede leurs fruits, & dans les plantes produit leur graine.

L'on appelle, en termes de Manufactures, Etoffes à fleurs, celles sur lesquelles l'Ouvrier a imité des fleurs naturelles, ou en a representé de pure imagination; ce qui les distingue des étoffes pleines ou unies, & des étoffes rayées. Il y a des étoffes à fleurs de presque toutes les matieres dont on en peut fabriquer d'unies, comme à fleurs d'or, d'argent, de soye, de laine, de fil, de coton, &c.

On nomme ordinairement ces étoffes du nom de l'étoffe qui domine, & qui sert de fond aux fleurs dont le Fabriquant les a ornées. Ainsi il y a des velours, des damas, des satins, des taffetas, des pannes, des moires à fleurs, & plusieurs autres.

On appelle presentement Brocards, ou Brocats à fleurs d'or, d'argent & de soye, les plus belles & les plus riches étoffes brochées & ouvragées d'or, d'argent, ou de soye. Ce nom ne convenoit autrefois qu'aux seules étoffes, qui étoient entierement tissuës tant en chaîne qu'en tréme, ou d'or, ou d'argent seulement, ou de tous les deux mêlez ensemble.

Les façons ou fleurs qui se font sur les étoffes, se fabriquent en même tems que l'étoffe même, en levant ou baissant les fils de la chaîne, par le moyen des ficelles qu'on y a passé en montant le métier; & c'est à travers de ces fils ainsi levés, que le Fabriquant passe sa tréme, soit d'or, soit d'argent, ou de quelque soye convenable à la fleur qu'il veut representer.

C'est une chose très curieuse, de voir monter un métier, ou, pour parler en termes de l'art, de voir lire un dessein qu'on veut representer sur l'étoffe; mais la description en est presque impossible; & c'est une de ces choses qui ne peuvent guéres passer dans l'esprit que par les yeux: on tâchera cependant d'en donner ailleurs quelque idée, & d'en faire une espece de description. *Voyez* Lire un Dessein.

Fleur. C'est aussi cette espece de bourre, ou fausse soye, qui couvre le cocon du vers à soye, & qui est son premier ouvrage. Les fleurets qui sont en partie composez de ces fleurs, en ont emprunté leur nom. On les appelle autrement Araignées de vers à soye. *V.* Fleuret, *ou* Araignées.

Fleur. Se dit aussi des étoffes, quand elles sont nouvelles, & qu'elles ont encore tout leur brillant & toute leur fraîcheur. Cette étoffe a encore toute sa fleur. Ce satin n'a guéres conservé sa fleur.

Fleur. Terme de fabrique de cuirs. Les Tanneurs, Courroyeurs, Megissiers, Chamoisiers, Peaussiers, & autres Ouvriers en cuir, appellent la Fleur d'une peau, cette superficie de la peau d'où le poil ou la laine ont été abbatus: l'autre côté, qui lui sert comme d'envers, s'appelle la Chair, parce qu'il y étoit attaché.

C'est du côté de la fleur que se font les principaux apprêts des cuirs, & que se donnent les façons qui les rendent propres à tant d'ouvrages où on les employe.

Les Courroyeurs ne mettent leurs couleurs qu'à fleur, à la reserve des veaux passez en noir, à qui ils donnent avec le sumac une couleur orangée à la chair.

Les Peaussiers-Teinturiers en cuir, aussi-bien que les Chamoisiers, les mettent en couleur des deux côtez. Quand on donne le suif des deux côtez, cela s'appelle, Donner le suif de chair & de fleur.

Les peaux dont on a enlevé la fleur, qui est cette pellicule que les Anatomistes appellent l'Epiderme, se nomment des Peaux effleurées: celles où on la conserve, sont appellées Peaux à fleur. *Voyez* Tanneur, Courroyeur.

ROYER, MEGIE, PEAUSSIER, & *l'article du* CHAMOIS.

FLEUR. Se dit aussi de plusieurs préparations; comme la fleur d'airain, qu'on nomme autrement Pompholix, ou Calamine blanche; la Fleur de soufre, qu'on a fait évaporer par la sublimation; la Fleur de bronze; & autres de cette sorte. *Voyez les articles où il est traité de ces métaux ou mineraux*

La Fleur de soufre paye en France les droits d'entrée, à raison de cent sous le cent pesant.

FLEUR D'ESQUINANT. *V.* JUNCUS ODORATUS.

Les fleurs d'Esquinant payent en France les droits d'entrée sur le pied de 4 liv. le cent pesant, conformement au Tarif de 1664; & à la Doüane de Lyon, 15 s. du quintal d'ancienne & de nouvelle appreciation; & encore 24 s. pour les anciens & nouveaux quatre pour cent.

Cette drogue est du nombre de celles qui viennent du Levant; qui dans les cas portez par l'Arrêt du 15 Août 1685, doivent payer vingt pour cent de leur valeur.

FLEUR D'ESTAIN, qu'on appelle aussi, en termes de Chimie, FLEUR DE JUPITER. *V.* ESTAIN.

FLEUR DE MUSCADE, autrement MACIS. *V.* MACIS.

FLEUR DE THE'. *V.* THE'.

FLEUR DE VIOLETTE, FLEUR DE PESCHER, FLEUR DE ROMARIN, FLEUR DE LAVANDE. Ces Fleurs, & quelques autres, sont comprises dans les Tarifs de France, dans le nombre des drogueries & épiceries. A la verité elles ne sont pas des drogues; mais elles entrent dans tant de sirops, d'extraits, d'électuaires, de confections, de pâtes, de conserves, & autres compositions que font les Epiciers-Droguistes-Apoticaires; & il s'en fait un si grand commerce, qu'on peut dire en quelque maniere, qu'elles ont bien mérité de payer les droits sur le pied de drogues véritables.

Les Fleurs de violettes & autres, payent en France les droits d'entrée, à raison de 30 s. du cent pesant, conformement au Tarif de 1664; & la Doüane de Lyon, suivant le Tarif de 1632, 10 s. de la charge, tant pour l'ancienne que pour la nouvelle taxation.

FLEURE'E. Drogue servant à teindre en bleu, qui se fait avec la plante que l'on nomme Voüede, ou Voide. C'est une espece de pastel.

Les Fleurées sortant des voüedes, païent en France de droits d'entrée, 2 liv. 10 s.; & de sortie, 5 liv. le cent pesant. Voyez VOUEDE.

Les droits que cette drogue paye à la Doüane de Lyon, dans le Tarif de laquelle elle est nommée Florée, sont de 5 liv. 5 s. le quintal; sçavoir, 2 l. d'ancienne & de nouvelle taxation, & 3 liv. 5 s. pour les anciens & nouveaux quatre pour cent.

On appelle aussi Fleurée; mais plus ordinairement Florée, une espece d'indigo de la moyenne sorte. *Voyez* FLORE'E.

FLEURET. On appelle ainsi dans les Manufactures de lainage, & dans le commerce des laines de France, les plus belles des laines de chaque espece. L'Arrêt du Conseil du 20 Novembre 1708, pour les manufactures de Languedoc, Provence & Dauphiné, porte, Que les draps appellez Londres, seront fabriquez avec le Fleuret de la laine de Languedoc, Bas Dauphiné, Roussillon, &c.

FLEURET. Bourre, ou soye grossiere, qui couvre la véritable soye des cocons de vers à soye. *Voyez* SOYE, & VERS A SOYE.

FLEURET. C'est aussi une espece de fil, qui est fait avec les bourres des cocons, & les cocons mêmes, après qu'on en a ôté la soye la plus fine.

Il y a differentes sortes de Fleurets, suivant la bonne ou mauvaise qualité de la matiere qu'on y employe.

Lorsque les vers à soye ont fini le travail de leurs cocons, on les dégage d'abord de cette espece de toile, qu'on appelle Araignée, & que d'autres nomment Fleur; ce qui a donné le nom au Fleuret, parce qu'en effet on en file des Fleurets; & ce sont là les véritables.

Les meilleurs cocons ayant été mis à part, pour être filez & devidez au métier, ou pour en tirer la graine, on ôte la soye de dessus le rebut, aussi-bien que de dessus ceux que les vers ont percez pour en sortir. De cette soye cardée & peignée, on en file des Fleurets; mais si beaux & si fins, qu'ils ne se distinguent guéres de la véritable soye; & s'employent comme elle en soye pour la couture, en rubaneries, & en plusieurs étoffes, qui passent pour étoffes de soye.

Enfin, des cocons, même déchargez de leur gomme, & mis en état d'être filez par une bonne lessive de cendre qu'on leur donne, & du résidu des peigneures & cardures des beaux Fleurets, on en fait des Fleurets communs, qui s'employent en ces especes de rubans, qu'on nomme Padoüe; & qui ont aussi le nom de Fleurets, à cause du fleuret dont ils sont fabriquez. *Voyez* SOYE.

Les Fleurets de toutes sortes payent en France de droits de sortie, 25 liv. le cent pesant.

Les droits qu'ils payent à la Doüane de Lyon, qui les appelle Florets, sont; sçavoir, les Florets ordinaires, 8 liv. du quintal; & les Florets teints, 8 s. de la livre, tant d'ancienne que de nouvelle taxation.

FLEURET. Se dit souvent des étoffes qui sont faites du fil de fleuret. On les appelle plus ordinairement Filatrices. *V.* FILATRICE.

FLEURET. C'est aussi une espece de toile de lin, destinée pour le commerce des Indes, qui n'est autre chose que la toile que l'on nomme ordinairement Blancard; mais à qui l'on donne le nom de Fleuret, parce qu'elle est comme la fleur des blancards, entre lesquelles on choisit les plus belles pour ce négoce. *Voyez* BLANCARDS.

Les plus beaux Fleurets se fabriquent en Bretagne, dans l'Evêché de Leon. Il s'en fait de deux sortes: les uns qu'on appelle simplement Fleurets, qui n'ont que demie-aune de laise: les autres qu'on nomme fins Fleurets, qui sont de deux tiers, & de trois quarts de laise. Les Anglois & les Hollandois en enlevent quantité en tems de paix, & vont ordinairement charger à Morlaix.

FLEURET. C'est encore une sorte d'épée sans pointe, & garnie d'un bouton par le bout, dont les Maîtres en fait d'armes se servent à donner des leçons dans leur salle. *Voyez* MAISTRE EN FAIT D'ARMES.

Les Fleurets à faire des armes payent de droits de sortie, 3 liv. comme lames d'épées.

FLEURON. Legere étoffe de laine, de soye, & de fil, du nombre de celles qui se font par les Haute-lisseurs de la Sayetterie d'Amiens. Elles ont un pied & demi & un pouce de Roy de large, sur vingt aunes un quart, ou vingt aunes & demie de long.

FLIBOT. Petit bâtiment de mer, que l'on appelle aussi Bûche, dont on se sert en Hollande pour la pêche du hareng. *Voyez* BUCHE.

FLIBUSTIER. Celui qui commande un flibot pour la pêche du hareng. Il se dit aussi de ces Forbans, ou Avanturiers de toutes les Nations, qui s'unissent dans l'Amerique, pour faire la guerre aux Espagnols. *Voyez* AVANTURIERS & BOUCANIERS.

FLIN. Sorte de pierre, dont les Armuriers & Fourbisseurs se servent pour fourbir les lames d'épées. On la nomme vulgairement Pierre de foudre.

FLORE'E. Espece d'indigo moyen, qui sert pour la teinture en bleu. *La Florée paye en France cent s. de droits d'entrée le cent pesant, conformement au Tarif de 1664, & à la Doüane de Lyon, pour tous droits, 7 liv. du quintal. Le Tarif de cette Ville l'appelle Fleuret d'Inde.* Voyez INDIGO.

FLORENTINE. Etoffe de soye, fabriquée d'abord à Florence, & depuis imitée en France. C'est une espece de satin façonné, ordinairement blanc: il s'en fait néantmoins de diverses couleurs. Les Florentines doivent avoir les largeurs & les portées des satins. *Voyez* SATIN.

FLORETONNES. Laines d'Espagne. Il y en a de Segovie, qui sont les plus estimées. Celles d'Arragon & de Navarre, sont les plus communes, & de moindre qualité. *Voyez* LAINES D'ESPAGNE.

FLORIN. Signifie tantôt une monnoye réelle & courante, & tantôt une monnoye imaginaire & de compte.

FLORIN. Monnoye de compte. Plusieurs Marchands, Négocians, & Banquiers de Hollande, & de diverses Villes d'Allemagne & d'Italie, se servent du Florin, pour tenir leurs Livres, & dresser leurs comptes: mais ces Florins sont de differentes valeurs, & ont diverses divisions.

En Hollande, le Florin de compte s'estime vingt-quatre à vingt-cinq sous de France; c'est-à-dire, quarante deniers de gros, & se divise en patards & en penins.

A Francfort, Nuremberg & Bolzam, il vaut quarante sous. Ses divisions sont les kreuxs ou creuzzers, & les penins.

A Liege, trente sous; à Strasbourg, vingt sous. Dans cette derniere Ville il se divise en kruys & en penins, monnoye d'Alsace.

En Savoye, le Florin de compte ne vaut que douze sous; à Genes, que neuf; & à Geneve, seulement six soldis, ou sept sous de France.

Il y a aussi quelques Province de France, comme la Provence, le Languedoc & le Dauphiné, où l'on compte par Florins.

FLORIN. Monnoye réelle. Les Florins, soit d'or, soit d'argent, étoient autrefois très-communs dans le commerce. Il s'y en voit encore, mais moins communément; quoiqu'il y en ait eu quantité de frappez en Hollande, de l'argent d'Angleterre, pendant la guerre terminée par la paix de Riswick. Cette monnoye, à ce qu'on croit, a eu le nom de Florin; ou de la Ville de Florence, où elle fut d'abord fabriquée vers l'an 1251; ou d'une fleur de lys, qu'elle avoit pour empreinte.

La plûpart des Florins d'or sont d'un or très-bas. Les vieux Florins de Bourgogne sont du poids de deux deniers treize grains, au titre de dix-sept carats & demi. Ceux d'Allemagne & de Metz, sont de la même pesanteur; mais les uns ne tiennent de fin que quatorze carats; & les autres quelquefois quinze & demi, & quelquefois seulement treize.

Parmi les Florins d'argent, ceux de Genes, de 1602 & 1603, pesent trois deniers six grains, & tiennent de fin onze deniers six grains; ce qui revient environ à neuf sous de France. Ceux de Hollande valent vingt-cinq sous, aussi de France.

Les pieces de trois Florins s'appellent Ducatons; mais valent plus que le ducaton ordinaire. *Voyez* DUCATON.

FLORUM CARTAMI, ou SAFRAN BASTARD. *Voyez* SAFRAN.

Le Florum Cartami *paye en France les droits d'entrée à raison de 25 s. du cent pesant, conformement au Tarif de 1664; & par celui de la Doüane de Lyon, 30 s. tant d'ancienne taxation, que de nouvelle réapreciation.*

FLOT. Terme de marchandise de bois. Il signifie le gros bois de chauffage, que les Marchands, qui font faire l'exploitation des forêts, dans les lieux éloignez des rivieres navigeables, jettent au courant des ruïsseaux & petites rivieres, qui s'embouchent dans les grandes. C'est de ce bois jetté à flot, que se composent les trains de celui, que delà on appelle Bois flotté. Chaque bûche doit avoir la marque de son Marchand, pour en faire le triage. On en parle ailleurs. *Voyez* BOIS FLOTTE'.

FLOT. Signifie aussi, en termes de Selliers-Bâtiers, ces flocons, ou houppes de laine, que l'on met à la têtiere des mulets, pour leur servir d'ornement. Quelques-uns les appellent des Flaquieres; mais par ce dernier mot, on doit entendre les trois plaques de cuivre, qui leur couvrent le chanfrain, & les deux côtez de la tête. *V.* FLAQUIERE.

FLOTABLE. On appelle Riviere flotable, une petite riviere, ou gros ruisseau, capable de conduire du bois à flot. On dit aussi, un Port flotable; pour signifier l'endroit d'un ruisseau, ou petite riviere, où l'on assemble le bois, pour le jetter à flot. Il s'entend encore des rivieres qui sont assez fortes pour porter les trains de bois flotté. *Voyez* BOIS FLOTTE'.

FLOTTAGE. Conduite de bois sur l'eau, quand on le fait flotter. Le Flottage du gros bois de chauffage n'est pas ancien en France: il y est cependant d'une extrême utilité, soit pour le débit des bois qui sont éloignez des grandes rivieres, soit pour la provision de Paris, qui sans cela pourroit en manquer. *Voyez* BOIS FLOTTE'.

FLOTTE. Compagnie de vaisseaux qui vont ensemble, soit en guerre, soit en marchandise.

En tems de paix, les vaisseaux marchands vont de flotte, c'est-à-dire, de conserve, pour s'aider & se secourir mutuellement. En tems de guerre, outre ce secours mutuel, qu'ils peuvent se prêter, ils obtiennent encore des convois, ou vaisseaux de guerre; soit pour les escorter & conduire au lieu de leur destination, soit pour les accompagner seulement jusqu'à certaines hauteurs, au-delà desquelles les Armateurs ne sont ordinairement plus à craindre.

Les Flottes marchandes prennent presque toûjours leur dénomination des lieux où elles font leur commerce. Ainsi l'on dit: La Flotte des Indes Orientales, la Flotte de Smirne, la Flotte de la Mer Baltique, la Flotte du Bresil, &c.

Les Espagnols appellent simplement la Flotte, un certain nombre de vaisseaux, tant du Roy, que des Marchands, qu'ils envoyent tous les ans à la Vera-Crux, Port de la nouvelle Espagne.

Cette

Cette Flotte est composée de la Capitaine, de l'Amirante, & de la patache pour le compte du Roy, & d'environ seize vaisseaux marchands, depuis quatre cens jusqu'à mille tonneaux, appartenans aux Particuliers. Les uns & les autres sont si chargez, à l'aller & au retour, qu'il leur est difficile de se défendre, quand ils sont attaquez.

La Flotte part de Cadix vers le mois d'Août, & est environ dix-neuf ou vingt mois en son voyage. On en parle ailleurs. *Voyez l'article du* COMMERCE *d'Espagne, où il est traité de celui de l'Amerique Espagnole.*

FLOTTE DE SOYE. Les Ouvriers qui font le moulinage des soyes, nomment Flottes de soye, ce qu'on nomme plus ordinairement Escheveaux de soye. *Voyez* ESCHEVEAU, *ou* MOULINAGE.

FLOTTES. Trains de bois, qui servent à amener à Paris le bois flotté. Le bois pour la provision de cette Capitale, y arrive, ou par charrois, ou par bateaux, ou par flottes. *Voyez* BOIS DE CHAUFFAGE.

FLOTTES, ou plûtôt VILLES FLOTTANTES. Ce sont plusieurs barques, ou bâtimens de médiocre grandeur, dont les Chinois se servent, pour faire leur commerce dans l'interieur de ce vaste Empire, sur-tout dans les endroits où il y a beaucoup d'eau; ce qui est assez frequent dans la Chine.

Ces bâtimens voguent séparément, ou du moins seulement liez quelques-uns ensemble: mais lorsqu'ils sont arrivez au lieu où ils ont dessein de fixer leur négoce pour un tems, on les arrange avec une sorte de simétrie; laissant des ruës, & comme des places publiques entre deux: ensuite on les joint tous avec des especes de cordages de jonc & de bambouc, entrelassez de liens de bois, & fortifiez par de grosses poutres. Enfin, on les amarre de distance en distance avec d'autres pieces de bois.

Ces Flottes, ou petites Villes flottantes, ont leurs Magistrats & leur police. Chaque bateau est comme une maison, qui a ses magasins & sa boutique, avec son enseigne, pour faire connoître aux Acheteurs quelle sorte de marchandise on y vend. Aussi ces sortes de Marchands n'ont-ils point d'autre demeure. Ordinairement ils y sont nez; & pour l'ordinaire ils y meurent.

Ce ne sont point les Habitans de ces maisons aquatiques, qui vont solliciter les Habitans de la terre, de venir acheter: ceux-ci les vont trouver dans de petites nacelles, mais seulement pendant le jour; les avenuës des ruës étant fermées durant la nuit.

On voit aussi quelques-unes de ces Flottes sur la Côte de Sumatra; mais ce ne sont que des hameaux, en comparaison de celles de la Chine.

FLOTTÉ. On appelle Bois flotté, le bois de chauffage, qui vient en flottant sur les rivieres.

FLOTTER. Se dit des bois de charpente & de chauffage, que l'on fait descendre sur les rivieres, après en avoir fait des especes de radeaux, que l'on appelle communément des Trains. *Voyez* BOIS FLOTTÉ, & BOIS DE CHARPENTE.

FLOTTILLE, comme qui diroit PETITE FLOTTE. Les Espagnols nomment ainsi quelques vaisseaux, qui devancent leur flotte de la Vera Crux au retour, & qui viennent donner avis en Espagne de son départ, & de son chargement

FLOTTISTES. On nomme ainsi en Espagne, ceux qui font le commerce de l'Amerique, par les vaisseaux de la flotte, pour les distinguer de ceux qui le font par les gallions, qu'on appelle Gallionistes.

FLOTRES, ou FEUTRES. Termes de Papeterie. Ce sont des morceaux de revêche, ou autres étoffes de laine, sur lesquels on met le papier au sortir des moules. *Voyez* PAPIER.

FLUANT. Sorte de papier, qui n'est pas collé. *Voyez* PAPIER.

FLUSTE. Espece de navette, dont se servent les Basselissiers, & sur laquelle sont dévidées les laines, ou autres matieres, qu'ils employent à leurs tapisseries. La Flûte est un bâton fait au tour, en forme de petit cylindre; mais dont vers le milieu, le diametre est moins grand qu'aux deux bouts. Il a ordinairement trois ou quatre pouces de long, & quatre ou cinq lignes d'épaisseur. *Voyez* BASSE-LISSE.

FLUSTES. Sont des vaisseaux longs, à cul rond, & enfiez par le ventre, du port de trois à quatre cens tonneaux, qu'on appelle aussi Fioques; qui contiennent une plus grande quantité de marchandises, que les vaisseaux ordinaires. On s'en sert à porter des vivres dans les escadres de navires, & à transporter des troupes.

FOANG. Petite monnoye d'argent, qui a cours à Siam. Elle vaut quatre sous & la moitié d'un denier de France, à estimer l'once d'argent 3 liv. 10 s. Le Foang est la moitié du mayon. On donne huit cens coris, ou coquilles des Maldives, pour un Foang. *Voyez* MAYON.

FOIBLAGE. Terme de Monnoye. C'est la même chose que Remede de poids; c'est-à-dire, un affoiblissement du poids des especes, permis par les Ordonnances aux Maîtres des Monnoyes.

FOIBLAGE. Se dit aussi, quand les especes ne sont pas précisément du poids porté par les Ordonnances.

Dans ce sens, il y a de deux sortes de Foiblage; dont l'un est dans le remede, lorsque les Maîtres n'excedent pas les remedes permis; & l'autre hors des remedes, lorsqu'il l'excede. Dans le cas du Foiblage dans le remede, les Maîtres ne sont tenus qu'à restituer au Roy le Foiblage, c'est-à-dire, ce qui manque au poids des especes: dans l'autre cas, outre la restitution, les Maîtres sont condamnez à l'amende, & quelquefois à de plus grandes peines, suivant la qualité du Foiblage. *Voyez* REMEDE, & POIDS.

FOIBLAGE D'ALOY. C'est quand la monnoye n'est pas au titre requis. *Voyez* MONNOYAGE.

FOIBLE. Qui est débile, qui a peu de force.

On le dit dans le commerce, en differens sens, qui tous font entendre, qu'une marchandise, une denrée, ou toute autre chose qui entre dans le négoce, a quelque défaut, ou n'est pas de la qualité requise.

On appelle du Vin foible; du vin peu spiritueux, plat, & sans force, qui n'est ni de bonne garde, ni de bonne vente. *Voyez* VIN.

Les chevaux foibles, sont ceux de peu de force, & qui ne sont propres qu'à porter de legers fardeaux. *Voyez* CHEVAL.

De la monnoye foible, est de la monnoye legere, ou rognée, qui ne peut avoir cours dans le commerce. *Voyez* MONNOYE.

Dans la balance Romaine, on nomme le Foible, le côté le plus éloigné du centre de la balance, qui sert à peser les

les marchandises les moins pesantes. Il y a un des membres de cette balance, que l'on appelle la Garde-foible. *Voyez* BALANCE.

On dit, qu'un poids est trop foible, lorsqu'il n'est pas juste, & qu'il pese moins qu'il ne doit.

En fait de teinture, un drap foible de guede, est un drap où le Teinturier n'a pas employé toutes les drogues nécessaires, pour lui donner un bon pied de bleu. Les noirs foibles de guede sont estimez les moins bons. *Voyez* TEINTURE.

Lorsque l'on dit, qu'une marchandise a été venduë, le fort portant le foible; cela doit s'entendre, qu'elle a été venduë toute sur un même pied, sans que l'on ait fait de distinction de celle qui est superieure, d'avec celle qui est inferieure en bonté, ou en qualité.

FOIN. Herbe séche des prez, qui sert de nourriture aux bestiaux.

Cette herbe, après avoir été fauchée, se fanne, se ramasse en veillottes, & ensuite se met en meule.

Aux environs de Paris, & en plusieurs autres lieux, quand l'herbe de ces meules est raisonnablement séche, on en fait des bottes avec trois liens de paille, ou du Foin même, pour ensuite les serrer dans des granges & greniers. Ailleurs, on laisse les meules passer l'hyver à la campagne; la maniere de les faire les sauvant des pluyes & des eaux de nége, qui ne gâtent au plus que la superficie.

Le Foin en botte se vend au millier, au cent; & par les Regrattiers qui en font le détail, à la botte. Le Foin en meule se débite au charriot, à la charretée, & à la charge, ou somme: dans quelques endroits, au quintal, ou cent pesant.

Le Foin est un des principaux commerces de l'Isle de France, & des Provinces voisines de la Seine, de la Marne, de l'Oise & de l'Yonne, par lesquelles arrivent à Paris les provisions de cette marchandise, qui lui sont nécessaires; dont on estime qu'années communes il s'y en débite près de six millions de bottes.

Le Foin qui vient à Paris, en descendant la riviere de Seine, qu'on appelle le Pays d'Amont, se tire des prairies de Chelles, de Lagny, de Corbeil, de Melun, de Moret, de Montereau, de Bray, de Nogent sur Seine, de Gravon, & de Pont sur Yonne. Tous ces Foins doivent arriver aux Ports de Gréve, de la Tournelle, & de l'Isle-Louvier.

Les Foins qui viennent du Pays d'Aval; c'est-à-dire, en remontant la Seine, sont de Poissy, de Pontoise, de l'Isle-Adam, & de Beaumont sur Oise: ceux-ci abordent au Port de l'Ecole.

Il entre aussi par terre à Paris quantité de Foins, qu'on y amene des villages des environs; entr'autres, de Nogent sur Marne, de Noisy le Grand, de Gournay, de Noisielle, de Palaiseau, de Linas, & de Châtres. Le Foin qui vient par terre, est estimé meilleur que le Foin de riviere; mais aussi les bottes en sont ordinairement plus legeres; & souvent elles courent risque d'être fourrées de vieilles & mauvaises herbes.

Le bottelage des Foins destinez pour Paris, doit être fait à trois liens du même Foin; & chaque botte du poids de 12, 13 & 14 livres, depuis le mois de Juin jusqu'à la S. Remy; de 10, 11 & 12 livres, depuis la S. Remy jusqu'à Pasques; & de 8, 9 & 10 livres, depuis Pasques jusqu'à la nouvelle recolte: ces diminutions successives étant accordées pour le déchet que la sécheresse cause à cette marchandise.

Toutes les bottes doivent être de même qualité, tant au dedans qu'au dehors, sans aucun mélange de bon & de mauvais, ou de vieux & de nouveau Foin.

Les marchez des Foins nouveaux ne se peuvent faire qu'après la fanaison: & il est défendu à tous Marchands, & autres, d'arrêter, ou acheter des Foins avant la recolte.

Au reste, le négoce de cette marchandise est libre; & chacun peut s'en mêler sans Lettres & sans Privilege; ce qui s'entend néantmoins, en observant les Reglemens faits pour le commerce des Foins.

Les plus anciennes Ordonnances, qui ayent été faites en France, ou du moins qui nous soient restées sur le fait & commerce des Foins, sont celles de S. Louis, contenuës dans le Recuëil de 1268.

Les principales qui ont suivi, sont de 1298, sous Philippes le Bel; de 1350, sous le Roy Jean; de 1371, sous Charles V. de 1394 & de 1415; sous Charles VI. de 1496, sous Charles VIII. de 1499, sous Louis XII. de 1567 & 1571, sous Charles IX. de 1598, sous Henry IV. trois sous Louis XIII. sçavoir, en 1615, 1634 & 1635: enfin, jusqu'à vingt, sous Louis XIV. qui sont celles de 1647 & 1650, deux en 1658, une de 1660, une autre en 1661, deux en 1666; trois en 1669, 1670 & 1672; deux en 1679; celles en 1680, 1688 & 1691; deux en 1699, une en 1701, & une autre en 1706.

Les Reglemens contenus dans ce grand nombre d'Ordonnances, qui s'expliquent & se confirment successivement les unes les autres; les dernieres rappellant toûjours les anciennes, ont toutes pour objet les achats sur les lieux, la bonne qualité de la marchandise de Foin, le poids des bottes, les voitures, l'arrivée aux Ports de Paris, la décharge & la vente.

Les principaux articles sont:

1°. Que les marchez & achats seront faits pardevant Notaires.

2°. Que les Marchands auront un Journal paraphé par les Juges des lieux, pour les y écrire, & faire mention de leurs marchez & envois à Paris.

3°. Qu'ils donneront à leurs Voituriers des Lettres de voiture en bonne forme.

4°. Qu'ils ne pourront revendre sur les lieux les Foins qu'ils auront achetez, ni en chemin, ni autrement, qu'après l'arrivée des batteaux à port.

5°. Qu'ils ne chargeront leurs batteaux que d'une seule qualité de Foin, sans y mêler des Foins vieux avec des nouveaux.

6°. Qu'ils n'en feront point de magasins, ni à Paris, ni sur le bord des rivieres, ni ailleurs.

7°. Qu'ils ne pourront se servir que des batteaux des Voituriers, sans en pouvoir avoir à eux en propre.

8°. N'ancrer, guarrer, ni arrêter en chemin, que pendant l'heure des repas & du coucher.

9°. De ne faire arriver leurs bateaux, que dans les Ports qui leur sont marquez.

10°. De ne mettre à port, que quand il leur sera indiqué par les Officiers & Commis.

11°. De n'entamer les bateaux, qu'ils n'en ayent obtenu la permission du Juge de Police, & en présence des Jurez.

12°. D'y mettre une banderolle au lieu le plus éminent, contenant le prix & le poids des Foins dont ils sont chargez.

13°. Enfin, de vendre leur marchandise autrement qu'en personnes, par leurs femmes, enfans & domestiques, & non par des Courtiers & Commissionnaires.

On a obmis dans ces articles de Reglement, ce qu'on en a déja raporté ci-dessus, de la bonne qualité des Foins; de leur bottelage; de leur poids; des Ports de Paris, où les batteaux des Marchands, tant d'amont que d'aval, doivent aborder; du tems que se doivent faire les marchez; & de la défense d'hairer, ou acheter les Foins.

Au reste, tous ces articles, qui sembleroient ne regarder que les Marchands, qui font arriver leur marchandise par eau, doivent être également, mais à proportion, observez par les Marchands qui l'apportent à Paris par sommes, ou sur des chariots & charettes; sur-tout pour les visites des Jurez, sa qualité, le bottelage, la pesanteur des bottes, & le prix des Foins.

Outre ces deux sortes de Marchands de Foin en gros, il y a à Paris plusieurs personnes qui font le détail & le regrat de cette marchandise: telles sont, entr'autres, ceux que delà on appelle Regrattiers, les Chandeliers, les Grainetiers, & les Fruitiers.

Par les articles des mêmes Ordonnances, qui regardent le négoce du Foin en détail, il est défendu à ceux qui le font, d'acheter des Foins aux champs, ni ailleurs, que sur les Ports & places publiques de Paris; d'en acheter plus de deux cens bottes par semaine; d'en avoir plus de cinq cens en magasin; d'en vendre qui ne soit pas de poids; & de les débotteler, pour augmenter le nombre des bottes.

La défense d'acheter des Foins en campagne, & de n'en point faire d'achat au de-là de deux cens par semaine, est commune aux Hôteliers, aux Aubergistes, Marchands & Loüeurs de chevaux de Paris. En général, il est défendu à toutes personnes, d'aller au devant des batteaux de Foin, pour en acheter, ou marchander.

Il y avoit autrefois plusieurs Officiers établis sur les Ports, pour la marchandise de Foin; entr'autres, des Metteurs à port, des Planchéeurs, des Débardeurs, des Courtiers de Jurez, des Controlleurs vendeurs, des Priseurs, des Compteurs, & Inspecteurs de Foins, presque tous Offices créez, ou renouvellez sous le regne de Loüis XIV. mais qui ont été suprimez sous celui de Loüis XV. son arriere petit-fils, & son successeur, par Edit du mois de Septembre 1719.

Comme cependant il n'y avoit que les droits attribuez à ces Officiers, qui fussent à la charge du peuple, & que les fonctions de la plus grande partie étoient nécessaires pour maintenir le bon ordre, & faire observer les Reglemens: le même Edit commet à leur place des Commis, en bien plus petit nombre, & avec moindre attribution de droits.

On peut voir l'établissement & les fonctions de tous ces Officiers, ou Commis, à leurs articles, suivant l'ordre alphabetique.

Le Foin paye en France les droits d'entrée à raison de 6 s. du chariot, & de 4 s. la charetée: ceux de sortie sont aussi de 6. le chariot, mais seulement de 3 s. la charetée.

FOINE, que l'on nomme plus ordinairement FOUINE. Animal sauvage, de la grosseur d'un chat, dont la peau sert à faire des fourures. *Voyez* Fouine.

Foine. C'est aussi une espece de dard à trois pointes, dont les Pêcheurs se servent pour harponner le marsoin. On dit aussi Foesne, & Fouine. *Voyez* Marsoin.

FOINIER. Marchand qui fait commerce de foin: il ne se dit guéres que des paysans des environs de Paris, qui font négoce de cette marchandise par terre sur des bêtes de sommes & charettes. Ceux qui amenent leurs foins par eau se nomment Marchands de foin. *Voyez ci-dessus* Foin.

FOIRE. Concours de Marchands, de Manufacturiers, d'artisans, d'ouvriers, & de plusieurs autres personnes de tout état, & de toute profession, regnicoles ou étrangers, qui se trouvent chaque année dans certain lieu & à certains jours; les uns pour y apporter, vendre & débiter leurs étoffes, manufactures, ouvrages, marchandises & denrées; & les autres pour les y acheter, ou même seulement par curiosité, & pour y prendre part aux divertissements, qui accompagnent ordinairement ces sortes d'assemblées.

Foire. Se dit encore de ces étalages de menuës merceries, & blimblotterie, de pain d'épices, d'outils propres au menage de la campagne, d'ouvrages de vannerie, de fayance, & de telle autre sorte de marchandises de peu de conséquence & de bas prix, qui se font dans les lieux & autour des Eglises, particuliérement de la campagne, où les peuples s'assemblent par devotion, & vont en pelerinage.

Quelques-uns croient, que le mot de Foire se dit *à Feriis*, mot Latin qui signifie Fêtes, parce que anciennement les foires ne se tenoient guéres en France, qu'aux lieux où on célébroit les Fêtes & les Dédicaces des Eglises.

Foire. S'entend aussi de quelques lieux, dans lesquels à certains jours & pour un certain tems on a permission de vendre d'une seule sorte de marchandise.

Il y a à Paris deux de ces sortes de Foires; l'une que l'on nomme la Foire aux Jambons, & l'autre la Foire aux Oignons.

La Foire aux Jambons, qu'on appelle aussi Foire au lard, se tient chaque année dans le parvis de l'Eglise Métropolitaine, & le long de la ruë neuve Notre-Dame; elle ne dure qu'un seul jour, qui étoit autrefois le Jeudi saint, & qui est presentement le Mardi saint: mais il s'y vend une si grande quantité de Jambon, de flêches de lard & autres viandes de porc salées, & le peuple s'y trouve avec une si grande affluence pour en acheter, qu'on ne le peut exprimer.

La Foire aux Oignons, commence à la Notre-Dame de Septembre, & ne finit qu'à la fin du mois. Pendant tout ce tems là, les femmes des Laboureurs, Maraichers des environs de la Ville, apportent une quantité inconcevable d'oignons blancs & rouges, dont le Bourgeois fait sa provision pour toute l'année. Les oignons s'y vendent au boisseau, à la torche & à la botte.

La difference de la botte à la torche consiste, en ce que celle-ci a les oignons attachez autour d'un bâton, & l'autre seulement avec de la paille; outre cela la torche contient ordinairement autant d'oignons que quatre ou cinq bottes.

Cette Foire se tenoit autrefois dans le parvis Notre-Dame & aux environs, comme celle aux Jambons; mais vers le milieu du dix-septiéme siecle, elle a été transferée dans l'Isle Notre-Dame, où elle se tient chaque année le long du Quai Bourbon.

Foire. Signifie pareillement le lieu où les Marchands s'ass'assemblent, tiennent leur boutique, & font leur commerce.

Plusieurs Foires se tiennent en pleine campagne, & sous des tentes & des baraques, comme la Foire de Guibray & de Beaucaire; d'autres dans des lieux fermez de murs, où sont elevez des boutiques, qui tirées à la ligne, & avec symetrie, forment des ruës & des places; mais qui sont d'ailleurs toutes découvertes, ou seulement plantées de quelques arbres contre l'ardeur du soleil, comme est la Foire de S. Laurent à Paris, qui se tient en été. Enfin il y a d'autres Foires, comme celle de S. Germain dans la même Ville, qui se tenant en hyver, ont leurs boutiques rangées le long de plusieurs grandes allées, qui se traversent les unes les autres, & qui sont garanties de l'injure du tems, par de grands appentis de charpente couverts de thuile, qui s'étendent sur toute l'enceinte intérieure de la Foire.

Les Boutiques où les Marchands tiennent leurs marchandises & font leur négoce, particuliérement dans les deux grandes Foires de Paris, dans celle de Caën, & autres principales Villes de France, se nomment ordinairement des Loges. On dit: Ce Marchand à deux Loges à la Foire de S. Germain; pour dire, qu'il y tient deux boutiques.

On appelle Marchands Forains, les Marchands qui fréquentent les Foires.

On en peut distinguer de deux sortes; les uns, qui ayant leur domicile fixe dans quelque Ville, où ils ont maison, boutique, ou magazins, ne laissent pas d'envoyer, ou de porter de la Marchandise aux Foires: les autres, qui, pour ainsi dire, roulent leurs boutiques de Foire en Foire; & qui les parcourant toutes chaque année, menent une famille errante, qui avec leurs marchandises, & les voitures qui en sont chargées, forment une espece de petite caravane.

Quoiqu'il ne soit pas de l'essence de ces assemblées de Marchands, d'avoir des Comédiens, des Danseurs de corde, des Batteleurs, des Joueurs de marionnettes, & autres tels gens, qui contribuent au divertissement du Public; il n'y a guéres néanmoins de Foires un peu considerables, où il n'y en ait toujours en quantité; & c'est peut-être une des choses qui contribuë davantage au grand commerce, qui s'y fait. La Noblesse, & les personnes les plus riches, & les plus accommodées des Provinces, regardant les Foires comme des parties de plaisirs, & y courant en foule, moins pour y faire des emplettes de choses, qu'elles trouveroient peut-être, & plus commodément, & à meilleur marché dans leur voisinage, que pour prendre part aux divertissements, qu'ils sçavent qu'elles y trouveront.

L'on sçait assez avec quel concours la Noblesse du Languedoc va à la Foire de Beaucaire, & la Noblesse de Normandie à celle de la Guibray; mais ce n'est rien en comparaison des assemblées des Princes, & des grands Seigneurs d'Allemagne, qui se trouvent aux trois Foires de Leipsik, ou aux deux Foires de Francfort sur le Mein.

C'est un droit du Souverain de pouvoir seul donner ses Lettres patentes pour l'établissement d'une Foire, soit qu'il l'établisse sur le pied de Foire entiérement franche, soit qu'il en réduise la franchise à quelque modération de droits locaux, soit enfin qu'il n'en accorde le droit que sur le pied de Foire ordinaire, & sans les privileges d'aucunes franchises.

FOIRES FRANCHES.

Il y a en France quantité de Foires franches; mais avec plus ou moins de privileges, de prérogatives, & de franchises, les unes que les autres.

Les principales sont; la Foire de S. Germain, qui se tient à Paris le lendemain de la Chandeleur.

Les quatre Foires de Lyon, qui s'ouvrent; l'une le premier Lundi après la Fête des Rois; l'autre, le premier Lundi après la Quasimodo; la troisiéme, le quatriéme jour d'Août; la quatriéme, le troisiéme jour de Novembre.

Rheims a aussi quatre Foires; la premiere, le lendemain des Rois; la seconde, le Jeudi d'après Pâques; la troisiéme, au mois de Juillet, le Lundi avant la Magdeleine; & la derniere, le premier du mois d'Octobre.

Chartres en Beauce en a trois; l'une le Jeudi saint, l'autre, l'onziéme Mai, qu'on appelle la Foire des Barricades; & la troisiéme, le neuviéme Juin.

Merinville (aussi en Beauce) en a pareillement trois; le 14 Mars, le 15 Septembre, & le 24 Octobre.

Roüen à deux Foires Franches; la Foire de la Chandeleur, & la Foire de la Pentecôte.

Bordeaux, deux; l'une le premier de Mars; l'autre, le 16 Octobre: toutes deux durent chacune 15 jours.

Troyes, aussi deux; la premiere, le second Lundi de Carême; la seconde, le premier Septembre.

Mormant en Brie, le même nombre; l'une, le Jeudi de la Passion; l'autre, le premier Lundi du mois d'Août.

S. Denis en France, pareillement deux; l'une, au mois de Juin; & l'autre, au mois d'Octobre: c'est celle de Juin qu'on appelle Landy.

Caën a une Foire franche, qu'on appelle en Normandie la Franche de Caën.

Bayonne, une, qui commence au premier Mars, & qui dure 15 jours.

Château-Thierry, une, le 9 de Juin.

Nantes, une; elle ouvre le jour de la Chandeleur 2 du mois de Fevrier, & dure 15 jours.

Clermont en Auvergne, Senlis, & Vitry-le-François, chacun une; celle de Vitry, est le jour de la Magdelaine; celle de Senlis, le Lundi d'après la S. Jean-Baptiste; & celle de Clermont, le Jeudi saint.

Il y a encore la Foire de Montrichard en Tourraine, célébre par le grand concours de Marchands, qui y viennent de toutes les Provinces du Royaume; mais particuliérement par le grand commerce d'étoffes de lainerie, qui s'y fait, s'y marquant année commune jusqu'à douze mille pieces d'étoffes de laine.

Les Foires de Pezenas, & de Montagnac en Languedoc, où les Marchands de Carcassonne, de Castres, de Laudéve, de Clermont, de Montpellier, & des montagnes, apportent toutes sortes de marchandises; & où, surtout aux quatre Foires, qui se tiennent dans la premiére de ces Villes, aux quatre saisons de l'année, se vendent presque toutes les laines qui se recueillent dans la Province.

La Foire de la Guibray en basse Normandie, qui s'ouvre le 16 Août, & qui dure 15 jours.

La Foire de Beaucaire en Languedoc, qui n'en dure que trois, & qui se tient au mois de Juillet, le lendemain de la Magdelaine.

La Foire de Toulon, commencée en 1595, & rétablie en 1708.

Enfin la Foire franche de Dieppe, établie la dernière, & qui dure pendant les 15 premiers jours du mois de Décembre.

De toutes ces Foires, on ne parlera ici avec quelque détail que de la Foire de S. Germain, des deux de S. Denis, des quatre Foires de Lyon, des quatre de Rheims, des deux de Roüen, des deux de Bordeaux, des deux de Troyes, de celle de Caën, de celle de Dieppe, & de celle de Toulon; n'ayant rien de bien remarquable à dire des autres, à la réserve de celles de la Guibray, & de Beaucaire, qui aussi-bien que celle du Landy, qui est une des deux de S. Denis, sont renvoyées à leurs propres articles. *Voyez* GUIBRAY, BEAUCAIRE, & LANDY.

On va néanmoins, avant que d'entrer dans le détail des franchises de ces différentes Foires, dire quelque chose en général de celles de Champagne & de Brie, sur le modele desquelles ont été établies toutes celles qui subsistent presentement en France.

FOIRES FRANCHES DE CHAMPAGNE. ET DE BRIE.

Les Foires établies par les Comtes de Champagne, & de Brie, dans dix-sept des principales Villes de ces deux Provinces, ont long-tems été les plus célebres, qui fussent en France, & peut-être dans toute l'Europe.

Les plus importantes de ces Villes avoient jusqu'à six Foires par an; plusieurs quatre; & il n'y en avoit point qui n'en eût au moins deux.

Les Marchands attirez par les grandes franchises, libertez & privileges, qui leur avoient été accordez, y accouroient en foule dans tous les tems de l'année: il y en venoit non-seulement des extrémitez du Royaume, mais encore d'Allemagne, & de toute l'Italie, particuliérement de Florence, de Milan, de Lucques, de Venise, & de Gennes, qui y apportoient des étoffes d'or, d'argent, & de soye, des épiceries, & autres riches marchandises de leur Pays, ou du Levant, en échange desquelles ils remportoient des draps, des cuirs, & autres étoffes, ou denrées, du crû des Provinces de Champagne, & de Brie, ou qui y étoient apportées des autres Provinces de France.

Ces Foires étoient encore dans cet état florissant, lorsque les Comtez de Champagne & de Brie furent réunis à la Couronne de France en 1284, par le mariage de Philippes le Bel avec Jeanne Reine de Navarre, qui en étoit l'héritiere.

On auroit dû croire que cette réunion eût apporté un nouveau lustre aux Foires qui se tenoient dans ces Provinces; mais il en arriva tout le contraire, & sous le regne de Philippes de Valois, qui parvint à la Couronne environ 40 ans après, à peine conservoient-elles encore quelque chose de leur ancienne réputation; les Marchands, surtout les étrangers, ayant cessé de les fréquenter, à cause du peu de sûreté qu'ils y trouvoient, & pour les nouvelles charges, & impositions, qui avoient été mises sur les marchandises, depuis la réunion de ces Provinces à la Couronne.

Le traité de 1335 avec Philippes Roi de Navarre, & Jeanne de France sa femme, ayant assuré à Philippes de Valois la possession de la Champagne, & de la Brie; ce Prince, à qui la France est redevable de quantité de beaux établissemens pour les manufactures, les arts, & métiers, & le commerce, pensa à remettre ces Foires sur leur ancien pied, & à y rappeller les Marchands regnicoles & étrangers, en confirmant les anciennes franchises, & en supprimant les nouvelles impositions.

Les Lettres Patentes que Philippes de Valois accorda à cet effet, & qui eurent tout le succès qu'il en avoit esperé, sont du sixiéme Août 1349; & c'est sur leur modele, que tous ses Successeurs, jusqu'au regne de Loüis XV. ont crû devoir se regler, dans celles qui ont été accordées depuis ce tems-là, pour l'établissement des Foires franches dans diverses Villes de leur Royaume.

Trente-six articles composent ces Lettres patentes, que l'on peut réduire en cinq classes, qui sont: la premiere, des privileges, & franchises des Marchands; la seconde, des Gardes, ou Juges Conservateurs, & de leurs Officiers; la troisiéme, des jours que les marchandises doivent tenir Foire, pour joüir de la franchise; la quatriéme, de la visite des halles, & des marchandises; enfin la cinquiéme, de la Police pour les changes, & monnoyes, & pour les obligations & payemens faits en Foire. On va entrer dans le détail de ces cinq chefs de Reglemens.

Franchises.

Ces Franchises consistent: 1°. En ce qu'il est permis à tous Marchands étrangers d'entrer dans le Royaume, sous la protection Royale, & le saufconduit des Foires; d'y demeurer, & séjourner; s'en retourner, & en sortir, eux, leurs Facteurs, Voituriers, & marchandises, en toute liberté, & sûreté: à la charge néanmoins que leursdites marchandises soient destinées pour quelqu'une desdites Foires; qu'elles y ayent été étalées, venduës, troquées, & échangées, ou qu'elles en sortent, faute d'y avoir été venduës, & après y être resté le tems ordonné.

2°. Que lesdits Marchands, & marchandises, venant aux Foires, ou s'en retournant, sont quittes de tous droits, impositions, charges, & servitudes, suivant les bons & anciens usages, coûtumes, & libertez, gardez de tout tems dans lesdites Foires.

3°. Qu'il ne peut être accordé aucunes graces, ou lettres de répit contre les Marchands fréquentant lesdites Foires, ni contre les coûtumes, & libertez d'icelles; & que si aucunes étoient obtenuës, qu'elles restent nulles, sans que les Gardes Conservateurs soient tenus d'y avoir égard.

4°. Qu'aucuns Marchands fréquentant lesdites Foires, ou s'en retournant d'icelles, ne peuvent être pris, ni arrêtez, non plus que leurs marchandises, voitures, & chevaux, que par Jugement rendu par les Gardes de la Conservation, & pour obligations faites véritablement & réellement en Foire.

5°. Enfin qu'il ne peut être procédé pendant lesdites Foires par les Généraux des Monnoyes, contre les Marchands étrangers, pour raison de la coupe & prise des monnoyes défenduës, dont ils pouroient se trouver chargez; mais seulement par les Commissaires établis par les Gardes des Foires; leurs Chanceliers, ou leurs Lieutenans.

Gardes des Privileges.

On nomme ainsi des Juges établis pendant le tems des Foires, pour veiller à la conservation des franchises, pour en faire joüir les Marchands, & pour connoître des contestations & procés qui peuvent survenir entr'eux, au sujet de la vente, & achat des marchandises, ou des obligations, & payemens qui s'en font.

Chaque Foire doit avoir deux Gardes Conservateurs, un Chancelier, qui en garde le sceau, & deux Lieutenans, sçavoir: l'un, pour tenir le siége en l'absence des Gardes; & l'autre, pour suppléer aux fonctions du Chancelier. Quarante Notaires, & cent Sergens sont aussi établis; les uns, pour recevoir, & passer les actes & obligations des Marchands; & les autres, pour l'execution des Jugemens des Gardes.

Les Gardes & les Chanceliers, prêtent serment à la Chambre des Comptes de Paris, à laquelle ils doivent faire raport chaque année de l'état des Foires: à l'egard des Notaires & Sergens, ils sont choisis & reçûs par les Gardes & le Chancelier, qui peuvent en cas de prévarication, ou d'absence, les demettre de leurs Offices, & en substituer d'autres en leur place.

Les Gardes, ou du moins l'un d'eux, aussi bien que le Chancelier, doivent se trouver dès la veille au lieu où se tient chaque Foire, & y rester jusqu'à ce que les plaidoiries soient faites, & dûëment délivrées, & finies, pour y revenir ensuite dans le tems des payements; & en cas qu'ils n'y fissent pas une residence suffisante, ils doivent être privez de leurs gages, & d'autres substituez en leur lieu.

Enfin aucun Jugement ne peut être rendu juridiquement en Foire, que par les deux Gardes ensemble, ou par le Garde present & le Chancelier, en l'absence de l'un des deux Gardes; ou enfin, celui ci étant aussi absent, par une personne suffisante, & non suspecte, choisie par le Garde present; y ayant même des natures d'affaires, où les Gardes sont obligez d'appeller six Prud'hommes, pour les juger avec eux.

Tems pendant lequel les marchandises doivent tenir Foire pour en gagner la franchise

Les Drapiers, & Marchands des dix-sept Villes de Champagne & de Brie, qui sont tenus d'aller aux Foires, c'est-à-dire, ceux des Villes, où se tiennent l'une des dix-sept Foires, ne peuvent vendre leurs draps, ni autres étoffes, soit en gros, soit en détail, soit dedans, soit dehors le Royaume, & ce à peine de confiscation, qu'ils ne les aient premiérement envoyées en l'une desdites Foires, & qu'ils ne les y aient exposées en vente dés le premier jour des Draps, jusqu'au sixiéme jour suivant; leur étant néanmoins libre d'en disposer selon que bon leur semble, s'ils n'ont pû les vendre, ni s'en défaire pendant ledit tems.

Les Marchands de chevaux, tant du Royaume qu'étrangers, doivent les faire tenir étable dans lesdites Foires, depuis les trois jours des Draps, jusqu'aux changes abbatus, c'est-à-dire jusqu'à ce que les Changeurs aient ôté les tapis qu'ils sont tenus d'avoir à leurs loges & boutiques, tant que dure la Foire.

Les Marchands de Cordoüan, ce qui comprend les Tanneurs, les Courroyeurs, les Megissiers, & autres Ouvriers & Marchands, qui vendent, & aprêtent les cuirs, sont tenus de les mener aux Foires, & de les y exposer tous à la fois dès le premier des trois jours du Cordoüan, sans en réserver aucuns pour les derniers jours, & sans les mettre en vente en d'autres lieux que ceux destinez pour la vente des cuirs.

Enfin, toutes les autres marchandises, & denrées amenées en Foire, y doivent pareillement rester en vente, quelques-uns six jours, & d'autres trois jours seulement, selon leur nature & qualité.

Visites.

Il se fait de deux sortes de visites dans les Foires; l'une, par les Gardes Conservateurs; & l'autre, par des Prud'hommes choisis de chaque Corps de Marchands, ou des Communautez des Arts, & Métiers, qui fréquentent les Foires, & y étalent leurs étoffes, marchandises, ouvrages, & denrees.

La visite des Gardes se fait à l'ouverture de chaque Foire, dans les halles, boutiques, étaux, & autres lieux, où doivent s'établir les Marchands, tenir leurs marchandises, & les exposer en vente, pour voir s'ils y sont avec toute la commodité, & la sûreté convenable.

La visite des Prud'hommes, qui doivent être deux, ou au moins un de chaque Corps ou Communauté, est destinée pour juger de la nature, qualité, & bonté des draps, épiceries, cordoüans, ou autres marchandises, que les Marchands font entrer en Foire; & les faire saisir & arrêter, si elles sont défectueuses: mais ce, seulement du conseil de six, cinq, ou quatre des plus Notables desdits Métiers, appellez avec eux, pour ensuite en rapporter aux Gardes, & Chancelier, & en faire juger par eux la défectuosité, & condamner, si le cas y écheoit, ceux à qui elles apartiennent à une amende arbitraire.

Police des changes, obligations, & payemens faits en Foire.

Il est permis aux Marchands, tant François, qu'étrangers, de stipuler dans les contrats & promesses, qui leur sont faits pour le payement de leurs marchandises venduës en Foire; que lesdits payemens se feront en especes d'or, ou d'argent, ayant cours lors de la passation desdites promesses, & obligations, sans qu'aucune Ordonnance sur le fait des monnoyes puisse préjudicier à cette convention arrêtée entre les Marchands fréquentant lesdites Foires.

Nul Marchand, s'il n'a résidence actuelle en Foires, ne peut user du scel & obligation desdites Foires, ni s'aider des privileges, franchises & libertez d'icelles

Toutes lettres, actes, contrats, obligations touchant le fait, & action des Foires, sont de nul effet, si elles ne sont passées sous le scel desdites Foires.

Lorsqu'il se fait prêts, & créances pour marchandises venduës en Foires, & pour les payemens en être faits de Foire en Foire, c'est-à-dire six fois en l'an; le change, prêt, ou interêt, ne peut être plus haut de 15 liv. pour cent, sçavoir, cinquante sols pour chaque Foire: bien attendu que les obligations ne soient faites pour prêt de deniers, auquel cas elles sont déclarées usuraires.

Il est deffendu, en faisant renouveller les obligations faites en Foire, d'y comprendre les interêts avec le principal.

Il est pareillement fait deffenses, sous peine de faux, tant contre le Notaire, que contre le créancier, de passer, ou faire passer hors de Foires, des obligations dans le stile de celles, qui se passent en Foire, & comme si elles y étoient faites; afin de joüir induëment, par cette fausseté, du privilege des Foires.

Enfin, pour abreger les payemens des Foires, & ôter toute occasion de longs procès; il est ordonné aux Gardes, ou Juges conservateurs, de statuer seulement sur le principal des contestations portées devant eux, sans avoir égard egard à aucun accessoire, déclinatoire, dilatoire, ou autres, à la réserve neanmoins des péremptoires.

C'est, comme on l'a dit ci-devant, sur ces franchises, discipline, & police des Foires de Champagne, & de Brie, qu'ont été reglées toutes les autres Foires établies depuis en France; mais non pas toutefois si exactement, &, pour ainsi dire, si servilement, qu'on ne s'en soit quelquefois éloigné, suivant que les tems, les lieux, & les circonstances l'ont demandé: ce qu'on pourra observer dans ce qu'on va dire dans la suite de cet article, des principales Foires, qui sont presentement dans le Royaume.

FOIRE DE S GERMAIN.

L'établissement de cette Foire n'est que du quinziéme siécle. Ce fut Loüis XI. qui en accorda le droit, & les franchises à l'Abbé & Religieux de S. Germain des prez, par des Lettres patentes de l'année 1482, dont néanmoins ils ne joüirent paisiblement qu'en 1484.

Plusieurs Rois successeurs de Loüis XI. ont accordé des Lettres de confirmation de cette Foire; quelques-uns même en ont augmenté les privileges. Les dernieres Lettres patentes sont de Loüis XIV. du mois de Novembre 1711, Cesar d'Estrées Cardinal, Evêque d'Albano, étant alors Abbé Commendataire, & Administrateur perpétuel de l'Eglise & Abbaye de S. Germain des Prez, dont le crédit servit beaucoup à les faire obtenir.

L'ouverture de cette Foire est présentement fixée au lendemain de la Fête de la sainte Vierge, qu'on appelle la Chandeleur.

Par les Lettres de son établissement, elle concouroit avec la fameuse Foire du Landy; mais les Religieux de S. Denis s'étant pourvu au Parlement, pour empêcher ce concours, qui leur étoit préjudiciable, celle de S Germain fut transferée par Arrêt du 12 Mars 1484, au troisiéme du mois de Fevrier, jour où depuis elle a toûjours continué de se tenir.

Elle s'annonce chaque année au Public, par une Ordonnance du Lieutenant de Police, publiée a son de trompe, & affichée dans les carrefours & places de Paris: ce qui se fait pareillement de l'Arrêt du Conseil, par lequel Sa Majesté en accorde la continuation au-delà de la premiere quinzaine.

C'est seulement pendant ces premiers quinze jours que dure la franchise de la Foire; & quoiqu'en conséquence de l'Arrêt de continuation, sa durée s'étende ordinairement jusqu'au Samedi devant le Dimanche de la Passion; cette prorogation ne regarde pas les Marchands Forains; mais les Marchands de Paris, qui y ont des loges, & qui y étalent leurs diverses sortes de marchandises.

La principale franchise de cette Foire consiste, en ce que, pendant la premiere quinzaine les Marchands Forains peuvent y apporter, exposer en vente, vendre, débiter, échanger, & troquer toute sorte de marchandise, sans qu'on puisse procéder par voie de saisie, & execution sur lesdites marchandises; soit quand elles sont entrez en Foire, soit lorsqu'on les y conduit; soit enfin, quand on les en ramene sans y avoir été venduës, même pour les deniers Royaux.

Les Marchands Forains, qui fréquentent le plus ordinairement cette Foire, sont ceux d'Amiens, de Beaumont, de Rheims, d'Orleans, & de Nogent.

Les Marchandises qu'ils y apportent, & qu'ils y vendent sont des draps, ou autres étoffes de laine, ou mêlées de soye ou de laine, ou de fil & de laine.

Il y venoit aussi autrefois des Marchands d'orfevrerie, & joüaillerie, des Pays étrangers, particuliérement d'Allemagne: mais on ne les y voit plus que rarement; les Orfevres, Joüaillers, & Marchands de Bijouterie de Paris, qui y étalent, y ayant des boutiques fournies de trop beaux ouvrages, pour laisser un grand debit à ces marchandises étrangeres.

Deux Inspecteurs, qu'on nomme, Inspecteurs des Foires; qui sont, celui de la Halle aux draps de Paris, & celui du département de Beauvais, sont obligez d'aller à la Foire, tant que la franchise dure, & de se trouver à l'ouverture des balles, pour voir si les étoffes y sont suivant les Reglemens pour l'aunage & la fabrique.

Un troisiéme Inspecteur des manufactures, qui est celui établi à la Doüane de Paris, a soin de recevoir toutes les balles de marchandises destinées pour la Foire, d'en tenir registre particulier, & de les y envoyer; mais sans les ouvrir, ni visiter, se contentant de les faire conduire par des gagne-deniers, pour empêcher le deversement, qui s'en pouroit faire dans des maisons particulieres.

Outre la visite des marchandises qui arrivent à la Foire, que font les deux Inspecteurs, mais sans frais, il s'en fait une autre par les Maîtres & Gardes de la draperie & mercerie, pour laquelle il est payé un droit par piéce, suivant la qualité des étoffes: sçavoir, pour les plus fines 20 sols, pour les moyennes 10 sols, & pour les moindres 3 sols. Droit nouveau établi seulement depuis le mois de Décembre 1704, & qui ne doit se lever que jusqu'à l'entier remboursement de la somme de quatre-cens mille livres fournie au Roi dans les besoins pressans de l'Etat, par ces deux Corps de la Draperie & de la Mercerie. On en peut voir le Tarif en détail à l'article des Aûneurs de draps.

Les Marchands de Beauvais, de Rheims, & d'Amiens, & des autres manufactures, qui envoyent leurs draps & autres étoffes de laine à la Foire, ayant voulu se servir du prétexte de leur franchise, pour s'exemter de ce droit de visite, de marque & d'aunage; & les Maîtres & Gardes de la Draperie & Mercerie, s'étant plaints de leur part, que faute d'un entrepôt établi à la Foire pour les étoffes de bas prix, qui n'étoient point portées à la Halle aux draps, mais que les Marchands, & Manufacturiers Forains vouloient faire entrer en Foire sans avoir été visitez, ils étoient troublez dans la perception du nouveau droit: il fut ordonné par une Sentence du Lieutenant de Police du 26 Janvier 1706, que les Parties se pourvoiroient au Conseil pour le fond, & que cependant par provision il en seroit usé pour la marchandise de Draperie, comme auparavant: c'est-à-dire, que l'entrepôt continuëroit de se faire à la Halle aux draps; & qu'en tant que touchoit les serges, & autres marchandises de Beauvais, Amiens, Rheims, &c. elles seroient mises dans un entrepôt disposé à cet effet, pour en faciliter la visite, marque & vérification des déclarations, & être ensuite remises aux Marchands, pour les faire entrer en Foire.

Cette affaire ayant depuis été portée au Conseil, il fut ordonné par un Arrêt du 24 Janvier 1713: que les droits reglez par la Déclaration de 1704, seroient payez par les Marchands Forains, & tous autres, sur tous les draps, & autres étoffes de laine, &c. qui seront & auront été conduites à la Foire S. Germain, pendant qu'elle tient, même de celles qui n'y auroient pas été venduës; sauf ausdits Forains, après que la Foire sera finie, à faire transporter celles-ci dans la Halle aux draps, pour y être venduës, sans payer de nouveaux droits: lesquels dits droits, imposez par la Déclaration de 1704, ne continuëroient néanmoins d'être levez, que jusqu'au remboursement des emprunts faits par les Corps de la Draperie & Mercerie, dont ils rendroient compte pardevant le Lieutenant de Police.

Il arrive année commune à la Foire S. Germain, environ 1400 balles de draps, & autres étoffes de lainerie, dont l'Inspecteur des manufactures de la Doüane de Paris, est obligé de tenir régistre particulier, suivant les factures qui lui en sont representées à la Doüane, & les envois qu'il en fait de la Doüane à la Halle aux draps, & à la Foire.

FOIRES DE LYON.

Lyon, une des plus ancienne, & des plus belles Villes des Gaules, & qui aprés Paris fait encore un des principaux ornemens de l'Empire François, a de tout tems été célébre par son grand commerce, soit au dedans, soit au dehors du Royaume.

Monsieur Duchesne dans son Antiquité des Villes, semble même insinuer, sur un passage de Strabon, que les Foires de Lyon, presentement si fameuses dans toute l'Europe, sont un établissement des Romains, & comme un present qu'ils firent à une Ville qu'ils n'avoient point crû indigne d'être associée à la Capitale de leur Empire, & d'en partager les Magistratures & les honneurs avec ses propres Citoyens.

Quoiqu'il en soit de ces anciennes Foires de Lyon, il est du moins certain, que celles dont on va parler dans ce paragraphe, sont d'un établissement bien plus moderne, & qu'elles ne remontent pas au delà du quinziéme siécle.

Charles Dauphin de France, Régent du Royaume, pendant la démence de Charles VI. son pere, est celui à qui la Ville de Lyon en est redevable.

Les premieres Lettres patentes, que ce Prince accorde aux Habitans de cette Ville, pour y établir des Foires, sont du 9 Fevrier 1419, seulement composées de trois articles.

Par le premier il est dit: Qu'à l'avenir il y auroit chaque année deux Foires dans la Ville de Lyon; l'une, commençant le Lundi d'après le quatriéme Dimanche de Carême; & l'autre, au 15 de Novembre; toutes deux continuées pendant six jours: *& une chacune d'icelles franche, quitte, & délivrée par tous Marchands, denrées, & marchandises quelconques; ensorte que lesdites Marchandises & denrées, qui y seroient amenées, venduës, ou échangées, s'en puissent aller pleinement & purement, sans fraude, de toutes aides, impôts, tailles, coûtumes, maltôtes, ou autres impositions, mises, ou à mettre.*

Le second article donne cours dans la même Ville, pendant les six jours de chaque Foire, à toutes sortes de monnoyes étrangeres, & permet qu'elles y soient mises, reçûës, & employées durant ledit tems, pour leur loyale & juste valeur.

Enfin, le troisiéme article accorde aux nouvelles Foires de Lyon, & aux Marchands y allant, demeurant, séjournant, & retournant, tous & semblables privileges dont joüissent les Foires de Champagne & de Brie, & du Landy, ou les Marchands qui y fréquentent.

Les guerres des Anglois, qui suivirent d'assez près cette premiere concession, ayant empêché l'établissement de ces deux Foires; la Ville de Lyon, vingt-quatre ans après, obtint de nouvelles Lettres patentes, qui augmentérent tout ensemble le nombre des Foires, le tems de leur durée, & plusieurs de leurs privileges.

Par ces Lettres, qui sont du mois de Fevrier 1443, Charles VII. alors paisible possesseur de son Royaume, qu'il avoit reconquis, comme par miracle, sur les Anglois, octroye trois Foires à la Ville de Lyon par chaque année, chacune de 20 jours, franches, & quittes pour toûjours, & pour tous Marchands, denrées & marchandises qui y viendroient, y seroient amenées & conduites, en sortiroient, & y seroient venduës & échangées, de toutes aides, impôts, tailles, subsides, impositions foraines, coûtumes, maltôtes, boëttes aux Lombards, & autres charges, & *Treux* extraordinaires, imposez, ou à imposer; excepté seulement l'imposition sur la viande, & le huitiéme du vin, qui seroient vendus en détail dans Lyon, pendant les vingt jours de chaque Foire; leur accordant en outre, pendant 15 ans consécutifs, la décharge de tous droits ordinaires du Domaine.

Ces trois Foires devoient commencer; l'une le premier Lundi d'après Pâques; l'autre, le 26 Juillet; & la troisiéme, le premier Decembre.

Dans tout le reste, ces secondes Lettres sont semblables aux premieres, à la réserve des monnoyes étrangerés & du transport de l'or & de l'argent, dont les articles sont plus étendus dans celles de 1443, que dans celles de 1419.

Ces Lettres furent entérinées, comme on parloit alors, à la Chambre des Comptes, le 7 Aout 1444. pour être executées suivant leur forme & teneur; à l'exception de la durée des Foires pendant vingt jours, qui fut restrainte à quinze; & de lexemtion du droit des Aides pour toûjours, qui fut reduit seulement à dix ans.

Cette seconde concession de trois Foires par an, pour la Ville de Lyon, fut encore suivie d'une troisiéme faite par Loüis XI. fils & successeur de Charles, qui y ajouta une quatriéme Foire, & quantité de nouveaux privileges.

Ses Lettres Patentes sont du mois de Mars 1462, depuis confirmées; & les Foires, comme de nouveau établies par un Edit du 14 Novembre 1467.

Par les Lettres de 1462, il est déclaré, que les Foires de Lyon jusques-là établies à tems limité, le seroient à l'avenir perpétuellement, & pour toûjours; & qu'au lieu des trois Foires accordées par le Roi défunt, il s'en tiendroit désormais quatre, qui chacune dureroient quinze jours entiers ouvrables, & continuez sans interruption; sçavoir; l'une, le premier Lundi d'après la Quasimodo; l'autre, le quatriéme jour d'Août; la troisiéme, le troisiéme jour de Novembre; & la quatriéme, le premier Lundi après la Fête des Rois.

Ce premier article est suivi de dix autres, qui contiennent les nouveaux privileges accordez à ces quatre Foires, dont on va donner l'extrait, attendu qu'ils sont, pour la plûpart, encore observez; & que les changemens, qui y sont depuis arrivez, & desquels on parlera par la suite, sont moins des changemens que de nouvelles franchises & libertez.

Par le premier de ces dix articles, il est dit: Que durant

rant les quatre Foires de Lyon, toutes monnoyes étrangeres y auroient cours pour leur juste prix & valeur; & que lesdites monnoyes, ensemble tout or, ou argent monnoyé ou non monnoyé, en quelque forme & espéce que ce fut, pourroient pendant le même tems des Foires être portées hors du Royaume, ou y être raportées, sans que les Maîtres des ports, ou les Généraux des Monnoyes pussent s'y opposer. C'est à cet article, où il a été davantage dérogé dans les derniers tems.

Le second article déclare & rappelle, quels sont les privileges accordez aux Foires de Lyon, lorsque celles de Geneve avoient été supprimées; & veut, qu'elles, les Marchands, & marchandises, soient à toûjours francs de toutes impositions, charges & tributs ordinaires & extraordinaires, même de ceux mis sur le vin & la viande.

Le troisiéme établit le Baillif de Mâcon, alors Senechal de Lyon, ou son Lieutenant, pour Conservateur & Gardien desdites Foires. Cette Conservation est depuis passée aux Prevôt des Marchands & Echevins de la Ville de Lyon, ainsi qu'on le dit ailleurs. *Voyez* CONSERVATION.

Le quatriéme décharge les Marchands & marchandises, de tous droits de marque, & represailles.

Le cinquiéme permet à toutes personnes, de quelque état, Nation & condition qu'elles soient, de tenir Banc de change public ausdites Foires; même sans en prendre des Lettres du Roy, ou des Generaux des Monnoyes.

Le sixiéme est une explication de la maniere dont ces Banquiers doivent en user pour les changes, rechanges, & interêts, dans les tems des Foires; & contient une exception de quelques Villes & lieux, où il n'est pas permis de faire des remises d'argent. Ces exceptions ne sont plus d'usage.

Le septiéme est encore une police pour l'exercice des changes, & pour le payement des Lettres de change faites en Foire, ou pour y être payées; & des protêts, en cas qu'elles ne le fussent pas. *Voyez* PAYEMENT.

Le huitiéme, qui est un des plus importans, permet aux Marchands Etrangers frequentans lesdites Foires, ou s'établissant à Lyon, d'y faire testament, & disposer de leurs biens, comme s'ils étoient Regnicoles, ou dans leur propre Pays: & en cas de decès, sans en avoir ordonné, veut, Que leurs heritiers naturels recueïllent leur succession, suivant les Loix & Coûtumes de leur Pays; le Roy renonçant à tout droit d'aubaine. Cette franchise en particulier a été renouvellée & confirmée presque par tous les Rois Successeurs de Loüis XI.

Le neuviéme accorde aux Foires de Lyon les franchises des Foires les plus privilegiées du Royaume; entr'autres, de celles de Champagne, de Brie, & du Landy; & en consequence ordonne, Que toutes dettes qui y seront faites, seront privilegiées; & que contre elles ne pourront valoir aucunes Lettres, répits, délais, ou impetration, qui pourroient en reculer, ou en empêcher le payement.

Enfin, pour plus grande sûreté des Marchands, & de leurs effets & marchandises venant en Foire, le Roy par le dixiéme article les prend sous sa protection & sauve-garde speciale.

Ces Lettres furent verifiées à la Chambre des Comptes le 26 Juillet 1463, & par les Generaux des Finances au mois d'Août ensuivant, purement, simplement, & sans aucune restriction.

Loüis XI. qui n'avoit accordé tant de privileges à ces nouvelles Foires de Lyon, que par un esprit de vengeance politique, & pour faire tomber celles de Geneve, qu'il avoit supprimées par un Edit de la même année 1462, pour en punir les Habitans, qui s'étoient revoltez contre le Duc de Savoye leur Souverain; ce Prince, dis-je, avoit depuis consenti, sur la demande du Duc de Savoye, avec qui les Genevois étoient rentrez en grace, & par un Traité fait exprès pour cela, de partager les quatre Foires de Lyon entre cette Ville & de Geneve; ensorte qu'elles en eussent chacune deux.

Ce Traité, si préjudiciable au commerce de Lyon, non-seulement n'eut point d'execution, mais au contraire servit de motif à l'Edit de 1467; par lequel, comme on l'a dit ci-dessus, celui de 1462 fut confirmé, & les Foires de Geneve de nouveau défenduës & proscrites.

La Ville de Lyon joüit paisiblement de ses quatre Foires, & de toutes leurs franchises, jusqu'à la mort de Loüis; & elle devoit esperer de n'être point troublée dans cette possession sous le Regne de Charles son Fils & son Successeur; en ayant obtenu la confirmation dès la premiere année de ce Regne, par des Patentes en forme de Lettres, données à Blois au mois d'Octobre 1483.

Elle s'en vit néantmoins dépoüillée six mois après cette confirmation: & malgré l'opposition de ses Conseillers & Echevins, qui se pourvûrent au Conseil, pour se conserver dans leurs droits, elles furent transferées dans la Ville de Bourges, Capitale du Berry, où elles resterent jusqu'en 1494, qu'elles furent renduës à la Ville de Lyon, par des Lettres Patentes données à Auxonne au mois de Juin de la même année.

C'est donc à cette année 1494, qu'on doit proprement fixer l'époque de l'établissement des quatre Foires de Lyon: car quoique dès le mois de May 1487, on lui eût restitué les Foires de la Quasimodo & du mois de Novembre, ce ne fut qu'en 1494, que toutes les quatre lui furent renduës; & que ses anciennes franchises, dont depuis elle a toûjours joüi sans interruption jusqu'à present, même avec augmentation de quantité de droits & de privileges, lui furent entierement confirmées.

Les principales Confirmations des quatre Foires de Lyon, que les Habitans de cette Ville ont obtenuës des Rois Successeurs de Charles VIII. sont, de Loüis XII. en 1498; de François I. en 1514, 1535, & 1543; de Henry II. en 1547, 1550, 1553, & 1555; de François II. en 1559; de Charles IX. en 1560, 1569, & 1573; de Henry III. en 1581, 1582, & 1583; de Henry IV. en 1594, & 1595; de Loüis XIII. en 1615, 1625, & 1634; & de Loüis XIV. du mois de Decembre 1643.

C'est de ces quatre Foires, si celebres dans toute l'Europe, que l'on entend parler dans le commerce des Lettres de change, quand on dit, que ces Lettres sont payables à Lyon dans les Foires; ce qui, en termes de négoce, s'appelle Payemens.

Les payemens de la Foire du premier lundy d'après les Rois, qu'on nomme Payemens des Rois, se font au premier Mars: ceux de la Foire du premier lundy après la Quasimodo, appellez Payemens de Pasques, se font au premier Juin: ceux de la Foire du 4 d'Août, nommez Payemens d'Août, se font au premier Septembre: & enfin, les payemens de la Foire du troisiéme jour de Novembre, qui ont

ont le nom de Payemens de Toussaints, se font au premier Decembre. On en parle ailleurs plus amplement, aussi bien que des Reglemens qui en reglent la police. *Voyez* PAYEMENT.

L'ouverture de chaque payement se fait avec ceremonie par le Prevôt des Marchands, & en son absence, par un des Echevins.

Ce Magistrat s'étant rendu dans la Loge du Change, accompagné de son Greffier, & des six Syndics des Nations; sçavoir, deux François, deux Italiens, & deux Suisses ou Allemands, fait aux Assistans un petit discours, pour leur recommander la probité dans le négoce, & l'observation des Reglemens de la Place. On lit ensuite ces Reglemens, & le Greffier dresse un procès verbal de l'ouverture du payement.

Le lendemain le Prevôt des Marchands & les Syndics, avec le Greffier, s'assemblent dans une chambre de l'Hôtel de Ville, & à la pluralité des voix reglent le prix du change par toutes les Villes du monde, où celle de Lyon a des correspondances.

Il est vrai que ce Reglement n'est que de pure ceremonie, y ayant des usages contraires qui sont établis sur la place, par lesquels presque tout le commerce d'argent & de billets a coûtume de se regler. Si néantmoins il survenoit quelque contestation en cette matiere, on pourroit y avoir recours.

Les franchises des Foires de Lyon, sur le pied qu'elles sont aujourd'hui pour l'exemption des droits, consistent, en ce que toutes les marchandises destinées pour les Pays Etrangers, qui sortent de la Ville de Lyon pendant les quinze jours de chacune de ces Foires, ne doivent aucuns droits de sortie du Royaume, sinon ceux de la traitte domaniale, pour celles qui y sont sujettes, pourvû que les balles & ballots soient marquez sur l'emballage, des armes de Lyon, & qu'ils soient accompagnez des certificats de franchise, des Commis préposez par l'Hôtel de Ville pour cet effet, contrôlez par les Commis de la Doüane, & certifiez par ceux des Postes.

Les Marchandises, pour joüir de cette franchise, doivent sortir du Royaume avant le premier jour de la Foire suivante; à moins que les Marchands n'obtiennent des prorogations du terme, comme ils firent en 1689, & en 1703, qu'on leur accorda un délay de l'intervalle de deux Foires, au lieu d'une seule, conformément à la Déclaration de 1553.

Outre cette exception, qui regarde la sortie du Royaume, dont le délay peut se proroger, il y en a encore une en faveur des Négocians Allemands & Suisses, pour la sortie de leur marchandise hors de Lyon; ayant par un privilege, que n'a aucune autre Nation, non pas même la Françoise, le délay de quinze autres jours de franchise en chaque Foire, au-delà des quinze premiers accordez à tout le monde, pour faire sortir leur marchandise de la Ville; sous l'obligation néantmoins de les faire sortir de l'étenduë des cinq grosses Fermes, avant le premier jour des Foires suivantes, ainsi que les autres Marchands.

FOIRES DE RHEIMS.

La durée des quatre Foires franches de Rheims est inégale: deux durent huit jours; ce sont celles du lendemain des Rois, & du premier Jeudy d'après Pasques. Les deux autres, qui se tiennent, l'une au mois de Juillet, & l'autre le premier Octobre, ne durent que trois jours.

Il y a aussi quelque inégalité dans leurs jours de franchise; c'est-à-dire, dans le tems accordé aux Marchands, pour faire sortir de la Ville les marchandises achetées à la Foire, avec exemption de tous droits; la Foire des Rois en ayant vingt; & les trois autres, chacune seulement quinze.

On ne dit rien des franchises, libertez & privileges de ces Foires, non plus que de la police qui s'y observe; étant les mêmes que celles qu'on a rapportées ci dessus, en parlant des Foires de Champagne, & qui sont expliquées assez au long dans l'extrait qu'on y a donné des Lettres Patentes de Philippes de Valois, du 6 Août 1349.

FOIRES DE ROUEN.

Les deux Foires de Roüen, dont l'une, comme on l'a dit, s'appelle la Foire de la Chandeleur & commence le 3 Février; & l'autre se nomme la Foire de la Pentecôte & ouvre le lendemain des Fêtes, durent toutes deux également quinze jours.

Pendant ces Foires, les marchandises & denrées qui y sont venduës & échangées, & qui sortent de Roüen durant les quinze jours de franchise, ne sont tenuës qu'à la moitié des droits de sortie; à la réserve néantmoins des droits de la Traitte domaniale, qui se payent en leur entier, pour les marchandises qui y sont sujettes.

Les Foires de Roüen sont fort frequentées par les Etrangers, particulierement par les Hollandois, Anglois & Ecossois, & par les Nations du Nord, qui y viennent enlever quantité de marchandises du crû de la Province de Normandie, & des Provinces mêmes les plus éloignées du Royaume, qu'on y apporte de tous côtez dans le tems des Foires: la commodité de la mer, dont cette Ville, si celebre par son commerce, n'est éloignée que de douze lieuës; & qui par son flux & reflux fait entrer dans son Port & en fait sortir des bâtimens de plus de deux cens tonneaux, ne contribuant pas peu à ce concours des Marchands du dehors.

La Foire de la S. Romain, au mois d'Octobre, n'est pas moins célebre que les deux dont on vient de parler: & quoiqu'elle n'ait pas autant de franchise, le concours y est presque aussi grand, à cause de la devotion des Habitans de Roüen pour ce saint Evêque, & de la ceremonie de lever la Fierte, comme ils disent, si connuë par toute la France. On y vend sur tout quantité de chevaux, & d'autres bestiaux.

FOIRES DE BORDEAUX.

Les Foires de Bordeaux ont été établies en 1565, par le Roy Charles IX.

Leur franchise consiste dans l'exemption des droits de Comptablie, pour tout ce qui se vend en Foire.

Elles sont au nombre de deux, qui durent l'une & l'autre quinze jours: la premiere commençant au premier Mars, pour finir au quinze du même mois; & la seconde commençant le quinze Octobre, & finissant le vingt-neuf.

La derniere est pour l'ordinaire plus considerable, parce qu'on vient charger des vins dans la primeur: car lorsque les vaisseaux Etrangers, surtout les Hollandois, ont pû charger avant la fin de la Foire, ils arrivent en Hollande, de, avant que les glaces ayent fait cesser leur navigation.

Il y a presque toûjours dans le Port de Bordeaux jusqu'à cent vaisseaux Etrangers; mais dans le tems des Foires, il est ordinaire d'y en voir quatre à cinq cens, & quelquefois davantage. Il y en vient même de très-grands; & l'on n'est pas surpris en tems de Foire, quand il y en a au port de plus de cinq cens tonneaux. *Voyez le* COMMERCE *de Bordeaux.*

FOIRES DE TROYES.

Troyes, Capitale de Champagne, étoit autrefois très-celebre par son commerce, & par ses Foires. Il s'en tenoit dans cette Ville, & dans les autres de la Province, de si riches & en si grande quantité, qu'elles étoient même passées en proverbe: & l'on dit encore de ceux qui ignorent bien des choses, qu'ils ne sçavent pas toutes les Foires de Champagne.

Ces Foires établies par les Comtes de Champagne & de Brie, avoient d'abord porté leur réputation même au-delà de l'Europe: la protection que les Rois de France leur avoient accordée, depuis la réünion de ces Provinces à la Couronne, les avoit encore renduës plus celebres: mais ayant commencé à décheoir pendant les longues guerres des Anglois; & celles de la Religion ayant fait depuis tomber tout à-fait leur credit & leurs franchises; elles avoient enfin été si négligées, que sur la fin du dix-septiéme siecle à peine restoit-il quelque souvenir de leur premier éclat, & des richesses que le commerce qui s'y faisoit, avoit autrefois apportées à Troyes, & de la Capitale répanduës dans tout le reste de la Province.

Ce fut dans le dessein de les rétablir, que les Maire & Echevins, & les Marchands & Habitans de Troyes, présenterent à Loüis XIV. les titres de la concession & confirmation de leurs anciennes Foires, & des privileges qui y étoient attribuez, & qu'ils en demanderent le rétablissement. Sur leur requête ils obtinrent un Arrêt du 27 Août 1697, portant la permission de rétablir dans leur Ville deux Foires franches de huit jours consecutifs chacune, non compris les Fêtes & Dimanches.

L'une de ces Foires est fixée au lundy d'après le second Dimanche de Carême, & l'autre au premier Septembre; pendant lesquelles, comme porte ce premier Arrêt, toutes les marchandises manufacturées, ou apprêtées dans la Ville & Fauxbourgs de Troyes, qui y seroient venduës, après avoir été déballées & exposées en vente, pourroient sortir de l'étenduë des cinq grosses Fermes, & du Royaume, sans payer aucun droit de sortie, à la réserve des droits locaux; pourvû néantmoins qu'elles sortissent debout, & sans aucun entrepôt: sçavoir, celles qui seroient destinées pour les Provinces d'Alsace, Lorraine, Franche-Comté, & pour l'Allemagne, dans le tems & espace de douze jours, à compter de la datte du certificat de la sortie de la Ville; & dans l'espace de vingt jours, pour les autres Pays Etrangers, & Provinces reputées Etrangeres.

Cette restriction de la franchise de la Foire, aux seules marchandises manufacturées ou apprêtées dans la Ville & Fauxbourgs de Troyes, & quelques autres conditions onereuses; comme, entr'autres, celle, que lesdites marchandises seroient plombées par les Commis de la Ferme, avant d'être mises à l'apprêt, rendant presque inutile le rétablissement de ces deux Foires; les Maire, Echevins & Habitans se pourvûrent de nouveau au Conseil, où sur leurs remontrances le Roy leur accorda la franchise entiere, par un nouvel Arrêt du 13 Decembre 1701; à la charge néantmoins qu'il n'auroit son execûtion, qu'à commencer seulement au premier Octobre 1703.

Par ce second Arrêt, il est ordonné, Que toutes marchandises, de quelque qualité qu'elles soient, tant celles qui auroient été fabriquées & apprêtées dans la Ville de Troyes, & ses Fauxbourgs, qu'autres, qui seroient venduës pendant le tems des deux Foires rétablies par l'Arrêt de 1697, après y avoir été deballées, & exposées en vente, pourroient sortir, soit de l'étenduë des cinq grosses Fermes, soit du Royaume, sans payer aucun droit: à la charge par les Marchands, ou Commissionnaires, qui les auroient achetées, d'en faire leur déclaration au Bureau des Fermes de ladite Ville, par quantité, qualité, poids & nombre de pieces, balles ou ballots, ensemble du lieu de leur destination, & du Bureau par lequel elles doivent sortir; en consequence de quoy, les Commis des Fermes donneroient des certificats gratis de la sortie des marchandises de la Ville de Troyes, visez par les Maire & Echevins, & par un des Gardes établis aux portes de ladite Ville: ordonnant quant au reste l'entiere execution de l'Arrêt de 1697.

Il est aussi porté par l'Arrêt de 1701, que pour faciliter l'achat & vente des marchandises dans lesdites Foires, le Sieur de Pommereu, alors Intendant de Champagne, choisiroit une place convenable, pour servir de champ de Foire dans l'endroit de la Ville, qui seroit trouvé le plus commode; après avoir sur ce entendu les Maire & Echevins, les Officiers de Police, les Marchands, & les Habitans de la Ville.

FOIRES DE S. DENIS.

L'une des deux Foires qui se tiennent tous les ans à S. Denis, petite Ville de l'Isle de France, dans le voisinage de Paris, la rendoit autrefois encore plus fameuse, que la richesse & les privileges de son Abbaye.

Cette Foire se nommoit, & se nomme encore le Landy, nom, de l'étymologie duquel les Auteurs ne conviennent pas; mais dont on ne s'arrêtera point ici à concilier les opinions. On ne rapportera pas non plus ce qu'ils racontent d'extraordinaire de ses privileges, & de cette celebre Procession du Recteur de l'Université de Paris, qui y alloit chaque année à la tête de ses Facultez, qui étoit si nombreuse, qu'on prétend que les premieres bandes de ses Suppôts & de ses Ecoliers, étoient déja entrées dans S. Denis, quand les derniers n'étoient pas encore sortis des Mathurins, lieu ordinaire des Assemblées de l'Université.

On ne parlera donc ici de la Foire du Landy, que sur le pied qu'elle est présentement pour le commerce qui s'y fait; se reservant d'en dire ailleurs quelques autres particularitez. *Voyez* LANDY.

La Foire du Landy est la premiere des deux Foires franches, qui se tiennent à S. Denis. Elle commence le lundy d'après la S. Barnabé, Fête qui arrive l'onziéme du mois de Juin, & dure quinze jours. L'autre se tient au mois d'Octobre, le lendemain de la Fête de S. Denis, celle-ci ne dure que huit jours.

L'une & l'autre Foire a les mêmes franchises & les mêmes Privileges, que la Foire de S. Germain, qui se tient à Paris, qui, comme on l'a dit, ne consistent en aucune diminution ni remise de droits Royaux, ou de droits locaux; mais en la seule liberté qu'ont les marchands Forains, d'y d'y apporter, vendre, troquer & échanger toutes sortes de marchandises pendant tout le tems de leur durée.

Le principal commerce qui s'y fait, est de draps & étoffes de laine, ou mêlées de soye & de laine, qui y arrivent de plusieurs Provinces du Royaume, particulierement de Champagne, de Picardie, de Poitou, &c.

Il n'y a guéres que celles de Poitou, ou des Manufactures établies sur cette route, qui passent par Paris; les autres étant transportées en droiture à S. Denis; où sont pareillement renvoyées toutes celles qui viennent à la Doüane de Paris, mais sans que les balles en soient ouvertes, ni visitées, dont elles sont exemptées, en representant par les Voituriers, aux Visiteurs & à l'Inspecteur des Manufactures, leurs Lettres de voiture, ou leurs factures, portant destination pour lesdites Foires.

Toutes ces marchandises entrant en Foire sont tenuës à deux visites; l'une gratuite, qui est celle des Inspecteurs; l'autre avec le payement de droits plus ou moins forts, selon la qualité des étoffes. Celle-ci est la visite des Maîtres & Gardes de la Draperie & de la Mercerie de Paris, dont on a parlé au paragraphe de la Foire de S. Germain.

Les Inspecteurs des Foires de S. Denis, sont les mêmes que ceux établis pour cette autre Foire, c'est-à-dire, celui de la Halle aux draps de Paris, & celui de Beauvais.

Les droits des Maîtres & Gardes sont aussi les mêmes, & se payent, comme on l'a dit, sur le pied de 20 f. 10 f. 5 f. ou 3 f. par piece, suivant qu'il est arrêté par le Tarif dressé au Conseil le 30 Decembre 1704. *Voyez ci-dessus la* FOIRE *de S. Germain.*

FOIRE DE CAEN.

Cette Foire est très celebre, & ne cede guéres à celle de la Guibray, la plus fameuse des Foires de la Province de Normandie.

Elle dure quinze jours, qui commencent le lendemain de la Quasimodo. Les huit premiers de ces quinze jours, s'appellent la Grande semaine; les autres se nomment la Petite semaine: on y fait cette difference, parce qu'autrefois la franchise n'alloit pas au delà de la premiere huitaine; & qu'à cause de cela l'affluence des Marchands & du peuple y étoit plus grande. Cette diversité de concours dure encore, mais non la distinction de franchise; la quinzaine étant également franche: ce qui ne s'entend pas néantmoins de tous droits; ceux des Traites se payant en entier.

Cette Foire n'est pas seulement considerable par la quantité de marchandises de toutes sortes, particulierement de toutes especes de Manufactures de lainerie & de toiles, dont il s'y fait un très-grand commerce, mais encore par le nombre des bestiaux, & sur-tout de chevaux qu'on y amene de toute la Normandie, & des Provinces voisines.

La Foire pour les marchandises se tient dans des loges bâties sous une espece de halle, ou grand appenty de charpente, couvert de thuile, assez semblable au lieu où se tient à Paris la Foire de S. Germain.

Pour les chevaux & bestiaux, le commerce & la montre s'en font au dehors dans une place voisine.

FOIRE DE DIEPPE.

La Foire de Dieppe doit son établissement aux malheurs de cette Ville.

Les Anglois l'ayant bombardée, & presque ruinée en 1694, non-seulement on la vit bien-tôt renaître comme de ses cendres, mais encore en sortir plus magnifique & mieux située; Loüis XIV. y ayant ordonné, sur un nouveau plan, diverses belles ruës tirées au cordeau, dont les maisons de pierre de taille ou de brique, sont d'une simétrie reguliere, & pour les façades, & pour la hauteur.

Sa Majesté, pour donner encore aux Habitans plus de facilité de reparer les pertes qu'ils avoient faites, leur accorda au mois d'Octobre 1696, des Lettres Patentes pour l'établissement d'une Foire franche: cette Ville fameuse par le commerce de mer, n'en ayant point eu jusqu'alors. La Foire s'y ouvrit pour la premiere fois le premier Decembre de la même année.

Par ces Lettres Patentes la Foire doit commencer chaque année le premier Decembre, pour durer pendant les quinze premiers jours du même mois. Ses franchises & ses privileges consistent:

1°. En ce que toutes les marchandises amenées au Port de Dieppe pendant les quinze jours, & qui y sont venduës ou échangées, sont exemptes de la moitié des droits d'entrée & de sortie.

2°. Que dans le tems de la Foire, on peut faire ressortir de la Ville les marchandises étrangeres, qui y ont été apportées & qui n'ont pû être venduës, sans payer aucun droit de sortie; pourvû néantmoins qu'elles retournent au même lieu d'où elles sont venuës.

3°. Qu'il est permis à tous Etrangers, de tester & de disposer des effets qu'ils ont apportez pendant le tems de la Foire.

4°. Que nul ne peut être arrêté, sinon pour marchandise négociée pendant la durée de la Foire.

5°. Que les Lettres de répy ne peuvent avoir lieu pour marchandises achetées en Foire.

6°. Que les marchandises déclarées pour la Foire, ne pourront être saisies durant la Foire.

7°. Enfin, que lesdites marchandises ne sont point sujettes à la visite des Gardes.

FOIRE DE TOULON.

La franchise de la Foire de Toulon est assez ancienne: mais ayant été interrompuë plusieurs fois depuis son établissement, elle a seulement été rétablie en 1708.

Les Lettres Patentes accordées par Henry IV. qui paroissent les premieres données pour la franchise de cette Foire, sont du mois d'Octobre 1595. Loüis XIV. en donna de nouvelles au mois de Novembre 1697: mais celles-ci n'ayant point eu d'execution, il en accorda d'autres par un Arrêt de son Conseil du 22 Novembre 1708, après le fameux siege de Toulon, entrepris & levé par le Duc de Savoye; le Roy ayant voulu recompenser par-là la fidelité & le zele que les Habitans avoient témoigné dans la défense de cette importante Ville de la Côte de Provence.

Dans les premieres Lettres Patentes cette Foire avoit été établie sur le pied de celles de Lyon, de Champagne, de Brie, & de Roüen: mais l'Arrêt de 1708 ayant augmenté ces privileges & ces franchises, & les Consuls de Toulon paroissant les vouloir encore etendre davantage dans les placards qu'ils avoient fait afficher dans les principales Villes du Royaume, & envoyez dans les Pays Etrangers, les Fermiers Generaux se pourvûrent au Conseil, pour les restraindre; & obtinrent un Arrêt du 15 Octobre 1709, qui regla par provision, ou plûtôt qui retrancha une partie des franchises que les Consuls sembloient s'être attribuées; Sa Majesté se reservant de statuer sur le fond, après que les Parties auroient été en-

ten-

tenduës sur leurs contestations pardevant l'Intendant de Provence.

La durée de cette Foire est de quinze jours ouvriers, qui commençoient autrefois à la S. Michel; & qui depuis ont été remis au 3 Novembre, par un Arrêt du 18 Avril 1709.

Les franchises accordées par l'Arrêt de 1708, étoient, entr'autres, Que pendant le tems de sa tenuë, tous Marchands Regnicoles, Sujets de Sa Majesté, ou Etrangers, pourroient aller, venir, sejourner, trafiquer, vendre, troquer, échanger, porter, enlever, charger & décharger leurs navires & voitures, tant par eau que par terre, & toutes sortes de marchandises & denrées permises, sans payer ni acquitter aucuns droits de foraine, resuë, haut-passage, traitte domaniale, tonneau, doüane, ni autres droits ou impositions quelconques, mis ou à mettre, pour quelque cause ou occasion que ce fût: comme aussi que pendant le temps de cette Foire, tous Marchands, François ou Etrangers, & autres, joüiroient de tous les privileges, franchises & libertez accordez aux Foires de Lyon, de Brie, de Champagne, Roüen, & autres Villes du Royaume.

Les modifications provisionnelles, obtenuës par les Fermiers Generaux par l'Arrêt du 15 Octobre 1709, consistent en ce qu'il est ordonné:

1°. Que la franchise de la Foire n'aura lieu que pour les droits forains, traitte domaniale, table de mer, & autres, sur les marchandises & denrées qui sortiront par mer de la Ville de Toulon.

2°. Que lesdites marchandises & denrées y entrant par mer, payeront les droits d'entrée & de Doüane de Lyon, Table de mer, & autres, qui ont coûtume d'être payez au Bureau des Fermes audit Toulon.

3°. Que celles arrivant par terre des differentes Provinces du Royaume, payeront les droits locaux, selon qu'ils y ont cours, & suivant les Tarifs, Arrêts & Reglemens.

4°. Qu'aucunes marchandises du crû, pêche & commerce des Pays & Etats, avec lesquels la France sera en guerre, n'y pourront entrer sans passeport.

5°. Que les marchandises & denrées, dont l'entrée dans le Royaume est défenduë; les soyes cruës & ouvrées, les étoffes & draps de soye, les drogueries & épiceries, les marchandises de Levant, & autres, dont l'entrée n'est permise que par certains Ports & lieux du Royaume, ne pourront entrer par le Port de Toulon, ni être admises dans la Foire, sous les peines portées par les Ordonnances.

6°. Que les marchandises qui seront amenées à Toulon pendant le tems de la Foire, après avoir été déclarées au Bureau des Fermes, seront conduites dans les places & halles à ce destinées, sans qu'elles puissent neantmoins joüir de la franchise de la Foire, qu'elles n'ayent été déballées, exposées en vente, venduës ou échangées, & ensuite sorties de la Ville, & embarquées pendant lesdits quinze jours; & ce sur les acquits de franchise délivrez par les Maire & Echevins de Toulon, & contrôlez par les Commis des Bureaux des Fermes.

7°. Enfin, qu'il ne pourra être fait aucun magasin ou entrepôt des marchandises & denrées destinées pour la Foire, soit dans la Ville de Toulon, soit dans aucunes autres Villes, bourgs, villages, & maisons des environs, quinze jours avant ladite Foire commencée, à peine de confiscation, & de 1500 liv. d'amende.

INSPECTEURS DES FOIRES.

Les Inspecteurs des Manufactures sont tenus de se trouver dans toutes les Foires considerables de leurs départemens, où il se fait un grand commerce d'étoffes, de laines & de toiles, pour visiter & marquer les toiles & étoffes, & les saisir & confisquer, si elles sont défectueuses, & non conformes aux Reglemens.

Cette visite doit néantmoins se faire avec beaucoup de circonspection & de retenuë; l'article 18 de la grande Instruction pour les Inspecteurs, dressée en l'année 1680, leur enjoignant d'y proceder avec bien de la prudence, de l'adresse & de la vigilance, & aux heures les plus commodes aux Vendeurs & Acheteurs; étant important, dit l'Instruction, de ne pas troubler le commerce des Foires; peu de chose souvent étant capable de l'interrompre.

Les Inspecteurs, pour l'execution de cette partie de leurs fonctions, doivent être accompagnez du Juge de la police des Manufactures, & des Gardes & Jurez des lieux.

Il se trouve aussi souvent aux Foires, particulierement à celles qui se tiennent en pleine campagne, comme les Foires de Beaucaire & de Guibray, les Directeurs Generaux des Traittes, dont les départemens en sont voisins, afin de veiller aux droits du Roy.

Il y a quelques Foires franches du Royaume, qui ont leur propre Juge, & une Jurisdiction qui leur est particuliere. La Jurisdiction se nomme Conservation, & les Juges, Conservateurs; parce qu'en effet ils sont établis, pour veiller à la conservation des franchises des Foires, & à décider les contestations, qui arrivent entre les Marchands, & autres personnes qui y vendent, ou y achetent: droit qui leur a été conservé par l'art. 8 du tit. 12 de l'Ordonnance de 1673, qui porte ces termes: *Connoîtront les Juges & Consuls aussi du Commerce fait pendant les Foires tenuës és lieux de leur établissement, si l'attribution n'en est faite aux Juges & Conservateurs du Privilege des Foires.*

En effet, cette Jurisdiction n'est guéres autre chose qu'un Consulat; & les Juges & Conservateurs, que des Juges & Consuls. Les plus connus de ces Juges & Conservateurs sont ceux de la Conservation de Lyon, dont on parle ailleurs. *Voyez* CONSERVATEUR, *&* CONSERVATION.

Les Marchands Grossiers, qui envoyent, ou qui vont aux Foires, doivent observer plusieurs choses, s'ils veulent réüssir dans ce commerce, qui a ses difficultez, aussi-bien que ses avantages.

1°. Ils doivent ne s'y point engager, qu'ils n'ayent un Associé, ou du moins qu'ils ne soient bien sûrs de la personne à qui ils sont obligez de confier le gros de leurs affaires pendant leur absence.

2°. Il faut qu'ils sçachent les marchandises qui y sont propres; & si les frais des voitures, traittes foraines, & autres droits déduits, ils y peuvent faire leur compte.

3°. Ils doivent prendre garde de n'y point mener de marchandises, dont il y ait des manufactures considerables dans les lieux, ou près des lieux des Foires.

4°. Ils doivent observer d'y vendre leurs marchandises plus ou moins cher, à proportion du tems que le payement s'en doit faire: les Marchands de Province, qui achetent aux Foires, n'étant pas si ponctuels à payer que ceux des Villes de grand commerce.

5°. Ils ne doivent pas oublier de faire la facture des marchandises avant de les emballer; & s'il y a plusieurs ballots, que les factures s'en fassent séparément, & que les ballots en soient bien numerotez.

6o. Ils doivent être soigneux de tenir un journal particulier des Foires, pour y écrire toutes les parties de marchandises de leurs ventes ou achats, à mesure qu'ils les font pendant le tems de la Foire; & pour ensuite, à leur retour, les porter sur le journal ordinaire de leur négoce.

7o. Ils ne doivent pas manquer de prendre des promesses ou billets des Marchands, avec qui ils ont des affaires, payables ou à la Foire suivante, ou en d'autres tems convenus, pour éviter toutes contestations sur ces payemens.

8o. Il ne faut pas qu'ils se rebutent, si une marchandise propre pour une Foire, n'y a pas néantmoins été ni demandée ni venduë; mais au contraire, ils doivent y en mener encore l'année suivante, parce que cela provient apparemment, de ce que les Marchands s'en étoient trop chargez dans la Foire précedente: mais alors leur boutique en devant être épuisée, le débit ne peut pas manquer d'être prompt & avantageux.

9o. Enfin, les Marchands qui vont aux Foires, doivent sçavoir devant qui ils doivent porter les contestations pour les marchandises qu'ils y vendent ou y achetent, en cas qu'il leur en arrivât; & si ce sont les Juges & Consuls des lieux qui en doivent connoître, ou si les Foires qu'ils frequentent ont de ces Juges & Conservateurs dont on a parlé ci-devant. *Voyez le Parfait Négociant de M. Savary, chap. 6 du Liv. 1 de la seconde Partie.*

FOIRES GRASSES, FOIRES DE BESTIAUX, FOIRES DE CHEVAUX, &c.

On appelle Foires grasses, les Foires qui ne sont destinées qu'à la vente des bestiaux engraissez, c'est-à-dire, de ceux que les Bouchers viennent acheter pour débiter dans leurs étaux & boucheries: les Foires de bestiaux étant celles où se vendent toutes sortes d'animaux, soit pour la boucherie, soit pour la monture, & le tirage, soit pour l'engrais, soit pour en faire des bêtes portieres, soit enfin pour en avoir le lait; ce qui comprend les bœufs, moutons, chevaux, mulets; bêtes asines, verats, truyes, vaches, cochons, chevres, & presque toutes sortes de bestiaux: & les Foires grasses ne s'entendant guéres que de celles où se fait le commerce des bœufs, des moutons & porcs, qu'on y amene au sortir de l'engrais, & qui sont propres au négoce de la viande de boucherie, ou à celui des Chaircutiers.

Quelquefois on les nomme simplement Foires de bestiaux: mais il y a certainement quelque difference entre les Foires grasses, & les Foires de bestiaux.

Lorsque les Foires des bestiaux ne sont destinées qu'à la vente de certains animaux, comme chevaux, vaches, cochons &c. on les distingue ordinairement, en ajoûtant au mot de Foire, celui des animaux dont il s'y fait le plus grand commerce. Ainsi l'on dit: il y a au Mans une Foire de chevaux, à Sucy en Brie une Foire de cochons, & à la Montety une Foire de vaches, &c.

On va mettre ici les principales de ces Foires, qui se tiennent, ou aux environs de Paris, ou dans les Provinces; après avoir remarqué que ces Foires de bestiaux sont bien differentes des marchez qui se tiennent certains jours de la semaine, pour y vendre & y acheter ces sortes d'animaux & de bestiaux; comme le marché aux chevaux de Paris, & ceux de Poissy, ou de Seaux, pour les bœufs & moutons. *Voyez* MARCHÉ.

Les Foires grasses qui se tiennent à Cheneraillés, gros Bourg, ou petite Ville de la Haute-Marche d'Auvergne, sont celebres par la quantité de bêtes engraissées qui s'y vendent, & dont la plûpart se conduisent à Paris. Elles se tiennent les premiers mardis de chaque mois.

Il y a trois Foires de bestiaux chaque année à Braisne-le-Comte près Soissons: la premiere, le 6 May: la seconde, le 14 Septembre: & la troisiéme, le 14 Decembre. Quelques-uns de ces bestiaux se répandent dans les Provinces voisines: la plus grande partie vient à Paris. Le nombre des bêtes à laine, qui se vendent à ces trois Foires, est comme infini.

Il se tient aussi une semblable Foire le 9 Octobre à Menec près Corbeil.

Enfin, les Foires de Nangis & de Crecy en Brie; la premiere, qui se tient le 4 Juillet; & la seconde, le 29 Septembre, Fête de S. Michel (celle-ci dans la prairie de Villiers) sont des Foires de bestiaux très-considerables, & où les Fermiers & Bouchers de l'Isle de France, ont coûtume de s'en fournir.

Bien que les Foires de Guibray & de Caën soient principalement destinées à l'achat & vente des toiles & des étoffes de lainerie, & autres marchandises, elles doivent être néantmoins considerées comme deux des principales Foires du Royaume, pour les chevaux Normands. *Voyez* GUIBRAY; *& ci-dessus la* FOIRE DE CAEN, *au paragraphe des* FOIRES FRANCHES.

Il se tient encore plusieurs autres Foires de chevaux dans differens endroits de la Province de Normandie, particulierement trois dans le Cotentin; dont l'une est à la S. Cosme, au mois de Septembre; la seconde, à la S. Flexent, au mois d'Octobre; & l'autre au mois de . . . . .

Il s'en tient trois autres près de Bayeux: sçavoir, l'une à S. Laurent sur mer le 11 Août; l'autre à S. Martin aussi sur mer, au mois de Novembre; & la troisiéme près de Fermigny, le 4 Juillet. Celles de S. Laurent & de S. Martin se tiennent dans deux Paroisses differentes; mais si proches, que la Foire des deux lieux se fait presque sur la même place.

Il y a aussi trois de ces Foires à Bayeux même, mais peu considerables.

La Ville du Mans a pareillement deux Foires de chevaux; l'une le lendemain des Fêtes de la Pentecôte, & l'autre le 19 Juin, Fête de S. Gervais.

C'est à la Foire de Fontenay en Poitou, que se vendent presque tous les chevaux, qui s'élevent dans cette Province. Elle se tient le 24 Juin; & est une de celles du Royaume, qui a le plus de réputation pour cette sorte de commerce.

Les chevaux Bretons se vendent pour la plûpart à la Foire de la Martire, qui se tient dans la Paroisse de Pouldery, en Basse Normandie. Cette Foire commence le second Dimanche du mois de Juillet, & dure quatre jours.

La Foire de Chalus est celle où se menent presque tous les chevaux Limousins; & celle d'Angers, celle où se vendent les chevaux Angevins. Cette derniere se tient le lendemain de la Fête-Dieu, & dure trois jours pour les chevaux, & huit pour les autres marchandises. On peut la mettre aussi au nombre des Foires des bestiaux; s'en faisant un très-grand commerce pendant les trois premiers jours.

Enfin, il se tient à Nogent sur Seine le 11. du mois d'Août, une Foire assez considerable de chevaux.

La

La Foire de Niort du premier Decembre, n'est proprement destinée qu'aux poulains de lait; & c'est-là que les viennent enlever ceux qui en font des nourritures, pour les revendre quand ils sont devenus propres par leur âge & leur force, soit à porter, soit à servir au tirage,

La Montety est une Foire proprement destinée au commerce des vaches; c'est-là que les Fermiers & Païsans des environs de Paris, & de toute l'Isle de France, vont chaque année en acheter une quantité extraordinaire; ceux-ci pour la subsistance de leur famille, qu'ils entretiennent du négoce qu'ils font de lait & de fromage; & ceux-là pour en fournir leurs fermes.

Cette Foire se tient le 9 Septembre en pleine campagne, où il n'y a qu'une Chapelle, qu'on appelle la Chapelle de la Montety, appartenant aux Religieux d'Ivernaux en Brie, qui reçoivent les droits de foirage. Ce lieu n'est éloigné d'Osoy en Brie que d'une petite demie-lieuë.

Il y a aussi en plusieurs villages, ou gros bourgs des environs de Paris, des Foires de cochons, dont celle de Sussy en Brie, qui se tient au mois de Septembre à la Sainte-Croix; & les deux de Champigny, au-delà du pont de S. Maur, qui se tiennent, l'une, la derniere Fête de la Pentecôte, & l'autre, la derniere Fête de la Toussaint, ne sont pas les moins considerables.

Outre ces Foires franches, & ces Foires de chevaux & de bestiaux, dont on vient de parler avec quelque détail dans les deux paragraphes précedens, il y a encore en France quantité d'autres Foires ordinaires, dont on se contentera de donner ici la liste, non de toutes, n'étant guéres possible de n'en point oublier, mais de principales, dont on avouë qu'on a pris la plus grande partie dans l'Almanach Royal de l'année 1719, qu'on a néantmoins reformé sur de bons memoires, en quantité d'endroits.

Pour la commodité de ceux qui ont besoin de cette sorte d'instruction, soit pour le commerce, soit pour la simple curiosité, on a séparé la liste en deux classes: l'une, qui sera la premiere, est des Foires dont le jour n'est pas fixé; mais qui est, pour ainsi dire, attaché à ce qu'on appelle les Fêtes Mobiles dans le Calendrier Ecclesiastique, ou à quelque autre circonstance; ensorte qu'il n'est pas le même chaque année: & l'autre classe, des Foires dont le jour est certain, & suit exactement les jours de chaque mois.

Il faut observer à l'égard des Foires de Poitou, dont on a déja parlé, & dont on parlera dans les deux listes, comme Fontenay, Niort, &c. qu'elles doivent toûjours durer trois jours francs; & que lorsque ces Foires arrivent le vendredy, elles se remettent au Lundy suivant.

Quoique toutes ces Foires de Poitou ne soient pas destinées au commerce de chevaux, & qu'il n'y ait guéres que celles dont on a déja parlé ci-devant, il s'y en fait néantmoins toûjours un assez grand négoce, comme dans plusieurs autres Foires du Royaume; mais qui pour cela ne sont pas appellées Foires de chevaux, & qui par consequent n'ont point eu place au paragraphe où il en est traité.

Foire de France, qui se tiennent dans des jours incertains & qui avancent ou reculent chaque année.

A Laon & à Chastel-Chinon, le premier lundy de l'année.

A Auxerre, le lundy de devant la Chandeleur.

A Besançon, le lundy d'après la même Fête, & le lundy d'après la S. Barthelemy.

A Moncenis, le mercredy qui suit aussi cette Fête.

A Montargis le jeudy gras.

Au Ponteau-de-mer, les lundy & mardy gras.

A Montferrand, le vendredy de devant le Carême.

A Tonnerre, à Mâcon, & à Montferrand, le lundy gras.

A Nevers, la Foire des Brandons, le premier lundy de Carême.

A Senlis, à Alençon, & S. Florentin, le premier samedy de Carême.

A Gien, la Foire qu'on appelle le Cours de Gien, le second lundy de Carême: elle dure neuf jours.

A Compiegne & à Espernay, à la mi-Carême: cette derniere dure quinze jours.

Il y a aussi des Foires vers le même tems à Clisson, Poitiers-Civrai, Poitevine, Dinant & Cartaix en Bretagne; celle-ci est de quinze jours.

A Auxerre, il y a quatre Foires; sçavoir le lundy de devant la Chandeleur, le lundy de devant les Rameaux, le lundy avant la Pentecôte, & le lundy avant la Notre-Dame de Septembre.

A Grenoble & à Romanez, une le jour des Rameaux.

A Châlons sur Marne, trois: l'une, le vendredy de devant les Rameaux: l'autre, le vendredy de devant la Pentecôte: & la troisiéme, le vendredy d'après la S. Denis.

A Chaumont en Bassigny, & à S. Pierre du Moutier; le lendemain des Fêtes de Pasques.

A Montargis & à Roye, le lendemain de la Quasimodo.

A Provins, le mardy des Rogations, & dure six semaines.

A Chastel-Chinon, la veille de l'Ascension.

A Sainte Honnerine & à Cressy en Bretagne, le vendredy d'après l'Ascension.

A Fontainebleau, le lendemain de la Trinité.

A Treguier en Bretagne, le lundy d'après la Fête-Dieu.

A Charabras, le lundy avant la S. Jean: elle dure deux jours.

A Lonjumeaux, le lundi d'après la même Fête.

A Tessi en Basse Normandie, le lendemain d'après la S. Pierre.

A Chaume en Brie, le mardy d'après la même Fête.

A Montargis, & à S. Malo, le lendemain de la Magdeleine; & une seconde à Montargis, le jeudy d'après la S. Remy.

A Tarascon, le lendemain de la Sainte-Anne.

A Besons près Paris, & à Volent près Chartres, le Dimanche après la S. Fiacre.

A S. Lo en Basse Normandie, le jeudy d'après la S. Gilles: elle dure trois jours. Si la Fête arrive le jeudy, elle s'ouvre le même jours.

A Amiens, le jeudy après la Notre-Dame de Septembre.

A Nevers, le samedy d'après la S. Denis, au mois d'Octobre.

A S. Felicien, le troisiéme Dimanche de Septembre: elle dure trois jourt.

A Senlis le lundy d'après la S. Luc, au mois d'Octobre.

A la Fleche, & à S. Florentin, le lendemain de la S. Simon S. Jude.

A Fontenay en Brie, & à Espernay, le samedy devant la Toussaints.

A Châlons sur Marne, le vendredy d'après la S. Martin.

Enfin, à Toüars, le premier jeudy de l'Avent.

Liste des Foires de France, qui se tiennent à des jours certains, dressée suivant l'ordre des mois.

JANVIER.

A Bordeaux, le premier jour de l'an.

A Joigny, le 12.

A Cuivray, Lussac & Vivonne en Poitou, le 17.

A Nemours, Châtillon sur Seine, Lisle en Flandres, Gençay, & Senecay en Poitou, le 20.

A Saumur, & à Grenoble, le 22 : celle-ci dure trois jours.

A Mussy-l'Evêque, le 25.

FEVRIER.

A Alençon, Montmerillon, & Egue en Poitou, le 3.

A Villeneauxce en Brie, le 5.

A Sainte Agate de Niort en Poitou le 6.

A Sainte Menehoult, & à Langres, le 15 ; celle ci finit le 22.

A Paris, la Foire qu'on appelle le Pardon Saint Denis.

A Versailles, à Vitry le François, & à Niort en Poitou, le 24. La Foire de Niort dure huit jours.

MARS.

A Autun, le 18.

A Sens le 21.

A Villenauxce, le 26.

AVRIL.

A Troyes en Champagne, le 25, & finit à la Pentecôte.

MAY.

A Angers, Chartres, Neubourg en Normandie, Crussi-le-Chastel près Tonnerre, & à Châtellerault, le premier jour du mois. Celle de Châtellerault dure huit jours.

Il se tient aussi le même jour à Gorghe dans la Flandre Françoise, une Foire qu'on nomme la Mayolle, où il se vend une très-grande quantité de toiles unies & ouvrées.

A Senlis, le 2.

A Ville-Dieu-les-Poësles, à Bransle proche Cheray, & à Paimbeuf, le 3.

A Trou en Normandie, & à Niort en Poitou, le 6.

A S. Cloud près Paris, le 8.

A Merinville en Beausse, à Amiens, & à Clermont en Auvergne, le 9.

A Château-Thierry, le 11.

A Meaux, à la mi-May.

A Limoges, le 22 : elle dure huit jours.

A Nantes, le 24 : dure quinze jours. Elle est du nombre des Foires franches.

JUIN.

A Meudon près Paris, Foire Royale le premier du mois.

A Viez en Poitou, le même jour : elle dure trois jours.

A Abbeville, le 2.

A Châtillon sur Seine, le 11, jour de S. Barnabé.

A Amiens, Rosay en Brie, la Fleche & Bellay en Anjou, le 24, Fête de S. Jean.

A Châlons sur Saône, le 25.

A Dijon, & à Dormelle près Montereau, le 29.

JUILLET.

A S. Martin proche Belême, le 4.

A Pontivy & à Noyelles en Bretagne, le 5. Cette derniere dure huit jours. Il s'y vend quantité de toiles propres à faire des voiles de vaisseaux. *Voyez* NOYELLES, & TOILE.

A Caën, le 18.

A S. Lo en Basse Normandie, à Sainte Pazane en Bresse, le 22, Fête de Sainte Magdelaine.

A Valence proche Montereau, à Villeneuve, à Mortagne au Perche, & au Prieuré de S. Jacques de Bressuire en Poitou, le 25, Fête de S. Jaques.

A Aix, le 26.

A Autun, Vitaux, & Bourbon-les-Bains, le 28, Fête de Sainte Anne.

A Tarascon, le 29.

AOUST.

A Fontenay en Poitou, le premier du mois : dure huit jours. Elle est du nombre des Foires de chevaux. *Voyez ci-dessus.*

A Bayonne, le même jour : dure quinze jours. Elle joüit de plusieurs franchises & exemptions.

A Clermont en Auvergne, à Dannemarie en Montoire, à Raillé, à Petit-Mars, & à Bourneuf en Bretagne, le 6.

A Nogent sur Seine, le 11.

A S. Florentin, le 13.

A Grenoble, le 15 : dure trois jours.

Au Pelerin en Bretagne, le 16.

A Crussi-le-Chastel près Tonnerre, le 17.

A Chartres, à Gersey en Brie, à Pont sur Seine, & à la Fleche, le 24, Fête de S. Barthelemy.

A Sainte Menehoult, le 25.

A Paimbeuf, & à S. Julien Vouente, le 28.

A Blois, à Mamers, & à Tournon près Grenoble, le 29. Cette derniere dure trois jours, & celle de Blois, dix.

SEPTEMBRE.

A Nevers, à Pornic en Bretagne, à Vitry-le-François, à S. Gilles, & au Ponteau de-mer, le premier jour.

A la Houssaye en Bretagne, & à Pontivy, le 6 : celle de Pontivy dure huit jours. Il s'y vend quantité de toiles Bretonnes.

A S. Cloud près Paris, à Montereau, & à Autun, le 7.

A Bray sur Seine, & à Ville-Dieu-les-Poesles, le 9.

A Joigny, le 10.

A S. Just, le 18.

A S. Lo, & à Blandy en Brie, le 21, Fête de S. Mathieu.

A Gray, à S. Claude, & à Vesoul, toutes trois en Franche-Comté, le 22.

A Estampes, Villeneuve, Mamers & S. Donat en Dauphiné, le 29.

OCTOBRE.

A S. Quentin, & à Colommiers le 10; celle de Colommiers dure 8 jours.

A Fontenay en Poitou, le 11 : on l'appelle la Foire de S. Venant, & dure 3 jours. Il s'y vend quantité de chevaux.

A Sens, le 17.

A Roüen, à Tocquin en Brie, à Guerande, & à Vies en Poitou, le 18 : cette derniere dure dix jours.

A Chastillon-lès-Dombes, le 28, Fête des Apôtres S. Simon, S. Jude.

A Brie-Comte-Robert, à Nogent sur Seine, à Verdun en Bourgogne, & à Besleme, le même jour; celle-ci se tient hors la Ville.

NOVEMBRE.

A Carhack en Bretagne, le premier du mois; elle dure 6. jours.

A Bayeux, & à Passi en Normandie, le jour des morts; & à Meaux le lendemain.

A Paimbeuf, le 3, Fête de S. Hubert; elle dure 8 jours ouvrables.

A Auxerre, Pontoise, Rosai en Brie, Torigni en basse Normandie, Boulogne sur mer, Amiens, & Dijon, le 11 Fête de S. Martin.

A Clermont en Auvergne, à sainte Menehould, à Vitry-le-François, à Niord, à Concé, à Pamprou, à Jousse, à Mont-Loüis en Poitou, & à Soissons, le 12, lendemain de la Fête de S. Martin; celle de Soissons dure 8 jours.

A Civray en Poitou, le 13.

A Ville-Dieu les Poesles, le 23.

A Fontaine-bleau, le 26, dure trois jours francs.

A Montferrand, Bellesme, & Provins, le 29.

A Lagny, la Flêche, Cussy-le-Chastel, Ancenis, & Pronic en Bretagne, le 30, Fête de S. André. Celle de Cussy-le-Chastel dure 8 jours.

DECEMBRE.

A Mortagne au Perche, à Grenoble, à Vitry-le-François, à Riancourt près d'Amiens, le premier du mois.

A Poitiers, & à Riés, le 6.

A Bar sur Seine, le 12.

A Pont sur Seine, & à Merville en Beauce, le 21, Fête de S. Thomas.

A Bourges, le 27; elle dure 11. jours.

A Chablis, le dernier du mois.

Il y a encore quelques Foires considérables en France, dont on n'a pû découvrir les jours ausquels elles se tiennent, & qu'ainsi on a crû devoir ranger ici sans ordre, comme sont:

Les Foires d'Isigny en basse Normandie, où se vendent ces excellents beures, qui en portent le nom; les droits en apartiennent aux Evêques de Bayeux.

Les Foires de Montebourg, aussi en basse Normandie; dont les droits, qu'on appelle droits de Coûtume, se perçoivent par les Religieux d'une Abbaye, qui est dans le même lieu.

Les Foires de la Pernette dans l'Election de Valogne, où se vendent la plûpart des laines du Pays, &c.

FOIRES DE LORRAINE.

A S. Nicolas en Lorraine, le 7 Janvier, & le 12 Décembre.

A Luneville, le 17 Avril.

A Nomeny, le 25 Août.

A Sier, le Jeudy après la Nôtre-Dame de Septembre.

A Miel, le 13 Novembre.

Il se tient aussi plusieurs Foires à Vosge, où les Allemans viennent enlever quantité de bœufs, de taureaux, & de vaches.

FOIRES D'ALLEMAGNE.

Les Foires de Francfort, de Leipsik, & de Naumbourg, sont les plus célebres de celles, qui se tiennent en Allemagne, non seulement par le grand commerce, qui s'y fait; mais encore par le concours des Princes de l'empire, de la Noblesse, & des peuples, qui ne manquent pas de s'y rendre de toute l'Allemagne, aussi bien que quantité d'Etrangers de qualité, qui viennent passer leur tems, & joüir du divertissement qu'on est sûr de trouver pendant tout le tems de ces Foires.

FRANCFORT.

Francfort, Ville Impériale & Anséatique (que sa situation sur la riviere du Mein rend très-commode pour le commerce, par la facilité du transport des marchandises qui y arrivent, ou qui en sortent) a deux Foires chaque année, l'une au Printems, & l'autre en Automne.

La Foire du Printems, qu'on appelle aussi Foire de Pâques, ou de la mi-carême, commence toûjours le Dimanche avant les Rameaux: à l'égard de celle d'Automne, qu'on nomme Foire de Septembre, l'ouverture n'en est pas fixe, & elle commence suivant le jour qu'arrive la Fête de la Nativité de la Vierge, qui se célebre le 8 de Septembre, commençant le Dimanche avant cette Fête, si elle est le Lundi, le Mardi, & le Mercredi; & le Dimanche suivant, si elle tombe dans le Jeudi, le Vendredi, ou le Samedi. Si la Nativité arrive un Dimanche, la foire ouvre le même jour.

On annonce l'ouverture de ses Foires par le son d'une cloche; leur durée est de 14 jours, ou de deux semaines, dont la premiere s'appelle la semaine d'acceptation; & la seconde, la semaine de payement.

Ces Foires si fameuses par le debit de toutes sortes de marchandises, & par la vente d'un nombre infini de beaux chevaux, le sont encore davantage par la quantité de livres curieux, & qui ne se trouvent point ailleurs, que les Libraires de toute l'Europe ont coutume d'en tirer.

Il est vrai que les Sçavans soupçonnent, que les catalogues de ces livres, qu'on imprime tous les ans, ne sont pas exactement fideles; & ils croyent y voir des titres de livres supposez & imaginaires, aussi bien que quantité de fautes grossieres dans les noms des Auteurs, & l'énonciation des vrais titres des livres.

LEIPSIK.

Les Foires de Leipsik en Misnie, sur la riviere de Pleiss, n'ont pas moins de réputation que celles de Francfort, si elles n'en ont pas même davantage: il s'y en tient trois par an; l'une le premier de Janvier; l'autre trois semaines après Pâques; & la troisiéme, après la Fête de S. Michel.

La Foire de Janvier, qu'on nomme aussi la Foire du nouvel an, commence toûjours le premier jour de l'année, à moins que ce jour n'arrive un Dimanche, auquel cas l'ouverture de la Foire se remet au Lundi suivant.

La Foire d'après Pâques, autrement la Foire de Jubilate, s'ouvre le Lundi de la troisiéme semaine d'après la Fête de la Resurrection.

Enfin la Foire de Septembre, ou de la S. Michel, se tient le Dimanche d'après la S. Michel, ou seulement huit jours après, si cette Fête est un jour de Dimanche: chacune de ces Foires dure 14 jours, c'est-à-dire, deux semaines entieres.

L'entrée de ces Foires se publie le premier jour de chaque Foire, & l'on en publie pareillement la sortie le dernier jour des deux semaines, que chacune d'elles dure.

Les 12 jours, qui se trouvent enfermez entre l'entrée & la sortie, sont proprement ce qu'on nomme le tems des Foires, pendant lequel se font toutes les négociations, & les changes & remises entre les Négocians & Banquiers, aussi bien que la vente & l'achat des marchandises.

L'acception de lettres de change, tirées pour être payées en Foires, se fait ordinairement le deuxiéme jour après leur ouverture: il est néanmoins permis à ceux sur qui elles sont tirées, d'en remettre l'acceptation jusqu'à la semaine des payemens.

Le tems du payement des Lettres de change ne commence qu'après la publication de la fin des Foires, & dure jusqu'au cinquiéme jour suivant inclusivement; pendant lequel tems, si elles ne sont pas payées, elles doivent être protestées faute de payement.

Le protêt faute d'acceptation peut bien se faire avant la semaine des payemens; mais le porteur d'une lettre de change n'y est point obligé pour sa sûreté; il ne doit pas même se presser

ser de renvoyer sa lettre protestée avant la fin de la Foire, se pouvant trouver, & se trouvant même souvent des Banquiers & des Négocians, autres que ceux sur qui les lettres sont tirées, qui les acceptent, & qui y font honneur.

L'on peut protester, faute de payement, jusqu'à dix heures du soir du jour de 5 protestations, c'est-à-dire, du cinquiéme jour des payemens: plus tard on n'y est pas reçû; & les porteurs des lettres, qui ne les ont pas fait protester dans ce tems accordé par les Réglemens, en demeurent garants, sans pouvoir avoir recours sur les tireurs.

Ce n'est ordinairement que trois jours après le dernier des 5 jours des payemens, que les Marchands Négocians & Banquiers, ont coutume de renvoyer les lettres protestées faute de payement, à ceux qui ont fait les remises, dans l'espérance que quelqu'un se presente pour y faire honneur; mais si après ces trois jours le payement n'en a point été fait, les porteurs de ces lettres, qui en ont déja donné avis au tireur, sont obligez de les renvoyer avec les protêts, par la premiere poste qui suit la semaine des payemens.

NAUMBOURG.

Cette Ville est située en Misnie, aussi-bien que Leipsik, presqu'à égale distance entre cette Ville & Erfort.

La Foire qui s'y tient, quoique très-considérable, n'est néanmoins guéres connuë que sous le nom de Marché, étant communement appellé le Marché de Petri-Pauli, ou de S. Pierre& S. Paul, à cause que l'ouverture s'en fait le jour de la Fête de ces deux Apôtres, qui arrive le 29 Juin.

La durée de cette Foire n'est que de 8. jours: les négocians pour le change & les protêts, soit faute d'acceptation, soit faute de payement, s'y font à peu près comme aux Foires de Leipsik.

FOIRES DE NOVE.

La petite Ville de Novi située dans le Milanois, mais de la domination de la Republique de Gennes, est célebre par les quatre Foires qui s'y tiennent tous les ans.

Quelques Auteurs croyent que ces Foires y ont été transferées de Bizansone, autre petite Ville du Royaume de Naples, où elles se tenoient autrefois; & d'autres prétendent que les partageant avec Plaisance, les deux Foires, qui étoient le partage de cette derniere Ville, avoient été enfin abolies, ou plûtôt réunies aux Foires de Novi, qui depuis en avoit eu quatre.

De ces quatre Foires, la premiere, qu'on nomme la Foire de la Purification, ou de la Chandeleur, commence le premier Fevrier; la seconde, appellée la Foire de Pâques, s'ouvre le deuxiéme Mai; la Foire d'Août, qui est la troisiéme, s'ouvre le premier jour du mois, qui lui donne son nom; & la Foire de la Toussaint, qui est la quatriéme, commence le lendemain de cette Fête, c'est-à-dire, le deuxiéme de mois de Novembre.

Quoiqu'il y ait à ces quatre Foires un concours assez grand de Marchands, soit pour vendre, soit pour acheter diverses sortes de marchandises, qui y sont apportées de l'Etat de Gennes & de divers autres lieux voisins; ce n'est pas cependant ce qui les rend si considerables, & elles le sont beaucoup moins par le commerce qui s'y fait, que parce que c'est pendant le tems de ces Foires que les plus riches & les plus fameux Banquiers & Négocians, soit de France; particuliérement de Lyon, de l'Italie, ou de quelques Etats même encore plus éloignez, se rassemblent pour regler leurs affaires, & faire la solde de leurs comptes, surtout pour ce qui concerne la Banque & le Change.

Chacune de ces Foires durent ordinairement 8 jours; mais il arrive assez souvent qu'on les prolonge d'un & quelquefois de deux jours, sur les remontrances que les Négocians, Marchands, & Banquiers font au Magistrat, qu'ils nont pas eu le tems & la facilité de terminer leurs comptes & leurs affaires.

Les écritures, & les livres de compte & de change pour les traites, remises, & autres affaires, qui se font en Foires, se tiennent par écus, sols, & deniers d'or de marc, qui se forment par douze & par vingt; douze deniers d'or de marc faisant le sol aussi d'or de marc, & vingt sols faisant l'écu.

FOIRES DE SINIGAGLIA.

Cette Foire qui se tient au mois d'Août, est fameuse par le grand concours de Marchands, qui y viennent de toutes les parties d'Italie, & de quelques autres Etats voisins.

La petite Ville de Sinigaglia, d'où elle prend son nom, & dont on ne parleroit guéres sans cette Foire, est située dans le Duché d'Urbin, sur la côte Occidentale du Golfe de Venise; ce qui, avec la commodité de son port, y attire quantité de barques & d'autres bâtimens, particuliérement de Venise, qui y font le plus de commerce.

FOIRES DE RIGA.

Riga, Capitale de Livonie, a deux Foires chaque année, l'une au Printems, & l'autre en Automne; celle du Printems se tient au mois de Mai, & celle de l'Automne au mois de Septembre. Ces Foires sont beaucoup fréquentées, & il s'y trouve quantité de vaisseaux François, Anglois, Hollandois, & de toutes les Villes de commerce, particulierement du Nord & de la mer Baltique.

Le tems le plus propre pour le négoce de Riga est celui de ces Foires, quoiqu'il y ait quelque chose d'incommode pour les étrangers, qui ne peuvent décharger leurs vaisseaux, ni prendre magazin à la Ville, que les Bourgeois n'aient fait leurs achats, & pris ce qui leur convient des marchandises dont les navires sont chargez.

La plus grande partie du commerce que les étrangers font pendant ces Foires, se fait en richedales, avec lesquelles il faut payer comptant ce qu'on y achette; on y fait neanmoins quelques échanges. Ces Foires ne sont plus aussi célebres qu'elles étoient, avant que le Czar de Moscovie Pierre Alexicowitz, eût fait la conquête de la Livonie sur les Suedois, & eût fait construire au fond de la mer Baltique la fameuse Ville de Petersbourg, dont le commerce porte déja ombrage à toutes les Villes marchandes du Nord, y ayant transferé celui d'Archangel.

FOIRE D'ARCHANGEL.

La Ville de saint Michel Archangel, située en Moscovie, à l'embouchure de la Duvina dans la mer blanche, est célebre par la Foire qui s'y tient à l'arrivée des vaisseaux étrangers: elle dure environ un mois, & toutes les affaires doivent s'y achever en moins de six semaines à commencer à la mi-Août, qui est à peu près le tems qu'ouvre cette Foire.

Il y arrive des Marchands Moscovites de toutes les Provinces de ce vaste Empire; & les vaisseaux François, Anglois, Hollandois, Suedois, Danois, Hambourgeois, &c. qui se trouvent alors dans le port de cette Ville fameuse par son commerce, passent souvent le nombre de trois cens.

Cette Foire n'est pas franche, & les droits d'entrée & de sortie se payent, & très-exactement, & sur un pied très-haut.

On ne dira rien ici du commerce qui se fait à cette Foire, & des marchandises qu'on y vend ou qu'on y achette, en ayant traité amplement à l'article du commerce, sous le titre du commerce du Nord & de la mer Baltique. *Voyez* COMMERCE.

FOI-

FOIRES DE PORTO BELLO, DE LA VERA-CRUX, ET DE LA HAVANNE.

Ces trois Foires sont les plus considérables de toutes celles qui se tiennent dans l'Amerique Espagnole: les deux premieres durent autant que la flote ou les gallions séjournent dans leurs ports; & l'autre s'ouvre à l'arrivée ou de la flote ou des gallions, suivant qu'à leur retour en Europe les uns ou les autres y arrivent les premiers, la Havanne étant le lieu où ils se rassemblent avant d'embouquer le detroit de Bahama. On en parle ailleurs. *Voyez le commerce de l'Amerique Espagnole.*

FOIRE DE RESPECT. Terme de commerce par commission. C'est le tems qu'un Commettant accorde à son Commissionaire pour lui payer le prix des marchandises que ce dernier a venduës à credit, & dont il s'est rendu garant.

Lorsqu'un Commissionnaire se rend garant de la solvabilité de ceux à qui il vend à credit pour le compte d'autrui, ce qui s'appelle en terme mercantille, *demeurer du croire*; il doit avoir la *Foire de respect*, c'est-à-dire, trois mois de tems, à compter du jour de l'écheance de chaque partie de marchandise qu'il aura venduë, pour faire les remises à son commettant, ou avant qu'il puisse tirer sur lui. *Voyez* DEMEURER DU CROIRE.

FOLBES. Filets dont on se sert aux Indes Occidentales pour la pêche de la tortuë; quelques-uns les appellent Folles, mais improprement *Voyez* TORTUE.

FOLIO, en terme de commerce, signifie Feüillet. On dit Folio recto, pour dire la premiere page d'un feüillet; Folio verso, le revers ou la seconde page du feüillet.

Les Marchands, Banquiers, Négocians, & tous ceux qui sont obligez de tenir des livres, se servent volontiers de ce terme, particuliérement dans les alphabets qu'ils mettent à la tête de leurs registres, pour y trouver plus facilement les pages où sont portez en debit & credit les marchandises achetées ou venduës, & les noms de leurs créanciers & débiteurs.

Pour abreger, le Folio se marque ainsi, Fo. & les recto & verso de la sorte, Ro. Vo.

FOLIO On appelle en terme de Librairie, un livre in-Folio, ou simplement un in-Folio, celui dont la feüille n'est pliée qu'en deux, & ne compose que deux feüillets ou quatre pages. On dit, grand in-Folio, quand l'impression s'est faite de grand papier; & petit in-Folio, quand le papier est moins grand. Au dessous de l'in-Folio sont, l'in-Quarto, l'in-Octavo, l'in-Douze, l'in-Seize, &c. *Voyez* LIVRES.

FOLIO-CHIROSE. Drogue médicinale, qui se prépare à la Chine: elle est d'un très-bon debit au Japon, les Japonois en donnant jusqu'à vingt-quatre taels, & ne coûtant à Canton que cinq taels cinq mas le pic.

FOLIUM GARIOFILATUM, ou Feuille de Girofle. *Voyez* GIROFLE.

Cette épicerie paye en France les droits d'entrée sur le pied de 15 livres du cent pesant

FOLIUM INDICUM, ou INDUM, qu'on nomme aussi THAMALAPATRA, & MALABATRUM C'est la feüille d'un grand arbre, qui croît aux Indes, particuliérement vers Cambaye.

L'arbre qui la produit est assez semblable à un citronnier: il pousse des bayes pareilles à celles de la canelle, mais plus petites: sous quelques-unes de ces feüilles il se rencontre des especes de vessies, guéres plus grosses que la tête d'un épingle, que quelques-uns estiment être sa graine. Les feüilles du Folium Indicum qui n'ont d'usage que pour la composition de la Thériaque, doivent être choisies belles, larges, vertes, & les plus entieres qu'il se peut.

Le Folium Indum paye en France les droits d'entrée à raison de 12 livres 10 sols le cent pesant, conformément au Tarif de 1664; & par celui de la Doüane de Lyon 3 livres 15. s. du quintal, tant d'ancienne que de nouvelle taxation.

FOLLES. Filets à grandes mailles, dont les Pêcheurs établis sur les côtes de l'Ocean se servent pour prendre de rayes & d'autres grands poissons plats *Voyez* FILET.

FOLLICULES DE SENE'. Ce sont les gousses qui renferment la graine ou semence du Sené: on les estime plus purgatives que le Sené même. *Voyez* SENE'.

FONCE', E'E. On appelle en terme de Teinturier une couleur foncée, celle qui est fort obscure & rembrunie: du violet foncé, du rouge foncé.

On dit aussi, qu'un Marchand est bien foncé; pour dire, qu'il est riche, & que ses fonds sont considérables.

FONCE'ES. Ce sont les tranchées, ou ouvrages que l'on fait pour dégager les calots ou pierres d'ardoise du fond de l'ardoisiere. *Voyez* ARDOISIERE.

FONCER LA SOYE. Terme de fabrique de gaze. C'est faire baisser la soye après qu'elle a été levée pour y lancer la navette. L'instrument qui sert à cet usage s'appelle le Pas dur, le bâton rond y sert aussi *Voyez* GAZE.

FONCER. Terme de Tonnelier. C'est mettre un fond à une futaille: Foncer un muid, une cuve, une pipe.

Les Bosseliers disent aussi, Foncer un sceau: le véritable terme pour les uns & les autres est Enfoncer.

FONCET. Grand bateau qui sert à naviger sur les rivieres. On s'en sert principalement pour remonter la Seine; & c'est sur des Foncets qu'on amene à Paris de Roüen, & des Villes de Normandie situées sur cette riviere, les bois, les épiceries, & autres marchandises & denrées pour la provision de cette Capitale Il y a aussi les Foncets d'Oise, qui font avec Paris le commerce de la Picardie.

Les Foncets de Seine sont les plus grands, & il y en a qui ont jusqu'à vingt sept toises entre chef & quille, c'est-à-dire, quatre à cinq toises plus de longueur, que n'ont les plus grands vaisseaux qui navigent sur l'Ocean, & qu'on appelle vaisseaux du premier rang

Il entre dans la fabrique d'un Foncet de la plus forte jauge, jusqu'à deux mille deux cens piéces de bois réduites au compte des Charpentiers. Les Foncets se tirent avec des chevaux, & il y en a où l'on met dessus jusqu'à douze courbes, c'est-à-dire, vingt-quatre chevaux.

FONCIERE. Terme de marchandise d'ardoise. C'est le lit de l'ardoise, ce qu'on nomme un banc dans les carrieres de pierres de taille. Les Ordonnances de la Ville de Paris de 1672, réglent de quelle Fonciere doit être tirée l'ardoise destinée pour cette Ville. *Voyez* ARDOISE.

FONCIERE. Rente Fonciere. C'est celle qui est dûë par un bail à rente, provenant de l'alienation d'un fond, auquel elle est spécialement hypotequée & non rachetable. *Voyez* RENTE.

FOND, en terme de manufacture. C'est le champ, ou pour ainsi dire, la partie inférieure des étoffes sur laquelle paroissent comme peintes ou attachées, les fleurs arabesques, compartimens, feüillages, & autres ornemens dont on les enrichit en les travaillant sur le métier.

On dit, un brocard à Fond d'or, ou à Fond d'argent, parce que c'est sur l'or ou sur l'argent, que les Fleurs sont travaillées. On dit au contraire, une étoffe Fond cramoisi, à fleurs d'or, ou à fleurs naturelles, lorsque c'est sur un champ de soye cramoisie, qu'on a employé l'or ou des soyes de diverses couleurs, pour y representer des fleurs.

FOND. Est aussi la couleur qui domine le plus dans les draps qu'on appelle Draps mélangez. *Voyez* FEUTRE, *à l'endroit où l'on y parle du mélange des laines.*

On dit, que le Fond d'un drap de laine est trop découvert; pour faire entendre, qu'il a été tondu de trop près, & qu'il n'a pas assez de poil du côté de l'endroit.

FOND, en termes de Sellier-Lormier-Faiseur de carosses. Se dit de l'endroit du dedans du carosse, où les personnes qui y entrent peuvent s'asseoir.

Les grands carosses & les berlines sont à deux fonds, l'un devant, l'autre derriere: les carosses coupez & les calêches n'en ont qu'un; mais souvent au lieu du fond de devant, ils ont ce qu'on nomme un strapontin: le fond de derriere est la place honorable du carosse. *Voyez* CAROSSE.

FOND DE CALE. Terme de marine, qui se dit de la partie la plus basse d'un vaisseau.

C'est proprement le magazin d'un navire marchand; le lieu où l'on met les marchandises, du moins celles qui sont les plus pesantes & les plus sujettes à se gâter. Les autres se placent & s'arrangent entre deux ponts, surtout dans les navires marchands des Hollandois, dont le Fond de cale est peu profond, & les entreponts fort élevez.

Pour connoître le port & la capacité d'un vaisseau & en regler la jauge, le Fond de cale, qui est le lieu de sa charge, doit être mesuré à raison de 42 pieds cubes pour tonneau de mer. *Voyez* JAUGE.

FOND. Se dit aussi des douves qui bouchent ou qui ferment les deux bouts, ou extrémitez des tonneaux ou futailles servant à mettre des liqueurs & autres marchandises.

Dans les tonneaux qui se défoncent d'un côté pour les emplir, comme dans ceux où viennent les drogues & les épiceries, on les appelle des Enfonceures.

FOND, ou FONDS. Signifie toutes les marchandises d'un Marchand. Ce Marchand s'est retiré, il a vendu son Fond. Il se dit pareillement des machines, métiers, instrumens, & ustenciles servant à une Manufacture.

FOND, ou FONDS. C'est encore l'argent que les Marchands & Négocians mettent dans leur commerce, dans leur négoce.

On appelle Fond capital, le total du montant des effets d'un Marchand, d'un Négociant.

Il a la même signification dans les societez, dans les compagnies de commerce, & dans les cargaisons des vaisseaux marchands. Le Fond de notre societé est de cinquante mille écus: la Déclaration du Roi a reglé le Fond de la Compagnie d'Occident à cent millions: Ces Armateurs ont fait un Fond de cinq cens mille livres pour la cargaison du navire qu'ils font partir cette année pour la Chine. Et ainsi de toutes les entreprises de commerce.

FONDER. Ce terme a quelque usage dans le commerce, mais seulement dans certaines Provinces de France. Il signifie établir des fonds pour un négoce.

FONDERIE. Se dit en général de l'art de fondre toutes sortes de métaux: il se dit aussi du lieu où il y a des fourneaux destinez à cette fonte. L'usage cependant semble avoir reservé ce terme à l'art de fondre, & aux lieux où l'on fond les ouvrages de bronze, comme les statuës, les canons, les cloches & autres semblables.

On le dit pourtant aussi de l'attelier, où se fondent les caracteres d'Imprimerie.

De l'art de fondre les Statuës, les Canons & les Cloches.

L'art de fondre des Statuës, ou comme on dit presentement, de les jetter en bronze, est très-ancien; & d'une si grande antiquité, qu'il semble que son origine soit échapée à Pline, cet Auteur si habile à découvrir les inventeurs des autres arts.

Tout ce qui paroît de certain, c'est que les Grecs, & depuis eux les Romains, l'ont poussé à sa derniere perfection; & que le nombre des Statuës consacrées ou aux Dieux, ou aux Heros, devint si grand en Grece & en Italie, qu'on a quelque peine à croire tout ce qu'en ont écrit les Auteurs Grecs & Latins.

En effet, si on lit dans les uns qu'on ne comptoit pas moins de 3000 Statuës dans chacune des Villes d'Athenes, de Delphes, d'Olympe & Rhodes; on trouve aussi dans les autres que Marcus Scaurus, bien que simple Edile, orna de trois mille Statuës de bronze le cirque, où il fit representer les jeux qu'il donna au peuple Romain pendant son Edilité, quoique ce superbe appareil dût à peine durer six semaines.

Ce fut ce goût, ou plûtôt cet entêtement des Romains pour les Statuës, qui donna lieu à ce bon mot; *que dans leur Ville le peuple d'airain n'étoit pas moins nombreux que le peuple Romain.*

Avant le dix-septiéme siecle c'étoit peu de choses que les Fonderies Françoises pour les Statuës: les ouvrages même qu'on entreprit en France jusqu'au milieu du même siecle, furent assez souvent fondus dans les Pays étrangers, ou du moins des étrangers furent appellez à Paris pour les fondre: & l'on ne peut compter l'époque du goût & de l'habileté de nos Sculpteurs & de nos Fondeurs en cet art, que de la Sur-Intendance des Bâtimens de Monsieur Colbert.

Tant que ce Ministre vêcut, il n'y eut point à Paris de Fonderie fixe pour les statuës, & les autres ornemens qu'on fondoit sans cesse pour embellir les superbes bâtimens & les magnifiques jardins de Versailles; & chaque Sculpteur fondoit son ouvrage dans son attelier. Mais Monsieur de Louvois ayant été pourvû de la Sur-Intendance des Bâtimens, établit en 1684 les fonderies de l'Arcenal, & en donna l'inspection aux Sieurs Kellers de Zurich, Commissaires ordinaires des fontes de France; & c'est de-là que sont sortis depuis tant d'excellens ouvrages, qui embellissent le séjour delicieux de Versailles.

Pour la fonte des canons elle est tout-à-fait moderne, & il seroit à souhaiter qu'on ignorât encore l'art de fabriquer des machines si meurtrieres.

Tous les Auteurs conviennent que les premiers canons n'ont été fondus que dans le quatorziéme siecle; mais quelques-uns en avancent l'invention devant l'année 1338, & d'autres la reculent jusqu'aprés l'année 1380. Quoiqu'il en soit de ces deux opinions, il faut convenir qu'on n'est que trop tôt devenu habile à les perfectionner, & qu'il n'y a pas d'apparence qu'on fasse rien de plus parfait en ce genre que ce qui a été fondu, depuis le milieu du dix-septiéme siecle, dans la plûpart des Fonderies de France.

Les principales de ces Fonderies étoient celles de Douay, Pignerol & Besançon pour les armemens de terre, avant que deux

deux Traitez de paix eussent enlevé quelques-unes de ces places à la France; mais elles ont été depuis établies avec la même réputation dans d'autres places frontieres.

A l'égard des armemens de mer, les plus considerables Fonderies ont toûjours été & sont encore celles de Brest, de Toulon, & du Port Loüis.

Les Fonderies de l'Arcenal de Paris bâties en 1549, sous le regne d'Henry II. ont long-tems fourni d'excellentes pieces d'artillerie; mais les frontieres du Royaume s'étant beaucoup éloignées de la Capitale par les conquêtes de Loüis XIV. & la conduite du canon engageant à de trop grandes dépenses, on n'y a plus travaillé depuis 1670; & comme on l'a dit ci-dessus, elles ont été destinées à une Fonderie Royale des statuës, & autres ouvrages pour les bâtimens du Roi.

La fonte des cloches tient pour ainsi dire le milieu pour l'antiquité, entre celle des statues & celle de l'artillerie, étant de bien des siecles plus nouvelle que la premiere, & ayant été pratiquée onze ou douze cens ans plûtôt que la seconde.

L'usage des cloches est ancien dans l'Eglise d'Occident pour appeller les fideles au service divin: on s'en est aussi servi dans l'Eglise d'Orient; mais presentement qu'elle est presque toute sous l'Empire du Turc, le Pere Wansleb assure dans sa seconde relation d'Egypte, qu'il n'a trouvé de cloche qu'en un seul Monastere de la haute Egypte, où elle avoit été transportée d'Europe.

Comme il y a de la mode dans toutes choses, on a poussé si loin celle des cloches en Occident, qu'on y en voit, & particuliérement dans quelques Eglises de France, qui sont d'un poids qui paroîtroit énorme, si celles de la Chine ne les surpassoient beaucoup.

La cloche qu'on nomme à Roüen George d'Amboise, fonduë sous le regne de Loüis XII. passe trente-six milliers, & celle de Paris appellée Emmanuelle, qui l'a été en 1682, sous celui de Loüis XIV. est du poids de trente-un milliers: ce qui pourtant comparé avec les cloches de Nankin & de Pekin, dont le Pere le Comte Jesuite nous a donné la dimension & la pesanteur dans ses Memoires, doit paroître peu de chose, la cloche de Nankin étant de cinquante milliers, & la cloche de Pekin de plus de six-vingt milliers.

Il ne faut pas non plus oublier la cloche de Moscou, qui pese soixante-six mille livres, que quelques Auteurs, & même très-modernes, estiment la plus grosse cloche du monde, & qui la seroit en effet, si l'on pouvoit douter de la bonne foi du célebre Auteur des Memoires de la Chine.

Il y a quelques Fonderies de cloches dans Paris; mais les ouvrages qu'on y fond sont peu considérables, soit pour la fabrique, soit pour le poids. C'est ordinairement sur les lieux, & proche des clochers où elles sont destinées, qu'on établit les Fonderies, & qu'on travaille au moule des cloches, où il doit entrer une grande quantité de métail, à cause de la difficulté du transport. L'Emmanuelle de Paris dont on vient de parler fut fonduë sur le Terrain, lieu alors vague sur la riviere de Seine proche le Cloître de Notre-Dame; mais où depuis on a planté un agréable jardin.

FONDEUR. Celui qui fond les métaux.

On a traité très-au-long à l'article de chaque métail, de la pratique observée dans les mines pour y fondre le minerai ou pierre minerale. Ici l'on va parler de la fonte des divers ouvrages de cuivre & de bronze que font les ouvriers qu'on nomme plus proprement Fondeurs.

L'on doit distinguer deux sortes de Fondeurs; les uns qui fondent les grands ouvrages comme les statuës, les cloches, les canons, les mortiers à jetter des bombes, & autres semblables: les autres, qui ne fondent que de legers ouvrages, tels que sont des croix d'Eglises, des chandeliers, des ciboires, des encensoirs, des lampes, des bossettes, &c.

Ces derniers Fondeurs composent une des Communautez des Arts & Métiers de la Ville & Fauxbourgs de Paris, de laquelle on va d'abord parler; après quoi on dira quelque chose des Fondeurs de grands ouvrages, & de leurs fonderies.

Fondeurs, Mouleurs en terre & en sable.

La Communauté des Fondeurs avoit des Statuts dés l'an 1281; ils furent renouvellez, augmentez, corrigez & approuvez en 1573. par des Lettres patentes de Charles IX. du 12 Janvier, enregistrées au Parlement & au Châtelet les mêmes mois & an. Il ne s'y étoit depuis fait aucun changement; & ce n'a été qu'en 1691 que les Charges de Jurez créez en titre d'Offices par la Déclaration du Roi Louis XIV. de la même année ayant été incorporées & réunies à cette Communauté par Lettres patentes du 9 Novembre, il fut ajoûté à leurs Statuts quelques articles, dont les principaux concernent les droits de reception des Apprentis & des Maîtres.

Les Maîtres de cette Communauté sont qualifiez Maîtres Fondeurs, Mouleurs en terre & sable, Bossetiers, Sonnetiers, Cizeleurs, & Faiseurs d'instrumens de Mathematique de la Ville & Fauxbourgs de Paris.

Les ouvrages de cuivre qu'ils peuvent fondre, commencer, parachever & réparer; sont des croix garnies de leur Crucifix, des ciboires, encensoirs & chandeliers pour le service & décoration des Eglises; tous les ouvrages de cuivre & leton servant aux harnois de chevaux & mulets, comme bossettes, boucles, &c. ceux propres aux carosses, berlines, litieres, tant du dedans que du dehors; des clouds de fonte de toutes sortes; des mortiers, cloches, sonnettes, timbres d'horloges; enfin tout ce qui se peut mouler & fondre en sable avec le cuivre, le leton & l'airain.

La Communauté est conduite par quatre Jurez, dont deux sont élûs chaque année; c'est à eux à faire les visites, & ils doivent avoir un poinçon pour marquer la marchandise visitée.

Chaque Maître ne peut avoir qu'un seul ouvroir & un seul Apprenti; l'Apprenti doit être au moins engagé pour cinq ans.

Les Fils de Maîtres font leur aprentissage chez leur pere aussi pendant cinq ans; mais en quelque nombre qu'ils soient ils n'excluent pas l'Apprenti étranger: celui-ci doit chef-d'œuvre pour être reçu à la maîtrise, les autres ne sont tenus que de simple expérience.

Les Apprentis des Villes où il y a maîtrise, sont reçûs à celle de Paris en apportant leurs brevets d'apprentissage, & en servant quatre ans chez les Maîtres

Les Veuves, restant en viduité, joüissent de toutes les prérogatives des Maîtres, hors qu'elles ne peuvent faire d'Apprenti, mais seulement continuer l'apprentissage commencé.

Les Compagnons de la Ville doivent être préferez aux étrangers, en se contentant du même prix qu'eux

Enfin, aucun Fondeur ne peut fondre ni mouler or ni argent, que pour les Maîtres Orfevres de Paris, & à leur requête.

Les outils & instrumens dont se servent les Fondeurs de menus ouvrages, sont: le courroi, ou bâton à courroyer le sable; la planche de la fabloniere fur laquelle il fe courroye; le coupoir pour le couper; la fabloniere ou coffre au fable; la batte pour le battre quand les moules en font remplis; le trancher de cuivre ou de fer, pour dépoüiller l'ouvrage & faire les jets; des moules ou chaffes à moules; des preffes à vis; des ferres ou preffes fans vis; des coins de bois, des creufets avec leurs couvercles; le mortier aux pelottes, le maillet pour les battre, le fourneau, fon foufflet, fon carreau & fon fourgon; la cuilliere aux pelotes, des tenailles ou pinces à crochet, des tenailles communes, des marteaux, des limes, des cizailles, un établi, & les petits outils de l'établi comme le tas, la bigorne, l'étau à mains, & quelques autres outils des Serruriers: ils ont auffi un tamis pour tamifer & paffer le charbon, dont ils poudrent les modelles avant de les couvrir de fable.

Quoiqu'il ne femble pas par ce qu'on a dit d'abord des ouvrages permis aux Fondeurs par leurs Statuts, qu'ils en puiffent faire de très-confidérables; il y a pourtant eu des Maîtres de cette Communauté, qui fe font diftinguez par la beauté de ceux qui font fortis de leur fonderie. Tel a été fur la fin du dix-feptiéme fiecle le Sieur Pierre le Clerc; & tels font encore fes enfans, qui ont fondu pour l'Eglife Métropolitaine & pour plufieurs autres Eglifes de Paris, auffi bien que des Provinces, des aigles ou pupitres, des lampes, des tabernacles, des croix & des chandeliers d'un poids & d'un deffein au deffus de tout ce qu'on avoit vû jufqu'alors en ce genre.

Ce n'eft pourtant pas dans les fonderies de ces Maîtres de Paris que fe jettent les grands ouvrages de bronze: les Sculpteurs ou autres perfonnes qui les entreprennent, choififfent à leur gré les Fondeurs, foit parmi les François, foit parmi les étrangers. On va traiter d'abord de la fonte des ouvrages legers, après quoi on parlera amplement des autres.

Maniere de jetter en fable les menus ouvrages de fonderie.

Le fable que les Maîtres Fondeurs de Paris emploient pour leur fonte, fe prend aux fablonieres de Fontenay à deux lieuës de cette Capitale: il eft d'abord d'une couleur tirant fur le jaune, fort doux & un peu gras; mais lorfqu'il a fervi il devient tout noir à caufe du charbon en poudre dont on fe fert pour les moules.

Chaque fois qu'on veut fe fervir de ce fable, on le courroye à plufieurs reprifes fur une planche large environ d'un pied, qui porte fur les bords d'une efpece de coffre ou bahut auffi de bois, dans lequel ce fable eft enfermé, & où il retombe à mefure qu'il eft courroyé. Ce courroi fe fait avec un bâton ou cylindre long de deux pieds, & d'environ deux pouces de diametre, & une efpece de couteau fait d'une lame d'épée rompuë emmanchée de bois par un bout, dont on fe fert alternativement en le recoupant avec le couteau quand il a été plufieurs fois paffé fous le rouleau.

Tandis qu'un compagnon courroye le fable, un autre prepare les moules, en plaçant fur une planche, de longueur & de largeur proportionnée à la quantité & à la forme des ouvrages qu'on veut fondre, les modeles en bois ou en cuivre dont le fable doit recevoir l'empreinte.

Au milieu de la planche & dans toute fa longueur fe met une moitié de petit cylindre de cuivre qui doit faire le maître jet pour couler le métail, en obfervant qu'il touche d'un bout le bord de la planche, & qu'il n'aille de l'autre que jufqu'au dernier modele qui y eft placé.

Au jet du milieu aboutiffent auffi plufieurs petits jets de traverfes pareillement de cuivre, pour porter le métail également par tout.

Lorfque tout eft ainfi difpofé fur la planche, on y met un chaffis de bois d'un pouce environ de largeur & d'une hauteur convenable à l'élevation des modeles: enfuite on couvre légerement la planche, & les modeles de charbon pulverifé & paffé au tamis, pour qu'ils fe puiffent lever plus aifément de deffus le fable auquel il s'attacheroit fans cette précaution, à caufe qu'on l'employe un peu humide: cette poudre mife, on remplit tout le chaffis de fable qu'on applatit & qu'on preffe fortement avec une efpece de batte de bois de figure triangulaire.

Ce premier chaffis ainfi fini, on le renverfe pour en dépoüiller les piéces, c'eft-à-dire, pour les tirer du fable; ce qui fe fait en les cernant un peu tout autour avec un petit inftrument de fer plat, coupant par un bout, qu'on appelle une tranche.

L'on travaille tout de fuite à la contre-partie du moule dans un chaffis tout femblable au premier, à la réferve qu'il a des chevilles, qui entrant dans des trous qui font à l'autre chaffis, font, quand ils font joints que les cavitez du modele que doit remplir le métail fe trouvent parfaitement opofées l'une à l'autre.

A mefure que les chaffis font ainfi modelez ils fe portent au Fondeur, qui ayant avec une tranche de cuivre augmenté dans la contrepartie le maître jet, & joint aux modeles les jets de traverfe dans tous les deux, les faupoudre de folle farine, & les mét fecher fur le fourneau.

Quand les deux pieces du moule font fuffifamment féches, elles fe joignent par le moyen des chevilles, & afin qu'elles ne puiffent s'écarter par la violence du métail qui doit y entrer tout enflammé par une ouverture menagée à l'endroit du maître jet; on les ferre dans des preffes, les unes à vis fi les moules ne font pas épais, & les autres à coins qui fe nomment des ferres, s'ils le font trop pour entrer dans les preffes à vis.

Les ferres font de forts chaffis de bois qu'on met aux deux bouts de chaque moule, & dans lefquels on les maintient unis par le moyen des coins auffi de bois, qu'on y chaffe avec autant de force qu'il en eft befoin, enforte néanmoins que le fable du dedans ne puiffe en être ébranlé: les moules ainfi en preffe s'arrangent auprès du fourneau pour être plus à portée de recevoir le métail au fortir du creufet.

Pendant que ces trois ouvriers préparent de la forte leurs moules, on met le métail en fufion dans un creufet de terre de dix pouces de hauteur & de quatre de diametre. Le fourneau qui fert à cette fonte eft affez femblable en plufieurs de fes parties à la forge des Maréchaux & des Serruriers: il a comme elle une cheminée au deffus pour la fumée, un foufflet à un côté pour exciter le feu, & un maffif où fe met le creufet: c'eft proprement dans l'ufage de ce dernier que confifte toute la différence du fourneau & de la forge.

Au milieu de ce maffif eft une cavité quarrée de dix à douze pouces de large, qui perce jufqu'au fond; elle eft partagée en deux par une grille de fer: la partie fupérieure fert à mettre le creufet & le charbon, l'inférieure reçoit les cendres.

Quand le charbon qui doit être de bois bien fec eft raifonnablement allumé, on place au milieu le creufet rempli de métail, & enfuite on le couvre d'un couvercle auffi de terre; & pour augmenter l'ardeur du feu qu'on excite par le le vent du soufflet, on met encore un carreau de terre sur une partie de la cavité où est renfermé le creuset.

Lorsque le métail se met en fusion, on remplit le creuset de pelotes de cuivre battuës dans un mortier, & pour les y mettre on se sert d'une espece de cuilliere de fer à long manche faite par le bout en forme de cylindre creusé, dont l'extrêmité est ouverte pour que la pelote en coule plus aisément.

Lorsque la fusion est en état, le Fondeur qui est le troisiéme des ouvriers dont on vient de parler, prend le creuset tout en feu, & le porte aux moules avec des tenailles de fer dont les tenaillons sont recourbez en figure sphérique pour mieux embrasser le haut du creuset.

Le métail se coule par l'ouverture qui aboutit au maître jet de chaque moule, le Fondeur les parcourant tous successivement jusqu'à ce que le creuset reste vuide, ou du moins qu'il n'y ait point assez de matiere pour emplir un nouveau moule; la fonte finie, un quatriéme compagnon, qui est aussi celui qui prépare & qui bat les pelotes pour le creuset, jette de l'eau fraîche dans les moules pour affiner le cuivre, & presqu'aussi-tôt après tire les chassis des presses, & débarasse l'ouvrage du sable qu'on couroye de nouveau pour en faire d'autres moules.

Les Fondeurs se contentent de couper les jets des ouvrages qu'ils ont jettez, & les vendent sans les réparer à ceux qui les ont commandez & aux divers ouvriers qui en ont besoin.

Des Fondeurs en bronze & de la maniere de jetter les statuës & autres grands ouvrages de cuivre.

Les Fondeurs Lorrains, comme on l'a remarqué dans l'article du Commerce de Lorraine, sont ceux de l'Europe qui sont le plus en réputation: cependant il est certain qu'on a vû sortir des fonderies Françoises & des mains des ouvriers de la nation; d'aussi excellens morceaux, soit pour l'artillerie, soit pour les cloches, soit pour les statuës, qu'aucun Fondeur étranger en ait fondu. A l'égard des ouvrages de sculpture, on admirera toûjours ceux qui ont été jettés à Paris sur les modeles & sous l'inspection des Girardon, des Desjardins, des Coyzevaux, & de tant d'autres habiles Sculpteurs.

Les métaux qu'on employe à ces sortes d'ouvrages sont, le cuivre, le bronze & la fonte; ces deux derniers ne sont pas des métaux naturels, mais un mélange de plusieurs métaux fondus ensemble, où il entre aussi quelques autres matieres dont on peut voir les proportions dans les articles de la fonte & du bronze.

On va premiérement parler de la maniere de fondre les statuës, & ensuite de celle des canons & des cloches.

De la fonte des statuës.

Trois choses sont principalement nécessaires pour jetter en bronze des statuës, des bas-reliefs, des bustes, des vases & autres ouvrages de sculpture; sçavoir: le noyau, la cire & la chape, qui toutes trois vont être expliquées séparement.

Le noyau qu'on appelle aussi l'ame, parce qu'il se trouve dans le centre de la statuë, & qu'il la soutient, est une figure informe, mais approchante de celle qu'on veut jetter: on la dresse sur une grille de fer, forte selon le poids de la statuë, & en dedans on la fortifie par plusieurs barres & verges aussi de fer, à qui on donne à peu près les mêmes contours que doit avoir l'ouvrage.

Ce noyau se peut faire de deux sortes de matieres au choix du Fondeur; l'une composée de terre à Potier mélée de fiente de cheval & de bourre; l'autre, de plâtre & de brique bien battuë & bien sassée.

On se sert du noyau dans les statuës pour en diminuer le poids & épargner le métail: dans les cloches il occupe tout le dedans & conserve ce vuide où se suspend le battant & qui leur donne le son; & dans les piéces d'artillerie, si ce sont des canons, il fait ce canal intérieur, qui perçant depuis la bouche jusqu'à la culasse sert à les charger; & si ce sont des mortiers, il ménage le lieu où l'on met la bombe, & la chambre où s'enferme la poudre.

La cire est la representation de la statuë, telle qu'on veut qu'elle soit en bronze au sortir du moule; ce qui s'entend aussi pour les autres ouvrages qu'on destine à la fonte, & où la cire a coûtume d'être employée.

Si ce sont des ouvrages de sculpture, la cire doit être toute de la main du Sculpteur, qui la travaille ordinairement sur le noyau même: on peut néantmoins la travailler à part dans des creux moulez dessus le modéle, qu'on arrange ensuite sur la grille, & autour des barres de fer; remplissant le vuide qui reste au milieu, avec du plâtre & de la brique liquides; ce qui forme le noyau, à mesure que le Sculpteur éleve ses cires, encore enfermées dans les chapes.

Quand la cire, qui doit être de l'épaisseur qu'on veut donner au métail, est achevée, & bien réparée, on y attache du haut en bas, & toûjours perpendiculairement, des tuyaux aussi de cire, qui servent à faire les jets & les évents; les jets, pour porter le métail à toutes les parties de l'ouvrage; & les évents, pour donner issuë à l'air, qui causeroit de grands désordres dans les cavitez, s'il s'y trouvoit enfermé, quand le métail enflammé & liquide y tombe avec impetuosité.

L'ouvrage en cet état, n'a plus besoin que d'être couvert de sa chape.

Il ne faut pas oublier, que c'est sur le poids de la cire qui a été employée, que se proportionne celui du métail; en mettant dix livres de ce dernier pour chaque livre de l'autre; & en y en ajoûtant quelques-unes de plus pour le déchet, suivant la grandeur de l'ouvrage.

La chape est une espece d'enduit, ou de croute, dont on couvre toute la cire; & qui étant d'une matiere molle, & même d'abord liquide, en prend & en conserve l'empreinte & les contours, qu'elle doit ensuite communiquer au métail, quand il prend la place de la cire entre la chape & le noyau.

La matiere dont on fait cet enduit, change à mesure qu'on met différentes couches. D'abord c'est une composition de portée & de ciment de vieux creusets, bien broyez & bien tamisez, à qui l'on donne avec de l'eau la consistence des couleurs propres à peindre: aussi se sert on du pinceau pour l'appliquer à sept ou huit reprises, mais jamais que les premieres couches ne soient parfaitement séches.

A cette premiere impression en succede une autre, & encore une troisiéme aussi au pinceau: la seconde impression se fait, en ajoûtant à la premiere composition, de la terre franche & de la fiente de cheval: & la troisiéme seulement avec la fiente de cheval & la terre franche.

Enfin, la chape s'acheve, en mettant à la main, à la façon des Maçons, plusieurs enduits de cette derniere matiere fort épaissie, suivant qu'il convient à la force & à la grandeur de l'ouvrage.

La chape, quand elle est ainsi finie, s'assure & se fortifie par plusieurs bandes de fer plat, qui l'environnent à six pouces de distance l'une de l'autre; & qui s'attachant par en bas à la grille qui est sous la statuë, & par en haut à un cercle aussi de fer, où elles aboutissent toutes, sont encore bandées & serrées par plusieurs autres cercles dans toute leur hauteur.

Il faut remarquer que si les statuës, qu'on veut jetter, sont d'un volume & d'un poids trop grand, pour qu'on puisse remuer le moule après qu'il est fait, il faut le travailler dans le lieu même où l'ouvrage doit être fondu. On le peut faire de deux manieres; dont l'une, qui est l'ordinaire & de moindre dépense, a été pratiquée à Paris pour la statuë de la place des Victoires; & l'autre, qui engage à de grands frais, a servi pour fondre la statuë equestre de la Place de Loüis le Grand; les deux plus grands ouvrages de bronze, qui ayent été fondus par les Statuaires, depuis ces siecles si heureux pour les beaux arts, où Rhodes, & ensuite Rome, ont vû ces Colosses qu'on met au nombre des Merveilles du monde, & qu'on croit à peine sur la foy de tant d'Auteurs celebres qui en ont parlé.

La premiere maniere de placer un moule, consiste à creuser dans la terre un trou quarré beaucoup plus haut que le moule qu'on doit faire, & d'en revêtir les côtez interieurs avec des murs de grès & de brique; ensuite il se fait au fond de ce trou, & des mêmes materiaux, une espece de fourneau, qui doit avoir son ouverture en dehors, pour y pouvoir allumer & entretenir le feu, qui doit servir à fondre la cire, & sécher le moule: sur les arcades de ce fourneau se place la grille faite avec de grosses barres de fer, sur quoy doit se travailler le moule, tel qu'on l'a ci dessus expliqué. Enfin, sur un des bords du quarré, à quelques pouces d'élevation, on construit un autre grand fourneau pour la fonte du métail, comme on le dira ensuite.

Pour l'autre maniere, il suffit de travailler le moule au rez de chaussée de l'attelier, avec la même précaution pourtant d'un fourneau & d'une grille au dessous: mais quand il est achevé, il faut l'enfermer entre quatre murailles de grès & de brique, bien soudées & bien soûtenuës de puissans arcboutans: on éleve ensuite à l'un des côtez un massif de même matiere, pour y construire le fourneau à fondre; ensorte que c'est en quelque façon travailler en l'air. Voilà la seule difference des deux pratiques, le reste étant tout semblable; & c'est ce qu'on va continuer d'expliquer.

Lorsque le moule est achevé, & enfermé entre les murailles, soit du trou fait dans la terre, soit de l'élevation construite pour lui en tenir lieu, on allume un feu moderé dans le fourneau de dessous, & l'on couvre le trou de planches, afin que la cire puisse fondre doucement, & s'écouler par les conduits qu'on a ménagez au pied du moule, qu'on ferme ensuite exactement avec de la terre, quand toute la cire en est sortie; ce qui se connoît, si elle rend un poids à peu près pareil à celui que le Sculpteur a employé.

Après cela l'on emplit tout le trou de briques jettées au hasard, & l'on augmente le feu du fourneau, jusqu'à ce que & les briques & le moule deviennent tout rouges; ce qui se fait ordinairement en vingt-quatre heures: & lorsque le feu est éteint, & que tout est refroidi, l'on ôte les briques, à la place desquelles on met de la terre un peu moite, qu'on bat & qu'on éleve jusqu'au haut du moule, afin de l'affermir encore davantage.

Les choses en cet état, il ne reste plus qu'à fondre le métail, & à le couler; & c'est à quoy sert le fourneau d'en haut.

Ce fourneau en forme de four, est fait avec de la terre franche & des tuilleaux, & avec trois ouvertures; l'une, pour mettre le bois; l'autre, pour servir d'évent; & la troisiéme, par où doit couler le métail.

L'on pratique depuis cette derniere ouverture, qu'on tient bien fermée pendant que le bronze est en fusion, une espece de petit canal, par lequel le métail fondu puisse se communiquer à l'escheno; c'est-à-dire, à un grand bassin de terre, qui est au dessus du moule, au fond duquel aboutissent les grosses branches des jets qui doivent servir à le porter dans toutes les parties du moule.

Il faut remarquer que ces jets sont tous terminez par des godets aussi de terre, que des Ouvriers de la fonderie tiennent exactement bouchez avec des quenoüillettes, afin qu'à l'ouverture du fourneau, le bronze, qui en sort comme un torrent de feu, n'y entre que lorsque l'escheno est assez rempli de matiere, pour couler dans tous les godets à la fois; ce qui arrive lorsque les Compagnons Fondeurs levent ces quenoüillettes, qui sont de longues verges de fer, avec une tête à un bout, aussi de fer, capable d'occuper tout le diametre de chaque godet.

On appelle un Perrier, le long morceau de fer, emmanché au bout d'une perche, dont on se sert pour deboucher le trou du fourneau, & donner issuë au métail, qui en un moment remplit le moule, & acheve l'ouvrage, au moins pour ce qui regarde le ministere du Fondeur; le reste étant de l'art du Sculpteur, qui, quand la figure est débarrassée de la terre & du moule qui l'environne, en scie les jets dont elle paroît toute couverte, comme un corps de ses veines, & la répare avec les instrumens convenables à son art; comme sont les burins, les échopes, les ciselets, les poinçons, les rifloirs, &c.

De la fonte des cloches.

Tout ce qu'on vient de dire, de ce qui s'observe pour jetter des statuës en bronze, convient aussi avec proportion à la fonte des cloches. Voici ce qui leur est particulier.

Premierement, le métail est different; n'y entrant aucun étain dans celui des Statuës; & y en ayant un cinquiéme dans le métail des cloches. En second lieu, le noyau & la cire des cloches, du moins si c'est un accord de plusieurs cloches qu'on veüille fondre, ne se font pas au hasard, ni au gré de l'Ouvrier; mais doivent se mesurer par le Fondeur sur la brochette, ou échelle campanaire, qui sert à leur donner la hauteur, l'ouverture & l'épaisseur convenables à la diversité des tons qu'on veut qu'elles ayent.

Il n'est pas nécessaire d'avertir, que c'est sur la cire que se travaillent les moulures & autres ornemens, & que se gravent en relief les inscriptions qu'on trouve à propos d'y mettre.

Les différentes parties de la cloche, sont les Ances, le Cerveau, les Faussures & les Pences.

Les Ances sont ces especes d'anneaux, ou de liens fondus en même tems que la cloche, par lesquels on la suspend dans les befrois: le Cerveau, c'est le haut de la cloche par où les ances tiennent, & où par dedans est l'anneau auquel s'attache le battant: les Faussures sont les endroits recourbez en dehors, d'où la cloche commence à s'élargir: & les Panses sont les bords sur lesquels se fait la percussion du battant.

tant. A l'égard du battant, il ne fait pas partie de la cloche, mais sert à en tirer du son.

En Europe, le battant est de fer, avec une grosse tête au bout, par l'endroit qu'il doit frapper les panses; & il est suspendu au milieu de la cloche, afin qu'à chaque vibration, lorsqu'elle a été mise en branle, il redonne de nouveaux coups, qui augmentent par la force du mouvement. Dans la Chine, ce n'est qu'un pesant marteau de bois, avec lequel on frappe dessus la cloche à force de bras; ce qui fait qu'on n'y peut avoir ces accords de cloches, où les Connoisseurs trouvent tant d'harmonie, & que l'on estime si fort à Paris dans celles de l'Eglise Metropolitaine, aussi-bien que dans celles de l'Abbaye S. Germain des Prez. Les Chinois ont une pratique extraordinaire pour augmenter le son des cloches, qui consiste à y laisser un trou au dessous des ances; ce que nos Fondeurs regarderoient comme un défaut.

Les proportions des cloches de l'Europe & de celles de la Chine, ne sont pas non plus semblables; & en Europe même il y en a de differentes. Le Pere le Comte déja cité, & le Pere Verbiest, ont donné les mesures de celles de la Chine dans leur Relation: pour les nôtres, les proportions modernes sont de donner a leur diametre quinze fois l'épaisseur du bord, & douze à sa hauteur.

Fonte des pieces d'Artillerie.

La fonte des canons, des mortiers, ou autres pieces d'artillerie, est, comme on l'a dit des cloches, assez semblable à celle des statuës, sur-tout pour ce qui regarde le noyau, la cire, la chape, les fourneaux, &c. A l'égard du métail, il est different de celui des uns & des autres; y ayant dans le métail des canons un mêlange d'étain; ce qui n'est pas dans celui des statuës; & n'y entrant que la moitié de l'étain que l'on met pour les cloches; c'est-à-dire, seulement dix livres sur chaque cent de cuivre.

L'on pourroit donner ici la proportion des diverses pieces d'Artillerie dont on se sert présentement & parler même des anciennes sur plusieurs memoires assez curieux, qu'on a recüeillis sur cette matiere: mais cela n'étant pas tout-à-fait du dessein de ce Dictionnaire, on se contentera, afin d'en donner du moins une idée, de dire quelque chose des proportions d'un canon de trente-quatre livres de balle.

Ses parties sont, la Bouche, le Colet, la Culasse, le Noyau, les Ances, & les Tourillons. Le canon va toûjours en augmentant de diametre exterieur, depuis le colet jusqu'à la culasse, afin de fortifier cet endroit où se fait le plus grand effet de la poudre: de sorte que si le colet a deux pouces d'épaisseur de métail, la culasse en a six.

La longueur se mesure par calibres, c'est-à-dire, par le diametre de la bouche; six pouces d'embouchure demandant vingt calibres de longueur; ce qui revient à dix pieds. On donne toûjours deux lignes ou environ pour l'évent du boulet.

Les ances sont embellis de divers ornemens de sculpture; comme de dauphins, de serpens & de dragons. La culasse est aussi chargée de semblables embellissemens, & finit ordinairement par des mufles de lion, des hures de sanglier, ou des têtes d'autres animaux redoutables; quelquefois simplement par des fleurons, ou des moulures.

Enfin, on grave en relief en plusieurs endroits du fust du canon, les armes des Princes sous le Regne desquels la piece a été fonduë, l'année de la fonte, & quelque legende ou inscription convenable à la terreur que peut inspirer, ou aux autres effets que peut produire une machine si meurtriere.

Des Fondeurs de caracteres d'Imprimerie, & de la maniere de fondre les lettres.

Les Fondeurs de caracteres d'Imprimerie, qui ne sont guéres que cinq ou six dans Paris, sont du Corps des Libraires & Imprimeurs: mais pour être reputez tels, & joüir des privileges de la Librairie, il faut qu'ils se présentent au Syndic & Adjoints, & qu'ils se fassent inscrire sur le Régistre de la Communauté; ce qui doit néantmoins se faire sans aucuns frais.

Ceux qui sont ainsi inscrits en qualité de Fondeurs de lettres, sont tenus de faire résidence, & de travailler dans le quartier de l'Université, suivant les bornes qui lui sont données dans l'article 7 du Reglement General pour la Librairie, du mois d'Août 1686.

Pour empêcher l'abus qui pourroit arriver, & empêcher que les Imprimeries de Paris ne manquent de caracteres, les Fondeurs sont obligez de déclarer sur le Regiftre de la Communauté, le nombre des fontes qu'ils délivrent pour être envoyées au dehors, à peine de confiscation, & de plus grande peine, suivant l'exigence des cas.

Enfin, les Maîtres ne peuvent prendre ni retirer les Apprentifs, Compagnons Fondeurs & Ouvriers l'un de l'autre, sur peine de cinquante livres d'amende, & des dommages & interêts du Maître que l'Apprentif ou Compagnon aura quitté.

Cette discipline des Maîtres-Fondeurs de caracteres est contenuë dans les deux seuls articles du Reglement de 1686, qui les regardent, qui sont le 18 & le 19: mais dans le projet d'un nouveau Reglement que les Marchands Libraires ont rendu public, ces deux anciens articles sont expliquez & augmentez jusqu'à dix. Comme on les trouve également curieux & utiles à ceux qui font le commerce de la Librairie, on ne croit point hors du dessein de ce Dictionnaire, d'en ajoûter ici un extrait.

1o Toutes personnes pourront exercer l'art & profession de Fondeurs de caracteres; & ceux qui l'exerceront, seront reputez du Corps de la Librairie, & joüiront de ses privileges.

2o. Avant que de faire ladite profession, les Fondeurs seront tenus de se présenter & faire inscrire; comme aussi de résider dans l'Université, comme il est dit ci-dessus; sans néantmoins qu'ils puissent exercer la Librairie & Imprimerie, sans avoir été reçûs Maîtres dans l'une & dans l'autre profession, dans les formes prescrites & ordinaires.

3°. Tous les caracteres, vignettes, reglets, &c. seront à l'avenir fondus d'une même hauteur en papier, fixée à dix lignes & demie; & tous les caracteres seront conformes pour la hauteur & pour les corps à la lettre (m) de chaque corps; de laquelle lettre sera déposé un nombre suffisant de chacun desdits corps dans la Chambre Syndicale, pour y avoir recours, & pour en verifier la justesse.

4°. Tous les caracteres d'Imprimerie seront faits de bonne matiere, forte & cassante; & si la matiere est vieille, elle sera renforcée. Les lettres en particulier seront fonduës droites, d'équerre, &c. avec le cran dessous, &c. *Voyez ce qui est dit de la proportion des lettres, à l'article des Caracteres; & plus bas, à la fin du present article.*

5°. Les Fondeurs pourront néantmoins mettre leur frape sur des corps interrompus; comme ceux qu'on appelle Philosophie, Gaillarde, Mignonne, &c. & faire les lettres pour impri-

imprimer en rouge, d'un tiers de ligne ou environ plus hautes que les autres: mais pour les distinguer, ils seront tenus de mettre ce qu'on appelle le Cran, dessus.

6°. Les Fondeurs déclareront sur le Registre les fontes qui leur seront commandées, avant de les commencer. Ils travailleront pour les Imprimeurs de Paris par préferencee à ceux des Provinces; & déclareront pareillement les envois qu'ils feront au dehors.

7°. 8°. 9°. Ces trois articles contiennent la discipline des Apprentifs, Compagnons & ouvriers, tant entr'eux, que par raport à leurs Maîtres, à peu près semblables à celle qu'observent les Apprentifs, Compagnons & Garçons Libraires & Imprimeurs.

10°. Enfin, il sera défendu aux Fondeurs de vendre, ceder ou transporter leurs poinçons, frapes & matrices en tout ou en partie, pour les envoyer dans les Pays Etrangers: & en cas qu'ils veulent s'en défaire, ils ne pourront les vendre à d'autres qu'à des Imprimeurs & Fondeurs, & par preference à ceux de Paris, dont ils feront pareillement leur déclaration sur le Registre de la Communauté.

Les outils & instrumens dont se servent les Fondeurs de caracteres, sont, le Fourneau avec sa selle: les Creusets pour la premiere fonte & le mélange des matieres: le Bassin pour fondre la matiere préparée; (on le nomme aussi la Cuillere): une Cuillere à prendre le métail, pour en remplir les moules: l'Ecumoir: les Moules & les Matrices de toutes sortes de caracteres, qui en font la principale partie: l'Establi pour mettre les lettres à mesure qu'elles se fondent: le Couteau à ébarber: l'Escresnoir: le Grès, qu'on nomme aussi Meule, avec son escabellon: le Compositoire: le Jetton: la Justification: le Marbre pour justifier l'épaisseur des caracteres: le Justificateur, le Rabot du justificateur, le Coupoir, & la table du Coupoir. On va donner dans la suite de cet article la description & l'usage de tous ces outils & instrumens.

Fonte de caracteres.

On parle ailleurs de l'invention & des Inventeurs des caracteres d'Imprimerie; on expliquera seulement ici la maniere de les fondre. *Voyez* IMPRIMERIE.

Les deux choses les plus importantes pour la fonte des lettres, sont la matiere & les matrices.

La matiere est un métail composé, partie de cuivre, & partie de plomb, mêlez en certaine proportion, que chaque Fondeur regle à son gré, & ausquels il ajoûte, suivant son experience, quelque autre métail ou mineral, pour rendre cette espece de fonte plus forte, ou, comme ils disent, plus cassante; ce qui est la bonne qualité, & la plus recommandée par les Reglemens.

La proportion la plus ordinaire de ces métaux est de cent livres de plomb sur vingt à vingt-cinq livres de cuivre. Si au lieu de cuivre on y employe du fer (ce qui se fait quelquefois, mais non par les habiles Fondeurs) la proportion est aussi de cent livres de plomb, mais sur trente ou trente-cinq livres de fer. Cette derniere matiere est peu estimée.

Ces métaux se fondent séparément dans de grands creusets, le cuivre ou le fer avec de l'antimoine, & le plomb tout seul; mais quand ils sont en fusion, on les mêle ensemble. Cette fonte & ce mélange sont les plus penibles ouvrages de l'art des Fondeurs de caracteres.

Les matrices des caracteres sont des morceaux de cuivre, sur lesquels avec des poinçons & des frapes on a fait en creux l'empreinte des caracteres qu'ils doivent representer. Chaque lettre a sa propre matrice. Il y en a aussi de particulieres pour les points, les virgules, les guillemets, les chiffres ou Romains ou Arabes, les reglets, les vignettes; enfin, pour tous les ornemens, ou autres telles choses, qui se font de fonte, & qui entrent dans la composition des formes d'Imprimerie.

Il en faut néantmoins excepter les quadrats & quadratins; qui n'étant que de plomb, & ne devant point laisser d'empreinte dans les ouvrages d'Imprimerie, se fondent sans matrices, & seulement dans des moules.

Ce sont les Tailleurs & Graveurs sur métaux, qui gravent & taillent en relief les poinçons, qui servent à frapper les matrices. Chaque matrice a son poinçon d'acier, ou d'un fer bien aceré & bien trempé. Ces poinçons s'appellent quelquefois des Frappes: & les Reglemens, pour dire, Frapper des matrices avec des poinçons, pour en composer des corps de caracteres, disent ordinairement, Frapper sur un corps de caracteres; parce que ces poinçons ne laissent leur empreinte sur la matrice de cuivre, qu'en les y frappant fortement avec une masse.

Les matrices frappées, rengrainées, & bien réparées, si elles en ont besoin, se mettent chacune au bout d'un moule de fer, renfermé dans deux petits ais de bois de quelques lignes d'épaisseur, & de deux ou trois pouces en quarré, dont néantmoins les deux angles d'en haut sont coupez; ce qui compose une espece d'exagone irregulier.

Les principales pieces de ces moules, qui, comme on le vient de dire, sont cachez au dedans des deux ais, consistent, 1° En deux platines d'acier, avec chacune leur vis, qui les tiennent attachées, mais séparément à l'un & l'autre ais. 2°. En deux pieces, qu'on nomme les Pieces longues. 3° A la piece qui s'appelle le Blanc, qui est proprement ce qui forme le corps du caractere, & à l'extremité duquel se met la matrice. 4°. Au jet, qui est une espece de petit entonnoir, pour recevoir & porter la matiere fonduë jusqu'à la matrice. 5°. Au registre, qui sert à rejoindre juste les deux parties du moule, quand on les a ouvertes, pour en retirer la lettre fondue avec son jet.

Au dehors des moules sont trois autres pieces; une au bas, qu'on appelle l'Archet; & deux en haut, qu'on nomme les Crochets.

L'archet est un gros fil d'acier tiré à l'argue par le trou d'une filiere: il a deux à trois lignes de diametre, & huit ou dix pouces de longueur. On l'appelle l'Archet, parce qu'en effet il a la figure d'un petit arc, dont la partie inferieure des ais du moule seroit comme la corde. Il est attaché d'un bout à l'un des ais; & de l'autre, qui n'est point engagé, il sert, à cause du ressort naturel à l'acier à presser & arrêter la matrice du caractere à l'extremité du blanc, où la fonte, en y coulant, en doit prendre l'empreinte. Enfin, pour que cette matrice soit toûjours à la main de l'Ouvrier, & près de l'ouverture qu'elle doit occuper, elle a au pied un morceau de cuir leger, étroit & court, qu'on fait tenir à l'un des ais du moule avec de la salive.

Les crochets qui sont au haut du moule, sont aussi de fil de fer, de même grosseur que l'archet, mais chacun seulement d'un pouce & demi de longueur, attachez l'un à un ais, & l'autre à l'autre ais Ils servent, après qu'on a ouvert les deux parties du moule, à en retirer le caractere fondu & son jet; ayant été inventez, afin que le Fondeur ne soit

soit point incommodé de la chaleur du métail ; ce qui arriveroit, s'il les retiroit avec la main.

Tout étant ainsi disposé du côté des moules, on commence à préparer la matiere.

Le fourneau sur lequel est posé le bassin dans quoy on la fond, est fait de la terre dont les Fournalistes se servent pour la fabrique des creusets; c'est-à-dire, de ciment fait de pots à beurre cassez, & de terre glaise ordinaire, mêlez & courroyez ensemble. Il est ordinairement de dix-huit à vingt pouces de hauteur, & de dix à douze de diametre, à le prendre du limbe, ou bord exterieur. Une grille de fer posée horisontalement le sépare en deux dans sa hauteur. La partie inferieure sert de cendrier, & a sa ventouse pour lui donner de l'air. L'on met le bois dans la partie superieure, par une ouverture ménagé au dessus de la grille. Un tuyau de terre, ou de tôle, sert de passage à la fumée, qui se perd hors de l'attelier, ordinairement par la fenêtre près de laquelle, pour la commodité de l'ouvrage, on a coûtume de mettre cette sorte de petits fourneaux. Enfin, une pierre, ou une forte selle de bois, soûtient le fourneau, & l'éleve à une hauteur convenable à l'Ouvrier, qui travaille debout.

Sur le fourneau se met le bassin à fondre, qu'en termes de l'art on appella la Cuillere. Il n'a guéres que huit à neuf pouces de diametre, & en occupe toute l'ouverture superieure, où il est même lutté tout autour avec de la terre glaise. Sa matiere est de fonte; sa forme, comme d'une grande cuillere à Plombier sans queuë : & pour y pouvoir fondre tout à la fois de la matiere forte & de la foible, il y a une séparation aussi de fonte, qui partage le bassin perpendiculairement en deux parties égales.

On ne fond dans cette cuillere que de la matiere toute préparée, c'est-à-dire dont le mélange a été auparavant fait dans des creusets, ainsi qu'on l'a dit ci-dessus.

Une petite écumoire de fer sert à ôter de la superficie du métail fondu, les scories ou crasses qui s'y forment. Ces crasses, comme on les appelle, ne s'ôtent pas néantmoins à pure perte; elles se repassent, ou, pour parler plus intelligiblement, elles se refondent.

Deux Fondeurs travaillent ordinairement à chaque fourneau. Chacun d'eux a sa portion de la cuillere pour puiser le métail; & ils ont une table, ou étably commun, où ils mettent, mais séparément, les caracteres à mesure qu'ils les fondent.

Le Fondeur, lorsqu'il veut couler le métail dans le moule, le tient de la main gauche, & de la droite a une petite cuillere de fer à manche de bois, qui ne contient précisément de matiere, que ce qu'il en faut pour chaque lettre. Ayant rempli cette cuillere de métail liquide, il le verse dans le jet, dont l'ouverture est au milieu des deux crochets du moule; & poussant promptement & vivement en avant la main dont il tient le moule, il fait couler la fonte sur la matrice du caractere, qui sans ce mouvement pourroit se refroidir avant que d'y arriver.

Il détend ensuite l'archet, ouvre le moule, d'où avec un des crochets il tire le caractere qui vient d'être fondu; & sans perdre de tems, le referme, replace la matrice, & fond une nouvelle lettre. Il est difficile de comprendre, ni de bien expliquer l'adresse & la vitesse avec lesquelles tout cela se fait; à peine même en croit-on ses yeux quand on le voit.

Lorsque la lettre est fonduë, on la visite avant que d'en rompre le jet, pour voir si elle est parfaite, & la mettre au rebut de la refonte, en cas qu'elle ne le soit pas. Si le Visiteur en est content, il en fait la rompure, c'est-à-dire, qu'il sépare le jet de la lettre, qui n'y tient que par un petit lien à peine d'une demie ligne.

Après que la lettre est rompuë, elle s'émonde & s'ebarbe. Ebarber signifie ôter avec un canif les bavures qui s'échappent, quand le moule n'est pas exactement fermé : ensuite la lettre s'écrene, si elle est de qualité à être écrenée. On n'écrene que les lettres longues, comme les *f* & les *ſ*; ce qui fait qu'il y a davantage de lettres à écrener dans le caractere italique que dans le caractere rond. Ecrener, c'est évider le dessous de ces lettres du côté d'œil, avec un canif, ou un autre petit instrument d'acier bien tranchant, avec un petit manche de bois, qu'on nomme Escrenoir; en sorte que le massif des lettres voisines puisse se placer dessous.

C'est encore avec le canif que l'on ratisse la lettre, pour l'unir par ses deux faces les plus larges, & les mettre en état d'être frottées sur le grès. On observe de ne les frotter que de ces deux côtez, afin de ne point préjudicier au cran, qui se met sur l'un des deux autres côtez. On entend par le cran une rainure ou entaille qui se fait au pied de la lettre dans la fonte, & qui en indique le sens au Compositeur, quand il dresse ses formes.

Le grès sur lequel on frotte les lettres vient d'Angleterre, d'un grain assez gros & très-dur. Il est en forme de la meule à aiguiser de Gagne-petit; ce qui fait qu'on l'appelle quelquefois la Meule. Cette meule est posée horisontalement sur un escabellon de bois, devant lequel l'Ouvriere qui travaille est assise.

Pour n'être point incommodée par la vitesse du frottement, celle qui travaille a deux doigtiers faits du cuir de quelque vieille balle d'Imprimerie, qu'elle met aux deux doigts de la main droite qui suivent le pouce. Elle donne l'aller & le venir à chaque côté de la lettre qu'elle a sous ces deux doigts; & pour la changer de côté, elle se sert du pouce, mais sans interrompre le frottement; ce qui trompe la vûë, & fait presque croire qu'on ne frotte les lettres que d'un côté, bien qu'elles le soient des deux.

Les lettres ainsi frottées se placent sur le compositoir pour leur donner hauteur, c'est-à-dire, pour les ratisser & les rendre d'épaisseur, tant du côté du cran que de celui qui est opposé; ce qui s'appelle Composer, & l'action Composition.

Le compositoir est une regle de bois avec un petit rebord par le bas, sur lequel s'arrangent les lettres. C'est aussi sur cet instrument que l'on donne hauteur aux quadrats, vignettes, reglets, & autres tels ouvrages de plomb de fonte, dont on se sert pour l'Imprimerie.

Quand les lettres sont composées, on les justifie tant pour l'épaisseur que pour la hauteur en ligne. Une petite lame de cuivre, qu'on nomme le Jetton, quoiqu'elle ne soit pas ronde comme les jettons, mais à peu près carré, du moins par en bas, sert à l'une & l'autre justification, & tient lieu de niveau. La justification pour l'épaisseur se fait sur une piece de marbre, & celle pour la hauteur sur un petit compositoir de fer, que de-là on appelle Justification; nom que l'on donne aussi à l'action par laquelle on justifie les lettres.

La justification de la hauteur en ligne se fait sur l'*m* de chaque corps de caracteres déja justifiez. On dit que des lettres sont de hauteur en ligne, lorsque la partie du jetton qui sert de niveau, appuye également sur l'*m* matrice dressée sur fur fon pied dans le petit compofitoir, & fur les yeux des deux autres lettres nouvellement fonduës, qu'on a mifes à fes côtez pour les juftifier.

A l'égard de l'épaiffeur, on en fait la juftification en couchant à plat fur le petit marbre la lettre d'échantillon, & à fes côtez deux nouvelles lettres, & en les nivellant, pour ainfi dire, toutes trois avec le jetton.

Enfin, les lettres juftifiées font apprêtées, pour les rendre parfaites à l'Imprimeur.

Ce que les Fondeurs de caracteres appellent Apprêter une lettre, & qui eft la derniere façon qu'on leur donne, c'eft en couper le pied, ou plûtôt le creufer, avec le rabot, & y faire cette efpece de rainure que chaque lettre a par deffous, & qui eft précifément oppofée à l'œil, c'eft-à-dire, à la partie fuperieure où eft l'empreinte.

Pour apprêter les lettres, on les renverfe à longue ligne dans le juftificateur, qui eft un inftrument de fer ou d'acier poli, compofé de deux longues pieces jointes enfemble par des vis, au milieu defquelles pieces on enferme autant de lettres qu'il en peut tenir, pofées les unes contre les autres dans la fituation où elles font, quand on compofe les lignes d'une forme d'Imprimerie; à la réferve que dans le juftificateur elles ont l'œil en bas, & le pied en haut. Lorsque ce juftificateur eft tout rempli de lettres, on le met fur la table du coupoir entre deux jumelles de bois, qui le preffant fortement, donnent la facilité à l'Ouvrier de pouffer le rabot le long de la ligne que forment les lettres renverfées.

Ce rabot a trois parties, dont deux font d'acier, & une de bois. Des deux d'acier, celle d'en bas eft compofée de deux platines d'acier, laterales & mobiles; enforte qu'elles peuvent s'approcher ou s'éloigner par le moyen de deux vis. C'eft dans l'efpace vuide qui les fépare, que paffe le pied de la longue ligne des lettres enfermées dans le juftificateur; ce qui empêche le rabot de varier, & affure le droit fil de la canelure.

La feconde partie de cet outil, qui eft auffi d'acier, eft proprement ce qu'on appelle le Fer dans les rabots ordinaires des Menuifiers. Elle a deux branches & deux vis, qui fervent à defcendre ou remonter le fer, fuivant que la canelure doit être profonde. La pofition de ce fer, qui eft fort étroit, arrondi par le bas, & de quatre ou cinq pouces de longueur, eft prefque perpendiculaire.

Enfin, la troifiéme partie de ce rabot qui eft de bois, fert à joindre les deux autres. Elle a la forme d'une portion d'arc, & tient d'un bout à l'extremité pofterieure des platines, & de l'autre aux branches qui portent le fer; enforte que ces trois parties font enfemble une efpece de triangle irregulier évidé par le milieu,

On appelle le Coupoir, un inftrument d'acier à manche de bois, en forme de cifeau, dont le tranchant eft rabattu en chanfrain. Il fert à ôter le morfil des lettres, quand elles font apprêtées.

La perfection des lettres bien fonduës & bien reparées confifte; en ce qu'elles foient toutes en particulier fonduës droites & d'équerre en tout fens; & en general, qu'elles foient d'une égale hauteur, bien en ligne, fans panchement ni renverfement, ni fortes en tête; coupées au rabot, de maniere que les deux extrémitez du pied contiennent enfemble la moitié du corps; bien ébarbées, douces au frotter & au ratiffer; d'un cran apparent & à l'ordinaire, qu'on appelle Cran deffous; enfin, d'une égale diftance pour l'épaiffeur des corps ordinaires. *Voyez à l'Article des* Caracteres, *ce qui eft dit de cette épaiffeur.*

On appelle Police dans les fonderies de caracteres, une efpece de catalogue : ou fi l'on veut, de tarif; qui fert à regler chaque fonte; c'eft à-dire, à marquer combien il faut de chaque forte de lettres, pour qu'un corps de caracteres foit complet.

La police a été inventée, parce qu'y ayant des lettres d'un plus grand ufage, & qui fe repetent plus fouvent que les autres dans la compofition des formes d'Imprimerie, il faut par confequent que leurs caffetins foient plus remplis & mieux fournis que ceux des lettres qui reviennent moins frequemment. L'*e* & l'*i*, par l'exemple, font toûjours en plus grande quantité que le *k* ou le *z*. On va mieux faire fentir cette difference par la comparaifon proportionnelle de ces lettres enfemble, & avec quelques autres.

Suppofez une fonte de cent mille caracteres, (c'eft une de celles qui fe font le plus ordinairement) l'*a* doit avoir cinq mille lettres, le *c* trois mille, l'*e* onze mille, l'*i* fix mille, l'*m* trois mille, le *k* feulement trente, l'*x*, l'*y* & le *z* guéres davantage. Ceci s'entend des caracteres des bas de caffe; ceux du haut de caffe ayant d'autres proportions qu'il feroit trop long de raporter.

Au refte, une fonte complette ne comprend pas feulement la lettre courante, mais encore les majufcules, les grandes & petites capitales, les lettres fimples, les doubles, celles à accens, les divers points, les virgules, les guillemets, les reglets, les vignettes, les culs de lampe, les chiffres ou Arabes ou Romains; enfin, tout ce qui peut entrer dans les ouvrages d'Imprimerie, fuivant les differens corps qu'on y employe. *Voyez* Caractere, Imprimerie, & Librairie.

FONDIQUE. Maifon commune où les Marchands s'affemblent pour leur commerce, & où ils dépofent l'argent & les marchandifes de leur compagnie.

Les Auteurs du Dictionnaire de Trevoux difent que ce mot vient de *fundus*, qui a fignifié autrefois une bourfe, & que c'eft de-là qu'on dit encore à prefent la Bourfe d'Anvers, la Bourfe d'Amfterdam.

Cette étimologie paroît plus que vrai-femblable, mais il eft certain que Fondique n'a plus dans l'ufage d'aujourd'hui la même fignification, & qu'il veut dire fimplement un magazin ou un dépôt pour les marchandifes étrangers, encore ne fe dit-il guéres que des dépôts des Doüanes d'Efpagne & de Portugal, ou de celles que les Efpagnols ont dans l'Amerique, & les Portugais dans l'Orient.

FONDOIR. Lieu dans les boucheries, où les Bouchers fondent leurs graiffes pour en faire du fuif.

Les Chandeliers apellent auffi Fondoir, l'endroit où ils font la fonte de leurs fuifs, pour en fabriquer de la chandelle.

FONDRE. Se dit des métaux; foit qu'on les mette à la fonderie lorfqu'ils font encore renfermez dans la pierre de mine ou glebe minerale, pour les en féparer par le moyen du feu; foit qu'en ayant été féparez, purifiez & reduits en barres, en lingots, en navettes, fuivant la différence des métaux, on les veüille de nouveau liquefier dans des creufets, pour les employer à divers ouvrages. *Voyez aux Articles de chaque métail la maniere de les fondre.*

Fondre. Se dit auffi dans les Manufactures, de l'adreffe & de la perfection avec lefquelles un ouvrier mêle enfemble les coûleurs des foyes ou des laines dont il fabrique fes étof-

étoffes : sçavoir habilement fondre ensemble les couleurs est un grand art dans un ouvrier ; pour dire, qu'un ouvrier doit passer pour habile, quand il sçait parfaitement mélanger les couleurs. Il se dit aussi du mélange que l'on fait des laines de diverses couleurs qu'on prépare pour donner aux Fileuses, qui en font les fils destinez à la fabrique des draps mélangez. *Voyez* Feutre.

Fondre en abime. Terme de Chandelier. C'est faire de la chandelle plongée dans le vaisseau qu'ils appellent abîme. *Voyez* Chandelle plongée.

Fondre des Actions. Fondre des Billets. Nouvelle expression introduite dans le commerce du papier presque en même tems que la Compagnie des Indes & la Banque Royale ont été établies en France. Elle signifie se defaire de ses billets, vendre ses actions pour de l'argent comptant. Il faut que je fonde quelques-unes de mes actions pour nourrir les autres. Je n'ai plus d'argent, je vais fondre des billets. Il se dit ordinairement plus en mauvaise qu'en bonne part, c'est-à-dire, se defaire de ses billett ou de ses actions avec perte.

FONDU, FONDUE. Il se dit des couleurs bien mélangées dans les étoffes de soye & de laine.

FONDS. On auroit dû mettre ici quelques articles qu'on a placé après le mot de Fond, qui signifie, ou une profondeur, ou le champ d'une étoffe à fleurs : mais dans un Dictionnaire de Commerce l'on n'a pû se dispenser, même contre l'autorité de l'Academie Francoise, de suivre l'ortographe mercantille, étant certain qu'il n'y a point ou peu de Marchands, qui sentent la différence qu'il y a entre Fonds écrit avec une S & Fond écrit sans S.

Fonds de Marchandise.
Fonds de Boutique.
Fonds d'une Societé.
Fonds d'une Compagnie.
} *Voyez* Fond

FONTE. Espece de cuivre mélangé d'autres métaux, dont la plus grande partie doit être de cuivre rouge.

Il n'y a proprement point de difference entre le bronze & la fonte, ou du moins ce n'est que le plus ou le moins de l'alliage qui en puisse mettre.

L'alliage ordinaire de l'un & de l'autre est l'étain & quelquefois le plomb : il est vrai pourtant qu'il ne doit entrer ni de l'un ni de l'autre dans le meilleur bronze dont on fait les statuës, & qu'il doit être composé de moitié de cuivre rouge ou de rozette, moitié de cuivre jaune ou leton.

L'alliage d'étain dans la fonte se met suivant les différens ouvrages ausquels elle est destinée. Pour les canons de fonte on met dix ou douze livres d'étain sur cent livres de cuivre rouge ou airain : pour les cloches vingts ; où vingt-quatre livres, à quoi on ajoute de deux livres d'antimoine pour rendre le son plus doux ; & on en met seulement trois ou quatre livres pour les ustenciles de cuisine.

La Fonte verte se fait avec le cuivre tel qu'il vient de la mine, & peu d'étain. Ce cuivre se nomme Polosum.

La Fonte paye les droits de la Doüane de Lyon à raison de 10 f. du quintal, tant pour l'ancienne que pour la nouvelle taxation : il semble que le Tarif entende ici par le mot de Fonte ce qu'on nomme du Potin.

La Fonte de fer, c'est-à-dire, les ustenciles de cuisine faits de fer fondu, payent à la même Doüane 3. f. du quintal.

Fonte. Ce que les Fondeurs de caracteres d'Imprimerie appellent de la sorte, est un mélange de métaux & de mineraux, différens suivant l'experience ou le genie du Fondeur. Il ne s'en compose néanmoins pour l'ordinaire que de deux sortes ; l'une que l'on nomme de la Fonte forte, & l'autre qu'on appelle Fonte foible ; la Forte se fait de plomb & de cuivre ; la foible, de fer & de plomb : l'antimoine est le mineral que l'on employe pour mettre également ou le fer ou le cuivre en fusion. *Voyez* Fondeur de Caracteres : *on y explique la proportion de ce mineral & de ces métaux.*

Fonte. Action par laquelle l'on liquifie au feu diverses matieres, entr'autres les métaux, le verre, quelques mineraux, &c.

Pour faire la fonte de l'or & de l'argent dans les Hôtels des Monnoyes, on se sert de creusets de terre pour l'or, & de fer pour l'argent : on y employe aussi de deux sortes de fourneaux, dont l'un s'appelle Fourneau à vent, & l'autre Fourneau à soufflet. *Voyez l'article des Monnoyes, ou ceux de Creuset & Fourneau : voyez pareillement les articles des Metaux & du Verre.*

Fonte générale des Monnoyes. Se dit de la Fonte de toutes les especes qui ont cours dans un Etat, lesquelles le Prince décrie, & qu'il ordonne être portées à l'Hôtel des Monnoyes, pour être fonduës & fabriquées en de nouvelles especes qui doivent seules être reçûës dans le public, après le tems & le délai portez par les Edits & Déclarations.

La Fonte générale des Monnoyes est différente de la conversion générale des especes, étant seulement réformées & marquées de nouvelles empreintes dans la conversion, & non pas fonduës comme dans la Fonte. *Voyez* Conversion, *ou* Reformation.

Fonte En terme d'Imprimerie s'entend d'une certaine quantité de caracteres assortis que fait le Fondeur : ainsi on dit, qu'un Fondeur a fait une Fonte du grand ou petit Cicero, du S. Augustin, &c. pour faire entendre, qu'il a fondu tout l'assortissement de l'une ou l'autre de ces sortes de caracteres.

Fonte haute. Les fondeurs de caracteres & les Imprimeurs appellent Fontes hautes, celles qui excédent la hauteur en papier commune aux caracteres d'Imprimerie ; à qui on doit donner dix lignes & demie.

Les lettres pour imprimer en rouge sont ordinairement du nombre des Fontes hautes, étant permis de leur donner un tiers de ligne ou environ plus qu'aux autres, à cause de la garniture de la frisquette. *Voyez* Fondeur de Caracteres *Voyez aussi* Caractere.

Fonte, en terme de manufacture de lainerie Se dit du mélange des laines de différentes couleurs, qui doivent entrer dans la tissure des draps ou autres étoffes. On dit qu'un ouvrier excelle dans la Fonte des couleurs, pour dire qu'il les sçait bien fondre & mêler ensemble. *Voyez* Fondre. *Voyez aussi* Feutre.

FONWA. Drogue dont on fait des teintures en écarlate. Cette drogue se trouve au Suez & aux environs ; & c'est une des marchandises que le vaisseau Royal, chargé pour le compte du Grand Seigneur, apporte tous les ans à Mocha Ville de l'Arabie, fameuse par son grand négoce. *Voyez* Ecarlate. *Voyez aussi l'Article du Commerce de la Mer rouge & de l'Arabie.*

FORAGE. Le droit de Forage est un droit que le Seigneur leve sur le vin que ses vassaux vendent à la broche, ou en gros

gros ou en détail: ce droit n'eſt établi qu'en quelques Provinces de France.

FORAIN. On appelle Marchand Forain, un Marchand étranger qui n'eſt pas du lieu où il vient faire ſon négoce. Marchand Forain ſignifie auſſi un Marchand qui ne frequente que les Foires, qui va revendre dans l'une les marchandiſes qu'il a achetées dans l'autre. *Voyez* FOIRE.

La plûpart des Marchands Forains qui arrivent à Paris pour y vendre des marchandiſes qui ſe fabriquent par quelques-uns des Corps des Arts & Métiers qui y ſont établis, ou qui peuvent ſervir à les fabriquer, ſont tenus par les Statuts & Réglemens de Communautez de donner avis de leur arrivée aux Jurez, ou d'apporter leurs denrées & Marchandiſes dans les Halles & Bureaux deſtinez à cet effet, afin d'y être viſitées & enſuite loties entre les Maîtres qui deſirent en avoir.

Les marchandiſes Foraines qui ne ſont pas des qualitez requiſes, ſont ſaiſies & confiſquées, & les Marchands Forains condamnez à des amendes, quelquefois reglés par les Statuts, & quelquefois ordonnées & arbitrées par les Juges de Police.

L'Ordonnance de la Ville de Paris de 1672, fait deffenſe aux Marchands Forains arrivant dans les ports, de mettre leur marchandiſe en magazins, chantiers, greniers, caves ou celliers, à l'exception du bois floté; il y a néanmoins des cas marquez par l'Ordonnance où ils le peuvent faire en demandant permiſſion aux Prevôt des Marchands & Echevins.

FORBAN. Pirate, Corſaire, Ecumeur de mer. Celui qui trouble le commerce maritime en courant ſur les vaiſſeaux marchands, amis & ennemis, en tout tems, & ſans commiſſion; & qui les prend & les rançonne. Suivant les Ordonnances les Forbans doivent être punis de mort.

FORÇAGE. Terme de monnoye. C'eſt l'excédent du poids reglé pour les eſpeces, c'eſt-à-dire, ce qu'il y a de plus que le poids permis. Le forçage eſt en pure perte pour les Maîtres des Monnoyes, le Roi ne leur en tenant jamais compte.

L'Ordonnance de 1554 porte, que ſi à l'ouverture des boëtes il ſe trouve des deniers forts de poids au deſſus de l'Ordonnance, il n'en ſera alloüé aucune choſe en la dépenſe des états des Maîtres.

Ce qu'on appelle Forçage par raport au poids ſe nomme Largeſſe quand il s'agit du titre des eſpeces. *Voyez* LARGESSE. *Voyez auſſi* MONNOYE.

FORCES. Ciſeaux qui n'ont point de clou au milieu, mais qui ſont joints par un demi cercle d'acier qui fait reſſort, & qui en approche ou en éloigne les branches.

FORCES A TONDEURS DE DRAPS. Grands ciſeaux dont les Tondeurs de draps ſe ſervent pour tondre les draps & autres étoffes de laine. *Voyez* TONDEUR.

Les Forces des Tondeurs de draps ſont compoſées de deux branches ou pieces de fer aceré, longues environ de quatre pieds avec un tranchant de plus de ſix pouces de large: ces branches qu'on appelle les couteaux des Forces, ſe joignent par en haut, & par le moyen d'un demi-cercle d'acier qui les unit & qui fait reſſort, s'approchent & s'éloignent ſuivant que le Tondeur le trouve à propos, & qu'il eſt néceſſaire pour ſon ouvrage.

Des deux couteaux, celui qui ſe trouve deſſus en travaillant, s'appelle le mâle; l'autre, qui eſt deſſous, s'appelle la femelle.

Il ſe fait des Forces en divers endroits du Royaume, particuliérement à Orleans, à Troyes, à Vire & à Elbeuf: celles d'Orleans ſont les plus eſtimées. Il s'en fait auſſi dans les Pays étrangers, qui ſont envoyées d'Angleterre & de Hollande par la voie de Roüen: les Ouvriers prétendent que les Angloiſes ſont les meilleures de toutes, ſinguliérement pour donner la derniere tondure aux étoffes.

Les Forces à Tondeurs de draps qu'on nomme auſſi dans les Tarifs Forces à Drapier, payent en France les droits d'entrée à raiſon de 20 ſ. de la piece; & ceux de ſortie, ſi elles ſont neuves, ſur le pied de cent ſols du cent peſant, & ſeulement 52. ſ. ſi elles ſont vieilles.

Les droits que les Forces à tondre draps payent à la Doüane de Lyon, ſont de cinq ſ. de la piece tant pour l'ancienne que pour la nouvelle taxation.

FORCES A GANTIER. Ce ſont des eſpeces de Ciſeaux à reſſort d'environ un pied de long, dont l'on ſe ſert pour tailler & couper le cuir propre à faire des gands. *Voyez* GANTIER.

FORCES A GAZE. Elles ont un peu moins de ſix pouces de long: les Coupeuſes s'en ſervent pour découvrir le brocher des gazes à fleurs; elles les préferent aux ciſeaux ordinaires, parce qu'elles ſont reſſort, & qu'étant très-plates il leur eſt plus facile en s'en ſervant d'éviter de couper le fond de la gaze. *Voyez* GAZE.

FORCES A DRAPIER. Elles ne ſont point différentes des Forces à gaze: les Drapiers s'en ſervent pour époutier les draps & autres étoffes de laine, lorſqu'ils les mirent ſur la perche avant que de les mettre en vente.

On appelle auſſi Forces à Drapier, les Forces à Tondeur de draps. *Voyez ci deſſus.*

FORCETTES Petites Forces. *Voyez les articles précedents.*

FORER. Percer un trou avec un inſtrument de fer qu'on nomme un Foret. *Voyez* FORET.

FORESTIERI. Draps Foreſtieri. Ce ſont les draps façon d'Hollande que les François portent au Caire & à Alexandrie. Ce terme qui eſt de la langue Franque, ſignifie Etrangers: ils ſe vendent 80 Meideins le Pic s'ils ſont des couleurs ordinaires, les écarlates ſe vendent 90 meideins.

FORET. Outil de fer pointu, qui ſert à faire & ouvrir des trous ronds dans les métaux & dans le bois.

Les Forets pour les métaux ſont des eſpeces de poinçons d'acier, qui ont une extrémité tranchante & l'autre arrondie; la premiere, pour forer; la ſeconde, pour mettre dans un des trous de la palette, afin d'affermir & pouſſer le poinçon contre la piece qu'on veut forer.

La boëte du Foret eſt une eſpece de poulie dans laquelle on monte le poinçon, & qui ſert à lui donner un mouvement ſphérique par le moyen de la corde d'un archet, qui fait un tour dans ſa cannelure.

Enfin ce qu'on nomme la palette; eſt un morceau de bois d'un pouce d'épaiſſeur, de huit ou dix de longueur, & de quatre ou cinq de largeur, ſur lequel eſt attaché avec des vis un morceau de fer d'un pouce de large, de ſix ou ſept de long, & d'épaiſſeur convenable, percé à demi de diverſes cavitez différentes pour recevoir la tête du Foret, ſuivant qu'elle eſt plus ou moins groſſe.

Il y a auſſi des Foretz montez ſur des chevalets qui ſervent aux mêmes uſages que les Forets à palette. *Voyez* CREVALETS.

Tous les différens artiſans qui travaillent ſur les métaux, & qui les employent dans leurs ouvrages ſe ſervent de l'un-

ou

où de l'autre de ces Forets, pour y faire les trous qui y sont nécessaires, & qui doivent être forez à froid. De ce nombre sont les Serruriers, Horlogeurs, Arquebusiers, Armuriers, Fourbisseurs, Couteliers, &c. C'est aussi avec ces Forets que les Orfevres percent les trous dans l'or & l'argent, quand ils en ont besoin pour monter leurs ouvrages.

Les Forces en bois sont de deux sortes; les uns qui ont la méche en villebrequin, & les autres en forme de vis: les premiers, servent aux Menuisiers & autres Ouvriers en bois, & se nomment plus ordinairement de Vrilles. *Voyez* Vrilles. Les autres sont propres aux Tonneliers, aux Cabaretiers & à tous ceux qui font commerce de vin, ou qui ont soin des caves & de l'échansonnerie des maisons. *Voyez* Tonnelier.

FORFAIT. Vente en gros de plusieurs marchandises pour un prix convenu, sans entrer dans le détail de la valeur de chacune en particulier.

Forfait. Se dit aussi des entreprises ou fournitures que des ouvriers & artisans s'engagent de faire pour une certaine somme, sans mettre prix sur les pieces en particulier. J'ai fait un Forfait avec mon Serrurier & mon Menuisier, pour la menuiserie & serrurerie de ma maison; il m'en coûte mille écus.

FORFETTE. Sorte de lin qui se vend au Caire: il est le meilleur après le Squinanti, & coûte sept piastres & un quart le quintal de cent dix rotols. *Voyez* Lin.

FORGE. C'est proprement le petit fourneau où les Ouvriers qui travaillent sur les métaux, les font chaufer pour les battre sur l'enclume afin de les aplatir, allonger, arrondir & contourner suivant la qualité des ouvrages qu'ils veulent forger. Ainsi il y a des Forges d'Orfevres, de Serruriers, de Couteliers, de Maréchaux, &c.

Forge. Se dit aussi du grand fourneau où l'on fond le mineret ou matiere d'où l'on tire les métaux, particuliérement pour la fonte du fer.

Il y a cependant bien de la difference entre la Forge à fondre les métaux, & celle où les Ouvries le chaufent pour les forger.

En Champagne & dans quelques autres Provinces de France, où il y a beaucoup de mines de fer, on les distingue l'une de l'autre, en appellant les Forges à fondre, Fourneaux ou Fonderies; en conservant le nom de Forges aux seules Forges des Maréchaux, Serruriers & autres Ouvriers qui travaillent en fer.

On ne les confondra pas non plus dans cet article, & l'on n'y parlera que des Forges dans lesquelles on fait chaufer les métaux avec du charbon de terre pour les forger & battre à chaud, renvoyant pour les autres où l'on fond les métaux, aux articles de la Fonderie & du Fourneau, & à ceux de chaque métail en particulier. *Voyez* Or, Argent, Cuivre, Etain, Plomb & Fer. *Voyez aussi* Fonderie & Fourneau.

La Forge des Serruriers, Maréchaux, Taillandiers, Arquebusiers, Eperonniers, Couteliers, Cloutiers & autres Artisans qui forgent & battent le fer à chaud, est simple & peu composée; sa forme est arbitraire & selon la commodité du lieu où l'ouvrier la veut bâtir.

Les deux principales parties de la Forge des Serruriers (on prend celle-ci pour modele, toutes les autres lui étant à peu près semblables) sont le massif de la Forge qui en soûtient l'âtre, & le tuyau par où s'évapore la fumée du charbon.

Sur l'âtre est le fraisier & le garde-fraisier, par l'un l'on entend les cendres que produit le charbon, & par l'autre une large bande de fer assez mince, tournée en demi cercle, qui empêche que les cendres ne tombent. Le garde-fraisier est mobile, afin qu'on puisse l'ôter suivant la qualité de l'ouvrage qu'on met au feu: on appelle le Feu de la Forge l'endroit du fraisier où s'allume le charbon.

Un soufflet double ou simple sert à exciter le feu & à l'entretenir dans le degré de chaleur convenable à la piéce de fer qu'on y veut chauffer.

On appelle la tuyerre de la Forge, un conduit de fer par où passe le tuyau qui y porte le vent du soufflet: la Branloire est une perche suspenduë au plancher en forme de bacule, dont une extrémité est attachée avec une chaîne de fer à la queuë des soufflets, & dont l'autre qui a aussi sa chaîne avec une poignée, sert à l'Ouvrier à les hausser ou baisser pour leur faire aspirer & repousser le vent.

A côté de la Forge dans un lieu commode & à la main, est une auge de pierre remplie d'eau pour moüiller le charbon de terre & augmenter par là son ardeur: cette eau se prend avec l'escouvette, qui est une espece de ballai ou goupillon, qui sert aussi à ramasser le charbon sur le fraisier. On se sert des tisonniers pour attiser le feu, le couvrir & sablonner le fer: le dessous de la Forge sert a mettre du charbon en reserve.

Près de la Forge sont placées dans une distance convenable l'enclume & la grosse bigorne, chacune sur son pied ou billot de bois; & autour de l'enclume les outils qui servent à travailler le fer quand on le tire du feu; comme sont les gros marteaux, particulierement le marteau à rabattre, le marteau à devant & le marteau à main, les diverses tenailles, la tranche à fendre à chaud, & autres semblables outils.

L'établi qui est placé à l'endroit le plus éclairé de la boutique où est la Forge, sert à soûtenir les étaux où l'on acheve les ouvrages après qu'ils ont été forgez.

Enfin autour des murailles de cette boutique, sont divers rateliers, où l'on place en ordre tous les divers outils dont les Serruriers ont coûtume de se servir, afin de les avoir toûjours à la main.

Forge. La Forge des Chauderonniers ne differe guéres de celle des Serruriers, qu'en ce qu'elle est beaucoup plus petite, & qu'on n'y brûle que du charbon de bois; le cuivre dont ces ouvriers font presque tous leurs ouvrages, ne pouvant soutenir l'ardeur du charbon de terre.

Forge. Se dit aussi quelquefois du lieu ou boutique dans laquelle la Forge est bâtie, surtout pour celle des Maréchaux. En ce sens on dit, que l'on va mener des chevaux à la Forge; pour dire qu'on les mene à la boutique du Maréchal.

FORGER Battre du fer sur une enclume pour le reduire en plusieuss formes & ouvrages de grosses feronneries, de dinanderie, de lormerie, de serrurerie, de quincaillerie, &c.

Le fer se bat & se forge ou à force de bras par des Forgerons, dont l'un le tient, le tourne & le bat lui-même, tandis que plusieurs autres le battent aussi, ou par la force d'une roüe de moulin à eau qui leve de pesans marteaux, que les Forgerons ne pouroient lever, sous le coup desquels plusieurs ouvriers presentent les gros ouvrages de fer qu'ils veulent forger, qui sont soutenus d'un bout sur l'enclume,

& suspendus de l'autre par de fortes chaînes de fer attachées au plancher de la forge.

Cette derniere maniere de forger n'est que pour des ouvrages qu'il est au dessus de la force des hommes de les pouvoir remuer, tels que sont des ancres de vaisseaux qui pesent plusieurs milliers. Quand les ouvrages sont legers un seul homme suffit pour les tenir, les chauffer & les tourner d'une main, tandis qu'ils les forgent de l'autre. *Voyez* Fer.

FORGEUR. Celui qui forge les métaux, qui les bat sur l'enclume, & qui en fait divers ouvrages.

Les premiers Statuts des Maîtres Arquebusiers de l'année 1575, leur donne la qualité de Maîtres Artilliers, Arquebusiers, Forgeurs de canons d'arquebuses à roüet & pistolets. *Voyez* Arquebusier.

FORLE. Monnoye de cuivre qui se fabrique & qui a cours en Egypte; on la nomme aussi Bulbe ou Bulba. Cette espece est aussi large qu'un double de France, mais un peu plus épaisse; elle vaut environ un liard ou trois deniers: huit Forles font le meidin; il y a des demies Forles.

FORMAT. Terme de Librairie. On appelle le Format d'un livre, sa grandeur, hauteur & largeur: ce qui se compte & se supputе par raport au nombre des feüillets que contient chaque cahier, c'est-à-dire, par la quantité des feüillets que compose chaque feüille de papier lorsqu'elle est pliée.

Les divers Formats sont; l'in-folio, quand la feüille est entiere; l'in-quarto, quand elle est pliée en quatre; l'in-octavo en huit; l'in-douze en douze, & ainsi de l'in-seize, de l'in-vingt-quatre, de l'in-trente-deux & de l'in trente-six qui est le plus petit Format des impressions ordinaires. On voit néanmoins des in-soixante & des in-soixante-quatre, c'est-à-dire, dont la feüille pliée compose soixante ou soixante-quatre feüillets; mais ces derniers sont plus de curiosité que d'usage. *Voyez* Imprimerie.

FORME. L'apparence extérieure des corps, leur quantité & étenduë en longueur, largeur & profondeur, selon qu'ils paroissent à la vûë.

On se sert de ce terme dans les Manufactures & dans les Arts & Métiers, pour signifier la figure de plusieurs machines, instrumens & outils: ainsi on dit, cette machine est de Forme triangulaire, ou de forme quarrée: cet outil est de bois tourné en Forme ovale, de Forme sphérique; pour dire, de figure quarrée ou triangulaire, de figure ovale ou sphérique.

Forme. S'entend quelquefois d'un moule sur lequel se monte ou se fait quelque ouvrage. On dit, une Forme de Chapelier, de Cordonnier ou de Savetier, une Forme de Papetier, une Forme d'Imprimerie, une Forme de Faiseur d'instrumens de musique, une Forme de Ravaudeuse, une Forme à faire des fromages, & plusieurs autres dont on peut voir la description dans la suite de cet article.

Forme de Cordonnier. Les Cordonniers ont deux sortes de Formes, toutes deux de bois; l'une sur laquelle ils bâtissent avec des cloux, cousent & finissent les souliers; l'autre avec laquelle ils les mettent en forme, ordinairement pour les élargir.

La premiere sorte de Forme est tout d'une piece, & represente assez bien la figure du pied de l'homme, où les doigts ne sont néanmoins pas representez: il y en a de rondes & de quarrées pour les souliers d'homme, de très-pointuës pour ceux des femmes; les unes & les autres servent aussi à faire les mules, pantoufles, babouches & autres chaussures de cuir.

La Forme à renformer ou élargir un soulier, est faite comme celle à le travailler, à la réserve qu'elle est fenduë en deux dans sa longueur, & que chaque partie a une rainure, dans laquelle, après que la Forme réunie a été placée dans le soulier, on pousse une espece de coin de bois à languette, qui entr'ouvrant la Forme avec effort, étend les empeignes & élargit le soulier.

Il y a des Ouvriers qu'on nomme des Formiers, qui ne se mêlent que de faire des Formes, & qui en fournissent les Cordonniers & Savetiers. *Voyez* Formier.

Forme, en terme de Chapeliers. C'est un gros morceau de bois de figure cylindrique, dont le haut est arrondi & le bas tout-à-fait plat, qui sert à dresser ou à enformer les chapeaux, après qu'ils ont été foulez & feutrez.

Pour bien enformer un chapeau, il faut que le feutre soit chaud & tout sortant de la chaudiere, sans quoi il ne peut bien prendre la Forme. *Voyez* Chapeau.

Forme. Se dit aussi chez les mêmes Chapeliers, de la tête du chapeau, ou plûtôt de la cavité du chapeau, dans laquelle on enfonce la tête. La Forme de ce chapeau est trop haute, est trop basse, est trop large. C'étoit une plaisante mode que les chapeaux à Forme pointuë.

Forme. Est encore le nom que l'on donne dans les Papeteries aux moules qui servent à faire les feüilles de papier. *Voyez* Papier.

Forme. C'est aussi l'éclis ou cercle de bois dans lequel on dresse les fromages de Griere & de Berne.

Ces éclis pour la commodité de l'Ouvrier s'ouvrent & s'élargissent à volonté par le moyen des crans ou hoches qu'elles ont de distance en distance, éloignées l'une de l'autre pour l'ordinaire de cinq ou six pouces: ces crans font que la même Forme peut servir à des fromages de divers diametres; à l'égard de la hauteur elle est differente suivant le volume du fromage que l'on a dessein de faire. *Voyez* Fromage.

Forme, en terme d'Imprimerie. C'est une planche ou table composée de divers caracteres rangez en ordre & mis en pages par l'ouvrier qu'on appelle le Compositeur; sur laquelle, par le moyen de l'encre & de la presse, un autre ouvrier nommé Imprimeur, tire & imprime les feüilles.

Chaque Forme est enfermée dans un chassis de fer où elle est arrêtée & serrée par quantité de morceaux de bois, les uns longs & étroits, & les autres en maniere de coins.

Il faut deux Formes pour chaque feüille, & chaque Forme contient plus ou moins de pages, suivant le Format du livre ou de l'ouvrage. Une seule Forme suffit pour les placards, monitoires & autres semblables ouvrages. Il y a deux pages dans chaque Forme pour les in-folio, quatre pour les in-quarto, & ainsi des autres. *Voyez* Imprimerie.

FORMIER. Ouvrier qui fait ou qui vend des formes de souliers à l'usage des Cordonniers, Savetiers & Ravaudeuses.

Les Formiers ne composent point à Paris un Corps de Communauté: ce sont des artisans sans qualité, qui s'occupent de cette espece de métier pour gagner leur vie. Il est vrai que les Maîtres Cordonniers prétendent qu'il n'appartient qu'à eux de faire & de vendre des formes; & en effet il y a quelques pauvres Maîtres qui en font & qui vivent de ce négoce: il n'a pas néanmoins jusqu'ici été possible

sible aux Jurez de revendiquer cette partie de leur métier, & la plûpart des Formiers ne sont pas Cordonniers.

Ces artisans fabriquent aussi des talons; mais comme rarement ils font l'un & l'autre commerce, les Faiseurs de talons, qui sont ordinairement de pauvres Maîtres Cordonniers, s'appellent Talonniers. *Voyez* TALONNIER. *Voyez aussi* FORME DE CORDONNIER.

Presque les seuls outils des Maîtres Formiers sont, la doloire pour dégrossir leur ouvrage, & la rape pour le finir. *Voyez la description de ces deux instrumens à leurs propres articles.*

FORT. Signifie en général toute personne vigoureuse & robuste, capable de remuer ou porter de pesants fardeaux. A Paris il se dit particuliérement des Porte-faix, Crocheteurs, ou Gagne-deniers, qui travaillent en plusieurs endroits à la décharge ou au transport des marchandises.

Les principaux lieux de Paris où il y a des Forts établis, sont la Doüane, la Halle aux Draps, la Halle aux Toiles, le Port S. Paul & le Port S. Nicolas.

Les Forts de la Doüane dépendent des Fermiers Généraux; ceux de la Halle aux Draps sont préposez par les Maîtres & Gardes Drapiers & Merciers: ceux de la Halle aux Toiles sont placez par les Officiers de cette halle, & ceux des Ports sont autorisez par les Prevôt des Marchands & Echevins

Dans chacun de ces endroits il n'y a qu'un certain nombre de Forts reglé, n'étant pas permis à d'autres personnes de la Ville d'y venir travailler à leur préjudice. *Voyez* GAGNE-DENIERS.

FORT. Est encore un terme très en usage parmi les Marchands, Négocians & Banquiers, qui a plusieurs significations suivant les diverses occasions où l'on s'en sert.

DRAP FORT. On appelle un drap fort celui qui est épais, qui a du corps, qui est serré & bien garni de laine: Il se dit dans le même sens de toutes sortes d'étoffes tant de soye que de laine, même des bazins, futaines, toiles, rubans & autres semblables marchandises qui sont bien garnies de soye, de fil ou de coton, dont la chaîne est serrée & la trame bien battuë.

FORT DE GUEDE. On dit qu'un drap noir est fort de guede, pour faire entendre que le pied qui lui a été donné par le Teinturier est d'un bleu bien foncé: les noirs Forts de guede sont estimez les meilleurs.

CUIR FORT. Les Cuirs forts sont les gros cuirs, tels que sont les cuirs de bœuf, de vache, d'orignal & d'autres semblables animaux. On les appelle Forts, pour les distinguer des autres cuirs plus foibles, tels que peuvent être ceux de veau, de mouton, d'agneau, de chevre, &c.

Un cuir de vache tanné en Fort, est celui que le Tanneur n'a point fait passer par le coudrement, & qu'il a aprêté & tanné à la maniere des cuirs Forts. *Voyez* TANNEUR.

COFFRE FORT. On nomme Coffre fort, la caisse dans laquelle les Marchands, Négocians, Banquiers & autres mettent leur argent & leurs meilleurs effets pour qu'ils soient en sûreté: on l'appelle ainsi parce qu'il est fait tout de fer ou de fortes planches de bois, fortifié en dedans & en dehors de quantité de barres de fer & de diverses serrures à plusieurs ressorts, qui en augmentent la force & le rendent plus difficile à être rompu par les voleurs.

FORT. Se dit encore des poids & mesures.

On dit qu'une mesure est plus forte dans un endroit que dans un autre, pour faire entendre qu'elle contient davantage dans un lieu que dans l'autre: qu'une balance est trop forte lorsqu'elle ne trebuche pas avec facilité: qu'un poids est trop fort, lorsqu'il n'est pas juste & qu'il est plus pesant qu'il ne faut.

On appelle le Fort de la balance Romaine le côté le moins éloigné du centre de la balance, qui sert à peser les marchandises les plus pesantes. Il y a une des parties de cette balance que l'on nomme Garde forte. *Voyez* BALANCE.

EAU-FORTE. Ce qu'on nomme Eau-forte, n'est autre chose qu'une eau composée de certains sels, d'où elle est tirée par la distillation. Il y a de plusieurs especes d'Eau-forte, qui ont presque toutes des usages differens. *Voyez* EAU-FORTE.

COLLE-FORTE. La Colle-forte est une sorte de matiere gluante & tenace, propre à joindre & unir fortement deux corps ensemble. La Colle-forte se fait ordinairement avec des rognures de cuir de bœuf & de vache, ou d'autres semblables animaux. Il s'en fait aussi avec des nerfs & des pieds de bœuf. *Voyez* COLLE-FORTE.

FAIT-FORT. Terme de Monnoyage. Il se disoit autrefois, lorsque le Maître de la Monnoye se faisoit fort de fabriquer certaine quantité de marcs, l'or portant l'argent, & d'en payer une telle somme au Roy pour le droit de Seigneuriage. Présentement les adjudications se font à fort-fait; c'est-à-dire, que l'Adjudicataire n'est tenu que de ce qui est stipulé par l'adjudication; ne devant rien de l'excedant, s'il y en a, en payant la somme dont il est convenu.

PIED-FORT, ou DENIER-FORT. Terme de Monnoyage. C'est proprement le modéle d'une nouvelle monnoye que l'on veut fabriquer; autour de laquelle est gravé sur la tranche en maniere de legende, *Exemplar probatæ monetæ.*

Les Officiers de la Cour des Monnoyes joüissent du droit d'avoir chacun un Pied-fort à chaque changement & nouveau pied de monnoye, soit d'or, soit d'argent.

On appelle aussi des Pieds forts, ces especes d'or & d'argent, qui excedent de beaucoup la valeur & le poids des especes ordinaires, comme des pieces de dix loüis d'or & des pieces de dix loüis d'argent. Cette derniere sorte de Pieds-forts s'appelle plus ordinairement Pieces de plaisir. *Voyez* MONNOYE, & MONNOYAGE.

DENIER-FORT. Prêter son argent au Denier-fort, c'est le prêter sur un pied au-delà du taux ordonné par le Prince, ou le donner à un plus haut prix que celui reglé par le courant de la place. Ceux qui prêtent leur argent au Denier-fort sont reputez Usuriers.

Lorsqu'on dit qu'un Marchand, ou qu'un Banquier est le plus FORT d'une Ville, on veut faire entendre qu'il en est le plus riche, & qu'il y fait plus d'affaires qu'aucun autre.

Vendre des marchandises LE FORT PORTANT LE FOIBLE, c'est les vendre toutes ensemble & toutes sur un même pied, sans distinguer la bonne d'avec la mauvaise; l'une devant recompenser ce qu'il peut y avoir à perdre sur l'autre.

FORTUNE. On appelle ordinairement Fortune, le bonheur ou le malheur, ce qui arrive par hasard, par cas fortuit ou imprevû. Autrefois les Payens faisoient une Divinité de la Fortune; aujourd'hui les Chrétiens ne la regardent que comme un effet de la Divine Providence, qui ôte aux uns pour donner aux autres selon sa sagesse.

Un Marchand doit être égal dans la bonne Fortune comme

me dans la mauvaise; il y a de la vertu à soûtenir la mauvaise Fortune sans murmurer. Un Négociant sage doit se contenter d'une Fortune médiocre; il n'y a que l'imprudent qui donne tout à la Fortune.

FORTUNE. Signifie aussi gain, profit. Il n'y aura pas grande Fortune à faire dans l'entreprise de cette manufacture, de ce commerce; pour faire entendre qu'il n'y aura pas beaucoup à gagner. On dit, Entrepadre un négoce, un commerce à ses risques, perils & fortunes; pour dire, à ses propres dépens.

Le principal objet qui fait agir les Négocians, c'est l'esperance de faire leur Fortune. C'est cette même esperance de faire Fortune, qui leur fait entreprendre tant de voyages de long cours, sans considerer les perils qu'ils y peuvent rencontrer. Il n'y a point d'état dans la vie qui soit plus assujetti aux revers de la Fortune que celui d'un Négociant.

FORTUNE. Signifie encore dans le négoce, l'état des affaires d'un Marchand, le bien qu'il a acquis, ou qu'il gagne actuellement dans le commerce. Ce Banquier a fait une grande Fortune: La Fortune de ce Mercier est médiocre: Celui-ci ménage assez bien sa petite Fortune: Cet Agent de change a fait sa Fortune en peu de tems.

FOSSE. Profondeur creusée dans la terre, ordinairement au dessous du rez de chaussée. Il se dit néantmoins aussi de quelques maçonnages de briques, ou d'autres materiaux élevez au dessus du rez de chaussée, dont plusieurs Artisans se servent pour façonner leurs ouvrages.

FOSSE. C'est chez les Plombiers une espece de chaudiere faite de grès & de terre franche, dans laquelle ils font fondre le plomb destiné à couler les grandes & petites tables de ce métail; qu'ils coupent, taillent & débitent ensuite en diverses sortes d'ouvrages de plomberie.

Cette fosse, qui est toûjours au dessus du rez de chaussée de l'attelier, est fortifiée tout autour d'un fort massif de maçonnerie, pour soûtenir le poids du plomb qu'on y doit mettre, qui quelquefois passe deux ou trois milliers.

Au fonds de la Fosse est placée une petite poêle ou marmite de fonte, destinée à recevoir le reste du plomb fondu, d'où quand il est refroidi, il se tire plus aisément, que si le fond de la Fosse étoit de grès & de terre comme le reste.

Au dessus de la Fosse est un tuyau en forme de tuyau de cheminée, pour le passage de la fumée du charbon qu'on employe, & des exhalaisons malignes du plomb en fusion.

Quand on veut se servir de la Fosse, on l'échauffe avec de la braise ardente qu'on met dedans; & quand elle est suffisamment chaude, on y met le plomb avec du charbon pêle-mêle pour le faire fondre. C'est dans cette Fosse que lorsque le métail est en bain, c'est-à-dire, qu'il est fondu, on le prend avec une cuillere à puiser, pour en remplir la poêle à verser. *Voyez* PLOMBIER.

FOSSE AU TAN. Espece de grande cuve profonde, de bois ou de pierre, mastiquée en terre, dans laquelle les Tanneurs arrangent les cuirs avec du tan imbibé d'eau pour les faire tanner; ce qu'ils appellent, Leur faire prendre de la nourriture.

Avant que de mettre les cuirs dans la Fosse au tan, il faut qu'ils ayent été plainez, c'est-à-dire, qu'on en ait fait tomber le poil ou bourre par le moyen du plain.

Lorsqu'on retire les cuirs de la Fosse au tan pour y mettre du tan nouveau, cela s'appelle Pencer la Fosse. *Voyez* PLAIN, & TANNER.

FOSSE, en termes de Monnoye. Signifie cette profondeur ou cavité qui est au devant du balancier où se frappent les monnoyes & les médailles. C'est dans cette Fosse que se place le Monnoyeur pour poser les flaons entre les coins, afin qu'ils en reçoivent l'empreinte, & pour les retirer quand ils l'ont reçûë. *Voyez* BALANCIER.

FOSSE, en termes de Potier d'étain. Est une grande chaudiere dans laquelle ils fondent leur étain. *Voyez* POTIER D'ESTAIN.

FOSSE. Les Fondeurs de grands ouvrages appellent la Fosse, un endroit creusé dans la terre, au fond duquel ils établissent les moules des statuës, des cloches & des pieces d'artillerie qu'ils se préparent à fondre. *Voyez* FONDEURS DE GRANDS OUVRAGES.

FOSSE D'AISANCE. On nomme ainsi en termes de Maçonnerie, une espece de petit caveau vouté, que l'on pratique dans quelque lieu commode des maisons, pour y recevoir les excremens humains.

On appelle Cureurs de Fosses & de retraits, & quelquefois Gadoüards, les Maîtres d'une Communauté de Paris, à qui il appartient de vuider & nettoyer ces sortes de Fosses. Leur véritable nom est Vuidangeurs. *Voyez cet article.*

FOSSILE. Métail, minéral, ou toute autre substance & corps, qui se tirent de la terre en la perçant & foüillant.

SEL FOSSILE, ou SEL TERRESTRE. C'est celui qui se tire des salines ou mines de sel, dans lesquelles il est produit en une espece de pierre dure de diverses couleurs, & souvent transparente. On le nomme autrement Sel gemme. *Voyez* SEL, *où il est traité du* SEL TERRESTRE.

FOTAS. Sorte d'habillemens dont aiment à se parer les femmes de l'Isle de Java, & qui y sont apportez tout faits de la Côte de Coromandel, de Bengale & de Surate.

Les Fotas font une partie considerable du négoce des Marchands Hollandois de Batavia, aussi-bien que des Javans qui font eux-mêmes le commerce de mer. *Voyez le* COMMERCE *de Bantam.*

FOTTALONGE'ES. Etoffes des Indes rayées, mêlées de soye & d'écorce d'arbre. *Voyez* ESCORCE.

FOTTES. Toile de coton à carreaux, qui est apportée des Indes Orientales, particulierement de Bengale, dont la piece a une aune & demie de long sur sept huit de large. Quatre Fottes font une piece.

FOUANG. Poids dont on se sert dans le Royaume de Siam. Il faut deux Foüangs pour un mayon, & quatre mayons pour un tical, qui pese environ demie-once poids de marc. Le Foüang se divise en deux sompayes, ou en quatre payes, & la paye en deux clams. Le clam pese douze grains de ris.

FOUANG. C'est aussi dans le même Royaume une monnoye, qui est le huitiéme du tical. Il vaut huit cens cauris; ensorte que huit cauris ne valent pas un denier.

FOUDRE. Vaisseau de bois, extraordinairement grand, dont on se sert en plusieurs lieux d'Allemagne, pour mettre & conserver le vin. *Voyez* TONNE.

FOUESNE, FAINE, FAYNE. Ce sont les differens noms que l'on donne à une sorte de gland ou noisette, qui est le fruit ou semence de l'arbre appellé Hestre. *Voyez* HESTRE.

FOUESNE. C'est aussi un instrument à pêcher. Il est de fer à à cinq ou six petits harpons avec un manche de bois. Il sert également dans les étangs salez, & pour la pêche en eau douce, mais il ne s'y nomme pas de même. Les Pêcheurs en riviere l'appellent SALUT.

FOUET. Espece de ficelle, qu'on attache au bout des foüets. *Voyez* FICELLE.

FOUET. C'est aussi le nom qu'on donne par dérision aux jeunes Garçons qui servent les Gentilshommes Verriers, & qui ont soin de leur selle, quand on chauffe le verre au grand ouvreau. Le véritable nom c'est Tiseurs. *Voyez* VERRE.

FOUETTER UN LIVRE. Terme de Relieur. C'est le serrer fortement entre deux ais avec de la ficelle pour en former la nervûre, après que la peau qui lui sert de couverture a été collée sur le dos & sur les cartons.

Pour bien foüetter un livre, il faut approcher les ficelles à foüetter autant qu'il est possible des deux côtez de chaque nerf; ce qui se fait d'abord avec la main armée d'un gantelet de cuir: mais comme il n'est pas possible de les bien ranger également, on se sert ensuite d'une espece de pinces pour les approcher davantage; ce qui s'appelle Pincer un livre.

Deffoüetter un livre, c'est en ôter les ficelles avec lesquelles il a été foüetté. *Voyez* RELIEURE.

FOUGERE. Herbe qui croît dans les bois, & qu'on réduit en cendre pour fabriquer cette espece de verre, dont on fait les bouteilles & les verres qu'on nomme de Fougere.

Les cendres de Fougere viennent ordinairement de Lorraine.

Les Botanistes distinguent deux sortes de Fougere, la mâle & la femelle: elles sont trop connuës pour en faire la description; mais ce qu'elles ont de singulier, c'est que dans leurs racines, qu'elles ont très-noires pardessus, on trouve en les coupant un peu en biais un aigle à deux têtes très-bien formé, d'un gris brun sur un fond blanc. *Voyez* VERRE.

FOUIC. Plante ou arbrisseau, qui croît en divers endroits de France sans être cultivé, & dont la feüille sert à teindre en noir. Cette drogue, qui est du nombre des colorantes, est commune aux Teinturiers du grand & petit teint. Elle ne peut se conserver qu'elle n'ait été cueillie en parfaite maturité: mais pour l'employer sur le champ, ou peu de tems après, il n'est pas nécessaire qu'elle soit si mûre. *Voyez* NOIR.

FOUINE. Animal sauvage à quatre pieds, de la grosseur d'un chat, mais plus allongé, dont le poil est de couleur fauve tirant sur le noir, à l'exception de celui de la gorge qui est tout blanc.

Les Foüines sont très communes en France: elles habitent pour l'ordinaire les greniers & les granges: & quoiqu'elles soient fort carnassieres, ne se repaissant presque toûjours que de poules, poulets, pigeons & œufs, dont elles font un grand dégast, leur fiente ne laisse pas d'avoir une odeur très-agréable, qui approche beaucoup de celle de la civette.

Ces sortes d'animaux se prennent ou avec des pieges, ou se tuënt à coups de fusil sur les toits des maisons, & autres endroits où l'on s'apperçoit qu'elles vont. Les personnes de condition par divertissement les chassent avec des bassets, qui les vont chercher dans les greniers ou granges, & même jusqu'aux faîtes des Eglises les plus élevées. Nicod cité par Furetiere, dit qu'il faut écrire Foine au lieu de Foüine; prétendant que ce terme vient de Foin, *à Fœno*.

La peau de la Foüine, qui est la seule chose qu'on en tire pour le commerce, fait une partie de celui de la Pelleterie; étant propre, après avoir été bien passée & préparée, à faire diverses sortes de fourrures, comme manchons, palatines, doublures d'habits, &c. Cette sorte de pelleterie se met au nombre des pelleteries communes, que l'on nomme Sauvagines.

Il se trouve dans la Natolie une sorte de Foüine, dont la peau est fort estimée pour les belles fourrures, à cause de son poil qui est fin & fort noir. Les peaux de Foüine de Natolie se consument presque toutes dans le Levant, mais sur-tout à Constantinople, où il s'en employe quantité à faire des doublures de vestes. Elles s'y vendent pour l'ordinaire depuis soixante jusqu'à soixante-dix aspres le peau; les cinquante aspres revenant à un écu de trois livres de France.

FOULE. Terme de Manufacture de lainage, qui se dit de la préparation des draps, des ratines, des serges & autres étoffes de laine, qu'on leur donne en les foulant par le moyen d'un moulin, afin de les rendre plus serrées, plus fortes, & d'un meilleur service. On dit: Cette piece de drap s'est trop racourcie à la foule: Il en a tant couté pour la foule de cette piece de ratine. *Voyez* FOULON.

FOULE. Se dit aussi dans le même sens à l'égard des bas, des bonnets, & autres semblables ouvrages de bonneterie de laine, même des chapeaux. Les Chapeliers appellent Foule ou Fouloire, une sorte de table sur laquelle ils foulent leurs chapeaux. *Voyez* FOULER.

FOULE. Se dit aussi chez les mêmes Chapeliers, du lieu ou attelier où l'on travaille à fouler les chapeaux. Il faut porter ces chapeaux à la Foule. On dit plus ordinairement Foulerie ou Batterie. *Voyez* CHAPEAU.

FOULE', E'E. Un drap foulé, une serge foulée, c'est un drap ou une serge qui a passé par le moulin à foulon. Ainsi l'on dit: Ce drap est trop foulé; pour dire, qu'il a été trop long-tems dans la pile du moulin: Cette serge n'est pas assez foulée; pour faire entendre, qu'elle n'y a pas resté un tems suffisant. Les étoffes de laine ne doivent être ni trop ni trop peu foulées.

FOULE'E. Ce terme est aussi un terme de Chamoiseur, qui signifie un certain nombre de peaux de mouton ou de chevre, ausquelles on a donné l'huile, & qu'on a mises par pelotes, pour les faire plus commodément fouler dans la pile du moulin à foulon.

Chaque Foulée est ordinairement composée de vingt douzaines de peaux, & chaque pelote est formée de quatre peaux. *Voyez* CHAMOIS, *à l'endroit où il est parlé de la maniere de préparer ou passer les peaux de mouton en huile, autrement dit en chamois.*

FOULER. Signifie presser quelque chose, pour le rendre plus fort, plus serré, ou plus ferme.

On foule les draps, les ratines, les serges, & autres telles étoffes de laine dans des moulins à foulon. *Voyez* FOULON.

Les chapeaux se foulent sur une table que l'on nomme Foule ou Fouloire, avec l'instrument que l'on nomme un Roulet, qui est une espece de gros & long fuseau. La Foule des chapeaux se fait avec l'eau chaude & la lie de Vinaigriers, c'est-à-dire, la lie séche que les Vinaigriers vendent en masse. *Voyez* CHAPEAUX, *où l'on parle de la maniere de les fabriquer.*

On foule les bas, les bonnets, & les autres ouvrages de bon-

bonneterie, ou avec les pieds, ou avec les mains, sur des especes d'instrumens ou machines, qu'on nomme des Rateliers, qui sont faits ou tout de bois avec des dents de la même matiere, ou de bois armé de grosses dents de bœuf ou de cheval.

Il n'est pas permis aux Marchands Bonnetiers de faire fouler leurs marchandises autrement, & il est défendu aux Fouleurs de draps de les recevoir dans leurs moulins pour les fouler.

Les ingrédiens dont on se sert ordinairement pour fouler & dégraisser les ouvrages de bonneterie, sont le savon verd, le savon blanc & la terre. On y employe aussi quelquefois de l'urine; mais elle est défenduë par les Reglemens de la Bonneterie.

Il faut observer que les ouvrages au métier ne doivent être foulez qu'avec le savon: & qu'à l'égard des ouvrages au tricot, on peut se servir de savon & de terre.

Fouler le Cuir. C'est un des apprêts qui est le plus souvent repeté dans la préparation des cuirs courroyez.

La premiere fois qu'on le foule; ce qui se fait avec les pieds, après qu'il a resté quelque tems dans un tonneau d'eau, se nomme Fouler pour amollir: la seconde fois, c'est fouler pour retenir: la troisiéme fois, c'est fouler pour appointer: enfin on le foule après qu'il a été mis en suif, & c'est fouler pour crespir.

Fouler le Cuir. C'est aussi chez les Hongrieurs, agiter & presser le cuir en marchant dessus dans un long cuvier en forme de baignoire, où l'on a versé de l'eau chaude, dans laquelle auparavant l'on a fait dissoudre du sel & de l'alun. *Voyez* Cuir, *où il est parlé de la maniere de fabriquer les Cuirs de Hongrie.*

FOULERIE. Lieu où l'on foule.

En termes de Manufacture de lainage, il s'entend du moulin à foulon. Ainsi lorsqu'on dit: Il faut porter un drap, une ratine, une serge à la Foulerie, on veut dire qu'il faut les envoyer au moulin, pour y être dégraissées, foulées & dégorgées. *Voyez* Moulin a foulon.

Foulerie, ou Fouloire. C'est aussi chez les Chapeliers l'attelier où sont dressées les fouloires, & où sont placez le fourneau & la chaudiere à fouler.

Au milieu de la Foulerie est la chaudiere, qui peut contenir jusqu'à quatre ou cinq seaux d'eau: autour sont les fouloires, plus ou moins selon le nombre des Compagnons: sous la chaudiere est le fourneau.

Ces atteliers s'appellent plus ordinairement Batteries que Fouleries. Ainsi on dit: Une batterie à quatre, à six, à huit, pour exprimer qu'autant de Compagnons y peuvent travailler à la fois. *Voyez* Chapeau.

FOULEUR. Celui qui foule. On le dit dans quelques moulins à foulon, de l'Ouvrier qui en a l'inspection. Le Maître s'appelle le Foulonnier: & les Compagnons des Foulons.

FOULI. Les Chinois nomment ainsi le piment. Ils en tirent en quantité des Hollandois. Il s'achete cinq pataques le pic à Batavia, & se revend quatre taels deux mas à Canton.

FOULOIR. Instrument avec lequel on foule.

Les Fouloirs des moulins à foulon s'appellent des Pilons; & les vaisseaux où l'on met les étoffes pour les fouler, des piles ou des pots. *Voyez* Foulon.

Le Fouloir des Chapeliers se nomme un Roulet. Il est de bois, ordinairement de buis, de dix-huit pouces de long, d'un pouce & demi de diametre dans le milieu, allant toûjours en diminuant jusques aux deux bouts. Ce qui lui donne la figure d'un grand fuseau.

FOULOIRE. Les Chapeliers appellent ainsi la table sur laquelle ils foulent les chapeaux. Elle est en forme d'étau à Boucher, c'est-à-dire, arrondie pardessus; mais avec cette difference qu'elle est élevée du côté de l'Ouvrier qui foule, & que sa pente est du côté de la chaudiere où elle est scellée, afin que la lie liquide qui sert à la foule des chapeaux y puisse retomber. *Voyez* Chapeau.

Fouloire. La Fouloire des Bonnetiers est le grand cuvier garni de ses rateliers, où ils font la foule des bas & autres ouvrages de bonneterie. *Voyez* Fouler.

Fouloire. Se dit encore dans les Manufactures de lainage, d'une planche ou piece de bois faite exprès, sur laquelle on foule avec les bras les étoffes de laine que l'on veut blanchir avec le savon. *Voyez* Blanchir.

Fouloire. S'entend aussi quelquefois du lieu où l'on travaille à la foule des étoffes, des bas, & des chapeaux; & c'est même le terme le plus usité parmi les Chapeliers. Le véritable terme est Foulerie.

FOULON. Ouvrier qui prépare les étoffes de laine, en les faisant fouler au moulin. On le nomme aussi Fouleur, Foulonnier & Moulinier.

Il y a des endroits, particuliérement du côté d'Amiens, où les Foulons s'appellent Meûniers-Foulons; parce que pour l'ordinaire ils font moudre du blé en même tems qu'ils font fouler les étoffes de laine.

Les Foulons, conformement aux Reglemens des Manufactures, sont obligez de marquer les étoffes d'un plomb qui leur soit particulier, après qu'elles ont été foulées. *Voyez* Plomb.

Il leur est défendu par les mêmes Reglemens de les tirer, allonger ni arramer, de telle sorte qu'elles se puissent racourcir de la longueur, & étressir de la largeur. *Voyez* Rame, & Arramer.

La foule des draps & autres étoffes de laine se fait dans des moulins à eau, que de leur usage on nomme Moulins à Foulon. Ces moulins, à la réserve des meules & de la trémie, sont peu differens de ceux qui servent à la mouture des grains. Il y en a même, comme on l'a déja remarqué, où les grains sont moulus, & les étoffes sont foulées par le mouvement de la même rouë.

Les principales parties d'un moulin à Foulon, sont la Rouë avec ses pignons ou lanternes, l'Arbre avec ses dents de rencontre, les Pilons ou Maillets, & les Piles, qu'on nomme autrement des Pots, & quelquefois simplement des vaisseaux à fouler.

C'est la rouë qui donne le mouvement à l'arbre, & l'arbre qui par le moyen de ses dents le communique aux pilons qu'il fait hausser & baisser alternativement, suivant que quelqu'une des dents rencontre ou quitte le mantonnet qui est au milieu de chaque pilon.

Les pilons & les piles sont de bois. Chaque pile a deux pilons au moins, assez souvent trois. Le nombre des piles n'est pas reglé, les moulins en ayant plus ou moins, suivant la volonté du Foulon, ou la force du courant d'eau qui fait mouvoir la rouë.

C'est dans les piles que l'on met les draps & étoffes de laine qu'on veut fouler, & les pilons en tombant dessus les foulent,

foulent, c'eſt-à-dire, les frappent & les battent fortement; ce qui les rend plus fortes, plus ſerrées, plus unies, & d'un meilleur uſé.

La foule ſe fait avec de l'eau chaude où l'on a fait diſſoudre du ſavon.

La plûpart des Foulons ſe ſervent d'abord d'urine, enſuite de terre graſſe, ou terre à Potier, & en dernier lieu de ſavon que l'on a fait diſſoudre dans l'eau chaude. Ces ingrédiens ſe mèttent pour dégraiſſer, & tout enſemble fouler les étoffes de laine.

Le meilleur ſeroit de ne ſe ſervir uniquement que de Savon; cependant la terre peut être d'un bon uſage, quand on prend la précaution de la préparer comme il faut, c'eſt-à-dire, de la délayer dans de l'eau, & de la bien manier avec les mains, afin d'en ôter juſques aux plus petites pierres; la moindre dureté qui ſe rencontre dans le vaiſſeau où l'on foule une étoffe étant capable de la troüer, & par conſequent de la dégrader conſiderablement.

A l'égard de l'uſage de l'urine dans la foule des étoffes de laine, les Manufacturiers habiles & de bonne foy conviennent qu'il peut être préjudiciable aux étoffes, ſoit à cauſe de la trop grande âcreté de l'urine, qui les rend ſéches & rudes, ſoit parce que ſa mauvaiſe odeur les peut infecter. Le plus ſûr ſeroit donc de ne jamais s'en ſervir: mais l'uſage en eſt devenu ſi ordinaire, à cauſe qu'elle ménage le ſavon, qui eſt une drogue qui coûte, qu'il paroît difficile de réduire les Foulons à y renoncer.

Le Sieur Colinet qui entreprit il y a quelques années une manufacture de ſavon dans Paris, fit alors imprimer un Memoire très-curieux, où il enſeignoit la véritable maniere de bien faire la foule des draps avec le ſavon. Comme ce Memoire fut dreſſé ſur les épreuves qui en furent faites dans les Manufactures Françoiſes de draperies les plus conſiderables par ordre de M. le Marquis de Louvois, qui étoit alors Sur-Intendant des Arts & Manufactures de France, on a crû que les Lecteurs, particulierement ceux qui ſe mêlent de manufactures de lainages ne ſeroient pas fâchez d'en voir ici un extrait.

Maniere de faire la foule des draps & autres étoffes de laine avec le ſavon.

Un drap de couleur de quinze marques ou enſeignes, c'eſt-à-dire, de quarante-cinq aunes ou environ, doit être mis en la maniere ordinaire dans les pots ou piles des moulins à fouler, ſans le faire auparavant tremper dans l'eau, comme on a coûtume de faire en pluſieurs endroits.

Pour fouler cette pilée de drap, il faut quinze livres de ſavon, dont d'abord il n'en faut faire fondre que huit livres dans deux ſeaux d'eau de riviere ou de fontaine bien chaude; enſorte pourtant qu'on y puiſſe ſouffrir la main; puis la jetter peu à peu ſur le drap en le mettant dans la pile, & le faire ainſi fouler pendant deux heures, après quoy il faut l'en tirer pour le lizer. *Voyez* LIZER.

Il faut auſſi-tôt après remettre ce drap dans la même pile, ſans pourtant y mettre de nouveau ſavon, & l'y laiſſer encore fouler deux heures; enſuite de quoy il le faut retirer pour le faire bien tordre à la cheville, afin d'en exprimer, & faire ſortir toute la graiſſe & l'ordure qui pourroit être dedans.

Après cette ſeconde foule il faut faire fondre les ſept livres de ſavon qui reſtent dans deux ſeaux d'eau chaude, ainſi qu'il a déja été dit, que l'on jettera à quatre differentes fois ſur le drap petit à petit; ayant ſoin de le retirer de la pile de deux en deux heures pour le lizer de nouveau; & quand on s'appercevra que le drap ſera ſuffiſamment foulé, & qu'il aura acquis aſſez de force, ſuivant ſa qualité, il le faudra faire dégorger tout-à-fait à l'eau chaude, en le laiſſant dans la pile juſqu'à ce qu'il ſoit entierement net.

A l'égard des draps blancs, comme ils foulent plus facilement & en moins de tems que ceux de couleur, il faudra retrancher un tiers de ſavon.

Les draps préparez avec le ſavon de la maniere qu'il vient d'être dit, foulent mieux & en beaucoup moins de tems que ceux qui ſont foulez avec l'urine & la terre, ſont moins ſujets à ſe troüer & à ſe caſſer dans la pile, & ſont plus doux à la main, plus moëleux & plus faciles à apprêter. Ils prennent même les couleurs plus vives à la teinture.

Il faut remarquer que lorſque les laines ont été dégraiſſées comme il faut avec le ſavon, avant que d'être filées, & qu'on n'y a point employé d'urine, il faut un tiers moins de ſavon pour fouler & dégraiſſer les étoffes.

La foule des autres étoffes de laine qui ſe fait au ſavon, ſe pratique à proportion comme celle des draps.

Il n'eſt pas permis aux Foulons d'étoffes de recevoir dans leurs moulins aucuns ouvrages de bonneterie pour les fouler; y ayant d'autres Ouvriers deſtinez uniquement à fouler & à apprêter ces ſortes de marchandiſes.

Au raport de Pline, Liv. 7. chap. 16, ce fut un Nicias fils d'Hermias, qui fut le premier Inventeur du métier de Foulon: & il paroît par une inſcription dont le Sieur Wheler fait mention dans ſon Voyage de Dalmatie, que ce même Nicias gouvernoit en Grece du tems des Romains.

On appelle Chardon à Foulon, une ſorte de chardon dont ſe ſervent les Foulons pour lanner leurs étoffes, après qu'elles ont été foulées. *Voyez* CHARDON.

FOULON. Outre les Foulons dont on vient de parler, il y a d'autres Ouvriers auſquels on donne auſſi le nom de Foulons ou Reniqueurs, dont l'employ eſt de fouler aux pieds les petites étoffes fines, ſoit pour les dégorger de l'empoix ou colle que l'on y a mis en les fabriquant, ſoit auſſi pour les dégorger de la teinture.

Ces ſortes de Foulons travaillent particulierement dans les Manufactures d'Amiens. *Voyez* VAISSEAUX, & RENIQUER.

Il y a à Paris une Communauté de Maîtres Foulons & Pareurs de draps, dont les premiers Statuts ſont du 18 May 1443, comme il paroît par les Lettres Patentes du Roy Loüis XII. du 24 Juin 1467, où ils ſont rappellez, reformez & confirmez quant aux articles qui n'y ont point été changez.

Les Maîtres Foulons n'ayant depuis ce tems-là obtenu aucunes Lettres Patentes de confirmation des Rois Succeſſeurs de Louis XII. juſqu'à l'année 1606, en obtinrent du Roy Henry IV. en datte du 22 Février de la même année, par leſquelles leſdits Statuts furent continuez & confirmez malgré le laps de tems, dont en tant que beſoin ſeroit, Sa Majeſté les a relevez.

Ces dernieres Lettres Patentes, auſſi-bien que celles de Louis XII. furent enregiſtrées le 22 Juin enſuivant au neuviéme Regiſtre des Bannieres du Châtelet.

Par ces Statuts la Communauté eſt conduite & gouvernée par quatre Jurez & Gardes, dont deux ſont élus chaque année; & il eſt permis à chaque Maître de tenir deux Apprенprentifs obligez pour trois ans, sauf à eux, s'ils le veulent, d'en prendre encore un dans la derniere année des trois de l'apprentissage des deux autres.

FOULON, ou FOULEUR. Se dit encore chez les Marchands Bonnetiers, de l'Ouvrier qui foule & qui apprête les bas, les bonnets, &c. *Voyez* FOULER.

A Paris les Fouleurs de bas sont reçûs par les Maîtres & Gardes du Corps de la Bonneterie, après qu'ils ont donné devant eux des marques de leur capacité par des experiences.

Ces Ouvriers doivent donner au moins deux eaux vives aux ouvrages faits sur le métier, après qu'ils les ont dégraissez: & ils ne peuvent se servir de pomelles ni de cardes de fer, pour apprêter, appareiller & drapper les ouvrages de bonneterie; le chardon étant la seule chose qui convienne pour donner ces sortes d'apprêts, en observant cependant de ne s'en point servir pour les bas d'estame.

FOULONIER. On nomme ainsi dans quelques Provinces de France, & dans plusieurs Manufactures, ce qu'on nomme ailleurs Foulon, Fouleur & Moulinier. *Voyez les articles précedens.*

FOULURE. Action par laquelle on foule. Il se dit aussi de la façon que le Foulon donne aux étoffes en les foulant.

FOULURE. Les Courroyeurs ont deux sortes de Foulure, la Foulure à sec, & la Foulure avec moüillage. L'une & l'autre se fait avec les pieds nuds. *Voyez* COURROYEUR.

FOUR. Construction de tuilleaux, quelquefois de briques, liées avec de la chaux, du plâtre ou de la terre, faite en forme de voûte surbaissée par en haut, avec un aire ou âtre plat par en bas, & une seule ouverture par devant. C'est dans la cavité de cette construction, qui n'a guéres qu'un pied ou dix-huit pouces de haut, & sur son âtre qui est de terre franche battuë, que les Boulangers & les Patissiers font cuire leurs pains & patisseries, après l'avoir échauffé avec du feu de gros bois fendu, qu'ils allument en dedans, & qu'ils poussent à un degré de chaleur, qu'il n'y a que l'experience qui puisse bien apprendre; mais que l'on peût pourtant conjecturer par la couleur des briques ou des tuilleaux, lorsque ceux de la chapelle deviennent blancs.

On nomme la Chapelle d'un four, la petite voûte qui le couvre; le tour interieur s'appelle la Ceinture; & l'ouverture, la Bouche du four. Cette bouche se ferme avec une coulisse ou une porte de tôle ou fer battu, à laquelle, quoiqu'assez improprement, on donne le nom de Couvercle, qu'on étoupe, quand le pain est enfourné, avec de vieux linges, ou de vieux filets de Pêcheurs moüillez, pour mieux conserver la chaleur.

Plus le bois est sec, moins il en faut pour chauffer un four: c'est pour cela qu'aussi tôt que le pain en est tiré, on y enferme le bois qui doit servir à la fournée suivante; ce qu'on appelle Garnir le four.

Les plus grands fours des Boulangers peuvent tenir jusqu'à vingt ou vingt quatre boisseaux de farine. Les fours bourgeois ne passent guéres un septier; il y en a même qui ne sont que de deux ou trois boisseaux. Le dessus des grands fours sert en hyver à mettre le paistrin, le tour & la couche, pour faire plus facilement lever la pâte.

FOUR BANAL. C'est un four public où tous les particuliers sont obligez d'aller cuire en payant un certain droit. Ce droit est seigneurial. Celui qui tient le four banal se nomme Fournier.

PIECES DE FOUR. Se dit seulement de certaines pieces de patisserie, & non de toutes. Les gâteaux, les tartres & les poupelins sont des pieces de Four.

Mettre le feu au Four, Chauffer le Four, Mettre au Four, Tirer du Four, Sortir du Four, sont tous termes d'un usage commun aux Boulangers & aux Patissiers, & trop connus pour avoir besoin d'être expliquez.

Le lieu où est le Four s'appelle quelquefois un Fournil, & quelquefois une Boulangerie.

Une fournée est ce qui peut tenir de pain dans un Four.

FOUR A VERRE, qu'on appelle aussi FOURNEAU: C'est le lieu où sont ces especes de vaisseaux ou cuves, dans lesquelles les Verriers mettent les matieres propres à être vitrifiées, & où ils les font fondre avec un feu perpetuel entretenu de bois sec. *Voyez* VERRE *ou* VERRERIE.

FOUR à plâtre, Four à chaux, Four à tuile, Four à brique, Four à poterie de terre, Four à fayance, Four à porcelaine, &c. Ce sont de grandes constructions bâties de moilon ou de brique, où l'on fait cuire toutes ces diverses matieres, ainsi qu'il est expliqué par ordre alphabetique dans les articles de ce Dictionnaire, où l'on parle de la fabrique & du commerce de toutes ces choses. *Voyez* PLASTRE, CHAUX, TUILE, BRIQUE, POTIER DE TERRE, *&c. Voyez aussi* FOURNEAU, *nom que l'on donne assez souvent à quelques-uns de ces Fours.*

FOUR à faire éclore les poussins. Cette sorte de Fours est peu connuë en Europe, mais trés-commune en Egypte, particulierement au Caire, où il se fait un commerce inconcevable de ces oiseaux domestiques éclos de cette façon.

Ces Fours sont faits comme ceux dans lesquels on cuit le pain en France, hors qu'ils ne sont que de brique cuite au soleil, & qu'ils ont par en haut une ouverture ronde d'environ dix-huit ou vingt pouces de diametre.

Chaque fournil a ordinairement vingt-quatre Fours, douze de chaque côté, qui forment deux étages de six Fours chacun, avec une allée fort étroite au milieu qui les sépare.

Lorsqu'on veut faire éclore les poussins, on met les œufs dans les Fours d'en bas, & l'on entretient pendant huit jours un feu lent fait avec de la paille dans les Fours d'en haut; après quoy on bouche ceux où sont les œufs, pour les ouvrir au bout de six jours, & séparer les œufs clairs d'avec ceux qui sont pleins.

Le choix étant fait, on remet les bons dans les Fours de l'étage d'en haut, & l'on entretient encore pendant deux jours un petit feu de paille dans ceux d'en bas; après quoy on attend que les poussins soient éclos; ce qui arrive le vingt-deuxiéme jour, commençant à rompre leur coque dès le vingt-uniéme.

On ne se sert de ces Fours que depuis le mois de Decembre jusqu'au mois d'Avril; les grandes chaleurs n'y étant pas propres.

On ne paye rien au Fournier; mais son profit consiste en ce que recevant les œufs au boisseau, il rend les poussins à la même mesure; ce qui est un gain considerable, à cause de la difference du volume de l'œuf & du poussin.

FOURBIR. Nétoyer, rendre poli & luisant. Il se dit particulierement des armes, & sur-tout des épées.

FOURBISSEUR. Celui qui fourbit. il ne se dit plus que de l'Artisan qui fourbit & éclaircit les épées, qui les monte, & qui les vend.

Il y a à Paris une Communauté de Maîtres Fourbisseurs. Leurs anciens Statuts confirmez par Henry II. furent renounouvellez, mis en meilleure forme & en stile plus intelligible sous le Regne de Charles IX. en consequence de l'article 98 des Ordonnances des Etats Generaux tenus à Orleans.

Les Lettres Patentes de confirmation & renouvellement sont dattées de Moulins au mois de Mars 1566, enregistrées en Parlement le huitiéme jour de Février de l'année suivante. Ce sont encore ces Statuts qui sont observez dans le Corps des Fourbisseurs; n'y ayant eu d'autres changemens que ceux qu'ont souffert toutes les autres Communautez de Paris, par la création de diverses Charges en titre d'Offices, comme de Jurez en 1694, & de quelques autres en 1702, 1704 & 1707, toutes Charges que la Communauté des Fourbisseurs a été obligée d'acheter, & d'en obtenir des Lettres d'incorporations, aussi-bien que les autres.

Les Maîtres de cette Communauté sont qualifiez Maîtres Jurez Fourbisseurs & Garnisseurs d'épées & autres bâtons au fait d'armes de la Ville de Paris.

Les armes qu'ils ont droit de fourbir, monter, garnir & vendre, sont les Epées, les Lances, les Dagues, les Hallebardes, Espieux, Masses, Pertuisannes, Haches; enfin, comme il est porté dans leurs Statuts, tous autres bâtons maniables à la main, servant audit fait d'armes.

Quelques-unes de ces armes n'étant plus d'usage, il appartient aux Maîtres Fourbisseurs de monter & vendre celles qu'on a inventé de nouveau, & dont les Gens de guerre se servent en la place des anciennes.

Quatre Jurez, dont deux sont élûs tous les ans, veillent à l'observation des Reglemens, & doivent faire les visites deux fois le mois.

C'est aux Jurez de donner le chef-d'œuvre aux Aspirans à la Maîtrise; mais pour juger si le chef-d'œuvre est recevable, ils doivent appeller quatre Bacheliers de ceux qui sont les derniers sortis de Jurande.

Nul n'est reçû au chef-d'œuvre, qu'il n'ait fait apprentissage de cinq ans chez les Maîtres de Paris. Les Apprentifs des autres Villes y peuvent néantmoins être reçûs, en justifiant de trois années de leur apprentissage, & en le continuant encore trois autres à Paris.

Les Fils de Maîtres, même des Maîtres de Lettres, ne sont point tenus au chef-d'œuvre.

Les Veuves restant en viduité joüissent de tous les privileges du métier, à la réserve du droit de faire des Apprentifs: elles peuvent cependant achever celui qui est commencé.

Aucune marchandise foraine ne peut être achetée par les Maîtres, qu'elle n'ait été visitée des Jurez; & même après la visite elle est sujette au lottissage.

Il n'appartient qu'aux Maîtres Fourbisseurs de dorer, argenter & ciseler les montures & garnitures d'épées & autres armes; comme aussi d'y faire & mettre des fourreaux; étant défendu à tous Compagnons Doreurs sur fer de s'en mêler; aussi-bien qu'à tous Merciers, Quincailliers, ou autres tenant magasin d'armes, qui peuvent seulement les vendre & débiter toutes montées, soit qu'ils les ayent reçûes de la main des Maîtres de Paris, soit qu'ils les ayent fait venir des Provinces de France, ou des Pays Etrangers.

Enfin l'article 21 de ces Status regle les matieres qui doivent entrer dans les garnitures des poignées d'épées, dagues & braquemars; & le 22 traite de la fabrique des fourreaux, soit de veau ou de maroquin, soit de drap ou de velours.

Il y a trois parties à une épée, qui présentement est presque la seule arme que montent & que vendent les Fourbisseurs de Paris. Ces parties sont la Lame, la Garde & le Fourreau.

C'est de Viller-Cotterets que vient le bois qui sert à la monture des fourreaux. On n'y employe guéres que du hestre, qu'on achete en feüilles de quatre pouces de large & de deux ou trois lignes d'épaisseur; & qu'après avoir dressé avec des rapes, on coupe le long d'une regle avec couteau, pour les réduire & partager en une largeur convenable à la lame qui doit y être enfermée. Ces feüilles de hestre se vendent ordinairement au cent.

Le moule pour faire ces fourreaux, est la lame même de l'épée, sur laquelle on place d'abord le bois, qu'on couvre ensuite de toile, & enfin d'un cuir bien passé qu'on coud pardessus, après avoir collé le tout ensemble. A la pointe se met un bout de métail, & au haut un crochet.

Il y a des Maîtres Fourbisseurs qui ne s'appliquent qu'à la fabrique des fourreaux, d'autres qui ne font que des montures; & d'autres qui montent les épées, c'est-à-dire, qui y mettent la garde & la poignée.

Les Fourbisseurs de Paris ne forgent point les lames qu'ils montent; ils les tirent d'Allemagne, de Franche-Comté, & de S. Etienne en Forest. Ces dernieres sont très-mauvaises; & ne servent que pour les troupes. Celles d'Allemagne sont les plus fines & les plus estimées: Celles de Franche-Comté tiennent le milieu. Elles se vendent toutes au cent, à la grosse, à la douzaine, & à la piece.

Les outils & instrumens dont se servent les Maîtres Fourbisseurs, sont divers Marteaux, toutes sortes de Limes, des Tenailles de fer & de bois, plusieurs Ciseaux en fer, des Cisailles, des Rapes, des Bigornes; des Estaux, soit à main, soit à étably; un Tas, des Gratteaux, des Brunissoirs, des Forets avec la palette & leur archet; quantité de differens Mandrins, comme ceux qu'ils nomment Mandrin de plaque, Mandrin de garde, Mandrin de corps, Mandrin de branche, & Mandrin de bout; une Pointe, des Pinces rondes, quarrées & pointuës; un Chasse-poignée, une Boule ou Chasse-pommeau, des Filieres à tirer l'or, l'argent & le cuivre; grand nombre de Ciselets, entr'autres, des Gouges, des Feüilles, des Rosettes, des Perloirs, des Frisoirs, des Masques, des Mattoirs, des Pointes, des Grattoirs, des Couteaux à refendre, des Filieres, & quelques autres qui servent à damasquiner & ciseler en relief les gardes, plaques & pommeaux d'épée: enfin divers burins, & un instrument de bois sans nom, pour soûtenir le corps de la garde en la montant. *Voyez les outils à leurs articles.*

FOURBISSURE. Action de fourbir, nettoyement des armes. Il se dit particulierement des épées.

FOURCHE. Outil de fer composé d'une doüille & de deux ou trois fourchons, emmanché d'un bâton de trois ou quatre pieds de longueur. La Fourche sert aux Jardiniers à charger leur fumier pour dresser leurs couches, & à herser les planches qu'ils ont nouvellement ensemencées.

FOURCHE. Les Marchands Estaliers appellent une Fourche, une longue perche, armée au bout d'un demi cercle de fer, dont ils se servent pour mettre & ôter les étalages qu'ils ont coûtume de pendre sur le devant de leurs boutiques à des crochets attachez aux auvents.

FOURCHES. Les Carriers donnent le nom de Fourches aux soûtiens sur lesquels roulent par les deux bouts l'arbre de leur rouë, ou le treüil de leur moulinet. *Voyez* ROUE DE CARRIERE.

FOURCHES, qu'on appelle aussi ARBALESTRES. Terme d'Ouvrier en gaze. Ce sont les ficelles, qui dans le métier des Gaziers tiennent les lissettes. *Voyez* GAZE.

FOURCHETTE. Morceau de métail, ou de quelque autre matiere, dont l'une des extrémitez est séparée en deux ou en trois à la façon des Fourches. C'est un ustencile de table. Il y en a d'or, d'argent, de leton, de fer, d'yvoire, de buis, &c.

FOURCHETTE. Terme de Pêcheur. C'est une perche de bois, de six ou sept pieds de long, qui se partage en deux ou en trois fourchons à l'un de ses bouts. La Fourchette sert de manche à cette sorte de filet, qui se nomme une Trouble. *Voyez*, TROUBLE.

FOURCHETTE. Les Chauderonniers appellent la Fourchette d'un rechaud, le morceau de fer qui entre d'un bout dans le manche de bois du rechaud, & qui de l'autre est séparé en deux, & est rivé au corps du rechaud.

FOURCHETTE. Terme de Charronnage. On appelle les Fourchettes d'un carosse, deux pieces du train de devant, qui sont auprès des armons, d'où elles se séparent, & forment une espece de fourche, ce qui leur a donné leur nom. *V.* CAROSSE.

FOURCHETTE. C'est aussi un morceau de bois garni d'une petite fourche de fer, qui est attaché à la fleche d'un carosse avec un crampon & un anneau, qu'on lâche dans les montées un peu roides, pour empêcher qu'il ne recule. *Voyez comme dessus.*

FOURCHETTE. Outil de fer dont se servent les Serrurieres pour tourner les brequins, tarriéres, canons, &c. & pour tourner en rond & demi rond le fer à chaud.

FOURCHETTE. C'est aussi une piece de bois avec deux liens, qui fait une partie de l'empatement ou base de quelques machines dont se servent les Charpentiers.

L'engin, machine à élever des fardeaux, & les sonnettes, autre machine à battre les pilotis, ont une Fourchette qui avec ce qu'on appelle la Sole, soûtient toutes les pieces de l'une ou de l'autre. *Voyez* ENGIN, *&* SONNETTES.

FOUREAUX. Les Batteurs d'or nomment Foureaux, deux morceaux de parchemin, où sont renfermez les moules de velin ou de boyau de bœuf qu'on nomme Bautruches, dans lesquels ils battent l'or & l'argent, & le réduisent en feüilles. Les Foureaux servent à tenir en état les moules, & empêchent que les feüilles dont ils sont composez ne se dérangent. *Voyez* BATTEUR D'OR.

FOURE'E. Espece de soude que l'on fait en Espagne avec des herbes brûlées. Elle entre dans la fabrique des savons; mais elle n'y est pas si bonne que les cendres du Levant. *Voyez* SAVON.

FOURER. } *Voyez* { FOURRER.
FOUREUR. } *Voyez* { FOURREUR.
FOURURE. } *Voyez* { FOURRURE.

FOURGON. Espece de bâton long d'environ trois pieds, au bout duquel sont attachez plusieurs petits morceaux de peau, qui sert aux Megissiers & Chamoiseurs à enduire & barboüiller de chaux vive détrempée dans l'eau, les peaux de mouton du côté de la chair, afin de les mettre en état d'être pelées sur le chevalet. *V.* CHAMOIS.

FOURGON, ou RABLE. C'est aussi un long crochet de fer, emmanché à une perche de bois, dont les Patissiers, Boulangers, Pain-d'épiciers & autres tels Artisans se servent pour attiser, ou comme ils disent, fourgonner le bois dont ils chauffent leurs fours. Il s'en servent aussi pour y arranger leurs pains & patisseries, quand ils les y ont enfournez, ou pour les en tirer quand ils sont suffisamment cuits. *Voyez* FOUR, BOULANGER, PATISSIER, *&* PAIN-D'EPICIER.

FOURGON. Les Maîtres Chauderonniers appellent le Fourgon de la forge, un fer long d'environ deux pieds, un peu large & applatti par le bout, dont ils se servent pour attiser le charbon de leur forge. Ils en ont encore un autre pour retirer la braise; mais ils le nomment plus ordinairement Croissant, à cause de la figure courbée qu'il a par le bout.

FOURGON. Est encore une espece de charrette à quatre roués, qui sert aux Poulaillers-Coquetiers pour apporter leurs volailles & gibiers à la Vallée de misere de Paris. Ces Fourgons n'ont point ordinairement de fonds, mais sont seulement enfoncez avec des cordages.

Il y a aussi des Fourgons d'armée, soit pour le bagage, soit pour les munitions. Quelques-uns de ceux-ci sont chargez d'un coffre couvert de planches en dos d'asne: les autres ont des ridelles garnies d'osier. Tous ces Fourgons sont ouvrages de charronnage.

FOURNAISE. Terme de Monnoyeurs. C'est le lieu où est leur banc & leur enclume, tant pour battre carreaux, que pour flatir & rechauffer les flaons, & donner quelques autres façons a la monnoye.

FOURNALISTE. Celui qui fait des fourneaux de terre.

Il y a à Paris une espece de petite Communauté de Potiers de terre, qui sont sujets aux visites des Maîtres Potiers de terre de la Ville & Fauxbourgs de Paris, qui pourtant ne sont pas de leur Corps, quoiqu'ils ayent droit de faire tous leurs ouvrages.

Ces Potiers s'appellent Fournalistes, parce qu'il n'appartient qu'à eux de faire les fourneaux de ciment, qui servent aux Hôtels des Monnoyes aux affinages & fontes de métaux, aux distillations; enfin à tous les ouvrages d'orfevrie, de fonderie & d'operations de chymie.

C'est pareillement à eux seuls qu'il appartient de faire & vendre toutes sortes de creusets, de quelque forme & grandeur que ce soit, & à quelque usage qu'ils soient destinez.

Outre ce privilege exclusif, il leur est aussi permis de faire, comme on l'a dit, les ouvrages de terre ordinaire, ainsi que les autres Potiers; & c'est pour ces ouvrages uniquement qu'ils sont sujets à la visite de leurs Jurez; ne dépendant pour le reste que de la Cour des Monnoyes. C'est par devant le Procureur General de cette Cour qu'ils font leur chef-d'œuvre, sont reçûs Maîtres, & prêtent le serment.

Cette petite Communauté, qui ne consiste qu'en quatre ou cinq Maîtres, n'a point de Jurez; les Officiers de la Cour des Monnoyes leur en tiennent lieu, & en font à leur égard toutes les fonctions.

L'apprentissage est de cinq ans; & le service chez les Maîtres après l'apprentissage, de deux autres années.

Le Fils de Maître ne doit que la simple experience, & l'Apprentif étranger le chef d'œuvre. L'un & l'autre leur font donnez à la Cour des Monnoyes, où l'Aspirant est reçû à la Maîtrise, son brevet d'apprentissage & ses Lettres de maîtrise enregistrées, aussi-bien que la reception du serment qu'il y fait.

Les Veuves joüissent des privileges de la Maîtrise de leur mary: elles ne peuvent cependant obliger de nouveau Apprenprentif, mais seulement achever celui qui est commencé. Elles peuvent travailler par elles-mêmes, ou faire travailler des Compagnons.

Les Maîtres ne peuvent vendre des Fourneaux & des creusets propres aux fontes des métaux ou aux destillations, qu'à Gens connus, ou avec permission obtenuë par écrit des Officiers de la Cour des Monnoyes.

Ils ont liberté entiere pour la vente des autres ouvrages de terre ordinaire, conformement néanmoins aux Statuts de la grande Communauté de Potiers de terre; étant sujets aux saisies, confiscations & amendes portées par les Reglemens, &, comme on l'a dit aux visites des Jurez.

La matiere dont on fait les fourneaux & les creusets, est partie de ciment & partie de terre glaise, bien courroyez ensemble. Le ciment ne doit être que de grès de pot à beurre pulverisé & bien battu; le ciment de tuilleau n'y étant pas propre.

Les outils pour la fabrique de ces ouvrages sont simples; & en petit nombre. Un Maillet ou Masse de bois à long manche, dont la tête est armée de clous sert à battre le ciment, & un petit Rabot aussi de bois, ou plus simplement une Palette faite d'une douve à le courroyer, & le mêler avec la terre glaise.

Les fourneaux se font à la main avec la seule palette, que l'on poudre de sablon, pour qu'elle ne s'attache pas à la terre. Les creusets ont des moules de bois plus ou moins grands, suivant l'ouvrage, & de la figure de l'ouvrage même. Ces moules se tiennent par une queuë ou manche aussi de bois; & après les avoir saupoudrez d'un peu de sable, on les couvre à discretion d'autant de terre bien courroyée qu'on le croit nécessaire, qu'on arrondit ensuite tout autour & qu'on applattit par dessous avec la palette.

Il y a de grandes & de petite palettes, de quarrées, de longues & en triangle. Ces dernieres sont un peu tranchantes, & servent comme de couteau pour enlever ce qu'il y a de trop de matiere, & réduire l'ouvrage à sa juste épaisseur. On les appelle Palettes, parce qu'en effet les plus grandes ressemblent parfaitement à celles dont les enfans se servent dans quelques-uns de leurs jeux.

Des bâtons longs, ronds & pointus, de diverses longueurs, & de differens diametres, servent à ouvrir les trous, qu'en termes de l'art on appelle des Registres, qu'on laisse aux fourneaux, pour en les bouchant, ou en les laissant ouverts, y entretenir le degré de feu convenable. Ces bâtons, à cause de leur figure, se nomment des Fuseaux.

Outre les fourneaux & les creusets, les Fournalistes ne font guéres que des rechauds & des especes de fourneaux quarrez, mais plus longs que larges, dont les Blanchisseuses se servent pour chauffer leurs fers à repasser. Ces sortes d'ouvrages sont aussi de grès de pots à beurre; de même que des fourneaux d'une nouvelle invention, propres à faire de caffé, dont on parle ailleurs. *Voyez* CAFFE'.

FOURNEAU. Vaisseau propre à contenir du feu, soit qu'on le fasse avec du charbon, soit qu'on l'entretienne avec du bois. Il y en a de plusieurs grandeurs, formes & usages.

FOURNEAU. Espece de four propre à contenir le minerais ou matieres d'où se tirent les métaux, & où on les fond par un grand feu de charbon ou de bois. *Voyez les differens articles des métaux.*

FOURNEAU. Se dit plus particulierement de la fonte du fer: il est même different de la fonderie; & c'est improprement qu'on s'en sert pour signifier des forges de fer.

Le fourneau est proprement le lieu où le minerai se fond; la fonderie, celui où des canons, des plaques de cheminées, des enclumes, & quelques grosses batteries de cuisine de fer se coulent & se fabriquent du minerai fondu; & la forge, celui où les Forgerons réduisent en diverses formes & échantillons de fer, les gueuses qui sont sorties des fourneaux. *Voyez* FER.

FOURNEAU DE VERRIER, qu'on appelle aussi FOUR A VERRE. C'est le lieu où se cuit & se façonne le verre. *Voyez* VERRE, *&* VERRERIE.

FOURNEAU DE CHARBONNIER. C'est un trou qu'on creuse en terre, où les Charbonniers mettent le bois qu'ils veulent réduire en charbon. *Voyez* CHARBON.

FOURNEAU DE FONDEUR EN BRONZE. Ces Fondeurs se servent de deux sortes de fourneaux; l'un qui est au dessous des moules, qui sert à les cuire, & à en faire écouler toute la cire du modéle: l'autre est au dessus: & c'est dans celui-là que se fond le métail, d'où il coule dans l'escheno où aboutissent les jets par lesquels il doit être porté dans toutes les parties de l'ouvrage.

Le fourneau de dessous a une grille à son ouverture d'en haut, sur laquelle se dresse le moule; & une autre ouverture à côté, pour y mettre le bois & l'allumer.

Le fourneau de dessus est en forme de four avec trois ouvertures; l'une pour mettre le bois, l'autre pour servir d'évent; & la troisiéme par où doit couler le métail. *Voyez* FONDEUR EN BRONZE.

FOURNEAU DE FONDEUR EN SABLE. Il est à peu près fait comme la forge des Serruriers; avec cette difference, que le feu ne se fait pas sur le massif, mais dans une cavité qui est au milieu ou aboutit le tuyau du soufflet.

L'ouverture de cette cavité est d'environ un pied en quarré, qui perce jusqu'au bas du massif; à peu près au milieu est une grille pour soûtenir le creuset dans lequel doit se fondre le métail; plus bas est le cendrier d'où les cendres se vuident par un trou, au rez de chaussée de l'attelier. Cette ouverture d'en bas sert aussi pour donner de l'air au fourneau. *Voyez* FONDEUR EN SABLE.

FOURNEAU DES PEINTURES SUR VERRE. Il est de brique, presque de forme quarrée, & d'environ deux pieds six pouces de tout sens.

Une grille de fer le coupe horisontalement par le milieu; sur cette grille se pose la poêle où se recuit le verre. Elle est de terre, de sept à huit pouces de profondeur.

Ce fourneau a deux ouvertures; l'une au dessous de la grille, pour entretenir le feu: & l'autre au dessus de la poêle pour avoir l'œil à à la cuitte des couleurs. Le dessus du fourneau, quand la poêle est remplie des pieces qu'on veut cuire, se couvre d'une table de terre cuite où il y a cinq trous, l'un au milieu, & les quatre autres, deux à chacun des angles, pour servir d'évent, & comme de cheminée. *Voyez l'article du du* VERRE, *où il est parlé de la peinture sur verre.*

LE FOURNEAU des Maîtres Fondeurs de caractéres d'Imprimerie, est très-petit, haut en tout de dix-huit à vingt pouces, & de dix à douze de diametre; mais posé sur un escabeau de bois pour l'élever à une hauteur convenable aux ouvriers qui travaillent debout.

Il est fait par les Fournalistes de la même terre dont ils font les creusets: il consiste en deux parties, dont l'une est le cendrier qui est au bas, au-dessous d'une grille de fer, l'aul'autre partie s'appelle le Four ; c'est la cavité où l'on met le bois pour y entretenir le feu.

Un tuyau de terre ou de tole, sert au passage de la fumée, que l'on conduit suivant la commodité & la disposition des lieux : la culliere, on nomme ainsi le bassin de fonte où le métail est en fusion, est luttée exactement à l'ouverture du dessus. *Voyez* FONDEUR DE CARACTERES.

FOURNEAU DES PLOMBIERS. Les Maîtres Plombiers ont trois sortes de Fourneaux ; l'un qu'ils appellent la Fosse, l'autre qu'ils nomment la Poesle ; & le troisiéme, le Fourneau à étamer.

La fosse est le Fourneau où se fond le plomb, qui sert à couler les grandes & petites tables de plomb : c'est une espece de chaudiere, ou plûtôt de trou en forme de chaudiere, qui est faite de grès & de terre grasse, bien maçonnée de plâtre tout autour, au fond de laquelle est une petite poesle ou marmite de fer.

On fond dans la poesle le plomb pour jetter en moule & faire des tuyaux sans soudure : cette poesle est de fonte avec un trepied de fer qui la soutient ; tout autour est un massif maçonné de terre franche avec deux ouvertures, l'une plus grande pardevant pour mettre du feu sous la poesle, & l'autre plus petite par derriere, pour servir de ventouse.

Enfin le Fourneau à étamer est un chassis quarré de grosses piéces de bois, ou quelquefois un massif de maçonnerie, sur lequel est un foyer de briques, pour y allumer un feu de braise ou de charbon : son élevation de terre est d'environ deux pieds & demi, sa longueur de trois à quatre, & sa largeur d'un peu moins : autour s'éleve un bord aussi de brique ou de terre grasse, plus haut pardevant & par derriere que par les deux côtez. C'est sur le foyer de ce Fourneau que les Plombiers étament leurs ouvrages en y appliquant des feüilles d'étain avec la poix résine, à mesure que le plomb que deux ouvriers tiennent élevé au dessus, a pris une chaleur convenable. *Voyez* PLOMBIER.

FOURNEAU DE CHAPELIER. Les Chapeliers ont trois sortes de Fourneau : un petit sous les plaques où ils bâtissent & dressent leurs chapeaux : un plus grand dans la foulerie, sous la petite chaudiere qui contient l'eau & la lie avec quoi l'on foule : & un très grand sous la grande chaudiere où ils mettent les chapeaux à la teinture. *Voyez* CHAPEAU.

FOURNEAU A SOUFFLET. C'est un des deux Fourneaux dont on se sert dans les Hôtels des Monnoyes pour fondre les métaux.

Ce fourneau est composé par en bas d'un foyer, dont la surface est plate, & où l'air peut entrer par une ventouse qui y est menagée. A fleur du foyer il y a une seconde ouverture qui donne passage au tuyau du soufflet, qui a donné le nom au Fourneau : au dessus, environ à un demi pied de hauteur, est une grille de fer plat en forme de croix, qui est mobile, & qui peut se mettre & s'ôter facilement : enfin plus haut que la grille est l'endroit du Fourneau, où se met le creuset ; cet endroit est quarré, fait de la même terre que le creuset même, & de hauteur & largeur suffisante pour qu'il reste environ deux pouces d'espace autour du creuset, & quatre ou cinq au dessus pour l'entourer de charbon.

Quand on veut fondre des matieres dans ce Fourneau, on couvre la grille d'une petite platine de fer forgé ; puis on met dessus un creuset de terre qu'on charge de matiere, & qu'on couvre d'un couvercle ou de fer ou de terre. On charge ensuite le fourneau de charbon, & quand il est bien allumé, & le creuset bien recuit & bien chaud, on bouche la ventouse : enfin ayant de nouveau chargé le fourneau de charbon rond, on le couvre aussi d'un couvercle de fer, ne discontinuant point de faire agir le souflet & de fournir de charbon, jusqu'à ce que les métaux soient en bain. *Voyez* MONNOYAGE.

FOURNEAU A VENT. C'est le second Fourneau destiné à la fonte des métaux pour les monnoyes.

Ce Fourneau a par bas un foyer creux en maniere de coupelle avec sa ventouse au devant : au dessus de la ventouse est une grille de fer scellée dans le massif du Fourneau, dont les barres qui sont quarrées sont couchées sur l'arrête, afin que la poussiere du charbon n'y reste pas. Au dessus de la grille est l'endroit où se met le creuset, qui ordinairement est de fer forgé ; c'est aussi par où l'on met le charbon pour entretenir le feu du Fourneau.

Quand le creuset est chargé de matiere, on le couvre de son couvercle, & quand le Fourneau est chargé de charbon, on couvre le tout d'une chape de fer ou de terre : cette chape a par le haut une ouverture de 5 ou 6 pouces de diametre, & pour plus de commodité se peut séparer en deux. On sépare ainsi la chape afin de pouvoir en ôter la partie de devant avec des tenailles à crochets, soit pour remettre des matieres au creuset & du charbon au Fourneau, soit pour retirer tout-à-fait le creuset lorsque le métail est en bain.

Ce Fourneau s'appelle Fourneau à vent, parce que l'air qui entre par la ventouse qui est au bas, & qu'on laisse ouverte, tient lieu du souflet qui fournit le vent dans les autres Fourneaux.

L'or se fond ordinairement dans des Fourneaux à souflet, parce qu'il a besoin d'une chaleur plus forte & plus violente : pour l'argent, le billon & le cuivre ils se fondent au Fourneau à vent. *Voyez* MONNOYAGE.

FOURNE'E. Ce qui peut tenir de pain dans un four : une Fournée de petit pain. On le dit aussi de la quantité de patisserie qu'un Patissier peut enfourner à la fois : une Fournée de darioles. Enfin il se dit encore des choses dont on fait une cuite entiere dans un Fourneau : une Fournée de plâtre, une Fournée de chaux, une Fournée de tuiles.

FOURNI. FOURNIE. On dit que la boutique d'un Marchand, que son magazin sont bien fournis, lorsqu'il est bien assorti de marchandises des plus belles & en quantité, suivant le négoce qu'il fait.

FOURNIER. Celui qui fait cuire quelque matiere que ce soit dans un four ou dans un fourneau. On appelle Chaux-Fournier celui qui fait cuire la chaux.

FOURNIL. Lieu où est bâti le four : il ne se dit guéres que des fours particuliers.

FOURNIMENT. C'est ce qui sert aux Gens de guerre & aux Chasseurs pour mettre leur poudre. *Voyez* POUDRE.

FOURNIR. Livrer de la marchandise. Ce Chapelier me devoit fournir cent douzaines de chapeaux, il ne m'en a pas livré la moitié : C'est ce Drapier qui fournit la Livrée de la Maison du Roi.

FOURNIR. Se dit à peu près dans le même sens dans le commerce d'argent & de lettres de change que font les Marchands Banquiers. Ce Banquier est si riche & si accredité qu'il pourroit fournir vingt millions en un besoin : Ce Négociant m'a fourni des lettres de change pour Amsterdam & pour tout le Nord.

FOURNISSEMENT. Terme de commerce. C'eſt le fond que chaque aſſocié doit mettre dans une ſocieté.

On dit Compte de Fourniſſement, pour ſignifier le compte de ce que chaque aſſocié doit fournir dans une ſocieté, une entrepriſe, une manufacture, une cargaiſon de navire, &c.

FOURNITURE. Se dit dans les mêmes ſignifications que Fournir: faire une Fourniture de bleds & de fourages: Entreprendre la Fourniture des habits ou des armes d'un Régiment.

Faire une grande Fourniture d'argent, ſignifie en fait de commerce de banque, faire tenir beaucoup d'argent en un lieu, ou à une perſonne par le moyen de ſes Correſpondans.

Fourniture. S'entend encore parmi quelques artiſans, de certaines menuës choſes qui ſervent à perfectionner & achever leur ouvrage. Les Tailleurs appellent la Fourniture d'un habit, les boutons, la ſoye, les poches, le bougran, &c. ils mettent dans leur memoire la façon & la fourniture ſéparément.

Fourniture. Se dit auſſi du nombre de certaines marchandiſes que l'on vénd au compte. Les ardoiſes ſe vendent à la Fourniture, qui contient vingt-un milliers d'ardoiſes, fournies de quatre au cent. *Voyez* Ardoises.

Les Marchands de vin de Paris appellent une *Fourniture*, vingt-un muids de vin; & les Marchands de bled en Anjou nomment auſſi *Fourniture*, vingt-un ſeptiers de grain.

FOURREAU. Sorte de gaine, d'étuy ou d'envelope: il ſe dit particuliérement de ceux qu'on met aux armes. Les Fourreaux d'épées ſe font avec de légeres feüilles de bois de hêtre qui ſe vendent au cent; les meilleures feüilles de hêtre, & celles que les Fourbiſſeurs de Paris employent plus ordinairement, viennent de Villers-Coterefts *Voyez* Fourbisseur.

Fourreau. Terme de Batteur d'or. *Voyez* Foureaux.

FOURRELIER. C'eſt une des qualitez que les Statuts des Marchands Gainiers leur donnent, apparemment à cauſe de la faculté qu'ils ont de fourrer & garnir de revêche une partie de leurs ouvrages, ou à cauſe que les fourreaux de piſtolets ſont du nombre de ceux qu'ils peuvent faire. *Voyez* Gainier.

FOURRER. Garnir quelque choſe de fourrure. *Voyez* Pelletier.

Fourrer. Se dit auſſi des monnoyes qui ſont au dehors de bon or ou de bon argent, & qui n'ont au dedans que du cuivre, de l'étain & du plomb: Ce faux Monnoyeur ſçait fourrer les eſpeces. *Voyez* Monnoye.

Fourrer. Se dit encore de toutes les marchandiſes ou denrées, qui ſe mettent en bottes ou en maſſes, & qu'on altere ou falſifie, en y fourrant au milieu quelques-unes de moindre qualité que celles qui paroiſſent à l'extérieur. Fourrer des bottes de foin: fourrer des fagots.

FOURREUR. Ouvrier qui travaille en fourrures, ou Marchand qui en fait commerce. Les Marchands Pelletiers de Paris ſont appellez dans leurs Statuts, Maîtres Marchands Pelletiers-Haubanniers, Fourreurs, &c. *Voyez* Pelletier.

FOURRURE. Ce qui ſert ou peut ſervir à fourrer, garnir & doubler des robes, des habits & autres choſes, ſoit pour la commodité, ſoit pour l'ornement, ſoit pour la diſtinction des rangs & dignitez.

On le dit particuliérement des garnitures & doublûres faites de peaux d'animaux paſſées en alun d'un côté & garnies de leur poil de l'autre: une Fourrure de petit gris, une Fourrure d'hermine, une Fourrure de martre zebeline.

Les Rois, les Souverains, les Ducs & Pairs en France ont pour les cérémonies des manteaux doublez de diverſes Fourrures, particuliérement d'hermine: quelques Magiſtrats du premier rang & les Docteurs des différentes Facultez des Univerſitez en ont pareillement. On les nomme ſimplement des Fourrures: la Fourrure des Préſideus à mortier, la Fourrure d'un Docteur ou d'un Bachelier.

Fourrure. Se dit auſſi de quelque peau que ce ſoit garnie de ſon poil, qui entre dans le commerce des Marchands Pelletiers; tels que ſont les martres, les renards, les loups, les chiens, les caſtors, les loutres, les tigres, les ours, l'hermine, le petit gris & autres ſemblables. Ce Marchand a les plus belles Fourrures de Paris. En terme de commerce on dit plus ordinairement Pelleterie que Fourrûre. *Voyez* Pelleterie.

FOUTEAU. C'eſt un des noms que l'on dônne à une ſorte d'arbre de haute futaye, que l'on appelle ordinairement Heſtre & quelquefois Fau. *Voyez* Hestre.

FRACTION, ou Nombre rompu. Terme d'Arithmetique, qui ſe dit d'une ou pluſieurs parties de quelqu'entier diviſible en parties égales.

Chaque Fraction eſt toûjours compoſée de deux nombres, dont l'un eſt appelé numerateur, & l'autre dénominateur. Ils ſe ſéparent par une petite barre de cette maniere ($\frac{7}{12}$) ce qui veut dire ſept douziémes: ſept eſt le Numerateur, parce qu'on compte ſept parties d'une choſe entiere qu'on ſupoſe être diviſée en douze parties égales; & douze eſt le Dénominateur, à cauſe que c'eſt le nombre qui donne la dénomination à ces parties qui ſont des douziémes.

Il y a de deux ſortes de Fractions; les unes que l'on nomme Fractions vulgaires ou communes, & les autres qu'on appelle Fractions arithmetiques.

Les Fractions vulgaires ou communes ſont celles qui expriment une ou pluſieurs parties d'un entier connu & en uſage, tel que peut être la livre tournois, le ſol, le denier, l'écu, l'aune, la verge, la toiſe, l'arpent, la livre de poids, le marc, le muid de grain, &c.

Les Fractions arithmetiques ſont celles qui reſtent après l'opération d'une diviſion, ou qui ſont propoſées dans quelques autres opérations d'arithmetique. *Voyez* Nombre rompu *ou* Fraction.

FRAGMATS. *Voyez les articles ſuivans*

FRAGMENT. Petit morceau d'une choſe rompuë.

Les Fragments de toutes ſortes de drogues & épiceries payent en France les droits d'entrée à raiſon de ſix livres cinq ſols du cent peſant, conformément au Tarif de 1664.

Fragmens precieux. Les Marchands Epiciers, Droguiſtes, Apoticaires, nomment ainſi les morceaux qui ſe ſéparent quand on taille les hyacinthes, les émeraudes, les ſaphirs, les grenats & la cornaline.

Ce ſont ces Fragmens qu'ils font entrer dans divers remedes & compoſitions, après les avoir reduits en poudre impalpable par le moyen de la trituration.

Les Fragmens d'hyacinthe & de rubis, que le Tarif de la Doüane de Lyon appelle Fragmats, y payent 3 *livres du quintal.*

FRAIS. Dépenſe que l'on fait au ſujet des achats, ventes ou envoi des marchandiſes, comme ſont les frais d'emballages & autres ſemblables. Il y a des frais auſquels ſont tenus

tenus les Commissionnaires, & d'autres dont ils se font payer, & qu'ils employent au bas de leurs factures ou de leurs comptes. *Voyez* Commissionnaire.

FRAISE. Outil de Serrurier dont se servent aussi d'autres ouvriers en fer pour percer & troüer le fer à froid. *Voyez* Frase.

FRAISER. Percer du fer avec la fraise. *Voyez* Fraser.

FRAISOIR. Espece de villebrequin dont la méche est terminée par un petit cosne à rainure: il sert à faire des trous dans les matieres peu épaisses & faciles à éclatter, comme sont tous les ouvrages de placage & de marquetterie.

Les ouvriers qui travaillent en bureaux, armoires, commodes & autres meubles de piéces de raport, employent le Fraisoir à y ouvrir les entrées des serrures. *Voyez* Placage, *&* Marquetterie.

FRANC. Qui est exemt de charges & impositions publiques ou particulieres.

Port Franc. C'est un Port où les Marchands joüissent de la franchise totale ou en partie, des droits d'entrée & de sortie. *Voyez* Port.

Franc-Bourgeois, en Anglois Freid Neyson. Ce sont des Marchands ou especes de Commissionnaires, Anglois de nation, dont les Etrangers, à qui il n'est pas permis de vendre & débiter eux-mêmes leurs marchandises à Londres, & dans les autres Villes de commerce d'Angleterre, sont obligez de se servir en leur payant un droit de commission sur le prix des ventes qu'ils font.

Courir Franc. Terme de commerce de lettres de change. L'on dit qu'une lettre de change a couru Franc, quand les Agens de Banque n'ont point voulu recevoir leurs droits pour la traiter. Les Commissionnaires, lorsqu'une lettre a couru Franc, doivent avoir la bonne foi de ne point mettre en compte à leur commettant un droit qu'ils n'ont point payé.

Franc-Salé'. Privilege que les Rois de France accordent à quelques Officiers ou Communautez de prendre du sel aux Greniers sans en rien payer, ou du moins en n'en payant que le prix du Marchand. Tous les droits de Franc-Salé ont été suprimez par un Edit de Louis XV. du mois d'Août 1717; ils ont depuis été retablis en faveur de quelques Officiers. *Voyez* Gabelles. *Voyez aussi* Sel.

Franc. Monnoye de compte dont on se sert en France, & qui est de la même valeur que la livre, c'est-à-dire, de vingt sols tournois, ou du tiers de l'écu: ainsi on dit également vingt Francs & vingt livres; mille livres & mille Francs.

Le Franc, qui est ainsi nommé de l'empreinte qu'il portoit d'un François, ou à pied ou à cheval, étoit aussi autrefois une monnoye courante: Le Franc d'or valoit un peu plus qu'un écu sol, & le Franc d'argent n'en étoit que le tiers. *Voyez* Monnoye, *où il est parlé des Monnoyes de compte.*

Foire-Franche. C'est une Foire, pendant la durée de laquelle les Marchands ne payent aucun droit soit de l'achat, soit de la vente des marchandises. Parmi les Foires franches de France, celles de Lyon sont les plus célebres; on en parle ailleurs. *Voyez* Foire.

Part Franche. C'est une part que l'on reserve quelquefois dans une societé ou dans une compagnie de commerce, libre de tous frais, dépenses, pertes ou contributions, pour un associé habile ou accredité, ou même qu'on destine à un protecteur, qui a rendu ou qui peut rendre de grands services à la compagnie ou societé.

Langue Franche, ou comme on le prononce plus ordinairement, Langue Franque. C'est un jargon composé de François, d'Italien, d'Espagnol & de quelques autres Langues, dont on se sert sur la Mediterranée, & qui est la Langue la plus commune dans les Echelles du Levant & les Côtes de Barbarie, & la plus en usage entre les Marchands d'Europe & les Levantins, pour le fait du commerce. Elle est facile à aprendre, aussi est-elle absolument nécessaire aux Courtiers, Commissionnaires & Marchands qui veulent s'établir dans ces Pays & y faire quelque négoce.

La Franche de Caen. C'est ainsi qu'on nomme en Normandie la Foire qui commence à Caën le lendemain de la Quasimodo, & qui dure 15 jours. On en parle ailleurs. *Voyez l'article des Foires au paragraphe des Foires Franches.*

FRANCHISE. Exemtion de quelque droit ou de quelque obligation. Il se dit aussi des lieux ou asiles dans lesquels on joüit de quelque privilege; & souvent, des privileges mêmes dont on a droit d'y joüir.

Franchise, en terme de Foire. C'est l'exemtion quelquefois de tous les droits d'entrée & de sortie, & quelquefois seulement d'une partie, pour toutes les marchandises qui entrent ou qui sortent, qui s'achettent, se vendent ou s'échangent pendant le tems d'une Foire.

Il se dit aussi des privileges accordez aux Marchands étrangers qui y viennent pour le fait de leur commerce; comme de pouvoir tester & disposer des effets qu'ils y ont amenez, de n'y pouvoir être arrêtez, sinon pour marchandises négociées pendant la durée de la Foire; & quelques autres privileges. On parle ailleurs plus amplement de ces Franchises des Foires. *Voyez* Foire.

Franchise. Faculté d'être recû Maître dans un Corps d'Artisans sans être assujetti à certaines régles & statuts, dans les Communautez des Arts & Métiers, où il y a apprentissage, chef-d'œuvre & maîtrise.

On appelle Franchise le privilege d'être reçû à la maîtrise sans chef-d'œuvre & sans payer aucun droit, ou du moins en ne payant que celui que payent les fils de Maîtres. Cette Franchise se gagne de plusieurs manieres.

1°. Les veuves & filles de Maîtres affranchissent les Apprentis & les Compagnons qui les épousent. 2°. Les Apprentis forains gagnent la Franchise en travaillant quelques années chez les Maîtres de Paris au-delà de leur apprentissage de Province. 3°. Les Maîtres sans qualité gagnent leur Franchise, ou plûtôt l'achettent en payant aux Jurez les sommes fixées par les Edits, Déclarations & Arrêts du Conseil. 4°. Les Compagnons qui travaillent dans la Cour de l'Hôpital de la Trinité à Paris, la gagnent en montrant gratis leur métier à un Enfant de cet Hôpital.

Il y a encore quelques manieres de s'affranchir dans les Communautez des Arts & Métiers, mais qui leur sont propres à chacune en particulier: on peut les voir aux articles où il est traité de ces Corps d'Artisans.

Franchise. Lieu privilegié. Il y a plusieurs lieux de Franchise dans la Ville & Fauxbourgs de Paris; c'est-à-dire, des lieux où les simples Apprentis & Compagnons peuvent en toute liberté travailler de leur art & métier, sans crainte de saisie & de confiscation de leurs ouvrages.

Ces ouvriers ne sont pas néanmoins exemts de la visite des Jurez; mais il faut lorsque les Jurez veulent aller en

visite

visite chez eux, qu'ils se fassent accompagner d'un Officier de Justice.

Il n'est pas permis aux Artisans retirez dans les Franchises d'aller eux-mêmes porter en Ville leurs ouvrages ou marchandises, & elles peuvent alors leur être saisies par les Jurez s'ils en sont rencontrez. Les Bourgeois ont pourtant la faculté d'aller ou d'envoyer querir les ouvrages qu'ils ont commandez.

Les Artisans non Maîtres retirez dans la Franchise de l'Hôpital de la Trinité, sont les seuls qui soient exemts de cette regle, & qui aient droit d'aller en Ville porter leur ouvrage, mais alors ils sont tenus d'avoir dans leur poche le bonnet de l'enfant de cet Hôpital à qui ils apprennent leur métier gratis pour gagner leur maîtrise.

Les lieux de Franchise de Paris & de ses Fauxbourgs, sont:

Le Fauxbourg S. Antoine.

Le Cloître & Parvis Nôtre-Dame.

La Cour de S. Benoist.

L'Enclos de S Denis de la Chartre.

L'Enclos de S. Germain des Prez.

L'Hôtel Royal des Gobelins.

L'Enclos de S. Jean de Latran.

La Ruë de l'Oursine.

L'Enclos de S. Martin des Champs.

Les maisons des Peintres & Sculpteurs de l'Academie.

La Cour de la Trinité.

La Cour du Temple.

FRANCIN. C'est le nom que les Flamans donnent à cette espece de parchemin très fin & très-blanc, qu'on appelle du Velin. *Voyez* PARCHEMIN.

FRANCS. C'est le nom sous lequel sont connus dans le Levant tous les Marchands d'Europe qui y viennent trafiquer, de quelque nation qu'ils soient.

FRANGE. Ornement qui s'applique à l'extrémité des paremens d'Eglise, des meubles & des vêtemens.

La Frange est composée de trois parties; de la chainette, de la tête & du corps de la Frange: on en fait d'or, d'argent, de soye, de laine, de chanvre & de lin, enfin de toutes les matieres qui se peuvent filer.

Lorsque la Frange est tout-à-fait basse on l'appelle Mollet; quand les fils en sont plus longs que d'ordinaire & que la tête en est large & ouvragée à jour, on lui donne le nom de Crépine. Il y a de la Frange de soye torse & de la Frange de soye non torse; cette derniere se nomme Frange coupée.

Les Franges ainsi que les Crépines s'attachent de maniere que leurs filets tombent toûjours perpendiculairement en enbas. Il n'en est pas de même du Mollet qui peut s'attacher de quelle maniere l'on veut; ses fils étant si courts, qu'ils peuvent se soutenir d'eux-mêmes.

Il n'y a à Paris que les Tissutiers-Rubaniers qui fabriquent des Franges, ce qui fait que souvent on les nomme Frangiers, quoique leurs Statuts ne leur donnent point cette qualité.

Les Franges & les Mollets font partie du négoce des Marchands Merciers, qui en peuvent vendre & débiter en gros & en détail, même en faire fabriquer, pourvû que ce soit par des Maîtres Tissutiers-Rubaniers.

Les Franges d'or, d'argent ou de soye, payent en France les droits de sortie comme rubans d'or, d'argent ou soye; c'est-à-dire, à raison de 40 s. de la livre. Si elles ne sont que de Filoselle, elles payent 11 livres 10. s. du cent pesant conformément au Tarif de 1664.

Les droits de la Doüane de Lyon, se payent suivant leur qualité; sçavoir:

Les Franges d'or & d'argent, 3 livres 18 s. de la livre.

Les Franges de soye, 10 s. de la livre, tant d'ancienne que de nouvelle taxation.

Les Franges de fil, 6 s. de la livre.

FRANGER, ou FRANGIER. Artisan qui fait des Franges, des Mollets, &c. On le nomme plus ordinairement Tissutier-Rubanier, qui est le véritable titre que lui donnent les Statuts de son métier. *Voyez* TISSUTIER-RUBANIER.

FRANGOTTE, ou FARGOT. Mot Flamand qui signifie une petite balle de marchandise. *Voyez* FARGOT.

FRAPPE. Terme de Monnoye qui se dit de la marque qui s'y imprime avec le marteau.

FRAPPE, est aussi un terme de Fondeur de caracteres d'Imprimerie.

La Déclaration du Roi du 23 Octobre 1713, en interpretation du Reglement du mois d'Août 1686, ordonne que les Fondeurs seront tenus de fondre chaque Frappe de caractere sur les mêmes hauteurs, épaisseurs & lignes qui leur seront données par les Syndics & Adjoints de la Librairie; & enjoint ausdits Syndics & Adjoints d'en garder un modele de chacune, pour y avoir recours en cas de besoin.

En ce sens la Frappe se prend pour un corps complet de caracteres.

On donne aussi le nom de Frappe aux poinçons d'acier gravez en relief, avec lesquels on frappe en creux les matrices de cuivre qui servent à la Fonte des lettres. *Voyez* FONDEURS DE CARACTERES.

FRAPPER, en terme de Manufacture. Signifie battre, serrer sur le métier la tréme d'un drap, d'une étoffe, d'une toile.

L'instrument qui sert à battre la tréme s'appelle Chasse, & c'est où est attaché le roc ou peigne à travers duquel passent les fils. On ne bat la tréme qu'après que la navette où elle est devidée a été jettée ou passée par l'ouvrier entre les fils de la chaîne, qui se baissent & se levent par le moyen des marches du métier.

La maniere de frapper est de ramener à plusieurs reprises la Chasse qui est mobile jusqu'à la tréme, à chaque fois que la navette a été jettée de droite à gauche, & qu'elle est revenuë de gauche à droite.

On dit: Ce drap est bien frappé, ou pas assez frappé; pour faire entendre qu'on le trouve ou bien serré ou trop lâche. On le dit aussi des tapisseries de haute-lisse: Cette tapisserie est fine & bien frappée. *Voyez* CHASSE.

FRAPPER EPINGLES. C'est en former la tête, qui s'applique en la frappant d'un coup de marteau, pendant que le fil de leton est tenu ferme dans un étau.

La tête de l'épingle est faite du même fil de leton & de la même grosseur que l'épingle même; avec cette différence néanmoins que le leton qui sert à la tête, a été tourné, & pour ainsi dire comme cordé, par le moyen d'une machine qui fait le même effet que la rouë des Cordiers à leur filasse. *Voyez* EPINGLE.

FRASE, qu'on nomme aussi FRAISE. Outil de fer dont les Serruriers, les Arquebusiers, les Horlogers de gros ouvrages, & plusieurs autres ouvriers qui travaillent le fer sur

 l'étau

l'étau, se servent à contrepercer les pieces de leurs ouvrages.

Il y a de deux sortes de Frases; de rondes & de carrées: la ronde est une espece de petit cosne d'acier cannelé avec une assez longue queuë. La quarrée a aussi une pareille queuë; mais sa forme est piramidale à quatre faces, dont les angles sont très-coupans & la pointe bien acerée: l'une & l'autre se montent dans des boëtes comme les forets, dont ils sont en effet une espece. *Voyez* FORET.

FRASER LE FER. C'est le percer avec la Frase. Il y a des chevalets à Fraser dont on peut voir la description à l'article des Chevalets.

FRATER. Nom que l'on donne chez les Barbiers & Chirurgiens, aux Apprentifs qui y apprennent leur metier, ou aux Garçons qui travaillent à gage dans les boutiques au sortir de leur apprentissage. On ne se sert guéres du mot de Frater que par mépris ou en plaisantant. Les Apprentis & Compagnons sont toûjours appellez dans les Status de ces deux Corps, Garçons & Serviteurs.

FRAUDE. Tromperie cachée.

Faire entrer ou sortir du Royaume des marchandises en Fraude, c'est les y faire entrer ou sortir par des routes détournées, en prenant soin d'éviter les bureaux qui sont établis sur les frontieres, afin de ne point payer s'il est possible les droits qui sont dûs suivant les Tarifs, si ce sont marchandises permises; ou d'éviter les peines portées par les Ordonnances, si ce sont marchandises de contrebande.

Les Ordonnances des Rois & les Loix du Royaume ont toûjours été très-severes non-seulement contre les Marchands Fraudeurs des droits d'entrée & de sortie, mais encore contre les Commis, Gardes & autres qui sont d'intelligence avec eux & qui facilitent leur fraude.

L'article 18 du titre 14 de l'Ordonnance du mois de Fevrier 1687, porte qu'il sera procédé extraordinairement contre les uns & les autres, & même par peines afflictives.

Mais ces peines n'ayant point été expliquées par l'Ordonnance, & l'amende qui ne pouvoit être moindre que du quadruple n'étant point suffisante pour arrêter ces abus, & surtout la collusion des Gardes & Commis avec les Marchands, Louis XIV. y pourvut par une nouvelle Déclaration du mois de Septembre 1701.

Cette derniere Déclaration fut donnée sur les remontrances des Députez au Conseil de Commerce & des principaux Négocians du Royaume.

Elle ordonne, 1°. Qu'à l'avenir il seroit procedé extraordinairement contre les Négocians, Marchands, leurs Facteurs & Commissionnaires, Conducteurs, Guides & Entremetteurs, qui d'intelligence avec les Receveurs, Controlleurs, Visiteurs, Brigadiers & Gardes auront fait entrer ou sortir des marchandises de quelque qualité qu'elles soient, en fraude des droits & par contravention aux deffenses; ensemble contre lesdits Receveurs, Controlleurs & Employez aux Fermes.

2°. Que pour réparation, lesdits Négocians & Marchands seront declarez indignes & incapables d'exercer le négoce & marchandise leur vie durant; deffense à eux de le continuer; leurs boutiques murées, leurs enseignes ôtées, & leur nom & surnom mis dans un tableau affiché dans l'Auditoire de la Jurisdiction Consulaire de la Ville de leur domicile ou de la plus prochaine.

3°. Que leurs Facteurs & Commissionnaires non Marchands, les Voituriers & Guides, seront attachez au carcan pendant trois jours.

Enfin que les Receveurs, Brigadiers, Gardes & autres Employez aux Fermes du Roi, seront condamnez aux Galeres pour neuf ans, & leurs Offices s'ils sont titulaires, confisquez au profit du Roi.

FRAUDER. Tromper quelqu'un, lui faire quelque tort.

FRAUDER LES DROITS DU ROI. C'est faire entrer ou sortir du Royaume, ou des Provinces réputées étrangeres, des marchandises sujettes à payer des droits imposez par l'autorité Royale. *Voyez* FRAUDE.

FRAUDER LA GABELLE. C'est faire passer des sels d'une Province libre, c'est-à-dire, qui n'est pas sujette aux droits de Gabelle, dans d'autres Provinces qui doivent aller prendre leurs sels aux Greniers établis pour la vente que le Roi en fait faire.

Ceux qui font ce commerce, qui est deffendu sous de séveres peines, s'appellent Faux-sauniers, & l'on nomme Faux sel celui qui n'a pas été pris aux Greniers Royaux. *Voyez* FAUX SEL, *ou* FAUX-SAUNIERS.

On fraude aussi les droits des Aydes, quand on ne paye pas le gros, le huitiéme & les droits d'entrées aux barrieres ou portes des Villes, qui sont dûs pour les vins.

Enfin c'est frauder les droits du Roi, quand on s'exempte par adresse, par artifice, par intelligence avec les Commis, ou de quelque maniere que ce soit, de payer les impôts mis sur les denrées, légumes, victuailles, &c. soit par terre, par eau, aux passages des Ponts & autres lieux où les Bureaux & Commis sont établis pour les percevoir. *Voyez* FRAUDE.

FRAUDER. Se dit aussi entre les particuliers, & sur tout dans le négoce.

On dit d'un débiteur qui employe de mauvais moyens & de l'artifice, pour faire perdre à ses creanciers ce qu'il leur doit, qu'il fraude, ou qu'il veut frauder ses créanciers: delà est venu la honteuse épitete de Banqueroutier frauduleux.

FRAUDER, en fait de Manufacture. C'est ne pas mettre, en fabriquant une étoffe, les portées ou les fils nécessaires, suivant les Réglemens: ainsi on dit: Cet ouvrier ne fait que frauder, il ne met jamais dans ses serges les portées convenables.

FRAUDEUR. Celui qui fraude. Ce terme n'est en usage que parmi les Commis des Fermes. Ce Marchand est un Fraudeur de profession; pour dire, il fait tous les jours passer des marchandises en fraudes. Prenez-y garde, c'est un Fraudeur; pour faire entendre, qu'il n'épargne rien pour ne pas déclarer ses marchandises aux Bureaux, ou pour n'y pas payer les droits.

FRAUDULEUX, EUSE. Celui qui trompe & qui fraude; ou la chose qui est faite avec fraude & tromperie. Un débiteur, un banqueroutier Frauduleux; un acte Frauduleux; une déclaration Frauduleuse.

FRAUDULEUSEMENT. D'une maniere scandaleuse. Il n'y a pas moyen de se fier à ce Marchand, de négocier avec lui, il fait tout Frauduleusement.

FRAXINELLE, autrement Dictame blanc. Ainsi nommé à cause de la ressemblance de ses feuilles avec le Frêne. *Voyez* DICTAME.

FRAY. Terme de Monnoyeur. C'est l'altération ou diminution qui arrive au poids des monnoyes par succession de tems, & pour avoir été trop maniées. Il y a des Ordonnances

nances qui reglent sur quel pied les especes doivent être reçûës quand leur diminution vient du Fray & maniement: celle de Louis XIV. fixe le Fray à six grains.

FRAYER. Terme de Fourbisseur. C'est frotter une lame avec de l'émeril pour la polir & lui ôter les traits qu'y laisse la meule sur laquelle on l'a passée; c'est proprement la fourbir. *Voyez* FOURBISSEUR.

FREGATAIRE. Ce terme n'est en usage qu'au Bastion de France situé à l'extrémité du Royaume d'Alger, & sur les frontieres de celui de Tunis.

Ce sont des Porte-faix ou Chargeurs qui servent la Compagnie Françoise qui y est établie, & qui portent à bord des barques ou fregates, d'où ils ont pris leur nom, les grains, légumes & autres marchandises que les Commis des magasins ont traité avec les Maures. Les gages des Fregataires outre la nourriture, sont de 9 livres monnoye de France par mois.

FRELAMPE. Sorte de menuë monnoye qui vaut 12 à 15 deniers.

FRELANDE, ou FERLANDE. L'on nomme ainsi en Anjou cette monnoye de billon qu'on appelle ailleurs Sou ou Sou marqué. Ne seroit-ce point la même chose que la Frelampe. *Voyez* Sou.

FRELATER. Méler & sofistiquer une liqueur. Il se dit particuliérement du vin.

Du vin Frelaté est, du vin mêlé d'ingrediens presque toûjours nuisibles à la santé, pour lui donner de la force. Quand on ne mêle que du vin avec du vin, on dit du vin coupé.

FRENDSON. Mot Anglois, qui signifie Franc-Bourgeois, ou Anglois naturel.

Il n'est pas permis en Angleterre à un Marchand étranger, qui y apporte des marchandises, de les y vendre par lui-même; il faut qu'il le fasse sous le nom, & par le moyen d'un Frendson, auquel il paye un certain droit à proportion du prix des marchandises, à moins qu'il ne les vende à bord de son vaisseau; auquel cas même il ne peut les décharger qu'elles n'aient été venduës à un Anglois, ou à un Prête-nom de cette Nation.

FRERES CORDONNIERS. C'est une Societé ou Communauté séculiere de plusieurs Compagnons & Garçons Cordonniers, qui sous la conduite d'un Maître Cordonnier, qui est aussi appellé le Maître de la Communauté, vivent & travaillent en commun sous certains Statuts & Reglemens convenus entre eux.

Il y a à Paris deux Communautez de Freres Cordonniers: la premiere fut établie en 1645, l'autre est plus moderne & fait bande à part: leurs Statuts sont pourtant à peu près les mêmes. Il y en a aussi dans quelques principales Villes du Royaume. *Voyez* CORDONNIER *à la fin de l'article.*

FRERES TAILLEURS. Ce sont des Compagnons & Garçons Tailleurs unis en societé comme les Freres Cordonniers. *Voyez ci dessus, & les articles des Cordonniers & des Tailleurs.*

FRESNE. Grand arbre dont le tronc devient très gros & très-haut. Cet arbre fournit deux choses principales pour le commerce, le bois & la manne purgative.

Le bois de Fresne est blanc, & rempli de veines: il s'employe à divers ouvrages de charronnage; ce qui fait qu'on le débite ordinairement dans les forêts, en timons & moutons.

Il s'en amene aussi beaucoup en grume ou buches garnies de leur écorce, qui sont de plusieurs longueurs & grosseurs, mais ordinairement de 10, 12, 14, 15 & 18 pieds de long sur 8 à 9 pouces de diametre. Le Fresne en grume sert à faire des haquets pour charrier les vins & autres semblables marchandises.

Les vieux Fresnes loupeux & noüailleux, lorsqu'ils sont bien sains, sont très-estimez des Armuriers & des Ebenistes: les premiers s'en servent pour monter leurs armes, & les autres à faire de beaux ouvrages de tabletterie.

Ces sortes de Fresnes se débitent en cartelles, qui sont des planches de trois, quatre & cinq pouces d'épaisseur. Il en vient aussi en grume, qui se coupent & se scient par morceaux, suivant l'usage que les Ouvriers en veulent faire.

Les piques sont ordinairement faites de bois de Fresne, parce que l'arbre jette dès le pied des branches très-longues & très-droites. On se sert aussi de Fresne pour faire des bois de raquettes. *Voyez* BOIS DE RAQUETTE.

La manne pourgative est une liqueur ou suc blanc qui coule des branches des Fresnes *Voyez* MANNE.

L'on prétend que les feüilles du Fresne mises en décoction dans du vin, sont capables de désopiler le foye & la rate. On attribuë aussi quelques vertus médicinales à son bois, mais encore davantage à sa racine cuite dans l'eau commune avec de la petite centaurée, le scordium & l'absynthe; qu'on croit un remede souverain contre la morsure des serpens.

FRET, ou FRETTAGE. Terme de commerce de mer. Il signifie le loüage d'un navire en tout ou partie, pour voiturer & transporter des marchandises d'un Port en un autre. Ce qu'on appelle Fret en Ponant, se nomme Nolis en Levant.

Lorsqu'un navire est loüé en entier, & que l'Affreteur ne lui donne pas toute sa charge, le Maître du vaisseau ne peut sans son consentement prendre d'autres marchandises pour l'achever, ni sans lui tenir compte du Fret.

Le Marchand qui n'a pas chargé la quantité de marchandises portée par la charte partie, ne doit pas laisser d'en payer le Fret, comme si le tout avoit été chargé; & s'il en charge plus, il est tenu de payer le Fret de l'excedent.

Quand un Maître a déclaré son vaisseau d'un plus grand port qu'il n'est, il est tenu des dommages & interêts du Marchand. Il n'est cependant pas reputé y avoir eu erreur en la déclaration, si elle est au dessus du quarantiéme.

Lorsqu'un vaisseau est chargé à cueillette, ou au quintal, ou au tonneau, le Marchand qui veut retirer les marchandises avant le départ du bâtiment, a la faculté de les faire décharger en payant les frais de la décharge, & la moitié du Fret.

Le Maître est en droit de faire mettre à terre les marchandises qu'il trouve dans son vaisseau, qui ne lui ont point été déclarées, ou en prendre le Fret au plus haut prix par raport à d'autres marchandises de semblable qualité.

Si un Marchand retire ses marchandises pendant le voyage, il ne doit pas laisser d'en payer le Fret en entier, pourvû qu'il n'y ait pas de la faute du Maître.

Quand un navire est arrêté pendant sa route, ou au lieu de sa décharge par la faute du Marchand Affreteur, ou lorsque le vaisseau ayant été affreté allant & venant, est obligé de faire son retour leger, l'interêt du retardement & le Fret entier sont dûs au Maître.

Si au contraire le vaisseau étoit arrêté ou retardé au lieu de sa décharge, ou pendant sa route par la faute du Maître, en en ce cas c'eft le Maître qui doit être tenu des dommages & interêts envers l'Affreteur, lefquels doivent être reglez par gens à ce connoiffans.

Lorfqu'un Maître eft obligé de faire radouber fon vaiffeau pendant le voyage, le Marchand Chargeur doit être tenu d'attendre, ou de payer le Fret entier. Si le vaiffeau ne pouvoit être racommodé, le Maître eft obligé d'en loüer un autre inceffamment: & s'il n'en pouvoit trouver, il ne doit être payé de fon Fret qu'à proportion de ce que le voyage fera avancé. En cas néantmoins que le Marchand prouvât que dans le tems que le bâtiment a fait voile, il n'étoit pas en état de naviger, pour lors le Maître doit perdre fon Fret, & répondre des dommages-interêts du Marchand.

Le Maître doit être payé du Fret des marchandifes qui font jettées à la mer pour le falut commun, à la charge de la contribution. Le Fret eft pareillement dû pour les marchandifes que le Maître aura été obligé de vendre pour victuailles, radoub, & autres néceffitez preffantes, en tenant par lui compte de leur valeur, au prix que le refte aura été vendu, au lieu où elles auront été déchargées.

En cas d'interdiction de commerce avec le Pays pour lequel le vaiffeau eft en route, & qu'il foit dans l'obligation de revenir avec fon chargement, le Maître ne peut efperer fon Fret que pour l'aller, quand même le navire auroit été affreté allant & venant: & fi le bâtiment venoit à être arrêté par ordre fouverain dans le cours de fon voyage, il n'eft dû ni Fret pour le tems de fa détention, s'il eft affreté au mois; ni augmentation de Fret, s'il eft loüé au voyage; mais la nourriture & les loyers des Matelots pendant le tems de la détention font reputez avarie.

Quand celui qui eft dénommé au connoiffement fait refus de recevoir les marchandifes, le Maître en peut faire vendre pour le payement de fon Fret, & dépofer le reftant dans un magafin; mais il le doit faire par autorité de juftice.

Le Maître ne peut prétendre aucun Fret des marchandifes qui ont été perduës par naufrage ou échoüement, pillées par les Pirates, ou prifes par les Ennemis: il eft même tenu de reftituer ce qui lui en aura été avancé, à moins qu'il n'y ait une convention contraire. Si cependant le navire & les marchandifes étoient rachetées, pour lors le Maître doit être payé de fon Fret jufqu'au lieu de la prife; même fon Fret entier, s'il les a conduites au lieu de leur deftination, en contribuant au rachat.

La contribution pour le rachat fe doit faire fur le prix courant des marchandifes au lieu où elles ont été déchargées, déduction faite des frais; & fur le total du navire & du Fret déduction faite des victuailles confumées, & des avances faites aux Matelots; lefquels doivent auffi contribuer à la décharge du Fret, à proportion de ce qui leur eft dû de leurs loyers.

Le Maître doit auffi être payé du Fret des marchandifes fauvées du naufrage, en les conduifant au lieu de leur deftination; & s'il ne peut trouver de vaiffeau pour conduire les marchandifes fauvées, il ne doit être payé du Fret qu'à proportion feulement du voyage avancé.

Il n'eft pas permis à un Maître de retenir dans fon vaiffeau la marchandife faute du payement de fon Fret; il peut feulement dans le tems de la décharge s'oppofer à fon tranfport, ou la faire faifir, même dans les alleges ou gabarres.

Le Maître eft préferé pour fon Fret fur les marchandifes de fon chargement tant qu'elles font dans le vaiffeau, fur des gabarres, ou fur le quay, même pendant quinzaine après la délivrance; pourvû néantmoins qu'elles ne foient pas paffées dans les mains d'une tierce perfonne.

Un Marchand ne peut obliger le Maître de prendre pour fon Fret les marchandifes diminuées de prix, gâtées ou empirées par leur vice propre, ou par cas fortuit. Si néantmoins les marchandifes qui font en futaille, comme vin, huile, miel & autres liqueurs, avoient tellement coulé, que les futailles fuffent vuides ou prefque vuides, en ce cas les Marchands Chargeurs peuvent les abandonner pour le Fret.

Il eft expreffement défendu à toutes fortes de perfonnes de fous-freter les navires à plus haut prix que celui porté par le premier contrat, à peine d'amende & de punition, fuivant le cas. L'Affreteur peut cependant prendre à fon profit le Fret de quelques marchandifes, pour achever la charge du vaiffeau qui a été par lui entierement afreté.

Tous ces Reglemens concernant les Marchands Affretteurs, les Maîtres de vaiffeau Fretteurs, & le payement du Fret, font tirez du Titre 3 du troifiéme Livre de l'Ordonnance de la Marine du mois d'Août 1681.

Il y a prefcription pour le Fret un an après le voyage fini; ainfi le Maître d'un vaiffeau n'eft plus reçû après ce tems à le demander. *Art. 2, Titre 12 du Livre premier de l'Ordonnance ci deffus raportée.*

Fret. Se dit encore d'un certain droit de cinquante fous par tonneau de mer, qui fe paye aux Bureaux des Fermes du Roy, par les Capitaines & Maîtres des vaiffeaux Etrangers, à l'entrée ou à la fortie des Ports & Havres du Royaume.

Il faut remarquer que les vaiffeaux qui n'ont point été fabriquez en France, encore qu'ils appartiennent aux Sujets du Roy, ne laiffent pas d'être reputez Etrangers, & comme tels font affujettis au payement du droit de Fret, à moins qu'il ne foit juftifié des contrats d'achat en bonne forme, & de l'enregiftrement qui en a été fait aux Greffes des Amirautez, & que les deux tiers de l'équipage du vaiffeau font François. *Art. 1 & 2 de l'Ordonnance des Fermes du 22 Juillet 1681, Titre du Droit de Fret.*

C'eft de ce droit de Fret, ou de cinquante fous par tonneau, dont les vaiffeaux Hollandois ont été déchargez en confequence du Traité de Paix arrêté & conclu à Utreck le 11 Avril 1713, entre la France & les Etats Generaux; & c'eft pour les faire joüir de cette exemption, que fut rendu le 30 May de la même année un Arrêt au Confeil du Roy, qui en décharge les vaiffeaux defdits Etats Generaux qui entreront dans les Ports de France, ou qui en fortiront, de quelque Pays qu'ils viennent, ou pour quelque Pays qu'ils foient deftinez, foit qu'ils foient chargez ou vuides, ou qu'ils ayent chargé ou déchargé en un ou plufieurs defd. Ports, & en tous autres cas; à la réferve néantmoins lorfqu'ils prendront des marchandifes dans un Port de France, pour les tranfporter dans un autre Port auffi de France.

L'article 11 du Traité de Marine & de Commerce, pareillement conclu à Utreck entre la France & l'Angleterre, porte auffi: Que l'impôt ou tribut de 50 fous tournois par tonneau cefferoit en faveur des Anglois, & qu'en même tems le droit de 5 fous fterling feroit fupprimé en faveur des François: mais l'execution de cet article a été fufpenduë, auffi-bien que le Tarif propofé entre les deux Nations.

Les vaiffeaux des Villes Hanfeatiques ont auffi été déchargez du même droit de 50 fous par tonneau dans tous les cas accordez

accordez aux Hollandois, conformement à l'article 4 du nouveau Traité de Marine & de Commerce conclu à Paris le 28 Septembre 1716, entre la France & les Villes de Hambourg, Lubeck & Bremen.

Comme il arrivoit souvent des contestations entre les Commis des Fermes du Roy, & les Négocians, Capitaines, Maîtres & Patrons des vaisseaux, navires & autres bâtimens de mer Etrangers, au sujet de la perception du droit de Fret, Sa Majesté étant en son Conseil a rendu un Arrêt en forme de Reglement, qui previent toutes sortes de contestations. Le Lecteur y peut avoir recours, s'il le juge à propos; il est du 19 Avril 1701.

FRET. Se dit aussi de l'équipement d'un navire.

FRETIN. Rebut, chose vile & du moindre prix dans chaque espece.

On dit qu'un Marchand n'a plus que du Fretin, quand il a vendu sa meilleure marchandise, & qu'il ne lui reste que le rebut.

On ne se sert guéres néantmoins de ce terme que dans le petit négoce de fruits & de poisson que font les Regrattieres, en les portant vendre sur des inventaires dans les ruës de Paris.

FRETIN. Signifie aussi dans le commerce de la moruë salée, le triage que l'on fait des grands & petits poissons. Les moruës du premier triage s'appellent Meilleur Fretin; celles qui suivent, Grand Fretin; les troisiémes, Fretin de rebut; & la moindre sorte, Menu Fretin. *Voyez* MORUE.

FRETTAGE. *Voyez* FRET.

FRETTE'. Vaisseau fretté. C'est un vaisseau qui est loué pour transporter des Passagers ou des marchandises d'un lieu à un autre.

On dit qu'un Maître de navire est fretté, quand son voyage est assuré. *Voyez* FRET.

FRETTEMENT. C'est le loüage d'un vaisseau, que fait un Particulier pour y embarquer ses marchandises. Ce terme n'est d'usage que sur l'Ocean: On dit Nolissement sur la Méditerranée.

FRETTER. On se sert de ce terme dans le commerce de mer, pour signifier, loüer ou donner à loüage un vaisseau, pour transporter & voiturer des marchandises d'un lieu à un autre.

C'est un des principaux commerces que font les Hollandois: ils sont les Voituriers de toutes les Nations de l'Europe & leurs Pourvoyeurs, quoique leur terre ne produise rien, & qu'ils tirent d'ailleurs tout ce qu'il faut pour la construction de leurs bâtimens de mer.

Le Marchand qui prend un vaisseau à loüage, est celui qui affrette; & le Maître ou Proprietaire du navire qui le donne à loüage, est celui qui frette.

Quand on dit, Fretter un vaisseau cap & queuë; cela doit s'entendre, le loüer pour le charger tout entier, & sans aucune réserve.

On dit, Fretter un navire à quelqu'un; pour dire, le loüer à quelqu'un.

FRETTEUR. Proprietaire ou Maître d'un vaisseau, qui louë son bâtiment à un Marchand, pour transporter & voiturer ses marchandises. Sur la Méditerranée on l'appelle Nolisseur.

FRIPPERIE. Négoce de vieux habits & de vieux meubles.

FRIPPERIE. C'est aussi le lieu où se tiennent les Marchands qui font ce trafic.

FRIPPERIE. Il se dit encore des vieux meubles & vieux habits.

Les Fripperies payent en France les droits de sortie comme vieux habits & manteaux; c'est-à dire, 3 liv. 10 s. du cent pesant.

FRIPPIER. Marchand & Ouvrier qui fait profession d'acheter, vendre & raccommoder de vieux meubles & de vieux habits.

La Communauté des Frippiers de la Ville de Paris n'a point de Statuts plus anciens que ceux qui lui furent dressez sous le Regne de François I. & approuvez par Lettres Patentes de ce Prince du mois de Juin 1544.

Henry II. au mois d'Avril 1556, Charles IX. au mois de May 1561, & Louis XIII. au mois de Septembre 1612, accorderent pareillement aux Marchands Frippiers, des Lettres Patentes portant confirmation de leurs anciens Statuts.

Enfin en 1664, sous le Regne de Louis XIV. ces Statuts furent reformez en plusieurs articles, & confirmez en ce qui n'avoit pas eu besoin de correction. Le vû de ces derniers Statuts expedié par les Lieutenant Civil & Procureur du Roy, en consequence de l'Arrêt du Conseil du 8 Juillet 1664, est du 24 Août de cette même année, & l'enregistrement des Lettres Patentes en Parlement est du 9 Février 1665. Les Officiers qui ont soin des affaires de la Communauté, & qui sont chargez de faire les visites dans les lieux & au tems marquez par les Statuts, sont au nombre de cinq, un Syndic & quatre Jurez. Deux Jurez & le Syndic sont élus tous les ans le lundi qui précede le jour des Cendres. Tous lors de leur élection sont tenus de faire les sermens accoutumez entre les mains du Procureur du Roy.

Les Apprentifs doivent être obligez pour trois ans, & doivent encore servir les Maîtres trois autres années après leur apprentissage: au bout des six années ils peuvent être reçûs à la Maîtrise; mais seulement après avoir fait le chef-d'œuvre, & avoir payé les droits.

Il est permis aux Maîtres Marchands Frippiers de vendre & acheter, troquer & échanger toutes sortes de meubles, hardes, linge, tapisseries, étoffes, dentelles, gallons, passemens, manchons, fourrures, ouvrages de pelleterie, chapeaux, ceintures, épées, éperons, baudriers, cuivre, étain, fer, vieilles plumes en balle, ouvrages neufs & vieux de menuiserie, & toutes autres sortes de marchandises vieilles & neuves non revendiquées.

Chaque Maître doit tenir bon & fidéle registre de toutes les hardes, tant vieilles que neuves qu'il achete, avec le nom de celui de qui il les a achetées, même de prendre des Répondans en certains cas; le tout afin que pour les vieilles hardes on puisse être sûr qu'elles n'ont point été volées & mal prises; & pour les meubles, habits neufs & ouvrages de menuiserie pareillement neufs, il puisse apparoître qu'il ne les a pas fait lui-même, ou fait faire par des Ouvriers à lui, mais qu'il les a achetez des Marchands Tapissiers, Maîtres Tailleurs & Menuisiers, à qui seuls il appartient de travailler en neuf de ces sortes d'ouvrages & marchandises.

Les Frippiers peuvent toutefois faire eux-mêmes, ou faire faire par leurs Apprentifs, Compagnons ou autres, toutes sortes d'habits neufs d'étoffes de laine, poil & soye pour hommes, pour femmes & petits enfans, sans mesure certaine, pourvû que lesdits habits ne passent pas le prix de dix livres chacun.

Ils

Ils ont pareillement permission d'acheter des Marchands Merciers & Drapiers toutes sortes de restes de serges, draps, passemens, dentelles, galons, &c. & de les revendre, pourvû que ces restes achetez ou vendus n'excedent pas cinq aunes chacun.

Enfin le nombre des Privilegiez pour lesquels les Rois ont coûtume de faire expedier leurs Lettres, est fixé à quatre seulement, qui lors de l'absence du Roi de la Ville de Paris, sont sujets à la visite des Jurez de la Communauté.

FRIPPONNES. Petites boëtes de sapin plates & rondes, remplies de cette gelée de coin, que les Confiseurs appellent Cotignac. Les meilleures Friponnes de cette sorte de confiture viennent d'Orleans. *Voyez* Confiture, *où il est parlé des gelées.*

FRISE. Toile de Hollande fort estimée, qui a pris son nom de la Province de Frise, dans laquelle elle se fabrique. *Voyez* Toile.

Frise. Est aussi une étoffe de laine assez grossiere, propre pour l'hyver, frisée d'un côté, d'où il y a de l'apparence qu'elle a pris son nom.

Il y a des Frises croisées, & des Frises non croisées. Les croisées viennent pour l'ordinaire d'Irlande; elles ont trois quarts de large sur vingt-quatre à vingt-cinq aunes de longueur, mesure de Paris. Les non croisées, dont la largeur est de trois quarts & demi, & la longueur de vingt-quatre à vingt-cinq aunes, comme celles d'Irlande, se tirent d'Angleterre.

Il s'en fait de semblables en Languedoc, qui sont plus larges d'un demi quart que celles d'Angleterre, ayant une aune de large franche. De toutes ces especes de Frises, ce sont les Angloises qui sont les plus estimées.

Les Tarifs de France de 1664, de 1667, de 1687 & 1699, font mention aux entrées de certaines sortes de Frises d'Espagne & de Flandres; & encore d'autres Frises blanches appellées Frises de coton, qui se vendent à la gode: mais les unes & les autres ne sont plus connuës en France; ce qui fait juger qu'il faut qu'elles s'y envoyent sous d'autres noms, ou bien que la fabrique en soit absolument perduë. On en rapportera pourtant ici les droits, comme ils sont employez dans ces quatre Tarifs.

Les Frises payent en France les droits d'entrée suivant leur qualité, ou suivant les lieux d'où elles viennent, sçavoir.

La Frise commune, la piece de trente aunes, 6 liv. suivant l'Arrêt du 20 Decembre 1687. Elle ne peut entrer que par Calais & S. Vallery, conformement aux Arrêts du 8 Novembre 1687, & 3 Juillet 1692.

La Frise d'Espagne & de Flandre, & de tout autre Pays Etranger, la piece de vingt aunes 16 liv. suivant le Tarif de 1667.

La Frise seche d'Angleterre, la piece de dix huit aunes 7 liv. conformement au même Tarif de 1667. Ne peut entrer que par Calais & S. Vallery, suivant les Arrêts de 1687 & 1692.

La Frise blanche appellée de Coton, qui se vend à la gode, les cent vingt-cinq aunes, 48 liv. suivant l'Arrêt du 20 Decembre 1687. Ne peut pareillement entrer que par Calais & S. Vallery, conformement aux deux Arrêts ci-dessus.

On ne rapportera pas ici les droits dûs à la Doüane de Lyon pour les Frises d'Angleterre, attendu la défense de les faire entrer par ailleurs que par Calais & S. Vallery. On ajoûtera seulement les droits qu'y payent deux autres sortes de Frises qui ne sont pas comprises parmi les Frises étrangeres.

La Frise double de Roüen paye à Lyon 55 s. du quintal, tant pour l'ancienne que pour la nouvelle taxation.

Et la Frise à l'épée & à la clef, 20 s. de la piece.

FRISE', E'E. Se dit des étoffes de laine qui ont de la frisure, soit du côté de l'endroit, soit du côté de l'envers. Les draps noirs sont frisez par l'envers, & les ratines par l'endroit. *Voyez* Friser.

On appelle, un Drap d'or frisé, un Drap d'argent frisé, celui qui n'est pas uni du côté de l'endroit, étant superficiellement crépu & inégal. Les draps d'or & d'argent frisez sont estimez les plus riches. *Voyez* Drap, *à l'endroit où il est parlé de ceux d'or & d'argent.*

FRISER UNE ESTOFFE. Terme de Manufacture de lainage. C'est former avec le poil de l'étoffe plusieurs petits boutons très-drus, ensorte qu'à peine on en apperçoive le fond; ce qui s'appelle aussi Peupler une étoffe en boutons.

Quelques étoffes ne se frisent que par l'envers, comme les draps noirs; & quelques autres par l'endroit, comme certains draps de couleur, les ratines, les frises, les revêches, &c.

On peut donner cette façon aux étoffes de deux manieres; l'une en les frisant à bras, c'est-à-dire, par le moyen de deux Ouvriers qui conduisent une espece de planche qui sert d'instrument à friser; & l'autre à l'aide d'un moulin qu'on appelle Machine à friser, & qui a son mouvement ou de l'eau, ou du cheval, ou même quelquefois de plusieurs hommes qui la tournent avec une manivelle.

On estime la maniere de friser à la machine, la meilleure; parce que le mouvement en étant uniforme & reglé, les boutons de la frisure se font plus également. Voici une description de cette industrieuse machine, ou au moins de ses parties les plus essentielles; étant peu important de parler des arbres & des rouës qui la font agir, dont on peut aisement se former l'idée

Les trois principales pieces de la machine à friser les étoffes, sont le Frisoir, la Table à friser; & le Tiroir, qu'on nomme autrement l'Ensouple.

Le frisoir & la table à friser sont deux planches d'une égale longueur & largeur, c'est-à dire, d'environ dix pieds de long sur quinze à seize pouces de large; avec cette difference que la table à friser est garnie d'une espece d'étoffe ou tripe de laine, dont le poil est très-rude & trés-ras, & que le frisoir est incrusté d'un mastic composé de colle forte, de gomme arabique & de sable jaune, avec un peu d'eau-de-vie ou d'urine.

Le tiroir, ainsi nommé, parce qu'il tire l'étoffe d'entre le frisoir & la table à friser, est une ensouple, autrement un rouleau de bois garni, & tout couvert de petites pointes de fil de fer très-fines & très-courtes, semblables à celles des cardes à carder la laine.

Voici présentement la disposition & l'usage de ces trois pieces.

La table à friser est immobile, & c'est elle qui soûtient l'étoffe qu'on veut friser, dont on tourne vers le haut, l'envers ou l'endroit de l'étoffe, selon que la frisure doit se faire à l'endroit ou à l'envers. Le frisoir est élevé & soûtenu au dessus de la table à friser à autant de distance l'une de l'autre, qu'il en faut pour que le drap ou autre sorte d'étoffe passe entre deux; de maniere que le frisoir qui a un mouvement à demi circulaire & très-lent, rencontrant les longs poils de l'étoffe, les tord & roule en boutons, tandis qu'en

même

même tems le tiroir qui tourne sans cesse tire l'étoffe qui passe par dessus, & qui s'arrête aux petites pointes dont il est tout couvert.

Tout le soin que l'Ouvrier doit avoir pendant que la machine fait sans cesse agir & tourner le frisoir & le tiroir, c'est d'étendre l'étoffe sur la table à friser à mesure que le tiroir la tire, & de la venir de tems en tems déprendre ou détacher des pointes du tiroir, la faisant tomber proprement dans une espece de grande manne que l'on nomme Faudet, qui est au dessus pour la recevoir.

On a dit d'abord que la table à friser est garnie d'une étoffe à poil très-ras & très-rude; ce qui est fait à dessein d'arrêter l'étoffe entre cette table & le frisoir autant de tems qu'il en faut pour la friser, & la tenir toûjours bien tenduë, ensorte que le tiroir ne la tire point trop promptement; ce qui arriveroit, n'étant pas d'ailleurs retenuë de l'autre côté, & pendant négligemment dans la manne ou faudet qui traverse toute la table à friser par dessous.

Il est assez inutile de décrire présentement comment les étoffes se frisent à la main, puisqu'on s'imagine aisement que les Ouvriers imitent autant qu'ils peuvent avec leur frisoir le mouvement lent, egal & circulaire de la machine. Il faut seulement remarquer que leur frisoir n'a qu'environ deux pieds de long sur un de large; & que pour former plus aisément les boutons de la frisure, ils moüillent legerement la superficie de l'étoffe avec de l'eau mêlée de blancs d'œufs ou de miel.

FRISOIR. C'est un des ciselets dont se servent les Fourbisseurs, Arquebusiers, Armuriers, & autres Ouvriers qui travaillent en ciselure, pour achever les figures qu'ils ont frappées avec les poinçons ou ciselets gravez en creux, afin d'en fortifier les traits & de leur donner plus de relief. Le Frisoir est tranchant, & un des plus petits outils dont se servent ces Ouvriers.

Frisoir. Instrument dont on se sert dans les manufactures de lainerie pour friser les draps & autres étoffes de laine. *Voyez* Friser.

FRISON. Espece de petite frise ou étoffe de laine frisée, chaude & molette, qui se fabrique en Angleterre, propre à faire des cotillons ou jupons aux femmes.

Quoiqu'il soit expressement parlé de cette sorte d'étoffe dans les Tarifs de 1664, de 1667, & autres Tarifs posterieurs, & que suivant ces Tarifs les droits d'entrée en doivent être payez à raison de tant la piece de treize aunes. Elle est présentement tout-à-fait inconnuë en France, y ayant plus de trente ans que l'on n'y en a oui parler; ce qui fait présumer, ou qu'il ne s'en fait plus de cette espece en Angleterre, ou qu'elle a changé de nom, ou bien qu'on lui a substitué quelque autre étoffe à peu près semblable qui se fabrique en France, ou qui se tire des Pays Etrangers.

Les Frisons d'Angleterre, suivant les derniers Tarifs, payent en France les droits d'entrée à raison de 6 liv. la piece de treize aunes. Ils ne peuvent entrer que par Calais & S. Vallery, conformement aux Arrêts du 8 Decembre 1687, & 3 Juillet 1692.

Frison. Espece de canetille frisée, que l'on fait entrer dans les broderies, & même dans la fabrique des étoffes d'or & d'argent. *Voyez* Canetille.

Frison. Mesure de liquides dont on se sert en Normandie. Le Frison tient deux pots, qui font environ quatre pintes de Paris.

FRISQUETTE. Terme d'Imprimerie. C'est un leger chassis de tringles de fer très-minces, couvert de parchemin, de carton, où de gros papier, que l'on découpe autant qu'il est nécessaire pour découvrir les endroits de la feüille qu'on imprime, sur lesquels doit porter la forme. La Frisquette est attachée avec des couplets au grand timpan. *Voyez* Imprimerie.

Frisquette. Il se dit aussi parmi les Ouvriers qui fabriquent les cartes à joüer, des moules découpez avec lesquels ils mettent les différentes couleurs dont ils peignent leurs cartes. Chaque couleur a sa Frisquette; ensorte qu'outre la premiere impression de la carte qui en marque seulement les traits, il faut passer la brosse sur cinq differens moules, avant que la peinture d'une carte soit achevée. *Voyez* Cartes a Jouer.

FRISSER, ou FRISER. Terme d'Imprimerie. Il se dit lorsque les caracteres, faute d'être assez serrez dans la forme, vacillent & marquent les lettres doubles.

FRISURE. Façon que l'on donne dans les Manufactures aux draps, aux ratines & autres étoffes de laine, pour y former des petits boutons ou à l'endroit ou à l'envers. *Voyez* Friser.

FRITTE. Terme de Verrerie. C'est l'écume qui se leve de dessus les pots ou creusets, dans lesquels on met en fusion les matieres propres à faire le verre. *Voyez* Verre.

FROC. Espece d'étoffe de laine croisée, assez grossiere, qui se fabrique en quelques Villes de France, particulierement à Lizieux, Bernay, Tardoüet, Fervaques & aux environs.

Suivant l'article 23 du Reglement general des Manufactures du mois d'Août 1669, les Frocs doivent avoir demie-aune de large étant foulez, sur vingt-quatre à vingt-cinq aunes de longueur, mesure de Paris.

Plusieurs abus s'étant depuis glissez dans la fabrique de ces sortes d'étoffes, qui les rendoient de très-mauvaise qualité, il y a été pourvû par un Arrêt du Conseil d'Etat du 4 Février 1716, en forme de Reglement, qui fixe en huit articles les especes de Frocs qu'il est desormais permis de fabriquer; la portée des fils en chaîne, tant de ceux qui s'appellent Frocs en fort, que de ceux qu'on nomme Frocs en foible; les laines & couleurs qui doivent en faire les liteaux ou lisieres; & enfin les matieres qui sont permises ou défenduës dans la fabrique de ces étoffes; renouvellant en outre les Reglemens generaux des Manufactures de l'année 1669, & l'Arrêt du Conseil du 7 Avril 1693, qui ordonnent aux Fabriquans de mettre sans abbreviation leur nom & celui de leur demeure, faits à l'aiguille ou sur le métier au chef & premier bout de chaque piece desdites étoffes, avant d'être portées au Foulon. *Voyez l'article general des Reglemens pour les étoffes de laine, année 1716.*

Les Frocs de Rouen payent les droits de la Doüane de Lyon à raison de 2 liv. du quintal.

FROID. On dit, en termes de Teinturier, Donner une couleur à froid, Teindre à froid; pour dire, teindre sans feu & sans chaleur, ne point faire passer les étoffes par un bain chaud. Le noir à froid est défendu par les Reglemens. *Voyez* Noir, & Teinture.

Froid. Battre à froid se dit des métaux, particulierement du fer que l'on travaille sur l'enclume sans le chauffer au feu de la forge. *Voyez les articles des* Métaux.

FROMAGE. Lait pris & caillé, séché, durci & salé, propre pour manger.

Ménage, cité par Furetiere, veut que ce terme soit tiré de *Formaticum* ou *Formago*, dérivé de *Forma*, qui est la forme ou l'éclisse où on fait le Fromage. On disoit autrefois Fourmage & Formage.

Il y a de tant de sortes de Fromages, & dont les noms sont si différens, qu'il seroit assez difficile de les pouvoir rapporter toutes. On se contentera de parler ici de ceux qui sont de quelque considération dans le négoce des Marchands Epiciers, & qu'ils tirent, ou des Pays Etrangers, ou de quelques Provinces de France.

FROMAGES ETRANGERS.

Italie.

De toutes les especes de Fromages celui d'Italie est le plus estimé. Il vient en grosses meules ou pains ronds, épais de cinq à six pouces, que quelques-uns nomment des Pieces. Ils sont du poids depuis 50 jusqu'à 90 livres.

Cette sorte de Fromage se vend en France sous le titre de Fromage de Milan ou de Parmesan. Il n'est néantmoins connu en Italie que sous le nom de Fromage de Lodi, Capitale du Lodesan, petite Province de l'Etat de Milan, dont e territoire est fort fecond en pâturages, & où il se fabrique quantité de ces sortes de Fromages. Il s'en fait toutefois ailleurs; mais parce que ceux de Lodi sont les meilleurs, cette Ville leur a donné son nom.

Il se fait un négoce considerable de cette espece de Fromage dans toute l'Europe, & sur tout en France, où la consomption en est assez grande Quelques-uns prétendent que les François lui ont donné le nom de Parmesan, à cause d'une Princesse de Parme qui l'avoit fait connoître en France.

Les bonnes qualitez de cette sorte de Fromage sont d'être nouveau, d'une pâte jaune, serrée, & sans yeux. On a voulu contrefaire le Parmesan en Normandie; mais l'on n'y a pas réussi.

Suisse.

La Suisse fournit à la France quantité de gros Fromages, qui se tirent de Griers, bourg du Diocese de Losanne dans le Canton de Fribourg; & de Berne Capitale d'un autre Canton du même nom.

Quoique les Fromages de Suisse soient d'une même forme & d'une même pâte, cependant il est certain que le véritable Griers l'emporte toûjours sur le Berne, soit pour la qualité, soit aussi pour le prix; ce qui fait que le dernier se débite pour l'ordinaire sous le nom du premier.

Ces sortes de Fromages s'envoyent dans des tonneaux par meules ou pains, que plusieurs appellent aussi Pieces, de même que les Fromages d'Italie. Les pieces sont du poids depuis 35 jusqu'à 60 liv. Les marques de leur bonté sont d'être nouveaux, un peu élevez vers le milieu de leur forme, que la pâte en soit jaune, qu'ils ayent de grands yeux, & qu'ils soient d'un bon sel.

Il y a peu d'Epiciers en France, pour ne pas dire point du tout, qui tirent leurs Fromages directement de Suisse; ce sont des Marchands de cette Nation établis à Lyon, qui y en font des magasins considerables, pour les vendre ensuite aux Commissionnaires Lyonnois, qui les envoyent aux Marchands de Paris, & des autres Villes du Royaume, qui leur en font la demande.

En Franche-Comté, en Lorraine, en Savoye, & en Dauphiné l'on contrefait les Fromages de Suisse: mais ces sortes de Fromages contrefaits, quoique pour l'ordinaire fabriquez par des Suisses même, ne se trouvent jamais si bons que ceux de Griers & de Berne; ce qui provient peut-être du défaut des pâturages.

Maniere de fabriquer les Fromages de Griers.

Les Fromages de Griers se font tout de lait de vache, & non d'autre, comme quelques-uns le prétendent. Du même lait l'on compose de deux sortes de Fromages l'un après l'autre, qui sont bien differens, soit pour la qualité, soit pour la figure, soit aussi pour la maniere de le fabriquer.

Le Fromage du premier lait est le plus gros & le plus estimé. Il se fait tout de lait caillé, par gros pains plats & ronds; & c'est de celui-là dont il se fait des envois considerables à Lyon pour la consomption de France.

A l'égard du second Fromage, il ne se fait que du petit lait du premier, & en pains plus petits de diametre, mais plus hauts de forme. Celui ci se consume tout dans le Pays, & en quelques autres endroits des environs.

Pour faire ces deux sortes de Fromages, l'on se sert de deux différentes especes de presures, dont l'une que l'on appelle simplement Presure, est destinée pour le premier; & l'autre que l'on nomme Azi, s'employe pour le second.

La presure pour le premier Fromage se fait de cette maniere.

D'abord l'on prend des vessies de veau, qu'on lave bien dans l'eau, qu'on remplit ensuite de vent, & qu'on met sécher proprement dans la cheminée. Quand les vessies sont suffisamment séches, & qu'on veut faire de la presure, l'on prépare une sorte de petit vaisseau de bois, de figure ovale, garni de son couvercle, dans lequel on met environ une pinte, mesure de Paris, d'eau chaude un peu plus que tiéde; l'on jette après dans cette eau la moitié ou le tiers d'une vessie, suivant qu'elle se trouve plus ou moins grande, après l'avoir auparavant bien lavée dans l'eau fraiche, & y avoir envelopé une bonne pincée de sel La vessie doit rester dans l'eau pendant vingt-quatre heures, afin que l'eau puisse en attirer toute la force, & se bien impregner du sel qu'on y a mis.

L'eau en cet état se nomme une Presure; & comme cette presure ne peut se conserver tout au plus que dix à douze jours, sans devenir trop forte, ce qui gâteroit absolument le Fromage, on est obligé d'en faire de nouvelle à mesure qu'on en a besoin.

A l'égard de l'Azi, qui est la seconde presure, mais qui ne s'employe qu'à faire la derniere sorte de Fromage, ce n'est autre chose que du petit lait qu'on a mis aigrir dans une espece de fontaine de bois, après y avoir jetté de fort vinaigre. Il faut la laisser reposer huit ou dix jours avant que de s'en servir.

On commence à travailler au Fromage le 15 May, qui est le tems que l'on met les vaches dans les pâturages des montagnes de Griers; ce qui dure jusqu'au 9 Octobre, Fête de S. Denis, qu'on en retire les bestiaux.

Quelques Fromagers font jusqu'à deux gros Fromages par jour; d'autres n'en font que trois en deux jours; & d'autres seulement un chaque jour. Pour deux par jour, il faut cinquante à soixante vaches; pour trois en deux jours, il n'en faut que trente-trois à quarante-trois; & pour un chaque jour, vingt-quatre à trente suffisent.

La traitte des vaches se fait deux fois le jour, le matin sur les quatre à cinq heures, & l'après-midy sur les trois à quatre heures. Un homme un peu fort en peut traire chaque fois depuis douze jusqu'à vingt,

Il y a dans toutes les montagnes de Griers plusieurs bâtimens bas, uniquement destinez pour la fabrique du Fromage. Chacun de ces bâtimens, que l'on nomme un Challet, est composé d'une grande étable pour traire les vaches; d'un lieu particulier pour fabriquer le Fromage; & d'une chambre propre à le mettre pour le saler lorsqu'il est fabriqué; le tout au rez de chaussée de la campagne.

Quand les vaches sont revenuës du pâturage, & qu'on les a attachées dans l'étable chacune à leur place, on commence à les traire; ce qui se fait de la maniere suivante.

Un homme chargé d'une petite selle de bois, d'un sceau, & d'une espece de gibeciere de cuir remplie de sel, s'approche de la premiere vache qu'il veut traire. S'étant assis à côté d'elle, il lui donne un peu de sel, pour l'obliger à donner plus librement son lait; y en ayant qui feroient difficulté de le faire, si l'on manquoit à leur donner leur sel.

Cette premiere vache étant tirée, on passe à une seconde, & ainsi de suite jusqu'à ce que le sceau soit entierement plein; alors un petit Garçon prend le sceau, & porte couler le lait dans une chaudiere de cuivre rouge étamée en dedans. On appelle couler le lait, le jetter dans une espece de grand entonnoir de bois de sapin, dont le trou est garni d'un bouchon de paille, à travers duquel le lait se filtre & se purifie. On continuë ainsi à traire les vaches, & à passer leur lait, jusqu'à ce que toute la traite soit achevée, après quoy on les renvoye au pâturage; étant d'usage qu'à moins qu'il ne fasse bien froid, elles ne couchent jamais dans l'étable.

La traite étant finie, & tout le lait coulé, celui qui fait le Fromage, que l'on appelle Ermaillé, & qui est comme le Chef du challet, se lave les bras jusques vers les épaules; puis il les plonge dans la chaudiere, pour connoître si le lait est encore assez chaud, si non il le fait chauffer doucement jusqu'à ce qu'il soit un peu plus que tiéde.

Lorsque le lait a le degré de chaleur convenable, on y jette environ demi septier de presure ou plus, suivant la quantité de lait qui se trouve dans la chaudiere, ensuite on les broüille bien ensemble par le moyen d'une grande culliere de bois platte à long manche; & lorsque la presure & le lait ont été bien mêlez, l'on ôte la chaudiere de dessus le feu, qu'on laisse reposer jusqu'à ce que le lait soit entierement pris ou caillé; ce qui se fait ordinairement en moins d'une demie heure.

Le lait étant bien pris, on le détache doucement des bords de la chaudiere avec la culliere de bois; & lorsqu'il est tout-à-fait détaché, l'on prend au lieu de la culliere un instrument que l'on nomme Espatule, qui est un petit sapin de la grosseur d'une bonne canne, qu'on a pelé proprement, & dont on a coupé les branches ou rameaux à deux ou trois pouces de long jusqu'au milieu de sa longueur.

L'espatule sert à tourner le caillé d'abord avec douceur, & ensuite toûjours en augmentant de force & de vitesse, jusqu'à ce qu'il soit entierement défait ou rompu.

Après cette façon l'on remet la chaudiere sur le feu, où elle reste autant de tems qu'il en faut pour échauffer le caillé au point d'y pouvoir souffrir le bras sans en être incommodé. Pendant ce tems on ne discontinuë point de tourner avec l'espatule; mais lorsque la chaleur devient trop grande, on ôte la chaudiere de dessus le feu; continuant néantmoins de le tourner toûjours avec l'espatule pendant une bonne demie-heure, quelquefois plus, suivant que l'Ermaillé juge à propos de rendre le caillé plus ou moins gros.

En cet état on le laisse reposer un moment; ce qui sert à le précipiter & à le rassembler tout en une masse dans le fond de la chaudiere: alors deux hommes prennent un morceau de grosse toile claire comme du canevas, long d'environ une aune & demie, avec lequel ils le tirent hors de la chaudiere, pour le mettre tout envelopé de la toile dans une forme qui est posée sur une espece de pressoir.

La forme est un grand cercle de bois de la hauteur dont on veut que le Fromage soit fait, qui s'ouvre & se ferme, quand on veut, par le moyen de certains crans ou hoches, distans les uns des autres de cinq à six pouces, qui servent aussi à en diminuer le pourtour jusqu'à ce que le Fromage soit parvenu au point du diametre que l'Ermaillé s'est proposé de lui donner.

Le caillé, ou plûtôt le Fromage, ayant ainsi été mis dans la forme, on le couvre d'une planche bien unie, que l'on charge d'une pierre du poids de vingt-cinq à trente livres, le laissant égouter pendant une demie-heure; & lorsque l'on s'apperçoit que la planche touche le haut de la forme, on en ôte le Fromage pour la resserrer d'un cran.

La forme ayant été resserrée, on y remet le Fromage envelopé d'un nouveau morceau de toile bien sec, y ajoûtant la planche par dessus, que l'on recharge encore de deux pierres de quarante à cinquante livres chacune, afin que le Fromage puisse s'égouter plus promptement; ce que l'on continuë d'heure en heure, retirant à chaque fois le Fromage de la forme, & la resserrant toûjours d'un cran; observant aussi à chaque fois d'envelopper le Fromage d'un nouveau morceau de toile bien sec.

Cette maniere de presser le Fromage, & d'en resserrer le moule, se renouvelle ordinairement jusqu'à douze & quinze fois, & à chaque fois on augmente le poids des pierres dont on charge la planche; ensorte que les derniers pesent jusqu'à cent cinquante livres, & quelquefois davantage.

Lorsque l'on remarque que les Fromages sont parfaitement égoutez, c'est-à-dire, lorsqu'ils ne moüillent plus la toile dont ils sont envelopez, on les porte dans la chambre qui leur est destinée, où ils sont rangez à plat sur des planches les uns après les autres, & jamais l'un sur l'autre, sur tout tant qu'ils sont jeunes, c'est-à-dire, qu'ils sont nouveaux. Les Fromages bien arrangez, on travaille à les saler.

Pour cette salaison l'on prend du sel bien sec, & pilé le plus menu qu'il a été possible, dont l'on jette environ deux pincées sur chaque pain de Fromage: une heure ou deux après que le sel est fondu, l'on prend un morceau de drap avec lequel on les frotte tout autour avec exactitude, les laissant en cet état pendant une ou deux heures pour les sécher: lorsqu'ils sont secs, on les entoure de sangles faites d'écorce ou peau de sapin, que l'on serre le plus fortement qu'il est possible; ce qui s'appelle Sangler le Fromage; & pour arrêter les bouts des sangles, on pousse les Fromages les uns contre les autres à l'endroit par où elles se croisent.

Les Fromages restent sanglez jusqu'au lendemain, qu'on les dessangle & qu'on les retourne. Aprés avoir été bien essuyez, de même que les planches sur lesquelles ils sont posez, on seme dessus deux nouvelles pincées de sel: l'on continuë ainsi à les saler pendant six semaines ou deux mois; & l'on connoît qu'ils le sont suffisamment, lorsqu'ils n'attirent plus de sel, ou en les goûtant par le moyen de la sonde.

Les Fromages ainsi salez, on les laisse sécher quelque tems; & alors ils sont en état d'être transportez dans les lieux où ils peuvent être débitez.

Ce qui vient d'être dit touchant la maniere de fabriquer les Fromages de Griers, ne regarde que le premier Fromage qui se fait tout de lait caillé avec la presure & le sel; car pour le second, qui n'est composé que de petit lait, d'azi & de sel, on s'y prend d'une autre sorte, qui n'est pas moins curieuse, & que l'on va pareillement décrire ici.

Fabrique du Fromage de petit lait qui se fait en Suisse.

D'abord l'on met tout le petit lait qu'on a tiré du premier Fromage, dans une chaudiere que l'on pose sur un grand feu, & dans le tems que l'on s'apperçoit qu'il se forme un cercle d'écume tout autour de la chaudiere, on jette dedans deux ou trois pintes de lait, qu'on a eu soin de conserver de la traite; ce qui s'appelle Blanchir le petit lait. Quelques-uns se servent de lait de chevre au lieu de celui de vache; mais ce dernier est le plus en usage.

Aprés que le petit lait a été blanchi de la maniere qu'on vient de dire, l'on continuë à faire grand feu sous la chaudiere jusqu'à ce qu'il boüille fortement; alors l'on en tire une certaine quantité, que l'on met en réserve pour s'en servir le lendemain à fabriquer de nouveau Fromage.

Cela fait, l'on prend du petit lait froid, & réservé du jour précedent, & l'on le jette dans la chaudiere, en y ajoûtant environ trois chopines d'azi; un instant après l'on s'apperçoit que le petit lait se coupe, c'est-à-dire, qu'il se partage en deux substances différentes; l'une épaisse dont on fait le Fromage; l'autre qui n'est qu'une eau très claire, mais un peu verdâtre, qu'on appelle Quette ou Petit lait, qui sert pour la nourriture des bestiaux. La partie du lait clair qui se change en caillé, s'éleve au dessus de la substance aqueuse par petits morceaux, à peu prés semblables à des flocons de nége. Quand tout le Fromage est monté, & que la chaleur commence à lui faire jetter quelques petits boutons d'écume hors de la chaudiere, ce qui marque qu'il est suffisamment chaud, on l'ôte de dessus le feu; & dans l'instant on l'enleve avec une écumoire, & l'on en remplit de petites formes que l'on a garnies de grosse toile claire en dedans, pour servir d'envelope au Fromage; on couvre ensuite les formes d'une planche qu'on charge d'une moyenne pierre pour le mieux faire égouter, ayant soin de tems en tems de resserrer les formes, & de les changer de morceaux de toile bien secs, ainsi qu'il se pratique à l'égard du premier Fromage. Quand les Fromages sont en cet état, on les laisse égouter depuis le matin jusqu'au soir, ou depuis le soir jusqu'au matin; & lorsqu'on reconnoît qu'ils sont suffisamment égoutez, on les met sur des bouts de planches disposez exprès pour les saler; ce qui se fait en mettant l'épaisseur d'un doigt de sel pardessus.

Au bout de deux ou trois jours que tout le sel est fondu, on les retourne sans dessus dessous, pour leur donner une seconde dose de sel, semblable à la premiere; & après deux ou trois jours que ce second sel est fondu, l'on prend du charbon pilé & détrempé dans l'eau, dont on frotte tous les Fromages jusqu'à ce qu'ils soient bien noirs; pour lors on les met sur des planches dans un lieu sec, où l'on a soin de les retourner de deux en deux jours, sans quoi ils s'attacheroient si fort aux planches, qu'il seroit assez difficile de les en ôter sans les endommager considerablement.

Après que les Fromages ont été ainsi retournez pendant un certain tems, & que l'on voit qu'ils sont suffisamment essuyez, on les envoye dans les lieux où ils peuvent être vendus & débitez.

HOLLANDE.

La Hollande fournit à la France une quantité prodigieuse de Fromage, dont la forme est à peu prés semblable à une boule de jeu de quille, un peu applattie de deux côtez; aussi les appelle-t-on quelquefois Fromages en boulettes. Ils se tirent presque tous d'Amsterdam & de Rotterdam par la voye de Roüen.

Il y en a deux especes, les uns à côte rouge, & les autres à côte blanche. Ceux à côte rouge, qu'on estime le plus, à cause de leur pâte qui est jaune, dure & serrée à peu près comme celle du Parmesan, sont en gros & en petits pains; les premiers du poids de dix-huit à vingt livres, & les autres de six à sept livres chacun. Pour ce qui est de ceux à côte blanche, que l'on appelle Pâte molle, à cause qu'ils sont pour l'ordinaire gras & mollets, leur poids est semblable aux petits pains à côte rouge, c'est-à-dire, de six à sept livres.

Les Fromages de Griers & de Hollande font une partie des vivres que l'on embarque sur les vaisseaux du Roy, particulierement sur ceux destinez pour les voyages de long cours, les Côtes d'Afrique dans l'Ocean, les Isles de l'Amerique, & les Indes Orientales & Occidentales. Chaque Soldat ou Matelot doit avoir par jour trois onces de l'un ou de l'autre Fromage au lieu de moruë, & cela depuis le premier Juin jusqu'au dernier Septembre; ce qui est conforme à l'article 8 du titre 3 du livre 10 de l'Ordonnance de la Marine du 15 Avril 1689.

ANGLETERRE.

Il vient des Fromages d'Angleterre par petites meules ou pains du poids de quinze à vingt livres, dont le débit est peu considerable en France, à cause de leur qualité qui n'est pas des plus estimée; ce qui fait que l'on n'en tire que dans les tems que l'on craint de n'en pouvoir avoir d'ailleurs.

FROMAGES DE FRANCE.

L'on ne doit pas oublier parmi les Fromages de France, les excellens Fromages de Brie, particulierement ceux qui se font du côté de Meaux, non plus que les Pont-Levesque, les Angelots, les Maroles & quelques autres, qui sont envoyez à Paris des Provinces qui en sont les plus voisines.

Mais aucun de ces Fromages, dont la consomption doit être, pour ainsi dire, journaliere, à cause qu'ils ne peuvent se garder long-tems, ne font partie du commerce de l'Epicerie; & ils sont réservez à une petite Communauté de Marchands, qui prennent la qualité de Marchands-Fruitiers-Fromagers.

A l'égard des Fromages François qui entrent dans le négoce des Marchands Epiciers, ils se tirent particulierement de quatre Provinces du Royaume, qui sont le Dauphiné, le Languedoc, le Forest & l'Auvergne. On va parler en particulier des Fromages que fournissent ces Provinces.

DAUPHINÉ.

L'on tire de Grenoble Capitale du Dauphiné par la voye de Lyon, une sorte de Fromage que l'on appelle Sassenage, du nom d'un endroit de la Province où il s'en fabrique le plus. Cette espece de Fromage, qui est par petits pains ronds & épais de quatre à cinq pouces, du poids de quatre à huit livres, est fort estimée, quand il est revêtu de toutes

ses

ses bonnes qualitez, qui sont de n'être point trop vieux, que la pâte en soit persillée, c'est-à-dire, parsemée de veines bleuâtres, & que son goût soit agréable, quoique un peu piquant.

LANGUEDOC.

Le Fromage de Rocfort, qui se fait de lait de brebis, porte le nom de l'endroit où il se fabrique dans la Province de Languedoc. Il est plat, de figure ronde comme un gâteau, épais d'un pouce & demi ou deux pouces au plus. S'il n'est bien persillé, & d'un goût agréable & doux, l'on n'en fait pas beaucoup de cas. Il y en a du poids depuis quatre jusqu'à huit livres.

FOREST.

Il se tire de Roanne, Ville du Pays de Forest, de petits Fromages gras dont la côte est rougeâtre, que l'on nomme Fromages de Roche, qui sont de lait de vache. Ils sont ronds & épais, du poids d'environ deux livres, dont les plus nouveaux & les plus mollets sont les plus estimez.

AUVERGNE.

La Haute Auvergne fournit une très-grande quantité de Fromages tout de lait de vache. Il y en a de gros & de petits. Le gros, que l'on appelle ordinairement Quantal, à cause d'une montagne de ce nom située entre S. Flour & Orillac, où il s'en fabrique le plus, est du poids de trente à quarante livres. On le nomme aussi Tête de Moine, à cause de sa forme qui est haute & ronde.

Le petit Fromage d'Auvergne, dont la figure est presque quarrée, pese depuis dix jusqu'à vingt livres. Il s'en tire peu de ce dernier; la consomption s'en faisant presque toute dans le Pays & aux environs.

Quoiqu'il se fasse en France un négoce assez considerable de Fromage de Quantal, il faut convenir que c'est un des moins estimez de toutes les sortes de Fromages dont il a été parlé: & si ce n'étoit le menu peuple & les Communautez Religieuses qui en consument beaucoup, à cause de son prix qui est des plus médiocres, il ne s'en verroit que très-peu à Paris, & dans les autres Villes considerables du Royaume.

Les Fromages d'Auvergne qui se font du côté d'Orillac, Moriac & Volers, vont en Languedoc & en Guienne; & ceux qui se font du côté de Beze, la Tour & Ardres, vont à Nantes, & dans les Villes de la Loire. C'est aussi de-là qu'on tire presque tout celui qui arrive à Paris.

Les meilleures montagnes de cette Province pour la nourriture des vaches à lait, sont celles de Salers; & ces bêtes y en donnent en si grande quantité, qu'ordinairement on rend au Proprietaire de chaque vache par année deux quintaux de Fromage, qui ordinairement se vend depuis onze jusqu'à treize livres le quintal.

Les Fromages payent en France les droits d'entrée & de sortie suivant leur qualité & les lieux d'où ils viennent, aussi bien que conformement à differens Tarifs & Arrêts du Conseil.

Les Fromages de Hollande de toutes sortes, s'ils sont apportez par les vaisseaux Hollandois, payent les droits d'entrée à raison de 1 l. 10 s. du cent pesant, suivant la Déclaration & le Tarif du 29 May 1699.

Les Fromages Etrangers de toutes autres natures & qualitez payent 6 liv. aussi du cent pesant, suivant l'Arrêt du 29 Janvier 1692.

Et les Fromages de Vachelin, & de toutes autres sortes du dedans du Royaume, 8 s. pareillement du cent pesant, suivant le Tarif de 1664.

A l'égard des droits de sortie, les Fromages de Milan, Florence, Massolin & de Maillorque, les payent à raison de 50 s. le cent pesant.

Et ceux d'Auvergne, de Hollande, Vachelins, Fromages en boulettes, & de toutes autres sortes & Pays, sur le pied de 24 s. le tout conformement au Tarif de 1664.

Les Fromages de France sont du nombre des marchandises du crû du Royaume, dont les droits d'entrée dans les Pays, Terres & Seigneuries des Etats Generaux ont été moderez par le Tarif de 1699. Ils y payent le cent pesant 1 florin 12 sous.

FROMAGER. Celui qui fait ou qui vend des fromages. Il y a à Paris une Communauté dont les Maîtres prennent la qualité de Marchands Fruitiers, Orangers, Beurriers, Fromagers, Coquetiers, à cause que les fromages de toutes sortes font une partie de leur commerce. *Voyez* FRUITIER.

FROMAGER. C'est aussi un petit vaisseau de fayance, percé de plusieurs trous, & soûtenu sur trois petits pieds, dans lequel on dresse du lait caillé pour en faire du fromage frais, ou, comme on l'appelle, du fromage mou.

FROMAGERIE. Lieu où l'on dresse & où l'on fait sécher les fromages. On le dit aussi quelquefois du marché où on le vend.

FROMENT. Blé, le plus gros & le meilleur de tous les grains qu'on réduit en Farine pour faire du pain. *Voyez* BLE'.

FRONTIERE. On appelle Laines frontieres les laines qui se filent par les Houpiers ou Fileurs des environs d'Abbeville & de Rosieres. Ce sont les moindres de celles qui se tirent de Picardie. On ne s'en sert que pour les ouvrages qui ne sont pas de grande consequence. *Voyez* LAINE, *où l'on parle de celles qui se vendent à Abbeville.*

FROTTAGE. Se dit dans les blanchisseries de Picardie, d'un certain savonage qui se donne aux batistes & linons, pour commencer à les dégraisser, & achever d'en blanchir les lisieres. *V.* BLANCHIR.

FROTTER. Passer fortement une chose sur une autre, pour l'user ou pour la polir, ou pour les polir & les user toutes deux l'une par l'autre.

FROTTER UNE LETTRE. Terme de Fondeur de caracteres d'Imprimerie. C'est, après que la lettre a été ébarbée, la passer sur le grès des deux côtez par lesquels les caracteres se joignent quand on les met en ligne. *Voyez* FONDEUR DE CARACTERES.

FROTTEUSES DE LETTRES. Ouvrieres qui frottent les caracteres sur le grès. Elles se frottent avec les deux doigts de la main droite qui suivent le pouce; & les retournent avec le pouce de la même main. Pour ne point s'écorcher par l'inégalité du grès, elles ont des doigtiers faits de cuir de balles d'Imprimerie. *Voyez comme dessus.*

FROTTOIR. Petit peloton quarré, de quatre à cinq pouces de longueur, dont les Chapeliers se servent pour donner de lustre à leurs chapeaux. Il est ordinairement de velours d'un côté & de drap de l'autre, rempli en dedans de bourre ou de crin. *Voyez* CHAPEAU, & CHAPELIER.

FROTTON. Terme de Cartier. C'est un outil composé de plusieurs bandes d'étoffe ou de lisieres de drap, roulées les unes sur les autres; ensorte que le bas soit plat & uni, & que le haut qui lui sert de manche, se termine en une espece de cône. Le Frotton sert aux Cartiers à peu prés comme la balle aux Imprimeurs.

FRUIT. Il se dit en general de tout ce que la terre produit pour la nourriture de l'homme & des animaux. En

En ce sens les grains, les herbes, les légumes sont du nombre des Fruits.

Fruit, en particulier. Signifie la production des arbres fruitiers; tels que sont le Poirier, le Pomier, le Prunier, l'Oranger, l'Amandier, & tant d'autres qui fournissent à l'homme une nourriture si saine, si naturelle, & en même tems si délicieuse.

On distingue deux sortes de Fruits par raport au commerce, les Fruits frais & les Fruits secs

Les Fruits frais sont ceux qui se vendent tels qu'on les cueille sur l'arbre, lorsqu'ils sont dans leur parfaite maturité: ceux-ci font partie du négoce des Marchands Fruitiers, Orangers, Beurriers, Fromagers, Coquetiers. *Voyez l'article suivant.*

Les Fruits secs sont ceux que l'on a fait sécher ou au soleil ou au feu, pour les conserver plus long-tems. Ces Fruits se vendent à Paris par les Marchands Epiciers.

On comprend ordinairement au nombre des Fruits secs, les prunes, les pommes, les poires, les raisins, les amandes, les figures, les avelines, le ris, même les câpres & les olives, quoique ces deux derniers se conservent dans de la saumure.

Les Fruits secs de toutes sortes payent en France les droits de sortie à raison de 12 s. du cent pesant.

FRUITERIE. Lieu où l'on conserve le fruit. Les Fruiteries doivent être fraîches en esté, chaudes en hyver, & séches en tout tems. On dit aussi un Fruitier.

FRUITIER. Marchand qui vend des fruits.

Les Fruitiers de la Ville de Paris sont en Communauté, & ont des Statuts dés l'an 1412, renouvellez en 1499, & confirmez par Henry IV. en 1608, & par Louis XIII. en 1612.

Les Rois dans leurs Lettres Patentes leur donnent la qualité de Maîtres Marchands de fruits égruns & savoureux; ce qui s'entend non seulement de toutes sortes de fruits, comme poires, pommes, cerises, marons, citrons, grenades, oranges, &c. mais qui comprend encore les œufs, le beurre, le fromage, &c. que les Fruitiers ont permission de vendre.

Dans les Arrêts du Conseil d'Etat, que ces Marchands ont obtenu pour la réunion à leur Corps, de divers Offices de nouvelle création érigez sous le Regne de Louis XIV. ils sont appellez Marchands Fruitiers, Orangers, Beurriers, Fromagers & Coquetiers de la Ville & Fauxbourgs de Paris.

Cette Communauté a cinq Maîtres Jurez, qui se renouvellent tous les deux ans, & qui sont installez par le Procureur du Roy, entre les mains duquel ils prêtent serment.

Chaque Maître ne peut avoir qu'un Apprentif ou Apprentisse à la fois.

Aucun ne peut être reçû Maître, sans avoir fait auparavant apprentissage.

Les Apprentifs doivent être obligez pour six ans.

Il y a aussi des Maîtresses dans cette Communauté; & c'est pour cela qu'il s'y reçoit des Apprentisses.

☞ L'Ordonnance du 28 May 1698, fait défenses à tous Maîtres Fruitiers d'être Facteurs des Marchands Forains.

Fruitier. On appelle aussi Marchands Fruitiers, les Marchands Forains qui apportent à Paris, ou par sommes, ou par fourgons, ou même sur des bateaux, les fruits qu'ils ont ramassez & achetez dans les jardins & vergers de la campagne. Les Marchands Fruitiers de Normandie & d'Auvergne font leurs voitures par eau; ceux du voisinage de Paris, par sommes. Les batteaux qui servent à ce négoce, s'appellent Batteaux Fruitiers. Ils arrivent ordinairement au Port de l'Ecole.

Fruitier-Regratier. Celui qui vend du fruit en détail, soit qu'il soit en boutique, soit qu'il crie son fruit par les ruës.

On met aussi de ce nombre quantité de pauvres Gens qui font un petit négoce d'herbages, de legumes, d'œufs, de beurre & de fromage, en consequence de Lettres qu'on appelle Lettres de Regrat.

Un Arrêt du Conseil du 9 Février 1694, décharge les Fruitiers-Regratiers des droits de visite que prétendoient sur eux les Maîtres Fruitiers.

Fruitier. Lieu où l'on conserve le fruit. On dit aussi Fruiterie.

FRUITIERE. Femme qui vend du fruit.

Il y a des Maîtresses Fruitieres & des Fruitieres-Regrátieres. *Voyez les articles précedens.*

On appelle aussi Fruitieres, de pauvres femmes qui font un petit détail de quelques fruits qu'elles portent devant elles sur des especes de paniers plats, qu'on nomme des Inventaires.

FUEN. Monnoye qui a cours dans la Chine. Gemelli nouveau Voyageur Italien, qui est le seul qui en parle, n'en explique ni le métail ni la valeur. Ne seroit-ce point le foang de Siam, dont il auroit vû quelques pieces à Canton. *Voyez* Foang.

FUME'E. On appelle Noir de Fumée, une couleur des Peintres, qui se fait avec la fumée de diverses matieres qu'on brûle. *Voyez* Noir.

FURIE. Satin ou taffetas des Indes & de la Chine, peint dans le Pays, ou imité en Europe, particulierement en France, en Hollande & en Flandres.

Ces satins ont été appellez Furies, parce que les premiers qui furent apportez en Europe, avoient des desseins si extraordinaires, & jettez, pour ainsi dire, sur l'étoffe avec si peu d'ordre & de proportion, qu'on eût pû croire qu'ils étoient l'ouvrage de quelque furie.

L'on tâcha d'abord d'imiter en Europe l'extravagance des desseins Chinois, & l'on y réussit; mais l'inconstance Françoise ayant fait peindre sur les satins ou taffetas, des fleurs, des oiseaux, &c. l'habitude qu'on avoit prise de les nommer Furies leur conserva leur nom, quoiqu'il ne convînt plus à la beauté des desseins de cette nouvelle fabrique.

Les Furies, soit qu'elles soient peintes dans la Chine & aux Indes, soit qu'elles soient imitées en Europe, sont également du nombre des étoffes des Indes & de la Chine, défenduës par tant d'Arrêts du Conseil, & toûjours portées au mépris de l'autorité souveraine. *Voyez* Estoffes de la Chine.

Furie. C'est aussi une étoffe de soye, ou satin façonné, fabriqué sur le métier, qui imite les premiers desseins des Furies de la Chine.

Les Ouvriers de Paris, de Lyon & de Tours les entreprirent pour flatter le goût de la Nation, & il y en avoit d'admirables; mais elles n'eurent qu'un médiocre débit, autant à cause de leur prix, qui étoit considerable en comparaison de celui des vrayes Furies, que par la manie & le goût pour les étoffes étrangeres, dont il n'y a guéres d'apparence qu'on puisse jamais entierement guérir les François.

FURLONG. C'est une des mesures dont on se sert en Angleterre pour l'arpentage des terres. Le Furlong contient quarante perches, & la perche seize pieds & demi. Huit

Fur-

Furlongs ou 320 perches font un mille d'Angleterre: ainsi chaque mille contient 1760 yards ou 5280 pieds d'Angleterre; ensorte que le degré, suivant la supputation Angloise, est de 60000, ou pour en faire la réduction plus précise, de 59000 & demi. *Voyez* Pied, *ou* Yard.

FUSEAU. Ce terme a plusieurs significations dans les manufactures, & parmi les Ouvriers de divers arts & métiers.

Fuseau. Terme de Tissutier-Rubanier. Ce que ces Ouvriers appellent des Fuseaux, & qui sert à monter leurs métiers, sont des especes de grosses aiguilles de fer, plus fortes par en bas que par en haut, d'un pied de long, & du poids d'un quarteron. Elles sont attachées aux rames, c'est-à-dire, aux ficelles qui ouvrent la chaîne, ou qui la font retomber. *Voyez* Tissutier-Rubanier.

Fuseau. Les Potiers de terre, qu'on nomme Fournalistes, parce qu'ils font seuls les fourneaux & creusets propres aux operations de chymie & à la fonte des métaux, appellent aussi des Fuseaux, certains bâtons ronds & pointus avec lesquels ils percent les trous ou registres qu'ils font aux fourneaux, pour y donner ou en ôter l'air, suivant le degré de chaleur que l'Artiste ou le Fondeur a besoin. *Voyez* Fournaliste.

Fuseau Les Maîtres Frangiers-Passementiers-Rubaniers appellent des Fuseaux, de petits bâtons de buis ou d'autre bois dur & uni faits au tour, sur lesquels ils dévident le fil d'or, d'argent ou de soye, dont ils font divers ouvrages sur l'oreiller.

Ces Fuseaux sont en forme de quilles de cinq à six pouces de long, avec une petite tête par en haut pour en retenir les fils; le bout d'en bas restant large & pesant, afin de contenir par ce poids le Fuseau dans la situation où l'Ouvrier le met.

C'est par le different arrangement de ces Fuseaux, qui souvent sont au nombre de plus d'une centaine, que se forment les divers desseins de l'ouvrage.

Ces Fuseaux servent encore à la fabrique de toutes sortes de dentelles de fil, comme dentelles d'Angleterre, dentelles de Malines, dentelles de Dieppe, d'Auvergne, & autres semblables. *V.* Dentelle.

Fuseau. C'est encore un petit morceau de bois tourné en rond, qui sert à filer & tordre le fil, & sur lequel on le dévide à mesure qu'on l'a filé.

Le Fuseau ne sert que quand on file à la quenoüille. Il est long environ de dix pouces, un peu plus un peu moins, selon le goût ou la commodité. Les deux extremitez se terminent en pointe; diminuant imperceptiblement de chaque côté depuis le milieu, qui a huit ou dix lignes de diametre.

La plûpart des Fileuses attachent leur fil avec un nœud coulant sur un des bouts du Fuseau, qu'elles font tourner avec les doigts de la main droite, pendant que de la gauche elles tirent la soye, la laine, ou quelque autre matiere propre à être filée, qui est attachée à la tête de la quenoüille. Il y en a qui se servent d'une tille, qui est un petit morceau d'argent ou de fer blanc, fait un peu en vis, qui se met au bout d'en haut du Fuseau au lieu de coche, & sur lequel le fil se lie comme de lui-même. Toutes les Fileuses pour filer plus aisément, & donner un tournoyement plus égal à leur Fuseau, le chargent d'un peu de plomb par le bas, ou d'un bouton de bois pesant.

Les Fuseaux payent en France les droits d'entrée à raison de 3 s. du millier en compte, & pour ceux de sortie 2 s. suivant le Tarif de 1664.

FUSE'E, ou BOBINE. C'est ce petit cylindre de bois qui est entouré de chaque bout d'un cercle de la même matiere, qui se place dans les roüets à filer au milieu de l'épinglier, par le moyen d'une verge de fer qui le traverse C'est sur la Fusée que se dévide & s'arrange le fil à mesure que la Fileuse le tire de la filasse qui est sur sa quenoüille. Le mouvement de la roüe du roüet qui se communique à la Fusée par le moyen d'une corde passée sur tous les deux, est ce qui sert à tordre les fils.

Fuse'e. Est aussi le fil dévidé au tour d'un fuseau, si l'on file à la quenoüille, ou d'une bobine, si l'on file au roüet. On dit, Une grosse Fusée, Une petite Fusée, Dévider sa Fusée, Mêler sa Fusée; & de-là sont venuës plusieurs expressions proverbiales, qui ne sont pas de ce Dictionnaire.

FUSIBLE, ou FUSILE. Terme très-commun parmi diverses sortes d'Artistes & d'Ouvriers.

Il se dit de tout ce qui se peut fondre. Les Monnoyeurs, les Orfevres, les Fondeurs, &c. le disent des métaux; les Gentilshommes Verriers & les Faiseurs de glaces de miroirs, des matieres dont ils font leurs glaces & leur verre; les Emailleurs, de leurs divers émaux; & ainsi de plusieurs autres.

FUSIL Instrument de fer ou d'acier, dont les Bouchers, les Cuisiniers, les Chaircutiers, & autres semblables personnes qui coupent & dépecent de la viande, se servent pour fusiller & affuter leurs couteaux.

Le fer ou fust de cet outil est rond, & porte ordinairement un pied de long sur trois à quatre lignes de diametre. Le manche est de corne ou d'os, avec un petit anneau au bout pour le prendre; les Bouchers & les autres qui s'en servent, l'ayant toûjours pendu à leur ceinture.

FUSILLER UN COUTEAU. C'est le passer sur le fusil pour l'affuter & amorcer. *Voyez ci-dessus.*

FUST, ou FUT. Vaisseau rond fait de douves ou de bois de mairrain, dans lequel on met du vin ou d'autres liqueurs. Ce mot n'est plus guéres d'usage que dans les Provinces. A Paris on dit Fustaille. *Voyez* Fustaille.

Fust. Se dit aussi chez les Menuisiers, Charpentiers, & autres pareils Ouvriers, du bois sur lequel ils montent quelques-uns de leurs outils, comme les rabots, varlopes, guillaumes, trépans, &c. Les Ouvriers en bois font comme deux classes de leurs outils; ils appellent les uns Outils à Fust; & les autres, Outils à manche.

Fust. Est encore un instrument dont les Relieurs se servent pour rogner leurs Livres, ou plûtôt la partie de bois qui compose le couteau à rogner. *Voyez* Relieur.

Fust. Les Paumiers nomment le Fust d'une raquette, le bois qui en porte les cordes, & qui en fait le manche.

Les Fusts & bois de raquettes payent en France les droits de sortie à raison de 16 s. du cent pesant; & pour ceux d'entrée 15 s. conformement au Tarif de 1664.

Fust. On nomme aussi le Fust d'un fusil, d'un mousquet, d'une arquebuse, le bois sur lequel ces armes sont montées. *Voyez* Arquebusier.

Fust. C'est aussi, en termes de Cardier ou Faiseur de cardes, ce morceau de bois quarré-long; & qui a un manche sur lequel se montent les petits fils de fer qui composent la carde.

Les meilleurs Fusts sont ceux qui se font à Troyes; & les Cardiers de Paris qui sont estimez pour les plus habiles Ouvriers en cette sorte de fabrique, ne s'en servent guéres d'autres. *V.* Carde.

Fust de Girofle. Nom que l'on donne à un certain petit bouton tendre & peu solide, qui se trouve au milieu de la tête du clou de girofle. *Voyez* Girofle.

FUSTAILLE, ou FUTAILLE. Vaisseau où l'on met du vin. On le dit aussi quelquefois des vaisseaux où l'on conserve l'eau qu'on embarque sur les navires destinez aux voyages de long cours; mais plus ordinairement on les appelle Bariques.

Fustaille montée. C'est celle qui est reliée, & qui a tous ses cerceaux, ses fonds & ses barres.

Fustaille en botte. C'est celle dont les douves sont toutes préparées, & à qui il ne reste plus qu'à y mettre les cerceaux. On en embarque souvent de la sorte sur les vaisseaux destinez pour les Isles de l'Amerique, parce qu'elles tiennent moins de place, & qu'il est facile de les monter, soit avec les cerceaux que l'on porte aussi tous en mole, ou que l'on fait aussi en route dans les lieux où se trouvent des bois propres à cela.

Les Fustailles vuides payent en France les droits d'entrée à raison de 2 f. pour chaque poinçon, & les droits de sortie sur le pied de 4 f. si elles sont neuves, & propres pour mettre vendanges.

Les droits que les Fustailles payent à la Doüane de Lyon, sont; sçavoir, les Fustailles, la balle de charrette 10 f. tant d'ancienne que de nouvelle taxation; & les Fustailles de Pays, 5 f.

FUSTAILLERIE. Tout bois propre à faire des fustailles.

La Fustaillerie de bois venant de S. Claude, de toutes sortes, paye en France de droits d'entrée 20 f. du cent pesant, & de droits de sortie 40 f.

FUSTAYE, que l'on écrit aussi FUTAYE. Grands bois ou arbres qu'on a laissé croître au delà de quarante ans, & qui n'ont point été coupez en vente ordinaire comme les taillis.

Lorsque le bois a quarante ans, on l'appelle Fustaye sur taillis; depuis quarante jusqu'à soixante, Demie-fustaye, ou Bois de haut revenu; depuis soixante jusqu'à cent vingt, Jeune haute Fustaye; depuis cent vingt jusqu'à deux cens, Vieille haute Fustaye; & passé deux cens ans, Vieille haute Fustaye sur le retour. Cette derniere est ainsi nommée, parce que le bois passé deux cens ans ne peut plus profiter ni croître, mais déperit tous les jours, à cause de sa trop grande vieillesse.

L'âge du bois se connoît par le nombre des cercles qui sont marquez sur le pied de l'arbre, lorsqu'il a été coupé uniment; chaque cercle ayant été formé par la seve d'une année.

On nomme Fustaye basse, ou Fustaye rabougrie, celle dont les arbres sont de mauvaise venuë, étant tortus & bas à la maniere des pommiers qui sont venus dans de mauvaises terres.

La haute & pleine Fustaye est celle dont les arbres sont plantez drus les uns contre les autres, & qui sont d'une belle venuë. Ce sont souvent des taillis de bonne nature que l'on a laissé croître en Fustaye, ou des plans de graine qui n'ont pas été mis en couppe reglée. On l'appelle Haute Fustaye, à cause qu'elle est extrémement peuplée, ou remplie de pieds d'arbres.

Les bois de Fustaye, de quelque nature qu'ils soient, se vendent ou par arpent, ou par une certaine quantité de pieds d'arbres désignez & marquez. Ces bois doivent être coupez le plus bas de terre qu'il est possible, & la couppe en doit être faite dans le quinze Avril.

Les bois qui sont situez à dix lieuës de la mer, & à deux des rivieres navigables, ne peuvent être vendus ni exploitez, qu'il n'en ait été préalablement donné avis au Contrôleur General & au Grand Maître, à peine de 3000 liv. d'amende, & de confiscation des bois coupez ou vendus. *Ordonnance des Eaux & Forêts du 13 Août 1669.*

La vente des bois de haute Fustaye la plus avantageuse pour le Marchand, est celle qui se fait par arpent; car celle qu'on fait par pieds produit souvent des contestations entre les Vendeurs & les Acheteurs, à cause des arbres qui peuvent tomber en les coupant, sur les autres qui sont reservez.

FUSTEL, autrement FUSTET. Bois propre à la teinture, & dont les Teinturiers du petit teint se servent pour teindre en feüille-morte & en caffé. L'on prétend qu'il devroit être absolument interdit dans la teinture, ou du moins seulement souffert dans les Provinces, où il n'est pas facile d'avoir les autres drogues qui entrent dans la composition des mêmes couleurs, mais qui les font beaucoup meilleures & plus assurées.

Le Fustel, à ce que disent les Botanistes, est le *Coggygria* des Grecs, & le *Cotinus* des Latins. Cet arbrisseau est très commun en Italie & en Provence. Ses feüilles sont vertes & presque rondes. Sa fleur qui est d'un verd obscur, & qui s'ouvre en maniere d'éventail, est composée d'une espece de bourre mêlée de graines noires faites en cœur. C'est son tronc ou sa racine mondée de leurs écorces, que les Marchands Epiciers & Droguistes vendent pour bois de Fustel. Celui de Provence est estimé le meilleur. Il doit être choisi de couleur jaune & bien sec.

Il doit paroître surprenant que quoique ce bois croisse en abondance en Provence, les François aiment mieux cependant le tirer d'Angleterre & de Hollande; mais cette surprise doit cesser, quand on sçaura que ce qui donne lieu à la préference, est que le Fustel Provençal revient très-souvent à beaucoup plus cher que celui que nous prenons des Etrangers.

Les feüilles & les branches du Fustel s'employent par les Courroyeurs & autres Ouvriers dans la préparation des cuirs. Les Tourneurs & les Ebenistes se servent aussi dans leurs ouvrages, du bois de Fustel, sur-tout quand il est bien jaune & agréablement veiné.

Le Fustel paye en France les droits d'entrée, à raison de 8 f. le cent pesant; & ceux de sortie, comme bois de teinture, c'est-à-dire, 13 f. du cent, suivant le Tarif de 1664.

Les droits que ce bois paye à la Doüane de Lyon, dans le Tarif de laquelle il est appellé Fustet, sont de 2 f du quintal, tant d'ancienne que de nouvelle taxation.

FUSTET. Bois propre pour la teinture. *Voyez l'article précedent.*

FUSTOK. Bois jaune qui sert à la teinture, & aux ouvrages de tour & de marquetterie. La couleur qu'on en tire est d'un très-beau jaune doré: elle doit pourtant être assurée par le mélange de quelques autres ingrédiens.

L'arbre de Fustok croît dans toutes les Isles Antilles, mais particulierement dans l'Isle de Tabago, où il s'éleve fort haut. Ce sont les Anglois & Hollandois qui l'apportent en France, où les Epiciers & autres Marchands qui en font commerce, l'appellent simplement Bois jaune.

Les Teinturiers l'employent ordinairement pour faire les noirs: les plus habiles néantmoins, ceux qui ont le plus de bonne

bonne foy, & qui n'aiment à faire que de belles teintures, & dont les couleurs soient bien assurées, prétendent qu'il faudroit absolument défendre ce bois, même au petit teint.

Le bois de Fustok, ou bois jaune, paye en France les droits d'entrée à raison de 12 s. du cent pesant; & ceux de sortie, comme bois de teinture, sur le pied de 13 sous.

FUTAINE, Espece d'étoffe qui paroît comme croisée d'un côté, & qui a quelque raport au basin, quoique moins fine.

Les Futaines doivent être faites tout de fil de coton, tant en tréme qu'en chaîne. Il s'en fabrique de plusieurs qualitez & façons, d'étroites, de larges, de grosses, de moyennes & de fines; les unes à poil, les autres à grains d'orge & sans poil.

Il s'en fait beaucoup dont la chaîne est de fil de lin ou de chanvre, & quelquefois de fil d'étoupe: cependant les Reglemens concernant la manufacture des Futaines défendent très-expressement de faire entrer dans leur composition aucune de ces sortes de matieres.

Il se manufacture à Troyes en Champagne, & aux environs de cette Ville, quantité de Futaines à poil de toutes les especes, dont il se fait une très-grande consomption dans le Royaume, & des envois considerables chez les Etrangers, lorsque le négoce est ouvert avec eux par la paix.

Cette fabrique de Troyes a paru d'une si grande importance pour le commerce, qu'elle a donné lieu à un Reglement qui a été fait particulierement pour elle au mois de Janvier de l'année 1701.

Le Reglement porte, Que les Futaines larges à poil auront une demie-aune & un trente-deuxiéme d'aune de large en peigne & sur le métier: Qu'elles seront composées de vingt & une portées de quarante fils chacune, & que la piece aura vingt aunes de longueur.

Que les Futaines étroites à poil auront cinq douziémes d'aune de large en peigne & sur le métier: Qu'elles seront composées de dix-huit portées de quarante fils chacune; & que la piece sera de vingt aunes de long.

Que les chaînes des Futaines seront montées de fil de coton filé d'un même degré de finesse, & qu'elles seront également serrées, tant du côté des lisieres, que dedans le milieu d'un bout à l'autre de la piece.

Qu'elles seront faites de pur coton sans aucun mélange d'étoupe, ou de fil de chanvre & de lin, & les pieces suffisamment remplies de tréme & frappées sur le métier, afin de soûtenir & conserver leur largeur.

Par le même Reglement il est encore ordonné, Que les lames & rots dont les Maîtres Tisserans & leurs Ouvriers se serviront pour la fabrication des Futaines, seront également compassez; ensorte que les dents des peignes ne soient pas plus larges au milieu qu'aux deux extrémitez. Il leur est aussi défendu de vendre ni livrer aux Marchands aucunes pieces de Futaines, encore qu'elles leur eussent été par eux ordonnées, sans qu'auparavant elles ayent été vûës & visitées dans le Bureau par les Jurez de leur Communauté, & par eux marquées d'un plomb, en cas qu'elles soient trouvées de bonne qualité & fabrique.

Le plomb de visite doit avoir d'un côté ces mots, *Fabrique de Troyes*, & de l'autre les armes de la Ville. A l'égard des frais de la marque, ils sont reglez à huit deniers pour chaque piece.

Quoiqu'il ne soit point parlé dans le Reglement des Futaines à grains d'orge, il ne laisse pas néantmoins de s'en fabriquer assez considerablement du côté de Troyes, dont les pieces sont de vingt aunes de long sur deux tiers de large.

Il s'en fabrique aussi de la même espece vers Lyon, particulierement à Villefranche en Beaujolois & à S. Symphorien, lesquelles sont à peu près semblables à celles de Troyes pour la longueur & pour la largeur; mais la qualité leur est inferieure.

La fabrique des Futaines & des basins a été apportée à Lyon vers l'an 1580. Les premiers Ouvriers qui s'y établirent y furent appellez du Milanez & du Piemont, où ces sortes de manufactures avoient été inventées, & fleurissoient depuis long-temps.

Cet établissement devint si considerable, qu'on vit bientôt à Lyon & aux environs jusqu'à deux mille Ouvriers Futainiers, & que ce commerce monta jusqu'à un million par an, dont les deux tiers alloient à l'Etranger, particulierement en Espagne & en Portugal.

Cette fabrique des Futaines a beaucoup déchû depuis, & à peine y a-t-il quelques métiers dans Lyon de ces sortes d'étoffes. Elle se soûtient pourtant encore avec quelque réputation dans le Beaujolois, & dans le reste de la Generalité de Lyon.

On croit que le droit de 20 liv. par quintal, mis sur le coton filé, qui est la principale matiere qui entre dans la fabrique des Futaines & des basins, a fait ainsi tomber ces manufactures Lyonnoises, aussi-bien que quelques autres droits d'entrée sur les vins & sur les denrées qui se consument dans la Ville de Lyon.

Outre les Futaines de fabrique Françoise, il s'en consume encore quantité dans le Royaume, que l'on tire des Pays Etrangers. Ces Futaines sont celles d'Italie, entr'autres de Milan, de Cremone, de Quiers, de Piémont & de Chambery. Celles d'Allemagne, comme celles qui se font à Ulm, à Ausbourg, à Amasson & à Tresfins; enfin celles de Franche-Comté & de Flandres.

Les Futaines s'employent à faire des camisoles, des jupons, des doublures de culottes, des bonnets piquez pour les femmes, & sur-tout à couvrir des matelas; ce qui en fait la plus grande consomption, particulierement de celles à poil.

Les Futaines payent en France les droits d'entrée & de sortie suivant leur qualité, ou les lieux d'où on les tire.

Droits d'entrée suivant le Tarif de 1664.

Les Futaines petites non ouvrées servant à doublure, la piece d'onze aunes, 15 *s.*

Les Futaines à jonc & à grain d'orge, la piece de douze aunes, 30 *s.*

Les Futaines d'Angleterre de toutes sortes servant à faire pourpoints & habits, la piece de douze aunes, 35 *sous.*

Droits de sortie.

Les Futaines de toutes sortes, le cent pesant 4 *liv.*

Droits de la Doüane de Lyon.

Les Futaines & Bombasins de Milan & Cremone, 8 *liv. de la balle, tant pour l'ancienne que pour la nouvelle taxation.*

Les Futaines de coton, larges, lavées, 6 *liv.* 10 *s. de la balle pour l'ancienne taxation, &* 20 *s. du cent pesant pour la nouvelle réapreciation.*

Les Futaines de Quiers, Piemont, Chambery, de la Comté de Bourgogne, & autres semblables, 40 *s. de la balle d'ancienne taxation, &* 10 *s. du cent de réapreciation, & encore* re 7 *f.* 6 *den. de la piece, & la réapreciation à proportion.*

Les Futaines d'Ulm, Ausbourg, Amasson & Tresfins, 7. *l.* 15. *f. de la piece, tant d'ancien que de nouveau droit.*

Les Futaines bombazées de Flandres, 10 *f. de la piece, tant d'ancienne taxation que de nouvelle réapreciation.*

Les Futaines de Belleville, & autres de semblable qualité, 15 *f. de la balle pour l'ancien droit, &* 5. *f. du cent de réapreciation.*

FUTAINIER. Tisseran qui travaille à la fabrique des Futaines. Il se dit aussi du Marchand qui en fait le commerce.

FUTE'E. Terme d'Ouvriers en bois. Il se dit d'une espece de mastic qui se fait avec de la scieure d'ais & de la colle-forte. La Futée sert à boucher les cassures & gersures naturelles du bois, ou les trous que les Ouvriers font par accident à leurs ouvrages.

FY. Espece de maladie ou de mauvaise qualité qu'ont quelquefois les bêtes qui peuvent être tuées & débitées à la boucherie, particuliérement les bœufs & les vaches. Le neuviéme article des Statuts des Marchands Bouchers défend de tuer ni exposer en vente aucune chair qui ait le Fy. *Voyez* BOUCHER.

G

GAB

G Septiéme Lettre de l'Alphabet. Cette Lettre mise toute seule signifie un *Gros*, soit de poids, soit de monnoye, dans les registres, journaux & dans les comptes des Marchands, des Banquiers & Teneurs de livres.

GABAN, ou CABAN. Manteau de feutre ou d'étoffe de drap grossier & à longs poils, que l'on porte contre la pluye. Les Turcs s'en servent beaucoup; & les Marchands d'Europe, particuliérement les Provençaux, en mettent assez souvent dans leurs cargaisons pour les Echelles du Levant. Ils les tirent de quelques endroits de Barbarie; les plus estimez sont ceux de Miquineses, surtout lorsqu'ils sont marquez d'une espece de croix rouge & jaune.

GABARE, ou GABARRE. Espece de bateau plat & large qui va à la voile & à la rame. Les Gabares servent à transporter les cargaisons des vaisseaux à bord, quand on en fait le chargement, ou à en décharger les marchandises quand les navires sont arrivez.

Ces sortes de bâtimens, qu'on peut proprement appeller des Aleges, sont fort ordinaires dans la riviere de Nantes.

Par l'Ordonnance de la Marine du mois d'Août 1681, le payement du fret des vaisseaux est préferable à toutes dettes sur le prix des marchandises, tant qu'elles sont sur les Gabares.

Les frais des Gabares entrent en Avaries ordinaires.

GABARE. C'est aussi une patache ou petit bâtiment ancré dans un Port de mer ou dans une riviere, sur lequel il y a des Commis des Fermes du Roi établis pour visiter les bâtimens qui entrent ou qui sortent, afin d'assurer les droits d'entrée & de sortie.

Les Conducteurs des bâtimens sont obligez de s'approcher de la Gabare pour faire leurs declarations, & sont tenus de souffrir la visite du Commis.

GABARIER, ou GABRIER. Celui qui conduit une Gabare. Il se dit aussi des hommes de journée & porte-faix qui aident à charger & décharger les vaisseaux, & à mettre dedans ou sortir les marchandises de la Gabare.

GABARRAS. *Voyez* MUMIE.

GABELLAGE. Tems que demeure le sel dans un Grenier. Les Ordonnances deffendent d'entamer les masses des Greniers qu'elles n'aient tout leur Gabellage, c'est-à-dire, que le sel n'y ait été apporté depuis deux ou trois ans au moins.

GABELLAGE. Signifie aussi certaines marques que les Commis des Greniers mettent parmi le sel pour découvrir dans leurs visites si le sel qu'ils trouvent chez les Particuliers est du sel de Gabelle, ou du sel de Faussaunage. Ils se servent ordinairement pour cela de paille ou autres herbes hachées qu'ils ont coutume de changer très souvent.

GABELLE. Signifioit autrefois toutes sortes d'impositions qui se mettoient sur diverses especes de marchandises & denrées; la Gabelle n'étoit pas alors seulement un droit Royal, les Seigneurs particuliers se l'étoient en quelque sorte apropriée, & l'on a vû long-tems sous la troisiéme Race des Rois de France, de simples Seigneurs hauts Justiciers l'exercer sur leurs vassaux.

L'étymologie de ce terme est assez équivoque & assez inconnuë, & l'on a peine à croire qu'on puisse rester parfaitement satisfait de celles qu'en apportent Messieurs de Cange & Menage, ces hommes célebres dans tout genre de litterature & particuliérement dans les premieres racines des termes: celle de Monsieur du Cange, qui le tire de *Gabella* nouveau mot latin, seroit la plus convenable, si l'on étoit sûr que ce *Gabella* ne fut point lui-même un mot François latinisé.

L'impôt sur le sel est enfin resté seul en possession du titre de Gabelle: & quand on dit, la Ferme des Gabelles, cela ne s'entend plus que d'un droit Royal de vendre le sel dans la plûpart des Provinces de France que le Roi cede à un seul adjudicataire; à la charge d'en rendre à Sa Majesté un certain nombre des millions de livres par an, & sous d'autres conditions portées dans l'Arret & le contrat d'adjudication ou resultat du Conseil.

Avant le regne de Philippes le Long le trafic du sel étoit libre en France, & ce fut lui qui le premier y mit un impôt, mais pour un tems seulement. Cet impôt fut d'un double par livre de sel; impôt considerable alors par raport à la valeur intrinseque des monnoyes. Ce Prince tint parole, ou peut-être mourut avant que d'y pouvoir manquer, n'ayant regné que cinq ans; mais enfin, les guerres finies, l'impôt fut levé: exemple rare, mais qu'on a néanmoins vû se renouveller dans la seconde année du regne de Louis XV. sous la Regence de Philippes Duc d'Orleans, le prix du sel ayant été diminué du quart en sus dont il avoit été augmenmenté pendant la guerre pour la succession d'Espagne, finie seulement sur la fin du regne de Louïs XIV.

Plusieurs Rois successeurs de Philippes se servirent de la même ressource dans les besoins de l'Etat, en augmentant toûjours l'impôt de quelques deniers. Enfin tout le commerce du sel pour l'interieur du Royaume est resté entre les mains du Roi qui en fait faire la regie, la vente & la distribution par ses Fermiers, & sous la Jurisdiction d'Officiers créez uniquement pour le fait des Gabelles.

On appelle Grenier à sel la Jurisdiction où se portent en premiere instance les contraventions à l'Ordonnance, & les autres differens qui surviennent sur le fait du sel.

Cette Jurisdiction est composée de Présidens, de Lieutenans, de Grenetiers, de Controlleurs, d'Avocats & Procureurs du Roi, de Greffiers, d'Huissiers & de Sergens. Toutes ces charges sont doubles dans le Greniers à sel de Paris, & les Officiers servent alternativement d'année en année, à l'exception des Avocats du Roi & du premier Huissier qui sont toûjours de service; pour les Greffiers ils ne servent que de trois années l'une. Il y a encore à Paris outre ces Officiers un Garde Controlleur des mesures, un Vérificateur des rôlles, un Capitaine, un Lieutenant & treize Gardes.

Les Greniers à sel départis dans les Provinces ont les mêmes Officiers, mais seulement un de chaque rang.

On juge en dernier ressort dans les Greniers à sel sur les surtaux d'un quart de minot & au dessous, & sur les demandes pour faire prendre du sel à l'extraordinaire qui n'excedent pas non plus le quart d'un minot; au-dessus les instances se portent par appel à la Cour des Aides.

Les Directions pour les Greniers à sel du Royaume sont au nombre de dix-sept, sçavoir:

Paris.	Laval.
Soissons.	Le Mans.
Abbeville.	Berry.
S. Quentin.	Moulins.
Châlons.	Roüen.
Troyes.	Caën.
Orleans.	Alençon.
Tours.	Dijon.
Anjou.	

Ces dix-sept Directions contiennent deux cens quarante-deux Greniers à sel & trente-six dêpots & controlles.

La Direction de Paris a vingt-sept Greniers à sel.
Celle de Soissons douze.
Abbeville aussi douze.
S. Quentin six.
Châlons neuf.
Troyes onze.
Orleans vingt-un.
Tours quinze, & sept dépôts & controlles.
Anjou onze, & quatre dépôts & controlles.
Laval neuf.
Le Mans treize.
Berry onze, & six dépôts & controlles.
Moulins douze, & dix-neuf dépôts & controlles.
Roüen vingt-deux.
Caën seulement deux.
Alénçon treize.
Dijon trente-six.

Outre les Officiers des Greniers à sel, qui ont la Jurisdiction contentieuse de la Ferme des Gabelles, elle est encore regie par les Cautions de l'Adjudicataire, qui en sont les véritables Fermiers & qui en ont toute la Jurisdiction œconomique. Ils tiennent leur bureau à Paris dans l'Hôtel Royal des Fermes: sous eux sont les Directeurs, les Receveurs & les Controlleurs des dix-sept Directions générales; & sous ceux-ci d'autres Directeurs, Controlleurs & Receveurs particuliers, qui sont chargez du detail de chaque dépôt & Grenier à sel.

Les autres Commis & Officiers Subalternes sont, les Capitaines, leurs Lieutenans & les Archers des Gabelles départis en grand nombre dans tous les Greniers à sel, & particulierement sur les passages des Provinces où l'on craint le reversement & le commerce du faux sel. Les Jurez Mesureurs de sel & les Porteurs de sel, les uns & les autres pourvûs en titre d'Office. Les Manouvriers, les Magasiniers, comme Remueurs, Briseurs; & enfin les Voituriers tant par terre que par eau, qui tous sont entretenus aux dépens de la Ferme, & dont plusieurs font souvent des fortunes immenses dans les commissions & emplois qui leur sont donnez par les Fermiers Generaux du sel, qui les partagent & les lotissent entr'eux.

Bien des personnes ont crû que ce commerce Royal du sel pouvoit se faire à moins de frais, ce qui tourneroit certainement au profit du Roi & du Public: l'on a même souvent presenté des projets assez bien imaginez, & qui peut-être pourroient réussir: mais apparemment qu'une longue experience a fait voir que la forme de regie établie depuis si long tems est la meilleure, & qu'il seroit difficile & dangereux d'y rien changer.

Le produit de cette Ferme est si considerable, qu'il fait seul presque le quart des revenus du Roi; & l'on peut dire que le sel est pour la France ce que sont pour l'Espagne les riches mines du Chilly, du Potosi & du reste de l'Amerique, avec cette différence toutefois que les autres Nations de l'Europe partagent avec les Espagnols, quoique sous le nom de ces derniers, ces pretieuses dépouilles des Indes, & qu'il n'y a que les François & particuliérement l'Etat, qui joüisse du tresor inépuisable de la Gabelle.

La derniere Ordonnance des Rois de France sur le fait des Gabelles est de la trente-septiéme année du regne de Louis XIV. donnée à S. Germain en Laye au mois de Mai 1680. Elle contient en vingt titres divisez en un grand nombre d'articles, l'ordre & l'œconomie de la Ferme pour les achats, chargemens, mesurages, voitures, déchets, impositions, vente & revente des sels. Il y est aussi traité de la Jurisdiction des Officiers des Greniers, du Faussaunage & de la punition des Faussauniers, des confiscations, amendes & restitutions des droits des Gabelles, des visites & recherches, soit par les Officiers, soit par les Commis des Fermiers dans les lieux & maisons soupçonnez de cacher du faux sel. Enfin on y parle des Greniers à sel des ventes volontaires, des Greniers à sel d'impôt, du prix du sel, des grosses salaisons, & des lieux, Corps, & Communautez & personnes privilegiez dans le pays de Gabelle.

L'on n'entrera pas ici dans un plus grand detail de cette Ordonnance, y ayant plusieurs articles de ce Dictionnaire où l'on en a mis des extraits, suivant que le demandoit la matiere. *Voyez* Sel *dans tout l'article*, *&* Faussaunage.

Gabelle. Sel de Gabelle. C'est celui que l'on prend aux Greniers à sel où se fait la vente & distribution des sels du Roi. On l'appelle ainsi par opposition au sel de Faussaunage ge qui se debite en fraude de la Ferme des Gabelles. Les Commis des Greniers à sel, pour reconnoître celui qui se tire de Grenier, ont coûtume de mêler dans les sels de Gabelles du foin & autres herbes seches hachées bien menuës, avec la précaution de les changer de tems en tems, afin que les Faussauniers ne puissent imiter leur ruse & la tourner contre eux. C'est à cette marque que dans les visites chez les particuliers suspects, ils distinguent le sel gabellé d'avec le faux, ce qu'ils nomment Gabellage.

GABELLE'. Du sel Gabellé, est celui qui est demeuré au moins deux ans en masse dans les Greniers du Fermier, & qui par là est dévenu en état d'être mis en vente. Il y a ordinairement dans ces magazins ou dépôts de sel, deux ou même trois differens lieux où se déchargent les sels quand les voitures arrivent, afin de ne point mêler les nouveaux avec les anciens, & que ceux-là aient le tems de se gabeller. C'est aussi une regle de ne point toucher aux nouvelles masses que toutes les anciennes n'aient été venduës.

GABELLIER. C'est laisser essuyer & reposer le sel, & pour ainsi dire, le meurir pendant deux ans au moins, avant que de le mettre en vente. *Voyez l'article precedent.*

GABELLEUR. Celui qui est employé dans les Gabelles: il ne se dit gueres qu'en mauvaise part & comme une espece de reproche.

GABILLAUD. Nom que l'on donne à une sorte de moruë verte qui vient de Hollande & d'Islande en barils. *Voyez* MORUE.

GABRIER, ou GABARIER. Celui qui conduit un gabare. Il se dit aussi des hommes de peine & Porte-faix qui chargent & déchargent la Gavare. *Voyez* GABARIER.

GADOUART. Celui qui vuide & entre les retraits & les puits. Ce terme vient de gadouë qui signifie les ordures & matieres fecales qu'on tire des privez.

Il y a à Paris une Communauté d'ouvriers de cette profession; mais sous un nom plus honorable. On les nomme Maîtres Vuidangeurs. *Voyez* VUIDANGEUR.

GAFFE. C'est la plus grande de toutes les sortes de moruës vertes; & qui tient le premier rang dans le triage qui se fait en Normandie des differentes especes & qualitez de moruës. *Voyez* MORUE.

GAFFE. C'est aussi un instrument de fer crochu attaché au bout d'un grand bâton, dont se servent les Matelots lorsqu'ils conduisent à terre les chaloupes. Les Mariniers & Pêcheurs de riviere l'appellent un Croc. *Voyez* CROC.

GAFFE. Se dit encore d'une espece de panier ou de verveu d'osier, dont on se sert pour pêcher particulierement sur quelques côtes de l'Ocean.

GAGES. Marchandises, argenterie, bijoux ou autres effets mobiliers, que l'on donne en nantissement d'une somme qu'on doit, ou qu'on emprunte.

Quoique le prêt sur gage soit défendu par les Ordonnances, il est néanmoins permis aux Marchands & Négocians de prendre des nantissemens ou Gages de leurs debiteurs pour sureté de leur dû, pourvû qu'ils n'en exigent aucun interêt.

Les articles 8 & 9 du titre 6 de l'Ordonnance du mois de Mars 1673, prescrivent la maniere dont les prêts sur gages doivent être faits entre Marchands & Négocians: en voici les dispositions.

Aucun prêt ne sera fait sous gage, qu'il n'y en ait un acte pardevant Notaire dont sera retenu minute, & qui contiendra la somme prêtée & les gages qui auront été delivrez, à peine de restitution des gages, à laquelle le Prêteur sera contraint par corps, sans qu'il puisse prétendre de privilege sur les gages, sauf à executer ses autres actions.

Les Gages qui ne pourront être exprimez dans l'obligation, seront énoncez dans une facture ou inventaire, dont sera fait mention dans l'obligation, & la facture ou inventaire contiendront la quantité, qualité, poids & mesure des marchandises ou autres effets donnez en Gage, sous les peines portées par l'article précédent.

Les Marchands Grossiers qui vendent à credit à des Détailleurs, dont la solvabilité leur est douteuse, doivent bien prendre garde à la nature des Gages qui leur seront donnez en nantissement; car si c'étoit des marchandises sujettes à la mode, à la corruption, ils coureroient risque de perdre une partie de leur dû; suposé que leurs debiteurs devinssent entiérement insolvables avant qu'ils eussent été remboursez, & que ces Gages eussent été retirez.

GAGNE-DENIERS. Hommes forts & robustes dont on se sert à Paris pour porter des fardeaux & marchandises, en leur payant une certaine somme dont on convient à l'amiable avec eux. On les nomme aussi Porte-faix, Crocheteurs, Forts, Hommes de peine, Plumets, Garçons de la pelle, Tireurs de moulins, &c.

Les Forts, les Plumets, les Garçons de la pelle & les Tireurs de moulins servent sur les Ports, & ont leurs salaires reglez par le Prevôt des Marchands & Echevins.

Ils composent differentes Communautez qui ont leurs Officiers, leurs Confrairies & leurs Maîtres de Confrairie; les uns ont S. Nicolas pour patron, les autres S. Christophe.

L'article seiziéme du quatriéme chapitre de l'Ordonnance de la Ville de Paris de 1712, fait défenses aux Gagnedeniers qui travaillent sur les Ports, de s'associer pour raison de leur travail, à peine d'amende arbitraire.

Les articles quatre & cinq du cinquiéme chapitre leur défend pareillement d'aller au devant des coches par eau arrivant à Paris; & lorsque lesdits coches sont arrivez, d'y entrer, ni de se saisir d'aucunes hardes, s'ils ne sont appellez, ou à ce faire préposez par les particuliers; comme aussi de prendre plus grand salaire que celui qui aura été convenu. *Voyez* FORT, PLUMET, GARÇON DE LA PELLE, &c.

GAGNE-DENIERS. Il y a à la Doüane de Paris une sorte de Gagne-deniers, qui n'ont rien de commun avec ceux dont on vient de parler, à qui seuls il appartient de travailler pour la décharge & recharge des marchandises, ballots, balles, tonneaux, &c. qui y sont portez, ou qui y arrivent par les carosses, coches, chariots, charettes & autres voitures publiques.

Ces Gagne-deniers sont choisis & reçûs par les Fermiers Generaux: ils composent une espece de Communauté, qui a, pour ainsi dire, ses reglemens & sa discipline, & même sa Confrairie dont Sainte Barbe est la Patrone.

L'on peut dire aussi qu'il se fait une sorte d'apprentissage parmi eux; celui qui veut y entrer & qui a de la protection, se faisant inscrire pour la premiere place vacante, & payant des droits qui ne montent à gueres moins de huit cens livres.

Ce sont eux qui executent les ordres des principaux Commis de la Doüane, particuliérement de l'Inspecteur general des Manufactures, & des Visiteurs pour l'ouverture des ballots, & pour l'envoi des Draperies à la Halle aux Draps, des

des livres à la Chambre Syndicale des Libraires, & des Toiles à la Halle de cette marchandise.

Leur nombre n'est pas fixe; mais il ne passe pas ordinairement celui de vingt: l'emploi est lucratif & honnête, & de beaucoup de confiance, ce qui fait qu'on n'y reçoit que des sujets d'une fidelité éprouvée.

Ils font entr'eux bourse commune, se rendant compte les uns aux autres, & se partageant tous les soirs les salaires qu'ils ont reçûs.

Ces salaires pour la plûpart ne sont pas reglez, à la reserve néanmoins des voitures qu'ils font aux Halles aux Draps & aux Toiles, pour lesquelles ils ont 14 s. pour chaque ballot pesant deux cens, & 7 s. pour ceux du poids de cent livres.

Ce sont les derniers reçûs qui sont Maîtres de la Confrairie pendant deux ans, se faisant élection chaque année d'un nouveau Maître à la place du plus ancien des deux: ce sont aussi les nouveaux qui ont soin de graisser les haquêts, & de voir s'ils sont en état; pour les charges trop pesantes, ils ont une charette, un cheval & un chartier; pour les legeres ils se servent de crochets.

C'est aussi aux seuls Gagne-deniers de la Doüane à qui il appartient de porter à la Foire S. Germain les marchandises qui arrivent à la Doüane pour être vendües à cette Foire, & on les charge pareillement de conduire hors de la Ville celles qui y passent debout, pour empêcher qu'elles n'y soient déchargées en fraude du transit.

GAGNE-PAIN. Il se dit de tout negoce, commerce, métier, ouvrage, artifice, ou travail qui servent aux hommes à gagner leur vie dans les différentes professions qu'ils embrassent.

GAGNE-PETIT. Pauvre Compagnon Coutelier qui roule devant soi ou qui porte sur son dos une petite boutique garnie d'une meule, d'un marteau & d'une pierre à affiler, pour aiguiser & raccomoder divers ouvrages de menuë coutellerie. On l'appelle Gagne-petit, du gain mediocre dont il se contente. *Voyez* COUTELIER.

GAGNER. Faire quelque gain ou profit. Il se dit particuliérement du bien qui s'acquiert par le commerce. Ce Marchand a gagné cent mille écus en deux ans: J'ai gagné cent pour cent sur mes marchandises: Cet homme n'entend pas le negoce, il y perd plus qu'il n'y gagne. *Voyez* GAIN.

GAILLARDE. Terme d'Imprimerie. C'est un des corps de caracteres qu'on appelle interrompus & qui n'ont pas de proportion avec les autres. Pour les distinguer, le Fondeur met ce qu'on nomme le Cran au dessus, au lieu qu'aux corps réguliers ils le mettent dessous. *Voyez* CARACTERE. *Voyez aussi* IMPRIMERIE.

GAIN. Profit que l'on tire de son commerce, negoce, métier, profession & industrie.

Comme toutes ces choses peuvent être ou honorables ou infâmes, ou permises ou illicites, le Gain qu'elles produisent a aussi les mêmes qualitez. Le Gain le plus infâme & le moins permis est celui qui vient d'un commerce usuraire; le plus sûr & le plus honorable est celui que produit un commerce légitime, particuliérement le commerce en gros & celui qui se fait par les voyages de longs cours.

GAINE. Etui de couteau. Il se dit aussi des étuis de quelques menus ferremens de Chirurgie. On le disoit même autrefois des fourreaux d'epées, & delà sont venus les termes de dégainer, de rengainer, & quelques autres qui sont en usage parmi ceux qui portent l'épée.

Le mot de Gaine a donné son nom à une des Communautez de la Ville & Fauxbourgs de Paris *Voyez* GAINIER.

GAINGUETTE, ou GUINGUETTE. Nom de caprice nouvellement inventé, qu'on donne à ces petits cabarets établis aux environs de Paris au delà des barrieres, où le menu peuple va en foule se divertir les Dimanches & les Fêtes, à cause que le vin y coûte moins, ne payant point ou peu de droits d'entrée.

Quelques uns croient que le mot de Gainguette vient de Ginguet, qui veut dire du petit vin, parce qu'il ne s'en debite point d'autre dans ces sortes de Cabarets. *Voyez* CABARET.

GAINGUETTE. Se dit aussi d'une petite chaise roulante à deux roües, tout-à-fait découverte, qui se tire par un seul cheval: il n'y a gueres que de très-jeunes gens qui s'en servent, & c'est pour cela qu'on leur donne aussi le nom de Phaëtons, à cause de la chute trop ordinaire de leurs téméraires Cochers. *Voyez* CAROSSE.

GAINIER. Artisan qui fait des gaines.

Les autres ouvrages que font les Maîtres Gainiers, sont des boëtes, des écritoires, des tubes de lunettes d'approche, des coffres & cassettes, des fourreaux d'epées & de pistolets; & autres semblables ouvrages couverts de chagrin, de maroquin, de veau & de mouton. Ils travaillent aussi à faire des flacons, des bouteilles, & autres pareils ouvrages de cuir boüilli.

Les Gainiers de la Ville de Paris sont qualifiez par leurs Statuts Maîtres Gainiers, Fourreliers & Ouvriers en cuir boüilli.

Ils sont érigez en Corps de Jurande dès l'an 1323; mais ce n'est proprement que par les Reglemens du 21 Septembre 1560, donnez sous le regne de François second, que leur Communauté a reçû sa derniere perfection.

Suivant leurs Statuts aucun ne peut être reçû Maître Gainier, s'il n'a été apprenti pendant six ans chez un Maître de Paris & fait chef-d'œuvre tel qu'il lui a été prescrit par les Jurez de la Communauté.

Ceux qui ont appris le métier de Gainier dans quelque Ville de France, ne peuvent être reçûs Maîtres à Paris, s'ils n'ont auparavant servi les Maîtres de cette Ville l'espace de quatre années, & fait chef-d'œuvre de même que les autres Apprentis.

Les Fils de Maîtres sont exempts du chef-d'œuvre, & peuvent être admis à la maîtrise après une legere experience, pourvû qu'ils aient apris leur métier pendant six ans chez leur pere ou autre Maître de la Communauté.

Il est défendu à tous Maîtres Gainiers, sous peine de confiscation & d'amende, d'employer aucuns vieux cuirs dans leurs ouvrages.

Chaque-Maître ne peut tenir qu'une seule boutique ouverte.

Tous ceux qui se font recevoir à la Maîtrise doivent faire choix d'une marque pour marquer leurs ouvrages, l'empreinte de laquelle doit être mise sur la table de plomb gardée dans la chambre du Procureur du Roi de Châtelet.

Les veuves des Maîtres Gainiers peuvent pendant leur viduité tenir boutique ouverte, & joüir des privileges suivant les Ordonnances, à la reserve de faire des Apprentis.

Enfin les marchandises foraines concernant l'état de Gainier, qui viennent à Paris pour y être venduës, doivent être vûës & visitées lors de leur arrivée par les Jurez Gainiers, & ensuite lotties entre tous les Maîtres de la Communauté.

La préparation du cuir boüilli faisant une des principales parties du métier de Gainier, on en a fait un article particulier. *Voyez* CUIR BOUILLI.

GALANGA. Espece de Glayeul ou Iris: il y en a de deux sortes, le grand & le petit. *Voyez* ACORUS VERUS.

GALANGA SAUVAGE, autrement SOUCHET LONG, ou CYPERUS LONG. Espece de racine médicinale. *Voyez* SOUCHET LONG.

La Galanga de toutes sortes paye en France les droits d'entrée à raison de huit livres du cent pesant, conformément au Tarif de 1664.

A l'égard des droits de la Doüane de Lyon, cette drogue les paye suivant sa qualité; sçavoir:

Le Galanga fin 3 livres 2 s. 6 deniers le quintal, & encore 8 livres pour les anciens quatre pour cent.

Le Galanga sauvage 32 s. 3 deniers aussi du quintal, & 4 livres pour les quatre pour cent.

GALANS. Terme de Marchand Confiseur. Il se dit des pelures d'oranges ou de citrons tournées & confites. *Voyez* CONFITURE.

GALANS. Signifie aussi des nœuds de rubans que les Marchands Merciers ou les Tailleurs font pour orner les habits & les chapeaux, & pour mettre dans les coëffures des Dames. Une garniture de Galans, une touffe de Galans. Ce terme vieillit & n'est gueres d'usage, non plus que les Galans mêmes.

GALBANUM. Gomme qui découle par incision de la racine d'une plante ferulacée, en Latin *Ferula Galbanifera.*

Cette plante croît dans l'Arabie, en Syrie & dans quelques endroits des grandes Indes: elle pousse une tige assez droite, au haut de laquelle naissent des especes d'ombelles où se trouve sa semence, presque de la forme & de la grosseur de nos lentilles; ses feüilles sont larges & dentelées.

Il vient du Levant par la voie de Marseille deux sortes de Galbanum; l'un en larmes & l'autre en masse: le premier doit se choisir en belles larmes, d'un jaune doré au dehors & seulement jaunâtre en dedans, d'un goût amer, & d'une odeur forte.

Le meilleur Galbanum en masse est celui qui est le plus chargé de larmes blanches, bien sec, bien net & point puant. Ce dernier se peut facilement sophistiquer en y mettant des feves concassées, de la rasine & de l'ammoniac.

Cette drogue est d'un grand usage en Medecine, où il en entre beaucoup dans la composition de plusieurs emplâtres.

Le Galbanum paye en France les droits d'entrée à raison de cent sols du cent pesant conformément au Tarif de 1664.

A l'égard des droits de la Doüane de Lyon, ils sont de 28 s. par quintal tant pour l'ancienne que pour la nouvelle taxation, & 55 s. pour les anciens & nouveaux quatre pour cent.

Cette drogue est du nombre de celles venant du Levant, Barbarie & autres pays & terres de la domination du Grand Seigneur, du Roi de Perse & d'Italie, sur lesquelles il est ordonné être levé 20 pour cent de leur valeur suivant l'Arrêt du Conseil du 15 Août 1685, & conformément aux clauses & reserves qui y sont portées.

GALE. *Voyez* GALLE.

GALE'E. Instrument de bois dont se servent les Compositeurs d'Imprimerie pour y placer leurs lettres à mesure qu'ils en ont formé une ligne sur leur compositoire.

On appelle composer en Galée tant qu'il n'y a point encore assez dequoi faire autant de pages qu'il en faut pour dresser une forme.. La Galée sert aussi à porter les pages sur le marbre, quand on veut les dresser ou les imposer. *Voyez* IMPRIMERIE.

GALERE. Les Charpentiers & Menuisiers appellent de la sorte une espece de gros rabot dont le fust est traversé de deux chevilles qui servent à le pousser & à le manier. Il sert à dégrossir les bois difficiles; aussi ne s'en sert-on ordinairement qu'à deux Ouvriers qui le tirent & le poussent alternativement.

GALET. Petit caillou que la mer roule sur ses bords.

Les choix & l'avantage du Galet étant très-considerables pour la préparation de la moruë seche, l'Ordonnance de la Marine de 1681 en a fait un titre exprès qui est le cinquiéme du dernier livre.

Par le premier & le cinquiéme article de ce titre, le choix du Galet est adjugé à celui qui arrive le premier dans les Havres du petit Maître & de la Baye de Canada. Le deuxiéme ordonne, que tous ceux qui arriveront ensuite feront leur déclaration de ce qu'ils veulent occuper de Galet: & par le quatriéme il est fait défense à tous Maîtres & Mariniers de s'emparer du Galet choisi par les premiers venus. *Voyez* MORUE, *où il est parlé de la Moruë seche.*

GALET. On appelle Diamant de Galet une espece de cristal qui se trouve dans quelques cailloux ou Galets des Côtes de Normandie, particuliérement du côté de Harfleur; la difficulté est de le tirer du caillou étant facile à s'éclater au contrecoup du marteau. Le Chartreux qui sous le nom de Vigneüil de Marville a donné des diversitez curieuses, en parle en quelque endroit de cet agreable ouvrage.

GALETTE DE COCOL, qu'on nomme autrement Petenuche. C'est une espece de bourre de soye. Les Reglemens de 1667. pour les Manufactures de soye, défendent d'employer de la Galette ou bourre de soye dans les velours, les taffetas, tabis pleins ou autres étoffes de soye les plus considérables.

GALFAT. } *Voyez* { CALFAT.
GALFATER. } *Voyez* { CALFATER.
GALFATEUR. } *Voyez* { CALFATEUR.

GALION Gros vaisseau de guerre à trois ou quatre ponts. Ce nom n'est plus gueres d'usage dans la Marine: les Espagnols le conservent pourtant, & c'est ce qu'ils appellent encore une partie des vaisseaux qu'ils employent au commerce des Indes d'Occident.

Il part chaque année d'Espagne deux flotes; l'une pour le Mexique qu'on appelle la Flote, & l'autre pour le Perou qu'on nomme les Galions. On ne parlera ici que des Galions, étant traité ailleurs de la Flote. *Voyez* FLOTE.

Ces Galions sont au nombre de huit, dont les principaux sont la Capitaine, l'Amirante, il Governo, la Patache & la Marguarita de cinquante pieces de canon de fonte. Il y a encore une autre Patache d'avis de quarante pieces. Tous ces vaisseaux sont pour le compte du Roi & sont vaisseaux de guerre, mais qui sont ordinairement chargez & embarrassez de tant de marchandises, qu'en cas de combat la défense en est difficile.

Outre

Outre ces Gallions du Roi, il y a encore douze ou seize navires marchands appartenant à des Particuliers qui en obtiennent ou plûtôt qui en achettent la permission, n'y ayant point en Espagne de compagnie de commerce pour l'Amerique.

L'armement des Galions se fait à Cadix d'où ils peuvent partir en tout tems : ils sont environ deux ans dans leur voyage : leur départ précede presque toûjours celui de la Flote de quelques mois ; celle-ci, à cause des vents, ne pouvant partir qu'au mois d'Août.

Quand les deux Flotes partent de concerve, elles se séparent à la hauteur des Isles Antilles ; les Galions pour Carthagene & Porto Bello, & la Flote pour la Vera-Crux.

Au retour elles se rejoignent à la Havane dans l'Isle de Cuba.

La charge des Galions est toûjours plus riche que celle de la Flote. *Voyez le commerce d'Espagne & de l'Amerique Espagnole.*

GALIONISTES. On appelle ainsi en Espagne les Marchands qui font le negoce des Indes Espagnoles par les Galions ; & Flotistes ceux qui le font par la Flote.

GALIPOT, ou GARIBOT. Gomme ou résine liquide, épaisse & blancheâtre qui sort du Pin par les incisions qu'on lui fait. C'est une des deux especes de Barras : on l'appelle communément Encens blanc & Encens de village, parce qu'on s'en sert dans les Eglises de village, au lieu du véritable encens, ou des pastilles qu'on brûle dans les céremonies des principales Eglises.

Il faut choisir le Galipot, blanc, bien sec & bien net. Il n'y a point de gomme d'un plus grand usage à cause de la quantité de marchandise dont elle est comme la base ; les principales sont celles qui suivent.

La grosse Terebenthine ou Terebenthine commune : elle se fait en fondant le Galipot blanc, & elle vient dans des bariques depuis trois cens cinquante jusques à sept cens livres pesant ; le plus clair de cette grosse terebenthine se vend quelquefois pour terebenthine de Venise, mais sa couleur roussâtre peut servir à la faire réconnoître. Les Imprimeurs pour leur encre, les Marechaux pour leurs remedes & les Marchands de vernis pour faire leur gros vernis, se servent de cette grosse Terebenthine ou Galipot fondu.

L'huile étherée, autrement essence de Terebenthine, n'est que du Galipot mis à l'alembic, aussitôt qu'il est sorti des pins : elle se fait ordinairement dans la forêt de Cuges à quatre lieuës de Marseille & dans les landes de Bordeaux.

Il faut la choisir claire & blanche comme de l'eau, d'une odeur forte & penetrante : elle sert de baume pour la guerison des playes ; les Peintres, Marechaux, &c. en consument beaucoup.

La poix grasse qu'on appelle aussi Poix blanche de Bourgogne, est du Galipot fondu avec de la Terebenthine commune & de l'huile de Terebenthine. La meilleure venoit autrefois de S. Nicolas en Lorraine : elle s'apporte presentement de Hollande & se tire de Strasbourg, elle s'y fait plus parfaitement qu'en aucun autre lieu : celle de France néanmoins en approche beaucoup, quoiqu'elle soit plus blancheâtre, qu'elle ait plus d'odeur & moins de corps La vraye Hollande la plus blonde & la moins remplie d'eau, est celle qu'il faut choisir. Outre quantité d'ouvriers qui s'en servent, elle est d'usage en Medecine à cause de sa qualité attractive.

La Poix rasine est encore du Galipot cuit jusques à certaine consistance. *Voyez* Poix.

Le Bray sec ou Arcanson n'est aussi que le Galipot preparé & presque brûlé. *Voyez* Arcançon.

Enfin la Poix noire soit qu'elle soit dure ; soit qu'elle soit molle, n'est pareillement que du Galipot mêlé avec du Goudron ou tarc, qui lui donne la couleur noire qu'elle a. *Voyez* Poix.

Le Galipot ou gros encens que le Tarif de Lyon appelle aussi Garibot, paye les droits de la Doüane de cette Ville à raison de 7 s. 4 d. le quintal tant d'ancienne que de nouvelle taxation, & encore 12 s. pour les anciens & nouveaux quatre pour cent.

Les droits d'entrée fixez par le Tarif de 1664 sont de 12 s. du cent pesant.

Galipot de l'Amerique. Gomme ou resine tout-à-fait semblable au Galipot d'Europe, à la reserve qu'elle n'est pas d'une si mauvaise odeur. L'arbre d'où coule cette gomme est très-grand, le bois en est blanc & les feüilles assez semblables à celles du laurier, mais beaucoup plus grandes : il est si resineux, qu'il y en a qui rendent jusqu'à cinquante livres de gomme. Quelques Epiciers-Droguistes vendent ce Galipot tantôt pour gomme Elemy, quelquefois pour gomme animée, & souvent pour gomme Tacamara ; mais toûjours très-mal à propos, sous lequel de ces trois noms qu'ils le déguisent, n'ayant rien des qualitez de ces gommes, &, comme on l'a dit, n'étant qu'un simple Galipot.

GALLE, ou GALE Espece de jatte ou de sebille dont plusieurs Ouvriers se servent, particuliérement les Sculpteurs, Marbriers & Scieurs de long. *Voyez* Jatte.

Galle, ou Noix de Galle. Drogue propre à la teinture & à quelques autres usages.

La noix de Galle est une sorte de fruit ou plûtôt d'excroissance que l'on trouve sur cette espece de chêne qu'on nomme Rouvre, du mot Latin *Robur* : ce n'est pas qu'il ne s'en trouve sur les autres chênes ; mais elle y est plus rare & moins propre à la teinture que celle qui croît sur le rouvre.

Les meilleures noix de Galle sont celles du Levant, sur tout celles qui viennent de Smirne, d'Alep & de Tripoli : la Galle de France qu'on trouve en Gascogne & en Provence leur est beaucoup inferieure, étant ordinairement rougeâtre, legere & toute unie, au lieu que celle de Tripoli & d'Alep est pesante & épineuse, ce qui lui a donné le nom de Galle à l'épine, pour la distinguer des Galles de pays.

Ces noix de Galle du Levant sont de trois sortes ; les unes noirâtres, les autres tirant sur le vert, & les troisiémes à demi blanches.

Les Teinturiers s'en servent selon leur qualité ; les vertes & les noires à teindre en noir, & les blanches pour teindre les toiles. A l'égard des Galles legeres ou de France, qu'on nomme aussi Cassenolles, elles s'employent par les Teinturiers en soye pour faire le noir écru.

L'encre se fait aussi avec des Galles noires ou vertes ; ce sont encore ces sortes de Galles qui entrent dans la composition du noir des Courroyeurs & autres Ouvriers en cuir.

Les Galles d'Alep viennent en balles longues & étroites, & celles de Tripoli ou de Smirne en balles grosses & courtes dont la toile est ordinairement rayée, ce qu'il faut remarquer quand on les achete en gros, parce que la noix de Galle d'Alep l'emporte d'excellence sur celle de Tripoli : les meilleures sont celles qui viennent de Mozoul sur le Tygre, éloignée d'Alep de 12 à 15 journées. On doit aussi prendre garde qu'elles ne soient point remplies de poudre ou d'autres corps étrangers: les legeres & percées ne sont pas bonnes.

On peut tirer de Smirne environ dix mille quintaux de Galle par an, qui ordinairement sont presque tous enlevez par les Anglois ou Hollandois.

Les Turcs ont une espece de noix de Galle qui est rougeâtre, de la grosseur d'une noisette; ils la nomment Bazgendge: c'est cette Galle qu'ils mêlent à la cochenille & au tartre pour faire une partie de leur écarlate. Ce fruit est fort rare & fort cher en France, ce qui fait qu'on ne s'en sert point.

Par le Tarif de 1664 toutes sortes de Galle payent de droits d'entrée en France 30, sols le cent pesant.

Les droits de la Doüane de Lyon se payent suivant la qualité des Galles & les differents lieux d'où on les tire.

Toutes sortes de Galles tant grosses que moyennes payent 16 s. du quintal tant pour l'ancienne que pour la nouvelle taxation, & encore 24 s. pour les anciens & nouveaux quatre pour cent.

Les Galles legeres de France 3 s. 9 d. du quintal pour tout droit.

Et les Galles legeres étrangeres 7 s. 6 deniers d'ancienne & nouvelle apreciation, & 5 s. d'anciens & nouveaux quatre pour cent.

Les Galles sont aussi du nombre des marchandises du Levant sur lesquelles on leve vingt pour cent de leur valeur dans les cas portez par l'Arrêt du 15 Août 1685.

Les noix de Galle sont du nombre des drogues qui sont communes aux Teinturiers du grand & du petit teint; cependant les premiers ne doivent s'en servir que lorsqu'ils en ont besoin pour quelque legere bruniture, & quand il leur est difficile d'assortir autrement leurs nuances: il ne leur est pas néanmoins loisible de diminuer pour cela le pied nécessaire à ces sortes de teintures, qui doit être toûjours aussi fort que celui des échantillons matrices.

A l'égard des Teinturiers du petit teint ils font une grande consomption de cette drogue à cause de l'achevement des noirs, qui est proprement leur partage, & qui se fait en partie avec la Galle.

Galle a l'Epine. *Voyez l'Article précédent.*

GALLO. Monnoye d'argent du Royaume de Camboya dans les Indes Orientales; elle pese un mas cinq condorins Chinois. Le titre de cette monnoye étoit autrefois de quatre vingt tocques; en 1718 il étoit descendu à soixante.

GALLON. Mesure des liquides en Angleterre. Le Gallon contient huit pintes de Londres, ce qui revient à quatre pintes mesure de Paris; 63 Gallons font le muid ou la barrique; 126. la pipe, & 252 le tonneau.

Les Gallons pour le vin sont d'un cinquiéme plus petits que ceux qui servent à l'alé ou à la biere, en sorte que quatre Gallons de l'une ou de l'autre de ces liqueurs en font cinq de vin: les 63 Gallons Anglois font 12 Steckannes Hollandoises. L'huile se vend aussi au Gallon à Londres, le Gallon pesant environ 7 livres $\frac{1}{2}$.

Dans la Province de Cornoüailles c'est au Gallon que les Etamiers mesurent leur étain noir, c'est-à-dire, la pierre de mine reduite en poudre: le Gallon en cette occasion est une espece de boisseau. Un pied cube d'étain noir fait deux Gallons.

Cette sorte de Gallon dont on se sert pour les grains, graines, legumes & autres corps solides, est plus grand que le Gallon du vin, mais plus petit que celui d'alé & de la biere. Ce dont il surpasse le premier est comme de 33 à 28; & ce qu'il a de moins que le second est comme de 33 à 35: il pese environ huit livres poids de Troye. Deux de ces Gallons font un peck ou picotin, quatre pecks font un boisseau, quatre boisseaux un comb ou carnok, deux carnoks une quarte, & dix quartes un lest qui tient cinq mille cent vingt pintes ou autant de livres pesant poids de Troye.

Gallon. Se dit encore en quelques lieux de France, mais particuliérement en Normandie du côté de Caën, d'une mesure des liqueurs contenant deux pots ou la moitié d'un septier. Ce Gallon n'est gueres different de celui d'Angleterre, & il y a même de l'apparence qu'il y a passé de Normandie avec Guillaume le Conquerant. *Voyez l'article précedent.*

Gallon. Boëte ou petit boisseau qui sert en Touraine pour mettre les prunes seches qu'on appelle Pruneaux. On n'y met ordinairement que ceux qui sont les plus beaux & qui sont l'élite de ces fruits secs. *Voyez* Pruneau.

Gallon. Les Epiciers appellent aussi des Gallons certaines boëtes rondes & peintes de diverses couleurs qui viennent de Flandre, dans lesquelles ils enferment plusieurs sortes de marchandises, sur tout les drogues & épiceries. Chaque Gallon a un cartouche ou étiquette qui marque en gros caracteres la drogue ou marchandises qui y sont.

GALON. Espece de tissu qui se fait d'or, d'argent, de soye ou de laine, & quelquefois seulement de fil.

Les Galons d'or & d'argent servent à galonner & orner les habillemens des personnes de consideration de l'un ou l'autre sexe, ou du moins de celles qui sont riches ou qui veulent passer pour l'être. On s'en sert aussi aux ornemens d'Eglise, aussi bien qu'aux divers emmeublemens de Palais & grandes maisons; mais pour ces deux derniers usages on n'employe souvent que des Galons d'or & d'argent faux; ceux pour les Eglises sont ordinairement filez sur soye, ce qui n'est pas permis pour les Galons des meubles.

On appelle Bords ou Bordez les Galons d'or ou d'argent qui ne servent qu'à mettre autour des habillemens, des ornemens d'Eglise & des meubles. On nomme particuliérement des Bords les Galons qu'on met aux chapeaux des Cavaliers & des Gens de guerre. *Voyez* Marchand de Dorure.

On fait à Lyon des Galons de soye de deux largeurs, ou, comme on dit dans cette sorte de négoce, de deux numeros, sçavoir numero deux & numero trois. Le N° 2 porte sept lignes de largeur, & le N° 3 neuf lignes. Les pieces des uns & des autres sont de soixante aunes; on les met ordinairement en deux pieces de trente aunes chacune.

Le Galon de laine qui se fait dans la Sayetterie d'Amiens, est une espece de ruban assez large, dont la chaine doit être composée de trente-six fils, & la piece doit avoir trente six aunes de long: les ouvriers qui fabriquent ces sortes de Galons se nomment Passementiers. *Voyez* Sayetterie.

Ce qu'on appelle Galons de livrées: est pour l'ordinaire des tissus veloutez de diverses couleurs & façons dont on orne & chamare les habits des domestiques, autant pour faire paroître la magnificence du maître, que pour distinguer & faire connoître sa qualité & sa maison.

Il y a des Edits, des Declarations & Ordonnances du Roi, des Arrêts du Parlement, & quantité de Sentences du Lieutenant Général de Police de Paris, qui ordonnent sous de grandes peines contre les Maîtres & les domestiques, que les Cochers & les Laquais soient jamais sans just'aucorps de livrées, c'est-à-dire sans just'aucorps où il y ait cette sorte de Galons. Et il y en a pareillement qui défendent que les Galons d'or & d'argent soient employez en livrée, à la reserfe ve neanmoins des Ambassadeurs & Etrangers à qui il est permis d'en faire porter à leurs gens.

Ce sont les Tissutiers Rubaniers qui font toutes sortes de Galons de livrée, & qui les vendent aux Maîtres qui les veulent ordonner & choisir eux-mêmes, ou aux Tailleurs qui en font quelquefois les fournitures. *Voyez* TISSUTIER-RUBANIER.

GALONNÉ. Ce qui est orné de galons.

GALONNER. Orner quelque chose de galons.

GALOPIN. On nomme ainsi quelquefois une petite mesure des liquides qu'on appelle plus communement Demi-septier. *Voyez* PINTE.

GAMBAGE. Sorte de droit que payent les Maîtres Brasseurs. *Voyez* BRASSEUR.

GAMBOIDE-GAMANDRE. *Voyez* GOMME GUTTE.

GAMELO. C'est le nom que les Indiens donnent au baume que l'on appelle en France Baume de copau. *Voyez* BAUME.

GAMUTO. Espece de chanvre que l'on tire du cœur de quelques palmiers des Indes: on en fait des cordages; mais qui ne resistent pas long-tems à l'eau. On en trouve sur tout aux Philippines, où les cordes qui en sont fabriquées font partie du commerce des Insulaires soit avec les Espagnols qui occupent plusieurs de ces Isles, soit avec ceux des autres Européens qui en frequentent quelques-unes des plus éloignées. Les Hollandois en tirent en assez grande quantité de Mindanao.

GANGUES. Petit caillou ou petites parcelles de pierre dure, qui se recontrent parmi l'antimoine lors qu'on le tire de la mine. *Voyez* ANTIMOINE.

GANIVET, ou CANIVET. Petit ganif.

Les Ganivets payent en France les droits d'entrée & de sortie comme mercerie, c'est-à-dire 10. *livres du cent pesant pour l'entrée*, & 2 *livres pour la sortie, conformément à l'Arrêt du* 3. *Juillet* 1692.

GANNEGARD. Espece de toile propre pour le negoce des Côtes d'Afrique.

GANSE. Espece de petit cordonnet d'or, d'argent, de soye, ou de fleuret plus ou moins gros, quelquefois quarré, qui se fabrique sur le boisseau avec des fuseaux; ou sur un métier avec la navette. La Ganse à la navette se nomme Cordon à la ratiere.

La Ganse tient lieu de boutonnieres pour arrêter & boutonner des boutons; on en orne aussi quelques habits, particulierement aux environs des boutonnieres.

Les Chapelliers en retroussent leurs chapeaux; les femmes s'en servent à lacer leur corsets, & les Ecclestastiques en font des lesses de chapeau.

Quoique la Ganse paroisse un marchandise de peu de consequence; elle ne laisse pas de faire une portion considerable du negoce des Marchands Merciers, & du travail des Tissutiers-Rubaniers & des Passementiers-Boutonniers.

GANSE DE DIAMANT. Les Joüailliers nomment ainsi des attaches de diamants, qui par leur monture forment des especes de boutonnieres. Il se dit aussi de toutes les autres pierreries montées de cette sorte.

GANT. C'est l'habillement de la main, du poignet & d'une partie du bras, ce qui sert à les couvrir pour les garentir du froid, du soleil, ou des autres injures de l'air.

Les Gants se distinguent en Gants d'hommes & en Gants pour femmes. Les Gants d'hommes sont larges par le haut & très courts, ne couvrant gueres que la main & le poignet. Les Gants pour femmes sont beaucoup plus longs & plus étroits par le haut, couvrant non-seulement la main & le poignet; mais encore la plus grande partie du bras en remontant vers le coude.

Les uns & les autres se fabriquent pour l'ordinaire avec des cuirs & peaux de chamois, de chevre, de chevreau, de mouton, d'agneau, d'élan, de cerf, de daim de chevreüil, de busle & de chien, aprêtées & passées en huile ou megie. On fait aussi des Gants au tricot & sur le metier, avec la soye, le fleuret, le coton, le lin, le chanvre, la laine & le poil de Castor filez. Enfin l'on en fait encore quelques-uns avec le velours, le satin, le taffetas, le gros de Tours, le ras de saint Maur, l'étamine, le drap & la toile.

Les Gants de peau & d'étoffes sont de la dépendance du metier des Gabtiers Parfumeurs; ceux au tricot & au metier concernent les Marchands du corps de la Bonneterie, les Maitres Bonnetiers au tricot & les Maîtres Ouvriers en bas au metier; à l'égard des Gants de toile ils appartiennent aux Marchandes lingeres.

Il est cependant permis aux Marchands Merciers de faire negoce en gros & en détail tant des uns que des autres, même de les parfumer, laver, pater & enjoliver; mais ils ne peuvent les tailler, coudre, tricoter ni travailler sur le metier.

Il y a des Gants parfumez, savez, cirez, glacez, bronzez, drapez, blancs, noirs, gris, jaunes, feüille-morte; caffé, musc & de diverses autres couleurs; les uns simples & unis, les autres garnis & bordez d'or, d'argent, ou de soye, & d'autres garnis & enjolivez de rubans, galons & franges d'or, d'argent & de soye.

L'on disoit autrefois comme en proverbe, que pour qu'un Gant fut bon & bien fait, il falloit que trois Royaumes y contribuassent; l'Espagne pour en préparer la peau, la France pour le tailler, & l'Angleterre pour le coudre; mais il y a déja long-tems que la France s'est apropriée les fonctions des autres, les Gants de fabrique Françoise l'emportant présentement sur les autres Gants pour la préparation du cuir & pour la couture, autant qu'ils l'ont toûjours fait pour la taille.

Les Gants se cousent ou avec de la soye ou avec une sorte de fil très fort qu'on appelle du fil à Gant, à cause qu'il ne s'employe guéres à autre chose qu'à coudre des Gants.

Paris & Vendôme sont les Villes de France, & l'on peut dire de l'Europe, où il se fabrique le plus de Gants de toutes les sortes; mais particuliérement de ceux de cuir, dont il se fait une consomption prodigieuse dans le Royaume, & des envois considerables dans les Pais étrangers, particuliérement dans le Nord, en Hollande, en Angleterre, en Lorraine, en Flandre & en Italie.

Les lieux du Royaume, après Paris & Vendôme, où il s'en fabrique le plus de cette espece, sont Grenoble, Avignon, Blois, Montpellier & Grace; Ham est aussi fort renommé pour les Gants gras, qu'on nomme Gants de chien, parce qu'ils se font de la peau de cet animal passée en huile.

Il s'en tiroit autrefois quantité de parfumez d'Espagne & de Rome; mais leur forte odeur de musc, d'ambre & de civette, que l'on ne pouvoit soutenir sans incomodité, a fait que la mode & l'usage s'en sont presque perdus: les plus estimez de ces Gants étoient les Gants de Franchipane & ceux de Neroli.

Les Gants se vendent & se débitent ou à la paire, ou à la douzaine de paires, où à la grosse, chaque grosse composée de douze douzaines de paires.

Les Gants payent en France les droits d'entrée & de sortie suivant leurs differentes qualitez, ou suivant les lieux d'où on les tire.

Les droits de sortie sont, sçavoir : pour la douzaine de paires de Gants en broderie d'or & d'argent fin, 3 livres.

La douzaine de paires de Gants à frange d'or & d'argent, & garnis de rubans avec or & argent, 24. sols.

La douzaine de paires de Gants de cuir ouvrez & garnis de rubans de soye, 20 sols.

La douzaine de paires de Gants parfumez de Rome, d'Espagne & autres lieux, pareille somme de 20 sols.

La douzaine de paires de Gants comme de senteur au dessous de 8 livres la douzaine, 8 sols.

Et les Gants communs de toutes autres sortes non garnis, comme mercerie, c'est-à-dire, à raison de 3. liv. du cent pesant ou même seulement 2 livres, conformement à l'Arrêt du Conseil du 3. Juillet 1692, s'ils sont de fabrique du Royaume & destinez & declarez pour les Pays étrangers.

Les droits d'entrée sont, sçavoir :

La douzaine de paires de Gants de broderie ou à franges d'or & d'argent fin, 48 sols.

La douzaine de paires de Gants de cuir ouvrez & garnis de soye, 20 sols.

La douzaine de paires de Gants parfumez d'Espagne, de Rome, & autres lieux, aussi 20 sols.

Et les Gants communs, sur le pied de trente livres du cent pesant.

Les droits de la Doüane de Lyon, sont :

Pour les Gants de cuir ouvrez de soye 7 sols 6 den. de la douzaine, tant d'ancienne que de nouvelle taxation.

Pour les Gants parfumez d'Espagne, 15 sols.

Et pour les Gants de Rome, 5 sols 2 deniers.

GANTS DE CANEPIN, ou GANTS DE PEAU DE POULE. Ce sont des gants faits d'un cuir très-délié, qui se leve de dessus la peau des agneaux ou chevreaux, après qu'elle a été passée en megie.

Les Gants de canepin sont si minces & si legers, que l'on en fait tenir facilement une paire toute entiere dans la coque d'une grosse noix. C'est ainsi qu'on les envoye de Rome plûtôt par curiosité & galanterie, que par utilité de négoce. *Voyez* CANEPIN.

GANTS DE CASTOR. Les Gantiers-Parfumeurs nomment ainsi certains gants fabriquez avec des peaux de chamois ou de chévre passées & apprêtées d'une maniere si douce & si maniable, qu'on les prendroit pour être faits avec le poil de castor. Il se fait des gants de castor de toutes couleurs pour hommes & pour femmes.

GANTS FOURREZ. Ce sont des Gants garnis de poil ou de laine en dedans, pour les rendre plus chauds. On s'en sert au lieu de manchon.

GANT DE FAUCONNIER. C'est un très-gros Gant d'un cuir très-épais, ordinairement de cerf ou de buffle, qui couvre la main & la moitié du bras du Fauconier, pour empêcher que l'oiseau ne la blesse avec son bec, ou avec ses serres.

On appelle MITAINES ou MOUFLES, certaines especes de Gants dont les doigts ne sont point divisez, à la reserve du pouce. *Voyez* MITAINES & MOUFLES.

On nomme FIL A GANT, du fil bis que l'on tire de Lisle & qui se teint en soye à Paris de diverses couleurs. Il sert à la couture des Gants de moindre qualité ou l'on veut épargner la soye. On employe aussi à cette couture une autre sorte de fil qui se nomme fil de Flandres. Il vient pareillement de Lisle. *Voyez* FIL.

GANTAN. Poids dont on sert à Bantam, une des Capitales de l'Isle de Java, & dans quelques autres endroits des Indes Orientales. Le Gantan revient environ à trois livres, poids de Hollande.

GANTAN. C'est aussi une mesure de continence, ou espece de litron pour mesurer le poivre : il en contient trois livres juste. Il faut dix-sept Gantans pour faire le baruth, autre mesure des Indes.

GANTELET. Les Relieurs de Livres appellent Gantelet, une bande ou large courroye de cuir fort, mais maniable, avec deux trous aux deux extrémitez, par lesquels ils passent le pouce de la main droite. Cette courroye qui fait deux tours, & qui couvre toute la main, sert à garantir l'Ouvrier de l'impression de la ficelle avec laquelle il foüette un Livre, c'est-à-dire, avec laquelle il le serre fortement entre deux ais, après qu'il a collé la couverture, pour achever d'en former la nerveure. *Voyez* RELIEURE.

GANTELET. Les Bourreliers, Malliers, Cordonniers, Savetiers, & autres qui travaillent en cuirs, se servent aussi d'un Gantelet pour serrer le fil de leurs coutures.

GANTERIE. Marchandise de gants, métier de les faire, ou faculté de les vendre. La Ganterie fait partie du négoce des Marchands Merciers.

Les Maîtres Gantiers-Parfumeurs de Paris ne peuvent vendre leur marchandise de Ganterie ailleurs que dans leur boutiques ou échopes ; leur étant défendu sous peine d'amende de la contreporter, ou donner à contreporter par la Ville & Fauxbourgs. *Art. 23 de leurs nouveaux Statuts du mois de Mars 1656.*

GANTES. Terme de Brasseur & de Brasserie. Ce sont de faux bords de bois que l'on ajoûte au dessus des bords des chaudieres de cuivre, afin d'en contenir & arrêter le boüillon. Ces Gantes par les Ordonnances des Aydes, ne doivent être que de quatre pouces de hauteur. *Voyez* BRASSEUR.

GANTIER. Ouvrier & Marchand tout ensemble, qui fait & qui vend des gants, des mitaines ; & autres ouvrages de ganterie.

A Paris les Maîtres Gantiers composent une Communauté considérable. Leurs anciens Statuts & Ordonnances sont du mois d'Octobre 1190, sous le Regne de Philippes Auguste, confirmez depuis par le Roy Jean le 20 Decembre 1357, & encore le 27 Juillet 1582, sous le Regne de Henry III. Les Statuts dont la Communauté se sert présentement ont été renouvellez, confirmez & augmentez par Loüis XIV. au mois de Mars 1656, par Lettres Patentes enregistrées en Parlement le 23 May ensuivant.

Par tous ces Statuts, Ordonnances & Lettres Patentes, les Maîtres sont qualifiez Marchands Maîtres Gantiers-Parfumeurs.

En qualité de Gantiers, ils sont en droit de faire & de vendre des gants & mitaines, tant de velours, satin, taffetas, étamine, & de toutes sortes de cuirs tant blancs que noirs, chamois, bufetins, cuirs de chevre, maroquin, & de toutes les sortes qui se peuvent commodément employer & mettre en œuvre.

Comme parfumeurs, ils peuvent appliquer sur les gants & débiter toutes sortes de parfums, tels que sont le musc, l'ambre-gris, la civette & toutes autres sortes d'odeurs ; & encore vendre en détail toutes sortes de cuirs ou peaux la-

vées,

vées, parfumées & blanches, propres à faire des gants.

Suivant ces Statuts, aucun ne peut être reçû Marchand Maître Gantier-Parfumeur, s'il n'a fait quatre ans d'apprentissage, servi les Maîtres trois autres années en qualité de Compagnon, & fait chef-d'œuvre.

Les Fils de Maîtres sont exempts de ces formalitez, leur suffisant pour être admis à la Maîtrise, de faire une simple experience.

La Veuve d'un Maître peut tenir boutique ouverte, & faire travailler tant qu'elle est en viduité, mais il ne lui est pas permis de faire d'Apprentifs.

A la tête de la Communauté sont quatre Maîtres & Gardes Jurez, préposez pour tenir la main à l'execution de ses Statuts & Ordonnances, & vaquer aux affaires qui la concernent. Chaque Juré doit rester deux ans en charge; ensorte que toutes les années les deux plus anciens en doivent sortir, à la place desquels il s'en doit élire deux nouveaux. L'élection doit se faire par la plus grande & saine partie des Maîtres de la Communauté, en présence du Procureur du Roy du Châtelet.

Les Maîtres Gantiers-Parfumeurs ont leur Confrairie établie en l'Eglise des SS. Innocens: Sainte Anne est leur Patronne. L'érection de cette Confrairie est du 20 Juillet 1426, par lettres Patentes données à Paris par Henry Roy d'Angleterre, se disant aussi Roy de France; pendant les troubles arrivez sous le Regne de Charles VII. *Voyez* PARFUMEUR.

GANZAS. Monnoye d'alliage de cuivre & d'étain, qui se fabrique dans le Royaume de Pegu. Ces especes ne se font point dans les Monnoyes Royales; mais il est libre à chacun d'en faire en payant les droits du Roy.

Il y a à gagner sur cette monnoye, lorsqu'on veut rester long-tems à Pegu; les payemens de l'or, de l'argent, des épiceries, des perles & autres riches marchandises, se faisant ordinairement en Ganzas; ce qui en fait hausser le prix dans le tems de ces payemens.

La valeur des Ganzas n'est pas fixe, mais ordinairement ils valent depuis deux jusqu'à trois sous de France. Il y a aussi des demis Ganzas & des quarts de Ganzas qui valent à proportion.

GARANCE, ou GARENCE. Racine qui sert aux Teinturiers pour teindre en rouge. Elle s'appelle en Latin *Rubia major*, ou *Rubia Tinctorum*; en Languedoc on la nomme *Rapaman*.

Cette racine a une écorce rouge & une moële couleur d'orange. Elle produit une plante de trois ou quatre pans de hauteur. Sa feüille est longue, semblable à celle du grenadier. Sa graine qui est noire, de la grosseur d'un grain de poivre, se recueille aux mois d'Août & Septembre.

Il se cultive une grande quantité de Garance en Flandres & en Zelande, & il s'y en fait un riche commerce qui tire tous les ans bien de l'argent de France; ce que les François épargneroient, s'ils vouloient s'adonner à la culture de cette racine, pour laquelle les terres de plusieurs Provinces du Royaume, ne sont pas moins propres que celles de Zelande & de Flandres.

La graine de Garance se seme au mois de Mars dans le décours de la lune, dans des terres médiocrement humides, qui doivent avoir été profondement labourées, & bien fumées avant l'hyver. Il faut laisser grossir les racines pendant dix-huit mois entiers, & arracher ensuite les plus grosses dans le mois de Septembre, qui est aussi le tems qu'on recueille la graine de la Garance, & qu'on coupe la feüille, qui peut servir de fourage aux animaux.

Chaque garanciere peut durer dix ans entiers, sans qu'il soit nécessaire de semer de nouvelle graine; toute la culture pendant ces dix ans ne consistant qu'à un labour chaque année, & à lever au mois de Septembre les racines qui ont le plus profité.

Quand les racines ont été arrachées, on les met secher au soleil, ou à l'ombre, si c'est dans un Pays chaud, pour être après reduites en poudre avec un moulin, & ensuite bien soigneusement serrées dans de doubles sacs, pour empêcher qu'elles ne s'éventent.

La Garance qui est fraîche, donne une couleur plus vive; celle qui est faite d'un an, donne plus de couleur; mais celle qui vieillit trop, perd de sa vivacité & de sa qualité.

La Garance vient ou en pipe, qui est la plus grossiere; ou en balle, qui est la plus estimée, & qu'on nomme Garance de grappe.

Il y a aussi une espece de Garance, qu'on appelle Billon de Garance, qui n'est autre chose que de la terre rougeâtre mêlée avec quelque poussiere de la Garance, ou de la grappe de celle qui a déja été employée; à quoi il faut prendre garde, cette Garance ne valant rien.

Quelques Marchands Droguistes & Epiciers divisent la Garance, en Garance en branches, Garance grappe ou robbée, & Garance non robbée. La Garance en branches est la racine sans autre préparation que d'être séchée; la Garance grappe ou robbée est celle dont on a ôté la premiere écorce & le cœur, & qu'on a ensuite réduite en poudre grossiere; la Garance non robbée est la Garance en branches pulverisée. La meilleure est la Garance grappe ou robbée.

La petite Garance est une Garange sauvage qui croît d'elle-même & sans être cultivée. *Voyez* ROUGE.

La Garance paye en France les droits d'entrée à raison de 16 s. du cent pesant; & ceux de sortie sur le pied de 26. s. conformement au Tarif de 1664.

A l'égard des droits de la Doüane de Lyon, ils sont de 17 s. 6 d. du quintal, tant pour l'ancienne que pour la nouvelle taxation: & encore 28 s. pour les anciens & nouveaux quatre pour cent.

GARANCE. Rouge de garance. C'est un des sept bons rouges des Teinturiers. *Voyez* ROUGE.

GARANCÉ. Drap garancé, c'est un drap teint avec la garance.

GARANCER. C'est teindre avec de la garance.

GARANCIERE. Lieu où l'on seme & où l'on recueille la garance.

GARANCAGE. C'est la teinte ou boüillon fait avec la garance.

GARANCEURS. Ouvriers qui avec les Guesdrons & les Noircisseurs composent le Corps des Teinturiers de Roüen. Les Garanceurs donnent aux laines & étoffes le pied de garance.

GARANT.		GARENT.
GARANTIE.	*Voyez*	GARENTIE.
GARANTIR.		GARENTIR.

GARAS. Grosse toile de coton blanche, qu'on tire des Indes Orientales, particulierement de Surate. Les pieces de Garas sont de neuf aunes deux tiers, ou de quatorze aunes & demie de long sur sept huit de large.

GARÇON. On appelle chez les Marchands, Garçons de boutique, ou Garçons de magasin, ou même simplement Garçons, des Apprentifs qui ayant fait leur tems d'apprentissage, servent encore chez les Marchands le nombre d'années marqué par les Statuts de chaque Corps, avant que de pouvoir être reçûs à la Maîtrise, & faire le commerce pour eux-mêmes.

Il y a des Apprentifs qui quoique reçûs Maîtres, se fixent à la qualité de Garçons; & c'est de ces Maîtres Garçons, comme on les nomme assez souvent, que dépend en partie l'heureux succès du commerce d'un Marchand.

Ce sont les Garçons qui aident à ranger, à plier, à remuer & à vendre les marchandises dans la boutique ou le magasin, ou qui même les portent en ville, lorsqu'il en est besoin. Ce sont eux qui vont recevoir & faire accepter les lettres & billets de change; qui tiennent les livres, qui en tirent les extraits pour dresser les memoires & parties des Débiteurs; qui sollicitent les dettes; enfin qui sous les ordres du Marchand font tout le détail du commerce.

Quelques Marchands appellent leurs Garçons, Facteurs & Commis; mais cela est peu d'usage dans le commerce de marchandises. Les Marchands Banquiers ne se servent au contraire jamais du terme de Garçons; tous ceux qui les aident dans leur négoce se nomment Commis.

Les Marchands donnent des gages aux Garçons, & les Apprentifs payent leur apprentissage aux Maîtres.

GARÇONS. Se dit aussi des Compagnons ou Apprentifs qui travaillent chez les Artisans. Garçon Menuisier, Garçon Tailleur, &c. *Voyez* COMPAGNON.

GARÇONS DE PELLE. Ce sont des Manouvriers ou Gagne-deniers qui se tiennent sur le Port de la Grêve, ou sur les autres Ports de la Ville de Paris où arrivent les batteaux de charbon. Ce sont eux qui avec de grandes pelles de bois ferrés remplissent les mines & minots dans lesquels se distribuë cette marchandise.

Quoique par les Ordonnances de la Ville il ne soit permis aux Regrattiers de charbon de n'en avoir chez eux que jusqu'à six mines à la fois, les femmes des Garçons de pelle qui se mêlent du regrat, sont néantmoins exemptes de cette regle pour les charbons de fond de batteaux, que les Marchands donnent à leurs maris pour le payement de leurs salaires; leur étant accordé un mois pour le débit de chaque fond de batteau. *Voyez* REGRATTIER.

GARÇONS-COMPAGNONS. On nomme ainsi dans l'exploitation des carrieres de pierres de taille, les Ouvriers qui travaillent à couper & sous-chever les pierres dans le fond de la carriere, pour les distinguer du Maître Carrier, qu'on nomme simplement Carrier, & des Ouvriers qui font tourner la rouë en montant le long de l'échellier, qu'on appelle Manœuvres-Carriers.

GARDE. Dans les six Corps des Marchands de Paris, on appelle Maîtres & Gardes ceux qui sont élûs & choisis parmi les Maîtres de chaque Corps, pour tenir la main à l'execution des Statuts & Reglemens qui concernent chaque Corps en particulier, & pour en soutenir les privileges.

Chez les Artisans il n'y a point de Maîtres & Gardes, ce sont simplement des Jurez. *Voyez* MAÎTRES ET GARDES.

GARDE, en termes de négoce. Veut dire Conservation, durée en même état. Les marchandises sujettes à la corruption ne sont pas de garde, il faut les vendre le plûtôt qu'il est possible. Quand la mode d'une étoffe ou de quelque autre marchandise est passée, la garde n'en vaut plus rien; il est à propos de s'en défaire à tel prix que ce soit.

On appelle Garde-boutique, Garde-magasin, une étoffe dont la couleur est éteinte, qui est frippée, piquée, tarrée, ou qui n'est plus de mode.

GARDE-MAGASIN. C'est celui qui a le soin des marchandises qui sont dans un magasin. *Voyez* MAGASIN.

GARDE, en fait de manufacture d'étoffes. Signifie les morceaux de bois qui sont au bout des rots, qui empêchent les broches de s'écarter, & qui servent aux Ouvriers Tisseurs au même usage que les grosses dents des peignes des métiers des Tisserans en toile, c'est-à-dire, à entretenir les rots qui sont comme les petites dents de ces sortes de peignes. *Voyez* PEIGNE.

GARDE. Se dit encore de certaines membrures ou pieces, qui font partie de la balance Romaine, autrement Peson ou Crochet. Dans la composition de cette balance il y a trois sortes de Gardes, la Garde du crochet, la Garde-forte, & la Garde-foible. *Voyez* BALANCE.

GARDE-SALE. On appelle ainsi le Prevôt d'un Maître en fait d'armes, soit qu'il apprenne lui-même l'exercice des armes, pour être un jour reçû à la Maîtrise; soit qu'ayant été reçû Maître, il tienne la sale sous un autre Maître, & donne leçon aux Ecoliers. *Voyez* MAISTRE EN FAIT D'ARMES.

GARDE DES ORDRES. C'est le troisiéme Officier de la Communauté des Maîtres en fait d'armes de la Ville de Paris, celui qui est le Dépositaire des Archives. Il s'en élit un nouveau tous les deux ans. *Voyez* MAISTRE EN FAIT D'ARMES.

GARDER le chamois en chaleur. Terme de Chamoiseur. C'est échauffer les peaux dont on fait le chamois, après qu'elles ont été passées en huile, en les mettant sous des ouvertures de laine. On dit plus ordinairement, Mettre les peaux en chaleur. *Voyez* CHAMOIS.

GARDES, ou JUGES-GARDES. Il se dit, en termes de Monnoyes, des Officiers qui sont établis dans chaque Hôtel où elles se fabriquent, pour veiller à ce que le travail & la fabrication des especes y soient faits conformement aux Ordonnances. Leur institution est ancienne, & remonte même au-delà du neuviéme siecle. Ils sont ordinairement deux dans chaque Hôtel. Les appels de leurs jugemens se portent à la Cour des Monnoyes.

GARDES DES FOIRES. Ce sont des Officiers établis dans les foires pour en conserver les franchises, & juger des contestations en fait de commerce survenuës par leur durée. On les nomme plus ordinairement Juges-Conservateurs. *Voyez cet article.*

GARDES DE NUIT. Ce sont à Paris de petits Officiers de Ville, Commis par les Prevôt des Marchands & Echevins, pour veiller la nuit sur les Ports à la conservation des marchandises qui y ont été mises à terre.

L'article septiéme du quatriéme chapitre de l'Ordonnance de la Ville de 1672, oblige les Gardes de nuit d'exercer leurs fonctions en personne, & de faire bonne & continuelle garde pour la sûreté des marchandises, à peine d'en répondre en leur propre & privé nom, & d'interdiction de leurs Charges; & pour ôter tout prétexte de peu de diligence ou d'infidelité à ces Officiers, le même article leur prescrit la discipline suivante.

Chaque jour après l'heure de la vente les marchandises qui

qui restent à terre sur les Ports, leur sont données par compte, si elles peuvent se compter; ou seulement confiées dans l'état qu'elles se trouvent, si elles ne sont pas de qualité à être comptées; après néantmoins avoir été reconnuës par deux Marchands qui ont des marchandises au lieu le plus proche, pour être le lendemain renduës par les Gardes de même qu'elles leur ont été données: en cas de contestation, les deux Marchands qui ont fait la reconnoissance en sont crûs; & les Gardes, sur leur déclaration, condamnez à l'indemnité des Proprietaires, au dire d'Experts pour la perte des marchandises arrivée par leur negligence.

Si ce n'est pas simple négligence, mais que les Gardes ayent abusé de leur ministere, & de la confiance qu'on a en eux, en s'appropriant & appliquant à leur profit quelques-unes des marchandises qui ont été mises à leur garde, les Marchands peuvent intenter leur action dans les vingt-quatre heures, pour être contre lesdits Officiers procedé extraordinairement, après lequel tems les Proprietaires n'y sont plus recevables.

GARDEROBES. Les Maîtres Coffretiers-Malletiers appellent ainsi les plus grands coffres qu'ils font, soit peut-être parce qu'ils les font pour être placez dans les garderobes, soit aussi parce qu'ils veulent faire entendre que ces coffres sont capables de servir seuls de Garderobes. Il y a aussi des demies Garderobes, & les unes & les autres sont rondes ou plattes, c'est-à-dire, ont le couvercle ou arrondi en forme de demi-cercle, ou simplement applatti.

Par les Statuts de Coffretiers, les Garderobes de quatre pieds & demi de longueur, trois pieds de haut & deux pieds de large, doivent être ferrez à sept bandes, dont quatre de fer forgé, & une des six à la feuille, au milieu du bois. Les demies Garderobes n'ont que cinq bandes, dont il doit y en avoir trois de fer forgé. *Voyez* COFFRETIER.

GARENCE.
GARENCE'.
GARENCER.
GARENCIERE.
GARENCAGE.
GARENCEURS.
} *Voyez ces mots par* GARAN.

GARENT. Celui qui est responsable ou caution de quelque chose, qui l'a garentie par un acte, ou qui la doit garentir de droit.

Qand on a mis son aval ou son endossement sur une lettre de change, on en devient garent.

GARENTIE. Obligation, engagement où l'on est de répondre d'une dette, d'une promesse, &c. & de les payer pour un autre, en cas qu'il en refusât le payement, ou qu'il ne fût pas en état de les acquitter.

On appelle Action en garentie, une action par laquelle on somme un garent de payer pour celui qu'il doit garentir de droit, ou à la garentie duquel il s'est engagé volontairement.

L'article 13 du cinquiéme Titre de l'Ordonnance de 1673, regle le tems où les Tireurs des lettres de change qui ont été protestées faute de payement doivent être poursuivis en garentie; sçavoir, dans la quinzaine, s'ils sont domiciliez dans la distance de dix lieuës; & au-delà à raison d'un jour par cinq lieuës, sans distinction du ressort des Parlemens, pour les personnes domiciliées dans le Royaume.

Hors du Royaume, les délais sont de deux mois pour les domiciliez en Angleterre, en Flandre & en Hollande; de trois mois pour l'Italie, l'Allemagne & les Cantons Suisses; de quatre mois pour l'Espagne; & de six mois pour le Portugal, la Suede & le Danemarc.

GARENTIR. Cautionner une personne, répondre pour elle. Il se dit aussi des marchandises & autres choses semblables, mais alors il signifie certifier qu'une chose est telle qu'on l'a dit. Je vous garentis que ce drap est vray drap d'Angleterre. Je vous donnerai ce que vous me demandez de vos chevaux, si vous me les garentissez.

GARER. Se détourner, se ranger. Terme de Voiturier par eau. Il se dit principalement des batteaux qui doivent s'arrêter aux gares, ou lieux destinez à se garer, soit pour attendre qu'il y ait place dans les Ports où ils doivent arriver & décharger leurs marchandises, soit pour laisser passer sous les arches des ponts & aux pertuis de rivieres, les autres batteaux ou voitures d'eau, qui y sont arrivez les premiers.

GARES. Lieux marquez sur les rivieres, soit au dessus, soit au dessous des ponts, pertuis & autres passages difficiles, dans lesquels les batteaux doivent s'arrêter & se retirer, pour laisser le passage libre aux premiers venus.

Il est défendu aux Maîtres des ponts & pertuis de donner aucune préference aux Voituriers; mais ils sont obligez de les passer suivant le rang de leur arrivée aux gares. Ces Officiers sont pareillement tenus d'afficher à un poteau, au lieu le plus éminent des Gares, le Tarif des droits qui leur sont dûs pour le passage des batteaux. *V.* CHABLEUR.

GARES. L'on appelle aussi de la sorte sur la riviere de Seine, les lieux désignez par les Prevôt des Marchands & Echevins de la Ville de Paris, aux Marchands & Voituriers par eau, pour y arrêter & tenir leurs batteaux jusqu'à ce qu'il y ait place dans les Ports; où il ne leur est néantmoins permis d'entrer qu'à leur rang, & suivant qu'ils sont arrivez aux Gares. *Voyez* MARCHANDISE.

GARGOUCHE. Sorte de papier gris, fait de la même pâte que le papier à patron, mais plus fort. *Voyez* PAPIER.

GARI. Espece de monnoye de compte dont on se sert dans plusieurs endroits des Indes Orientales, particulierement dans les Etats du Mogol. Un Gari de roupies vaut environ quatre mille roupies. *Voyez* ROUPIE.

GARIBOT. *Voyez* GALIPOT.

GARNI. Se dit dans toutes les significations du verbe Garnir, & encore dans quelques autres qui lui sont propres.

On appelle un Drap bien garni de laine, ou Satin bien garni de soye, les étoffes de l'une ou de l'autre de ces matieres, où les Fabriquans ne les ont point épargnées, soit dans la chaîne, soit dans la tréme. C'est la même chose que ce qu'on nomme Drap laineux, Etoffe soyeuse.

Une boutique, un magasin bien garnis, sont ceux où il y a beaucoup de marchandises & des meilleures.

Avoir la bourse bien garnie, c'est être bien en argent comptant.

GARNIR. Ajuster, enjoliver quelque chose. Ce terme est d'un assez grand usage parmi plusieurs sortes d'Ouvriers & d'Artisans.

Les Tapissiers appellent Garnir des chaises, des fauteuils, des sofas, &c. les rembourrer, les remplir de crin ou de bourre entre la toile & les sangles. En termes de Fourbisseur, Garnir une épée c'est y mettre la garde & la poignée: Garnir un chapeau, c'est chez les Chapeliers y coudre la coëffe: chez les Tapissiers, Garnir une tapisserie, c'est la dou-

doubler de toile, ou y mettre seulement des bandes. Il seroit trop long & assez inutile de raporter toutes les autres applications de ce terme par raport aux manufactures & aux arts & métiers; celles-ci qui sont d'un usage plus commun, suffisant pour donner l'idée des autres.

Garnir un drap ou une étoffe de laine. C'est les lainer, y faire venir le poil par le moyen du chardon. *Voyez* Lainer.

Garnir le four. Terme de Boulanger & de Patissier. C'est, quand le pain en est tiré, y mettre sécher le bois qui doit servir à la fournée suivante. *Voyez* Four.

GARNISSEUR. Celui qui garnit, Les Statuts des Maîtres Jurez Fourbisseurs de Paris leur donnent la qualité de Maîtres Garnisseurs d'épées. *Voyez* Fourbisseur.

On appelle aussi Garnisseurs de chapeaux, les Maîtres Chapeliers qui se mêlent seulement de les dresser & border, & d'y coudre la coëffe; ce qui les distingue des Maîtres Fabriquans, qui pourtant ne font qu'une même Communauté. *V.* Chapelier.

Garnisseur. C'est aussi comme sont qualifiez les Maîtres Doreurs sur cuir. Leurs Statuts les nomment Maîtres Doreurs en cuir, Garnisseurs & Enjoliveurs.

Garnisseurs. On appelle Selliers-Garnisseurs dans les anciens Statuts des Selliers-Lormiers, ceux qui faisoient, étoffoient & montoient les corps des carosses, coches, & autres telles voitures: par opposition aux Lormiers-Eperonniers, qu'on nommoit Ouvriers de forge, parce qu'ils forgeoient & vendoient les éperons, mords, étriers, & autres pieces de fer des harnois des chevaux, ou qui servoient à la fabrique & monture des coches & carosses.

Ces deux sortes d'Ouvriers ne faisoient autrefois à Paris qu'une même Communauté, qui s'est séparée en deux vers le milieu du dix-septiéme siecle; l'une est celle des Lormiers-Eperonniers, & l'autre celle des Selliers-Lormiers-Carossiers. *Voyez ces deux articles.*

GARNITURE. Ce mot s'entend de tout ce qui sert à garnir ou orner quelque chose. Il se dit aussi de certains assortimens de pierreries, de meubles, d'habillemens, de coëffures, &c.

Garniture de diamans, de rubis, d'émeraudes, de toutes pierres; &c. C'est chez les Joüailliers certains assortimens de quelques-unes de ces pierreries en particulier, ou de toutes ensemble, dont les hommes garnissent leurs juste-au-corps, & les femmes leurs robes & leurs têtes. Les Garnitures de pierreries pour les habits des hommes ne consistent ordinairement qu'en boutons de juste au-corps, en boucles de chapeaux, de manchons & de souliers, & en poignées à leurs épées & cannes. Les Garnitures d'habits de femmes dépendent de la mode ou du goût pour l'arrangement. Les boutons, les attaches, les boucles sont les pieces les plus ordinaires, mais qui se diversifient de cent manieres, suivant les modes: les poincons, les papillons, les enseignes, les firmamens composent leur garniture de tête: les boucles & pendant d'oreilles, les carcans de pierreries se comprennent aussi sous le nom de Garniture. Les bagues & les colliers de perles n'en sont pas.

Garniture de chambre. Les Maîtres Tapissiers & les Frippiers appellent ainsi ce qui meuble une chambre ordinaire, comme la tapisserie, le lit, les chaises & la table. Garniture se dit aussi parmi eux, de ce qui compose un lit, comme le matelas, le lit de plume, le traversin, la couverture, la paillasse & les rideaux. Quelquefois encore par le mot de Garniture de lit, on n'entend que les rideaux, pentes, soubassemens, bonnes-graces & courtepointes, aussi-bien que les doublures de toutes ces pieces. C'est en ce sens que ce terme est employé dans le Tarif de 1664.

Les Garnitures de lit de points coupez, passements, lassis, & autres ouvrages de Flandres & de tous autres Pays, payent en France les droits d'entrée à raison de dix pour cent de leur estimation; ce qui s'entend pareillement des Garnitures de lit de drap ou de serge, où il y a des ouvrages de soye ou de laine faits à l'aiguille.

Les droits de sortie ne sont que de six pour cent de leur valeur.

Garniture, chez les Marchands du Palais. S'entend de certaines touffes ou nœuds de rubans, dont les femmes se parent en les mêlant dans leur coëffure, ou dont les hommes ornent leurs habits, soit sur les épaules, soit sur les manches, ou même autour de la ceinture & au bas des chausses, quand on est en habit de ville.

Garniture. C'est aussi chez les Marchands de point & dentelle, les diverses pieces qui composent la coëffure des Dames. On y comprend pareillement les pieces qu'elles appellent de Tours de gorge & des Engageantes. Ces dernieres sont proprement de longues manchettes.

La Garniture de dentelle de point pour les hommes consiste en colets, cravates, en jabots & en manchettes. Les canons en étoient autrefois la principale, mais aussi la plus incommode partie.

Garniture d'épée. C'est la garde, le pommeau, la branche & la poignée. Garniture de chaises, sofas, &c. c'est le crin, la bourre, la toile & les sangles. Garniture de tapisserie, c'est la toile ou les bandes qui la doublent.

On dit aussi chez les Miroitiers, une Garniture de toilette, qui comprend tout ce qui compose la toilette, comme le miroir, les boëtes, les carrez, les plombs & le tapis dont on couvre tout le reste.

Enfin chez les Marchands de porcelaines, Brocanteurs & autres, qui font négoce de ces curiositez précieuses dont on pare les beaux appartemens, une Garniture de cheminée signifie les pieces de porcelaines ou autres riches vases, qu'ils vendent pour mettre sur les corniches & tablettes de cheminées.

Garniture, en termes d'Imprimerie. Sont les diverses sortes de bois avec lesquels les Imprimeurs-Compositeurs serrent les formes dans leurs chassis, tels que sont les bois de fond, les bois de tête, les biseaux, &c. *Voyez* Imprimerie.

GAROUILLE. Drogue propre à la teinture de la couleur fauve. Elle vient de Provence, de Languedoc & de Roussillon. On l'employe dans la nuance de la couleur gris de rat, où elle réussit fort bien; son défaut se purgeant dans le foulon lorsque l'on y fait passer les étoffes pour les dégorger.

Cette drogue est commune entre les Teinturiers du grand teint & ceux du petit teint, qui peuvent s'en servir, les uns dans la teinture des laines fines de mélange, & les autres aux laines grossieres & de petit prix.

GARROT. Gros bâton un peu court, qui sert à serrer les cordes qui lient & arrêtent les fardeaux, caisses & balles de marchandises sur les charrettes & bêtes de somme.

GARROTER. Se servir du garrot. *Voyez ci-dessus.*

GASCHE. Instrument dont les Maçons & Limousins, se servent pour éteindre la chaux & courroyer le mor-

mortier. On l'appelle plus ordinairement un Rabot. *V.* Rabot.

Gasche. Les Patissiers donnent aussi ce nom à de petits instrumens de bois en forme de palettes ou d'espatules, avec lesquels ils battent les pâtes legeres & liquides dont ils font les biscuits, & les farces dont ils remplissent les darioles, tartes, tartelettes, & autres tels ouvrages de patisserie.

GASCHER. Détremper avec de l'eau quelque matiere propre à faire la liaison des pierres dans un bâtiment. Il ne se dit guéres que du plâtre & du stuc. On gâche avec la truelle.

Gâcher du gros, c'est gâcher du plâtre tel que les Plâtriers le livrent aux Maçons. On dit aussi Gâcher du plâtre au panier, & Gâcher du plâtre au sas, quand on veut l'employer ou plus fin, ou tout-à-fait fin. Gâcher une poignée, c'est détremper peu de plâtre : Gâcher une truellée, c'est gâcher l'auge au tiers: Gâcher sans rien ajoûter qui détermine la quantité, c'est gâcher l'auge entiere.

GASTEAUX. Terme de Fondeurs de gros ouvrages. Ce sont les morceaux de cire dont on remplit le creux des moules dans lesquels on veut jetter des statuës.

GASTE-PASTE. Celui qui ne sçait pas bien faire de pâte, ou qui l'employe mal. Il se dit des mauvais Patissiers & des Boulangers peu habiles. On dit aussi Gâte-plâtre, Gâte-bois, Gâte-cuirs, &c. pour signifier les Ouvriers qui façonnent mal toutes ces matieres. Ces derniers termes sont peu d'usage.

GASTER LE ME'TIER. Il se dit, en termes de commerce, des Marchands & Artisans qui donnent leurs marchandises ou leurs ouvrages à trop bon marché, & qui par-là obligeant les autres à les imiter, les empêchent de faire d'aussi grands profits qu'ils voudroient. On appelle dans le même sens un Gâte-métier, un Artisan qui donne sa peine à trop bon marché.

GASTINE. Minéral qui se trouve mêlé avec la mine de fer, & qui en rend la fonte facile. *V.* Fer.

GAUDE. Plante dont les Teinturiers se servent pour teindre en jaune.

Cette plante vient naturellement dans presque toutes les Provinces de France; & sur-tout il en croît beaucoup à cinq ou six lieuës aux environs de Paris, particulierement vers Pontoise.

La Gaude qu'on cultive est néantmoins beaucoup meilleure que celle qui vient sans le secours d'aucune culture. On la seme bien claire dans des terres legeres au mois de Mars ou de Septembre, & elle se trouve meure dans les mois de Juin ou de Juillet. Dans les Pays chauds elle est souvent assez séche lorsqu'on la recueille; mais dans les Pays plus froids il faut prendre soin de la faire sécher. Il faut observer, & de ne la point cueillir qu'elle ne soit très-meure, & d'empêcher qu'elle ne se moüille quand elle est cueillie. La Gaude la plus menuë & la plus roussette est la meilleure. L'on estime moins celle qui est plus grande, & qui a un verd terni. *Voyez* Jaune.

Les celadons, verd de pomme, verd de mer, verd naissant & verd gay doivent être alunez, & ensuite gaudez avec gaude ou sarrette, puis passez sur la cuve d'inde. *Voyez le Reglement de 1669, & l'instruction pour les teintures.*

GAUDER. Teindre une étoffe avec la gaude. On gaude aussi les foyes, les laines & les fils.

GAUDIVIS. Toile de coton blanche qui vient des Indes d'Orient. Elles sont du nombre de celles qu'on nomme Baffetas, mais étroites & peu fines. *Voyez* Baffetas.

GAUDRON, GOUDRON, ou GOULDRON. *Voyez* GOULDRON.

GAUFFRE. Rayon de miel qui est encore dans sa cire, ou plûtôt la cire qui contient le miel. *Voyez* Miel.

GAURRE', GAUFFRE'E. On nomme Camelots gauffrez, Etoffes gauffrées, toiles gauffrées, les camelots, les étoffes & les toiles, sur lesquels on a imprimé avec des fers chauds diverses façons & desseins de fleurs, de ramages & de figures. *Voyez* Camelot.

Velours Gauffre' *Voyez* Velours.

Ruban Gauffre'. Ruban qui a reçu la gauffrure. L'on n'en parle ici que pour conserver la memoire d'une machine ingenieuse, qui fut inventée à Paris par un Maître Tissutier-Rubanier pour gauffrer ses rubans.

La mode des rubans gauffrez ayant commencé à s'établir vers l'an 1680, & la nouveauté leur donnant un grand cours, un nommé Chandelier, lassé d'être obligé de gauffrer ses rubans, en y appliquant successivement, comme ses Confreres, plusieurs plaques d'acier gravées de divers ornemens de fleurs, d'oiseaux & de grotesques, ainsi qu'il se pratique pour la gauffrure des étoffes, imagina une espece de laminoir assez semblable à celui dont on se sert à la monnoye, pour applattir les lames des métaux, mais beaucoup plus simple.

Deux cylindres d'acier en faisoient les principales pieces: ces cylindres sur lesquels étoient gravées les figures dont il vouloit imprimer son ouvrage, étoient posez l'un dessus l'autre entre deux autres pieces de fer plat d'un pied & demi de hauteur, placées perpendiculairement, & attachées sur une espece de blanc de bois très-fort & très-pesant, qui soûtenoit toute la machine.

Chaque cylindre qui tournoit sur ses tourillons, avoit à l'une de ses extremitez, tous deux du même côté, une rouë à dents, qui s'engrainant l'un dans l'autre, se communiquoient le mouvement par le moyen d'une forte manivelle attachée à l'une des deux.

Cette machine ainsi préparée, lorsque l'Ouvrier vouloit s'en servir, il mettoit au feu ses cylindres, pour leur donner la chaleur convenable; & plaçant ensuite son ruban dans le peu d'espace qui restoit entr'eux, qu'il resserroit encore par le moyen d'une vis qui pressoit celui de dessus, il tiroit le ruban de l'autre côté; & faisant tourner les cylindres avec la manivelle, une piece entiere de ruban recevoir la gauffrure en moins de tems que les autres Ouvriers n'en employoient pour une seule aune.

Le genie & l'invention de ce Rubanier eurent leur récompense: les rubans gauffrez firent sa fortune; & il se vit bien-tôt en état d'acheter une Charge, & de marier une fille assez richement.

GAUFFRER. Action par laquelle on imprime sur les rubans, les velours, les satins, les camelots & autres étoffes, certaines figures ou façons avec des fers à gauffrer.

Fers a Gauffrer. Ce sont des fers diversement gravez, avec lesquels se fait la gauffrure des étoffes & des rubans. *Voyez ci-devant l'article du Ruban gauffré.*

GAUFFREUR. Ouvrier qui travaille à gauffrer les camelots & autres étoffes.

A Paris les Gauffreurs sont aussi appellez par leurs Lettres de Maîtrise, Maîtres Découpeurs-Egratigneurs; parce qu'outre la gauffrure, ils se melent de découper, piquer & moucheter les taffetas, les satins & autres étoffes avec des fers ou instrumens destinez à cet usage. Ce sont aussi eux qui font les mouches dont la plupart des femmes aiment tant à se charger le visage. *Voyez* DE'COUPEUR.

GAUFFRIER. Instrument de Patissier qui sert à faire cette espece de patisserie legere composée de fleur de farine & d'œufs, que l'on sert sur les tables en façon d'entremêts.

Le Gauffrier est de fer en forme de longues tenailles, au bout desquelles sont deux pieces de fer plat, sur lesquels sont gravez en creux des especes de treillis ou petits quarrez : c'est entre ces deux pieces raisonnablement chaudes que se cuit la pâte dont on fait les gauffres.

GAUFFRURE. Il se dit de la maniere & façon de gauffrer. La Gauffrure est de ces modes qui se renouvellent de tems en tems, l'usage n'en étant pas bon, & se dissipant aisement à l'air & au porter.

GAVITEAU. Terme de Marine. On s'en sert sur la Mediterranée pour signifier ce qu'on appelle une Boüée sur l'Ocean. *Voyez* BOUE'E.

GAULE. Grande perche de bois, longue & menuë, dont l'on se sert à plusieurs ouvrages dans les Manufactures : les Teinturiers particulierement s'en servent pour étendre & mettre dessus les soyes, les fils & les laines au sortir de la teinture, afin de les essorer & sécher.

GAULE. Secher à la Gaule. Terme de Nattier : c'est étendre sur une perche les cordons de natte de paille à mesure qu'ils font tracez, afin de les mettre en état d'être ourdis à la tringle. *V.* NATTE.

GAUS. Sorte de tambours de cuivre qui se font à la Chine : ils entrent dans les cargaisons des vaisseaux qui vont de Canton à Siam. Ils s'achettent douze taels à Canton & se vendent quinze à Siam.

GAUTE. Espece de boisseau dont les Maures se servent en quelques endroits des Côtes de Barbarie particulierement les Anleddalis, Tribus de Maures qui ne sont pas éloignées du Bastion de France.

Il faut 30 Gautes pour faire une mesure qui est d'un cinquiéme plus grande que celle de Gennes.

GAUZA. Monnoye de cuivre & d'étain qui a cours dans le Royaume de Pegu : malgré le mauvais aloy de cette monnoye, on n'en a point d'autre pour payer l'or, l'argent & autres precieuses marchandises.

GAY. On nomme ainsi le hareng qui n'a ni laitte, ni œufs. *Voyez* HARENG.

GAYAC. GAYACAN, BOIS SAINT, BOIS INDIEN, LIGNO SANTO, LIGNUM SANCTUM, GAYACUM. Ce sont tous des noms Latins, François & Espagnols que l'on donne à un bois qui sert en France à plusieurs ouvrages de tour & de marquetterie ; mais qui y est encore plus connu à cause de l'usage qu'il a dans la medecine pour la guerison des maladies veneriennes.

Le Gayac croît également dans les Indes Orientales & dans les Occidentales : le bois de Gayac de l'Amerique vient en grosses & longues buches, dont il y en a qui pesent jusques à cinq cens livres, ce qui le distingue de celui d'Orient.

L'arbre de Gayac est de la hauteur de nos noyers ; il y en a de deux especes, le mâle & la femelle, qui ne sont differents que par des feüilles ronds ou longues, qui sont les unes & les autres vertes ; leurs fleurs sont bleuës, de figure d'étoile, & forment d'assez grosses touffes : au bout de chaque fleur il y a un petit bouton brun de la grosseur d'une noisette, dans laquelle est enfermé un petit fruit couleur d'orange.

Le bois du Gayac est extrêmement dur & si pesant qu'il est un des bois que les Statuts des Maîtres Boutonniers de Paris deffendent que l'on mette dans les boutons en forme de moule.

Les Medecins s'en servent dans diverses décoctions & pour differens remedes, l'estimant propre à échauffer, rarefier, attenuër, attirer & provoquer les sueurs & les urines. Il faut le choisir en grosses pieces de couleur tannée, tirant sur le noir ; recent, gommeux, pesant & de bonne odeur, avec une saveur âcre & un peu mordicante & une écorce fort adhérante au bois.

L'écorce de Gayac n'est pas moins souveraine que le bois même : il faut la choisir unie, pesante, difficile à rompre, grise par dessus, blancheâtre au dedans, d'un goût amer & assez désagreable.

A l'égard du bois quand on veut l'employer en remedes & en faire des décoctions ou tisannes sudorifiques, il faut en ôter le blanc qui en est proprement l'obier, & n'en faire hacher ou raper que la substance la plus solide qui est noire, pesante & fort resineuse.

La plûpart des Charlatans qui promettent la guerison des maux veneriens, n'y font pas tant de façon. Pour épargner quelque chose sur l'achat du bois de Gayac, qui n'est pourtant pas extremement cher, aux risques du mauvais succès des cures qu'ils entreprennent, ils se contentent de prendre chez les Tourneurs & Ebenistes, les copeaux & rapures que ces ouvriers laissent pourrir au coin de leurs boutiques, ce qui n'étant qu'un rebut & un obier tout-à-fait sans vertu, fait toûjours plus de mal que de bien. Ce mauvais Gayac se vend ordinairement un sol la livre.

Depuis quelque tems les Chirurgiens se sont hazardez de substituer le Bouis au Gayac, & l'appellent Gayac de France ; s'ils font bien ou mal, une assez longue experience ne l'a point encore pû découvrir.

On tire du Gayac un flegme, un esprit, un huile noire, épaisse & puante, un sel, un extrait & une resine.

Le bois de Gayac, conformement au Tarif de 1664, paye en France les droits d'entrée à raison de cinq pour cent de sa valeur, attendu qu'il n'est pas tariffé.

A l'égard des droits de la Doüane de Lyon ils se payent sur le pied de 4 s. 6 den. du quintal pour l'ancienne & nouvelle taxation ; & encore 5 sols pour les anciens & nouveaux quatre pour cent.

GAYAC. C'est encore une gomme qu'on apporte des Indes en gros morceaux : elle est si semblable à l'Arcançon, qu'il seroit impossible de les distinguer sans leur odeur qu'ils ont bien differente ; l'Arcançon jetté sur les charbons ardens sentant la terebenthine, & la gomme de Gayac exhalant une odeur agreable & balsamique.

La gomme de Gayac paye en France les droits d'entrée à raison de cinq pour cent de sa valeur, attendu qu'elle n'est point employée dans les Tarifs.

GAZE. Petite monnoye de cuivre qui se fabrique & qui a cours en Perse ; elle vaut environ deux liards de France. Quelques-uns la confondent avec le Kabesqui, d'autres estiment que ce n'est que le demi Kabesqui, c'est-à-dire, le liard Persan. *Voyez* KABESQUI.

GAZE. Etoffe de soye, très-claire & très-legere ; il y a aussi des Gazes de pur fil, les unes & les autres sont unies, ou brochées, ou rayées, & servent ordinairement aux ornemens & habillemens des femmes ; celles

les de fil pour leurs coëffures, tours de gorge, manchettes & engageantes; & celles de soye, à leurs fichus, à leurs écharpes, & même en été, à des habillemens tout complets. On en fait aussi quelques meubles pour cette raison, comme des lits d'ange, des pavillons pour les bains & des cousiniers; où l'on employe particulierement les Gazes, qui sont brochées d'or, d'argent ou de soye de diverses couleurs.

Ceux qui fabriquent à Paris les Gazes de soye, sont du nombre des Frandiniers, qui depuis quelque tems prennent le nouveau nom de Marchands Fabriquans, & qui sont, pour ainsi dire, divisez en deux societez, quoique dans un même corps: les uns qui ne font que des ferandines & des grisettes, ont retenu le nom de Ferandiniers; & les autres, à cause qu'ils ne travaillent que des Gazes, se font appeller Gaziers, ou comme disent d'autres, Gazetiers. *Voyez* Ferandinier.

L'on n'employe aux Gazes que des soyes Sina, & seulement de Clochepied. Ces termes sont expliquez à l'article des soyes.

Les Gazes suivant le Reglement de 1667, doivent être tant en chaîne qu'en trame de bonne & pure soye, à peine de confiscation & de 24 livres d'amende.

Pour ourdir la soye, qui doit y servir, on se sert d'une espece de moulin qu'on appelle Ourdissoir, sur lequel se devide la soye de la chaîne. Ce moulin est une machine de bois de six pieds environ de hauteur; au milieu est posée perpendiculairement un axe, qui a six grandes aîles: c'est sur les aîles que se roulent les soyes montées auparavant sur des bobines, ce qui se fait à mesure que l'axe tourne par le moyen d'une large rouë couchée de champ au pied de l'axe.

Quand toute la soye est chargée sur les aîles du moulin plus ou moins, suivant le plus ou le moins des portées qu'on veut donner à la Gaze, on se sert d'un autre instrument nommé la Lanterne ou le Piloir; pour la redevider sur les deux ensubles du haut du métier qu'on veut monter: l'une des deux Ensubles est pour la Gaze, & l'autre pour le fond. Ensuite on passe la soye par autant de petites perles d'émail qu'il y a de brins de soye, & on la roule sur une troisiéme Ensuble qui est la seule qui soit du côté du Fabriquant. Il faut remarquer que de toutes les étoffes de soye il n'y a que la Gaze qui se fasse à la perle.

Description d'un métier monté pour une Gaze brochée de demie aune de large

Le métier à Gaze est quarré & assez semblable à celui des Tisserans: il a seulement trois marches; l'une pour la Gaze, l'autre pour le fond, & la troisiéme pour le pas dur. Les autres parties du métier sont, le peigne & le battant qui le tient, deux têtes ou lisses de soye, ausquelles sont attachées les perles au nombre de deux mille à chaque lisse; les lisserons qui portent les lisses, le cassin & ses deux cens poulies, qui servent à faire le dessein de la brochure; la planche du cassin qui est percée d'autant de trous qu'il y a de portées de soye; trois bricoteaux pour baisser & lever les lisses; autant de contre-lames & de tire-lisses; le porte-chastelet où sont les bricoteaux; mille plombs attachez à autant de lissettes, qui ont chacune leur maillon d'émail; deux cent fourches & arbalêtres, qui tiennent chacune cinq lissettes; la queuë de rame qui tient les fourches, un simblot sur quoi se lit la figure: quatre verges, deux en haut & deux en bas pour traverser & tenir la chaîne ouverte; enfin le pas dur & le bâton rond pour faire foncer la soye, c'est-à-dire pour la baisser.

Les instrumens dont le Gazier se sert sont, la navette pour lancer, & l'espoulin pour brocher: au dedans de la navette est une cannette qui porte la soye, & dans l'espoulin un simple canon qui sert au même usage.

Si la Gaze est unie, il ne faut que la navette, qui étant lancée entre les soyes à mesure que les marches les font lever ou baisser, forme la tréme de l'étoffe à la façon des Tisserans: si elle est brochée, il faut autant d'espoulins qu'il y a de diverses couleurs dans la brochure; & l'on s'en sert comme d'eguilles pour faire le brocher, en passant l'espoulin entre les soyes que le Tireur fait lever, en tirant les ficelles des façons sur le simblot, ce qui s'entend aussi de l'or & de l'argent, si on en employe dans la Gaze.

Le brocher se fait par dessus, ensorte qu'on n'apperçoit rien du dessein, & que toutes les façons sont couvertes du lacis des soyes. Après que la Gaze est faite, des Ouvrieres, qu'on appelle des Coupeuses, enlevent ces soyes inutiles avec de petites forces de cinq à six pouces de long, & alors les ramages, fleurs; oiseaux, grotesques & autres desseins paroissent.

Ce qu'on vient de dire des Gazes de demie aune, doit s'entendre à proportion de celles de 3 quarts ou d'une aune, en augmentant néanmoins les perles, & par conséquent les portées, aussi proportionnellement, c'est-à-dire, à raison de cinq cens perles par lisse pour un quartier; mais il faut remarquer que plus les Gazes sont claires, & moins il faut de perles.

Les Gaziers de Paris font venir leurs perles de Venise où se font les meilleures: pour les maillons les Emailleurs de Paris les font très-bien, ensorte que l'on n'a pas besoin d'avoir recours aux Etrangers.

Les Gazes payent les droits de la Doüane de Lyon suivant leur qualité; sçavoir.

Les Gazes avec or 3 liv. 13 s. de la livre tant d'ancienne que de nouvelle taxation.

Les Gazes sans or 44 s.

Et les Gazes avec or faux & tocque fausse 16 s.

Il vient des Indes des Gazes fleurs or & argent, sur un fond de soye, les pieces portent ordinairement dix-neuf à vingt aunes de long. Il en vient aussi de la Chine, parmi lesquelles il s'en trouve de gauffrées; leur longueur & largeur sont de onze aunes sur deux tiers.

GAZETIER Se dit également de l'Ouvrier qui fabrique la Gaze, & du Marchand qui la vend; on dit plus ordinairement Gazier. *Voyez* Ferandinier.

Gazetier. Colporteur qui crie & qui vend la gazette dans les ruës de Paris. *Voyez* Colporteur.

GAZIER. Le Fabriquant ou le Marchand de Gaze. *Voyez l'article precedent.*

GEAILOYE. Sorte de mesure pour les liquides, dont on se sert dans quelques Provinces de France: elle est differente suivant les coûtumes des lieux. La plus grande contient seize pintes, la moyenne douze, & la petite huit.

GEAIS. Sorte de pierre precieuse. *Voyez* Jais *ou* Jaiet.

GEDENG. Mesure dont les Indiens se servent pour mesurer leurs grains; elle tient environ 4 livres pesant de poivre, la livre prise sur le pied de seize onces.

GELAN. Drogue qu'on trouve employée dans l'instruction dressée pour l'exécution de l'Arrêt de 1685: elle est du nombre des drogues & marchandises venant du Levant, sur lesquelles il est ordonné de lever vingt pour cent de leur

leur valeur ; dans les cas portez par cet Arrêt.

GELE'E. Sorte de confiture transparente qui n'est autre chose que du jus ou suc de fruit cuit avec le sucre, congelé en se refroidissant. La belle Gelée de pommes vient de Roüen; Tours est en reputation pour sa Gelée de Groseilles. *Voyez* CONFITURE.

GEMME. On appelle Sel Gemme le sel en pierre qui se tire des salines & mines de sel. Ce mot vient de *Gemma* qui signifie en Latin Pierre precieuse, parce que cette espece de sel en pierre est pour l'ordinaire transparante & brillante comme le cristal de roche qu'on met du nombre des pierres precieuses.

Les mines, où se trouve la plus grande quantité & la meilleure espece de sel Gemme, sont celles de Wilisca en Pologne, d'Eperies dans la haute Hongrie, & de Cardonne dans la Principauté de Catalogne.

Le plus grand usage de ce sel est pour les salaisons dans les lieux où il n'y a point de sel marin, ou de celui des puits & fontaines salées. Les Teinturiers en consument aussi quelque quantité dans leurs teintures; ce sont les Marchands Epiciers-Droguistes qui en font le trafic à Paris. *Voyez* SEL.

GENDASSE. Espece de gravelée dont les Teinturiers se servent. *Voyez* VEDASSE, POTASSE *ou* GRAVELE'E.

GENEQUIN. On nomme Coton Genequin une sorte de coton filé que les Marchands estiment peu, n'étant pas d'un grand debit. *Voyez* COTON.

GENERAL CONTO. Terme partie François & partie Italien, qui est de quelque usage parmi les Négocians de France, qui avoisinent l'Italie. Il signifie Compte général.

GENEST DES TEINTURIERS. On nomme quelquefois ainsi cette herbe propre à la teinture, qu'on appelle plus ordinairement Genestrole. *Voyez l'article suivant.*

GENESTROLE. Herbe qui vient sans culture dans plusieurs endroits de France, dont les Teinturiers se servent pour teindre en jaune, les étoffes de peu de conséquence. On la nomme autrement Herbe de pâturage.

Cette herbe ne se peut garder que quand elle a été cueillie en maturité: si l'on veut s'en servir aussi-tôt après l'avoir cueillie, il n'importe pas qu'elle soit si meure. Elle est assez semblable au genest ordinaire; d'où vient qu'on l'appelle aussi Genest des Teinturiers; ses verges néanmoins sont plus minces & plus courtes, aussi-bien que ses feüilles, ses fleurs & ses gousses. *Voyez* JAUNE.

GENET D'ESPAGNE. *Voyez* CHEVAL.

GENETIN. Sorte de vin blanc qui vient d'Orleans. *Voyez* VIN.

GENEVRE, ou GENIEVRE. Arbre qui rend par incision une espece de gomme blanche que l'on nomme Sandaraque ou Sandarec.

Il y a deux especes de Genevre; l'un qu'on appelle le grand Genevre, & l'autre le petit Genevre; ce dernier est le moins rare. *Voyez* SANDARAQUE.

GENISSE, ou TAURE. Jeune vache qui n'a point encore été presentée au taureau. *Voyez* VACHE.

Les Genisses de deux ans payent en France les droits de sortie à raison de 18 s. la piece, conformement au Tarif de 1664.

GENTES, ou JANTES. Pieces de bois d'orme un peu courbées, dont on se sert à faire le cercle des roues de carosses, de charettes & autres voitures roulantes. C'est un des principaux bois de charonnage *Voyez* ORME.

GENTIANE. Racine médicinale qui porte le nom de la plante qu'elle produit. Les Anciens pour la rendre plus considerable lui ont donné le nom de Gentius Roi d'Illyrie qu'ils prétendent avoir le premier fait l'experience des qualitez admirables qu'on lui attribuë.

La Gentiane est jaunâtre & d'une amertume insupportable; elle est quelquefois grosse comme le bras, mais divisée en divers rameaux de la grosseur du pouce: sa tige s'éleve plusieurs pieds de haut; elle est creuse, lissée, polie & coupée par quantité de nœuds, d'où sortent deux à deux, & toûjours en diminuant de grandeur, des feüilles larges & d'un verd rougeâtre, assez semblables à celles du plantin: les fleurs qui suivent aussi la division des nœuds sont jaunes, & la graine est plate, ronde, lissée & legere.

Cette racine est estimée souveraine contre les poisons & même contre la peste: elle est sudorifique, & se prend avec succés dans les fievres intermittentes, ce qui lui a fait donner le nom de Quinquina d'Europe. Elle entre aussi dans la composition de la thériaque.

La Gentiane aime les lieux humides, elle croît abondamment en Bourgogne, & l'on en trouve aussi en quelques endroits des Pirenées & des Alpes. Elle doit être choisie de moyenne grosseur, nouvelle, bien seche, peu garnie de petites racines, bien nette de la terre qui y est ordinairement attachée, & s'il se peut sechée à l'air; ce qui se reçonnoît à la couleur, étant noirâtre en dedans quand elle a passé au four, & d'un jaune doré quand elle n'y a pas été mise.

La Gentiane paye en France les droits d'entrée à raison de 10 sols du cent pesant, suivant le Tarif de 1664.

GERBE. Assemblage de plusieurs javelles ou épics de bled coupez & liez ensemble. *Voyez* BLED.

GERBE. Se dit aussi des bottes d'osier. *Voyez* OSIER.

GERBER DU VIN. Terme de Tonnelier. C'est mettre les pieces de vin les unes sur les autres dans un cellier; ce qui (à cause du risque) ne se fait que lorsque l'on en a trop grande quantité pour les arranger toutes sur les chantiers.

GEROFLE. Fruit aromatique qui vient des grandes Indes, & qui fait uue partie du commerce des Hollandois. *Voyez* GIROFLE.

GEROUIN. C'est le nom que l'on donne au Caire à une espece de quintal le plus pesant de tous ceux dont on se sert pour peser les marchandises d'un grand volume & d'un grand poids. Le quintal Gerouin est de 217 rotols du Caire, dont les 110 font 108 livres de Marseille. *Voyez* QUINTAL.

GIBECIER. Celui qui fait des gibecieres. Il y a à Paris une Communauté dont les Maîtres se qualifient Maîtres Bourciers, Gibeciers, &c. *Voyez* BOURCIER.

GIBECIERE. Espece de grande bourse ou de petit bissac ordinairement de cuir, & quelquefois de cuir couvert d'étoffe.

Cette derniere sorte de Gibeciere ne sert guéres qu'aux Charlatans & Joueurs de gobelets pour les tours d'adresse dont ils amusent le public.

A l'égard des Gibecieres de cuir, les unes sont rondes & sont propres aux chasseurs qui les tiennent attachées avec une ceinture aussi de cuir; les autres sont quarrées & servent aux Grenadiers soit à cheval, soit à pied, pour y mettre leurs grenades, & leur pendant en bandoulieres. Le reste de l'Infanterie se sert aussi de Gibecieres attachées au ceinturon; ce qui leur tient lieu de l'ancienne bandoüilliere où pendoient leurs fournimens.

Les Gibecieres & bandoüillieres sont du nombre des marchandises

dises dont la sortie est deffenduë dans toute l'étenduë du Royaume, terres & pays de l'obéissance du Roi, à peine de confiscation, suivant l'Ordonnance de 1687 & tous les Traitez de paix.

GIETER. Espece d'escope ou pelle de bois creuse, dont on se sert dans les blancheries de Hollande pour arroser les toiles sur le pré.

GILLE. Espece de grand épervier. Sorte de filet à prendre du poisson; il a près du double de l'épervier commun, & porte huit cens mailles & autant de plombs de circonference. Sa hauteur lorsqu'il est plié est de plus de quinze pieds; il se jette à trois personnes, une qui est aux avirons du batteau à pêcher, & deux qui le jettent. On ne s'en sert qu'en hyver & à riviere haute. Il est défendu encore plus sévérement que l'épervier, à cause qu'il désempoissonne les rivieres. *Voyez* EPERVIER.

GINDRE, ou GEINDRE. Ce terme n'est d'usage que parmi les Maîtres Boulangers de la Ville de Fauxbourg de Paris. Il signifie le Maître Garçon d'un Boulanger.

GINGEMBRE. Espece de drogue, qui reduite en poudre s'appelle Epice blanche & petite Epice, & sert à composer ce qu'on nomme vulgairement les quatre Epices.

Le Gingembre vient originairement des grandes Indes; mais depuis qu'on l'a transplanté dans les Isles Antilles, il y a si bien réussi & y est tellement multiplié, que presque tout ce qu'on voit de cette drogue en France vient de ces Isles, n'en venant plus que très-peu d'Orient.

Le Gingembre est la racine d'une plante qui ne s'éleve pas beaucoup hors de terre; elle jette des feüilles vertes & longues comme celles du roseau; sa tige est même assez semblable; sa fleur est rougeâtre, mêlée d'un peu de verd.

Cette plante pique peu avant en terre, étendant seulement ses racines en largeur: aux Isles on les appelle Pattes de Gingembre, ayant en effet quelque chose d'approchant de la figure de la main de l'homme.

Quand cette racine, qui est fort nouëuse, est parvenuë en maturité, on la tire hors de terre, & on la fait secher sur des clayes, soit au soleil, soit au four, la conservant ensuite dans des lieux secs.

Le bon Gingembre doit être nouveau, sec, bien nourri, difficile à rompre, d'un gris rougeâtre au dessus, résineux au dedans, d'un goût chaud, piquant. Celui qui vient par la voie d'Angleterre est rarement de bonne qualité; mais presque toûjours molasse, filandreux, blanc & vermoulu; toutes imperfections qui rendent un Gingembre très mauvais. Les Colporteurs & Merciers de village ne vendent gueres de poivre où il n'y ait une partie de Gingembre mêlé.

Le Gingembre verd se confit en sucre & en miel, après qu'on l'a fait quelque tems tremper pour lui ôter une partie de son acrimonie, & en enlever plus facilement la premiere peau; on en fait aussi de la marmelade & des pâtes seches. Les peuples du Nord usent beaucoup de cette confiture qu'on tient souveraine pour le scorbut.

Les Indiens le mangent aussi en salade le mêlant avec quelques herbes, & l'assaisonnant avec de l'huile, du vinaigre & du sel.

A l'égard de son usage dans la Medecine, on le croit propre à fortifier l'estomac & à reveiller l'appetit; il aide aussi à la digestion & resiste à la pourriture & à la malignité des humeurs.

Il y a une espece de Gingembre sauvage qui vient pareillement des grandes Indes, aussi bien que de l'Isle de Madagascar. Ses feüilles & ses racines ont quelque chose du véritable Gingembre; les racines sont pour ainsi dire deux especes différentes; leur partie la plus ronde s'appelle Zerumbeth, & la plus longue Zedoaire: le Zedoaire est un très-excellent cordial; mais le Zerumbeth n'est bon à rien dans la Medecine.

Le Gingembre paye en France les droits d'entrée à raison de 6 liv. du cent pesant, conformément au Tarif de 1664.

A l'égard de la Doüane de Lyon les droits s'y payent sur deux différents pieds, sçavoir:

Le Gingembre entier 3 livres 2 sols 6 den. le quintal pour l'ancienne taxation, & encore 6 liv. pour les quatre pour cent.

Et le Gingembre battu, ou comme l'appelle le Tarif, le Poivre en poussiere, 29 s. 3 deniers d'anciens droits & 3 liv. pour les quatre pour cent.

GINGEOLE. Sorte de fruit que produit l'arbre appellé Gingeolier, ou Jujubier. *Voyez* JUJUBES.

GINGIRAS, Etoffe de soye fabriquée aux Indes; sa longueur est de neuf aunes & demie, & sa largeur de deux tiers.

GINGUET. Petit vin qui n'a ni force ni agrément Quelques-uns croyent trouver dans le mot de Gingues l'etimologie de celui de Gainguette, nom nouveau que le peuple de Paris a donné depuis le commencement du dix-huitiéme siecle à de petits cabarets établis au-delà des Fauxbourgs de la ville.

GIN-SENG. Plante admirable jusqu'à present peu connuë en Europe. Quelques-uns l'appellent Zin-seng. *Voyez cet article.*

GIP. *Voyez* GYP.

GIPON. Espece d'éponge, ou pour mieux dire, de lavette, faite de morceaux de draps & autres étoffes de laine que les ouvriers qui s'en servent appellent Paines. On employe le Gipon dans les ouvrages des Courroyeurs & Hongrieurs pour imbiber les cuirs de suif.

Il y a un autre Gipon qui est fait de toile de lin; il sert aux Courroyeurs à appliquer sur les cuirs l'eau d'alun qui est une preparation qu'ils donnent à ceux qu'ils veulent mettre en couleur, ce qui s'entend seulement du rouge & du verd. Ces artisans se servent aussi quelquefois d'un Gipon de serge pour le moüillage des vaches qu'ils nomment Vaches étirées. *Voyez* COURROYER, *ou* CUIR *où il est parlé des cuirs de Hongrie.*

GIRASOL. Pierre precieuse qui approche un peu de l'opale, & que pour cela on appelle Fausse Opale. Les anciens la nommoient Asterie, & l'estimoient beaucoup; elle est bien diminuée de prix, soit parce que le goût est changé, soit parce que le Girasol n'est plus si rare. Cette pierre se tire des mêmes lieux que l'opale, & peut-être des mêmes mines: du moins Boëce de Boot qui a fait un traité des pierres precieuses assez estimé, assure-t-il qu'il a tiré des Girasols, des meres opales. *Voyez* OPALE.

GIRELLE. Signifie en terme de Potier de terre, la teste, c'est-à-dire, le haut de l'arbre de la rouë des Potiers, sur laquelle se place le morceau de terre glaise preparé pour en faire un vase ou quelqu'autre ouvrage de poterie. *Voyez* POTIER DE TERRE.

GIRIB. C'est la seule mesure geometrique des Persans; elle contient mille soixante & six gueuses ou aunes persanes quarrées, à prendre la gueuze à trente-cinq pouces de long mesure de Paris, ou pour l'évaluer plus réguliérement, à à deux pieds dix pouces onze lignes: le Girib ne sert qu'à mesurer les terres.

GIRG, ou ACITO. Poids dont on se sert dans le Royaume de Pegu: le Giro pese 25 Teccalis dont les cent font quarante onces de Venise *Voyez* AGITO.

GIROFLE, que quelques-uns appellent Gerofle. C'est un fruit aromatique que porte un arbre du même nom, qu'on nomme aussi assez souvent Girofler.

Cette sorte d'arbre étoit autrefois très-commun aux Isles Moluques, où toutes les Nations de l'Europe qui font le commerce des épiceries dans les Indes Orientales, alloient se fournir de la quantité de Girofle dont elles avoient besoin. Presentement il ne s'en trouve plus guéres que dans l'Isle de Ternate, les Hollandois jaloux de ce commerce, & voulant s'en rendre seuls les Maîtres, ayant fait arracher les Girofliers des Moluques, & les ayant transplanté à Ternate, en sorte que tous ceux qui veulent avoir de cette utile marchandise, sont contraints de passer par leurs mains.

Le Giroflier est un arbre fort gros & fort grand, qui ne porte des fruits qu'au bout de huit ans; mais qui peut en durer cent. Son écorce ressemble à celle de l'olivier, & ses feüilles aux feüilles du laurier: son fruit en tombant prend racine, & ainsi il se multiplie de lui même & sans culture. On prétend qu'il ne souffre aucune herbe ni arbre près de lui, sa grande chaleur attirant toute l'humidité de la terre.

Lorsque le Girofle commence à paroître il est d'un blanc verdâtre, en meurissant il brunit, & il n'a besoin, pour devenir tel que nous le recevons, que d'être seché au soleil, sans qu'il soit necessaire de le tremper dans l'eau de mer, comme quelques Auteurs le rapportent. Ce fruit est en forme de clou, ce qui lui a donné sans doute le nom de Clou de Girofle: vers la tête il se sépare en quatre, & ces quatre quartiers faits en angles dont la pointe est en haut, representent une espece de couronne à l'antique, qui est en quelque sorte fermée par une maniere de bouton tendre & peu solide qui se trouve au milieu; c'est ce bouton que quelques-uns appellent le fust du clou de Girofle.

Il faut choisir le Girofle, bien nourri, sec, facile à casser, piquant les doigts quand on le manie; d'un rouge tanné, garni s'il se peut de son fust, d'un goût chaud & aromatique, & d'une odeur agreable; & rejetter au contraire les clous qui sont maigres, noirâtres, molasses & presque sans goût & sans odeur. Le principal usage du clou de Girofle est pour l'aprêt des viandes & ragoûts,

Les fruits du Girofle qui échapent à l'exactitude de ceux qui en font la récolte, grossissent sur l'arbre & se remplissent d'une espece de gomme, c'est ce qu'on appelle Antolfe de Girofle. *Voyez-en la déscription au mot* ANTOLFE.

Les Hollandois confisent le Girofle verd qu'on estime une assez bonne confiture; il doit étre tendre d'un goût agreable & peu chargé de sirop

L'huile de Girofle se tire par la distilation; étant nouvelle, elle est d'un blanc doré qui rougit en vieillissant: il faut la choisir grasse, nageant sur l'eau, forte & penetrante, & qui ait bien conservé l'odeur & la saveur du Girofle Elle est facile à sofistiquer, & la tromperie difficile à découvrir; ce qui doit faire prendre garde à l'acheter de bonne main. On s'en sert en Medecine & on la croit souveraine pour les maux de dents; mais sur-tout elle est d'un grand usage parmi les Parfumeurs.

L'Huile de Girofle paye en France les droits d'entrée à raison de vingt sols de la livre.

On peut voir plus bas les droits de toutes sortes de Girofles.

Il se vend beaucoup de Girofle en poudre; mais comme il est fort aisé de le mélanger de mauvaises drogues; il faut avoir la même précaution que pour l'huile. Cette poudre de Girofle entre dans la composition des quatre épices dont les Patissiers font une très-grande consomption.

L'on pretend qu'il y a une espece de Girofle à qui l'on donne le nom de Girofle Royal, à cause de ses excellentes qualitez. La description que quelques Auteurs en ont laissé, paroît tout-à-fait fabuleuse, particuliérement en ce qu'ils donnent cet arbre comme un véritable Phenix parmi les autres arbres, voulant qu'il soit unique au monde, sans pourtant apprendre comme il se perpetuë, & s'il a en cela les privileges du Phenix oiseau, ou si c'est qu'il soit immortel.

On suppose donc que ce Girofle, d'autant plus precieux qu'il est unique, se trouve planté au milieu d'une Isle de la mer Indique, nommée Massia, où il est appellé Tinca Radoi; que les autres arbres s'inclinent devant lui pour lui rendre hommage quand il est chargé de ses fruits, & que lorsqu'il entre en fleur, les Girofliers communs se dépoüillent des leurs par respect.

On ajoute que le Roi de cette Isle le fait garder par ses propres gardes, soit par honneur, soit crainte qu'il ne s'en enleve aucun grain que par ses ordres. Ces grains sont de la grosseur d'un grain d'orge, attachez 5 ou 6 ensemble en forme de couronne, & ils sont si rares, qu'on en fait des especes de chapelets à cause de leur odeur; fortune certainement assez mediocre pour ce Roi & ce Phenix des arbres.

Il faut avoüer que Pline ce fameux Auteur de l'admirable histoire de la nature, à laquelle l'on a enfin rendu dans notre siecle l'honneur & la créance qu'elle merite, que les siecles précédents avoient ce semble voulu lui refuser; il faut, dis-je, avoüer que Pline n'auroit jamais pû retablir sa reputation, si l'on lisoit dans quelques-uns de ses chapitres de pareilles narrations: l'on a néanmoins crû devoir la mettre ici, soit pour satisfaire la curiosité du lecteur, soit pour conserver un témoignage qui fasse connoître dequoi est capable l'imposture ou la crédulité de quelques Voyageurs.

On appelle petit Girofle rond, le Poivre de Thevet, parce qu'il a le goût du veritable Girofle. *Voyez* POIVRE.

L'on nomme Graine de Girofle, quoi qu'improprement, le poivre de la Jamaïque, autrement Amomi, qui est le fruit que produit l'arbre qui fournit le bois d'Inde. *Voyez* INDE.

Les Girofles de toutes sortes soit en clous, chapelets, bois & grabeaux, payent en France les droits d'entrée à raison de 45 livres le cent pesant, conformement au Tarif de 1664, & ne doivent entrer dans le Royaume que par Roüen, la Rochelle, Calais, Bordeaux, Lyon & Marseille, suivant l'Ordonnance de 1687, titre 3, art. 1.

Les droits que cette épicerie paye à la Doüane de Lyon sont de 12 livres le quintal tant d'ancienne que de nouvelle taxation, & encore 18 livres pour les anciens & nouveaux quatre pour cent.

GIROFLIER. Arbre qui porte le girofle. *Voyez l'article précedent.*

GIRONNER. Terme d'Orfevre. C'est donner à un ouvrage la rondeur qu'il doit avoir.

Quelques Chauderonniers appellent aussi Gironner un chau-

chauderon, en arrondir le fond. Le véritable mot est, Faire la quarre d'un chauderon; cette façon se donne sur l'enclume ronde.

GLACE. Liqueur fixée & durcie par le froid: il se dit particuliérement de l'eau.

L'usage de la Glace pour rafraîchir les boissons est commun & utile dans les Provinces les plus meridionales de la France, particuliérement en Provence & en Languedoc. Elle y est affermée, & les Intendans de ces Generalitez ont soin que le peuple en ait à un prix très-modique, l'expérience ayant fait connoître que les maladies populaires sont bien plus communes dans les années où l'on manque de Glace que dans les autres.

Le commerce de la Glace avoit toûjours été libre à Paris avant la fin du dix-septiéme siecle; mais la grande quantité qui s'y en consume tous les ans ayant fait croire que l'Etat trouveroit une ressource considerable dans l'épuisement des Finances, si l'on chargeoit la Glace de quelque impôt, elle fut mise en parti, & des Traitans offrirent d'en fournir la Ville à un prix fixé par une Déclaration du Roi & ensuite par plusieurs Arrêts du Conseil.

L'experience de quelques années ayant fait connoître aux dépens du Traitant que le prix excessif de la Glace en diminuoit la consomption, la liberté de ce négoce fut rétablie, & il est permis presentement à Paris d'en remplir des Glacieres & d'en faire la distribution de la même maniere que de toutes les autres denrées utiles à la vie: le prix de la Glace baisse ou augmente suivant l'abondance ou la rareté qu'il y en a.

Ce sont les Limonadiers, Fayanciers, Caffetiers & autres tels Marchands qui font le commerce des liqueurs en détail, qui ont aussi le plus de part à celui de la Glace, ayant coûtume, pour la plûpart, d'en faire remplir toutes les années plusieurs glacieres, autant pour leur propre usage que pour la debiter en détail. La Glace se vend à la livre.

GLACE. En terme de Verrerie signifie une superficie unie, polie & très transparente, qui est faite ordinairement du plus beau verre qui se fonde & qui se fabrique par les Verriers.

GLACE. Parmi les Miroitiers est cette même Glace mise au teint, qui en cet état pouvant rendre les objets qu'on lui presente, est montée en divers sortes de miroirs; tels que sont les grands miroirs de chambre, les Glaces de cheminées, les trumeaux, les miroirs de toilettes & les miroirs de poche.

A l'égard des Glaces sans teint elles servent aux carosses, aux berlines, aux chaises roulantes & aux chaises à porteur: on en met aussi sur des tableaux de pastel ou de mignature, & quelquefois par une magnificence extraordinaire, mais qui n'appartient qu'aux grands Princes, on en fait des vitrages aux plus beaux palais; ainsi qu'on le peut voir dans celui de Versailles, particuliérement au dessus du grand escalier, & encore avec plus de beauté & de dépense dans la Chapelle qui a été le dernier & le plus bel ouvrage dont Louis le Grand ait embelli ce superbe édifice.

Les plus belles Glaces & celles du plus grand volume ont long-tems été les Glaces de Venise: elles se faisoient & se font encore à Mourant, Village assez près de cette grande Ville, de laquelle elles ont néanmoins emprunté leur nom comme d'un lieu plus célebre & plus connu que Mourant.

L'on ne se sert plus du tout en France de Glaces de Venise, & elles y ont été mises au nombre des marchandises de contrebande pour l'entrée, depuis qu'on a fait à Cherbourg des Glaces souflées plus grandes & plus belles que celles d'Italie.

Ce qui a achevé de les décrier & d'en faire tomber entiérement le commerce, non seulement dans le Royaume, mais encore dans les Pays étrangers, a été l'invention des Glaces de grand volume qui est une fabrique toute Françoise, & qui jusques à present n'a point encore été bien imitée ailleurs.

On parlera dans la suite de cet article de la fabrication des Glaces souflées & de celle des Glaces coulées, de leur poliment, de la maniere de les mettre au teint, & du commerce qui s'en fait tant au dedans qu'au dehors du Royaume, après qu'on aura dit quelque chose de l'établissement des deux Manufactures de Glaces en France & de l'union qui en a été faite dans la suite.

Etablissement de la Manufacture des Glaces en France.

Avant l'année 1665 il n'y avoit point en France de Manufacture de Glaces à miroir: ce fut Monsieur Colbert qui le premier conçut le dessein d'y en établir une, & le Sieur Nicolas du Noyer qui fut le premier Entrepreneur de celle que ce Ministre y établit.

Les Lettres Patentes pour cet établissement sont du mois d'Octobre 1665, enrégistrées au Parlement, Chambre des Comptes & Cour des Aydes, les douze Janvier & vingt-trois Mars mil six cens soixante six.

Par ces Lettres Sa Majesté permet audit Sieur de Noyer;

1°. D'établir dans les Fauxbourgs de Paris ou en tels autres endroits du Royaume qui seroient trouvez plus commodes, une ou plusieurs verreries pour y fabriquer des Glaces à miroirs des mêmes & diverses grandeurs, netteté & perfection que celles qui se fabriquent à Mouran près la Ville de Venise, & ce par les Ouvriers Venitiens qui étoient déja en France ou qui y viendroient par la suite.

2°. Sa Majesté lui accorde un privilege exclusif pour la fabrique desdits ouvrages pendant le tems de 10 années.

3°. La permission d'associer à ladite Manufacture telles personnes que bon lui sembleroit, soit Ecclesiastiques, Nobles, ou autres, sans que ledit du Noyer & ses Associez puissent être censez & reputez avoir dérogé à noblesse pour raison de ladite societé.

4°. La faculté de prendre par tout le Royaume les matieres propres pour la fabrique desdites Glaces, en payant le prix d'icelles aux proprietaires de gré à gré, ou par l'estimation qui en seroit faite par les plus prochains Juges, ou même de faire venir lesdites matieres des Pays étrangers.

5°. L'exemtion de tous droits pour les Glaces fabriquées dans lesdites Manufactures qui seroient venduës & debitées dans le Royaume; & quant à celles qui passeroient à l'étranger, qu'elles payeroient seulement le tiers des droits que payoient les Glaces de Venise, à la charge que les caisses seroient marquées d'une marque qui seroit donnée audit du Noyer par le Sur-intendant des Bâtimens, Arts & Manufactures de France, laquelle ne pourroit être contrefaite; à peine de faux & d'amende.

6°. Que les Ouvriers Venitiens & autres Etrangers qui auroient travaillé pendant 8 années dans lesdites Manufactures seroient censez & reputez François & Regnicoles, & joüiroient de tous les droits & prerogatives attachez à cette qualité, à la charge néanmoins qu'ils continuëroient de demeurer dans le Royaume & de travailler aufdits ouvrages.

7°. Que ledit Entrepreneur & fes Ouvriers joüiroient du droit de Committimus; & que ces derniers, foit François, foit Etrangers, feroient exemts de toutes tailles & impofitions, garde de Ville, logemens de Gens de guerre, tutelle, curatelle, &c. tant & fi long-tems qu'ils feroient employez au fait de ladite Manufacture & dans les bureaux & magazins d'icelle.

8°. Qu'il feroit permis audit Entrepreneur de faire mettre aux principales portes des maifons, magazins & bureaux fervant à ladite Manufacture, un tableau des armes de Sa Majefté, avec cette infcription, *Manufacture Royale des Glaces*, & d'avoir des Portiers vêtus de la livrée du Roi.

9°. Enfin pour parvenir plus aifément audit établiffement, & fournir aux faits des bâtimens, fourneaux, outils & matieres néceffaires, Sa Majefté ordonne qu'il fera fait une avance audit du Noyer de la fomme de 12000 livres pour quatre années fans aucun interêt.

Le Sieur de Noyer en confequence de la permiffion qui lui en avoit été accordée par lefdites Lettres Patentes, affocia à fon Privilege les Sieurs Ranchin, Pecot de S. Maurice, & Poquelin: ce fut ce dernier qui avoit fait jufques-là un grand commerce de points & de Glaces de Venife, & qui pour cette raifon y avoit de grandes relations, qui trouva le moyen d'attirer des Ouvriers Venitiens qui vinrent à Paris, où après quelque tems les Ouvriers François qui travaillerent d'abord fous eux, fe perfectionnérent de telle maniere, que les Glaces fouflées de France devinrent infiniment plus belles que celles de Venife.

Les Affociez en cette Manufacture firent leur premier établiffement en baffe Normandie au Village de Tourlaville près Cherbourg, à caufe de la forêt de Brie où les bois de haute futaye très-beaux & à la portée de l'établiffement ne fe vendoient alors que cent livres l'arpent.

Le Privilege du Sieur du Noyer étant prêt d'expirer, & un de fes principaux Affociez (le Sieur Poquelin) qui étoit regardé comme l'ame de cette Manufacture, étant mort en 1681, Monfieur de Louvois qui avoit fuccedé à Monfieur Colbert dans la charge de Sur-intendant des Bâtimens, Arts & Manufactures, crut à propos pour foutenir un établiffement fi utile, de faire continuer à cette Compagnie fon premier privilege pour 30 autres années à commencer au premier Janvier 1684.

Les Lettres Patentes en furent expediées au mois de Décembre 1683, fous le nom de Pierre de Bagneux, pour joüir pendant ledit tems de tous les Privileges accordez par les premieres Lettres, avec défenfe à toute forte de perfonnes de le troubler dans la fabrication des Glaces à miroirs, à peine de trois mille livres d'amende, & de tous dommages & interêts; Sa Majefté défendant au furplus à tous Marchands Miroitiers ou autres d'en faire venir de Venife, ni de vendre & debiter dans le Royaume aucunes Glaces de fabriques étrangeres, & confirmant les Arrêts du 19 Avril 1666, 23 Mars 1671, & 6 Septembre 1672, & autres donnez en confequence concernant ladite Manufacture.

La nouvelle Compagnie fut compofée des mêmes Affociez, qui avoient fait le premier établiffement, & même la veuve du Sieur Poquelin y laiffa les fonds que fon mari y avoit mis.

Il y avoit environ cinq ans que les Affociez de la Manufacture des Glaces fouflées avoient obtenu la continuation de leur privilege, lorfque le Sieur Abraham Thevart propofa à la Cour une nouvelle fabrique de Glaces, dont jufques alors on n'avoit point entendu parler en Europe.

Ces Glaces devoient fe couler à la maniere du plomb que les Plombiers reduifent en tables, & cette nouvelle invention non-feulement donna la facilité d'en faire du double de la grandeur & du volume de celles qui fe foufloient à la maniere de Venife; mais encore de fondre toutes fortes de bandes & bordures de miroirs, de corniches, de chambranles, de mouleures & autres tels ouvrages d'architecture de criftal.

Les propofitions du Sieur Thevart ayant été examinées au Confeil du Roi, & enfuite acceptées, Sa Majefté lui accorda par fes Lettres Patentes un privilege exclufif pour trente années, de faire fondre & fabriquer en quelque lieu du Royaume qu'il voudroit s'établir, des Glaces de foixante pouces de haut fur quarante pouces de large, & de toutes autres hauteurs & largeurs au deffus, fans néanmoins en pouvoir faire au deffous defdits volumes qui refteroient pour le partage de l'ancienne Compagnie de Bagneux, avec pareilles défenfes audit Bagneux & à toutes autres perfonnes de faire aucune Glace des grandeurs pour la Manufacture de Thevart, ni de fe fervir de fes inftrumens, machines & Ouvriers, comme ledit Thevart ne pouvoit non plus employer ceux de Bagneux.

Par les mêmes Lettres, le nouvel Entrepreneur eft obligé de fournir dans trois mois au Surintendant des Bâtimens un inventaire des machines propres à la fabrique des Glaces coulées & des principales pieces qui les compofent. Enfin tous les Arrêts, privileges, droits & prérogatives accordez à l'ancienne Manufacture & à fes Entrepreneurs & Ouvriers font pareillement confirmées à celle de Thevart, particuliérement ceux pour la non-dérogeance à nobleffe pour lui & fes Affociez, & l'interdiction de tout commerce de Glaces étrangeres par les Marchands Miroitiers & autres Sujets de Sa Majefté.

Ces Lettres Patentes font du 14 Decembre 1688. mais feulement enrégiftrées au Parlement le 26 Mai 1694, & à la Cour des Aydes le 19 Juin 1693.

Cette Manufacture fut d'abord établie à Paris & les Ouvriers s'y étoient tellement perfectionnez, qu'ils étoient déja parvenus à faire des Glaces de quatre-vingt quatre pouces de haut fur cinquante de large; mais parce que les frais y étoient très-confiderablés, particuliérement pour la grande confomption de bois qui eft très-cher dans cette Capitale, les Entrepreneurs l'avoient depuis transferée à S. Gobin ancien Château près de la Fere que la proximité d'une grande forêt & de la riviere d'Oyfe qui defcend à Paris, rendoit plus commode pour l'execution de la fabrique & pour l'épargne de la dépenfe.

Ce changement ayant fait aprehender au Sr. Thevart & à fa Compagnie, qu'on ne les inquietât fur divers Privileges & exemtions qui leur avoient été accordez, mais qui n'étoient pas fuffifamment expliquez dans les Lettres Patentes, ils follicitérent & obtinrent un Arrêt du Confeil du mois de Fevrier 1693, en forme de Lettres Patentes, par lequel tous lefdits Privileges & exemtions, après avoir été énoncez en détail leur font de nouveau confirmez.

Il fembloit que les deux Manufactures des Glaces ayant un objet fi different, l'une ne devant faire que des Glaces

fouflées

soufflées au dessous de soixante pouces, & l'autre seulement Glaces coulées au dessus de cette grandeur, elles ne devoient se porter aucun préjudice l'autre; mais l'experience ayant fait reconnoître le contraire, Sa Majesté jugea à propos d'en faire la réunion; ce qui fut executé par un Arrêt du Conseil du 19 Avril 1695. & des Lettres Patentes du premier Mai ensuivant.

Par cet Arrêt & les Lettres données en conséquence, les Privileges des deux Compagnies ayant été revoquez pour le tems qu'il en restoit à expirer, Sa Majesté déclare qu'à l'avenir à commencer du premier Mai, il n'y auroit plus qu'une seule & unique Manufacture de Glaces sous le nom de François Plastrier, qui seroit regie par ceux des anciens & nouveaux Interessez ou autres qui seroient nommez par sadite Majesté, sans que néanmoins les uns & les autres pussent être tenus des dettes contractées pour chacune desdites Manufactures.

Le Privilege accordé à la Compagnie de Plastrier est de trente années, Sa Majesté lui confirmant au surplus tous les droits exemptions & prérogatives accordées aux deux premieres Manufactures.

Dans la même année 1695, les Interessez à la nouvelle Compagnie obtinrent encore un Arrêt du Conseil & des Lettres Patentes du 15 Octobre, en interpretation de l'Arrêt & des Lettres de leur réunion. C'est par cet Arrêt en interpretation, & les Lettres données en consequence, que Sa Majesté faisant droit sur l'opposition des six Corps des Marchands de Paris, sur celle des Marchands Miroitiers-Lunetiers de la même Ville, & encore sur celle de plûpart des Maîtres des verreries du Royaume, regle ce qui convient au commerce des uns & des autres par raport à celui des Glaces, & au dernier privilege exclusif accordé à la Compagnie par les Lettres du mois de May 1695.

On peut voir ailleurs un autre Arrêt de Reglement entre la Compagnie des Glaces & les Marchands Miroitiers. *Voyez* MIROITIER.

La protection de la Cour tant de fois renouvellée à la Compagnie des Glaces n'ayant pû encore la soûtenir, ensorte même qu'elle avoit été obligée en 1701 d'éteindre une partie de ses fours, & d'obtenir un Arrêt de surséance pour le payement de ses dettes pendant deux ans, son privilege fut de nouveau revoqué, & un autre de trente années accordé à une nouvelle Compagnie sous le nom d'Antoine d'Agincourt, au mois d'Octobre 1702. C'est celle qui subsiste à present, & qui paroit remettre en réputation & son credit & la fabrique des Glaces de France, par les grands fonds qu'elle a faits, par son application à la regie de ses manufactures & de son commerce, par sa prudence à ne point faire d'emprunts inutiles & ruineux, & par son exactitude à payer ses dettes.

Cette derniere Compagnie obtint de Loüis XIV. des Lettres Patentes en interpretation & confirmation de ses privileges au mois de Janvier 1706, & encore depuis une confirmation generale de son privilege de Louis XV. du 6 Août 1718, enregistrées au Parlement le 2 Septembre ensuivant, & à la Cour des Aydes le 9 Février 1719.

Avant de finir cette espece de détail historique de l'établissement de la manufacture des Glaces en France, on croit devoir remarquer que les Ouvriers qui furent congediez en 1701, passerent dans les Pays Etrangers, où ils tenterent d'établir des fabriques de Glaces coulées à la maniere de France, mais sans aucun succès; ayant été obligez de revenir travailler dans les manufactures Françoises, depuis que la Compagnie d'Agincourt eut rétabli & même augmenté ses fours à S. Gobin & à Cherbourg.

Une partie de ces mêmes Ouvriers s'étoient aussi retirez dans la Principauté de Dombes, où sous la protection de M. le Duc du Maine ils firent quelque établissement; mais les Compagnies qui les faisoient travailler s'étant endettées de plus de 800000 liv. furent obligées de quitter l'entreprise, sur-tout après qu'en 1708 Loüis XIV. leur eut refusé la faculté de faire entrer & débiter leurs Glaces dans le Royaume, quoiqu'elles eussent eu le credit d'obtenir que leurs memoires seroient examinez par des Commissaires du Conseil.

De la fabrication des Glaces à miroirs; premierement des Glaces soufflées à la maniere de Venise.

Les matieres dont on fait les Glaces de miroirs, sont la soude & le sable.

Le sable se trouve en France près de la petite Ville de Creil, où il se tire d'une carriere, & d'où il se transporte dans des sacs à S. Gobin & à Cherbourg. A l'égard de la soude, c'est l'Espagne qui la fournit, ne s'employant que de la soude d'Alicante dans ces deux manufactures des Glaces. On parle ailleurs de cette soude. *Voyez* SOUDE D'ALICANTE.

Il est rare que les soudes d'Espagne soient tout-à-fait pures; les Espagnols en brûlant l'herbe de barilla, dont elle devroit seulement être faite, ayant coûtume d'y mêler de la bourdine, autre espece d'herbe qui en altere la qualité, ou d'y ajoûter du sable pour en augmenter la pesanteur; ce qu'on découvre néanmoins assez aisement, quand le sable n'y a été mis qu'après la cuisson de la soude; mais qu'il est impossible de démêler, lorsqu'on l'y a mis quand elle est en boüillie. C'est de ce mauvais mélange que viennent les fils du verre & ces autres défauts qui gâtent les glaces, & qui en diminuent la beauté.

Quand la soude a été bien nettoyé de tous les corps étrangers qui peuvent s'y trouver, on la concasse d'abord dans des moulins à pilons, & ensuite on la passe dans un tamis raisonnablement fin.

A l'égard du sable, on le tamise & on le lave jusqu'à ce que l'eau en sorte bien claire; & quand il est bien sec, on le mêle avec la soude tamisée en les faisant passer ensemble par un nouveau tamis, après quoy on les met dans le four à recuire où ils doivent rester environ huit heures, c'est-à-dire, jusqu'à ce que la matiere soit devenuë blanche & legere. La soude & le sable en cet état se nomment des Frites, qu'on conserve dans des lieux bien secs & bien propres, pour les laisser prendre corps: (les plus vieilles étant toûjours les meilleures) aussi ne s'en sert-on guéres qu'après qu'on les a laissé reposer un an entier, à moins qu'on ne manque de matiere.

Quand on veut se servir des frites, on les repasse quelques heures dans le four, & l'on y mêle des cassons de verre provenant des glaces mal faites & des rognures, en observant de faire auparavant calciner les cassons, c'est-à-dire, de les faire rougir dans un fourneau, & les jetter tout rouges encore dans de l'eau: il faut aussi y mettre de la maganaise pilée pour les aider à foudre, & de l'azur pour en ôter la rougeur.

Cette matiere est également propre aux Glaces soufflées & aux Glaces coulées.

Les atteliers des manufactures des Glaces sont des especes de grandes halles couvertes, sous lesquelles sont disposez les differens fourneaux nécessaires pour la préparation des frites, pour la fonte du verre, & pour la recuite des Glaces. On en parlera plus bas dans le paragraphe des Glaces coulées, remarquant seulement que les halles à couler les glaces sont beaucoup plus vastes que celles destinées à les souffler. Il y a deux halles à souffler dans la manufacture de S. Gobin, & trois dans celle de Tourlaville.

On peut voir à l'endroit indiqué la maniere de batir & de chauffer les fours, la terre qu'on employe à leur construction, & celle qui est propre à faire les pots ou creusets dans lesquels on fait la fonte des matieres.

Les pots à fondre les matieres destinées au soufflage des glaces ont trente-sept pouces de diamettre, & trente-quatre de hauteur. Après que ces matieres sont cristalisées par l'ardeur du feu, & que le verre est affiné, le Maître Ouvrier le prend avec la felle, c'est-à-dire, avec une espece de canne ou de sarbacanne de fer; & après qu'il l'a suffisamment chargée, ce qu'il fait à plusieurs reprises, il monte sur un bloc, ou espece d'estrade de bois, haut d'environ cinq pieds, pour lui donner avec plus de facilité le balancement qui l'allonge à mesure qu'il la souffle.

Si l'ouvrage est trop pesant pour que le Verrier soûtienne seul sa felle, deux ou plusieurs Compagnons lui aident, en passant des morceaux de bois par dessous la glace, à mesure qu'elle s'avance, crainte que sans ce secours elle ne se détachât de la felle par son trop grand poids.

Lorsqu'après plusieurs chauffées la glace est enfin parvenuë à la longueur que demande & son épaisseur & la quantité de matiere qu'on a prise, on la coupe avec des forces à l'extremité opposée a la felle; & c'est de ce côté-là qu'on la pointille, afin de la pouvoir hausser & élargir de l'autre côte.

Le pointil est une longue & forte verge de fer, à l'un des bouts de laquelle il y a une traverse aussi de fer, qui avec la verge forme une espece de T. Quand on veut pointiller la Glace, on enfonce le pointil du côté de la traverse dans un des pôts à cueillir; & avec le verre liquide qu'on en rapporte, on l'attache par les deux bouts de cette traverse, à l'extremité de la Glace qui a été coupée.

Lorsque le pointil est suffisamment assuré, on sépare de la felle l'autre extrémité de la Glace; & l'on se sert du pointil au lieu d'elle pour la porter aux fours destinez à cet usage, où par plusieurs chausses qu'on lui donne on acheve de l'élargir également dans toute sa longueur. C'est après cette façon qu'on coupe la glace avec des forces, non seulement du coté qu'elle a tenu à la felle, mais encore dans toute la longueur du cylindre qu'elle forme; afin qu'ayant été encore suffisamment chauffée, on puisse parfaitement l'ouvrir, l'étendre & l'applattir; ce qui se fait à peu près comme au verre de Lorraine; ce qu'on ne repetera pas ici. *Voyez* VERRE.

Enfin quand les Glaces son applatties, on les met recuire dans des fours qu'on nomme des Estrigues, où on les dresse à mesure qu'on les y met; & quand les estrigues sont pleines, on en bouche l'ouverture.

Les Glaces sont dix ou quinze jours à se recuire, suivant leur volume & leur épaisseur.

Il faut remarquer que les Ouvriers travaillent continuellement, & qu'ils se relayent de six heures en six heures pour souffler le verre, jusqu'à ce qu'ils ayent vuidé les pots, après quoy on les cure, & l'on y fait un nouvel enfournement qui dure, avant d'être affiné, près de trois jours, les Ouvriers cessant pendant ce tems-là de souffler.

Les Glaces soufflées pour être parfaites, ne doivent pas avoir au-delà de quarante-cinq à cinquante pouces de hauteur sur une largeur proportionnée. Celles qui passent ce volume, comme on l'a souvent remarqué dans les Glaces de Venise; ne peuvent avoir assez d'épaisseur pour soûtenir le dégrossi, & étant sujettes à se coffiner; ce qui les empêche quand elles ont été mises au teint, de rendre regulierement les objets.

Maniere de faire les Glaces de grand volume, qu'on nomme autrement Glaces coulées.

C'est dans le Château de S. Gobin situé dans la forest de la Fere, de l'Election de Laon dans le Soissonnois, que se font ces sortes de Glaces.

L'invention en est toute Françoise, & n'a guéres de cinquante années d'antiquité; le Sieur Abraham Thevart n'ayant obtenu le privilege pour l'établissement de la manufacture des Glaces coulées qu'en 1688, comme on le peut voir au commencement de cet article.

Les fours destinez pour fondre les matieres propres à cette fabrication, sont, pour ainsi dire, d'une grandeur énorme; & ceux pour faire recuire les Glaces quand elles ont été coulées, le sont encore davantage. Autour d'un four à couler il faut au moins vingt-quatre fours à recuire, qui doivent être longs de vingt-quatre pieds: on les nomme des Carquaises; chaque carquaise a deux tissarts & deux cheminées. Les tissarts sont les ouvertures des fourneaux par où on y met le bois pour y entretenir le feu.

Outre ces fours à recuire, il en faut encore d'autres à faire les frites, & à calciner les cassons de verre.

Tous ces fourneaux sont couverts d'un grand appenty en forme de halle, assez semblable à celle où se tient à Paris la foire de S. Germain. Outre cet appenty, il faut encore pour le service de la manufacture de vastes magasins, pour mettre sechement & à couvert les pots, les cuvettes, les tuiles, les terres à faire les pots: des chantiers spacieux pour y amasser toutes sortes de bois: des forges & des atteliers pour les Menuisiers, les Charrons, les Charpentiers & les Maçons, qui sont sans cesse occupez pour la construction ou l'entretien des machines, des fours & des bâtimens de la manufacture: enfin des logemens pour tous ces Ouvriers, & pour ceux qui travaillent aux Glaces, ou à entretenir un feu continuel dans le grand fourneau à verre; ensorte qu'un étably comme celui de S. Gobin, paroît plûtôt une petite ville qu'une manufacture.

Le dedans des fours à glaces & ce qui en forme le glacis, est bâti d'une terre qu'on nomme Terre de la Bellievre, du nom du lieu d'où on la tire, qui est près de Forge en Normandie. C'est aussi de cette terre dont on fait les pots & les cuvettes; n'y ayant qu'elle qu'on ait trouvée jusqu'ici qui puisse résister à l'ardeur d'un feu aussi vif que celui qu'on entretient dans les fours.

Pour l'employer, on l'épluche d'abord en gros pour en ôter tous les corps étrangers un peu considerables, puis on la casse pour l'éplucher miette à miette, après quoy on la réduit en poussiere pour la passer au tamis.

Les fours ne durent ordinairement que trois ans, & doivent après cela se rebâtir à neuf & de fond en comble; mais pour les bien entretenir, il faut en raccommoder le dedans tous les six mois.

Les pots à verre sont presque de la grandeur d'un muid, & contiennent plus de deux mille pesant de matiere. A l'égard des cuvettes, elles sont beaucoup plus petites, & servent à transporter le verre liquide, qu'on puise dans les pots jusqu'à la tête des tables à couler. Elles ont trente-six pouces de long, & dix-sept pouces de haut sur dix-sept pouces de large.

Quand le four est en état de recevoir les pots & les cuvettes, on le rougit & on l'échauffe: on remplit ensuite les pots des matieres préparées; ce qu'on fait à trois fois, afin d'en faciliter la fonte. Lorsque le verre est suffisamment fait, affiné & reposé, ce qui arrive ordinairement en vingt quatre heures, on en remplit les cuvettes qui sont dans le même four, où on les laisse encore environ six heures pour le faire revenir, c'est-à-dire, jusqu'à ce que les cuvettes paroissent toutes blanches par la grande ardeur du feu. Les cullieres qui servent à survuider le verre sont de cuivre.

Pour faire le transport des cuvettes jusqu'aux tables à couler & pour les tirer du four, on se sert d'une espece de grand lien de fer, qui s'ouvrant & se fermant avec des couplets & des fiches, se met facilement au dessous d'un large & épais ourlet, fait de la même terre que les cuvettes, que le Potier a eu soin de reserver à leur ouverture. Du milieu le ce lien de chaque côté sortent deux gros & forts boulons aussi de fer, par lesquelles à l'aide de quelques moufles ou poulies on éleve les cuvettes, & on les place sur une sorte de charriot d'une hauteur convenable, qui les conduit jusqu'auprès de la table où la Glace doit être coulée: là en levant le cul de la cuvette, dont le haut est suspendu sur les boulons, & en lui faisant faire ce qu'on appelle la Bascule, il en sort un torrent de matiere toute en feu, qui couvre bien-tôt la table qu'on a préparée à cet effet.

La table à couler est de fonte, longue de plus de cent pouces & large à proportion. Son poids le plus ordinaire est depuis douze jusqu'à quinze milliers. Elle est portée sur un chassis de bois, au dessous des pieds duquel sont des roulettes, afin de la conduire devant chaque carquaise ou four à recuire, à mesure qu'elles se remplissent.

Pour donner de l'épaisseur aux Glaces, on pose sur les bords de la table deux tringles de fer; sur lesquelles on appuye par les deux bouts un rouleau de fonte qui sert à conduire le verre liquide jusqu'au bout de cette espece de moule. Les tringles de fer qui sont mobiles, & qui s'approchent ou s'éloignent à volonté, déterminent la largeur des Glaces, & retiennent la matiere, crainte qu'elle ne s'échappe inégalement des deux côtez.

Aussi-tôt que la matiere est parvenuë au bout de la table, & que la Glace a pris assez de consistence, ce qui se fait dans un peu plus d'une minute, on la pousse dans la carquaise, où en imitant l'ondulation de l'eau elle glisse assez aisément, à cause du sable chaud dont on a pris soin auparavant d'en couvrir l'âtre.

Ce qui est de plus surprenant est sans doute la promptitude & l'adresse avec lesquelles ces cuvettes si pesantes, & remplies d'une matiere si ardente, se tirent du fourneau, se conduisent vers la table, se versent dessus, & que le verre qu'elles contiennent s'y étend avec le rouleau; cette vitesse étant si grande, qu'à peine on peut en croire les yeux, quand on a vû cette surprenante fabrique.

A mesure que les cuvettes se vuident, on les reporte au four, où l'on en prend de nouvelles qu'on coule de même que les premieres, ce qu'on fait tant qu'il y a des cuvettes pleines; mettant dans chaque carquaise autant de Glaces qu'il en peut tenir, & les bouchant aussi-tôt qu'elles sont remplies, pour laisser recuire & refroidir les Glaces, ce qui demande au moins dix jours.

La premiere coulée étant faire, on en prépare une seconde, en remplissant de nouveau les cuvettes de la matiere qui reste dans les pots; & encore une troisiéme, & même une quatriéme, jusqu'à ce que les pots soient épuisez; ce qui dépend de l'épaisseur & du volume des Glaces qu'on veut couler.

A chaque coulée les cuvettes doivent rester au four pendant six heures, afin de les blanchir, & la table doit être menée devant une seconde carquaise qu'on remplit, & que l'on bouche comme la premiere. On ne croit pas nécessaire d'avertir que les carquaises ou fours à recuire, ont été auparavant chauffées au degré de chaleur qui leur convient.

Quand les pots sont épuisez, on les cure aussi-bien que les cuvettes, pour en ôter le reste du verre; qui verdiroit à force de feu, & qui gâteroit les Glaces; après quoy on prépare une autre fonte.

La maniere que l'on tise les grands fours, c'est-à-dire, qu'on les chauffe, est singuliere. Le Tiseur tout nud en chemise court autour du four sans s'arrêter, & ne va guéres moins vîte que le plus leger Coureur; en passant il prend deux billettes, c'est-à-dire, deux morceaux de bois coupez de certaine longueur, qu'il pousse dans le premier tissart, & continuant sa course, il en fait autant dans le second; ce qu'il recommence sans cesse pendant les six heures que dure ce penible travail; après quoi il est relevé par un autre Tiseur, & ainsi successivement, tant qu'on veut entretenir le feu du fourneau.

Il est étonnant que deux aussi petits morceaux de bois, & qui sont consumez en un instant, puissent échauffer les fours, & conserver leur chaleur au point qu'elle doit être; cependant elle est si grande, qu'en moins d'une demie minute une grosse barre de fer mise a l'entrée des ouvreaux, est toute rouge.

On se sert de trois sortes de bois dans les manufactures des Glaces; sçavoir de billettes, qui sont de charme ou de hestre, de marlots qui sont de gros bois de charbonnage. Les billettes sont plus menuës que le bois des cotterets ordinaires, & ont vingt deux pouces de longueur. Comme elles doivent être très-séches, à cause qu'elles servent au four du soufflage & au four à couler, non-seulement on les coupe au décours de Février au plûtard, mais encore on acheve de les sécher sur un plancher à claire voye qui est ménagé au dessus des fours; aussi peut-on dire qu'elles brûlent comme des alumettes.

On estime que pour mettre un four en état de couler, il en coûte plus de quinze mille écus, & qu'il ne faut pas moins de six mois pour en construire un à neuf, & trois mois pour le raccommoder. On compte aussi que lorsqu'un pot plein de matiere se casse, la perte de la matiere & du tems monte à plus de mille écus.

La Glace au sortir du four à recuire n'a plus besoin que de poliment, & ensuite d'être mise au teint, si elle est destinée à en faire un miroir; ce qui ne se fait qu'à Paris, où les Glaces sont envoyées brutes pour éviter une partie de la perte & des risques, si elles se cassoient en chemin.

On parlera du poliment des Glaces & de la maniere de les

les mettre au teint, après que l'on aura ajoûté ici un état des dépenses, à quoy peut revenir l'entretien d'une manufacture de Glaces sur le pied de celle de S. Gobin.

Etat de la dépense d'une manufacture de Glaces

Un four à couler consume en dix-huit mois six mille cinq cens cinquante-trois cordes de billettes, cy . . .	6553	cordes.
En bois de charbonnage , .	2457	
Un four de soufflage en billettes par chaque année , .	2000	
En marlots ou gros bois , .	1000	
Pour les fourneaux à frites, aussi par chacun an , ...	1000	
En marlots pour chauffer les Ouvriers, les Employez & leurs ménages , . . .	400	
Total de toutes sortes de bois,	13410	
En soudes, ...	1500000	pesant.
En sable, ...	2000000	
De la terre de Belliévre, pour plus de , ...	15000	livres.
Et en frais de regie, voitures, salaires d'Ouvriers, construction de fours & de bâtimens & autres depenses, plus de . . .	400000	livres.

Poliment des Glaces

Le poliment des Glaces est une chose curieuse; & il est surprenant qu'une matiere aussi fragile que le verre, & réduite à une si foible épaisseur, puisse soûtenir cette façon sans se briser en mille pieces.

Ce poliment consiste en deux choses; sçavoir au dégrossi, qu'on nomme aussi Addoucy, & au parfait poliment, dont les operations sont differentes.

La Glace brute qu'on veut dégrossir se pose horisontalement, c'est-à-dire, de plat parallele à l'horison, sur une forte pierre de liais en forme de table, grande suivant le volume de la piece. Pour mieux l'affermir en cet état, elle se scelle avec de bon plâtre, ensorte que l'effort des ouvriers & le poids de la machine dont on se sert ne puissent ni l'ébranler, ni la déplacer. Pour soûtenir la pierre il y a un fort chassis de planches, posé sur trois treteaux: ce chassis qui est de quelques pouces tout autour plus large que le liais, s'appelle le Banc.

La machine à dégrossir a pour premiere piece, qui, pour ainsi dire, lui sert de base & de fondement, une autre Glace brute, mais de moindre volume, & à peu près de la moitié de celui des Glaces de dessous. Sur cette Glace superieure est posé ce qu'on appelle la Table, qui est véritablement une table de bois, sous laquelle est scellée aussi avec du plâtre cette seconde Glace. C'est sur cette table que l'on met les poids nécessaires pour rendre le frottement plus vif, & qu'est attachée par le moyen de quelques chevilles, la rouë qui donne le mouvement à la Glace.

Cette rouë, qui a au moins six pieds de diamettre, est composée de bois fort, mais leger: deux Ouvriers opposez l'un à l'autre la poussent & la retirent alternativement, ou bien quand l'ouvrage le demande, lui donnent un mouvement en rond. C'est par ce continuel frottement des deux Glaces qu'elles s'usent mutuellement, à l'aide & par le moyen de l'eau & de divers sables que l'on met entre deux.

Ces sables sont d'un grain plus ou moins gros, suivant que l'addoucy s'avance. On en change de trois sortes: on se sert aussi à la fin de gros émeril.

Il faut remarquer que le frottement de la Glace de dessus étant plus fort, à cause du poids qu'elle supporte, il lui faut moins de tems pour s'user, & qu'il faut changer au moins deux fois, avant que celle de dessous soit aussi avancée. On comprend assez, sans qu'on le dise, que les Glaces dégrossies d'un côté, se dégrossissent de l'autre de la même maniere.

Ce ne sont que les Glaces de grand volume qui s'adoucissent à la rouë; & l'on se sert de ce qu'on appelle des Moilons pour l'addoucy des médiocres & des petites.

Ces deux sortes de Glaces se posent de même que les grandes, & se scellent sur la pierre liais, une à chaque coin, ou deux seulement aux deux bouts, suivant leur volume. Un seul homme conduit chaque moilon; c'est-à-dire, une pierre aussi de liais, au dessous de laquelle est attachée une Glace brute, & qui par dessus est chargée d'un moilon fort pesant. La pierre de liais s'appelle le Moilon d'assiette, & la pierre commune, Moilon de charge. Aux quatre angles de cette derniere sont quatre boules ou poignées de bois, qui servent à l'Ouvrier à donner le mouvement à la machine. Ces moilons sont en tout de deux pieds de long, de dix huit pouces de large, & de dix ou douze de hauteur. Le moilon de charge n'a d'épaisseur que deux à trois pouces.

Les Glaces adoucies passent dans les mains d'autres Ouvriers, pour y recevoir leur parfait poliment; ce qui acheve de les rendre transparentes, & qui leur donne cet éclat si vif qui fait leur perfection.

Dans la manufacture de Paris on appelle Attelier ou Gallerie du dégrossi, le lieu où se dégrossissent les glaces; & celui où elles se polissent, l'attelier du poli.

Pour cette derniere façon, après que la Glace a été aussi posée horisontalement, & exactement de niveau sur une table, on se sert d'une portion de cercle en forme d'arc fait d'une branche de bois d'orme, qui fasse ressort: cet arc est attaché d'un bout au plancher au dessus de la piece qu'on veut polit, & porte de l'autre sur le polissoir; on l'appelle la Fleche. Le bout qui touche au polissoir, se nomme le Bouton, à cause de la forme d'un bouton qu'il a, taillé dans le bois même; & l'autre la Bouterole, à cause d'un piton mobile de fer qui y est, & qui sert à l'attacher au plancher.

Le polissoir ou plûtôt les polissoirs, y en ayant de diverses grandeurs, sont des instrumens composez d'une petite planche de bois doublée de chapeau, & d'une autre piece aussi de bois plus longue que la planche. Cette derniere s'appelle le Manche. C'est sur ce manche que pose le bouton de la fleche, dans un trou ménagé au milieu.

A l'égard des matieres propres à polir, les meilleures sont le tripoli, l'émeril bien tamisé & passé à l'eau, la potée rouge, & celle qui se fait de chaux éteinte; bien exactement pulverisées & préparées,

L'Ouvrier pour se servir du polissoir, que la force élastique de l'arc, ou fleche de bois, appuye également sur toutes les parties de la Glace, prend le polissoir par les deux bouts du manche; & le poussant de part & d'autre, après avoir mis dessous quelques-unes des matieres propres à polir, ou seches ou liquides, suivant qu'il le croit necessaire, il acheve le poliment; & c'est alors que se découvrent parfaifaitement la beauté ou les défauts de la Glace.

Les défauts sont les boüillons, les flaches, les taches, les pailles & les mauvaises couleurs. La beauté au contraire consiste à n'avoir rien de cela, & dans la blancheur & le brillant.

On appelle Lustrer une Glace, la rechercher avec le lustroir, qui est une petite regle de bois doublée de chapeau, dont on se sert à la main, pour enlever de la superficie jusqu'aux plus petites taches qui sont échappées aux divers polissoirs. Quelques Ouvriers appellent cet instrument une Molette, & l'usage qu'on en fait, Moleter.

Les Glaces s'équarrissent, c'est-à-dire, se coupent en quarré avec le diamant à rabot, dont on fait ailleurs la description. *Voyez* DIAMANT.

On leur donne cette façon indifferemment, ou lorsqu'elles sont encore brutes, ou après l'adouci, ou seulement après le poli.

L'on peut voir dans leurs propres articles une description plus détaillée de tous les outils qui servent à l'adouci & au poliment des Glaces, aussi-bien que l'explication de quelques termes qui sont particuliers aux Ouvriers qui y travaillent, & dont on ne vient de parler ici qu'en passant.

Maniere de mettre les Glaces au teint.

L'invention de se servir du vif-argent pour appliquer l'étain, qui sert comme de fond aux Glaces des miroirs, & qui, pour ainsi dire, y attire & y fixe les objets, doit se compter parmi tant d'autres admirables inventions qui peuvent consoler les Modernes de celles des Anciens qui se sont perduës, & qui n'ont point passé jusqu'à eux.

Il est vray qu'on lit dans Pline, qu'outre les miroirs d'argent & d'étain, & ceux qui étoient faits du mélange de quelques autres métaux & mineraux, il y avoit aussi des miroirs de verre; mais ces derniers ne représentoient pas par le moyen d'aucun fond qu'on y mît, mais seulement par le noir qu'on y mêloit dans la fonte; ce qui faisoit de ce verre une espece de jay ou jayet artificiel, qui aussi-bien que le naturel, recevoit les objets quand il étoit poli, mais qui les rendoit très-obscurément & très-imparfaitement.

L'art d'employer le vif-argent au miroir est simple, facile, & d'une très-modique dépense.

Pour mettre une Glace au teint, il faut d'abord préparer & faire battre une feüille d'étain fin, d'un pouce de longueur & de largeur plus que n'a la Glace, & d'une épaisseur qui lui soit convenable; ce qui s'estime suivant le volume qu'elle a; les Glaces de grand volume demandant plus d'épaisseur que les autres dans l'étain qu'on leur destine.

Les Ouvriers qui battent ces sortes de feüilles d'étain, les fondent & les coulent d'abord seulement d'un pied & demi en quarré & d'un pouce d'épais; (on parle ici du teint des grandes Glaces;) ils les allongent & les applanissent ensuite sur un bloc de marbre aussi long & aussi large au moins que les feüilles le doivent être. Pour ne point faire de cassures, ils les battent cinq ou six pieces l'une sur l'autre avec des marteaux qu'ils appellent, les uns Marteaux à allonger, & les autres Marteaux à applanir, dont la principale difference consiste dans la largeur de la tête.

La feüille qui convient à la Glace qu'on veut mettre au teint, & qui doit être également battuë & sans cassures, se met à plat sur une pierre de liais très-unie, qui doit pareillement excéder la piece d'étain du moins d'un pied tout autour. Cette pierre, quand elle est grasse, se dégraisse avec du charbon de bois blanc.

Une espece de regle arrondie d'un côté, sert à étendre la feüille d'étain sur la pierre, à en abbattre les bosses, & à unir les rides qu'elle peut avoir. Il est indifferent de quoy soit cette regle; on la fait toutefois le plus ordinairement de gros verre, de fer, ou seulement de bois. Quelques-uns se servent d'un instrument de cuivre qu'on nomme une Estire, assez semblable à un demi-cercle de sept à huit pouces de diametre, dont la partie ronde sert comme de manche pour le tenir, & la section du diametre sert à dresser la feüille.

La pierre de liais sur laquelle la Glace se met au teint, est enchassée dans un chassis de bois, dont les bords sont relevez de deux pouces, mais seulement de trois côtez, & autour duquel regne une rainure pour écouler le vif-argent. Pour soûtenir ce premier chassis il y en a un second au dessous en forme de table, posé sur un pied de legere charpente, ou de grosse menuiserie.

La pierre & son chassis mis horisontalement sur cette table, sont traversez par dessous dans toute leur longueur par une forte barre de bois, platte du côté de la pierre, & arrondie de l'autre, qui sert comme d'un axe pour les élever ou les baisser lorsqu'il en est besoin; mais que l'on tient ordinairement de niveau par le moyen de quelques coins de bois faciles à tirer, pour donner à la pierre la pente nécessaire, après que la Glace a eté sur le vif-argent.

Lorsque la feüille d'étain est placée sur la pierre, & qu'il n'y reste ni bosses ni rides, on l'avive, c'est-à-dire, qu'on le frotte legerement avec du vif-argent, que l'on étend avec une espece de brosse grossiere, ou plûtôt de campon fait de plusieurs aunes de lisieres d'étoffes, qu'on appelle une Pelotte; ensuite pour ôter une écume noirâtre qui s'éleve aussi-tôt par l'impression de ce minéral, on se sert d'une patte de lievre, en prenant garde qu'il n'en reste aucun poil sur l'étain; d'autres ont une pelotte de serge pour cet usage. L'avivage est parfait quand la feüille d'étain devient aussi brillante que le vif-argent même.

L'étain avivé & nettoyé, on le couvre de vif-argent à discretion, dont néantmoins on ne doit point craindre de trop mettre, plus on y en met étant toûjours le mieux. On se sert de petites sebilles à main pour prendre le vif-argent dans la grande sebille placée sur un culot ou escabeau sans fond, au coin du chassis où aboutit la rainure ou goulotte dont on a parlé ci-dessus.

Avant que de couler la Glace sur le vif-argent, & pour l'y couler plus facilement, on en couvre le bord de devant d'une longue bande de papier, afin d'y poser la Glace en la coulant, après avoir encore pris la précaution de nettoyer le vif-argent que doit couvrir le papier avec la patte de lievre.

Tout étant ainsi préparé, & la Glace ayant été bien nettoyée avec de la cendre tamisée, on l'essuïe exactement du côté que doit se mettre le teint; puis l'ayant prise avec des poignées de papier, crainte de la ternir à l'endroit où porteroient les mains, on la pose par un bout sur le morceau de papier qui borde le vif-argent, après quoy on la coule legerement, mais pourtant en appuyant assez pour que l'écume du vif-argent soit poussée en avant, & sorte par l'autre extremité quand la Glace y est arrivée.

Comme les Glaces de grand volume pourroient courir risque de se casser, en restant comme suspenduës en l'air, pendant tout le tems qu'on employe à les pousser sur le vif-

vif-argent, on se sert de deux longues chevilles ou gros morceaux de bois, qui s'emmortoisent dans le chassis de la pierre, & qui, pour ainsi dire, l'allongent, ensorte que les Glaces ne posent jamais à faux.

Aussi-tôt que la Glace est coulée, c'est-à-dire, qu'elle couvre toute la superficie du vif-argent, on tire un peu les coins qui sont sur le devant, & l'on incline de la pierre de quelque quart de pouce par le moyen de l'axe qui la soûtient, afin que le vif argent puisse s'écouler dans une sebille qui est en bas; ce qui se fait dans l'espace environ d'un quart d'heure; après quoy on la remet dans sa premiere situation pour charger la Glace, & la joindre plus fortement à l'étain que le vif-argent a disposé à cette union.

On se sert pour cela de pesans boulets de canon placez de distance en distance sur toute la Glace, dans des especes d'écuelles de bois plattes par dessous, & concaves par en haut autant qu'il est necessaire pour y retenir les boulets; qu'on y laisse plus ou moins suivant l'épaisseur de l'étain, mais ordinairement quinze ou dix-huit heures, & quelquefois jusqu'à vingt.

Assez souvent au lieu de boulets de canon, on se sert de plaques de plomb qui ont une poignée de fer par dessus; y ayant moins de risques avec ces plombs qu'avec les boulets, qui peuvent s'échapper de leur cavité & casser la Glace: mais soit qu'on use de boulets, soit que ce soit de plaques, on met toûjours une piece de flanelle ou de serge entre la Glace & eux, pour empêcher qu'elle ne se puisse rayer. Ces plombs s'appellent Plombs à charger.

La Glace ayant bien happé l'étain, & l'union étant faite, on la décharge & on la leve de dessus la pierre, pour la porter égoutter & sécher dans un attelier où est la table de l'égout.

Cet égout est une grande table faite de fortes planches de bois, qui a quatre crochets de fer à ces quatre angles. Sa grandeur est proportionnée aux Glaces du plus grand volume. Elle est à platte terre, inclinée un peu sur le devant par le moyen des coins de bois dont on éleve le derriere. Quatre cordes doubles descendent du plancher perpendiculairement sur chaque crochet des angles: ces cordes ont des nœuds de demi-pied de distance chacun.

Lorsque la Glace a été mise sur l'égout, & qu'elle y est restée pendant vingt-quatre heures, on la souleve de vingt-quatre heures en vingt-quatre heures de la hauteur d'un nœud, en attachant deux des crochets successivement à chaque nœud. Enfin lorsque la table de l'égout est parvenuë au dernier nœud, ensorte qu'elle est presque droite, on en tire la Glace pour l'appuyer contre la muraille de l'attelier, où elle reste encore quelque tems posée sur un de ses angles inferieurs.

La situation qu'elle a, tandis qu'elle reste sur l'égout, & celle qu'on lui donne sur un de ses angles, sont pour la mieux sécher, & en tirer tout le vif-argent.

Commerce des Glaces.

Le commerce des Glaces est très-considerable en France. Paris en consume une grande quantité dans l'ornement des belles maisons, ou plûtôt des superbes palais qui s'y bâtissent depuis un demi siecle; & l'on en envoye aussi un grand nombre dans les Pays Etrangers, même jusqu'aux Indes & à la Chine.

C'est la Compagnie des Glaces qui les vend en blanc aux Miroitiers, & les Miroitiers qui les mettent au teint, & qui les montent en miroirs. On parle ailleurs d'un Arrêt en forme de Reglement, qui décide sur les prétentions respectives des Interessez & des Maîtres Miroitiers. *Voyez* MIROITIER.

En fait de commerce de Glaces en blanc, on ne parle que par pouces & par lignes de largeur & de hauteur. Les lignes néantmoins ne se comptent que dans les Glaces de numero, c'est-à-dire, les plus petites; celles depuis quatorze pouces de hauteur sur douze de largeur n'entrant plus dans le détail des lignes.

Les Glaces de numero sont au nombre de huit.

N° 8, qui n'ont que six pouces six lignes de hauteur sur quatre pouces neuf lignes de largeur.

N° 10, sept pouces trois lignes sur cinq pouces.

N° 12, sept pouces dix lignes sur cinq pouces dix lignes.

N° 17, huit pouces sept lignes sur six pouces huit lignes.

N° 20, neuf pouces cinq lignes sur sept pouces quatre lignes.

N° 30, dix pouces quatre lignes sur huit pouces sept lignes.

N° 40, onze pouces six lignes sur neuf pouces six lignes.

N° 50, douze pouces six lignes sur dix pouces six lignes.

Au-delà de ce numero commencent ce qu'on appelle les Glaces de volumes reglez, qui montent regulierement depuis quatorze pouces de haut sur douze de large, jusqu'à cent pouces aussi de hauteur & soixante de largeur. Ces dernieres se vendent 3000 liv. piece; les autres baissant toûjours de prix jusqu'aux quatorze pouces, qui ne valent que six livres quatre sous.

Il y a aussi une grande quantité de Glaces qu'on nomme de Volume irregulier, dans le détail desquelles il n'est pas possible d'entrer, & sur quoy l'on peut consulter, aussi-bien que pour les differents prix des regulieres, le Tarif que les Interessez à la Compagnie des Glaces de France ont fait imprimer pour leur propre commodité, & pour celle du public.

Le même Tarif porte aussi les prix des mouleures & des bandes de Glaces; les unes depuis douze pouces de hauteur jusqu'à cent, & d'un pouce & un pouce & demi de largeur; & les autres sur les mêmes hauteurs que les mouleures, mais sur la largeur depuis deux pouces jusqu'à six.

On appelle Mouleures, en termes de Glaces & de Miroiterie, de longues tringles de verre très-étroites, dont les angles sont rabattus en forme de biseau: elles servent à former avec les bandes les bordures toutes de Glace qu'on fait au miroir.

Les bandes des Glaces sont aussi des pieces de verre étroites, mais beaucoup plus larges que les mouleures. On en fait les bordures des miroirs, en y ajoûtant des deux côtez des mouleures, pour les terminer & leur donner plus de grace. Les unes & les autres se mettent au teint comme les Glaces.

On a parlé ailleurs des droits d'entrée & de sortie des Glaces. *Voyez* MIROIR.

La Compagnie des Glaces ayant déliberé dans une de ses Assemblées tenuë au mois de Mars 1720, d'augmenter d'un tiers le prix des Glaces reglé par l'ancien Tarif dont on a parlé ci-devant, attendu, disoient-ils, la cherté des soudes & autres matieres nécessaires à leur manufacture, aussi-bien que l'augmentation du prix des bois, des voitures & des salaires des Ouvriers, les Jurez de la Communauté des Maîtres Miroitiers se pourvûrent au Conseil, aussi-bien que les

les Maîtres & Gardes de la Mercerie; les uns & les autres demandant l'execution du premier Tarif, & proposant en tant que besoin seroit une nouvelle Compagnie, qui se soumettoit de rembourser les anciens Associez, & de continuer à fournir au public des Glaces sur le même pied qu'auparavant, les Miroitiers concluant en outre que les Arrêts servant de Reglemens entr'eux & la Compagnie fussent executez.

Sa Majesté sur les requêtes respectives des Parties ordonna par un Arrêt du 12 Avril 1720., l'execution desdits Reglemens; & au surplus permit à la Compagnie des Glaces de vendre lesdites Glaces sur le pied du tiers d'augmentation jusqu'au premier d'Octobre ensuivant.

Glace. Se dit de certains défauts qui se rencontrent dans les diamants, pour avoir été tirez avec trop de violence des veines de la mine. Quand les Glaces sont trop considerables dans les diamants, on est obligé de les scier, ou de les cliver. *Voyez* Diamant, *à l'endroit où il est parlé de la maniere de les tailler.*

GLACE'. Ce qui est poli, brillant & lustré comme une glace. Un taffetas glacé, un ruban glacé. On glace les rubans & les taffetas en leur donnant la gomme ou le lustre un peu plus fort.

On appelle à Amiens Estamines glacées ou de soye glacée, de petites étoffes de demie-aune de large, dont la chaîne est de double soye, & la tréme de laine naturelle & non teinte. La longueur des pieces doit être de trente-deux aunes. *Voyez* Estamine.

Glace', en termes de Confiseur. Se dit des confitures séches que l'on couvre d'un sucre candi & luisant. Des confitures glacées.

GLACER en broderie. C'est l'ombrager en quelques endroits avec de la soye plus brune, pour lui donner du relief. Il ne se dit guéres que des ouvrages d'or ou d'argent que l'on glace & que l'on émaille avec de la soye bleuë.

Glacer, en termes de Tailleur & de Couturiere. Signifie unir une étoffe avec sa doublure, en y faisant de lé en lé un bâti de soye ou de fil à demeure, afin qu'ils soient plus unis ensemble, & qu'ils ne plissent point. Glacer la doublure d'une jupe, d'une robe de chambre.

Glacer un taffetas, un ruban. C'est leur donner un lustre plus fort & plus brillant qu'aux taffetas & aux rubans communs.

GLACEUX. Il se dit des pierreries qui ont des glaces. *Voyez ci-dessus* Glace.

GLACIERE. Lieu soûterrain où l'on conserve la glace pendant l'esté.

Les Glacieres sont ordinairement des profondeurs de figure cylindrique que l'on creuse en terre, & dont on soûtient les terres par un mur épais & fort qu'on construit tout autour en dedans. Le haut est garni d'un comble en forme de cône fait de charpente, qu'on couvre ordinairement de longue paille bien serrée à la batte, & liée sur les perches du comble avec des hars d'osier. A l'endroit le plus exposé au Nord est une porte pour entrer dans la Glaciere. Au bas de cette porte commence l'échelle pour descendre au fond: cette échelle consiste en plusieurs crochets de fer scellez dans le mur en deux rangs, sur lesquels celui qui descend appuye les pieds, & se tient avec les mains. Au fond de la Glaciere est l'égout, c'est-à-dire, un bâti de grosse charpente en forme de grille, élevé à deux pieds du fonds, pour laisser égouter l'eau, lorsque la Glace se fond dans les plus grandes chaleurs.

Quand on veut remplir la Glaciere, on couvre de paille la grille de l'égout, & à mesure qu'elle se remplit on met aussi de la paille le long des murs. Enfin pour que la glace fasse corps & se conserve mieux, on la bat avec des maillets sur le bord de la Glaciere avant que de l'y jetter.

Il n'y a guéres d'invention qui ait un Auteur plus illustre, que celle de conserver la glace & de faire des Glacieres, s'il est vray, comme quelques Auteurs le raportent, qu'Alexandre en ait été le premier Inventeur.

GLAIRER. Terme de Relieur de Livres. C'est frotter la couverture d'un Livre avec une glaire d'œuf bien battu, pour l'éclaircir & lui donner du lustre. On ne glaire que les couvertures des Livres reliez en veau. Le Glairage, comme quelques-uns l'appellent, se fait avec une éponge.

GLAND. C'est le fruit & la semence tout ensemble de l'arbre appellé Chesne. Ce fruit est en forme de noisette longue & lissée; (il y a néantmoins des Glands ronds): les uns & les autres sont couverts du côté de la queuë, d'une espece de demie coque en gobelet, & renferment en dedans une substance blanche, solide & amere. L'on dit que les premiers hommes vivoient de Gland: il faut avoüer que leur nourriture n'étoit pas agréable, si les Chesnes d'alors ne produisoient que des Glands pareils à ceux d'aujourd'hui.

Les Chymistes prétendent qu'ils tirent du Gland une huile précieuse, dont ils racontent mille proprietez presque miraculeuses. Les Marchands Epiciers & Droguistes vendent aussi de l'huile de Gland qu'on leur envoye de Provence; mais ceux d'entr'eux qui sont de bonne foy ne la vendent que pour ce qu'elle est, c'est-à-dire, pour de l'huile de ben ou de noisette, empreinte des qualitez du Gland.

Gland. Terme de Parcheminier. *Voyez* Clan.

Gland. C'est aussi une espece de tenailles de bois, dont les Ouvriers qui fabriquent les peignes se servent pour les tenir quand ils sont en façon, c'est-à-dire, quand après l'avoir dégrossi avec l'escoüenne, & préparé avec l'escoüennette, il ne reste plus qu'à y faire les dents. La queuë ou manche du Gland sert à l'affermir dans un étau, tandis que le Peignier ouvre les dents avec l'estadiou, qui est une scie à main à deux feüillets. *Voyez* Estadious. *Voyez aussi* Peigne.

Gland. Se dit encore d'une espece de bouton ouvert de perles, ou de longs filets d'or, d'argent, de soye, de laine, ou de fil, avec une tête ouvragée de mêmes matieres, d'où pendent les filets. Les Glands de fil font partie du négoce des Marchandes Lingeres, & des Marchands Merciers qui font le commerce de toiles fines & de dentelles; les autres se font par les Tissutiers-Rubaniers-Frangiers.

Les Glands de fil payent en France les droits d'entrée à raison de 12 s. la livre; & ceux de sortie sur le pied de 8 s. suivant le Tarif de 1664.

A l'égard de la Doüane de Lyon, les Glands de fil de Paris payent 10 s. de la livre; & les Glands de Venise & autres lieux d'Italie, 4 liv.

GLANDE'E. Recolte du gland. Il se dit aussi du commerce qui s'en fait, & encore du gland comme marchandise. Ordinairement sous le mot de Glandée on comprend tous les fruits agrestes ou sauvages qui se recueillent dans les forêts.

GLANE. Poignée d'épics que les pauvres gens vont ramasser

masser dans les champs, après que la moisson en a été enlevée.

Glane. Se dit aussi dans le commerce des oignons, d'une petite botte d'oignons dont les fannes ou queuës sont attachées avec de la paille le long d'un montant de la même matiere. La difference qu'il y a entre la Glane & la botte, consiste en ce que celle-ci ne se dit que des oignons encore à demi verds, dont la fanne est entiere, & qui sont attachez ensemble sans montant; & que la Glane au contraire a un montant, & ne se fait que d'oignon sec & essoré.

GLAYEUL. Fleur autrement appellée Iris, dont la racine est bonne à diverses choses. *Voyez* Iris.

GLOUTON. Animal semblable au blaireau. *Voyez* Vielfras.

GLU, que quelques-uns appellent improprement GLUE & GLUS. C'est une composition, ou plûtôt une drogue visqueuse & tenace, qui se fait avec la seconde écorce du grand houx.

On leve cette écorce dans le tems de la séve; & après l'avoir laissée quelques jours pourrir à la cave dans les tonneaux, on la bat dans des mortiers jusqu'à ce qu'elle soit reduite en pâte: on la lave ensuite en grande eau, dans laquelle on la manie & paistrit à diverses reprises, & l'on la met dans des barils.

Cette Glu vient de Normandie & d'Orleans. La meilleure est la plus verdâtre, la moins puante, & où il est moins resté d'eau. On la peut long-tems garder à la cave, pourvû qu'il y ait toûjours de l'eau dessus.

Il se fait aussi de la Glu avec le guy de chesne. *Voyez* Guy de Chesne.

Il y a encore une autre espece de Glu, que l'on appelle Glu d'Alexandrie ou de Levant, qui se fait avec des sebestes. *Voyez* Sebestes.

L'usage de la Glu, dont on ne peut se servir qu'en la maniant les mains frottées d'huile, est pour prendre de petits oiseaux à des gluaux, qui est une chasse assez plaisante. On y prend aussi des souris, des rats, des mulots & autres animaux semblables; & les Vignerons l'employent quelquefois pour sauver leurs vignes des chenilles.

La Glu paye en France les droits d'entrée à raison de 30 s. du cent pesant, conformement au Tarif de 1664; & suivant celui de la Doüane de Lyon, 10 s. du quintal, tant d'ancienne que de nouvelle taxation, & encore 16 s. pour les anciens & nouveaux quatre pour cent.

GOBELET. Espece de tasse dont on se sert pour boire.

Les Gobelets de Tamaris se mettent du nombre des drogues médicinales; le vin qu'on y laisse quelque tems prenant une qualité que l'on croit propre pour la guérison des maux de ratte. *Voyez* Tamaris.

Gobelet. On fait aussi des Gobelets avec du régule d'Antimoine: les liqueurs qu'on y fait infuser deviennent très-purgatives. Il y en a de régule d'Antimoine ordinaire, & de régule d'Antimoine avec le Mars *Voyez* Antimoine.

On fait des Gobelets de divers metaux & matieres d'or, d'argent, d'étain, de cuivre, de bois, de cuirs, &c.

GOBELINS. L'on nomme ainsi une Manufacture Royale établie à Paris au bout du Fauxbourg S. Marcel, ou, comme on dit, S. Marceau, pour la fabrique des tapisseries & meubles de la Couronne.

La Maison où est présentement cette Manufacture avoit été bâtie par les Freres Gobelins, celebres Teinturiers qui avoient les premiers apporté à Paris le secret de cette belle teinture d'écarlate qui a conservé leur nom, aussi-bien que la petite riviere de Biévre, sur les bords de laquelle se fit leur établissement, & que depuis l'on ne connoît guéres à Paris que sous le nom de Riviere des Gobelins.

Ce fut en l'année 1667, que ce lieu changea son nom de Folie des Gobelins qu'il avoit porté jusques-là, en celui d'Hôtel Royal des Gobelins, en consequence de l'Edit du Roy Louis XIV. du mois de Novembre de la même année, verifié en Parlement le 20 Decembre ensuivant, & en la Chambre des Comptes & Cour des Aydes les 10 Février & 3 Mars 1668.

M. Colbert Sur-Intendant des Bâtimens, Jardins, Arts & Manufactures de France, de qui l'on ne peut trop parler, ni avec trop d'éloge dans un Dictionnaire de Commerce, après ce qu'il a contribué à le faire fleurir dans le Royaume, & à animer les François à le porter dans les Pays Etrangers, & jusques chez les Nations les plus éloignées, fut, pour ainsi dire, le Promoteur de cet établissement.

Les Maisons Royales qu'il avoit toutes rétablies & embellies, sur-tout le Château du Louvre & le Palais de Thuilleries, dont celui-ci avoit été achevé par ses soins, & la magnifique & inimitable façade de l'autre étoit deja presque élevée, firent penser à ce Ministre, toûjours attentif à la gloire du Prince & de l'Etat, de faire travailler à des meubles qui répondissent à la magnificence des superbes Maisons que le Roy avoit ordonnées.

Dans ce dessein M. Colbert rassembla une partie de ce qu'il y avoit de plus habiles Ouvriers dans le Royaume en toutes sortes d'Arts & de Manufactures, particulierement de Peintres, de Tapissiers, de Sculpteurs, d'Orfevres & d'Ebenistes. Il attira en France plusieurs de ceux de ces mêmes professions qui étoient les plus celebres dans les Pays Etrangers. Il obtint pour eux des privileges honorables & des pensions considerables; & pour rendre plus stable l'établissement qu'il projettoit, il porta le Roy à faire l'acquisition de l'Hôtel des Gobelins pour les y loger, & à leur donner des articles de Reglement qui assurassent leur état, & qui fixassent leur police.

L'Edit de 1667, dont on a ci-dessus raporté la datte, donna la derniere forme & la perfection à ces projets par les dix-sept articles qui le composent.

Après le préambule de l'Edit, où sont rappellez celui de Henry IV. de 1607, pour l'établissement d'une Manufacture de tapisseries de haute & basse lisse dans le même Fauxbourg S. Marcel, & les Déclarations & Reglemens donnez en conséquence, le Roy ordonne & statuë:

1°. Que la Manufacture des tapisseries & autres ouvrages demeureroit établie dans l'Hôtel appellé des Gobelins, maisons & lieux en dépendans, appartenant à Sa Majesté; sur la principale porte duquel seroit posé un marbre au dessous des armes de France, avec cette inscription, *Manufacture Royale des Meubles de la Couronne.*

2°. Que lesdites Manufactures & dépendances d'icelles seroient regies & administrées par le Sieur Colbert Sur-Intendant des Bâtimens, Arts & Manufactures de France, & ses Successeurs à ladite Charge.

3°. Que la conduite en particulier en appartiendroit au Sieur le Brun alors premier Peintre du Roy, en qualité de Directeur, & vacation arrivant, à un autre Directeur capable & intelligent dans l'art de peinture, choisi par le Sur-Intendant des Bâtimens, pour faire les desseins des tapisseries sculptures & autres ouvrages, les faire executer, & avoir direction & inspection sur les Ouvriers.

4°. Que le Sur-Intendant des Bâtimens & le Directeur sous lui, tiendroient la Manufacture remplie de bons Peintres, Maîtres Tapissiers de haute-lisse, Orfevres, Fondeurs, Graveurs, Lapidaires, Menuisiers en ébene & en bois, Teinturiers, & autres bons Ouvriers en toutes sortes d'arts & métiers établis dans ledit Hôtel.

5°. Qu'il seroit dressé & arrêté tous les ans par ledit Sur-Intendant un état des Maîtres & Ouvriers, pour être leurs gages & appointemens reglez & payez par le Tresorier des Bâtimens.

6°. Qu'il seroit entretenu dans lesdites Manufactures le nombre de soixante Enfans aux dépens de Sa Majesté, pour l'entretenement de chacun desquels il seroit délivré au Directeur la somme de 250 liv. par ledit Tresorier en cinq années; sçavoir, la premiere, 100 l. la seconde, 75; la troisiéme, 30; la quatriéme, 25; & la cinquiéme, 20.

7°. Que les Enfans, lors de leur entrée en ladite Maison, seroient mis & placez dans le Seminaire du Directeur, auquel seroit donné un Maître Peintre sous lui, qui auroit soin de leur éducation & instruction, pour être ensuite distribuez & mis en apprentissage chez les Maîtres des divers Arts & Métiers établis dans ledit Hôtel.

8°. Que lesdits Enfans, après six années d'apprentissage & quatre autres années de service dans lesdites Manufactures, même les Apprentifs Orfévres, quand ils ne seroient pas Fils de Maîtres, pourroient lever & tenir boutique de leurs arts & métiers, tant à Paris que dans les autres Villes du Royaume, sans être tenus de faire experience ni autre chose, que se présenter devant les Maîtres & Gardes desdits Arts & Métiers, pour être admis sans frais entre les Maîtres de leur Communauté, sur le simple Certificat dudit Sur-Intendant des Bâtimens.

9°. Que néantmoins ceux desdits Enfans qui auroient été engagez pendant un an dans les Manufactures dudit Hôtel du consentement de leurs peres & meres, & qui en sortiroient après le tems sans congé dudit Sur-Intendant, seroient declarez incapables de parvenir à la Maîtrise du métier auquel ils y auroient travaillé.

10°. Que les Ouvriers qui auroient travaillé sans discontinuation dans lesdites Manufactures pendant six ans, pourroient pareillement être reçûs Maîtres à la maniere accoutumée comme dessus, aussi sur le Certificat du Sur-Intendant des Bâtimens.

11°. Que les Ouvriers employez dans lesdites Manufactures se retireroient dans les Maisons les plus proches de l'Hôtel des Gobelins, & que douze desdites maisons où ils seroient demeurans, auroient des Sauve-gardes, & seroient exemptes de tous logemens de Gens de guerre.

12°. Que les Ouvriers Etrangers pareillement employez & travaillans actuellement dans ledit Hôtel, venans à deceder, seroient reputez Regnicoles, & leurs successions recueillies par qui elles appartiendroient de droit; & que ceux desdits Ouvriers Etrangers qui y auroient travaillé pendant le tems de dix ans, seroient aussi censez vrais & naturels François, encore qu'après ledit tems ils se fussent retirez des Manufactures, & leurs successions recueillies comme dessus, sans avoir besoin de Lettres de Naturalité, ni d'autres actes, que de l'extrait du present Edit, & le Certificat du Sur-Intendant des Bâtimens.

13°. Que tous lesdits Ouvriers seroient exemts de tutelle, curatelle, guet, garde de ville, & autres charges publiques ou personnelles, tant qu'ils seroient employez dans les Manufactures, s'ils ne veulent les accepter volontairement.

14°. Qu'ils seroient pareillement exemts de toutes tailles & impositions, encore qu'ils fussent sortis des lieux taillables, dans lesquels même ils auroient été cottisez.

15°. Qu'il seroit loisible au Directeur de faire dresser en des lieux propres des brasseries de biére pour l'usage des Ouvriers, sans qu'ils en pussent être empêchez par les Brasseurs, ni tenu de payer aucuns droits.

16°. Afin que les Ouvriers ne fussent point distraits de leur travail par les procès qu'eux, leur famille & domestiques pourroient avoir en plusieurs & differentes Jurisdictions, Sa Majesté en attribuë la connoissance aux Maîtres ordinaires de son Hôtel en premiere instance, & par appel au Parlement de Paris.

17°. Enfin défenses sont faites à tous Marchands & autres personnes, de quelque qualité & condition qu'elles soient, d'acheter ni faire venir des Pays Etrangers des tapisseries, en vendre ou débiter aucunes des Manufactures Etrangeres, autres que celles qui étoient pour lors dans le Royaume, à peine de confiscation d'icelles, & d'amende de la valeur de la moitié des tapisseries confisquées.

C'est de cette Manufacture Royale des Gobelins que sont sortis tant d'excellens ouvrages en tout genre, qui servent d'ornemens à Versailles & à Marly, ces Maisons Royales qui feront toujours l'admiration des Etrangers, & qui feront un des beaux monumens de la magnificence du puissant Roy pour qui elles ont été bâties, meublées & embellies. C'est aussi dans cet Hôtel que se sont instruits & perfectionnez tant d'habiles Ouvriers, qui depuis son établissement se sont répandus dans le Royaume, & sur-tout dans la Capitale, où ils ont poussé les beaux Arts au point de ne plus guéres faire envier ni regretter par les François les admirables ouvrages des Grecs & des Romains.

L'on peut dire en particulier que les tapisseries de haute & basse-lisse y ont acquis le dernier degré de perfection sous la Sur-Intendance des Bâtimens de M. Colbert & de M. de Louvois; & l'on peut douter que l'Angleterre ou la Flandre ayent jamais rien fait voir de plus parfait que les Batailles d'Alexandre, les quatre Saisons, les quatre Elemens, les Maisons Royales, & une suite des principales Actions de la vie du Roy Loüis XIV. depuis son mariage jusqu'à la premiere conquête de la Franche-Comté, executez aux Gobelins en haute & basse lisse, sur les desseins du celebre M. le Brun par les ordres de M. Colbert; ce qu'on peut dire aussi des tapisseries que M. de Louvois fit entreprendre pendant sa Sur-Intendance, d'après les plus beaux originaux du Cabinet du Roy, de Raphaël, de Jules Romain, & d'autres semblables Peintres illustres des Ecoles d'Italie, qu'il avoit auparavant fait peindre en grand par les plus habiles Peintres François, tels qu'étoient alors la Fosse, les deux Coypels pere & fils, Jouvenet, Person, les Freres Boulogne, & plusieurs autres.

On appelle Teinture des Gobelins, toutes les teintures du grand & bon teint, & particulierement ces belles écarlates qui se font dans les fabriques & atteliers de Teinturiers établis à Paris dans le Fauxbourg S. Marcel, sur les bords de la petite riviere de Biévre. *Voyez* TEINTURE, & TEINTURIER.

L'on

L'on a dit ailleurs qu'il y avoit aussi des blanchiries le long de cette même riviere, où les toiles recevoient un assez beau blanchiment. *V.* Blanchirie.

GOBERGES. Bois de hestre refendu en forme de petites planches taillées en couteau, c'est-à-dire, plus épaisses d'un côté que d'autre, dont les Layettiers & Coffretiers-Bahutiers se servent ordinairement dans leurs ouvrages.

Il s'en fait de deux sortes; l'une que l'on appelle Goberges ordinaires, dont la largeur est depuis cinq jusqu'à sept pouces, & la longueur depuis deux pieds jusqu'à quatre, ayant un pouce du côté le plus épais, & environ demi-pouce du côté le plus mince.

L'autre espece de Goberges qui se nomment Layettes, parce que l'on s'en sert particulierement à faire de ces sortes de cassettes que l'on appelle Layettes, a depuis dix jusqu'à treize pouces de large sur deux pieds de long, de la même épaisseur que les Goberges ordinaires.

Les unes & les autres se comptent par poignées de quatre Goberges chacune, & se vendent par les Marchands de bois d'ouvrages au millier, avec les quatre au cent, le tout réduit à quatre pieds; de sorte qu'un millier de Goberges est composé de quatre mille cent soixante pieds de bois.

Les endroits qui fournissent le plus de Goberges pour la consomption de Paris, sont Villers-Coterets & Compiegne. Il en vient néantmoins beaucoup du côté de Champagne, & il s'en envoye aussi quelque peu de Lorraine.

Goberges. Se dit aussi parmi les Marchands Tapissiers & Frippiers, même chez les Menuisiers, de ces petites planches de quatre à cinq pouces de large, plus ou moins longues, qui sont attachées sur des sangles à certaine distance égales l'une de l'autre avec de la grosse broquette, & que l'on étend de travers sur les bois de lit pour servir d'enfonçure & soûtenir la paillasse ou le sommier de crin.

Goberges. Ce sont aussi de perches dont les Menuisiers de placage & de marquetterie se servent pour tenir sur l'établi la besogne en état après l'avoir collée, jusqu'à ce que la colle soit parfaitement seche. *Voyez* Placage *&* Marqueterie.

GOBEUR. On nomme ainsi sur la riviere de Loire les Forts & Compagnons de riviere qui servent à la charge, ou conduite des batteaux.

L'article 22 de la Déclaration du Roi du 24 Avril 1703, pour le rétablissement du commerce & navigation de la riviere de Loire, défend aux Crocheteurs, Porte-sacs, Gobeurs & autres, d'entrer dans les batteaux, & de travailler à leur conduite contre la volonté du Maître Marinier.

GODE. Mesure étrangere des longueurs, dont il est parlé dans les Tarifs de 1664 & de 1667, aux endroits où il est fait mention des frises blanches appellées de coton qui se vendent à la Gode. Par ces Tarifs qui ne disent point en quel Pays cette mesure est en usage, il paroit que les 100 Godes font 125 aunes mesure de Paris, en sorte que sur ce pied la Gode contiendroit cinq quarts d'aune de Paris.

GOEMON, ou GOUEMON. Espece d'herbe marine qu'on nomme autrement Varech. *Voyez* Varech.

GOLTSCHUT. Espece de monnoye ou plûtôt de petit lingot d'or qui vient de la Chine, & qui y est regardé comme marchandise plûtôt que comme espece courante. Ce sont les Hollandois qui lui ont donné le nom de Goltschut, qui en leur langue signifie Batteau d'or, parce qu'il en a la figure; les autres Nations les appellent Pains d'or.

Comme dans toute la Chine & le Tunquin il ne se bat aucune monnoye d'or ni d'argent, on y coupe ces deux métaux en morceaux de divers poids: ceux d'argent s'appellent Taëls, on en parle à leur propre article: ceux d'or sont les Goltschuts dont il est ici question. Ils servent dans les gros payemens & lorsque les Taëls & les monnoyes de cuivre ne suffisent pas.

Il y en a de deux sortes; les uns qui sur le pied de quarante-deux livres monnoye de France l'once d'or, valent treize cent cinquante livres Françoises ou douze cent guldes Hollandoises; les autres qui ne pesent que la moitié, valent aussi à proportion, c'est-à-dire, seulement six cens soixante & quinze livres.

Quand les Chinois transportent leurs Pains d'or ou Goltschuts dans les differentes parties des Indes où ils trafiquent, les Marchands avec qui ils en traitent les font ordinairement couper par le milieu, les Chinois étant si fins, ou pour mieux dire, de si mauvaise foi; qu'on a souvent trouvé de ces morceaux d'or fourez jusqu'à un tiers de cuivre ou d'argent.

Les Japonois ont aussi des Goltschuts, mais qui ne sont que d'argent: il y en a de divers poids, & par conséquent de diverses valeurs. *Voyez l'article des Monnoyes où il est parlé de celles du Japon.*

GOMME. Suc aqueux & gluant qui se congele sur les arbres d'où il sort. Il y a autant de différentes especes de Gommes qu'il y a différents arbres, plantes, ou racines d'où coulent ces sortes de sucs.

On les divise ordinairement en Gommes aqueuses & Gommes resineuses; & quelques-uns y ajoûtent encore les Gommes irrégulieres comme une troisiéme espece. Les Gommes aqueuses sont celles qui peuvent se dissoudre dans l'eau, le vin & semblables liqueurs; les Gommes resineuses sont celles dont la dissolution ne se fait que par le moyen de l'huile; & les Gommes irrégulieres celles qui ne peuvent se dissoudre que difficilement, soit dans l'huile, soit dans l'eau, le vin & autres liqueurs pareilles. Toutes ces sortes de Gommes, du moins celles dont les Marchands Droguistes & Epiciers font commerce, seront expliquées ou dans la suite de cet article, ou à leurs articles propres, ausquels l'on pourra avoir recours.

Gomme Animée, que le Tarif de la Doüane de Lyon nomme aussi Gomme Amée. Espece de resine qui coule de l'arbre que les Portugais appellent Courbari.

Cet arbre croît dans plusieurs endroits de l'Amerique, il s'éleve fort haut: son bois qui est propre aux ouvrages de menuiserie, est couvert d'une écorce épaisse & assez brune: ses feüilles sont semblables à celles du laurier, mais d'un vert plus clair & sans goût aromatique. Il a des fleurs qui viennent en un bouquet de figure pyramidale; la semence qu'il produit est enfermée dans des gousses dures & noirâtres, dont les cosses sont difficiles à séparer.

La Gomme qui sort de Courbari est dure, transparente, de bonne odeur, assez semblable à l'ambre jaune; elle ne se dissout ni à l'eau ni à l'huile: on la trouve quelquefois par morceaux gros comme le poing: on la substituë souvent au copal dans les ouvrages de vernis.

La Gomme Animée paye en France les droits d'entrée à raison de 5 livres du cent pesant, suivant le Tarif de 1664; & par celui de la Doüane de Lyon, 2 liv. du quintal pour tous droits.

Gomme Arabique, qu'on nomme aussi Thebaïque, Sarracene de Babilone, & Achantine, du nom des lieux ou de l'arbre d'où elle vient. Est le suc d'un arbre appellé

pellé Acatia d'Egypte : cet arbre est assez petit, & a ses branches épineuses, garnies d'un grand nombre de feüilles presque imperceptibles ; la Gomme qui en découle est blanche, en petites larmes claires & transparentes qui sont aussi les qualitez qu'il faut observer pour la choisir : elle vient du Levant par la voie de Marseille.

La Gomme Arabique paye en France les droits d'entrée à raison de 20 s. du cent pesant, conformement au Tarif de 1664.

Les droits qu'elle paye à la Doüane de Lyon sont de 9 s. par quintal, tant pour l'ancienne que pour la nouvelle taxation, & encore 15 s. pour les anciens & nouveaux quatre pour cent.

Elle est aussi du nombre des drogues & marchandises venant du Levant, de Barbarie & autres Etats du Grand Seigneur & d'Italie, sur lesquelles il doit être levé vingt pour cent de leur valeur, suivant l'Arrêt du quinze Août 1685, dans les cas portez par ledit Arrêt.

GOMME GUTTE, ou GUTTA GAMBA. Ainsi nommée selon Monsieur Bolduc de l'Academie des Sciences, d'une prétenduë vertu spécifique que l'on s'est long-tems flatté qu'elle avoit pour la goutte ; est une Gomme qui vient des Indes tant Orientales qu'Occidentales, & qui est un puissant mais dangereux purgatif ou emetique, à moins d'en corriger la malignité par des préparations chimiques.

Cette Gomme est le suc qui coule du tronc d'une plante épineuse fort extraordinaire, puisqu'elle est toutes branches, & n'a ni feüilles, ni fleurs, ni fruit. Cette plante croît dans le Royaume de Siam, dans la Cochinchine & dans quelques Provinces de la Chine & de l'Amerique : le suc qu'on en recueïlle s'épaissit & jaunit à l'air. Les Chinois & les Cochinchinois, quand il est en consistence de pâte le roulent en figure cylindrique, que les Marchands Droguistes & Epiciers appellent Turbans & Saucissons. La meilleure Gomme gutte doit être seche, haute en couleur, point graveleuse ni mêlée d'une Gomme rouge, claire & transparente qui diminuë le prix. Elle a quelque usage dans la Medecine ; mais le plus grand qu'on en fasse est pour la peinture, la Gomme gutte faisant un très-beau jaune.

La Gomme gutte ou Gutta-Gamba paye en France les droits d'entrée à raison de 10 livres du cent pesant conformément au Tarif de 1664.

GOMME DU SENEGAL. Cette Gomme n'est point différente de l'Arabique pour les qualitez ; on estime pourtant davantage l'Arabique. L'arbre qui porte cette Gomme Affriquaine est grand & épineux ; ses feüilles sont petites & toûjours vertes, ses fleurs sont blanches, ses fruits ressemblent aux figues : Le principal usage de ces deux Gommes est pour la Theriaque : on s'en sert aussi dans la composition du suc de reglisse de Blois, parce qu'on les croit bonnes pour la toux. Les vaisseaux de la Compagnie du Senegal l'apportent dans leurs retours.

Elle paye les droits d'entrée comme la Gomme Arabique, à la reserve qu'elle n'est pas sujette aux vingt pour cent de l'Arrêt de 1685.

GOMME TURIQUE ; ou TURIS. C'est la Gomme Arabique tombée des Acatias dans les tems de pluye, & qui s'est amoncelée en grosses masses. Elle est propre aux Teinturiers en soye, & ceux de Lyon en consument beaucoup.

La Gomme Turique paye en France les droits d'entrée comme Gomme Arabique, & est comme celle du nombre des drogues sur lesquelles il doit être levé vingt pour cent de leur valeur dans le cas porté dans l'Arrêt de 1685.

GOMME VERMICULÉE. Est la Gomme Arabique ou de Senegal, qui en coulant de l'arbre se plie & replie en plusieurs tours ; & prend la figure de vermisseaux. On tâche de la faire passer pour la meilleure pour en relever le prix ; mais l'Arabique ordinaire ne lui cede en rien.

GOMME D'ANGLETERRE, qu'on appelle aussi GOMME A FRISER. Est la Gomme blanche d'Arabie ou de Senegal fonduë dans un peu d'eau & reduite en petites tables très-minces ; elle sert à friser les cheveux.

GOMME DE PAYS. C'est celle que les Paysans des environs de Paris & d'ailleurs recueïllent de differents arbres comme Pruniers, Cerisiers, &c. Il faut la choisir seche & blanche ; les Chapeliers s'en servent, aussi bien que d'autres Ouvriers.

La Gomme de Pays paye en France les droits d'entrée sur le pied de 30 sols du cent pesant, suivant le Tarif de 1664 ; & par celui de la Doüane de Lyon 6 sols 3 deniers du quintal pour tout droit.

GOMME DE CEDRE. *Voyez* CEDRE.

GOMME DE GAYAC. *Voyez* GAYAC.

On met au nombre des Gommes ou resines les diverses sortes de Manne : entre autres.

L'Adraganth.
L'Ammoniac.
L'Assa fœtida.
Le Barras.
Le Bdelium.
Les Baumes de Judée, de Perou, &c.
Le Benjoin.
Le Camphre.
Le Cancamum.
La Caragne.
Le Copal.
L'Elemy.
L'Encens.
L'Encens marbré.
L'Euphorbe.
Le Galbanum.
Le Galipot.
L'Hedere.
La Lacque.
La Myrrhe.
L'Oliban.
Le Sagapinum, autrement Seraphim, ou Serapinum.
Le Sang de Dragon.
La Sarcocole.
Le Stacté.
Le Storax.
Le Tacamacha.
La Terebenthine.
Le Tarc ou Goudron, &c.

Toutes ces Gommes & Resines sont expliquées à leurs articles. On y trouvera aussi les droits d'entrée & de sortie qu'elles payent en France suivant les differents Tarifs.

GOMME. Terme de Chamoiseur, qui signifie une sorte de graisse qui se rencontre dans les peaux de mouton ou de chevre qu'ils passent en chamois. On fait sortir ce qui reste de chaux & de Gomme dans les peaux par le moyen du confit. *Voyez* CHAMOIS *à l'endroit où il est parlé de la maniere de passer & préparer les peaux de mouton en huile, autrement dit en chamois.*

GOMME DE COCHON. Espece de resine ou de baume souverain pour la Guerison des playes. Cette resine coule d'un arbre qui croît dans l'Isle de S. Domingue: les Boucanniers François l'appellent simplement Gommier à cause de cette Gomme qu'il produit. Le nom de Gomme de Cochon lui vient de ce que cet animal en a fait connoître la vertu & les qualitez, ayant coûtume lorsqu'il est blessé dans les combats que les sangliers se livrent les uns aux autres, d'aller ouvrir l'écorce du Gommier avec ses défenses, & se frottant ensuite contre l'arbre quand la Gomme commence à en couler.

GOMMER. Mettre de la gomme à quelque chose. Gommer des rubans, de taffetas, ou d'autres étoffes, c'est leur donner une eau dans laquelle on a fait dissoudre de la Gomme pour les lustrer & les rendre plus fermes: les étoffes gommées sont les moins estimées, étant trop dures & sujettes à se gâter quand elles viennent à être moüillées.

GONDEZEL. Espece de coton filé d'une moyenne sorte & d'un debit peu considerable en France. *Voyez* COTON.

GONDE-GAMBE. Drogue dont il est fait mention dans le Tarif de la Doüane de Lyon.

Les droits que paye cette drogue sont de 3 *livres* 2 *sols* 6 *deniers d'ancienne taxation par quintal, & de* 4 *livres pour les anciens quatre pour cent.*

GONDOZOLETTIS. On nomme ainsi à Alep les cotons dont le filage est le plus fin; les plus gros s'appellent Filez Payas. *Voyez* COTON DU LEVANT.

GONNE. Sorte de futaille plus grande que le hambourg qui sert à mettre du saumon salé. Les Gonnes de saumon pesent ordinairement depuis quatre cens jusques à quatre cens cinquante livres. *Voyez* SAUMON.

GONNE. Se dit aussi d'une espece de futaille propre à mettre de la biere ou d'autres liqueurs pour embarquer sur les vaisseaux: cette Gonne est d'un quart plus grande que le baril.

GORAO. Etoffe de soye qui se fabrique à la Chine; il y en a de cramoisi & de ponceau.

GORD, ou GORT. Terme de pêche sur riviere. C'est un passage étroit, au bout duquel on met un filet pour y arrêter & y prendre le poisson qui y veut passer en suivant le fil de l'eau.

Il y a plusieurs sortes de Gords; des Gords naturels que la nature forme dans les rivieres sans qu'il soit besoin que l'art y ajoute rien; des Gords artificiels, qui sont des constructions de pieux entrelassez de branches d'arbres faites exprès, pour retressir quelque endroit d'une riviere; & des Gords sous des arches de ponts ou près des moulins.

Nul Gord en pleine riviere ne doit empêcher la navigation, & nul Gord sons arches ne se peut faire sans en avoir droit & valable concession. Les articles cinquiéme & sixiéme de l'Ordonnance de la Ville de Paris reglent la police qui doit s'observer soit au passage des Gords, soit à leur retablissement. *Voyez* ORDONNANCE, *où l'on a fait l'extrait de celle de la Ville de Paris.*

GORD. Se dit aussi du filet qui se met à la sortie du Gord pour arrêter le Poisson.

Les Gords à anguilles qui ne se tendent que pendant l'hyver, sont faits de fil à gor, montez avec de la corde de teille, appellée communement Corde à puits; ils ont depuis cinq pieds jusqu'à six pieds de hauteur & de toute la largeur de l'ouverture du Gord qui n'en a ordinairement que quatre à cinq. Ce filet s'attache avec des pieux.

GORGE DE PIGEON. Il se dit des taffetas changeants, c'est-à-dire, qui ont la tréme & la chaîne de diverses couleurs, en sorte que suivant que le jour tombe dessus; ils semblent prendre de nouvelles teintes, à peu près comme sont les petites plumes que les pigeons ont sous la gorge lorsque le soleil les frape, & que ses rayons y forment divers angles.

GOSE. Nom que l'on donne en Moscovie aux principaux Marchands qui trafiquent pour le Czar. Ce sont proprement les Facteurs du Prince.

Outre les fonctions des Goses dans le commerce, ils en ont aussi dans les céremonies publiques; & lorsque les Ambassadeurs Etrangers ont audience du Czar, ils sont tenus de s'y trouver avec des vestes magnifiques & des bonnets de marte, qui sont la marque de leur profession, & l'on peut dire, de leur dignité, le commerce étant une profession très-honorable parmi les Moscovites.

GOTIN. Sorte de Mirabolans qui ne sont gueres différents des Mirabolans Belleris. *Voyez* MIRABOLAN.

GOUESMON. On appelle ainsi en Bretagne une sorte d'herbe qui croît sur les rochers, les dunes & rivages de la mer; elle se nomme en Normandie Varech ou Vraicq; & dans le Pays d'Aunis Sar. *Voyez* VARECH.

GOUGE. Outil de fer taillant par le bout. C'est une espece de ciseau cylindrique, creusé en forme de demi-canal dont la portion du cercle est plus ou moins grande suivant qu'on veut plus ou moins caver ou arrondir l'endroit de l'ouvrage où l'on s'en sert.

Les Sculpteurs, Tailleurs de pierre, Marbriers, Menuisiers, Tourneurs, Tabletiers & Plombiers se servent de la Gouge quelquefois à la main, quelquefois en la frappant du marteau. Elles ont toutes un manche de bois, hors celles des Charpentiers qui sont entiérement de fer; ces dernieres ont environ deux pieds & demi de long.

GOUJAT. On appelle Goujats dans les atteliers de maçonnerie, de jeunes Manœuvres qui servent sous les Maçons & Limosins, & qui leur portent les materiaux qui leur sont nécessaires. On les employe sur tout à porter le mortier, soit de terre, soit de chaux & de sable, ce qu'ils font sur leur dos avec un instrument qu'on nomme un Oiseau, dont on parle ailleurs. *Voyez* OISEAU. *Voyez aussi* MAÇON.

GOULDE, en Allemand Gulden. Monnoye d'argent qui se fabrique en Allemagne. Il y a aussi des Gouldes de Flandre. *Voyez* GULDEN.

GOULDRAN, ou GOULTRAN, qu'on nomme aussi TARC ou BRAY LIQUIDE, & quelque fois GOUDRON & GUITRAN. C'est une liqueur claire & grasse qui découle du tronc des vieux pins.

Lorsque ces arbres sont sur le retour, & qu'ils ne peuvent plus servir qu'à brûler, on en coupe l'écorce tout autour en forme de couronne: par ces incisions il coule assez longtems une liqueur noirâtre qui est le Gouldran; & quand elle cesse de couler, c'est marque que le pin est tout-à-fait mort & qu'il n'est plus propre qu'au feu.

Il vient une assez grande quantité de Gouldran de quelques Provinces de France où les pins sont communs; mais on en apporte encore bien davantage de Suede & de Norvege.

Il faut choisir le Gouldran bien net, bien naturel, veritable Stokolm s'il se peut, & prendre sur tout garde qu'il ne soit point contrefait avec des faisses d'huile & de la poix noire. Le Gouldran sert principalement à calfater & enduire les vaisseaux. *Voyez* BRAY.

On appelle quelquefois Huile de Cade ou Huile de poix, la liqueur la plus claire qui se trouve sur le Gouldran ; mais comme c'est très-improprement, & qu'il y a bien de la différence entre cette drogue & la véritable Huile de Cade, les Marchands Epiciers-Droguistes qui ne veulent point en suposer, ne la vendent que pour de fausse Huile de Cade. *Voyez* Oxicedre.

Le Gouldran venant des Pays étrangers paye en France les droits d'entrée à raison de 8 livres le leth composé de 12 barils ordinaires ; & lorsqu'il vient des Provinces du Royaume où les bureaux ne sont pas établis, seulement une livre aussi du leth, conformement au Tarif de 1664.

Gouldran Zopissa, ou Poix Navalle. C'est le vieux gouldron qui a servi à calfater les vaisseaux : les Apoticaires le font entrer dans plusieurs compositions ; mais souvent au lieu de vrai Zopissa ils n'y employent que de la poix noire. *Voyez l'article suivant.*

GOULDRON, ou GOUDRON. Composition de poix noire, de suif, de graisse, d'huile & de poix résine. On s'en sert à plusieurs choses, particuliérement dans l'artillerie à préparer des feux d'artifice, on l'employe aussi à faire le calfas des vaisseaux, quand on manque de vrai gouldran ou de Bray. *Voyez l'article précedent.*

GOUPILLON. Bâton long d'environ un pied & demi, à travers du bout duquel sont attachez plusieurs brins de soye ou poil de cochon. Le Goupillon sert aux chapeliers pour jetter de l'eau sur le bassin & sur la feutriere en travaillant à feutrer les chapeaux, ce qu'ils appellent arroser le feutre ou arroser le chapeau.

GOURE. Il se dit chez les Marchands Epiciers-Droguistes, des Tamarins qui ont été falsifiez avec de la melasse, du sucre & du vinaigre. *Voyez* Tamarins.

Goure. C'est encore de la terebenthine de Venise ou de Pise contrefaite par les Colporteurs. *Voyez* Terebenthine. Il se dit aussi de toutes les drogues sofistiquées.

GOUREAU. Figue violette très-grosse & très-longue. *Voyez* Figue.

GOUREURS. Ceux qui falsifient les drogues en les mêlant de mauvais ingrediens ; c'est le nom que l'on donne ordinairement à ces petits Epiciers qui courent la campagne, & qui distribuent dans les villages du poivre, du gingembre & autres épiceries.

GOURMET. Terme de marchandise de vin. Il signifie celui qui se connoît en vin, qui l'essaye & qui le goûte pour sçavoir ses qualitez & s'il est de garde ou non. Il y a à Paris sur les ports où les vins arrivent par la riviere, & dans les Halles où ils se vendent, des Maîtres Tonneliers dont tout l'emploi consiste à servir de Gourmets aux Bourgeois qui viennent y faire leur provision.

Gourmets, qu'on nomme aussi Laptos. Ce sont des Maures dont on se sert dans le Senegal & autres lieux des côtes d'Affrique pour remorquer les barques que l'on envoye négocier le long des rivieres : ils tirent les barques avec des cordes en marchant sur le rivage, de même que l'on fait en France pour remonter les batteaux, quand on n'y employe point les chevaux. Il faut payer les droits ou coûtumes pour passer sur les terres de chaque petit Roi ou Alcaïr dont l'Etat confine à la riviere.

GOURMETTE. On nomme ainsi la Garde que les Marchands ou Voituriers par eau mettent sur leurs batteaux pour avoir l'œil à la conservation des marchandises.

GOUST. On appelle chez les Détailleurs une étoffe de goust, non une étoffe riche, bien fabriquée, d'un beau dessein & qui plaît à tout le monde ; mais une étoffe de caprice & de fantaisie, dont ordinairement la mode dure peu, & dont un Marchand judicieux ne se charge ni volontiers ni en quantité. Cette Satinade n'est qu'une étoffe de goust, je n'en ai que pour l'assortiment. Il y a presque toujours à perdre sur les étoffes de goust quand on ne se hâte pas de s'en défaire, tandis que la fantaisie en dure.

GOUTHIOU. Arbrisseau qui sert à la teinture en noir ; il croît dans quelques endroits de l'Amerique Espagnole, particulierement dans le Chilly. On ne peut s'en servir tout seul, & il faut le mêler avec du Maki & du Lanil ; il réussit aussi assez bien quand on le fait boüillir avec la racine du Pauke.

GOUTTE. Parcelle d'eau, de vin, ou de quelque autres liqueur. On appelle Mere-Goutte la liqueur qui s'écoule des raisins, des pommes, des poires & des olives avant qu'on en mette le marc sous le pressoir. *Voyez les articles de ces quatre sortes de fruits.*

Goutte, ou Angoure de Lin. Espece d'Epithyme qui vient sur le Lin. On la nomme aussi Cuscute, en Latin *Angina Lini. Voyez* Epithyme.

GOUTTIERE. Piece de bois de sciage tirée de bois de brin de chêne. On s'en sert pour conduire ou pour égouter les eaux. *Voyez* Chesne.

Gouttiere, en terme de Sellier. Signifie ces longues bandes de cuir larges d'environ six pouces, qui servent comme de bordure à l'imperiale d'un carosse. On les appelle Goutieres, parce que se tenant un peu évasées à cause de la petite corniche qui est dessous, elles servent comme d'égoût à la pluye & l'éloigne du corps du carosse. *Voyez* Carosse.

GOUVERNE. Ce terme dont on se sert quelquefois dans les écritures mercantilles, signifie Guide, Regle, Conduite. Ainsi quand un Négociant écrit à son Correspondant ou Commissionnaire, & qu'il lui marque que ce qu'il lui mande lui doit servir de Gouverne ; cela veut dire qu'il doit se gouverner, se guider ou se regler suivant & conformément à ce qui lui est marque. Quelques-uns se servent aussi du mot Gouverno, qui a la même signification.

GOUVERNEAU. Terme en usage dans les Papeteries. *Voyez l'article suivant.*

GOUVERNEUR. Celui qui a soin du moulin & des pilles à papier. On l'appelle plus ordinairement Gouverneau, *Voyez* Papier.

GOUVERNO. *Voyez ci dessus* Gouverne.

GRABEAU. C'est la poussiere ou residu des drogues quand on en a separé le meilleur & le plus propre à la vente. On dit du Grabeau de Sené, du Grabeau de Thé, &c. Il n'est pas permis aux Marchands Epiciers & Droguistes de vendre les pailles, poudres, criblures & Grabeaux de leurs drogues.

Grabeaux de Girofle. On nomme ainsi le Girofle qui n'est pas entier. *Voyez* Girofle.

Les Grabeaux de Girofle payent en France les droits d'entrée sur le même pied que le Girofle entier, c'est-à-dire, 45 l. du cent pesant, suivant le Tarif de 1664 ; & par celui de la Doüane de Lyon 50 sols du quintal d'ancienne & nouvelle taxation, & encore 4 livres pour les anciens & nouveaux quatre pour cent.

GRACE. Monnoye de billon qui se frabique & qui a cours à Florence & dans tous les Etats du Grand Duc; elle vaut cinq quatrins ou un sol deux tiers. On n'en donne guéres dans les grands payemens, & l'on ne s'en sert que dans le negoce journalier des denrées & menuës marchandises.

GRADINE. Outil plat & tranchant, d'acier ou de fer bien aceré, qui a par le bas deux hoches profondes de quatre à cinq lignes qui y forment comme trois especes de dents. Plusieurs Ouvriers s'en servent, sur tout ceux qui travaillent sur le marbre & la pierre dure: les Sculpteurs & les Marbriers l'employent à approcher leurs ouvrages, après s'être servi de l'outil qu'ils appellent double Pointe ou Dent de chien.

GRAILLONS. Terme du commerce des marbres. On appelle ainsi les restes ou rogneures des marbres dont les morceaux ne sont pas considerables: on se sert particuliérement de cette expression dans les magasins du Roi. Les Graillons ne se vendent pas ordinairement au pied, mais en bloc; on en fait des tas qu'on vend par estimation ou au plus offrant, ce qui donne quelquefois aux Marbriers l'occasion de faire de bons marchez où ils profitent beaucoup.

GRAIN. C'est le plus petit des poids dont on se sert pour peser les marchandises precieuses.

La livre de Paris se divise en seize onces, l'once en huit gros, le gros en trois deniers, & le denier en vingt-quatre Grains: en sorte qu'il faut 9216 Grains pour faire une livre de Paris, & chaque de ces Grains est estimé peser un grain de bled.

Le marc d'or se divise en vingt-quatre carats, le carat en huit deniers, & le denier en vingt-quatre Grains.

Le marc d'argent se divise en douze deniers, le denier en vingt-quatre Grains, & le Grain en vingt-quatre primes.

On a jugé à propos de raporter ici ces différentes divisions de poids pour faire connoître que le Grain est toûjours la vingt-quatriéme partie du denier.

Le Carat que les Espagnols nomment Quitale, est un poids particulier dont on se sert pour peser les diamans & autres pierres precieuses. Il se divise en quatre Grains, & ces grains sont moins pesants que ceux du marc.

Grain, en Medecine, est aussi le plus petit des poids dont on se serve pour la dispensation des drogues: les trois Grains font une obole: les vingt font un scrupule, & les soixante font une dragme, autrement un gros. Ce Grain doit s'entendre d'un grain d'orge moyennement gros, bien nourri & point trop sec.

Grain. Est aussi une monnoye imaginaire ou de compte, dont on se sert à Messine & à Palerme pour l'évaluation des changes & pour tenir les livres de commerce. Au dessus du Grain sont l'once & le Tarin, au dessous est le Piccoli: ainsi on compte par onces, tarins, Grains & piccolis, qu'on somme par trente, par vingt & par six; l'once valant 30 tarins, le tarin 20 Grains, & le Grain 6 piccolis.

Grain. Se dit des morceaux d'or très-pur qui se trouvent quelquefois sur la terre & dans quelques rivieres. De quelque volume & de quelque poids que soit cet or, on lui donne toûjours le nom de Grain. *Voyez* Or.

Grain. Se dit généralement de tous les fruits ou semences qui viennent dans des épics & qui servent à la nourriture des hommes & des animaux, comme sont les Grains de bled ou froment, de segle, d'orge, d'avoine, &c. On le dit plus particuliérement du froment.

On nomme gros Grains les Bleds qui servent à la nourriture de l'homme, & que l'on seme en automne, tels que sont le bled & le seigle.

Les menus Grains sont ceux qui servent à nourrir les animaux, ainsi que l'orge, l'avoine, &c. qui se sement en Mars: on les appelle autrement les petits bleds ou les Mars.

Il se tire quantité de Grains de la mer Baltique & des Villes du Nord, entr'autres de Dantzic & des Ports de la Livonie, de la Prusse, de la Pomeranie, du Holstein & du Dannemarc; C'est là où les Hollandois & les autres Nations dont le sol n'est pas propre à la culture des Grains, ont coûtume de s'en fournir, & c'est-là aussi où les François dans les années de stérilité en vont enlever pour secourir les Provinces où la recolte a été mauvaise.

Il s'en tire aussi d'Italie, & en plus grande quantité des Côtes de Barbarie & des Etats du Grand Seigneur tant d'Europe que d'Asie. Monsieur de Ferriol Ambassadeur de France à la Porte Ottomane obtint pour les François en 1709 la permission d'en charger plus de deux cens navires qui arrivérent en Provence au plus fort de la disette qu'il y eût cette année-là.

Suivant l'Ordonnance de 1687, titre 8, article 6, les Grains du crû du Royaume n'en peuvent sortir sans permission, & lorsque la permission en est accordée, les droits en appartiennent au Fermier, suivant les Tarifs. Voyez Bled, Segle, Orge, Avoine, &c.

Grain. Se dit aussi des choses rondes & séparées l'une de l'autre, qui ont du raport & de la ressemblance aux pois ou d'autres Grains, soit qu'elles soient plus grosses ou plus menuës, comme un Grain de musc, un Grain de cachou, un Grain d'ambre, un Grain d'encens, un Grain de corail, un Grain de chapelet, un Grain de patenostre, &c.

Grain. S'entend encore de la forme ou figure des Grains qui sont dans les étoffes, les cuirs, les métaux & les pierres.

Les Gros de Tours & de Naples sont des especes de moires qui ont un plus gros Grain que les autres. On dit aussi, de la Futaine à Grain d'orge.

Le Maroquin a un Grain plus gros que le Chagrain.

Il y a du marbre dont le grain est gros, & d'autre dont le grain est menu: l'acier se connoît au Grain qui est beaucoup plus fin que celui de fer.

Grain de Zelim. C'est une espece de poivre long. *Voyez* Poivre.

Grain de Tilly. On donne ce nom au Pignon d'Inde. *Voyez* Pignon d'inde.

On appelle Huile de petit Grain, celle qui se fait avec de petites oranges vertes que l'on nomme Orangelettes. *Voyez* Oranges.

Grain d'Orge. On appelle ainsi certaine espece de linge ouvré qui se fait en Flandre & en Picardie. *Voyez* Linge.

Grain d'Orge. Se dit aussi de quelques outils d'Artisans.

Les Menuisiers ont des Grains d'Orge montez sur des fusts, & d'autres qui sont à manche de bois. Les Grains d'orge à fust sont des especes de rabots qui servent à faire des mouleures & à dégager les baguestres; ceux à manche sont des ciseaux pointus un peu rabatus en burins.

Les Grains d'Orge des Tourneurs sont aussi des especes de ciseaux dont la pointe est en triangle. Ils en distinguent de deux sortes; les uns qu'ils nomment Grains d'Orge simple, & les autres Grains d'Orge à trois taillans; ils servent à ébaucher l'ouvrage.

Ce que les Serruriers appellent Grain d'Orge est un outil de fer aceré, dont la pointe est forte & quarré; ils s'en servent pour percer la pierre, lorsqu'elle est trop dure pour que le ciseau y puisse entrer.

Grain d'Orge. Se dit quelquefois de la ligne qui est la douziéme partie du pouce de Roi, c'est-à-dire, de la plus petite des mesures des longueurs. *Voyez* Ligne.

Broderie a Grain d'Orge. Terme de Chasublier. C'est une broderie en compartimens qui represente bien le grain dont elle a pris son nom.

GRAINE, que l'on écrit aussi Grene. C'est la semence que produisent les arbres & les plantes pour la conservation & reproduction de leur espece.

On a jugé à propos de ne parler ici que des Graines qui ont quelque raport au commerce, aux teintures & manufactures, paroissant inutile de dire quelque chose des autres graines.

Graine d'Avignon. qu'on nomme autrement Grainette, ou Graine jaune. C'est la Graine d'un arbrisseau connu des Anciens sous le nom de Licium, de la Lycie où il croît en abondance; & aussi sous celui de Pixacanta, qui signifie Bois épineux. Il y a quantité de ces arbrisseaux aux environ d'Avignon, d'où cette Graine a été appellée d'Avignon: il s'en trouve aussi beaucoup dans le Comté de Venaissin & en plusieurs endroits de Dauphiné, de la Provence & du Languedoc.

Cet arbrisseau se plaît dans les lieux âpres & pierreux; ses branches sont parsemées d'épines, longues de deux ou trois pieds; son écorce est noirâtre, sa feüille petite, épaisse, semblable à celle du Bois, mais arrangées comme celles du myrte; sa graine d'un vert tirant sur le jaune est de la grosseur d'un grain de froment, d'un goût astringent & amer, & ses racines sont jaunes & ligneuses.

Quelques Auteurs confondent cet arbrisseau avec le Noir Brun, mais il est d'une espece toute différente. Les Teinturiers se servent de la Graine d'Avignon pour teindre en jaune.

La Graine d'Avignon ou Graine jaune, paye les droits de la Doüane de Lyon à raison de 9 s. du quintal tant d'ancienne que de nouvelle taxation; & pour ceux de sortie du Royaume, 20 sols, suivant le Tarif de 1664.

Graine Jaune. *Voyez l'article précedent.*

Graine d'Ecarlate. *Voyez* Ecarlate.

La Graine d'Ecarlate de France paye les droits de la Doüane de Lyon à raison de 6 liv. 5 sols le quintal pour tous droits; & la Graine Ecarlate ou Cochenille étrangere, 13 liv.

Graine de Paradis. Espece de poivre qui vient d'Affrique. *Voyez* Cardamome.

La Graine de Paradis paye à la Doüane de Lyon 48 sols du quintal d'ancienne taxation, & 32 sols pour les quatre pour cent.

Graine de Girofle, autrement Amomi, ou Poivre de la Jamaïque. *Voyez* Inde.

Graine de Colsa, autrement Navette, ou Rabette, *Voyez* Navette.

Graine de Coton. *Voyez* Coton.

Graine de Lin. *Voyez* Lin.

Graine de Chanvre, appellée Chenevi. *Voyez* Chanvre & Chenevi.

Graine de Musc. *Voyez* Ambrette.

Graine de Corne de Cerf. C'est ainsi que les Marchands Epiciers-Droguistes nomment la raclure de bois de Cerf. *Voyez* Cerf.

La Graine de Corne de Cerf paye les droits de la Doüane de Lyon à raison de 10 s. du quintal.

Graine. Ce qu'on appelle Rouge de demie Graine, est un des sept bons Rouges des Teinturiers. *Voyez* Rouge.

Par le Tarif de 1664, les Graines de jardin à semer de toutes sortes, payent pour droits de sortie 26 sols le cent pesant, & 12 sols de droits d'entrée.

Les droits de la Doüane de Lyon pour ces mêmes Graines sont de 7 s. 6 den. d'une part, & de 3 s. 9 d. d'une autre par quintal.

Les droits de sortie des Graines de Rabette ou Navette, de Lin, de Colza & de Moutarde, sont de 20 s. par septier mesure de Paris. La derniere paye les droits de la Doüane de Lyon à raison de 4 s. du quintal.

Graines de Citruille; de Concombre, de Courge de Melon. *Voyez* Semences Froides.

Graine de Perroquet. *Voyez* Carcomi.

Cette Graine paye les droits de la Doüane de Lyon sur le pied de 5 s. 6 d. d'ancienne & nouvelle taxation, & encore 12 s. d'anciens & nouveaux quatre pour cent.

Graine de Vers a soye. Ce sont les œufs de ces insectes: on les appelle Graine à cause de la ressemblance qu'ils ont avec celles de plantes.

Ces œufs sont extrémement petits, de figure ronde, mais un peu applatie, & d'une couleur grisâtre. Tous les vers à soye femelles jettent leur Graine lorsqu'au sortir de la coque ils sont devenus papillons; mais il n'y a que la Graine des femelles qui se sont accouplées avec les mâles qui soit feconde. *Voyez* Vers a soye.

La Graine de Vers à soye paye les droits de la Doüane de Lyon à raison de 10 s. de la livre.

Graine d'Ecarlate, ou Pastel. *Voyez* Pastel.

Cette Graine paye en France les droits d'entrée à raison de 10 livres du cent pesant, suivant le Tarif de 1664; & par celui de la Doüane de Lyon, aussi 10 livres pour tous droits.

Graine de Tonneau. Espece de Gravelle.

Elle paye à Lyon les droits sur le pied de 3 sols 6 deniers tant d'ancienne que de nouvelle taxation.

Graine d'Epinars. Terme de Brodeur-Chasublier. C'est une espece de broderie en losange faite avec du fil d'or & d'argent; on l'appelle aussi Grain d'orge.

GRAINETTE. Graine propre à teindre. *Voyez* Graine d'Avignon.

GRAINETTERIE. Commerce des grains, des graines & des légumes secs, en détail & à petites mesures. C'est le négoce que font à Paris les Marchandes Grainiers & Grainieres. *Voyez* Grainier.

GRAINETTIER, GRAINETTIERE. Marchand ou Marchande qui vendent des grains, des Graines, &c. *Voyez* Grainier.

GRAINIER, GRAINIERE, que l'on écrit aussi, GRENIER, GRENIERE, Marchand ou Marchande qui vend en détail & à petites mesures toutes sortes de grains, graines, légumes, même du foin & de la paille.

On leur donne souvent le nom de Grenetier & Grenetiere, mais c'est improprement; les Ordonnances & les Statuts concernant cette profession ne leur donnant que le nom de Grainier & Grainiere, & d'ailleurs le nom de Grenetier ayant une autre signification.

A Paris les Grainiers & Grainieres ne font qu'un seul corps de Communauté: leurs derniers Statuts font du 17 Septembre 1694, ils leur donnent la qualité de Maîtres & Maîtresses, Marchands & Marchandes Grainiers & Grainieres de la Ville & Fauxbourgs de Paris.

Les graines, légumes & autres denrées qu'ils ont faculté de vendre, sont, toutes sortes de pois, feves & lentilles tant cruës que cuites, de l'orge en grain & de l'orge mondé, de l'avoine, du gruau d'avoine, du millet en grain & du millet mondé, du ris, du bled, du segle, du sarrasin, de la navette, du chenevi, de la vesse, du sainfoin, de la luzerne, du treffle de Hollande, des lupins, de la graine de lin, du psillon, de l'alpiste, du fenugré, de la graine de coriandre; enfin des graines de laituës, de pourpier, de poreaux, de poirée, d'oignon, d'épinards, de cercifis, de chou & de serfeüil, & toutes autres graines de jardin.

Toutes sortes de farines entrent aussi dans leur négoce. Telles sont les farines de feves, d'orobe, de segle, de froment, d'orge, de lupins, de graine de lin & de fenugré; & généralement toutes les especes de graines & autres Marchandises dépendantes de l'état & métier de Grainier & Grainiere, même du foin, & de la paille; mais le tout en détail & à petites mesures.

Il faut observer que sous le titre de Grains sont compris le bled ou froment, le segle, l'orge, l'avoine & le sarrasin: que sous le nom de Légumes ont doit entendre les pois, les feves & les lentilles, & que ce qu'on nomme Graines est le millet, la navette, le chenevi, la vesse, le sainfoin, l'alpiste; &c.

A la tête de la Communauté des Grainiers & Grainieres sont deux Jurez & autant de Jurées, le corps étant indifféremment composé de Marchands & de Marchandes. Les Jurez & Jurées doivent également veiller à la conservation de leur art & métier; tenir la main à l'execution de leurs Statuts; faire les visites chez les Maîtres & Maîtresses, & recevoir les Apprentis & Apprentisses à l'apprentissage, & les Aspirans & Aspirantes à la Maîtrise. L'élection s'en fait tous les ans, sçavoir d'un nouveau Juré & d'une nouvelle Jurée, en sorte que chaque Juré & Jurée puisse rester deux ans en charge.

Les Marchands & Marchandes Grainiers & Grainieres ont la liberté par leurs Statuts, de faire venir de toutes sortes d'endroits du Royaume au-delà des vingt lieuës à la ronde de Paris, même des Pays Etrangers tant par terre que par eau, toutes sortes de marchandises concernant leur état & métier.

De grandes contestations étant survenuës entre les Maîtres & Maîtresses Grainiers & Grainieres d'une part, & les Maîtres Chandeliers de Paris de l'autre, au sujet de la vente, debit & commerce des grains, des graines, des légumes & autres semblables denrées; & la cause ayant été portée au Parlement, il intervint Arrêt du 17 Août 1694, par lequel il est défendu aux Chandeliers de vendre à l'avenir aucunes des marchandises dont il est fait mention dans les Statuts des Grainiers & Grainieres, ni de faire aucune entreprise sur leur négoce.

Les Grainiers ayant aussi voulu inquietter les Marchands Epiciers touchant la vente qu'ils font des pois, des feves, des lentilles, du ris, de l'orge mondé, du gruau d'avoine, du segle preparé en caffé, & autres telles légumes appartenant à la Graineterie, le Corps de l'Epicerie a été maintenu dans l'usage où il est de toute ancienneté de vendre ces sortes de marchandises, sans néanmoins que les Marchands Epiciers, non plus que les Grainiers puissent les tirer des environs de Paris, ni même plus près que de vingt lieuës à la ronde de cette Ville.

Par les Ordonnances de la Ville de Paris art. 7, 8, 9, du chap. 6, il est défendu aux Maîtres & Maîtresses Grainiers & Grainieres d'aller au devant des Marchands & Laboureurs pour acheter leurs grains, ni d'en acheter ailleurs que sur les Ports.

Il leur est encore défendu d'acheter ou de faire acheter des grains & farines sur les Ports, qu'aux jours de marché & après midi.

Ils ne peuvent non plus enlever à la Foire plus de six septiers d'avoine & deux septiers des autres grains, ni avoir dans leurs maisons plus de deux muids d'avoine, & huit septiers de chacune sorte des autres graines & légumes, pour la vente & debit de ces marchandises.

Enfin ils sont tenus de ne se servir que de petites mesures de bois, comme boisseau, demi-boisseau, litrons, &c. bien & dûëment étalonnées & marquées à la lettre courante de l'année, leur étant absolument défendu de se servir de picotins & autres mesures d'osier; & lorsqu'ils veulent vendre à plus grande mesure que celle du boisseau, ils sont dans l'obligation d'appeller les Jurez Mesureurs de grains pour faire leur mesurage.

GRAIS, ou GRE'S. Pierre dure & grise qui se fend & se reduit en poudre aisément.

Cette pierre a quantité d'usages: elle sert dans les bâtimens, mais seulement en gros quartiers, n'y étant pas propre en moilon, & encore moins en caillourage, parce qu'elle n'aspire pas le mortier; elle ne s'employe gueres que piquée: elle se vend au pied cube, à la voie & au tonneau. La superbe maison de Fontainebleau en est presque toute bâtie.

Les Sculpteurs se servent aussi de la pierre de Grais pour des morceaux de sculpture: les sphinx & les lamias qu'on voit à Fontainebleau & qui sont si fort estimez, en sont faits.

Le principal usage du Grais, sur-tout à Paris & aux environs, est pour le pavé; presque tous les grands chemins qui y aboutissent en sont, aussi bien que les ruës & les cours des maisons de cette Capitale. Il y en a de deux sortes, du grand & du petit échantillon: le grand ne s'assied qu'avec le sable; le petit qui est aussi de deux sortes, se pose ou à chaux & à sable, si c'est du commun, ou à chaux & à ciment s'il est d'échantillon, c'est-à-dire, s'il est taillé quarrément; ce dernier n'a que quatre à cinq pouces en quarré. Le Grais se vend à la toise cube tout taillé sur la carriere, & à la toise quarrée posé en place. *Voyez* PAVEUR.

Les Potiers de Terre & les Fournalistes employent aussi beaucoup de Grais dans leurs ouvrages.

C'est encore avec du Grais battu que les glaces à miroirs se dégrossissent & s'adoucissent, & que les Lunetiers travaillent leurs verres, soit concaves avec des boules, soit convexes dans des bassins.

Les Marbriers & Scieurs de pierre s'en servent pareillement pour scier & user leurs marbres & leurs pierres.

Enfin c'est sur le Grais que la plûpart des Ouvriers qui travaillent en marbre, en pierre & en bois, comme les Sculpteurs, Marbriers, Tailleurs de pierre, Charpentiers, Menuisiers, &c. affutent & aiguisent leurs outils coupans.

Voyez

Voyez les articles de tous ces Ouvriers & Artisans.

GRAIS, qu'on nomme quelquefois Meule, & assez souvent simplement Pierre. C'est chez les Fondeurs de caractères d'Imprimerie une pierre de Grais d'Angleterre sur laquelle ils frottent & usent les lettres nouvellement fonduës, pour les unir des deux côtez par ou elles doivent se toucher & se joindre quand on les met en ligne. Le Grais se pose orizontalement sur un billot ou escabellon de bois.

GRAIS. Celui des Miroitiers-Lunetiers n'est guéres différent du précédent ; mais ils ne lui donnent ordinairement que le nom de Meule, & n'employent communément que des meules de Lorraine, qui sont également bonnes pour leurs ouvrages, quoique moins excellentes que celles d'Angleterre. C'est sur ce Grais qu'ils dressent & arrondissent les bords des verres de leurs lunettes pour les placer dans la rainure des chasses.

GRAISSE, que quelques-uns écrivent aussi GRESSE. C'est une matiere blanche, grasse & huileuse, qui se trouve répanduë dans plusieurs parties du corps des animaux.

Quoiqu'il semble que les différentes sortes de Graisses ne soient pas d'une grande utilité pour le commerce : cependant il y en a quelques-unes qui étant fonduës & purifiées, font partie de celui des Marchands Epiciers & Droguistes, les unes étant propres à la Medecine, & les autres s'employant dans les Manufactures des chandelles, ou dans la préparation de certaines sortes de cuirs sous le titre de suif.

On va raporter ici celles qui sont le plus en usage, & l'on en fera des renvois aux articles où il en est parlé plus particuliérement.

GRAISSE DE BLAIREAU. *Voyez* BLAIREAU.

GRAISSE OU SUIFS DE BOEUF ET DE VACHE. *Voyez* BOEUF, VACHE & SUIFS.

GRAISSE OU SUIF DE BOUC. *Voyez* SUIF & BOUC.

GRAISSE OU SUIF DE CERF. *Voyez* CERF.

GRAISSE OU SUIF DE MOUTON ET DE BREBIS. *Voyez* MOUTON, BREBIS & SUIF.

GRAISSE OU SUIF D'OURS. *Voyez* OURS.

GRAISSE OU SUIF DE PORC ET DE TRUYE. *Voyez* PORC, TRUYE & SUIF.

GRAISSE DE VAUTOUR. *Voyez* VAUTOUR.

Il y a des Graisses de poisson qui étant fonduës & préparées, prennent le nom d'Huile ; telles sont celles de la baleine & du marsoüin, qui font partie du négoce des Marchands Epiciers & Chandeliers *Voyez* BALEINE & MARSOUIN.

GRAISSERIE, ou GRESSERIE. Carriere d'ou l'on tire le grais. Il se dit aussi des ouvrages que l'on fait avec le grais. *Voyez* GRAIS.

GRAIZE. *Voyez* GREGE.

GRAND. Terme de comparaison. Il se dit dans le commerce, de quelques Livres des Marchands & Banquiers, aussi bien que de certaines Communautez ; & encore de marchandises, ou de la maniere d'en faire le riage, le compte ou le débit. On va donner ici ceux & celles qui sont le plus en usage.

GRAND AMIRAL DE FRANCE. *Voyez* AMIRAL.

GRAND-BARRAGE. Nom que l'on donne à une sorte de linge ouvré qui se fabrique à Caën, & aux environs de cette Ville de Basse Normandie. Il y a du Grand-Barrage commun. *Voyez* LINGE.

GRAND-CAEN, ou DAMAS. Espece de linge ouvré qui se fait en quelques lieux de Basse-Normandie. *Voyez* LINGE.

GRAND-COMPTE, ou COMPTE-MARCHAND. Terme de commerce de moruë. *Voyez* MORUE.

GRAND-LION. C'est encore du linge ouvré qui se tire du Beaujolois, particulierement de Rayguie. *Voyez* LINGE.

GRAND LIVRE, que l'on appelle aussi LIVRE D'EXTRAITS, ou LIVRE DE RAISON. C'est une espece de Registre d'une grandeur extraordinaire, dont les Marchands, Négocians, Banquiers, & autres qui se mêlent de commerce, se servent pour y former tous les comptes en débit & credit, dont ils trouvent les sujets sur leur journal.

Dans ce Livre les pages à gauche sont destinées pour le débit, & celles à droite pour le credit. Le debit se marque par le mot *Doit*, qui se met après le nom du Débiteur ; & le credit se distingue par le mot *Avoir*.

De quelque maniere que l'on veüille tenir les écritures dans le commerce, c'est-à-dire, soit en parties simples, soit en parties doubles, on ne peut absolument se dispenser d'avoir un Grand Livre. *Voyez* LIVRES.

GRAND-MONDE. C'est une espece de papier, le plus grand de ceux qui se fabriquent dans les papeteries de France. *Voyez* PAPIER.

GRAND MOULE A CAUCHER. } Termes de Batteur
GRAND MOULE A ACHEVER. } d'or. *V.* MOULE.

GRAND-TEINT : ou BON-TEINT. C'est ainsi qu'on nomme la Communauté des Maîtres Teinturiers, à qui il n'est permis que d'employer les meilleures drogues pour faire les boüillons de leurs teintures, & mettre les étoffes en couleur. Ils sont ainsi nommez par opposition aux Teinturiers du petit teint ; qui ne teignent que les moindres étoffes, & qui peuvent se servir de drogues moins bonnes. *Voyez* TEINT.

GRANDE-MESURE. Terme de Batteur d'or. *Voyez* QUARTERON.

GRANDE-ROSE, GRANDE-VENISE. Ces deux sortes de linges ouvrez se manufacturent en Flandres & en Basse Normandie. *Voyez* LINGE.

GRANDS-BRINS, ou HAUTS-BRINS, qu'on nomme ordinairement, en termes de commerce de toiles, TOILES DE HALLE ASSORTIES. Ce sont des toiles de Bretagne, dont la meilleure partie se fabrique à Dinan. *Voyez* TOILE, *où il est fait mention de celles de Bretagne.*

GRANGE. Lieu où l'on serre & où l'on bat les blez. *Voyez* BLE'.

GRANGEAGE. Maniere de donner une terre à ferme ou à loüage. Donner une terre à Grangeage, c'est la donner à moitié, à la charge par le Fermier de faire seul tous les frais de l'exploitation.

GRANGIER, ou GRANGER. Métayer qui a le soin de recueillir les grains, & de les faire serrer dans la Grange.

GRANIT. Espece de marbre très-dur, qui ne prend jamais bien le poli. Il y a du Granit d'Egypte, du Granit d'Italie & du Granit de Dauphiné.

Le Granit d'Egypte a des taches grises & verdâtres sur un blanc sale. Il y en a aussi de violet & blanc. C'est de la premiere espece que sont faites la plûpart des aiguilles que l'on voit à Rome aussi-bien que ces colomnes d'un volume si énorme, que bien des Curieux ont voulu faire croire que ces monumens de la magnificence des anciens Egyptiens étoient fabriquez de pierre ou de sable fondus, & non pas taillez dans le massif d'une carriere.

Le Granit d'Italie est de deux sortes; l'un qu'on nomme Granit verd, mêlé de taches vertes & blanches, qui est une ne espece de serpentin ; & l'autre qui a de très-petites taches un peu verdâtres. Ce dernier est beaucoup moins dur que l'Egyptien ; sur-tout quand il reste long-tems à l'air ; ce qui en rend alors la taille difficile.

Le Granit de Dauphiné est une espece de caillou très-dur, mais bien veiné. Sa réputation avoit été assez grande autrefois ; mais la carriere ayant été long-tems négligée, on en étoit venu jusqu'à en perdre entierement la connoissance. Elle a été retrouvée vers le milieu du dix-septiéme siecle.

GRANUM GNIDIUM, ou COCCUS GNIDIUS. *Voyez* THYMELE'E.

GRAS, GRASSE. On dit en termes de manufacture de lainerie, qu'un drap est gras : qu'une serge est grasse ; lorsqu'ils n'ont point été bien dégorgez de leur huile ou de leur graisse, ce qui vient de la faute du Foulon. Les vers se mettent plus ordinairement dans les étoffes grasses que dans les autres.

GRATIA DEI, ou GRATIOLA. Nom que les Botanistes donnent à une sorte de plante médicinale qui vient en Languedoc, en Provence ; & en divers autres endroits de France. *Voyez* SENE', *à la fin de l'article.*

GRATIENNE. Especes de toiles de lin qui se manufacturent en quelques endroits de la Bretagne. Elles sont blanches & d'un assez bon blanchiment. *Voyez* TOILE, *où l'on parle de celles de Bretagne.*

GRATIOLA. Espece de Sené François. *Voyez ci-dessus* GRATIA DEI.

GRATTEAU. Instrument d'acier dont se servent les Doreurs sur metail, pour préparer l'ouvrage qu'ils veulent dorer. Il est pointu à quatre carnes tranchantes, monté dans un manche de bois. *Voyez* DORURE AU FEU.

GRATTEAU. Est aussi un instrument des Fourbisseurs, mais bien different de celui des Doreurs. Il est pareillement d'acier, long d'environ dix pouces, tourné en spirale par le milieu, les deux bouts plats, tranchans & courbez, l'un à droite ; & l'autre à gauche : il sert à gratter & même à brunir la plaque des gardes d'épées qu'on veut nettoyer & reparer.

GRATTEAU. Les Fourbisseurs & autres Ouvriers qui travaillent en ciferule, appellent Petit Gratteau, un ciselet un peu recourbé par le bout, dont ils grattent & adoucissent le relief de leurs ouvrages.

GRATTE-BOESSE. Espece d'outil en forme de petite brosse composée de plusieurs menus fils de leton joints ensemble par le moyen d'un autre fil de leton qui les entortille.

Quelques Artisans, particulierement les Horlogeurs, se servent de la gratte-boesse pour gratte-boesser les ouvrages de cuivre doré, c'est-à-dire, les frotter avec la Gratte-boesse trempée dans de la biére ou de l'urine, pour rendre la dorure plus brillante & plus vive.

Les Gratte-boesses se tirent d'Allemagne, & font partie du négoce des Marchands Quincailliers qui sont du Corps de la Mercerie ; & c'est de ces Marchands que les Ouvriers qui en ont besoin les achetent.

GRATTE-BOESSE. Les Doreurs sur métail se servent aussi de ces sortes de brosses, lorsqu'ils veulent dorer d'or moulu. *Voyez* DORURE AU FEU.

GRATTE-BOESSER. Se servir de la gratte-boesse pour perfectionner quelque ouvrage.

GRATTER. Ratisser quelque chose pour la rendre plus unie ou plus polie. On gratte le parchemin, le papier, les métaux.

GRATTER. Signifie aussi se servir du grattoir pour nettoyer & préparer quelque ouvrage.

GRATTER un Livre. Terme de Relieur de Livres. C'est ouvrir le dos d'un livre avec un instrument de fer dentellé, pour y faire mieux entrer la colle, avant que de l'endosser. *Voyez* RELIEURE.

GRATTOIR. Instrument dont se servent les Relieurs de Livres. Il est de fer à queuë d'hironde, de douze ou quinze lignes de large par le bout, avec plusieurs entailles ou dents assez fines. Son manche est de bois. Son usage est pour gratter ou ouvrir le dos des Livres avant de les endosser, *Voyez comme dessus.*

GRATTOIR. C'est aussi un outil dont plusieurs Ouvriers, particulierement ceux qui travaillent sur les métaux, se servent pour nettoyer, arrondir & perfectionner leurs ouvrages. Les Orfevres, les Sculpteurs, les Graveurs, les Plombiers, les Monnoyeurs, les Serruriers, les Chauderonniers, & Doreurs sur métail, ont differens Grattoirs, Les Serruriers nomment les leurs Grattoüeres, & les Doreurs sur métail, Gratteaux. *Voyez ces deux articles.*

Le Grattoir des Orfevres & des Graveurs en taille douce est d'acier poli, taillé de forme triangulaire, & aboutissant en pointe. Il a ordinairement un polissoir à l'autre bout : l'espece qui sépare ces deux outils est tourné en spirale.

Le grattoir des Sculpteurs est de fer emmanché de bois. Son extremité qui est large & recourbée, est entaillée tout autour en forme de dents de scie.

Le Grattoir dont on se sert dans les Hôtels des Monnoyes pour ratisser les lames de cuivre au sortir de moules ; est fait à peu près comme un fer de pique, mais seulement tranchant d'un côté. *Voyez* MONNOYAGE.

Le Grattoir ordinaire des Chauderonniers n'est guéres different de celui des Monnoyes ; mais il est emmanché d'un plus long manche, afin de pouvoir atteindre au fond des marmites, coquemarts & autres ustenciles de cuisine, qu'ils netoient & grattent avec cet instrument pour les mettre en état d'être estamez.

Ils en ont encore de deux sortes outre celui-là ; l'un qui est fait en croissant, pour gratter l'équerre des chauderons, marmites & autres tels ouvrages qui sont enfoncez ; l'autre qui est fort court & en forme de couteau, sert à en gratter les bords. Ces deux sortes de Grattoirs ont aussi des manches de bois ; mais avec cette difference, que les manches des Gratoirs en couteau sont toûjours très-courts, & que les Grattoirs en croissant en ont de diverses longueurs proportionnées à la profondeur des pieces qu'on veut gratter.

Le Grattoir des Plombiers est plat, court, assez tranchant, pointu & un peu recourbé. Son manche qui est de bois est aussi fort court. Il sert à ratisser & gratter les soudures.

GRATTOUERES, ou GRATTOIRES. Outils dont se servent les Serruriers, pour dresser & arrondir les anneaux des clefs & autres pieces de relief. Il y en a de plusieurs sortes, de rondes, de quarrées, de longues, & de diverses autres figures, suivant le goût & le genie de l'Ouvrier, où la diversité de l'ouvrage.

GRAVE, ou GREVE. Grand espace le long des rivages de la mer, qui est couvert partie de sable, & partie de ces caillous qu'on appelle du Gallet. Le mot de Grave n'est guéres en usage que parmi les Matelots qui la font sécher. C'est sur la Grave qu'on dresse les échaffauds propres à façonner le poisson. *Voyez* MORUE SECHE.

GRAVEGE'E, autrement CENDRE GRAVEGE'E. Drogue propre à la teinture, du nombre de celles que l'on ap-

appelle non colorante; parce que sans donner aucune couleur aux étoffes, elles ne font que les préparer à en recevoir une, étant employée dans les bains ou bouillons.

La cendre Gravelée est de la lie de vin sechée & ensuite calcinée. Pour être bonne, elle doit être en pierre, nouvelle faite, d'un blanc verdâtre, & d'un goût salé & amer. Celle qu'on fait venir de Bourgogne est incomparablement meilleure que celle que font les Vinaigriers de Paris, parce qu'elle n'est faite qu'avec de bonne lie. Il en vient aussi de Lyon; qui est fort estimée.

L'on apporte de Pologne, sur-tout de Dantzik, & quelquefois de Moscovie, une espece de cendre Gravelée, que l'on nomme Potasse ou Vedasse, dont les Teinturiers se servent aux mêmes usages que de celles de France: en effet au nom près c'est précisement la même chose; à moins peut-être que l'éloignement des Pays d'où elle vient, n'y ajoûte quelque prix, comme il n'est que trop ordinaire.

De la Gravelée préparée par la chymie on fait un sel qui a les mêmes vertus que le sel de tartre, à la réserve qu'il est plus corrosif. On en compose aussi les pierres que l'on appelle Pierres à cautere, soit les communes, soit celles qu'on nomme Cauteres de velours, à cause qu'elles operent doucement. Il s'en peut encore tirer une huile dont les vertus sont assez semblables à celles de l'huile de tartre.

La Gravelée paye en France les droits de sortie à raison de 40 s. le cent pesant, suivant le Tarif de 1664.

Les droits de la Doüane de Lyon, sont de 2 s. 6 den. du quintal.

GRAVELLE. Espece de tartre qui se fait à Paris & à Lyon. *Voyez* Tartre.

GRAVER. Tailler & inciser les pierres précieuses, les métaux, les marbres, le bois & autres semblables matieres, & y representer avec les ciseaux, les ciseletes, les burins, l'eau-forte, &c. diverses sortes de desseins & de figures.

GRAVEUR. Celui qui grave. Il y a des Graveurs sur pierres précieuses, des Graveurs sur acier, des Graveurs en taille-douce, des Graveurs en métail, & des Graveurs & Doreurs sur fer. On va parler de tous ces Graveurs dans cet article; des uns très-amplement, & des autres seulement pour indiquer les endroits de ce Dictionnaire où l'on en traite, & les Communautez dont ils sont Maîtres.

Graveurs sur pierres précieuses. Ces Graveurs sont ceux qui ont l'art de faire sur diverses especes de pierres précieuses des representations en creux & en relief. On les nomme aussi Maîtres Cristalliers, parce qu'ils gravent sur le cristal. Ils sont du Corps des Maîtres Lapidaires, & ne font qu'une même Communauté avec eux. *Voyez* Lapidaire.

L'art de graver sur les pierres précieuses est un de ceux où les Anciens ont le plus excellé; & l'on voit encore quantité d'agathes, de cornalines & d'onices antiques, qui surpassent de beaucoup tout ce que les Modernes ont pû faire de meilleur en ce genre.

Pyrgoteles chez les Grecs, & Dioscorides sous les premiers Empereurs Romains, sont les plus celebres Graveurs dont les noms soient passez jusqu'à nous. L'un fut tellement estimé d'Alexandre, que ce Prince défendit que d'autres que lui gravassent son portrait; & la tête d'Auguste que l'autre avoit gravée étoit si belle, que les Successeurs de cet Empereur la choisirent par préference pour leur servir de cachet.

La plûpart des beaux Arts ayant été ensevelis dans la ruine de l'Empire Romain, l'art de graver sur les pierres précieuses eut le sort commun. Il reparut néantmoins en Italie dans le commencement du quinziéme siecle; & un Jean de Florence, & après lui Dominique de Milan y firent de ces sortes de graveures qui n'étoient pas méprisables. Elles sont depuis ce tems devenuës très-communes en Europe, & sur-tout il s'en fait une très-grande quantité en Allemagne, qui se répandent en France & ailleurs; mais elles n'ont presque aucun goût, particulierement celles sur les pierres précieuses; car pour le cristal, les Allemans, & depuis peu les François à leur imitation y réussissent assez bien.

Pour graver sur les pierres précieuses on se sert du diamant ou de l'émeril, & d'un tour semblable à celui des Potiers d'étain, si ce sont de grands ouvrages; ou seulement du touret, si ce sont des cachets & de petites pierres.

Les instrumens qui usent les endroits de la pierre qui doivent être en creux, & qui donnent les contours aux autres qui doivent être en relief, sont des Bouts, des Bouterolles, des pointes, des Charnieres & des Scies, tous de fer ou de cuivre, qui tournant avec vitesse en même tems que l'arbre du tour ou touret où ils sont attachez, enlevent ou usent les endroits de la pierre qui leur sont présentez par le Graveur.

Les graveures de relief sont les plus faciles, parce que l'Ouvrier voit son ouvrage, au lieu que dans celles en creux il faut qu'il ait continuellement recours à des empreintes, ou sur de la cire, ou sur de la pâte.

Lorsque les pierres sont gravées, on les polit avec du tripoli sur des roües de brosses faites de poil de cochon.

On peut voir dans divers articles de ce Dictionnaire, suivant l'ordre alphabetique, la description & l'usage des machines, instrumens & outils qui servent à ces sortes de graveures, dont on s'est contenté de donner ici seulement le nom.

Il y a à Paris une manufacture de verre & cristaux gravez établie d'abord dans le Fauxbourg S. Antoine en l'année 1709, & depuis transferée ailleurs. Les Lettres Patentes accordées par le Roy pour son établissement sont du mois de Novembre 1699; mais quelques oppositions des Maîtres des Communautez qui se mêlent de ce commerce en ayant reculé l'enregistrement jusqu'en 1708, les Entrepreneurs ne purent faire valoir leur privilege qu'après l'Arrêt du 5 Decembre de la même année, relatif à un autre du 21 Juillet précedent, qui regloit les contestations entre les parties.

Le privilege de cette Manufacture est exclusif & donné tant à l'Impetrant (le Sieur Launoy de Bourmont), qu'à ses Associez, héritiers & successeurs.

Les ouvrages permis aux nouveaux Privilegiez sont toutes sortes de cristaux & verres travaillez en graveure & ciselure en creux & en relief, & toutes figures massives, bustes & bas reliefs en sculpture; avec faculté néantmoins & permission aux Ouvriers tant de Paris que des autres Villes du Royaume, de continuer le travail des cristaux & verres, soit unis, soit à facettes & à pans, & autres de cette espece, dont la fabrique à été accordée ci devant par Lettres Patentes du Roy regnant, ou des Rois ses Prédecesseurs.

Graveurs sur Acier. On nomme ainsi ceux qui gravent les poinçons, les matrices & les quarrez propres à frapper & fabriquer toutes sortes de monnoyes, de médailles & de jettons.

Les Graveurs pour les monnoyes se nomment néantmoins plus ordinairement Tailleurs, & sont en titre d'Offices; ce qui est presque la seule difference qu'il y ait entr'eux & les Graveurs de médailles & jettons, à la réserve toutefois que les

les Tailleurs des monnoyes peuvent graver des médailles & des jettons, & que nul Graveur, s'il n'est Tailleur, ne peut sous peine de punition corporelle, & d'être reputé coupable du crime de fausse monnoye, graver des poinçons & matrices servant au monnoyage. *Voyez* TAILLEUR.

La graveure des monnoyes & celle des médailles & des jettons se font de la même maniere & avec les mêmes instrumens; toute la difference ne consistant qu'au plus & au moins de relief qu'on leur donne; le relief des monnoyes étant peu considerable en comparaison de celui des médailles, & le relief des jettons l'étant encore moins que celui des monnoyes.

L'ouvrage des Graveurs en acier se commence ordinairement par les poinçons qui sont en relief, & qui servent à faire les creux des matrices & des quarrez. Quelquefois néantmoins on travaille d'abord en creux, mais seulement quand ce qu'on veut graver a peu de profondeur.

La premiere chose que fait le Graveur, c'est de dessiner ses figures, & ensuite de les modeler & ébaucher en cire blanche, suivant la grandeur & la profondeur qu'il veut donner à son ouvrage. C'est d'après cette cire que se grave le poinçon.

Ce poinçon est un morceau d'acier, ou de fer bien aceré, c'est-a-dire, composé de fer & d'acier, sur lequel avant que de l'avoir trempé on cisele en relief la figure, soit tête, soit revers, que l'on veut graver & frapper en creux sur la matrice ou quarré. *Voyez* POINÇON.

Les outils dont on se sert pour cette graveure en relief, & qui sont presque les mêmes que pour achever la graveure en creux, sont d'acier. Les uns s'appellent des Ciselets, d'autres des Echopes, quelques-uns des Rifloirs, des Onglets & des Matoires. Il y a aussi diverses sortes de burins, & quantité d'autres petits instrumens sans nom, desquels il y en a de tranchans, de hachez, de droits, de coudez, enfin de differentes manieres suivant le genie & le besoin du Graveur qui les invente & qui s'en sert.

Tous ces outils se trempent, & après qu'ils ont été trempez, se découvrent en les fichant dans un morceau de pierre-ponce. On en donne la description & l'usage à leurs propres articles, suivant leur ordre alphabetique.

Quand le poinçon est achevé, on lui donne une forte trempe pour le durcir, afin qu'il puisse resister aux coups de marteau, ou de cet instrument qu'on appelle une Sonnette, dont on se sert pour en faire l'empreinte en creux sur la matrice.

Ce qu'on entend par une matrice, & qu'on nomme aussi Carré à cause de sa figure, est un morceau de bon acier de forme cubique, sur lequel on grave en creux le relief du poinçon. Il est appellé Matrice, parce que c'est dans ce creux que les monnoyes & les médailles paroissent être engendrées, en sorte comme les hommes & les animaux s'engendrent dans la matrice de leur mere.

Pour adoucir le morceau d'acier dont est fait le carré, & le rendre plus facile à prendre l'empreinte du poinçon, lorsque ce dernier se frappe dessus, on le recuit, c'est-à-dire, qu'on le fait rougir au feu; quand il a été frappé à chaud ou à froid, autant qu'il est possible on le repare; ce qui signifie qu'avec quelques-uns des outils dont on a parlé ci-dessus, on acheve dans le creux de perfectionner les traits ou les parties, qui à cause de leur délicatesse, ou du trop grand relief du poinçon, n'ont pû se marquer sur la matrice.

Sa gratteboesse est une espece de brosse de fil de leton avec laquelle on nettoye le creux du carré, à mesure qu'on y a reparé quelque endroit. *Voyez* MATRICE.

La figure parfaitement unie, on acheve de graver le reste de la médaille, comme sont les moulures de la bordure, les grenetis, les lettres, &c. qui presque tous, particulierement les lettres & le greneti se font avec de petits poinçons fort acerez & bien trempez. On parle ailleurs de toutes les sortes de poinçons qui servent pour l'achevement des carrez, soit des médailles, soit des monnoyes, soit enfin de jettons. *Voyez* POINÇON. *Voyez aussi* MONNOYAGE.

Comme l'on se sert de Poinçons pour graver en creux des carrez, on se sert aussi en certains cas des carrez pour graver des poinçons en relief; mais ce n'est guéres que dans les Hôtels des Monnoyes qu'on fait ce travail, le Tailleur general envoyant aux Tailleurs particuliers des matrices pour y fabriquer des poinçons, aussi-bien que des poinçons pour frapper des carrez. On expliquera à l'article de la Monnoye & du Monnoyage tout ce qui regarde cette police des Tailleurs ou Graveurs des Monnoyes de France par raport aux poinçons & aux matrices. *Voyez aussi* TAILLEUR DES MONNOYES.

Les Graveurs ne pouvant voir l'ouvrage en creux avec la même facilité que celui qu'ils font en relief, ont imaginé diverses manieres d'en avoir l'empreinte, à mesure que leur carré s'avance.

Quelquefois ils se servent d'une composition de cire ordinaire, de terebenthine & d'un peu de noir de fumée, qui se conservant toûjours assez molle, prend aisément l'empreinte de l'endroit du creux contre lequel on le presse: mais cette cire préparée ne pouvant servir que pour voir la graveure par partie, ils ont deux ou trois autres moyens de tirer la figure toute entiere.

Le premier moyen est ce qu'ils appellent du Plomb à la main, c'est-à-dire, du plomb fondu qu'ils versent sur un morceau de papier, sur lequel renversant le carré, & le frappant de la main, le plomb à demi liquide en prend & en conserve aisement le relief.

La seconde maniere de prendre une empreinte, est avec du souffre lentement liquifié & à feu doux, dont après l'avoir versé sur du papier, on se sert comme du plomb à la main avant qu'il soit refroidi.

Enfin la troisieme maniere, mais qui n'est propre qu'à tirer des empreintes peu profondes, telles que sont celles des monnoyes & des jettons, consiste à mettre sur le creux un morceau de carte legere; & l'ayant couvert d'une lame de plomb, donner sur le plomb quelques coups de marteau, jusqu'à ce que la carte ait pris l'empreinte du carré.

Quand le carré est entierement achevé, on le trempe comme on a fait le poinçon, puis on le découvre & on le frotte avec de la pierre-ponce, ensuite on le nettoye avec des brosses de poil, enfin on se sert de la pierre à huile & de l'émeril que l'on porte dans tous les enfoncemens du creux avec un petit bâton pointu, mais emoussé.

Le carré en cet état peut être porté au balancier, pour y frapper des médailles, des especes ou des jettons. La maniere de s'en servir, & les machines qui servent à en tirer les empreintes sur le métail, n'étant point l'ouvrage du Graveur, on en a parlé à l'article du Balancier, & l'on entraitera encore à ceux du Monnoyage & de la Monnoye, où l'on peut avoir recours.

GRAVEURS EN TAILLE-DOUCE. Ce sont ceux qui gravent sur

fur le cuivre, foit avec le burin, foit avec l'eau forte, & qui y repréfentent d'après des deffeins, divers fujets d'hiftoire, de païfage, de grotefque, de fleurs, d'animaux, &c.

L'on ne dira rien ici de l'invention de la graveure, ni de la beauté des ouvrages qui font fortis des mains des Graveurs François, fe réfervant d'en parler à l'article fuivant. On va feulement expliquer la maniere de graver au burin & à l'eau-forte, après qu'on aura dit quelque chofe des Corps & Communautez dont ces fortes de Graveurs font Affociez ou Maîtres. *V.* Graveure.

Les Graveurs pour avoir droit de graver dans la Ville & Fauxbourgs de Paris, & d'y faire imprimer & débiter leurs ouvrages, doivent être ou membres de l'Academie Royale de Peinture, Sculpture & Graveure, ou Maîtres de la Communauté des Peintres, Sculpteurs & Graveurs de cette Ville.

Les Maîtres Peintres font des Apprentifs; les Academiciens n'ont que des Eleves, mais ces Eleves ont le même droit à la Maîtrife, que s'ils avoient été Apprentifs des Maîtres.

On traite amplement ailleurs de l'union des deux Corps, des privileges dont ils joüiffent en commun, & de ceux qu'ils ont chacun en particulier. *Voyez* Academie. *Voyez auffi les articles de* Peintre *&* *de* Peinture.

Les Graveurs & Marchands de tailles-douces font tenus en conféquence d'une Déclaration de Louis XIV. de l'année 1714, de fournir à la Chambre Syndicale de la Librairie, auffi-bien que les Libraires, Imprimeurs & autres, huit exemplaires en blanc de tous les Livres de figures, Eftampes, &c. qu'ils font imprimer avec privilege.

Pour graver fur le cuivre au burin, il faut peu d'apprêt & peu d'outils. Une Planche de cuivre rouge bien polie, un Couffinet de cuir rempli de fon ou de laine pour la foûtenir, une Pointe d'acier pour tracer; divers Burins bien acerez & de bonne trempe, pour incifer le cuivre; un Outil d'acier, qui a d'un bout un bruniffoir pour polir le cuivre ou reparer les fautes, & de l'autre bout un grattoir triangulaire & tranchant pour le ratiffer; une Pierre à huile montée fur fon bois, pour affuter les burins; enfin un tampon de feutre noirci, dont on frotte la planche pour en remplir les traits, & les mieux diftinguer à mefure que la graveure s'avance, font tout l'équipage d'un Graveur au burin; n'ayant d'ailleurs befoin d'aucun autre apprêt pour préparer fa planche, ni pour la graver; tout dépendant d'un grand goût de deffein pour la difpofition, & d'une main feure & legere pour l'execution.

La graveure à l'eau-forte a encore moins d'outils que la graveure au burin; mais elle eft affujettie à plus de préparatifs pour la commencer, & à plus d'attention pour l'achever. Elle a d'ailleurs des avantages que n'a pas celle au burin; puifqu'outre que le Graveur à l'eau-forte avance fon ouvrage beaucoup plus vîte que l'autre, il touche bien mieux certaines parties, comme par exemple, les terraffes & les arbres dans les païfages.

La planche de cuivre pour graver à l'eau forte n'eft point differente de celle pour graver au burin; mais avant que de la couvrir de vernis de la maniere qu'on le dira dans la fuite, elle doit être & plus polie & plus nette.

Le vernis des Graveurs eft de deux fortes, l'un liquide, & l'autre fec, c'eft-à-dire, l'un plus mol, & l'autre plus dur. Tous les deux s'appliquent fur la planche, après qu'elle a été fuffifamment chauffée fur le feu, pour que l'un ou l'autre vernis s'y étendent également.

Quand il eft féché, on le noircit en paffant la planche du côté du vernis fur la lumiere d'une chandelle allumée.

C'eft fur ce vernis ainfi noirci qu'on calque le deffein; ce qui fe fait en l'appliquant fur la planche, après avoir frotté le deffous du papier de fanguine, & en paffant legerement une pointe d'aiguille un peu émouffée fur fes principaux traits, dont on fuit exactement les contours.

Quand le deffein eft calqué, le Graveur le trace avec une pointe, & pour achever fon ouvrage il fe fert d'autres pointes de differentes groffeurs, ou d'échopes qui font encore plus groffes que les pointes; les unes & les autres n'étant néanmoins que des aiguilles enfoncées par la tête dans un petit manche de bois, dont les plus fortes ont le nom d'échopes, parce qu'elles font coupées ou plûtôt affutées en chanfrain comme les échopes des Orfevres. Ces échopes fervent pour tracer des traits plus larges & plus forts fur le vernis.

L'on fe fert de deux fortes d'eau-forte, ainfi que de deux fortes de vernis; l'une que l'on appelle Eau blanche, & l'autre qui eft nommée Eau verte. Celle-ci fert avec les deux vernis, l'autre ne peut fervir qu'au vernis liquide.

L'eau blanche, qui eft celle des Affineurs, fe met à plat fur la planche, après qu'on l'a bordée de cire; l'eau verte qui eft plus forte, & qui eft faite avec du fel commun, du fel armoniac & du verd-de-gris, ne fait que fe couler fur les planches qu'on tient un peu inclinées, en fe fervant pour cela d'une efpece de caiffe de bois poiffée où l'on place la planche, au bas de laquelle eft un vafe de terre pour recevoir l'eau qui en fort.

Il faut obferver que l'une ou l'autre eau-forte ne doit pas demeurer également & auffi long-tems fur les lointains & fur les autres parties du deffein qui doivent fuir, comme fur celles qui font les plus proches à la vûë, & qui doivent paroître plus fortes & plus ombrées.

Pour remedier à cet inconvenient les Graveurs ont une compofition de fuif & d'huile, dont ils couvrent les endroits où l'eau-forte ne doit pas mordre fi fortement qu'aux autres; l'ôtant de deffus la planche quand ils jugent qu'elle y a affez fejourné, & frottant de cette mixtion les parties qu'ils veulent épargner; ce qu'ils recommencent autant de fois qu'ils le croyent à propos, & jufqu'à ce que l'eau-forte ait affez penetré les endroits qui doivent avoir plus de force, & faire plus dur ou plus noir; obfervant toûjours de ne remettre la planche à l'eau-forte qu'après l'avoir lavée d'eau fraîche, & l'avoir féchée au feu.

Enfin la graveure finie, & la planche ayant eu toute fon eau-forte, on la lave à forfait d'eau fraîche, après quoy on la chauffe fur un feu raifonnable pour en fondre & en enlever tout le vernis.

Les Pointes, les Echopes, une Pierre à huile pour les aiguifer, & une Broffe ou gros Pinceau de poil de petit gris, pour ôter de deffus la planche les ordures ou le vernis qui s'enlevent à mefure qu'on grave, font les feuls outils dont les Graveurs à l'eau-forte ont befoin.

Graveurs en Bois. Ces fortes de Graveurs, ainfi nommez de la matiere fur laquelle ils travaillent, qui eft ordinairement le bois de poirier ou de buis, ne gravent pas comme les autres Graveurs, en incifant leurs planches avec des burins, des pointes ou des échopes, mais en y épargnant

gnant & laissant de relief les endroits qui doivent faire l'empreinte, enlevant le reste avec la pointe d'un canif & avec de petits ciselets & des gouges en bois, qui sont les seuls outils qu'on employe à cette graveure.

La planche sur laquelle on veut graver de cette sorte ayant été choisie bien séche & sans nœuds, & ayant été réduite par le Menuisier à une épaisseur raisonnable, bien dressée, & parfaitement unie du côté qu'on la veut travailler, le Graveur, s'il sçait assez de dessein, y trace à la plume celui qu'il y veut representer, & ensuite avec les seuls instrumens qu'on vient de dire, acheve son ouvrage, auquel il donne plus ou moins de relief, & à ses traits plus ou moins d'épaisseur, suivant que la lumiere ou les ombres le demandent, ou qu'il le faut pour l'usage auquel l'ouvrage gravé est destiné.

Il faut remarquer que cette graveure se fait sans aucune hachure, c'est-à-dire, sans trancher, couper ni traverser les premiers traits par d'autres traits, ainsi qu'il se pratique dans les graveures au burin & à l'eau forte, mais en les tirant seulement les uns contre les autres. Néantmoins on a vû depuis quelques années des morceaux en bois gravez d'une si grande délicatesse, & où les doubles traits ou traits croisez, imitent si bien ceux des Graveurs au burin ou à l'eau-forte, qu'ils méritent de leur être comparez.

Si l'Ouvrier sçait peu de dessein (y en ayant beaucoup de cette profession qui ne sont pas grands Dessinateurs, & qui ne travaillent que par routine) il fait faire à l'encre par le Peintre un dessein de la grandeur précisément de sa planche; & l'ayant collé avec de la colle de farine & d'eau, où il met un peu de vinaigre, il le laisse parfaitement sécher; observant en le collant que les traits du dessein soient tournez & appliquez sur le bois.

Quand la colle est bien séche, on imbibe d'eau le papier doucement & à plusieurs reprises, jusqu'à ce qu'il en soit bien penetré, ce qu'on fait ordinairement avec une petite éponge; & lorsque le papier est bien détrempé, on l'enleve en le frottant peu à peu avec le bout du doigt; ce qu'on continuë jusqu'à ce qu'il ne reste plus sur le bois que les traits d'encre qui forment le dessein.

Cette sorte de graveure en bois a plusieurs usages. On en fait les vignettes, les culs de lampe & les lettres initiales dont se servent les Imprimeurs & Libraires dans l'impression de plusieurs de leurs Livres, particulierement dans les Livres d'Eglise, & dans les Edits, Déclarations & Arrêts qui se débitent par les Colporteurs.

C'est aussi en planches de bois que l'on represente assez souvent, sur-tout quand on veut épargner la dépense des planches de cuivre, les figures de geometrie, les machines, outils, instrumens & autres choses semblables, dont les Auteurs veulent donner une idée claire, & une plus grande intelligence que par de simples descriptions ou explications.

On se sert encore de graveure en bois pour ces especes de tapisseries de papier qu'impriment & vendent les Marchands & Ouvriers que l'on nomme Communement Dominotiers, Imagers & Tapissiers en papier, dont on parle ailleurs. *Voyez* DOMINOTIER.

Enfin c'est pareillement en bois que se font les placards pour les annonces des comedies & autres spectacles publics; & c'est aussi de la sorte que l'on grave le plus communément ce qu'on nomme les Enseignes des Marchands & Ouvriers, c'est-à-dire, ces billets imprimez & ornez de quelque graveure, où ils mettent leur demeure & le détail des ouvrages qu'ils font & qu'ils vendent, & dont ils envelopent leurs marchandises, ou qu'ils donnent à leurs Chalans, pour enseigner leur boutique.

Avant que les furies & les toiles peintes eussent été défenduës en France par tant d'Edits & de Déclarations qui en interdisent l'usage & l'impression, avec cette sage severité que l'on a eu sur la fin du Regne de Louis XIV. & qui continuë depuis que Louis XV. est monté sur le Trône, c'étoit aussi les Graveurs en bois qui faisoient les moules ou planches de poirier qui servoient à les imprimer; mais la crainte des amendes & des autres peines & punitions, même afflictives, a mis fin à ces ouvrages si préjudiciables aux Manufactures; & ce n'est plus au moins qu'en cachette & avec de grandes précautions qu'on ose faire cette graveure de contrebande. *Voyez* TOILE PEINTE *&* FURIE.

GRAVEURS EN ME'TAIL. Ce sont ceux qui gravent & font toutes sortes de cachets; les sceaux de la Chancellerie, & autres sceaux particuliers; les marteaux à marquer les cuirs dans les halles, ou les bois dans les forêts; les poinçons pour frapper les plombs des marchandises & étoffes; les poinçons de frise, de bordure & autres ornemens pour les Orfevres; les poinçons pour les Relieurs, les Doreurs sur cuir & les Potiers d'étain; enfin tous tels autres ouvrages de graveure, soit en creux, soit en relief, soit sur l'or & l'argent, soit sur le cuivre, le leton, l'étain, le fer ou l'acier.

Ces Graveurs font une des Communautez des Arts & Métiers de la Ville & Fauxbourgs de Paris sous le nom de Maîtres Tailleurs-Graveurs sur métail. *Voyez ci-devant* GRAVEUR SUR ACIER, *& ci-après* TAILLEUR.

GRAVEURS ET DOREURS sur fer & acier trempé & non trempé. Ces Graveurs qui faisoient autrefois à Paris une Communauté particuliere, sont présentement reunis à celle des Maîtres Feures-Couteliers, dont on a parlé à leur propre article. *Voyez* COUTELIER.

GRAVEURE. Art & maniere de graver.

Cet art si ingenieux, & si propre à conserver à la posterité les plus beaux ouvrages des Peintres, des Sculpteurs & des Architectes, aussi-bien que quantité de machines & d'inventions utiles pour perfectionner les arts & les sciences, n'est pas fort ancien, & ne remonte guéres au delà du commencement du quinziéme siecle.

On en attribuë l'invention à un Orfevre de Florence; mais il est certain que ce furent Albert Durer & Lucas qui le perfectionnerent, & qui les premiers donnerent des ouvrages de Graveure de goust & de bonne maniere.

Les François à la vérité s'y sont appliquez plus tard que les autres; mais leurs Graveurs peuvent se vanter d'y avoir mis la derniere main; & il n'y a pas d'apparence qu'on puisse aller plus loin dans cet art, que les Nanteüils, les Edelinks, les Audrans, les Simoneaux, les le Clerc, & tant d'autres excellens Maîtres dont les ouvrages seront toûjours recherchez des Curieux, mais qu'il seroit trop long de nommer ici.

La Graveure sur le cuivre, soit au burin, soit à l'eau-forte, est presque la seule dont on se serve présentement pour les grands ouvrages; celle en bois, autrefois si estimée, & à laquelle d'habiles Graveurs ne dédaignerent pas de s'occuper dans le seiziéme siecle, n'étant plus guéres d'usage que pour les petits ouvrages, & encore de peu de consequence; ou pour de très-grands, comme sont les tapisseries

ries de papier & quelques autres dont on parle ailleurs. *Voyez ci-dessus* Graveurs en bois.

L'art de Graveure est un de ceux qui composent à Paris l'Academie Royale de Peinture, & la Communauté des Maîtres Peintres, Sculpteurs & Graveurs de la Ville & Fauxbourgs de Paris. *Voyez dans l'article précedent, les paragraphes des Graveurs en taille-douce, & ci-après celui de Peintre*

Graveure. Les Cordonniers & Savetiers appellent aussi de la sorte, en termes du métier, une entaille qu'ils font avec le tranchet tout autour des grosses semelles du dessous des souliers & autres telles chaussures. C'est dans cette entaille qu'ils cachent les points du fil-gros dont ils les cousent & les joignent avec l'empeigne & la trepointe. Ils nomment Releve-Graveure un petit couteau à pointe émoussée, qui leur sert à élargir cette entaille pour donner passage à l'alesne, ou pour la rabattre quand la semelle est cousuë.

GRAVOIR. Outil de Miroitier-Lunetier. C'est avec cet outil que les Maîtres de cette profession, qui s'appliquent à faire ces cercles d'écaille de tortuë ou de corne, qu'on appelle les Chasses des lunettes, font cette rainure qui est au dedans de chaque chasse, & dans laquelle se placent les deux verres de chaque lunette.

Cet instrument a quatre parties, qui sont un Chevalet, un Archer ou Touret, une Platine & le Gravoir avec sa boëte. Les deux premiers qui sont communs à plusieurs autres Ouvriers, sont expliquez à l'article des Chevalets ou des Forets.

A l'égard du Gravoir proprement dit, c'est une petite plaque d'acier très-mince, de forme spherique, avec des dents de scie autour de sa circonference. Elle a un peu moins de diametre que les chasses, & est portée par un petit arbre qui la traverse, qui a ses poupées comme les arbres des tours, à tourner en l'air. La platine est aussi d'acier, posée derriere le Gravoir : elle est d'un plus grand diametre, afin que l'Ouvrier puisse y appuyer la chasse qu'il veut rainer, & qu'il conduit de la main gauche, tandis que de la droite il fait tourner le Gravoir par le moyen de la corde de son archet, qui fait un tour sur la boëte du touret. *Voyez* Chasse.

GRECQUE. Outil de Relieur, qui sert à grecquer les Livres. C'est une espece de petite scie.

GRECQUER UN LIVRE. C'est après qu'on l'a cousu, y faire sur le dos avec une petite scie des entailles de distance en distance pour y placer les nerfs, afin qu'ils ne paroissent point au dehors, quand le Livre est tout-à-fait relié

GREGE, GRESSE, ou GRAIZE. La soye Grege, qu'on appelle aussi Soye en matasse, est de la soye telle qu'elle est tirée de dessus les cocons, sans avoir encore reçu aucun apprêt; ce qui la distingue de la soye ouvrée, qu'on nomme communément Orgensin. *Voyez* Soye.

Grege. C'est aussi une espece de petit peigne de fer, dont on se sert dans plusieurs Provinces de France, pour séparer la graine de lin de sa tige. *Voyez* Lin.

GREGER LE LIN. C'est en abbattre la graine avec la Grege.

GRELET. Sorte de marteau dont les Maçons se servent. *Voyez* Testu.

GRELOT. Les Fils qu'on appelle Fils au Grelot, se tirent de Dorpt en Hollande. Ils sont blancs & plats, & servent pour broder à l'aiguille des mousselines, des linons & des batistes. *Voyez* Fil.

GRELOUE'. C'est ainsi que l'on nomme une sorte de vaisseau de fer blanc percé dans le fond de plusieurs petits trous, dont on se sert pour greloüer ou grainer la cire, avant que de la mettre sur les toiles pour y être blanchie *Voyez l'article suivant.*

GRELOUER, GRAINER, ou GRENER LA CIRE. C'est la reduire en petits grains, pour la purifier & blanchir; ce qui se fait de la maniere suivante.

L'on prend ordinairement cinq cens livres de cire jaune, que l'on met fondre dans une chaudiere avec deux seaux d'eau claire : lorsqu'elle est bien fonduë & bien chaude, on la vuide avec l'eau dans un tonneau de la même grandeur que la chaudiere, qu'on couvre bien de peur que la cire ne se refroidisse. Deux heures après on peut la tirer du tonneau par le moyen d'un robinet placé à deux doigts au dessus de la superficie de l'eau; la cire ne se mêlant point avec l'eau, & surnageant toûjours pardessus.

Sous le robinet est placé le grélouë, c'est-à-dire, une espece de vaisseau de fer blanc, ordinairement de trois pieds de long sur quatre pouces de large, & autant de profondeur, au fond duquel sont de petits trous à passer au plus de grosses têtes d'épingles éloignez les unes des autres environ d'un bon pouce, & placez comme un quinquonge.

Plus bas que le greloué est le tour : on nomme ainsi un rouleau ou cylindre de bois d'un pied de diametre & de trois pieds de long. Enfin au dessous du tour est une espece de longue auge de bois ou de plomb, quelquefois aussi de pierre, remplie d'eau fraîche, dans laquelle le rouleau est enfoncé à peu près à moitié.

Quand on veut greloüer on ouvre le robinet du tonneau, d'où la cire encore liquide passe dans le greloüé; & tombant ensuite sur le cylindre qui tourne continuellement par le moyen de sa manivelle & de ses tourillons qui portent sur les bords de l'auge, se réduit comme en goutes de pluye; ensorte qu'en se figeant par la fraîcheur de l'eau dont l'auge est remplie, elle se met tout en grains à peu près de la grosseur d'un petit pois.

L'auge doit avoir autant de largeur que le greloüé ou le tour ont de longueur, c'est à-dire, environ trois pieds: quant à la longueur, elle doit être de dix à douze pieds, & sa profondeur d'un pied & demi à deux pieds.

A mesure que la cire se graine on la tire de l'auge avec une fourche de bois, on la jette dans une manne d'osier, & on la porte sur les toiles, où elle est étenduë & retournée par deux fois, pour y prendre sa premiere blancheur.

Après ce leger blanchiment, on la fait refondre pour la mettre encore en grains, puis on la met pour la derniere fois blanchir sur les toiles en la retournant encore; & quand elle est parfaitement blanche, on la fait fondre une troisiéme fois, pour la mettre en petits pains.

Il faut remarquer que l'on ne travaille à blanchir les cires, que depuis le commencement de May jusqu'à la fin de Septembre.

On a observé que dans tous les Pays de vignobles où l'on recueïlle de la cire, il est du tout impossible de la pouvoir blanchir; ces sortes de cires restant toûjours grises, en sorte qu'elles ne se vendent & ne s'employent ordinairement qu'en jaune.

Les cires qui reçoivent le plus beau blanchiment, ce sont celles de Bretagne & de Normandie, particulierement celles du côté du Cottentin. On a néantmoins établi deux blan-

blanchiries de cire, l'une à Antony, & l'autre à Laï, qui sont deux villages des environs de Paris, d'où on prétend que le blanchiment est parfaitement beau, & ne cede à aucun autre. *Voyez* CIRE.

GRENADE. Fruit rempli de pepins ou grains rouges quelquefois acides, quelquefois doux. On appelle assez souvent ce fruit Pomme de Grenade. Quelques-uns lui donnent aussi le nom de Migraine, à l'imitation des Languedociens qui nomment ce fruit Miograne ou Petit grain. *Voyez* GRENADIER.

GRENADE. C'est aussi une sorte de linge ouvré qui se fait à Caën, & en quelques endroits des environs de cette Ville de Basse Normandie. *Voyez* LINGE.

GRENADE. Est encore la soye la plus estimée pour la couture, les franges & autres sortes d'ouvrages. *Voyez* SOYE.

GRENADIER. Arbre qui porte les Grenades Il y en a de deux especes, le Grenadier sauvage, & le Grenadier qu'on cultive dans les jardins. Le Grenadier sauvage produit cette sorte de fleurs appellées Balaustes qu'on employe dans la Médecine. *Voyez* BALAUSTES.

Le Grenadier des jardins est encore de deux sortes, l'un qui ne porte que des fleurs, & l'autre qui produit des fleurs & des fruits. Les fleurs du premier sont luisantes & vermeilles, & ont quantité de feüilles qui paroissent pliées, &, pour ainsi dire, chifonnées. Les fleurs du second sont simples, d'un rouge tirant sur le jaune. Les unes & les autres sont enfermées dans un calice oblong, dur, purpurin, & ayant en quelque maniere la figure d'une cloche, hors que les bords en sont découpez par cinq échancrures.

Ces arbres ne s'élevent pas bien haut: leurs branches sont un peu épineuses: leurs feüilles ressemblent à celles du grand Myrte, & sont d'un très-beau verd, mais qui rougit sur la fin de l'automne; & leurs fruits qui consistent en quantité de grains rouges, de figure angulaire, quelquefois doux, quelquefois aigres, suivant l'arbre qui les produit, sont tous enfermez séparément dans de petites cellules, & couverts tous ensemble d'une écorce épaisse & roussâtre, de la figure & grosseur d'une grosse pomme. Au dessus de la pomme de Grenade est une espece de couronne de la même nature que l'écorce, formée par les découpures du calice, qui s'allonge & s'arrondit à mesure que le fruit avance dans sa maturité.

Les Marchands Epiciers & Droguistes de Paris font venir ces fruits de Provence & de Languedoc; & ils en vendent assez considerablement, non seulement parce qu'ils sont bons & agréables à manger, mais encore à cause de leur usage dans la Médecine; les grains servant à faire des syrops & des conserves; & l'écorce, qu'on estime très-astringente, entrant dans la composition de plusieurs remedes & ptisanes, qu'on croit très-bons pour la guérison de la dyssenterie, de la dyarrhée, de la lyenterie, des hémorragies, & pour le relâchement des gencives.

Les Anciens se servoient de l'écorce de Grenade dans la préparation des cuirs, comme on fait presentement du Sumac. Encore aujourd'hui les Courroyeurs en employent dans le lustre qu'ils donnent à leurs cuirs.

On ne sçauroit trop prendre de précaution pour le choix de l'écorce de Grenade. La bonne doit avoir été séchée après qu'on en a tiré les grains; celle que l'on seche sans la vuider sentant toûjours le moisi, & conservant un goût capable d'augmenter les maux plûtôt que de contribuer à les guérir.

Pour la conserve, il s'en vend peu de véritable, étant très-difficile à faire; celle qu'on vend pour telle n'étant le plus ordinairement que du sucre fondu, à qui l'on donne la couleur & le goût aigret avec la cochenille, la crême de tartre & l'alun.

Les Grenades payent en France les droits d'entrée à raison de 10 s. du cent en nombre, suivant le Tarif de 1664; & les droits de la Doüane de Lyon sur le pied de 6 s.

GRENADILLE. Espece d'ébene rouge qui a beaucoup de veines. *Voyez* EBENE.

GRENAILLE. Métail reduit en menus grains.

La Grenaille des métaux se fait en les jettant dans de l'eau froide quand ils sont fondus. Les métaux qui se réduisent en Grenaille, sont l'or, l'argent & le cuivre. On le fait aussi de l'étain, mais rarement. Cette façon se donne pour les épurer.

On appelle Rocher de Grenaille, en termes de monnoye, les grains des métaux qui s'amassent en une masse au fond du bacquet plein d'eau, où on les verse quand ils sont en bain.

Ce qu'on nomme Grenailles creuses & concaves, sont les grains les plus menus du métail réduit en Grenaille.

GRENAILLE. Se dit aussi de la cire que l'on réduit en grains par le moyen du greloüé, pour la mettre en état d'être blanchie. *Voyez* GRELOUER.

GRENAT. Pierre précieuse fort rouge, assez semblable pour la couleur aux grains d'une grenade.

Il y a des Grenats Orientaux & d'autres Occidentaux. Les Orientaux viennent de divers endroits des grandes Indes; & les Occidentaux, d'Espagne, de Boheme & de Silesie.

Ceux d'Orient sont de trois especes, qui ne se distinguent que par la couleur: les uns sont d'un rouge-brun, & comme de sang noir & épaissi; de ceux-là il y en a de la grosseur d'un œuf de poule: les autres sont presque de la couleur du hyacinthe, avec qui on les confondroit, s'ils n'étoient plus rouges; ce sont ceux-là qu'on nomme Grenats surions, & qui sont fort estimez: les troisiémes mêlant le violet avec le rouge sont appellez par les Italiens, *Rubini della Rocha*.

Les Grenats d'Occident sont aussi de divers rouges, suivant les lieux où ils se trouvent. En Espagne ils imitent la couleur du grain de grenade: ceux de Boheme ont un rouge en quelque sorte doré, & qui éclate comme un charbon ardent: ceux de Silesie sont plus obscurs, & rarement entierement transparens. De tous les Grenats Occidentaux les Bohemiens ont la préference; quelques Auteurs même la leur donnent sur les Orientaux. Ils se trouvent assez près de Prague, non pas dans des mines particulieres, mais les Païsans les recueillent dans les champs parmi le sable & les cailloux.

Les Grenats ont quelque usage dans la Médecine. Réduits en poudre on les met avec des électuaires cordiaux. A l'égard des vertus & qualitez occultes, les Anciens leur en sont moins liberaux qu'aux autres pierres précieuses; cependant ils disent qu'ils sont bons contre la tristesse & la mélancholie.

GRENAT. On appelle aussi Grenat dans le commerce des drogues & de l'épicerie, l'écorce des citrons qu'on a étrainte pour en tirer le jus.

Les Grenats payent en France les droits de sortie comme citrons, à raison de 10 s. du cent en nombre.

Les

Les droits qu'ils payent à la Doüane de Lyon sont de 1 *s.* 8. *den. de la livre pour l'ancienne ou la nouvelle taxation, ou de* 6 *liv.* 10 *s. du quintal.*

GRENÉ. *Voyez* GRAINE.

GRENE', GRENE'E. On appelle Sel grené celui qui est reduit en grains. C'est une des bonnes qualitez du sel d'être bien grené; plus le grain est gros, plus le sel est estimé.

GRENER. Produire de la graine, monter en graine.

GRENER. Reduire quelque chose en grain. Il se dit particuliérement du sel blanc & de la cire.

GRENER LE SEL. C'est lorsqu'on le rafine pour le reduire en sel blanc, ainsi qu'on fait dans les rafinages de Normandie & de Flandre, ou lui donner le grain à force de le remuer avec un instrument ou palette de bois que les rafineurs appellent une cuilliere. Cette façon ne se donne qu'après que l'eau des plombs ou chaudieres est tout évaporée. *Voyez* SEL.

GRENER LA CIRE. C'est la reduire en grains en la jettant dans l'eau à mesure qu'elle se fond: on la grene pour la mettre en état d'être blanchie sur les toiles. Les Ouvriers qui travaillent au blanchiment des cires disent ordinairement Grelouer la cire. *Voyez* GRELOUER.

GRENER. Est quelquefois neutre; & l'on dit que le sel se grene, lorsque la superficie des marais salans se cristalise aux rayons du soleil, & prend cette figure à plusieurs angles qu'on nomme le Grain du sel.

GRENETERIE. Commerce de grains. *Voyez* GRAINETERIE.

GRENETIER. Officier des Greniers à sel. Il y a deux Grenetiers dans le Grenier à sel de Paris, qui servent d'année en année. Il n'y en a qu'un dans chaque grenier des Provinces.

GRÉNETIER, GRENETIERE. Marchand, ou Marchande qui vend des grains & des graines. *V.* GRAINIER, GRAINIERE.

GRENETIS. Terme de Monnoye. Il se dit d'un petit cordon en forme de grain d'orge, qui regne tout autour des especes sur la superficie, & qui dans son contour enferme les effigies, ou les écussons & leurs legendes. On l'appelle quelquefois un chapelet; mais il y a de la différence entre ces deux ornemens, les Grenetis étant fait de grains un peu longuets, & le chapelet de grains ronds: ce dernier se trouve sur quelques medailles anciennes & modernes, mais point du tout sur nos monnoyes. On met aussi un Grenetis aux jetons. *Voyez* MONNOYAGE *&* MONNOYE.

GRENETIS. C'est encore un ornement inventé depuis peu en France pour empêcher qu'on ne puisse rogner les monnoyes. Il se met sur la tranche des especes qui ne sont pas assez épaisses pour recevoir la legende qu'on met à celles qui ont une épaisseur convenable. Toutes les especes d'or ont des Grenetis sur la tranche, aussi bien que les diminutions du Louis d'argent depuis le demi écu. *Voyez comme dessus.*

GRENETIS. Il se dit encore du poinçon avec lequel on fait les petits grains du contour des pieces sur la superficie. Le Grenetis de tranche se fait avec une machine très ingenieuse, dont on donne ailleurs la description. *Voyez* MONNOYAGE.

GRENIER, GRENIERE. Marchand ou Marchande qui fait négoce en détail de grains, de graines, &c. *Voyez* GRAINIER.

GRENIER. Lieu ou l'on garde, où l'on serre les grains après qu'ils ont été battus. Il se dit aussi des lieux où on enferme, où on met à couvert le foin, la paille & autres semblables marchandises.

GRENIER. Se dit pareillement chez les Marchands Grainiers & Grainieres, d'une espece de long coffre ou huche de bois souvent sans couvercle, ayant plusieurs séparations en dedans, afin que les différens grains que l'on y met ne puissent se mêler les uns avec les autres.

EMBARQUER EN GRENIER. Terme de commerce de mer. Il signifie embarquer des marchandises dans un bâtiment sans qu'elles soient emballées: ainsi l'on dit, Embarquer du poivre en Grenier, quand le poivre n'est point dans des sacs, & qu'on le met en masse dans le fond de calle du vaisseau, ou dans quelque autre endroit sec destiné à cet usage.

La plûpart des grains qui arrivent à Paris par la riviere, entre autres les bleds & les avoines, s'embarquent en Grenier: il en arrive néanmoins de Champagne quantité en sacs.

On dit en proverbe d'une marchandise qui est de bonne garde & dont le debit est avantageux, que c'est du bled en Grenier.

GRENIER À SEL. C'est un magasin ou dépôt où l'on conserve les Sels de la Ferme des Gabelles. L'on fait ordinairement deux masses de Sel, quelquefois trois, comme dans celui de Paris, afin de laisser aux nouveaux Sels le tems de se gabeller, ce qui se fait en deux ans; plus la masse est ancienne, plus le sel est bien gabellé; l'on n'entame jamais une nouvelle masse que la premiere ne soit tout-à-fait debitée. *Voyez* SEL *&* GABELLE.

GRENIER A SEL. C'est encore la Jurisdiction où se jugent en premieres instances les contraventions sur le fait du sel, les Officiers des Greniers à sel en connoissent définitivement au dessous d'un quart de minot; au-dessus elles peuvent être portées par appel à la Cour des Aydes. *Voyez* GABELLES.

GRENOUILLE, qu'on nomme autrement COUETTE & CRAPAUDINE. Morceau de fer ou de cuivre creuse, dans lequel tourne un pivot. *Voyez* COUETTE.

GRENOUILLE. Signifie aussi en terme d'imprimeur la partie de la Presse qui entre au sommet de la platine, & qui la serre sur la forme lorsqu'on tire le barreau. *Voyez* PRESSE D'IMPRIMERIE.

GRENU. Signifie une chose reduite en petit grain. On le dit particuliérement de la poudre à canon.

GRENU. Se dit pareillement des peaux & cuirs qui ont un beau grain, comme du chagrain, du maroquin, des veaux, des vaches, & de quelques autres cuirs preparez & passez par les Maroquiniers & Corroyeurs.

On nomme aussi de l'HUILE GRENUE, celle qui est figée en petits grains; c'est celle qui est la plus estimée.

GREQUE. *Voyez* GRECQUE.

GREQUER. *Voyez* GRECQUER.

GRE'S. *Voyez* GRAIS.

GRESIL. *Voyez* GROSIL.

GRESILLER DU VERRE. C'est le façonner avec l'outil qu'on nomme un Gresoir. *Voyez* GRESOIR.

On dit aussi, Greser & Groiser. Du verre gresillé, c'est la poudre qui tombe du verre quand on le gresille.

GRESLE. Outil dont les Maîtres Tabletiers-Peigniers se servent pour dresser le peigne, c'est-à-dire, pour en achever les dents & les approfondir entiérement & également. C'est une espece de scie à une seule feüille. *Voyez* PEIGNE.

GRE-

GRESOIR. Se dit chez les Diamantaires ou Lapidaires d'une sorte de petite boëte qui leur sert à recevoir la poudre des diamans qu'ils égrisent. On l'appelle aussi Egrisoir. *Voyez ce terme.*

Gresoir. C'est aussi un outil dont les Vitriers se servent pour groiser ou gresiller le verre, c'est-à-dire, pour en ôter & comme manger les pointes où les endroits trop forts des pieces coupées au diamant, afin de les placer plus à l'aise dans le plomb des panneaux, ou dans les feuilleures des chassis, le Gresoir sert principalement à tourner les pieces en rond.

Cet instrument est de fer quarré, large de deux ou trois lignes, & long d'environ sept pouces: il a deux petites ouvertures un peu taillées en rond, en dedans une à chaque extrémité. Ce sont ces deux entailles dans lesquelles on engage les morceaux qu'on veut Groiser, qui servent comme de dents pour gruger peu à peu le verre.

GRESSERIE. *Voyez* Graisserie.

GREVE. *Voyez* Grave.

Greve. C'est une des places publiques de la Ville de Paris. On appelle aussi de ce nom tout le rivage de la riviere de Seine qui est au pied de cette place & qui remonte le long du quai jusqu'à la place aux veaux.

Cette Greve ou rivage est une étape pour les vins & les bleds qui arrivent au port de la greve.

C'est aussi où les femmes des Garçons de pelle font le regrat ou petit negoce des fonds de batteaux de charbons que leurs maris reçoivent des Marchands pour le payement de leurs peines & salaires.

GRIDELIN. Couleur grise tirant sur le violet. *Voyez* Gris.

GRIERS, que quelques-uns écrivent & prononcent Gruiere. Sorte de fromage qui vient de Suisse. *Voyez* Fromage. *On y parle amplement de la maniere qu'il se fabrique & du commerce qui s'en fait.*

GRIF, ou GRIVE. Monnoye de compte dont on se sert en Moscovie. Le Grif vaut dix copecs, & il faut dix Grifs pour un rouble: un Auteur François n'évaluë le Grif qu'à un copec, c'est-à-dire, à quinze deniers de France. *Voyez* Rouble.

GRIFFE. Terme de commerce d'étain. On appelle Griffes, des marques en façon de crochets que les Essayeurs d'étain de la Ville de Roüen font aux saumons de ce métail qui viennent d'Angleterre, pour en faire connoître la qualité & la finesse. L'étain le plus épuré n'a point de Griffes mais seulement la marque de Roüen ajoûtée à celle d'Angleterre: les étains moins fins se marquent à une, deux ou trois Griffes, suivant le plus ou le moins de bonté. *Voyez* Etain.

GRIFFON. Espece de lime plate par dessous, dentellée par les bords en maniere de peigne dont les Tireurs d'or se servent à caneler les lingots de cuivre qu'ils veulent argenter pour fabriquer du fil d'argent faux, en le faisant passer par les filieres.

GRIL, ou PETIT SAUMON. Nom que l'on donne à une sorte de Truite saumonnée qui se trouve en abondance dans plusieurs rivieres d'Ecosse. *Voyez* Saumon.

GRILLE. Sorte de laine qui vient d'Espagne. C'est une espece de prime ou de mere-laine qui est fort estimée. On la compare à la pille des Chartreux, même à la pille des Jesuites, qui sont les laines les plus fines que l'on tire de Castille & d'Arragon. *Voyez* Laine, *où il est traité de celles d'Espagne.*

Grille a dorer. Espece de treillis de fer dont les mailles sont en losanges, qui sert aux Doreurs sur métail, pour mettre plus proprement au feu leurs ouvrages dorez. *Voyez* Dorure au Feu.

GRILLES. On nomme à Gennes Compagnie des Grilles une association de Marchands pour la traite des Negres. *Voyez l'article des Compagnies du commerce, où il est parlé de celles de Gennes.*

GRILLETS. Marchandise employée dans le Tarif de Lyon.

Les Grillets payent les droits de la Doüane de cette Ville à raison de 14 s. du quintal, tant pour l'ancienne que pour la nouvelle taxation.

GRIMELIN. Petite monnoye d'argent d'un titre assez bas, qui se fabrique & qui a cours à Tripoli de Barbarie. Le Grimelin vaut un peu plus de quatre sols monnoye de France.

Grimelin. Celui qui fait un commerce de peu de conséquence. Il se dit particuliérement en terme de negoce de bestiaux, de certains particuliers qui sans être pourvus d'offices se trouvent dans les marchez de Poissy & de Seaux, & y font les fonctions de vendeurs, en avançant aux Marchands moyennant quelque droit, l'argent des bœufs & des moutons qu'ils ont vendu aux Bouchers de Paris.

Ce Grimelinage est défendu & déclaré usuraire par Arrêt de la Tournelle du 29 Avril 1694.

GRIMELINAGE. Petit gain que l'on fait dans un trafic ou dans une affaire.

GRIMELINER. Gagner peu dans un negoce, se contenter d'un petit profit.

GRIPELLER. Terme de Manufacture. Il se dit des étoffes de soye qui ne sont pas bien unies, pour avoir été trop tôt déroulées de dessus l'ensuble.

Quand une piece d'étoffe de soye est achevée sur le métier, il faut la laisser un tems suffisant sur l'ensuble, pour la rendre plus unie, & empêcher qu'elle ne se gripelle.

GRIS, GRISE. Couleur qui est mêlée de blanc & de noir.

Le Gris chez les Teinturier est la nuance du noir, depuis la plus basse couleur qui est le Gris blanc, jusqu'à la plus haute qui est le Gris noir.

L'ordre de ces nuances est le gris blanc, le Gris de Perle, le Gris de plomb, le Gris de lavande, le Gris de castor, le Gris de ramier, le Gris d'ardoise, le Gris de Moron, le Gris brun, le surbrun ou Gris noir, autrement Gris Minime; le Gris de fer & le vrai Gris, celui-ci ne se décharge point. Tous ces gris doivent être teints en cramoisy avec guesde ou pastel, sans mélange de bresil ni d'orseille.

Outre ces Gris dont les nuances se suivent, il y en a encore plusieurs autres qu'on peut appeller des Gris interrompus, comme le Gris cendré ou Gris sale, le Gris de rat ou de souris, qui a moins d'éclat que les autres; le Gris argenté, le Gris violant, le Gris vineux, le Gris de sauge, un Gris d'eau, & un Gris verd ou merde d'oye.

On met aussi au nombre des Gris la couleur de pain ou trist-amie, & la couleur de Prince ou de noisette.

On appelle Gris de lin une nuance violette qui a plusieurs degrez depuis le plus clair jusqu'au plus brun *Voyez* Violet.

Petit Gris. Ce qu'on nomme Petit Gris est de deux sortes; l'un est la peau ou fourure d'une espece de rats ou d'écureuils qui se trouvent dans les Pays froids. *V.* Petit-Gris. L'autre est une des sortes de plumes que l'on tire de dessus l'autruche, *Voyez* Plumes *ou* Autruche.

Verd

VERD DE GRIS. C'est la roüille du cuivre. *Voyez* VERD. *Voyez aussi* CUIVRE.

PAPIER GRIS. *Voyez* PAPIER.

GRISATRE. Qui est de couleur tirant sur le gris. Une étoffe grisâtre.

GRISETTE. Petite étoffe légere, ordinairement mêlée de soye, de laine, de fil, de poil ou de coton, & quelquefois toute de laines, que les personnes de mediocre condition qu'on nomme à Paris par plaisanterie des Grisettes, ont commencé à porter, & qui ont ensuite passé jusqu'aux personnes du premier rang.

Ces petites étoffes étoient d'abord grises, mais on en a depuis fait de toutes couleurs & façons, de pleines, de rayées, à fleurs, &c. qui toutes cependant conservent toûjours leur nom de Grisettes.

Ce sont les Ferandiniers qui les fabriquent & qui les vendent, aussi sont-elles pour la pluspart des especes de ferandines; il s'en fait néanmoins d'étamines. On ne peut dire combien le commerce de ces étoffes est considerable à Paris & combien il s'en fait d'envois dans les Provinces.

Leur largeur & longueur se reglent sur celles des étoffes qu'elles imitent, c'est-à-dire des Ferandines ou des Etamines. *Voyez ces deux articles.*

GRIVE, ou GRIF. Monnoye de compte de Moscovie. *Voyez* GRIF.

GRIVELE'E. Profit injuste & secret que l'on fait dans un emploi ou sur des marchandises qu'on achette par commission.

GRIVELER. Faire de petits profits illicites sur son Correspondant, sur son Associé, ou sur ceux pour qui on fait des emplettes.

GRIVELERIE. Action de griveler.

GRIVELEUR. Celui qui grivele.

GROCH, ou GROCHEN. Petite monnoye de Pologne qui vaut huit deniers tournois: il en faut quatre-vingt-dix pour faire l'écu de soixante sols de France.

Le Groch sert aussi de monnoye de compte aux Marchands & Banquiers Polonnois pour tenir leurs livres. A Berlin le Groch de compte vaut deux sols six deniers: les livres s'y tiennent en richedales & en Grochs, de même qu'en Pologne; mais avec cette différence que la richedale dans les Etats de Brandebourg ne vaut que vingt quatre Grochs de Berlin, & qu'il faut quatre-vingt dix Grochs Polonoises pour faire la richedale.

GROCHE. Les Turcs nomment quelquefois de la sorte la reale ou piece de huit d'Espagne: elle a cours à Constantinople pour quatre-vingt aspres de bon alloi; mais si l'alloi est bas, on en donne six vingt pour la réale *Voyez* ASPRE.

Au Caire la Groche, si c'est en échange, passe pour trente-trois Meidins; & si c'est en especes, pour quarante, & quelquefois davantage. *Voyez* MEIDIN.

Les pieces de huit ou reaux d'Espagne valent plus à Constantinople & au Caire à les échanger contre des termins & des aspres, & monnoyes de bas alloi, qui ont cours dans la Turquie, suivant qu'elles sont recherchées des Marchands Armeniens, Persans & Arabes qui les portent dans leurs Pays, préferablement à d'autres monnoyes.

GROISER. *Voyez* GRESILLER.

GROISIL. *Voyez* GROSIL.

GROIZON. Sorte de pierre ou craye blanche reduite en poudre très fine dont les Megissiers se servent pour preparer le parchemin.

GROS. Terme relatif qui signifie ce qui a beaucoup de largeur & d'épaisseur, & qui est d'un plus grand volume qu'un autre corps avec lequel on le fait entrer en comparaison.

Gros s'entend aussi absolument & sans relation avec une autre chose, & c'est de cette maniere qu'il se prend en parlant de quelques poids & de diverses monnoyes.

Ce terme a encore plusieurs autres significations dans le commerce, qu'on va toûtes expliquer dans cet article.

GROS D'AUTRICHE. C'est le plus gros du duvet ou poil d'autruche que l'on a separé du fin, pour être employé aux lisieres des draps fins de laine, destinez pour être teints en noir; on l'appelle aussi Laine ou Ploc d'autruche. *Voyez* AUTRUCHE.

GROS BOIS. C'est du bois à bruler taillé en buches d'une certaine grosseur & longueur fixée par les Ordonnances. On le nomme Gros pour le distinguer des bourées, fagots & cotterets qui ne sont composez que de menus morceaux de bois & branchages.

Quand on parle du bois quarré ou bois de charpente, & que l'on dit qu'il a tant de pouces de Gros, cela doit s'entendre qu'il a tant de largeur & d'épaisseur.

Aux Eaux & Forests, & parmi les Marchands de bois qui en font exploiter, on dit qu'un arbre a tant de Gros, pour dire, qu'il a tant de pieds de tour.

GROS BON, OU BULE. C'est ainsi que l'on appelle dans les Manufactures de papier la pâte commune faite de vieux chiffons ou drapeaux de toile de lin ou de chanvre qui s'employe à faire le gros papier. *Voyez* PAPIER.

GROS CUIR. C'est du cuir de bœuf plaqué, propre à faire des semelles de souliers. *Voyez* CUIR.

GROS. Signifie quelquefois riche ou celui qui a réputation de l'être. Un gros Marchand, un gros Banquier.

On appelle Marchand en Gros celui qui ne vend que les pieces, que les balles entieres, qui ne détaille point & qui vend en magasins.

On dit, qu'un negociant a gagné Gros, pour faire entendre qu'il a beaucoup profité dans une entreprise de commerce.

GROS. Ce qui est principal, la plus considerable, la plus grande partie d'une chose: Ce Marchand ne fait qu'un tel commerce en Gros.

GROS AVANTURIER. Celui qui met de l'argent à la grosse avanture. *Voyez* GROSSE.

GROS. Droit d'Aydes établi en plusieurs Provinces de France: on le nomme Droit de Gros, parce qu'il se perçoit sur les vins, bieres, cidres, poirez & eaux de vie qui se vendent en Gros.

Ce droit consiste au vingtiéme du prix de la vente de ces liqueurs; c'est proprement un droit de sol pour livre: l'on prétend que son établissement est de l'an 1355 sous le reg. du Roi Jean. *V.* VIN.

GROS. Sorte de petit poids qui est la huitiéme partie d'une once, ou une drachme; le Gros se divise en trois deniers, le denier en vingt-quatre grains, & chaque grain est estimé peser environ un grain de bled; les soixante & douze grains font un Gros.

GROS. Petite monnoye de billon ou cuivre tenant argent, qui avoit cours en Franche-Comté avant que cette Province eût été réunie à la Couronne de France sous le regne de Louis XIV. il se reçoit encore en Lorraine & dans quelques Etats voisins. Le Gros vaut dix deniers tournois, & ne tient de fin que deux deniers quatorze à quinze grains:

les

les doubles Gros sont plus haut titre & tiennent d'argent cinq deniers quatorze à quinze grains. Les uns & les autres ont été fabriquez à Besançon & à Dole pendant que ces Villes étoient sous la domination de la Maison d'Autriche.

Gros. Est aussi une monnoye en usage dans les Pays de Saxe, Silesie, Boheme, &c. que l'on prétend du poids des drachmes Attiques, & des vieux deniers Romains.

Le Gros de Naumbourg Ville Episcopale d'Allemagne est de la valeur de deux sols six deniers de France; il en faut vingt-quatre pour faire l'écu de soixante sols; chaque Gros est de douze fenins.

Le Gros de Venise est d'environ deux sols neuf deniers: vingt & un Gros & trois cinquiémes de Gros font soixante sols de France. Le Ducat de Banque de la même Ville vaut vingt-quatre de ces Gros.

Le Gros de Berlin y vaut deux sols six deniers, dont les vingt-quatre font soixante sols tournois de France, & cinquante sols de Hollande. C'est sur ce Gros que s'évaluënt toutes les monnoyes qui se fabriquent dans cette Ville; ainsi les rischedales ou écus à la croix nouvellement fabriquez y valent trente Gros; les rischedales ordinaires qui sont au pair des écus de France de soixante sols, vingt-quatre Gros, & les pieces de deux tiers de rischedales communes, seize Gros. Il y a aussi des pieces de deux Gros, d'un Gros, & de demi-Gros.

On appelle Livre de Gros une sorte de monnoye de compte ou imaginaire dont on se sert en Hollande; en Flandre & en Brabant. La livre de Gros vaut plus ou moins suivant les lieux où elle est en usage, & elle augmente ou diminuë de valeur à proportion que le change hausse ou baisse. *V.* Livre.

Gros double Canon. Gros Canon, Gros Parangon, Gros Romain, les deux Points du Gros Romain. Ce sont divers noms que l'on donne à quelques caracteres qui servent à l'impression des Livres. *Voyez* Canon, Parangon *&* Romain. *Voyez aussi* Caracteres *&* Imprimerie.

Gros Drap. Celui qui a éte fabriqué de laine commune & grossiérement filée: on appelle aussi une grosse dentelle, une grosse toile, celle qui est faite & manufacturée de gros fil de chanvre ou de lin.

Gros Noir. Sorte d'ardoises. *Voyez* Ardoise.

Gros Papier. C'est du papier fait de pâte commune, que l'on nomme Gros bon, ou Bule.

Gros de Tours, ou Gros de Naples. Sorte d'étoffe toute de soye, qui n'est autre chose qu'une espece de gros taffetas plus fort & plus épais que les autres, sa largeur ordinaire est d'une demie aune moins un douze. On en tiroit autrefois beaucoup de Naples; mais depuis que les Tourangeaux se sont appliquez à les bien fabriquer, il n'en est presque pas venu d'Italie.

On appelle aussi Gros de Tours des étoffes fabriquées à la Chine, à peu près semblables aux Gros de Tours de France, ce qui apparemment leur a fait perdre leur véritable nom Chinois, pour en prendre un François plus connu.

Les Gros de Tours sergez sont des especes de serges de soyes quelquefois unies & quelquefois façonnées.

Gros Verdun. Espece de dragée. *Voyez* Confiture, *vers la fin de l'article à l'endroit où il est parlé des différentes sortes de dragées.*

Gros Vin. Celui qui est fort couvert & épais. *V.* Vin

GROSIL, GROISIL, ou GRESIL. Verre cassé en de trop petits morceaux pour être employez aux ouvrages des Vitriers. Le Grosil se renvoye aux verreries pour y être refondu suivant sa qualité: il se vend au baril, & les droits d'entrée & de sortie du Royaume se payent sur ce pied-là, sçavoir; *à l'entrée 5 s. du baril & à la sortie 4 s. V.* Verre.

GROSSE. Se dit du profit ou interêt de tant pour cent que l'on donne pour l'argent que l'on prend, ou que l'on donne à la grosse avanture. Ainsi l'on dit, la Grosse est sur le pied de douze ou quinze pour cent plus ou moins.

On appelle Contrat ou Obligation à la grosse avanture, une certaine convention par écrit; qui se fait entre deux personnes, dont l'une envoye des marchandises par mer, & l'autre lui donne une somme d'argent sous condition de la retirer avec un certain profit, supposé que le voyage se fasse avec succès; ou de la perdre si les marchandises viennent à perir. *Voyez* Contrat *ou* Obligation a la grosse Avanture.

Donner de l'argent à la grosse avanture, c'est hazarder son argent sur un vaisseau, ou sur les marchandises de sa cargaison, dans l'esperance d'un gros interêt, à cause des risques qu'il y a à courir.

Grosse. Signifie aussi un certain compte de douze douzaines, c'est-à-dire de douze fois douze, qui font cent quarante-quatre; une demie Grosse est six douzaines ou la moitié d'une Grosse.

Il y a quantité de marchandises que les Marchands Grossiers, Manufacturiers & Ouvriers vendent à la Grosse, entr'autres les lassets de soye & de fil, les boutons de soye, de poil, de fil & de crin; les boucles & anneaux de fer pour les Selliers; les coûteaux de table & ceux à ressort, les ciseaux à Lingeres & à Tailleurs, les limes de toutes sortes qui se font en France, les vrilles d'Angleterre, les poires à poudre, les écritoires & étuis de cuir, les dez à coudre de cuivre & de fer, les sangles & sursaix pour les chevaux de selle, les peignes de buis, de bois & de corne, les busques de bois & de baleine, les peaux de veau passées en alun pour les Relieurs de livres, les peaux de chevreau, de mouton & d'agneau passées en megie, celles de porc & de truye tannées.

Le fil à marquer se vend aussi à la Grosse d'écheveaux; les rubans de fil teints & lissez qui se font à Roüen, ausquels l'on donne le nom de Padous, se vendent pareillemens à la Grosse, chaque Grosse composée de douze pieces de ruban de douze aunes chacune: Enfin il y a tant d'autres marchandises qui se vendent à la Grosse, qu'il seroit assez difficile de les pouvoir toutes expliquer ici.

Quoique le parchemin neuf ne se vende ordinairement qu'à la botte de trente-six peaux, cependant les droits d'entrée & de sortie du Royaume, se payent sur le pied de la Grosse de douze douzaines de peaux.

GROSSERIE, ou GROSSIERIE. Ce sont les gros ouvrages que fabriquent les Maîtres Taillandiers-Grossiers. *Voyez plus bas* Grossier, *ou* Taillandier.

GROSSIER. Qui vend, qui fait commerce de marchandises en gros. Un Marchand Grossier d'épiceries, de draperies, de soiries, &c.

Grossier, Grossiere. Epais, qui a trop de grosseur. Ce drap est trop Grossier; cette toile est bien Grossiere.

Grossiers. Les Taillandiers-Grossiers sont ceux des quatre métiers qui composent la Communauté des Maîtres Taillandiers de Paris, qui fabriquent les plus gros ouvrages de taillanderie, comme cremailliers, hastiers, sommiers, chenets,

nets, landiers & autres ustenciles de cuisine, testus, gréloirs, dessaintroirs, &c. *Voyez* TAILLANDIER.

GROSSIERS. Les Horlogers Grossiers sont ceux qui ne travaillent qu'en gros ouvrages, comme en horloges d'Eglise, en tourne-broches, &c. *Voyez* HORLOGER.

GROUP. Se dit des paquets d'or ou d'argent en especes, que les Marchands & Négocians s'envoyent les uns aux autres par la Poste, par le Messager, ou par quelqu'autre commodité. Ainsi l'on dit en écrivant à son Correspondant; Je vous envoye par une telle voye un Group de quinze cens Louis dont vous m'accuserez la reception; c'est-à-dire, un paquet où est contenu ce nombre de Louis d'or.

GRU. Fruit sauvage qui se trouve dans les forêts & que mangent ou grugent les cochons & autres animaux qu'on y envoye paître. Sous le nom de Gru on comprend le gland, la faine, les chastaignes, les pommes & les poires sauvages.

GRUAU. C'est la moindre de toutes les farines de froment, de meteil ou de seigle que les Boulangers employent pour faire du pain.

Il y a de deux sortes de Gruaux, de fins & de gros. Les fins Gruaux sont ceux qui tombent par la derniere division du bluteau, soit dans les moulins, soit chez les Boulangers qui font bluter à la maison: les gros Gruaux sont ceux que produit le son que l'on resasse.

Lorsque ces Gruaux se repassent au moulin, on les appelle des recoupes; & la farine qui en provient a encore les gruaux qu'on nomme des recoupettes. Cette derniere sorte de Gruaux ne sert qu'à faire ces manieres de pâtez dans lesquels les Perruquiers font cuire les cheveux; il est néanmoins quelquefois permis de mêler les recoupettes dans le pain.

Lorsqu'en 1709, année si fatale à la France par la perte de toutes ses recoltes, le Parlement de Paris reduisit tout le pain qui se faisoit pour la nourriture des Habitans de cette Capitale, à deux especes de pain, l'une de pain blanc & l'autre de pain bis: il fut ordonné par l'Arrêt du 7 Juin qu'il entreroit partie de fins Gruaux dans le pain bis-blanc, & partie de fins & de gros Gruaux & de recoupettes dans le pain bis. *Voyez* BOULANGER, PAIN & FARINE.

GRUAU. C'est aussi une avoine sechée au four & mise en grosse farine grenuë par le moyen d'une sorte de moulin, qui en la moulant la coupe & la nettoye de sa peau.

A Paris ce sont les Marchands Epiciers & Grainiers qui font négoce de Gruau: ils le tirent ordinairement de Bretagne & de Tourraine; celui de Bretagne est le plus estimé. Le Gruau sert à faire une boüillie excellente en la faisant cuire un peu lentement dans du lait; l'on prétend qu'il est très-bon pour engraisser & pour rafraîchir: on en fait aussi des eaux refraîchissantes.

Le Gruau d'orge est proprement ce qu'on appelle de l'Orge mondée. *Voyez* ORGE.

Les Gruaux d'avoine & d'orge, que le Tarif de 1664 appelle Grû, payent en France les droits d'entrée à raison de 13 livres le muid mesure de Paris; sçavoir, une livre pour l'ancien droit, & 12 liv. pour la traite domaniale.

GRUAU. C'est encore une machine propre à élever des fardeaux d'un grand poids, comme sont les bois de charpente, les pierres de taille, les moilons & autres materiaux qui s'employent à la construction des bâtimens considérables.

Le Gruau tient le milieu entre l'engrin & la gruë, ayant un long col, mais moindre que cette derniere, & ayant plus que l'engin un fauconneau fort allongé, posé sur le poinçon d'enhaut, & garni de ses chevilles comme le rancher de la gruë.

Lorsque l'on veut que le fauconneau de Gruau ait plus de portée, on y ajoute avec des liens de fer ce qu'on appelle une Escoperche; c'est-à-dire, une piece de bois de même force que le fauconneau, qui a une poulie au bout, & des chevilles pour continuër l'échellier. *Voyez* ENGIN & ESCOPERCHE.

GRUE. C'est le plus composé, le plus grand & le plus fort de tous les engins inventez pour élever de pesants fardeaux. On ne s'en sert guéres que dans la construction des plus grands édifices, tels que sont les Eglises, les Basiliques, les Palais, les arcs de triomphe & autres semblables bâtimens & monumens publics.

La principale piece de la Gruë est un long & gros arbre équarri jusqu'à la premiere moise, & façonné en rond audelà jusqu'à sa pointe, qu'il a garnie d'un pivot de fer; cet arbre s'appelle aussi un poinçon & quelquefois une fleche: c'est sur la pointe de cet arbre qui est élevé perpendiculairement sur l'orison, que tourne & qu'est soutenuë toute la Gruë: il porte par le pied sur le milieu de l'emparement, & est soutenu de ses quatre faces par huit bras ou liens à contre-fiches, emboêtez chacun d'un bout dans un des racinaux, & qui se réunissent tout de l'autre contre l'arbre au dessous d'un fort bossage, sur lequel est posée & tourne la grande moise.

On appelle l'Empatement d'une Gruë quatre fortes pieces de bois d'équarrissage, qui en se croisant forment une espece de double croix: les huit extrémitez de ces pieces se nomment les racinaux, parce qu'apparemment on trouve qu'ils servent comme de racines à l'arbre; cet emparement est proprement la base de la machine.

Sur la pointe de l'arbre ou poinçon armé comme on l'a dit, de son pivot de fer, est posé le rancher ou échellier, c'est-à-dire, une longue & forte piece de bois équarrie & fortifiée de bossage aux endroits qui doivent porter les moises. Cette piece est traversée du haut en bas de grosses chevilles en forme d'échellons, pour y monter & aller porter le cable sur la poulie qu'il a à son extremité: une crapaudine de fer ou de cuivre entaillée dans l'endroit du rancher, qui porte sur l'arbre, sert à le mieux faire tourner sur le pivot.

Cette longue piece de bois dont la situation est diagonale, tient par le bout d'en bas à la grande moise: deux grands liens montans, dont l'un l'arcboute de dessus cette moise, & l'autre de dessus ce premier lieu, la soutiennent & la fortifient; & pour mieux joindre & assembler toutes ces pieces, trois autres moises ou doubles liens les embrassent presque à distance égale.

Au bout de ces trois dernieres moises, sur le dos du rancher sont des poulies pour soutenir le cable au sortir de la poulie d'en haut, en sorte qu'il passe sur quatre poulies avant que de se dévider sur le treüil ou tour.

Le treüil est un cylindre de bois, à un des bouts duquel est attachée une grande rouë de bois d'assemblage, vuide au dedans, & capable de contenir plusieurs Ouvriers, qui en marchant dans cette cavité, la font tourner & en même tems le treüil où elle tient.

Pour soutenir le treüil & sa rouë sont deux suspentes qui pendent perpendiculairement, l'une du rancher en traversant la grande moise, & l'autre seulement de l'extrémité de cette

cette même moise, vers l'endroit où le rancher y est emmortaisé; l'une & l'autre suspente a son lien pour la fortifier.

On appelle les Lumieres du treüil les trous dans lesquels tournent ses mamelons; pour les mamelons, ce sont ce qu'on nomme vulgairement des tourillons.

GRUME. Terme d'exploitation & de marchandise de bois. Il se dit du bois qui est encore avec son écorce & qui n'est pas équarri. *Voyez* Bois *où il est parlé de l'Orme.*

GRUMEL. C'est ainsi qu'on appelle dans quelques Manufactures, particuliérement à Amiens, la fleur d'avoine dont se servent les Foulons pour fouler les étoffes.

Le Reglement de la Sayetterie de 1666 ordonne qu'il sera mis sur chaque vaissellée un lot de Grumel au moins, qui est fleur d'avoine, & défend de faire plus de deux vaissellées avec les mêmes eaux & Grumel.

GRUYERE. Sorte de fromage qui vient de Suisse. Les Marchands Epiciers le nomment plus ordinairement Fromage de Griers, de la Ville de ce nom, aux environs de laquelle il s'en fait & de meilleur & en plus grande quantité. *Voyez* Fromage, *où il est parlé de celui de Griers.*

GUAINE. *Voyez* Gaine.

GUANCO, ou GUANACO. Animal du nombre de ceux qui fournissent la pierre du Bezoard Occidental, autrement Bezoard du Perou. *Voyez* Bezoard.

GUANIN. Espece de metail composé d'or, d'argent & de cuivre, dans lequel de trente-deux parts il y en a dix-huit d'or, six d'argent & huit de cuivre. Il y avoit autrefois des mines de Guanin dans l'Isle de S. Domingue; mais depuis que les Habitans naturels de cette Isle ont éte exterminez par les Espagnols, on en a entiérement perdu la connoissance.

GUESDE, ou GUELDE. Drogue propre pour teindre en bleu; on l'appelle autrement Pastel. *Voyez* Pastel.

La Guesde, ou poudre de Pastel, paye en France les droits d'entrée à raison de 15 s. du tonneau, contenant vingt-quatre barils de jauge; & ceux de sortie sur le pied de quarante-six s. le cent pesant.

GUESDÉ. Drap guesdé. C'est un drap auquel on a donné un pied de guesde ou pastel. *Voyez* Bleu.

GUESDER. Mettre les laines & les étoffes en bleu. *Voyez* Ampasteler.

GUESDRONS. Une des trois sortes d'Ouvriers dont la Communauté des Teinturiers de la Ville de Roüen est composée. Les Guesdrons sont ceux qui donnent aux étoffes le pied de guesde, qui est néceffaire, particuliérement pour les noirs.

GUEUSE. Espece de dentelle de fil blanc, très-légere, dont le fonds est de réseau, & les fleurs de cordonnet fort delié, qui se fabrique sur l'oreiller avec des fuseaux & des épingles, de même que les autres dentelles.

Il se faisoit autrefois en France une assez grande consomption de cette dentelle, mais presentement la mode en est presque perduë. On lui avoit donné le nom de Gueuse à cause de la modicité de son prix, ce qui fait qu'il n'y a plus guéres que les personnes de peu de conséquence qui en veulent encore porter.

Gueuse. C'est aussi une petite étoffe qui se fabrique en Flandre, où elle se nomme plus communement Picotte *Voyez* Picotte.

Gueuse. Est encore une grosse piece de fer de dix à douze pieds de long, sur dix ou douze pouces de large, & du poids de seize à dix-huit cens livres, même quelquefois davantage.

On fait couler cette Gueuse du fourneau où la matiere minerale propre à faire du fer a été fonduë, & elle prend sa forme dans une espece de moule de terre assez grossiérement fait, où elle entre en s'y précipitant comme un torrent de feu capable d'inspirer quelque émotion à ceux qui voyent pour la premiere fois un spectacle également terrible & curieux. *Voyez* Fer.

Les Gueuses que le Tarif de Lyon appelle Guises de Fer, payent les droits de la Doüane de cette Ville suivant les lieux d'où elles viennent:

Sçavoir les Gueuses de fer de France la piece pesant un millier, 8 sols d'ancienne taxation, & 6 den. par cent de nouvelle réapreciation.

Et les Gueuses de fer étranger 18 s. du millier, tant d'ancienne que de nouvelle taxation.

GUEUSETTE. Terme de Cordonnier. C'est le godet où les Cordonniers mettent le rouge ou le noir dont ils rougissent ou noircissent les talons des souliers.

GUEZE. Mesure des longueurs dont les Persans se servent pour mesurer les étoffes, les toiles & autres semblables marchandises.

Il y a de deux sortes de Gueze en Perse; la Gueze Royale, qu'on nomme autrement Gueze Monkelser: & la Gueze racourcie, qu'on appelle simplement Gueze: celle-ci n'est que les deux tiers de l'autre.

La Gueze Royale contient deux pieds dix pouces onze lignes, ce qui revient à quatre cinquiémes d'aune de Paris, en sorte que les cinq Guezes font quatre aunes, ou les quatre aunes font cinq Guezes.

Pour reduire les Guezes de Perse en aunes de Paris, il faut se servir de la regle de trois, & dire: Si cinq Guezes font quatre aunes, combien tant de Guezes feront-elles d'aunes?

Et au contraire pour reduire les aunes de Paris de Guezes de Perse, il faut dire, en se servant de la même regle; Si quatre aunes font cinq Guezes, combien tant d'aunes feront-elles de Guezes?

On se sert dans les Indes d'une sorte de mesure pour mesurer aussi les corps étendus, qui s'appelle pareillement Gueze: elle est plus courte que celle de Perse d'environ six lignes, ce qui peut aller à un soixante & dixiéme d'aune moins. Comme cette différence est peu sensible, l'on peut faire la reduction des Guezes des Indes en aunes de Paris, suivant la même regle qui en a été donnée à l'égard de la Gueze de Perse.

GUIBERT. Espece de toiles de lin blanches qui se fabriquent à Louviers près Roüen; il s'en fait de fines, de moyennes & de grosses.

Ces sortes de toiles qui ont pris leur nom de l'Ouvrier qui en a fabriqué le premier, se vendent à la piece depuis soixante & dix jusqu'à soixante & quinze aunes; leurs largeurs ordinaires sont de deux tiers, de trois quarts, & demi, & d'une aune mesure de Paris.

Elles s'employent ordinairement en draps & en chemises pour hommes & pour femmes; leur consomption se fait presque toute dans le Royaume, mais Paris est l'endroit où il s'en debite le plus

GUIBRAY. Foire célebre qui se tient dans un des Fauxbourgs de la Ville de Falaise en basse Normandie: Elle a pris son nom de ce Fauxbourg, qui lui-même l'a emprunté

prunté d'une Chapelle de la Vierge nommée Notre-Dame de la Guibray qui n'en est pas fort éloignée.

Cette Foire si fameuse dans toute l'Europe, & qui tient en France le premier rang après celle de Beaucaire, a été établie, à ce qu'on croit, par Guillaume le Conquerant, Duc de Normandie & Roy d'Angleterre. Ce Prince en consideration de ce qu'il étoit né à Falaise, accorda à cette Ville de grands privileges, & particuliérement une exemtion de tous peages & impôts pour la nouvelle Foire dont il y fit en même tems l'établissement : exemtion dont elle joüit encore, mais pourtant sans diminution des droits des traites établis depuis, qui se payent en entier aux Bureaux du Roy.

L'ouverture de cette Foire se fait le seiziéme Août; elle dure quinze jours, huit qu'on appelle la grande Semaine pour les franchises, & le reste qu'on nomme la petite Semaine, plus par coûtume que par privilege : c'est dans la premiere semaine qu'il y a le plus grand concours de Marchands, & que se fait tout le commerce; dans l'autre on regle ses affaires & on se prepare au retour; on y fait toutefois quelque negoce.

Il n'y a point de sorte de marchandises qu'on n'apporte à la Guibray, ni de Province de France d'où il n'y vienne des Marchands : il en vient aussi quantité des Pays étrangers, soit pour vendre soit pour acheter.

Les plus precieuses de ces marchandises sont la joüaillerie & l'orfevrerie, dont une partie est apportée de Paris; & les épiceries & drogueries qui viennent ou du dehors du Royaume, ou des Provinces qui font ce commerce, & où elles arrivent par le retour des vaisseaux François. Les autres marchandises sont toutes sortes d'étoffes d'or, d'argent, de soye, de laine, de coton, &c. & quantité de toiles, de fils & de chanvre qui se recueillent ou qui se fabriquent dans la Province, ou que les Marchands Forains y apportent d'ailleurs. Ce qui fait un des plus considerables commerces de cette Foire, sont les chevaux dont il y a telle année qu'il s'y en vend au delà de quatre mille.

Les deux Inspecteurs des Manufactures de Caën dont l'un a l'inspection sur les étoffes de lainerie, & l'autre sur les toiles, & dans le département desquels se trouve la Foire, sont tenus de s'y transporter à son ouverture avec les Maîtres de Gardes & Jurez, & le Juge de Police de Manufactures, pour visiter & marquer les étoffes & les toiles, & saisir celles qui ne sont pas conformes aux Reglemens.

Les Directeurs généraux des cinq grosses Fermes établis à Caën, à Laval & à Alençon, ont pareillement coûtume de s'y trouver pour veiller aux interêts de la Ferme, & empêcher qu'il ne s'y passe rien au préjudice des droits des traites.

Outre les Marchands qui s'assemblent pour la vente & pour l'achat, & les Commis néceſsaires à la Police de la Foire, il s'y fait encore un grand concours de noblesse & de peuple des environs attirez par les divers divertissemens qui y continuent tout le tems qu'elle dure; ce qui ne contribuë pas peu à la rendre plus belle & plus marchande.

GUIBRAY. On appelle Fil de Guibray un fil d'étoupe blanchi, dont les Ciriers se servent pour faire la méche des cierges, de la bougie filée & des collets de flambeaux de poing. *Voyez* FIL.

GUIDE. Terme de Menuisier. Morceau de bois qui s'applique contre un rabot ou autre outil à fust, pour l'affermir & comme le guider quand on veut recaler ou pousser des feüillures.

GUIGNOLE. Terme de balancier. C'est une espece de pied sur lequel on suspend les trebuchets ou les petites balances, afin que la pesée se fasse plus juste. On s'en sert dans les monnoyes, & presque tous les Marchands Merciers en détail, aussi bien que les Epiciers, Droguistes & autres Marchands qui debitent en petits poids, en ont sur leurs comptoirs.

GUILDINE, ou GUILDIVE. Eau de vie de sucre qui se fait au Bresil & qui fait partie du negoce des Portugais de Rio Jenneiro avec les Espagnols de Buenos-Ayres. Il s'en faut bien que cette eau de vie soit aussi bonne que celle qui se fait avec du vin; on tient même qu'elle est très-préjudiciable à la santé, aussi a-t-elle été défenduë en France sous de grosses peines. *Voyez* EAU DE VIE, *où il est parlé des Eaux de vie de Melasses.*

GUILLAUME. Espece de rabot dont les Menuisiers & autres Ouvriers en bois se servent pour faire différentes moulures.

Il y en a de plusieurs sortes, entr'autres le Guillaume à ébaucher, le Guillaume à plate-bande, le Guillaume à reculer & le Guillaume debout : tous ces rabots ont le fust fort étroit; le fer qui se met comme aux varlopes, est diversement taillé, suivant les diverses moulures qu'on veut pousser sur le bois, comme sont les filets creux, les talons, les baguettes, les plates bandes & quelques autres.

Le Guillaume debout est ainsi appellé, parce que le fer est placé droit dans le fust : celui-là est affuté par le côté, & ne coupe point par dessous; il sert a élargir des rainures, & à pénetrer où le gros Guillaume ne peut aller.

Le Guillaume à ébaucher sert pour enlever les angles de la piece où l'on veut faire des moulures.

Il y a aussi des Guillaumes ronds pour les ouvrages cintrez & plusieurs autres qu'inventent les Ouvriers suivant leur genie & les ornemens qu'ils veulent faire sur les paneaux.

GUILLEDIN. Cheval d'Angleterre qui est extrémement vîte à la course. *Voyez* CHEVAL.

GUILLEMET, ou GUIMET. Terme d'Imprimerie. C'est une double virgule qui se met quelquefois à côté des lignes, pour avertir & faire remarquer que les endroits ainsi designez ne sont pas proprement du texte de l'ouvrage, mais des citations, des passages & autres choses semblables. Quelques-uns se servent de l'italique pour ces sortes d'indications. *Voyez* IMPRIMERIE.

GUIMBARDES. Nom que l'on donne du côté de Lyon à certaines especes de longs chariots à quatre roues, qui servent à voiturer les marchandises quand les rivieres ne sont plus navigables à cause de la grandeur des eaux ou des glaces : les Marchands Lyonnois envoyent leurs marchandises à Paris sur des Guimbardes.

GUINDA. Espece de petite presse à moulinet & sans vis dont quelques Tondeurs de draps se servent au lieu de presses ordinaires, c'est-à-dire, de celles que l'on appelle presses à jumelles ou à vis.

Le Guinda sert à presser & donner le cati à froid aux étoffes de laine, après qu'elles ont été tonduës à fin, c'est-à-dire, en dernier. Cette sorte de presse n'est guéres en usage qu'à Paris, à Tours & à Orleans : dans les autres lieux on se sert de presses à vis ou à jumelles. *Voyez* PRESSE, CATI & CATIR.

GUINDAGE. Terme de commerce de mer, qui se dit du travail & du mouvement qui se fait pour la charge & décharge des marchandises d'un navire.

On se sert aussi de ce terme pour exprimer les salaires qui se donnent aux Matelots pour faire cet ouvrage: ainsi l'on dit, Ces Matelots ont été payez de leur Guindage; pour faire entendre, qu'ils ont été satisfaits de leurs peines, pour la charge ou décharge des marchandises d'un vaisseau.

Guindage. Se dit encore des palans & autres cordages qui servent à charger ou décharger les marchandises d'un bâtiment de mer. Les dommages & accidens qui arrivent aux Marchandises par le défaut des Guindages & cordages, sont réputez simples avaries, & comme tels doivent tomber sur le Maître, le navire & le fret. *Art. 4 du titre 7 du liv. 3 de l'Ordonnance de la Marine du mois d'Août* 1681.

GUINDAL, ou GUINDAS. Machine qui sert à élever de gros fardeaux: elle est très simple n'étant composée que de trois pieces de bois, d'une poulie & d'un treüil; les pieces de bois sont jointes par en haut & sont dressées diagonalement, en sorte qu'elles arcboutent les unes contre les autres. Les tourillons du treüil ont leurs trous ou lumieres dans deux des pieces; la poulie est attachée à l'endroit où les trois pieces de bois se joignent: enfin deux leviers qui traversent le treüil servent à le tourner & à y devider le cable qui passe sur la poulie d'en haut.

GUINDRE. Espece de roüet dont les Doubleuses se servent pour doubler la soye avant de la donner au Moulinier. *Voyez* Soye.

GUINEATUF-LONGE'E. Toile de coton & de soye qui se frabrique aux Indes Orientales; les pieces ont six, huit ou treize aunes de long sur cinq sixiémes ou deux tiers de large.

GUINE'E, Monnoye d'or qui se fabrique en Angleterre, ainsi nommée de ce que les premieres furent fabriquées de la poudre d'or apportée de Guinée par les vaisseaux Anglois.

La Guinée avoit d'abord été frappée pour valoir juste vingt schelings ou la livre sterling; depuis elle a été augmentée d'un schelling & demi, en sorte qu'elle vaut plus de 15 liv. de France, sur le pied que la monnoye y est presentement (1718). Lorsqu'elle commença à avoir cours elle ne valoit que douze à treize livres de cette monnoye.

La Guinée est la monnoye d'or la plus commune & Angleterre: il y a néanmoins des Jacobus, des Angelots, des Nobles Henry, des Nobles à la rose, des pieces à la Croix, &c. mais il se voit peu de ces especes en comparaison des Guinées, ayant presque toutes été converties en cette monnoye depuis le retablissement de Charles second.

Guine'e. C'est aussi une toile de coton blanche, plus fine que grosse, qui vient des Indes Orientales, particuliérement de Pontichery. La piece est de vingt-neuf aunes & demi à trente aunes, sur sept huitiéme de largeur.

On appelle Bœufs & Vaches de Guinées les cuirs de ces animaux encore verds, qui s'apportent des Côtes du Cap verd & de Guinée par les vaisseaux de la Compagnie de Senegal, & qui s'apprêtent ensuite dans les Tanneries de France. *Voyez* Cuirs.

GUINGANS. Toile de fil de coton quelquefois mêlée de fil d'écorce d'arbre, qui n'est ni fine ni grosse; il y en a de bleuë & de blanche, dont la piece contient pour l'ordinaire huit aunes de long, sur trois quarts à cinq six de large. On tire ces sortes de toiles des Indes Orientales, particuliérement de Bengale; il y a aussi des Guingans ou Gingans qui sont moitié écorce & moitié soye. *V.* Ecorce.

GUINGUETTE. *Voyez* Gainguette.

GUIPER. Terme de Passementier-Boutonnier & de Tissutier-Rubanier. Il signifie tordre les fils pendans d'une frange par le moyen de l'instrument qu'on nomme Guipoir. *Voyez l'article suivant.*

GUIPOIR. Outil de fer crochu d'un côté & chargé de l'autre d'un petit morceau de plomb pour lui donner du poids, dont les Passementiers-Boutonniers & les Tissutiers-Rubaniers se servent pour faire des franges torses, en les attachant par le bout crochu aux fils pendants pour les tordre, ce qu'ils appellent Guiper la frange. *Voyez* Frange.

GUIPURE. Sorte d'ouvrage qui n'est autre chose qu'une espece de dentelle ou passement composé de cartisane & de soye tortillée, qu'on a mis autour d'un cordon de soye ou de fil: cette soye tortillée s'appelle aussi Guipure, d'où il y a de l'apparence que tout l'ouvrage a pris son nom.

Les Guipures se fabriquent ainsi que les dentelles sur un oreiller, avec des fuseaux & des épingles en suivant un dessein: il s'en fait de plusieurs couleurs & nuances, de fines, de moyennes & de grosses, de larges, de moins larges & de très étroites; les plus étroites se nomment Tête de more.

Moins il y a de cartisane dans les Guipures, & plus elles sont estimées; la cartisane ne pouvant soutenir l'eau sans le gâter, à cause que ce n'est que du parchemin ou velin couvert de soye.

Les lieux de France où il se fait le plus de Guipures, sont, S. Denis en France, Villers le Bel, Ecoüen, Cercelle, S. Brice, Groslait, Montmorency, Tremblay, Villepinte & lieux circonvoisins.

Il s'en consumoit autrefois une quantité prodigieuse dans le Royaume; mais depuis que la mode en est passée en France, n'y ayant à present que les Paysannes qui en portent, elles s'envoyent presque toutes en Espagne, en Portugal, en Allemagne & dans les Indes Espagnoles où elles sont fort en usage.

Les Guipures font une portion du négoce des Marchands Merciers & du travail des Passementiers-Boutonniers, étant permis à ces derniers suivant l'article 29 de leurs Statuts du mois d'Avril 1653, d'en faire de toutes les sortes, de plates, de rondes & à dentelle or & argent grapé & frisé.

GUITRAN. Espece de bitume ou de poix. *Voyez* Goudran.

GULDEN, ou GOULDE, comme on le prononce en François. C'est une monnoye d'argent qu'on fabrique en Allemagne, de la valeur de quarante sols de France.

Il y a aussi des Guldens de Flandre, mais qui ne valent que vingt-quatre sols aussi de France: ceux d'Allemagne ont différentes empreintes, chaque Prince qui les fait battre y mettant son effigie & ses armes.

Il y a pareillement en Hollande, particuliérement à Amsterdam, deux sortes de monnoye d'argent à qui on donne le nom de Gulden; l'une qu'on nomme simplement Gulden qui est le florin. *Voyez* Florin, L'autre qu'on appelle Gout-Gulden, ou Florin d'or, quoiqu'il ne soit que d'argent & même d'assez bas titre; celui-ci vaut un Florin huit sols, ce qui revient à trente-cinq sols de France.

GUME'E. Drogue employée dans le Tarif de 1664. Elle est appellée Guinée dans celui de la Doüane de Lyon de de 1632; mais elle paroît presentement également inconnuë sous l'un & sous l'autre nom.

Par le premier de ces Tarifs la Gumée paye les droits d'entrée à raison de 10 livres du cent pesant; & par celui de la Douane de Lyon, la Gumée paye 3 livres 2 sols 6 deniers pour l'ancienne taxation, & 6 livres pour les anciens quatre pour cent.

GURAES. Toiles peintes de Bengale qui ont trente-six cobres de long sur deux de large, le cobre de dix-sept pouces ½ de Roy: les Anglois de Madraail en levent beaucoup pour envoyer aux Manilles.

GURLET, ou GRELET, outil de Limosin. C'est une espece de testu ou gros marteau, dont une extrémitez de la tête termine en pointe carrée, comme le testu à démolir des Maçons, & qui par l'autre extrémité est fendu comme le testu à arrêté: la pointe sert au Limosin à piquer son moilon, & la partie opposée à le couper, pour l'équarrir & le reduire de hauteur & de largeur. *Voyez* TESTU.

GUTTA-GAMBA. C'est ce qu'on nomme autrement & plus communément Gomme-Gutte. *Voyez* GOMME-GUTTE.

GUTTE-GEMOU. } *Voyez comme dessus.*
GUTTE-GOMME. }

GUY DE CHESNE. C'est une espece d'excroissance en forme de plante qui se trouve ordinairement sur les vieux chênes.

Ce Guy a plusieurs branches d'une substance solide & pesante, d'une couleur rougeâtre au dessus, & d'un jaune tirant sur le blanc au dedans: ces branches qui sont un vrai bois, ont toutes une figure de soleil bien formé, & l'on en fait des chapelets, dont chaque grain a un double soleil qui les partage orisontalement. Il sort de ces branches quantité de petits rameaux qui s'entrelassent les uns les autres, & qui portent des feüilles longues, épaisses & à demi rondes, d'un verd pâle; entre les feüilles paroissent des bayes blanches qui semblent autant de perles de la grosseur de nos groseilles, & ces bayes renferment une humeur visqueuse dont l'on peut faire de la glue.

On attribuë au Guy de chêne bien des proprietez par raport à la Medecine; peut-être est-ce un reste de la veneration que les anciens Gaulois avoient pour cette plante, pour la recherche de laquelle les Druides, Prêtres tout ensemble & Philosophes des premiers Habitans des Gaules, s'assembloient tous les ans, d'où vient cette expression, Cuëillir le Guy de l'an neuf.

Quoiqu'il en soit, les Marchands Epiciers & Droguistes font un assez grand commerce de Guy de chêne, qu'il faut choisir gros, pesant, bien nourri; & pour le distinguer des autres Guys, observer s'il a ce soleil qui ne manque à aucunes de ses branches. On a raison d'ajouter (pour le distinguer des autres Guys) n'y ayant gueres d'arbres qui ne produisent du Guy, entr'autres le Pommier, le Poirier, le Prunier, le Hêtre, l'Yeuse, le Chataignier, & l'Accacia d'Amerique.

Feu M. Perault de l'Academie des Sciences, également habile Médecin, excellent Architecte & Philosophe profond surtout dans les connoissances de la nature & de la physique, nous a appris dans un de ces sçavans ouvrages dont il a enrichi la Republique des Lettres, que le Gui qui vient sur les arbres est une plante d'une saveur & d'une odeur forte; qu'elle est remplie d'un poison qui affoiblit l'arbre qui le nourrit; que tant qu'il y reste attaché, ses fruits ont toûjours un goût désagréable, & que le moyen de redonner à l'arbre sa premiere vigueur est de le défaire de cet ennemi domestique qui lui rend un venin dangereux, à la place du suc agréable qu'il en tire.

Le Guy de chêne paye en France les droits d'entrée à raison de 25 s. du cent pesant.

GYP. Espece de gros talc ou de pierre brillante & transparente qui se trouve dans les carrieres de Montmartre près Paris, parmi les pierres qu'on y cuit pour en faire du plâtre: quelques-uns la confondent avec la pierre à plâtre, à cause qu'en Latin celle-ci est appellé *Gypsum*; mais mal à propos; ce qu'en France on appelle du Gyp n'étant pas propre à faire le plâtre.

C'est avec le Gyp calciné au four, broyé dans un mortier, passé au tamis & employé avec de l'eau collée & des couleurs, que l'on contrefait le marbre & qu'on l'imite si bien, que les yeux & la main y peuvent être trompez. On a donné ailleurs la maniere de le faire. *Voyez* MOSAÏQUE.

H

HABILLAGE. Ne se dit que des bêtes que l'on tuë, pour être venduës & débitées à la boucherie. Les Apprentifs Bouchers & les Fils de Maîtres ne peuvent être reçûs à la Maîtrise, qu'ils n'ayent travaillé un certain tems fixé par les Statuts, à l'achat, à l'Habillage ou à la vente des chairs. *Voyez* BOUCHER.

HABILLEMENT, ou HABIT. Ce qui sert à couvrir la nudité de l'homme.

Les Habillemens neufs payent en France les droits d'entrée & de sortie suivant la richesse des étoffes dont ils sont faits, ou des broderies & autres ouvrages dont ils sont enrichis; sçavoir à l'entrée les Habillemens en broderie d'or & d'argent sur draps de soye, & les Habillemens neufs de soye, draps ou serges, à raison de dix pour cent de leur valeur, suivant l'estimation.

Et à la sortie les Habillemens neufs en broderie d'or & d'argent sur draps de soye 40 s. de la livre.

Les Habillemens neufs de soye, 16 s. la livre.

Et les Habillemens neufs de draps & serges, 2 s. pareillement de la livre.

HABILLER, en termes de boucherie signifie lever la peau de dessus une bête, après qu'on l'a assommée ou égorgée, l'ouvrir, la vuider, la souffler, &c. Le chef-d'œuvre d'un Apprentif Boucher, pour être reçû à la Maîtrise, est d'habiller un bœuf, un veau, un mouton & un porc. *Voyez* BOUCHER.

HABILLER. Se dit aussi, en termes de cuisine, de la premiere

miere préparation que l'on donne au gibier, à la volaille & au poiſſon, en dépoüillant les uns de leur peau & écailles, & les autres de leurs plumes, & en les vuidant tous de leurs inteſtins, à la reſerve des foyes dans tous ces animaux, & encore des laitances dans les poiſſons. *Voyez* ROTISSEURS & QUEUX.

HABILLER UNE PEAU. C'eſt chez les Marchands Pelletiers la préparer à être employée aux divers ouvrages de Pelleterie *Voyez* PELETIER.

HABILLER UN CUIR. Terme de Tannerie. C'eſt lui donner la premiere préparation pour le mettre au tan. *Voyez* TANNEUR.

HABILLER, en termes de Potier de terre. Signifie mettre des pieds & des anſes aux ouvrages de poterie qui en ont beſoin.

HABILLER UN SAUMON. C'eſt l'ouvrir & en ſéparer les entrailles & les ouïes pour le mettre ſaler dans la cuve. *Voyez* SAUMON.

HABILLER UNE MORUE. C'eſt lui couper la tête, l'éventrer, en ôter les inteſtins, pour la mettre en état d'être ſalée. *Voyez* MORUE.

HABILLEUR. Celui qui prépare & habille les peaux. Ce terme eſt fort en uſage chez les Pelletiers. On s'en ſert auſſi preſque dans toutes les ſignifications ci-deſſus, pour ſignifier l'Ouvrier qui ſert a préparer les differentes matieres, denrées ou marchandiſes où le verbe Habiller convient.

HABITATION. Terme de Colonie. C'eſt un établiſſement que des Particuliers entreprennent dans des terres nouvellement découvertes, après en avoir obtenu des Lettres du Roy, ou des Intereſſez à la Colonie, qui contiennent la quantité de terres qu'on leur accorde pour défricher, & la redevance ou droit de cens qu'ils en doivent payer tous les ans au Roy ou à la Compagnie.

C'eſt dans ces ſortes d'Habitations que ſuivant la qualité du ſol, après qu'on en a éſarté les terres on cultive des cannes à ſucre, de coton, du tabac, de l'indigo, & autres telles marchandiſes qui y croiſſent aiſément, & qui font d'un bon débit en Europe. La culture de la terre & les autres ouvrages qui en dépendent, comme la conduite des moulins à ſucre, la préparation du tabac & de l'indigo & autres ſemblables marchandiſes, ſe font par deux ſortes de perſonnes preſque également malheureuſes, mais dont les malheurs ont une durée inégale.

Les uns ſont des Engagez qu'on appelle des Trente-ſix-mois, parce que leur engagement doit durer trois ans; & les autres des Negres, dont la ſervitude dure autant que leur vie. On parle ailleurs des uns & des autres. *Voyez* NEGRES & TRENTE-SIX-MOIS.

Tout le commerce d'une Habitation & ſa richeſſe conſiſte particulierement dans les Negres qui la cultivent. On peut voir dans ce qu'on appelle aux Iſles de l'Amerique le Code Noir, c'eſt-à-dire dans l'Ordonnance de Louis XIV. concernant l'état de ces malheureux, les occaſions où ils tiennent lieu de biens immeubles, & celles où ils ſont ſeulement reputez meubles. On y verra auſſi ce quils doivent à leurs Maîtres, & ce que leurs Maîtres leur doivent. *Voyez* CODE NOIR.

HABITATION. Signifie auſſi quelquefois un établiſſement paſſager, que des Habitans des Colonies déja bien établies, comme par exemple, de celle de Quebec, vont faire chez les Nations amies des François pour le commerce des pelleteries. On donne ſeulement le nom de Courſe, quand le ſejour parmi ces Sauvages n'eſt pas long; mais on appelle Habitation, quand on y demeure pluſieurs années de ſuite. *V.* COUREURS DE BOIS.

HACHE. Outil de fer aceré & tranchant, qui ſert aux Charpentiers, Charrons, Tourneurs & autres Ouvriers en bois, à hacher, fendre, débiter & dégroſſir leurs bois. Le fer de cet outil eſt ordinairement un paralellogramme ou quarré-long, plus ou moins grand ſuivant la force & grandeur de l'outil. Le tranchant occupe toute la longueur d'un des grands côtez; & à l'autre qui eſt aſſez épais, & quelquefois enfoncé en portion de cercle, tient un petit manche de fer, de figure cylindrique, creux en dedans, où ſe met un autre manche de bois long à proportion de la Hache. Il y a auſſi des Haches dont le tranchant s'arrondit: celles là s'appellent des Haſſarts.

Les Haches, haſſarts, ſerpes & coins de fer payent en France les droits de ſortie à raiſon de 8 ſ. du cent peſant.

HACHE. Terme d'Imprimerie. On dit qu'un Livre eſt imprimé en Hache quand il y a des gloſes, commentaires ou citations qui commencent d'abord à la marge, mais qui à cauſe de leur longueur empietent ſur le texte.

HACHE. On appelle, en termes de Marine, Maître de Hache, ce qu'on nomme communément un Charpentier. *Voyez* CHARPENTIER.

HACHER LA LAINE. Terme de Manufacture de tapiſſerie. C'eſt réduire en une pouſſiere preſque impalpable les tontures des draps & autres étoffes de laine que fourniſſent les Tondeurs, ou même couper & préparer de la laine neuve de la même façon. *Voyez* TONTURE, *on y parle des tapiſſeries qui en ſont faites.*

HACHEREAU. Petite cognée dont ſe ſervent les Charpentiers, qu'on peut manier d'une ſeule main. *Voyez* COGNÉE.

HACHETTE. Petite hache. Les Charpentiers ſe ſervent d'un outil qu'ils appellent Hachette à marteau, qui eſt un véritable marteau, mais dont un côté qui ſe prolonge plus que l'autre de cinq ou ſix pouces eſt courbé vers le manche & eſt tranchant à peu près comme le fer de l'Herminette.

La Hachette ou Aſſette des Couvreurs n'eſt differente de celle des Charpentiers, que parce qu'elle n'eſt ni ſi maſſive, ni ſi peſante, ni ſi courbée; & que le côté qui conſerve la forme du marteau, & qui en ſert à ces Ouvriers, eſt plus leger, moins long & moins gros.

HACHEUR DE LAINE. Ouvrier qui prépare les laines pour être employées aux tapiſſeries de tontures. *Voyez* TONTURE.

HACHEURES. Petites entailles que l'on fait ſur le fer, le cuivre ou autres ſemblables métaux, pour y faire mieux tenir l'or ou l'argent en feüille qu'on y applique au feu. *V.* DORURE AU FEU.

HACHOIR. Grand couteau dont les Bouchers, Patiſſiers & Cuiſiniers ſe ſervent pour hacher leurs viandes. *V.* COUTEAU A HACHER.

HACHOIR Se dit auſſi du billot ſur lequel on hache la viande. Il eſt fait ordinairement du tronc de quelque gros arbre dont le bois eſt ferme & dur, & ſous lequel pour le ſoûtenir on met trois pieds diſpoſez en triangle. Quelquefois le Hachoir n'eſt qu'un deſſus de table de forme ronde, épais de quatre ou cinq pouces, & de deux pieds de diametre. C'eſt une Eſpece de grand tranchoir.

HADOT. Eſpéce de poiſſon qui reſſemble fort à la ſeiche. *Voyez* SEICHE.

Les

Les Hadots payent en France les droits d'entrée à raison de 15 s. du millier en nombre, & ceux de sortie sur le pied de 40 s.

HAIN ou AIN. *Voyez* HAMEÇON.

HAIRE. On appelle un drap de laine en Haire, celui qui n'a point été foulé, & qui est encore en toile, & tel qu'il a été levé de dessus le métier. Ce terme est particulierement en usage à Sedan; ailleurs on dit plus ordinairement un Drap en toile.

HAIRE, que l'on écrit & que l'on prononce plus ordinairement HERE. Espece de tissu ou grosse étoffe faite de crin de cheval, mêlée quelquefois de poil de bœuf ou de vache, & quelquefois d'étoupes de chanvre. *Voyez* HERE.

HAIRE ou AIRE. Il se dit, en termes de fabrique & de marchandise de sel, du fond des marais salans, sur lequel l'eau de la mer qui y entre se convertit en sel par l'ardeur des rayons du soleil. *Voyez* SEL & MARAIS SALANS.

HAIREMENT. Tondre en Hairement, c'est tondre une piece de drap de laine pour la premiere fois. Cette maniere de parler n'est guéres en usage que dans les manufactures de Sedan: ailleurs on dit Tondre en premiere voye, en premiere coupe, en premiere eau, ou en premiere façon. *Voyez* TONDRE.

HALAGE. Droit que le Roy ou les Seigneurs particuliers levent sur les marchandises qui s'étalent dans les halles, foires & marchez.

HALAGE. Se dit aussi de la faculté que les Maîtres de quelques Communautez des Arts & Métiers de la Ville de Paris ont d'étaler & vendre leurs ouvrages & marchandises dans les places des halles qui leur sont indiquées par leurs Statuts. Les Cordonniers, les Potiers de terre, les Filassiers & quelques autres joüissent de ce droit, d'où ils sont appellez Marchands Halliers. *Voyez ces articles.*

HALAGE. Signifie encore sur la riviere de Loire le prix dont le Maître Marinier convient avec les Gobeurs ou Compagnons de riviere, pour remonter ou haler leurs batteaux.

HALEBARDE. Arme offensive composée d'un long manche de bois, qu'on nomme une Hampe, & d'une grande lame de fer croisée par en bas d'un crochet aussi de fer pointu d'un côté, & échancré de l'autre en forme de croissant.

Les Hallebardes sont du nombre des marchandises dont la sortie est défenduë par toute l'étenduë du Royaume, Terres & Païs du Roi, suivant l'Ordonnance de 1687, & tous les Traitez de Paix.

Les Halebardes payent en France les droits de sortie à raison de 16 s. la douzaine, lorsqu'on en a obtenu la permission

HALEBARDIER. Ouvrier ou plûtôt Manœuvre qui sert dans les grands atteliers aux Tailleurs de pierre à remuer, retourner, placer & mettre en chantier les pierres qu'ils taillent ou veulent tailler; & qui après qu'elles sont taillées, aide à les élever & mettre sur les charriots & binards, pour les conduire au pied des engins qui doivent les élever.

On appelle ces gens Halebardiers, parce qu'ils sont toûjours chargez de gros leviers, ou de fortes pieces qu'ils portent sur leurs épaules en marchant, à la façon que l'on porte une halebarde. *Voyez* MAÇON.

HALECRET. Espece de corcelet leger dont on se servoit autrefois dans l'Infanterie Françoise pour armer les Piquiers. C'est une sorte de cuirasse qui n'est pas à l'épreuve des armes à feu.

Les Halecrets dorez payent en France les droits d'entrée à raison de 10 s. de la place suivant le Tarif de 1664, & 32 s. 6 den. conformement à celui de la Doüane de Lyon. Ils sont pour la sortie du nombre des marchandises de contrebande, dont le transport hors du Royaume est défendu par l'Ordonnance de 1687.

HALEMENT. Terme de Charpentier. C'est le nœud qui se fait avec le cable à une piece de bois qu'on veut élever.

HALER une piece de bois. C'est l'attacher avec un cable ou cordage pour la tirer en haut. On dit aussi dans la même signification, Chabler un morceau de bois. *V.* ENGIN.

HALER. Les Charpentiers se servent aussi de ce terme, pour dire, ranger les cables de part & d'autre, en les tirant quand ils ne sont pas chargez; & ils disent bander, quand le cable est chargé, & qu'il faut tirer avec force pour élever le fardeau.

HALEUR. Celui qui remonte un batteau en le tirant avec un cable. Sur la riviere de Loire on l'appelle Gobeur, & quelquefois par dérision Arrache persil, à cause que l'effort qu'il fait en tirant, l'oblige de se tenir courbé, comme s'il vouloit tirer de terre des racines de la plante qu'on nomme du Persil.

Les Haleurs sont du nombre de ceux qu'on nomme Compagnons du riviere. *Voyez cet article.*

HALLE. Place publique destinée dans les Villes & Bourgs un peu considerables à tenir les marchez de toutes sortes de marchandises & de denrées, particulierement de celles qui servent à la vie, comme les grains, les farines, les légumes, &c.

On confond ordinairement le mot de Halle avec celui de marché, & dans l'usage commun on les prend l'un & l'autre pour la place dans laquelle les Marchands Forains viennent à certains jours marquez, qu'on nomme Jours de marché, étaler & vendre leur marchandise. Il y a cependant quelque difference; le nom de marché appartenant à toute la place en general où se font ces assemblées de Vendeurs & d'Acheteurs; & celui de Halle ne signifiant que cette partie particuliere de la place qui est couverte d'un appenty, & quelquefois enfermée de murs pour la seureté des marchandises, & pour les garantir de la pluye & autres intemperies de l'air.

HALLE. Se disoit aussi autrefois de ces grands édifices de charpente couverts de tuilles, entourez de murs & fermez de portes, où se tiennent plusieurs des principales foires de France.

C'est ainsi, entr'autres, que la foire de S. Germain qui se tient à Paris, & la franche de Caën si celebre en Basse Normandie, sont appellées dans les titres de leur établissement; & c'est pareillement de deux de ces sortes de bâtimens destinez aux anciennas foires de Paris, que les principaux marchez de cette Ville ont pris le nom de Halles.

On estime la Halle, ou appenty de la foire S. Germain la plus grande construction de cette sorte qu'il y ait en France; & les Connoisseurs le regardent comme l'ouvrage de charpente le plus hardi, soit pour la taille, soit pour la liaison des bois, qui se voye en Europe, & peut-être dans tout le monde.

Il n'y a point en France de Ville, pour peu considerable qu'elle soit, qui n'ait ses Halles, si on prend ce mot dans le sens qu'il signifie une place publique où se tiennent les marchez. Il n'y en a même guéres où il ne se trouve des lieux & bâtimens couverts destinez à certaine sorte de commerce, particulierement pour celui des Manufactures de lainerie, de toilerie & autres semblables. On ne parlera cependant

dant ici que des Halles de Paris & d'Amiéns; parce qu'outre qu'il seroit peu utile & sans doute ennuyeux d'entrer dans un plus long détail, ce qu'on dira des Halles de ces deux Villes, & des Reglement donnez pour leur police, suffira pour donner une idée de toutes les autres.

HALLES DE PARIS.

C'est à Philippes Auguste que la Ville de Paris doit l'établissement de ses Halles dans le lieu où elles se trouvent présentement, quoique depuis il y soit arrivé divers changemens.

Ces Halles qui ne consistoient d'abord qu'en deux grands bâtimens couverts, & en une vaste enceinte de murailles remplie de quantité de petites boutiques, semblables à celles qu'on nomme des Echopes, dont les Halles d'aujourd'hui sont encore toutes pleines, servoient moins aux marchez ordinaires des denrées, qu'aux foires que ce Roi avoit transferées des Fauxbourgs S. Martin & S. Denis dans cette partie de la Ville, qui étoit alors vague & sans bâtimens: qu'on appelloit alors les Champeaux ou Champinelles.

Ces Halles s'étant converties ensuite en marchez communs par la suppression des foires qui s'y tenoient au commencement, on en reserra l'enceinte par divers bâtimens qu'on éleva aux environs; & de tems en tems on y construisit aussi quelques nouvelles halles couvertes, mais plus petites que les anciennes, & destinées à d'autres usages, comme on va bien-tôt le dire.

Enfin les deux grandes Halles bâties par Philippes Auguste ne subsistant plus qu'à peine, & se trouvant aux environs quantité de places vuides où l'on n'avoit point encore élevé de bâtimens; Henry II. ordonna en 1550, que les Halles seroient rebâties, & qu'on construiroit des maisons pour servir à l'avenir d'enceinte aux marchez ou halles découvertes qu'on reserveroit pour la commodité publique.

Il n'est point arrivé depuis de changement considerable aux Halles de Paris; & elles se trouvent présentement à peu près de même qu'elles furent rebâties dans le milieu du seiziéme siecle.

Toutes les Halles de Paris, à la reserve de la Halle aux vins, sont renfermées dans celui des vingt quartiers de cette Capitale, que de-là on appelle le Quartier des Halles. Ce quartier contient cette partie de la Ville qui est bornée à l'Orient par la ruë S. Denis, au Septentrion par la ruë Mauconseil, à l'Occident par les Comtesse-d'Artois & de la Tonnellerie, & au Midy par celles de la Ferronnerie, de S. Honoré & de la Chausseterie.

C'est au milieu de ce quartier, & dans l'un des marchez ou halles qui le composent, qu'est élevée cette tour fameuse, qu'on nomme le Pilory, lieu funeste où l'on expose aux yeux & à l'indignation du peuple plusieurs sortes de Malfaiteurs, particulierement les Banqueroutiers frauduleux. On en parle ailleurs. *Voyez* BANQUEROUTE, BANQUEROUTIER & PILORY.

On appelle les Piliers des Halles, de hauts piliers de pierre qui soûtiennent le devant des maisons qui sont le long des Halles du Pilory, & qui de-là continuënt depuis le Pont Alais jusqu'à la ruë S. Honoré.

C'est sous ces piliers, qui forment des especes de ruës ou d'allées couvertes, que sont les boutiques des principaux Marchands Frippiers de Paris; & c'est aussi entre ces piliers que tous les jours de marché les Boulangers Forains viennent étaler & débiter leur pain, & que les Halliers, c'est-à-dire, les Cordonniers, Tailleurs, & autres pauvres Maîtres des Communautez de Paris, qui ont droit de hallage, établissent les mêmes jours leurs boutiques portatives, pour faire le petit négoce qui leur est permis par leurs Statuts. *Voyez* FRIPPIER, BOULANGER, CORDONNIER, &c.

Par ce qu'on a dit jusqu'ici des Halles de Paris, on comprend assez qu'il y en a de deux sortes; les unes qui sont couvertes, & les autres qui ne le sont pas.

Les Halles couvertes sont, la Halle aux draps, la Halle aux toiles, la Halle aux cuirs, la Halle à la saline, autrement le Fiet d'Albi, la Halle à la marée fraîche, le Parquet de la marée, & la Halle aux vins: celle-ci n'est pas dans le quartier des Halles, mais a été construite assez nouvellement au-delà de la porte S. Bernard.

Les Halles découvertes sont, la grande Halle, qui contient la Halle ou marché aux blez & autres grains qui s'y vendent ou distribuënt tous les mercredis & samedis; la Halle à la farine, qui ouvre tous les jours; la Halle au beurre, qui se tient tous les jeudis après dîner, où l'on débite les beurres en grosses mottes, qu'on nomme Beurres de Gournay; la Halle à la chandelle, où les Chandeliers privilegiez apportent celles qu'ils font; celle-ci ne se tient que tous les samedis: la Halle aux chaumes, filasses & cordes à puits, où cette marchandise se débite tous les jours: la Halle aux pots de grais & à la boisseterie, qui est aussi ouverte toute la semaine, comme la précedente: enfin la Halle à la chair de porc frais & salé, qui se tient les mercredis & samedis.

Au milieu de la grande Halle est établi le Poids-le-Roy, pour y peser toutes les diverses sortes de marchandises qui se vendent dans ces differentes Halles, dont les pesées sont trop fortes pour être faites dans des balances communes.

Outre toutes les Halles comprises dans l'enceinte de la grande Halle, il y a encore la Halle du poisson d'eau douce le long de la ruë de la Cossonnerie, qui commence à trois heures du matin & finit à sept; la Halle du Pilory, où se trouvent la Halle au beurre en petites mottes, & la Halle aux œufs que les Coquetiers apportent de Normandie sur des fourgons, & de Brie & autres liex sur des bêtes de somme.

Enfin on met aussi au nombre des Halles découvertes la Halle aux poirées, où les Marchandes Bouquetieres, les Herbieres & les Herboristes ont leurs échopes; & la ruë aux Fers, où les Jardiniers apportent les differentes fleurs dont les Bouquetieres font les bouquets, ou celles qui entrent dans des compositions Galeniques, comme les fleurs de pêché, les violettes, le rosolium, & autres.

C'est pareillement dans la Halle à la poirée, devant la porte de la grande Halle, que les petites Regratieres debitent leurs fruits selon les saisons, comme les cerises, groseilles, pêches, abricots, &c. *Voyez* FRUITIERES-REGRATTIERES.

Des sept Halles couvertes de Paris, dont on a parlé ci-dessus, les deux plus considerables sont la Halle aux draps & la Halle aux toiles; ce seront aussi les seules au sujet desquelles on entrera dans quelque détail; se contentant d'indiquer pour les autres les articles de ce Dictionnaire où il en est traité.

HALLE AUX DRAPS. C'est un grand bâtiment destiné à recevoir tous les draps & autres étoffes de lainerie qui sont apportées à Paris, pour y être visitez, aunez & marquez par les Maîtres & Gardes des deux Corps de la Drapperie & de la Mercerie, & les Auneurs par eux commis.

Avant que d'entrer à la Halle, ces étoffes doivent être con-

conduites à la Doüane, d'où après la visite de l'Inspecteur du Roy pour les Manufactures, & leur enregistrement sur son Registre, elles sont envoyées sous la conduite d'un Gagne-denier au Garde de la Halle, qui en tient pareillement Registre, & qui certifie l'Inspecteur par une espece de recepissé de la delivrance qui lui a été faite de la quantité & qualité des pieces contenuës dans son billet d'envoy.

Les marchandises destinées pour les foires de S. Germain & de S. Denis sont exemptes de l'entrée à la Halle aux draps, & sont conduites en foire sur un passe-debout que délivre aux Marchands & Voituriers, l'Inspecteur de la Doüane, qui de sa part tient un Registre particulier de l'envoy aux foires desdites marchandises.

Cet envoy aux Foires n'exempte pas cependant les marchandises de la visite des Maître & Gardes, non plus que de l'aunage & du droit de l'aunage, ainsi qu'on le peut voir à l'article des Auneurs de draps, où l'on a parlé de leur établissement, des droits qui leur sont dûs, & de la visite des Maîtres & Gardes. *Voyez aussi les articles des Foires de Saint Germain & de Saint Denis.*

Il y avoit autrefois un inspecteur des Manufactures de lainerie établi à la Halle aux draps de Paris; mais sa commission a été revoquée & supprimée en partie dans la premiere année de Loüis XV. C'étoit lui qui avec l'Inspecteur de Beauvais étoit chargé de l'inspection des foires de S. Germain & de S. Denis pendant toute leur franchise, & qui y faisoit l'ouverture des caisses & ballots de marchandise, pour les visiter & voir si elles étoient fabriqués suivant les Reglemens. Sa commission a été conservée à cet égard.

Halle aux Toiles. Cette Halle se tient dans le même bâtiment qui a été construit pour servir de Halle aux draps; avec cette difference que tous les appartemens hauts & une partie de ceux d'en-bas sont destinez pour la drapperie, & seulement quelques travées du bas pour la toilerie.

Le commerce des toiles étant beaucoup augmenté en France, & particulierement à Paris, on pensa dès l'année 1671, à donner plus d'étenduë à cette partie de la Halle aux draps réservée pour les toiles; & il fut ordonné par des Lettres Patentes de Sa Majesté, qu'on prendroit pour cette augmentation le dessous de la Halle aux draps jusqu'à la petite porte de la Poterie.

Ce projet n'ayant point été executé, & le nombre des Auneurs de toiles ayant été augmenté jusqu'à cinquante par l'Edit du mois de Mars 1694, il fut ordonnée de nouveau par Arrêt du Conseil du 11 May de la même année, que pour faciliter les fonctions de ces nouveaux Officiers, la Halle aux toiles seroit augmentée de six travées; & qu'il seroit élevé aux frais des Auneurs un mur de cloison pour la séparer du restant de la Halle basse des draps, sans que cette nouvelle étenduë accordée pour celle des toiles, pût à l'avenir être retranchée ni diminuée pour quelque raison que ce pût être.

Les premiers Reglemens qui ont été faits pour la conduite de la marchandise de toiles & autres ouvrages & étoffes de fil & de coton à la Halle aux toiles de Paris, sont du 4 Mars 1395, qui depuis ont été suivis de quantité d'Edits, Déclarations, Ordonnances, Lettres Patentes, Arrêts du Parlement & Sentences des Officiers du Châtelet, qui ont fixé la police de cette Halle.

Les principaux de ces Reglemens nouveaux sont ceux du 7 Janvier 1579, 4 Août 1602, 3 Octobre 1616, 30 Octobre 1637, 1 Decembre 1652, 16 Avril 1674, Juillet 1681, Mars, May & Octobre 1694, 11 Août 1702, & enfin 21 Juillet 1704.

En general par tous les Reglemens, & particulierement par l'Edit du mois de Mars 1694, qui les rappelle, & qui en enjoint l'execution, il est ordonné que toutes les marchandises de toiles, tant fines que grosses, étrangeres & du Royaume, cannevas, coutils, treillis, coupons, bougrans, serviettes, mousselines, batistes, futaines, basins, toiles de coton & de lin & autres ouvrages de fil, qui seroit amenez & vendus en la Ville & Fauxbourgs de Paris, même ceux desdits ouvrages qui auront été fabriquez dans ladite Ville, soit qu'ils y soient amenez par des Marchands Forains, soit qu'ils soient pour le compte des Marchands & Ouvriers de Paris, seront conduits en droiture; sçavoir les marchandises de toiles venant des Pays Etrangers, ou des Provinces dans lesquelles les Bureaux des cinq grosses Fermes ne sont pas établis au Bureau des cinq grosses Fermes de Paris; & celles qui viennent des Provinces où sont établis lesdits Bureaux, à la Halle aux toiles, pour y être visitées, aunées & marquées, conformement aux articles 6, 7, 8, 9 & 11 de l'Ordonnance du mois de Juillet 1681, sur les peines de confiscation & d'amende portées par ladite Ordonnance.

Jusqu'à l'Edit de 1694, la visite des toiles ainsi déposées à la Halle, ou en droiture, ou après avoir passé à la Doüane, avoit toûjours appartenu aux Marchands de toiles & Maîtresses Lingeres de la Ville de Paris: ce droit leur ayant été ôté par cet Edit, & transferé aux Auneurs-Visiteurs de toiles qui furent alors créez, les visites des Maîtresses Lingeres ne cesserent pas pour cela tout-à-fait, & les Auneurs ne furent paisibles possesseurs de la visite des toiles qu'après l'Arrêt du 16 Octobre de la même année, qui fit défenses aux Marchands de toiles, Maîtresses Lingeres & tous autres de s'immiscer dans la visite des toiles & autres ouvrages de fil, sous quelque prétexte que ce pût être, à peine de 300 liv. d'amende.

Ce fut pareillement par l'Edit de 1694, que fut érigé en titre d'Office l'employ de Garde ou Concierge de la Halle aux toiles, qui jusqu'alors n'avoit été exercé que par commission.

Les fonctions de cet Officier sont de faire décharger, ranger & placer les balles & ballots qui sont amenez à la Halle, d'avoir les clefs d'icelle, & de faire la visite des marchandises conjointement avec les Auneur-Visiteurs; de signer les procès verbaux par eux faits; d'enregistrer dans un Registre paraphé lesdites balles & ballots à mesure qu'ils sont déchargez à la Halle, avec le nom des Marchands à qui ils appartiennent: enfin de tenir la Halle ouverte chaque jour ouvrable aux heures marquées par l'Ordonnance de 1681, même de l'ouvrir tous les jours sans exception, & à toutes les heures que les marchandises arrivent, pour les y recevoir, à peine de répondre en son propre & privé nom des dommages & interêts des Marchands & Voituriers, & des droits des Auneurs-Visiteurs.

Le dernier Reglement donné pour la police de la Halle aux toiles est du 11 Août 1703, dressé en Parlement sur les conclusions des Gens du Roy, à la poursuite des Gardes Jurées de la Communauté des Maîtresses Marchandes Lingeres-Toilieres de Paris, & depuis encore confirmé par Arrêt de la même Cour du 21 Juin 1704.

Par l'un & l'autre Arrêt il est ordonné que les Marchands Forains

Forains qui font entrer leurs marchandises de lingerie aux Halles, seront tenus après l'arrivée & descente de leursdites marchandises, de les y mettre en vente pendant six semaines consecutives; & en cas que dans ledit tems elles n'ayent pas été venduës, celles qui resteront à vendre seront remballées & mises en la garde du Concierge, dont il tiendra Regiſtre, & fera mettre lesdites balles & ballots sur le derriere de la Halle; lesquelles marchandises ainsi remballées ne pourront être de nouveau exposées en vente qu'un mois après, à compter du dernier jour desdites six semaines, & dans d'autres places differentes de celles qu'elles avoient occupées la premiere fois; sans même après lesdites six semaines expirées lesdits Marchands puissent commencer l'exposition & vente tant des marchandises remballées, que de celles qui leur seront nouvellement arrivées, qu'après ledit mois passé, à compter du jour du remballage de leurs premieres marchandises.

On peut voir l'article des Auneurs de Toiles, & encore l'article general des Toiles.

HALLE AUX CUIRS. *Voyez l'article general des Cuirs, & l'article particulier des Vendeurs de Cuirs.*

HALLE A LA SALINE. *Voyez* SALINE.

HALLE A LA MARE'E FRAISCHE. *Voyez* MARE'E *&* VENDEUR DE MARE'E.

HALLE AU VIN, Cette Halle, comme on l'a déja remarqué, est établie hors de la Ville, assez proche de la porte S. Bernard. Elle consiste en de grands celliers & en plusieurs caves qui servent d'étapes aux vins qui arrivent à Paris par la riviere. Au dessus des celliers sont de vastes greniers, où l'on peut conserver une grande quantité de grains pour servir en cas de nécessité publique. On parle ailleurs de l'usage & de la police de cette Halle. *Voyez l'article general des Vins. Voyez aussi ceux des Vendeurs & des Cabaretiers Marchands de vins.*

HALLES D'AMIENS.

Les Halles d'Amiens dont on entend parler ici, sont celles où se fait le commerce des laines, fils & autres matieres qui entrent dans la fabrique des Manufactures de lainage, qui rendent cette Capitale de la Picardie si celebre; & encore les Bureaux de l'Egardise où se portent toutes les étoffes qui sont fabriquées dans cette Ville, pour y être visitées & marquées par les Sayetteurs & Esgards.

Ces Halles sont au nombre de quatre; sçavoir la Halle aux houppes, la Halle aux fils, la Halle en blanc & la Halle en noir.

HALLE AUX HOUPPES. On nomme ainsi à Amiens la Halle où se fait le commerce des houppes, c'est-à-dire, des laines que les Houppiers ou Appréteurs de laines ont dégraissées, peignées & apprêtées, pour être filées par les Filassiers.

Plusieurs articles du Reglement de la Sayetterie du mois d'Août 1666, parlent de la police de cette Halle.

Par le treiziéme article il est défendu à toutes personnes résidentes en la Ville d'Amiens, qui s'entremettent de revendre des laines, d'en acheter dans ladite Ville, qu'elles n'ayent posé deux heures aux Halles.

Le vingtiéme défend à tous Marchands Etrangers de décharger leurs houppes en autres lieux que dans les Halles destinées pour la vente & visite de cette marchandise.

Le vingt-uniéme regle les jours & heures que les Esgards doivent se trouver aux Halles pour la visite & égardise des houppes; sçavoir le jeudi, vendredi & samedi pour les jours; & pour les heures, depuis huit heures du matin jusqu'à douze, & depuis deux heures de relevée jusqu'à six, à commencer de Pasques à la S. Remy; & depuis la Saint Remy jusqu'à Pasques, à neuf heures du matin jusqu'à douze, & à deux heures de relevée jusqu'à quatre.

Par le vingt-deuxiéme il est défendu au Hallier ou Concierge de la Halle, d'y peser aucunes houppes à autres jours & heures que celles marquées par l'article précedent.

Enfin le vingt-huitiéme article permet aux Houppiers de vendre leurs laines au marché au lieu ordinaire, c'est-à-dire, à côté du Befroy, mais seulement aux heures dudit marché.

HALLE AUX FILS. C'est a Amiens le lieu ou marché dans lequel se vend la laine filée, que l'on nomme communément Fil de sayette. Elle est située derriere le Befroy.

Les articles du Reglement de la Sayetterie qui contiennent la police de cette Halle sont le 32, le 33, le 34, le 36 & le 46.

Par le premier de ces cinq articles tous les fils doivent se vendre au marché, & non ailleurs.

Par le second le marché ou halle doit se tenir les mercredi, vendredi & samedi de chaque semaine, & s'ouvrir en été à huit heures du matin, & en hyver à neuf heures. Lorsque le marché arrive un jour de Fête, il doit se faire la veille.

Par le troisiéme il est défendu à tout particulier d'acheter des fils audit marché, s'il n'est Maître ou Maîtresse du métier de Sayetteur ou Haute-lissier, actuellement résident en la Ville d'Amiens; à la réserve néantmoins du mercredi & samedi, que les Sayetteurs-Drappans peuvent en acheter depuis une heure de relevée, & non auparavant; & les Passementiers-Rubaniers depuis onze heures en été, & douze en hyver.

Par le quatriéme il est enjoint aux Filassiers Forains de n'exposer & vendre leurs fils de sayette qu'à la Halle, & d'y vendre le tout au plus tard dans le troisiéme marché.

Enfin le dernier de ces cinq articles ordonne aux Esgards d'assister & être continuellement presens ausdits jours & heures de Halle, pour voir les fautes & abus qui s'y peuvent commettre, à peine de 60 sous d'amende pour la premiere fois, de 6 l. pour la seconde, & d'amende arbitraire & suspension du métier pour la troisiéme.

HALLE EN BLANC. On nomme ainsi dans la Sayetterie d'Amiens une Halle ou Bureau auquel doivent être portées toutes les Manufactures de lainerie, tant blanches que de couleur, aussi-tôt qu'elles ont été levées de dessus l'estille ou métier, & avant qu'elles soient envoyées au Foulon ou au Teinturier.

L'article 111 du Reglement de cette Sayetterie, porte, que les Maîtres Sayetteurs seront tenus, sitôt leurs pieces de sayetterie achevées, tant blanches que de couleur, de les porter à la Halle appellée la Halle en blanc, pour y être aunées & marquées d'un plomb par les Esgards, si elles se trouvent conformes audit Reglement; lesquels Esgards seront tenus de se trouver tous les jours esdites Halles depuis dix heures jusqu'à midi.

L'article suivant regle les salaires des Esgards pour l'aunage & le plomb à deux deniers par chacun plomb, payables par l'Ouvrier, pour les pieces de couleur, & par le Marchand pour celles en blanc.

Enfin par l'article 113, il est défendu à tous Sayetteurs d'expod'expoſer en vente leurs pieces de ſayetterie, de quelque qualité qu'elles ſoient, qu'elles n'ayent été portées eſdites Halles & ferrées dudit plomb, à peine de confiſcation & de 10 liv. d'amende; comme pareillement aux Marchands d'en acheter, à peine de 20 liv. auſſi d'amende.

HALLE EN NOIR. C'eſt la derniere des quatre Halles qui ſont établies à Amiens pour les Manufactures de lainerie de cette Ville.

Cette Halle eſt deſtinée pour la viſite & marque des marchandiſes de ſayetterie qui ſe fabriquent & ſe façonnent dans ladite Ville d'Amiens, après qu'elles ont reçu leurs derniers apprêts.

Conformement aux Reglemens de la Sayetterie, les Eſgards & deux Marchands de la Ville nommez à tour de rôle, doivent ſe trouver tous les jours au Bureau de la Halle en noir; ſçavoir depuis neuf heures du matin juſqu'à onze, & depuis une heure après midi juſqu'à trois, pour faire la viſite & marque des étoffes.

Ils doivent y être accompagnez du Clerc de la Ferme de ladite Sayetterie, tant pour la conſervation du droit du Fermier, que pour tenir Regiſtre de toutes les pieces qui s'y ferrent, & du nom de celui à qui elles appartiennent.

Le droit des Eſgards eſt deux deniers pour chaque piece ferrée en ladite Halle, c'eſt-à-dire, viſitée, aunée & marquée du plomb, qui ſe nomme Plomb de Loyauté.

Ce plomb ne peut s'appoſer aux pieces qui ſe trouvent troüées de deux ou trois trous, ou caſſées en travers, ni à celles qui n'ont pas, toutes apprêtées, la longueur ordonnée par le Reglement, c'eſt-à-dire, vingt aunes un quart ou vingt aunes & demie.

Il eſt défendu aux Marchands Etrangers de tranſporter hors d'Amiens aucune piece de ſayetterie en blanc manufacturée par les Ouvriers de la Ville, qu'elles n'ayent été toutes appointées, foulées, boüillies & marquées de plomb de la Halle en noir.

Enfin toutes les pieces de marchandiſe de ſayetterie faites & façonnées en ladite Ville d'Amiens, ſortant de leurs derniers apprêts, ſoit de teinture, ſoit de foulage, avant que d'être envoyées hors de la Ville, doivent être portées en la Halle en noir, pour y être viſitées, aunées & ferrées du plomb de loyauté par les Eſgards Sayeteurs.

Cette police de la Halle en noir eſt contenuë dans les articles 120, 121, 122, 123, 124 & 126 du Reglement de 1666 déja pluſieurs fois cité.

HALLIER. Marchand qui étale aux halles.

Dans la Communauté des Maîtres Cordonniers Sueurs de la Ville & Fauxbourgs de Paris l'on appelle Halliers, les Maîtres Cordonniers qui vendent des ſouliers, des bottes & autres ouvrages du métier de cordonnerie qu'ils n'ont pas faits. Ils ſont obligez, auſſi bien que ceux qui travaillent en vertu du privilege, de n'acheter les ouvrages qu'ils vendent que des Maîtres de la Communauté ou autres ayant droit de travailler. *Voyez* CORDONNIER.

HALLIER. Signifie auſſi le Garde d'une halle, celui qui a ſoin de la fermer, & d'y garder les marchandiſes qu'on y laiſſe. Les Marchands Forains de toiles ſont tenus de les venir decharger, & de les laiſſer en garde au Hallier juſqu'à ce qu'elles ſoient venduës, ſans qu'ils puiſſent les en retirer, pour les remporter. *Voyez ci devant* HALLE AUX TOILES.

HAMANS. Toiles de coton blanches, très-fines & fort ſerrées, dont la fabrique approche aſſez des toiles de Hollande. Elles viennent des Indes Orientales. Les meilleures ſont les Bengaloiſes. Les pieces des Hamans portent ordinairement neuf aunes & demie de long ſur une aune un ſix de large.

HAMBOURG, que l'on nomme quelquefois RAMBOURG. Sorte de futaille plus petite que la gonne, dont on ſe ſert pour mettre les ſaumons ſalez. Le Hambourg de ſaumon peſe ordinairement depuis 300 juſqu'à 250 liv. Les ſix Hambourgs ſont eſtimez faire 8 barils, & chaque Hambourg contient 39 à 40 grands ſaumons, & depuis 80 juſqu'à 100 petits. *Voyez* SAUMON.

HAMBOURG. C'eſt auſſi le nom des barils & tonneaux dans leſquels ſe mettent les biéres d'Angleterre, de Hollande & de Flandres.

HAMEÇON. Petit fer crochu, qu'on attache à des lignes pour prendre du poiſſon avec l'appas qu'on y met. *Voyez* LIGNE.

HAMEÇONS ARMEZ. Ce ſont de grands Hameçons de près de deux pouces de long, que l'on met aux lignes pour peſcher le brochet. On les appelle Armez, parce qu'au lieu de les attacher à de la lignette, on les pend au bout d'un fil de fer ou de leton, afin que ce poiſſon quand il eſt pris, ne puiſſe ronger le cordeau du Hameçon. Ce ſont les Aiguilliers, les Epingliers & Chaînetiers qui fabriquent & vendent toutes les eſpeces de Hameçons. Les Quincailliers en font auſſi commerce, mais ils les tirent la plûpart d'Allemagne.

HAMEÇON. Les Serruriers & quelques autres Ouvriers qui travaillent les métaux ſur le tour, appellent un Hameçon, l'inſtrument qu'on nomme plus communement un Archet, & quelquefois un Archelet. *Voyez* ARCHET.

HAMEDIS, ou MALLEMOLLE. Mouſſeline ou toile de coton blanche, claire & fine, dont la piece a ſeize aunes de long ſur trois quarts à cinq ſix de large. Elle vient des Indes Orientales, particulierement de Bengale. *Voyez* MOUSSELINE.

HAN. Eſpece de caravenſera que l'on trouve en quelques endroits de Levant, où les Voyageurs & les Marchands peuvent ſe retirer avec leurs équipages & marchandiſes.

Les François en conſequence des Capitulations que la France a depuis long tems avec le Grand-Seigneur, ont à Seide, Alep, Alexandrie, & dans quelques autres Echelles de cette Côte, des Hans qui leur appartiennent, & où ils ſont logez ſéparément des autres Nations.

La difference du Han & du Caravenſera ne conſiſte guéres que dans la grandeur; ce dernier étant un vaſte bâtiment, & l'autre n'ayant que quelques petits appartemens qui ſont tous raſſemblez dans une eſpece de grange. *Voyez* CARAVENSERA.

HANCE. *Voyez* HANSE.

HANETON. On appelle Soucis de Haneton dans le négoce des Maîtres Frangiers, une ſorte de petite frange à houpettes qui imite ces deux eſpeces de cornes houppées que porte l'inſecte, en forme de groſſe mouche, qu'on nomme un Haneton. *Voyez* FRANGE.

HANOUARD. L'Ordonnance de la Ville de Paris donne ce nom aux Jurez Porteurs de ſel. *Voyez* PORTEUR DE SEL.

HANSE, ou ANSE. Ancien mot François qui ſignifioit autrefois une Compagnie ou une ſocieté de Marchands. On le diſoit auſſi des droits qui ſe levoient ſur certaines mar-

marchandises. L'Ordonnance de la Ville de Paris de 1672, conserve encore ce terme dans cette derniere signification; & l'article premier du chapitre 3, qui supprime les droits de Compagnie Françoise, ajoûte que c'est néantmoins sans préjudice du droit de Hanse.

Hanse Teutonique, ou Hanse Germanique. On nomme ainsi ce peu de Villes qui restent encore de cette fameuse union de plus de quatre-vingt Villes des plus marchandes & des plus importantes de l'Europe, qui s'étoient alliées pour le commerce, & qui sous des Loix & des Magistrats qu'elles s'étoient faits, se prêtoient un mutuel appuy pour leur négoce. Cette societé où il entroit des Villes de presque tous les Etats de l'Europe, n'est guéres présentement composée que de celles de Lubek, de Hambourg, de Bremen, de Rostock, de Dantzik & de Cologne. *Voyez* Villes Hanseatiques.

HANSEATIQUE. Il ne se dit présentement que des Villes comprises dans l'alliance & dans la societé de la Hanse Teutonique. Lubeck a toûjours été regardée comme la premiere, &, pour ainsi dire, la Capitale de cette Confederation. On y tient encore les assemblées & le comptoir pour les dépenses communes de l'union, & c'est où se conservent les archives. *Voyez* Villes Hanseatiques.

HAPPELOURDE. Faux diamant, ou autre pierre précieuse qui n'est pas encore arrivée à sa perfection. Il se dit aussi des pierres précieuses contrefaites avec le cristal ou le verre. *Voyez* Diamant.

HAPPER. Terme de Doreur en huile & en détrempe. Il se dit de l'or couleur ou de l'assiette, lorsqu'ils sont l'un ou l'autre à un certain degré de sécheresse propre à retenir la feüille d'or, qu'on applique dessus. *Voyez* Dorure en huile et en detrempe.

HAQUET. Espece de charrette sans ridelles, qui fait la bascule quand on veut, sur le devant de laquelle est un moulinet, qui sert par le moyen d'un cable à tirer les gros fardeaux de marchandises, pour les charger plus commodement.

Il y a de deux sortes de Haquets; l'un à limon, qui se tire par des chevaux; & l'autre à tête ou timon, qui se tire par des hommes. On se sert ordinairement du Haquet dans les Villes & lieux de commerce dont le terrain est uni, pour voiturer des tonneaux de vin & d'autres liqueurs, du fer, du plomb, &c. & des balles, ballots & caisses de toutes sortes de marchandises. *Voyez* Gagne-denier.

HAQUETIER. Celui qui conduit ou qui tire le haquet.

HARAME. Nom que les Habitans de Madagascar donnent à l'arbre qui produit la gomme médicinale, que les Droguistes nomment Tacamacha, & quelquefois Tacamahaca. *Voyez* Tacamacha.

HARAN ou HARANG, qu'on écrit plus ordinairement HARENG. Poisson de mer qui fait un des principaux objets du commerce de la saline, lorsqu'il est salé ou soré. *Voyez ci après* Hareng.

HARANGAISON. *Voyez* HARENGAISON.

HARAS. Lieu où l'on éleve des poulains, & où l'on entretient des étalons & des jumens pour en produire, & pour tirer race des meilleurs chevaux. Il se dit aussi de tous les autres lieux destinez à élever les animaux propres à la monture de l'homme, comme sont les bêtes asines, les mulets & les chameaux.

Haras. Signifie encore les poulains mêmes & les pouliches qui sont élevez dans les Haras. Dans ce sens on dit, Que les étalons Turcs & les cavales de Naples sont les meilleurs Haras; pour dire, qu'ils produisent les meilleurs chevaux.

Haras Royal, ou Haras du Roy. On nomme ainsi en France un Haras établi pour remonter de chevaux la grande & petite écurie du Roy, particulierement de ceux qui servent au manége & à la chasse.

Ce Haras étoit d'abord à S. Leger en Yveline; mais depuis que vers le commencement du dix-huitiéme siecle ce lieu a été uni au domaine de Ramboüillet, maison de plaisance du Comte de Thoulouse Grand Admiral de France, le Haras du Roy a été transferé en Normandie dans l'Election d'Argentan, qui est de la Generalité d'Alençon.

Il y a ordinairement dans ce Haras quinze ou vingt étalons de cinq à six ans de tous poils & de tous Pays, particulierement des Barbes, des Turcs, des Arabes, des Espagnols, des Anglois & des Hollandois, & plus de trois cens jumens toutes differentes pour le poil & pour la grandeur, afin de les bien assortir, sans compter un grand nombre de pouliches & de poulains qui sont nourris dans les pâturages destinez à ce Haras, & gardez par huit à dix grands Pasteurs, outre les Palfreniers & Garçons d'écurie qui les montent quand ils sont en âge, où qui ont soin de panser les étalons & les jumens poulinieres.

Il n'y a guéres de Nation où l'usage du cheval soit connu, qui n'ait des Haras, & qui ne choisisse les chevaux entiers les plus beaux & les plus vigoureux, & les jumens les mieux faites & de plus belle venuë, pour les assortir & en tirer de la race.

Les Haras des Nations de l'Europe qui sont en plus grande réputation, sont ceux de France, dont on parlera dans la suite plus amplement; ceux du Royaume de Naples & du reste de l'Italie; ceux d'Espagne, & particulierement de l'Andalousie; ceux d'Angleterre, de Hollande & de Flandres; enfin les Haras de Suisse, de Danemarc, & de quelques autres Etats de la haute & basse Allemagne.

A l'égard des Haras du dehors, c'est-à-dire, les Haras qu'entretiennent les Nations que nous nommons Barbares, ceux qui nous sont les plus connus, & dont nous voyons le plus communément des chevaux en France, sont les Haras Turcs, les Haras Arabes & les Haras de Barbarie: c'est de ces derniers que sortent ces chevaux que de-là on nomme Chevaux Barbes.

Deux remarques, l'une tirée de l'Histoire des Turcs, & l'autre d'une Relation de l'Arabie, peuvent faire connoître combien les peuples de l'Orient, particulierement les Turcs & les Arabes, aiment les Haras, & quel soin ils ont d'en entretenir, & pour ainsi dire, d'en perpetuer les races.

On lit dans l'Histoire des premiers, que sous l'Empire d'Acmet, Nassuf son Grand Visir avoit jusqu'à 1000 grands chevaux dans ses écuries, qui tous lui étoient nez de 440 jumens Arabes qu'il entretenoit dans ses Haras. Et à l'égard des Arabes, un Voyageur a écrit de ces peuples, que non-seulement leurs Princes & les Chefs de leurs hordes sont si jaloux de la race de leurs plus excellens chevaux, qu'ils ne veulent point qu'il en sorte aucun de leurs Haras, mais encore qu'ils tiennent, pour ainsi dire, registre de leur genealogie, en quoy ils sont imitez de la plûpart de leurs Sujets; qui, quoique très-exacts à conserver la memoire de leurs Descendans & la suite de leurs Ancêtres, ne le sont

pas

pas moins à connoître quels sont les premiers chevaux qui ont commencé la race de ceux qu'ils estiment le plus.

Des Haras de France.

Il y a long-tems qu'on a dit que si la France sçavoit profiter de ses avantages, elle trouveroit chez elle de quoy se passer du secours des Etrangers dans tout ce qui est nécessaire pour le soûtien & pour la commodité de la vie.

Cette remarque, qui en général souffre quelque exception, est certainement très-véritable en particulier, pour ce qui regarde le commerce des chevaux, dont ses Voisins lui fournissent un si grand nombre, tandis qu'elle en pourroit élever dans ses Haras, & d'assez beaux pour ne point envier les chevaux des Etrangers, & en assez grande quantité pour qu'elle pût faire sur ses propres chevaux les profits dont elle s'est accoutumée d'enrichir les autres Nations.

En effet rien ne manque à la France pour établir ce commerce: elle a d'excellens & d'abondans pâturages; elle peut trouver chez soy des étalons genereux & de bonne race: & à l'égard des jumens, le Sieur d'Of.... Inspecteur général des Haras sous les ordres du Marquis de Seignelay Ministre & Secretaire d'Etat, & ensuite du Marquis de Louvois, assure dans son procès verbal de visite de 1690, qu'il y a eu en France plus de 200000 cavales répanduës dans toutes les Provinces du Royaume, propres à porter de beaux poulains de toutes les especes, soit pour le manége & la chasse, soit pour la Maison du Roy, la Cavalerie legere & les Dragons, soit enfin pour le carosse, le tirage & les voitures.

C'est donc manque de bien entretenir les Haras François qu'on est si souvent obligé d'avoir recours aux Haras du dehors.

M. Colbert, au vaste genie duquel il n'échappoit rien de ce qui pouvoit être utile ou glorieux au Roy & à l'Etat, étant entré dans le ministere, & ayant trouvé les Haras dans son département, pensa d'abord à les rétablir.

Son premier soin fut de faire acheter aux dépens du Roy plusieurs chevaux entiers en Frise, en Hollande, en Danemarc & en Barbarie, pour servir d'étalons, & être distribuez, tant dans les anciens Haras qui restoient encore en France, que dans les Provinces les plus propres à élever & à nourrir des poulains.

Ce fut pour la distribution de ces étalons & l'établissement des nouveaux que fut rendu l'Arrêt du Conseil du 17 Octobre 1665.

Par cet Arrêt le Sieur Garsault, l'un des Ecuyers de la grande écurie, fut commis pour les distribuer; sçavoir ceux qui étoient propres au carrosse, sur les côtes de la mer, depuis la frontiere de Bretagne jusques sur la Garonne; & les Barbes dans les Provinces de Poitou, Xaintonge & Auvergne, avec ordre de les donner à la garde des particuliers qu'il choisiroit, & qu'il jugeroit capables de cet employ, desquels il seroit dressé un rôle contenant leurs noms, surnoms & demeures, pour être registré aux Greffes des Elections dans lesquelles ils seroient demeurans.

Le même Arrêt accorde aux Gardes-étalons divers privileges.

1° L'exemption de tutelle, curatelle, logement de gens de guerre, guet & garde des Villes, même de la collecte des tailles.

2° La diminution de 30 liv. desdites tailles sur le pied de leurs taux de ladite année 1665, sans pouvoir être augmenté, sinon en cas d'augmentation de biens, & au sol la livre des impositions qui pourroient être faites dans la suite, & ce durant le tems qu'ils se trouveront chargez desdits étalons, lesquels seront marquez d'une L couronnée à la cuisse.

3° Un droit de cent sous que lesdits Gardes prendroient de chaque cavale qui auroit servi aux Haras.

4° Enfin pour engager les particuliers qui ont des jumens d'âge & de taille à porter, de les mener aux étalons Royaux, Sa Majesté ordonne que lesdites cavales, aussi-bien que les poulains qui en proviendroient, seroient marquez de la même marque que les étalons, & que les uns & les autres ne pourroient être saisis pour la taille & autres deniers Royaux, non plus que pour dettes des Communautez.

Ce fut à peu près dans le tems que cet Arrêt fut rendu, que s'acheva l'établissement du Haras Royal de S. Leger, dont on a parlé au commencement de cet article, de la direction duquel le même Sieur Garsault fut chargé par Sa Majesté; emploi de confiance qui a depuis passé à deux de ses fils & à son petit fils.

Les étalons achetez pour le Roy ayant été distribuez, & les Haras commençant à se rétablir, il se présenta quantité de personnes qui s'offrirent de tenir en leur particulier des étalons, si Sa Majesté vouloit les faire joüir des privileges attribuez à ceux qui étoient chargez des étalons de Sadite Majesté.

Ces propositions avantageuses aux desseins du Ministre donnerent lieu à l'Arrêt du 29 Septembre 1668, par lequel lesdits privileges furent accordez à ceux qui se présenteroient à cet effet, & en feroient leur déclaration pardevant les Commissaires départis dans les Generalitez, Sa Majesté désignant en même tems l'âge & la qualité des chevaux & des cavales qui pourroient servir ausdits Haras; avec défenses très-expresses aux Seigneurs des Paroisses, Gentilshommes & autres de se servir par force & autorité desdits étalons, cavales & poulains.

L'experience ayant fait connoître que quantité de choses qui n'avoient pas été prévûës ou reglées par les Arrêts de 1667 & 1668, pouvoient être utiles & nécessaires au rétablissement & à l'augmentation des Haras, M. le Marquis de Seignelay qui avoit succedé aux Charges de M. Colbert son pere, & qui avoit comme lui le département des Haras, voulant soûtenir un établissement si utile à l'Etat, fit donner un troisiéme Arrêt du Conseil le 28 Octobre 1683, portant un nouveau Reglement, tant pour les Haras que pour les privileges & les droits des Gardes étalons du Roy, ou des particuliers qui en avoient fait approuver par les Commissaires desdits Haras.

Cet Arrêt contient sept articles de réglement.

Par le premier qui ordonne l'execution des deux Arrêts précédents, sa Majesté confirme les privileges des Gardes estalons, à la réserve de la taille, dont il ne leur fait remise que du tiers de leur cottepart, attribuant aux Commissaires, Intendans départis dans les Provinces, toute cours, jurisdiction & connoissance des procès & différends qui pourroient être intentez ausdits Gardes pour raison de leux exemtion.

Le second article reduit à deux livres par cavale le droit dû pour celles qui seront montées par lesdits estalons, ordonnant au surplus l'execution de ce qui avoit été reglé auparavant pour la marque des estalons, celle des juments & poulains, & leur exemption de toutes saisies.

Le

Le troisiéme article autorise les Particuliers qui voudront tenir des estalons autres que ceux du Roy, de les faire servir à la monte des cavales après qu'ils auroient été presentez aux Intendans & Commissaires, & par eux approuvez & marquez, leur attribuant les mêmes privileges & droits qu'aux Gardes estalons Royaux; Sa Majesté faisant défenses à toutes personnes de quelque qualité & condition qu'elles soient de tenir aucuns estalons qu'ils n'aient été vûs, approuvez & marquez, à peine de confiscation des estalons & de 300 livres d'amende.

Par le quatriéme article, Sa Majesté veut que dans un mois du jour de la publication du present Arrêt, pour la premiere année; & pour les suivantes au 15 Mars de chacune d'icelles; à la diligence des Procureurs Syndics des Paroisses de chaque Généralité, il soit fait un rôle pour être envoyé aux Commissaires départis dans chaque Généralité, de tous les chevaux entiers & cavales propres à porter de bons poulains dans chacune desdites Paroisses, contenant les noms & demeures de ceux ausquels ils appartiennent, à peine de 50 livres d'amende contre les Syndics; Sa Majesté voulant pareillement que lesdits Commissaires des Haras fassent leurs Procès verbaux de mauvais estalons qui seront dans leur département, & des moyens d'en ôter l'usage & d'en substituer de bons en leur place.

Le cinquiéme article ordonne que dans le 15 de Mars ensuivant, tous ceux qui auroient de petits chevaux entiers qui ne pouroient servir d'estalons, les feroient couper, à l'exception des Rouleurs & Massagers ordinaires; & faute de ce faire dans ledit tems, lesdits chevaux seroient coupez à la diligence des Commissaires, mais aux dépens des proprietaires; S. M. voulant en outre qu'aucuns poulains, même ceux provenans des estalons royaux ou approuvez, fussent employez à couvrir les cavales qu'ils n'eussent quatre ans passez & ne fussent approuvez, défendant à cet effet à toutes personnes de mettre leurs poulaines à l'herbe avec de cavales, après qu'ils auroient atteint l'âge de 20 mois, à peine de confiscation.

Par le sixiéme article, Sa Majesté veut qu'à la diligence des Commissaires des Haras, & par les ordres des Intendans, il soit fait un état dans chaque Election du nombre des cavales propres à porter des poulains, & du nombre d'estalons nécessaires pour les servir, pour y être dans la suite pourvu à la fourniture desdits estalons, suivant les ordres particuliers de Sa Majesté.

Enfin par le septiéme & dernier article, il est fait défenses à tous Seigneurs de Paroisse, Gentilshommes & autres, de se servir par force des estalons, cavales & poulains appartenans à Sa Majesté, & aux Particuliers à peine de désobéissance.

L'Arrêt précedent, comme on l'a pû remarquer, avoit diminué deux des anciens privileges des Gardes estalons, ayant reduit à deux livres le droit pour la monte de chaque cavale qui étoit auparavant de cent sols, & ne leur ayant accordé que la diminution du tiers de leur cotte part des tailles, à la place de celle de trente livres portée par l'Arrêt de 1669.

Ces deux privileges importans leur furent à peu près rétablis quatre mois après; & par un quatriéme Arrêt du 2 Janvier 1684, donné en interpretation de celui du 25 Octobre 1683, on accorda de nouveau aux Gardes estalons la diminution de trente livres, & l'on régla le droit de monte à trois livres par cavale; de ces deux privileges celui de 30 livres fut encore révoqué & suprimé en 1689.

C'est à peu près en cet état que sont restez les Haras de France, la mort de Monsieur de Seignelay & celle de Monsieur de Louvois qui avoit eu après lui ce département, & qui l'a suivi de près, ayant interrompu les grands projets que ces deux habiles Ministres avoient formez pour soûtenir & augmenter cet établissement; & les guerres continuelles qui ont depuis ce tems-là agité le Royaume, n'ayant pas permis à ceux qui leur ont succedé de rien entreprendre de nouveau ou au moins de bien considérable en faveur des Haras dont la direction leur a été confiée.

Voyez l'article des chevaux; vous y trouverez quantité de choses utiles & curieuses concernant cet établissement qu'on a crû plus convenable en cet endroit.

Instruction pour l'établissement d'un Haras

Il faut quand on veut établir un Haras qui réussisse, faire cinq principales observations.

La premiere concernant le lieu qu'on y destine; la seconde sur le choix des estalons; la troisiéme sur l'assortissement des juments; la quatriéme sur la monte ou copulation de ces animaux: & la cinquiéme sur la maniere d'élever les poulains qui en proviennent.

Le détail où l'on va entrer sur ces cinq articles sera tiré de l'instruction dressée par ordre de la Cour en 1685 pour être envoyée dans tous les Haras du Royaume, & des memoires des Inspecteurs Généraux & des Commissaires départis dans les Provinces depuis 1669 jusqu'en 1690.

En général les pays plats, quoique remplis de bons pâturages, sont les moins convenables pour établir des haras fixes; les meilleurs sont ceux qui sont diversifiez par des collines, des vallons & des plaines, comme sont l'Andalousie en Espagne, & la plûpart des contrées que parcourent les Arabes, d'où sortent, comme on sçait, les plus beaux & les plus excellents chevaux du monde.

A cette situation doit être jointe l'abondance des herbages & la proximité de quelque ruisseau ou petite riviere; celle-ci pour les abreuver & les baigner, & l'autre ou pour les mettre à la pâture pendant l'été ou pour leur fournir des foins & autres fourages pendant l'hyver.

Il faut seulement observer à l'égard de l'eau, qu'elle ne soit point ni trop froide ni trop vive, l'experience ayant fait reconnoître que celle qui coule à quelque distance de sa source est également bonne aux estallons, aux juments & aux poulains qu'on nourrit dans les Haras.

Le lieu pour placer les Haras ayant été ainsi choisi, il faut penser à le fournir du nombre d'estalons convenables au nombre des juments qu'on y veut entretenir.

Une couple d'estalons suffit ordinairement pour assortir soixante juments pendant le tems de la monte, néanmoins pour les ménager il faut en avoir toûjours quelques-uns de surnumeraires, ensorte que dans un Haras de trois cens cavales, où l'on pourroit à la rigueur se contenter de mettre dix à douze chevaux entiers, on fera bien d'y en entretenir jusqu'à quinze & même davantage, pour suppléer à l'épuisement des uns & aux accidents qui peuvent arriver aux autres.

L'âge de l'estalon doit être depuis quatre ans jusqu'à quatorze ans; s'il en a cinq à six, & qu'avant de le mettre au Haras il ait été dressé aux exercices du manege, ce sera encore mieux, étant à cet âge dans toute sa vigueur, & l'expérience

périence ayant appris que les poulains qui viennent des estalons dressez ont ordinairement les allures plus nobles que ceux que produisent les chevaux entiers qui n'ont point encore été sous l'homme.

Les qualitez d'un bon estalon sont le courage, la vigueur, la jeunesse, une belle disposition à faire le manége, la juste disposition de ses membres, de beaux crins, une belle queuë; qu'il soit doux & de bonne nature; facile à panser, à monter & à ferrer, & sur tout qu'il soit de bonne race.

On croit communement que le poil & les marques qui viennent aux chevaux, qu'on appelle des Balzanes, contribuent beaucoup à assurer les bonnes qualitez d'un estalon, ou du moins à les indiquer. Ceux qui sont de ce sentiment peuvent voir à l'article des chevaux, ce qu'on pense que signifient ces signes extérieurs & les connoissances que l'on en peut tirer.

La bonté d'un estalon doit moins consister dans la réputation des lieux d'où on l'a tire, que dans les qualitez qu'il a de sa nature; ainsi l'on ne doit pas davantage estimer les estalons Barbes, Turcs, Arabes, Espagnols ou Anglois, que les estalons élevez dans les Haras de France, s'ils ne sont pas meilleurs. C'est pourtant une opinion assez bien établie que les estalons étrangers sont plus propres pour commencer des races, & que les estalons François qui en viennent valent mieux pour les continuer, pourvû qu'on ait soin de conserver à cet usage ce qui s'éleve de plus vigoureux, de mieux fait & de plus noble de chaque espece dans les Haras parmi les poulains & les pouliches.

Le soin principal qu'on doit prendre d'un estalon, est de le bien établer, bien panser & bien nourrir.

Pour le bien établer, il faut que l'écurie soit la plus seche, & le moins humide qu'il se pourra, qu'il y soit seul s'il est possible, ou s'il est dans une écurie commune à plusieurs estalons, qu'ils y soient tous à leur aise & assez éloignez, pour qu'ils ne puissent ni se mordre ni se donner d'atteintes.

Il faut aussi prendre garde que cette écurie ne soit pas exposée à un trop grand jour, la saillie de l'estalon étant ordinairement plus vigoureuse & plus gaillarde quand il sort d'un lieu plûtôt obscur que trop éclairé.

A l'égard du pansement, l'estalon doit être tous les jours & en tout tems bien pansé & bien nettoyé de la main; couvert en hyver d'une bonne couverture, en été d'une plus légere; ferré bien à son aise, les pieds de devant remplis par dedans de fiente de vache deux fois la semaine; qu'on lui pare les pieds lorsqu'on connoît qu'il en a besoin, & que ce soit toûjours le troisiéme ou quatrieme jour de la Lune; les estalons, sur tout si ce sont des chevaux de légere taille, étant sujets à quantité d'accidents; comme sont les scimes, les blemes & les encatelures, dont on ne peut guéres les garantir qu'en ne negligeant aucune de ces précautions.

Pour la nourriture, l'estalon ne doit manger que peu de foin, mais beaucoup de bonne paille de froment ou de meteil nouvellement battuë; son avoine doit consister en trois bons picotins par jour; le premier aussi-tôt que le Palfrenir qui le panse se leve, le second à midi, & le troisiéme le soir après avoir bû; cette avoine doit être seche, nette & pesante, sur tout qu'elle n'ait aucun mauvais goût qui le puisse rebuter. Il faut observer après qu'il a mangé sa premiere avoine, de le mettre au Masticadour pendant deux bonnes heures & autant l'aprèsdinc.

Enfin l'estalon doit boire deux fois le jour, l'une à huit ou neuf heures du matin, & l'autre le soir avant de manger sa derniere avoine; l'eau de riviere est la meilleure pour l'abreuver, à son défaut on peut prendre de l'eau de fontaine ou de puits; mais toûjours médiocrement froide, l'eau trop fraîche ou trop vive pouvant causer de grands accidents aux chevaux.

Il ne faut pas moins d'attention pour le choix des Juments que pour celui des estalons, quand on veut qu'un Haras en soit bien assorti.

L'assortissement des cavales doit se faire de bon poil & de différentes grandeurs, ordinairement médiocres, mais plûtôt grandes que petites, bien ouvertes devant & derriere; qu'elles soient larges & bien faites, point trop grasses, le flanc grand, & sur tout qu'elles soient bonnes nourrices. Il y en a néanmoins de taille légere & approchante de la petite qui ne sont pas moins propres aux Haras, & qui produisent de grands & beaux poulains, pourvû qu'on les assortisse avec des chevaux épais; mais c'est ordinairement l'experience qui fait connoître l'effet qu'elles doivent faire, & c'est à quoi ceux qui ont la direction des Haras doivent être extrémement attentifs.

Les Cavales, comme on l'a dit des estalons, ne doivent être mises aux Haras qu'à quatre ans, cet âge étant la perfection des chevaux, & avant ce tems-là ces animaux n'ayant pas leur entier accroissement.

Celles qu'on y destine doivent auparavant avoir été domtées, soit pour les rendre moins farouches & plus faciles à la monte, soit pour mieux connoître leur vigueur & leur force, afin de les assortir à des estallons convenables, soit pour les faire promener sous l'homme pendant qu'elles sont pleines, ce qui les fait facilement pouliner & les maintient en santé; soit enfin pour qu'en cas qu'on reconnût dans la suite qu'elles ne sont pas propres aux Haras, on pût en les en tirant les mettre à d'autres usages comme au tirage où à la selle.

Les principaux défauts qui peuvent exclure une jument du Haras, mais qu'on ne peut guéres connoître qu'avec le tems, sont si elle n'est pas bonne nourrice, si elle est trop chatoüilleuse, & si elle ne peut souffrir que son poulain la tette.

Les juments portent onze mois & allaittent presque autant, ainsi à la rigueur on les peut presenter tous les ans à l'estalon & en avoir chaque année un poulain.

L'usage de faire saillir les cavales tous les ans est établi dans presque tous les Haras ordinaires, & il y a même un article dans l'instruction de 1685. qui marque qu'il est bon de les mener à l'estalon neuf jours après qu'elle ont pouliné, parce qu'alors elles retiennent mieux, & qu'en faisant leurs poulains elles vuident toutes les mauvaises humeurs qu'elles peuvent avoir dans le corps.

On suit d'autres maximes dans les Haras où l'on ne veut avoir que d'excellents poulains; & à l'exemple de ce qui se pratique dans le Haras du Roi & dans ceux d'Espagne & d'Italie, on se contente de faire monter les juments tous les deux ans.

Les raisons de ceux qui suivent cette pratique, sont; 1°. Que si neuf jours après que la jument a pouliné, on la fait remplir, cela préjudicie au poulain qui est né, qui ne se nourrit que d'un lait trouble & sereux. 2°. Que le poulain tirant continuellement sa mere il enleve la meilleure partie d'une substance qui seroit nécessaire pour donner l'accroisse-

ment

ment à celui qu'elle a nouvellement conçû 3°. Enfin que les juments sont trop fatiguées de nourrir & de porter tout ensemble, ce qui les rend vieilles avant le tems, & leur donne trop-tôt l'exclusion du Haras.

On croit communément que les cavales qui mangent le verd dans le tems qu'elles sont admises à l'estalon, retiennent plus facilement que celles qui sont au foin & à l'avoine dans une écurie, parce qu'elles ont plus d'amour & qu'elles en donnent davantage au cheval.

Le tems le plus propre pour la monte est ordinairement depuis le premier Avril jusqu'à la fin de Juin: on peut néantmoins le continuer jusques dans le mois d'Août dans les pays & les lieux où l'on a reconnu que les poulains du mois d'Août peuvent réussir; on estime moins ceux qui viennent dans le reste de l'année.

Dés que l'estalon a commencé à couvrir, & pendant tout le tems qu'il continuë de sauter les juments, on ne lui doit épargner aucune bonne nourriture, soit foin, paille ou avoine, ne pouvant être en trop bon état & trop bien conservé pendant tout ce tems-là.

Chaque fois qu'on doit presenter une cavale à la monte, il faut donner à son estalon, immédiatement auparavant qu'il la couvre, une petite jointée d'orge bien nette & de la meilleure, & autant après qu'il l'a couverte. Quelques-uns au lieu d'orge donnent des feves, & d'autres y mêlent du poivre, du gingembre ou du sel; mais on a remarqué que l'orge toute seule réussit mieux.

Il faut observer de ne jamais faire boire le cheval devant que de couvrir les cavales, non plus que les cavales avant de les presenter à l'estalon.

Quoiqu'un cheval vigoureux puisse sauter plusieurs cavales en un jour, pourvû qu'on lui laisse au moins trois heures d'intervale entre chaque monte, il est mieux qu'il ne couvre qu'une seule fois le matin à la fraîcheur & autant le soir; encore faut il faire attention à sa vigueur & à son âge, un cheval de quatre ans devant être plus menagé qu'un qui est plus âgé.

Une des principales observations est de ne point presenter de cavale à l'estalon, qu'on ne soit bien assuré qu'elle soit en chaleur; & pour le reconnoître, & en même tems ménager les estalons du Haras, qui pourroient se fatiguer inutilement s'ils vouloient saillir des cavales qui ne seroient point en amour, on peut se servir d'un petit cheval entier bien amoureux pour en faire l'épreuve.

Le lieu destiné pour la copulation de ces animaux doit avoir diverses situations, les unes plates & égales, & les autres un peu en pente, pour pouvoir plus facilement assortir les cavales de differentes tailles aux mêmes estalons.

Cet emplacement pour la monte doit être s'il se peut dans une situation gaye & remplie de verdure, éloignée au moins de cent pas de l'écurie.

Pour faciliter la monte, il faut attacher les cavales à des piliers plantez à cet effet; & si elles sont ferrées des pieds de derriere les entraver avec une trave de tissû, de crainte qu'elles ne puissent blesser le cheval.

La jument en cet état, on sort l'estalon de son écurie, qui ne doit avoir qu'un seul caveçon à la téte, mais dont la têtiere soit faite comme celle d'une bride, avec une gorge, pour empêcher qu'il n'échape; deux hommes doivent le tenir par deux grandes longes de corde attachées en caveçon, & lorsqu'ils approchent de la cavale, il faut qu'ils le conduisent en tournant autour du pilier où elle est attachée, afin qu'elle puisse le considerer; ce qui contribuë beaucoup à lui faire concevoir un poulain semblable à son estalon, qui est une des choses sur laquelle on doit faire davantage d'attention en matiere de Haras.

C'est après cela qu'il faut livrer la jument à l'estalon; & afin que la saillie en soit plus sûre, les deux garçons d'écurie qui menent le cheval, doivent l'aider en son action s'il en a besoin.

Aussi-tôt que l'estalon a couvert & demonté la cavale, un des deux palfreniers le conduit à l'écurie en lui faisant faire encore un tour devant la cavale, tandis que l'autre sans perdre de tems jette le plus fort qu'il peut un sceau d'eau très-fraiche au derriere & sur les reins de la jument, en prenant garde néanmoins que le cheval en soit assez éloigné pour qu'il ne s'en sente point, n'y ayant rien de si dangereux pour un estalon que d'être moüillé & de ressentir de la fraîcheur aux parties genitales lorsqu'il sort de la monte.

Il est bon aussi de promener quelque tems la jument au trot, si tôt qu'elle a été saillie, & encore mieux, si on en a la commodité, de la faire entrer dans l'eau jusques par dessus les reins; toutes ces précautions pouvant beaucoup contribuer à la faire retenir.

Bien des gens se contentent de faire d'abord couvrir chaque jument une seule fois, & de ne la presenter à l'étalon que quinze jours après pour sçavoir si elle a retenu; mais d'autres pour assurer davantage la premiere saillie, la font encore couvrir le soir du même jour, si la vigueur du cheval ou son âge le permettent.

La marque qu'une jument a retenu est lorsqu'elle refuse l'estallon & qu'elle ruë contre lui.

Depuis que les cavales ont donné ces signes qu'elles ont conçû, les bergers du Haras qui les gardent dans les pâturages, doivent empêcher soigneusement qu'aucun poulain entier ne les approche, & les éloigner de toutes les occasions qui pourroient les faire rentrer en amour; il faut aussi particuliérement dans le commencement & dans les quatre derniers mois de leurs portées, ne leur faire faire aucun exercice violent, comme de courre à toutes jambes, & de sauter des hayes ou des fossez, ce qui seroit capable de les faire avorter.

Lorsque le tems que la jument doit pouliner approche, elle doit être placée seule dans une loge raisonnablement spacieuse sans y être attachée & toûjours avec une bonne litiere; si elle a peine à mettre bas; on peut l'aider, ou en lui faisant avaler une pinte d'ypocras, ou en lui soufflant dans le nez de l'euphorbe en poudre, & quand elle a pouliné il faut en éloigner le poulain pendant dix ou douze heures, de crainte qu'en tettant sa mere aussi-tôt après sa délivre, il ne se nourrisse d'un lait sereux & mauvais, dont il faut néanmoins decharger la jument en le lui tirant les tetines avec les mains de la maniere qu'on trait les vaches.

Au lieu du lait qu'on ôte au poulain, on lui peut donner ou un œuf frais crud, ou un morceau de beurre frais; mais le mieux c'est de le laisser jeuner.

La jument, après la naissance de son poulain, doit rester huit ou dix jours sans sortir de sa loge; & pour lui faire venir du lait, il faut le nourrir abondamment de bon foin, de son, de froment & d'orge trempé ou grossierement moulu, & lui donner de l'eau blanche un peu tiede pour sa boisson.

Quand

Quand ce tems est passé, on commence à mettre la mere & le poulain à l'herbe, d'abord dans quelques closeaux preparez à cet effet assez près des écuries pour y accoûtumer le petit, & ne pas le fatiguer par une trop longue course, ce qui pourroit lui tourner les pieds: ensuite on le mene dans des clos plus grands & plus éloignez; & enfin lorsque la belle saison est venuë on les conduit dans les parcs & les pâturages du Haras, d'où ils ne sortent plus, & où les bergers les gardent jour & nuit avec les autres juments, les poulains & pouliches.

Les parcs doivent être enclos de murailles, diversifiez, comme on l'a déja remarqué, de bois taillis & de prairies avec quelque ruisseau ou flacque d'eau vive, & en quelque endroit commode. Il faut qu'il y ait un ou plusieurs vastes appentis couverts, sous lequel pendant la pluie ou dans les autres tems fâcheux tous ces animaux puissent se retirer.

Dans les Pays Septentrionaux, les cavales & les poulains doivent sortir des parcs vers la fin de l'automne pour rentrer dans les écuries du Haras; mais lorsque le climat est assez chaud pour ne point craindre qu'ils soient incommodez des gelées de l'hyver, on ne doit point les retirer des pâturages; & l'expérience fait connoître que les chevaux qui sont ainsi toûjours élevez à l'air sont plus vigoureux, plus durs au travail, & qu'ils ont le poil plus vif & plus uni.

Les poulains doivent être sevrez vers la fin du mois de Janvier, ou au plus tard en Fevrier, selon que la monte des juments qui les ont produits a été plus ou moins hâtive.

On choisit cette saison afin que les cavales ayant le tems de perdre leur lait, & que renouvellant leur amour au retour du printems, elles puissent être en état d'être presentées à l'estalon, ce qui doit pourtant ne s'entendre que de celles qui ne portent que tous les deux ans.

Jusqu'à ce que la jument ait conçû de nouveau, il faut en éloigner son poulain, en sorte qu'elle n'en puisse entendre les hannissements, ce qui lui causeroit trop d'inquietude; mais après qu'elle est remplie de l'estalon, on peut lui rendre son petit, afin qu'elle le conduise aux pâturages, en prenant cependant des précautions pour empêcher qu'il ne la tete de peur qu'il ne lui fasse revenir sont lait.

Enfin à deux ans on sépare absolument les poulains de leurs meres; & c'est alors qu'il faut se déterminer & faire le choix des chevaux qu'on veut garder entiers pour le service & le renouvellement du Haras, qui doivent toûjours être les plus beaux & les meilleurs; & reserver les autres ou pour les hongrer pour en faire des coureurs, ou pour les dresser selon leur espece ou au manege, ou à la chasse, ou au harnois.

On peut voir à l'article du cheval tout ce qui concerne cet animal à le prendre au sortir du Haras; & particuliérement le commerce qui s'en fait tant en France que dans les pays étrangers.

Haras de Mulets. Il se dit des lieux où l'on assortit des ânes avec des juments pour en avoir une espece moyenne qu'on appelle mulet.

On peut aussi faire monter des ânesses par des chevaux entiers; mais la race n'en est pas bonne, & l'espece est en quelque sorte différente de l'autre. *Voyez* Mulet.

Les principaux Haras de mulets qui soient établis en France sont ceux de Poitou & d'Auvergne, particuliérement de cette derniere province, d'où il sort les plus beaux, les plus grands & les meilleurs animaux de cette espece qu'il y ait au monde.

La seule différence qu'il y ait entre ces Haras & ceux de chevaux, ne consistant gueres que dans la diversité de la nature de l'estalon & le choix des juments qui y sont propres, on ne parlera ici que de ces deux choses, renvoyant pour le reste à l'article précedent.

Un ane qu'on destine à être estalon doit avoir passé trois ans, c'est-à-dire, avoir pris toute sa force & toute sa croissance; il faut sur tout regarder à sa race, à sa taille & à son poil.

Pour la race on la croit si nécessaire, que cette seule différence en peut augmenter ou diminuer le prix très-considérablement, y ayant des estalons de bonne race qu'on vend jusqu'à cinq cens écus, tandis que ceux d'une race moins estimée se donnent pour trois à quatre cens livres. *Voyez* Ane.

A l'égard de la taille, il doit être grand, le col puissant & épais, les côtes fortes & larges, la poitrine ouverte & musculeuse, les cuisses charnuës, les jambes troussés, sur tout qu'il soit bien membru, comme tous les ânes de Mirebalais ont la reputation d'être;

Pour la couleur, on estime le noir simple ou le moucheté de rouge tirant sur le vif, & le gris argenté ou marqué de taches obscures: le gris de souris qui est la couleur la plus commune des ânes, doit être absolument rejetté.

Les juments doivent être au dessous de dix ans. Avant l'année 1689 il étoit permis aux Maîtres des Haras de mulets d'assortir leurs estalons des plus belles & des plus grandes cavales qu'ils pourroient trouver: mais sur la remontrance des Commissaires établis dans les Provinces pour les Haras des chevaux, & à cause que cette liberté leur enlevoit les plus belles juments, sur tout en Poitou & en Auvergne, la taille de celles qui devoient être menées aux ânes fut reglée par une Ordonnance des Intendans de ces deux Provinces; & il fut fait défenses conformément à l'instruction donnée à l'Inspecteur, de leur en assortir qui fussent au dessus de la hauteur de quatorze paumes; Sa Majesté déclarant que celles de treize ou quatorze au plus suffisoit pour produire les plus beaux mulets.

Il faut remarquer par raport aux ânes estalons que ces animaux deviennent si furieux à la vûë de la cavale qu'on leur veut assortir, qu'il faut les tenir toûjours emmuselez, de crainte qu'ils n'estropient à coup de dents ou les garçons d'écurie qui les menent, ou même la jument qu'ils doivent saillir.

Deux autres remarques, mais qui regardent les juments consistent; l'une en ce que celles qui concoivent de leur conjonction avec un âne, portent leur petit un an entier; l'autre, qu'elles ne peuvent alaiter leurs poulains que six mois, à cause de la douleur qu'elles ressentent aux mammelles après ce tems-là, ce qui oblige ou de les sevrer à cet âge, ou de leur faire tirer une autre jument.

HARD. Les Gantiers & les Peaussiers nomment ainsi une espece de grosse cheville de fer tournée en cercle sur laquelle ils passent leurs peaux pour les amolir.

HARDER UNE PEAU. C'est le passer sur la hard.

Harder. Signifie aussi troquer, échanger; il ne se dit guéres que dans le commerce des chevaux, & seulement parmi la Noblesse de Province; n'étant que peu d'usage à Paris, & point du tout parmi les Marchands.

HARDILLIERS. Terme de Hautelissier. Ce sont des fiches ou morceaux de fer qui ont un crochet à un des bouts; ils servent à soûtenir cette partie du métier des Hautelissiers, qu'on appelle la Perche de lisse; c'est-à-dire, cette longue

 piece

piece de bois avec laquelle ces Ouvriers bandent ou lâchent les lisses qui font la croisure de leur tapisserie. *Voyez* HAUTELISSE.

HARENG, que l'on écrit quelquefois HARAN ou HARANG, & que les Hollandois appellent Haaring. C'est un petit poisson de mer de la taille du Gardon ou du Dard, qui a le dos bleuâtre & le ventre d'un blanc argenté Il ressemble assez à une petite alose, ce qui l'a fait nommer en Latin *Alosa minor.*

Les Harengs se trouvent principalement dans la mer du Nord; il s'en pêche ailleurs, mais en moindre quantité. La pêche s'en fait ordinairement en deux saisons; l'une au mois de Juillet & d'Août que l'on appelle la pêche de S. Barthelemi; & l'autre en Automne; la derniere est la plus considerable, les broüillards étant très-favorables à la pêche de ce poisson.

L'on croit communément que le Hareng meurt aussi-tôt qu'il est hors de l'eau, & que l'on n'en a jamais vû de vivant; il y a néanmoins des relations qui assurent le contraire.

Les Harengs vont en troupe & suivent les feux: lorsqu'ils passent il semble d'un éclair; aussi les Mariniers appellent-ils leur passage l'Eclair des Harens: la pêche & la préparation qui s'en fait se nomme Droguerie. On donne aussi le nom de Droguerie à la moindre espece du Hareng blanc salé. *Voyez ci-après le commerce du Hareng.*

Harengaison se dit également du tems qu'on les pêche, de celui de leur passage, de leur éclair & de la pêche même qui s'en fait: comme ce poisson est de passage, il est permis d'en faire la pêche les Fêtes & les Dimanches, & il y en a un titre exprès dans les Decretales des Papes. Le tems dans lequel l'on ne pêche point de Hareng, est nommé des Gens de mer, Morte Saison,

Pêche du Hareng.

Les Hollandois ont été les premiers qui ont fait la pêche du Hareng, & qui ont remarqué les diverses saisons de leur passage: on met leurs premieres pêches reglées vers l'an 1163.

La maniere de les saler & de les encaquer n'a été néanmoins trouvée qu'en 1416 par Guillaume Bukelsz natif de Bier-Vliet. La memoire de cet homme s'est renduë si recommandable par une invention si utile, qu'on dit que l'Empereur Charles-quint étant venu dans les Pays-bas, ne dédaigna pas d'aller à Bier-Vliet avec la Reine de Hongrie sa sœur, comme pour honnorer de leur presence le tombeau de ce premier encaqueur de Harengs.

On se sert pour la pêche des Harengs de petits bâtimens, que l'on appelle en France Barques ou Batteaux, & qu'en Hollande on nomme Buysen ou Flibots.

Les buyses dont les Hollandois se servent pour la pêche du Hareng sont ordinairement du port de quarante-huit à soixante tonneaux, elles doivent être pourvûës de deux petits canons du poids de huit cens livres chacun, de quatre pierriers, huit boëtes, six fusils & douze piques, dont six sont longues & six courtes; à l'égard des flibots au dessus de soixante tonneaux, leur équipage consiste en quatre petits canons pesant ensemble quatre mille livres, avec quatre pierriers, huit boëtes, six fusils, huit piques longues & huit courtes.

Il n'est pas permis de faire sortir des Ports de Hollande aucunes buyses pour la pêche des Harengs, qu'elles ne soient escortées d'un convoi, ou du moins qu'il n'y en ait un nombre suffisant pour composer ensemble dix-huit ou vingt pieces de petits canons & douze pierriers; alors elles doivent aller de conserve, c'est-à-dire, de flote & de compagnie, sans pourtant qu'elles puissent prendre sous leur escorte aucuns bâtimens non armez.

Les conventions verbales qui se font pour la conserve, ont autant de force que si elles étoient faites par écrit; il faut observer que chaque bâtiment de la conserve doit avoir des munitions suffisantes de poudre, de balles & de mitrailles pour tirer au moins seize coups.

Lorsque le tems se trouve beau, & que quelque buyse veut faire sa pêche, il faut que le Pilote fasse hirser son artimon; & celles qui ne pêchent point ne doivent pas se mêler parmi celles qui pêchent, il faut qu'elles se tiennent à la voile. *Voyez* BUCHE.

Ces Reglemens de l'Amirauté de Hollande, pour la pêche du Hareng, ont en partie été imitez par les François, & en partie augmentez de quantité d'autres qui y ont été ajoutez par l'Ordonnance de la Marine du mois d'Août 1681, soit concernant les filets dont les Pêcheurs doivent se servir, soit pour la police qui doit s'observer entre les Maîtres des barques & batteaux François qui vont à cette pêche.

Conformément aux huit articles du titre quatre du livre cinq de cette Ordonnance; 1°. Les mailles des rets ou aplets dont on se sert pour la pêche du Hareng, doivent avoir un pouce en quarré: & les Pêcheurs n'y en peuvent employer d'autres ni se servir des mêmes filets pour d'autres pêches.

2°. Quand un équipage met ses filets à la mer pour pêcher, il est dans l'obligation de les jetter dans une distance de cent brasses au moins des autres batteaux, & d'avoir deux feux hauts, l'un sur l'avant & l'autre sur l'arriere de son bâtiment.

3°. Chaque équipage après ses filets jettez à la mer, est tenu de garder un feu sur l'arriere de son batteau, & d'aller à derive le même bord au vent que les autres Pêcheurs.

4°. Les Maîtres des barques qui veulent pendant la nuit s'arrêter & jetter l'ancre, doivent se retirer si loin du lieu où se fait la pêche, qu'il n'en puisse arriver aucun dommage aux barques & batteaux qui sont à la derive.

5°. Lorsqu'un équipage est forcé par quelque accident de cesser la pêche ou de moüiller l'ancre, il est tenu de montrer son feu par trois différentes fois; la premiere lorsqu'il commence à tirer ses filets, la seconde quand ils sont à moitié levez, & la troisiéme après les avoir entiérement levé, & pour lors il doit jetter son feu à la mer.

6°. Si les filets sont arrêtez à la mer, l'équipage ne doit point jetter son troisiéme feu; mais il est obligé d'en montrer un quatriéme & d'en garder deux jusques à ce que les filets soient entiérement dégagez.

7°. Il est défendu aux Pêcheurs sous peine de punition corporelle de montrer des feux sans nécessité, ni autrement que dans les tems & en la maniere qu'il vient d'être dit.

8°. Quand la plus grande partie des Pêcheurs d'une flotte cesse de pêcher, & qu'elle moüille l'ancre, les autres sont dans l'obligation d'en faire de même.

Commerce du Hareng salé & sor.

Les Harengs salez tant blancs que sors, sont un des principaux objets du commerce de la saline. Il y en a de tant de sortes, il s'en tire de tant d'endroits, & l'on en envoye

en

en tant de lieux, qu'il seroit assez difficile de pouvoir marquer certainement en quoi peut consister le négoce qui s'en fait, non plus que de décrire précisement la maniere de les apprêter & saler, chaque nation pouvant avoir la sienne particuliere. Cependant voici en général ce que l'on a pû recueillir de plus positif sur cette matiere.

Le meilleur & le plus estimé de tous les Harengs blancs salez, est celui qu'on appelle Hareng de marque, ainsi nommé parce qu'en Hollande, d'où il vient, il y a des Officiers préposez pour tenir la main à l'execution des Reglemens sur le fait de cette marchandise; lesquels après avoir reconnu que les barils ou caques sont de la grandeur, le Hareng de la grosseur ou qualité réquise, mettent sur les barils une marque de feu.

Pour que le Hareng de marque soit bien conditionné & de bon débit, il faut qu'il soit s'il se peut de la pêche d'une nuit, salé de bon sel, gras, charnu, ferme, blanc, égal en grosseur, bien paqué & arrangé dans les barils; qu'il n'y en ait point de Gay mêlé parmi, c'est-à-dire, de celui qui n'a ni laite, ni rogues, cocques ou œufs dans le corps: il faut outre cela que les barils soient bien clos, bien reliez & suffisamment remplis de saumur; l'évent causé par le manque de saumur étant capable de faire jaunir le Hareng, ce qui le rend d'une très-mauvaise qualité qui en diminuë de beaucoup le prix.

Après le Hareng de marque est celui que l'on nomme marque moyenne, ou moyen Hareng, qui n'est pas si gros que le premier; mais qui est beaucoup au-dessus de celui qu'on appelle petite Marque ou petit Hareng.

La quatriéme espece de Hareng est de celui qui, à cause de sa petitesse, ne peut être mis dans aucune des trois sortes de Hareng de marque; ce dernier ne se litte pas dans les barils, mais s'y met pêle-mêle, se paquant néanmoins & s'apprêtant comme les autres: c'est ce Hareng que l'on nomme communément Hareng de droguerie ou de drogue; il différe ordinairement de vingt à vingt-cinq pour cent de moins que celui de marque.

Roterdam, Amsterdam & Enkuysen sont les endroits de Hollande d'où l'on tire les meilleures sortes de Harengs; ceux de la derniere pêche qui se fait en Automne sont les plus estimez, étant ordinairement mieux paquez & arrangez dans les barils, & moins sujets à se corrompre que ceux de la pêche de la S. Barthelemi: il en est de même des Harengs qui viennent des autres endroits dont il va être parlé.

Le Hareng d'Irlande est le meilleur après celui de Hollande, principalement celui qui s'apprête à Dublin & à Germuth: il égale quelquefois le Hareng de marque de Hollande & est d'un aussi bon goût au manger, pourvû qu'il ait été salé de bon sel; car lorsqu'il a été salé de sel d'alun, il y a beaucoup de différence.

On apprête encore du Hareng en plusieurs autres endroits d'Irlande, comme à Watrefort, à Limerick, à Galloüay, &c. celui de Galloüay est ordinairement plus gros que celui des autres endroits, ce qui fait que les barils ne contiennent pas tant.

Quoique dans la pluspart des ports d'Irlande les barils soient à peu près d'un volume pareil à ceux de Hollande; néanmoins il s'en rencontre quelques-uns plus petits: il faut remarquer que le Hareng n'est jamais si bien tiré en Irlande qu'en Hollande.

Les Ecossois s'attachent aussi à la pêche & au négoce du Hareng; ils en envoyent même quelquefois en France, mais il se rencontre rarement de bonne qualité, ni bien paqué & arrangé dans les barils; outre qu'il est fort inégal, salé de mauvais sel; mal égorgé & mal vuidé de ses breüilles ou entrailles: cependant avec tous ces défauts il ne laisse pas d'être excellent à manger; & l'on prétend même que si les Ecossois avoient autant d'exactitude à l'apprêter & à le tirer que les Hollandois, il pourroit l'emporter sur le Hareng de marque qui a la réputation d'être le meilleur Hareng du monde.

On pêche aussi du Hareng en Angleterre, mais c'est le moindre de tous, & les François en tirent peu pour ne pas dire point du tout, le poisson de la pêche Angloise étant très-sec & doux de sel; il est néanmoins assez bien paqué & arrangé dans les barils, mais ces barils sont toûjours plus petits que ceux des autres endroits.

A l'égard de la France, il s'y pêche & s'y apprête du Hareng en plusieurs endroits; mais il a divers dégrez de bonté suivant les différentes Côtes du Royaume où la pêche s'en fait.

Diepe, le Havre de Grace, Honfleur & quelques autres petits Ports de Normandie fournissent de très-bon Hareng: celui de Dieppe est le meilleur, & approche assez du Hareng de marque de Hollande, quoiqu'un peu plus sec. L'on en pêche encore à Boulogne en Picardie, mais il est de beaucoup inférieur à celui de Normandie: il faut remarquer que la pêche de ce poisson ne se fait sur les Côtes de Normandie & de Picardie que dans la saison d'Automne, ne s'y en faisant point en Août comme dans les autres endroits.

Le Hareng qui se pêche en Bretagne au bas de la riviere de Vannes vers Penerf n'a de debit qu'en tems de guerre, étant d'une qualité très-mediocre & au-dessous de toutes les autres. La consumtion s'en fait ordinairement dans la Province; il s'en envoye cependant quelquefois à Angers, à Saumur, à Tours, même jusques à Blois, mais en petite quantité, car les Marchands de ces Villes ne s'en veulent charger que faute d'autres.

Pour que le Hareng blanc salé, de quelque côté qu'il puisse venir, soit de bonne qualité & de bonne vente, il doit approcher autant qu'il est possible de celui de marque dont il a été ci-devant parlé, à la différence près de l'égalité du poisson; car l'on ne se met pas trop en peine de le tirer par tout avec la même exactitude que l'on fait le Hareng de marque en Hollande.

Après avoir parlé de ce qui concerne la pêche & le commerce du Hareng blanc salé, le Lecteur ne sera peut-être pas fâché de trouver ici la maniere de l'apprêter & de le saler.

Maniere d'apprêter & de saler le Hareng.

D'abord que les Harengs sont hors de la mer, le Caqueur, Matelot destiné à cet ouvrage, leur coupe la gorge & en tire les breuilles ou entrailles, à la réserve des laites & des œufs qui doivent toûjours rester dans le corps du poisson.

Les Harengs ayant ensuite été lavez en eau douce, on leur donne la sausse, c'est-à-dire, qu'on les laisse pendant douze ou quinze heures dans une cuve pleine d'une forte saumure faite d'eau douce & de sel marin.

Au sortir de la sausse on les varande, & quand ils ont été suffisamment varandez on les caque dans des barils, prenant soin de les bien paquer & liter, & observant de mettre au fond & au dessus des barils une couche raisonnable de sel.

Varander le Hareng, c'eſt l'égoûter; le caquer, c'eſt le mettre dans des barils qu'on nomme des caques; le liter, c'eſt l'arranger par lits dans les caques; le paquer, c'eſt le preſſer fortement l'un ſur l'autre à meſure qu'on fait de nouvelles couches.

Après que les barils ſont ſuffiſamment remplis de ſel & de Hareng, on les ferme bien afin que le poiſſon conſerve ſa ſaumure & ne prenne point l'évent, n'y ayant rien, comme on l'a deja remarqué, de plus préjudiciable au Hareng blanc ſalé que l'évent & le manque de ſaumure.

Les Harengs blancs ſalez ſe mettent auſſi pour la commodité du négoce dans des demi barils, quarts, & demi-quarts ou huitiémes de barils.

Ce qu'on appelle du Hareng d'une nuit, c'eſt du Hareng que l'on a ſalé le même jour qu'il a été pêché, & du Hareng de deux nuits, celui dont la ſalaiſon n'a été faite que le lendemain du jour qu'il a été pêché: le dernier eſt le moins eſtimé étant plus ſujet à ſe corrompre.

Des Harengs ſorets.

Dans tous les pays où l'on pêche du Hareng, on en fait ſécher ou ſorer à la fumée, & c'eſt ce Hareng que l'on nomme Sor ou Saur, Soret ou Sauret: on le met ordinairement en barils & en demi barils.

Il ſe fait beaucoup de Hareng ſor en Hollande, en Angleterre, en Ecoſſe & en Irlande; il s'en fait auſſi aſſez conſidérablement à Boulogne, à Dieppe, au Havre & à Honfleur; mais celui de Germuth en Irlande l'emporte ſur tous les autres.

L'on donne quelquefois au Hareng ſor le nom de Craquelot, particuliérement lorſqu'il eſt dans ſa primeure, le menu peuple de Paris l'appelle auſſi de l'Appetit.

Les Harengs deſtinez pour être ſorez s'apprêtent ainſi que les Harengs blancs, à l'exception qu'ils reſtent le double dans la ſauſſe, c'eſt-à-dire, vingt quatre ou trente heures; car il eſt néceſſaire qu'il y prenne tout ſon ſel, au lieu que le Hareng blanc n'en doit prendre qu'une partie dans la ſauſſe, achevant de prendre le reſte dans le baril où il a été paqué & renfermé avec du ſel.

Pour faire ſorer les Harengs (ou ſorir comme l'on dit à Dieppe) il faut d'abord en les retirant de la ſauſſe les brocheter, c'eſt-à-dire, les enfiler par la tête dans de menuës brochettes de bois que l'on appelle Aine; enſuite on les pend dans des eſpeces de cheminées faites exprès, que l'on appelle Rouſſâble; & lorſqu'on y a arrangé autant de brochetées de Hareng que chaque rouſſâble peut contenir, l'on fait deſſous un petit feu de menu bois ou copeaux que l'on menage de maniere qu'il ne fait que beaucoup de fumée & point du tout de flâme.

Les Harengs reſtent dans le rouſſâble juſques à ce qu'ils ſoient ſuffiſamment fumez & ſorez, ce qui ſe fait ordinairement en vingt-quatre heures de tems. On en peut ſorer juſques à dix milliers à la fois, quelquefois plus, quelquefois moins, ſuivant la grandeur du rouſſâble.

Pour que les Harengs ſors ſoient de bonne garde & de bon debit, il faut qu'ils ayent été ſalez à propos & avec du bon ſel; qu'ils ſoient gros, fermes & ſecs; que la ſuperficie en ſoit bien dorée, ce qui fait connoître qu'il a été ſoré avec ſoin; qu'ils ſoient pleins de leurs œufs ou de leurs laites, & qu'ils ſoient bien arrangez dans les barils: il faut ſur tout prendre garde qu'ils ne ſoient point chanſis, cette ſeule mauvaiſe qualité étant capable d'en diminuer notablement le prix. Comme ce défaut provient ordinairement de ce qu'on tient cette marchandiſe dans des lieux humides, les Marchands doivent être attentifs à ne les mettre que dans des endroits ou des magazins bien ſecs.

Les Dieppois nomment Sorin celui qui fait ſorer les Harengs dans le rouſſâble.

On appelle Hareng ou Vrac, le Hareng que les Pêcheurs apportent dans les Ports, tel qu'il a été mis dans les barils après la pêche; c'eſt-à-dire, ſans être paqué, lité ou arrangé dans les barils, ni achevé d'être ſalé.

Il y a en France des Reglemens, entre autres les Arrêts du Conſeil d'Etat du 15 Juillet & 14 Septembre 1687, & 5 Janvier 1691, qui ordonnent que les Harengs de la pêche des Etrangers ne pouront entrer dans le Royaume qu'en vrac, & pour être ſalez de ſel de Broüage; mais il y a de l'apparence que ces Reglemens ne s'executent pas à la lettre, puiſque l'on voit très-ſouvent venir de Hollande & d'ailleurs le Hareng tout paqué, lité & ſalé dans des barils bien fermez.

Depuis le Traité de Paix ſigné à Utreck le 11 Avril 1713, les Hollandois ont obtenu un Arrêt du Conſeil du 30 Mai enſuivant, par lequel Sa Majeſté voulant traiter favorablement les Sujets des Etats généraux des Provinces-unies, conformément à l'article 10 du même Traité, & dérogeant aux Arrêts de 1687 & 1691, leur permet d'apporter en France du Hareng ſalé, en la maniere qu'il ſe pratiquoit avant leſdits Arrêts, en faiſant leur déclaration & payant les droits ordonnez.

Un leth, un leſt, ou un laſt de Haring, ſignifie douze barils de Hareng ſalé ſoit blanc ou ſor. Chaque baril de Hareng blanc de marque contient ordinairement mille à onze cens de poiſſon, à cent quatre pour cent; & chaque baril de Hareng ordinaire ou de droguerie contient depuis neuf cens juſqu'à onze cens de poiſſon, quelquefois davantage, ſuivant qu'il eſt plus ou moins gros, bien ou mal paqué & arrangé, ou que les barils ſont grands ou petits. Les demi-barils, les quarts & les demi-quarts contiennent à proportion.

A l'égard du Hareng ſor, les barils ſont ordinairement d'un millier, & les demi-barils de cinq cens. En Hollande on dit, Une tonne de Hareng, *een Ton Haaring*; pour dire, une caque ou baril de Hareng.

Par l'Ordonnance des Gabelles du mois de May 1680, art. 7 du titre 15. Le ſel néceſſaire pour la ſalaiſon des Harengs eſt réglé à ſept minots & demi pour chacun leth de Hareng blanc, & à trois minots pour chacun leth de Hareng ſor.

On nomme Hareng pec, du Hareng blanc nouvellement ſalé, que l'on mange tout crud en ſalade. On le fait ordinairement deſſaler & égouter avant que de le manger. Il s'en mange beaucoup de cette maniere en Hollande. Les Gens du Pays le nomment *Haaring Pekel.*

Hareng frais. Eſt celui que l'on mange tel qu'il eſt ſorti de la mer, c'eſt-à-dire, ſans être ſalé ni ſoré. On lui donne quelquefois le nom de Hareng blanc; mais ce nom eſt plus en uſage pour le Hareng ſalé qui n'a point été ſoré, que non pas pour le Hareng frais.

Les Harengs ſors, le leth de 12 barils contenant chacun un millier, payent en France 15 liv. de droits d'entrée; & les Harengs blancs, auſſi le leth de 12 barils, 16 liv.

A l'égard de la ſortie, le leth de Harengs ſors de 10 milliers, & celui des Harengs blancs de 12 barils, payent 6 liv.

Il

Il faut remarquer qu'à l'égard du Hareng blanc, autre que celui provenant de la pêche des Hollandois, il ne peut entrer qu'en vrac, c'est à-dire, sans être achevé de saler, & sans être en barils, & seulement pour être salé en France du sel de Broüage, suivant les Arrêts ci-devant citez & le Tarif de 1699.

Les droits des Harengs de toutes sortes qui se payent à la Doüane de Lyon, sont de 10 *s. du millier.*

HARENGAISON. Saison dans laquelle on pêche les harengs; le tems de leur passage, ou, comme on dit, de leur éclair. Il se dit aussi de la pêche qu'on en fait. Nous avons laissé passer l'Harengaison, c'est-à-dire, la saison de pêcher le Hareng. L'Harengaison n'a pas été bonne cette année; pour dire, qu'on a fait mauvaise pêche. *Voyez ci-devant* HARENG, *au commencement de l'article.*

HARENGERE. Marchande qui vend du hareng. Il se dit aussi de toutes les autres Marchandes qui font le négoce de la saline, comme de la moruë, du saumon, du maquereau, & autres semblables poissons de mer qui souffrent la salaison, & que l'on sale pour conserver.

HARENGERIE. Marché aux Harengs. Place où se vend le Hareng. Ce terme est peu d'usage; on s'en sert néantmoins dans quelques Villes maritimes de Normandie, de Picardie & de Bretagne, où arrivent les barques Françoises qui vont à la pêche du Hareng.

HARICOT. Petite féve, que l'on appelle autrement Fevrole ou Fayole.

Les Haricots sont du nombre des légumes qui se vendent à Paris par les Marchands Epiciers & Grainiers. Ils en tirent beaucoup de Picardie & de Normandie, particulierement de Duclet près Roüen; cependant ceux des environs de Paris sont estimez les meilleurs. Le négoce des Haricots est considerable en France non-seulement par raport à la grande consomption que l'on en fait pendant le Carême, mais encore parce qu'il s'en envoye beaucoup dans les Ports de mer pour servir de nourriture aux équipages des vaisseaux, tant du Roy que des Armateurs particuliers.

Les Haricots payent en France les droits d'entrée & de sortie comme légumes; sçavoir pour l'entrée 1 *l.* 10 *s. du muid, mesure de Paris, contenant douze septiers faisant deux tonneaux, & pour la sortie* 12 *l.*

HARING-BUIS. Terme Hollandois qui signifie Bûche. Petit bâtiment dont on se sert pour la pêche du hareng. *Voyez* BUCHE.

HARNACHEUR. Terme de Sellier. On nomme ainsi dans le métier de Sellier l'Ouvrier qui travaille aux harnois des chevaux de selle. *Voyez* SELLIER.

HARNOIS. Ce terme signifioit autrefois tout l'équipage d'un homme d'armes, comme le casque, la cuirasse, les brassarts, les cuissarts, &c. On le trouve encore dans le Tarif de la Doüane de Lyon, de 1632, dans le même sens, & les droits en sont taxez; sçavoir, *les harnois blancs d'hommes garnis avec or,* 32 *s.* 6 *den. les Harnois blancs simples pour homme de pied* 7 *s.* 6 *den. les Harnois gravez pour homme de pied* 12 *s.* 6 *den. les Harnois d'homme d'armes dorez, blancs ou noirs ou legers,* 3 *liv.* 5 *s. & les Harnois à l'épreuve ou corcelets à l'épreuve,* 32 *s.* 6 *d.*

Ces Harnois sont du nombre des marchandises de contrebande, dont la sortie est défenduë hors du Royaume, & des Etats en dépendans.

HARNOIS. Se dit aussi des selles, brides, croupieres, traits & autres semblabls équipages dont on harnache les chevaux de selle, de carosse & de charrette.

Ces sortes de harnois payent en France les droits d'entrée & de sortie suivant leur richesse & qualité; sçavoir à l'entrée ceux de cuirs couverts de velours & housses en broderie ou garnies de passemens fil d'or, d'argent ou de soye, dix pour cent de leur valeur suivant l'estimation; & les Harnois simples pour cheval 6 *liv. du cent pesant: & à la sortie les premieres à raison de six pour cent; & les autres comme mercerie,* 3 *liv. du cent pesant.*

Les droits de la Doüane de Lyon sont de 12 *s.* 6 *den. pour les harnois de cuir couverts de velours, &* 25 *s. pour ceux enrichis de passemens & fils d'or ou d'argent.*

HARNOIS, en termes d'Oiselier. Signifie tout l'équipage qui leur sert pour la chasse des petits oiseaux. *V.* GISELIER.

HARPON. Espece de long dard ou javelot armé par un bout d'un fer pointu & aceré, avec lequel on harponne les baleines & autres grands poissons à lard. Le Harpon pour la pêche des tortuës s'appelle une varre. *Voyez* BALEINE & TORTUE.

HARPONNER. Se servir du harpon pour blesser & arrêter le poisson.

HARPONNEURS. Ce sont les plus forts & les plus adroits des Matelots, qui font l'équipage des navires qui vont à la pêche de la baleine, que l'on charge de lancer le harpon. *Voyez* BALEINE.

HARQUEBUSE. *Voyez* ARQUEBUSE.

Les Harquebuses (c'est ainsi que ce mot se trouve écrit dans le Tarif de 1664,) *sont du nombre des marchandises de contrebande, dont la sortie est défenduë par l'Ordonnance de* 1687; *mais lorsqu'elles sortent du Royaume avec passeport, elles payent* 3 *liv. du cent pesant, comme mercerie.*

HASARD. *Voyez* HAZARD.

HASSART. Espece de hache qui a le tranchant arrondi. On le dit aussi des grandes serpes. *Voyez* HACHE & SERPE.

HASTER. Mesure de continence dont on se sert dans quelques endroits des Pays-Bas Autrichiens; particulierement à Gand & dans tout son district.

Le Haster de Gand contient trente septiers de Paris moins un cinquante-sixiéme.

HASTEURS. Inspecteurs qu'on commet dans les grands atteliers pour avoir l'œil que les Maçons, Limousins, Manœuvres ou autres Ouvriers ne perdent point de tems. On les nomme aussi Chasseavant.

HAVAGE, ou HAVÉE. Droit que l'on a de prendre dans les marchez plein la main de grain de chaque sac qui y est exposé en vente.

C'est de cette sorte de droit dont joüit à Paris & dans quelques autres Villes de France, l'Executeur des hautes œuvres; mais à cause de l'infamie de son employ; & pour l'empêcher de mettre la main dans les sacs, on a reglé son droit à une mesure de fer blanc en forme de cuilliere à long manche, avec laquelle il puise les grains sans y toucher.

HAUBANIER. C'est un des noms que l'on donne aux Maîtres Marchands Pelletiers-Fourreurs de Paris. *Voyez* PELLETIER.

HAUBANIER. On nommoit aussi autrefois en France, Haubaniers du Roy, des Marchands privilegiez qui avoient la faculté d'acheter & de vendre dans la Ville, Fauxbourgs & Banlieuë de Paris toutes sortes de hardes vieilles & nouvelles, en payant un certain droit au domaine de Sa Majesté

&c

& à son Grand Chambrier. C'étoit des especes de Fripiers, ou plutôt ce qu'on appelle présentement dans cette Communauté, des Maîtres de Lettres. *Voyez* MAITRES DE LETTRES.

HAUBERGENIER. Celui qui fait des hauberts ou cottes de mailles. Les anciens Statuts des Maîtres Chaînetiers, de la Ville & Fauxbourgs de Paris leur donnoient la qualides Haubergeniers, parce qu'il leur appartenoit de faire seuls cette sorte d'armure. *Voyez* CHAISNETIER.

HAVE'E. *Voyez* HAVAGE.

HAUSSE. C'est le prix que l'on met au dessus d'un autre dans les ventes publiques, pour se faire adjuger la chose qui est criée par l'Huissier-Priseur. C'est proprement ce qu'on nomme une Enchere. *Voyez* ENCHERE & ENCHERIE.

HAUSSER. Augmenter le prix d'une chose, en offrir plus qu'un autre. *Voyez comme dessus.*

HAUT. Se dit, en termes de Banque, du change de l'argent, quand il est plus fort qu'il n'a coûtume de se payer. *Voyez* CHANGE.

HAUT. Est encore en usage pour signifier la valeur extraordinaire des especes. Jamais les monnoyes en France n'ont été si hautes qu'en 1720. *Voyez* MONNOYE.

HAUT-BILLON. *Voyez* BILLON.

HAUTE-FUSTAYE. Terme d'exploitation & de marchandise de bois. Il se dit des bois ou arbres dont l'âge est au-delà de soixante ans.

Il y a trois sortes de Haute-fustaye; l'une s'appelle Jeune Haute-fustaye, l'autre Vieille Haute-fustaye, & la troisieme Vieille Haute-fustaye sur le retour. Les bois de Haute-fustaye sont reputez immeubles, & ne peuvent être abattus par les Usufruitiers. *Voyez* HAUTE-FUSTAYE.

HAUTE-LISSE. Espece de tapisserie de soye & de laine, rehaussée d'or & d'argent, qui répresente de grands & petits personnages, ou des païsages avec toutes sortes d'animaux. La Haute-lisse est ainsi appellé de la disposition des lisses, ou plûtôt de la chaîne qui sert à travailler, qui est tenduë perpendiculairement de haut en bas; ce qui la distingue de la basse-lisse, dont la chaîne est mise sur un métier placé horisontalement. *Voyez* BASSELISSE.

L'invention de la Haute & Basse-lisse semble venir du Levant; & le nom de Sarrasinois qu'on leur donnoit autrefois en France, aussi-bien qu'aux Tapissiers qui se mêloient de la fabriquer, ou plûtôt de la rentraire & raccommoder, ne laisse guéres de lieu d'en douter. Peut-être les Anglois & les Flamans qui y ont les premiers excellé, en ont-ils apporté l'art au retour des Croisades & des guerres contre les Sarrasins.

Quoiqu'il en soit, il est certain que ce sont ces deux Nations, & particulierement les Anglois, qui ont donné en Europe la perfection à ces riches ouvrages qui font le plus bel ornement des Eglises, des Basiliques & des Palais des Rois; ce qui doit les faire regarder, sinon comme les premiers Inventeurs, du moins comme les Restaurateurs d'un art si admirable, & qui sçait donner une espece de vie aux laines & aux soyes dans des tableaux, qui certainement ne cedent guéres à ceux des plus grands Peintres, sur lesquels la Haute & Basse lisse se travaillent.

Les François ont commencé plus tard que les autres à établir chez eux des Manufactures de ces sortes de tapisseries; & ce n'est guéres que sur la fin du Regne de Henry IV. qu'on a vû sortir des mains des Ouvriers de France des ouvrages de Haute & Basse-lisse qui eussent quelque beauté; ce qu'on y en faisoit auparavant étant très-peu de chose.

L'établissement qui se fit d'abord à Paris dans le Fauxbourg S. Marcel en 1607, par Edit de ce Prince du mois de Janvier de la même année, perdit trop tôt son Protecteur pour se perfectionner; & s'il ne tomba pas tout-à-fait dans sa naissance par la mort de ce grand Roy qui arriva trois ans après, il eut du moins bien de la peine à se soûtenir; quoique les Sieurs Comans & de la Planche qui en étoient les Directeurs, fussent très-habiles dans ces sortes de Manufactures, & qu'il leur eût été accordé & à leurs Ouvriers de grands privileges, tant par l'Edit de leur établissement, que par plusieurs Déclarations données en consequence.

Le Regne de Louis XIV. vit renaistre ces premiers projéts sous l'Intendance des Arts & Manufactures de M. Colbert. Dès l'an 1664, ce Ministre fit expédier des Lettres Patentes au Sieur Hinard pour l'établissement d'une Manufacture Royale de tapisseries de Haute & Basse-lisse en la Ville de Beauvais en Picardie; & en 1667 fut établie aussi par Lettres patentes les Manufacture Royale des Gobelins, où ont été fabriquées depuis ces excellentes tapisseries de Haute lisse, qui ne cedent à aucune des plus belles d'Angleterre & de Flandre pour la beauté de l'ouvrage, & pour la force & la sûreté des teintures des soyes & des laines avec lesquelles elles sont travaillées. On en parle ailleurs; aussi-bien que de cette celebre Manufacture où sont faits les plus riches meubles de la Couronne. *Voyez* GOBELINS.

Outre la Manufacture des Gobelins & celle de Beauvais qui subsistent toûjours avec grande réputation, il y a encore deux autres Manufactures Françoises de Haute & Basse-lisse, l'une à Aubusson en Auvergne, & l'autre à Felletin dans la Haute Marche. Ce sont les tapisseries qui se fabriquent dans ces deux lieux qu'on nomme ordinairement Tapisseries d'Auvergne. Elletin fait mieux les verdures, & Aubusson les personnages: Beauvais fait l'une & l'autre encore mieux qu'en Auvergne. Ces Manufactures employent aussi l'or & l'argent dans leurs tapisseries.

Ces quatre Manufactures Françoises avoient été établies également pour la Haute & Basse-Lisse; mais il y a déja long tems qu'il ne se fabrique plus, ni en Auvergne ni en Picardie que de la basse-lisse; & il n'y a que l'Hôtel Royal des Gobelins où le travail de la Haute & Basse-lisse se soit conservé.

Il ne se fait aussi que des basse-lisses en Flandre; mais il faut avoüer qu'elles sont pour la plûpart d'une grande beauté, & plus grandes que celles de France, à la réserve, comme on l'a dit, des tapisseries des Gobelins.

Bruxelles, Anvers, Oudenarde, Lisle, Tournay, Bruges & Valenciennes sont les Villes Flamandes, soit de la domination de France, soit de celle de la Maison d'Autriche, où sont établies les meilleures fabriques de tapisseries, ou plûtôt ce sont presque les seules où il s'en fasse présentement dans le Pays-Bas.

On a mis ici ces Villes selon le rang qu'elles ont pour la réputation de leurs tapisseries, soit de beauté, soit de bonté de fabrique.

A Bruxelles & Anvers il se fait des tapisseries à grands & petits personnages, & des verdures ou païsages avec toutes sortes d'animaux qui sont d'une grande perfection pour les desseins & pour l'ouvrage.

A Oudenarde ce ne sont que des verdures & des animaux; on

on y travaille aussi sur la figure; mais ces dernieres étant très mal dessinées, elles sont très-peu estimées par les Connoisseurs.

Lisle & les autres Villes travaillent encore moins bien qu'à Oudenarde: il s'y fait pourtant un assez bon commerce de tapisseries de païsages.

Quoiqu'on ne parle ici des fabriques d'Angleterre qu'après les autres, il est pourtant vrai qu'elles les surpassoient toutes autrefois; & que ce que l'on voit parmi les anciennes Haute-lisses de plus beau & de plus parfait est sorti de la main des Ouvriers Anglois. Elles conservent encore à la vérité leur premiere réputation; mais l'on peut dire que ce n'est proprement que pour les basse-lisses, ne se faisant plus de Haute-lisse en Angleterre.

Les hauteurs les plus ordinaires des hautes & basses-lisses sont deux aunes, deux aunes un quart, deux aunes & demie, deux aunes deux tiers, deux aunes trois quarts, trois aunes, trois aunes un quart & trois aunes & demie, le tout mesure de Paris. Il s'en fait cependant quelques-unes des plus hautes, mais elles sont pour les Maisons Royales ou de commande.

En Auvergne, sur-tout à Aubusson, il s'en fait au dessous de deux aunes; & il y en a d'une aune trois quarts & d'une aune & demie.

Toutes ces tapisseries, quand elles ne sont pas des plus hauts prix, se vendent à l'aune courante: les belles s'estiment par tentures.

La fabrique des Hautes-lisses est trop curieuse pour n'en pas donner ici une courte description, comme on a fait des Basses-lisses à leur article. On fera suivre cette description par un extrait des Lettres Patentes accordées pour la Manufacture de Beauvais, afin qu'il ne manque rien de ce qui concerne cet art si industrieux & si admirable.

Fabrique de la Haute-lisse.

Le métier sur lequel l'on travaille la Haute-lisse est dressé perpendiculairement. Quatre principales pieces le composent; deux longs madriers ou pieces de bois, & deux gros rouleaux ou ensubles.

Les madriers qui se nomment Cotterets ou Cotterelles, sont mis tout droits: les rouleaux sont placez transversalement; l'un au haut des cotterets, & l'autre au bas; ce dernier à un pied & demi de distance du plancher ou environ. Tous les deux ont des tourillons qui entrent dans des trous convenables à leur grosseur, qui sont aux extrémitez des cotterets.

Les barres avec lesquelles on les tourne se nomment des Tentoys; celle d'en haut le grand Tentoy, & celle d'en bas le petit Tentoy.

Dans chacun des rouleaux est ménagée une rainure d'un bout à l'autre, capable de contenir un long morceau de bois rond, qu'on y peut arrêter & affermir avec des fiches de bois ou de fer. Ce morceau de bois, qui a presque toute la la longueur des rouleaux, s'appelle un Verdillon, & sert à attacher les bouts de la chaîne. Sur le rouleau d'en haut est roulée cette chaîne qui est faite d'une espece de laine torse, & sur le rouleau d'en bas se roule l'ouvrage à mesure qu'il s'avance.

Tout du long des cotterets, qui sont des planches ou madriers de quatorze ou quince pouces de large, de trois ou quatre d'épaisseur, & de sept ou huit pieds de hauteur, sont des trous percez de distance en distance, du côté que l'ouvrage se travaille, dans lesquels se mettent des morceaux ou grosses chevilles de fer, qui ont un crochet aussi de fer à un des bouts. Ces morceaux de fer qu'on nomme des Hardilliers, & qui servent à soûtenir la perche de lisse, dont on parlera dans la suite, sont percés aussi de plusieurs trous dans lesquels en passant une cheville qui approche ou éloigne la perche, on peut bander ou lâcher les lisses, suivant qu'on en a besoin.

La perche de lisse qui est d'environ trois pouces de diamettre, & de toute la longueur du métier, est nommée ainsi, parce qu'elle enfile les lisses qui font croiser les fils de la chaîne. Elle fait à peu près dans le métier de Haute-lisse, ce que font les marches dans celui des tisserans.

Les lisses sont de petites cordelettes attachées à chaque fil de la chaîne avec une espece de nœud coulant aussi de ficelle, qui forme une espece de maille ou d'anneau: elles servent pour tenir la chaîne ouverte pour y pouvoir passer les broches, qui sont chargées des soyes, des laines ou autres matieres qui entrent dans la fabrique de la Haute-lisse.

Enfin il y a quantité de petits bâtons, ordinairement de bois de saule de diverses longueurs, mais tous d'un pouce de diametre, que le Haute-lissier tient auprès de lui dans des corbeilles, pour s'en servir à croiser les fils de la chaîne, en les passant à travers, d'où ils sont nommez Bâtons de croisure: & afin que les fils ainsi croisez se maintiennent toûjours dans un arrangement convenable, on entrelasse aussi entre les fils, mais au dessus du baton de croisure, une ficelle à laquelle les Ouvriers donnent le nom de Fléche.

Lorsque le métier est dressé & la chaîne tenduë, la premiere chose que doit faire le Haute-lissier, c'est de tracer sur les fils de cette chaîne les principaux traits du dessein qu'il veut qui soit representé dans sa piece de tapisserie; ce qui se fait en appliquant du côté qui doit servir d'envers, des cartons conformes au tableau qu'il copie, & puis en suivant leurs contours avec de la pierre noire sur les fils du côté de l'endroit, ensorte que les traits paroissent également & devant & derriere; & afin qu'on puisse dessiner plus seurement & plus correctement, on soûtient les cartons avec une longue & large table de bois.

A l'égard du tableau ou dessein original sur lequel l'ouvrage doit s'achever, il est suspendu au dos du Haute lissier & roulé sur une longue perche, de laquelle on en déroule autant qu'il est nécessaire, & à mesure que la piece s'avance.

Outre toutes les pieces du métier dont on vient de parler, qui le composent, ou qui y sont pour la plûpart attachées, il faut trois principaux outils ou instrumens pour placer les laines ou soyes, les arranger & les serrer dans les fils de la chaîne. Les outils sont une Broche, un peigne & une Aiguille de fer.

La broche est faite de bois dur comme de buis, ou autre semblable espece; elle est de sept à huit pouces de longueur, de huit lignes environ de grosseur & de figure ronde, finissant en pointe avec un petit manche. C'est sur cet instrument, qui sert comme de navette, que sont devidées les soyes, les laines, ou l'or & l'argent que l'Ouvrier doit employer.

Le peigne est aussi de bois; de huit à neuf pouces de longueur & d'un pouce d'épaisseur du côté du dos, allant ordinairement en diminuant jusqu'à l'extremité des dents, qui ont plus ou moins de distance les unes des autres suivant le plus ou le moins de finesse de l'ouvrage.

Enfin l'aiguille de fer, qu'on appelle Aiguille à presser, à à la forme des aiguilles ordinaires, mais plus grosse & plus longue. Elle sert à presser les laines & les soyes, lorsqu'il y a quelque contour qui ne va pas bien.

Le fil de laine, de soye, d'or ou d'argent dont se couvre la chaîne des tapisseries, & que dans les Manufactures d'étoffes on appelle Trême, se nomme Assûre parmi les Haute-lissiers François; les Flamands lui donnent le nom d'Inslach.

Toutes choses étant préparées pour l'ouvrage, & l'Ouvrier le voulant commencer, il se place à l'envers de la piece, le dos tourné à son dessein; de sorte qu'il travaille, pour ainsi dire, à l'aveugle, ne voyant rien de ce qu'il fait, & étant obligé de se déplacer, & de venir au devant du métier, quand il veut en voir l'endroit, & en examiner les défauts pour les corriger avec l'aiguille à presser.

Avant de placer ses soyes ou ses laines, le Haute-lissier se tourne & regarde son dessein; ensuite de quoy ayant pris une broche chargée de la couleur convenable, il la place entre les fils de la chaîne qu'il fait croiser avec les doigts par le moyen des lisses attachées à la perche: ce qu'il recommence chaque fois qu'il change de couleur. La soye ou la laine étant placée, il la bat avec le peigne; & lorsqu'il en a mis plusieurs rangées les unes sur les autres, il va voir l'effet qu'elles font pour en reformer les contours avec l'aiguille à presser, s'il en est besoin.

Quand les pieces sont larges, plusieurs Ouvriers y peuvent travailler à la fois. A mesure qu'elles s'avancent on roule sur l'ensuble d'en bas ce qui est fait, & on déroule de dessus celle d'en haut autant qu'il faut de la chaîne pour continuer de travailler; c'est à quoi servent le grand & petit tendoy. On en fait à proportion autant du dessein que les Ouvriers ont derriere eux.

Il faut observer deux choses; l'une, que l'ouvrage de la Haute-lisse est bien plus long à faire que celui de la basse-lisse, qui se fait presque deux fois aussi vîte, & qui par consequent coûte moins de façon que l'autre. Toute la difference qui paroît aux yeux entre ces deux especes de tapisseries, consiste en ce qu'à la basse-lisse il y a un filet rouge, large d'environ une ligne, qui est mis de chaque côté du haut en bas, & qu'à la Haute-lisse ce filet n'y est point.

Privileges accordez & Reglement donné aux Ouvriers de Haute & Basse-lisse.

Les Lettres Patentes de 1664, pour l'établissement d'une Manufacture d'ouvrages de Haute & Basse-lisse dans la Ville de Beauvais en Picardie, dont on a fait mention cidessus, contenant plusieurs privileges & articles de Reglement qui ont été depuis rendus communs aux autres semblables Manufactures du Royaume, par plusieurs Arrêts du Conseil, & particulierement par celui du 14 Avril 1699, on a crû que pour en donner une idée raisonnable, il suffiroit d'extraire de l'un & de l'autre ce qu'il y auroit de plus important & de plus d'usage pour ces sortes d'établissement; en avertissant néantmoins que l'on peut aussi avoir recours à ce qui est dit ailleurs de l'Hôtel Royal des Gobelins, qui a raport aux fabriques des Hautes & Basses-lisses qui y sont établies. *Voyez* GOBELINS.

Le Sieur Louis Hinard Marchand Tapissier & Bourgeois de Paris, également expert dans la fabrique & dans le commerce des tapisseries de Haute & Basse-lisse façon de Flandre, ayant été proposé au Roy par M. Colbert, pour faire un établissement à Beauvais sur le pied de celui qui avoit été fait dans un des Fauxbourgs de la Capitale du Royaume sur la fin du Regne de Henry IV. Sa Majesté ne se contenta pas de rappeller en sa faveur & de ses Ouvriers tous les privileges qui avoient été accordez par son Ayeul aux Sieurs Comans & de la Planche Directeurs de la premiere manufacture, mais il en ajoûta quantité d'autres & plusieurs articles de Reglement, dont voici les Principaux.

1°. Il fut accordé audit Sieur Hinard & ses Associez un privilege exclusif pendant le tems de trente années, tant pour la Ville de Beauvais que dans toute l'étendue de la Province de Picardie, pour y faire seuls toutes sortes de tapisseries de verdure & à personnages de Haute & Basse-lisse, avec permission de mettre au dessus de leurs maisons & atteliers les armes du Roy & cette inscription, *Manufacture Royale de Tapisserie.*

2°. Il leur fut fait don de 30000 liv. pour être employées en achats de bâtimens convenables, & le prêt de pareille somme pour l'achat des laines, drogues, teintures & autres choses nécessaires pour ce premier établissement; cette seconde somme seulement restituable au bout de six années, mais sans interêt; à la charge par les Entrepreneurs Haute-lissiers de mettre cent Ouvriers tant François qu'Etrangers dans leur Manufacture par chacune des six premieres années de leur concession.

3°. Il fut convenu de 20 liv. par tête payables par Sa Majesté, pour le voyage des Ouvriers que les Associez feroient venir en France des pays Etrangers; avec défenses néantmoins de débaucher les Ouvriers & Compagnons des autres Manufactures de Haute-lisse de France, François ou Etrangers; & aux Manufacturiers, soit à établir, soit déja établis dans le Royaume, de se servir de ceux de Beauvais sans le consentement mutuel des Tapissiers, sous la peine reciproque de 500 liv. d'amende, & des dépens, dommages & interêts.

4°. Le nombre des Apprentifs que devoient avoir le Sieur Hinard & ses Associez fut fixé au moins à cinquante pour lesquels il leur fut donné 30 liv. par an pendant les six années de l'apprentissage de chacun d'eux.

5°. Outre lesdites six années d'apprentissage, les Apprentifs sont tenus par les mêmes Lettres Patentes de servir les Maîtres deux années en qualité de Compagnons; après quoy ils sont censez avoir acquis la franchise avec privilege d'être reçûs Maîtres & Marchands Tapissiers en la Ville de Beauvais, ou autre dudit établissement & de leur apprentissage, avec pouvoir de s'y établir, & d'y travailler pour leur compte, sans qu'il puisse être exigé d'eux aucuns frais de reception à la dite Maîtrise; le tout en raportant leurs brevets dûëment quittancez par leurs Maîtres, & les Certificats de service expediez par le Sur-Intendant des Bâtimens, Arts & Manufactures de France.

6°. Tous Ouvriers Etrangers qui ont été employez & ont travaillé dans lesdites Manufactures pendant l'espace de huit années entieres & consecutives, sont reputez Regnicoles & Naturels François, sans être tenus de prendre des Lettres, ni payer pour ce aucune taxe & finance; à la charge toutefois de continuer pour toûjours leur demeure dans le Royaume: & en cas de decès desdits Ouvriers pendant leur service actuel durant lesdites huit années, leurs veuves, enfans & heritiers pourront leur succeder aux biens acquis en France, & même se retirer librement dans leur Pays ou autre part avec les effets de leur succession.

7°. Toute exemption de tailles, subsistances & autres im-

impositions, garde-ville, logemens de Gens de guerre, &c. est accordée tant audit Hinard & Associez, qu'à ceux qui sont actuellement employez par eux en leurs Manufactures y demeurans; avec droit de committimus en particulier audit Sieur Entrepeneur, comme en joüissent les Domestiques & Commensaux du Roy.

8o. Il est permis aux Entrepreneurs d'assembler & d'établir dans leurs Manufactures, tel nombre qu'ils jugeront à propos de Peintres, Teinturiers, Brasseurs de biére, Boulangers, Maîtres ou Compagnons, qui joüiront des mêmes exemptions que les Ouvriers, tant qu'ils travailleront & seront demeurans dans l'enclos de la Manufacture Royale.

9o. Toutes laines & drogues servant aux teintures, achetées par ladite Manufacture au dedans du Royaume dans l'étenduë des cinq grosses Fermes, sont déchargées de tous droits, taxes, &c.

10o. Il est ordonné que toutes les tapisseries travaillées par lesdits Entrepreneurs seront marquées en les travaillant & tissant, d'une marque qui leur sera donnée par le Sur-Intendant des Bâtimens, Arts & Manufactures de France, qui ne pourra être contrefaite par aucun autre Haute-lissier, ni les desseins sur lesquels auront été faites lesdites tapisseries, à peine de 10000 liv. d'amende & de confiscation.

11o. Enfin les droits de sortie du Royaume pour les tapisseries fabriquées dans les Manufactures de Beauvais ou autres Villes de Picardie, sont évaluez à vingt livres par chaque tenture de vingt aunes de tour, sans être tenu d'en payer aucun pour celles qui seront venduës & débitées en France dans l'étenduë desdites cinq grosses Fermes.

Ces Lettres Patentes données à Vincennes au mois d'Août 1664, furent enregistrées au Parlement le 3, & à la Chambre des Comptes le 19 du mois de Septembre de la même année.

L'établissement du Sieur Hinard à Beauvais, qui avoit commencé & qui s'étoit entretenu avec assez de réputation pendant quelque tems, ayant eu besoin d'être soûtenu dans la vingtiéme année de son privilege, le Roy accorda de nouvelles Lettres Patentes le 11 May 1684 au Sieur Beagle pour trente autres nouvelles années, à la charge par lui de rétablir & d'entretenir ladite Manufacture durant sa concession sur le pied des premieres Lettres Patentes.

Ce fut sur les remontrances & à la requête du nouvel Entrepreneur, que fut rendu quinze ans après l'Arrêt du Conseil du 14 Avril 1699, portant Reglement pour les Compagnons & Ouvriers travaillans en tapisseries de Haute & Basse-lisse.

Cet Arrêt en confirmant & expliquant l'article des Lettres Patentes de 1664, portant défenses aux divers Entrepreneurs des Manufactures de tapisseries de se débaucher reciproquement leurs Ouvriers, ordonne:

1o. Que tout Ouvrier travaillant en tapisseries de verdure & personnage, ne pourra quitter l'ouvrage auquel il sera employé, que la tenture à laquelle il aura commencé à travailler ne soit achevée, & sans avoir averti son Maître un mois auparavant; quoy faisant, le Maître sera tenu de lui donner son consentement par écrit.

2o. Que les Maîtres ne pourront pareillement congedier leurs Ouvriers & Compagnons, sans les avertir quinze jours auparavant, & leur donnant aussi leur congé par écrit.

3o. Que sur le refus que lesdits Maîtres pourroient faire de donner lesdits consentemens par écrit dans lesdits cas de congé demandé ou reçû, les Ouvriers & Compagnons se pourront pourvoir pardevant les Juges des Manufactures, qui en connoissance de cause, & si le cas y échet, leur donneront sans frais lesdits congez, qui leur tiendront lieu du consentement de leurs Maîtres.

4o. Enfin il est fait défenses à tous Maîtres, tant des Manufactures Royales qu'autres de tapisseries de Haute & Basse-lisse, d'employer aucuns Ouvriers, soit Etrangers, soit François, qui auront travaillé dans une Manufacture du Royaume, que sur le consentement du dernier Maître Tapissier chez lequel ils auront travaillé, ou sur le congé des Juges des Manufactures, à peine de 500 liv. d'amende, d'être tenus de renvoyer les Ouvriers à la maison qu'ils ont quittée, & de tous dépens, dommages & interêts.

Les tapisseries de Haute & Basse-lisse payent en France les droits d'entrée & de sortie suivant leur qualité & les lieux où elles se fabriquent; sçavoir à l'entrée:

Les Tapisseries neuves & vieilles d'Oudenarde & des autres Villes & lieux des Pays-Bas, excepté Anvers & Bruxelles, le cent pesant 120 liv.

Les Tapisseries neuves & vieilles d'Anvers, de Bruxelles & d'Angleterre, 240 liv.

Les Tapisseries rehaussées de soye, d'or & d'argent desdits lieux, vingt pour cent de leur valeur, le tout suivant l'Arrêt du 21 Août 1691.

Les Tapisseries de Filetin & d'Auvergne payent, conformement au Tarif de 1664, 4 l. du cent pesant.

A l'égard des droits de sortie reglez par le même Tarif de 1664, ils payent; sçavoir, les Tapisseries fines neuves & vieilles de la Marche, Flandres & d'ailleurs, mêlées d'or & d'argent, à raison de six pour cent de leur valeur.

Les Tapisseries fines de la Marche sans or ni argent, 26 liv. du cent pesant.

Les Tapisseries de Flandres & d'ailleurs, excepté de Filetin, 13 liv. du cent pesant, & les Tapisseries de Filetin 4 liv.

On a vû ci-dessus à l'article 11 des Lettres Patentes pour l'établissement d'une Manufacture de Haute-lisse à Beauvais, quelle est la reduction des droits de sortie que Sa Majesté accorde aux Entrepreneurs de cette Manufacture.

HAUTE-LISSE. On appelle de la sorte dans la Sayetterie d'Amiens, les étoffes dont la chaîne est purement de soye & la tréme de laine, ou qui sont toutes de soye, comme les serges de Rome, les dauphines, les étamines, les ferandines & burats, les droguets de soye, &c.

HAUTE-LISSEUR. Ouvrier qui travaille à la manufacture des étoffes de Haute-lisse. Ce terme n'est guéres en usage qu'en Picardie, particulierement dans la Sayetterie d'Amiens.

Les Maîtres Haute-lisseurs unis aux Bourrachers, composent une de ces Communautez qui toutes ensemble font le Corps de la Sayetterie. Les autres sont les Sayetteurs, les Houppiers, les Foulons, les Courroyeurs, les Tondeurs, les Teinturiers, les Calandreurs & les Passementiers.

Les Statuts des Haute-lisseurs sont compris dans les Reglemens generaux de la Sayetterie de l'année 1666, & sont redigez en 59 articles, depuis & y compris le 141 jusqu'au 200 inclusivement.

Les Esgards, c'est-à-dire, les Jurez de cette Communauté sont au nombre de quatre, qui entrent en Charge chaque année le lendemain de la Fete de Dieu; non par élec-

élection; mais suivant l'ordre du tableau & leur rang de reception à la Maîtrise.

C'est aux Esgards à visiter & à ferrer ou plomber les pieces d'étoffe de haute-lisse; ce qu'ils font trois fois différentes; l'une chez les Haute-lisseurs, quand les pieces sont montées sur l'estille ou métier, pour voir si elles ont les portées & les rots conformes aux Reglemens; l'autre au sortir du métier, dans la halle en blanc pour les y auner; & la troisiéme dans la halle en noir, lorsqu'elles ont tous leurs apprêts, pour en faire de nouveau l'aunage & les visiter; & si elles sont de la qualité requise, y ajoûter le dernier plomb, qu'on appelle Plomb de loyauté. A cette derniere visite assistent à tour de rôle deux Marchands de la Ville, qui doivent s'y trouver, à peine de 10 liv.

Les plombs dont on ferre les étoffes, ont d'un côté la marque & le nom & surnom de chaque Haute-lisseur, & de l'autre les armes de la Ville d'Amiens. Ils ne sont destinez que pour les ouvrages fabriquez dans ladite Ville, étant défendu d'en plomber les marchandises de haute-lisse faites ailleurs. Les droits de chaque plomb sont de 2 den.

L'apprentissage est de trois années consecutives chez le même Maître, à moins que le Maître n'abandonnât son ouvroir & métier pendant six semaines, auquel cas l'Apprentif en peut choisir un autre pour continuer son apprentissage: si au contraire l'Apprentif quitte son premier Maître pour entrer en apprentissage chez un autre, il perd tout le tems qu'il a déja fait, & est tenu de se faire de nouveau enregistrer, & de payer de nouveaux droits.

Les Maîtres ne peuvent faire d'Apprentifs, s'ils n'ont au moins deux estilles ou métiers dans leur ouvroir, l'un pour eux, l'autre pour l'Apprentif; en ce cas même ils n'en peuvent avoir qu'un à la fois: il leur est permis néantmoins de montrer en même tems le métier à leurs enfans.

L'Apprentif aspirant à la Maîtrise doit chef d'œuvre, qu'il doit faire dans la halle en blanc des Sayetteurs, en présence des Esgards, qui, s'ils le trouvent capable, le présentent aux Premier & Echevins, pour être reçû & prêter le serment; après quoy le nouveau Maître doit se faire enregistrer au Greffe, & y laisser la figure & la forme de la marque qu'il a choisie pour mettre sur les pieces de sa façon. A l'égard des Fils de Maîtres, ils sont reçûs sans apprentissage, & sans payer les droits; dans le reste ils sont tenus des mêmes choses que les Apprentifs ordinaires.

Nul Maître de la Ville ne peut travailler dans les Fauxbourgs, ni hors des murs: tous les ouvroirs doivent être sur ruë: chaque ouvroir, quelque nombre qu'il y ait d'estilles, ne doit avoir qu'un Maître: toute societé entre les Maîtres pour raison de leur fabrique est défenduë: l'ouvrage ne doit se faire à la chandelle, ni les rots se graisser: enfin les Maîtres Etrangers ne peuvent travailler qu'ils ne justifient qu'ils ont été reçûs à la Maîtrise en Ville de Loy; & nul Haute-lisseur ne peut devenir Sayetteur, qu'il n'en fasse sa déclaration, & qu'il ne soit reçû Maître du métier de Sayetterie.

La marque que chaque Maître a choisie & enregistrée au Greffe, doit être tissuë au bout de chaque piece; & nul ne peut se servir de la marque d'un autre.

Outre la marque, tout Haute-lisseur est tenu d'avoir un fer, c'est-à-dire, un coin ou poinçon gravé, pour servir de contre-marque au plomb des Esgards, qui contienne sadite marque, son nom & son surnom.

Tous les ouvrages de haute-lisse doivent être du nombre de fils & des largeurs & longueurs portées par le Reglement.

Ces ouvrages sont toutes sortes de serges de Rome, soit lisses, soit croisées; des serges demie soye croisées des deux côtez, ou seulement d'un côté; des Dauphines, des Indiennes, des yeux de perdrix, des fleurons & des ondes; des castagnettes croisées des deux côtez, des ferandines ou burails à contre-poil, des marguerites, des droguets de soye; des étamines composées d'un fil de soye & d'un fil de laine; enfin des tripes de velours, des bangmers & des carreaux colombelles.

Toutes ces étoffes sont expliquées à leur article suivant leur ordre alphabetique, & l'on y donne leurs portées, longueurs & largeurs.

Aucun de ces ouvrages des Haute-lisseurs ne peuvent être exposez en vente, ni être vendus ou achetez au sortir du métier, qu'ils n'ayent été portez aux halles en blanc, & marquez du plomb d'aunage, à peine de confiscation & de dix livres d'amende contre le Vendeur, & autant contre l'Acheteur; ni pareillement aucune desdites pieces qui ont reçû leurs derniers apprêts, qu'elles n'aïent été visitées, aunées & plombées du plomb de loyauté dans les halles en noir.

Enfin il est défendu aux Haute-lisseurs de faire aucunes pieces qui soient purement de fil de sayette, soit retords, soit non retords, comme étant réservées aux seuls Sayetteurs; mais il leur est permis d'ouvrer & employer ledit fil de sayette en tréme sur des chaînes de lin, de chanvre & d'autres fils, même de laine filée au grand roüet.

Il y a encore quelques dispositions de police dans cette partie des Reglemens de la Sayetterie, qui concerne les Haute-lisseurs, qu'on ne raporte pas, comme de peu de consequence; à la réserve néantmoins du faudage ou pliage des pieces de haute-lisse, que l'article 189 ordonne être fait d'une demie-aune du Roy, ensorte que l'une des entrebattes soit dessus & l'autre dessous, afin que la marque & les plombs soient en vûë; étant de plus défendu d'y faire de doubles plis, ni de les coudre à plus de deux points dans le milieu des lisieres.

Les derniers Reglemens pour la fabrique des étamines permettent aux Haute-lisseurs d'Amiens de mettre dans leurs étamines, des fils d'or & d'argent, même de faire quelques étoffes toutes de soye, comme sont, entr'autres, celles qu'on nomme des Estamines glacées. *Voyez* ESTAMINE.

Il ne faut pas oublier de remarquer, que les Haute-lisseurs sont ainsi appellez, à cause des figures, fleurs & autres ornemens dont ils embellissent & relevent leurs étoffes, qui ont quelque raport avec ces anciennes tapisseries de haute-lisse qu'on fabriquoit autrefois en France, & dont on voit encore quelques vieilles tentures dans les gardes-meubles des grandes Maisons.

HAUTE-LISSIER. L'Ouvrier qui travaille aux tapisseries de haute-lisse, ou le Marchand qui les vend & en fait commerce. *Voyez ci dessus* HAUTE LISSE.

HAUTE-SOMME. Terme de commerce de mer. Il se dit de la dépense extraordinaire qui ne concerne ni le corps du navire, ni les victuailles, ni les gages & paye des Officiers, Soldats & Matelots, mais qui se fait par tous les Interessez à la cargaison d'un vaisseau pour le bien commun. Le Maître du navire en paye ordinairement le tiers, & les Marchands ou Armateurs les deux autres tiers.

HAU-

HAUTS ou GRANDS BRINS, qu'on nomme aussi TOILES DE HALLE ASSORTIES. Ce sont des toiles qui se fabriquent en plusieurs lieux de Bretagne, particulierement à Dinan. *Voyez* TOILE, *où il est parlé de celles de Bretagne.*

HAYON. Terme de Chandelier. C'est une espece de ratelier double, à longues chevilles, sur lequel on met en étalage dans la boutique les chandelles communes encore enfilées à leur broche. *Voyez* CHANDELLE COMMUNE.

HAZARD. On dit en fait de commerce, qu'on a trouvé un bon Hazard, pour signifier qu'on a fait un bon marché, & sur lequel il y a beaucoup à gagner.

HAZON-MAINTHI. Nom que les Habitans de Madagascar donnent à toutes les sortes de bois d'ébene. *Voyez* EBENE.

HEAUME. Armement, ou, comme on disoit autrefois, habillement de tête qu'on nomme communément un Casque. C'est de cette partie de l'armure des Chevaliers & Hommes d'armes qu'ont pris leur nom les Maîtres Armuriers-Heaumiers, qui composent une des Communautez des Arts & Metiers de Paris. *Voyez ci-après* HEAUMIER.

Les Heaumes ou Casques sont du nombre des marchandises de contrebande, dont la sortie est défenduë en France à peine de confiscation, conformement à l'Ordonnance de 1687.

HEAUMERIE. Art de fabriquer des heaumes; ce qui s'entend de toutes les autres pieces de l'armure, tant des Cavaliers & de leurs chevaux que de l'Infanterie. *Voyez* ARMURE.

HEAUMERIE. Se dit aussi du lieu où les heaumes & autres harnois & habillemens de Gens de guerre se font. C'est de-là qu'on a nommé à Paris la ruë de la Heaumerie, une petite ruë de traverse pas éloignée du grand Châtelet, où se tenoient la plûpart des Heaumiers, & où se trouvent encore les deux seuls Maîtres qui restent de cette Communauté autrefois si considerable. *Voyez* ARMURIER.

HEAUMIER, Celui qui fait ou qui vend des heaumes, casques, bassins, bassinets, bourguinottes, cuirasses, hausse cols & autres pieces de l'ancienne armure des Cavaliers. Il y a à Paris une Communauté de Maîtres Armuriers-Heaumieres. *Voyez* ARMURIER.

HEBRIEUX. Terme de Marine dont on se sert quelquefois pour signifier l'Officier ou Commis qui a soin de délivrer les congez ou brefs que les Maîtres des navires sont tenus de prendre avant de sortir des Ports du Royaume. Ce terme n'est guéres en usage qu'en Bretagne, où ces brefs sont vulgairement nommez des Brieux. *Voyez* BREF.

HEDRE. Espece de gomme ou résine. C'est la gomme du lierre, qui en François a conservé son nom Latin. Cette résine est liquide quand elle coule du grand lierre, qui est le seul qui la produit; mais elle durcit à mesure qu'elle sort. Elle est d'abord semblable à de la glu, d'une couleur rouge, d'une odeur forte, penetrante & désagréable: en séchant elle devient friable, & d'une couleur tannée. Il faut la choisir séche, transparente & d'une odeur balsamique; mais prendre garde qu'on ne lui substituë la gomme Alouchi. On l'estime propre à la guérison des playes. On l'employe aussi aux dépilatoires pour faire tomber le poil. La meilleure vient des Indes. On en tire aussi d'Italie, de Provence & de Languedoc.

La gomme Hederé, ou gomme de Lierre, paye en France les droits d'entrée à raison de 7 liv. 10 s. du cent pesant, conformement au Tarif de 1665.

Les droits qu'elle doit par le Tarif de la Doüane de Lyon, où elle est appellée Gomme Hederic, sont de 20 s. le quintal d'ancienne taxation, & 40 s. pour la nouvelle réapreciation; & encore pour les anciens quatre pour cent 29 s. 3 den.

HEEMER. Mesure des liquides dont on se sert en Allemagne. Le Heemer est de 32 achtelings, l'achteling de 4 seiltens. Il faut 24 Heemers pour le driclink, & 32 pour le feoder.

HEGIN. Espece de chameau différent du chameau ordinaire. *Voyez* CHAMEAU.

HELIOTROPE, ou HELIOTROPIUM, autrement RICIONOIDES. C'est le tournesol ou morelle dont on tire une drogue propre à la teinture. *Voyez* TOURNESOL.

HELIOTROPE. C'est aussi une espece de jaspe qu'on met au nombre des pierres précieuses. Elle est verte, mêlée de veines rouges. Les Anciens lui donnoient la fabuleuse vertu de rendre invisibles ceux qui la portoient; & c'étoit, à ce qu'ils disent, d'une Heliotrope qu'étoit faite la fameuse bague de Gyges. Présentement on ne l'estime guéres plus que le jaspe ordinaire. On lui donne cependant encore le nom de Jaspe Oriental, pour lui conserver quelque distinction. Les plus gros & les plus beaux blocs de ce jaspe viennent d'Allemagne & de Boheme: & c'est de-là qu'ont été tirées les deux urnes sepulcrales que l'on voit; l'une à S. Denis, petite Ville de France, & l'autre à Gand, Ville de Pays-Bas Autrichiens. *Voyez* JASPE.

HELLEBORE. Plante médicinale. *Voyez* ELLEBORE.

HELSTON. On appelle Etain d'Helston, l'étain d'Angleterre qui est marqué au Bureau du Bourg de ce nom, situé dans le Comté de Cornoüailles. *Voyez* ESTAIN.

HEMATITE, autrement *Lapis Hematites*, ainsi que le nomme le Tarif des entrées de France de 1694, en lui conservant son nom Latin. C'est un mineral rouge en forme de pierre, dont les Doreurs se servent à faire leurs brunissoirs, les Peintres pour dessiner, & les Medecins dans quelques remedes.

Pline en met de cinq sortes, sans compter celle que l'on appelle Aymant Hematite, parce qu'elle a la proprieté d'attirer le fer. Ces cinq Hematites sont l'Ethiopique, l'Androdamas ou la noire, l'Arabique, l'Elalites, autrement Militès, & le Chiftos.

Il seroit long & assez inutile d'entrer dans le détail des vertus que l'Antiquité, & même quelques modernes attribuënt à ces mineraux, soit pour arrêter le sang, soit pour le mal des yeux. Tout ce qu'il est bon que le Lecteur sçache, c'est que les Marchands Epiciers-Droguistes de Paris n'en vendent ordinairement que de deux sortes; l'une sous le nom de Feret d'Espagne, dont les Doreurs & Orfevres se servent pour brunir leur or, & l'autre sous celui de Sanguine, ce que signifie le mot Grec qu'elle porte, & dont les Peintres se servent dans leurs desseins. *Voyez* SANGUINE, *ou* FERET D'ESPAGNE.

L'Hematite, ou Lapis Hematites, *paye en France les droits d'entrée à raison de 3 liv. du cent pesant.*

HEMINE, que l'on écrit aussi EMINE, ou ESMINE. Grande mesure des grains, en usage en plusieurs endroits de France, & en quelques Ports des Côtes de Barbarie. L'Hemine néanmoins n'est pas une mesure effective, comme peuvent être le boisseau ou le minot, mais, pour ainsi dire, une espece de mesure de compte, ou un composé de plusieurs autres certaines mesures.

A Auxonne l'Hemine est de vingt-cinq boisseaux du Pays, qui reviennent à deux septiers neuf boisseaux un tiers de Paris.

L'Hemine de Manilly contient vingt-cinq boisseaux de ce lieu, qui sont égaux à trois septiers de Paris.

A S. Jean de Laune l'Hemine est de dix sept boisseaux du Pays, qui rendent à Paris deux septiers dix boisseaux.

A Marseille l'Hemine de blé est estimée peser soixante & quinze livres, poids de lieu, ou soixante livres, peu plus, poids de marc; elle se divise en huit sinadieres.

En Barbarie l'Hemine est semblable à neuf boisseaux de Paris.

Chez les Romains l'Hemine étoit aussi une petite mesure de liqueurs, qui revenoit au demi-septier de Paris, c'est-à-dire, à la moitié d'une chopine. Tous les Sçavans néanmoins ne tombent pas d'accord de cette évaluation: & l'Hemine Benedictine a donné lieu à quantité d'écrits remplis d'une profonde erudition que l'on peut consulter: cette matiere curieuse ne convenant guéres à un Dictionnaire de Commerce. *Voyez les Dissertations de M. Arnaud, du Pere Lancelot Benedictin, de M. le Pelletier, & de quelques autres.*

HENECHEN. Herbe qui croît dans quelques endroits de l'Amerique, particulierement dans l'Isthme de Panama.

C'est une espece de chanvre dont les Sauvages tirent une filasse propre à être réduite en fil avec le roüet ou la quenoüille. On en fait d'assez belles toiles & des cordes de très-bon usage. Les feüilles de cette plante sont plus semblables à celles du chardon qu'à celles du chanvre d'Europe. L'Henechen est différent du Cabvia, autre herbe qu'on file dans le Perou, qui ressemble aussi au chardon, mais qui a ses feüilles plus larges & moins longues que l'Henechen. *Voyez* Caavia.

HEPATIQUE. Ce qui tient de la couleur du foye. On appelle Aloës Hepatique, une drogue médicinale qu'on tire des Indes Orientales, & qui fait partie du négoce des Marchands Epiciers-Droguistes. *Voyez* Aloe's.

HERBAGES. Vieux filets que les Corailleurs ou Pêcheurs de corail du Bastion de France défont & echarpient pour attacher aux chevrons avec lesquels ils arrachent le corail du fond de la mer. *Voyez* Corail.

HERBE. Il se dit des plantes dont les tiges perissent tous les ans après qu'elles ont produit leurs fleurs, & que les graines qui doivent conserver leur espece sont venuës en maturité.

De ces plantes les unes sont annuelles, qu'il faut semer toutes les années, les autres bisannuelles, qui ne donnent des fleurs & des graines que tous les deux ou tous les trois ans; & les autres vivares, dont la racine se conserve tous les hyvers, & pousse tous les printems de feüilles, des fleurs & des graines.

Les Herbes potageres sont celles qui se cultivent dans les jardins, & qui sont bonnes à manger. Les Jardiniers & Maraîchers de la Ville & Fauxbourgs de Paris en font un grand commerce, particulierement dans le marché de cette Capitale qu'on nomme la Halle à la Poirée. *Voyez leur article.*

Les Herbes médicinales sont celles que les Médecins & Apoticaires font entrer dans leurs remedes. Le négoce de ces Herbes se fait par les Herboristes, qui sont de pauvres femmes établies la plûpart dans des échopes aux coins des ruës, particulierement près des boutiques des Apoticaires les plus achalandez. *Voyez* Herboriste.

Les Herbes vulneraires sont celles qui prises interieurement, ou appliquées en topiques, sont propres à la guérison des playes. Les meilleures viennent de Suisse; elles font partie du commerce de l'Epicerie. *Voyez* Vulneraires.

Il y a encore diverses autres especes d'Herbes, & le nombre en est presque infini; mais l'on n'ajoûtera ici que celles de ces Herbes, ou qui sont utiles à la teinture, ou dont les Marchands Droguistes font le commerce.

Herbe de l'Ambassadeur.
Herbes du Grand Prieur.
Herbe Nicotiane.
Herbe a la Reine.
Herbe de Sainte-Croix.
Herbe de Tournabon.
} *Voyez* Tabac

Herbe Camini. *Voyez* Camini.

Herbe de Capilaire. *Voyez* Capilaire.

Herbe Jaune, ou Herbe a jaunir. Plante qui sert à teindre en jaune. On la nomme plus ordinairement Gaude. *Voyez* Gaude.

Herbe de Maroquin. Espece d'herbe qui sert aux Maroquiniers à fabriquer leur maroquin à la place du sumac. *Voyez* Maroquin.

Cette Herbe paye comme le Sumac 20 s. du cent pesant pour les droits de sortie de France, conformement au Tarif de 1664.

Les droits de la Doüane de Lyon sont de 5 s. du quintal d'ancienne taxation, & 3 s. de nouvelle réapreciation.

Herbe de Pasturage, Autre plante qui sert aussi à la teinture en jaune. Elle est davantage connuë sous le nom de Genestrole. *Voyez* Genestrole.

Herbe de Paraguay. *Voyez* Paraguay.

Herbe de Pitaud, dont il est fait mention dans le Tarif de la Doüane de Lyon.

Cette Herbe paye 4 s. 4 den. du quintal.

Herbe de Sariette servant à la teinture. *Voyez* Sariette.

Cette Herbe paye en France les droits d'entrée à raison de 2 s. du cent pesant, conformement au Tarif de 1664.

Herbe de The'. *Voyez* The'.

Herbe. Se dit aussi foins en verd, & qui n'ont point été fauchez & façonnez. En ce sens on dit, Vendre ses prez en Herbe, & Mettre des chevaux à l'Herbe.

Herbe, en termes de marchandise de chevaux & de manége. Se dit encore pour marquer l'âge des chevaux. Ainsi on dit, qu'un poulain aura trois ans aux Herbes, pour signifier qu'il aura cet âge, lorsqu'au printems les prez commenceront à pousser leur herbe. *Voyez* Haras, *ou l'article des* Chevaux.

Herbe, dans les Manufactures étrangeres, particulierement dans celles des Indes Orientales & Occidentales. S'entend des étoffes qui sont fabriquées avec des Herbes réduites en filasse, & ensuite filées. Les principales de ces étoffes sont les Herbes filées, les Herbes de soye, les Herbes lâches & taffetas d'Herbes.

Herbes File'es. On nomme ainsi aux Indes Orientales une espece d'étoffe ou toile lustrée, que l'on fait d'un fil tiré de diverses sortes d'herbes. Elles se vendent ordinairement à Surate sur le pied de vingt mamoudis les trois pieces. Les Européens n'en achetent guéres que par curiosité, ces étoffes se coupant très-aisement dans les plis.

Quel-

Quelques-uns prétendent que ces toiles, qui sont ordinairement de couleur, ne se font pas d'herbes, mais de la soye que produit une sorte de mouches qui filent leurs cocons dans les bois, & qui les laissent sur les arbres. La premiere opinion est la plus commune. *Voyez* Soye.

Herbes de Soye. Les Anglois de la Virginie donnent ce nom à une espece de chanvre, qui croît naturellement & sans culture dans cette partie de l'Amerique Septentrionale. Cette Herbe se file comme le chanvre & le lin d'Europe, mais le fil en est plus beau & plus lustré. Les Sauvages n'en faisoient que des cordages & des rets; mais les Habitans Européens commencent à en faire des toiles & de legeres étoffes qui réüssissent parfaitement bien. Ces étoffes aussi-bien que la plante se nomment Herbes de soye.

Herbes Laches. Etoffes des Indes Orientales, moitié herbe & moitié coton. L'Herbe dont on les fabrique se roüit, se bat & se file, comme les orties dont on fait des toiles en France. Les pieces ont de portée sept aunes & demie de long sur trois quarts ou cinq sixiéme de large.

Taffetas d'Herbes. C'est un taffetas des Indes, fabriqué avec une matiere soyeuse qu'on tire de diverses plantes qui croissent dans l'Indoustan & en quelques endroits de la Chine. *Voyez* Taffetas d'Herbe.

HERBÉ. Terme de commerce de cheveux. On appelle Cheveux herbez, des cheveux châtains que l'on a fait devenir blonds en les mettant sur l'herbe, & les y laissant long-tems exposez au soleil, après les avoir fait passer plusieurs fois dans une lessive d'eau limoneuse. Le blond de ces sortes de cheveux est si beau & si fin, que les plus habiles Perruquiers y sont trompez, & n'en peuvent connoître l'artifice qu'au déboüilli, qui leur fait prendre une couleur de feüille séche de noyer.

Plusieurs Sentences & Arrêts ont défendu en France l'apprêt de ces sortes de cheveux. *Voyez* Cheveux.

HERBER DES CHEVEUX. C'est les mettre sur l'herbe, pour leur faire prendre une couleur autre que la naturelle. *Voyez l'article précedent.*

HERPIERE. Vendeuse d'herbes potageres. Ce sont les Marchandes Fruitieres & celles qui prennent des Lettres de Regrat, qui font à Paris ce négoce. *Voyez* Fruitier.

HERBORISTE. Marchand ou Marchande qui vend des plantes médicinales.

Ces sortes de Marchands composent à Paris une espece de petite Communauté où l'on n'entre qu'après un examen sur la proprieté & la nature des plantes & racines qui servent à la Médecine, à cause du danger qu'il y auroit de les substituer les unes aux autres. Il ne leur est pas même permis d'en faire la distribution, ni de toutes, ni à toutes sortes de personnes; & il y a des herbes dangereuses qu'ils ne peuvent vendre qu'aux Apoticaires, ou du moins à des personnes connuës, à cause du mauvais usage qu'on en pourroit faire.

HE'RE, qu'on écrit & qu'on prononce quelquefois HAIRE. C'est une espece de tissu ou étoffe très-grossiere, non croisée, faite de crin de cheval, quelquefois mêlée de poil de bœuf ou de vache, qui se fabrique sur un métier à deux marches, de même que la toile ou les étoffes qui n'ont point de croisure.

La plufpart des Hêres qui se voyent à Paris, sont envoyées de Roüen ou de Montreüil sur mer, par pieces de vingt à vingt-une aunes de longueur sur environ demie-aune de large mesure de Paris; leur usage ordinaire est pour les Brasseurs qui s'en servent à mettre sécher les grains germez qu'ils font entrer dans la composition de leurs bieres; & ce sont ces mêmes Artisans qui les tirent des lieux de leurs fabriques, aucun Marchand ne tenant compte d'en faire négoce.

On appelle encore Hére une autre sorte de tissu ou étoffe composée de crin de cheval & d'étoupe de chanvre travaillée de même que la précédente mais plus étroite, plus fine & plus serrée, dont les Religieux & personnes dévotes forment des especes de scapulaires, qu'ils appellent des Heres, qu'ils mettent à nud sur leur peau pour se mortifier; il s'en fait aussi toute de crin: les unes & les autres se tirent ordinairement de Roüen, & font partie du négoce de quelques petits Marchands du Corps de la Mercerie.

HERMELINE. C'est un des noms que quelques Fourreurs donnent à la Marte-Zibeline. *Voyez* Marte.

HERMINE. Espece de petite belette fort commune dans les Pays du Nord, mais plus particuliérement dans la Province de Ziberie, qui fait partie des Etats du Grand Duc ou Czar de Moscovie.

Ce petit animal dont le poil est très-blanc, à l'exception de celui du bout de la queuë qui est fort noir, fournit une très-riche fourure que les Pelletiers, pour en relever la blancheur, tavellent ou parsement de mouches faites de petits morceaux de peau d'agneau de Lombardie, qui sont très-noirs & très-luisants.

L'hermine sert à fourer les habillemens d'hyver, particuliérement ceux des Dames de qualité qui en ornent les paremens de leurs robes & en font des tours au bas de leurs jupes: on en fait aussi des écharpes, des manchons, des bonnets, des aumusses, & les premiers Magistrats de France en fourent leurs robes de céremonies.

C'est encore de peaux d'hermines qu'est doublé le manteau Royal des Rois de France, & que sont ornez ceux des Princes & Princesses de leur maison, & des Ducs & Comtes & Pairs, lorsqu'ils assistent à leur Sacre ou à quelques autres grandes céremonies.

Les queuës d'Hermines s'appliquent pour l'ordinaire au bas des aumusses des Chanoines, ce qui forme des especes de pendeloques blanches & noires qui en augmentent la beauté & le prix.

Quelques Auteurs prétendent que l'hermine n'est blanche que l'hyver, & qu'à la fin de Mai elle reprend sa couleur ordinaire qui tire sur le verd de mer ou sur le roux.

Il vient quantité de peaux d'Hermines de Moscovie où les diverses Nations d'Asie & d'Europe, qui se servent de cette fourure, les vont acheter ou échanger contre d'autres marchandises qu'elles y portent de leurs Pays.

En Europe ce sont les Hollandois & les Anglois qui en font le plus grand négoce, & c'est d'eux que les Marchands François reçoivent presque toutes celles qu'ils employent dans leurs fourures. Elles se vendent par masses ou timbres, chaque masse composée de quarante peaux entieres attachées ensemble du côté de la tête. Plus les peaux d'Hermines sont blanches & sans trous, plus elles sont estimées. Les Tarifs de France leur donnent aussi le nom de Roseraux.

Quelques uns appellent la Marte-Zibeline Hermine noire, quoique ce soient deux animaux bien différens, non seulement par rapport à la couleur du poil que l'un a presque noire, & l'autre tout blanc; mais encore parce qu'ils ne-

ne sont nullement semblables, ni pour la forme, ni pour la nature. *Voyez* MARTE.

Les Hermines ou Rozeraux payent en France les droits d'entrée à raison de 6 livres le timbre, qui est de vingt couples de peaux; & ceux de sortie sur le pied de 3 livres le cent pesant, comme Pelleterie.

HERMINETTE. Outil qui sert aux Charpentiers & aux Charrons pour planir & doler les bois, principalement quand ils veulent trailler des courbes. Cet outil est composé de quatre pieces, dont il y en a deux de bois & deux de fer; les deux de bois sont, le manche & un petit coin pour le serrer: de celles de fer, la principale est l'Herminette, c'est-à-dire, un fer aceré en forme de marteau qui a d'un bout un large tranchant recourbé vers le manche; l'autre est un petit étrier. La maniere d'emmancher cet outil est extraordinaire, son manche qui est fait comme une espece de corne, un peu large, élevé & coupé quarrement par l'extrémité qu'elle touche l'Herminette, n'est qu'appliqué contre; mais il y est serré par le moyen de l'étrier, qui les embrasse tous deux, & où l'on chasse le coin, ce qui l'affermit autant que si l'Herminette avoit un œil & que le manche y fut arrêté. La maniere d'emmancher cet outil a été inventée pour pouvoir l'affuter, ce qui ne seroit pas possible sans la démonter, à cause que la courbe de son tranchant approche trop du manche.

HERMODATE, ou HERMODACTE. Les Auteurs & les Droguistes ne sont pas d'accord sur le genre de cette drogue; les uns la croyent la racine d'une plante, & les autres le fruit d'un arbre: peut-être que pour les accorder il faudroit les obliger d'en reconnoître de deux sortes, des Hermodates qui sont racines & des Hermodates qui sont fruits.

L'Hermodate plante s'appelle en François Mort aux Chiens, en Latin *Bulbus agrestis*, & *Hermodactylus*; elle a les racines semblables aux doigts de la main, d'où son nom Grec latinisé lui a été donné; il y a des Botanistes qui croyent même y reconnoître des ongles: ses feüilles sont longues comme celles du poireau, du milieu desquelles s'éleve une tige déliée & verte qui a une petite tête longuette à son extrémité.

A l'égard de l'Hermodate fruit, elle est faite en cœur, rougeâtre au dessus, blanche au dedans, d'une substance légere & facile à se vermoudre. On la fait venir d'Egypte, où sur la foi des Marchands de Marseille qui l'envoyent à Paris, l'on dit qu'elle est produite par de grands arbres qui y croissent en quantité. Ces derniers Hermodates sont d'usage dans la Medecine, & doivent être choisies nouvelles, grosses, bien nourries, rougeâtres au dehors, blanches au dedans, seches, mais sans être remplies de poussiere.

Les Hermodates payent en France les droits d'entrée à raison d'une livre 10 sols le cent pesant, conformément au Tarif de 1664. & suivant celui de la Doüane de Lyon, sur le pied de 32 s. 6 d. le quintal pour l'ancienne taxation, 4 s. pour les anciens quatre pour cent, & 12 s. pour leur nouvelle réapreciation.

Elles sont du nombre des marchandises venant du Levant, Barbarie & autres Pays & Terres de la domination du Grand Seigneur, du Roy de Perse & d'Italie, sur lesquelles il est ordonné être levé vingt pour cent de leur valeur, conformément à l'Arrêt du Conseil du 15 Août 1685, dans tous les cas portez par ledit Arrêt.

HERNIAIRE. On appelle Herniaire celui qui panse les herniers ou descentes, & qui fait les brayers & bandages, pour soulager ceux qui en sont incommodez: ils doivent être reçûs à saint Côme, mais il leur est défendu de prendre la qualité de Chirurgien. *Voyez* CHIRURGIEN.

HERON. Grand oiseau qui porte sur la tête une espece de hupe composée de plumes très-fines qui entrent dans le commerce des Plumassiers.

Avant que la mode des chapeaux fût établie en France, la Noblesse en ornoit un côté de son bonnet au lieu d'aigrette, & c'est encore un ornement du turban des Turcs, des Persans & de la pluspart des peuples d'Orient.

Les Satuts des Maîtres Plumassiers défendent de mettre de fausses plumes de Heron parmi le Heron fin.

On appelle Masse de Heron une aigrette ou bouquet fait des plus belles plumes de la hupe de cet oiseau. On n'employe plus guéres les masses de Heron qu'aux coëffures de theâtre & de masquarade.

Masse de Heron signifie aussi un certain nombre de plumes de cet oiseau, sur le pied duquel les Marchands en réglent le commerce, soit pour la vente, soit pour l'achat. *Voyez* MASSE.

HERPES-MARINES. Se dit de toutes les choses precieuses que la mer tire de son sein, & qu'elle jette d'elle-même sur les greves & rivages, comme le corail rouge, blanc & noir du côte de Barbarie, l'ambre jaune sur les côtes de l'Ocean Germanique, & l'ambre gris en Guyenne.

Dans les Jugemens d'Oleron art. 34, elles sont ainsi appellées, ou autremet Gaymon ou choses Gayves, qui sont proprement les épaves de la mer, ou droit de côte; elles appartiennent un tiers au Roy, un tiers à l'Amiral & l'autre tiers à ceux qui les ont trouvées. *Art. 29 du titre 9 du livre 4 de l'Ordonnance de Marine du mois d'Août 1681.*

HERSE, que l'on écrit aussi HERCE. Terme de Megissier, qui se dit d'une espece de grand chassis de bois bordé de chevilles qui sert à étendre les peaux destinées à faire le parchemin, pour les pouvoir travailler plus facilement.

Les Parcheminiers se servent aussi de la Herse pour bander le sommier ou peau de veau sur laquelle ils raturent le parchemin en cosse ou en croûte. *Voyez* PARCHEMIN.

HESTRE, ou HETRE. Arbre de haute-futaye, gros & rameux, que l'on nomme aussi Fouteau ou Fau.

Cette espece d'arbre qui est assez connuë en France, & dont il se trouve dans plusieurs Auteurs une ample description, ne fournit que deux choses pour le commerce, qui sont le bois & le fruit ou semence.

Le bois de Hestre est blancheâtre, dur, sec & petillant dans le feu; il se débite ordinairement dans les forêts, en planches, poteaux & membrures, pour être ensuite employé à faire des meubles & autres ouvrages de menuiserie.

Les planches doivent avoir onze à douze pouces de largeur, treize lignes d'épaisseur franc-sciées, & six, neuf & douze pieds de longueur. *V.* PLANCHE.

Les poteaux sont de quatre pouces en quarré, & ont depuis six jusqu'à dix pieds de long. *Voyez* POTEAU.

Les membrures doivent être de deux pouces & une ligne, franc-sciées d'épaisseur, sur six sept & huit pouces de largeur, & six, neuf & douze pieds de longueur. *Voyez* MEMBRURE.

Le Hestre se débite en Goberges, qui sont de petites planches destinées pour les Layetiers & Coffretiers. *Voyez* GOBERGES.

On

On en fait encore des écliſſes ou ſerches, des arçons; des attelles ou aſteloires. *Voyez ces termes.*

Le Heſtre s'employe encore à faire des pelles, des cuillieres, des ſabots & autres ſemblables menuës Marchandiſes qui font la principale partie du negoce des Boſſeliers.

Des plus gros troncs de Heſtre il ſe fait des étaux pour les Bouchers, & des tables de cuiſines qui ont quatre, cinq, ſix & ſept pouces d'épaiſſeur, ſur pluſieurs longueurs & largeurs, ſuivant que les troncs ſont plus ou moins gros & longs.

Le Heſtre eſt auſſi très-bon à brûler, ce qui fait qu'il s'en débite beaucoup en coterêts, en bois de corde, de moule, ou de compte & d'andelle. *V.* Bois a bruler.

Le fruit ou ſemence du Heſtre qui eſt une eſpece de noiſette ou gland que l'on nomme Faine, Fayne, ou Fouëne, contient une ſorte de moële blanche, oleagineuſe, d'un goût doux & agreable à manger, dont il ſe fait une huile fort eſtimée pour la friture & pour la ſalade. Cette huile très-commune en Picardie & dans les endroits où il y a beaucoup de Heſtres, ſe tire à froid par expreſſion, après que les faines ont été dépoüillées de leur cocque & concaſſées ou pilées. Il y a des Pays où l'engrais des pourceaux ſe fait avec la faine, de même qu'on fait ailleurs avec le gland.

HEUDRY. Ce qui eſt gâté & à demi-pourri pour avoir été froiſſé ou trop preſſé.

Il eſt défendu par les Statuts des Maîtres Tonneliers de Paris d'employer de l'oſier Heudry; & aux Marchands qui l'apportent & qui le vendent, d'en mettre de tel dans les molles, dont le dedans à cet égard doit être d'auſſi bonne qualité que celui du dehors & non fardé. *Voyez* Tonnelier.

HIACINTE, que l'on écrit plus ordinairement HYACINTE, ou JACINTE. Sorte de pierre précieuſe. *Voyez* Hyacinte.

HIDE. Meſure pour arpenter les terres, dont ſe ſervent les Anglois. L'Hyde contient cent yards, l'yard trente acres, & l'acre quarante perches de long ſur quarante de large. *Voyez* Pied. *On y explique la réduction ou valeur de la perche d'Angleterre.*

HIE, qu'on écrit auſſi HYE. Gros billot de bois armé de fer dont on ſe ſert pour battre des pilotis; on ne le nomme ainſi que quand on ſe ſert de la machine qu'on appelle un engin. La Hie des ſonnettes ſe nomme un Mouton. *Voyez* Sonnettes.

Hie. C'eſt auſſi un inſtrument de Paveurs, dont ils ſe ſervent pour enfoncer le pavé. On le nomme autrement une Demoiſelle. *Voyez* Paveur, ou Demoiselle.

HIN. On nomme ainſi dans la Chine la drogue médicinale que l'on appelle en France Aſſa fœtida; les Chinois en tirent beaucoup de Batavia.

HIPPOCRAS. *Voyez* Hyppocras.

HIPPOPOTAME, ou CHEVAL MARIN. Animal amphibie, moins ſemblable néanmoins au cheval qu'au bœuf, de qui même il n'a pas tout-à-fait la reſſemblance, ayant auſſi quelque choſe de l'ours & du porceau.

On en trouve quantité ſur les bords du Nil & du Niger; ceux qui vivent dans ce dernier fleuve ſont bien plus grands & plus dangereux que ceux du Nil. Il y en a auſſi beaucoup dans quelques Iſles de la Côte d'Affrique, mais plus petits & même un peu differens de figure.

Les Negres de Guinée & d'Angele ſe nourriſſent de leur chair, dont quelques Européens ne font point non plus de difficulté de manger, la trouvent d'aſſez bon goût, ſentant pourtant un peu le marécage.

Les dents du cheval marin qui ſont extrémement blanches, ſervent à contrefaire celles des perſonnes à qui il en manque, & qui veulent cacher cette difformité par de fauſſes dents; étant bien meilleures à cet uſage que l'ivoire, tant à cauſe de leur dureté, que parce qu'elles ne jauniſſent pas ſi aiſément; on en fait auſſi des manches de couteau & des ouvrages de tour.

Les dents du cheval ou vache marine payent en France les droits d'entrée à raiſon de 3 liv. le cent peſant, & ceux de ſortie ſur le pied de 8 ſ.

HIRCULUS, Eſpece de faux nard, que l'on trouve mêlé avec le nard celtique. *Voyez* Spica-Nardi.

HOGSHEAD. Meſure des liquides dont on ſe ſert en Angleterre. C'eſt proprement le muid: il faut deux Hogsheads pour la pipe ou botte, & deux pipes pour le tonneau de deux mille trois cens pintes, ou comme diſent les Anglois, de livres d'avoir du poids, à raiſon de ſeize onces chaque livre.

HOIAU. *Voyez* Hoyau.

HOING, ou OING. *Voyez* Oing.

L'Hoing paye en France les droits de ſortie comme vieux Oing, c'eſt-à-dire 20 ſ. du cent peſant.

HOIRIN. Terme de marine qui ſignifie la même choſe que Bouée. *Voyez* Boüe.

Les Maîtres des navires ſont obligez de mettre leurs noms & celui du port d'où ils ſont, ſur les Hoirins, afin de pouvoir revendiquer les cables & les ancres qu'ils ont été obligez de couper & d'abandonner, ce que les Levantins appellent déferrer un navire.

HOLANS. Eſpece de baptiſte qui ſe fabrique en Flandres. Les Flamans en envoyent une aſſez grande quantité en Eſpagne, d'où elles paſſent aux Indes. *Voyez* Toiles, *où il eſt parlé des Toiles étrangeres propres au commerce d'Eſpagne.*

HOLER. Monnoye de cuivre qui ſe fabrique & qui a cours en quelques Etats d'Allemagne; il vaut environ un denier de France.

L'Holer eſt ſi leger & ſi mince, que pour le mieux prendre dans les payemens qu'on en fait, on lui a donné la forme d'une tête de clou emboutie; auſſi le nom de Holer vient-il de Hol qui ſignifie creux ou concave.

HOLLANDE. Toile de Hollande toile de demie Hollande. On appelle ainſi des toiles très-fines & très-belles qui ſervent ordinairement à faire des chemiſes pour hommmes & pour femmes. Elles viennent de Hollande, de Friſe & de quelques autres endroits des Provinces unies d'où elles ont pris leur nom, qu'on prononce preſque toûjours abſolument & ſans y ajoûter le mot de Toile. Ainſi l'on dit de la Hollande, de la demie-Hollande; mais on ne parle guéres de la ſorte que dans le commerce & parmi les perſonnes qui ſe mêlent de cette marchandiſe. *Voyez l'article des Toiles.*

Du drap de Hollande, des porcelaines ou fayances de Hollande, du fromage de Hollande, &c. Sont les marchandiſes des diverſes ſortes, qui viennent de Hollande, ou quelquefois qui ſont imitées ſur celles qui en viennent.

HOLLANDE'E. Ce terme qui eſt particuliérement en uſage ſes les marchands de toiles & parmi les Lingeres, ne ſe met ordinairement qu'après le mot de Baptiſte. Ainſi l'on dit une Batiſte Hollandée, pour dire, une Batiſte plus forte & plus ſerrée que la Batiſte ordinaire. *Voyez* Batiste.

HOLLANDER DES PLUMES. Terme de Marchand Pa-

Papetier & de ceux qui font le commerce de plumes à écrire. C'est leur donner une Préparation en les passant légerement dans des cendres chaudes, afin de secher le tuyau & en ôter la graisse & l'humidité. *Voyez* PLUME.

HOLLANDILLAS, ou HOLLANDILLES. Especes de toiles qui se tirent de Hollande; il s'en fait aussi des mêmes sortes en Silesie, à qui on donne le même nom à cause de la ressemblance. *Voyez* TOILE, *où il est parlé de celles de Hollande & d'Allemagne.*

HOLLI. Espece de gomme ou de baume que les Indiens de la nouvelle Espagne font entrer dans la composition de leur Chocolat, & à laquelle ils attribuent la vertu de fortifier le cœur & d'arrêter le cours de ventre.

L'Holli coule par incision d'un arbre qu'en langue du Pays on nomme Holquahuylt ou Chilly. La liqueur quand elle commence de sortir est de couleur de lait; elle brunit ensuite, & enfin elle devient tout à fait noire.

Les Espagnols du Mexique se servent de l'Holli à l'imitation des anciens Habitans du Pays; mais l'usage ne s'en est point encore établi dans l'Espagne Européenne, elle est même presqu'entiérement inconnuë en France. *Voyez* CHOCOLAT.

HOMME. Se dit quelquefois chez les gros Marchands & Banquiers d'un Maître Garçon ou Commis sur qui roule tout le commerce, & sur qui l'on se repose de ce qui concerne le détail du négoce. Je vous envoyerai mon homme pour compter & régler avec vous. *Voyez* GARÇON, *ou* COMMIS.

HONGNETTE. Cizeau tout d'acier ou du moins de fer bien aceré par un bout. Cet outil est ordinairement à plusieurs pans par sa tige, & finit par en bas en une pointe plate & quarrée qui a assez de la forme du fer d'une lance, ou d'une lozange peu allongée : les Sculpteurs & les Marbriers s'en servent.

HONGRE. Monnoye d'or qui se fabrique en Hongrie: il vaut six livres tournois de France, & le demi-Hongre trois livres.

Le Hongre n'est reçu aux Indes Orientales que pour quatre roupies, c'est-à-dire sur le même pied qu'il a cours en Europe; la roupie estimée quarante-cinq pechas ou pessas, qui font trente sols monnoye de France, le pecha pris pour huit deniers de la même monnoye.

HONGRE. C'est aussi monnoye de compte dont se servent les Banquiers & Négocians de Hongrie pour tenir leurs livres.

HONGRE. Se dit encore d'un cheval qui est coupé, & que l'on a châtré pour le rendre plus patient & plus docile. Cheval Hongre se dit par opposition à cheval entier. *Voyez* CHEVAL.

HONGRER UN CHEVAL. C'est le châtrer.

Il est ordonné par les Reglemens pour les haras de France de faire hongrer les petits chevaux pour les empêcher de couvrir les cavales, rien n'étant si contraire à la perfection de l'établissement des Haras que de tolerer cet abus. *Voyez* HARAS.

HONGRIE. On appelle Point de Hongrie une sorte de tapisserie faite en ondes avec de la soye ou de la laine diversement nuancées: il s'en fait de deux sortes, l'une à l'aiguille sur un canevas ; celle-ci est l'ouvrage des Dames qui aiment à s'occuper & qui se plaisent à faire elles-mêmes leurs emmeublemens : l'autre sorte se fait au métier comme la Bergame dont elle est une espece. La plupart de ces Tapisseries au métier se font à Roüen. *Voyez* BERGAME.

Les points de Hongrie au métier payent en France les droits d'entrée comme bergames, c'est-à-dire, 10 l. du cent pesant; & les droits de sortie comme mercerie, 3 liv.

HONGRIE. On nomme aussi Cuirs de Hongrie de gros cuirs, dont la maniere de les fabriquer a été d'abord inventée par les Hongrois, & qui ont été depuis parfaitement imitez en France. *Voyez l'article suivant. Voyez aussi l'article des Cuirs.*

HONGRIEUR. Celui qui fait ou qui vend des cuirs préparez à la façon de Hongrie.

Les Hongrieurs ne sont point réunis en France en Corps de Jurande, & ne composent aucune Communauté ni à Paris ni dans les autres Villes du Royaume. Ce sont des Ouvriers particuliers qui travaillent aux gages & pour le compte d'une Compagnie, qui vers la fin du dix-septiéme siecle a entrepris l'imitation & la fabrique des cuirs de Hongrie.

La premiere Manufacture pour ces sortes de cuirs a été établie dans la petite Ville de S. Denis à deux lieuës de Paris. Les interessez à cette Manufacture avoient d'abord negligé une partie des précautions qu'on a coûtume de prendre pour de pareils établissemens; mais voyant que leur entreprise réüssissoit & commençoit à se mettre en réputation, ils penserent à l'affermir en obtenant des Lettres Patentes; ce qu'ils firent au mois de Mars 1702.

D'autres Lettres Patentes en forme d'Edit qu'ils furent encore obligez de prendre au mois de Mars 1705, ajouterent de nouveaux privileges à ceux qui leur avoient été accordez par les premieres; mais il leur en coûta une finance considerable qu'ils furent obligez de porter au Tresor Royal, à cause de la réunion des Offices héréditaires de Jurez Hongrieurs qui avoient été créez au mois de Janvier de la même année, & qu'on les obligea d'acquerir.

Par ces derniers Lettres qui contiennent divers articles, il est ordonné entre autres choses,

1°. Que lesdits Offices héréditaires créez tant pour la Ville & Fauxbourgs de Paris, que pour les Provinces du Royaume, Pays, Terres & Seigneuries de l'obéissance de Sa Majesté, seroient & demeureroient unis & incorporez pour toûjours à la Compagnie des cuirs de Hongrie, pour par elle en joüir, ou commettre à cet effet telles personnes & en tels lieux & endroits qu'elle aviseroit bon être.

2°. Il est accordé à ladite Compagnie un privilege exclusif soit pour la fabrication, soit pour la vente & debit des cuirs façon de Hongrie.

3°. Il est défendu à toutes personnes de quelque qualité, art ou profession qu'elles soient, même dans les lieux privilegiez ou prétendus tels, de fabriquer, faire fabriquer, contrefaire ou imiter lesdits cuirs.

4°. Il est fait pareillement défenses à tous Marchands & Ouvriers d'en vendre, débiter & employer d'autres que ceux marquez de la marque des Interessez à ladite Manufacture; comme aussi aux principaux Locataires d'en souffrir la fabrication, vente & debit dans leurs maisons; & à tous Voituriers, tant par eau que par terre, d'en voiturer aucuns sans la permission de ladite Compagnie ou de ses Proposez.

5°. Enfin il est défendu à toutes personnes de contrefaire les marques dont lesdits interessez se serviront, le tout sur les peines, amende & confiscation portées par ledit Edit & Lettres Patentes données en conséquence.

On

On parle ailleurs de la fabrique des cuirs de Hongrie. *Voyez l'article général des Cuirs.*

HONNEUR. Terme de commerce de Lettres de change. Faire Honneur à une Lettre de change, c'est l'accepter & la payer en consideration du Tireur, quoiqu'il n'en ait point encore remis les fonds. Vous pouvez toûjours tirer sur moi, je ferai honneur à vos lettres, c'est-à-dire, je les accepterai & les payerai, bien que vous ne m'ayez point fait de remises.

Faire honneur à une Lettre, s'entend encore d'une autre maniere. C'est quand une Lettre de change ayant été protestée, un autre que celui sur qui elle avoit été tirée veut bien l'accepter & la payer pour le compte du Tireur ou de quelque endosseur. Le Sieur Vincent à laissé protester la Lettre de deux mille livres que vous aviez tirée sur lui; mais je lui ay fait honneur, c'est-à-dire, je l'ai acceptée & payée.

HONORER. Se dit en terme de commerce de Lettre de change dans les mêmes significations qu'honneur. J'honorerai toûjours vos Lettres, pour dire, je les accepterai toûjours: S'il vous revient quelques-unes de mes Lettres de change protestées, je vous prie de les honorer, c'est-à-dire, de les accepter.

HOR. Monnoye de Dannemarc qui vaut 15 sols de France. On tient les livres à Copenhague en Richedales, Hors & Schellings: la Richedale vaut quatre Hors, & le Hor deux Schellings. Il y a aussi des Hors de Dantzik. *Voyez* DANTZIK-HOR.

HORLOGE. Machine propre à mésurer le tems.

Il y a différentes sortes de machines destinées à cet usage, dont une partie nous vient des anciens, & l'autre a été inventée par les modernes. L'Horloge ou cadran solaire, l'Horloge de sable, & la clepsidre ou Horloge d'eau, sont de l'invention des anciens. Les Horloges à poids ou à ressorts, les pendules, les montres, aussi-bien que la boule d'étain, sont dûs aux modernes: l'invention de cette derniere que quelques-uns nomment simplement une Hydraulique, est surtout très-nouvelle.

On attribuë l'invention des Horloges à rouës à un Archidiacre de Veronne qui vivoit sous le regne de Lothaire fils de Loüis le Debonnaire; mais il faut avoüer qu'elles n'ont été portées à leur perfection que sous le regne de Loüis XIV. particuliérement par les soins du fameux M. Huyguens qui inventa la pendule, si propre à regler ces sortes de machines & à leur donner la derniere précision. *Voyez* MONTRE & PENDULE.

Ce n'est guéres que depuis le regne de Charles VI. qu'on a commencé à travailler en France, & particuliérement à Paris à l'Horlogerie; & l'on remarque que lorsque ce Prince voulut faire élever la nouvelle tour de l'Horloge du Palais, & y placer une Horloge, il falut avoir recours aux Etrangers, & faire venir d'Allemagne un Henry de Vic, aucun des Ouvriers François de ce tems-là ne s'étant trouvé en état de l'entreprendre.

Cet art a même langui encore long-tems en France; mais enfin les Horlogers commençant à se multiplier à Paris, ils furent érigez en Communauté vers le quinziéme siecle, & depuis y ont été en grande réputation. *Voyez l'article suivant.*

HORLOGER, ou HORLOGEUR. Celui qui fait des Horloges.

Les Horlogers font à Paris une des Communautez des Arts & Métiers.

Il paroît qu'ils reçurent leurs premiers Statuts en 1483, sur la fin du regne de Loüis XI. Ils leur furent confirmez en 1544 par François I; en 1554 par Henry II; en 1572 par Charles IX, & en 1600 par Henry IV.

Les Statuts dont ils se servent presentement sont modernes, les anciens ayant été suprimez, ou plûtôt reformez & renouvellez sous le regne de Loüis XIV. par des Lettres Patentes du 20 Fevrier 1646, accordées sur le vû des Officiers du Châtelet ausquels ils avoient été renvoyez pour en dire leur avis, & depuis enregistrées au Parlement & à la Cour des Monnoyes.

Par ces Statuts qui sont distribuez en vingt-quatre articles, les Maîtres & Gardes de la Communauté, sont tenus de faire dire & célebrer une Messe tous les premiers Dimanches du mois pour la prosperité du Roi, des Princes de sa Maison & des Seigneurs de son Conseil.

Le nombre des Maîtres & Gardes est fixé à trois qui doivent être choisis par élection à la pluralité des voix, & dont un au moins doit être pris parmi les anciens.

L'apprentissage est de huit années, pendant lesquelles chaque Maître ne peut obliger qu'un seul Apprentif, si ce n'est qu'il n'en veüille prendre un second après que la septiéme année du premier Apprentif est achevée.

Si un Fils de Maître est obligé comme Apprentif chez un autre que chez son pere, il est tenu de finir & parfaire le tems pour lequel il s'est obligé.

Les Apprentifs pendant le cours de leur apprentissage peuvent changer de Maîtres, mais seulement du consentement du premier Maître à qui ils se sont obligez, & par l'entremise des Maîtres & Gardes.

Il n'est pas non plus permis aux Compagnons de prendre un nouveau Maître qu'à la fin de leur engagement avec le premier, ou du moins de son consentement, ou qu'ils ayent passé trois mois hors de Paris, sans y avoir travaillé du métier.

Les Maîtres ne peuvent faire travailler lesdits Compagnons autre part qu'en leurs boutiques, ni pareillement d'autres Ouvriers, s'ils ne sont Maîtres.

Nul ne peut être reçû Maître qu'il n'ait fait chef-d'œuvre, qui au moins doit être une Horloge à reveil-matin; qu'il n'ait achevé le tems de son brevet d'apprentissage, & qu'il n'ait montré la quittance du Maître où il a servi.

Le nombre des Maîtres est limité à soixante & douze, dont les places, vacance arrivant, doivent préferablement être remplies par des Fils de Maîtres, & ensuite par les Apprentifs.

Les Fils de Maîtres ne sont tenus de payer aucun droit à leur reception; celui des simples Apprentifs est reglé à quatre livres chacun. (Cet article, comme on le dira dans la suite a été changé.)

Les veuves des Maîtres joüissent de tous les privileges de la Maîtrise, à la reserve qu'elles ne peuvent faire Apprentifs.

Il est défendu aux Maîtres Horlogers d'effacer ou changer les noms qui sont sur les ouvrages d'horlogerie qui ne sont pas de leur fabrique, à peine de confiscation & d'amende.

Les Marchands Merciers-Joüailliers, à qui il est permis de trafiquer de toutes sortes de marchandises, ne peuvent néanmoins achetter ni vendre aucune marchandise d'Horlogerie, qu'elle n'ait été préalablement visitée & marquée

 Par

par les Gardes de ladite Communauté, avec permission auſdits Gardes d'aller viſiter chez eux, même dans l'enclos & iſle du Palais de Paris.

Les viſites chez les Maîtres de la Communauté ſont fixées à une par mois, & les droits à huit ſols chacune, ſauf auſdits Gardes à en faire d'autres à tel jour & dans quel tems ils le trouveront à propos, mais ſans en exiger aucun autre droit.

Nul Huiſſier ou Sergent ne peut priſer ni vendre aucun ouvrage d'horlogerie, ſi elle ne fait partie d'un inventaire, & ſi auparavant elle n'a été priſée par un Maître Horloger; étant pareillement défendu à toute Révendeuſe & Colporteur de faire commerce deſdits ouvrages.

Il eſt permis aux Maîtres de faire ou faire faire toutes ſortes d'ouvrages d'horlogerie, ſoit en or, argent, ou autre étoffe ou matiere qu'ils trouvent à propos, ſans qu'ils puiſſent en être recherchez ni empêchez par les Maîtres Orfevres au autres, à peine de quinze cens livres d'amende contre ceux qui les troubleront dans ce droit, conformément à l'Arrêt du Conſeil du 8 Mai 1643; avec défenſes, ſuivant le même Arrêt, à tout Maître ou Compagnon Orfevre, ou autres, de ſe mêler, de trafiquer ou vendre aucun ouvrage dudit métier d'Horloger.

Outre les Apprentifs & les Compagnons, il eſt loiſible aux Maîtres, s'ils trouvent quelques Garçons déja inſtruits en l'art de l'horlogerie de les faire travailler chez ceux à tel prix qu'ils aviſeront bon être, pourvû qu'ils faſſent enregiſtrer par les Gardes les marchez qu'ils auront faits avec leſdits Garçons, ſans néanmoins que les Ouvriers de cette qualité puiſſent être affranchis au préjudice des véritables Apprentifs.

Il n'eſt permis à aucun Maître Horloger de Paris d'acheter ou faire venir des ouvrages nœufs d'horlogerie, tant groſſe que menuë, ſoit du dedans ſoit du dehors du Royaume, attendu la mauvaiſe façon de la pluſpart de ces ouvrages.

Enfin pour déterminer tous les ouvrages qui appartiennent à l'art de l'horlogerie, & qu'il eſt loiſible aux Maîtres Horlogers de faire ou faire faire; il eſt dit par le dernier article de ces Statuts, que tout mouvement ayant pignon de rouë & allant par reſſort & par contrepoids, dépendent dudit art & métier.

Le même article accorde en outre aux Maîtres dudit métier la faculté d'avoir en leur boutique, mais en lieu public & apparent, une forge & un fourneau pour fondre & forger tout ce qui dépend dudit art.

L'Arrêt du Conſeil du 8 Mai 1643, dont on a parlé ci-devant; rendu entre les Marchands Orfevres & les Maîtres Horlogers, ſervant de Reglement aux uns & aux autres pour ce qui concerne l'horlogerie, on a crû qu'avant que de parler de quelque changemens arrivez ſur la fin du regne de Louis XIV. dans la police de cette Communauté, il ne ſeroit point hors de propos d'en rapporter ici le prononcé, attendu que c'eſt en execution de ce même Arrêt que furent dreſſez les Statuts dont on vient de donner l'extrait.

Prononcé de l'Arrêt du 8 Mai 1643.

Le Roy en ſon Conſeil, faiſant droit ſur ladite inſtance, a maintenu & gardé, maintient & garde leſdits Horlogers au pouvoir & faculté de faire, vendre & debiter toutes ſortes de boêtes d'or & d'argent, émaillées & gravées, avec toutes ſortes d'ornemens pour leurs montres & horloges, ſans qu'ils en puiſſent être empêchez par les Maîtres & Gardes de l'orfevrerie, ni autres; à la charge qu'ils ne pourront acheter l'or & l'argent que deſdits Orfevres & non d'autres, & qu'ils travailleront au même titre que ſont obligez les Maîtres Orfevres, ſur les peines portées par les Ordonnances; & à cette fin ſeront tenus de mettre leur nom ſur leurs boêtes & ouvrages; & la connoiſſance des malverſations concernant le titre de l'or & de l'argent en leur ouvrage, appartiendra à la Cour des Monnoyes: & défenſes auſdits Maîtres & Gardes de l'Orfevrerie de les troubler à l'avenir, ni de ſe mêler de leur métier, & de vendre les mouvemens des horloges, entreprendre aucune viſite ſur eux, ni de ſaiſir leurs montres & horloges, ni autres pieces dépendantes de leur métier, ſous prétexte qu'elles ſoient d'or, ou d'argent, ou émaillées, à peine de quinze cens livres d'amende, & de tous dépens, dommages & interêts. Pourront leſdits Horlogers avoir fourneaux en leurs boutiques ſeulement & en lieu public pour leurs ouvrages.

La Cour des Monnoyes, en conſéquence de cet Arrêt du Conſeil qui lui attribuoit la connoiſſance des malverſations des Horlogers concernant le titre de l'or & de l'argent employez en leurs ouvrages, donna pareillement ſon Arrêt le 8 Juillet 1643, par lequel elle en ordonna l'enregiſtrement; à la charge que les Maîtres Horlogers, conformement à leur requête, ſeroient tenus d'augmenter & réformer leurs Statuts; & pour cet effet obtenir Lettres de Sa Majeſté, pour être leſdits Statuts préſentez & enregiſtrez en ladite Cour des Monnoyes; & cependant juſqu'à ce qu'il ſoit plus amplement pourvû à la ſureté publique, ſi faire ſe doit, que leſdits Maîtres Horlogers auroient chacun un poinçon portant telle marque qu'ils voudront choiſir, dont ils ſeront tenus de marquer les boêtes de leurs ouvrages, leſquels poinçons ils inſculperont en une table de cuivre qui ſera miſe au Greffe de ladite Cour, &c.

Les Maîtres & Gardes de l'Orfevrerie ayant dans la ſuite donné atteinte à l'Arrêt de 1643, & les Maîtres Horlogers ayant pareillement contrevenu à leurs Statuts en faiſant travailler en chambre & hors de leurs boutiques leurs Compagnons, ou en employant à leurs ouvrages d'autres que des Apprentifs & Compagnons du métier; Sa Majeſté par un nouvel Arrêt de ſon Conſeil du 11 Septembre 1671, fit de nouvelles defenſes aux Maîtres & Gardes de l'Orfévrerie d'entreprendre aucune viſite chez les Maîtres Horlogers, ſous les peines portées par l'Arrêt du huit Mars 1643; ordonnant pareillement que des Maîtres Horlogers ne pourroient ſe ſervir d'autres que de Compagnons Horlogers pour la fabrique de leurs boêtes, ſur les peines portées par l'Arrêt du 15 Mai 1627; & qu'ils ne pourroient non plus travailler ni faire travailler auſdites boêtes & autres ouvrages d'or ou d'argent; dont la fabrique leur eſt permiſe, en d'autres endroits que dans des boutiques établies en lieux publics, & auſdits Maîtres d'être déchûs de Maîtriſe: Sa Majeſté, en cas de contravention audit Arrêt, voulant qu'il y ſoit pourvû par le Lieutenant de Police en premiere inſtance, & par le Parlement en cas d'apel.

Quelques Maîtres Horlogers ayant contrevenu à l'article des Statuts concernant le fait des Apprentifs, où il eſt porté que les brevets d'apprentiſſage ſeroient enregiſtrez quinze jours après leur paſſation; le Prevôt de Paris ſur les Concluſions & avis du Procureur du Roy au Châtelet, & ſur le Jugement de M. d'Argenſon Lieutenant Général de Police, ordonna par ſa Sentence du 25 Mai 1689, que leſdits

lesdits Statuts, & sur tout l'article concernant les enregistremens des brevets seroient executez selon leur forme & teneur.

Les besoins de l'Etat ayant deux ans après la datte de cette Sentence obligé le Roy Louis XIV. à faire diverses créations d'Offices qui furent toutes successivement réunies aux Corps des Marchands & aux Communautez des Arts & Métiers : celle des Horlogers en demanda & en obtint la réunion & l'incorporation à mesure qu'elles furent créées, c'est-à-dire depuis 1691 jusqu'en 1712.

La réunion des Offices des Jurez se fit le 22 Mai 1691; & par la Déclaration de Sa Majesté les droits des quatre visites annuelles furent fixez à 6 livres, ceux pour les brevets d'apprentissage à quinze livres, & ceux pour les transports desdits brevets à 10 livres. Il fut pareillement ordonné qu'il seroit payé 10 livres pour chaque ouverture de boutique, ou quand un Maître se retireroit en chambre pour y travailler ; 200 livres pour la reception à maîtrise d'un Maître de chef-d'œuvre, outre les droits accoûtumez, & 30 livres pour les Fils de Maîtres.

Les Charges ou Offices d'Auditeurs-Examinateurs des Comptes furent réunies en 1696; & par l'Arrêt du Conseil qui en ordonna la réunion, Sa Majesté accorda pour le remboursement de la finance, qui fut alors payée, l'augmentation des droits de visites à 8 livres par an, au lieu de 6 livres, & permit en outre de recevoir six Maîtres sans qualité.

Enfin en 1707 se fit l'incorporation des Offices de Controlleurs-Visiteurs des poids & mesures, & de Griffiers des enregistremens. Par les Lettres Patentes de ces réunions, Sa Majesté accorda à la Communauté 8 nouveaux articles de Reglement.

Par le premier, les droits des quatre visites annuelles sont reduits à 30 sols pour chacune, dont 7 sols 6 deniers appartiendroient aux Jurez qui seroient tenus de payer les Huissiers.

2°. Les Jurez sont tenus de rendre compte de leur Jurande de quinze jours après qu'ils en seront sortis, & l'élection des nouveaux doit se faire annuellement quinze jours après la Fête de S. Eloy, en presence des anciens & autres Maîtres suivant la coûtume.

3°. Il est ordonné qu'il ne pourra être reçu aucun Apprentif qu'au dessous de vingt ans, lesquels Apprentifs pour le droit d'enregistrement de leur brevet payeront 15 livres, outre les 15 livres ordonnées par la Declaration de 1691, auquel enregistrement les Apprentifs des Horlogers de la Gallerie du Louvre seront sujets, mais non aux droits.

4°. Il est permis aux Jurez de ladite Communauté de recevoir six Maîtres sans qualité.

5°. Conformement aux Reglements des Arts & Métiers, il est loisible à tous Maîtres de ladite Communauté de s'établir dans quelques Villes, Bourgs & lieux du Royaume que bon leur semblera, notamment à Lyon, Roüen, Bordeaux, Caen, Tours & Orleans, & d'y exercer en toute liberté leur profession, en justifiant seulement de leur reception à la maîtrise de la Ville de Paris.

6°. Il est défendu à tous Maîtres de la Communauté de prêter leur nom à aucun Compagnon, Revendeurs & Revendeuses pour l'exercice de ladite profession, à peine de cent cinquante livres d'amende; & en cas de recidive, d'interdiction de la mâtrise, s'il est ainsi jugé par le Lieutenant de Police.

7°. Il est ordonné à tous Compagnons Horlogers refugiez & travaillants dans les lieux prétendus privilegiez, d'en sortir huit jours après la publication des presentes duëment registrées, & de se retirer chez les Maîtres Horlogers pour y travailler, avec défenses ausdits Compagnons de travailler en chambre & d'avoir des fourneaux, à peine de punition corporelle.

8°. Enfin Sa Majesté veut au surplus que tous les Statuts, articles & Ordonnances concernant la Communauté desdits Maîtres, particuliérement les differents Edits, & Arrêts & Déclarations donnez pour la réunion des Offices de nouvelle création, soient executez suivant leur forme & teneur; mais qu'après que les dettes contractées pour le service de Sa Majesté auroient été entierement acquittées, les droits ordonnez par iceux demeureroient éteints & ne seroient plus payez que sur le pied qu'ils étoient avant la Déclaration de 1691, notamment les droits de visite qui seront reduits à 15 sols par visite, y compris les 7 sols 6 deniers pour le droit des Jurez.

Il faut remarquer qu'il se fit encore des réunions d'Offices en 1701, 1702 & 1704, mais qui n'apportérent aucun changement à la police de la Communauté, ce qui fait qu'on se contente de les indiquer ici.

Outre les Maîtres Horlogers à chef-d'œuvre dont on vient de parler, il y a encore à la suite de Sa Majesté & à Paris deux autres sortes d'Horlogers; les uns qui sont Officiers de la Chambre du Roy, & les autres qui ont des logemens dans les Galleries du Louvre. Ces Horlogers ne sont point sujets aux visites des Jurez, & ont cependant le privilege de faire des Apprentifs qui ont droit à la maîtrise, & qui peuvent y être reçûs comme les autres Apprentifs, avec cette distinction qu'ils n'en payent point les droits.

Ceux qui sont Officiers du Roy sont sur l'Etat de sa maison, avec la qualité de Valets de Chambre Horlogers; ils sont au nombre de trois, & ce sont eux qui ont soin de regler, monter & conduire les horloges, pendules & montres de la personne de Sa Majesté, ou qui sont dans les Maisons Royales où elle fait du sejour.

A l'égard des Horlogers des Galleries du Louvre, ce sont des Ouvriers, soit François, soit Etrangers, habiles en horlogerie, à qui le Roy accorde un logement dans les Galleries de son Château du Louvre, où ils joüissent de quantité de prérogatives, en vertu des Lettres Patentes de Henry quatre, qui le premier des Rois de France a honoré les beaux arts, jusques à loger dans ses Palais les Ouvriers qui excelloient davantage.

L'on distingue trois sortes d'ouvrages dans la profession des Maîtres Horlogers, qui font comme trois sortes de classes dans la Communauté ; les uns font les gros ouvrages, qui comprennent les horloges d'Eglise & de befroy, & encore les tournebroches & autres semblables machines ; les Maîtres qui s'occupent de ces ouvrages se nomment Horlogers Grossiers : au nombre des seconds se mettent les horloges à poids, les reveils-matin & même les grandes pendules à boëte : Et enfin la troisiéme classe est de toutes sortes de montres de poche, soit simples, soit à spirale, soit de quelques autres manieres que ce soit.

Quoiqu'il y ait quelques Maîtres qui ne s'appliquent qu'à l'une ou à l'autre de ces deux dernieres classes, la pluspart neanmoins travaillent ensemble à toutes les deux, & ce sont ceux qu'on nomme simplement Horlogers.

La plufpart des plus habiles de ces derniers ne font point eux-mêmes les mouvemens des montres & pendules, & pour l'ordinaire ils les achettent tout faits; mais ils les achevent & les montent, ce qui eft le plus difficile & comme l'effentiel des ouvrages d'horlogerie.

Il y a à Paris des Maîtres & quantité de Compagnons en chambre, qui ne travaillent qu'à préparer & pour ainfi dire à dégroffir des mouvemens. Il en vient auffi plufieurs de quelques endroits du Royaume, comme de Blois, de Vendôme & d'autres lieux.

HORLOGERIE. Commerce, trafic & métier l'Horloger. On eftime extrémement l'horlogerie d'Angleterre, celle de Paris ne lui cede cependant en rien, fi même elle ne la furpaffe pas en plufieurs chofes.

HORTOLAN, ou ORTOLAN. Petit oifeau très-gras & d'un goût très-exquis, qui fe trouve dans plufieurs Provinces de France, particuliérement dans les plus meridionales.

Les Hortolans, ou du moins de petits oifeaux qui leur reffemblent beaucoup, foit pour leur plumage, foit pour leur graiffe, foit pour leur délicateffe, font dans l'Ifle de Chypre un objet très-confiderable de commerce par la grande quantité qui s'en envoye tous les ans à Venife, le debit pour cette feule Ville allant année commune à plus de mille barils. Ces oifeaux fe préparent & s'encaquent à peu près comme les anchois de Provence, c'eft-à-dire, avec une faumure de vinaigre & de fel. *Voyez le Commerce de l'Ifle de Chypre à l'article général du Commerce du Levant.*

HOSTEL DES MONNOYES. Lieu où l'on fabrique les diverfes efpeces de monnoyes qui doivent avoir cours dans un Etat. *Voyez* MONNOYE.

HOTTE. Panier d'ofier étroit par en bas, large par en haut, plat du côté qu'on nomme le dos, de figure conique de l'autre, qu'on attache avec des bretelles fur les épaules. On appelle les pieds de la Hotte deux morceaux de bois qui font placez aux extrémitez d'une petite planche qui en fait le fond; c'eft où s'arrête le bout des bretelles qui eft mobile.

La Hotte fert à tranfporter des fardeaux compofez de plufieurs pieces feparées, & qui ne pourroient tenir commodement fur des crochets. Il y en a à grands dos pour les Jardiniers, fans dos pour les Vendangeurs; à claire voie pour les Verriers, & de pleines pour les Boulangers; ce font celles-ci qui font les plus communes, & dont ufent ordinairement les Porte-faix, Hotteurs & Hotteufes, Terraffiers, Manœuvres, Fruitieres, &c. qui gagnent leur vie à porter journellement la hotte ou à travailler dans les atteliers ou publics ou particuliers. Ce font les Vaniers qui fabriquent & vendent les Hottes de toutes fortes. *Voyez* VANIER.

HOTTÉE. Ce qui peut tenir dans une hotte. Une Hottée de raifin, une Hottée de pommes.

HOTTEUR, HOTTEUSE. Homme ou femme qui porte la hotte.

HOUATTE, ou HOUETTE, qu'on écrit plus ordinairement OUATE. Efpece de foye cardée qui fert à fourer des robes de chambre, des courte-pointes & des couvrepieds. *Voyez* OUATE.

HOUBLON. Plante dont la fleur entre dans la compofition de cette boiffon faite de grains que l'on appelle Biere.

Le Houblon rampe comme la coulouvrée s'il ne trouve des hayes & des buiffons pour s'attacher, ou fi ceux qui le cultivent ne le foutiennent avec des perches ou des échalats: fes branches font foibles, longues, rudes, velûës & piquantes; fa feüille qui eft inégale, a plufieurs incifures comme celles de la vigne, & eft couverte d'une efpece de duvet épineux comme celle du concombre; fes fleurs qui font d'un jaune verdâtre, & qui approchent un peu pour la figure, auffi bien que pour la couleur, de celles de l'orme femelle, viennent d'abord dans de petites bourfes où elles font fort preffées, mais au fortir elles s'allongent & forment une efpece de grappe; c'eft dans cette fleur qu'eft enfermée une petite graine noire & amere qui eft la femence du Houblon.

Au printems, & lorfque fon bourgeon eft encore tendre, on en coupe les fommitez que l'on cuit & que l'on mange à la façon des Afperges.

On cultive quantité de Houblon en Allemagne, dans les Pays-bas, en Hollande, en Picardie & dans quelques autres Provinces de France où le terrain peut y être propre. Quand la fleur en a été recueillie & fechée, elle fe vend ou à la fachée ou au poids.

Par le premier des huit nouveaux articles de Reglement accordez en 1714 aux Maîtres de la Communauté des Braffeurs de biere de la Ville & Fauxbourgs de Paris; il eft ordonné que pour prévenir les fraudes qui fe pourroient faire par les Marchands Forains de Houblon arrivant à Paris, ils n'y en pourroient faire entrer fans une déclaration préalable & exacte faite aux Jurez de la dite Communauté, à peine de confifcation des Houblons non déclarez & non compris dans leur déclaration.

Le Houblon paye en France de droits de fortie 10 fols le cent pefant, & d'entrée feulement 8.

Les droits de la Doüane de Lyon font à raifon de 3 fols le quintal.

HOUBLONNIERE. Terre où l'on cultive le houblon. Ceux qui s'adonnent à cette culture prennent pour cette plante à peu près les mêmes foins & les mêmes precautions qu'on prend pour la vigne; c'eft-à-dire, qu'outre les divers labours qu'on lui donne fuivant les faifons, ils appuyent le Houblon fur des échalats, ou le font monter fur des treilles & le long des arbres aufquels il s'attache aifément, à caufe de cette efpece de duvet épineux dont fon farment & fes feüilles font couvertes. *Voyez l'article précedent.*

HOUILLE. Efpece de terre ou de pierre noire, graffe & inflammable dont fe fervent dans leurs forges les Maréchaux, Serruriers, Taillandriers & autres Ouvriers qui travaillent le fer à chaud. On l'appelle autrement Charbon de terre. *Voyez cet article.*

HOULDES, ou HOULES. Terme de quincaillerie & chauderonnerie. Ce font les marmites de fer ou de cuivre qui font faites à la fonte & non par un marteau.

Les Houlles de cuivre payent en France les droits de fortie conformément au Tarif de 1664, comme batterie de cuivre, à raifon de 40 fols du cent pefant, & celles de fer comme fer vieux & neuf 8 fols.

Les droits de la Doüane de Lyon fuivant le Tarif de 1632, font pour les Houlles de cuivre fur le pied de 8 fols d'ancienne taxation, & de 12 fols pour la nouvelle réapreciation.

Les Houlles de fer y payent 3 fols pour l'une & l'autre taxation.

HOUPPE. Affemblage de plufieurs fils d'or, d'argent, de foye ou de laine, qui ne fe lient que par un bout. Les Frangers font des franges à Houppes: les boutons qui ont des Houppes s'appellent Boutons à queuë.

HOUPPE. Signifie auffi de la laine peignée & préparée par les Houppiers ou Peigneurs de la laine. Ce terme dans cette fignification, auffi bien que les fuivants, ne font gueres d'ud'usage que dans la Sayetterie d'Amiens. *Voyez ci-après* Houppier.

HOUPPER DE LA LAINE. C'est la peigner; ce qui se fait en la graissant avec de l'huile de navette, puis la tirant avec de grandes cardes de fer; après quoi on la sort, on l'épareille, on la bat, on la dégraisse avec de bon savon, on la peigne, & on la lane, pour la rendre propre (quand elle a été filée) à être employée dans les étoffes de lainage. *Voyez* Peigner de la laine.

On appelle à Amiens de la laine houppée, celle qui a reçû tous ces apprêts.

HOUPPIER. Ouvrier qui houppe ou peigne de la laine *Voyez* Peigneur de laine.

Les Houppiers de la Ville d'Amiens font une espece de Communauté qui a ses Esgards ou Jurez, son apprentissage, son chef-d'œuvre, sa maîtrise & ses statuts; mais qui pourtant avec les Sayetteurs, les Hautelisseurs, les Teinturiers, les Foulons, les Calandreurs, les Courroyeurs & les Passementiers, ne composent qu'un seul Corps qu'on appelle la Sayetterie.

Les Statuts des Houppiers sont contenus dans les trente-un premiers articles des Reglemens généraux dressez en 1666 pour tous les différens Maîtres de cette Sayetterie.

Par ces articles l'apprentissage du metier d'Houppier n'est que d'une année; & chaque Maître ne peut avoir qu'un Apprentif, qu'il est obligé de presenter & de faire enregistrer au Greffe de la Ville.

Le Chef-d'œuvre consiste à tirer, sortir & épareiller, battre, peigner & laver trois poids de houppes en présence des six Esgards & de quatre anciens Maîtres.

Les Enfans de Maîtres ne sont point tenus à l'apprentissage; mais bien au chef-d'œuvre, & sont reçûs sans payer de droits, à la reserve des quatre sols dûs à la Ville pour la reception à la maîtrise.

Ce sont les Premier & Echevins qui reçoivent les Maîtres & qui leur font prêter le serment.

Les Maîtres ne peuvent tenir d'Ouvriers étrangers à journée plus de huit jours, après quoi ils sont tenus de les déclarer aux Esgards qui doivent juger de leur expérience & habileté au metier.

Les laines que les Houppiers ont permission de houpper ne peuvent être que meres-laines ou bonnes pelures non procedant de mortin; à la charge neanmoins que les pelures seront pliées en forme de bouchons de laines d'Angleterre, & celles de meres-laines en bouchons à l'ordinaire, à peine de trente livres d'amende.

Les laines de Rhin, celles de gras mouton & les mortins leur sont défenduës.

Les Houppiers ne doivent laver leurs laines qu'en lessive claire, en suif, avec savon noir, & les rechinser & laver en eau pure, claire & nette; leur étant défendu de les laver ou faire laver en souffre, cendres ferrées, cendres de boüis, savon blanc, eau salée, ni autres tels ingrédiens.

Nulle houppes ou laines faites & apprêtées dans la Ville, ne peuvent être achetées ni venduës, qu'elles n'ayent été visitées par les Esgards.

Les Marchands Forains ne peuvent décharger leurs houppes que dans la halle destinée pour le commerce des laines, ni les vendre ailleurs ni dans d'autres tems qu'aux jours & heures du marché, & seulement qu'après que leur marchandise a été vûë & visitée par les Esgards.

Les Esgards (c'est ce qu'on nomme ailleurs Jurez) sont au nombre de six; sçavoir deux Sayetteurs, les plus anciens de ceux qui n'ont point encore été de l'Esgardise de leur Corps; deux Maîtres Houppiers, un Tisserant & un Foulon, tous aussi les plus anciens de leur Communauté, suivant l'ordre du tableau & à tour de rôle.

L'Esgardise ne dure qu'une année.

Tous les six Esgards, ou au moins trois d'entr'eux, un de chaque métier, doivent assister aux visites, soit à la halle, soit chez les Houppiers.

Houppiers. Ce sont aussi les Fileurs de laine des environs d'Abbeville. *Voyez l'article des* Laines, *où l'on parle de celles de France.*

Houppiers, en termes de négoce de bois. Sont les arbres ébranchez ausquels il n'est resté au sommet que des petites branches qui forment des manieres de bouquets, que l'on appelle Houppes. On nomme particulierement Houppiers les jeunes baliveaux qu'on a ébranchez pour les faire croître en hauteur.

Houppiers. Se dit aussi des têtes des gros arbres, que dans les couppes on ne peut façonner en bois de moule, & dont l'Ordonnance donne la liberté de faire des cendres.

HOUPPOUS. On nomme ainsi à la Chine les Fermiers ou Receveurs des droits d'entrée & sortie qui se payent pour les marchandises dans les Doüanes Chinoises.

HOURS. Terme de Scieurs de long. Ces Ouvriers nomment quelquefois de la sorte ce qu'on appelle plus communément Chevalets ou Treteaux. *Voyez* Chevalet de Scieurs de long.

HOUSSES. Ce sont des peaux de mouton en laine apprêtées par les Megissiers, dont les Bourreliers se servent à couvrir les colliers des chevaux de harnois. Quelques-uns les appellent aussi Bisquains. *Voyez* Megie, *vers la fin de l'article.*

HOUSSET. Soye de Perse qu'on tire d'Alep. Ces soyes se pesent à la rote de 680 dragmes, qui font cinq livres cinq onces. *Voyez* Soyes de Levant.

HOYAU. Espece de pioche qui sert aux Pionniers, Manœuvres, Jardiniers, &c. à remuer la terre. *Voyez* Pioche.

HUCHE. Grand coffre de bois qui sert à differens usages. Chez les Bourgeois on s'en sert de paistrin, & l'on y serre le pain; chez les Meusniers c'est dans quoi tombe la farine; & chez les Boulangers c'est souvent le nom que l'on donne à la trémie.

HUCHER. Celui fait des huches. Les premiers Statuts des Menuisiers de l'an 1206, leur donnent la qualité de Huchers-Menuisiers; qualité qui leur a eté depuis continuée dans toutes les Lettres Patentes des Rois qui les ont confirmez, particulierement dans celles de 1580 & de 1645. *Voyez* Menuisier.

HUILE. Partie onctueuse, grasse & inflammable, qui sort ou qu'on tire de plusieurs corps naturels. C'est en ce sens que le prennent les Médecins & les Chymistes.

On le dit plus ordinairement du suc de quantité de plantes, fruits, graines ou semences que l'on tire par expression, comme les Huiles d'olive, de noix, de chenevis, &c.

On a fait son possible pour n'obmettre dans ce Dictionnaire aucune des Huiles de l'une ou de l'autre espece dont on fait quelque sorte de commerce. L'explication de quelques-unes de ces Huiles se trouvera ici, n'ayant pas pû être placées plus commodement ailleurs; pour les autres, el-

les

les sont renvoyées aux articles particuliers où l'on en a parlé; & l'on n'en donnera dans celui-ci que le nom par ordre alphabetique.

Huile d'Olive. Le commerce de cette Huile est très-considerable par la quantité extraordinaire qui s'en consume, tant à Paris que dans les Provinces, soit qu'elle soit du crû du Royaume, soit qu'on la fasse venir des Pays Etrangers.

Cette huile s'exprime des olives par le moyen des presses ou moulins faits exprès.

On les cueille vers les mois de Decembre & de Janvier dans leur plus grande maturité; c'est-à-dire, lorsqu'elles commencent à rougir. Quand on les met au moulin aussitôt qu'elles ont été cueillies, on en tire cette huile si douce & d'une odeur si agréable, qu'on appelle Huile vierge, & dont la meilleure vient de Grasse, d'Aramont, d'Aix, de Nice, &c. mais comme les olives nouvellement cueillies rendent peu d'huile, ceux qui cherchent la quantité; & non pas la bonté, les laissent quelque tems roüir sur le pavé, & ensuite les pressent. Cette seconde huile est d'un goût & d'une odeur peu agréable. Il s'en tire néantmoins encore de moindre qualité, qui est l'Huile commune; ce qui se fait en jettant de l'eau boüillante sur le marc, & le repressant plus fortement.

Outre la Provence, le Languedoc & la Côte de la riviere de Genes, où se recueillent les meilleures huiles d'olive, il s'en fait encore quantité, mais de moindre qualité dans le Royaume de Naples, dans la Morée, dans quelques Isles de l'Archipel, en Candie, en quelques lieux de la Côte de Barbarie, dans l'Isle de Majorque, & dans quelques Provinces d'Espagne & de Portugal.

Les Huiles d'olive les plus fines & les plus estimées sont celles des environs de Grâsse & de Nice; celles d'Aramont & celles d'Oneille, petit Bourg des Etats du Duc de Savoye sur les Côtes de la riviere de Genes.

Les Huiles d'Aramont l'emportoient autrefois sur toutes les autres; mais présentement les Huiles de Grasse & d'Oneille sont le plus en vogue, & ont le plus de réputation.

Les Huiles fines de Grasse se tirent pour Paris, où il s'en fait une grande consomption; & celles d'Oneille pour Roüen, d'où ensuite elles se distribuent en Normandie, en Picardie, & en quelques autres Provinces de France, il s'en fait même des envois considerables de Roüen sous le nom d'Huile d'Italie & de Genes.

La recolte des Huiles de Grasse commence pour l'ordinaire au 15 de Novembre que l'on ouvre les moulins, & dure jusqu'en Janvier. Celle d'Oneille ne se fait qu'en Janvier, Février & Mars: plus tard elle se fait, meilleure en est l'huile. On peut cependant dès le mois de Septembre & Octobre faire les marchez pour l'huile nouvelle; & en avançant un quart ou un tiers du prix dont on est convenu, on en a deux ou trois livres par baril meilleur marché, ce qui est un grand avantage.

Il est peu seur, soit à Grasse, soit à Oneille, de s'en raporter aux Commissionnaires du Pays, soit parce que les Provençaux & les Italiens sçavent peu goûter l'huile, & qu'il leur suffit qu'elle soit claire & bien purifiée, ce qu'ils appellent Huile Lampante; soit parce qu'il est à craindre qu'au lieu d'Huile du véritable crû ou de Grasse ou d'Oneille, on n'en fasse passer de celles des terroirs plus éloignez, que les Italiens & Provençaux achetent à bas prix, & vendent aussi cher que si elles étoient de leur recolte.

La meilleure maniere & la plus seure de faire les achats des Huiles de Grasse & d'Oneille, c'est d'y aller soi-même, (ce que font la plûpart des Marchands de Lyon qui font ce négoce), ou d'y envoyer une personne exprès qui puisse demeurer sur les lieux trois ou quatre mois; si avec cela vous payez comptant, il y a de bons coups & de grands profits à faire. Il y a quelquefois des occasions de tirer des Lettres de change sur Marseille, Lyon & Paris, mais elles sont rares.

Les Huiles d'olive de Provence se vendent par millerolles, qui reviennent à Toulon à soixante-six pintes, & à Marseille à soixante pintes mesure de Paris, & à cent pintes mesure d'Amsterdam. Celles d'Oneille se vendent en barils de sept rubs & demi qui pesent ensemble autant que la millerolle de Provence.

Il faut remarquer que les profits qu'on peut faire sur les huiles fines sont très-considerables en comparaison de ceux que peuvent produire les huiles communes, ou comme on les nomme ordinairement, d'entre deux sortes.

Il se fait néantmoins une grande consomption de ces dernieres, qui se vendent pour la plûpart pour être transportées à Marseille & à Toulon pour les fabriques des savons, ou dans les lieux de manufactures de draps. Ces sortes d'huiles se gardent facilement d'une année à l'autre dans des piles de pierre, ou jarres de terre (vaisseaux propres à les conserver); ce qui fait qu'on peut prendre son tems pour les vendre avec plus de profit; ce qu'on ne peut faire des huiles fines, qui se gâtent & s'engraissent par une trop longue garde.

Les envois des Huiles de Grasse & d'Oneille se font par plusieurs voyes. Les Marchands, & sur-tout ceux de Paris, qui veulent avoir des premiers les Huiles nouvelles, se servent de mulets pour les transporter jusqu'à Lyon; mais cette voiture est beaucoup plus chere que celle qui se fait par mer.

La voye de la mer ou par les rivieres est la plus ordinaire, & où il y a moins de dépense. Elle est de deux sortes l'une par des barques qui chargent à Antibes pour Arles, & d'Arles à Lyon par le Rhône; l'autre par la grande mer, en passant le Détroit de Gibraltar d'Antibes au Havre par des navires. Cette derniere épargne quelque dépense, mais elle est longue & sujette au risque du mauvais tems & des Pirates.

Quantité d'Huiles de Languedoc & quelques-unes de Provence se voiturent sur des mulets dans des outres ou peaux de bouc en poil; mais les bons Connoisseurs & ceux qui se piquent d'un goût exquis en huile, croyent remarquer que ces peaux lui communiquent une qualité & une odeur peu agréable.

L'on ne croit pas nécessaire d'entrer dans un pareil détail sur toutes les huiles d'olive étrangeres dont on fait quelque commerce en France, puisque les François n'y ont recours pour l'ordinaire, que quand celles de Provence, de Languedoc & d'Oneille ont manqué, comme il arriva après le froid excessif de l'hyver de 1709, qui gela presque tous les oliviers de Provence & de Languedoc; on dira seulement quelque chose des Huiles de Candie, qui en 1700 fournirent la plus grande partie de celles qui furent consumées dans les manufactures de France.

Une partie de l'Isle de Candie, & sur-tout dans les environs de la Canée, est couverte de fôrets d'oliviers aussi hauts que ceux de Toulon & de Seville; & comme l'aspect du soleil sur cette Isle la garantit de toute gelée, ils s'y multiplient en abondance, & y subsistent beaux & verds bien des années. Cel-

Celle de 1699 fut si abondante, qu'on y recüeillit trois cens mille mesures d'huile à neuf ou dix oques la mesure, l'oque pesant trois livres deux onces de Marseille. Les François profiterent de cette heureuse récolte pour reparer la disette où la perte des oliviers du Royaume les jettoit, & ils enleverent plus de deux cens mille mesures d'huile à la Canée, à Retimo, à Candie & à Girapetra où se font tous leurs chargemens.

Ils sçeurent néantmoins mal user de ce secours que la Providence leur offroit; & pour n'avoir pas executé les ordres de M. le Comte de Pontchartrain, qui vouloit sagement que les vaisseaux de Marseille & de Toulon ne partissent que par rang, pour ne point donner occasion aux Candiots d'encherir leurs huiles par le grand nombre de vaisseaux Provençaux qui arrivoient dans leur isle, & qui mettoient l'enchere les uns sur les autres. les François, dis-je, en firent monter le prix de près de la moitié; ensorte que ce qui ne se vendoit d'abord que depuis 36 jusqu'à 42 parats la mesure, se vendit ensuite jusqu'à 66 parats, qui sont de petites pieces d'argent de mauvaise aloy de la valeur de six liards de France.

Les meilleures Huiles de Candie sont celles de Retimo & de la Canée. Celles de Girapetra sont noires & bourbeuses, parce qu'avant de vuider leurs cruches, les Marchands broüillent avec un bâton l'huile & la lie, que l'on nomme Faisse; & vendent le tout ensemble.

Il y a dans l'Isle de Candie un Consul qui réside à la Canée, avec dix ou douze maisons de Marchands François, qui ne font presque point d'autre commerce que celui des huiles. Ils en tirent aussi des Isles de l'Archipel, & particulierement d'Athenes, qui sont plus estimées que celles de Candie.

L'huile d'olive se vend à Amsterdam par livres de gros le tonneau contenant 717 mingles ou bouteilles mesure de cette Ville. Les bottes ou pipes d'huile contiennent depuis 20 jusqu'à 25 steckans de 16 mingles chaque steckan.

En Portugal elle se vend par almoudes, dont les 26 font une pipe: l'almoude fait douze canadors, & le canador une mingle d'Amsterdam.

Le commerce des Huiles ne sçauroit se faire avec trop de précaution, sur-tout pour celui qui se fait en gros, tant à cause des friponeries qui se peuvent faire sur la marchandise, que des risques qu'on peut courir sur la terre; le plus seur c'est de ne s'engager qu'avec des Correspondans ou Commissionnaires habiles & fideles, & de bien prendre garde aux coulages, à quoy cette marchandise n'est que trop sujette.

A l'égard de l'usage de l'Huile d'olive, il n'y a personne qui ignore qu'elle est une des choses des plus nécessaires à la vie; & il seroit comme impossible d'entrer dans le détail de toutes celles où elle est employée, soit pour la médecine, soit enfin pour ces sortes d'ouvrages où les Ouvriers & Artisans en ont besoin. Il s'en consume aussi à brûler.

Huile d'Amandes douces tirée sans feu. Cette Huile se prépare de bien des manieres différentes: les uns pelent les amandes pour les piler, les autres les pilent sans les peler; il y en a qui les échaudent dans l'eau tiéde, quelques-uns les chauffent au bain-marie; ceux-ci ne les font que concasser; ceux-là les réduisent en pâte à force de les battre; enfin il y a presque autant de diverses manieres qu'il y a de personnes qui se mêlent d'exprimer cette huile des amandes, soit douces, soit ameres.

Il semble au milieu de cette diversité que le Sieur Pomet en a enseigné une dans son Histoire des drogues qu'on peut suivre, & plus facilement, & à moins de risques & de frais que par une autre. On la met ici d'autant plus volontiers, qu'elle convient également à toutes les graines & fruits dont on peut tirer de l'huile par expression & sans feu; comme sont noisettes, avelines, noix, ben, pignons, palma-christi, pavot blanc, chenevis, quatre semences froides, graine de lin, &c.

Maniere de faire l'Huile d'Amandes douces par expression & sans feu; tirée du Chapitre 44 du septiéme Livre de la premiere Partie de l'Histoire générale des Drogues par le Sieur Pomet.

On prendra une livre & demie d'amandes douces pelées, bien séches, nouvelles, & ne sentant ni la rance ni le moisi: après les avoir concassées dans un mortier bien net, on les passera dans un gros tamis de crin; lorsqu'elles seront passées, on les enfermera dans une toile de crin mise en double, pour les mettre sous la presse entre deux plaques ou d'étain, ou d'acier poli, ou de cuivre, ou même de fer blanc: on les pressera ensuite doucement & également crainte de rompre la presse, ou de percer la toile, & lorsqu'elles seront suffisamment pressées, & que tout ce qu'il y a d'onctueux & de fluide en sera exprimé, on aura une Huile d'amandes très-douce & presque sans faisses; ce que les autres manieres de la tirer n'évitent jamais.

Pour ce qui regarde les qualitez & usages de cette Huile. Voyez Amande.

Les Huiles d'amandes douces & ameres payent en France les droits d'entrée à raison de 4 liv. du cent pesant.

Huile de Palme, qu'on nomme aussi Huile de Senegal ou Pumicin. C'est une liqueur onctueuse & épaisse comme du beurre, d'un jaune doré, & d'une odeur de violette ou d'iris. On l'appelle Huile de Palme, parce qu'elle est tirée par ébulition, ou par expression, de l'amande d'un fruit que porte une espece de palmier qui se trouve en plusieurs endroits de l'Afrique, sur-tout au Senegal, & qui croît aussi au Bresil.

Ce fruit vient de la grosseur d'un œuf & par trochets; (c'est ainsi qu'on appelle aux environs de Paris un amas de plusieurs fruits, comme pommes ou poires, qui se tiennent tous par la queuë, & sortent d'une même bourre.) Ces trochets en portent quelquefois jusqu'à cent.

Les Afriquains & les Bresiliens se servent de l'huile de Palme, quand elle est nouvelle, comme on fait ici du beurre, & la brûlent quand elle est vieille. En Europe on la croit un remede souverain contre les humeurs froides, & qui soulage même la goutte. Il faut choisir cette Huile nouvelle, d'une bonne odeur, d'un goût aussi doux & aussi agréable que nos meilleurs beurres frais, & sur-tout haute en couleur, qui est une marque qu'elle est nouvelle.

On la contrefait quelquefois avec de la cire, de l'huile d'olive, de l'iris & de la terra-merita; mais il y a une double coupelle où l'on peut l'éprouver, l'air qui change la couleur de la véritable Huile de Palme quand on l'y expose, & ne fait rien sur la fausse; & le feu qui au contraire altere la couleur de la fausse, & la rend à la véritable quand on l'y fait fondre lentement.

Huile de Camomille. Cette Huile se fait avec les fleurs de la plante qui porte ce nom, mises dans l'huile d'olive que l'on expose au soleil dans les plus fortes chaleurs de l'été. Sa couleur est bleüâtre. Quelques-uns y font entrer de la la terebenthine fine. Quand cette huile est vieille, elle en est plus estimée. On s'en sert pour la guérison de plusieurs sortes de playes ; aussi quelques-uns la regardent-ils comme une espece de baume. *Voyez* BAUME, *vers la fin de l'article: on a fait une exacte description de la Camomille par un article particulier, auquel le Lecteur peut avoir recours s'il en a besoin.*

L'Huile de Camomille paye en France les droits d'entrée à raison de 4 liv. le baril, & 100 s. de sortie sur le pied d'une livre le cent pesant

HUILE DE PETROLLE. Espece d'Huile extremement inflammable, qui brûle dans l'eau, & qui est de quelque usage dans la médecine. Cette Huile est ainsi nommée des mots Latins *Petra* & *Oleum*, dont l'un signifie Huile & l'autre Pierre, à cause qu'elle sort par les fentes de certaines roches qui se trouvent en plusieurs endroits, sur-tout en Italie dans la Duché de Modene, en Languedoc près de Beziers, & dans quelques Isles de l'Archipel.

Quoiqu'il y ait des Huiles de Petrolle de diverses couleurs, rouges, jaunes, vertes, blanches, noires, &c. on ne les connoît ordinairement chez les Marchands Epiciers-Droguistes que sous ces deux derniers noms.

L'Huile de Petrolle blanche s'appelle ordinairement Naptha d'Italie, & la noire est nommée Petroleum. Le Naptha coule d'une roche du Duché de Modene: au sortir des fentes de la roche elle est reçuë dans des tuyaux de cuivre, d'où elle tombe dans des chaudieres de même métail. Les diverses couleurs de cette Huile viennent, à ce qu'on croit, des divers aspects où la roche se trouve par raport au soleil: ainsi la blanche qu'on estime la meilleure coule du côté le plus exposé aux rayons de cet astre, ensuite la rouge, puis la jaune & la verte, & enfin la noire qui est la moindre de toutes.

Le Naptha blanc, autrement Huile de Petrolle blanche, ne se peut contrefaire, & ne souffre aucun mélange. Il faut la choisir blanche, claire, legere, très-inflammable, & d'une odeur forte & penetrante, tirant assez à celle du soufre. Ceux qui en font commerce doivent user de grandes précautions contre le feu, s'enflammant du moins aussi aisément que la poudre à canon. L'Huile de Petrolle noire d'Italie doit être choisie d'un rouge clair & jaunâtre, & d'une odeur de soufre supportable. A l'égard des Huiles vertes, jaunes, &c. on n'en voit point en France.

Le Petrolleum, qu'on nomme aussi Huile noire de Gabian, vient de Languedoc ; & la roche d'où elle coule se trouve au village de Gabian près de Beziers. On la vend ordinairement pour l'huile de Petrolle noire d'Italie, quoiqu'il s'en faille bien qu'elle approche de ses qualitez. Elle est d'une consistance moyenne, d'une odeur forte & puante, & d'une couleur noire. Elle se contrefait avec de l'huile de terebenthine épaisse, qu'on colore avec du tarque & de la poix noire. Elle étoit autrefois peu estimée, mais à present il s'en fait un assez grand négoce ; & la vente de cette huile fait une partie du revenu de M. l'Evêque de Beziers, à qui la roche appartient, & qui la fait recueillir tous les lundis.

Il y a encore quelques autres Huiles de Petrolle, mais qui méritent mieux le nom de Bitumes, comme celles de Colao, de Sirnam & de Copal.

L'Huile de Petrolle paye en France les droits d'entrée à raison de 100 s. du cent pesant, conformement au Tarif de 1664.

Et suivant celui de la Doüane de Lyon, 30 s. 6 d. d'ancienne taxation, 6 s. 6 d. de nouvelle reapreciation, 40 s. pour les anciens quatre pour cent, & 10 s. pour les nouveaux.

HUILE DE CHEVAL. C'est de la graisse de cheval fonduë & clarifiée. On s'en sert pour entretenir les lampes des Emailleurs, & il n'y a qu'elle qui soit propre à ces sortes d'ouvrages qui demandent un feu très-vif & très-clair. Ce sont les Chiffonniers qui la fondent & qui en font le négoce. Elle se débite à la pinte ou à la livre, & est à proportion aussi chere que la meilleure huile d'olive, quelquefois davantage, suivant la mortalité des chevaux qu'on jette à la voirie. *Voyez* ESMAIL.

A

HUILE D'ACAJOU. *Voyez* ACAJOU.

HUILE ÆTHERE'E. *Voyez* TEREBENTHINE.

HUILE D'AMBRE. *Voyez* AMBRE JAUNE.

L'Huile d'Ambre paye en France de droits d'entrée 10 liv. du cent pesant.

HUILE D'ANACARDES. *Voyez* ANACARDES.

HUILE D'ANIS. *Voyez* ANIS.

HUILE D'ANTIMOINE. *Voyez* ANTIMOINE.

HUILE D'ARSENIC, ou BEURRE D'ARSENIC. *Voyez* ARSENIC.

HUILE D'ASPIC. *Voyez* ASPIC.

L'Huile d'Aspic paye en France les droits d'entrée sur le pied de 3 liv. le cent pesant, conformement au Tarif de 1664.

A l'égard des droits dûs par le Tarif de la Doüane de Lyon, ils sont differens suivant la diversité des lieux d'où l'on tire cette Huile.

L'Huile d'Aspic de France paye 20 s. du quintal d'ancienne taxation & 12 s. de nouvelle reapreciation.

L'Huile d'Aspic étrangere 37 s. 6 den. d'ancienne & nouvelle taxation, & en outre 6 liv. d'anciens & nouveaux quatre pour cent.

Et l'Huile d'Aspic de Provence, 20 s. de la bouteille.

B

HUILE DE BALEINE. *Voyez* BALEINE.

HUILE DE BAUME. *Voyez* BAUME.

L'Huile de Baume paye en France les droits d'entrée à raison de 15 liv. le cent pesant

HUILE DE BEN. *Voyez* BENJOIN.

L'Huile de Ben, que le Tarif de 1664. appelle de Benedic, paye en France de droits d'entrée 50 s. du cent pesant.

HUILE DE BENJOIN. *Voyez* BENJOIN.

HUILE DE BOIS DE RHODES OU DE RHODIUM. *Voyez* ROSE-BOIS.

HUILE DE BOIS DE ROSE. *Voyez* ROSE-BOIS.

HUILE DE BOUIS. *Voyez* BOUIS.

C

HUILE DE CACAO. *Voyez* CACAO.

HUILE DE CADE. *Voyez* OXICEDRE.

L'Huile de Cade paye en France les droits d'entrée à raison de 30 s. du cent pesant, conformement au Tarif de 1664; & suivant celui de Lyon; 10 s. du quintal.

HUILE DE CAHOANNE. *Voyez* TORTUE.

HUILE DE CAMPAÏE. *Voyez* BAUME DE COPAÜ.

HUILE DE CAMPHRE. *Voyez* CAMPHRE.

HUILE DE CANELLE. *Voyez* CANELLE.

L'Huile de Canelle paye en France les droits d'entrée sur le pied de 20 s. de la livre.

HUILE DE CARET. *Voyez* TORTUE.

Huile de Castor. *Voyez* Castoreum.

Huile de Chenevis. *Voyez* Chenevis.

L'Huile de Chenevis paye en France les droits d'entrée sur le pied de 4 liv. le baril; & pour ceux de sortie 1 liv. du cent pesant, & 15 s. du baril lorsqu'elle vient des Provinces où les Bureaux pour la levée des droits du Tarif de 1664. ne sont pas établis.

Huile de Cire. *Voyez* Beurre de Cire.

L'Huile de Cire paye en France les droits d'entrée à raison de 20 liv. du cent pesant.

Huile de Citron. *Voyez* Citron.

Huile de Colsa ou de Colzat. Cette Huile se fait avec la graine d'une espece de choux rouge qu'on nomme Colsa, dont on seme en Flandres des campagnes entieres. L'Huile de Colsa sert à brûler & à faire des savons gras, verds & noirs. La tige de la plante est bonne à brûler. Quelques-uns confondent la graine de Colsa avec celle de navette; mais quoiqu'elles se ressemblent beaucoup pour la forme & pour l'usage, elles sont produites par des plantes bien differentes.

Les Hollandois enlevent quantité de Colsas en grains, & font l'Huile chez eux, afin d'en gagner la façon.

La culture de cette plante est fort avantageuse à la Province de Flandres. On la seme ordinairement à la fin d'Août, & on la transplante en Octobre.

L'Huile de Colsa paye en France les droits sur le pied des Huiles de Chenevis & de Navette.

Huile de Copaïf. *Voyez* Baume de Copaü.

Huile de Copaü. *Voyez* Baume de Copaü.

Huile de Cumin. *Voyez* Cumin.

E

Huile E'therée, ou Essence de Terebenthine. *V.* Galipot.

F

Huile de Fayne, Faine ou Fouesne. *V.* Hestre.

Huile de Fenouil ou d'Anis. *Voyez* Fenouil.

L'Huile de Fenoüil paye en France les droits d'entrée à raison de 25 livres le cent pesant.

Huile de Fleurs de Muscade. *Voyez* Muscade.

Huile de Fleurs et Feuilles de Coton. *V.* Coton.

G

Huile de Gabian. *Voyez* Huile de Petrolle.

Huile de Gayac. *Voyez* Gayac.

Huile de Genevre. *Voyez* Oxicerre.

L'Huile de Genevre paye en France les droits d'entrée sur le pied de 3 liv. du cent pesant.

Huile de Girofle. *Voyez* Girofle.

Huile de Gland. *Voyez* Gland.

Huile de Graine de Coton. *Voyez* Coton.

K

Huile de Kaouanne. *Voyez* Tortue.

Huile de Karabé. *Voyez* Ambre jaune.

L

Huile de Lavande. *Voyez* Lavande.

Huile de Laurier. *Voyez* Laurier.

Huile de Laurin. *Voyez* Laurier.

Huile de Lentisque. *Voyez* Lentisque.

Huile de Lin. *Voyez* Lin.

Huile de Liquid-Ambar. *Voyez* Baume.

M

Huile de Macis. *Voyez* Muscade.

Huile de Mariolaine. *Voyez* Mariolaine.

Huile de Marsouin. *Voyez* Marsouin.

Huile de Matthiole. *Voyez* Scorpion.

Huile de Millepertuis. *Voyez* Millepertuis.

Huile de Morue. *Voyez* Morue, *vers la fin de l'article.*

Huile de Muscade. *Voyez* Muscade.

N

Huile de Navette. *Voyez* Navette.

Huile de Neroli. *Voyez* Orange.

Huile noire de Gabian. *Voyez* Huile de Petrole.

Huile de Noix. *Voyez* Noix.

O

Huile d'Oranges. *Voyez* Oranges.

P

Huile de Petit Grain. *Voyez* Orange.

Huile de Poix noire, autrement Baume de Poix. *Voyez* Poix noire.

Huile de Pommade.

Cette Huile paye en France les droits d'entrée, conformement au Tarif de la Doüane de Lyon, 7 s. 6 den. du quintal d'ancienne taxation, & 2 s. 6 den. de nouvelle reapreciation; & suivant le Tarif de 1664, 50 s. du cent pesant.

R

Huile de Rabette. *Voyez* Navette.

Huile de Rhadium. *Voyez* Rose-Bois.

Huile de Romarin. *Voyez* Romarin.

S

Huile de Sardine. *Voyez* Sardine.

Huile de Sauge. *Voyez* Sauge.

Huile de Scorpion. *Voyez* Scorpion.

Huile de Semence de Coton. *Voyez* Coton.

Huile de Senegal. *Voyez* Huile de Palme.

Huile de Souffre. *Voyez* Souffre.

T

Huile de Terebenthine. *Voyez* Terebenthine.

Huile de Thim. *Voyez* Thim.

Huile de Tortue. *Voye* Tortue.

Huile Vierge. Se dit des huiles qui ont été exprimées des olives, des noix, &c. fraîchement cüeillies, sans avoir été chauffées ni trop pressurées.

Huile Grenue. Est celle qui est figée en petits grains. C'est la meilleure & la plus estimée, particulierement des huiles d'olive.

Ce qu'on nomme Faisse ou Fesse d'huile n'est autre chose que la partie la plus grossiere ou la plus épaisse de l'huile, qui étant reposée se précipite au fond des vaisseaux où elle est renfermée. C'est proprement la lie de l'huile. *V.* Faisse d'Huile.

On appelle un Bouc d'huile, un Outre d'huile, celle qui est envoyée dans la peau d'un bouc encore couverte de son poil. On met les huiles dans des peaux de bouc pour la facilité de leur transport, & pour les mieux conserver.

Par le secours de la Chymie on peut tirer des huiles de toutes sortes de corps naturels, tels que sont les animaux, les vegetaux, les métaux & les mineraux. Il y a quantité de ces sortes d'huiles extraordinaires qui ne sont point expliquées dans ce Dictionnaire, la connoissance en étant plus curieuse qu'utile aux Négocians. Ceux neantmoins qui voudront se satisfaire, pourront avoir recours aux sçavans ouvrages de Chymie, de Messieurs Glaser, le Fevre, la Faveur, Lemery & Charas.

Les droits de sortie des Huiles se payent en France, suivant le Tarif de 1664; sçavoir 1 liv. 4 s. le cent pesant d'Huile d'olive, 8 s. pour l'Huile ou Graisse de baleine ou autres poissons, & 1 liv, pour les Huiles de chenevis, de noix, de navette, de rabette, & autres semblables qui sont faites de graines.

A l'égard des droits d'entrée, ils sont reglez par divers Tarifs ou Arrêts du Conseil.

Sçavoir, les Huiles grasses de baleine & autres poissons venant des Pays Etrangers, la barique du poids de 520 liv. suivant l'Arrêt du 28 Decembre 1666, le Tarif de 1667, & les Arrêts des 26 Septembre 1667, & 23 Novembre 1688, à 12 liv.

Les Huiles de même qualité provenant de la pêche des Hollandois, à 7 liv. 10 s. la barique du poids ci-dessus, suivant le Tarif du 29 May 1699.

Enfin les mêmes Huiles apportées sur les vaisseaux François, & tirées de leur pêche, seulement 3 liv. conformement au Tarif de 1664, à l'Arrêt du 28 Decembre 1666, à celui du 26 Septembre 1667, & à l'Ordonnance du mois de Juillet 1681; en apportant néantmoins un certificat de leur pêche, moyennant quoy ils sont aussi exemts du droit d'Abord.

Les Huiles de morue & autres poissons de la pêche des Habitans de Henfleur, payent de droits d'entrée 15 s. suivant l'Arrêt du 22 Janvier 1665.

Celles de semblable nature de la pêche des Habitans du Havre & de Dieppe, seulement 5 s. suivant les Arrêts du 31 Decembre 1664, & 26 Mars 1665.

Enfin l'Huile d'olive de toutes sortes venant des Pays Etrangers, entrant dans le Languedoc taxées par le Tarif de 1664, à 10 liv. la pipe d'environ huit cent pesant, paye en consequence des Arrêts du 13 Novembre 1688, & 12 Juillet 1689, 3 liv. du cent pesant.

On peut voir les droits d'entrée & de sortie de toutes les autres Huiles, dont on a donné la liste ci dessus à leurs propres articles, suivant leur ordre alphabetique.

Les besoins de l'Etat ayant obligé Louïs XIV, d'ajoûter de nouvelles créations d'Offices pendant la guerre pour la succession d'Espagne, à celles déja faites pendant les guerres précedentes, si frequentes & si fameuses sous son Regne, il s'en fit une au mois de May 1705, de Controlleur-Essayeurs & Visiteurs de toutes sortes d'Huiles dans toute l'étenduë du Royaume, avec attribution de 12, de 6 & de 3 den. pour livre pesant net, poids de marc, suivant la qualité des Huiles expliquées par l'Edit de creation & la Déclaration du 8 Septembre ensuivant, déduction faite néantmoins du sixiéme ou du cinquiéme pour les tarres.

Pour la perception de ces droits il fut dressé trois Tarifs en 1706; le premier pour le payement des droits & la déduction du sixiéme depuis une livre pesant jusqu'à cent vingt mille livres poids ort, réduites à cent mille livres poids net; le second pour les droits sur les Huiles chargées de plâtre, deduction faite du cinquiéme, depuis une livre jusqu'à cent mille livres aussi poids ort, réduites à quatre-vingt mille livres poids net, & enfin le troisiéme pour l'évaluation des barils d'Huile de navette & rabette, jauge d'Amiens, à 225 livres le baril poids ort, & à 181 livres poids net, déduction faite du sixiéme. Dans ce Tarif on fait ladite évaluation depuis un baril jusqu'à cent. Le droit sur ces Huiles n'est que de 3 den. par livre pesant.

C'est sur ces trois Tarifs que les droits sur les Huiles continuent d'être payez.

HUILIER. Marchand qui vend des huiles. Les Epiciers sont proprement les véritables Marchands Huiliers, puisqu'ils font le commerce des Huiles en gros & en détail, néantmoins les Chandeliers de Paris ont prétendu en quelque sorte partager avec eux ces prérogatives, parce que leurs Statuts leur donnent la qualité de Maîtres Chandeliers-Huiliers-Moutardiers; & ils ont eu long-tems des contestations avec le Corps de l'Epicerie sur le débit des huiles & sur leurs mesures.

L'on peut lire la suite de cette affaire dans l'Histoire generale des Drogues du Sieur Pomet, chap. 53, Liv. 7 de la premiere Partie.

On appelle aussi Huilier l'Ouvrier qui travaille à faire les huiles.

HUISSIER. Officier qui execute les jugemens rendus par les Magistrats, qui en signifie les Sentences & Arrêts, qui dresse divers actes, procedures, procès verbaux, &c.

HUISSIER-PRISEUR. Officier du Châtelet qui met le prix aux meubles, hardes, tableaux, &c. qui se vendent en justice, ou qui restent après le decès des personnes sur les effets desquels on appose le scellé, lorsqu'on en veut faire la vente en public. *Voyez* VENTE & INVENTAIRE.

HUISSIER-VISITEUR. On appelle ainsi dans les Sieges des Jurisdictions maritimes, de petits Officiers, quelquefois en titre d'Offices, & quelquefois seulement commis par les Juges de Marine, établis pour faire la visite des vaisseaux marchands, soit en entrant dans les Ports, soit en sortant desdits Ports.

Le Titre 4 du Livre 1 des Ordonnances de la Marine de France de 1681 & 1685, reglent en six articles les fonctions de ces Huissiers.

Par le premier article il leur est ordonné de faire la visite des vaisseaux incessamment lors de leur départ ou de leur arrivée, à peine de tous dépens, dommages & interêts procedans de leur retardement.

Ils sont tenus par le second article d'observer en faisant leurs visites, de quelles marchandises les vaisseaux sont chargez, quel est leur équipage, quels passagers ils menent; & de faire mention dans leurs procès verbaux du jour du départ ou de l'arrivée des bâtimens & des salaires qui leur auront été payez pour leurs visites & vacations.

Le troisiéme article leur enjoint de tenir registre cotté & paraphé par le Lieutenant du Siege de l'Amirauté, pour y enregistrer sommairement le contenu en leurs procès verbaux de visite, lequel Registre doit être clos par le Juge à la fin de chaque année.

Ils sont obligez par le quatriéme article de s'opposer au transport des marchandises de contrebande ou depredées, avec injonction de les saisir, & en faire leur raport, à peine de 300 l. d'amende & de punition exemplaire.

Il leur est ordonné par le cinquiéme article d'empêcher les Maîtres des bâtimens de faire voile sans congé, où de décharger des marchandises avant d'avoir fait le raport de leur voyage.

Enfin pour faciliter les fonctions des Huissiers-Visiteurs, les Maîtres, Capitaines & Patrons des vaisseaux, sont tenus par le sixiéme & dernier article de ne les y point troubler, lorsqu'ils se présentent pour faire la visite dans leurs bâtimens, à peine d'amende arbitraire.

HUIT. Nombre composé de deux fois quatre, ou de quatre fois deux. Le Huit excede le sept d'une unité: il est la racine quarrée de soixante-quatre, qui est la multiplication de de Huit par soi-même. Huit fois Huit font soixante-quatre.

Huit en chiffre commun ou Arabe s'écrit ainsi (8); en chiffre Romain de cette maniere (VIII); & en chiffre François, de compte ou de finance, de la sorte (biij).

On dit Huit vingt, pour dire, cent soixante: on dit aussi Dix-huit, Vingt-huit, Trente-huit & Huit cens, Huit mille, &c.

En Espagne on nomme l'écu ou patagon, Piece de Huit, parce qu'elle vaut huit petites reales de sept sous six deniers chacune.

HUITANTE. Terme d'Arithmetique, qui signifie huit fois dix. On se sert plus ordinairement du mot d'Octante. *Voyez* OCTANTE.

HUITIE'ME. Terme numeral qui vient après le septiéme. Il se dit de la partie d'un tout divisé en huit portions égales. Le Huitiéme de quarante est cinq. Cinq fois huit font quarante. On dit qu'on a un Huitiéme dans un armement, ou autre affaire de commerce, pour dire qu'on y est interessé pour cette portion.

En fait de fractions ou nombres rompus, de quelque tout ou entier que ce soit; un Huitiéme s'écrit de cette maniere ($\frac{1}{8}$). On dit aussi, Trois Huitiémes, Cinq Huitiémes, Sept Huitiémes, &c. que l'on marque ainsi ($\frac{3}{8}$, $\frac{5}{8}$, $\frac{7}{8}$, &c. Le Huitiéme de vingt sous est deux sous six deniers, qui est une des parties aliquotes de la livre tournois.

La huitiéme partie d'une aune est un demi-quart; ensorte que deux Huitiémes font un quart, trois Huitiémes un quart & demi, quatre Huitiémes une demie aune, cinq Huitiémes une demie-aune demi-quart, six Huitiémes trois quarts, sept Huitiémes trois quarts & demi; ou une aune moins demi-quart; & huit Huitiémes font l'aune entiere. La moitié d'un Huitiéme est un seiziéme, & deux seiziémes font un Huitiéme.

HUITIE'ME. Droit-d'Aydes qui se leve en France sur les vins vendus à pot & par assiette. *Voyez* VIN.

HUITIE'MIER. Commis des Aydes qui fait payer le huitiéme des vins.

HUMEUR. Terme de Megissier. On dit, Faire prendre l'Humeur aux peaux de mouton qu'on passe en megie; pour signifier, les laisser s'humecter dans une cuve séche, où on les met après les avoir trempées dans de l'eau claire, pour les préparer à cette façon qu'on appelle Ouvrir les peaux *Voyez* MEGIE.

HUNDRED. On nomme ainsi en Angleterre, ce qu'on entend ailleurs par le mot de Quintal. L'Hundred est de 112 livres d'avoir du poids, qui est la livre la plus forte des deux dont les Anglois se servent. Cette livre est de seize onces, qui ne rendent à Paris que quatorze onces cinq huit; ensorte que le quintal de Paris qui est de cent livres, faisant à Londres cent neuf livres, le quintal Anglois est d'environ deux livres & demie, ou trois livres plus fort que celui de Paris. *Voyez* LIVRE poids.

HYACINTHE, ou JACINTE, que l'on écrit quelquefois HIACINTE. Pierre précieuse qui prend son nom de la fleur Hyacinthe, à cause de sa couleur.

Il y a de quatre sortes d'Hyacinthe, celles dont la couleur est mêlée de vermillon, celle d'un jaune de safran, celles de couleur d'ambre; & enfin celles qui étant presque blanches, n'ont qu'un leger rouge mêlé dans leur couleur.

Les Hyacinthes qui viennent d'Orient se trouvent dans

les Royaumes de Calecut & de Cambaye. En Occident on en trouve en Portugal & en Boheme.

Ces pierres sont faciles à graver; mais souvent la graveure coûte plus que la pierre elle-même.

Les Anciens en faisoient des amulettes, ou especes de talismans, & les portoient ou penduës au col, ou enchassées dans un anneau contre la peste. Leur credulité leur attribuoit encore quantité d'autres vertus que la raison & l'experience démentent.

L'Hyacinthe dont on se sert en Médecine, & de laquelle la confection d'Hyacinthe prend son nom, est une pierre précieuse, dont il y a de trois sortes. La premiere est la Hyacinthe soupe de lait, qui est une petite pierre de la grosseur & figure d'un moyen grain de sel assez tendre.

La seconde est une pierre rougeâtre dessus & dedans, naturellement taillée en pointe de diamant. Il s'en trouve en Pologne, en Boheme, en Silesie, & en quelques lieux d'Italie.

La troisiéme est blanche, mêlée de jaune & de quelques autres couleurs. Elle se tire des même endroits que la rouge. Il n'y a proprement que la premiere sorte qui soit propre à la confection de Hyacinthe, quoique quelques Droguistes & Apoticaires y substituënt assez souvent les autres.

Il y a d'autres pierres de la grosseur de la tête d'une épingle, d'un rouge brillant, qu'on veut faire passer pour véritables Hyacinthes. Les Marchands Epiciers-Droguistes les appellent Jargons par mépris. Elles se trouvent en France, & sur-tout en Auvergne.

Les Hyacinthes propres à la Médecine sont mises dans les Tarifs de France au nombre des drogues, & en cette qualité payent les droits d'entrée dans le Royaume à raison de 50 s. du cent pesant.

La confection de Hyacinthe est un électuaire liquide & cordial, composé de diverses sortes de pierres précieuses, particulierement de celle dont elle a sa dénomination, de certaines sortes de terres, de quelques graines, de diverses racines, d'os de cœur de cerf, de corail, de plusieurs syrops, & de beaucoxp d'autres drogues bien broyées ensemble.

Il n'y a guéres de drogues qui ait plus de débit que la confection de Hyacinthe. Ses vertus, l'imagination ou la mode la font presque passer pour une espece de panacée. Outre la réputation qu'elle a à Paris, il y a des Provinces en France, particulierement le Languedoc & la Provence, où l'on trouve peu de Gens, pour considerables qu'ils soient, qui n'ayent en poche la petite boëte ou le petit pot de confection de Hyacinthe, comme un remede toûjours prêt pour l'occasion.

Quoiqu'il en soit de ses vertus & de ses proprietez, elle doit être choisie de bonne consistence, nouvelle, & d'un vermeil tirant sur le jaune. Le plus seur néantmoins, malgré ces marques de bonté, est de n'en point acheter que de Marchands Droguistes de probité; n'y ayant guéres de drogues si faciles à sofistiquer, ni qui le soit plus ordinairement.

La Confection de Hyacinthe, que le Tarif de 1664. appelle Confection Hamesèque, paye en France les droits d'entrée à raison de 5 s. la livre, conformement audit Tarif; & par celui de la Doüane de Lyon, 4 l. du quintal pour l'ancienne taxation, & 6 l. de nouvelle reapreciation.

HYDRARGIRE. Mot Latin avec une terminaison Françoise. Il vient d'*Hydrargirum*, qui signifie vif-argent.

Les

Les Chimistes & les Artistes qui aiment le misterieux & les grands mots, s'en servent plus volontiers que du terme de vif-argent. *Voyez* VIF-ARGENT.

HYPOCISTIS ou HYPOCISTE. C'est tout ensemble le nom d'un suc qui entre dans la composition de la Thériaque, & de la plante de laquelle on le tire.

Cette plante n'est proprement que le rejetton d'une autre qu'on nomme Ladanum, & qui est une des deux especes de Cistus. Il y en a de mâle & de femelle; le mâle a ses fleurs semblables à celles du grenadier; celles de la femelle sont blanches. Les feüilles de l'un & de l'autre sont longues, & approchantes des feüilles de sauge.

L'Hypocistis est fort commun en Provence & en Languedoc, où l'on en recueille & prépare le suc. C'est d'où les Marchands Epiciers-Droguistes de Paris le font venir.

Il faut le choisir cuit, en bonne consistence, c'est-à-dire, ferme, d'un noir luisant, le moins brûlé & le plus astringent au goût qu'il est possible.

On substituë quelquefois cette drogue à l'acacia vera. Elle entre aussi dans la composition de l'emplâtre noir du Prieur de Cabriere, dont la recette a été renduë publique.

L'Hypocistis paye en France les droits d'entrée à raison de 3 *l.* 10 *s. le cent pesant, conformement au Tarif de* 1664; *& suivant celui de la Doüane de Lyon, où il est appellé Ipoquistidos,* 5 *s. tant pour l'ancienne que pour la nouvelle taxation.*

HYPOLAPATHUM. Espece de rapontic ou de rhubarbe. Il y en a de deux sortes; l'un sauvage qui vient sans culture, l'autre qui se cultive dans les jardins. *Voyez* RHUBARBE.

HYPOTHEQUAIRE. On nomme Créancier Hypothequaire, celui dont le contrat est passé par-devant Notaires, ou reconnu en justice. *Voyez les articles suivans.*

HYPOTHEQUE. Privilege que des Créanciers ont sur les immeubles de leurs Débiteurs, soit en vertu de contrats, obligations, transactions ou autres actes passez ou reconnus pardevant Notaires, soit aussi en consequence de Jugemens, Sentences ou Arrêts.

Dans les faillites & banqueroutes les Créanciers fondez en Hypotheques sont préferez aux Créanciers chirographaires, c'est-à-dire, à ceux qui ne rapportent pour titres de leurs créances que des lettres ou billets de change, ou de simples promesses & autres semblables écritures sous signature privée, qui n'ont point été reconnuës en justice. Quelques Négocians se servent du mauvais terme Latin *Hypotheca*, pour dire, Hypotheque.

HYPOTHEQUE. Donner de l'argent à Hypotheque, est aussi un terme de négoce raporté par M. Savary dans son Parfait Négociant, à la fin du Chapitre 3 du Livre 5 de la seconde Partie. Voici comme il s'explique sur ce terme.

„ Pour ne rien obmettre de tout ce qui concerne le „ commerce de Smirne, il faut sçavoir qu'il s'en fait en„ core un très-avantageux, qui est de donner de l'argent „ à Hypotheque, sur lequel il y a à gagner quinze, seize „ & dix-sept pour cent: pourquoy les Marchands & Né„ gocians de Marseille y portent quantité de piastres, & „ particulierement des Sevillanes & de grand poids; non„ seulement pour les troquer & échanger avec les Persans „ pour la monnoye courante du Païs; sur quoy il y a à „ gagner pour le change neuf à dix pour cent, mais en„ core pour le donner à Hypotheque aux Juifs & Arme„ niens qui achetent à Smirne les soyes & les cires, pour „ les transporter en Italie & à Marseille. L'on donne mê„ me encore l'argent à Hypotheque aux Marchands & Né„ gocians de Marseille, & autres Nations.

„ Mais comme ce mot d'Hypotheque n'est connu que „ de peu de personnes, il est nécessaire d'en donner l'ex„ plication. Donner l'argent à Hypotheque, est, par ex„ emple, quand un Armenien ou un Juif voit qu'il y a „ grande abondance de soyes, de cire, ou autres mar„ chandises propres pour la Chrétienté, & qu'elles sont à „ juste prix, n'ayant pas d'argent pour faire leurs achats, „ ils en empruntent des Marchands & Négocians Mar„ seillois, ou d'autres Villes d'Italie qui en ont à Smirne; „ & pour la seureté ils hypothequent, ou pour mieux di„ re, ils affectent & obligent specialement les marchandi„ ses qu'ils chargent sur leurs vaisseaux pour Marseille ou „ pour d'autres Villes d'Italie, & pour cela ils donnent „ quinze, seize à dix-sept pour cent pour le change de l'ar„ gent qu'on leur donne pour lesdits lieux; & quand les „ Armeniens ou Juifs sont arrivez à bon port, & qu'ils „ ont vendu leurs marchandises, les Négocians qui leur „ ont donné leur argent à Smirne, sont payez par préfe„ rence sur l'argent provenant de la vente desdites mar„ chandises, & c'est ce que l'on appelle Donner de l'ar„ gent à Hypotheque.

„ Ce commerce de donner de l'argent à Hypotheque, „ a quelque raport à celui que les Négocians François don„ nent à la grosse aventure aux Bourgeois & Patrons des „ navires, pour lequel ils leur donnent vingt-cinq à trente „ pour cent de benefice.

„ Quoique ce commerce soit avantageux & profitable, „ néantmoins on ne laisse pas de risquer beaucoup, soit pour „ la mauvaise foy qu'il peut y avoir dans les Juifs & Ar„ meniens à qui l'on donne de l'argent à Hypotheque, soit „ pour le risque de la mer, soit enfin par la prise des vais„ seaux sur lesquels sont chargées les marchandises, par les „ Corsaires & Armateurs; c'est pourquoy il faut faire ce „ commerce prudemment, pour ne pas risquer son bien, „ & pour cela il ne faut pas tant envisager le grand profit „ que la seureté: ainsi j'estimerois (c'est toûjours l'Auteur „ du Parfait Négociant) que ceux qui donnent leur argent „ à Hypotheque, le fissent assurer, soit à Marseille, ou à „ la Chambre d'Assurance de Paris; il est vray qu'il y au„ roit moins à gagner, mais aussi il n'y a rien à risquer, „ quand on a de bons Assureurs.

HYPOTHEQUÉ. Un bien, un fond hypothequé, c'est un fonds ou bien sur lequel le Proprietaire doit des sommes par des actes pardevant Notaires, ou autres portant hypotheque.

HYPOTHEQUER. Charger un fonds, un bien, un immeuble, d'hypotheque. Celui qui oblige ses biens immeubles comme francs & quittes, quoiqu'il les ait déja hypothequez à quelque autre, est reputé Stellionaire. *Voyez* STELLIONAT.

JABLE. C'est le bois des douves de longueur, qui excede le fond d'un tonneau, & qui forme pour ainsi dire, la circonference exterieure de chaque bout.

Le Jable se prend depuis & compris l'entaille ou rainure dans laquelle sont enfoncées & arrêtées les douves du fond de la futaille jusques à l'extrémité des douves de longueur. On nomme aussi quelquefois cet entaille le Juble.

Peignes de Jables se dit des petits morceaux de douves taillées exprès, que l'on fait entrer de force sous les cerceaux, pour rétablir les Jables rompus.

Pour jauger les tonneaux, il faut commencer par appuyer l'une des extrémitez du bâton de jauge sur le Jable du tonneau que l'on veut jauger; en remarquant néanmoins que lorsque le Jable d'une piece est plus court qu'il ne doit être naturellement, cette diminution du Jable doit donner un excédent de jauge. *Voyez* JAUGE. *Voyez aussi* TONNELIER.

JABLER. Faire des jables aux tonneaux & aux douves.

JABLOIRE. C'est l'outil dont les Tonneliers se servent pour faire la rainure ou entaille des jables. *Voyez* TONNELIER.

IACHOS. On nomme ainsi un des animaux qui produit le Bezoard Occidental ou du Perou. *Voyez* BEZOARD.

JACINTE, ou HYACINTHE. Sorte de pierre precieuse. *Voyez* HYACINTHE.

JACOBUS. Monnoye d'or d'Angleterre frappée sous le regne de Jacques premier, d'où elle a pris son nom: elle vaut 14 livres 10 sols, c'est-à-dire, environ le prix de la Guinée; son poids est de sept deniers vingt grains, & ne tient de fin que vingt-deux carats. Il s'en trouve peu presentement (1718) en Angleterre, la pluspart des Jacobus ayant été convertis en Guinées ou especes au coin de Charles II. & de Jacques II. depuis 1660 jusqu'en 1689.

JADE, autrement PIERRE DIVINE. C'est une pierre verdâtre tirant un peu sur le gris, extraordinairement dure, & si difficile à tailler, qu'il faut y employer la poudre de diamant.

Cette pierre est fort estimée parmi les peuples des Indes Orientales; ceux de l'Amerique méridionale ne l'estiment pas moins, mais les uns & les autres pour diverses raisons; les Orientaux en faisant cas comme d'une pierre precieuse qu'ils mettent au dessus du diamant; & les Americains comme d'une pierre medicinale qui a beaucoup de vertu contre l'épilepsie & la gravelle.

Malgré un Traité fait exprès pour prouver que ce n'est qu'à bon titre qu'on attribuë ces vertus à la pierre divine, le plus grand usage qu'on fasse du Jade est d'en tailler des manches & poignées de Sabres & coûteaux. Les Turcs sur tout & les Polonnois aiment à les porter ornez de cette pierre & enrichis d'or.

Le plus beau Jade est l'Oriental, celui de l'Amerique est d'un moindre prix.

JAFIMSKE. Les Moscovites appellent ainsi les Richedales ou écus blancs d'Allemagne, à cause de la figure de S. Joachim qui est empreinte sur ces sortes d'especes qui commencerent à être battuës en 1519 dans la Ville de Jochimstal en Boheme.

Les Richedales sont reçûës en Moscovie sur le pied des écus de France, c'est-à-dire pour cinquante copecs à raison de quinze deniers tournois le copec; mais comme il s'en faut deux gros que les cent copecs ne pesent deux Richedales; les Moscovites pour en profiter, & pour gagner ces deux gros, les portent à la Monnoye pour y être converties en petites especes, ce qu'ils font aussi des reales ou pieces de huit d'Espagne.

JAIS, ou JAYET. Pierre minerale fort noire qui prend un assez beau poli.

Les Anciens qui n'avoient pas le secret de mettre les glaces de verre au teint pour y arrêter les objets & les y representer, se servoient de miroirs de Jais qu'ils estimoient beaucoup.

Le Jais est une espece d'ambre, &, à la couleur près, en a toutes les qualitez, tant pour le poliment, que pour la taille & pour la faculté d'attirer de brins de paille après qu'on l'a frotté. Le Dauphiné a quantité de carrieres de Jais, aussi bien que le Languedoc, le Vivarez & le Gevaudan; les mines de ces dernieres Provinces sont à Ponpidou, à Loran & à Larclavet.

JAIS ARTIFICIEL. C'est une espece de verre ou plûtôt d'email avec lequel on imite le Jais naturel.

Ce Jais se teint en telle couleur qu'on veut, en y mêlant de certaines drogues dans la fonte; les Emailleurs le tirent à la lampe en menus & longs filets, creux en dedans, qu'ils coupent ensuite en petits morceaux d'une ligne ou d'une ligne & demi de longueur.

C'est avec ce Jais coupé & percé, qu'on enfile dans de la soye ou du fil, que l'on fait des broderies d'un assez bon goût, mais très élevées, qui servent particuliérement aux ornemens d'Eglise. On en fait aussi des garnitures de petit deüil pour hommes & pour femmes, & quelquefois des manchons, des palatines & des chamarures de robes. Pour ces derniers le Jais qu'on employe à ces ouvrages est blanc & noir; mais de quelque couleur qu'il soit il est d'un très-mauvais usé. *V* EMAIL.

Le Jais lis & brut paye en France les droits d'entrée & de sortie sur le pied de mercerie, c'est-à-dire 10 livres le cent pesant d'entrée, conformément à l'Arrêt du 3 Juillet 1692; & 3 livres de sortie, suivant le Tarif de 1664, à moins qu'il ne soit déclaré pour les Pays étrangers, auquel cas il ne paye que 2 livres.

Les droits du Jais lis & brut qui se payent à la Doüane de Lyon, sont de 24 sols de la charge, & ceux du Jais taillé 40 sols du quintal.

JALAGE. Droit Seigneurial qui est du au Seigneur sur chaque poinçon de vin vendu en détail: c'est la même chose que le droit de Forage. *Voyez* FORAGE.

JALAP. Racine très-purgative qu'on apporte des Indes Occidentales & de l'Isle de Madere. Monsieur de Tournefort l'appelle *Solanum Mexicanum*; & le Pere Plumier Minime, célebre Botaniste, prétend que ce n'est rien autre chose que la racine des Belles de nuit que l'on cultive en France, & qu'on nomme *Mirabilis Peruviana*; nom qu'un Mededecin Anglois donne aussi au Jalap : la seule différence consistant dans la diversité du climat, qui comme il arrive dans toutes les autres plantes, leur communique dans des endroits des vertus qu'elles n'ont pas en d'autres.

Quoiqu'il en soit, cette racine vient en grosses roüelles seches, difficiles à casser avec les mains, mais tendres sous le marteau ; d'un gris noirâtre au dessus & d'un noir luisant au dedans, résineuses & d'un goût âcre & assez désagreable, toutes qualitez que doit avoir le bon Jalap.

Cette racine se vend aussi reduite en poudre ; mais à moins d'être sûr du Marchand de qui on l'achette, il est rare de n'être pas trompé, soit à cause qu'on y mêle du Brionne ou d'autres racines, soit parce que l'on ne pulverise ordinairement que le Jalap carié & vermoulu.

On tire du Jalap par le moyen de l'esprit de vin & de l'eau commune un magistere ou resine liquide, blanche & gluante, qu'on estime plus que le Jalap même : On en fait aussi des extraits, mais qui n'ont pas la même vertu que la resine.

M. Bolduc de l'Academie Royale des Sciences estime le Jalap un très-bon purgatif, & se plaint, comme on le peut voir dans l'excellente Histoire de cette Academie année 1701, de ce qu'il est si negligé, puisqu'il est capable de faire de très-bons effets.

Le Jalap paye en France les droits d'entrée à raison de 10 *livres le cent pesant, conformement au Tarif de* 1664 ; *& suivant celui de la Doüane de Lyon* 3 *liv. du quintal d'ancienne taxation, &* 12 *livres pour les anciens quatre pour cent.*

JALE, ou JALLE. Espece de grand baquet dont se servent les Marchands de farine à mettre sous leur boisseau lorsqu'ils la mesurent pour empêcher qu'il ne s'en perde. La Jale sert aussi aux Vendangeurs à mettre leur vendange pour la transporter à la cuve ; celle-ci n'est ordinairement qu'une futaille coupée en deux.

JALE est aussi une mesure des liquides qui contient environ quatre pintes de Paris : les Anglois l'appellent Gallon ou Walon. *Voyez* GALLON.

JALE'E. Ce qu'une Jale peut contenir de liqueur ou de vendange. Une Jalée de vin ; une Jalée de raisin.

JAMAVAS. Taffetas des Indes à fleur d'or ou de soye ; il y en a même de brodez. Les pieces sont de cinq ou huit aunes de longueur sur 11/12 ou 7/8, de largeur.

JAMAYQUE. Bois qui croît dans l'Isle de la Jamaïque. On l'appelle plus ordinairement Bois d'Inde. *Voyez* INDE.

JAMBAGE. Ce qui sert comme de jambe & qui soûtient quelque chose.

Parmi les Tourneurs on appelle les Jambages d'un tour deux grosses pieces de bois d'équarrissage, posées à plomb sur des semelles, & affermies par les côtez avec des liens en contrefiches.

C'est dans ces deux Jambages que sont emmortoisées les deux autres longues pieces de bois couchées paralelles à l'orison qu'on appelle les jumelles, entre lesquelles se mettent les poupées. *Voyez* TOUR.

Ces mêmes ouvriers & les Potiers d'étain donnent aussi le nom de Jambages aux deux pieces drêssées à plomb, entre lesquelles est placée la rouë qui sert à tourner les ouvrages de tour qui sont trop pesants à tourner au pied. *V* ROUE.

JAMBETTE. C'est la seconde espece de Pelleterie que les Turcs tirent de la peau des Martes-Zibelines, beaucoup inférieure à la Marte proprement dite, qui est celle de l'échine, mais bien meilleure que celle du col appellée en Turc Samoul-Bacha. On en peut encore tirer une quatriéme espece qui est le ventre, mais on n'en fait aucun cas sur tout à Constantinople. *Voyez* MARTRES.

JAMBETTE. Terme de Charpentiers. Ces Ouvriers donnent ce nom aux petits poteaux qui sont placez pour soutenir d'autres pieces, comme sont par exemple ceux qui sont mis sous les chevrons & sous les arbalestiers. La Jambette dans une machine à sonnettes est une petite piece de bois qui pose sur la fourchette & qui soutient le rancher. *V.* SONNETTES.

JAMBETTE. Se dit aussi des petits coûteaux à manche de bois qui se plient en deux, pour pouvoir les porter plus commodement dans la poche, mais qui n'ont pas de ressort.

Les Jambettes font partie des marchandises dont on compose les cargaisons des vaisseaux qu'on envoye sur les Côtes d'Affrique pour la traitte des Negres. *Voyez l'article general du Commerce où il est parlé de celui du Senegal & de Guinée.*

Les Jambettes payent en France les droits d'entrée & de sortie comme mercerie, sçavoir à l'entrée 10 *liv. du cent pesant, suivant l'Arrêt du* 3 *Juillet* 1692 ; *& à la sortie* 3 *livres, où même seulement* 2 *livres, conformement audit Arrêt, quand ils sont declarez pour aller à l'Etranger.*

JAMBONS. Cuisses ou épaules de porc ou de sanglier, qu'on a levées ou coupées exprès pour saler, fumer & préparer, en telle sorte qu'elles se puissent conserver du tems sans se corrompre, & que la chair en soit plus délicate & d'un goût plus agréable.

Les Jambons se vendent au poids & font partie du négoce des Marchands Epiciers & Merciers.

Les lieux d'où ils en tirent le plus sont Aix-la-Chapelle en Westphalie par la voye de Hollande ; Bayonne en Gascogne, & Bordeaux en Guyennne. Ils en font aussi venir d'Anjou & de quelques endroits des environs de Paris, mais en petite quantité.

Ceux de Westphalie qui se vendent ordinairement sous le nom de Mayence, quoiqu'il n'en vienne aucun de cette Ville d'Allemagne, tiennent le premier rang ; ensuite les Bayonnois, parmi lesquels les veritables Lahontan se distinguent pour la bonté & la delicatesse ; les Bordelois sont inferieurs à ceux de Bayonne, & les Angevins vont après. Pour ce qui est de ceux des environs de Paris que l'on appelle communement Jambons de Pays ; on n'en fait que très-peu de cas.

La Flandre, le Portugal & la Ville de Hambourg fournissent encore des Jambons qui sont coupez comme ceux de Westphalie, à la reserve des Portugais dont le manche est beaucoup plus long. Les Marchands François, particulierement ceux de Paris n'en tirent presque point, ne les estimant pas beaucoup.

Les Maîtres Charcutiers de Paris sont en droit de vendre des Jambons ; mais ce ne sont que ceux qui proviennent des porcs qu'ils tuent, ou dont ils font eux-mêmes les salaisons, ne leur étant pas permis d'en faire venir du dehors.

En Westphalie les Jambons se préparent d'une maniere si particuliere que le Lecteur ne sera peut-être pas fâché de la trouver ici.

Maniere de préparer les Jambons en Westphalie.

Après que les Jambons ont été levez de dessus l'animal, on les sale suffisamment avec du salpétre tout pur, puis on les met sous une presse pendant huit jours, après quoi on les trempe dans de l'esprit de vin, où l'on l'on a mis infuser de la graine de genevre concassée ou pilée; ensuite on les met fumer & secher à la fumée du bois de genevre qu'on fait bruler. C'est sans doute cette préparation extraordinaire qui leur rend la chair si vermeille, & qui leur donne cette délicatesse & ce goût superieur qui ne se rencontre point dans toutes les autres sortes de jambons de quelque Pays qu'ils puissent venir.

JAMBONNEAU. Petit jambon. On le dit aussi d'un grand jambon coupé en deux, quand il y reste l'os du manche: dans ce dernier sens le terme de Jambonneau n'est gueres en usage que chez les Charbonniers.

Suivant le Tarif de 1664 les Jambons doivent payer les droits d'entrée & de sortie du Royaume & des Provinces réputées étrangeres, sçavoir pour l'entrée sur le pied de 40 s. du cent pesant & pour la sortie à raison de 32 s. aussi du cent pesant.

Les Jambons sont du nombre des marchandises dont les droits d'entrée dans les Pays, Terres & Seigneuries de l'obéïssance des Etats Generaux des Provinces unies ont été moderez en faveur de la France par le Tarif de 1699.

Ils payent un florin 12 s. du cent pesant.

Ces droits se payent ort ou brut, c'est à-dire, que le poids des caisses, tonneaux & emballages doit être compris & confondu avec celui des Jambons.

JAMIS. On appelle Toile à Jamis une espece de toile de coton qui se tire du Levant par la voye d'Alep. *Voyez* Toile de coton.

JANISARKI. On nomme ainsi à Constantinople le Bazart couvert où se vendent les drogues & les toiles. C'est un grand bâtiment fermé par deux grandes voûtes, sous l'une desquelles sont toutes les boutiques de droguerie, & dans l'autre toutes celles des Marchands de toile. *Voyez* Bazart.

JANNEQUIN, ou GENEQUIN. Coton filé d'une mediocre qualité qui se tire du Levant par la voye de Smirne. Il s'y en vend année commune jusqu'à mille quintaux qui se payent depuis douze jusqu'à quinze piastres le quintal, s'ils sont fins; & depuis dix jusqu'à douze s'ils sont gros. *Voyez* Coton.

JANTES, ou GENTES. Ce sont des pieces de bois d'orme chantournées qui s'employent par les Charons à faire les Jantes des rouës des carosses, chariots & autres voitures roulantes; c'est à-dire, à former le cercle exterieur de la rouë qui porte les rais, & qui les serre contre le moyeu. *Voyez* Orme.

JAQUEMAR. Les Monnoyeurs au moulin nomment ainsi le ressort qui sert à relever la vis du Balancier à chaque coup qu'on tire pour donner l'empreinte aux especes. *Voyez* Balancier de Monnoye.

JARDINIER. Celui qui cultive un jardin.

Il se fait à Paris un négoce plus considerable qu'on ne peut s'imaginer de toutes sortes de fruits, de fleurs, de légumes, d'herbages, de plants d'arbres, de marcottes pour les vignes, d'arbustes, de graines potageres, de plantes soit vivaces soit annuelles; enfin de toutes les diverses productions qui viennent de la terre par l'art du jardinage.

C'est une chose étonnante que la quantité qui en arrive tous les matins à Paris dans les Halles, qui s'étalent depuis la Halle au bled jusqu'à la ruë saint Honoré & les Mercredis & Samedis sur le quai de la vieille Vallée; il est encore plus surprenant que les jardins & marais de la Ville, Fauxbourgs & Banlieuë de Paris puissent en fournir avec une telle abondance.

La bonne ou mauvaise qualité de toutes ces productions des jardins & des marais des environs de Paris, dont la plûpart servent à la nourriture, a toûjours été un des objets de la Police; en sorte qu'outre les Commissaires qui y veillent, il y a eu de toute ancienneté dans cette Capitale une Communauté de Maîtres Jardiniers chargée de faire des visites soit au dedans dans les marchez où elles se vendent, soit au dehors dans les jardins & lieux où s'en fait la culture.

Les plus anciens Reglemens que cette Communauté ait conservez, sont du mois de Fevrier 1473; mais il paroît par plusieurs articles de ces mêmes Reglemens qu'elle en avoit eu d'autres bien auparavant, & il y est parlé des Maîtres Jurez Jardiniers comme d'un Corps deja établi & d'une assez grande antiquité. Ces Statuts furent publiez à son de trompe en 1545, & encore depuis confirmez par Henri III. en 1576, & enregistrez au Parlement la même année.

Les Maîtres Jardiniers, Preoliers Maraîchers, comme ils sont nommez dans plusieurs Sentences, Arrêts & Lettres Patentes, ayant trouvé à propos de dresser de nouveaux Reglemens en 1599, en obtinrent au mois de Novembre de la même année l'approbation & autorisation d'Henry IV. alors regnant, par les Lettres Patentes enregistrées au parlement le 17 Avril de l'année suivante.

Ces Statuts furent confirmez au mois de Juin 1645. dans les prémieres années du regne de Louis XIV. mais l'enregistrement des Lettres n'ayant été faites qu'au Châtelet, il en falut de nouvelles en 1654 pour les faire vérifier & enrégistrer au Parlement; ce qui se fit le 14 Avril 1655: ces Statuts furent aussi publiez la même année à son de trompe.

Enfin le même Loüis XIV. ayant en 1691 créé des charges de Jurez en titre d'offices, & en 1694 pareillement fait création d'offices d'Auditeurs & d'Examinateurs des comptes des communautez de Paris; les Maîtres Jardiniers, qui avoient laissé lever par des Particuliers les offices de Jurez; non seulement firent alors leur soumission pour la réunion à leur Communauté de ceux d'Auditeurs, mais demanderent encore l'incorporation des charges des Jurez, en remboursant les quatre particuliers qui en avoient payé la finance.

Cela leur fut accordé d'abord par un Arrêt du Conseil du 30. Avril 1697, & ensuite par Lettres Patentes du mois de Juin ensuivant, enregistrées au Parlement le même mois de Juin.

Ces Lettres & Arrêts contiennent outre la réunion des Offices de Jurez & des Auditeurs, la confirmation des Reglemens de 1598, & la concession & autorisation de plusieurs nouveaux articles pour y être ajoûtez.

Voici ce qu'il y a de plus important, & dans les Reglemens de 1599, & dans les nouveaux articles de 1697.

Les Jurez sont au nombre de quatre, dont l'élection se fait en la forme qui se pratique dans les autres Communautez.

Les Apprentifs sont obligez pour quatre ans, après quoi ils doivent servir les Maîtres comme Compagnons pendant deux autres années.

Les veuves de Maîtres restant en viduité, peuvent continuer l'Apprentif commencé par leur mari, mais non en obliger un nouveau: elles joüissent d'ailleurs de tous les privileges de la maîtrise.

Les Aspirans à la maîtrise, après le service de quatre ans en en qualité d'Apprentif & de deux en celle de Compagnons, ne sont reçûs qu'en faisant chef d'œuvre.

Les Fils de Maîtres en sont dispensez, mais non d'un service de quatre ans chez leurs peres ou chez d'autres Maîtres dont les Jurez doivent être certifiez avant de les recevoir.

Nul, s'il n'est Jardinier, ne peut apporter à Paris pour les y vendre, des melons, concombres, artichaux, herbages, fruits, arbres, &c. à la réserve des Bourgeois de la Ville & Fauxbourgs qui le peuvent les mecredis & samedis jours de marchez.

Les Revendeurs & les les Revenderesses ne peuvent se pourvoir des herbages, legumes & autres de ces sortes de denrées, que dans les Halles & Marchez publics.

Il est défendu à tous se mêlant de jardinage, de se servir d'immondices, gadouës, fientes de pourceaux, bouës de Paris pour fumer les terres qu'ils veulent ensemencer ou planter des diverses especes d'herbages & legumes.

Il est ordonné aux Jurez de faire deux fois l'année leurs visites dans les terres, marais & jardinages des Fauxbourgs & Banlieuë de Paris pour empêcher cet abus.

Il est pareillement fait défense aux Regrattiers d'acheter arbres ou fleurs pour les venir vendre avec les Maîtres dans les lieux destinez à ce négoce.

C'étoit autrefois le Pont au Change nommé alors le Pont aux arbres, présentement c'est la vieille Vallée de misere.

Les Maîtres sont maintenus en possession de vendre tous les matins leurs légumes & herbages dans les Halles, depuis la Halle au bled jusqu'à la ruë S. Honoré & ruës adjacentes. Enfin il est defendu à tous Maîtres de débaucher les Garçons des autres Maîtres, ni d'en prendre à leur service qu'ils n'aient sçû de celui de chez qu'il sort, s'il en a été content.

JARGONS. Petites pierres de la grosseur d'une tête d'épingle d'un rouge brillant, que quelquefois les Epiciers-Droguistes donnent pour de véritables Hyacinthes. On en tire beaucoup du Puy en Auvergne. *V.* HYACINTHE.

Les Jargons payent en France les droits d'entrée comme Hyacinthes conformement au Tarif de 1664 ; & suivant celui de la Doüane de Lyon où ils sont aussi appellez Fragmats d'Hyacinthes, 3 liv, du quintal.

JARRE. Long poil dur & luisant qui se trouve sur la superficie des peaux de castor, & qui ne peut entrer dans la fabrique des chapeaux n'etant pas propre au feutrement.

Arracher le Jarre, le tirer avec des especes de pincettes Ce qui se fait par les Ouvriers qu'en terme de manufacture de chapeaux on nomme Arracheuses ou Eplucheuses.

Le Jarre s'employe par les Chapeliers à remplir de petites plottes couvertes de tripe de laine, qui leur servent à frotter & lustrer les chapeaux. *Voyez* CASTOR. *Voyez aussi* CHAPEAU.

JARRE Se dit aussi du poil de vigogne. *Voyez* VIGOGNE.

JARRE BOSSE. *V.* CANDELETTE.

JARRE. Grand vaisseau de terre cuite, dans lequel les Provençaux gardent les huiles d'olives ; ils s'en servent aussi à la mer pour conserver les eaux bonnes à boire.

JARRE. Est encore une mesure des liquides qui contient environ quarante pintes de Paris.

JASPE. Espece de marbre ou de pierre precieuse assez semblable à l'agathe, ordinairement mêlé de diverses couleurs, particuliérement de verd & de rouge.

JASPE-FLORIDE. Sorte de Jaspe qui se trouve dans quelques endroits des Pyrenées. On l'appelle Floride à cause des différentes couleurs dont il est diversifié, qui semblent y representer des fleurs. Il y en a même où l'on voit des fleuves, des animaux, des debris de Bâtimens, des fruits, des paysages, & même des figures humaines assez bien peintes. On employe de ce marbre dans la marqueterie & dans les ouvrages de pieces de raport. L'on en voit d'excellentes pieces dans les cabinets des Curieux.

JASPE. On donne aussi ce nom à des marbres des mêmes qualitez, mais entierement d'une couleur particuliérement de rouge & de verd. Les plus estimez sont ceux qui tirent sur une couleur de lacque ou de pourpre; ensuite les incarnats ou couleur de rose.

Il y en a aussi de verds chargez de petites taches rouges, qu'on prise encore plus que les autres.

Le Jaspe paye en France les droits d'entrée à raison de 8 s. le pied en quarré, & pour ceux de sortie 2 s.

Les droits que le Jaspe brut paye à la Doüane de Lyon, sont de 7 s. le quintal.

JASPE. Les Relieurs de livres appellent Jaspe, du vermillon & du verd, dont ils se servent pour marbrer la tranche des livres. En terme du métier on dit faire le Jaspe; pour dire, donner cette double couleur à la tranche.

JASPE'. Qui a plusieurs couleurs comme le Jaspe.

On appelle à Amiens Etamines jaspées ou Etamines virées simples, de petites étoffes qui ont demie aune de large, sur treize à quinze aunes de long. *Voyez* ETAMINE.

JASPER. Donner à quelque chose la couleur de Jaspe.

JASPURE. Ce qui approche des couleurs du jaspe. Les Relieurs le disent du verd & du vermillon dont ils ornent la tranche des livres.

JATTE. Espece de sebille à pressoir troüée par le milieu, placée à la renverse sur quatre pieds de bois, sur laquelle les Passementiers-Boutonniers font avec des fuseaux ces gros cordons de soye, de fleuret ou de fil, qui s'employent à faire des guides de chevaux de carosse, à pendre des lustres, à attacher aux bras des Cochers pour les faire arrêter quand on veut, &c. *V.* PASSEMENTIER.

JATTE. C'est aussi la sebille dans laquelle les Sculpteurs, Marbriers & Scieurs de long, mettent le grais battu avec lequel ils scient & usent les marbres & les pierres: Ils l'appellent aussi Galle. Les Sculpteurs s'en servent encore à détremper ce qu'ils appellent du Badigeon, dont ils se servent pour reparer les défauts qui se trouvent dans les pierres sur lesquelles ils travaillent. *V.* BADIGEON.

JATTE. Les Relieurs de livres appellent Jatte à colle le vaisseau ou sebile dans lequel ils conservent la colle de farine dont ils se servent pour coller les couvertures des livres qu'ils relient. *Voyez* RELIEUR.

JAVELLE, ou BOTTE D'ESCHALAS. *Voyez* ESCHALAS.

JAUGE. Art ou maniere de reduire à une mesure connuë ou cubique, la capacité ou consistence inconnuë de divers tonneaux, comme pipes, muids, demiqueuës, barriques & autres vaisseaux servant à mettre du vin, de l'eau de vie & autres liqueurs; en sorte que par la jauge on peut connoître au juste combien chaque vaisseau ou futaille contient de septiers, de pintes, ou d'autres mesures.

JAUGE, ou BASTON DE JAUGE. C'est l'instrument qui sert à faire ces sortes de réductions.

Ce baston est ordinairement de bois & quelquefois de fer: il est quarré de quatre à cinq lignes de grosseur ; sa

lon-

longueur est de quatre pieds deux ou trois pouces, longueur qui lui a été donnée à cause que la pipe le plus grand de tous les vaisseaux propres à contenir des liqueurs, a ordinairement quatre pieds de long.

La premiere dimension marquée sur les quatre côtez de ce baston est la longueur du pied de Roy contenant douze pouces, & chaque pouce douze lignes : elle est marquée par deux points sur chacun des quatre côtez du bâton. Cette mesure du pied de Roy est le fondement des autres qui sont dessus le baston pour jauger toutes sortes d'especes de tonneaux. C'est pourquoi dans toutes les opérations qu'il convient faire pour jauger, il faut toûjours commencer à apposer l'extrémité du baston où est marqué le pied de Roy, & remontant de vûë à l'autre extrémité, vous rencontrez les caracteres des especes de futailles & les points excédans leur juste Jauge.

Toutes les especes de vaisseaux à vin ou autres liqueurs, jusques à la continence de trois muids, se jaugent proportionnellement, sur la comparaison des neuf especes de vaisseaux reguliers, qui sont marquez en caracteres & valeur sur le baston, comme étant les plus ordinaires, qui se voiturent en France, & particuliérement à Paris.

Il y a deux de ces neuf especes de vaisseaux sur chacun des trois côtez du bâton; sçavoir, le muid & le demi-muid sur le premier, la demie-queuë d'Orleans & le quarteau du même lieu sur le deuxiéme; la pipe & le bussard sur le troisieme; & sur le quatriéme côté il y en a trois qui sont la demie-queuë de Champagne, le quarteau du même Pays & le quart-de muid.

Ce sont-là les neuf especes de vaisseaux réguliers, suivant la Jauge desquels on peut jauger toutes les autres pieces irrégulieres, en observant la proportion & l'harmonie qu'il y a dans leurs dimensions.

Chacune des neuf especes régulieres est marquée deux fois sur le baston; la premiere pour indiquer son fond, & la seconde pour connoître sa longueur. Ainsi chacune de ces especes a deux dimensions; l'une de hauteur, qui est pour jauger le fonds du tonneau; & l'autre de longueur, pour mesurer les douves de longueur du même tonneau. Cela est fondé sur le principe de la définition du corps solide, qui a trois dimensions, longueur, largeur & profondeur, tel que peut être un muid ou tel autre vaisseau que ce soit, ayant la même forme & figure.

Au dessus de chaque caractere qui marque chacune des neuf especes de tonneaux, il y a un ou deux points qui sont autant d'espaces qui désignent chacune un septier de liqueur valant huit pintes mesure de Paris, excédant la juste Jauge du tonneau designé par son caractere. C'est à quoi l'on doit bien prendre garde en jaugeant.

Pour jauger & trouver sur le bâton ces points de septiers excedans, voici comme il s'y faut prendre. Appuyez l'extrémité du bâton où est marqué le pied de Roi, sur le jable du tonneau qui vous est presenté; faites en sorte de couper le fonds en deux parties égales, sans quoi vous prendriez un faux diametre, qui déconcerteroit toutes vos mesures: regardez au dessous du jable, opposé à celui où le bâton est appuyé, quel point y paroît. Si c'est justement le caractere de l'espece que vous jaugez, elle est de bonne jauge pour la hauteur de fonds; mais si le point au dessus de ce caractere entre sous le jable, elle excede d'un septier: si plusieurs points y entrent proportionnez au premier, comptez autant de septiers excedans que vous retiendrez, pour les joindre à ceux que vous trouverez en mesurant la longueur des douves au dessus du tonneau.

Il ne suffit pas de jauger un des fonds du tonneau, il faut, s'il se peut, les jauger tous deux pour connoître s'ils ont du rapport l'un à l'autre; car assez souvent l'un a moins de circonference que l'autre, & par conséquent le diametre plus court, ce qui ne donne pas tant de septiers; en ce cas il faut rabattre à proportion.

Après cette opération posez le bâton de Jauge le long du tonneau, en observant de mettre l'extrémité où est marqué le pied de Roy sur l'extrémité d'une douve le long du tonneau, & après conduisez votre vûë le long du bâton jusques à l'autre extrémité; voyez où l'autre extrémité de la douve de dessus rencontre le bâton, & à ce point de rencontre reconnoissez le caractere de votre tonneau; s'il est justement à l'extrémité de la douve de dessus le tonneau, il n'y a point d'excedent: mais si le point qui est passé le caractere du tonneau se trouve à l'extrémité de la douve du dessus, cela donne un septier d'excedent de longueur, qu'il faut joindre aux septiers d'excedent que l'on a trouvé de hauteur ou de fonds, & en composer le total de votre excedent de Jauge.

Après avoir jaugé la hauteur & la longueur du tonneau, il faut remarquer si la piece est bien bougeuë; car si l'enflure ou bouge qui paroît au milieu de la piece est considerable, cela donne encore de l'excedent de jauge; comme aussi si les jables sont plus courts que l'ordinaire de la piece, cela augmente encore l'excedent.

Il faut aussi avant que d'asseoir son jugement sur la Jauge d'un tonneau, observer si la piece n'a pas les fonds renfoncez en dedans, ou les douves de dessus larges & plates, si elle n'est point rognée ou de mauvaise fabrique; car en tous ces cas il est juste de diminuer par proportion ce que l'on y trouve d'excedent de Jauge suivant le bâton.

Pour découvrir ce que doit donner d'excedent le bouge d'un tonneau, il faut le débondonner, y faire entrer perpendiculairement un bâton qui touche le fonds, puis mettre le doigt à l'extrémité interieure de la douve du bondon sur le bâton que vous retirerez, & vous verrez l'intervale qu'il y a de différence entre cette ligne & le diametre du fonds; prenez en la moitié & rapportez la à l'espace des septiers du fonds de la piece marquez sur le bâton de jauge, & vous compterez autant de septiers comme il y en a de marquez.

En Normandie les Commmis des Aydes ont un certain ruban qu'ils appellent Jauge, sur lequel sont marquées les mêmes dimensions que celles du baton de Jauge, aussi s'en servent-ils au même usage.

Il y a encore une autre sorte d'instrument dont on se sert pour la Jauge des tonneaux ou futailles à liqueurs, particuliérement de celles à eau de vie. Il a plusieurs noms suivant les differens lieux & pays, où il est en usage. A Bordeaux, Bayonne, Hambourg, Lubek & Embden on l'appelle Verge; à la Rochelle, Cognac, en l'Isle de Ré & dans tout le Pays d'Aulnis, Verte; en divers lieux de Bretagne & d'Anjou, Velte; en Hollande, Viertel ou Viertelle; & en quelques autres endroits, Verle.

Cet instrument qui approche assez du bâton de Jauge, est une espece de broche ou verge de bois, de fer ou de baleine, recourbée à l'une de ses extrémitez, dont la longueur

gueur est à peu près semblable à celle de l'aune de Paris qui est de trois pieds sept pouces huit lignes.

Sur cette broche sont marquez de côté & d'autre les hauteurs & les diametres de plusieurs mesures égales & certaines d'eau de vie, de vin ou d'autres liqueurs, dont on se sert pour découvrir combien de telles mesures sont comprises dans un tonneau; ce qui s'appelle Verger ou Jauger.

Cette broche ou Jauge se met dans la piece que l'on veut jauger en la faisant entrer par le bondon jusques au bas de la circonference des deux fonds, tant d'un côté que d'autre, & suivant qu'elle se trouve plus ou moins enfoncée, ou qu'il y a de liqueur, elle marque les hauteurs & diametres du nombre des mesures que la futaille contient, & ces mesures sont aussi appellées du nom de l'instrument, Verge, Velte, Verte, &c. Ainsi l'on dit, Cette barique, cette pipe d'eau de vie contient tant de verges, de veltes, ou de vertels, &c. pour dire qu'elle renferme tant de ces mesures.

Chaque verge de liqueur est estimée trois pots & demi un peu moins, le pot valant deux pintes; de sorte que lorsque par la Jauge un tonneau se trouve de quarante verges, cela doit s'entendre qu'il contient cent quarante pots, qui font deux cens quatre-vingt pintes.

A Bruges en Flandre la verge est appellée Sester.

Jauge. Est encore la mesure commune & connuë qu'un muid ou autre vaisseau doit contenir suivant les differens usages des lieux. Ainsi l'on dit, Ce muid est de Jauge; pour faire entendre qu'il contient juste le nombre de septiers ou de pintes qu'il doit naturellement contenir.

On dit aussi qu'un tonneau est de bonne ou de mauvaise Jauge, quand il est plus ou moins grand par rapport à son espece.

La Jauge enseigne aussi combien un navire peut contenir de tonneaux, combien un tonneau de mer qui est estimé peser deux mille livres, peut occuper de pieds cubes dans le fond de cale du navire.

Chaque navire doit être jaugé aussi tôt qu'il est construit, par les Gardes Jurez, ou Prud'hommes du métier de Charpentier, qui sont tenus de donner leur attestation du port du bâtiment, laquelle doit être enregistrée au Greffe de l'Amirauté.

Pour connoitre le port & la capacité d'un navire & en regler la Jauge, le fonds de cale qui est le lieu de sa charge, doit être mesuré à raison de quarante-deux pieds cubes pour tonneau de mer *Art. 4 & 5 du titre 10 du livre 2 de l'Ordonnance de la Marine du mois d'Août* 1681.

Methode pour la Jauge des navires.

1°. Il faut prendre la longueur du navire qui est depuis la chambre du devant jusques à la chambre de derriere, ou plûtôt de l'arriere en avant, depuis l'estambord jusques à l'estrave, au milieu de la profondeur de l'un & de l'autre pour avoir une longueur reduite.

2°. On doit prendre la largeur du navire au milieu & à chacun bout, à huit pieds de l'estambord d'un bout, & de même à huit pieds de l'estrave de l'autre bout, pareillement au milieu de la profondeur pour avoir la largeur reduite, & de ces trois largeurs différentes on en doit faire une commune pour compenser les largeurs.

3°. On prend ensuite la hauteur du navire au milieu vers le mât & à chacun de ces bouts, ce qui doit s'entendre depuis la carlingue jusques sous le bault, & au dessus dans les entre-deux ponts de même; & de ces trois hauteurs différentes on en doit faire aussi une commune pour compenser les hauteurs.

Ces trois choses étant faites, il faut multiplier la longueur par la largeur commune; & le produit le multiplier par la hauteur commune, & le deuxiéme produit le diviser par quarante-deux pieds; & le quotient de cette division donnera le nombre des tonneaux que le navire peut contenir à raison de quarante-deux pieds en bas pour chacun tonneau.

Exemple.

Supposé que la longueur du navire soit	60 Pieds.
La largeur d'un bout	15
La largeur du milieu	20
Et la largeur de l'autre bout	14
La hauteur d'un bout	7
La hauteur du milieu	6
Et la hauteur de l'autre bout	8

Avant que de faire la supputation, il faut trouver la largeur commune & vérifiée, ce qui doit se faire ainsi.

Ajoûtez ensemble les deux largeurs extrêmes qui sont quinze pieds & quatorze pieds, vous aurez vingt-neuf pieds, desquels prenez la moitié, vous aurez quatorze pieds & demi; ajoûtez ces quatorze pieds & demi avec la largeur du milieu qui est vingt pieds, vous aurez trente-quatre pieds & demi, dont la moitié qui est dix-sept pieds un quart, sera la véritable largeur du navire, laquelle est appellée largeur commune & justifiée.

Il faut pareillement trouver la hauteur commune, & vérifier auparavant que d'arriver à la supputation des tonneaux; & cette opération se doit faire de la même maniere qu'il a été dit à l'égard de la largeur.

Pour trouver donc la hauteur commune & justifiée, ajoûtez ensemble les deux hauteurs extrêmes qui sont sept pieds & huit pieds, vous aurez quinze pieds, desquels prenez la moitié, vous aurez sept pieds & demi; lesquels sept pieds & demi il faut ajoûter avec la hauteur du milieu qui est six pieds, vous aurez treize pieds & demi, dont la moitié qui est six pieds trois quarts sera la vraie hauteur du navire, laquelle est appellée hauteur commune & justifiée.

Ensorte que la longueur sera	60 pieds
La vraie largeur	17 p. $\frac{1}{4}$.
Et la vraie hauteur	6 p. $\frac{3}{4}$.

Pour parvenir à la supputation des tonneaux

Il faut multiplier	60 pieds de long
par	17 pieds $\frac{1}{4}$ de large.
	410
	600
Pour le quart	15 pieds.
Le produit est	1035 pieds.
lequel doit être multiplié par la hauteur	6 pieds $\frac{3}{4}$.
Pour six pieds	6210.
Pour demi pied	517 6 pouces.
Pour un quart de pied	258 9 pouces.
Dernier produit	6986 pieds.

Lesquels 6986 doivent être divisez par 42, comme il se voit par l'operation suivante.

```
2 (1
32
270(4
6986|166 Tonneaux quotient.
-----
4222|
  44|
```

Le quotient eſt de 166 tonneaux & 14 pieds reſtans, ce qui donne la quantité de tonneaux que le navire peut porter, & regle par conſéquent le fret du bâtiment ſur le pied de ces 166 tonneaux.

JAUGE. Se dit auſſi chez les Ouvriers en bas au métier d'un certain morceau de fer poli, étroit & plat, long de trois pouces de Roy en forme de petite regle, qui ſert à jauger ou meſurer les métiers, pour connoître combien ils portent de plombs, y en ayant de 18, 20, 22, 23, 24, 26 & 28 plombs, qui diminuent de groſſeur à proportion de leur nombre, chaque nombre ſe devant rencontrer juſte dans la diſtance des trois pouces de Roy que contient la Jauge.

JAUGE. Eſt encore parmi les Marchands de fils de fer & de leton, auſſi bien que parmi les Maîtres Chaînettiers une eſpece de meſure pour jauger de la groſſeur de ces ſortes de fils, & en connoître le diametre.

Cette Jauge qui eſt d'acier eſt compoſée de pluſieurs eſſes redoublées, & c'eſt l'eſpace qui ſe trouve entre la panſe de deux eſſes qui ſert à meſurer le fil dont la groſſeur eſt marquée à côté par un chiffre qui la deſigne. Les Marchands de fer de Paris, particuliérement ceux qui ne font que le commerce de ce fil, ne ſe ſervent de cette Jauge que pour les eſpeces dont les numeros ne ſont pas fixez, tels que ſont par exemple les fils de Bourgogne & de Champagne, & de quelques lieux d'Allemagne. *Voyez* FILS DE FER.

JAUGE. Se dit auſſi parmi les Charpentiers d'une petite regle de bois dont ils ſe ſervent pour tracer leurs ouvrages & couper ſur le trait.

JAUGEAGE. Action de jauger les tonneaux, les navires. Cet homme entend bien le Jaugeage. On a fait le Jaugeage de ce tonneau, de ce navire.

JAUGEAGE. Se dit auſſi du droit qui ſe prend par les Jurez Jaugeurs, ou Officiers qui jaugent les vaiſſeaux à liqueurs.

JAUGEAGE. Se dit encore d'un certain droit qui ſe perçoit par les Fermiers des Aydes ſur les vins & liqueurs, conjointement avec le droit de courtage. Ainſi l'on dit: Il a tant été payé pour les droits de Jaugeage & courtage de ce vin.

JAUGER. Meſurer avec la jauge la capacité d'un tonneau ou futaille, & la reduire à une meſure commune & connuë. On dit auſſi, Jauger un navire, pour dire meſurer ſon fond de cale, pour en ſçavoir le port.

JAUGER. Signifie en terme de charpenterie tracer l'ouvrage avec la jauge.

JAUGER UNE PIERRE. C'eſt regarder ſi elle eſt d'épaiſſeur.

JAUGER DU FIL DE FER OU DE LETON. C'eſt en voir la groſſeur & le numero, en le paſſant par l'ouverture de la jauge qui lui eſt propre. *Voyez ci-deſſus la Jauge des Marchands de fil de fer & de leton.*

JAUGEUR. Officier de Ville qui ſçait l'art ou la maniere de jauger les tonneaux ou futailles à liqueurs, ou celui qui a titre & pouvoir d'en faire le jaugeage.

Chaque Juré Jaugeur doit avoir ſa jauge juſte & de bon patron, ſuivant l'échantillon qui eſt en l'Hôtel de Ville; il doit auſſi imprimer ſa marque ſur l'un des fonds du tonneau ou futaille qu'il a jaugé avec une roüanette, & y mettre la lettre B ſi la jauge eſt bonne; la lettre M ſi elle eſt trop foible ou moindre; & la lettre P ſi elle eſt plus forte, avec un chiffre pour faire connoître la quantité des pintes qui s'y ſont trouvées de plus ou de moins.

Chaque Jaugeur doit avoir ſa marque particuliere, laquelle il doit figurer en marge du regiſtre de ſa reception, pour y avoir recours quand beſoin eſt; en cas de fauſſe jauge, le Jaugeur de la marque duquel la piece ſe trouve marquée, demeurant reſponſable envers l'Acheteur, ſi la jauge eſt moindre, & envers le Vendeur pour l'excedent.

Il eſt permis à chacun de demander une nouvelle jauge, dont les frais ſe payent par le premier Jaugeur, ſi ſa jauge ſe trouve défectueuſe, & par celui qui s'en plaint, ſi elle ſe trouve bonne.

Enfin nul Apprentif Jaugeur ne peut s'immiſcer de faire aucune jauge, s'il n'a ſervi un Maître Jaugeur au moins un an, à peine d'amende; & en cas qu'il l'ait fait par ordre du Maître, ledit Maître en reſte reſponſable en ſon nom. *Ordonnance de la Ville de Paris 1672, chap. 12.*

Il y a eu en France des Jaugeurs pour les groſſes meſures des liquides, en même tems que la police a commencé à y avoir des regles certaines.

L'on parle d'eux ſous ce nom dans le Recueil des Ordonnances de S. Loüis de l'année 1258; & dès ce tems-là l'inſtitution & la reception des Jaugeurs pour la Ville de Paris appartenoient aux Prevôt des Marchands & Echevins, qui commettoient pour l'exercice de ces emplois des perſonnes habiles dans la maniere de jauger, & d'une probité reconnuë.

Le Reglement de Charles VI. de l'année 1415 pour la Ville de Paris en fixa le nombre à douze, ſix Maîtres & ſix Apprentifs, qui faiſoient ferment à leur reception de conſerver également le droit du Vendeur & de l'Acheteur.

Henry IV. par ſon Edit du mois de Février 1596, créa ces Jaugeurs en titre d'Offices, tant à Paris que dans les autres Villes, avec attribution de douze deniers par chaque muid.

Loüis XIII. augmenta les Offices & les droits au mois de Février 1633, par une création de deux nouveaux Jaugeurs, & par le pariſis de l'ancien droit qu'il leur accorda; enſorte que Paris eût alors huit Maîtres Jaugeurs.

Loüis XIV. dès l'année 1645, créa huit autres Jaugeurs pour faire le nombre de ſeize avec les huit premiers, & tant les anciens que nouveaux droits furent fixez à 5 ſ. par muid ou demie-queuë de vin, cidre, biére, eau-de-vie, verjus, vinaigre, & autres boiſſons ou liqueurs entrant à Paris tant par eau que par terre.

La création du mois de Decembre 1689, quoique de trente-deux, ne fut pourtant pas encore la plus conſiderable de celles qui furent faites ſous le Regne de ce Prince, & l'on en vit deux autres ſe ſuivre d'aſſez près; l'une de cinquante ſous le titre d'Eſſayeurs & Controlleurs d'eaux-de-vie 1690, & l'autre de cinquante-deux en 1703.

La Paix d'Utreck ayant donné à la France le tems de reſpirer, & au Roi l'occaſion de penſer à ſoulager ſes peuples, que les longues guerres de ſon Regne avoient épuiſez, il parut un Edit au mois de May 1715, quatre mois avant la mort de ce grand Prince, par lequel il ſupprimoit tous les Offices qui avoient été créez ſur les ports, quais, halles

& marchez de la Ville de Paris depuis le premier Janvier 1689; ce qui reduisoit les Jurez Jaugeurs à leur ancien nombre de seize.

Ce projet si digne de la pieté du Prince n'ayant pû s'executer de son vivant, Louis XV. son successeur, sous la Regence de Philippes Duc d'Orleans, l'acheva en 1719, par son Edit du mois de Septembre; & ayant supprimé tant les nouveaux que les anciens Officiers, chargea les Prevôt des Marchands & Echevins de commettre en leur place, & fixa par un Tarif les droits qui se payeroient à l'avenir pour la jauge & pour l'essay des vins, eaux-de-vie & autres boissons, mais bien au dessous de ceux qui s'exigeoient auparavant.

Ces droits reformez sont, sçavoir:

Pour chaque muid réduit de vins, cidres, biéres, &c. 2 sous.

Et pour chaque muid aussi réduit d'eau-de-vie simple, d'eau-de-vie double & d'esprit de vin, 4 sous.

Le nombre des Commis Jaugeurs a été fixé à 14 par Arrêt du Conseil du 12 Septembre 1719.

JAUNASTRE. Couleur qui tire sur le jaune. *Voyez l'article suivant.*

JAUNE. L'une des cinq couleurs simples & matrices des Teinturiers.

Les beaux Jaunes après avoir été boüillis avec alun, ou avec alun & gravelle, se colorent avec la gaude, drogue qui croît en France.

Le coucomme ou terra-merita qui vient des Indes fait aussi un très-beau Jaune, mais qui n'est pas pourtant des meilleurs.

Le bois jaune qui vient pareillement des Indes, fait un jaune tirant sur la couleur d'or.

On en teint une quatriéme sorte avec la farette & la genestrole; mais le jaune de ces drogues étant moins beau que le jaune de gaude, ne peut servir que pour les couleurs composées où entre le jaune.

La nuance du jaune est le Jaune naissant, Jaune citron, Jaune pâle, Jaune paillé & Jaune doré. *Voyez* COULEUR.

Les soyes jaunes doivent être teintes suivant leurs nuances; les citrons, après avoir été alunez, de gaude avec un peu de cuve d'inde; les Jaunes de graine se font fort de gaude, & se couvrent avec un peu de bain de raucour; & les Jaunes pâles de gaude seule. On parle ailleurs des aurores, des isabelles & des orangées. *Voyez ces trois articles.*

JAUNE DES COURROYEURS. Ce Jaune se fait avec de la graine d'Avignon & de l'alun, de chacune une demie livre sur trois pintes d'eau réduites aux deux tiers, en les faisant boüillir à petit feu. *Voyez* COURROYER.

JAUNE. On appelle Toile jaune, une grosse toile de ménage telle qu'elle vient de dessus le métier, & avant qu'elle ait été mise au blanchissage.

La toile de soye devenuë jaune se blanchit par la fumée de souffre.

JAUNIR. Rendre jaune, soit par la teinture, soit autrement. Jaunir des peaux, Jaunir du papier, Jaunir une porte. Il ne se dit guéres des étoffes, des soyes, laines & fils qu'on rend jaunes par la teinture; mais au lieu de jaunir, on dit Teindre un drap ou une étoffe en jaune, ou simplement Mettre en jaune des laines, des soyes, &c.

JAUNIR. Devenir jaune. Il se dit des marchandises blanches qui deviennent jaunes pour être trop long-tems exposées à l'air, comme la toile, le papier, la cire toutes les étoffes blanches, soit de soye, laine, fil, coton ou poil.

ICHIEN ou ICHIN. C'est l'aune du Japon, à laquelle on mesure les étoffes de soye & les toiles qui s'y fabriquent. L'Ichien est à peu près de trois aunes de Hollande. *Voyez l'article suivant.*

ICHIN. Aune ou mesure des longueurs dont on se sert au Japon.

Cette mesure est uniforme dans toutes les Isles qui composent ce vaste Empire, un des plus riches de l'Orient. Non seulement chaque Marchand a des Ichins dans sa boutique ausquels il mesure & vend ses marchandises, mais encore il y a des Ichins publics qu'on trouve pendus presqu'à chaque coin de ruë, où l'Acheteur peut aller verifier si on ne lui a point fait faux aunage.

Cette espece d'aune a environ six pieds de long divisés en six parties, & chacune de ces divisions en dix autres, ensorte que l'Ichin entier a soixante divisions. Un Ichin fait à peu près trois aunes de Hollande, & une canne de Provence.

IDEM. Terme Latin dont on se sert assez souvent dans le commerce, particulierement dans les comptes, memoires & inventaires des Marchands. Il signifie, De même. Ainsi quand à la suite d'un article de marchandises exprimé tout au long, on en met un ou plusieurs autres, qui chacuns ne sont composez que d'un Idem; cela fait entendre qu'ils sont entierement semblables au premier.

JÉ. Mesure des liqueurs, dont on se sert en quelques lieux d'Allemagne, particulierement à Ausbourg.

Le Jé est de deux muids ou de douze besons, le beson de douze masses. Huit Jés font le feoder.

JERUN-CROCHEN. Monnoye qui se fabrique dans les Etats du Grand-Seigneur, qui y a cours pour un demi-ducat. *Voyez* CROCHEN.

JET. Terme d'Arithmetique, qui veut dire, supputation, calcul. Le Jet avec les jettons est moins sûr & moins prompt que celui à la plume. J'ai fait le Jet de toutes les sommes contenuës en votre memoire, elles se montent à tant. Il se dit plus ordinairement du calcul qui se fait aux jettons que de celui qu'on fait avec la plume.

JET. Terme de commerce de mer. Il se dit de tout ce qu'on est obligé de jetter à la mer dans un peril éminent pour sauver le vaisseau. *Voyez* CONTRIBUTION.

JET, chez les Fondeurs. Se dit des tuyaux de cire que l'on attache en plusieurs endroits du moule aussi de cire, d'un ouvrage qu'on veut fondre. Les jets servent, après que le moule a été vuidé de sa cire, à porter & distribuer le métail fondu dans toutes les parties qu'elle occupoit auparavant. *Voyez* FONDEUR DE GROS OUVRAGES.

JET. C'est aussi un morceau ou tringle de cuivre en forme de petit cylindre coupé en deux dans toute sa longueur, dont les Fondeurs en sable se servent pour faire dans leurs moules le canal ou conduit par lequel le métail doit être porté aux différentes pieces qu'ils veulent fondre. Chaque chassis a un Jet au milieu des pieces, qui se nomme le Maître Jet; les autres s'appellent Jets de traverse. *Voyez* FONDEUR EN SABLE.

JET. Se dit encore chez les Giriers-Ciergiers, de chaque cuillerée de cire fonduë qu'ils jettent sur les méches des cierges qu'ils fabriquent à la cuilliere. *Voyez* CIERGE.

JET. Signifie aussi, en termes de Plombier, un petit entonnoir, de cuivre, qui est à un des bouts du moule à fondre

dre des tuyaux sans soudure, par lequel on verse le métail fondu dans le moule. *Voyez* Plombier.

JETTE'E. Terme de Chandelier. On appelle Jettée de chandelles, le nombre de chandelles qu'on peut mouler d'une seule fonte de suif. *Voyez* Chandelle Moule'e.

JETTER. Terme d'Arithmetique, qui signifie compter, supputer, calculer. C'est une perfection à un Marchand que de sçavoir bien jetter à la plume & aux jettons. Ce terme est moins en usage pour le calcul qui se fait avec la plume que pour celui qui se fait aux jettons.

Jetter, en terme de fonderie. C'est faire couler le metail fondu dans un moule qu'on a préparé. On dit, Jetter en or, en argent, en bronze, en plomb, selon qu'on se sert de l'un de ses métaux pour l'ouvrage ou la figure que l'on veut fondre. *Voyez* Fonceur.

Jetter en plastre. C'est remplir de plâtre bien sassé, bien fin & très-liquide un moule ordinairement aussi de plâtre, qu'on a tiré en morceaux de dessus une statuë ou un autre ouvrage de sculpture, & que l'on ressemble par le moyen de la chape.

Il y a deux choses à observer à l'égard du moule; l'une, qu'il soit bien imbibé d'huile avant que d'y couler le plâtre, de peur qu'il ne s'y attache; & l'autre, que chaque petit morceau qui le compose ait une ficelle pour le retirer avec plus de facilité, quand l'ouvrage est suffisamment sec. *Voyez* Fondeur.

Jetter en terre ou en sable. C'est faire couler du métail entre deux tables couvertes de sable ou de terre des Fondeurs, dans lesquelles on a imprimé la figure qu'on veut qui y soit representée. *Voyez* Fondeur, *à l'endroit où l'on parle de la Communauté des Fondeurs de la Ville & Fauxbourgs de Paris.*

L'on se sert aussi chez les Orfevres des os de seiche pour mouler & jetter de petits ouvrages d'or & d'argent, comme des boucles de souliers, des boutons de manches & autre semblable menuë orfevrerie. La seiche est un poisson qui quand il est sec devient comme une espece de pierre de ponce très-fine, & propre à prendre facilement toutes sortes d'impressions. *Voyez* Seiche.

Jetter du Plomb sur toile. C'est se servir d'un moule ou table couverte de drap ou d'étoffe de laine, & pardessus le drap d'une toile ou treillis bien tendu pour y couler du plomb en lames très-minces.

Cette maniere de jetter le plomb est défenduë par les Statuts des Plombiers. Comme il y a néantmoins des occasions & des ouvrages par lesquels ces sortes de tables sont nécessaires, & que ces Ouvriers obtiennent alors la permission de jetter en toile. On en parlera à l'article des Plombiers où l'on peut avoir recours.

Les Facteurs d'orgues jettent ordinairement sur toile l'étain dont ils font plusieurs des tuyaux à vent de cet instrument de musique. La pratique en est toute semblable à celle pour les tables de plomb. *Voyez comme dessus.*

Jetter l'or, l'argent ou le Cuivre en lames. C'est en termes de monnoyes, remplir de ces métaux, quand ils sont en bain, c'est-à-dire, quand ils sont parfaitement en fusion, les moules ou chassis qui ont été préparez avec de la terre à Fondeur pour servir à cet usage.

Quand on jette de l'or en lames, il se verse dans le jet du moule avec le creuset où il a été fondu; mais pour verser l'argent ou le cuivre, on se sert de grandes cuillieres de fer à manche de bois avec lesquelles on puise les metaux ardens & liquides, dans les creusets de fer où ils ont été mis en fusion. *Voyez* Monnoyage.

Jetter une bride. Terme de manufacture de dentelles. C'est l'arranger, la disposer, la faire, pour remplir les vuides qui sont entre le toilé des dentelles & des points. Il ne me reste plus pour que mon point soit fini, que jetter les brides, c'est-à-dire, de les faire. Ces brides sont admirablement bien jettées; pour dire, elles sont parfaitement bien faites. *Voyez* Point. *Voyez aussi* Dentelle.

Jetter de la Chandelle. Terme de Chandelier. Il ne se dit que dans la fabrique des chandelles moulées, & signifie remplir de suif les moules qui sont dressez & arrangez sur la table à moule.

Dans la fabrique des chandelles communes on dit, Plonger la chandelle, ou simplement faire de la chandelle. *Voyez* Chandelle Moule'e.

JETTON. Petite piece ronde ordinairement de métail, mais quelquefois d'yvoire, de nacre de perles, ou autres matieres legeres & précieuses, dont on se sert pour calculer quelques sommes, marquer son jeu, & à d'autres semblables usages. On dit quelquefois simplement jetter, pour dire, calculer aux jettons, parce qu'on jette les jettons sur la table en comptant, d'où apparemment leur est venu leur nom.

Dans l'usage présentement établi en France & ailleurs, mais particulierement en France, les Jettons d'or, d'argent & de cuivre sont devenus comme des especes de médailles presque toûjours frappées à l'honneur du Roy regnant avec son effigie d'un côté, & de l'autre des legendes & des devises qui rappellent quelque évenement singulier ou glorieux de son Regne, & avec le grenetis & le millesime comme aux monnoyes.

Les Prevôt des Marchands & Echevins de la Ville de Paris, & plusieurs Officiers, comme les Gardes du Tresor Royal, les Treforiers de l'Extraordinaire & de l'Ordinaire des Guerres, ceux de la Marine & des Parties Casuelles, les Treforiers des Bâtimens du Roy, &c. font tous les ans frapper de nouveaux Jettons, dont les devises, qui ont raport à leurs fonctions & au Regne du Roy, sont faites par Messieurs de l'Academie des Inscriptions & Belles-Lettres. Ces Jettons sont comme les étrennes que la Ville & ces Tresoriers vont présenter le premier jour de l'an au Roy, à la Maison Royale, aux Princes du Sang, au Chancelier & aux Ministres & Secretaires d'Etat, dans des bourses magnifiques composées de cent Jettons, quelques-uns d'or, & d'autres seulement d'argent, suivant les qualitez & la coûtume.

Il seroit trop long d'entrer dans le détail de tous les Corps qui font frapper des Jettons pour leur usage particulier, & pour être distribuez aux receptions ou aux assemblées; n'y en ayant guéres à Paris, soit dans les premiers Magistratures & dans les inferieures, soit dans les Facultez, les Communautez des Marchands, ou celles des Arts & Métiers, qui n'ayent leurs Jettons d'argent ornez de leurs devises.

Les trois Academies Royales qui ont leurs séances au Louvre, & celle de Peinture & de Sculpture qui y tient aussi ses assemblées, ont pareillement leurs Jettons, dont la distribution se fait aux Academiciens qui y assistent; mais ils leur sont distribuez aux dépens du Roy, & sur les fonds établis pour cette depense.

Les Jettons se fabriquent & se frappent avec des poinçons & des coins comme les monnoyes, & avec les mêmes machines.

chines. *Voyez* MONNOYAGE, *où il est parlé des monnoyes au moulin.*

La fabrique & la vente des Jettons d'or, d'argent & de cuivre ne sont permis en France qu'au Garde de la Monnoye des Médailles ou Balanciers du Roy, Par plusieurs Arrêts de la Cour des Monnoyes, entr'autres par celui du 14 Juillet 1685, qui ordonne l'execution de ceux des 10 Mars & 18 Janvier 1672, & des Lettres Patentes & Arrêts du Conseil du 15 Janvier aussi 1685, il est defendu à tous autres d'en fabriquer, ni d'en faire venir des Païs Etrangers, aux Orfevres d'en vendre ni d'en tenir dans leurs boutiques d'or ou d'argent, & à tous autres Marchands qui font négoce de ceux de cuivre, d'en tenir, vendre ni débiter autres que ceux fabriquez en la Monnoye des Médailles des Galleries du Louvre.

Les Jettons d'or & d'argent payent en France les droits d'entrée & de sortie comme or & argent ouvrez.

Ceux de cuivre ou d'autres matieres payent comme mercerie; sçavoir à l'entrée 20 liv du cent pesant, conformement à l'Arrêt du 3 Juillet 1692; & à la sortie 3 liv. ou même seulement 2 liv. lorsqu'ils sont déclarez pour les Pays Etrangers, en consequence du même Arrêt.

JETTON. Les Fondeurs de caracteres d'Imprimerie appellent Jetton, une petite plaque de cuivre ou de leton très-mince, avec laquelle ils font la justification de leurs lettres nouvellement fonduës.

Ce morceau de cuivre, qui ne ressemble en rien à un jetton, n'a pas plus d'un pouce & demi de longueur, & à peine une ligne d'épaisseur: c'est proprement la section d'une octogene prise du milieu de deux faces opposées Cette section exactement couppée sert comme de niveau, soit pour mesurer l'épaisseur des lettres sur le marbre, soit pour regler leur hauteur en ligne sur l'instrument qu'on nomme Justification, *Voyez* FONDEUR DE CARACTERES.

JEU-PARTI. Terme de commerce de mer. On dit, Faire Jeu-parti, lorsque de deux ou plusieurs personnes qui ont part à un même navire, il y en a une qui veut dissoudre la societé, & qui demande en justice que le total appartienne à celui qui fera la condition des autres meilleure, ou qu'on fasse estimer les parts de chacun des Associez.

IMAGE. Empreinte d'une planche de cuivre ou de bois, gravée au burin, à l'eau-forte ou au ciselet, que l'on fait avec de l'encre des Imprimeurs en taille-douce, sur du papier & du vélin, & quelquefois sur du satin. On l'appelle autrement une Estampe.

Le commerce des Images est très-considerable; & outre le débit qui s'en fait à Paris, & les envois dans les Provinces, il en sort tous les ans quantité pour les Païs Etrangers, particulierement pour l'Espagne, d'où elles sont envoyées par les gallions & par la flotte jusques dans le Mexique & dans le Perou.

Par le Tarif de 1664, les Images payent les droits de sortie, comme dominoterie à raison de 32 s. le cent pesant.

Les droits qu'elles païent à la Doüane de Lyon sont de 19 s. 6 d. du quintal, tant pour l'ancienne que pour la nouvelle taxation.

IMAGE DE VELIN. *Voyez* PARCHEMIN, *à la fin de l'article.* Il y est parlé non seulement de la nature du velin, mais encore du commerce qui se fait des Images qu'on imprime dessus.

IMAGE. Se prend aussi dans le Tarif de Lyon de l'année 1632, pour toutes sortes de tableaux peints sur toile & sur bois.

Par ce Tarif les Images de France payent tant d'anciens que de nouveaux droits, 18 s. 9 den.

Les Images étrangeres, 1 l. 10 s. le quintal.

IMAGER. Marchand qui fait commerce d'images.

Quoique les Graveurs, soit ceux qui sont de l'Academie Royale de Peinture, Sculpture & Graveure, soit ceux qui sont reçûs Maîtres de la Communauté des Peintres, Sculpteurs & Graveurs de la Ville & Fauxbourgs de Paris, fassent un grand négoce de toutes sortes d'estampes d'images, particulierement de leurs propres ouvrages, ou dont ils ont fait graver les planches par d'autres, on ne leur donne pas néantmoins ordinairement le nom d'Imagers; mais ils conservent celui de Graveurs, qui leur est autrement honorable. *Voyez* GRAVEURS.

Les vrais Imagers sont donc, ou ceux qu'on appelle autrement la Dominotiers, ou des marchands Merciers qui ont choisi ce négoce; n'y ayant rien qui ne puisse être vendu par les Marchands du Corps de la Mercerie. On a parlé ailleurs des premiers. *Voyez* DOMINOTIER.

La plûpart des Graveurs Marchands d'images, des Dominotiers & des Merciers-Imagers de la Ville de Paris, où ils sont en grand nombre, ont leur boutique dans l'Université, & presque tous dans la ruë S. Jacques.

IMMA. Espece de bol ou de terre rouge, dont se servent en Perse les Teinturiers & les Peintres pour leurs peintures & teintures.

Les femmes Persanes, particulierement les Danseuses publiques, en usent aussi pour relever leur beauté, comme on fait en France de carmin ou de rouge d'Espagne.

Le meilleur Imma est celui que l'on tire de la montagne de Chiampa près de Bander-Congo.

IMPAIR. Terme d'Arithmetique, qui se dit des nombres qui ne sçauroient être divisez en deux parties égales sans fractions. *Voyez* NOMBRE IMPAIR.

IMPAIREMENT-PAIR. *Voyez comme dessus.*

IMPARFAIT. Se dit en termes de Manufacture, d'une étoffe qui est mal fabriquée, qui n'a pas eu toutes ses façons & tous ses apprêts. Ce drap est imparfait, il a été mal frappé sur le métier, il est mal tondu. Cette piece de satin est imparfaite, elle n'est pas bien travaillée.

IMPERIALE. Serge Imperiale. C'est ainsi que l'on nomme une sorte de serge de trois quarts d'aune de large, mesure de Paris, qui se fabrique particulierement dans le Bas-Languedoc.

Les serges Imperiales, qui s'appellent aussi Sempiternes ou Perpetuanes, sont quasi toutes destinées pour l'Italie & pour l'Espagne. *Voyez* SEMPITERNE & SERGE, *à l'endroit où il est fait mention de l'Arrêt du Conseil du 25 Aoust 1705, qui regle la largeur de ces sortes de serges.*

IMPERIALE Monnoye d'or du poids de quatre deniers quatre grains, & au titre de vingt trois carats trois quarts. L'Imperiale se fabriquoit en Flandres, & y valoit environ un cinquiéme moins que le loüis d'or de douze livres de France.

IMPOSER. Signifie en termes d'Imprimerie, arranger, comparer & garnir de leurs bois, les pages qu'a fait le Compositeur; ensorte que les blancs ou séparations des pages qui ont raport les unes avec les autres, étant parfaitement égaux, elles puissent se trouver juste ligne sur ligne quand un ouvrage est en retiration. *V.* IMPRIMERIE.

IMPOSITON. C'est l'arrangement & la comparaison des pages

pages que le Compositeur à faites, & l'action de les garnir de leurs bois convenables. *Voyez comme dessus.*

IMPRESSION. Empreinte, marque qui se communique par la forte application d'un corps sur un autre. La cire reçoit l'Impression du cachet. L'or l'argent & le cuivre reçoivent celle des coins qui servent au monnoyage des especes. C'est sur le plomb que les Inspecteurs des Manufactures, les Visiteurs des Doüanes & autres Commis des Bureaux des Fermes, font l'Impression de leurs poinçons, comme font pareillement sur diverses autres matieres, les Artisans qui par leurs Statuts sont obligez de marquer leurs ouvrages *Voyez les articles de Monnoyage, des Plombs, de la Marque, des Poinçons & des Marteaux.*

IMPRESSION. Terme de Librairie. Il s'entend de diverses choses, & s'employe en plusieurs significations. Tantôt il signifie les caracteres & les lettres représentées avec de l'encre noire ou de la rosette sur du papier ou du vélin, tantôt il se pour les Livres mêmes tout imprimez. Souvent on le dit de la quantité de fois qu'un Livre a été imprimé, & quelquefois seulement du nombre de feüilles ou d'exemplaires qu'on en a tiré. Dans ces deux derniers sens on se sert aussi du terme d'Edition. On dit, Une belle Impression ; pour dire, des caracteres bien nets, imprimez avec de bonne encre & sur un beau papier. Des Impressions de Hollande, de Paris, d'Angleterre, pour signifier les Livres qui y ont été imprimez. Une premiere, une seconde Impression, pour remarquer que c'est pour la premiere ou la seconde fois qu'un Livre a été mis sous la presse. Enfin une Impression forte, c'est-à-dire, où l'on a tiré beaucoup d'exemplaires ; & au contraire une Impression foible, quand on en a peu tiré.

Les habiles Bibliothequaires, & les Curieux des belles Impressions, remarquent comme des chef-d'œuvres en ce genre : Pour le Latin, le Corps du Droit Civil avec les Commentaires d'Accurse, imprimé à Paris en 1576, en cinq volumes in-folio, par Olivier de Harsy & Henry Thierry, aux dépens de Sebastien Nivelle : Pour le Grec, le Saint Jean Chrysostome en huit volumes in-folio, de l'Imprimerie de Jean Norton Anglois, achevé en 1612, dans le College Royal d'Etone, par les soins du sçavant Henry Savilius : Et enfin pour l'Hebreu, la celebre Polyglotte de M. le Jay, imprimée à Paris par Antoine Vitré en l'année 1645.

IMPRESSION. Se dit quelquefois de l'art de l'Imprimerie, mais assez improprement ; à moins qu'on ne veüille parler de celle qui est en usage dans la Chine depuis tant de siécles ou de celle que les Inventeurs de l'imprimerie moderne ont aussi pratiquée, avant que d'avoir imaginé l'admirable invention des caracteres mobiles. *V.* IMPRIMERIE.

IMPRESSON, chez les Graveurs, Imagers & Imprimeurs en taille-douce. Est l'empreinte que les planches de cuivre ou de bois, gravées au burin ou à l'eau-forte, laissent sur le papier ou le vélin, après qu'elles ont été frottées d'un noir ou d'un rouge préparez, & qu'elles ont passé entre les rouleaux d'une presse. *Voyez* IMPRIMEUR EN TAILLE-DOUCE. *Voyez aussi* GRAVEUR & IMAGER.

IMPRESSION. C'est encore l'art d'imprimer des satins, des taffetas ou des toiles de coton à la maniere des Indes, en y représentant avec une couleur noire, par le moyen de certains moules de bois de poirier, taillez & gravez en relief, divers desseins de personnages, d'animaux, de fleurs & de grotesques, qu'on releve ensuite d'autres couleurs avec le pinceau.

IMPRIMER. Faire une empreinte sur un corps par le moyen d'un autre corps plus dur, que l'on presse ou que l'on frappe dessus. *V.* IMPRESSION.

IMPRIMER des Furies, des Indiennes. C'est contrefaire avec des planches de bois gravées & avec diverses couleurs, ces étoffes & ces toiles qui viennent des Indes.

Il est défendu en France par quantité d'Arrêts, d'imprimer & contrefaire les furies & indiennes, ni de les vendre & débiter, à peine de confiscation & de mille écus d'amende. *Voyez* FURIES, INDIENNES & TOILES PEINTES, *mais particulierement l'article des étoffes des Indes, où tous ces Arrêts anciens & nouveaux sont raportez.*

IMPRIMER, en termes d'Imprimeur de Livres. C'est appliquer & étendre des feüilles de papier blanc ou de vélin sur une forme d'Imprimerie après qu'elle a été noircie ou rougie d'une encre propre à cet usage, afin qu'en les faisant passer ensemble sous la presse, & les serrant avec le barreau, le papier ou vélin reçoive l'empreinte des caracteres & des lettres dont le Compositeur a composé sa forme.

En termes d'Imprimeur en taille-douce, imprimer signifie à peu près la même chose, à la reserve qu'on ne se sert point du barreau ; & que les planches sur lesquelles on tire les images & estampes, étant gravées en creux, au lieu que les caracteres d'Imprimerie le sont en relief, ceux-ci ne s'essuyent point après qu'on y a mis le noir avec les balles ; & qu'au contraire celles-là se nettoient avec un linge, qu'il ne reste d'encre que dans les traits de la graveure. *Voyez l'article suivant. Voyez aussi* IMPRIMEUR EN TAILLE-DOUCE.

IMPRIMERIE. L'art d'imprimer des Livres par le moyen de lettres & caracteres mobiles.

L'art de l'Imprimerie, si utile aux Sciences & aux Sçavans, est une invention des Modernes, laquelle ne cede à aucune de celles des Anciens ; & qui, si ces derniers l'eussent inventée, auroit conservé d'excellens ouvrages en tout genre, dont apparemment on regrettera toûjours la perte.

Quelques-uns néantmoins, mais sans beaucoup de fondement, ont semblé envier aux Modernes & aux Européens cette heureuse découverte, & en ont voulu faire honneur aux Chinois, ou aux Japonois qui en sont une colonie.

Il est vray que les Chinois, ces peuples si polis, si amateurs des Sciences & des beaux Arts, dont l'Empire est si ancien dans l'Orient, & peut-être le plus ancien du Monde, imprimoient des Livres en leur langue bien auparavant que l'on connût en Europe le nom même de l'Imprimerie.

Mais soit qu'elle ait été inventée chez ces peuples Orientaux trois cens ans avant la naissance de Jesus-Christ, comme quelques-uns le prétendent assez peu vrai-semblablement, soit qu'elle l'ait été seulement vers le neuviéme ou dixiéme siécle de l'ére Chrétienne, selon d'autres avec plus d'apparence, il est toûjours certain que l'Imprimerie Chinoise & l'Imprimerie Européenne ne se ressemblent en rien, & qu'ainsi l'une n'a pû servir de modéle à l'autre.

En effet l'Imprimerie Chinoise ne se servant que de planches de bois gravées, qu'il faut renouveller pour chaque page de Livres, & l'Européene au contraire employant des caracteres de métail qui sont mobiles, & dont en les dérangeant & les plaçant diversement, on peut composer une infinité de differens volumes, on ne voit pas comment l'idée de l'une auroit pû contribuer à appeller l'idée de l'autre ; surtout étant constant que lorsque la derniere fut inventée en Europe, cette partie du monde n'avoit guéres de commerce avec la Chine; d'où l'on ne comprend pas ni par qui, ni par où cette invention auroit pû être apportée en Allemagne, les Portugais n'ayant pas encore pour lors ni découvert ni doublé le Cap de Bonne-Esperance. *Voyez ce qu'on dit plus bas de l'Imprimerie ou Impression Chinoise.*

C'est donc aux Modernes, & incontestablement aux Européens, qu'on est redevable de l'Imprimerie telle qu'elle se fait présentement. Mais qui en sont les Inventeurs ? où a-t-elle été inventée ? & quelle est l'année précisément dans laquelle ont paru les premiers ouvrages imprimez ? C'est encore un problême : & à l'exemple des Villes Grecques qui se sont disputé la naissance d'Homere, on en a vû plusieurs en Allemagne qui en ont fait autant à l'occasion de la naissance de l'Imprimerie.

Mayence, Harlem & Strasbourg sont celles qui ont été les plus vives sur ce point d'honneur. L'Italie a voulu entrer aussi sur les rangs; mais les suffrages s'étant partagez d'abord entre ces trois premieres concurrentes, elles sont restées en possession de la dispute ; à la vérité jusqu'ici indécise, mais où il paroît que Mayence a toûjours eu la pluralité des voix.

Comme on ne fait pas ici une dissertation, & que l'on n'a parlé de l'invention de l'Imprimerie, que pour conduire & préparer à la maniere qu'elle se pratique, on se tiendra à cette derniere opinion, qui est celle aussi pour laquelle se déclare M. Chevillier dans son excellent Ouvrage de l'Origine de l'Imprimerie de Paris, où l'on peut avoir recours pour examiner & peser les raisons des parties, qui y sont parfaitement discutées.

Imprimerie Europeene. Ce fut vers l'an 1440, ou du moins depuis cette année jusqu'en 1450, que l'Imprimerie fut inventée à Mayence par Jean Guttemberg, Jean Fust, & Pierre Opilio nommé en Allemand Schoëffer de Gernsheim. Ces trois personnages, dont les deux premiers étoient de riches Bourgeois de Mayence, & le dernier un domestique de Fust, adroit & ingenieux, donnerent d'abord les premiers commencemens à l'Imprimerie sur le pied à peu près qu'on le pratique dans la Chine. Plusieurs Auteurs assurent avoir vû un Vocabulaire Latin sous le titre de *Catholicon*, imprimé de cette sorte, ou les feüillets n'étoient remplis que d'un côté, & où les deux pages blanches étoient collées l'une contre l'autre, pour former un feüillet entierement imprimé.

Ces trois hommes, dont la memoire ne doit jamais perir, reconnurent bien-tôt les inconveniens de cette sorte d'impression ; & après plusieurs essais où Jean Guttemberg consuma une partie de ses grands biens, on vit sortir de leur Imprimerie une Bible Latine, dont les caracteres qui avoient été fondus dans des matrices, étoient mobiles ; & ont servi de modéle à tout ce qu'on a imaginé depuis pour rendre l'impression des Livres plus parfaite ou plus facile.

De Mayence, cet art si utile se répandit bien-tôt dans une partie de l'Europe. Harlem & Strasbourg l'eurent de bonne heure ; ce qui leur inspira de prétendre à l'honneur de l'invention. Dès 1468, on vit un Livre sortir de l'Imprimerie Angloise. Un an auparavant elle avoit été portée à Rome, & l'on imprima à Venise en 1470 ou 1471.

Ce fut aussi en 1470, qui étoit la dixiéme année du Regne de Louis XI. que l'Imprimerie passa en France; ou plûtôt ce fut cette année qu'Ulric Gering de la Ville de Constance, Martin Grantz & Michel Friburger aussi Allemands, firent paroître à Paris leurs premieres impressions, qui par la beauté des caracteres furent un présage heureux de la grande réputation que l'Imprimerie de cette Capitale du Royaume a eu depuis, & qu'elle s'est jusqu'ici justement conservée.

Ces trois Imprimeurs y avoient été appellez quelque tems auparavant par deux sçavans hommes, Guillaume Fichet Savoyard, & Jean de la Pierre Allemand, tous deux Docteurs de la Maison de Sorbonne. Ce fut même dans cette sçavante Maison que s'imprimerent les premiers ouvrages qui sortirent de dessous leur presse, qui fut depuis transportée dans la ruë S. Jacques, près S. Benoist, au Soleil d'or.

Jusques-là, même quelques années après, l'on n'avoit fait dans tous les lieux de l'Europe où l'Imprimerie s'étoit répanduë, que des impressions de Livres ou Latins, ou en langue vulgaire; d'abord en caracteres Romains ensuite en Gothique, & depuis en Italique ; mais en 1481, & peut-être dès 1476, on fit fondre en Italie des caracteres Grecs; & ce fut là, soit que Milan, Venise ou Florence en ayent l'honneur, que l'on vit les premieres éditions en cette langue.

Ce ne fut qu'en 1507, que l'Imprimerie Grecque fut bien établie à Paris par les soins du sçavant François Tissart de la Ville d'Amboise, qui engagea Gilles Gourmont habile Imprimeur à faire graver des poinçons, à frapper des matrices, & à fondre des lettres Grecques; ce que Josse Bade avoit imprimé en cette langue deux ans auparavant étant plûtôt un essai qu'une vraye édition.

Les Impressions en langue & en caracteres Hebraïques parurent aussi en Italie pour la premiere fois presque dans le même tems que les Grecques. Soncino, petite Ville du Duché de Milan, se glorifie de les avoir vû naître, & les Juifs d'en avoir été les premiers Imprimeurs. En effet on attribuë cette entreprise aux Rabins Josué & Moyse, dont les Ouvrages commençerent à paroître l'an du monde 5230, qui revient à l'année de l'ére Chrétienne 1480.

Le même Gilles Gourmont, à qui Paris avoit été redevable de ses premieres éditions Grecques, lui procura encore les éditions Hebraïques. Dès l'an 1508, cet habile Imprimeur, excité par François Tissart, en avoit fait un essai; mais ce ne fut qu'en 1520, & sous la conduite de l'Evêque de Nebbio, Augustin Justiniani noble Genois, de l'Ordre des Freres Prêcheurs, qu'ayant fait des poinçons & des matrices propres aux caracteres Hebreux, il en imprima plusieurs Ouvrages en langue Hebraïque, avec le même succés qu'il avoit eu pour ses éditions Grecques.

L'on a vû depuis, particulierement sur la fin du seiziéme siécle, & dans tout le dix-septiéme, diverses impressions en caracteres Syriaques, Arabes, Persans, Turcs, Armeniens, Coptes ou Egyptiens ; les unes pour la pure curiosité des Sçavans en ces Langues, & les autres pour l'usage liturgique de plusieurs Chrétiens du Levant.

Ce fut M. Savary de Breve Ambassadeur du Roy à la Porte, & depuis Gouverneur de M. le Duc d'Orleans, Gaston fils de Henry IV. qui pendant son sejour à Constantinople fit graver les poinçons, frapper & justifier les matrices, pour faire fondre des lettres Syriaques, Persanes & Arabes, qui passerent depuis entre les mains de Vitré fameux Imprimeur de Paris.

L'on n'entrera pas dans un plus grand détail de l'invention des Inventeurs, & des premiers progrès de l'Imprimerie ; ce qu'on en a dit suffisant pour en donner autant d'idée qu'il est nécessaire, avant que d'entrer dans le fonds même

même de cet art admirable, d'expliquer & de décrire la maniere qu'il s'execute, & tout ce qui appartient à l'Imprimerie. L'on fera pourtant encore ces deux remarques.

La premiere, que les Européens sont les seuls, & parmi eux seulement les Chrétiens & les Juifs, qui se sont mêlez & qui se mêlent aujourd'hui de l'Imprimerie ; & la seconde, que cet Art à la vérité a été porté dans les trois autres Parties du Monde, & qu'on voit des impressions de Goa & des Philippines pour l'Asie; de Lima & de Mexique pour l'Amerique; & de Maroc, & peut-être d'Ethiopie pour l'Afrique; mais que c'est de l'Europe que les Ouvriers y ont passé, & que les impressions qui s'y font n'y sont guéres d'usage pour les Naturels de ces trois grands Continens; les plus policés d'entr'eux se faisant un point de Religion de ne s'en pas servir; & les autres étant trop sauvages & trop ignorans pour en avoir besoin.

Maniere dont se fait l'impression des Livres avec des caracteres mobiles.

Il conviendroit de parler d'abord des caracteres qui servent à l'Imprimerie, de leurs poinçons, de leurs matrices & de la fonte des lettres; mais comme l'on en a traité dans des articles exprès, on y renvoye le Lecteur. *Voyez* CARACTERES D'IMPRIMERIE. *Voyez aussi les articles des Poinçons & de la fonte des métaux.*

On ne dira rien non plus ici du Corps de la Librairie, qui comprend les Libraires & les Imprimeurs, & en quelque sorte les Relieurs; parce que selon l'ordre observé dans ce Dictionnaire, ils ont tous leurs propres articles où l'on peut avoir recours.

Deux sortes de principaux Ouvriers travaillent à l'Imprimerie : les uns sont les Compositeurs ou Composteurs, qui arrangeant & plaçant les lettres sur les formes, les mettent en état d'être envoyées à la presse : les autres sont les Imprimeurs, c'est-à-dire, ceux qui font rouler la presse, qui noircissent les formes avec l'encre d'Imprimerie, & qui tirent les feüilles imprimées.

C'est par le Compositeur que se commence l'ouvrage; & c'est aussi par ses fonctions, & pour ainsi dire, par le détail de son art, qu'on va commencer la description de tout celui de l'Imprimerie.

Les caracteres ayant été fondus, reparez & préparez, comme on le peut voir dans les articles indiquez ci-dessus, le Compositeur ou un Apprentif les sépare, & les place chacun dans les cassetins ou divisions de la casse qui leur convient.

La casse est une espece de long tiroir de bois divisé par carreaux de différentes grandeurs ; ces carreaux s'appellent Cassetins, & l'on nomme Casseau chacune des moitiez de la casse, en la coupant dans sa longueur. Les hautes casses sont les cassetins du casseau superieur, & les basses casses celles du casseau inferieur.

Dans les hautes casses, dont les cassetins sont au nombre de quatre-vingt-dix-huit, se mettent les lettres à accens & les majuscules, qu'on appelle aussi Grosses & Petites capitales. Dans les casses inferieures, qui sont composées de cinquante-quatre cassetins, se placent les caracteres courans avec les points, les virgules, les guillemets, les quadrats, les quadratins & les espaces. Ces dernieres servent à séparer les mots les uns des autres, les quadrats & les quadratins à mettre entre & au bout des lignes, & dans tous les endroits où l'on veut conserver du blanc, à la réserve des marges qui se font avec des morceaux de bois.

Chaque casse est disposée un peu en panchant en forme de pupiltre, afin que le Compositeur puisse atteindre plus facilement aux cassetins d'en haut, & qu'il courre moins risque de confondre & de mêler les lettres de ceux d'en bas en avançant le bras par dessus.

Le Compositeur qui veut travailler est debout vers le milieu de la casse ; & tenant d'une main un instrument qui de son usage s'appelle Compositoire ou Composteur, il prend de l'autre dans les cassetins les lettres, les points, les virgules, les quadrats, &c. selon qu'il en a besoin; & les arrangeant sur le compositoire, il en forme chaque ligne l'une après l'autre, qu'il met à mesure que chacune est achevée sur un autre instrument qu'on appelle la Gallée.

Le compositoire est une tringle de cuivre, de fer ou de bois, de plus ou moins de longueur ou de largeur, suivant le plus ou moins de volume des caracteres qui doivent s'y placer, ou des lignes qu'on y veut composer. Cette tringle a tout le long par le bas un petit rebord de même matiere, qui sert à soûtenir les lettres qu'on y arrange. Deux pieces mobiles, qui ont chacune leur mantonnet, s'avancent & se reculent le long de la tringle au gré du Compositeur, & selon qu'il veut donner d'espace aux lignes qu'il doit composer, & aux citations, apostilles ou autres choses qu'il met en marge.

A l'égard de la gallée, c'est un instrument de bois plat & de forme quarrée-longue, de longueur & de largeur à discretion, mais telles au moins qu'elles puissent contenir la quantité de lignes qui doivent composer chaque page. Elle a deux parties; l'une qui est celle de dessus, s'appelle la Coulisse, & a un manche pour s'en servir à couler sur le marbre les pages de grands volumes composées; & l'autre qui est le cords de la gallée, est bordée de trois côtez pour contenir la coulisse. Ses bords interieurs ne doivent être élevez que de cinq lignes environ ; tellement que la page composée surpassant ces bords de moitié, elle puisse être liée par le milieu, & soit prise à la main ou coulée, suivant le volume, sans aucun risque. Cette gallée est posée sur le haut de la casse, du côté des petites capitales, & en dessous sont deux petites chevilles qui l'arretent aux cassetins, & l'empêchent de glisser.

A mesure que le Compositeur, qui a devant lui sa copie sur une espece de petit chevalet, a arrangé une ligne entiere sur son compositoire, il l'enleve avec une regle de bois qu'on nomme la Reglette, & la place sur la gallée dans l'ordre de leur composition; ensorte que toutes les lignes, au nombre convenable à chaque format, puissent composer une page.

Chaque page composée, après avoir été liée & serrée avec de la ficelle pour la tenir en état, se met à part; & lorsque le nombre des pages qu'il faut suivant le format, a été achevé, on les porte sur le marbre, qui n'est autre chose ordinairement qu'une pierre de liais bien polie, afin de les ranger & garnir ; après quoy elles se mettent dans le chassis qui leur convient. Cela s'appelle Imposer & Imposition.

Ces chassis qui sont de fer, sont de plusieurs sortes; les uns qu'on nomme des Ramettes, ne sont point barrez au milieu, & servent pour l'impression des affiches, des placards, des monitoires & autres pareils ouvrages à une seule page; les autres sont séparez au milieu par une barre, mais differemment; ceux propres aux in-folio, aux in-quarto,

 aux

aux in-octavo &c. ayant leurs barres du haut en bas, & ceux destinez aux in-douze étant au contraire barrez dans leur largeur.

Pour garnir les pages, & les arrêter dans leur chassis, on se sert de morceaux de bois de différentes longueurs, & de cinq lignes environ d'épaisseur, afin qu'ils soient plus bas que les lettres. Ceux qui se mettent au haut des pages s'appellent Bois de tête. Ceux qui partagent les pages pour la marge interieure, Bois de fond, & ceux des côtez & de bas, Biseaux. Tous ces bois se serrent avec d'autres plus petits, coupez en forme de coins, qui se chassent avec un cognoir de buis.

Le vuide des apostilles, des citations & de tout ce qui se met en marge, se remplit de quadrats ou de morceaux de bois, que l'on nomme Quadrats, ou Bois d'addition, pour les distinguer des autres.

Avant que de serrer entierement l'ouvrage, on passe un bois plat sur les caracteres pour les bien unir; & lorsqu'il est serré, on le sonde en le soulevant, pour voir si rien ne se lâche & ne veut tomber.

L'ouvrage en cet état s'appelle une Forme, qui contient plus ou moins de pages, suivant le format: une seule, quand ce sont des ramettes; deux pour l'in-folio, quatre pour l'in-quarto, huit pour l'in-octavo, douze pour l'in-douze; & pour les autres formats à proportion. Comme il faut deux formes pour chaque feüille, quand on l'imprime des deux côtez, il est nécessaire qu'elles soient exactement de la même hauteur & largeur, c'est-à-dire, que les bois dont on garnit les pages tant à la tête qu'au fond, & qui servent à faire les différentes marges, doivent être de la même largeur dans la premiere & dans la seconde forme; ensorte que les pages de raport étant d'une égale distance dans l'une & dans l'autre, elles se puissent bien rencontrer, quand on en fait le registre dans la retiration: ceci même doit être observé exactement dans les ouvrages qui n'ont qu'une seule forme.

Voilà proprement où finit la fonction du Compositeur; ce qu'on nomme en termes de l'art, Composition finie. La forme achevée se met entre les mains de l'Imprimeur, pour en tirer les premieres épreuves: cependant n'étant pas possible qu'il ne s'y trouve plusieurs fautes, ou échapées à la diligence de l'Ouvrier, ou causées par la transposition de quelques lettres d'un cassetin à l'autre, lorsque l'épreuve est corrigée on la porte au Compositeur, qui corrige pareillement sa forme avec une pointe d'acier, en forme de poinçon emmanché de bois, avec laquelle il retire les mauvaises lettres, & en remet de convenables à la place. Quand il y a peu à reformer, céla s'appelle Corriger; & quand il y a beaucoup à changer, cela se nomme Remanier.

Le reste de l'ouvrage appartient à l'Imprimeur qui l'acheve, comme on va le dire.

Pour imprimer & pour se servir de la forme préparée par le Compositeur, il faut du papier, de l'encre & une presse.

Le papier, après qu'il a été choisi tel qu'il convient pour les Editions qu'on veut entreprendre, se moüille dans un baquet plusieurs feüilles à la fois, qu'on ouvre ensuite pour mettre en tas les unes sur les autres; & afin qu'elles prennent l'eau plus également, on descend sur le papier trempé & couvert d'un ais, un poids de plusieurs livres suspendu au dessus, qui les pressant toutes les unes contre les autres, rend leur moiteur à peu près égale.

Le papier se trempe plus ou moins, suivant sa force & sa qualité, ou suivant celle des caracteres; le papier pour l'impression des petits caracteres devant être le plus moüillé.

L'encre des Imprimeurs est de deux sortes, la noire & la rouge. Cette derniere, qu'on nomme vulgairement Rosette, sert à faire ce qu'on appelle les Rubriques, & on l'employe principalement dans les Livres d'Eglise. On s'en servoit aussi beaucoup autrefois dans ceux de Droit. L'encre noire sert à imprimer le corps des Livres d'Eglise, & presque generalement & entierement tous les autres, où l'on a perdu l'usage de la rosette, à moins que ce ne soit dans la premiere page, qui est comme le frontispice des grands ouvrages, où elle se conserve encore, & n'y fait pas un effet désagréable.

On donne ailleurs la composition de ces deux sortes d'encres; l'on va seulement parler ici de la maniere de les employer. *Voyez* ANCRE. *Voyez aussi* ROSETTE.

L'encre se donne forte ou foible suivant la force ou la foiblesse du papier; forte pour le papier fort, & foible pour le papier foible; ce qui dépend de la cuisson de ce qu'on nomme le Vernis de l'encre, ou de la quantité du noir de fumée qu'on broye avec ce vernis.

Ces deux matieres se broyent ensemble sur un encrier; qui est une planche avec des rebords, qui se place sur le derriere de la presse. Ce qu'on appelle le Brayoir ou Brayon n'est qu'une simple molette de bois, ou si l'on veut, d'une pierre dure & polie. La palette sert à ramasser les matieres dispersées par l'effort du broyement, ou l'encre lorsque les balles de l'Imprimeur l'ont aussi trop rejettée vers les bords de l'encrier. Cette palette est de fer fort mince, en maniere d'une large lame de couteau arrondie par le bout. Le manche est de bois.

Les balles sont des especes d'entonnoirs de bois qui ont une poignée, & desquels le vuide est garni de laine ouverte de cuirs cloüez au bois. L'Imprimeur en prend une de chaque main, & l'ayant appuyée sur l'encrier pour la charger d'encre, il les remuë les deux l'une sur l'autre, pour leur distribuer également l'encre qu'il a prise, après quoy il en noircit la forme en la touchant de plusieurs coups sur toute sa superficie, pour la mettre par là en état de la passer sous la presse, avec le papier qu'on a mis dessus.

La Presse d'Imprimerie est une machine extrémement composée. Les deux principales parties, qui en ont chacune un grand nombre d'autres, sont le corps de la presse, & le berceau de la presse; le derriere de la presse, qui en est comme une troisiéme partie étant peu important, & ne servant qu'à soutenir l'encrier, & à donner de l'échapée au train de la presse.

Le corps de la machine est de bois, & consiste en deux fortes jumelles ou pieces de bois quarrées, dressées perpendiculairement & paralelles l'une à l'autre. Trois autres pieces ou traverses aussi de bois, qu'on appelle des Sommiers, joignent ensemble les jumelles qu'elles tiennent séparées de deux à trois pieds, qui est à peu près la largeur du train, qui doit passer entre deux. Le sommier du milieu est mobile, & est soûtenu & comme dirigé par deux boulons qui traversent le sommier d'en haut, qui est fixe aussi bien que celui d'en bas. C'est ce dernier qui soûtient tout l'effort de la presse, quand on fait agir le barreau.

C'est dans ce sommier du milieu que passe la vis, & qu'est attachée son écrou. L'arbre est au dessous, enfermé dans une boête de bois, ensorte que lorsque l'Ouvrier tire le bar-

barreau qui y tient, il fait baisser l'arbre, qui serrant sur la platine, lui donne la force de comprimer & serrer elle-même la forme couverte de papier blanc, des blanchets & de ses timpans, qu'on a fait avancer sous cette platine.

Cette derniere piece est ordinairement de fer, quelquefois de cuivre, de forme quarrée, & de grandeur convenable pour couvrir quelque sorte de forme qu'on puisse mettre dessous. Les platines de fer, sont enchassées dans du bois, ce qu'on ne fait pas pour celles de cuivre. La grenoüille, le pivot & la crapaudine sont trois petites pieces qui se trouvent entre l'arbre & la platine.

Pour faire hausser ou baisser l'arbre de la presse, on se sert du barreau, c'est-à-dire, d'une barre de fer courbée avec un gros manche de bois. Elle est passée dans l'arbre, & l'Ouvrier la tire deux fois pour imprimer chaque feüille d'un côté. Elle fait pour ainsi dire ressort, & revient seule quand on la lâche.

Le berceau, qui est la seconde piece principale de la machine qui sert à l'Imprimerie, est attaché au devant du corps de la presse. C'est une espece de grand chassis de bois comme celui d'une table, à la réserve qu'il n'est soûtenu d'un bout que par le corps même de la presse, auquel il tient; & par l'autre, par un seul pied aussi de bois, en forme d'une double potence. Ce berceau, qui est un peu plus bas que la platine, sert à soûtenir & à faire mouvoir le train de la presse. Il le soûtient par le moyen de deux barres de fer assez fortes, qu'on nomme les bandes, qui traversent le chassis dans toute sa longueur, & sur lesquelles coule le train, & il lui donne le mouvement avec un cylindre ou poulie au milieu, sur laquelle passe une corde attachée d'un bout au train & de l'autre au berceau, qu'on tourne avec une manivelle attachée à une des extrémitez de l'axe ou broche qui traverse le cylindre.

Le train de la presse est l'endroit où se posent les formes. Il est composé d'une table de bois, à peu près de la longueur du berceau; au dessous de cette table sont attachez douze crampons de fer, qui lui servent à couler sur les barres. Sur le devant est un chevalet qui sert à soûtenir les timpans, quand on les leve de dessus la forme. C'est à cette table que tient la corde qui fait avancer ou reculer le train, en repassant sur un second cylindre qui est sous le chevalet.

Le coffre (c'est ainsi que l'on nomme un chassis de bois dans lequel est enfermé le marbre ou pierre polie sur laquelle on place la forme) est au milieu de la table. C'est au coffre que sont attachées les cordes qu'on nomme les Vaches; & qui tenant par leur autre extremité au derriere de la presse, empêchent que le train ne revienne trop sur le devant quand on le retire de dessous la platine. Quatre équierres de fer, qu'on appelle des Cornieres, parce qu'elles sont placées aux quatre angles ou cornes du coffre, servent à y affermir la forme par le moyen de quelques coins de bois.

Sur le devant du coffre sont placez les deux timpans & la frisquette, qui sont trois chassis presque de forme semblable, mais qui servent à différens usages.

Les timpans sont quarrez, faits de trois tringles de bois fort mince, & par le haut d'une tringle de fer encore moins épaisse. Celui qu'on appelle le Grand timpan est attaché avec des couplets au coffre; le petit est arrêté d'un côté par deux petites languettes de fer qui se fourrent sous la barre d'en haut du grand tympan, & de l'autre avec un petit tourniquet ou clavier, afin qu'il soit ainsi emboêté avec le grand tympan. Tous deux sont couverts de parchemin; & c'est entre l'un & l'autre qu'on met les blanches ou blanchets qui sont des pieces de molleton ou de ratine blanches, qui servent à rendre l'impression de la platine plus égale sur la superficie des lettres, & qui empêchent que les caracteres ne puissent s'écraser par l'effort de la presse.

Le chassis de la frisquette est tout de fer très-mince: il a ses couplets qui l'attachent au grand tympan par le haut: une tringle de bois qui pend du plancher, sert de chevalet pour la soûtenir, lorsqu'on l'ouvre pour en tirer les feüilles imprimées, & en mettre d'autres. Ce chassis est aussi couvert de parchemin, de carte ou de papier fort, mais que l'on couppe aux endroits nécessaires, & autant qu'il en faut selon les formes, pour que la feüille qui est enfermée entre la frisquette & le grand tympan, reçoive l'encre, & que rien ne morde & ne barboüille les marges.

C'est sur le parchemin du grand tympan que s'étend la feüille blanche qu'on veut imprimer, qu'on a auparavant suffisamment humectée; & afin de regler les marges, & que les lignes & les pages se répondent, & comme on dit, soient de registre, quand on le retire de l'autre côté, il y a au milieu du bois des côtez de ce tympan deux pointes de fer, qui font deux trous à la feüille, dans lesquels il faut la remettre en la retirant.

Tout étant préparé dans les tympans pour imprimer, & l'Imprimeur ayant touché la forme avec ses balles pour y mettre l'encre, il baisse les tympans & la frisquette dessus la forme noircie; & avançant le train sous la platine par le moyen de la manivelle, il donne deux coups de barreau, & avec la même manivelle, qu'il tourne à contresens, il retire le train pour ôter la feüille imprimée, & en mettre une blanche; ce qu'il réitere jusqu'à ce qu'il en ait tiré le nombre de feüilles dont doit être composée l'édition à laquelle il travaille.

Un côté de la feuille étant imprimé, on la met en retiration, c'est-à-dire, qu'on l'imprime de l'autre côté; & c'est alors que l'on observe que le registre soit exact, en faisant passer les pointes de fer dans les trous qui sont déja à cette feüille. Il faut aussi quelquefois retailler la frisquette, y ajoûter ou en rogner quelque chose, suivant que les pages de la retiration peuvent être plus ou moins chargées d'impression, comme il arrive ordinairement à la fin ou au commencement des Livres, ou à la fin des chapitres, & en d'autres endroits.

Quand le nombre des feüilles dont chaque Edition doit être composée, est complet, & qu'on veut rompre la forme, pour en remettre les caracteres dans la casse, on la lave auparavant dans une lessive boüillante pour en ôter l'encre; & pour mieux la décrasser, on se sert d'une brosse raisonnablement fine. Elle se porte ensuite sur des ais, pour la desserrer, & en ôter la garniture; c'est ainsi qu'on nomme les bois qui la serrent dans son chassis; & lorsque les lettres sont bien lavées avec de l'eau nette, le Compositeur en enleve plusieurs lignes à la fois, qu'il retient soûtenuës par le moyen de petites regles de bois, d'où il les place chacune dans le cassetin qui lui est propre, pour continuer à s'en servir jusqu'à la fin de l'impression du Livre qu'il a entrepris; ce qui s'appelle Distribution.

On nomme Correcteur d'Imprimerie, celui qui corrige les premieres épreuves des feüilles, & sur les corrections duquel le Compositeur corrige ou remanie sa forme.

Il n'y a guéres eu de Reglement donné pour l'Imprimerie, où il ne se trouve quelque article concernant la correction des Livres. Le Reglement de 1539, ceux de 1571, 1610 & 1649, & enfin celui de mois d'Août 1686, en parlent dans des titres exprès.

L'article 46 de ce dernier ordonne, Que les Maîtres Imprimeurs qui ne pourront eux-mêmes vaquer à la correction de leurs ouvrages, seront tenus de se servir de Correcteurs capables, lesquels rendront leurs corrections telles qu'il convient & aux heures accoûtumées; & qu'en cas que par leur faute il y ait obligation de réimprimer des feüilles, ils les feront réimprimer à leurs dépens.

Les Imprimeurs & Libraires donnent aux caracteres dont ils se servent différens noms, afin d'en distinguer la figure ou la grosseur. On ne parle ici que des caracteres qui servent en France pour les impressions Latines ou en langue vulgaire.

La premiere distinction, qui ne regarde que la figure, est en lettres rondes & en lettres italiques, en alphabets droits & en alphabets panchez. La distinction pour la grosseur est plus nombreuse. Il y a du gros & petit Canon, du Trimegiste ou Canon approché, du gros & petit Parangon, les deux points de gros Romain, le gros & petit Romain, le S. Augustin, le Cicero, le petit Texte, la Mignonne, la Nompareille, & la Parisienne ou Sedanoise.

On distingue le petit texte & la nompareille par numero; le petit texte en a trois, & la nompareille quatre: ces deux caracteres ont encore une autre distinction; & l'on appelle Nompareille & Petit texte à gros œil, ceux dont les lettres sont un peu plus grosses que les lettres de numero. Il y a aussi du Grec de nompareille & de Mignonne.

Chacun de ces caracteres a une italique & des vignettes qui lui sont propres. Pour les differencier, on dit simplement l'Italique du gros Romain, l'Italique du Cicero, & ainsi des autres. L'Italique que l'on nomme de Sedanoise, est la plus petite de toutes. Il y a encore quelques corps de caracteres, mais moins ordinaires, comme la Philosophie & la Gaillarde, qu'on appelle Corps interrompus, parce qu'ils sont plus approchez que les autres. On parlera ailleurs de tous les corps de lettres & caracteres. *Voyez leurs articles.*

A l'égard des vignettes, qui sont des ornemens en forme de barres longues & étroites qui servent à séparer les livres & les chapitres de l'ouvrage qu'on imprime; & qui se mettent à la tête des uns & des autres, il y en a plusieurs pour chaque corps de caracteres, qui diminuent de grosseur depuis les deux points de gros romain jusqu'à la nompareille. Pour la longueur, elle dépend du format qu'on donne à l'édition, étant facile de les allonger ou diminuer, à cause qu'elles sont composées de plusieurs petites pieces mobiles comme les lettres. On nomme Culs-de-lampe certains autres ornemens qui se mettent à la fin des Livres ou en d'autres endroits, qui finissent entierement quelque matiere traitée dans un ouvrage.

Enfin l'on appelle Lettres initiales, de grandes lettres gravées en bois, dont on se sert principalement dans les Livres d'Eglise. Il y en a aussi de fonduës comme les caracteres, mais plus petites que celles de bois. On les nomme ordinairement Lettres de deux points, parce qu'elles ont le double du corps dont elles portent le nom. Ainsi on dit, Deux points de gros Romain, de Saint Augustin, &c. Dans les Ouvrages importans, & que l'on veut orner, on fait graver les vignettes, les lettres initiales & les culs-de-lampe en cuivre, & l'on y représente des choses convenables au sujet des Livres, ou aux personnes à qui on les dédie, ou à l'honneur de qui ils sont composez.

L'Italique qu'on appelloit anciennement dans les Imprimeries *Lettre Aldive*, à cause que le celebre Alde Manuce en étoit l'Inventeur, est un caractere un peu couché, plus maigre, & qui occupe moins de place que celui de la lettre ronde, auquel certainement il n'est nullement comparable: le goût en a pourtant duré quelque tems, même pour les plus grands ouvrages: présentement on ne s'en sert plus guéres que pour distinguer les titres des chapitres, les citations, les passages, les épîtres & les petites pieces qu'on insere dans le corps du Livre, & qui y sont comme étrangeres. Encore pour quelques-unes de ces choses bien des gens aiment mieux se servir de guillemets, c'est-à-dire, d'une double virgule que l'on met à côté de chaque ligne des endroits qu'on veut distinguer.

Pour la commodité de la relieure on inventa d'assez bonne heure ce qu'on appelle des Signatures, c'est-à-dire, les lettres alphabetiques que l'on met au bas des feüilles, & qui servent à justifier si les cahiers sont entiers, & quel ordre ils doivent avoir en les reliant. Les premiers Imprimeurs de Paris ne s'en servirent que vers l'an 1476.

Les réclames ont presque le même usage, & se mettent pour faire connoître la suite des cahiers. Ce sont les premiers mots du cahier, qu'on imprime au bas de la derniere page du cahier précedent. Les impressions de Paris n'en ont point eu avant 1520; mais on s'en servoit en Italie dès l'an 1468.

Pour l'invention des chiffres, elle semble également regarder la commodité du Lecteur & du Relieur; de l'un, pour trouver plus facilement les renvois des tables, & de l'autre, pour assurer davantage la collation & la relieure des Livres. Les chiffres se mettent au haut de chaque page: quelques-uns pourtant les ont quelquefois mis au bas, mais ils ont eu peu d'Imitateurs.

L'on avoit encore imaginé dans l'enfance de l'Imprimerie, ce qu'on appelloit *Registrum Chartarum*, pour la plus grande commodité des Relieurs; mais il y a long-tems que l'usage s'en est perdu. Pour le dresser, on rassembloit à la fin de chaque volume les lettres qui servent en signatures, & les premiers mots des quatre premiers feüillets compris sous chaque lettre. Pour abreger on se contenta ensuite de marquer les lettres des signatures, & combien de fois chaque lettre étoit multipliée. Enfin le *Registrum* a cessé tout-à-fait.

L'habileté du Compositeur & l'exactitude du Correcteur ne pouvant sauver les ouvrages de toutes les fautes, on a eu recours à ce qu'on appelle l'*Errata*. Les premieres Editions n'en avoient point; on corrigeoit seulement avec la plume les fautes dans chaque copie imprimée. Depuis & dès l'an 1478, on en a presque toûjours mis un au commencement ou à la fin des Livres.

L'*Errata* est une table qui contient les fautes survenuës dans l'impression, & que l'on désigne non-seulement par le chiffre des pages, mais aussi par le nombre de la ligne où elles se rencontrent. L'on a vû autrefois des Imprimeurs assez habiles, pour n'avoir besoin que d'un *Errata* de cinq fautes dans des volumes de plus de cinq cens pages. Que doit-

doit-on penser de quelques Imprimeurs Etrangers qui pourroient faire un *Errata* de cinq cens fautes dans un Livret de cinq feüilles ?

Les rubriques, les abbreviations, les colomnes, la marque que prennent quelquefois des Societez de Libraires & d'Imprimeurs, ou des Libraires particuliers, les chapitres, les versets, les titres, les paragraphes, les sections & les caracteres avec lesquels on les distingue, sont toutes choses qui ont encore raport à l'Imprimerie, mais dont quelques-unes ne sont pas assez importantes pour entrer dans aucun détail, & dont d'autres seront expliquées ailleurs, comme la Marque à l'article des Imprimeurs, & les Rubriques dont on parle à l'article de la Rosette.

Imprimerie. Se dit aussi du lieu ou des Villes où l'on imprime. On dit en ce sens, L'Imprimerie du Louvre, L'Imprimerie de Paris, de Rome, de Venise, &c. On s'en sert encore pour distinguer de quels Imprimeurs sont les ouvrages. On dit, Ces Livres sont de l'Imprimerie des Elsevirs, de Vascosan, de Plantin, de Gryphe, &c. Enfin on l'employe comme un terme collectif, pour signifier tous les outils & instrumens qui servent à l'Imprimerie, comme les presses, les chasses, les caracteres, les chassis, &c. L'Imprimerie d'un tel est à vendre.

Imprimerie Chinoise. L'on a vû ci-dessus deux opinions sur l'antiquité de l'Imprimerie des Chinois; l'une qui la fixe 300 ans avant la naissance de J. C. l'autre qui la rapproche jusqu'au neuviéme siécle. Une troisiéme opinion la recule d'un grand nombre de siécles, & la fait naître en même tems que ce fameux Empire, mais c'est la moins probable de toutes les trois.

La maniere d'Imprimer des Chinois est bien différente de celle des Européens; mais si elle a quelque avantage sur la nôtre par la correction & la beauté des caracteres, elle lui cede beaucoup dans le reste; la seule commodité des lettres mobiles dont on se sert en Europe, ne compensant que trop tout ce que quelques Auteurs modernes exagerent en faveur de cette Imprimerie Orientale.

Les Livres s'impriment dans la Chine avec des planches gravées à la maniere de celles dont on se sert en France pour les ouvrages de dominoterie.

Ces planches sont de bois très uni, raisonnablement épaisses, & de la grandeur du format qu'on veut donner à l'Edition.

Lorsque ces planches sont préparées, on y colle un papier sur lequel un habile Ecrivain trace avec la plume Chinoise, qui est une espece de pinceau, les differens caracteres dont chaque page doit être composée.

Cette premiere partie de l'ouvrage qui est la principale, & d'où dépend le succés du Livre, étant achevée, chaque planche passe dans les mains du Graveur, qui avec ses burins, ses échopes & ses autres petits instrumens d'acier, fait paroître en relief sur le bois tous les traits que l'écrivain a tracez sur le papier. Enfin quand la graveure est achevée, on humecte legerement ce qui reste de ce papier, & on l'enleve de dessus la planche en la frottant doucement avec la main.

L'encre pour l'impression n'est point différente de l'encre commune des Chinois; & la presse dont ils se servent ressemble beaucoup plus à celle des Imprimeurs en taille-douce d'Europe, qu'à la presse des Imprimeurs de Livres. On a parlé ailleurs de l'encre de la Chine & de la presse des Graveurs. *Voyez* Ancre. *Voyez aussi* Taille-douce.

A l'égard du papier, il est bien inferieur à celui d'Europe. On le fait avec la séconde écorce de quelques roseaux, & le plus souvent avec celle du Bambou, qu'on broye & qu'on paistrit avec de l'eau, & qu'ensuite on dresse dans des moules assez semblables aux nôtres.

Les avantages de l'Imprimerie Chinoise consistent en ce qu'on n'est point obligé de tirer de suite toute une Edition, & qu'on peut n'en imprimer à la fois que ce qu'on en a besoin: Que les planches se retouchent facilement, & qu'on n'a point besoin des Correcteurs d'Imprimerie. Ses défauts & ses incommoditez sont, 1°. Du côté des planches; Que pour conserver celles d'un Livre assez médiocre, il faut un magasin entier. 2°. Du côté de l'encre; Que la couleur s'en affoiblit aisément. 3°. Et enfin du côté du papier qui se fend facilement, & qui est sujet aux vers, ce qui fait qu'on ne voit point dans la Chine de livres dont l'impression soit fort ancienne.

IMPRIMEUR. Celui qui imprime. Quoique ce terme convienne proprement aux Maîtres de l'Imprimerie, on le donne aussi à l'ouvrier qui tire les feüilles: celui qui dresse les formes se nomme Compositeur. *Voyez ci-devant* Imprimerie.

Il y a à Paris plusieurs Corps & Communautez de Marchands ou d'Ouvriers à qui l'on donne la qualité d'Imprimeurs; entr'autres les Imprimeurs de livres qui sont du Corps de la Librairie dont on va parler dans cet article; les Imprimeurs en tailles douces, desquels on traitera dans l'article suivant; & les Imprimeurs Imagers & Tapissiers ou Dominotiers qui ont aussi un article particulier. *Voyez* Dominotiers. A l'égard des Imprimeurs de musique par caracteres, ils ne sont differens de ceux dont il est question ici que par l'objet de leur travail; pour ceux de musique gravée sur cuivre, ils sont des Maîtres Imprimeurs en tailles douces.

Avant l'invention de l'Imprimerie, & jusqu'à ce que cet art admirable se fût établi à Paris, la Librairie, dont les Imprimeurs sont présentement partie, y formoit un corps considérable, tout-à-fait dépendant de l'Université & de son Recteur. Ce Corps étoit composé d'Ecrivains, de Libraires, de Relieurs, d'Enlumineurs & de Parcheminiers.

Les Parcheminiers preparoient des peaux & faisoient le velin & le parchemin qui étoient alors presque les seules matieres sur lesquelles on écrivoit les livres; les Ecrivains qu'on appelloit *Stationarii*, les écrivoient & les copioient d'après les exemplaires que les Libraires leur fournissoient; les Relieurs étoient chargez de la relieure de ces tems-là, assez grossiere, & qui ne consistoit gueres qu'en deux planches legeres couvertes de quelque mauvaise peau: les Enlumineurs peignoient en minature, & relevoient d'or bruni les vignettes, les lettres initiales & les autres ornemens dont il plaisoit au Libraire & aux Particuliers d'embellir leurs volumes. Enfin les Libraires ordonnoient les livres aux Stationaires, & les vendoient dans leurs boutiques ou autres lieux, & aux jours qu'il leur étoit permis de les étaler & de les debiter suivant leurs Statuts.

Les Imprimeurs ayant succedé aux Stationaires, succederent aussi à leurs privileges & à leurs obligations; ils devinrent aussi bien qu'eux Suppôts & membres de l'Université, & en cette qualité eurent part comme eux à ses droits, immunitez, exemptions; mais aussi ils furent comme eux obligez à se soumettre aux Ordonnances & aux Statuts donnez par son Recteur au Corps des Libraires.

Ce corps tel qu'il est aujourd'hui, c'est-à-dire, seulement composé des Imprimeurs & des Libraires, continuë toûjours de de joüir des franchises & prérogatives de l'ancienne Librairie, & les Libraires & Imprimeurs sont encore censez & reputez du Corps de l'Université, de ses suppôts & de ses membres; mais dès le commencement du dix-septiéme siecle, & même quelque tems auparavant ce pouvoir si grand du Recteur sur le Corps de la Librairie étoit déja beaucoup affoibli, & l'on peut dire qu'il a presque été anéanti par les nouveaux Statuts du mois d'Août 1686.

Il est vrai que l'Université a reclamé contre l'atteinte donnée à ses droits, & que sur sa Requête presentée au Conseil, elle a obtenu Arrêt du sixiéme Juin 1689, qui nomma des Commissaires pour examiner ses griefs; mais les Imprimeurs & Libraires continuënt nonobstant cela, & en attendant la décision, de joüir en repos de ce qu'ils appellent leur liberté, mais que l'Université regarde comme la revolte d'enfans indociles qui veulent se soustraire à la conduite de leur mere.

Ce ne fut pas seulement l'Université qui porta ses plaintes contre les Statuts de 1686, une partie des Libraires qui crurent les trente-six Imprimeurs à quoi l'on y reduit les Maîtres de cet art, mieux traitez qu'eux par les nouveaux Reglemens, s'étant joints aux Relieurs, Compagnons & Ouvriers de l'ancien Corps de la Librairie, s'opposerent à leur enregistrement; & ce fut pour appaiser en quelque sorte les Libraires que fut donné la Declaration du Roi du mois d'Octobre 1713, en interpretation du Reglement de 1686, mais dont les Imprimeurs à leur tour ne purent se contenter.

Monsieur le Chancelier de Pontchartrain ordonna enfin sur la fin de l'année 1714 des conferences entre les Deputez des Libraires & ceux des Imprimeurs, pour terminer par un nouvel Edit concerté entre les Parties, leurs differens sur l'execution du Reglement de 1686 & sur la Déclaration de 1713; mais ces nouveaux Statuts n'ont point encore paru, & le Corps des Imprimeurs & des Libraires continuë de se conduire par l'Edit de 1686, modifié & interpreté par la Declaration de 1713, aussi bien que par plusieurs Arrêts du Conseil donnez depuis l'Edit jusqu'en 1718.

Ce qu'il y a de plus important dans ces Edit, Déclaration & Arrêts, & qui regarde en particulier les Imprimeurs, est ce qui concerne leurs privileges, leur nombre, celui des presses & corps de caracteres qu'ils doivent avoir, la marque de leurs ouvrages, leur apprentissage, leur reception à la maîtrise, leur science, leur boutique, le lieu de leur demeure, les exemplaires qu'ils sont tenus de fournir aux Syndics & Adjoints; leurs Correcteurs, leurs Compagnons & Ouvriers; leurs droits à l'élection des Syndics & Adjoints du Corps de la Librairie; leur visite en cette qualité; enfin quels livres il est défendu d'imprimer, & quels dont l'impression leur est permise, & sous quelle condition. On indique seulement toutes ces choses dont on traitera plus convenablement ailleurs. *Voyez* Librairie.

Imprimeur en Taille douce. Celui qui imprime des estampes & images, ou autres semblables ouvrages gravez au burin ou à l'eau forte, sur des planches de cuivre, de bois, ou d'autres matieres.

Avant l'année 1694 les Imprimeurs en tailles douces n'étoient que de simples Compagnons que les Graveurs & Imagers de Paris avoient chez eux, pour faire rouler les presses de leur Imprimerie.

Ces Ouvriers ayant été compris dans le rôle des nouvelles Communautez dressé au Conseil le 10 Avril 1691, ils furent en consequence érigez en Corps de Jurande, par la Declaration du 17 Fevrier 1692; mais ce ne fut que par les Lettres Patentes du mois de Mai 1694 qu'ils reçurent leurs Statuts, & leur Communauté se trouva entiérement formée.

Les Statuts de cette nouvelle Communauté sont contenus en 22 articles dont les principaux reglent le nombre des Syndics, le tems des Apprentissages, la bourse commune, le chef-d'œuvre & la reception des Aspirans à la maîtrise; les autres sont ou du stile ordinaire de toutes ces sortes de Reglemens, ou contiennent quelques exceptions.

Les Syndics ne sont que deux, dont l'un est le Tresorier de la bourse commune.

Le fond de cette bourse consiste au tiers des salaires que les Maîtres reçoivent journellement du travail de leur presse: le produit s'en distribuë tous les quinze jours, préalablement deduits les frais qu'il convient faire, & les rentes constituées par la Communauté.

Les veuves de Maîtres restant en viduité joüissent de la maîtrise, & ont part à la bourse commune.

Les Apprentifs ne peuvent être obligez pour moins de quatre ans, & chaque Maître n'en peut avoir qu'un seul à la fois.

Avant que l'Apprentif puisse être reçû à chef-d'œuvre, dont il n'y a que les Fils de Maîtres qui soient exemts, il doit avoir servi de Compagnon deux années depuis son apprentissage.

Les Maîtres ne peuvent demeurer ailleurs que dans l'Université, & n'y peuvent avoir ou tenir plus d'une Imprimerie.

Enfin il est défendu à toutes personnes d'avoir chez elles des presses de tailles douces à l'exception des Maîtres Graveurs établis aux Galleries du Louvre & aux Gobelins, & des six qui sont de l'Academie Royale de peinture & de sculpture, à qui il est permis de faire imprimer chez eux, & par qui bon leur semble, leurs propres ouvrages & non autres.

L'on va ajoûter ici la construction de la presse des Imprimeurs en tailles douces, la composition de leur encre, & la maniere de se servir de l'une & de l'autre pour l'impression des estampes.

Presse des Imprimeurs en tailles douces.

La presse des Imprimeurs en tailles douces est composée de deux jumelles de quatre pieds de hauteur chacune sur un pied d'épaisseur, jointes en haut & en bas par des traverses qu'on nomme des sommiers. Ces jumelles qui sont éloignées l'une de l'autre d'environ vingt-six pouces, posent sur un pied aussi de bois dont les pieces qui sont placées de champ & qui soûtiennent toute la presse, ont quatre pieds & demi de longeur sur quatre pouces d'épais.

Quatre especes de petites colomnes qui appuyent aussi sur le pied & qui tiennent aux jumelles, portent quatre tringles de bois à coulisse qui servent à avancer ou reculer la table de la presse lorsqu'on la veut faire passer entre les deux rouleaux. Cette table a quatre pieds trois pouces de long, deux pieds de large, & un pouce & demi d'épaisseur.

Les rouleaux ont trois pieds deux pouces de long, y compris leurs tourillons, & ont six pouces de diametre; ils portent tous deux dans les jumelles, chaque tourillon tournans dans deux boêtes de bois faites en demi-cercle, & garnies de fer poli pour la facilité du mouvement. Les boêtes du rouleau d'en haut sont mises par dessus, & celles du rouleau d'en bas placées au dessous. On en remplit le dessus & dessous avec du papier ou du carton, afin de les hausser &

les

les baisser, ensorte qu'il ne reste d'espace entre les rouleaux, qu'autant qu'il en faut pour y faire passer la table chargée de la planche qu'on veut imprimer, & du papier & étoffes qui sont nécessaires pour cela.

Enfin à un des tourillons du rouleau d'en haut est attachée la croisée; c'est-à-dire, deux pieces de bois qui se traversant en croix forment une espece de moulinet: la croisée dont les bras ont environ deux pieds, sert a donner le mouvement aux rouleaux, qui le communiquent à la table qui passe entre deux; elle tient lieu dans cette presse de la manivelle qui dans celle des Imprimeurs de livres sert à avancer ou reculer le chariot & la forme sous la platine.

Il faut remarquer qu'à côté de la presse est l'encrier, c'est-à-dire, une espece d'auge de bois avec des bords relevez au tour, dans laquelle on met le noir composé qui sert à l'impression: dans l'encrier est l'amasette, & sur la même table où est posé l'encrier est aussi le tampon qui sert à donner l'encre aux planches, & encore les vieux linges avec lesquels on les essuye quand elles en ont suffisamment reçû.

Encre des Imprimeurs en tailles douces.

L'encre pour l'impression des tailles douces est une composition de noir & d'huile mêlez & cuits ensemble dans certaine proportion tant pour le mélange que pour la cuisson.

Le noir est une pierre factice qu'on tiroit autrefois d'Allemagne; mais qui se fait presentement à Paris, & qu'on estime plus douce & meilleure que celle que les Ouvriers Allemans fournissoient auparavant aux Imprimeurs François.

Les principaux ingrediens qui entrent dans la fabrique de ce noir de pierre, sont des noyaux de pêches & d'abricots, des os de pieds de mouton & de l'yvoire, le tout bien brûlé, bien broyé & bien tamisé; la liaison de ces drogues se fait avec la lie de vin, quelquefois seulement avec de l'eau. La meilleure est faite avec l'yvoire tout seul & la lie.

Il n'y a à Paris que deux ou trois Ouvriers qui sçachent composer cette pierre; ils font un grand mystere de la maniere dont ils employent la lie de vin, & de celle avec laquelle ils font brûler les autres drogues, en quoy il est certain que consiste tout le secret de cette encre.

L'huile qui sert à délayer le noir de pierre, doit être de l'huile de noix de la meilleure, mais cuite différemment, suivant les differens ouvrages qu'on veut imprimer: on en fait ordinairement de trois sortes, de la claire, de la grasse & de la forte, qui ne sont différentes que par leur degré de cuisson: l'huile forte sert aux plus beaux ouvrages; les deux autres s'employent à proportion de l'estime que l'on fait des tailles douces qu'on veut imprimer; la claire servant aux moindres, & la grasse aux mediocres. L'huile se cuit dans une marmite de fer.

Quand on veut composer l'encre, on pulverise exactement le noir de pierre, & on le passe à travers un tamis très-fin; puis on le broye sur un marbre avec celle des trois huiles qui convient aux tailles douces qu'on veut tirer, après quoy on le met dans l'encrier avec une amasette de tole ou de fer plat. La maniere de broyer cette encre sur le marbre est la même que celle des Peintres qui préparent les couleurs en huile, & l'on s'y sert comme eux d'une molette de pierre.

Maniere d'imprimer les tailles douces.

Lorsque l'encre est preparée & que l'encrier en est rempli, on en prend une petite quantité avec le tampon qui est une espece de molette faite de plusieurs bandes de linge roulées fortement les unes sur les autres; l'on en noircit toute la superficie de la planche.

La planche suffisamment remplie d'encre, s'essuye d'abord avec quelque morceau de linge usé, ensuite avec la paume de la main gauche & puis avec celle de la main droite; après quoy on la met un peu chauffer avant de la mettre sur la table de la presse. La machine sur laquelle on la met chauffer s'appelle un gril, & en est un en effet composé de plusieurs barres de fer, & soûtenu par quatre pieds, aussi de fer de 8 à 9 pouces de hauteur, sous lequel on entretient toûjours un feu mediocre.

La planche étant bien encrée & essuyée, on la pose sur un papier colé sur la table de la presse, de la grandeur de la taille douce, qu'on veut imprimer; sur la planche se couche bien uniment le papier qui doit en recevoir l'empreinte & sur le papier se mettent, ce qu'on appelle les langes; c'est-à-dire, trois morceaux d'étoffe douce, ordinairement de moleton ou de serge.

C'est en cet état que par le moyen des aîles de la croisée on fait passer la planche entre les deux rouleaux de la presse, qui la pressant également & fortement en imprime les traits sur le papier qui les reçoit d'autant plus aisément qu'il est fort humide à cause de la moüilleure qu'on a pris soin de lui donner auparavant.

Il y a des ouvrages qui demandent d'être pressez deux fois, & d'autres qu'il ne faut passer qu'une seule entre les rouleaux; ce qui dépend de la profondeur des traits de la graveure, ou du plus ou du moins de force qu'on veut donner au noir d'une taille douce.

Il faut observer que plus l'encre est forte, plus il est nécessaire que les rouleaux pressent fortement la planche gravée, ce qui oblige plusieurs Ouvriers de mettre dans leur encre plus d'huile grasse ou claire que d'huile forte pour épargner leur peine & leurs bras; mais cela fait une mauvaise impression.

La moüilleure du papier doit toûjours se faire deux jours avant que l'employer, afin qu'il soit plus molasse & plus en état de tirer le noir qui est dans la planche; il faut aussi au sortir de l'eau mettre la papier en presse entre deux ais que l'on charge de quelques pierres pesantes, pour que la moüilleure y penetre davantage & soit plus égale.

A mesure que les Tailles douces sont imprimées, on les étend sur les cordes, & lorsqu'elles sont raisonnablement seches on les remet en presse pour en rendre le papier plus uni.

Enfin quand on a tiré d'une planche le nombre d'estampes qu'on trouve à propos d'en avoir, on la frotte toute entiere d'huile d'olive avec un tampon d'étoffe, pour empêcher qu'elle ne se roüille, après quoy on la serre enfermée dans du papier pour la reserver à une nouvelle impression; mais si l'on s'apperçoit que les entailles de la graveure soient pleines du noir qui s'y est endurci en travaillant, il n'y faut mettre l'huile qu'après l'avoir fait boüillir dans un baquet ou autre vaisseau de cuivre.

On parle ailleurs de la graveure & du commerce des tailles douces. *Voyez* GRAVEUR, GRAVEURE, ESTAMPE, IMAGE & IMAGER.

IMPUTATION. Compensation d'une somme avec une autre, ou déduction d'une somme sur une autre. Quand on fait quelque payement à compte sur une dette qui porte interêt, on en fait faire d'abord l'imputation sur les arrérages & interêts, & ensuite sur le capital, autrement elle se pourroit faire sur le capital.

IMPUTER. Deduire & précompter une somme qu'on paye sur une autre qu'on doit. Je vous prie d'imputer les cent livres que vous avez reçûës pour moi sur mon obligation & non pas sur mon dernier arrêté de compte. Les interêts usuraires ne doivent point se payer, mais s'imputer sur le capital.

INBAB. On vend des toiles au Caire qu'on nomme grandes Inbabs dont les pieces ne sont que de trente pics. Elles se vendent cent cinquante meideins la piece.

INCARNAT, ou INCARNADIN. Couleur rouge très-vive, ainsi nommée de la ressemblance qu'elle a avec de la chair vive nouvellement coupée; en quoy elle differe de la couleur de chair, qui est plus pâle & qui ressemble à de la chair couverte de sa peau blanche & animée d'un vermillon naturel.

Les Reglemens du mois d'Août 1669 pour la teinture des soyes, laines & fils, portent que les soyes incarnat & couleur de rose, seront alunées & faites de pur bresil; les laines, de bourre teinte en garance sans mêler de fustel; & les fils, de bresil de Fernemboug, ou autres bresils & de raucourt.

INCHS. Mesure applicative dont on se sert en Anglèterre. C'est proprement ce qu'on appelle pouce en France, quoique pourtant avec quelque difference. Le grain d'orge est au dessous de l'Inchs & est la plus petite de ces sortes de mesures. Il faut trois grains d'orge pour un Inchs, quatre Inchs font la poignée, trois poignées le pied, un pied & demi le cubit ou coudée, deux cubits un yard, & un yard & un quart une aune. *Voyez* Pied.

INCISER LE VERRE. Terme de verrerie. C'est le couper, soit pour la séparer de la felle ou sarbacanne, soit pour en retrancher l'autre extremité opposée à celle de la felle, soit enfin pour l'ouvrir d'un bout à l'autre, pour en faire du verre en table.

Toutes ces incisions se font sans se servir de ciseaux ni de forces, & seulement en jettant une goute d'eau froide sur le verre encore chaud, & en le frappant légerement du bout d'une verge de fer. *Voyez* Verre.

INCLUS. Ce qui est enfermé dans un paquet. Le memoire ci-inclus, la lettre ci-incluse; quelquefois on dit simplement l'Incluse en parlant d'une lettre. Ce terme est fort d'usage dans le stile mercantille; on s'en sert même assez souvent au lieu d'Inclusivement. On lui a donné terme pour payer ce billet jusqu'au deux du mois d'Août inclus.

INCOURANT. Les Negocians se servent quelquefois de ce terme pour signifier une chose qui n'est pas usitée. Cela est Incourant. Ce mot ne se trouve que dans quelques traitez de Commerce imprimez en Hollande; il ne paroît pas d'usage en France.

INDE ORIENTALE, ou plûtôt INDES ORIENTALES. C'est cette grande partie de l'Asie qui comprend non-seulement l'Indostan ou l'Inde proprement dite; mais encore les deux Peninsules deçà & delà le Gange, toutes les Isles de l'Ocean Indique, celle de Ceylan, les Maldives, les Isles de la Sonde, les Moluques, même la Chine & le Japon; enfin tout ce qui est au levant de la Perse, & au midy de la grande Tartarie jusqu'à la mer du Sud.

On appelle Compagnies des Indes Orientales des Societez de Marchands ou autres personnes puissantes ou intelligentes dans le commerce, qui sont établies en Europe pour faire le negoce de l'Orient. Les principales de ces Compagnies sont celle de France, d'Angleterre & de Hollande. *Voyez l'article des Compagnies.*

Indes Occidentales. On nomme ainsi l'Amerique par opposition aux Indes Orientales, à l'Occident desquelles elle est située, parce que cette vaste partie de la terre auparavant inconnuë, fut découverte par les Espagnols quelque tems après que les Portugais eurent tenté la route des véritables Indes par le Cap de Bonne Esperance.

Les Compagnies des Indes Occidentales sont celles qui sont établies pour le commerce de l'Amerique & des Côtes Occidentaels de l'Affrique jusqu'au Cap de Bonne Esperance. *Voyez* Compagnie.

Conseil des Indes. On nomme ainsi en Espagne le Conseil souverain où se porte & où se juge en dernier ressort tout ce qui concerne le gouvernement & le commerce des Indes Occidentales.

Il y a pour la direction de ce commerce trois tribunaux établis en Espagne; le Conseil, la Contractation & le Consulat: ces deux derniers tiennent leurs Sieges à Seville, le premier a le sien à Madrid.

Le Conseil de Madrid a une autorité presque absoluë dans les affaires des Indes; c'est lui qui connoît avec le Roy de tout ce qui regarde la navigation, la paix, la guerre, aussibien que de toutes les causes civiles & criminelles de cette vaste partie de la Monarchie d'Espagne.

Il propose les sujets pour remplir les Viceroyautez, les Gouvernemens, les Emplois, les Magistratures, les Benefices vacans; enfin de toutes les places dont Sa Majesté Catholique a coûtume de disposer.

C'est ce Conseil qui fait rendre compte à tous les Officiers à leur retour en Espagne après que le tems de leur administration est fini; qui nomme les Officiers subalternes des Gallions & de la Flote; qui accorde les congez soit pour les navires de registre, soit pour les autres qui font le commerce des Indes sous l'escorte des grands convois; enfin c'est ce Conseil qui reçoit les avances qui se font au Roy d'Espagne pour obtenir la liberté de ce négoce, & qui au retour des Gallions & de la Flote regle & reçoit l'indult qui se leve sur les effets & marchandises qu'ils raportent des Indes.

Le Conseil des Indes est composé d'un grand Chancelier, d'un President, de huit Conseillers, quatre de robe & quatre d'épée, d'un Vice-Chancelier, d'un Fiscal ou Procureur Général, d'un Algouasil mayor, de deux Secretaires qui ont chacun douze Commis, de deux Agens du Fiscal, de quatre Contadores ou Tresoriers, & de cinq Raporteurs.

On compte encore au nombre des Officiers subalternes un Historiographe, un Geographe, un Chapelain, un Sacristain, un Avocat & un Procureur des Pauvres, dix Portiers, un Ecrivain & un Conseiller de la Contractation de Seville. Ce dernier est chargé de ramasser & de garder les Ordonnances & les Loix concernant le gouvernement & le commerce des Indes.

Le Conseil des Indes fut établi en 1511; mais il ne reçut sa derniere perfection qu'en 1524, lorsque Charles-quint ajoûta à tous ses autres privileges déja si grands, celui de connoître des choses qui concernent la Religion.

La contractation de Seville est composée d'un President & de huit Juges ou Conseillers, dont quatre sont de robe & quatre d'épée; ceux de robe sont préposez à l'administration de la Justice, & ceux d'épée à ce qui regarde l'armement des Flotes & des Gallions.

En Général ce Tribunal prend connoissance de toutes les affaires qui arrivent au sujet du commerce des Indes, & veille que les droits du Roy ne soient point fraudez, soit au départ, soit au retour de la Flote & des Gallions; mais il y a appel de ses Sentences au Conseil souverain établi à Madrid.

Autrefois les Marchands étoient obligez de faire enregistrer à Seville toutes les marchandises embarquées pour les Indes; présentement l'enregistrement se fait à Cadix, mais seulement dans le tems marqué par les Officiers de la Contractation de Seville, à peine de confiscation des marchandises & effets non declarez & enregistrez pendant le terme fixé.

Pour veiller à cet enregistrement & empêcher la fraude & les contraventions, le President & quatre Conseillers de la Contractation se rendent à Cadix dans le tems de l'embarquement, & mettent des Gardes aux portes de la Ville & sur les Gallions: mais cette précaution devient inutile non seulement par l'adresse des Marchands Espagnols & Etrangers, qui ont mille inventions pour frauder les droits, mais encore par la connivence des Gardes & des Officiers mêmes qui sont toûjours disposez à les favoriser. Il est vrai que la Contractation pour prevenir les fraudes ou les découvrir, a coutume d'envoyer aux Indes les registres de Cadix, & de faire venir à Cadix ceux des Indes, ce qui n'opere pas grand' chose, les Officiers des Indes, n'étant pas plus fideles que ceux d'Espagne, & les Marchands y trouvant une égale facilité pour cette contrebande.

Comme par les Ordonnances du Roy d'Espagne il est défendu aux Capitaines des Gallions ou vaisseaux de guerre des flotes destinées pour les Indes de charger aucune marchandise sur leurs bords pour leur compte; ce sont aussi les Officiers de la Contractation qui vont les visiter en personnes; mais cette visite est aussi infructueuse que leurs autres précautions; ces Messieurs, ainsi qu'ils en sont soupçonnez, ne visitant point les endroits où ils pourroient trouver ces marchandises embarquées en fraude.

C'est encore la Contractation de Seville qui prend soin au retour des Flotes, que les droits du Roy ne soient point fraudez, mais à ce qu'on dit avec le même succès qu'au depart, à cause des grands gains que les Officiers peuvent faire sur des vaisseaux si richement chargez, & dont les retours sont au moins pour les Gallions de trois millions d'écus en or, & de vingt millions d'écus en argent; & pour la Flote, d'environ un million d'écus en or, & pour dix ou douze millions aussi d'écus en argent, outre quantité de riches marchandises, comme perles, émeraudes, amatistes, laines de vigogne, quinquina, cuirs, bois de campêche, cochenille, indigo, &c. qui montent encore à plusieurs millions d'écus.

Lorsque les Gallions ou la Flote arrivent à Cadix, le President & quatre Juges de la Contractation de Seville vont à bord de l'Amiral où ils font publier de nouvelles défenses sous peine de la vie d'en sortir ni d'en débarquer aucunes choses.

Après cette publication le President reste sur le Gallion Amiral, & envoye les quatre Juges sur les quatre Gallions qu'on estime être le plus richement chargez, mettant aussi des Officiers de confiance sur chacun des autres vaisseaux qui arrivent des Indes, sur lequel aussi on fait de pareilles publications.

Toutes ces precautions se prennent pour assurer le payement des droits du Roy qui sont de six pour cent sur l'or, l'argent & les pierreries, & de huit pour cent sur le reste; mais il est certain que les declarations des effets chargez sur les Gallions & sur la Flote ne vont jamais à plus de la moitié de ce qu'ils contiennent, sur tout pour l'or & l'argent non monnoyez, qui, lorsqu'ils sont declarez, doivent être portez à la monnoye, le reste entrant en fraude à Cadix, ou étant embarqué de bord-à-bord pendant la nuit, particuliérement pour les effets que les Capitaines & autres Officiers rapportent pour leur compte, à cause que s'ils étoient trouvez, ils ne manqueroient pas d'être confisquez.

Il paroît indubitable que le Conseil d'Espagne est instruit de cette conduite des Officiers de la Contractation de Seville, ou du moins qu'il la soupçonne, mais qu'il la dissimule par politique, sçachant bien le moyen de s'en dédommager en partie.

En effet les indults que le Conseil des Indes met sur les Gallions & sur la Flote, soit à leur depart de Cadix, soit à leur arrivée aux Indes, ou lorsqu'ils reviennent en Espagne, ne sont pas de mediocre dedommagement, le Roy d'Espagne recevant au départ des Gallions de Cadix quatre cens mille écus & deux cens mille pour la Flote; autant quand ils arrivent aux Indes, & encore beaucoup plus à leur retour à Cadix; ce dernier indult étant reglé ou sur la richesse qu'ils rapportent des Indes, ou sur les besoins de l'Etat, y en ayant eu dans les derniers tems qui ont été jusqu'à 2 & 3 millions d'écus.

Le troisiéme Tribunal établi en Espagne pour le commerce des Indes Occidentales est le Consulat de Seville.

Cette Jurisdiction est composée d'un President ou grand Juge qu'on nomme Prieur, & de plusieurs Conseillers qu'on appelle Consuls ou Juges du Consulat.

Ces Consuls sont choisis parmi les principaux & les plus habiles Négocians pour décider les differents qui naissent entre Marchands au sujet du commerce des Indes, pour maintenir les privileges accordez à ce commerce, & pour regler avec les Juges de la Contractation le départ des Gallions & des Flotes.

C'est encore à leurs instances & sur leurs representations que le Conseil accorde la permission aux Marchands d'envoyer des vaisseaux sous l'escorte des Gallions, ou d'en fretter de ceux qu'on nomme Navires de registres qui font ce negoce en particulier, & qui ne partent pas avec les Flotes. On parle ailleurs des Navires de Registre. *Voyez* REGISTRE. A l'égard des autres qui vont de conserve avec les Gallions ou la Flote, il en coûte au moins quatre mille écus par navire pour en obtenir la permission; ils doivent être montez de cent cinquante hommes d'équipage, & armez de 30 ou 34 canons.

Enfin ce sont les Juges du Consulat qui sont chargez de la repartition des Indults tant aux Indes qu'en Espagne; en Espagne par eux-mêmes, & aux Indes par deux Députez qu'ils y envoyent: comme ils ne rendent compte à qui que ce soit, non pas même au Roy de cette repartition, ils sont soupçonnez de ne pas faire une imposition conforme à la taxe, & de faire contribuer bien au-delà des sommes reglées par le Conseil des Indes, qui pourvû que l'indult accordé au Roy entre tout entier dans ces coffres, ne s'informe gueres du reste, laissant aux Consuls le moyen de s'enrichir par cette espece de peculat; & peut-être les moins ſcrupuleux des Miniſtres qui compoſent ce Conſeil y ont leur part, toute l'Eſpagne étant perſuadée que les Officiers depuis les plus grands juſqu'aux plus petits, auſſi-bien que tous les particuliers, ſont comme de complot à frauder les droits du Roy, & à profiter des occaſions de s'enrichir aux dépens de l'Epargne Royale.

INDE. Eſpece de bois propre à la teinture.

Le bois d'Inde eſt le cœur du tronc d'un arbre qui croît en abondance dans pluſieurs Iſles de l'Amerique, particuliérement dans celles de Campeſche, de la Jamaïque & de Sainte Croix, d'où il eſt appellé communément Bois de la Jamaïque & de Campeſche.

Cet arbre monte très-haut & devient très-gros, mais plus ou moins ſelon qu'il rencontre une bonne ou mauvaiſe terre; il jette de profondes racines, & s'éleve fort droit; ſon écorce eſt deliée, douce & unie par tout; ſa couleur d'un gris vif & argenté, tire en quelques endroits ſur le jaune; il fleurit une fois l'an au tems des pluyes, & pour lors il renouvelle une partie de ſes feüilles qui ſont longues, vertes, comme chagrinées, & aſſez de la figure de celles du laurier. Son fruit qui n'eſt guéres que de la groſſeur d'un pois, eſt attaché d'un côté au bois par une petite queuë, & de l'autre porte une petite couronne; il eſt de couleur tannée & d'un goût acre & piquant, quoiqu'aſſez agreable & approchant du Girofle.

L'on tire trois ſortes de marchandiſes de cet arbre toutes fort eſtimées: ſon bois, ſes feüilles & ſon fruit.

Son bois eſt ſolide & peſant, & ſouffre le poli; mais ſon plus grand uſage eſt pour la teinture en violet ou en noir: l'on diſtingue ce bois par la coupe, & le meilleur eſt celui de la coupe d'Eſpagne, c'eſt-à-dire, dont les bouts ſont hachez, ce qui fait connoître qu'il eſt vrai Campeſche, les Anglois de la Jamaïque ſciant ordinairement leur bois d'Inde, ce que ne font pas les Eſpagnols; il faut prendre garde qu'il ne ſoit point pouri ni outré d'eau.

Les feüilles de l'Inde peuvent quelquefois tenir lieu d'épicerie, & elles donnent un goût très-relevé aux viandes & aux ſauces où l'on en met, ayant une odeur de laurier mais plus douce. On s'en ſert auſſi en Medecine, ſoit en fomentations pour guerir la paraliſie & autres maladies provenant de cauſes froides, ſoit dans les bains pour fortifier les nerfs foulez, & deſſecher l'enflure qui reſte aux jambes après les fievres malignes: l'on peut même l'employer utilement dans toutes les compoſitions où l'on fait entrer le Folium Indum.

Enfin le fruit de cet arbre que les Anglois appellent Poivre de la Jamaïque; les Hollandois, Amomi; & quelques François, bien qu'improprement, Graine de Girofle; eſt un véritable aromat, & peut tout ſeul ſuppléer au Girofle, à la muſcade & à la canelle, ayant quelque choſe de tous les trois enſemble.

Il y a long-tems que les Anglois en font une grande conſomption; mais il n'eſt bien connu en France que depuis la guerre commencée en 1688, que les Armateurs de S. Malo ayant fait quantité de priſes ſur les Anglois, il s'y trouva entr'autres marchandiſes beaucoup de cette graine de girofle, ce qui l'a rendu aſſez commune, quoiqu'à la verité les François n'ayent pû encore tout à fait s'y accoûtumer, ce qui apparemment empêchera qu'il s'en faſſe jamais un grand commerce. Les Ameriquains en mettent dans leur chocolat, & l'appellent Malaguette.

Le bois d'Inde ou de Campeſche paye en France les droits d'entrée à raiſon de 12 ſ. du cent peſant.

INDE. C'eſt encore une drogue propre à la teinture, qui eſt faite avec les feüilles d'une plante ou arbriſſeau appellé Indigo ou Anil. *Voyez* INDIGO.

INDEMNISER, ou INDAMNISER. Dédommager quelqu'un des pertes qu'il a ſouffertes. Vous avez perdu avec moi ſur les dernieres toiles que je vous ay envoyées, j'auray ſoin de vous en indemniſer; il y aura beaucoup à gagner ſur celles que vous recevrez par la premiere voiture.

S'INDEMNISER. Se dédommager. Ce Marchand perd ſur ſes petits marchez, mais il ſçait bien s'en indemniſer ſur les marchez de conſéquence.

INDEMNITE', ou INDAMNITE'. Dédommagement ou promeſſe de dédommager. Je ne crains rien dans ce commerce, je ſuis ſûr d'une Indemnite, c'eſt-à-dire, d'un dédommagement. Je n'ai prêté que mon nom dans cette entrepriſe, dans cette Manufacture; j'ay l'Indemnité des Marchands qui en ſont les entrepreneurs. Ce qui ſignifie un acte par lequel les vrais proprietaires de la Manufacture promettent d'indemniſer & garentir de toutes choſes celui qui en paroît l'entrepreneur, quoiqu'il ne le ſoit pas.

INDEX. Les Négocians & Teneurs de livres nomment ainſi un livre compoſé de vingt-quatre feüillets, qui ſe tient par ordre alphabetique, dont on ſe ſert pour trouver facilement ſur le grand livre, ou livre de raiſon, les folio où ſont debitées & creditées les differentes perſonnes avec leſquelles on eſt en compte ouvert.

L'Index ſe nomme auſſi Alphabet, Table, ou Repertoire. *Voyez* LIVRES, *à l'endroit où il eſt parlé du grand livre à parties doubles.*

INDIENNE. Robe de chambre pour hommes ou pour femmes faites de ces toiles de coton peintes de diverſes couleurs & figures, qui viennent des Indes Orientales.

On appelle auſſi Indiennes les toiles mêmes dont ces robes de chambre ſont faites, ſoit qu'elles ayent été fabriquées & peintes aux Indes, ſoit qu'elles ayent été imitées & fabriquées en Europe.

Toutes les Indiennes de quelque couleur ou façon qu'elles ſoient, même les toiles de coton blanches, à moins qu'elles ne ſoient apportées par les vaiſſeaux de la Compagnie & marquées de ſon plomb, ſont défenduës en France par quantité d'Arrêts & Déclarations, & en dernier lieu par un Edit du Roy Loüis XV. donné à Paris au mois de Juillet 1717, mais ſeulement enregiſtré au Parlement le 15 Decembre de la même année.

Cet Edit, le plus ſevere de tous ceux qui avoient paru juſqu'alors, porte diverſes peines afflictives, entr'autres celle des Galeres perpetuelles, même plus grande ſi le cas y écheoit, contre ceux qui feront entrer dans le Royaume de ces ſortes de toiles. *Voyez l'article général des toiles, où il eſt parlé de celles des Indes. Voyez auſſi la paragraphe des étoffes de la Chine & des Indes à l'article des Etoffes.*

INDIENNE. Les Maître Tabletiers-Peigniers appellent Peignes à l'Indienne des peignes à dents fines des deux côtez, mais qui ne ſont pas également enfoncées. *Voyez* PEIGNE.

INDIENNE. C'eſt auſſi une étoffe partie ſoye & partie laine, qui ſe fabrique par les Hauteliſſeurs de la Sayetterie d'Amiens. Les pieces doivent avoir ſuivant le Reglement de 1666, un pied & demi un pouce de Roy de largeur, & vingt-une aune un quart à vingt-une aune & demie de longueur.

INDIGO. Drogue propre pour la teinture. On la nomme aussi Inde, quoiqu'il y ait néanmoins quelque difference entre l'Inde & l'Indigo, l'Indigo étant fait des tiges & des feüilles de la plante ou arbrisseau qui se nomme Indigo ou Anil, & l'Inde seulement des feüilles de la même plante.

L'arbrisseau ou plante d'où se tirent ces deux drogues vient de graine, & croît environ de deux pieds & demi de haut; ses feüilles sont petites, rondes comme celles du buis, & de couleur de verd naissant tirant un peu sur le jaune quand elles approchent de la maturité; sa fleur qui est rougeâtre, semblable à celle des poids, produit des gousses longues & récourbées en faucille, qui renferment une petite semence de verd d'olive.

L'Indigo demande une bonne terre, grasse, unie & qui ne soit point trop seche; il veut être planté seul, mangeant & dégraissant beaucoup le terrain où on le cultive; aussi ne peut-on prendre trop de precautions pour arracher les herbes qui croissent autour lorsqu'il commence à pousser, & jusqu'à ce qu'il soit en parfaite maturité.

Quand le terrain a été bien preparé & les herbes bien extirpées, on plante l'Indigo dans des trous tirez au cordeau, & éloignez les uns des autres d'un pied en tout sens; il faut mettre onze ou treize graines dans chaque trou, une espece de superstition aïant établi de les semer ainsi en nombre impair.

Toute saison est bonne pour semer l'Indigo; il faut cependant observer que ce ne soit pas par un tems trop sec: si on a mis la graine en terre dans un tems humide, elle leve au bout de trois ou quatre jours.

Depuis que la plante est sortie de terre, il ne faut que deux mois pour la meurir entierement, & la mettre en état d'être coupée; autrement elle fleuriroit, & ses feüilles devenant trop dures & trop seches donneroient moins d'Indigo. Après cette premiere coupe elle repousse, & l'on peut continuer de la couper de six en six semaines environ, supposé que le tems soit pluvieux; car lorsqu'on coupe en tems de secheresse on perd les chouques, c'est-à-dire, les pieds de la plante qui étant bien menagée peut durer deux années, après quoy il faut l'arracher.

Quand la plante est meure, c'est-à-dire, lorsque les feüilles se cassent en y touchant, on la coupe & on la met par paquets qu'on laisse pourir dans des cuves pleines d'eau de riviere ou de fontaine, les ayant auparavant chargez de pierres ou de gros morceaux de bois pour les tenir au fond, & ayant répandu sur l'eau un peu d'huile qui surnageant en couvre toute la superficie.

Au bout de trois ou quatre jours que l'eau a fermenté d'elle-même par la seule force de la plante qui l'échauffe, on remuë avec de gros bâtons toute la matiere qui est dans les cuves, & après que l'eau est reposée, on en tire le bois qui se trouve sans feüille & sans écorce. Ensuite on recommence à remuer à plusieurs reprises ce qui reste dans les cuves, après quoy quand l'eau est reposée on la tire toute par un robinet, & la lie ou sediment qui demeure au fond est mis dans des formes qu'on expose à l'air pour les secher. Ce marc ainsi preparé est l'Indigo, si l'on y a employé les branches & les feüilles; ou l'Inde, si l'on ne s'est servi que des feüilles.

Cette maniere de faire l'Indigo est la plus commune; il y a néanmoins quelquefois un peu de difference suivant l'industrie de ceux qui travaillent à l'Indigo, ou la dépense que l'on est en état de faire.

Quelques-uns, par exemple, mettent d'abord pourir la plante dans une cuve qu'ils appellent la trempoire; puis la faisant ensuite passer dans une autre cuve qu'ils nomment la Batterie, ils l'y battent fortement & long-tems avec une espece de machine assez semblable aux manivelles qui font joüer les pompes dont on se sert pour élever les eaux.

Enfin on la fait couler dans le reposoir qu'on nomme aussi quelquefois le Diablotin, qui est une troisiéme cuve où la matiere se repose & se rasseoit; après quoy on la met dans des sachets de toile de 15 à 18 pouces, taillez en pointe comme les chausses des Apoticaires, où elle acheve de se purger de l'eau qui pouvoit y être encore restée.

C'est au sortir de ces sacs qu'on étend l'Indigo dans des caissons de trois à quatre pieds de long & environ trois pouces de profondeur, où on l'expose à l'air pour le faire secher entierement, observant neaumoins de ne le point mettre au soleil qui en mangeroit la couleur, ni de le laisser à la pluye qui le dissouderoit & le gâteroit tout-à-fait.

Cette derniere façon de faire l'Indigo est celle des Isles Antilles; mais dans le fond de quelque maniere qu'on s'y prenne, l'Indigo n'est toûjours autre chose que la fecule qui se tire de la plante par le moyen de l'eau souvent brassée.

Il vient de l'Indigo des Indes Orientales & des Indes Occidentales, & c'est apparemment d'où cette drogue a pris son nom. Le meilleur est celui à qui on donne le nom de Sarquisse, d'un village situé à quatre vingt lieuës de Surate proche d'Amadabat Ville importante de l'Empire du grand Mogol. Il s'en fait aussi aux environs de Biana, d'Indoüa & de Cossa près d'Agra; celui-ci s'appelle Inde en marons.

Il y en a encore dans le Royaume de Golconde, & les Hollandois en apportent de Brampour & de Bengale; mais c'est le moindre des Indigos qui se fabriquent dans les Indes Orientales. *Voyez l'article general du commerce, où il est parlé de celui de l'Indoustan.*

Pour ce qui est des Indes Occidentales, il s'y fait de l'Indigo dans plusieurs endroits de la Terre ferme, mais particuliérement dans les Isles Antilles: les meilleurs sont ceux qui viennent de Guatimala, de S. Domingue & de la Jamaïque; ceux qu'on nomme simplement Indigos des Isles étant beaucoup moins estimez.

Le Pere Labat qui a donné une si curieuse relation des Isles Antilles en 1722, n'est pas de l'opinion des Epiciers-Droguistes de Paris sur cette préference qu'ils donnent aux Indigos d'Orient & à ceux de la Terre ferme de l'Amerique sur celui qui se fabrique aux Isles Françoises, & il est persuadé qu'avec une égale preparation ce dernier doit au moins prétendre à l'égalité. Les raisons de cet exact Auteur sont si convaincantes, qu'il n'est pas possible de lui refuser son suffrage. On peut les voir dans le premier tome de son ouvrage.

Pour bien choisir l'Indigo, il faut le prendre en morceaux plats, d'une épaisseur raisonnable, moyennement dur, net, nageant sur l'eau, inflammable, de belle couleur bleuë ou violet foncé, parsemé en dedans de quelques paillettes argentées, & qui paroisse roûgeâtre en le frottant sur l'ongle.

Lorsque l'Indigo est trop pesant par rapport à son volume, il faut s'en défier & chercher à s'éclaircir sur sa veritable qualité. Les fraudes qu'on y peut faire sont; 1°. De trop battre la plante dans la trempoire, afin de consumer entierement les feüilles & l'écorce de la plante. 2°. D'y mêler des cendres, de la terre, du sable ou de l'ardoise. La pre-

premiere fraude se découvre par la couleur qui est noirâtre, & par le poids qui augmente considerablement. Pour découvrir la seconde fraude il faut en dissoudre un morceau dans de l'eau; s'il est pur il se dissout entierement; au contraire la matiere étrangere coule au fond du verre quand il est mélangé.

L'Inde ou Indigo sert aux Peintres & aux Teinturiers; ces derniers l'employent avec le pastel & le vouede pour faire leurs bleus. Il leur est permis de mettre six livres d'Indigo sur chaque balle de pastel dans la bonne cuve, ou d'en reserver une partie pour le premier réchaud, ou pour tous les deux réchaux, afin qu'ils puissent plus facilement faire leurs petites couleurs; ils peuvent aussi mettre une livre d'Indigo sur un cent pesant de vouede, pourvû qu'on les mette ensemble dans la bonne cuve; mais il leur est défendu d'employer l'Indigo seul, ni sans être preparé avec la cendre gravellée.

L'Indigo ou Inde fine de toutes sortes paye en France les droits d'entrée à raison de 10 *livres du cent pesant conformement au Tarif de* 1664; *&* *suivant celui de la Doüane de Lyon* 7 *livres* 2 *sols* 6 *deniers pour l'ancienne taxation, &* 5 *livres pour la nouvelle reapreciation.*

IN DOUZE. Terme de Libraire & d'Imprimeur. Il signifie un livre dont le papier plié en douze parties compose 24 pages: il y a de grands & de petits Indouze, c'est-à-dire, qui sont imprimez sur du plus grand ou du plus petit papier. *Voyez* LIVRE *&* LIBRAIRIE.

INDULT, INDULTE, qu'on nomme aussi DROIT DE BON PASSAGE. C'est un droit que le Roy d'Espagne prend sur les marchandises des particuliers, qui arrivent de l'Amerique par la Flote & les Gallions.

Ce droit est de huit pieces de huit & deux reaux par ballot, ce qui va environ à deux & demi pour cent.

INITIAL. Lettres Initiales. On nomme ainsi en terme d'Imprimerie les grandes ou petites capitales qui commencent les livres, les chapitres, les articles, les periodes, ou les mots d'un ouvrage imprimé. *Voyez* LETTRES. *Voyez aussi* IMPRIMERIE.

INQUANT. Vieux terme de commerce qui signifie ce qu'on entend presentement par vente à l'encan. On s'en sert encore en quelques Provinces de France, particuliérement en Bretagne où l'on dit Inquanter, pour dire, vendre à l'enchere. *Voyez* ENCAN *&* ENCHERE.

INRAMO. Coton Inramo. Sorte de coton en masse & non filé qui se tire du Levant & d'Egypte par la voye du Caire: il se vend six ou sept piastres les cent dix rotols. *V.* COTON.

INSEIZE. Terme d'Imprimerie. Il se dit des livres dont les feüilles sont pliées en seize feuillets, & ont trente-deux pages. *Voyez* IMPRIMERIE.

INSLACH. Terme Flamand qui signifie les fils d'or, d'argent, de soye ou de laine, dont on fait la tréme des tapisseries de haute lisse. On se sert du terme d'Assure dans les Manufactures Françoises pour signifier la même chose. *Voyez* HAUTE-LISSE.

INSOLVABILITE'. Impuissance de payer ses dettes. Les Banqueroutes ont été cause de l'Insolvabilité de ce Marchand; mais l'Insolvabilité de celui-là ne vient que de sa mauvaise conduite & de ses débauches.

INSOLVABLE. Qui n'a pas de quoy payer. Le benefice de la cession de biens a été introduit en faveur des personnes devenuës Insolvables, pour les sauver de la persecution & de la dureté de leurs créanciers. Il y a cependant des cas où, tout insolvable que l'on soit, on ne peut pas même joüir de cette triste ressource. *Voyez* CESSION.

INSPECTEUR. Celui qui est commis pour avoir soin de la conduite de quelqu'un ou de l'execution de quelque chose.

LES INSPECTEURS de Manufactures, que l'on nomme aussi en quelques Provinces Commissaires ou Commis; sont des personnes proposées de la part du Roy pour avoir inspection sur les Ouvriers qui travaillent en étoffes ou en toiles, soit sur les métiers des Manufacturiers, soit sur ceux des Particuliers.

L'établissement des Inspecteurs est dû à Monsieur Colbert Sur-Intendant des Arts & Manufactures de France. Ce grand Ministre dont les vûës étoient si étenduës & si sures pour faire fleurir le commerce dans le Royaume, nomma quelques Inspecteurs en 1680, & leur fit dresser les instructions qui s'observent encore pour la plupart aujourd'huy.

Monsieur de Louvois qui lui succeda dans la Sur-Intendance des Arts & Manufactures, en augmenta de beaucoup le nombre. Ce fut lui qui établit l'inspection de la Doüane de Paris en 1686, qu'il eut la bonté de confier à l'Auteur de ce Dictionnaire; depuis l'on en a établi à Calais & à saint Vallery pour les Draperies & Manufactures étrangeres.

Les Inspecteurs des Manufactures de France doivent entre autres choses veiller exactement que les Ouvriers se conforment aux Arrêts & Reglemens concernant les largeur & longueur des étoffes qu'ils fabriquent, & qu'ils n'y employent que les matieres ordonnées & permises.

Ils doivent autant qu'ils le peuvent, être presents aux visites & marques qui se font, ou se mettent par les Maîtres & Gardes, ou Jurez & Esgards des Marchands & Ouvriers, soit sous les Halles & les marchez, soit dans les maisons des Manufacturiers.

L'article 61 de la grande instruction pour les draperies, étoffes de laine & teintures, & l'Arrêt du Conseil du 29 Mars 1691, donnent aux Inspecteurs dans les Provinces séance & voix déliberative dans des Jugemens qui se rendent sur les contraventions; & celui du 23 Juin 1687 leur permet d'aller en visite chez les Marchands, toutes fois & quantes que bon leur semble, sans qu'ils soient obligez de faire avertir les Gardes & Jurez des lieux; les Teinturiers, Façonniers & Ouvriers étant tenus de souffrir leur visite dans leur maison, boutique & magasin: ce qui est aussi un droit des Inspecteurs des toiles, qui joüissent en tout des mêmes facultez & privileges que ceux des draperies & étoffes de laine.

Enfin le Roy Louïs XV. ne voulant pas que les Inspecteurs fussent distraits de leurs fonctions, & souhaitant qu'ils se pussent donner tout entiers au bien des manufactures & du commerce, a fait en leur faveur une Declaration le 3 Novembre 1715, qui les exemte de collecte, tutelle, curatelle, garde, guet & autres charges publiques. Il a encore depuis été rendu un Arrêt du Conseil d'Etat le 7 Août 1718, qui en interpretant cette Declaration ordonne que les Inspecteurs des Manufactures tant de laine que de toiles établis par Sa Majesté dans les differentes Provinces & Generalitez du Royaume, seroient pareillement exemts de toute taille, pourvû néanmoins qu'ils n'y possedent aucun bien immeuble, qu'ils n'ayent point été imposez à la taille le auparavant dans la Province où ils exercent leur employ, & qu'ils ne faffent aucun commerce.

Il y a prefentement dans le Royaume 30. Infpecteurs des draperies & étoffes de laine, fix Infpecteurs pour les toiles, & deux Infpecteurs pour les Manufactures étrangeres. Ces deux derniers font établis à Calais & à S. Vallery, qui font les feuls Ports par lefquels elles peuvent entrer en France.

Outre les deux Infpecteurs de Paris, dont l'un fe tient au Bureau de la Doüane, & avec qui tous ceux des Provinces doivent avoir correfpondance ; & l'autre à la Halle aux Draps de la même Ville; il y a encore un pour les Foires de S. Germain & de S. Denis, mais qui n'eft en exercice qu'autant qu'elles durent.

Les départemens des Infpecteurs pour les Manufactures de lainerie, font.

La Doüane de Paris:

La Halle aux Draps de la même Ville.

Calais.	Auvergne, Limoufin & Xaintonge.
S. Vallery.	Bordeaux.
Beauvais.	Montauban, Rouergue & Quercy.
Crevecœurs, & Granvillers.	Touloufe.
Aumale.	Montpellier.
Amiens.	Carcaffone.
Roüen.	Nifmes.
La Généralité de Roüen	Caftres & S. Pons.
Allençon,	Dauphiné.
Caën.	Dijon.
Nantes.	Troyes & Châlons.
S. Malo.	Rheims.
Tours.	Sedan.
Berry.	Mets.
Orleans.	
Poitou.	

Infpecteurs des Toiles.

Roüen.	Bretagne.
Caën.	Laval.
Allençon.	Lyonnois & Baujollois.

INSPECTION. Se dit du foin que l'on a de veiller à la conduite des perfonnes ou à la fabrique de certains ouvrages.

Les Juges de Police ont infpection fur les poids & mefures, fur les marchandifes & fur ceux qui contreviennent aux Ordonnances & Reglemens.

Les Maîtres & Gardes, Jurez ou Efgards des Corps & Communautez, ont droit de vifite & Infpection fur les Marchands & Ouvriers de leurs Corps & Communautez.

Les Commiffaires des Manufactures ont Infpection fur ce qui regarde la fabrique des étoffes & des toiles. *Voyez* Inspecteur.

INSTAR. A l'Inftar. Terme Latin qui fignifie à l'imitation, à la reffemblance d'une chofe. La Manufacture des draps de Sedan a été établie pour en fabriquer en France à l'Inftar de ceux de Hollande. Les ferges de Gournay, de Segnelay, de Boufflers, &c. fe font à l'Inftar de celles de Londres.

INSTRUCTION. Preceptes, enfeignemens, ordres que l'on donne pour l'execution d'une chofe foit verbalement, foit par écrit.

Les Marchands, Negocians, Banquiers, Entrepreneurs de Manufactures, & autres telles perfonnes qui font engagées dans un grand commerce, & qui demande neceffairement des relations & des correfponces avec quantité de Commis, de Garçons, d'Agents, de Facteurs, de Commiffionnaires & de Conducteurs d'Ouvriers, font fouvent obligez de donner de ces fortes d'inftructions, particuliérement par écrit, foit pour les achats, ventes & envois de marchandifes, foit pour les remifes d'argent, la reception, acceptation & payement de leurs lettres de change; foit enfin pour la conduite des Fabriquans, Maîtres & Ouvriers de leurs Manufactures ; & pour tant d'autres chofes qu'un negoce un peu confiderable entraîne après foy.

Mais comme de leur part les Negocians ne peuvent dreffer ces Inftructions avec trop de clarté, de précaution & de prudence; les Commis, Garçons, Commiffionnaires & Correfpondans ne peuvent auffi de leur côté les executer avec trop d'exactitude & de fidélité.

Ces derniers fur tout ne doivent rien faire, autant qu'il eft poffible, que fur de bonnes Inftructions par écrit, de peur d'être défavouez, comme il n'arrive que trop fouvent; ce qui broüillant le Negociant & le Correfpondant, le Commettant & le Commiffionnaire, eft toûjours préjudiciable aux affaires communes des uns & des autres. *On peut voir le parfait Negociant au chapitre où il eft parlé de Commiffionnaires & de leurs obligations.*

Instruction. Se dit encore dans le commerce, des memoires dreffez & imprimez par ordre de Sa Majefté pour l'execution des Reglemens faits en divers tems pour les Manufactures & pour la bonne fabrique & teinture des étoffes qui s'y font, ou des matieres qui y font employées.

Les deux principales de ces Inftructions, aufquelles à caufe de la grande étenduë des matieres concernant le commerce, on a donné le nom d'Inftructions génerales, font celles données en l'année 1680, pour l'execution des Reglemes généraux des Manufacteures & teintures, regiftrées en prefence de Sa Majefté au Parlement de Paris le 13 Août 1669.

Ces deux Inftructions furent dreffées de l'ordre exprès du Roi Loüis XIV. par Monfieur Colbert alors Controlleur Général des Finances & Sur-Intendant des Arts & Manufactures de France.

L'une, qui eft redigée en 65 articles, fut adreffée aux Commiffaires Infpecteurs departis dans les Généralitez & Provinces du Royaume, pour les conduire & guider dans l'execution des Reglemens que le Roy avoit confiée à leurs foins.

L'autre qui eft fans adreffe, mais qui fut pareillement remife aux Infpecteurs, contient en douze titres ou parties divifées en trois cens dix neuf articles, tout ce qui peut avoir raport à la teinture des laines & à la manufacture des étoffes qui en font faites.

On ne s'arrêtera pas davantage ici à ces deux Inftructions, fe refervant d'en traiter plus amplement à un endroit qui a paru plus convenable. *V.* Teinturier.

Il y auffi deux Inftructions générales pour les Manufactures des toiles, toutes deux du 9 May 1692, dreffées par ordre du Roy, & données aux Infpecteurs des toiles par Monfieur de Pontchartrain alors Controlleur Général des Finances depuis Chancelier de France.

L'une contient les chofes auxquelles chaque Infpecteur arrivant dans fon département eft tenu de fatisfaire lors de fa premiere vifite ; la feconde inftruit les mêmes Infpecteurs dece qu'ils doivent faire pour l'exercice de leurs commissions; on ne parlera que de la derniere, dans laquelle l'autre est en quelque sorte comprise.

Les Commissaires ou Inspecteurs des toiles dans les départemens où ils sont établis, ou les Inspecteurs des Manufactures, dans les lieux où il n'y en a point de particuliers pour les toiles, sont chargez en général de l'execution des Reglemens faits pour les toiles, ou des Statuts & usages des Communantez, dans les Provinces, pour lesquelles il n'y a point eu de Reglemens.

1. Pour faire executer ces Reglemens, ces usages ou ces Statuts, ils doivent assembler au moins une fois tous les ans au commencement de chaque année, les Jurez & les Maîtres de chaque Communauté dans la Chambre de la Communauté pour leur en faire la lecture, & voir avec eux ce qui peut en faciliter l'observation, ou les inconveniens qui pourroient se trouver dans leur execution, avec les remedes qu'on y peut apporter, pour de tout en envoyer des memoires au Controlleur Général.

2. Ils doivent veiller à ce que les Façonniers & Ouvriers apportent leurs toiles dans la Chambre de la Communauté pour y être vûës, visitées & marquées.

3. Ils sont chargez d'empêcher qu'aucunes pieces de toile ne soit exposées en vente sans le plomb de fabrique, quand même elles seroient conformes aux Statuts & Reglemens, & de les confisquer si après la marque elles sont trouvées défectueuses.

4. Ils sont tenus dans les visites qu'ils font chez le Maîtres Ouvriers & Tisserans, d'examiner si leurs metiers, lames & rots sont faits suivant les Reglemens.

5. Ils doivent tenir la main à ce que les Gardes & Jurez fassent regulierement leur visite générale au moins une fois chaque mois.

6. Les Inspecteurs doivent prendre soin que les toiles qui sont transportées dans les Villes pour y être debitées, soient déchargées directement aux Halles ou autres lieux destinez pour la visite & non ailleurs; à la réserve neanmoins des toiles qui doivent se vendre aux Foires, & de celles qui ne font que passer debout, en prenant pour ces dernieres une declaration & une soumission de raporter certificat de leur decharge au lieu de leur destination.

7. Ils sont obligez de se transporter à toutes les Foires qui se tiennent dans l'étenduë de leur département, avec le Juge de Police des Manufactures & les Gardes Jurez des lieux, pour y visiter & marquer les toiles, & en cas de contravention les saisir, confisquer & couper par morceaux, publiquement & sur le champ, suivant l'Arrêt du 17 Juillet 1684.

8. Les principales observations qu'ils doivent faire dans leurs visites sont sur les largeurs des toiles, leur force, finesse & égalité; la qualité & le nombre des fils & des portées qui en sont composées; l'execution dudit Arrêt de 1684, la conduite des Gardes & Jurez, la capacité des Maires & Echevins & Juge de police, & les differents qui peuvent survenir entre les Communautez: pour de tout en donner avis aux Intendans & au Controlleur Général.

9. Enfin il est enjoint ausdits Inspecteurs de remettre tous les six mois entre les mains des Intendans les procès verbaux, états & memoires des visites qu'ils auront faites, contenant l'état des Manufactures de toiles, les contraventions, les differentes sortes de toiles qui se fabriquent dans chaque lieu; leur nom, la largeur & longueur des pieces, les lieux de leur destination, tant dehors que dedans le Royaume; comme pareillement d'envoyer tous les six mois au Controlleur Général des Finances, un état par colomne, des lieux où il y a des Manufactures de toiles, du nombre des métiers, de la qualité des toiles, & du nombre des pieces de chaque sorte qui auront été fabriquées lesdits six mois, avec une comparaison à la fin de l'état, des derniers six mois de l'année qui vient de finir & de l'année précedente, pour juger de l'augmentation & dimiuntion de chaque sorte; à quoy ils doivent ajoûter le nom des Maîtres, le nombre des Ouvriers, & les moyens qu'ils jugeront les meilleurs pour perfectionner lesdites Manufactures.

Instruction. C'est encore un memoire particulier & convenable aux fonctions de chaque Inspecteur des Manufactures, qu'il reçoit de la main du Ministre ou du Chef du Conseil de Commerce, lorsque la Cour le charge d'un département & inspection, soit pour les laineries, soit pour les toiles.

Ces Instructions contiennent en général les obligations & reglemens communs à tous les Inspecteurs, & en particulier ce qui ne convient & qui n'est propre qu'aux Manufactures de chaque Département.

Il y a aussi quelques Inspecteurs chargez d'Instructions secretes, mais dont ils ne doivent rendre compte qu'à la Cour.

INSTRUMENT. Ce qui sert pour faire quelque ouvrage. On donne quelquefois ce nom aux outils des Artisans, quoiqu'il y ait pourtant quelque difference, l'instrument étant comme le genre, & l'outil comme l'espece.

Il n'y a guéres d'Instrumens ou d'outils propres aux Manufactures, aux Méchaniques, & aux Arts & Métiers dont il y a des Communautez établies à Paris en Corps de Jurande, qui ne soient expliquez, & dont l'on ne trouve la description & l'usage dans quelque article de ce Dictionnaire. On peut les voir dans leur ordre alphabetique. *Voyez aussi* Outil.

Instrument de Mathematiques. On appelle ainsi ce dont on se sert pour des operations de Geometrie, ou des observations d'Astronomie. Tels sont le Compas, la Regle, le Niveau, le Rapporteur, le Quart de cercle, le Compas de proportion, l'Astrolabe, le Pedometre, le Pantometre, les Planispheres, les Boussoles, & tant d'autres machines & Instrumens, ou anciens, ou nouvellement inventez. *Voyez* Faiseur d'Instrumens.

Instrument de Musique. Ce qui sert à produire quelque harmonie sans le secours de la voix. Les Instrumens de Musique sont de trois sortes; les uns que l'on appelle Instrumens à cordes, comme le Luth, le Tuorbe, la Harpe; les autres qu'on nomme Instrumens à vent, comme les Orgues, la Flute, le Hautbois; enfin ceux qui se frappent avec la main ou avec un bâton, qui de là sont appellez Instrumens de percution, comme le tambour & les timbales.

Il y a à Paris une Communauté de Maîtres Faiseurs d'Instrumens de Musique, dont on a parlé ailleurs, aussi-bien que de ces Instrumens. *Voyez* Faiseur d'Instrumens.

INTENDANCE. Commission, pouvoir qu'on donne à quelqu'un pour avoir inspection sur certaines affaires. Il y a des Intendances de Finances, du Commerce, des Armées du Roy, de la Marine, des Bâtimens, &c.

INTENDANT. Celui qui a l'inspection, la conduite, la direction de certaines affaires: tels étoient les Intendans des

des Finances ; qui ont eu pendant toute Regne de Loüis XIV. la direction des Finances, d'abord sous le Sur-Intendant General, & ensuite sous le Controlleur General des Finances : tels les Intendans de Justice, Police & Finances, nommez autrement Commissaires départis dans toutes les Generalitez du Royaume, qui ont l'inspection sur les Receveurs generaux & particuliers des tailles, qui veillent à l'imposition & reception desdites tailles & autres droits & impôts, &c. tels les Intendans des Armées du Roi, à qui il appartient de regler tout ce qui concerne la police & la subsistance des troupes, &c. & tels encore les Intendans de Marine, qui ont l'inspection sur la construction & l'armement des vaisseaux, la police & subsistance des troupes de mer, &c.

INTENDANTS DU COMMERCE. C'étoient des Commissaires créez par Lettres Patentes du Roi en 1708, ad instar des Intendans des Finances, pour avoir l'inspection des affaires du commerce, chacun dans le département qui leur avoit été assigné. Ils étoient six qui devoient être Maîtres des Requêtes actuellemet en Charge. Par leur Commission ils avoient séance au Conseil de Commerce établi en 1700, y raportient les affaires de leur Département, & y avoient voix déliberative. Cet établissement ne dura guéres qu'environ sept ans, les Intendans du Commerce ayant été supprimez sur la fin de 1715 peu après la mort de Louis XIV. *Voyez* CONSEIL DU COMMERCE.

INTERDICTION DE COMMERCE. Défenses que le Prince fait aux Négocians, Marchands & autres de ses Sujets, de faire aucun négoce de marchandises avec les Nations avec lesquelles il est en guerre, ou avec qui il ne trouve pas à propos que ses peuples ayent correspondance.

Quand l'Interdiction de negoce est générale, elle emporte aussi le commerce des lettres, qui est la plus grande marque de l'indignation d'un Souverain contre les ennemis de son Etat.

L'Interdiction de commerce pour cause de guerre se fait en même tems que la publication de la guerre, & elle ne se leve ordinairement qu'avec celle de la paix. Il y a néantmoins quelquefois des guerres qui n'emportent pas l'Interdiction du commerce, & pendant lesquelles il y a une espece de tréve entre les Marchands des deux Nations Ennemies ; aussi l'appelle-t-on Tréve marchande.

Pendant l'Interdiction du commerce toute marchandise est de contrebande, soit qu'elle vienne des Pays avec lesquels on est en guerre, soit qu'elle y aille, & comme telle sujette à confiscation, aussi-bien que les voitures, équipages & vaisseaux qui servent à leur transport à moins qu'il n'y ait des passeports, comme on en accorde assez souvent.

INTERDIRE. Défendre quelque chose. On vient d'interdire tout commerce avec les Espagnols. On a interdit les étoffes des Indes & les toiles peintes.

La trop grande quantité de marchandises qu'il y a dans un Pays, oblige quelquefois d'en interdire le commerce jusqu'à ce qu'elles soient consumées. On interdit aussi le commerce, lorsque les mers des environs sont pleines de vaisseaux ennemis.

Un commerce interdit, c'est celui qu'il n'est plus permis de faire. Le commerce des mousselines est interdit sous peine de mille écus d'amende, si elles n'ont les deux marques ordonnées par les Arrêts.

INTERESSE. On appelle Interessez dans les Fermes du Roy, ceux qui n'ont interêt que dans les Sous-fermes ; ce qui les distingue des Interessez aux Fermes générales, qu'on appelle Fermiers Généraux.

Un Interessé dans une Compagnie de Commerce, est celui qui en fait les fonds avec d'autres Associez, lorsque ces fonds ne se font pas par actions, autrement on le nomme actionaire. Ainsi l'on dit, un Interessé à la Compagnie du Senegal ; & un Actionnaire, en parlant de la Compagnie d'Occident. *Voyez* ACTION & ACTIONAIRE.

INTERESSÉ. Signifie aussi un homme avare, qui ne relâche rien de ses interêts. Ce Marchand ne fera rien dans le négoce, il ne sçait pas perdre, il est toûjours à son mot, il est trop interessé.

INTERESSER quelqu'un dans une Societé, dans une Manufacture, dans une Compagnie de commerce, dans la cargaison & armement d'un vaisseau marchand, &c. C'est l'associer, lui donner part dans toutes ces entreprises, ensorte qu'il en fournisse une partie des fonds, qu'il en partage les profits, & qu'il en porte la perte à proportion de la part que les autres Interessez lui cedent.

On dit aussi, S'interesser dans un commerce, dans une entreprise, &c. pour dire, y prendre une part avec d'autres Associez.

INTEREST, C'est l'accroissement du sort principal, qui se fait par la somme que paye le Débiteur pour l'usage d'une plus grande somme prêtée, ou bien la somme que paye chaque année un Emprunteur à celui de qui il a emprunté de l'argent, pour le dédommager du profit ou du revenu qu'il en auroit tiré, s'il l'avoit mis en fonds d'heritage, ou dans le négoce.

Les Interêts ne sont licites que quand on les paye au taux du Roi, ce'st-à-dire sur le pied fixé par les Ordonnances, qui augmente ou qui diminuë suivant les besoins de l'Etat & les circonstances des affaires, mais jamais autrement que par l'autorité du Prince.

Par l'article 7 du titre 6 de l'Ordonnance de 1673, l'interêt du principal & du change d'une lettre protestée est dû du jour du protêt, encore qu'il n'ait pas été demandé en justice ; & celui du rechange, des frais du protêt & du voyage n'est dû que du jour de la demande.

L'article premier du même titre défend à tous Négocians & Marchands & à tous autres, de comprendre l'Interêt avec le principal, dans les lettres & billets de change, & dans aucun autre acte.

On ne peut stipuler les interêts d'un argent prêté par un simple billet ou obligation.

Les Juges peuvent adjuger des Interêts des sommes dûes & non payées à leur écheance, à commencer du jour que la demande en a été faite en justice.

Les Interêts usuraires doivent s'imputer sur le principal & l'Usurier être puni suivant la rigueur des Loix.

On ne paye jamais les Interêts des Interêts, étant defendu par la même Ordonnance de 1673, à tous Marchands ou autres d'en prendre sous quelque prétexte que ce soit. Il paroît cependant qu'il y ait une exception, le Tuteur en étant comptable à son mineur.

Donner à Interêt, Prêter à Interêt : c'est recevoir un profit de l'argent qu'on prête.

Prendre à Interêt, Emprunter à Interêt : c'est donner du profit de l'argent qu'on emprunte.

Il y a quelques Provinces de France, particulierement la Pro-

Provence & le Languedoc, où l'on dit, Donner ou Prendre à Deposito ; pour dire, donner ou prendre à Interêt.

Table des Rentes ou Interêts depuis le denier sept jusqu'au denier trente, où l'on voit à raison de combien c'est pour cent par an.

Une Rente au denier.		l.	s.	d.
	7 rapporte	14	5	8 par cent.
	8 par an	12	10	0
	9	11	1	2
	10	10	0	0
	11	9	1	9
	12	8	9	8
	13	7	13	10
	14	7	2	10
	15	6	13	4
	16	6	5	0
	17	5	17	7
	18	5	11	1
	19	5	5	3
	20	5	0	0
	21	4	15	2
	22	4	10	10
	23	4	6	11
	24	4	3	4
	25	4	0	0
	26	3	16	11
	27	3	14	0
	28	3	11	5
	29	3	7	3
	30	3	6	8

INTEREST. Signifie aussi la part que l'on a dans une société, dans une entreprise de commerce. L'Interêt que j'ai dans ce vaisseau est considerable. Il a un Interêt d'un dixiéme dans la Compagnie des Glaces. Voulez-vous prendre interêt dans la nouvelle Manufacture des savons.

Dans les Fermes du Roy, l'Interêt que chaque particulier y a, s'estime ordinairement par sol sur le pied du fonds capital de vingt sols. Ainsi on dit : il a un sol, cinq sol, dix sols dans ce Traité ; pour dire, un vingtiéme, le quart ou la moitié. On compte aussi quelquefois par sous dans les Societez de commerce, mais plus ordinairement proportionnellement au nombre de cent : Un vingtiéme, un trentiéme, un centiéme, &c.

INTERESTS LUNAIRES. On nomme ainsi dans les Echelles du Levant, les Interêts usuraires que les Juifs exigent des Nations Chrétiennes qui ont besoin de leur argent, soit pour leur commerce, soit pour payer les avanies que les Officiers Turcs de ces Echelles ne leur font que trop souvent. On les appelle Lunaires, parce qu'ils se payent à tant pour cent par lune, & que les mois des Turcs ne sont pas solaires comme ceux des Chrétiens ; ce qui en augmente encore l'Interêt de plus d'un tiers par cent.

Ces Interêts avoient tellement accablé la Nation Françoise au Levant, qu'un des principaux articles de l'Instruction qui fut donnée au Marquis de Nointel Ambassadeur de France à la Porte, lorsqu'il y alla en 1670, fut de ne plus souffrir les Interêts lunaires, ni les emprunts que la Nation avoit coûtume de faire aux Juifs pour le payement des avanies ; & qu'en cas d'une nécessité pressante d'emprunter quelque somme, les Marchands François établis dans les Echelles, seroient tenus d'en faire l'avance, qui leur seroit remboursée & repartie sur les premieres voiles qui iroient charger dans lesdites Echelles.

INTERLOPRE, ou INTERLOPE. Il se dit des vaisseaux marchands qui tâchent de faire un commerce indirect & secret de marchandises de contrebande, ou qui portent des marchandises permises dans des lieux où il n'est pas libre aux Etrangers de trafiquer. On les appelle aussi Avanturiers.

INTERLOPRE. Signifie encore parmi les Nations d'Europe, qui ont des Compagnies de Commerce, les vaisseaux particuliers de ces Nations qui tentent de faire leur négoce dans l'étenduë de la concession de leurs Compagnies, sans en avoir obtenu la permissiom des Interessez ou Directeurs.

Il n'y a guéres que les Anglois qui ayent des vaisseaux Interlopres de cette derniere espece : à l'égard des autres, ils sont très-communs en France, en Angleterre & en Hollande, particulierement pour le commerce qui se fait sur les Côtes de la Terre ferme de l'Amerique Espagnole, soit dans la mer du Nord, soit dans la mer du Sud.

Le commerce des navires Interlopres est toûjours très-lucratif ; les marchandises dont ils sont chargez se vendant ordinairement très-cher, & celles qu'ils tirent des Pays où ils trafiquent leur étant données à bon marché, dont ils évitent tous les droits, ce qui est très-considerable : mais les risques y sont grands ; ne s'agissant pas seulement de la confiscation des marchandises & des vaisseaux, ou de la prison des Marchands, quand ils sont surpris par les Gardes-Côtes ; mais encore ce commerce étant souvent interdit sous peine de la vie, comme on sçait qu'il l'est par les Espagnols pour tout celui qui se fait par les Etrangers dans les Etats que le Roy d'Espagne possede dans les Indes Occidentales.

Lorsque les Interlopres veulent faire ce négoce de contrebande, ils ont coûtume de moüiller à quelque distance de la Côte, derriere quelque rocher, ou à l'abri de quelque langue de terre, où ils sont à couvert du canon des forteresses, dont ils tâchent de ne pouvoir être apperçûs ; ce qui s'appelle entr'eux, Négocier à la longueur de la pique.

Après cette premiere précaution, ils mettent à terre quelque personne qui sçache le négoce & la langue, pour engager s'il se peut par des presens considerables les Gouverneurs ou les premiérs Officiers des Ports, à faciliter ou du moins à tolerer un trafic secret ; ce qui ne manque guéres d'arriver, sur-tout si ce sont des Espagnols avec qui on veut entrer en commerce.

S'ils ne peuvent réussir de cette maniere, ils font des signaux que connoissent les Habitans de la terre, qui ne manquent pas de venir la nuit faire leurs marchez pour leurs échanges, & qu'ils continuënt souvent plusieurs nuits de suitte avec autant de tranquillité, & quelquefois autant de sûreté ; que s'ils avoient obtenu la liberté d'entrer & de trafiquer dans les Ports.

C'est par cette espece de trafic que les Interlopres François ont tant de fois rapporté de la mer du Sud de si riches cargaisons en piastres & en autres précieuses marchandises ; & c'est aussi par la même voye que les Anglois de la Jamaïque & les Hollandois de Curaçao ont coûtume de fournir l'Amerique Espagnole de toutes sortes de marchandises d'Europe, comme d'étoffes de soye, de draps, de serges, de toiles, de chapeaux, de bas, & de toutes especes de menuë mercerie & de quincaillerie, pour lesquelles ils reçoivent en échange, avec un profit immense, de l'argent, de l'or, des pier-

pierreries, des perles, des fruits, de la cochenille, de l'indigo & du cacao.

On parle ailleurs amplement de ce trafic des Interlopres. *Voyez, l'article general du Commerce, aux paragraphes où l'on traite de celui de la Jamaïque, de Curaçao & de la mer du Sud.*

INVENTAIRE. Description des papiers, meubles, ustenciles, grains & autres effets, qui se trouvent dans une maison, ferme, château, métairie, ou semblables lieux, soit qu'elle soit faite par autorité de justice, du vivant ou après le decès du Proprietaire, soit que le Proprietaire la fasse ou fasse faire volontairement.

INVENTAIRE, en fait de commerce. Est un état exact & circonstancié que tout Marchand est obligé de faire tous les deux ans, en consequence de l'article 8 du titre 3 de l'Ordonnance de 1673.

Cet état qui doit être signé, doit contenir tous les effets mobiliaires & immobiliaires, & toutes les dettes actives & passives du Négociant, qui le dresse, afin non-seulement de se rendre compte à soi-même, mais aussi afin qu'en cas de désordre dans ses affaires, il puisse du moins justifier sa bonne foy à ses créanciers.

Quoique par l'Ordonnance les Marchands ne soient tenus que de faire leur Inventaire, tous les deux ans, il est d'un meilleur ordre de le recoller & renouveller chaque année, soit pour avoir plus souvent une connoissance générale du fonds de sa caisse & de ses marchandises, soit pour voir si les Facteurs & Garçons ont été fidéles, ou du moins pour exciter & entretenir leur fidélité par cette exactitude : c'est aussi ce que font les plus habiles Marchands.

Pour se disposer à faire cet Inventaire, il faut en premier lieu solder tous les Livres dont chaque Marchand a coûtume de se servir suivant son commerce, & arrêter tous les comptes ouverts. Les principaux de ces Livres sont ordinairement le Livre d'extrait des dettes passives, le Journal de vente à credit, le Livre de caisse, & le compte de la dépense journaliere de la maison & du ménage.

La seconde chose, c'est d'auner toutes les marchandises, & d'en écrire l'aunage sur un billet attaché à l'endroit par où chaque piece a été entamée, pour ensuite porter cet aunage sur son Inventaire, en prenant garde de mettre toutes les mêmes especes ensemble, en commençant par les plus riches marchandises, & en mettant d'abord les pieces entieres de chaque qualité, ensuite les pieces entamées, & puis les restes ; mais ces derniers tous en un article.

La juste estimation des marchandises doit se faire à mesure qu'on en charge son Inventaire, & s'ajoûter au bout de chaque article, non pas toûjours sur le pied du prix courant, ou de ce qu'on en a déja vendu, mais à proportion de ce qu'elles peuvent alors véritablement valoir ; y en ayant beaucoup qui diminuent, soit par la mode qui s'est passée; soit par les piquûres & tarres qui peuvent y être survenuës depuis qu'elles sont en boutique ; & quelques-unes aussi qui augmentent par cette vicissitude si ordinaire dans les étoffes & marchandises, sur-tout pour celles qui ne sont que de goût.

Après les marchandises, & le total des sommes à quoy elles montent toutes ensemble, il faut mettre les dettes actives, dont il faut faire trois classes; la premiere, des bonnes dettes; la seconde, des douteuses; & la troisiéme, de celles qu'on croit perduës, qu'il faut toutes trois aussi additionner séparément.

L'argent comptant, s'il s'en trouve en caisse ; se met après les dettes actives, puis la vaisselle d'argent & les pierreries, si l'on en a ; ensuite les meubles meublans, & enfin les immeubles.

Cette partie de l'Inventaire, qui fait toûjours paroître un Marchand très-riche, parce qu'il contient tous ses effets, étant finie, il faut travailler à l'autre, qui souvent au contraire l'appauvrit, & qui regardant les dettes passives, est celle proprement sur laquelle se doit regler le gain ou la perte qu'on a fait dans le négoce pendant le tems pour lequel se dresse l'inventaire.

Quatre articles composent ordinairement cette seconde partie; sçavoir, 1°. Les dépôts ou volontaires ou par justice si l'on en est chargé de quelqu'un. 2°. Les dettes par obligation & par promesses. 3°. Ce qu'on doit aux Marchands Grossiers & Ouvriers sur le Livre d'achat. 4°. Enfin les gages des Facteurs ou Garçons de boutique, & ceux des Serviteurs & Domestiques, en cas qu'il en soit dû.

C'est de ces deux parties comparées ensemble que se fait ce qu'on appelle la Balance de l'Inventaire, & qu'on connoît par une simple soustraction ou les profits ou les pertes de son commerce. *Voyez* BALANCE.

L'on peut voir dans les Chapitres neuviéme & dixiéme du quatriéme Livre de la seconde Partie du Parfait Négociant, tout ce qui regarde cette sorte d'Inventaire mercantille ; le neuviéme traitant des raisons que l'Ordonnance a eu d'en imposer la nécessité, & de l'ordre que les Marchands doivent tenir pour le dresser ; & le dixiéme donnant une formule fort instructive & très-détaillée d'un Inventaire tout dressé.

On dit, Faire le calcul d'un Inventaire, pour dire, l'arrêter.

Recoller un Inventaire, en faire le recollement, c'est l'examiner, le collationner, le verifier sur celui fait l'année précedente, pour connoître les changemens qui sont arrivez pendant le cours de l'année dans les affaires de son commerce.

Quand un Marchand ou Négociant tient ses Livres en parties doubles, le bilan d'entrée lui sert d'Inventaire, qu'il porte au commencement du nouveau Journal & du nouveau grand Livre. *Voyez* BILAN.

INVENTAIRE. On appelle aussi de la sorte, quoique assez improprement, la vente qui se fait publiquement & à l'encan des meubles d'une succession, ou des marchandises & autres effets d'un Marchand ou d'un Débiteur insolvable. Ce sont ordinairement les Huissiers-Priseurs qui en font la proclamation, & qui répandent des deniers qui proviennent des marchandises, meubles & effets vendus. Les Curieux, les Brocanteurs, les Frippiers & les Revendeuses ou Crieuses de vieux chapeaux, courent à Paris ces sortes d'Inventaires, & y font le plus souvent bien leurs affaires, s'ils sont connoisseurs.

INVENTAIRE. On appelle Inventaire parmi les petites Marchandes qui courent les ruës de Paris, & qui y crient leurs marchandises, une sorte de panier plat fait d'osier, qu'elles portent devant elles attaché avec deux sangles à leur ceinture. C'est sur cet Inventaire qu'elles étalent ce qu'elles ont à vendre ; comme des fruits, des bouquets, du poisson, des légumes & autres denrées semblables. Les Colporteurs ont aussi des especes d'Inventaires ou de paniers dans lesquels ils mettent leurs petites merceries, leurs Arrêts, Déclarations, Almanachs & Livrets qu'ils crient & débitent; mais

mais outre qu'ils sont différens pour la forme, les Colporteurs les portent pendus à leur col, d'où ils ont pris leur nom. *Voyez* Colporteur.

INVENTARIUM. Mot barbare & de mauvais Latin, dont quelques Marchands & Négocians se servent au lieu de celui d'Inventaire.

INVENTORIE', E' E. Marchandises ou autres effets compris dans un inventaire.

INVENTORIER. Employer quelque chose dans un inventaire. Ce Marchand est exact, il a inventorié jusqu'aux moindres restes de sa boutique; c'est-à-dire, qu'il les a tous compris dans son inventaire.

INVERSE. Terme d'Arithmetique, qui se dit d'une maniere de faire la regle de trois, qui paroît comme renversée. *Voyez* Regle.

JOAILLERIE. } *Voyez* { JOUAILLERIE.
JOAILLIER. } { JOUAILLIER.

JOD. C'est en Angleterre le quart du quintal, autrement 28 livres d'avoir du poids. *Voyez* Hundred, *ou* Livre.

Jod. C'est aussi une des mesures des distances & longueurs dont on se sert dans le Royaume de Siam. Vingt-cinq Jod font le roé-neug ou lieuë Siamoise d'environ deux mille toises Françoises. Chaque Jod contient quatre sen, le sen vingt voüa, le voüa deux ken, qui est l'aune Siamoise, de trois pieds de Roi moins un demi-pouce. *Voyez* Ken.

JOINTE'E. Espece de mesure qui se dit de ce qui peut tenir de grains ou de légumes secs dans le creux des deux mains, quand on les joint ensemble. Une Jointée de froment, Une Jointée de pois.

JONC. Espece de plante qui croît ordinairement dans les marais & dans les lieux humides. Il y en a de diverses sortes.

Le Jonc sert à plusieurs ouvrages. On en fait des cabats, des paniers & des bannes ou banettes, pour emballer plusieurs marchandises, entr'autres les soutes & les figues séches. Les Hollandois en fabriquent des nattes qui sont fort estimées, & qui sont propres à faire des tapisseries & des tapis de pied. Les Jardiniers l'employent pour palisser leurs arbres, & les Marchands de balais en font des balais.

Jonc d'Espagne. Espece de Jonc qui est fort semblable au battin. *Il paye en France de droits d'entrée 30. s. du cent pesant.*

Jonc-Odorant. Espece de plante ou de jonc d'une odeur aromatique, qui croît au Levant & dans l'Arabie Heureuse. *V.* Juncus Odoratus.

JONQUINES. Marchandise dont il est parlé dans le Tarif de la Doüane de Lyon. *Elles payent 5. s. du quintal.*

JOSEPH. On appelle Coton-Joseph, une sorte de coton filé de médiocre qualité, & de peu de debit en France. *Voyez* Coton.

Joseph fluant, Joseph colle', Joseph a soye Ce sont des noms que l'on donne à certaines especes de papier. *Voyez* Papier, *vers le milieu de l'article.*

JOSSELASSAR. C'est une des sortes de cotons filez qui se tirent de Smirne. Il est moindre que celui qu'on nomme Montassin, quoique l'un & l'autre se cultivent & se recueillent dans le même canton. *Voyez* Montassin.

JOUAILLERIE, ou JOAILLERIE. Terme de négoce qui signifie en general toutes sortes de marchandises, de pierreries taillées ou non taillées; comme diamans, rubis, grenats, saphirs, émeraudes, topases, ametistes, &c. On y comprend aussi les perles, les turquoises, les opales, les agathes, les cristaux, l'ambre jaune, le corail, le lapis, &c. même toutes sortes de bijoux & joyaux d'or, d'argent & d'autre matiere précieuse. Il faut qu'un Marchand ait beaucoup de capacité & d'argent pour entreprendre le négoce de la Joüaillerie.

Jouaillerie. Se dit aussi de l'art de tailler les pierres précieuses, & de les mettre en œuvre. *Voyez* Lapidaire.

JOUAILLIER, JOUAILLIERE. Marchand ou Marchande qui fait négoce de joüaillerie. Les Merciers & les Orfevres de Paris sont appellez par leurs Statuts Marchands Joüailliers, parce que les uns & les autres, à l'exclusion de tous, ont la faculté de faire trafic de marchandise de joüaillerie; avec cette difference néantmoins, que les Merciers ne peuvent tailler, monter ni mettre en œuvre aucunes pierres précieuses ni joyaux; cela étant réservé aux seuls Orfevres, qui sont les Artisans de ces sortes de choses, quoiqu'ils ayent aussi le pouvoir de les acheter & les vendre. *Voyez* Mercier, Mercerie, Orfevre & Orfevrerie.

Jouaillier. Se dit aussi de celui qui taille & qui monte les pierreries. On se sert néantmoins plus communément du terme de Lapidaire, pour signifier l'Ouvrier qui les taille. *V.* Lapidaire.

JOUES DE PESON. Terme de Balancier. Il se dit des plaques quarrées, qui sont des deux côtez des broches du peson. *Voyez* Peson *ou* Romaine.

JOUET. Il se dit de toutes les bagatelles dont on se sert pour faire joüer les enfans. Tels sont les poupées, les chevaux de carton, les petits ménages de plomb & autres semblables. *Voyez* Bimblot, Bimblotier, & Bimbloterie.

JOUR. Durée de vingt-quatre heures, qu'on compte ordinairement depuis un midy jusqu'à l'autre: c'est ce qu'on appelle le Jour naturel. Il s'entend aussi du tems que le soleil reste sur l'horison, qui est inégal suivant les saisons, qui est ce qu'on nomme Jour artificiel.

On dit qu'une Lettre de change est payable à Jour prefix, à Jour nommé, lorsque le jour qu'elle doit être payée est exprimé & fixé dans la Lettre de change. Les Lettres à Jour prefix ne joüissent point du benefice des dix jours de faveur.

Une Lettre de change à deux, à quatre, à six Jours de vûë prefix, est celle qui doit être payée deux jours, quatre jours ou six jours après celui de son acceptation. *Voyez* Lettre de change.

On appelle les Dix jours de faveur, ou le Benefice des dix jours, ce nombre de jours que l'usage & non le droit accorde à celui sur qui une Lettre de change est tirée, au-delà de l'écheance marquée pour son payement. Ainsi une Lettre payable à deux Jours de vûë, ne se paye que douze jours après l'acceptation. *Voyez* Faveur.

Les Ordonnances des Aydes & celles de la Ville de Paris défendent de voiturer les vins & les autres marchandises, autrement que de jour & entre deux soleils. *Voyez* Voiturier.

Les premieres défendent pareillement aux Brasseurs d'entonner la biére de chaque brassin, sinon de jour & en présence des Commis. *Voyez* Brasseur.

On dit qu'un Marchand ne vit qu'au jour la journée, quand il ne fait pas grande provision de marchandises, & qu'il ne s'en fournit qu'à mesure qu'il en débite.

Un faux-jour est celui qui vient obliquement dans quelqueque lieu. La plûpart des magasins & des boutiques ont des faux-jours, dont les Marchands sçavent bien profiter. Les Acheteurs doivent autant qu'ils peuvent voir les marchandises au grand jour. *Voyez* Abajour.

JOURNAL. C'est le nom que les Marchands, Négocians, Banquiers, & autres qui se mêlent de quelque commerce, donnent à un certain Livre ou Registre dont ils se servent pour écrire jour par jour toutes les affaires de leur commerce à mesure qu'elles se présentent.

Soit que l'on tienne ses écritures en parties simples, soit qu'on les tienne en parties doubles, il faut nécessairement avoir un Livre journal; ce Livre étant celui dont l'Ordonnance de 1673 entend parler, lorsqu'elle dit que les Négocians & Marchands tant en gros qu'en détail, auront un Livre qui contiendra toutes les affaires de leur négoce, leurs Lettres de change, &c. outre que suivant la même Ordonnance, faute de la representation de ce Livre, en cas de faillite, on pourroit être reputé Banqueroutier frauduleux, & comme tel poursuivi extraordinairement. *Voyez* Livres.

JOURNALIER. Ouvrier qui travaille à la journée.

JOURNE'E. Durée du jour artificiel, c'est-à-dire, tout le tems que le soleil éclaire sur l'horison.

On appelle Gens de Journée, les Ouvriers qui se loüent pour travailler le long d'un jour; c'est-à-dire, depuis cinq heures du matin jusqu'à sept heures du soir.

Travailler à la Journée, se dit parmi les Ouvriers & les Artisans, par opposition à Travailler à la tâche & à la piece: le premier signifie travailler pour un certain prix, & à certaines conditions de nourriture ou autrement, depuis le matin jusqu'au soir, sans obligation de rendre l'ouvrage parfait: le second s'entend du marché que l'on fait de finir un ouvrage pour un certain prix, quelque tems qu'il faille employer pour l'achever.

Les Statuts de la plûpart des Communautez des Arts & Métiers mettent aussi de la difference entre Travailler à la Journée & travailler à l'année, les Compagnons qui travaillent à l'année ne pouvant quitter leurs Maîtres sans leur permission, que leur tems ne soit achevé; & les Compagnons qui sont simplement à la Journée, pouvant se retirer à chaque fin de jour.

A l'égard des Compagnons & Ouvriers à la tâche, il leur est défendu de quitter sans congé, que l'ouvrage entrepris ne soit livré.

JOYAU. Il se dit des bijoux & ornemens précieux d'or, d'argent & de pierreries, qui servent à la parure & à l'ornement que font & que vendent les Orfevres & Joüailliers. *Voyez* Jouaillerie.

IPECACUANHA. Racine qui vient du Bresil, & qui est un souverain specifique pour guérir les dissenteries. Cette racine a quantité de noms peu connus & peu en usage, comme Beguguella, Specacuanha, Cagosaega, Beculo, Beloculo, &c.

L'on distingue trois sortes d'Ipecacuanha, le brun, le gris & le blanc, dont les effets sont plus ou moins violens; le brun agissant avec plus de violence, celle du gris étant moins grande, & le blanc operant très-doucement; ce qui fait que les Espagnols & les Portugais ne donnent que le dernier aux femmes grosses & aux enfans.

Cette racine ne se trouve qu'en un seul endroit du Bresil, aux environs du fleuve que les Portugais nomment Rio-de-Geneiro. On la ramasse sur les mines d'or: on prétend même qu'elle est si rare, qu'un Indien n'en peut recueillir qu'une douzaine de livres au plus par an.

Les plantes d'Ipecacuanha tant du brun que du gris, sont d'une médiocre hauteur, & rampent en partie sur la terre. Leurs feüilles sont semblables à celles de la parietaire. Leurs fleurs blanches & à cinq feüilles produisent une sorte de bayes brunes, qui dans leur maturité deviennent d'une couleur rouge foncé, de la grosseur d'une petite cerise. Ces bayes renferment une pulpe blanche & succulente & deux petits grains durs & jaunâtres, de la figure d'une lentille.

L'Ipecacuanha blanc a sa feuille semblable à l'oseille ronde, & sa racine qui est blanche, pareille à celle du dictame blanc. Au reste il ressemble aux autres, & est aussi specifique pour les dissenteries, à la réserve qu'il agit plus doucement dans les vomissemens que les uns & les autres excitent également, & qui est la marque du bon succès de cette drogue.

On doit choisir ces trois sortes de racines, nouvelles, bien nourries, difficiles à rompre, résineuses & sans mélange de leurs tiges & des filamens. On la tire de Lisbonne, de Hollande & de Marseille.

Il est certain que l'Ipecacuanha & ses proprietez étoient connuës par nos Marchands Epiciers-Droguistes & Apoticaires de Paris, bien avant que le Sieur Helvetius habile & fameux Médecin Hollandois l'eût mis en reputation par la grande quantité de cures surprenantes qu'il fit il y a quelques années (1700) à la Cour & à la Ville par le moyen de cette précieuse racine; mais il ne faut pas aussi lui ôter la gloire d'avoir sçû lui seul en regler la dose, préparer les malades à la recevoir, le leur donner à propos, & enfin la faire comme revivre, & la tirer d'une espece de néant où elle étoit rentrée, & qui nous la rendoit aussi inutile, que si jamais elle n'eût été apportée en France.

L'Ipecacuanha n'est tarifé par aucun Tarif, à cause de la nouveauté de son usage en France, & du peu qu'il y en entroit avant le Tarif de 1664; ainsi il paye les droits d'entrée à raison de cinq pour cent de sa valeur, conformement au dernier article de ce Tarif.

IPOQUISTIDOS. Drogue dont il est parlé dans le Tarif de la Doüane de Lyon de 1632. C'est l'Hypocistis du Tarif de 1664. *Voyez son article.*

IPSOLA. Espece de laine qui vient de Constantinople. *Voyez* Laine du Levant.

IRIS. Plante très-commune & très-connuë en France, qu'on appelle autrement Flambe ou Glayeul, quelquefois *Iris nostras*. La couleur de sa fleur lui a donné son nom, à cause qu'elle imite en quelque sorte l'Iris ou l'Arc-en-ciel.

C'est de la racine de cette plante dont les Marchands Epiciers & Droguistes font commerce. Elle sert aux Parfumeurs, qui en font la poudre d'Iris; aux Teinturiers pour donner aux étoffes qu'ils teignent une bonne odeur, & leur ôter celle de la teinture; aux Confiseurs qui l'employent dans quelques conserves, & qui en font une espece de nompareille couverte de sucre; aux Blanchisseurs, pour rendre leurs lessives odoriferantes; aux Médecins, qui l'ordonnent dans quelques remedes; aux Chirurgiens & Apoticaires, qui la font entrer dans la composition de certains onguens, comme en celle du Diachilon; enfin aux personnes qui veulent se rendre l'haleine agréable, & qui ne font pas réflexion qu'une qu'une odeur étrangere ne rend que plus mauvaise celle qui n'est pas bonne, & fait même soupçonner qu'on l'a mauvaise par le trop grand soin qu'on prend de la rendre bonne.

Il vient de l'Iris, d'Angleterre, de Florence, de Portugal, de Suse, &c. Celle de Florence passe pour la meilleure. Des fleurs bleuës de l'Iris on tire une couleur verte qu'on appelle verd d'Iris, qui est propre à la mignature.

Cette couleur se fait en choisissant les Glayeuls ou Iris les plus bleus, dont on réserve les seuls endroits des feüilles qui ne sont teintes, le reste y étant non-seulement inutile, mais même préjudiciable.

Ces feüilles ayant été bien broyées dans un mortier de marbre, on y ajoûte un peu d'alun & de chaux en poudre, pour faire corps avec la liqueur qu'on en a exprimée; & après que le tout a été bien incorporé, on recueille la couleur dans des coquilles, où on la laisse sécher.

L'Iris où racine d'Iris paye en France les droits d'entrée à raison de 40 s. du cent pesant, conformément au Tarif de 1664; & suivant celui de la Doüane de Lyon 8. du quintal pour l'ancienne & nouvelle taxation, & encore 10 s. pour les anciens & nouveaux quatre pour cent.

ISABELLE. Couleur qui participe du blanc & du jaune, qui est d'un jaune bien lavé. Il y a differentes sortes d'Isabelle, entr'autres l'Isabelle pâle, le clair, le doré & l'obscur.

Les Reglemens pour la teinture des soyes du mois d'Aoust 1669, portent, Que les Isabelles pâles & dorées seront teintes avec un peu de raucour préparé & dissous avec la cendre gravelée, la potasse ou la soude, puis mis sur un feu.

ISARD. Espece de chevre sauvage, que l'on appelle plus ordinairement Chamois, dont la peau est fort estimée dans le commerce des cuirs. *Voyez* CHAMOIS.

ITALIQUE. Terme d'Imprimerie. C'est un caractere un peu couché, & dont les lettres sont minces & maigres

Chaque corps de lettre ronde doit avoir son Italique; aussi il y a de l'Italique de gros & petit Parangon, de gros & petit Canon, du S. Augustin, du Cicero, du petit Texte, de la Mignonne, de la Nompareille, &c.

On imprimoit autrefois de grands ouvrages tout d'Italique; présentement elle ne sert guéres que pour de petites pieces, ou pour servir dans les plus considerables à la place des guillemets, ou à faire les sommaires des Livres & les titres des chapitres. *Voyez* IMPRIMERIE. *Voyez aussi* CARACTERES.

ITEM. Terme dont on se sert également dans la pratique, dans la finance & dans le négoce, pour distinguer les articles d'un compte, d'un memoire, d'un inventaire. Il signifie proprement, Encore, ou Plus. Ainsi dans un memoire de marchandises fournies, on met d'abord le premier article tout simplement, ajoûtant Item à tous les suivans.

Fourni à M... dix aunes de drap écarlate à 20 liv. l'aune le 4 Février 1719.

Item, trois aunes de drap noir à 16. l. le 5. Avril.

Item, six aunes de ratine couleur de feu à 12 liv. & ainsi de suite.

Ce qu'on observe aussi à peu près de même dans les inventaires que les Marchands doivent dresser tous les deux ans, conformement à l'Ordonnance de 1674. *Voyez* INVENTAIRE. *Voyez aussi* MEMOIRE.

JUBIS. Raisins en grappe séchez au soleil, que les Marchands Epiciers tirent ordinairement de Provence pour les provisions de Carême. *Voyez* RAISINS AUX JUBIS.

JUGE ET CONSULS. Ils sont choisis & élus parmi les plus habiles Marchands, qui jugent sommairement les affaires du commerce. *V.* CONSUL.

JUGES DES MANUFACTURES. Ce sont des Juges commis pour juger, privativement à tous autres, les differents qui surviennent entre les Ouvriers employez aux Manufactures, & entre ces Ouvriers & les Marchands pour raison des longueurs, largeurs, qualitez, visites, marques, fabriques ou valeur des ouvrages & manufactures d'or, d'argent, de soye, laine & fil; comme aussi des qualitez des laines, teintures & blanchissages, même des salaires des Ouvriers.

La Déclaration du Roi Louis XIV. du mois d'Aoust 1669, commet aux fonctions de Juges des Manufactures, les Maire & Echevins, Capitouls, Jurats, & autres Officiers ayant pareil rang dans les Hôtels de Ville de tout le Royaume; à la réserve néantmoins de celles de Paris & de Lyon; qu'il laisse à cet égard dans leurs anciens droits & usages.

Par cette Déclaration servant de Reglement il est dit:

1. Que ces Juges pourront juger jusqu'à la somme de cent cinquante livres en dernier ressort & sans appel, & par provision, à quelque somme que ce puisse être, nonobstant l'appel.

2. Que les procès portez pardevant eux, seront traitez sommairement, sans ministére de Procureurs ni Avocats, & à l'Audiance, sur ce qui aura été dit & representé par la bouche des Parties; & où il y auroit quelques pieces à voir, & que les differents fussent de telle qualité qu'ils ne pussent être jugez sur le champ, les pieces seroient mises sur le bureau, pour être les differents jugez sans appointement, procedures ni autres formalitez de justice; & sans que pour quelque cause que ce puisse être, lesdits Juges puissent prétendre aucuns droits, sous prétexte d'épices, salaires ou vacations, ni les Greffiers autres choses que deux sous pour chacun feüillet des Sentences qu'ils expedieront, lesquelles Sentences seront écrites en la forme & maniere portées par les Reglemens pour la Jurisdiction des Juges-Consuls.

3. Que lesdits Juges connoîtront pareillement des comptes des Gardes & Jurez des Communautez des Manufactures, qui seront rendus en la présence de l'un d'eux, mais gratuitement & sans frais, sous peine de concussion.

4. Que le nombre des Juges ne pourra être plus grand que de six dans les Villes les plus considerables, & seulement de deux ou de trois dans les autres, qui seront tirez du Corps des Maires, Echevins, Capitouls ou Jurats desdites Villes, à la pluralité des voix, & choisis entre ceux qui seront les plus intelligens dans les Manufactures.

5. Que dans les Villes où il se trouvera six Juges, trois nouveaux seront choisis tous les ans à la place des trois plus anciens; & qu'où il n'y en aura que trois ou deux, un nouveau seulement sera élû chaque année.

6. Que l'un des Echevins élû Juge, sera actuellement Marchand, ou aura fait la marchandise au moins six années, à peine de nullité de son élection.

7. Que les Juges des Manufactures pourront prendre les avis des Maîtres & Gardes & Jurez en Charge des ouvrages desdites Manufactures, qu'ils seront tenus de leur donner en personne & par écrit aussi-tôt qu'ils en seront requis, gratuitement & sans frais.

8. Qu'ils seront tenus de juger & prononcer suivant les Statuts & Reglement de chaque métier dont il s'agira, sans que

que les peines portées par ces Reglemens puissent être remises ni moderées, à peine d'en répondre en leur propre & privé nom.

9. Que les Ouvriers & autres Parties condamnées, seront contraints par corps au payement des sommes portées par les Jugemens, nonobstant toutes lettres de repy, surseances & défenses.

10. Enfin que très-expresses inhibitions & défenses sont faites à tous autres Juges de connoître des susdits differents, & aux Parties de se pourvoir pardevant d'autres que lesdits Juges des Manufactures, à peine de nullité, cassation de procedures, dépens, dommages & interêts.

Juges des Arts et Métiers. Les Prevôt des Marchands & Echevins de la Ville de Lyon prennent cette qualité, à cause que c'est devant eux que se portent toutes les contestations qui surviennent entre les Maîtres des Communautez de cette Ville; Que c'est entre leurs mains que les Apprentifs & Compagnons reçûs à Maîtrise prêtent le serment; Et que c'est sur le Regitre tenu par leur Secretaire ou Greffier que s'inscrivent les Brevets d'apprentissage & compagnonage & les Lettres des Maîtres.

C'est particuliérement eux qui connoissent de tout ce qui concerne le Corps si celebre & si nombreux des Marchands-Maîtres-Ouvries- & des Maîtres-Ouvriers à façon des draps d'or, d'argent & de soye de la Ville & Fauxbourgs de Lyon & Pays Lyonnois; qui veillent à l'execution de leurs Statuts & Reglemens, en jugent les contraventions & les saisies, ordonnent les confiscations, condamnent aux amendes & les adjugent, conformément ausdits Statuts & Reglemens. *Voyez l'article general des Reglemens, où il est parlé de ceux pour les Manufactures de draps d'or d'argent & de soye de la Ville de Lyon.*

Juges des Causes Maritimes, Ce sont des Juges commis par Lettres de Sa Majesté ou de l'Amirauté dans les principaux Ports & Villes maritimes du Royaume sur les Côtes de l'une & l'autre mer, pour connoître chacun dans leurs ressorts de toutes les causes concernant la marine, le commerce de mer & la navigation de France.

Les Ordonnances de 1681, pour toutes les Côtes du Royaume, & de 1685, pour celles de la Province de Bretagne en particulier, ont reglé en plusieurs articles la jurisdiction, la competence & les fonctions de ces Juges.

La competence de leurs Sieges, composez de Lieutenans, de Conseillers, d'Avocats & Procureurs du Roi, de Greffiers & d'Huissiers-Visiteurs, s'étend non-seulement sur tout ce qui concerne la construction, les agreits & apparaux, l'armement, avictuaillement & équipement, vente & adjudication des vaisseaux marchands; mais encore sur toutes les actions qui procedent des charte-parties, affrettemens ou nolissemens, connoissemens ou polices de chargement, fret ou nolis, polices d'assurance, obligations à la grosse aventure, & generalement de tous les contrats maritimes, tant en demandant qu'en défendant, entre toutes personnes de quelque qualité qu'elles soient, même Privilegiez, François & Etrangers.

Ces Juges connoissent pareillement & des prises faites en mer, des bris, naufrages & échouemens, du jet & de la contribution, des avaries, du chargement des navires, de la délivrance des effets délaissez dans les vaisseaux par ceux qui meurent en mer, des droits de congé, tiers, dixiéme, palisse, ancrage & autres semblables, ou qui se levent sur les pêcheries & poissons, ou sur les marchandises & vaisseaux sortant des Ports & y entrant.

Il leur appartient encore de connoître de toute la pêche qui se fait en mer, dans les étangs salez & aux embouchures des rivieres, des parcs & pêcheries; des rets & filets, des ventes & achats de poisson dans les batteaux & sur les grêves, ports & havres; des chemins pour le hallage des vaisseaux; des dommages faits aux quais, digues, jettées & palissades; de la netteté & profondeur des rades & des ports; des pirateries & pillages; des desertions des équipages; & de tous les crimes & délits commis sur la mer, ses ports, havres & rivages.

Enfin ce sont les Juges de la Marine qui reçoivent les Maîtres des mêtiers de Charpentiers de navires, Calfateurs, Cordiers, Treviers, Voiliers & autres Ouvriers travaillant à la construction des bâtimens de mer, & leurs agreits & apparaux; dans les lieux où il y a Maîtrise, & qui connoissent des malversations par eux commises dans leur art.

C'est aux Procureurs du Roy de ces Jurisdictions de faire incessamment la recherche & poursuite des délits de leur competence, & d'en donner avis aux Procureurs Generaux; comme aussi des appellations qui leur sont signifiées des jugemens dans lesquels Sa Majesté ou le Public ont interêt; étant au surplus obligez d'avoir & tenir quatre differens Registres; le premier pour leurs conclusions tant définitives que préparatoires; le second pour les échouemens, bris, naufrages & autres espaves, soit en mer, soit sur les grêves, & leur vente, adjudication, main-levée, &c. le troisiéme pour les amendes adjugées sur leurs conclusions, les titres des particuliers concernant les droits d'ancrage, pêche, varecq, &c. les oppositions formées entre leurs mains, & les assignations données aux Etrangers; enfin le quatriéme pour les dénonciations qui leur sont faites, qui doivent être signées des Dénonciateurs, ou de leurs Procureurs.

Les Greffiers des Jurisdictions maritimes sont aussi obligez de tenir jusqu'à sept Regitres cottez & paraphez par le Juge, dans lesquels tous les actes doivent etre écrits de suite, & sans y laisser aucun blanc.

Des deux premiers de ces sept Regitres, l'un est destiné aux causes d'audiance, & l'autre aux procès par écrit.

Le troisiéme est pour l'enregistrement des Edits, Déclarations, &c. concernant la marine; des provisions, commissions & installations d'Officiers; des receptions des Maîtres & Pilotes; & des titres de ceux qui prétendent quelques droits sur les vaisseaux, marchandises & pêcheries.

Les congez qui se délivrent aux Capitaines, Maîtres ou Pilotes des vaisseaux, doivent s'inscrire & s'enregistrer dans le quatriéme.

Le cinquiéme est pour les rapports des Capitaines & Maîtres de navires: ensemble les déclarations des prises, naufrages & espaves de mer, & tous actes faits en consequence.

Le sixiéme sert pour le dépôt de tous les procès qui sont produits, & pour tout ce qui peut être consigné au Greffe.

Enfin le septiéme doit contenir le Rôle des Maîtres, Matelots, Pêcheurs, Mariniers étant dans le ressort du Siege, avec le nombre, Port & fabrique des vaisseaux appartenant aux Bourgeois demeurant dans son étendue.

A l'égard des Huissiers-Visiteurs, on n'entrera ici dans aucun détail sur leurs fonctions, en ayant parlé ailleurs. *Voyez* Huissier-Visiteur.

Les droits dûs pour les expeditions qui se délivrent dans les Greffes de la Marine, étant reglez par un Tarif, & les Greffiers étant tenus d'en mettre la pencarte ou tableau dans le lieu le plus apparent de leur Greffe, il est défendu à eux & à tous Officiers desdites Jurisdictions, d'exiger des Pêcheurs, Mariniers & Marchands de poisson ou autre marchandise, ni même d'en recevoir aucune chose sous prétexte de payement de leurs droits, à peine d'interdiction & de 500 liv. d'amende; comme aussi de prendre directement ou indirectement, par eux ou personnes interposées, aucune part ni interêt dans les droits de tonnes, balises, ancrage, &c. dont la connoissance leur appartient, à peine de privation de leurs Charges, & de 1000 liv. d'amende.

L'on peut voir dans les divers articles de ce Dictionnaire, & à leur ordre alphabetique, toutes les choses concernant le commerce de mer, qui sont de la competence des Juges maritimes, plus amplement expliquées. *Voyez entr'autres*, Charteparție, Affrettement, Nolissement, Connoissement, Police de chargement, Fret, Nolis, Bris, Naufrage, Echoüement, Jet en mer, Contribution, Avarie, Congé, Balise, Ancrage, Tonne, Ports, Quays, Pêcheries, Assurance, Grosse-avanture, Filets, Halage, *& autres semblables.*

JUGES-CONSEILLERS DE LA RETENUE. Ce sont des Marchands choisis & nommez par les Prieur & Consuls de la Bourse commune de Toulouse, pour les assister au jugement des affaires de commerce, qui sont de la competence de cette Jurisdiction.

Les articles 11, 12 & 13 du Reglement general de 1710, pour l'élection desdits Prieur & Consuls, portent; 1°. Que le lendemain de leur élection ils feront le choix des Marchands Juges Conseillers qu'ils aviseront, (ce qu'on appelle communément Retenuë), pour leur aider à rendre la justice pendant l'année, & pourvoir par leur conseil à toutes affaires, tant de la Bourse, que du Corps general des Marchands, 2°. Que le nombre des Juges-Conseillers qu'ils mettront dans la Retenuë sera de soixante, tous Negocians en chef, en leur nom & pour leur compte, bons & loyaux & domiciliez en ladite Ville de Toulouse, lesquels seront choisis de tous les divers états qui composent le Corps des Marchands. 3°. Qu'en cas que les Prieur & Consuls ne pussent convenir ensemble du choix des soixante Conseillers, chacun d'eux en nommera vingt; après quoy ladite Retenuë ou nomination seroit mise sur le Regiftre de la Bourse, & signée des Prieur & Consuls.

JUIF. Nom propre d'un peuple qui habitoit autre-fois la Palestine, & qui est présentement dispersé dans toutes les parties du monde.

Les Juifs ont la réputation d'être très-habiles dans le commerce; mais aussi ils sont soupçonnez de ne le pas faire avec toute la probité & la fidélité possible.

Quoiqu'il en soit de ce reproche, il est certain que les Nations même qui sont le plus prevenuës contre les Juifs, non-seulement les souffrent parmi elles, mais semblent même se piquer d'en apprendre les secrets du négoce, & d'en partager avec eux les profits.

Il est vray que plusieurs des Souverains de l'Europe Chrétienne ne les ont reçûs dans leurs Etats, qu'à condition de porter une marque exterieure, pour les distinguer de leurs autres Sujets; mais il y a aussi quelques Souverains qui ne les regardent point autrement que le reste des Bourgeois de leurs Villes, & qui n'y mettent de différence que par le plus ou le moins d'utilité qu'ils en retirent par raport au commerce.

Les deux principaux établissemens que les Juifs ont dans les Etats des Princes Chrétiens, sont celui d'Amsterdam & celui de Ligourne.

A Amsterdam ils sont comme partagez en deux tribus différentes; l'une des Juifs Portugais, au nombre de près de cinq mille; & l'autre des Juifs Allémans, qui ne sont guéres moins de douze cens. Les uns & les autres sont riches, & se mêlent de toute sorte de commerce, particulierement de celui de la Banque; mais les Portugais sont les plus accreditez, soit pour le change, soit pour les entreprises du négoce de marchandises au dedans & au dehors.

Entr'autres commerces, ce sont les Juifs Portugais d'Amsterdam qui font presque tout celui de Barbarie; & il n'y a guéres qu'eux qui ayent part aux trois ou quatre vaisseaux Hollandois qui y vont tous les ans; tout ce commerce se faisant entr'eux & les Juifs des Echelles de cette Côte, particulierement de Salé, de Saphia & de Sainte Croix, dont la principale attention est d'acheter les prises que font les Corsaires sur les Chrétiens, pour les revendre ensuite aux Juifs d'Amsterdam.

Ce sont ordinairement ces prises rachetées qui font les principaux retours de ces derniers; & ils sont si habiles, qu'après en avoir déguisé les marchandises, soit en les mêlant avec d'autres, soit en les remballant d'une autre maniere, soit en leur mettant d'autres marques, qu'ils ne craignent point d'aller les revendre dans quelques Ports de Portugal, & souvent même aux Marchands sur lesquels les prises avoient été faites.

Les Juifs de Ligourne semblent être encore plus favorisez du Grand Duc, que ceux d'Amsterdam ne le sont des Bourguemaîtres d'Amsterdam.

Non-seulement ils y ont une superbe Synagogue, où ils font les exercices de leur Religion en toute liberté, mais encore le Duc Ferdinand qui les y a établis, leur a accordé une Jurisdiction civile & criminelle qui leur est propre, dont eux-mêmes ont le pouvoir de créer les Magistrats, & de laquelle il n'y a appel que pardevant le Grand Duc, en cas de mal jugé.

On estime que les Juifs de Ligourne y sont présentement au nombre de plus de dix mille; & ils ont une si grande part dans le Commerce qui se fait dans cette Ville celebre, qu'on y respecte en quelque sorte leur jour de Sabbat; personne ne se trouvant sur la place le samedi, & ne s'y faisant aucune affaire.

On estime que s'il se fait pour cent mille écus de commerce au Levant par les Marchands de Ligourne, il y en a pour quatre-vingt-dix huit mille pour les Juifs, & seulement deux mille écus qui se partagent entre les François, les Italiens, Hollandois, les Anglois & Armeniens établis dans cette Ville.

Ce sont aussi les Juifs qui pour la plûpart font les fonctions de Censaux ou de Courtiers. *Voyez* CENSAL.

On parle en plusieurs endroits de ce Dictionnaire du Commerce que les Juifs font dans le reste de l'Europe, en Asie & en Afrique. *Voyez l'article general du Commerce.*

JUIF. Ce terme a diverses significations dans le commerce, mais presque toûjours en mauvaise part.

On dit qu'un Marchand est riche comme un Juif, quand il a la réputation d'avoir amassé de grands biens, sur-tout si on le soupçonne de quelque trafic usuraire.

On

On appelle auſſi un Vrai Juif, un Marchand uſurier ou trop intereſſé, qui ſurfait & qui rançonne ceux qui ont affaire à lui.

On dit qu'on eſt tombé entre les mains des Juifs, quand ceux avec qui on a à traiter des affaires de négoce & d'interêt, ſont durs, tenaces & difficiles.

Enfin on donne aſſez ſouvent à Paris le nom de Juifs aux Marchands Frippiers, ſoit parce que le peuple les croit auſſi trompeurs que les Juifs l'étoient autrefois, lorſqu'ils ſe mêloient en France du commerce de vieilles hardes; ſoit à cauſe qu'on ſoupçonne quelques familles de ces Marchands de venir des anciens Juifs; ſoupçons néantmoins également malfondez; y ayant dans leur Communauté d'auſſi honnêtes gens & d'auſſi bons Catholiques que dans aucune autre de Paris.

JUIFVERIE. Lieu où demeurent les Juifs.

On donne auſſi ce nom dans quelques Villes de France aux ruës & marchez dans leſquels ſe fait le négoce des vieilles hardes. A Paris on les appelle la Fripperie & les Piliers des Halles. *Voyez ces deux articles.*

JUJUBES, que l'on nomme auſſi GINGEOLES. Ce ſont les fruits d'un arbre qui croît communément en Provence, particulierement aux Iſles d'Hieres.

Cet arbre, que l'on appelle Jujubier ou Gingeolier, n'eſt pas tout-à-fait ſi grand que le prunier. Ses racines s'entrelaſſent fort les unes dans les autres. Son écorce eſt raboteuſe comme celle de la vigne. Il a ſes branches épineuſes; ſes feüilles vertes, longues, minces, nerveuſes & un peu dentelées. Ses fleurs ſont blancheâtres; & ſes fruits, qui ſont à peu près de la groſſeur & de la forme d'une groſſe olive, ſont d'abord verts, & puis jauniſſent en meuriſſant; ayant au milieu un petit noyau ſemblable auſſi à celui de l'olive.

Les Jujubes nouvelles, groſſes, bien nourries, charnuës & bien ſéches, ſont les meilleures, & celles qu'il faut choiſir.

C'eſt une marchandiſe qui n'eſt de garde que quand elle eſt bien conditionnée, encore ne peut-elle guéres ſe conſerver que deux ans: mais ſi les Jujubes ont été mal ſéchées, ou moüillées, ou ſerrées dans un lieu humide, ou bien qu'elles s'échauffent dans les balles; le plus ſûr eſt de s'en défaire au plûtôt.

Les Jujubes payent en France les droits d'entrée à raiſon de 45 ſ. du cent peſant, conformement au Tarif de 1664; & ſuivant celui de la Doüane de Lyon, 5 ſ. tant pour l'ancienne que pour la nouvelle taxation; & encore 7 ſ. pour les nouveaux & anciens quatre pour cent.

JULES. Monnoye d'argent qui ſe fabrique & qui a cours à Rome, dans l'Etat Eccleſiaſtique, & en quelques autres lieux d'Italie.

Il faut huit Jules & demi pour faire l'écu de France de ſoixante ſous. Le Jules vaut dix bayoques ou cinquante quadrins; ce qui revient environ à ſept ſous tournois.

Quelques-uns ne font valoir le Jules que cinq ſous monnoye de France, ainſi il en faudroit douze pour l'écu. La premiere évaluation paroît la meilleure.

JUMELLES ou GEMELLES. On appelle ainſi chez presque tous les Artiſans, les pieces de leurs machines, outils & inſtrumens qui ſont doubles & parfaitement ſemblables.

Les Jumelles de la preſſe des Imprimeurs en ſont les deux principales pieces: elles ſont poſées d'aplomb paralelles l'une à l'autre, & ſoûtiennent les trois ſommiers qui portent l'arbre & les autres pieces de cette machine. *Voyez* IMPRIMERIE.

Les Jumelles d'un Tour ſont les deux longues pieces de bois entre leſquelles ſe placent les poupées, ſoit à pointes, ſoit à lunettes, qui ſoûtiennent l'ouvrage & les mandrins des Tourneurs tandis qu'ils travaillent. Ces deux pieces ſe mettent paralelles à l'horiſon, ſéparées l'une de l'autre de l'épaiſſeur de la queuë des poupées; elles ſont jointes à tenons dans deux autres pieces de bois dreſſées d'aplomb, qu'on appelle les Jambages du tour. *Voyez* TOUR.

Les Jumelles d'un Tire-plomb ſont les deux pieces ou plaques de fer qui ſont aſſemblées paralellement haut & bas par deux eſtoquiaux auſſi de fer, & au dedans deſquelles ſont les arbres ou eſſieux, les petites rouës, les bajoües ou couſſinets & le reſte des pieces dont cette machine des Vitriers eſt compoſée. Ces deux Jumelles ſont emparées par en bas, & y ont des trous pour recevoir les vis qui ſervent à les affermir ſur l'étably. *Voyez* TIRE-PLOMB *ou* ROUET A TIRER LE PLOMB.

On appelle la Jumelle d'un étau, cette eſpece de boëte où ſe réuniſſent par une charniere les deux principales pieces de cet inſtrument. Quelques Serruriers nomment ces deux mêmes pieces (que les autres appellent les Tiges) des Jumelles, & à ce qu'il ſemble plus convenablement, puiſqu'elles ſont doubles & pareilles; & que la boëte étant unique, n'a par conſequent aucun raport aux jumeaux, cette production de la nature qui a donné lieu à la Métaphore.

JUMENT ou CAVALLE. C'eſt la femelle du cheval. Outre les poulains ou poulines qu'elle donne à ſon Maître tous les douze ou treize mois, quand il la veut faire saillir, le ſervice qu'il en tire, ſoit pour porter ou pour tirer, & le négoce qui s'en fait, elle fournit encore pour le commerce & les manufactures les mêmes choſes que ſon mâle. *Voyez* CHEVAL.

JUMENT POULINIERE. C'eſt une cavalle que l'on entretient dans les haras, pour contribuer avec les étalons à la propagation de l'eſpece des chevaux. *Voyez* HARAS.

JUMENT, On appelle ainſi quelquefois en termes de monnoyes, cette machine plus communément nommée Laminoir, dont les Monnoyers ſe ſervent pour applatir les lames des métaux deſtinez à être frappez & fabriquez en eſpeces.

Le nom de Jument lui avoit d'abord été donné, parce que cette machine ou moulin, lorſqu'elle commença d'être d'uſage dans la Monnoye de Paris, y étoit tournée par une Jument. *Voyez* LAMINOIR.

JUNCUS ODORATUS, ou JONC ODORANT. Eſpece de plante ou de jonc d'une odeur aromatique, qui croît dans l'Arabie Heureuſe, & au pied du mont Liban.

Les Botaniſtes & les Marchands Epiciers & Droguiſtes lui donnent bien des noms, ſur-tout à la fleur qui eſt aſſez rare, & qui entre dans la compoſition de la thériaque, où elle vaut mieux que le jonc qu'on y employe ordinairement en ſa place, à cauſe de la cherté de la fleur.

Ces noms ſont, la Squœnanthe, la Stœcananthe, la Fleur d'Eſquinant, & la Pature de chameau.

Cette plante eſt environ d'un pied de haut: elle a la racine noüeuſe & fort petite, garnie de filamens durs, longs & blancs. Ses feüilles ou tuyaux ſont durs auſſi, de la groſſeur, figure & couleur d'une paille d'orge: Ses fleurs ſont petites, veloutées autour des feüilles, & d'un rouge incarnat dans le fond du calice Le goût de la fleur auſſi bien que du jonc, eſt agréable, chaud, piquant & aromatique.

Le Juncus odoratus vient à nos Epiciers & Droguiſtes par la voye de Marſeille, d'où on leur envoye la fleur & le jonc

jonc féparez, le jonc en petites bottes, & la fleur comme elle a été cueillie ; par conſequent, ſuivant les mains par où elle a paſſé, quelquefois très-propre, & quelquefois très-ſale. La fleur doit ſe choiſir vermeille & la plus nouvelle qu'il eſt poſſible. Pour le jonc il doit être blond, bien entier & approchant du goût de la fleur.

Le Juncus odoratus *paye en France les droits d'entrée à raiſon de* 10 *liv. du cent peſant, conformement au Tarif de* 1664. *Il eſt auſſi du nombre des marchandiſes venant du Levant, ſur leſquelles il doit être levé vingt pour cent de leur valeur dans les cas portez par l'Arrêt du* 15. *Aouſt* 1685.

JUNTE, JONTE, ou JUNTA. On appelle en Portugal la Junte ou Jonte du Commerce, une Aſſemblée ou Conſeil compoſé de pluſieurs Commiſſaires, où ſe traitent toutes les affaires du négoce de la Nation, particulierement ce qui concerne celui des Orientales & du Breſil.

Ce Conſeil fut d'abord établi ſous le Regne de Jean IV. ſous le Titre de Convoy pour le Breſil; mais ayant été reformé par le Roy Alphonſe VI. il fut uni à la Couronne. C'eſt proprement le Conſeil de la Marine, où néantmoins les affaires du Commerce ſont portées comme autrefois.

Les Portugais ont auſſi un Conſeil ou Jonte du tabac, où l'on traite de tout ce qui concerne la bonne fabrique du tabac & les droits qui en reviennent au Roi. C'eſt plûtôt une Aſſemblée de Fermiers, qu'un Conſeil de Commiſſaires du Roy. Cette Jonte eſt aſſez nouvelle, & n'a été établie qu'en 1675 par le Roy Pierre II. Elle eſt compoſée d'un Preſident & de ſix Conſeillers.

IVOIRE. *Voyez* YVOIRE.

JURANDE. Charge ou Office Juré.

Cette Charge ſe donne par élection dans les Corps & Communautez des Marchands ou des Arts & Métiers de la Ville de Paris. Ce ſont ordinairement les plus anciens qui ſont nommez à la pluralité des voix, en préſence du Procureur du Roy au Châtelet.

Ceux qui exercent la Jurande indiquent les Aſſemblées des Communautez, y préſident, recueillent les voix, dreſſent les déliberations, reçoivent les Apprentifs, ſont preſens à leur chef-d'œuvre quand ils aſpirent à la Maîtriſe, les reçoivent Maîtres, font les viſites dans les boutiques ou magaſins; ſaiſiſſent les ouvrages ou mal-faits ou défendus, ſont chargez des deniers communs du Corps, en font obſerver les Reglemens & les Statuts, en un mot, ont ſoin de toutes les affaires de la Communauté.

JURAT. Nom d'une Charge Municipale de pluſieurs Villes de Guyenne, entr'autres de Bordeaux. *Voyez* CONSULS & ESCHEVINS,

JURE', Marchand ou Artiſan élû à la pluralité des voix, pour avoir ſoin des affaires de la Communauté.

Le nombre des Jurez n'eſt pour l'ordinaire que de quatre dans chaque Corps. Il y a pourtant certaines Communautez de Paris qui en ont juſqu'à ſix, quelques-unes cinq, d'autres un Syndic avec les quatre Jurez, & quelques autres ſeulement deux.

L'élection des Jurez ſe fait tous les ans, non de tous les quatre, mais de deux ſeulement, enſorte qu'ils ſont chacun deux années en Charge. Ce ſont toûjours les deux plus anciens qui doivent ſortir; & ils doivent quinze jours après l'élection des nouveaux Jurez rendre compte de leur Jurande.

Il y a auſſi des Maîtreſſes Jurées dans les Communautez qui ne ſont compoſées que de femmes & de filles, telles que ſont celles des Maîtreſſes Lingeres, des Maîtreſſes Couturieres & de quelques autres. On en voit même où la Jurande eſt partagée entre les Maîtres & les Maîtreſſes, comme autrefois dans la Communauté des Liniers.

Les principaux Edits qui ont été donnez pour l'établiſſement des Jurez, leur élection, leurs droits, leurs viſites, ſont des années 1581, 1588 & 1597, ſous Henry III. & ſous Henry IV.

Il en fut donné un au mois de Mars 1691, ſous Louïs XIV. portant ſuppreſſion de tous les Maîtres & Gardes, Syndics & Jurez d'élection, & en même tems création en leur place d'autant de Maîtres & Gardes, Syndics & Jurez en titre d'Office, dans tous les Corps de Marchands & les Communautez des Arts & Métiers de la Ville & Fauxbourgs de Paris, & de toutes les autres Villes & Bourgs clos du Royaume.

L'Edit attribuoit à ces nouveaux Officiers les mêmes immunitez, honneurs & privileges dont avoient joüi les anciens, mais avec augmentation de droits & d'émolumens.

Il ſuffiſoit pour acquerir ces Offices, d'avoir dix ans de Maîtriſe actuelle, & les Fils de Maîtres ſix années, dans les principales Villes; & dans les autres ſeulement ſix aux premiers, & quatre aux ſeconds.

Enfin les aſſiſtances des anciens Maîtres, leurs droits & privileges étoient extrémement diminuez pour faire valoir la nouvelle création.

Peu de ces Offices ayant été levez, & les Corps & Communautez ayant de leur côté compris combien il leur feroit déſavantageux de perdre la liberté des elections, elles propoſerent & obtinrent preſque toutes la réunion des Offices, en payant les taxes reglées par le Rôle du Conſeil du 10 Avril 1691; enſorte qu'en 1694 il n'en reſta que très-peu qui n'euſſent obtenu des Lettres Patentes portant ladite réunion & confirmation du droit d'élire leurs Officiers. Depuis il ne s'eſt fait aucun changement conſidérable au moins par raport à Paris.

La plûpart des autres Villes du Royaume ſuivirent l'exemple de la Capitale; & leurs Corps de Marchands auſſi-bien que leurs Communautez des Arts & Métiers ſe firent réunir & incorporer les Offices qui les regardoient. Enfin les Villes de Flandres, quoiqu'aſſez tard, les imiterent dans cette réunion, auſſi-bien que dans le payement des taxes.

L'Arrêt du Conſeil pour ces dernieres eſt du 24 Septembre 1697, & eſt pour Lille, Tournay, Valenciennes, Doüay, Cambray, Menin; Condé, la Baſſée, S. Amant, Armentiers, Bouchain & Orchies. *Voyez ci-deſſus* JURANDE.

JURE'. Terme fort connu dans les anciennes Déclarations des Rois de France, au ſujet des Corps des Marchands & des Communautez des Arts & Métiers du Royaume. On appelle Villes Jurées, Bourgs Jurez, les Villes & les Bourgs dont les Corps & Communautez ont des Jurez; Villes non Jurées, Bourgs non Jurez, ceux & celles qui n'en ont point.

JURE' DU MARTEAU, qu'on nomme auſſi JURE' DU CUIR TANNE'. On appelle ainſi dans les trois Communautez d'Artiſans qui travaillent en cuirs dans la Ville & Fauxbourgs de Paris, ceux qui ſont les Gardiens du marteau avec lequel ſe marquent les cuirs forains, ſoit à la Halle aux cuirs, ſoit au Bureau des Vendeurs de cuirs, & qui les vont marquer auſdits lieux toutes les apreſdinées.

Ces trois Communautez ſont celles des Tanneurs, des Courroyeurs-Baudroyeurs, & des Cordonniers. *Voyez les articles*

articles de ces Communautez, & ceux des Vendeurs de cuirs & de la Halle aux cuirs.

Juré de la Visitation Royale. C'est ainsi que l'on nomme dans la Communauté des Courroyeurs, les quatre grands Jurez à qui il appartient de faire les visites de tous les mois, chez les Maîtres de la Communauté, & les visites de tous les deux mois, chez les Maîtres Cordonniers, conjointement avec les Jurez de la Cordonnerie. *Voyez* Courroyeurs.

Juré de la Conservation. C'est le nom que l'on donne aux quatre petits Jurez des mêmes Maîtres Courroyeurs de Paris. L'on ne peut être reçû Juré Conservateur que l'on n'ait été Receveur; & l'on ne devient grand Juré qu'en passant par la petite Jurande. *Voyez* Courroyeur.

Juré Teneur de Livres. C'est celui qui est pourvû par Lettres Patentes du Roy, & qui a prêté serment en justice pour la verification des comptes & calculs, lorsqu'il y est appellé.

JUS. Liqueur, suc ou substance liquide que l'on tire de quelque chose.

Jus de Limon et de Citron. *Voyez* Citron & Limon.

Le Jus de Citron paye en France les droits d'entrée à raison de 50. s. du cent pesant, conformement au Tarif de 1664; & suivant celui de la Doüane de Lyon, 12 s. 6. den. du quintal.

Jus de Reglisse. *Voyez* Reglisse.

Le Jus de Reglisse paye en France les droits d'entrée sur le pied de 50 s. du cent pesant par le Tarif de 1664, & par celui de la Doüane de Lyon 28 s. du quintal, tant pour l'ancienne & nouvelle taxation, que pour les anciens & nouveaux quatre pour cent.

JUSTE. Ce qui est en équilibre, ce qui ne panche pas plus d'un côté que de l'autre. On le dit des balances. Cette balance est très-juste, un rien la fait trebucher.

Peser juste, c'est ne point donner de trait. Il y a des choses qu'il faut peser juste, comme l'or, l'argent, les perles & les diamants, dont le bon poids apporteroit trop de préjudice au Vendeur, à cause de leur prix. La plupart des autres marchandises se pesent en donnant du trait, c'est-à-dire, en chargeant assez le bassin où on les met, pour emporter celui ou est le poids.

On dit, Peser entre fers, Peser entre deux fers; pour exprimer la même chose qu'on entend par peser juste.

Auner juste, c'est auner bois à bois & sans pouce-évent. *Voyez* Auner.

JUSTIFICATEUR. Terme de Fondeur de caracteres d'Imprimerie. Il se dit également & de l'Ouvrier qui justifie les lettres, & de l'instrument avec lequel il en fait la justification, ou plûtôt avec lequel il les apprête, c'est-à-dire, avec lequel il leur donne la derniere façon avant de les envoyer à l'Imprimeur.

L'instrument qu'on nomme Justificateur est de fer ou d'acier poli, composé de deux longues pieces paralelles l'une à l'autre, qui peuvent s'approcher & se reculer par le moyen des vis qui les tiennent unies ensemble. C'est dans l'espace qui les sépare que l'on met les caracteres que l'on veut justifier, ou, comme on dit plus ordinairement, que l'on veut apprêter. Ils s'y placent renversez à longues lignes, c'est-à-dire, l'œil de la lettre en bas, & jointes l'une contre l'autre, comme si l'on en vouloit composer une ligne. C'est en cet état qu'on y fait avec le rabot cette petite rainure que l'on voit au pied de chaque caractere. *Voyez* Fondeur de Caracteres.

JUSTIFICATION. Signifie en termes de Fondeur des caracteres, la comparaison que l'on fait d'une lettre nouvellement fonduë avec une ancienne lettre qui sert comme d'étalon ou de lettre matrice, pour donner aux nouvelles fontes leur véritable hauteur en ligne.

On appelle aussi Justification, l'instrument sur lequel se placent & la lettre matrice & les lettres qu'on justifie sur sa hauteur, nom qu'on lui donne pour le distinguer du justificateur qui sert à apprêter les lettres, dont on a parlé dans l'article précedent.

La Justification est de fer, de quatre ou cinq pouces de longueur, tout-à-fait semblable au compositoire de bois des mêmes Fondeurs. On appelle Jetton une espece de petit niveau de cuivre, qui sert à justifier les lettres. C'est sur la lettre *m* de chaque corps de caracteres que se fait la justification. *Voyez* Fondeur de Caracteres.

Justification des Lignes. Il se dit, en termes d'Imprimerie; lorsqu'on démonte le composteur, pour lui donner juste la longueur des lignes que doit avoir la page ou forme d'Imprimerie.

JUSTIFIER. Voir si deux choses sont égales en hauteur, largeur; longueur & épaisseur, en les comparant l'une à l'autre.

Justifier, en termes de Fondeur d'Imprimerie. A trois significations. Dans la premiere il veut dire, Mesurer des lettres nouvellement fonduës sur la hauteur de la lettre *m* déja justifiée; ce qui se fait sur l'instrument qui s'appelle Justification, & avec celui qu'on nomme le Jetton. Dans la seconde signification c'est Jauger, ou si l'on veut, Niveler l'épaisseur des lettres sur le marbre, aussi avec le jetton. Et dans la derniere signification on l'entend de cette façon qu'on donne aux lettres, en les enfermant entre les branches du justificateur, pour voir s'ils sont bien en ligne, & pour les apprêter. *Voyez les articles précedens. Voyez aussi* Fondeur de Caracteres.

Justifier les pages. C'est, en termes d'Imprimeur, voir si les pages sont égales en hauteur & largeur.

JUSTINE. Monnoye d'argent fabriquée à Venise, qui tient onze deniers de fin, On l'appelle autrement Ducaton. Le nom de Justine lui vient de ce qu'elle a été frappée sous un Doge de la famille des Justiniani.

IZELOTTE. Monnoye de l'Empire Ottoman, qui vaut environ trente-six sous de France. Elle passe à Constantinople & dans les Echelles du Levant, pour les deux tiers d'un asselani; & quoiqu'elle ne soit pas d'un argent aussi fin, le titre en étant moindre d'un quart que celui des piastres Sevillanes, le peuple les reçoit volontiers dans le commerce.

K

KABESQUI, ou CABESQUE. Petite monnoye de cuivre qui ne se fabrique & qui n'a cours qu'en Perse. Le Kabesqui vaut cinq deniers & une maille de France, il en faut dix pour faire le chaye. Il y a aussi des demi Kabesquis.

En général la monnoye de cuivre s'appelle Pul en Persan. *Voyez cet article; on y fait une remarque curieuse sur les differens Kabesquis qui ont cours en Perse.*

KALI. Nom que les Botanistes donnent à une sorte de plante, dont on fait la soude. *Voyez* SOUDE.

KAN. *Voyez* CHAN & CARAVENSERA.

CANASTER. Panier ou manne propre à emballer des marchandises. Ce terme est étranger; on s'en sert pourtant dans quelques Provinces de France.

KAOUANNE. Espece de tortuë qu'on nomme aussi Cohoanne. *Voyez* TORTUE.

KARABÉ. Espece de gomme ou de resine. C'est la véritable ambre jaune. *Voyez* AMBRE JAUNE.

KARAGNE, ou CARAGNE. Gomme fort estimée pour la Medecine, qui se trouve dans la nouvelle Espagne. *Voyez* CARAGNE.

KARA-GROCHE. C'est ainsi que l'on nomme à Constantinople la Richedale d'Allemagne. Le Kara-Groche est reçû sur le pied de l'écu de France de soixante sols; c'est-à-dire pour quatre-vingt aspres de bon aloy, & pour six vingt de mauvais, *Voyez* ASPRE.

KARAT, ou CARAT. Petit poids qui sert à peser l'or ou à en estimer la valeur. *Voyez* CARAT.

KARATA. Espece d'Aloës qui croît dans l'Amerique. *Voyez* ALOES.

KARESÉ, ou CARISET. Les Anglois & les Ecossois appellent ainsi le Creseau, qui est une espece d'étoffe de laine croisée qui se manufacture chez ces deux Nations. *V.* CRESEAU.

KARKRONE. L'on nomme ainsi à Hispaham la maison où sont établies les Manufactures Royales. On y fait des tapis, des étoffes d'or & d'argent, des brocards, des taffetas, des velours & de tous ces autres ouvrages precieux qu'on estime tant en Europe.

Les Orfevres, les Lapidaires, les Armuriers, les Peintres sur les toiles de coton, & toutes les autres sortes d'Ouvriers du Roy y ont aussi leurs atteliers. En un mot le Karkrone est à Hispaham ce que l'Hôtel Royal des Gobelins est à Paris.

KATTEQUI. Toile de coton bleuë qu'on tire des Indes Orientales, particuliérement de Surate.

Les pieces de Katte qui n'ont que deux aunes cinq huit de long, sur cinq six de large.

KAVIA, KAVIAC, ou CAVIAL. Ce sont des œufs d'esturgeons que l'on met en petites galettes épaisses d'un doigt, & larges comme la paume de la main, que l'on fait saler & secher au soleil.

Les Italiens établis à Moscou en font un grand commerce dans cet empire, parce qu'il se prend une quantité incroyable de ce poisson à l'embouchure du Volga & des autres rivieres qui tombent dans la mer Caspienne.

Après avoir salé & seché le Kavia, ils le font remonter par ce fleuve jusques à Moscou, & delà ils le distribuent dans toute la Moscovie où il est d'un grand secours aux Moscovites à cause de leurs trois carêmes qu'ils observent avec une exactitude superstitieuse.

Il s'en consume aussi une assez grande quantité en Italie; & l'on commence à le connoître en France, où il n'est pas meprisé sur les meilleures tables.

Les François & Italiens tirent le Kavia, d'Arkangel, Port de Moscovie; mais rarement leur vient-il de la premiere main; & ils l'ont le plus souvent des Anglois & Hollandois, sur tout de ces derniers qui font le plus grand commerce de Moscovie. Le bon Kavia doit être d'un brun rougeâtre & bien sec; on le mange avec de l'huile & du citron. *Voyez* ESTURGEON.

Le Kavia n'étant point tariffé en France, il y paye les droits d'entrée sur l'estimation qui en est faite à l'amiable, à raison de cinq pour cent de sa valeur, conformement au dernier article du Tarif de 1664.

KEBULA. Nom que l'on donne en Asie à ces fruits que l'on nomme en Europe Myrabolans. On les appelle Kebula du Cabulestan d'où il s'en tire une grande quantité. *Voyez* MYRABOLAN.

KEMEAS. Taffetas à fleurs de soye qui viennent des Indes Orientales. *Voyez* TAFFETAS DES INDES.

KEN. Mesure des longueurs dont on se sert à Siam. C'est une espece d'aune qui n'a pas tout-à-fait trois pieds, deux Kens faisant un voüa qui revient à la toise de France moins un pouce.

Le Ken contient deux soks, le sok deux keubs, le keub douze nious; ces nious sont comme les pouces du pied de roi. Il faut huit grains de ris entiers dont la premiere envelope n'a pas été brisée au moulin, pour faire un niou, en sorte que huit de ces grains valent encore neuf de nos lignes.

On a dit qu'au dessus du Ken est le voüa ou toise; au-dessus du voüa est le sen qui en contient vingt; cent sens font le roé-neng ou la lieuë; ce qu'on nomme Jod contient quatre sens.

KEPATH. Petit poids dont se servent les Arabes. C'est la moitié du danek, c'est-à-dire, du grain; douze Kepaths font le dirhem ou dragme Arabique. Quelques-uns croyent que le mot de Karat vient de celui de Kepath.

KERMEN, ou KERMES. C'est le nom que les Arabes donnent à la graine d'écarlate. *V.* ECARLATE.

KETSERI. Sorte de petits pois dont il se fait un grand commerce aux Indes Orientales. Ils viennent en abondance dans plusieurs petits Royaumes du Malabar, particulierement dans les Terres de Cochin, Porca, Calicoulang & Coulan, d'où les Anglois & les Hollandois qui y ont des Comptoirs en enlevent tous les ans la charge de plusieurs vaisseaux pour les distribuer & vendre avec un profit considerable en d'autres lieux des Indes où le sol n'est pas propre à produire cette sorte de legume.

KEUB. Mesure des longueurs dont on se sert à Siam. Le Keub contient douze nious, c'est la paume des Siamois, c'est-à-dire l'ouverture du pouce & du doigt moien. Il faut deux Keubs pour un Sok, & deux Soks pour un Ken. *Voyez ci-dessus* KEN.

KHATOUAT. Mesure des longueurs dont se servent les Arabes. C'est le pas geometrique des Européens. Le Khatouat contient trois akdams ou pieds. Douze Mille Khatouats font la parasange.

KIEN-TCHEOU. Etoffe en soye fort estimée dans la Chine. La soye dont on la fabrique n'est point l'ouvrage des vers à soye ordinaires. Ceux dont on la tire sont sauvages, & on les va chercher dans les bois, particuliérement dans ceux de la Province de Canton. Cette soye est de couleur grise sans aucun lustre, ce qui fait que les étoffes qui en sont fabriquées ont de l'air d'une toile rousse ou d'un droguet un peu grossier. Elles sont cependant de grand prix, & se vendent plus cher que les plus beaux satins. *Voyez* SOYES, *au titre des Soyes de la Chine.*

KILDERKIN. Mesure des liquides dont on se sert en Angleterre. Le Kilderkin d'alé qui est une sorte de boisson, contient deux firkins à raison seulement de huit galons le firkins. Celui de biere est aussi de deux firkins, mais sur le pied de neuf galons le firkin.

Deux Kilderkins font le baril; & deux barils le muid ou hogshead.

KINKINNA. Ecorce d'arbre qui vient du Perou, qu'on estime le meilleur de tous les febrifuges. *V.* QUINQUINNA.

KINSU. Plante qui croît dans la Chine. C'est une espece de lin dont on fait une filasse très-fine, qui ressemble assez à des cheveux blonds tirant sur le jaune. On en fabrique des toiles fort estimées, à cause de la qualité qu'elles ont, non seulement de tenir la chair fraîche quand on s'en sert en chemises pour l'été, mais encore parce qu'on leur croit la vertu de guerir la galle. Il ne s'en trouve que dans la Province de Xansi près de la Ville de Kingiang, ce qui augmentant la rareté de cette filasse en augmente aussi le prix. *Voyez l'article general du Commerce, où il est parlé de celui de la Chine.*

KISTE. Espece de laine qui se tire d'Allemagne. *V.* LAINE, *à l'endroit où il est parlé de celle d'Allemagne.*

KISTE. Mesure des liquides dont se servent les Arabes. Les Auteurs ne sont pas d'accord sur sa continence; les uns la font tenir un septier; d'autres une pinte ou bouteille; & quelques-uns seulement un poisson, c'est-à-dire, moitié du demi-septier de France.

KOGIA. Qualité honorable que les Turcs ont coûtume de donner aux Marchands qui font le commerce en gros.

KOKOS. *Voyez* Coco.

KOPEKE', qu'on appelle & qu'on écrit plus souvent COPEC. Petite monnoye d'argent qui a cours en Moscovie: il y a aussi des Kopeké d'or. *Voyez* COPEC.

KOQUET. On appelle ainsi en Angleterre ce qu'on nomme en France Droit de sortie. Les François en payent le double de ce qu'en payent les Anglois, en conséquence d'un Tarif que ces derniers nomment Coûtume de l'étranger.

KORATHES, ou TOQUES DE KAMBAYE. Ce sont de grosses toiles de coton qui viennent des Indes Orientales, particulierement de Surate, dont la piece ne contient que 3 aunes 2. tiers de long sur 2. tiers de large, & fait 4. toques à la piece. L'usage ordinaire de ces toques est pour faire de grosses cravates. *Voyez* TOQUES.

KOUAN, ou CHOUAN. Graine legere d'un verd qui tire sur le jaune, d'un goût un peu salé & aigrelet; on s'en sert à faire le carmin. *V.* CARMIN.

KOUM-POULATI. Sorte d'acier excellent qui se tire de la Ville de Koum en Perse. On l'appelle autrement Acier du Damas. *Voyez* ACIER.

KREUX, ou CREUZER. Monnoye de cuivre qui a cours en Allemagne, & qui y sert aussi de monnoye de compte.

Le Kreux vaut huit penins, ou environ huit deniers tournois. Il faut quatre-vingt-huit Kreux d'Ausbourg, quatre-vingt-neuf de Neuremberg, & quatre-vingt-dix de Francfort pour faire l'écu de France de soixante sols.

Quand on tient les livres en tallers ou dallers, le taller vaut quatre-vingt-dix Kreux; si c'est en florin, le florin est de soixante Kreux; & si c'est en richedale, on estime la richedale sur le pied de cent Kreux.

L

L Onziéme lettre de l'Alphabet. Cette lettre soit majuscule ou initiale, soit petite ou courante, a plusieurs sortes d'abreviations pour la commodité des personnes de commerce qui sont obligez de tenir des journaux livres & registres. L. ST. signifie, Livre sterlings. L. DE G. ou LG. veut dire Livres de Gros. *L.* majuscule bâtarde se met pour Livres tournois, qui se marquent aussi par cette figure ₶. Deux petites ℔. liées de la sorte sont Livres de poids.

LABDANUM, que l'on nomme autrement LAPDANUM. Sorte de graisse que l'on trouve attacheé à la barbe des boucs & des chevres. *Voyez* LAPDANUM.

LABIZA. Espece d'ambre ou de *Succinum* d'une odeur agreable, qui coule par incision d'un arbre qui croît dans la Caroline.

Cet ambre qui est jaune comme le veritable *Succinum*, se durcit si fort à l'air qu'on en peut faire des bracelets & de coliers: aussi le nom de Labiza que les Indiens de cette partie de l'Amerique lui donnent, signifie-t-il Joyau; l'appellant ainsi parce qu'ils ont coutume d'en faire leur plus grande parure. C'est une des meilleures marchandises que l'on traite avec eux.

Les Anglois mettent le Labiza au nombre des gommes aromatiques & des parfums. *Voyez l'article general du commerce, où il est parlé de celui de la Caroline.*

LABOURAGE. On appelle Décharge & Labourage des

 vins,

vins, cidres & autres boissons, la sortie de ces sortes de liqueurs hors des bateaux dans lesquels elles sont arrivées aux Ports de la Ville de Paris. C'est aux seuls Maîtres Tonneliers à qui il appartient de faire ce Labourage, à l'exclusion de tous autres Déchargeurs établis sur lesdits Ports. *Voyez* DESCHARGEUR *&* TONNELIER.

LABOURER LES VINS. C'est les décharger des bateaux où ils ont été voiturez, & les mettre à terre. *Voyez comme dessus.*

LABOURER LE SABLE. Terme de Plombier. C'est mouiller, & ensuite beaucoup remuer avec un bâton le sable des moules sur lesquels doivent se couler les grandes tables de plomb. Quand le sable est labouré, on le plane, c'est-à-dire, qu'on le dresse également avec une plane de cuivre. *V.* PLOMBIER.

LACERET. Outil de Charpentier & de Menuisier. On le nomme autrement petite Tariere. *V.* TARIERE.

LACET. Morceau de cordonet rond ou de tresse plate, fait de soye, de fleuret, ou de fil, ferré par les deux bouts, qui sert à serrer les corps de jupe, les corsets, les chemisettes & autres vêtemens d'hommes ou de femmes: on s'en sert aussi à enfiler des papiers.

Le cordonet ou la tresse dont les lacets sont formez se fabrique sur un boisseau avec des fuseaux par les Maîtres Passementiers-Boutonniers; ou sur le métier avec la navette par les Tissutiers-Rubaniers. Le cordonet qui se fait sur le métier se nomme Cordon à la ratiere. Les Lacets font partie du negoce des Marchands Merciers & Papetiers.

Les Lacets que le Tarif de 1664 écrit Lassets, payent en France de droits de sortie, s'ils sont de soye, 12 s. de la livre; & s'ils sont de laine ou de fil, comme mercerie, 3 livres ou même seulement 2 liv. le cent, s'ils sont declarez pour l'Etranger, suivant l'Arrêt du 3 Juillet 1692.

LACIS. Ouvrage de fil ou de soye fait en forme de filet dont les femmes font des coeffures. En France on l'appelle plus ordinairement du Marly.

Il signifie aussi quelquefois du capiton ou de petites étoffes qui en sont faites. *Voyez* LASSIS.

LACQUE. Espece de gomme qui sert à faire la cire d'Espagne. *Voyez* LAQUE.

LACQUE. Se dit aussi d'une drogue qui sert à la teinture. *Voyez comme dessus.*

LACRE, ou ACRE. Monnoye de compte de Surate & des autres Etats du Mogol, qui vaut cent mille; un lacre de roupies vaut cent mille roupies; c'est à peu près comme ce qu'on appelle une tonne d'or en Hollande & un million en France, non pour la valeur, mais pour l'usage qu'on en fait dans les comptes.

LACRE. Le Tarif de France de 1664 appelle Lacre ou cire à cacheter, ce qu'on nomme plus communement Cire d'Espagne, *Voyez cet article.*

LACS-D'AMOUR. Sorte de linge ouvré qui se fait en basse Normandie, particuliérement à Caën & aux environs. *Voyez* LINGE.

LADANUM. Nom que l'on donne à une sorte de plante qui est une des deux especes de Cistus, qui produit l'Hypocistis. *Voyez* HYPOCISTIS.

LADANUM. Quelques-uns nomment aussi de la sorte ce qu'on appelle autrement Labdanum ou Lapdanum. Il y a cependant bien de la difference entre ces deux drogues. *Voyez* LAPDANUM.

LADOG. Espece de hareng qui se pêche dans le lac de Ladoga en Moscovie, d'où il a pris son nom. On le sale & on le caque à peu près comme le hareng qui se pêche dans l'Ocean. Quoyque le commerce en soit considerable, il ne peut pas néanmoins suffire pour la provision des Moscovites à cause de la multiplicité de leurs carêmes, ce qui fait qu'ils en consument aussi quantité de celui de la pêche des Anglois & des Hollandois.

LAGA. Sorte de feve rouge & noire qui croît dans quelques endroits des Indes Orientales; & qui en plusieurs lieux sert de poids pour peser l'or & l'argent. Les Malays l'appellent Conduri. *V.* CONDURI.

LAGAN. Ancien droit qui appartenoit aux Seigneurs sur les marchandises & debris des vaisseaux échouez ou submergez, que la mer jettoit sur les côtes.

Il y en avoit de deux sortes, le grand & le petit Lagan. Le grand Lagan qu'on appelloit aussi gros Lagan, s'entendoit de celui qui étoit au dessus de soixante sols, & le petit de ce qui étoit au dessous de cette somme.

C'est presentement ce droit d'épave qui est dû au Roy ou aux Seigneurs pour les marchandises & autres effets naufragez qui se trouvent sur les rivages de la mer, & qui proviennent des bris, échouëmens & jets en mer. *Voyez ces trois articles.*

LAGIAS. Toiles peintes très-belles qui se fabriquent & se vendent au Royaume de Pegu. Ces toiles sont si estimées que par excellence on les appelle Lagias du Roy. Les autres sortes de toiles qui se font dans ce Royaume, & qui ne sont gueres moins belles que les Lagias, sont les Torpitis, les Corpis & les Pintadis.

LAIE, ou LAYE. Espece de marteau dont se servent les Carriers pour layer la pierre, c'est-à-dire, en faire les paremens. Il est assez semblable au marteau des Tailleurs de pierre, hors qu'il est un peu courbe vers le manche. *Voyez* MARTEAU.

LAIE. Se dit aussi du marteau bretelé des Tailleurs de pierre. *Voyez comme dessus.*

LAIER LA PIERRE. C'est en faire les paremens, ou la tailler entierement avec la laie.

LAINAGE, ou LANAGE. Façon que l'on donne aux draps & autres étoffes de lainerie, en les tirant avec des chardons pour y faire venir le poil. *Voyez* LAINER.

LAINAGE. S'entend aussi du negoce qui se fait des laines. On dit, qu'un Marchand fait un grand commerce de Lainage, pour dire qu'il achete & qu'il vend quantité de toutes sortes de laines.

LAINAGE. Est encore le droit de dîme qui est dû sur les toisons des bêtes à laine aux Ecclesiastiques ou Seigneurs à qui appartiennent les grosses & menuës dîmes. En ce sens on dit, Dîmes de lainages & charnages.

LAINE. On nomme ainsi le poil des agneaux, beliers, moutons & brebis, qui de-là sont appellez Bêtes à laine. Quand la laine n'est encore que telle qu'elle a été tonduë & coupée de dessus le corps de l'animal, & qu'elle n'a point été separée ni tirée suivant ses differentes especes, on lui donne le nom de Toison; & c'est en cet état que ceux qui font le negoce des Laines les achettent des Laboureurs & Fermiers.

Chaque Toison est composée de plusieurs qualitez de Laine qu'on a soin de trier & separer suivant les differens usages à quoy elles sont propres.

Ceux qui font le negoce des Laines en France tirent ordinaidinairement de chaque toison trois sortes de Laines. 1°. La Mere-Laine, qui est celle de dessus le dos & du col. 2°. La Laine des queuës & des cuisses, & 3°. Celle de la gorge, de dessous le ventre & des autres endroits du corps.

Celle qu'on appelle Croton ou Crotin pourroit en faire comme une quatriéme espece, mais elle est si mauvaise qu'on la compte presque pour rien. Le nom qu'on lui donne vient des crotes & excrémens des moutons qui s'y sont attachez, & qui la gâtent tellement qu'elle n'est que le rebut de la Laine.

Pour tirer des toisons une plus grande quantité de laine fine, on s'est avisé de séparer le cœur des Laines de la seconde & de la troisiéme qualité, c'est-à-dire, la Laine qui est au centre de chaque floccon de la toison. Il seroit à souhaiter qu'on pût empêcher cette separation de cœur des Laines qui est pernicieuse & abusive.

Les Espagnols font à peu près le même triage que les François, & nomment ces trois qualitez de Laines la Prime, la Seconde & la Tierce ; avec cette difference qu'en Espagne ces trois sortes de Laines ne se vendent qu'ensemble, pour n'avoir point de mauvais restes, & que les François les vendent, ou les achettent en détail ou séparement, suivant l'usage qu'ils en veulent faire, & les Manufactures où ils les veulent employer.

La Mere-Laine est encore de deux sortes, qu'on distingue par les noms de Laine fine & moyenne, ou de haute & basse Laine, & cela selon que les toisons sont courtes & fines, longues, ou grossieres.

La Laine avant que d'être en état d'être employée passe par bien des mains. Après que le Tondeur l'a coupée, on la lave, puis on la fait secher; elle est ensuite épluchée & battuë; après on y met l'huile, & quand elle a été cardée & filée, on la travaille, ou sur le métier ou à l'éguille.

Le commerce des laines est très-considerable en Europe, & la France en consume une si grande quantité dans ses Manufactures depuis les dernieres guerres, que malgré l'abondance qu'il s'en trouve dans la plûpart des Provinces du Royaume, elle est obligée d'avoir recours à ses voisins, & d'en tirer beaucoup des Pays étrangers.

Les Laines Françoises viennent le plus ordinairement & le plus abondamment du Languedoc, du Berry, de la Normandie & de la Bourgogne; la Picardie, la Champagne & d'autres de nos Provinces en fournissent aussi, mais de moindre qualité & en moindre quantité.

Les Laines étrangeres sont tirées d'Espagne, de Portugal, d'Angleterre, d'Ecosse, d'Irlande & de Hollande. Il en vient aussi du Levant par la voye de Marseille, qui se tirent de Constantinople, de Smirne, d'Alexandrie, d'Alep, de Chypre, de la Morée & de Barbarie; ces dernieres sont peu estimées, Smirne & Constantinople fournissent les meilleures qui viennent du Levant.

Laines de France.

Les Laines de France se vendent ordinairement par les Fermiers & par les Laboureurs en toison, & tout en suin, ou, comme disent les bas-Normans, en suif, c'est-à-dire, sans avoir été lavées de la graisse qui est dessus. En quelques autres endroits ces sortes de laines grasses se nomment Laines surges.

Ceux qui les achettent ainsi de la premiere main avec leur suif, les font laver pour en faire ensuite le triage, ou pour les vendre en toisons, sans autres aprêts que de les avoir lavées. Quand les Laines ont été triées, alors elles ne se vendent plus qu'au poids.

Les habiles Fabriquans croyent qu'il y a plus d'avantage à acheter les Laines toutes triées qu'en toisons; les Marchands de laines ayant coûtume de les farder en roulant le plus fin par dessus, & renfermant en dedans le plus mauvais.

Les meilleures Laines de France sont celles de basse Normandie, & entr'autres celles de Valogne: celles du Cotantin sont presque autant estimées, quoique de moindre qualité; mais celles des environs du Ponteau de mer, Ville située entre Roüen & Caen, ne sont comparables ni aux unes ni aux autres, étant très grossieres; aussi ne s'en fabrique-t-il que des frocs de Lizieux & de Bernai, ou des serges de Falaise qui sont des étoffes très-communes; tandis que les laines de Valogne ou de Coutance s'employent en draps de Valogne de Cherbourg, de Vir, & en serges tant finettes que razes, de S. Lo & de Caen, toutes étoffes qui se travaillent en fin.

Les Laines de Berry entrent aussi dans la fabrique des draps de Valogne & de Vir, & c'est aussi avec ces laines que l'on fait les draps qui portent le nom de Draps de Berry, aussi bien que les droguets d'Amboise, en y mêlant un peu de celles d'Espagne.

Le Pays de Caux fournit des laines propres aux pinchinats, & aux serges cordelieres, & particuliérement pour les draps d'Usseau ; on en fait aussi des frocs de Bolbec & des serges de Fecamp.

Pour les Laines de Champagne, outre quelques pinchinats & couvertures qu'on en fait, elles ne servent qu'aux chaînes des petites marchandises de Rheims & d'Amiens.

Les Laines propres à la tapisserie se filent à Abbeville & aux environs, ou à Rozieres auprès d'Amiens par des Fileurs qui se nomment Houpiers. Elles se vendent au poids par paquets de cinq livres, & sont teintes pour la plûpart à Paris par les Teinturiers en fil, laine & soye; les Fileurs de Rozieres aimant presque autant les y apporter qu'à Abbeville, d'où l'on tire la plûpart de celles dont on fait des envois en Allemagne, en Pologne, & dans le Nord.

Les Negocians de Lyon en font aussi un commerce considerable en Savoye & en Italie. Ces Laines d'Abbeville sont de deux sortes; les belles qu'on nomme Auxy, & les communes qu'on appelle Frontieres: celles qu'on choisit pour faire les plus beaux bas au métier ou à l'éguille se nomment Laines triées.

C'est de Bayonne & des environs qu'on tire ces sortes de Laines, plus semblables à de longs poils qu'à de véritables toisons, dont on fait les lizieres des draps, & principalement des draps noirs, en y mêlant quelque poil d'autruche ou de chameau.

Laines d'Espagne.

Il faut avouër que les Laines étrangeres l'emportent de bien loin sur celles de France, du moins celles d'Espagne, de Portugal & de la grande Bretagne. Mais l'habileté des Manufacturiers François (qui dans la fabrique de leurs draps, où ils sçavent si bien mêler & allier les Laines de leur cru à celles de leurs voisins, égalent & surpassent peut-être les plus experts Ouvriers des Etats où se trouvent ces pretieuses toisons;) leur habileté, dis-je, doit en quelque sorte les consoler de ce que leur pays abondant en tant d'autres riches marchandises, n'a que des Laines fort au dessous de celles de leur voisinage.

Les

Les Laines qui se tirent d'Espagne viennent particulierement des Royaumes de Castille, d'Arragon & de Navarre; on leur donne des noms, ou selon leur qualité, ou selon les lieux d'où on les envoye. Celles de Castille & d'Arragon viennent ordinairement par Bilbao Capitale de la Biscaye à deux lieuës de la mer.

Les environs des Sarragosse, pour l'Arragon & le voisinage de Segovie pour la Castille, fournissent les Laines d'Espagne les plus estimées.

Parmi les plus fines de ces deux Royaumes, on y distingue encore la Pile des Chartreux, la Pile des Jesuites, celle qu'on nomme la Grille, le Refin Segovie & le Refin Ville-Castin.

En general on donne aux laines les plus fines le nom de Prime, en y ajoûtant celui du lieu d'où elles viennent: ainsi on dit, Prime Segovie, pour dire, la plus belle laine qui se tire de cette Ville. Celle qui suit s'appelle Seconde ou Refleuret, en y joignant aussi la dénomination de quelque lieu d'Espagne, comme Refleuret Segovie, Refleuret Ville-Castin. Cette seconde espece de laine se nomme quelquefois simplement Segoviane. La troisiéme laine s'appelle Tierce, qui se distingue pareillement par une seconde appellation, comme Tierce Segovie.

La prime, sur-tout celle de Segovie & de Ville-Castin, s'employe pour l'ordinaire à faire des draps, des ratines & autres semblables étoffes façon d'Angleterre & de Hollande les plus fines. La Segoviane ou Refleuret sert à fabriquer des draps d'Elbeuf ou autres de pareille qualité; & la tierce n'entre que dans les draps les plus communs, comme sont ceux de Roüen & d'Arnatal.

Le rebut de ces trois laines Espagnoles s'appelle en quelques lieux de France Migot, comme qui diroit mauvais. On se sert particulierement de ce terme en Languedoc.

Les Laines Moliennes se tirent de Barcelonne; & quoique le Roussillon ait éte détaché depuis long-tems de la Monarchie d'Espagne, & cedé à la France, les Laines qui en viennent gardent toûjours le nom de Laines d'Espagne.

Il y en a de trois sortes; le Refleuret qui est la prime, ou la plus fine des laines de cette Province; la seconde qui est celle d'après, & le Migeau qui est la moindre, & dont les Languedociens ont apparemment pris leur Migot dont on vient de parler.

Les autres noms des Laines d'Espagne ou reputées d'Espagne, sont l'Albarazin, la Sorie Segovianne, ou Dellos Rios, la Sorie commune, les Caseres ou petite Segovie, la Segeweuse Segovianne, la Segeweuse de Moline, les Floretonnes de Segovie & les Floretonnes communes de Navarre & d'Arragon, les Cabesas d'Estramadoure & les petits Campo de Seville & de Mallagis.

Outre les draps de diverses sortes dont on a parlé ci-dessus, à la fabrique desquels on employe les Laines d'Espagne elles servent à faire les bas drapez, camisolles, chaussons, & autres ouvrages de bonneterie les plus fins.

Quoique ce qu'on a dit jusqu'ici du commerce des laines d'Espagne en general, & que ce qu'on dira encore dans la suite des Laines d'agnelins en particulier, soit suffisant pour en donner une idée à ceux qui en veulent faire le négoce, on a cru néantmoins faire plaisir au Lecteur d'y ajoûter un memoire, qui a depuis été communiqué par une personne très intelligente dans l'apprêt & le commerce des Laines qu'on tire de Castille; d'autant plus que ce mémoire étant très-moderne, & entrant dans un grand détail, on y verra ce commerce sur le pied qu'il est présentement, aussi-bien que les précautions qu'il faut prendre pour le faire avantageusement, & pour éviter quelques surprises où il est facile de tomber dans l'achat de cette sorte de marchandise, lorsqu'on n'en est pas instruit ou prevenu.

Il faut seulement observer à l'égard de ce memoire, qu'ayant été dressé en 1719, c'est-à-dire dans le tems de l'interruption du commerce entre la France & l'Espagne, les prix des marchandises & le pied du change y sont beaucoup plus hauts que depuis que la paix a été rétablie entre les deux Couronnes.

Mémoire concernant le commerce des Laines en Castille & en Arragon, dressé en 1719.

Les Laines de Castille, c'est-à-dire, celles qu'on comprend sous le nom de *Lanas Castillas*, sont:

Les Segovianas Leonisas.
Les Segovias.
Les Sorias.
Les Molinas.

Les Laines d'Arragon sont aussi de quatre sortes, sçavoir:

Les Albaraziens fins.
Les Albarazins moyens.
Les Campos.
Et les Laines noires de Sarragosse.

On nomme Fleuretons les Laines qui viennent de Navarre.

Les agnelins sont les Laines ou toisons des jeunes moutons, qui ne sont ni si longues, ni si fournies que celles des moutons plus âgez. Il y a autant de sortes d'agnelins qu'il y a de Laines rapportées ci-dessus.

Les Laines de Castille & les Albarazins s'envoyent à Roüen, en Hollande & en Angleterre.

Les Campos & les Laines noires de Sarragosse passent à la Rochelle pour les manufactures de Poitou.

Les Fleuretons vont en Bretagne ou à la Rochelle.

Les Agnelins, par tout le Pays, sur-tout en Bretagne.

Il y a cinq manieres différentes d'acheter les Laines à Madrid, sçavoir:

1. En suin ou surges, c'est-à dire, sur la brebis, pour les faire laver & trier soi-même.

2. Toutes lavées & triées au poids, & suivant l'usage de Bilbao, & renduës audit lieu.

3. Pareillement toutes lavées & triées, mais achetées sur le lieu où s'en est fait le lavage & triage, pour les faire voiturer soi-même à Bilbao ou à Bayonne.

4. A un prix fixé, c'est a dire, au prix dont le Vendeur & l'Acheteur conviennent entr'eux dans le tems qu'ils concluent le marché.

5. Enfin sous condition, c'est-à-dire, en retenant par avance toute la Laine d'une pile, avec engagement de la payer sur le pied que les autres piles de la même qualité se vendront. Cette derniere maniere d'acheter les laines est la moins avantageuse, & l'Acheteur y trouve rarement son compte.

Du Lavage des Laines.

Le tems de la coupe des laines en Castille est vers les mois de May & de Juin. A mesure qu'on tond les moutons, on met les Laines en pile, ensuite on les lave pour en tirer la graisse & les ordures. Ce lavage va jusqu'au mois d'Aoust.

Le déchèt qu'il y a d'une laine en suin, lorsqu'on la fait bien

bien laver, est ordinairement de cinquante trois pour cent, c'est-à-dire, que dix-sept arobes de Laine en suin ne donnent que huit arobes de Laine lavée; ce qui ordinairement compose une balle.

Ce déchet des Laines n'est pas toûjours égal, y ayant des années qu'il est plus grand, & d'autres qu'il est moindre, & c'est à quoy l'Acheteur doit prendre garde; l'experience ayant appris que s'il n'a pas plû dans le tems de le coupe, le déchet est plus considerable; & qu'au contraire si la saison a été pluvieuse, il y a moins de déchet; ce qui provient de ce que la pluye emporte une partie de la graisse & des ordures des Laines, lorsqu'elles sont encore sur le dos des moutons, ou même lorsqu'après avoir été coupées, elle restent en piles, en attendant le lavage.

Les années qu'il n'a pas plû les Proprietaires font ordinairement mal laver leurs laines, pour regagner sur le lavage le déchet que le manque de pluye leur pouvoit causer.

Triage des Laines.

On entend par le mot de Triage la séparation ou l'assortissement que l'on fait d'une pile de Laine, c'est à dire, le choix qu'on en fait, après qu'elles ont été lavées, en les partageant en Laines fines en Laines moyennes, & en Laines inferieures; ayant sur-tout attention de n'y point mêler de Laine d'agnelins.

Cet assortissement est toûjours de trois sortes, qu'on nomme Prime, Seconde & Tierce; & pour plus de facilité on marque chaque balle d'une lettre majuscule de l'alphabet, qui dénote l'espece de laine qui y est enfermée.

Pour que la séparation soit bien faite, il faut que sur quinze balles de Laine il y en ait douze marquées R, c'est-à-dire, Refines ou Primes; deux marquées F, qui signifie Fines ou secondes; & une marquée S, c'est-à-dire, Tierces ou Troisiémes.

Des Piles de Laine.

On appelle Pile, des monceaux de Laine que l'on forme des Laines que l'on coupe à mesure qu'on les abbat de dessus l'animal.

On fait ordinairement autant de piles qu'il y a de différentes sortes de Laines: ainsi il y a des piles de Segoviannes, de Sorias, de Molinas, d'Albarazins, & ainsi des autres.

Il faut cependant remarquer que chacune de ces sortes de Laines est composée de diverses piles, c'est-à-dire, que chaque Particulier fait les siennes àpart; & qu'ainsi, par exemple, il y aura quarante ou cinquante piles de Segovianas Leonisas, s'il y a autant de Particuliers qui fassent commerce de cette sorte de Laine.

Une autre remarque qu'il faut faire, c'est qu'entre les piles d'une même sorte il ne laisse pas d'y en avoir de meilleures les unes que les autres, comme sont dans les piles Segovianas Leonisas celles de l'Escurial, & ensuite les piles de Mondejos & d'Orloga, comme on le dira dans un autre endroit de ce Memoire.

C'est à l'Acheteur d'avoir connoissance des meillures piles, toutes celles, d'une même sorte se vendant presque le même prix, quelque difference qu'il y ait d'ailleurs pour la qualité & la bonté.

Les différentes sortes de laines en general ont un prix different, parce que la qualité des unes est differente de celle des autres; ensorte, par exemple, que les Segovianas Leonisas sont plus cheres que les Sorias, les premieres étant les plus fines qui se tirent d'Espagne. On les nomme Leonisas, pour les distinguer des simples Segovianas, & parce qu'elles se tirent des moutons qui vont paistre dans les montagnes de Leon, où les pâturages sont excellens.

Compte d'une Balle achetée en suin renduë à Bilbao, ou embarquée à bord d'un vaisseau.

Lors de la coupe, on peut considerer la Laine sur le pied de 65 reaux de veillon l'arobe poids de Castille; il en faut 17 arobes, pour, après être lavées, en avoir une balle de 8 arobes, ou 200 ℔ poids de Bilbao; il faut pour cela qu'elles en pesent 214. de Castille: ainsi la balle du 17 arobes sur l'estimation de 65 reaux de veillon font Rs yon 1105

Pour la toile d'embalage, ...	23	
Pour le lavage, ...	36	
Pour ensacher, ...	2	
Pour port jusqu'ou elle se leve, .	8	
Commission du Facteur à 1 pour cent,	11	
	Rs yon 1185	
Lesquels font Reaux de platte courante,		790
A quoi il faut ajoûter les frais de voiture, & droits de puertos qui se payent d'ici à Bilbao, . . .		120

Frais de Bilbao.

Pour les droits de sortie, ou de langue d'eau, pour lesquels on a six sols de credit, à 1770 maravedis de cent,		
Reaux de platte courante	104 : 6 mar.	
Pour remise, & commission d'iceux à Madrid, à 3 pour cent, . .	3 : 4	
Courtage, 4 pour cent, . . .	2 : 30	
Frais jusqu'à bord, . . .	5	
Commission de reception, à 10 Rs yon par balle, . .	6 : 23	
		121 : 29
Reaux de plate courante . .		1031 : 29
Commission de Madrid à 2 pour cent,		20 : 3
Reaux de plate courante, . .		1052

Comte d'une balle de Laines toute lavées & triées, poids, &c. usage de Bilbao &c. renduës audit lieu; comme on les a achetées cette année.

Pour 200 ℔ de laine à Rs de pte cte	880
Pour 20 pour cent d'augmention en faveur du vendeur suivant la coûtume, . .	176
Pour frais de Bilbao, comme cy-dessus,	121 : 29
Reaux de plate courante, . .	1177 : 29
Pour la commission de Madrid, . .	23 : 5
Reaux de platte courante, . .	1201

Compte d'une bale de Laine toute lavée & triée, qu'on peut encore acheter de la recolte passée, pour faire voiturer soy-même audit Bilbao, & les faire mettre à bord (il faut remarquer que les meilleures piles sont déja renduës).

La balle de 214 ℔, qui font 200 de Bilbao, Reaux de platte courante, . .	750
Pour les 20 pour 100 d'augmentation, .	150
Pour le port à Bilbao à quatre piastres par balle, ...	40
Pour les droits de Puertos secos, . .	64
Pour frais de Bilbao, comme cy-dessus,	121 : 29

Reaux de platte courante , . . 1125 : 29
Pour la commission de Madrid , . . . 22 : 5
1148 :

Il y a quelques remarques à faire au sujet des précedens comptes.

1°. Le prix de l'achat dont il est parlé dans les deux comptes des Laines lavées, suppose que ce sont des primes; car si dans une partie qui s'achete il s'y en trouve de celles appellées Secondes ou Tierces, les secondes vaudront un quart moins que les primes, & les tierces moitié moins.

2°. Il faut sçavoir qu'une balle de Laine de 200 livres ort (c'est-à-dire, balin pour laine suivant l'usage) poids de Bilbao, ne rend que 164 livres de Laine net à Roüen, & qu'on exige que les balins soient de chanvre & non de Laine, soit que ces derniers soient plus pesans, & qu'il en faudroit faire une plus forte tare en France, ou soit que les balins de chanvre tournent mieux à compte à l'Acheteur de Roüen que ceux de Laine.

3°. On doit se souvenir de ce qu'on a dit au commencement de ce Memoire, que le prix des marchandises employé dans les précedens comptes, est celui qu'elles avoient pendant les dernieres guerres entre les deux Couronnes, & que ce prix est de beaucoup diminué depuis 1719.

4°. Outre la voye de Bilbao, & de-là par Bayonne, par laquelle on fait passer une grande partie des Laines de Castille, elles peuvent aussi aller par terre à Coreille, & ensuite à Pampelune, d'où elles passent à Bayonne; & que même cette voye est la plus prompte; ne se trouvant pas toûjours à Bilbao des pinasses pour Bayonne, ou des navires pour Roüen; les frais de voiture & les droits étant d'ailleurs à peu près les mêmes pour l'une ou l'autre route.

5°. Enfin il faut remarquer qu'il convient mieux d'acheter les laines en suin qu'autrement, tant pour le soin qu'on apporte soi-même au lavage & triage des Laines, que parce qu'on les a à meilleur compte.

Si l'on veut sçavoir la difference juste qu'il y a d'acheter des laines en suin, ou lavées, il faut dire:

J'acheterois quinze balles de Laines lavées, sçavoir:

12 Primes à 900. Reaux de platte courante, y comprise l'augmentation de 20 pour cent, suivant qu'il est marqué au compte cy-devant,

Reaux de platte courante , . . . 10800
2 Secondes à un quart moins, par conséquent à 675 Reaux , . . . 1350
1 Tierce à moitié moins que les Primes , 450

15 Balles reviendront du premier achat, 12600

Une des Balles achetées en suin me revient, suivant le compte cy-devant, à 790 Reaux de platte courante, non compris les frais qui ne sont pas inclus non plus dans le calcul des 15 dessus : ainsi les 15 balles me reviendront l'une portant l'autre à 790 Reaux de plate courante . . 11850
Je gagne donc , . . 750

Reaux de platte courante 12600

Ces 750 reaux de platte courante de benefice sur les 15 balles font environ 6⅓ pour cent; ce qui merite bien que l'on préfere à les acheter en suin.

Voicy une note des frais en argent de France, que fait une balle de Laine depuis son embarquement à Bilbao, ou Bayonne (car c'est à peu près la même chose) jusqu'à ce qu'elle soit venduë à Roüen.

Pour frais de Bilbao à Roüen & avaries, L 8
Pour assurance de la balle estimée, je suppose 600 liv. à 5 pour cent , . . 30

Frais de Roüen.

Droits d'entrée à 50 liv. du cent, & les augmentations, sçavoir :

200 l à 5 s. du cent , . L	5:	} 6: 15
Contrôle de quart , . . .	1: 5:	
Le quart des 25 s.	6: 6	
Les 6 sols pour livre, . . .	3: 6	
Ecu par tonneau à 7 s. 6 d. avec les augmentations, comme cy-dessus , . . .	1: 2	} 17 : 9
Droits de charge , . . .	1	
Port de la Romaine au magasin, & au poids lors de la vente	16	
Droits du poids de la vente,	1:	
Courtage de la vente , . .	2:	
Magasin , . . .	10	
Commission de vente sur 600 liv. à 2 pour cent,	12:	
		62 : 4

Par-là l'on est en état de voir à combien est revenuë cette année la livre de Laine poids de France achetée à Bilbao, & tous frais compris jusqu'à la vente faite; de même l'on peut voir à combien reviendroit la livre de celle achetée ici à present : enfin à combien reviendroit la livre de Laine achetée en suin de la recolte prochaine.

Prix en France d'une livre de Laine achetée cette année à Bilbao.

Suivant le compte cy-devant, la balle revient à reaux de platte courante 1201 ; qui font pistoles 30, sur le pied de 20 liv. la pistole , . 600
Pour frais depuis Bilbao jusquà la vente Roüen , . . . 62:4

La balle . . . 662: 4

Cette balle ne produit à Rouën que 164 ℔ net de Laine; il faut donc diviser 662 liv. 4 s. par 164: ainsi la livre est revenuë à 4: 0: 9

Prix de la laine que l'on pourroit encore acheter à Bilbao la livre.

Suivant le compte cy-devant, la balle reviendroit à . . . . 1148 Rs pte cte
qui font ples 28 $\frac{28}{40}$ à 20 l. . . . 574
Pour frais de Bilbao à Roüen, 62: 4

La balle . . 636: 4, lesquels divisez par 164, fait la ℔ . . 3 l. 17 s. 7. d.

Prix d'une livre de Laine achetée en suin.

Suivant le compte cy-devant, la balle reviendroit à . . . . 1052 Rs pte cte
qui font ples 26 $\frac{12}{40}$ à 20 l. . . . 526

Pour

Pour frais de Bilbao à Roüen, &c. 62: 4

La balle . . . 588; 4, lesquels divisez par 164, fait la ℔ . . . . . 3 l. 11 f. 9. d.

Il faut remarquer au sujet de cette Laine en suin, que les deux balles seconde & celle tierce, qui se tireront de quinze balles, comme c'est un second déchet, augmenteront le prix de la livre de Laine marquée ci-dessus 3 liv. 11 f. 9 d. de 2 f. par livre, suivant le calcul que j'en ai fait: ainsi la livre achetée en suin renduë à Roüen reviendroit juste, sçavoir: Celle de douze balles

de prime à	3 l.	13 f.	9 d.
Celle de deux de seconde	2	15	4
Celle d'une de tierce	1	17	

On peut d'ailleurs faire attention que plus on aura la Laine à meilleur marché, & moins haut monteront les assurances & commissions de Roüen incluses dans les calculs ci-dessus; ce qui diminuëra encore le prix de la Laine de quelque chose.

Il est vray que le change est à 20 liv. 10 f. au lieu de 20 liv. que je l'ai passé; mais il n'y a pas d'apparence qu'il se maintienne sur ce pied-là.

Comme nous n'avons parlé que du prix des Segovianas Leonesas, il reste à sçavoir à combien reviendroient les autres sortes de Laines à proportion. En voici une note qui fera voir de combien elles different entr'elles. Nous établissons lesdits Leonesas à 3. liv. 15 f. la livre; en France on peut à cause du change à 20 liv. 10 f. les reputer sur ce pied-là, peu plus ou moins.

Segovianas Leonesas	3 l.	15 f.
Segovias	3	5
Sorias	2	18
Molinas	2	16
Albarazins fins	2	18
De moyens	2	12
Campo fins	2	10
De moyens	2	8
Laines noires de Sarragosse	2	12
Fleuretons de Navarre	2	12

Agnelins & leur prix relatif à celui des Laines ci-dessus.

Segovies lavées, 2 l. 14 f. la livre.
Sorias en suin, 107 l. le cent pesant.
Molinas prime, 106 l. idem.
Albarazins prime, 104 l. idem.
Le Navarre prime, 103 l. idem.

De la Pile de l'Escurial.

On a promis au commencement de ce Memoire de dire un mot de cette pile, que les Espagnols mettent au dessus de toutes les Laines que les Etrangers peuvent tirer d'Espagne.

Tout le monde sçait que l'Escurial est tout ensemble un des plus superbes palais des Rois d'Espagne, & un des plus magnifiques Monasteres que la pieté de ces Princes ait élevez dans leurs Etats.

Les Religieux Hieronymites y furent établis par Philippes II. qui en fut le Fondateur; & ce sont eux qui sont les Proprietaires de cette pile fameuse, qui leur assure par an un revenu de plus de 40000 piastres.

Cette pile est ordinairement composée de 350 à 360 balles de Laine, y compris néanmoins ce qu'on appelle les *Agreges*, c'est-à dire, quelques lieux circonvoisins qui dépendent du Monastere. Il est vray que les Laines qui viennent des Agreges ne sont pas de si bonne qualité que celles de l'Escurial même, mais les bons Peres ont coûtume de les vendre toutes sur le même pied; ce que font pareillement ceux qui les achetent de la premiere main: ensorte que les nouveaux Marchands qui ne les ont que de la seconde main, & qui ne sont pas instruits de cette particularité; se plaignent ordinairement de l'inégalité des Laines; à quoy les autres ne prennent pas garde, le nombre des Agreges n'étant pas considerable.

La pile de l'Escurial ne se vend jamais en détail; mais les Religieux ont ordinairement un Marchand riche & accredité qui l'accapare & l'achete toute entiere, non pas à un prix fait, mais à un prix moyen, entre le pied le plus bas & le plus haut que se vendent les autres meilleures piles du Pays. Par exemple, si les autres Proprietaires ont vendu leurs meilleures Laines depuis soixante jusqu'à soixante-six reaux, les Moines vendent la leur soixante trois; mais jusqu'au tems de la vente, c'est-à-dire, jusqu'au mois de Juillet ou d'Aoust, l'Acheteur leur fait toutes les avances qu'ils ont besoin, qu'il rabat ensuite sur le prix de la pile, lorsqu'il arrête de compte avec eux.

Les piles qui approchent le plus de celle de l'Escurial sont celles de Munos, de Moncejos, d'Orlega, de Torre & de Paular.

On peut trouver à Madrit mille à douze cens balles de Laines de cette qualité.

Laines de Portugal.

Les Laines de Portugal ne different guéres de celles d'Espagne, & elles passent ordinairement pour Laines de Segovie. Les draps où elles sont employées toutes pures sont très-doux & très-mollets à la main; mais rarement les Fabriquans veulent-ils les employer de la sorte, à cause de la nature de ces Laines, qui foulent sur la longueur & non sur la largeur; ce qui fait que les draps sortent très-courts du Foulon; ce qui cause beaucou de perte au Marchand.

Laines de Hollande.

Il vient de Hollande deux sortes de Laines, celles du crû du Pays & celles que les Hollandois tirent eux-mêmes d'Allemagne, de Pomeranie, de Dantzik, de la Prusse, Brunswick, Paterborn, &c. On les fait ordinairement peigner & filer en Flandres, & elles s'employent pour la plûpart à faire des bas au métier très-fins. On en fait aussi entrer dans la fabrique des beaux draps.

Laines d'Angleterre, d'Ecosse et d'Irlande.

Les Anglois ont toûjours été fort jaloux de leurs Laines; mais sur-tout leur jalousie s'est si fort augmentée depuis le milieu du dix-septiéme siecle, qu'il y va de la vie d'en faire aucun commerce avec les Etrangers.

Quoique les Laines d'Ecosse & d'Irlande passent pour laines d'Angleterre, celles-ci l'emportent cependant de beaucoup sur les deux autres, soit pour la bonté, soit pour la finesse. Quelques uns ne laissent pas pourtant d'estimer les laines d'Irlande les plus belles.

Les bêtes qui portent ces precieuses toisons sont en quelque sorte de de deux especes: les unes sont fortes & grandes, & les autres délicates & petites. Ces dernieres qui fournisnissent la laine la plus fine, sont reconnoissables, en ce qu'elles l'ont pendante jusque sur le nez.

Les pâturages qui sont excellens, & l'herbe fine & courte dont ces bêtes se nourrissent, & qui est abondante dans toutes les saisons, ne contribuënt pas peu à la finesse de leur laine; mais l'on ne doute pas que ce qui y contribuë davantage, c'est la commodité que les troupeaux ont de paître cette herbe toute l'année, sans qu'on soit obligé de les resserrer dans les étables pendant l'hyver, à moins qu'il ne soit extremement rigoureux; outre que n'y ayant point de loups en Angleterre, ils y sont en seureté à toute heure & en tout tems.

M. Colbert dont la memoire sera toûjours chere & respectable aux François qui aiment la gloire de leur patrie, avoit eu dessein de transporter en France des moutons & autres bêtes à laine d'Angleterre; esperant que leur choisissant dans les Provinces du Royaume des pâturages & un ciel à peu près semblables à ceux de leur Isle, on pourroit y en établir, & y en perpetuer la race: mais le Comte de Cominges, pour lors Ambassadeur du Roy à Londres, lui fit tellement voir l'impossibilité de ce transport & l'impossibilité presque égale de les conserver & les faire multiplier, quand elles auroient été transportées hors de leur Isle, que ce grand Ministre fut obligé d'abandonner un projèt qu'il est même glorieux d'avoir formé, quoiqu'il n'ait point eu d'execution.

L'exactitude & les précautions du Ministere d'Angleterre, pour empêcher le transport des laines, font bien voir qu'elles sont plus rares chez leurs Voisins, mais elles ne sont pas capables d'en abolir entierement le commerce; les Anglois eux-mêmes se servant des longues nuits d'hyver pour les faire sortir de leur Isle; & préferant un gain considerable & assuré, à la peine de la mort qu'ils regardent comme incertaine; outre que cette Nation intrepide envisage avec assez d'indifference ce plus grand de tous les maux, qui fait l'horreur de la plûpart des autres Nations.

La laine d'Angleterre la plus belle vient de Cantorbery On la tire ou sans être peignée ou toute peignée, c'est-à-dire, toute prête à être filée. On s'en sert en France dans la fabrique des plus beaux draps & des autres étoffes de laine les plus fines; & les Manufacturiers ont poussé si loin l'imitation de ceux d'Angleterre, que les Anglois eux-mêmes y sont trompez; & qu'il n'y a plus que la prevention & l'entêtement commun à tous les peuples pour ce qui vient de dehors, qui puissent faire préferer les fabriques étrangeres à celles du Royaume.

Il se consume aussi beaucoup de laines d'Angleterre pour les tapisseries, soit de haute-lisse ou de basse-lisse, soit à l'aiguille & sur le cannevas, particulierement pour les blancs & les couleurs de feu; & ce sont ces laines qu'on appelle Laines des Gobelins, parce qu'elles y sont teintes par ces habiles Teinturiers, qui depuis plus d'un demi-siecle y sont établis, & s'y sont rendus si celebres par leurs admirables teintures, qui ne cedent pas même à celles de Hollande.

Une autre consomption considerable des laines d'Angleterre se fait en bas au métier, qu'on appelle Bas de bouchon, du nom de ces sortes de laines qu'on apporte en France pliées & contournées en forme d'espece de bouchons assez semblables à ceux de paille dont on se sert à frotter les chevaux, & à abbattre leur sueur Cette laine est très-longue & trés-fine. Elle vient toute peignée d'Angleterre.

Pour les laines d'Ecosse & d'Irlande, étant presque semblables à celles d'Angleterre, elles sont destinées à peu près aux mêmes usages, hors qu'étant moins fines & plus communes, les étoffes qu'on en fabrique ne sont pas si estimées ni d'un si bon débit. La plûpart de ces laines se tirent toutes peignées, & se filent ordinairement en Picardie.

Laines d'Allemagne et du Nord.

Outre toutes ces differentes laines dont on vient de parler, & qui sont les plus fines & les meilleures de celles que les Pays Etrangers fournissent à la France, il s'en tire encore une grande quantité d'Allemagne & du Nord, qui, quoique d'une qualité inferieure, s'employent heureusement dans beaucoup d'étoffes & d'autres ouvrages.

On leur donne ordinairement le nom des lieux d'où elles viennent; comme Laines de Rostoc, de Gripswalde, de Stralsunt, d'Anclam, de Stetin, de Thoorn, de Dantzik, &c. Elles ne laissent pas quelquefois d'avoir des noms qui leur sont propres; mais l'on ajoûte toûjours celui des Royaumes, Etats ou Villes d'où on les envoye; comme Bluette du Rhin, Laine d'Eté de Pologne, Laine de Brunyere du Rhin, de Wismar; Plure de Mulhausen, de Wismar, du Rhin; Fine-grise, Kiste, &c.

Il se fait aussi un grand commerce des laines de Lorraine, où la recolte en est abondante, à cause de la quantité extraordinaire de brebis & de moutons qui s'y nourrissent. La meilleure partie de ces laines s'envoye à Liege & en Champagne.

Laines du Levant.

L'on a encore les laines du Levant, comme les Pelades fines & communes, les Tresquilles ou Surges, les Bâtardes, les Ipsola & l'Estaim de Constantinople; les Laines surges d'Alep, d'Alexandrie, de Chypre; les Bâtardes noires d'Alep; les laines de Chevron noires de Smirne & de Perse; les Chevrons roux & blancs, fins & communs de Smirne, de Satalie; enfin les Martelins & les laines de la Morée & de Barbarie.

L'on compte aussi les bourres parmi les laines; c'est-à-dire, ce qui tombe sous la claye lorsqu'on bat la laine; mais elles sont de si mauvaise qualité, qu'elles ne peuvent servir qu'aux étoffes les plus grossieres, comme sont les draps de Sezanne & autres semblables.

Laines d'Agnelins.

Enfin il vient des Agnelins ou laines provenantes des agneaux & jeunes moutons, de tous les lieux tant du Royaume que des Pays Etrangers dont il est parlé dans cet article. Ce sont les Bouchers & Rotisseurs qui en font les abbatis.

Les agnelins qui viennent d'Espagne se distinguent par les noms suivans: Laine d'Agnelins lavée de Segovie, Sor Segovie, Segovie non lavée, Sor de Moline, de Castille, d'Albarasin & de Navarre.

Les autres prennent les noms des lieux d'où on les tire, comme Agnelins de Pologne, de Thoorn, &c. La laine d'agnelin est de très-mauvaise qualité, & comme telle il est défendu de l'employer dans la fabrique des étoffes de laine, n'étant permise que dans celle des chapeaux.

Laine de Vigogne. C'est une laine qui n'est connuë en Europe que depuis la découverte de l'Amerique. L'animal qui la porte se trouve dans le Perou *Voyez* Vigogne.

L'on a fait en France plusieurs Reglemens concernant les laines, soit touchant le commerce qui s'en fait, soit pour

reg er

regler les qualitez des laines qui doivent entrer dans les draps, serges, bas, chapeaux & autres ouvrages de lainerie.

L'article 41 du Reglement de 1669, pour les longueurs, largeurs & qualitez des draps, ordonne; Que les laines destinées pour être employées aux manufactures seront vûës & visitées par les Gardes & Jurez en Charge, & jusqu'à ce ne pourront être exposées en vente. Ne pourront encore ceux ausquels elles appartiendront, les moüiller ni mettre en lieu humide; ni aussi mêler ensemble les laines de différentes qualitez; attendu que les unes foulant moins que les autres, tel mélange rend le drap creux & imparfait en la fabrique; mais seront lesdites laines d'une même qualité emballées séparément, le tout à peine de 100 liv. d'amende pour chaque contravention.

L'article 32 du Reglement pour les Teinturiers du mois d'Août de la même année 1669, veut; que les laines destinées pour être employées aux tapisseries, soient teintes du bon teint, de la même sorte prescrite pour les étoffes de draperie, à la réserve des laines teintes en noir qui seront seulement de guesde & noircies. Et le 33 article du même Reglement marque quelles sortes de laines pourront être teintes par les Drapiers-Drapans, ou par les Teinturiers du petit teint.

Plusieurs articles des Statuts & Reglemens pour les manufactures de draperie & sergetterie de Beauvais du 2 Février 1667, & du 7 Avril 1672, servent aussi de Reglement pour les laines. On peut voir les 49, 50 & 51 articles du premier, & les 3, 4, 5, 6 & suivans jusques & y compris le 21 du second.

Le Reglement du 30 Mars 1700 pour les bas au métier, art. 11, déclare; Qu'il ne pourra être employé dans lesdits ouvrages que des laines de bonne qualité, comme sont celles d'Angleterre, Irlande, Hollande, Espagne, Languedoc, Berry, Auxois & du Cotantin, bien nettes & sans bourre; & que ne pourront y être employées des laines d'agnelins, peignons, pelades, morines, ni autres mauvaises qualitez de laines; ce qu'avoit pareillement ordonné bien long-tems auparavant M. Colbert dans son Instruction aux Inspecteurs des Manufactures, art. 26.

Enfin l'Arrêt du Conseil d'Etat du Roy du 27 Avril 1706, contenant plusieurs articles de Reglement pour la Manufacture de draperie Romorentin, employe les quatre premiers pour la police des laines. Le premier ordonne les sortes de laines qui doivent entrer dans la fabrique des draps. Le second établit la visite des laines en balles, & regle la marque dont elles seront marquées. Le troisiéme veut que les laines d'autres qualitez que celles permises par le premier article, soient saisies par les Gardes-Jurez, & ensuite confisquées & venduës, faute de les avoir fait sortir dans l'espace d'un mois de l'étenduë de la Manufacture. Et enfin le quatriéme permet pareille saisie, même des laines de bonne qualité, qui lors de la visite dans le Bureau se feront trouvées mélangées, mal lavées, ou ayant quelque autre défaut provenant de de la préparation, pour être ordonné qu'elles seront reparées avant que d'être employées dans la fabrique.

Laine d'Autruche. Ce qu'on nomme de la sorte, n'est pas une laine provenant de la tonture des toisons des brebis & moutons, mais la laine ou ploc d'autruche, c'est-à-dire, le duvet ou poil de cet oiseau. *Voyez* Autruche.

Laine Auxi. C'est la plus belle laine filée qui se tire des environs d'Abbeville. On l'appelle aussi Laine triée. *Voyez* Auxi.

Laine Basse ou Basse Laine. C'est la plus courte & la plus fine laine qui soit dans la toison du mouton ou de la brebis: elle provient du colet de l'animal qu'on a tondu. Plusieurs lui donnent le nom de Fin, à cause de sa grande finesse. Cette sorte de laine étant filée, sert pour l'ordinaire à faire la trame des tapisseries de haute & basse-lisse, des draps, des ratines, & de plusieurs autres semblables étoffes fines; ce qui fait qu'un grand nombre d'Ouvriers & de Manufacturiers l'appellent Laine-trame.

C'est de cette espece de laine dont les Ouvriers en bas au métier & au tricot se servent pour fabriquer les ouvrages de bonneterie qu'ils destinent pour être drapées. Les Espagnols & les Portugais lui donnent le nom de Prince, qui signifie premiere. Ainsi l'on dit, La prime Segovie, pour dire, la laine de Segovie de la premiere qualité. *Voyez* Trame. *Voyez aussi* Laine, *où il est parlé des Laines d'Espagne.*

Laine Carde'e. C'est de la laine qui après avoir été dégraissée, lavée, séchée, battuë sur la claye, épluchée & arrosée d'huile, a passé par les mains des Cardeurs, qui l'ont tirée sur le genoüil avec des cardes, afin de la disposer à être filée pour en fabriquer de tapisseries, des étoffes, des bas, des couvertures, &c. La laine cardée qui n'a point été arrosée d'huile ni filée, s'employe à garnir des robes de chambre & courte-pointes à faire des matelas, &c. *Voyez* Carde & Cardeur.

Laine Crûe. C'est la laine qui n'est point apprêtée.

Laine Cuisse. C'est la laine qui se coupe entre les cuisses des moutons.

Laine en Suif. C'est la même chose que laine en suin.

Laine en suin, ou Laine grasse, que quelques-uns appellent aussi Laine Surge. C'est de la laine telle qu'elle a été tonduë ou coupée de dessus le corps des moutons & brebis, c'est-à-dire, qui n'a point encore été lavée ni dégraissée.

Le suin ou la graisse qui se tire des laines, & que ceux qui les lavent ont soin de ramasser dans de petits barils, est envoyée aux Marchands Epiciers-Droguistes, qui lui donnent le nom d'Oesipe. *Voyez* Oesipe.

Laine File'e. C'est la laine qu'on appelle ordinairement Fil de Sayette. *Voyez* Fil de Sayette.

Laine fine, ou Haute Laine. C'est la meilleure de toutes les laines, & le triage de la mere-laine.

Laine Frontiere. C'est la laine filée d'Abbeville, de la moindre qualité. *Voyez* Frontiere.

Laine Grasse. *Voyez* Laine en Suin.

Laine Haute, que l'on nomme aussi Laine Chaisne, ou Laine Estaim. C'est la laine longue & grossiere qu'on tire des cuisses, des jambes & de la queuë des moutons & brebis. La laine haute ayant été peignée & filée se nomme Fil d'étaim. C'est de ce fil dont on fait les chaînes des tapisseries de haute & basse-lisse & de plusieurs sortes d'étoffes, même les ouvrages de bonneterie tant au métier qu'au tricot *Voyez* Chaisne & Estaim.

Laine Moyenne, ou Basse Laine. C'est ce qui reste du premier triage de la mere-laine. Souvent par Basse-laine l'on entend la laine la plus courte & la meilleure de l'animal. *Voyez en ce sens* Laine Basse.

Laine de Moscovie. C'est le duvet des castors qu'on tire sans gâter ni offenser le grand poil. Il faut beaucoup d'ad'adresse pour cela, & le secret n'en est point encore connu en France. *Voyez* CASTOR.

LAINE PEIGNE'E. C'est celle qu'on a fait passer par les dents d'une sorte de peigne ou grande carde, pour la disposer à être filée. Plusieurs lui donnent aussi le nom d'Estaim. *Voyez* ESTAIM.

LAINE D'ESTE' DE POLOGNE. C'est une des plus fines de celles qui viennent du Nord.

LAINE SURGE. *Voyez* SURGE *ou* LAINE EN SUIN.

LAINE TRIE'E. *Voyez* AUXY.

LAINE VENTRE. C'est celle que l'on tond de dessous le ventre de l'animal.

LAINE PELADE.
LAINE PELURE.
LAINE PELIS.
LAINE AVALIE. } *Voyez* PELADE.

LAINE ESTAIM.
LAINE PEIGNE'E. } *Voyez* ESTAIM.

LAINE RIFLARD. *Voyez* RIFLARD.

LAINE PEIGNONS.
LAINE PIGNONS. } *Voyez* PEIGNONS.

Les Laines payent en France les droits d'entrée & de sortie, ou suivant leurs differentes qualitez, ou suivant les divers Tarifs qui les ont reglez.

ENTRE'ES.
Tarif de 1664.

Les Laines venant d'Espagne, des Indes, Allemagne, Angleterre, Segovie, & autres Pays Etrangers; & les laines de Languedoc, Provence & Dauphiné, 40 s. du cent pesant.

Les laines de vigogne, aussi 40 s.

Les laines d'Agnelin en suin venant de Moscovie & d'ailleurs, 1 liv. 10 s.

Les laines fines & grosses filées de toutes couleurs, 5 liv.

Les laines d'Autruche, qu'on nomme autrement Poil ou Ploc d'autruche, 15 s.

Les laines du Levant & de Barbarie sont du nombre des marchandises sur lesquelles il doit être levé vingt pour cent de leur valeur, conformement à l'Arrêt du Conseil du 15 Aoust 1685, dans les cas expliquez dans ledit Arrêt.

ENTRE'ES.
Tarif de la Doüane de Lyon.

Les laines d'Angleterre 35 s. du quintal d'ancienne taxation & 10 s. de nouvelle reapreciation.

Les laines de Languedoc, Provence & Dauphiné, blanches & lavées, 18 s. de la balle d'ancienne taxation, & 9 s. du cent pesant de nouvelle.

Les laines étrangeres blanches & lavées, 27 s. d'anciens droits par chaque balle, & 20 de nouveaux par quintal.

Les laines teintes ou Perses de Languedoc & Auvergne, 14 s. de la balle n'excedant deux quintaux pour l'ancienne taxation, & 10 s. du cent pour la nouvelle.

Les laines noires & surges de France, 7 s. 6 den. de la balle d'anciens droits, & 5 s. du cent de nouveaux.

Laines ou Agnel surges étrangers 12 s. 6 den. de la balle d'ancienne taxation, & 6 s. du quintal pour la nouvelle.

Laines filées fines d'Amiens, 45 s. du quintal pour tous droits anciens & nouveaux.

Laine Pelade 7 s. 6 den. de la balle d'anicenne taxation, & 3 s. du cent pour la nouvelle reapreciation.

SORTIE.
Tarif de 1664.

Laines de toutes sortes, 15 liv. du cent pesant; sçavoir pour l'ancien droit 3 liv. & pour la traitte domaniale 12 liv.

Laines d'agnelin en suin, le cent pesant 12 liv. sçavoir pour l'ancien droit 20 s. & 11 liv. pour la traitte domaniale.

Laines fines filées, comme fil de laine fine à faire tapisseries, 7 liv.

Laines moyennes & grosses filées, comme fil de laine moyenne & grosse, 3 liv.

Laines d'Autruche ou Ploc d'Autruche, 7 liv. 12 s. sçavoir 12 s. pour l'ancien droit, & 7 liv. pour la traitte domaniale.

LAINER ou LANER. Terme dont on se sert dans les manufactures de draperies & autres étoffes de laine, pour signifier, tirer la laine sur la superficie d'une étoffe, la garnir, y faire venir le poil par le moyen des chardons. On dit aussi dans le même sens, Eplaigner, Emplaigner, Aplaigner & Parer.

Donner une voye, un trait ou un tour des chardon à une étoffe, c'est la lainer une fois d'un bout à l'autre. Ainsi lorsque l'on dit, qu'il faut donner quinze ou vingt voyes, traits ou tours de chardon à un drap, cela doit s'entendre qu'il le faut lainer quinze ou vingt fois de suite. *Voyez ci-après* LAINEUR.

LAINER UNE TAPISSERIE. C'est dans la fabrique des tapisseries de tontures de laines, couvrir de laine hachée & réduite en poussiere l'ouvrage du Peintre avant que les couches en soient séches, ce qui se fait par le moyen d'un très-petit tamis, que l'Ouvrier tient à la main. *Voyez* TONTURE, *où il est parlé de ces sortes de tapisseries.*

LAINERIE. Qui est de laine, qui est fabriqué de laine. On dit, Commissaire ou Inspecteur des Manufactures de draps & étoffes de lainerie.

LAINEUR, LANEUR, EPLAIGNEUR, EMPLAIGNEUR, APLAIGNEUR, PAREUR. Ce sont tous termes sinonymes en usage dans les manufactures de draperies & étoffes de laine, pour signifier l'Ouvrier qui laine les étoffes ou autres ouvrages de lainerie.

Les outils ou instrumens avec lesquels le Laineur travaille, se nomment Croix ou Croisées, qui sont des especes de doubles croix de fer avec un manche de bois, sur lesquelles sont montées des brosses de chardon.

Les Laineurs lainent ordinairement deux en même tems, l'étoffe destinée au lainage étant suspenduë entr'eux sur une perche qui pend du plancher.

Cette façon se donne toûjours à l'endroit, en faisant aller les croix de haut en bas, & en commençant toûjours à contre-poil pour finir à poil. Les deux Laineurs sont debout, & l'un devant l'autre.

Pour être reçû Maître Laineur à Paris, il faut avoir fait trois années d'apprentissage. Les derniers Statuts de ces Ouvriers sont de l'an 1606. Ils leur donnent la qualité de Maîtres Foulons & Pareurs de draps; le nom de Foulon leur ayant été donné, parce qu'anciennement ils se mêloient de faire fouler les draps & autres étoffes de laine; mais à present ils ne font plus que les lainer ou parer sur la perche avec les chardons.

Quoique par ces Statuts ils soient appellez Pareurs, cependant à Paris ils sont plus ordinairement nommez Aplaigneurs, Emplaigneurs ou Eplaigneurs.

En Normandie l'on dit, Laineur ou Laneur, & en Languedoc,

guedoc, Pareur. Il paroît que de tous ces termes celui de Laineur convient le mieux à cet Ouvrier, puisque c'est lui qui laine l'étoffe, qui en tire la laine pour lui donner du poil. *Voyez* LAINER.

LAINEUX. Qui a beaucoup de laine ; ce qui se dit des étoffes de lainerie qui sont bien garnies de laine. On le dit aussi des toisons qui n'ont pas encore été tonduës de dessus le dos des moutons. Ces moutons sont laineux : Ces toisons sont laineuses.

LAINIER. Celui qui fait le commerce des laines. Il se dit plus particulierement de ceux qui vendent en écheveaux & à la livre les laines qu'on employe aux tapisseries, franges & autres ouvrages. Ces Marchands sont proprement les Teinturiers en laine ; aussi leur en donne-t-on le nom dans leurs Lettres de Maîtrise.

LAINIERE. La femme ou la veuve du Lainier.

LAINIERE. On appelle Barques Lainieres, de petits bâtimens François qui font avec les Anglois un commerce de contrebande des laines d'Angleterre, d'Ecosse & d'Irlande. *Voyez l'article general du Commerce, où il est parlé de celui de la Grande Bretagne.*

LAIT DE LUNE. Terme de Chymie. *Voyez* AGARIC mineral.

LAITON. Espece de cuivre. *Voyez* LETON.

LAIZE, ou LAYZE. Largeur qu'une étoffe d'une toile doit avoir entre les deux lisieres.

Laizes ou largeurs des étoffes d'or, d'argent & de soye, suivant les trois Reglemens de 1667, pour les Villes de Paris, Lyon & Tours.

Les velours pleins, façonnez, ras, coupez, tirez, figurez, torts, moyens, petits, enfin de toutes sortes, aussi-bien que les pannes, les peluches & les grisses, doivent avoir onze vingt-quatriémes de laize, c'est-à-dire, une demie-aune moins un vingt-quatriéme de large.

Les draps d'or & d'argent fin, brocards, satins, damas, tabis à fleurs, velours, toiles d'argent tant pleines que figurées, doivent pareillement se faire de demie-aune moins un vingt-quatriéme, de même que tous les façonnez, comme luquoises, damas, venitiennes, damassé, &c. sans or ni argent; & encore tous les satins pleins, quelque nom que l'on puisse donner à toutes ces étoffes.

Les Taffetas & tabis pleins, tant forts que foibles, de toutes couleurs & noirs lustrez, peuvent être ou de demie-aune moins un vingt-quatriéme, ou de demie-aune entiere, ou de demie-aune demi-quart : ils peuvent même s'augmenter au dessus de cinq huit ; ce qui doit aussi s'entendre de tous taffetas figurez à la marche, rayez en long & en travers, mouchetez, nuancez, & des tabis figurez.

Les filatrices & papelines tremées de fleuret, tant pleines que façonnées, demie-aune, & demie-aune demi-quart.

Toutes les étoffes mêlangées de poil de chevre, laine, fil & coton, &c. comme Egyptienne, satin de la Chine, damas caffart, camelotine, Modene, satin de Bruges, legatine, serge, dauphine, étamine du Lude, tripes de velours, brocatelle, toile de pourpoint, écharpe de soye, ostade, demie-ostade, basin, futaine, moucayart, &c. doivent au moins avoir demie-aune moins un seize, ou demie-aune entiere, ou demie-aune un seize.

Les moires lisses ou unies, burails, ferandines, &c. tant pleines que figurées, trainées de laine, poil, fil, &c. font de quatre sortes de laizes ; sçavoir, quartier & demi, demie-aune moins un seize, demie-aune entiere, & demie-aune un seize.

Les toiles de soye, gazes, étamines, crapaudailles, prisonniers & toutes autres semblables étoffes, aussi-bien que les crespes crespez, crespes unis & gros crespes, sont faits suivant leurs largeurs ordinaires qui ne sont pas exprimées dans les Reglemens, mais qu'on peut voir aux articles particuliers de toutes ces étoffes, suivant leur ordre alphabetique.

Enfin les taffetas à jarretieres doivent avoir un tiers de large.

Ce qui détermine les laizes des étoffes, est la largeur de leurs rots ou peignes, le nombre de leurs portées, & la quantité de fils dont chaque portée est composée. Toutes ces choses se trouvent aux articles où il est parlé de chaque étoffe de soye en particulier.

A l'égard des laizes des étoffes de laine & des toiles, on peut voir les articles des Draps, des Serges, des Etamines, des Camelots, Droguets &c. & l'article general des Toiles.

LAIZE. Se dit aussi pour signifier ce qu'on entend ordinairement par le mot de Lé. Ainsi l'on dit : Il faut six laizes de velours pour une jupe, au lieu de dire, six lez. Ce terme n'est point en usage à Paris, peu à Lyon, mais davantage à Tours.

LAIZE DE BONJON. Terme de manufactures de toiles, particulierement en usage dans celles de Normandie. Il signifie la largeur d'une toile faite dans des rots d'une aune, ensorte qu'elle se trouve de trois quarts & demi un sixiéme de large. *Voyez le Reglement pour les toiles blancards & fleurets, de 1676.*

LALE-VISTIC. C'est ainsi que le poivre de Madagascar est appellé en langue Madecasse, c'est-à-dire, en langue des originaires de cette Isle, la plus grande de l'Afrique. *Voyez* POIVRE.

LAMANAGE, ou PILOTAGE. Terme de commerce de mer. C'est le travail des Mariniers qui conduisent les vaisseaux à l'entrée ou à la sortie des Ports, havres, ou rivieres, particulierement dans les lieux où l'entrée est difficile.

Les Assureurs ne sont point tenus des frais de Lamanage ou Pilotage. Ce sont menuës avaries qui doivent tomber, un tiers sur le navire, & les deux autres tiers sur les marchandises. Cela est conforme à l'Ordonnance de Marine du mois d'Août 1681, art. 30 du tit. 6. & art. 8 du tit. 7 du livre 5.

LAMANEURS, qu'on nomme aussi LOCMANS. Ce sont des Pilotes établis pour conduire les vaisseaux à l'entrée & sortie des ports & des rivieres navigables : leur nombre se regle par les Officiers ordinaires, mais de l'avis des Echevins & des plus notables Bourgeois.

Les Lamaneurs doivent avoir au moins vingt-cinq ans, & ne peuvent être reçûs qu'après un examen sur les manœuvres & fabrique des vaisseaux, les marées, les bancs, les courants, les écuëils & autres endroits difficiles des rivieres, ports & havres de leurs établissemens.

Ils sont obligez après leur reception de tenir toûjours leurs chaloupes garnies d'ancres & d'avirons pour être en état d'aller au secours des navires au premier signal.

Nul Marinier, s'il n'est reçu Pilote Lamaneur, ne peut se presenter pour la conduite des vaisseaux; permis neantmoins aux Maîtres des navires de prendre des Pêcheurs pour les piloter au défaut des Lamaneurs, à la charge pourtant de se servir du Lamaneur, s'il se presente avant que les lieux dan-

dangereux soient passez, sur le salaire duquel doit être alors deduit celui du Pêcheur qui a servi avant son arrivée.

Tout Lamaneur-yvre qui se presente pour piloter est condamné à cent sols d'amende & interdit pour un mois.

Les navires qui sont les plus proches doivent être pilotez les premiers, à peine de vingt cinq livres d'amende contre le Lamaneur qui leur aura preferé les plus éloignez; & il leur est fait pareillement défense d'aller plus loin que les rades au devant des vaisseaux, d'y monter contre le gré du Maître, ni d'en sortir qu'ils ne soient ancrez & amarrez au port; & si c'est en sortant, qu'ils ne soient en pleine mer, à peine de perte de leurs salaires & de 30 livres d'amende.

Pour la sûreté du vaisseau & la décharge du Lamaneur, le Maître doit déclarer combien son vaisseau tire d'eau, à peine de vingt-cinq livres d'amende, au profit du Lamaneur pour chaque pied recelé.

Les Lamaneurs ne peuvent exiger d'autres salaires que ceux reglez par les Officiers & contenus dans les tableaux ou tarif mis au Greffe, & affichez sur le quay, à moins que ce ne soit en cas de tourmente & de peril évident, & alors ils doivent être arbitrez par les Officiers ordinaires & de l'avis de deux Marchands; les Ordonnances de Marine déclarant nulles toutes promesses faites aux Lamaneurs dans le danger de naufrage.

Le Lamaneur qui par ignorance fait échoüer un bâtiment est condamné au foüet & privé pour jamais du pilotage; & à l'égard de celuy qui malicieusement a jetté un navire sur un banc ou un rocher, ou à la côte il doit être puni du dernier suplice; & son corps attaché à un mast planté près le lieu du naufrage.

Enfin c'est aux Lamaneurs à examiner si les tonnes & balises sont bien placées, & s'il n'est point arrivé quelques changemens dans les fonds & passages ordinaires pour en donner avis aux Officiers & au Maître du quay & du port.

Au reste il est libre aux Maîtres & capitaines de Navires Frrançois ou étrangers de prendre tels Lamaneurs que bon leur semble, sans pouvoir être contraints de prendre à la sortie ceux dont ils se sont servis à l'entrée.

Toute cette police des Lamaneurs & Locmans est tirée de l'Ordonnance generale de la Marine du mois d'Août 1681, & de l'Ordonnance particuliere touchant la Marine des Côtes de la Province de Bretagne du 18 Janvier 1685.

LAMARIE. C'est ainsi que quelques-uns appellent la plante qui sert à faire la soude. *Voyez* Soude.

LAMBEAU. Morceau de toile ou d'étoffe dechirée.

Lambeau. Signifie en terme de Chapelier un morceau de toile neuve & forte, taillée en pointe de la forme des Capades, que l'on met entre chacune, pour empêcher qu'elles ne se joignent, ou comme ils disent, qu'elles ne se feutrent ensemble tandis qu'on les bâtit pour en faire un chapeau. C'est proprement le Lambeau qui donne la figure au chapeau, & sur lequel chaque capade se forme. *Voyez* Chapeau.

LAMBOURDE, ou FRANC-BANC. C'est le dernier des bancs ou lits de pierre de taille qui se trouvent dans toutes les carrieres des environs de Paris, à la reserve de celles de S. Maur, où au dessous de la lambourde on trouve encore le soupier qui est un banc de moilon. *Voyez* Franc-Banc.

Lambourde. En terme d'exploitation & de marchandise de bois est aussi une piece de bois de sciage qui a trois pouces en quarré. *Voyez* Bois de Charpente.

LAME. Piece de métail, mince & étendu, soit en long soit en large, battu au marteau, ou fondu ou coulé dans des moules.

Lame. En terme de monnoyes & de fabrique de médailles est un morceau long & étroit d'or, d'argent ou de cuivre, coulé & jetté en terre dans des moules en chassis pareils à ceux des Fondeurs de menus ouvrages.

C'est de ces lames, après qu'elles ont passé par le dégrossi & par le laminoir, pour les reduire à l'épaisseur & au poids des especes; des medailles ou des jettons qu'on veut fabriquer, qu'on coupe les flaons qui doivent être monnoyez & frappez. *Voyez* Monnoyage & Laminoir.

Lame. Est aussi le modele même qui sert à faire les moules dans lesquels doivent être moulées les lames d'or, d'argent ou de cuivre, qui servent au monnoyage des especes & des médailles.

Ce modele est ordinairement de cuivre long de douze ou quinze pouces, & à peu près de la largeur & épaisseur de l'ouvrage qu'on veut faire. On en met huit dans chaque chassis pour les Louis, dix pour les demi-Louis, cinq pour les écus, six pour les demi-écus, & huit pour les quarts. On en fait de même à proportion pour les monnoyes de cuivre, & pour les médailles & jettons: chaque chassis tenant plus ou moins de lames à proportion de l'épaisseur & du diametre des pieces qu'on veut frapper. *Voyez* Monnoyage.

Lame. Il se dit encore de cette partie des épées, des poignards, des bayonnettes & autres telles armes offensives, qui perce & qui tranche. On dit aussi la lame d'un couteau, la lame d'un rasoir, pour exprimer la partie de ces ustenciles de menage qui coupe ou qui rase. Toutes ces sortes de lames sont d'acier très-fin ou du moins de fer bien aceré. Les lames des armes se font par les fourbisseurs, & les lames des couteaux par les Couteliers. *Voyez* Fourbisseur & Coutelier.

La bonne qualité d'une lame d'épée est d'être bien pliante & bien évidée: on en fait à arrête, à dos & à demi-dos.

Les lames de Damas d'Angleterre sont les plus estimées pour les étrangeres, & celles de Vienne en Dauphiné pour les lames qui se fabriquent en France.

Les lames d'épées & autres armes payent en France les droits d'entrée comme mercerie, c'est-à-dire, 10 *livres du cent pesant, conformement à l'Arrêt du* 3 *Juillet* 1692, *&* 3 *livres à la sortie, ou même seulement* 2 *livres, quand elles sont declarées pour les Pays étrangers, & qu'on a obtenu la permission d'en faire sortir, cette marchandise étant de contrebande pour la sortie suivant l'Ordonnance de* 1687.

Les droits qu'elles payent en conséquence du Tarif de la Doüane de Lyon, sont:

Pour les lames d'épées étrangeres 4 *sols* 7 *deniers la douzaine tant d'ancienne que de nouvelle taxation.*

Pour les lames d'épées du Royaume, 3 *sols.*

Et pour les lames de dagues étrangers, 1 *s. d.*

Lame. Se dit chez les Tisserans & Ouvriers qui travaillent de la navette, de cette partie de leur métier qui est composée de plusieurs cordelettes ou ficelles attachées par haut & par bas a de longues tringles de bois appellées Liais.

Chacune de ses cordelettes que l'on nomme Lisses, a sa petite boucle dans le milieu, faite de la même ficelle, ou son petit anneau de fer, de corne, d'os, de verre ou d'émail, à travers desquels sont passez les fils de la chaîne de l'étoffe ou toile que l'on veut fabriquer.

Les métiers montez pour les étoffes qu'on veut qui soient croi-

croisées des deux côtez, ont chacun quatre lames; ceux montez pour les étoffes qu'on ne veut croiser que d'un côté en ont trois, & ceux montez pour les étoffes que l'on ne veut point qui soient croisées, de même que pour les toiles, n'en ont que deux.

Les lames qui sont suspenduës en l'air par des cordes passées dans des poulies placées au haut du métier de chaque côté, entre l'ensuble & le rot ou peigne, servent par le moyen des marches qui sont en bas, à faire hausser & baisser alternativement les fils de la chaîne, entre lesquels on lance la navette, pour porter successivement le fil de la tréme du côté d'une lisiere à l'autre.

LAME. Est aussi un terme de Tissutier-Rubanier, qui signifie de petites lattes qui soûtiennent les marches de leur métier, & qui se haussent & se baissent avec elles à mesure que les pieds leur donnent le mouvement

LAME. Signifie encore de l'or ou de l'argent trait, fin ou faux, qu'on a battu ou écaché entre deux petits rouleaux d'acier poli, pour le mettre en état de pouvoir être facilement tortillé ou filé sur de la soye ou sur du fil de chanvre ou de lin.

Quoique l'or & l'argent en lame soit presque tout destiné à être filé sur la soye ou sur le fil, on ne laisse pas cependant d'en faire entrer de non filé dans la composition de quelques étoffes, même de certaines broderies, dentelles & autres semblables ouvrages, pour les rendre plus brillantes & plus riches. *Voyez* OR: *Vous y trouverez la maniere de tirer l'or & l'argent tant fin que faux, pour le disposer à être employé en trait, en lame, ou en filé.*

LAME. Les Confiseurs nomment Lames d'écorce de citron, Lames d'écorce de limon, & Lames d'écorce d'orange, l'écorce de ces fruits qu'ils ont levée de dessus la pulpe, & coupée en tranche pour les confire & les tirer au sec. *Voyez* CONFITURE.

LAME. Les Couvreurs appellent Lame à deux tranchans le corps du marteau dont ils se servent à couper l'ardoise.

LAMÉ. Terme de manufacture & d'ouvriers en draps d'or & d'argent. Un ouvrage lamé, un drap d'or ou d'argent lamé, c'est un ouvrage ou une étoffe où il entre de la lame d'or & d'argent. Il n'y a que les plus beaux draps d'or & d'argent qui soient lamez. On le dit aussi des broderies & des dentelles. *Voyez ci-dessus* LAME D'OR ET D'ARGENT.

LAMIERS. Ouvriers dont la profession est de faire des lames pour servir aux Ouvriers & Manufacturiers en draps d'or, d'argent, de soye & laine, aux Tisserans & à ceux qui font des bazins, des futaines, des canevas, & autres semblables qui travaillent sur le métier. *Voyez* LAMES.

LAMINOIR. Espece de machine ou de moulin dont on se sert dans les Hôtels des Monnoyes & dans les Balanciers des Médailles, pour applatir les lames d'or, d'argent, & de cuivre, & les reduire à l'épaisseur & au poids qu'on veut donner aux especes ou aux medailles.

Le Laminoir est composé de deux parties principales, du dégrossi & du laminoir proprement dit; les autres parties qui servent à donner le mouvement à ces deux pieces, sont l'arbre de la grande rouë, deux lanternes & un herisson, aussi chacun avec leurs arbres.

Dans le milieu de la machine est posé le dégrossi, & à une des extrêmitez le laminoir. Chacune de ces deux pieces a deux rouleaux ou cylindres d'acier, que l'on peut approcher ou éloigner avec des vis à discretion, selon que l'on veut donner plus ou moins d'épaisseur aux lames que l'on passe entre deux. Enfin un ou deux chevaux attachez à un morceau de bois qui traverse l'arbre de la grande rouë, la fait tourner; & par le moyen des lanternes & du herisson, donne le même mouvement aux cilindres du dégrossi & du laminoir.

Il est facile de remarquer, que le laminoir prend son nom des lames qu'on y reduit à l'épaisseur convenable; & l'on comprend assez que le dégrossi a le sien, de ce que c'est entre ses rouleaux qu'on dégrossit les lames, en les y passant au sortir des moules après les avoir ébarbées & boesées.

Le laminoir, qui semble presentement donner le nom à toute la machine, n'en est pourtant qu'une partie. Le tout ensemble s'appelle un moulin & quelquefois une jument. Cette derniere denomination lui vient de ce qu'au commencement qu'elle fut inventée on se servit d'une jument pour la faire tourner. A l'égard du terme de Moulin qui est son veritable nom, c'est de lui qu'on a appellé Monnoye au moulin celle dont les lames sont reduites à leur épaisseur par le moyen de cette machine, pour la distinguer de celle qu'on fabrique au marteau, c'est-à-dire dont les lames sont dégrossies & ajustées avec le marteau sur l'enclume.

Quelques-uns ont crû que cette machine étoit de l'invention du celebre Varin dont on a parlé à l'article de la monnoye des Medailles, mais tout au plus il n'a pû que l'augmenter & la perfectionner, puisqu'on a remarqué au même article de la monnoye qu'on s'en servoit dès le regne de Henry II.

LAMON. Bois de Bresil qui vient de la Baye de tous les Saints dans l'Amerique; on l'appelle aussi Bresil de la Baye, & Bresil de tous les Saints. *V.* BRESIL.

LAMPANTE. Les Italiens & les Provençaux appellent Huile lampante, celle qui est claire & bien purifiée. *Voyez* HUILE D'OLIVE, *à l'endroit où il est parlé de celles de Grasse & d'Oneille.*

LAMPARILLAS, ou NOMPAREILLES. Sorte de petits camelots très-legers, qui se fabriquent en Flandre, particuliérement à Lisle & aux environs.

Il y en a de diverses façons, les uns unis, les autres à petites fleurs, & d'autres rayez. Leur largeur ordinaire est de trois huitiémes, ou un quart & demi d'aune mesure de Paris, & les pieces sont plus ou moins longues suivant la fantaisie des Ouvriers.

Il s'en fabrique tout de laine ou de laine mêlée d'un fil de laine en chaîne. Le mot de Lamparillas est Espagnol, aussi la destination de la plus grande partie de ces étoffes est-elle pour l'Espagne. On les nomme en François Nompareilles, à cause qu'elles n'ont point leurs pareilles en largeur qui est toute des plus étroites. Les Flamands leur donnent aussi quelquefois les divers noms de Polimittes, Polemits ou Polomittes. *Voyez* POLIMITES, & CAMELOT.

LAMPASSES. Toiles peintes qui se font aux Indes Orientales, particuliérement én plusieurs lieux de la Côte de Coromandel. Elles ont dix-huis cobres de long sur deux de large, à raison de dix-sept pouces & demi du Roy le cobre; elles sont bonnes pour le commerce d'Inde en Inde, sur tout pour les Manilles.

LAMPE. Vaisseau propre à contenir de l'huile ou autres matieres grasses & onctueuses, qui par le moyen d'une méche de coton qui en est humectée servent à éclairer pendant la nuit.

Les Chimistes & quelques Ouvriers se servent du feu de la lampe, les uns pour leurs operations chimiques, les autres pour leurs ouvrages.

La lampe des Emailleurs est de fer blanc, de forme presque ovale, applatie dessus & dessous : son grand diametre a six pouces, & le petit deux; son épaisseur est de dix-huit lignes : une boête sans couvercle de même métail & de même figure l'enferme & sert à recevoir l'huile que l'ébulition & la chaleur en font répandre : le tout est soutenu sur une pierre plate de figure quarrée, d'un pouce de hauteur. On se sert d'huile de cheval pour entretenir le feu de cette lampe. *Voyez* Email & Huile de Cheval.

LANDI. Foire franche qui se tient à saint Denis Ville de l'Isle de France à une bonne lieuë de Paris, le lundy d'après la saint Barnabé.

Cette Foire, autrefois si fameuse que le Parlement & autres Jurisdictions de Paris, aussi bien que son Université, prenoient un jour de vacation pour y aller, doit son établissement, à ce qu'on croît communement, à Charles-le-Chauve, qui lui accorda la franchise & quantité d'autres privileges dont elle joüit encore en partie, avec diminution neanmoins de beaucoup de son commerce & de sa reputation.

Elle se tenoit dans les premiers tems sur le grand chemin de Paris à deux mille pas de l'Eglise de S. Denis qui n'étoit alors environnée que d'un hameau de peu de consequence; depuis Louis XI. la transfera dans la Ville. Elle dure quinze jours avec un assez grand concours de Marchands & d'Ouvriers qui y apportent des marchandises; même des Provinces les plus éloignées du Royaume; les principales consistent en draps & en toute autre sorte d'étoffes de lainerie; le reste étant peu de chose.

Les Maîtres & Gardes du Corps de la Draperie & de la Mercerie de Paris ont droit d'y aller visiter, auner & marquer ces sortes de marchandises, pour connoître si elles sont de longueur, largeur & qualité portées par les Reglemens des Manufactures, & en reçoivent un droit. *Voyez* Auneur.

Les Inspecteurs des mêmes Manufactures du département de la Halle aux Draps de Beauvais, y ont aussi droit de marque & de visite.

Il ne faut pas attribuer au Landi les droits suspects que quelques Auteurs veulent que Dagobert ait donné aux Foires de S. Denis, de durer quatre semaines, pendant lesquelles les Marchands de Paris ne debitoient aucune denrée & mercerie, mais seulement les Marchands Forains. Quand ces droits ne seroient pas imaginaires, cet anacronisme où est tombé un Auteur moderne est trop grand. C'est donc à la Foire de S. Denis qui commence le lendemain de la Fête de ce S. Apôtre des Gaules, qu'il en faut faire honneur, si l'on peut s'honorer d'une fable. Cette derniere Foire du 10 Octobre dure huit jours; mais le commerce qui s'y fait est bien moindre que celui de la Foire du Landi. *V.* Foires de S. Denis.

LANER. Terme de Manufacture de Draperie & autres étoffes de laine. On dit plus ordinairement Laine. *Voyez* Lainer.

LANEUR. Ouvrier qui lane ou laine les draps & autres étoffes de lainerie. *Voyez* Laineur.

LANGUE. Partie de l'animal enfermée dans sa bouche, qui sert au goût & à la voix.

Il y a quelques animaux dont les langues fraîches, salées ou fumées, font un grand objèt de negoce à Paris & en quelquelques Provinces & Villes de France. Les langues de bœuf se vendent fraîches par les Bouchers aux Charcutiers, Traiteurs & Cuisiniers qui les salent, les fument & les fourent. Il appartient aussi aux Charcutiers de faire la salaison, fourure & vente des langues de porcs, de leurs abbatis & autres.

Les Tripieres qui sont des femmes qui vendent au coin des ruës quelques issuës & tripes de bœufs & moutons, qu'elles lavent & font à demi-cuire, debitent beaucoup de langues de mouton, mais avec cette simple cuisson. Il en vient quantité de ces dernieres salées & fumées de Tours, de Blois & d'Orleans, qui aussi bien que les langues de porc preparées de la même maniere dans ces trois Villes, sont en grande reputation, & ne font pas un mediocre objèt de negoce. On estime aussi celles qui viennent de Troyes en Champagne.

Les languiers d'Anjou & du Maine, qui sont des langues de porcs salées & fumées, ausquelles la gorge entiere de l'animal est encore attachée, sont pareillement fort estimez, & viennent en quantité de ces deux Provinces. Enfin pour que la mer fournisse aussi des langues de ses poissons pour contribuer au commerce, les Terreneuviers salent des langues de moruës qui se debitent le plus communement en Bourgogne & en Champagne, où on les apporte dans les barils comme les nouës ou tripes de même poisson. *Voyez* Morue.

Langue de boeuf. C'est aussi un outil de Maçon assez semblable à la truelle bretée, de fer, plate & dentellée comme elle ; mais avec cette difference que la queuë ou manche de la langue de bœuf est droite, & que celle des truelles est posée d'équerre sur la lame. Elle sert principalement pour dresser les membres & moulures d'architecture qui sont poussées ou moulées avec du plâtre, pouvant penetrer par sa figure dans les endroits où les rifiards bretelez & les truelles bretées ne peuvent entrer.

LANGUETTE. Terme de Balancier. C'est cette aiguille élevée à plomb sur le fleau d'une balance, dont la moindre inclination à droite ou à gauche montre lequel des deux bassins panche & l'emporte sur l'autre. *Voyez* Balance.

Languette, en terme d'Orfevrerie. Est un petit morceau d'argent que l'Ouvrier laisse en saillie & hors d'œuvre à son ouvrage, & que l'Affineur retranche pour l'éprouver & en connoître le titre avant de contremarquer la piece du poinçon de la Ville où elle a été fabriquée.

LANGUEYER. Visiter un pourceau, pour voir s'il est ladre, ce qu'on reçonnoît à la langue qu'on l'oblige de tirer au dehors avec un bâton. *V.* Porc. *Voyez aussi* Charcutier.

LANGUEYEUR. Officier établi dans les Foires & marchez, où il se fait quelque commerce de porc, truyes & cochons, pour les visiter & empêcher qu'il ne s'en vende de ladres. *Voyez comme dessus.*

LANGUIER. Langue de porc salée & fumée, où le Boucher ou habilleur de porcs a laissé la gorge. *Voyez plus haut* Langue, *à la fin de l'article.*

LANICE, LANISSE. Ce qui est fait de laine. Il n'est plus guéres d'usage que pour signifier cette espece de laine ou plûtôt de bourre que les Laineurs, Esplaigneurs & Couverturiers tirent de dessus les draps, les couvertures & autres étoffes de laine avec le chardon. Il est défendu aux Tapissiers de mêler du laveton avec de la bourre-lanisse dans la fabrique de leurs matelats. *V.* Bourre-Lanisse.

LANTEAS. Grandes barques Chinoises dont les Portugais

gais de Macao se servent pour faire le commerce de Canton.

Ces sortes de bâtimens sont environ de sept à huit cens tonneaux, & c'est où les Commissaires Portugais habitent tant que dure la Foire de Canton, ne leur étant pas permis de coucher à terre, & d'ailleurs de plus grands vaisseaux Portugais n'ayant pas non plus permission de monter plus haut dans la riviere. *Voyez l'article general du commerce de l'Asie, au paragraphe de Macao.*

LANTERNE, qu'on nomme aussi PLIOIR. Instrument rond qui sert aux Gaziers à ôter la soye de dessus l'ourdissoir pour la mettre sur les deux ensubles du haut de métier à gaze. *Voyez*, GAZE.

LAPDANUM, ou LABDANUM. Espece de graisse qui se trouve attachée à la barbe des boucs & des chevres, sur tout de ceux de ces animaux qui broutent l'arbrisseau que les Botanistes appellent Cistus Ledum, plante qui a de longues feüilles vertes, étroites, rudes & gluantes, & qui croît en quantité dans les Pays chauds.

Il y a de trois sortes de lapdanum; le lapdanum naturel ou en barbe, le lapdanum liquide qu'on nomme baume noir, & le lapdanum en tortis; où pûtôt il n'y en a qu'une à qui on donne ces differents noms suivant les qualitez ou sa figure.

Le lapdanum en barbe est la graisse telle qu'elle est recueillie de la Barbe des boucs, par le moyen d'une sorte de peigne de bois dont se servent les Paysans qui en font trafic. On l'appelle lapdanum en barbe, non-seulement à cause de l'endroit de l'animal d'où on la tire; mais encore parce que les pains composez de cette graisse qui sont de differents poids, se trouvent tout remplis de poil de la barbe des boucs. On ne voit plus guéres à Paris de ce lapdanum qui étoit toûjours plein de saletez; il faut quand il en vient le choisir le plus net & le plus odorant qu'il sera possible.

Le lapdanum liquide ou baume noir, c'est cette même graisse liquifiée, purifiée & mise dans de petites vessies très-minces: le bon doit être d'une consistance assez solide, d'un noir de jayet, & d'une odeur douce, agreable & approchant de celle de l'ambre gris; aussi le vend-on quelquefois pour de l'ambre noir, ce nouveau titre en augmentant le prix.

Le lapdanum en tortis n'est que le marc du lapdanum liquide dont l'on fait des rouleaux tortillez en forme de pains de bougie; cette drogue à qui cette figure a donné le nom de Tortis, est le moindre des trois lapdanum; cependant les Parfumeurs ne laissent pas de s'en servir pour les pastilles communes & les pots-pouris. Celui qui est bien roulé en petits pains separez, vaut mieux que celui qui est en masse, & lui doit être preferé, quoi-qu'à la verité de quelle qualité que soit le lapdanum en tortis, c'est toujours une très-mauvaise marchandise. Les deux autres lapdanum entrent dans la composition des plus excellens parfums.

Le lapdanum paye en France les droits d'entrée à raison de 40 s. du cent pesant conformement au Tarif de 1664. Il est du nombre des drogues & marchandises venant du Levant, Barbarie & autres Pays & terres du Grand Seigneur, du Roy de Perse, & d'Italie, sur lesquelles il doit être levé vingt pour cent de leur valeur, dans les cas portez par l'Arrêt du Conseil du 15 Août 1685.

Les droits qu'il paye à la Doüane de Lyon sont de 32 s. 6 d. pour l'ancienne taxation par chaque quintal & 40 s. pour les quatre pour cent.

LAPIDAIRE. Ouvrier qui taille les pierres precieuses. Il se dit aussi des Marchands qui en font commerce, même des autres personnes qui en ont une parfaite connoissance, & des Auteurs qui ont écrit des pierres precieuses, comme Boot Berguen, Ruœus, Gesner, Durondel, &c.

L'art de tailler les pierres precieuses est très-ancien; mais il est certain qu'il a eu le sort de tous les autres dont les commencemens ont été bien imparfaits.

Les François s'y sont adonnez assez tard, & l'on peut juger par quelques pierres qui restent encore de leur premiere taille, qu'ils n'y étoient pas d'abord fort habiles; ils y ont neanmoins fait un grand progrès, & les Lapidaires de Paris ont poussé cet art à un point de perfection, sur tout pour les diamants qu'on appelle Brillants, qu'il n'y a pas d'apparence qu'on puisse desormais le porter plus loin.

L'on employe pour tailler les pierres precieuses diverses machines suivant la qualité des pierres. Le diamant qui est extrémement dur, se taille sur une roüe de fer doux que fait tourner une espece de moulin. La poudre de diamant même delayé dans de l'huile d'olive sert & pour le tailler & pour le polir.

Les rubis, saphirs & topases d'Orient se taillent & se forment sur une roüe de cuivre, avec l'huile d'olive & la poudre de diamant; leur poliment se fait sur une autre roüe pareillement de cuivre, mais seulement avec du tripoli detrempé dans de l'eau.

Les rubis balais, émeraudes, hyacinthes, ametistes, grenats, agathes & autres pierres moins dures, n'ont besoin pour la taille que d'une roüe de plomb avec de l'émail & de l'eau, & pour le poliement d'une roüe d'etain & de tripoli.

La turquoise de vieille & de nouvelle roche, le lapis, le giralole, l'opale, ne se polissent que sur une roüe de bois aussi avec le tripoli.

Le Corps des Maîtres Lapidaires de Paris ne cede en antiquité qu'à peu des autres Communautez; il faut cependant avoüer qu'avant l'année 1584 cette Communauté étoit encore assez informe.

Ses premiers Statuts sont de 1290 donnez par le Roy S. Loüis, & depuis confirmez par Philippes de Valois; les Maîtres y sont appellez Estailliers & Pierriers de pierres naturelles. L'article onziéme de ces Statuts qui défend de travailler en pierres fausses, ou comme on parloit alors, *de joindre verre en couleur de cristal par tainćture, ne par paincture nulle*, fut confirmé par Sentence du Châtelet du 23 Janvier 1331; & par l'article 17 de l'Ordonnance de Henry II. donnée à Fontainebleau, les Maîtres, Jurez & Gardes de l'Orfevrerie de Paris furent maintenus dans le droit de visitation chez les Lapidaires.

Ce fut enfin en 1584 qu'en consequence de l'Edit donné par Henry III. trois ans auparavant, pour ériger en Corps de Jurande toutes les Communautez de Paris, les Maîtres Estailliers Pierriers eurent de nouveaux Statuts; & même un nouveau nom; mais ce ne fut proprement qu'en 1613 qu'ils furent mis en l'entiere joüissance de leurs droits par l'Arrêt du Conseil qui intervint entre eux & les Maîtres Orfevres qui s'étoient opposez à leurs lettres.

Ces lettres qui confirment leurs nouveaux Statuts & les érigent en corps de nouvelle Jurande, les qualifient Maîtres de l'art & métier de Lapidaires, Tailleurs de diamans, rubis, &c. Tailleurs de camayeux, Graveurs & Cristal-

 liers,

liers, ouvrants és pierres precieuses & naturelles de la Ville & Fauxbourgs de Paris.

Quatre Jurez gouvernent la Communauté, veillent sur la conservation de ses droits, font les visites chez les Maîtres, donnent les chef-d'œuvres & expedient les lettres d'apprentissage & de maîtrises. Ils sont élus à la pluralité des voix par chaque année.

L'apprentissage est de sept ans: chaque Maître ne peut obliger qu'un Apprentif à la fois; permis neanmoins d'en prendre un second sur la fin de la derniere année du premier.

L'Apprentif au sortir d'apprentissage doit servir deux ans de Compagnon chez les Maîtres.

Tout aspirant à la maîtrise, même par privilege & par Lettres du Roy, est tenu de faire chef-d'œuvre.

Les Maîtres ne peuvent avoir plus de deux rouës tournantes ni plus de trois moulins.

Les Forains n'ont droit d'exposer en vente les pierres precieuses & naturelles tant brutes que taillées, même les perles; ni les Maîtres d'en acheter d'eux qu'elles n'ayent été visitées par les Jurez.

Ces mêmes marchandises ne peuvent être venduës que par les Maîtres Lapidaires, les Joüailliers-Orfevres; & il est défendu à quelque personne que ce soit de les regratter & colporter.

Enfin les pauvres veuves des Maîtres & les pauvres Maîtres sont enterrez aux frais de la Communauté; & au convoi des autres sont portées quatre torches & quatre cierges du poids en tout de douze livres aussi aux dépens de la bourse commune.

Quelques-uns de ces articles ont été depuis interprétez, modifiez ou même changez.

1°. Par Arrêt du Conseil du 4 Mai 1613, enregistré au mois de Juin ensuivant, il est fait défense à tous Marchands Forains, Etrangers & autres, d'apporter & vendre dans le Royaume aucunes pierreries & diamans taillez & façonnez, sinon en tems de Foire, qui même alors sont sujets à la visite des Jurez Lapidaires.

2°. Par autre Arrêt aussi du Conseil du 16 Décembre 1614, le précedent est confirmé, & néanmoins il est ordonné que le commerce des diamans & autres pierres brutes & taillés, apportées par les Marchands Forains, demeurera libre tant aux Orfevres qu'aux Lapidaires, sans que les derniers les puissent visiter ni lotir entr'eux, étant d'ailleurs défendu aux uns & aux autres de se rendre Commissionnaires des Marchands étrangers.

3°. La connoissance des Reglemens entre les Lapidaires & les Orfevres, pour le fait de leurs maîtrises & privileges, est renvoyé par un troisiéme Arrêt du Conseil du 14 Janvier 1615, au Prevôt de Paris, & par appel au Parlement, ne reservant à la Cour des Monnoyes que ce qui regarde le fin alliage & la bonté des metaux.

Enfin par un Arrêt du Parlement du 7 Mars 1625, il est fait défense à tous Maîtres Lapidaires d'avoir plus de trois moulins simples, chacun garni de sa rouë de fer, ou un double tenant lieu de deux simples avec un simple à leur choix, sans pouvoir faire tourner plus de trois rouës de fer pour tailler les diamans, & pour les Tailleurs de rubis, émeraudes & autres semblables pierreries, aussi seulement trois moulins simples convenables à tailler ces sortes de pierres.

Le Roy Louïs XIV. ayant par son Edit du mois de Mars

1691 créé des charges de Jurez en titre d'Offices pour les Communautez des Arts & Metiers, celle des Lapidaires fut des premieres à en demander la reunion & incorporation, ce qu'elle obtint par une Declaration du 15 Juin 1692, portant en même tems une nouvelle confirmation de leurs Statuts & Reglemens.

Les Maîtres Graveurs sur pierres precieuses faisant partie de la Communauté des Maîtres Lapidaires, on eût du dire ici quelque chose de cet art qui n'est pas un des moins ingenieux de ceux que l'antiquité ait fait passer jusqu'à nous, mais en étant traité ailleurs, on peut y avoir recours. *Voyez* GRAVEURS SUR PIERRES PRECIEUSES.

LAPIN, que l'on appelle quelquefois CONIL, & dont la femelle se nomme LAPINE. Est un petit animal sauvage à quatre pieds, qui se plaît sur tout dans les bois taillis & buissons où il creuse des trous que l'on nomme Terriers, pour se loger & se mettre à couvert des injures du têms. Le lapin a beaucoup de rapport au lievre pour la forme, mais plus petit. Cet animal fort bon à manger, trop connu pour être obligé d'en faire une plus ample description, fournit de deux sortes de marchandises pour le commerce & les manufactures, qui sont sa peau & son poil.

Les peaux de lapin revêtuës de tout leur poil, bien passées & preparées, servent à faire plusieurs sortes de fourures, comme aumusses, manchons, bas-jupons, couvrepieds, manteaux de lit, doublures de juste-au-corps, &c. Il y en a diverses couleurs, de noires, de blanches, de grises, &c. Les plus belles viennent de Moscovie, de Flandres & d'Angleterre, dont les noires de ce dernier Pays sont fort estimées.

Les peaux de lapin dont le poil est d'un beau gris cendré, s'appellent quelquefois par erreur Petit Gris du nom de certaines fourures beaucoup plus precieuses, faites de peaux d'une espece de rats ou d'écureüils, qui se trouvent communement dans les Pays du Nord. *Voyez* PETIT GRIS.

Le poil de lapin après avoir été coupé de dessus la peau de l'animal & mêlé avec de la laine de vigogne, s'employe dans la fabrique des chapeaux appellez vigognes ou dauphins, & quelquefois loutres, quoique le poil de l'animal nommé Loutre n'y entre en aucune maniere, n'étant nullement propre à la chapellerie.

Outre le poil de lapin qui vient de Boulogne sur mer, & de quelques autres endroits du Royaume, il s'en tire encore quantité des Pays étrangers & sur tout de Moscovie par la voye de Hambourg, de Lubek & de Hollande. L'Angleterre & la Flandre en fournissent aussi assez considerablement.

En France ce sont les Marchands de Roüen qui en font le plus grand negoce & des envois considerables dans presque toutes les autres Villes du Royaume où il se fabrique des chapeaux, particuliérement de celui qui vient des Pays étrangers

Le poil de lapin de quelque endroit qu'il puisse se tirer, vient tout en peaux cruës & non apprêtées, & se vend de même aux Chapeliers qui le font couper & carder par des femmes qui ne font d'autre métier.

Les poils de lapin de Moscovie & d'Angleterre sont les plus estimez, ensuite ceux de Boulogne; car pour les autres qui se tirent du dedans du Royaume, les Chapeliers en font très-peu de cas, & s'ils s'en servent, ce n'est tout au plus que pour la manufacture des chapeaux communs, en le mêlant

lant avec quelque autre poil ou laine. Quand le poil a été entiérement coupé de dessus les peaux, le reste n'est plus propre qu'à brûler.

Le lapin en peau paye en France les droits d'entrée à raison de 4 liv. la livre pesant ; & celui en poil 10 liv. suivant l'Arrêt du 16 Octobre 1696.

LAPIS. Pierre minerale que l'on nomme souvent Azur, ou Lapis Lazuli, & quelquefois Lapis Stellatus, ou Lapis Cyaneus. *Voyez* Azur.

Le lapis lazuli vrai paye en France les droits d'entrée à raison de 30 liv. le cent pesant, suivant le Tarif de 1664. Il est aussi du nombre des marchandises du Levant & d'Italie, qui doivent payer vingt pour cent de leur valeur, conformement à l'Arrêt du 15 Août 1685 dans les cas portez par ledit Arrêt.

Les droits qu'il paye à la Doüane de Lyon tant pour l'ancienne que pour la nouvelle taxation, vont à 5 liv. 5 s.

Lapis composé, ou Faux Lapis. *Voyez* Azur, *à l'endroit de l'article où il est parlé de l'Azur en poudre.*

Le faux lapis ou lapis commun paye en France de droits d'entrée 5 liv. du cent pesant.

Les droits qu'il paye à la Doüane de Lyon sont de 12 s. du quintal.

Lapis Magnes. C'est le nom Latin de l'aimant que les Tarifs des entrées du Royaume de France, sur-tout celui de 1664 lui ont conservé, l'appellant indifféremment Pierre d'aimant, ou Lapis magnes. *Voyez* Aimant.

Les droits d'entrée que le lapis magnes paye en France sont de 3 liv. le cent pesant.

Lapis Entalis. Espece de coquillage dont on se sert en Medecine. *Voyez* Antale.

Le lapis entalis paye en France les droits d'entrée à raison de 100 s. le cent pesant.

Lapis Judaicus. C'est le nom Latin que le Tarif de 1664 a conservé à la pierre Judaïque. *V.* Pierre Judaique.

Le lapis Judaïcus paye en France de droits d'entrée 3 liv. 15 s. du cent pesant.

Lapis Dentalis. Sorte de coquillage que les Apoticaires font entrer dans la composition de quelques remedes. *Voyez* Dentale.

Cette pierre medicinale paye les droits d'entrée comme le lapis entalis. Voyez ci-dessus.

Lapis Hematites. C'est le nom que le Tarif des entrées de France de 1664 a conservé à une espece de mineral ou pierre rouge que l'on appelle Hematite. *Voyez* Hematite.

Le lapis hematite paye en France les droits d'entrée à raison de trois livres du cent pesant.

Lapis Bezouard. C'est sous ce nom que le bezoard est employé & taxé dans le Tarif de la Doüane de Lyon de 1632. *Voyez* Bezoard. *Cette pierre y paye 11 liv. de la livre pesant.*

LAPTOS, qu'on nomme autrement GOURMETS. Ce sont des especes de Matelots Maures qui aident à remorquer les barques dans les rivierer de Gambie & de Senegal. *Voyez* Gourmets.

LAQUE, que l'on écrit aussi LACQUE. Ce nom est commun à plusieurs drogues qui servent ou à la teinture, ou à la medecine, ou à la peinture, ou enfin à composer cette cire avec laquelle on cachete les lettres, & qu'on nomme vulgairement Cire d'Espagne.

La laque des Peintres est de trois sortes; la laque fine ou de Venise, la laque plate ou colombine, & la laque liquide.

La laque fine a conservé son nom de laque de Venise, d'où d'abord elle étoit apportée en France ; mais depuis qu'on en a fait à Paris d'aussi belle, nos Peintres n'ont plus guéres recours à la laque étrangere, & il n'en vient que très-peu de Venise.

Cette laque est composée d'os de seche pulverisez, que l'on colore avec une teinture de cochenille mesteque, de bresil & de Fernambourg boüillis dans une lessive d'alun d'Angleterre calciné, d'arsenic, de natrum ou soude blanche, ou de soude d'Alicant, que l'on reduit ensuite en pâte dont on forme des trochiques. Si l'on veut que cette laque soit fort rouge, on y met du jus de citron; si on souhaite qu'elle soit plus brune, on y ajoûte de l'huile de tartre. Pour être bonne il faut qu'elle soit tendre & friable, & en petits trochiques.

La laque plate ou colombine est faite de tontures d'écarlate boüillies dans la même lessive dont on se sert pour la laque de Venise, & que l'on jette (après l'avoir passée) sur de la craye blanche & de l'alun d'Angleterre en poudre pour en former ensuite des tablettes quarrées de l'épaisseur du doigt. La laque colombine de Venise vaut mieux que celle de Paris & de Hollande, à cause que le blanc dont les Venitiens se servent est plus propre à recevoir & à conserver la vivacité de la couleur.

La laque liquide n'est autre chose qu'une teinture de bois de Fernambourg qu'on tire par le moyen des acides.

L'on appelle aussi Laque, mais assez improprement, certaines substances colorées dont se servent les Enlumineurs, & que l'on tire des fleurs par le moyen de l'eau de vie, ou d'une lessive d'alun & de soude, comme le rouge du pavot, le jaune de la fleur de genest, le bleu de l'iris ou de la violette, &c.

La laque qui sert aux Teinturiers, & dont on fait aussi la cire d'Espagne, est une espece de gomme ou de cire rougeâtre, dure, claire & transparente qu'on apporte des Indes, sur tout des Royaumes de Pegu & de Bengale. Elle est attachée à de petits bâtons ou roseaux de la grosseur du doigt, d'où on l'appelle Laque en bâtons.

Cette gomme ou cire est proprement une rosée que des mouches ou fourmies aîlées ramassent sur les arbres, & dont elles se déchargent à peu près comme font nos abeilles du miel & de la cire qu'elle ont recueilli sur les fleurs.

Les Indiens qui sçavent le prix de cette drogue, & combien les Européens l'estiment, sont attentifs à preparer sur quoi la recevoir. Pour cet effet ils enfoncent en terre dans les lieux où il se trouve de ces insectes, quantité de petites branches d'arbres ou de roseaux de la maniere qu'on rame en France les pois. Lorsque les mouches les ont couvertes de laque, ils font passer de l'eau par dessus & la laissent ainsi exposée quelque tems au soleil où elle devient dure & seche comme on la voit chez les Marchands Epiciers Droguistes.

Cette gomme boüillie dans l'eau avec quelques acides, fait nne teinture d'un très-beau rouge ; les Indiens en teignent ces toiles qui ne perdent point leur couleur à l'eau; les Levantins en rougissent leurs maroquins, & les Anglois & Hollandois en font une sorte d'écarlate.

La meilleure laque est celle qui est claire, transparente, bien fondante, sans mélange de gomme noire & d'ordures,

dures, & qui étant mâchée teint la salive en rouge.

Cette gomme a divers noms suivant les differentes formes que les Etrangers & sur tout les Anglois & les Hollandois lui donnent.

On appelle Laque en bâtons celle qui est telle qu'elle vient des Indes; Laque en graine celle que l'on a fait passer legerement entre deux meules pour en exprimer la substance la plus precieuse; Laque plate celle qu'on a fonduë & applatie sur un marbre; & Laque en oreilles certaine laque très-fine & très-belle faite en maniere d'oreilles que les Anglois apporterent il y a quelques années en France, & dont on ne voit presque plus aujourd'hui.

Tavernier prefere la laque du Royaume de Bengale à celle du Royaume de Pegu, & cette difference semble ne venir que du peu de soin que les Peguans ont de preparer des bâtons pour recevoir le riche ouvrage de leurs mouches ou de leurs fourmies, ce qui oblige ces insectes de se décharger à terre de la laque qu'ils ont recueillie, dont il se trouve quelquefois des masses de la grosseur d'un tonneau, mais qui étant plus brune & mêlée de quantité d'ordures, est beaucoup moins estimées que celle de Bengale qui ne vient qu'en bâtons.

M. de Flacourt dans son Histoire de Madagascar parle aussi d'une espece de laque qui se recueille dans cette Isle, & qui approche assez de celle du Bengale, hors que la couleur tire plus sur le jaune, & qu'elle a tout-à-fait l'odeur de notre cire commune. Il ne paroît pas qu'on en fasse de commerce, ni qu'elle puisse servir aux mêmes usages que celle des Indes, à moins que ce ne fut à la fabrique de la cire d'Espagne.

Un sçavant Academicien de l'Academie des Sciences, qui a fait l'analise de la laque Indienne, soutient par des raisons & des experiences assez convaincantes, qu'elle est composée à la maniere des ruches de nos mouches à miel, & qu'on y decouvre aisément les alucoles où ces insectes volans à qui on doit la laque, renferment leur essain, & qu'ainsi elle ne peut être mise au nombre des gommes, mais que c'est seulement une espece de cire.

Laque a cacheter. C'est ce qu'on nomme communement Cire d'Espagne, quoique ce nom ne lui convienne point du tout, les Espagnols ne faisant pas de cette cire, & ne s'en servant même point.

La cire ou laque à cacheter se fait ordinairement en France avec la laque en graine, colorée de vermillon. On en fait aussi quelquefois avec de simple resine mêlée d'un peu de poudre de laque & du blanc de Seve pour lui donner corps, que l'on met en couleur avec du vermillon, & que l'on passe ensuite dans de la laque en batons fonduë & bien colorée, afin de la faire paroître belle au dehors; mais cette cire sofistiquée est d'un très-mauvais usage, & jette une fumée & une odeur désagreable.

Pour la faire bonne & telle qu'il en vient des Indes, il faut n'y employer que de la laque en bâtons & du vermillon pour lui donner couleur.

Outre la cire rouge à cacheter, il s'en fait encore de jaune par le moyen de l'orpin broyé, de noire en y mettant du noir de fumée, & ainsi des autres couleurs. *Voyez* Cire d'Espagne.

Enfin la laque qui est en usage en Medecine est le vrai Cancamum que l'on confond mal à propos les uns avec la laque en bâtons dont on vient de parler, les autres avec la myrrhe, & d'autres avec le Benjoin ou le Terramerita.

Le cancamum est une gomme que produit un arbre de moyenne hauteur, dont les feüilles sont assez semblables à celle du myrrhe & qui croît en quantité en quelques lieux d'Affrique, au Bresil & dans l'Isle S. Cristophle. Cette gomme a cela de singulier qu'il semble que dans chaque morceau il y ait quatre especes de gommes comme liées ensemble & parfaitement distinctes. La premiere est pareille à l'ambre, celle qui suit est comme l'arcançon, une autre est de couleur de corne, & une quatriéme seche & blanche, c'est cette derniere qu'on nomme Gomme animée, & qui est celle qu'on voit plus communement à Paris, les autres y étant assez rares chez les Marchands Epiciers-Droguistes.

Le cancamum fondu avec l'huile est bon pour les playes, pour appaiser la douleur des dents où l'on dit aussi qu'il est propre; il faut l'appliquer tel qu'il vient de l'arbre.

La laque de Venise propre à la teinture paye en France les droits d'entrée à raison de 30 liv. le cent pesant, & pour ceux de sortie 22 liv.

Les droits de la Doüane de Lyon sont de 7 liv. 2 s. 6. d. le quintal d'ancienne taxation, 2 liv. 10 s. 6 d. de nouvelle reapreciation; 10 liv. pour les anciens quatre pour cent, & quatre liv. pour leur reapreciation.

La laque en bâton, plate, en oreille, & de toute sorte, paye les droits d'entrée sur le pied de 5 liv. le cent pesant, conformement au Tarif de 1664; & suivant celui de la Doüane de Lyon 8 liv. 2 s. 6 d. tant d'ancienne taxation que d'anciens quatre pour cent du quintal.

La laque plate de Provence ne paye par ce dernier Tarif que 5 liv 2 s. 6 d.

LARD. Graisse ferme qui est entre la peau & la chair de quelques animaux. On le dit particuliérement des pourceaux, des baleines & des marsoüins. *Voyez ces trois articles.*

Le lard fait une partie du commerce des Charcutiers qui le vendent en fleches entieres ou en morceaux; mais toûjours au poids & à la livre. Une fleche de lard est une longue piece de cette graisse que l'on leve de dessus les côtes de l'animal & que l'on fait saler pour les usages de la cuisine. Les Rotisseurs en font des bardes ou le coupent en menus lardons pour en larder & piquer leurs viandes. Les Cuisiniers & les Patissiers s'en servent dans l'aprêt de leurs ragoûts & patisserie.

Les lards de toutes sortes payent en France les droits d'entrée & de sortie à raison de 20 s. du cent pesant.

LARDER. Terme de Rotisseurs & de Traiteurs-Cuisiniers. C'est mettre de gros lardons ou morceaux de lard dans le dedans d'une viande, ou la couvrir à l'exterieur de menu lard; ce qu'on appelle Piquer.

LARDOIRE. Instrument de bois ou de cuivre, pointu d'un côté & creux de l'autre, dont on se sert pour larder.

LARDON. Petit morceau de lard long & étroit dont on larde ou pique la viande.

LARGE. Se dit par opposition à ce qui est long dans une piece d'étoffe. Le long est ce qui a le plus d'étenduë, le large ce qui en a moins: ainsi une étoffe peut avoir trente aunes de long quelquefois sur moins d'une demie-aune; & un ruban, comme la nompareille, qui n'a qu'une ligne de large, a souvent soixante aunes de long.

Il ne dépend pas des Ouvriers de faire les étoffes larges ou étroites à leur gré. Ils ont des Reglemens sur lesquels ils

ils doivent monter leurs métiers ; & qui fixent les portées, c'est-à-dire, les fils de la chaîne de chaque espece différente. *Voyez* Largeur.

On appelle du Ruban large, celui qui a quatre doigts de largeur ; & demi-large, celui qui n'en a que deux. *Voyez* Ruban.

Large de Loy. Il se dit dans les Hôtels des Monnoyes de France, des especes dont le titre est plus haut que celui reglé par les Ordonnances. *Voyez l'article suivant.*

LARGESSE. Terme de Monnoye. C'est ce qui se trouve de plus dans les especes au dessus de la loy & du titre permis par l'Ordonnance, Celle de 1554 veut qu'on n'y ait aucun égard, & qu'on n'en tienne point compte aux Maîtres des Monnoyes, lorsqu'à l'ouverture des boëtes l'on trouve des deniers plus forts de titre que ne portent les Reglemens.

M. Boisard dans son Traité des Monnoyes; dont on s'est souvent servi dans ce Dictionnaire, prétend qu'il se faut défier de ces sortes de deniers forts ou de poids ou de titre, & qu'ordinairement ils sont faits exprès pour surprendre la religion de la Cour des Monnoyes & des Conseillers-Commissaires.

Ce qu'on appelle Largesse par raport au titre, se nomme Forçage par raport au poids. *Voyez* Forçage, *ou l'article des Monnoyes.*

LARGEUR. C'est une des dimensions des superficies des corps, qui est toûjours comparée avec la longueur qui en est un autre.

La largeur a moins d'étenduë que la longueur : ainsi si dans une piece d'étoffe, de toile, de ruban ou de tapisserie, la largeur est d'un pouce, d'une demie-aune, d'une aune, & ainsi suivant l'espece de marchandise, sa longueur a quelquefois cinq aunes, vingt, trente, soixante, plus ou moins, conformement aux Reglemens.

La largeur des étoffes & de tout ce qui se fabrique sur un métier, & qui se mesure à l'aune, à la canne, ou a quelque autre mesure des longueurs que ce soit, se prend entre les deux lisieres; & c'est ce qui y est contenu qu'on appelle le Lé d'une étoffe.

Le prix des étoffes à proportion de leur nature & de leur qualité, augmente ou diminuë suivant leur largeur.

Il y a quantité de Reglemens qui fixent la largeur de toutes les sortes d'étoffes d'or, d'argent, de soye, de laine, de fil, &c. Le principal est celui de 1669. On parle ailleurs & de celui-ci, & de tous ceux qui ont été rendus depuis. *Voyez* Reglement.

LARGO. Terme barbare qui vient de l'Italien, dont les Provençaux & quelques autres se servent dans les écritures mercantilles ; il signifie Amplement. Je vous ai écrit largo par le dernier ordinaire sur la vente de mes velours, c'est-à-dire, je vous ai écrit au long, amplement.

LARIN. C'est également dans toute l'Orient, & une monnoye de compte & une monnoye courante, l'une & l'autre de la même valeur, c'est-à dire, de douze sous monnoye de France, quoique pourtant la valeur intrinseque du Larin espece courante, ne soit que d'onze sous trois deniers.

Le Larin ainsi nommé de la Ville de Lar Capitale de la Caramanie deserte, où l'on en a d'abord fabriqué, est d'argent d'un titre plus haut que l'écu de France. Sa figure est singuliere. C'est un fil rond, de la longueur d'un travers de pouce, de la grosseur du tuyau d'une plume à écrire plié en deux, & un peu applatti pour recevoir l'empreinte de quelques caracteres Persans ou Arabes, qui lui tiennent lieu du coin du Prince. Il y a des Larins de divers coins, y ayant plusieurs Emirs qui en font frapper. L'on donne pour le larin depuis cent cinq jusqu'à cent huit basarucos, petite monnoye des Indes.

Quoique le larin, comme on l'a dit ci-dessus, ne vaille véritablement qu'onze sous trois deniers, il a cours pour douze sous, & l'on n'en donne que cinq pour l'écu de soixante sous de France. Cette difference de trois sous neuf deniers vient, à ce qu'on dit, de ce que les Emirs ou Princes Arabes, dans les Etats desquels les nouveaux larins sont fabriquez, retiennent neuf deniers par larin pour leur droit de monnoyage : aussi ne voit-on plus gueres de vieux larins, qui sont toûjours plus estimez que les nouveaux.

En Perse ils sont reçus sur le pied de deux chayé & demi, ce qui revient à leur valeur intrinseque d'onze sous trois deniers.

Huit larins font un or ou hor, & dix ors font un toman de Perse, qui vaut quarante-cinq à quarante six livres.

Le plus grand cours qu'ayent présentement les larins est dans tout le Golfe Persique, le long de celui de Cambaye, & dans quelques lieux voisins de ces deux Golfes.

Autrefois qu'ils étoient reçus par tout l'Orient, la monnoye de compte la plus en usage étoit le larin. On s'en sert encore dans tous les lieux où le larin est une monnoye courante, & même dans quelques lieux des Indes où l'on ne voit plus de larins en especes.

LARIX. Arbre qui jette une gomme à peu près semblable à celle qui coule du Thérébinthe. Il est pourtant bien différent de celui-ci, quoique leurs gommes se ressemblent autant pour l'odeur que pour les proprietez. *Voyez* Therebinthe.

LARME. On donne le nom de Larmes aux gommes & aux resines qui coulent des arbres sans incision. Les Epiciers & Droguistes les estiment plus que les autres, & les vendent toûjours à proportion davantage. *Voyez l'article des Gommes.*

LARRE'S. Monnoyes dont on se sert aux Maldives. Cinq larrées font une piastre.

LARRON. Celui qui vole en cachette & avec subtilité.

Il y a dans le commerce & parmi ceux qui l'exercent diverses manieres de s'exprimer, où l'on fait entrer le terme de Larron. On dit qu'il faut être Marchand ou Larron, pour dire, que vendre trop cher, est une espece de vol. Un marché de Larron signifie un marché sur lequel il y a beaucoup à gagner. On dit aussi qu'il ne faut pas crier au Larron, quand le Marchand donne sa marchandise à perte.

LASSET. *Voyez* LACET.

LASSIS. Espece de capiton ou de bourre de soye. *Voyez* Capiton.

Lassis. On appelle aussi de la sorte des étoffes de peu de consequence faites de capiton.

LAST, LETH, LECTH, ou LEST. Ce sont mots sinonymes dont on se sert assez ordinairement dans le commerce de mer, soit pour exprimer la charge entiere d'un navire, soit pour marquer un certain poids de marchandises, soit enfin pour désigner une sorte de mesure de grains. *Voyez* Leth, *c'est le mot le plus usité en France.*

LAST-GELDT. Droit de fret qui se leve à Hambourg sur les marchandises & vaisseaux étrangers, qui y arrivent ou qui en sortent.

L'article 41 du nouveau Traité de Marine & de Commermerce conclu à Paris le 28 Septembre 1716, entre la France & les Villes Hanseatiques, décharge nommément de ce droit, sous quelque nom qu'il puisse s'exiger, les vaisseaux François qui vont trafiquer à Hambourg. *Voyez* VILLES HANSEATIQUES, *à la fin de l'article.*

LATTES, que l'on écrit aussi LATES. Ce sont certains morceaux de bois de chesne, minces, longs & étroits, refendus suivant leur fil, en forme de tringle ou regle, qui s'attachent de travers sur les chevrons du comble des maisons; ou pour y cloüer les ardoises.

Il y a de deux sortes de Lattes; l'une appellée Latte quarrée propre pour les tuiles; & l'autre Latte Volice, destinée pour les ardoises.

Les Lattes quarrées doivent avoit quatre pieds de long sur un pouce neuf lignes ou deux pouces de large, & deux à trois lignes d'épaisseur. Elles se vendent à la botte, chaque botte composée de cinquante Lattes.

Les Lattes volices doivent aussi avoir quatre pieds de longueur sur depuis quatre jusqu'à cinq pouces de large, & deux à trois lignes d'épaisseur, chaque botte contenant vingt-cinq Lattes.

Les Provinces d'où l'on tire le plus de Lattes, tant de l'une que de l'autre espece, pour la fourniture de Paris, sont la Champagne, la Bourgogne, la Brie, la Picardie & la Normandie: il en vient aussi beaucoup de Lorraine.

Il y a une sorte de bois de sciage que l'on appelle Contrelatte. *Voyez* CHESNE.

Les Lattes payent en France les droits d'entrée à raison de 6 s. le millier en nombre, & les droits de sortie sur le pied de 18 s.

LATTON. Cuivre jaune. *Voyez* LETON.

LAVADEROS, en François LAVOIRS. Ce sont des lieux dans les montagnes de Chily & dans quelques Provinces du Perou, où se fait le lavage de certaine espece de terre où se trouve de l'or. On appelle aussi Lavaderos les bassins où se fait ce lavage, qui sont d'une figure oblongue, & assez semblables à celle d'un soufflet à forge. *V.* OR.

LAVANDE. Plante qui croît en épy, & qui a des fleurs bleuës en forme de graine. Elle a un goût agréable & aromatique. On en tire une huile que quelques-uns confondent mal-à-propos avec l'huile d'aspic, apparemment parce que la plante d'aspic est une espece de Lavande. Les Marchands Epiciers & Droguistes font venir cette huile de Provence & de Languedoc.

L'Huile de Levande paye en France les droits d'entrée, comme essence de romarin, à raison de 5 liv. le cent pesant, conformement au Tarif de 1664; & suivant celui de la Doüane de Lyon, 4 liv. 10 s. du quintal.

LAVANDER. Espece de linge ouvré, qui se manufacture en quelques lieux de Flandres. *Voyez* LINGE.

LAVANDIER, LAVANDIERE. Celui ou celle qui blanchit des toiles. *Voyez* CURANDIER, CURANDIERE.

LAUDANUM. Opium préparé. *Voyez* OPIUM.

LAVER A DOS. Laver à dos de la laine, c'est laver la toison sur la bête avant que de la tondre. *Voyez* LAINE.

LAVER AU PLAT. Terme de Monnoyage. C'est laver dans un plateau ou bassin de bois, les cendres, balayeures & autres choses semblables, pour en tirer les plus gros morceaux d'or ou d'argent qui y sont mêlez. *Voyez ci-après* LAVURES.

LAVETON. C'est la grosse laine qui demeure dans les piles des moulins où se foulent les draps & autres étoffes de lainerie, c'est-à-dire, la bourre qui en sort par la foulure.

Le laveton qui est gris, sort des étoffes les plus grossieres, comme des bureaux: celui qui est plus blanc, qu'on appelle aussi Bournalisse, vient des étoffes les plus fines.

On fait de mauvais matelas avec ces sortes de laines; mais il est défendu aux Tapissiers d'en faire dont les bords soient de bonne laine, & le dedans de laveton.

LAVEUR. Celui qui lave. On le dit des Relieurs qui lavent les livres, des Gantiers qui préparent certe sorte de gants qu'on nomme Gants lavez, & des Megissiers qui lavent les toisons. *Voyez les articles où il est parlé de ces Ouvriers.*

LAVEURE. Action par laquelle on lave quelque chose. Ce terme signifie quelquefois la chose lavée.

LAVEURE parmi les Peintres. C'est un dessein relevé d'une seule & simple couleur en détrempe, comme d'encre de la Chine, ou de bistre, &c. Chez les Relieurs & Libraires il se dit d'une eau legere que l'on donne à toutes les pages d'un Livre avant de le relier; ce qui en rend le papier plus beau. Chez les Gantiers c'est une façon que l'on donne à de certains gants qu'on appalle Gants lavez. Il y a encore quelques Arts & Métiers où l'on se sert du terme de Lavure au singulier; mais il est particulierement en usage au pluriel dans les Hôtels des Monnoyes, & parmi les Orfevres, Batteurs & Tireurs d'or, & autres Ouvriers qui travaillent sur l'or & sur l'argent.

LAVEURES, en termes de Monnoyes, & chez les Orfevres & autres travaillans en or & en argent. Sont les particules d'or que l'on retire des cendres, terres & balayeures en les lavant à plusieurs reprises, ou en les mettant dans cette espece de cuvier qu'on appelle Moulin aux lavures.

Quand on veut faire les lavures, on rassemble non-seulement les cendres des fourneaux & les balayeures des lieux où se font les travaux de monnoyes & de l'orfevrerie, mais encore l'on concasse les vieux creusets de terre & les loupes des fourneaux mêmes, c'est-à-dire, les briques & carreaux dont les fourneaux sont faits, ausquels quelques petites parties d'or ou d'argent se sont attachées par le petillement, qui est ordinaire à ces métaux, quand ils sont dans leur dernier degré de chaleur.

Toutes ces matieres, qu'on appelle Terres de Laveures, ayant été bien concassées & mêlées ensemble, on les met dans de grands plateaux de bois en forme de bassins, où elles sont lavées à plusieurs reprises & dans plusieurs eaux, qui coulant par inclination dans les cuviers qui sont au dessous, entraînent avec elles les terres & les parties les plus imperceptibles de l'or & de l'argent; ne restant au fond des plateaux que les particules les plus considerables & les plus grosses, que l'on apperçoit aisement à l'œil, & qui peuvent se retirer à la main, sans y employer d'autre industrie. On appelle cela Laver au plat.

Après que par le moyen de cette simple laveure on a tiré le plus gros de l'or & de l'argent, on se sert du vif-argent & du moulin aux lavures, pour en tirer aussi les plus imperceptibles qui sont encore restez dans les terres.

Ce moulin est un grand cuvier de bois, relié de fer assez de la forme d'un demi-muid, dont le fond de dessus peut se lever: au fond d'en bas du cuvier est une espece de moulin de fer ou de fonte, composé de deux pieces principales, dont celle de dessous est convexe; & celle qui la couvre par dessus, & qui a la forme d'une croix, est concave; ce sont ces deux pieces qui servent comme de meules au moulin.

lin. Au dessus du cuvier est une manivelle couchée horisontalement, qui par le moyen d'un axe où elle est attachée, fait tourner la piece ou meule superieure. Enfin il y a un bondon en bas pour faire écouler l'eau & les terres, quand elles ont été assez moulinées.

Un seul Ouvrier assis sur un siege élevé & placé au milieu de deux de ces cuviers, suffit pour donner le mouvement à deux moulins, dont il tourne les manivelles, l'une à droite & l'autre à gauche.

Quand les moulins sont preparez, & qu'on veut faire les lavures, on emplit les cuviers d'eau commune, dans laquelle on jette trente ou quarante livres de vif argent, plus ou moins suivant leur capacité, & environ deux plateaux ou un boisseau des terres qui sont restées de la premiere lavure qu'on a faite à la main.

Tout cela étant enfermé ensemble dans le cuvier, on tourne la manivelle, qui donnant le mouvement à la piece superieure du moulin, agite & broye fortement les terres & le vif-argent, qui par ce mouvement attire & amalgame plus facilement les parties d'or & d'argent qui y sont mêlées.

Ce travail dure deux heures entieres, après lesquelles on ouvre le bondon par où l'eau & les terres s'écoulent dans un cuvier. De nouvelle eau & de nouvelle terre ayant été remises dans le cuvier du moulin, on continuë les lavures jusqu'à ce que toutes les terres y ayent passé.

Les terres des lavures passent ordinairement trois fois au moulin, & c'est rarement qu'on les y met une quatriéme fois. C'est aussi ordinairement le même vif-argent qui sert toutes les trois fois. Si cependant il se trouve trop chargé dès la premiere, il le faut changer, & de même à la seconde, parce qu'il empêche alors le mouvement du moulin, qu'on ne tourne que difficilement, à cause du trop grand poids de l'amalgame.

Quand il ne reste plus dans le moulin que le vif-argent uni à l'or ou à l'argent qu'il a amalgamé; on l'en retire, & après l'avoir lavé à plusieurs eaux; on le met en presse enfermé dans du chamois ou du coutil bien serré, afin d'en exprimer toute l'eau & tout le vif-argent clair; après quoy on fait évaporer au feu ce qui reste de vif-argent par le moyen des cornuës & des autres vaisseaux propres à ces sortes d'operations, dont on dit quelque chose dans les articles de l'Or & de l'Argent, où l'on peut avoir recours.

Il faut remarquer que l'or qu'on tire des lavures, n'est pas à proportion à si haut titre que l'argent qui en vient; y en ayant quelquefois de ce dernier métail, dont le titre se trouve à onze deniers dix-sept à dix-huit grains; ce qui vient de ce que l'argent qui se trouve mêlé avec l'or ne se réduit pas en scories comme le cuivre qui peut être avec l'argent.

LAURET. Monnoye d'argent qui fut battuë en Angleterre sous le Regne de Jacques I. vers l'an 1619. Elle fut ainsi appellée à cause de la branche de laurier dont la tête de ce Prince y étoit couronnée. Le grand Lauret qui valoit vingt sous, avoit deux diminutions, c'est à-dire, des demis Laurets & des quarts de Lauret. Le prix de ces especes étoit marqué au revers, aux unes par deux XX, aux autres par un X, & aux troisiémes par un V. La plûpart de ces Laurets furent fondus dans la fabrique generale des nouvelles monnoyes d'Angleterre, qui se fit sous le Regne de Charles II. On en voyoit néantmoins encore sous celui de Guillaume III.

LAURIER. Arbre très-odorant qui est toûjours verd. Sa feüille est longue, large par en bas, pointuë par en haut d'un verd-brun, lustrée & lissée. Sa fleur est petite & blanche. Son fruit qu'on appelle Baye de laurier, est rond, de la grosseur d'un gros grain de chapelet, verd d'abord, brun en meurissant, & noir quand il est sec.

Les bayes de laurier ont quelque usage en Médecine, & servent aussi aux Teinturiers & Maréchaux.

De ces bayes encore récentes boüillies dans de l'eau on tire l'huile de laurier. La meilleure vient de Languedoc; & quoiqu'on en envoye aussi quantité de Provence, cette derniere est si sophistiquée, que le plus sûr est de s'en fournir à Montpellier.

Celle que l'on fait à Paris, à Lyon, à Rouën, ne doit pas être estimée que celle de Provence; & au lieu de huile de laurier l'on n'a souvent que de la graisse & de la thérébenthine verdie avec du verdet ou de la morelle.

La véritable huile de laurier, à laquelle les Médecins donnent aussi le nom d'Huile Laurin, doit être choisie nouvelle, odorante, grenuë, d'une consistance solide, & d'un verd tirant sur le jaune. Celle qui sera verte, unie, liquide, doit être rejettée, comme étant certainement sophistiquée. Cette huile est employée heureusement contre les humeurs froides & en quelques autres remedes; mais la plus grande consomption s'en fait par les Maréchaux.

L'Huile de Laurier paye en France les droits d'entrée à raison de 50 s. du cent pesant, conformement au Tarif de 1664; & à la Doüane de Lyon, dans le Tarif de laquelle elle est appellée Huile de Laurin, 15 s. du quintal.

Les Bayes de Laurier payent en France les droits d'entrée sur le pied de 10 s. du cent pesant, suivant le même Tarif de 1664; & par celui de Lyon, 3 s. 9 d. du quintal pour l'ancienne taxation, & 2 s. 3 den. de nouvelle réapreciation.

LAYETTE. Petite boëte ou coffre fait d'un bois leger, ordinairement de hestre, dans lequel on serre du linge & autres menuës hardes de peu de consequence.

LAYETTES. On nomme ainsi dans le commerce des bois, les planches de hestre qui servent à divers ouvrages des Maîtres Layettiers. On les appelle autrement Goberges. *Voyez l'article suivant; ou celui de* GOBERGE.

LAYETTIER. Ouvrier qui fait & qui vend des layettes.

Les Maîtres de la Communauté des Layettiers de Paris se qualifient Maîtres Layettiers-Ecrainiers de la Ville & Fauxbourgs de Paris.

Leurs premiers Statuts sont d'une assez grande antiquité, à en juger par les quinze articles qui sont rappellez dans la Sentence du Prevôt de Paris, auquel les Maîtres de la Communauté avoient été renvoyez par François I. en 1521, pour donner son avis sur les nouveaux Statuts qu'ils avoient fait dresser.

Cette Sentence est du 31 Janvier 1522. N'ayant été presentée au Roi que quatre ans après, le même François I. donna de nouvelles Lettres du 16 Mars 1526, portant encore renvoy au Prevôt de Paris, pour confirmer & homologuer les Statuts que ledit Prevôt avoit vûs, reformez & approuvez en 1622; ce qui fut fait par une seconde Sentence du 27 Juin 1627.

Enfin ces Statuts contenus en vingt-neuf articles furent encore augmentez de cinq autres, sur lesquels il y a des Lettres de Henry III. du 7 Janvier 1582.

Cette Communauté à ses Jurez pour veiller à ses privile-

ges,

ges, faire les visites, & donner les Lettres d'Apprentissage & de Maîtrise. Ces Charges ayant été érigées en titre d'Office par l'Edit de 1691, furent l'année suivante réunies & incorporées, & le droit d'élection rétabli.

L'apprentissage est de quatre années, & l'Aspirant à la Maîtrise est sujet au chef-d'œuvre, à moins qu'il ne soit Fils de Maître.

Les ouvrages permis aux Maîtres, sont des Huches de bois de hestre; des Ecrains & Layettes à gorge ou autrement; des Ratieres & Souricieres; des Cages de bois à écureüils & rossignols; tous coffres de bois cloüez; des Boëtes à mettre trebuchets & balances; des Pupitres & Ecritoires de bois; des Boëtes d'épinettes & manicordions; enfin toutes Boëtes de forme ronde ou ovale, & autres legers ouvrages de cette sorte, de bois de sapin, mairain & autres.

Les Layettiers se servent presque de tous les outils des Menuisiers, comme d'Estably, de Ciseaux, d'Equerres, de Marteaux, de Rabots, de Feüillerets qu'ils nomment des Rainoires, de Regles, de Scies, de Vilbrequins, de Compas, &c. étant en effet des especes de Menuisiers de menus ouvrages. Ils en ont néantmoins qui leur sont propres, tels que la Colombe, le Poinçon à percer leur bois; le Plioir à plier & couper le fil de fer; une sorte de Vilbrequin; & deux Enclumes, l'une à main, & l'autre antée sur un billot.

Tous ces outils & instrumens sont expliquéz à leurs articles.

LAYZE ou LAISE. Terme de Manufacture. Il se dit dans plusieurs Provinces de France, pour signifier la largeur d'un drap, d'une étoffe de soye, ou d'une toile. Il se trouve dans les Statuts pour les étoffes de soyerie qui se fabriquent à Lyon, & dans le Reglement des toiles de Roûen du 14 Aoust 1676. *Voyez* Laize.

Il s'entend aussi dans la même signification que le terme de Lé. Ainsi pour dire, Il faut six lez de velours pour une jupe, on dit, il faut six layses.

Layze de Bonjon. Le Reglement pour les toiles de Normandie nomme Layze de Bonjon, la largeur que doivent avoir les toiles qu'on appelle Toiles brunes: cette laize est de trois quarts & demi & un sixiéme.

LAZARET. On nomme ainsi à Ligourne & en plusieurs endroits d'Italie, les lieux destinez pour faire faire quarantaine aux personnes & aux marchandises qui arrivent des Pays suspects de contagion.

Dans les lazarets de Ligourne il y a des Capitaines qui ont sous eux divers Commis, qui tiennent registre de toutes les marchandises qui y entrent, de leur quantité & qualité, du nom du bâtiment qui les a apportées, du Capitaine qui le commande, & du lieu d'où elles viennent. Les droits des Lazarets se payent au Sous-Proveditеur de la Doüane, suivant le compte qu'il en fournit aux Proprietaires des marchandises qui ont fait quarantaine. *Ces droits vont environ à un pour cent de leur valeur.* Voyez Proveditеur.

LE'. Largeur d'une étoffe ou d'une toile entre les deux lisieres. Cette étoffe est étroite, il m'en faudra six lez, c'est-à-dire, six fois sa largeur. Un lé de drap, un lé de damas, un lé de satin, un lé de taffetas, &c.

Le'. Se dit aussi, en termes d'Eaux & Forêts, de l'espace que les Proprietaires des terres qui sont le long des rivieres, doivent laisser pour le tirage des hommes ou des chevaux qui montent ou descendent des batteaux. Le lé est ordinairement de vingt-quatre pieds. *V.* Voiture & Voiturier.

LEAM. Morceau d'argent qui se prend au poids, & qui sert dans la Chine comme d'une espece de monnoye courante. Les Portugais l'appellent Telle ou Tael. *Voyez* Tael.

LECQUE. *Voyez ci-après* LECTH, monnoye de compte.

LECTH. *Voyez* LETH.

Lecth ou Lecque. C'est aussi une façon de compter usitée dans les Indes Orientales, particulierement dans les Etats du Grand Mogol, qui signifie cent mille. C'est une maniere de s'exprimer pareille à celle des Hollandois, qui disent, Une tonne d'or, pour signifier cent mille livres monnoye de Hollande. Ainsi lorsque dans les Indes on dit, Un lecth de roupies, ou Un lecth de pagodes, cela se doit entendre, cent mille roupies ou cent mille pagodes, qui sont des monnoyes du Pays. Un lecth de roupies fait environ cinquante mille écus. *Voyez* Roupie & Pagode.

LEGATINES. Petites étoffes faites ou mêlées de poil de fleuret, de fil, de laine ou de coton. Elles sont de trois largeurs, les unes de demie-aune moins un seize, les autres de demie-aune entiere, & les plus larges de demie-aune un seize.

LEGATURE. Petite étoffe qu'on nomme autrement Ligature, Brocatelle & Mezeline. *Voyez* Ligature.

LEGE. Terme de commerce de mer. Il se dit des navires qui reviennent à vuide. Ce vaisseau a fait un mauvais voyage, il retourne lege, c'est à dire, qu'il revient sans avoir chargé de marchandises.

LEGENDE. Ce qui se lit sur les monnoyes, les médailles & les jettons, & qui y est gravé par le moyen des coins ou poinçons. On dit, Un poinçon de legende, pour dire, celui avec lequel le Tailleur grave ses legendes. Il y en a autant que de lettres. On y comprend aussi ceux des points & des virgules. *Voyez* Monnoye & Poinçon.

LEGIS. Les soyes Legis viennent de Perse, ou par les retours des vaisseaux qu'on envoye d'Europe à Bender-Abassi dans le Golfe Persique, ou par ceux qui trafiquent dans les Echelles du Levant, & particulierement à Smirne.

Ces soyes sont les plus belles de Perse après les surbassy ou cherbassy, & sont de la même qualité. La seule difference qu'il y a ne consistant que dans le triage qu'on en fait; en sorte que les legis sont proprement les moins fines des sourbassy.

Ces soyes viennent en balles de vingt battements chacune, le battement de six occos qui font dix-huit livres douze onces du poids de Marseille, & poids de marc quinze livres.

Il y en a de trois sortes; les legis Vourides qui sont les belles; les legis Bourmes ou Bourmio qui suivent; & les legis Ardasses qui sont les plus grosses; & c'est de cette derniere sorte dont les François chargent le plus à Smirne. *Voyez* Soyes du Levant.

LEGUMES. S'entend dans l'usage ordinaire, des plantes potageres, comme des artichaux, des laituës, du sellery, &c. & des semences qui se mangent en verd, comme des pois, des féves, des haricots; &c. Dans le commerce il ne se dit que de ces derniers quand ils sont secs.

Les principaux de ces legumes sont des pois nains jaunes & verds, des lentilles, de grosses féves, des feverolles, des haricots, de la vesse, &c. Les pois viennent ordinairement de Normandie & de Gallardon, les féves d'haricot de Picardie. A Paris ce sont les Epiciers, les Chandeliers & les Grainiers qui font le commerce des légumes secs. Pour les

les légumes en verd, ce sont les Jardiniers & les Maraichers.

Les Légumes secs, où sont compris, pois, féves, graine de lin, pois chiches, vesses, lentilles; chenevis, navette, senevé, mil ou millet, panis, piley, blé de Turquie, &c. payent en France, le muid contenant 2 tonneaux faisant 12 septiers mesure de Paris, 12 liv. de droits d'entrée; sçavoir 30 s. pour l'ancien droit, & 10 liv. 10 s. pour la traitte domaniale.

Les mêmes Légumes payent de droits d'entrée entrant par la Province d'Anjou, 1 liv. 5 s. aussi du muid mesure de Paris.

Tous ces Légumes sont reputez marchandises de contrebande pour la sortie du Royaume, & ne peuvent être envoyez à l'Etranger sans permission, conformement à l'Ordonnance de 1687.

LEIPZIS. Sorte de serge qui se fabrique à Amiens.

L'article 79 des Statuts de la Sayetterie de cette Ville ordonne, Que les Leipzis seront faites de seize buhors trente-deux portées, ayant de largeur entre deux gardes demie-aune de Roy moins un douziéme, & de longueur hors l'estille ou métier; sçavoir les blanches vingt-deux aunes & demie, & les mêlées vingt trois aunes, pour revenir à vingt aunes & un quart, ou vingt aunes & demie de Roy, tout appointées & apprêtées.

LEK. Monnoye de compte dont on se sert de quelques lieux des Indes Orientales. *Voyez* LECHT *ou* LECQUE.

LENTILLE. Sorte de légume en forme de petit pois applatti, qui sert à la nourriture des hommes & des bestiaux. Les lentilles font partie du négoce des Grainiers, des Chandeliers & de quelques Marchands Merciers. *Voyez* LEGUMES.

LENTILLE, en termes d'Optique. Est un verre taillé en forme de lentille, épais dans le milieu, tranchant sur les bords. Il est convexe des deux côtez, quelquefois d'un seul, & plat de l'autre; ce qui s'appelle Plan convexe. Le mot de Lentille s'entend ordinairement des verres qui servent au microscope à liqueurs, & des objectifs des microscopes à trois verres. Le plus grand diametre des lentilles est de cinq à six lignes; les verres qui passent ce diametre s'appellent Verres lenticulaires. Il y a de deux sortes de lentilles, les unes soufflées & les autres travaillées. On entend par Lentilles soufflées, de petits globules de verre fondus à la flamme d'une lampe ou d'une bougie; mais ces lentilles n'ont pas la clarté & la distinction de celles qui sont travaillées, à cause de leur figure qui n'est presque jamais exacte, & de la fumée de la lampe ou bougie qui s'attache à leur surface, dans le tems de la fusion. Les autres sont travaillées & polies au tour dans de petits bassins de cuivre. On a trouvé depuis peu le moyen de les travailler d'une telle petitesse, qu'il y en a qui n'ont que la troisiéme & même la sixiéme partie d'une ligne de diametre: ce sont celles qui grossissent le plus, & cette augmentation va jusqu'à plusieurs millions de fois plus que l'objet n'est en lui-même. La poussiere qui est sur les aîles des papillons, & qui s'attache aux doigts quand on y touche, y paroît en forme de tulipes d'une grosseur surprenante. Il est difficile, pour ne pas dire impossible, de les faire plus petites; la difficulté de les monter deviendroit insurmontable.

Maniere de tourner les Lentilles.

Après avoir mastiqué un petit morceau de cuivre au bout de l'arbre d'un tour à lunette, avec un foret d'acier applatti & arrondi, on tourne le bassin du diametre de la lentille qu'on y veut travailler: ensuite ayant choisi & taillé un petit morceau de glace blanche & bien nette, on le mastique du côté d'une de ses surfaces plattes au bout d'un petit mandrin avec de la cire d'Espagne noire, la rouge ne faisant pas voir si bien les défauts qui sont au verre que l'on travaille, & l'on use cette glace du côté qui n'est point mastiqué, en la tournant sur une meule avec de l'eau jusqu'à ce qu'elle ait une figure presque convexe. On l'acheve au tour dans le bassin qui y est monté avec du grès fin & moüillé. Il faut prendre souvent de ce grès jusqu'à ce qu'on s'apperçoive que la lentille soit bien ronde: lorsqu'elle est parvenuë à ce point, on cesse d'en prendre; mais il faut continuer de la tourner dans le bassin jusqu'à ce que le reste du sable qui y est resté soit devenu si fin qu'il l'ait quasi polie. On s'apperçoit de cela lorsqu'après l'avoir essuyée, l'image de la fenêtre du lieu où l'on travaille se peint sur sa superficie: si elle ne l'est pas, on la trempe dans l'eau sans prendre de sable, & on la tourne jusqu'à ce qu'elle soit assez polie. Il faut alors couvrir le bassin d'un linge plié en deux ou trois, & avec de la portée d'étain, ou du tripoli de Venise, délayé dans de l'eau, on acheve de la polir entierement. On connoît qu'elle est polie, en regardant avec la loupe si les petites cavitez que le sable a faites en l'usant sont effacées: il la faut alors démastiquer & la mastiquer du côté qui est travaillé pour travailler l'autre de même que le premier, jusqu'à ce que les bords de la lentille soient tranchans, & qu'elle soit parfaitement polie. Lorsqu'elle est achevée, on se sert d'esprit de vin pour la laver, & pour emporter ce qui peut y être resté de cire.

On pourroit ajoûter une troisiéme sorte de lentille, qui consiste en une goute d'eau posée sur un petit trou fait à une piece de leton que l'on applique au microscope. Cette goute réunie en globe par la pression de l'air, fait le même effet qu'une lentille soufflée. Ce sont les Marchands de lunettes qui font & vendent ces lentilles.

LENTISQUE, ou LINTISQUE. Arbre d'où coule le mastic. Cet arbre croît aux Indes Orientales, en Egypte, & dans l'Isle de Chio. Les Italiens en cultivent aussi beaucoup. Il est si précieux dans l'Isle de Chio, qu'il n'y va pas moins que d'avoir le poing coupé, si l'on étoit surpris en abattant un Lentisque, ou qu'on fût convaincu de l'avoir fait, fut-ce de ses propres arbres.

Le Lentisque est petit, son tronc peu gros, mais qui jette quantité de branches qui s'abaissent vers la terre. Il est toûjours verd, & a son écorce rougeâtre, pliante & gluante. Ses feüilles sont épaisses, grasses, frêles, d'un verd obscur avec un peu de rouge au bout, & d'une odeur forte. Son fruit est dans une espece de gousse ou baye recourbée, qui vient en forme de grappe; & qui après avoir été quelque tems verte, noircit en meurissant. Outre les gousses qui renferment le fruit, il y a aussi comme de médiocres vessies remplies d'une liqueur claire qui se convertit en de petits insectes volants.

On doit choisir le Lentisque nouveau, pesant, difficile à rompre, gris au dessus & blanc au dedans, d'un goût astringent, & garni de ses feüilles s'il est possible; & surtout prendre garde que ce ne soit de la coudre mentianne; ce qui peut se reconnoître en ce que le Lentisque est beaucoup plus lourd que la coudre.

Les Italiens tirent de la baye ou fruit de Lentisque une huile dont on se sert, aussi bien que du bois & des feüilles, à guérir la dissenterie. Le bois sert encore à faire des cure-

curedents qui sont fort en usage en France, en Angleterre & en Hollande. *Voyez* Mastic.

LEOPOLD. Monnoye fabriquée en Lorraine depuis le rétablissement du Duc Leopold-Joseph dans ses Etats, en consequence du Traité de Riswick.

Les Leopolds, ainsi nommez du nom de ce Prince, sont de deux sortes, les uns d'or & les autres d'argent. Ceux d'or sont au titre & du poids des anciens louis d'or de France, & ceux d'argent semblables aux écus ou louis blancs.

Louïs XIV. par un Arrêt de son Conseil du 3 Aoust 1700, ordonna qu'ils auroient cours les uns & les autres sur le pied & aux mêmes conditions que les louïs & écus de France portez par l'Arrêt aussi de son Conseil du 13 Juillet précedent: mais depuis ils ont été comme les autres especes étrangeres seulement reçus dans les Hôtels des Monnoyes au marc & pour le prix fixé par les Ordonnances.

LESCIVE, LESSIVE ou LEXIVE. Terme de Buanderie & Blanchierie. Ce qui sert à blanchir la toile écruë ou le linge sale.

Les lescives se font avec des soudes ou avec des cendres, soit gravelées, soit communes; quelquefois même avec de la chaux; mais cette derniere est défenduë par les Reglemens pour le blanchiement des toiles en écru.

On appelle Couler la lescive, jetter de l'eau chaude sur toutes ces drogues, ou quelques-unes d'elles, qui sont mises sur le cuvier des Blanchisseurs dans ce qu'on appelle le Charier. Cette eau blanchit le linge par l'acrimonie des sels dont elle cause la dissolution, & qu'elle entraîne avec elle en coulant par un trou ménagé au bas du cuvier. Ce trou s'appelle la Pissote. Pour empêcher l'eau d'en sortir trop promptement, il est ordinairement à demi bouché avec de la paille. *Voyez* Blanchiment, Blanchirie & Buandier.

Lescive. Se dit aussi dans les sucreries, d'une eau préparée & impregnée de différentes drogues, qui sert pour purifier & rafiner les sucres, ou ce qu'en termes de l'art on appelle le Vesou. La préparation de cette lescive est une des plus importantes parties de la science du Rafineur.

On fait cette lescive dans une espece de cuvier plus large par en haut que par en bas, qu'on nomme Baril aux lescives. Il est troué comme le cuvier des Blanchisseurs, se met comme lui sur une sellette ou trépied, & comme à lui son trou se bouche avec de la paille neuve. Au dessous du trou on met un vaisseau pour recevoir la lescive à mesure qu'elle coule.

Dans les purgeries des Isles Antilles, après que le baril aux lescives est préparé, on y fait au fond une couche de diverses herbes hachées ou broyées avec la main. Ces herbes sont l'Herbe à pique, l'Herbe à blé, la Mal-nommée & la Lianne brûlante; les trois premieres en égale portion, & beaucoup moins de la derniere.

Le fond du cuvier étant garni de ces quatre sortes d'herbes jusqu'à trois pouces de hauteur, on les couvre d'un lit de cendres de pareille épaisseur, qui doivent être faites du meilleur bois, c'est-à-dire, de châtaignier, de bois rouge, de bois de caraïbe, de résinier & d'oranger, qui sont tous bois qui ont beaucoup de sels. Sur les cendres se met une couche de chaux vive aussi de trois pouces, & sur la chaux vive une nouvelle couche des mêmes herbes, ausquelles on ajoûte une ou deux cannes d'inde ou de seguine bâtarde amorties au feu, & coupées par roüelles de l'épaisseur d'un écu.

Quand le baril aux lescives est entierement plein de ces diverses couches que l'on repete alternativement tant qu'il en est besoin, en observant que la derniere soit d'herbes bien hachées, on le remplit d'eau froide, si les cendres sont encore chaudes, & d'eau chaude, si les cendres sont froides; & à mesure que le vaisseau qui est sous la pissote ou chantepleure se remplit de cette eau, on la rejette sur le haut du baril, ce qu'on fait jusqu'à ce que la lescive soit assez faite, c'est-à-dire, jusqu'à ce qu'on n'en puisse souffrir l'acrimonie en la mettant sur le bout de la langue, ou qu'elle jaunisse le doigt comme si c'étoit de l'eau-forte.

Lorsque les cannes sont vertes, on ajoûte aux herbes de l'antimoine crud réduit en poudre; ce qui dégraisse admirablement le sucre; mais cette drogue est sujette à noircir la lescive, & à rendre le sucre un peu gris; aussi ne s'en sert-on ordinairement que pour le sucre brut. On parle ailleurs de la maniere d'employer cette lescive. *V.* Sucre.

LESCIVER ou LESSIVER. Blanchir quelque chose par le moyen de la lescive.

LESCIVER LES AIGUILLES. C'est après qu'elles ont été polies, les nettoyer du camboüi ou couroy qui s'y étoit attaché pendant le poliment, en les lavant dans de l'eau de riviere ou de fontaine, dans laquelle on a fait dissoudre du savon. *Voyez* Aiguilles, *à l'endroit où il est parlé de la maniere de les fabriqer.*

LEST. *Voyez* LETH.

Lest. Est aussi une certaine quantité de cailloux ou de sable que l'on met dans le fond de cale des navires, pour les faire entrer dans l'eau, & les tenir en estire ou assiette, en leur donnant leur juste pesanteur: c'est ce que l'on nomme en Flandre Balast ou Quintelage.

Le lest est quelquefois le tiers ou le quart ou la moitié de la charge du bâtiment; ce qui se regle par raport au poids ou au volume des marchandises dont il est chargé. Plus un vaisseau est bas de varengue, & plus il a besoin de lest.

L'Ordonnance de la Marine du mois d'Aoust 1681, art. 1 & 6 du titre 4 du livre 4, veut, Que les Capitaines ou Maîtres des navires, en arrivant de la mer fassent leur déclaration à l'Amirauté de la quantité de lest qu'ils ont dans leur bord; leur étant défendu de le jetter dans les ports, canaux, bassins & rades; ne pouvant être porté par les Délesteurs ailleurs que dans les lieux destinez pour cela.

LESTAGE. C'est l'embarquement du lest dans un navire.

LESTER UN VAISSEAU. C'est lui donner son lest.

LESTEUR. Il se dit également des Matelots qui prennent soin de lester un navire, & des batteaux ou chaloupes dans lesquels ils y portent le lest.

Voyez pour les quatre articles précedens l'article des Ordonnances, vous y trouverez dans l'extrait de celle de la Marine tout ce qui concerne le Lestage, les Lesteurs & le Lest. Voyez aussi l'article du Delestage.

LETH, qu'on écrit & qu'on prononce aussi LECTH, LEST ou LAST, suivant les différens idiomes des peuples qui se servent de ce terme. En France on dit, Leth.

Le leth signifie différentes choses. Tantôt il exprime la charge entiere d'un navire, c'est-à-dire, la quantité de tonneaux de mer qu'il peut porter; quelquefois il veut dire une certaine pesanteur de telle ou telle espece de Marchandise; & d'autres fois il signifie une sorte de mesure ou quantité de grains, plus ou moins forte suivant les divers Pays où elle est en usage.

En

En Hollande, Angleterre, Flandres, Allemagne, Danemarck, Suede, Pologne & dans tout le Nord, les navires se mesurent ou s'estiment pour leur port ou charge sur le pied de tant de leths, le leth pesant quatre mille livres ou deux tonneaux de France de deux mille livres chacun: ainsi lorsque l'on dit qu'un vaisseau est. de trois cens leths, cela doit s'entendre, qu'il peut porter six cens tonneaux, ou douze cens mille livres pesant.

Pour connoître précisement le port d'un bâtiment, son fonds de calle qui est le lieu de sa charge, doit être mesuré ou jaugé à raison de quarante-deux pieds cubes pour chaque tonneau de mer. *Voyez* JAUGE.

Lorsqu'il s'agit du fret d'un vaisseau, voici par estimation ce qui passe ordinairement pour un leth, soit par raport au poids, soit par raport au volume de la marchandise; sçavoir:

Cinq pieces d'eau de-vie.
Deux tonneaux de vin.
Cinq pieces de prunes.
Douze barils de pois.
Treize barils de goudron.
Quatre mille livres de ris, de fer ou de cuivre.
Trois mille six cens livres d'amandes.
Sept quartaux ou bariques d'huile de poisson.
Quatre pipes ou bottes d'huile d'olive.
Deux mille livres de laine.

En Hollande le leth qui est une certaine mesure ou quantité de grains, est semblable à trente-huit boisseaux mesure de Bordeaux, qui reviennent à dix-neuf septiers de Paris, chaque boisseau de Bordeaux pesant environ 120 liv. poids de marc: ainsi le leth de grains en Hollande doit approcher du poids de quatre mille cinq cens soixante livres.

A Conisberg six leths font cent trente trois septiers de Paris.

En Pologne le leth fait quarante boisseaux de Bordeaux, ou vingt septiers de Paris, chaque boisseau de Bordeaux estimé peser cent vingt livres; ensorte que sur ce pied le leth de grains en Pologne peut peser quatre mille huit cens livres.

En Suede & Moscovie on parle par grand & petit leth; le grand leth est de douze barils ou petits tonneaux; & le petit leth est de six de ces barils.

A Dantzik le leth ou charge de lin est de deux mille quarante livres, le leth de houblon de trois mille huit cens trente-livres. Le leth de farine ou de miel comprend douze petits tonneaux ou barils; celui de sel en contient dix-huit.

Le leth de hareng salé, soit blanc ou sor, est composé de douze barils ou caques, que l'on appelle en Hollande Tonnes: chaque baril contient plus ou moins de hareng, suivant qu'il est plus ou moins gros, bien ou mal paquéou arrangé dans les barils, ou que les barils sont grands ou petits.

L'Ordonnance des Gabelles de France regle le sel nécessaire pour la salaison de chaque leth de hareng blanc ou sor. *Voyez* HARENG, *vers la fin de l'article.*

Quand on dit, Un Leth de maquereau, Un Leth de gabillaud ou moruë verte, cela doit s'entendre, douze barils remplis de ces sortes de poissons salez. *Voyez* MAQUEREAU *&* MORUE VERTE, *vers la fin de l'article.*

LETON ou LAITON, qu'on nommoit anciennement LATTON. C'est proprement le cuivre jaune, ou plûtôt le cuivre rouge préparé avec de la calamine.

Le Leton se fait de la rosette ou cuivre rouge de Hongrie ou de Suede, en y mélant pareil poids de calamine minéral qui vient d'Aix-la-Chapelle, de Limbourg & de Namur, qui est presque de la couleur de la mine de fer.

Avant que de mettre la calamine à la fonte, il la faut recuire à peu près comme de la brique, ensuite la moudre comme de la farine, puis la mêler avec de la poussiere de charbon, & la bassiner avec de l'eau, pour qu'elle ne soit plus en poussiere.

Quand la calamine est ainsi préparée, on la partage aussi-bien que la rosette, en huit parties égales, & l'on les met ensemble dans huit creusets dans un même fourneau, où étant fonduë en douze heures de tems, elle est transformée en leton; ensorte qu'au lieu de déchet il y a quarante-huit à cinquante livres pour cent d'augmentation, si c'est rosette de Hongrie ou de Suede; celle de Norwege n'en rendant que trente-huit, & celle de Lorraine & d'Italie que vingt.

Le leton ne se bat qu'à chaud & se casse à froid; & lorsqu'il a été fondu deux fois, il n'est plus en état d'endurer le marteau; les Ouvriers ne le pouvant employer qu'en y ajoûtant sept livres de plomb pour cent; ce qui le rend plus doux & plus facile à travailler.

On se sert de leton dans les fontes des pieces de canon. Quelques-uns estiment que la meilleure maniere est de mettre dans une fonte d'onze à douze milliers de métail, dix millieres de rosette, neuf cens livres d'étain & six cens livres de leton.

On tire de la Ville-Dieu en Normandie des chauderons de cuivre jaune non bordez & à demi façonnez en fourrure, assortis depuis une demie-livre les plus petites sortes, jusqu'à douze, quinze, vingt & trente livres les grandes sortes, qui s'envoyent dans des banses ou grandes mânes. Il vient aussi du même endroit des bassins de cuivre jaune de différens poids, grandeurs & façons.

Nuremberg & Aix la-Chapelle fournissent quantité de cuivre jaune en bandes ou en feüilles minces, grattées d'un côté & noires de l'autre; les unes pliées, que l'on appelle Letons en deux, trois, quatre, cinq, six, sept, huit plis; & les autres roulez, que l'on nomme Leton en rouleaux. Le leton plié est plus épais que le roulé. Le premier s'employe à faire des boutons dorez; & le second qui est trés-mince, sert à faire des boutons argentez sur bois. L'un & l'autre s'employent cependant à divers ouvrages.

Le Leton ouvré & non ouvré paye les droits d'entrée & de sortie du Royaume & des Provinces reputées étrangeres, sur le pied de tant du cent pesant, plus ou moins suivant son espece & qualité. Voyez CUIVRE.

Le Leton qu'on nomme Leton gratté, les paye conformement au Tarif de 1664, à raison de 3 liv. 10 s. le cent pesant.

On appelle Fil de Leton, ou Leton en cerceau, du cuivre jaune tiré & passé à travers d'une filiere. *Voyez* FIL, *à l'endroit où il est parlé du fil de leton.*

LETTRE MISSIVE. C'est un écrit que l'on adresse & envoye à une personne absente, pour lui communiquer ses pensées.

Les Marchands & Négocians s'écrivent continuellement de ces sortes de lettres sur les différentes affaires de leur commerce. Ils doivent sçavoir qu'elles doivent être concises & précises; que le jugement & le bon sens y ayent plus de part que l'éloquence ou la politesse du discours; en un mot qu'elles disent tout ce qu'il est à propos de dire, & rien davantage.

L'Ordonnance du mois de Mars 1673, art. 7 du titre 3, veut, Que les Marchands tant en gros qu'en détail, mettent en liasse les lettres missives qui leur sont écrites, & qu'ils enregistrent les copies de celles qu'ils écrivent.

LETTRE DE CHANGE Est un petit morceau de papier volant, ordinairement de forme longue & étroite sur lequel est écrit un ordre ou une rescription sommaire que donne un Banquier, un Négociant ou un Marchand, pour faire payer à celui qui en sera le porteur en un lieu éloigné l'argent qu'on lui a compté dans l'endroit de sa demeure.

Plusieurs ont cru par la maniere dont on en use dans le négoce des Lettres de change, que c'est un contrat d'échange, néantmoins l'opinion la plus generale est que c'est un contrat d'achat & de vente; que l'argent de celui qui donne à change, est le prix de la vente: & l'argent qu'on trouve au lieu destiné par celui qui a donné à change, est la chose venduë & achetée.

Les Lettres de change n'étoient point connuës dans l'ancienne Jurisprudence Romaine: elles sont suivant la plus commune opinion, de l'invention des Juifs; lesquels après avoir été bannis de France pour les crimes énormes dont on les accusoit, & s'être refugiez en Lombardie sous les Regnes de Philippes Auguste en 1181, & de Philippes le Long en 1316, trouverent le moyen de retirer leurs effets, qu'ils avoient confiez entre les mains de leurs amis, par des lettres secretes & des billets conçus en termes courts & precis, telles que peuvent être les Lettres de change d'aujourd'hui, & cela par l'entremise des Voyageurs & des Marchands Etrangers.

Les Gibelins chassez d'Italie par la faction des Guelphes, s'étant retirez à Amsterdam, se servirent des mêmes voyes que les Juifs pour retirer les biens qu'ils avoient été obligez d'abandonner en Italie; ensorte que ce furent eux vraisemblablement qui jetterent les premieres semences du négoce des Lettres de change dans l'esprit des Marchands & Négocians d'Amsterdam, qui depuis l'ont repandu par toute l'Europe, dans la seule vûë d'apporter quelque facilité à leurs négociations mercantilles.

L'on prétend que ce furent ces mêmes Gibelins qui trouverent l'invention du rechange, en prétextant des dommages & interêts, lorsque les Lettres de change (qu'ils nommoient *Polizza di Cambio*) n'étoient pas acquittées, & qu'elles revenoient à protest.

L'on veut aussi que ce soit les Lyonnois qui ayent été les premiers qui ont donné en France le mouvement au négoce des Lettres de change, par raport aux grandes relations qu'ils avoient avec ceux d'Amsterdam & d'Italie.

Les Lettres de change sont d'une très-grande utilité dans le commerce, pourvû qu'il ne s'y commette point d'abus, & que le change soit réel, d'autant que par leur moyen l'on peut sans embaras & sans risque recevoir de l'argent dans tous les lieux où l'on en a besoin; & il est en quelque maniere certain que sans le secours de ces sortes de Lettres, le négoce & les autres affaires ne feroient que languir.

Ce qui donne l'être & la forme à une Lettre de change, est une cession ou vendition d'argent que le Tireur fait à celui au profit duquel il l'a tirée, à prendre & recevoir de son Correspondant demeurant dans un autre lieu que celui d'où la Lettre a été tirée; & cette cession & vendition d'argent se fait ainsi en termes mercantils, *Pour valeur reçûë*; ce qui veut dire, pour pareille somme que celui au profit duquel la lettre est tirée, donne au Tireur en argent, marchandises ou autres effets; de sorte que trois choses sont nécessaires pour établir la qualité d'une Lettre de change. 1°. Que la Lettre soit tirée d'une Ville sur une autre Ville; ce qui s'appelle Tirer de place en place. 2°. Qu'il y ait trois personnes, qui sont, celui qui tire la Lettre, celui sur lequel elle est tirée, & celui au profit duquel elle est tirée, qui est le Débiteur ou Correspondant du Tireur. Et 3°. Que la Lettre de change fasse mention que la valeur que le Tireur a reçûë de celui au profit duquel il l'a tirée, est en autre Lettre de change, en marchandises ou en autres effets qui doivent être exprimez, sans quoy on ne pourroit lui donner la qualité de Lettre de change.

Il faut observer que les Lettres de change se payent de quatre manieres différentes, ou à tant de jours de vûë, ou à jour nommé, ou à usance ou double usance, ou à vûë, c'est-à-dire, en présentant la Lettre.

Quand une Lettre de change est conçûë *pour valeur de moi-même*, ou *pour valeur en moi-même*, ce qui n'est qu'une même chose, ces mots ne signifient pas que celui qui a fourni la Lettre en ait touché la valeur, mais que le Tireur est Creancier de celui sur lequel il tire cette Lettre; & que lorsque celui sur lequel elle est tirée aura payé le contenu en icelle à celui auquel il l'a fournie, ou à celui au profit duquel les ordres sont passez, cette valeur demeurera au Tireur en lui-même, pour lui en tenir compte sur plus grande somme qu'il lui doit, ou pour rester quitte de pareille somme; & cette valeur qui est mise par le Tireur ne concerne point celui à qui la Lettre est payable, qui ne fait en cela qu'un office d'Ami ou de Commissionnaire, mais bien le Tireur & celui sur qui la Lettre est tirée; ensorte que si la Lettre revenoit à protêt, celui au profit de qui elle a été tirée n'a aucune action de recours à l'encontre du Tireur, mais seulement la Lettre doit rester nulle.

Il y a dans le Titre 5 de l'Ordonnance du mois de Mars 1673, plusieurs dispositions très-importantes touchant le commerce des Lettres de change.

ART. I.

Les Lettres de change doivent contenir sommairement le nom de ceux ausquels le contenu doit être payé, le tems du payement, le nom de celui qui en donne la valeur, & si elle a été reçûë en deniers, marchandises ou autrement.

ART. IV. XI. XII.

Ceux qui sont porteurs de Lettres qui ont été acceptées, ou dont le payement échet à jour certain, sont obligez de les faire payer ou protester dans dix jours après celui de l'écheance; & après le protêt ceux qui ont accepté peuvent être poursuivis à la requête de ceux qui en sont les Porteurs; & ces mêmes Porteurs peuvent aussi par la permission du Juge saisir les effets de ceux qui ont tiré ou endossé les Lettres, quoiqu'elles ayent été acceptées, même les effets de ceux sur lesquels elles ont été tirées, en cas qu'ils en ayent fait l'acceptation.

ART. XIII. XIV. XV.

Ceux qui ont tiré ou endossé des Lettres de change doivent être poursuivis en garantie dans la quinzaine, s'ils sont domiciliez dans la distance de dix lieuës, & au-delà à raison d'un jour pour cinq lieuës, sans distinction du ressort des Parlemens; ce qui doit s'entendre pour les personnes domiciliées dans le Royaume; car pour ceux domiciliées dans

dans les Pays Etrangers, les délais sont differemment reglez; ceux pour l'Angleterre, la Flandre & la Hollande devant être de deux mois; pour l'Italie, l'Allemagne & les Cantons Suisses, de trois mois; pour l'Espagne, de quatre mois; & pour le Portugal, la Suede & le Danemarck, de six mois. Tous ces délais doivent être comptez du lendemain des protêts jusqu'au jour de l'action en garantie inclusivement, sans distinction des Dimanches & des Fêtes; après lesquels delais les Porteurs des Lettres ne sont plus recevables dans leur action en garantie, ni en toute autre demande à l'encontre des Tireurs & Endosseurs.

ART. XVI. XVII.

Les Tireurs ou Endosseurs des Lettres sont tenus de prouver en cas de dénegation, que ceux sur qui elles ont été tirées leur étoient redevables, ou avoient provision au tems qu'elles ont dû être protestées; autrement ils sont obligez de les garantir: & si depuis le tems reglé pour le protêt les Tireurs ou Endosseurs avoient reçû la valeur en argent ou marchandise, par compte, compensation ou autrement, ils sont pareillement tenus de la garantie.

ART. XVIII. XIX.

Les lettres payables à un particulier & non au porteur, ou à ordre, se trouvant perduës & adhirées, le payement en peut être poursuivi & fait en vertu d'une seconde lettre, sans qu'il soit necessaire de donner caution, en faisant neanmoins mention que c'est une seconde lettre, & que la premiere ou autre precedente restera nulle; mais pour une lettre payable au porteur ou à ordre qui se trouveroit adhirée, le payement n'en doit être fait que par Ordonnance de Justice & en donnant caution de garentir le payement.

ART. XX.

Les cautions données pour l'évenement des lettres de change, sont dechargées de plein droit, sans qu'il soit necessaire d'aucun Jugement, procedure ou sommation, s'il n'en a été fait aucune demande pendant trois ans, à compter du jour des dernieres poursuites.

ART. XXI.

Une lettre de change est reputée acquittée après cinq ans de cessation de demande & poursuite, à compter du lendemain de l'écheance, ou du protêt ou de la derniere poursuite. Neantmoins les prétendus debiteurs sont obligez d'affirmer, s'ils en sont requis, qu'ils ne sont pas redevables; & leurs veuves, heritiers ou ayant cause, qu'ils estiment de bonne foy qu'il n'est plus rien dû.

ART. XXII.

Ce qui vient d'être dit dans les deux articles précedents doit avoir lieu à l'égard des mineurs & des absens.

ART. XXIII. XXIV. XXV.

Une simple signature au dos d'une lettre de change n'est regardée que comme un endossement & comme un ordre, à moins qu'il n'y ait une datte, & qu'il n'y soit fait mention de celui qui a payé la valeur, soit en argent, marchandises ou autrement; & une lettre ainsi endossée est censée appartenir à celui du nom duquel l'ordre est rempli, sans qu'il lui soit necessaire de transport ni de signification; mais au contraire si l'ordre n'étoit point rempli, & qu'il n'y eut qu'une simple signature au dos de la lettre, elle seroit reputée appartenir à celui qui n'y auroit mis que son seing, & comme telle pourroit être saisie par ses creanciers & compensée par ses redevables.

ART. XXVI.

Il est absolument défendu d'antidatter aucun ordre sous peine de faux.

ART. XXVII.

Celui qui a mis son aval sur une lettre de change est tenu solidairement avec les tireur, endosseur & accepteur quoiqu'il n'en soit point parlé dans l'aval.

Enfin l'article premier du titre 7 de la même Ordonnance veut que ceux qui ont signé des lettres de change, même ceux qui y ont mis leur aval puissent être contraints par corps; ce qui doit s'entendre au défaut du payement des lettres.

Voyez CHANGE, PROTEST, ACCEPTANT, ACCEPTATION, ACCEPTEUR *&* AVAL.

L'Ordonnance de 1673 n'ayant pû prevoir tous les differens cas qui pouvoient arriver dans le commerce des lettres de change, quoique, comme on vient de le voir, elle fut entrée dans un très-grand détail sur cette matiere, il a depuis été rendu diverses Déclarations du Roy & Arrêts du Parlement qui en ont interpreté quelques articles, ou qui en ont ajoûté de nouveaux.

Par la Declaration du mois de May 1686, il est dit qu'en interprétant celle de 1673, l'article IV. d'icelle seroit observé selon sa forme & teneur; ce faisant que les dix jours accordez pour le protêt des lettres & billets de change ne seroient comptez que du lendemain de l'écheance desdites lettres & billets, sans que le jour de l'écheance y pût être compris, mais seulement celui du protêt, des Dimanches & Fêtes, même des solemnelles, qui y demeureroient compris & ce nonobstant toutes autres dispositions & usages; même l'article VI. de ladite Ordonnance de 1675, ausquels il est derogé par cette derniere Déclaration.

Par Sentence du Châtelet de Paris du 31 Août 1708, confirmée par Arrêt du Parlement du 28 Juillet 1711, il a été jugé que la fin de non recevoir établie par l'article XV. du titre V. de l'Ordonnance de 1673 à l'égard des Porteurs de lettres de change qui n'ont pas fait leurs diligences pour l'action en garentie contre les Endosseurs dans les délais marquez par l'article XIII. du même titre, a aussi bien lieu pour les endossemens des Billets payables au porteur, que pour les endosseurs des lettres de change.

Par Declaration du Roy du 23 Avril 1712, il est ordonné que les protêts des lettres & billets de change faits par les Notaires & Tabellions seront également sujets au controlle des actes desdits Notaires, & au droit du controlle des exploits. *Voyez* PROTEST.

Par Arrêt du Parlement en forme de Reglement du 30 Août 1714, rendu sur les Conclusions du Procureur Général du Roy, il est ordonné que les articles XVIII. XIX. & XXXIII. de l'Ordonnance de 1713 seront executez; ce faisant que dans le cas de la perte d'une lettre de change tirée de place en place à ordre, & sur laquelle il y a plusieurs endosseurs, on s'adressera au dernier endosseur & non au tireur pour en avoir une seconde. *Voyez* ENDOSSEMENT *&* ENDOSSEURS.

Les frequentes augmentations ou diminutions des monnoyes arrivées pendant le regne de Loüis XIV. que les besoins de l'Etat ont fait continuer les premieres années du regne de Loüis XV. causant de frequentes contestations au sujet du payement des lettres & billets de change, il y a été pourvû par deux Déclarations des 16 Mars 1700 & 28 Novemvembre 1713, & par un Arrêt du Conseil du 27 May 1719.

Par la premiere Déclaration les porteurs de lettres & billets de change, ou de billets payables au porteur sont obligez après les dix jours de l'écheance d'en faire demande aux débiteurs par une sommation contenant les noms, qualitez & demeures desdits porteurs, offrant d'en recevoir le payement en especes courantes, & faute par les porteurs d'avoir fait la demande dans le tems marqué, ils seront tenus des diminutions qui pouroient survenir sur les especes.

La seconde Déclaration confirmant la disposition de la premiere & l'interprétant, ordonne que reciproquement les débiteurs desdites lettres & billets ne pouroient obliger les porteurs d'en recevoir le payement avant le même dixiéme jour. Et qu'à l'égard des billets & promesses valeur en marchandises, qui suivant l'usage ordinaire ne se payent qu'un mois après l'écheance, les porteurs seroient tenus d'en faire la demande par une sommation le dernier jour dudit mois après l'écheance; les débiteurs desdits billets & promesses ne pouvant pareillement obliger les porteurs d'en recevoir le payement avant le même jour. Sa Majesté voulant néanmoins que ceux qui auront fait des promesses pour marchandises, dont l'escompte aura été stipulé, puissent se liberer, pourvû qu'ils en fassent les payemens trente jours francs avant le jour marqué pour la diminution des especes.

A l'égard de l'Arrêt du Conseil du 27 Mai 1719, il porte un reglement pour le payement des lettres de change tirées ou endossées dans les Pays étrangers, particuliérement en Angleterre & en Hollande; sa Majesté ordonnant que les lettres tirées de Hollande avant l'augmentation du premier Mai 1718, seroient payées en écus de 5 livres, & que celles tirées avant que la diminution de 8 du mois de Mai 1719 y fut connuë, seroient payées en Louis d'or de 36 livres; & qu'à l'égard des lettres d'Angleterre tirées avant & échuës depuis ladite diminution, on les payeroit aussi en Louis de 36 liv. sauf au porteur de se faire rapporter par le payeur 20 s. par Louis, en cas que le Jugement définitif qui devoit être rendu en Angleterre ordonnât que les lettres tirées avant & échues depuis l'augmentation connuë du premier May 1718 seroient payées en écus de 6 livres.

Lettre de credit, que l'on appelle quelquefois Lettre de creance. C'est une lettre qu'un Banquier ou un Marchand donne à une personne de confiance pour prendre de l'argent sur ses correspondans en des lieux éloignez en cas de besoin.

Les lettres de credit, quoyque differentes des lettres de change ne laissent pas d'avoir les mêmes privileges pour contraindre aux payemens des sommes reçûës en conséquence d'icelles.

Il est important de bien connoître ceux à qui l'on fournit ces sortes de lettres, particuliérement quand l'ordre de payer est indefini; c'est pourquoi autant qu'il est possible, il faut fixer une somme, afin de sçavoir précisement à quoy l'on s'est engagé.

Il y a encore une chose à observer qui est de donner avis aux Correspondans qui doivent fournir l'argent, du départ de la personne qui le doit recevoir, en désignant exactement sa figure, car il peut arriver que cette personne étant tuée en chemin, & la lettre de credit volée, quelqu'un pourroit se presenter pour recevoir en sa place.

Lettre de Voiture. Ecrit court & succint que les Marchands-Négocians & Commissionnaires fournissent aux Voituriers en les chargeant de leurs marchandises, pour se faire payer du prix de leur voiture par ceux à qui elles sont adressées.

Modele d'une Lettre de Voiture.

A Paris le 16 Janvier 1708.

Monsieur.

G. I. N°. 1. 2. 3. *A la garde de Dieu & conduite de Simon la Caille, Voiturier par terre d'Orleans; je vous envoye trois balles d'étoffes de laine, marquées & numerotées comme en marge, pesant ensemble quinze cent livres, lesquelles ayant reçû bien conditionnées & en tems dû, vous lui payerez pour sa voiture à raison de huit livres du cent pesant, comme par avis de,*

Votre très-humble serviteur

Abraham.

A Monsieur,
Monsieur Guillaume Imbert
Marchand Drappier ruë du
Chapeau rouge
A BOURDEAUX.

Il y a dans ce modele de lettres de voitures trois clauses essentielles qu'il ne faut jamais omettre. 1°. Que les balles seront reçuës bien conditionnées. 2°. Qu'elles arriveront à tems dû. 3°. Que c'est comme par avis qu'on a écrit cette lettre.

Par la premiere clause on entend que le Voiturier doit rendre les balles de marchandises saines & entieres, sans être moüillées ni gâtées, & qu'autrement il est garand des dommages arrivez aux marchandises par sa faute; car si c'est par un cas extraordinaire & fortuit, pour lors il n'en est aucunement tenu.

Par la seconde clause on oblige le Voiturier de remettre les marchandises à celui à qui elles sont adressées dans un tems proportionné au chemin qu'il a eu à faire; mais pour éviter les contestations qui peuvent arriver à l'occasion de ce tems, il est plus sûr d'en faire mention dans la lettre de voiture, & d'y marquer que si les marchandises ne sont renduës dans un tel tems, il sera rabattu tant sur le prix de la voiture. Les lettres où cette condition est exprimée, se nomment Lettres de voiture à jour nommé.

Enfin lorsque l'on met à la fin de la lettre, *comme par avis*, c'est pour faire connoître que l'on a déja écrit séparement par la poste pour donner avis du départ de la marchandise, & que cette lettre de voiture n'est proprement qu'un duplicata de l'autre.

Les Marchands, Négocians & Commissionnaires doivent observer de mettre entre les mains des Voituriers les acquits passavants, certificats & autres expeditions des bureaux des Fermes du Roi lorsqu'il y en a, ou de les joindre à la lettre d'avis, afin qu'il n'arrive aucune difficulté pour retirer les marchandises des Doüanes ou Bureaux où elles peuvent être déchargées; mais s'ils ont laissé au Voiturier le soin d'acquitter les marchandises dans les Bureaux qui se trouvent sur la route, il faut qu'ils ajoûtent dans la lettre de voiture cette quatriéme clause (*& lui rembourserez les droits qu'il aura payez, en vous faisant apparoître des acquits*)

Ceux qui falsifient des lettres de voitures sont condamnez pour la premiere fois au foüet & au bannissement de cinq ans, avec amande qui ne peut être moindre que du quart

quart de leurs biens, & en cas de recidive, aux galeres pour neuf ans, aussi avec amande, mais de la moitié de leurs biens. *Ord. du 22 Juillet 1681, art. 21 & 22 du tit. commun pour les Fermes du Roy.* *Voyez* Voiture & Voituriers.

Lettres d'apprentissage. Ce sont des lettres ou certificats en forme autentique que les Maîtres & Gardes des six Corps des Marchands, ou les Maîtres Jurez des Communautez des Arts & Métiers donnent à leurs Apprentifs au sortir de leur apprentissage, pour certifier & faire connoître qu'ils ont achevé le tems porté par les Statuts, & rempli dignement toutes leurs obligations & devoirs.

C'est sur ces lettres que les aspirans après avoir servi de Garçons ou de Compagnons chez les Maîtres, autant que les mêmes Statuts les y obligent, dont ils doivent aussi rapporter certificat, sont reçûs au chef-d'œuvre si le chef-d'œuvre est d'usage, ou à être interrogez sur leur capacité dans les corps où il n'y a point de chef-d'œuvre, pour être ensuite reçûs Maîtres s'ils en sont jugez capables.

Ces lettres doivent être inscrites dans les regiftres du Corps ou de la Communauté desquels sont les Apprentifs.

Lettres de Maîtrise. Ce sont des actes en forme que les Maîtres & Gardes, & Maîtres Jurez delivrent à ceux qui sont jugez dignes d'être admis à la maîtrise, après qu'il est apparu de leur capacité par le chef-d'œuvre ou experience qu'ils ont fait, ou par l'examen qu'ils ont subi

Ces lettres ne s'expedient qu'après que les nouveaux Maîtres ont prêté le serment entre les mains du Procureur du Roy au Châtelet & payé les droits de Confrairie & de reception.

C'est en vertu des lettres de maîtrise que l'on a droit de tenir magazin, ouvrir boutique & exercer le négoce ou métier du Corps ou Communauté où l'on a été reçû. *Voyez les divers articles où il est traité en particulier de tous les Corps de Marchands & Communautez des Arts & Métiers de la Ville de Paris.*

Lettres de Respit. Ce sont des lettres de surséance ou délai de payer, que le Roy accorde en faveur des débiteurs de bonne foy, contre des créanciers trop rigoureux.

Ces sortes de lettres s'expedient par les Secretaires du Roy; elles doivent être scellées du grand Sceau, & enterinées par le Juge des lieux ausquels elles sont adressées.

On les appelle Lettres de respit *à respirando*, parce qu'elles donnent le moyen aux débiteurs de respirer par le tems qui leur est accordé pour payer leurs dettes.

L'usage des lettres de respit est très-ancien; on trouve dans Cassiodore que l'on s'en servoit sous le regne de Theodoric Roy des Gots & d'Italie qui vivoit du tems de Clovis Roi de France; d'autres veulent qu'elles ayent été introduites vers la fin du onziéme siecle par le Pape Urbain II. en faveur de ceux qui se croiférent pour la guerre sainte. Enfin l'on rapporte que S. Louis donna trois ans de respit à ceux qui l'accompagnerent à son voyage d'outre mer.

Les Négocians, Marchands, Banquiers & autres qui se trouvent obligez par le malheur de leurs affaires d'avoir recours aux lettres de respit, ne feront peut-être pas fâchez de trouver ici les principales choses qu'il faut observer pour les obtenir & en poursuivre l'execution.

1o. Les lettres de respit ne s'accordent que pour des considerations importantes dont il doit y avoir un commencement de preuves par actes autentiques, qui doivent être expliquées dans les lettres & attachées sous le contre-scel, avec un état que l'Impetrant doit certifier veritable de tous ses effets, tant meubles, immeubles que dettes.

2o. Aussi-tôt après le sceau & expedition des lettres, l'Impetrant doit remettre au greffe, tant du Juge auquel l'adresse en a été faite, que de la Jurisdiction Consulaire la plus prochaine, un double du même état aussi certifié veritable; du dépôt duquel on doit retirer des certificats des Greffiers; & faire donner copie à chacun des créanciers tant de l'état, que des certificats, dans le tems qu'on leur fait signifier les lettres de respit, à peine d'en être déchû à l'égard de ceux ausquels il n'aura point été donné de copie; & si l'état se trouvoit frauduleux, celui qui auroit obtenu les lettres de respit en seroit déchu, encore qu'elles eussent été enterinées ou accordées contradictoirement, & il n'en pourroit plus obtenir d'autres.

3o. Si ceux qui ont obtenu des lettres de respit sont Négocians, Marchands ou Banquiers, ils sont tenus outre les formalitez ci-dessus & sous les mêmes peines, de remettre au Greffe du Juge à qui l'adresse des lettres a été faite, leurs livres & regiftres; d'en tirer un certificat du Greffe, & d'en faire aussi donner copie à chacun de leurs créanciers en leur faisant signifier leurs lettres.

4o. Lorsque l'on a obtenu des lettres de respit & que l'on est domicilié dans la Ville de Paris, on doit en faire faire la signification dans la huitaine à ses créanciers & autres interessez demeurant dans la même Ville; & si celui qui les a obtenuës ou ses créanciers ont leurs domiciles ailleurs, le délai de huitaine doit être prorogé tant pour les uns que pour les autres, d'un jour pour cinq lieuës de distance, sans distinction du ressort des Parlemens; & les lettres ne peuvent avoir d'effet qu'à l'égard de ceux ausquels la signification en a été faite.

5o. Les lettres de respit portent toûjours mandement au Juge auquel elles sont adressées, qu'en procedant à l'enterinement (les créanciers appellez) il donne à l'Impetrant tel délai qu'il jugera raisonnable pour payer ses dettes, qui ne peut néanmoins être de plus de cinq ans, si ce n'est du consentement des deux tiers des creanciers hypotequaires, & cependant, il lui est accordé par les lettres un délai de six mois pour en poursuivre l'enterinement, pendant lequel tems il est défendu d'attenter à sa personne & meubles meublans servant à son usage.

6o. On ne peut être exclus d'obtenir respit sous prétexte des renonciations que l'on y auroit pû faire dans les actes & contrats que l'on a passez.

7o. Ceux qui ont obtenu des lettres de respit, ne peuvent s'en servir lorsqu'ils ont été accusez de Banqueroute, qu'ils sont actuellement Prisonniers, ou que le scellé est apposé sur leurs effets.

8o. Du moment que l'on a obtenu des lettres de respit on ne peut payer ni preferer aucun de ses creanciers au préjudice des autres sous peine d'être déchû de l'effet des lettres.

9o. On n'accorde point de secondes lettres de respit à moins que ce ne soit pour des causes nouvelles & considerables dont il doit y avoir commencement de preuves, ainsi qu'il a été ci-devant dit.

10o. Il y a plusieurs cas dans lesquels on ne peut obtenir de lettres de respit; sçavoir, pour pensions, alimens, medicamens, loyers de maison, moisson de grains, gages de domestiques, journées d'artisans & mercenaires, reliquats de comptes de tutelles, dépôts nécessaires & volontaires,

 stellio-

stellionat, reparations, dommages & interêts adjugez en matiere criminelle, maniement de deniers publics, Lettres de change, marchandises prises sur l'étape, dans les foires, marchez & ports publics; poisson de mer frais, sec & salé, cautions judiciaires, & des coobligez, frais funeraires, arrérages de rente fonciere & redevances des baux emphyteotiques; marchandises & effets achettez de la Compagnie des Indes Orientales, ou choses venduës servant à icelle.

11°. On doit bien prendre garde à ne point obtenir de lettres de respit qu'on n'y soit absolument contraint; car quoyque ces sortes de lettres soient des graces emanées du Prince, elles ne laissent pas pourtant de faire quelque tache à l'honneur & à la réputation de ceux qui les ont obtenuës, & qui s'en sont servis contre leurs créanciers; en telle sorte qu'ils ne peuvent plus aspirer à aucunes fonctions, honneurs, ni charges publiques, c'est-à-dire qu'ils ne peuvent être élûs Maires ou Echevins, Juge ou Consuls des Marchands, ni avoir voix active & passive dans leurs Corps & Communautez, ni être Administrateurs des Hôpitaux, &c. ils seroient même exclus de toutes ces choses, s'ils étoient actuellement en place.

On peut cependant se faire rehabiliter dans sa bonne fame & renommée en obtenant des lettres de rehabilitation; mais il faut auparavant avoir entiérement payé & satisfait ses créanciers, tant en principaux qu'interêts. *Voyez* Rehabilitation.

Tout ce qui a été dit dans cet article est conforme aux Ordonnances du mois d'Août 1669, du mois de Mars 1673 au titre des Respits, de la Déclaration du Roy du 23 Décembre 1699, & de celle du mois de Septembre 1664, concernant l'établissement de la Compagnie des Indes Orientales.

Comme ces Ordonnances & Déclarations contiennent quantité d'autres dispositions, mais moins importantes touchant la matiere des lettres de respit, qu'il seroit trop long de raporter, le lecteur y pourra avoir recours s'il en a besoin.

Voyez aussi le Chapitre Premier du Livre IV de la II. Partie du Parfait Négociant de M. Savary.

Lettres de Rehabilitation. *Voyez* Rehabilitation.

Lettres de Mer. On nomme ainsi dans les Ports de la Picardie & de la Flandre les commissions que les Etrangers prennent d'un Prince dont ils ne sont pas sujets, pour faire le commerce sous sa banniere, ou armer en course contre ses ennemis. *Voyez* Commission.

On se sert aussi de ce terme, pour signifier tous les actes ou papiers que les Maîtres ou Capitaines des vaisseaux Marchands sont tenus de prendre quand ils sortent d'un port, ou qu'ils sont obligez de representer quand ils y rentrent, comme sont les congez, les passeports, les chartes-parties, les chargemens, les affretémens & autres semblables. *Voyez l'explication de tous ces termes à leurs propres articles.*

Lettres. Figures, caracteres, traits de plume ou de pinceau: enfin tout ce dont les hommes sont convenus entre eux pour exprimer leurs pensées, & qu'ils tracent ou gravent sur quelque matiere que ce soit.

Lettres. Se dit particulierement des caracteres de métail qui servent à l'Imprimerie. Il y en a de diverses sortes pour la figure, & encore de plus de sortes pour la grosseur.

Les lettres rondes & les lettres italiques sont presque les seules dont on se sert presentement pour l'impression du Latin & des langues vulgaires, si on en excepte pourtant plusieurs Peuples de la haute & basse Allemagne dont les lettres approchent beaucoup de l'ancien Gotique qui a eu quelque tems assez de vogue en France, mais dont on s'est degoûté avec justice.

On fond aussi des lettres & des caracteres pour le Grec, l'Hebreu, Syriaque, l'Arabe, le Copte, l'Armenien & quantité d'autres langues, ou qui sont presentement du nombre des langues sçavantes mortes, ou qui sont encore vivantes & d'usage parmi plusieurs Nations Orientales.

A l'égard de la diversité de grosseur des lettres ou caracteres d'Imprimerie, on peut les diviser d'abord en lettres initiales, majuscules & capitales qui sont encore de deux sortes, grandes & petites capitales, & en lettres courantes. Les lettres courantes, dont le corps des livres est composé, sont au moins de dix sept sortes differentes depuis le gros double-Canon qui est la plus grosse, jusqu'à la Sedanoise qui est la plus menuë; mais comme on parle amplement en plusieurs articles de ce Dictionnaire de la fonte des lettres ou caracteres, de leur diversité & de leur usage dans l'art de l'Imprimerie: pour ne pas faire de repetition inutile, on peut y avoir recours. *Voyez*, Fondeurs de Caracteres. *Voyez aussi* Caracteres & Imprimerie.

LETTERHOUT. Espece de bois rougeâtre tirant sur le violet, que l'on nomme en France Bois de la Chine.

Les Hollandois par qui il est apporté en Europe, ou même les Marchands Epiciers qui le débitent à Paris, font sur ce bois (si l'on en croit M. Furetiere) un gain bien extraordinaire, puisqu'ils ne l'achettent qu'un écu le millier pesant sur le lieu, & qu'ils le vendent jusqu'à cent écus, & jamais moins de cinquante.

On prétend que cette sorte de bois ne se trouve en nul lieu du monde que dans le continent de la Guyanne.

Ce qui est du moins certain, c'est que les Ebenistes l'employent dans leurs plus beaux ouvrages de marquetterie, où il fait un très-agreable effet, & qu'il ne paye en France les droits d'entrée que sur le pied des autres bois qui servent ou à la teinture ou à la marquetterie.

LEVAIN. Acide ou chaleur interne qui echauffe, fait lever, boüillir ou fermenter de certaines matieres.

Levain. En terme de Boulanger & de Patissier est un morceau de pâte aigrie ou imbibée de quelque acide qui fait lever, enfler, & fermenter une plus grande quantité de pâte avec laquelle on la mêle.

Le levain de simple pâte aigrie se peut conserver quatre jours en été, & huit jours en hiver. Quand on veut s'en servir, il faut le rafraîchir, c'est-à-dire, en délayer & paîtrir dans une certaine quantité de farine un morceau proportionné à la pâte qu'on veut lever; de deux livres par exemple dans quatre boisseaux de farine, quand toute la cuite est de vingt boisseaux.

Lorsque le levain est rafraîchi on le laisse fermenter pendant 6 heures quand il fait chaud, & le double quand il fait froid.

Cette masse de pâte levée se mêle ensuite & se delaye dans le reste de la farine avec de l'eau chaude qu'on laisse revenir trois ou six heures suivant le plus ou moins de chaleur du tems, après quoy on le paîtrit à forfait.

Enfin le pain tourné & dressé se met sur la couche où il faut qu'il se leve encore pendant une heure en esté, & pendant trois ou quatre en hyver.

On parle ailleurs du levain qui se fait avec de la leveure de biere. *Voyez* Leveure.

On

On appelle du Pain sans levain celui dans lequel on n'a mêlé ni pâte aigrie ni autre acide qui le puisse fermenter. *Voyez* Pain a chanter.

LEVANT. Les François appellent ainsi les Pays situez à l'Orient à l'égard de la France. Il ne se dit neanmoins que de ceux qui sont les plus proches de nous, & qui ne s'étendent guéres au-delà de la Mediterranée; les autres comme la Perse, l'Inde, la Chine, le Japon conservent le nom d'Orient.

Les Echelles du Levant sont les Villes de commerce situées sur les Côtes ou dans les Isles de cette partie de la Mediterranée qu'on nomme la Mer du Levant, comme Smirne, Seyde, Alep, Chypre, Schio, &c. *Voyez* Echelles.

Marchandises du Levant, sont celles que les Nations de l'Europe qui font commerce dans le Levant, & qui y envoyent des vaisseaux, en rapportent par leurs retours. Ainsi on dit, du Sené de Levant, de la casse de Levant, du maroquin de Levant, parce que ces drogues & cette espece de cuir se tirent du Levant par la Mediterranée.

On dit qu'un Marchand trafique dans le Levant, pour dire qu'il a ses Correspondans dans les Echelles de la Mediterranée, c'est-à-dire, qui sont situées dans les Etats du Grand Seigneur; qu'il y envoye des marchandises, & qu'on lui en renvoye d'autres du Pays.

Les étoffes d'or, d'argent, de soye, de coton, de fil, de laine, d'écorce d'arbre, & autres semblables qui viennent du Levant, sont comprises dans les défenses generales qui ont été faites en France de celles de Perse, des Indes & de la Chine, la plûpart de ces marchandises y étant fabriquées. *Voyez* Etoffes de la Chine.

Par un Arrêt du Conseil du 15 Août 1685 donné en explication de l'Edit du mois de Mars 1669, pour la franchise du Port de Marseille, il est ordonné qu'il sera levé sur toutes les marchandises venant du Levant, Barbarie, & autres Pays & Terres de la domination du Grand Seigneur, entrant par ladite Ville de Marseille, vingt pour cent de leur valeur, si elles ont été entreposées à Gennes, Livorne & autres Villes & Pays étrangers; & que si elles entrent par le Port de Roüen, elles seront sujettes au même droit, soit qu'elles ayent été entreposées avant que d'y être portées, soit qu'elles y arrivent en droiture.

Etablissement des Nations Chrétiennes dans les Echelles du Levant, & de leurs Capitulations avec la Porte.

La France est la premiere qui ait fait des Capitulations, c'est à dire, des Traitez de Commerce avec la Porte Ottomane. Le Sieur de la Forest les signa en 1535 au nom de François I. & obtint quantité de prérogatives en faveur de la Nation, dont elle a joüi seule jusqu'à ce que les Venitiens, les Anglois, les Hollandois, & enfin les Genois ont obtenu pour eux des Capitulations particulieres.

Les principaux privileges accordez aux François par les Capitulations obtenuës par le Sieur de la Forest, furent:

I. L'établissement d'une Justice sous le nom de Consulat dans toutes les Echelles ou lieux dans lesquels les Marchands François pourroient s'habituer, pour rendre la Justice civile & criminelle entre tous lesdits François, & entre eux & les Turcs; avec défenses aux Officiers du Grand Seigneur d'en connoître, s'il n'y avoit un consentement par écrit du François.

II. Le privilege pour les Consuls & autres Officiers du Consulat, de ne pouvoir, en matiere criminelle, être jugez par les Officiers des lieux; mais d'être envoyez à la Porte ou au plus prochain Lieutenant du Grand Seigneur.

III. La liberté entiere de la Religion à tous les François.

IV. La permission aux seuls François de trafiquer dans tous les Etats du Grand Seigneur; & la défense aux autres Nations d'y venir autrement que sous la banniere de France.

Les Venitiens furent les premiers en faveur de qui la Porte derogea à ce dernier article qui étoit aussi honorable qu'utile aux François; & lorsqu'en 1580 Henry III. envoya Jacques de Germigny Baron de Germolles pour renouveller les Capitulations, les Sujets de la Republique de Venise furent exceptez nommément de la liste des Nations qui pourroient naviger sous la banniere de France.

Dans les Capitulations de 1604 obtenuës de Sultan Amat ou Acmet par M. Savary de Breves Ambassadeur de France à la Porte, les Anglois furent exceptez de la liste.

Enfin ces derniers Capitulations des François n'ayant point été renouvellées jusqu'en 1673, que M. de Nointel en obtint la confirmation qui avoit été refusée à M. de la Haye son prédécesseur, à cause des secours envoyez par Sa Majesté très-Chrétienne en Hongrie & en Candie; enfin, dis-je, les Hollandois & ensuite les Genois profitant du chagrin du Grand Seigneur contre la France, & d'une espece d'indolence où elle étoit tombée par rapport au commerce du Levant, se firent donner des Capitulations particulieres, qui quoiqu'exprimées dans des termes moins honorables que celles de France où le Roy est toûjours traité d'Empereur & du plus ancien allié de la Porte, leur accordent le plus essentiel pour le commerce, qui consiste au privilege d'avoir des Consuls, de pouvoir trafiquer dans tout le Levant sous leur propre banniere.

L'on peut même dire que dans une chose très-essentielle, les autres Nations avoient été mieux traitées que la Nation Françoise, puisque les droits des marchandises de ces dernieres pour l'entrée & la sortie, avoient été reduites à 3 pour cent, tandis que ceux des Marchands François continuoient toûjours de se payer sur l'ancien pied de 5 pour cent; mais cette difference a été ôtée par les Capitulations de 1673.

Reglemens & Police de la Nation Françoise au Levant.

Tant que le commerce du Levant resta tout entier entre les mains des François, il fut si considerable & si riche, qu'on remarque dans les instructions dressées pour le Marquis de Nointel Ambassadeur du Roy à la Porte, que les droits d'entrée & de sortie qui se payoient aux Doüannes du Grand Seigneur pour les marchandises qui y entroient ou qui en sortoient sous la banniere de France, montoient alors à plusieurs millions de livres par an.

Les choses ont bien changé depuis, & il s'en faut infiniment que les affaires de la Nation y soient sur un pied aussi florissant qu'autrefois, & que les Marchands François trafiquent dans les Echelles avec leur premiere réputation, puisqu'il est certain que des vingt millions de marchandises qu'on suppose que toutes les Nations Chrétiennes qui font le commerce du Levant peuvent tirer chaque année des Etats du Grand Seigneur, il y en a quinze pour les Anglois & les Hollandois; seulement deux & demi, au plus trois, pour les François; & le reste pour les Venitiens & les Genois.

On ne peut douter que deux des principales raisons qui ont

ont contribué à la décadence du commerce des François, n'aient été premierement ce grand nombre de nouvelles Capitulations accordées aux autres Nations, & en second lieu les longues guerres civiles qui agitérent la France sous les regnes de Henry II. & de ses Successeurs, qui détournant le Ministere des pensées du commerce, donnerent occasion aux Venitiens & ensuite aux Anglois de s'assurer la navigation & le negoce du Levant sous leur propre banniere.

Il est neanmoins certain que la mauvaise conduite de la Nation avoit autant qu'autre chose reduit son negoce dans l'état déplorable où il se trouvoit, lorsque Louis XIV. resolut en 1665 de le soûtenir; & confia à Monsieur Colbert Ministre & Secretaire d'Etat, le soin de rendre au commerce du Levant du moins une partie de son ancienne vigueur, s'il n'étoit pas possible de lui redonner sa premiere splendeur, en faisant rentrer les autres Nations sous sa banniere.

La premiere chose qui se fit en France pour soûtenir le commerce du Levant, fut l'établissement d'une Compagnie composée de 20 des plus riches & des plus habiles Négocians de Paris, de Lyon & de Marseille.

Une autre précaution qui ne parut pas moins importante, fut de faire cesser les plaintes que les Turcs faisoient sur les mauvaises qualitez des marchandises que les Marseillois leur portoient, & de pourvoir aux abus qui se passoient dans les Consulats, qui avoient entierement decrié la Nation.

A l'égard des Manufactures, il se fit divers Reglemens concernant la fabrique des draps destinez pour le Levant, qu'on peut voir ci-après à l'article general des Reglemens pour les draperies & les étoffes de laineries de France.

Les pieces de cinq sols s'étant depuis introduites en Levant, les Turcs trouverent cette monnoye si belle qu'ils la rechercherent avec empressement, & donnoient leurs marchandises à moitié meilleur marché, pourvû qu'on les payat en cette monnoye; ce qui donna lieu aux Genois d'y en porter: mais ne se contentant pas du profit qu'ils y trouvoient, ils alterérent le titre des especes de plus de la moitié, & en porterent en Levant une si grande quantité de ces dernieres, & les François à leur imitation, qu'ils faisoient fabriquer à Mourgues, que les Turcs ouvrirent enfin les yeux, & accuserent les François de cette friponnerie, ausquels ils firent mille avanies. Afin de faire cesser ces plaintes, l'Ambassadeur du Roy eut ordre d'en poursuivre le decri à la Porte, pour que la perte pût tomber en partie sur ceux qui en étoient la cause. *Voyez l'article des Louis de cinq sols. Voyez aussi celui du Commerce du Levant.*

Le succès du commerce dépendant en partie de la bonne conduite des Consuls établis dans les Echelles, & Sa Majesté étant informée que la plûpart de ceux qui remplissoient alors ces emplois étoient ou inconnus ou même étrangers, en qui il étoit difficile que les Sujets du Roy pussent prendre confiance, il fut ordonné par un Arrêt du Conseil du 29 Mars 1669, que tous les Consuls François rapporteroient incessamment entre les mains de Monsieur Colbert leurs Lettres de Provisions & autres titres en vertu desquels ils exerçoient lesdits Consulats. Ce fut en conséquence de cet Arrêt qu'il fut delivré dans les deux années suivantes de nouvelles Provisions aux anciens Consuls, & qu'il en fut établi un grand nombre de nouveaux dans diverses Echelles où il n'y en avoit point eu jusqu'alors.

Par une Déclaration de la même année enregistrée au Parlement de Provence, il fut ordonné que toutes les avanies qui arriveroient dans les Echelles du Levant seroient portées & acquittées par les vaisseaux & voiles qui se trouveroient dans les Ports & Havres où les avanies seroient arrivées, dont il seroit fait regalement sur les marchandises de leur chargement.

Le 12 Juin de l'année suivante 1670, l'execution de la Déclaration au sujet des avanies fut de nouveau ordonnée; & en consequence il fut fait expresses défenses à tous Consuls établis dans les Echelles du Levant, de faire ni convoquer à l'avenir aucune assemblée du corps de la Nation sous quelque prétexte que ce soit, à peine d'interdiction de leurs charges, & de répondre en leur propre & privé nom des sommes ausquelles lesdites assemblées auroient entrepris d'obliger la Nation entiere, Sa Majesté enjoignant à son Ambassadeur à la Porte de faire executer ces deux Ordonnances.

Monsieur Colbert écrivit en même tems une lettre circulaire à tous les Consuls établis dans les Echelles du Levant, qui contenoit quatre principaux articles de police.

Par le premier il leur étoit ordonné d'entretenir une correspondance reglée avec le Marquis de Nointel nommé Ambassadeur du Roy à la Porte, pour ce qui regarderoit le commerce de leur Echelle. Le second leur enjoignoit de lui envoyer incessamment un memoire de tout ce qu'ils jugeroient necessaire pour l'avantage du commerce dans leurs Echelles; & un autre memoire certifié des principaux Marchands de leursdites Echelles, contenant toutes les avanies que les Turcs y faisoient aux François. En troisiéme lieu on leur ordonnoit d'envoyer tous les six mois à la Cour & à l'Ambassadeur une liste des François habituez & actuellement demeurants dans leurs Echelles, où ils rendroient compte, sans passion & avec verité, de ceux qui y étoient en reputation de probité, aussi bien que des autres dont la conduite n'étant pas reguliere pouvoit donner occasion aux Turcs de concevoir du mepris de la Nation. Enfin on leur recommande d'observer exactement l'Ordonnance qui défend aux Consuls de tenir des assemblées du corps de la Nation au sujet des avanies.

L'Instruction qui fut donnée au Marquis de Nointel contenoit aussi plusieurs articles de Reglemens.

I. La suppression de tous les droits de Consulat qui avoient été pris jusqu'alors par les Ministres de Sa Majesté à Constantinople, aussi bien que de tous ceux que leurs Secretaires & leurs Drogmans s'étoient attribuez.

II. Que sous prétexte d'aucune avanie il ne fut à l'avenir rien levé ni pris sur le commerce de la Nation en general.

III. Que pour cela toutes sortes d'assemblées qu'on avoit coûtume de tenir à ce sujet, fussent abolies, & qu'on évitât d'emprunter de l'argent aux Juifs, & de leur payer des interéts lunaires.

IV. Que les dettes tant celles de la Ville de Marseille, pour le payement desquelles on avoit établi le droit de Cotimo, que celles des Echelles du Levant, seroient examinées & liquidées pour être acquittées avec le plus de soulagement qu'il se pouroit pour le commerce de la Nation.

V. Qu'aucun François ne demeure dans les Echelles, & ne s'y établisse que par la permission expresse des Ministres du Roy à la Porte.

Il avoit été ordonné par un Arrêt du Conseil du 8 Novembre 1669, qu'à l'avenir les Drogmans & Interpretes des

des Echelles du Levant residents à Constantinople, Smirne & autres lieux, ne pouroient s'immiscer en la fonction de leurs emplois s'ils n'étoient François de naissance, nommez par une assemblée du corps de la Nation de chaque Echelle, & s'ils n'avoient prêté le serment entre les mains des Consuls. Le même Arrêt, pour s'assurer à l'avenir de la fidelité des Drogmans, avoit encore reglé qu'il seroit envoyé aux Echelles de Constantinople & de Smirne, de 3 ans en 3 ans, six jeunes garçons pour y être instruits aux langues, & y servir ensuite d'Interpretes. Sa Majesté pour avancer le profit que la Nation pourroit tirer de cet établissement, ordonna par un second Arrêt du dernier Octobre 1670, qu'il en seroit envoyé six par chacune des trois premieres années. On parle ailleurs de cet établissement. *Voyez* DROGMANS.

Les Ambassadeurs de France, prédécesseurs du Marquis de Nointel, avoient extrêmement chargé le commerce par diverses levées de deniers qu'ils faisoient sur la Nation en vertu d'Ordonnances qu'ils décernoient d'eux-mêmes, sans être causées ni pretextées d'aucun sujet, & sans en vouloir donner aucune connoissance aux Marchands residans sur les lieux; Sa Majesté pour arrêter & prevenir cet abus, défendit au Marquis de Nointel par une lettre du 10 Décembre 1670, de faire à l'avenir aucune Ordonnance pour des levées de deniers sur les Négocians pour quelque prétexte que ce pût être, sans en avoir auparavant communiqué le sujet aux Marchands, Capitaines & Ecrivains de navires ou autres bâtimens de mer qui seront sur les lieux, & qu'ils n'eussent auparavant opiné & donné leurs suffrages sur la matiere, avec toute sorte de liberté.

Les escortes que le Roy accordoit pour la sûreté du commerce de ses Sujets, particuliérement de ceux qui trafiquoient au Levant, n'ayant pas tout le succès qu'on auroit eu sujet d'en attendre, par la faute de ceux qui les commandoient, qui ne se joignoient pas assez-tôt aux navires Marchands qu'ils devoient escorter, ou qui les abandonnoient avant qu'ils fussent arrivez dans les Ports de leurs destinations; Sa Majesté donna une Ordonnance le 20 May 1671, par laquelle il enjoint à tous Chefs d'Escadre, Capitaines & autres Officiers de Marine commandez pour escorter des vaisseaux Marchands, soit qu'ils les rencontrent en mer, soit qu'ils partent des Ports du Royaume sous leur conduite & convoi, de les accompagner jusques au dedans ou à la vûë des Ports où ils doivent faire leur décharge; & ensuite pour leur retour jusques dans les Ports du Royaume, leur faisant très expresses inhibitions & défenses de les abandonner pour quelque cause & sous quelque prétexte que ce puisse être à peine de la vie, si ce n'est par la violence des vents, à condition toutefois que les Maîtres desdits navires Marchands se rendront sous les pavillons des vaisseaux d'escorte au jour qui sera indiqué par les Capitaines, de concert avec les Consuls & les principaux Marchands qui y ont interêt.

Avant que la Cour eût obligé les Consuls de rapporter leurs Titres & Provisions, presque tous étoient à vie; quelques-uns avoient obtenu des survivances pour leurs enfans ou leurs parents; & il y en a avoit même qui étoient héréditaires & qui se comptoient parmi les effets patrimoniaux des familles. Dans la nouvelle reforme qui se fit alors des Consuls, ils furent reduits pour la plûpart à six années, mais ils pouvoient être continuez, & le sont en effet.

Les droits de Consulat ne sont pas égaux dans toutes les Echelles, étant dans des endroits, de deux pour cent, & dans d'autres de trois. *Voyez à l'article general du commerce, celui du Levant, & le détail de ses Echelles.*

Ce fut par ces premiers Reglemens que Monsieur Colbert commença à donner une autre forme au commerce de la Nation Françoise au Levant, & ce fut ainsi qu'il pourvut d'abord à la correction des principaux abus qui s'y commettoient.

Il fut dans la suite dressé un Reglement general pour la Police des Consulats & de leur Chancellerie, & pour tout ce qui regarde les assemblées & le commerce de la Nation, auquel de tems en tems & presque jusqu'à la mort de Louïs XIV. on a ajoûté de nouveaux articles suivant l'exigence des cas qui se presentoient; mais comme on en parle ailleurs très-amplement, on se contentera ici de les indiquer. *Voyez l'article des Consuls.*

Reglemens concernant le commerce de la Nation Hollandois au Levant.

Smirne est le principal comptoir des Hollandois dans les Etats du Grand Seigneur.

Les Hollandois ont à Smirne un Consul, un Tresorier, trois Assesseurs & un Chancelier. Le Consul & le Tresorier ne doivent rester en charge que trois ans; ils sont néanmoins le plus souvent continuer quand on est content de leur administration; mais ils doivent en obtenir la confirmation par de nouvelles Patentes.

A l'égard des Assesseurs leur emplois est annuel, ils sont proposez par les trois Assesseurs en charge, le Consul & le Tresorier, aux Directeurs du negoce du Levant établis à Amsterdam, qui les approuvent ordinairement, & qui en choisissent un des trois anciens pour continuer l'année suivante; celui-ci est appellé le premier Assesseur, & les deux autres les nouveaux Assesseurs.

Les Ordonnances, les Reglemens & les Lettres de la Direction d'Amsterdam, qui sont envoyées au Levant, aussi bien que les dépêches de l'Ambassadeur de la Republique qui reside à la Porte, sont toûjours adressées au Consul, Tresorier & Assesseurs; & ne peuvent s'ouvrir par le Consul qu'en pleine assemblée & en presence des autres Officiers, ou du moins de deux Assesseurs, si le troisiéme & le Tresorier ne peuvent s'y trouver; ce qui s'observe aussi lorsqu'il est question d'ordonner quelque dépense, ou pour souscrire aux resolutions qui se prennent pour les affaires du commerce, qui sont autentiques & qui s'executent quand elles sont signées par le Consul & deux desdits cinq Officiers.

Quand il est necessaire de faire une assemblée en corps de Nation, le Chancelier & un Drogman vont en avertir les Marchands: lorsqu'ils sont arrivez & qu'ils ont pris place, le Consul leur expose l'affaire dont il s'agit & fait lire à haute voix par le Chancelier les memoires qui la concernent, après quoi la conclusion se prend à la pluralité des voix; mais l'execution s'en remet au Consul & aux Assesseurs.

Le Tresorier doit necessairement être present aux assemblées, quand il s'agit de quelque payement ou de quelque chose qui a rapport à la caisse; & tout ce qui se resoud sans lui ne peut être executé, & est déclaré nul & de nul effet.

Les procès entre Marchands sont portez par devant les Consuls, & sont jugez à la pluralité des voix tant par lui que

que par ses Assesseurs. Les appels de leurs Jugemens vont à l'Ambassadeur residant à Constantinople, de l'Ambassadeur aux Directeurs du commerce du Levant établis à Amsterdam, & des Directeurs aux Etats Generaux, ensorte qu'il y a quatre degrez de Jurisdictions pour ces sortes d'affaires.

Les Ordonnances renduës par le Consul, sans l'intervention & la communication de ses Assesseurs, sont regardées comme nulles.

Dans les occasions où le Consul est appellé chez le Cady, le Doüanier, le Capitan Pacha, ou quelques autres Ministres Turcs, avant d'y aller il doit assembler la Nation pour déliberer sur l'affaire dont il s'agit, & prendre les resolutions convenables, ensuite de quoi le Consul seul la sollicite, la traite & la conclut.

Si le Consul vient à être cité pour quelque raison que ce soit à la Jurisdiction du Pays, il s'y rend accompagné de sa Nation, & requiert une copie des demandes qu'on lui fait pour en deliberer avec elle.

En cas de mort du Consul, l'Ambassadeur nomme en sa place, mais seulement par maniere de provision. A l'égard des emplois de Tresorier & de Chancelier, c'est au Consul & aux Assesseurs de nommer aux places vacantes, mais ce n'est pareillement que sous le bon plaisir des Directeurs d'Amsterdam.

Le droit de Consulat est dû pour tout ce qui se décharge & se charge, soit marchandise, soit argent comptant; celui-ci à raison d'un pour cent tant d'entrée que de sortie; les autres sur le pied de deux pour cent.

Lorsqu'il y a beaucoup d'argent dans la caisse, on reduit le droit de Consulat à la moitié, c'est-à-dire, à demi pour cent pour l'argent, & à un pour cent pour les marchandises; mais cela ne se peut faire qu'avec la permission des Directeurs d'Amsterdam, que demandent & qu'obtiennent le Consul, le Tresorier & les Assesseurs au nom de la Nation, en certifiant & affirmant par tous ces Officiers que la demande des Marchands est juste.

Si au contraire la caisse est épuisée par les avanies souffertes par la Nation, ou par les dépenses extraordinaires qu'elle est quelquefois obligée de faire, on double les droits du Consulat; ensorte que l'argent paye deux pour cent & les marchandises quatre pour cent.

Les Etrangers qui trafiquent au Levant sous la banniere de Hollande ne payent jamais que le droit ordinaire de deux pour cent de Consulat, ni plus ni moins.

Le Tresorier ou son Commis sont chargez du recouvrement du droit de Consulat, lequel s'exige de la maniere suivante.

Les Etrangers doivent payer en monnoye blanche, c'est-à-dire en piastres au lion, le droit pour les marchandises d'entrée: à l'égard de l'argent comptant, le droit se prend en même especes qu'elles se trouvent dans les sacs.

On fait la verification de l'argent comptant à bord du navire, avant qu'il puisse être débarqué. Le Consul, le Tresorier & les Assesseurs l'examinent bourse par bourse, dont on tire quelques especes, lesquelles étant trouvées de bon aloy, on les remet dans les sacs que l'on ferme, & que l'on cachette avec le sceau de la Chancellerie, & ensuite on en permet le débarquement, qui pour l'argent doit se faire tout en un même tems. S'il se trouve quelques especes fausses, elles sont mises en sequestre dans la Chancellerie.

Les Etrangers après le départ du convoy payent le droit de Consulat suivant le tarif & les polices de chargement; copies desquelles, après avoir été signées par les Capitaines, doivent être portées à la Tresorerie.

Les Négocians Hollandois doivent huit jours après le départ du convoy, donner une déclaration de la quantité & qualité des marchandises qu'ils ont reçûës & chargées, & en payer le Consulat, en monnoye blanche. On leur fait ordinairement une remise de six pour cent, ensorte qu'ils ne payent que 94 au lieu de 100; mais s'il ne payent point au tems dû, c'est-à-dire, dans le mois au plûtard, il faut qu'ils ajoûtent aux 94 un pour cent autant de mois qu'ils retardent leur payement; ce qui cependant ne peut aller au-delà de six mois, après lesquels le Consul les doit poursuivre, & les contraindre à payer, même par l'emprisonnement de leurs personnes.

Quand on a payé le droit de Consulat à Constantinople, à Smirne & à Chio, on a la liberté de transporter les marchandises où l'on veut; mais lorsqu'elles vont en d'autres lieux, ou qu'elles en viennent, il est dû le Consulat.

Les Hollandois & ceux qui sont sous la protection doivent payer le Consulat suivant l'argent qu'il y a en caisse, ainsi qu'on l'a dit ci-dessus; mais ils ne le payent pas double pour ce qu'ils reçoivent, ou ce qui leur vient sur des navires portant une autre banniere que celle de Hollande; ce qui s'appelle Consulat Etranger. Ils sont cependant tenus de le payer de la même maniere & sous les mêmes peines que pour les marchandises qui sont chargées sur des vaisseaux Hollandois.

Une fois l'année le Tresorier, son Commis & la Nation se rendent en ceremonie au Temple, où après le sermon & le chant de quelques Pseaumes ils font tous serment, suivant la formule qu'en a lû tout haut le Chancelier, de ne frauder directement ni indirectement aucuns droits de Consulat, ni de ce qui y a raport, à peine de mille écus d'amende, & d'être rembarquez s'ils se trouvent parjures; & de souffrir même d'autres peines, si les Etats le jugent ainsi.

Ceux qui revelent le secret des Assemblées sont sujets à un pareil châtiment.

Les Capitaines, Pilotes & Ecrivains, à leur arrivée à Smirne & avant leur départ, auparavant de remettre leurs manifestes ou déclarations entre les mains du Consul, vont faire le même serment, & sous les mêmes peines: & de plus les Capitaines qui sont trouvez en contravention, ne peuvent pendant six ans commander de vaisseaux.

Le Tresorier tient en Chancellerie tout l'argent dont il est chargé, à la reserve de quelques sommes pour servir aux menuës dépenses. La caisse du dépôt est de fer à trois clefs, dont l'une se garde par le Consul, l'autre par les Assesseurs, & la troisiéme reste entre les mains du Tresorier.

Il n'y a que le Tresorier qui ait connoissance du fonds de sa caisse, dont il ne doit rendre compte qu'aux Directeurs du Levant établis à Amsterdam. Les Assesseurs de Smirne examinent néantmoins toutes les recettes & dépenses qui ont été faites, & en font la verification sur les déclarations des Marchands, sur les manifestes des Capitaines, & sur ce qui a été reçû ou chargé par les Etrangers par chaque convoy, ou autrement.

Le Tresorier paye de trois mois en trois mois en monnoye de poids, avec un agio de dix pour cent, sçavoir:

A

A l'Ambassadeur pour son entretien par an dix mille piastres	10000 piast.
Au Consul aussi par an	4000
Le Tresorier retient par ses mains	1000
Au Ministre	400
	15400 piast.

Lesquelles 15400 piastres avec l'agio à dix pour cent font en monnoye blanche, c'est à-dire, en piastres au lion ou asselani qui font

la monnoye courante du Pays . .	16940 piast.
Plus au premier Drogman	300
Au second idem	300
Au troisiéme	150
Au Chancelier	200
A trois Janissaires, outre trois vestes de drap Londres.	240
Aux mêmes au premier jour de l'an	36
Aux Drogmans aussi pour estrenes	36
	En tout 18202 piast.

Le Tresorier paye toutes les dépenses qui se font à la Porte & à Constantinople, tant pour les presens que pour les voyages d'Andrinople & autres, qu'il rembourse à l'Ambassadeur, & à Smirne au Consul.

Le Vice-Tresorier qui réside à Constantinople, envoye à Smirne au Tresorier le memoire des dépenses qu'il a faites, qu'il lui rembourse après avoir été examinées & approuvées par les Assesseurs & la Nation. On appelle cette Assemblée l'Assemblée des Assesseurs.

L'Ambassadeur est tenu de payer le loyer de sa maison, où il donne une chambre pour tenir la caisse de la Nation. Il est aussi obligé de payer le Chancelier, les Drogmans & les Janissaires de Constantinople, & toutes autres dépenses qui regardent son entretien, sa bouche & ses domestiques.

Le Consul de Smirne est obligé aux mêmes choses, à la réserve des appointemens du Chancelier, du Ministre, des Drogmans & des Janissaires, qui sont payez par le Tresorier, des deniers de la caisse. Si cependant il veut bien nourrir le Chancelier, celui-ci doit lui servir de Secretaire & faire toutes ses écritures; & lorsqu'il reçoit le Ministre à sa table, ce dernier lui paye soixante piastres au lion pour sa nourriture. Le Ministre & le Chancelier sont nommez par les Directeurs d'Amsterdam.

Les Directeurs du Levant résidants à Amsterdam sont au nombre de dix-sept. Par leur institution il devroit y en avoir trois de chaque Province; mais l'usage a emporté que quelques-unes n'en ont que deux, & d'autres seulement un. Ils prennent la qualité de Ministres ou Conseillers près les Etats Generaux pour les affaires du Levant; & c'est en effet eux qui sont consultez sur tout ce qui regarde ce commerce, & qui en décident presque souverainement, quoique sous l'autorité des Etats. Aucune retribution n'est attachée à leur employ, qui n'est qu'une place d'honneur, où les Etats Generaux qui les choisissent, ne nomment que les Marchands les plus habiles, & qui ont le plus de credit.

Le Tresorier de Smirne envoye tous les ans aux Directeurs un compte de toutes les dépenses de l'année, & un autre de la recette des droits de Consulat, avec le bilan de la caisse. Le premier compte contient les appointemens, les avanies, les presens, l'expedition des Messagers, enfin généralement tout ce qui a été dépensé pour le service de la Nation & l'utilité de son commerce, pourvû que la Nation, le Consul & les Assesseurs l'ayent ordonné, ou du moins approuvé. On met aussi au nombre des dépenses un tapis de moquette de la valeur de quinze piastres, que le Tresorier suivant un ancien usage, a coûtume de donner aux Capitaines & Commandans des vaisseaux marchands à leur départ. On envoye aussi aux Directeurs par la premiere commodité qui se trouve après le départ du convoy, la copie des manifestes ou déclarations de tous les navires, & les comptes en détail de tous les droits de Consulat qu'on a exigé, soit de ceux qui ont chargé, soit de ceux qui ont reçû des marchandises; le tout bien examiné & certifié par les Assesseurs; & s'il s'y trouve quelques erreurs au désavantage de la caisse, le Tresorier en reste responsable.

Tous les deniers qui restent en caisse, les dépenses préalablement payées & acquittées, demeurent à Smirne entre les mains du Tresorier. Les Directeurs les ont quelquefois fait venir à Amsterdam, & sembloient vouloir établir cet usage pour toûjours; mais la Nation en ayant porté ses plaintes aux Etats Generaux, & soûtenant que l'excédent de la caisse devoit aller à son profit en diminuant le droit de Consulat, puisqu'elle en soûtenoit l'augmentation quand le cas écheoit, les Etats ordonnerent qu'à l'avenir l'excédent des fonds resteroit au Levant, pour être employé à diminuer les charges de la Nation.

Il y a à Smirne huit ou dix Maisons considerables de Marchands ou de Commissionnaires Hollandois qui soûtiennent tout le commerce.

Il est permis à tous les Sujets de la Republique de charger des marchandises pour le Levant, soit que les Armateurs veüillent se mettre sous la protection du convoy, soit qu'ils se déterminent de faire le voyage en particulier. La seule chose qu'il faut observer, est que les vaisseaux soient de vingt-huit canons & de cinquante hommes d'équipage, tant en paix qu'en guerre.

Pour l'observation de ce Reglement il y a un Commissaire établi au Texel pour visiter tous les vaisseaux qui s'expedient pour le Levant; & s'ils sont armez en contravention, les Capitaines qui les commandent sont condamnez à deux mille écus d'amende pour la premiere fois; & en cas de récidive, outre l'amende de deux mille écus, ils sont cassez, & les navires restent en sequestre jusqu'à ce qu'on les ait pourvûs de nouveaux Capitaines.

Lorsqu'il part un convoy, les Directeurs du Levant demandent aux Commissaires de l'Amirauté le nombre de vaisseaux que les Marchands les Capitaines & les Proprietaires des navires qui composent ce convoy jugent nécessaire pour lui servir d'escorte; ce qui leur est toûjours accordé; l'armement s'en faisant aux dépens de l'Amirauté même, à cause du droit d'un pour cent de la valeur du chargement des vaisseaux, qu'elle a coûtume de recevoir de tous ceux qui entrent dans les Ports de l'Etat, soit sous convoy, soit sans convoy.

Les convois qui vont au Levant touchent ordinairement dans toutes les Echelles d'Espagne, de Genes, Livourne, Naples & Messine, & y demeurent autant de jours qu'il est nécessaire pour décharger & charger; ce qui est pourtant reglé.

Ils suivent le même ordre quand ils sont à Smirne; mais s'il s'il arrive que les vaisseaux marchands ne puissent être prêts dans le tems marqué, qui est ordinairément de quatre vingt-dix jours en tems de paix, en ce cas les Négocians de Smirne & les Capitaines des vaisseaux marchands présentent une requête au Consul, au Tresorier & aux Assesseurs, afin d'obtenir du Commandant du convoy de rester encore sur l'Echelle autant de tems qu'ils en ont besoin pour leurs expeditions; ce que le Commandant accorde s'il le trouve à propos; lui étant toutefois permis de mettre à la voile, s'il ne l'accorde pas.

Lorsque le Commandant fait quelque difficulté de differer le départ du convoy, à cause des ordres précis qu'il a de l'Amirauté d'observer regulierement les staries, c'est-à-dire, les jours marquez pour rester sur l'Echelle, toute la Nation a ordinairement coûtume de s'obliger envers lui, non-seulement de l'indemniser de la dépense du retardement que l'on pourroit lui faire à son arrivée en Hollande de n'avoir pas suivi exactement les ordres.

En effet au retour des convois les Commandans remettent un journal de leurs voyages entre les mains du Procureur General de l'Amirauté; lequel n'approuvant pas les staries faites extraordinairement, en rejette toute la dépense sur le compte des Commandans, qui seroient tenus de la payer, si, comme on vient de le dire, ils n'avoient l'indemnité de la Nation.

C'est encore le Procureur Général de l'Amirauté qui informe contre les Capitaines des vaisseaux de guerre qui ont fait la contrebande, en chargeant des marchandises sur leurs bords; & c'est à sa requisition qu'ils sont condamnez à l'amende pour cette contravention, qui est une des plus severement défenduës & punies. Il est vray qu'il leur est permis de charger de l'argent ou en especes ou en barres, à cause qu'elles n'embarassent guéres les vaisseaux, en cas qu'ils se trouvassent obligez au combat pour défendre le convoy, & le mettre en sûreté.

Comme il peut arriver que les vaisseaux de guerre soient séparez des vaisseaux marchands qu'ils convoyent par quelque fortune de mer, l'Amirauté a coûtume de choisir parmi les Capitaines qui commandent ces derniers, des Commandans en premier & en second, à qui tous les autres sont obligez d'obéir, tant que le convoy est séparé de son escorte.

Les vaisseaux du convoy, & généralement tous ceux qui viennent à Smirne sous la banniere de Hollande, payent d'ancrage quatre vingt piastres au lion, qui sont distribuées partie au Cady & au Gouverneur de Château, & partie aux Drogmans & aux Janissaires de la Nation. Il s'en réserve aussi quelque chose pour les Esclaves & pour l'entretien du Prêche & du Cimetiere. Cette distribution se fait par le Consul, qui en dispose à sa volonté.

La Nation se défend autant qu'elle peut de prêter ses vaisseaux aux Turcs; & lorsque ceux-ci en font la demande, les Capitaines s'en excusent sous le prétexte du prix de leurs navires, & même du fret qu'ils veulent qui soit auparavant mis en dépôt; ce qui en dégoute les Turcs. Il est néanmoins quelquefois arrivé qu'on les ait pris par force; ce qu'on est obligé de souffrir, crainte de plus grandes avanies.

On a passé assez legerement sur quelques articles de ces Reglemens, à cause qu'on en traite plus amplement dans d'autres endroits de ce Dictionnaire. *Voyez l'article general du Commerce, où il est parlé de celui des Hollandois en general, & du Levant en particulier. Voyez aussi l'article des Compagnies Hollandoises du négoce.*

Reglement & police de la Nation Angloise au Levant.

Il y a une Compagnie établie en Angleterre pour la direction du commerce de la Nation Angloise au Levant. Elle est composée d'un President, de six Directeurs & de vingt quatre Conseillers. Le President qu'on appelle Milord Gouverneur, est nommé par le Roy; les Directeurs & les Conseillers sont élus à la pluralité des voix par les Marchands qui composent le Corps de la Compagnie.

L'autorité du Gouverneur & des Directeurs est souveraine, mais seulement pour ce qui regarde le commerce de la Compagnie. On en parle ailleurs très-amplement. *Voyez l'article des Compagnies Angloises de Commerce.*

Les Ambassadeurs & les Consuls sont nommez par le Gouverneur & les Directeurs sous le bon plaisir de Sa Majesté Britannique. Leurs Charges ne sont que pour cinq ans; mais ils peuvent être continuez pour cinq autres années, & même davantage.

Les Chanceliers sont à vie, & les Tresoriers seulement pour deux ans. En cas de mort des uns & des autres, il est pourvû à leurs emplois par l'Ambassadeur & les Consuls, sous le bon plaisir de la Compagnie.

Ces principaux Officiers, aussi-bien que tous les Officiers subalternes, & ceux qui sont du Corps de la Compagnie qui s'établissent au Levant, sont tenus de faire serment d'observer les Réglemens.

Tous les droits de Consulat se levent au profit de la Compagnie, qui a ses Tresoriers pour en faire la recette. Ces Tresoriers sont choisis par la Direction d'Angleterre; mais ils rendent leurs comptes pardevant des Auditeurs nommez par l'Ambassadeur ou les Consuls avec le consentement du Corps des Marchands de la Nation résidants dans les Echelles. Les droits se levent sur le pied de deux pour cent, tant d'entrée que de sortie.

Les appointemens du Gouverneur de la Compagnie, des Directeurs, de l'Ambassadeur, des Consuls, des Vice-Consuls, des Tresoriers, des Drogmans, des Chanceliers, des Janissaires, &c. sont payez du provenu des droits de Consulat. Le surplus, s'il s'en trouve, s'incorpore au fonds de la Compagnie; & au contraire si la recette ne peut porter les charges, les droits s'augmentent à proportion du besoin.

On augmente aussi les droits de Consulat, quand les avanies qui surviennent sont trop considerables pour être payées sur le produit des droits ordinaires; ce qu'on fait afin de liberer entierement la Nation, & qu'elle ne soit point obligée de se charger d'aucun interêt.

Il est défendu aux Marchands Anglois de vendre aucunes marchandises à perte, sans le consentement du Corps de la Nation. Il ne leur est pas non plus permis d'en vendre aucunes à credit aux Turcs, aux Juifs, aux Grecs & aux Armeniens.

Il ne se peut aussi faire aucune vente de Marchand à Marchand; toutes les négociations de commerce ne devant se traiter & se conclure que par l'entremise des Censaux ou Courtiers.

Toutes les marchandises qui viennent d'Angleterre doivent être des meilleures qualitez, particulierement les draperies; la Nation veillant avec une grande attention à soûtenir la réputation de ses Manufactures.

Quand

Quand il se trouve dans les Echelles une trop grande quantité de quelque sorte de marchandise, on en suspend quelquefois le commerce pour un tems; quelquefois aussi on fixe le prix de certaines espéces de marchandises; ce qui ne se fait cependant jamais sans l'avis des Directeurs, & seulement dans une Assemblée de la Nation, dont les résolutions demeurent d'autant plus secretes, que si quelqu'un les reveloit, il seroit chassé honteusement de la Compagnie & des Echelles.

Aucune Assemblée ne peut se tenir qu'en présence de l'Ambassadeur & des Consuls, chacun dans le lieu de sa résidence, & en cas d'absence ou de légitime empêchement des premiers Officiers, le plus ancien de la Compagnie, établi dans le lieu de l'Assemblée, y préside. Les jeunes Marchands au dessous de vingt-cinq ans ont droit d'y assister, mais ils n'y ont voix déliberative que lorsqu'ils ont atteint l'âge de majorité.

Les Ecrivains des vaisseaux sont obligez de remettre des manifestes ou déclarations fidéles des chargemens, à peine d'être punis comme Contrebandiers, & chassez du service.

On préfere de prendre des marchandises de ceux de la Compagnie qui ont des fabriques; parce que si elles se trouvent de mauvaise qualité à leur arrivée au Levant, les Manufacturiers font bon du dommage, sur les attestations en forme qu'on leur en fournit.

Quand les Anglois sont en paix, ils hazardent d'envoyer des vaisseaux sans escorte. En tems de guerre la Compagnie obtient des convois.

Les vaisseaux Anglois qui se trouvent au Levant, & qui ont servi à porter des Passagers & des marchandises d'une Echelle à l'autre pour le compte des Sujets du Grand-Seigneur, ne peuvent se charger en Levant de marchandises fines pour porter en Chrétienneté.

Ils peuvent se noliser en Italie & en Provence, tant aux Italiens & Provençaux, qu'aux Juifs, Armeniens & autres, ou y charger pour leur propre compte, si bon leur semble, en payant le Consulat suivant la coutume; mais si ces vaisseaux apportent des draperies d'Angleterre, de l'étain, du plomb & autres telles marchandises, ils en payent vingt pour cent au Tresorier de la Compagnie.

Tous les Etrangers qui chargent des vaisseaux Anglois pour le Levant, aident à payer les avanies qui sont sur l'Echelle où ils arrivent; ce qui pourtant ne s'exige pas à la rigueur: Mais à l'égard des marchandises que les Facteurs ou Marchands des Echelles reçoivent sur les bâtimens étrangers venant d'Espagne, d'Italie, de France, de Barbarie & de Turquie même, elles ne sont sujettes qu'aux droits ordinaires de Consulat, & non pas aux avanies qui peuvent être survenuës à la Nation.

Toute avanie qui regarde la Nation en général est payée par la Compagnie. Les avanies particulieres se payent par ceux qui se les sont attirées par leur mauvaise conduite.

Tous les gages des Officiers se payent par les Tresoriers: sçavoir:

A l'Ambassadeur, dix mille piastres Espagnoles.

Au Consul, deux mille piastres d'appointemens; plus mille pour menuës dépenses, & cinq cens pour gratification.

Au Tresorier, six cens piastres.

Au Chancelier de Constantinople, pareille somme de six cens piastres; & à ceux de Smirne & d'Alep, deux cens piastres chacun, outre leurs émolumens.

Aux Drogmans de Smirne, quatre cens piastres au premier, trois cens au second, deux cens au troisiéme, & cent au quatriéme. Ils ont outre cela chacun une veste le premier jour de l'an.

Aux Janissaires, chacun cinq piastres & demie par mois.

Au Ministre, deux cens piastres outre sa nourriture à la table du Consul, qu'on paye au Consul à raison de cent quatre-vingt piastres par an pour lui & son valet.

On paye aussi la nourriture du Chancelier comme celle du Ministre.

Les bâtimens Anglois, ou ceux qui viennent sous la banniere d'Angleterre, payent trente piastres pour droits d'ancrage: de cette somme il n'y en a guéres que quatre piastres & demie pour les Officiers du Pays.

LEUDE ou LAUDE. Droit de peage qui se leve en quelques endroits du Languedoc sur les denrées & marchandises qui sont portées à Toulouse pas les Etrangers. Les Habitans de cette Ville en sont exempts, & ont été confirmez dans cette immunité par un Arrêt du Conseil de l'année 1539.

LEVÉE. Terme de fabrique d'étoffe à la navette & au métier. C'est autant d'ouvrage qu'un Ouvrier en peut faire sans être obligé de rouler sur l'ensuble de devant l'ouvrage déja fait. Cet Ouvrier est habile, il fait plus d'une levée par jour.

LEVÉE Se dit aussi de l'étoffe que l'on coupe d'une piece chez un Marchand. Cette piece de velours est presque entiere, on n'en a pris qu'une levée de jupe.

LEVER de l'étoffe, du drap, de la serge, &c. C'est acheter chez un Marchand ces sortes de marchandises à l'aune, ou les faire couper à la piece. On dit en ce sens: *Je m'en vais lever quatre aunes de drap pour me faire un habit. J'ai donné ordre de me lever cent aunes de damas pour un meuble.*

LEVER BOUTIQUE. C'est loüer une boutique, & la remplir d'un assortiment de marchandises pour en faire négoce, & la tenir ouverte aux Marchands qui se présentent pour acheter.

LEVER CHAMBRE. Se dit parmi les Tireurs d'or de la Ville de Lyon, du droit qu'ont les Compagnons, qui après leur apprentissage ont encore servi dix ans chez les Maîtres, de travailler en chambre.

Les deux premiers des sept articles ajoûtez à leurs Statuts en 1683, donnent ce privilege aux Compagnons, mais avec la restriction portée par l'Arrêt de la Cour des Monnoyes de la même année, qu'ils ne pourront travailler pour leur compte, ains seulement pour celui des Maîtres ou Veuves non ayant ouvroirs, de qui ils seront avoüez.

LEVEUR. Terme de Manufacture de papier. C'est l'Ouvrier qui dans les papeteries leve les feüilles de papier de dessus les feutres, pour les mettre les unes sur les autres sur le drapant. *Voyez* PAPIER.

LEVEURE. Coüene ou peau que l'on leve de dessus les fléches de lard, lorsqu'on veut les tailler en bardes ou en lardons.

Il y a de pauvres femmes qui étalent aux halles & aux autres marchez de Paris, qui subsistent assez commodement du petit négoce qu'elles font des leveures de lard & des graisses qu'elles achetent des Traiteurs, Cuisiniers & Rotisseurs. *V.* LARD.

Leveure. C'est aussi une écume ou mousse qui sort de la biére quand elle bout dans le tonneau, dont les Boulangers de petit pain se servent pour faire lever leur pâte, au lieu du levain ou pâte aigrie qu'ils employent pour le gros pain.

La plûpart du pain des Communautez de Religieux & Religieuses où l'on cuit tous les jours, se fait pareillement avec cette leveure, ce qui le rend quelquefois un peu amer, quand on y en met trop. La leveure enfle beaucoup la pâte & en peu de tems, & rend le pain plus leger, plus délicat & plus tendre.

Il y a près d'un siécle que les Boulangers de Paris se servent de leveure, en ayant enfin obtenu la pérmission par un Arrêt du Parlement, malgré le Decret de la Faculté de Médecine de Paris, qui l'avoit déclaré contraire à la santé. Il paroît que l'experience a encore depuis decidé en faveur de la Boulangerie contre la Médecine.

Pline cité par M. Furetiere, raporte que nos anciens Gaulois se servoient aussi de leveure de biére: ainsi c'est un heritage qui nous est venu d'eux.

Ce sont de pauvres femmes qui font le négoce de la leveure de biére. Elles la portent tous les matins aux Boulangers & autres qui s'en servent, dans des boëtes ou boisseaux fermez qu'elles mettent sur leur tête à la maniere des Porteuses de lait. *Voyez* Paste.

LEVIER. Instrument de fer ou de bois qui sert à remuer & à lever les gros fardeaux.

C'est la premiere & la plus simple de toutes les machines, de laquelle néantmoins les autres empruntent leur force. Le levier de fer se nomme Pince; on en parlera à son article. Le levier de bois conserve son nom; c'est le levier dont on parle ici.

Ce dernier levier n'est qu'une longue & forte piece de bois dont on mesure la grosseur & la longueur sur la pesanteur des choses qu'on veut lever. Plus il est long, plus il fait effort; mais toute sa force ne vient que de l'endroit où l'on place le coin sur lequel on veut faire la pesée.

Pour se servir du levier, on en met un des bouts sous le fardeau qu'on veut lever; & après avoir placé un coin de pierre ou de bois au dessous & près du bout engagé sous le fardeau, on pese sur l'autre bout. Les Charpentiers, Marbriers, Tailleurs de pierres, Carriers, & autres tels Ouvriers qui ont de pesants fardeaux à remuer, se servent du Levier de bois.

On nomme Orgueil le coin qu'on met sous le Levier, pour donner de la force à la pesée.

LEZION. Perte que l'on souffre en achetant ou en vendant une chose. La Lezion outre moitié, c'est à dire, la perte que souffre un Acheteur, quand il a été trompé au delà de la moitié de la juste valeur de ce qu'il a acheté, est ordinairement un moyen de droit pour se faire restituer contre un contract. *Voyez* Contract.

LIAIS. Les Tisserans & autres Ouvriers qui travaillent de la navette, se servent de longues tringles de bois, ausquelles ils donnent le nom de Liais. Ce sont les Liais qui soûtiennent les lisses; & des lisses & des liais sont formées ce qu'on nomme les Lames. *Voyez* Lame.

Liais. C'est aussi une espece de pierre de taille très-dure qui prend assez bien le poli, & qui résiste au feu. Les carrieres d'où on tire le Liais, sont assez près de Paris, du côté des Chartreux. Il y en a aussi à Maison entre Charenton & Creteil; mais la pierre n'en est ni si dure ni si belle. *V.* Pierre.

LIARD. Petite monnoye de France qui vaut trois deniers.

Il y a en France deux sortes de Liards, les uns de pur cuivre, & les autres avec quelque mélange de fin. Ces derniers dont il ne se fabrique plus, n'ont cours que dans le Lyonnois & dans le Dauphiné. Il y en a de diverse fabrication, comme de Chambery, de Dombes, d'Orange & d'Avignon. Les premiers tiennent de fin un denier dix grains, les autres trois grains de moins.

La fabrication des Liards de cuivre n'a commencé en France qu'en 1654. Elle fut ordonnée par Déclaration de Loüis XIV. du premier Juillet de la même année.

Ils furent appellez dans la legende d'écusson Liards de France; pour les distinguer des petits liards dont on vient de parler. La Déclaration porte. Qu'ils seront fabriquez de cuivre pur, & sans mélange de fin, à la taille de 64 pieces, le fort portant le foible le plus également que faire se pourra, pour avoir cours pour trois deniers piece.

Ces especes furent réduites à deux deniers quatre ans après par Lettres Patentes du 4 Juillet 1658: mais enfin ils ont repris leur ancien prix depuis 1694, qu'il en fut ordonné une nouvelle fabrication, & les anciens remis à trois deniers.

Lorsque les Liards commencerent à avoir cours en France, l'usage s'établit d'appeller Deux liards la moitié du sol tournois, quoiqu'il n'y eût point alors d'especes de cette valeur. Depuis on en a fabriqué dans quelques monnoyes de France; & l'Edit de 1709 en ordonne la fabrication dans celles d'Aix, de Montpellier, de la Rochelle; de Bordeaux & de Nantes, jusqu'à la concurrence de deux millions de marcs passez de net en délivrance. Ces pieces sont, comme les liards de cuivre, sans aucun mélange de fin, de quarante au marc, au remede de trois pieces par marc, le fort portant le foible.

Outre les Liards de cuivre de France, il y en a plusieurs de fabrication étrangere; entr'autres ceux de Boüillon de 1681, de Lorraine 1700 & 1708, & ceux de Montbeliard de 1711, &c. Les doubles de Boüillon, de Dombes & autres semblables, ont aussi cours sur le pied de trois deniers, quoiqu'ils ne soient pas de véritables liards.

Il y a aussi des liards de Savoye, qu'on nomme Liards à la grosse Echelle, qui sont des especes de sols qui tiennent un denier six grains de fin; & d'autres où il y a un *E* & une *F*, qui n'en ont qu'un denier deux grains.

LIASSES. L'on nomme de la sorte dans le commerce de la filasse de chanvre, que font les Marchands de fer de Paris, les petits paquets dont sont composées les grosses bottes de cette marchandise. *Voyez* Chanvre.

LIBAGE. Morceau de pierre de taille moindre que les carreaux. Le libage se vend à la voye. Une voye doit avoir six à sept morceaux de pierre; le quart de voye, un ou deux. *Voyez* Pierre.

LIBBY. Sorte de lin que les Habitans de Mindanao, grande Isle des Philippines, que les Espagnols n'ont encore pû assujettir, cultivent avec grande quantité, plus pour en faire de l'huile, que pour le si'age & les ouvrages de tisseranderie.

L'huile de Libby est pour ces Barbares un objet considerable de négoce. Ils en fournissent diverses Nations des Indes; entr'autres les Habitans de Borneo & des autres Isles de la Sonde, les Chinois, & même les Espagnols quand ils ne sont point en guerre avec eux. *Voyez* Lin, & Huile de Lin.

LIBER-

LIBERTÉ DE COUR. Terme de commerce. C'est l'affranchissement dont jouït un Marchand, de la Jurisdiction ordinaire des lieux où il fait son négoce, & le privilege qu'un Etranger a de porter les affaires concernant son trafic pardevant un Juge de sa Nation.

Il se dit particuliérement des Villes Hanseatiques, qui dans tous les Comptoirs qu'elles avoient autrefois dans les principales Villes de commerce de l'Europe, comme à Londres & à Anvers, entretenoient une espece de Consul, & sous lui un Greffier, pardevant lequel tous les Marchands de leur Ligue ou Hanse devoient se pourvoir en premiere instance pour fait de négoce, & dont les jugemens se portoient par appel & en dernier ressort pardevant les Juges & Magistrats des Villes Hanseatiques, dont l'Assemblée résidoit à Lubeck.

Ce qui reste de Villes Hanseatiques, réduites à present à sept ou huit, de plus de quatre-vingt qui composoient autrefois cette fameuse Société de Marchands, jouït encore de ce privilege, mais seulement parmi leurs propres Négocians. *Voyez* Villes Hanseatiques.

LIBRAIRE. Celui qui fait commerce de Livres, soit qu'il les imprime lui-même, soit qu'il les donne à imprimer à d'autres. *Voyez ci-après* Librairie.

Libraire Forain. Celui qui vient dans une Ville où il ne fait pas sa résidence, pour vendre, débiter ou échanger des Livres qu'il a fait imprimer ailleurs, ou qu'il a fait venir des Pays Etrangers.

A Paris il n'est pas permis aux Libraires Forains de tenir boutique, magasin ou imprimerie, ni d'y faire afficher leurs Livres, soit par eux, soit par des Facteurs ou personnes interposées; non pas même de les étaler & vendre aux foires de S. Germain & de S. Laurent.

Ils ont néantmoins la permission d'en faire le débit, vente ou échange, pourvû que ce soit dans la Chambre Syndicale des Libraires & Imprimeurs, après que leurs Livres y ont été visitez; & à la charge qu'ils ne séjourneront que trois semaines pour tout délay, à compter du jour de l'ouverture & visite de leurs Livres pour la distribution d'iceux.

LIBRAIRIE. Profession des Libraires. On le dit encore de leur Corps & Societé. On le disoit aussi autrefois pour signifier une Bibliotheque, mais il n'est plus d'usage en ce sens.

Les Libraires & les Imprimeurs de Paris ne font qu'une seule & même Communauté, sous le nom de Corps de la Librairie, à laquelle sont demeurez unis les Maîtres Fondeurs de caracteres d'Imprimerie par l'Edit de Louis XIV. du mois d'Aoust 1686; & de laquelle ont été séparez les Relieurs-Doreurs de Livres par un autre Edit du même Roy & des mêmes mois & an, qui les érige en Corps de Communauté particuliere. On parle ailleurs des Fondeurs de caracteres d'Imprimerie. *Voyez* Fondeur; & l'on parlera dans la suite des Relieurs-Doreurs de Livres. *Voyez* Relieur. On a fait aussi un article particulier pour les Imprimeurs. *Voyez* Imprimeur.

Ce sera néantmoins ici que l'on raportera, comme à l'endroit le plus convenable, ce qui regarde en commun les trois sortes de Maîtres qui composent presentement le Corps de la Librairie de Paris, après qu'on aura dit quelque chose de l'état de cette Communauté avant l'invention de l'Imprimerie.

Le sçavant Auteur de la Dissertation historique & critique de l'origine de l'Imprimerie de Paris, pour prouver l'ancien droit de l'Université sur l'ancien Corps de la Librairie, avance jusqu'à vingt-deux propositions, que l'on se contentera d'indiquer ici, & dont les Curieux pourront voir les preuves, &, pour ainsi dire, les titres mêmes dans cet excellent Ouvrage.

Il est dit en premier lieu; (on ne changera rien ni à son ordre ni à ses paroles.)

1°. Que c'étoit un droit accordé par les Rois à l'Université, qu'elle seule pût instituer & créer les Libraires de Paris.

2°. Que les Libraires étoient Officiers & Suppôts de l'Université, joüissant des mêmes privileges, franchises & exemptions que les Maîtres & Ecoliers.

3°. Qu'ils prêtoient le serment à l'Université, & le renouvelloient quand elle le jugeoit à propos.

4°. Que c'étoit à elle de leur donner des Reglemens & des Statuts, qu'ils étoient obligez de garder.

5°. Qu'ils devoient prendre d'elle leurs Lettres de Libraires.

6°. Qu'on ne les recevoit qu'à la charge de donner caution.

7°. Qu'ils devoient avoir attestation de vie & de mœurs, & de capacité suffisante pour exercer la Librairie.

8°. Qu'ils étoient soumis à la correction de l'Université, qui les pouvoit punir par amende, & même les déposer quand il y avoit cause.

9°. Qu'ils étoient tenus de comparoître dans l'Assemblée de l'Université quand ils y étoient citez, & d'assister à ses processions générales.

10°. Que personne ne pouvoit se mêler de vendre des Livres à Paris, sans en avoir eu auparavant la permission de l'Université.

11°. Qu'il n'étoit point permis aux Libraires de mettre tel prix qu'ils vouloient à leurs Livres: Que c'étoit à l'Université de le faire, & à quatre Libraires qu'elle choisissoit.

12°. Qu'ils ne pouvoient point vendre les Livres plus que la taxe, ni les acheter moins que la prisée qui en avoit été faite.

13°. Qu'ils ne devoient exposer en vente aucun Livre qui n'eût été auparavant communiqué à l'Université, pour être approuvé d'elle ou corrigé, s'il y avoit quelques erreurs.

14°. Qu'ils étoient obligez de loüer leurs Livres à ceux qui le desiroient, en leur payant la taxe imposée pour cela.

15°. Qu'ils étoient tenus de prêter leurs exemplaires à ceux qui en vouloient tirer copie, & qui leur offroient le prix taxé pour ce sujet.

16°. Qu'ils ne devoient avoir que des exemplaires fort corrects, sinon ils étoient dénoncez à l'Université & punis.

17°. Qu'ils ne pouvoient acheter aucun Livre des Ecoliers que par la permission du Recteur.

18°. Que leur gain ne devoit être que de quatre deniers pour livre dans la vente de leurs exemplaires aux Maîtres & Ecoliers, & de six deniers pour les autres.

19°. Qu'ils ne pouvoient prendre aucun pot de vin, ni faire aucun contract simulé dans la vente & achat de Livres.

20°. Qu'aucun Libraire ne pouvoit se défaire de son fonds de Livres, ni l'aliener, sans le consentement de l'Université.

21°. Que chaque Libraire devoit attacher dans sa boutique le catalogue de ses Livres avec le prix taxé.

22°. Enfin que ceux qui n'avoient point prêté le serment ne pouvoient vendre les Livres d'un plus grand prix que de dix sols, & devoient donner des gages à l'Université, pour

servir

servir à reparer le dommage, en cas qu'il en arrivât quelqu'un par leur faute.

Ces vingt-deux propositions peuvent être considerées comme autant d'articles des premiers Statuts du Corps de la Librairie, qui jusqu'à l'invention de l'Imprimerie, & même jusqu'à la fin du quinziéme siécle, n'avoit été composée que de trente personnes; sçavoir vingt-quatre Libraires, deux Relieurs, deux Enlumineurs & deux Ecrivains jurez.

La grande autorité de l'Université sur ces trente Suppôts, déja bien établie dès le treiziéme siécle, comme on le voit par le Statut de 1271, dura dans toute sa force jusqu'à ce que les Rois, de qui elle la tenoit, semblerent la vouloir revendiquer, ou du moins la partager.

Louis XI. en 1467 commença à donner quelques Reglemens pour la Librairie, mais ce ne fut que sous le Regne de François I. que l'autorité Royale regla entierement leur discipline par des Déclarations en forme de Statuts.

Les principaux Reglemens de ce Prince & de ses Successeurs, sont ceux de 1531 & 1539, de François I. de 1551, de Henry II. de 1563, 1571, de Charles IX. de 1579 & 1586, de Henry III. & de 1610, 1618, 1629, de Louis XIII.

Le Regne de Louis XIV. si fecond en Reglemens, & dans lequel ont été dressées tant d'excellentes Ordonnances, est aussi celui qui en a donné le plus grand nombre pour la Librairie. L'on a entr'autres les Reglemens de 1650, de 1663, de 1670, de 1671, de 1686, de 1703, de 1704 & de 1713; & quantité d'Arrêts du Conseil, ou en interpretation des anciens Statuts, ou qui en établissent quelques nouveaux.

Les quatre derniers Reglemens, & particuliérement l'Edit du mois d'Août 1686, enregistré en Parlement le 21 du même mois, & la Déclaration du 23 Octobre 1713, registrée le 26 ensuivant, donnée en interpretation de cet Edit, doivent être regardez comme les véritables Statuts du Corps de la Librairie, jusqu'à ce que ceux qui ont été proposez au Conseil du Roy par les Libraires & Imprimeurs, & convenus en partie entr'eux dans plusieurs conferences, ayent reçû leur autorité par un nouvel Edit ou Déclaration.

On va donner un extrait de cet Edit de 1686, rectifié où il sera nécessaire par les articles de la Déclaration qui l'interprete, ou par les autres Déclarations & Arrêts du Conseil donnez depuis.

Cet Edit en Reglement est composé de soixante-neuf articles reduits sous quinze titres. Ces titres sont:

Des franchises, exemptions & immunitez des Imprimeurs & Libraires de Paris.
Des Imprimeurs & Libraires en général.
Des Fondeurs de caracteres d'Imprimerie.
Des Apprentifs.
Des Compagnons.
Des receptions des Maîtres.
Des Veuves.
Des Correcteurs.
Des Colporteurs.
Des Libraires Forains.
Des Syndics, Adjoints & Maîtres de Confrairie.
De la visite & de la Chambre Syndicale.
Des libelles diffamatoires & Livres défendus.
Des Privileges pour l'impression des Livres.
Enfin des inventaires, prisées & ventes d'Imprimerie & de Librairie.

Les Imprimeurs & Libraires & les Fondeurs, qui composent avec eux le Corps de la Librairie, sont reputez du Corps & des Suppôts de l'Université, du tout distinguez & séparez des Arts méchaniques; & en cette qualité joüissent de tous les droits, franchises & prérogatives dont les Recteur, Maître & Ecoliers de ladite Université ont coutume de joüir.

Un Syndic & quatre Adjoints sont à la tête de ce Corps. La Communauté assemblée se les donne par élection & à la pluralité des voix. L'élection du Syndic ne se fait que tous les deux ans, & celle des Adjoints tous les ans, mais seulement de deux chaque année à la place des deux anciens. Le jour de l'élection est fixé au huitieme de May, & le nombre des Electeurs à seize mandez, Imprimeurs & Libraires, outre les Syndics & Adjoints. L'élection se fait en présence du Lieutenant Général de Police & du Procureur du Roy au Châtelet.

L'égalité avoit été conservée entre les Libraires & les Imprimeurs par l'Edit de 1686, soit pour le droit à l'élection, soit pour le nombre de leurs mandez; mais la grande disproportion du nombre des uns & des autres; (les Imprimeurs n'étant que trente-six, & les Libraires bien au-delà de deux cens,) a donné lieu à l'interpretation de la Déclaration de 1713, qui a reglé par l'article septiéme, Qu'il ne sera élu à l'avenir qu'un Adjoint Imprimeur de deux années en deux années, & qu'il ne seroit non plus mandé que quatre Imprimeurs & douze Libraires pour les élections.

C'est le Syndic qui est chargé de l'administration des deniers & effets de la Communauté, & les deux derniers Adjoints qui sont les Administrateurs de la Confrairie, qui a S. Jean Porte Latine pour Patron.

Les visites, soit générales, soit particuliéres, se font par les Syndics & Adjoints; les générales tous les trois mois, les autres toutes fois & quantes ils le jugent nécessaire.

La visite des Livres venant de dehors (qui se portent à la Chambre Syndicale en consequence du cinquante-huitiéme article de l'Edit, dont l'execution a été d'abondant ordonné par une Sentence du Lieutenant Général de Police du 6 Juin 1998.) se doit faire au moins par trois de Syndic & Adjoints. Les jours marquez pour la faire sont les mardis & vendredis à deux heures de relevée.

Dans ces visites les libelles contre l'honneur de Dieu, & le bien & repos de l'Etat, ou les Livres imprimez, soit dedans, soit dehors le Royaume, en contravention des Reglemens & Privileges, doivent être arrêtez, même les marchandises qui se trouveroient dans les balles avec de tels libelles diffamatoires ou autres livres défendus.

Non seulement la visite des Livres qui sont apportez à Paris par les Libraires & Imprimeurs Etrangers, ou des Provinces, pour y être vendues ou échangez, doit se faire dans la Chambre Syndicale, mais encore la vente ou l'échange y doit être pareillement faite en présence desdits Syndic & Adjoints.

Enfin les Officiers de la Librairie, outre les visites chez leurs Confreres, ont aussi droit d'en faire chez les Dominotiers, Imagers & Tapissiers en papier, ausquels il est défendu par l'article 61, d'avoir chez eux des caracteres de fonte propres à imprimer des Livres.

L'apprentissage, dont les gens engagez dans le mariage sont exclus, est au moins de quatre années consecutives, & doit être suivi de trois autres années de service chez les Maî-

Maîtres en qualité de Compagnon. Nul n'est reçû Apprentif qu'il ne soit congru en langue Latine, & qu'il n'en rapporte certificat du Recteur de l'Université.

L'Imprimeur qui n'a que deux presses ne peut avoir qu'un Apprentif. Il est permis aux autres d'en avoir jusqu'à deux. A l'égard des Libraires, ils n'en peuvent obliger qu'un à la fois; mais l'article 6 de la Déclaration de 1713, qui ordonne que tout Imprimeur aura au moins quatre presses, semble avoir ôté cette différence d'un ou deux Apprentifs pour les Imprimeurs.

Les Fils de Maîtres ne sont tenus de faire aucun apprentissage; & s'ils ont les qualitez requises ils doivent être reçûs à leur premiere requête; ce qui pourtant a quelques exceptions, comme on le dira dans la suite.

Les qualitez pour être reçû à la Maîtrise, outre l'apprentissage & le service pour ceux qui y sont sujets, sont l'âge de vingt ans accomplis, d'être naturel François, d'être congru en langue Latine, & de sçavoir lire le Grec.

L'Aspirant à la Maîtrise doit être certifié capable d'exercer la profession d'Imprimeur ou de Libraire par deux autres Maîtres de la Communauté; bien entendu, suivant l'interpretation qu'en donne l'art. 4 de la Declaration de 1713, Que le Fils ou Apprentif Libraire qui se présente pour être reçû Libraire, sera certifié par deux Libraires seulement: Que le Fils ou Apprentif d'Imprimeur en pareil cas le sera par deux Maîtres Imprimeurs aussi seulement; & que s'ils se présentent les uns ou les autres pour être Libraires & Imprimeurs en même tems, ils seront certifiez par deux Libraires & deux Imprimeurs.

Suivant l'article 3 de la Déclaration de 1713, les Fils de Maîtres Imprimeurs qui n'exercent que l'Imprimerie, doivent faire une année d'exercice chez un Libraire de Paris, ou deux années chez un Libraire de Province, avant de pouvoir être reçus Libraires: les Apprentifs en pareil cas sont tenus de deux années d'exercice à Paris, & de trois en Province; ce qui doit s'observer en pareilles circonstances pour les Fils & Apprentifs des Libraires, qui veulent parvenir à la Maîtrise d'Imprimeur.

Les Compagnons qui épousent la veuve ou la fille d'un Maître, sont reçûs comme fils de Maîtres.

Le veuves restant en état de veuvage joüissent de tous les privileges de la Maîtrise de leurs maris, à la réserve qu'elles ne peuvent obliger de nouveaux Apprentifs, mais seulement achever ceux qui sont commencez.

Les nombre des Imprimeurs est fixé à trente six, dont les places, vacation arrivant, ne peuvent être remplies que par des fils d'Imprimeurs, ou par ceux qui ont fait apprentissage d'Imprimerie. Le nombre des Libraires n'est pas fixé; mais il leur est défendu de recevoir plus d'un Maître par an, outre les Fils & Gendres de Maîtres. Dans cette reception on préfere celui qui s'est présenté & a été inscrit le premier sur le Registre par les Syndic & Adjoints.

Chacun des trente-six Imprimeurs, à qui il suffisoit par l'article 2 du Reglement de 1686, d'avoir deux presses à lui appartenantes, sont tenus par l'article sixieme de la Déclaration de 1713, d'en avoir au moins quatre, & huit sortes de caracteres romains avec leur italique, depuis le gros Canon jusqu'au petit Texte, sans que plusieurs Imprimeurs puissent s'associer pour une même Imprimerie.

Les Libraires Imprimeurs tenant Imprimerie ou boutique de Librairie, les doivent tenir dans le quartier de l'Université seulement, dans un même lieu, & non séparément. Les Libraires non-Imprimeurs peuvent avoir leurs boutiques au dedans du Palais, à moins qu'ils ne se restreignent à ne vendre que des heures & des petits Livres de prieres, auquel cas ils peuvent demeurer aux environs du Palais & dans la ruë Notre-Dame.

L'article 11 de l'Edit de 1686, qui contient cette discipline concernant les demeures des Imprimeurs & Libraires, fixe aussi les bornes de ce qu'on entend par le quartier de l'Université.

Tous les Libraires & Imprimeurs qui impriment ou font imprimer des Livres, sont tenus d'y mettre leur nom & leur marque, de prendre des Privileges du grand Sceau, de les inserer en entier au commencement ou à la fin de chaque Exemplaire, & d'en faire l'enregistrement aussi tout du long, ainsi que de leur cession, sur le Registre de la Chambre Syndicale.

Il n'est pas néantmoins nécessaire, il est même défendu d'obtenir de tels Privileges pour les Requêtes, Factums, Placets, &c. On parle ailleurs très-amplement de ce qui concerne cette matiére. *Voyez* Privilege.

Après divers changemens arrivez dans la Librairie pour la quantité des Exemplaires que les Libraires & Imprimeurs doivent fournir à de certaines Bibliotheques, où à la Chambre Syndicale, de chaque impression de Livres qu'ils font, la Déclaration du Roy Louis XIV. du 6 Octobre 1703, les a fixez à huit, pour être distribuez ainsi qu'on l'a dit à l'article des Exemplaires.

La Déclaration de 1715 y assujettit aussi les Graveurs & Marchands de tailles-douces pour Livres de figures, Estampes, Cartes, &c. *Voyez* Exemplaire.

Il n'appartient qu'aux Libraires & Imprimeurs de faire la description ou prisée des Imprimeries ou des Livres qui doivent être exposez en vente; & les presses & caracteres servant aux Imprimeries ne peuvent être vendus ni transportez sans la permission du Lieutenant Général de Police, & seulement en la présence des Syndic & Adjoints, qui doivent en tenir Registre, sur lequel sont obligez de s'en charger ceux à qui ils auront été vendus ou adjugez, à peine de confiscation & d'amende.

Les Libraires & Imprimeurs, en qualité de Suppôts de l'Université, & par l'excellence de leur Art, ayant toûjours été distinguez & séparez des Arts méchaniques, leur Communauté ne fut point comprise dans le Rôle dressé au Conseil pour l'execution de l'Edit du Roy Louis XIV. portant création en titre d'Offices de Maîtres & Gardes, Syndics & Jurez pour les Corps des Marchands & les Communautez des Arts & Métiers: mais une nouvelle création d'Auditeurs dans ces mêmes Corps & Communautez ayant été faite en 1694, le Corps de la Librairie, qui par inadvertance avoit été employé dans ce nouveau Rôle au préjudice de ses privileges, fut comme forcé au payement d'une somme considerable, qu'il fut obligé d'emprunter pour se délivrer de la vexation du Traittant.

Enfin en 1703 les Libraires & Imprimeurs ayant été de nouveau poursuivis pour diverses taxes mises sur les autres Communautez par les Edits de 1701 & 1702, ils en obtinrent la décharge purement & simplement par une Déclaration du mois d'Octobre de la même année; & les sommes par eux jusques-là payées aux coffres du Roy, furent déclarées comme leur tenant lieu d'augmentation de finance

nance pour la confirmation de leurs droits & privileges.

Ce fut par la même Déclaration que les Exemplaires qui se doivent fournir à la Chambre, furent augmentez jusqu'au nombre de huit, & les droits de visite & reception aussi accrus considerablement, pour dédommager le Corps de la Librairie des grosses sommes qu'il avoit empruntées, en payer les arrerages, & en faire peu à peu le remboursement.

On ne parle point ici des Correcteurs d'Imprimerie, des Colporteurs, des Libraires Forains, de la Chambre Syndicale, du commerce des Livres, & de plusieurs autres choses qui y ont raport, dont il est fait mention dans divers articles du Reglement de 1686, parce qu'on en traite dans des articles particuliers où l'on peut avoir recours.

La marchandise de Librairie n'est point employée pour les droits d'entrée dans le Tarif de France de 1664, ou plûtôt elle y est declarée libre de tous droits. A l'égard des droits de sortie, quoiqu'en general, & lorsqu'elle est seule elle en soit aussi exempte, le même Tarif, lorsqu'elle est mêlée avec de la mercerie, la taxe comme mercerie, c'est-à dire, à 3 liv. du cent pesant.

LICORNE. On ne s'amusera pas à décrire ici cet animal fabuleux; & il est présentement trop bien établi parmi les Sçavans, qu'il n'y a rien de vrai de tout ce que tant d'Auteurs anciens & modernes, qui se sont copiez les uns les autres, en ont raconté, pour qu'il y ait encore des personnes de bon esprit assez entêtez, pour avoir besoin d'être désabusez là-dessus.

Cependant comme il est vrai que les Marchands Epiciers Droguistes vendent de cette prétenduë corne de Licorne, il est bon d'avertir ici, 1o. Qu'elle n'a aucune vertu contre les poisons, ainsi qu'on la lui attribuë. 2°. Que cette corne n'est point d'un animal terrestre. Et 3o. Qu'elle vient d'un poisson nommé Walrus ou Narhval, que quelques-uns appellent aussi Cheval marin, dont on pourra voir la description dans l'article de Walrus.

La corne de Licorne, ou du moins ce qui passe pour en être, paye en France les droits d'entrée à raison de 50 s. la livre pesant.

LIE. C'est la partie la plus crasse & la plus épaisse des liqueurs, le sediment qui se forme & qui tombe au fond des tonneaux, lorsqu'elles se sont éclaircies.

Les Vinaigriers font un grand commerce de lie de vin qu'ils font sécher & qu'ils réduisent en pain, après en avoir exprimé ce qui y reste de liqueurs par le moyen de petites presses de bois. *Voyez* VINAIGRIER.

Les Cabaretiers, Marchands de vin & autres qui font le commerce de vin en détail, sont tenus, conformement aux Ordonnances du Roy pour les Aydes, de vendre leur lie aux Vinaigriers, sans en pouvoir faire des eaux-de-vie. *Voyez* MARCHAND DE VIN *&* CABARETIER. *Voyez aussi l'article du* VIN.

C'est avec de la lie brûlée & préparée d'une certaine maniere que se fait ce qu'on nomme de la Gravelée, dont les Teinturiers se servent dans leurs teintures, & quelques autres Artisans & Ouvriers dans leurs ouvrages. *Voyez* GRAVELE'E.

La Lie de vin paye en France les droits d'entrée à raison de 3 s. du muid.

LIEGE. Ecorce d'un grand arbre qui porte le même nom.

Cet arbre est assez semblable au chesne verd. Ses feüilles sont vertes pardessus & blancheâtres pardessous. Son fruit est un véritable gland dont les cochons se nourrissent, qui les engraisse beaucoup plus que le gland que le chesne produit. Il se trouve quantité de ces arbres en Espagne, en Italie, & même en France, sur-tout dans la Gascogne & sur les Pirenées, quoiqu'en ait dit un Auteur moderne.

Pour lever l'écorce du liége, on la fend depuis le haut jusqu'en bas, en faisant aux deux extrémitez une incision coronale. Quand on en a dépoüillé l'arbre, qui pour cela ne meurt pas, on la met en pile dans quelque marc ou étang, où on la charge de pierres pesantes pour l'applatir & la réduire en tables. On l'en retire ensuite pour la faire sécher; & quand elle est séche suffisamment, on la met en balles pour la commodité du transport.

Il vient aux Marchands Epiciers & Droguistes de Paris de deux sortes d'écorce de liége; le liége blanc ou de France, & de liége noir ou d'Espagne.

Le liége blanc doit être choisi en belles tables, uni, leger, sans nœuds ni crevasses, d'une moyenne épaisseur, d'un gris jaunâtre dessus & dedans, & qui se coupe nettement.

Le liége noir doit avoir les mêmes qualitez, à la réserve de l'épaisseur & de la couleur exterieure, le plus épais & le plus noir au dehors étant le plus estimé.

L'écorce de liége, aussi bien que le gland, sont de quelque usage en Médecine; mais l'employ le plus ordinaire de l'écorce est pour mettre sous des pantoufles, sous des patins, & pour boucher des cruches & des bouteilles. Les Pêcheurs s'en servent aussi à faire ce qu'ils appellent des Patenôtres pour suspendre leurs filets sur l'eau. Les Espagnols le font brûler pour faire cette espece de noir extrémement leger, que l'on nomme Noir d'Espagne.

Le Sieur Furetiere, dans son Dictionnaire, parle d'une autre espece de Liége qui vient d'Angleterre, moins poreux que les autres, & très-propre à faire des bouchons de bouteilles; mais l'on ne voit pas que nos Marchands Epiciers en fassent un grand commerce; outre que le Sieur Pomet n'en parle en aucun endroit dans son Histoire générale des Drogues.

Le Liége paye en France les droits d'entrée à raison de 10 s. le cent pesant, & ceux de sortie sur le pied de 17 s. suivant le Tarif de 1664.

Les droits à la Doüane de Lyon sont de 2 s. par balle d'ancienne taxation, & 2 s. du cent pesant de nouvelle réapreciation; & s'ils se payent à la charge, la charge contenant un millier, paye 4 s. 3. d. & pour la nouvelle réapreciation, à proportion.

LIEN. Terme de Manufacture de lainage dont on se sert en plusieurs lieux du Languedoc, particuliérement dans les fabriques de Langogne & autres lieux du Gevaudan; pour signifier ce qu'on nomme ailleurs des Portées.

Le Reglement du 5 Aoust 1718 pour les étamines ou burates de Langogne ordonne, Qu'elles auront huit portées & trois quarts appellez Liens, de 96 fils chacune.

LIEN. C'est aussi de la sorte que les Chapeliers appellent le Pied de la forme du chapeau, autrement l'Endroit jusqu'où ils font descendre ou avaler la ficelle.

Il se dit encore de l'union du bord du chapeau avec la tête. Le lien doit être l'endroit le plus fort du chapeau. *Voyez* CHAPEAU.

LIEN. Terme de Vitrier. Ce sont de petites attaches de plomb, d'une ligne ou deux de largeur & de demie ligne d'épaisseur, soudées de distance en distance sur le plomb des

des panneaux de vitres, pour y lier les verges de fer qui les tiennent arrêtées sur les chassis.

Les liens se font de deux manieres: pour l'une on a ce qu'on appelle un moule à liens, qui est une espece de gaufrier; & pour l'autre on se sert du tire-plomb. Ces deux machines ou outils sont expliquées ailleurs. *Voyez* TIRE-PLOMB & MOULE A LIENS.

LIEN. Les Charpentiers ont diverses sortes de liens; les uns qui sont simples, sont des morceaux de bois avec un tenon à chaque bout, qui étant chevillez dans les mortaises de deux pieces les entretiennent & les tirent l'un contre l'autre; d'autres qui sont doubles s'appellent Liens à contrefiche, ce sont des pieces de bois coupées en deux dans leur longueur, & qui se rassemblent avec des chevilles ou fiches de fer; ils servent aux engins, gruës & gruaux pour mieux affermir les pieces. Les liens montans sont deux grandes pieces de bois qui arcboutent le rancher ou échellier d'une gruë, pour empêcher que le trop grand poids ne l'éclate. *Voyez* GRUE.

LIENNE. Terme de Tisserand en toile. On s'en sert aussi dans les manufactures des petites étoffes de laine. Ce sont les fils de la chaîne dans lesquels la tréme n'a point passé faute d'avoir été levez ou baissez par les marches.

LIERRE. Sorte de plante ou arbrisseau qui produit la gomme ou resine qu'on appelle Hedre ou Gomme de lierre. *Voyez* HEDRE.

Les feüilles & les bayes de lierre ont aussi quelque usage en Medecine, & on les met du nombre des drogues vulneraires & détersives; on en applique aussi les feüilles sur les cauteres pour en lever plus aisément la sanie.

Les Cabaretiers & Marchands de vin en font des couronnes ou pour leur servir de bouchon, ou pour en faire une espece d'ornement à leurs enseignes.

Le commerce des feüilles de lierre est assez considerable pour avoir été mis dans les Tarifs au nombre des drogues qui payent des droits d'entrée. *Elles payent par celui de 1664, 20 sols du cent pesant.*

LIEU D'ENTREPOST. Terme de commerce maritime. Il se dit des Ports de mer où l'on etablit des magasins pour recevoir les marchandises qu'on y conduit, & qui doivent être transportées plus loin. *Voyez* ENTREPOST.

LIEVRE. Animal sauvage à quatre pieds, fort vélu, très-vîte à la course, & bon à manger, qui ressemble pour la figure au lapin, mais plus grand. Cet animal, trop connu pour être obligé de le decrire plus particulierement, étant jeune s'appelle Levreau, & sa femelle se nomme Hase. Le lievre donne pour le commerce de deux sortes de marchandises, son poil & sa peau.

Le poil de lievre étoit autrefois d'un grand usage en France pour la Chapellerie, & il s'y employoit même avec beaucoup de succès mêlé avec d'autre poil; mais par Arrêt du Conseil du 10 Août 1700, il est défendu très expressément aux Chapeliers de s'en servir, & cela apparemment pour favoriser le debit du poil de castor que la Compagnie du Domaine d'Occident tire du Canada.

Avant de couper le poil de dessus la peau du lievre pour l'employer à la fabrique des chapeaux, on en arrache le plus gros qui est sur la superficie, n'y ayant que celui du fonds dont on puisse se servir utilement.

Pour ce qui est des peaux de lievres encore chargées de leur poil, après avoir été passées & preparées par les Foureurs, elles s'employent en fourures très-chaudes, que l'on croit même souveraines pour la guerison des rumatismes.

Il vient des Pays froids, & particulierement de Moscovie, des peaux de lievres toutes blanches, dont on fait beaucoup plus de cas que de celles de France & des Pays chauds, dont le poil est pour l'ordinaire de couleur tirant sur le roux, un peu rougeâtre, mêlé de quelque peu de blanc.

Les peaux de lievre payent en France les droits d'entrée & de sortie comme pelleteries communes: sçavoir pour droits d'entrée 28 liv. du cent pesant si elles sont apprêtées, & seulement 10 liv. si elles ne le sont pas. A l'égard des droits de sortie, ils se payent pour les premieres à raison de 3 liv. aussi du cent pesant.

Les droits de la Doüane de Lyon pour ces sortes de peaux sont de 6 d. la douzaine tant d'ancienne taxation que de nouvelle réapreciation.

Le poil de lievre paye les droits d'entrée comme poil de lapin à raison de 50 s. du cent pesant; & de sortie 6 liv. conformement au Tarif de 1664: mais il faut remarquer que par l'Arrêt du 16 Octobre 1696, le lapin en poil a été taxé pour l'entrée à 10 francs la livre, & le lapin en peau à 4 francs; ce qui doit être aussi la regle pour le lievre.

LIGATURE, ou LEGATURE. Espece de petite étoffe de peu de valeur qui n'a que sept seizes de large, & dont la piece est de trente aunes; on la nomme autrement Brocatelle ou Mezeline. Elle se fabrique ordinairement à Roüen en Normandie, à Lisle, à Menin & à Comines en Flandre.

Celles de Roüen sont faites de fil de lin & de laine, celles de Lisle toute de fil de lin, & celles de Menin & de Comines de fil de lin & de fil de laine de sayette. Toutes les ligatures sont ordinairement ou à petits carreaux, ou à grandes fleurs de plusieurs couleurs. Cette sorte d'étoffe est propre à faire des meubles comme tours de lits de campagne, tapisseries de cabinet, à couvrir des chaises, & il s'en employe aussi beaucoup à doubler des tentes pour l'armée. *Voyez* BROCATELLE.

LIGATURE. C'est encore une petite étoffe mêlée de soye & de fil; & par conséquent un peu plus chere que la ligature commune, quoique d'ailleurs de la même qualité & fabrique. Il s'en fait dans les mêmes manufactures où se font les autres, & encore à Pont S. Pierre près de Roüen, à Gand en Flandre & à Harlem en Hollande.

Les Sieurs Loüis Buquet Marchand de Roüen & Henry de Breas Marchand de Paris sont les premiers qui ont établi cette sorte de manufacture en France. L'établissement qu'ils en firent d'abord à Pont S. Pierre ayant reussi, ils obtinrent au mois d'Avril 1670 des Lettres Patentes, par lesquelles Sa Majesté leur accorda la faculté de continuer audit Pont S. Pierre à faire travailler aux étoffes de ligatures de fil, laine & soye, sur les métiers qu'ils y avoient deja fait monter, & tel autre nombre qu'ils jugeroient à propos, de la même maniere qu'elles se fabriquent à Gand & à Harlem; même de continuer ledit établissement dans toutes les autres Villes & lieux de la Province de Normandie, & d'y employer la quantité d'Ouvriers & d'Apprentifs qu'ils jugeroient convenables; avec défense aux Maîtres & Gardes des Corps & des Métiers d'inquieter lesdits Entrepreneurs dans la fabrique desdites étoffes de ligatures pendant le tems de 12 années.

Les ligatures avec soye payent en France les droits d'entrée à raison de 5 l. la piece simple de 15 aunes, & les doubles à proportion.

Les

Les ligatures communes de fil & laine la piece de 12 aunes paye 50 s. les doubles à proportion.

A l'égard des droits de sortie les ligatures soye & fil payent cent sols du cent pesant, & les communes comme mercerie 3 l.

Les droits que les ligatures payent à la Doüane de Lyon sont; sçavoir celles sans soye 7 s. 6 d. de la piece tant d'ancienne que de nouvelle taxation, & les ligatures avec soye 20 s.

LIGATURES. C'est aussi en terme d'Imprimerie des caracteres qui ont des doubles lettres, comme ff. st. ff. &c. *Voyez* CARACTERE, *ou* FONDEURS DE CARACTERES.

LIGNE. C'est la premiere & la plus petite des mesures pour les longueurs, qui pourtant se divise encore en six points; mais cette division n'est guéres connuë que dans les operations geometriques, où il est necessaire d'observer la plus exacte précision.

La ligne est la douzieme partie d'un pouce & la cent quarante quatrieme d'un pied de Roy. Quelques-uns lui donnent le nom de Grain d'orge.

Les Siamois ont parmi leurs mesures des longueurs le grain de ris qui revient à notre ligne. Huit grains de ce legume qui a encore sa premiere envelope font le nion ou pouce, & ces huit grains valent neuf de nos lignes. *Voyez* KEN.

LIGNE DE COMPTE. Terme de commerce & de Teneur de livre. Ce terme signifie quelquefois chaque article, qui compose un registre ou un compte. On dit en ce sens; J'ai mis cette somme en ligne de compte, pour dire, j'en ai chargé mon registre, mon compte. Quelquefois on ne l'entend que de la derniere ligne de chaque article. Dans ce dernier sens on dit, Tirer en ligne des sommes, c'est-à-dire, les mettre vis a vis de la derniere ligne de chaque article, dans les differens espaces marquez pour les livres, sols & deniers.

TIRER HORS DE LIGNE, OU HORS-LIGNE. C'est mettre les sommes en marge des articles, devant & proche la derniere ligne. *Voyez* LIVRES-REGISTRES.

LIGNE. En terme d'Imprimerie est une suite de plusieurs lettres ou caracteres de fonte mises à côté l'une de l'autre sur l'instrument qu'on appelle Compositoir. A mesure que chaque ligne est composée, le Compositeur la met sur la Gallée, pour de plusieurs lignes en faire une page, & enfin de plusieurs de ces pages composer une forme.

HAUTEUR EN LIGNE. Autre terme d'Imprimeur. C'est la hauteur d'une lettre ou caractere d'Imprimerie, à la prendre de dessous l'œil de la lettre jusqu'au pied. Toutes les lettres doivent être fonduës égales en ligne, & pour justifier & connoître si elles le sont, on se sert du jetton & de l'instrument qu'on nomme Justification.

RENVERSER LES LETTRES A LONGUE LIGNE. C'est les enfermer dans les branches du justificateur l'œil tourné en bas, pour y faire au pied, tout du long de la ligne qu'elles composent, une rainure avec le rabot. *Voyez pour ces trois termes* IMPRIMERIE, FONDEUR DE CARACTERE, JETTON, JUSTIFICATION & JUSTIFICATEUR.

LIGNE. C'est aussi un instrument de Pêcheurs dont on se sert pour prendre du poisson.

Il y en a de plusieurs sortes, entre autres la ligne de fond; la ligne dormante & la ligne à verge.

La ligne de fond est faite de lignette ou grosse ficelle, longue d'environ 20 toises; le long de cette lignette sont attachées de distance en distance d'autres morceaux de lignette d'un pied ou 18 pouces de hauteur qu'on nomme Cordeaux; & qui servent à mettre les hameçons sur pied, c'est-à-dire, à les attacher au bout de chaque cordeau. On met ordinairement 30 à 40 hameçons sur une ligne de 20 toises. Cette ligne se met au fond de l'eau, & s'arrête avec des pierres qu'on appelle Pierres à ligne. Il n'y a que ceux qui ont droit de riviere qui puissent pêcher ou faire pêcher à la ligne de fond.

La ligne à verge est une ligne de crin attachée au bout d'une longue verge de bois avec quelques hameçons qui y pendent par en bas. On y met un peu de liege traversé d'une plume pour la soûtenir sur l'eau à telle hauteur qu'on le veut. La pêche à cette ligne est permise à tout le monde.

Ligne dormante, c'est une espece de ligne de fond que des voleurs de poisson jettent la nuit dans quelque riviere, vivier ou étang, afin de l'aller lever en cachette & profiter induëment du poisson qui s'y trouve pris. Cette pêche est défenduë sous des peines afflictives.

LIGNES au pluriel. Signifie une lettre missive très courte, ce qu'on appelle un billet. Je vous écris ces lignes pour donner avis que, &c. *Voyez* LETTRE MISSIVE.

LIGNETTE, Mediocre ficelle dont les Pêcheurs, Oiseliers & autres Ouvriers font quelques-uns des filets qui servent pour la pêche & pour la chasse. *Voyez* CORDE.

La lignette à faire moureaux, comme l'appelle le Tarif de Lyon, paye les droits à la Doüane de cette Ville à raison de 8 s. de la balle pour l'ancienne taxation, & 1 s. de nouvelle reapreciation.

LIGNUM ALOES, ou BOIS D'ALOES. *Voyez* ALOES.

LIGNUM SANCTUM, OU BOIS DE GAYAC. *Voyez* GAYAC.

LIGNUM CASSIÆ. *Voyez* CASSIA LIGNEA.

LIGNUM BALSAMI. *Voyez* BAUME.

LIMAILLE. Ce qu'on enleve avec la lime de dessus les métaux. De la limaille d'acier, de la limaille de fer, de la limaille de cuivre.

Ces limailles sont défenduës aux Teinturiers par la grande instruction pour les teintures de l'annee 1680, article 121.

Les limailles payent en France les droits d'entrée & de sortie suivant leur qualité. Sçavoir :

Les limailles de cuivre & d'épingels servant à plomber les ouvrages des Potiers de terre, 16 s. le cent pesant; & les limailles de fer 6 s.

A l'égard des droits de sortie, celles de cuivre & d'épingles payent 1 liv. 14 s. & celles de fer 5 s.

Les droits de la Doüane de Lyon sont pour les limailles de cuivre 8 s. du quintal tant d'ancienne taxation que de nouvelle reapreciation; & pour limaille de fer 3 sols.

LIME. Outil d'acier long & étroit, taillé & incisé de divers sens, servant aux Ouvriers qui travaillent sur les métaux, particulierement aux Serruriers & autres Ouvriers en fer. Elle sert à ces derniers pour dégrossir, blanchir & polir leurs ouvrages.

La lime doit être forgée du meilleur acier; ensuite l'ayant frottée de graisse pour la rendre plus douce sous le ciseau, on la taille suivant le grain convenable à sa grosseur & à son usage; enfin ayant été taillée on la trempe d'une maniere qui lui est propre, & que l'on va expliquer en peu de mots, telle que la donne plus au long M. Felibien dans ses principes d'architecture.

La trempe des limes se fait avec une composition de suie de

de cheminée bien feche & bien dure, qu'on bat & qu'on detrempe avec de l'urine & du vinaigre ; à quoi l'on ajoûte du fel commun ; en forte que le tout fe reduife en confiftance de moutarde.

Après que les limes ont été taillées, & qu'on les a frottées de vinaigre & de fel pour en ôter la graiffe qu'on avoit mis deffus pour les tailler, on les couvre de cette compofition, & les ayant mifes plufieurs enfemble en un paquet dans de la terre glaife, on les met au feu, d'où quand elles ont pris une couleur de cerife, ce que l'on voit par le moyen d'une petite verge du même acier qu'on nomme Efprouvette, on les retire, & on les jette dans de l'eau de fontaine ou de puits toute la plus froide qu'il fe puiffe.

Les limes font plus ou moins groffes & ont differents noms fuivant leur ufage.

On nomme gros carreaux & gros demi-carreaux de groffes & pefantes limes, rudes & taillées profondement, qui fervent pour ébaucher & limer à froid. Il y a auffi des carreaux & demi-carreaux doux pour adoucir. *Voyez* CARREAU.

Les groffes carlettes fervent à limer & dreffer les groffes pieces, après qu'on s'eft fervi du carreau & demi-carreau. Les carlettes font des limes douces.

Toutes les autres limes confervent leur nom de limes, en y ajoûtant quelque terme pour les fpecifier ou en marquer l'ufage. Les unes font plates, d'autres rondes ou demi-rondes, d'autres en carré, d'autres en triangle, & d'autres encore en forme de fcie avec un doffier.

Les carrées fervent à ouvrir des trous carrez; les triangulaires, ou en tiers-point, à faire des vis, des taraux & autres femblables pieces. Les rondes en queuë de rat pour croître les trous ; les demi-rondes pour limer les pieces en demi-rond & affûter les fcies ordinaires; celles à doffier pour refendre ; celles à bouter, pour dreffer les pannetons des clefs & des fcies à fendre de long. Les limes à potence, à carlettes, à coutelles, en ovale, en cœur & autres figures fervent à vuider les anneaux des clefs, les écuffons & les couronnemens. Enfin il y a des limes fenduës par le milieu ou feulement d'un côté pour limer les embafes; des limes à dos de carpe pour fendre les compas ; des limes qui ne font point taillées fur les côtez pour fendre & dreffer les rateaux des clefs; des limes coudées pour couper & dreffer les clous à fiches; & des limes douces de toutes ces efpeces & figures pour adoucir & polir les ouvrages.

Il y a auffi des limes à matir & des limes de cuivre à main; les unes pour les Tailleurs & Graveurs de Monnoyes & de medailles, & les autres pour les ouvrages de pierres de raport. Pour ces deux dernieres efpeces de limes on peut voir l'article de la gravure fur acier & celui des pierres de rapport.

On peut mettre auffi au nombre des limes les outils ou inftrumens que les Arquebufiers appellent des calibres, foit qu'ils foient fimples, foit qu'ils foient doubles, dont ils fe fervent ou à dreffer le deffous des vis, ou à roder les noix des platines. *Voyez* CALIBRE.

La plûpart de toutes ces diverfes efpeces de limes dont on fe fert en France, & particulierement à Paris, où il s'en fait une grande confomption ; fe fabrique à Paris même, & dans quelques Provinces du Royaume, ou bien viennent d'Allemagne ; particulierement de Nuremberg, d'où les Marchands de fer & Quincailliers qui en font le commerce, en tirent en quantité. Celles de Nuremberg arrivent ordinairement à Rouen par les vaiffeaux Suedois.

Les carreaux de toutes fortes & les groffes carlettes fe taillent prefque tous à Paris par des Ouvriers du Corps des Taillandiers qu'on appelle Tailleurs de limes, parce qu'ils ne font que cette partie du métier de la Taillanderie. Ils fe vendent au poids, plus ou moins fuivant le tems ; mais pour l'ordinaire pas au-deffous de 6 f. ni au deffus de 8 f. la livre.

Les limes d'Allemagne, qui commencent ordinairement aux groffes carlettes, fe vendent au paquet, les unes depuis une lime au paquet jufqu'à fix, & les autres depuis trois jufqu'à douze ; chaque paquet fe vendant le même prix, c'eft-à-dire, pas plus le paquet de douze que celui de trois, & pas moins le paquet d'une feule lime que celui de fix. On les vend auffi en detail & à la piece chez les Quincailliers.

Les limes depuis une jufqu'à fix, font à queuë ronde ou carrée ; les autres jufqu'aux plus petites font à queuë plate. Il y en a de fi foibles, de fi minces, de fi étroites & de fi courtes de toutes les efpeces, que le papier à prefque autant d'épaiffeur, & qu'elles ont à peine un pouce de longueur & une ligne de largeur. Les paquets de ces limes viennent d'Allemagne entortillez de paille.

Il vient auffi quantité de limes de Foreft des mêmes efpeces que celles d'Allemagne ; mais elles font de moins bonne qualité, foit pour la taille, foit pour la force, étant toutes foibles & petites fuivant leurs fortes, & faciles à s'égrainer. Elles viennent par groffes de douze douzaines, & fe débitent en détail; aucune n'a la queuë plate.

Les limes payent en France les droits d'entrée & de fortie fur le pied de quincaillerie. Voyez QUINCAILLERIE.

LIME, ou COUPPERET. Les Emailleurs nomment de la forte un outil d'acier plat & tranchant, dont ils fe fervent pour couper l'émail qu'ils ont reduit en canon ou tiré en filets. il leur fert à peu près comme le diamant aux Vitriers pour couper leur verre. Ils appellent cet outil une lime parce qu'il eft fait ordinairement de quelque vieille lime *Voyez* EMAIL.

LIMON. Piece de bois de fciage ordinairement de chêne, dont on fert pour les efcaliers. *Voyez* CHESNE.

LIMONS. Se dit auffi de ces deux longues pieces de bois de charonage qui font la principale partie d'une charette, entre lefquelles on place le plus fort cheval qui la doit tirer. Toutes les fortes de bois ne font pas propres à faire des limons de charette ; n'y ayant que le chêne, l'orme & le frêne qu'on puiffe y employer utilement; mais le chêne l'emporte fur les deux autres pour la bonté. *Voyez* CHESNE.

LIMONS. Efpece de citrons. Il y en a d'aigres & de doux. *Voyez* CITRONS.

Les limons payent en France les droits d'entrée & de fortie comme citrons.

LIMONADE. Breuvage que l'on fait avec de l'eau, du fucre & des citrons ou limons. Cette liqueur factice a donné fon nom à une nouvelle Communauté de la Ville & Fauxbourgs de Paris.

LIMONADIER. Celui qui fait & qui vend de la limonade.

La Communauté des Limonadiers, Marchands d'eau de vie, eft très-nouvelle à Paris.

Ces Marchands qui n'étoient auparavant que des efpeces de Regrattiers, furent érigez en Corps de Jurande en execution de l'Edit du mois de Mars 1673 ; qui ordonnoit que tous ceux qui faisoient profession de commerce, & qui n'étoient d'aucun Corps de Communauté, prendroient des Lettres, & qu'il leur seroit dressé des Statuts.

Leurs Lettres & leurs Statuts sont du 28 Janvier 1676, regîstrez au Parlement le 17 Mars de la même année.

Par ces Statuts qui contiennent seulement 13 articles, la Communauté a 4 Jurez dont deux se changent tous les ans.

Les Maîtres dans cette premiere érection sont au nombre de 250, exempts pour cette fois d'apprentissage & de chef-d'œuvre.

Les Apprentifs doivent prendre un brevet par devant Notaires, servir trois ans les Maîtres, & n'être reçus à la maîtrise qu'après avoir demandé & fait le chef-d'œuvre.

Les Fils de maîtres sont reçûs sans apprentissage & eux & les Apprentifs qui épousent les filles de Maîtres, ne sont tenus que d'une legere experience.

Les Limonadiers ont la faculté d'acheter, faire & vendre de l'eau de vie en gros & en détail, même d'en faire venir des Provinces & Pays étrangers, ou d'y envoyer; permis neanmoins à ceux qui sont Maîtres de quelque Communauté, qui en ont toujours fait le commerce, de le continuer.

Les autres liqueurs que les Limonadiers peuvent vendre aussi en concurrence avec d'autres Marchands, sont les vins d'Espagne, les vins Muscats, la malvoisie & tous autres vins, compris sous le nom de Vins de liqueurs.

Celles qu'ils ont droit de faire & vendre à l'exclusion de tous autres, sont les limonades de toutes sortes, les eaux & glaces de fruits & fleurs, même les eaux d'anis, de canelle, de franchipane, l'aigre de cedre, & enfin du sorbec & du caffé, celui-ci tant en grain qu'en poudre & en boisson; non pas cependant exclusivement, pour celui qui est en grain, qui fait une grande partie du négoce des Marchands Epiciers-Droguistes. Les cerises, framboises & autres fruits confits dans l'eau de vie, sont aussi du négoce des Limonadiers.

Les charges de Jurez en titre d'Office créez par l'Edit de 1691, furent unies & incorporées à leur Communauté par Arrêt du Conseil du 12 Juillet de la même année.

La Communauté des Limonadiers de Paris ne subsista en Corps de Jurande que jusqu'à la fin de l'année 1704. qu'elle fut suprimée par un Edit du mois de Décembre, avec injonction à tous les Maîtres qui la composoient de fermer leurs boutiques & défenses à eux de vendre aucune eau de vie, esprit de vin & autres liqueurs.

En leur place furent créez par le même Edit cent cinquante privileges hereditaires de Marchands Limonadiers, Vendeurs d'eau de vie, esprit de vin & autres liqueurs.

La Communauté supprimée ayant été rétablie 6 mois après par un autre Edit du mois de Juillet 1705, un troisiéme du mois de Septembre 1706, en ordonna de nouveau la suppression, lui substituant une creation de 300 privileges hereditaires au lieu des 150 ci devant créez & revoquez.

Enfin les privileges hereditaires n'ayant pû prendre faveur, & le Traitant ne pouvant s'en défaire comme il l'avoit esperé, les anciens Limonadiers furent pour la troisiéme fois reunis en communauté par un quatrieme Edit du mois de Novembre 1713, qui cassant & annullant ceux de 1704 & 1706, ordonne que celui de 1705, ensemble la declaration renduë en consequence, seroient executez suivant leur forme & teneur; se faisant que la Communauté des Maîtres Limonadiers, Vendeurs d'eau de vie, esprit de vin & autres liqueurs, seroit & demeureroit établie comme elle étoit avant l'Edit de 1704.

Cet Edit du retablissement des Limonadiers fut enregistré en Parlement le 20 Decembre de la même année 1713.

LIMOSIN, ou LIMOUSIN. C'est proprement un Habitant de cette Province de France qui a la Ville de Limoges pour Capitale. Il se dit aussi de cette sorte de Maçons qui travaillent en mortier ou en terre, parce que c'est principalement de Limoges & du Limosin que sort tous les ans ce grand nombre d'Ouvriers qui se répandent dans tous les atteliers des Provinces, & particulierement dans ceux de Paris pour y faire ces ouvrages de maçonnerie, que de leur nom on appelle Limosinage & Limosinerie. *Voyez* MAÇON.

LIMOSINAGE. Ouvrage de maçonnerie seulement de moislon, qui est fait par les Limosins soit avec du mortier à chaux & à sable, soit simplement avec de la terre détrempée & courroyée avec de l'eau.

LIMOSINERIE. Art de travailler au limosinage. Il se dit aussi de l'ouvrage des Limosins.

LIN. Plante qui n'a ordinairement qu'une tige menuë, ronde & creuse par le dedans, de la hauteur d'environ deux pieds; son écorce est remplie de filets à peu près comme le chanvre; ses feüilles sont un peu longues, étroites, pointuës & placées les unes après les autres le long de la tige; ses fleurs sont bleuës, ayant chacune cinq feüilles rangées en maniere d'œillet, & soutenuës dans un calice à plusieurs échancrures. A cette fleur succede un fruit presque rond, & gros comme un petit pois, qui renferme en dix capsules membraneuses dix petites semences ou graines oblongues, douces au toucher, de couleur rougeâtre & luisante, remplies d'une substance ou moële oleagineuse.

La graine de lin a bien des proprietez. Elle entre dans la composition de plusieurs medicamens; on en tire par expression, ainsi que de la greine de navette ou de chenevy, une sorte d'huile dont les qualitez sont à peu près semblables à celles de l'huile de noix; aussi l'employe-t-on quelquefois à son défaut dans les peintures, & à brûler. Celle qui a été tirée sans le secours du feu est très-estimée en Medecine, & l'on prétend qu'elle est propre à la guerison de bien des maladies.

Le negoce des huiles de lin est assez considerable. La plûpart de celles qui se consument à Paris viennent de Flandre & du côté de Roüen où il s'en fait une très-grande quantité.

Par le Tarif de 1664, l'huile de lin paye 20 s. de sortie le cent pesant, & pour l'entrée 4 liv. du baril, mais seulement 15 s. quand elle vient des Provinces où les Bureaux pour la levée des droits dudit Tarif de 1664, ne sont point établis.

Les droits de la Doüane de Lyon sont de 6 s. le cent pesant.

Les façons que l'on donne au lin pour sa culture, les apprêts qu'il lui faut pour être reduit en filasse, & les instrumens qu'on employe pour cela, étant à peu près semblables à ce qui se pratique pour le chanvre, on n'entrera ici dans aucun détail de toutes ces choses qui ont été amplement expliquées & décrites à l'article du chanvre où l'on peut avoir recours.

Il y a cependant une circonstance sur sa culture qui ne doit pas être oubliée, & d'où dans plusieurs Provinces de France dépend toute la beauté & la bonté du lin qu'on y recueille.

La

La linette, c'est ainsi qu'en bien des endroits on appelle la graine de cette plante, est fort sujette à degenerer ; & il y a des terres comme celles de Normandie, de Bretagne & de Picardie, où il faut la renouveller au moins tous les cinq ans.

La meilleure graine qu'on puisse employer pour cela, est celle qui vient de la mer Baltique. La tige qu'elle produit la premiere année s'éleve près de deux pieds & demie, qui est la plus grande hauteur que puisse avoir le lin, même celui de Flandre qui a tant de reputation : les années suivantes elle décroît comme par proportion ; à la cinquiéme année elle ne fait presque que ramper, & qui la pousseroit plus loin perdroit à coup sûr & sa culture & sa graine. On se sert d'une grege, qui est une espece de petit peigne de fer pour séparer la graine d'avec la tige, ce qui se fait en passant l'extrémité du lin où est la linette, entre les dents de la grege, & cela s'appelle Greger le lin.

Une grande partie des Provinces de France est si abondante en lin, & les terres y sont si propres pour sa culture, que les François, s'ils le vouloient, se passeroient de leurs voisins pour cette sorte de negoce, quelque grande quantité qu'ils en consument en plusieurs sortes d'ouvrages, & particulierement en fil pour la coûture, ou pour les points & dentelles, & en diverses especes de toiles. Cependant ils en tirent une assez grande quantité des Pays étrangers ; & la mer Baltique, le Hostlan, la Moscovie & la Flandre en fournissent beaucoup à leurs Fileuses & à leurs Tisserans. On tire aussi des lins doux du Levant ; l'Egypte en peut fournir jusqu'à mille balles.

Le lin de Flandre a une grande réputation ; celui de Picardie en approche. Parmi les lins étrangers ceux de Riga & de Conisberg sont les plus estimez.

Les lins soit du crû du Royaume, soit ceux qui viennent du Nord, s'achettent & se vendent ou crus & en masses, ou preparez & prêts à filer.

Le lin cru est celui qui n'a eu encore que les premieres façons, & où plusieurs morceaux de la chenevote restent mêlez. En cet état il fait une partie du négoce des Marchands Epiciers-Droguistes ; c'est aussi le principal commerce des Maîtresses Linieres de Paris.

Le cent pesant de ce lin paye par le Tarif de 1664. 2 liv. 10 s. de droits de sortie, & seulement 16 sols de droits d'entrée.

Les droits qu'il paye à la Doüane de Lyon sont pour le lin crû de France 5 s. du quintal tant pour l'ancienne que pour la nouvelle taxation ; & pour le lin étranger 17 s. 6 d.

Le lin preparé & prêt à filer est celui qui a toutes ses façons, & qui a passé par les peignes les plus fins & les plus deliez des Filassiers ; il est ordinairement en cordons depuis 15 jusqu'à 25 cordons à la livre.

Ce lin paye les droits de sortie de France à raison de 4 l. 10 s. le cent pesant, conformement au Tarif de 1664.

Les droits qu'il paye à la Doüane de Lyon sont de 7 s. 6 d. d'ancienne taxation, & de 5 s. pour la nouvelle réapreciation.

A l'égard des lins de Barbarie & du Levant, ils sont du nombre des marchandises sujettes au droit de vingt pour cent ordonné par l'Arrêt du Conseil du 15 Août 1685. Voyez Levant.

Le lin du cru du Royaume a été mis au nombre des marchandises de contrebande pour la sortie de France par l'Ordonnance de 1687. Voyez Contrebande.

LINCEULS. C'est ainsi qu'on nommoit autrefois les draps de toile de lin ou de chanvre qu'on met dans les lits entre la couverture & le matelas pour y être couché plus proprement.

Par le Tarif de la Doüane de Lyon qui a conservé ce vieux terme, les linceuls blancs, roux ou vieux, payent 8 s. de la douzaine, tant d'anciens que de nouveaux droits.

LINE'E. Sorte de satins de la Chine, ainsi appellez de la maniere dont ils sont pliez. *Voyez* Satins linez.

LINETTE. C'est la graine ou semence de la plante qui produit le lin.

On appelle en France Linette neuve, celle qui vient de la mer Baltique, & qui produit pour la premiere année.

Vieille Linette ou Linette usée, c'est celle qui est à sa cinquiéme année.

LINGE. Il se dit en general de toutes les toiles qui ont été coupées & mises en œuvre pour l'usage de la personne, ou pour le service du ménage.

On appelle particulierement Linge de table, la toile uniquement destinée à faire des nappes & des serviettes pour le service de la table à manger, & du buffet de table.

Le linge de table se distingue parmi les Marchands & Marchandes de toiles, en linge plein & en linge ouvré.

Le linge plein est une toile toute unie qui n'est differente des toiles ordinaires que parce qu'elle a des liteaux ou rayes de fil bleu. Il s'en fait beaucoup de cette espece en plusieurs endroits de France ; mais particuliérement en Normandie. *Voyez* Toile.

Le linge ouvré, dont on prétend que l'invention vient des Venitiens, est une sorte de toile ouvragée sur le métier, à peu près comme les étoffes de soye façonnées. Il s'en fabrique de plusieurs desseins & façons, les uns de lin, & les autres de chanvre, ausquels l'on donne divers noms suivant les lieux où ils ont été manufacturez, ou les divers desseins qui paroissent dessus, ou les Ouvriers qui en ont fait des premiers.

Presque tous les linges ouvrez se vendent en blanc, & le blanchiment s'en fait ordinairement aux environs des lieux où ils sont fabriquez. Il y en a de fin, de moyen & de gros.

Les endroits où il s'en fait le plus sont la Flandre Françoise & Espagnole, la Picardie, la basse Normandie & le Beaujolois. Il s'en fait néanmoins du côté de Bayonne & en quelques endroits d'Italie.

Flandre.

Du côté de Lisle & dans les Pays de la Gorgüe & de Laleu en Flandre Françoise ; à Courtray, Menin, Gand, Bruges, Oudenarde & autres Villes de la Flandre Espagnole, il se fabrique quantité de linges ouvrez très-fins & très-blancs tout de fil de lin, dont celui de Courtray est le plus estimé.

Les differens noms qu'on leur donne sont Pavie, Rosette ou petite Venise, Damasse, l'Avander, Grain d'orge, grande Rose, Rosette perlée & Patron d'Hollande.

Les pieces de ces sortes de linges propres pour faire des serviettes ont depuis trente aunes jusques à trente-une aune & un quart de longueur sur une demie-aune un douze, trois quarts, & deux tiers de large. La premiere de ces largeurs est la plus usitée.

A l'égard des mêmes linges destinez pour les nappes, ils sont par pieces de vingt-huit à vingt-neuf aunes de long sur une aune un six, une aune trois quarts, & deux aunes un tiers de large, le tout mesure de Paris.

Le linge ouvré vient quelquefois de Flandre par petits paquets quarrez composez pour l'ordinaire de douze serviettes & de deux nappes, l'une grande pour la table, & l'autre petite pour le buffet, toutes coupées & ourlées, chaque paquet se nomme un Service de table.

PICARDIE.

En quelques endroits de la Picardie il se fait certaines especes de linges ouvrez tout de lin, que l'on appelle Linge Bourgeois ou Linge de menage, dont les largeurs ordinaires sont de deux tiers & de trois quarts d'aune de Paris. Pour ce qui est de la longueur des pieces il n'y a rien de déterminé, les Bourgeois les faisant faire suivant qu'ils le jugent à propos.

Les divers noms qu'on donne aux linges ouvrez de Picardie, sont, Panse de vache, Cœur fleuri, Rose cran & Grain d'orge.

BASSE NORMANDIE.

A Caën & à huit à dix lieuës aux environs de cette capitale de basse Normandie, il se fabrique quantité de linges ouvrez, les uns tout de pur lin, & les autres entierement de chanvre, qui sont par pieces de quarante-huit aunes de long sur demie-aune demi-quart de large, pour faire quatre douzaines de serviettes à la piece.

Leurs differens noms sont, Damas ou grand Caën, Lacs d'amour, Grenade, Bourdalouë, Rosette, grande Venise, petite Venise, Pavie & grand Barrage fin.

Ceux de ces linges ouvrez qui se manufacturent dans la Ville de Caën, s'appellent Façon, & ceux qui se font aux environs de cette Ville se nomment Bocage.

Dans ceux qui se fabriquent à Caën il s'en fait quelques pieces de soixante & douze aunes de long sur demie-aune demi-quart de large, pour faire six douzaines de serviettes à la piece; il s'en fait aussi de trois quarts de large, dont les pieces sont d'environ cinquante-deux aunes de long, pour faire quatre douzaines de serviettes à la piece.

Il se fait encore autour de Caën d'autres sortes de linges ouvrez que l'on nomme moyen Caën, grand Barrage commun & petit Barrage.

Les deux premieres sortes sont par pieces de quarante-quatre aunes sur demie-aune un seize de large, pour faire quatre douzaines de serviettes à la piece; & la troisieme sorte est de trente-six aunes à la piece sur demie-aune moins un seize de large pour faire quatre douzaines de serviettes.

Les linges ouvrez des noms & especes ci-dessus, qui sont destinez pour faire des nappes, sont par pieces de cinquante jusqu'à 60 aunes de long, sur cinq quarts une aune & demie, deux aunes, & deux aunes & demie de large, le tout mesure de Paris.

BEAUJOLOIS.

A Reygnie & en quelques autres endroits de la petite Province de Beaujolois, il se fait de trois sortes de linge ouvré; l'un appellé grand Lyon, dont la piece est de quarante-quatre aunes de long sur environ demie aune un douze de large; l'autre nommé moyen Lyon, qui a quarante-deux aunes à la piece, & demie-aune peu plus de large; & le troisieme appellé petit Lyon, dont la piece contient trente-huit à quarante aunes, sur demie-aune moins un seize de large, le tout mesure de Paris; ces sortes de linges ouvrez sont ordinairement fabriquez tout de lin.

GASCOGNE

A Bayonne & en quelques endroits des environs de cette Ville de Gascogne il se manufacture des linges ouvrez tout de fil de lin, de plusieurs patrons, longueurs & largeurs; il en vient peu à Paris non plus que dans les autres Villes de France, se consumant presque tout dans le Pays, ou s'envoyant du côté d'Espagne.

ITALIE.

A Venise & en quelques autres Villes d'Italie, il se fait aussi des linges ouvrez de pur lin, qui sont d'une très-grande beauté, blancheur & finesse; mais il ne s'en voit presque point en France.

Il faut remarquer que les linges ouvrez larges destinez pour faire des nappes, de quelques endroits qu'ils puissent venir, ne laissent pas de servir aussi à faire des rideaux de fenestre, particulierement le beau damassé.

Le linge de table ouvré, comme serviettes & nappes, paye en France les droits d'entrée à raison de 15 liv. du cent pesant; & les droits de sortie comme toile de lin & de chanvre, c'est-à-dire 10 liv. sçavoir 5 liv. pour l'ancien droit, & 7 liv. pour la traite domaniale.

Le vieux linge propre à la fabrique du papier, qu'on nomme autrement vieux drappeaux, drilles & pattes, a été mis au nombre des contrebandes pour la sortie, par l'Arrêt du Conseil du 28 Janvier 1687. Lors cependant qu'on obtient la permission d'en faire sortir du Royaume pour les Pays étrangers, il paye les droits sur le pied de 12 liv. du cent pesant.

A l'égard de celui sortant par les Provinces du dedans du Royaume, il ne paye qu'une livre du cent.

LINGER, LINGERE. Marchand ou Marchande qui fait négoce de toile & de linge.

Deux sortes de Marchands font à Paris le commerce de la lingerie & toilerie. Les uns sont du Corps de la mercerie, & ne sont distinguez des autres Merciers que par la qualité du commerce qu'ils ont embrassé. Les autres composent une Communauté particuliere qui a ses Statuts, ses privileges & ses Officiers à part, & qui n'est composée que de Maîtresses, les hommes n'y pouvant être reçus.

Les derniers Statuts de cette Communauté sont du 3 Janvier 1645, enregistrez en Parlement au mois d'Avril ensuivant.

Par ces Statuts, celles qui composent la Communauté sont qualifiées de Marchandes Maîtresses Toilieres, Lingeres, Canevassieres en fil, de la Ville & Fauxbourgs de Paris.

Suivant ces Statuts aucune ne peut être reçûë ni tenir boutique, qu'elle ne soit de bonne vie & mœurs, qu'elle ne fasse profession de la Religion Catholique, Apostolique & Romaine : qu'elle n'ait été Apprentisse pendant quatre ans, & servi deux autres années en qualité de Fille de Boutique.

Les femmes mariées ne sçauroient être reçûës Apprentisses, & chaque Maîtresse ne peut avoir plus d'une Apprentisse à la fois.

Les marchandises que les Maîtresses Lingeres sont en droit de vendre, sont toutes sortes de toiles de lin & de chanvre, comme Batiste, Linon, Cambray & Hollande, des canevas gros & fins, des treillis blancs & jaunes, des draps vieux & neufs, du fil blanc & jaune ; le tout tant en gros qu'en détail : enfin generalement toutes sortes d'ouvrages de toiles & marchandises qui en sont faites & manufacturées, comme chemises, calleçons, rabas, chaussettes, chaussons & autres semblables,

Elles ont pareillement la faculté d'aller & d'envoyer acheter

ter toutes ces sortes de marchandises dans les lieux où on les fabrique, & où l'on en fait trafic & vente, ne pouvant cependant s'entremettre d'autre negoce que de celui de lingerie, ni tenir deux boutiques ouvertes à la fois. Leurs maris, si elles en ont, ne doivent pas non plus se mêler d'autre commerce, ne leur étant pas même permis d'être ni Courtiers ni Auneurs de toiles.

Les Maîtresses, aussi bien que leurs maris, ne peuvent loger ni retirer les Marchands Forains, ni leurs marchandises en leurs maisons.

Elles ne sçauroient non plus contracter & faire aucune societé de negoce qu'avec des Maîtresses de leur état.

Il leur est défendu de colporter ou de donner à revendre par la Ville aucunes de leurs marchandises.

Enfin la Communauté est conduite & gouvernée par quatre Jurées, dont tous les ans on en élit deux, l'une femme & l'autre fille, qui sont tenuës, aussi tôt après leurs élections, de prêter serment pardevant le Procureur du Roy du Chatelet, de bien & dûëment vacquer aux visites, & faire garder & observer les Privileges, Statuts & Ordonnances concernant la Communauté.

Aucun mari des Maîtresses ne peut être élu ou appellé à la Jurande.

Ce sont les Jurées des Maîtresses Lingeres qui font la visite des toiles des Marchands Forains déposées à la Halle aux toiles, & il leur appartenoit aussi autrefois d'en faire l'aunage avant que les Auneurs de toiles eussent été érigez en titre d'office. *Voyez* Halle aux Toiles.

La Confrairie de cette Communauté est établie en l'Eglise de S. Eustache, dans la Chapelle de S. Louis & de Sainte Veronique qui en sont les Patrons.

Les Filles de Boutique qui servent les Maîtresses Lingeres de Paris, sont vulgairement appellées Noguettes, par une espece de sobriquet dont on connoît peu l'origine.

Quelques-uns cependant la veulent trouver dans le premier établissement de la Communauté des Maîtresses Lingeres, qu'ils supposent n'avoir d'abord été composée que de filles d'une conduite suspecte que sous le regne de Saint Louis on nommoit Noguettes, à qui ce Prince accorda des Lettres de maîtrises pour les tirer d'un commerce moins honorable que celui de la lingerie.

LINGERIE. Marchandise de linge & de toile; ce qui comprend tous les ouvrages, soit en pieces, soit taillez & cousus, qui se vendent & s'achettent par les Marchands Merciers & Marchandes Lingeres ou en gros ou en détail.

La lingerie de toile de lin neuve, comme draps, toilettes, chemises, colets, manchettes & autres ouvrages de Flandre & d'ailleurs, sans dentelle ni passement, paye en France, les droits d'entrée conformement au Tarif de 1664, à raison de 18 s. la livre.

La lingerie de toutes sortee de toile de chanvre, 10 liv. du cent pesant.

Et la lingerie de toutes sortes de toile d'étoupe, 6 livres.

A l'égard des droits de sortie, la lingerie fine de toutes sortes, soit lin ou chanvre, paye 10 liv. du cent pesant; sçavoir 3 liv. pour l'ancien droit, & 7 liv pour la traite domaniale.

Les droits que les lingeries payent à la Doüane de Lyon sont 4 s. de la livre lorsqu'elles viennent de Flandre ou d'ailleurs, & seulement de 2 s. quand elles sont de Paris; les unes & les autres sans dentelles & point coupées.

Lingerie. Se dit aussi des endroits où il y a beaucoup de magasins & de boutiques de Lingers & Lingeres rassemblez. La ruë de la Lingerie est celle de Paris où il se vend le plus de linge. Dans les Foires un peu considerables il y a ordinairement une ruë de la Lingerie. Quand on veut avoir du linge ou de la toile, on dit qu'il faut aller à la Lingerie, qu'on y trouvera tout ce qu'on aura besoin.

LINGETTE. Nom que les Anglois donnent à une sorte d'étoffe toute de laine non croisée, que l'on appelle communement en France Flanelle. *Voyez* Flanelle.

Les lingettes Angloises que le Tarif de 1664 appelle Flavets, ont vingt aunes ou environ de longueur, & payent en France les droits d'entrée à raison de 6 l. la piece conformement à l'Arrêt du 10 Decembre 1687. Elles ne peuvent entrer que par Calais & S. Vallery, suivant les Arrêts des 8 Novembre aussi 1687 & 3 Juillet 1698.

Lingettes. Ce sont aussi de petites serges qui se fabriquent dans l'Election de Vire en basse Normandie, particulierement dans les Paroisses de Condé, Caligny, Monsegré, Entremont, Cerisy & Fresne. Elles se transportent presque toutes en Bretagne.

LINGUE. On donne ce nom à une sorte de moruë verte, un peu longue, qui n'a presque que la peau & l'arrête.

En Normandie dans le triage qui se fait des differentes especes & qualitez de moruë, la lingue passe pour la quatriéme sorte, & se confond ordinairement avec une autre espece que l'on appelle Raguet; ainsi la lingue & la raguet se vendent ensemble. En Bretagne la lingue se comprend dans le rebut. *Voyez* Morue.

LINGOT. Morceau de métail brut, qui n'est ni monnoyé ni ouvragé, n'ayant reçû d'autre façon que celle qu'on lui a donnée dans la mine, en le fondant & le jettant dans une espece de moule ou creux que l'on appelle Lingoterie.

Les lingots sont de divers poids & figures, suivant les differens metaux dont ils sont formez. Il n'y a que l'or, l'argent, le cuivre & l'étain qui se jettent en lingots.

Voyez les articles de ces métaux, vous y trouverez les differents poids & figures de toutes sortes de lingots, chacun suivant le métail dont il est composé.

Lingot. Se dit encore de certaines petites barres ou morceaux d'or ou d'argent refondu, provenant de quelque monnoye, medailles ou pieces d'orfevrerie. Il y a du danger aux gens inconnus d'exposer en vente de ces sortes de lingots, à cause du soupçon qu'on peut avoir qu'ils ne les ayent faits avec des ouvrages d'orfevrerie volez, ou avec des especes monnoyées.

LINGOTIERE. Espece de moule ou creux dans lequel on jette le métail fondu pour en former des lingots. Il y a aussi des lingotieres dont se servent quelques Artisans pour réduire en petites lames ou especes de lingots, les métaux, & particuliérement le plomb qu'ils employent dans les ouvrages de leur métier.

La lingotiere des Vitriers est un moule dans lequel ils fondent les plombs qu'ils employent aux vitres, pour ensuite les tirer dans ce qu'ils appellent le Tire-plomb.

Cette lingotiere est composée de trois pieces, deux toutes de fer; & la troisiéme, partie de fer & partie de bois.

Les deux pieces de fer sont deux platines parfaitement égales, larges & longues à discretion, mais ordinairement d'un pied de long sur trois pouces de largeur, liées ensemble par une charniere ou double nœud. Trois doubles rainures

nures quarrées, qui partagent chacune de ces platines dans toute leur longueur, sont tellement disposées, que par leur rencontre, lorsque la lingotiere est fermée, il reste entr'elles un vuide de l'épaisseur que doit être le lingot.

Une des deux platines a un mantonnet pour soûtenir la troisiéme piece, lorsqu'on ferme la lingotiere. Les jets ménagez à une des extrémitez, servent à couler le plomb fondu dans les rainures.

La troisiéme piéce sert de manche à l'instrument, & sert aussi à le fermer. Cette piéce est attachée à celles des platines qui n'a point de mantonnet, & tient à l'extrémité opposée à la charniere par deux petites branches de fer, qui se réunissent en une queue pointue enfoncée dans un morceau de bois tourné. Ce manche est mobile par le moyen des viroles & de la broche qui l'attachent à la platine; & lorsqu'on veut fermer la lingotiere, on le baisse sur le mantonnet, où on le tient fortement appuyé d'une main, tandis que de l'autre on coule le métail par les jets.

Les lingots qu'on nomme aussi verges, sortent de la lingoterie avec deux rainures des deux côtez, & tout ébauchez pour les filer au tire-plomb. *Voyez* TIRE-PLOMB.

Les Vitriers ont encore une autre petite lingotiere pour fondre ce qu'ils appellent des Liens; mais ils la nomment plus ordinairement Moule à liens. *Voyez* MOULE *ou* LIENS.

LINIER, LINIERE. Marchand ou Marchande qui fait négoce de lin.

La Communauté des Marchandes Linieres de Paris étoit autrefois composée d'hommes & de femmes; mais depuis les Lettres Patentes & les Statuts de 1666, elle ne l'est plus que de Maîtresses, qui se qualifient Marchandes Linieres, Chanvrieres & Filassieres de la Ville & Fauxbourgs de Paris. *Voyez* CHANVRE. *Voyez aussi* CHANVRIERE *&* FILASSIERE.

LINON ou LINOMPLE. On appelle ainsi une certaine espece de toile de lin blanche, claire, déliée & très-fine qui se manufacture à Valenciennes, Cambray, Arras, Bapaume, Vervins, Peronne, S. Quentin, Noyon, & autres lieux des Provinces de Hainault, Cambresis, Artois & Picardie.

Il se fait de trois sortes de linons; les uns unis, les autres rayez & les autres mouchetez. Les unis sont ou de trois quarts de large & de quatorze aunes à la piece, ou de deux tiers de large & de douze à treize aunes à la piece. Pour ce qui est des rayez & des mouchetez, ils ont tous trois quarts de large & quatorze aunes à la piece, le tout mesure de Paris.

Les linons tant unis, rayez que mouchetez, sont propres à faire des garnitures de tête, des fichus ou mouchoirs de cou, des toilettes & autres choses semblables à l'usage des femmes. On se sert cependant des unis pour faire des surplis & rochets pour les Gens d'Eglise; même des cravates & des manchettes pour les hommes du monde.

Ces sortes de toiles sont envoyées des endroits où elles sont fabriquées, en petits paquets de forme quarrée, d'une piece & demie-piece chacun, pour l'ordinaire couverts de papier brun lissé, & renfermez dans des especes de caissettes de bois blanc, dont les planches sont assemblées par le moyen de plusieurs petites chevilles de bois en place de clous.

LINTISQUE. Arbre d'où coule le mastic. On le nomme autrement & plus communément Lentisque. *Voyez* LENTISQUE.

LION. On donne ce nom à une sorte de linge ouvré qui se fabrique en Beaujolois, petite Province de France. Il y en a de trois especes, sçavoir le grand lion, le moyen lion & le petit lion. Ce linge se fait ordinairement tout de lin. *Voyez* LINGE, *où il est parlé de celui du Beaujolois.*

LIQUEUR. Corps mol & fluide, comme l'eau, le vin, l'huile, &c.

On appelle Vins de liqueur, les vins qui ont de la douceur; ce qu'on dit par opposition à ceux qui sont secs, brusques & piquants. Les Malvoisies, les vins d'Espagne, des Canaries, de Tokay, de Frontignan, de la Cioutat, &c. sont les plus renommez parmi les vins de liqueur. On en parle amplement ailleurs. *Voyez* VIN.

C'est une mauvaise qualité pour les vins ordinaires, tels que sont les vins de Bourgogne & de Champagne, d'avoir de la liqueur.

LIQUEUR. Se dit aussi de diverses boissons composées du mélange de plusieurs drogues & ingrediens, quelquefois de fruits ou de fleurs, dont la base est ordinairement de l'eau-de-vie, du vin ou de l'eau simple, tels que sont les ratafias, les rosolis, les hypocras, les limonades, les orgeades, les eaux de fraises, de groseilles, de cerises, de framboises, même les glaces qui ne sont faites que de ces eaux congelées dans des boëtes de fer blanc avec le salpêtre ou le sel commun.

Plusieurs Corps & Communautez des Arts & Métiers de Paris ont droit de faire de ces liqueurs; entr'autres les Epiciers, Apoticaires & Droguistes, les Vinaigriers, les Distilateurs, les Limonadiers, & les Fayanciers.

Les meilleures de ces liqueurs qui sont faites avec de l'eau-de-vie, se font à Montpellier, d'où il est incomprehensible combien il en vient chaque semaine par le Messager de cette Ville. Les rosolis de Turin étoient aussi en vogue autrefois; mais on les trouve gras, & il n'en vient plus guéres.

LIQUEUR, en termes de Teinturier. Se dit d'une espece de préparation pour leurs teintures, composée de cinq parties d'eau sur une partie de son, qu'ils font bouillir ensemble environ une heure. Cette eau n'est pas colorante, mais préparative pour faire recevoir la couleur aux matieres qu'on veut teindre.

LIQUID AMBAR, autrement AMBRE LIQUIDE. C'est une sorte de résine rougeâtre & claire, que produisent certains arbres qui croissent dans la nouvelle Espagne, & que les Originaires du Pays appellent Oçoçol. Lorsque cette résine est nouvelle & encore liquide, on la nomme Huile de Liquid-Ambar; & lorsqu'elle est vieille & épaisse, elle est appellée Baume de Liquid-Ambar. *Voyez vers la fin de l'article* BAUME.

LIQUIDATION. Réduction & fixation, soit d'une somme incertaine ou contestée, soit des prétentions respectives que deux personnes peuvent avoir l'une contre l'autre à une somme liquide & claire. Ces deux Négocians ont fait à l'amiable la liquidation de leurs affaires.

LIQUIDATION D'INTEREST. C'est une supputation par laquelle on connoît ce que chaque somme porte d'interêt pour un tel tems & à un tel denier. *Voyez* INTEREST.

LIQUIDATION. S'entend aussi quelquefois de l'ordre, de l'arrangement qu'un Négociant tâche de mettre dans ses affaires. Il ne perd aucun tems à faire la liquidation de ses effets.

LIQUIDE. Se dit en termes de commerce, des dettes &

& des effets qui sont non-seulement exigibles & bien existans, mais sur lesquels on ne peut avoir aucune contestation. Ce Marchand a cent mille écus d'effets bien liquides. J'ai pour vingt mille écus de dettes; mais il n'y a pas un sol à perdre, ce sont toutes dettes très-liquides.

Les compensations des dettes ne se font que de liquide à liquide. *Voyez* Compensation.

Liquide. Confitures liquides se dit par opposition à confitures séches. *Voyez* Confiture.

LIQUIDER. Fixer à une somme liquide & certaine des prétentions contentieuses.

Liquider des interests. C'est calculer à quoy montent les interêts d'une somme à proportion du denier & du tems pour lesquels ils sont dûs.

Liquider ses affaires. C'est y mettre de l'ordre, en payant les dettes passives, en sollicitant le payement des actives, ou en retirant les fonds qu'on a, & qui sont dispersez dans différentes affaires & entreprises de commerce.

LIRA, LIVRE en François. Monnoye de compte dont on se sert en Italie pour tenir les livres de commerce.

La livre Italienne n'est pas par-tout de la même valeur. A Genes elle vaut douze sols monnoye de France, à Milan un peu moins de quinze sols, à Geneve près de dix-neuf sols, dix-sept à dix-huit en Savoye, sept sols six deniers à Bergame, quatorze sols à Luques, & seulement dix sols à Florence; ce qui doit s'entendre du tems que l'écu blanc valoit trois livres tournois.

LIRE UN DESSEIN. Terme de Manufacture. On dit aussi, Lire la figure. C'est marquer en détail à l'Ouvrier qui monte un métier, le nombre de fils qu'il doit prendre ou laisser, afin de former sur son étoffe les mêmes figures ou fleurs qui sont sur le dessein. *Voyez* Dessein & Figure.

LIS. Terme de Manufacture de toiles. Il signifie à peu près ce qu'on entend par les gardes du rot, ou peigne d'un Tisserant, c'est-à-dire, les grosses dents qui sont aux extrémitez du peigne.

Ce terme est fort en usage dans les fabriques de la Généralité de Tours; & il est ordonné par le Reglement de 1700, pour les toiles, Que de quelque largeur qu'elles soient, & de quelque nombre de portées qu'elles soient composées, elles seront faites dans des lames également compassées, tant au lis qu'au milieu. *Voyez ce Reglement. Voyez aussi* Garde.

Lis, monnoye. *Voyez* Lys.

LISERAGE. Terme de Brodeur. C'est l'ouvrage qui se fait sur une étoffe en contournant les fleurs & le dessein avec un seul fil ou cordonnet d'or, d'argent, de soye ou de laine.

LISERER. Former des fleurs & des figures sur une étoffe, avec un cordonnet qui n'en marque que le contour.

LISEUR. Terme de Manufacture. C'est celui qui lit le dessein ou la figure d'une étoffe lorsqu'on en monte le métier. *Voyez* Lire un dessein.

LISIERE. C'est le bord d'une étoffe, ou ce qui borne sa largeur des deux côtez. Les étoffes de soye, de laine, de coton & de fil ont des lisieres; les bas que l'on fait au métier en ont aussi; & c'est ainsi qu'on appelle les deux bords du bas, lorsqu'il est encore comme en piece. En cousant ensemble les deux lisieres le bas prend sa forme.

Les lisieres servent également & à la bonté des étoffes, & à en faire reconnoître la qualité; ce qui a donné lieu à

quantité de Reglemens & de Statuts pour en ordonner la matiere, les couleurs & la façon de les travailler.

Les Reglemens pour les étoffes de soye ou d'autres matiéres mêlées de soye, de l'année 1667, ont plusieurs articles concernant les lisieres. Il seroit trop long d'entrer dans le détail de tous ceux qu'ils contiennent; mais on ne sera pas fâché de voir ici l'extrait de quelques-uns qui regardent les plus riches étoffes.

Velours.

Les velours qu'on appelle Six-lisses doivent avoir leurs lisieres marquées de quatre chaînettes de diverses couleurs, s'ils sont à quatre poils; & seulement de trois, s'ils ne sont qu'à trois poils.

Les velours qui sont tous fabriquez de vray cramoisi ont un fil d'or ou d'argent fin au milieu de leur lisiere, pour les distinguer de ceux qui ont la tréme ou la chaîne de couleurs communes.

Les velours Quatre-lisses ou Deux-poils n'ont que deux chaînettes de chaque côté; ceux à poil & demi deux chaînettes d'un côté, & une seule de l'autre; & enfin ceux du plus bas prix seulement une chaînette de chaque côté.

Taffetas et Tabis.

Les taffetas & tabis plains à trois fils dont les largeurs sont au dessus de cinq huit ou cinq octaves, doivent avoir une lisiere à chaînettes de différentes couleurs.

Les taffetas noirs lustrez d'onze vingt-quatriémes, une ou deux lisieres de différente couleur de la chaîne.

Moires lisses, Ferandines, Camelots, &c.

Ces étoffes doivent avoir une lisiere de différente couleur à la chaîne, à l'exception des ferandines noires qui ne doivent avoir aucune lisiere.

Toute étoffe où il entre de l'or & de l'argent faux doit avoir une des lisieres de couleur différente à la chaîne: ce qui est la marque du faux.

Dans le Reglement du mois d'Aoust 1669, pour la fabrique des étoffes de laine, il y a pareillement plusieurs articles concernant les lisieres, entr'autres les articles 1, 5, 10, 11, & 29.

Le premier est remarquable en ce qu'il regle la largeur des lisieres des draps façon d'Espagne, blancs, gris & mêlez, à deux pouces; & le cinquiéme (où il est parlé des draps blancs de Saint Lubin, Gisors, &c.) en ce que ce sont les seuls draps qui se mesurent entre les lisieres.

Suivant l'article 31 du même Reglement de 1669, les Manufacturiers sont obligez de faire les lisieres de la même longueur de l'étoffe. Et par l'Arrêt du Conseil du 3 Octobre 1689, il est au choix de l'Acheteur de l'auner ou par la lisiere, ou par le dos, qu'autrement on appelle Faiste.

Les lisieres des draps destinez pour être teints en écarlate, se font ordinairement de poil de chien noir de Danemarc; celles des draps pour mettre en noir, de poil ou laine d'autruche; & celles des draps appellez Draps de couleur, de poil de chien blanc de Danemarc, ou de grosses laines de France teintes en telle couleur qu'il plaît à l'Ouvrier, ou qu'il convient à l'ouvrage.

On appelle étoffe bien coëffée, celle dont les lisieres sont bien faites, d'une largeur qui lui est proportionnée, & dont la couleur plaît à la vûë.

Ebarber la lisiere d'une étoffe, c'est en couper les plus longs poils.

Il y a eu plusieurs Reglemens pour la fabrique des toiles entr'auentr'autres celui du 14 Aoust 1676 pour Normandie & la Bretagne, un autre du 7 avril 1693 pour Caën & Alençon, & un troisiéme du 27 Décembre 1701 pour Rouen.

Dans tous ces Reglemens il y a quelques articles qui ordonnent la maniere de faire les lisieres, & tous conviennent en ce qu'ils défendent d'employer aux lisieres d'autre fil que celui du corps & du milieu de la piece, c'est-à-dire, de plus gros, de moindre valeur, ou qui soit gâté.

Les lisieres des toiles doivent être aussi serrées que le reste de la piece.

Le Reglement du 4 Janvier 1701, article 14, porte à peu près la même chose pour les futaines & basins.

Enfin l'article 13 du Reglement du 30 Mars 1700 pour les Ouvriers en bas au métier, ordonne, Que les lisieres des bas seront bien faites & d'une égale force, ayant au moins une maille vuide, & que les entures seront doubles & bien nettes.

Les Lisieres de drap payent en France les droits d'entrée à raison de 23 s. du cent pesant, & pour les droits de sortie 26 s.

A l'égard de la Doüane de Lyon les droits sont de 10 s. du quintal, tant pour l'ancienne que pour la nouvelle taxation.

LISME. Espece de tribut que les François du Bastion de France payent aux Algeriens & aux Maures du Pays, suivant les anciennes Capitulations, pour avoir la liberté de la pêche du corail, & du commerce au Bastion même, à la Calle, au Cap de Rose, à Bonne & à Colle. *Voyez à l'article du Commerce, le négoce qui se fait au Bastion de France.*

LISOIRES, que quelques-uns écrivent & prononcent LISSOIRS. Ce sont des pieces de bois d'orme placées au dessus des essieux d'un carosse. *Voyez* Orme.

LISSE. Ce qui est poli, uni & luisant. On le dit en termes de Manufacture, d'une étoffe qui n'a pas passé sous la calandre pour y faire paroître des ondes. De la moire lisse est celle qui sort des mains de l'Ouvrier, qui n'est pas tabisée ni ondée.

Lisse. Les Tapissiers de haute-lisse & de basse-lisse, les Sergiers, les Rubaniers, ceux qui fabriquent des brocards, & quelques autres Ouvriers, nomment Lisse, ce qu'on appelle Chaîne dans les métiers de Tisserant & des autres Fabriquans de draps & d'étoffes, c'est-à-dire, les fils étendus de long sur le métier, & roulez sur les ensubles, à travers desquels passent ceux de la tréme. *Voyez* Chaisne.

Haute-Lisse. C'est celle dont la lisse ou chaîne est dressée debout & perpendiculairement devant l'Ouvrier qui travaille; la basse-lisse au contraire celle dont la lisse est montée sur un métier posé paralelle à l'horison, c'est-à-dire, placée comme le métier d'un Tisserant. *Voyez* Haute-lisse *&* Basse-lisse.

Ruban double en Lisse. C'est celui qui est plus fort, plus épais que le ruban simple; parce que la lisse ou chaîne du premier a plus de fils, quoique dans une égale largeur que celle du dernier. *Voyez* Ruban.

Lisse. C'est un instrument dont les Lingeres se servent pour lisser leurs ouvrages, & dont les Courroyeurs usent pareillement pour donner la derniere façon à leur cuir de couleur, après qu'ils ont reçû leur dernier lustre.

La lisse est de gros verre noir en forme d'une bouteille solide, dont le col est assez long & assez gros pour servir de poignée, & dont la panse a quatre ou cinq pouces de diametre, & seulement environ deux pouces de hauteur. *Voyez* Courroyer.

Lisse de Tisserant & de Gazier. *Voyez* Lisses.

LISSER. Se servir de la lisse pour applattir les coutures du linge & l'unir, ou pour polir & donner plus d'éclat au lustre des cuirs de couleur.

Lisser une Etoffe. C'est la faire passer sous la calandre à lisser, c'est-à-dire, dont les rouleaux sont polis, afin de la faire paroître unie & luisante. On ne lisse guéres que les étoffes de soye & les toiles qui ont été dégraissées & reblanchies ou teintes.

LISSERONS. Ce sont les tringles ou morceaux de bois qui portent les lisses; & qui font ce qu'on en nomme la Tête. *Voyez l'article suivant.*

LISSES. Ce terme chez les Tisserans & autres Ouvriers qui travaillent de la navette, signifie de menuës cordelettes ou ficelles, dont chacune a sa petite bouclette dans le milieu faite de la même ficelle, ou son petit anneau de fer, de corne, d'os ou de verre au travers desquels passent les fils de la chaîne des étoffes en toiles que l'on veut fabriquer. Les lisses sont attachées par haut & par bas à de longues tringles de bois que l'on nomme Liais, & quelquefois Lisserons. Ce sont ces liais & ces lisses qui composent les lames. *Voyez* Lame.

Pour la fabrique des gazes ce sont des perles d'émail percées par le milieu, à travers desquelles passent les fils de la chaîne. Chaque métier a deux têtes de lisses, & chaque tête de lisses porte mille perles, si la gaze doit être d'une demie aune de large. On les augmente ou diminuë à raison de cinq cens par quartier d'aune qu'on veut donner de plus ou de moins à la gaze. *Voyez* Gaze.

Lisses. Les lisses des Hautelissiers, différentes de leur lisse ou chaîne dont on a parlé ci dessus, sont de petites ficelles ou cordelettes attachées à chaque fil de la chaîne de la haute-lisse, avec une espece de nœud coulant en forme de maille ou d'anneau aussi de ficelle; elles servent pour tenir la chaîne ouverte; & on les baisse ou les leve par le moyen de ce qu'on appelle la Perche de lisse, où elles sont toutes enfilées. *Voyez* Haute-lisse.

Les lisses, ou ficelles à faire lisses, payent les droits de la Doüane de Lyon, pour l'ancienne taxation 2 s. du quintal, & pour la nouvelle reapreciation, comme mercerie de Milan, c'est-à-dire, 20 s. du cent pesant.

LISSETES. On nomme ainsi dans la fabrique des gazes, des ficelles au même nombre que celles des lisses, qui sont attachées cinq à cinq aux fourches ou arbalestres, & qui servent à faire lever les fils de la chaîne pour le dessein de la brochure. Chaque lissere porte à son extrémité d'en bas un plomb qui y tient avec un maillon d'émail, dont le poids fait retomber les fils levez, lorsque le tireur lâche les cordes du simblot qu'il avoit tirées. *Voyez* Gaze.

Tous les métiers d'Ouvriers à la navette où l'on travaille à la figure, comme damas, satins, velours, brocards & autres, ont leurs lissetes & leurs plombs, mais en différent nombre, & en diverses proportions.

LISMAOS. Toiles rayées de blanc & de bleu, qui se fabriquent en divers lieux d'Allemagne. Les Hambourgeois en portent beaucoup en Espagne, où elles sont bonnes pour les Indes Occidentales. *Voyez l'articles des Toiles, où il est parlé des toiles étrangers qui sont propres pour le commerce d'Espagne.*

LIT. Meuble qui sert à se coucher la nuit, ou à se reposer de jour.

Les Menuisiers en font toute la garniture de bois; comme

me le chalit ou couchette, le chantourné, l'Imperiale & les avant-bois. Le reste est l'ouvrage des Tapissiers, comme les matelas, les paillasses; les lits de plume, les couvertures ou courtepointes, & ce qu'on appelle le Tour de lit, qui consiste en rideaux, en pentes, en bonnes-graces, en dossier, en ciel, en chantourné, &c.

Les Lits de coton sont employez dans le Tarif des Entrées de 1664; & payent 5 liv. du cent pesant.

Il y en a aussi de deux autres especes tariffez dans celui de la Doüane de Lyon (sçavoir les Lits de serge tant imprimez qu'autres, qui payent 12 s. 6 d. de la piece d'ancienne taxation, & 5 s. le cent pesant de nouvelle réapreciation.

Et les Lits de Razoir, *qui payent 10 s. aussi de la piece tant d'anciens que de nouveaux droits.*

LITAGE. Terme de Manufacture de draps, dont les Teinturiers se servent aussi. C'est l'action de liter les étoffes. *Voyez* LITEAU & LITER.

LITARGE ou LITHARGE. Il y a de deux sortes de litarge, la litarge naturelle & la litarge artificielle.

La litarge naturelle est un minéral que l'on trouve quelquefois dans les mines de plomb, qui est rougeâtre, par écailles, facile à casser, & qui a quelque chose de la figure & de la nature du blanc de plomb.

Cette litarge est si rare, que les Marchands Epiciers-Droguistes de Paris ne vendent & les Ouvriers n'employent que de la litarge artificielle.

Cette seconde espece de litarge est encore de deux sortes celle d'or & celle d'argent, ou plûtôt ce n'est que la même à qui la diversité des couleurs qu'elle reçoit des differents degrez du feu par où elle passe, a fait donner ces deux noms.

Les Auteurs & même les Artistes ne conviennent pas trop de ce que c'est que cette litarge artificielle.

Les uns disent que c'est une écume métallique qu'on leve de dessus le plomb qu'on fait fondre, après qu'il a servi à purifier l'or, l'argent ou seulement le cuivre.

D'autres prétendent que c'est une fumée métallique qui sort de ces métaux mêlée avec le plomb dont on se sert pour les purifier; & qui s'attachant au haut de la cheminée des fourneaux, s'y forme en especes d'écailles.

D'autres enfin que c'est le plomb même qui a servi à l'affinage de ces métaex, & sur tout du cuivre, quand au sortir de la mine on le veut mettre en rosette.

Cette derniere opinion paroît la plus vraisemblable, surtout parce que la plus grande quantité de ces sortes de litarge viennent de Pologne, de Suede & de Danemarc, où tout le monde sçait que les mines de cuivre sont plus communes que celles d'or ou d'argent.

La litarge artificielle est d'un grand usage, soit dans la Médecine, soit parmi quantité d'Ouvriers, comme Potiers de terre, Teinturiers; Pelletiers, Peintres, &c.

Il n'est pas même jusqu'aux Cabaretiers de Paris qui, à ce qu'on dit, se servent de cette drogue pour sofistiquer leurs vins, quoique ses qualitez soient très-malignes, & qu'on la mette au nombre des poisons.

Outre les litarges qu'on tire de Pologne, de Suede & de Danemarc, il en vient aussi d'Allemagne & d'Angleterre. Celles de Pologne sont les plus estimées; & il faut les choisir véritables Dantzick, qui sont pour l'ordinaire moins terreuses & d'une plus belle couleur. La litarge menuë est préférable à la grosse, parce que c'est une marque qu'elle est plus calcinée, & par consequent plus facile à dissoudre dans les liqueurs onctueuses dans lesquelles on a coûtume de les employer.

Les Litarges d'or ou d'argent payent en France les droits d'entrée à raison de 12 s. du cent pesant conformement au Tarif de 1664; & par celui de la Doüane de Lyon, où elles sont appellées Litargues; *9 s. 9 d. tant pour l'ancienne taxation, que pour les anciens & nouveaux quatre pour cent.*

LITEAU. Se dit de certaines rayes de différentes couleurs, que l'on conserve le long des pieces de drap entre la lisiere & l'étoffe, tant du côté de l'endroit que du côté de l'envers; pour faire connoître qu'elles sont de bonne teinture, & cela se fait en y cousant de petites cordes avant que de mettre les étoffes à la teinture.

Les liteaux des draps écarlates, bleus & pourpres sont ordinairement blancs; ceux des draps verds sont jaunes, ceux des draps violets sont d'un rouge clair, &c. *Voyez* LITER.

LITEAU. Se dit aussi des rayes bleuës qui traversent les toiles d'une lisiere à l'autre. Il n'y a que les pieces de toiles pleines qui sont destinées à faire des napes & des serviettes qui ayent des liteaux. Ces liteaux sont disposez dans les pieces de maniere, que lorsque les napes ou les serviettes sont coupées; il leur reste à chaque bout un liteau.

LITEMANGHITS. Nom que les Habitans de Madagascar donnent à cette espece de gomme que les Epiciers & Droguistes de Paris appellent Alouchi. Cette gomme coule du tronc de la canelle blanche. *Voyez* CANELLE BLANCHE.

LITER DU POISSON SALE'. C'est l'arranger par lits dans les gonnes, hambourgs & barils. On dit que du poisson salé est bien lité, lorsqu'il est bien arrangé par couches dans les futailles. Ce terme est commun pour le saumon, le hareng & le maquereau.

LITER UN DRAP. C'est coudre ou attacher avec du gros fil ou de la menuë ficelle certaines petites cordes de la grosseur du bout du petit doigt, le long de la piece entre l'étoffe & la lisiere, afin que la partie qui en a été couverte ne puisse prendre la teinture, & qu'elle conserve toûjours son fond ou pied; ce qui est proprement la preuve de la bonne teinture de l'étoffe.

Les Marchands Drappiers, Manufacturiers & autres qui donnent des draps pour teindre en écarlate violette, pensée, verd-brun & verd-gay, sont obligez de les liter avant que de les donner à teindre. Il est même défendu aux Teinturiers de les recevoir ni de les teindre, s'ils ne sont litez. *Art. 3 du Reglement des teintures du mois d'Aoust 1669.*

LITHARGE. *Voyez* LITARGE.

LITHOMAGRA. *Voyez* AGARIC Minéral.

LITRON. Petite mesure ronde, ordinairement de bois, dont on se sert pour mesurer certains corps secs, comme grains, graines, pois, féves & autres légumes; sel, farine, châtaignes, &c. Il faut seize litrons pour faire un boisseau de Paris.

Le litron se divise en deux demi-litrons, & en quatre quarts de litron, ou suivant quelques-uns, en trente-six pouces cubiques.

Par Sentence du Prevôt des Marchands & Echevins de la Ville de Paris du 29 Décembre 1670, inserée dans l'Ordonnance générale de la même Ville du mois de Decembre 1672, chap. 24. le litron doit avoir trois pouces & demi de haut sur trois pouces dix lignes de large, & le demi litron deux pouces dix lignes de haut sur trois pouces dix lignes de diametre.

Quoique le sel se mesure avec le même litron que les grains & graines, il a cependant des divisions beaucoup plus étenduës. Les voici telles qu'elles se trouvent dans l'Ordonnance des Gabelles du mois de May 1680.

Le litron se divise en deux demi-litrons, ou en quatre quarts de litron, ou en huit demi-quarts de litron, ou en seize mesurettes.

L'étalonnage ou épalement du litron, ainsi que celui des autres mesures rondes de bois, se fait à Paris en l'Hôtel de Ville par les Jurez Mesureurs de sel; qui sont les Dépositaires des étalons de cuivre, ou mesures matrices & originales qui doivent servir de regle à toutes les autres.

LITRON. Se dit aussi de la chose mesurée. Un litron de pois, Un litron de farine, Un litron de sel, &c.

LIVRAISON. Action par laquelle on met une chose entre les mains & en la possession d'un autre.

Ce terme est assez d'usage dans le commerce, en parlant des marchandises que l'on vend ou qu'on achete. Nous sommes convenus du prix de deux cens pieces de drap, mais il ne m'en doit faire la livraison qu'après Pâques. Je vous ai déja mandé que j'avois fait la livraison de vos velours à votre Facteur.

LIVRE. Ouvrage d'esprit composé & imprimé pour l'utilité publique, ou quelquefois seulement pour la curiosité & le plaisir.

Comme il ne s'agit dans ce Dictionnaire que des matiéres de commerce, on ne parlera ici des Livres que par rapport au négoce qui s'en fait.

Ce sont les Imprimeurs qui font l'impression des Livres; les Relieurs qui les relient & les dorent; & les Libraires qui les vendent & les débitent, soit en gros, soit en détail. On traite ailleurs des Maîtres de ces trois professions, de leur art & de leur négoce. *Voyez* IMPRIMERIE, IMPRIMEUR, LIBRAIRE, LIBRAIRIE *&* RELIEUR.

Il y a des Livres manuscrits & des Livres imprimez. On appelle Usages ou Livres d'Eglise, ceux qui servent pour réciter & faire l'Office Divin.

Les Livres imprimez se distinguent par ce qu'on appelle leur Format, qui est de plusieurs sortes, comme l'in folio, l'in-quarto, l'in-octavo, l'in-douze, &c. ce qui s'entend du pliage des feüilles, & de la quantité que chacune contient de pages ou de feuillets. *Voyez* FORMAT. *Voyez aussi* IMPRIMERIE.

LIVRE EN BLANC. C'est celui qui n'est pas relié. Les Auteurs, Imprimeurs & Libraires qui obtiennent des Privileges pour l'impression des Livres, ne sont tenus de fournir qu'en blanc à la Chambre Syndicale les huit Exemplaires ordonnez par les Edits & Déclarations.

LIVRE RELIE'. C'est un Livre qui après avoir été battu, cousu & rogné, est couvert d'un carton, & pardessus le carton, de quelque peau d'animal, d'étoffe ou même d'argent. *Voyez* RELIEUR.

LIVRE RELIE' A LA CORDE. C'est celui qui est cousu avec ces ficelles qu'on appelle des Nerfs, mais qui n'est pas couvert. *Voyez* RELIEUR.

LIVRE BROCHE'. C'est un Livre qui n'est cousu que de quelques points d'aiguilles pardessus. Il ne se dit guéres que des livrets de peu de feüilles. *Voyez* RELIEUR.

LIVRE CONTREFAIT. C'est un Livre imprimé par d'autres que ceux qui en ont obtenu le Privilege.

LIVRE PROHIBE'. C'est celui dont l'impression & le débit sont défendus par les Loix & Ordonnances. On comprend sous ce nom tous les Livres contre la Religion, l'Etat & les bonnes mœurs; même ceux imprimez sans privilege sans nom ou marque d'Imprimeur ou de Libraire, & où le lieu de l'impression n'est pas mis.

Il n'est guéres de commerce plus libre en France que celui des marchandises de la Librairie. Cette liberté du négoce des Livres consiste principalement dans une double exemption; l'une de tous droits d'entrée & de sortie du Royaume, ou d'autres semblables impositions au dedans: l'autre de toutes visites, hors celles des Syndic & Adjoints de la Librairie, qui encore ne se fait pas dans les Doüanes & Bureaux, mais dans la Chambre Syndicale de la Communauté.

Ces deux exemptions sont anciennes, & ont été accordées & confirmées par les Rois de France en faveur d'un art si utile à la Religion, à l'Etat & aux Belles-lettres.

La Déclaration de Louis XII. donnée à Blois le 9 Avril 1513, qui a servi de modéle à ce grand nombre de Déclarations, Edits, Arrêts du Conseil & du Parlement, rendus sous les Regnes suivans & jusqu'à present, porte, Que tous Livres, soit en Latin & en François, soit reliez ou non reliez, seroient francs, quittes & exempts de tous peages, chef-d'œuvres, chaussées, impositions foraines, pavez, quelque part qu'ils soient transportez, soit par eau ou par terre, soit dans ou hors le Royaume, sans payer aucun acquit, imposition ou autre subside quelconque.

La Déclaration de Henry II. du 27 Juin 1551, defend l'ouverture des balles de Livres apportées de dehors, qu'en présence des Syndic & Adjoints.

Ces deux Déclarations concernant l'affranchissement des Livres de tous droits & leur exemption de toutes visites, à l'exception de celles de la Chambre Syndicale, ont depuis été confirmées par tous les Rois successeurs de Louis XII. & de Henry II. & toutes les deux ensuite conjointement par Charles IX. en 1560, par Henry III. en 1587, par Henry IV. en 1595, par Louis XIII. en 1630, & enfin par Louis XIV. par plusieurs Arrêts du Conseil ou Déclarations dont les plus considerables sont les Arrêts du mois de Décembre 1651, & 18 Aoust 1699, & la Déclaration du 11 Septembre 1703.

Les Visiteurs de la Doüane de Paris ouvrent bien les balles, caisses ou ballots où sont enfermez les Livres, pour voir s'il n'y a point d'autres marchandises mêlées, mais sans visiter les Livres, qui sont renvoyez à la Chambre Syndicale.

La licence des Auteurs & celle des Imprimeurs & Libraires, dont les uns peuvent abuser de leur esprit pour composer, & les autres de leur profession pour imprimer, & répandre dans le public des Livres dangereux à la Religion, à l'Etat & aux bonnes mœurs, ont fait prendre dans tous les tems des précautions pour prevenir & arrêter ce désordre.

Avant l'invention de l'impression, l'Université de Paris étoit seule chargée de ce soin pour les Livres qui se débitoient par les Libraires de cette Ville; qui lui étoient alors entiérement soumis, & qui n'en pouvoient exposer aucuns en vente, qu'ils ne les eussent communiquez aux Censeurs des Livres qu'elle avoit établis, pour être par eux approuvez & corrigez.

Une partie de cette inspection sur les Livres, au moins pour ce qui regarde ceux de Theologie, ou qui concernent

nent la Religion, a été conservée à l'Université; & nul de ces sortes de Livres ne doit s'imprimer sans approbation des Docteurs.

Mais pour davantage prevenir l'impression & le débit des mauvais Livres de toute espece, l'on a sagement imposé la nécessité d'un Privilege du grand Sceau, ou d'une Permission des Officiers de Police, suivant la qualité des impressions; & encore outre cela de mettre aux Livres les noms des Auteurs, ceux des Libraires & Imprimeurs avec leur marque, & de plus le nom de la Ville où le Livre est imprimé, sans quoy tout Livre est censé de contrebande, & les Exemplaires sujets à la saisie & confiscation, aussi-bien que les Imprimeurs & Libraires à l'amende, même à plus grande punition, si le cas y échet.

On ne raporte pas ici les divers Edits, Déclarations & Arrêts, soit du Conseil, soit du Parlement, qui ont établi cette discipline pour le commerce de Livres; en ayant traité amplement & exprès en deux articles de ce Dictionnaire. *Voyez* LIBRAIRIE. *Voyez aussi* PRIVILEGE.

Comme ces Reglemens ne pouvoient pourvoir qu'aux impressions qui se font au dedans du Royaume, & que les Livres qui y entrent y venant du dehors, sur-tout ceux qui peuvent y venir d'un Etat voisin, également célébre par l'habileté & par la licence de ses Imprimeurs, pourroient contenir un venin plus dangereux, on a pris en France diverses précautions, soit pour y empêcher l'entrée des mauvais Livres ou des Livres contrefaits, soit pour les y découvrir quand ils ont trompé la vigilance des Inspecteurs.

Pour empêcher l'entrée des mauvais Livres ou des Livres contrefaits, Louis XIV. par un Arrêt de son Conseil du 11 Juin 1710, a reglé & specifié les Villes par lesquelles seules tous les Livres & Livrets venans des Pays étrangers, pourroient être adressez, & auroient entrée dans le Royaume.

Ces Villes sont au nombre de dix; sçavoir Paris, Rouen, Nantes, Bordeaux, Marseille, Lyon, Strasbourg, Mets, Rheims & Amiens, ausquelles celle de Lisle a été depuis ajoûtée par Arrêt du Conseil du 18 Décembre 1717, pour les Livres & Livrets venant des Pays Etrangers pour la Flandre Françoise.

Dans chacune de ces onze Villes, ainsi qu'il se pratique dans celle de Paris, est établie une Chambre, pour y être les Livres déposez, & ensuite visitez par les Syndics de la Communauté des Libraires, ou par dex Libraires nommez à cet effet, dans les Villes où il n'y a point de Syndic. Enfin les Syndics ou Libraires commis sont tenus de dresser un catalogue exact de tous les Livres qui sont apportez & visitez dans leur Chambre, & d'en envoyer chaque semaine une copie certifiée d'eux à M. le Chancelier, pour être par lui, sur les ordres qu'il recevra du Roy, reglé tout ce qu'il appartiendra par raport à la supression, confiscation, permission, vente & débit de tous lesdits Livres & Ouvrages.

Cet Arrêt concernant l'entrée des Livres dans le Royaume fut suivi l'année d'après d'une Déclaration du même Roy donnée à Fontainebleau le 5 Septembre 1711, portant Reglement de ce qui doit être observé pour la vente des Livres dans la Ville de Paris.

Par cette Declaration interpretée néantmoins par une autre Déclaration du mois de Novembre de la même année, il est ordonné en neuf articles:

1°. Que conformement au Reglement de 1686 pour la

Librairie, il n'y aura que les Libraires & Imprimeurs qui pourront faire le commerce de Livres, avec permission néantmoins à tous particuliers de disposer de leurs Livres, Bibliotheques & Cabinets par vente ou autrement, après avoir été pourtant visitez par les Syndic & Adjoints Libraires, & en avoir obtenu la permission du Lieutenant Civil & du Lieutenant Général de Police dans le cas de vente contentieuse, & du Lieutenant Général de Police seul pour les ventes volontaires.

2°. Que les Libraires & Imprimeurs qui auront acheté une Bibliothéque ou Cabinet en Compagnie, en feront transporter les Livres dans la Chambre Syndicale, la visite préalablement faite, pour y proceder en présence des Syndic & Adjoints au partage des Livres dont le débit est permis; pour à quoi travailler il ne leur est accordé que l'espace de huit jours, sans que pendant tout ce tems-là il y puisse être vendu aucun Livre sous quelque prétexte que ce soit.

3°. Que les Livres ainsi achetez en Compagnie ne pourront être transportez avant le partage ailleurs qu'en la Chambre Syndicale, ni après le partage autre part que dans les boutiques des Libraires ou Imprimeurs qui les auront achetez & partagez, à peine de confiscation & de quinze cens livres d'amende.

4°. Que si l'achat des Bibliotheques ou Cabinets de Livres ne se fait par un seul Imprimeur ou Libraire, il pourra transporter lesdits Livres dans sa maison, pour les vendre dans sa boutique & non ailleurs, après qu'ils auront été visitez sans déplacer sur le lieu de la vente.

5°. Qu'à peine de cinq cens livres d'amende aucune personne ne pourra donner à loyer aucun lieu pour y mettre des Livres, qu'après en avoir obtenu la permission du Sr. Lieutenant Géneral de Police.

6°. Que les Libraires ou Imprimeurs ne pourront avoir de magasins hors de leurs maisons, qu'ils n'en ayent fait déclaration aux Syndic & Adjoints, dont il sera fait mention sur un registre particulier, à peine de confiscation des Livres qui seront trouvez dans lesdits magasins; & de 1500 livres d'amende; & que les Particuliers ne pourront donner à loyer lesdits lieux que par baux passez pardevant Notaires, & après qu'il leur aura apparu de ladite déclaration, sous pareille peine de 1500 liv. d'amende.

7°. Que lors de la levée des scellez, les Livres défendus ou imprimez sans permission, seront mis à part par le Commissaire qui aura apposé les scellez, pour être, après que la catalogue en aura été dressé, portez à la Chambre Syndicale, & remis aux Syndic & Adjoints sur leur recepissé au bas dudit catalogue.

8°. Qu'en cas de vente de Livres sans apposition de scellez, les Syndic & Adjoints seroient appellez pour en faire la visite, & les Livres de la qualité ci-dessus séparez des autres, & pareillement envoyez à ladite Chambre.

9°. Enfin il est ordonné à tout Imprimeur ou Libraire de ne faire aucune prisée de Livres, qu'il ne leur soit apparu d'un certificat de ladite visite, à peine de 500 liv. d'amende & d'interdiction pendant six mois.

A l'égard de la seconde Déclaration interpretative de cette premiere, elle porte, Que les formalitez prescrites par icelle pour la vente & examen des Bibliotheques ou Cabinets de Livres, n'auront lieu que dans les cas de ventes volontaires ou forcées, & non quand il s'agira simplement de legs de donations ou de presens desd. Bibliotheques & Cabinets.

Livre. Poids d'une certaine proportion qui sert à juger de la pesanteur des corps graves, &, pour ainsi dire, à la mesurer. La livre est différente suivant les lieux.

A Paris la livre est de seize onces; elle se divise de deux manieres. La premiere division se fait en deux marcs, chaque marc en huit onces, chaque once en huit gros, chaque gros en trois deniers, chaque denier en vingt-quatre grains, & chaque grain pese environ un grain de blé.

La seconde division se fait en deux demi-livres, la demie-livre en deux quarterons, le quarteron en deux demi-quarterons, le demi-quarteron en deux onces, & l'once en deux demies onces.

Ainsi suivant la premiere division l'on peut peser en diminuant depuis une livre jusqu'à un grain, qui est la 9216 partie de la livre; & suivant la deuxiéme division l'on peut peser en diminuant depuis une livre jusqu'à une demie-once, qui est la 32me partie de la livre.

L'on se sert ordinairement des poids de la premiere division, qui sont proprement les poids de marc, pour peser l'or, l'argent & les marchandises précieuses; & l'on employe les poids de la seconde, qui sont les poids ordinaires pour peser celles qui ne sont pas d'un prix si considérable.

Les poids de marc sont ordinairement de cuivre, & les poids ordinaires sont ou de fer ou de plomb. *Voyez* Marc & Poids.

Différence de la Livre de Paris avec celle des principales Villes du Royaume,

A Lyon la livre du poids de Ville est de quatorze onces, les cent livres de Lyon font à Paris quatre-vingt-six livres, & les cent livres de Paris font à Lyon cent seize livres.

Pour reduire les livres du poids de Ville de Lyon en livres de Paris, il faut en se servant de la regle de trois, dire; Si 100 livres de Lyon font à Paris 86 livres, combien tant de livres de Lyon feront-elles de livres à Paris?

Et au contraire pour reduire les livres de Paris en livres de Lyon, poids de Ville, il faut dire en se servant de la même régle: Si 100 livres de Paris font à Lyon 116 livres, combien tant de livres de Paris feront-elles de livres à Lyon.

Cette maniere de réduire les livres de Lyon en livres de Paris, & les livres de Paris en livres de Lyon, peut servir d'exemple & d'instruction pour toutes les réductions que l'on aura à faire de toutes sortes de poids différents les uns des autres.

A Lyon outre la livre de poids de Ville, il y en a une dont on se sert pour peser les soyes: elle est de quinze onces; ce qui est une once moins que celle de Paris, & une once de plus que celle du poids de Ville.

A Toulouse & dans le haut Languedoc la livre est de treize onces & demie ou environ, poids de Paris; de maniere que 100 livres de Toulouse font 84 livres 3 quarts de Paris, & 100 livres de Paris font à Toulouse 118 livres. *Voyez* Poids de table.

A Marseille & dans le haut Languedoc la livre est de treize onces & demie ou environ, poids de Paris: ensorte que 100 livres de Marseille font à Paris 81 livres, & 103 livres de Paris font à Marseille 123 livres & demie. *Voyez* Poids de Table.

A Roüen la livre du poids de Vicomté est de seize onces & demie six cinquiémes; les 100 livres de Roüen font à Paris 104 livres, & les 100 livres de Paris font à Roüen 96 livres 2 onces & demie.

Pour les marchandises qui se vendent & achetent à Roüen, dont le poids est au dessous de 13 livres, l'on ne se sert point du poids de Vicomté, mais de celui de Paris, dont la livre est de 16 onces, ainsi qu'il a été dit ci-devant.

Egalité ou inegalité qui se trouve entre la livre de Paris & celle des Villes des Pays Etrangers.

A Amsterdam, à Strasbourg & à Besançon la livre est égale à celle de Paris.

A Geneve la livre est de dix-sept onces: les 100 livres de Geneve font à Paris 112 livres, & les 100 livres de Paris font à Geneve 89 livres.

Une livre de Londres est à Paris quatorze onces cinq huit, & une livre de Paris est à Londres une livre une once trois huit; ensorte que 100 livres de Londres font à Paris 91, & 100 livres de Paris font à Londres 109 livres.

A Londres il y a une livre particuliére qui est en usage dans les Monnoyes & ailleurs: on la nomme Livre de Troye. Elle ne pese que douze onces.

Pour ne point interrompre les réductions qui vont suivre, on a crû à propos de réserver pour la fin de cet article ce qui regarde plus particuliérement ces deux sortes de livres ou poids d'Angleterre. On peut y avoir recours.

La livre d'Anvers est à Paris quatorze onces un huit, & une livre de Paris est à Anvers une livre deux onces & un huit; de maniere que 100 livres d'Anvers font à Paris 88 livres, & 100 livres de Paris font à Anvers 113 livres & demie.

Une livre de Venise est à Paris huit onces trois quarts, & une livre de Paris est à Venise une livre trois onces; de sorte que 100 livres de Venise font à Paris 55 livres, & 100 livres de Paris font à Venise 181 livres 3 quarts.

La livre de Milan est à Paris neuf onces trois huit, & une livre de Paris est à Milan une livre onze onces un huit; de maniere que 100 livres de Milan font à Paris 59 livres, & cent livres de Paris font à Milan 169 livres & demie.

Une livre de Messine est à Paris neuf onces trois quarts, & une livre de Paris est à Messine une livre dix onces un quart; de sorte que 100 livres de Messine font à Paris 61 livres, & cent livres de Paris font à Messine 163 livres 3 quarts.

La livre de Boulogne, de Turin, de Modene, de Raconis & de Reggio, est à Paris dix onces & demie, & une livre de Paris est à Boulogne &c. une livre huit onces & un quart; de maniere que 100 livres de Boulogne &c. font à Paris 66 livres, & 100 livres de Paris font à Boulogne &c. 151 livres & demie.

Une livre de Naples & de Bergame est à Paris huit onces trois quarts, & une livre de Paris est à Naples & à Bergame une livre onze onces un huit; ensorte que 100 livres de Naples & de Bergame font à Paris 59 livres, & 100 livres de Paris font à Naples & à Bergame 169 livres & demie.

La livre de Valence & de Sarragosse est à Paris dix onces, & la livre de Paris est à Valence & à Sarragosse une livre neuf onces trois huit; de façon que 100 livres de Valence & de Sarragosse font à Paris 63 livres, & 100 livres de Paris font à Valence & à Sarragosse 158 livres & demie.

Une livre de Genes & de Tortose est à Paris neuf onces sept huit, & la livre de Paris est à Genes & à Tortose une livre neuf onces trois quarts; de maniere que 100 livres de Genes & à Tortose font à Paris 62 livres, & 100 livres de Paris font à Genes & à Tortose 161 livres 1 quart.

La

La livre de Francfort, de Nuremberg, de Basle & de Berne est à Paris une livre un quart, & la livre de Paris est à Francfort &c. quinze onces cinq huit ; de sorte que 100 livres de Francfort &c. font à Paris 102 livres, & 106 livres de Paris font à Francfort &c. 98 livres.

Cent livres de Lisbonne font à Paris 87 livres 8 onces peu plus ; & 100 livres de Paris font à Lisbonne 114 livres 8 onces peu moins ; ensorte que sur ce pied une livre de Lisbonne doit être à Paris 14 onces, & une livre de Paris doit être à Lisbonne une livre deux onces.

Lyon & Roüen étant, aussi-bien que Paris, deux des principales Villes de commerce de France, on ne sera pas fâché de trouver ici la proportion qu'il y a entre les poids de ces deux endroits & ceux des autres Villes du Royaume, même des Pays Etrangers.

Difference qu'il y a entre le poids de Ville de Lyon, & les poids de plusieurs Villes de France.

Cent livres de Lyon font en Avignon, à Toulouse & à Montpellier cent quatre livres, & cent livres d'Avignon &c. font à Lyon &c. quatre-vingt-seize livres. La livre d'Avignon &c. est à Lyon quinze onces.

Cent livres de Lyon font à Roüen quatre-vingt-trois livres, & cent livres de Roüen font à Lyon cent vingt livres. La livre de Lyon est à Roüen treize onces, & la livre de Roüen est à Lyon une livre trois onces.

Cent livres de Lyon font à Marseille cent six livres, & cent livres de Marseille font à Lyon quatre-vingt-quatorze livres. La livre de Marseille est à Lyon quinze onces.

Difference qui se rencontre entre le poids de Ville de Lyon & les poids de plusieurs Villes Etrangeres.

Cent livres de Lyon font à Londres quatre-vingt-quatorze livres & demie, & cent livres de Londres font à Lyon cent six livres.

Cent livres de Lyon font à Anvers quatre-vingt-dix-huit livres, & cent livres d'Anvers font à Lyon cent deux livres.

Cent livres de Lyon font à Venise cent cinquante-huit livres & demie, & cent livres de Venise font à Lyon soixante-trois livres.

Cent livres de Lyon font à Florence, à Ligourne & à Pise cent trente-une livres & demie, & cent livres de Ligourne &c. font à Lyon soixante-seize livres.

Cent livres de Lyon font à Naples & à Bergame cent quarante-sept livres, & cent livres de Naples & de Bergame font à Lyon soixante huit livres.

Cent livres de Lyon font à Turin, à Modene, à Boulogne, à Raconis & à Reggio cent trente livres, & cent livres de Turin &c. font à Lyon soixante dix-sept livres.

Cent livres de Lyon font à Milan cent quarante-cinq livres, & cent livres de Milan font à Lyon soixante-neuf livres. La livre de Milan est à Lyon onze onces.

Cent livres de Lyon font à Messine cent quarante-une livres, & cent livres de Messine font à Lyon soixante-onze livres. La livre de Messine est à Lyon onze onces.

Cent livres de Lyon font à Genes & à Tortose cent trente-neuf livres, & cent livres de Genes & de Tortose font à Lyon soixante-douze livres. La livre de Genes & de Tortose est à Lyon onze onces trois quarts.

Cent livres de Lyon font à Geneve soixante-dix-sept livres, & cent livres de Geneve font à Lyon cent trente livres. La livre de Geneve est à Lyon une livre cinq onces.

Cent livres de Lyon font à Francfort, à Nuremberg, à Bâle & à Berne quatre-vingt-quatre livres & demie, & cent livres de Francfort &c. font à Lyon cent dix-huit livres. La livre de Francfort &c. est à Lyon une livre trois onces.

Cent livres de Lyon font à Valence & à Sarragosse cent trente-cinq livres, & cent livres de Valence & de Sarragosse font à Lyon soixante-quatorze livres. La livre de Valence & de Sarragosse est à Lyon douze onces.

Difference qui se rencontre entre les poids de Vicomté de Roüen, & les poids de plusieurs Villes de France.

Cent livres de Roüen font à Avignon, à Toulouse & à Montpellier cent vingt-cinq livres, & cent livres d'Avignon &c. font à Roüen quatre-vingt livres. La livre d'Avignon &c. est à Roüen douze onces trois quarts.

Difference qui est entre le poids de Vicomté de Roüen, & les poids de plusieurs Villes Etrangeres.

Cent livres de Roüen font à Londres cent treize livres & demie, & cent livres de Londres font à Roüen quatre-vingt-huit livres. La livre de Londres est à Roüen quatorze onces.

Cent livres de Roüen font à Anvers cent dix-sept livres & demie, & cent livres d'Anvers font à Roüen quatre-vingt-cinq livres. La livre d'Anvers est à Roüen treize onces.

Cent livres de Roüen font à Venise cent quatre-vingt-huit livres & demie, & cent livres de Venise font à Roüen cinquante-trois livres. La livre de Venise est à Roüen huit onces & demie & deux cinquiémes d'once.

Cent livres de Roüen font à Florence, à Ligourne & à Pise cent cinquante-six livres, & cent livres de Florence &c. font à Roüen soixante-quatre livres. La livre de Florence &c. est à Roüen dix onces.

Cent livres de Roüen font à Naples, à Bergame & en Calabre cent soixante-quinze livres & demie, & cent livres de Naples &c. font à Roüen cinquante-sept livres. La livre de Naples &c. est à Roüen neuf onces.

Cent livres de Roüen font à Turin, à Modene, à Boulogne, à Raconis & à Reggio cent cinquante-sept livres & demie, & cent livres de Turin &c. font à Roüen soixante-trois livres & demie. La livre de Turin &c. est à Roüen dix onces un quart.

Cent livres de Roüen font à Milan cent soixante-douze livres & demie, & cent livres de Milan font à Roüen cinquante-huit livres. La livre de Milan est à Roüen neuf onces un quart.

Cent livres de Roüen font à Messine cent soixante-neuf livres & demie, & cent livres de Messine font à Roüen cinquante-neuf livres. La livre de Messine est à Roüen neuf onces & demie.

Cent livres de Roüen font à Genes & Tortose cent soixante-six livres & demie, & cent livres de Genes & de Tortose font à Roüen soixante livres. La livre de Genes & de Tortose est à Roüen neuf onces & demie.

Cent livres de Roüen font à Geneve quatre-vingt-douze livres & demie, & cent livres de Geneve font à Roüen cent huit livres. La livre de Geneve est à Roüen une livre une once & un quart d'once.

Cent livres de Roüen font à Francfort, à Nuremberg, à Bâle & à Berne cent deux livres, & cent livres de Francfort &c. font à Roüen quatre-vingt dix-huit livres. La livre de Francfort &c. est à Roüen quinze onces & demie.

Cent livres de Roüen font à Valence & à Sarragosse cent soixante-trois livres trois quarts, & cent livres de Valence &c.

& de Sarragosse font à Roüen soixante-une livre. La livre de Valence & de Sarragosse est à Roüen neuf onces trois quarts.

La livre de la Chine, comme celle de France, a seize onces, chaque once à dix gros que les Chinois appellent Tçien, chaque gros dix deniers, & chaque denier dix grains. Le grain a ses divisions & subdivisions toûjours de dix en dix; mais il n'y a point de terme François pour les exprimer.

Les Marchands & Négocians se servent dans leurs écritures de ce caractere ℔, pour marquer que c'est de la livre de poids dont ils entendent parler, & non des livres de comptes qui s'expriment par d'autres caracteres, suivant leurs différens noms & valeurs, comme il se peut voir dans l'article suivant.

Le poids d'Angleterre se nomme Livre, ainsi qu'en France; & l'on a vû ci-dessus sous le titre de l'Inégalité & Egalité des Livres de Paris & des Pays Etrangers, les raports que ces poids ont ensemble.

Par le vingt-septiéme Chapitre de la Charte, que les Anglois nomment par excellence *Magna Charta*, tous les poids doivent être étalonnez sur les étalons ou matrices qui sont gardez dans l'Eschiquier par l'Officier qui pour cela s'appelle le Clerc ou Contrôleur du marché. Il y a deux sortes de poids dont les étalons s'y conservent, le poids de Troye, & celui d'Avoir du poids.

Le poids ou livre de poids de Troye n'est que de douze onces; & c'est à ce poids que se pesent les perles, les pierreries, l'or, l'argent, le pain, & toutes sortes de blez & de graines. Chaque once est de vingt deniers, & chaque denier de vingt-quatre grains; ensorte que quatre cens quatre vingt grains font une once, & cinq mille sept cens soixante grains une livre. C'est aussi de ce poids que les Apoticaires se servent; mais ils le divisent autrement: vingt grains font un scrupule, trois scrupules une dragme, huit dragmes une once, & douze onces une livre.

La livre d'Avoir du poids est de quatre onces plus forte que celle du poids de Troye; mais aussi il s'en faut quarante-deux grains que l'once d'Avoir du poids ne soit aussi pesante que celle du poids de Troye, ce qui revient à peu près à un douziéme; de sorte qu'une once d'Avoir du poids n'est que de 438 grains, lorsque celle du poids de Troye est de 480; ce qui fait une différence comme de 73 à 80; c'est-à-dire, que 73 onces du poids de Troye feront 80 onces d'Avoir du poids, & que 80 livres d'Avoir du poids ne feront que 73 livres poids de Troye.

C'est à la livre d'Avoir du poids que se pesent toutes les marchandises grossieres & de volume, comme chair, beurre, fromage, fer, chanvre, filasse, suif, cire, plomb, acier, &c.

Cent douze livres d'Avoir du poids font le hundret ou quintal, cinquante six livres le demi quintal, & vingt-huit le jod ou quart de quintal. Les Bouchers appellent Stone un poids de huit livres d'Avoir du poids dont ils se servent à peser leur viande.

Livre. C'est aussi une monnoye imaginaire dont on se sert pour les comptes: elle vaut plus ou moins suivant le nom qu'on ajoûte & qu'on donne à livre, ou le Pays où elle est en usage. Ainsi l'on dit en France, Une livre tournois, Une livre parisis; en Angleterre, Une livre sterling; en Hollande & en Flandres, Une livre de gros.

La livre tournois est de vingt sols tournois, & chaque sol de douze deniers aussi tournois. Cette livre étoit la valeur d'une ancienne monnoye d'argent qu'on appelloit Franc, terme qui est encore sinonyme avec livre; car l'on se sert souvent de Franc au lieu de Livre: ainsi l'on dit, Deux cens livres ou Deux cens francs, &c. On a joint le mot de tournois pour differencier la livre de vingt sols d'avec les autres monnoyes de compte, ausquelles l'on donne pareillement le nom de Livre. On la distingue aussi par-là d'avec la livre de poids.

La livre Parisis est de vingt sols parisis, & le sol parisis de douze deniers parisis; chaque sol parisis valant quinze deniers tournois; ensorte qu'une livre parisis vaut vingt-cinq sols tournois; ce qui est un quart en sus plus que la livre tournois. Le mot de Parisis se dit par opposition à tournois, à cause du prix de la monnoye, qui valoit un quart de plus à Paris qu'à Tours.

La livre sterling d'Angleterre, que l'on appelle aussi Pundt, & quelquefois Piece, vaut vingt sols sterling ou vingt schelins, le sol sterling valant douze deniers sterling ou douze penins, & le denier sterling ou penin est estimé treize deniers un tiers tournois; de maniere que la livre sterling d'Angleterre revient à treize livres six sols huit deniers monnoye de France; ce qui doit s'entendre lorsque le change est sur le pied de cinquante-quatre deniers sterling pour un écu de soixante sols tournois, qui est le pair entre la France & l'Angleterre; car lorsque le change hausse ou baisse, la livre sterling augmente ou diminuë de valeur, à proportion de l'augmentation ou de la diminution du change.

La livre de gros de Hollande se divise en vingt sols de gros, & le sol de gros en douze deniers de gros: elle vaut six florins ou vingt schelins, le florin estimé vingt-quatre sols tournois; ensorte que la livre de gros de Hollande fait sept livres quatre sols monnoye de France: mais il faut observer qu'elle ne conserve ce prix que tant que le change est au pair, c'est-à-dire, à cent deniers de gros pour un écu de trois livres tournois; car le change venant à augmenter ou à diminuer, la livre de gros augmente ou diminuë à proportion que le change a augmenté ou diminué.

La livre de gros de Flandres & Brabant, dont la division se fait de même que celle de Hollande en vingt sols de gros, & le sol de gros en douze deniers de gros, vaut pareillement six florins ou vingt schelings, mais le florin est de vingt-cinq sols tournois; de façon que la livre de gros de Flandres monte à sept livres dix sols monnoye de France; cependant il faut remarquer qu'elle ne subsiste sur ce pied que pendant que le change est à quatre-vingt-seize deniers de gros pour un écu de trois livres tournois, ce qui est le pair du change; car quand il augmente ou qu'il diminuë, la livre de gros hausse ou baisse suivant l'augmentation ou la diminution du change.

Les Marchands, Négocians & Banquiers se servent dans leurs écritures de quelques caracteres ou lettres initiales, pour exprimer en abregé les différentes sortes de Livres de compte; comme L. ST. pour signifier Livres sterling; L de G, ou L. G. pour dire, Livre de gros, & L ou ₶, pour faire entendre que ce sont des livres tournois.

L'Arithmetique apprend à calculer les livres, les sols & les deniers, & à réduire les sols en livres, & les livres en sols.

En Hollande une tonne d'or est estimée cent mille livres.

Un

Un million de livres c'est le tiers d'un million d'écus, ou d'un million d'or.

On dit que des créanciers seront payez au sol la livre ou au marc la livre, lorsqu'ils sont colloquez à proportion de ce qui leur est dû, sur des effets mobiliaires, ce qu'on nomme par contribution; ou lorsqu'en matiere hypotecaire ils sont en concurrence ou égalité de privilege, & qu'il y a manque de fonds; ou encore lorsqu'en matiere de banqueroute ou de déconfiture, il faut qu'ils supportent & partagent la perte totale, chacun en particulier aussi à proportion de son dû.

En terme de commerce de mer on dit, Livre à Livre, au lieu de dire, au sol la Livre.

LIVRE'E. Se dit parmi les Marchands de toiles d'un fil de soye d'une certaine couleur attaché à la lisiere des batistes & linons du côté du chef. C'est dans ce fil qu'est passé le petit morceau de parchemin quarré, sur lequel est écrit le numero de la piece.

Chaque Marchand se sert de soye de couleur particuliere qu'il ne change jamais, & c'est ce qui a donné lieu d'appeller cette soye Livrée.

LIVRER. Donner, mettre entre les mains de quelqu'un, en sa possession, en son pouvoir, une chose qu'on lui a vendue, dont on lui fait present ou qui lui appartient.

Ce terme est egalement d'usage parmi les Marchands & parmi les Artisans. Je dois livrer cent pieces de ce drap pour l'habillement des Troupes. Je ne vous payeray point que vous ne m'ayez livré ma marchandise. Les Artisans disent aussi, j'ai aujourd'huy livré ma besogne.

LIVRES au pluriel. S'entend en terme de commerce de tous les Registres sur lesquels les Marchands, Negocians & Banquiers écrivent par ordre, soit en détail, soit en gros, toutes les affaires de leur negoce, & même leurs affaires domestiques qui y ont rapport. Ainsi l'on dit: Les Livres de ce Marchand sont en bon état. Ce Banquier tient un grand ordre dans ses Livres. Il n'y a nul ordre, nulle exactitude dans les Livres, &c. de ce Negociant.

On dit neantmoins quelquefois Livre au singulier en parlant du Journal d'un Marchand. J'ai chargé mon Livre de cette somme. Je vous donnerai un extrait de mon Livre. J'ai mis cela sur mon Livre: & quelques autres.

Les Marchands ne peuvent absolument se passer de Livres, & ils sont même obligez d'en avoir par les Ordonnances: mais ils en ont besoin de plus ou de moins selon la qualité du negoce & la quantité des affaires qu'ils font, ou selon la maniere dont ils veulent tenir leurs Livres.

On les tient ordinairement ou en parties doubles ou en parties simples. Ceux qui se contentent de les tenir en parties simples (ce qui ne convient guéres qu'à de petits Merciers, ou du moins à des Marchands qui font peu d'affaires) peuvent se passer de très-peu de Livres. Un Journal & un grand Livre leur pouvant suffire, l'un pour écrire les articles de suite, & à mesure que les affaires les fournissent; & l'autre pour former les comptes à tous les debiteurs & créanciers du Journal. Mais pour les gros Negocians qui tiennent leurs Livres à parties doubles (ce qui est le plus d'usage présentement) il leur en faut quantité dont on peut voir l'utilité & l'usage dans les articles suivans.

Presque tous les Auteurs conviennent que ce sont les Italiens & particulierement ceux de Venise, Genes & Florence qui ont appris aux autres Nations la maniere de tenir les Livres en parties doubles.

Livres en parties doubles.

Les trois principaux Livres pour les parties doubles sont, le Memorial que l'on nomme aussi Broüillon, & quelquefois Broüillard; le Journal & le grand Livre qu'on appelle aussi Livre d'extrait ou Livre de raison.

Outre ces trois Livres dont on ne se peut passer, il y en a encore jusques à treize autres & même davantage qu'on nomme Livres d'Aides ou Livres Auxiliaires dont on ne se sert qu'à proportion des affaires qu'on fait, ou selon le commerce dont on se mêle. Ces treize Livres sont:

Le Livre de Caisse & de Bordereaux.

Le Livre des Echeances qu'on appelle aussi Livre des mois, Livre de Notes ou d'Annotations, ou des payemens, & quelquefois Carnet.

Le Livre des Numeros.

Le Livre des Factures.

Le Livre des Comptes courans.

Le Livre des Commissions, Ordres, ou Avis.

Le Livre des Acceptations ou des Traites.

Le Livre des Remises.

Le Livre des Dépenses.

Le Livre des Copies de Lettres.

Le Livre des Ports de Lettres.

Le Livre des Vaisseaux.

Le Livre des Ouvriers.

A ces treize l'on peut encore en ajoûter quelques autres, ce qui dépend du plus ou du moins d'exactitude & d'ordre des Marchands & Banquiers, ou des differents commerces que peut faire un seul Negociant; mais pour l'ordinaire ces treize peuvent suffire.

Livre Memorial. Ce Livre est ainsi nommé à cause qu'il sert de Memoire. On l'appelle aussi Livre Broüillon, ou Livre Broüillard, parce que toutes les affaires du negoce s'y trouvent comme mêlées confusement, & pour ainsi dire broüillées ensemble. Ce Livre est le premier de tous, & duquel se tire ensuite tout ce qui compose les autres, aussi ne peut-il se tenir avec trop d'exactitude & de netteté, sur tout parce qu'on y a recours dans toutes les contestations qui peuvent survenir pour cause de commerce.

Le Livre Memorial se peut tenir de deux manieres; la premiere en écrivant simplement les affaires à mesure qu'elles se font, comme acheté d'un tel, vendu a un tel, payé à un tel, prêté telle somme, & ainsi du reste.

La seconde maniere de le tenir est en débitant & créditant tout d'un coup chaque article; on estime celle-ci la meilleure, parce que formant d'abord une espece de journal, elle épargne la peine d'en faire un autre.

Quelques uns pour plus d'exactitude divisent le Livre Memorial en quatre autres, qui sont le Livre d'Achat, le Livre de Vente, le Livre de Caisse & le Livre de Notes. Des Negocians qui suivent cet ordre, les uns portent d'abord les articles de ces quatre Livres sur le grand Livre, sans faire de Journal; & les autres en mettant ces quatre Livres au net en font leur Journal, dont ils portent ensuite les articles sur le grand Livre.

Livre Journal. Le nom de ce Livre fait assez entendre son usage, c'est-à-dire, qu'on y écrit jour par jour toutes les affaires à mesure qu'elles se font.

Chaque article qu'on porte sur ce Livre doit être composé

posé de sept parties, qui sont la date, le débiteur, le creancier, la somme, la quantité & qualité, l'action ou comment payable, & le prix.

Ordinairement ce Livre est un regîstre in-folio de cinq à six mains de papier numeroté & reglé d'une ligne du côté de la marge, & de trois de l'autre pour y tirer les sommes.

C'est du Livre Journal dont l'Ordonnance du mois de Mars 1673 entend parler, lorsqu'il y est dit au titre 3, art. 1, 3 & 5, que les Negocians & Marchands tant en gros qu'en detail, auront un Livre qui contiendra tout leur negoce, leurs lettres de change, leurs dettes actives & passives, &c. Et c'est aussi faute de tenir ce Livre & de le representer, que les Negocians lors des faillites peuvent être reputez Banqueroutiers frauduleux, & en consequence poursuivis extraordinairement & condamnez aux peines portées au titre 11, art. 11 & 12 de la même Ordonnance.

Modéle d'un article du Livre Journal.

19 Fevrier 1708.			
Vin doit à Caisse - - *f* 1600 : - - : acheté de Duval comptant 16. Muids de vin de Bourgogne à - - - - - *f* 100. - - - - - -	*f* 1600	0	0

Grand Livre. Ce Livre outre ce nom qui lui vient de ce qu'il est le plus grand de tous les Livres dont se servent les Negocians, en a encore deux autres, sçavoir, Livre d'extrait & Livre de raison. On l'appelle Livre d'extrait à cause qu'on y porte tous les articles extraits du Livre Journal, & Livre de raison, parce qu'il rend raison à celui qui le tient de toutes ses affaires.

Sa forme est d'un énorme volume in-folio composé de plusieurs mains plus ou moins de papier très-fort, très-large & très-grand. Chaque page se regle à six lignes, deux du côté de la marge, & quatre au côté des sommes.

C'est sur ce Livre qu'on forme tous les comptes en debit & credit, dont on trouve les sujets pour le Livre Journal. Pour former chaque compte, il faut se servir des deux pages qui au folio où l'on le veut mettre se trouvent opposées l'une à l'autre. La page à gauche sert pour le debit, & la page à droite pour le credit. Le debit se marque par le mot *Doit*, que l'on met après le nom du débiteur, & le credit par le mot *Avoir*.

Chaque article doit être composé de cinq parties ou membres, qui sont; 1°. La date. 2°. Celui à qui on débite le compte ou par qui on le credite. 3°. Le sujet, c'est-à-dire, pourquoi on le debite ou credite. 4°. Le folio de rencontre; & enfin 5°. la somme ou le montant de l'article.

Deux exemples, l'un d'un article de debit, & l'autre d'un article de credit feront mieux connoître la forme & l'usage de ce Livre.

Exemple d'un article en Débit.

1708. Janvier	14	Antoine Robert DOIT à Caisse, payé par son ordre à Thomas. - - -	F° 16	*f* 1900	0	0

Exemple d'un article en Crédit.

1708. Janvier	5	AVOIR Par Caisse, pour sa remise sur Jacques - - -	F° 16	*f* 1900	0	0

Pour faciliter l'usage du grand Livre, on fait un livre d'Alphabet, que l'on nomme aussi Table, Index & Repertoire. Cette table se forme d'autant de feüillets de papier qu'il y a de lettres dans l'Alphabet commun, c'est-à-dire, vingt-quatre. Sur l'extremité de chaque feüillet decoupé en diminuant, on met en gros caractere une des lettres dans leur ordre naturel, & sur chaque feüillet ainsi marqué l'on écrit soit la premiere lettre du nom, soit celle du surnom des personnes avec qui l'on a compte ouvert, avec le folio du grand Livre où le compte est debité & credité, de sorte que l'on trouve avec beaucoup de facilité les endroits du grand Livre dont on a besoin.

Cet alphabet n'est gueres necessaire que pour les gros Marchands; car pour ceux qui ne font qu'un negoce mediocre, il leur suffit simple table sur les deux premiers feüillets du grand Livre. Ce qui doit aussi s'observer dans tous les autres Livres dont l'on se sert dans le commerce.

Livre de Caisse & de Bordereaux. C'est le premier & le plus important des treize Livres qu'on appelle Livres d'Aydes ou Livres auxiliaires. On le nomme Livre de Caisse, parce qu'il contient en debit & credit tout ce qui entre d'argent dans la caisse d'un Negociant, & tout ce qui en sort; & Livre de Bordereaux, à cause que les especes de monnoye qui sont entrées dans la caisse, ou qui en sont sorties, y sont détaillées par bordereaux.

Quand le Marchand ne le tient point lui-même, il le fait tenir par un garçon ou Commis qu'on appelle Caissier.

Sur ce Livre s'écrivent toutes les sommes qui se reçoivent & qui se payent journellement; la recette du côté du debit, en marquant de qui on a reçû, & la dépense du côté du credit, en faisant aussi mention des especes, des raisons du payement, & de ceux pour qui & à qui on l'a fait.

Le titre de ce Livre se met de la maniere qui suit. Tous les autres Livres en changeant seulement le nom, ont aussi leur titre de même.

LIVRE DE CAISSE DE BORDEREAUX.

N°. A. 1708.

Les articles du debit & credit se forment suivant les modeles ci-apres.

Article

Article en Débit, qui doit être à la page à gauche.

CAISSE DOIT

Le 29 Janvier 1708.

Receu de Paul Creton pour 2 tonneaux de Cire vendus le 6 courant Un sac de - - - - ƒ 1000 : -- : -- : Pieces de 10ſ - - - ƒ 300 : -- : -- : Douzains - - - ƒ 80 : -- : -- : ƒ 1380 : -- : -- : ƒ 1380 : -- : -- :	ƒ 1380	0	0

Article en Crédit, qui doit être vis-à-vis de celui cy-dessus, à la page à droite.

AVOIR

Du 14 Janvier 1708.

Payé à Charles Harlan pour 2 tonneaux de Cire achetez le 2 du courant. Un sac de - - - ƒ 1000 : -- : -- : Pieces de 20ſ - - - ƒ 300 : -- : -- : Douzains - - - - ƒ 50 : -- : -- : ƒ 1350 : -- : -- :	ƒ 1350	0	0

Livre des Echeances, que l'on nomme aussi Livre des mois ou des payemens, Carnet ou Bilan, & quelquefois Livre d'Annotations ou de Notes.

C'est un Livre dans lequel on écrit le jour de l'écheance de toutes les sommes que l'on a à payer ou à recevoir, soit par lettres de change, billets, marchandises ou autrement, afin qu'en comparant les recettes & les payemens, on puisse pourvoir à tems aux fonds pour les payemens, en faisant recevoir les billets & Lettres échuës, ou en prenant d'ailleurs ses precautions de bonne heure.

Deux modeles suffiront pour faire comprendre tout l'usage & toute la forme de ce Livre. Il faut observer seulement qu'il se dresse de la même maniere que le grand Livre, c'est-à-dire sur deux pages qui sont opposées l'une à l'autre, que ce qui est à recevoir se met à la page à gauche, & ce qui est à payer s'écrit à la page à droite.

Modele de la page à gauche pour ce qui est à recevoir.

Janvier	1708. A RECEVOIR.			
1	Remise de Jean Vassor du 10 Decembre sur le Roy	ƒ 600	0	0
	De Cadeau pour Laines venduës de 16 Juillet	ƒ 1800	0	0
2				
3	De Duval, par obligation du 23 May dernier	ƒ 2000	0	
	Remise de P. Daguerre du 25 Octobre sur les Coulteux	ƒ 1800	0	
4				
5				

Modele de la page à droite pour ce qui est à payer.

Janvier	1708. A PAYER.			
1	A Ch. Harlan pour achat du premier Juillet	ƒ 1200	0	0
	Tre. de J. du Peyron du 22 Novembre à Michel	ƒ 2000	0	0
2	Tre. de T. le Gendre du 15 Decembre à Hesel	ƒ 4456	0	0
	Mon billet du 25 Octobre au Porteur	ƒ 3000	0	0
3				
4				
5				

Il n'est guéres necessaire d'avertir qu'il faut être exact à rayer les parties reçûës ou payées, ou du moins de mettre aux premieres un R. & aux autres un P.

Livre de Numeros. Ce Livre se tient pour connoître facilement toutes les marchandises qui entrent dans un magasin, qui en sortent ou qui y restent. Sa forme est ordinairement longue & étroite comme d'une demie-feüille de papier pliée en deux dans sa longueur: chaque page est divisée par des lignes transversales & paralelles, éloignées les unes des autres d'environ un pouce, & reglées de deux autres lignes de haut en bas, l'une à la marge, & l'autre du côté des sommes.

Dans chaque interval des quarrez longs que forment ces lignes, l'on écrit dans la page à gauche le volume des marchandises; c'est-à-dire, si c'est une balle, une caisse ou un tonneau; leur qualité comme poivre, girofle, miel, savon, &c. & leur poids ou leur quantité; & vis à vis du côté de la marge les numeros qui sont marquez sur les balles, caisses ou tonneaux qu'on a reçûs dans le magasin.

A la page à droite on suit le même ordre pour la décharge des marchandises qui sortent du magazin, en mettant vis-à-vis de chaque article de la gauche, d'abord à la marge la date des jours que les marchandises sont sorties du magasin, & dans le quarré long le nom de ceux à qui elles ont été venduës ou envoyées. En voici deux modeles, l'un de la page à gauche, & l'autre de la page à droite.

Page à gauche.

Numero		
1	Une balle Poivre blanc - -	400 ℔
2	Une piece Damas cramoisy - aune	63
3	Un boucault de Girofle - pesant	284 ℔
4	Une caisse Toile de Hollande - pieces	29
5		

Page à droite.

Mars 1	Vendu à Charles Harlan.	
Avril 10	Envoyé à Miron d'Orleans	
May 15	Vendu à Regnault - - pieces	15.

Livre des Factures. On tient ce Livre pour ne pas embarasser le Livre Journal de quantité de ratures qui sont inévitables en dressant les comptes ou factures de diverses marchandises reçûës, envoyées ou venduës, où l'on est obligé d'entrer dans un grand détail. Les factures qu'on doit porter sur ce Livre sont les factures des marchandises que l'on achette & que l'on envoye pour le compte d'autrui.

Celles des marchandises que l'on vend par commission.

Les factures des marchandises que l'on envoye en quelque lieu, pour être venduës pour notre compte.

Celles des Marchandises qui sont en societé, dont nous avons la direction.

Les factures des marchandises qui sont en societé, dont d'autres ont la direction.

Enfin tous les comptes qu'on ne termine pas sur le champ, & que l'on ne veut pas ouvrir sur le grand Livre.

Livre des Comptes courans. Ce Livre se tient en debit & credit de même que le grand Livre. Il sert à dresser les comptes qui sont envoyez aux Correspondans pour les regler de concert avec eux, avant que de les solder sur le grand Livre; & c'est proprement un double des comptes courans qu'on garde pour y avoir recours en cas de necessité.

Livre des Commissions, Ordres ou Avis. On écrit sur ce Livre toutes les commissions, ordres & avis que l'on reçoit de ses Correspondans.

Les marges de ce Livre doivent être très-larges, pour y pouvoir mettre vis à vis de chaque article les notes necessaires concernant leur execution. Quelques-uns se contentent de rayer les articles quand ils ont été executez.

Livre des Acceptations, ou des Traites. Ce Livre est destiné à enregistrer toutes les lettres de change que les Correspondans marquent par leurs lettres missives ou d'avis qu'ils ont tirées sur nous.

Cet enregistrement se fait afin que l'on puisse être en état de connoître à la presentation des lettres si l'on a ordre de les accepter ou non.

Lorsque l'on ne veut pas accepter une lettre de Change, on met sur le Livre des Acceptations à côté de l'article, un A. & un P. qui signifie à protester, afin que lors de la presentation de la lettre l'on puisse dire au Porteur qu'il la peut faire protester. Si au contraire on accepte la lettre, il faut mettre un A. à côté de l'article, qui veut dire Accepté, en y marquant aussi la date du jour de l'acceptation, en cas qu'elle soit à quelques jours de vûë, & après avoir porté l'article sur le Livre des Echeances, le barrer.

Livre des Remises. C'est un Livre qui sert à enregistrer toutes les lettres de change à mesure que les Correspondans les remettent pour en exiger le payement.

Si elles sont protestées faute d'acceptation, & renvoyées à ceux qui en ont fait les remises, il en faut faire mention à côté des articles, en mettant un P. en marge, & la date du jour qu'elles ont été renvoyées, pour les barrer: mais si les lettres sont acceptées, on met un A. à côté des articles, & la date des acceptations si elles sont à quelques jours de vûë; & après les avoir portées sur le Livre des Echeances, on les croise.

Le Livre des Acceptations & celui des Remises ont tant de rapport ensemble, que plusieurs Marchands, Banquiers & Negocians n'en font qu'un des deux qu'ils tiennent en debit & credit, mettant des Acceptations ou traites au debit, & les Remises au credit, observant dans tout le reste ce qui est marqué dans les deux articles ci dessus.

Comme les Traites sont de deux sortes, c'est-à-dire, qu'un Negociant peut tirer des lettres de change sur ses Correspondans, & que reciproquement ses Correspondans peuvent en tirer sur lui: beaucoup de Marchands & Banquiers aux deux Livres d'Acceptation & de Remises dont on vient

de-

de parler, en ajoûtent un troisieme, simplement pour les lettres qu'ils tirent sur les autres ; mais la plûpart pour ne point trop multiplier les Livres d'Aydes, se contentent de n'en faire qu'un pour ces deux sortes de Traites.

Livre de Depense. C'est le Livre où se met en détail toutes les petites dépenses qui se font soit pour le menage, soit pour son commerce, dont au bout de chaque mois on fait un total, pour en former un article sur le Memorial ou Journal.

Livre des Copies de Lettres. Ce Livre sert à conserver des copies de toutes les lettres d'affaires que l'on écrit à ses Correspondans, afin de pouvoir sçavoir avec exactitude, & lorsqu'on en a besoin, ce qu'on leur a écrit, & les ordres qu'on leur a donnez.

Livre des ports de Lettres. C'est un petit registre long & étroit, sur lequel on ouvre des comptes particuliers à chacun de ses Correspondans, pour les ports de lettres qu'on a payez pour eux, & que l'on solde ensuite quand on le juge à propos afin d'en porter le total à leur debit.

Livre des Vaisseaux. Ce Livre se tient en debit & credit, en donnant un compte à chaque vaisseau. Dans le debit se mettent les frais d'avituaillement, mise hors, gages, &c. & dans le credit tout ce que le vaisseau a produit soit pour fret ou autrement, & ensuite le total de l'un & de l'autre se porte sur le Journal, en debitant & creditant le vaisseau.

Livre des Ouvriers. Ce Livre est particuliérement en usage chez les Marchands qui font fabriquer des étoffes & autres marchandises. Il se tient en debit & credit pour chaque Ouvrier que l'on fait travailler ; dans le debit on met les matieres qu'on leur donne à fabriquer, & dans le credit les ouvrages qu'ils rapportent après les avoir fabriquées.

Outre tous ces Livres, il y a des Villes comme Venise, Hambourg, Amsterdam, dont les Marchands à cause des Banques qui y sont ouvertes, ont encore besoin d'un Livre de Banque. C'est sur ce Livre, qui se tient en debit & credit, qu'ils mettent les sommes que leur paye ou que leur doit la Banque, & c'est par ce secours qu'il leur est facile de sçavoir en très-peu de tems en quel état ils sont avec la Banque, c'est-à-dire, quels fonds ils peuvent y avoir.

Tous ces Livres ou écritures, qui sont plus ou moins nécessaires aux Marchands & Negocians, suivant qu'ils font plus ou moins de negoce, se tiennent presque de la même maniere pour le fond, dans les principales Villes de commerce de l'Europe ; mais non pas à la verité par rapport aux monnoyes, chacun se reglant à cet égard sur celles qui ont cours dans les Etats où ils se trouvent établis.

En France les Livres des Marchands & Banquiers se tiennent par livres, sols & deniers tournois, la livre valant vingt sols, & le sol douze deniers.

En Hollande, Flandre, Zelande & Brabant, ils se tiennent par livres, sols & deniers de gros, que l'on somme par vingt & par douze, parce que la livre vaut vingt sols & le sol douze deniers.

On les tient encore dans ces mêmes Pays par florins, patars, & penings que l'on somme par vingt & par seize, à cause que le florin vaut vingt patars & le patar seize penings.

Il faut remarquer que la livre de gros vaut six florins, & que le sol de gros vaut six patars, en sorte que le florin vaut quarante deniers de gros, & le patar deux deniers de gros. Les mots de patars, stiwers ou sols florins signifient la même chose.

A Bergame les Livres se tiennent par livres, sols & deniers, qui se somment par vingt & par douze, parce que la livre vaut vingt sols & le sol douze deniers, que l'on reduit ensuite en ducats de sept livres de Bergame.

A Boulogne en Italie, ils se tiennent par les livres, sols & deniers, qui se somment par vingt & par douze à cause que la livre vaut vingt sols & le sol douze deniers dont on fait la reduction en écus de quatre-vingt-cinq sols de Boulogne.

A Dantzick & dans toute la Pologne ils se tiennent par richedales, gros ou grochs & deniers, qu'on somme par quatre-vingt-dix & par douze, parce que la richedale vaut quatre vingt-dix gros & le gros douze deniers.

On les tient aussi dans ce même Pays par florins, gros & deniers qui se somment par soixante & par douze, à cause que le florin vaut soixante gros & le gros douze deniers.

Ils s'y tiennent encore par livres, gros & deniers, que l'on somme par trente & par douze, attendu que la livre vaut trente gros & le gros douze deniers.

A Francfort, Nuremberg & presque dans toute l'Allemagne, ils se tiennent par florins, creutzers & pennings ou phenings courans, que l'on somme par soixante & par huit, parce que le florin vaut soixante creutzers, & le creutzer huit pennings.

On les tient encore à Francfort par florins de change, qui se somment par soixante cinq & par huit, & cause que le florin vaut soixante-cinq creutzers & le creutzer huit penings.

A Genes ils se tiennent par livres, sols & deniers, qui se somment par vingt & par douze, parce que la livre vaut vingt sols & le sol douze deniers qui se reduisent ensuite en piastre de quatre-vingt-seize sols.

A Hambourg ils se tiennent par marcs, sols & deniers lubs, que l'on somme par seize & par douze, à cause que le marc vaut seize sols & le sol douze deniers lubs.

On les tient encore à Hambourg de la même maniere qu'en Hollande.

A Lisbonne ils se tiennent par rayes qui se distinguent par des virgules de centaine en centaine de droit à gauche, que l'on reduit en mille rayes, dont chaque de ces milles font une demie-pistole d'Espagne.

A Florence, en écus, sols & deniers d'or, l'écu valant sept livres dix sols & le sol douze deniers.

A Livourne on les tient par livres, sols & deniers, que l'on somme par vingt & par douze, à cause que la livre vaut vingt sols & le sol douze deniers, qui se reduisent en piastres de six livres.

En Angleterre, en Ecosse & en Irlande, ils se tiennent par livres, sols & deniers sterlings, qui se somment par vingt & par douze, d'autant que la livre vaut vingt sols & le sol douze deniers sterlings.

A Madrid, à Cadix, à Seville & dans toute l'Espagne, ils se tiennent par maravedis, dont les trois cens soixante & quinze font le ducat, qui se distinguent par des virgules de gauche à droite,

Ils se tiennent encore en Espagne par reaux de plate & pieces de huit, dont trente maravedis font le reau & huit reaux valent une piece de huit piastre ou reale de ceux cens soixante & douze maravedis.

A Messine, à Palerme & dans toute la Sicile, ils se tiennent par onces, taris, grains & picolis, que l'on somme

 par

par trente, par vingt & par six, d'autant que trente taris font une once, vingt grains un taris, & six picolis un grain.

A Milan ils se tiennent par livres, sols & deniers, qui se somment par vingt & par douze, à cause que la livre vaut vingt sols & le sol douze deniers.

A Rome ils se tiennent par livres, sols & deniers d'or d'estampe, que l'on somme par vingt & par 12, parce que la livre vaut vingt sols & le sol douze deniers d'estampe.

A Venise ils se tiennent par ducats & gros de Banque, dont les vingt-quatre gros font un ducat, ce qui se pratique particulierement pour la Banque.

On les y tient aussi par livres, sols & deniers de gros, qui se somment par vingt & par douze, d'autant que vingt sols font la livre & douze gros le sol. Il faut remarquer que de cette seconde maniere la livre de gros vaut dix ducats.

On les tient encore à Venise par ducats courans qui different de vingt pour cent des ducats de Banque.

A Ausbourg, en talers & en creuxzers, le taler de quatre-vingt-dix creuxzers, & le creuxzer de huit penins.

A Bolzam comme à Ausbourg, & encore en florins & en creutzers, le florin de soixante creutzers.

A Naumbourg en richedales, gros & fenins, la richedale de vingt-quatre gros, & le gros de douze fenins.

A Geneve en livres, sols & deniers, & aussi en florins.

En Savoye, comme à Geneve.

A Raconis en florins & en gros.

En Suisse en florins, creutzers & penins.

A Ancone en écus, sols & deniers, l'écu valant vingt sols & le sol douze deniers.

A Luques en livres, sols & deniers. On les tient aussi en écus de sept livres dix sols.

A Nove en écus, sols & deniers d'or de marc, l'écu d'or de marc valant vingt sols.

A Malthe en tarins, carlins & grains; ils s'y tiennent encore en sequins, & comme ils disent, en Dieci-Tarini.

Dans les Echelles du Levant, & dans tous les Etats du Grand Seigneur, en piastres, abouquels & en aspres.

En Hongrie en hongres & demi-hongres d'or.

A Strasbourg en florins, creutzers & pennins monnoyé d'Alsace.

A Berlin & dans une partie des Etats du Roy de Prusse, en richedales & en grochs, aussi en florins.

En Suede, en dalles d'argent & en dalles de cuivre.

En Dannemarc, en richedales, en hors & en schelings.

Enfin en Moscovie, en roupes, en altins & en grifs ou grives.

Livres de Bord. Ce sont les registres que les Capitaines ou les Maîtres des vaisseaux Marchands doivent tenir ou faire tenir par leur Ecrivain, sur lesquels ils sont obligez d'enregistrer le chargement de leurs vaisseaux, c'est-à-dire, la qualité, la quantité, la destination & autres circonstances des marchandises qui composent leur cargaison.

Ces Livres font avec les connoissemens, les charte-parties & autres semblables papiers & expeditions, ce qu'on appelle les Ecritures d'un navire Marchand.

Par l'article 9 du titre premier de l'Ordonnance de Louis XIV. sur le fait des cinq grosses Fermes, du mois de Fevrier 1687, les Maîtres & Capitaines des vaisseaux sont tenus de justifier au plus prochain bureau du lieu où ils ont relâché, quelle est la destination de leurs marchandises, & pour cela d'y produire & faire voir au Commis leurs Livres de bords, connoissemens, charte-partie, &c. *Voyez* Connoissement, Charte-partie & Ecritures.

LIVRET. Terme d'arithmetique qui signifie un certain quarré qui en renferme plusieurs autres qui contiennent les multiplications des nombres simples l'un par l'autre jusqu'à dix.

On le nomme aussi la Table de Pytagore, la Table Pytagorique ou la Table de Multiplication. On dit par maniere de proverbe, que nul ne peut être bon Chiffreur s'il ne sçait son livret par cœur, pour faire entendre qu'on ne peut bien sçavoir l'arithmetique, sans posseder parfaitement la maniere de multiplier les nombres les uns par les autres. *Voyez* Table de Pytagore.

LIZARDES. Toiles qui se fabriquent au Caire; elles se vendent cent vingt meideins la piece de vingt-huit pics.

Il y a aussi de ces sortes de toiles à Alep; mais on les y nomme Lizales. Elles font une partie du commerce des Européens.

LIZER, ou ELIZER une piece de drap. C'est la tirer par les lizieres sur sa largeur afin de la bien étendre, pour en ôter les ribaudures & anguilles, qui sont des especes de faux-plis ou bourlets qui s'y sont formez en la faisant fouler, causez par la force des maillets ou pilons qui sont tombez dessus.

Il est nécessaire de retirer plusieurs fois la piece de la pile ou pot pour la lizer, afin qu'elle puisse se fouler uniment sans se dégrader, & pour prendre sa largeur comme il faut.

Liziere. Bord d'une étoffe ou d'une toile. *Voyez* Lisiere.

LLAMAS. Espece de petits chameaux ou moutons du Perou. Les Peruviens les nomment Llamas, ceux du Chilly Chillehueques, & les Espagnols Carneros de la terra.

Ces animaux ont la tête petite à proportion du corps; elle tient tout ensemble du cheval & du mouton; leur levre de dessus est fenduë comme celle du lievre; leur col long & courbé en bas comme les chameaux, & le pied fourchu comme le mouton.

Ils portent jusqu'à cent pesant, & machent la tête levée & avec une espece de gravité, mais jamais on ne peut les faire marcher la nuit; ils mangent peu & ne boivent jamais. Leur nourriture est une sorte de jonc très-fin que l'on nomme Ycho, qui est fort estimé dans cette partie de l'Amerique où se trouvent les llamas, à cause du grand usage dont cette herbe est dans les mines de vif-argent, où elle tient lieu de bois pour la fonte du mineray.

Les llamas sont si dociles & si faciles à dresser, que quand on les charge & qu'ils ont coûtume de porter leur charge à certains endroits, ils y vont sans conducteurs, & étant déchargez reviennent aussi tout seul retrouver leur Maître. Leur laine a une odeur forte & desagreable; c'est à quoi on la peut connoître, quand on en mêle avec celle de vigogne à laquelle elle est très-inférieure. Elle est d'ailleurs longue, assez fine, mêlée de blanc, de gris & de roux. On en fait à peu près les mêmes étoffes & manufactures que de la laine de vigognes.

LO. Les Chinois nomment ainsi une sorte de gaze qui se fabrique à Canton. Il y en a de trois sortes qui diminuent par degrez de longueur & de largeur.

Les los de la troisieme sorte ont douze aunes de long sur vingt-trois pouces de large.

LOCAL. Ce qui appartient à un lieu. Une coûtume locale,

cale, c'eſt une coûtume qui ne s'obſerve qu'en un endroit qui lui eſt propre ; un droit local, c'eſt un droit qui ſe paye à l'entrée de certaines Villes ou de certains territoires, à un paſſage ou à un pont. Il y a beaucoup de ces droits locaux ſur la riviere de Loire.

Les Voituriers ſe chargent ordinairement de payer les droits locaux qui ſe trouvent ſur leurs routes ; les Marchands & les Proprietaires des marchandiſes ne doivent pas neanmoins negliger d'en faire mention dans les marchez par écrit qu'ils font avec eux pour le tranſport & voiture de celles qu'ils leur confient.

LOCMAN. Pilote établi dans les ports & aux embouchures des rivieres pour conduire les vaiſſeaux en ſûreté, ſoit en entrant, ſoit en ſortant par les paſſages difficiles. On le nomme plus ordinairement Lamaneur, *Voyez* LAMANEUR.

Les fonctions de ces Pilotes & la police qui leur eſt reglée par les Ordonnances de la Marine tant de l'année 1681 que de 1689, ſont amplement expliquées à cet article.

LOCQUETS. Terme dont on ſe ſert en Normandie, aux environs de Rouen & dans le Pays de Caux, pour ſignifier la laine que l'on coupe de deſſus les cuiſſes des bêtes à laine. Elle eſt la plus graſſe & la moins eſtimée de toutes ; elle ſert à faire des matelats : l'on en fait auſſi entrer dans la fabrique des droguets de Roüen où elle ſert à en faire la tréme. En Berry on les appelle Ecoüailles. *Voyez* LAINE.

LOCRENAN. Nom que l'on donne à une ſorte de groſſe toile de chanvre écru, qui tire ſon nom du lieu où elle ſe fabrique en baſſe Bretagne, appellé Locrenan.

Cette eſpece de toile s'achette à la piece, qui contient trente aunes de long ſur deux tiers de large meſure de Paris. On s'en ſert à faire des voiles pour les grandes & petites barques ou chaloupes qui vont à Plaiſance pour la pêche de la moruë.

Les Anglois en tirent aſſez conſiderablement en tems de paix.

Il faut remarquer que les Eſpagnols & les Bayonnois qui en conſument auſſi beaucoup, leur donnent ordinairement le nom de toiles d'Olone, quoiqu'il ne s'en fabrique point en ce lieu de Poitou, au moins qui ſoit de cette qualité.

Il ſe manufacture encore en Baſſe Bretagne vers Quimpercorentin une eſpece de toile toute pareille aux locrenans : comme elle eſt deſtinée au même uſage, on lui donne auſſi le nom de Locrenan, quoiqu'elle n'y ſoit pas fabriquée. *Voyez* VOILE.

LODIER, ou LOUDIER. Groſſe couverture piquée, remplie de laine ou de ploc entre deux étoffes ou deux toiles.

Les Lodiers, courtepointes & couvertures de ploc payent en France les droits de ſortie à raiſon de 22 ſ. du cent peſant.

LOGE. On appelle à Lyon, à Marſeille, &c. Loge du Change, Loge des Marchands, un certain lieu dans les places ou bourſes où les Marchands ſe trouvent à certaines heures du jour pour traiter des affaires de leur negoce.

On ne ſouffre point qu'un Marchand qui a fait faillite ou banqueroute, entre dans la loge des Marchands. *Voyez* PLACE DU CHANGE & BOURSE.

LOGE, que l'on appelle plus ordinairement COMPTOIR. Signifie auſſi un Bureau général de commerce établi en quelques Villes des Indes pour chaque Nation de l'Europe. *Voyez* COMPTOIR.

On nomme encore Loge les boutiques qui ſont occupées par les Marchands dans les Foires.

LOGER-HU. Nom que les Anglois donnent à une ſorte de tortuë que les François appellent Kouanne ou Cahoanne. *Voyez* TORTUE.

LOMBARD. Ancien Peuple d'Allemagne qui s'établit en Italie dans la décadence de l'Empire Romain.

On a long-tems donné en France le nom de Lombards aux Marchands Italiens qui venoient y trafiquer, particuliérement aux Genois & aux Venitiens. Il y a même à Paris une ruë qui porte encore leur nom, parce que c'étoit le quartier où la plûpart tenoient leurs comptoirs de Banque, le negoce d'argent étant le plus conſidérable qu'ils y fiſſent.

Le nom de Lombard devint enſuite injurieux, & il ne ſignifia plus qu'un Marchand qui faiſoit un commerce uſuraire.

La place du Change d'Amſterdam conſerve encore le nom de place Lombarde, comme pour perpetuer le ſouvenir du grand commerce que les Marchands Lombards y ont long-tems exercé, & qu'ils ont enſeigné aux habitans de cette Ville fameuſe, qui l'ont porté encore plus loin qu'eux, mais avec plus de bonne foy & de probité.

LOMBARD. L'on appelle encore à Amſterdam la Maiſon des Lombards, une maiſon où tous ceux qui ſont preſſez d'argent en peuvent trouver à emprunter ſur des effets qu'ils y laiſſent pour gages. On y reçoit des joyaux, des bagues, des montres, des meubles, enfin de tout, juſqu'à des chemiſes & autres menuës hardes ſur leſquels on prête de l'argent.

Il y a dans les Lombards des Receveurs & des Eſtimateurs ; les Eſtimateurs eſtiment la valeur du gage qu'on porte, à peu près à ſon juſte prix ; mais on ne donne deſſus que les deux tiers, comme 200 florins ſur un gage de 300 ; l'on delivre en même tems un billet qui porte l'interêt qu'on en doit payer ; & le tems auquel le gage doit ſe retirer.

Quand ce tems eſt paſſé, le gage eſt vendu au plus offrant & dernier encheriſſeur, & le ſurplus, le prêt & l'interêt préalablement pris, eſt rendu au proprietaire.

Le moindre interêt que l'on paye à la maiſon des Lombards eſt de ſix pour cent par an, & plus le gage eſt de moindre valeur, plus l'interêt eſt grand, en ſorte qu'il va quelquefois juſqu'à 20 pour cent.

LOMBART. C'eſt auſſi le nom que l'on donne dans les papeteries & dans le commerce du papier, à une des moyennes ſortes de papier propre à l'impreſſion. *Voyez* PAPIER.

LONCLOATH. Toiles de coton blanches ou bleuës que l'on tire de la Côte de Coromandel : Elles ont ordinairement ſoixante & douze cobres de longueur, ſur deux cobres & un quart de large, le cobre faiſant dix-ſept pouces & demi de France.

Les Anglois & les Hollandois en enlevent beaucoup pour leur commerce d'Inde en Inde, particulierement pour envoyer à Manille.

LONDRES. Eſpece de draps de laine deſtinez pour le negoce du Levant ; ils ſe manufacturent en France, particuliérement en Provence, Dauphiné & Languedoc.

L'origine du nom de Londres que l'on donne à ces draps, paroît être la même que celle des draps londrins. *Voyez* LONDRINS.

Les draps londres ſe diſtinguent en londres-larges & en londres.

Les londres largez doivent être fabriquez avec le reſleurett ret de laine de Languedoc, bas-Dauphiné, Gandie, Rouffillon, grand Albarazin & autres de pareille qualité, ils doivent avoir deux mille quatre cens fils en chaîne & être fait dans des rots de deux aunes un huit, pour revenir au retour du Foulon à la largeur d'une aune un quart entre les lisieres.

Ces mots *Londres larges*, doivent être marquez au chef & premier bout de chacune piece.

Ceux appellez simplement Londres doivent être manufacturez avec le fleuret de la laine de Languedoc, bas-Dauphiné, Rouffillon, Gandie, petit Albarazin ou autre de semblable qualité; leur chaîne doit être composée de deux mille fils & montée dans des rots de deux aunes, pour être au retour du Foulon d'une aune & un sixieme de large entre les lizieres. Le mot de *Londres*, doit être mis au chef & premier bout de chaque piece. *Art. 4 & 5 du Reglement fait pour les draperies destinées pour le Levant le* 20 *Novembre* 1708.

LONDRINS. Draps de laine qui se fabriquent en France, particulierement en Languedoc, en Provence & en Dauphiné, dont la destination est pour les Echelles du Levant.

Il y a toute apparence que ces sortes de draps ont pris leur nom de la Ville de Londres en Angleterre; les Anglois ayant été long-tems avant les François en possession de faire le negoce de draperie en Levant; en sorte que l'on peut dire avec quelque certitude que les Anglois sont les inventeurs de ces sortes de draps, & que les François en sont les imitateurs.

Il se fait de deux especes de londrins, les uns appellez Londrins premiers, & les autres nommez Londrins seconds.

Les londrins premiers doivent être fabriquez tout de laine prime Segovie, tant en tréme qu'en chaine; la chaîne doit être composée de trois mille fils, & faite dans des rots de deux aunes, pour revenir au retour du Foulon à la argeur d'une aune & un quart entre les deux lisieres.

Ces mots *Londrins premiers*, doivent être marquez au chef ou premier bout de chaque piece.

Les londrins seconds doivent être faits de laine soria ou autre de semblable qualité pour la chaîne, & de seconde Segovie pour la tréme: cette chaîne doit être composée de deux mille six cens fils au moins dans des rots de deux aunes moins un seize, pour avoir au retour du Foulon une aune un sixieme de largeur entre les lisieres. Les mots de *Londrins seconds*, doivent être mis au chef & premier bout de chaque piece. *Reglement concernant les draps qui se manufacturent pour le Levant du* 20 *Novembre* 1708, *art.* 2 & 3.

LONG-COURS. On appelle Voyages de long-cours ceux que les vaisseaux Marchands font au-delà de la Ligne. *V.* Voyages de long-cours *Voyez aussi l'article des Compagnies de commerce.*

LONGES. Terme de Carrier. Ce sont de moyens cordages avec lesquels les Carriers font des anses aux mannes ou paniers d'osier dont ils se servent pour vuider les trous, quand ils ouvrent une nouvelle carriere. C'est à ces longes que s'acroche le crochet du cableau. *Voyez* Mannes.

LONGUEUR. Dimension des corps considerez par leur plus grande étenduë.

Dans la mesure des étoffes sa longueur se prend du chef à la queuë, c'est-à-dire, d'une entrebatte à l'autre.

Cette longueur n'est pas arbitraire, & les Manufacturiers doivent se conformer à ce qui en a été ordonné par les Reglemens.

Les longueurs des étoffes de laine sont fixées par le Reglement de 1669 & par divers Reglemens particuliers, comme ceux pour la sergerterie de Beauvais, pour la sayetterie d'Amiens, pour la draperie de Sedan, d'Elbœuf, d'Abbeville, &c. Les Reglemens pour les longueurs des étoffes de soye sont de l'année 1667; un pour Paris, un pour Lyon & un autre pour Tours: enfin les Reglemens pour la longueur des toiles sont des années 1676, 1680, 1682, 1684, 1693, 1700, 1701 & 1716 *Voyez l'article des Reglemens.*

LONGUIS. Ce sont des taffetas des Indes à carreaux. *Voyez* Taffetas des Indes.

LORMERIE. Ouvrage de Lormerie. Sous ce mot sont compris tous les menus ouvrages de fer, comme gourmettes de chevaux, trourots des brides, anneaux de licols & autres semblables, qu'il est permis aux Maîtres Cloutiers-Lormiers de la Ville & Fauxbourgs de Paris, de forger & fabriquer. *Voyez* Cloutiers.

Lormerie On appelle aussi de la sorte tous les differens ouvrages que forgent & vendent les Maîtres Eperonniers, comme mords, éperons, cavessons, étriers, mastigadons, cavesines, filets, & autres semblables choses servant aux brides & harnois des chevaux, soit de selle, de carosse ou de charois, soit de tous autres animaux propres à la monture ou au tirage.

Il vient quantité de cette lormerie de Normandie, particulierement de Vire & de l'Aigle; mais le bel ouvrage ne se fait que par les Maîtres Eperonniers de Paris. *Voyez* Eperonnier.

LORMIER qui fait des ouvrages de lormerie. Les Cloutiers, Selliers & Eperonniers sont qualifiez dans leurs Statuts & Lettres de maîtrise, Maîtres Lormiers, parce qu'il est permis aux Maîtres de ces trois métiers qui composent trois differentes Communautez d'Artisans à Paris, de faire des ouvrages de lormerie; aux deux premiers sans se servir de lime ni d'estoc; & aux derniers en les limant & polissant.

LOT. Portion d'une chose divisée en plusieurs parties, pour être partagée entre plusieurs personnes.

La plûpart des Communautez des Arts & Metiers, surtout si ce sont de simples Artisans, ont coûtume de diviser en lots les marchandises qui arrivent dans leurs chambres ou bureaux, afin d'ôter toute preference, & que le hazard en decidant la bonne ou la mediocre marchandise tombe également aux anciens & nouveaux Maîtres, aux pauvres & aux riches.

Quelques Communautez ont des Lottisseurs chargez d'égaler les lots, & de regler les retours qui peuvent être dûs par ceux à qui tombent les meilleurs lots.

Pour donner un exemple de ce qui compose un lot. Voici ce qui se pratique pour les Lottisseurs des Courroyeurs, ce qui se fait à proportion dans le lottissage des autres Communautez. Les gros cuirs se lottissent un à un quand il y a beaucoup de Courroyeurs qui en veulent & peu de cuirs. Les vaches ou les veaux se lottissent deux à deux en observant de les égaler autant que l'on peut. *Voyez ci-après les articles* Lottir, Lottissage, Lottisseurs.

Les Compagnies de commerce, comme en France celle des Indes Orientales, vendent le plus ordinairement leurs marchandises par lots. Ainsi on dit; Un lot de mousselines un lot de coton, un lot de porcelaines; non pas que ces

mar-

marchandises se lottissent, c'est-à-dire, se tirent au sort mais parce qu'on les partage comme en lot.

LOTTIR. Faire des lots. Presque tous les Artisans qui sont en corps de Jurande font lottir les marchandises foraines; il y a même dans leurs Statuts des articles qui ordonnent aux Marchands Forains de faire descendre toutes celles qu'ils amenent à Paris dans les Chambres & Bureaux des Communautez, non seulement pour y être visitées par les Jurez, mais encore pour y être lotties entre les Maîtres, ce qui se fait dans la forme & dans l'ordre suivant.

Les Lottisseurs, s'il y en a plusieurs; ou le Lottisseur, s'il n'y en a qu'un, partagent la marchandise foraine en autant de lots qu'il y a de Maîtres qui en désirent, s'il y en est arrivé une assez grande quantité pour cela, sinon en autant de lots que le peu qu'il s'en trouve peut le permettre.

Les lots faits & égalez autant qu'il est possible chaque Maître, qui veut avoir part au lottissage, presente un jetton de cuivre où son nom est gravé d'un côté & une fleur de lis ou autre chose semblable de l'autre. Tous les jettons se mettent dans un sac, d'où après avoir été bien mêlez ils se tirent un à un, jusqu'à la quantité des lots qui ont été faits.

Les Maîtres dont les jettons ont été tirez, ont chacun un lot suivant l'ordre qu'il est sorti du sac, & ceux dont les jettons sont restez au fond de ce sac, s'en retournent sans marchandise, quand on n'a pas pû faire autant de lots qu'il y avoit de Maîtres.

Comme tous les lots ne peuvent jamais être tout-à-fait égaux, & qu'il faut que le Marchand retire le prix de sa marchandise, chaque lot est apprecié suivant sa qualité par les Lottisseurs, ensorte que tout le produit des lots monte à ce que vaut la marchandise en total.

LOTTISSAGE. C'est la division que l'on fait de quelque chose en diverses parts, pour être tirées au sort entre plusieurs personnes.

Ce terme n'est gueres d'usage que dans les Communautez de Paris qui font lottir les marchandises foraines qui arrivent dans leurs bureaux.

LOTTISSEUR. Celui qui fait le partage & la division des lots.

La plûpart des Communautez qui font lottir les marchandises ont des Lottisseurs choisis d'entre les Maîtres de la Communauté; il y en a quelques-unes qui ont des Lottisseurs en titre d'Office, entr'autres celle des Courroyeurs & autres Artisans qui vont enlever les marchandises propres à leur métier, à la Halle aux cuirs de Paris.

Ces Lottisseurs de cuirs sont au nombre de trois créez par Edit du mois de Juin 1617 avec attribution de droits à leur profit, pour chaque cuir qu'ils lottissent. *Voyez* COURROYEUR.

LOUDIER, ou LODIER. Le Dictionnaire de l'Academie dit Lodier, les Tarifs toûjours Loudier. *Voyez* LODIER.

LOUER. Prendre ou donner à loüage des terres, des vignes, des maisons & autres immeubles. Il se dit aussi des meubles, des voitures, des bestiaux & encore des personnes & de leur travail.

Dans tous ces sens on dit dans le commerce, Loüer une boutique, un magasin, une échope, une place aux Halles, ou une loge à la Foire de saint Germain; ce que font tous les Marchands suivant leur negoce.

Loüer des meubles & des habits, ce qui est du trafic des Maîtres Tapissiers & des Maîtres Fripiers.

Loüer un carosse, une litiere, une cheval, une place dans une voiture publique, ce qui appartient aux Voituriers, Messagers, Carossiers, Loüeurs de chevaux & Maquignons.

Enfin, Loüer des Compagnons, des Garçons, des Gens de journée; ce que font les Maîtres des Communautez des Arts & Metiers.

On parle dans divers articles de ce Dictionnaire des conditions sous lesquelles toutes ces choses doivent se loüer, conformement aux Reglemens & aux Statuts particuliers. *Voyez les articles des Voitures, Voituriers & des Corps & Communautez des Arts & Metiers.*

LOUEUR. Celui qui donne quelque chose à loüage. On le dit particulierement des Loüeurs de carosses. *Voyez* VOITURE, CHEVAL & CAROSSIER.

LOUIS. Monnoye d'or qui se fabrique & qui a cours en France.

Quoique l'écu blanc qui est une monnoye d'argent, s'appelle aussi Louis blanc ou Louis d'argent, & qu'il y ait pareillement des Louis de 5 sols aussi d'argent; quand on dit simplement un Louis, on l'entend toûjours du Louis d'or.

On a parlé du Louis blanc ou d'argent, à l'article de l'écu, & l'on parlera à la fin de cet article du Louis de 5 sols.

Les Louis d'or ont été ainsi appellez de Louis XIII. sous le regne duquel ils furent premierement frappez.

Ce Prince par son Edit du dernier Mars 1640, en ordonna la fabrication à la taille & remede portez par les Ordonnances pour les écus d'or, & au titre des pistoles d'Espagne.

Ce fut le celebre Varin, le plus habile des Graveurs modernes, & qui peut-être ne l'a point cedé aux anciens, qui en fit les poinçons & les coins.

Sous le regne de Louis XIV. fils & Successeur de Louis XIII. & sous celui de Louis XV. son arriere-petit-Fils, leur nom leur fut bien conservé, mais non pas leur premiere valeur.

Ces especes n'avoient d'abord été frappées que sur le pied de 10 livres piece; mais dès l'année 1648 le peuple les faisant valoir 12 livres, Louis XIV. ou plûtôt la Reine Anne d'Autriche sa mere & la Regente du Royaume, les remit à leur ancien prix par une Déclaration du 20 Mars 1652, & depuis par une nouvelle Déclaration du 8 Avril 1656, les fixa à 11 livres.

Les Louis d'or demeurerent assez long-tems sur ce pied-là; mais les guerres presque continuelles que la France a entreprises ou soutenuës depuis 1672, & les besoins de l'Etat y ont apporté jusqu'ici (1718) tant & de si divers changemens que le détail en seroit moins utile ou curieux qu'il ne deviendroit ennuyeux ou superflu. On remarquera seulement que sous le regne de Louis XIV. les Louis d'or n'ont pas valu au-delà de 20 livres, & que dès le commencement de celui de Louis XV. ils ont été poussez jusqu'à 30 livres, & ensuite jusqu'à 36, & même bien au-delà; avec cette difference neantmoins que dans quelqu'une des dernieres fabrications le poids a été augmenté à proportion du prix, ce qui n'avoit été que point ou peu observé dans les augmentations arrivées sous le Regne précedent.

Les louis d'or, tant de l'ancienne fabrication que de la nouvelle, ont leurs diminutions & leurs augmentations.

Au dessous du louis d'or il y a le demi-louis qui n'en vaut que

que la moitié; & au dessus le double louis & le quadruple, l'un qui vaut deux louis, & l'autre quatre.

Ces divisions n'ont été ainsi reglées parfaitement que par l'Edit du mois de Décembre 1689. Celui de 1640, qui en avoit ordonné la fabrication, ne parlant point de demi-louis, & le louis alors n'étant que de cinq livres, & le double-louis de dix livres, qui depuis a été le Louis.

Sous Louis XIII. l'empreinte d'effigie du louis étoit la tête de ce Roy avec son nom; & pour empreinte d'écusson une croix composée de huit L addossées & couronnées avec la legende, *Christus Regnat*, *Vincit*, *Imperat*. Sous le Regne de Louis XIV. ce revers a été changé autant de fois qu'il y a eu de nouvelles refontes; & l'on a de plus ajoûté un cordon sur la tranche, pour en empêcher l'alteration & la rogneure.

Enfin sous le Regne de Louis XV. l'empreinte d'écusson des louis de trente livres a été composée de quatre écussons couronnez & cantonnnez d'autant de fleurs de lys; les écussons mis en croix, deux aux armes de France & deux avec celles de Navarre; & du côté de l'effigie le buste du jeune Roy avec la couronne Royale en tête. A l'égard des louis de trente-six livres; l'effigie porte une couronne de laurier, & l'écusson une espece de croix de Malte, chargée au milieu des armes de France. Ce revers a encore été changé depuis.

Louis de Cinq sols. Petites especes d'argent, qui d'abord n'ont été fabriquées que dans les Monnoyes de France.

Le louis de cinq sols est une diminution de l'écu de soixante sols; il en fait le douziéme. La fabrication en fut ordonnée en 1641, sous le Regne de Louis XIII. d'où aussi-bien qu'au louis d'or lui fut donné le nom de Louis.

Louis XIV. par sa Déclarations du mois de Décembre 1690, lui donna cours pour cinq sols six deniers, & en ordonna une nouvelle fabrication sur ce pied, au titre & du poids à proportion que les écus de soixante-six sols frappez en consequence de l'Edit du mois de Décembre 1689. *Voyez* Escu blanc.

Cette petite monnoye d'argent, dont le commerce à fait un si grand bruit dans toutes les Echelles du Levant vers le milieu du dix-septiéme siécle, s'y appelloit par les Turcs, des Timmins. L'empreinte en étoit si belle & si nette, qu'aussi tôt que les Provençaux y en eurent porté, les Turcs ne voulurent plus d'autres especes. Des Marchands l'entêtement passa aux femmes, & bien-tôt toutes leurs habits en furent brodez.

Les François profitant de leur bonne fortune, faisoient prendre d'abord ces timmins pour dix sols, ce qui étoit gagner cent pour cent; ensuite ils baisserent à sept sols six deniers; & enfin en 1670 ils furent tout-à-fait décriez.

L'Avidité des Marchands Européens; (car les Hollandois, les Genois & quelques autres Nations Chrétiennes avoient part à ce commerce aussi bien que les François) fut cause de ce décry. Non contens du gain immense qu'ils faisoient en donnant de bonnes especes, ils s'aviserent de les altérer; & la mauvaise foy aussi-bien que la temerité allerent si loin, qu'on porta dans le Levant des louis de cinq sols qui n'étoient que de cuivre argenté.

Orange, Avignon, Monaco, Florence & plusieurs Châteaux de l'Etat de Genes furent les lieux où cette infâme marchandise se fabriqua pendant les dernieres de treize années que dura cet injuste commerce.

Pour remedier à ce désordre, & pour empêcher du moins que les François continuassent d'y avoir part, le Parlement de Provence donna un Arrêt le 22 Décembre 1667, qui défendit de faire le négoce du Levant autrement qu'avec les monnoyes de France, d'Espagne, de Mourgues & de Dombes, & d'aller à l'avenir sous peine de la vie charger aucun louis de cinq sols à Genes & à Livourne, ou autres lieux de cette Côte.

Ce fut moins toutefois ce severe mais juste Arrêt qui arrêta le cours de cette fausse monnoye, que le décry que l'on en fit bien-tôt après dans tout l'Empire Turc, & les avanies certainement bien méritées, que ce malheureux commerce attira à ceux des Marchands Chrétiens qui le voulurent continuer *Voyez l'article des Compagnies de négoce à l'endroit où il est parlé de celle de Genes pour le Levant. Voyez encore l'article du Commerce.*

LOUNG. Drogue pour peindre en jaune, dont on se sert dans la Chine, à Camboya & en plusieurs autres lieux des Indes Orientales. Elle se trouve dans les Royaumes de Chamboya & de Siam, où elle coute jusqu'à dix-huit taels le pic. Les Chinois qui la vont querir y gagnent presque cent pour cent, les revendant à Canton jusqu'à trente-deux taels.

LOUP. Espece de chien sauvage, dont le poil est long & un peu rude, tirant sur le gris-brun-sale mêlé de blanc, qui habite les bois & forêts. La femelle du loup se nomme Louve, & les petits de la louve s'appellent Louvereaux ou Cheans suivant le langage des Chasseurs.

Il y a de deux sortes de loups, sans compter le loup cervier, dont il sera parlé ci-après dans un article séparé.

La premiere espece est de ceux qu'on nomme Loups levriers, qui sont très-legers, & qui vivent des animaux qu'ils chassent, & qu'ils attrappent à la course de la même maniere que les chiens qu'on appelle Levriers. La seconde espece qui est plus pesante, s'appelle Loups mâtins: ceux-ci se repaissent de charogne. L'un & l'autre sont fort farouches, grands & rablus, ayant une gueule affreuse fenduë presque jusqu'aux oreilles, & garnie d'un double rang de dents accompagnées de longs crocs tranchant comme l'acier.

Le loup fournit pour le commerce, de deux sortes de marchandises, qui sont sa peau & ses dents. Sa peau revétuë de son poil, & préparée par le Pelletier ou par le Megissier, s'employe à faire des housses de chevaux de charroy, & quelquefois de grands manchons pour les gens de campagne.

On en fait aussi des gants de chasse, après en avoir fait tomber le poil par le moyen de la chaux, & qu'elle a été passée en huile à la façon du chamois, ou en megie, autrement dit en blanc.

Ses dents qui sont fort dures & très-polies font une portion du négoce des Marchands Merciers-Quincailliers; qui les vendent attachées à des manches de bois aux Orfévres, Graveurs & Doreurs, qui s'en servent à polir leurs ouvrages. Autrefois les Blanchisseuses s'en servoient aussi pour relever la broderie des points de France, & en lisser le fond.

Plusieurs prétendent le boyau du loup bien desséché estre un remede specifique pour guérir de la colique nephretique, en l'appliquant à nud autour des reins en guise de ceinture.

Les peaux de loup payent en France les droits d'entrée & de sortie à raison de 3. s. de la piece.

Les droits qu'elles payent à la Doüane de Lyon sont de 8 s.

10 *den. la piéce, tant pour l'ancienne & nouvelle taxation que pour les anciens & nouveaux quatre pour cent.*

LOUP CERVIER. Animal sauvage très farouche, un peu plus grand que le renard, qui a les yeux étincelans, la vûë admirable, l'air gay, les oreilles courtes, garnies au haut d'un toupet de poil fort noir; la barbe comme celle du chat avec lequel il a beaucoup de raport; les pieds fort velus, & divisez comme ceux du lion ou du tigre; le dos roux marqué de taches noires; le ventre & le dedans des jambes d'un gris cendré, marquetez de mêmes taches, mais plus grandes & plus écartées. Chaque poil dans sa longueur est de trois couleurs, ayant la racine d'un gris brun, sa partie du milieu tirant sur le roux, & son extremité blanche.

Il y a des loups cerviers de différentes especes & couleurs, suivant les Pays où ils se trouvent. Ils habitent pour l'ordinaire les montagnes couvertes de bois, où ils ne se repaissent que de bêtes sauvages qu'ils y surprennent; se cachant quelquefois sur des arbres, d'où ils se lancent à corps perdu sur plusieurs sortes d'animaux à quatre pieds; mais particuliérement sur le cerf, d'où il y a de l'apparence qu'ils ont pris leur nom de Loups cerviers.

Quelques-uns assurent que le loup cervier est la même chose que le Linx des Anciens, que d'autres prennent pour un animal fabuleux.

Quoiqu'il en soit, il est certain que le loup cervier, tel que nous le connoissons aujourd'hui, fournit pour le commerce de la pelleterie une peau très précieuse, qui étant bien appretée avec tout son poil, s'employe à diverses sortes de fourrures.

En France l'on en fait des manchons très beaux: en Turquie, & particuliérement à Constantinople on en double des vestes qui sont d'un grand prix. Ces sortes de peaux qui y sont presque toutes envoyées de Natolie, s'y vendent depuis dix jusqu'à douze piastres la piece. Celles qui ont le poil le plus long, le plus blanc & le plus moucheté de noir sont les plus estimées.

Outre les peaux de loups cerviers du Levant que nous tirons de Natolie par la voye de Marseille, il en vient d'Espagne & de Moscovie. Celle de ce dernier Pays nous sont apportées par les Anglois, Hollandois & Hambourgeois, qui les vont chercher à Archangel, où elles sont apportées de Ziberie, Province de Moscovie qui fournit la plus grande partie des belles fourrures qui se voyent en Europe.

Les peaux de Loups cerviers venant du Levant sont du nombre des marchandises sujettes au droit de vingt pour cent ordonné par l'Arrêt du Conseil du 15 Aoust 1685.

Les peaux venant d'Espagne, de Moscovie & autres endroits payent 13 s. de la piece.

A l'égard des droits de sortie, les premieres payent 3 liv. par peau, & les autres 13 s.

LOUP MARIN. Animal amphibie qui a la tête semblable au loup. Quelques-uns néantmoins lui trouvent plus de ressemblance avec celle du chien, & d'autres avec celle du veau; d'où vient qu'on lui donne aussi le nom de Veau & de Chien marin.

Les marchandises que cet Animal fournit pour le commerce sont son huile, sa peau & ses grandes dents.

Son huile sert à brûler, & à tous les autres usages où l'on employe les huiles de poisson.

Ses dents sont une espece d'yvoire qui sert aux ouvrages de tabletterie.

Enfin sa peau qui a un poil fort ras, sert aux Malletiers & Bahutiers pour couvrir des coffres de campagne.

Les peaux de Loups marins payent en France les droits d'entrée à raison de 12 s. la douzaine, & ceux de sortie sur le pied de 18 s.

LOUP. Se dit aussi d'une espece de masque de velours noir, ordinairement doublé de peau de chien grasse, ou toile de lin écruë, dont les Dames se servent pour conserver leur teint, ou pour empecher d'être connuës.

Il y a de deux sortes de Loups; l'un de figure ovale, qui prend depuis le front jusques sous le menton, lequel ne s'attache point, étant tenu par le moyen d'un bouton qui se met dans la bouche; l'autre qui est à demi rond par le haut & quarré par le bas, s'attache à la coëffure avec deux petits rubans. Ce dernier, que l'on appelle plus souvent Masque que Loup, ne se porte guéres qu'à la campagne.

L'on prétend que le nom de Loup leur a été donné, à cause qu'ils faisoient peur aux petits enfans dans le tems que les femmes ont commencé d'en porter.

Les loups font une portion du négoce de la Mercerie. Outre la consomption qui s'en fait à Paris & dans les autres Villes du Royaume, il s'en envoye aussi quantité dans les Pays Etrangers; n'y ayant guéres qu'en France, & particuliérement à Paris, où l'on ait l'usage de les bien faire.

LOUP. On donne le nom de Dent de loup à divers outils ou instrumens d'Artisans, soit parce qu'en effet ils sont faits de crocs ou grosses dents de cet animal, soit parce qu'ils en ont quelque ressemblance.

La dent de loup des Orféyres & Graveurs leur sert à polir & brunir leurs ouvrages: elle est faite d'une vraye dent de loup attachée à un manche de bois.

La dent de loup des Relieurs est toute de bois de forme triangulaire: elle sert à dresser le papier des Livres.

LOUPPE. Terme d'Optique, qui signifie un verre qui est ou plan convexe, ou convexe des deux côtez. Il sert aux Anatomistes, Dessinateurs, Graveurs, & généralement à tous ceux qui veulent découvrir ce que leurs yeux ne peuvent appercevoir.

LOUPPE DE BOIS. Terme d'exploitation & de marchandise de bois. Les Marchands de bois, les Menuisiers, les Tourneurs & les Ebenistes nomment ainsi certaines grosses bosses ou nœuds, qui sont des especes d'excroissances qui s'élevent sur la superficie du corps des vieux arbres, & qui sont adherentes à leur écorce.

Les louppes viennent d'ordinaire vers le bas du tronc de l'arbre. Celles du noyer, de l'érable & du fresne sont fort estimées, étant propres à plusieurs sortes de beaux ouvrages de marquetterie, de tour, de menuiserie, &c. On dit qu'un arbre est louppeux, pour dire, qu'il est rempli de louppes.

Les Louppes payent à la Douane de Lyon les droits d'entrée à raison de 6 s. 6. d. la tonnette pour tous droits, & au quintal 15 s. d'ancienne taxation, & la nouvelle appreciation à l'équipolent.

LOUPPES. Terme de Monnoyes. Ce sont les briques & carreaux des vieux fourneaux qui ont servi à la fonte de l'or & de l'argent. Ces louppes se broyent & se concassent pour en tirer par le moyen du moulin aux laveures, les particules de ces deux métaux qui peuvent s'y être attachées. *Voyez* LAVEURES.

LOUPPES. Se dit encore, en termes de Joüaillier, des perles & pierres précieuses imparfaites, & dans la formation desquelles la nature est, pour ainsi dire, restée à moitié chemin.

Les pierres qui le plus ordinairement restent en louppes sont les saphirs, les rubis & les émeraudes. A l'égard de ces dernieres, il ne faut pas confondre leurs louppes avec ce qu'on appelle Presme d'émeraudes. *Voyez* EMERAUDE.

Pour ce qui est des louppes de perles, ce n'est quelquefois que des endroits de nacre de perles un peu élevez en demie-bosse, que les Lapidaires ont l'adresse de scier & de joindre ensemble en forme de vrayes perles. *Voyez* PERLE.

LOUTRE, qu'on nomme aussi BIEVRE. Animal amphibie tout couvert de poil, qui reside tantôt sur terre, & tantôt dans l'eau, où il ne vit que de poisson, dont il fait un grand dégât.

Le loutre est ordinairement de la grosseur d'un chat. Il a quatre jambes fort courtes, la queuë longue, les oreilles petites comme celles du castor, avec lequel quelques Anciens l'ont confondu, quoiqu'avec assez peu de fondement; le loutre ayant le poil du corps court & la queuë fort peluë, au lieu que le castor a le poil beaucoup plus long, la queuë platte sans aucun poil, & de la figure d'une raquette couverte de certaines especes de petites écailles très-minces, à peu près semblables à celles des poissons.

Les peaux de loutre garnies de leur poil, font une partie du commerce de la Pelleterie.

Les loutres communs qui se trouvent en France & en quelques autres Pays d'Europe, ne sont pas comparables, soit pour la grandeur, soit pour la belle couleur & la finesse du poil, aux loutres qui se tirent du Canada & des autres vastes Pays de l'Amerique Septentrionale.

Les unes & les autres, après avoir été bien passées & bien préparées, s'employent à diverses sortes de fourrures.

Autrefois les manchons que l'on en faisoit étoient fort à la mode en France, & particuliérement à Paris; mais depuis quelques années il ne s'en porte presque plus, si ce n'est dans certaines Provinces où ils sont encore de quelque usage.

C'est une erreur de croire que le poil de loutre entre dans la composition des chapeaux mêlée avec celui du castor, & c'est apparemment sur de mauvais Memoires que M. Furetiere l'a avancé dans le long article qu'il en a donné dans son Dictionnaire.

Les plus habiles Chapeliers de Paris que l'on a consulté là-dessus, conviennent de bonne foy que l'on n'en a jamais employe dans la fabrique des chapeaux, & que si l'on donne quelquefois le nom de Loutre à certains chapeaux, ce n'est que pour les déguiser, & les faire mieux valoir en les vendant au Public, à qui on en impose par un nouveau nom.

Il est vray seulement qu'il y a du castor gras qui se tire du Canada, que les Sauvages ont engraissé de leur sueur dans le tems qu'ils en ont porté les peaux; & c'est ce castor gras, & non du loutre engraissé, comme dit M. Furetiere, qui s'employe dans la fabrique des chapeaux de castor, en le mêlant avec un tiers de castor maigre. *Voyez* CASTOR & CHAPEAU.

Le poil de Loutre ou Bievre paye en France les droits d'entrée à raison de 15 liv. 7 s. 2 den. & demi de la livre; ou bien reduit au cent, 1536 liv. conformement au Tarif de 1699.

Il ne peut entrer que par Roüen, le Havre, Dieppe & la Rochelle, suivant l'Arrêt du 17 Mars 1693.

A l'égard des droits de sortie, le poil de loutre paye 110 liv. en consequence du Tarif de 1664, & le Loutre en peau 24 liv. l'un & l'autre le cent pesant.

LOUTRE. Les Chapeliers appellent un Chapeau de Loutre, un chapeau où ils supposent qu'il entre du poil de loutre. *Voyez l'article précedent.*

LOUVE. C'est la femelle du loup. Les dents & la peau de la louve servent aux mêmes usages que celles de son mâle. *Voyez* LOUP.

LOUVE. C'est aussi un instrument ou morceau de fer qui sert à élever les pierres de taille, imaginé pour en menager les arrêtes & les membres ou moulures d'architecture, qui courent risque d'être gâtées quand on se sert de cordages pour attacher les pierres aux cables des engins.

Cet instrument est une espece de coin plus large par en bas qu'en haut, avec un trou ou anneau pour y passer une esse: deux autres morceaux de fer un peu recourbez par la partie superieure s'appliquent des deux côtez de la louve pour la serrer, & de là sont appellez ses Louvetaux.

Pour se servir de la louve, on fait un trou dans la pierre qu'on veut élever; & quand elle y est placée, on y enfonce à côté d'elle ses louveteaux.

L'Ouvrier qui fait le trou s'appelle Louveur; & l'on dit, Louver une pierre, pour dire, y faire de cette sorte de trou.

LOUVETEAU. Le petit d'une louve. La peau du louveteau garnie de son poil est une assez bonne fourrure, quand elle est bien preparée par le Pelletier. Son usage le plus ordinaire est pour des manchons, qui sont plus ou moins estimez, suivant que le poil en est plus ou moins beau. *Voyez* LOUP.

LOUVETEAUX. Ce sont les deux coins de fer un peu recourbez, qu'on met à côté de la piece qu'on nomme une Louve. *Voyez ci-dessus* LOUVE instrument.

LOUVEURS. Ce sont les Ouvriers qui font les trous dans la pierre, & qui y placent la louve. Ils font ce trou avec un long & fort ciseau tout de fer, qu'on nomme Ciseau à louver. *Voyez comme-dessus.*

LOY. Terme de Monnoye, qui signifie le titre, le fin ou la bonté intérieure des especes.

On parle ailleurs de la loy des monnoyes d'or & d'argent de France, aussi-bien que de la loy de l'or & de l'argent en géneral, sur quoy on peut voir l'article des Monnoyes, & les articles de Titre, de l'Or ou de l'argent; on va seulement mettre ici sur quel pied la loy de l'or & de l'argent s'estime en Espagne.

La valeur de l'argent par raport à la loy s'estime par maravedis; ensorte que le marc ou huit onces d'argent valent huit piastres ou 2376 maravedis, qui en font la loy.

Quatre onces valent quatre piastres ou 1188 maravedis.

Deux onces valent deux piastres ou 594 maravedis.

Une once, une piastre ou 297 maravedis.

La demie-once vaut quatre reaux ou 148 maravedis.

Le quart de l'once vaut deux reaux ou 74 maravedis.

Enfin le huitiéme ou demi quart d'once vaut une reale ou 37 maravedis.

Poids de l'or de Loy pour les reductions en Espagne.

Un castillan d'or de loy, qui est vingt-deux carats & demi, contient quatre-vingt-dix grains ou huit tomins; le tomin vaut onze grains & un quart, qui est la huitiéme partie de quatre-vingt-dix; & le carat aussi d'or de loy vaut quatre grains.

DENIER DE LOY, qu'on appelle aussi DENIER DE FIN. C'est celui qui tire sa valeur du prix que le Prince donne par sa Loy ou son Ordonnance au marc d'or ou d'argent, pour

pour être employé en especes; ou, pour mieux dire, cette partie du marc d'argent sur quoy s'évaluë le titre ou le fin d'une espece soit d'argent, soit de billon.

En France le marc d'argent de haute loy, comme on l'appelle parmi les Officiers des Monnoyes, se divise en douze deniers, & en Espagne en 2376 maravedis. *Voyez ci-dessus.*

Ville de Loy. Terme de Manufacture. C'est une Ville où il y a Communauté, Apprentissage & Maîtrise de quelques fabriques d'étoffes.

L'article 158 du Reglement de la Sayetterie d'Amiens de 1666 porte, Qu'aucun Etranger ne pourra exercer en la Ville d'Amiens le métier de Haute-lisseur, qu'il n'ait justifié avoir été reçû Maître en Ville de loy, & qu'il n'ait été agréé par les Premier & Eschevins.

LOYAL. Ce qui est bon, ce qui est conforme à la loy & suivant la regle. On dit qu'un Marchand est franc & loyal, quand il fait son négoce avec probité & avec candeur, & qu'il n'employe point de petites ou de mauvaises finesses pour faire plus avantageusement ses affaires.

Loyal. Se dit aussi de la bonne qualité des choses, de ce qui a les conditions requises par la Loy & les Reglemens. Une marchandise bonne & loyale: Du blé loyal & marchand. On dit quelquefois d'un poids, qu'il est juste & loyal; pour signifier qu'il est étalonné juste & avec bien du soin sur le poids-matrice.

LOYALEMENT. D'une maniere franche & loyale. Négocier loyalement, c'est négocier de bonne foy, sans surprise, sans finesse, avec probité. Payer loyalement, c'est payer à l'échéance, sans faire de chicanes ni de mauvaises difficultez.

LOYALLES, On appelle Bures loyalles, les bures qui se fabriquent à Dreux, à cause qu'elles sont toutes de bonne mere-laine, & qu'il n'y entre point de bourre tontisse. Il ne se fait plus guéres de ces sortes de Bures.

LOYAUTE'. On appelle Plomb de loyauté dans la Sayetterie d'Amiens, le dernier plomb que les Esgards des Sayetteurs ou des Hautelisseurs mettent aux étoffes que l'on porte à la halle en noir, pour témoigner qu'elles sont de la qualité, largeur & aunage portez par les Reglemens.

LUBS. On appelle Sols lubs à Hambourg & en plusieurs Villes d'Allemagne, une monnoye de compte qui vaut un cinquieme plus que les sols tournois de France; ensorte qu'il ne faut que quarante huit sols lubs pour faire l'écu de soixante sols.

Il y a aussi des deniers lubs qui valent pareillement un cinquiéme plus que les deniers tournois.

Quand on tient les livres par richedales, marques, sols & deniers lubs, la richedale vaut quarante-huit lubs, la dalle trente-deux, la marque seize, & le sol aussi douze deniers lubs. *Voyez* Marc lubs.

LUCRATIF. Ce qui apporte du gain, du profit. Le commerce du change est lucratif. Cet homme fait un négoce lucratif, mais non pas honorable.

LUCRE. Gain, profit. Un Marchand doit préferer l'honneur au lucre.

LUMIERE. Se dit en termes de Méchanique, particuliérement parmi les Charpentiers, du trou ou ouverture dans laquelle entre le mammelon, c'est-à-dire, le tourillon du treüil & cylindre, qui sert aux engins, gruës, gruaux & autres telles machines, & où il est suspendu & tourne, lorsqu'on y dévide le cable pour élever les fardeaux qui sont attachez à l'autre bout. *Voyez* Treuil. *Voyez aussi* Engin, Grue & Gruau.

LUMIGNON, Sorte de fil d'étoupe de chanvre écru, très-grossierement filé, dont les Marchands Epiciers-Ciriers se servent pour faire les méches ou bras des flambeaux de poing & des torches. *Voyez* Flambeau de poing.

LUNAIRE. On appelle dans le Levant Interêts lunaires, les Interêts usuraires que les Nations Chrétiennes payent aux Juifs chaque lune, (les Turcs comptant par lunes & non par mois) pour l'argent qu'elles empruntent d'eux. *Voyez* Interests.

LUNETTE. Instrument qui sert à grossir, à approcher les objets, & à faciliter l'action de la vûë.

Lunettes, au pluriel. Sont deux verres enchassez dans deux cercles, qui sont ordinairement d'argent, de leton, d'écaille de tortuë ou de corne, & qui sont unis ensemble par le milieu par un demi cercle de la même matiere.

Ces verres s'appliquent au devant des yeux des personnes qui veulent s'en servir, soit en les mettant sur le nez par le moyen d'un demi-cercle qui les unit, & qui fait ressort pour les serres; soit en les faisant pendre à une hauteur & une distance convenable avec un morceau de quelque métail fort plat, qu'on enfonce ou sous le chapeau ou sous la perruque.

Ces sortes de lunettes servent aux vieillards, ou à ceux qui ont la vûë foible. Celles qui sont à l'usage de ces derniers se nomment des Conserves, parce qu'elles aident à conserver la vûë.

On estime beaucoup celles d'Angleterre, & elles sont en effet excellentes; mais il y a des Ouvriers à Paris qui en font qui ne leur cedent, que parce que Londres est un Pays Etranger, & que les François n'estiment guéres que ce qui vient de loin, ou qu'il est difficile d'avoir.

C'est cette sorte de lunettes dont quelques Auteurs font remonter l'utile invention jusqu'au milieu du douziéme siécle, & que quelques autres, peut-être plus probablement, ne mettent que sur la fin du treiziéme ou au commencement du quatorziéme; ce sont, dis-je, ces lunettes qui ont donné le nom de Lunetiers aux Maîtres Miroitiers de Paris; car pour les lunettes de longue-vûë, soit qu'elles ayent été inventées par hazard en Hollande, comme quelques-uns le croyent; soit qu'elles soient l'ouvrage du célébre Gallilei; qui certainement les a beaucoup perfectionnées, elles sont d'une datte trop inferieure aux Statuts de cette ancienne Communauté, pour avoir pû contribuer à donner aux Maîtres la qualité de Lunetiers, qu'ils portoient bien avant cette admirable invention des derniers tems.

Il seroit sans doute curieux de dire ici quelque chose de plus de l'inventeur des lunettes de longue-vûë, de la maniere d'en polir & d'en tourner les verres, de leurs différentes especes, & de leur usage dans l'Astronomie & dans l'Optique; mais la digression est trop étrangere à la matiére de ce Dictionnaire pour s'y abandonner; & l'on peut consulter là-dessus les Auteurs citez par M. Furetiere dans le sien, & quelques autres qui ont écrit depuis, entr'autres deux sçavans Anglois, ou se contenter du peu qu'il en rapporte lui-même.

Lunettes, en termes de Tourneur. Sont des plaques de fer qu'on ajoûte aux poupées, lorsqu'on veut tourner en l'air. Il y en a de simples, c'est-à-dire, qui ont simplement

P 2

ment une ouverture spherique au milieu, contre laquelle le mandrin s'appuye; d'autres brisées qui s'ouvrent en deux, & qui se rejoignent avec des vis & des écrous, pour porter l'arbre du tour quand on veut faire des vis & des écrous aux ouvrages, comme aux boëtes & aux tabatieres; & d'autres encore où l'on ajoûte des pieces de rencontre, quand les arbres sont préparez pour tourner en ovale, ou en d'autres figures irrégulieres. *Voyez* Tour.

Lunettes. Ce sont aussi des instrumens de fer dont se servent les Courroyeurs & autres Ouvriers en cuir, pour parer & ratisser leur cuir. La lunette est de figure spherique & très-tranchante dans toute sa circonference extérieure. Il y a en dedans une ouverture aussi de figure ronde, par où l'Ouvrier la peut prendre pour s'en servir.

Ces sortes d'outils se font en Allemagne; & c'est de-là que les Marchands Merciers-Quincailliers les tirent pour les débiter aux Courroyeurs, Peaussiers & autres Ouvriers qui parent leurs cuirs à la lunette. *Voyez* Courroyer.

LUNETTIER. Ouvrier qui fait des lunettes & qui les vend. Comme ce sont à Paris les Maîtres Miroitiers qui font les lunettes, ils ont pris de-là la qualité de Maîtres Miroitiers-Lunettiers. Les Marchands Merciers en font aussi quelque commerce; mais ils n'en fabriquent pas. *Voyez* Miroitier.

LUPIN. Espece de gros pois qui sert à la nourriture des animaux, & qui est de quelque usage dans la Médecine.

La plante qui produit ce légume, & qu'on nomme aussi Lupin, pousse une tige ronde médiocrement grosse, qui s'éleve de terre environ de deux Pieds. Ses fleurs qui sont étroites, sont d'un verd de mer pardessus, blancheâtres & lanugineuses par dessous. Ses fleurs naissent à la sommité de la tige: elles sont blanches, & sont soûtenuës par un calice dentelé. Enfin à ces fleurs succedent des gousses qui renferment les lupins très-semblables aux pois ordinaires, à la réserve qu'ils sont plus gros, plus blancs, & moins regulièrement ronds.

Les Lupins payent en France les droits d'entrée à raison de 30 f. du cent pesant conformement au Tarif de 1664; & suivant celui de la Doüane de Lyon, 7 f. 6 d. le quintal.

LUQUOISES. Etoffes de soye imitées en France sur celles qui se fabriquoient à Luques. Il s'en fait de pleines, de façonnées & d'autres avec de l'or & de l'argent. Elles doivent avoir, suivant le Reglement de 1667, une demie-aune moins un vingt-quatrième. Leurs chaînes doivent être entierement de pure & fine soye cuite, sans qu'on y puisse mêler de la soye teinte sur cru; ni autres matieres qui les puissent rendre défectueuses.

LUSTRE. C'est un brillant vif qui paroît sur les étoffes neuves, soit de laine, soit de soye: il est pourtant plus éclatant sur celles de soye. On dit, Le lustre d'un satin, Le lustre d'un taffetas, Le lustre d'un drap.

Lustre. C'est aussi la composition ou la maniere dont quelques Ouvriers se servent pour donner cet éclat & ce brillant à leurs ouvrages.

Le lustre des soyes, qui est leur principale qualité, consiste à les bien faire cuire & décreuser, de quelque couleur qu'elles soient, avec de bon savon blanc; étant défendu par les Statuts des Teinturiers en soye d'y employer du savon noir; & après les avoir bien dégorgées en les battant & lavant à la riviere, les mettre dans un bain d'alun de Rome à froid, & non à chaud; l'alun chaud faisant perdre le lustre à la soye, & la rendant d'ailleurs âcre & rude.

Le lustre des taffetas noirs est fait avec de la biére double & du jus d'orange ou de citron boüillis ensemble. Ce dernier néantmoins y est moins propre, parce qu'il est sujet à blanchir. Les taffetas de couleur se lustrent avec de l'eau de courges distilée à l'alembic. *Voyez* Taffetas.

Souvent le lustre ne se donne aux étoffes qu'en les faisant passer à la calandre, ou en les mettant en presse.

Le lustre des Courroyeurs est de plusieurs sortes, suivant les couleurs qu'ils veulent éclaircir. Pour les noirs, le premier lustre est fait de jus d'épinevinette: il se donne avant d'achever leur grain. Le second lustre qui est composé de gomme d'Arabie, d'ail, de biére, de vinaigre & de colle de Flandre boüillis ensemble, s'applique pour derniere façon après que le grain a été achevé de couper. Ils ont encore un autre lustre, mais qui ne sert qu'aux cuirs de couleur. Il n'est que de blanc d'œuf battu dans de l'eau. *Voyez* Courroyer.

Le lustre des Maroquiniers est fait de jus d'épinevinette & de citron ou d'orange. *Voyez* Maroquin.

Le lustre des Chapeliers n'est quelquefois que de l'eau toute simple; quelquefois ils y mêlent une petite teinte de noir.

Les Pelletiers se servent du lustre des Chapeliers, à l'exception que sur les fourrures blanches ou très-claires ils n'y mettent point de teinte.

Quelquefois cependant ils composent un lustre pour les fourrures très-noires sur-tout pour celles dont ils font les manchons. Dans ce lustre il entre de la noix de galle, de la couperose, de l'alun de Rome, de la moële de bœuf, & quelques autres ingrédiens.

Le lustre des draps se donne en les faisant passer sous la calandre. C'est aussi sous la calandre que les mouëres prennent ce lustre ondé qu'elles ont.

LUSTRER. Donner le lustre. Il ne se dit guéres que des étoffes, des chapeaux & des glaces.

Lustrer une Glace. C'est la rechercher avec le lustroir, après qu'elle est achevée de polir. On dit aussi, Molleter une glace, parce que les Ouvriers appellent quelquefois le Lustroir une molette. *Voyez* Glace.

LUSTREUX. Ce qui est brillant; ce qui a du lustre. Il se dit particuliérement des étoffes. Le satin est le plus lustreux de toutes les étoffes de soye.

Lustreux Se dit aussi des Ouvriers qui appliquent le lustre; mais il est peu d'usage.

LUSTROIR. C'est dans les manufactures de glaces une petite regle de bois doublée de chapeau, de trois pouces de long sur un pouce & demi de large. On s'en sert pour rechercher les glaces quand elles sont polies, & pour en enlever les taches qui ont échappé au polissoir. Cet instrument se nomme aussi une Molette. *Voyez* Glace.

LUTH. Instrument de Musique monté de cordes, qui se touche avec les doigts. *Voyez* Faiseur d'Instrumens de Musique.

Les Luths & autres instrumens de Musique payent en France les droits d'entrée à raison de 20 liv. du cent pesant, & pour ceux de sortie, comme mercerie, 3 liv. qui sont même reduits à 2 liv. par l'Arrêt du 3 Juillet 1692, quand ils sont de fabrique du Royaume, & qu'ils sont déclarez pour l'Etranger.

LYON. *Voyez* LION.

LYS. Monnoye d'argent frappée en Savoye, d'un vingtiéme moins pesante que l'écu de France de soixante sous six à peu près au même titre.

Il y avoit aussi autrefois en France des lys d'or & des lys d'argent, dont la fabrication avoit été ordonnée par une Ordonnance de Louis XIV. du mois de Decembre 1655, mais qui furent décriez, ceux d'argent dès le mois d'Avril de l'année suivante, & ceux d'or par une Déclaration du 28 Mars 1679. Ces derniers, lorsqu'ils furent mis hors de cours, valoient sept livres piece.

LYSPONDT. Sorte de poids qui pese plus ou moins, suivant les endroits où l'on s'en sert.

A Hambourg le lyspondt est de quinze livres, qui reviennent à quatorze livres onze onces un gros un peu plus de Paris, d'Amsterdam, de Strasbourg & de Besançon, où les poids sont égaux.

A Lubeck le lyspondt est de seize livres poids du Pays, qui font à Paris quinze livres trois onces un gros peu plus.

A Coppenhague le lyspondt est de seize livres poids du Pays, qui rendent quinze livres douze onces six gros peu plus de Paris.

A Dantzik le lyspondt est de dix-huit livres, qui en font seize de Paris.

A Riga le lyspondt est de vingt livres, qui font seize livres huit onces de Paris, &c.

M

M Douziéme Lettre de l'Alphabet. Dans les abbreviations des Marchands, Banquiers & Teneurs de Livres, M C. signifie Mon compté. M. toute seule ou Mc. veut dire, Marc ou Marcs.

MAAYPOOSTEN. Sorte d'étoffe de soye qui est apportée en Europe par le retour des vaisseaux de la Compagnie des Indes Orientales de Hollande. Lorsque la Compagnie fait la vente de ses marchandises, les cavelins ou lots des maaypoosten ont coûtume d'être de cinquante pieces. En 1720 chaque piece revenoit à huit florins & demi.

MACADOSSIN. Nom d'une drogue qui vient de l'Amerique. *Voyez* Mechoacan.

MACARON. Terme de Tablettier-Peignier. On appelle Peigne à Macaron une sorte de petit peigne, dont les deux extrémitez sont arrondies; ce qui représente assez bien cette espece de patisserie qu'on nomme Macaron. On leur donne cette forme, afin que les grosses dents ne puissent blesser. *Voyez* Peigne.

MACARONI. Pâte faite avec de la farine de ris. C'est une espece de vermiselli, dont la différence consiste seulement dans la grosseur; les macaroni n'étant guéres moins gros que le petit doigt, & les vermiselli ayant à peine une ligne d'épaisseur. Il s'en fait un grand négoce par toute l'Italie, d'où les Epiciers de Paris en tirent aussi, mais en petite quantité. En général toutes les pâtes faites de farine de ris s'appellent Farinelli. *Voyez* Vermiselli.

MACER. Arbre qui croît dans les Indes & en Barbarie, dont l'écorce qui porte le même nom, s'employe assez heureusement pour la guérison de la dissenterie.

Cette écorce qui est tirée du tronc & de la racine de l'arbre, est grosse, rougeâtre, d'un goût amer. Il en vient peu en France; c'est pourquoy il faut prendre garde qu'on ne substitue en sa place le macis, ce que font quelques Marchands Epiciers & Droguistes; ces deux drogues étant neantmoins bien différentes: le macer, comme on vient de le dire, étant une écorce, & le macis l'envelope de la coque de la muscade.

MACHACOIRE ou MAQUE. Instrument à rompre & à broyer le chanvre, pour en séparer la filasse de la chenevotte. *Voyez* Chanvre.

MACHE-FER. Ecume du fer. On le dit aussi des scories ou écailles qui sortent du fer quand on le bat à chaud. On les estime astringentes, & on les fait entrer dans la composition de quelques remedes topiques. *Voyez* Fer.

MACHER ou MAQUER LE CHANVRE. C'est le briser avec la machacoire. *Voyez comme dessus.*

MACHEMOURE. Biscuit de mer réduit en miettes. Les morceaux au dessous de la grosseur d'une noisette sont reputez Machemoure. *Voyez* Biscuit.

MACHINE. Instrument qui sert dans les Méchaniques à augmenter les forces humaines & la vertu des forces mouvantes. Il y a cependant quelque différence entre la machine & l'instrument; celui-ci étant ordinairement très-simple, comme le levier, le coin, le rouleau; & celle-là étant plus ou moins composée suivant son usage & sa destination, comme les engins, les gruës, les gruaux, les verrins, les chevres, &c.

Il y a aussi diverses machines qui servent dans les manufactures, soit à préparer les matiéres, soit à fabriquer les draps, toiles, étoffes, cuirs, &c. soit à leur donner leur derniere perfection: tels sont plusieurs métiers; quantité de machines & roüets pour le moulinage & dévidage des soyes; d'autres pour le filage des laines, chanvres, lins, poils, &c. la machine à friser les draps; la calandre; les presses; les moulins à foulon, à papier, à tan; & divers autres.

Il y a pareillement plusieurs machines hydrauliques, c'est-à-dire, qui ont leur mouvement par le moyen de l'eau, qui servent pour le sciage des bois, pour forer les pieces d'artillerie, les canons des fusils, pistolets, mousquetons & autres petites armes, pour polir & limer ces canons & les lames d'épées: d'autres encore qui donnent le mouvement aux soufflets des fonderies, forges & martinets où se fondent & se forgent toutes sortes de métaux.

Enfin il n'y a guéres d'art ou de métier qui n'ait quelque machine particuliére plus ou moins composée pour aider à la fabrique de leurs différens ouvrages. Ces machines sont toutes raportées & expliqués dans divers articles de ce Dictionnaire, sous le nom qui les specifie, & dans leur ordre alphabetique.

Machine à friser les étoffes de laine. Espece de moulin qui tire son mouvement ou de l'eau, ou d'un cheval, ou même de plusieurs hommes qui le font tourner par le moyen d'une manivelle. *Voyez* Friser.

Machine. Se dit, en termes de Cordonnier, d'une composition de cire blanche & de souffre dont ces Ouvriers cirent le fil blanc de Cologne, duquel ils se servent pour coudre & assembler les empeignes & les quartiers des souliers qu'ils veulent coudre proprement.

MACHINER DU FIL. C'est, en termes de Cordonnerie, le cirer avec la cire préparée, qu'on appelle de-là Machine.

Il se dit aussi de la façon que les Cordonniers & Savetiers donnent à leurs souliers en en arregeant les fils avec le machinoir.

MACHINOIR. Petit outil de buis qui sert aux Cordonniers & Savetiers pour ranger les points du derriere d'un soulier, & le décrasser. Il est fort mince, long de quatre ou cinq pouces, arrondi par les deux bouts, à l'un desquels il y a des especes des dents. Le milieu s'enfonce un peu en arc des deux côtez, afin que l'Ouvrier l'empoigne plus facilement. Ce sont les Marchands de crespin qui vendent ces sortes d'outils.

MACHO. On appelle en Espagne Quintal-macho, un poids de cent cinquante livres, c'est-à-dire, de cinquante livres plus fort que le quintal commun qui n'est que de cent livres. Il faut six arobes pour le quintal-macho, l'arobe de vingt-cinq livres, la livre de seize onces, & l'once de seize adarmes ou demi-gros; le tout néantmoins un peu plus foible que le poids de Paris; ensorte que les cent cinquante livres du macho ne rendent que cent trente-neuf livres & demie, un peu plus un peu moins de cette derniere Ville.

MACHOACAN. *Voyez* MECHOACAN.

MACHURAT. On nomme quelquefois ainsi les Apprentifs Imprimeurs qui commencent à apprendre leur métier. Ce nom leur vient du mot de Machurer, qui signifie en vieux François, noircir ou barboüiller du papier; ce qui arrive souvent aux nouveaux Imprimeurs.

Le celebre M. Naudé écrit *Mascurat*; & c'est ainsi qu'il nomme l'Imprimeur qui est un des Interlocuteurs du sçavant Dialogue qu'il donna au public en 1649, qui a pour titre, Jugement de tout ce qui a été imprimé contre le Cardinal Mazarin.

MACHURER. Noircir ou barboüiller quelque chose. Il se dit particuliérement, en termes d'Imprimerie, des feüilles qui ne sont pas tirées nettes. *Voyez* Imprimerie.

MACIS. Premiere écorce ou envelope de la noix muscade. Cette écorce est tendre, odorante, de couleur rougeâtre ou jaunâtre. Elle se sépare de la muscade à mesure qu'elle se séche. Quelques-uns l'appellent, mais bien improprement, Fleur de muscade.

Le macis a les mêmes proprietez que la muscade; & les Hollandois qui en font un très-grand commerce, l'estiment encore plus que la noix. Le mot de Macis est Indien.

On tire du Macis une huile qui a diverses proprietez pour la Médecine.

Cette huile paye en France les droits d'entrée à raison de 20 s. la livre.

Les droits du Macis sont les mêmes que ceux de la muscade, c'est-à-dire, à raison de 30 liv. le cent pesant, conformément au Tarif de 1664, & 12 liv. tant d'anciens que de nouveaux droits suivant celui de Lyon.

Lorsque la Compagnie des Indes Orientales de Hollande fait la vente de ses épiceries, chaque cavelin ou lot de macis est ordinairement d'un boucaut, du poids environ de 600 livres.

MAÇON ou MASSON. Celui qui travaille en maçonnerie.

Il se dit également de l'Entrepreneur qui fait les marchez des ouvrages de maçonnerie dans un batiment pour les faire executer par d'autres, & de l'Ouvrier qui les construit, & qui y travaille de la main sous ses ordres; avec cette différence néantmoins que l'Entrepeneur s'appelle Maître Maçon, & est à Paris membre d'une Communauté considerable; & que l'Ouvrier s'appelle simplement Maçon, & n'est qu'un Manouvrier quelquefois à la tâche ou à la toise, mais le plus souvent à la journée. On parlera dans la suite des Maîtres Maçons.

Les Maçons, Manouvriers & Journaliers, sont de deux sortes; les uns qui ne travaillent qu'en plâtre, se sont conservez le nom de Maçons; les autres qui employent le mortier & la terre s'appellent Limosins, d'une Province de France d'où il en sort quantité chaque année, qui se répandent dans tous les atteliers du Royaume, & particuliérement de Paris. *Voyez* Limosin.

L'employ des Maçons de l'une & l'autre espece est de faire dans les bâtimens tout ce qui regarde la maçonnerie, comme de construire les murs & murailles, les élever jusqu'à l'entablement, les gopter, crespir & enduire, y employer les pierres de taille, libages, moëlons, briques ou platrats qui leur sont livrez; construire, bander & ceinter les voutes, sceller les poutres, sablieres & solives; faire les entrevours & aires des planchers; conduire les tuyaux de cheminée; faire les cloisons, lambris, corniches; & quantité d'autres choses où l'on employe le plâtre ou le mortier, soit de simple terre, soit de sable & de chaux ou de ciment.

Outre les Maçons, c'est-à-dire, ceux qui employent le plâtre & le mortier, il y a quantité d'autres Ouvriers qui ne sont occupez que pour les servir.

Les Appareilleurs donnent à tailler les pierres; les Tailleurs de pierre les taillent sur les paneaux & cartons que ceux-là leur fournissent; les Scieurs de pierre les scient & les débitent; les Poseurs les placent quand elles ont été élevées & guidés avec des engins; les Hellebardiers portent les leviers qui servent à mettre les pierres en chantier pour les tailler, & à les charger sur les charriots & binards pour les conduire au pied des engins: les Bardeurs portent le bar ou traînent les charriots & binards; les Aydes-maçons & Aydes-limosins, qu'on nomme ordinairement des Manœuvres, gachent le plâtre, le sassent & en battent les gravoirs, ou courroyent les diverses sortes de mortier; enfin les Goujats portent les mortiers sur leurs épaules avec l'instrument qu'ils appellent un Oyseau.

Les Piqueurs qui font travailler les Maçons ou Limosins, & qui en tiennent les rôles; les Chasse-avant qui conduisent & font marcher les Ouvriers & les charriots, & empêchent qu'on ne perde de tems dans l'attelier; enfin les Louveurs qui font les trous dans les pierres pour y placer les louves de fer qui servent à attacher les cables avec lesquels on les éleve, sont encore des Ouvriers employez dans la maçonnerie, qui aussi-bien que les autres seront expliquez à leurs propres articles.

Les

Les outils, instrumens, engins & machines dont se servent les Maçons & tous les autres Ouvriers employez à les servir, sont en très-grand nombre, en partie communs à d'autres Arts & Métiers, & en partie propres à celui de la maçonnerie.

Les engins & machines sont, l'Engin proprement dit, la Chevre, les Escoperches, la Gruë, le Gruau, le Singe; le Vindas, les Rouleaux simples & sans fin, avec tous les cables, cordages & trousses nécessaires pour les faire agir & mettre en mouvement.

Les outils & instrumens sont, le Levier, la grande Regle à mouchette, la Regle commune, le Plomb à regle, le Plomb à chas, l'Equerre, le Buveau, la Saturelle, la Fausse-équerre, la Louve avec son esse & ses louveteaux, le Ciseau à louver, le Niveau, l'Oiseau, les Rabots à courroyer le mortier, le Compas commun, le Compas à fausse-équerre, les Truelles à plâtre, à chaux & à sable, la Truelle bretée, les Testus, la Masse de fer, le Coin aussi de fer, les Marteaux bretelez, la Langue de bœuf, le Gurlet, le Desceintroir, la Pioche & la Feüille de sauge, le ciseau à ciseler, le Fer quarré, le Maillet, les Gouges, les Rifiards bretelez, le Crochet, la Rondelle, la Rape, le Pic, la Pelle de bois, l'Auge & Auger, le Baquet à mortier, le Bar, le Bouriquet, le Binard, les Charriots, la Civiere, le Brancart, les Scies ou dentelées ou sans dents, les Couteaux à scies, la Fiche ou Couteau à mortier, la Pince, le Pied de chevre, les Poulies & les Moufles. *Voyez toutes ces machines & outils à leurs articles.*

MAÇONNAGE. Ouvrage fait par un Maçon. Ce sont les Maîtres Maçons & Jurez Experts, qui avec les Greffiers de l'Ecritoire reglent les difficultez qui arrivent en fait de maçonnage, soit pour la bonté & qualité de l'ouvrage, soit pour les toisez. *Voyez ci dessus* MAISTRES MAÇONS.

MAÇONNER. Travailler du métier de Maçon.

MAÇONNERIE. On le dit également & de l'art de Maçonnerie & de l'ouvrage du Maçon. Dans le premier sens on dit: Ce Maître Maçon, Cet Entrepreneur s'entend bien en maçonnerie; pour dire, qu'il est expert dans l'art d'ordonner & de conduire un bâtiment. Dans le second sens on dit: Il y a pour dix mille livres de maçonnerie dans cette maison; pour dire, que le seul ouvrage des Maçons revient à cette somme.

Toutes les especes de maçonnerie dont on se sert présentement dans les bâtimens se reduisent à cinq; sçavoir la maçonnerie en liaison, celle de brique, celle de moilon, le limosinage & le blocage. La maçonnerie de blocage est la moindre de toutes, & se fait des pierrailles jettées à bain de mortier. Le limosinage se fait avec du moilon sans parement. L'ouvrage de moilon est celui où les moilons sont d'appareil, bien équarris, posez de niveau & piquez en parement. Celui de brique se fait avec de la brique cuite posée en liaison, & proprement jointée avec du plâtre & de la chaux. Enfin la maçonnerie en liaison, qui est la meilleure de toutes, est celle qui est construite de carreaux & de boutisses de pierres posées en recouvrement les unes sur les autres.

MAÇONNERIE. C'est aussi une Jurisdiction établie à Paris pour juger en premiere instance les contestations qui surviennent entre les Maîtres Maçons pour raison de leur art & métier. Les appels se portent au Parlement. Ceux qui l'exercent s'appellent Généraux des œuvres de Maçonnerie de France. Elle n'est pas ancienne, & n'a été établie qu'en 1645. Elle a ses Procureurs particuliers.

MACOUTE. Espece de monnoye de compte ou de maniere de compter en usage parmi les Negres, dans quelques endroits des Côtes de l'Afrique, particuliérement à Loango de Boirie sur la Côte d'Angole.

La macoute vaut dix, & il en faut dix pour faire le cent, qui est aussi parmi ces Barbares une autre sorte de monnoye de compte.

Pour faire l'évaluation de leurs achats & de leurs ventes, ou plûtôt de leurs échanges, ils fixent d'un côté le nombre des macoutes qu'ils veulent, par exemple, pour un Negre piece d'Indé, & de l'autre pour combien de macoutes ils consentent de recevoir chaque espece de marchandise qu'ils desirent avoir pour ce Negre.

Supposé donc qu'ils ayent fixé leur Esclave à 3500, ce qui revient à 305 macoutes; pour faire ce nombre de macoutes en marchandises, chaque espece de ces marchandises a son prix aussi en macoutes.

Par exemple, deux couteaux Flamands se comptent une macoute; une anabasse trois; un bassin de cuivre de deux livres pesant & de douze pouces de diametre, aussi trois. Un fusil s'estime trente macoutes; un baril de poudre de dix livres pesant, de même; une piece de salampouris bleu cent vingt, que les Negres réduisent au cent, & comptent douze cens; & ainsi du reste des marchandises; ensuite de quoy ils prennent sur cette évaluation autant de ces marchandises qu'il en faut pour 305 macoutes ou 3500, à quoy ils ont mis leur Esclave.

A Malimbo & Cabindo, environ à 30 lieuës plus loin, sur la même Côte d'Angole, on compte par piece. *Voyez* PIECE.

MACULATURE. Les Imprimeurs & Libraires appellent Maculatures, les mauvaises feüilles de papier blanc ou mal imprimées, qui ne servent qu'à empaqueter des Livres ou autres marchandises.

MACULATURE. C'est aussi un terme de papeterie, qui signifie une sorte de gros papier grisâtre qui sert à envelopper les rames de papier. On lui donne quelquefois le nom de Trace. *Voyez* PAPIER.

MADA DORO ou MÆDA-DOURO. Monnoye d'or de Portugal, qui vaut six patacas ou pieces de huit & quinze vintins.

Il y a des demi-mædas & des quarts qui valent à proportion.

Il est remarquable que l'effigie des Rois de Portugal ne paroît sur presque aucune de leurs monnoyes d'or ou d'argent.

MADRAGE. Filet fait de cordes de jonc, dont on se sert sur les Côtes de Provence pour la pêche du thon. *V.* THON.

MADRE'. Nom que l'on donne à quelques sortes de marchandises de diverses couleurs, particuliérement au savon & à cette espece de poix que l'on nomme Barras. *Voyez* POIX. *Voyez aussi* SAVON.

Du Bois madré, c'est ce qu'on nomme autrement du Bois vené, comme le noyer, le hestre, les racines de buis & autres semblables bois qui servent à la marquetterie & à la tabletterie.

Il y a de l'apparence qu'on disoit autrefois du Bois marbré; c'est-à-dire, qui a des veines de diverses couleurs comme le marbre, & que par corruption on a dit Madré.

MA-

MADRURE. Ce sont les veines de couleurs & de figures différentes qui paroissent sur le bois.

On le dit aussi en termes de Pelleterie, des taches qui sont sur les peaux de quelques animaux, comme du tigre, du léopard, de la pantere, du chat & de quelques autres.

La moucheture des peaux d'hermine s'appelle quelquefois de la Madrure, mais plus improprement.

MAGALAISE, qu'on appelle aussi MEGANAISE, MAGNE ou MAGNESE. C'est un minéral assez semblable à l'antimoine, à la réserve qu'il est plus tendre, & qu'au lieu d'aiguilles on y voit de petits brillants. Il y en a de grise & de noire. C'est de cette derniere que se servent les Emailleurs & les Potiers de terre, l'autre étant très-rare. Les Verriers en employent aussi pour purifier leur verre, mais en petite quantité; parce qu'autrement ils lui donneroient un œil ou trop bleu, ou trop couleur de pourpre.

La magalaise vient de Piémont, où on la tire de quelques carrieres en morceaux de différentes grosseurs & figures. Il faut la choisir tendre, brillante, la moins remplie de roches & de menu que l'on pourra. Quelques-uns la confondent avec le safre & le perigeux; mais ces minéraux sont bien différents les uns des autres.

La Magalaise paye les droits d'entrée comme l'antimoine crud, à raison de 15 s. le cent pesant, conformement au Tarif de 1664.

Les droits de la Doüane de Lyon sont de 3 s. 3 den. d'ancienne taxation par quintal, 1 s. de nouvelle réapreciation, 8 s. pour les anciens quatre pour cent, & 4 s. pour les nouveaux.

MAGASIN. Lieu où l'on serre des marchandises; soit pour les y vendre par pieces, comme on dit, balles sous corde, ce que font les Marchands en gros; soit pour les y reserver & garder jusqu'à ce qu'il se présente occasion de les porter à la boutique, comme font les Marchands en détail.

MAGASIN. C'est aussi chez les Détailleurs une arriere-boutique où l'on met les meilleures marchandises, & celles dont on ne veut pas faire de montre.

MAGASIN. Se dit encore de certains grands paniers d'osier que l'on met ordinairement au devant & au derriere des carosses, des coches, carioles & autres semblables voitures publiques; soit pour y mettre les hardes, malles & cassettes des personnes qui vont par ces voitures; soit pour y serrer les médiocres ballots, balles & caisses de marchandises que les Marchands envoyent à leurs Correspondans par cette voye.

Pour la sûreté de ces marchandises, il faut avoir soin d'en faire charger les Regiftres du Commis établi dans chaque Bureau de ces carosses; & pour la sûreté des Cochers qui les conduisent, ils doivent avoir des lettres de voiture aussi circonstanciées que celles de tous les autres Voituriers par terre. *Voyez* VOITURIER.

MAGASIN D'ENTREPOST. C'est un magasin établi dans certains Bureaux des cinq grosses Fermes, pour y recevoir les marchandises destinées pour les Pays Etrangers, & où celles qui y ont été entreposées ne doivent & ne payent aucun droit d'entrée ni de sortie, pourvû qu'elles soient transportées hors du Royaume par les mêmes lieux par où elles y sont entrées dans les six mois; après quoy elles sont sujettes aux droits d'entrée. *Voyez* ENTREPOST.

On appelle Marchand en magasin, celui qui ne tient point de boutique ouverte sur la ruë, & qui vend en gros ses étoffes & marchandises.

Garçon-magasin s'entend dans le même sens que Garçon de boutique; c'est-à-dire, un Apprentif Marchand, qui après son apprentissage sert chez les Marchands en magasin, pour se fortifier dans le négoce par une plus longue expérience. La fortune des Marchands dépend quelquefois de l'habileté de ces sortes de Garçons.

Garde-magasin est celui qui a le soin des marchandises qui sont enfermées dans un magasin, soit pour les délivrer sur les ordres du Maître, soit pour en recevoir de nouvelles quand elles arrivent.

Garde-magasin se dit aussi des marchandises qui sont hors de mode, & qui n'ont plus de débit. C'est pour le gros ce ce qu'est un garde-boutique dans le détail.

MAGASINER. Mettre des marchandises en magasin. L'Edit d'Affranchissement du Port de Marseille de 1669, porte, Que les Marchands Etrangers y pourront charger, décharger, magasiner & entreposer leurs marchandises sans payer aucuns droits. *Voyez* PORT FRANC.

MAGASINIER. Le Garçon ou le Commis qui est chargé du détail d'un magasin. C'est la même chose que Garde-magasin. On s'en sert moins dans le commerce que parmi les Entrepreneurs des vivres & munitions pour les armées & dans les arsenaux du Roy.

MAGDALEON. Les Epiciers appellent un Magdaleon de souffre, ces pains de souffre en forme de cylindre qui font partie de leur commerce. Ces magdaleons ont ordinairement six pouces de long sur dix-huit lignes de diametre. *Voyez* SOUFFRE.

MAGNE ou MAGNESE. Espece de minéral qui a quelque raport avec l'antimoine. *Voyez* MAGALAISE.

MAGRABINES ou MAUGUERBINES. Toiles de lin qui se fabriquent en plusieurs lieux d'Egypte, & qui se vendent au Caire. Leur prix est de 55 meidins la piece de 28 à 30 pics de longueur & sept huitiémes de pic de largeur.

MAHALEB ou MAGALEP. C'est ce qu'on nomme du Bois de Sainte-Lucie, dont les Ebenistes & les Sculpteurs se servent pour divers de leurs ouvrages. Le meilleur vient de Lorraine. *V.* SAINTE-LUCIE, *& l'article de* BOIS.

MAHOUTS. Draps de laine destinez pour les Echelles du Levant, qui se manufacturent en Angleterre. Il s'en fait présentement quantité en France, particuliérement en Languedoc, Dauphiné & Provence. *Voyez l'article* DRAP, *à l'endroit où il est fait mention de ceux dont la destination est pour le négoce de Levant, qui se fait par Marseille.*

MAIDAN ou MAYDAN. On nomme ainsi presque dans toute l'Asie, & particuliérement en Perse, les places publiques destinées pour le commerce où se tient le marché des denrées & marchandises.

Le maidan d'Ispaham passe pour le plus magnifique de tout l'Orient. On en parle ailleurs. *Voyez l'article general du commerce, à l'endroit où l'on traite de celui qui se fait dans le Royaume de Perse.*

MAIDIN. Petite monnoye d'argent qui se fabrique & qui a cours en Egypte. Elle y vaut depuis dix-huit jusqu'à vingt-un deniers de France, suivant le change. *V.* MEIDIN.

MAJEUR, Celui qui est en âge de gouverner son bien, de le vendre, troquer, aliener, enfin d'en disposer de toutes les manieres licites & permises par les Loix ou par les Coutumes.

Le

Le Droit Civil & la Coutume de Paris fixent l'état de majeur à vingt-cinq ans, & la Coutume de Normandie à vingt ans & un jour. Il n'y a point d'âge certain pour la majorité de ceux qui se mêlent de commerce; & les Marchands sont reputez majeurs pour le fait de marchandises dès le moment qu'ils entrent dans le négoce. *Voyez* MAJORITÉ.

MAJEUR. Signifie aussi dans le négoce des Echelles du Levant, les Marchands qui font le commerce pour eux-mêmes; ce qui les distingue des Commissionnaires, Coages & Courtiers. Ceux-ci appellent aussi quelquefois leurs Commettans, leurs Majeurs.

MAILLE ou OBOLE. Petite monnoye imaginaire ou de compte, estimée la moitié d'un denier tournois, ou la vingt-quatriéme partie d'un sou tournois. La maille se subdivise en deux pites, & chaque pite en deux semi-pites.

Il paroît que la maille a été autrefois une monnoye courante, & la plus petite de celles qui ont eu cours en France: aussi donnoit-on encore le nom de Maille parmi le peuple au denier tournois sous le Regne de Henry IV. par l'habitude où l'on étoit d'appeller de ce nom les plus petites des especes courantes.

Le mot de Maille se trouve souvent dans la bouche des Marchands & Négocians. Ils disent qu'il n'y a pas la maille a perdre sur un marché; pour faire entendre, que le marché ne doit pas être mauvais: Qu'ils ne rabatteront pas une maille; pour dire, qu'il n'y a rien à diminuer du prix qu'ils proposent: Qu'une marchandise ne vaut pas la maille; pour faire entendre, qu'elle ne vaut rien du tout: Qu'un Facteur ou Garçon a rendu compte jusqu'à la derniere maille; pour signifier, qu'il a tenu compte jusqu'à la moindre bagatelle.

MAILLE. Se dit aussi chez les Marchands Orfevres & parmi les Monnoyeurs, d'une sorte de petit poids qui vaut deux felins ou la moitié d'un estelin. *V.* ONCE.

MAILLE. Est aussi un terme de manufacture de bonnetterie; il se dit du travail entrelassé des bas, camisolles & autres ouvrages de soye, de laine ou d'autres matieres qui se font au tricot ou au metier. Ainsi l'on dit: La maille de ce bas est bien fine & bien serrée; pour faire entendre que le bas est fin & fabriqué comme il faut. Au contraire l'on dit que la maille d'un ouvrage de bonneterie est trop grosse & trop lâche, pour dire que le travail n'en est pas bon & qu'il est trop grossier.

Plus le fil dont un bas est fabriqué est filé fin, plus la maille est fine; & plus le fil est filé gros, plus la maille en est grossiere.

Suivant l'article 12 du Reglement du 30 Mars 1700, les bas & autres ouvrages de bonneterie tant de soye, que de laine, fil, poil, coton ou castor qui se fabriquent au métier, doivent être proportionnez & suffisamment étoffez, en sorte que la maille soit remplie & faite d'une égale force & bonté dans toute leur étenduë, sans maille double, maille morduë, arrachures, ferrures ni ouvertures. *Voyez* BAS.

MAILLE. Se dit aussi du tissu de plusieurs filets de fer dont étoient autrefois composées diverses sortes d'armures comme les hauberts, les Jacques de mailles, les chemises, &c. On en faisoit aussi des gans & des especes de jambiers. Les chevaux mêmes en étoient souvent entierement couverts. Tous ces ouvrages appartenoient au metier des Chaînetiers qui de-là s'appelloient Mailliers-Hauberteniers. *Voyez* CHAINETIER.

MAILLE. Est encore une ouverture en forme de lozange, qui étant plusieurs fois repetée, sert à faire les treillis de fil de fer ou de leton. Cet ouvrage se vend au pied en quarré plus ou moins suivant que la maille est large ou étroite, ou que le fil est gros ou menu. Ce sont les Maîtres Epingliers qui font les treillis à mailles. *Voyez* EPINGLIER.

MAILLE. En terme de pêche de poisson de mer & de poisson d'eau douce, est l'ouverture quarrée & diverses fois recommencée faite avec du fil ou de la lignette, & travaillée avec une espece d'aiguille de bois qui compose les filets des Pêcheurs.

Les Ordonnances de la Marine ont déterminé la largeur que doivent avoir les mailles de chaque filet à raison de la pêche où on les employe; & les Ordonnances des Eaux & Forêts ont fixé sur un seul moule les mailles de tous les filets à pêcher en riviere. *Voyez l'article des filets & des pêcheries.*

MAILLEAU. Petit instrument de bois en forme de maillet qui sert aux Tondeurs de draps pour faire mouvoir celui des deux coûteaux des forces à tondre que l'on nomme le mâle. Quand le mailleau n'a point de manche, on lui donne le nom de Cureau. *Voyez* MANICLE.

MAILLER une toile de Batiste. C'est la battre sur une pierre de marbre avec un maillet de bois bien uni, pour en abattre le grain & lui donner un œil plus fin. *Voyez* BLANCHIR.

MAILLER un treillis de fil de fer ou de leton. C'est en former les ouvertures en losange. *V.* MAILLE.

MAILLET. Espece de gros marteau de bois qui sert à plusieurs Ouvriers & Artisans qui travaillent du ciseau, tels que sont les Sculpteurs, Marbriers, Tailleurs de pierre, Maçons, Menuisiers & Charpentiers.

Le maillet est composé de deux pieces, du manche & de la masse.

Les maillets des Sculpteurs, Marbriers, Tailleurs de pierre & Maçons sont plus ordinairement ronds; & les maillets des Menuisiers & Charpentiers plus communement équarris.

Le maillets des Vaniers a la tête en forme de cube, de quatre pouces en quarrée. Ils s'en servent à frapper sur l'instrument qu'ils appellent la Beccasse; lorsqu'ils veulent border les hottes de clôture, & les vans à vanner les grains. *Voyez* BECCASSE.

Les Fondeurs de petits ouvrages ont aussi un maillet, mais plus gros & plus pesant que celui des menuisiers.

C'est avec quoi ils reduisent en pelotes le cuivre en feüilles qu'ils veulent mettre à la fonte. *Voyez* PELOTE.

Les outils que les Carriers appellent des Maillets, sont de grosses masses de fer de différents poids, dont ils se servent à frapper les coins de fer avec lesquels ils coupent la pierre: ils en ont ordinairement trois, un de quarante-cinq livres, un de vingt, & un de quinze. *Voyez* CARRIER & CARRIERE.

MAILLET. Les Plombiers & les Tonneliers ont pareillement leurs maillets, mais assez differents de ceux dont on vient de parler.

Le maillet des Tonneliers a la masse très-plate & n'a gueres plus d'un pouce & demi d'épaisseur; Sa forme est quarrée, plus longue que large, un peu cintrée par en haut & échancrée par en bas; le manche est placé dans l'épaisseur de la masse; les Tonneliers qui s'en servent à enfoncer & faire join-

joindre les cerceaux, l'ont fait plat, afin qu'il se couche le long de la piece en frappant le cerceau.

Le maillet des Plombiers n'est proprement qu'un demi maillet des Sculpteurs, c'est-à-dire une masse coupée en deux dans sa longueur, en sorte qu'un côté est plat, & l'autre en demi-cercle. Le manche est placé dans le demi-cercle; mais couché & paralelle à la section du cylindre. On s'en sert pour battre le plomb par le côté qui est plat, & quelquefois pour frapper sur des outils par l'un des bouts. *Voyez* PLOMBIER.

MAILLET. Les Tourneurs & les Nattiers se servent aussi de maillets, mais plus pesants & à plus long manche, pour battre sur la pierre la paille moüillée qu'ils employent, les uns pour empailler les chaises qu'ils font, & les autres pour tracer & faire leurs nattes. *Voyez* NATTIER & TOURNEUR.

Les maillets des Chauderonniers sont de buis: Ils s'en servent à diverses façons qu'ils donnent à leurs ouvrages en les fabriquant à froid. Ils en ont de gros, de petits & de mediocres; les uns pour faire la quarre des chauderons, & les autres pour redresser & enlever l'ouvrage. *Voyez* CHAUDERONNIER.

MAILLIER. Artisan qui fait des armes composées de petites chainettes ou mailles de fer. Cet Ouvrier s'appelle Chaînetier. *Voyez son article.*

MAILLON. Espece de petit anneau d'émail qui dans les metier des Ferandiniers-Gaziers sert à attacher les lissettes au plombs. *Voyez* GAZE.

MAIN. Partie du corps de l'homme qui est à l'extrémité des bras. Il se dit figurement de plusieurs choses dans le commerce & parmi les Artisans.

Acheter de la viande à la main, c'est l'acheter sans la peser.

Lâcher la main, signifie diminuer du prix que l'on a d'abord demandé d'une marchandise, en faire meilleur marché, la donner quelquefois à perte. Si vous voulez vendre votre bled il faut un peu lâcher la main. Vous prétendez vendre cette étoffe comme si elle étoit encore de mode, il faudra que vous lâchiez beaucoup la main si vous voulez vous en défaire.

Acheter une chose de la premiere main, c'est l'acheter de celui qui l'a recueillie ou fabriquée, sans qu'elle ait passé par les mains des Revendeurs.

L'acheter de la seconde main, c'est l'avoir de celui qui l'a achettée d'un autre pour la revendre.

Les marchands en gros ont coûtume d'acheter leurs marchandises de la premiere main; & les Détailleurs de la seconde.

On dit aussi troisieme & quatriéme main, suivant le nombre des Marchands par les mains desquels une marchandise a passé.

C'est un grand avantage dans le negoce d'avoir les choses de la premiere main, & c'est de cet avantage que les Hollandois sçavent bien profiter dans le commerce des épiceries, dont ils sont seuls les Maîtres, & qu'il faut que toutes les autres Nations de l'Europe & même des Indes où elles croissent les reçoivent d'eux, c'est-à-dire de la seconde main.

VENDRE HORS LA MAIN. Il se dit à Amsterdam des ventes particulieres, c'est-à-dire, de celles où tout se passe entre l'acheteur & le vendeur où tout au plus avec l'entremise des courtiers, sans qu'il y intervienne aucune autorité publique, ce qui les distingue des ventes au bassin qui se font avec la permission des Bourguemaîtres: & dans lesquelles preside un Vendu-Meester ou Commissaire nommé de leur part. *Voyez* VENDU-MEESTER.

Le Sr. Ricard dans son traité du negoce d'Amsterdam fait diverses observations sur les ventes hors la main, qui peuvent assurer leur execution & prevenir les contestations qui n'y sont que trop ordinaires. On va en rapporter ici les principales.

1°. Si la marchandise venduë n'est point sujette au poids, l'acheteur est obligé de la récevoir dans le magasin, dans la cave ou sur le batteau du vendeur, & de la faire transporter chez soi à ses risques & dépens.

2°. Lorsque l'achetteur ou ses gens ont reconnu & agréé la marchandise, elle est censée livrée & reste sur son compte.

3°. Si la marchandise venduë est sujette au poids, c'est au vendeur à l'envoyer au poids public à ses dépens; mais après qu'elle y a été pesée, l'acheteur doit la recevoir & elle reste à ses risques.

4°. S'il y a quelque défectuosité aux marchandises, l'acheteur doit la declarer en les recevant, & ne les recevoir qu'après être convenus du rabais avec le vendeur, soit à l'amiable, soit par l'entremise des courtiers ou des arbitres. Si neantmoins les marchandises sont portées chez l'acheteur sans être deballées, & qu'à l'ouverture de la balle ou du tonneau elle est trouvée défectueuse, il en est cru à son serment & sur celui des travailleurs du poids.

5°. Lorsqu'en concluant un marché on ne dit rien du terme de payement ni de la tarre, on sous-entend toûjours que c'est pour payer au comptant ordinaire ou au terme qu'on a coûtume de donner pour les marchandises de pareille nature, ce qui se pratique aussi à proportion pour la tarre.

6°. Le comptant ordinaire est presque toûjours de six semaines, à l'exception neanmoins du poivre & de peu d'autres marchandises qui se payent sur le champ; ou au moins deux ou trois jours après la livraison: le vendeur a neanmoins la faculté de se faire payer aussi-tôt que la marchandise est livrée; mais il est rare que des Marchands accreditez se servent de cette faculté.

MAIN. Morceau de cuivre, de fer ou de bois; qui soûtient l'axe ou boulon autour duquel roule une poulie. On dit plus ordinairement la Chape d'une poulie & quelquefois l'Echarpe. *Voyez* CHAPE.

MAIN. On donne aussi ce nom à plusieurs crampons ou esses qui servent à tirer quelques fardeaux en haut. La main d'une corde à puits, la main d'une louve, la main d'un engin, d'une chevre, d'une gruë, &c. *Voyez tous ces instrumens à leurs articles.*

MAIN D'OUBLIE. C'est un certain nombre d'oublies que les Oublieux ou Garçons Patissiers donnent pour faire l'essai de leurs corbillons à ceux contre lesquels ils le veulent jouer. *Voyez* OUBLIEUX *ou* PATISSIER.

MAIN D'OEUVRE. Terme de Manufactures. Il s'entend de deux manieres; quelquefois il signifie l'ouvrage que fait chaque fabriquant; & quelquefois il se prend pour le prix que l'entrepreneur luy en donne: dans ce dernier sens un Auteur manuscrit qui a traité du Commerce, dit que c'est un grand avantage d'établir des manufactures dans un Etat, quand même les marchandises qui s'y font n'iroient pas à l'étranger, parce que c'est toûjours profiter de la main d'oeuvre, c'est-à-dire épargner à l'Etat le prix de la façon qu'il qu'il faudroit payer pour les marchandises étrangeres.

MAIN. Poids des Indes Orientales qui ne sert gueres qu'à peser les denrées qui se consument pour l'usage de la vie; Il se nomme plus ordinairement Mao. *Voyez* MAO.

MAIN DE PAPIER. Assemblage de vingt-cinq feüilles de papier pliées en deux. Chaque rame doit être composée de vingt mains. *Voyez* PAPIER.

MAIN. Les Menuisiers appellent la main du Sergent (instrument dont ils se servent pour coller ou cheviller leurs ouvrages) un crochet mobile qui monte ou qui descend le long de la barre de fer qui est la principale piece de cet instrument. *Voyez* SERGENT.

MAIN. Instrument de cuivre ou de fer-blanc qui sert aux Marchands, Banquiers, Commis & Caissiers qui reçoivent beaucoup d'argent blanc, à le ramasser sur leur comptoir ou bureau après qu'ils l'ont compté, pour le mettre plus facilement dans les sacs.

Cet instrument appellé main à cause de son usage, est long environ de dix pouces, large de cinq à six, de figure quarrée, avec une espece de poignée par en haut. Il a des bords de trois côtez, celui par où se ramassent les especes n'en ayant point.

MAJORITE'. Tems où l'on devient majeur, âge auquel suivant la Loy ou la Coûtume les mineurs sont estimez capables d'avoir l'entiere administration de leurs biens, & d'en disposer sans pouvoir jouïr, comme dans leur minorité, du benefice de restitution, contre les alienations qu'ils en auroient faites.

Il y a quelques Provinces de France, comme en Normandie; où l'on devient majeur à vingt ans & un jour; mais dans le reste du Royaume le tems le plus ordinaire de la majorité, qui est aussi celui prescrit par le droit civil, est l'âge de 25 ans.

Majorité des Marchands.

L'Ordonnance du mois de Mars 1673 n'a donné pour regle de la majorité de ceux qui exercent le commerce, que le moment auquel ils commencent à y entrer, & l'article 6 du premier titre de cette Ordonnance porte que *tous Négocians & Marchands en gros & en détail seront reputez Majeurs pour le fait de leur commerce & banque, sans qu'ils puissent être restituez sous prétexte de minorité.*

Cette Jurisprudence mercantille concernant la majorité des Marchands & Banquiers, étoit déja établie en France bien avant l'Ordonnance, & l'on a plusieurs Arrêts du Parlement de Paris & de quelques autres Parlemens, qui décident que tout mineur faisant le commerce devient majeur pour le fait de son negoce, & que les enfans de famille faisant marchandise n'ont pas besoin du consentement de leur pere pour s'obliger; ce qui néanmoins s'entend toûjours pour ce qui regarde leur negoce, ne joüissant de cette espece d'émancipation qu'à cet égard, & restant encore comme auparavant en minorité & sous la puissance paternelle pour tous les autres engagemens qui n'y ont pas de rapport.

Comme l'on pourroit demander pour expliquer l'article de l'Ordonnance, à quel âge donc il est permis d'entrer dans le commerce, & par consequent à quel âge on peut être reputé majeur; Monsieur Savary remarque dans son parfait Négociant que cela dépend s'il y a maîtrise ou non dans la Ville où un mineur veut s'établir & faire commerce.

A Paris par exemple où l'on ne peut être reçû Maître qu'à vingt ans, la majorité est reputée commencée du moment que le jeune Marchand entre dans la vingt-unieme année. Dans les Villes où par les Statuts des Communautez la reception à la maîtrise est avancée ou reculée au-delà ou en deça de vingt ans; la majorité doit suivre le tems fixé par ces Reglemens; & dans les Villes où il n'y a point de maîtrise; le mineur doit être reputé majeur, aussi-tôt qu'il commencée à faire le commerce pour son compte particulier, n'eut-il que dix-neuf ans, n'en eut-il que dix-huit.

L'on peut voir dans le chapitre second du livre quatriéme de la premiere partie du parfait Négociant, non-seulement tout ce qui concerne la majorité des Marchands, mais encore les précautions que l'on doit prendre, soit en achettant des héritages & immeubles d'un Marchand mineur, soit en lui prêtant de l'argent ou de la marchandise sur l'hypoteque de ces mêmes immeubles, afin de s'assurer que les sommes ou prêtées, ou provenantes de ces immeubles achetez, aussi bien que les marchandises données à credit, ne soient point employées à d'autres usages qu'à leur commerce, qui est le seul cas où selon l'Ordonnance les mineurs puissent être reputez en majorité.

MAIRRAIN, que quelques-uns écrivent aussi Mairain, Merrain, Meirain, Merrein ou Merin. C'est du bois de chêne refendu en petites planches plus longues que larges.

Il s'en fait de deux sortes; l'une propre à la menuiserie que l'on appelle Mairrain à panneaux; & l'autre destinée pour faire des douves, autrement doüelles ou doelles pour la construction des tonneaux, que l'on nomme Mairrain à futailles.

Le Mairrain à panneaux a depuis un jusques à quatre pieds de long; celui de quatre pieds doit avoir un pouce ou un pouce & demi d'épaisseur, & celui au dessous n'en doit avoir qu'un: l'un & l'autre est au moins de six pouces de large, & sert a faire du parquet & d'autres ouvrages de menuiserie.

On lambrissoit autrefois les ceintres des Eglises de Mairrain, ce qui en consumoit une prodigieuse quantité; mais à present que la mode en est passée, on n'y en employe quasi plus, ensorte que le negoce de cette marchandise est de beaucoup diminué.

Le Mairrain à futailles, que l'on appelle aussi Bourdillon, Bois douvin, Bois à baril, Bois à pipes & Bois d'enfonçures, est different selon les lieux & les divers tonneaux à quoi il est destiné; celui pour les pipes est de quatre pieds de long; celui pour les muids, qu'on nomme autrement Buisserie, de trois pieds; celui pour les barriques & demi-queuës, de deux pieds & demi. Leur largeur est depuis quatre pouces jusqu'à sept, & leur épaisseur de trois quarts de pouces ou neuf lignes; les pieces qui sont au dessous sont reputées essautage ou rebut.

Il faut remarquer que le mairrain destiné pour les enfonçures ou fonds des tonneaux, ne doit avoir que deux pieds de long, six pouces au moins de large, & depuis sept jusques à neuf lignes d'épaisseur. Celui au dessous est pareillement reputé essautage.

Il se fait en France une consomption considerable de mairrain à futailles, particulierement dans les Provinces où il y a de grands vignobles, comme la Champagne, la Bourgogne, l'Orleanois, le Bloisois, la Touraine, l'Anjou, le Bordelois, &c.

Les Pays de cidres & de Poirez, particuliérement la Nor-

man-

mandie, en consument aussi beaucoup, ce qui fait qu'il y a des Marchands dans les Provinces dont le seul negoce, est de cette marchandise. On les nomme Marchands de Mairain.

Les Hollandois tirent du Nord par la mer Baltique, & de Hambourg par la voye de l'Elbe une quantité prodigieuse de mairrain à futailles dont ils vendent pour des sommes considerables tant aux François, qu'aux Italiens, Espagnols & autres Nations de l'Europe.

Suivant le Tarif de 1664 les droits d'entrée & de sortie du Royaume & des Provinces reputées étrangeres, ont été fixez sur cette sorte de marchandise. Sçavoir:

Pour l'entrée sur le pied de 10 s. du millier en nombre de bois à baril; 15 s. du millier en nombre de bois douvin à pipes; & 13 s. du millier en nombre du bois mairrain de toutes sortes servant à muids & tonneaux.

Et pour la sortie, le bois mairrain à faire poinçons le millier en nombre de long bois, & cinq cens d'enfonçure doit payer 8 livres.

L'Ordonnance de la Ville de Paris appelle les eschalas Mairrain à treillis. *Voyez* ESCHALAS.

MAIS. Espece de bled ou de legume, qu'on nomme en France bled de Turquie. *Voyez* MAYS.

MAISON. Bâtiment propre à loger & à mettre à couvert soi, sa famille, ses gens, ses meubles, marchandises, &c.

MAISON DE VILLE. Lieu où s'assemblent les Officiers municipaux ausquels la conduite des affaires & la police d'une Ville sont confiées.

C'est dans l'Hôtel ou Maison de Ville de Paris que le Prevôt des Marchands & les Echevins tiennent leur Bureau, & exercent la Jurisdiction qu'ils ont sur plus de dix-huit cens Officiers établis sur les Ports & Etapes de cette Capitale du Royaume; & c'est aussi à leur Audiance qui se tient les Lundis, Mardis, Jeudis & Vendredis de chaque semaine, qu'ils reglent & decident tout ce qui concerne les marchandises de vins & autres boissons, de grains, de bois, de charbon, de chaux, de plâtre, &c. qui arrivent à Paris par la riviere, & qui se vendent ou se déchargent sur les Ports. *Voyez* PREVÔT DES MARCHANDS.

MAISON. Lieu de correspondance que les gros Negocians établissent quelquefois dans diverses Villes de grand commerce, pour la facilité & fureté de leur negoce. On dit en ce sens qu'un Marchand, Negociant ou Banquier résidant dans une Ville tient maison dans une autre, lorsqu'il a dans cette derniere une maison louée en son nom, où il tient un Facteur & souvent un Associé, pour accepter & payer les lettres de change qu'il tire sur eux, ou pour procurer les payemens de celles qu'il leur envoye payables dans cette Ville; faire les achats & ventes des marchandises; enfin pour se mêler de tout le détail de son commerce, comme s'il l'exerçoit lui-même, & que ce fut le vrai lieu de sa residence & de son negoce.

Il y a plusieurs gros Negocians & Banquiers de Paris, de Lyon, de Roüen, &c. qui tiennent de ces maisons, non seulement dans les principales Villes du Royaume, mais encore dans les Pays étrangers; comme pareillement il y a des Etrangers qui ont maison dans plusieurs Villes de commerce de France.

On dit qu'un Marchand fera bonne maison, quand il est habile, heureux & accredité, & qu'il fait un commerce considerable.

MAITRE ou MAISTRE. Celui qui est le superieur, qui commande, qui gouverne, &c.

Ce terme a quantité de significations dans le commerce de terre & de mer, dans les manufactures, dans les corps des Marchands, & dans les Communautez des Arts & Métiers, qui seront toutes expliquées dans la suite de cet article.

MAÎTRE EN FAIT D'ARMES. Celui qui enseigne l'art de bien se servir des armes & qui tient sale pour en donner leçon.

Les Maîtres en fait d'armes composent une de ces cinq ou six Communautez de Paris qui n'ont aucun rapport au commerce, ainsi qu'on l'a remarqué dans l'article general des Communautez; elle a ses Statuts comme les autres, mais dont on ne fera ici aucun détail. *V.* COMMUNAUTÉ.

MAÎTRE DE VAISSEAU MARCHAND. C'est ainsi que l'on appelle sur l'Ocean celui à qui la conduite d'un navire ou bâtiment de mer est confiée, qui le commande en chef, & qui est chargé des marchandises qui sont dans le bord: sur la Mediterranée on le nomme Nocher ou Patron, & sur les vaisseaux importans, particulierement sur ceux destinez pour les voyages de longs cours il est appellé Capitaine.

Pour être reçû Maître de vaisseau il faut justifier avoir navigé pendant cinq ans & subir un examen sur le fait de la navigation en presence des Officiers de l'Amirauté.

Les Maîtres de vaisseaux doivent être en personnes dans leurs bâtimens lorsqu'ils sortent de quelque port, havre ou riviere, & ils ne les doivent point abandonner pendant le voyage pour quelque danger que ce soit, sans l'avis des principaux Officiers & Matelots qui sont dans leur bord.

C'est le Proprietaire du vaisseau qui commet le Maître, & c'est le Maître qui forme l'équipage, qui choisit & louë les Pilotes, Contremaîtres, Matelots, & Compagnons: cependant si le Proprietaire étoit dans le lieu où l'on équipe le vaisseau, en ce cas ce choix doit être fait de concert entre le proprietaire & le Maître.

Chaque Maître de vaisseau est tenu d'avoir un livre journal cotté & paraphé par l'un des principaux interessez au bâtiment, sur lequel il doit écrire le jour qu'il a été établi, le nom des Officiers & Matelots de l'équipage, le prix & les conditions de leur engagement, le payement qui leur est fait, la recette & dépense concernant le navire, & generalement tout ce qui regarde le fait de sa commission: cependant lorsqu'il y a un Ecrivain chargé de tenir l'état de toutes ces choses, le Maître est dispensé de ce soin.

Un Maître de vaisseau convaincu d'avoir livré aux ennemis, ou d'avoir malicieusement fait échoüer ou perir son bâtiment, doit être puni du dernier suplice. *Livre 2 du titre 2 de l'Ordon. de la Marine du mois d'Août 1681.* Voyez NAVIRE. On y explique, comme à un lieu plus convenable, quantité de choses qui concernent les obligations & les devoirs des Maîtres de vaisseau, & l'on y entre dans un détail plus circonstancié de plusieurs qu'on n'a rapportées ici qu'en abregé.

MAITRE. Chez les Marchands & Manufacturiers se dit de ceux qui ont droit ou privilege de tenir boutique ou magasin pour vendre des étoffes & des marchandises, ou pour travailler à en fabriquer. Nul ne peut être reçu Maître ou Marchand s'il n'a fait son apprentissage & le service chez les Maîtres.

On appelle Maîtres & Gardes ceux qui sont élus par les Maîtres ou Marchands pour avoir soin des affaires de leur

Corps ou Communauté, & faire les visites nécessaires pour maintenir la police sur les marchandises, poids & mesures conformement à leurs Statuts. Ce sont les Maîtres & Gardes qui reçoivent les Apprentifs & les Maîtres ou Marchands, qui leur délivrent leurs lettres d'apprentissage & de maîtrise. *Voyez* GARDES.

On nomme quelquefois chez les Marchands Maître Garçon, celui qui est le plus ancien dans la boutique ou magasin, qui sçait le mieux travailler, & qui fait agir les autres avec quelque superiorité.

Maîtres dans les Communautez des Arts & Métiers de la Ville & Fauxbourgs de Paris, ou des Villes dans lesquelles il y a Jurande, sont ceux qui après avoir fait apprentissage, servi en qualité de Compagnons le tems prescrit par les Statuts, & fait chef-d'œuvre ou seulement experience, ont été reçûs à maîtrise, & fait serment entre les mains du Procureur du Roy, si c'est à Paris, ou des autres Officiers, si c'est ailleurs.

C'est du nombre des Maîtres que se choisissent les Jurez, Gardes ou Syndics des Communautez.

Aucun Maître ne peut avoir droit à l'élection qu'il n'ait au moins dix ans de maîtrise & d'exercice actuel du metier: il y a même des Communautés où il en faut davantage.

On appelle anciens Maîtres ceux qui ont passé par la Jurande, & en cette qualité ils ont droit d'assister aux Assemblées pour l'élection des Jurez & autres Officiers.

Au dessous des anciens Maîtres il y a les Maîtres modernes & les jeunes Maîtres qui sont aussi appellez aux élections suivant l'ordre du tableau, ordinairement vingt des uns & vingt des autres, si la Communauté est assez nombreuse pour cela.

MAÎTRES CHEF-D'OEUVRIERS. On appelle ainsi dans les Communautez des Arts & Metiers ceux qui sont parvenus à la maîtrise après avoir passé par l'apprentissage & fait leur chef-d'œuvre.

MAITRES DE LETTRES. Ce sont les Privilegiez qui exercent les Arts & Metiers dont il y a des Communautez à Paris, sans avoir été Apprentifs & sans avoir fait chef-d'œuvre; mais seulement en vertu des Lettres que le Roy leur accorde pour plusieurs raisons & dans diverses occasions, comme heureux Avenemens, naissance de Dauphins, entrées & couronnement de Reines, &c. Ces Maîtres de Lettres n'ont aucun droit à la Jurande ni aux autres fonctions & privileges des Communautez, à moins qu'ils n'aient fait pour y être incorporez leur experience ou chef-d'œuvre.

MAÎTRES-MARCHANDS. MAITRES OUVRIERS A FAÇON. Ces deux sortes de Maîtres composent la Communauté des Marchands-Maîtres Ouvriers en draps d'or, d'argent & de soye de la Ville de Lyon.

Les premiers sont ceux qui font travailler chez eux pour leur compte, ou qui donnent à travailler aux Maîtres-Ouvriers à façon à qui ils fournissent l'or, l'argent, la soye & les autres matieres qui entrent dans ces sortes de manufactures, convenant avec eux du prix des façons.

Les autres sont les Ouvriers qui travaillent pour les Marchands & qui sans rien fournir que leurs metiers & leurs peines, executent eux-mêmes, ou font executer par leurs Apprentifs & Compagnons les ouvrages qu'on leur commande, suivant les desseins qui leur sont fournis, & pour le prix qu'ils reglent avec ceux qui les leur font faire. Ces deux sortes de Maîtres ont part aux charges, honneurs & gouvernement de la Communauté, mais non pas également, les Maîtres-Marchands en ayant les deux tiers, & les Maîtres-Ouvriers seulement le tiers, c'est-à-dire que des six Maîtres & Gardes il y en a toûjours quatre des uns & seulement deux des autres, ce qui s'observe pareillement dans les assemblées generales ou de police ou d'élection, qui sont toûjours composées des deux tiers de Maîtres-Marchands, & du tiers de Maîtres Ouvriers. *Voyez les Reglemens pour cette Communauté de* 1667, 1700, *& particulierement de* 1702.

Les Maîtres-Ouvriers à façon sont encore de deux sortes; les uns qui travaillent en plein, & les autres qui travaillent en façonné: tout est égal entr'eux; & dans les élections annuelles des Maîtres & Gardes dont l'un doit toûjours être un Maître-Ouvrier à façon, on en choisit alternativement un travaillant en façonné & un travaillant en plein.

MAÎTRES SANS QUALITÉ. Ce sont les Maîtres qui sont reçûs dans les Communautez des Arts & Metiers de Paris, & des autres Villes où il y a maîtrise, sans avoir fait d'apprentissage, sans chef-d'œuvre ni experience, & sans aucune autre enquête ou examen préalable sur leur capacité, mais seulement de leur Religion Catholique, Apostolique & Romaine, & de leur probité & bonnes mœurs.

Ces sortes de receptions qui sont non seulement contraires aux Statuts & Privileges des Corps & Communautez, mais aussi très-préjudiciables à la perfection des Arts & Metiers, ne se sont introduites & ne se souffrent qu'à l'occasion des grandes necessitez de l'Etat, dont le salut étant la loy suprême, force quelquefois les meilleurs Princes de déroger aux Reglemens les plus sages & les plus utiles pour trouver des secours prompts & suffisans dans les taxes qu'ils imposent aux Maîtres des Communautez des Arts & Metiers, aussi bien qu'à leurs autres sujets.

Quoique sous les regnes précedents ces Maîtres n'ayent point été tout-à-fait inconnus, & qu'entre autres Henry III. par son Edit du mois de Décembre 1581, confirmé depuis par celui d'Henry IV. du mois d'Avril 1597, en ait ordonné trois pour chaque Corps des Arts & Metiers du Royaume, il est certain neanmoins que c'est le regne de Louis XIV. & particulierement les trente dernieres années de ce regne qui en ont le plus produit.

Les charges de Jurez créez en titre d'Office en 1691, celles d'Auditeurs & Examinateurs des Comptes en 1694, d'autres de Greffiers, de Tresoriers, de Payeurs de deniers communs, de Gardes des archives, de Contrôlleurs-Visiteurs des poids & mesures, &c. en 1701, 1704, 1706, & jusqu'en 1713, ayant été réunies & incorporées aux Corps & Communautez, pour lesquels elles avoient été créées presque aussi-tôt après leur creation, il fut permis aux Jurez de recevoir de ces Maîtres sans qualité, en payant par les Aspirans de gros droits de reception, afin d'aider au payement de la finance reglée au Conseil pour la réunion de ces charges & offices.

Peu de Communautez se dispenserent de cet abus alors necessaire, & il fut reçû dans les plus nombreuses jusqu'à douze Maîtres sans qualité, dans les mediocres six ou quatre, & deux seulement dans les moins considerables par le nombre de Maîtres, comme les Eperonniers qui ne sont que douze, & les Balanciers qui ne sont que huit Maîtres.

MAÎTRES DE MANUFACTURES. *Voyez* MANUFACTURE.

Maîtres des Ponts. Ce sont des Officiers établis sur les rivieres pour faciliter le passage des batteaux par dessous les arches.

Maîtres des Pertuis. Ce sont pareillement des Officiers de rivieres qui sont chargez de passer les batteaux par les pertuis & passages difficiles: on les appelle assez ordinairement Chableurs. Les uns & les autres ont des Aides. *V.* Chableur.

Maîtres, en termes de Carrier. Signifie les deux principales pieces de bois des 6 dont est composé le bacquet des Carriers, c'est-à-dire, de cette sorte de civiere sans bras, sur laquelle ils arrangent le moislon qu'ils veulent tirer en haut: c'est aux 4 mantonnets des Maîtres qu'on attache les cordes où passe le crochet du cable. *Voyez* Bacquet.

MAITRESSES. Elles sont dans les Communautez de Marchandes & Ouvrieres ce que sont les Maîtres dans celles des Marchands & Ouvriers.

Il y a à Paris quelques Communautez des Arts & Metiers toutes de femmes & de filles, & d'autres partagées entre les personnes des deux sexes.

De la premiere espece sont les Communautez des Maîtresses Jurées Marchandes Lingeres, & des Jurées Maîtresses Couturieres; de la seconde espece est la Communauté des Maîtres Jurez Marchands de fruits: la difference qu'il y a entre elles, c'est que dans la derniere les Maîtresses ne viennent jamais à la Jurande. *Voyez* Maîtres.

MAITRISE. Dignité, charge ou privilege qui donnent la qualité de Maître.

Maîtrise, dans les Corps des Marchands & dans les Communautez des Arts & Metiers de la Ville de Paris. Se dit de la qualité qu'on acquiert quand on y est reçû Maître: ce sont les Maîtres & Gardes, Syndics ou Jurez qui donnent les lettres de maîtrise aux fils de Maîtres & aux Apprentifs qui ont fait l'apprentissage, le service chez les Maîtres, & l'experience ou chef-d'œuvre ordonnez par les Statuts. Les Aspirans à la maîtrise sont les Apprentifs ou Compagnons qui demandent chef-d'œuvre. Les veuves de Maîtres joüissent du droit de maîtrise de leurs maris défunts. *Voyez* Maîtres.

MAKELAER. L'on nomme ainsi en Hollande, & particulierement à Amsterdam, cette espece d'entremetteurs soit pour la banque, soit pour la vente des marchandises qu'on nommoit autrefois à Paris Courtiers, & depuis quelque tems Agens de Banque & de change. *Voyez* Agent de Change. *Voyez aussi* Courtier.

MALANDRE, MALANDREUX. Termes fort en usage dans le commerce des bois quarrez. *V.* Bois quarré.

MALAQUETTE. Nom que les Ameriquains donnent au poivre de la Jamaïque vulgairement appellé Graine de girofle. *Voyez* Inde. Quelques uns le confondent avec le cardamome ou maniguette, à cause que ce dernier s'appelle aussi Malaguette; mais ces deux poivres sont differents. *Voyez* Cardamome.

MALDER ou MULDER. Mesure de continence pour les grains dont on se sert en quelques lieux d'Allemagne; trois malders font deux septiers de Paris.

MALETOSTE. Grand batteau établi à Paris sur la riviere de Seine, où sont les Commis qui reçoivent les droits d'entrée pour les denrées & marchandises qui arrivent par eau; son veritable nom & celui que les Ordonnances du Roy lui donnent, est la Patache. *Voyez cet article.*

MALHERBE. Plante d'une odeur forte qui croît dans le Languedoc & dans la Provence; cette plante est propre à la teinture; les Reglemens la défendent néantmoins également aux Teinturiers du grand & du petit teint, & ne la souffrent tout au plus que dans les Provinces où l'on ne trouve pas aisement les bonnes drogues, pour faire les mêmes couleurs dans lesquelles on fait entrer la malherbe.

MALLARD. Marchandise employée dans le Tarif de la Doüane de Lyon. Il paroît que ce sont les plus petites meules à remouleurs.

Les mallards payent les droits à raison de 10 d. le baril d'ancienne taxation, & 4 d. de nouvelles. V. Meules.

MALLE. Espece de coffre de bois rond & long, mais plat par dessous & par les 2 bouts, couvert de cuir, dont l'on se sert pour mettre des hardes que l'on veut porter en campagne, soit pour la guerre, soit pour le voyage.

Suivant les Statuts des Maîtres Coffretiers-Malletiers, les malles doivent être de bois de hêtre neuf & sans ourdissure, dont les joints soient au moins éloignez d'un pouce, bien cuirées par tout d'une bonne toile trempée en bonne colle & suffisante: le cuir qui les couvre doit être de pourceau ou de veau, passé en alun & tout d'une piece; elles doivent être ferrées de bon fer blanc ou noir, avec plus ou moins de bande suivant leur grandeur; les couplets & ferrures doivent être pareillement bien conditionnez & de force requise. *Voyez* Coffretier.

Malle. Est aussi une simple valise toute de cuir, plus grande ou moins grande suivant l'usage qu'on en veut faire. Il y en a de petites pour mettre sur la croupe des chevaux des valets, qui suivent leurs maîtres en voyages; de plus grandes où les Couriers & Postillons portent les paquets & lettres des ordinaires de la poste; & de beaucoup plus grandes où l'on enferme les matelats, traversins & couvertures des lits de campagne; celles-ci ne se peuvent charger que sur des chevaux de bats, des surtous ou de fourgons.

Par les Statuts des Coffretiers toutes ces sortes de malles doivent être de bon cuir de vache, les ourlets & les trepointes de cuir de veau ou de bon mouton, doublées de bonne toile neuve ou de drap, & cousuës à deux chefs de bonne ficelle bien poissée. *Voyez* Coffretier.

Les malles, mallettes & bougettes payent en France les droits de sortie comme boëtes ferrées 26 s. le cent pesant, & avec mercerie comme mercerie.

Malle. Est encore un panier ou manne faite d'osier, couverte par dessus d'une grosse toile, que les petits Merciers & les Marchands de toiles qui courent le pays portent sur leur dos, pleine de diverses sortes de marchandises qu'ils debitent dans les villages & petites Villes.

La petite caisse de bois qui se ferme à clef, que les Savoyards portent aussi sur leur dos, remplies de diverses curiositez & petits bijoux, se nomme pareillement une Malle. L'on a vû plus d'une fois d'immenses fortunes commencées par ces sortes de malles, & il est surprenant combien un negoce qui paroit de si peu de consequence fait devenir à leur aise de ces sortes de Merciers de campagne.

MALLEABLE. Ce qui est dur & ductile, qui se peut battre, forger & étendre sous le marteau sans se briser.

L'or, l'argent, le cuivre & tous les metaux sont malleables. *Voyez les articles des metaux en leur ordre alphabetique.*

Le vif-argent qui est une espece de metail liquide, ne peut

peut jamais être tellement fixé par les operations de Chimie qu'il puisse devenir malleable. *Voyez* VIF ARGENT.

MALLEMOLLE. Mousseline ou toile de coton blanche, claire & trés-fine, dont la piece contient 16 aunes de longueur sur trois quarts à cinq seize, sept huit & quinze seize de largeur, qui est apportée des Indes Orientales, particulierement de Bengale.

Il y a une autre espece de mallemolle que l'on appelle Tarnatane qui est à peu près semblable en qualité à celle qui vient d'être decrite, dont la piece a seize aunes de long sur sept huit à quinze seize & une aune de large; elle vient aussi de Bengale.

Les mametiatis, les hamedis, les doulebsais & les abrohanis, sont toutes differentes mousselines ausquelles on donne aussi le nom de mallemolles. *Voyez* MOUSSELINE, MAMETIATI, HAMEDIS, DOULEBSAIS & ABROHANI.

Dans les ventes des toiles de coton que la Compagnie des Indes Orientales de Hollande a coûtume de faire à l'arrivée de ses vaisseaux, les mallemolles sont distinguées en mallemolles à fleurs, en mallemolles fines & en mallemolles ordinaires.

Les lots ou canelins des deux premieres especes sont de 50 pieces, & les canelins des mallemolles ordinaires de soixante: ces dernieres de 1720 furent venduës depuis 12 jusqu'à 24 florins la piece, celles à fleurs depuis 21 jusqu'à 31, & les fines depuis 23 jusqu'à 26.

MALLEMOLLES. Ce sont aussi des mouchoirs ou fichus de mousseline des Indes, quelques-uns rayez d'or & de soye, d'autres seulement d'or, & quelques autres simplement bordez d'or. Les femmes s'en servent en France à mettre sur leur col & à cacher une partie de leur gorge, soit par modestie, soit pour ornement; les pieces sont de cinq mouchoirs ou de dix, & chaque mouchoir a sept huitiémes en quarré.

MALLETIER. Celui qui fait des malles. Les Lettres Patentes accordées par Henry IV. à la Communauté des Maîtres Coffretiers de la Ville de Paris leur donnent aussi la qualité de Malletiers. *Voyez* COFFRETIER.

MALT. Les Anglois appellent ainsi le grain germé avec lequel ils brassent les différentes sortes de biéres qu'ils font.

Comme pour suppléer au défaut des vins que l'Angleterre, cette Isle d'ailleurs si abondante, ne produit point, on y fait quantité de cette boisson qui en tient lieu, l'impôt sur le malt est toûjours un des fonds des plus assurez des subsides que le Parlement accorde pour les besoins de l'Etat. *Voyez* BIERE.

MALVOISIE. Vin Grec qu'on tire de quelques Isles de l'Archipel. Celui de Candie passe pour le meilleur. On appelle aussi Malvoisie, du vin muscat de Provence qu'on fait cuire jusqu'à ce qu'il soit réduit aux deux tiers. *Voyez l'article des* VINS.

MAMOTBANI. Mousselines ou toiles de coton blanches, fines & rayées qui viennent des Indes Orientales. Les plus belles se tirent de Bengale. Les pieces ont huit aunes de long sur trois quarts à cinq six de large. *Voyez* MOUSSELINE.

MAMOUDI. Monnoye d'argent qui a cours en Perse, & en plusieurs lieux des Indes Orientales.

Le mamoudi Persan est de la forme & à peu près de la grandeur des louis de cinq sols de France. Il vaut deux chayées ou schacs. Il faut deux mamoudis pour faire l'abbassi, & cent pour faire le toman, qui est la plus forte monnoye de compte de Perse.

A l'égard des mamoudis des Indes, qu'on nomme aussi Mamedis, leur valeur n'est pas fixe. Dans la Province ou Royaume de Guzarate la mamoudi vaut douze sols. Il n'en faut que cinq pour faire l'écu de France, ou la reale de huit d'Espagne. Les petits mamoudis valent à proportion; c'est-à-dire, six sols dans le Guzarate, & plus ou moins au Bengale & autres lieux, suivant que le mamoudi y hausse ou y baisse.

MAN ou MEM. Poids dont on se sert aux Indes Orientales, particuliérement dans les Etats du Grand Mogol. Il y a de deux sortes de mans; l'un qui est appellé Man de Roy ou Poids de Roy; & l'autre que l'on nomme simplement Man.

Le man de Roy sert à peser les denrées & choses nécessaires à la vie, même les charges des voitures. Il est composé de 40 serres, chaque serre valant juste une livre de Paris; de sorte que 40 livres de Paris sont égales à un man de Roy.

Le sieur Tavernier dans ses observations sur le commerce des Indes Orientales ne semble pas convenir de ce raport du man avec les poids de Paris. Selon lui le man de Surate ne revient qu'à 34 livres de Paris, & est composé de 40 & quelquefois de 41 serres; mais la serre est près d'un septiéme moins forte que la livre de Paris.

Il parle aussi d'un man qui est en usage à Agra Capitale des Etats du Mogol, qui est de la moitié plus fort que celui de Surate, & qui sur le pied de 60 serres dont il est composé, fait 51 à 52 livres, poids de Paris.

Le second man, dont l'usage est pour peser les marchandises de négoce, est aussi composé de 40 serres, mais chaque de ces serres n'est estimée que douze onces ou les trois quarts d'une livre de Paris; de maniere que ce deuxiéme man ne pese que 30 livres de Paris; ce qui est un quart moins que le man de Roy.

On se sert encore dans les Indes Orientales d'une troisiéme sorte de poids, que l'on appelle aussi Man, lequel est fort en usage à Goa Ville Capitale du Royaume de Decan, possedée par les Portugais. Cette troisiéme espece de man est de 24 rotolis, chaque rotoli faisant une livre & demie de Venise, ou treize onces un gros de Paris, la livre de Venise n'étant estimée que huit onces six gros de Paris; ensorte que le man de Goa pese trente-six livres de Venise, & dix-neuf livres onze onces de Paris.

MAN. C'est pareillement un poids dont on se sert à Cambaye dans l'Isle de Java, principalement à Bantam, & dans quelques Isles voisines.

MAN, qu'on nomme plus ordinairement BATMAN. Est aussi un poids dont on se sert en Perse. Il y en a deux, le man de petit poids & le man de grand poids. On les appelle aussi Man de Roy & Man de Tauris. *Voyez* BATMAN.

MAN. C'est encore un des poids de Bandaar-Gameron dans le Sein Persique: il est de six livres. Les autres poids sont, le Man-cha qui pese douze livres, & le Man-surats qui en pese trente.

Il faut remarquer que les proportions qui se rencontrent entre les mans des Indes & le poids de Paris, doivent être regardées de même à l'égard des poids d'Amsterdam, de Strasbourg, de Besançon, &c. où la livre est égale à celle de Paris.

MAN-CHA. Poids dont on se sert à Bandaar ou Bander-Gameron. *Voyez ci-dessus* MAN.

MAN

MANCHON. Fourrure qu'on porte en hyver pour garantir les mains du froid. Sa forme est cylindrique avec une ouverture qui le traverse de bout en bout. Il s'en fait de toutes les peaux d'animaux qui entrent dans le commerce de la pelleterie, comme martres, hermines, renards, chiens, chats, ours, loups cerviers, loups communs, & plusieurs autres. On fait aussi des manchons de plumes, de jais, de chenilles, d'étoffes; &c. qui tous sont fourrez en dedans. Ces derniers sont du metier de Mercier pour les dessus; tous les autres appartiennent au Pelletier.

Les Manchons de toutes sortes payent en France des droits de sortie à l'estimation de leur valeur à raison de six pour cent.

MANDEMENT. *Voyez* ASSIGNATION. *Voyez aussi* RESCRIPTION.

MANDIENS ou MANDIANS. On appelle Quatre-mandiens, quatre sortes de fruits secs qu'on mange en Carême, & que les Marchands Epiciers mêlent ordinairement ensemble. Ces fruits sont les Figues, les Raisins, les Amandes & les Avelines. *Voyez ces quatre articles.*

MANDRAGORE. Plante médicinale, qui sur-tout entre dans la composition de l'onguent que les Marchands Apoticaires appellent *Populeum.*

Il y a deux sortes de mandragore, la mâle & la femelle. Elles portent l'une & l'autre une espece de pommes assez semblables, mais de differente grosseur; les pommes de la mandragore mâle étant deux fois plus grosses que celles de la mandragore femelle. Leurs racines & leurs feuilles ont la même diversité pour leur longueur & grosseur; & le suc de ces deux plantes est également un violent poison.

Il n'y a guéres de plantes dont les Naturalistes ayent raconté plus de proprietez & d'effets merveilleux; mais à la reserve de sa vertu soporative, peut-être n'y en a-t-il aucune que nos habiles Botanistes voulussent aujourd'hui garantir; non pas même cette figure humaine que l'on dit qu'ont la plûpart de ses racines; sur tout depuis qu'on a découvert l'artifice avec lequel d'effrontez & d'adroits Charlatans sçavent les préparer pour surprendre la crédulité du peuple.

Les Marchands Droguistes ne vendent que l'écorce de la racine de mandragore mondée de son bois. Il la faut choisir nouvelle, de couleur grise au dedans, rougeâtre au dehors, & couverte d'une petite peau ou écorce qui soit un peu graveleuse.

La Mandragore paye en France les droits d'entrée à raison de 50 s. du cent pesant, conformement au Tarif de 1664; & suivant celui de Lyon, 25 s. 3 den. le quintal.

MANDRAGORE DE LA CHINE. C'est ce qu'on nomme autrement Ginseng, cette plante si estimée des Chinois, qu'une livre de sa racine vaut trois livres pesant d'argent. *Voyez* GINSENG.

MANDRENAQUE. Espece de toile dont la chaîne est de coton & la trême de fil de palmier. Ils s'en fabrique quantité dans plusieurs des Isles Philippines; & c'est un des meilleurs commerces que ces Insulaires, soit ceux qui sont soumis aux Espagnols, soit ceux qui sont encore Barbares, fassent entr'eux & avec les Etrangers.

MANDRERIE. Terme de Vanier. C'est cette partie du métier des Maîtres Vaniers où l'on travaille aux gros ouvrages; tels que sont les paniers ronds qu'on met sur le bast des bêtes de somme: les paniers à bras qui ne sont point à jour, les corbeilles couvertes à mettre du pain, & autres semblables pieces de vanerie. Les deux autres parties de ce métier sont la Clôture & la Faisserie; celle-ci où l'on fait tous les ouvrages à claire-voye, comme saladiers, clayes, paniers, corbeilles &c. celle-là qui n'a que deux sortes d'ouvrages, sçavoir les hottes à vin & les vans à vaner les blez & autres grains. *Voyez* VANIER.

MANDRIER. Vanier qui fait des ouvrages de mandrerie. *Voyez l'article précedent.*

MANDRIN. Instrument dont se servent les Tourneurs pour tourner les pieces en l'air & hors des pointes. Le mandrin passe dans la lunette dont il est soûtenu. *Voyez* TOUR & TOURNEUR.

MANDRIN. C'est aussi un gros poinçon d'acier ou de fer bien aceré, dont se servent les Serruriers & autres Ouvriers pour percer le fer à chaud. Il y a des mandrins de diverses grosseurs & figures, suivant les trous qu'ils veulent percer.

Outre ces mandrins il y en a en lozange, en quarré, en triangle, en ovale, &c. pour resserrer & former les trous après qu'ils ont été percez. Les petits mandrins qui servent à estamper & à percer à froid, se nomment simplement des Poinçons.

MANDRIN. C'est encore un outil de Fourbisseurs, qui leur sert à soûtenir, entr'ouvrir & travailler plusieurs pieces de la garde de leurs épées & des fourreaux. Ils en ont de cinq sortes, qui sont le Mandrin de plaque, le Mandrin de garde, le Mandrin de corps, le Mandrin de branche & le Mandrin de bout. Ce dernier sert pour le bout du fourreau, les quatre autres aux montures. Tous ces outils sont de fer.

MANEAGE. Terme de commerce de mer. Il se dit de la charge & décharge que les Matelots doivent faire dans un navire marchand, soit des planches ou du mairrain, soit du poisson verd ou sec, ou autres choses semblable, sans en demander de salaire au Marchand. On le nomme ainsi, parce que ce travail se fait avec les mains.

MANEQUIN. Ancienne mesure dont on se servoit autrefois en Angleterre. Elle contenoit huit balles ou deux cuves, autres mesures Angloises. Ces mesures étoient des especes de paniers d'osier. On ne sçait pas leurs réductions aux mesures modernes.

MANEUVRE. *Voyez* MANOEUVRE.

MANGALIS. Petit poids des Indes Orientales qui pese environ cinq grains. On ne s'en sert que pour peser les diamans; les émeraudes & les autres pierreriers se pesant par catis de trois grains chacun. Le mangalis est différent du mangelin. *Voyez ci-après* MANGELIN.

MANGANESE. *Voyez* MAGALAISE.

MANGELIN. Poids dont on se sert pour peser les diamants aux mines de Raolconda & de Gani, autrement Coulours. Le mangelin de ces deux mines pese un carat & trois quarts de carat, c'est-à-dire, sept grains. Il y a aussi dans les Royaumes de Golconda & de Visapour des mangelins qui pesent un carat & trois huitiémes de carat. Les mangelins de Goa dont se servent les Portugais ne pesent que cinq grains. On les nomme plus ordinairement Mangalis. *Voyez* MANGALIS.

MANGER. On dit en termes de Sucrerie, Donner à manger à un moulin; pour dire, lui fournir de cannes pour en exprimer le suc, & les faire passer entre les trois tambours destinez à cet usage. Il faut deux Negresses pour donner à manger à un moulin; l'une qui présente les cannes entieres entre les deux premiers tambours; & l'autre qui est placée à son opposite, les tambours entre deux, pour les recevoir à demi brisées, & les remettre entre les deux derniers tambours. *Voyez* Sucre.

MANIABLE. Ce qui est doux à la main, ce qui se manie facilement. Il se dit des étoffes de laine bien fabriquées & bien apprêtées, & de celles d'autres matiéres où il n'y a point d'apprêt, & qui ne sont point gommées. Un bon drap doit être doux & maniable. Ce taffetas est trop gommé, il n'est pas assez maniable.

On le dit aussi des cuirs bien passez & bien courroyez. Un chamois, un buffle maniables.

MANICLE ou TASSEAU. Terme de Tondeurs de draps. Il signifie un instrument qui leur sert à faire agir leurs forces.

La manicle est composée d'un morceau de bois un peu long, ordinairement d'orme, d'une petite courroye de cuir appellée la Croix, qui passe au travers du morceau de bois, & qui se rejoint par les deux bouts; & d'une espece de fiche de fer qui d'un côté se termine en crochet, & de l'autre en vis avec son écrou, qui traverse aussi le morceau de bois d'un autre sens que la courroye, & dans toute la longueur.

La manicle s'attache par le moyen du crochet à celui des deux Couteaux des forces que l'on appelle la femelle, qui est toûjours dessous, & presque sans mouvement, à cause de la charge de plomb qu'on lui donne; ensuite le Tondeur à l'aide d'une espece de petit maillet de bois appellé Mailleau, passé dans la courroye dont il tient le manche, pousse & fait agir le mâle, c'est-à-dire, l'autre couteau des forces qui se trouve dessus.

Quelquefois à la place du mailleau les Tondeurs se servent d'un autre instrument nommé Cureau, qui lui est tout semblable à la réserve du manche qu'il n'a pas: c'est même l'usage le plus ordinaire dans bien des Provinces de France & dans les Pays Etrangers, particulierement en Hollande, de tondre au cureau.

Manicle ou Manique. C'est aussi chez plusieurs Artisans un morceau de cuir attaché à quelques-uns de leurs outils, pour y passer la main, & les tenir plus fermes.

L'arçon des Chapeliers a une manicle au milieu de sa perche, où l'Arçonneur passe la main gauche lorsqu'il fait voguer l'étoffe, *Voyez* Chapelier. *Voyez aussi* Courroyeur, Cordonnier, Savetier: *& autres tels Ouvriers*

Manicles. Se dit aussi chez les Marchands Confiseurs, des morceaux de gros papier plié en plusieurs doubles, qui leur servent à lever la poêle de dessus le feu, de crainte de se brûler les mains.

MANICORDION. Sorte de fil de leton ou de fer très-fin & très délié, qui sert à faire des cordes de manicordions clavecins, épinettes, psaltérions & autres semblables instrumens de musique. *Voyez* Fil de Leton & Fil de Fer.

MANIEMENT. Action de toucher. La qualité & la bonté de presque toutes les étoffes & de quantité d'autres ouvrages se connoissent au maniement.

Les Marchands en détail ne doivent pas ignorer que le trop frequent maniement des étoffes les gâte. *Voyez le Parfait Négociant, où il est traité du commerce en détail.*

On appelle le Maniement d'un cuir, la façon que le Courroyeur ou autres Ouvriers en cuir lui donnent, pour le rendre maniable. *Voyez* Courroyeur, Chamoiseur, *&c.*

Les monnoyes souffrent quelque déchet par le continuel maniement des personnes qui les exposent dans le public Ce maniement, en termes de Monnoyeurs, s'appelle Frai. *Voyez* Monnoye.

Maniement. Signifie aussi l'argent que les Commis, les Caissiers & autres Employez dans les Fermes du Roy, dans le commerce, & dans les affaires des Particuliers, reçoivent, & dont ils sont comptables. Ce Caissier a un grand maniement, il a toûjours un million en caisse.

Manier; Veut encore dire, donner une façon à une matiere à force de la faire passer par les mains. Manier un cuir, Manier l'étoffe d'un chapeau, &c. *Voyez* Courroyeur & Chapelier.

Manier, parmi les Ouvriers qui travaillent sur les métaux. Signifie quelquefois les mettre aisément en œuvre. Ce Serrurier manie bien le fer.

Manier du Blé. C'est le remuer avec la pelle.

MANIEURS. Ce sont des Gagne-deniers établis sur les Ports de Paris, qui y subsistent en remuant avec des pelles les blez qui y restent quelque tems. Ils ne font pas de corps comme plusieurs autres petits Officiers de la Ville.

MANIFESTE. Les François, les Anglois & les Hollandois nomment ainsi dans les Echelles du Levant, ce qu'on nomme autrement une Declaration.

Les Reglemens de la Nation Angloise portent, Que les Ecrivains de vaisseaux seront tenus de remettre des manifestes fideles de leurs chargemens, à peine d'être punis comme Contrebandiers, & chassez du service. Et par les Reglemens pour le commerce de la Nation Hollandoise, il est ordonné aux Capitaines, Pilotes & Ecrivains de remettre leurs manifestes au Tresorier, tant à leur arrivée qu'avant leur départ, & d'assurer par serment qu'ils sont fidéles, à peine de mille écus d'amende, & d'être mis hors d'employ.

Ces manifestes s'envoyent tous les ans par le Tresorier des Echelles aux Directeurs du Levant établis à Amsterdam, pour servir à l'examen de son compte.

MANIGUETTE, qu'on nomme aussi MALAGUETTE. C'est le grand Cardamome, qui est une sorte de poivre qu'on apporte des Côtes d'Afrique, & que les Colporteurs vendent souvent pour du poivre des Indes, ou que du moins ils mêlent avec le vray poivre. *Voyez* Cardamome.

Maniguette. On donne aussi ce nom, mais improprement, au poivre de la Jamaïque, autrement Graine de girofle. *Voyez* Malaguette. Ce dernier poivre vient de l'Amerique.

La Maniguette Afriquaine est du nombre des marchandises venant du Levant, sujette aux droits de vingt pour cent ordonnez par l'Arrêt du 15 Août 1685.

La Maniguette Americaine ne paye que 4 liv. du cent pesant

MANIQUE. *Voyez* MANICLE.

MANIQUETTE. *Voyez* MANIGUETTE.

MANILLE ou MENILLE. C'est une des marchandises que les Européens, entr'autres les Hollandois, portent sur les Côtes d'Afrique, pour traitter avec les Negres. Les François s'en servoient aussi beaucoup dans leur commerce, avec les Habitans de l'Isle de Madagascar, lorsqu'ils y avoient un établissement.

La manille est une espece de grand anneau de cuivre jaune en forme de carcan ou de bracelet, dont ces peuples Afriquains se servent pour se parer, & qu'on leur donne en échange des Esclaves & des autres marchandises qu'on traitte avec eux. Cet ornement assez bizarre se met au bas de la la jambe au dessus de la cheville du pie, & au gros du bras au dessus du coude.

Il y a de deux sortes de manilles: les unes simples, plattes & sans graveure; les autres rondes, plus épaisses & chargées de cizelures & de feuillages en relief: celles-ci sont de bon cuivre, & d'un ouvrage assez beau; les autres ne sont guéres que de mauvaise écume de ce métail. On les échange les unes & les autres au nombre ou au poids.

Les Madecasses ou habitans de Madagascar se parent aussi volontiers de manilles; & même les plus riches & les premiers d'entre les blancs en ont qui sont d'or; mais celles-là ils se fabriquent eux-mêmes; fondant & convertissant en manilles toute la monnoye d'or qu'ils reçoivent quelquefois des Européens en échange de leurs marchandises. La plûpart de leurs manilles de cuivre leur viennent des François, qui en faisoient un assez bon négoce lorsqu'ils étoient établis dans les Bayes d'Atougll & de S. Augustin.

MANIVEAU. Petit panier d'osier verd, très-plat, & presque sans bords, de neuf à dix pouces de longueur & de quatre à cinq de largeur.

Les Marchandes de marée de la Halle & des autres marchez de Paris y arrangent l'esperlan, poisson de mer qui est petit, mais délicieux, que les Chasse-marées apportent en panier.

Chaque maniveau d'esperlan en contient plus ou moins, suivant la grosseur du poisson, mais toûjours assez pour en faire un plat raisonnable. L'esperlan s'arrête sur le maniveau avec de petits brins de bouleau ou d'autre menu bois pliant qu'on passe pardessus.

MANIVELLE. Instrument ordinairement de fer, replié en esse avec un manche de bois, dont on se sert pour donner le mouvement à quelques machines des arts & métiers, particulierement aux moulins à bras, aux roues des Couteliers & Cordiers, & à quelques autres semblables.

MANNE. C'est le nom de cette nourriture céleste dont les Israëlites userent pendant les quarante années, que pour punition de leur ingratitude & de leur murmure Dieu les fit errer dans le désert; & qui ne cessa de tomber, que lorsque sous la conduite de Josué ce peuple entra enfin dans la terre que Dieu avoit promise à leurs peres & aux nôtres, Abraham, Isaac & Jacob.

MANNE. C'est aussi une gomme ou drogue médicinale, à laquelle il y a bien d'apparence qu'on a donné ce nom, à cause qu'on a long-tems cru que c'étoit un miel qui tomboit du ciel comme une espece de rosée; n'y ayant point d'ailleurs d'autre raport entr'elle & la manne de l'Ecriture Sainte.

Cette drogue purgative est un suc ou liqueur blanche qui coule d'elle-même ou par incision des branches & des feüilles des fresnes tant ordinaires que sauvages. Les fresnes néantmoins ne donnent pas de la manne sous toutes sortes de climats; & il semble que ce privilege ait été réservé par l'Auteur de la Nature aux seuls fresnes de l'une & de l'autre Sicile, tant deçà que delà le Phare, & à peu d'autres lieux.

Les Italiens distinguent trois sortes de mannes; celle qui sort d'elle-même, ils l'appellent *Manna di corpo*; celle qui ne se recueille que comme par force, & en faisant des incisions, *Manna forzata* ou *forzatella*; & enfin cette espece de manne qui sort par la partie nerveuse des feüilles, & qui est de la grosseur des grains de froment, *Manna di fronda*.

Toutes ces sortes de mannes se recueillent dans les mois

de Juin, Juillet & Aoust, & dans les jours les plus chauds & les plus beaux; les tems pluvieux & humides étant contraires à cette précieuse gomme; parce qu'à moins qu'en coulant elle ne soit aussi-tôt condensée par les rayons du soleil, elle tombe & se perd.

Les Marchands Droguistes & Epiciers vendent de plusieurs mannes, qui ne sont toutefois différentes que par le nom des lieux d'où elles viennent, ou pour la figure qu'elles ont.

Ces mannes sont, la Manne de Calabre, la Manne de Sicile, la Manne de Tolfe, la Manne en larmes, la Manne en grains, &c. La manne de Calabre, dont la meilleure est celle du mont S. Ange, est bonne, mais un peu grasse: la manne de Sicile est ordinairement blanche & séche, mais sujette à être pleine de figues & de marons: la manne de Tolfe est la moindre, étant d'un blanc mat, terne, trop séche & trop remplie de menu.

La plus estimée de toutes les mannes est la manne en larmes. Bien des Gens la croyent factice, & l'ouvrage des Juifs de Ligourne, mais il est certain qu'elle est naturelle; & que ce qui la rend de cette figure & en si grosses larmes, c'est que ceux qui font les incisions aux fresnes y mettent des brins de paille ou de petits bâtons, le long desquels la manne coulant & se condensant à mesure qu'elle sort, prend la figure qu'on voit aux larmes.

On doit choisir la manne, soit en grandes, soit en petites larmes, nouvelle, séche, légére, d'un blanc un peu rougeâtre, d'un goût agréable, peu remplie de menu, de figues & de marons; & qu'étant rompuë on trouve au dedans une espece de sirop, marque indubitable de sa nouveauté.

On tire de la manne par la distilation un esprit acide, qu'on dit fort propre aux maux de poitrine. On en tire aussi une eau spiritueuse qui a toutes les qualitez de la manne; mais pour le dissolvant que quelques Artistes prétendent en pouvoir tirer, capable de dissoudre l'or, c'est ce qui n'est pas si certain, ou plûtôt ce qui ne l'est point du tout.

Les Mannes de toutes sortes payoient en France les droits d'entrée à raison de 14 livres du cent pesant, conformement au Tarif de 1664: mais par l'Arrêt du 1685, elles ont été mises au nombre des marchandises du Levant, sujettes au droit de vingt pour cent de leur valeur.

La manne de Briançon, qu'on confond ordinairement avec la manne de Tolfe, quoiqu'elles soient toutes deux de différentes especes, est une gomme qui coule des branches du Melesse ou Larix. On l'appelle de Briançon du nom de la Ville d'où elle vient, qui est une Ville de Dauphiné.

Il y a encore des mannes d'Afrique, de Mexique, de Perse, mais qui sont peu connuës en France, & dont il ne se fait aucun commerce.

Il y a de deux sortes de mannes liquides; l'une qu'on nomme Tereniabin, qui croît en quelques endroits de Perse, aux environs du Grand Caire & dans le voisinage d'Alep; l'autre vient d'Ormus & de quelques lieux de l'Asie Mineure.

La premiere est semblable à du miel blanc, & se trouve sur une plante épineuse semblable à la Trenasse, & qui a des gousses comme le Bagnaudier. L'autre a les mêmes qualitez, mais se recueille sur des arbres semblables aux chesnes. Toutes deux sont rares chez nos Marchands Epiciers & Droguistes, n'y ayant que les plus curieux qui en conservent pour eux, & non pour vendre.

MANNE D'ENCENS. C'est de l'encens mâle choisi en petits grains très-nets & très-ronds, ayant à peu près la couleur de la plus belle manne. On donne aussi ce nom aux miettes farineuses d'encens qui se trouvent dans le fond des sacs, & qui se sont faites par l'agitation causée par les voitures. *Voyez* ENCENS.

MANNE MASTICINE. *Voyez* CEDRE.

MANNE, qu'on nomme aussi BANNE, & quelquefois MANNETTE. Espece de grand panier quarré-long, d'osier ou de châtaignier refendu, de longueur & largeur à volonté, & de douze à dix-huit pouces de profondeur.

Plusieurs Marchands se servent de mannes pour l'emballage de certaines sortes de marchandises. Les Marchands Chapeliers entr'autres font les envois de leurs chapeaux dans des mannes ou mannettes; & les chapeaux de Caudebec en Normandie ne viennent que dans ces sortes de paniers.

MANNE. On appelle aussi Mannes ces petits paniers quarrez, dans lesquels de pauvres femmes portent dans les rües de Paris, des petits métiers, des macarons, des biscuits & d'autres semblables friandises pour les enfans. Ce leger négoce ne laisse pas de faire vivre un assez grand nombre de ces pauvres femmes.

MANNE. Les Carriers nomment pareillement des Mannes, les paniers ronds faits de fort osier, avec lesquels ils tirent les terres des trous des carrieres, lorsqu'ils commencent à les ouvrir. Les anses de ces mannes sont faites de cordages. On les appelle des Longes.

MANNETTE. Panier d'osier qu'on nomme aussi Manne & Banne. *Voyez les articles précedens.*

MANOEUVRE. Celui qui dans les atteliers pour la construction ou réparation des bâtimens, sert à porter aux Maçons, Limosins & Couvreurs les materiaux dont ils ont besoin, qui gâche le plâtre, courroye le mortier, & fait tous les autres services pour la maçonnerie, limosinerie & couverture.

Ces sortes d'Ouvriers subalternes n'ont besoin d'aucun apprentissage pour ce service; quoique néanmoins en servant ainsi ils apprennent leur métier, & deviennent capables de travailler de leur chef.

On les appelle plus honorablement Aides à Maçons, à Limosins & à Couvreurs. *Voyez ces trois articles.*

MANOEUVRES-CARRIERS. Ce sont des gens de journée qui font tourner les roues dont on se sert à tirer les pierres du fond des carrieres, en montant le long de l'échellier de ces roues, c'est-à dire, des chevilles qu'elles ont des deux côtez. On appelle Garçons-Compagnons-Carriers, ceux qui travaillent dans la carriere à couper & souschever les pierres.

MANOEUVRIER ou MANOUVRIER. Compagnon, Artisan, Homme de peine & de journée, qui gagne sa vie en travaillant de sa main. On les confond quelquefois avec les Crocheteurs, Forts & Gagne deniers, quoiqu'il y ait quelque difference. *Voyez ces articles.*

MANQUER. Signifie dans le commerce, faire faillite, faire banqueroute. Ce Négociant passoit pour riche, il vient pourtant de manquer. Le plus puissant & le plus accrédité Banquier d'Amsterdam a manqué, on se sent déja à Paris de sa faillite: deux de ses Correspondants ont aussi manqué. *Voyez* FAILLITE *&* BANQUEROUTE.

MAN-SURATS. Poids dont on se sert à Bandaar ou Bander-Gameron, Ville située dans le Golfe Persique. Il est de trente livres. *Voyez* MAN, *à la fin de l'article.*

MANTEAU. Habillement de dessus, ample & large, dont les Gens d'Eglise & les Hommes de Robe se servent ordinairement, & que la plûpart des autres prennent en esté pour se garantir de la pluye, & en hyver contre le froid & le mauvais temps.

MANTEAU. On appelle le Manteau d'un drap ou de quelqu'autre étoffe de laine apprêtée & pliée, le bout de la piece du côté du chef, qui en fait comme l'envelope ou la couverture, & qui est arrêté avec du fil ou de la menuë ficelle par quelques points d'aiguille. Ainsi lorsque l'on dit, qu'une piece d'étoffe de laine a un beau manteau, cela veut dire, que le bout que l'envelope ou qui la couvre, est plus beau, plus fin, mieux tissé ou travaillé; & mieux teint que le reste de la piece. C'est une tromperie manifeste & intolerable qui n'arrive que trop fréquemment dans les manufactures d'étoffes de laine, que de faire le manteau plus beau que le reste de la piece.

MANTEGUE. Sain-doux du porc-sanglier, que les Boucaniers de S. Domingue ramassent de la graisse de ces animaux qu'ils tuent dans leur chasse. La mantegue fait un des principaux objets de commerce de ces Chasseurs, qui la vendent non-seulement aux Habitans François de l'Isle, mais qui en fournissent encore quantité aux Flibustiers ou Boucaniers-Armateurs. La potiche de mantegue se vend six pieces de huit.

Les Turcs appellent le beurre, Mantegue. On la met dans des outres de peaux de bouc, quand on la veut transporter d'un Pays à l'autre. Il en vient de Derne en Barbarie à Constantinople une grande quantité. Elle s'achete dans le Païs ordinairement six piastres le quintal de quarante ocques, l'ocque pesant deux livres & demie poids de marc, ou quarante onces.

MANTIL. Ancien mot François qui signifie le linge de table, particulierement la nape qui sert à la couvrir. C'est sous le nom de Mantil que cette sorte de linge se trouve tarifé dans le Tarif de la Doüane de Lyon de 1632; sçavoir:

Les Mantils vieux à raison de 5 s. le quintal.

Les mantils à grain d'orge 2 s. d'ancienne taxation, 1 s. de nouvelle reapreciation; & quand ils sont en balle 8 s. de la balle, & 4 s. de reapréciation.

Les Mantils & serviettes de Lorraine étrangers 30 s. de la balle, ou 10 s. du cent pesant.

Et les Mantils blancs de Lorraine grossiers 7 s. 6 d. de la balle, & 3 s. du cent pesant.

MANUFACTURE. Lieu où l'on assemble plusieurs Ouvriers ou Artisans pour travailler à une même espece d'ouvrages, ou à fabriquer de la marchandise d'une même sorte. Ce Lieu se nomme aussi Lieu de fabrique.

On appelle Maître de Manufacture, ou Entrepreneur de Manufacture, celui qui a fait l'assemblage de ces Ouvriers, qui a formé l'établissement de ce lieu pour y faire travailler pour son compte.

Un Contre-Maître de Manufacture est une espece de Maître Valet, Domestique ou Commis préposé par l'Entrepreneur ou le Maître, pour veiller perpetuellement sur les Ouvriers, & tenir la main à ce que tout se passe dans les regles.

Depuis plusieurs années il s'est établi en France un nombre infini de Manufactures ou inventées ou imitées des Etrangers. Il seroit difficile de les raporter toutes. Voici les principales.

Manufactures établies à Paris, & dans les autres Villes & Bourgs de France.

Les manufactures de draps & tissus d'or & d'argent; celles de velours, tripes de velours, pannes, pluches, satins, damas, tabis, taffetas, papelines, brocarts, brocatelles, monchaïards, crêpes, ras, &c.

De draps, de serges, ratines, baracans, camelots, calmandes, étamines, razes, crêpons, bayettes, sempiternes, flanelles, revêches, anacostes, cadis, burates, frises, droguets, pinchinats, tiretaines, & autres semblables étoffes toutes de laine, ou de laine mêlée de fil, poil, coton ou autre semblable matiére : des moquettes, mocades, tripes & damas de laine, ligature, & autres pareille marchandise.

Il y a aussi des manufactures de linge ouvré, de toiles de toutes sortes, de futaines, basins, coutils & canevas.

De points de fil à l'aiguille, de dentelles de soye & de fil, au fuseau sur l'oreiller.

De tapisseries de haute & de basse-lisse, de bergames, de tontures de laine, &c.

De couvertures de laine pour lits.

De chapeaux de castor, demi-castors, caudebecs, &c.

De bas, camisoles & autres ouvrages de bonneterie de soye, de laine, de fil, de coton & de poil, tant au métier qu'au tricot.

On en a aussi établi pour des glaces de miroirs & de carrosses; pour des cristaux, des porcelaines, de la fayance, & pour des pipes à fumer.

Pour des cuirs de Hongrie, veaux façon d'Angleterre, maroquins, buffles, chamois, &c.

Pour toutes sortes d'armes offensives & défensives.

Pour des chandelles de suif moulées, pour des flambeaux de cire, pour de la colle-forte, pour du fer blanc & noir en feüille, pour des savons noirs & blancs tant secs que liquides, pour du tabac en corde & en poudre, pour du papier, &c.

C'est à M. Colbert Sur-Intendant & Ordonnateur Général des Bâtimens du Roy, Arts & Manufactures de France, que ce Royaume a l'obligation de la plus grande partie de ces établissemens qui l'ont rendu l'un des plus florissans de l'Europe.

Il a été fait quantité de beaux Réglemens touchant les manufactures, dont les principaux sont, ceux des mois de Mars, Avril & Juillet 1667, pour les draps d'or, d'argent & de soye, & autres étoffes mêlangées qui se fabriquent à Paris, à Tours & à Lyon.

Celui du mois d'Août 1669, pour les draps, serges, & autres étoffes de laine & de fil qui se font dans tout le Royaume.

Celui du 10 Août 1700, sur la fabrique des chapeaux.

Ceux des 30 Mars & 17 May 1701, concernant les bas & autres ouvrages de bonneterie qui se manufacturent sur le métier.

Celui du 4 Janvier 1701, touchant les futaines & basins qui se font en la Ville de Troyes & aux environs.

Celui du 20 Janvier 1680, concernant les toiles qui se manufacturent dans la Province de Beaujolois.

Celui de 7 Avril 1693, touchant les toiles, serviettes, canevas, treillis & coutils que l'on fabrique dans les Généralitez de Caën & d'Alençon.

Enfin celui du 24 Décembre 1701, qui regarde les toiles qui se font dans l'étenduë de la Généralité de Roüen. *Voyez l'article des Reglemens.*

M. Savary dans son Parfait Négociant a donné deux excellens Chapitres concernant les Manufactures; ce sont les 6 & 7 du Livre premier de la seconde Partie de cet Ouvrage. Le premier contient ce qu'il faut observer auparavant que de les entreprendre pour bien réüssir, tant dans celles que l'on a déja établies, que dans les autres que l'on veut inventer ou imiter; & le second parle de l'ordre qu'on y doit tenir, & ce qu'il faut faire pour s'y bien conduire.

MANUFACTURE ROYALE. C'est une Manufacture établie en conséquence des Lettres Patentes des Rois. Il y a quantité de manufactures à qui cette qualité honorable appartient en vertu de leur établissement; mais il y en aussi plusieurs qui la prennent sans titre, & pour se donner du crédit & de la réputation. Cet abus s'étant particuliérement glissé dans les manufactures des draperies, Louis XV. y a pourvû par un Arrêt de son Conseil d'Etat qu'on raporte ailleurs. *Voyez* MARQUE DES ETOFFES DE DRAPERIE.

Privileges des Manufactures, Manufacturiers & Ouvriers.

Les Rois de France, particuliérement Louis XIV. sous le Regne duquel se font faits les plus grands établissemens de manufactures dans le Royaume, ont accordé des privileges considerables, tant aux Entrepreneurs qu'aux Ouvriers qui y travailloient; mais différens suivant la qualité des entreprises, du bien qui en pouvoit revenir au public, & des grandes dépenses où elles pouvoient engager.

De ces privileges accordez aux Entrepreneurs, les plus importants sont quelquefois la noblesse pour eux & leurs descendans; toujours des Lettres de Naturalité s'ils sont Etrangers; souvent la remise du total ou du moins d'une partie des droits d'entrée pour les matiéres nécessaires à leur fabrique qui viennent de dehors, ou de sortie pour les ouvrages de leurs manufactures qu'ils envoyent à l'Etranger: le prêt de sommes extraordinaires pendant plusieurs années sans interêt; d'autres données en pur don : des pensions annuelles souvent augmentées à proportion du succès des manufactures: la faculté de prendre du sel au prix du Marchand; celle de brasser de la biére pour l'usage d'eux, de leur famille & Ouvriers; des lieux commodes pour la construction de leurs atteliers, machines & moulins: le droit de Committimus: enfin quelquefois l'exemption de toutes visites des Maîtres & Gardes des Communautez, soit pour les ouvrages faits dans leurs manufactures, soit pour les Ouvriers de differents métiers qu'ils sont obligez d'avoir à leurs gages, & de tenir près d'eux pour la construction de leurs machines, moulins, métiers & instrumens.

Les privileges des Ouvriers des manufactures de nouvel établissement consistent ordinairement dans la décharge de toutes tailles, subsides, logemens de Gens de guerre, tutelle, curatelle, &c. s'ils sont François; & outre cela dans la naturalité & exemption du droit d'aubaine, s'ils sont Etrangers; gagnant même assez souvent l'apprentissage & la maîtrise dans les Communautez des Arts & Métiers, en travaillant & fabriquant un certain tems dans les manufactures dont les ouvrages se trouvent de la dépendance de ces Communautez.

On peut voir des exemples de tous ces privileges singuliers dans les Lettres Patentes de l'établissement de l'Hôtel Royal des Gobelins, des Manufactures de Sedan, d'Abbeville, & de quelques autres raportez dans ce Dictionnaire. *Voyez ci-après* MANUFACTURIERS & GOBELIN.

Outre ces privileges, qui sont la plûpart particuliers à certains

tains Entrepreneurs & à leurs Ouvriers, & qui leur sont donnez comme une récompense des avantages que leurs entreprises apportent à l'Etat, il y en a d'autres accordez généralement à toutes les manufactures & à ceux qui y travaillent. Tel est ce privilege si important contenu dans l'article 55 du Reglement pour les manufactures de lainage du mois d'Août 1669, qui porte, Que les moulins, métiers, outils & ustenciles servant à quelques manufactures que ce soit, ne pourroient être saisis ni vendus par autorité de justice, si ce n'est pour le loyer des maisons occupées par les Ouvriers & Façonniers.

Ce privilege dans l'intention de Sa Majesté s'étoit à la vérité accordé pour toutes sortes de manufactures; mais plusieurs le voulant restraindre aux seules manufactures d'étoffes de laine, parce qu'il ne se trouvoit que dans le Reglement pour la draperie, sergetterie & autres ouvrages de laine & de fil, Louis XIV. qui trente-cinq ans auparavant en avoit fait un des articles de ses Lettres Patentes, voulut bien l'expliquer en 1704, & l'étendre à toutes especes de manufactures de quelque nature qu'elles fussent, afin, comme il est dit dans sa Déclaration, que tous les Ouvriers pussent avoir la même assurance & joüir de la même tranquillité, pour être plus en état de s'appliquer uniquement à perfectionner & augmenter leurs fabriques.

Cette Déclaration interpretative de l'article du Reglement de 1667, est du 19 Août 1704, enregistrée au Parlement le 29 des mêmes mois & an. Elle porte entr'autres choses:

1°. Qu'il ne pourra à l'avenir être procedé par saisie, execution ni vente forcée en justice, des moulins, métiers, outils, instrumens & ustenciles propres pour la préparation, moulinage & filage de la soye, de la laine, du coton, du chanvre, du lin, & des autres matiéres propres pour la fabrication de toutes sortes d'étoffes de soye, de laine ou de poil, ou mêlées d'or ou d'argent, non plus que des métiers, instrumens ou ustenciles servant à faire toutes lesdites étoffes, ou à fabriquer des futaines, basins, bombasins, toiles de chanvre ou de lin de toutes façons, & aux apprêts & teintures de toutes lesdites marchandises, pour quelques dettes, causes & occasions que ce puisse être, si ce n'est pour les loyers des maisons qu'occuperont les Maîtres, Ouvriers & Façonniers, ou pour le prix desdits moulins, métiers, &c. qui se trouveront encore dûs à ceux qui les auroient faits & fournis; les exemptant même de saisie pour les deniers de Sa Majesté, & spécialement de la taille & impôt du sel, à peine d'interdiction de leurs Charges, de 150 liv. d'amende, & de tous dépens, dommages & interêts envers les Parties saisies, contre les Huissiers ou Sergens qui auront fait lesdites saisies & ventes.

2°. Qu'en cas de faillite les Ouvriers & Façonniers seront tenus de déclarer pardevant les Juges Consuls des Marchands du lieu de leur demeure, ou pardevant Notaires, s'ils veulent garder le tout ou partie de leurs moulins, métiers, outils, &c. pour continuer leurs manufactures, ou s'ils veulent seulement se réduire à leur travail personnel & journalier: voulant Sa Majesté dans cette derniere circonstance, qu'il soit remis aux Faillis sans rien payer, le nombre de leurs moulins, métiers, outils, &c. suffisans & nécessaires pour leur occupation personnelle; & dans la premiere circonstance, que le tout ou partie desdits ustenciles demandez par les Faillis pour continuer leurs manufactures, leur soient laissez par compte & par nombre, pour après l'estimation faite, le prix être payé aux Créanciers indépendamment de tous autres accords ou contrats d'atermoyement; sçavoir un tiers à la fin de la deuxiéme année, à compter du jour de l'estimation; le second tiers à la fin de la troisiéme année; & le troisiéme tiers à la fin de la quatriéme année; & à faute de payement par les Faillis pourront les Créanciers faire vendre lesdits ustenciles par vente forcée en justice; avec défenses aux Faillis de les engager, déplacer ni vendre pendant lesdites quatre années, que du consentement de leurs Créanciers, à peine de punition corporelle pour les Vendeurs, & de restitution de ce qu'ils en auront reçû, & de 100 liv. d'amende contre les Acheteurs, au payement de laquelle ils pourront être contraints même par corps.

Manufacture On appelle Juges des Manufactures, les Juges commis par les Lettres Patentes du Roy du mois d'Août 1669, pour juger & regler les différents & contestations entre les Marchands & Ouvriers, & les Ouvriers entr'eux pour le fait des manufactures. *Voyez* Juges des Manufactures.

Manufactures établies a Amsterdam. Avant la revocation de l'Edit de Nantes, & le passage des Refugiez François en Hollande, les Manufactures d'Amsterdam étoient peu de chose: elles y sont présentement en assez grand nombre & assez considerables; mais toûjours beaucoup inférieures à celles de France pour la qualité des marchandises qui s'y fabriquent.

Les principales de ces manufactures sont, des étoffes d'or & d'argent, des damas, des brocards, des parterres, des taffetas, des moires, des ras de soye, des armoisins, & de toutes sortes d'autres étoffes de soye façon de France & d'Italie.

Des velours, des tripes, des pannes, des gazes unies & à fleurs.

Des bas & bonnets tant de soye que de fil & de soye, soit au métier, soit à l'aiguille.

Des draps, des serges, des calmandres qu'on nomme Calaminques, des étamines, & presque toutes sortes d'étoffes de laine, de poil de chevre & de chameau.

Des rubans d'or & d'argent, de fil, de coton & de fleuret.

Des tapisseries de haute-lisse, d'autres de tontures de laine.

Des cuirs dorez & de toutes sortes d'autres cuirs tannez, courroyez & passez en megie.

Il y a aussi quantité de Teinturiers dont les teintures sont estimées, particuliérement celles en noir & en écarlate.

Enfin plusieurs Imprimeries pour les Livres; & plusieurs atteliers où l'on travaille à l'impression des toiles de coton qui pour les desseins & la vivacité des couleurs ne le cedent, guéres à celles des Indes Orientales.

Manufacture. Se dit aussi du travail ou fabrique qui se fait des étoffes, tapisseries, &c. dans les lieux destinez pour cela. Ainsi on dit, Ce drap est d'une bonne manufacture, il est bien travaillé, bien fabriqué: La manufacture des tapisseries de Beauvais l'emporte sur celle de Monlusson. *Voyez* Fabrique.

MANUFACTURER. Action de travailler manuellement à faire des étoffes, des chapeaux, des bas, des tapisseries, & autres sortes d'ouvrages ou marchandises. Ce terme a été tiré du Latin *Manufactus*, qui signifie fait de la main. On se sert aussi dans le même sens du terme de Fabriquer au lieu de Manufacturer. Le dernier est plus en usage

usage dans le commerce, & parmi les Marchands & Négocians.

MANUFACTURIER. Celui qui a entrepris une manufacture, qui l'a établie, qui en est le maître, qui la conduit, & qui fait agir tous les Artisans qui y travaillent. Ces Artisans se nomment aussi quelquefois Manufacturiers; mais on les appelle plus ordinairement Ouvriers-Fabriquans.

Il s'est déja présenté plus d'une occasion, & il s'en présentera encore d'autres dans la suite, de parler, comme on a fait, de plusieurs Manufacturiers qui se sont rendus célébres en France par l'établissement de diverses manufactures. Ce seroit ici le lieu de ne pas oublier tant d'autres personnes fameuses par ces sortes d'entreprises depuis que les François s'y sont appliquez, & particuliérement depuis le Regne de Henry IV. mais le nombre en étant trop grand, on se contentera de dire quelque chose de ces deux hommes si distinguez par leur profession, à qui la France est redevable de ne plus envier à l'Espagne, à l'Angleterre & à la Hollande ces beaux draps ou noirs ou de couleur, dont ils ont établi la fabrique dans le Royaume, & l'ont poussée à la derniere perfection.

L'un est Nicolas Cadeau à qui la Manufacture de Sedan doit ses commencemens & sa perfection; & l'autre Josse Vanrobais qui a fait l'établissement de celle d'Abbeville, qui a eu & qui a encore une si grande réputation.

Le premier, François de Nation, s'étant associé en 1646 avec Jean Binet & Yves de Marseille, comme lui riches & habiles Négocians de Paris, obtint des Lettres Patentes données à Fontainebleau au mois de Juillet de la même année pour sa nouvelle manufacture.

1°. Par ces Lettres les Associez furent établis pour être pendant vingt ans seuls Directeurs en France de la manufacture de draps de laine noirs & de toutes autres couleurs, de la qualité, façon & maniere de Hollande.

2°. Les trois Directeurs & leurs enfans nez & à naître furent annoblis, & honorez de tous les titres & prérogatives dont joüissent les Nobles en France.

3°. Le droit de Committimus leur fut accordé & à leurs descendans pendant les vingt années de leur concession.

4°. Leurs Ouvriers Etrangers furent aussi-bien que les Etrangers déchargez de toutes tailles, subsides, logement de Gens de guerre, &c. ce qui fut pareillement accordé pour tous les logemens & maisons des Directeurs, & lieux où se feroient les fabriques.

5°. Les draps faits dans leurs manufactures furent exemptez de toutes visites des Officiers de Police & des Maîtres & Gardes des Communautez; le Roy se réservant la connoissance des contraventions aux Ordonnances, si aucune y étoit faite.

6°. Il leur fut permis d'avoir une brasserie pour y faire de la biére, soit pour eux, leur famille & Commis, soit même pour en vendre à leurs Ouvriers, sans payer aucuns droits d'aides, impositions, &c. pendant lesdites vingt années.

7°. Enfin Sa Majesté voulant joindre l'utile à l'honorable, donna non-seulement 500 livres de pension annuelle à chacun des trois Directeurs leur vie durant, mais encore établit un fonds de 8000 liv. par chacune des vingt années de leur privilege, dont il leur fit don & à leurs descendans, pour les indemniser des grandes dépenses où un tel établissement ne pourroit pas manquer de les engager.

L'on peut dire que le succès a passé de bien loin les espérances que l'on conçut d'abord de cette nouvelle manufacture; & les draps qu'on nomme Draps de Sedan, du nom de la Ville où elle fut établie, pourroient être estimez les plus beaux de ces sortes de fabriques, si ceux d'Abbeville, dont nous allons parler, n'avoient leurs partisans, & ne leur disputoient du moins l'égalité.

Le privilege exclusif du Sieur Cadeau alloit expirer, lorsque le Sieur Josse Vanrobais Marchand Hollandois se présenta pour l'établissement d'une nouvelle manufacture de draps fins façon d'Espagne & de Hollande, qu'il proposa de faire à Abbeville en Picardie.

Les Lettres Patentes qu'il obtint sont du mois d'Octobre 1669. Leurs clauses principales furent:

1°. Qu'il mettroit sur pied trente métiers à drapper, avec les moulins à fouler nécessaires, & qu'il feroit venir cinquante Ouvriers Hollandois pour y travailler.

2°. Qu'il auroit des passeports pour ses Ouvriers, & l'exemption des droits pour les métiers, draps, laines & autres choses nécessaires pour son établissement.

3°. Qu'il lui seroit assigné des lieux commodes pour la construction de deux moulins à foulon, l'un à vent & l'autre à eau, & pour les bâtimens qu'il auroit besoin pour la fabrique & les logemens des Ouvriers; lui laissant toute liberté de choisir lesdits Ouvriers, même des Teinturiers, Chauderonniers, Cardeurs, Tondeurs, &c. sans qu'aucune Communauté des Arts & Métiers lui pussent causer aucun trouble, sous prétexte de défaut de maîtrise desdits Ouvriers.

4°. Que lui, ses enfans, Associez & Ouvriers Etrangers seroient déclarez naturalisez François, & déchargez de toutes tailles, subsides, charges de Ville, logement de Gens de guerre.

5°. Qu'il auroit permission de construire à ses dépens une brasserie pour l'usage de sa famille & Ouvriers exempte aussi de tous droits d'aides ou autres impositions.

6°. Enfin pour faciliter cet établissement, & dédommager l'Entrepreneur d'une partie de ses premieres avances, non-seulement le Roy lui donna en pur don la somme de 12000 liv. une fois payée, & la quantité de huit minots de sel par chacun an des vingt années de sa concession sur le pied du prix du Marchand, mais encore 2000 liv. par chacun des métiers qu'il monteroit pendant les trois premieres années, dont néantmoins à l'égard de ces dernieres sommes il ne lui seroit fait qu'un prêt pour être remboursé sans interêts.

Le Sieur Josse Vanrobais ayant pleinement rempli ses engagemens, obtint en 1681 une nouvelle prorogation de son privilege en son nom & en celui d'Isaac Vanrobais son fils aîné pour l'espace de 15 autres années, à la charge de monter cinquante métiers à la place de trente, en considération de quoy le Roy lui fit don de la somme de 20000 liv. sur celle de 80000, à quoy montoit le prêt qui lui avoit été fait pendant les trois premieres années de son ancienne concession.

Une troisiéme prolongation fut encore accordée pour dix ans en 1698 aux Sieurs Isaac & Josse Vanrobais freres, & fils du premier Entrepreneur, qui avoient fait monter jusqu'à quatre-vingt métiers ouvrants dans leur manufacture.

Enfin les métiers de cette manufacture allant à plus de cent en l'année 1708, & le Sieur Josse Vanrobais associé avec la veuve d'Isaac son frere voulant faire de nouveaux bâtimens, & pousser de plus en plus un si heureux & si grand établissement, qui peut-être n'en a point de semblable, obtint la même année une 4me prorogation de leur Privilege pour quinze ans avec de nouvelles prérogatives & exemptions pour eux, leurs Ouvriers & Associez; le Roy permettant à l'égard des Associez, à tous Nobles d'entrer dans ladite association, sans que ce commerce puisse leur être imputé à dérogeance.

MAO, MAN, ou MEIN. Poids en usage dans quelques lieux des Indes, qui n'a sans doute ces trois différents noms, qu'à cause de la diverse prononciation ou des Orientaux ou des Marchands de l'Europe que le commerce attire en Orient.

Le mao pese dix catis; mais en des endroits, comme à Java & dans les Isles voisines, le cati n'est que de vingt taels; & en d'autres, comme à Cambaye, il vaut vingt-sept taels, le tael pris sur le pied d'une once & demie poids de Hollande. On se sert du mao pour peser toutes les denrées qui servent à la vie.

MAQUE ou MACHACHOIRE. Instrument avec lequel on donne la premiere préparation au chanvre pour le reduire en filasse, après qu'il a été roüi. On l'appelle plus communément Brayoire. *Voyez* CHANVRE.

MAQUER ou MACHER LE CHANVRE. C'est le rompre avec l'instrument appellé Maque ou Machachoire. *Voyez* CHANVRE.

MAQUEREAU. Poisson de mer qui n'a point d'écailles, dont le corps est rond, épais & charnu, finissant presque en pointe par les deux bouts. Toute sa longueur est ordinairement d'un bon pied de Roy. Sa bouche a beaucoup de raport à celle du thon. Les yeux qu'il a fort grands sont de couleur dorée. Etant dans l'eau il paroît d'un jaune de souffre; & lorsqu'il est dehors, & qu'il est mort, il a le ventre d'un blanc argenté. Le reste du corps qui est pareillement argenté, se trouve traversé par quantité de traits d'un bleu verdâtre & foncé. Plus ces traits approchent du dos, plus ils paroissent rembrunis. Quelques gens habiles dans l'architecture navale veulent que le maquereau soit de tous les poissons celui dont la forme peut davantage servir de modéle pour la construction des bâtimens de mer.

Le maquereau se trouve en troupes en divers endroits de la mer Oceane, mais particuliérement vers les Côtes de France & d'Angleterre. La pêche s'en fait ordinairement dans les mois d'Avril, May & Juin, même en Juillet, suivant les endroits.

Ce poisson mangé frais est excellent; & lorsqu'il a été bien préparé & salé dans des barils, il n'est pas mauvais. Il fait même une partie du négoce de la saline

Quelques Naturalistes ont observé que l'eau dans laquelle ce poisson a boüilli quelque tems, produit une espece de lumiere quand elle est un peu agitée.

La pêche des maquereaux se fait du côté de Roscoff en Basse Bretagne par deux sortes de batteaux ou barques; les uns petits & sans pont; les autres plus grands & pontez.

Les petits bâtimens n'ont pour l'ordinaire que neuf à douze hommes d'équipage: ils vont à six ou sept lieuës au Nord-ouest de l'Isle de Bas, où les Pêcheurs tendent leurs filets. Leur pêche étant faite, ils retournent le lendemain à Roscoff pour vendre leur poisson.

Il n'y a qu'environ vingt-deux petits batteaux employez à cette pêche, dont dix ou douze sont de la Hogue en Normandie, lesquels se rendent à Roscoff vers la fin du mois d'Avril, où ils restent jusqu'à la fin de Juin: les autres sont des environs de Roscoff. La pêche commence la premiere semaine de May, & finit à la fin de Juin. Chaque batteau pêche ordinairement pendant ce tems environ vingt-cinq milliers de maquereau.

Les Pêcheurs vendent leur poisson aux Habitans de Roscoff, qui le salent en pile dans d'autres batteaux, pour l'envoyer ensuite au Havre-de-Grace & à Dieppe pour le vendre. Ceux de ces endroits qui l'achetent, le font paquer dans des barils & demi barils avec de la sauce ou saumure, pour le transporter à Paris, en Champagne, & en d'autres Provinces de France où ils sçavent qu'il peut avoir du debit.

Chaque baril contient pour l'ordinaire trois cens de maquereaux, & les demi barils à proportion, quelquefois plus, quelquefois moins, suivant que le poisson est plus ou moins gros, ou que les barils sont grands ou petits.

La maniere de saler les maquereaux à Roscoff est de leur remplir le ventre de sel, en y en mettant autant qu'il en peut contenir: on le foule même avec une espece de cheville de bois, pour qu'il en soit plus exactement rempli; ensuite on l'arrange dans le fond des batteaux par lits ou couches, en observant de semer légerement du sel entre chaque lit de poisson; & c'est-là ce qu'on appelle Saler le maquereau en pile.

Les grands batteaux pontez dont on se sert pour la pêche des maquereaux, sont du port depuis vingt jusqu'à cinquante tonneaux, & leur équipage de douze à vingt hommes. Ils sont presque tous de Sainte Honorine, de Barfleur, de Dieppe, & de quelques autres endroits des Côtes de Normandie. Leur nombre est ordinairement de quinze ou vingt. Ils font leur pêche vers la fin d'Avril entre les Sorlingues & Oüessant, plus près d'Angleterre que de France. Ils viennent à la mi-Avril prendre du sel à Roscoff, excepté ceux de Dieppe, qui sont dans l'obligation depuis quelques années d'en prendre chez eux avant que de partir pour la pêche.

Les conditions qu'ils font avec les Habitans de Roscoff, sont qu'ils troquent les raves ou rogues de leur poisson pour du sel qu'on leur fournit.

Sept milliers de maquereaux donnent une barrique de raves, & le compte en est si juste, que sept cens milliers de ce poisson rapportent à une barrique près, plus ou moins, cent barriques de raves.

Ces raves, qui ne sont autre chose que les œufs ou coques des maquereaux, ne laissent pas de faire un objet de négoce assez considerable, s'en faisant une grande consomption sur les Côtes de Bretagne par raport à la pêche des sardines, ausquelles ces œufs servent d'appas. On donne aussi à cette marchandise le nom de Resure, ainsi qu'aux œufs des autres poissons, qui servent pareillement à cette pêche. *Voyez* RESURE.

Il faut remarquer que les maquereaux entrent dans la Manche au mois d'Avril, & qu'ils avancent toûjours vers le Pas de Calais, à mesure que l'esté approche; de maniere qu'à la fin de Juin ils passent Roscoff, & se trouvent en Juillet aux Côtes de Picardie & de Normandie; où il s'en fait aussi-bien que sur les Côtes de Bretagne & d'Angleterre une pêche & des salaisons assez considerables, particuliérement à Dieppe, au Havre-de-Grace, à Honfleur & à Boulogne.

Ceux de Dieppe font ordinairement fort menus; ce qui fait que les barils tiennent environ un demi-cent plus que ceux des autres lieux. Les maquereaux des Côtes de Bretagne, de Boulogne, &c. font affez semblables pour la groffeur, enforte que les barils contiennent à peu près la même quantité.

Sur les Côtes de Normandie le maquereau se sale d'une autre maniere qu'en Bretagne. On le met d'abord après la pêche dans des cuves pleines d'une saumure ou sauce faite d'eau douce & de sel, où l'on le laisse tremper pendant un certain tems pour prendre tout le sel qui lui est nécessaire pour sa conservation, d'où ensuite on le retire pour le mettre dans des barils.

Dans le Titre 15 de l'Ordonnance des Gabelles de France du mois de May 1680, il y a plusieurs dispositions touchant la salaison de ce poisson, dont voici les principales.

1o. Le sel nécessaire pour la salaison des maquereaux est reglé a deux minots & demi pour chaque millier.

2o. Il ne doit être délivré aucun sel pour cette salaison qu'après l'arrivée des batteaux dans les Ports au retour de la pêche.

3o. Les maquereaux ne peuvent être tirez de la cuve, qu'après y être restez pendant douze jours entiers.

4o. Ils ne peuvent être caquez qu'en présence d'un Commis de la Ferme, ou lui dûement appellé; lequel Commis est obligé de contremarquer dans les vingt quatre heures chaque baril de la marque de l'Adjudicataire.

5o. Enfin il ne peut être mis aucun sel dans le ventre des maquereaux, ni entre les lits, mais seulement on a la faculté d'en semer une livre & demie à chaque bout des barils, afin que le poisson se puisse mieux conserver.

Les Hollandois envoyent quelquefois en France en tems de paix du maquereau salé; mais en petite quantité. Il ressemble affez pour la qualité & pour la groffeur à celui qui vient de Bretagne & de Normandie.

La pêche du maquereau se fait ou au filet ou à la ligne. Celle au filet est la plus considerable, & le poisson plus estimé. Elle se fait pendant la nuit.

Les Pêcheurs sont tenus de montrer trois différentes fois un feu dans les tems qu'ils mettent leurs filets à la mer. Il est défendu à ceux qui arrivent à la mer de se mettre & jetter leurs filets en lieu où ils puiffent nuire à ceux qui sont venus les premiers sur le lieu de la pêche, ou qui l'ont déja commencée. Il est aussi défendu à tous Pêcheurs qui se trouvent dans une flotte, de quitter leur rumb ou rang, pour se placer ailleurs après que les Pêcheurs de la flotte ont mis leurs filets à la mer. *Ordonnance de la Marine du mois d'Aoust 1681, art. 6, 9 & 10 du Titre 2 du Livre 5.*

La pêche à la ligne se fait durant le jour; elle est peu considérable. Celle qui se fait de cette manieré à la Côte de Treguier en Baffe Bretagne peut aller par an au plus à deux ou trois petites barques d'environ vingt tonneaux.

Les maquereaux pris à la ligne sont moins estimez que ceux pêchez au filet. Il est facile d'en faire la différence, les premiers étant pour l'ordinaire petits, maigres, & ayant toûjours la bouche ouverte.

Le maquereau se vend & s'achete au cent. A Roscoff le cent est de cent quatre, à Dieppe & au Havre il est de cent trente-deux, ainsi que dans les autres endroits de la Côte de Normandie.

Le négoce du manquereau n'est pas des plus considerables; la pêche de ce poisson étant une des moindres par rapport à celles des autres poissons qui composent le commerce de la saline, comme sont les sardines, les harengs, les moruës & les saumons.

A l'égard du prix des maquereaux, il est peu certain. En Bretagne il s'achete depuis quarante sols jusqu'à cent sols le cent de cent quatre poissons; & à Dieppe & sur les Côtes de Normandie il se vend depuis quatre livres jusqu'à dix livres le cent composé de cent trente-deux poissons. Les droits & les frais en Normandie sont considerables: ils montent environ à quinze pour cent.

L'Evêque de Saint Paul de Leon en Baffe Bretagne prend un droit de quatre sols pour chaque millier de maquereau qui s'apporte à Roscoff. Il en est de même de celui qui se sale en mer, lorsque le sel est pris en ce lieu.

Un leth, un lest ou un last de maquereau signifie douze barils remplis de ce poisson.

On appelle Maquereau en vraque, celui qui n'est point encore paqué dans les barils, & qui est dans les batteaux tel qu'il y a été salé lors de sa pêche.

Le maquereau se paque dans les barils ainsi que le saumon & le hareng; c'est-à-dire, qu'on l'y arrange, & qu'on l'y presse bien fort.

La maniere de paquer le maquereau, c'est après qu'il a été salé comme il faut, de l'arranger dans des barils par lits ou couches, en observant de le presser bien fort; ce qui se fait par le moyen d'un rond de bois d'environ deux pouces d'épaiffeur, & à peu près de la circonference de l'entrée du baril, que l'on met sur le poisson, & sur lequel un homme bien lourd monte & saute à pieds joints & à diverses reprises; ce qu'il continuë jusqu'à ce que le poisson soit bien pressé & paqué l'un contre l'autre, & le baril entiérement plein; car il faut que les barils soient bien remplis de poisson & de saumure; sur-tout qu'ils soient exactement fermez & étanchez, afin d'en conserver la saumure, & qu'il ne prenne point l'évent; ces deux inconveniens étant capables de le faire jaunir; ce qui en diminuëroit de beaucoup le prix.

Les Maquereaux payent en France les droits d'entrée à raison de 24 l. le leth de douze barils, conformement à l'Arrêt du Conseil du 4 Octobre 1691, soit qu'ils y soient apportez par les Etrangers, soit que ce soit les François qui les apportent.

Ce droit a cependant été reduit à la moitié en faveur des Hollandois, lorsque c'est du poisson de leur pêche; le maquereau de Hollande ne payant que 12 l. suivant le Tarif arrêté entre la France & les Etats Generaux le 8 Decembre 1699.

Les droits de sortie se payent sur le pied de 5 liv. du leth aussi de douze barils.

MAQUIGNON. Celui qui achete des chevaux ruinez & défectueux, qui les rétablit & qui en couvre les défauts, pour les revendre plus cher qu'ils ne lui ont couté.

On confond presque toûjours, particuliérement à Paris, les Maquignons de chevaux avec les Marchands de chevaux, quoiqu'il y ait bien de la différence; le nom de Marchand étant un nom d'honneur, qui suppose de la bonne foy dans le commerce; & celui de Maquignon étant un terme de reproche qui semble avertir qu'il faut se défier de ceux à qui on le donne, ou plûtôt de ceux qui le méritent.

MAQUIGNON en quelques Provinces de France, & surtout en Berry. Signifie toutes personnes qui se mêlent d'acheter à bon marché des petits Marchands & des pauvres Ouvriers, pour revendre bien cher à d'autres Ce terme est

eſt fort en uſage parmi ceux qui font le négoce des laines & des drapperies de cette Province.

MAQUIGNONNAGE. Adreſſe de refaire des chevaux ruinez, & de les revendre pour bons. Il ſe dit auſſi de tout négoce peu legitime, & où l'on tâche de tromper, en ſe défaiſant de quelque mauvaiſe drogue dont on déguiſe les défauts.

MAQUIGNONNER. Se mêler de maquignonnage. Il ne ſe prend jamais en bonne part, ſoit au propre, en parlant du commerce des chevaux, ſoit en figuré, en l'appliquant à tout autre négoce.

MARACAS, autrement COCHINES. On appelle ainſi dans le Perou les vaſes qui ſervent à recevoir le baume precieux qu'on ne trouve qu'en cette partie de l'Amerique, & qui en porte le nom. *Voyez* BAUME.

MARAIS. Terre baſſe & humide, d'où les eaux qui s'y raſſemblent ont peine à s'écouler.

Les Fauxbourgs de Paris ſont remplis de ces ſortes de terres; mais qui ayant été deſſéchées, ſont devenuës tres-fecondes & très-propres pour y ſemer & élever toutes ſortes d'herbages & de légumes.

C'eſt dans ces marais que cette grande Ville trouve des herbes potageres, des ſalades, des concombres, des melons, des artichaux & autres légumes, ſuffiſamment pour en fournir chaque jour à tous ces Habitans.

Il eſt défendu de ſe ſervir pour fumer les terres de ces marais, de bouës recentes de Paris, d'immondices, de gadouës ou de fiente de pourceaux; Et les Jurez de la Communauté des Maîtres Jardiniers de la Ville, Faux-bourgs & Banlieuë de Paris ſont tenus de faire la viſite deux fois l'an pour empêcher cet abus, qui pourroit cauſer de grandes & dangereuſes maladies parmi le peuple. *Voyez* JARDINIER.

MARAIS-SALANS. Ce ſont des terres baſſes & glaizeuſes, qui ſe trouvent ſur les Côtes de quelques Provinces de France, qui ſont propres à faire du ſel gris. Le Comté Nantois, la Saintonge & le Pays d'Aunis ſont preſque les ſeules Provinces qui ayent des marais-ſalans. Les plus conſiderables de Bretagne ſont, le Bourneuf, le Croizil & Guerandes. Dans le Pays d'Aunis & la Saintonge ce ſont Brouage, Marans & l'Iſle de Ré.

Les différentes parties d'un marais-ſalant ſont les aires ou foyers, les vettes, l'anterneau, la vie ou vée, les croix, le lignon & le demi-lignon, le jas, la varaigne, les conches, les vettes ouvrées, le morte, le mean & les bruſſeaux.

L'on compte la valeur & le revenu d'un marais par livres, chaque livre compoſée de vingt aires.

Le terrain le plus propre à faire du ſel eſt le chalon ou terroir gris & enſuite le bleuâtre, La terre glaiſe produit le ſel doux; la terre graſſe mêlée de ſable le rend plus âpre. A l'égard de celle qu'on appelle Sable de bris, & qui eſt noire & jaune, elle n'y vaut rien du tout.

L'on appelle Sauniers & quelquefois Paludiers ceux qui travaillent aux differens ouvrages neceſſaires pour ſauner les marais ſalans, & pour en ramaſſer le ſel.

Les outils dont ſe ſervent les Sauniers ſont la bogue, le bouquet, la ferrée, l'eſtole, la palette, le roable, le ſurnion, les eſſagoires & le panier porte-ſel.

L'Ordonnance pour les Gabelles de 1680 enjoint aux proprietaires des marais ſalans d'entretenir & ſauner ſuffiſamment leurs marais, en ſorte que l'Adjudicateur de la ferme

du ſel puiſſe y en prendre quinze mille muids par an, du plus ſec & du mieux grainé au prix du Marchand. *Voyez* SEL MARIN.

MARAISCHER. Jardinier qui cultive ou qui fait cultiver un marais. Les Maraiſchers des environs de Paris ſont de la Communauté des Maîtres Jardiniers. *Voyez* JARDINIERS.

MARAVEDIS. Petite monnoye d'Eſpagne qui eſt de cuivre; mais qui y a peu de cours, quoique ce ſoit d'elle dont les Eſpagnols ſe ſervent dans tous leurs comptes, ſoit de finance, ſoit de commerce. Le Maravedis eſt conſideré ou comme monnoye réelle ou comme monnoye de compte. Il faut trente quatre maravedis pour une reale de vellon, & ſoixante & trois pour la reale d'argent, en ſorte que pour la piaſtre ou piece de huit reaux il faut cent dix maravedis, & pour une piſtole qui vaut quatre piaſtres, il en faut 2040, ce qui dans les calculs des comptes des Eſpagnols montent enfin à des produits ſi extraordinaires, que les Etrangers qui ſont leurs Correſpondans ſe croiroient débiteurs ou creanciers de pluſieurs millions, s'ils ne ſçavoient que ces nombres immenſes de maravedis compoſent quelquefois à peine quelques centaines de livres de France ou des autres Etats.

Les Negocians Etrangers établis en Eſpagne tiennent leurs livres autant pour leur propre commodité que pour un plus juſte rapport aux monnoyes des autres Pays, en maravedis & en reaux de plata ou d'argent. Pour les Eſpagnols c'eſt preſque toûjours en maravedis & en reaux de vellon ou de cuivre, ce qui fait près d'une moitié de difference pour les montans du total des maravedis, les trente-quatre maravedis de plata en valant ſoixante & trois de vellon, comme on l'a déja dit.

Un maravedis vaut quatre cornados qui ſont de petites monnoyes de compte comme les pites & demi-pites en France; les quartas, autre monnoye de cuivre, valent quatre maravedis; les doubles quartas en valent huit, & les octavos deux maravedis; il y a auſſi des octavos de quatre & de huit maravedis, ceux de quatre ne ſont autre choſe que les quartas.

MARBRE. Pierre extrémement dure qu'on travaille difficilement, qui prend un beau poli & qui a ordinairement des veines & des taches de diverſes couleurs. Il y a néanmoins des marbres tout d'une couleur, comme de blancs, de noirs, d'agathes, &c.

On tire les marbres de carrieres où la nature les produit comme les autres eſpeces de pierres. En Italie pour les détacher de la montagne on trace les pieces tout à l'entour avec des outils d'acier faits en pointe, & on les ſepare enſuite avec des coins qu'on enfonce à coups de maſſe. En France on a trouvé le moyen de les ſcier dans la carriere & ſur le rocher même avec des ſcies de fer ſans dents, dont il y en a de près de vingt-cinq pieds de longueur.

Les marbres d'Egypte & de Grece ont toûjours été en plus grande reputation qu'aucun autre; mais preſentement, quoique les Connoiſſeurs en faſſent toûjours la même eſtime, ils ne ſont preſque plus d'uſage, & à peine ſont-ils connus par quelques curieux, ou qui conſervent dans leurs cabinets quelques ouvrages antiques qui en ſont faits, ou qui vont les admirer & les chercher dans les ruines reſpectables de l'ancienne Rome ou de quelques autres Villes de l'Italie, de la Grece & de l'Egypte.

Les principaux de ces marbres anciens ſont le porphyre, l'ol'ophis ou serpentin, le parangon ou pierre de touche, les selenites ou marbres transparents, les differentes especes de granite, & cet admirable marbre de Paros si renommé par sa blancheur & si propre à tailler ces belles statuës qui ont fait tant d'honneur aux Sculpteurs Grecs.

Les marbres dont on se sert presentement soit pour la sculpture des statuës, des bustes & des bas-reliefs, soit pour les ornemens d'architecture, sont ceux d'Italie; d'Espagne, de quelques endroits de Flandre & de l'Evêché de Liege, & de plusieurs Provinces de France.

Les marbres d'Italie sont les cipollini ou cebollini dont la couleur tire sur le vert par grandes veines plus ou moins fortes; les saligni qui ont plusieurs endroits transparents en forme de congellations; le portoro qui est noir avec de grandes veines couleur d'or; le mischio qui est mélangé de diverses pierres unies & comme congellées ensemble, mais qui n'en font qu'une seule; les couleurs qui y regnent davantage sont le pourpre avec des veines blanches jaunâtres.

Les marbres noirs & gris, ou mêlez de gris & de rouge, qui se tirent des montagnes de Carrare, les marbres blancs qui se trouvent dans celles de l'Etat de Genes, & quantité d'autres de cette derniere couleur, que fournissent les carrieres del Poluacio & celles de Pietra-santa qui sont tous d'une couleur de lait si admirable & si propre à tailler des statuës, que les Sculpteurs d'aujourd'hui n'envient gueres aux anciens le marbre de Paros dont on a parlé ci-dessus.

Des marbres d'Espagne, le plus connu, & dont l'on se sert le plus en France, est celui que les Marbriers appellent de la brocarelle, le fond en est jaune, veiné de quelques autres couleurs plus brunes.

En Flandre & dans le Pays de Liege l'on a les noirs de Liege, de Namur & de Dinan; les blancs & rouges, & les blancs & noirs de cette derniere Ville; le blanc & rouge de Rance près d'Avennes; un autre blanc & noir des carrieres de Barbançon.

Quoique les montagnes de France soient aussi remplies de carrieres de marbres qu'aucune autre des Etats voisins, & qu'il y ait des marbres François capables de le disputer en finesse de grain, en dureté & en poli aux plus beaux marbres étrangers, ce n'est gueres cependant que depuis la Surintendance des Bâtimens de Monsieur Colbert, qu'on s'est appliqué serieusement à exploiter celles qui étoient déja decouvertes; & à en foüiller de nouvelles qui n'ont point fait regreter les peines & les dépenses qu'il en a coûté d'abord.

En effet ces marbares sont si beaux & en si grande quantité, que depuis l'année 1664 on n'en a gueres employé à Versailles & dans les autres maisons Royales, qui en sont, pour ainsi dire, toutes bâties, que de ceux qui ont été tirez des carrieres du Royaume, & qu'encore jusqu'à présent on ne s'est servi & l'on ne se sert que de ceux-là dans les monumens publics qui ont été élevez dans la Capitale, & dans les principales Villes du Royaume à la gloire de Louis XIV. & dans ces superbes Eglises & ces belles maisons qui sont autant de palais qui ont été bâties & qui se bâtissent à Paris depuis la moitié du dix-septiéme siecle.

Les Provinces de France où se trouvent davantage de carrieres de marbres, & où les marbres sont les plus beaux, sont la Provence, le Languedoc, le Bourbonnois & celles qui sont voisines des Pirenées.

La plûpart de ces marbres prennent leur nom du nom

général de la Province d'où on les tire, comme ses marbres de Languedoc, de Provence & de Bourbonnois, d'autres des villages où sont situées les carrieres, comme le serancolin, le campan, le barbasan, l'echet, la braiche; & d'autres enfin de leur couleur, comme le blanc, le noir, l'agathe; &c.

Le serancolin qui est isabelle, rouge & agathe; se tire dans la vallée d'or près de Sarancolin village de l'Evêché de S. Bertran. Les pieces n'en sont pas longues, & n'ont gueres que huit à dix pieds; mais il est en recompense d'une beauté & d'un lustre extraordinaire. On le débite pour des chambranles de portes & de cheminées, ou on le scie pour du placage & des tables.

Dans le même Evêché près de S. Beat, il y a d'autres carrieres où les marbres sont les uns de couleur de chair avec des veines rouges & des taches blanches, & les autres tout blancs & qui approchent des marbres d'Italie de cette qualité. A Barbesan & à Echet encore de ce Diocese, le marbre est à fond noir avec des taches & des veines blanches. Les pieces portent au-delà de vingt pieds, prennent un beau poli, & sont propres à faire des colonnes.

Le campan est vert & blanc, rouge & couleur de chair on en fait aussi des colonnes de plus de vingt pieds de long; les carrieres d'où on le tire sont dans l'Evêché de Tarbes dans la vallée de Campan près le village du même nom.

Les marbres de Languedoc se trouvent principalement dans trois endroits; sçavoir près de Cosne, & en deux carrieres, l'une aux portes de Roquebrune du Diocese de Besiers, & l'autre à une lieuë de ce bourg. La carriere la plus proche de Roquebrune fournit des marbres rouges & blancs propres à faire des colonnes de plus de trente pieds de longueur; l'autre qui en est à une lieuë donne ces marbres couleur d'agathe dont on fait ces belles tables que l'on nomme Table d'agathe; cette derniere carriere est difficile à exploiter, & l'on en perd souvent la veine qui n'est pas aisée à retrouver, ce qui rend ce marbre également precieux par sa beauté & par sa rareté. A l'égard des marbres de Cosne ils sont incarnat & blanc pour l'ordinaire; on y en tire neanmoins de diverses autres couleurs; toutes peuvent se tailler en colonnes, & les pieces portent plus de vingt pieds.

Les marbres de Bourbonnois dont les carrieres ne sont pas loin de Moulins, sont jaunes, rouges & bleus. Pour ceux de Provence qui se tirent dans cette celebre montagne qu'on appelle la sainte Baume, ils sont à fond jaune veiné de quelques couleurs, c'est-à-dire, assez semblables à la brocatelle d'Espagne dont on a parlé ci-dessus.

On appelle marbre fier celui qui a le grain très-fin & qui s'éclate aisement; il est le plus leger de tous, c'est-à-dire, environ de cinq par cent.

Le marbre tendre est celui qui est plus facile à tailler que les autres, & qui prend mieux le poli.

Ce qu'on nomme des clous dans le marbre sont des duretez semblables aux nœuds que l'on trouve dans le bois. Ce qu'on appelle de l'Emeril est un mêlange de cuivre ou d'autres metaux qui fait des taches noires dans le marbre. Les nœuds sont ordinaires à presque toutes les especes de marbres. L'emeril ne se rencontre guéres qu'aux marbres blancs, ce qui gâte souvent les plus belles statuës qu'on en fait, parce qu'on ne peut les prevoir & qu'il est quelquefois difficile de les éviter aux plus beaux endroits de l'ouvrage.

ge: ces deux défauts augmentent la difficulté de la taille & du poliment des marbres, & il faut toûjours employer la marteline pour les enlever ou les façonner.

Le marbre n'a pas ordinairement ce qu'on appelle le delit ou le lit dans les pierres de tailles, en sorte qu'il peut se poser de tout sens sans craindre de le deliter, ce qui le rend très propre à faire des colonnes; il y en a cependant dont le delit, ou, comme disent les Marbriers, le Pont est trop fort pour les mettre à cet usage, tel est par exemple le marbre de S. Beat qui s'éclate aisement quand il est chargé.

Un bloc de marbre est une grosse piece de marbre qui n'est pas encore debitée; on le dit neanmoins quelquefois d'un groupe de figures tout taillé & fait d'un seul bloc.

Le stuc dont on fait des statuës, des bas reliefs, des bustes & toutes sortes d'ornemens d'architecture, n'est que du marbre pulverisé, mêlé à certaine proportion avec du plâtre, & que l'on employe après que le tout a été bien tamisé, avec de l'eau commune, comme si c'étoit du plâtre seul.

Le marbre se mesure en France, se vend & s'achete au pied cube, qui pese environ deux cens livres, à moins que ce ne soit du marbre fier qui étant plus leger que les autres pese dix livres de moins.

Tout celui qui se travaille à Paris par les Sculpteurs & Marbriers, se prend dans les magasins du Roy, depuis l'Arrêt du Conseil du 11 Fevrier 1700, qui a fait défenses à toutes personnes de quelque qualité qu'elles soient, de faire venir, vendre ni debiter aucuns marbres; & à tous Marbriers, Sculpteurs & autres particuliers d'en acheter d'autres que des magasins du Roy; jusqu'à ce que ceux qui étoient sur les Ports & dans les magasins appartenans à Sa Majesté, lesquels n'ayant pas le volume convenable pour servir à la construction de ses bâtimens & édifices, fussent vendus au profit de Sa Majesté suivant les prix qui en seroient reglez par le Sur-intendant de ses bâtimens.

Le marbre paye en France les droits d'entrée du Royaume à raison de 3 ſ. le pied quarré, & seulement 2 ſ. pour les droits du sortie, conformement au Tarif de 1664.

Les droits qu'il paye à la Doüane de Lyon sont:

Pour le marbre en table 15 ſ. du quintal.

Le marbre relevé 30 ſ.

Et le marbre brut 7 ſ.

Outre les marbres naturels on en fait de faux avec le gyp qui est une espece de gros talc ou pierre transparente & brillante qui se trouve dans les carriers à plâtre qui sont aux environs de Paris.

Ces marbres peuvent tromper la vûë quand ils sont de bonne main; on se reserve d'en parler ailleurs, l'on en donnera la maniere de le faire à l'article de la Mosaïque. *Voyez* MOSAÏQUE.

MARBRE. On nomme de la sorte en terme d'Imprimerie la pierre de liais sur laquelle le Compositeur dresse ses formes, ce qu'on appelle poser une forme. Le marbre est aussi une des principales pieces du train de la presse des Imprimeurs; c'est la pierre sur quoi se pose la forme quand on veut tirer ou imprimer les feüilles. *Voyez* IMPRIMERIE.

MARBRE. Les Peintres ont aussi un marbre pour broyer les couleurs qu'ils employent; & les Epiciers pour celles qu'ils preparent pour le negoce qu'ils en font: le meilleur est le porphyre, mais comme il est rare, ils ne se servent ordinairement les uns & les autres que d'une simple pierre dure & polie.

MARBRE. On appelle aussi de la sorte dans les manufactures des Glaces, sur tout parmi les Ouvriers qui preparent les feüilles pour mettre les glaces au teint, un bloc de marbre sur lequel s'allongent & s'aplanissent sous le marteau les tables d'étain que l'on veut reduire en feüilles. *Voyez* GLACES. *Voyez aussi* ESTAIN.

MARBRE. Les Fondeurs de caracteres d'Imprimerie nomment encore ainsi un petit morceau de marbre très-poli; de quatre à cinq pouces en quarré, & d'un pouce d'épais, sur lequel ils justifient avec le jetton l'épaisseur des lettres nouvellement fonduës. *Voyez* FONDEUR DE CARACTERES. *Voyez aussi* JUSTIFICATION.

MARBRE'. Ce qui represente du marbre. On fait plusieurs ouvrages de laine & de soye, à qui on donne le nom de marbrez, à cause du mélange de diverses couleurs dont ils sont tissus, faits ou tricotez. Il y a des draps marbrez, des bas de soye, & des bas de laine marbrez; des camelots marbrez, &c.

MARBRE'. Papier marbré, c'est un papier peint de diverses nuances qui imite en quelque sorte les differentes veines du marbre; il y a même des Ouvriers qui sçavent l'imiter si parfaitement, qu'on est surpris de la ressemblance. *Voyez* PAPIER *sur la fin de l'article.*

MARBRER UN LIVRE. Terme de Relier. C'est le moucheter de noir par dessus la couverture avec un pinceau a noir que l'on tient à la main. On ne marbre que les livres dont la couverture est de veau; après que la marbrure est achevée, on les glaire par dessus avec du blanc d'œuf battu, ensuite de quoi on les lisse avec le fer à polir.

L'on marbre aussi les livres sur la tranche; mais dans cette marbrure il n'y entre point de noir; le rouge, le bleu ou quelque autre à la volonté du Libraire ou du Maître du livre, sont les couleurs qu'on y employe le plus communement. *Voyez* RELIEURE.

MARBREUR. Artisan qui marbre la couverture & la tranche des livres. On le dit aussi de l'Ouvrier qui fait du papier marbré.

MARBREURE, ou MARBRURE. La marbrure d'un livre consiste dans ces petites taches que l'on fait avec du noir sur la couverture, & avec du rouge & du bleu sur la tranche. *Voyez l'article precedent* MARBRER.

MARBRIER. Celui qui debite, taille & polit le marbre.

Les Maîtres Marbriers de la Ville & Fauxbourgs de Paris n'y composent pas une veritable Communauté; mais seulement une espece d'association, sans Jurez & sans autres privileges des Maîtres érigez en Corps de Jurande.

Il est vrai qu'ils en avoient obtenu le droit aussi bien que des Statuts par des Lettres Patentes du mois d'Octobre 1609, portant creation de leur art & métier en Communauté Jurée avec la qualité de Marchands Marbriers, Maîtres Scieurs & Polisseurs de marbre, Faiseurs de tombes, épitaphes, manteaux de cheminées & autres ouvrages de marbre ou pierres simples polies, gravées & sculptées; mais les Jurez Sculpteurs & Peintres de Paris, de qui ils avoient toûjours dépendus, y ayant formé opposition au nom de leur Communauté, il intervint Sentence du Châtelet du 10 Novembre 1610, par laquelle il fut fait défense aux Marbriers de prendre la qualité de Maîtres, ni de proceder à l'élection des Jurez, avec permission neanmoins d'user dans leurs maisons de la scie & polissure pour les marbres

bres lorsqu'il leur sera commandé tant par les Sculpteurs & Peintres que Bourgeois.

Les Marbriers ayant appellé de cette Sentence, elle fut confirmée par deux Arrêts du Parlement, l'un du 16 Avril 1611 & l'autre du 14 Janvier 1612; ce dernier ordonne d'abondant qu'ils seroient tenus de fermer leur boutique & de se contenir au terme du premier Arrêt qui avoit ordonné l'execution de la Sentence.

Enfin l'affaire ayant été porté au Conseil, & les Marbriers y ayant demandé de joüir de leurs lettres de maîtrise suivant l'Edit & leurs statuts du mois d'Octobre 1609, ils en furent de nouveau deboutez par Arrêt du 20 Mars 1612.

Il y a encore une Sentence du Châtelet du 23 Janvier 1625 renduë sur quelques contraventions à la poursuite des Jurez des Maîtres Peintres & Sculpteurs, qui ordonne qu'en execution des Sentences & Arrêts ci-dessus rapportez, les Marbriers ne pouroient faire marchandise de marbre ni en acheter; mais seulement travailler de la scie & polissure aux ouvrages qui leur seroient baillez. Les choses depuis sont demeurées sur ce pied-là.

Les ouvrages ausquels travaillent les Marbriers sont tous ceux où il faut scier le marbre, le tailler & le polir, à la reserve neanmoins des statuës, bas reliefs & autres ouvrages de Sculpture qu'il n'appartient de faire qu'à ceux qui sont membres de l'Academie de Peinture, Sculpture, Graveure, &c. & aux Maîtres Sculpteurs & Peintres de Paris.

A l'égard des outils & instrumens propres à débiter, scier, tailler & polir le marbre, ils sont communs aux Sculpteurs & Marbriers. Les plus ordinaires, car chacun en fait forger à sa mode & suivant son besoin, sont:

La scie sans dents & ce qui en dépend, comme la sebille, galle ou jatte pour mettre l'eau & le grais battu, & la cuilliere à prendre l'un & l'autre dans la jatte; les scies à main, la masse, la marteliere, le maillet, la pointe, la dent dechien, le ciseau, la gradine, la hongnette, les rondelles, la boucharde, la rape, l'outil crochu, les trepans de diverses sortes, les fermoirs, la ripe: le niveau, le poinçon; le grattoir & les compas.

MARBRIERE. Lieu d'où l'on tire le marbre. On dit plus ordinairement Carriere de marbre.

MARC. Poids dont on se sert en France & en plusieurs Etats de l'Europe, pour peser diverses sortes de marchandise & particuliérement l'or & l'argent: c'est principalement dans les Hôtels des monnoyes & chez les Marchands qui ne vendent que des choses pretieuses ou de petit volume que le marc & ses divisions sont en usage.

Avant le regne de Philippes premier l'on ne se servoit en France, sur tout dans les monnoyes, que de la livre de poids, composée de 12 onces. Sous ce Prince, environ vers l'an 1080, on introduisit dans le commerce & dans la monnoye le poids de marc dont il y en eut d'abord de diverses sortes, comme le marc de Troye, le marc de Limoges, celui de Tours & celui de la Rochelle, tous quatre differents entr'eux de quelques deniers. Enfin ces marcs furent reduits au poids de marc, sur le pied qu'il est aujourd'huy.

Le marc est divisé en 8 onces, ou 64 gros, ou 192 deniers, ou 160 esterlins, ou 300 mailles ou 640 felins, ou 4608 grains.

Ses subdivisions sont, chaque once en 8 gros, 24 deniers, 20 esterlins, 40 mailles, 80 felins & 576 grains.

Le gros en 3 deniers, 2 esterlins & demi, 5 mailles, 10 felins & 72 grains.

Le denier en 24 grains, l'esterlin en 28 grains 4 cinquiémes de grains.

Le felin en 7 grains 1 cinquieme de grain.

Enfin le grain en demi, en quart, en huitiéme, &c.

Toutes ces diminutions sont expliquées plus amplement à leurs propres articles.

Il y a à Paris dans le cabinet de la Cour des monnoyes, un poids de marc original gardé sous trois clefs, dont l'une est entre les mains du premier President de cette Cour; l'autre en celle du Conseiller commis à l'instruction & jugement des monnoyes, & la troisiéme entre les mains du Greffier.

C'est sur ce poids que celui du Châtelet fut étalonné en 1494, en consequence d'un Arrêt du Parlement du 6 Maî de la même année, & c'est encore sur ce même poids que les Changeurs & Orfevres, les Gardes des Apoticaires & Epiciers, les Balanciers, les Fondeurs, enfin tous les Marchands & autres qui pesent au poids de marc sont obligez de faire estalonner ceux dont ils se servent.

Tous les autres Hôtels des monnoyes de France ont aussi dans leurs greffes un marc original, mais verifié sur l'étalon du cabinet de la Cour des monnoyes de Paris.

Il sert à étalonner tous les poids dans l'étenduë de ces monnoyes. A Lyon on dit Eschantiller, & en Bourgogne Egantiller, au lieu d'étalonner. *Voyez* ESTALON *&* ESTALONNER.

Louis XIV. ayant souhaité que le poids de marc dont on se servoit dans les Pays conquis fut égal à celui du reste du Royaume, envoya en 1686 le sieur de Chasse-bras, Deputé & Commissaire pour cet établissement.

Les anciens estalons, qu'on nommoit Poids dormans, luy ayant été representez, comme il paroit par son procès verbal, & ayant été trouvez dans quelques lieux plus forts & dans d'autres plus foibles que ceux de France, furent deformez & brisez, & d'autres établis à leur place pour être gardez à la monnoye de Lisle, & y avoir recours à la maniere observée dans les autres Hôtels des monnoyes du Royaume. Ces nouveaux estalons sont époinçonnez & marquez de L couronnée de la couronne Imperiale de France, & continuent d'y être appellez poids dormans, comme les anciens, qui avoient pour marque un soleil, au dessus duquel étoit une fleur de lys.

En Hollande, particulierement à Amsterdam, le poids de marc se nomme Poids de Troy, il est égal à celui de Paris. *Voyez* POIDS. *Voyez aussi* LIVRE.

On appelle en Angleterre un Marc les deux tiers d'une livre sterling. Sur ce pied les mille marcs font six cens soixante-six & deux troisiémes de livres sterling. *Voyez* LIVRE, *où il est parlé de la monnoye de compte.*

L'or & l'argent se vendent au marc, comme on l'a dit ci-dessus; alors le marc d'or se divise en vingt-quatre karats, le karat en huit deniers, le denier en vingt-quatre grains, & le grain en vingt-quatre primes.

Autrefois on contractoit en France au marc d'or & d'argent; c'est-à-dire, qu'on ne comptoit point les especes dans les grands payemens pour les ventes & pour les achats, mais qu'on les donnoit & recevoit au poids de marc.

Avant les frequens changemens arrivez dans les monnoyes de France sous le regne de Louis XIV. on faisoit quelque

chose

chose de semblable dans les caisses considerables, ou les sacs de mille livres en écus blancs de trois livres pieces, ne se comptoient pas, mais se donnoient au poids.

Lorsque dans une faillite ou abandonnement de biens l'on dit que des creanciers seront payez au marc la livre, cela doit s'entendre qu'ils viennent à contribution entr'eux sur les effets mobiliers du debiteur, chacun à proportion de ce qui lui peut être dû. C'est ce qu'on appelle ordinairement Contribution au sol la livre.

Marc. S'entend aussi d'un poids de cuivre composé de plusieurs autres poids emboîtez les uns dans les autres, qui tous ensemble ne font que le marc, c'est-à-dire, 8 onces, mais qui separez servent à peser jusqu'aux plus petites diminutions du marc. Ces parties du marc faites en forme de gobelets, sont au nombre de huit, y compris la boête qui les enferme tous, & qui se ferme avec une espece de mantonnerie à ressort, attaché au couvercle avec une charniere. Ces 8 poids vont toûjours en diminuant à commencer par cette boête, qui toute seule pese quatre onces, c'est-à-dire, autant que les sept autres; le second est de deux onces, & pese autant que les six autres, ce qui doit s'entendre, sans qu'on le repete de toutes les diminutions suivantes, hors les deux dernieres; le troisiéme pese une once, le quatriéme une demie once ou quatre gros, le cinquiéme deux gros, le sixiéme un gros; enfin le septiéme & le huitiéme qui sont égaux, chacun un demi-gros, c'est-à-dire, un denier & demi, ou trente-six grains, à compter le gros à trois deniers & le denier à vingt-quatre grains.

Ces sortes de poids de marc, par diminution, se tirent tous fabriquez de Nuremberg; mais les Balanciers de Paris & des autres Villes de France, qui les font venir pour les vendre, les rectifient & les ajustent en les faisant verifier & estalonner sur le marc original & ses diminutions, gardez, comme on l'a dit, dans les Hôtels des Monnoyes.

Marc Lubs. Monnoye de compte en usage à Hambourg, qui revient à une livre tournois de France. La risdale de Hambourg qui est semblable à l'écu de soixante sols de France, est composée de trois marcs lubs, chaque marc lubs de seize sols lubs, en sorte que la risdale est de 48 sols lubs.

Marc Lubs. C'est aussi une monnoye d'argent de Dannemarc qui vaut seize sols lubs, ce qui revient à vingt sols de France. On l'appelle quelquefois Marc Dansch. Cette monnoye a ses diminutions & il y a des demi-marcs lubs & des quarts qui valent à proportion, c'est-à-dire, l'un dix sols de France & l'autre cinq sols. Le schesdal est un double marc lubs, & vaut quarante sols.

Marc. C'est aussi une monnoye de cuivre de Suede; qui vaut environ deux sols six deniers de France; en sorte que le pair de l'écu de France de soixante sols est de vingt-quatre marcs. Le marc vaut huit roustiques ou roustiqs, & chaque roustique deux alleveures. Le marc d'argent qui est une monnoye imaginaire ou de compte, vaut trois marcs de cuivre. Quelques Auteurs donnent neanmoins le marc d'argent pour une monnoye réelle de Suede.

Marc Franc. C'est la premiere des quatre sortes de marc dont se servent les Charpentiers pour marquer les pieces de bois façonnées qui doivent être employées à la construction de quelque bâtiment, pour connoître celles de chaque côté.

Les 3 autres marques sont, le contre-marc, le crochet & la patte d'oye. Quand ces quatre marques ne suffisent pas à cause du grand nombre de pieces du même assemblage, on fait des ronds avec la roinette, ou des chiffres avec le traceret. *V.* Contre-Marc, Crochet & Patte d'oye.

MARCADANT, qu'on écrit plus ordinairement Mercadant. *Voyez* Mercadant.

MARCAIGE. Droit qui est dû au Roy sur les panniers de poisson de mer qui sont vendus à la halle. Ce droit est confondu avec plusieurs autres droits qui ont été alienez du domaine, & cedez aux vendeurs de marée moyennant finance.

MARCASSITE. Mineral metallique qui est comme le germe & la matiere premiere des metaux.

Suivant cette définition il devroit y avoir autant de marcassites que de métaux, & il y a apparence que cela est aussi. Cependant les Marchands Epiciers-Droguistes n'en vendent que de trois sortes, sçavoir celles d'or, celles d'argent & celles de cuivre. Quelques-uns croyent neanmoins que l'aimant est la marcassite du fer, l'étain de glace naturel celle de l'étain, & le zain mineral celle du plomb; mais laissant ces sçavantes tenebres à pénetrer aux Physiciens ou aux Chymistes, on ne parlera ici que des trois marcassites qui sont connuës & hors de dispute, & dont on fait negoce.

La marcassite d'or est ordinairement en petites boules rondes, fort pesantes & difficiles à casser; celle d'argent est à peu près de la même figure, mais moins colorée; celle de cuivre est quelquefois ronde ou plate, mais le plus souvent bossuë, de la grosseur d'une balle de jeu de paume; la ronde s'appelle Marcassite à rognon; la longue, Marcassite à boudin: l'une & l'autre rompuë en morceaux est d'un jaune doré & toute en éguilles qui forment une espece de soleil.

Il faut conserver la marcassite de cuivre dans des lieux secs, car quoiqu'elle soit très-solide & très-dure, l'humidité la penetre aisément, la convertit en vitriol, & enfin la reduit à rien.

Outre ces trois sortes de marcassites, on en vend encore chez les Droguistes de quarrées, de plates, de grises, de noires, de jaunes, &c. mais le sieur Pomet à qui sur ces sortes de choses il semble qu'on doive se fier, avouë de bonne foy dans son Histoire generale des drogues, que ceux qui les vendent & que ceux qui les achettent n'y connoissent pas plus les uns que les autres, & que c'est travailler en vain que d'épuiser sa chimie sur de tels mineraux.

Les marcassites payent en France les droits d'entrée à raison de cent sols le cent pesant, conformement au Tarif de 1664.

Les droits de la Doüane de Lyon sont de 5 liv. le buste; on nomme ainsi les barils dans quoy on les envoye qui en contiennent environ un quintal.

MARCHAND. Ce terme signifie en general toute personne qui négocie, qui trafique, ou qui fait commerce, c'est-à-dire, qui achete, qui troque, ou qui fait fabriquer des marchandises, soit pour les vendre en boutique ouverte ou en magasin, soit aussi pour les débiter dans les foires & marchez, ou pour les envoyer pour son compte dans les Pays étrangers. On se sert quelquefois parmi les Negocians du terme étranger Mercantiste, pour signifier Marchand. *Voyez* Profession mercantille.

Il y a des Marchands qui ne vendent qu'en gros, d'autres qui ne vendent qu'en détail, & d'autres qui font tout ensemble & le gros & le détail. Les uns ne font commerce que

que d'une forte de marchandise, les autres de plusieurs sortes; il y en a qui ne s'attachent qu'au negoce de mer, d'autres qui ne font que celui de terre, & d'autres qui font conjointement l'un & l'autre.

Pour qu'un Marchand soit reputé veritablement habile homme, & capable d'entreprendre & de faire toute sorte de commerce soit de terre soit de mer, il doit sçavoir plusieurs choses.

1o. Ecrire proprement & correctement.

2o. Toutes les regles d'arithmetique qui ont du rapport au commerce.

3o. Tenir les livres en parties doubles ou simples, journaux, grands livres & autres.

4o. Dresser des factures, des comptes, des societez, des chartes parties, des lettres de voiture, des contrats de grosse avanture & polices d'assurance, des lettres & billets de change, des lettres missives, des sentences arbitrales, des conventions, des marchez, & generalement toutes les écritures qui sont en usage parmi les Marchands & Negocians.

5o. Le rapport qu'il y a entre les monnoyes, les poids & les mesures de toutes sortes de pays.

6o. Les lieux où se manufacturent les differentes sortes de marchandises, de quelle maniere elles se fabriquent, quelles sont les matieres dont elles sont composées & d'où elles viennent, l'apprêt que l'on donne à ces matieres avant que de les travailler, & aux marchandises après qu'elles sont fabriquées.

7o. Les longueurs & largeurs que les étoffes de soye, de laine & de poil, les toiles, les basins, les futaines, &c. doivent avoir suivant les divers Statuts & Reglemens des lieux où elles se manufacturent, leurs differens prix suivant les tems & les saisons.

8o. Les teintures & ingrediens qui entrent dedans pour la formation des differentes couleurs.

9o. Quelles sont les sortes de marchandises qui se trouvent plus dans un pays que dans un autre, celles qui y sont rares, leurs différentes especes & qualitez, & la maniere dont il s'y faut prendre pour les faire venir à bon marché; soit par terre, soit par mer ou par les rivieres.

10o. Quelles sont les marchandises permises & celles qui sont défenduës, tant pour l'entrée que pour la sortie des royaumes & Etats.

11o. Le prix du change suivant le cours des differentes places, & ce qui est cause qu'il hausse & qu'il baisse.

12o. Les droits qu'il faut payer tant pour l'entrée que pour la sortie des marchandises suivant l'usage des lieux, les Tarifs & les Reglemens.

13o. La maniere de bien empaqueter, emballer & entonner les marchandises pour les bien conserver.

14o. A quel prix & à quelle condition on peut freter un vaisseau Marchand, & assurer sur les marchandises que l'on porte d'un pays à un autre.

15o. La bonté & la valeur de toutes les choses nécessaires pour la construction & radoube des vaisseaux, les diverses manieres de les construire, ce que peuvent coûter les bois, le fer, les mâts, les cordages, les ancres, les canons, les voiles & tout ce qui peut convenir pour les équiper.

16o. Les gages que l'on donne ordinairement aux Capitaines, Officiers & Matelots, & la maniere de faire leur engagement.

17o. Les langues étrangeres qui peuvent se renfermer à trois principales outre la naturelle du pays d'où l'on est; premiérement l'Espagnole qui est en usage dans presque tout l'Orient, particuliérement sur les Côtes d'Affrique depuis les Canaries jusques au Cap de bonne Esperance; secondement l'Italienne, étant entenduë dans toutes les Côtes de la mer Mediterranée & dans beaucoup d'endroits du Levant, & troisiémement la Theutonique ou Allemande, qui s'entend dans presque tous les Pays du Nord.

18o. La Jurisprudence Consulaire, les Loix, les Coûtumes des Chambres d'assurances & des Consulats, suivant les differens pays, & generalement toutes les Ordonnances, Reglemens & Arrêts qui ont du rapport au commerce soit de terre, soit de mer.

19o. Enfin quoiqu'il ne soit pas nécessaire qu'un Marchand soit bien sçavant, il est cependant à propos qu'il sçache un peu l'Histoire, particuliérement celle de son Pays, la Geographie, l'Hidrographie ou la science de la navigation, & qu'il ait connoissance des découvertes des pays où le negoce s'est établi; de quelle maniere il s'y est établi, des Compagnies qui se sont formées pour soûtenir ces établissemens, des colonies qu'on y a envoyées, dont il ne manque pas de memoires, presque tous inserez dans ce Dictionnaire, & qu'il peut aussi apprendre des relations faites par les voyageurs. Toutes ces choses sont d'une très-grande utilité pour les entreprises de commerce qu'il sera dans le dessein de faire.

Les Marchands Grossiers ou Magasiniers, sont ceux qui vendent en gros dans les magasins.

Les Marchands Détailleurs sont ceux qui achettent des Manufacturiers & Grossiers pour revendre en détail dans les boutiques: A Lyon & en d'autres endroits on les appelle aussi Marchands Boutiquiers.

A Amsterdam & presque dans toute la Hollande on ne fait aucune difference entre les Marchands Grossiers & les Détailleurs, étant permis à tout Marchand de vendre sa marchandise en si grande & si petite partie qu'il lui plaît.

Il faut néantmoins en excepter les Marchands qui reçoivent des vins & des eaux de vie des pays étrangers, qui ne sont pas reçûs Marchands de vin, à qui il n'est pas permis de vendre moins de deux tonneaux de vin ou d'une piece d'eau de vie à la fois, à cause du tort qu'ils pourroient faire aux Marchands Détailleurs de vin & d'eau de vie. Comme cependant il n'en coûte que 52 florins ou environ pour se faire recevoir Marchand de vin, il y a très-peu de Grossiers qui ne se fassent recevoir dans le Corps de ces Marchands pour avoir le privilege du détail.

Les Marchands Forains sont non-seulement ceux qui frequentent les foires & marchez, mais encore tous les Marchands étrangers qui viennent apporter dans les Villes des marchandises pour les vendre à ceux qui tiennent boutiques & magasins.

A l'égard des Marchands Forains, il faut remarquer que les marchandises & autres effets mobiliers des Marchands étrangers qui viennent trafiquer dans le Royaume dans le dessein de s'en retourner & qui y decedent, ne sont point sujets au droit d'aubaine.

Les Marchands fréquentant les foires de Lyon ont encore un privilege particulier touchant le droit d'aubaine, les Consuls & Echevins de cette Ville ayant obtenu des Lettres Patentes au mois de Mars 1583, qui exempte de ce droit

droit tous étrangers allant & venant ou retournant des foires de Lyon, demeurant, séjournant ou residant en cette même Ville, negociant sous la faveur des privileges d'icelles, sans neanmoins y comprendre les immeubles & rentes constituées quelque part qu'elles le soient, lesquelles pour ce regard sont tenuës & reputées pour immeubles, & comme telles sujetes au droit d'aubaine, à moins qu'ils n'ayent obtenu des lettres de naturalité.

Outre le droit d'aubaine dont les Marchands étrangers, frequentant les foires de Lyon, sont exemts, ils sont encore déchargez, la guerre avenant, de tous droits de marque, contremarque, présaille & répresaille, conformement aux anciens privileges de ces foires, confirmez par Lettres Patentes du mois de Juin 1615, & Arrêt du Conseil d'Etat du 22 Août 1626.

Les Ordonnances de Police & les Statuts de la plûpart des Corps & Communautez des Marchands de Paris, veulent que les Marchands Forains apportent & déchargent leurs marchandises dans les halles, foires, marchez, bureaux & Chambres à ce destinez, pour y être vûës, visitées, marquées, lotties & venduës publiquement, afin d'empêcher les contraventions aux Statuts & Reglemens, & les monopoles que les plus forts Marchands pourroient faire au prejudice des plus foibles.

Il est défendu aux Marchands des Villes d'aller au devant des Marchands Forains pour acheter leurs marchandises en chemin.

On appelle à Paris les Six Corps des Marchands les anciennes Communautez des Marchands qui vendent les plus considerables marchandises.

Les premiers sont les Drappiers, Chaussetiers. *Voyez* DRAPPERIE.

Les seconds sont les Epiciers, Apoticaires, Droguistes, Confiseurs, Ciriers. *Voyez* EPICERIE.

Les troisiémes, les Merciers, Joüailliers, Quinquailliers. *Voyez* MERCERIE.

Les quatriémes, sont les Pelletiers, Foureurs, Haubaniers. PELLETERIE.

Les cinquiémes sont les Bonnetiers, Aumulciers, Mitonniers. *Voyez* BONNETERIE.

Et les sixiémes sont les Orfevres, Joüailliers. *Voyez* ORFEVRERIE.

Les Marchands de vin sont ceux qui trafiquent du vin, ou qui en achetent pour le revendre.

Il y a des Marchands de vin en gros & des Marchands de vin en détail. Les Marchands de vin en gros sont ceux qui le vendent en pieces dans des celliers, magasins & halles. Les Marchands de vin en détail s'appellent autrement Cabaretiers & Taverniers: ce sont eux qui le débitent à pot & à pinte dans les caves, cabarets & tavernes.

Il y a à Paris un Corps ou Communauté de Marchands de vin qui comprend tous ceux qui font l'une & l'autre espece de commerce; mais quoiqu'il soit considerable & très-puissant, soit par le grand nombre de Sujets qui le composent, soit par la richesse de plusieurs d'entr'eux, il n'a pû encore obtenir des six anciens Corps d'être traité d'égal avec eux, & d'être reçû dans leurs assemblées générales, quoique d'ailleurs il joüisse presque de tous leurs privileges.

Le Corps des Marchands de vin doit son établissement à Henry III. Avant son Regne le commerce de vin, soit en gros, soit en détail, étoit presque libre à toutes sortes de personnes; & pour le faire il suffisoit à Paris & par-tout ailleurs dans le Royaume, de quelques légéres permissions qu'on obtenoit aisément & à peu de frais, ou des Officiers de Police du Roy, ou de ceux des Seigneurs qui avoient le droit de ban, c'est-à-dire, de vente de vin.

Cette grande liberté dont joüissoient les Marchands de vin fut un peu restrainte par l'Edit de Henry III. du mois de Mars 1577, qui, pour donner ordre aux abus qui se commettoient sur le fait de la marchandise de vin, comme il l'expose dans son Edit, ordonna, Que nul à l'avenir ne pourroit tenir hôtelleries, cabarets & tavernes ordinaires, qu'il n'eût pris des Lettres de Permission.

Cela ne regardoit que les Marchands de vin en détail; mais quatre années après le même Roy en donna un autre au mois de Decembre 1581, qui obligea les Marchands de vin en gros de prendre de semblables Lettres, & qui revoquoit toutes autres Lettres de permission ou congez donnez jusqu'alors, soit par ses Prédecesseurs Rois, soit par les Particuliers prétendant avoir droit d'en donner.

Les deux Edits furent executez, & il fut délivré près de sept à huit cens Lettres pour la seule Ville de Paris, partie aux Marchands en détail, partie aux Marchands en gros.

Ce grand nombre de Marchands n'avoit encore rien de commun que la qualité de leur commerce; & ne formant entr'eux ni Corps ni Communauté, ils n'avoient ni Statuts, ni Maîtres & Gardes, ni Jurez: mais ayant été troublez par les Maîtres Vinaigriers dans la liberté qu'ils avoient toûjours eu de convertir en vinaigre leurs vins gâtez & leurs lies, & d'avoir chez eux des presses ou bacules pour cet usage, ils s'unirent non seulement pour se pourvoir au Conseil en cassation d'un Arrêt du Parlement obtenu contr'eux le 10 Mars 1581 par les Vinaigriers, mais encore pour demander d'être érigez en Corps & Communauté; ce qu'ils obtinrent par des Lettres Patentes en forme de Chartres données à Paris au mois de Decembre 1585.

La clause de leur érection porte, Que tous les Particuliers Marchands de vin en gros, Hôteliers, Taverniers & Cabaretiers seroient tenus de prendre du Roy des Lettres de provision dans un mois, pour avoir la faculté de faire des vinaigres, cendres & gravelées, & de les vendre en gros aux Marchands Forains, & qu'en consequence ils seroient érigez en état juré pour y avoir Corps, Confrerie & Communauté, avec permission d'élire de deux ans en deux ans quatre Maîtres & Gardes, ainsi qu'il se fait dans les autres Communautez de la marchandise de la Ville de Paris.

Ces Lettres furent enregistrées en Parlement le 28 Juin 1587, nonobstant l'opposition que les Vinaigriers y avoient formée le 22 Avril 1586.

Le 21 Août de la même année 1587, les Statuts dressez pour cette nouvelle Communauté furent renvoyez par Arrêt du Conseil aux Officiers du Châtelet; qui en ayant donné leur avis le 9 Septembre ensuivant, le Roy les agréa & confirma par son Edit du mois d'Octobre aussi de la même année, enregistré en Parlement le 6 Août 1588.

Les Lettres-Patentes d'erection & les Statuts des Marchands de vin ont été depuis confirmez par tous les Rois successeurs de Henry III. au mois d'Avril 1594, par Henry IV. au mois de Juin 1611, & encore au mois de May 1615, par Louis XIII. & enfin Louis XIV. au mois d'Août 1647, & au mois d'Août 1686. L'on parlera plus au long de des deux dernieres confirmations, après avoir donné ici un extrait de ces Statuts si souvent confirmez,

Le Corps ou la Communauté des Marchands de vin, comme on l'a déja dit, est composée de Marchands en gros & de Marchands en détail; mais par le Reglement de 1577, & par la Déclaration de 1644, rapportez à l'article des Vendeurs de vin, & encore par l'Ordonnance de la Ville de 1672, & celle des Aydes de 1680, il n'est pas permis à tous ceux qui y sont reçûs de faire indifféremment l'un & l'autre commerce; les Hôteliers-Cabaretiers Taverniers ne pouvant faire le négoce en gros, & étant obligez d'acheter leurs vins sur les Ports & dans les Places publiques de Paris; & au contraire les Marchands en gros n'en pouvant débiter en détail, & étant tenus d'aller chercher leurs vins à vingt lieuës au delà de la Ville. Il y a encore dans ces Reglemens & Déclaration plusieurs articles de police qui distinguent le commerce de vin en gros de celui en détail, qu'on ne repetera pas ici. *Voyez* VENDEURS DE VIN.

Les Statuts de ce Corps consistent en vingt-neuf articles, dont les dix derniers, à l'exception du vingt-neuviéme, concernent l'élection, les fonctions & les droits des Maîtres & Gardes, qui presque en tout sont égalez aux Maîtres & Gardes de la Drapperie & des autres Corps des Marchands de Paris, aux Statuts desquels il est renvoyé pour plus grande intelligence.

Les Gardes de la marchandise de vin sont au nombre de quatre, dont deux sont élus chaque année pardevant le Prevôt de Paris ou son Lieutenant Civil, le Procureur du Roy aussi present, qui doit recevoir le serment des nouveaux Elûs.

Les mêmes Maîtres ne peuvent être appellez deux ans de suite pour l'élection, ni tout le Corps y assister; mais pour la convocation, les Reglemens faits pour le Corps de la Drapperie doivent être observez.

Les Maîtres élûs Gardes sont obligez d'accepter, s'ils n'ont des excuses valables, ou des empêchemens légitimes.

Les Anciens qui sortent de Charge sont tenus de remettre à ceux qui leur succedent les Statuts, Registres, Titres, Arrêts, Sentences & autres enseignemens concernant le Corps & Communauté; à quoy en cas de refus ils peuvent être contraints par toutes voyes dûës & raisonnables. Les visites des Maîtres & Gardes se font comme dans les six Corps.

Nul ne peut être reçû Maître qu'il n'ait été Apprentif pendant quatre ans, ou qu'il ne soit Fils de Maître.

Nul Maître n'a droit d'obliger plus d'un Apprentif à la fois.

Les veuves peuvent achever l'Apprentif commencé par leur mari, mais non en faire un nouveau: du reste elles joüissent de tous les privileges du Corps, & peuvent avoir chez elles un Serviteur pour s'en servir au fait de leur marchandise de vin.

Nul ne peut prendre l'Apprentif ou Serviteur d'autrui sans un congé par écrit, ni l'Apprentif accusé de larcin ou autre mauvaise action, qu'il ne s'en soit purgé.

Si un Maître transporte à un autre l'apprentif qu'il a obligé, les Gardes en doivent être avertis, pour en faire mention sur leur Registre.

Aucun n'est reçû à la Maîtrise qu'il n'ait obtenu Lettres de Provisions du Roy, & qu'il ne fasse apparoître de la quittance du droit qu'il en a payé.

Il est fait défenses à tous les Maîtres d'exercer les états de Vendeurs de vins, ou de Courtiers en Office, tant qu'ils seront reputez du Corps: pareilles défenses sont faites d'avoir chez eux des cidres & poirez pour en faire négoce, comme aussi de vendre du vin recueilli par terre.

Enfin il y a quelques articles concernant la fabrique & vente de vinaigre, cendre gravelée, lie, &c. que ces Maîtres étoient tenus d'observer tant que le commerce leur a été permis avec les Marchands Forains; mais qui leur sont devenus inutiles depuis que par Arrêt du Parlement du 13 Decembre 1647, le négoce en a été attribué aux seuls Vinaigriers.

Les Charges de Maîtres & Gardes ou Jurez créez en titre d'Office en 1691 pour tous les Corps & Communautez de Paris, furent incorporées à celui des Marchands de vin le 12 Juin de la même année, peu de tems après leur création, ce qui se fit aussi dans la suite des Offices d'Auditeurs des comptes, Tresoriers, &c. créez en 1694, 1702 & 1704.

Outre les Marchands de vin & Cabaretiers qui composent le Corps dont on vient de donner l'extrait des Statuts, il y a encore douze Marchands de vin & vingt-cinq Cabaretiers suivant la Cour, & plusieurs des cent Suisses de la Garde du Roy, qui font commerce de vin, soit en gros, soit en détail dans la Ville & Fauxbourgs de Paris, & qui y ont leurs celliers, magasins, cabarets & caves ouvertes, sans être tenus des visites des Maîtres & Gardes, mais qui sont seulement soumis à celle du Grand Prevôt de l'Hôtel, ou de ses Officiers.

Une des premieres & des plus importantes occasions où les six anciens Corps des Marchands ayent témoigné qu'ils ne vouloient souffrir aucune égalité avec le nouveau Corps des Marchands de vin, fut celle qui se présenta en l'année 1610.

Le Roy Henry IV. dont la mort tragique & si fatale à la France suivie bien-tôt après, ayant résolu de faire couronner la Reine à S. Denis, & de lui faire une entrée magnifique à Paris, les Corps furent avertis par les mandemens du Prevôt des Marchands & des Echevins de se tenir prêts pour y assister: celui des Marchands de vin fut mandé comme les autres, avec injonction d'y venir avec des robes de velours bleu & des habits de soye pour y porter le dais, ainsi que les autres Maîtres & Gardes.

Les six Corps instruits du commandement y formerent opposition, & se pourvûrent au Conseil, comme n'appartenant qu'à eux l'honneur de porter le dais dans ces sortes de ceremonies; & sur leur opposition le Roy ordonna par Arrêt de son Conseil du 29 Avril de la même année 1610, qu'attendu que les Maîtres & Gardes du Corps de la marchandise de vin, n'étoient fondez en aucunes Lettres Patentes qui leur attribuassent le droit de porter le dais aux entrées des Rois & des Reines avec les Maîtres & Gardes des six Corps des Marchands, ils s'en abstiendroient; permis néantmoins à eux d'y assister avec les habits qui leur avoient été prescrits par les Prevôt des Marchands & Echevins, pour y marcher avec les six Corps selon le rang qui leur seroit marqué.

Depuis ce premier Reglement les choses sont à peu près restées au même état; les Marchands de vin faisant tous les efforts possibles dans les conjonctures qu'ils croyent favorables pour s'ériger en septiéme Corps, & les six anciens

anciens Corps s'y opposant toujours avec la même fermeté.

Les Lettres Patentes de Louis XIV, du 17 Juillet 1647, dont on s'est contenté de donner ci-dessus la datte, sembloient avoir terminé leurs différents : le Roy encore mineur y accorde d'abord en général au Corps des Marchands de vin en consideration des grandes sommes qu'ils avoient financées, tous les honneurs & prérogatives dont joüissent les autres Corps : mais entrant dans le détail, il ordonne, Qu'à l'avenir ils auront part à l'honneur de porter le dais aux entrées des Rois & des Reines, & d'assister à toutes telles cérémonies; qu'en outre ils seront appellez aux assemblées pour l'élection des Juges-Consuls, & à toutes autres assemblées publiques & particulieres; avec injonction aux Prevôt des Marchands & Echevins de leur adresser leurs Ordonnances & Mandemens dans toutes les occasions comme aux autres six Corps, à peine de nullité pour toutes desdites assemblées où les Maîtres & Gardes de la marchandise de vin ne seroient point invitez.

Les guerres civiles de la minorité qui survinrent bien tôt après & d'autres incidens ayant empêché pendant près de quarante ans les Marchands de vin de présenter leurs Lettres au Parlement, pour y être verifiées & enregistrées, ils obtinrent des Lettres de Suranation le 30 Juin 1686; qui ayant été portées au Parlement, il y eut Arrêt du 23 Juillet ensuivant, qui ordonna qu'avant de proceder à l'enregistrement, les Lettres & Statuts seroient communiquez aux Lieutenant Général de Police & Procureur du Roy du Châtelet, pour sur icelles donner leur avis.

Enfin les Lettres & Statuts ayant été communiquez à M. de la Reynie lors Lieutenant de Police & à M. Robert Procureur du Roy, ce dernier requit pour Sa Majesté, qu'avant d'en donner son avis, elles seroient pareillement communiquées aux six Corps des Marchands, pour en dire ce que bon leur sembleroit, en conformité de quoy le Lieutenant Général de Police ayant donné son Ordonnance le 5 Août 1687, l'Ordonnance, les Statuts & les Lettres Patentes furent signifiées l'onziéme du même mois aux Maîtres & Gardes de chacun des six Corps.

Il ne paroît pas que cette affaire si vivement commencée ait eu des suites, ni que ce septiéme Corps ait été plus intimement uni aux six anciens qu'il l'avoit été jusques-là.

Les Marchands Libraires sont ceux qui font imprimer & qui vendent & achettent toutes sortes de livres, soit en blanc, reliez ou brochez. *Voyez* Libraires.

Les Marchands de bois sont ceux qui font abbattre & façonner les bois dans les forêts pour les vendre en chantier ou sur les ports.

A Paris il y a deux sortes de Marchands de bois à brûler, les uns qu'on nomme Marchands Forains, les autres Marchands Bourgeois. Ces deux sortes de Marchands sont ceux qui font venir le gros bois par les rivieres, & c'est à eux seuls à qui il soit permis d'en faire le commerce, étant défendu aux Regrattiers d'en revendre.

Ces Marchands ne peuvent avoir de Courtiers ni de Commissionnaires pour la vente de leur marchandise, & ils sont tenus de la faire par eux-mêmes ou par leurs gens.

Le tems de cette vente est depuis sept heures du matin jusques à cinq du soir, à commencer au premier Octobre jusqu'au dernie Fevrier, & depuis six heures du matin jusqu'à sept heures du soir pour le reste de l'année.

Ces Marchands ne peuvent acheter les bois des autres Marchands pour les revendre, ni se mêler eux & leurs gens de mesurer ou compter les bois qu'ils vendent. *Voyez le reste des Reglemens concernant la vente des bois de chaufage à l'article general des bois.*

Ceux qui vendent des grains, comme bled, avoine, orge, &c. Ceux qui vendent de la chaux, des tuiles & des chevaux prennent aussi la qualité de Marchands.

Les Lingeres, les Grainieres, celles qui vendent en détail du poisson de mer frais, sec & salé, & d'eau douce; les Fruitieres, &c. sont appellées & reputées Marchandes publiques, & comme telles peuvent s'obliger & leur mari sans qu'il leur soit besoin d'autre autorisation; ce qui doit s'entendre seulement touchant le fait & dépendance de la marchandise dont elles se mêlent. *Art.* 234, *&* 235 *&* 236 *de la Coûtume de Paris.*

La Coûtume d'Angoumois porte que la femme Marchande publique ne peut faire aucune demande en Justice, même pour le fait de sa marchandise, sans être assignée & poursuivie par ceux avec qui elle a contracté, sans avoir besoin d'autorisation.

A l'égard de ceux des autres Communautez qui tiennent boutique ouverte, ils passent pour Artisans, encore que quelques uns prennent le titre de Marchand, comme les Ouvriers en draps d'or, d'argent & de soye, les Chapeliers, les Chandeliers, les Tanneurs, les Megissiers, les Tapissiers, les Plumassiers, & quelques autres.

Les Marchands de saline sont ceux qui vendent le poisson de mer salé, comme moruë, saumon, Maquereau, hareng, sardines, anchoix, &c. ceux-ci ne sont pour la plûpart d'aucun Corps ni Communauté, étant permis en France à chacun de faire negoce de saline.

Aucun ne peut être reçû Marchand qu'il n'ait vingt ans accomplis, & ne rapporte son brevet & certificat d'apprentissage, & du service fait depuis chez les Maîtres.

Les Marchands en gros & en détail sont reputez Majeurs pour le fait de leur commerce, & ne peuvent être restituez sous prétexte de minorité. *Art.* 3 *&* 6 *du titre* 1 *de l'Ordonn. du mois de Mars* 1673. *Voyez* Majorité.

On appelle Stile Marchand ou Stile Mercantoriste, la maniere dont les Marchands s'expriment ordinairement ou dans les discours ou dans les écritures qui concernent leur commerce.

Le Prevôt des Marchands est à Paris le premier Officier du Bureau de la Ville, où il juge avec les Echevins les differends qui regardent la police & les marchandises qui sont sur les ports, sur les rivieres & sur l'étape. *Voyez* Prevost des Marchands.

La Jurisdiction ordinaire des Marchands est celle des Juges & Consuls, qui jugent sommairement toutes les contestations & affaires de Marchand à Marchand, & pour le fait de la marchandise dont ils se mêlent. *Voyez* Consuls.

Marchand. Se dit aussi des Bourgeois & particuliers qui achettent. Cette boutique est fort achalandée, il y vient beaucoup de Marchands. On dresse les enfans & les garçons de boutique à appeller, à faire venir les Marchands. Ceux qui vendent à fausse mesure, à faux poids, trompent les Marchands.

Marchand, Marchande. Se dit des marchandises qui sont de bonne qualité, sans tarre ni défaut, & dont le débit est facile à faire. Ainsi l'on dit; Ce bled est bon, il est loyal

loyal & Marchand; Cette moruë est trop petite, elle n'est pas Marchande.

Les Villes Marchandes sont celles où il se fait un grand négoce de marchandises, soit par raport aux Ports de mer & aux grandes rivieres qui en facilitent le transport, ou à la quantité des manufactures qui sont établies dans ces Villes.

On appelle Vaisseaux Marchands, toutes sortes de navires ou bâtimens de mer qui ne servent qu'à transporter des marchandises d'un endroit dans un autre. *Voyez* NAVIRE.

On dit qu'une riviere est marchande, lorsqu'elle est propre pour la navigation, qu'elle a suffisamment d'eau pour porter les batteaux, qu'elle n'est ni debordée ni glacée. On a rendu par art avec des éclufes plusieurs rivieres marchandes en des endroits où elles ne l'avoient jamais été. La Loire n'est pas marchande la plus grande partie de l'année, à cause de son peu de profondeur & des sables dont elle est remplie.

MARCHAND. Se dit proverbialement en ces phrases: Marchand qui perd ne peut rire: & au contraire l'on dit: Il n'est pas Marchand qui toûjours gagne. On dit, De Marchand à Marchand il n'y a que la main; pour faire entendre que les Marchands font leurs marchez de parole & sans écrit, & en se frappant dans la main. On dit à celui qui a acheté une chose dont le prix paroît trop médiocre: Vous avez trompé le Marchand; & lorsque l'on la demande à trop bon marché, on dit: Ce n'est pas le profit du Marchand.

On dit qu'un Négociant a été mauvais Marchand d'une chose, lorsqu'il a fait quelque mauvaise affaire où il y a eu beaucoup à perdre. On dit aussi qu'il faut être Marchand ou larron, pour exciter ceux qui achetent à se fier à la foy & à la parole de celui qui vend. On dit aussi, Disner de Procureur & souper de Marchand; à cause que ces derniers ne peuvent se reposer ni manger à leur aise que le soir, après que leurs affaires sont faites.

MARCHAND D'EAU DE VIE. C'est ainsi que se qualifient les Maîtres Limonadiers de la Ville & Fauxbourgs de Paris, érigez en Communauté en 1676. *Voyez* LIMONADIER.

MARCHAND DE CRESPIN. Petit Mercier-Quincaillier qui vend tous les outils, les denrées & marchandises qui servent & qui s'employent dans le métier des Cordonniers & Savetiers. *Voyez* CRESPIN.

MARCHANDER. Offrir de l'argent de quelque marchandise que l'on veut acheter, faire ensorte de convenir de prix. Pour n'être pas trompé dans l'achat des marchandises il faut sçavoir marchander, étant désavantageux d'être pris au mot.

Il faut néantmoins remarquer qu'il y a grande différence entre Mésoffrir & Marchander; ce dernier étant prudence & bon ménage, & l'autre une vraye tracasserie.

MARCHANDISE. Se dit de toutes les choses qui se vendent & débitent, soit en gros, soit en détail, dans les magasins, boutiques & foires, même dans les marchez; telles sont les drapperies, les soiries, les épiceries, les merceries, les pelleteries, la bonneterie, l'orfevrerie, les grains, &c. Cette boutique est bien achalandée, l'on n'y vend que des marchandises parfaites.

MARCHANDISE. Se prend aussi pour trafic, négoce, commerce. Ainsi l'on dit: Aller en marchandise; pour dire, aller en acheter dans les foires, dans les villes de commerce, dans les lieux de fabrique, ou les villes de commerce, dans les lieux de fabrique, ou dans les Pays Etrangers: Faire marchandise; pour dire, en vendre en boutique, en magasin. Ce Négociant ne fait marchandise que d'épiceries; son magasin en est bien fourni.

MARCHANDISES DE CONTREBANDE. Sont les marchandises prohibées ou défenduës par les ordres des Princes & Etats Souverains, soit pour l'entrée ou pour la sortie, soit même pour le débit, le port & l'usage dans l'étenduë de leurs Etats. Le terme de Contrebande est tiré de l'Italien *Contrabando*, qui veut dire, contre le ban & publication des défenses.

En France les marchandises reputées de contrebande pour la sortie, sont les armes, munitions, instrumens & autres assortimens de guerre; comme fusils, mousquets, pistolets, canons, mortiers, petards, bombes, grenades, saucissons, cercles poissez, affuts, poudre à feu, méches, salpêtre, balles, boulets, piques, épées, casques, cuirasses, hallebardes, javelines, selles de chevaux, fourreaux de pistolets, buffles, bandoüillieres, baudriers, ceinturons, &c. les laines, le chanvre & le lin du cru du Royaume, les fils de lin, de chanvre & d'étoupe, les chardons à Bonnetiers & à Drappiers, les chevaux de toutes sortes; les grains, comme blé, seigle, orge, avoine; les légumes, comme pois, féves, lentilles, &c. l'or & l'argent en barre, lingots ou vaisselle, monnoyé ou non monnoyé; les pierreries fines de toutes les sortes; les perles & les joyaux; les râpes de raisins propres à faire le vinaigre, les vieux linges, drilles & pattes à faire papier.

Les marchandises de contrebande, soit pour l'entrée, soit pour le débit, le port ou l'usage, sont les étoffes de soye, or & argent, d'écorce d'arbre, des Indes & de la Chine, & toutes sortes d'étoffes peintes ou imprimées; les étoffes de fil teint ou peint, appellez Droguets de fil; les toiles & ouvrages de coton, mousselines, & toutes autres sortes de toiles de coton blanches, peintes, teintes ou imprimées, soit aux Indes, en Hollande, en Flandre, en France ou ailleurs; les toiles de chanvre & de lin tant vieilles que neuves, peintes ou imprimées, de quelque Pays qu'elles puissent être; les glaces de Venise & de toutes sortes de Pays; les points de Venise & les mauvais livres.

Suivant les Ordonnances, Reglemens & Arrêts du Conseil, toutes les marchandises de contrebande, soit à la sortie, soit à l'entrée du Royaume, doivent être confisquées avec les équipages qui ont servi à les conduire, même les autres marchandises qui se trouvent confonduës & comprises avec elles, & les Marchands & Voituriers condamnez en des amendes, même en des peines afflictives, suivant la qualité des contraventions.

Les mêmes Ordonnances veulent encore que toutes les marchandises de contrebande qui se trouvent dans les magasins & boutiques, même dans les maisons des Particuliers, soient saisies & confisquées, & ceux à qui elles appartiennent condamnez en l'amende.

Il faut remarquer que quelquefois par raport aux occasions & aux tems, le Roy accorde des passeports & permissions sous certaines conditions, pour faire entrer ou sortir quelques marchandises de contrebande, même d'en vendre & d'en débiter.

Il faut aussi observer que toutes sortes de marchandises venant des Pays Etrangers avec lesquels Sa Majesté est en guerre déclarée, sont réputées de contrebande, à moins qu'il n'y ait passeport ou permission pour en faire commerce.

Toutes

Toutes sortes de marchandises permises & non prohibées sont sujettes en France à des droits d'entrée & de sortie, qui sont reglez par les divers Tarifs dressez au Conseil de Sa Majesté Très-Chrétienne, ou par des Déclarations & Arrêts rendus subsequemment, qui augmentent, diminuënt ou reforment lesdits Tarifs. *Voyez* TARIF. *Voyez aussi* ENTRÉE & SORTIE.

Les droits pour la sortie se payent par toutes sortes de personnes, Ecclesiastiques & Nobles, sans aucune exemption ni privilege, soit du cru ou des foires franches ou autres quelconques, suivant lesdits Tarifs, le tout compris caisses, tonneaux, balles, cordages, serpillieres & tous autres emballages, à la réserve des marchandises de soye, sur lequel le poids des emballages doit être déduit.

Cette regle générale pour le payement des droits de sortie a pourtant quelques exceptions.

1°. Les denrées & marchandises venduës & échangées, & qui sortent pendant les foires qui se tiennent en la Ville de Roüen à la Chandeleur & à la Pentecôte, ne payent que la moitié des droits.

2°. Celles qui sortent de la Ville de Lyon hors le tems des foires de ladite Ville, n'en payent aussi que la moitié, en représentant l'acquit des anciens droits engagez aux Prevôt des Marchands & Echevins de Lyon, certifié des Commis de la Doüane.

3°. Celles qui sortent pendant toute l'année pour aller & être consumées en la Ville de Sedan, ne sont pareillement sujettes qu'à la moitié des droits.

4°. Enfin on ne leve sur celles qui sont transportées par les Ecossois en leur Pays que les trois quarts desdits droits, en se purgeant par eux par serment en la maniere accoutumée.

Il faut remarquer que dans cette moderation des droits de sortie, ne sont point compris les droits de la traitte domaniale, qui sont sur toutes sortes de personnes & en tout tems levez en leur entier, nonobstant tous les privileges & exemptions.

Une autre remarque à faire sur le payement des droits de sortie des Provinces reputées étrangeres, consiste en ce que lesdits droits n'étant pas égaux dans toutes ces Provinces, lorsque les marchandises sont transportées d'une Province où les droits sont moindres qu'en une autre, le supplement en doit être payé par les Marchands.

A l'égard des droits d'entrée sur les marchandises, ils se payent pareillement comme ceux de sortie par toutes personnes exemptes ou non exemptes, y compris les emballages, à l'exception des drogueries & épiceries, sur lesquelles lesdits emballages doivent être déduits.

La regle générale n'a qu'une exception en faveur de la Ville de Lyon, où les marchandises qui y entrent pour les Habitans, & qui y sont conduites directement, ne payent que le quart des droits, en prenant par les Marchands, Facteurs & Conducteurs d'icelles des acquits à caution, pour aller payer les droits de la Doüane de ladite Ville de Lyon.

Pour le supplement, il se paye conformement au Tarif de 1664, en cas que les droits soient moins forts dans une Province que dans une autre.

Lorsque les marchandises ne sont pas comprises dans les Tarifs, soit d'entrée, soit de sortie, elles doivent être estimées à l'amiable par les Commis du consentement des Parties interessées, & lesdits droits sont perçus à raison de cinq pour cent de leur valeur; à l'exception, à l'égard de ceux d'entrée, des marchandises de soye, or & argent, poil, fil & laine, & autres semblables manufacturées aux Pays Etrangers, sur lesquelles il doit être levé dix pour cent de leur estimation.

Enfin une derniere remarque concernant les droits d'entrée que payent les marchandises en France, c'est que suivant l'Arrêt du 15 Août 1685, toutes les marchandises de Levant, d'Italie, Barbarie, Terres du Grand Seigneur, Roy de Perse & d'Afrique, tant celles apportées en droiture à Roüen ou à Dunkerque seulement, que celles qui auront été entreposées dans les Pays Etrangers, payent outre les droits ordinaires vingt pour cent de leur valeur; & que lorsque les mêmes marchandises viennent à Marseille desdits lieux en droiture, elles ne payent rien: étant néantmoins sujettes ausdits droits tant ordinaires que de vingt pour cent, si elles n'arrivent dans ladite Ville de Marseille, qu'après avoir été entreposées dans les Pays Etrangers.

L'Ordonnance de Louis XIV. du mois de Décembre 1672 pour la Ville de Paris, contient divers Reglemens concernant les marchandises qui sont voiturées par eau pour la provision de cette Capitale du Royaume, & qui arrivent & sont déchargez dans ses Ports.

Par l'article dixiéme du second chapitre de cette Ordonnance, les marchandises destinées pour la provision de Paris, ne peuvent être arrêtées sur les lieux de leur chargement ni en chemin, sous quelque prétexte que ce soit, même de saisie, soit pour créances particulieres, soit pour salaires & prix des voitures; mais nonobstant lesdites saisies, doivent être amenées à Paris, à la garde néantmoins des Gardiens, pour y être venduës & débitées sur les Ports, & les deniers en provenans retenus en justice, pour être conservez à ceux à qui ils peuvent appartenir.

L'article 2 du troisiéme chapitre défend à tous Marchands d'aller au devant des marchandises destinées pour la provision de Paris, & de les acheter en chemin, à peine contre le Vendeur de confiscation, & de la perte du prix contre l'Acheteur.

Par le troisiéme article du même chapitre lesdites marchandises doivent être amenées aux Ports destinez pour en faire la vente; & en cas que lesdits Ports se trouvent remplis, les Voituriers sont obligez de garrer leurs batteaux aux lieux destinez par le Prevôt des Marchands & Echevins.

Les 7, 8, 9 & 10me reglent la décharge des marchandises qui ne peuvent être mises à terre par les Officiers, Forts & Compagnons de riviere sans l'aveu des Proprietaires, ou du moins qu'après une sommation prealable de la part des Voituriers, ni être transportées par les Chartiers, Crocheteurs & Gagne-deniers dans les maisons desdits Proprietaires ou Commissionnaires que de leur consentement.

L'onziéme article définit le tems que certaines especes de marchandises doivent tenir port.

Les autres jusqu'au vingt uniéme contiennent divers Reglemens sur le compte des marchandises, le bon de mesure, la saisie des batteaux & marchandises arrivez sur les Ports, leur exposition en vente, leur mélange & triage.

Enfin le vingt uniéme veut que le prix d'une vente commencée ne puisse être augmenté; le vingt deuxiéme, que les marchandises ne soient point transportées d'un Port à l'autre; le vingt-troisiéme, qu'il n'y ait aucun regrat sur les Ports & Places de Paris, que ceux permis par divers articles

ticles de ladite Ordonnance ; & le vingt-quatriéme, que les Marchands Forains ne puissent mettre leurs marchandises en magasins, chantiers, greniers, caves ou celliers, à l'exception des bois flottez à brûler, sinon en cas de nécessité, & après en avoir reçu la permission des Prevôt des Marchands & Echevins.

MARCHANDISE MARINE'E. C'est celle qui a été moüillée d'eau de mer : Marchandise naufragée, celle qui a essuyé quelque naufrage, qui lui a causé quelque dommage : Marchandise avariée, celle qui a été gâtée dans un vaisseau pendant son voyage, soit par tempête, échoüement ou autrement.

MARCHE'. En général signifie un traité par le moyen duquel on échange, on troque, on achete quelque chose, ou on fait quelque acte de commerce.

MARCHE'. Se dit plus particuliérement parmi les Marchands & Négocians, des conventions qu'ils font les uns avec les autres, soit pour fournitures, achats ou trocs de marchandises sur un certain pied, ou moyennant une certaine somme.

Les marchez se font ou verbalement sur les simples paroles, en donnant par l'Acheteur au Vendeur des arrhes, ce qu'on appelle, Donner le denier à Dieu ; ou par écrit, soit sous signature privée, soit pardevant Notaires.

Les marchez par écrit doivent être doubles, l'un pour le Vendeur, & l'autre pour l'Acheteur.

On dit que l'on a fait un bon marché, quand on espere gagner sur les marchandises que l'on a achetées ; & au contraire que l'on a fait un mauvais marché, un faux marché, lorsque l'on croit qu'il y aura à perdre sur l'achat que l'on a fait. On dit aussi qu'il n'y a au marché que ce qu'on y met ; pour faire entendre, qu'il faut suivre les conditions du marché.

On appelle Marché en bloc & en tâche, celui qui se fait d'une marchandise dont l'on prend le fort & le foible, le bon & le mauvais ensemble, sans le distinguer ni le séparer.

MARCHE'. Dans le commerce qui se fait à Amsterdam on distingue trois sortes de marchez, le marché conditionnel, le marché ferme, & le marché à option, qui tous trois ne se font qu'à terme ou à tems, comme disent les Marchands Hollandois.

Les marchez conditionnels sont ceux qui se font des marchandises que le Vendeur n'a point encore en sa possession, mais qu'il sçait qui sont déja achetées ou chargées pour son compte par les Correspondans qu'il a dans les Pays Etrangers ; lesquelles il s'oblige de livrer à l'Acheteur à leur arrivée au prix & sous les conditions convenuës entr'eux.

Les marchez fermes sont ceux par lesquels le Vendeur s'oblige de livrer à l'Acheteur une certaine quantité de marchandises au prix & dans le tems dont ils sont demeurez d'accord.

Enfin les marchez à option sont ceux par lesquels un Marchand s'oblige moyennant une somme qu'il reçoit, & qu'on appelle Prime, de livrer ou de recevoir une certaine quantité de marchandises à un certain prix & dans un tems stipulé ; avec liberté néantmoins au Vendeur de ne la point livrer, & à l'Acheteur de ne la pas recevoir s'ils le trouvent à propos, en perdant seulement leur prime.

Dans les marchez conditionnels l'on fait ordinairement deux actes ou contracts ; l'un qui doit être signé du Vendeur, & qui reste entre les mains de l'Acheteur ; & l'autre que signe l'Acheteur, qui est pour le Vendeur.

Par le contract du Vendeur il confesse avoir vendu à l'Acheteur une telle quantité de marchandises qu'il attend d'un tel endroit, par telle ou telle voye, qu'il s'oblige de lui livrer, si à l'arrivée elles se trouvent bonnes & livrables, à un tel prix, à payer comptant, ou sous les autres conditions stipulées, sans néantmoins être tenu d'en livrer d'autres en leur place, si elles se perdent en chemin.

A l'égard du contrat de l'Acheteur, il porte ordinairement qu'il confesse avoir acheté du Vendeur une telle quantité de marchandise que ce dernier attend d'un tel endroit par une telle voye, laquelle marchandise il s'oblige de recevoir à son arrivée, si elle se trouve bonne & livrable, & de la payer aux conditions accordées ; mais que si la marchandise vient à se perdre en chemin, le Vendeur sera déchargé de la lui livrer.

Lorsque la marchandise est arrivée & livrée, ou qu'on a certitude qu'elle est perie en chemin, chacun reprend son contrat, & le déchire comme nul.

Dans ces sortes de marchez, où il peut survenir quantité d'inconveniens imprevûs, on a coutume de convenir par les contracts de deux ou de trois Arbitres, en cas qu'on ne puisse s'accommoder de gré à gré.

Les marchez fermes sont proprement la ressource de ceux qui n'ont pas de grands fonds devant eux, & qui pourtant veulent paroître faire un grand commerce ; arrivant souvent qu'un Marchand qui n'a pas dix mille florins fait pour cent mille écus de ces marchez, à cause de la faculté qu'il a de les payer, comme on dit, sans bourse délier, en faisant une espece de virement de parties à d'autres Marchands, qui achetent de lui moyennant un gain modique. *On peut voir le détail de commerce dans le Traité du Négoce d'Amsterdam du Sieur Ricard, page 54 de l'Edition de 1722.*

Pour les marchez à option on fait des contracts comme dans les marchez conditionnels ; l'un par le Vendeur, si c'est lui qui a reçû la prime ; & l'autre par l'Acheteur, si c'est lui à qui elle a été donnée. On va donner deux modéles de ces contrats, tels qu'on les a extraits de l'Ouvrage dudit Sieur Ricard.

CONTRACT DU VENDEUR.

Je soussigné confesse avoir reçû du Porteur la somme de cent cinquante florins argent comptant, pour laquelle prime je m'engage & m'oblige de livrer dès à present & à toute heure jusqu'au premier Janvier 1715, ce jour là inclus, dix mille livres amidon de Hollande bon & livrable, au prix de seize florins argent courant les cent livres, à payer comptant, & suivant l'usage ordinaire ; mais si le Porteur du present ne m'annonce pas de lui livrer lesdites dix mille livres d'amidon entre ce jourd'hui & le premier Janvier 1715, & ce jour-là inclus, je serai libre & déchargé du present contrat, & la prime me restera, sans que je puisse jamais être obligé de la restituer, ou que l'on puisse me la demander. Ainsi fait à la bonne foy à Amsterdam ce 16 Janvier 1714.

Cet Acte s'appelle Contract de prime à livrer.

CONTRACT DE L'ACHETEUR.

Je soussigné confesse avoir reçu du Porteur la somme de cent cinquante florins argent courant, pour laquelle prime je m'engage & m'oblige de recevoir dès à present & à toute heure jusqu'au premier Janvier 1715, ce jour-là inclus, dix mille livres amidon de Hollande bon & livrable, au prix de seize florins argent courant les cent livres, à payer comptant, & suivant

vant l'usage ordinaire; mais si le Porteur du present ne m'annonce pas de recevoir lesdites dix mille livres d'amidon entre ce jour & le premier Janvier 1715, *& ce jour-là inclus, je serai libre & déchargé du present contrat, & la prime me restera, sans que je puisse jamais être obligé de la restituer, ou que l'on puisse me la redemander. Ainsi fait à la bonne foy à Amsterdam ce* 16 *Jauvier* 1714.

Cet Acte se nomme Contract de prime à recevoir.

Ces Actes se trouvent ordinairement tout imprimez, n'y ayant que les sommes & les dattes à remplir; ces sortes de marchez étant très-ordinaires à Amsterdam.

Ces contracts se vendent & revendent comme on veut, sans aucun endossement ni garantie de ceux qui les revendent, lorsqu'ils sont signez par des Marchands bons & connus.

On croit que dans ce commerce il est beaucoup plus avantageux de donner des primes que d'en recevoir: celui qui en donne ne se mettant en d'autres engagemens que de perdre sa prime, tandis que celui qui en reçoit peut être sujet à quantité d'inconveniens.

On négocie tant en marché ferme qu'en prime les Actions des Compagnies de Commerce, & diverses sortes de marchandises, particulierement le caffé, le cacao, la cochenille, les eaux-de-vie, les grains, les fanons & huiles de baleine, les amidons, le borax & plusieurs autres; n'y en ayant guéres qui n'entrent dans ce commerce, surtout lorsqu'ils commencent à en manquer.

Revenir contre son marché, c'est ne vouloir pas tenir le marché qu'on a fait. Tenir son marché, c'est l'executer. Courir sur le marché d'un autre, aller sur son marché, c'est offrir d'une marchandise plus qu'un autre n'en veut donner.

On appelle les Clauses & les Conditions d'un marché, les différentes choses dont on convient pour l'achat ou la vente d'une marchandise, comme le prix, le tems de la livraison, celui des payemens, la qualité de la marchandise & autres conventions semblables.

Marché'. Se dit aussi du prix des choses venduës ou achetées. Dans ce sens on dit, J'ai eu bon marché de ce vin, de ce blé, de ces étoffes; pour dire, que le prix n'en a pas été considerable: C'est un marché donné; pour signifier, que le prix en est très-médiocre: Enfin, C'est un marché fait: pour faire entendre, qu'on n'en peut diminuer le prix; & que c'est un prix reglé.

Il y a aussi diverses expressions proverbiales dont l'on se sert dans le commerce, où l'on fait entrer le mot de marché. Les plus usitez sont, Boire le vin du marché, Mettre le marché à la main, Faire un marché d'enfant ou un marché de paille. On dit aussi, On n'a jamais bon marché de mauvaise marchandise: Donner à bon marché vuide le panier & n'emplit pas la bourse; & quelques autres.

C'est une observation dans le commerce, qui a souvent été justifiée par l'évenement, qu'il faut se défier d'un Marchand qui donne ses marchandises à trop bon marché; ne le faisant ordinairement que pour se préparer à la fuite ou à la banqueroute, en faisant un fonds d'argent comptant pour le détourner.

Marché', Signifie aussi la halle, le lieu où l'on étale, où l'on vend des marchandises. Le marché au blé; Le marché aux chevaux.

Le marché est different de la foire: en ce que le marché n'est ordinairement que pour une Ville ou un lieu particulier, & la foire regarde toute une Province, même plusieurs. Les marchez ne peuvent s'établir dans aucun lieu sans la permission du Souverain.

A Paris les lieux où se tiennent les marchez ont differents noms. Quelques-uns conservent le nom de Marché; comme le Marché à la Poirée, le Marché neuf, le Marché du Cimetiere S. Jean, le Marché des Quinze-vingts, le Marché S. Antoine, le Marché de la Porte de Paris, le Petit Marché du Marais & celui du Fauxbourg S. Germain, le Marché aux chevaux, le Marché S. Nicolas.

D'autres se nomment Places: la Place Maubert, la Place aux veaux.

D'autres enfin s'appellent Halles, la Halle au blé, la Halle au poisson, la Halle à la farine, la Halle à la filasse, la Halle à la marée, la Halle à la saline. Toutes ces Halles qui sont proches les unes des autres se comprennent sous un nom collectif. On les appelle en général les Halles. Il y a aussi la Halle au vin qui est différente des autres, la Halle aux draps, & la Halle aux toiles. *Voyez* Halle.

Jours que se tiennent les Marchez tant à Paris, que dans quelques autres lieux considerables.

A Paris les marchez se tiennent les mecredis & samedis de chaque semaine. Il n'y a que ces jours de marché qu'il soit permis aux Boulangers Forains de venir étaler & vendre leur pain à Paris.

A Seaux près Paris pour les bestiaux propres à la boucherie, le marché se tient le lundi.

A Poissy pour les mêmes bestiaux, le Jeudi.

A Nangis les mercredis.

A Provins les samedis.

A Marville en Beausse & à Bonnestable au Maine, les mardis.

A Montebourg en Basse Normandie, les samedis.

A Lespieux dans l'Election de Valogne, les vendredis.

A Coulommiers en Brie, les premiers mercredis de chaque mois.

A la Fleche & Besleme, tous les jeudis.

A Mamers au Maine, tous les lundis.

A Roye & Abbeville, les derniers mercredis de chaque mois.

A Chaume en Picardie, le 15 de chaque mois.

A Lions en Normandie, les lundis & les jeudis: celui du jeudi est considerable.

A Montmorency les mercredis, & à Chartres les vendredis. Il se fait un grand commerce de bestiaux à ces deux marchez.

Il y a aussi chaque semaine des marchez de bestiaux à Rouen & au Neubourg en Normandie.

Il ne faut pas oublier les marchez de Tissy & de Damplepuis en Beaujolois, où se vendent presque toutes les toiles de cette petite Province & du Lyonnois.

Marché' de Naumbourg. C'est ainsi que l'on nomme en Allemagne une foire célebre qui se tient tous les ans dans cette Ville de Misnie.

On regarde ce marché comme une quatriéme foire de Leipsick, parceque la plûpart des Marchands de cette derniere Ville ont coûtume de s'y trouver.

Cette foire ou marché commence le 29 Juin, Fête des Apôtres S. Pierre & S. Paul, & ne dure que huit jours. Les acceptations des lettres s'y font le premier & second jour du marché, & y doivent être payées au plûtard le troisiéme de de Juillet, ou protestées faute de payement; mais ordinairement on n'a coûtume de les renvoyer avec le protêt qu'après le cinquiéme du méme mois que le marché finit. *Voyez l'article des Foires étrangeres.*

Marche' ou Bourse aux Grains. On nomme ainsi à Amsterdam un grand bâtiment de bois en forme de halle couverte où s'assemblent les Marchands de grains, tant de la Ville que du dehors, tous les lundis, mercredis & vendredis depuis dix heures du matin jusqu'à midy. Chaque Marchand y a son Facteur, qui a soin d'y porter les montres des grains qu'il veut vendre, dans des sacs qui en peuvent contenir une ou deux livres. C'est ordinairement sur ces montres que se font & se concluent les marchez; & comme le prix des grains se fixe autant sur leur poids que sur leur bonne & mauvaise qualité, il y a sur le derriere de la Bourse diverses petites balances, par lesquelles en pesant trois ou quatre poignées du grain qu'on marchande, on connoît la pesanteur du sac & du last.

Marche'. Se dit encore du tems que l'on fait la vente. Il y a ordinairement dans les Villes deux jours de marché chaque semaine.

Marche'. Se dit pareillement de la vente & du débit qui se fait à beaucoup ou à peu d'avantage. Il faut voir le cours du marché. Le marché n'a pas été bon aujourd'hui. Chaque jour de marché on doit enregistrer au Greffe le prix courant du marché des grains.

MARCHE. Partie inférieure du métier des Tisserans, Tissutiers, Rubaniers, Ouvriers en draps d'or, argent & de soye, & autres Artisans & Fabriquants qui travaillent de la navette.

La marche ou plûtôt les marches (n'y en ayant jamais pour une seule dans ces sortes du métiers) servent à faire lever ou baisser les fils de la chaîne, à travers lesquels la navette doit se lancer. Lorsque l'Ouvrier met le pied sur une marche, les fils qui y repondent par le moyen des lisses qui y sont attachées se levent, & lorsqu'il en ôte le pied, ces mêmes fils se remettent dans leur situation ordinaire, à cause des plombs que les lisses ont à chaque bout.

Ces marches ne font que de simples tringles de bois, attachées d'un bout à la traverse d'en bas du métier que l'Ouvrier a sous ses pieds, &, comme on le vient de dire, soûtenuës de l'autre aux ficelles des lisses. Il y en a plus ou moins, & elles sont plus ou moins larges, suivant qu'il y a plus ou moins de lisses, & que la piece montée doit être plus ou moins ouvragée & façonnée.

On les appelle Marches, à cause que le Tisseran marche, c'est-à-dire, met le pied dessus pour les baisser. *Voyez les articles des differents Ouvriers qui travaillent de la navette, ou des divers métiers dont ils se servent.*

Marche. On appelle aussi la marche d'un tour la piece de bois sur laquelle le Tourneur pose le pied, pour donner un mouvement circulaire à la piece qu'il veut tourner

Cette marche, qui souvent n'est qu'une simple tringle de bois, & quelquefois un bâti triangulaire de menuiserie, est suspenduë par le bout opposé au Tourneur, à une corde qui par son autre extremité est attachée à une perche qui pend du haut du plancher. *Voyez* Tour.

Basse-Marche. Les Ouvriers appellent quelquefois de la sorte, cette espece de tapisserie qu'on nomme plus ordinairement Basse-lisse. Ils lui donnent ce nom, qui n'est d'usage que dans les Manufactures, à cause de deux marches que l'Ouvrier a sous ses pieds, pour hausser & baisser les lisses. *Voyez* Basse-lisse.

MARCHER l'étoffe d'un chapeau. Terme de Chapellerie. C'est manier avec les mains, soit à froid sur la claye, soit à chaud sur le bassin, l'étoffe, c'est-à-dire, le poil ou la laine dont on a dressé les quatre capades d'un chapeau avec l'arçon ou le tamis.

Pour marcher l'étoffe à froid, on enferme chaque capade l'une après l'autre dans la feutriere: & pour les marcher à chaud, on les met aussi dans la feutriere, mais toutes ensemble les unes sur les autres séparées néantmoins par des morceaux de toile qu'on nomme des Lambeaux.

Pour la façon à chaud il faut de tems en tems moüiller le bassin & la feutriere avec de l'eau qui se jette avec un goupillon. C'est à force de marcher l'étoffe qu'elle se feutre. *Voyez* Chapeau.

MARCO. Poids dont on se sert à Goa Capitale des Etats que les Portugais possedent encore aux Indes Orientales. Le marco est de huit onces Portugaises, c'est-à-dire, d'un demi rotolis. On y pese l'ambre, le corail, l'argent, l'or, le musc, l'ambracane, la civette, & autres précieuses marchandises.

MARE DE MOUCHES. Ce sont les ordures qui restent dans les sacs, après que la cire en a été tirée par le moyen de la presse. Les Chirurgiens s'en servent avec succès dans les foulures de nerfs, & les maréchaux en employent aussi pour les maladies des chevaux. *Voyez* Cire.

MAREAGE. Convention que le Maître d'un vaisseau, ou le Marchand qui le charge, font avec les Matelots qui doivent servir à le conduire.

Par cette convention les Matelots sont tenus au service du navire pendant tout son voyage, quoiqu'il aille plus loin qu'on n'avoit projetté, & ne peuvent exiger un plus grand salaire que celui convenu par l'acte de Mareage; obligation que n'ont pas les Matelots loüez à deniers, qui à la vérité sont tenus de continuer le service sur le vaisseau; mais qui peuvent faire augmenter leurs loyers vûë par vûë & cours par cours; comme on dit en termes de Marine; c'est-à-dire, à proportion du chemin & du tems.

MARE'E. Poisson qui se pêche dans la mer. Il ne se dit ordinairement que du poisson frais, comme soles, rayes, barbuës, turbots, vives, maquereaux, harengs, merlans, limandes, éperlans & autres semblables qui s'apportent à Paris par les Marchands Forains nommez autrement Chasses-marée.

Le commerce de ce poisson est très-considerable à Paris, où il s'en fait une consomption extraordinaire, particuliérement durant le Carême & pour les vendredis & samedis de chaque semaine; n'y ayant guéres pendant le reste de l'année que quelques Communautez Religieuses qui en mangent.

Toutes les Côtes de France sont abondantes en poisson excellent; mais il n'y a ordinairement que celles de Picardie & de Normandie qui fournissent à Paris sa provision de marée, à cause de leur proximité de cette Capitale, le poisson frais de mer ne pouvant souffrir le transport au-delà de trente ou quarante lieuës sans se corrompre.

Les Chasses-marée Normands en apportent néantmoins davantage que les Picards; les Pêcheurs de Picardie ayant pris l'habitude de vendre leur pêche dans le Pays, ou d'en envoyer le poisson en Flandres & en Artois.

On

On distingue comme deux sortes de Pêcheurs parmi ceux qui vont à la pêche pour la marée fraîche, les Dreigeurs & les Pêcheurs à hameçon; ceux-ci peuvent pêcher pendant toute l'année, les autres doivent attendre les saisons.

Les vaisseaux Dreigeurs ainsi nommez de la dreige, espece de filet dont les Pêcheurs se servent, sont du port de cinq à six tonneaux, parce que cette pêche se fait en pleine mer. Les autres sont plus petits, & s'appellent Barques Costieres, parce qu'elles ne s'éloignent pas des Côtes.

Les dreigeurs Picards observent quatre saisons; la premiére, depuis la Chandeleur jusqu'à Pâques pour les soles, les rayes, les turbots, les barbuës, &c. la seconde, des maquereaux depuis May jusqu'en Juillet; la troisiéme, qui est peu de chose, depuis Juillet jusqu'en Octobre pour les limandes, les petites soles & les petites rayes; & la quatriéme, depuis Octobre jusqu'à Noël pour le hareng.

Les Pêcheurs Normands ne comptent que deux principales saisons; la dreige pour les vives dont la pêche se fait en Carême, & la pêche des maquereaux à la fin d'Avril; continuant dans les autres saisons celles des soles, limandes, merlans, &c. dont ils destinent la plus grande partie pour Paris; le reste se consumant à Roüen & dans le reste de la Province.

La pêche des éperlans se fait à l'embouchure de la Seine vers Roüen & proche Caudebec. Ils ont deux saisons, celle d'esté & celle d'automne.

Les Marchands Forains de marée, c'est-à-dire, ceux qui voiturent & vendent en gros le poisson de mer frais, se nomment Chasses-marée, On en parle ailleurs. *Voyez leur article.*

On appelle Marchandes de marée les femmes qui en font le détail à Paris sous la halle à la marée, ou dans les autres marchez de la Ville.

Les Vendeurs de marée sont des Officiers établis pour vendre & lottir le poisson qu'apportent les Chasses-marée, & pour leur en payer le prix comptant, s'ils veulent se servir de leur ministere, en leur donnant un certain droit reglé par les Edits & Déclarations. *Voyez* VENDEUR DE MARÉE.

MARESCHAIS. Celui qui cultive un marais. On dit & l'on écrit plus ordinairement Maraischer. *Voyez* MARAIS & MARAISCHER. *Voyez aussi* JARDINIER.

MARESCHAL. Artisan qui ferre & qui panse les chevaux. Il appartient aussi aux Maîtres du métier de Maréchal, de ferrer les trains de carrosses, chariots & charrettes; de faire & forger tous ouvrages noirs & de grosse ferrerie, comme socs, coutres, hoües, hoyaux, fourches, &c. aussi-bien que tous clous gros ou menus, soit pour attacher les fers aux pieds des chevaux, soit pour cloüer les bandes aux roües qu'ils doivent ferrer.

Les Maréchaux ont de trois sortes d'outils; les uns servent à forger, les autres à ferrer, & les derniers à panser les chevaux.

Les outils pour la forge sont, un Soufflet, une Enclume, des Tenailles à mettre au feu, des Marteaux à frapper devant, des Ferriers pour forger les fers.

Les outils pour ferrer sont, un Brouchoir, une paire de Triquoises, un Boutoir, un Rogne-pied, un Repoussoir, un Marteau & des Clous.

Les principaux outils qui servent à panser les chevaux, sont, une paire de Flammes pour saigner, une paire de Rainettes pour chercher dans les pieds, un Bistoury, une Feuille de faulx, une Lancette, une Gouge, une Espatule pour sonder les playes, une paire de Ciseaux, & des Couteaux pour mettre le feu aux jambes, &c.

Les Statuts des Feures Mareschaux de la Ville de Paris sont très-anciens; & l'on voit une Ordonnance du Prevôt de cette Ville de 1473, qui ordonne que dix nouveaux articles seroient ajoûtez aux anciens.

On y en ajoûta encore vingt-huit autres en 1609, qui sur le veu & approbation des Officiers du Roy au Châtelet furent approuvez & confirmez par Lettres Patentes de Henry IV. du mois de Mars de la même année, renvoyées par Arrêt du Parlement du 5 May au Prevôt de Paris, pour en ordonner l'enregistrement où besoin seroit; ce qui fut fait le 12 du même mois aux Registres des Bannieres du Châtelet de Paris.

Enfin le 8 May 1651, sous le Regne de Louis XIV. il se fit une troisiéme addition aux anciens Statuts; & ces nouveaux articles furent homologuez au Châtelet sur les conclusions du Procureur du Roy, pour être gardez & observez selon leur forme & teneur.

La compilation de tous ces Statuts & Reglemens contient entr'autres choses à l'élection de quatre Prud'hommes d'entre les anciens & nouveaux Bacheliers de la Communauté, pour en être les Jurez & Gardes, deux desquels sont renouvellez chaque année, & choisis seulement d'entre ceux qui ont été deux ans auparavant Maîtres de la Confrairie de S. Eloy Patron de la Communauté, & encore auparavant Bâtonniers de la même Confrairie.

Chaque Maître ne peut avoir qu'un Apprentif outre ses enfans nez en loyal mariage.

L'apprentissage est de trois ans.

Chaque Maître a sa marque ou poinçon pour marquer son ouvrage, duquel poinçon l'empreinte reste sur une table de plomb déposée au Châtelet.

Avant d'être reçûs Maîtres, les Apprentifs font chef-d'œuvre, & ne peuvent tenir boutique avant l'âge de vingt-quatre ans: permis néantmoins aux enfans de Maîtres dont les peres & meres seront morts, de la lever à dix-huit ans.

Aucun Maître de Lettres ne peut entrer en Jurande, qu'il n'ait tenu boutique douze ans.

Enfin il n'appartient qu'aux seuls Maréchaux de priser & estimer les chevaux & bêtes chevalines, & de les faire vendre & achetter, même de prendre ce qui leur sera volontairement donné pour leurs peines par les Vendeurs & Achetteurs, sans pouvoir y être troublés par aucuns soi disans Courtiers ou autres.

MARFIL ou MORFIL. *Voyez* MORFIL & YVOIRE.

MARGALINE. Espece de marcasite dont il est fait mention dans le Tarif de la Doüane de Lyon, au nombre des drogueries & épiceries.

Elle paye les droits à raison de 8 l. de la balle.

MARGES. Se dit parmi les Marchands & Négocians des bords des pages des livres ou des comptes, entre lesquelles ils écrivent les articles les uns après les autres.

Les marges à gauche servent à mettre les folio, les années & les dattes en chiffres; & c'est sur les marges à droite que l'on tire les sommes aussi en chiffres. Ils se servent quelquefois du terme Margini, pour dire, marge. *Voyez* LIVRES DES MARCHANDS.

MARGER. Terme d'Imprimerie. C'est compasser & faire des marges à une feüille d'Impression; ce qui se fait en metttant une feüille de papier blanc le plus juste qu'il est possible sur la forme, afin de regler la position des autres feüilles sur le timpan, suivant cette premiere feüille.

MARGRITIN. Espece de rassade ou rocaille très-fine. Il s'en fait de plusieurs couleurs & de divers degrez de finesse. Les plus gros s'envoyent aux Isles & sur les Côtes de Guinée. Les plus fins de ceux qui sont colorez s'employent en broderies; & c'est avec la cendre, c'est-à-dire, avec ce qu'il y a de plus délicat parmi les blancs, que l'on fait en France ces sortes de glands que l'on porte & que l'on attache à l'extrémité des cravates.

Le margritin se vend ordinairement à la livre depuis cinquante sols jusqu'à soixante. Le plus beau se tire de Venise. Il s'en fait aussi à Roüen & en Allemagne. Celui de Venise est de pur émail: il entre du plomb dans ceux d'Allemagne & de Roüen.

Le margritin de quelque grosseur qu'il soit, se vend tout enfilé & en paquets, qu'on appelle des Masses composées de plusieurs cordons. *Voyez* Rassadas.

MARGUERITE. Petite étoffe mêlée de soye, de laine & de fil, qui se fait par les Hautelisseurs de la Sayetterie d'Amiens, Cette étoffe se fait en trente-trois buhots, trente portées, & doit avoir un pied & demi de Roy de largeur entre deux gardes. Sa longueur hors de l'estille doit être de vingt-une aunes & demie, pour revenir toute apprêtée à vingt aunes un quart, ou vingt aunes & demie.

MARIENGROS. Monnoye de compte dont les Négocians de Brunswic se servent pour tenir leurs livres & écritures. Le mariengros se divise en huit penins. Trente-six mariengros font la richedale.

MARIN. Ce qui vient de la mer, ce qui appartient à la mer.

On appelle Sel marin, le sel qui se fait avec de l'eau de mer, soit qu'il se cuise par l'ardeur du soleil, soit qu'on se serve du feu pour le fabriquer & le réduire en grains. *Voyez* Sel Marin.

MARINE', MARINE'E, en fait de commerce de mer. Se dit des marchandises qui ont éte imbibées ou moüillées d'eau de mer par quelque accident arrivé au vaisseau, comme naufrage, tempête, échouëment, &c. Du tabac mariné, de la muscade marinée.

Du poisson mariné est du poisson de mer rôti sur le gril, & frit dans l'huile d'olive, qu'on a mis en sauce dans des barils, pour le mieux conserver & transporter. *Voyez* Poisson, *à l'endroit où il est parlé de poisson mariné.*

Il vient d'Angleterre des huitres marinées en petits barils, qui sont apprêtées d'une maniere particuliére qui les rend très-excellentes.

MARINER le poisson de mer. C'est l'apprêter d'une certaine maniere, pour le pouvoir garder quelque tems sans se corrompre. *Voyez l'article précedent.*

☞ MARJOLAINE. Herbe odorante qui fleurit deux fois l'année; ses feüilles sont blancheâtres & veluës, ses fleurs qui viennent au bout des branches qu'elle pousse en quantité sont comme écaillées & renferment une graine fort menuë. Cette plante est toûjours verte, elle se dépoüille néantmoins quelquefois de ses feüilles qui repoussent au printems. On en tire une huile d'une odeur agreable qu'on vend ordinairement à la Foire de Beaucaire, & qu'on peut faire venir en tout tems de Provence & de Languedoc.

Les huiles de marjolaine payent en France les droits d'entrée comme huile de romarin, à raison de cent sols du cent pesant.

Les droits de la Doüane de Lyon se payent sur le pied de 4 liv. 10 s. le quintal.

MARIONETTE. Monnoye d'or qui se fabriquoit autrefois en Lorraine & en quelques lieux d'Allemagne; elle pesoit deux deniers treize grains. Les marionettes d'Allemagne tenoient de fin seize karats; celles de Lorraine n'en tenoient seulement que neuf karats.

MARLO. Bois de corde qui sert à chauffer les fours dans la Manufacture des glaces de S. Gobin. Il y a trois sortes de bois pour ce chaufage; sçavoir les marlos, les billettes & le bois de charbonnage. *Voyez* Glace de grand volume.

MARMELADE Sorte de confiture demi-liquide. On en fait principalement de pêche & d'abricot. *Voyez* Confiture.

Les marmelades payent en France les droits d'entrée comme confitures, c'est-à-dire, 7 liv 10 s. du cent pesant.

MARO. Cette marchandise se trouve employée dans le Tarif de la Doüane de Lyon sous le titre de droguerie & épicerie.

Les droits qu'elle paye sont de deux livres d'ancienne taxation, & de 21 s. 6 den. de nouvelle reapreciation.

MARON.
MAROQUIN.
MAROQUINER.
MAROQUINERIE.
MAROQUINIER.
} *Voyez ces mots par* MARRO.

MAROQUINS. Especes de raisins secs qui viennent d'Espagne. *Voyez* Raisin *à la fin de l'article.*

MAROUCHIN. Sorte de pastel de mauvaise qualité que l'on fait de la sixiéme recolte des feüilles de la plante qui produit cette drogue si utile pour les teintures en bleu. *Voyez* Pastel.

MARQUE, en terme de negoce & de manufacture. Se dit de certains caracteres qui s'appliquent & s'impriment sur plusieurs sortes de marchandises, soit pour connoître le lieu de leur fabrique, soit pour rendre garands de leur bonté les Ouvriers qui les ont fabriquées ou apprêtées, soit pour faire connoître qu'elles ont été vûës & visitées par les Preposez à la Police de leur manufacture, soit encore pour servir de preuve comme les droits imposez sur icelles ont été bien & dûëment acquittez.

Les Reglemens generaux du mois d'Août 1669, & les Arrêts du Conseil des 4 Novembre 1687 & 7 Avril 1693, intervenus sur le fait des Manufactures de lainages & leurs teintures, veulent que chaque piece d'étoffe de laine qui se fabrique en France, soit revêtuë de plusieurs marques.

1°. De celle de l'Ouvrier qui l'a fabriquée, laquelle doit être mise au chef & premier bout avec de la laine d'une couleur differente au reste; & contenir sans abreviation les nom, surnom & demeure du Fabriquant.

2°. De celle du Teinturier qui l'a teinte, supposé qu'elle soit sujette à la teinture.

3°. De celle des Gardes, Jurez ou Esgards des Ouvriers qui l'ont visitée en premier lieu dans l'endroit de sa fabrique laquelle pour cela est appellée Marque de fabrique.

Et 4°. De celle des Maîtres & Gardes de la draperie qui l'ont vûë & visitée en dernier lieu dans les Villes ou Foires où elle a été portée pour y être venduë & debitée. Cette derniere marque se nomme Marque de visite, ou de vûë, ou Marque Foraine.

Toutes

Toutes ces marques, à l'exception de celle de l'Ouvrier qui doit être en laine, ainſi qu'il a été dit, doivent être en empreintes ſur des plombs, appliquez à la tête ou chef de l'étoffe.

Il faut remarquer que les étoffes de laine, quoique revêtuës des marques de fabrique & de vûë, ne laiſſeroient cependant pas d'être ſujettes à ſaiſie & confiſcation, ſuppoſé qu'elles ſe trouvaſſent de mauvaiſe fabrique, & ceux qui les auroient mal marquées ſeroient ſuſceptibles d'amende. *Arrêts du Conſeil des 24 Juillet & 22 Septembre* 1688.

Il eſt défendu de mettre ou d'appliquer aux draps & autres étoffes de laine, aucunes lettres, ou marques étrangeres, même aucunes lettres, caracteres, figures ou façons, autres que celles portées par les Reglemens des Manufactures. *Arrêt du Conſeil du 5 Fevrier* 1692.

Chaque Marchand Drapier & Mercier a ſa marque particuliere qu'il applique aux étoffes de laine qu'il eſt obligé d'envoyer aux apprêts & à la teinture, ou qu'il vend en piece, afin de pouvoir les reconnoître. Cette marque eſt empreinte ſur un plomb attaché à la liſiere de l'étoffe du côté du chef, & contient ordinairement les premieres lettres de leur nom & ſurnom.

Outre toutes ces marques ordonnées par les Reglemens pour être appoſées aux étoffes de draperie, il y a des marques honorables qui diſtinguent les Manufactures Royales, c'eſt-à-dire, celles qui ont cette qualité par les Lettres Patentes de leur établiſſement, d'avec les manufactures ordinaires.

La principale de ces marques accordées par Sa Majeſté à pluſieurs Entrepreneurs de draperies fines, conſiſte dans la permiſſion qu'ils ont de mettre au chef de chaque piece des étoffes de leur fabrique le terme de *Manufacture Royale*, ou de ſe ſervir de plombs avec cette inſcription.

Pluſieurs Fabriquans particuliers pour ſe donner de la reputation s'étant ingerez ſans aucune conceſſion de s'attribuer ce titre, ſoit ſur leurs plombs, ſoit au chef de leurs étoffes, le Roy Loüis XV. pour arrêter cet abus, ordonna par un Arrêt de ſon Conſeil du 13 Mai 1719, que les ſeuls Entrepreneurs des manufactures de draperies à qui il auroit été nommément & expreſſement accordé par leurs Lettres de mettre au chef de leurs étoffes les mots de *Manufacture Royale*, les y pourroient employer, avec défenſe à tous autres qui n'auroinet pas une pareille conceſſion, de s'en ſervir, à peine de cinquante livres d'amende, & d'être les pieces trouvées en contravention confiſquées, enjoignant à tous Entrepreneurs de Manufactures, Fabriquans & Ouvriers du Royaume, de ſe conformer exactement à la diſpoſition de l'Arrêt du 7 Avril 1693 pour la marque de leurs étoffes. Sa Majeſté faiſant pareillement défenſes aux Gardes & Jurez des lieux de fabrique de faire graver ſur leurs plombs, s'ils n'en ont une conceſſion particuliere, ces termes de *Manufacture Royale*, ni de ſe ſervir deſdits plombs à peine auſſi de cinquante livres contre eux, & de pareille amende & de confiſcation contre les Fabriquans à qui appartiendront les étoffes qui en auront été marquées.

Les draps d'or & d'argent & de ſoye, & autres étoffes mêlangées qui ſe manufacturent à Paris, à Lyon & à Tours, ne peuvent être expoſez en vente qu'ils n'ayent la marque de l'Ouvrier qui les a fabriquez; & celle des Maîtres & Gardes qui les ont viſitez. Ces marques doivent être empreintes ſur un petit plomb attaché avec un fil au chef de la piece. *Reglemens des mois de Mars, Avril & Juillet* 1667.

Les Teinturiers en ſoye, laine & fil ſont obligez de mettre chacun leur marque ſur les bottes de ſoye, de laine & de fil, & au chef des étoffes qu'ils teignent; & cette marque doit être empreinte ſur un petit plomb attaché à la marchandiſe avec un fil. *Reglement du mois d'Août* 1669.

Les Maîtres Tiſſerands ne peuvent livrer aux Marchands aucunes pieces de futaine & baſin, qu'elles n'ayent la marque ou plomb de viſite des Jurez de leur Communauté. *Reglement du 4 Janvier* 1701.

Les toiles de coton blanches, les mouſſelines & les autres marchandiſes des Indes Orientales dont la vente eſt permiſe en France, doivent être revêtuës de la marque ou plomb de la Compagnie, ſans quoi elles ſeroient ſujettes à être ſaiſies & brûlées, & ceux qui s'en trouveroient chargez encourreroient l'amende de 3000 livres. *Arrêts du Conſeil des 6 Fevrier 1697 & 7 Septembre* 1700.

Les toiles de chanvre & de lin qui ſe manufacturent en France doivent avoir la marque de l'endroit où elles ont été fabriquées, & celle de la viſite du lieu où elles ont été portées pour y être venduës, & il eſt défendu de les expoſer en vente qu'elles n'ayent ces marques, qui doivent être imprimées aux deux bouts de chaque piece de toile avec du noir de fumée détrempé dans de l'huile. Ce qui eſt conforme aux Reglemens faits pour les Manufactures des toiles des 14 Août 1676, 20 Janvier 1680, 7 Avril 1693 & 24 Décembre 1701.

Les balles & ballots de toiles qui ſortent de la Ville de Roüen doivent être marquées ſuivant les differentes eſpeces de toiles qu'elles contiennent. Ces marques qui s'impriment avec du noir détrempé dans de l'huile, doivent porter les armes de la Ville de Roüen, & au-deſſous les caracteres ſuivants; ſçavoir pour les ballots de toiles, fleurets ou blancards, F B. *Roüen* B F. qui ſignifient toiles, fleurets, blancards de Roüen bien fabriquées; & pour les toiles de cofre C. *Roüen* B F. ce qui veut dire toiles de cofre de Roüen bien briquées. *Reglement du 24 Décembre* 1701, *art.* 52.

Il faut obſerver que les toiles qui ſe fabriquent dans la Flandre & Hainaut François, Cambraiſis & Artois, même celles qui ſe font dans les Manufactures de Guiſe, S Quentin, Ham, Peronne, & autres lieux de frontieres de Picardie, doivent avoir certaines marques particulieres que l'on y doit appliquer pour la conſervation des droits de Sa Majeſté. *Voyez l'Ordonnance des cinq groſſes Fermes du mois de Fevrier* 1687, *art.* 1 *du titre* 4, *& l'Arrêt du Conſeil du* 19 *Janvier* 1703.

Les Marchands de Paris doivent auſſi obſerver de ne point envoyer de toiles pour être blanchies, que la marque ou pouce des Jurez Auneurs n'y ait été préalablément empreinte, autrement elles ſeroient ſujettes, lors de leur retour, à payer une ſeconde fois les droits d'aunage. *Edit de creation des Jurez Auneurs de toiles de Paris du mois de Novembre* 1702.

Les dentelles de fil qui viennent tant de la Flandre Françoiſe que de la Flandre Eſpagnole, & autres Pays étrangers, lorſque l'entrée en eſt permiſe, doivent être marquées de la marque du Fermier des dentelles, pour faire connoître que les droits d'entrée en ont été payez. Cette marque s'attache à un des bouts de la piece, & eſt empreinte ſur du pain à chanter mis entre deux papiers. Elle eſt telle que le Fermier la veut choiſir.

Les Maîtres Chapeliers font obligez de mettre sur les chapeaux qu'ils manufacturent ou qu'ils font manufacturer, des marques particulieres qui designent les matieres dont ils sont composez; sçavoir sur ceux de pur castor un C. sur les demi-castors un D. & un C. sur ceux qui sont mélangez de plusieurs sortes de poils avec du castor ou sans castor, un M. & sur ceux tout de laine une L. *Arrêt du Conseil du* 10 *Août* 1700.

Outre ces marques il est encore de l'usage parmi les Marchands Chapeliers & Ouvriers en chapeaux de marquer sur leurs chapeaux les premieres lettres de leur nom & surnom, soit afin de pouvoir connoître ceux qui les ont fabriquez, soit aussi pour les distinguer lorsqu'ils vont à la teinture. Toutes ces marques s'impriment avec un fer chaud sur le cordon du chapeau en dedans la forme.

Les bas, calleçons, camisolles & autres ouvrages de bonneterie tant de soye que de laine, fil, poil, coton, castor & d'autres matieres qui se font au metier, doivent avoir la marque des Maîtres qui les ont fabriquez ou fait fabriquer. Cette marque est un petit plomb attaché par un fil à l'ouvrage, portant d'un côté leur nom, & de l'autre celui de la Ville où ils font leur residence.

Les particuliers ausquels le Roy a accordé des privileges pour établir des Manufactures de bonneterie au métier, sont pareillement obligez de mettre une marque aux marchandises qu'ils fabriquent, & cette marque differe de celle des Maîtres Bonnetiers, en ce que d'un côté du plomb il n'y doit avoir qu'une fleur de lis, & de l'autre les premieres lettres de leur nom & surnom. *Arrêt du Conseil du* 30 *Mars* 1700.

Pour appliquer ces marques aux ouvrages de bonneterie il fut créé en 1708 des Inspecteurs, Controlleurs, Visiteurs & Marqueurs de bas ausquels il fut attribué des droits pour leurs peines & salaires, & un Tarif dressé au Conseil le 17 May de la même année, conformement auquel ces droits devoient être payez.

Les cuirs, tant ceux qui viennent des Pays étrangers que ceux qui se fabriquent en France, doivent être marquez de quatre marques particulieres, suivant les divers droits qu'ils payent. 1°. De celle du controlle 2°. De celle des Prud'hommes. 3°. De celle du Parisis. Et 4°. De celle des Jurez Vendeurs. Ces marquez s'impriment sur les cuirs par le moyen de certains marteaux dont les têtes sont gravées d'un côté. Aux gros cuirs elles s'appliquent sur la culée, c'est-à-dire, du côté de la croupe, & sur les petits cuirs elles se mettent à la tête vers la jouë. Il faut observer que la marque sur les gros cuirs s'empreint par la seule force des coups de marteaux, & que celle sur les petits cuirs s'imprime par le moyen du noir de fumée détrempé dans l'huile dont les marteaux ont été frotez.

Dans toutes les Villes de France où il se fabrique des cuirs, & où il s'en fait commerce, il y a des bureaux établis pour cette marque, il n'y a qu'à Nantes & à Limoges où il n'y en a point.

Les fers sont sujets à une marque particuliere qui s'applique dessus dans les lieux de leur fabrique par des Officiers destinez à cet effet.

Le papier doit porter deux marquez, dont l'une est celle de l'Ouvrier qui l'a fabriqué, & l'autre celle qui convient à sa qualité; comme grapes de raisin, serpents, noms de Jesus, &c. Ces marques se font en travaillant le papier, elles sont placées dans le milieu de chaque demie-feüille, & paroissent plus claire que le reste de la feüille. La marque de l'Ouvrier est ordonnée par le reglement de 1671.

Les Declarations données sous le regne de Loüis XIV. en 1704, 1705 & 1713 portant creation, la premiere de 50 Controlleurs, Visiteurs & Marqueurs du papier entrant dans la Ville & Fauxbourgs de Paris, & la derniere aussi de pareille nombre de semblables Officiers pour la même Ville, ordonnent une marque du papier seulement pour Paris, qui doit y être apposée par ces Officiers, & reglent le droit qui doit se payer pour chaque marque. *Voyez* Papier.

La marque du Libraire c'est une image qu'il met au dessous du titre d'un livre, ou la premiere page.

La marque de la monnoye est ordinairement l'image du Prince, c'est cette marque qui fait qu'elle a cours dans le commerce. Quand les Fermiers ou Graveurs des monnoyes sont reçûs, ils sont dans l'obligation de déclarer par un acte en bonne forme, de quelles marques ils pretendent se servir, & il s'en tient registre à la Cour des monnoyes, ils ne la peuvent changer sans permission.

On met une marque sur la vaisselle d'or & d'argent, tant du poinçon du Maître qui l'a faite, que du poinçon de la Ville ou Communauté, pour faire connoître la bonté de son titre.

Les Potiers d'étain, les Couteliers, les Taillandiers, les faiseurs de limes & autres semblables Ouvriers mettent leurs marques particulieres sur les ouvrages qu'ils font, & cette marque est appellée Marque de Maître.

Les poids de cuivre tant de trebuchet, de marc, que massifs, doivent avoir la marque de l'étalonage qui en a été fait en la Cour des Monnoyes.

Pour ce qui est des poids de plomb, de fonte ou de fer, ils ne sont sujets qu'à la marque des Maîtres Balanciers qui les ont fabriquez, pour faire connoître qu'ils ont été par eux ajustez en conformité des originaux qu'ils ont en leurs mains qui ont été étalonnez & marquez à la Cour des Monnoyes.

Les aunes dont se servent les Marchands pour la vente de leurs marchandises doivent avoir la marque de la verification ou étalonage qui en a été faite au Bureau de leur Corps sur l'étalon qui y est gardé.

Les mesures de bois pour le sel, les grains, farine, légumes, fruits, graines, charbon de terre & de bois, &c. doivent avoir la marque l'étalonage qui en a été fait à l'Hôtel de Ville. Il en est de même des mesures d'étain pour les vins, bieres & autres liqueurs. A l'égard des mesures de cuivre pour les huiles à brûler, la marque de l'étalonagé y doit être apposée par les Jurez Huiliers.

Dans les Bureaux de Doüanes ou Traites, les Commis impriment des marques particulieres sur les plombs qu'ils appliquent ou attachent aux balles, ballots, paquets & caisses de marchandises, pour faire connoître qu'elles ont été vûës & visitées, & les droits payez. Ces marques empêchent qu'elles ne soient ouvertes dans les autres Bureaux de la route par où elles doivent passer: cela s'appelle vulgairement Plomber les marchandises.

Il faut remarquer que l'on ne plombe jamais de marchandise dans les Bureaux que l'on ne délivre en même tems une expedition ou acquit qui doit accompagner la marchandise.

Marque. Est aussi le poinçon ou instrument qui sert à faire l'empreinte sur la marchandise ou autre chose que l'on veut marquer.

Marque. Les Boulangers appellent de la sorte de petits morceaux de bois gravez en creux, avec lesquels ils impriment sur le pain qu'ils vendent & débitent soit aux marchez, soit à leur boutique la quantité de livres que chaque pain doit peser.

Quelques-unes de ces marques ont des chifres Arabes, les autres qui sont les plus ordinaires ont de petits ronds qui sont autant de fois multipliez qu'il y a de livres. Les plus grosses marques ne passent pas douze; les plus petites commencent à un. *Voyez* Boulanger *ou* Paste.

Marque. Est encore un certain caractere particulier ou un signe que chacun fait suivant son caprice pour distinguer une chose d'avec une autre.

Les Marchands mettent des marques & numeros sur les balles, ballots, paquets & caisses de marchandises qu'ils envoyent à leurs Correspondans, afin qu'ils puissent les reconnoître plus facilement. Les mêmes marques & numeros se mettent aussi sur les lettres de voiture & sur les factures, car il est nécessaire que la marque des balles, &c. celles des lettres de voiture & celles des factures ayent de la conformité.

Les Marchands se servent encore de certaines marques ou caracteres qui ne sont connus que d'eux seuls: elles s'écrivent sur de petits bulletins attachez aux marchandises, ou sur leur envelope, pour se ressouvenir du prix qu'elles ont coûté. Ces marques qu'ils nomment aussi des numeros, se font suivant la fantaisie de ceux qui en ont besoin; mais ordinairement on se sert de plusieurs caracteres ou lettres de l'alphabet, qui ont chacune leur raport particulier à un chifre.

Ces sortes de marques sont d'un si grand usage parmi les Marchands qu'il ne sera pas désagreable au Lecteur d'en voir ici une petite table pour servir de modele aux jeunes gens qui voudront s'établir dans le commerce.

A	B	C	D	E	F	G	H	I	K	L	M
0	1	2	3	4	5	6	7	8	9	10	20

Un exemple suffira pour donner toute l'intelligence de cette table. Supposé donc qu'on veüille mettre sur une piece d'étoffe qu'elle revient à 37 livres 15 sols 6 deniers l'aune, il faudra mettre une M qui signifiera 20 liv. une L. qui voudra dire 10 liv. une H. qui signifiera 7 liv. une L. qui exprimera 10 s. une F. qui voudra dire 5 s. & un G. qui fera 6 den. en sorte que toutes ces differentes lettres écrites de suite (en observant de séparer les sols des livres & les deniers des sols. par des points) feront cette marque. MLH. LF. G. qui signifiera que l'aune d'étoffe reviendra à 37 liv. 15 s. 6 d.

Les Marchands de bois mettent des marques pour reconnoître les bois qu'ils font floter à bois perdu; & les Marchands Bouchers en ont aussi pour distinguer leurs bestiaux dans les marchez.

On appelle hareng de marque une sorte de hareng salé très-excellent, qui vient de Hollande dans des barils marquez d'une marque de feu qui les fait distinguer des autres de moindre qualité. *Voyez* Hareng.

Marque. Est aussi un terme dont se servent les Manufacturiers de Draperie d'Elbeuf, Roüen, Arnatal, Louviers, &c. pour signifier une certaine mesure de drap qui est de 3 aunes de Paris, ce qui a du rapport à la mesure que les Hollandois & les François, à leur imitation, appellent Enseigne. *Voyez* Enseigne.

Marque. S'entend encore d'une monnoye de compte dont les Marchands & Banquiers se servent pour tenir leurs livres dans plusieurs Villes d'Allemagne. La marque vaut 16 sols lubs, ce qui revient à 20 sols tournois ou à la livre de France, le sol lubs pris sur le pied de 15 deniers tournois, & l'écu à 60 sols.

Marque. Est pareillement une monnoye d'Ecosse qui vaut treize sols tournois de France.

MARQUENTINES DE VENISE. Marchandises employées dans le Tarif de la Doüane de Lyon. *Elles payent 6 l. le quintal d'ancienne taxation, ou 9 l. la caisse avec la nouvelle reapreciation à l'équipolent.*

MARQUER. Signifie appliquer ou mettre une marque artificielle à une chose pour la reconnoître. Les Marchands marquent leurs ballots de marchandises, leurs bois, leurs bestiaux. On marque dans les Forêts le bois que l'on doit couper en chaque coupe.

Marquer. Signifie aussi faire une empreinte, une marque par autorité publique. Ainsi l'on dit; marquer la monnoye, marquer la vaisselle d'or ou d'argent au poinçon de la Ville. On marque l'étain fin par dessous & l'étain commun par dessus l'ouvrage.

Les Commis des Aydes vont marquer les vins dans les caves & celliers pour la sûreté des droits du Roy. Les Manufacturiers & Ouvriers doivent faire marquer leurs étoffes d'or, d'argent, de soye, de laine, &c. leurs toiles, leurs basins, leurs futaines, &c. dans les bureaux, halles & autres lieux où les Maîtres, Gardes, Jurez ou Esgards des Corps & Communautez en doivent faire la visite. Dans ce dernier sens on dit aussi, ferer ou plomber les étoffes, ce qui signifie la même chose que marquer.

MARQUETER. Faire des ouvrages de marqueterie.

MARQUETERIE. Ouvrage composé de diverses pieces de rapport, quelquefois seulement de bois, & ou quelquefois on fait aussi entrer d'autres matieres, comme l'écaille de tortuë, l'ivoire, l'étain & le cuivre.

Il y a une autre sorte de marqueterie qui se fait avec des émaux & du verre de differentes couleurs; & encore une troisiéme où il n'entre que des pierres precieuses ou les marbres les plus riches. Ces derniers ouvrages s'appellent plus proprement Mosaïque. On en parle ailleurs. *Voyez* Mosaïque.

Les Emailleurs & les Marbriers travaillent à la marqueterie d'émail & de pierre de rapport; & les Menuisiers de placage à la marqueterie de bois, d'écaille de tortuë & d'ivoire. C'est aussi une partie du metier de Tabletier. *Voyez* Placage, Ebeniste *&* Tabletier.

L'art de la marqueterie est ancien, & l'on croit qu'il a passé de l'Orient en Occident, comme une partie des dépoüilles que les Romains remporterent de l'Asie. Mais il faut avoüer que c'étoit alors peu de chose, qu'il ne s'est perfectionné en Italie que dans le quinzieme siecle, & que ce n'est que vers le milieu du dix-septiéme que les Ouvriers de France l'ont poussé jusqu'à sa derniere perfection.

Avant Jean de Verone contemporain de Raphaël, les plus beaux ouvrages de pieces de rapport n'étoient quasi que de blanc & de noir. Ce fut ce Religieux qui avoit du genie, & qui étoit assez habile dans la Peinture, qui donna le premier des teintes à ses bois avec des teintures ou des huiles

huiles cuites qui les penetroient; mais il ne poussa guéres la marqueterie que jusqu'à representer des bâtimens & des perspectives qui ne demandent pas une si grande varieté de couleur.

Ceux qui le suivirent non seulement encherirent sur l'invention de teindre les bois par le secret qu'ils trouverent de les brûler sans les consumer, ce qui servit à imiter les ombres; mais encore en ramassant quantité de bois de diverses couleurs naturelles & très-vives que leur fournit l'Amerique nouvellement découverte, ou qui croissent en France, & qui jusqu'alors étoient restez comme inconnus aux Ouvriers de marqueterie.

Avec ces nouveaux secours il n'y a rien que cet art n'ait été capable d'imiter. Il peut, comme celui de la peinture, representer non seulement des animaux, des fruits, des fleurs, des grotesques, mais encore des figures humaines, ce qui fait que quelques-uns lui donnent le nom de peinture en bois; & celui de Peintres & de Sculpteurs en mosaïque à ceux qui travaillent de cette maniere, regardant leurs ouvrages comme autant de véritables tableaux.

Chaque Ouvrier en marqueterie a sa pratique & ses drogues particulieres pour la teinte de ses bois, dont il fait un grand mystere. A l'égard de la maniere de les brûler, c'est-à-dire, de leur donner une couleur noirâtre qui sert pour les ombres, les uns les mettent dans du sable extrémement chauffé sur le feu; d'autres se servent d'eau de chaux & de sublimé, & d'autres encore d'huile de souffre.

Les fonds sur lesquels doivent s'arranger & se coler les petites parties des divers bois de couleur qu'on veut faire entrer dans un ouvrage de marqueterie, sont ordinairement ou de chêne ou de sapin bien secs: & comme ce qu'on a à craindre davantage est que les fonds ne se tourmentent & ne se déjettent, on les fait de plusieurs pieces collées ensemble, & autant qu'il se peut de mairain & non de bois de sciage.

Lorsque les bois ont été reduits en feüilles, & qu'on a mis ces feüilles d'épaisseur, c'est-à-dire, environ d'une ligne ou deux au plus d'épais, comme on l'a dit à l'article du placage, on les met à la teinture ou au sable si elles en ont besoin, & ensuite on les scie & on les contourne suivant les parties du dessein qu'elles doivent representer.

Cette partie de la marqueterie est sans doute la plus difficile, & où l'on a besoin de plus de patience & d'attention. Deux outils ou instrumens servent à contourner les pieces; l'un est la scie & l'autre l'étau que quelques uns appellent aussi un Asne.

L'on connoît assez la scie, & d'ailleurs on peut voir à l'article general des scies la description de celles des Ouvriers en marqueterie.

Pour l'étau qui sert à tenir les pieces quand on les scie, c'est une machine assez simple, mais ingenieuse. La table qui soutient cet étau est indifferemment ou ronde ou quarrée avec des bords tout autour. Lorsqu'elle est ronde elle n'a que trois pieds & est assez semblable à ce qu'on appelle une selle; si elle est quarrée elle est soûtenuë sur un chassis de bois presque du double plus long que la table; ce chassis n'a point de traverse par le devant, afin que l'Ouvrier puisse y entrer.

Au milieu de la table est l'étau; il est de bois composé de deux pieces posées perpendiculairement l'un devant l'autre; l'une est mobile, l'autre, qui ne l'est pas, est fortement attachée à la table: celle qui est mobile a une charniere avec laquelle elle tient par en bas à la piece immobile; cette charniere sert à l'Ouvrier pour y mettre ou en ôter les feüilles de bois, d'ivoire, d'écaille ou de métail s'il en entre dans la marqueterie. Les deux pieces paralelles s'appellent les machoires de l'étau, & l'endroit d'en haut par où elles se joignent, & où l'on met la matiere qu'on veut scier, se nomme le mord.

Pour serrer les 2 machoires, ou plûtôt la machoire mobile, contre celle qui ne l'est pas, il y a vis-à-vis de la premiere un morceau de bois d'un pouce & demi ou environ d'équarrissage, & de dix ou douze de longueur, qui porte d'un bout sur la table où il est attaché avec une charniere, & de l'autre sur cette machoire mobile; & afin que ce morceau de bois la presse plus ou moins fortement, il a vers le milieu une corde qui traversant la table par un trou, tient à une marche qui est dessous, & sur laquelle l'Ouvrier en mettant le pied ou en le retirant, peut serrer ou desserrer le mord de l'étau.

Les feüilles qu'on veut contourner, car souvent on en joint trois ou quatre qu'on contourne ensemble, se mettent entre les machoires de l'étau après avoir collé sur la premiere la partie du dessein dont on veut qu'elles imitent le profil; ensuite l'Ouvrier pressant la marche du pied, & l'y tenant tant qu'il travaille, parcourt avec la scie, tous les traits de ce dessein.

L'on joint ainsi plusieurs feüilles, non seulement pour épargner le tems, mais encore pour que cette union leur donne plus de force, pour soûtenir l'effort de la scie, qui quelque delicate qu'elle soit, & avec quelque legereté & quelque précaution qu'on la conduise, pouroit sans cela en emporter des morceaux qui rendroient l'ouvrage & plus difficile & moins parfait.

Lorsque c'est une marqueterie d'une seule sorte de bois ou d'écaille de tortuë sur un fond de cuivre ou d'étain, ou au contraire, on ne contourne que deux feüilles l'une sur l'autre, c'est-à-dire, une feüille de metail & une feüille de bois ou d'écaille, ce qu'on appelle scier en contre-partie, c'est à-dire, ensorte que remplissant les vuides d'une de ces feüilles des morceaux qui sortent de l'autre le metail puisse servir de fond au bois, & le bois au métail. La contre-partie est toûjours la moins belle, c'est celle où le metail sert de fond.

On fait aussi de ces ouvrages avec deux seules especes de bois; on les appelle des Moresques.

Toutes les pieces ayant été enlevées avec la scie, & cottées pour les reconnoître, on donne de l'ombre à celles qui en ont besoin de la maniere qu'on l'a dit ci-dessus; puis on les plaque, chacune suivant sa place, sur les fonds de bois commun qu'on a preparé, se servant pour les y arrêter de la meilleure colle d'Angleterre; le reste se fait comme aux simples ouvrages de placage, & ainsi qu'on l'a expliqué à son article où l'on peut avoir recours; à la réserve neanmoins que si ce sont des marqueteries de metail, de bois, ou d'écaille, on les acheve avec le burin aux endroits où il est nécessaire pour les nervures des branchages & pour quelques parties des figures, soit humaines, soit d'animaux, qui y sont representées.

Les Ouvriers en marqueterie ont les mêmes outils soit pour les gros ouvrages, soit pour la marqueterie même, que les Ebenistes & les Menuisieurs d'assemblage. On en parle

parle dans ces deux articles où on peut avoir recours.

MARQUEUR. Celui qui marque. Marqueur de monnoye, Marqueur de draps, de serge, de toile, de futaine, de fer, de cuir, &c.

MARQUEUR. Signifie aussi en terme de Paumier celui qui marque les chasses, qui tient compte des jeux, & qui rend à ceux qui joüent tous les services nécessaires par rapport au jeu.

Les Statuts des Maîtres Paumiers ordonnent que les Marqueurs soient Apprentifs ou Compagnons du métier. Ordinairement ce sont de pauvre Maîtres qui en font les fonctions. *Voyez* PAUMIER.

MARRON, ou MARON. Espece de grosse chataigne, mais plus ferme & de meilleur goût que la chataigne ordinaire.

Il se fait à Lyon un grand commerce de marrons que les Marchands Lyonnois tirent de Dauphiné, du Forest de Vivarez. La destination de la plus grande quantité de cette marchandise est pour Paris où les Marchands Epiciers les vendent en gros, & les Chandeliers & Marchands Fruitiers & Regrattiers en détail, c'est-à-dire, au cent & au chapelet, le chapelet n'en contenant que vingt cinq.

Les marrons payent en France les droits d'entrée à raison de 15 f. du cent pesant, conformement au Tarif de 1664, & pour les droits de sortie 6 f.

MARROQUIN, que l'on écrit aussi Maroquin. C'est la peau des boucs & des chevres, ou d'un autre animal à peu près semblable appellé Menon, dont il se voit beaucoup en Levant, qui a été travaillée & passée en sumac ou en galle, & qu'on a mise en quelle couleur on a voulu.

Plusieurs prétendent que ce terme vient de Maroc Royaume de Barbarie dans l'Afrique, d'où l'on a tiré la maniere de la fabriquer; aussi quelques-uns l'appellent-ils Cuirs de Maroc.

Il y a des marroquins de Levant, de Barbarie, d'Espagne, de Flandre, de France, &c. Il y en a de rouges, de noirs, de jaunes, de bleus, de violets, &c.

Les marroquins noirs se vendent au poids. Il s'en tire beaucoup des Pays étrangers, particulierement d'Espagne, de Flandres & d'Avignon; il en vient quelques uns du Levant & de Barbarie dont on ne fait pas grand cas. Il s'en fabrique aussi quantité en France, particuliérement à Paris, Lyon, Limoges & Roüen. Ceux de cette derniére Ville se nomment quelquefois Peaux fraîches, & plus ordinairement Marroquins façon de Barbarie, parcequ'ils sont pour la plûpart faits de peaux apportées de ce pays là. Ceux d'Espagne sont les plus estimez pour la bonté, & ceux de Roüen l'emportent pour la beauté.

Les marroquins rouges, jaunes, bleus, violets & d'autres semblables couleurs se vendent à la peau. Il en vient beaucoup du Levant, particulierement de Constantinople, de Smirne & d'Alep; il s'en fabrique néantmoins quantité en Avignon, à Marseille & à Paris; mais ceux du Levant sont plus estimez que tous les autres, soit pour la qualité, soit pour la vivacité des couleurs.

Paris n'en fournit gueres que de rouges, qui sont assez estimez. C'est le Sr. Garon qui en a établi depuis quelques années la manufacture dans le Fauxbourg S. Antoine où il les vend, ainsi que les noirs qu'il fabrique dans le même endroit, en gros & en detail suivant le privilege qu'il en a obtenu du Roy, qui lui a aussi permis d'en établir des magasins dans le dedans de la Ville, sans qu'il puisse être troublé par les Marchands, Ouvriers & autres de quelque art & condition qu'ils soient, sous peine d'amende.

Il vient de Barbarie & du Nord quantité de peaux de boucs & de chevres seches en poil, propres pour la fabrique des marroquins. La France en fournit aussi beaucoup de cette espece; les Provinces d'où l'on en tire le plus sont l'Auvergne, le Bourbonnois, le Limosin, la Touraine & la Bourgogne; mais il en vient infiniment plus du Bourbonnois que de pas une autre.

Les marroquins font partie du negoce des Marchands Merciers & Epiciers, qui les vendent en gros & en détail aux Ouvriers & Artisans qui les employent, tels que sont les Relieurs de livres, Tapissiers, Cordonniers, Ceinturiers, Selliers, Gaîniers, Bahutiers, &c.

Les differentes manieres de fabriquer les marroquins noirs & de couleurs ont paru si curieuses & si utiles, qu'on a crû que le Public ne seroit peut-être pas fâché de les trouver ici.

Maniere de fabriquer le marroquin noir.

Pour cette fabrique l'on prend ordinairement des peaux de boucs ou de chevres sechez & en poil, que l'on nomme Peaux en merlut. On les met d'abord tremper dans des baquets remplis d'eau claire où elles restent trois fois vingt-quatre heures, d'où étant retirées elles sont étenduës sur un chevalet de bois semblable à celui dont se servent les Tanneurs, sur lequel on les brise avec un grand couteau destiné à cet usage.

Ensuite on les remet tremper dans les baquets où l'on a mis de nouvelle eau que l'on change tous les jours, jusqu'à ce que l'on s'apperçoive que les peaux soient bien revenuës.

En cet état on les jette dans un plain qui est une espece de grande cuve de bois ou de pierre mastiquée en terre, remplie d'eau, dans laquelle on a fait éteindre de la chaux qu'on a bien boulée, c'est-à-dire qu'on a bien remuée ou broüillée avec l'eau.

Les peaux doivent rester dans ce plain pendant quinze jours, d'où neanmoins il faut avoir soin de les tirer & de les y remettre chaque jour soir & matin.

Après ce tems on les rejette dans un nouveau plain dont l'eau & la chaux qui y a été détrempée n'ont point encore servi, duquel on les retire & où on les remet encore soir & matin pendant quinze autres jours.

Lorsque les peaux ont été retirées de ce second plain, on les rinse bien dans l'eau claire les unes après les autres, on leur ôte ensuite le poil sur le chevalet avec le coûteau; & quand on l'a fait tomber entiérement, on les rejette dans un nouveau plain duquel elles sont retirées & où elles sont remises le soir & le matin pendant encore quinze à dix-huit jours suivant que l'Ouvrier le juge à propos.

Les peaux ayant été retirées pour la derniere fois de ce troisieme plain, on les met dans la riviere pendant douze heures pour les faire boire, d'où étant sorties bien rinsées, elles sont placées dans des baquets où elles sont pilonnées avec des pilons de bois, en les changeant deux fois d'eau, ce que les Ouvriers appellent donner deux paires d'eau.

On les étend ensuite sur le chevalet pour les écharner avec le coûteau, & en couper tout le tour qui ne peut être bon à rien.

Après cette façon on les remet dans les baquets remplis de nouvelle eau, d'où on les retire pour leur donner une autre façon du côté de la fleur, c'est-à-dire, du côté où étoit le poil, pour être de nouveau rejettées dans les baquets, desquels les eaux ont été changées; après les en avoir retirées on les jette dans un baquet particulier dont le fond est percé de plusieurs trous dans lequel elles sont foulées pendant une heure, en jettant de tems en tems de l'eau fraîche par dessus à mesure qu'on les foule.

Après que les peaux ont été suffisamment foulées, on les retire du baquet percé pour les étendre sur le chevalet où il leur est donné deux façons; l'une du côté de la fleur, & l'autre sur la chair.

Ces deux façons achevées, on les remet boire dans les baquets toûjours remplis de nouvelle eau claire, & lorsqu'elles y ont suffisamment bû on les en retire pour les coudre tout autour en forme de sacs, en sorte que les jambes de derriere, qui ne sont point cousuës leur servent comme d'embouchure, pour y pouvoir faire entrer une mixtion dont il sera ci-après parlé.

Les peaux ainsi cousuës sont mises dans le confit, c'est-à-dire, dans une cuve remplie d'eau tiede, où l'on a bien fait fondre & dissoudre de l'excrement de chien, que l'on a ensuite bien passée. D'abord deux hommes ont soin de les y bien retourner avec longs bâtons l'espace d'une demie-heure; après quoi on les y laisse reposer pendant douze heures, d'où étant retirées elles sont bien rinsées dans l'eau fraîche.

Quand les peaux ont reçû leur confit & qu'elles ont été bien rinsées, on leur donne le sumac de la maniere suivante.

On établit auprès l'une de l'autre une cuve de dix à douze muids & une chaudiere d'environ un muid, la chaudiere montée sur un fourneau propre à cet usage. Cette chaudiere étant remplie d'eau de riviere & d'environ cent livres de sumac, plus ou moins suivant le nombre des peaux que l'on a à apprêter, qui pour l'ordinaire est de trois ou quatre douzaines, ce qui s'appelle un Habillage, on fait chauffer raisonnablement cette mixtion d'eau & de sumac: lorsqu'elle est bien délayée & prête à boüillir, on en remplit les peaux par le moyen d'un entonnoir, & à mesure qu'elles sont remplies, on en lie les jambes de derriere pour en fermer l'embouchure.

En cet état on les descend dans la cuve, où lorsqu'elles ont été toutes placées deux hommes les remuënt à force de bras pendant quatre heures sans discontinuer.

Cette façon finie on les entasse les unes sur les autres d'un seul côté de la cuve, & pour empêcher qu'elles n'éboulent on place une barre dans le milieu. Après un tems suffisant on les rechange de côté, en les étendant du mieux qu'il est possible pour empêcher les plis.

Elles demeurent ainsi entassées les unes sur les autres jusques à ce qu'elles soient bien égoûtées, ce qui peut aller à une heure & demie ou deux heures tout au plus.

Pendant qu'elles s'égoûtent on fait chauffer dans la chaudiere de l'eau tirée de la cuve qu'on y remet lorsqu'elle est suffisamment chaude, observant de la verser du côté où il n'y a point de peaux; alors les deux hommes délient les peaux & les remplissent de cette eau, & après les avoir bien reliées les remuënt de nouveau à force de bras pendant deux heures sans aucun relâche, après quoi ils les remettent en pille & les font égoûter comme la premiere fois & avec les mêmes précautions.

On leur donne encore après cela un semblable apprêt, à la reserve qu'on ne les remuë seulement que pendant un bon quart d'heure, les laissant ensuite encuvées jusqu'au lendemain matin qu'on les retire de la cuve, pour les mettre sur un ratelier de bois qui est placé au dessus, & lorsqu'elles sont suffisamment égoûtées, on les délie & on les découd pour en ôter le sumac qui est dedans.

Les peaux ayant été ainsi nétoyées comme il faut de leur sumac, sont pliées en deux de la tête à la queuë, la fleur en dehors, & sont mises les unes sur les autres sur le chevalet; pour achever de les égoûter; delà on les met à l'essuy, c'est-à-dire, qu'on les fait secher en les attachant bien étenduës par les jambes de derriere. Lorsqu'elles sont bien seches on les foule aux pieds deux à deux, puis on les étend sur une table de bois, pour en ôter avec un coûteau fait exprès toute la chair & le sumac qui peut y rester. Enfin on les frotte superficiellement d'huile du côté de la fleur, par dessus laquelle l'on met une couche d'eau.

Lorsque les peaux ont reçû leur huile & leur eau, on les roule & on les tord bien avec les mains, pour après les étendre sur la table la chair en dessus, ce qui se fait avec un instrument de fer appellé Etire, semblable à celui des Courroyeurs. Ayant été ensuite retournées de l'autre côté qui est celui de la fleur, on passe fortement par dessus une poignée de jonc, pour en faire sortir autant qu'il est possible toute l'huile qui peut être encore dedans.

Après cette façon on leur donne la premiere couche de noir du côté de la fleur par le moyen d'un paquet de crin tortillé qu'on trempe dans une sorte de teinture noire que l'on nomme Noir de Roüille, parce qu'il est preparé avec de la biere sure dans laquelle l'on a jetté de vieilles ferailles roüillées.

Lorsque les peaux sont à demi-seches, ce qui se fait en les pendant à l'air par les jambes de derriere, on les étend sur la table, où avec une paumelle de bois on les tire des quatre côtez, pour en faire sortir le grain, par dessus lequel on donne une legere couche d'eau; puis on les lisse à force de bras avec une lisse de jonc faite exprès.

Etant lissées on leur donne une seconde couche de noir, & on les met secher: elles reviennent encore sur la table, & pour lors on se sert d'une paumelle de liege pour leur relever le grain, & après une legere couche d'eau on les lisse de nouveau, & pour leur relever le grain une troisiéme fois on se sert d'une paumelle de bois.

Après que le côté de la fleur a reçu toutes ces façons on les pare du côté de la chair avec un coûteau bien tranchant destiné à cet usage, & revenant aussi-tôt au côté de la fleur, on la frotte fortement avec un bonnet de laine, leur ayant auparavant donné une couche de lustre qui est fait de jus d'epine-vinette, de citron ou d'orange. Enfin tous ces divers apprêts se finissent en relevant légerement le grain pour la derniere fois avec la paumelle de liege, ce qui acheve de les perfectionner & les mettre en état d'être venduës & employées.

Maniere de fabriquer le marroquin rouge.

Pour la fabrique des marroquins rouges on se sert d'ordinaire de peaux de boucs & de chevres seches en poil, de même que pour celle des marroquins noirs; mais les apprêts en sont differens.

D'abord l'on met tremper les peaux dans de l'eau de riviere pendant vingt-quatre heures, & lorsqu'elles en ont été retirées on les étend sur le chevalet, sur lequel on les brise avec le coûteau; on les remet ensuite tremper pour

48 heures dans l'eau, puis on les rebrise encore sur le chevalet.

Ayant été enfin trempées pour la derniere fois dans l'eau pendant vingt-quatre heures, elles sont jettées dans le plain, & pendant trois semaines, tous les matins, on les retire du plain & on les y rejette pour les disposer à être pelées, comme il se pratique pour l'apprêt des marroquins noirs.

Les peaux retirées pour la derniere fois du plain, on les pelle avec le coûteau sur le chevalet, & lorsque le poil en a été entiérement abbatu, on les jette dans des baquets remplis d'eau fraîche, dans laquelle elles sont bien rinsées, pour être ensuite écharnées avec le coûteau sur le chevalet, où on leur donne une façon tant du côté de la fleur que du côté de la chair, passant ainsi alternativement des baquets sur le chevalet, & du chevalet dans les baquets, jusques à ce que l'on s'apperçoive que les peaux rendent l'eau toute claire.

C'est dans cet état qu'elles sont mises dans le confit composé de même que celui des marroquins noirs; quand elles y ont resté l'espace de douze heures, on les rinse bien dans de l'eau claire, ce qui est suivi d'une façon sur le chevalet tant du côté de la chair que du côté de la fleur, pour en faire sortir toute la chaux & le confit qui peuvent y être demeurez.

Elles sont ensuite pilonnées dans l'eau claire jusques à trois fois avec des pilons de bois, & chaque fois qu'elles sont pilonnées on les change d'eau.

Après le pilonage on les met sur une torce où elles sont torduës avec une bille de bois pour en exprimer toute l'eau; puis on les étend de large sur le chevalet, & on les passe les unes après les autres dans une auge remplis d'eau, dans laquelle l'on a fait fondre de l'alun.

Lorsque les peaux ont été alunées, on les met égoûter sur la torce jusqu'au lendemain qu'on les met sur une autre torce pour en exprimer toute l'eau en les tordant avec la bille; & lorsqu'elles ont été ensuite bien détirées sur le chevalet, on les plie uniment de la tête à la queuë la chair en dedans. C'est alors qu'on leur donne la premiere teinture en les passant les unes après les autres dans un rouge préparé avec de la lacque en bâtons, mêlée de quelques ingrediens qui ne sont bien connus que des seuls Maroquiniers, ce qui se réitere autant de fois qu'il est nécessaire, pour que les peaux puissent être parfaitement colorées.

Après que les peaux ont reçû leur teinture, elles sont bien rinsées dans l'eau claire, puis étenduës de large sur le chevalet où elles restent à égoûter l'espace de douze heures; ensuite on les jette dans une cuve remplie d'eau, dans laquelle on a mis de la noix de galle blanche, pulverisée & passée par le tamis, quatre hommes avec de longs bâtons les y tournant sans cesse pendant un jour entier. Lorsqu'on les retire de la cuve on les met en retraite, rouge contre rouge & blanc contre blanc, sur une longue barre de bois posée sur le travers de la cuve où elles passent toute la nuit. Le lendemain matin l'eau imprimée de galle, qui est dans la cuve, étant bien brouillée, on y remet les peaux, ensorte qu'elles soient entiérement couvertes d'eau & de galle; circonstance à laquelle les Marroquiniers doivent être soigneux de s'attacher, s'ils veulent que leurs marroquins soient bien parfaits.

Les peaux ayant ainsi resté environ vingt-quatre heures dans la cuve, on les releve sur la barre, puis on les rinse bien les unes après les autres dans une auge remplie d'eau claire, d'où ayant été tirées elles sont torduës & detirées sur le chevalet, puis étenduës sur une table de bois, sur laquelle on les frote du côté du rouge les unes après les autres avec une éponge imbibée d'huile de lin.

Après leur avoir donné l'huile on les prend par les jambes de derriere à des perches garnies de clous à crochets, où elles restent jusques à ce qu'elles soient entierement seches.

Les peaux bien sechées on les roule aux pieds le rouge en dedans; ensuite on les pare pour ôter le reste de la chair & de la galle qui pourroit y être encore attachée. Puis on prend une éponge imbibée d'eau pure dont on les moüille légerement sur toute la superficie du côté de la couleur, & lorsqu'elles sont bien seches on les étend sur le chevalet où elles sont lissés à deux differentes reprises du côté de rouge avec un rouleau de bois bien poli, & après cette derniere façon elles se trouvent parfaites, & en état d'être venduës & employées.

Les marroquins jaunes, bleus, violets & d'autres semblables couleurs se manufacturent à peu près comme les rouges, n'y ayant gueres que la couleur qui y puisse faire quelque difference.

Les Cordoüans sont des especes de marroquins, avec cette difference que les Cordoüans sont apprêtez avec le tan & que les véritables marroquins sont passez en sumac ou en galle. Plusieurs veulent que les Cordoüans ayent pris leur nom de Cordouë ville d'Espagne sur le Gualquivir dans l'Andalousie, où il s'en fabrique beaucoup.

Il se fait à Smirne ville & port fameux de la Natolie sur l'Archipel, de la dépendance du Grand Seigneur, un très-grand negoce de Cordoüans ou marroquins de toutes les couleurs qui y sont envoyez de la Dadalie, dont ceux d'Ouchat sont estimez les meilleurs & les mieux colorez. Les blancs qui ne sont gueres connus en France, se font beaucoup dans toute l'Italie où il s'en fait des envois considerables du port de Smirne.

Les marroquins & Cordoüans payent en France les droits d'entrée & de sortie suivant leur qualité ou les lieux d'où on les tire.

Les marroquins de Levant payent à l'entrée cent sols de la douzaine conformement au Tarif de 1664.

Les marroquins d'Espagne, Flandre & autres pays étrangers, 4 liv. de la douzaine.

Et les marroquins passez en tan & en sumac, comme aussi les marroquins & cordoüans de toutes autres sortes 40 sols pareillement de la douzaine.

Les droits qui se payent à la Doüanne de Lyon sont:

Pour les marroquins d'Espagne & autres pays étrangers 4 l. 17 s. 6 d. la balle, & à la douzaine 25 s. tant d'ancienne taxation que de nouvelle reapréciation.

Pour les marroquins de Dauphiné, Provence & autres semblables, 30 s. de la balle, & à la douzaine 6 s. tant d'ancienne taxation, que de nouvelle réapreciation.

Les marroquins du Levant sont du nombre des marchandises sujettes au droit de vingt pour cent ordonné par l'Arrêt du 15 Août 1685.

A l'égard des droits de sortie, les marroquins du Levant payent 3 liv. de la douzaine; & les marroquins & cordoüans de toutes autres sortes, passez & non passez en tan, sumac, &c. 25 s. aussi de la douzaine.

MARROQUINER. Façonner des peaux de veau & de mouton à la maniere du marroquin, pour qu'elqu'elles paroissent de véritables peaux de marroquin.

MARROQUINERIE. Art de faire le marroquin. C'est aussi le lieu où se fabriquent ces sortes de cuirs. On dit pourtant plus communément en ce dernier sens, Une Manufacture de marroquin. Ce terme signifie encore les cuirs passez en marroquin.

MARROQUINIER. Faiseur de marroquin. Ce nom convient également au Maître Manufacturier qui conduit les ouvrages de marroquinerie, & à l'Artisan qui les fabrique.

MARS. On nomme ainsi les petits grains qui se sement au mois de Mars, comme les avoines, pois, vesses & autres semblables. *Voyez tous ces articles.*

MARSILLIE. C'est le nom que les Turcs donnent à l'écu ou piastre d'Espagne; parce que les Provencaux, particuliérement les Marchands de Marseille, sont les pemiers qui ont porté de grandes sommes de piastres à Smirne & dans les autres Echelles du Levant. *Voyez* PIASTRE.

MARSOUIN. Grand poisson de mer fort gras, qu'on appelle aussi Pourceau de mer. Quelques-uns le confondent avec le dauphin; mais l'Ordonnance de la Marine du mois d'Août 1681, y met de la différence, comme il y en a; le dauphin y étant placé au nombre des poissons Royaux, & le marsoüin seulement au rang des poissons à lard.

La chair du marsoüin n'est guéres bonne à manger; il s'en fait pourtant un assez grand usage sur les Côtes du Royaume où l'on en pêche. Il n'y aguéres que de sa graisse, qu'on nomme communément Huile de marsoüin, dont on fasse quelque commerce.

L'huile de marsoüin qu'on trouve chez les Marchands Epiciers-Droguistes de Paris, est de deux sortes; l'une pure & l'autre aromatisée. Leur différence ne consiste que dans quelques aromats que l'on y mêle, pour lui ôter une partie de son odeur forte & dégoutante. On attribuë à cette graisse ou huile la proprieté de guérir les humeurs froides.

L'Ordonnance de la Marine dont on vient de parler cidessus, veut, Que les marsoüins qui sont trouvez échoüez sur les gréves, soient partagez comme espaves; & que ceux qui sont pris en pleine mer, appartiennent à ceux qui les ont pêchez.

Les marsoüins payent en France les droits d'entrée à raison de 10 sols le cent pesant, conformement au Tarif de 1664, & les droits de sortie sur le pied de 18 s.

A l'égard de l'huile, elle paye les droits tant en entrant qu'en sortant, comme huile de poisson; sçavoir pour l'entrée 12 liv. la barique, suivant le Tarif de 1667, reduits néantmoins pour les seuls Hollandois à 7 liv. 10 s. la barique du poids de cent vingt livres, conformement au Tarif arrêté avec eux en 1699, & pour la sortie 8 s. le cent pesant.

MARTE. Animal dont la peau s'employe à faire des fourrures. On l'écrit & on le prononce plus communément Martre. *Voyez* MARTRE.

MARTEAU. Instrument de fer avec un manche de bois.

Le marteau est de tous les outils dont se servent les Artisans, celui qui est d'un usage le plus commun; n'y ayant guéres ou plûtôt n'y ayant point d'Ouvriers dans les arts & métiers à qui il ne soit utile.

Tous les Artisans ne se servent pas néantmoins des mêmes marteaux; & ceux dont ils se servent ont des noms & des formes différentes, suivant leurs divers usages, & les métiers où ils sont employez.

Les marteaux des Maçons s'appellent des Hachettes; ceux des Couvreurs, des Assettes & des Martelets; ceux des Tonneliers, des Essettes; ceux des Tailleurs de pierre, des Tetus & des Marteaux bertelez; ceux des Cordonniers & Savetiers, des Marteaux à champignons.

Les uns sont tranchans d'un côté, d'autres sont recourbez du côté du tranchant: quelques-uns n'ont qu'une tête qui est très longue, avec un manche très-court, comme sont ceux des Chauderonniers & Potiers d'étain; quelques autres ont un manche très-long avec une tête courte & pesante, comme ceux des Maréchaux & Serruriers pour la forge.

Il y a encore pour les Serruriers des marteaux à panne droite, pour frapper & élargir le fer; des marteaux à rabattre & à panne de travers, pour forger & étirer; des marteaux à devant, à main, à tête platte, à tête ronde, pour emboutir; & des marteaux d'étably, pour poser & ferrer la besogne.

Les marteaux des Tapissiers sont legers & ouverts d'un bout, ce qui forme deux especes de dents: le manche est presque tout de fer, dans lequel est emboëté un morceau de buis. Ceux des Batteurs d'or, des Relieurs & des Marchands Papetiers ont la tête large, épaisse & courte, avec un manche médiocre.

Les Paveurs ont le marteau à fendre, le marteau à paver, l'espinçoir & le portrait. Le marteau à fendre est en coin des deux côtez, avec un manche assez court: le portrait est presque semblable, mais plus leger: l'espinçoir est différent, en ce que les deux bouts sont fendus, & forment chacun comme deux dents. Ces trois marteaux servent à fendre, tailler & préparer le pavé de grès. Pour le marteau à paver, il a un manche rond d'environ deux pieds de long, avec une tête ronde d'un côté pour frapper le pavé, & platte & pointuë de l'autre, pour foüiller la terre, & l'y placer.

Les marteaux des Chauderonniers sont de plusieurs sortes: ils ont entr'autres le marteau rond, le marteau à panne, le marteau à planer & le marteau à river.

Le marteau rond n'a qu'un côté, mais qui est long de plus d'un pied, avec son diametre d'environ un pouce. Il sert à enlever les chauderons, c'est-à-dire, à en faire le fonds sur la grande bigorne.

Le marteau à planer n'a pareillement qu'un côté, mais la masse en est large, platte, unie & fort pesante: c'est avec quoy l'on plane les chauderons, en les battant sur l'enclume pour les rendre plus minces.

Le marteau à panne a deux côtez, & à la pesanteur près est semblable à celui des Serruriers. Il sert à faire les bords des chauderons.

A l'égard du marteau à river, c'est un petit marteau ordinaire avec lequel les Chauderonniers rivent leurs clous de cuivre, soit sur la bigorne d'établie, soit contre l'enclumeau.

Ces quatre sortes de marteaux servent aussi au métier de Ferblantier.

Les Carriers se servent de trois sortes de marteaux; sçavoir du grand marteau à grain d'orge, de la laye & de l'esse.

La laye est un vray marteau de Tailleur de pierre, hors qu'il est courbé en croissant vers le manche. Il sert à layer la pierre, c'est-à-dire, à en faire les paremens.

L'esse, au contraire de la laye, est courbé par en haut, les deux bouts du croissant qu'il forme étant tournez en dehors. C'est avec l'esse que les Carriers souschevent, c'est-à-dire, qu'ils taillent chaque banc de pierre par dessous, pour

pour le séparer du ban qui suit. On souscheve couché d'un côté sur de la paille; ensorte que l'Ouvrier est comme enfermé dans un cercueil de pierre que forme les deux bans qu'il veut séparer.

Pour le grand marteau, il est pointu des deux bouts, plat & large dans le milieu, un peu courbé dans toute sa longueur qui porte dix-huit pouces. Il sert à couper & déceintrer la pierre, n'étant guéres différent du déceintroir des Maçons.

Ces trois sortes de marteaux sont emmanchez de forts morceaux de bois; mais le manche de l'esse est plus long que celui des deux autres.

Enfin il y a de tant de sortes de marteaux & de tant de manieres différentes, qu'il ne seroit pas facile de les raporter toutes ici; outre que, comme ils ont presque tous des noms qui leur sont propres, on peut avoir recours à leurs articles où il en est fait la description.

Les Taillandiers sont ceux qui font & qui vendent les plus gros marteaux, & les autres se trouvent chez les Quincailliers.

Marteau. On nomme ainsi dans plusieurs Communautez des Arts & Métiers, des especes de poinçons emmanchez à la façon des marteaux ordinaires, sur lesquels sont gravées diverses legendes, armes du Roy ou fleurs de lys, &c. C'est avec ces marteaux qu'on marque les marchandises qui y sont tenuës par les Arrêts & Déclarations; tels que sont entr'autres les marteaux dont les cuirs sont marquez à la Halle & aux Bureaux des Vendeurs.

Ce sont les Maîtres Cordonniers, Tanneurs & Courroyeurs qui gardent les marteaux de ces trois Communautez: ils ont pour cela des Jurez qu'on nomme Jurez du Marteau, qui ont chacun une clef du coffre où ils sont enfermez à la Halle aux Cuirs.

Les Commis des Vendeurs sont pareillement chargez de ceux qui les regardent, à l'empreinte desquels il n'y a qu'une certaine espece de cuirs qui soient sujets. *Voyez les articles des Cordonniers, des Tanneurs, des Courroyeurs, des Jurez du Marteau, & des Vendeurs de cuirs.*

Marteau. C'est encore un poinçon pareillement fait en marteau, avec lequel les Officiers des Eaux & Forêts marquent les arbres qu'il faut couper ou réserver, lorsqu'ils y font leur descente, pour préparer les ventes & adjudications des bois.

On appelle Garde-Marteau l'Officier chargé de la marque des bois. Il est tenu après les bois marquez de remettre le marteau en dépôt, c'est-à-dire, dans le coffre de la Chambre du Conseil où il est enfermé sous trois clefs.

Marteau. On appelle Monnoye au Marteau, la monnoye fabriquée avant que l'usage du moulin eût été établi en France.

Il semble d'abord qu'elle auroit été appellée de cette sorte, parce qu'en effet les Monnoyers se servoient du marteau pour la frapper avant l'invention de ce qu'on nomme présentement un Balancier; mais il est plus vrai-semblable qu'elle a eu ce nom par opposition, parce que les lames étoient alors réduites à leur épaisseur par le marteau, & que depuis elles ont passé par le laminoir ou moulin, machine qui a donné aux nouvelles especes le nom de Monnoyes au moulin. *Voyez* Monnoyage. *Voyez aussi* Laminoir *&* Moulin.

MARTELET. Petit marteau à manche de bois, dont les Couvreurs se servent pour couper & marteler leur tuilles. *Voyez* Assette.

MARTELINE. Petit marteau dont les Sculpteurs & Marbriers se servent pour gruger le marbre, particuliérement pour enlever l'émeril qui se trouve dans les marbres blancs, & les nœuds qui sont dans les autres marbres.

La marteline est pointuë d'un côté & a des dents de l'autre, qui sont forgées quarrément pour avoir plus de force. Le meilleur acier n'est pas trop bon pour cet outil; & l'on y employe celui que l'on appelle Acier de Carme. *Voyez* Marbre.

MARTILLE. Drogue employé dans le Tarif de la Doüane de Lyon au nombre des épiceries & drogueries.

La martille paye 2 s. 6 den. du quintal d'ancienne taxation, & 3 s. de nouvelle réapreciation.

MARTINET. Gros marteau qui se meut par la force d'un moulin. Il se dit de diverses fabriques, comme du papier, du tan, &c. mais proprement il s'entend du moulin même où l'on travaille à la fabrique du cuivre & du fer, & où l'on bat ces métaux pour les étendre en planches, en barres & en feüilles. Il y a plusieurs de ces martinets en Champagne, & dans quelques autres Provinces de France. *Voyez* Cuivre.

MARTRE ou MARTE. Animal qui ressemble beaucoup pour la forme à une grosse foüine; toute la différence qui se rencontre entre la martre & la foüine consistant en ce que la premiere a la gorge jaunâtre & le poil tirant un peu sur le roux, au lieu que la seconde a le poil plus noir & la gorge blanche.

Les peaux de martres communes font une portion du négoce de la Pelleterie. Elles se tirent de différens Pays; mais les plus belles viennent de Canada, de Biscaye & de Prusse.

Il y a une autre sorte de martre plus estimée, que l'on appelle Martre Zibelline, Zebelline, Zybelline ou Sebeline, autrement Souris de Moscovie. Celle ci est aussi une espece de foüine très-sauvage, qui ne se trouve que dans les vastes forêts; mais dont la peau garnie d'un assez long poil, doux & lustré, tirant sur le noir, est du nombre des pelleteries des plus précieuses.

Les martres zibellines, que quelques-uns nomment par excellence Martres Sublimes, & que d'autres appellent encore Hermines, Hermelines, Armelines & Zebelles, se trouvent communément dans la Lapponie & dans la Ziberie, Provinces de Moscovie. Plus le poil de la martre zibelline est long, doux, noir & lustré, & plus la peau en est estimée.

La chasse des martres zibellines & des autres animaux qui fournissent les plus belles fourrures, fait une partie considerable du revenu du Grand Czar de Moscovie. Elle se fait en Ziberie, où par des Criminels qu'on y a condamnez, comme l'on fait en Espagne aux mines, & en France aux galeres; ou par des Soldats qu'on y envoye par Regimens commandez par des Colonels & Officiers, qui y demeurent souvent sept à huit ans de suite.

Les uns & les autres de ces Chasseurs sont obligez de raporter toutes les semaines dans les magasins du Prince une certaine quantité de peaux à laquelle ils sont taxez: & parce qu'ils doivent prendre garde sous des peines très-rigoureuses que ces peaux ne soient percées ni gâtées de sang, cela fait qu'ils ne tirent qu'à balle seule, & visent toûjours

jours à la tête, à quoy ils se rendent fort adroits.

Comme cette chasse est extrémement penible, & que son succès dépend d'une fort grande assiduité, cela fait que l'on permet aux Officiers d'interesser leurs Soldats, & de partager avec eux les peaux qu'ils raportent de leur chasse au-delà du nombre qu'ils sont tenus de fournir dans les magasins du Czar; ce qui rend les emplois de ces Officiers si considerables, qu'ils ne peuvent les obtenir à la Cour de Moscovie, sans y avoir de fortes protections.

Les martres zibellines se tirent pour la plûpart de Moscovie par la voye d'Archangel, où il s'en trouve des magasins. Elles s'y achetent par caisses assorties de dix masses ou timbres depuis numero un jusqu'à numero dix, qui vont toûjours en diminuant de beauté, depuis le premier numero jusqu'au dernier.

La masse est composée de vingt paires ou couples de peaux entieres; c'est-à-dire, avec la tête, le col & les jambes, à la réserve du ventre, parce qu'il est peu estimé; ensorte que chaque caisse contient quatre cens peaux.

Les caisses de peaux de martres zibellines s'achetent en Moscovie à différens prix. Les plus cheres coûtent pour l'ordinaire deux mille cinq cens piastres; ce qui est à raison de six piastres & un quart de piastre la peau l'une portant l'autre: les moindres se donnent pour quinze cens piastres, qui est sur le pied de trois piastres & trois quarts de piastre, aussi l'une portant l'autre.

Pour qu'un assortiment soit parfait pour la Turquie, (car c'est dans ce Pays; & particuliérement à Constantinople où il s'en fait la plus grande consumtion,) il faut qu'il y en ait autant de l'une que de l'autre.

Les Turcs font pour l'ordinaire neuf vestes d'une caisse; sçavoir quatre de l'échine, qui sont les plus belles, & qu'ils appellent la Martre; quatre des jambes, qu'ils nomment Jambettes; & une du col, qu'ils appellent Samoul-Pacha.

Les peaux de martres zibellines qui se voyent en France, se tirent presque toutes de Hollande, d'Angleterre ou de Hambourg. Ce sont à Paris les Marchands Merciers & les Fourreurs qui en font tout le négoce. Les premiers le font en gros, & les derniers après leur avoir donné quelque nouvelle préparation pour les adoucir, & les rendre plus belles, les employent à diverses forrures, comme manchons, palatines, &c. qu'ils débitent ensuite dans leurs magasins & boutiques.

Les Martres payent en France les droits d'entrée & de sortie suivant leur nature & qualité.

Les Martres zibellines l'une portant l'autre, chaque timbre contenant vingt couples, payent les droits d'entrée à raison de 50 l. les manchons de mêmes Martres à proportion.

Les Martres de Biscaye & autres Pays, 16 s. de la piece.

Et les Martres de Canada, 2 s.

A l'égard de la sortie, les Martres zibellines sublimes, le timbre de vingt couples, 40 liv.

Les Zibellines moyennes, 13 liv.

Et les Zibellines moindres, 5 l. 10 s. aussi du timbre.

Les droits de la Doüane de Lyon sont:

Pour les martres communes, la balle 22 liv. & à la piece 3 s.

Les Martres étrangers, 3 s. la piece d'ancienne taxation, & 2 s. de nouvelle réapreciation.

MAS ou MASE. Espece de petit poids dont on se sert à la Chine, particuliérement du côté de Canton, pour peser & distribuer l'argent dans le négoce. Le mas se divise en dix condorins. Dix mas font un tael. *Voyez* TAEL.

Le mas est aussi en usage dans plusieurs endroits des Indes Orientales, mais sur différens pieds. Il sert à peser l'or & l'argent.

MASE. Petit poids des Indes & de la Chine. *Voyez l'article précedent.*

MASQUE. Visage artificiel fait de carte, coloré par dessus, creux par dessous, quelquefois doublé de toile, dont les hommes & les femmes se couvrent la face pour se déguiser, & n'être point connus dans le tems du carnaval, qu'ils vont aux bals & aux assemblées. Les Comediens & les Danseurs s'en servent aussi très-souvent pour paroître sur le theâtre.

Il se fait des masques de toutes sortes de formes & figures, soit serieuses, soit grotesques; les uns très-beaux & très-fins, tels que sont ceux qui sont envoyez de Venise; les autres moins fins qui se font à Paris, dont ceux de cette espece de la fabrique du Sieur Ducreux sur le Pont Nôtre-Dame, sont les plus estimez; & d'autres tout-à-fait communs, qui viennent presque tous de Roüen. Les masques font partie du négoce de la Mercerie.

L'on voit aussi des masques doublez de toile incrustez par dessus de cire colorée, avec des yeux d'émail percez par le milieu. Ces derniers sont fort chers & fort estimez, parce qu'ils approchent le plus de la vérité de la nature. L'on prétend que c'est le Sieur Benoist qui en a le premier fait en France. *Voyez* CIRE.

Il se fait encore des masques de velours noir, que l'on nomme plus communément des Loups. *Voyez* LOUP.

Les Masques payent les droits de la Doüane de Lyon à raison de 8 liv. la caisse d'ancienne taxation, & 40 s. de nouvelle réapreciation.

MASQUE. C'est aussi un des poinçons ou ciselets dont se servent pour leurs ciselures, les Arquebusiers, Armuriers, Eperonniers, Fourbisseurs & autres semblables Ouvriers Ciseleurs.

Ces poinçons sont gravez en creux, & représentent diverses têtes d'hommes, de femmes, d'anges, de lions, de leopards, de chiens, &c. suivant la fantaisie du Graveur. Ils sont courts & d'un acier bien aceré, afin de mieux supporter le coup de marteau qu'on leur donne, quand on veut en imprimer le relief sur le métail que l'on a entrepris de ciseler.

Quand le masque est frappé, on le recherche & on le repare avec divers autres ciselets tranchants ou pointus, comme sont les gouges, les frisons, les pointes, les filieres, &c.

MASSE. Amas & assemblage de plusieurs choses, soit qu'elles soient de différente nature, soit qu'elles soient de même espece.

MASSE, en termes de Commerce. Se dit d'une quantité de marchandises semblables, que l'usage a fixées à un certain poids ou à un certain nombre pour en faciliter le débit; telles que sont entr'autres les soyes greges, les belles plumes d'autruche, les pelleteries, &c.

MASSE. Soye en masse. C'est de la soye grege & non ouvrée, mais telle qu'elle vient de dessus les cocons. On la tire du Levant, & particuliérement de la Perse. La maniere dont elle est pliée lui donne son nom. Ce pliage est de plusieurs sortes, & les masses de différens poids.

La masse des fourbastis est de demi-aune; celle des legis d'une aune, & du poids de deux à trois livres; celle des ardassines de deux pieds de longueur, & de près d'une livre pesant; & enfin la masse des ardasses est de la même pesanteur que la précedente, & presque de double de la longueur. *Voyez* Soyes du Levant.

Masse. Plumes en masse. Ce sont des paquets de plumes d'autruche composez d'un demi-cent de plumes. Ce ne sont que les plumes blanches, & encore les plus fines & les plus belles, qui se mettent en masses; les autres se vendent ou au cent ou à la livre. *Voyez* Autruche.

Masse. Pelleteries en masse. Se dit particuliérement des martres zibellines & des hermines, dont on fait des paquets en les attachant deux à deux par la tête. Les Commis des Doüanes & les Marchands Pelletiers les appellent aussi Timbres. Chaque masse de zibellines est composée de vingt paires de peaux. A Constantinople elles se vendent à la caisse; la caisse composée de quatorze masses depuis numero un qui sont les plus belles, jusqu'à numero dix qui sont les moindres.

Les Tailleurs Turcs font ordinairement neuf vestes d'une caisse de martres, quatre de l'eschine, quatre des jambes & une du col. *Voyez* Martre.

La masse d'hermines est pareillement de quarante peaux: il en faut trois masses & demie pour faire une veste. *Voyez* Timbre & Hermine.

Masse, qu'on appelle aussi Poire & Contrepoids. C'est un morceau de métail ordinairement rond, attaché par un esse aussi de fer au bec de corbin mobile que l'on fait courir le long de la verge du peson ou balance romaine, pour trouver l'équilibre de la marchandise dont on veut connoître le poids. *Voyez* Balance.

Masse. On compte par masses les veroteries de diverses couleurs qve l'on porte en Guinée; aussi-bien que les rasades qui font pareillement une partie du commerce qui se fait sur cette Côte d'Afrique.

La masse des veroteries est de vingt mille grains, & pese de trois livres & demie à quatre livres. La masse de la rasade n'est que de quatre mille grains, & ne pese qu'une livre. *Voyez* Rasade & Veroterie.

Masse. Signifie encore un fort gros marteau, dont se servent plusieurs Artisans & Ouvriers, soit pour dégrossir leur ouvrage, soit pour battre & préparer diverses matiéres qu'ils y employent.

Les Relieurs ont des masses pour battre leurs livres en blanc, afin qu'ils occupent moins de place dans la relieure. Les Batteurs d'or s'en servent pour applattir les métaux dans la baudruche, & les réduire en feüilles. Celles des Cordonniers sont pour battre les gros cuirs dont ils font les dernieres semelles. Les Sculpteurs, les Maçons, les Tailleurs de pierre, les Carriers, ceux qui cassent des grais pour le pavé des villes & chemins publics, &c. se servent aussi des masses, mais toutes d'un grand poids, à cause de la dureté des matieres sur lesquelles ils travaillent, & de la difficulté de les briser & couper en morceaux.

Les masses sont l'ouvrage des Taillandiers & Forgerons qui les fabriquent & vendent: elles entrent aussi dans le négoce des Quincailliers, du moins pour les plus légéres. Celles des Cordonniers se vendent ordinairement par les Marchands de crespin.

Masse. Les Bouchers se servent de deux sortes de masses pour abbatre & assommer les animaux dont ils vendent la chair à leur boucherie: l'une de fer dont la tête lourde & pesante est emmanchée d'un brin de bois d'environ deux pieds; celle-ci est pour les bœufs; l'autre qui est tout de bois, sert pour les veaux, comme moins difficiles à assommer. Cette derniere n'est faite que d'un bâton de chesne d'environ deux pieds, dont l'un des bouts est noüeux & très pesant; l'autre qui est arrondi lui servant de poignée. Pour assommer le bœuf, il faut lui donner le coup de masse entre les deux cornes.

Masse. Se dit aussi dans la Jurisprudence mercantile, d'un capital que l'on fait de tous les effets mobiliers d'un Marchand, ou de plusieurs Marchands associez qui ont mal fait leurs affaires, pour être partagez à leurs Créanciers au sol la livre. *Voyez* Banqueroute. *Voyez aussi* Effets Mobiliaires.

MASSICOT. C'est de la céruse qui a été calcinée par un feu moderé.

Il y en a de trois sortes, du blanc, du jaune & du doré. Leur différence ne provient que des divers degrez de feu qui leur ont donné des couleurs differentes.

Le massicot blanc est d'un blanc jaunâtre; c'est celui qui a reçû le moins de chaleur; le massicot jaune en a reçû davantage, & le massicot doré encore plus.

Les uns & les autres doivent être en poudre très-fine, pesans, hauts en couleur. Les plus beaux Massicots sont envoyez de Hollande: ils n'ont d'autre usage que pour la peinture. *Voyez* Ceruse.

Les Massicots payent en France les droits d'entrée à raison de 10 s. du cent pesant, conformement au Tarif de 1664.

Les droits qu'ils payent à la Doüane de Lyon sont de 11 s. du quintal.

MASSON.
MASSONNAGE.
MASSONNER.
MASSONNERIE. } *Voyez ces mots par* MAC.

MAST. Grand arbre & haute piece de bois rond, qui s'éleve sur les vaisseaux pour en porter les vergues, voiles, manœuvres, & qui sont arrêtez sur les haubans. Il y a plusieurs masts sur les grands navires, & souvent un seul sur les petits bâtimens.

L'Ordonnance de la Marine distingue les Pêcheurs qui vont dans des batteaux à masts, voiles & gouvernail pour la pêche du poisson frais, d'avec les Pêcheurs qui vont aux grandes pêches, comme baleines, moruës, harengs, &c. Ceux-ci sont obligez de prendre des congez à chaque voyage; ceux-là seulement une fois l'an.

Mast. Les batteaux-coches, les foncets, les chalants & autres grandes voitures de riviere, portent aussi un mast, au haut duquel passe le cordeau ou corde qu'on appelle Cincenelle, où sont attachées les courbes de chevaux, pour les tirer tant en montant qu'en descendant. *V.* Batteau.

Mast. Les Pêcheurs sur rivieres appellent pareillement le mast de leur bachot, une perche d'orme de sept ou huit pieds, un peu courbée, qu'ils mettent à l'avant, lorsqu'ils remontent contre le fil de l'eau. Ils y attachent leur cordeau, qu'ils tirent ensuite de dessus le bord de la riviere.

Les Masts payent en France les droits d'entrée & de sortie suivant qu'ils ont plus ou moins de longueur & de grosseur à douze pieds du gros bout.

Entre'e.

Les Masts de sapin depuis sept paumes de grosseur jusqu'à douze, 16 s. de la piece.

Les Masts de douze paumes & au dessous, 12 s.

 Les

Les masts de six paumes & au dessous, 12 *s.*

SORTIE.

Les masts de sapin de douze paumes de grosseur & au dessus, 35 *s la piece*

Les Masts depuis sept jusqu'à douze, 1 *liv.*

Les Masts de six paumes & au dessous, 10 *s.*

MASTIC. Espece de gomme ou larme qui sort de l'arbre appellé Lentisque, d'où vient qu'on l'appelle chez les Droguistes & Epiciers Mastic en larmes, pour le distinguer du mastic ou ciment, que l'on fait avec de la résine & de la brique pulverisée.

Cette gomme coule du tronc & des grosses branches de l'arbre pendant les grandes chaleurs, sans qu'il soit besoin d'y faire d'incision; mais avec plus d'abondance quand l'arbre est incisé. On prépare seulement au pied du lentisque une fosse pavée, pour y recevoir la larme du mastic quand elle tombe.

Le meilleur mastic vient de l'Isle de Chio; & il est beaucoup plus gros & d'un goût plus balsamique que celui du Levant que l'on a par la voye de Marseille; cependant ce dernier est presque le seul que l'on apporte en France aussi par la voye de Marseille.

Il faut remarquer que les Négocians du Levant qui l'envoyent, mettent toûjours le plus commun au fond, le médiocre au milieu, & le bon dessus, & qu'ils ne veulent jamais le vendre l'un sans l'autre.

L'on peut acheter à Smirne tous les ans environ trois cens caisses de mastic, pesant chaque caisse un quintal un tiers.

La recolte de cette gomme qui se fait à Chio appartient au Grand-Seigneur. Elle tient lieu aux Habitans de cette Isle du carache ou de la taille qu'il exige ailleurs des Grecs & autres Habitans des Païs conquis & des Etrangers. Il l'afferme au Doüanier de Constantinople, qui est ordinairement de Smirne; mais avec une certaine réserve du plus beau pour Sa Hautesse, les Dames du Serrail & ses principaux Officiers. On peut lui avoir donné le nom de Mastic, parce que les Turcs, & particuliérement les femmes, en mâchent presque continuellement.

Le mastic ne paye aucuns droits dans le Levant.

Il faut choisir le mastic en grosses larmes, d'un blanc doré, & qui étant un peu mâché, devienne comme de la cire blanche. Il est de quelque usage en Médecine, où l'on l'employe particuliérement pour appaiser les maux de dents. On s'en sert aussi dans la composition du vernis; & les Orféves en mêlent avec de la térébenthine & du noir d'yvoire, qu'ils mettent sous les diamans pour leur donner de l'éclat

Il y a un mastic noir qu'on apporte d'Egypte, dont on prétend qu'on peut se servir pour sophistiquer le camphre. *Voyez* LENTISQUE.

Le Mastic paye en France les droits d'entrée, conformement au Tarif de 1664, *à raison de* 8 *liv. le cent pesant; & suivant le Tarif de la Doüane de Lyon*, 3 *liv.* 2 *s.* 6 *den. d'ancienne taxation par quintal;* 4 *l. pour les anciens quatre pour cent*, & 20 *s. pour la réapreciation des quatre pour cent.*

Le Mastic est du nombre des marchandises venant du Levant, sujettes au droit de vingt pour cent ordonné par l'Arrest du 15 *Aoust.* 1685.

MASTILLY. Mesure dont on se sert à Ferrare Ville d'Italie pour les liquides. Le mastilly contient huit sechys.

MAT. Ce qui n'est pas poli, ce qui ne reflechit guéres la lumiere. On le dit ordinairement de l'or & de l'argent par opposition à celui qui est bruni.

MATADORES. Les Espagnols de l'Isle de S. Domingue nomment ainsi les Chasseurs de taureaux, que les François appellent Boucaniers. *Voyez* BOUCANIER, *au paragraphe des Boucaniers Espagnols.*

MATARA. Mesure pour les liquides dont on se sert en quelques lieux de Barbarie. Le matara de Tripoli est de 42 rotolis. *Voyez* ROTOLI.

MATASSÉ. Il se dit des soyes qui sont sans apprêt. Il s'écrit plus ordinairement par deux tt. *Voyez* MATTASSE.

MATE'. Nom que les François donnent à l'herbe du Perou, que l'on connoît mieux sous celui de Paraguay ou Paragoué, que les Ameriquains lui donnent, à cause du Paraguay, Province de l'Amerique Meridionale, où il croît quantité de cette herbe. *Voyez* PARAGUAY.

MATELAS. Il se dit d'une des pieces de la garniture des lits à coucher, qui est composée de deux toiles ou futaines remplies de laine cardée en dedans, & piquées à grands points en dehors.

Les Matelas à coucher payent en France les droits d'entrée & de sortie à raison de 30 *s. du cent pesant, conformement au Tarif de* 1664.

Les droits qu'ils payent à la Doüane de Lyon sont de 3 *s.* 6 *den. la piece, tant pour l'ancienne taxation, que pour la nouvelle réapreciation.*

MATELASSIER. Ouvrier qui fait des matelas.

MATELOTAGE. Salaire qui est dû & qui se paye par le Marchand ou le Maître d'un vaisseau, aux Matelots qui y font la manœuvre.

Il y a deux sortes de Matelotage; l'un qu'on nomme Matelotage à deniers, & l'autre mareage. *Voyez* MAREAGE.

MATIERE. Se dit des corps qui sont mis en œuvre par les Manufacturiers, Ouvriers & Artisans. La laine est la principale matiére qui s'employe dans les manufactures de lainage, la soye pour les manufactures de soiries.

On appelle Matiére d'or & d'argent, l'or & l'argent qui sont encore en barres & en lingots. Ce Marchand fait un grand négoce de matiéres d'or & d'argent. Ce sont les Orfévres & Tireurs d'or qui employent le plus de matiéres d'or & d'argent. Il s'en consume aussi beaucoup dans la fabrication des monnoyes. L'acier, le fer, le cuivre, l'étain, le plomb, &c sont des matiéres propres à differens usages.

MATIERE. Est aussi un terme de Cartonnier, qui signifie les rogneures de papier qui servent à faire le carton.

Piler la matiere, c'est la battre dans un mortier avec de l'eau, & la réduire en boüillie pour en remplir les moules.

MATRICE Veut dire en général & dans la signification propre, tout lieu qui sert à la génération de quelque corps; soit organisé, comme la matrice des animaux femelles pour la reproduction de l'espece; soit non organisé, comme des végétaux, des métaux & des minéraux. On parle de ces derniers dans les articles qui leur sont propres, à cause du raport qu'ils ont au commerce. *Voyez entr'autres* MARCASSITE, &c.

MATRICE. Se dit aussi, mais figurement, de plusieurs choses dans lesquelles il se fait une espece de génération, & où de certaines matiéres semblent prendre en quelque sorte un nouvel être, ou du moins une nouvelle maniere d'être. De cette espece sont les moules dans lesquels on fond les caracteres qui servent à l'Imprimerie. *Voyez* IMPRIMERIE; & les carrez qui servent à la fabrique des monnoyes & des médailles dont il est ici question.

Les

Les Matrices des Monnoyes, qu'on nomme aussi Carrez, & plus ordinairement Coins, sont des morceaux d'acier quarrez par un bout, & de la forme d'un dé, mais dont les angles sont adoucis par en haut, & un peu arrondis. C'est sur ces matrices ou carrez que sont gravez en creux les différentes figures, croix & écussons dont doivent être marquées les especes. Cette gravure s'y fait avec divers poinçons qu'on frappe dessus, & qui étant gravez en relief, s'y enfoncent & s'y impriment. On explique ailleurs plus en détail la maniere de les graver. *Voyez* GRAVEUR SUR ACIER.

Les Monnoyers distinguent deux sortes de Matrices, les Matrices d'effigie & les Matrices d'écusson. Ils appellent Matrices d'effigie, celles où sont gravez les effigies & portraits des Princes, dans les Etats desquels sont frappées les monnoyes; ou bien, quand ce sont des Etats libres & Républiques, quelque type qui tient lieu d'effigie. Les Matrices d'écusson sont celles où sont représentées le plus souvent les armes du Souverain; quelquefois des croix de différens desseins, si ce sont des Princes Chrétiens, d'autres fois quelques figures qui les caracterisent, ou bien seulement quelques inscriptions qui marquent le prix de l'espece.

Les unes & les autres de ces matrices sont ornées d'un grenetis qui en forme le contour, & chacune d'une legende convenable; c'est-à-dire, la matrice d'effigie, du nom des qualitez du Prince; avec le différent du Graveur; & la matrice d'écusson, de quelque verset de l'Ecriture, ou d'un mot à la façon des devises, avec le millesime & le différent des Villes.

Outre ces deux matrices qui servent à frapper les especes, il y en a encore trois autres, dont deux ont aussi le nom, l'une de Matrice d'effigie, & l'autre d'écusson, quoique bien différentes des premieres; & la troisiéme s'appelle la Matrice des legendes; ce sont celles que le Tailleur Général des Monnoyes de France est obligé de fournir aux Tailleurs particuliers, & sur lesquelles ces derniers font les poinçons dont ils se servent pour les deux principales matrices avec lesquelles se frappent les flaons.

Dans ces sortes de matrices celles d'effigie ne portent simplement que l'effigie: celles des écussons sont les unes pour les couronnes, les autres pour les fleurs de lys, & d'autres pour les doubles lettres, dont on forme ordinairement les croix, & enfin celles des legendes n'ont chacune qu'une seule lettre. Tout ce qu'on dit ici des matrices des monnoyes convient à quelque petite différence près aux matrices des médailles. *Voyez* POINÇON.

MATRICE. Les Fondeurs de caracteres d'Imprimerie appellent aussi Matrices, ces petits morceaux de cuivre, à l'un des bouts desquels sont gravez en creux les différentes lettres & caracteres dont on se sert à dresser & composer les formes sur lesquelles on fait l'impression des livres.

Chaque lettre, & jusqu'aux virgules & aux points même qui servent à la ponctuation du discours, ont leurs matrices particuliéres, & par conséquent leurs poinçons pour les frapper. Ce sont les Graveurs sur métail qui les gravent.

La matrice, lorsqu'on veut fondre un caractere, se met au bout du moule préparée pour cette fonte; ensorte qu'en y jettant le métail, il puisse tomber jusques dans le creux, & en prendre l'empreinte. *Voyez* FONDEUR DE CARACTERES. *Voyez aussi* CARACTERES, & GRAVEUR SUR METAIL.

MATRICE. Terme de Teinture. On appelle Couleurs matrices, les cinq couleurs simples dont toutes les autres dérivent, ou sont composées, qui sont le Noir, le Blanc, le Bleu, le Rouge, & le Fauve ou Couleur de racine.

Quand on dit, Un échantillon de la couleur matrice, cela doit s'entendre d'un échantillon ou morceau que l'on a réservé d'une étoffe dont on est assuré de la bonté de la teinture. On se sert de ces échantillons à mettre dans les debouillis avec les échantillons d'autres couleurs semblables qu'on soupçonne d'être teintes contre les Reglemens, afin d'en pouvoir faire la comparaison quand le débouilly est achevé.

Ces échantillons se gardent dans les Bureaux des Maîtres pour y avoir recours dans l'occasion, & doivent être au nombre de seize, douze pour les draps & quatre pour les ratines, longs chacun environ de demie-aune.

Les échantillons pour les draps sont, noir de garance, minime, rouge de garance, couleur de Prince, écarlate rouge, rose séche, incarnat, colombin, couleur de rose, verd-gay, bleu turquin, & violet.

Les quatre pour les ratines sont, écarlate rouge, noir de garance, rouge cramoisi, & couleur de pensée.

Tous ces échantillons sont marquez des marques des Drapiers & Teinturiers, & sont coupez en deux, afin qu'il en demeure un morceau à chaque Bureau; & qu'en cas de contestation on les puisse comparer les uns aux autres. *Voyez* DEBOUILLY.

On appelle Modéle chez les Teinturiers en soye, laine & fil, ce que les Teinturiers du grand teint appellent Echantillons matrices. *Voyez* MODELE.

MATRICE. Se dit encore des étalons ou originaux des poids & mesures qui sont gardez par des Officiers publics dans des Greffes ou Bureaux, & qui servent de regle pour étalonner les autres. *Voyez* ESTALONS.

MATTASSE. Soyes en mattasses. Ce sont des soyes sans apprêt, & qui sont telles qu'elles ont été levées de dessus les cocons. Elles sont ordinairement en masses ou en pelotes. On les appelle aussi Soyes greges. *Voyez* SOYE.

MATTELINS. Sortes de laines qui viennent du Levant. *Voyez* LAINES DU LEVANT.

MATTER ou MATTIR. Terme de Doreur en détrempe. C'est passer sur l'or qui n'a pas été bruni de la colle très-foible, à laquelle on a donné une legere teinture de vermillon. *Voyez* DORURE EN DETREMPE.

MATTER. C'est aussi un terme d'orfévrerie & de Doreur sur métail qui signifie, rendre l'or ou l'argent mat, les laisser sans les brunir ou les polir.

MATTOIR. Petit instrument de Fourbisseur, avec lequel on abbat ou amattit le fil d'or ou d'argent d'un ouvrage damasquiné. *V.* DAMASQUINERIE.

MATULI. Mesure des liquides dont on se sert en quelques Villes de Barbarie. Le matuli de Barbarie est de trente-deux rotolis. *Voyez* ROTOLIS.

MAURELLE ou TOURNESOL, que les Botanistes nomment Heliotropium ou Ricionoïdes. Plante propre à la teinture. *V.* TOURNESOL.

MAURES. Monnoye d'or qui a cours à Surate & dans les autres Etats du Grand Mogol.

MAURIS, qu'on nomme autrement PERCALE. Sorte de toile blanche de côton qui vient des Indes Orientales. *Voyez* PERCALE.

MAUBOUGE. Droit d'entrée qui se leve en Norman-

dic

die & en d'autres lieux sur les boissons qui entrent & qui sont brassées dans les Villes & dans les lieux où il y a foires ou marchez. Les boissons qui sont sujettes au droit de Maubouge sont la biére, le cidre & le poiré.

Maubouge. C'est aussi un droit qui est dû en quelques endroits sur tous les animaux qui ont l'ongle ou corne des pieds fendus, comme les bœufs, les vaches, les moutons, &c. A Paris on l'appelle le pied fourché. *Voyez cet article.*

MAUGARPINE. Drogue dont il est fait mention dans le Tarif ou Catalogue des drogues imprimé en 1699, pour l'execution de l'Arrêt du 15 Aoust 1685, qui n'est comprise ni tarifée dans aucun autre Tarif. *Elle est du nombre des marchandises de Levant, Barbarie, Afrique, &c. sur lesquelles il doit être levé vingt pour cent de leur valeur, outre les droits ordinaires dans les cas exprimez dans ledit Arrest.*

MAYON, en Siamois SELING. Monnoye d'argent qui se fabrique & qui a cours dans les Etats du Roy de Siam. Il est de la quatriéme partie du tical, qui vaut trente-deux sols quatre deniers monnoye de France, à prendre l'once d'argent à trois livres dix sols; ensorte que le mayon est de huit sol un denier de la même monnoye.

Le mayon est aussi un poids dont on se sert à Siam, qui a précisément la pesanteur du mayon de monnoye.

Au dessous du mayon est le foüang, la paye suit celui-ci, & enfin le clam qui pese douze grains de ris. Il y a aussi la sompaye qui est la moitié du foüang. Au dessus du mayon sont le tical, le taël, le catis & le pic: celui-ci est pour peser les marchandises de grand volume.

MAYS. C'est ce qu'on appelle Bled d'Inde ou Bled de Turquie. Ce bled vient par épics longs de dix ou douze pouces, ronds & épais, environ de seize ou dix-huit lignes de diametre. Les grains qui sont arrangez & pressez les uns contre les autres sont pour la figure & pour la grosseur assez semblables aux pois. La farine en est très-blanche, quoiqu'il y ait du mays dont l'écorce tire presque sur le noir. Cette farine est nourrissante, & rafraîchit & engraisse beaucoup.

Avant que les Européens eussent fait la découverte de l'Amerique, non seulement une partie des Habitans de ce grand Continent s'en servoient pour leur nourriture & pour celle des animaux, mais encore ils en usoient comme de menuë monnoye, aussi-bien que du cacao espece d'amande, qui de même que le mays y croit en abondance.

MECASUCHIL. Les Indes appellent ainsi la gousse qui renferme la graine de vanille. *Voyez* Vanille.

MECHOACAM ou MACADOSSIN. Racine médicinale, ainsi nommée de la Province de Mechoacam dans la Nouvelle Espagne, d'où d'abord elle a été apportée en Europe. On l'appelle autrement Rhubarbe blanche, & encore Scamonée & Brionne de l'Amerique.

L'Isle de S. Domingue produit aussi une quantité prodigieuse de cette racine, qui est blanche dedans & dehors. Quand elle est en terre elle pousse des tiges trés-foibles; ce qui fait qu'elle rampe comme la coulevrée. Des tiges sortent les feüilles qui sont minces, faites en coeur d'un verd blancheâtre; & d'entre les feüilles naissent des grains ou bayes vertes d'abord, & rouges quand elles sont meures.

Il faut choisir le mechoacam en belles roüelles, blanc dehors & dedans, sec, pesant, d'un goût presque insipide, & prendre garde qu'il n'y ait de la brionne mêlée; ce qu'on peut aisément découvrir par le goût; celui du mechoacam étant doux, & celui de la brionne très-amer.

Le mechoacam est bien déchû de son crédit, soit en France, soit en Espagne, parce que le jalap fait le même effet, & bien plus promptement; ce qui satisfait mieux l'impatience que tous les malades ont de guérir.

Le Mechoacam paye en France les droits d'entrée à raison de 10 liv. du cent pesant, conformement au Tarif de 1664.

Les droits qu'il paye à la Doüane de Lyon sont 20 liv. du quintal d'ancienne taxation, & 30 liv. pour les quatre pour cent.

Cette grande différence de droits qui se trouve entre les deux Tarifs, outre que celui de Lyon l'appelle Machoacan & Macadossin, feroit croire volontiers que ce sont deux drogues différentes; à moins qu'on n'aimât mieux dire que depuis 1632, qui est la datte du Tarif de Lyon jusqu'en 1664 que fut dressé l'autre Tarif, cette drogue étoit tellement déchûë, qu'on avoit été obligé d'en diminuer les droits dans celui-ci.

MÉCOMPTE. Défaut de supputation, erreur de calcul. Ainsi l'on dit: Il y a du mécompte en cette addition, en cette regle; pour faire entendre, que le calcul n'est pas bon, qu'on s'y est trompé.

Mécompte. Signifie aussi ce qui manque au compte de quelque somme. Il y a du mécompte à mon argent.

Mécompte. Se dit encore du mauvais succès d'une entreprise, d'une affaire de commerce. Il trouvera bien du mécompte dans la vente de ses laines.

MÉCOMPTER. Se tromper, se méprendre dans son calcul.

MECONIUM. Nom que l'on donne au suc de pavot, quand il est tiré de la plante par expression. C'est une espèce d'opium. *Voyez* Opium.

MEDIAN. Monnoye d'or qui se frappe à Tremeçen, ville & port des côtes de Barbarie. Il faut cinquante aspres pour faire un median: deux medians font un dian, qu'on nomme autrement Zians. Ces deux especes sont fabriquées par les Monnoyers du Dey d'Alger, dont elles portent le nom, avec quelques lettres Arabes.

MEDIN. Monnoye d'argent qui a cours dans l'Empire du Grand Seigneur. Il vaut trois aspres de Turquie, ou dix-huit deniers monnoye de France. *Voyez* Meidin.

MEDOC. On appelle Pierre de Medoc, des cailloux brillants qui se trouvent en France dans cette petite contrée du Bourdelois qu'on appelle Pays de Medoc. C'est une espece de diamant. *Voyez* Diamant.

MEGANAISSE. Sorte de minéral qui ressemble assez à l'antimoine. On dit plus communément Magalaise. *Voyez cet article. Voyez aussi* Antimoine.

MEGIE. Art ou maniere de préparer ou passer les peaux ou cuirs en blanc, pour les mettre en état d'être employées à certaines manufactures particuliéres, dont la principale & la plus importante pour le commerce est la ganterie.

Toutes sortes de peaux se peuvent passer en megie; mais pour l'ordinaire on ne se sert que de celles des beliers, moutons, brebis, agneaux, boucs, chevres, chevreaux & isards ou francs chamois de montagne, comme étant les plus propres à être mises en œuvre par les Gantiers & Peaussiers.

Maniere de passer les peaux en Megie, autrement dit en blanc.

Après que les peaux ont été pelées, c'est-à-dire, qu'on a fait tomber la laine ou le poil par le moyen de la chaux, ainsi qu'il se trouve expliqué à l'article du Chamois, à l'endroit

droit où il est parlé de la maniere de passer les peaux de mouton en huile, on les couche dans le plain, qui est une espece de grande cuve de bois ou de pierre mastiquée en terre, remplie d'eau, dans laquelle l'on a fait éteindre de la chaux vive, où elles restent pendant un mois ou six semaines, suivant qu'il fait plus ou moins chaud, ou que l'on veut que les peaux soient plus ou moins douces ou molettes.

Durant le tems qu'elles demeurent dans le plain, on les change deux fois d'eau & de chaux, & tous les trois jours elles sont relevées & recouchées dans le plain.

Lorsque les peaux ont été relevées pour la derniere fois du plain, c'est-à-dire, qu'elles en ont été retirées pour n'y plus rentrer, on leur donne la premiere façon, en les mettant tremper une nuit dans la riviere, pour en faire sortir le plus gros de la chaux; d'où étant retirées on en met six à la fois sur le chevalet, pour les écharner en les raclant bien fort les unes après les autres du côté de la chair, avec un outil d'acier tranchant à deux manches que l'on nomme Couteau, à peu près semblable à la planne d'un Charron.

A mesure qu'on écharne les peaux, on en coupe les pattes & le superflu qui peut être tout autour sur les bords.

Quand les peaux ont reçû cette premiere façon, on les met dans une cuve avec un peu d'eau, où elles sont foulées à force de bras avec des pilons de bois pendant un bon quart d'heure, après quoy on acheve de remplir la cuve d'eau, dans laquelle les peaux sont bien rincées.

On les jette ensuite sur le pavé bien net pour les faire égouter; & lorsqu'elles le sont suffisamment, on les remet dans la cuve avec de l'eau nouvelle. En étant encore retirées & bien rincées, on les reporte sur le chevalet six à la fois, tournées du côté de la fleur, par dessus laquelle on passe bien fortement une gueuse ou pierre à aiguiser, pour les adoucir, & les mettre plus en état de soûtenir les quatre ou cinq façons qu'on leur donne sur le chevalet, tant du côté de la chair que du côté de la fleur, ce qui se fait avec le couteau & de la maniere qu'on l'a déja dit, en observant de les remettre dans la cuve, de les y fouler, les rincer, & les faire égouter entre chaque nouvelle façon qu'on leur donne sur le chevalet.

Les peaux ayant reçû toutes leurs façons, on les met dans une cuve avec du son de froment & de l'eau, dans laquelle on les tourne avec de longs bâtons jusqu'à ce que l'on s'apperçoive que le son s'y soit attaché; alors on les laisse en repos dans la cuve. Quand elles s'élevent d'elles-mêmes au dessus de l'eau par une espece de fermentation, on les renfonce dans le fond de la cuve, & en même tems on y met le feu, qui y prend presque aussi facilement que si c'étoit de l'eau-de-vie; mais qui s'éteint dans le moment que l'eau de la cuve couvre entierement les peaux.

Cette operation se réïtere autant de fois que l'on voit que les peaux s'élevent au dessus de l'eau; & lorsqu'elles ne s'élevent plus, on les retire de la cuve, pour les mettre sur le chevalet du côté de la chair, par dessus laquelle l'on passe le couteau pour en abbattre le son qui s'y trouve attaché.

Le son ayant été bien abbattu de dessus les peaux, on les met dans une grande corbeille, où on les charge de grosses pierres pour les faire égouter; & lorsqu'elles le sont suffisamment, on leur donne de la nourriture; ce qui se fait de la maniere suivante.

Pour un cent de grandes peaux de mouton, telles que peuvent être celles qui proviennent des abatis des Boucher de Paris, & pour les plus petites à proportion, l'on prend huit livres d'alun & trois livres de sel marin, que l'on fait fondre dans une chaudiere sur le feu avec de l'eau; & lorsque le tout est bien fondu, l'on verse cette eau encore tiéde dans une espece de huche, dans laquelle l'on a mis vingt livres de fleur de farine de froment, de la plus blanche & de la meilleure, avec huit douzaines de jaunes d'œufs, & de cela on forme une espece de pâte un peu plus liquide que celle destinée à faire de la boüillie aux enfans.

Cette sorte de boüillie étant faite, on la vuide dans un autre vaisseau, pour s'en servir de la maniere qui suit.

On fait chauffer de l'eau que l'on verse dans la huche où d'abord la boüillie ou pâte a été preparée: on y mêle ensuite deux escuellées de cette boüillie, se servant pour cela d'une escuelle de bois, qui contient justement ce qu'il en faut pour chaque douzaine de peaux; & quand le tout est bien délayé, on y plonge deux douzaines de peaux, ce que les Megissiers nomment une Passée: observant sur-tout que l'eau ne soit trop chaude; ce qui seroit capable de gâter la pâte, & de brûler les peaux.

Après qu'elles ont été dans la huche quelque tems, on les tire les unes après les autres avec les mains, en les étendant sur leur large; ce qui se réïtere une seconde fois. Il est de consequence de bien mesurer la pâte, afin qu'il puisse y en avoir suffisamment pour pouvoir passer tout l'habillage, c'est-à-dire, toute la centaine de peaux; car pour bien réussir; il ne faut pas que la derniere passée de peaux en ait moins que la premiere: mais c'est une chose qui dépend uniquement du jugement & de l'habitude du Megissier.

Après que les peaux ont toutes reçû leur pâte, on les met dans des cuviers; où elles sont de nouveau foulées avec les pilons de bois; ce qui acheve de leur faire prendre de la nourriture. Ensuite on les jette dans une cuve où elles restent pendant cinq ou six jours, quelquefois plus; car quand elles y demeureroient quinze jours ou trois semaines, même un mois, cela ne feroit pas capable de leur porter aucun dommage; c'est pourquoy l'on attend que le tems soit beau pour les en tirer, afin de les faire sécher à l'air, en les étendant sur des cordes ou sur des perches.

Plus les peaux séchent promptement & mieux c'est; car lorsqu'elles sont trop long-tems à sécher, le sel & l'alun qui sont dedans les font grainer; ce qui est un défaut essentiel pour les peaux passées en megie.

Les peaux étant bien séches, on les met par paquets que l'on trempe un instant dans l'eau claire, d'où étant retirées & égoutées, elles sont jettées dans une cuve sans eau, pour leur faire prendre ce que les Megissiers appellent l'Humeur.

Cette façon achevée, & qu'elles ont pris l'humeur, elles se foulent aux pieds, se passent les unes après les autres sur le pinçon ou palisson, qui est une sorte d'instrument de fer plat, large, & presque rond par le bout, à peu près semblable à un battoir de Lavandiere emmanché d'un bâton planté dans un gos billot de bois solide. Cette façon s'appelle Ouvrir les peaux.

Après que les peaux ont été ouvertes, on les remet sécher à l'air sur les cordes ou perches; & quand elles sont bien séches, on les répasse une seconde fois sur le pinçon; & pour derniere façon on les met proprement l'une sur l'autre sur une table, où elles sont exactement détirées & étenduës, ensorte qu'il ne leur reste aucuns plis; ce qui s'appelle le Redresser les peaux: alors elles sont en état d'être venduës & employées.

Les Peaussiers teignent en diverses couleurs les peaux passées en megie, & leur donnent, quoi-qu'improprement le nom de Basanes. *Voyez* Basane, *à la fin de l'article.*

Les peaux de bœuf, de vache, de veau, de cheval, &c. destinées pour les Bourreliers, s'apprêtent & se passent par les Megissiers de la même maniere que les peaux de mouton & autres dont il vient d'être parlé, propres pour la ganterie, à l'exception qu'ils n'y employent point de pâte; se contentant seulement de les faire passer par l'eau salée & alunée.

Pour ce qui est des peaux de mouton en laine, que l'on nomme Housses ou Bisquains, dont les Bourreliers se servent à faire des couvertures aux colliers des chevaux de harnois, les Megissiers ne font que les laver dans l'eau de riviere, les bien écharner avec le couteau sur le chevalet, & les passer dans l'eau salée & alunée, sans y employer de pâte.

Ils en usent de même à l'égard des peaux d'ours, de loups, de chiens, d'agneaux & autres semblables, destinées pour les grosses fourrures; comme aussi pour les peaux de veau, de sanglier & d'autres pareils animaux, dont ils veulent conserver le poil, & qui s'employent à couvrir des coffres, de paniers d'armée & des colliers de chevaux.

Quelques Megissiers, par menage, employent au lieu de sel marin de la saumure de cochon, dans les apprêts qu'ils font de leurs peaux; mais l'on a remarqué que le sel marin pur est incomparablement meilleur, particuliérement pour les peaux fines; parce qu'étant d'une nature plus séche que celle de la saumure, il les dispose mieux à prendre le blanc.

Les Villes de France où l'on travaille le plus en megie, sont, Paris, Moulins, Reims, Troyes, Amiens; Nevers, la Charité, Poitiers; Vendôme, Grenoble, Blois, & Lisle en Flandres. De ces Villes, Vendôme, Grenoble & Blois sont celles où les Megissiers tavaillent le plus en peaux fines, à cause des manufactures considerables de Ganterie qui y sont établies.

MEGISSERIE. Négoce qui se fait des peaux de moutons & agneaux, & autres passées en megie.

La fine megisserie se tire particuliérement de Vendôme, Grenoble & Blois.

Sous le nom de Megisserie est aussi compris le trafic des laines qui se fait par les Megissiers.

MEGISSIER. Artisan qui prépare ou qui passe les peaux en blanc, autrement dit en megie, pour les mettre en état d'être employées par les Gantiers & Peaussiers.

Ce sont aussi les Megissiers qui préparent certaines peaux dont on veut que le poil soit conservé, soit pour être employé à faire de grosses fourrures, soit pour être employé à d'autres usages.

Ils se mêlent encore d'apprêter quelques cuirs ou peaux propres aux Bourreliers, & de faire le négoce des laines. *Voyez ci devant* Megie: *les différens apprêts & préparations des peaux & cuirs de la dépendance des Megissiers y sont expliquez.*

Ce sont pareillement les Megissiers qui donnent la premiere préparation au parchemin & au velin. *Voyez* Parchemin.

A Paris les Megissiers composent une Communauté d'Artisans assez considerable, dont les anciens Statuts sont du mois de May 1407, du tems de Charles VI. depuis confirmez & notablement augmentez par François I. au mois de Septembre 1517, & encore par Henry IV. en Décembre 1594.

Suivant ces Statuts chaque Maître ne peut avoir qu'un Apprentif à la fois; & aucun ne peut être reçû Maître, s'il n'a fait au moins six années d'apprentissage, & n'ait fait chef-d'œuvre qui consiste à passer un cent de peaux de mouton en blanc.

Les Fils de Maîtres sont exempts de l'apprentissage, mais ils ne le sont pas du chef-d'œuvre.

Ceux qui sont à la tête de la Communauté des Maîtres Megissiers, pour la gouverner & en soutenir les privileges, sont appellez Maîtres Jurez, dont le nombre est de trois, deux desquels sont élûs tous les ans dans une assemblée generale des Maîtres de la Communauté, & c'est le Prevôt de Paris ou son Lieutenant qui reçoit le serment des Jurez nouvellement élûs.

Les mêmes Statuts contiennent plusieurs articles importans pour le negoce des laines, qui peut être fait par les Megissiers; le Lecteur y peut avoir recours.

MEIDIN, ou MAIDIN, qu'on nomme aussi Para, Parat & Parasi. Petite monnoye d'argent fort legére, que les Bachas du Caire font frapper au nom du Grand Seigneur, qui a cours dans toute l'Egypte, & dont l'on se sert presque dans tous les payemens.

La forme de cette petite monnoye d'argent est ronde, grande environ comme un petit double, mais très-mince; elle a quelques inscriptions Arabes assez mal gravées. On donne huit forles ou bulbas pour un meidin; ces monnoyes sont de cuivre semblables aux doubles de France, mais plus épaisses, aussi valent-elles près de trois deniers. Trente-trois meidins font la piastre suivant le cours qu'elle a en Egypte; il ne faut que trente meidins pour la boquelle ou aboukels. *Voyez* Aspre.

MEIN. Poids des Indes qu'on nomme autrement Man.

Le Mein d'Agra Capitale des Etats du Grand, Mogol, dont Surate est la Ville du plus grand commerce, est de soixante serres qui font 57 livres trois quarts de Paris. *Voyez* Man.

MEIRAIN. Bois debité d'une certaine maniere propre aux Menuisiers, Tonneliers, Layetiers & autres tels Ouvriers en bois. *Voyez* Mairrain.

MELANGE. } *Voyez* { MESLANGE.
MELER. } *Voyez* { MESLER.

MELANTERIA. Sorte de matiere minerale vitriolique, qu'on nomme vulgairement Chalcite ou Colcotar. *Voyez* Vitriol.

MELASSE. Qu'on nomme aussi Doucette ou Sirop de sucre. C'est cette partie fluide & grasse qui reste des sucres après qu'ils ont été rafinez, & à laquelle l'on n'a pû donner par la cuisson aucune consistance plus solide que celle de sirop.

La melasse n'est proprement que le residu d'une sorte de sucre qu'on nomme la Chipre ou Sucre rouge qui est le rebut des autres sucres qu'on ne peut blanchir ni mettre en pain.

Les melasses qui proviennent des rafinages de France s'envoyent pour la pluspart en Hollande, où il s'en consume beaucoup, soit dans la preparation des tabacs, soit pour les pauvres gens qui s'en servent au lieu de sucre.

L'on fait aussi des eaux de vie de melasses; mais attendu que l'usage en est très-mauvais & très-préjudiciable à la santé, té, elles ont été défendues en France par un Arrêt du Parlement de Paris du 13 Mars 1699, qui confirme une Sentence du Lieutenant General de Police de la même Ville du 9 Septembre 1698. *Voyez* EAU-DE-VIE.

Les melasses sortant du sucre payent en France les droits d'entrée & de sortie conformement au Tarif de 1664; sçavoir ceux d'entrée à raison de 10 liv. le tonneau de mer pesant 2 milliers, & pour ceux de sortie 4 livres 10 sols le tonneau contenant trois muids.

Les melasses provenant des rafinages de France sont du nombre des marchandises dont les entrées dans les pays, terres du Seigneuries de l'obeissance des Etats Generaux ont été moderées par le Tarif de 1699.

Elles ne payent que cinq florins du cent pesant.

MELON. Fruit d'esté qui rampe comme le concombre. Les Fruitiers & Regratiers font à Paris un negoce considerable de melons tant que la saison en dure. Les meilleurs se tirent de Langeais en Anjou; le reste, des marais & autres jardins potagers des environs de la Ville: De ceux-ci les melons de la plaine d'Ouille ont la preference, quelques-uns même les preferent aux Langeais.

Le commerce des melons a paru assez considerable pour que cette sorte de fruit ait été tariffée. *Ils payent 10 sols du cent en nombre, conformement au Tarif de 1664.*

La graine du melon est du nombre des quatre semences froides. *Voyez* SEMENCE.

MELONIER. Celui qui fait le commerce de melons; il est peu d'usage. On dit, Vendeur de melons.

MEMBRE DE BALEINE. *Voyez* BALEINE.

MEMBRURE. Sorte de mesure dont on se sert particuliérement à Paris pour mesurer le bois à brûler. *Voyez* CORDE.

MEMBRURE. Se dit aussi en general de certaines grosses pieces de bois de sciage propre à la menuiserie & à la charpente.

Les bois qui s'employent le plus ordinairement à faire les membrures sont, le chêne, le hêtre, le noyer, le poirier, le cormier & l'aulne. *Voyez ces termes; les diverses largeurs, épaisseurs & longueurs des membrures y sont expliquées, aussi-bien que les choses à quoi on destine ces sortes de bois.*

MEMOIRE. Ecrit sommaire qu'on dresse pour soi même, ou qu'on donne à un autre pour se souvenir de quelque chose.

On appelle aussi quelquefois Memoires chez les Marchands & chez les Artisans, les parties qu'ils fournissent à ceux à qui ils ont vendu de la marchandise ou livré de l'ouvrage.

Ces memoires ou parties pour être bien dressées doivent non-seulement contenir en détail la nature, la qualité & la quantité des marchandises fournies ou des ouvrages livrez à credit, mais encore l'année, le mois & le jour du mois qu'ils l'ont été, à qui on les a données, les ordres par écrit s'il y en a, les prix convenus ou ceux qu'on a dessein de les vendre, enfin les sommes déja reçûës à compte. *Voyez* PARTIES.

Les Marchands, Négocians & Banquiers appellent Agendas les memoires qu'ils dressent pour eux mêmes, & qu'ils portent toûjours sur eux, & conservent le nom de Memoires à ceux qu'ils donnent à leurs Garçons & Facteurs, ou qu'ils envoyent à leurs Correspondans ou Commissionnaires. *Voyez* AGENDA.

Les memoires que les Commissionnaires dressent des marchandises qu'ils envoyent à leurs commettans s'appellent des Factures, & ceux dont ils chargent les Voituriers qui doivent les conduire, se nomment des Lettres de voiture. *V.* FACTURE & LETTRE DE VOITURE.

Les Marchands, Banquiers & Negocians ont aussi une espece de journal qui leur sert de memoire & sur lequel ils écrivent chaque jour le détail de leur negoce. On le nomme plus ordinairement Memorial. *Voyez l'article suivant.*

MEMORIAL. Livre qui sert comme de memoire aux Marchands, Negocians, Banquiers & autres qui se mêlent de commerce & sur lequel ils écrivent journellement toutes leurs affaires, à mesure qu'ils viennent de les finir.

Le memorial est proprement une espece de journal qui n'est pas au net; aussi l'appelle-t-on quelquefois Broüillard ou Broüillon, parce que les choses qu'on y écrit y sont comme confonduës & broüillées.

Ce livre tout informe qu'il paroisse, est le premier & peut-être le plus utile de tous ceux dont se servent les Marchands, desquels il est comme la base & le fondement, conservant & fournissant les matieres desquelles les autres livres doivent être composez. *Voyez* LIVRES.

MENE'E. Terme en usage dans les manufactures de lainage; il signifie friser à la machine une piece d'étoffe toute d'une tire ou toute de suite, c'est-à-dire, sans s'arrêter. Ainsi l'on dit, cette piece de ratine a été frisée toute d'une menée.

MENER LA TABLE. Terme de Cartier. C'est assortir les cartes à joüer, les jetter & les plier en jeu & en fixain.

MENEUR DE CISEAUX. C'est chez les Faiseurs de Cartes à joüer l'Ouvrier qui rogne les feüilles de grandeur après qu'elles ont été peintes & lissées, pour en composer des jeux.

MENEUSE. Terme en usage parmi les Revendeuses qu'on appelle à Paris Crieuses de vieux chapeaux. C'est une ancienne qui mene une novice ou apprentisse par les ruës ou aux ventes publiques pour la dresser & luy apprendre le métier de crieuse. *Voyez* CRIEUSE DE VIEUX CHAPEAUX.

MENEUSE DE TABLE. On nomme ainsi chez les Faiseurs de cartes à joüer, une fille de boutique qui trie les cartes après qu'elles ont été coupées pour en faire des jeux.

MENILLE, qu'on nommme plus communement Manille. Espece de bracelet ou de carcan de cuivre & quelquefois d'étain & d'argent, qui sert dans la traite que les Européens font avec quelques peuples d'Affrique. *Voyez* MANILLE.

MENON. Animal terrestre à quatre pieds semblable au bouc ou à la chevre, qui se trouve particuliérement dans le Levant, de la peau duquel on fait le marroquin. *Voyez* MARROQUIN.

MENU, en terme de commerce. Signifie quelque-fois la même chose que détail. Ce Marchand trafique tant en gros qu'en menu. *Voyez* DETAIL.

MENUE SEIZAINE. Petite corde propre aux Emballeurs, qu'en terme de corderie on nomme plus ordinairement Fil-agor. *Voyez* FIL-AGOR.

MENUE MERCERIE. Ce terme comprend toutes les Marchandises de peu de consequence que les Marchands Merciers ont droit de vendre. *Voyez* MERCERIE.

MENUF. Espece de lin qui croît en Egypte & qui se vend au Caire; son prix est de 7 à 8 piastres le quintal de cent dix rotols. *Voyez* LIN.

Les toiles qu'on appelle Toiles de Menuf, ont 83 pics de longueur, & se vendent 83 meidins la piece, c'est-à-dire, un meidin le pic.

MENUISERIE. Profession de Menuisier, art de polir & d'assembler le bois. On l'appelle Menuiserie pour le distinguer du metier de Charpentier, celui-ci n'employant que du gros bois, comme poutres, solives, chevrons, sablieres, &c. charpenté avec la cognée & parée seulement avec la besaigue, & les Menuisiers ne travaillant que sur de menus bois débitez en planches ou autres semblables pieces de mediocre grosseur, & les courroyant & polissant avec divers rabots & autres instrumens.

MENUISERIE. Se dit encore de l'ouvrage même des Menuisiers, taillé & assemblé avec propreté & delicatesse. On dit en ce sens, le Chœur de l'Eglise Metropolitaine de Paris est de la plus belle menuiserie qui ait encore été faite.

MENUISERIE. Se prend aussi quelquefois collectivement de tout le bois que les Menuisiers ont employé ou doivent employer dans un bâtiment, ou seulement dans quelqu'un des appartemens qui le composent. La menuiserie de ma maison me revient à dix mille livres, c'est-à-dire, il m'a coûté cette somme pour les portes, fenêtres, lambris, parquets, &c. que les Menuisiers y ont faits.

MENUISERIE. Il y a quelques Corps de Marchands & quelques Communautez des Arts & Metiers, dans lesquels on appelle Menuiserie les petits ouvrages qui s'y fabriquent. Les Orfevres & les Potiers d'étain, entr'autres les nomment de la sorte, & donnent le nom de Menuisiers à ceux qui ne fabriquent que de ces menus ouvrages, ou qui font seulement ce negoce. *Voyez l'article suivant.*

MENUISIER. Celui qui ne travaille ou qui ne fait negoce que de petits ouvrages. Il y a des Menuisiers parmi les Orfevres, ce sont ceux qui ne fabriquent que des anneaux des boucles, des crochets, ou ce qu'on appelle des Menages d'enfans. Il y en a aussi parmi les Potiers d'étain ; leurs Statuts donnent ce nom à ceux qui ne s'attachent qu'aux menus ouvrages; &, comme ils disent, aux pieces de rapport. *Voyez* ORFEVRE & POTIER D'ETAIN.

Les Menuisiers en bois sont les plus connus, & ceux qui pour ainsi dire en ont conservé par preference le nom & la qualité dans l'usage ordinaire. *Voyez l'article suivant.*

MENUISIER. Ouvrier qui travaille en menuiserie. Il y a deux sortes de Menuisiers en bois, qui pourtant ne composent qu'une même Communauté. Les uns sont les Menuisiers en grosse besogne qu'on appelle Menuisiers d'assemblage; les autres sont les Menuisiers de pieces de rapport & de marqueterie, qu'on nomme Menuisiers de placage ; on les nomme aussi Ebenistes. On parle de ces derniers à leur propre article. *Voyez* EBENISTE. *Voyez aussi* MARQUETERIE.

Dans les Statuts de la Communauté des Menuisiers les Maîtres sont appellez Huchers Menuisiers, du mot de huche qui est une espece de coffre ou bahut qui est du nombre des ouvrages ausquels ces artisans travaillent.

Cette Communauté est ancienne à Paris, & ses Statuts lui ont été accordez par Lettres Patentes des Rois dès le mois de Septembre de l'an 1396, & confirmez pour la premiere fois au mois d'Avril 1580. La derniere confirmation où plusieurs des anciens articles de ces Reglemens ont été expliquez ou reformez, est du mois d'Août 1645, que le Roy Louis XIV. donna ses Lettres Patentes sur le vû des Lieutenant Civil & Procureur du Roy au Châtelet, enregistrées en Parlement le 20 Décembre ensuivant.

Les Officiers de la Communauté sont, un Principal qui s'élit tous les ans, trois jours après la Fête de sainte Anne qui en est la Patrone, & six Jurez, dont trois sont élus aussi chaque année & le meme jour par les anciens Bacheliers, ensorte que chaque Juré reste deux ans en place.

Ceux qui prétendent à la maîtrise doivent être originaires François ou du moins naturalisez.

Chaque Maître ne peut avoir qu'un Apprentif obligé pour six ans, ensorte néantmoins qu'il en puisse obliger un autre deux ans avant la fin de l'apprentissage du premier.

Les Apprentifs sont obligez au chef-d'œuvre, & payent pour le droit du Roy un écu sol, demi-écu sol à chacun des Jurez, six écus au Receveur de la Communauté, & un écu pour la Confrerie de sainte Anne.

Les droits des fils de Maîtres sont moins considérables, mais ils sont obligez au chef d'œuvre comme les autres.

Les Maîtres de la Confrerie établie en l'Eglise des Billettes sont au nombre de quatre, de deux desquels se fait l'élection tous les ans à l'issuë de Vêpres, le jour & Fête de sainte Anne.

Les Statuts qui sont composez de 76 articles entrent dans un grand & assez curieux detail de tous les ouvrages de menuiserie qui se peuvent faire par les Maîtres de la Communauté, & de la maniere dont ils doivent être faits & travaillez, pour n'être point sujets à saisie, ni les Ouvriers à l'amende.

Par Declaration du Roy du 21 Mai 1691, les Offices héreditaires des Maîtres Jurez de la Communauté des Menuisiers de la Ville de Paris, créez par l'Edit du mois de Mars de la même année, luy furent réunis, & les droits & privileges desdits Offices leur furent attribuez.

Il a fallu que les Menuisiers se soient fait encore incorporer depuis cette premiere réunion, diverses autres charges de nouvelle création, comme des Auditeurs des Comptes en 1694, des Greffiers, des Gardes des poids & mesures, des Gardes des archives & semblables. Offices créez en 1704 & 1707, & presque jusqu'à la fin du regne de Loüis XIV. mais quoiqu'ils ayent obtenu diverses augmentations de droits pour les visites, les apprentissages, les maîtrises, même pour la Confrerie, afin d'acquitter les sommes qu'ils avoient été obligez d'emprunter, les différentes Lettres Patentes qui les leur ont accordé n'ont point ou peu touché à la premiere discipline de leur Communauté établie par les anciens Statuts dont on vient de donner l'extrait, si ce n'est en ce qui regarde les Maîtres sans qualité, que comme les autres Corps des Arts & Metiers, ils ont eu permission de recevoir & qu'ils ont en effet reçûs parmi eux.

Les outils & instrumens des Maîtres Menuisiers, qui leur servent tant à courroyer, rabotter & emmortoiser leur bois, qu'à le scier, couper, dresser, tracer & mettre en place, sont : l'établie sur laquelle se travaillent presque tous les ouvrages; diverses sortes de scies, les valets ou varlets, les maillets, le crochet ou sergent, les estreignoirs, les presses, les rabots de toutes sortes, divers ciseaux, le fermoir, le bec d'âne, les gouges, les trusquins, les reglets, les équéres & les triangles, le calibre, le compas, le marteau, les tenailles, les villebrequins, les rapes, les limes, le tourne-à-gauche & le niveau.

MEON. Plante qui croît en Bourgogne, dont la racine ressemble à celle de l'Angelique, à laquelle on la substitue quelquefois. *Voyez* ANGELIQUE.

MERCADENT, ou MARCADANT. Terme de dérision

rifion qui se dit d'un Marchand peu habile dans le négoce & qui fait mal ses affaires; ou d'un petit mercelet qui veut faire l'important, quoiqu'il ne vende que des bagatelles. Ainsi l'on dit; ce Mercadent n'entend nullement son metier; ce petit Mercadent fait le suffisant. Ce terme est pris de l'Italien, *Un povero Marcadente.*

MERCANTILLE. On dit qu'un homme est de profession mercantille, pour faire entendre qu'il se mêle de marchandise & de negoce. On dit aussi Arithmetique mercantille, pour distinguer celle qui n'est propre qu'aux Marchands, d'avec celle des Astronomes & des Geometres. *Voyez* PROFESSION MERCANTILLE.

MERCANTILLEMENT. D'une maniere mercantille. Il se dit en ce sens; Il parle, il écrit, il s'exprime mercantillement; pour dire qu'il parle, qu'il écrit, qu'il s'explique selon les maximes, les usages & les termes qui sont affectez aux Marchands & Negocians.

MERCANTISTE. On se sert quelquefois de ce terme pour signifier un Marchand. *Voyez* MARCHAND.

MERCANTORISTE. Il se dit de la maniere de parler d'un Marchand. Ce stile est mercantoriste. *Voyez* STILE MARCHAND.

MERCELOT. Petit Mercier. Il se dit de ces petits Merciers qui étalent aux Foires de village & de ceux qui portent à la campagne des balles ou paniers de menuë mercerie sur leur dos, ou dans les ruës de Paris des mannettes penduës à leur col remplies de peignes, de petits coûteaux, de siflets & autres telles petites marchandises & joüets d'enfans de peu de conséquence.

MERCERIE. On appelle ainsi en general toutes les especes de marchandises que les Marchands Merciers vendent ou sont en droit de vendre.

Ce terme est tirée du mot Latin *Merx*, qui signifie toute marchandise, toute denrée, toute chose dont on puisse faire commerce ou trafic.

L'article XII. des nouveaux Statuts des Marchand Merciers de la Ville & Fauxbourgs de Paris du mois de Janvier 1613, contenant dans un grand détail toutes les marchandises qui peuvent faire l'objet du commerce des Marchands qui sont reçûs dans le Corps de la Mercerie; on va le rapporter ici en son entier en y faisant neantmoins quelques remarques sur les changemens qui y sont arrivez depuis, particuliérement pour les draps étrangers.

Article XII des Statuts des Marchands Merciers de la Ville & Fauxbourgs de Paris, contenant toutes les marchandises comprises sous le nom de Mercerie.

Pourront lesdits Marchands Merciers acheter, vendre & debiter, troquer & échanger, tant dans la Ville, Prevôté & Vicomté de Paris, Villes circonvoisines d'icelles, & en tous autres lieux du Royaume, même dans les Pays étrangers, en gros ou en détail, toutes sortes de marchandises:

D'or, d'argent, soyes, ostades, serges de Florence, razes & estamets de Milan, serges de Seigneur, de Leyde, de Moüy, de Chartres, d'Orleans, d'Ascot & de toutes autres sortes, Pays & façons.

Camelots, burails, moncahiards, étamines, futaines, doublures, frises, revêches, boucassins, treillis & bougrans.

Draps de Borde, d'Espagne, Angleterre & autres Pays étrangers.

Toiles de toutes sortes, ouvrées & non ouvrées, tant Françoises qu'étrangers, grosses, moyennes & fines; chemises, mouchoirs, collets & toute autre sorte de lingerie.

Chanvres, lin, fils de toutes sortes teints & non teints, cordes, cordages, ficelles, sangles, panneaux & filets tant de chasse que de pêche.

Castors à faire chapeaux, laines filées & non filées, teintes & non teintes, bonnets, chapeaux, bas de chausse tant de soye, laine, que fil ou autre étoffe, camisolle, cotons filez & non filez.

Maroquins, cuirs de Levant, chamois, bufles, bufferins, chevrotins, velins, peaux de moutons parées, cuirs de megie & generalement toutes sortes de cuirs.

Fourrures, pelleteries, gands, mitaines & tous ouvrages faits des susdites étoffes.

Tapisseries, coutils, courtepointes, couvertures, castelognes & autres.

Franges passemens, dentelles, lassis, points coupez, rubans, cordons, boutons d'or, d'argent, de soye, fil, crin & de toutes autres étoffes, & de tous pays & façons, même l'or & l'argent tant fin que faux, filé sur soye ou sur fil.

Ensemble argent de Chipre, soyes cruës & non écruës, teintes & non teintes.

Pareillement toute sorte de joüaillerie, d'or, d'argent, pierres precieuses, perles, joïaux d'or & d'argent & d'autres metaux, cristal, ambre, amatistes & toutes autres sortes de pierres taillées & non taillées & toute sorte de patenostrerie.

Droguerie, épicerie, bresil, pastel, cochenille, graine d'écarlate, garance & toutes especes de teintures.

Fer, acier, cuivre, airain, leton, ouvrez & non ouvrez, neufs ou vieux, même fil de leton & médailles.

Epées, dagues & poignards, lames, gardes & garnitures d'iceux, & éperons, étriers, mords de chevaux, fers & clous.

Ciseaux, lancettes, canivets, razoirs, couteaux, épingles & aiguilles.

Ceintures, porte-épée, peignes, éponges & aiguillettes.

Serrures, cadenats, fermetures d'huis, portes, fenestres, coffres & cabinets.

Dinanderie, quinquaillerie, coûtellerie, & de toutes autres sortes de marchandises de cuivre, fer, fonte, acier & toutes autres œuvres de forge & fonte.

Miroirs, images, tableaux, tant en bosse qu'autrement, peintures, heures, pseautiers, catechismes & autres livres de prieres.

Plumes, gaînes, étuis, boêtes, écritoires, & generalement toutes autres sortes & especes de marchandises.

Il faut remarquer qu'encore qu'il paroisse par l'extrait ci-dessus que les Merciers soient en droit de vendre certaines especes de draps; cependant ils en ont été exclus par Arrêt du Conseil du 16 Août 1687, rendu en faveur des Marchands Drapiers, qui ont été seuls reservez dans la faculté de faire commerce, & de vendre dans Paris, soit en gros ou en détail, toutes sortes de marchandises de drapperies de laine, tant des Manufactures de France, que des fabriques étrangeres.

MERCERIE. On appelle menuë Mercerie, ou Mercerie mêlée toutes les petites marchandises qui se vendent en détail par les Marchands Merciers.

Les Tarifs de France donnent aussi le nom de menu-Mercerie à certaines sortes de marchandises, dont les droits d'end'entrée & de sortie sont tariffez sur le même pied, à raison de tant du cent pesant.

Pour la commodité du Lecteur on va ajoûter ici les deux catalogues qui en ont été dressez pour l'execution de l'Arrêt du 3 Juillet 1692, par lequel les droits d'entrée de cette mercerie ont été augmentez & ceux de sortie diminuez.

Mercerie de toutes sortes de façons & Pays qui doivent payer les droits d'entrée à raison de 10 livres du cent pesant, conformement à l'Arrêt du 3 Juillet 1692.

Ambre jaune en chapelets & autres ouvrages.
Bandoüillieres.
Boêtes ferrées, malles & bougettes.
Boêtes de sapin peintes.
Bois de miroirs sans enrichissemens.
Bourses de cuir & laine.
Boutons de crin.
Cabinets d'Allemagne de peu de valeur.
Campannes.
Canivets.
Cartes à joüer.
Ceintures de fil & laine.
Chiflets.
Ciseaux.
Clous à Cordonnier & Sellier.
Coquilles de nacre.
Cordes à boyaux.
Cordons de toute sorte sans or, argent ni soye.
Coûteaux.
Cuillieres de bois & buis.
Demi-ceints de plomb & d'étain.
Décrotoires.
Dez de verre ou de corne.
Ecritoires.
Eperons.
Etriers.
Fil d'arbalêtre.
Gros tapis & toiles peintes, & autres semblables.
Horloges de sable.
Jayet lis ou brut.
Jettons.
Lames, gardes d'épées & dagues de fer.
Moules à boutons.
Manches d'alesnes.
Oripeaux & tous autres petits cuirs avec peintures.
Patenostres.
Peignes de bois & de buis.
Pinceaux.
Pelotons.
Poupées.
Raquettes.
Ramonettes.
Rubans, cordons & tresses de laine.
Sangles.
Tabourets.
Vestins.
Verges & vergettes à esterdre.

Les droits d'entrée de cette mercerie n'étoient par le Tarif de 1664 que sur le pied de 4 livres du cent pesant.

A l'egard de la Doüane de Lyon les droits tariffez par le Tarif de 1632, sont; sçavoir.

Mercerie de Milan & autres lieux d'Italie, chemises de coton, &c. 9 livres de la caisse d'ancienne taxation, & 10 s. du cent pesant de nouvelle reapreciation.

Mercerie de Flandre, ceintures, lacets, rubans, fil d'Epinay, le tonneau n'excedant quatre quintaux, 14 livres d'anciens droits, & 20 sols du cent pesant de nouveaux.

Menuë Mercerie de Paris & Roüen, le tonneau n'excedant cinq quintaux, 7 l. 10 s. d'ancienne taxation, & pour la reapreciation 10 s. du cent pesant.

Mercerie de Forets, Auvergne, droguets, queuës de singe, peignes de Languedoc & coûteaux de Thiers, la charge n'excedant trois quintaux, 17 s. 6 deniers d'anciens droits, & pour les nouveaux 5 s. du cent.

Mercerie de S. Claude, 16 s. pour tous droits.

Mercerie d'Allemagne, 3 l. 5 s. d'ancienne taxation, & 15 s. de nouvelle.

Mercerie de toutes sortes & façons des Provinces du Royaume qui ne doivent payer que 2 livres du cent pesant de droits de sortie, suivant l'Arrêt du 3 Juillet 1692, lorsqu'elles sont declarées pour les Pays étrangers, & qui autrement payent les droits à raison de 3 livres, conformement au Tarif de 1664.

Alesnes.
Bas, bonnets, gans & autres ouvrages de laine.
Bassins & coupes de verre.
Boêtes de sapin peintes.
Bombazins.
Bourses de cuir & laine.
Boucassins.
Boutons de crin, verre rocaille.
Cabinets d'Allemagne de peu de valeur.
Caffarts de Village.
Canivets.
Cartelets.
Castalognes & mantes.
Chapeaux de feutre & laine, communs, garnis & non garnis.
Chapelets d'ambre, verre, rocaille & autres de bois.
Chaussons.
Clous à Cordonnier & Sellier.
Ciseaux.
Cordons de toutes sortes sans or, argent & soye.
Cornes de lanternes.
Coûteaux.
Coutils.
Campannes.
Dez à coudre.
Demi ceints.
Décrotoires.
Droguets.
Escouvettes.
Ecritoires.
Eguillettes de cuir, de fil & laine.
Eguilles.
Eperons de fer.
Epinettes, manicordions & autres instrumens.
Epingles.
Epoucettes.
Etuis.
Etriers.
Fausses pierres.
Fil d'arbalêtre.
Filatrice.
Feutres pour Sellier.
Gans communs.
Jettons.
Malles.
Meules.
Mezelaines.
Miroirs communs.
Mitaines & mousles de laine.
Moucades.
Mords de brides.
Oripeaux & tous autres petits cuirs chargez d'or.
Patenostre sans orfevrerie.
Peaux de cuirs blanches & teintes.
Peignes de buis & corne.
Picottes, Plumettes & autres semblables étoffes sans soye.
Plumes à écrire.
Poupées d'eau.
Raquettes.
Ramonettes racoutrées en vergettes.
Sangles.
Seringues pour Apoticaires.
Sonnettes.
Soye de porc.
Tableaux.
Tabourets ou pelotons.
Tapis de Tournay.
Tapisseries & couvertures de Roüen.
Toiles peintes.
Verges à esterdre.
Verres à boire.

MERCERIE. Se dit aussi du Corps des Merciers, qui est le troisiéme des six Corps des Marchands de Paris.

Ce Corps fut établi par Charles six qui lui donna ses premiers Statuts & Reglemens en 1407 & 1412: ces statuts furent ensuite confirmez & augmentez par plusieurs Rois ses Successeurs; par Henry II. en 1548, 1557 & 1558; par Charles IX. en 1567 en 1570; par Henry IV. en Juillet 1601. Enfin Loüis XIII. en Janvier 1613 lui en donna de nouveaux confirmatifs des anciens, qui furent pareillement confirmez par Louis XIV. au mois d'Août 1645.

Quoique le Corps de la Mercerie ne tienne que le troisiéme rang parmi les six Corps des Marchands, il est cependant regardé comme le plus important, d'autant qu'il renferme & comprend, pour ainsi dire, tout le commerce des autres cinq Corps. Aussi ce Corps est-il si considera-

ble

ble & d'une si prodigieuse étenduë, que les Marchands qui le composent se sont comme divisez en un grand nombre de classes differentes dont voici les principales.

1°. Les Marchands Grossiers qui vendent en gros de balle & sous corde, tout ce que les autres Corps peuvent vendre en détail, à l'exception des draperies de laine qu'ils prétendent aussi pouvoir détailler, ce qui leur est neanmoins contesté.

2°. Les Marchands de draps & étoffes d'or, d'argent & de soye.

3°. Les Marchands de dorure, qui ne vendent que des galons, des bords, des campanes, des dentelles & guipures, des franges, des boutons, des boutonnieres & gances, des cordons & laises de chapeau, des ceintures, des pieces de corps & autres semblables marchandises manufacturées avec de l'or & de l'argent trait & filé sur soye, & fil tant fin que faux.

4°. Ceux qui font negoce de camelots, étamines, crêpons, razes, serges à doubler, moncahiards, droguets, tiretaines, baracans & autres semblables étoffes toutes de laine ou mêlées de soye, fil, coton, poil ou autre matiere.

5°. Les Joüailliers qui font commerce de pierres precieuses, perles, joyaux d'or & d'argent & toutes marchandises de joüaillerie. *Voyez* JOUAILLERIE & JOUAILLIER.

6°. Les Marchands de toiles, linge de table ouvré & non ouvré, menuë lingerie, futaines, basins, coutils & autres semblables especes de marchandises.

7°. Les Marchands de points & dentelles de fil, de batistes, de linons, de mousselines, de toiles de Hollande, demi-Hollande, &c.

8°. Ceux qui ne vendent que des soyes en bottes.

9°. Ceux qui font commerce de peausseries, comme marroquins, bazannes, chamois, vaches de Russie, peaux de veaux, de moutons, de chevres, &c.

10°. Les Marchands de tapisseries tant de Bergame qu'autres, qui vendent aussi des courtepointes, des tapis, des couvertures, des portieres & des étoffes pour faire des meubles, comme brocatelles, satinades, tripes, mocades, moquettes, ligatures, pluches, callemandes, pannes de laine, &c.

11°. Les Marchands de fer qui vendent du fer en barres, en verges, en plaques, en tole, en fil, en clous, &c. même de l'acier, de l'étain, du plomb & du cuivre non ouvré.

12°. Les Quincailliers qui ne font negoce que de marchandise de quincaille, ce qui comprend les armes, la coutellerie, la taillanderie, ferrurerie, instrumens & outils pour toutes sortes d'Ouvriers & Artisans, & autres menuës marchandises d'acier, de fer ou de cuivre. *Voyez* QUINCAILLE.

13°. Ceux qui vendent des tableaux, des estampes, des candelabres, des bras, des girandoles de cuivre doré & de bronze, des lustres de cristal, des figures de bronze, de marbre, de bois & d'autre matiere, des pendules, horloges & montres ; des cabinets, coffres, armoires, tables, tablettes & gueridons de bois de raport & doré, des tables de marbre & autres marchandises & curiositez propres pour l'ornement des appartemens.

14°. Les Marchands de miroirs & de glaces pour les carosses, de toilettes, de sacs, de carreaux & coussins de velours pour les Dames, &c.

15°. Ceux qui font négoce de rubans d'or, d'argent & de soye, de tabliers, d'écharpes & de coëfes de taffetas & de gaze, de bonnets d'étoffes d'or, d'argent, de velours, &c. d'évantails, de manchons, de gans, &c.

16°. Les Marchands Papetiers qui vendent de toutes sortes de papiers, de l'encre, des écritoires, des plumes, des canifs, des poinçons, de la poudre, de la cire d'Espagne, du pain & de la soye plate à cacheter, des livres & registres en blanc, des porte-feüilles, des cartons, des livres reglez destinez pour la musique, &c.

17°. Ceux qui font negoce de chauderonnerie, comme chaudieres, chauderons, cuves, cuvettes, poêlons, poêles à confitures, marmites, casserolles, réchaux, coquemards, caffetieres, chandeliers, chenets, bassins, passoires, écumoires, cuillieres à poêlon, bassinoires, cassolettes, mains à argent, lampes, alembics, gardes-feu, platines & autres semblables ouvrages de cuivre jaune & rouge que l'on appelle aussi Marchandise de dinanderie; comme aussi de toutes sortes d'ouvrages de fer, tant pour la chambre que pour la cuisine, tels que sont les chenets, feux ou grilles, pelles, pincettes, tenailles, tringles à rideaux, poêles, lèchefrites, broches, réchaux, trepieds, grils, cuillieres à pot, couvercles de marmites, même des plaques ou contrecœurs de cheminées, des marmites, des cloches & clochetes, & autres marchandises de fonte.

18°. Les Vendeurs de toiles cirées en gros & en détail, qui vendent aussi des parapluyes, des guêtres, casaques, porte-manteaux, chapeaux, capes pour femme, & tous pareils ouvrages de toile cirée, même des guêtres de treillis & coutils.

19°. Les Marchands de menuë mercerie qui vendent de la boutonnerie, des padoües, galons, rubans & rouleaux, soye & fil à coudre, boucassins, treillis, bougrans, crêpes, lassets, aiguilles, épingles, dez à coudre, &c.

20°. Et enfin les petits Merciers qui vendent de la patenostrerie ou chapelets ; des peignes, des livres d'enfans, des jambettes, des raquettes, des palettes, des volans, des sabots, corniches, toupies, balles, étœufs, lanieres de cuir, poupées, tambourins, violons, boêtes de bois peintes & façonnées, horloges de sable, jeux de quilles, étuits, siflets, tabatieres de corne, de bois & de buis, des damiers, des jeux d'echecs, & de toutes sortes de colifichets & joüets de carte & de bois pour les enfans, ce qui se nomme de la Bimbeloterie.

Le Corps de la Mercerie est consideré comme le plus noble & le plus excellent de tous les Corps des Marchands, d'autant que ceux qui le composent ne travaillent point & ne font aucun ouvrage de la main, si ce n'est pour enjoliver les choses qui sont deja faites & fabriquées, comme de garnir des gans & des mitaines, attacher à des habits & autres vêtemens des rubans & autres sortes de galanterie: aussi ceux qui sont admis dans ce Corps sont-ils reçûs noblement, ne leur étant pas permis de faire ni manufacturer aucunes marchandises, mais seulement de les enjoliver, ce qui n'est pas des autres Corps qui sont regardez comme mixtes, c'est-à-dire, qu'ils tiennent du Marchand & de l'Artisan. Ainsi à celui de la Draperie ont été incorporez les Drapiers-Chaussetiers, qui taillent, cousent & vendent des bas de drap. Dans celui de l'Epicerie il y a des Apoticaires, des Confiseurs & des Ciriers, dont les premiers font chef d'œuvre & travaillent à faire des sirops, confections, compositions, onguens, &c. les seconds à faire des dragées, massepins, pâtes & confitures de toutes sortes ; & les derniers à faire des cierges, de la bougie, des flambeaux, &c. Enfin dans les trois Corps de la Pelleterie, Bonneterie & Orfe-

Orfevrerie on travaille aussi de la main; les Pelletiers font des manchons, aumuces, &c. & les Orfevres de la vaisselle d'or & d'argent, & dans tous les trois on est obligé à faire chef-d'œuvre.

On ne doit pas être surpris de ce que le Corps de la Mercerie est regardé avec tant de distinction, puisque c'est lui qui a toûjours soûtenu le commerce des Pays étrangers, n'y ayant gueres de contrées dans le monde, pour reculées, qu'elles puissent être, où il n'ait penetré pour y porter le negoce de la France, étant même certain que ce sont les particuliers de ce Corps qui ont entrepris les premiers de faire des voyages de long cours, particuliérement aux Indes Orientales & Occidentales: ensorte que l'on peut dire que sans le Corps de la Mercerie le commerce de France avec les Pays étrangers, ne feroit que languir; outre que la plufpart des marchandises qui croissent dans le Royaume ou qui y sont manufacturées en si grande quantité, resteroient sans aucun mouvement si les Marchands Merciers n'en soûtenoient & n'en animoient la consumtion & le négoce.

Pour être reçû Marchand dans le Corps de la Mercerie, il faut être né François, avoir fait apprentissage pendant trois ans, & servi les Marchands durant trois autres années en qualité de Garçon.

Aucun Marchand de ce Corps ne peut avoir qu'un Apprentif à la fois, & cet Apprentif ne doit point être marié. Le tems de l'apprentissage ne doit courir que du jour de l'enregistrement qui a été fait au Bureau de la Mercerie, du brevet passé pardevant Notaire.

A la tête du Corps de la Mercerie sont sept Maîtres & Gardes preposez pour la conservation de ses privileges & de sa police. Le premier qu'on appelle grand Garde, en est comme le chef; il preside à toutes les assemblées du Corps accompagné des six autres, que l'on nomme vulgairement petits Gardes qui sont comme ses Conseillers.

On ne peut être reçû grand Garde qu'après avoir été petit Garde.

Tous les ans au mois de Juillet dans le Bureau du Corps de la Mercerie, en presence du Procureur du Roy du Châtelet, & de son Greffier, on procede à l'élection d'un nouveau grand Garde & de deux autres petits Gardes, qui après leur élection prêtent serment pardevant le Procureur du Roy; ainsi chaque année il sort l'ancien grand Garde & les deux plus anciens des six petits Gardes.

Pour parvenir à cette élection qui se fait à la pluralité des voix, les sept Maîtres & Gardes en charge, mandent tous ceux qui ont déja passé par la garderie & quatre-vingt autres Marchands du Corps, à tour de rolle, de ceux qui n'ont point encore passé par les charges.

C'est l'Agent des affaires du Bureau qui fait l'apel des convoquez suivant la feüille qu'il a entre les mains, laquelle est signée des Maîtres & Gardes actuellement en charge, & les voix sont recueillies par le Greffier.

Les Gardes de la Mercerie en charge sont admis conjointement avec ceux du Corps de la Draperie, aux visites qui se font sous la Halle aux draps & dans les Foires S. Germain, du Landy & de S. Denis, des draps, serges & autres étoffes de laine & mêlées de laine & de fil, tant de draperie que de mercerie, qui y arrivent ou qui y sont portées, & cela par Arrêt du Conseil d'Etat du 21 Juillet 1674.

Les Maîtres & Gardes Merciers en charge sont en droit de porter dans toutes les ceremonies publiques où ils sont appellez, la robe de drap noir à colet & manches pendantes, parementée & bordée de velours de pareille couleur: c'est proprement la Robe Consulaire.

Ceux qui sortent de charge rendent leur compte pardevant le Procureur du Roy du Châtelet.

Le Corps de la Mercerie a sa Confrerie établie en l'Eglise du Sepulcre, & prend pour Patron S. Loüis Roy de France.

Lorsqu'un Marchand Mercier qui a été Garde de son Corps, ou qui l'est encore, vient à déceder, les quatre derniers petits Gardes en Charge sont obligez d'assister en robe à son convoy & enterrement, & de tenir chacun un des coins du poêle, qui est fourni par le Bureau de la Mercerie, avec douze flambeaux de poing de cire blanche, si c'est un grand Garde, & huit si ce n'en est qu'un petit, ausquels sont attachées les armoiries de la Mercerie.

Ces armoiries sont un champ d'argent chargé de trois navires, dont deux sont en chef & un en pointe, ces vaisseaux construits & mâtez d'or sur une mer de sinople, le tout surmonté d'un soleil d'or avec cette dévise: *Te toto orbe sequemur*; en François: *Nous te suivrons par toute la terre*; comme si les Marchands Merciers vouloient faire entendre, que leur commerce se doit étendre par tout l'Univers, & depuis l'Orient jusqu'au Couchant représentez par le soleil.

Il arrive souvent des contestations entre le Corps de la Mercerie & celui de la Pelleterie pour la préséance; le dernier prétendant être le troisiéme Corps, & par consequent devoir avoir le pas sur l'autre: néantmoins le Corps de la Mercerie s'est toûjours maintenu dans la possession du troisiéme rang, quelques protestations que les Pelletiers ayent pû faire au contraire dans toutes les occasions qui se sont présentées. *Voyez* CORPS.

MERCEROT ou MERCELOT: Petit Mercier. *Voyez* MERCELOT.

MERCIER, MERCIERE. Marchand ou Marchande qui vend toutes sortes de marchandises dépendantes du Corps de la Mercerie.

A Paris les Merciers composent le troisiéme des six Corps des Marchands de cette grande Ville, où il est regardé comme le plus puissant, le plus nombreux, & dont le commerce est le plus étendu.

Par leurs Statuts qui sont du mois de Janvier 1613, ils sont appellez Marchands Merciers-Grossiers-Joüailliers. Ces mêmes Statuts leur défendent de contracter aucune association avec des personnes qui ne sont pas de leur Corps, ni de prêter leurs noms ou marques pour le fait de leur négoce, ni de se servir des noms ou marques des Marchands Etrangers & Forains, à moins qu'ils n'y soient absolument contraints pour passer quelques détroits ou dangers des Ennemis, auquel cas ils sont tenus d'en avertir les Maîtres & Gardes de leur Corps avant l'arrivée des marchandises.

Il leur est encore défendu de tenir hôtellerie, d'être Courtiers ou Commissionnaires, même d'avoir plus d'une boutique ouverte, & de vendre aucunes marchandises dans des lieux détournez, qui puisse les mettre à couvert de la visite des Maîtres & Gardes de leur Corps. *Voyez* CORPS & MERCERIE.

Il y a à Paris vingt-six Marchands Merciers-Grossiers-Joüailliers privilegiez suivant la Cour & Conseils du Roy, qui ne sont point partie du Corps des Merciers, quoiqu'ils soient foient en droit de faire le même commerce, fuivant qu'il leur eft permis par leurs Lettres de Privilege en parchemin, qui leur font délivrées par le Prevôt de l'Hôtel du Roy & Prevôt de France, comme Juge & Confervateur des Privileges accordez par Sa Majefté aux Marchands & Artifans de fa Cour & fuite.

Les Marchands Merciers privilegiez ne font point tenus de faire apprentiffage ; auffi ne peuvent-ils faire d'Apprentifs, ni parvenir à aucune Charge du Corps de la Mercerie; enforte qu'ils compofent, pour ainfi dire, une efpece de petite Communauté particuliére, qui n'a pour Superieur & pour Juge que le Grand Prevôt de l'Hôtel.

MERCURE. Minéral que l'on appelle autrement Vif-argent ou Argent-vif. *Voyez* VIF-ARGENT.

MERDE-D'OYE. Couleur entre le verd & le jaune, ainfi nommée de quelque reffemblance qu'elle a avec les excremens de l'oye. *Voyez* COULEUR. *Voyez auffi* VERD.

MERDE-DE-FER. C'eft ce qu'on nomme autrement Machefer ou Ecume de fer. *Voyez* FER.

MERE-LAINE. C'eft la plus fine & la meilleure de toutes les laines qui fe tirent de deffus une toifon. Les Efpagnols la nomment Prime, c'eft-à-dire, premiere laine. *V.* LAINE.

MERE-PERLE. C'eft ainfi que l'on nomme une forte de poiffon teftacée, qui-eft une efpece d'huiftre beaucoup plus grande que les huiftres ordinaires, où s'engendrent les perles. On l'appelle auffi fimplement Perle. *Voyez* PERLE.

MERE. Se dit auffi en ce fens, des pierres précieufes. La mere d'un rubis, La mere d'une émeraude ; pour dire, les pierres ou les matrices dans lefquelles elles commencent à prendre leur formation. *Voyez* RUBIS, EMERAUDE, *&c*.

MERIGAL. Efpece de monnoye d'or qui a cours à Sofala & dans le Royaume de Monomotapa. Elle pefe un peu plus qu'une piftole d'Efpagne.

On dit que les mines de Sofala font fi abondantes, qu'on en tire tous les ans plus de deux millions de merigaux. *Voyez l'article du Commerce où il eft traité de celui de l'Afrique.*

MERISIER. C'eft une efpece de cerifier fauvage. Le bois de cet arbre eft très dur, & prend un affez beau poli. Sa couleur eft d'un jaune un peu pâle. On en fait des ouvrages de tour, de tabletterie & de marquetage. *Voyez l'article general des* BOIS.

MERLU ou MERLUCHE. Nom que l'on donne à la moruë féche ou parée. *Voyez* MORUE.

MERLUT. On nomme Peaux en merlut, les peaux de bouc, de chevre & de mouton en poil & en laine qu'on a fait fécher fur la corde, pour les pouvoir garder fans fe corrompre, en attendant qu'elles puiffent être paffées en chamois, en megie ou en maroquin. *Voyez* MEGIE.

MERRAIN.
MERREIN. } *Voyez* MAIRRAIN
MERRIN.

MESCAL. Petit poids de Perfe, qui fait environ la centiéme partie d'une livre de France de feize onces. C'eft le demi derhem, ou demie dragme des Perfans.

Trois cens derhems ou fix cens mefcals font le batman de Tauris, qui pefe cinq livres quatorze onces de France. *Voyez* BATMAN.

MESCHE. Fil ordinairement de coton, que l'on enferme dans de la cire ou du fuif, pour en faire de la bougie & des cierges fi c'eft de la cire que l'on employe, & des chandelles fi ce n'eft que de fuif.

On fe fert auffi d'étoupe de chanvre pour la mefche de certains ouvrages des Ciriers, entr'autres pour les flambeaux de poing, foit de cire blanche, foit de cire jaune, foit de poix-refine, & pour ce qu'on appelle les Bras des torches. *Voyez* CIRIER, CHANDELIER, TORCHE, FLAMBEAU *&* LUMIGNON.

MESCHE. C'eft auffi une matiére féche préparée pour prendre feu aifément, le conferver & le communiquer à d'autres matiéres. La plus commune eft celle qui eft faite avec du linge brûlé. Il en vient une autre d'Allemagne, qu'on appelle Amadouë, dont on fait un affez grand commerce. *Voyez* AMADOUE.

L'une & l'autre fert quand on veut recueillir les étincelles ardentes qu'on excite avec cette pierre qu'on appelle Pierre à fufil, & un morceau d'acier qu'on nomme Fufil, en les frappant l'un contre l'autre.

MESCHE. C'eft encore une corde filée lâche, & préparée pour prendre & conferver le feu dont on fe fert pour l'artillerie, pour les mines, les moufquets & les feux d'artifice.

Cette mefche eft faite d'étoupe de chanvre filée au roüet comme la corde, mais dont le filage eft fort lâche. On la compofe de trois brins ou cordons que l'on recouvre de filaffe, enforte que ces trois brins ne paroiffent qu'un quand elle eft faite. Enfin pour lui donner cette couleur de pain d'épice qu'elle a, on la fait boüillir dans de l'eau de gravelée.

On fabrique de cette forte de mefche en diverfes Provinces de France, particuliérement à Peronne en Picardie, d'où elle eft apportée à Paris par bottes de différentes longueurs & groffeurs. Les Marchands Epiciers en gros & les Marchands de fer, qui font du Corps de la Mercerie, en font le négoce.

La bonne qualité de la mefche eft qu'elle foit bien ferrée; enforte qu'une piece de quarante à quarante-deux toifes ne pefe que huit livres à huit livres & demie : qu'elle foit bien leffivée, bien luftrée, bien féche; de maniere pourtant que quatre à cinq pouces de longueur durent une heure : enfin qu'elle faffe un bon & dur charbon qui fe termine en pointe, & qui réfifte quand on le preffe contre quelque chofe.

Depuis que l'on fe fert de fufils en France au lieu de moufquets, il ne fe fait pas une fi grande confumtion de mefche : il en faut pourtant toûjours quantité pour les arcenaux.

Les mefches d'arquebufe payent en France les droits d'entrée à raifon de 15 f. du cent pefant, conformement au Tarif de 1664; & fuivant celui de la Doüane de Lyon, 7 f. 6 d. de la balle pour l'ancienne taxation, & 2 f. 9 d. pour la nouvelle réapreciation.

Les mefches d'arquebufe font du nombre des marchandifes reputées de contrebande pour la fortie du Royaume, conformement à l'Ordonnance de 1687.

MESCOMPTE. } *Voyez* { ME'COMPTE.
MESCOMPTER. } { ME'COMPTER.

MESESTIMER. Méprifer, faire peu de cas d'une marchandife.

MESLANGE. Terme de manufacture de drapperie. C'eft l'union, ou pour mieux dire, la confufion de plufieurs laines de diverfes couleurs non encore filées, que l'on prépa-

prépare pour la fabrique des draps que l'on appelle Meslangez. *Voyez* MESLANGE'.

MESLANGE. C'est aussi un terme de Chapelier qui s'entend de la quantité de chaque matiére qui sert à la fabrique des chapeaux, que l'on mêle ensemble pour chaque espece qu'on en veut faire ; comme du castor sec avec du castor ras, du poil de lapin avec du castor, de la laine de vigogne avec celle d'agnelin ou de mouton, & ainsi du reste. *Voyez* CHAPEAU.

MESLANGE'. Drap mêlangé. C'est un drap dont la chaîne & la tréme sont filées de laines de différentes couleurs, teintes & mêlées avant le filage. Ces sortes de draps ne vont point au Teinturier; au contraire des draps fabriquez en blanc qu'on envoye à la teinture après la fabrique, pour être mis en couleur, comme noir, écarlate, &c. *V.* FLUTRE.

MESLANGER. C'est mêler & mettre ensemble des laines de couleurs différentes, pour les faire ensuite filer, & en fabriquer des draps mêlangez. *Voyez* ROMPRE LA LAINE; *c'est le véritable terme.*

MESLINS. Especes de toiles de chanvre qui se fabriquent en Champagne. *Voyez l'article general des* TOILES, *où il est parlé de celles de cette Province.*

MESOFFRIR. Faire des offres déraisonnables, & bien au dessous du véritable prix que vaut une marchandise. S'il y a des Marchands qui surfont, il y a aussi des Acheteurs qui mésoffrent.

MESSAGER. Celui qui est commis par autorité publique, pour porter les marchandises, hardes & paquets des Particuliers, & pour fournir de chevaux & autres sortes de voitures aux personnes qui veulent dans leurs voyages se servir de leur ministére; le tout pour les prix & aux clauses & conditions reglées par les Patentes de leur établissement, & exprimées dans les pancartes qu'ils sont obligez de tenir affichées dans leur Bureau.

Il y avoit autrefois & jusqu'à l'année 1676, plusieurs sortes de Messagers en France, qui partoient de Paris pour les Provinces, & qui voituroient & conduisoient les hardes, marchandises & personnes jusqu'aux extrémitez & presque dans toutes les Villes du Royaume.

Le Roy avoit ses Messageries, l'Université les siennes; & il y avoit encore outre cela plusieurs Seigneurs ou Particuliers, qui étoient proprietaires de quantité d'autres Messageries; soit qu'ils les eussent acquises par d'anciennes concessions, autorisées par une espece de prescription ; soit qu'elles leur eussent été adjugées à cause de diverses finances qu'ils avoient payées aux coffres du Roy.

Sa Majesté ayant ordonné sur la fin de la même année 1676 le remboursement de la finance aux Particuliers proprietaires desdites Messagiers, & la subrogation aux baux de celles appartenant à l'Université en faveur du Fermier Général des Postes de France, ausquelles elles furent réunies, toutes les Messageries ont été considerées depuis sur le pied de Messageries Royales ; & ce fut en consequence de cette réunion que fut donné en 1678 un nouveau Reglement général pour les fonctions des Messagers, Maîtres de coches & carosses, Voituriers, Rouleurs & autres.

Comme c'est ce Reglement du 15 Juin 1678, qui s'observe encore aujourd'hui, du moins avec peu de changement, & qu'en partie il a été tiré des anciens Reglemens, il seroit assez inutile d'entrer dans le détail de plus de soixante-dix Edits, Déclarations, Ordonnances & Arrêts du Conseil, donnez depuis le mois de Novembre 1576 jusqu'à celui d'Avril 1678, pour regler les fonctions des Messagers & des autres Voituriers par terre; l'on se contentera donc de donner ce dernier en extrait, étant très-important que les Négocians n'ignorent pas ce qu'il contient, tant par rapport aux envois qu'ils sont souvent obligez de faire de leurs marchandises par la voye des Messagers & des Maîtres des coches & carosses, qu'à cause qu'ils sont quelquefois contraints de se servir eux-mêmes de ces voitures pour les voyages où leur négoce les peut engager.

Ce Reglement consiste en vingt & un articles, dont le premier ordonne nommément l'execution des Edits & Déclarations concernant la création, fonction & exercice des Messagers Royaux des mois de Novembre 1576, May 1582, Février 1620, Decembre 1643, Juillet 1650, & Mars 1655, & en géneral de tous les autres donnez en consequence.

Par le second le Fermier Général des Postes est confirmé dans la faculté à lui accordée par l'Edit du mois de Novembre 1676, d'établir un ou deux Messagers ordinaires dans les Villes où il y a Bailliage, Senechaussée ou Election, où il n'y en avoit point encore eu d'établis.

Le troisiéme parle des privileges & exemptions du Fermier Général & de ses Fermiers & Commis, comme de logement de gens de guerre, collecte, curatelle, &c.

Le quatriéme & le cinquiéme font quelques exceptions en faveur des Messagers non encore remboursez, & de ceux de l'Université, aux baux desquels le Fermier Général des Postes ne seroit pas encore subrogé; mais ces deux articles ne subsistent plus pour la réunion ou subrogation totale qui ont depuis été faites.

Il est fait défenses par le sixiéme à tous Rouliers, Coquetiers, Muletiers & autres Voituriers, de porter aucune autre lettre que leur lettres de voiture, qui encore leur seront délivrées ouvertes.

Le septiéme permet au Fermier Général des Postes d'exercer conjointement ou separément toutes les Messageries Royales dont il aura remboursé la finance, ou aux Fermiers desquels il aura été subrogé.

Les voitures dont les Messagers se peuvent servir sont expliquées par le huitiéme, & peuvent être toutes celles dont se servent les autres Voituriers, pourvû qu'elles ne soient point suspenduës, enfoncées ni ridélées, & qu'elles ne soient couvertes que de toiles, mais ni gommées ni cirées, sur chacune desquelles néantmoins ils ne pourront mener que trois personnes.

Par le neuviéme les Messagers ont la faculté de conduire à cheval tel nombre de personnes qu'ils voudront, soit qu'ils les prennent au lieu de leur départ, soit que ce soit en route, & d'entretenir pareillement autant de Muletiers qu'ils aviseront.

Le dixiéme donne aux Messagers le privilege exclusif de se charger de la conduite des prisonniers & du port de tous procès civils & criminels.

Par l'onziéme il est dit qu'ils se pourront charger de tous ballots de marchandises, or, argent, & généralement de tout ce qui se pourra transporter.

Le douziéme les décharge de répondre des vols qui pourront leur être faits en route, pourvû qu'ils justifient par bon procès verbal desdits vols, & qu'ils ont été faits entre deux soleils.

Les

Les treiziéme & quatorziéme articles conservent à toutes personnes, Marchands ou autres, la liberté de se servir pour le transport de leurs deniers, marchandises, &c. de tels Voituriers & voitures qu'ils voudront, sans que les Messagers les puissent obliger de se servir d'eux.

Les jours des départs des Messagers sont fixez par le quinziéme article; & il est laissé au choix des Voyageurs de faire eux-mêmes leur depense, ou de s'en accommoder avec le Messager.

Les seiziéme & dix septiéme les oblige de tenir sur la porte & dans le lieu le plus apparent de leur Bureau, des tableaux & placards contenant les jours de leur départ & arrivée, & ensemble les lieux de leur route & passage; & d'avoir des Registres paraphez par les Juges des lieux pour y charger les marchandises, & y faire mention des personnes & autres choses dont ils feront voiture.

Le dix-huitiéme concerne les Maîtres des coches & carosses, à qui il n'est permis, outre les personnes qu'ils conduisent, de se charger que de paquets de trente livres pesant pour chacune desdites personnes.

Le dix-neuviéme est de peu de consequence.

Le vingtiéme confirme les Rouliers, Coquetiers, Poulailliers, Muletiers & autres Voituriers dans leurs anciennes fonctions & exercices.

Enfin le vingt-uniéme porte attribution des contestations entre les Messagers, Maîtres de coches & carosses, aux Juges des lieux en premiere instance, & par appel aux Cours de Parlement.

L'on a parlé ailleurs d'un Arrêt du Conseil du 8 Avril 1681, & d'un autre de l'année 1684, qui avoient changé quelques dispositions de ce Reglement, & qui restraignoient fort l'ancienne liberté des Rouliers & Voituriers par terre; mais on y a aussi rapporté un troisiéme Arrêt de 1710, qui a rétabli les choses sur le premier pied. *V.* VOITURIER.

Il y a aussi deux Sentences du Châtelet de Paris, renduës en forme de Reglement à la requisition & sur la conclusion des Gens du Roy, l'une concernant l'emballage des marchandises qui se confient aux Messagers & autres Voituriers, pour qu'ils en restent responsables, si elles sont gâtées par leur faute; & l'autre qui regle le prix des valises & coffres perdus par lesdits Messagers, leurs Cochers ou Commis. L'on a rapporté la premiere à l'article de l'Emballage, où l'on peut avoir recours; & l'on se contentera de donner ici un extrait du dispositif de l'autre.

Par cette Sentence, qui est du 18 Juin 1681, il est ordonné, Que tous ceux qui chargeront les Messagers, Rouliers & Maîtres de coches & carosses, de valises & coffres fermez à clef, & ne feront point sur leurs Registres la déclaration de ce qu'ils contiennent, ne pourront demander que cent cinquante livres pour lesdites valises & coffres & choses y contenuës, si elles se perdent, en affirmant par eux que lesdites choses valent jusqu'à cette somme; mais qu'en cas qu'ils en ayent fait la déclaration sur leursdits Registres, les Maîtres des coches, carosses & messageries seront tenus de payer les choses qui y manqueront suivant leur juste valeur.

MESSAGERIE. Bureau du Messager d'où partent & où arrivent leurs voitures, où les marchandises se chargent & se déchargent, & où les personnes qui veulent voyager par cette voye vont arrêter & retenir leur place, en donnant des arrhes, & en se faisant inscrire sur un Registre.

MESSAGERIE. Se dit aussi du droit de tenir bureau, & d'y recevoir les personnes, les hardes & les marchandises pour les voiturer.

MESSALINES. Toiles fabriquées en Egypte, qui se vendent au Caire & à Alexandrie.

La piece de vingt-huit pics coûte quatre-vingt meidins.

MESSETERIE ou MESSETENE. Droit d'entrée qui se paye à Constantinople pour les marchandises qui y arrivent, particuliérement pour les pelleteries & le caffé. Ce droit fut établi pour l'entretien de la Sultane Validée, ou la Reine-mere.

MESTEIL. Froment mêlé avec du seigle. *Voyez* BLE', *&* ME'TEIL.

MESTIER. *Voyez* ME'TIER.

MESVENDRE. Vendre une marchandise à moindre prix qu'elle ne coûte.

Rien ne décrie tant un Marchand que lorsqu'il se met sur le pied de mesvendre la marchandise; & souvent la donner à trop bon marché fait juger qu'on médite une banqueroute.

MESVENDU, MESVENDUE. Une marchandise mesvenduë est celle qu'on vend beaucoup au dessous de son juste prix.

MESVENTE. Vente à vil prix, sur laquelle il y a beaucoup à perdre.

Il se trouve souvent de la mesvente sur les marchandises sujettes à se gâter, ou qui sont hors de mode. La prudence d'un habile Négociant est de prévenir ces inconveniens, en les vendant dans les tems & dans les saisons propres à les débiter; ou si par hazard ils les ont laissé passer, de s'en défaire au plûtôt sans profit, afin de n'être pas obligé de les donner ensuite à beaucoup de perte.

MESURAGE. Action par laquelle on mesure. On le dit aussi de l'examen qu'on fait si la mesure est bonne. On dit: Je veux être present au mesurage des deux muids d'avoine que j'ay achetez: Je suis satisfait du mesurage de mon blé.

MESURAGE. Se dit pareillement du droit que les Seigneurs prennent sur chaque mesure, aussi-bien que des salaires qui se payent à celui qui mesure.

Les blez qui s'achetent dans les marchez doivent le droit de Mesurage; mais ceux qui s'achetent dans les greniers n'en doivent point, parce qu'on y fait soi-même le mesurage, & sans être obligé d'y appeller les Officiers des Seigneurs. Ce droit s'appelle aussi Minage.

MESURE. Se dit en général de tout ce qui peut servir de regle pour connoître & pour déterminer la grandeur, l'étenduë ou la quantité de quelque corps.

La mesure des longueurs est la ligne ou grain d'orge, le pouce, le pied, la toise, qui étant multipliez, composent, chacun suivant leur valeur, les pas geometriques & communs, & les perches; & ceux-ci pareillement multipliez font les arpens, les milles, les lieuës, &c.

On met aussi au nombre des mesures des longueurs, celles dont on se sert à mesurer les étoffes, les toiles, les rubans & autres semblables marchandises.

Comme ces mesures ne sont pas les mêmes dans les divers Etats, mais que souvent au contraire les Provinces du même Etat & les Villes de la même Province ne les ont pas semblables, on a crû que le Lecteur ne seroit pas fâché de voir ici d'un coup d'œil, & comme dans un seul point de vûë, toutes celles qui sont en usage dans les differens lieux

lieux de l'Europe & des autres parties du monde où les François ont porté leur commerce ; ce qu'on fera aussi des autres mesures des liqueurs & de celles des grains dont il doit être parlé dans cet article.

A Paris & dans la plûpart des Provinces de France, on se sert de l'aune : c'est aussi l'aune qui est en usage à Amsterdam & dans toute la Hollande, en Flandres, en Brabant, dans une partie de l'Allemagne, à Stockolm & dans les autres Villes de Suede ; en quelques Villes Hanseatiques, comme Dantzik & Hambourg ; à Breslau, S. Gal, Geneve & Francfort ; mais toutes ces aunes n'ont pas la même proportion & longueur, ainsi qu'il est expliqué à l'article de l'Aune. *Voyez* AUNE.

La canne est la mesure du Haut & Bas Languedoc, particuliérement de Montpellier & de Toulouse, de Marseille & de la Provence, de la Guienne, d'Avignon, de Naples & de Sicile. *Voyez* CANNE.

La brasse est en usage presque par toute l'Italie, à Bologne, Modene, Venise, Florence, Luques, Milan, Bergame & Mantoue. *Voyez* BRASSE.

A Turin c'est le raz, la verge en Angleterre & partie d'Espagne ; le cavedos & le veras en Portugal ; la barre en Arragon, Castille, Valence ; le pan ou empan ; qu'on appelle aussi la Palme, à Genes, où l'on a pareillement l'usage de la canne. On se sert aussi de la palme en quelques lieux du Languedoc ; le picq à Constantinople, le Caire, Rosette, Smirne, Seyde, Alexandrette, Alep, Alexandrie, l'Isle de Chypre, & dans toutes les autres Echelles du Levant.

Les Moscovites ont deux mesures des longueurs, l'arcin & la coudée ; il faut trois coudées pour deux arcins. Tout se mesure juste, c'est-à-dire, bois à bois & sans évent.

Enfin le cobre est la mesure des étoffes à la Chine, la gueze celle de Perse & de quelques Etats des Indes, le vare celle de Goa & d'Ormus ; le cando ou candi celle d'une partie des Indes, surtout du Royaume de Pegu. On s'en sert aussi à Goa pour les toiles ; le miou, le keub, le sok, le ken, le voua, le sen, le jod & le roeneug de Siam ; le coiang de Camboye, l'ikiens du Japon, & le pan sur quelques Côtes de Guinée, particuliérement à Loango.

Toutes ces mesures sont expliquées à leur article, avec la proportion & réduction à l'aune de Paris.

Les mesures des liquides sont celles avec lesquelles on mesure les liqueurs, comme les vins, les eaux-de-vie, le vinaigre, le verjus & la biére. On y mesure aussi d'autres corps fluides, particuliérement toutes sortes d'huiles.

A Paris & dans une partie du Royaume dont elle est la Capitale, ces mesures, à commencer par la plus petite, sont le poisson, le demi-septier, la chopine, la pinte, la quarte ou le pot, dont en les multipliant on compose les quartaux, demi-muids, demi-queuës, muids, queuës, tonneaux, &c.

A Orleans, Blois, Nuits, Dijon, Mâçon, ce sont des queuës, en Champagne des demi-queuës ; en Anjou des pipes ou Bussars ; en Provence des millerolles ; à Bordeaux & dans le reste de la Guienne des tonneaux & des bariques ; à Nantes des poinçons.

A Amsterdam les mesures des liquides sont, à commencer par les diminutions ; les mingles, les viertels ou verges, les stekans ou stekannens, les ankers & l'aem ; & pour les huiles la tonne.

L'Angleterre a des tonneaux, des bariques, des gallons des firkins, des kilderkins & des hoghsheads.

L'Espagne, des bottes, des robes, des sommiers & des carteaux.

Le Portugal a des bottes, des almudes, des cavadas, des quatas ; & pour l'huile, des alquiers, qu'on nomme autrement Cantars.

En Italie, Rome mesure ses liqueurs à la brante, aux rubes & aux bocals ; Florence au star, au baril & aux fiasques ; Veronne à la brante & aux bassées ; Venise à l'emphora ; Ferrare au mastilly & au sechis ; l'Istrie aussi au sechis & à l'urna ; enfin la Calabre & la Pouille aux pignatolis, au star & à la salme.

Les mesures des liquides sont ; à Tripoli les rotolis & le matuli ; à Tunis le matera & les rotolis ; les autres Places de la Côte de Barbarie se servent à peu près de la même mesure.

Le feoder est la mesure dont on se sert presque par toute l'Allemagne, à la réserve qu'il n'a pas les mêmes augmentations ou les mêmes diminutions dans tous les divers Etats de tant de Princes & de tant de Villes libres qui la partagent. En quelques lieux le feoder est au dessus du feoder, & l'ame au dessous. Cette derniere se divise en fertels & en massens : à Nuremberg les divisions du feoder sont en heemers & ensuite en masses : à Vienne les heemers, les achtelins & les seitlins sont les diminutions du feoder. On mesure aussi dans cette Capitale de l'Autriche à la masse, au fertel ou schreve & au drichink. A Ausbourg la plus petite mesure est la masse ; au dessus est le beson, puis le jé, & la plus forte le feoder. A Heidelberg l'ame suit le feoder, puis vient la vertelle, & après la masse. Enfin à Wirtemberg ces mesures se trouvent dans le même ordre qu'à Heidelberg, à la réserve que l'yune y tient la place de la vertelle.

Les mesures qu'en France on nomme communément Mesures rondes, sont celles qui servent à mesurer les grains, les graines, les légumes, les fruits secs, la farine, le sel, le charbon, &c. Elles sont de bois, & ce sont le litron, le boisseau, le minot & leurs diminutions. De deux minots on compose la mine, de deux mines le septier, & de plusieurs septiers, suivant les lieux, le muid ou le tonneau.

A Paris, Abbeville, Calais, Narbonne, Soissons, Toulouse, & plusieurs autres lieux de France, on compte par septiers, aussi-bien qu'à Revel & quelques endroits d'Allemagne.

A Agen, Clerac, Tonneins, Tournon, Valence en Provence, Thiel, Bruxelles, Roterdam, Anvers, & Grenade en Espagne, c'est par sacs ; & à Amboise, Blois, Tours, la Rochelle, Bordeaux, Avignon, par boisseaux.

Le tonneau est la mesure de Beauvais, Brest, Nantes, S. Malo & Copenhaghen ; les razes de Quinpercorentin, de Coucarnau & de Pont-l'Abbé ; la rasiere celle d'Aire, de Lisle, de Dunkerque & d'Ostende ; la charge celle de Marseille, de Toulon, de Candie & de quelques Isles de l'Archipel ; le muid d'Orleans & de Rouen ; l'asnée de Lyon & de Mâcon ; la mine de Dieppe ; l'éminet de Toulon ; l'émine d'Auxonne, de Marseille & autres lieux de France, aussi-bien que de Barbarie ; la tonne & les perrées de Vannes & d'Avray ; le quartier de Morlaix ; le bichet de Verdun, de Bonne, Chalons, Tournus, &c. le quartal

tal de Dauphiné & de Bresse; le penel ou penaux de Franche-Comté; & la fivadiere de Mezieres.

A Naples on réduit les mesures des corps secs sur le pied du tomole, à Seville sur celui de l'anagros, à Tongren par muddes, à Anvers par vertels.

A Amsterdam, Conisberg, Dantzic & en Pologne, à leth ou lath.

Enfin il y a le staro de Venise; le fanegue de Cadis, de S. Sebastien & de Bilbao en Espagne; le schepel de Hambourg; l'alquier de Lisbonne; les conques de Bayonne & de S. Jean de Lus; & le galon, le pech, le comb, le carnock & la quarte de Londres.

La mesure de Briare en France, si connu par son canal, porte aussi le nom de Quarte.

La mesure pour les grains dont on se sert en Moscovie, se nomme Chefford: elle tient environ trois boisseaux mesure de Roüen. Elle se subdivise en quatre parties; mais elle n'est pas égale par tout le Pays. On parle ici de celle d'Archangel.

On trouvera toutes ces mesures & leurs réductions expliquées à leurs propres articles.

On n'a point mis aux mesures des liquides ni des grains, celles de l'Orient de cette sorte; non pas qu'elles soient échappées aux soins & à l'attention de l'Auteur, mais parce qu'il a remarqué dans ses recherches, que la plûpart des Nations Orientales, pour ne pas dire toutes, avec qui les peuples d'Occident trafiquent, n'en ont aucune; & que presque tout, même les liqueurs, s'y vend au poids; ainsi que ceux qui se plaisent à la lecture aussi utile que divertissante des voyages ont pû le voir dans les relations les plus seures de la Chine, des Indes & de Perse. On peut néanmoins mettre au nombre des mesures de liquides de Siam, le coco & le canan; & parmi celles des grains le sat, le sette & le cohi; & il ne faut pas non plus oublier les gauttes, dont les Maures avec qui les François sont en commerce au Bastion de France, se servent pour mesurer les blez & les autres grains qui font une partie du négoce qu'on fait avec eux.

Le bâton de jauge & la verge sont aussi des mesures ou instrumens propres à mesurer les tonneaux ou vaisseaux à liqueurs, pour connoître ce qu'ils en peuvent contenir. Ces deux sortes de mesures sont expliquées chacune à leur article.

Les mesures pour les bois à brûler, sont la corde, la membrure, l'anneau & la chaîne.

La mesure pour l'arpentage des eaux & forêts de France, est reglée à raison de douze lignes pour pouce, douze pouces pour pied, vingt-deux pieds pour perche, & cent perches pour arpent; ce qui pourtant ne s'observe que dans les mesurages des bois qui appartiennent au Roy. A l'égard des mesurages qui se font des bois des Particuliers, on suit l'usage ordinaire des lieux où ils sont situez.

L'Ordonnance du mois de Mars 1673, art. 11 du titre premier, enjoint à tous Négocians & Marchands, tant en gros qu'en détail, d'avoir chacun à leur égard des mesures étalonnées, & leur fait défenses de s'en servir d'autres, à peine de faux & de 150 liv. d'amende.

L'Edit du mois d'Octobre 1669, inseré dans l'Ordonnance de la Ville de Paris du mois de Decembre 1672, chap. 24, regle l'étalonnage des mesures pour les grains, graines, farines, &c. Il supprime les anciennes mesures, & ordonne qu'il sera fondu de nouveaux étalons ou mesures matrices, qui seront déposez & gardez en l'Hôtel de Ville, dans la Chambre des Jurez Mesureurs de sel, pour sur iceux être fait l'espalement de toutes les mesures de bois, qui doivent être marquées à la lettre courante de l'année.

Suivant une Sentence des Prevôt des Marchands & Echevins du 29 Décembre 1670, raportée dans le même chapitre de l'Ordonnance de la Ville de Paris, les mesures de bois doivent être ceintrées par le haut & en dehors d'un cercle de fer, ou de tôle forte appliquée bord à bord du fust de la mesure.

La diversité qui se rencontre en France sur les mesures a toûjours causé & cause encore souvent des contestations entre les Marchands & Négocians: aussi dès l'année 1321 Philippes V. eut dessein de les rendre toutes uniformes dans son Royaume, de même que les poids; mais son idée n'eut point d'execution. Depuis ce Regne il y a eu de tems en tems plusieurs propositions faites sur cette matiére, lesquelles ont eu un pareil succès.

Il paroît par les memoires de feu M. Savary Auteur du Parfait Négociant, qu'elles furent renouvellées pendant le Ministére de M. Colbert. Les plus habiles Négocians furent consultez; & M. Savary qui venoit de servir si utilement dans le Conseil de la Reforme, ne fut point oublié.

Ce qui reste dans sa famille des avis qu'il donna sur une matiére si importante, fait assez voir combien il croyoit ce projet utile au commerce, mais en même tems combien peu il le croyoit praticable: aussi paroit-il que depuis il a été entiérement abandonné.

Les suifs de bœuf, de vache, de mouton & de brebis se vendent par les Marchands Bouchers sur le pied de la mesure, qui est une masse ronde en forme de cul de jatte, du poids de cinq livres & demie. *Voyez* Suif.

Les Habitans de l'Isle de Candie nomment Mistache, une mesure qui contient une certaine quantité d'huile d'olive, pesant neuf à dix oques poids de leur Pays; chaque oque revenant à deux livres huit onces poids de marc, & à trois livres deux onces poids de Marseille. En 1699 les Candiots recueillirent trois cens mille mistaches d'huile. Le terroir de la Canée est celui qui en produit le plus; c'est aussi pour cette raison que le Consul de France avec la Nation y fait sa résidence; les François faisant seuls les deux tiers de tout ce commerce.

On dit, Donner bonne mesure, Faire bonne mesure; pour dire, donner quelque chose au delà ou au pardessus de la juste mesure.

Vendre à fausse mesure, c'est vendre à une mesure moindre que celle qui est reglée ou par les Ordonnances ou par l'usage. Ceux qui vendent à fausse mesure sont excommuniez par les Loix Ecclesiastiques, & punis de confiscations & d'amendes par les Loix civiles.

Echantillonner, épalmer ou étalonner une mesure, c'est la rendre conforme à la mesure matrice ou originale qui est gardée dans le dépôt public, & la marquer pour servir de preuve qu'elle est bonne & juste. En Bourgogne on dit, Egandiller, au lieu d'échantillonner.

On dit communément, Que les petites mesures ne se raportent pas aux grandes; pour faire entendre, que lorsque l'on vend en détail, il y a à perdre sur les petites mesures.

MESUREE. C'est se servir d'une mesure certaine & connuë, pour sçavoir précisément l'étenduë, la grandeur ou la quan-

quantité de quelque corps, même la capacité de quelque chose.

La jauge est l'art ou la maniere de mesurer toutes sortes de vaisseaux ou tonneaux à liqueurs, pour en connoître la capacité, c'est-à-dire, le nombre des septiers ou des pintes qu'ils contiennent. *Voyez* JAUGE.

On dit, Mesurer du blé, de l'avoine, de l'orge, des pois, des féves, de la farine, du charbon, &c. pour dire, remplir plusieurs fois une petite mesure de ces sortes de choses, pour en composer une plus grande mesure.

En fait d'étoffes, de toiles, de rubans & d'autres semblables marchandises, on ne se sert guéres du mot de Mesurer; celui d'Auner étant plus en usage, parce que l'on se sert de l'aune pour mesurer ces sortes de marchandises.

Dans le même sens on dit, Verger & Canner, parce que l'on se sert de mesures que l'on nomme Verge & Canne.

MESUREUR. Celui qui mesure.

A Paris les Mesureurs sont des Officiers de Ville établis en titre. Il y en a de plusieurs especes, qui forment des Communautez différentes suivant leurs fonctions particuliéres. Les uns sont destinez pour mesurer les grains & farines; les autres les charbons de bois & de terre; les autres le sel; les autres les aulx, oignons, noix & autres fruits; & les autres la chaux.

On leur donne à tous le nom de Jurez Mesureurs, parce qu'ils sont obligez lors de leur reception de jurer, ou faire serment devant les Prevôt des Marchands & Echevins, de bien & fidélement s'acquitter du dû de leur charge.

MESUREURS DE GRAINS.

Les Mesureurs de grains & farines étoient autrefois en titre d'Offices, & par diverses créations, particuliérement par celles faites sous le Regne de Louis XIV. s'étoient augmentez jusqu'au nombre de soixante-huit Officiers, avec attribution de quantité de droits considerables qui leur étoient payez pour leurs fonctions.

Ce grand nombre d'Officiers & la multiplicité de leurs droits étant à charge au public, Louis XV. en ordonna la suppression en 1719; en conservant néantmoins leurs fonctions, pour être exercées par soixante-huit Commis Mesureurs.

Les droits de ces Commis fixez par l'Edit du mois de Septembre de la même année, sont de 1 liv. 4 s. par muid de farine, de 12 s. par chaque muid de blé, de 18 s. par muid d'orge, de vesse & de grenailles, & de 1 liv. 4 s. par chaque muid d'avoine; les petites mesures à proportion.

Ces Commis sont nommez par les Prevôt des Marchands & Echevins, & dépendent d'eux pour la jurisdiction & police.

Par le chapitre 7 de l'Ordonnance de la Ville de 1672, les Mesureurs de grains & farines doivent se trouver sur les Ports, Places & Marchez de la Ville, pour y faire les fonctions de leur Charge, qui consistent non seulement à faire le mesurage des grains & farines, mais encore à les visiter, pour connoître si ces marchandises sont bonnes, loyales & marchandes, dont ils doivent faire leur raport aux Prevôt des Marchands & Echevins.

Ils sont encore obligez de tenir registre des Lettres de voiture & du prix des grains, même d'en raporter des extraits au Greffe de la Ville.

Il leur est défendu de s'associer avec les Marchands, de faire regrat, de s'entremettre en l'achat d'aucuns grains, s'ils n'ont avec eux le Bourgeois acheteur.

Enfin ils ne peuvent prendre de la marchandise en payement de leurs droits.

MESUREURS DE CHARBON.

L'établissement des Jurez Mesureurs de charbon est ancien; & il est fait mention de ces Officiers dans les Reglemens de Police du Roy Jean de l'année 1350, mais à la vérité comme n'étant pas alors différens des Mouleurs de bois.

Sous le Regne de Charles VI. ces Officiers faisoient déja deux Communautez séparées, & le nombre des Mesureurs de charbon fut réduit à neuf de douze qu'ils étoient; mais cette réduction faite en 1415 n'eut point de lieu.

En 1633 Louis XIII. ajoûta quatre nouvelles Charges aux douze anciennes.

Louis XIV. en créa dix par Edit du mois de Mars 1644; deux autres en 1646, qui ne furent pas levées; & enfin quatorze qui furent incorporées & unies aux vingt six d'ancienne création; desquelles quatorze trois ayant été venduës par la Communauté, le nombre des Mesureurs en Charge monta jusqu'à vingt-neuf; ausquels furent encore attribuées en 1706, moyennant finance, les fonctions & qualitez d'Inspecteurs & Contrôleurs généraux de police sur les Ports.

Toutes ces Charges tant anciennes que nouvelles furent supprimées en 1719, par Edit du mois de Septembre, sous le Regne de Louis XV. & la Regence de Philippes Duc d'Orleans, avec substitution de simples Commis nommez par les Prevôt des Marchands & Echevins de la Ville de Paris, pour remplir leurs fonctions.

Les droits attribuez à ces Commis ne sont plus que de 2. s. par chaque voye de charbon de bois composée de deux minots, & de 15 s. pour chaque voye de charbon de terre de quinze minots. Les Commis Mesureurs établis par Arrêt du Conseil du 12 Septembre 1719, sont au nombre de vingt.

Par l'Ordonnance de la Ville de 1672, les Jurez Mesureurs de charbon sont obligez de se trouver aux jours & heures de la vente sur les Ports & Places, pour mesurer les charbons de bois & de terre.

Ils ne doivent point souffrir qu'il soit fait aucune mesure qu'en leur présence.

Les Marchands Forains de charbon, même ceux de la Ville, sont tenus de faire leurs déclarations en la Chambre des Jurez Mesureurs, & d'y représenter leurs Lettres de voiture, pour être enregistrées.

Les Jurez Mesureurs ont droit de contrôler tous les charbons qui arrivent sur les Ports, & d'en faire leur raport au Bureau de la Ville, pour y faire mettre le prix sur les échantillons qui y ont été portez par les Jurez Porteurs de charbon ou leurs Garçons.

MESUREURS DE SEL.

Les Jurez Mesureurs de sel, qui ont aussi la qualité d'Etalonneurs des mesures de bois & de Compteurs de salines, ont diverses fonctions, dont les principales sont:

1°. De faire le mesurage des sels dans les greniers & bateaux.

2°. De faire l'épalement ou étalonnage des mesures de bois destinées, tant pour le sel que pour les grains, graines, fruits, légumes, &c. sur les étalons de fonte ou mesures matrices & originales, qu'ils gardent dans une chambre particuliére qu'ils ont en l'Hôtel de Ville.

3°. Ils comptent les marchandises de saline lorsqu'elles se déchar-

déchargent des batteaux, en prennent des déclarations, en tiennent regiſtre tant des quantitez des marchandiſes qui s'enlevent, que des noms des Chartiers qui en font les voitures.

4°. Ils ſont en droit d'aller en viſite une fois l'année chez les Marchands qui font le regrat des marchandiſes de grains, graines, farines, fruits & légumes, pour connoître ſi les meſures dont ils ſe ſervent ont été bien & duëment étalonnées & marquées à la lettre de l'année, & ſi elles n'ont point été alterées ni corrompuës.

Toutes ces fonctions, droits & privileges des Meſureurs de ſel ſont reglez par le chapitre 35 de l'Ordonnance de la Ville de Paris de l'année 1672.

MESUREURS ET VISITEURS D'AULX, OIGNONS, &c.

Le Chapitre 28 de l'Ordonnance de la Ville de Paris de 1672, porte, Que les Jurez Meſureurs & Viſiteurs d'aulx, oignons, noix, noiſettes, châtaignes & autres fruits, ſont tenus d'avoir des meſures de la contінence marquées à la marque de l'année, pour meſurer toutes ces ſortes de marchandiſes qui ſe vendent au minot, leſquelles doivent être par eux viſitées, pour en cas de défectuoſité faire leur raport au Procureur du Roy & de la Ville, pour y être pourvû par les Prevôt des Marchands & Echevins. Lorſque les Regrattiers deſdites marchandiſes veulent vendre au-delà du boiſſeau, ils ſont obligez d'appeller les Jurez Meſureurs.

MESUREURS ET PORTEURS DE CHAUX.

Ces Officiers avant la ſuppreſſion de leurs Charges en 1719, étoient au nombre de deux Meſureurs, de deux Contrôleurs & de trois Porteurs.

Leurs fonctions reglées par l'article 3. du chap. 29 de l'Ordonnance de la Ville de 1672, ſe font préſentement par des Commis nommez par les Prevôt des Marchands & Echevins.

Leurs droits ſont de 15 ſ. par muid de chaux compoſé de 48 minots, & pour les meſures au deſſous à proportion.

Les Commis Meſureurs, Contrôleurs & Porteurs de chaux ne ſont que deux, conformément à l'Arrêt du Conſeil d'Etat du Roy du 12 Septembre 1719.

Les Meſureurs & Porteurs de chaux doivent empêcher qu'il ne ſoit expoſé en vente aucune chaux, qu'elle ne ſoit bonne, loyale & marchande, & que le prix n'en ait été reglé par les Prevôt des Marchands & Echevins, duquel ils ſont obligez d'informer les Acheteurs. Il eſt défendu aux Meſureurs & Porteurs de chaux de faire aucun commerce de cette marchandiſe.

MESUREURS DE PLASTRE.

Il y a encore des Meſureurs de plâtre, que l'on nomme plus ordinairement Toiſeurs, leſquels ſont tenus d'avoir de bonnes meſures, & d'empêcher qu'il ne ſoit vendu aucun plâtre défectueux.

Leurs Charges ont auſſi été ſupprimées en 1719, pour être exercées par des Commis, dont les fonctions ſont les mêmes que ceux des Meſureurs en titre d'Offices reglez par l'article 2 du 29e chapitre de la même Ordonnance de la Ville de 1672.

Les Jaugeurs ſont les Meſureurs des futailles tonneaux à liqueurs. *Voyez* JAUGEUR.

Les Mouleurs de bois ſont des Meſureurs de bois à brûler. *Voyez* MOULEUR DE BOIS.

Les Auneurs de toiles & d'étoffes de laine ſont Meſureurs de ces ſortes de marchandiſes. *Voyez* AUNEUR.

MESQUIS. On appelle Bazanes paſſées en meſquis, celles qui ont été apprêtées avec du redon au lieu de tan. *Voyez* BAZANE.

Les meſquis payent en France les droits d'entrée à raiſon de 3 ſ. le cent peſant, conformement au Tarif de 1684.

ME'TAIL ou ME'TAL. Corps dur & foſſile qui ſe fond au feu, & qui eſt ductile, c'eſt-à-dire, qui s'étend ſous le marteau.

Ceux qui s'en tiennent préciſément à cette definition des métaux, n'en reconnoiſſent que ſix; l'or, l'argent, le plomb, l'étain, le fer, le cuivre.

Mais les Chimiſtes, gens à myſtére, & qui veulent faire quadrer le nombre des métaux à celui des planettes, y ajoûtent le vif-argent pour ſeptiéme, quoiqu'il ne ſoit ni dur, ni ductile: ainſi, ſelon eux, l'or répond au Soleil, l'argent à la Lune, le plomb à Saturne, l'étain à Jupiter, le fer à Mars, le cuivre à Venus, le vif-argent à Mercure. Ce dernier s'eſt ſi bien approprié le nom de ſa planette, qu'on le connoît preſque autant ſous celui de Mercure que ſous celui du Vif-argent.

Proportion du poids des Métaux entr'eux.

	onces.		gros.		grains.
Un pouce cube d'or peſe	12	—	2	—	52.
Un pouce cube de mercure peſe	8	—	6	—	8.
Un pouce cube de plomb peſe	7	—	3	—	30
Un pouce cube d'argent peſe	6	—	5	—	28
Un pouce cube de cuivre peſe	5	—	6	—	36
Un pouce cube de fer peſe	5	—	1	—	24
Un pouce cube d'étain peſe	4	—	6	—	17

Par la proportion de ces poids on peut calculer celle de leur volume.

Le biſmuth eſt une eſpece de métail ou demi-métail découvert depuis peu en Boheme, qu'on prétend qui tient le milieu entre le plomb & l'étain.

Le régule d'antimoine & le ſputer paſſent auſſi pour demi-métaux. On parlera des uns & des autres à leurs articles; & l'on tâchera ſur-tout de ne rien oublier de ce qui regarde le commerce qui s'en fait en France & ailleurs.

ME'TAIL. Eſt auſſi un terme de Fondeurs. On entend ordinairement par ce mot, du cuivre mélangé qui eſt propre pour la fonte; ce qui ſe fait en mettant avec du cuivre roſette, qui eſt le plus précieux de toutes les ſortes de cuivres, de l'étain d'Angleterre, du leton autrement cuivre jaune, & des tronçons de vieilles pieces de canon.

La bronze eſt en quelque choſe inferieure à ce métail.

ME'TAIL. Se dit encore chez les Potiers d'étain, d'une ſorte d'étain allié de régule d'antimoine, d'étain de glace & de cuivre rouge. *Voyez* ESTAIN, *à l'endroit où il eſt parlé de l'étain d'antimoine.*

ME'TAIL DE PRINCE OU PRINCE-ME'TAIL. C'eſt un cuivre extrémement raffiné, & rendu plus propre à recevoir le poli & la dorure au feu par le mélange de quelque minéral. C'eſt une eſpece de tombac François. On en fait des tabatieres, des étuits, des boucles à ſouliers & à manchons, & autres petits bijoux, qui la plûpart du tems trompent les yeux, & peuvent ſe prendre pour de l'or véritable. *Voyez* TOMBAC.

ME'TAIL. Les Tarifs des entrées de France appellent Métail, ce qu'on nomme autrement Mitrailles de cuivre. *V.* MITRAILLES.

Le métail paye en France les droits d'entrée à raiſon de 20 ſols du cent peſant, conformement au Tarif de 1664.

Et suivant celui de la Doüane de Lyon; sçavoir:

Le métail & cuivre rouge rompu, la charge de trois quintaux, 15 s. d'ancienne taxation, & 10 s. du cent pesant de nouvelle réapreciation.

Le métail en fonte & en œuvre, 8 s. du quintal d'anciens droits, & 7 s. de nouveaux.

Enfin le métail vieux 3 s. du quintal d'ancienne taxation, & encore 5 s. pour la nouvelle.

METAYER. Celui qui cultive & fait valoir une ferme, qui la tient à loyer. *Voyez* Fermage *&* Ferme.

METECAL. Espece de ducat d'or qui se frappe à Maroc, & dans quelques autres Villes de ce Royaume & de celui de Fez.

Le metecal de Maroc est différent du motrical de Fez, qui ne vaut que vingt sols de Hollande. Les vieux metecals sont excellens, plus pesans & d'un titre plus fin que les nouveaux. Ceux-ci sont de diverse bonté, & par conséquent de différens prix; ce qui fait assez de difficulté dans le commerce, ou on les donne en payement.

Cette diversité vient de ce que n'y ayant point de lieu public établi pour la monnoye, ni de Monnoyeurs en titre d'office, tout Juif & Orfévre fabrique des ducats à sa mode; & même si effrontément, qu'il les fabrique à la vûë de tout le monde dans sa boutique.

METEDORES. Terme Espagnol, particuliérement en usage à Cadix, où il signifie des especes de Braves qui favorisent la sortie de cette Ville aux barres d'argent que les Marchands ont été obligez d'y faire débarquer à l'arrivée des gallions ou de la flotte des Indes.

Ces Metedores sont les cadets des meilleures maisons du Pays, qui n'ont pas de bien; & qui moyennant un pour cent de tous les effets qu'ils sauvent aux Marchands, s'exposent aux risques que peut accompagner cette contrebande.

Il y a aussi des Metedores qui sauvent les droits des marchandises emballées, soit d'entrée ou de sortie. Ils se partagent ordinairement en deux troupes, dont l'une attend au pied des remparts de la Ville les ballots que l'autre qui reste en dedans vient leur jetter pardessus les murs. Chaque ballot a sa marque pour être reconnu; & c'est sur cette marque que les Metedores du dehors les portent aux diverses chaloupes des Marchands à qui les marchandises appartiennent. On fait à peu près le même manege, pour faire entrer des ballots de marchandises dans la Ville. Il est vray que pour sauver ces effets avec plus de sûreté, on a soin de gagner le Gouverneur, le Major & l'Alcade de Cadix, même jusqu'aux Sentinelles; ce qui revient environ à dix-sept piastres par ballot. Les Metedores gagnent d'ordinaire à chaque arrivée de la flotte ou des gallions deux ou trois mille pistoles chacun, qu'ils vont dépenser à Madrit, où ils sont connus faire ce metier.

Outre ces Metedores d'une qualité si distinguée, il y a aussi de Particuliers d'entre le peuple qui s'en mêlent; mais les uns & les autres avec une si grande fidélité, que les Etrangers n'ont jamais eu lieu de se plaindre.

METEIL. Blé mêlé de froment & de seigle.

Le gros méteil est celui où il y a plus de froment que de seigle; le petit méteil quand il y a plus de seigle que de froment. Lorsque le mélange des deux grains est égal, on dit simple Méteil. *Voyez* Ble'.

METIER. Signifie en général toute profession que l'on exerce, & qui sert à gagner sa vie ou à s'occuper.

Dans une signification plus précise & plus propre, il ne se dit que de l'exercice & profession des Arts méchaniques.

Dans le premier sens, la guerre est le métier de la Noblesse; l'étude est le métier des Gens de Lettres, & particulierement des Gens d'Eglise; dans l'autre sens, la Tisseranderie, la Cordonnerie, la profession de Coutelier & de Marechal, celles de Boulanger, de Boutonnier, de Tourneur: enfin tous ces différents Arts qui occupent tant de diverses sortes d'Ouvriers & d'Artisans, sont autant de métiers.

On appelle Communautez des Arts & Métiers, les societez de chaque espece de ces Artisans & Ouvriers qui sont unis ensemble, qui se conduisent par les mêmes Statuts & Reglemens, & qui ont les mêmes Officiers. On parle dans ce Dictionnaire de toutes celles qui sont établies à Paris en Corps de Jurande.

Gens de métier, ce sont les Ouvriers que l'on nomme communement Artisans, & qu'on distingue par-là des Marchands. Il y a néantmoins plusieurs de ces Gens de métier ou Artisans à qui leurs Statuts & les Lettres Patentes des Rois donnent la qualité de Marchands.

Me'tier. Se dit aussi des établis, chassis & autres machines que les Ouvriers inventent pour faciliter le travail de leurs ouvrages.

Il y a des metiers pour les étoffes d'or, d'argent, de soye, de laine, de fil, de coton, &c. d'autres pour les ouvrages de bonneterie, de tapisserie, de rubanerie, de passementerie, &c.

Il n'y a gueres de ces sortes de métiers, particuliérement de ceux qui servent aux principales fabriques & aux plus riches manufactures, dont l'on ne trouve la description & l'usage dans plusieurs endroits de ce Dictionnaire. On peut lire les divers articles où il est traité en détail de chacun des Corps des Marchands ou des Communautez des Marchands ou des Communautez des Arts & Metiers.

Il est défendu par une Déclaration de Loüis XIV. du 19 Août 1704 de saisir les metiers, outils & instrumens servant aux Manufactures. *V.* Manufacture.

Monter, dresser, établir un metier. Tous termes synonimes. Signifient parmi les Manufacturiers & les Ouvriers en étoffes de soye, de laine & de fil, &c. mettre la chaîne, c'est-à-dire, les fils de soyes, de laines ou d'autres matieres qui doivent servir à la chaîne, sur les ensubles & ensubleaux, suspendre les lisses, placer les marches, lire le dessein, enfin disposer toutes choses pour mettre le Fabriquant en état d'employer la tréme & de travailler à l'étoffe.

Metier battant, qu'on appelle aussi Metier ouvrant. C'est un métier qui travaille actuellement. Le premier se dit à cause de la chasse ou peigne dont l'Ouvrier serre & bat la tréme qu'il a jettée avec la navette entre les fils de la chaîne.

Le second vient de l'ancien mot Ouvrier qui veut dire travailler; ainsi lorsque dans les Lettres Patentes que le Roy accorde pour l'établissement des nouvelles manufactures, il est porté que l'Impetrant aura vingt, quarante, cinquante ou tel autre nombre de metiers battans ou ouvrans; cela s'entend des metiers actuellement montez, occupez & travaillans.

Metier à tirer les soyes, qu'on nomme aussi Devidoir. C'est une machine avec laquelle on file & devide les soyes qu'on tire immediatement de dessus les cocons. *Voyez en la description à l'article des Soyes.*

MET-

METKAL, ou MITKAL. Petit poids dont se servent les Arabes. Il faut douze metkals pour faire une once.

METRICOL, ou MITRICOL. Petit poids de la sixiéme partie d'une once. Les Apoticaires & Droguistes Portugais s'en servent dans les Indes Orientales. Au dessous du metricol est le metricoli qui ne pese que la huitiéme partie d'une once.

METRICIOLI, ou METRICOLI. Petit poids dont on se sert à Goa pour peser les drogues de la Medecine. *Voyez l'article précedent.*

METTRE. Ce terme a plusieurs significations dans le commerce.

METTRE ses effets à couvert. Se dit ordinairement en mauvaise part, d'un Negociant qui détourne ce qu'il a de meilleur & de plus precieux dans le dessein d'une banqueroute frauduleuse.

METTRE au dessus d'un autre. C'est encherir sur le prix qui a été offert d'une marchandise dans une vente publique.

METTRE. Signifie quelquefois s'enrichir. Ce Negociant doit être riche; il a bien mis dans sa bourse. On le dit souvent en mauvaise part pour taxer un homme d'avarice; il met sou sur sou.

METTRE. Veut dire aussi enveloper, empaqueter, emballer. Mettez ce velours dans sa toilette. Je vous ay dit de mettre ces marchandises dans une bannette.

METTRE. Avancer, dépenser. On le dit aussi de la part que l'on prend dans une societé, dans une entreprise de commerce. J'ay mis cent mille écus dans cette manufacture: J'ay dépensé cent mille livres dans ce negoce, je n'y veux plus rien mettre; Je suis las de mettre & d'avancer sans rien recevoir.

METTRE de bon argent avec du mauvais. C'est faire des avances ou des dépenses sans esperance de les retirer.

METTRE, en terme de monnoyes. C'est s'en défaire, les faire passer quoyqu'elles n'ayent pas cours dans le commerce. J'ay cent écus vieux, voudriez-vous me les mettre. Je ne puis mettre ces Louis-d'or, ils sont un peu douteux.

METTRE, avec le pronom possessif. Signifie, s'appliquer s'employer. Ce jeune homme a eu raison de se mettre au commerce, il y réussit.

METTRE. A aussi diverses significations parmi les artisans & les Maîtres des Communautez des Arts & Metiers.

METTRE les cuirs en retraite. Terme de Tanneur, qui signifie retirer les cuirs du plain ou de la fosse au tan pour quelques jours, afin d'empêcher qu'ils ne se corrompent. *Voyez* TANNER.

Les Hongrieurs disent aussi qu'ils mettent leurs cuirs en retraite pour prendre nourriture, lorsqu'ils les laissent tremper quelques jours dans la cuve où l'on a jetté l'eau dont on s'est servi pour les fouler. *Voyez* CUIR, *à l'endroit où l'on explique la maniere de fabriquer les cuirs de Hongrie.*

METTRE les cuirs en coudrement. *Voyez* COUDREMENT, *&* COUDRER *ou* BRASSER LES CUIRS.

METTRE les peaux en chaleur. Terme de Chamoiseur. C'est faire des monceaux ou tas de vingt douzaines de peaux de moutons & de chevres passées en huile, qu'on envelope de couvertures de laine pour les échauffer, afin que l'huile qui est dedans puisse perdre toute sa force.

On dit aussi dans le même sens, garder le chamois en chaleur. *Voyez* CHAMOIS, *à l'endroit où il est parlé de la maniere de passer les peaux de mouton en huile ou chamois.*

METTRE les cuirs en couleurs. *V.* CORROYEUR.

METTRE en galle, mettre en pastel, mettre en écarlate, mettre en noir, &c. *Voyez* TEINTURE *&* TEINTURIER.

METTRE en bain. *Voyez de même. Voyez aussi* BAIN.

METTRE en presse, mettre au billon, mettre à la fonte, metre à la coupelle. *Voyez* COUPELLE, FONTE, BILLON, PRESSE.

MEULE Il y a plusieurs choses dans les Arts & Metiers, & dans quelques autres professions, à qui, quoique de differentes matieres & propres à des usages qui ne se ressemblent gueres, on donne le nom de meules.

Les meules à moulin sont de pierres dures & rabotteuses taillées en rond, d'un pied environ d'épaisseur, & d'un diametre à volonté, avec un trou au milieu que l'on appelle l'œuil; elles servent à écraser les grains pour en séparer la farine du son.

Des deux meules qu'il y a dans chaque moulin, celle de dessus qu'on appelle la meule mouvante est mobile; c'est proprement elle qui écrase le grain par son mouvement; l'autre qui est fixe se nomme la Meule gissante ou le Gîte.

Il y a en France quantité de molieres d'où se tire cette sorte de pierre, & il s'en fait un commerce considerable. C'est de ces pierres que les Rocailleurs se servent pour incruster & orner les grottes qu'ils dressent, les taillant de diverses figures, & en leur donnant diverses couleurs ou par le moyen du feu qui les rougit, ou par des eaux fortes, du vinaigre & du verd de gris qui les rendent verdâtres.

Les meules des Coûteliers & Taillandiers sont de pierre de grais très-dure & d'un grain fort serré. Les meilleures viennent d'Angleterre; il s'en trouve aussi d'excellentes dans quelques molieres de France, particulierement en Bourgogne. Ce sont les Quincailliers & Marchands de fer qui en font à Paris le commerce.

Les Coûteliers & les Gagnes-petit, c'est-à-dire, ces pauvres gens qui courent la campagne leur boutique sur le dos ou sur une brouëtte qu'ils poussent devant eux, ont une meule de bois pour adoucir leur ouvrage après qu'ils l'ont passé sur celle de grais; on l'appelle polissoir. *Voyez cet article. Voyez aussi* COUTELIER.

Les Lapidaires ont diverses meules, des meules d'acier, d'autres d'étain & d'autres encore de bois, dont ils se servent suivant les pierres qu'ils veulent tailler, & suivant que l'ouvrage s'avance. *Voyez* LAPIDAIRE.

MEULE. Les Fondeurs de caracteres d'Imprimerie appellent quelquefois la meule ce qu'ils nomment autrement & plus ordinairement le grais. *Voyez* GRAIS.

MEULE. Les Miroitiers-Lunetiers ont des meules qu'ils tirent de Lorraine, sur lesquelles ils arrondissent la circonference des verres, des lunettes & autres ouvrages d'optique. *Voyez* GRAIS.

Les meules des Taillandiers & Coûteliers ont differens noms suivant la grandeur de leur diametre; les petites s'appellent simplement Meules, celles au dessus se nomment Meuleaux ou Oeillards. Ensuite sont les Meullardeaux, & enfin les Meullardes qui sont les plus grandes.

Les meullardes payent en France de droits de sortie 32 f. la piece, quand elles sont au dessous de quatre pieds; les meuleaux 16 f. la piece, & les meules à Taillandier 2 f. aussi la piece.

A l'égard des entrées les petits meullardeaux pour Taillandiers payent 30 f. la douzaine; ceux au-dessous de quatre pieds 4 livr.

4 liv. *aussi la douzaine; les meuleaux 4 f. piece, & les meullardes au dessus de quatre pieds 16 sols.*

Les meules à moulin payent pareillement suivant leur diametre; celles de six à sept pieds 8 liv. 4 f. la piece, & celles de quatre à cinq 8 liv. 4 f. de sortie. Les droits d'entrée sont pour tous diametres 4 liv. piece.

Les droits qui se payent à la Doüane de Lyon sont: Sçavoir.

La meule de moulin Françoise 9 f. d'anciennne taxation, & 8 de nouvelle reapreciation.

La meule de moulin Chalonnoise 2 f. 6 d. d'anciens droits & 5 de nouveaux.

Les grands meullardeaux, ou comme les appelle le Tarif Molardeaux 12 f. la douzaine d'ancienne taxation, & 3 f. de reapreciation.

Les petits meullardeaux pour tous droits 9 f.

Meules, ou Pains. On nomme ainsi certains fromages ronds & plats qui viennent de Suisse, d'Italie & d'Angleterre, apparemment parce qu'ils ressemblent pour leur épaisseur & leur diametre aux meules de Coûteliers. *Voyez* Fromage, *à l'endroit de l'article où l'on parle de ceux d'Italie, de Suisse & d'Angleterre.*

MEULIERE; ou MOLIERE. Carriere d'où l'on tire les pierres pour faire des meules à moulin. On le dit aussi des lieux où se trouvent & se taillent toutes les diverses meules à Taillandier & à Coûtelier.

On appelle Pierre de Meuliere, la pierre dont se font les meules de moulin; elle n'a cependant ce nom que lorsqu'elle est cassée en morceaux propres à être employez par les Rocailleurs. *Voyez ci-devant* Meule a moulin

MEULLARDEAUX, ou MOLARDEAUX. On nomme ainsi une Espece de meules dont se servent les Taillandiers pour aiguiser & affuter les outils de fer qu'ils forgent. Il y a de petits & de grands meullardeaux: les grands sont ceux qui ont au dessous de quatre pieds jusqu'à un. *Voyez* Meule.

MEULLADES. Ce sont les plus grandes meules à Taillandiers, & qui ont au dessus de quatre pieds de diametre. *Voyez comme dessus.*

MEULLEAUX, qu'on nomme autrement Oeillards. Moyennes meules à aiguiser, propres aux Coûteliers & Taillandiers. *Voyez comme dessus.*

MEURIER. Arbre qui produit le fruit qu'on nomme Meure.

Le Meurier est de deux sortes, le rouge & le blanc. Les feüilles de l'un & de l'autre sont propres à la nourriture des vers à soye; celles du blanc y sont meilleures à cause qu'elles sont plus tendres.

Il y a eu long tems dans le jardin Royal des Tuilleries de Paris une allée qu'on nommoit l'Allée des Meuriers; elle y avoit été plantée par les ordres de Henry IV. dans le tems qu'il vouloit exciter ses sujets à la culture de la soye & des vers qui la produisent *Voyez* Vers a soye.

MEUSNIER A FOULON. Celui qui a soin du moulin à Foulon, c'est-à-dire, du moulin où l'on revique les étoffes pour les dégorger. *Voyez* Reviquer.

MEZELINE, ou MEZELAINE. Petite étoffe que l'on appelle autrement Ligature ou Brocatelle. *V.* Ligature.

Les Reglemens mettent aussi les mezelaines au nombre des picottes & des plumettes. *Voyez ces deux articles.*

Les Mezelines de Milan que le Tarif de la Doüane de Lyon nomme Mezolanes, payent conformement à ce Tarif 10 f. de la piece d'ancienne taxation & 5 f. de reapreciation.

MICOCOULIER. *Voyez* ALISIER.

MICROSCOPE. C'est un instrument qui sert à distinguer & à decouvrir les moindres parties d'un corps; parce qu'il les grossit à la vûë extraordinairement.

Il y a de plusieurs sortes de microscopes. Ceux qui servent pour l'ordinaire sont, le microscope à tombeau qui ne grossit pas beaucoup les objets, le microscope à trois verres & le microscope à liqueurs, qui monté d'une seule lentille fait un fort bel effet. *Voyez* Lentille.

Dans les microscopes à trois verres, le premier s'appelle Oculaire; le second, Verre du milieu; & le troisiéme, Lentille. On y en ajoûte quelquefois un quatriéme que l'on met dans un tuyau de carton qui tient au pied du microscope; il sert à rassembler les rayons de lumiere au point du foyer de la lentille pour mieux distinguer l'objet; mais il y a quelques personnes qui le supriment, parce qu'effectivement la trop grande quantité de rayons de lumiere éblouït plus qu'elle ne sert. La circulation du sang, une des belles découvertes de ces derniers tems, se voit très-distinctement à ces deux microscopes dans le mésentere d'une grenoüille ou dans la queuë d'un têtart. *Notre vûë*, dit M, de Fontenelle, *s'étend depuis l'elephant jusqu'au ciron, & là elle finit; mais au ciron commencent une infinité d'animaux dont il est l'élephant, & que nos yeux ne peuvent appercevoir sans le secours des verres.*

On voit de très-petites goutes de vinaigre remplies de serpens ou d'anguilles, & la moindre goute d'eau dans laquelle on a infusé quelque plante, posée sur le porte-objet du microscope, paroît remplie de petits poissons qu'on n'auroit jamais crû y exister.

Les differentes sortes de microscopes & une partie des animaux que l'on y voit sont très bien decrits dans le livre de Monsieur Joblot imprimé à Paris chez Collombat. On peut voir aussi ce que M. Leeuwenhoek en à écrit après un examen presque continuel. Ce sont les Marchands Miroitiers-Lunetiers & les Merciers qui en font commerce.

MIEL. Espece de suc doux que font les abeilles de la rosée qu'elles recueillent sur les fleurs ou sur les feüilles des plantes ou des herbes.

Il n'y a personne qui ne connoisse les abeilles ces insectes ou mouches si utiles, si industrieuses & si assiduës à leur travail, que les Anciens nommoient Avettes; ainsi on n'en fera point la description.

Celle qu'en fait Virgile est un des plus agreables endroits de ses Bucoliques, quoiqu'elle ne soit pas extrémement conforme à la verité, sur-tout en ce qui concerne la production de cet insecte.

Ce qu'on dit de leur Roy & du gouvernement de leur Republique est aussi en partie fabuleux; mais on sçait avec plus de certitude de quelle maniere ces admirables mouches composent leur miel, & l'enferment dans les petites cellules de cire qu'elles ont auparavant préparées; ainsi quelque détail sur cette matiere curieuse pourra n'être pas désagreable.

Aussi-tôt que l'hyver est passé, & que l'air est devenu plus doux, les abeilles sortent de leur ruche pour se fournir d'autant de cire qu'elles en ont besoin; au retour des champs où elles vont la chercher sur les fleurs que le printems a fait éclore, elles rentrent les pattes de derriere chargées de cire de differentes couleurs, blancheâtre, jaune, citronnée, quel-

quelquefois rouge: cette derniere qui eſt fort tenace & gluante leur ſert à boucher exactement tous les trous de leurs ruches; des autres elles bâtiſſent leurs logemens à ſix pans ſi égaux, avec tant de proportion & avec ſi peu d'épaiſſeur, qu'il n'eſt pas poſſible de ne pas admirer un ouvrage ſi plein de delicateſſe & de ſimetrie.

Quand le premier rang de leurs cellules eſt achevé, c'eſt-à-dire, ordinairement vers le mois d'Avril & de May, elles ſortent dès l'aube du jour; & après avoir ſucé avec leurs petites trompes la roſée qui eſt très-frequente dans ces deux mois, & dont les fleurs & les herbes ſont fort humectées, elles reviennent s'en décharger dans leur magaſin, & lorſqu'elles y ont entiérement vomi cette roſée convertie en miel & comme digerée dans les parties de leur petit corps qui leur tiennent lieu d'eſtomac; elles ferment ces magaſins avec un enduit de cire, travaillant enſuite à de nouveaux reſervoirs qu'elles rempliſſent de même que les premiers, cet ouvrage induſtrieux durant quelquefois juſques à la fin de Juillet ou d'Août. Voilà de quelle maniere ſe forme le miel dont on fait un ſi grand commerce par toute l'Europe & ſurtout en France.

Les Marchands Epiciers & Droguiſtes de Paris vendent de trois ſortes de miel; le miel blanc qu'on appelle autrement Miel vierge; le miel jaune; & un troiſiéme qui tient de l'une & de l'autre couleur; le miel blanc eſt le meilleur, le miel jaune eſt le moins bon, & celui qui a une couleur comme mitoyenne entre le blanc & le jaune, tient auſſi le milieu entre les deux pour la bonté.

Le miel blanc appellé Miel Vierge, parce qu'il eſt tiré ſans le ſecours du feu, ſort & coule de lui-même des gateaux nouvellement faits & nouvellement tirez des ruches que l'on met renverſées ſur des nâtes d'oſier après les avoir coupées en morceaux. Ce miel qui eſt d'un blanc clair, & qu'on reçoit dans des vaſes de terre ou de bois bien nets, ſe congelle aiſément & devient dur & grenu.

Le ſecond miel qui eſt d'un blanc jaunâtre s'exprime des gâteaux en les mettant dans des ſacs de cordes, & les ſerrant fortement par le moyen de la preſſe.

Enfin le miel jaune ſe tire auſſi avec le ſecours du preſſoir, mais ſeulement après que les gâteaux ont été quelque tems dans des chaudieres avec un peu d'eau ſur le feu: le degré de chaleur plus ou moins fort eſt ce qui décide de la beauté & de la bonté de ce miel, auſſi-bien que la quantité d'eau qu'on y employe, trop d'eau ou de chaleur le rendant moins bon & moins beau.

Le miel blanc ſe tire de Languedoc, de Provence & même des environs de Paris; ce dernier s'appelle miel-blanc de pays. Le meilleur miel blanc eſt celui de Narbonne qu'on tire principalement du petit bourg de Corbiere à trois lieuës de cette Ville.

Le veritable Corbiere doit être nouveau, épais, grenu, d'un goût doux & piquant, d'une odeur douce & un peu aromatique, aſſez ſemblable à l'œil au ſucre Royal.

Les Marchands qui envoyent les autres miels blancs de Languedoc & de Provence tâchent de lui donner cette odeur aromatique, en mettant dans le fond des barils un petit paquet de fleurs de romarin; mais les connoiſſeurs ne s'y trompent pas. Ce miel s'employe en confitures & en tiſanes pectorales; bien des gens même en mangent en Carême.

Le miel jaune vient de Champagne, de Touraine, de Picardie, de Normandie, &c. Le plus eſtimé eſt celui de Champagne, le moindre eſt celui de Normandie; ce dernier eſt facile à reconnoître non-ſeulement par ſa qualité & ſon odeur qui ſont l'une & l'autre fort mauvaiſes, mais encore par les pots de grais dans leſquels on l'envoye, ſemblables aux pots à beure qu'on nomme Talevannes.

Il faut choiſir le miel jaune de Champagne, s'il ſe peut, nouveau, d'une bonne conſiſtance, d'un jaune doré, le plus grenu & le moins chargé de cire qu'il ſera poſſible. L'uſage du miel jaune eſt très-commun en Medecine où on s'en ſert ou pur ou compoſé.

Le miel compoſé eſt d'autant de ſortes qu'on y mêle de fleurs ou de ſimples, comme le rozat, le violat, celui de nenuphar, &c. C'eſt auſſi avec le miel jaune qu'on fait ce pain qu'on nomme Pain d'épice dont le debit eſt fort grand en France, ſur-tout à Reims, à cauſe de la bonté des miels de Champagne & de la maniére de le faire que les autres Pain-d'épiciers ne peuvent imiter. *Voyez* EPICE.

On tire du miel, par le moyen des operations chimiques, une eau, un eſprit, un ſel, une huile, &c.

Le miel de toutes ſortes paye en France de droits d'entrée 20 ſ. le cent peſant, & de ſortie 26 ſ. conformement au Tarif de 1664.

Les droits de la Doüane de Lyon ſont de 2 ſ. 4 d. d'ancienne taxation, 1 ſ. 8 d. de nouvelle réapreciation, 4 ſ. d'anciens quatre pour cent, & 2 ſ. 8 d. de nouveaux; le tout par quintal.

Les anciens mettoient le ſucre & la manne du nombre des miels.

Une ruche à miel eſt un panier d'oſier en forme de cloche dans lequel on enferme des abeilles pour y travailler à leur cire. *Voyez* RUCHE.

Une jettée ou jet de mouches à miel eſt un eſſain de l'année qui ſe ſépare des anciennes mouches. Ce ſont ces eſſains qu'on a ſoin de ſuivre quand ils ſortent, afin de renouveller les mouches. On fait pour les abbattre ce qu'on appelle la Battuë.

Un rayon de miel eſt un morceau de l'ouvrage des abeilles où le miel eſt encore enfermé dans la cire.

MIEL ANACARDIN. *Voyez* ANACARDES.

MIEL ANTHOSAT *Voyez* ROMARIN.

MIEL PESSULAT. *Voyez* RAISIN DE DAMAS.

MIEL ROSAT. *Voyez* ROSE.

MIEL VIOLET. *Voyez* VIOLETTES.

Il y a encore quantité d'autres miels que compoſent les Apoticaires, comme le Mercurial, celui de Nenuphar, le Scillitique, &c. dont on peut voir la compoſition dans les pharmacopées.

MIGEAU. On nomme ainſi en Rouſſillon la laine de la troiſiéme ſorte que les Eſpagnols appellent Tierce. Elle eſt la moindre de toutes, & ne s'employe qu'à la fabrique des étoffes communes. *V.* LAINE D'ESPAGNE.

MIGLIARO, en François Millier. Poids de Veniſe auquel l'huile ſe peſe & ſe vend dans la Capitale & dans les Etats de terre ferme de cette Republique.

Le millier eſt compoſé de quarante mirres & la mirre de trente livres poids ſubtil ou leger de Veniſe, qui eſt de trente pour cent plus foible que le poids de Marſeille, c'eſt-à-dire, que les cent livres de Marſeille en font cent trente-quatre du poids ſubtil de Veniſe.

MIGNONE. Terme d'imprimerie. C'eſt un des corps de caracteres qu'on nomme Corps interrompus.

L'on range la mignone entre le petit texte & la nompareille. *Voyez* CARACTERE. *Voyez aussi* IMPRIMERIE.

MIGNONETTE. Sorte de dentelle de fil du lin blanc, très-fine, très-claire & très-legere, qui se fabrique sur l'oreiller avec des fuseaux & des épingles, de même que les autres dentelles.

Il se fait des mignonettes de plusieurs desseins & hauteurs; mais les plus hautes ne passent pas deux ou trois pouces. Presque toutes celles qui se voyent en France se manufacturent à Louvre en Parisis, à Fontenay, à Puiseux, à Morgas, à Gizors, à S. Pierre ès champs, à Espagny, à Doumesnil, à S. Denis en France, à Monmorency, à Villers-le-Bel, &c.

Il s'en fait cependant à Anvers & à Bruxelles, qui sont tout au plus d'un pouce de haut, n'étant propres qu'à rehausser d'autres dentelles des mêmes qualitez & fabriques.

Quoyque les mignonettes fassent une partie du negoce des Marchands Merciers, il est cependant permis aux Marchandes Lingeres d'en faire trafic.

Les mignonettes payent en France les droits d'entrée & de sortie comme dentelles. Voyez DENTELLES.

MIGOT. Terme Languedocien emprunté des peuples du Roussillon, avec neanmoins un peu de déguisement.

Les Habitans de cette derniere Province appellent Migeau la plus commune de toutes laines qui est la tierce des Espagnols; mais en Languedoc migot ne marque que le rebut des laines, & proprement une laine qui est encore beaucoup au dessous de la troisiéme. *Voyez* LAINE D'ESPAGNE.

MIL, ou MILLET. Graine qui porte le nom de la plante qui la produit.

Cette graine est petite, dure, presque ronde, polie & de couleur jaunâtre tirant sur le blanc: il s'en fait un assez grand commerce en France.

Les Marchands Epiciers & Grainiers de Paris vendent la graine de mil ou en coque ou mondée de sa coque; celle en en coque sert à la nourriture de quelques oiseaux, mais particuliérement des ortolans: la mondée qui est une espece de gruau ou grosse farine, s'employe en medecine à faire des cataplasmes anodins ou resolutifs.

Il y a quelques endroits où l'on en fait du pain dont la substance est très-mediocre, cependant quand il est encore chaud le goût en est assez agreable: en Anjou & en quelques autres Provinces il s'en fait une espece de bouillie, qui étant froide se mange coupé par quartiers & qui sert de nourriture au commun du peuple.

La plus grande quantité du mil que l'on apporte à Paris soit en coque, soit mondé, vient des environs de la forêt d'Orleans.

Le mil ou millet paye en France les droits d'entrée à raison de douze ſ du cent pesant, conformement au Tarif de 1664.

MIL que l'on écrit plus ordinairement Mille. Terme d'aritmetique. *Voyez ci-après* MILLE.

MILAN, ou PARMESAN, qu'on nomme aussi Fromage de Lodi. *Voyez* FROMAGE, *où il est parlé de ceux d'Italie.*

MILLE, que l'on écrit aussi Mil. Nombre composé de dix fois cent ou de ce cent fois dix; il s'exprime par le chifre qu'on met à la quatriéme colonne des nombres, qui précede celle des centaines. Ainsi l'on dit de suite en nombrant de la droite à la gauche, nombre, dizaine, centaine, mille, puis l'on compte dizaine de mille & céntaine de mille. Si le chifre de la quatriéme colonne qui précede celui des centaines n'est que 1, il ne vaut simplement que mille; si c'est un 2 il vaut deux mille; si un 3 trois mille; si un 4 quatre mille. Il en est de même des autres chifres suivant leur differente valeur.

MILLEPERTUIS. Plante qui croît de la haueur d'une coudée. Ses tiges sont à demie-rondes, roides, ligneuses, rameuses & rougeâtres; ses feüilles lissées & nerveuses, sont sans queuës & comme appliquées le long des tiges, ainsi que celles de la petite centaurée ou de la marjolaine. On apperçoit sur ces feüilles quand on les regarde au soleil, de petits points transparents qui paroissent autant de trous; ce qui a donné lieu à quelques-uns d'appeller cette plante *Herba perforata*, ce qui revient au nom de Mille-pertuis qu'on lui a donné en France.

Ses fleurs qui naissent en quantité à la cime des branches, sont jaunes, composées chacune de cinq feüilles, disposées en rose & accompagnées de plusieurs étamines de semblable couleur. Ses graines sont menuës, longuettes, de couleur obscure, d'un goût & d'une odeur resineux; enfin sa racine est dure, ligneuse, ayant une espece d'écorce de la couleur du buis.

Le millepertuis & l'huile que l'on fait de ses fleurs qui est regardée comme un veritable baume, sont au rang des drogues medicinales dont les Marchands Epiciers-Droguistes font negoce. *Voyez* BAUME *sur la fin de l'article; il y est parlé de faire l'huile de Millepertuis.*

MILLERAY. Monnoye d'or de Portugal du poids de six deniers, au titre de vingt-deux carats & demi; il vaut un peu plus que la pistole d'Espagne; mais il n'y a point de cours, & ne se reçoit qu'aux Hôtels des monnoyes pour être converti en especes courantes. On appelle aussi ces millerays des S. Estienne, à cause de la figure de ce Saint qui y est representée.

Les millerays à la petite croix sont proprement des demi-millerays du poids seulement de deux deniers dix-sept grains, mais d'un demi-carat à plus haut titre que les S. Estienne, c'est à peu près la demie pistole d'Espagne.

MILLERAY. C'est aussi une des monnoyes de compte de Portugal; mais en ce sens on entend toûjours le milleray à la petite croix, c'est à dire; cinq livres dix sols.

MILLEROLLE. Mesure dont on se sert en Provence pour la vente des huiles d'olive.

La millerolle revient à soixante & six pintes mesure de Paris, & à cent pintes mesure d'Amsterdam; elle pese environ cent trente livres poids de marc.

MILLET. Sorte de graine que les Marchands Epiciers de Paris & les Grainiers vendent ou en coque ou mondée. On l'appelle aussi Mil. *Voyez* MIL.

MILLIAR. Nombre d'une grandeur extraordinaire, composé de mille millions.

Il s'exprime par un chifre qui se met à la dixieme colonne des nombres avant celle des centaines de millions. Ainsi l'on dit en nombrant de suite de la droite à la gauche, Nombre, Dizaine, Centaine, Mille, Dizaine de mille, Centaine de mille, Millions, Dizaine de millions, Centaine de millions, Milliars.

Après les milliars on compte encore dizaine de milliars & centaine de milliars. Anciennement on disoit Bimillion, comme on le peut voir dans la Theorie pratique

que des nombres de Jean Savary imprimé à Paris en 1644.

MILLIASSE. Il se dit des nombres extraordinaires & dans le détail desquels il est difficile d'entrer. Quelques-uns neanmoins le mettent dans les opérations d'arithmetique au dessus des milliars.

MILLIER. Nombre qui renferme en soi mille ou dix fois cent choses d'une même espece. Un millier d'aiguilles, d'épingles, de clous de cuivre doré, d'ardoises, de tuiles, de fagots, de coterets, de planches, &c.

Quand on parle d'un millier de lattes, d'échalats ou de perches, cela veut dire mille bottes de chacune de ces especes de marchandises, chaque botte composée d'un certain nombre de lattes, d'échalats ou de perches.

On dit aussi un Millier de foin, un millier de paille, pour dire Mille bottes de l'une de ces sortes de marchandises. Un millier d'osier, un millier de ployon, c'est mille bottes de ployon ou d'osier.

Millier. Se dit aussi d'un certain poids composé de dix quintaux ou dix fois cent livres qui font en tout mille livres.

On le dit encore de la chose pesée; un millier de poivre, de laine, de plomb, d'étain, de cuivre, de fer, de fonte, &c.

On dit qu'un Marchand est riche à milliers, pour dire qu'il est extrémement riche.

Millier, en Italien Migliaro. *Voyez* Migliaro.

MILLION. Grand nombre composé de mille fois mille, ou dix fois cent mille, ou de cent mille fois dix.

Ce nombre se denote par un chifre qui se met à la septiéme colomne des nombres qui est avant celle des centaines de mille. Ainsi l'on dit en nombrant de suite les chifres des sept colomnes de droite à gauche, Nombre, Dizaine, Centaine, Mille, Dizaine de mille, Centaine de mille, Million.

Cette numeration faite, si le chifre qui se trouve à la colomne des millions est un 1, il signifie un million; si c'est un 2, il veut dire deux millions; si un 3, trois millions; si un 4, quatre millions, &c. Après les millions on compte encore de suite, Dizaine de millions, Centaine de millions.

Un million d'or vaut trois millions de livres tournois ou un million d'écus de trois livres tournois chacun.

MILMILS. Sorte de toile de coton qui vient des Indes Orientale; les pieces ont vingt sept cobres de long & un cobre & demi de large. Dans les ventes que la Compagnie des Indes de Hollande fait de ces sortes de toiles, les lots ou canelins ont coûtume d'être de cent-cinquante pieces. En 1720 les milmils furent vendus depuis huit florins trois quarts jusqu'à neuf florins la piece.

MINAGE. Droit que le Roy prend en quelques lieux par chaque mine de bled, seigle, avoine ou autres grains qui se vendent dans les marchez. C'est quelquefois aussi seulement un droit de Seigneur Haut-Justicier. *Voyez* Mesurage.

MINALTOUN. Monnoye de compte dont on se sert en quelques endroits de Perse. Au dessous du minaltoun est l'yonaltoun qui en vaut la dixiéme partie; l'Abassi vaut deux yonsaltoun, & cinq abassis le minaltoun. L'yonaltoun s'appelle aussi Mamoudi-Lacizé.

On croit que cette maniere de compter vient des anciens Perses, & les Sçavans s'imaginent la reconnoître dans quelques endroits de Quinte-Curce, particuliérement dans le livre cinq de son Histoire d'Alexandre.

MINE. Partie de la terre où se forment les métaux, les mineraux & même les pierres pretieuses. Ainsi il y a des mines d'or, d'argent, de fer, &c. des mines d'antimoine, de vitriol, de cinabre, d'arcenic, &c. des mines de diamants, d'emeraudes, de rubis, &c.

Les habiles Ouvriers & qui ont une longue experience du travail des mines, reconnnoissent aisément les lieux où se trouvent les metaux & les mineraux à l'inspection de quelques signes exterieurs.

Les principaux de ces signes sont la qualité des exhalaisons, la couleur des terres, la nature des eaux & même quelquefois la temperature de l'air & du climat.

Il y a aussi quelques personnes qui prétendent pouvoir faire ces heureuses & riches découvertes par la seule vertu du coudrier dont ils forment une baguette fourchuë qui, à ce qu'elles disent, tourne d'elle-même entre leurs mains, mais diversement, suivant la differente nature des metaux ou des mineraux sur lesquels elles en font l'experience.

Cette maniere de découvrir les mines fit grand bruit en France sur la fin du dix-septieme siecle; des Sçavans pour la justifier employérent tout ce que la philosophie des atomes ou corpuscules a de plus probable & aussi de plus obscur; & d'autres plus soupçonneux criérent à l'imposture & à la crédulité. On peut avoir recours aux dissertations qui alors parurent pour & contre.

Mais comme en fait d'entreprise l'experience doit prévaloir sur le raisonnement, il sera toûjours plus sûr de s'en fier pour ces sortes de découvertes aux lumiéres qu'aura pû acquerir un habile Ouvrier par un long travail dans les mines, qu'à toutes les baguettes qui tournent entre les mains d'un simple paysan ou trompé ou trompeur.

Il seroit bien difficile & peut-être impossible de parler avec certitude de la formation des métaux, des mineraux & des autres corps que renferment les mines.

Quelques-uns croyent qu'ils sont l'ouvrage de la chaleur du soleil qui opere au dehors, d'autres des feux centraux qui agissent au dedans, & d'autres encore estiment qu'au contraire c'est le froid seul qui les forme, & qui unissant & resserrant certains sucs en fait ces precieuses congellations.

On appelle Filons les veines de la terre d'où se tire la matiere propre pour être fonduë; cette matiere se nomme proprement la mine. Ces filons se trouvent à differentes profondeurs; ordinairement ils ne donnent du métail dans sa maturité, du moins pour l'or & l'argent, qu'après qu'on a foüillé quarante-deux pieds, & l'on regarde comme une espece de merveille, que les filons des mines du Potosi paroissent au dehors & s'elevent comme des roches sur la surface de la montagne.

Les plus riches mines d'or & d'argent sont celles du Perou & de la Province de Chilly dans l'Amerique. Les mines de fer sont plus abondantes en France que par tout ailleurs. La Suede & le Dannemarc ont beaucoup de mines de cuivre; l'Angleterre en a d'étain, la Hongrie & l'Espagne de vif-argent, & les grandes Indes de diamants, particuliérement Kaolconda.

On appelle Mines égarées celles où l'on ne trouve que quelque mineret épars çà & là, sans que les filons ou les veines se rencontrent de suite ou près les uns des autres.

Les mines fixes sont celles où les filons sont étendus en largeur & profondeur, de la maniere que les racines des arbre, ont coûtume d'être dans la terre sans presque d'interruptions

Les mines rubes sont celles dont le mineray se trouve sur la la superficie des minieres sans avoir besoin de les ouvrir bien profondement pour y travailler. *Voyez ce qu'on a dit dans le present article de celles du Potosi.*

Mine. Se dit aussi de la glebe ou pierre metallique qu'on tire des mines, & dont par le moyen du feu on sépare le métail. Les Chimistes l'appellent Marcassite, & ceux qui travaillent aux mines luy donnent le nom de Mineray. *Voyez ces deux articles.*

La mine de cuivre paye les droits de la Doüane de Lyon à raison de 4 s. du quintal.

Mine de Plomb, qu'on appelle aussi Plomb minéral, Plomb de Mine, & Crayon. C'est une espece de pierre minérale d'un noir argenté & luisant, qui se trouve dans les mines de plomb, & qui semble du plomb qui ne seroit pas encore arrivé à sa maturité. C'est de cette pierre, que les Anciens nommoient Plombagine ou Plomb de mer, & que quelques Etrangers appellent Potelot, dont on fait les crayons dont les Peintres se servent à dessiner. Quelques Ouvriers en employent aussi dans leurs ouvrages.

Il y a de trois sortes de mine de plomb, la fine, la commune, & la mine ou crayon en poudre.

La fine est très-rare & très-chere : la meilleure vient d'Angleterre. Il faut la choisir bien brillante & bien argentée, ni trop dure ni trop molle, point graveleuse, d'un grain serré & fin, se sciant aisément, & se réduisant facilement en beaux & longs crayons.

La plus grande partie de la mine commune se tire de Hollande. Elle ne peut se couper en crayons, & aussi elle n'est propre qu'à mettre des planchers en couleur, & à parer certaines marchandises des Marchands Chauderonniers qui vendent du vieux. Tout le choix consiste à la prendre sans pierre, sans machefer & sans menu.

La mine ou crayon en poudre est de la mine de plomb de l'une & de l'autre sorte, bien broyée & réduite en poudre impalpable.

Il y aussi de la mine de plomb rouge, que les Marchands Epiciers Droguistes appellent quelquefois *Minium.* Elle vient d'Angleterre, & est de quelque usage dans la Médecine à cause de sa qualité siccative. Les Peintres s'en servent, mais rarement. Les Potiers de terre en font la plus grande consumtion pour vernir leur poterie en couleur rougeâtre.

Cette sorte de mine n'est point un minéral naturel : elle est faite avec de l'alquifoux ou plomb minéral mis en poudre & calciné au feu. *Voyez* Alquifoux.

La mine de plomb paye en France les droits d'entrée à raison de 12 s. du cent pesant, conformement au Tarif de 1664.

Mine. Se dit encore d'une mesure estimative qui sert à mesurer les grains, les légumes secs & les graines, comme le froment, le seigle, l'orge, les féves, les lentilles, les pois, le millet, la navette, le chenevis, &c.

La mine n'est pas un vaisseau réel tel que le minot, qui serve de mesure de continence, mais une estimation de plusieurs autres mesures.

A Paris la mine de grains, de légumes ou de graines est composée de six boisseaux ou de deux minots radez & sans grains sur bord. Il faut deux mines pour le septier, & vingt-quatre mines pour le muid.

A Roüen la mine est de quatre boisseaux.

A Dieppe les dix-huit mines font un muid de Paris.

Il faut remarquer que l'avoine se mesure au double des autres ; ensorte que chaque mine d'avoine doit être comptée pour douze boisseaux ras : cependant le muid d'avoine, ainsi que celui des autres grains, n'est composé que de douze septiers ; mais chaque septier d'avoine est pris sur le pied de vingt-quatre boisseaux, au lieu que le septier des autres grains n'est que de douze boisseaux. *Voyez* Avoine.

Mine. C'est pareillement une mesure de grains dont on se sert en quelques lieux d'Italie, particuliérement à Genes. Vingt-cinq mines de Genes font un last d'Amsterdam.

Mine. Est aussi une mesure de charbon de bois, qui n'est pas un vaisseau, mais un composé de plusieurs autres mesures.

La mine de charbon contient deux minots ou seize boisseaux. Il faut vingt mines de charbon pour faire un muid ; ce qui doit s'entendre lorsque c'est pour le Bourgeois ; car quand c'est pour le Marchand, il n'en faut que seize.

La mine de charbon se nomme quelquefois Sac ou Charge, parce que le sac de charbon qui contient un muid est la charge ordinaire d'un homme.

Il faut observer que le minot de charbon se mesure charbon sur bord ; c'est-à dire, que l'on doit laisser quelques charbons couchez au dessus du minot & sur toute sa superficie, sans cependant qu'il soit entiérement encomblé. A l'égard du boisseau, il se mesure tout-à-fait comble par les Regrattiers.

Mine. Se dit pareillement de la chose mesurée : Une mine de blé, Une mine d'avoine, Une mine de charbon, &c.

MINERAL. Corps fossile ainsi nommé, parce qu'on le tire des mines.

La plûpart des Chimistes veulent faire croire que plusieurs des minéraux ne sont que des métaux imparfaits ; & que n'ayant pas encore toute leur maturité, on peut en les perfectionnant par les opérations chimiques les pousser jusqu'à la nature des vrais métaux.

C'est cette agréable, mais dangereuse illusion qui a donné naissance à cette secte de Philosophes qui travaillent au grand œuvre de la transmutation des métaux ; & qui se défaisant si follement du bon or qu'ils possedent, courent après la vaine chimere d'un or qu'ils ne posséderont jamais.

L'Antimoine, l'Emeril, la Calamine, la Magalaise, le Perigeur, le Zafre ou Safre, le Rusma, l'Orpin ou Orpiment, l'Arsenic, le Sel gemme, le Borax, l'Alun, le Vitriol, le Nitre, le Souffre, le Vif-argent, le Bismuth & le Sputer, sont les principaux minéraux. On les expliquera tous à leur article, aussi-bien que quantité d'autres qui ne sont point ici nommez. On peut y avoir recours.

Quelques-uns ne distinguent que deux sortes de mineraux, à prendre le mot de Minéral dans sa signification générale : l'une est de ceux qui peuvent se fondre au feu & se forger sur l'enclume ; ceux-ci sont les métaux : l'autre de ceux qui n'ont que l'une de ces deux proprietez ; & ce sont les minéraux proprement dits.

Quelques autres admettent quatre minéraux simples ; sçavoir les pierres, toutes les espèces de sels fossiles, les minéraux inflammables & les vrais métaux. Outre les minéraux simples, on en admet encore des composez entre le cinabre, l'antimoine & les marcassites.

De tous les minéraux l'antimoine est celui qui approche le plus de la nature & de la qualité des métaux ; & s'il étoit vray qu'on le pût rendre malleable aussi facilement qu'on le peut fixer, il ne lui manqueroit rien pour être un vray métail.

MINGLE. Mesure de Hollande pour les liquides. Les

huiles d'olive se vendent à Amsterdam par livres de gros, le tonneau contenant sept cens dix-sept mingles ou bouteilles mesure de cette Ville, à raison du pôt de France, ou de deux pintes de Paris le mingle. Les bottes ou pipes d'huile contiennent depuis vingt jusqu'à vingt cinq steckans de seize mingles chaque steckan.

La verge ou viertel pour les eaux-de-vie est de six mingles & demie.

En général la mingle pese environ deux livres quatre onces poids de marc plus ou moins, suivant la pesanteur des liqueurs. Elle se divise en deux pintes, en quatre demi-pintes, en huit mussies & en seize demi-mussies.

MINIERE. Lieu d'où l'on tire les métaux & les minéraux. *Voyez les articles de* MINE *&* *de* MINERAL.

MINIME. Couleur d'un gris fort obscur en tirant sur le noir ou tanné. Elle a pris son nom des Religieux de S. François de Paule, que ce saint Instituteur de leur Ordre voulut par humilité qui fussent nommez Minimes, qui ont coûtume de porter des habits d'étoffes de cette couleur.

Le minime est une des nuances du noir, qui se fait comme les autres gris (lorsque les étoffes n'excedent pas trente sols l'aune) avec la galle, la couperose & le bois d'inde; mais si elles excedent ce prix, il faut au lieu de bois d'inde se servir de pastel, de cochenille ou de garance, afin d'en rendre la couleur plus assurée.

A l'égard de la teinture des soyes, laines & fils en minime, les soyes musc-minimes doivent être teintes avec le fustel, le bresil, le bois d'inde & la couperose; & les gris-minimes doivent outre cela être engallées comme les noires, & passées sur la teinture noire une fois seulement.

Les laines doivent être faites avec la galle à l'épine & la couperose; & les fils avec les mêmes ingrédiens, mais qui doivent être rabattus avec gaude, fustel, bresil, &c. suivant l'échantillon, conformément aux articles 30, 35, 48 69 des Statuts & Reglemens des Maîtres Teinturiers en soye, laine & fil de la Ville de Paris.

MINIUM. Les Apoticaires & les Peintres appellent ainsi cette couleur rouge & vive, que l'on nomme plus ordinairement Vermillon, qui se fait avec le cinabre minéral broyé dans l'éau-de-vie & l'urine. *Voyez* CINABRE *&* VERMILLON.

MINORITE'. Age où selon les loix ou les Coutumes l'on n'est pas en pouvoir de disposer de son bien. On parle ailleurs de la majorité & minorité des Marchands. *Voyez* MAJORITE'.

MINOT. Mesure ronde composée d'un fust de bois ceintré par le haut en dehors d'un cercle de fer appliqué bord à bord du fust, d'une potence de fer, d'une fleche, d'une plaque qui la soûtient, & de quatre goussets qui tiennent le fonds en état.

Il y a une Sentence des Prevôt des Marchands & Echevins de la Ville de Paris du 29 Décembre 1670., inserée dans l'Ordonnance générale de la même Ville du mois de Décembre 1672, chap. 14, qui veut que le minot ait onze pouces neuf lignes de hauteur sur un pied deux pouces huit lignes de diametre ou de large entre les deux fusts.

C'est de ce minot dont on se sert à mesurer les corps ou choses séches; comme les grains, qui sont le froment, le seigle, l'orge, &c. les légumes, qui sont les pois, les féves, les lentilles, &c. les graines, qui sont le chenevis, le millet, la navette, le sinfoin, &c. les fruits secs, qui sont les châtaignes, les noix, &c. les navets, les oignons, la farine, le son, &c. Il contient trois boisseaux, chaque boisseau composé de deux demi-boisseaux, ou quatre quarts de boisseau, ou seize littons. Il faut quatre minots pour faire un septier, & les douze septiers font le muid: ainsi le muid est de quarante-huit minots.

Les grains & autres marchandises ci-dessus exprimez doivent être mesurez ras, sans laisser grains sur bord; c'est-à-dire, que le minot étant rempli pardessus les bords il doit être radé ou rasé avec la radoire, instrument de bois propre à cet usage; ce qui ne doit cependant s'entendre qu'à l'égard des grains, légumes, graines & farines: car pour les noix & les châtaignes, elles se rasent avec la main; & pour ce qui est des oignons & des navets, ils se mesurent comble.

L'avoine se mesure au double des autres grains; ensorte que le minot d'avoine doit contenir deux minots à blé, qui font six boisseaux; de maniere que le septier d'avoine est de vingt-quatre boisseaux, & douze de ces septiers font un muid. L'avoine se mesure raze de même que le blé.

Le minot dont on se sert pour mesurer la chaux contient ainsi que le minot à blé trois boisseaux, le boisseau quatre quarts, & le quart quatre litrons. Il faut quarante-huit minots pour faire un muid de chaux, laquelle se vend à mesure comble.

Le minot de charbon de bois, qui se mesure charbon sur bord, suivant l'Arrêt du Parlement du 24 Juillet 1671, inseré dans l'Ordonnance générale de la Ville de Paris du mois de Décembre 1672, contient huit boisseaux, & chaque boisseau se divise ou en deux demi boisseaux, ou en quatre quarts de boisseau, ou en huit demi-quarts de boisseau. Les deux minots font une mine; ensorte que les quarante minots font vingt mines qui composent le muid.

Quand on dit que le minot de charbon se mesure charbon sur bord; cela veut dire, que l'on doit laisser quelques charbons au dessus du bord du minot & sur toute sa superficie, sans néantmoins qu'il soit entiérement encomblé.

En fait de charbon de terre on ne parle que par demi-minots, chaque demi-minot faisant trois boisseaux. Il faut trente demi-minots comble pour faire une voye de charbon de terre.

Les étalonnages & espallement des minots dont il a été parlé ci-dessus, & de toutes leurs diminutions, se fait en l'Hôtel de Ville de Paris par les Jurez Mesureurs de sel, Estalonneurs de bois, qui sont Gardiens des étalons de cuivre ou mesures matrices & originales qui doivent servir de modéle à toutes les autres.

Le minot de sel se mesure ras avec la tremie; il contient quatre boisseaux, les quatre minots font un septier, & les douze septiers font un muid; ensorte que le muid de sel doit être composé de quarante-huit minots.

Le minot à sel doit être étalonné sur les matrices déposées au Greffe de l'Hôtel de Ville de Paris, en présence d'un Conseiller de la Cour des Aydes, & d'un Substitut du Procureur Général de la même Cour. Les mesurages & contre-mesurages du sel dans les dépôts & greniers doivent se faire au minot avec une trémie, en comptant depuis un minot jusqu'à douze, sans passer ce nombre; ensorte qu'après le douziéme minot le compte se recommence toûjours depuis un autre premier minot jusqu'à un autre douziéme, & ainsi successivement. *Ordonnance des Gabelles du mois de May* 1680, *art.* 5 *&* 9 *du Titre* 3.

MINOT. Se dit aussi de la chose mesurée: Un minot de blé,

blé, Un minot de pois, Un minot de sel, &c.

MIOSTADE. Espece de petite serge qui est moins forte que les ostades. La piece contient ordinairement dix-huit à trente aunes. Il s'en fait beaucoup à Amiens. Il en vient aussi des Pays Etrangers, particuliérement d'Angleterre. *Voyez* OSTADE.

Les miostades ou demi-ostades de fabrique Françoise payent en France les droits d'entrée à raison de 8 liv. la piece de dix-huit aunes, conformément au Tarif de 1664.

Les miostades d'Angleterre payent 24 *liv. de la piece de vingt aunes, suivant l'Arrêt du* 20 *Décembre* 1687, *& ne peuvent entrer que par Calais & S. Vallery en consequence dudit Arrêt de* 1687, *& de celui du* 3 *Juillet* 1692.

Les droits de la Doüane de Lyon sont ; sçavoir pour celles d'Amiens 5 *s. de la piece, & pour les étrangeres* 10 *s.*

MIRABOLAN ou MIROBOLAN, qu'on écrit plus communément avec un Y. Petit fruit purgatif dont les Epiciers-Droguistes & Apoticaires font un grand commerce. *Voyez* MYRABOLAN.

MIRER. Terme de manufacture. Il signifie dans la fabrique des draps, examiner, regarder à contre-jour une piece de drap déployée & étenduë sur la perche pour connoître s'il n'y a point de trous, de déchirures ou d'autres semblables tarres & défauts.

Dans les manufactures de drapperie qui sont de consequence, il y a des Ouvriers dont toute l'occupation est de mirer les draps pour en découvrir les imperfections & les rétablir. Ces Ouvriers se nomment ordinairement Rentrayeurs.

Les Marchands Drappiers Magaziniers & Boutiquiers ne doivent pas négliger de mirer les draps après qu'ils les ont reçûs, afin d'en reconnoître les tarres, pour s'en faire faire raison par les Manufacturiers ou Drappiers-drappans qui les leur ont vendus ou envoyez.

Les défauts qui se rencontrent aux draps en les mirant doivent être marquez à la lisiere avec un petit bout de ficelle, afin d'en avertir les Bourgeois & les Tailleurs, pour qu'on les puisse éviter dans la taille ou coupe des habits.

MIRLIPOT. Sauge infusée dans de l'eau chaude, qu'on prend quelquefois en guise de thé. *Voyez* SAUGE.

MIROIR. Superficie unie & fort polie capable de recevoir les objets & de les représenter. Il se fait des miroirs de différentes matiéres, & il y en a de diverses formes & à plusieurs usages.

Pour les matiéres, les plus communes sont l'acier poli, le cristal de roche, le verre, particuliérement celui qu'on appelle Glace à miroir, & un composé de plusieurs métaux & minéraux mêlez avec proportion, & fondus ensemble. Ce sont les miroirs faits de cette derniere matiére, qui servent ordinairement aux opérations de l'Optique, Catoptrique & Dioptrique, & dont on fait aussi les miroirs ardens.

A l'égard de la forme des miroirs, il y en a de plats, de convexes, de concaves, de cylindriques, de coniques, de figure pyramidale & à diverses faces.

Enfin leurs usages les plus communs sont pour ce qui est des miroirs plats, de servir à l'ornement des plus beaux appartemens & aux toilettes des hommes & des femmes pour s'y mirer, & pouvoir en s'y voyant représenté, s'habiller, se coëffer & se parer avec plus de propreté & d'élegance. Les autres miroirs de figures irréguliéres ne sont guéres propres qu'aux curiositez méchaniques des Mathematiciens, surtout des Opticiens, sur lesquels on n'entrera dans aucun détail, n'ayant qu'un raport très-éloigné avec ce Dictionnaire.

Il se fait en France un négoce considerable de toutes sortes de miroirs plats faits de verre. Outre la consumtion pour la Ville & pour les Provinces, qui est très-grande; l'entêtement à cet égard, ou, si l'on veut, la mode, ayant été poussée à Paris jusques au luxe & à la profusion, l'on en envoye beaucoup dans les Pays étrangers, surtout de celles de grand volume, & les vaisseaux François en ont même porté à Constantinople & jusqu'à la Chine.

On donne divers noms aux miroirs de glace, suivant les endroits où ils se placent dans les appartemens, ou suivant leur usage.

Les trumeaux sont de grands miroirs d'une ou de plusieurs glaces, plus hauts que larges, qui se mettent pour l'ordinaire entre les croisées, d'où ils ont pris leur nom, cet espace qui sépare les croisées s'appellant un trumeau en terme d'architecture. Ces glaces n'ont point ordinairement de chapiteau, mais seulement bordure assez étroite: elles sont attachées à plat dans les lambris de menuiserie dont elles font en quelque sorte une partie.

Les glaces de cheminées ne sont differentes des trumeaux que par le lieu où elles se mettent, & parce qu'autant qu'on peut on ne les fait que d'une seule glace.

Les miroirs, c'est-à-dire, les glaces qui conservent le nom de Miroirs, se placent au dessus des tables des appartemens; ils sont ornez de beaux chapiteaux & de riches bordures de bronze, de bois doré ou de glaces diversement taillées.

Il y en avoit autrefois en France avec des bordures d'argent dont la façon excedoit de beaucoup le prix de la matiere; mais cet excès fut condamné & défendu par une Déclaration de Louis XIV. qui donna lui-même un grand exemple de moderation, en sacrifiant aux besoins de l'Etat les excellens ouvrages des Balins & des Delaunay, qui servoient d'ornement à ses palais, particuliérement aux superbes appartemens de Versailles.

Ces miroirs se suspendent un peu inclinez sur le devant pour faciliter la representation des objets: ils sont toûjours d'une seule glace; & l'on en fait en France d'un si grand volume, qu'on en a vû de cent dix pouces de hauteur de glace.

Les miroirs de toilette sont de médiocres miroirs plus hauts que larges, dont les plus grands n'excedent gueres dix-huit ou vingt pouces: leurs bordures sont toûjours très-étroites, ordinairement ceintrées par le haut; & ils ont derriere un soutien mobile pour les dresser sur la table de ce qu'on appelle une toilette quand les Dames viennent s'y coëffer & s'y parer. Les miroirs des toilettes des hommes sont plus simples & plus petits.

Enfin les miroirs de poche sont de très-petits miroirs, le plus souvent de figure ovale, enfermez dans de riches boëtes d'or, d'argent, d'écaille de tortuës, & de chagrin diversement enrichies de piqueurs de clous d'or, ou même de pierreries. Les Dames, sur tout les plus galantes, ne manquent gueres de cette sorte de miroirs portatifs, qu'elles consultent souvent pour reparer le desordre de leur coeffure, ou pour placer avec grace ce leger ornement qu'elles appellent mouche.

On ne dira rien ici ni de la fabrique des glaces dont sont faites toutes ces sortes de miroirs, ni de la maniere dont ces

ces glaces se mettent au teint, ni du commerce qui s'en fait, soit en blanc, soit montées: tout cela a été traité ailleurs très-amplement; & ayant reservé pour l'article suivant ce qui ne peut être mis plus convenablement dans d'autres articles. *Voyez* GLACE, *&* *ci-dessous* MIROITIER.

Par le Tarif de 1664. *le miroirs d'ébeine & d'autres bois avec leurs glaces, enrichis ou non enrichis d'or, d'argent & de cuivre doré, payoient en France les droits d'entrée à raison de cinq pour cent de leur valeur; mais depuis par la Déclaration du Roi en forme de nouveau Tarif du* 18 *Avril* 1667. *les droits furent reglez sur le pied de la grandeur des glaces; sçavoir,*

Celles de 30 *pouces & au dessus, la piece* - - 25 *liv.*

Celles de 20 *à* 30 *pouces* - - - - - - 15:

Celles de 14 *jusques à* 20 *pouces* - - - - - 8:

Et celles de 12 *pouces & au dessous la douzaine* - - 9:

Ce Reglement pour les droits d'entrée des glaces de miroirs n'eut lui-même lieu que jusqu'en 1672. qu'il fut défendu par Arrêt du Conseil du Roi du 6 Septembre, de faire entrer dans le Royaume aucunes glaces à miroirs étrangeres pendant les vingt années du privilege de la Compagnie des Glaces, sous peine de confiscation, & de trois mille livres d'amende contre les contrevenans.

Enfin par l'article 7. du titre 8. de l'Ordonnance de 1687. les glaces de miroirs de toutes sortes furent mises au nombre des marchandises de contrebande dont l'entrée est défenduë dans le Royaume.

Les bois de miroirs sans enrichissements, ne payent d'entrée que sur le pied de mercerie; c'est-à-dire 10 *liv. du cent pesant, conformement à l'Arrest du* 3. *Juillet* 1692.

A l'égard des droits de sortie n'ayant point été dérogé à cet égard au Tarif de 1664. *par celui de* 1667. *ils se payent toûjours; sçavoir pour les miroirs avec leurs glaces, six pour cent de leur estimation, & trois livres comme mercerie le cent pesant pour les miroirs communs. A moins qu'ils ne soient destinez & declarez pour les païs étrangers, auquel cas ils ne payent que 2 liv. conformement à l'Arrest du* 3. *Juillet* 1692.

MIROIR. Se dit en terme d'Ouvriers en peaux de chagrin, des places qui s'y rencontrent vuides, & où le grain ne s'est pas formé. *Voyez* CHAGRIN.

MIROITERIE. Profession de Miroitier, ou commerce de miroirs.

MIROITIER. Ouvrier qui fait, ou Marchand qui vend des miroirs.

Les Miroitiers de Paris composent une Communauté d'autant plus considerable qu'elle a été grossie en divers temps par l'union de deux autres Communautez: de celle des Bimblotiers, avant le regne d'Henry III. & de celle des Doreurs sur cuir, seulement vers le milieu du regne de Louis XIV.

Ces trois Communautez réünies ont aussi réüni les diverses qualitez qu'elles prenoient chacune séparément, & les Maîtres, quoiqu'ils ne fassent plus qu'un seul corps de Jurande, se nomment Maîtres Miroitiers-Lunetiers-Bimblotiers, Doreurs sur cuir, Garnisseurs & Enjoliveurs, de la Ville, Fauxbourgs, Vicomté & Prévôté de Paris.

Les Statuts des Bimblotiers furent confondus avec ceux des Miroitiers-Lunetiers, lors de leur renouvellement & de leur confirmation par les Lettres Patentes d'Henry III. du mois d'Aoust 1581. Mais ceux des Doreurs sur cuir, qui leur avoient été donnez en 1594. subsistent toûjours, & ils servent conjointement avec ceux des Miroitiers-Lunetiers-Bimblotiers pour la police de cette triple Communauté, à la reserve que le nombre des huit Jurez est réduit à quatre qui se choisissent également entre les Maîtres des Communautez réunies.

On ne va parler ici que des Statuts des Miroitiers-Lunetiers-Bimblotiers, ceux des Doreurs sur cuir ayant été rapportez à leur propre article, où l'on peut avoir recours. *Voyez* DOREURS SUR CUIR.

Les Statuts des Miroitiers du mois d'Aoust 1581. consistent en vingt-quatre articles, partie concernant la Miroiterie, & partie la Bimbloterie.

Quatre Jurez dont l'élection de deux se fait chaque année, ensorte qu'ils restent chacun deux années de suite en charge, gouvernent la Communauté, donnent les chef-d'œuvres, reçoivent les Maîtres, & font les visites, dans lesquelles lorsqu'il se fait quelque saisie, ils sont obligez d'en faire le rapport dans les vingt-quatre heures.

Nul ne peut vendre miroirs, lunettes ou bimblot, s'il n'est maître & s'il n'a fait chef-d'œuvre de l'un de ces trois ouvrages, auquel tous sont tenus, à la reserve des fils de maîtres qui ne doivent que simple experience, mais qui sont neanmoins obligez de payer les droits du Roy, & des Jurez.

Chaque maître ne peut obliger qu'un seul apprentif à la fois. Il est permis toutefois d'en prendre un second la derniere année du premier.

L'apprentissage est de cinq années entieres & consécutives; après lesquelles l'apprentif peut aspirer à la maîtrise, & demander chef-d'œuvre, qu'on lui donne suivant la partie du métier qu'il a choisie, & qu'il a apprise: après pourtant avoir fait apparoître de son Brevet d'apprentissage.

Les compagnons, qui sont qualifiez de valets & serviteurs, même ceux qui sont apprentifs de Paris, ne peuvent travailler pour eux, mais seulement pour les maîtres; & les maîtres ne leur peuvent non plus donner d'ouvrage à faire en chambre, ni autre part qu'en leur boutique.

Les Compagnons Forains qui veulent avoir de l'ouvrage dans l'ouvroir des Maîtres, doivent cinq sous aux Jurez; mais ni les Forains, ni ceux de Paris, n'ont la liberté de les quitter avant d'avoir fini leur année; ni les autres Maîtres les débaucher sous peine d'amende.

Les Veuves ont droit de tenir boutique ouverte & d'y faire travailler par des Compagnons & Apprentifs.

Les Ouvrages permis aux Maîtres de la Communauté à l'exclusion de tous autres, sont, des miroirs d'acier & de tous autres métaux, comme aussi des miroirs de verre, de cristal & de cristalin, avec leurs montures, bordures, couvertures & enrichissures. Des boutons pareillement de verre & de cristal; des Lunettes & des Besicles de toutes sortes montées en cuivre, corne & écaille de tortuë, les unes & les autres de cristal de roche, de cristalin ou de simple verre; enfin tout ce qu'on peut appeller Ouvrage de Bimbloterie, d'étain meslé d'alloy: comme boutons, sonnettes, annelets, aiguilles, & ces petits joüets d'enfans qu'ils nomment leur ménage & leur chapelle; même des flacons d'étain servant à mettre vin & eau, cuillieres, sallieres, & autres legeres bagatelles d'étain de petits poids, & à la charge que les salieres entre autres ne seront hautes que d'un demi doigt, & ne pourront peser qu'une livre & demie la douzaine.

Enfin le lottissage des marchandises & matieres propres au

au métier arrivant dans la Ville de Paris, est ordonné parmi les Maîtres sans distinction, comme pareillement la visite des Ouvrages apportez par les Marchands Forains: & afin que les Jurez puissent vacquer à tous ces devoirs de leur Jurande, ils sont déchargez du soin des boües & lanternes pendant leurs deux années d'exercice.

Les grands progrès & les nouvelles découvertes que les Philosophes modernes ont faites, sur tout depuis le commencement du dix-septiéme siecle, dans cette partie des sciences qui regarde l'Optique & l'Astronomie, ont de beaucoup augmenté les Ouvrages des Maîtres Miroitiers-Lunetiers, à cause de la taille des verres, & de la fabrique des miroirs de métail dont les Astronomes & les Opticiens ont besoin, les uns pour leurs experiences, & les autres pour leurs observations celestes.

C'est aussi depuis ce temps qu'une grande partie des Maîtres de cette Communauté s'est fait comme une Profession particuliere des Ouvrages d'Optique, ensorte qu'entr'eux ils se donnent la qualité de Maîtres Opticiens, & que ce n'est que dans leurs boutiques qu'on trouve ou qu'on puisse faire travailler sur le tour ou dans des bassins, les verres les miroirs, les tubes & autres choses curieuses qui concernent ces sciences.

Outre tous les verres que les Miroitiers-Lunetiers-Opticiens travaillent, comme sont les Oculaires & les Objectifs, soit pour les Lunettes simples, soit pour les Telescopes ou Lunettes de longue vûe, les Binocles, les Lorgnettes, les Microscopes & autres semblables: on trouve aussi chez eux tous ces divers instrumens tous montez, aussi-bien que des Cylindres, des Cones, des Pyramides Poligones, des Boëtes à dessiner, des lanternes magiques, des Miroirs ardens, soit de métail, soit de verre; des Prismes, des Loupes, des Verres à facettes: enfin tout ce que l'art a pû inventer de curieux & d'utile dans l'Optique.

Cette partie du négoce des Miroitiers, particulierement avec les Etrangers, soutient avec honneur, & enrichit plusieurs Maîtres de cette Communauté, qui ne font gueres d'autres Ouvrages que ceux-là.

Les outils, instrumens & machines dont se servent les Maîtres Lunetiers Opticiens, sont; le tour, les bassins de cuivre, de fer ou de métail composé; les molettes; le rondeau de fonte ou de fer forgé; le compas ordinaire; le compas coupant; le gravoir; le polissoir: les spheres ou boules; divers moules de bois pour faire les tubes: enfin la meule de grais doux.

Les matieres qu'ils emploient pour travailler leurs verres, les adoucir & les polir, sont le grais, l'émeril, la potée d'étain, le tripoli, le feutre & le papier. Toutes ces choses sont expliquées & décrites à leurs articles dans l'ordre alphabetique. On peut voir à l'article des Glaces & du Teint tout ce qui regarde les ouvrages de Miroiterie, & les outils & instrumens dont les autres Maîtres Miroitiers se servent.

Les Compagnies des Glaces du grand & petit volume établies en France par Lettres Patentes du Roy Louis XIV. soit avant leur union, soit depuis qu'elles ont été unies, ayant prétendu avoir le droit aussi-bien que le Maîtres Miroitiers de Paris de mettre leurs glaces au teint; de les faire monter en miroir: & de les vendre de même que leurs glaces en blanc, de la premiere main, & à quiconque en vouloit achetter d'eux; les Maîtres Miroitiers soutinrent au contraire qu'ils avoient le droit exclusif de mettre seuls les glaces au teint, de les monter, & de les vendre, & disputant même aux Interessez aux Glaces la liberté de vendre les leurs en blanc à d'autres qu'aux Maîtres de leur Communauté; leurs contestations après avoir long-temps duré, furent enfin terminées par un Arrest en forme de Reglement du dernier Decembre 1716.

Par cet Arrest il est défendu à la Compagnie des Glaces & à ses Commis, sous peine pour ceux-ci de quinze cens livres d'amende, & d'être revoquez de leur Commission, de vendre à d'autres qu'à des Miroitiers les Glaces de leur fabrique, ni de les faire mettre au teint, à l'exception néanmoins de celles destinées pour les Maisons Royales de Sa Majesté, ou pour être envoyées à l'étranger.

La Communauté des Miroitiers obtint le neuf Septembre 1691. des Lettres Patentes d'incorporation des Charges des Jurez créez en tire d'Office au mois de Mars précedent, & elle s'est fait pareillement réunir dans la suite toutes les Charges qui ont été nouvellement créées pour les Communautez des Arts & Métiers de Paris, pendant les vingt dernieres années du regne de Louis XIV.

MIRRE. Espece de gomme qu'on met au nombre des parfums. *Voyez* MYRRHE.

MIRRE. Poids dont on se sert à Venise pour peser les huiles. Il est de trente livres poids subtil de cette Ville, qui est de trente-quatre par cent plus foible que celui de Marseille. Il faut quarante mirres pour faire le migliaro ou millier. *Voyez* MIGLIARO.

MIRRE. C'est aussi une mésure des liquides, & particulierement des huiles. Alors la Mirre ou mesure d'huile ne pese que vingt-cinq livres aussi poids subtil.

MIRME. *Voyez* MYRTE.

MIRTILLES. *Voyez* MYRTILLES.

MISE. Signifie en terme de compte la dépense. La mise de ce compte excede la recette de plus de la moitié; pour dire, que le comptable a dépensé une fois plus qu'il n'a reçû.

Les deux principales parties d'un compte sont la mise & la recette; on y en ajoûte souvent une troisiéme pour les deniers comptez & non reçûs, qu'on appelle la reprise. *Voyez* COMPTE.

MISE. Signifie aussi ce qui a cours dans le commerce: on le dit particulierement des monnoyes. Le dernier Arrest des Monnoyes a décrié les anciennes especes, mais elles seront toûjours de mise dans les recettes de Sa Majesté. On dit au contraire: je ne veux point de cet écu, il est décrié, il n'est plus de mise.

MISE. Se prend encore pour une enchere, pour ce qu'on met au dessus d'un autre dans une vente publique. Toutes vos mises ne serviront de rien, j'encherirai toujours au dessus.

MISE. Se dit quelquefois des marchandises & étoffes qu'on veut mépriser. C'est un vieux damas, il n'est plus de mise.

MISI ou MISY. Nom que les Anciens donnoient à une espece de matiere vitriolique minerale, que l'on appelle aujourd'hui Chalcitis, Chalcite ou Colcotar. *Voyez* CHALCITIS, & VITRIOL.

MISSEIT. Drogue propre à la Teinture, qui croît & qui se cultive en Arabie.

Le Misseit vient à Surate par le retour des vaisseaux que les sujets du Mogol envoyent tous les ans à Adem. Les Européens n'en enlevent que très-peu, presque toute cette drogue se consumant à Surate & dans les autres lieux du Guzarate où on l'employe à l'impression & à la peinture des toiles

toiles de cotton. *Voyez à l'article general du Commerce, celui qui se fait dans les Etats du grand Mogol.*

MISSIVE. *Voyez* LETTRE MISSIVE.

MITAINE. Espece de Gant à l'usage des femmes, qui n'a qu'un pouce & point de doigts, à la place desquels est une petite pate ronde & volante qui couvre seulement le dessus des doigts de la main, le dessous étant entierement découvert. Ces sortes de mitaines sont de nouvelle invention.

On appelle encore Mitaine certains gros Gants ordinairement de cuir, fourez ou doublez d'une étoffe de laine chaude, dont les doigts ne sont point divisez, à la reserve du pouce. Ces sortes de Mitaines ne servent guere qu'aux vieilles gens incommodez, aux gouteux, ou aux petits enfans, pour leur tenir les mains chaudement.

Ce qu'on nomme des Moufles n'est autre chose que des Mitaines semblables à ces dernieres; si ce n'est que les Moufles sont d'un cuir plus grossier & plus dur, sans fourure ni doublure, & qu'elles ne se mettent aux mains que dans les occasions où l'on craint de se les écorcher ou piquer.

Les Maîtres Gantiers Parfumeurs de Paris peuvent faire garnir & enrichir toutes sortes de Mitaines, & tous autres Ouvrages servant à couvrir la main, de telles étoffes qu'ils jugent à propos, comme de panne, de soye, de velours, & de toutes sortes de peaux, à la charge de les doubler bien & suffisamment de bonnes fourures & doublures neuves, sous peine de confiscation & d'amende. *Art. 20. de leurs nouveaux Statuts du mois de Mars 1656.*

Les Marchands qui composent le Corps de la Bonneterie, sont appellez par leurs Statuts, Marchands Bonnetiers-Aumulciers-Mitonniers; & l'on prétend que le nom Mitonnier leur a été donné parce qu'anciennement ils vendoient ou faisoient des mitaines d'étoffe, qui étoient de la même forme & figure que les mitaines tricottées ou travaillées sur le métier, qui font encore aujourd'hui une partie de leur negoce.

Il est permis aux Marchands Merciers de vendre des mitaines, ainsi que des gants, mais ils ne peuvent les tailler, coudre, tricotter, ni travailler sur le métier, ils ont néanmoins la faculté de les pouvoir parfumer, laver, parer & enjoliver.

MITAINES. Se dit aussi de certaine espece de peaux de castors, qui ne sont pas de la meilleure qualité. On les nomme apparemment ainsi parce qu'elles ne sont propres qu'à fourer des mitaines.

Ces sortes de castors sont estimez dans l'Arrest de 1695. portant Reglement pour les prix de cette pelleterie dans les Bureaux des Fermes du Roi en Canada, sur le pied du castor gras d'Eté, qui étant le moindre de tous, n'y est fixé qu'à 1 l. 12 f. 6 d la livre poids de marc. V. COMPAGNIE DE CANADA.

MITHRIDATE, que l'on écrit aussi MITRIDAT, & MYTRIDAT. Espece de contre-poison dont on attribuë l'invention au fameux Mithridate Roi de Pont, qui fut vaincu par Pompée.

Le Mithridate d'à present est composé de bien d'autres ingrediens que ne l'étoit celui dont Pline livre 23. chap. 8. de son histoire naturelle, assure qu'on trouva la recette écrite de la main de ce grand & malheureux Prince, parmi les papiers qui tomberent entre les mains de son vainqueur; ainsi ce n'est plus proprement que ce nom fameux qui subsiste, la drogue étant très-differente.

L'on fait du Mithridate à Paris dont on peut voir la composition dans l'histoire generale des Drogues du sieur Pomet, 2. part. liv. 1. chap. 29. ou dans les Pharmacopées; mais il en vient aussi en assez grande quantité des païs étrangers, sur tout d'Italie.

Le mithridate payo en France les droits d'entrée à raison de cent sols du cent pesant, conformement au Tarif de 1664

Et par le Tarif de la Doüane de Lion, 40 sols du quintal d'ancienne taxation; 13 sols de nouvelle reappreciation; 40 sols, pour les anciens quatre pour cent, & 3 liv. pour les nouveaux. Cette drogue est aussi du nombre de celles sujettes au droit de vingt pour cent ordonné par l'Arrest du 15 Aoust 1685.

MITONNIERS. C'est une des qualitez que les Marchands Bonnetiers de la Ville & Fauxbourgs de Paris, prennent dans leurs Statuts. *Voyez* BONNETIER.

MITRAILLE. Vieux cuivre rouge ou jaune, rompu, brisé ou coupé par morceaux, qui n'est propre qu'à refondre ou à faire de la soudure. *Voyez* CUIVRE.

La mitraille de cuivre ou d'airain paye en France de droits de sortie 40 f. le cent pesant, & d'entrée une livre.

MITRAILLE. Se dit aussi du vieux fer, comme têtes de clous & autres menuës ferailles qui servent à charger les canons ou pierriers, particuliérement sur les navires & bâtimens de mer.

Il se fait de grands envois de mitraille dans tous les Ports de mer où se font les armemens; elle se transporte ordinairement dans de petites futailles. Ainsi l'on dit, un baril de mitraille, pour dire, un baril rempli de cette sorte de marchandise.

MITRAILLE. Est encore un terme usité dans le commerce. Il se dit de l'argent monnoyé qu'on envoye en barils par des Carosses, Messagers, Rouliers & autres Voituriers publics, en sorte que lorsqu'on parle d'un baril de mitraille, on doit entendre que c'est d'un baril plein d'écus, de piastres ou d'autres semblables especes.

Les Marchands, Banquiers & Negocians se servent de ce mot, de concert avec les Voituriers, pour couvrir à ceux qui en pourroient mésurer sur la route, la verité de ce qui est contenu dans les barils, leur faisant prendre pour mitraille de cuivre ou de fer, ce qui n'est autre chose que de l'argent monnoyé.

MITRAILLE. Ce nom se donne encore par le peuple à la menuë monnoye, comme aux sols marquez, aux doubles, aux liards, aux deniers & autres semblables especes de billon. Je ne veux point de cette mitraille, donnez-moi d'autre argent.

MITRE. Terme de Coutellerie. C'est ce petit rebord plat & rond, qui dans les couteaux de table sépare la lame d'avec la soye ou queuë qui sert à les emmancher.

Cette partie des couteaux se fait avec deux outils de fer dont l'un s'appelle le Tas & l'autre la Chasse. *Voyez* TAS.

MITRON. L'Apprentif ou le Garçon d'un Maître Boulanger. Parmi les Compagnons de ce métier on en distingue comme de trois sortes; le Mitron qui est le premier après le Maître, le Geindre qui est le second; & l'Aide qui est le troisiéme. *Voyez* BOULANGER.

MOATRA. *Voyez* MOHATRA.

MOCA. Espece de sené très-mauvais qu'on appelle aussi Sené à la pique. *Voyez* SENÉ.

MOCADE, MOUCADE, ou MOQUETTE. Etoffe de laine propre à faire des emmeublemens communs. *Voyez* MOQUETTE.

MOCHE. Soyes en moche. Ce font des foyes non encore teintes & qui n'ont point eu tous leurs apprêts. On les nomme Moches de la forme qu'ont leurs paquets. *Voyez* SOYES EN MOCHE.

MOCHE. Il fe dit auffi dans le commerce des fils de certains écheveaux de fils en paquets du poids de dix livres chacun. Ils fe tirent de Rennes en Bretagne & ne font point tords. *Voyez* FIL.

MODE. Vogue, debit qu'une marchandife ou une étoffe a pendant quelque tems.

On le dit ordinairement des étoffes nouvelles qui plaifant par leur couleur, leur deffein ou leur fabrique, font d'abord recherchées avec empreffement, mais qui cedent bientôt à leur tour à d'autres étoffes qui ont l'agrement de la nouveauté; avantage qui particuliérement en France décide du fort de prefque toutes chofes, & qui piquant le goût, ne peut pourtant le fixer.

On fe fert du mot de Mode dans prefque tout ce qui entre dans le commerce, foit pour le vêtement, foit pour la parure, foit pour les emmeublemens, même pour des chofes qui n'ont aucun rapport au negoce. Ainfi on dit; ce drap eft d'une couleur à la mode; ce damas eft d'une mode nouvelle; ce deffein eft nouveau, mais la mode n'en durera pas; ces points, ces dentelles font devenus de mode; les lits à la Ducheffe font à la mode; la mode des falbalas eft paffée, &c.

On dit qu'une étoffe n'eft plus à la mode, qu'elle eft hors de mode, lorfqu'elle n'eft plus demandée, qu'elle n'a plus de cours.

Il eft certainement avantageux à un Marchand d'inventer de nouvelles modes d'étoffes, s'il peut en avoir promtement le debit; mais il lui eft dangereux de fe charger inconfidérement de beaucoup de nouveautez qui peuvent aifément devenir des gardes-magazins, ou qu'il eft obligé affez fouvent de donner à perte, foit par un changement fubit de mode, foit par les deuils qui peuvent arriver & qui font ceffer cette forte de commerce; auffi eft-ce une partie du negoce en détail, où l'Auteur du Parfait Négociant demande plus de prudence & de difcretion. *Voyez le chap. 6 du liv. 1 de la feconde partie de fon Ouvrage.*

MODELE, ou MODELLE. Original qu'on fe propofe d'imiter.

MODELE, en terme de Teinturiers en foyes, laines & fils. Se dit des écheveaux de foyes & de laines cramoifies fur lefquels fe doivent faire les épreuves des teintures. Ces modeles tiennent lieu pour ces Teinturiers de ce qu'on appelle Echantillons de couleurs matrices parmi les Teinturiers du grand teint. *Voyez* DEBOUILLI & TEINTURIERS.

MODELE. Les Orfevres & les Sculpteurs nomment des Modeles les efquifes en cire, en plâtre ou en terre glaife, d'après lefquels ils travaillent en grand les ftatuës, les bas reliefs & autres ouvrages d'orfevrerie & de fculpture, qu'ils font d'or, d'argent, de cuivre, de marbre, de pierre ou de bois. *Voyez* SCULPTURE. *Voyez auffi* ORFEVRERIE.

MODELER. Faire un modele de cire, de plâtre, ou de terre pour faire un ouvrage d'après.

MODELER. Se dit encore des moules ou creux que l'on fait d'après la boffe pour y mouler des figures de plâtre.

MODELES. Terme de monnoyage. Ce font des lames de cuivre qui fervent à faire dans la terre, dont font remplis les chaffis à couler les métaux fondus, les empreintes

ou creux pour recevoir ces métaux. *Voyez* LAME.

MODESNE. Petite étoffe mêlée de fleuret, de poil, de fil, de laine ou de coton. Sa largeur peut être ou de demie-aune moins un feize, ou de demie-aune entiere, ou de demie-aune & un feize.

MOEDA, en François MOEDE. Efpece d'or qui fe fabrique & qui a cours en Portugal; c'eft proprement la piftole; elle vaut deux mille rès ou reis. Il y a des doppio moeda ou doubles piftoles qui valent quatre mille reis, & des demies piftoles qui n'en valent que mille.

Au deffus de la double piftole font des efpeces de quatruples qui valent cinq piftoles fimples ou dix mille reis; on les eftime de meilleur or que les autres, & font, dit-on, d'or fin de ducat. *Voyez* PISTOLE *ou* REIS.

MOELLE, MOUELIE, ou MOILE. Subftance delicate contenuë dans le creux des os. Il y a quelques fortes de moelles qui entrent dans le commerce des Marchands Epiciers.

Il fe dit auffi de la fubftance molle qui fe trouve dans le milieu de quelques arbres & de quelques fruits. *Voyez les articles fuivans.*

MOELLE DE CASSE. *Voyez* CASSE.

MOELLE DE CERF. *Voyez* CERF.

MOELLE DE PIERRE. *Voyez* AGARIC MINERAL.

MOELLEUX, MOELLEUSE. On appelle une étoffe Moelleufe, celle qui eft maniable, douce, bien travaillée & de bonne matiere. Ce drap eft moelleux, il eft bien fabriqué, bien manufacturé. Ces bas, ces bonnets, ces chauffons font moelleux, ils font faits tout de pure laine de Segovie.

MOELLON, qu'on écrit auffi MOUELLON & MOILON, & qu'on nomme quelquefois BLOCAGE. C'eft une pierre à bâtir ou plûtôt un éclat ou morceau des pierres de tailles & libages que les Ouvriers font obligez de couper pour féparer les carreaux de pierre de la maffe ou banc de la carriere.

Le moellon fe mefure & fe vend à la toife cube, chaque toife contenant deux cens feize pieds. *Voyez* PIERRE.

MOELLON. On appelle Moellons dans les Manufactures des glaces, des pierres qui fervent à adoucir les glaces de petit volume.

Il y en a de deux fortes, les moellons d'affiete, & les moellons de charge.

On nomme Moellon d'affiete une pierre de liais d'environ deux pieds de long, dix-huit à vingt pouces de large, & deux à trois pouces d'épaiffeur, fous laquelle eft maftiquée avec du plâtre une des glaces qui doivent s'adoucir par leur mutuel frotement.

Le moellon de charge eft une pierre commune dont la pierre de liais eft couverte, pour lui donner plus de poids & plus de force au frotement; il eft de la figure du moellon d'affiete, mais épais & pefant autant qu'il eft convenable pour qu'un feul Ouvrier le puiffe mouvoir & tourner de tout fens fur la glace de deffous; quatre gros boutons ou boules de bois qui font aux quatre angles fervent à le tenir pour lui donner le mouvement. *Voyez* GLACE.

MOELLONNIER. Outil de Carrier. C'eft le plus petit & le dernier des fix fortes de coins dont les Carriers fe fervent pour couper la pierre; il a dix-huit pouces de long & pefe vingt à vingt-deux livres. *Voyez* COIN. *Voyez auffi* CARRIERE.

MOFUMA. Grand arbre qui croît dans divers endroits de

de la basse Ethiopie; il se plaît dans les lieux aquatiques, particuliérement le long des rivieres. C'est une espece de liege dont le bois est très-leger & propre à faire des canots; la principale marchandise qu'il produit est une sorte de coton ou de laine dont son tronc & ses branches sont entierement couvertes, & qui peut servir à faire des matelats & des coussins; on le file aussi, & l'on s'en sert quelquefois au lieu de chanvre.

MOHABUT. Toile de coton de couleur qui vient des Indes. La piece est de sept aunes & demie sur trois quarts de large.

MOHATRA. On appelle Contrat Mohatra un marché usuraire dans lequel un Marchand vend bien cher une marchandise à credit, pour ensuite la retirer de l'acheteur à moitié ou aux deux tiers de perte argent comptant. Ce sont ces sortes de marchez qui ruinent la plûpart de la jeunesse de Paris, & qui deshonorent quantité de Marchands qui ne rougissent point d'aquerir du bien par des voyes si peu légitimes. Le contrat mohatra est également condamné & défendu par les Loix Ecclesiastiques & les Loix civiles. *Voyez* CONTRAT.

MOHERE, MOUAIRE, ou MOIRE. Etoffe ordinairement toute de soye, tant en chaîne qu'en tréme, qui a le grain fort serré. C'est une espece de gros de Tours, mais plus foible.

On en fait de deux sortes, l'une qu'on appelle Mohere Lisse, qui est unie & sans onde; l'autre qu'on nomme Mohere Tabisée, qui a des ondes comme le tabis. La différence de ces deux étoffes ne consiste qu'en ce que la mohere tabisée passe sous la calandre, & qu'on n'y met pas la mohere lisse.

Il se fait cependant des moheres tant pleines, façonnées que figurées, qui ne sont tramées que de laine, de poil, de fil ou de coton.

De quelque qualité qu'elles soient, le reglement de 1667 pour les étoffes de soye qui se fabriquent à Paris, les fixe à quatre largeurs différentes; sçavoir, d'un quartier & demi, de demi-aune moins un seize, de demi-aune entiére & de demi-aune un seize, sans qu'elles puissent être plus larges ni plus étroites que de deux dents de peigne, c'est à dire, de l'épaisseur d'un teston, à peine de saisie & de soixante livres d'amende.

Le même Reglement defend pareillement de mêler dans les moires la soye cruë ou teinte sur cru avec de la soye cuite; mais enjoint qu'elles soient fabriquées ou tout de soye cuite, en chaîne, poil, tréme ou broché, ou tout de soye cruë, à peine aussi de soixante livres d'amende pour la premiere fois, & de plus grande peine en cas de recidive.

Le Reglement de la même année 1667 pour la Ville de Lyon ajoûte, que les moheres qui ne seront pas tout de soye tant en chaîne qu'en tréme, mais qui seront mêlangées de poil, laine, fil & coton, auront une lisiere de différente couleur que celle de la chaîne, pour être distinguées & n'être pas venduës ou prises pour de pure soye.

Les moires qui se fabriquent à Paris sont fort estimées, mais encore davantage, celles qui viennent d'Angleterre; il vient des moheres de la Chine qui sont peu de chose.

Ces étoffes payent les droits d'entrée & de sortie sur le pied de draps de soye. Voyez DRAPS *à la fin de l'article.*

Par le Tarif de la Douane de Lyon les moheres argent & soyes payent 30 *s. de la livre.*

MOISON. Ancien mot qui signifie mesure.

MOISON. On dit en terme d'étalonnage & mesurage de grains, qu'une mesure propre à mesurer les grains, est de la moison de la mesure matrice, sur laquelle elle doit se verifier pour être étalonnée, lorsqu'elle est de bonne consistance, & qu'elle tient précisement autant de grains de millet que l'étalon.

La comparaison qui se fait entre une nouvelle mesure & la mesure originale, pour verifier si elle est de moison, s'appelle Espallement. *Voyez* ESPALLEMENT.

MOISON. S'entend aussi en terme de manufacture de draperie, de la longueur de la chaîne d'une piece que l'on veut mettre sur le metier. On dit la Moison de cette piece est de vingt-quatre aunes, pour dire, la chaîne de cette piece est de vingt-quatre aunes de long. *Voyez* DRAP.

MOISON. Signifie encore dans les anciennes Ordonnances de la Ville de Paris, la grosseur & la longueur des bottes d'échalats.

Suivant les Ordonnances, la moison de ces sortes de bois doit être de quatre pieds & demi, c'est à dire, que chaque botte doit avoir cette longueur. *Voyez* ECHALATS.

MOITIE'. Se dit de l'une des parties d'un tout divisé en deux portions égales. Il est interessé pour moitié en cette manufacture; & la moitié de vingt sols est dix sols, qui est une des parties aliquotes de la livre tournois.

MOLIANT. Terme de Courroyeur. Il se dit des cuirs de vache, de veau, de mouton & même de bœuf, qui à force d'être souvent & successivement tirez & maniez avec les trois sortes de pomelles, sont devenus plus maniables & plus doux. *Voyez* CORROYEUR.

MOLIENNE, ou LAINE DE MOLINE. C'est une des trois sortes de laines qui viennent de Barcelone. *Voyez* LAINES D'ESPAGNE.

MOLIERE. Carriere d'où l'on tire les meules à moulin. On dit aussi Meuliere. *Voyez* MEULE.

MOLINIER. Ancien mot qui signifie Meunier. L'usage de ce ce mot se conserve encore dans quelques Provinces de France, particuliérement dans les moulins à papier & les moulins à foulons. *Voyez* FOULON & PAPIER.

MOLLE. C'est ainsi qu'on appelle les bottes d'osier dont se servent les Vanniers & les Tonneliers.

Les molles d'osier fendu, qui est celui des Tonneliers, doivent être de trois cens brins; & les molles de l'osier rond qui est celui des Vanniers, seulement de cent. *V.* TONNELIER.

MOLLE. On le dit aussi des paquets ou bottes de cerceaux propres au métier des Tonneliers. Elles sont differentes suivant les differentes especes des cerceaux. Les molles de ceux à futailles sont composées d'un quarteron s'ils sont foibles, ou de seize s'ils sont plus forts; les molles pour les cuviers n'en ont que douze, & celles pour les cuves n'en ont que trois. *Voyez comme dessus.*

MOLLET. Petite Frange très basse. *Voyez* FRANGE.

MOLLET. Terme d'Orfevrerie. Mediocre pincette de fer, dont les Orfevres se servent pour tenir leur besogne. *Voyez* ORFEVRERIE.

MOLLET. Ce qui est maniable & doux au toucher. On le dit quelquefois des étoffes, mais tantôt comme une bonne, & tantôt comme une mauvaise qualité.

MOLLETON. Que quelques-uns écrivent aussi MOLETON & MOLTON. C'est une espece de petite serge, ou étoffe de laine croisée, tirée à poil, tantôt d'un seul côté, & tantôt des deux côtez.

Cette sorte d'étoffe, qui est très chaude & très-molette, (d'où il y a de l'apparence qu'elle a pris son nom de Molleton,) sert ordinairement à faire des camisolles, des jupons, & des doublures pour l'hyver.

Les molletons ont pour l'ordinaire demi-aune demi-quart, ou deux tiers de large, sur vingt & une à vingt-trois aunes de longueur, mesure de Paris. Les lieux du Royaume où il s'en manufacture le plus, sont Sommieres en Languedoc, & Beauvais capitale de Beauvoisis. Ceux de Sommieres sont les plus estimez à cause de la bonté de la laine dont ils sont fabriquez.

La France tiroit autrefois des Molletons d'Angleterre, les uns unis & les autres frisez, dont on faisoit assez de cas; mais les François en ont presque perdu le souvenir, & ont raison de se contenter de ceux du Royaume qui ne leur sont pas inferieurs.

Les Molletons d'Angleterre doubles, ou doubles creseaux frisez ou unis, payent en France les droits d'entrée à raison de vingt-quatre livres la piece de vingt-cinq aunes suivant l'Arrêt du 20. Decembre 1687.

Ils ne peuvent entrer que par Calais & S. Vallery, conformement aux Arrêts du 8. Novembre 1687. & 3. Juillet 1692.

Il se fait à Rouen en Normandie une espece d'étoffe particuliere non croisée, & rayée sur sa largeur de differentes couleurs, à laquelle l'on donne quelquefois le nom de molleton, & plus communément celui de Flanelle, quoiqu'elle ne ressemble en aucune maniere aux étoffes qui portent ces noms, soit pour la matiere, soit pour la qualité. *Voyez* Flanelle.

MOLLETTE. Petite Poulie de bois traversée par le milieu d'un fer recourbé, dont les Passementiers-Boutonniers, & les Tissutiers-Rubanniers se servent pour retordre les fils destinez à leurs differens ouvrages. La Mollette est aussi en usage chez les Cordiers, elle leur sert pareillement à retordre.

Mollette. C'est aussi une pierre platte & unie par dessous & ronde par dessus, dont on se sert pour broyer quelque chose sur un marbre.

Les Apoticaires s'en servent pour préparer plusieurs de leurs remedes & confections, & c'est aussi avec la mollette que les Epiciers qui font le commerce des couleurs toutes préparées, & les Peintres qui les préparent eux-mêmes, ont coûtume de les broyer, soit à sec, soit à huile, ou en détrempe.

Mollette. C'est encore un petit instrument de bois doublé de chapeau, dont les ouvriers qui travaillent au poli des glaces dans les Manufactures de celles du grand volume, se servent pour les rechercher quand elles sont polies. On l'appelle plus ordinairement Lustroir. *Voyez* Glace.

Mollette. Les Miroitiers-Lunetiers appellent Molettes, les morceaux de bois ou de buis, au bout desquels ils attachent, avec du ciment, les pieces de verre qu'ils veulent travailler, soit de figure convexe, dans des bassins, soit de figure concave, avec des spheres ou boules.

Ils ont de ces mollettes de diverses grosseurs, suivant le diamétre du verre qui doit y être placé; la longueur ordinaire est de quatre à six pouces. Elles sont toûjours rondes & tournées autour, pour les mieux empoigner. Le ciment qui sert à y attacher le verre, est composé de cendre & de poix. *Voyez* Bassins de Lunetier.

MOLLETTER. Se servir de la Mollette pour finir le poli des glaces. *Voyez* Glace.

MOLUE. Poisson de mer bon à manger, dont on fait de grandes salaisons, & un commerce considerable en Europe. *Voyez* Morue.

MOMIE, MOUMIE, ou MUMIE. C'est proprement un corps embaumé à la maniere des anciens Egyptiens; mais les marchands Epiciers-Droguistes & Apoticaires donnent aussi ce nom à quantité d'autres drogues qui n'ont pas bien du rapport aux momies Egyptiennes.

Il n'y a guere de peuples qui ne se soient fait une espece de Religion de prendre soin de la sepulture des morts, & à peine se trouve-t-il de nations assez barbares & assez sauvages pour négliger ce devoir d'humanité, qui bien qu'inutile à ceux à qui il est rendu, est néanmoins une sorte de consolation pour ceux qui le rendent.

Entre toutes les nations, il faut avoüer que les anciens habitans de l'Egypte ont poussé le plus loin leur piété pour les morts, & qu'autant qu'il a dépendu d'eux, ils ont assuré, pour ainsi dire, l'immortalité aux personnes qui avoient été pendant leur vie l'objet ou de leur respect, ou de leur amour.

On n'entrera point ici dans le détail, à la verité curieux, mais assez peu necessaire par rapport au Commerce, de ce que les Egyptiens ont imaginé pour faire comme revivre les hommes après leur mort. De ces superbes piramides qui subsistent encore après tant de siecles, de ces Catacombes où ils mettoient les corps après les avoir embaumez; de ces embaumemens faits à si grands fraix & avec tant de ceremonies superstitieuses; ni enfin de tout ce qu'on peut lire dans les sçavantes & ingenieuses Relations des Pietro de la Valle, des Thevenot, des Wansleb, & de tant d'autres habiles voyageurs où le Lecteur pourra avoir recours.

On se fixe donc à ce qui est précisement de la Momie qu'on apporte du Levant, soit qu'elle soit véritable, soit qu'elle soit contrefaite, & l'on parlera aussi des autres drogues qui ont usurpé ce nom.

Il y a deux sortes de corps à qui l'on donne le nom de Momie. Les uns ne sont que des cadavres dessechez par l'ardeur du Soleil, qu'on trouve assez souvent dans les sables arides de la Lybie. Cette sorte de momie n'est d'aucun usage dans la Medecine; & il n'y a que quelques curieux qui soient bien-aise de donner ce triste & affreux ornement à leurs cabinets.

Les autres momies sont des corps tirez de ces puits ou catacombes qui ne sont pas loin du Caire, dans lesquels les Egyptiens les enfermoient après les avoir enbaumez, & c'est la véritable momie si rare, dit-on en Europe, & à qui l'on attribuë tant de vertus & de qualitez extraordinaires.

L'on voit par-là que ces momies ne sont autre chose que les chairs & les graisses du corps humain, qui ne font plus qu'un même tout, & comme une gomme de nouvelle espece, avec les aromates dont on les avoit enduites pour les conserver.

Il faut choisir la momie la moins luisante, bien noire, d'une bonne odeur, & qui brûlée ne sente point la poix. L'on prétend que toute celle que l'on vend presentement chez les marchands Epiciers-Droguistes de Paris, soit qu'elle leur soit apportée de Venise ou de Lyon, soit même qu'ils la tirent en droiture du Levant par Alexandrie & Marseille, n'est qu'une momie, pour ainsi dire, factice, &

& qu'elle est l'ouvrage de certains Juifs, qui sachant le cas que les Européens font de la momie d'Egypte, la contrefont en faisant secher au four des cadavres qu'ils ont auparavant préparez avec la poussiere de myrrhe, l'aloës cabalin, le bitume de Judée, de la poix noire, & d'autres gommes, ou communes, ou mauvaises.

Si cette opinion est véritable, on devroit bien se desabuser de l'usage d'une si miserable drogue; mais comment se guérir aisement de la prévention si ordinaire pour tout ce qui est orné d'un grand nom, & qui est apporté de loin & à grands fraix.

MOMIE. L'on appelle encore Momie une certaine liqueur qui coule quelquefois des corps humains, qui ont été embaumez, & qui n'est proprement que leur graisse fonduë mêlée de bitume.

MOMIES, Sont aussi de certaines especes de bitumes naturels qui coulent par quelques fentes de rochers qui se trouvent dans l'Arabie & dans d'autres païs chauds. L'on ne sera peut-être pas fâché de voir ici tout de suite les autres sortes de drogues qui se tirent du corps humain, puisqu'aussibien nos Droguistes & Epiciers en font quelque negoce.

Laxunge, est la graisse humaine préparée avec des herbes aromatiques; on la croit bonne aux rhumatismes, & aux autres douleurs causées par le froid.

L'usnée humaine est une mousse verdâtre qui croît de la hauteur de deux ou trois lignes sur le crasne des têtes de morts; on la dit souveraine au mal caduc; elle entre dans la composition de l'onguent simpatique de Crollius, & on la croit bonne pour arrêter le sang.

L'on tire outre cela par des operations chymiques, des sels fixes & volatiles du sang, de l'urine, des cheveux & du crasne de l'homme; on en tire aussi des huiles. *Voyez tous ces articles.*

Les momies du Levant payent en France les droits d'entrée à raison de 6 liv. 5 s. du cent pesant, conformement au Tarif de 1664.

Les droits qu'elles payent à la Doüane de Lyon, sont; sçavoir 52 s. 6 d. d'ancienne taxation; & 3 l. pour les anciens quatre pour cent.

Cette drogue est du nombre des marchandises venant du Levant, sujettes au droit de vingt pour cent, suivant l'Arrêt du 15. Août 1685.

MOM DE BRONSWIC. On nomme ainsi une biére très-forte qui se brasse dans la Ville de Bronswic & aux environs. Elle est propre pour les Indes; & les Hollandois qui en enlevent beaucoup, en chargent ordinairement les vaisseaux de la Compagnie préferablement à la biére de Hollande.

MONACO. Monnoye d'argent frappée à Mourgues, aux armes du Prince de Monaco.

Quoi qu'en general on appelle Monaco toutes les sortes d'especes fabriquées dans cette petite Principauté d'Italie, il se dit principalement des pieces de cinquante-huit sols, qui furent ainsi nommées à cause des deux Moines ou Religieux qui sont les supports des armes de la Maison de Grimaldi à qui cette Principauté appartenoit pour lors.

MONBELLIARD. Toile qu'on nomme ordinairement toile à matelas, à cause de leur usage. *Voyez* TOILE D'ALLEMAGNE.

MONCHA, ou MONKA. Espece de boisseau, ou de mesure des grains dont se servent les habitans de Madagascar pour mesurer le ris mondé. *Voyez* TROUBOHOUACHE.

MONCAHIARD, ou MOCAYAR. Etoffe très-fine, ordinairement noire, composée d'une chaîne de soye & & d'une tréme de fil de laine de sayette: elle se fabrique en Flandre, particuliérement à Lille, à Roubais & à Turcoing. On l'appelle autrement Boura, Burat, Bura, ou Burail.

Il s'en fait de deux especes, de simples ou lisses, & de croisez. Aux croisez on donne aussi quelquefois le nom de serge de Rome, quoi que la longueur & la largeur des véritables serges de Rome soient différentes de celles des Moncahiards, comme il se voit par l'art. 19. du Reglement general des Manufactures du mois d'Août 1669. rapporté dans l'article des Serges, auquel on peut avoir recours.

Les Moncahiards ont pour l'ordinaire deux tiers de large, & la piece vingt-trois aunes de longueur mesure de Paris.

Il s'en manufacture aussi à Anvers, mais en petite quantité: les Marchands de cette Ville là les tirent presque tous de Flandres, & les envoyent dans les principales Villes du Royaume, & particuliérement à Paris. Il s'en fait aussi des envois considerables dans les païs étrangers, mais plus en Espagne qu'ailleurs.

L'usage ordinaire des Moncahiards est pour faire des habits aux gens d'Eglise & de Palais.

Les Moncahiards payent en France les droits d'entrée comme Burails de Flandre, c'est à dire, à raison de 4 liv. la piece d'onze à douze aunes, & les droits de sortie aussi comme Burails lisses & croisez, 7 liv du cent pesant, conformément au Tarif de 1664.

Les droits de la Doüane de Lyon, sont; sçavoir pour les Moncahiards d'Abbeville 15 s. de la piece, tant pour l'ancienne que pour la nouvelle taxation, & les Moncahiards d'Amiens pour tous droits 7 s. 6 d.

Les droits d'entrée des Burails étrangers ayant été augmentez en 1667, & 1687 & les Villes & Ports par où ils devoient entrer en France ayant été fixez en 1687, 1690, & 1692, les Moncahiards qui se fabriquent au dehors, dont les droits doivent être payez sur le pied de ces Burails, ont aussi été sujets à la même augmentation. Voyez BURAILS.

MONDE'. Ce qui est pur & net. On appelle caffe mondée la caffé dont la moëlle a été tirée du bâton & passée dans un tamis. *Voyez* CASSE.

De l'orge mondé, c'est de l'orge de dessus lequel on a levé cette peau dure & jaunâtre qui en fait le son. *V.* ORGE.

MONDER de la casse, monder de l'orge. C'est séparer la moelle de l'une de son bois & de ses noyaux, & purger l'autre de sa peau. *Voyez comme dessus.*

MONDILO. Mesure des grains dont on se sert à Palerme. Quatre mondili font le tomolo, & 16 tomoli le salme; 685 mondili 2 tiers font un last d'Amsterdam.

MONGOPOES. Toiles de coton qui se fabriquent aux Indes Orientales; elles sont peu différentes des cambayes pour la qualité & point du tout pour l'aunage; leur largeur & longueur sont de quinze cobres sur deux, le cobre de dix-sept pouces & demi de Roi. Elles sont bonnes pour les Manilles où les Anglois de Madras qui font le commerce d'Inde en Inde, en envoyent beaucoup.

MONNOYAGE. L'art de fabriquer la monnoye. Il signifie aussi le droit que le Souverain prend pour la monnoye qui se fabrique dans ses Etats; mais en ce sens on dit plus

plus ordinairement Seigneuriage, Rendage, ou Traitte. Tous ces termes sont expliquez à leurs articles.

On disoit aussi autrefois Monnetage.

On appelle Denier de monnoyage toute sorte d'especes de monnoyes qui a reçû l'empreinte qui lui donne cours dans le Public, de quelque métail qu'elles soient faites.

A chaque fonte de monnoyes on réserve un denier de monnoyage de toute espece & de tout métail, pour être emboîté, c'est à dire, pour être gardé dans une boîte jusqu'à ce que la Cour des Monnoyes s'en serve, pour juger si la fonte a été faite au titre & au remede reglez par les Ordonnances. Ces deniers se nomment Deniers de Boîte. *Voyez* Titre, Remede & Denier.

Le monnoyage se fait ou au marteau, ou au moulin. La premiere maniere n'est plus guére en usage en Europe, sur tout en France, en Angleterre & en plusieurs lieux d'Allemagne.

Avant le Regne de Henri II. on s'étoit toûjours servi du marteau dans les Monnoyes de France; & ce fut ce Prince qui le premier ordonna en 1553, qu'il seroit fabriqué des testons au moulin dans son Palais à Paris. Cette machine avoit été inventée par un Graveur nommé Antoine Brucher, & non par Aubry Olivier qui a été le gardien ou conducteur de cette machine.

Henri III. en 1585. rétablit les choses sur l'ancien pied; & la fabrication au moulin ne servit plus que pour les médailles, les jettons & les pieces de plaisir.

Louïs XIII. par son Edit du mois de Décembre 1639, confirmé par une Déclaration du mois de Mars 1640, ordonna qu'on ne se serviroit plus du marteau dans la fabrique des monnoyes, que lorsque les Ouvriers en pourroient battre de cette sorte dans la même perfection qu'avec les moulins.

Enfin, l'ancienne maniere de fabriquer au marteau fut entiérement abolie par Louïs XIV. qui par son Edit du mois de Mars 1645, défendit aux Ouvriers & autres Officiers des Monnoyes, de fabriquer aucune monnoye ailleurs ni autrement que par la voye du moulin, & ce pour rendre toutes les monnoyes uniformes, & éviter tous les abus qu'on pouvoit si facilement commettre, & qui s'étoient commis dans la fabrication au marteau.

On a continué depuis ce tems à se servir du moulin dans tous les Hôtels des Monnoyes de France, où il n'y a guére d'apparence qu'on en quitte l'usage pour reprendre le marteau; la commodité des Ouvriers & la beauté de l'ouvrage s'y trouvant également à un point de perfection où le marteau ne peut jamais arriver.

Quelque détail sur la maniere que se fait l'un & l'autre monnoyage ne sera pas, à ce qu'on croit, desagréable au Lecteur; du moins ne pourra-t-il pas passer pour une digression étrangere à la matiére de ce Dictionnaire; la plûpart du commerce consistant présentement dans l'échange de l'argent monnoyé, ou contre de l'argent même par les changes & rechanges, qui est le negoce des Banquiers; ou contre toutes sortes d'autres marchandises & de denrées, qui est celui de tous les autres Négocians.

Pour le monnoyage, soit au marteau, soit au moulin, il faut également des poinçons, des matrices, ou des quarrez, avec lesquels on puisse imprimer sur les flaons, ou flans; c'est à dire, sur les morceaux de métail disposez à être frappez, l'effigie du Prince ou les autres marques & Legendes qui donnent le cours aux especes, & qui reglent leur poids & leur prix: mais comme on a parlé amplement ailleurs de la maniere de les tailler & graver, on ne le repetera pas ici. *Voyez* Graveur, Medaille, Matrice & Poinçon.

L'alliage & la fonte des métaux sont les premieres façons de l'un & l'autre monnoyage. On a traité de l'alliage à son propre article, où l'on peut avoir recours.

A l'égard de la fonte, si c'est de la monnoye d'or, elle se fait dans des creusets de terre, de peur que l'or ne s'aigrisse; mais si c'est de l'argent, du billon ou de cuivre, on se sert de creusets de fer, fondus en maniere de petits seaux sans ances.

Deux sortes de fourneaux sont propres pour la fonte des monnoyes; ceux à vent, ou ceux à soufflets. Ils sont expliquez & décrits à l'article des Fourneaux.

Quand l'or, l'argent, ou les autres métaux sont en bain, c'est à dire, entierement fondus, on les brasse avec des cannes ou brassoirs, de terre cuite pour l'or, & de fer pour le reste: en cet état ils se coulent dans les moules ou chassis pour faire les lames; ce qui se fait entierement comme chez les Fondeurs en sable, tant pour les chassis que pour la maniere de corroyer la terre & d'y arranger les modèles. *Voyez* Fondeur & Chassis.

Les modèles des monnoyes sont des lames de cuivre plattes, longues d'environ quinze pouces, & à peu près de l'épaisseur des especes à fabrique. On en met dans chaque moule, huit pour faire des lames de louïs d'or, dix pour les demi-louis, cinq pour les louïs ou écus d'argent, six pour les demi écus & huit pour les quarts d'écus.

On en fait à proportion pour le cuivre: la seule différence qu'il y ait entre la maniere de jetter l'or en lames & celle dont on se sert pour les autres métaux, c'est que ces derniers se tirent des creusets avec de grandes cuillieres à long manche, pour les verser par le jet du moule; & que pour l'or on se sert de tenailles à croissant faites comme celle des Fondeurs, avec lesquelles on porte aussi comme eux le creuset tout plein de l'or en bain, pour en remplir les moules.

Jusques-là tout est semblable pour les deux monnoyages; & ce n'est que depuis la sortie des lames hors des moules qu'il y a de la diversité. On va donc d'abord continuer le monnoyage au moulin, & on parlera ensuite de ce qui reste à dire de celui au marteau.

Monnoyage au moulin.

Après que les lames sont retirées des moules, & qu'elles ont été ébarbées, boëssées & brossées, on les passe plusieurs fois au laminoir pour les applattir, & les réduire à la juste épaisseur qu'elles doivent avoir, pour en faire des flaons ou flans; avec cette différence néanmoins que les lames d'or se recuisent dans un fourneau, & s'éteignent dans l'eau avant que d'être mises au moulin ou au laminoir; ce qui les adoucit & les rend plus faciles à s'étendre; & que les lames d'argent se passent en blanc pour la premiere fois, c'est à dire, sans être recuites; & qu'ensuite lorsqu'on les a recuites, elles se refroidissent d'elles-mêmes & sans les mettre à l'eau, de crainte que la matiére ne s'aigrisse. *Voyez* Laminoir. Cette machine qu'on appelle aussi Moulin, & quelquefois Jument, & qui est d'usage pour plusieurs Artisans qui travaillent aux métaux, y est décrite aussi-bien que la maniere de s'en servir.

Les lames soit d'or, soit d'argent, soit de cuivre, ayant été

été réduites, autant qu'il est possible, à l'épaisseur des especes à fabriquer, on les coupe avec l'instrument qui s'appelle Coupoir, qui est fait d'acier bien aceré en forme d'emporte-piece, dont le diamétre est proportionné à la piece qu'on veut frapper. Le morceau de métail en cet état s'appelle un Flaon, ou Flan, & ne se nomme Monnoye que lorsque l'effigie du Roi y a été empreinte.

Les flaons coupez se livrent aux Ouvriers, Ajusteurs & Tailleresses; pour les ajuster, & les rendre, en les rapant avec des limes ou rapes qu'on nomme des Escoüennes, du poids des deneraux, qui sont proprement les poids matrices ou étalonnez sur quoi doivent être reglées les monnoyes, chacune selon leurs especes. *Voyez* DENERAUX & DENIERS.

Après que les flaons ont été ajustez, on les porte à l'attelier du blanchiment, c'est à dire, au lieu où l'on donne la couleur aux flaons d'or; & où l'on blanchit les flaons d'argent; ce qui se fait en les faisant recuire dans un fourneau, & lorsqu'ils en ont été tirez & refroidis, en leur donnant le boüillitoire.

Donner le boüillitoire aux flaons, c'est les faire boüillir successivement dans deux vaisseaux de cuivre appellez Boüilloirs, avec de l'eau, du sel commun & du tartre de Montpellier ou gravelle; & lorsqu'ils ont été bien écurez avec du sablon, & bien lavez avec de l'eau commune, les faire sécher sur un feu de braise qu'on met dessous un crible de cuivre où on les a mis au sortir des boüilloirs.

Le blanchiment des flaons se faisoit autrefois dans les monnoyes bien différemment de ce qui se pratique aujourd'hui; & parce que l'ancienne maniere s'est encore conservée parmi plusieurs Orfévres ou Ouvriers qui employent l'or & l'argent pour blanchir & donner couleur à ces métaux, on en a fait un article particulier. *V.* BLANCHIMENT.

Avant l'année 1685, les flaons à qui on avoit donné le boüillitoire, étoient immédiatement portez au balancier pour y être frappez, & y recevoir les deux empreintes de l'effigie & de l'écusson; mais depuis ce tems-là, & en consequence de l'Ordonnance de 1690, on les marque auparavant d'une legende ou d'un cordonnet sur la tranche, afin d'empêcher par cette nouvelle marque, la rogneure des especes qui est une des manieres dont les Faux-monnoyeurs alterent les monnoyes.

La machine pour marquer les flaons sur la tranche est simple, mais ingénieuse. Elle consiste en deux lames d'acier faites en forme de régles, épaisses environ d'une ligne, sur lesquelles sont gravées, ou les legendes, ou les cordonnets, moitié sur l'une & moitié sur l'autre. Une de ces lames est immobile, & fortement attachée avec des vis sur une plaque de cuivre, qui l'est elle-même à une table ou établi de bois fort épais; l'autre lame est mobile, & coule sur la plaque de cuivre par le moyen d'une manivelle & d'une rouë ou pignon de fer, dont les dents s'engrainent dans d'autres especes de dents qui sont sur la superficie de la lame coulante.

Le flaon placé horisontalement entre ces deux lames est entraîné par le mouvement de celle qui est mobile; en sorte que lorsqu'il a fait un demi tour, il se trouve entiérement marqué.

Cette machine est si facile, qu'un seul homme peut marquer vingt mille flaons en un jour. Elle fut inventée par le Sieur Castaing Ingenieur du Roi; & l'on commença à s'en servir dans l'Hôtel des Monnoyes de Paris au mois de Mai 1685.

Enfin, lorsque les flaons sont marquez sur tranche, on les acheve au balancier, dont la description & l'usage se trouvent ailleurs. *Voyez* GRAVEUR, MEDAILLE & BALANCIER.

Les flaons ainsi marquez des trois empreintes, de l'effigie, de l'écusson & de la tranche, deviennent monnoyes, ou, comme on parle en termes de Monnoyer, deniers de monnoyage, mais ils n'ont cours qu'après la delivrance, c'est à dire, qu'après que les Juges-Gardes, qui les ont pesez à la piece & au marc, & qui ont examiné s'ils sont bien frappez, ont donné permission aux Maîtres des Monnoyes de les exposer en public.

Monnoyage au marteau.

Pour cette sorte de fabrique de Monnoye, les lames d'or, d'argent ou de cuivre ayant été tirées des moules ou chassis, comme on l'a dit ci-dessus, on les étendoit sur l'enclume après les avoir fait recuire; ce qui s'appelloit Battre la chaude. Ayant été raisonnablement battuës, elles se coupoient en morceaux; ce qu'on nommoit Couper carreaux. Ces carreaux étoient ensuite recuits & flatis, c'est à dire, recuits & étendus avec le marteau appellé Flattoir, puis ajustez; ce qu'on faisoit en coupant les angles avec des cisailles, après quoi en les coupant & arrondissant, on les reduisoit au poids des deneraux suivant les especes; ce qu'on appelloit Approcher carreaux. Enfin, on les rechauffoit sur l'enclume, c'est à dire, qu'on achevoit de les arrondir avec un marteau nommé Rechauffoir, qui rabattoit les pointes qui restoient encore à la tranche; ensorte qu'on les reduisoit au volume des pieces qu'on vouloit fabriquer; ce qu'on appelloit adoucir & quelquefois flattir.

Les carreaux en cet état se nommoient Flaons, qui étoient ensuite portez au blanchiment, comme on l'a dit du monnoyage au moulin, & enfin donnez au Monnoyer pour les frapper au marteau.

Pour cette derniere operation qui achevoit la monnoye, on se servoit de deux poinçons ou coins; l'un nommé la Pile, & l'autre le Trousseau. Tous deux étoient gravez en creux; la pile portoit l'écusson, le trousseau l'effigie du Prince, ou la croix; & l'un & l'autre leur legende, le grenetis, le millesime, &c.

La pile qui avoit environ huit pouces de hauteur, avoit une espece de talon au milieu, & finissoit en pointe. Elle avoit cette figure pour être plus facilement enfoncée, & plus solidement attachée au billot nommé Ceppeau, sur lequel se battoit la monnoye.

Le Monnoyer ayant mis le flaon horisontalement sur la pile, & le couvrant ensuite du trousseau qu'il tenoit ferme de la main gauche, il donnoit dessus ce trousseau plusieurs coups d'un maillet de fer qu'il tenoit de la main droite, plus ou moins suivant que l'empreinte des coins étoit plus ou moins gravée profondement.

Si le flaon après ces premiers coups n'avoit pas été suffisamment frappé, on le rengrenoit, c'est à dire, qu'on le remettoit entre la pile & le trousseau, jusqu'à ce que les empreintes de l'un ou de l'autre fussent parfaitement marquées. Ainsi s'achevoient les diverses especes de monnoyes au marteau, qui non plus que celles que l'on fait aujourd'hui au moulin n'avoient cours qu'après que la délivrance en avoit été faite par les Juges-Gardes.

Comme les termes de Rengrener & de Rengrenement ont differentes significations qui ne regardent pas la monnoye,

noye, & qui meneroient trop loin, on en fera des articles exprès où l'on peut avoir recours.

Monnoyage. Depuis que le monnoyage au moulin inventé en France, a été imité dans quelques autres Etats de l'Europe, il faut avoüer que ce sont les Anglois qui l'ont poussé à sa plus grande perfection, non seulement, par la beauté de leur gravure, mais encore par l'invention des empreintes sur la tranche, si sûre pour empêcher l'alteration des especes, comme on l'a dit ci-dessus. Avant cela leur monnoye se fabriquoit au marteau comme ailleurs; & ce n'est même que bien tard que ces dernieres especes ont cessé d'avoir cours en Angleterre, à cause de la grande alteration que les étrangers, sur tout les Hollandois, à ce que prétend un Auteur moderne, y avoient faite depuis l'année 1689; de sorte qu'elles étoient diminuées par la rognure des Billonneurs de Hollande, de près de la moitié de leur véritable poids.

Le monnoyage d'Angleterre se fait à Londres, dans ce lieu si connu que l'on appelle la Tour, qui sert aussi de prison aux Criminels d'Etat Autrefois on retenoit, comme dans les autres Etats où il se fabrique des monnoyes, ce qu'on y nomme les Droits de Seigneuriage & de Brassage; mais depuis la dix-huitiéme année du Regne de Charles II. on ne prend plus rien ni pour le droit du Roi, ni pour les fraix de la fabrication des especes; le Parlement ayant reglé par un de ses Bils, confirmé par Sa Majesté Britannique, que toute la monnoye se frapperoit aux dépens de l'Etat; en sorte que l'on rend poids pour poids aux Particuliers qui vont porter leurs matiéres d'or & d'argent à la Tour.

Il n'y a que les especes au coin d'Angleterre qui soient de contrebande pour la sortie, & qu'il soit défendu d'envoyer hors de l'Isle; étant permis par un Acte du Parlement du 27 Juillet 1673, de faire sortir de la Grande Bretagne les especes étrangeres, aussi-bien que l'or & l'argent en vaisselle, en barres ou en lingots. Il est vrai que dans le dernier Parlement (1718) il y a eu de longues contestations pour apporter quelque remede à cette licence, qui épuise l'Angleterre de ces riches métaux; mais inutilement, le Parlement ayant été cassé avant d'avoir pris aucune résolution.

La premiere fabrication des louïs d'or sous Louïs XIII. fut faite aux dépens du Roi qui supporta toute la perte des especes rognées & les fraix du monnoyage, & cela a été pratiqué plusieurs fois en France.

Le monnoyage d'Espagne est un des moins parfaits qu'il y ait en Europe: il est établi à Sevilie & à Segovie, qui sont les seules Villes de ce Royaume où il se fabrique des especes d'or & d'argent. Il est vrai qu'il vient du Mexique, du Perou, du Chilly & des autres Provinces de l'Amerique Espagnole, une si grande quantité de piastres & d'autres espéces d'or & d'argent, qu'à cet égard il faut avoüer qu'il n'y a point d'Etat au monde où il se fabrique tant de monnoyes que dans ceux du Roi d'Espagne.

En Moscovie le Czar ne fait battre de la monnoye que d'argent, & seulement dans les Villes de Moscou, de Novogorod, de Twere & de Plescou. L'on peut presentement (1718) y ajoûter Petersbourg, cette Ville favorite du Czar Pierre Alexiowits. Le monnoyage de chacune de ces Villes est donné à ferme, & fait un des revenus des plus considerables du Grand Duc de Moscovie.

Le monnoyage de Perse se fait dans les Capitales de chacune des Provinces de ce Royaume. Toute la monnoye s'y frappe au marteau; ce qui doit s'entendre du reste de l'Asie, de l'Amerique, & des Côtes d'Afrique situées sur la Méditerranée, même de la Moscovie dont on vient de parler; l'invention du moulin n'étant point encore sortie de l'Europe, & n'y étant pas non plus établie par tout. Le droit Royal en Perse est de sept & demi pour cent de tout ce qui s'y fabrique d'especes; ce qui se réduit à l'argent & au cuivre; ne s'y fabriquant point de monnoye d'or, si ce n'est une espece de medailles à l'avenement des Rois à la Couronne.

A Erivan où il ne se fabrique que de la monnoye d'argent, les Monnoyeurs Persans mettent le métail dans une fosse avec le charbon; & lorsqu'il est fondu, ils le jettent en lingots qu'ils forgent ensuite, & qu'ils étendent en lames: après quoi les uns les coupent, les autres les ajustent en flaons, ceux-là les pesent, ceux-ci les applatissent à coups de marteau: enfin les derniers, qui sont les principaux Officiers des Monnoyes, y donnent l'empreinte; ce qui se pratique à peu près dans toutes les autres monnoyes de Perse.

A Fez & à Tunis il n'y a aucune discipline pour le monnoyage; chaque Orfévre, Juif ou Particulier s'en mêlant; ce qui rend les monnoyes fort mauvaises, & le commerce peu sûr.

MONNOYE, en géneral. C'est une portion, de quelque matiére que ce soit, à laquelle l'autorité publique, la coûtume ou l'usage ont donné un poids & une valeur certaine, pour servir dans le commerce.

Dans ce sens il y a eu & il y a encore des monnoyes d'or, d'argent, de billon, de cuivre, de fer, d'étain, de cuir & de carte; enfin de divers coquillages & de quelques fruits, amandes & grains.

Monnoye, dans une signification moins étenduë, ne se dit que des menuës & foibles especes de billon ou de cuivre, qui servent à changer celles qui sont d'une plus grande valeur. De cette sorte de monnoye sont les sous, les liards de France, les maravedis d'Espagne, les reis de Portugal, les patars de Hollande, les mangours de Turquie, & tant d'autres qui ont cours dans presque tous les Etats du monde, & qui sont d'une si grande commodité dans l'achat & la vente journaliere des denrées, & petits payemens qui se font dans le négoce.

L'on a déja remarqué dans l'article du Commerce, qu'on n'a point d'époque certaine de l'invention de la monnoye, & qu'il n'y a guére plus de certitude dans tout ce qu'on dit de ceux qui en ont été les premiers inventeurs. On ajoûtera seulement ici que la monnoye dans ses commencemens, de quelque métail ou matiére qu'elle ait été d'abord, a eu le sort de toutes les nouvelles inventions, & que ce n'est que successivement qu'elle est parvenuë à l'état où nous la voyons en Europe: car pour les trois autres parties du monde, elles retiennent encore presque toutes quelque chose de l'ancienne institution des monnoyes pour celles qui se fabriquent chez elles.

Il y a bien de l'apparence, quoi qu'on dise des monnoyes de carte ou de cuir, dont se servirent d'abord les hommes, que les premieres monnoyes furent de métail, moins pour leur prix qu'à cause de leur solidité qui les fait durer longtems, & de leur usage presque universel pour tous les instrumens, les outils & les ustenciles dont on ne peut se passer dans quelque art, métier ou profession que ce soit.

Après qu'on eût reconnu par une longue experience l'incommodité du commerce qui se faisoit par les échanges, &

& qu'on vit qu'il y avoit même plusieurs des marchandises qui ne pouvoient se partager & se couper sans perdre beaucoup de leur prix, & sans de grands déchets; on s'apperçut aussi d'un autre côté qu'il n'y avoit guére que les métaux qui ne diminuoient point de bonté, & si on peut le dire, d'integrité par le partage; puisqu'il étoit facile en les refondant de les remettre en masse, de quel poids & de quel volume on les vouloit.

Ce fut donc cette proprieté des métaux qui accoûtuma d'abord les peuples qui négocioient ensemble, à les faire tenir lieu d'une partie des autres marchandises dans leurs échanges, & ensuite à les y substituer entiérement; comme ce fut aussi une autre proprieté qu'ils ont de recevoir facilement & de conserver long-tems toutes sortes d'empreintes, qui, pour ainsi dire, les confirma dans le droit de servir dans le négoce, lorsque la police pour la sûteté du commerce prit part à la fabrique de la monnoye naissante.

Dans les premiers tems chacun coupoit son métail en morceaux de différentes grandeurs & de diverses formes, suivant ce qu'il en vouloit donner pour la marchandise qu'il desiroit acheter, ou que lui en demandoit le Marchand qui la vouloit vendre.

Il parut ensuite plus commode d'avoir des morceaux de métail tout pesez; & comme il en falloit de différens poids, suivant la valeur des différentes denrées, on marqua tous ceux d'une même pesanteur avec un semblable chiffre, ou du moins avec une marque pareille.

Enfin, la mauvaise foi troublant le commerce si utile de la monnoye naissante, par les fraudes qui se commettoient dans le poids ou dans la matiere, l'autorité publique intervint, & de-là sont venuës les premieres empreintes des monnoyes, ausquelles succederent le nom des Monnetaires, & depuis encore les effigies des Princes, les années des Consulats, les legendes, les millesimes, les grenetis & les autres marques & précautions qu'on a prises depuis contre l'altération des monnoyes, dont on dira quelque chose dans la suite.

Sur le pied qu'est présentement la monnoye, on la peut diviser en monnoye réelle & effective, & en monnoye imaginaire & de compte.

L'on nomme Monnoye réelle & effective, toutes les especes d'or, d'argent, de billon, de cuivre, ou d'autres matiéres qui ont cours dans le commerce, & qui éxistent réellement, telles que sont les louïs, les écus, les richedales, les piastres, les sequins, les ducats, les roupies, les abassis, les pagodes, les larins, & toutes celles dont on donnera la liste dans la suite de cet article, & qui sont expliquées avec leur réduction aux monnoyes de France dans divers articles de ce Dictionnaire.

La monnoye imaginaire ou de compte, est celle qui n'a jamais éxisté, ou du moins qui n'éxiste plus en especes réelles, mais qui a été inventée ou retenuë pour faciliter les comptes, en les dressant toûjours sur un pied fixe, & qui ne change pas comme les monnoyes qui ont cours, que l'autorité du Souverain peut augmenter ou diminuer à sa volonté, suivant les besoins de l'Etat.

Il y a cependant encore quelques endroits où des monnoyes courantes servent aussi de monnoyes de compte. On donnera plus bas un état de toutes les monnoyes de compte, tant de l'Europe, que des autres parties du monde où les Européens portent leur commerce.

On remarquera avec M. Boissart, de l'excellent Traité duquel on a emprunté plusieurs choses dans cet article des Monnoyes, que la monnoye de compte est composée de certain nombre d'especes qui peuvent changer dans leur substance, mais qui sont toûjours les mêmes dans leur qualité: Par éxemple, cinquante livres sont composées de cinquante pieces appellées Livres, qui ne sont pas réelles, mais qui peuvent être payées en diverses especes réelles qui peuvent changer, comme en louïs d'or ou d'argent, qui augmentent ou diminuënt souvent de prix.

L'on peut considerer plusieurs qualitez dans les monnoyes réelles; les unes qui sont comme essentielles & intrinséques aux especes; sçavoir, la matiére & la forme, & les autres seulement arbitraires, & en quelque sorte accidentelles, mais qui ne laissent pas d'en être inséparables, comme le volume, la figure, le nom, le grenetis; la legende, le millesime, le différent, le point secret & le lieu de fabrication. On va parler en peu de mots des unes & des autres.

La qualité la plus essentielle de la monnoye est la matiére. En Europe on n'y employe que l'or, l'argent & le cuivre. De ces trois métaux il n'y a plus que le cuivre qu'on y employe pur; les autres s'allient ensemble; l'or avec l'argent & le cuivre, & l'argent seulement avec le cuivre. C'est de l'alliage de ces deux derniers que se compose cette matiére ou métail qu'on appelle Billon.

Les degrez de bonté de l'or ou de l'argent monnoyez s'estiment & s'expriment differemment. Pour l'or on se sert du terme de Carats, & pour l'argent de celui de Deniers. *Voyez les articles de l'*Or *& de l'*Argent, *dans lesquels ces termes sont expliquez. Voyez aussi ceux de* Carat *& de* Denier.

Plusieurs raisons semblent avoir engagé à ne pas travailler les monnoyes sur le fin, & à se servir d'alliage; entr'autres le mélange naturel des métaux, la dépense qu'il faudroit faire pour les affiner, la nécessité de les rendre plus durs pour empêcher que le frai ne les diminuë, & la rareté de l'or & de l'argent dans de certains Païs.

L'autre chose essentielle à la monnoye après la matiére, est ce que les Monnoyers appellent la Forme, qui consiste au poids de l'espece, en la taille, au reméde de poids, en l'impression qu'elle porte, & en la valeur qu'on lui donne.

Par le poids on entend la pesanteur que le Souverain a fixée pour chaque espece; ce qui sert en les comparant, à reconnoître celles qui sont entiéres d'avec celles qui sont alterées; ou même les bonnes d'avec celles qui sont fausses ou fourrées.

La taille est la quantité des especes que le Prince ordonne qui soient faites d'un marc d'or, d'argent ou de cuivre.

Le reméde de poids est la permission qui est accordée aux Maîtres des Monnoyes, de pouvoir tenir le marc d'especes plus foible d'une certaine quantité de grains que le poids juste; ce qui s'appelle Foiblage.

L'impression, qu'on nomme aussi Image, est l'empreinte que reçoit chaque morceau de métail; la marque qui lui donne cours dans le public, qui le fait devenir denier de monnoyage, en un mot qui le fait piece de monnoye; marque sans laquelle il n'est qu'un simple morceau d'or, d'argent ou de cuivre, qui peut bien être employé à divers ouvrages, ou vendu comme une autre marchandise, mais non pas être reçû sur le pied de ceux qui portent cette impression ordonnée par le Souverain.

Enfin, la valeur de la monnoye, c'est le pied sur lequel les especes sont reçûës dans le commerce, pied bien différent de leur prix intrinseque; à cause qu'outre la valeur de la matiere, les droits du Prince qu'on appelle Seigneuriage, & les frais de la fabrication qu'on nomme Brassage, y doivent être ajoûtez.

A l'égard des qualitez moins essentielles, le volume de la monnoye n'est autre chose que la grandeur & l'épaisseur de chaque piece. La figure c'est cette forme exterieure qu'elle a à la vûë; ronde en France, irréguliére & à plusieurs angles en Espagne, quarrée en quelques lieux des Indes, presque spherique dans d'autres, ou de la forme d'une petite navette en plusieurs.

Le nom lui vient, tantôt de ce que représente l'empreinte, comme les Moutons & les Angelots; tantôt du nom du Prince, comme les Louïs, les Philippes, les Henris; quelquefois de leur valeur, comme les quarts d'écus & les pieces de quatre sous; & d'autres fois du lieu où les especes sont frappées, comme autrefois les Parisis & les Tournois.

Le grenetis est un petit cordon fait en forme de grain, qui regne tout autour de la piece, & qui enferme les legendes des deux côtez. Outre l'ornement que les pieces en reçoivent, il rend plus difficile l'alteration des monnoyes qui se fait par la rognure. On a depuis ajoûté les legendes ou les cordonnets sur la tranche, qui acheve de rendre cette sorte d'alteration impossible.

La legende est l'inscription qui est gravée d'un côté autour de l'effigie, & de l'autre autour de l'écusson, ou qui quelquefois remplit tout un des côtez d'une piéce de monnoye. On vient de dire qu'il y a une troisiéme legende qui se met sur la tranche. La legende de l'effigie contient le nom & les qualitez du Prince qui y est représenté; les autres sont ordinairement composées de quelque verset de l'Ecriture Sainte, ou de quelques mots, comme ceux des devises, ou même du prix de la piece. On ne parle que de ce qui se pratique présentement, & particuliérement en Europe.

Le millesime marque l'année que chaque piece a été frappée. Depuis l'Ordonnance de Henri II. de 1549, elle se met en chiffres Arabes du côté de l'écusson: auparavant on ne connoissoit guére le tems du monnoyage que par le nom du Prince ou celui des Monnoitaires.

Le different est une petite marque que les Tailleurs particuliers & les Maîtres des Monnoyes choisissent à leur fantaisie; comme un Soleil, une rose, une étoile, un croissant, &c. Elle ne se peut changer que par l'ordre de la Cour des Monnoyes ou des Juges-Gardes. Elle se change nécessairement à la mort des Tailleurs & des Maîtres, ou quand il y a de nouveaux Juges-Gardes ou Essayeurs.

Le point secret étoit autrefois un point qui n'étoit connu que des Officiers de chaque Monnoye. Il se mettoit sous quelque lettre des legendes, pour indiquer le lieu des fabriques. Le point secret de Paris, par éxemple, se plaçoit sur le dernier E de *Benedictus*, & celui de Roüen sous le B du même mot. Ce point n'est plus d'usage; on se contente présentement de la lettre de l'alphabet romain, que les Ordonnances des Rois ont attribuée à chaque Ville où il se fabrique des monnoyes.

Cette lettre, en termes de Monnoyes, s'appelle Lieu de fabrication, ou Différent de Ville. Elle fut reglée par l'Ordonnance du mois de Janvier 1549. Elle se place communément au dessous de l'écusson ou à la pointe du millesime.

Il ne se peut faire de changement dans ces lettres que par des Edits ou Declarations. C'est aussi par la même autorité que se donnent les differens ou lettres alphabetiques aux Villes où il se fait de nouveaux établissemens d'Hôtels des Monnoyes.

Lettres en usage dans les Monnoyes de France, pour marquer le lieu de fabrication, & servir de different de Ville.

Paris,	A	Perpignan,	Q
Roüen,	B	Orleans,	R
Caën,	C	Rheims,	S
Lyon,	D	Nantes,	T
Tours,	E	Troyes,	V
Angers,	F	Amiens,	X
Poitiers,	G	Bourges,	Y
La Rochelle,	H	Grenoble,	Z
Limoges,	I	Metz,	AA
Bordeaux,	K	Strasbourg,	BB
Bayonne,	L	Besançon,	CC
Toulouse,	M	Lille,	W
Montpellier,	N	Pau,	U
Riom,	O	Aix,	&
Dijon,	P	Rennes,	9

Toutes ces différentes marques & empreintes que l'on voit sur les monnoyes, ont été successivement imaginées; quelques-unes pour le simple ornement des especes; mais la plûpart pour en empêcher l'alteration, ou pour reconnoître si elles ont été alterées, & de quelle maniere elles l'ont été.

On appelle Fausse monnoye, celle qui n'est pas fabriquée avec les métaux ordonnez par l'Edit du Prince ou du Souverain Magistrat; comme des louïs d'or de France, qui ne seroient que de cuivre doré, ou des louïs d'argent faits d'étain, de plomb ou d'alchimie, couverts de quelques feüilles de fin.

La monnoye alterée est celle qui n'est pas faite au titre & du poids portez par les Ordonnances: ou qui ayant été fabriquée de bonne qualité, a été diminuée de son poids, en la rognant & la limant sur la tranche, ou en enlevant quelque partie de la superficie avec de l'eau régale, si c'est de l'or, ou avec de l'eau-forte, si c'est de l'argent.

Il y a une autre sorte de monnoye, qu'on nomme de la Monnoye fourrée, qui tient, pour ainsi dire, le milieu entre la fausse monnoye & la monnoye alterée. Elle est faite d'un morceau de fer, de cuivre, ou de quelqu'autre métail que le Faux monnoyeur couvre des deux côtez de lames d'or ou d'argent, suivant l'espece qu'il veut contrefaire, & qu'il soude proprement & avec justesse tout autour de la tranche. Ce faux flaon se frappe comme les véritables, & peut même recevoir la legende & le cordonnet de la tranche; ce qui rend ces sortes de pieces très-difficiles à reconnoître. On peut néanmoins les découvrir ou par le poids, ou par le volume, qui ne sont jamais bien semblables à ceux des bonnes especes, sur-tout le volume, qui est toûjours ou plus épais, ou plus étendu.

L'on peut commettre deux sortes de crimes capitaux sur le fait des monnoyes; l'un est le crime de fausse monnoye, & l'autre celui de billonnage.

Le crime de fausse monnoye est en France du nombre de ceux qui s'appellent crimes de Leze-Majesté au second chef, & qui s'y punissent de mort. Les Faux-Monnoyeurs y étoient autrefois condamnez à la peine du feu, ou comme disent les anciennes Ordonnances, à être boüillis & puis pendus. Quelquefois néanmoins on se contentoit de leur couper

couper le poing, comme on le voit dans les Capitulaires de Charles-le-Chauve: presentement on leur coupe la tête, ou on les pend, suivant qu'ils sont nobles ou roturiers.

Le crime de faux qui se commet en fait de monnoye, ne consiste pas seulement dans la fausseté de la matiere dont on fabrique les especes. L'on est aussi reputé Faux-Monnoyeur, quand on se charge sciemment de fausse monnoye pour l'exposer, quand on altere la bonne, soit en la rognant & la limant, soit en la lavant avec diverses eaux fortes. On devient pareillement coupable du crime de fausse monnoye, en achetant l'or & l'argent qu'on sçait qui provient des raclures, limailles & autres altérations des especes; on l'est aussi quand on la fabrique sans la permission du Souverain, ou en d'autres lieux que ceux destinez pour le monnoyage, quoi qu'elle soit du titre & du poids ordonné, ou quand on falsifie l'image du Prince ou l'inscription qui y doit être.

Enfin, les Monnoitaires & Monnoyers ne laissent pas d'être reputez Faux-Monnoyeurs & punis comme tels, quoi qu'ils travailleut avec l'autorité du Souverain & dans les Hôtels des monnoyes, s'ils font les especes plus foibles & de moindre titre que ne portent les Ordonnances.

A l'égard du billonnage qui est le second crime capital sur le fait des monnoyes, c'est un profit indû que l'on fait sur les especes au préjudice des Ordonnances; les Billonneurs de cette sorte sont sujets aux mêmes peines que les Faux-Monnoyeurs. Il y a neanmoins un billonnage qui n'est pas défendu, & il y avoit autrefois des Billonneurs en titre d'Office, qui avoient soin de ramasser le billon propre à être refondu & à être employé au monnoyage des especes; ce sont presentement les Changeurs qui en font une partie de leurs fonctions. On parle ailleurs de tout ce qui regarde cette matiere. *V.* Billon, Billonnage, Billonner, Billonneur. *Voyez aussi* Change *&* Changeur.

Monnoyes de compte de l'Europe & de l'Asie.

On ne parle ici que des monnoyes de compte de ces deux parties du monde, l'Amerique n'en ayant point de particuliéres, les Nations de l'Europe qui y ont des établissemens y ayant porté les leurs, & ne se servant que de la maniere de compter usitée dans les Etats des Princes d'où sont sorties leurs colonies.

A l'égard de l'Affrique, les Villes de Barbarie & celles de l'Egypte où les Européens font commerce, ne comptent guere autrement que dans le Levant & dans les Etats du Grand Seigneur; car pour le reste de cette grande étenduë de Côtes où se fait la traite des Negres & le negoce du morfil, de la poudre d'or, de la cire, des cuirs & de quelques autres marchandises; ou bien leurs miserables Habitans ne connoissent point ce que c'est que monnoye de compte, ou s'ils en ont presentement, ce sont celles que les Etrangers qui se sont établis parmi eux y ont portées. On parlera neanmoins de la Macoute & de la Piece, manieres de compter de quelques-uns de ces Barbares, qui peuvent en quelque sorte passer pour monnoye de compte.

En France l'ancienne monnoye de compte étoit le parisis, le tournois & l'écu d'or sol ou au Soleil; mais depuis l'Ordonnance de 1667 on n'y compte plus qu'en livres, sols & deniers tournois. La pite, maille ou obole, la demi-pite, le franc, le blanc & le carolus y sont encore des monnoyes de compte. On y compte aussi quelquefois par pistoles.

En Espagne, c'est le peso, les ducats d'argent & de vellon, la reale de vellon, le cornados & les maravedis d'argent & de vellon.

En Angleterre, la monnoye de compte est la livre, le sol & le denier sterling. On y compte aussi par pundt & par piece, ce qui revient au même; ces deux monnoyes n'étant autre chose que la livre sterling sous d'autres noms.

En Hollande, en Zeelande, dans le Brabant & à Cologne, on se sert de la livre, sols & deniers de gros. L'on y a pareillement les florins, les patards & les pennins, les Marchands & Banquiers se servant indifféremment de l'une & de l'autre maniere de compter & de tenir leurs livres.

En Suisse & dans plusieurs des principales Villes d'Allemagne, entr'autres à Francfort, on a les florins, mais sur un autre pied qu'en Hollande, les creuxs ou creutzers, & les pennins; dans d'autres comme à Nuremberg, les richedales, les florins & les creuxs; dans d'autres encore les richedales, les dalles, les marcs ou marques, les sols & deniers lubs. Ces trois deniers sont de même la monnoye de compte de Hambourg, où pourtant l'on se sert aussi de la livre, sols & deniers de gros.

Ausbourg & Bolzamont les talers & les creuxs; Naumbourg, les richedales, les gros & les fenins; Strasbourg, ses florins, ses creuxs & ses pennins; & Liege, ses livres, sols & deniers.

L'Italie a differentes monnoyes de compte, & il y en a presque autant que de Villes de commerce. A Rome ce sont les écus, livres, sols & deniers d'or d'estampe, ou, comme ils disent, di stampa, à Venise les ducats & gros de banque, les ducats courans & les sols, livres & deniers: on se sert de ces quatre derniers à Lucques & à Bergame, & seulement des trois derniers à Boulogne, à Milan, à Geneve & en Savoye; mais Geneve a encore ses florins, & Livourne & Genes leurs piastres, outre les livres, sols & deniers. A Nove les monnoyes de compte sont, les écus, sols & deniers d'or de marc: à Raconis les livres de compte, les florins & les gros; à Messine, à Palerme & dans toute la Sicile, les onces, les taris ou tarins, les grains & les picolis; à Ancone l'écu, le sol & le denier; à Naples, le ducat & le grain; enfin à Malte le tarin, le carlin & le grain.

A Dantzic & dans toute la Pologne, aussi-bien qu'à Berlin & dans presque tous les Etats du Roi de Prusse, les monnoyes de compte sont les richedales, les roups & les grochs, ou quelquefois le florin, le gros & le denier.

Les Hongrois ont leurs hongres & demi-hongres; les Suedois leurs dalles d'argent & de cuivre; les Danois leurs richedales, leurs hors & leurs schelings; & les Moscovites leurs rouples, leurs altins & leurs grifs ou grives.

L'Empire du Turc, soit en Europe, soit en Asie, soit en Affrique, a pour maniere de compter ce qu'on appelle des bourses; les unes d'argent qui sont les plus communes, les autres d'or dont on ne se sert que dans le serrail, & des demi-bourses d'or qu'on nomme Rizés. Les Marchands ont outre cela pour monnoyes de compte les piastres, ou abouquels, les meideins & les aspres.

En Perse c'est le toman, qu'on nomme aussi Man & Tumein, & le Dinar-bisti. On y compte encore en larins, particuliérement à Ormus & sur les Côtes du Golfe Persique. Les larins sont aussi en usage pour compter parmi les Arabes & plusieurs autres peuples d'Asie, & encore en beau-

beaucoup de lieux des Isles & du continent des Indes Orientales.

Dans la Chine, le pic, le picol & le tach qui sont des poids, y servent en même tems de monnoyes de compte, ce qui s'étend jusques dans le Tunquin.

Le Japon a ses schuites, ses cockiens, ses oëbans, ou oubans & ses telles. L'Isle de Java, ses santa, ses sapacou, ses fardos & ses catis. Cette derniere monnoye de compte, aussi-bien que le lecth, est d'un grand usage dans toutes les Indes Orientales; mais avec quelque changement de nom, ou peut-être seulement de prononciation, comme on l'explique aux articles du Catis & du Lecth.

Enfin, Surate, Agra & le reste des Etats du Grand Mogol, ont leurs lacres, ou acres; & Goa & tout le Malabar leurs tangas, leurs vintins & leurs pardaos xerafins.

Il y a plusieurs autres Isles, Villes & Etats des Indes Orientales dont on n'a point raporté ici les monnoyes de compte, tant parce qu'elles se reduisent toutes à quelqu'une de celles desquelles on vient de parler, que parce qu'en effet il n'en est fait aucune mention, soit dans la grande quantité d'Auteurs, ou de Relations qu'on a consultez, soit dans les Memoires qui ont été fournis à l'Auteur & au Continuateur de ce Dictionnaire.

L'on peut mettre encore au nombre des monnoyes de compte les millions simples & les millions d'or de France, les millions sterlings d'Angleterre, & les tonnes d'or de Hollande, de Flandre & de quelques Villes de la Basse-Allemagne.

La macoute & la piece sur lesquelles se font les évaluations des marchandises qui s'échangent sur quelques Côtes d'Affrique, depuis le Cap Verd jusques au Cap de bonne Esperance, ne sont pas à la verité des monnoyes de compte parmi des Barbares qui ne connoissant aucunes monnoyes réelles, ne peuvent avoir occasion de les évaluer sur des monnoyes imaginaires; mais on peut dire qu'elles leur en tiennent lieu, puisque c'est sur le pied de l'une ou de l'autre qu'ils estiment également & les marchandises du Païs, & celles qu'on leur apporte d'Europe.

A Loango de Boirie & quelques autres lieux de la Côte d'Angole, les estimations se font par macoute; & à Malimbo & Cabindo qui sont aussi sur la même Côte, les Negres comptent par pieces; chez les premiers la macoute vaut dix, & il faut dix macoutes pour cent qui est aussi une espece de monnoye de compte parmi eux; chez les autres la piece ne vaut qu'un, mais elle s'augmente par addition jusqu'à tel nombre qu'il convient pour la traite des marchandises d'Affrique, & leur échange contre celles d'Europe. On parle ailleurs de la maniere de faire ces évaluations. *Voyez* MACOUTE. *Voyez aussi* PIECE.

Toutes les différentes monnoyes de compte rapportées dans cette Liste, dont on s'est contenté de donner ici seulement les noms, sont amplement expliquées à leurs articles particuliers. On peut aussi lire l'article des Livres des Marchands, où il est parlé de la maniere de les tenir par toute l'Europe.

Monnoyes & especes courantes de l'Europe, de l'Asie, de l'Affrique & de l'Amerique.

Toutes les monnoyes qui ont cours dans ces quatre parties de la terre, sont faites de métaux, ou sont des coquillages & des fruits.

Les métaux sont l'or, l'argent, le cuivre, l'étain & le plomb; de l'argent & du cuivre alliez ensemble en certaine proportion, se fait comme un sixiéme métail qu'on appelle Billon.

En Europe il n'y a que l'or, l'argent, le billon & le cuivre qui servent à la fabrication des monnoyes. Dans quelques endroits des Indes Orientales, outre l'or, l'argent & le cuivre on y employe l'étain & le plomb; pour les coquillages & les fruits ce sont la menuë monnoye de bien des lieux de l'Asie, de l'Affrique & de l'Amerique.

Presentement (1718) il n'y a en France qu'une seule espece d'or qui est le louïs d'or avec ses diminutions qui sont le demi & le quart, & ses augmentations qui sont le double louïs & le quadruple. On y a vû bien avant dans le dixseptiéme Siecle des lys & des écus d'or; mais ils n'y ont plus cours. Les especes d'argent qui se fabriquent en France sont, les écus ou louïs blancs avec leurs diminutions; sçavoir, les demi, les quarts & les pieces de dix & de cinq sols. Le billon est de deux sortes, on les nomme Sols, les uns de quinze deniers, les autres de vingt-un. On peut y ajoûter les deniers qui ont cours dans le Lyonnois, en Provence & dans le Dauphiné. Enfin, la monnoye de cuivre de France est le liard qui vaut trois deniers, à qui on donne aussi assez communement le nom de double.

L'Espagne & les Etats qu'elle possede dans l'Amerique, ont pour monnoye d'or la pistole qui a au dessus d'elle la double pistole & la piece de quatre pistoles, & au dessous la demi-pistole; elle a aussi des castillans d'or. Ses monnoyes d'argent sont la piastre, ou piece de huit reales & ses diminutions; & la reale simple avec les siennes. Les ochavos, ou octavos, les quartas & les maravedis sont ses monnoyes de cuivre.

En Angleterre les monnoyes de cours sont pour l'or, la guinée, les Jacobus, les angelots, les nobles à la rose, les nobles Henri & les pieces à la croix. Ces cinq dernieres especes ne s'y trouvent pourtant presque plus, ayant été pour la plûpart converties en guinées. Pour especes d'argent elle a les couronnes, les demi-couronnes, les schelins & les pennis; & pour especes de cuivre le fardin, & le double fardin. La marque est encore une monnoye d'argent d'Ecosse.

Les saints-Etiennes, les ducats, les millerayes, les portugaloises, ou portugaises, & les mœda-douro sont les especes d'or de Portugal. La cruzada, la pataca ou piastre, & le vintain sont d'argent. Il y a aussi des vintains de billon.

Les dallers, ou écus, les ducatons, les florins & les eschalins qu'on frappe en Hollande, sont d'argent; ils ont les uns & les autres leurs diminutions. Le patard est de cuivre.

En Flandre il y a des imperiales, des rides, ou philippus, des albertus & des écus; toutes ces especes sont d'or; celles d'argent sont des philippus, des richedales, des patagons, des scalins, des guldens; & celles de cuivre des patards.

L'Allemagne a divers ducats d'or, des marionnettes, des oboles du Rhin & des florins aussi d'or. De ces derniers il s'en fabrique pareillement d'argent, & c'est encore de ce métail que sont les richedales, les ifelottes & les guedes. Les creux, ou creuxzers, & les fenins sont de cuivre.

La Hongrie a ses hongres & demi-hongres d'or.

La Lorraine des leopolds, les uns d'or, & les autres d'argent; des marionnettes seulement d'or, des tourcs d'argent, & des gros qui ne sont que de billon.

La Suisse a ses ratzes & ses blafes de billon.

En Pologne, outre les richedales qu'on y fabrique, & qui lui sont font communes avec tant d'autres Etats, on frappe des roups, des abras & des grochs d'argent. Les hors de Dannemarc, les marcs lubs & les scheldals font aussi d'argent: mais les marcs du Suede ne font que de cuivre, non plus que ce qu'on appelle simplement Monnoye de Suede. Il y a pourtant en Suede des christines, des carolines & des cavaliers d'argent. Les dallers, les roustiques & les alleveures font de cuivre.

Les divers Etats d'Italie ont diverses monnoyes courantes; il y en a cependant qui leur font comme communes, entr'autres la pistole d'or, le ducaton & le florin d'argent. Rome en particulier a ses jules d'argent, ses pignatelles de billon & ses bayoques, demi-bayoques & quadrins de cuivre. Venise ses sequins d'or, ses justines & ses derlingues d'argent; Naples ses carlins; Mourgues ses monacos, ou écus & ses louïs de cinq sols; Genes ses croisats, & la Savoye ses lys aussi tous d'argent. Ce dernier Etat a outre cela ses papiroles & ses cavales seulement de billon. A Avignon il se fait des patacs de cuivre.

Il y a deux sortes de copecs en Moscovie, les uns d'or & les autres d'argent; ces derniers s'appellent aussi Dénains, ou Deniers. Le poluské & le muskofske font aussi des especes d'argent qui ont cours dans les Etats du Czar.

Le Sultanin, le sequin & le scherif, qui ne font qu'une même monnoye sous trois noms différens, font d'or, & la seule espece qui se fabrique de ce métail dans tous les Etats du Grand Seigneur. Le para, parati, ou parate, qu'on nomme aussi Meidein, & l'aspre, font les menuës monnoyes qui ont cours dans ce vaste Empire; elles font d'argent.

Les monnoyes courantes qui se fabriquent sur les Côtes de Barbarie, font les rubies d'or, les medians, les ziams & les metecals aussi d'or; ces derniers se frappent à Maroc, les autres à Fez, à Alger & à Tunis: ces deux dernieres Villes ont des doublas d'argent & des burbas de cuivre. Les Nasaras d'argent se font seulement à Tunis; Maroc a des blanquilles d'argent & des felours de cuivre.

Le merigal est une monnoye d'or qui se fait de l'or des mines de Sofala, & qui a cours dans ce Royaume & dans celui de Monomotapa. Mosambique a ses pardos d'argent.

La Perse n'a de monnoye que d'argent & de cuivre; celles-là font l'abassi, le mamoudi, le chayé & le bisti; celles-ci le kabesqui & le demi-kabesqui. Le tela, ou cherrafis est d'or, mais c'est moins une monnoye qu'une médaille; il a pourtant quelque cours dans le commerce.

Le pagodes, les roupies, les fanos, ou fanons, & les coupans font les principales monnoyes des Indes & du Japon; il y en a des uns & des autres d'or & d'argent. Les goltschuts de la Chine, & les saint-Thomé de Goa ne font que d'or. Les larins qui ont cours en Perse, le long du Golfe Persique, à Mocha & dans le reste de l'Arabie; le pardao xerafin de Goa, les coupans de Patane, les fardos de Bantam & le tare de la Côte de Malabar, font d'argent.

Le fanon de Maduré, le pecha ou pessa de Surate, d'Agra & du reste de l'Indoustan; les caches de la Chine, les cassies, ou casies du Japon, font de cuivre aussi bien que les doudous de Surate & de Ponticheri. Les basarucos & les chedas font d'étain. Enfin, les caxa, qu'on nomme aussi Cas & Pitis, font de plomb mêlé d'une mauvaise écume de cuivre.

Le tical est une monnoye d'argent qui se frappe dans le Royaume de Siam. Ses diminutions qui font aussi d'argent, font le mayon, le foang, la sompaye & le demi-foang. On en parlera plus bas.

Les coquillages qui ont cours en Asie, & qui y servent en plusieurs endroits de menuë monnoye, viennent des Maldives, & se nomment Cauris aux Indes. Sur les Côtes d'Afrique elles changent de nom; on les y appelle des Bouges. Elles en prennent encore un nouveau dans l'Amerique; ce font des porcelaines. Il est vrai que ces dernieres ne viennent pas des Maldives. Il s'en trouve aux Indes Occidentales peu différentes de celles de l'Orient. Il y a aussi dans le Royaume de Congo des coquillages qu'on nomme Zimbi; si pourtant ce ne font pas les mêmes que les bouges, ou cauris.

Trois sortes de fruits servent aussi de menuës monnoyes: deux dans l'Amerique, & particuliérement parmi les Mexiquains: ce font le cacao & le mays qui y croissent en abondance: l'autre dans les Indes Orientales; ce font des amandes qui y font apportées de Lar, & qui croissent dans les déserts de l'Arabie.

Outre cette grande quantité de monnoyes courantes qui ont des noms qui les spécifient & qui les distinguent, il y en a beaucoup d'autres en Europe & en Asie, qu'on ne connoît que par leur valeur; comme font celles à qui on donne simplement le nom de Pieces, en y ajoûtant leur prix; telles que font en France & ailleurs les pieces de quatre francs, de cinquante, de quarante, de trente, de quinze, de dix, de huit, de quatre & de deux sous, soit qu'elles soient d'argent, soit qu'elles ne soient que de billon.

A l'égard de celles d'Asie, si on les ignore, peut-être est-ce par la faute des Voyageurs qui ont négligé d'en raporter le nom dans leurs Relations, quoi qu'ils n'ayent pas oublié d'en marquer la valeur. On peut voir pour ces sortes de monnoyes de l'Europe, ce qui en est dit à l'article qui leur est propre. *Voyez* PIECE.

Pour ce qui est des monnoyes d'Asie, le Lecteur sera peut-être bien aise de voir ici rassemblé ce qu'on en a recueilli de quelques Memoires fidèles & des Relations les plus éxactes.

Dans la Chine il ne se fabrique aucune monnoye d'or. Ce métail y est une marchandise dont on trafique comme des autres. Il s'y vend en masses, ou pains, que de leur figure on appelle Bateaux, en Hollandois Goltschut. Il y a de ces pains d'or qui valent jusqu'à treize, ou quatorze cens livres de France, d'autres seulement la moitié, & même beaucoup moins. *Voyez* GOLTSCHUT.

Il semble qu'on en peut presque autant dire de l'argent, qui se vend aussi en masses, ou morceaux de diverses figures & de différens poids: cependant il paroît qu'il y a une espece d'écu d'argent que les Chinois appellent Leam, & les Portugais Taël, qui revient environ à quatre livres deux sous. Cet écu n'est pas frappé au coin du Prince: c'est un petit lingot, ou piece d'argent de figure irréguliére, & telle qu'il plaît au Marchand de la couper, que l'on reçoit toûjours au poids, & dont le poids est toûjours égal. Si ce morceau d'argent est soupçonné, ou de faux, ou d'être fourré, celui qui l'achéte a la liberté de le couper.

La menuë monnoye de la Chine est de cuivre, un peu plus grande que les anciennes mailles de France. Il en faut dix pour un sou; & dix de ces sous font un peu moins que la dixiéme partie du leam, ou écu Chinois. Ces especes de deniers font marquez de différens caracteres, & ont un trou quarré au milieu pour les enfiler. Quand ils passent le nombre de douze, on en compose des cordons de douze, de vingt-

vingt-cinq, de cinquante & de cent, afin d'en faire plus facilement les payemens. Les caxas dont on parle ailleurs, & qui ne sont que de plomb & d'écume de cuivre, se fabriquent aussi dans les Provinces maritimes de la Chine; mais ils ont peu ou point de cours dans le reste de l'Empire, & s'envoyent presque tous dans l'Isle de Java. *Voyez* CAXA.

Le Tunquin n'a point de monnoyes d'or ni d'argent non plus que la Chine; il n'a pas même de mines de ces métaux. L'or qui s'y trouve vient de la Chine, & l'argent du Japon; les Tunquinois les recevant en échange de leurs soyes, qui se recueillent en abondance dans leur Païs. Dans les grands payemens les Marchands se servent d'or en pains, les uns de trois & les autres de six cens livres ou environ monnoye de France. Pour l'argent il se débite en morceaux suivant la somme qu'on a à payer; chaque Marchand ayant toûjours sa balance prête pour le peser. Cette balance est une espece de Romaine. La monnoye de cuivre de la Chine au aussi cours dans le Tunquin, ou du moins celle de ce dernier Royaume est tout à fait semblable à celle de l'autre.

Tout l'or qui sort du Japon est à un même titre un peu plus haut que celui des louïs d'or de France. Il en est de même de l'argent à l'égard du titre.

Les Japonnois fabriquent des coupans d'or & d'argent. *Voyez* COUPANT.

Les autres monnoyes d'or, ou quasi monnoyes du Japon, sont de trois sortes. La plus grosse est du poids de six reales, & pese quarante-huit taëls, le taël sur le pied de cinquante-sept sous monnoye de Hollande. Dix pieces de la seconde monnoye d'or valent six taëls & demi; & dix pieces de la troisiéme, qui est la plus petite, & qui pese cinq huitiémes d'une reale, valent un taël & un seiziéme de taël.

Outre les coupans d'argent, les Japonnois ont des lingots de ce métail, qui passent en quelque sorte pour monnoyes dans le commerce. Il y en a de sept onces, qui à trois livres dix sous l'once reviennent à vingt-quatre livres dix sous; d'autres de deux onces trois gros & demi, qui font huit livres dix sols sept deniers; d'autres encore d'une once demi-gros douze grains, de la valeur de quatre livres cinq sous sept deniers: quelques-uns d'une once huit grains, faisant trois livres huit sous huit deniers: de plus foibles de deux gros & demi vingt-quatre grains, revenant à une livre quinze sous un denier: de plus foibles encore seulement de deux gros quatre deniers, valant une livre neuf sous: & enfin, les plus legers d'un gros & demi vingt-quatre grains, qui ne valent que seize sous quatre deniers.

Les plus pesantes de ces sortes de monnoyes d'argent, à qui il ne manque que le coin du Prince pour en être de véritables, sont en bandes longues & larges, de la forme des bateaux ou goltschut de la Chine: les plus petites, qui en ont même encore au dessous d'elles dont l'on n'a pû exprimer la valeur, sont comme de petites féves rondes. Celles-ci à qui on ne donne aucun poids fixe en les coupant se pesent par mases, les payemens ordinaires se faisant à un poids de dix mases. *Voyez* MASE.

La monnoye de cuivre du Japon est ronde, & troüée au milieu comme celle de la Chine & du Tunquin. Il en faut six cens pour une telle, ou taël d'argent. On la nomme Cassie, Casie, ou Case; les Relations leur donnant ces trois noms. *Voyez* CACHE. *Voyez aussi* TAEL.

Outre les roupies, les mamoudis & les pechas, les premiers d'or ou d'argent, les seconds d'argent, & les troisiémes de cuivre, qui se fabriquent dans les Etats du Grand Mogol, il y a plusieurs Princes de ses voisins, ou même quelques petits Rois & Rajas ses Tributaires, qui font battre de la monnoye à leur coin; les unes d'argent, d'autres de cuivre, ou de quelque moindre métail.

Entr'eux le Roi Matoucha, dont les terres sont au de-là d'Agra, tirant vers le Nord, fait frapper une petite monnoye d'argent qui ne pese qu'un gros dix-neuf grains, & qui est au titre des roupies. Les pieces de cuivre que ce Roi fait faire ne sont que de la valeur des pechas du Mogol, mais de la moitié plus pesante.

Le Raja de Parta-Jajoumoula, dont le Païs est au Nord de Patna, bat pareillement quelques petites pieces d'argent ou de cuivre de peu de valeur: & le Raja d'Ogen qui commande entre Brampour, Seronge & Amadabath, fait frapper une petite monnoye d'argent de sept sols six deniers, qui est sur le pied de trois livres dix sous l'once, & une de cuivre de six deniers; mais l'une & l'autre n'ont cours que dans ses Etats.

Le Roi de Cheda, qui l'est aussi de Pera, & qui a dans son petit Royaume une grande quantité de mines d'étain, ne fait battre monnoye que de ce métail. *Voyez* CHEDA.

Le Roi d'Achem fait fabriquer de petites pieces d'or fort legeres, dont le titre est beaucoup meilleur que celui des louïs d'or de France: elles pesent dix grains, & valent seize sous huit deniers. Celles d'étain qu'il fait aussi fraper, pesent huit grains; de sorte qu'en mettant la livre d'étain à seize sols, il faut soixante-quinze de ces pieces pour un sou de France. Ces deux monnoyes n'ont guére cours que dans l'Isle de Sumatra.

La monnoye d'or du Roi de Macassar & de Celebes pese douze grains: l'or en est très fin. Les Hollandois la prennent pour un florin.

Le Roi de Camboya ne fait battre que des pieces d'argent; elles sont du poids de trente-deux grains. Ce Roi a quantité d'or dans ses Etats; mais il n'en fait point fabriquer de monnoye, ne le négociant qu'au poids, comme à la Chine. Il fait fraper aussi quelques pieces de cuivre de la grandeur des liards de France.

Les Rois de Java, de Bantam dans la même Isle, & ceux des Isles Moluques, n'ont que de cette monnoye de cuivre, mais marquée à leur coin; permettant que toutes les especes d'argent étrangeres ayent cours dans leurs Etats comme elles y viennent, mais n'en faisant battre aucune de ce métail.

L'on bat dans les Etats du Roi de Siam des pieces d'or qui pesent dix grains plus que la demi-pistole d'Espagne. Cette monnoye est plus de curiosité que d'usage dans le commerce.

Les pieces d'argent pesent trois gros & vingt-trois grains, ce qui revient à trente-deux sous quatre deniers de la même monnoye, à prendre l'once d'argent à trois livres dix sous. Cette monnoye s'appelle Tical, en Siamois Baat. Ses diminutions sont le mayon ou seling qui en vaut la quatriéme partie, le foang qui vaut la moitié du mayon, & la sompaye qui est le demi-foang. Il y a aussi la paye & le clam; mais celles-ci sont plûtôt des monnoyes de compte que des especes courantes. *Voyez ces quatre articles.*

On ne voit nulle part des especes d'argent si étrangement fabriquées. Ce ne sont que des morceaux d'argent en forme me de noisettes un peu applaties des quatre coins, dont il y en a trois de fendus comme un fer à cheval. Sur deux des côtez sont quelques lettres Siamoises. Les taëls de la Chine, que les Siamois nomment Tamling, ont pareillement cours dans ce Royaume.

La monnoye de cuivre de Siam est ronde & épaisse comme les liards de France: il en faut deux cens pour un tical. Au dessous sont les cauris: huit cens font le foang. On les nomme Bia à Siam.

A Asem les pieces d'argent qui s'y fabriquent, pesent trois gros trois grains. On y bat aussi des fanos d'or.

Dans les Terres du Roi de Tipoura-Chatermani la seule espece d'argent qui s'y frape est du poids de deux gros & demi vingt-deux grains; celle du Roi d'Arakan de deux gros & demi quinze grains; enfin celle du Roi de Pegu ne pese que deux gros & demi douze grains. Ce Prince fait aussi fraper des fanos d'or.

Monnoye de Suede. C'est une sorte de cuivre rouge très-doux & très-malleable qui vient de Suede, où il sert de monnoye. Il est en petites planches ou pieces quarrées, épaisses de trois écus blancs, du poids de cinq livres & demie, marqué aux quatre coins du poinçon de Suede. Il y a cours pour une rixdale. Le transport de ce cuivre est défendu sous de grosses peines, & le commerce en est de contrebande, à cause de la grande différence de sa valeur intrinseque & de celle pour laquelle il a cours. On l'appelle aussi Rixdale de cuivre & Toler. *Voyez* Cuivre, *où il en est parlé comme marchandise. Voyez aussi* Toler.

Monnoye blanche. Il se dit de la monnoye d'argent; & Monnoye noire, de la monnoye de billon & de cuivre. Ce terme n'est guére d'usage que parmi le petit peuple de Paris.

Petite Monnoye, c'est la Monnoye de billon & de cuivre qui sert à échanger les especes d'or & d'argent. On y comprend aussi les petites especes d'argent, comme les pieces de deux sous & de quatre sous, quand elles avoient cours.

On appelle Augmentation des Monnoyes, lorsque la valeur des monnoyes est augmentée par l'autorité du Prince; & Rabais des monnoyes, la diminution de cette même valeur.

Fonte générale des Monnoyes, c'est lorsqu'il est ordonné de porter à l'Hôtel des Monnoyes toutes les especes courantes pour y être fonduës, afin d'en fabriquer de nouvelles especes.

Reformation des Monnoyes, lorsqu'elles ne sont pas fonduës, mais qu'elles sont seulement frapées d'un nouveau coin, avec augmentation ou diminution de leur valeur.

Monnoye. S'entend aussi du lieu où se bat & se fabrique la monnoye.

La fabrique de la monnoye étoit regardée des Romains comme une chose en quelque sorte sacrée; & c'est pour cela qu'elle se frapoit dans les Temples des Dieux.

Les Rois de France n'en avoient pas une idée moins élevée; leur propre palais servant à cet usage, & leurs Monnoitaires les suivant même dans leurs voyages & dans leurs Expeditions militaires. Charles le Chauve fut le premier qui changea cet ordre, en établissant des Monnoyes & des Officiers résidens à Paris, à Roüen, à Reims, à Narbonne & en quelques autres Villes. Alors les lieux de fabrique se nommoient simplement Monnoyes; présentement ils s'appellent plus honorablement Hôtels des Monnoyes; & c'est le nom qui leur est donné dans les Edits & Déclarations des Rois depuis près de deux Siécles.

Il y a à Paris la ruë de la Monnoye & la ruë de la Vieille Monnoye; celle-ci où elle se tenoit anciennement, & celle-là où elle est encore présentement.

Dans les frequentes refontes & converſions générales des Monnoyes de France, qui furent faites pendant les vingt dernieres années du Regne de Louïs XIV. on fut obligé de bâtir des atteliers au vieux Louvre, pour y préparer, fondre & affiner les matiéres d'or & d'argent; mais ces bâtimens sont restez inutiles; & toute la fabrique des Monnoyes se fait comme auparavant dans l'ancien Hôtel des Monnoyes, au bout du Pont-neuf.

On avoit aussi commencé, dans les premieres années de la minorité de Louïs XV. au fauxbourg du Roule, un grand bâtiment dans le lieu où étoit autrefois la Pepiniere Royale, & l'on y vouloit fixer à l'avenir la fabrication des monnoyes; mais ce dessein a été abandonné.

Outre l'Hôtel des Monnoyes de Paris, dans lequel se frape la plus grande partie des especes au coin de France; il y a encore dans le Royaume vingt-neuf autres Villes qui ont le privilege de battre monnoye. *On peut voir ci-dessus leurs noms & les lettres qui leur servent de différent.*

Il y a dans chaque Monnoye une grande quantité de différens Officiers & de divers Ouvriers & Ouvrieres. Des Officiers, les principaux sont les Maîtres, ou en leur place les Directeurs généraux de la Monnoye, quand la ferme est en regie; les Juges & Gardes, qu'on nomme aussi Commissaires, les Contre-Gardes, les Essayeurs, les Fiertonneurs, les Affineurs & les Tailleurs: ceux-ci sont les Graveurs qui font les coins & les poinçons.

De ces Tailleurs il y en a un qu'on appelle Tailleur Général, à qui il appartient seul de faire les poinçons sur lesquels les Tailleurs particuliers de chaque monnoye doivent travailler.

A l'égard des Ouvriers on comprend sous ce nom les Taillereſſes, les Fondeurs, les Recuiteurs, les Ajusteurs, les Coupeurs, &c. Tous ces Ouvriers ont un Prevôt & son Lieutenant, qui reçoivent les lames & flaons des mains des Juges & Gardes pour les leur distribuer.

Enfin, il y a les Monnoyers; ce sont ceux qui frapent la monnoye, qui comme les autres Ouvriers ont un Prevôt & son Lieutenant, qui se chargent aussi en compte des flaons préparez, & qui les rendent de même en compte, quand ils ont été frapez. On parle de tous ces Officiers & de leurs fonctions dans les articles qui leur sont propres.

Monnoye des Medailles C'est à Paris le lieu où se fabriquent & se frapent les médailles & les jettons. On l'appelloit autrefois le Balancier. Cette Monnoye est établie dans les Galleries du Louvre.

Le célébre Varrin est celui qui a commencé à mettre cette fabrique sur le pied d'excellence & de perfection où elle est présentement; & c'est à ce Balancier qu'ont été frapées ces admirables médailles qu'il gravoit lui-même, & qui font encore l'ornement des plus beaux cabinets.

L'intendance ou garde de cette Monnoye a passé depuis en différentes mains; mais c'est au Sieur de Launay à qui cette Monnoye doit sa derniere perfection, non seulement par le goût exquis que cet habile homme a pour cet Art, & pour l'orfévrerie qu'il a poussée encore plus loin que le Sieur Balin son beau-pere qu'on croyoit inimitable, mais aussi par le bel ordre qu'il a donné au Cabinet des poinçons & carrez des Médailles du Roi, & par la beauté des balanciers de bronze qu'il a fait fondre, dont les bas-reliefs & les ornemens qui sont de son dessein surpassent tout ce qu'on a vû jusqu'ici en ce goût. *Voyez* Medaille, Balancier, Graveur, Laminoir, &c.

Cour des Monnoyes. C'est en France une Jurisdiction Souveraine qui connoît du fait des monnoyes, tant pour le civil que pour le criminel.

Cette Cour qui est établie à Paris, & qui a rang après la Cour des Aides, n'a pas encore deux Siécles d'antiquité; Henri II. l'ayant érigée en 1551; & l'ayant, pour ainsi dire, formée des débris de l'ancienne Chambre des Monnoyes, & des nouveaux Officiers créez en 1522. par François I. son pere. Elle a été long-tems unique dans le Royaume; les deux Cours des Monnoyes créées en 1645. pour Lyon & pour Libourne ayant été supprimées presque au moment de leur création: mais en 1704. on a trouvé à propos d'en créer une nouvelle qui partage la France avec celle de Paris. Pour cet effet on a uni la Senéchaussée & Siege Presidial de Lyon à une nouvelle Cour des Monnoyes qui a été creée en la même Ville de Lyon en ladite année 1704. Son ressort est dans l'étenduë des Provinces, Généralitez & Départemens de Lyon, Dauphiné, Provence, Auvergne, Haut & Bas-Languedoc, Montauban, Ville & Gouvernement de Bayonne, Monnoyes en dépendantes, & dans les Provinces & Païs de Bresse, Bugey, Valromey & Gex.

Dans le premier établissement de cette premiere Cour elle ne consistoit en tout qu'en treize Juges; présentement elle est composée d'un Premier Président, de huit autres Présidens, de deux Chevaliers d'honneur, de trente-cinq Conseillers, d'un Procureur Général, de deux Avocats Généraux, d'un Secretaire de la Cour, d'un Greffier en Chef, de deux Substituts, d'un premier Huissier & de seize autres Huissiers. Tous ces Officiers sont semestres, à la réserve du Premier Président & du Greffier en Chef.

Deux Conseillers de cette Cour sont Contrôleurs Généraux de la Monnoye de Paris.

Il y a aussi des Commissaires en titre pour faire les visites ordinaires dans les Monnoyes des Provinces; mais ces Commissions ne peuvent être remplies que par des Présidens ou Conseillers de la même Cour.

Outre la Cour Souveraine des Monnoyes, il y a une autre Jurisdiction subalterne, qu'on appelle Prevôté Générale de la Monnoye. Le premier Officier de cette Prevôté se qualifie Prevôt Général. Il a séance en la Cour des Monnoyes après le dernier Conseiller, mais sans voix déliberative; n'y ayant entrée que lorsqu'il s'agit du jugement des procès dont il a fait l'instruction, pour en rendre compte.

Les autres Officiers de la Prevôté sont, un Lieutenant Général, quatre autres Lieutenans commandans sous lui sa Compagnie d'Archers, un Assesseur, un Procureur du Roi, un Greffier en Chef, un Greffier Commis, un Huissier Audiencier, huit Exempts, & quantité d'Archers.

Cette Jurisdiction avec son Prevôt a été créée en 1635, sous le Regne de Louïs XIII. mais de beaucoup augmentée sous Louïs XIV. son successeur & son fils.

La Cour des Monnoyes connoît privativement à toute autre, des abus & malversations qui peuvent être commises par les Maîtres & autres Officiers des Monnoyes; comme aussi de toutes celles que commettent les Changeurs, Affineurs, Départeurs, Batteurs & Tireurs d'or & d'argent, les Gens employez aux mines & minieres, les Orfévres, Joüailliers, Lapidaires, Graveurs sur acier, Fondeurs & Mouleurs en sable, les Balanciers, les Distillateurs d'eau-de-vie & d'eau-forte, les Chimistes, les Horlogers, les Marchands vendant or & argent: jugeant pareillement de toutes les contestations nées au sujet des Privileges & Statuts de tous les divers Arts & Métiers dont se mêlent ces Ouvriers & Artisans, pour lesquels on peut avoir recours aux divers articles de ce Dictionnaire, où il est traité des Corps & Communautez des Arts & Métiers.

MONNOYER. Fabriquer de la monnoye. *Voyez ci-dessus* Monnoyage.

Monnoyer. Ouvrier qui fabrique la monnoye. Il ne se dit que de celui qui donne la derniere façon aux flaons ou flans, en les marquant de l'empreinte prescrite par les Ordonnances du Prince. Les autres Officiers qui travaillent dans les Monnoyes s'appellent Ouvriers, qui sont pourtant subdivisez en plusieurs sortes.

Les Monnoyers ne font qu'un seul Corps avec les Ouvriers; mais ils sont divisez en deux Compagnies qui ont chacune leur Prevôt & leur Lieutenant, avec un Greffier commun. Le Prevôt des Monnoyers, ou son Lieutenant, doit recevoir du Maître au poids & au compte les flaons préparez à être frapez, pour les distribuer aux Monnoyers des Balanciers, restant chargé des pertes & dechets tant que l'ouvrage est en ses mains. Les Monnoyers aussi-bien que les Ouvriers doivent être d'estoc & de ligne, & joüissent des mêmes privileges, comme on en parlera amplement à l'article des Ouvriers. On peut y avoir recours. *V.* Ouvrier. *Voyez aussi* Monnoyage *&* Monnoye.

MONNOYERIE. C'est le lieu ou attelier dans lequel sont placez les balanciers qui servent à fraper & marquer la monnoye. Dans chaque Hôtel des Monnoyes il y a fonderie, essayerie, affinerie & monnoyerie; c'est à dire, des lieux destinez à fondre, à essayer, à affiner & à fraper les métaux dont on fabrique la monnoye.

MONNOYEUR. C'est la même chose que Monnoyer. Ce terme à la vérité est plus d'usage dans le public; mais l'on ne connoît guére que celui de Monnoyer dans les Hôtels des Monnoyes, & presque tous les Edits & Déclarations des Rois semblent l'avoir consacré à y signifier cet Ouvrier qui donne la derniere façon aux especes.

On appelle Faux-Monnoyeur, celui qui fait de la fausse monnoye, ou qui altere la bonne. *Voyez ci-dessus l'endroit de l'article de la Monnoye, où il est parlé du crime de faux en fait de monnoye.*

MONOIOS. On appelle en Espagne du Tabac en Monoios, ce qu'on nomme ailleurs Tabac en corde. *Voyez* Tabac.

MONOPOLE. Trafic illicite & odieux que l'on fait de quelque marchandise que ce soit, dont on s'est rendu tout seul le maître, afin de l'encherir à sa volonté; tout le monde, par la rareté dont elle devient, étant obligé de passer par les mains de l'Usurier qui l'a achetée.

Il y a un nombre infini d'Ordonnances, d'Edits, de Déclarations & d'Arrêts tant du Conseil que du Parlement, qui défendent en France ces monopoles, non seulement capables de ruiner le commerce, mais encore de causer la ruine totale d'un Etat.

Les

Les monopoles des bleds sont sur tout le plus sévérement défendus, & l'on ne peut se souvenir qu'avec une espece d'horreur de l'extrémité où ils reduisirent le Royaume en 1693 & 1709.

L'on peut voir à l'article des bleds, les sages précautions qui furent prises alors contre ces monopoles, & les anciennes & nouvelles Ordonnances qui les ont de tems en tems défendus.

MONOPOLE. On peut aussi appeller de la sorte un commerce qui n'en est pas moins dangereux pour ne se faire que sous une autorité respectable. C'est lorsque des Particuliers surprenant la religion du Souverain, & abusant du credit qu'ils ont, obtiennent des privileges exclusifs de vendre seuls d'une certaine sorte de marchandise; monopole d'autant plus funeste pour le commerce, que celui qui le fait échape à la sévérité de la Loi, sous la protection surprise de celui qui est l'auteur de la Loi.

MONOPOLE. Est encore une intelligence frauduleuse & criminelle qui est quelquefois entre les Marchands ou Artisans d'un même Corps & Communauté, pour alterer leur marchandise, ou les encherir & ne la donner qu'à un certain prix.

MONOPOLER, faire des monopoles.

MONOPOLEUR, celui qui fait des monopoles. *Voyez les articles précedens.*

MONT. Signifie en terme de Commerce une Compagnie autorisée par des Lettres Patentes du Souverain pour prêter de l'argent sur des gages & des nantissemens que ceux qui empruntent sont obligez de donner pour sûreté du prêt qu'on leur fait. On les appelle en Italie Mont de Pieté, nom honorable, mais qui ne convient pas à cet établissement puisque le prêt n'y est pas gratuit.

On a eu autrefois dessein d'établir en France de ces monts de pieté, & il en fut en effet établi un sous le regne de Louïs XIII. par un Edit du mois de Fevrier 1626. mais qui fut revoqué par une Déclaration du 28. Juin de l'année suivante.

L'Edit de création portoit permission de prêter de l'argent au denier seize sur des nantissemens, & par le même Edit la direction en étoit donnée aux Commissaires des Saisies Réelles.

Il y a encore dans quelques Villes d'Italie des monts de pieté d'une autre espece, où l'on ne reçoit que de l'argent comptant & des especes courantes, dont on retire l'interêt à tant pour cent par an. Boulogne a plusieurs de ces monts qu'on distingue en monts perpetuels & monts francs. L'interêt des monts francs n'est que de quatre pour cent par an, & celui des monts perpetuels de sept ou huit pour cent.

A Rome la Chambre Apostolique a établi de tems en tems des monts lorsqu'elle a eu besoin d'argent. C'est une création de rentes dont les contracts sont fort recherchez, parce que ces rentes se payent très-regulierement au porteur de quartier en quartier.

MONT DE PLASTRE. Terme qui se trouve dans le Tarif des entrées & des sorties de 1664. & dans quelques anciennes Ordonnances concernant la marchandise de Plâtre. Il signifie la même chose que muid. *Voyez* MUID. *Voyez aussi* PLASTRE.

MONTANT. Bâtteau montant. C'est celui qui monte contre le cours d'une riviere.

Par le Reglement de la Ville de Paris de 1672. pour les voituriers par eaux, il est ordonné qu'aux passages des ponts & des pertuis les batteaux avalans, c'est à dire qui descendent, se garent pour laisser passer les montans. *Voyez* VOITURIER.

MONTANT. Ce à quoi monte plusieurs sommes particuliéres calculées ou aditionnées ensemble. Le montant d'un compte, le montant d'un inventaire.

C'est du montant de la recette & de la dépense en les comparant ensemble par la soustraction, que se fait la balance ou l'arreté d'un compte, ou d'un inventaire. *Voyez* COMPTE. *Voyez aussi* BALANCE & INVENTAIRE.

On appelle encore ainsi en terme de compte le total ou l'adition de chaque page que celui qui dresse le compte porte & inscrit au haut de chaque nouvelle page, afin de pouvoir plus aisément former le total general de la recette ou de la dépense à la fin du compte; ce qui se fait en mettant pour premier article de chacune desdites pages, cette espece de note. *Pour le montant de l'autre part, ou pour le montant de la page ci-contre*, selon qu'on commence un folio recto ou verso.

MONTANT. Terme de Charpentier. Piece de bois dressée debout.

Les montans des sonnettes, machine à fraper des pilotis, sont deux pieces de bois paralleles & dressées sur ce qu'on nomme la sole, qui ont des raisnures ou coulisses, dans lesquelles coulent les tenons du mouton lorsqu'on le hausse ou qu'on le baisse. *Voyez* SONNETTES.

Les montans d'une porte, d'une croisée, d'une armoire, sont les pieces de bois qui s'élevent à plomb, dans lesquelles sont emboitées les traverses, & sur lesquelles on attache les fiches, couplets ou pentures.

On dit aussi les montans d'un métier, pour dire les quatre ou six pieces de bois en forme de pilliers qui en soutiennent l'assemblage. *Voyez* METIER.

MONTASSINS, MONTASINS, & quelquefois PAYAS DE MONTASIN. Sorte de coton filé qui se tire du Levant par la voye de Marseille. Ce sont les plus fins de ceux qui viennent de Josefassar. Ces cotons se vendent depuis 23 jusqu'à 26 piastres le quintal de quarante-cinq ocos, tandis que les simples Josefassars ne se payent que depuis dix-huit jusqu'à vingt.

Les fraix d'une balle de coton montassin pesant net 700 rottous à 23 piastres le quintal, montent environ à dix piastres. *Voyez* COTON.

MONTER, terme de Teinturier. C'est donner à une étoffe une couleur plus vive qu'elle ne doit avoir, pour ensuite la rabattre & la réduire à sa véritable teinte avec d'autres ingrediens. Ainsi l'instruction pour les teintures, porte que les verds, roux & couleurs d'olive doivent être alunez, puis montez de gaude & de fustel; & rabattus avec le bois d'Inde & la couperose.

MONTER UN ME'TIER. C'est le mettre en état d'y travailler l'ouvrage auquel il est propre. Il n'y a guere de sortes de métiers dont on ne puisse trouver dans ce Dictionnaire la maniere de les monter, & les différentes pieces dont ils sont composez, particuliérement de ceux qui servent aux diverses étoffes d'or, d'argent, de soye, de laine, de poil & de fil, que se fabriquent dans les Manufactures de France. On peut avoir recours aux differens articles où il est traité de toutes ces Manufactures, étoffes ou fabriques.

MONTER. Se dit aussi chez plusieurs Artisans, de l'assemblage qui se fait de diverses pieces qui doivent compofer un tout. Monter une futaille, monter une charpente, monter un lambris, &c.

Monter. Veut dire encore dans le commerce, augmenter de prix, devenir plus cher. En ce sens on dit, le bled monte beaucoup, on n'a jamais vû le vin monter si haut en si peu de tems.

On se sert aussi de ce terme pour exprimer les encheres considerables qui se mettent sur une chose qui se vend au plus offrant. Cette tapisserie a beaucoup monté : il faut monter plus haut si vous voulez qu'on vous ajuge ce tableau.

Monter, en terme d'Arithmetique. Signifie ce à quoi peut aller le produit de plusieurs sommes particulieres réünies ensemble pour n'en faire qu'un total. Ces quatre articles montent à vingt livres. Je ne croyois pas que les quitances que vous avez de moi montassent si haut.

MONTE', MONTE'E. Se dit à peu près dans tous les sens & des mêmes choses où l'on se sert du verbe Monter. Ainsi on dit, un métier monté, une futaille montée, &c. A l'égard de la futaille on le dit quelquefois par opposition aux futailles en botte ou en paquet, qui sont des futailles dont les douves sont toutes préparées & que l'on embarque sur des vaisseaux sans les relier, pour les monter lorsque l'on en a besoin.

MONTEROS. C'est un des noms que les Espagnols donnent aux Boucanniers de l'Isle de saint Domingue; l'autre nom est Matadores. *Voyez* Boucanier.

MONTICHICOURS. Etoffes soye & coton qui se fabriquent aux Indes Orientales. Leur longueur est de cinq aunes sur deux tiers, & de huit aunes sur deux tiers, trois quarts, ou cinq sixiémes de largeur.

MONTRE. Se dit de l'exposition que les Marchands font de leur marchandise l'une après l'autre, à ceux qui se présentent pour en acheter. Les Marchands ne sont pas chiches de faire des montres : ils disent qu'il n'en coutera rien pour la montre. Les acheteurs les prient de ne leur point faire de montres, qu'ils leur fassent voir d'abord du meilleur & du plus à la mode. On dit qu'on a acheté du bled, de l'avoine, de l'orge, &c. sur la montre; pour faire entendre, qu'on l'a acheté sur un échantillon ou une poignée qui a été apportée au marché.

Montre. Se dit encore des étoffes ou des marques que les Marchands mettent au devant de leurs boutiques ou aux portes de leurs magazins, pour faire connoître à ceux qui passent les choses dont ils font le plus de négoce. Ces étoffes, ces dentelles, ces rubans ne sont plus de mode, ils ne peuvent servir qu'à mettre sur la boutique ou à la porte du magazin pour servir de montre.

Les Marchands Merciers & Epiciers ont des montres de leurs merceries & drogueries penduës à leurs auvents. Les Orfévres & Joüailliers ont de certaines boites sur leurs boutiques qu'ils nomment leur montre, dans lesquelles il y a des bijoux & des ouvrages de leur profession.

La Montre des Couteliers & des Eperonniers qui travaillent aux petits ouvrages, comme aux boucles d'acier pour manchons, ceintures, jarretieres, souliers, &c. ne sont guere différentes de celles des Orfévres, & Joüailliers, à la reserve qu'ils n'y exposent que des ouvrages de leur profession, & que celles des Couteliers ont ordinairement de plus leur marque ou poinçon gravez en relief au dessus de leurs boites de montre.

La Montre des Boulangers est une grille composée partie de gros fer, & partie de treillis de fil d'archal, autrement fil de fer, qui occupe toute l'ouverture de leur boutique sur la ruë. Au dedans de cette grille sont divers étages de planches sur lesquelles se mettent les différentes sortes de pains qui se débitent dans cette boutique.

Montre. Se dit aussi d'une petite Horloge portative. L'on dit montre simple, montre à réveil, montre sonnante, montre sonnante & à réveil, montre à répetition.

L'usage universel des montres dispense de faire la description de ce que c'est qu'une montre, & des différences considerables entr'elles. Le tems où leur usage a commencé n'est pas parfaitement connu, l'on sait seulement que sous Charle-quint il fut fait présent d'une montre qui mérita dans ce tems-là d'être citée dans son histoire; mais selon toute vrai-semblance, c'étoit de ces horloges que l'on mettoit sur une table, & dont il nous reste encore des vestiges antiques tels qu'elles se faisoient avant que le celebre Monsieur Hughens nous eût donné l'invention du Pendule dans le siécle dernier. Cet illustre Mathematicien perfectionna aussi considérablement les montres par l'invention du ressort spiral, & qui que ce soit n'a trouvé rien de mieux depuis lui pour la justesse des pendules & des montres, quoi qu'il y reste encore beaucoup à souhaiter : il est vrai que la théorie l'emportant très-loin, il inventa les montres sans corde ni chaîne, que l'on appelloit montres à pendules, mais l'experience les fit abandonner peu de tems après. Il avoit eu principalement pour objet d'éviter les inégalitez où la corde à boyau exposoit les montres; c'est à quoi l'on a substitué la chaîne. Et comme ce fut à Paris que Monsieur Hughens communiqua ses importantes idées, qu'il fit executer par les sieurs Thuret & Gaudron, dont la capacité a mérité la grande réputation qu'ils ont aquise, il n'est pas étonnant que l'horlogerie de France en ait eu autant que de perfection, soit en faisant les plus petites montres qui aient jamais été faites, jusques-là qu'un nommé Malo en fit une sonnante dans une bague que la Reine Marie-Therese portoit à son doigt, soit par la justesse qu'ils ont donnée aux montres, & les diverses utilitez qu'on en tire. Si les Anglois font état aujourd'hui de nous le disputer, ils le doivent particuliérement à la quantité d'Horlogers François que la révocation de l'Edit de Nantes a obligez de se refugier à Londres; il seroit aisé de justifier que plus des trois quarts des montres qui viennent de ce païs-là, sont faites par des François. Il suffiroit d'en rapporter leurs noms, aussi-bien que des fameux ouvriers en bijoux, qui sortis de France par les mêmes raisons, ont porté la perfection de l'exterieur des montres au point où elle n'auroit pas monté. L'on sait que les ouvriers François sont les plus laborieux de tout l'Univers; ceux-ci se réfugioient presque tous sans emporter avec eux que leur industrie & leur aptitude au travail. Ils sont tombez dans un païs où les premieres attentions du Gouvernement roulent sur le commerce. Il leur étoit aussi necessaire de travailler qu'il est naturel à notre Nation; ils ont même profité considérablement de la prévention ridicule & presque generale où sont les François sur ce qui leur vient de loin; prévention que l'on pourroit prouver, tant parce qu'ils payent volontiers le double de ce qui leur vient des Etrangers, quoi qu'il vaille souvent moins que ce qu'ils ont chez eux, que par ce qui s'est passé à cet égard depuis deux ans.

L'on commença en 1719. une fabrique de Montres Angloises

gloises à Versailles. L'on avoit fait venir pour cet effet les meilleurs ouvriers ; tout étoit Anglois jusqu'au Directeur. Cette fabrique fit d'abord grand bruit, tout sembloit favoriser sa réüssite, proximité utile à tout égard, soit pour faire faire les ouvrages tels que l'on les souhaitoit, soit pour faire racommoder ce qui pourroit y manquer ; soin que l'on prenoit de publier que cette fabrique étoit composée des plus experts ouvriers; en effet l'on ne peut contester qu'ils ne fussent habiles. D'ailleurs l'on n'avoit rien épargné pour faire réüssir cette fabrique, jusques à employer ce qu'il y avoit de plus habile à Paris pour graver & pour cizeler leurs boites de montres. Le commerce de l'Horlogerie de Paris sembloit devoir être anéanti par cette double facilité d'avoir des montres Angloises : cependant cette fabrique tomba d'elle-même avant l'année revoluë de son établissement, par la seule prévention françoise que ces montres ne venoient point d'Angleterre. L'Horlogerie de Paris s'est toûjours soûtenuë & se soûtiendra sans doute par l'exactitude avec laquelle les habiles Horlogers travaillent sans cesse à en augmenter la réputation & à la perfectionner, soit en cherchant tous les moyens d'approcher de la parfaite justesse, soit en faisant faire à leurs ouvrages toutes les operations que l'on peut souhaiter pour l'utilité. En effet, nos pendules ont toutes les perfections souhaitables; celles d'Angleterre n'ont pû balancer leur réputation; au contraire, les nôtres sont portées au plus haut degré, sur tout par celles que l'on a faites à Paris *novissimè* suivant les équations, &c. Et à l'égard de la justesse des montres, il faut convenir que les Anglois eux-mêmes ne l'ont point encore trouvée, puisqu'on promet chez eux une recompense considérable à celui qui la trouvera, pour parvenir à la connoissance des longitudes qui leur est si necessaire pour la navigation. *Voyez* Horloger.

Les Montres d'Horloges comme les appelle le Tarif de la Doüane de Lion, payent les droits sur le pied de la piece d'Horloge, c'est à dire dix sols

MONTURE. Ce terme qui n'est guere en usage que dans les Provinces qui avoisinent l'Espagne, particuliérement du côté de la Gascogne, signifie la charge d'un mulet, composée de deux balles de marchandises, de cent cinquante livres chacune. Ainsi lorsqu'un Marchand mande à son Correspondant, ou un Commissionaire à son Commettant, qu'il lui envoye six montures de laine, cela doit s'entendre qu'il lui envoye dix-huit cens livres de cette espece de marchandise en douze balles sur six mulets.

Monture. Se dit aussi chez plusieurs Ouvriers de ce qui sert à monter quelqu'ouvrage.

La bordure, & ce qui en dépend, est la monture d'un miroir; le fût, est la monture d'un fusil, d'un pistolet, d'une carabine, & de semblables autres armes que font & montent les Arquebusiers. *Voyez* Arquebusier. *Voyez* Miroitier, *&c*

Monture. On appelle Monture en terme d'Eventailliste, les petits morceaux de bois ou d'autres matieres qui passent entre les papiers de l'éventail, & qui servent à la tenir & à l'ouvrir. Ce sont les Tabletiers qui font les montures & qui en fournissent les Eventaillistes, mais ce sont les Eventaillistes qui les employent & les appliquent.

Les matieres dont se font le plus ordinairement ces montures, qu'on nomme aussi des fleches, sont l'écaille de tortuë, l'yvoire, le bois de diverses sortes, la baleine & les cannes d'Inde. *Voyez* Eventail.

MOQUETTE, que l'on appelle aussi MOCADE & MOUCADE. C'est une sorte d'étoffe veloutée qui se fabrique sur le métier, à peu près de même que la Peluche. *Voyez* Peluche.

La largeur la plus ordinaire de la moquette est de sept seiziéme, sur onze aunes de longueur mesure de Paris. Elle ressemble assez à la tripe quoi que d'une qualité inferieure; il s'en fait de différentes couleurs & façons, dont la tissure, qui en est proprement le fond, est ordinairement le fil de chanvre; & le poil, qui en fait la superficie du côté de l'endroit, est composé, tantôt de coton & de laine, tantôt de lin & de laine, & quelquefois tout de laine. Il s'en fait de bas prix que l'on nomme piedcourt, qui n'ont que cinq douziémes de large, & dont la longueur est semblable à celle des autres.

Les lieux d'où il se tire le plus de ces sortes d'étoffes, sont Lille & Tournai en Flandres. Abbeville en Picardie & Roüen en Normandie, en fournissent aussi assez considérablement ; mais celles de Flandres sont les plus estimées. La Moquette s'employe à faire des meubles communs, comme tapisseries, chaises, fauteüils, tabourets, perroquets, formes, banquettes, tapis de tables & de pieds, portieres, &c. On en garnit aussi en dedans quelques carosses, chaises roulantes & à porteurs.

Les Moquettes ou Moucades payent en France les droits d'entrée à raison de 3 liv. la piece de onze aunes ; & si elles sont en tapis à l'équipolent. Et les droits de sortie comme mercerie; les uns & les autres conformement au Tarif de 1664.

Les droits de la Doüane de Lion sont ; sçavoir pour les Moucades étrangeres 11 sols de la piece d'ancienne taxation, & 4 sols de nouvelle réapreciation ; & pour les Moucades d'Amiens 7 s. 6 den. pour tous droits.

MORAILLE. Espece de Tenailles de fer dont on se sert dans la fabrique du verre en table, autrement verre de Lorraine, pour tirer & allonger le cylindre de verre avant de l'incìser & de l'ouvrir. *Voyez* Verre de Lorraine.

MORAILLER le verre, se servir de la moraille pour l'allonger.

MORAINE. C'est la laine que les Megissiers & Chamoiseurs ont fait tomber avec la chaux de dessus les peaux de moutons & brebis mortes de maladie, soit dans les champs, soit dans les bergeries.

On donne encore à cette sorte de laine les noms de Mauris, Moris, Mortin, Mortain & Plures.

Les laines moraines sont du nombre de celles que l'art. 11. du Reglement du 30. Mars 1709. défend aux Ouvriers en Bas au métier d'employer dans leurs ouvrages. *Voyez* Laine.

MORAIS ou MURAIS. Mesure de continence qui est en usage en quelques lieux des Indes Orientales. *Voyez* Murais.

MORDANT, terme d'Imprimerie. C'est la piece qui tient & arrête la copie sur le visorion. *V.* Imprimerie.

MORDRE LA TEINTURE. Terme de Chapelier-Teinturier. C'est prendre la couleur en plus ou moins de tems.

Il y a des étoffes, (les Chapeliers appellent ainsi le feutre de leurs chapeaux) qui mordent facilement la teinture, & d'autres qui la mordent mal-aisément. *Voyez* Chapeau.

MORFIL ou MARFIL. Ce sont les dents d'Elephant en l'état qu'elles se traitent avec les Negres sur les côtes d'Afrid'Afrique ; c'est à dire avant qu'elles ayent été debitées en morceaux, & qu'elles ayent reçû aucune façon de l'Art. Lorsque le morfil est coupé & travaillé il s'appelle Yvoire. *Voyez* YVOIRE.

Le Morfil paye en France les droits de sortie comme yvoire, à raison de 3 liv. 12 s. du quintal, conformément au Tarif de 1664.

MORILLONS. Sorte d'Emeraudes brutes qui se vendent au marc. Il y a aussi des demi Morillons. *Voyez* EMERAUDE.

MORINE, ou MORIS, qu'on nomme plus ordinairement Moraine. Mauvaise laine qu'il est défendu d'employer dans la fabrique des bas au métier.

MORION. Armure dont les gens de pied, particuliérement les piquiers, couvroient autrefois leur tête. C'est une espece de casque très-leger & qui n'a point de visiere.

Les Morions sont du nombre des marchandises de contrebande dont la sortie est défenduë en France, conformément à l'Ordonnance de 1687.

Les Morions blancs ou noirs, dorez, gravez ou non gravez, payent les droits de la Doüane de Lyon à raison de 2 s. 6 den. de la piece.

MORNE. Terme de Teinturier. Une couleur morne est celle qui est sombre, & qui n'a ni vivacité, ni éclat.

MORS, ou MORDS, en terme de relieure. Sont les deux angles interieurs de chacun des cartons qui servent à la couverture des livres. On appelle faire les mors d'un livre, en couper ou échancrer ces quatre angles afin que le livre puisse s'ouvrir plus facilement. *Voyez* RELIEURE.

MORS. Se dit aussi de l'extrêmité d'un Estau, c'est à dire des deux pieces de fer qui mordent & qui arrêtent les divers ouvrages qu'on y veut travailler. *Voyez* ESTAU.

MORT : ce qui n'a plus de vie. On se sert de ce terme dans le Commerce en plusieurs manieres figurées.

On appelle un argent mort, un fond mort, ce qui ne porte aucun interêt.

On dit que le commerce est mort, quand il est tombé & qu'il ne s'en fait presque plus.

Un chardon mort, est un chardon à Drapier ou à Bonnetier, dont les pointes sont émoussées par le travail.

MORTAIN, ou MORTIN. Sorte de Laine de très-basse qualité. Les Reglemens de la Sayetterie d'Amiens, de 1666. art. 10. défendent aux Maîtres Houppiers de se servir de pelures procedant de Mortain. *Voyez* MORAINE. *Voyez aussi* HOUPPIERS.

MORT-BOIS. Terme de Commerce de bois. *V.* BOIS.

MORTE-SAISON. L'on nomme ainsi dans la pêche du haran le tems qui n'est pas propre pour cette pêche. *Voyez* HARAN.

MORTE-SAISON. Se dit aussi du tems où le debit va mal, & qu'on vend peu de marchandises.

MORTICAL. Monnoye qui se bat à Fez, capitale du Royaume du même nom. Il revient à 20 f. de Hollande.

MORTIER. Vase de métail, de marbre, de pierre dure ou de bois, propre à contenir les matieres que l'on veut broyer & écraser dedans.

Les Chimistes, les Apoticaires, les Epiciers, les Droguistes, les Peintres, les Parfumeurs-Gantiers, faiseurs de Poudres à poudrer les cheveux, & quantité d'autres Marchands Artistes, Ouvriers & Artisans, se servent du mortier pour y piler, égruger & reduire en poudre avec un pilon les diverses drogues & matieres qui font partie de leur négoce, ou dont ils ont besoin pour les ouvrages de leur art, métier ou profession.

On observe ordinairement deux choses en se servant du mortier; l'une, que si les matieres sont fortes, dures, ou en grande quantité, que le mortier soit grand & profond, & le pilon trop pesant, on soutient ce dernier avec une corde qui y est attachée d'un bout, & qui de l'autre pend d'une perche posée au plancher au dessus du mortier, sur une espece de chevalet, afin que la perche faisant ressort, & le pilon se relevant comme de lui-même, l'ouvrier en ait moins de peine.

L'autre observation bien autrement de conséquence que la premiere, est, lorsque les matieres sont dangereuses, ou que les esprits s'en dissipent aisément, qu'il faut envelopper le mortier par en haut, d'un sac de cuir, au milieu duquel passe & soit attaché le collet du pilon; ce qui met l'ouvrier à l'abri de la malignité des vapeurs des drogues, & leur conserve toute leur force en empêchant l'évaporation. Il y a même quelquefois des matieres d'une qualité si mauvaise, qu'il faut que l'artiste se serve d'une espece de capuchon en forme de masque, avec des verrieres aux yeux, sans quoi il courroit risque de la perte de quelque membre; souvent même de la vie.

Les Mortiers de marbre payent les droits de la Doüane de Lyon à raison de 2 sols de la piece.

MORTIER. On appelle aussi de la sorte dans la plûpart des moulins à foulon, soit pour les étoffes, soit pour la préparation de quelques cuirs; ou dans ceux dans lesquels se font le papier, la poudre à canon, le tan, & autres telles marchandises, les pots, vases, cuvettes, auges, vaisseaux qui servent à ces Manufactures, & où sont foulées & pilonnées les matieres qu'on y employe. Il est vrai néanmoins qu'outre ce nom general qu'ils ont tous, plusieurs en ont outre cela qui leur sont propres, comme les mortiers pour le papier, qu'on appelle Piles à Drapeaux; les mortiers pour les foulons qu'on nomme simplement des vaisseaux ou des pots, & en des endroits aussi des Piles; & ainsi des autres. On peut avoir recours à leurs articles.

MORTIER AUX PELOTTES. Les Fondeurs de menus ouvrages nomment ainsi un mortier de bois ou de pierre, & plus ordinairement de fonte, dans lequel avec un maillet ils forment des especes de boules ou de pelottes avec du cuivre en feuilles, qu'ils ont auparavant taillez en morceaux longs & étroits avec des cizailles.

MORTIER. En terme de maçonnerie, est un mêlange de chaux & de sable courroyez ensemble avec de l'eau, dont les Maçons & Limosins se servent pour la liaison & construction de plusieurs de leurs ouvrages, particulierement de ceux qui se font de simple moislon.

Il y aussi du mortier de terre pour la Limosinerie commune, & du mortier de chaux & de ciment qu'employent les Paveurs de petit échantillon, les Fontainiers & autres semblables Ouvriers ou Artisans.

Le mortier se courroye dans une espece de bassin médiocrement creusé en terre; on se sert pour le courroyer d'un instrument qu'on nomme un rabot; & ce sont de jeunes graçons, ou aides à Limosin, qu'on appelle des Goujats, qui le portent sur leurs épaules avec l'oiseau si le service est éloigné, ou avec une pelle de bois s'il est proche.

Lorsque le service du mortier se fait pour des fondations, on on le coule en bas par le moyen d'une goutiere ou de deux planches qui en tiennent lieu : si c'est pour le haut des bâtimens, on le monte dans un baquet à mortier qu'on met sur le bouriquet, & qui se tire avec un engin ou une gruë.

Mortier. C'est encore, parmi les ouvriers qui éteignent de la chaux, le bassin de terre où elle s'éteint, & d'où, en levant une planche qui lui sert comme d'écluse, la chaux liquide tombe dans un trou profond qui est au dessous, duquel on la tire après qu'elle s'est épaissie, & quand on en a besoin.

MORTODES. Perles fausses dont on fait quelque commerce avec les Negres du Senegal & autres endroits de Guinée. En general elles s'appellent, Perles gauderonnées. Il y en a de plusieurs sortes & figures, particulierement de façonnées en long, & d'autres en rond. *Voyez le Commerce de Guinée.*

MORT-PLAIN. Terme de Tanneur, de Chamoiseur & de Megissier. *Voyez* Plain.

MORUE, ou MOLUE. Poisson de mer passablement gros, qui a la tête hideuse, les dents dans le fonds du gosier, la chair blanche, la peau d'un brun grisâtre par dessus le dos, & un peu blancheâtre par dessous le ventre, couverte de petites écailles minces & transparentes.

Ce poisson mangé frais est excellent, & bien aprêté & salé comme il faut, se peut garder du tems sans se corrompre. La moruë salée fait la plus grande partie du négoce de la saline qui est assez considerable. *Voyez* Saline.

Il y a de deux sortes de moruë salée, l'une qui s'appelle moruë verte ou blanche, & l'autre que l'on nomme moruë seche ou parée, & quelquefois merlu ou merluche. Ce n'est néanmoins que la même espèce de poisson, mais diversement salée & préparée pour la rendre de garde.

Morue verte.

La pêche pour la moruë verte se fait dans la baye de Canada, sur le grand banc de Terre-neuve, & sur les battures du banc qui sont les banquereaux, le banc à vert, l'Isle saint Pierre, & l'Isle de sable. Ce qui se pêche ailleurs est peu considerable.

On se sert pour cette pêche, de vaisseaux à deux ponts ordinairement du port de cent à cent cinquante tonneaux pour apporter trente à trente-cinq milliers de moruës au plus, parce que si l'on s'en chargeoit de davantage, il y auroit à craindre de ne la pas apporter en France toute de bonne qualité, celle qui a été la premiere pêchée pouvant se corrompre en chemin, à moins que d'avoir eu un soin très-grand de la bien saler.

Ces vaisseaux se chargent de sel; de pain ou biscuit, de vin, & d'autres victuailles pour l'équipage, avec des lignes, des calles de plomb, des hameçons, & d'autres ustenciles pour cette pêche.

Les vaisseaux de cent tonneaux ont ordinairement vingt à vingt-deux hommes d'équipage compris le Capitaine & les mousses; & ceux de cent cinquante tonneaux en ont jusques à vingt-cinq, ainsi des autres, à proportion qu'ils sont plus ou moins grands.

Le plus essentiel de cette pêche est d'avoir un Capitaine qui sache bien trancher la moruë, un habile décoleur qui est celui qui lui coupe la tête, mais sur tout un saleur vigilant & entendu; c'est de ce dernier Matelot que dépend la conservation de la moruë, & par consequent le succès du voyage.

Quelques-uns prétendent que ce sont les Basques, qui en poursuivant les baleines, ont fait la découverte du grand & petit banc des moruës, cent ans avant la navigation de Christophle Colomb, aussi-bien que le Canada & la terre neuve de Bacalaos qui veut dire moruë; & que ce fut un Basque Terreneuvier qui en porta le premier la nouvelle à Christophle Colomb, ainsi que le rapportent plusieurs Cosmographes, entr'autres Antoine Magin, Corneille Wythler Flamand, & Antoine Saint-Romain Espagnol, dans l'histoire des Indes.

Quelques autres veulent que la découverte du grand banc soit dûë à un Maloüin nommé Jaques Cartier; & c'est lui en effet qui en a montré le chemin aux Bretons. Mais quoi qu'il en soit du nom & de la nation des premiers avanturiers qui ont été en terre neuve, il est certain que depuis cette découverte toutes les Nations de l'Europe qui font le commerce de la mer ont consideré celui de la moruë, comme l'un des plus sûrs, des plus commodes, & des plus lucratifs qui se fasse.

Au reste, le grand banc est une montagne sous l'eau à vingt-cinq lieuës de terre neuve, qui en a environ cent cinquante de long & cinquante en son plus large.

Les Négocians des sables d'Olone dans le Bas-Poitou, sont de tous les François ceux qui donnent le plus dans la pêche & dans le commerce de la moruë, & qui le font avec plus de succès, quoique leur Ville soit très-petite & leur port étroit & mauvais, y ayant eu quelquefois des années qu'on a vû jusqu'à cent vaisseaux Olonois embanquez.

Les autres lieux de France d'où l'on envoye à cette pêche, sont Bordeaux, Marenne, la Rochelle, Pornic dans le Duché de Rets, Grandville, le Havre de Grace, Dieppe, Honfleur, & d'autres endroits de la côte de Normandie; mais les Normands ne font presque point ce commerce en tems de guerre à cause des risques qu'il y a à sortir & à rentrer dans la manche qui est ordinairement remplie de Corsaires.

Les salaires que l'on a coûtume de donner au Capitaine & Matelots est le tiers de la moruë qu'ils rapportent; de sorte qu'il y va de leur interêt d'en rapporter beaucoup, de pêcher dans les parages où la pêche se trouve la plus grande, & d'avoir l'œil à sa conservation.

Les meilleures, les plus grasses & les plus grandes de toutes les moruës, sont celles qui se pêchent sur le grand banc du côté du Sud; aussi sont-elles toûjours les plus estimées, & en quelque sorte reservées pour Paris où il s'en fait une grande consomption.

Celles qui se pêchent du côté du Nord sont ordinairement petites, & ne se vendent pas si cher à beaucoup près que les grandes. Dans les battures, l'on n'y trouve presque jamais de grandes moruës, & celles que l'on y pêche sont plus seches que celles du grand banc, ce qui fait que les vaisseaux ne vont guere sur les battures que lorsque la moruë manque sur le banc, ou quand il y a des Corsaires qui croisent dessus.

La bonne saison pour aller à la pêche de la moruë verte, est depuis le commencement du mois de Fevrier jusqu'à la fin d'Avril; le poisson qui se retire l'hyver dans les endroits les plus profonds de la mer, revenant alors sur le banc, s'y engraissent extrêmement.

Celui qui se pêche depuis Mars jusques en Juin se conserve bien, mais dès que viennent les mois de Juiller, Aoùt &

& Septembre qu'il fait chaud sur les bancs & sur les battures de Terre-neuve, les moruës que l'on y prend sont sujettes à se gâter & à se corrompre en peu de tems.

On a vû des navires partir quelquefois de France pour la pêche des moruës au mois de Septembre & revenir au mois de Janvier pour en faire la vente dans le tems du Carême; mais dans cette saison on court risque de faire de mauvais voyages, non-seulement à cause des tems facheux que l'on a à essuyer dans les mers de Terre-neuve, où ils sont ordinairement très rudes; mais encore parce que les moruës fatiguées par la rigueur des vents & du froid, quittent le grand banc & les autres plages où elles ont coûtume de paroître en si grand nombre pendant la douce saison, & que ce qu'on y en trouve alors est peu de chose & encore presque toûjours très maigre & d'assez mauvaise qualité.

La pêche se fait quelquefois en un mois ou six semaines, mais quelquefois aussi on est contraint d'y employer quatre ou cinq mois. Quand le Carême approche & que les Pêcheurs se voyent la moitié ou les deux tiers de leur charge, ils se hâtent ordinairement de s'en retourner pour arriver des premiers à cause que la vente est meilleure en ce tems-là; souvent même par cette raison ils partent encore avec moins de charge.

Il y a des Pêcheurs si heureux qu'ils peuvent faire un second voyage, tandis que les autres languissent dans leur pêche, & sont souvent obligez de débanquer avec une charge très-mediocre.

Chaque Pêcheur ne pêche qu'une moruë à la fois; les plus habiles en peuvent pêcher depuis trois cens cinquante jusques à quatre cens par jour, mais c'est le plus loin qu'on puisse aller, cette pêche étant très-fatigante, tant à cause de la pesanteur du poisson que du grand froid qu'il fait sur le grand banc.

La moruë verte se sale à bord. Quand elle est habillée, c'est à dire que le Décoleur lui a coupé la tête, & que le Trancheur l'a ouverte, & éventrée, on la porte au Saleur qui l'arrange à fond de cale tête contre queuë, & qui en ayant fait une couche d'une brasse ou deux en quarré, la couvre toute de sel, puis une seconde qu'il couvre encore de sel, & ainsi de suite de toute la pêche du jour, ne mêlant jamais ensemble celles de différens jours. Lorsque la moruë a été ainsi trois ou quatre jours à égouter son eau, on la replace dans un autre endroit du navire, & on la sale de nouveau sel, après quoi l'on n'y touche plus jusques à ce que le vaisseau ait sa charge.

Les moruës vertes se trient & se comptent différemment suivant les lieux où on les décharge des vaisseaux & où s'en fait la vente.

A Nantes on en trie de quatre sortes qui sont: 1°. La grande moruë ou poisson marchand dont le cens en compte doit peser neuf cent livres. 2°. La moruë moyenne ou poisson moyen estimé un tiers moins que le poisson marchand, le cent en compte ne pesant guere plus de six cens livres. 3°. La petite moruë ou raguet, & 4°. La moruë de rebut, dans laquelle l'on comprend les plus petites moruës au dessous du raguet, celles qui sont tachées ou douces de sel, rompuës ou pourries, ou écorchées, même les lingues qui sont des moruës un peu longues, mais qui n'ont presque que la peau & l'arréte.

Il y a des mesures pour la grandeur que doivent avoir les moruës pour être admises au poisson Marchand, tant à l'égard de la longueur que de la largeur & épaisseur, mais on s'en sert peu dans les triages, les personnes préposées pour cela les faisant à la vûë.

A la Rochelle & à Bordeaux le triage se fait à peu près comme à Nantes, la seule différence qui s'y rencontre est, que dans ces deux premieres Villes l'on fait entrer dans le raguet les plus petites moruës pourvû qu'elles n'ayent point de défaut, & qu'à Nantes ces petites moruës quoi que de bonne qualité, ne laissent pas de se mettre dans le rebut.

Au Havre de Grace, à Honfleur, à Dieppe & dans les autres ports de Normandie on en trie de six sortes qui sont; 1o. la gaffe qui est une moruë d'une grandeur extraordinaire. 2°. La moruë marchande ou grand poisson qui est la plus grande d'après la gaffe. 3°. la trie qui est la grandeur d'après la marchande. 4°. La lingue & le raguet qui ne passent que pour une même sorte. 5°. La valide, ou patelet qui est la plus petite de toutes; & 6°. La viciée qui est le rebut des autres.

A Nantes & dans la plûpart des Ports de France, la moruë verte se compte & se vend à raison de 124 moruës, ou 62 poignées ou couples pour cent, ce qui s'appelle grand Compte ou Compte marchand.

Cependant à Orleans & en Normandie l'on donne 132 moruës ou 66 poignées pour cent, ce qui se nomme aussi grand Compte ou Compte marchand.

A l'égard de Paris le cent n'est que de 108 moruës ou cinquante-quatre poignées, ce qu'on appelle petit Compte.

Pour vendre & debiter la moruë verte dans les marchez, on la fait dessaler dans l'eau, on la coupe & divise en queuë, entre-deux, crêtes, flanchets & loquettes.

Nantes est la Ville du Royaume où il vient le plus de moruës vertes, la riviere de Loire étant très-propre pour la transporter dans toutes les autres Villes Pendant la guerre elle y est toûjours chere, mais en tems de paix les vaisseaux Normands & ceux d'ailleurs qui vont décharger au Havre de Grace, à Dieppe & à Honfleur d'où l'on la tire pour Paris qui est le principal objet pour la consomption de ce poisson, font qu'à Nantes il y est à très-bon marché.

On envoye en France de Hollande & d'Islande dans les mois de Mars, d'Avril & de Mai des moruës vertes en barils de deux cens cinquante à trois cens livres pesant, les unes en sel & sans sauce, & les autres en sauce ou saumur. Les premiers sont de meilleure garde, parce que la sauce des autres étant sujette à tourner & à se corrompre, elle gâte le poisson.

La moruë en baril est ordinairement épaisse & coupée par tronçons ou morceaux; on la nomme quelquefois Cabillaud. Il faut remarquer que celle qui vient d'Islande est toûjours plus petite que celle de Hollande. Les douze barils de cabillauds font un leth ou plûtôt le leth est composé de douze barils.

Ce qu'on appelle Moruë en tonne, ce sont des moruës que l'on a mises dans des especes de futailles, pour les transporter plus facilement par charroi, & empêcher qu'elles ne se gâtent. Une tonne de moruë tient ordinairement soixante-six poignées ou cent trente deux poissons. Il n'y a guéres qu'à Roüen & à Orleans où l'on les entonne ainsi pour les envoyer en Champagne, en Bourgogne, &c.

MORUE SECHE.

Pour ce qui est de la pêche & du commerce de la moruë seche, on se sert de vaisseaux de toutes grandeurs, on les

les prend néanmoins ordinairement d'un grand fonds, parce que cette moruë embarasse plus qu'elle ne charge.

Comme l'on ne peut faire secher la moruë qu'au Soleil, il faut que les vaisseaux partent de France dans les mois de Mars & jusqu'à la fin d'Avril au plus tard, afin qu'ils profitent de l'Eté pour faire secher leur pêche.

On en peut aussi envoyer dans les mois de Mai & Juin, même en Juillet que l'on nomme Vaisseaux en facque; mais ceux-ci ne vont que pour acheter la moruë pêchée & séchée par les Habitans des Colonies Françoises de Terre-neuve ou des Isles voisines, dont la pêche s'appelle Pêche sédentaire, pour la distinguer d'avec celle des vaisseaux Terre-neuviers qui n'y vont que dans les saisons.

Ces vaisseaux en facque portent des farines; des eaux-de-vie, du biscuit, des pois, de feves, des sirops de sucre, quelques toiles, quelques draps & peu d'autres marchandises qu'ils troquent, avec ces Habitans contre leurs moruës seches, leurs roguës & leurs huiles; aussi ce commerce se nomme-t-il ordinairement la Troque.

* La Côte de Plaisance où se fait la pêche des moruës que l'on fait sécher, s'étend depuis le Cap de Rose jusques à la Baye des Experts, & dans cette étenduë il y a plusieurs Ports où l'on fait la sécherie des moruës; comme Plaisance, le Chapeau rouge, la Baye de fortune, les Isles de S. Pierre & la Baye des Experts; mais les plus commodes & les plus fréquentez de ces endroits sont Plaisance & le Chapeau rouge; tant parce que Plaisance est la résidence du Gouverneur de Terre-neuve, & qu'il y a plus d'Habitans que dans les autres endroits avec lesquels l'on puisse négocier, que parce que le terrain y est mieux disposé pour bien faire sécher le poisson, outre que les moruës que l'on y pêche sont les plus considerées en France, se conservant longtems de bonne qualité, pourvû qu'elles ayent été bien apprêtées & séchées.

La moruë seche qui est la plus rouge est pour l'ordinaire la plus estimée; néanmoins pour Lyon & pour l'Auvergne il faut qu'elle soit blancheâtre.

Il se pêche sur la Côte de Plaisance quantité de harna dont on se sert pour mettre au bout des hameçons pour prendre les moruës.

Outre la Côte de Plaisance il y en a une autre où les François vont à la pêche & sécherie des moruës, c'est la Côte du petit Nord, laquelle s'étend depuis Bel-Isle de la grande Baye jusques aux Isles de Fouges; elle contient différentes Bayes où l'on prend de petites moruës que l'on sale plus que celles de la Côte de Plaisance, pour leur donner quand elles sont séches une couleur blancheâtre, parce qu'il les faut de cette maniere pour l'Espagne & pour le Levant où l'on les porte.

Presque tous les vaisseaux qui vont à la Côte du petit Nord font ordinairement leur retour à Marseille & dans les autres Ports d'Italie & du Levant; & après qu'ils y ont vendu leur poisson, ils prennent d'autres marchandises pour leur compte ou à fret, pour les porter dans les mers du Ponant aux lieux d'où ils sont partis.

On remarquera que l'Auteur avoit composé cet article avant la Paix d'Utrecht, & qu'aussi il parle de Plaisance comme appartenant encore aux François; on a crû cependant n'y devoir rien changer, & qu'il suffiroit d'avertir que les Anglois sont presentement Maîtres de Plaisance, & que les François ont établi leur pêche au Cap Breton qu'ils ont nommé Louis-bourg & Isle Royale.

La moruë que l'on fait sécher à la Côte du petit Nord ne se conserve pas si long-tems que celle de la Côte de Plaisance, parce qu'étant extrêmement chargée de sel, cela fait que lorsqu'elle ressent de l'humidité elle est sujette à reverdir & à se corrompre aisément, à moins de l'exposer promtement au Soleil pour la faire sécher.

Les salaires des équipages des navires qui vont à la pêche & au commerce de la moruë seche, sont semblables à ceux pour la moruë verte, c'est à dire, le tiers du poisson qu'ils rapportent en France, avec cette différence que si on fait des avances aux équipages pour la moruë verte ils en payent la grosse avanture sur un pied dont on convient avec eux, & on leur déduit le principal & le profit sur ce qui leur revient pour leur part; & qu'à la moruë séche il y a tel matelot à qui l'on donne 10 pistoles de pot de vin avant le départ du vaisseau, qui ne lui sont point comptées au retour du voyage.

A l'égard des vaisseaux qui vont au petit Nord, les équipages ont pareillement le tiers, & quand le poisson est vendu dans le Levant, & que le vaisseau revient chargé dans le Ponant, on les paye par mois depuis le jour qu'ils ont commencé à reprendre les marchandises de leur seconde charge.

La moruë que les Pêcheurs destinent pour être salée, quoique de même espece que la moruë verte, est beaucoup plus petite, ce qui la rend plus propre à se conserver, le sel pénetrant plus aisément. La pêche de l'une & de l'autre se fait à peu près de même; mais celle de la moruë séche est d'une plus grande dépense à cause du plus grand équipage de Matelots & du plus de tems qu'on y employe, il s'y consume toutefois la moitié moins de sel.

Quand plusieurs navires de Pêcheurs se rencontrent & qu'ils ont dessein de pêcher au même Havre: celui dont la chaloupe aborde la premiere à terre a le billet d'Amiral, & en cette qualité est chargé de dresser & de faire garder à l'échafaut du croc l'affiche où chaque maître de vaisseau est obligé de faire écrire son nom & le jour de son arrivée; mais aussi il a par privilege le choix du galet, & par préference tous les bois qui se trouvent à la Côte à son arrivée. *Voyez* AMIRAL.

A mesure que les Maîtres abordent ils dégarnissent entiérement leurs vaisseaux, n'y laissant que les haubans pour soûtenir les mats, & leurs Contre-Maîtres avec sept ou huit hommes, & font en même tems travailler à terre à une tente couverte de branches de sapin & de quelques voiles, & à une échafaut de gros troncs de sapins de 12, 15, 16, & souvent 20 pieds de longueur: cet échafaut a ordinairement depuis quarante jusques à soixante pas de long, & est large d'un tiers de sa longueur. Tandis qu'on le prépare on ne laisse pas de pêcher & d'apporter le poisson qu'on sale sur des especes d'établis volants; mais la grande salaison se fait sur l'échafaut.

Lorsque la moruë a pris sel, on la lave, & pour l'égoutter on la met en pile sur les galaires qui sont des especes de petits échafauts; puis après qu'elle est suffisamment égoutée on l'arrange sur les vignaux à une seule d'épaisseur, queuë contre tête & la peau en haut, & tandis qu'elle y reste on la retourne quatre fois, soit de jour, soit de nuit, dans l'espace de vingt quatre heures.

Les

Les vignaux sont quantité de petites pieces de bois attachées de travers à des pieux & qui sont couvertes de branchages d'arbres dont on a ôté les feüilles, pour que l'air puisse plus aisément passer.

Quand les moruës commencent d'être séches, on les met en moutons, c'est à dire, dix ou douze l'une sur l'autre pour qu'elles conservent leur chaleur. Chaque jour on augmente le mouton jusqu'a vingt ou vingt-cinq; après on les porte sur la grêve, où de deux moutons on n'en fait qu'un qu'on prend soin de retourner chaque jour. Enfin on les resale en commençant par les plus vieilles salées, & l'on les met en piles quelquefois aussi grosses & aussi hautes que des tours de moulin à vent, où elles restent jusqu'à-ce qu'on les embarque.

La moruë séche s'empile dans le navire, & s'y arrange sur des branches d'arbres que l'on met dans le fond au dessus du lest & tout autour du navire avec des nattes, pour empêcher que cette marchandise ne contracte d'humidité.

Les Basques passent pour les plus entendus de tous ceux qui vont à cette pêche; aussi les Marchands de Bayonne & de S. Jean de Luz y envoyent-ils beaucoup de navires, outre ceux qui sortent des Ports de la Rochelle, de Nantes & de S. Malo. Ce sont les Habitans de ce dernier Port qui envoyent le plus à la Côte du petit Nord.

Dans presque tous les endroits où l'on fait commerce de moruë séche: elle s'achete & se vend au poids, à la reserve de celle qui est trop cassée & trop humide pour passer au poids, laquelle est venduë au compte; cependant dans les Ports de mer de Normandie elle se vend au compte ainsi que la moruë verte, sur le pied de soixante-six poignées, ou cent trente-deux moruës pour cent. A Paris elle se vend aussi au compte comme la moruë verte, c'est à dire, sur le pied de cinquante-quatre poignées ou cent huit moruës.

La moruë séche se trie de différentes manieres, suivant les lieux où elle se décharge.

A Nantes il s'en fait de sept sortes, qui sont:

1°. Le poisson pivé, qui est une moruë de couleur poivrée tirant sur le rouge brun. C'est la plus délicate & la plus grasse de toutes les sortes de moruës séches; aussi vaut-elle ordinairement quinze à vingt pour cent plus que les autres especes, que l'on nomme Poisson marchand. Le poisson pivé ne se vend guéres que pour la Bretagne, l'Anjou & la Touraine; car pour Paris, Lyon & Orleans; il ne s'y en envoye que très peu, n'y étant aucunement estimée.

2°. Le poisson gris, qui n'a de consumtion que dans les lieux où la qualité de la moruë pivée est connuë; n'est pas tout à fait si poivré ni si brun que le pivé; aussi n'est-il pas si cher: mais quand on le garde en magazin d'une année à l'autre, & qu'il est un peu gras, il devient en partie pivé. Il y a quelquefois trente à quarante sous & même jusqu'à trois livres de différence par quintal entre le prix du poisson gris & celui du poisson pivé.

3°. Le poisson grand marchand, dans lequel entrent toutes les plus grandes moruës, lesquelles pour être reputées marchandes doivent être unies, bien coupées, point rompuës ni brûlées, & nettes de toutes taches.

4°. Le poisson moyen marchand, qui est de la même qualité que le poisson grand marchand; à l'exception que les moruës ne sont pas si grandes.

Ces deux sortes de poisson, grand & moyen marchand sont les plus connuës dans le Royaume, & dont l'on fait un plus grand debit, aussi c'est de ces deux qualitez que les vaisseaux apportent le plus.

5°. Le petit poisson marchand, que l'on appelle Fourillon, qui comprend toutes les plus petites moruës pivées, grises & marchandes. Il se vend ordinairement le même prix que les poissons grand & moyen marchand, & même quelquefois plus, quand il vient pendant le tems des cargaisons. La plus grande consumtion du fourillon se fait dans le Lionnois & dans l'Auvergne.

6°. Le grand rebut, qui comprend les plus grandes d'entre les moruës qui se trouvent rompuës, huileuses, écorchées, tachées, mal coupées, dures & brûlées.

7°. Enfin le moyen rebut, dans lequel l'on met toutes les moruës moyennes & petites, qui ont les mêmes défauts que celles du grand rebut.

Les grand & petit rebut se consument tout dans la Ville de Nantes & dans le Païs Nantois. Ils different ordinairement de dix à quinze pour cent de la valeur des poissons marchands.

A la Rochelle, à Bourdeaux, à Bayonne, à Saint Jean de Luz & dans toute la Côte Occidentale d'Espagne, l'on ne connoît que trois sortes de triages dans la moruë séche, qui sont, 1°. le poisson marchand, 2°. le poisson moyen, & 3°. le rebut.

A S. Malo la moruë séche ne se trie presque jamais; on met seulement à part les pourries & les rompuës, toutes les autres se vendent pêle-mêle, à la reserve de quelques parties qui s'y vendent pour Rennes, & que les Acheteurs trient eux-mêmes à leur fantaisie.

Comme S. Malo n'est pas un endroit propre pour la consumtion de cette marchandise, ou n'y en fait pas un grand commerce: & quoi que les Maloüins envoyent beaucoup de navires pour le commerce & la pêche de la moruë séche, cependant il n'en revient que très-peu décharger dans leur Port, leur destination ordinaire étant pour les mers du Levant, ainsi qu'il a été dit ci-devant.

Il y a de quatre sortes de marchandises qui proviennent des moruës, dont il se fait quelque commerce: sçavoir les nouës ou nos qui en sont les tripes, les langues, les rogues ou raves qui en sont les œufs ou coques, l'huile qui se tire des foyes.

Les nouës se salent dans les lieux de la pêche en même tems que le poisson. Elles s'apportent en futailles ou barils du poids de six à sept cens livres.

Les langues se salent de même que les nouës, & s'apportent aussi dans des barils du poids de quatre à cinq cens livres.

Ces deux sortes de marchandise ne sont pas d'un grand débit à Paris, non plus que dans le reste du Royaume; n'y ayant guére que la Bourgogne & la Champagne qui en fassent une consumtion un peu considerable; aussi les vaisseaux Terre-neuviers ne s'en chargent-ils pas de beaucoup.

Les rogues ou œufs de moruës se salent pareillement dans des barils: ils servent à jetter dans la mer pour prendre le poisson, particuliérement les sardines; ce qui fait qu'il s'en consume beaucoup sur les Côtes de Bretagne, où la pêche de ce poisson est considerable. *Voyez* Rogues.

L'huile de moruë vient en pieces ou barriques ordinairement du poids de quatre à cinq cens livres, même jusqu'à cinq cens vingt. Il s'en envoye assez considerablement du côté de Geneve. On en consume aussi en France dans les tanne-

tanneries, même pour brûler lorsque les huiles de noix & de baleine viennent à manquer.

Il se pêche dans les mers du Nord d'Ecosse, vers les Côtes de Buchan, dans un endroit que l'on nomme Battray, une espece de petite moruë très-excellente, quoi qu'assez semblable à celle que l'on appelle Lingue. Elle se sale & se fait sécher au Soleil sur les rochers; & quelquefois à la cheminée, comme l'on fait ces gros merlans nommez Egrefins. Le négoce de cette moruë est peu considerable en France; presque toute la consumtion s'en faisant sur les Côtes où elle se pêche, ou en d'autres endroits voisins.

L'Ordonnance de la Marine du mois d'Août 1681, & du mois de Novembre 1684, regle plusieurs choses touchant la pêche des moruës. L'article 2 du titre 1 du Livre 5, veut, Que les vaisseaux destinez pour cette pêche, prennent des congez de Mr. l'Amiral pour chaque voyage qu'ils font. L'on peut voir dans les Titres de la pêche des moruës quantité de Reglemens de Police concernant l'arrivée des vaisseaux aux havres de Terre-neuve, les privileges de ceux qui abordent les premiers, les amendes & dédommagemens encourus dans certains cas, & plusieurs autres choses semblables.

Les moruës tant vertes que séches payent en France les droits d'entrée & de sortie conformement au Tarif de 1664; sçavoir ceux d'entrée.

Le moruës seches, merlus ou stocfichs, le millier en nombre entrant par la Normandie par mer, 8 liv. 10 s.

Les mêmes entrant par Poitou, Picardie, Champagne, Bourgogne, Bresse, Berry & Bourbonnois, aussi le millier en nombre 3 liv.

Les moruës vertes le cent en nombre entrant par la Province de Normandie par mer, 3 liv.

Les mêmes entrant par les Provinces de Poitou, Picardie, Bourgogne, Champagne, Bresse, Berry & Bourbonnois, le cent en nombre 15 s.

Les moruës ou cabillauds, le leth de douze barils, 15 liv.

Les droits de sortie sont; sçavoir,

Pour le leth de moruë de douze barils, 6 liv.

La moruë verte en pile, le millier en nombre, 6 liv.

Et la moruë séche, merlus ou stocfichs, le millier 4 liv 10 s.

Les droits de la Doüane de Lyon pour la moruë séche se payent à raison de 4 s. du quintal.

Les droits d'entrée des moruës tant séches que vertes & cabillauds venant de l'Etranger, ont été depuis augmentez par un Arrêt du 4 Octobre 1692; sçavoir,

Pour la moruë séche, merlu & stocfichs, le cent pesant, 4 liv.

Pour la moruë verte & cabillaud, 12 liv. aussi du cent pesant.

Ces droits ont par la suite été moderez en faveur des Hollandois, & reduits par le Tarif de 1699, arrêté entre la France & les Etats Generaux des Provinces-Unies, à raison de 100 s. du baril pesant trois cens livres, & les barils pesant plus ou moins à proportion, tant pour la moruë verte que pour le cabillaud salé; mais seulement pour le poisson de leur pêche.

MOSAIQUE, que quelques-uns aiment mieux appeller MUSAIQUE, du mot Latin *Opus Musaïcum*. Signifie generalement tous les ouvrages qui sont faits avec de petites pieces raportées de diverses couleurs, ou ceux qui les imitent; ce qui comprend non-seulement la Marqueterie & les ouvrages qu'on nomme de Pierres de raport, mais encore les especes de fonds que les Peintres & les Brodeurs mettent quelquefois à leur peinture & à leur broderie, qui par leurs compartimens répréfentent l'ancienne Mosaïque.

On a parlé ailleurs de la Marquetterie: la Mosaïque des Peintres & des Brodeurs n'étant guére du dessein de ce Dictionnaire, on va seulement dire ici quelque chose de la Mosaïque de pierres de raport que font les Sculpteurs, les Marbriers, les Lapidaires & les Emailleurs.

Ce qui reste des ouvrages de l'ancienne Mosaïque, particuliérement en Italie, a servi aux Modernes non seulement à l'imiter, mais encore à en pousser l'Art à sa derniere perfection.

Il semble que son usage n'ait été d'abord destiné que pour en faire le pavé des Temples & des Basiliques, & alors elle étoit très-simple; ne consistant qu'en quelques pieces de marbre de diverses couleurs que l'on mêloit, & dont on faisoit des compartimens.

Lorsque la mosaïque se perfectionna, & que les Ouvriers par l'arrangement & la varieté des marbres furent parvenus à représenter des ornemens dans leurs ouvrages, comme des feüillages, des rinceaux & des masques, ils en incrusterent les murs des mêmes lieux dont auparavant ils en faisoient seulement le pavé.

Enfin, la nature ne produisant point, au gré de ces Ouvriers, une assez grande diversité de couleurs dans les marbres, pour peindre en pierre toutes sortes d'objets, ils en contrefirent avec du verre & des émaux; & cela leur réüssit si-bien, qu'ayant donné toutes sortes de teintes à une infinité de petites pieces de ces deux matiéres, ils les arrangerent avec tant d'art, que leur mosaïque disputa presque à la peinture l'art de représenter les choses au naturel.

Les Modernes ont été encore plus loin; & négligeant le verre & les émaux, comme des matiéres trop viles pour entrer dans la composition des admirables ouvrages qu'ils méditoient, ils n'ont voulu mêler aux marbres les plus exquis que des pierres précieuses, comme le lapis, l'agathe, les cornalines, les émeraudes, les turquoises, & même le rubis, & les autres pierres les plus rares & de plus grand prix.

De ces trois sortes de mosaïques, celle de verre coloré & d'émaux n'est plus guére en usage, bien qu'elle soit & d'une durée & d'un éclat extraordinaire. Des deux autres il n'y a que celle entiérement de pierres de raport de marbre qui soit d'un usage commun; la mosaïque où il entre des pierres précieuses demandant tant de tems & étant d'un si grand prix, que le peu d'Ouvriers qui s'y appliquent n'en font que de petits ouvrages d'un assez médiocre volume; comme sont des tabernacles d'Eglise, ou des cabinets & des tables pour l'ornement des plus riches appartemens.

On n'y comprend toutefois pas la superbe Chapelle des Ducs de Florence, où l'on travaille depuis tant de tems; & qui, si elle se finit jamais, sera également un monument de la pieté & de la magnificence de ces Princes, & de la patience & de l'adresse des Ouvriers qu'ils y ont employez.

On va néanmoins entrer dans quelque détail de la maniere de travailler à ces trois sortes de mosaïques; & l'on y en ajoûtera une quatriéme espece plus moderne, mais très-ingenieuse, qui se fait avec du gyp, cette espece de talc qui se trouve dans les carrieres d'où se tirent les pierres à plâtre.

Mosaïque de verre & d'emaux.

Pour travailler à cette mosaïque, il faut d'abord donner les teintes au verre; ce qui se fait aux fourneaux à Verriers, en en mettant dans divers creusets, préparez à cet effet, & remplis de verre en fusion, les différentes couleurs qu'on veut donner à ces émaux, suivant les ouvrages qu'on a dessein d'entreprendre.

Lorsque la couleur est assez incorporée avec le verre, on se sert de grandes cuillieres de fer, emmanchées de bois, pour y puiser dans chaque creuset la matiére liquide, qu'on verse sur un marbre bien uni, & qu'on applattit par dessus avec un autre marbre; ensorte que les pieces ayent environ seize ou dix-huit lignes d'épaisseur.

Aussi-tôt que le verre est applatti, & avant qu'il se refroidisse, on le coupe en morceaux de diverses figures & de différentes grosseurs, avec un instrument de fer tranchant que l'on nomme Bec de chien, & l'on met ces morceaux chacun séparément, suivant les couleurs & la dégradation de leurs teintes, dans des boites à peu près comme les Peintres à fresque font de leurs couleurs, qu'ils arrangent dans de petits godets autour d'eux, pour s'en servir lorsqu'ils en ont besoin.

Si l'on veut qu'il y ait de l'or dans le tableau de mosaïque, soit pour les fonds, soit pour les ornemens & les draperies, on prend des morceaux de verre, de la couleur la plus approchante de l'or, préparez comme on vient de le dire, sur lesquels, après les avoir un peu mouillez d'eau de gomme, on applique une feüille d'or, & ensuite on les met recuire sur une pelle de fer à l'entrée du four à verre, en observant de les couvrir de quelque verre ceintré, & lorsque le verre est devenu rouge, on les retire; ce qui y attache si bien l'or, qu'il se conserve toûjours en quelque lieu qu'on l'expose. L'argent s'applique à proportion de la même maniere.

Les couleurs préparées, on travaille à l'enduit sur lequel doit se dessiner l'ouvrage & se placer la mosaïque. Cet enduit est composé de chaux faite de pierre dure, de tuile ou de brique bien battuë & bien sassée, de gomme adragant & de blancs d'œufs. Il se met assez épais, & peut rester frais & en état qu'on y applique les émaux trois ou quatre jours, suivant la saison.

C'est sur cet enduit, que l'on ne met pourtant que successivement & par parties, que se calque le dessein du tableau que l'on veut représenter; ce qui ne se fait aussi que par parties, & à mesure qu'on a mis sur le fond où l'on travaille une nouvelle portion de cet enduit.

Pour appliquer les morceaux de verre on se sert de petites pincettes de fer, avec quoi on les prend dans leur boite, & on les arrange sur l'enduit suivant les contours & les couleurs du dessein; les pressant ensuite avec une regle ou batte de bois, qui sert tout ensemble à les y enfoncer, & à en rendre la supercie parfaitement égale & unie.

Cette sorte de mosaïque a un grand brillant; & l'enduit sur lequel on la fait s'endurcit si fort à l'air & par la longueur du tems, qu'on n'en voit jamais la fin.

Les plus beaux de ces sortes d'ouvrages qui ont passé jusqu'à nous, & sur lesquels les Ouvriers modernes ont renouvellé cet Art entiérement perdu, se voyent à Rome dans l'Eglise de Sainte Agnès, autrefois le Temple de Bachus, à Pise, à Florence, & en quelques autres Villes d'Italie. Ceux qui sont les plus estimez parmi les nouveaux, sont les Mosaïques du Gioto, de Joseph Pin & du Chevalier Lanfranc, qui sont dans l'Eglise de S. Pierre de Rome. Il y en a aussi d'assez belles à Venise, faites d'après les plus beaux desseins des Peintres des meilleures Ecoles d'Italie.

Mosaïques de marbres & de pierres de raport.

Ces deux sortes de mosaïques se ressemblent si fort dans l'art de les travailler, que pour ne point faire de repetition, on va donner ici la maniere de l'un & de l'autre; en observant néanmoins ce qui leur convient à chacune en particulier, soit pour les outils, soit pour le sciage & la disposition des pierres.

La mosaïque de marbre s'employe aux grands ouvrages; comme au pavé des Eglises, des Basiliques & des Palais, & à l'incrustation & placage des murailles intérieures de ces mêmes édifices. A l'égard de la mosaïque de pierres de raport, sur tout où il y en entre de précieuses, on ne s'en sert, comme on l'a déja dit, qu'à des ouvrages d'un moindre volume, mais aussi d'un bien plus grand prix.

Les fonds de la mosaïque simplement de marbre sont ordinairement d'un massif aussi de marbre, le plus souvent blanc ou noir, mais quelquefois aussi d'autre couleur. Sur ce fond s'entaille au ciseau le dessein qu'on veut représenter, qu'on y a calqué auparavant; & quand il est entaillé d'une profondeur suffisante, c'est à dire, d'un pouce ou même davantage, ou le remplit de marbre d'une couleur convenable qu'on a auparavant contourné conformement au dessein, & réduit à l'épaisseur de l'entaille avec divers outils.

Pour faire tenir dans les entailles faites sur le fond ces petites pieces de marbre, dont les diverses couleurs doivent imiter les teintes du dessein, on se sert de stuc composé de chaux & de poudre de marbre, ou d'un mastic que chaque Ouvrier compose différemment, après quoi on polit l'ouvrage à demi avec le grès.

Quand les figures sont assez découvertes, le Peintre ou le Sculpteur lui-même trace avec le pinceau les couleurs des figures qui ne sont point terminées par le marbre du fond, & fait de la même maniere des traits ou des hachures aux endroits où doivent être les ombres; & lorsqu'il a gravé avec le ciseau tous les traits que lui ou le Peintre a tracez, il les remplit d'un mastic noir composé en partie de poix de Bourgogne qu'il verse dessus à chaud, dont il ôte ensuite le superflu avec un morceau de grès ou une brique, qui avec de l'eau & du ciment battu enleve le mastic, polit le marbre, & les rend si unis, qu'on diroit que l'ouvrage n'est que d'une piece, & que c'est plûtôt celui de la nature que de l'Ouvrier.

C'est de cette mosaïque que l'on a fait le pavé de la superbe Eglise des Invalides & de la belle Chapelle de Versailles, & que sont incrustées les ambrasures des croisées & quelques appartemens entiers de cette magnifique Maison Royale.

Pour faire la mosaïque de pierres de raport; il faut une pratique & des outils différens de ce qui sert à la mosaïque simplement de marbre, à qui il n'est guére besoin que de ceux dont on a parlé à l'article des Marbriers.

Les principaux des outils qui sont propres à ce délicat & precieux ouvrage, sont les mêmes qui s'employent à la gravûre des pierres précieuses, comme les Roües, les Tourets, les platines d'étain, &c. qu'on peut voir à l'article des Lapidaires & de la Gravûre des pierres; & outre ceux-là, la Sie à débiter les pierres en bloc, la Machine pour les tenir sur l'établi quand on les débite; l'Estau où l'on met les feuilles pour les contourner & pour les sier; l'archet avec quoi on les sie, la Lime de cuivre à main, & les Pincettes pour prendre & placer les piéces.

L'on

L'on a déja dit qu'il n'entroit dans cette sorte de mosaïque que les marbres les plus exquis, & des pierres, ou des cailloux plus precieux encore que ces marbres: aussi pour en épargner la dépense on sie ces riches matiéres en des feuilles très-minces, & si minces qu'elles ont à peine une demie-ligne, ou une ligne entiére d'épaisseur.

La sie avec laquelle on les débite, a sa feuille sans aucune dent comme celle des Marbriers, mais faite pour tout le reste & montée comme celle des Menuisiers.

Le bloc de pierre qu'on veut debiter, tel, par éxemple, que l'agathe, le lapis, le porphire, ou quelqu'autre, s'attache fortement avec des cordes sur l'établi, posé néanmoins un peu élevé sur un morceau de bois d'un ou deux pouces de hauteur. Deux chevilles de fer qui sont au côté du bloc, & qui servent à l'affermir, servent pareillement à diriger la sie, qui avec de l'émeril détrempé dans de l'eau, use & coupe insensiblement la pierre en autant de piéces qu'on en veut tirer.

S'il faut une grande patience pour cette premiere façon, il en faut encore davantage & une bien autre adresse pour contourner les pieces.

L'étau dans lequel on les met pour cela est de bois monté & affermi sur l'établi par une queuë aussi de bois, qui entre carrément dans une entaille qui traverse cet établi, sous la table de laquelle une cheville en forme de coin le serre fortement. Des deux machoires de l'étau, l'une est mobile, & tient à l'autre par un tenon en forme de charniére: pour les ouvrir & les serrer il y a une vis d'acier qui les traverse l'une & l'autre par le pied, & qu'avec l'écrou qui est au dehors de la machoire mobile, & qui a deux petites branches, on peut lâcher à volonté: enfin, un petit ressort qui est au bas entre les deux machoires, sert à les tenir entr'ouvertes quand on les sépare, en détournant l'écrou de la vis.

L'archet, ou sie à contourner, n'est qu'un fil de léton très-menu, bandé sur un morceau de bois d'orme, ou de quelqu'autre bois qui fasse ressort, plié en arc, qui avec de l'émeril détrempé contourne peu à peu la feuille, en suivant les traits du dessein fait sur du papier, & colé sur la piéce.

Comme ces ouvrages sont de longue haleine, & qu'il ne seroit pas possible de tailler de suite toutes les petites piéces qui doivent les composer, on les place à mesure qu'on en a assez pour en former quelques fleurs entiéres, on quelqu'autre partie de ce que représente le dessein

Les fonds qui soûtiennent cette mosaïque ne sont guére que de pierre de liais, assez épaisses si ce sont des tables, ou de grands tableaux, & moins si c'est pour des cabinets.

Un mastic, ou une sorte de stuc se met sur la pierre pour lier les pierres, mais seulement par petites couches, & à mesure qu'on a des feuilles préparées: ces feuilles se prennent & se placent avec des pincettes; & si quelque contour n'est pas ou assez arrondi, ou assez carré, ou de la figure qu'il faut suivant l'endroit où il doit servir, lorsque la piéce un peu grande, on l'approche autant qu'on le peut avec la lime de cuivre; mais si elle est trop petite, on se sert du touret & des petits outils des Lapidaires, qu'on employe aussi pour couper & polir toutes les pierres précieuses qui entrent dans l'ouvrage.

L'on a long-tems travaillé aux Gobelins à cette sorte de mosaïque; & c'est de-là que sont sortis ces beaux cabinets & ces belles tables qui font l'admiration des Etrangers qui vont voir les appartemens de Versailles.

S'il y a peu d'Ouvriers qui continuent présentement en France à representer en pierres précieuses d'aussi beaux & d'aussi difficiles desseins qu'autrefois, il n'y a guére en récompense de Marbriers de Paris qui ne fassent de cette mosaïque par petits compartimens, qui a son prix, & où ils font entrer ce que les marbres ont de plus vif & de plus rare pour les couleurs. Cette derniére ne se fait pas différemment de l'autre; & ce qu'on a dit dans cet article suffit pour en donner une idée assez juste.

Maniére de faire la Mosaïque de gyp.

Le gyp est une espéce de gros talc, ou de pierre brillante & transparente, qui se trouve dans les carriéres de Montmartre près de Paris, parmi les pierres qu'on y cuit pour y faire le plâtre: Elle est différente de la pierre de plâtre; mais elle a retenu le nom de Gyp, que les Romains donnoient à cette derniére, qu'ils appelloient *Gypsum.*

C'est avec cette pierre calcinée au four, broyée dans un mortier & passée au tamis, que se font les faux marbres & que s'imitent les pierres précieuses, dont se compose ensuite cette espéce de mosaïque qui a presque la dureté & la vivacité des couleurs de la veritable; & qui a de plus l'avantage de former des tableaux, ou des pieces de compartimens continus, & sans qu'on s'apperçoive de leur liaison.

Quelques-uns ne se servent que de plâtre, & d'autres d'une pierre de liais pour soûtenir l'enduit du gyp. Quand on fait simplement le fond de plâtre, il faut le dresser dans un chassis de bois de la longueur & largeur convenables à l'ouvrage qu'on veut entreprendre, & dont, si la pierre est grande, l'épaisseur des bois soit à peu près d'un pouce & demi, au plus de deux.

Le bâti du chassis doit être mobile, c'est à dire, fait en sorte que les tenons ne tenant dans les mortoises qu'avec des chevilles, on puisse facilement les tirer, & démonter le chassis quand le plâtre est assez sec.

Deux ou trois tringles de fer grosses à discretion, qui doivent servir à fortifier la table de plâtre, & empêcher qu'elle ne se cosine, se placent dans toute sa longueur; & afin qu'elles la traversent également, on les arrête par leurs extrêmitez dans des trous de terriéres qui sont percez aux bois des deux bouts du chassis; mais assez larges pour que la partie des tringles qui y est engagée, en sorte aisément.

Le chassis ainsi monté, on le couvre d'un côté d'une forte toile qu'on cloue tout au tour; & l'ayant couché horisontalement, la toile dessous, sur un plancher bien uni, on le remplit de bon plâtre au gros sas bien gâché.

Lorsque le plâtre est suffisamment pris, & presqu'à demi sec, on leve le chassis perpendiculairement, & on le laisse en cet état jusqu'à ce que la table étant entiérement ressuyée & parfaitement séche, on la tire du chassis qu'on démonte, en ôtant les chevilles des quatre angles. C'est le plus important de cette mosaïque, que le fond, quand on ne le fait que de plâtre, soit bien fait, & qu'il ne puisse ni se tourmenter, ni se deverser.

Pour mettre le gyp tamisé en état d'être appliqué sur le fond qu'on lui a destiné, on fait fondre & bouillir dans de l'eau d'excellente cole d'Angleterre; & après avoir mêlé au gyp la couleur qu'on veut lui donner, on les détrempe en-

sem-

semble avec cette eau dans une auge à Maçon, pour, quand on les a bien courroyez, & que le tout est réduit à la consistence du plâtre qui sert aux endroits, le mettre & l'étendre environ de l'épaisseur de six lignes sur ce fond posé sur des trêteaux. Il faut observer que si c'est une table qu'on veut faire, ou quelqu'autre ouvrage qui ait des moulures, il faut les ébaucher avec les gouges & autres outils avant que cet enduit soit tout à fait sec.

C'est sur cet enduit, à qui, ainsi qu'on vient de le dire, on a donné la couleur du marbre, ou de la pierre précieuse qu'on veut qui serve de fond à l'ouvrage, comme de lapis, d'albâtre, d'agathe, &c. que se trace le dessein qu'on y veut représenter, après qu'on l'y a ou poncé, ou calqué.

Pour creuser & évider ce dessein, on se sert de tous les outils des Sculpteurs; cet enduit n'étant devenu guére moins dur que le marbre même, sur lequel ces Ouvriers ont coûtume de travailler. C'est du même gyp diversement coloré, & qu'on employe toûjours avec la même eau de cole, que se remplissent les cavitez du dessein évidé, & que se peignent, pour ainsi dire, les diverses figures de l'original.

Pour avoir sous la main les couleurs & les teintes nécessaires, on délaye dans de petits godets avec du gyp toutes celles qui conviennent à la partie de l'ouvrage où l'on travaille; & lors que tout le dessein en est rempli, & qu'on l'a découvert en le polissant à demi avec de la brique, ou du grès, on recommence à en évider de nouveau les endroits qui doivent être, ou moins forts, ou plus ombrez, pour les remplir encore de gyp; ce qui se recommence jusqu'à ce que ces diverses couleurs ajoûtées les unes dans les autres représentent exactement l'original.

Les nervûres où il en est besoin, se font aussi avec du gyp noir, après les avoir creusées avec le ciseau, ou avec un gros burin.

L'ouvrage achevé se dégrossit avec un grès & du sable qu'on mouille, ensuite il s'adoucit avec la pierre-ponce, & enfin il se polit avec une molette de bois quelquefois doublée de chapeau, & l'émeril.

Pour derniére façon on le lustre; ce qui se fait en l'imbibant legérement d'huile, & en le frottant long-tems avec la paume de la main; ce qui lui donne un éclat qui le peut disputer même aux marbres naturels.

Si l'on veut ne faire que des tables, ou d'autres ouvrages de marbre de diverses couleurs sans mosaïque, la pratique n'est pas tout à fait la même. Pour cela l'on prépare séparément dans de grandes sebilles de bois, à peu près autant de différentes couleurs que la nature en a mis dans l'espéce de marbre qu'on veut imiter; & après les avoir bien courroyées avec le gyp & l'eau de cole, on en prend de chacune une petite truellée, que l'on met sans ordre dans une auge les unes sur les autres; & puis sans les méler, ce qui confondroit les couleurs, mais seulement en les coupant une ou deux fois avec la même truelle, & les replaçant différemment, on leur donne cette bizarre confusion qui fait la beauté & le prix des vrais marbres; en suite de quoi on en fait l'enduit des tables, ou bien on les dresse dans des moules selon les ouvrages qu'on veut faire. Le reste s'achéve comme on l'a dit ci-dessus.

On peut faire avec ce marbre factice tous les mêmes ouvrages qu'avec le véritable; & l'on en voit dans quelques Eglises de Paris de magnifiques Chapelles, dont les colonnes, les pilastres, les corniches, les architraves, enfin tout le placage & les autres ornemens, ne sont que de gyp; mais si solide, si beau & si poli, qu'il faut être bien connoisseur pour n'y être pas trompé.

MOSCH, qu'on nomme aussi AMBRETTE. Espéce de graine de bonne odeur, qui entre dans la composition de quelques parfums. *Voyez* Abelmosc.

MOSCOSQUE. Petite monnoye qui a cours à Archangel & dans le reste de la Moscovie. Deux moscosques font le copec, & cent copecs le rouble. Il faut vingt moscosques pour la grive.

La moscosque est aussi une monnoye de compte, & les Livres se tiennent à Archangel en roubles, grives & moscosques.

MOSCOUADE, autrement SUCRE BRUT. C'est le sucre avant qu'il ait été rafiné, & tel qu'il sort des formes, ou moules dans lesquels on le met au sortir de la quatriéme chaudiére, où le suc des cannes prend sa derniére consistence de syrop. *Voyez* Sucre.

MOT. Terme de commerce, & particuliérement de détail. Il se dit du prix que le Marchand demande de sa marchandise, ou de celui que l'Acheteur en offre. Ce drap est de vingt francs, c'est mon dernier mot; c'est à dire, c'est le prix que je veux le vendre, je n'en rabattrai rien. Vous offrez trop peu de cette toile, vous ne serez pas pris au mot; pour dire, qu'on est encore loin de sa valeur, qu'on ne peut la donner au prix qu'on en offre.

On dit qu'on a été pris au mot, quand le Marchand livre sa marchandise à l'Acheteur sur la premiére offre que ce dernier en a faite.

Un Marchand qui n'a qu'un mot, est celui qui ne surfait pas, qui déclare d'abord le prix qu'il veut avoir de sa marchandise, & qui n'en rabat rien dans la suite. Il y a des personnes qui s'acreditent par cette maniére; & on en a vû à Paris qui ont fait de grandes fortunes par la confiance qu'elle leur avoit aquise.

C'est aussi de la sorte que les Anabaptistes, ou Quakers d'Angleterre & de Hollande se conduisent dans leur négoce, & ils le font pour l'ordinaire avec succès; mais il faut avouer que quoi qu'en apparence ce commerce si simple paroisse plus plein de bonne foi & d'équité que celui où le Marchand est presque obligé de surfaire, parce que l'Acheteur mesoffre toûjours, il ne laisseroit pas néanmoins d'avoir ses désavantages; une trop grande confiance de la part de l'un pouvant devenir pour l'autre une occasion de tromperie, contre laquelle il ne resteroit pas même cette foible ressource qu'il semble que l'Acheteur trouve dans la liberté qu'il a de se débattre du prix, & de n'être trompé, pour ainsi dire, qu'à son corps défendant.

MOTTES A BRULER. Espece de petits pains, ou manieres de tourteaux, qui se font avec de la tannée, ou tan usé; c'est à dire, celui qui a servi à tanner les cuirs dans la fosse.

Les mottes à brûler, ainsi nommées de leur usage, se paîtrissent avec les pieds, & se dressent dans des moules de cuivre: elles se séchent ensuite à l'air; n'étant bonnes & ne prenant aisement le feu, que lorsqu'elles sont extrêmement séches.

Quelque médiocre que paroisse cet objet de négoce, on ne peut dire combien les Tanneurs en débitent tous les ans; les pauvres gens, sur tout ceux du Fauxbourg S. Marceau, où sont établies les tanneries de Paris, ne se servant guére

guére d'autre chose pour se chaufer pendant l'hyver. Les mottes à brûler se vendent au cent. *Voyez* Tan.

MOUAIRE, MOIRE & MOHERE. Etoffe de soye ordinairement ondée & passée à la calandre. *V.* Mohere.

MOUCADE. *Voyez* MOQUETTE.

MOUCHE A MIEL. Petit insecte volant qu'on nomme ainsi du miel qu'il produit. On l'appelle aussi Abeille. Nos anciens François lui donnoient le nom d'Avette. *V.* Miel.

Mouche. Il se dit aussi d'un petit morceau ordinairement de taffetas noir découpé, & quelquefois de velours couvert d'un côté d'un peu de gomme, que les femmes galantes mettent en quelques endroits de leur visage pour relever la blancheur & l'éclat de leur teint, ou pour faire appercevoir quelques agrémens qu'elles croyent avoir.

Ce sont les Maîtres Découpeurs-Egratigneurs d'étoffes qui découpent & gomment ces sortes de mouches, & qui en font le commerce. Le principal outil pour les faire est un emporte-piece. *Voyez* De'coupeur.

Outre la consomption des mouches qui se fait à Paris, il s'en fait aussi des envois considerables dans les Provinces & dans les Païs Etrangers.

Elles payent les droits de sortie à l'estimation.

MOUCHETER. Les Marchands Pelletiers appellent Moucheter de l'hermine, y semer d'espace en espace, ordinairement en forme de quinquonce, de petits morceaux de fourrures noires qui représentent assez bien de grosses mouches.

On fait aussi des mouchetures sur les autres fourrures blanches, pour contrefaire ou imiter la vraye hermine. *Voyez* Hermine.

Moucheter, en termes de Découpeur. Se dit des petites égratignures, ou découpures qu'ils font sur certaines étoffes, particuliérement sur le taffetas & le satin. *Voyez* De'coupeur.

MOUCHETTE. Rabot dont les Menuisiers se servent pour pousser des moulures.

Le fût de la mouchette est étroit, & cavé par dessous en rond aussi-bien que son fer, suivant la partie du cercle qu'on veut représenter sur l'ouvrage.

Il y a des mouchettes pour pousser des quarts de rond, & des mouchettes à grain d'orge pour dégager les baguettes. Il y en a aussi dont le fût est un peu tourné en rond, pour faire les mêmes ornemens sur les ouvrages ceintrez.

Mouchettes. C'est un petit ustencile qui sert à moucher les bougies & chandelles. On en fait d'argent, de cuivre, d'étain & de fer. On dit, Une paire de mouchettes. *Voyez* Porte-mouchettes.

MOUCHETURE. Façon ou ornement que l'on donne à une étoffe, en la découpant & égratignant avec des fers.

Mouchetture. Se dit aussi de l'hermine quand elle est parsemée de petites mouches noires. Les Pelletiers le disent encore des taches naturelles qui sont sur les peaux de certains animaux. Les mouchetures d'une peau de tygre, d'une peau de panthere.

MOUCHOIRS. Il vient des Indes Orientales, particulierement de Bengal, des toiles toutes de cotton, & des espéces de toiles ou étoffes de cotton mêlées de soye, qui sont propres à faire des mouchoirs à tabac, d'où elles ont pris le nom de Mouchoirs. Ces toiles sont de différentes couleurs; les fils de soye & de cotton qui les composent ayant été teints avant que d'être travaillez sur le métier.

Les pieces de mouchoirs toutes de cotton, appellées Masulipatan, qui est le nom d'une Ville de la côte de Coromandel dans les Indes où elles sont fabriquées, sont de trente-deux mouchoirs à la piéce, chaque mouchoir a demi-aune en quarré.

Les pieces de mouchoirs nommez simplement Mouchoirs de cotton, sont de vingt mouchoirs à la piéce, & chaque mouchoir a trois quarts d'aune en quarré.

Et les piéces de mouchoirs soye & cotton, sont de quinze & vingt mouchoirs à la piéce, & chaque mouchoir a trois quarts d'aune de large.

Dans les ventes que les Directeurs de la Compagnie des Indes Orientales de Hollande, font de leurs marchandises, on distingue trois sortes de mouchoirs; sçavoir, les mouchoirs peints qu'on met au nombre des étoffes de soye, & deux autres especes qui sont de toile de cotton. De ces derniers les uns s'appellent Roemaals de fil, & les autres Roemaals moitié tesser & moitié fil. Les mouchoirs de soye se vendirent en 1720. depuis 10 s. jusqu'à 33 s. le mouchoir. Le cavelin, ou lot des deux sortes de Roemaals, est ordinairement de 150 piéces; la piéce de 15 aunes de long sur une de large. Dans la même vente de 1720. les uns, c'est à dire ceux de pur fil, furent vendus depuis 4 florins trois quarts jusqu'à cinq florins trois quarts, & les autres quatre florins sept huitiémes la piéce.

MOUFLE. Maniere de gros Gant, dont les doigts ne sont point séparez, à l'exception du pouce: c'est quasi la même chose que Mitaine. *Voyez* Mitaine.

Moufle, en terme de monnoyage. Est une espéce de vaisseau de terre, plus long que large, tout à fait semblable à une pantoufle dont on auroit coupé le talon, & la semelle au niveau du dessus.

Ce vaisseau dans lequel les Essayeurs des Hôtels des Monnoyes mettent leurs coupelles, est d'une longueur, largeur & hauteur proportionnées au fourneau d'essai. Il est tout à fait ouvert par un des bouts, qui en est l'entrée, & fermé par l'autre, où il n'y a qu'une petite ventouse en forme de croix. Des deux côtez sont aussi divers trous pareillement en forme de ventouse. *Voyez* Essai.

Moufle. On nomme aussi de la sorte parmi les Charpentiers, Maçons, Mariniers, &c. de doubles poulies dont ils se servent pour redoubler la force des machines avec lesquelles ils élevent de pesans fardeaux.

La moufle est ordinairement un morceau de bois carré avec plusieurs mortaises où sont enfermées & enfilées dans le même essieu plusieurs rouës de poulies. On appelle aussi la moufle ou écharpe d'une poulie simple la mortaise, ou le morceau de fer dans lesquels elle roule.

Moufle. C'est aussi un petit arc ou coupelle de terre dont les Orfévres & Emailleurs se servent pour parfondre leurs émaux. *Voyez* Emailler.

Mouflettes. Ce sont les deux morceaux de bois creusez en dedans avec lesquels les Plombiers, Vitriers, Ferblantiers, &c. prennent l'outil qu'ils appellent Fer à souder lorsqu'ils le retirent du feu pour appliquer & étendre leur soudure; c'est proprement la poignée de l'outil coupée en deux, dont chaque partie a un demi-canal, & que l'on réünit sur la queuë du fer chaque fois qu'on le prend chaud. *Voyez* Fer a souder.

MOUILLAGE. Terme de Courroyeur. Façon que l'on donne aux cuirs en les mouillant avec de l'eau pour les disposer à divers apprêts que le Courroyeur doit lui donner.

Le mouillage est de deux sortes ; l'un se fait en laissant tremper les cuirs dans un tonneau d'eau claire ; l'autre en les imbibant d'eau, soit avec le ballet, soit avec le gipon.

L'un & l'autre mouillage se fait encore, ou avec foulure, ou sans foulure ; c'est à dire que le cuir se foule aux pieds après avoir été mouillé, ou qu'il se mouille seulement pour l'étendre plus facilement sur la table, & lui donner diverses façons. *Voyez* Courroyer.

MOUILLOIR. Petit vase dont les fileuses se servent pour mettre l'eau dont elles mouillent le bout de leurs doigts lorsqu'elles filent du lin ou du chanvre au rouet, ou au fuseau. Quelques-unes ne se servent que d'une éponge legérement imbibée d'eau ; les Dames qui s'occupent du filage ont des mouilloirs d'argent. *Voyez* Filage.

On se sert aussi du mouilloir pour retordre le fil.

MOULAGE. Droit que l'on paye aux Seigneurs qui ont des moulins banaux pour la mouture des grains.

Moulage. Se dit aussi de la partie d'un moulin qui sert à faire tourner les meules pour moudre. *Voyez* Moulin.

Moulage. Signifie encore le droit qui est dû aux Mouleurs de Bois, c'est à dire à l'Officier de Police qui mesure les bois de chaufage sur les ports de Paris.

Moulage, en terme de Potier de terre. Veut dire la façon qu'il donne à la terre glaise en la mettant dans des moules pour en faire du carreau.

On le dit aussi des carreaux déja moulez.

MOULANT. Le Garçon du moulin qui est chargé de veiller à la mouture des grains.

MOULE. Ce terme qui veut dire quelquefois le modèle d'après lequel on copie quelqu'ouvrage, a encore diverses autres significations dans le commerce, & parmi les differens ouvriers des Arts & Métiers.

Les ouvriers qui travaillent à fondre le minerai, ou pierre métallique qu'on tire des mines, ont chacun leurs moules pour y recevoir le métail au sortir de la fonderie, mais differens suivant la diversité du métail, ou des ouvrages qu'ils fondent.

Dans les mines d'or on a des moules pour les lingots : dans celles d'argent il y en a pour ce qu'on appelle des Barres. Les mines de cuivre en ont pour les saumons. Celles d'étain aussi pour des saumons, & encore pour des lingots & des lames : les mines de plomb pareillement pour les saumons, & de plus pour les navettes ; & enfin, celles de fer pour ce qu'on appelle des gueuses & pour des plaques de cheminées, des enclumes, des canons, des marmites & autres ustenciles & grosses marchandises de fer, qui se fondent, pour ainsi dire, de la premiere main. *V. les articles de ces métaux.*

Les Fondeurs de grands ouvrages, comme sont ceux qui fondent des statuës, des cloches, des canons, & autres tels ouvrages de bronze & de fonte, font aussi des moules de cire soûtenus en dedans par ce qu'on appelle un noyau, & couverts par dessus de ce qu'ils nomment la chappe. C'est dans l'espace qu'occupoit la cire, que l'on fait fondre pour l'en tirer, que se coule le métail liquide, & où il est porté par quantité de jets, c'est à dire de petits canaux qui parcourent & couvrent tout le moule. *Voyez les articles de ces Fondeurs.*

Les Monnoyeurs appellent Moules, les chassis remplis de sable où l'on jette en moule les lames de métail, qui doivent servir à la fabrication des especes d'or, d'argent & de cuivre. *Voyez* Chassis & Monnoyage.

Les moules des Fondeurs de petits ouvrages sont tous semblables aux chassis des Monnoyeurs. C'est dans ces chassis, aussi remplis de sable, qu'ils impriment les différens ouvrages qu'ils veulent mouler, & où quand les deux chassis dont le moule est composé sont réünis, ils jettent & coulent le cuivre fondu. *V.* Fondeurs de petits ouvrages.

Les Moules des Fondeurs de Caracteres d'Imprimérie, sont partie d'acier & partie de bois. Le bois ne sert proprement qu'à couvrir le veritable moule qui est en dedans, & empêcher que l'ouvrier qui le tient à la main, ne soit incommodé de l'impression de la chaleur du métail liquide. On ne peut fondre qu'une seule lettre à la fois dans chaque moule. *Voyez* Fondeurs de Caracteres.

Moule, en terme de Manufacture de Papier. Sont de petites tables composées de plusieurs fils de léton ou de fer liez les uns aux autres par du fil aussi de léton encore plus fin. Chaque moule est de la grandeur de la feuille de papier qu'on veut dresser, & a un rebord de bois auquel les fils sont attachez. Ces moules se nomment plus communément des Formes. *Voyez* Papier.

Les Fournalistes faiseurs de Fourneaux & de Creusets, se servent aussi de moules pour une partie de leurs ouvrages, particuliérement pour les creusets ; ils sont de bois de la forme même du creuset, c'est à dire de la figure d'un cône dont la pointe seroit coupée. Un manche de bois sert à les tenir & à les tourner de tous sens, lors que les ayant couverts de terre l'ouvrier les veut arrondir ou les applattir. *Voyez* Tournaliste.

Les Moules pour fondre les balles de plomb de divers calibres, sont de petites tenailles de fer dont chacune des branches de la tête est creusée en demi-globe, qui en se fermant forment le globe entier. On appelle le jet un petit trou par où l'on y introduit le plomb fondu ; le jet est à un des côtez par où les branches se joignent.

Moules. Les Vitriers ont de deux sortes de moules ; l'un qu'ils apellent Moule à liens, & l'autre qu'ils nomment Lingotiére. Tous deux servent à couler leur plomb. Dans l'un ils le fondent en petits lingots propres à être filez au rouet ou tire-plomb. *Voyez* Lingotiere. Dans l'autre ils moulent ces petites attaches de plomb d'une ligne d'épaisseur & de deux de largeur, qu'ils nomment liens, parce qu'ils lient les verges de fer qui attachent les panneaux aux chassis de bois. Ce dernier moule est assez semblable au Gauffrier des Patissiers, à la reserve que les deux tables sont traversées dans leur longueur de rainure de l'épaisseur des liens. On peut aussi tirer les liens dans le rouet à filer le plomb, qu'on nomme vulgairement Tireplomb. *Voyez* Tireplomb.

Les Orfévres se servent aussi d'os de seche pour faire les moules de leurs plus petits ouvrages ; ce qu'ils font en pressant leur modèle entre deux os, & y laissant un jet pour y couler leur argent après qu'ils en ont retiré leur modèle.

Moule. Les Appareilleurs & Tailleurs de Pierre appellent aussi de la sorte, & quelquefois Panneaux & Patrons, ces formes ou modèles de cuivre, de fer blanc, de bois, ou seulement de carte, qui leur servent à tracer les profils des ornemens d'architecture dessinez par l'Architecte, ou Maître Maçon.

Moule. Est parmi les Maçons un morceau de bois dur, ou

ou de tole, évidé en dedans suivant les contours des moulures, ou corniches qu'ils ont à tirer; ils le nomment autrement un Calibre.

Moule. Est encore un petit morceau de bois rond un peu applati d'un côté, fait au tour, sur lequel les Maîtres Boutonniers montent ce petit tissu d'or, d'argent, de soye, de crin, de poil, ou d'autre matiere travaillée à l'aiguille dont ils font leurs boutons. Les moules des petits boutons sont ordinairement presque ronds; ceux des grands sont plus plats. On se servoit aussi de moules d'étoffe qui ont été défendus en France sur la fin du dix-septiéme Siécle; & l'on en met encore dans les boutons d'or, d'argent, ou de cuivre en lame, dont la mode a commencé avec le dix-septiéme Siécle. *Voyez* Boutons.

Les Moules de Boutons payent en France les droits d'entrée comme mercerie, à raison de 10 liv. du cent pesant, suivant l'Arrêt du 3. Juillet 1692.

Moule. C'est aussi un grand cercle, ou mesure de fer, qui sert à mesurer & mouler les bois de compte & d'Andelle qui arrivent sur les ports de Paris; c'est de-là que ces bois sont appellez, bois de moule, & que les Officiers de Ville à qui il appartient de faire la mesure des bois, ont pris le nom de Mouleurs de Bois. Cette mesure s'appelle plus ordinairement un anneau qu'un moule. *Voyez* Anneau.

Moule. Les Bimblotiers faiseurs de jouets d'enfans, ont differens moules. Les uns de fer gravé où ils jettent en étain ce qu'ils appellent des petits ménages; & les autres de plâtre, dans lesquels avec des cartons mouillez ils forment & moulent leurs poupées.

Moule. Les Plombiers appellent Moules les tables sur lesquelles ils coulent leurs grandes & petites tables de plomb. Quelquefois néanmoins ils leur donnent simplement le nom de Tables. Ils ont aussi de véritables moules pour fondre & faire des tuyaux sans soudure. On parle ailleurs des uns & des autres. *Voyez à la fin de l'article des Plombiers les trois paragraphes où l'on explique la maniére de couler les grandes & petites tables, & de fondre des tuyaux sans soudure.*

Moule. Les Miroitiers-Lunetiers se servent de moules de bois pour dresser & faire les tubes ou tuyaux avec lesquels ils montent les lunettes à longues vûës, & quelques autres ouvrages d'optique.

Ces moules sont des cylindres de longueur & de diamétre à discretion, & suivant l'usage qu'on en veut faire; mais ils sont toûjours moins gros par un bout que par l'autre, pour la facilité du dépouillement, c'est à dire pour en faire sortir plus aisément le tuyau qu'on a dressé dessus.

Les tubes qu'on fait sur ces moules sont de deux sortes; les uns simplement de carton & de papier, & les autres de copeaux de bois très minces ajoûtez au papier & au carton. Lors que l'on veut faire de ces tubes, qui s'emboitent les uns dans les autres, il n'y a que le premier qui se fasse sur le moule, chaque tube qui s'acheve servant ensuite comme de moule à celui qui le doit couvrir, sans néanmoins ôter le moule du premier. *Voyez* Tube.

Moule. Les Moules des Vaniers sont très-simples. Ce ne sont ordinairement qu'un brin d'osier tourné en ovale, en rond, en quarré, ou en diverses autres figures, suivant qu'ils ont à faire des paniers, des mannes, des hottes, ou d'autres espéces d'ustenciles de ménage qui se font dans le métier de Vannerie. C'est sur ces moules qu'ils dressent, ou plûtôt qu'ils mesurent tout ce qu'ils font; aussi en ont-ils de toute grandeur, de larges, de médiocres, & de très étroits. *Voyez* Vanier.

Moule. Les Maîtres Chandeliers ont deux sortes de moules pour fabriquer leur chandelle; l'un pour la chandelle plongée, qu'on nomme autrement un abîme. Celui-ci est de bois, de forme triangulaire. *Voyez* Abîme.

Les autres moules qui servent à la chandelle moulée, dont l'usage a commencé dans la Manufacture Royale du Sieur Brés, établie à Paris au fauxbourg S. Antoine, sont de léton, d'étain, ou de fer blanc.

Dans cette derniere sorte de fabrique chaque chandelle a son moule, au lieu que dans la fabrique des chandelles communes on y peut mettre jusqu'à deux brochées de dix-huit & vingt-quatre mêches la brochée.

On parle ailleurs très amplement des deux manieres de faire de la chandelle, & des moules qui y servent. *Voyez* Chandelle.

Moule. Les Droüineurs, c'est à dire les petits Chaudronniers qui courent la campagne pour racommoder les vieux ustenciles de cuisine, ont coûtume de porter avec eux deux sortes de moules; l'un pour fondre des cuilliers d'étain, & l'autre pour faire de petites saliéres de même métail.

Ces moules sont de fer, & s'ouvrent en deux par le moyen de leurs charnieres. Les cuilliers se coulent par le manche, & les salieres par le côté. Ces moules ont des queuës de fer pour les tenir.

Quand l'ouvrage est fondu & refroidi, on l'ébarbe avec un petit instrument de fer très-tranchant en forme de serpillon, qu'on nomme un Ebarboir.

Moule. Se dit chez les Batteurs d'or, d'un certain nombre de feuilles de velin, ou de morceaux de boyaux de bœuf dégraissez & preparez, coupées quarrément d'une certaine grandeur & placées l'une sur l'autre, entre lesquelles ces ouvriers mettent les feuilles d'or ou d'argent qu'ils battent sur le marbre avec le marteau.

Il y a de quatre sortes de moules, dont deux sont de vélin, & deux de baudruche; c'est ainsi qu'on nomme les boyaux de bœuf qui servent aux Batteurs d'or. Le plus petit de vélin qui est de quarante à cinquante feuillets, se nomme petit moule à Caucher; & le plus grand qui contient environ deux cens feuillets, s'appelle grand moule à Caucher.

Les deux moules de baudruche sont de cinq cens feuilles chacun, dont le plus petit est nommé Chaudret, & le plus grand est appellé grand moule à achever. Chaque moule a son foureau particulier composé de deux morceaux de parchemin qui servent à tenir les feuilles du moule en état, pour empêcher qu'elles ne se dérangent en battant dessus.

Bois de Moule. C'est une sorte de gros bois à brûler dont les buches doivent avoir dix-huit pouces au moins de grosseur & trois pieds & demi de longueur, conformement à l'article premier du chap. 17. des Ordonnances de la Ville, concernant la marchandise de bois neuf, flotté & d'ouvrage.

Tuile du grand Moule, Tuile du petit Moule, & Tuile du Moule batard. C'est comme l'on distingue à Paris les diverses grandeurs de tuiles qui servent à couvrir les bâtimens.

Le grand moule doit avoir quatre pouces d'échantillon, ou de pureau; le petit moule trois pouces & demi, ou trois pouces: à l'égard du moule bâtard qui n'est plus guére en usage, le pureau tient des deux autres. *Voyez* Tuile.

Jetter en Moule, terme d'Orfévre, de Sculpteur & de

de Fondeur. On jette en moule des ouvrages d'or, d'argent, de bronze, de plâtre & de cire. *Voyez* SCULPTEUR, ORFEVRE & FONDEUR.

MOULÉ'. Ce qui est fait dans un moule. Il se dit aussi de ce qui est imprimé, par opposition à ce qui est écrit à la main. Cela n'est pas fait à la plume, cela est moulé. *Voyez* IMPRIMER.

MOULÉ'E. C'est une espece de terre, ou sediment, qui se forme des petites parties de fer & de pierre qui tombent au fond des auges dans lesquelles tournent les pierres ou meules sur lesquelles les Emouleurs, Couteliers & Taillandiers émoulent leurs ouvrages. On se sert de cette moulée pour faire une sorte de noir qui est défendu aux Teinturiers du grand Teint. *Voyez* NOIR.

La Moulée pour teindre paye en France les droits de sortie à raison de six sols du baril, conformement au Tarif de 1664.

MOULER du bois. C'est le mesurer avec l'anneau de fer qu'anciennement on appelloit un Moule. *Voyez* MOULEUR DE BOIS.

MOULER. Terme de Sculpteur & d'Orfévre. Il signifie quelquefois préparer un moule en cire, en terre, ou en plâtre, pour y mouler un ouvrage: mais il se prend plus ordinairement pour jetter dans le moule déjà préparé, le métail, ou la matiere dont on veut que soit son ouvrage. *Voyez* SCULPTEUR & FONDEUR.

MOULER. Se dit aussi pour Imprimer, mais il n'est guére propre & de peu d'usage. On dit pourtant de l'écriture moulée, pour faire la différence de celle qui est à la main. *Voyez* IMPRIMER.

MOULEURS DE BOIS. Nom que l'on donne à Paris à certains Officiers de Ville établis sur les ports & dans les chantiers pour mouler & mesurer les bois à brûler, & tenir la main à l'éxecution des Ordonnances concernant la police qui doit être observée dans la vente & débit de cette sorte de marchandise.

Les Mouleurs de Bois composent une Communauté des plus considerables de Paris; elle fut établie, à ce qu'on croit, par Louïs le jeune en 1170. d'autres disent seulement en 1190 par Philippes Second, qui créa un Prevôt des Marchands, & quatre Echevins, avec quarante Officiers pour le bois de chauffage, pour agir en l'absence des Echevins dans les mêmes fonctions que les Mouleurs font encore à present.

L'Ordonnance du Parlement de 1299. & le Reglement du Roi Jean de 1350. leur donnent le nom de Jurez Mesureurs de la bûche. Ce dernier les fixa à cinquante.

Charles VI. en 1415. les réduisit à leur ancien nombre de quarante, & l'Ordonnance de ce Prince pour la Jurisdiction de l'Hôtel de Ville de Paris, est la premiere où il leur soit donné la qualité de Jurez-Compteurs & Mouleurs de Bûche.

En 1633. sous le Régne de Louïs XIII. il fut créé onze Officiers de Mouleurs de Bois, pour faire avec les quarante anciens le nombre de cinquante & un.

En 1644. sous le même régne, cette Communauté fut augmentée de quarante-neuf Officiers, pour faire avec les cinquante & un le nombre de cent.

En 1646. sous la minorité de Louïs XIV. il fut encore créé soixante Mouleurs de Bois, lesquels joints avec les cent, firent le nombre de cent soixante, qui est l'état où la Communauté des Mouleurs de Bois est restée, tant qu'elle a subsisté; les autres créations faites encore sous le même Roi, n'ayant point eu lieu, ou du moins les Offices en ayant été unis & incorporez à la Communauté.

Les Mouleurs de Bois en vertu des Edits de leurs créations, particulierement de ceux de 1644. & 1646., & conformement à l'Ordonnance de la Ville de Paris du mois de Decembre 1672. se qualifioient, Commissaires, Contrôleurs, Jurez Mouleurs, Cordeurs, Compteurs, Mesureurs & Visiteurs de toutes sortes de bois à brûler dans la Ville, Fauxbourgs & Banlieüe de Paris, & ils prétendoient que tous ces titres leur appartenoient.

1. Ceux de Commissaires Contrôleurs, parce qu'ils avoient la Faculté de faire des procès verbaux sur les contraventions aux Edits, Arrêts & Reglemens concernant la police des bois à brûler, & autres contraventions, qui surviennent sur les ports & dans les chantiers.

2. Celui de Jurez, parce que lors de leur reception, ils juroient & prêtoient serment devant les Prevôt des Marchands & Echevins, de bien & fidèlement éxercer les fonctions de leurs Charges.

3. Celui de Mouleurs, à cause qu'ils mouloient ou mesuroient les bois d'Andelle & de Compte, avec un grand anneau de fer, que l'on appelle Moule.

4. Celui de Cordeurs, parce qu'ils étoient présens au mesurage des bois de Corde, & qu'ils faisoient ranger par leurs Aides, dans les membrures, ou demi-cordes, ce qu'il en convenoit pour les remplir, & qu'ils faisoient mettre une bûche en travers par dessus le tout, pour faire connoître que le bois est bien & dûëment cordé, & que les voyes sont complettes: outre qu'ils étoient tenus d'empêcher qu'il ne fût mis dans les membrures en cordant des bûches trop tortuës, ni du bois blanc au de-là d'un tiers.

5. Celui de Compteurs, parce qu'ils étoient obligez de tenir la main à ce que les Marchands de Bois donnassent aux Bourgeois cent quatre cotterets, ou cent quatre fagots pour cent, en conformité de l'article 27. du chap. 17. de l'Ordonnance de la Ville ci-devant rapportée; & de ce que lors qu'ils alloient dans les chantiers & sur les ports les premiers jours de chaque mois, ils mesuroient dans les anneaux le bois de moule, ou de compte, pour connoître le nombre de bûches qu'il en faut pour composer une voye.

6. Celui de Mesureurs, à cause qu'ils étoient tenus d'avoir des Mesures de quatre pieds de long pour verifier les membrures, & mesurer les longueurs differentes des bois; comme aussi des chaînes pour mesurer la grosseur des Cotterets, fagots & bois de corde, & des anneaux pour mesurer les bois de compte & d'Andelle.

7. Enfin, celui de Visiteurs, parce qu'ils devoient aller tous les jours sur les bateaux qui arrivent dans les ports pour visiter les cotterets, fagots & autres bois à brûler, afin d'examiner s'ils sont des qualitez requises pour en faire porter les échantillons au Bureau de la Ville, où le prix en doit être reglé sur ces échantillons, par les Prevôt des Marchands & Echevins.

Suivant l'Ordonnance de la Ville déja plus d'une fois rapportée, les Mouleurs de Bois devoient recevoir les déclarations des bois qui arrivent à Paris, tenir Registre des Lettres de voitures, & mettre des banderoles aux bateaux & piles de bois, contenant la taxe qui en a été faite au Bureau de la Ville.

Il faut remarquer qu'en 1707. il fut réüni à la Communauté

nauté des Mouleurs de Bois, des Offices d'Inspecteurs pour la Police sur les bois à brûler, ce qui est un nouveau titre qu'ils ont aquis, lequel paroît être à peu près semblable à ceux de Commissaires Contrôleurs, dont ils jouïssoient déja.

Les Offices des Mouleurs de Bois furent supprimez en 1719. sous le régne de Louïs XV. & la Régence de Son Altesse Royale Philippes Duc d'Orleans, par un Edit du mois de Septembre, qui ordonna la suppression de tous les Officiers établis sur les Ports, Quais, Halles & Marchez de la Ville de Paris.

Les Fonctions des Mouleurs furent néanmoins conservées, & des Commis nommez pour les remplir, mais dans un nombre bien moins grand, & avec une attribution de droits bien moins considérables.

Le même Edit donne au Prevôt des Marchands & Echevins la nomination de ces Commis, & laisse à ces premiers Magistrats Municipaux de Paris, la police, inspection & jurisdiction qu'ils avoient sur les Mouleurs de Bois.

Tarif des droits sur le bois de chauffage que l'Edit du mois de Septembre 1719. ordonne être seulement payez à l'avenir aux commis préposez en la place des Mouleurs de Bois.

Il leur sera payé pour chaque voye de bois neuf & de bois flotté à brûler, soit de moule ou de corde, cinq sols, ci pour la voye - - - - 5 s.

Plus, pour la voye de deux cens huit fagots, cotterets & bourées avec paremens, cinq sols, ci pour la voye - - - - - - - - - 5 s.

Plus, pour la voye de cinquante fagots de bois de corde menuisé, ou bois blanc flotté, de vingt-six pouces de grosseur, cinq sols, ci pour la voye - - - - - - - - - 5 s.

Plus, pour chaque voye de deux cens huit bourées d'épines, ronces sans paremens, souchons, & copeau, deux sols six deniers, ci pour la voye - 2 s. 6 d.

Plus, pour chaque voye de bois de cinquante falourdes de perches, deux sols, ci pour la voye - - - - - - - - - 2 s.

Plus, chaque voye de bois de crû en bûche, fagots & cotterets, deux sols, ci pour la voye. - - - - - - - - - 2 s.

Le nombre des Commis Mouleurs de Bois a été fixé à quatrevingt par Arrêt du Conseil d'Etat du Roi, du 12. Septembre 1719.

Mouleur en Terre & en Sable. C'est une des quatre qualitez que les Statuts des Fondeurs de la Ville & Fauxbourgs de Paris donnent aux Maîtres de cette Communauté. *Voyez* Fondeur.

Mouleures, en terme de glaces & de Miroitiers. Sont de longues tringles de glaces à biseau, qui ne portent tout au plus qu'un pouce & demi de large. A l'égard de la hauteur, il s'en fait depuis douze jusqu'à cent pouces de haut. *Voyez* Glace *à la fin de l'article.*

MOULIN. Machine qui étant agitée par une force extérieure, donne une violente impression sur les choses qui sont exposées à son mouvement. On le dit principalement des machines qui servent à la mouture des grains.

Tous les Moulins se réduisent proprement à trois sortes qui prennent leur dénomination des forces qui leur donnent leur mouvement. Ces Moulins sont des Moulins à vent, des Moulins à eau, & des Moulins à bras. Parmi ces derniers on met aussi ceux dont on fait tourner les meules, ou agir les pilons par le moyen des animaux, particulierement des chevaux, des mulets & des bœufs.

Des Moulins à eau, les uns se nomment Moulins à volets, les autres Moulins à auges; les premiers sont ceux où l'eau coule par dessous la rouë; les derniers ceux où l'eau tombe par dessus.

L'invention des Moulins à bras & de ceux qui tournent par le moyen des animaux, est la plus ancienne. Celle des Moulins à eau a suivi, & à ce qu'on croit a été connuë des Romains: à l'égard des Moulins à vent, la maniere de les construire n'a été apportée en Europe que du tems des Croisades, & ce sont les Orientaux qui l'ont apprise aux Européens.

Les Moulins sont aussi d'un grand secours dans les Manufactures & dans les Arts & Métiers pour la fabrique de bien des sortes de Marchandises & d'ouvrages. On va parler ici des principaux, après qu'on aura dit un mot de leurs differentes especes.

Moulin. Les Moulins à foulons, sont des Moulins à eau, qui font lever & baisser des pilons, ou maillets de bois dans des vaisseaux que l'on nomme pots, ou piles, pour fouler, dégorger & dégraisser les étoffes de laine. *Voyez* Foulon.

Moulin a Toiles. Il n'est guére different des Moulins à foulons, & sert à dégorger les toiles, après qu'elles ont été gayées au sortir de la lessive. Quelques-uns de ces Moulins tournent par le moyen d'une rouë à eau, la plûpart n'ont que des chevaux pour leur donner le mouvement; l'on se sert de ces Moulins en Champagne, particulierement du côté de Troyes. *Voyez* Toiles.

Moulin a Soude. On nomme ainsi dans les Manufactures de Glâces à miroir une sorte de Moulin dont on se sert pour réduire en poussiere la soude qu'on y employe. *Voyez* Glace.

Moulin a Papier. C'est pareillement un Moulin à eau qui a plusieurs martinets, ou marteaux qui battent le chiffon, ou drappeau dans des especes d'auges de bois pour le réduire en petites parcelles, & le rendre comme en bouillie par le moyen de l'eau que l'on fait entrer dans les auges par un petit canal. *Voyez* Papier.

Les Moulins a Sucre sont des machines qui servent à briser & presser les cannes, ou roseaux à sucre, pour en exprimer toute la liqueur, ou suc qui est renfermé dedans.

L'on peut faire quatre sortes de Moulins à sucre qui ne sont pourtant differens que par la diversité des forces mouvantes qui les font agir, les parties qui servent à écraser les cannes, & à en exprimer le suc, étant communes aux uns & aux autres.

Ces quatre sortes de moulins sont des moulins à eau, des moulins à vent, des moulins à bras que des hommes font tourner, & des moulins ausquels des chevaux, ou des bœufs donnent le mouvement.

Les moulins à bras ont été les premiers en usage, mais on a cessé de s'en servir à cause de la trop grande fatigue qu'ils causoient aux malheureux Négres qui étoient destinez à ce travail; outre qu'ils expédioient peu, & que l'ouvrage n'avançoit guere, quoi que pour le service de ces moulins il falût plus de quatre fois autant de Négres que pour les autres moulins.

Les moulins à vent sont les plus modernes, & sont encore très-rares, particuliérement dans les Isles Antilles Françoises. Les Anglois en ont néanmoins quelques-uns à saint Christo-

Christofle & à la Barbade; & l'on en a même construit un à la Martinique. Ces moulins débitent beaucoup, sur tout ceux qui sont faits à la Portugaise; mais ils ont un grand défaut, ne pouvant s'arrêter aussi subitement qu'il est quelquefois nécessaire quand il arrive quelque accident, ou aux Négresses qui donnent à manger au moulin, ou aux rouleaux & autres piéces qui composent cette admirable machine.

L'usage le plus commun est des moulins à eau & des moulins que des animaux font tourner: ceux-ci cependant ne se font guére que dans des lieux où l'on ne peut se servir de la commodité de quelque riviére ou de quelque ruisseau; les moulins à eau étant d'une moindre dépense quand ils sont une fois construits, & pouvant faire un travail plus continuel & plus grand que les moulins ausquels des chevaux & des bœufs donnent le mouvement.

On n'entrera ici dans aucun détail des parties qui sont propres à chacun de ces moulins, & l'on se contentera d'expliquer celles qui leur sont communes à tous, que l'on comprend ordinairement sous le nom de Chassis d'un moulin à sucre. Ceux qui voudront un plus grand détail pourront avoir recours à l'excellent Ouvrage que le R. P. Labat, Missionnaire Dominiquain, a donné au Public & fait imprimer à Paris en 1722, sous le titre de *Nouveau Voyage aux Isles de l'Amérique*, dont on avouë avec plaisir qu'on s'est servi pour réformer cet article & plusieurs autres de ce Dictionnaire.

Chassis d'un moulin à sucre.

Ce chassis est ordinairement de douze pieds de longueur sur quatre pieds de largeur. Il est composé de quatre poteaux de huit à dix pouces en quarré sur dix à douze pieds de long si on enfonce ces poteaux en terre, & seulement de sept pieds si on ne les enfonce pas.

Le bout des poteaux est emmortoisé dans des soles qui sont unies ensemble par des entretoises; en sorte néanmoins que les soles & entretoises debordent les poteaux de trois pieds quand les poteaux ne se mettent point en terre, afin de soûtenir les liens qui appuyent ces poteaux.

Outre les deux petites entretoises de la sole, il y en a une autre à chaque bout du chassis qui est emmortoisée dans les poteaux, environ à deux pieds de terre; ces deux entretoises servent à soûtenir la table du moulin.

On nomme la Table du moulin une piéce de bois plus longue que le chassis de deux pieds, épaisse de quinze à dix-huit pouces, & large au moins de vingt pouces. C'est au milieu de cette table qu'est enchassé ce qu'on appelle le colet, c'est à dire, une piéce de fonte d'environ trois pouces de hauteur, percée d'une ouverture ronde de quatre pouces de diamétre, à travers de laquelle passe le pivot de fer du grand tambour. Au dessous du colet (enchassé aussi dans la table) est la platine, dont les enfoncemens servent comme de crapaudine pour recevoir l'œuf du pivot, c'est à dire, l'extrêmité du pivot qui est fait à peu près comme la moitié de l'œuf d'une oye.

Outre l'échancrure du milieu la table en a encore deux autres à distance égale du colet, & éloignées autant qu'il le faut pour placer les deux tambours des côtez. C'est dans ces échancrures que sont placées des piéces de fonte coupées en demi-cercle pour embrasser les pivots de chaque petit tambour, & les tenir fermes dans la crapaudine qui est au dessous; ces piéces se nomment des Embasses. Il y a aussi des embasses en haut qui servent à proportion au même usage.

Le bas de la table, c'est à dire, la partie qui porte sur les entretoises est garnie de chaque côté de deux planches d'un pouce d'épais qu'on nomme des Allettes, qui remplissent éxactement le vuide qui est entre la table & les poteaux. Elles servent à recevoir le suc des cannes à mesure qu'elles sont écrasées entre les tambours; & comme elles sont un peu disposées en penchant vers l'endroit où est la sucrerie, ce suc tombe dans une goutiére qui le porte dans des canots disposez auprès des chaudieres où il doit être purifié & cuit.

Le dessus de la table est chargé de 3 tambours ou rouleaux posez en ligne droite suivant sa longueur; ils sont de fer fondu de deux pouces, ou environ, d'épaisseur. Leur hauteur n'est jamais moins de seize pouces, & n'excéde point vingt-deux pouces; leur diamétre par dedans est depuis quinze jusques à dix-huit pouces. Le vuide des tambours est rempli d'un rouleau de bois dur, plein & liant qu'on y affermit par le moyen de plusieurs serres de fer & de bois, faites en forme de coins qu'on y enfonce à force de coups de marteau, en observant de laisser déborder le rouleau de bois hors du tambour d'un bon pouce. Lorsque toutes les serres sont placées, on remplit de brai bouillant ce qui pourroit être resté de vuide, & l'on en couvre aussi tout ce qui paroît du rouleau de bois, afin que l'eau, l'humidité & le suc des cannes ne pénetrent point le bois qu'elles pouriroient infailliblement.

Les petits tambours étant remplis, on y place des pivots de fer qui les traversent dans toute leur longueur; ces pivots sont quarrez dans la partie qui est enfermée dans le tambour, & ronds dans celles qui sortent au dehors; celles-ci ont chacune trois pouces de diamétre, l'autre a quatre pouces en quarré.

Il faut remarquer que présentement les petits tambours n'ont pas moins de diamétre que le grand rôle, ou grand tambour, & qu'on ne les nomme encore de la sorte que parce qu'effectivement autrefois celui du milieu étoit considérablement plus gros.

Le rouleau de bois dont on remplit le grand rôle n'est autre chose que l'arbre même du moulin dont le bas est arrondi; ainsi il est plus ou moins long suivant que le Charpentier qui construit le moulin trouve à propos de donner de longueur à son arbre; la proportion ordinaire est de douze ou quinze pieds au dessus du chassis. Après que le tambour est bien assuré autour de l'arbre, on lui met son pivot qui est de fer, mais qui n'a que quinze ou dix-huit pouces de longueur.

Ce qui passe de l'arbre au dessus du chassis est taillé à huit pans, à la réserve du haut qui est rond & qui est réduit à quatre pouces de diamétre en forme de pivot qui s'emboite dans ce qu'on appelle la demoiselle, qui est une piéce de bois percée en rond qui sert à tenir l'arbre droit.

Pour faire tourner les tambours des côtez à mesure que le grand tambour tourne, ils sont tous trois garnis de dents par en haut, qui s'engrainant les unes dans les autres, leur donne un mouvement commun, avec cette différence néanmoins que l'un des deux petits tambours tourne à droite & l'autre à gauche.

Les dents des tambours sont d'un bois dur & ferme; elles ont neuf pouces de longueur, sçavoir cinq pouces ca-

chez

chez dans leurs mortoises, & quatre pouces qui sortent au dehors. Pour leur donner de l'échapée on coupe leur vive arrête, & on les arrondit un peu par le bout. Lors que le moulin travaille on a soin trois ou quatre fois le jour de les froter avec de la graisse, non seulement pour les faire couler plus facilement, mais encore pour empêcher qu'elles ne s'échauffent trop.

Enfin, au devant des tambours (des deux grands côtez du chassis) sont des espéces de tables qui les couvrent à la réserve des endroits par où l'on présente les cannes, ce qu'on fait afin que les Négresses qui servent le moulin ne puissent approcher leurs doigts de l'ouverture par où doivent passer les cannes, à cause des terribles accidens qui en peuvent arriver, ces malheureuses esclaves pouvant être moulues toutes vives entre les tambours pour peu qu'elles s'y engageassent le bout des doigts, quoi que la distance d'un tambour à l'autre soit à peine de l'épaisseur d'un écu.

Avant de finir cette description du chassis d'un moulin à sucre, il faut remarquer qu'on peut faire de deux sortes de moulins à eau, les uns qui sont droits, & les autres qui sont couchez; les droits sont ceux dont l'arbre & les tambours sont élevez perpendiculairement sur l'orison, qui sont ceux dont on vient de parler: & les autres au contraire sont ceux qui ont l'arbre du grand rôle, & leurs tambours paralleles au même orison.

On met ordinairement quatre Négresses pour le service d'un moulin, au plus cinq, quand le moulin debite beaucoup, ce que font les moulins à eau. Deux de ces Négresses donnent à manger au moulin, c'est à dire, font passer les cannes & les bagaces entre les tambours, les autres leur fournissent des cannes neuves, ou emportent celles qui ont passé & dont le suc a été exprimé.

Des deux Négresses qui donnent à manger au moulin, la premiere ne présente que des cannes entieres, que la seconde qui est de l'autre côté reçoit pour les repasser entre les deux derniers tambours. Ce sont les cannes qui n'ont encore passé qu'une fois qu'on appelle des Bagaces. Pour mieux servir le moulin il y a une espéce de billot fait en triangle au devant des ouvertures des tambours sur lequel des Négresses posent les cannes qu'elles présentent, observant que les tambours soient toûjours également remplis & ne tournent point à vuide.

On peut voir à l'article du sucre comment se purifie & se cuit le suc qu'on tire des cannes, combien de sortes de sucre on en peut faire, & la maniere de les rafiner.

Les Moulins à huile, soit à vent, soit à eau, à chevaux, ou à bras, servent à piler ou écraser les noix, les olives & les autres fruits ou grains dont on veut tirer le suc par expression pour en faire de l'huile. *Voyez* Noyer & Huile d'olive.

Les Moulins à tan que l'eau fait aller, servent à mettre en poudre par le moyen de trois gros pilons pointus certaines écorces d'arbres propres à faire le tan. *Voyez* Tan.

Moulin à sie. Est un moulin à eau propre à sier plusieurs planches à la fois. Il s'en voit beaucoup en Dauphiné, particuliérement aux environs de la Chartreuse de Grenoble.

Moulin de forge que l'eau fait tourner. Sert à lever & baisser un marteau très-pesant pour battre le fer dont on veut faire des barres, des ancres, des essieux & autres semblables gros ouvrages. *Voyez* Martinet.

Moulins à faire des lames d'épées. Ces moulins vont pareillement par le moyen de l'eau. Ce sont ceux que l'on voit à Vienne en Dauphiné qui servent à forger ces excellentes lames d'épées qu'on nomme Lames de Vienne. *V.* Martinet.

Moulin à Busle. Ce moulin sert à fouler & préparer avec de l'huile les peaux de busles, d'élans, d'orignaux, de bœufs, &c. pour en faire ce qu'on appelle des Busles pour les gens de guerre; ce qui se fait par le moyen de plusieurs gros pilons qui se haussent & tombent dessus ces cuirs dans de grandes auges de bois par le moyen d'une roue qui est en dehors, que la force de l'eau fait tourner. C'est le Sieur Jabac de Cologne qui le premier a établi de ces moulins en France. Celui que l'on voit encore aujourd'hui à Essone est de son invention. *Voyez* Busle.

Moulin à poudre à canon. C'est celui qui sert à piler ou battre ensemble les ingrediens dont cette poudre doit être composée, ce qui se fait dans des especes de mortiers de fer ou de fonte, & par le moyen des pilons aussi de fer qui sont agitez par une roue qui est à l'extérieur du moulin sur laquelle l'eau tombe avec violence pour la faire tourner; tel est celui que l'on voit à Essone.

Moulin. Les Tireurs d'or nomment Moulins, de petites machines composées de deux cylindres d'acier très-poli, qui leur servent à applattir le fil d'or ou d'argent, pour le réduire en lames. Ces moulins agissent par le moyen d'une manivelle qu'un homme fait tourner.

Il y a aussi des moulins à dévider & à mettre le fil d'or sur la soye, qui sont composez de plusieurs rangs de bobines qui tournent en même-tems par le moyen d'une manivelle.

Moulin. Il y a encore des moulins propres à filer & tordre les soyes, qui sont de grandes machines faites en rond, en forme de petites tourelles de la hauteur de cinq à six pieds, & d'environ une toise de diamétre, qui en tournant ou par la force de l'eau, ou par celle des hommes, fait agir en même tems une infinité prodigieuse de bobines ou rochets qui y sont attachez, sur lesquels la soye a été dividée pour la filer & tordre.

L'on voit beaucoup de ces moulins en France, particuliérement à Lyon & à Tours; il y en a aussi à S. Chaumont & à S. Etienne en Forest. Il y a de ces moulins disposez de telle maniere que trois peuvent aller en même tems, ou par une seule roue agitée par l'eau, ou par la force d'un seul homme.

On ne peut se dispenser de dire en passant, que le public doit être très-obligé, par rapport aux Manufactures de soiries, aux Inventeurs de ces sortes de moulins, que l'on peut nommer véritablement des Machines, puis que par leur moyen deux ou trois personnes peuvent plus filer & tordre de soye en un jour, que ne feroient quarante qui la fileroient, ou tordéroient à l'ordinaire, c'est à dire, à la quenouille, ou au rouet. *Voyez ci-après* Moulinage.

Moulin. Les Lapidaires se servent aussi d'une sorte de moulin pour travailler les pierres précieuses. *V.* Touret.

Moulin de Monnoyeur. Machine qui sert à la fabrication des monnoyes, & qui par le moyen de quelques rouleaux d'acier entre lesquels on fait passer les lames d'or, d'argent & de cuivre, les réduit à l'épaisseur convenable au diamétre, & au poids des especes qui doivent être fabriquées. C'est de ce moulin qu'on a nommé Monnoye au moulin celle qui a été frappée en France depuis que cette machine y est devenue d'usage, pour la distinguer de l'an-

 cienne

cienne maniére, qu'on nommoit Monnoye au marteau, de ce que les lames étoient réduites à leur épaisseur en les battant avec le marteau sur une enclume.

Ce moulin s'appelle presentement un Laminoir qui cependant n'est qu'une des deux parties essentielles de la machine. *Voyez* LAMINOIR.

MOULIN. On peut mettre au nombre des moulins qui servent, ou qui peuvent servir à la fabrique des monnoyes, une machine de nouvelle invention presentée à l'Académie des Sciences en 1717. Comme on en fait ailleurs la description, ou du moins qu'on en donne une idée, on n'en parle ici que pour en indiquer l'article. *Voyez* BALANCIER.

MOULIN aux lavures. C'est une espece de grand cuvier au fond duquel sont deux pieces de fer, ou de fonte, qui tournant l'une sur l'autre par le moyen d'une manivelle, servent dans les Hôtels des monnoyes, & chez les Orfévres, & autres Ouvriers en or & en argent, pour séparer les particules de ces deux métaux d'avec les terres & cendres où elles sont mêlées. *Voyez l'article des lavures, on y trouve la description de ce moulin & la maniere de s'en servir.*

Il y a encore divers autres sortes de moulins moins considerables, comme les moulins aux épiceries, tel qu'il y en a un à Strasbourg; les moulins à broyer le poivre, & les moulins à caffé.

Les moulins à poivre payent les droits de la Douane de Lyon, suivant leur qualité, sçavoir les moulins de fer 3 sous de la piece, & ceux qui sont de bois un sou.

MOULINAGE. C'est le dernier apprêt que l'on donne aux soyes filées avant que de les teindre, ce qui se fait par le moyen d'un moulin.

Pour préparer les soyes au moulinage, il faut qu'elles ayent été cuites, c'est à dire mises dans l'eau bouillante enfermées entre deux linges. C'est proprement pour rendre les soyes plus ou moins torses, suivant la fabrique des étoffes où elles doivent être employées, qu'on leur donne le moulinage.

Le moulin qui sert à donner cet aprêt est une machine quarrée, mais plus longue que large; plusieurs pieces de bois emmortoisées les unes dans les autres en composent le chassis, qui est fait en forme de grande cage, dans le centre de laquelle sont deux rouës couchées de champ l'une au dessus de l'autre, dont les axes posent sur deux traverses mises en haut & en bas.

Un homme seul, quand la machine est simple, peut faire mouvoir ces rouës par le moyen des lanternes où elles sont engrainées, & d'une forte manivelle qu'il tourne à la main. Si les moulins sont multipliez comme ils le sont à Lyon & à Tours, on augmente la force du mouvement, comme on le dira plus bas.

Les rouës mises en branle par le moyen de la manivelle, communiquent leur mouvement à huit dévidoirs, ou même davantage suivant la grandeur de la machine, sur les aîles ou bras desquels se devident les soyes qui sont sur les bobines posées en deux rangs des deux côtez de la machine, chaque rang à la hauteur de l'une des deux rouës qui sont au centre.

Ces bobines ont leur mouvement par des laniéres de cuir, qui posent sur de petits cylindres de bois qui les soûtiennent, & qui roulent ensuite sur les deux rouës du centre; en sorte que la soye qui est sur chaque bobine se tord en se dévidant, & forme séparément son écheveau, que l'on nomme Flotte.

Pour peu que la machine soit grande, elle peut faire mouvoir deux cens, où même trois cens bobines & plus, sur lesquelles une seule personne suffit pour avoir la vûë, soit pour en remettre de nouvelles à la place de celles qui sont déchargées de leur soye, soit pour relier les fils qui se rompent, soit pour arranger les écheveaux sur les dévidoirs, soit enfin pour remedier à tous les désordres qui peuvent arriver par le nombre & la finesse extraordinaires de tant de fils dont sont chargées les bobines.

La description de cette machine, une des plus belles & des plus commodes que l'Art ait inventées pour les manufactures de soyerie, a été faite sur le seul de ces moulins qu'il y ait à Paris; & qui quoi qu'un peu grossiérement composé, a toutes les mêmes parties que ceux de Tours & de Lyon, que personne ne peut voir sans étonnement & sans admiration, particuliérement celui de l'Hôpital de la Charité de cette derniere Ville, où un seul homme fait mouvoir jusqu'à quarante-huit de ces moulins.

On va dire aussi quelque chose de ceux-ci; mais on avouë qu'on ne les a pas vûs, & que ce n'est que sur les relations qu'on en a entendu faire.

Ces moulins (on parle d'abord de ceux de Lyon) sont montez chacun de près de cinq ou six cens bobines, & sont rangez de distance en distance dans une vaste galerie, ou attelier destinez au moulinage.

Au dehors de cette galerie est une grande rouë de bois suspenduë & faite à la maniere de celles des gruës qui servent à élever des pierres & d'autres pesans fardeaux dans les bâtimens.

Au dedans de la rouë marche sans cesse & d'un pas égal un Ouvrier qu'on relaye de tems en tems; & c'est par cette seule rouë, son axe & ses lanternes, que les quarante-huit moulins ont leur mouvement & font leur dévidage par une communication de diverses cordes qui passent successivement sur les rouës de champ de chaque moulin; en sorte que par une espéce de magie on voit plusieurs milliers de bobines se dévider toutes seules sur les dévidoirs de chaque moulin, sans qu'on voye le principe de cette multiplicité d'opérations.

Enfin, tandis que les moulins dévident, il y a plusieurs Inspecteurs qui n'ont d'autre soin que de relier les soyes quand elles se cassent, de substituer des bobines pleines à la place de celles qui se vuident, & de voir que rien ne se dérange dans la machine.

Le moulinage de Tours se fait avec moins de moulins; n'y en ayant ordinairement que cinq dans chaque attelier, l'un au milieu, & les autres aux quatre coins.

Une femme la quenouille à la main & filant sa soye, se promene autour des moulins pour avoir soin des bobines, & pour relier les soyes lors qu'il s'en rompt. C'est ordinairement l'eau qui donne le mouvement à ces moulins: il y en a néanmoins plusieurs qui tournent à force de bras.

MOULINES-CAMPES. Sortes de laines qui s'employent à la fabrique des draps d'Usseau & des serges de Beauvais, en y mêlant des tierces de Segovie. *Voyez* LAINE.

MOULINET. Petit moulin. On le dit aussi des treuils, ou cylindres de plusieurs machines dont un des bouts est traversé par deux leviers, qui étant disposez en croix forment comme quatre bras, avec lesquels on tourne le treuil pour y dévider le cable, & donner du mouvement à la machine. Les chévres, les engins & les gruës ont des moulinets.

MOULINET. C'est aussi une espece de singe, ou d'engin dont les Carriers se servent pour tirer & vuider les terres dans-

dans des mannes d'oſier, lors qu'ils commencent à ouvrir un trou de carriere. Ce moulinet eſt compoſé d'un treuil avec ſon cableau & ſa manivelle, & de deux fourches, c'eſt à dire, de deux ſoûtiens qui ſont faits chacun de deux groſſes perches, ou leviers, croiſées l'une ſur l'autre, & attachées par les bouts. *Voyez* CARRIERE.

MOULINET, en termes de Plombier. Eſt cette partie de l'établi à fondre des tuyaux de plomb ſans ſoudure, où eſt attachée la ſangle avec laquelle on tire le boulon hors du moule, après que le tuyau eſt fondu. *V.* PLOMBIER, *à l'endroit où il eſt parlé de la maniere de couler ces ſortes de tuyaux.*

MOULINEUR, qu'on appelle auſſi MOULINIER. Ouvrier qui travaille au moulinage des ſoyes. *Voyez ci-deſſus* MOULINAGE.

MOULINIER. Se dit auſſi dans les manufactures de lainage, de celui qui a ſoin de faire fouler les étoffes de laine dans un moulin à foulon; mais ce terme n'eſt guére en uſage en ce ſens que dans la Province de Normandie, particuliérement du côté de Roüen & d'Elbeuf. Ailleurs on dit Foulon. *Voyez* FOULON.

MOULTANS. Toiles peintes qui ſe font dans les Etats du Grand Mogol. Elles ſe tirent de Surate, d'où elles ſont apportées en France par les vaiſſeaux de la Compagnie. Comme le débit en eſt interdit dans le Royaume, elles doivent y être marquées à leur arrivée, pour être envoyées à l'Etranger. *Voyez* TOILES PEINTES.

MOUMIE. *Voyez* MOMIE.

MOURIS. Toiles de coton qui viennent des Indes Orientales. Il y en a de fines, de groſſiéres, de larges, d'étroites, de blanches & de rouges. Toutes les pieces de ces toiles ont douze aunes de long ſur diverſes largeurs; ſçavoir les fines larges une aune trois-quarts, les étroites de même qualité, une aune un quart, les groſſiéres blanchies une aune trois quarts, & les rouges une aune cinq huitiémes.

Dans les ventes que la Compagnie de Hollande fait de ces toiles, les lots, ou cavelins ſont tous d'une bale contenant cent pieces. En 1720 les mouris fines larges revenoient depuis onze florins ſept huitiémes juſqu'à treize florins trois huitiémes la piéce, les étroites depuis neuf florins juſqu'à dix, les groſſieres blanchies ſix florins trois quarts, & les rouges depuis ſix florins cinq huitiémes juſqu'à ſept florins un huitiéme.

MOUSQUET. Arme à feu qu'on porte ſur l'épaule, & qui ſert à la guerre.

Le mouſquet étoit autrefois l'arme de l'Infanterie de campagne; préſentement il ne ſert plus guére que pour la défenſe des Places.

Les mouſquets ſont du nombre des marchandiſes de contrebande dont la ſortie hors du Royaume eſt défenduë en France par l'Ordonnance de 1687.

Ils y payent les droits d'entrée à raiſon de 2 liv. du cent peſant, conformement au Tarif de 1669.

Les droits de la Douane de Lyon ſont de 30 ſ. la bale pour les mouſquets venant d'Allemagne.

MOUSQUETS. Ce ſont auſſi des tapis de Turquie, ou de Perſe, que les Marchands François achetent à Smirne, & qui arrivent dans le Royaume ordinairement par la voye de Marſeille. Ils ſont les plus fins de ceux qui ſe tirent du Levant, & ſe vendent à la piéce depuis ſix piaſtres juſqu'à trente, ſuivant leur fineſſe & leur aunage. Il ſe fait des tapis de pareille fabrique, mais beaucoup plus beaux & mieux travaillez à la Savonnerie, Manufacture Royale établie au bout du Cours-la-Reine par Louïs XIV. pour les meubles de la Couronne, façon de Turquie & de Perſe.

MOUSQUETON. Petit mouſquet, mais dont le calibre eſt plus grand & la culaſſe plus renforcée qu'aux grands mouſquets.

Les mouſquetons payent en France les droits d'entrée comme mouſquets, & de même qu'eux ſont marchandiſe de contrebande pour la ſortie.

MOUSSE, qu'on nomme auſſi USNE'E. Petite plante qui croît ſur les arbres, ſur les pierres & ſur les coquillages.

Il y a pluſieurs ſortes de mouſſes qui entrent dans le commerce des Marchands Epiciers, & qui ſervent, ou à la Médecine, ou aux Parfumeurs; entr'autres la Mouſſe marine, qu'on nomme autrement Coralline, qui eſt bonne contre les vers; *Voyez* CORALLINE; & la Mouſſe de cédre & de ſapin qui entre dans la compoſition de la poudre de Chypre. *Voyez* CEDRE *&* SAPIN.

La mouſſe des arbres communs, comme du chêne, de l'orme, du peuplier, &c. ſert aux Matelots & Mariniers à calfater & calfeutrer leurs navires & bateaux. Les Oiſeliers en font auſſi un petit trafic, & l'employent à préparer les cages dans leſquelles on met couver certaines ſortes d'oiſeaux.

Ce n'eſt que depuis l'uſage des microſcopes qu'on a reconnu que la mouſſe étoit une véritable plante qui avoit ſes racines, ſes tiges, ſes feuilles, ſes fleurs & ſa ſemence. Ses feuilles ſont moles, blanches & découpées en parties beaucoup plus minces que les cheveux.

En général on eſtime la mouſſe d'arbre d'une nature aſtringente; ce qui fait qu'on s'en ſert dans les dévoyemens & les hemorragies. Les Epiciers ont coûtume de la vendre ſous le nom d'Uſnée. *Voyez* USNE'E.

MOUSSELINE. Toile toute de fil de coton, ainſi appellée, parce qu'elle n'eſt pas bien unie, & qu'elle a de petits bouillons ſur ſa ſuperficie, qui reſſemblent aſſez à de la mouſſe.

La Compagnie des Indes Orientales de France apporte de Pondichery & de Bengale pluſieurs ſortes de mouſſelines; ſçavoir,

Des Betilles ſimples.
De Betilles Organdy.
Des Betilles Tarnatanes.
Des Tarnatanes Chanonis.
Des Adatais.
Des Mametiaty,
Des Abrohany,
Des Doulebſais,
Des Hamedis,
} ou Mallemolles.
Des Mallemolles ſimples.
Des Mallemolles Tarnatanes.
Des Caſſes.
Des Chabnam, ou Roſées.
Des Doreas.
Des Mamotbanys.
Des Tanjebs.
Des Terindannes.
Des Toques.
Et des cravattes brodées & rayées.

Toutes ces différentes mouſſelines ſont expliquées chacune à leur article; & leurs longueurs, largeurs & qualitez y ſont marquées.

Les mouſſelines payent les droits d'entrée à la Douane de Lyon comme toiles de coton, à raiſon de 6 ſ. la piece de dix aunes.

Les mouſſelines ont long-tems été compriſes dans les défenſes générales faites en France contre les étoffes des Indes & de la Chine & les toiles peintes, dont on a amplement parlé à l'article de ces étoffes; mais ces défenſes ſubſiſtant toûjours à l'égard des Particuliers, ont été levées en faveur de la Compagnie des Indes Orientales; & Louïs XIV. lui accorda ſur la fin de ſon Régne d'en faire venir par les retours des vaiſſeaux qu'elle envoye chaque année en Orient, à la charge qu'elles feroient marquées dans les Ports de leur arrivée.

Louïs XV. pour empêcher le déversement des mousselines étrangéres dans le Royaume, qui feroit aisé si les Contrebandiers n'avoient qu'une marque à contrefaire, en a ordonné encore une seconde par un Arrêt de son Conseil d'Etat du 20. Janvier 1716, sans laquelle elles ne peuvent être venduës en aucune Ville.

Cette marque doit être apposée à Paris par le Lieutenant Général de Police, & dans les Provinces par les Intendans, ou leurs Subdeleguez ; toutes les mousselines qui sont sans cette premiere & seconde marques étant reputées entrées en contravention, & confisquées comme telles ; & les Marchands, ou autres personnes qui en seront trouvez chargez, condamnez à l'amende de mille écus & autres peines portées par cet Arrêt & les précedens.

Il est pareillement ordonné par le même Arrêt, Que pour empêcher que d'autres mousselines que celles de la Compagnie puissent être débitées en France, & particuliérement à Paris, les mousselines en pieces, ou coupons qui seront saisies en contravention aux précedens Arrêts à la diligence des Fermiers Généraux, ou des Interessez à ladite Compagnie des Indes, seront confisquées au profit de ceux qui en auront fait la saisie, à condition qu'elles seront renvoyées à l'Etranger avec les précautions que les Arrêts ont prescrites; & que certificat de leur arrivée au lieu de leur destination sera raporté.

MOUSTACHE. Terme de Tireur d'or. C'est la manivelle qu'ils fichent dans leurs rochets, ou bobines pour devider & tirer leur fil d'or & de soye. *Voyez* Tireur d'or.

MOUSTILLE. Sorte de belette tres-sauvage qui ne vit qu'à la campagne, dont la peau revêtuë de son poil entre dans le negoce de la pelleterie. *V.* Belette.

MOUTA. On nomme ainsi dans les Indes Orientales une des deux espéces de soye crûë que l'on tire du Bengale; c'est ce qu'on appelle en France Fleuret. L'autre espece de soye Bengaloise est le tani qui est la vraye soye. *Voyez* Soye *où il est parlé des soyes d'Orient.*

MOUTARDE. Petite graine qu'on nomme autrement Senevé. *Voyez* Seneve'.

Moutarde. Est aussi une composition de graine de senevé broyée avec du vinaigre, ou du moust de vin, dont on se sert dans l'assaisonnement de quelques sauces & ragoûts; ou pour manger avec de certaines viandes. La moutarde de Dijon est estimée, il s'en fait un grand négoce en France & même dans les Païs étrangers.

La graine de moutarde sert à préparer les peaux de chagrin, ou celle des autres animaux que les Ouvriers passent en chagrin. *Voyez* Chagrin.

MOUTARDIER. Celui qui fait, ou qui vend la moutarde. Les Moutardiers à Paris sont de la Communauté des Vinaigriers. Il n'est permis à personne de faire, de vendre, ni d'avoir Garçons marchans par la Ville pour crier Moutarde qui ne soit Maître. La moutarde ne se doit faire qu'avec de bon vinaigre & du sénevé de la meilleure qualité; les moulins pour broyer doivent être propres & non chansis, & les Jurez tenus d'y tenir la main. Il est même ordonné que les Serviteurs, ou Garçons la criant par les ruës soient sains de leurs membres & propres dans leurs habits, à peine de quatre livres d'amende. *Voyez* Vinaigrier.

Moutardier. C'est aussi une espece de petit boisseau de bois avec un couvercle que les Garçons des Vinaigriers portent suspendu à leur bras avec une sangle, ou qu'ils roulent sur une petite brouette qu'ils poussent devant eux, dans lequel ils tiennent proprement la moutarde qu'ils vont crier par les ruës.

C'est encore un petit meuble de table d'or, d'argent, d'étain, ou de fayance, dans lequel on sert la moutarde, pour la manger avec la viande.

MOUTON. Vieux agneau qu'on a châtré pour empêcher qu'il ne devienne Belier, afin qu'il s'engraisse plus facilement, & qu'il soit plus tendre pour être vendu à la boucherie & employé à la nourriture de l'homme.

Quand le petit de la brebis n'a pas un an complet, on le nomme Agneau; lors qu'il en a deux, les Laboureurs l'appellent Antenet; quand il en a trois & qu'il a été châtré, on le nomme Mouton. Enfin, lorsqu'il est parvenu à ce dernier âge & qu'on l'a laissé sans être châtré, pour en conserver l'espéce, il prend le nom de Belier, ou de Ran.

Outre la chair des moutons, une des nourritures des plus ordinaires & des meilleures dont l'homme se serve pour conserver & soûtenir sa vie, on tire encore de ces animaux quelques marchandises dont il se fait un commerce considérable.

Leurs laines, leurs peaux, leurs graisses, soit celle dont on fait le suif, soit celle qu'on nomme Oesype, sont de ce nombre ; elles se trouvent toutes expliquées à leurs articles particuliers qu'on peut consulter.

Les Moutons & Brebis, vifs ou tuez, venant des païs étrangers, payent en France les droits d'entrée à raison de quinze sols de la piece; & ceux venant des Provinces du Royaume, 2 sols, conformément au Tarif de 1664.

Les droits de sortie suivant le même Tarif, sont pour chaque Mouton & Brebis, grands & petits, gras ou maigres, 4 sols.

Le terme de mouton se prend aussi quelquefois pour la peau de l'animal, différemment préparée ; ainsi l'on dit, du Mouton passé en mégie, du Mouton passé en huile, autrement dit, en chamois, du Mouton passé en basanne. La plus grande partie du parchemin se fait de mouton. Ces diverses preparations du mouton se peuvent voir aux articles de Mégie, Chamois, Basanne & Parchemin.

Les Moutons habillez en blanc ou jaune en façon du chamois, payent trois livres de la douzaine de droits d'entrée, suivant le Tarif de 1667. & l'Arrêt du 15. Fevrier 1689. & 16 sols de droits de sortie, par le Tarif de 1664.

Les Moutons passez en galle, 40 s. du cent pesant d'entrée; & les Moutons pelez 5 s. de la douzaine, par le même Tarif de 1664.

Les droits de la Douane de Lyon, sont; sçavoir les Moutons accoutrez en chamois, 12 s. la douzaine.

Des Moutons en galle 10 s. de la bale, & encore 3 s. du cent.

Les Moutons en jambas, comme ceux en galle.

Les Moutons pelez 2 s. la douzaine, ou 9 s. la bale de charrette, ou 4 s. du quintal; & la reapreciation des deux dernieres estimations à l'équipolent.

Moutons. Ce sont les quatre pieces de bois placées debout sur les lisoires qui servent à tenir un carosse suspendu. Les moutons se font ordinairement d'orme, ou de frêne. *Voyez* Orme & Fresne.

Moutons. On appelle Moutons dans les sonnettes, ou machines à battre & enfoncer les pilotis de gros billots de bois armez ordinairement de fer par en bas, qui tombant sur la tête des pieux les battent & les enfoncent dans la terre.

Lors

Lors que les billots sont attachez à ces autres machines, qu'on appelle des Engins, ils changent de nom, & se nomment des Hies. Quelquefois le mot de Mouton se prend pour la machine même. *Voyez* SONNETTE.

MOUVOIR. Terme de Chandelier. C'est un outil de bois en forme de bâton de quinze ou vingt pouces de long & d'un pouce & demi de diamétre, duquel les Chandeliers se servent pour remuer le suif liquide dont est rempli le moule où se fabriquent les chandelles plongées, crainte qu'il ne s'épaississe trop. *Voyez* CHANDELLE.

MOYEN-CAEN. Sorte de linge ouvré qui se fait aux environs de la Ville de Caën en Basse-Normandie. *Voyez* LINGE.

MOYEN-LYON. Linge ouvré qui se fabrique dans la petite Province de Beaujolois, particuliérement à Regnie. *Voyez* LINGE.

MOYEN-BAZAR. Coton filé. *Voyez* COTON. *Voyez aussi* BAZAR.

MOYEUX. Se dit de certains tronçons de bois de charronnage, ordinairement d'orme, qui se débitent & qui s'envoyent en grume. *Voyez* ORME.

MOYEUX. Sont aussi des prunes dont il se fait une excellente confiture.

Presque tous les moyeux confits qui se vendent à Paris chez les Marchands Epiciers Confiseurs, viennent de Dijon; ils sont ordinairement dans de petits pots de verre bleuâtre, ronds & un peu plats.

MUCQUIN. Drogue dont il est fait mention dans le Tarif de la Douane de Lyon.

Le mucquin paye les droits à raison de 48 s. le quintal pour l'ancienne taxation, & 30 s. pour les anciens quatre pour cent.

MUDDE. Mesure des grains, dont on se sert à Tongres. Le mudde est de près d'un quart plus fort que le septier de Paris; il ne faut que 15 muddes pour faire 19 septiers. *Voyez* SEPTIER.

MUDE. C'est aussi une mesure dont on se sert à Amsterdam pour mesurer les grains.

Le last contient 27 mudes, ou 36 sacs, & 4 schepels font le mude.

MUDE. Sorte d'étoffes faites d'écorce d'arbres, qui se fabrique à la Chine; elles contiennent ordinairement cinquante-six cobres Chinoises de long sur treize pouces de large. Il y en a de plus fines les unes que les autres; les moindres se vendent à Canton un taël la piéce, les plus fines un taël trois mas; elles sont propres pour le commerce du Tonquin où l'on en donne un taël sept mas de celles-ci, & un taël cinq mas des autres.

MUID, que quelques-uns écrivent MUI, ou MUY. Grande mesure des choses séches comme bled, orge, avoine, pois, féves, lentilles, sel, plâtre, chaux, charbon de bois, &c.

Le muid n'est pas un vaisseau réel qui serve de mesure, mais une estimation de plusieurs autres mesures, telles que peuvent être le septier, la mine, le minot, le boisseau, &c.

A Paris le muid de bled, d'orge, de pois, de féves, de lentilles & d'autres semblables marchandises qui se mesurent radées sans grains sur bord, est composé de douze septiers, chaque septier faisant deux mines, la mine deux minots, le minot trois boisseaux, le boisseau quatre quarts, ou seize litrons; chaque litron est de 36 pouces cubiques.

Le muid d'avoine est double de celui de bled, quoi que composé comme lui de douze septiers; mais chaque septier d'avoine est de vingt-quatre boisseaux, au lieu que le septier de bled n'est que de douze, en sorte que sur ce pied la mine d'avoine doit être de douze boisseaux, & le minot de six boisseaux, chaque boisseau se divisant en quatre picotins, le picotin en deux demi-quarts, ou quatre litrons, & le demi-quart en deux litrons. L'avoine ainsi que le bled se mesure raze, sans grains sur bord.

A Orleans le muid de bled se divise en deux mines, & ces deux mines ne font que deux septiers & demi de Paris.

A Roüen le muid de bled est de douze septiers qui en font quatorze de Paris, chaque septier de Roüen se divise en deux mines, & la mine en quatre boisseaux.

En Berry le muid de bled n'est que de vingt-un boisseaux, dont il y en a seize au septier.

Le muid de sel contient douze septiers, chaque septier composé de quatre minots, & le minot de quatre boisseaux. *Voyez* BOISSEAU *à l'endroit où il est parlé de celui du sel, vous y trouverez toutes les divisions & subdivisions du boisseau de cette marchandise.* Il faut remarquer que le sel ainsi que les grains se vend à mesure raze.

Le muid de pierre de S. Leu, du Vergele & autres semblables, contient sept pieds cubes de pierre. Deux muids fond le tonneau. *Voyez* PIERRE A BASTIR.

Le muid de plâtre contient trente-six sacs, & le sac suivant la derniere Ordonnance de Police, doit être de deux boisseaux radez, en sorte que le muid de plâtre est composé de soixante & douze boisseaux.

Le muid de chaux est composé de quarante-huit minots, le minot contenant trois boisseaux, le boisseau se divise en quatre quarts, & le quart renferme quatre litrons.

Le muid de charbon de bois contient vingt mines, sacs ou charges, chaque mine composée de deux minots, le minot contient huit boisseaux, le boisseau se divise en deux demi-boisseaux, le demi boisseau en deux quarts de boisseau, & le quart de boisseau en deux demi-quarts de boisseau.

Le muid de charbon se mesure ordinairement avec le minot, charbon sur bord, c'est à dire, que l'on laisse quelques charbons au dessus du bord du minot, & sur toute sa superficie, sans cependant l'encombler entiérement.

A l'égard du charbon qui se vend par les Regrattiéres au boisseau, demi-boisseau, quart & demi-quart de boisseau, il se mesure comble. *Arrêt du Parlement du 24 Juillet 1671, inseré dans l'Ordonnance generale de la Ville de Paris du mois de Décembre 1672.*

MUID. Est aussi une des neuf especes de futailles, ou vaisseaux réguliers, dont on se sert ordinairement en France pour mettre les vins & autres liqueurs.

Le muid de vin se divise en demi-muids, ou feuillettes, en quarts de muid, & en demi-quarts, ou huitiéme de muid, en sorte que le muid est composé de deux demi-muids, ou de quatre quarts de muid, ou de huit demi-quarts de muid.

Le muid contient trente-six septiers, chaque septier composé de huit pintes mesure de Paris, de maniere que le muid est de deux cens quatrevingt-huit pintes; le demi-muid renferme dix-huit septiers qui font cent quarante-quatre pintes, le quart de muid neuf septiers, qui font soixante & douze pintes, & le demi-quart de muid quatre septiers & demi, qui font trente-six pintes.

Un muid & demi fait une queuë d'Orleans, de Blois,

de Nuys, de Dijon, ou de Mâcon, ou une pipe d'Anjou, qui est égale à la queuë.

Les trois quarts de muid font une demi-queuë des lieux ci-dessus, ou un buffard, ou busle d'Anjou, qui est la moitié de la pipe.

Un muid & un tiers, ou quatre tiers de muid, font une queuë de Champagne, & par conséquent deux tiers de muid font une demi queuë, & le tiers de muid fait un quarto, qui est la moitié de la demi-queuë, ou le quart de la queuë.

MULET, MULE. Bêtes de sommes engendrées d'un âne & d'une cavale, ou d'un cheval & d'une ânesse. *Voyez l'article des Haras. Voyez aussi celui des Etalons.* On y parle amplement de la maniere d'élever ces animaux, & du commerce qui s'en fait tant au dedans qu'au dehors du Royaume.

Les mulets & mules, tant à selle qu'à porter charges, payent en France les droits d'entrée à raison de 4 liv. de la piéce quand ils valent au dessus de trente écus, & seulement 2 liv. quand ils sont au dessous.

A l'égard des droits de sortie ils les payent comme chevaux, suivant leur différence; sçavoir, ceux tant à selle qu'à porter, 6 liv. & les petits propres pour le labour 2 liv.

MULTIPLE. Terme d'Arithmétique signifie un nombre qui en comprend un autre plusieurs fois; 6 est multiple de 2 qui est compris trois fois en six; 12 est multiple de 3 & de 4, il comprend l'un quatre fois & l'autre trois

Les nombres sous-multiples sont ceux qui sont contenus dans les multiples: ainsi 4 & 6 sont les sous multiples de 12 & de 18.

On nomme Proportion multiple, celle qui est entre les nombres de cette espece.

MULTIPLIABLE. Qui peut être multiplié. Toutes sortes de nombres sont multipliables par eux-mêmes à l'infini.

MULTIPLIANT. *Voyez ci après* MULTIPLICATEUR.

MULTIPLICANDE. On appelle ainsi le plus grand nombre qui dans l'opération de la Multiplication est multiplié par le plus petit, que l'on nomme le Multiplicateur. Quelques-uns disent Multiplié au lieu de Multiplicande; mais le dernier est le plus en usage parmi les Arithméticiens.

MULTIPLICATEUR, ou MULTIPLIANT. C'est le plus petit nombre, qui sert à multiplier le plus grand, qu'on appelle Multiplicande, ou Multiplié.

Quand on fait la régle de multiplication, on pose le multiplicateur sous le multiplicande; & lors qu'un nombre se multiplie par lui même pour faire son quarré, le multiplicateur & le multiplicande sont égaux.

Au surplus ces divers noms de Multiplicande ou de Multiplié, & de Multiplicateur, ou de Multipliant, ne sont point affectez au plus grand, ou au plus petit terme des deux nombres dont on forme la multiplication.

MULTIPLICATION. C'est la troisiéme des quatre premiéres régles de l'Arithmetique, qui enseigne à multiplier un nombre par un autre, ou par soi même; c'est à dire à trouver quelle somme feroit un nombre qui feroit ajoûté ou redoublé autant de fois qu'il y a d'unitez dans un autre; en sorte que la multiplication des nombres n'est, pour ainsi dire, qu'un abregé de l'Addition. La multiplication de 4 par 5, fait 20, quatre fois cinq font vingt; & de quatre par soi-même fait 16. quatre fois quatre font seize.

Le nombre à multiplier, qu'on appelle le Multiplicande, ou le Multiplié, se pose au dessus du nombre Multiplicateur, ou Multipliant. L'on prend pour l'ordinaire le plus grand nombre pour le Multiplicande, & le plus petit pour le Multiplicateur; cependant de quelle maniére ils soient pris, le produit de la Multiplication qui est le résultat de la Régle, se trouve toûjours le même, étant indifférent qu'on multiplie 4 par 3, ou 3 par 4, puis que de l'une des deux manieres le produit se rencontre parfaitement égal, d'autant qu'il est constant que quatre fois 3 font 12, & que trois fois 4 font pareillement 12.

A l'égard de l'utilité de la Multiplication, elle consiste particuliérement à trouver par le prix d'une chose la valeur de plusieurs, en telle espéce qu'on a multiplié; de sorte que si on a multiplié par des livres tournois de vingt sols, il viendra au produit des livres tournois de vingt sols; si c'est par des sols de douze deniers, il viendra des sols de douze deniers; & si c'est par des deniers, il viendra des deniers, & ainsi du reste.

Quelques exemples de cette Régle dont les Multiplicateurs seront composez de nombres entiers, tels que peuvent être des livres tournois, pourront faire facilement comprendre la maniere d'operer, pourvû que l'on sache bien le Livret.

Exemple d'une Multiplication dont le Multiplicande est de deux chiffres, & le Multiplicateur d'un seul chiffre.

Je suppose que j'ai acheté cinquante-six aunes d'étoffe à sept livres l'aune; je veux sçavoir combien je dois payer.

OPERATION.

Multiplicande	56 aunes.
Multiplicateur	7 livres.
Produit	392 livres.

EXPLICATION.

Après que le multiplicande & le Multiplicateur ont été posez, & qu'on a mis une raye au dessous, comme dans l'exemple précedent, il faut commencer par le Multiplicateur, & dire, 7 fois 6, font 42, pose 2 & retient 4 dixaines; puis dire, 7 fois 5 font 35, & 4 que j'ai retenu font 39, qu'on doit poser avant le 2; en sorte que venant à nombrer suivant l'ordre de la numeration, les trois chiffres posez qui sont 3, 9 & 2, on trouvera que le produit est de trois cens quatrevingt-douze livres, qui est ce que j'ai à payer, comme il se voit ci-dessus à l'opération.

Autre éxemple d'une Multiplication, dont le Multiplicande est de trois chiffres, & le Multiplicateur de deux chiffres, sans zeros.

J'ai vendu trois cens quarante-six muids de vin, à trente-cinq livres le muid; je veux sçavoir le produit de ma vente.

OPERATION.

Multiplicande	346 muids.
Multiplicateur.	35 livres.
	1730
	1038
Produit	12110 livres.

EXPLICATION.

Ayant posé le Multiplicande & le Multiplicateur, une raye dessous; comme à l'autre operation; Je commence par la premiere figure du multiplicateur qui est un 5, & je dis; 5 fois 6 font 30, pose zero & retient 3; puis je dis, 5 fois 4 font 20, & 3 que j'ai retenu font 23, pose, & retient 2 dizaines: ensuite je dis; 5 fois 3, font 15, qui joints au 2 que j'ai retenu font 17 que je pose avant le 3.

Après je passe à la seconde figure du Multiplicateur, qui est

eſt un 3, & en multipliant de nouveau je dis, 3 fois 6 font 18, je poſe 8 ſous le même 3, en reculant d'une figure, & retiens une dixaine; enſuite je dis, 3fois 4 font 12, & 1 que j'ai retenu font 13, je poſe 3 & retiens une dixaine: enfin je dis, 3 fois 3 font 9, & une dixaine que j'ai retenuë font 10, que je poſe avant le 3: de maniere que faiſant l'Addition de tous les chiffres que j'ai poſez pour les deux produits, je trouve que le prix total de ma vente monte à douze mille cent dix livres; qui eſt ſemblable au produit de l'operation.

Il faut obſerver que lorsque le Multiplicateur eſt composé de 3 ou 4 figures, & même davantage, l'on doit ſuivre le même ordre que lorsqu'il n'y en a que deux, c'eſt à dire qu'on doit reculer toûjours le produit de chaque figure d'un degré.

Lorsqu'il y a des zeros au Multiplicateur, comme ſi 456 étoient à multiplier par 200, il faudroit poſer les 456, & les 200 deſſous; de maniere que le 2 des 200 fut directement placé ſous le 6 & les 2 zeros avancez, n'y ayant ſimplement qu'à les poſer au produit, ſans ſe mettre en peine d'en faire la multiplication, parce que les zeros ne peuvent ni ſe multiplier, ni ſe diviſer; en ſuite on doit multiplier les 456 par 2, comme il ſe voit par l'operation ſuivante.

Multiplicande.	456
Multiplicateur	200
Produit	91200

Et ſuppoſé qu'il y eût des zeros, tant au Multiplicande qu'au Multiplicateur, pour lors il faudroit multiplier les figures qui ne ſont point des zeros, l'une par l'autre, comme il a été expliqué dans le deuxiéme exemple ci-devant rapporté, puis ajoûter au produit tous les zeros de ſuite, ſoit du Multiplicande, ſoit du Multiplicateur, & ce qui ſe trouvera au total de l'Addition, ſera le produit de la Multiplication. Comme par éxemple, ſi l'on vouloit multiplier 34600 par 2700, il faudroit ſe conformer à l'operation ci-après.

Multiplicande	34600
Multiplicateur	2700
	2422
	692
Produit	93420000

Il en faut uſer de même dans toutes les autres Multiplications, où il ſe rencontre ainſi des zeros.

Comme le Multiplicateur n'eſt pas toûjours composé de nombres entiers, tels que peuvent être des livres tournois, étant ſouvent accompagné de ſols & de deniers, on a jugé à propos de mettre ici les divers moyens dont on ſe peut ſervir, pour trouver le produit des Multiplications, dont le Multiplicateur eſt composé de livres, ſols & deniers.

PREMIER MOYEN.

On ſuppoſe qu'on a acheté 37 aunes d'étoffe à 13 l. 16 ſ. 6 d. l'aune, & qu'on veut ſçavoir combien on doit payer pour le tout.

Pour y parvenir il faut d'abord multiplier les 37 aunes par 13 l. ſuivant l'uſage ordinaire de la Multiplication pour les nombres entiers, laiſſant les deux produits ainſi qu'ils ſont poſez ſans les ajoûter. Puis l'on doit multiplier les mêmes 37 aunes par les 16 ſ. laiſſant pareillement les deux produits ſans les ajoûter.

Enfin, il faut multiplier encore les mêmes 37 aunes par les 6 d. dont le produit ſera 222 den. qu'on diviſera par 12, & viendra au quotient 18 ſ. 6 den. leſquels 18 ſ. 6 den. ſeront ajoûtez au produit des 16 ſ. & additionnant tous les ſols, la ſomme qui ſera de 610 ſ. 6 den. ſera le montant des 37 aunes à 16 ſ. 6 den. l'aune.

Enſuite on réduira les 610 ſ. 6 den. en liv en les diviſant par 20 ſ. viendra 30 l. 10 ſ. 6 d. que l'on joindra au produit des 13 l. & en additionnant le tout, il ſe trouvera que le montant de 37 aunes à 13 l. 16 ſ. 6 d. ſera de 511 l. 10 ſ. 6 d. comme il ſe voit par l'operation ſuivante.

OPERATION.

37 aunes à 13 livres.	37 aunes à 16 ſols.	37 aunes à 6 deniers.
111	222	222
37	37	
30. 10. 6.	18. 6.	
Prod. 511 10 6.	610. 6.	

```
(1
ø1(0   |                      2
øłø    | 30 l. 10 ſ. 6 d.    1ø|6
----   |                     222  | 18 ſ. 6 d.
2øø    |                     ---
2      |                     122
                               1
```

SECOND MOYEN.

On ſuppoſe de même que ci-deſſus, qu'on a acheté 37 aunes d'étoffe à 3 l. 16 ſ. 6 d. l'aune, & qu'on veut ſçavoir le montant de ces 37 aunes. Pour operer ſuivant ce ſecond moyen;

Il faut commencer par réduire les 13 l. 16 ſ. en ſols, viendra 276 ſols, puis reduire les 276 ſ. en deniers, & y joindre les 6 d. du Multiplicateur, viendra 3318 d. enſuite on multipliera les 37 aunes ſuppoſées, par les 3318 d. viendra 122766 d. Enfin, on diviſera ces 122766 den. par 12. viendra au quotient 10230 ſ. 6 d. qu'on réduira en livres, en tranchant la derniere figure à droit, & prenant la moitié des autres à gauche, viendra 511 l. 10 ſ. 6 d. qui ſera le prix total des 37 aunes, conformement à ce qui eſt marqué en l'operation du premier moyen.

Quoi que l'on puiſſe par les deux moyens qu'on vient de propoſer, faire toutes ſortes de multiplications par livres, ſols, & deniers, cependant comme les operations en ſont trop longues, on a encore jugé à propos de mettre ici un troiſiéme moyen d'operer, ſuivant les Parties Aliquotes, qui eſt beaucoup plus court que le précedent.

Il faut ſçavoir avant toutes choſes, que ce que l'on nomme Parties Aliquotes, ſont les parties de quelque tout qui ſont contenuës pluſieurs fois en icelui, & que l'on peut diviſer en parties égales ſans qu'il y ait de reſte.

Les Parties Aliquotes de la livre tournois de 20 ſ. qui ſont les plus en uſage ſe trouvent compriſes dans la table ſuivante.

Table des Parties Aliquotes de la livre de 20 ſols.

10 ſols font	la moitié de 20 ſols.
5 ſ.	le quart.
4 ſ.	le cinquiéme, ou quint.
2 ſ.	le dixiéme.
1 ſ.	le vingtiéme.
6 ſ. 8 d.	le tiers.
3 ſ. 4 d.	le ſixiéme.
2 ſ. 6 d.	le huitiéme.
1 ſ. 8 d.	le douziéme.
1 ſ. 4 d.	le quinziéme.

1 f. 3 d.	- - -	le feiziéme.
10 d.	- -	le vingt-quatriéme.
5 d.	- -	Le quarante-huitiéme.

Multiplier par les Parties Aliquotes, n'est autre chose que diviser un nombre par 4, par 5, par 6, &c. & cette division se fait en tirant le quatriéme, le cinquiéme, le fixiéme, &c. du nombre qui est à multiplier.

En sorte que si l'on veut multiplier par quelqu'une des Parties Aliquotes marquées dans la table, il faut tirer du Multiplicande la Partie Aliquote qui se trouve marquée vis à vis les fols & les deniers; comme vis à vis 10 fols il y a la moitié, 10 fols étant la moitié de 20 fols qui font une livre; vis à vis 5 fols, il y a un quart, parce que quatre fois 5 fols font 20 fols, ou une livre; vis à vis 6 fols 8 den. il y a un tiers, à cause que trois fois 6 f. 8 d. font aussi 20 f. ou une livre, &c.

Il faut observer, que si après avoir tiré une partie Aliquote du nombre à multiplier, il reste une, ou plusieurs unitez, chaque unité restante doit être prise pour la valeur de la partie Aliquote, par laquelle on a multiplié, comme supposé que l'on eût multiplié par 10 fols qui est la moitié, & qu'il y eût un de reste à la fin, après cette moitié tirée, l'unité qui resteroit vaudroit 10 fols qu'on écriroit après les livres; il en est de même de toutes les autres unitez restantes, par rapport aux differentes Parties Aliquotes par lesquelles on aura à multiplier.

Pour mieux faire entendre la maniere de multiplier par les Parties Aliquotes de la livre de 20 f. suivant la table ci-devant donnée, on a jugé à propos d'en rapporter ici quelques exemples.

Exemple pour multiplier par 10 fols.

J'ai acheté 957 aunes de ruban de soye à 10 fols l'aune; je veux sçavoir combien j'ai à payer.

OPERATION.

Multiplicande	- - -	957 aunes
Multiplicateur	- - -	10 f.
Produit	- -	478 l. 10 f.

EXPLICATION.

Le Multiplicande & le Multiplicateur ayant été posez, une raye dessous, ainsi qu'il paroît ci-dessus, il faut prendre le Multiplicateur 10 fols, qui suivant la table des Parties Aliquotes est la moitié, & dire, la moitié de 9 est 4, pose 4, reste une dixaine que je joints au 5 qui suit le 9, qui font 15, & je dis, la moitié de 15 est 7, pose 7, reste une dixaine que je joints au 7 qui suit le 5, qui font 17, & je dis, la moitié de 17 est 8, pose 8 reste une unité, qui vaut 10 f. que je pose ensuite des livres.

De maniere qu'en nombrant, suivant l'ordre de la numeration tous les chiffres posez, qui sont 4, 7 & 8, nombres entiers, & 10 qui est la Partie Aliquote restante, il se trouvera au produit 478 l. 10 f. ainsi qu'il paroît par l'operation.

Autre exemple pour multiplier par 6 fols 8 den.

J'ai vendu 347 aunes de ruban à 6 f. 8 d. l'aune, je veux sçavoir combien j'ai à recevoir.

OPERATION.

Multiplicande	- -	347 aunes.
Multiplicateur	- - -	6 f. 8 d.
Produit	- - - -	115 l. 13 f. 4 d.

EXPLICATION.

Après que le Multiplicande & le Multiplicateur ont été posez une raye dessous, comme il se voit ci-dessus, on doit prendre le Multiplicateur 6 f. 8 d. qui conformement à la table des Parties Aliquotes, est le tiers, & dire, le tiers de 3 est 1, pose 1, puis dire le tiers de 4 est 1, pose 1 reste une dixaine, qu'il faut joindre au 7, ce qui fait 17, & dire le tiers de 17 est 5, pose 5, reste deux unitez qui valent deux tiers, qui font 13 f. 4 d. que je pose après les livres; en sorte que lorsque je viens à nombrer, suivant l'ordre de la numeration, tous les chiffres que j'ai posez, qui sont 1, 1 & 5, nombres entiers, & 13 & 4 pour les deux parties Aliquotes restantes, je trouve que j'ai à recevoir 115 l. 13 f. 4 d. ce qui est conforme à l'operation.

Outre les Parties Aliquotes de la livre tournois de 20 f. dont il vient d'être parlé, il y a encore d'autres parties de cette même livre que l'on nomme Parties Aliquantes, qui sont composées de plusieurs Parties Aliquotes; comme 19 f. qui renferment trois Parties Aliquotes qui sont 10 f. la moitie, 5 f. le quart, & 4 f. le cinquiéme. En sorte que si l'on vouloit multiplier par 19 f. il faudroit d'abord prendre pour 10 f. la moitié du nombre à multiplier, puis pour 5 f. qui en est le quart; & enfin pour 4 f. qui en est le cinquiéme; & quand les produits de ces trois Parties Aliquotes, qui composent la Partie Aliquante 19 f. auront été jointes ensemble, la somme qui se trouvera sera le produit total de la Multiplication, comme il se voit par l'exemple suivant, qui peut servir d'instruction pour multiplier par toutes les autres Parties Aliquantes qui se pourront presenter.

OPERATION.

Multiplicande	- -	356 aunes
Multiplicateur	- -	19 f.
		178 l. pour dix fols.
		89. pour cinq fols.
		71. pour quatre fols.
Produit	- -	338 l. 4. f.

Et afin que l'on puisse avoir une plus parfaite connoissance des Parties Aliquantes de la livre tournois de 20 f. on en va donner ici une table.

Table des Parties Aliquantes de la livre de 20 f.

3 f. Partie Aliquante composée d'un 10e & d'un 20e.
6 f. d'un cinquiéme & d'un dixiéme.
7 f. d'un quart & d'un dixiéme.
8 f. de deux cinquiémes.
9 f. d'un quart & d'un cinquiéme.
11 f. de la moitié & d'un vingtiéme.
12 f. de la moitié & d'un dixiéme.
13 f. de la moitié, d'un dixiéme & d'un vingtiéme.
14 f. de la moitié & d'un cinquiéme.
15 f. de la moitié & d'un quart.
16 f. de la moitié, d'un cinquiéme & d'un dixiéme.
17 f. de la moitié, d'un quart & d'un dixiéme.
18 f. de la moitié & de deux cinquiémes.
19 f. de la moitié, d'un quart & d'un cinquiéme.

On se sert aussi de la Multiplication pour réduire une grande espece, soit de monnoye, de poids, de mesure, &c. pour sçavoir combien une quantité de ces grandes especes en contient de moindres, comme les livres tournois les réduire en fols, & les fols en deniers; les marcs en onces, les onces en gros, les gros en deniers, & les deniers en grains; les toises en pieds, les pieds en pouces, & les pouces en lignes, &c.

Pour

Pour operer en toutes ces sortes de reductions, il faut multiplier la quantité de la grande espece par le nombre, selon lequel elle contient la moindre: comme supposé qu'on voulût réduire des livres tournois en sols, il faudroit multiplier le nombre des livres par 20 sols que vaut la livre tournois; des sols en deniers on doit multiplier le nombre des sols par 12 den. qui sont un sol, &c.

La preuve de la Multiplication se fait en divisant le produit par le multiplicande; & si le quotient se trouve égal au multiplicateur, la regle est bonne.

MULTIPLICATION. Quelques uns appellent Table de Multiplication, ce que d'autres nomment Livret, autrement Table de Pythagore, ou Table Pythagorique. *Voyez* TABLE DE MULTIPLICATION.

MULTIPLIE'. *Voyez ci-devant* MULTIPLICANDE.

MULTIPLIER. Est trouver un nombre qui contienne autant de fois le multiplicande qu'il y a d'unitez dans le multiplicateur. Lorsque l'on fait une régle de proportion, il faut multiplier le deuxiéme terme par le troisiéme, & diviser par le premier.

MUMIE. *Voyez* MOMIE.

MURAIS, ou MORAIS. Mesure de continence dont on se sert à Goa & dans les autres Colonies des Portugais dans les Indes Orientales, pour mesurer le ris & les autres légumes secs. Le muray contient vingt-cinq paras, & le para vingt-deux livres poids d'Espagne.

MUSC. C'est un parfum d'une odeur très-forte, & qui n'est agréable que quand elle est moderée par le mélange d'autres parfums plus doux.

Le musc se trouve dans une espece de vessie ou tumeur que porte sous le ventre près du nombril, un animal qu'on appelle aussi Musc; ce qui apparemment a donné le nom à la drogue. Cette vessie est ordinairement de la grosseur d'un œuf, & renferme une maniere de sang caillé presque corrompu. L'animal qui produit le musc est assez semblable à une petite biche pour la couleur & pour la figure.

Les Habitans des Royaumes de Boutan, de Tunquin, de la Cochinchine, & de quelques autres lieux de l'Asie, dont les forêts sont remplies de ces sortes d'animaux, coupent cette vessie aussi-tôt qu'ils en ont tué quelqu'un, & la taillent & cousent en forme de rognons, tels qu'on les apporte en Europe.

C'est une des marchandises qu'on tire des Indes où il est le plus aisé d'être trompé, tant les Indiens ont d'adresse à la sofistiquer, malgré les défenses rigoureuses de leurs Princes, & les précautions qu'ils ont tâché de prendre pour les en empêcher.

Le musc se vend chez les Marchands épiciers & Droguistes de deux maniéres, ou en vessie, ou séparé de son enveloppe.

Le musc en vessie doit être choisi bien sec, & prendre garde que l'enveloppe soit mince, & que le poil qui le couvre soit brun; & non pas blanc, le poil brun marquant que le musc est du Tunquin, qui est meilleur que celui de Bengale; dont le poil est blanc.

Le musc sans enveloppe doit être sec, d'une couleur tannée, d'une odeur forte & insupportable, d'un goût amer, le moins rempli qu'il se pourra de grumeaux durs & noirs, & que mis sur le feu il se consume tout entier, quoi que cette derniere marque de bonté soit équivoque; l'épreuve n'étant bonne que pour le musc mêlangé de terre, & non pas pour celui qui est mêlé de sang.

L'usage du musc est peu considerable en Médecine sur tout à cause des vapeurs que son odeur provoque aux femmes; mais les Parfumeurs en employent assez considerablement, quoi que beaucoup moins qu'autrefois; les parfums en général & le musc en particulier ayant bien perdu de leur réputation.

Il n'y a guére de gens qui ayent un peu de lecture qui ne sçachent ce que quelques Anciens ont dit de l'instinct du castor; (c'est le nom qu'ils donnent à l'animal qui produit le musc) qui pour se sauver de la poursuite des Chasseurs, se mutiloit, & leur abandonnoit cette partie précieuse de lui-même, à laquelle la nature sembloit lui faire connoître que ceux qui le poursuivoient en vouloient uniquement. Il est néanmoins étonnant que cette fable ait pû passer jusqu'à nous, & qu'elle n'ait pas encore perdu tout son crédit, puisque Pline lui-même dans son Histoire Naturelle ne l'a donnée que pour ce qu'elle est.

Le musc paye en France les droits d'entrée, à raison de 9 francs de la livre conformement au Tarif de 1664; & par celui de la Douane de Lyon 12 liv.

Le musc du Levant où il ne peut être apporté que par les Arabes qui trafiquent dans les Indes, est du nombre des marchandises sujettes au droit de vingt pour cent ordonné par l'Arrêt du 15 Août 1685.

Dans les ventes que la compagnie des Indes Orientales de Hollande fait de ses marchandises, le musc ne se vend point au cavelin, c'est à dire, qu'on n'en fait point de lots comme des autres drogues, mais il se vend à tant de florins l'once.

MUSCADE. Espece de noix aromatique qui vient des Indes Orientales.

Il y en a de deux sortes, la muscade mâle & la muscade femelle.

Le muscade femelle est celle dont on use ordinairement en France, qui est ronde, d'une agréable odeur & d'un goût chaud & piquant.

La muscade mâle est une muscade sauvage, un peu longue, presque sans goût, sans odeur & sans vertu. Cette derniere sorte de muscade se trouve en plusieurs endroits des Indes Orientales & sur tout dans l'Isle de Candore.

L'arbre qui produit la muscade male est de la grosseur du noisetier. Son fruit vient entre les branches comme la noisette: mais outre sa coque il est enfermé dans une gousse déliée, & encore dans une espece de fleur qui entoure la noix.

Tant que cette muscade est dans sa coque, elle est si semblable à la véritable muscade, que les yeux y sont toûjours trompez; mais elle ne peut soûtenir l'épreuve du goût, ou de l'odorat. On l'appelle aussi Nouasse Azerbé, ou Asserbe. *Voyez* AZERBE.

Cette fausse muscade est une marchandise qui n'est bonne à rien, & dont l'on ne parle ici qu'afin qu'on n'y puisse être trompé, si quelques Colporteurs, Epiciers, ou Droguistes de mauvaise foi vouloient la substituer à la véritable muscade.

La véritable muscade croît sur un arbre grand comme le poirier. Ses feuilles ressemblent à celles du pêcher, sinon qu'elles sont plus petites. Sa fleur est en forme de rose d'une odeur agréable. Après que la fleur est tombée, le fruit paroît de la grosseur à peu près des noix d'Europe, lors qu'elles sont vertes & propres à en tirer les cerneaux.

Les muscades sont enfermées dans trois différentes enveloppes.

La premiere enveloppe s'appelle Macis : d'autres, mais très improprement, la nomment Fleur de Muscade. Elle couvre la coque, & s'entr'ouvre à mesure que cette coque grossit. Le macis est mince, rougeâtre, d'une odeur agréable & d'un goût aromatique. *Voyez* Macis.

La coque, qui est la seconde enveloppe de la muscade, est dure, mince & noirâtre, & a au dessous une espece de brou verd qui n'est d'aucun usage. C'est ce brou qui est la troisiéme enveloppe dans laquelle se trouve la muscade, qui est proprement l'amande de ce fruit.

Chacune de ces amandes a un petit trou qu'on regarde, mal à propos, comme un défaut, puisque naturellement elles sont ainsi percées, & que ce qui empêche que ce trou ne paroisse en toutes les muscades, c'est une petite peau qu'on en estime le germe, qui reste aux unes, & dont les autres sont dépouillées.

Les arbres qui portent la muscade sont toûjours chargez en même tems de fleurs & de fruits, dont on fait la récolte en Avril, en Août & en Décembre. Celles de la récolte d'Avril sont les meilleures.

Les Hollandois sont les maîtres du commerce de la muscade; & il faut nécessairement passer par leurs mains pour en avoir, parce qu'ils possedent les Isles où elles croissent, entre lesquelles les principales sont les Isles de Nero, de Lontour, de Pouleay, de Rosgain, de Poleron & de Granapuis. *Voyez l'article general du Commerce, où il est parlé des Isles & du commerce des épiceries.*

Il faut choisir la muscade bien fleurie, pesante, d'un gris blanchâtre, bien marbrée par dehors, rougeâtre en dedans, qui ait une certaine humeur grasse & onctueuse, d'une odeur agréable, & d'un goût chaud, piquant & aromatique.

A l'égard du macis, il doit être en larges feuilles, haut en couleur, & avoir presque l'odeur & le goût de la muscade.

Les muscades se confisent en verd, & font une confiture excellente pour fortifier l'estomac, & rétablir la chaleur naturelle. Les peuples du Nord sur tout l'aiment beaucoup, & sur mer leurs vaisseaux en ont ordinairement bonne provision.

La poudre Duc, qu'on croit souveraine pour le rhume qui vient de froid, n'est que de la muscade pulverisée avec du sucre & un peu de canelle. La dose est d'une livre de sucre avec deux onces de muscade, & de la canelle à discretion.

On tire de la muscade, par distillation, ou par expression, une huile à laquelle on attribuë de grandes proprietez. La bonne doit être couleur d'or, épaisse, d'une agréable odeur, & fort aromatique.

On peut aussi tirer de l'huile du macis, ou fleur de muscade qui a les mêmes qualitez que celle de la muscade, mais qui revient à davantage.

L'écorce du tronc & des branches du muscadier est aussi de quelque usage, mais le débit en est peu considerable.

Les muscades entieres, ou rompuës, soit en macis, nouasses ou ascrbes, payent en France les droits d'entrée à raison de 30 liv. le cent pesant; & les muscades confites 6 s. de la livre, conformement au Tarif de 1664.

Les droits de la Douane de Lyon sont de 3 liv. 12 s. 6 den. d'ancienne taxation du quintal, 3 liv. 17 s. 6 d. de nouvelle reapreciation, 6 liv. pour les anciens quatre pour cent, & 2 liv. pour les nouveaux.

Les muscades sont du nombre des drogueries & épiceries qui ne doivent entrer en France que par Roüen, la Rochelle, Calais, Bordeaux, Lyon & Marseille, suivant l'Ordonnance de 1687.

La Compagnie Hollandoise des Indes Orientales étant absolument la maîtresse de toute la muscade qui se débite en Europe, elle n'en fait pas la vente dans des encheres publiques comme pour le reste de ses marchandises; mais ses Directeurs en reglent le prix suivant qu'ils le trouvent à propos. Un Auteur moderne remarque que depuis plusieurs années jusqu'en 1721, ce prix a été fixé à 75 sols la livre argent de banque.

Toute la muscade qui arrive par les vaisseaux de la Compagnie se partage dans les diverses Chambres qui la composent au prorata de l'interêt qu'ils y ont, & ces Chambres en font la vente chacune à leur tour suivant une espece de Tarif établi entr'elles; sçavoir, d'abord la Chambre d'Amsterdam cent quarteaux toute seule; ensuite les Chambres de Zeelande & de Middelbourg ensemble cinquante quarteaux; puis celles de Rotterdam & de Delft vingt-cinq; & enfin, les Chambres de Hoorn & d'Enkhuysen pareillement vingt-cinq quarteaux; ensorte que la Chambre d'Amsterdam n'en vend plus, que les autres ne se soient défaites de la partie reglée par ce Tarif; ce que celles-ci observent pareillement par raport à la Chambre d'Amsterdam.

Le quarteau de muscade pese 550 à 600 livres net.

Lors qu'on a acheté quelque quarteau de muscade, on en paye la valeur en banque à la Chambre de la Compagnie des Indes qui doit le livrer.

Tout ce qui s'achete des Chambres d'Amsterdam, de Delft, de Hoorn & d'Enkhuysen se paye dans la Banque d'Amsterdam; ce qui s'achete de la Chambre de Rotterdam, se paye à la Banque de Rotterdam; mais ce qui s'achete aux Chambres de Zeelande & de Middelbourg, se paye sur le lieu en argent de permission avec l'agio de banque que l'on a reglé le premier jour de la vente.

MUSCADIER. Arbre qui porte la noix muscade. *Voyez ci-dessus.*

MUSKOFSKE. Petite monnoye d'argent de Moscovie, qui vaut le quart du copec. Cette monnoye est si petite, si incommode & si mal-aisée à manier, que les Moscovites se la fourrent a poignées dans la bouche, de peur qu'elle ne leur échappe des mains, sans que pourtant cela les embarrasse ou les empêche de parler.

MUSQUINIER. Tisserant qui fait de la batiste, de la demi-Hollande, du Cambray rayé & moucheté, & quelques autres sortes de pareilles toiles.

Le nom de Musquinier n'est en usage que dans la Picardie, le Cambresis, le Beauvoisis & l'Artois, où la fabrique de ces toiles est commune.

Ces Ouvriers ont une aune qui leur est propre, dont la mesure est irréguliére. On l'appelle de leur nom Aune de Musquinier. *Voyez* Aune.

MUSTACHIO. Mesure de Venise pour les liquides. Trente huit mustaches font la botte, ou muid, & soixante-seize l'amphora. *Voyez* Amphora.

MUSULIPATAN. On nomme ainsi les toiles des Indes à l'aunage. Ce sont les mieux peintes & les plus fines qui s'y fassent. *Voyez* Toiles des Indes, *ou le Commerce de la Côte de Coromandel & de Golconde.*

Musulipatan. On donne aussi ce nom à des mouchoirs qui

qui viennent du même endroit. *Voyez* Mouchoir.

MUTSIE. Petite mesure des liqueurs dont les Détailleurs se servent à Amsterdam. La mingle se divise en deux pintes, en quatre demi-pintes & en huit mutsies. Il y a aussi des demi-mutsies. *Voyez* Mingle.

MUY, qui s'écrit plus ordinairement MUID. Futaille pour mettre des vins & autres liqueurs. *Voyez* Muid.

MYRABOLAN, ou MIROBOLAN. Espece de petit fruit purgatif qui est d'un assez grand usage dans la Médecine.

Il y a de cinq sortes de Myrabolans, qui tous sont apportez des Indes Orientales, mais non pas des mêmes cantons; étant d'ailleurs assez différens les uns des autres & de vertu & de figure.

Ces cinq especes sont, 1. les Myrabolans citrins, 2. les Indiens, ou noirs, 3. les Chepules ou Quibus, 4. les Belleries, & 5. les Emblis.

Les Myrabolans citrins, ainsi appellez en Europe à cause de leur couleur, mais nommez aux Indes *Arares*, croissent aux environs de Goa & de Batacala. Dans leur maturité ils sont assez semblables aux prunes de Mirabelles, mais un peu plus longs & partagez en petites côtes. Leur noyau enferme une petite amande qui a bien du raport au pignon blanc.

Ces myrabolans sont apportez des Indes, ou confits, ou secs; mais il en vient plus grande quantité de secs.

Il faut les choisir d'un jaune-rougeâtre, longs, bien nourris, relevez en côtes, pesans, difficiles à casser, d'un goût astringent & désagréable, & prendre garde qu'on ne leur substituë les belleris, ou les chepules qui s'en faut bien qui soient aussi excellens que les citrins.

Les myrabolans Indiens nommez aux Indes *Rezauvalé*, sont de la forme d'une olive, noirs dehors & dedans, sans noyau & fort durs. Ils sont produits d'un arbre dont la feuille est semblable à celle de saule. Ils sont verds au commencement, brunissent en approchant de leur maturité, & secs deviennent noirs comme la plus noire ébene.

Il faut observer dans leur choix qu'ils soient bien nourris, secs & pesans, & d'un goût aigrelet.

Les myrabolans chepules, ou quibus, se trouvent vers Decan, & le Bengale, où l'on les nomme *Areca*; il ne faut pas néanmoins les confondre avec le véritable areca dont l'usage est si commun aux Indes, & dont on mâche le fruit mêlé avec le betel, cette feuille si fameuse dont les Indiens peuvent si peu se passer, que c'est la plus importante des clauses de leurs contracts de mariage, que le mari sera obligé de fournir de betel à sa femme tant qu'ils vivront ensemble.

L'arbre dont les myrabolans chepules sont le fruit, vient de la hauteur du pommier. Il a des feuilles comme le pêcher, & des fleurs rougeâtres formées en étoiles. Ces myrabolans sont assez semblables aux citrins, à la réserve qu'ils sont plus noirâtres & plus longs.

Pour être bons ils doivent être bien nourris, résineux & bruns au dedans, le moins noirs & le moins ridez au dehors qu'il soit possible, d'un goût astringent avec quelque amertume.

Les myrabolans belleris, connus parmi les Indiens sous le nom de *Gotins*, se trouvent attachez aux branches de l'arbre qui les porte en forme de petites gourdes jaunâtres. Ils sont gros comme la noix muscade, & ont un noyau dont l'amande est de nulle vertu. L'arbre est grand, & a des feuilles grandes, vertes & luisantes comme le laurier.

Les myrabolans emblis, en Indien *Annuales*, croissent sur un arbre de la hauteur du palmier, qui a des feuilles comme la fougére. Ils sont de la grosseur d'une noix de galle, noirâtres & comme chagrinez. Quand ils sont un peu gros leurs côtes se séparent facilement les unes des autres; c'est pourquoi en les choisissant il faut les prendre le moins remplis de noyaux qu'on pourra, & outre cela charnus & noirs. Cette derniere espece de Myrabolans n'a guére d'usage dans la Médecine. Aux Indes on en mange le fruit verd; mais quand il est sec, il ne sert aux Indiens que pour faire de l'encre, ou pour verdir leurs cuirs, comme nos Courroyeurs font ici avec le sumac.

Les Myrabolans citrins, Emblis, Cebules, Beleris & Indiens secs, payent en France les droits d'entrée à raison de 35 s. le cent pesant; & les Myrabolans confits 7 liv. 10 s. conformement au Tarif de 1664.

Les droits de la Douane de Lyon sont de 4 s. 6 den. par quintal d'ancienne taxation, 15 s. 9 den. de nouvelle réapreciation, 10 s. pour cent d'anciens quatre pour cent, & 12 s. pour les nouveaux.

Les Myrabolans sont du nombre des marchandises du Levant, Barbarie & autres Païs & Terres de la domination du Roi de Perse & du Grand Seigneur, sur lesquelles outre les droits ordinaires il doit être levé vingt pour cent de leur valeur, suivant l'Arrêt du Conseil du 15 Août 1685, dans les cas portez audit Arrêt.

MYRABOLANIER. Arbre qui porte des myrabolans. *Voyez l'article précedent.*

MYRA-BOLTS. Sorte de myrrhe qui vient d'Arabie; mais que les Européens tirent des Indes Orientales par Surate. Elle se vend dans cette Ville jusqu'à trente mamoudis le mein.

MYRA-GILET. Autre espece de myrrhe qui vient des mêmes lieux que la précedente, mais qui lui est beaucoup inferieure, soit pour la qualité, soit pour le prix. Le myragilet ne s'achete que sept mamoudis le mein. *Voyez l'article suivant.*

MYRRHE. Espece de gomme, ou résine qui coule par incision, & quelquefois naturellement du tronc & des branches d'un arbre de moyenne grandeur qui croît dans l'Arabie, en Egypte & dans quelques lieux d'Afrique, sur tout dans l'Abyssinie d'où lui est venu le nom de Myrrhe Abyssine.

Les Auteurs sont peu d'accord dans la description qu'ils font de l'arbre qui produit cette gomme; il est vrai qu'ils conviennent tous qu'il est petit & épineux, mais les uns lui donnent des feuilles semblables à l'ormeau, d'autres à l'olivier, ceux-ci au genévre, ceux-là au terebinte, & quelques autres à l'yeuse, ou chêne verd.

Ces arbres s'incisent deux fois l'année, & la liqueur qui en coule se reçoit sur des clayes, ou nattes de jonc qu'on met au dessous.

Les Marchands Epiciers & Droguistes vendent deux sortes de myrrhes, de la myrrhe en larmes qu'ils appellent Stacté en larmes, & de la Myrrhe onglée.

Le Stacté doit se choisir en belles larmes, d'un jaune doré, claire & transparente, friable, légere, d'un goût amer, d'une odeur forte & désagréable; mais comme cette myrrhe est très-rare, l'on n'employe guére que de la myrrhe onglée qui prend ce nom des petites taches blanches qu'on y remarque assez semblables à celles qu'on voit quelquefois sur les ongles des mains.

La meilleure est en petites masses ou grosses larmes rouges, claires & transparentes, qui étant rompuës, ayent de ces taches blanches qu'on vient de dire, & contiennent une maniere de liqueur onctueuse, qui est ce qu'il y a de plus excellent dans la myrrhe, & qui est le véritable stacté des Anciens.

La myrrhe est apportée du Levant par la voye de Marseille dans de grosses bales de cuir, de quatre ou cinq cens livres; il faut prendre garde qu'elle ne soit fourrée & mêlée de quantité d'écorces d'arbres & d'autres ordures, ou que même elle n'ait été tirée, ce qui n'arrive que trop souvent.

Cette gomme entre dans la composition de plusieurs sortes d'onguens pour la guérison des playes, & c'est une des principales drogues dont on se sert pour embaumer les corps morts.

On tire de la myrrhe, par le moyen de la chimie, des huiles, des esprits & des teintures à qui l'on attribuë de grandes vertus.

Il n'y a guére d'apparence que la myrrhe dont il est parlé en tant d'endroits dans l'Ecriture sainte, & entr'autres dans le Cantique des Cantiques, & dans l'Evangile au sujet de l'Adoration des Mages & de la Sépulture de Notre Seigneur Jesus-Christ, soit la même que celle que nous avons aujourd'hui, à moins qu'on ne veuille dire que ce ne soit cette myrrhe stacté si rare & si précieuse, & dont nos plus habiles Droguistes avouent de bonne foi qu'ils connoissent plus le nom que la chose, témoignage qu'entr'autres le Sieur Pomet rend assez ingénûment dans son Histoire générale des Drogues.

La myrrhe paye les droits de la Douane de Lyon à raison de 52 f. 6 d. le quintal d'ancienne taxation, 3 liv. pour les anciens quatre pour cent & 20 f. pour leur nouvelle réapréciation.

Elle est du nombre des marchandises venant du Levant, sur lesquelles suivant l'Arrêt du 15. Août 1685. il doit être levé vingt pour cent.

MYRTE. Arbrisseau *Voyez l'article suivant.*

MYRTILLES. Ce sont les bayes, ou semences d'un arbrisseau assez connu qu'on nomme Myrte, que l'on cultive dans les jardins des Curieux de Paris avec les orangers & autres arbres précieux.

Il croît quantité de ces arbrisseaux en Languedoc & en Provence; ils sont aussi très communs en Espagne, sur tout dans les montagnes de Lasierra Morena.

Il y a de deux sortes de myrte, de mâle & de femelle; le mâle a ses feuilles pointuës, lissées, odorantes & d'un verd pâle; celles du myrte femelle sont quatre ou cinq fois plus petites, d'un verd obscur, presque rondes, d'une odeur plus forte, arrangées également & assez près les unes des autres. Les fleurs de l'un & de l'autre sont blanchâtres, tirant sur le rouge, & naissent d'entre les feuilles.

Le fruit qui est ce qu'on appelle Myrtille, est verd au commencement, mais devient insensiblement noir; il a au dedans une graine assez blanche en forme de croissant, d'une substance solide & fort dure, & d'un goût astringent. Quand ce fruit est encore sur l'arbre, il est succulent & lisse, & ne devient ridé & acide comme les Marchands Epiciers & Droguistes le vendent, que parce que l'on le fait sécher au Soleil pour la commodité du transport. Les myrtes femelles produisent les meilleurs myrtilles & en plus grande quantité.

Les myrtilles sont d'un assez grand usage en France dans la Médecine, on en fait même de l'huile & des sirops.

Les Parfumeurs s'en servent dans leurs parfums & en tirent une essence.

Les Teinturiers Allemans en font une teinture bleuë.

Les Anglois employent les feuilles & les branches du Myrte pour tanner leurs cuirs.

Les Myrtilles payent en France les droits d'entrée à raison de 20 f. du cent pesant, conformément au Tarif de 1664.

MYTRIDAT, ou MITHRIDATE. Drogue qui sert de reméde contre les poisons. *Voyez* MITHRIDATE.

N.

N. Treiziéme lettre de l'Alphabet. N°. dans les Livres des Marchands & Banquiers, est un abregé de Numero. N. C. veut dire Notre Compte.

NACARAT DE BOURRE. C'est une des sept couleurs rouges des Teinturiers. *Voyez* TEINTURE. *Voyez aussi* ROUGE & BOURRE.

NACRE DE PERLES. On nomme Nacres de Perles les coquilles où se forment les perles; elles sont en dedans du poli & de la blancheur des perles mêmes, & ont le même éclat en dehors quand avec un touret de Lapidaire on en a enlevé les premieres feuilles qui font l'envelope de ce riche coquillage.

Les nacres entrent dans les ouvrages de marqueterie & de vernis de la Chine. On en fait aussi divers bijoux, entr'autres de très belles tabatieres.

NACRE. Se dit pareillement des endroits relevez en demi-rond qui se trouvent quelquefois dans le fond des coquilles de nacres.

Les Lapidaires ont souvent l'adresse de les scier & de les faire entrer dans divers ouvrages de jouaillerie, comme si c'étoit de véritables perles. On les nomme plus ordinairement des Loupes. *Voyez cet article.*

Les nacres de perles & coquilles de nacres payent les droits de la Douane de Lyon à raison de 3 liv de la balle pour l'ancienne taxation, & de 20 f. pour la nouvelle réapréciation.

Les nacres en chapelets payent 40 f. pour tous droits.

Les coquilles de nacre sont du nombre des marchandises venant du Levant, sujettes au droit de vingt pour cent ordonné par l'Arrêt du 15 Août 1685.

NAIN-LONDRINS. Ce sont les draps fins d'Angleterre tous fabriquez de laine d'Espagne, qui sont destinez pour le négoce du Levant. Les plus gros se nomment Londres, dont

s'has'habillent les gens du commun parmi les Turcs, les premiers étant destinez pour les personnes de considération. Les draps de France de Carcassone sont de la qualité des nains-londrins, & se vendent à Smirne sous leur nom. *V. le commerce de Smirne.*

NANQUE. C'est le plus petit poids des cinq dont on se sert parmi les Habitans de Madagascar, pour peser l'or & l'argent, il ne pese que six grains; au dessus sont les sompi, le vari, le sacare & le nanqui. *Voyez* SOMPI.

NANQUI. C'est aussi un des cinq poids dont les Habitans de l'Isle Dauphine, ou Madagascar en Afrique se servent pour peser l'or & l'argent; il n'a au dessous de lui que le nanque qui vaut six grains, & au dessus le sompi, le vari & le sacare, dont le sompi qui est le plus fort revient à la dragme, ou gros, poids d'Europe. Le nanqui en est le demi scrupule. *Voyez* SOMPI.

NANTIR. Donner des assurances pour le payement d'une dette, soit en meubles & argenterie, soit en autres effets & natures de biens, qu'on met actuellement entre les mains de son créancier. Je ne perdrai rien à la banqueroute de ce Marchand, je suis nanti de bons effets. Je ne vous prêterai rien que je ne sois nanti.

NANTISSEMENT. Sûreté, gage que donne un débiteur à son créancier en meubles ou autres effets pour assurance de son dû. Les usuriers ne prêtent rien que sur bons nantissemens.

NAPHE, ou NAFFE. Les Parfumeurs appellent Eau de naphe, l'eau de fleurs d'orange. *Voyez* ORANGE.

NAPHTA, ou NAPHTE. *Voyez ci-après* NAPTHA.

NAPPE, ou PEAU DE CERF. *Voyez* CERF.

NAPPE. C'est aussi un morceau de toile ou de linge dont on couvre une table avant d'y servir à manger.

Ce qu'on appelle Nappe de Boucherie est un morceau de toile blanche de deux ou trois aunes de long plus ou moins, & de trois quarts de large, que les Bouchers attachent à la tringle où ils suspendent avec des allonges les pieces de viande à mesure qu'ils la dépécent. *Voyez* TRINGLE.

La piece de nappes ou mantils payent les droits de la Douane de Lyon à raison de 12 s. 6 d. d'ancienne taxation, & 10 s de nouvelle réapreciation.

Les nappes de Lorraine payent 22 s. 6 d. du quintal pour tous droits.

NAPTHA, ou NAPHTA, en François NAPTHE, ou NAPHTE. Espéce de bitume mou, facile à s'enflammer. On en trouve en diverses Provinces de France, particuliérement en Auvergne; il ressemble assez à de la poix liquide par sa couleur qui est très noire. Il est de fort mauvaise odeur.

Il y a aussi du naptha d'Italie; celui-ci est une espece d'huile claire qui se trouve dans le Duché de Modene. Il est plus connu sous le nom de Petrolium, ou huile de petrole; il y en a de plusieurs couleurs. *Voyez* HUILE DE PETROLE. *On y parle amplement de ces deux naptha & de quelques autres.*

NARD, ou SPIC-NARD. Plante qu'on met au nombre des drogues qui entrent dans la composition de la thériaque. *Voyez* SPICA-NARDI.

NARD SAUVAGE, autrement Azarum. Plante médecinale qui ressemble assez au véritable nard. *Voyez* AZARUM.

NARHVAL. Gros poisson qui se pêche dans les mers du Nord, particuliérement sur les Côtes du Groenland, duquel on tire de l'huile & une espece d'yvoire. *Voyez* VALRUS.

NASARA. Monnoye d'argent taillée en quarré qui se frappe à Tunis.

NASSE. Engin à prendre du poisson. Elle est faite d'osier en maniere de deux paniers ronds, mais pointus par le bout, enfoncez l'un dedans l'autre, dont le ventre est enflé en forme de cruche; à l'ouverture est une espece de bord de quatre ou cinq pouces, un peu recourbé en dedans. La nasse ne sert guére qu'à prendre des écrevisses.

L'Ordonnance des Eaux & Forêts veut que les verges, ou brins d'osier des nasses, soient au moins à douze lignes de distance les unes des autres.

La nasse de reséaux, ou filets s'appelle Verveux. *Voyez cet article.*

NATRON, en Latin *Natrum*, ou *Anatrum*. Espece de sel noir & grisâtre qui se tire d'un lac d'eau morte dans le territoire de Terrana en Egypte. Il y a aussi du natron blanc qui n'est guére différent de la soude blanche, ou du salpêtre. Le peu que l'on voit en France de cette sorte de nitre qui sert au blanchiment des toiles mêlé avec d'autres soudes communes, y vient par la voye de Marseille & de Roüen. *Voyez* SALPESTRE. On y parle amplement du natron d'Egypte.

Le natron, ou soude d'Egypte, est du nombre des marchandises venant du Levant, sujettes au droit de vingt pour cent ordonné par l'Arrêt du 15 Août 1685.

NATTE. Espece de tissu fait de paille, de jonc, de roseau, ou de quelques autres plantes, écorces, ou semblables productions faciles à se plier & à s'entrelasser.

Les nattes de paille sont composées de divers cordons & les cordons de diverses branches, ordinairement de trois. On met aux branches depuis quatre brins jusqu'à douze, & plus suivant l'épaisseur qu'on veut donner à la natte, ou l'usage auquel elle est destinée.

Chaque cordon se natte, ou comme on dit en terme de Nattiers, se trace séparément & se travaille au clou. On appelle travailler au clou, attacher la tête de chaque cordon à un clou à crochet enfoncé dans la barre d'en haut d'un fort trêteau de bois qui est le principal instrument dont se servent ces Ouvriers. Il y a trois clous à chaque trêteau pour occuper autant de Compagnons, qui à mesure qu'ils avancent la trace, remontent leur cordon sur le clou, & jettent par dessus le trêteau la partie qui est nattée. Lorsqu'un cordon est fini, on le met sécher à la gaule avant de l'ourdir à la tringle.

Pour joindre ces cordons & en faire une natte, on les coud l'un à l'autre avec une grosse éguille de fer longue de dix à douze pouces. La ficelle dont on se sert est menuë, & pour la distinguer des autres ficelles que font & vendent les Cordiers, se nomme Ficelle à natte.

Deux grosses tringles longues à volonté, & qu'on éloigne plus ou moins suivant l'ouvrage, servent à cette couture qui se fait en attachant alternativement le cordon aux clous à crochet, dont ces tringles sont comme herissées d'un côté, à un pouce ou dix-huit lignes de distance. On appelle cette façon, ourdir, ou bâtir à la tringle.

La paille dont on fait ces sortes de nattes doit être longue & fraîche; on la mouille, & ensuite on la bat sur une pierre avec un pesant maillet de bois à long manche pour l'écraser & l'applattir.

La natte de paille se vend au pied, ou à la toise quarrée plus

plus ou moins, suivant la récolte des bleds. Elle sert à couvrir les murailles & les planchers des maisons; on en fait aussi des chaises & des paillassons, &c.

Le commerce des nattes étoit autrefois très-considerable à Paris, & malgré le grand nombre d'Ouvriers qui y travailloient alors, on étoit obligé d'en faire venir quantité de dehors; on en tiroit principalement de Pontoise.

Les nattes de jonc, du moins les fines, viennent du Levant, il y en a de très-chéres & travaillées avec beaucoup d'art, soit pour la vivacité des couleurs, soit pour les différens desseins qu'elles representent.

Avant que la magnificence des emmeublemens eût été poussée en France au point où elle est, on en faisoit des tapisseries de cabinet, des tapis d'estrades & autres légers meubles semblables, qui malgré leur simplicité ne manquoient pas d'agrement; l'usage s'en perd presque entiérement à Paris, les Provinces le conservent encore, mais la plus grande consomption s'en fait dans les Païs étrangers. Cette sorte de natte ne se trace pas par cordons, c'est une espece d'étoffe qui a comme sa chaîne & sa trême. *Voyez* Jonc.

Les nattes de paille & de jonc payent en France 15 sols d'entrée le cent pesant.

Il vient encore du Levant, de Provence & de quelques Provinces de France de grosses nattes de jonc qui servent d'embalage à plusieurs sortes de marchandises.

C'est de ce jonc qui n'est pas applati au maillet que les Faiseurs de ballais font ceux qu'on appelle Ballais de jonc. *Voyez* Ballai.

Les nattes de Palmier servent à faire les grands & les petits cabats dans lesquels s'embalent plusieurs sortes de marchandises, & s'envoyent les figues séches dont il se fait une si grande consomption à Paris, sur tout pour les desserts & collations de carême. *Voyez* Figue.

NATTER. Faire des nattes. On dit plus ordinairement, tracer quand on parle des nattes de paille. *Voyez l'article précedent*

NATTIER. Ouvrier qui fait des nattes.

La Communauté des Maîtres Nattiers de la Ville & Fauxbourgs de Paris n'est plus aussi considérable qu'elle l'étoit autrefois; à peine même se maintient-elle en Corps de Jurande. Jusqu'au milieu du dix-septiéme Siécle elle comptoit encore près de cent Maîtres; presentement (1718) il n'y en a pas plus de douze.

Cette Communauté, comme tous les autres Corps, a des Statuts, même assez anciens, qui sont peu observez par la misere de la plûpart des Maîtres & des Apprentifs, si pourtant il se fait encore de ces derniers.

Deux Jurez, dont l'un se change tous les ans, ont soin de la discipline & des visites; ils donnoient aussi autrefois le Chef-d'œuvre & le recevoient; mais cette fonction est devenuë inutile, presque personne ne se présentant à la maîtrise d'un si misérable métier, hors quelques Fils de Maîtres qui sont reçûs sans Chef-d'œuvre, & même sans expérience, à laquelle d'ailleurs ils sont seulement tenus.

L'apprentissage est de trois ans, les Fils de Maîtres n'en doivent point; les Filles & Veuves de Maîtres affranchissent les Compagnons qui les épousent. Les veuves restant en viduité jouïssent des privileges des Maîtres.

Les marchandises foraines sont sujettes à la visite des Jurez. Cet article présentement inutile dans la décadence de ce Corps de métier, étoit autrefois d'un grand usage par la grande quantité de nattes qui arrivoient journellément à Paris de vingt à trente lieuës à la ronde. Les nattes de Pontoise étoient les plus estimées après celles de Paris.

Outre la fabrique de toutes sortes de nattes permises aux Nattiers, ils peuvent aussi faire des chaises de paille & les rempailler; mais seulement en natte & non en paille torse, ce qui est du métier de Tourneur.

Le peu d'outils & d'instrumens qui suffisent aux Nattiers en paille, sont la pierre & le maillet pour battre leur paille après qu'elle a été mouillée, afin de la rendre plus pliante & moins cassante; le trêteau avec ses clous pour tracer la natte, c'est à dire, pour en faire les cordons; les tringles aussi avec leurs clous pour bâtir & ourdir les cordons, & l'aiguille pour les coudre & les joindre. *Voyez* Natte.

NATURE DE BALEINE. *Voyez* Baleine.

La nature de baleine, que le Tarif de 1664 nomme aussi Sperma-col, paye en France les droits d'entrée à raison de 15 liv. le cent pesant.

NATUREL. Ce qui ne tient point de l'Art, les qualitez qu'il a, mais qui les a de sa nature.

De la laine de couleur naturelle, c'est celle qui n'a point été mise à la teinture, & qui n'a que la couleur qu'elle avoit en toison, ou sur le dos de l'animal.

Une étoffe de couleur naturelle, c'est celle qui est fabriquée avec des laines, ou autres matieres qui n'ont point été teintes.

Un drap noir naturel, c'est celui qui est fait avec de la laine teinte en noir avant que d'avoir été filée.

La laine qu'on employe dans la fabrique de ces sortes de draps ne peut être mise à une trop bonne teinture, devant soûtenir sans se décharger, ni changer de couleur, les différens apprêts qu'on donne aux autres draps, sur tout l'épreuve du moulin à foulon.

On a toûjours estimé en France les draps noirs naturels qui se font dans la draperie de Darnatal près de Roüen, particuliérement ceux qui sont sortis de la Manufacture du Sieur Baraguay.

NAVE'E. Se dit de la charge d'un vaisseau. Ce terme n'est en usage que dans quelques Ports de mer de France, particuliérement du côté de Normandie; l'on ne s'en sert guére que dans le négoce de la saline. Ainsi l'on dit, une Navée de moruë, pour dire, un vaisseau chargé de ce poisson; il est arrivé au Havre de Grace deux belles navées de moruës,

Nave'e. Se dit aussi sur les Ports de Paris de la charge des bateaux qui voiturent des pierres. Une navée de pierre de S. Leu.

NAVETTE, ou RABETTE. Graine d'une espece de chou sauvage que les Flamans nomment Colsa & Colzat. C'est de cette graine que l'on tire par expression l'huile que les mêmes Flamans appellent Huile de Colsa, ou de Colzat, & les François Huile de navette, ou de rabette.

La navette, ou colsa, est cultivée avec grand soin en Flandres & en Hollande; mais on ne s'applique pas moins à sa culture en Brie, en Champagne & en Normandie, où il se fait un très grand négoce de l'huile exprimée de cette graine, dont l'usage le plus ordinaire est pour les Ouvriers qui fabriquent des étoffes de laine, & pour ceux qui font des ouvrages de bonneterie. Il s'en consume aussi beaucoup par les Couverturiers, & pour brûler dans la lampe, sur tout

tout lors que l'huile de baleine manque, soit parce que la pêche n'a pas été heureuse, soit parce que la guerre empêche les Pêcheurs d'y aller, & les Marchands d'en tirer des Païs Etrangers.

Les qualitez de la bonne huile de navette sont, une couleur dorée, une odeur agréable, & qu'elle soit douce au goût. On la mêlange quelquefois d'huile de lin; ce qui se reconnoît à l'amertume & à l'odeur moins agréable.

Il faut remarquer que la navette, ou graine de colsa qui croît en Hollande, ou en Flandres, est beaucoup plus grosse & mieux nourrie que celle de France; ce qui lui fait donner le nom de Grosse navette, au lieu que celle de France est appellée Navette ordinaire, ou Petite navette, parce qu'effectivement elle est beaucoup plus menuë.

Les graines de Colzat, Navette, ou Rabette, payent en France les droits d'entrée à raison de 20 s. le septier mesure de Paris.

Les huiles tirées de ces graines payent les mêmes droits, conformément au Tarif de 1664, sur le pied de 4 liv. le baril; mais seulement 15 s. si elles viennent des Provinces où ne sont point établis les Bureaux pour la levée des droits de ce Tarif.

Les droits de sortie sont de 20 s. le cent pesant de ces huiles.

Les droits de la Douane de Lyon se payent sur le pied de 6 s. le cent pesant.

NAVETTE. Terme de Manufacture. Signifie une espéce d'outil dont les Tisseurs, Tissutiers, ou Tisserans se servent pour former avec un fil qu'elle renferme, de laine, de soye, de chanvre, ou d'autre matiére, la trême de leurs étoffes, toiles, rubans, &c. ce qui se fait en jettant alternativement la navette de droit à gauche & de gauche à droit, transversalement entre les fils de la chaîne qui sont placez en longueur sur le métier.

Au milieu de la navette est une espéce de creux que l'on nomme la Boite, ou la Poche, & quelque fois la Chambre de la navette, dans lequel est renfermé l'espoulle, qui est une partie du fil destiné pour la trême, lequel est dévidé sur un tuyau, ou canon de roseau, qui est une espece de petite bobine sans bords, que quelques-uns appellent Buhot, & d'autres Canette.

Il y a des Manufacturiers que l'on nomme Ouvriers de la grande navette, & d'autres, Ouvriers de la petite navette. Les premiers sont les Marchand-Maîtres-Ouvriers en draps d'or, d'argent & de soye & autres étoffes mêlangées; & les derniers sont les Maîtres Tissutiers-Rubaniers. *Voyez* TISSUTIERS-RUBANIERS.

NAVETTE. La navette des Tissutiers-Rubaniers est assez différente de la plûpart de celles des autres Ouvriers, quoi que néanmoins elle leur serve au même usage. Elle est de buis, longue de six à sept pouces, large & haute de douze ou quinze lignes, ferrée par les deux bouts qui se terminent en pointe, & qui sont un peu recourbez l'un à droit & l'autre à gauche; ce qui represente assez la figure d'une 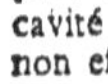 mal formée posée horisontalement. La chambre ou cavité dans laquelle se place le canon est profonde. Ce canon est de buis avec des bords aux deux extrêmitez, ensorte que c'est une vraye bobine. *V.* TISSUTIER-RUBANIER.

NAVETTE. C'est chez les Maîtres Plombiers & les Marchands qui font négoce de ce métail, une masse de plomb de la figure à peu près d'une navette de Tisseran. On l'appelle plus ordinairement Saumon. *Voyez l'article du* PLOMB.

NAUFRAGE. Fracassement, ou perte d'un vaisseau arrivée par la violence des vents & de la tempête; ou par le choc contre des rochers & des bancs de sable; ou enfin en donnant & se brisant à la côte.

L'Ordonnance generale de la Marine de 1681. & celle en particulier pour la Province de Bretagne de 1685. ont un titre exprès, qui est le onziéme du quatriéme livre, qui traite des naufrages, bris & échouëment des vaisseaux sur les Côtes du Royaume; de la police qui doit s'observer par les Officiers de l'Amirauté pour la conservation des effets & marchandises qui en sont sauvez; de leur publication aux Prônes des Paroisses prochaines des lieux du naufrage; de la reclamation dans l'an & jour; de leur vente & distribution après ledit tems; enfin, de la peine qu'encourent ceux qui font violence aux personnes sauvées du naufrage, ou qui pillent les marchandises & effets naufragez.

Comme toutes ces choses sont déja expliquées ailleurs, on ne les répetera point ici, non plus que ce que porte le Titre cinquiéme de l'Ordonnance des cinq grosses Fermes de 1687. qui regle les droits que le Fermier peut prétendre sur les marchandises qui seront sauvées du naufrage. *Voyez* BRIS *&* ECHOUEMENT.

NAUFRAGE', NAUFRAGE'E. Terme de Commerce de mer, qui se dit des marchandises qui ont été gâtées par l'eau de la mer dans quelque naufrage. Du Coton Naufragé, de la Draperie Naufragée.

On le dit aussi des effets & marchandises que l'on sauve des vaisseaux qui ont fait naufrage, ou qui proviennent des bris & échouëmens des navires. L'Article 27. du tit. 11. du quatriéme livre des Ordonnances de la Marine de 1681. & 1685. porte, que si les effets naufragez ont été trouvez en pleine mer, ou tirez de son fonds, la troisiéme partie en sera délivrée incessamment & sans fraix, en especes ou en deniers, à ceux qui les auront sauvez: & l'article 3. du tit. 5. de l'Ordonnance des cinq grosses Fermes de 1687. veut que les droits d'entrée soient payez pour cette troisiéme partie des effets naufragez, délivrée à ceux qui les auront trouvez. *Voyez* BRIS *&* ECHOUEMENT.

NAVIGATEUR. Celui qui navige. Quoi que ce terme puisse s'entendre de tous ceux qui s'appliquent à la Navigation, soit sur la mer, soit sur les fleuves, les rivieres & les lacs, il ne se dit guere néanmoins que de ceux qui entreprennent des voyages de longs cours; & entre ceux-ci il semble qu'il soit particulierement consacré pour marquer ces hommes fameux & hardis qui ont fait & qui continuent de faire de nouvelles découvertes, tels qu'ont été autrefois les Colombs, les Vespuces, les Magelant, les Vasco de Goma, & que sont aujourd'hui les Dampierre & quelques autres. *Voyez l'article des Compagnies de Commerce & celui des Voyages de longs cours.*

NAVIGATION. Art de naviger. C'est à cet Art (que l'on croit nous être venu des Tyriens, & auquel il est certain, que les Carthaginois se sont aussi appliquez des premiers & avec beaucoup de succès,) que le Commerce doit son accroissement, ou pour mieux dire toute sa perfection. Aussi faut-il avouër que le Négoce ne fleurit dans un état maritime, qui a des Ports considerables, qu'à proportion que la navigation y est solidement établie, & s'y soûtient avec réputation; & qu'au contraire on ne le voit languir & souvent tomber entierement, que parce que la marine y est négligée, & que le commerce qui se fait par la mer y est abandonné.

L'on ne répetera pas ici ce qu'on a dit de la Navigation & du Commerce des Venitiens, des Génois & Villes Anséatiques dans le quatorziéme & quinziéme Siecle, du négoce & des entreprises maritimes des Portugais & des Espagnols dans une partie du quinziéme; & l'on ne dira rien non plus du commerce immense des Anglois & des Hollandois, mais particulierement de ces derniers qu'on a vû croître à proportion de leur navigation depuis le milieu du seiziéme Siecle jusques à présent; que les uns & les autres ont poussé presque au dernier point de perfection.

Mais il est certain qu'en éxaminant les raisons qui ont fait passer successivement le commerce des Venitiens, des Genois & des Villes Anseatiques, aux Portugais & aux Espagnols, & de ceux-ci aux Anglois, & aux Hollandois, qu'on peut établir comme une maxime que les Relations du Commerce & de la Navigation, & si on le peut dire, leur union & leur societé sont si intimes, que la décadence de l'une entraîne presque necessairement la perte de l'autre, & qu'il faut toûjours ou qu'ils fleurissent, ou qu'ils périssent ensemble. *Voyez les articles du Commerce & des Compagnies pour les voyages de longs cours.*

Ce sont ces raisons qui ont donné lieu à ces sages Réglemens, connus sous le nom d'Us & Coûtumes de la Mer, dont on parle à leur propre article. Ce sont elles qui ont fait naître tant d'Ordonnances de Marine, soit en France, soit ailleurs, desquels il est aussi traité à l'article de la Marine. Mais c'est particuliérement de-là qu'est venu ce fameux Acte de la Navigation, qu'un celebre Auteur appelle le *Palladium*, ou le Dieu tutelaire de la Marine & du Commerce d'Angleterre, trop important pour n'en pas faire ici mention, puis qu'il sert de régle aux Anglois entr'eux, & aux autres Nations avec les Anglois sur le fait du Negoce de Mer.

Acte de la Navigation Angloise.

C'est un Acte, ou un Bil par lequel le Parlement d'Angleterre a reglé tout ce qui concerne la Navigation des Anglois, & leur Commerce par rapport à la Marine.

Avant cet Acte il étoit libre à toutes les Nations d'apporter en Angleterre sur leurs propres vaisseaux toutes sortes de marchandises, soit qu'elles fussent de leur crû, soit qu'elles eussent été chargées ailleurs.

Cromwel, cet homme presque à un degré égal, grand scélerat, & grand politique, avoit le premier senti le préjudice que cette liberté causoit au commerce de sa Nation, que les Etrangers faisoient presque tout entier, particulierement les Hollandois que le Protecteur auroit bien voulu mortifier, & qu'il n'aimoit pas. Mais soit prudence, soit manque d'occasion favorable, il s'étoit contenté d'animer les Anglois par quelques Bils à faire eux-mêmes le commerce que leur enlevoient leurs voisins, & en particulier il en avoit passé un qui interdisoit aux Hollandois de porter en Angleterre d'autres marchandises que celles qui croissoient, ou qui se faisoient chez eux, ce qui les réduisoit à peu de choses.

Charles II. fils de Charles le Martir, ayant été remis sur le Trône de ses péres, peu de tems après la mort de l'Usurpateur.

Le premier Parlement que ce Prince assembla, distinguant ce semble dans Cromwel le parricide d'avec l'homme d'Etat, condamna la mémoire de l'un, & suivit le plan politique de l'autre, sur la navigation & le commerce des Anglois, en passant le celebre Bil, ou Acte de Navigation qui subsiste encore dans toute son étenduë, & qui s'observe dans sa premiere vigueur.

La date de cet Acte est du jeudi 23. Septembre 1660. Les principaux articles sont:

1. Qu'il ne sera apporté ni emporté aucunes denrées ni marchandises dans toutes les Colonies Angloises d'Asie, d'Afrique & d'Amerique, que sur des vaisseaux bâtis dans le païs de la domination d'Angleterre, ou appartenant réellement aux Anglois, & dont les Maîtres, & au moins les trois quarts des Matelots seront de la Nation, sous peine de saisie & de confiscation des marchandises & bâtimens.

2. Qu'aucune personne née hors des Etats du Roi d'Angleterre, ou qui n'y sera pas naturalisée, ne pourra éxercer dans les mêmes Colonies aucun commerce pour lui, ou pour les autres.

3. Qu'aucunes marchandises du crû de l'Asie, ou de l'Amerique, ne pourront être apportées dans les païs & terres de l'obéïssance Angloise que sur les vaisseaux Anglois.

4. Que les marchandises & denrées d'Europe ne pourront être portées en Angleterre par d'autres vaisseaux que ceux des Ports, des Païs & des Etats où se fabriquent les marchandises, & où croissent les denrées.

5. Que le poisson de toute espece, & les huiles & fanons de baleines qui n'auront pas été pêchez par des vaisseaux Anglois, ne pourront être apportez en Angleterre qu'en payant le double des droits de la Douane étrangere.

6. Que le commerce de Port en Port d'Angleterre & Irlande, ne pourra se faire que par des Marchands & vaisseaux Anglois.

7. Qu'il n'y aura que les vaisseaux bâtis en Angleterre, ou s'ils sont de construction étrangere appartenans en propre aux Anglois, les uns & les autres ayant le Maître & les trois quarts de l'équipage Anglois, qui joüiront de toutes les diminutions faites ou à faire sur les droits de la Douane.

8. Il est deffendu à d'autres qu'aux vaisseaux de la qualité de l'article précédent, d'apporter en Angleterre, Irlande, &c. les marchandises & denrées qui se fabriquent ou qui croissent en Moscovie, non plus que les mâts & autres bois, le sel étranger, le goudron, la résine, le chanvre, le lin, le raisin, les prunes, les huiles d'olive, toutes sortes de bleds & de grains, les sucres, les cendres & savon, le vin, le vinaigre, les eaux-de-vie, les raisins de Corinthe, & autres denrées & marchandises des Etats du Grand Seigneur, à l'exception néanmoins des vaisseaux étrangers bâtis dans les païs & lieux où elles croissent & se fabriquent, ou bien où l'on a coûtume de les embarquer, pourvû toutefois que le Maître & les trois quarts des Matelots soient naturels du païs où se feront les embarquemens & chargemens.

9. Que pour prévenir les fausses déclarations que pourroient faire les Anglois, pour favoriser l'entrée des denrées & marchandises étrangéres, toutes celles énoncées dans l'art. 8. qui ne viendront pas sur des navires de la qualité tant de fois répetée, seront censées appartenir aux Etrangers, & comme telles payeront les droits du Roi, des Villes & des Païs qu'ont coûtume de payer toutes sortes de marchandises.

10. Qu'afin d'empêcher les fraudes dont on pourroit se servir en achetant & déguisant les vaisseaux étrangers; les Proprietaires desdits vaisseaux feront apparoir & affirmeront par serment, que lesdits vaisseaux sont à eux de bonne foi, & que les Etrangers n'y ont aucune part ni portion; & ce devant les Directeurs des Douanes de leurs demeures qui

leur en donneront certificat : après quoi seulement leurs navires & bâtimens seront reputez de construction Angloise, & comme tels joüiront des privileges à eux accordez.

11. Que les vaisseaux Anglois, ou réputez Anglois, pourront apporter dans tous les Etats de la domination du Roi d'Angleterre, les denrées & marchandises du Levant, quoi qu'ils ne les ayent pas chargées dans les lieux où elles croissent, & où elles sont travaillées, pourvû que le chargement s'en fasse dans un Port de la Méditerranée, au de-là du détroit de Gibraltar. Ce qui s'entendra aussi des denrées & marchandises des Indes Orientales qui seront embarquées dans un Port situé au de-là du Cap de Bonne-Esperance, & de celles des Canaries, & autres Colonies d'Espagne & des Azores, & autres Colonies de Portugal, qu'il leur sera aussi loisible de charger, les uns dans les Ports Espagnols, & les autres dans ceux de Portugal.

12. Il est déclaré que les défenses, peines & confiscations portées par cet Acte de navigation, ne s'étendront point sur les denrées & marchandises prises de bonne foi & sans intelligences sur les ennemis de l'Angleterre, non plus que sur le poisson de la pêche des Ecossois, leurs bleds, leur sel, qui seront apportez en Angleterre par les vaisseaux de construction Ecossoise, dont les trois quarts de l'équipage seront Ecossois, & l'huile dite de Moscovie qui sera chargée en Ecosse par les vaisseaux Anglois.

13. Il est composé cinq schelins par tonneau sur chaque vaisseau François qui arrivera dans les Ports d'Angleterre, pour être levez tant que durera en France, (& même trois mois au de-là,) l'impôt de cinquante sols par tonneau sur les vaisseaux Anglois.

14. Enfin, il est ordonné que les sucres, tabacs, & autres marchandises provenant du crû des Colonies Angloises, ne pourront être apportez en Europe que dans les lieux appartenans à l'Angleterre, & que les vaisseaux qui partiront des Ports de la même Couronne situez en Europe pour les Colonies Angloises de l'Asie, de l'Afrique & de l'Amerique, donneront caution dans le lieu de leur départ, de mille livres sterlins s'ils sont au dessous de cent tonneaux, & de deux mille livres s'ils sont au dessus ; qu'ils apporteront leur retour dans un Port de ladite domination ; & qu'ils donneront pareillement en partant desdites Colonies, une déclaration de leur cargaison, avec obligation de la décharger toute en Angleterre.

NAVIRE. Bâtiment de haut-bord propre à aller sur mer avec des voiles. Il se dit en general de toutes sortes de grands vaisseaux, à la reserve des galeres & des autres bâtimens de mer qui ne vont qu'à rames & à voiles latines.

Le Sieur Aubin dans son Dictionnaire de Marine, définit le navire un bâtiment de charpenterie composé de plusieurs pieces, cloué & chevillé de bois & de fer, & qui est d'une construction propre à flotter, & à être conduit à la faveur du vent & à l'aide de ses mâts & de ses voiles par tout où l'on peut aller sur mer.

L'invention des navires est très-ancienne, mais très-incertaine. Les Mythologistes l'attribuent au Dédale de la Fable, & prétendent que les aîles qu'il inventa pour se sauver du labyrinthe de Crete ne furent autre chose que les voiles qu'il ajoûta le premier aux bâtimens de mer, & avec lesquelles il trompa la vigilance & la poursuite de Minos.

D'autres en font honneur à Janus à cause de diverses anciennes monnoyes de Grece, d'Italie & de Sicile, qui ont d'un côté sa tête à double front, avec laquelle on a coûtume de representer ce Prince, dont l'antiquité a fait un Dieu, & pour revers la prouë d'un vaisseau, ou quelquefois la representation d'un navire tout entier.

Enfin d'autres, & ce sont ceux qui certainement sont les mieux fondez à cause de l'autorité respectable sur laquelle ils appuyent leur opinion, qui regardent Noé comme le premier constructeur de navire, ayant eu l'avantage d'avoir été choisi pour la construction de cette Arche fameuse qu'il fabriqua sur le modèle qu'il en reçût de Dieu même, & dans laquelle il renferma l'esperance du genre humain, lors que pour se garantir du deluge universel, il y entra avec sa famille & ce qui suffisoit d'oiseaux & d'animaux terrestres pour en sauver & en rétablir l'espéce.

L'on divise ordinairement les navires en trois classes. Les uns se nomment Navires de Guerre ; les autres Navires Marchands, & les troisiémes qui tiennent le milieu entre les deux premiers, sont les Navires armez, moitié en guerre & moitié en marchandise.

Ces trois sortes de navires sont presque d'une égale utilité pour le Commerce. Les navires marchands ou armez moitié en guerre, & moitié en marchandise, entretenant une mutuelle correspondance de négoce entre des nations que la nature sembloit avoir séparées pour toûjours ; & les navires de guerre mettant ceux-ci à couvert de la piraterie des corsaires, ou des incursions des armateurs pirates, qui, sous un nom plus honorable & à l'abri de leurs commissions, dont souvent ils abusent, interrompent & troublent encore davantage le Commerce que les véritables corsaires.

Les navires de guerre qui servent d'escorte aux flotes marchandes, s'appellent des Conserves, ou des Convois, Conserves dans les mers du Levant, Convois dans celles du Ponant. *Voyez* CONSERVE & CONVOI.

Les navires marchands sont tenus conformement aux Réglemens de la Marine de France, de prendre des congez de M. l'Amiral, & de les faire enregistrer aux Greffes de l'Amirauté des lieux de leur départ avant que de sortir des Ports du Royaume pour aller en mer. Les autres navires qui sont armez, ou tout en guerre, ou moitié guerre & marchandise, outre le Congé doivent encore obtenir une Commission pour aller en course, sans quoi ils pourroient être traitez comme forbans.

A l'égard des navires pêcheurs, ceux qui vont à la pêche des moruës, harans & maquereaux, sur les côtes d'Irlande, d'Ecosse, d'Angleterre & de l'Amérique, sur le banc de Terre-neuve, & generalement dans toutes les mers où elle se peut faire, sont tenus de prendre un Congé pour chaque voyage ; & ceux qui ne vont qu'à la pêche du poisson frais, mais avec des bâtimens portant mât, voiles & gouvernail, sont obligez de prendre aussi un Congé, mais seulement tous les ans.

On appelle le Bourgeois d'un navire marchand celui qui en est le propriétaire, & qui le loüe & donne à fret pour y charger des marchandises. C'est à lui à le fournir de bons apparaux, d'armes suffisantes & d'artillerie.

Ce qu'on appelle l'équipage d'un navire, sont ceux qui sont dessus & qui sont destinez, ou pour sa défense, ou pour sa conduite, ce qui consiste aux gens de guerre & à leurs Officiers s'il y en a, aux Matelots, & aux Officiers Mariniers, aux Garçons, Mousses, ou Gourmets. Il appartient au Maître de faire l'équipage du navire, & de choisir

sir & louer les Pilotes, Contre-maîtres, Matelots & Compagnons; ce qu'il doit faire néanmoins de concert avec les Proprietaires lors qu'il est dans le lieu de leur demeure.

On comprend sous le nom de Victuailles & Munitions d'un navire, non seulement tout ce qui sert à la nourriture, comme farines, vins, eau, biscuits, huiles, légumes, &c. mais encore ce qui est propre à la défense, comme poudre, boulets, clouages, chaînes, carreaux, grenades; enfin, tout ce qu'on appelle sur l'Ocean, Armement, & sur la Méditerranée, sartie de navire: Celui qui fournit toutes ces choses s'appelle Victuailleurs.

Lors que les victuailles d'un navire manquent pendant le voyage, le maître peut contraindre ceux qui ont des vivres en particulier de les mettre en commun, à la charge de leur en payer le prix. Mais aussi il est défendu au maître, sous peine de punition corporelle, de revendre les victuailles, ou de les divertir & receler.

Il peut néanmoins, par l'avis & deliberation des Officiers du bord, en délivrer aux navires qu'ils trouvent en pleine mer dans une necessité pressante de vivres, pourvû qu'il lui en reste suffisamment pour son voyage, & à la charge d'en tenir compte aux Propriétaires.

C'est aussi aux propriétaires que le maître est tenu de remettre les victuailles & munitions qui lui sont de reste à son retour dans le Port.

La grandeur d'un navire s'estime par la quantité de tonneaux qu'il peut porter, & cette estimation se fait par le jaugeage du fond de calle, qui est proprement le lieu essentiel de sa charge.

Le tonneau de mer se prend pour deux milliers pesant qu'on jauge à raison de quarante-deux pieds cubes chaque tonneau; ensorte qu'un navire dont le fond de calle se trouve de quatre mille deux cens pieds cubes, c'est un navire de cent tonneaux, qui par consequent peut porter deux cens mille pesant de marchandises. *Voyez* JAUGE.

C'est à fond de calle & entre deux ponts que doivent se mettre les marchandises selon leur nature & qualité; les plus pesantes & les moins sujettes à se gâter, comme le fer, le plomb, &c. servant ordinairement de leth.

Il est sur tout défendu aux Maîtres & Patrons de charger aucunes marchandises sur le tillac de leurs navires sans l'ordre ou le consentement des Marchands, à peine de répondre en leur propre & privé nom de tout le dommage qui en peut arriver.

Le Maître est aussi responsable de toutes les marchandises chargées dans son bâtiment, & est tenu d'en rendre compte sur le pied des connoissemens.

Il est défendu au Maître de vendre, ou mettre en gage, aucunes marchandises de son chargement, si ce n'est pour radoubs, victuailles & autres nécessitez pressantes de son bâtiment, & encore alors seulement de l'avis des Contre-Maîtres & Pilotes, qui doivent attester dans le journal, de la nécessité de l'emprunt &, de la vente, & de la qualité de l'emploi.

Il n'est permis dans aucun cas au Maître de vendre son vaisseau, s'il n'en a une procuration spéciale du Propriétaire.

Par les Ordonnances de la Marine de France de 1681. & 1685. dont on a tiré une partie de ce qu'on a dit jusqu'ici au sujet de la police qui doit s'observer par les Maîtres des vaisseaux marchands, il est en outre porté:

1. Qu'aucun ne pourra monter & commander un navire, qu'il n'ait navigué pendant cinq ans, & qu'il n'ait été examiné publiquement sur le fait de la navigation, & trouvé capable par deux anciens Maîtres en présence des Officiers de la Jurisdiction ordinaire & du Professeur d'Hydrographie, s'il y en a dans le lieu.

2. Qu'aucun Maître de navire ne pourra débaucher un Matelot engagé à un autre Maître, à peine de 100 liv. d'amende, applicable moitié au Grand Amiral, ou au Gouverneur si c'est en Bretagne, & moitié au premier Maître qui pourra reprendre son Matelot si bon lui semble.

3. Que tout Maître de navire sera tenu d'avoir un journal, ou registre coté & paraphé par les principaux Interessez au chargement, dans lequel il écrira tout ce qui regarde son armement, ou le fait de sa charge, à moins qu'il n'y ait sur son bord un Ecrivain chargé de ce soin par ses Marchands ou Armateurs.

4. Tous Maîtres sont obligez, sous peine d'amende arbitraire, d'être en personne dans leurs bâtimens lors qu'ils sortent de quelque port, havre ou riviere.

5. Avant de se mettre en mer le Maître doit laisser au Greffe du lieu d'où il part, les noms, surnoms & demeures des Gens de son équipage, des Passagers & des Engagez pour les Isles, & de déclarer à son retour ceux qu'il aura ramenez, & les lieux où il aura laissé les autres.

6. Le Maître de navire qui a pris sans nécessité de l'argent sur le corps, avictuaillement, ou équippement de son bâtiment, ou vendu des marchandises de son chargement, engagé des apparaux, ou employé dans ses memoires des avaries ou dépenses supposées, est tenu de payer en son nom, & est déclaré indigne de la maîtrise, & banni du port de sa demeure ordinaire.

7. Les Maîtres fretez pour faire un voyage sont tenus de l'achever, à peine de dommages & interêts des Proprietaires & des Marchands, & quand le cas y échet d'être poursuivis extraordinairement.

8. Les Maîtres, Patrons, Pilotes & Matelots étant à bord pour faire voile ne peuvent être arrêtez pour dettes civiles, si ce n'est pour les dettes qu'ils auroient contractées pour le voyage.

9. Il est défendu aux Maîtres d'abandonner leurs navires & bâtimens pendant le voyage pour quelque danger que ce soit, sans l'avis des principaux Officiers & Matelots; & en ce cas ils sont tenus de sauver avec eux l'argent & ce qu'ils pourront de marchandises les plus précieuses de leur chargement, à peine d'en répondre en leur nom & de punition corporelle; & si les effets tirez du navire sont perdus par quelque cas fortuit, le Maître en demeure déchargé.

10. Les Maîtres & Patrons des navires qui navigent à profits communs ne peuvent faire aucun négoce séparé pour leur compte particulier; & s'ils en font, leurs marchandises pourront être confisquées au profit des autres Interessez.

11. Chacun des Maîtres navigeant comme dessus est tenu, avant le départ, de donner au Proprietaire du navire un compte signé de lui, contenant l'état & le prix des marchandises de leur chargement, les sommes par eux empruntées, & les noms & demeures des Prêteurs, à peine de privation de la Maîtrise & de leur part du profit.

Tous ces Reglemens concernant les navires & les Maîtres qui les montent, sont tirez du Titre 1 du Livre 2 des Ordonnances de la Marine ci-devant citées. On a obmis quelques articles de ce Titre, qui ont été employez en un autre

autre endroit de ce Dictionnaire. *Voyez* MAÎTRE DE VAISSEAU.

Le Titre 8 du même Livre contient les Reglemens pour les Proprietaires des navires. *Voyez* PROPRIETAIRE DE VAISSEAU.

Par l'art. 1 du 10. Titre tous les navires & bâtimens de mer sont réputez meubles, & en consequence déchargez de tout droit lignager & autres droits seigneuriaux; demeurant néanmoins affectez aux dettes du Vendeur jusqu'à ce qu'ils ayent fait un voyage en mer sous le nom & aux risques du nouvel Aquereur, si ce n'est qu'il ait été vendu par decret.

Le même Titre ordonne aussi, Que la vente d'un vaisseau étant en voyage, ou faite sous seing privé, ne pourra préjudicier aux Créanciers du Vendeur.

C'est aussi ce Titre qui régle le jaugeage des vaisseaux à raison de quarante-deux pieds cubes par tonneau de mer dont on a parlé ci-dessus.

En conséquence des mêmes Ordonnances tous navires & autres bâtimens de mer peuvent être saisis & décretez par autorité de justice; & en vertu des décrets qui en sont faits dans les formes requises, tous privileges & hypotheques dont ils pourroient être chargez, sont purgez.

Ces formalitez sont, 1. Que le sergent après avoir fait commandement de payer, procedera par saisie du vaisseau, déclarant par son procès verbal le nom du Maître, celui du bâtiment & son port, ensemble le lieu où il sera amaré, lequel procès verbal contiendra aussi un inventaire des agrès, ustenciles, armes, munitions, &c. & l'établissement d'un Gardien solvable.

2. Que le procès verbal sera signifié au domicile du Saisi, s'il en a dans le ressort; & s'il n'a pas de domicile, au Maître du navire; & en cas que le Saisi soit étranger & hors du Royaume, au Procureur du Roi, avec assignation pour pouvoir proceder à la vente.

3. Que les criées & publications seront faites par trois Dimanches consecutifs à l'issuë de la Messe Paroissiale du lieu où le vaisseau sera amaré, & les affiches apposées au grand mât, sur le quai, à la principale porte de l'Eglise & de l'Auditoire, & autres lieux accoûtumez.

4. Les enchéres doivent être reçûës incontinent après la premiere criée à jour marqué, & continuées de huitaine en huitaine.

5. Enfin, l'adjudication doit être faite immédiatement après la derniere criée, à moins que le Juge ne trouve à propos d'accorder une ou deux remises, qui seront pareillement publiées & affichées.

Au reste, ces formalitez ne sont nécessaires que pour les criées & l'adjudication des navires du port au dessus de dix tonneaux; car pour ceux au dessous de dix tonneaux, il suffit qu'elles ayent été publiées sur le quai à trois divers jours ouvrables consécutifs, pourvû qu'il y ait huit jours francs entre la saisie & la vente.

Dans les ventes & adjudications des navires qui se font par autorité de Justice, les loyers des Matelots employez au dernier voyage sont payez par préférence à tous Créanciers; après eux les Opposans pour deniers prêtez pour les nécessitez du navire pendant le voyage; ensuite ceux qui ont prêté pour le radoub, victuailles & équippement avant le départ; en quatriéme lieu, les Marchands Chargeurs; le tout par concurrence entre les Créanciers étant en même degré de privilége.

Si le navire vendu n'a point encore fait de voyage, le Vendeur, les Charpentiers, les Calfateurs & autres Ouvriers employez à sa construction; ensemble les Créanciers pour les bois, cordages & autres choses fournies pour le bâtiment, doivent être payez par préférence sur tous autres Créanciers, & par concurrence entr'eux.

Lorsque l'on ne saisit qu'une portion d'un navire prêt à faire voile, les Interessez audit navire peuvent naviger en donnant caution jusqu'à l'estimation qui sera faite de ladite portion. Il leur est pareillement permis de faire assurer la portion saisie, & prendre de l'argent à grosse avanture pour le coût de l'assurance, dont ils seront remboursez par préférence sur le profit du retour.

Un navire, ses agrès & apparaux, le fret & les marchandises chargées sont respectivement affectez aux conventions de la charte-partie. *Voyez* CHARTE-PARTIE, AFFRETTEMENT & NOLISSEMENT.

Chaque connoissement des marchandises chargées sur un navire doit être fait triple; l'un pour le Chargeur; l'autre pour celui auquel les marchandises doivent être consignées; & le troisiéme pour le Maître, ou Ecrivain du navire. On parle ailleurs de toutes les formalitez qui doivent s'observer dans ces sortes d'Actes. *Voyez* CONNOISSEMENT.

Le fret, ou nolis d'un navire, c'est à dire, son loyer, doit être reglé par la charte-partie, soit qu'il ait été loué en entier, soit qu'il ne l'ait été qu'en partie, soit que ce soit au voyage, soit que ce ne soit qu'au mois, soit enfin que ce soit au quintal, ou à cueillette. *Voyez* FRET, NOLIS, QUINTAL & CUEILLETTE.

L'argent à la grosse peut être donné sur le corps & quille d'un navire, ses agrès & apparaux, armement & victuailles, conjointement ou séparément. *V.* GROSSE AVANTURE.

L'on peut assurer & faire assurer non seulement les marchandises & autres effets qui sont chargez sur un navire, mais encore sur le navire même. *Voyez* ASSURANCE.

Les grosses avaries, ou avaries communes, c'est à dire, qui ont été faites pour le bien & salut commun du navire & des marchandises, tombent & se prennent sur le tout au sol la livre; mais les avaries simples, c'est à dire, qui ne regardent ou que le navire seul, ou que les marchandises en particulier, sont supportées par la chose qui a souffert le dommage. *Voyez* AVARIE.

Suivant les Ordonnances de la Marine de France, tout vaisseau marchand appartenant aux Sujets du Roi, qui est repris sur les Ennemis, après qu'il est demeuré entre leurs mains pendant 24 heures, est réputé de bonne prise; mais si la reprise en est faite avant les vingt-quatre heures, il doit être restitué aux Proprietaires avec tout ce qui est dedans, à la réserve du tiers qui appartient au navire qui en a fait la recourse.

NAVIRE MARCHAND. C'est un navire qui va en mer seulement pour faire le commerce.

NAVIRE EN GUERRE ET MARCHANDISE. Est celui qui étant marchand, ne laisse pas de prendre commission pour faire la guerre.

NAVIRE EN COURSE. C'est celui qui étant armé en guerre par des Particuliers, prend commission pour courir sur les Ennemis de l'Etat & interrompre leur commerce. Quelquefois on le nomme simplement Armateur. *V.* ARMATEUR.

NAVIRE A FRET. C'est un navire que le Bourgeois, ou Proprietaire, loue à des Marchands ou autres, pour transporter

porter leurs marchandises d'un Port à un autre ou même pour des voyages de long cours. *Voyez* FRET.

NAVIRE DE CONSERVE, ou DE CONVOI. C'est un vaisseau de guerre qui accompagne des navires marchands, pour les défendre s'ils sont attaquez.

NAVIRE CORSAIRE, NAVIRE PIRATE, ou NAVIRE FORBAN. Tous termes sinonymes qui signifient un navire dont ceux qui le montent n'ont commission d'aucun Prince, & qui courent les mers pour piller indifféremment tout ce qu'ils rencontrent. La peine de mort est chez toutes les Nations de l'Europe le châtiment de ceux qui arment & qui montent de pareils navires. *Voyez* CORSAIRE.

NAVIRE EN VICTUAILLE. C'est un navire qui a toutes ses provisions & munitions tant de guerre que de bouche. *Voyez* VICTUAILLES.

NAVIRE EN CHARGE. C'est un navire dans lequel on embarque les marchandises, & qui n'a pas encore sa cargaison entiére.

NAVIRE CHARGÉ. C'est celui dont la cargaison est complette.

NAVIRE TERRE-NEUVIER. C'est un navire destiné à la pêche de la moruë sur le grand banc de Terre-neuve. On appelle Navire banqué, celui qui est placé sur le banc & qui y fait sa pêche; & Navire débanqué, celui qui a fini sa pêche, ou qui est dérivé de dessus le banc par le mauvais tems. *Voyez* MORUË.

NAVIRE. On donne aussi quelquefois aux navires le nom des Etats, des Provinces, ou des Villes où ils ont été construits ou équippez. Ainsi on dit, Navire Anglois, Navire Normand, Navire Breton, Navire Malouin, Navire Nantois, &c.

NAVIRE DE REGISTRE. On appelle ainsi en Espagne & dans l'Amérique Espagnole, un navire marchand à qui le Conseil des Indes a accordé la permission d'y aller trafiquer moyennant une certaine somme & sous certaines conditions. *Voyez* REGISTRE; *cette matiere y est amplement traitée.*

NAULAGE.
NAULIGER.
NAULIS.
NAULISSEMENT.
NAULISSEUR.
} *Voyez tous ces mots par* NOL.

NAUMBOURG. *Voyez* MARCHE' DE NAUMBOURG.

NEFFLIER. Arbre de médiocre grandeur qui porte les neffles.

Le bois de cet arbre suffisamment connu, se doit débiter en morceaux de trois ou quatre pouces en quarré sur seize ou dix-huit pouces de longueur. Quand il est débité de cette maniere il se vend assez bien en plusieurs Villes de France, mais particuliérement à Paris. On en fait des chevilles & des fuseaux pour les rouets & les lanternes des moulins, aussi-bien que des outils pour les Menuisiers.

NEFRETIQUE, que l'on écrit plus ordinairement NEPHRETIQUE. Bois médecinal. Il se dit aussi d'une espece de pierre précieuse. *Voyez* NEPHRETIQUE.

NEGOCE. Commerce, ou trafic de marchandises, ou d'argent. Il se fait à Lyon un grand négoce d'argent sur la place du change. Le négoce fait toute la richesse des Hollandois. Bordeaux est une Ville d'un grand négoce. Ce Marchand ne fait que le négoce étranger. Le négoce de la drapperie est un négoce solide.

En France le négoce en gros ne déroge point à la noblesse. *Voyez* COMMERCE, PROFESSION MERCANTILLE, PARFAIT NEGOCIANT, & TRAFIC.

Le négoce est une profession très-honorable en Orient; les Particuliers ne sont pas les seuls qui le font; les plus grands Seigneurs & même les Rois l'exercent quelquefois en personne, mais toûjours par leurs Commis.

C'est sur tout en Perse que la qualité de Marchand a des honneurs & des prérogatives extraordinaires: aussi ce nom ne se donne-t-il point aux gens qui tiennent boutique ou qui trafiquent de menuës denrées; ce sont seulement ceux qui entretiement des Commis & des Facteurs dans les Païs les plus éloignez qui sont appellez Marchands. Ces personnes sont souvent élevées aux plus grandes Charges; & c'est ordinairement d'entre ces sortes de Négocians que les Rois de Perse choisissent leurs Ambassadeurs Le nom de Marchand en Persan est *Saudaguer*, qui signifie Faiseur de profit.

Le négoce se fait en Orient par Courtiers: les Persans les nomment *Delal*, c'est à dire, Grands Parleurs. La maniere de faire les marchez est singuliere. Après que les Courtiers se sont étendus en de longs & souvent d'inutiles discours, quand il s'agit de conclure ils ne parlent plus que par les doigts. Le Courtier de l'Acheteur & celui du Vendeur se prennent tous deux de la main droite qu'ils couvrent de leur manteau, ou d'un mouchoir. Le doigt étendu vaut dix, le doigt plié cinq, le bout du doigt un, la main entiere cent, la main pliée mille. Ils marquent même jusqu'aux livres, sols & deniers en se maniant la main. Pendant tout ce trafic mystérieux les deux Courtiers, à quelque somme qu'aille le marché, paroissent aussi froids & aussi tranquilles que s'il ne s'agissoit de rien entr'eux. Les Commis que les Persans tiennnent dans les Païs Etrangers se nomment Vikils. *Voyez* COMMERCE.

NEGOCIANT. Banquier, ou Marchand qui fait négoce. Il est important aux Négocians de conserver leur crédit sur la place. *Voyez* MARCHAND & BANQUIER.

NEGOCIANT. On appelle *Parfait Négociant*, un Ouvrage composé & donné au Public en 1675, par M. Savary, contenant une instruction générale pour tout ce qui regarde le commerce de toutes sortes de marchandises tant de France que des Païs Etrangers, avec une application des Ordonnances & Arrêts rendus sur toutes les questions les plus difficiles qui arrivent entre les Marchands, Négocians & Banquiers sur toutes sortes de matiéres concernant le commerce. *Voyez* PARFAIT NEGOCIANT.

NEGOCIATEUR. Celui qui se mêle de quelque négociation. Les Agens de Banque & les Courtiers sont les Négociateurs des Marchands & Banquiers.

NEGOCIATION. Se dit du commerce des billets & des lettres de change qui se font dans les Bourses & sur les Places de change. La négociation que j'ai faite de votre lettre, de votre billet est avantageuse, il y a tant pour cent de benefice.

C'est par l'entremise des Agens, ou Courtiers de change, que la plûpart des négotiations des lettres & billets de change se font.

NEGOCIER. Trafiquer, commercer. Les Marchands négocient en différentes marchandises; les Banquiers négocient en argent, en billets & lettres de change. *Voyez* NEGOCE & COMMERCE.

NEGOCIER UNE LETTRE DE CHANGE. C'est la ceder, ou la transporter à un autre moyennant la valeur que l'Acheteur

teur en donne au Cédant ou Vendeur; ce qui se peut faire de trois manieres, au pair, avec profit, ou avec perte.

On négocie au pair, quand on reçoit précisément la somme contenuë dans la lettre de change; la négociation se fait avec profit, quand le Cédant reçoit plus que ne porte la lettre; & elle se fait avec perte, quand on cede une lettre de change pour une somme moindre que celle qui y est exprimée.

Quand le Tireur d'une lettre de change reçoit plus que le pair, cela s'appelle Avance pour le Tireur; on nomme au contraire Avance pour le Donneur d'argent, & perte pour le Tireur, lors que le Donneur donne moins que le pair.

NEGRERIE. Lieu où ceux qui font le commerce des Negres ont coûtume d'enfermer leurs Esclaves, soit sur les Côtes d'Afrique jusqu'à-ce qu'ils puissent les embarquer, soit dans les Isles Antilles & autres endroits où ils les debarquent jusqu'à-ce qu'ils ayent trouvé Marchand, d'autres disent Captiverie. *Voyez* NEGRES.

NEGRES. Peuples d'Afrique, dont le Païs a son étenduë des deux côtez du fleuve Niger. L'on appelle Nigritie cette grande Région qu'ils habitent, qui a plus de huit cens lieuës de côtes, & qui s'étend plus de cinq cens lieuës dans les terres. Il est incertain si ces peuples ont communiqué leur nom au Païs, aussi-bien qu'au grand fleuve qui l'arrose.

Les Européens font depuis quelques Siécles commerce de ces malheureux Esclaves, qu'ils tirent de Guinée & des autres Côtes de l'Afrique, pour soûtenir les Colonies qu'ils ont établies dans plusieurs endroits de l'Amerique & dans les Isles Antilles.

Il est difficile de justifier tout à fait le commerce des Négres; cependant il est vrai que comme ces miserables Esclaves trouvent ordinairement leur salut dans la perte de leur liberté, & la raison de l'instruction Chrétienne qu'on leur donne jointe au besoin indispensable qu'on a d'eux pour les cultures des sucres, des tabacs, des indigos, &c. adoucissent ce qui paroît d'inhumain dans un negoce où des hommes sont les Marchands d'autres hommes, & les achetent de même que des bestiaux pour cultiver leurs terres.

Le commerce des Negres est fait par toutes les Nations qui ont des établissemens dans les Indes Occidentales, & particulierement par les François, les Anglois, les Portugais, les Hollandois, les Suédois & les Danois.

A l'égard des Espagnols, quoi qu'ils soient les mieux établis dans cette vaste partie du monde qu'ils ont découverte les premiers, & dont ils ont été aussi les premiers Conquerans, ils n'ont guére les Négres de la premiere main, & ce sont les autres Nations qui font des traitez avec eux pour leur en fournir, comme ont fait long-tems la Compagnie des Grilles établie à Génes, celle de l'Assiente en France, & à présent la Compagnie du Sud en Angleterre, depuis la Paix d'Utrecht en 1713, qui a terminé la guerre pour la succession d'Espagne.

Il paroît presque indubitable que ce sont les François qui ont fait les premiers le commerce du Cap verd & des Côtes de Guinée, où se fait présentement le plus grand négoce d'Esclaves Negres.

Les noms de Bayes de France, de Paris & de petit Dieppe que plusieurs lieux de cette partie de l'Afrique conservent encore, rendent cette opinion plus que vrai-semblable; & il y a même des Auteurs qui parlant plus affirmativement, avancent que les Dieppois en ayant entrepris le voyage dès l'an 1364, s'y étoient établis & y avoient des habitations plus de cinquante ans avant que les Portugais en eussent eu connoissance.

Mais quand cette opinion seroit tout à fait certaine, il faut du moins convenir qu'il ne s'agissoit point alors du commerce des Négres, & que dans les commencemens, & même jusques en 1604 que les Anglois & les Hollandois en chassérent le peu de François qui étoient venus y relever les ruines des habitations de leurs ancêtres, ils n'y trafiquoient que de poudre d'or, de morfil, de cuirs, de gommes, de plumes d'autruches, d'ambre gris, de civette, de malaguette & d'autres telles marchandises.

Ce n'est même qu'assez long-tems après l'établissement des Colonies Françoises dans les Isles Antilles qu'on a vû des vaisseaux François sur les Côtes de Guinée pour y faire le trafic des Noirs qui commença à devenir un peu commun lors que la Compagnie des Indes Occidentales eut été établie en 1664, & que les Côtes d'Afrique depuis le Cap-Verd jusques au Cap de Bonne-Esperance eurent été comprises dans sa concession.

La Compagnie du Senegal lui succéda pour ce commerce: quelques années après la concession de cette derniere, comme trop étenduë, fut partagée, & ce qu'on lui en ôta fut donné à la Compagnie de Guinée qui prit ensuite le nom de Compagnie de l'Assiente.

De ces deux Compagnies Françoises celle du Senegal subsiste toûjours; mais celle de l'Assiente a fini après le Traite d'Utrecht, & la liberté du commerce dans tous les lieux qui lui avoient été cédez soit pour les Négres, soit pour les autres marchandises, a été rétablie dans la premiere année du régne de Louïs XV. *Voyez* COMPAGNIES.

Les meilleurs Négres se tirent du Cap-Verd, d'Angole, du Senegal, du Royaume des Joloffes, de celui de Galland, de Damel, de la riviere de Gambie, de Majugard, de Bar, &c.

Un Négre piece d'Inde (comme on les nomme) depuis 17 à 18 ans jusqu'à 30 ans, ne revenoit autrefois qu'à trente ou 32 livres en marchandises propres au Païs, qui sont des eaux-de-vie, du fer, de la toile, du papier, des masses ou rassades de toutes couleurs, des chaudieres & bassins de cuivre, & autres semblables que ces Peuples estiment beaucoup. Mais depuis que les Européens ont, pour ainsi dire, encheri les uns sur les autres; ces Barbares ont sçû profiter de leur jalousie, & il est rare qu'on traite encore de beaux Negres pour 60 livres, la Compagnie de l'Assiente en ayant acheté jusqu'à 100 livres la piece.

Ces esclaves se font de plusieurs manieres; les uns, pour éviter la faim, se vendent eux-mêmes, leurs enfans & leurs femmes aux Rois, ou aux plus puissans d'entr'eux qui ont de quoi les nourrir; car quoi qu'ils se passent de peu, la stérilité est quelquefois si extraordinaire dans certains endroits de l'Afrique, sur tout quand il y a passé quelque nuage de sauterelles, qui est une playe assez ordinaire, qu'on n'y peut faire aucune récolte, ni de mil, ni de ris, ou d'autres légumes dont ils ont coûtume de subsister.

Les autres sont des Prisonniers faits en guerre & dans les incursions que ces petits Roitelets font sur les terres de leurs voisins souvent sans d'autres raisons que de faire des esclaves, lesquels emmenent jeunes, vieux, femmes, filles, jusqu'aux enfans à la mamelle.

Il y a des Négres qui se surprennent les uns les autres, pen-

pendant que les vaisseaux d'Europe sont à l'ancre, y amenant ceux qu'ils ont pris pour les y vendre & les y embarquer malgré eux, & il n'est point nouveau de voir des fils, vendre de cette sorte leurs malheureux péres, des péres leurs propres enfans, & encore plus souvent ceux qui ne sont liez d'aucune parenté, mettre la liberté des uns des autres à prix de quelques bouteilles d'eau-de-vie, ou de quelque barre de fer.

Ceux qui font ce négoce, outre les victuailles pour l'équipage du vaisseau, portent du gruau, des pois gris & blancs, des féves, du vinaigre & de l'eau-de-vie pour la nourriture des Négres qu'ils espérent avoir de leur traite.

Aussi-tôt que la traite est finie, il ne faut point perdre de tems pour mettre à la voile, l'expérience ayant fait connoître, que tant que ces miserables sont encore à la vûë de leur patrie, la tristesse ou le désespoir les prend, dont l'une leur cause des maladies qui en font mourir une bonne partie pendant la traversée; & l'autre les porte à s'ôter eux-mêmes la vie, soit en se refusant la nourriture, soit en s'ôtant la respiration par une maniere dont ils sçavent se plier & contourner la langue qui à coup sûr les étouffe, soit enfin en se brisant la tête contre le vaisseau, ou en se précipitant dans la mer s'ils en trouvent l'occasion.

Cet excès d'amour pour la patrie semble diminuer à mesure qu'ils s'en éloignent, la gayeté même leur prend, & c'est un secret presque immanquable pour la leur inspirer & pour les conserver jusques au lieu de leur destination, que de leur faire entendre des instrumens de musique, ne fussent que quelque viele, ou quelque musette.

A l'arrivée aux Isles chaque tête de Négre se vend depuis trois jusqu'à cinq cens livres suivant leur jeunesse, leur vigueur & leur santé; ce n'est pas pour l'ordinaire en argent, mais en marchandises du crû du Païs *Voyez* Assiente.

Ces Négres sont la principale richesse des Habitans des Isles; qui en a une douzaine, peut être estimé riche. Comme ils multiplient beaucoup dans les Païs chauds, leurs Maîtres, pour peu qu'ils les traitent avec douceur, voyent croître insensiblement cette famille de noirs & augmenter en même tems le nombre de leurs esclaves, l'esclavage étant héreditaire parmi ces misérables.

Il est vrai qu'il est quelquefois dangereux d'avoir trop de indulgence pour eux, étant d'un naturel dur, intraitable & incapable de se gagner par la douceur; mais il faut éviter les deux extrêmitez; un châtiment modéré les rend souples & les anime au travail, & au contraire trop de dureté les rebute, & dans leur désespoir ils se jettent parmi les Négres Marons, ou Sauvages, qui se tiennent dans des lieux inaccessibles des Isles où ils ménent une vie très-misérable, mais plus à leur gré, parce qu'elle est libre.

Negres-Cartes. C'est ce qu'on appelle autrement Emeraudes brutes de la premiere couleur; elles sont fort estimées & passent pour les plus belles de ces sortes de pierre. *Voyez* Emeraude.

NEGRILLO. Espece de pierre métallique, ou mineray qui se tire de quelques mines d'argent du Chilly; il est noir & assez semblable au mache-fer; quand il est mêlé de plomb, on le nomme Plomo-ronco. *Voyez cet article, ou celui de l'Argent à l'endroit où il est parlé des Mines du Chilly & du Perou.*

NEGRILLON, NEGRILLONNE. Ce sont les petits Négres de l'un ou de l'autre séxe qui n'ont pas encore passé 10. ans; trois enfans de 10 ans font deux pieces d'Inde, & l'on compte deux enfans de 5 ans pour une piece. *Voyez ci-dessus* Negre. *Voyez aussi* Piece d'Inde.

NEMBROSI. Espece de safran. Il croît en Egypte & y est fort estimé; on le vend douze piastres les cent dix rotols. Il y en a un autre que l'on nomme Saïd qui ne vaut que six piastres. *Voyez* Safran.

NEPHRETIQUE, que l'on écrit quelquefois NEFRETIQUE. Pierre précieuse. C'est une espece de jaspe; elle est de couleur grise mêlée d'un peu de bleu, quelquefois de blanc & de noir.

La nephretique différe du jaspe en ce qu'elle est plus dure, & que jamais elle n'a de rouge. Quand on la polit & qu'on la reduit à l'épaisseur du petit doigt; elle a un jour obscur & est à demi transparente; il s'en trouve des morceaux assez gros pour en faire des tasses raisonnables; elle vient de la nouvelle Espagne, il y en a néanmoins dans la vieille Espagne & en Bohême.

Cette pierre est fort chére à cause de l'admirable vertu qu'on croit qu'elle a contre la gravelle; une tasse qui en étoit faite fut achetée jusques à seize cens écus du tems de l'Empereur Rodolphe II. C'est peu si tout ce que les Auteurs disent de ses propriétez étoit véritable.

La meilleure, pour être employée à la guérison des douleurs de la gravelle, doit être d'un gris bleuâtre, grasse & onctueuse comme le talc de Venise. Les Indiens de la nouvelle Espagne, qui les premiers, à ce qu'on dit, ont découvert & ensuite appris aux Européens l'usage de la nephretique, la portent penduë à leur col, après l'avoir taillée en différentes figures, mais sur tout en becs d'oiseaux, ce qui fait que faute de vrayes pierres nephretiques, des Charlatans taillent ou du jade, ou d'autres pierres qui en approchent, de la même maniere, & la vendent fort cher à ceux qui y ont confiance contre les douleurs de la gravelle.

Nephretique. Est aussi le nom que l'on donne à une sorte de bois médecinal qui croît dans la nouvelle Espagne, & principalement dans le Royaume de Mexique. Les Indiens l'appellent Coult & Tlapalcypatly; en Europe on l'appelle Bois Nephretique, parce qu'il est souverain pour la colique nephretique. L'arbre est de la grandeur de nos poiriers & a des feuilles comme celles des pois chiches, mais plus petites.

Le bon bois nephretique doit être mondé de son écorce & de son aubier, d'un goût amer & d'un jaune rougeâtre, mais qui infusé dans l'eau froide lui donne une teinture de bleu céleste quand elle est regardée à contre jour, & qui vûë dans le jour paroisse de couleur d'or. Si l'on mêle quelque acide dans cette eau ainsi teinte, l'une & l'autre couleur disparoissent, mais avec un peu d'huile de tartre on lui rend son bleu céleste.

On tâche quelquefois de substituer au bois nephretique l'ébene rouge, ou grenadille, & un autre bois rouge qui vient des grandes Indes & du Bresil; mais la tromperie se découvre par l'infusion dans l'eau, & tout bois qui ne donne point la teinture bleuë n'est point nephretique. Cette sorte de bois fait une portion du négoce des Marchands Epiciers-Droguistes & Apoticaires.

Le bois nephretique paye en France les droits d'entrée comme bois de Bresil; sçavoir 12 sols du cent pesant.

NERF DE BOEUF. C'est le nerf séché qui se tire de la partie génitale de cet animal.

Quand ce nerf est reduit en maniere de filasse longue de huit

huit à dix pouces par le moyen de certaines grosses cardes de fer, il s'employe par les Selliers à nerver avec la cole-forte les arçons des selles & les panneaux des chaises & carosses; il entre aussi dans la fabrique des battoirs propres à jouer à la paume. A Paris ce sont ces Ouvriers qui le préparent, qui le portent vendre aux Marchands Merciers-Quincailliers, par paquets du poids d'une livre, & c'est chez ces Marchands que les Artisans, qui en ont besoin, les vont acheter.

NERF, ou PRIAPE DE CERF. *Voyez* CERF.

NERFS. Les Relieurs appellent de la sorte les ficelles, ou petites cordes qu'ils mettent au dos de leurs livres & sur lesquelles se cousent & s'arrêtent les cahiers dont ils sont composez.

Les Statuts des Relieurs de 1686 ordonnent que les livres seront reliez avec ficelle & vrais nerfs.

NERINDE. Toile de coton blanche qui vient des Indes Orientales. C'est une des sortes de baffetas, mais étroite & assez grossiere. *Voyez* BAFFETAS.

NERPRUN, qu'on nomme plus communément NOIRPRUN. Espece d'arbrisseau qui fournit quelques couleurs à la peinture, & qui est du nombre des drogues que préparent les Apoticaires. *V.* NOIRPRUN.

NERVER UN LIVRE. C'est en dresser les nerfs sur le dos & les fortifier avec de bonne cole & parchemin, ce qu'on appelle autrement Endosser un livre.

NERVER. Se dit aussi de divers ouvrages sur lesquels, pour les fortifier, on applique avec de la cole des nerfs de bœuf battus & réduits en une espece de filasse.

On nerve des panneaux de carosse, des arçons de selle, des battoirs de longue & courte paume, &c.

NERVURE. L'art d'appliquer des nerfs. On le dit aussi des nerfs mêmes quand ils sont appliquez. On appelle dans la Librairie la Nervure d'un livre, ces parties élevées qui paroissent sur le dos des livres, & qui sont formées par les nerfs ou cordes qui servent à le relier.

NERVURE. C'est aussi un petit passepoil d'or, d'argent, de soye, ou d'autre matiere que les Tissutiers-Rubaniers font, & que les Marchands Merciers vendent pour mettre sur les coutures des habits, ce qui y fait une sorte d'ornement.

NESLE. Petite monnoye de billon dont on se servoit encore en France vers le milieu du dix-septiéme Siecle; elle valoit quinze deniers. Il y avoit aussi des doubles nesles qui avoient cours pour six blancs, ou trente deniers. Les unes & les autres furent décriées & ne furent plus reçûës que pour douzains.

On leur avoit donné le nom de Nesle, de la tour de Nesle où s'en étoit faite la fabrication. Cette tour étoit vers le Fauxbourg S. Germain où l'on a bâti depuis le Collége Mazarin, vulgairement appellé Collége des quatre Nations vis à vis l'ancienne tour du Louvre.

NET. Qui est pur & sans mêlange d'aucunes saletez. Ce caffé, ce ris, ce poivre, ce girofle est net, les ordures & le grabeau en ont éte ôtez. Ce bled est net, il a été bien criblé. On appelle du vin net, celui qui n'a point été falsifié, ou frelaté, & qui est clair-fin.

NET. Se dit aussi de ce qui est sans tache, sans défaut. Les Marchands Jouailliers disent qu'un diamant est net quand il n'y a ni pailles, ni gendarmes. On dit des pierres prétieuses qu'elles sont glaceuses, ou cassidoineuses, quand il y a des taches, des nuées qui font qu'elles ne sont pas tout à fait nettes. Du cristal net est celui qui est tout à fait transparent.

NET. Se dit encore de ce qui reste après que l'on a ôté la tare du poids ort ou brut de la marchandise, c'est à dire, qu'elle a été pesée net hors de tout emballage. Ce baril de cochenille pese ort 450 livres, il y a de tare 50 livres, partant reste net 400 livres.

NET. Se dit pareillement dans les affaires qui sont claires, sans difficulté, qui ne sont point embrouillées. Par le finito, ou par la balance de notre compte, vous me devez tant de clair & de net; Les affaires de ce Négociant sont nettes, sans embarras. Ce Marchand a plus de cinquante mille écus de bien très-net.

NET PROVENU. Expression dont se servent les Négocians pour marquer ce que quelque effet a rendu, toutes tares & fraix déduits. Voici le compte de la vente de votre poivre, le net provenu duquel monte à tant, dont je vous ai crédité. On se sert quelquefois dans le négoce de ces mots étrangers Netto procedido, pour dire, Net Provenu.

NEVEL. Petite monnoye de bas aloi dont on se sert le long de la Côte de Coromandel. Huit à neuf nevels font le fanon & quinze fanons la pagode; le nevel vaut depuis trois jusques à six casses.

NEUF. Ce qui n'a point, ou peu servi. Une étoffe neuve, une toile neuve, un habit neuf.

Il est défendu aux Maîtres Fripiers & aux Maîtres Savetiers de travailler en neuf ni d'en vendre. Ces derniers ont pourtant permission d'en faire pour eux, leurs femmes & leurs enfans.

NEUF. Dans le commerce du bois de chauffage on appelle Bois neuf, celui qui vient par bateau, & qui n'a pas floté. *Voyez* BOIS.

NEUF. Nombre impair qui suit immédiatement celui de huit. Il est le dernier de ceux qui en chiffre commun, ou Arabe, s'expriment par un seul caractere.

Son composé est de trois fois trois, ou de deux & sept, ou de trois & six, ou de quatre & cinq, ou de cinq & quatre, ou de six & trois, ou de sept & deux, ou de huit & un. Que neuf soit multiplié par un, ou que un le soit par neuf, cela ne produira toûjours que neuf.

Neuf en chiffre commun s'écrit ainsi (9.) en chiffre François de finance ou de compte, de cette maniere (*ix.*) & en chiffre Romain ainsi (IX.)

Ce qui en Arithmetique mercantille est nommé la preuve de neuf, n'est autre chose qu'un retranchement de tous les neuf, soit de la somme donnée, soit de celle trouvée après l'operation de la régle, dont les restes doivent être semblables.

NEUFVIE'ME, que l'on écrit plus communément NEUVIE'ME, Ce qui vient ou est placé après huit. *Voyez* NEUVIE'ME.

NEURE. Petit bâtiment dont les Hollandois se servent pour aller à la pêche du haran. C'est une espece de flûte d'environ soixante tonneaux. *Voyez* HARENG.

NEUSTRE. Artisan qui fait & qui vend des meubles. Cet ancien terme se trouve dans les Statuts des Courtepointiers qui composoient autrefois une des Communautez de Paris réünie en 1636 à celle des Tapissiers.

Ces derniers parmi leurs autres qualitez conservent celle de Courtepointiers-Neustrez. *Voyez* TAPISSIER.

NEUVIE'ME, que l'on écrit quelquefois neuviesme & neufviesme. C'est la partie d'un tout divisé en neuf portions égales. Il est interessé pour un neuviéme en cet armement.

En fait de fractions ou nombres rompus, de quelque tout que ce soit, un neuviéme, trois neuviémes, cinq neuviémes, sept neuviémes, s'écrivent ainsi ($\frac{1\,3\,5\,7}{9\,9\,9\,9}$); la verge ou yard d'Angleterre, qui est une mesure des longueurs, contient sept neuviémes d'aunes de Paris.

NICOTIANE. Les François donnérent d'abord le nom d'herbe Nicotiane au Tabac, parce que ce fut Jean Nicot Ambassadeur de François Second en Portugal, qui le premier en apporta dans le Royaume. On le nomma ensuite Herbe à la Reine, à cause que ce Ministre à son retour en fit present à la Reine Catherine de Medicis, mére du jeune Roi. *Voyez* TABAC.

NIELLE. *Voyez l'article ci après*, NIGELLE.

NIGELLE ROMAINE, ou NIELLE, en Latin, NIGELLA, ou PAPAVER NIGRUM. Plante & graine médicinale, dont un des plus grands usages est d'être employée pour faire mourir les vers qui s'engendrent dans le corps humain. C'est de cette graine qu'on employe ordinairement à la place du *Semen contra vermes*, ou poudre à vers.

Il y a de deux sortes de Nigelles; celle des jardins & la sauvage : l'une s'appelle Nigelle blanche, & l'autre Nigelle noire.

La Nigelle des jardins s'éleve environ deux pieds de haut, ses feuilles sont vertes, petites, découpées & assez minces; sa fleur semblable à celle du Seneçon, est faite en forme d'étoile, & tire sur le bleu; & sa graine qui vient dans des gousses, est longuette, d'une couleur grise d'un goût piquant, & d'une odeur forte & assez aromatique.

La Nigelle sauvage a les feuilles plus minces, plus découpées, & plus chevelues que celles des jardins, à laquelle elle est semblable dans tout le reste: on l'appelle autrement Poivrette, ou Barbuë.

Il y a une troisiéme espece de Nigelle, ou Nielle, qui sont ces fleurs rouges qui croissent dans les bleds, qui ressemblent à la rose, mais elle n'a aucunes des proprietez médecinales des deux autres.

La meilleure de toutes les Nigelles, est celle d'Italie; il la faut choisir nouvelle, bien nourrie, d'une belle couleur jaune, & la plus aromatique qu'il se peut, tant pour le goût que pour l'odeur.

La Nigelle noire & grise paye en France les droits d'entrée à raison de trois livres du cent pesant, conformement au Tarif de 1664.

NILLAS. Etoffe d'écorce mêlée de soye qui vient des Indes. *Voyez* ECORCE.

NIOU. C'est une des mesures des Siamois pour les longueurs; elle revient à un pouce de pied de Roi moins un quart. Au dessous du Niou est le Grain de Ris, dont les huit font le Niou; au dessus est le Ken, qui contient douze Nious. *Voyez* KEN.

NITRE. Espece de sel qu'on nomme plus ordinairement Salpêtre. *Voyez* SALPETRE.

NIVEAU. Instrument de Geometrie dont on fait un grand usage dans la méchanique, & parmi plusieurs Artisans.

Les Plombiers, les Paveurs, les Charpentiers, les Menuisiers, les Maçons, les Carleurs, les Sculpteurs, &c. se servent du Niveau, les uns pour poser leur piéce orisontalement, comme les Maçons, Charpentiers, Menuisiers & Sculpteurs; les autres pour donner la pente nécessaire au terrain qu'ils dressent, ou sur lequel ils placent leurs ouvrages, comme les Plombiers, les Paveurs, les Terrassiers, & ceux qui se mêlent de la conduite des eaux.

L'on peut voir dans les Mémoires de l'Academie Royale des Sciences établie à Paris sous le régne de Louis XIV. la description de quelques niveaux curieux, & même utiles & plus justes qu'aucun autre, inventez par de celebres Academiciens, tels que sont entr'autres les niveaux d'eau & les niveaux d'air, que le Sieur Buterfield, habile faiseur d'Instrumens de Mathematique, a si bien éxecutez.

A l'égard du niveau commun, qu'on appelle Niveau à plomb, & qui est presque le seul dont l'on se serve dans la pratique ordinaire, il est de deux sortes, l'un que l'on nomme Niveau percé, & l'autre Niveau plein.

LE NIVEAU PERCE' est fait de deux regles, attachées ensemble par leurs extrêmitez à angles droits, & jointes vers le milieu par une traverse sur laquelle est tracée une ligne qui tombe d'aplomb d'un trou percé reguliérement au dessus du point où s'unissent les régles. C'est de ce trou que pend la corde, c'est à dire une petite ficelle au bout de laquelle est attaché le plomb qui sert aux opérations de niveau.

LE NIVEAU PLEIN est une petite planche de bois, peu épaisse, coupée regulierement en triangle; de l'un des angles se tire une ligne qui tombe perpendiculairement sur le point du milieu du côté qui lui est opposé, & qui doit servir de base à l'instrument. Du haut de cette ligne pend la corde avec son plomb; & afin que ce plomb puisse avoir son mouvement libre, il y a une petite échancrure dans le bas du niveau, ordinairement en demi-cercle.

L'operation en est semblable à celle du niveau percé, & ils ne sont differens que parce que l'un est à jour & l'autre ne l'est pas.

Quand on veut voir par dessous œuvre, si un plancher, une corniche, ou quelques piéces de charpente & de menuiserie sont de niveau, on se sert du niveau plein en déplaçant seulement la corde, & la mettant au milieu de la base, ensorte que le plomb tombe sur l'angle qui lui est opposé.

Il y a encore une sorte de grand niveau dont se servent les Charpentiers & ceux qui veulent niveler les terres. Il est fait de deux régles de bois, dont celle qui est la plus petite, tombe perpendiculairement sur la plus grande. La ligne à niveler est tracée le long de la perpendiculaire, du haut de laquelle pend le cordeau & son plomb. Ces niveaux sont quelquefois de plus de six pieds de longueur, & de deux de hauteur; l'operation en est plus sûre que celle des petits niveaux, mais l'usage n'en est pas commode par tout.

Un habile Architecte, (le Sieur Dulin) a inventé au commencement du dix-septiéme Siecle, une sorte de niveau, d'autant plus ingénieux & plus commode, qu'il peut tenir lieu tout ensemble du niveau percé, du niveau plein ou à talus, & du plomb des Maçons & des Menuisiers.

Ce niveau est simple, composé de quatre piéces de bois, dont les principales sont deux regles assez minces, mais longues & larges à volonté, ordinairement pourtant d'un pied, ou d'un pied & demi pour la longueur. Ces deux pieces se croisent en forme de cette croix qu'on appelle de saint André, c'est à dire ensorte que des quatre angles qui se forment de leur union, les deux collateraux soient obtus, & les autres soient aigus. Une traverse joint les

les deux branches d'enhaut par leur extrêmité, & une autre plus petite unit les deux d'enbas, environ dans le milieu du triangle qu'elles forment. Ces quatre branches sont coupées d'équierre, ou comme on dit retournées d'équierre l'une sur l'autre. Enfin, une ligne perpendiculaire tombant du milieu de la traverse d'enhaut sur le milieu de celle d'enbas, & coupant l'endroit où les régles sont jointes, sert à diriger le plomb & sa corde, qui passe par un trou percé sur la ligne de la traverse supérieure.

La commodité de ce niveau consiste en ce que sans le changer de situation il sert à niveler les superficies par ses branches inférieures, & les piéces par sous-œuvre par ses branches supérieures, & qu'il tient lieu de plomb par ses côtez en les appliquant contre le bois de bout qu'on veut poser perpendiculairement.

NOBLE A LA ROSE. Ancienne monnoye d'or d'Angleterre, mais qui n'y a plus guére de cours. On commença à battre en Angleterre des Nobles à la Rose sous le régne d'Edoüard III. vers l'an 1334. Le poids en étoit de six deniers, c'est à dire, de douze grains plus que les pistoles d'Espagne, & l'or au plus près du fin à vingt-trois carats trois quarts.

Noble henri. Autre monnoye d'or d'Angleterre, de quatorze grains moins pesant que le Noble à la rose, & prenant seulement de fin vingt-trois carats & demi.

Il y a eu aussi des Nobles à la rose & des Nobles Henri frappez en France pendant les guerres des Anglois sur la fin du regne de Charles VI. & pendant les commencemens de celui de Charles VII.

Noble homme. Qualité que les anciens Statuts de la Mercerie donnent aux Marchands Merciers à cause qu'il leur est défendu de travailler de la main comme les Artisans aux marchandises dont ils font commerce, leur étant seulement permis de les garnir & enjoliver. Aussi les mêmes Statuts disent-ils qu'ils sont reçûs noblement.

Noblesse. Prerogative de distinction, qui éleve ceux qui l'ont au dessus des roturiers.

C'a été long-tems une opinion presque generale en France, que le commerce étoit incompatible avec la noblesse; ce qui pourtant malgré cette prévention, ne devoit s'entendre que du négoce en detail, que les nobles n'y ont jamais pû exercer & n'y exercent point encore sans dérogeance. Le commerce de mer leur a été au contraire permis de tout tems; & quantité d'Edits, de Déclarations & de Lettres Patentes des Rois, particuliérement de Louïs XIII. & de Louïs XIV. ont étendu cette permission jusqu'au commerce en gros; & souvent jusqu'aux entreprises des Manufactures, quand elles sont considérables, & d'une grande utilité à l'Etat.

A l'égard de la noblesse accordée, ou conservée aux Entrepreneurs des Manufactures, on en a des exemples dans les Lettres Patentes du mois de Juillet 1646. pour l'établissement de la Manufacture de Draps façon de Hollande à Sedan; dans celles du mois d'Octobre 1665. pour la Manufacture d'Abbeville, & dans celles du 16 Decembre 1698. pour les Manufactures de Châlons & de Rheims. Sa Majesté ayant accordé la noblesse pour les deux premiers aux Sieurs Cadeau & Vanrobais, aussi-bien qu'à leurs associez, & l'ayant conservée par les derniers au Sieur Champlain qui avoit déja la qualité d'Ecuyer.

Pour ce qui est des Arrêts & Déclarations qui donnent la noblesse à ceux qui font le négoce en gros, ou qui exemptent de la dérogeance les nobles qui s'y intéressent, ou qui font celui de la mer, les plus considerables sont:

1. L'Ordonnance de Louïs XIII. du mois de Janvier 1625. dont l'article 452. porte, que *les Marchands grossiers qui tiennent magazin sans vendre en détail, & autres Marchands qui auront été Echevins, Consuls & Gardes de leurs Corps, pourront prendre la qualité de nobles, &c.*

2. Les Lettres Patentes du même Roi du mois de Mars 1638. en faveur du Consulat de Lyon; par lesquelles *il est permis aux Prevôt des Marchands & Echevins de ladite Ville, de faire le négoce & trafic, tant de l'argent par forme de banque, que de toutes marchandises en gros, sans que cela leur soit imputé pour acte dérogeant aux priviléges de noblesse à eux accordez par les Lettres Patentes du mois d'Août 1634, pourvû qu'eux, leurs enfans & posterité négocians en gros, soient actuellement demeurans dans ladite Ville de Lion.*

Ces Lettres de 1638 ont été encore confirmées par d'autres du mois de Decembre 1643.

3. L'Edit de Louïs XIV. du mois d'Août 1669. par lequel Sa Majesté veut, que *tous Gentilshommes puissent, par eux, ou par personnes interposées, entrer en societé & prendre part dans les vaisseaux marchands, denrées & marchandises d'iceux, sans que pour raison de ce, ils soient censez & reputez déroger à noblesse; pourvû toutefois qu'ils ne vendent point en détail.*

4. L'Ordonnance de la Marine de 1681. & celle de 1684. pour la Province de Bretagne, par lesquelles au titre 8. du livre second, il est dit, que *les sujets de Sa Majesté de quelque qualité & condition qu'ils soient, pourront faire construire & acheter des navires, les équiper pour eux, les freter à d'autres, & faire le commerce de la mer par eux, ou par personnes interposées, sans que pour raison de ce les Gentilshommes soient réputez faire acte de dérogeance à noblesse, pourvû toutefois qu'ils ne vendent point en détail.*

5. Un autre Edit du mois de Decembre 1701, *par lequel il est permis à tous nobles par extraction, par Charges, ou autrement, excepté ceux qui sont actuellement revêtus de Charges de Magistrature, de faire librement toutes sortes de commerce en gros, tant au dedans qu'au dehors du Royaume, pour leur compte, ou par commission, sans déroger à noblesse.*

Le même Edit accorde pareillement la permission à tous ceux qui font le commerce en gros, *de posseder des Charges de Conseillers Secretaires du Roi, Maison & Couronne de France, sans avoir pour cela besoin d'Arrêt, ni de Lettres de Compatibilité; lesquels négocians en gros & leurs enfans, joüiront des priviléges & prerogatives attachez ausdites Charges*, en faisant inscrire leurs noms dans les lieux indiquez pour cela par ledit Edit.

6. Une Déclaration du 21. Novembre 1706. qui interprêtant l'Edit du mois de Septembre précedent, par lequel il avoit été defendu à tous Officiers revêtus de Charges de Magistrature, même à ceux des Elections & Greniers à Sel, de faire aucun commerce, ni en gros, ni en détail; *leve lesdites défenses, & permet à tous Marchands en gros de pouvoir être reçûs ausdites Charges dans les Elections & Greniers à Sel du Royaume, & faire en même tems ledit commerce par eux, ou par personnes interposées, soit pour leur compte particulier, ou par commission, tant au dedans que dehors du Royaume, par mer, ou par terre, le tout sans incompatibili-*

 té,

& sans préjudicier à leurs exemptions & à leurs priviléges.

7. Enfin, dans tous les Edits & Déclarations donnez en France pour l'établissement des grandes Compagnies de Commerce, particuliérement pour celles des Indes Orientales & Occidentales, aux mois de Mai & Août 1664. pour la Compagnie d'Occident au mois d'Août 1717. & enfin pour la réünion des Compagnies d'Orient & de la Chine à celle d'Occident, sous le nom de Compagnie des Indes, il est expressement déclaré que ces Compagnies seront composées de tous ceux des sujets du Roi qui voudront y entrer de quelque qualité & condition qu'ils soient, sans que pour cela ils dérogent à leur noblesse & priviléges, dont Sa Majesté les dispense.

On a parlé ailleurs de la noblesse du négoce en Angleterre, en Italie & par tout l'Orient, & l'on y a aussi expliqué ce que signifie en Bretagne le terme si commun dans la bouche des nobles de cette Province, qu'ils laissent dormir leur noblesse. *Voyez l'article du Commerce au commencement.*

NOCHER, ou Patron. On nomme ainsi sur la Mediterranée ce qu'on appelle sur l'Ocean un Maître de Navire dans les vaisseaux du Roi. C'est le premier Officier Marinier. *Voyez* MAÎTRE DE VAISSEAU. *Voyez aussi* NAVIRE.

NOEUD. Partie du bois par où il est le plus serré, le plus compact & le plus dur.

Le bois noueux est moins propre à la menuiserie ordinaire que le bois qui est sans nœuds. On cherche au contraire assez souvent pour la menuiserie de Placage & la Marquetterie, des bois noueux, comme sont le tronc & les racines du Noyer, & de quelques autres arbres semblables. *Voyez* MENUISERIE ET MARQUETTERIE.

NOEUD. On appelle aussi de la sorte en terme de Sculpteurs & de Marbriers, des endroits qui se trouvent dans le marbre à peu près comme les nœuds qui sont dans le bois. Ils sont si durs que les meilleurs outils rebouchent contre. On se sert ordinairement de la marteline pour les enlever. Ces nœuds sont toûjours un défaut dans les marbres, particuliérement dans les marbres blancs. *Voyez* MARBRE.

NOEUD, en terme de Verrerie. Est ce gros bouton, ou épaisseur de verre qui reste au milieu de ce que les Vitriers appellent un plat de verre. On nomme aussi ce nœud, la Boudine & l'Oeil de bœuf. *Voyez* VERRE.

NOEUD. Est encore en terme de Serrurier & d'Ouvriers sur métaux, qui montent des ouvrages à charnieres, ces divisions élevées, rondes & percées dans le milieu, qui s'emboitent les unes dans les autres, & qui sont toutes traversées & liées ensemble par une broche, ou un clou rivé. Il y a des Fiches à plusieurs nœuds, celles qu'on appelle Fiches à Chapelet en ont quelquefois au de-là de vingt. *Voyez* FICHES.

NOEUD. Se dit pareillement des choses qui servent à en attacher & à en nouer d'autres ensemble, ou du moins qui semblent servir à cet usage, quoi qu'elles ne soient le plus souvent que de pur ornement. Tels sont les nœuds de chapeau, les nœuds d'épaule, les nœuds d'épée, & les nœuds de diamans, de rubis, de perles, ou autres pierreries. Les Lapidaires & Jouailliers montent & vendent ceux-ci, les autres sont du commerce des Tissutiers Rubanniers, & des Marchands Merciers qui font le commerce de la Rubannerie.

NOEUD de Tisserant. C'est un nœud très-ferme, & qui n'est point sujet à se lâcher, dont les Tisserans & les autres Ouvriers qui travaillent de la Navette, se servent pour rejoindre les fils de la chaîne, ou de la trême de leurs Ouvrages qui se rompent en travaillant.

On dit Esnouer un drap, une étoffe de laine; pour dire, en ôter ces sortes de nœuds avec de petites pinces de fer. *Voyez* ESNOUER & ESNOUEUSES.

NOGUET. Espéce de grand Panier d'osier, très-plat, plus long que large, dont les angles sont arrondis, & les bords n'ont qu'environ deux pouces de hauteur; il a une anse de châtaigner qui le traverse dans sa largeur & qui sert à le tenir. Les femmes le portent sur la tête & le posent sur une toile roulée & pliée en rond qu'elles nomment un Tortillon; les hommes qui s'en servent le tiennent à la main.

L'usage du Noguet est pour y arranger de petits paniers de fruits, comme de pêches, d'abricots, de figues & de prunes que les Fruitiers & Fruitiéres crient dans les ruës; ou pour y mettre en Eté les pots de crême & les petits fromages dressez dans des éclisses que vendent les Laitiéres.

Le Noguet de ces derniéres est garni de fer-blanc de crainte que le petit lait qui se filtre à travers des éclisses ne puisse gâter les femmes qui portent ce panier sur leur tête.

NOGUETTE, Nom que l'on donne à Paris par dérision aux filles qui servent les Maîtresses Lingéres dans leurs boutiques; il se dit particuliérement de celles du Palais. *V.* LINGERE.

NOGUETTE. Signifie aussi quelquefois une Revendeuse. *Voyez* REVENDEUSE & CRIEUSE DE VIEUX CHAPEAUX.

NOIR. Corps opaque & poreux qui imbibe la lumiére, & qui n'en réflechit aucune partie. Le noir est la couleur la plus obscure de toutes, & la plus opposée au blanc.

Il y a plusieurs sortes de noirs qui entrent dans le Commerce, qui seront expliquez ci-après; sçavoir, le noir des Teinturiers, le noir d'Allemagne, le noir d'yvoire, ou noir de velours, le noir d'os, le noir de cerf, le noir d'Espagne, le noir de fumée, ou noir à noircir, le noir de terre, & le noir des corroyeurs.

NOIR DES TEINTURIERS, autrement Bonnoir. C'est l'une des cinq couleurs simples & matrices de la teinture.

Ce noir se fait differemment suivant la qualité des étoffes qu'on veut teindre pour les étoffes de haut prix, comme les draps d'une aune & demie, ou d'une aune un tiers de large façon d'Espagne & d'Hollande, les draps de Languedoc, de Sedan, d'Abbeville, d'Elbeuf, de Roüen, de Cherbourg, de Berry & de Dreux; les serges de saint Lo & de Beauvais, les ratines larges & étroites, les droguets de laine fine & quelques autres. Il faut pour en faire le noir se servir du meilleur guesde tirant sur le bleu brun, ou bleu peint.

La bonne qualité de ce Guesde consiste à n'être fait que de six livres d'indigo tout aprêté sur chaque bale de pastel, lors que la cuve est à doux, c'est à dire quand le pastel commence à jetter sa fleur bleuë, & sans qu'après l'assiette de cette cuve elle puisse être réchauffée plus de deux fois.

Ensuite il doit être bouilli avec de l'alun, du tartre, ou de la gravelle, & après garancé avec de la garance commune, ou de la croûte de belle garance, & enfin parachevé en noir avec de la noix de gale d'Alep, ou d'Alexandrie, qu'on appelle Gale à l'Epine, de la couperose & du sumac qu'on adoucit, le repassant sur la gaude pour lui donner la perfection du noir.

Pour que ce noir soit bien assuré, & que les étoffes ne barbouillent ni ne noircissent point dans l'usage que l'on en peut faire, elles doivent être bien dégorgées en blanc au

moulin

moulin à foulon, avant que les mettre dans la guesde; & après avoir été guesdez, il les faut fouler aux pieds dans de l'eau, puis les garancer; & après qu'elles sont faites noires, les laver bien jusques à ce qu'elles ne poudrent plus.

Pour ce qui est des étoffes de médiocre prix, comme sont les petites Ratines, les Revêches, les Molletons, les Serges d'Aumalle & de Mouy, les Ras de Châlons, les Etamines, les Camelots, les Baracans, même les Couvertures de laine; il suffit qu'elles soient seulement guesdées & mises en bleu, & après parachevées en noir avec gale & couperose, à cause que ces sortes d'étoffes ne peuvent porter les frais ni du garançage, ni des autres façons que l'on donne aux étoffes d'un prix plus considérable.

Aucunes étoffes ne doivent être teintes directement de blanc en noir, il faut nécessairement qu'elles ayent été guesdées & mises en bleu avant que d'être faites noires.

Tout ce qui vient d'être dit touchant le noir des Teinturiers, est conforme aux articles 8, 9. 11. & 12. du Réglement general des Teintures fait en Août 1669.

Il y a encore d'autres sortes de noir, qui quoi que défendus par les Ordonnances, n'ont pas laissé de s'introduire mal à propos parmi les Teinturiers, comme celui qui se fait avec l'écorce d'aulne & la moulée qu'on prend des Emouleurs, Couteliers & Taillandiers, en y ajoûtant de la limaille de fer ou de cuivre.

Il y a aussi le noir que l'on appelle Noir à froid, ou à la Jésuite, qui se fait avec les mêmes drogues que le bon noir, mais sans avoir fait passer l'étoffe par le guesde, ou bleu.

Pour faire cette sorte de noir on fait dissoudre les drogues dans de l'eau preparée en la faisant bouillir pendant quatre heures, puis on la fait refroidir au point d'y pouvoir souffrir la main; après on jette l'étoffe dedans la cuve d'où on la retire, & on la remet jusques à six fois, quelquefois plus. Quelques-uns prétendent que le noir à froid est meilleur que pas un autre; ce qui est difficile à croire, d'autant que les étoffes qui sont ainsi teintes étant tout d'un coup mises de blanc en noir, sans auparavant avoir eu le pied de guesde, cela ne peut produire qu'un mauvais noir & mal assûré. Aussi l'article 12. du Réglement ci-devant rapporté défend-il, sous des peines rigoureuses, de teindre aucunes étoffes directement de blanc en noir.

On prétend que le nom de noir à la Jésuite que l'on a donné au noir à froid, vient de ce que les Jésuites en ont été les premiers inventeurs, & qu'ils teignent encore actuellement de cette maniére leurs étoffes dans la plûpart de leurs maisons, où ils entretiennent des Teinturiers à leurs gages.

Le gris est la nuance du noir, depuis la plus basse couleur, qui est le gris-blanc, jusques à la plus haute qui est le gris-noir, telles que sont gris de perle, gris de plomb, gris lavandé, gris castor, gris de ramier, couleur d'ardoise, gris de maron, gris-brun, &c. *V.* Couleur. *V. aussi* Gris.

Noir d'Allemagne. Ce Noir se fait avec de la lie de vin brûlée, lavée ensuite dans de l'eau, puis broyée dans des moulins faits exprès avec de l'ivoire, des os ou des noyaux de pêche aussi brûlez. C'est de ce noir dont les Imprimeurs en Tailles-douces se servent. Ce noir vient ordinairement de Francfort, de Mayence & de Strasbourg, ou en pierre, ou en poudre; il s'en fait néanmoins en France qui n'est au dessous de celui d'Allemagne que par la difference qui se trouve entre les lies de vin dont ils se font; celui de Paris est même plus estimé que celui d'Allemagne, & les Imprimeurs de Tailles-douces le trouvent plus doux. *Voyez leur article.*

On appelle le noir qui se fabrique dans le Royaume, du nom des Villes où il a été fait, comme, Noir de Paris, Noir de Troyes, Noir d'Orleans. Il n'y a à Paris que trois ouvriers qui y travaillent.

Le noir d'Allemagne doit se choisir humide, sans néanmoins avoir été mouillé, d'un beau noir, luisant, doux, friable ou facile à mettre en poudre, leger, & avec le moins de grains luisans que faire se peut, & s'il est possible qu'il ait été fait avec l'ivoire, étant meilleure pour faire le beau noir que les os & les noyaux de pêche.

Noir d'Ivoire, autrement Noir de velours. C'est de l'ivoire brûlé, pour l'ordinaire, entre deux creuzets bien lutez, qui étant devenu tout à fait noir & en feuilles, ou écailles, est broyé à l'eau & mis en trochisques, ou petits pains plats, pour servir aux Peintres dans leurs ouvrages, & aux Orfévres qui mettent les pierres précieuses en œuvre, pour noircir le fond des chatons où ils enchassent les diamans pour leur donner ce qu'ils appellent le teint.

Pour que le noir d'ivoire soit de bonne qualité, il faut qu'il soit tendre, friable & bien broyé.

Les Apoticaires & autres qui poussent l'ivoire par le feu ne doivent point jetter l'ivoire brûlé qui se rencontre dans le fond de la cornuë, pouvant être aussi propre à faire le noir d'ivoire que l'ivoire même, en le préparant comme il a été dit ci-dessus.

Noir d'os. Il se fait avec des os de bœufs, de vaches, &c. brûlez & bien broyez. Pour qu'il soit bon, il doit être tendre, facile à mettre en poudre, luisant & broyé extrêmement fin; on s'en sert beaucoup dans la peinture, mais il n'est pas si estimé que le noir d'ivoire.

Noir de cerf. C'est ce qui reste dans la cornuë après que l'on a tiré de la corne de cerf, l'esprit, le sel volatil & l'huile. Ce résidu se broye avec de l'eau, & fait une sorte de noir qui est presque aussi beau & aussi bon que celui d'ivoire, & dont les Peintres se peuvent très-bien servir.

Noir d'Espagne, ainsi nommé, parce que ce sont les Espagnols qui l'ont trouvé les premiers, & desquels on le tire presque tout. Ce n'est autre chose que du liége brûlé, on l'employe à divers ouvrages. Pour sa bonne qualité, il faut qu'il soit très noir, leger, le moins sableux & graveleux qu'il est possible.

Les noirs d'ivoire & d'os, aussi-bien que le noir de cerf, sont tarifez sous le nom de noir pour les Peintres. Ils payent à la Douane de Lyon les droits à raison de trois sols six deniers du quintal.

Noir de fumée, que l'on nomme aussi Noir à noircir. C'est la fumée de la poix résine, ou de l'arcançon.

Il y en a de deux façons; l'un en poudre & l'autre en masse. Celui en poudre se vend au boisseau, ou en petits barils longs; & celui en masse se débite à la livre. Il s'en fait beaucoup à Paris avec les menus de la poix résine & de l'arcançon que l'on fait fondre & épurer dans les marmites & chaudiéres de fer, ausquels on met ensuite le feu étant sous une cheminée, ou autre endroit fait exprès, que l'on a tapissé par le haut avec des peaux de mouton, ou avec des morceaux de grosse toile pour en recevoir la vapeur, ou fumée, qui est le noir. On le recueille ensuite secouant les

les peaux, ou la toile, & on le met dans des tonneaux, ou autres vaisseaux pour le conserver.

Le noir de fumée s'employe à diverses choses, mais particuliérement à faire de l'encre pour les Imprimeurs, en le mêlant avec de l'huile de lin & de la térébentine que l'on fait bouillir ensemble.

Les Epiciers & ceux qui font commerce de ce noir de fumée, doivent être avertis qu'il est extrêmement facile à s'enflamer, particuliérement celui en poudre, & que quand une fois il est en feu on a beaucoup de peine à l'éteindre; c'est pourquoi ils ne peuvent trop prendre de précaution là-dessus. La meilleure maniére d'éteindre le feu qui est dans le noir de fumée, est de l'étouffer avec du linge, du foin, ou de la paille mouillée; pour l'eau toute seule elle n'y fait presque rien.

Le noir à noircir paye en France les droits d'entrée sur le pied de quarante sols le cent pesant, & ceux de sortie à raison de vingt-cinq sols.

Noir de terre. Est une espece de charbon qui se trouve dans la terre, dont les Peintres se servent après qu'il a été bien broyé pour travailler à fresque.

On fait du noir avec de la noix de gale, de la couperose, ou du vitriol, comme l'encre commune, ou à écrire.

Il se fait encore du noir avec de l'argent & du plomb, dont on se sert à remplir les creux ou cavitez des choses gravées.

Noir des Courroyeurs. On appelle premier noir chez les Artisans qui donnent le courroy aux cuirs quand ils ont été tannez, la premiere teinte de cette couleur qu'ils appliquent sur les vaches, veaux ou moutons. Ce noir est fait de noix de gale, de biére aigre & de feraille. Le second noir est composé de noix de gale, de couperose & de gomme arabique. C'est sur ce noir que se donne les deux lustres. *Voyez* Courroyer.

Noir de Rouille. C'est la même chose que le premier noir des Courroyeurs. *Voyez l'article précedent. Les Maroquiniers s'en servent aussi.*

Noir de soye. C'est le second noir qu'on donne aux cuirs courroyez. *Voyez comme ci-dessus.*

NOIRATRE. Couleur qui tire sur le noir.

NOIRCIR. Rendre noir, mettre en couleur noire.

NOIRCISSEURS. Ouvriers qui font l'achevement des noirs. Il se dit particuliérement à Roüen, où les Noircisseurs font du nombre des Maîtres qui composent la Communauté des Teinturiers. Les autres sont les Garanceurs & les Guesdrons. *Voyez* Noir. *Voyez aussi* Teinturier.

NOIRPRUN, ou NERPRUN. Arbrisseau épineux dont les feuilles ressemblent un peu à celles du poirier, & le fruit aux bayes du geniévre.

Les Teinturiers se servent de ces bayes dans leurs teintures; les Peintres, les Enlumineurs & les Faiseurs de cartes à jouer en tirent diverses couleurs; & la Médecine y trouve aussi un excellent, mais violent purgatif.

Les couleurs qu'on peut exprimer des bayes du Noirprun, sont le jaune, le bleu & le verd; ce qui dépend de son plus ou moins de maturité.

Quand les bayes sont encore vertes, on en fait du jaune, en les laissant tremper & se macerer long-tems dans de l'eau. Les Enlumineurs l'appellent Graine d'Avignon, parce qu'il s'en prépare beaucoup à Avignon où le noirprun croît en abondance.

La graine jaune, ou graine d'Avignon, paye en France les droits d'entrée à raison de 20 s. du cent pesant.

Pour faire du bleu il faut que la maturité de ces bayes soit plus avancée, & pour le verd elles doivent être entiérement meures.

Le verd qu'on en tire s'appelle Verd de vessie; parce qu'après avoir bien fait bouillir les bayes dans de l'eau où l'on a fait dissoudre de l'alun, on conserve la couleur qu'on en exprime dans des vessies de bœuf, ou de porc, & on la fait sécher à la cheminée, pour lui donner de la consistance. *Voyez* Verd de vessie *&* Graine d'Avignon.

NOIRS. Habitans de la Nigritie sur les Côtes d'Afrique. *Voyez* Negres.

NOIX. Fruit qui vient au noyer. La noix a double enveloppe, dont la premiere est verte: on la nomme Brou, ou Bru, & sert à la teinture: la seconde est dure & s'appelle Coque. La noix verte se mange en cerneaux vers le mois d'Août: la noix séche se conserve pour l'hyver. On en fait une huile propre à brûler & à peindre. Les gens du commun dans quelques Païs en usent pour leur nourriture. *Voyez* Noyer.

Les noix communes payent en France les droits d'entrée à raison de 5 s. du muid, ou poinçon, & 12 s. pour ceux de sortie.

Les huiles de noix payent en France les droits d'entrée sur divers pieds: sçavoir, celles qui viennent des Provinces où les Bureaux pour la levée des droits du Tarif de 1664. ne sont pas établis, 15 s. du baril, & les autres 4 liv.

A l'égard de la Douane de Lyon, les huiles de noix venant des Païs Etrangers, payent 10 s. du quintal, & celle de France 8 s.

Les droits de sortie sont à raison de 20 s. du cent pesant.

Noix Vomique. C'est le fruit, ou comme quelques Auteurs veulent, le noyau du fruit d'un arbre qui croît en plusieurs endroits de l'Egypte, d'où ces noix viennent aux Marchands Epiciers & Droguistes de Paris par la voye de Marseille. Il s'en trouve aussi dans l'Isle de Timor & dans l'Isle de Ceylan, qui sont des Isles de la mer Indique.

Ces noix sont rondes & plattes, d'un gris de souris comme velouté au dehors, & de diverses couleurs en dedans, tantôt jaunes, tantôt blanches, tantôt brunes.

Les plus grosses, les plus blondes, les plus nouvelles & les moins remplies d'ordures sont les meilleures. Elles sont un poison assuré pour les animaux, mais non pas pour les hommes: au contraire le Sieur Paul Hermance fameux Botaniste de Leyden, qui a dressé la Relation Latine que l'on trouve peu correcte dans Pomet, prétend que les noix vomiques de Timor & de Ceylan, ou peut-être seulement le bois de l'arbre qui les porte, car cet endroit paroît assez obscur, apparemment par la faute de l'Historien Droguiste, sont d'excellens sudorifiques & febrifuges, & doivent aussi se mettre au nombre des remédes diuretiques.

Les noix vomiques payent en France les droits d'entrée à raison de 50 s. le cent pesant, conformement au Tarif de 1664; & par celui de la Douane de Lyon, où elles conservent leur nom Latin, 32 s. 6 den. pour l'ancienne taxation du quintal, & 8 s. pour les anciens & nouveaux quatre pour cent.

Les noix vomiques sont du nombre des marchandises venant du Levant, sur lesquelles il doit être levé vingt pour cent de leur valeur outre les droits ordinaires, suivant l'Arrêt du 15. Août 1685.

Noix de Cypre's. *Voyez* Cypre's.

Ces noix payent 15 s. du cent pesant par le Tarif de 1664, & 10 s. du quintal par celui de Lyon.

Noix

NOIX DE GALE. Excroissance qui vient sur une espéce de chêne, & qui est propre à la teinture en noir. *Voyez* GALE.

NOIX D'INDE. C'est le fruit de l'arbre qu'on nomme Coco. *Voyez* COCO.

Les noix d'Inde payent en France les droits d'entrée à raison de 3 liv. le cent pesant.

NOIX MUSCADE. Espéce de noix aromatique qui vient des Indes. *Voyez* MUSCADE.

NOIX. Les Potiers de terre appellent la Noix de la rouë sur laquelle ils tournent les ouvrages de poterie, l'arbre ou pivot qui lui sert comme d'essieu. Ils le nomment ainsi, parce que la tête de cet arbre est presque ronde & en forme de noix, à la reserve qu'elle est applattie par en haut pour y placer le morceau de terre-glaise qu'on veut travailler. *Voyez* POTIER DE TERRE.

NOLAGE. Terme de commerce de mer qui signifie le louage d'un vaisseau, le prix qu'on en donne pour le fret. *Voyez ci-après* NOLIS.

NOLIGER, ou NOLISER. Terme de commerce de mer en usage sur la Méditerranée. Il signifie la même chose que Fretter sur l'Ocean; c'est à dire, louer ou donner à louage un vaisseau. *Voyez* FRETTER.

NOLIS. Louage d'un vaisseau, ou la convention faite entre un Marchand & le Maître d'un bâtiment, pour transporter des marchandises d'un lieu à un autre. On ne s'en sert que sur la Méditerranée; sur l'Ocean on dit Fret. *Voyez* FRET.

NOLISSEMENT. *Voyez ci-dessus* NOLIS.

NOLISSEUR. *Voyez* AFFRETTEUR & FRET.

NOM. Terme appellatif qui fait connoître une personne, & qui la distingue d'avec une autre.

Dans le commerce c'est une signature que le Marchand met à toutes les promesses, lettres de change, souscriptions & autres actes qui concernent son négoce pour s'y obliger & s'en rendre garand.

Faire le commerce sous son nom, c'est faire le commerce pour soi-même sans déguiser son véritable nom, & sans emprunter le nom d'autrui. Le faire sous le nom d'un autre, c'est être véritablement le Vendeur, ou l'Acheteur des marchandises dont on trafique, tandis qu'un autre qui prête son nom en paroît le proprietaire, & en signe tous les actes: le faire au nom d'un autre, c'est ne le faire que par commission.

Prêter son nom, c'est consentir de mettre une affaire de commerce sous son nom, quoi qu'on n'y ait aucune part, & qu'elle appartienne toute entiere à un autre pour qui sont tous les profits & toutes les pertes.

On appelle Prête-nom, en termes de finance, celui sous le nom duquel se font les adjudications des Fermes du Roi. Ainsi, Domergues & du Plantier dont les noms ont paru dans quelques adjudications de ces Fermes, n'étoient que des prête-noms, leurs Cautions en étant les véritables Adjudicataires.

On se sert aussi du terme de Prête-nom en fait de commerce; mais moins ordinairement.

S'engager à payer en son propre & privé nom, c'est faire sa dette particuliére d'une chose.

S'engager à payer au nom d'autrui, c'est s'obliger de payer pour un autre en cas qu'il ne paye pas.

Etre condamné en son propre & privé nom, c'est être condamné au payement d'une dette en son particulier.

NOM SOCIAL. Se dit dans une société générale & collective, du nom que les Associez doivent signer suivant la raison de la société; ensorte que supposé que la raison de la societé fût sous les noms de Jaques, Philippes & Nicolas pour le commerce qu'ils veulent faire ensemble, toutes les lettres missives, lettres de change, billets payables à ordre, ou au porteur, quittances, factures, procurations, comptes & autres actes concernant cette societé, doivent être signez par l'un ou l'autre des Associez, & sous le nom de Jaques, Philippes & Nicolas en compagnie, qui est le nom social.

Un Associé qui signe le nom social oblige activement & passivement solidairement avec lui son Associé: cela est non seulement conforme à l'usage établi entre les Marchands, Négocians & Banquiers (qui est leur droit,) mais encore à l'article 7 du titre 4 de l'Ordonnance du mois de Mars 1673, qui porte, *Que tous Associez seront obligez solidairement aux dettes de la societé, encore qu'il n'y ait qu'un qui ait signé, au cas qu'il ait signé pour la Compagnie, c'est à dire, du nom social, & non autrement.* *Voyez* SOCIETE'.

NOMBRE. Terme d'Arithmetique. Assemblage de plusieurs unitez. Un grand nombre, un petit nombre.

Toutes sortes de nombres se peuvent exprimer par dix caracteres ou figures qui sont, 1. 2. 3. 4. 5. 6. 7. 8. 9. & 0. qu'on appelle des chiffres.

NOMBRE NOMBRANT, & NOMBRE NOMBRE'. Le nombre nombrant est celui qui fait connoître par les unitez qu'il renferme, combien il y a de choses nombrées; & le Nombre nombré, sont les choses nombrées; comme lorsque l'on dit, Il y a trente livres, aunes, écus, &c. ce nombre trente soit qu'il soit articulé par la parole, ou écrit sur le papier, est nommé Nombrant; & les livres, aunes, écus, &c. s'appellent Nombres nombrez.

NOMBRE ENTIER. Se dit de plusieurs unitez toutes entiéres, comme trois écus, sept aunes, cent livres, &c.

NOMBRE ROMPU, OU EN FRACTION. Est de deux sortes; l'une est des fractions simples, & l'autre des fractions composées. La fraction simple contient une ou plusieurs parties de quelque entier, comme un tiers de livre, trois quarts d'aune, cinq sixiémes d'un écu; & la fraction composée est celle qu'on nomme communément Fraction de fraction; comme lorsque l'on dit, les deux tiers de trois quarts de vingt sols, qui est la même chose que de dire les deux tiers de quinze sols qui font dix sols. *Voyez* FRACTION.

NOMBRE SIMPLE. Signifie tout nombre qui est au dessous de dix, qui s'exprime par un seul chiffre, comme, 1. 2. 3. 4. 5. &c.

NOMBRE ARTICULE'. Est celui qui se partage également en dixaines, c'est à dire, tout nombre qui est formé de deux chiffres ou plus, desquels le premier à main droite est zero; tels sont 10. 20. 30. 40. 50. 100. 200. 300. &c.

NOMBRE COMPOSE'. Est un nombre formé du simple & de l'articulé, comme sont les nombres qui s'expriment par plusieurs figures, dont la premiere à droite n'est pas zero; par exemple, 24. 91. 102. 138. &c.

NOMBRE PARFAIT. Est celui duquel les parties aliquotes étant ajoûtées produisent leur tout, comme six, vingt-huit, &c. Les parties aliquotes de six sont trois, deux & un, lesquelles jointes ensemble font six. Les parties aliquotes de vingt-huit sont quatorze, sept, quatre, deux & un, lesquelles jointes ensemble font vingt-huit.

Nom-

Nombre imparfait. Se dit de celui duquel les parties aliquotes étant jointes font plus ou moins que leur tout dont elles sont parties.

Les nombres imparfaits se distinguent en défectueux & en abondans; les défectueux sont ceux desquels les parties aliquotes jointes ensemble font moins que le nombre duquel elles sont parties; comme 16. dont le parties aliquotes 8. 4. 2. & 1. étant ajoûtées, font seulement 15. qui sont moins que 16. & les abondans sont ceux desquels les parties jointes ensemble font plus que le nombre duquel elles sont parties, comme 12. dont les parties aliquotes 6. 4. 3. 2. & 1. étant ajoûtées font 16. qui est plus que 12. &c.

Nombre pair. Est celui qu'on peut diviser en deux parties égales, sans reste ou fraction; comme 2. 4 6. 8. 10. &c. Le nombre pair différe du nombre impair par une unité qu'il a de plus ou de moins.

On le nomme Pairement pair, lors qu'il se peut mesurer par un nombre pair, comme 16. qui peut être plusieurs fois divisé en nombre pair; & Pairement impair, quand on le peut mesurer par un nombre impair, comme 20. qui peut être mesuré par 5. Tout nombre pair multiplié par quelque nombre que ce soit donne toûjours un nombre pair, & s'il se multiplioit par un nombre pair, il produiroit un nombre pairement pair.

Nombre impair. Est celui qui surpasse le nombre pair d'une unité, & qu'on ne peut diviser en deux parties égales, sans reste, ou fractions, tels que sont 3. 5. 7. 9. 11. &c. Deux nombres impairs joints ensemble forment un nombre pair, & deux nombres impairs multipliez l'un par l'autre produisent un nombre impair.

NOMBRER. Action par laquelle on compte combien il y a d'unitez dans une quantité pour en sçavoir le total. Il est arrivé à Nantes une si grande quantité de moruës, qu'il est presque impossible de les pouvoir nombrer, d'en sçavoir le total.

Nombrer. Signifie aussi calculer, supputer la valeur de plusieurs caracteres arithmetiques mis par ordre pour en connoître le montant. Nombrez ces chiffres.

On fait mention dans tous les contracts que les sommes ont été payées, comptées, nombrées & délivrées en loüis d'or, loüis, d'argent & autres monnoyes ayant cours en présence des Notaires qui les ont passez. C'est ce qui s'appelle ordinairement Exprimer la réalité des espéces.

NOMMER UN DESSEIN. Terme de Tissutier-Rubannier. C'est ce qu'on appelle chez les Ouvriers de la grande navette, les Gaziers, les Ferandiniers & autres Fabriquans d'étoffes, lire un dessein; c'est à dire, marquer en détail à l'ouvrier qui monte un métier quels fils de sa chaîne doivent se lever & se baisser pour faire la façon, afin qu'il attache des ficelles à nœud coulant aux haute-lisses de son ouvrage. *Voyez* Dessein. *Voyez aussi* Tissutier-Rubannier.

NOMPAREILE, que l'on écrit aussi NONPAREILLE. Terme en usage parmi plusieurs Marchands & Artisans, dont ils se servent pour exprimer ce qu'ils vendent, ou ce qu'ils fabriquent de plus petit, de plus menu, ou de plus étroit.

En Flandre on appelle Nompareille, ou Lamparillas, une petite étoffe très-legere & très-étroite qui est une sorte de camelotin. *Voyez* Lamparillas.

Les Marchands Merciers & les Tissutiers-Rubanniers nomment Nompareille une espéce de petit ruban de soye d'environ deux lignes de large. *Voyez* Ruban.

Chez les Marchands Epiciers-Confiseurs, la nompareille est la plus menuë de toutes les sortes de dragées. *Voyez* Confitures, *vers la fin de l'article, à l'endroit où il est parlé des différentes espéces de dragées.*

Parmi les Marchands Libraires, les Imprimeurs & les Fondeurs de lettres, on appelle Nompareille, l'un des plus petits caractéres dont on se serve pour l'impression des livres. Il est entre la Mignonne, & la Sedannoise, ou Parisienne. Il y en a de plusieurs sortes, de la nompareille ordinaire, de la nompareille à gros œil, de l'italique de nompareille & du Grec de nompareille.

NONANTE, ou QUATREVINGT-DIX. Nombre composé de neuf dixaines, ou de dix fois neuf.

NONANTIE'ME. Ce qui est placé après le quatrevingtneuviéme.

NON-OUVRE'. Il se dit de matiéres qui ne sont point travaillées ni mises en œuvre, particuliérement des métaux. De l'acier non-ouvré, du fer, du cuivre non-ouvré.

On appelle de la toile non-ouvrée, du linge non-ouvré, la toile & le linge qui sont unis, qui n'ont aucun ouvrage ni figure dessus. *Voyez* Linge.

NONPAREILLE. *Voyez* Nompareille.

NONPARILLAS, ou LAMPARILLAS. Espece de petit camelot qui se fait en Flandre. *V.* Lamparillas.

NON-VALEUR. Dette non-éxigible par l'insolvabilité du débiteur. Ce Marchand a donné beaucoup d'effets à ses créanciers, mail il a bien des non-valeurs.

NOPAGE. On appelle le Nopage d'une piéce de drap, ou de quelqu'autre étoffe de lainerie, la façon qu'on leur donne, en leur arrachant les nœuds avec de petites pinces, après qu'on les a levez de dessus le métier. *Voyez les deux articles suivans.*

NOPER. Terme de manufacture de drapperie, particuliérement en usage dans celle de Sedan. Il signifie la même chose qu'esnouer. *Voyez* Esnouer.

NOPEUSES. Ouvriéres qui nopent, ou esnouent les piéces de lainerie au sortir du métier. *Voyez* Esnoueuses.

NORD. On appelle le commerce du Nord celui qui se fait par les François, Anglois & autres Nations dans les Parties les plus Septentrionnales de la terre, comme la Norwege, Archangel, le Groenland, la Laponie, &c. on y comprend aussi la mer Baltique. *Voyez l'article général du Commerce.*

NOS, ou NOUES. Ce sont des tripes de moruës salées qu'on apporte dans des bariques. *Voyez* Morue.

NOSSARIS. Toile de coton blanche qui vient des Indes Orientales; elles sont du nombre de celles qu'on appelle Baffetas. *Voyez* Baffetas.

NOTA. Terme Latin dont on se sert souvent dans le commerce; il signifie une observation, une remarque qu'il faut faire aux endroits d'un compte, d'un regiſtre, d'un journal, d'un mémoire, d'une facture, &c. où l'on voit le mot *Nota* écrit en marge, comme quand un article a été mal porté, une somme tirée autrement qu'il ne faut, un endroit obscur & mal exprimé, ou quelqu'autre défaut, ou faute qu'on veut faire corriger.

On met aussi quelquefois le *Nota* seulement pour obliger à avoir de l'attention aux choses qu'on croit importantes, & dont on veut se souvenir.

NOTE. Signifie dans le commerce un pétit extrait ou mémorial que l'on fait de quelque chose pour s'en mieux souvenir.

Les Agens de change prennent la *note* des lettres & billets de change que les Marchands ou Banquiers ont à négocier; quelquefois les Marchands les leur confient sur une simple note signée d'eux. Pour plus d'éxactitude l'argent doit faire toûjours la note double, l'une pour le Banquier à qui appartiennent les lettres & billets, l'autre pour soi-même.

NOTE. Veut dire aussi un mémoire, un état. Donnez-moi la note de ce que je vous dois. J'ai fait note des sommes que vous avez envoyées en Espagne, en Hollande & en Angleterre; pour dire, j'ai conservé le mémoire des sommes. Donnez-moi une note, un état de ce que je vous dois.

NOTE. S'entend encore de certains caractéres dont les Médecins, Chirurgiens & Apoticaires se servent entr'eux pour marquer le poids & la dose des drogues qui entrent dans leurs remédes. Voici les principales

La livre ℔, la demi-livre ℔ß: une once ℥j, deux onces ℥ij, trois onces ℥iij, & ainsi jusqu'à la demi-livre; la demi-once ℥ß: une dragme ʒj, deux dragmes, ʒij, trois dragmes ʒiij, & ainsi jusqu'à huit; la demi-dragme ʒß: le scrupule ℈, le demi-scrupule ℈ß: enfin le grain *gr.* celle-ci ℞ qui se trouve au commencement de chaque composition de reméde, signifie *Recette*, ou *Recepissé.*

NOUASSE. Espece de noix muscade sauvage. *V.* MUSCADE.

NOUER. Signifie en terme de manufacture & parmi les Ouvriers qui se servent de la navette, rejoindre les fils de la chaîne, ou de la trême de leur ouvrage qui se rompent en travaillant.

On appelle Nœud de Tisserand le nœud qui sert à reprendre ces fils cassez.

Esnouer, c'est le façon qu'on donne à l'étoffe pour en ôter les nœuds; les Esnoueuses sont les Ouvriéres qui les ôtent. *Voyez* ESNOUER.

NOUES. C'est une des quatre issuës des moruës que l'on sale. On les nomme quelquefois Nos, mais leur véritable nom est Tripes de moruës. Elles se lavent & s'apprêtent à peu près comme ce que les Bouchers appellent une Fraise de veau, à qui elles ressemblent beaucoup. Elles se salent dans les lieux de la pêche en même tems que le poisson, & elles s'encaquent dans des futailles, ou barils du poids de six à sept cens livres. *Voyez* MORUE *sur la fin de l'article.*

NOVICES. Les Revendeuses ou Crieuses de vieux chapeaux, nomment ainsi entr'elles les filles ou femmes, qui voulant apprendre le métier choisissent une ancienne pour en être menées & instruites.

Cette espéce d'apprentissage coûte ordinairement douze ou quinze écus dont la novice fait present à sa meneuse; cette gratification n'est pourtant pas de nécessité. *Voyez* CRIEUSES DE VIEUX CHAPEAUX.

NOURRITURE. Terme de Tannerie. Toutes les fois que les Tanneurs donnent aux cuirs qui sont dans la fosse une nouvelle poudre de tan imbibé d'eau ils appellent cela leur donner de la nourriture. Ainsi, quand un cuir n'est pas tanné comme il faut; ils disent qu'on ne lui a pas donné assez de nourriture, pour faire entendre qu'on lui a épargné l'eau & le tan, & qu'il n'a pas été assez long-tems dans la fosse. *Voyez* TANNER.

Les Hongrieurs disent qu'ils mettent leurs cuirs en retraite pour prendre nourriture, lors qu'ils les laissent tremper un certain tems dans la cuve où l'on a jetté l'eau qui a servi à les fouler. *Voyez* CUIR *à l'endroit où il est parlé de la maniere de fabriquer les cuirs de Hongrie.*

Quand les Mégissiers disent qu'ils donnent de la nourriture aux peaux de mouton qu'ils passent en mégie, c'est à dire, en blanc, cela s'entend de la façon qu'ils leur donnent en les plongeant dans de l'eau chaude où l'on a délaye une sorte de pâte composée de fleur de farine de froment, de jaunes-d'œufs & d'eau salée & alunée. *Voyez* MEGIE, *à l'endroit où la maniere de passer les peaux de mouton en mégie est expliquée.*

NOUVEAU. Ce qui n'a point encore paru, ce qui n'a point encore servi.

NOUVEAU PLAIN, qu'on nomme aussi PLAIN NEUF & PLAIN VIF. Signifie en terme de Tanneurs, de Mégissiers, & d'autres Ouvriers qui apprêtent les cuirs, une cuve pleine de chaux nouvelle, & qui n'a pas encore servi. *Voyez* PLAIN.

VINS NOUVEAUX. Ce sont ceux qui sont recueillis de la derniere vendange. On compte ensuite par feuilles. Du vin de deux, de quatre, de six feuilles; pour dire du vin de deux, de quatre & six ans. *Voyez* VIN.

NOUVEAU On dit en terme de Teneurs de livres, Porter à nouveau compte; pour dire, porter la solde d'un compte arrêté sur une nouvelle feuille ou sur un nouveau livre. Cette somme est portée à nouveau compte sur le livre d'extrait n°. 3 à folio 3 recto.

NOUVEAU STILE. C'est une maniére de compter ou de supputer les jours, qui se pratique chez tous les peuples qui reconnoissent le saint Siége. Cette maniére de compter differe de dix jours de celle des Grecs & des Protestans qui suivent le vieux stile. Par éxemple, lors que les Catholiques comptent le 21 Mars, les Grecs & les Protestans ne comptent que le 11 Mars.

La maniere de compter suivant le nouveau stile fut réglée en 1581 par une Bulle du Pape Gregoire XIII. ce qui a donné le nom à notre calendrier de Calendrier Gregorien, & cela pour le distinguer du vieux calendrier, que l'on appelle Calendrier Romain, ou Julien, parce que ce fut Jules Cesar qui en fit faire la supputation, & qui le fit recevoir dans tout l'Empire Romain l'an de Rome sept cens huit, quarante-deux ou quarante-trois ans avant la naissance de Jesus-Christ.

Le nouveau calendrier, ou stile Gregorien, fut admis en France sous le régne de Henri III. par Edit du 3 Novembre de l'année 1582.

Il faut remarquer que quoi que les Hollandois soient Protestans ils ne laissent pas cependant de se conformer au nouveau calendrier; & que les Protestans d'Allemagne, les Suédois & les Danois ont arrêté qu'au 18 Fevrier de l'année 1700. il seroit retranché onze jours du vieux stile, pour se conformer au nouveau, & cela à cause qu'en cette année 1700. la différence entre le vieux & le nouveau stile augmentoit d'un jour, de maniere qu'on n'eût compté que le dixiéme de Mars dans le vieux stile, lors que l'on auroit compté le vingt & un dans le nouveau; la raison de cela étoit que l'année 1700. n'étoit point bissextille dans le nouveau, & qu'elle l'étoit suivant le vieux, ce qui faisoit l'augmentation d'un jour.

Ce changement doit donner lieu de juger que le vieux

ftile pourra bien s'abolir insensiblement chez les Peuples où il reste encore en usage. *Voyez* VIEUX STILE.

NOUVEAUTÉ. Ce qui est nouveau, ce qui n'a point encore paru.

On appelle ainsi au Palais toutes ces nouvelles modes d'écharpes, de coifures, de rubans, &c. que les Marchands y inventent & y étalent chaque jour pour y satisfaire & y tenter le luxe & le goût changeant & inquiet de l'un & l'autre séxe. Le Gras a bien des nouveautez.

Les Marchands d'étoffes d'or, d'argent & de soye donnent aussi le nom de nouveautez aux taffetas & autres légeres étoffes qu'ils font faire tous les ans pour les habits d'Eté des Dames, & qui ordinairement ne plaisent guére au de-là des trois mois qu'on donne à cette saison. Il y a des nouveautez aux deux Anges qu'on ne voit point ailleurs.

L'Auteur du Parfait Négociant remarque dans le sixieme chapitre du livre premier de la seconde partie de son ouvrage, où il parle des Manufactures, que quoi que celles d'imitation puissent être très-avantageuses à ceux qui les entreprennent en suivant les maximes qu'il donne, les Manufactures d'invention apportent pour l'ordinaire un bien autre profit & bien plus prompt à cause de la nouveauté & le changement que l'on aime en France, & particuliérement en fait d'étoffes.

Ce sage Auteur ne veut pourtant pas que quelque bien que reüssisse d'abord une nouveauté pour le debit & par le cours qu'elle a, que le Marchand en fasse beaucoup fabriquer; & il lui conseille de ne s'en charger qu'après qu'on en a pû reconnoître le bon ou le mauvais usage; il court risque autrement par le décri de la marchandise de perdre encore plus sur les derniéres piéces qu'il n'auroit gagné sur les premieres, à moins que ce ne soit de ces étoffes dont la mode ne doit jamais passer une année, dont il faut avoir beaucoup afin d'en hâter la vente.

NOYALLE. C'est ainsi que l'on appelle certaines especes de toiles de chanvre écruës, très-fortes & très-serrées, qui se fabriquent en divers lieux de Bretagne, dont l'usage est pour faire des voiles de vaisseaux & bâtimens de mer.

Les noyalles se distinguent en noyalles extraordinaires à six fils de brin, en noyalles extraordinaires à quatre fils de brin, en noyalles ordinaires à quatre fils, en noyalles courtes, en noyalles simples, & en noyalles rondelettes.

Les cinq premieres especes de ces toiles se font à cinq ou six lieuës aux environs de Rennes, particuliérement à Janzay, à Piré & à Noyalle, & c'est de ce dernier endroit qu'elles ont toutes pris leur nom.

A l'égard des rondelettes, c'est à Vitré & aux environs de cette Ville qu'elles se manufacturent pour la plûpart.

Les noyalles extraordinaires à six fils de brin sont ainsi nommées de ce que chaque fil de chaîne est composé de deux triples fils joints ensemble, quoi que la trême ne soit que d'un simple fil, & de ce que le fil que l'on y employé est fait d'un chanvre choisi, plus beau & plus fin que l'ordinaire, qui à cause de cela est appellé Fil de brin.

Cette espéce de noyalle ne s'employe ordinairement que pour les vaisseaux de Roi, étant trop forte pour les moyens & petits bâtimens; leur largeur ordinaire est de demi-aune moins un vingt-quatriéme mesure de Paris.

Les noyalles extraordinaires à quatre fils de brin sont fabriquées de même que celles ci-dessus, à l'exception que chaque fil de chaîne de cette seconde espéce n'est que de deux doubles fils joints ensemble.

Les noyalles ordinaires à quatre fils sont semblables aux noyalles extraordinaires à quatre fils de brin; la seule différence qui soit entr'elles est, que les premiéres sont fabriquées tant en chaîne qu'en trême de fil de chanvre commun, & que les autres sont faites toutes de fil de chanvre de brin.

Les noyalles courtes sont appellées Courtes, à cause qu'elles sont de quatre pouces de Roi plus étroites que les noyalles simples, ce qui fait que la largeur des noyalles courtes est semblable à celle des noyalles extraordinaires à six fils de brin, c'est à dire qu'elles sont de demi-aune moins un vingt-quatriéme mesure de Paris.

Les noyalles simples, que l'on nomme Simples parce que le fil qui les compose tant en chaîne qu'en trême n'est que d'un seul & simple fil, ont demi-aune un seize peu moins de large mesure de Paris.

Les noyalles rondelettes ont la même largeur que les noyalles simples; on les appelle Rondelettes parce que le fil tant de la chaîne que de la trême dont elles sont fabriquées, est beaucoup plus tord & délié que celui qui s'employe à la fabrication des autres toiles noyalles, & c'est aussi par cette raison que les noyalles rondelettes ne s'employent ordinairement qu'à faire des voiles de chaloupes, ou de menuës voiles de vaisseaux.

Toutes les noyalles de quelques espéces qu'elles soient, se vendent sur le pied de l'aune courante du païs, laquelle est plus longue d'un sixiémé que celle de Paris.

La plus grande consomption de ces toiles se fait dans les Ports de France; il s'en envoye cependant quantité dans les Païs étrangers, particuliérement en Angleterre, en Espagne & en Hollande, mais peu en ce dernier Païs, parce que les Hollandois ont des fabriques de toiles à voiles.

Les noyalles pour être manufacturées comme il faut, doivent être faites de fil de cœur de chanvre, bien battuës ou frappées sur le métier, renforcées & unies, ayant du corps sans aucun apprêt; sur tout que les lisieres soient bien faites, car c'est de-là principalement que dépend la bonté des voiles; d'autant que c'est par les lisieres que l'on coud & qu'on assemble les lez de toiles dont les voiles sont formées. *Voyez* VOILE. *Voyez aussi l'article des Toiles.*

NOYAU. Terme de fonderie. Les Fondeurs appellent le Noyau, ou l'Ame d'une figure, cette masse de terre à Potier & de fiente de cheval, ou de plâtre & de brique mêlez ensemble, qu'ils mettent dans le centre de leur ouvrage afin de soûtenir la cire de leur moule.

Les piéces d'artillerie & les cloches ont aussi leur noyau. *Voyez* FONDEUR.

NOYER. Grand arbre qui porte des noix.

Il n'y a presque point de partie dans cet arbre, trop connu pour le décrire, qui ne soit utile pour le Commerce. On sçait assez l'usage de son fruit, qui verd se confit ou se mange en cerneaux pendant l'Eté, & sec se conserve pour être mangé en Hiver, & particuliérement dans le Carême.

De la noix séche on en tire de l'huile avec des presses ou moulins à peu près de la maniere expliquée dans l'article de l'huile d'olive; cette huile sert aux Peintres, aux Imprimeurs, & à quantité d'autres Artisans, elle sert aussi à brûler, à la friture, & même à la guérison des playes. Il en vient beaucoup de Bourgogne, de Touraine & d'Orléans.

Le

Le plus menu de la racine du noyer, son écorce, ses feuilles, le brou, ou premiére enveloppe de son fruit, sont employez par les Teinturiers pour teindre en fauve. *Voyez les articles de* FAUVE *&* *de* RACINE.

Son bois est fort estimé pour faire toutes sortes de meubles, comme chaises, tabourets, tables, guéridons, canapez, lits, armoires, cabinets, &c. Les Armuriers en montent leurs armes, & les Menuisiers de carosses en font leurs paneaux. Il se débite pour cela en planches, en poteaux, en membrures, en cartelles & en tables.

Les planches doivent avoir onze à douze pouces de large, un pouce & une ligne d'épais, & six, neuf & douze pieds de long.

Les poteaux, quatre pouces en quarré, sur six, neuf & dix pieds de long.

Les membrures, deux pouces une ligne d'épaisseur, six, sept & huit pouces de largeur, & six, neuf & douze pieds de longueur, ainsi que les planches, & les cartelles doivent avoir deux bons pouces d'épaisseur.

Les bonnes qualitez du bois de noyer, débité comme il vient d'être dit, sont d'être bien net, sans gersures ni roulures.

Enfin, le bas du tronc de l'arbre, ses loupes, & ses plus grosses racines se coupent en tronçons pour servir aux Ebenistes dans leurs ouvrages de marqueterie, aux Menuisiers pour leurs placages, & aux Tourneurs pour quelques menus ouvrages. Plus les loupes & les racines sont de couleur brunes & jaspées, & plus elles sont estimées. Les plus belles loupes viennent de Dauphiné, particuliérement de Grenoble.

NUANCE. Adoucissement, diminution d'une couleur, depuis la plus sombre jusques à la plus claire de la même espéce.

Il y a des nuances de rouge, de verd, de bleu, de gris de lin, de jaune, &c. & chaque nuance contient huit ou neuf dégradations de couleurs.

Les Maîtres & Gardes des Teinturiers en soye sont obligez par leurs Statuts & Réglemens de teindre tous les deux ans deux livres de soye de seize sortes de nuances en cramoisi, sçavoir quatre rouges, quatre écarlates, quatre violettes, & quatre canelles, pour servir d'échantillons matrices sur lesquels les débouillis des soyes de pareilles nuances doivent être faits. *V.* TEINTURIER EN SOYE, LAINE *&* FIL.

NUANCER, disposer les nuances d'une étoffe, d'une tapisserie, d'un ouvrage de broderie.

NUANCÉ, NUANCÉE. Se dit de la disposition des couleurs dans un ouvrage. On dit un satin à fleurs bien nüancé, pour dire un satin dont les dégradations de couleurs sont bien ménagées; & au contraire, une tapisserie, une étoffe mal nuancée, pour signifier celle dont les couleurs sont mal assorties.

NUÉE. Terme de Lapidaire. Il se dit des parties sombres qui se trouvent assez souvent dans les pierres précieuses, qui en diminuent la beauté & le prix. *Voyez l'article du diamant & des autres pierres precieuses.*

NUER. Disposer les couleurs selon leurs nuances. Il signifie la même chose que nuancer, & est d'un usage plus ordinaire & meilleur. On dit pareillement un ouvrage bien nué, une tapisserie mal nuée.

NUL. Ce qui est estimé comme n'étant pas, comme n'ayant point été fait, comme non avenu. Je consens que notre marché demeure nul. Notre convention est nulle.

NUMERAL. Ce qui sert à designer un nombre. On appelle en terme de finance & de compte, Lettres Numerales, les lettres qui sont employées pour tirer les sommes en ligne au lieu des chifres Arabes; telles sont V. X. L. C. M. qui signifient 5. 10. 50. 100. 1000. On les nomme aussi chifres Romains & chifres de Compte. *Voyez* CHIFRE.

NUMERATEUR. Terme d'Arithmétique, dont on ne se sert qu'en fait de fractions ou de nombres rompus. Il signifie le nombre qui dénote les parties de l'entier, qui se met au dessus de la petite barre qui sépare le nombre de dessous, que l'on nomme le Dénominateur, qui fait connoître en combien de parties l'entier est partagé; par exemple, $\frac{7}{12}$, veut dire sept douziémes, sept est le Numérateur, & douze le Dénominateur. *Voyez* FRACTION.

NUMERATION. Compte, payement actuel fait en deniers comptans. La numeration de cette somme a été faite en presence des Arbitres, des Notaires.

NUMERO. Ce terme qui est fort en usage chez les Marchands, Négocians, & Manufacturiers, signifie un certain nombre ou chifre, qui se met sur les marchandises pour les pouvoir distinguer plus facilement. Apportez-moi la piece de drap de Vanrobais numero 42. Il faut ouvrir la caisse d'étoffe de Lyon numero 8.

Dans les Livres, Factures & autres écritures mercantilles, le mot de numero s'exprime en abregé par cette figure, (N°.) & les nombres ou chifres s'écrivent ensuite de cette maniere (N°. 1. N°. 5. N°. 10. N°. 50. &c.)

NUMERO. On se sert aussi du terme de Numero pour faire entendre la grosseur, longueur, largeur, & qualité de certaines marchandises qu'il seroit difficile d'exprimer autrement.

Les épingles, par éxemple, se connoissent beaucoup mieux par leur numero que par leur veritable grosseur & longueur; ainsi on sçait parmi ceux qui font ce commerce que les numero 3. 4. & 5. sont les trois plus petites espéces, qu'on nomme Camions; qu'ensuite les numeros 6. 7. 8. 9. 10. 11. 12. 13. & 14. augmentent imperceptiblement de grosseur & de longueur, & qu'enfin, les 16. 18. & 20. numeros sont les plus fortes de celles qu'on met en papier: ensorte que quand un Marchand veut avoir de differentes grosseurs d'épingles, sans entrer dans un détail inutile, il lui suffit de mander à ses ouvriers, ou correspondans, de lui envoyer tant de sixains du numero 4. & tant des numero 8. & 9. ou de ceux dont il a besoin.

Il en est de même de plusieurs autres marchandises qu'on ne rapporte pas ici, mais dont il est parlé à leurs propres articles, entr'autres dans ceux des rubans de soye, des padoues, des galons, des rubans, ou rouleaux de laine & de fil, &c.

NUMERO. C'est pareillement avec ces Numeros que l'on marque les bales, caisses & balots de marchandises, lorsque les Commissionnaires en envoyent plusieurs à leur Commettans par les voitures publiques; ce qui se fait en écrivant sur les toiles d'embalage, ou sur les planches des caisses, avec de l'encre & une espece de plume ou de pinceau de bois, N°. 1. sur la premiere bale ou caisse, N°. 2. sur la seconde, & ainsi de suite quand elles sont pour le même Marchand; ce qui se marque aussi avec les mêmes numero sur la Lettre de voiture qu'on donne aux Rouliers, Messagers, ou Cochers.

Numero. Ce terme sert encore assez souvent pour designer dans la table d'un Registre, la page sur laquelle quelque somme est portée ; ce qui est la même chose que si l'on disoit page premiere, 10. 20. &c.

Les Marchands se servent de certaines marques ou numeros mysterieux connus d'eux seuls, qu'ils mettent sur leurs marchandises, pour se souvenir du prix qu'elles leur ont coûté, afin de ne se pas tromper dans la vente qu'ils en font. *Voyez* Marque.

On appelle Livre de Numero, une sorte de Livre que les Négocians tiennent, pour connoître avec facilité toutes les marchandises qui entrent dans leurs magazins, qui en sortent ou qui y sont actuellement. Le Livre des Numeros est du nombre de ceux, qu'en fait de parties doubles on appelle Livres d'Aides, ou Livres Auxiliaires. *V.* Livres.

On dit par maniere de proverbe, qu'un homme entend le numero, lors qu'il sçait découvrir le prix secret d'une marchandise, ou quand il penetre par adresse, ou par intelligence, dans le secret de toutes autres sortes d'affaires, dans lesquelles il est question de profits ou de comptes.

NUMEROTE'. Ce qui est marqué d'un Numero. Toutes ces marchandises sont numerotées.

NUMEROTER. Mettre les numeros sur quelque chose. Avez-vous numeroté ces balots?

NUNNA. Toile blanche de la Chine, dont il se fait un négoce considerable au Japon. Il y en a de trois sortes de même longueur pour l'aunage, mais de differentes qualitez pour la finesse. Leur longueur est de vingt-quatre cobres sur quatre punts de largeur. *Voyez à l'article general du Commerce, celui qui se fait par les Chinois, de Canton au Japan.*

O.

O. La quatorziéme lettre de l'Alphabet. Les Marchands & autres personnes de commerce qui tiennent des livres s'en servent dans leurs abreviations. C. O. est l'abreviation de Compte ouvert. ONC. ou ON. signifient Onces.

OBERE'. Celui qui est endetté, qui, à cause de ses grandes dettes, est hors d'état de continuer son commerce, ou de payer ses créanciers. Ce Banquier est oberé, on paye mal à sa caisse, il ne peut manquer de faire faillite.

S'OBERER. S'endetter, contracter de continuelles & grandes dettes. Ce Négociant s'obere tous les jours, on risqueroit trop de lui prêter.

Un Marchand qui a de la sagesse & de la prudence, doit payer réguliérement & ne pas emprunter au dessus de ses forces, de crainte de s'obérer. Il n'en reviendra jamais, il s'est oberé, il s'est endetté par dessus la tête.

OBLIGATION. Acte par lequel on s'engage à faire quelque chose, comme à payer quelque somme de deniers, à être la caution de quelqu'un à servir d'apprentif chez un Maître. Ce dernier acte s'appelle ordinairement un Obligé. *Voyez* Oblige' *&* Apprentissage.

L'acceptation d'une lettre de change est une espece d'obligation qui va par corps faute de payement.

C'est une usure d'exiger des interêts d'une somme dûë par une simple obligation, & il n'est pas moins usuraire de les faire comprendre dans le brevet d'obligation.

Obligation a la grosse avanture. *V.* Contract a la grosse avanture. *V. aussi* Assurance.

OBLIGE'. Acte par lequel un jeune homme se met en apprentissage chez un Maître pour le nombre d'années porté par les Reglemens de chacun des Corps & Communautez des Marchands ou des Arts & Métiers. Ces actes doivent être passez par devant deux Notaires & enregistrez par les Jurez sur le registre du Corps & Communauté.

L'obligé porte un engagement réciproque des Apprentifs envers leurs Maîtres, & des Maîtres envers les Apprentifs; aux uns de servir fidèlement & assiduëment tout le tems de leur apprentissage; aux autres de leur apprendre leur profession ou métier, & les garder chez eux & nourrir tant qu'ils sont Apprentifs.

Un obligé peut engager un Apprentif à plus d'années qu'il n'est ordonné par les Statuts, mais jamais à moins. *Voyez* Apprentissage.

OBLIGER UN APPRENTIF. C'est l'engager chez un Maître de quelque Corps ou Communauté, pour y apprendre pendant un certain nombre d'années reglées par les Statuts, la profession ou le métier du Maître chez qui il entre.

On dit aussi qu'un Maître ne peut obliger qu'un ou deux Aprentifs à la fois, pour dire qu'il ne peut avoir que ce nombre d'Apprentifs suivant les Reglemens. *V. comme dessus.*

Obliger. S'obliger pour quelqu'un, c'est lui servir de caution, s'engager à payer pour lui, répondre des pertes & dommages qui peuvent arriver par sa faute. *Voyez* Caution *&* Cautionnement.

OBMISSION. Oubli, manquement de faire quelque chose. Il se dit dans le commerce, des articles de recette & de dépense qu'on a oublié de porter dans un compte. J'ai fait une obmission considérable dans mon dernier compte, il faut la rétablir.

En fait de finances lors que l'obmission de recette est frauduleuse, le comptable est condamné à la peine du quadruple.

OBOLE. Il y avoit autrefois en France des oboles d'or, d'argent & de cuivre qui étoient des monnoyes courantes de diverses valeurs, suivant le métail & le poids. Dans le dix-septiéme Siécle l'obole de cuivre y avoit encore cours sous le nom de Maille, & valoit la moitié d'un denier tournois, qui étoit aussi une espece réelle. Presentement (1718) l'obole, ou maille, ne sert plus que de monnoye de compte. *Voyez* Maille.

On voit en Allemagne des especes d'or qu'on appelle Oboles du Rhin, qui ne tiennent de fin que quatorze carats; elles pésent deux deniers douze grains; ce sont ceux d'entre les Electeurs de l'Empire qu'on nomme Electeurs du Rhin qui les font frapper.

Obole. C'est aussi une des parties du poids dont on se sert en Médecine pour peser les drogues. L'obole pese dix grains, ou un demi-scrupule. Il faut trois scrupules pour faire une dragme, ou un gros. *Voyez* Scrupule, *ou* Dragme.

OCAIGNER UN GANT. C'est après qu'il a été retourné l'enduire d'une composition de gomme adragant & d'huile de senteur broyez ensemble, pour le disposer à mieux prendre le parfum qu'on lui doit donner du côté de l'endroit.

OCCIDENT. Parties de la terre situées du côté où le Soleil se couche.

Domaine d'Occident est le Domaine appartenant au Roi dans les Isles Antilles & Terre-ferme de l'Amerique où les François ont des Colonies.

OCCIDENTAL. Ce qui est situé à l'Occident, ou qui en vient. Des Perles Occidentales, du Baume Occidental, du Bezoard Occidental. *Voyez ces articles.*

On dit aussi, les Indes Occidentales par opposition aux grandes Indes, ou Indes Orientales. *Voyez* Indes Occidentales.

OCHAVO, ou OCTAVO. Petite monnoye de cuivre qui a cours en Espagne comme les liards en France. *Voyez* Octavo.

OCHRE, ou OCRE. Terre jaune & fossile qui se tire de sa propre mine, ou qui se trouve dans les mines de cuivre & de plomb, & même quelquefois dans celles d'argent.

Il y a des Auteurs qui l'estiment une espece de mineral propre à fondre les metaux quand ils sont un peu trop aigres: le plus grand usage qui s'en fasse est pour la peinture.

Il n'y a que l'ochre jaune qui soit naturelle, l'ochre rouge n'est que la jaune poussée au feu de reverbere; la meilleure ochre se trouve en France & les mines en sont en Berry à S. Georges sur la Prée; elle se tire à la maniere du charbon de terre.

Les filons sont ordinairement à cent cinquante & à deux cens pieds de profondeur, de l'épaisseur de quatre jusques à huit pouces, entre un sablon blanc qui les couvre par dessus, & une terre jaune & argilleuse qui sert comme de lit à la pierre d'ochre.

Outre l'ochre de Berry il en vient aussi en assez grande quantité d'Angleterre, mais qui n'approche pas de celle de France: L'ochre d'Angleterre est de plusieurs sortes, & suivant ses diverses couleurs elle a différens noms; celle qui est d'un jaune rougeâtre s'appelle Ochre de ruë; celle qui est d'un rouge très-brun & très-foncé s'appelle Brun-rouge, & cette derniere quand elle tire sur le noir, se nomme Potée; l'on s'en sert pour polir les glaces de miroirs.

Il faut choisir l'ochre, soit jaune, soit rouge, bien séche, bien tendre, haute en couleur & point graveleuse.

L'ochre de quelque couleur qu'elle soit paye en France les droits d'entrée à raison de 10 s. du baril, & pour ceux de sortie 4 sols, conformément au Tarif de 1664.

Les droits de la Douane de Lyon sont de 1 s. 6 d. le quintal.

OCOCOL. Les Originaires de la nouvelle Espagne appellent ainsi les arbres qui fournissent le liquid-ambar, ou ambre liquide, gomme qui est une espéce de baume. *Voyez* Liquid ambar & Baume.

OCOS, OCQUA, ou OCQUE. Poids de Turquie qui pese quatre cens dragmes, ou trois livres deux onces poids de Marseille. Quarante-quatre ocques, & en quelques Echelles du Levant quarante-cinq, composent le quintal de Turquie de cent rottes, ou rotous.

OCTANTE, ou HUITANTE. Terme d'arithmétique qui signifie huit fois dix. On dit plus ordinairement quatrevingt.

OCTAVE. Terme de commerce qui signifie la huitiéme partie ou le demi-quart d'une aune. Ainsi quand on dit qu'un taffetas est de cinq octaves, cela doit s'entendre qu'il a cinq huitiémes d'aune, ou une demi-aune demi-quart de large; qu'un autre est de trois octaves, cela veut dire qu'il est de trois huitiémes, ou d'un quart & demi d'aune de large. On se sert de ce terme d'Octave pour distinguer les taffetas qui ont d'autres largeurs que la largeur ordinaire qui est une demi-aune.

Octave. Se dit encore dans le commerce du change, d'un certain droit ou salaire qui se paye aux Agens, ou Courtiers de change, qui est de deux sols six deniers, ou de la huitiéme partie d'une livre tournois, pour chaque fois cent livres contenuës aux lettres & billets de change, ou autres papiers dont ils procurent la négociation, ce qui est à raison de vingt-cinq sols par mille livres.

Les Agens de change reçoivent ordinairement deux octaves pour leurs droits de courtage; l'une de celui qui donne son argent, & l'autre de la personne qui le reçoit & qui fournit des lettres ou billets de change en place; en sorte qu'ils ont en tout pour leurs droits cinquante sols pour chaque fois mille livres qui se négocient par leur ministere.

OCTAVO. Les Marchands, Négocians & Banquiers François se servent quelquefois de ce terme étranger, pour signifier Octave, ou huitiéme. *Voyez ci-devant* Octave.

Octavo, ou Ochavo. Monnoye de cuivre qui a cours en Espagne.

L'octavo vaut deux maravedis de vellon, & il en faut dix-sept pour une reale aussi de vellon. Il y a des octavos de quatre & de huit maravedis, mais on les appelle ordinairement les uns des Quartas, & les autres des doubles Quartas. *Voyez* Quartas & Maravedis.

OCULI CANCRI, ou YEUX D'ECREVISSES. On nomme ainsi, quoi qu'improprement, de petites pierres blanches faites en forme d'yeux que l'on trouve dans la tête des écrevisses de riviéres. Toutes les saisons ne sont pas propres pour en tirer ces espéces de pierres, & l'on n'y en trouve que lors qu'elles quittent leurs écailles, c'est à dire, vers le mois de Mai, ou de Juin.

Les yeux d'écrevisses que l'on vend à Paris viennent de Hollande; il s'en fait un si grand commerce, que cela a donné lieu à quelques Auteurs de soupçonner que ces pierres ne fussent factices; & le Sieur Pomet entr'autres dans son Histoire générale des Drogues, semble d'abord être de ce sentiment sur le rapport d'un Médecin étranger, quoi que dans la suite il revienne à l'opinion commune, forcé par les experiences chimiques du fameux M. Charas.

Quoi qu'il en soit de leur origine & par conséquent de leur vertu, les yeux d'écrevisses sont fort à la mode dans la Médecine moderne, & l'on leur trouve un alkali convénable à bien des maux: l'on s'en sert entr'autres maladies dans les vomissemens, pour purifier le sang, pour appaiser les douleurs de la gravelle, &c. Il faut choisir ces pierres les plus grosses & les plus blanches qu'il se pourra.

Les oculi cancri payent en France les droits d'entrée à raison de 7 liv. 10 s. le cent pesant, conformément au Tarif de 1664.

Et par celui de la Douane de Lyon 1 liv. 5 s. du quintal.

OEBAN, autrement OUBAN-D'OR. Espece de monnoye de compte du Japon. Les mille œbans font quarante-cinq mille taëls d'argent. *Voyez* Taels.

OEIL, qu'on prononce toûjours OEUIL, & qui dans l'ortographe moderne s'écrit aussi de cette derniere maniére. C'est une partie de la tête de l'animal, qui lui sert à recevoir l'impression de la lumiere. *Voyez* Oeuil.

OESYPE. C'est cette espece de graisse, ou axonge, que l'on nomme plus communément Suint, qui est adhérante à la laine des moutons & brebis, sur tout à celle d'entre les cuisses & de dessous la gorge.

Ceux qui lavent les laines ont soin de recueillir cette graisse qui surnage sur l'eau où ils les lavent, & ils la mettent, après l'avoir fait passer par un linge, dans des petits barils dans lesquels les Marchands Epiciers & Droguistes la reçoivent.

Le Berry, la Beausse & la Normandie sont les Provinces de France qui fournissent davantage d'œsype; sans doute à cause des nombreux troupeaux qui s'y nourrissent. Les Normans lui donnent le nom de Si, en Berry on l'appelle Serin & ailleurs Soin.

Cette drogue doit être choisie nouvelle, d'une consistance moyenne, d'un gris de souris, sans saleté & d'une odeur supportable. Quand elle vieillit elle ressemble à du savon sec & s'empuantit à l'excès; cependant elle a une propriété extraordinaire, qui est qu'après un très long-tems & une insupportable puanteur, elle aquiert une odeur assez agréable & approchant de celle de l'ambre gris.

L'œsype est de quelque usage dans la Médecine; entr'autres utilitez qu'on en tire, elle a celle de pouvoir être substituée à la laine grasse que les Médecins ordonnent pour les fluxions de gorge en la mêlant avec de l'huile de lys & de camomille.

OEUF. Production de quelques animaux, particulierement des oiseaux & des poissons, qui étant couvez par ceux-là, ou ayant reçû comme une espece de maturité par le fret de ceux-ci, servent à reproduire & à conserver leur espece.

Les œufs de poules & de cannes & autres semblables, payent en France les droits d'entrée à raison d'un sol du cent en nombre & pour ceux de sortie deux sols.

En Egypte on fait éclore les œufs de poules en les mettant successivement dans des fours ausquels on entretient differens degrez de chaleur par le moyen d'un feu de paille. On en parle ailleurs. *Voyez* Four. *Voyez aussi l'article general du Commerce où il est parlé de celui d'Egypte.*

Ce qu'on nomme du Kavia n'est autre chose que des œufs d'Eturgeons fumez. *Voyez* Kavia.

Il y a encore quelques autres œufs de poisson dont il se fait un grand commerce, comme de ceux de Muges en plusieurs lieux de la mer noire; & ceux d'Aloses aux Indes.

Oeuf de Vache. Quelques-uns donnent ce nom à une espece de bezoard qui se rencontre assez souvent dans le ventricule de cet animal. On appelle aussi Oeuf de chamois le bezoard du Chamois. *Voyez* Bezoard d'Allemagne.

Oeuf. On nomme ainsi dans les moulins à sucre le bout du pivot du grand tambour, à cause qu'il a la figure de la moitié d'un œuf d'oye. Cette piece s'ajoûte au pivot, & y tient par le moyen d'une ouverture barlongue qu'on y fait; elle est d'un fer acéré posée sur une platine ou crapaudine de même matiere. *Voyez* Moulin a Sucre.

OEUIL, en terme de Négoce & de Manufacture se dit du lustre & de l'éclat des marchandises d'une certaine beauté exterieure qui frape la vûë, & qui ne fait pourtant pas la plus grande perfection. Néanmoins, comme l'on est souvent plus touché de l'œuil & du lustre d'une étoffe que de sa bonne fabrique; c'en est aussi une des meilleures qualitez pour le débit; & si les ouvriers doivent être attentifs à donner cet œuil à leurs ouvrages, les Marchands ne doivent pas moins l'être à le leur conserver.

Oeuil. En terme de Jouaillerie, signifie aussi le brillant & l'éclat des pierreries, quelquefois leur qualité & leur nature. Ce diamant a un œuil admirable, cet autre a l'œuil un peu louche, il l'a un peu noirâtre

On le dit aussi des perles; mais plus ordinairement on dit l'eau, & c'est plus suivant les termes de l'art de dire qu'une perle est d'une belle eau, que de dire qu'elle a un bel œuil.

Oeuil & batte, Terme de Marchand de Poisson d'eau-douce. Il signifie tout ce qui est contenu depuis l'ouïe ou l'œuil du poisson jusqu'à la queuë, qu'on appelle sa batte, à cause qu'il s'en sert à battre l'eau lors qu'il nage. Ce brochet à deux pieds entre œuil & batte; c'est à dire que dans la maniere de mesurer qui s'observe dans le commerce du poisson, il ne doit se vendre que pour être de deux pieds de long, quoi que la tête & la queuë comprises il y en ait souvent plus de trois. *Voyez* Poisson d'eau-douce.

Oeuil de Chat. Pierre précieuse. C'est une espece de Saphir. Il y a une autre espece d'Oeuil de Chat qu'on met du nombre des opales à cause de ses diverses couleurs, mais il est beaucoup plus dur que l'Opale. Enfin, il y a une troisiéme espece d'Oeuil de Chat qui represente assez bien l'œuil de cet animal; il n'est pas de grand prix en Europe, mais il est très estimé aux grandes Indes, ces Nations idolâtres lui attribuant de grandes vertus; il s'y en vend quelquefois jusques à six cens écus. Cela dépend comme ailleurs du caprice & de la superstition. *Voyez* Saphir.

Oeuil d'Ecrevisse. Il ne se dit qu'au pluriel. On en parle ailleurs, & des vertus qu'on leur attribuë. *Voyez* Oculi cancri. *Voyez aussi* Yeux d'Escrevisses.

Oeuil, en terme de Méchanique & parmi plusieurs Artisans. S'entend des trous qui servent à emmancher plusieurs de leurs outils, comme l'œuil d'un marteau, d'un pieu, d'une houë, d'une pioche, d'un descintroir, d'un têtu, &c.

On dit aussi l'œuil d'un étau pour signifier le trou par où passe sa vis, & l'œuil d'une louve, instrument de fer qui sert à élever des pierres de taille, pour dire le trou où passe l'esse du cable.

L'œuil d'une meule à moulin, & le trou qu'elle a dans son centre.

Les gruës, les engins, les chevres, & autres semblables machines à élever des fardeaux, ont aussi leurs yeux. Ce sont les trous par où passent les cables.

Oeuil de Boeuf, en ouvrage de Verrerie. C'est ce nœud qu'on nomme communement. Boudine, qui est au milieu du plat de verre, & qui est inutile pour être employé en vitres, du moins dans les maisons de quelque consideration; n'étant propre qu'à être jetté au groisil.

Oeuil. Terme de Tireur d'Or. C'est la plus petite ouverture d'une filiere par où passe le lingot de quelque métail pour le reduire en fil. *V.* Filiere.

Oeuil. Terme de Fondeur de Caracteres d'Imprimerie & d'Imprimeur. C'est la gravûre en relief qui est au haut des lettres de fonte qui servent à composer les formes d'Imprimerie;

primerie; c'est l'œuil seul qui fait l'empreinte, le reste qu'on appelle le corps ne sert que pour le soûtenir.

Gros œuil, petit œuil. Il se dit des corps de caracteres interrompus & non reguliers; c'est à dire de ceux dont les lettres sont ou plus ou moins ouvertes qu'à l'ordinaire. Le petit Texte gros œuil; le Cicero petit œuil, & ainsi des autres *Voyez* IMPRIMERIE. *Voyez aussi* CARACTERES *&* FONDEUR DE CARACTERES.

OEUVRE. Se dit du travail des Artisans. On dit du bois, du fer, du cuivre mis en œuvre. Un diamant mis en œuvre est celui que le Lapidaire a taillé & à qui il a donné la figure qui lui convient pour en faire une table, un brillant, ou une rose. Il se dit aussi par opposition au diamant brut, c'est à dire qui est encore tel qu'il est sorti de la carriere. *Voyez* DIAMANT.

Il se dit pareillement de toutes les autres pierres precieuses.

On appelle Main d'œuvre dans les Manufactures, ce qu'on donne aux Ouvriers pour le prix & salaire des ouvrages qu'ils ont fabriquez: Ainsi on dit, ce drap coute quarante sols par aune de main d'œuvre, pour dire qu'on en a donné quarante sols par aune au Tisserant.

OEUVRES BLANCHES. On nomme ainsi les ouvrages de fer qui se fabriquent par un des quatre Métiers des Maîtres Taillandiers de Paris, tels que sont les cognées, besiguës, haches, serpes, &c. appellez de la sorte à cause qu'on les blanchit en quelque sorte lors qu'on les passe sur la meule pour les aiguiser. *Voyez* TAILLANDERIE.

OFFE. Espece de jonc qui se tire d'Alicante en Espagne, & dont on fait un grand usage en Provence, particuliérement pour faire des filets à prendre du poisson.

Le Tarif de Lyon le nomme Jonc à vertugasses. *Il paye les droits de cette Doüane à raison de 3 s. 9 d. de la bale.*

OFFICIERS DE VILLE. A Paris on distingue deux sortes d'Officiers de Ville, les grands & les petits. Les grands Officiers sont; le Prevôt des Marchands, les Echevins, le Procureur du Roi, le Greffier, les Conseillers & le Receveur. Les petits Officiers sont; les Mouleurs de bois & leurs Aides, les Déchargeurs, les Mesureurs, les Débâcleurs & autres telles personnes établies sur les Ports pour la police & le service du Public. *Voyez leurs articles suivant l'ordre alphabetique.*

OFFICIERS PASSEURS D'EAU, Ce sont les Maîtres Bateliers de Paris dont les fonctions consistent à passer d'un rivage à l'autre de la riviere de Seine les Passagers qui se présentent, leurs hardes & marchandises. Ils furent érigez en titre d'Offices sous le régne de Louïs XIV. & sont au nombre de vingt, y compris les deux Syndics. *Voyez* BATELIER.

OFFRE. Ce qu'on dit d'une chose qu'on veut acheter, le prix qu'on en veut donner. Vous aurez cent sols de cette toile, c'est ma derniere offre; pour dire qu on n'en donnera pas davantage. Vous n'aurez pas ma marchandise à votre premiere offre; pour faire entendre qu'on n'en offre pas assez.

On dit, Faire des offres verbales; faire des offres en Justice.

OFFRIR. Faire une offre. Nous sommes bien loin de compte, vous ne m'offrez pas la moitié de ce que me coute la marchandise.

Mesoffrir, c'est ne pas offrir un prix raisonnable.

OIGNON, ou OGNON. Plante potagére dont il se fait un très-grand commerce à Paris. L'oignon se vend de quatre maniéres, à torche, à la botte, à la glanne & au boisseau. La torche est de l'oignon que l'on attache autour d'un long bâton; la glanne, de l'oignon lié autour d'un menu faisseau de paille; & la botte de l'oignon verd attaché seulement par les fannes, sans bâton ni sans paille. *Voyez* FOIRE AUX OIGNONS.

L'oignon paye en France les droits d'entrée à raison de 8 sols du cent des bottes; & pour ceux de sortie 12 sols.

Les oignons de saffran payent à la Douane de Lyon 7 s. 6 d. du quintal.

OING. Espece de graisse que l'on nomme ordinairement Axunge, ou Axonge, dont les Epiciers-Droguistes font quelque commerce. *Voyez* AXUNGE.

OISEAU. Animal à deux pieds, couvert de plumes, qui a deux aîles avec lesquelles il s'éleve en l'air, & dont il se sert pour s'y soûtenir & y voler. Il y a cependant quelques especes d'oiseaux qui courent plûtôt qu'ils ne volent.

On appelle Oiseaux de chant & de plaisir, ceux dont le ramage est agréable, ou ceux qui par l'éclat & la diversité de leur plumage plaisent aux yeux. On les nomme aussi Oiseaux de voliere, parce qu'on les enferme dans des volieres, ou grandes cages de fil de fer, ou de leton, pour les y élever & nourrir. Ce sont les Maîtres Oiseliers qui en font commerce. *V.* OISELIER.

On parle en divers endroits de ce Dictionnaire, de plusieurs autres oiseaux, soit domestiques, soit sauvages, qui par leurs plumes & leurs duvets contribuënt à une partie du négoce de différens Marchands. De ce nombre sont les autruches, desquelles les Plumassiers apprêtent & vendent la riche dépouille des aîles & de la queuë; les cignes & les oyes dont les grandes plumes qui servent à écrire sont débitées par les Papetiers, & le duvet est employé par les Tapissiers à divers de leurs ouvrages: enfin, les aigrettes dont le plumage qui retient leur nom est si précieux; & ces especes de faucons, ou d'autours, qui fournissent le ledredon si leger & si chaud, qui n'est à la mode que depuis un demi-siécle. On peut voir tous ces oiseaux & quelques autres qui ont raport au commerce, à leurs propres articles.

OISEAU, en termes de Maçonnerie. Signifie une espece de demi auget composé de deux ais ou planches legeres, arrondies par une extrémité & jointes en équerre par l'autre, dont celle d'en-bas est posée horisontalement sur deux morceaux de bois en forme de bras assez longs, & celle d'en-haut est attachée à deux autres petits bâtons qui tombent d'aplomb sur chacun des bras. C'est sur cette petite machine que de jeunes Manœuvres, qu'on nomme Goujats, portent sur leurs épaules le mortier aux Maçons & Limosins, lorsque le service ne se peut faire à la pelle. *V.* MAÇON.

OISEAU, qu'on nomme aussi ESPERVIER. C'est encore une espece de palette sur laquelle les Sculpteurs mettent le mortier avec lequel ils travaillent de stuc.

OISELER. Tendre des filets, préparer des gluaux, ou se servir du miroir & des trébuchets pour prendre des oiseaux. En termes de Fauconnerie Oiseler signifie dresser un oiseau, soit pour le poil, soit pour la plume. La premiére signification est du métier d'Oiselier dont on parlera plus bas.

OISELERIE. Métier de prendre, d'élever & de vendre des oiseaux. Il n'est pas permis à tout le monde, ni en tout tems, d'exercer l'oiselerie; & il n'y a que les Maîtres Oiseliers reçûs à la Table de Marbre des Eaux & Forêts de la Ville de Paris, qui puissent aller oiseler; & encore seulement dans les tems & les saisons marquez par les Réglemens. *Voyez les articles suivans.*

OISELEUR. Celui qui prend des oiseaux. On dit plus ordinairement Oiselier, pour signifier celui qui prend de petits oiseaux pour les élever & pour les vendre. Les Statuts des Maîtres Oiseliers leur donnent néanmoins le nom d'oiseleur.

OISELIER. Celui qui va chasser & tendre aux menus oiseaux, qui les éleve & qui en fait trafic. C'est aussi l'Oiselier qui fait les cages, les volieres & les cabannes, soit de bois, soit de fil de léton ou de fer pour les renfermer & faire couver; les trébuchets pour les prendre, & les divers filets qui servent à cette innocente & agréable chasse.

Les Oiseliers composent à Paris une assez nombreuse Communauté, & qui n'y est pas des moins anciennes. Leurs Statuts & Réglemens leur ont été donnez de toute antiquité par les Officiers des Eaux & Forêts de Paris; & ceux dont ils se servent présentement leur furent délivrez au mois de Mai 1647, par le Greffier de cette Jurisdiction, comme extraits des anciens Registres.

Quinze articles composent ces Réglemens, dont les principaux fixent le tems que les Jurez doivent rester en Charge, le nombre d'années pour lequel les Apprentifs doivent être obligez; & le droit, la différence & l'ordre des visites.

Le tems de chaque Jurande ne peut être de plus de deux ans; celui de l'apprentissage est de trois; & les visites se font tant sur les Marchands Forains, que sur les Maîtres Oiseliers de la Ville & Fauxbourgs de Paris, comme on va le dire.

Tout Marchand forain qui apporte des serins communs ou de canaries à Paris, ne les peut mettre en vente, qu'il n'ait été au préalable les exposer depuis dix heures du matin jusqu'à midi sur la pierre de marbre du Palais aux jours d'entrée du Parlement, dont il est tenu de prendre aquit & certificat des Officiers des Eaux & Forêts. Il doit aussi attendre que les Gouverneurs des volieres du Roi, avertis par les Jurez, ayent déclaré que lesdites volieres en sont suffisamment fournies, & que les Maîtres Oiseleurs ayent pareillement refusé de les acheter; après quoi il leur est loisible de les vendre à qui bon leur semble, après pourtant avoir donné à chacun des Jurez pour leurs droits de visite un oiseau de chaque cabane.

En cas que les Maîtres Oiseliers achetent lesdits oiseaux des Marchands Forains, ils doivent les lotir entre les Maîtres qui en desirent.

Nul ne peut faire trafic des oiseaux de chant & de plaisir, ni y aller chasser, s'il n'est reçû Maître; & ne peut être reçû Maître sans apprentissage, s'il n'est Fils de Maître.

Il n'appartient qu'aux Maîtres de faire venir des ortolans & de les nourrir: ils ne peuvent néanmoins les vendre vifs à des Regratiers pour les engraisser & en faire des nourritures, à peine de confiscation des oiseaux & d'amende contre le Vendeur & l'Acheteur. C'est pareillement aux Maîtres de cette Communauté de faire seuls des cages pour oiseaux & des filets pour les prendre; leur étant même permis de faire & fondre toutes sortes d'abreuvoirs à oiseaux, soit de plomb ou d'autre matiére.

Les oiseaux qu'il n'est permis qu'aux Maîtres Oiseliers de chasser & de prendre à la gluë, à la pipée, aux filets & autres harnois semblables, sont tous ceux qu'on nomme Oiseaux de chant & de plaisirs, comme les linottes, chardonnerets, pinsons, serins, tairains, fauvettes, rossignols, cailles, alouettes, merles, sansonnets, ortolans & autres de semblable qualité.

Le tems qu'il n'est pas permis de chasser est depuis la mi-Mai jusqu'à la mi-Août, à cause que c'est celui de la pariade, & la saison qu'ils font leurs nids & leurs pontes; à l'exception néanmoins des oiseaux de passage, comme cailles, rossignols, ortolans, qui se peuvent prendre depuis le deuxiéme Avril jusqu'au deuxiéme Mai pour le remontage, & du premier jour d'Août jusqu'à leur passage.

Les jours & lieux que les Oiseliers peuvent exposer en vente les oiseaux qu'ils ont élevez ou pris, sont leurs boutiques tous les jours, & la Vallée de misére les Dimanches & Fêtes, à la reserve des plus solemnelles, ou des processions generales; leur étant permis lesdits jours de Dimanches & de Fêtes moins principales d'étaler & attacher leurs cages contre les boutiques & murs des maisons de ladite Vallée.

Outre les oiseaux mentionnez ci-dessus, les Maîtres de cette Communauté vendent aussi des tourtelles, des pigeons, des perroquets & peruches, des écureuils & autres petits animaux de plaisir.

Enfin, par une très-ancienne coûtume & par deux articles de leurs Statuts, sçavoir, le septiéme & le quinziéme, les Jurez sont obligez de se trouver aux Sacres des Rois pour y apporter des oiseaux, & les laisser aller dans les Eglises où les ceremonies se font; & les Maîtres sont pareillement tenus de lâcher en signe de joye au jour du S. Sacrement & aux entrées des Reines, telle quantité d'oiseaux qui est arbitré par les Officiers des Eaux & Forêts.

OLEB. Sorte de lin qu'on recueille en Egypte. Il est aussi bon que celui qu'on nomme Forfette, mais moins que le squinanti. Son prix est de sept piastres & un quart le quintal de cent dix rotols. *Voyez* LIN.

OLEUM RODIUM, ou HUILE DE ROSE. Les Marchands Epiciers-Droguistes donnent ce nom à une huile blanche & odorante que l'on tire du bois de rose par la distillation. La meilleure vient de Hollande, où l'on a le secret de la mieux tirer que par tout ailleurs. *Voyez* ROSE bois.

OLIBAN. Sorte de gomme, ou de résine, que l'on nomme plus communément Encens mâle. *Voyez* ENCENS.

L'oliban, ou encens fin, paye en France les droits d'entrée à raison de 50 s. du cent pesant, conformement au Tarif de 1664.

Les droits de la Douane le Lyon sont de 32 s. 6 d. le quintal d'ancienne taxation, 3 s. 6 d. de reapreciation, 12 s. pour les anciens quatre pour cent, & pareille somme par les nouveaux.

L'oliban aussi-bien que les encens de toutes sortes, est du nombre des marchandises venant du Levant, sujette au droit de vingt pour cent ordonné par l'Arrêt du 15 Août 1685.

OLIVAISON. Saison où l'on fait la récolte des olives, soit pour en tirer l'huile, soit pour les confire & les mettre dans la saumure. *Voyez l'article suivant.*

OLIVE. Fruit que portent les oliviers.

Les Marchands Epiciers de Paris & d'ailleurs vendent de trois sortes d'olives qui différent en grosseur & en bonté; les olives de Veronne, les olives d'Espagne & les olives de Provence.

Les olives de Veronne sont estimées les meilleures de toutes; il y en a du grand & du petit moule, & d'autres qu'on appelle des Semences. Il faut les choisir nouvelles, véritables, sur tout bien ensaussées; c'est à dire, qu'elles nagent dans la saumure; qualitez qu'il faut aussi observer dans les autres espéces.

Les oilves d'Espagne sont de la grosseur d'un œuf de pigeon, d'un verd-pâle, & d'un goût un peu amer.

Les

Les olives de Provence sont de diverses grosseurs; mais celles qu'on nomme Picholines, du mot Italien qui marque leur petitesse, ou peut-être du nom d'un fameux Marchand Provençal, comme le Sieur Pomet dans son Histoire des Drogues veut le faire croire, sont infiniment plus exquises que les autres. On les appelle aussi olives de Luques, mais très-mal à propos, venant certainement toutes de Provence.

Les olives n'ont pas sur l'arbre ce goût & ce degré de bonté qui leur a fait trouver place sur les tables les plus délicates. Elles ne l'aquiérent qu'après avoir été confites de la maniere suivante, ayant auparavant une amertume insupportable.

Quand les olives sont en état d'être confites, c'est à dire, dans les mois de Juin & de Juillet, & bien long-tems avant qu'elles soient propres à en tirer l'huile, on les cueille & on les met tremper quelques jours dans de l'eau fraîche. Après les en avoir tirées elles sont remises dans une autre eau préparée avec de la barille, ou soude & des cendres de noyaux d'olives brûlées, ou bien de la chaux; ensuite on les fait passer encore dans une seconde saumure faite d'eau & de sel avec laquelle on les met dans ces petits barils dans quoi on les envoye: & pour leur donner cette pointe agréable qu'elles ont, on jette par dessus une essence composée ordinairement de girofle, de canelle, de coriandre, de fenouil, &c.

La composition de cette essence est une espece de secret parmi ceux qui se mêlent de confire des olives, & l'on peut dire aussi que c'est en cela que consiste toute l'habileté de ce commerce, le reste étant assez facile à faire.

Quand les olives sont tout à fait en maturité, c'est à dire, lors qu'elles commencent à rougir, on en tire par expression une huile fort excellente dont il se fait un très grand négoce. *Voyez* Huile d'Olive.

Les olives de toutes sortes payent en France les droits d'entrée à raison de 40 s. du cent pesant; & pour les droits de sortie, soit les olives de France, soit les olives d'Espagne, de Gennes & de Lucques, comme fruits secs, 12 s. conformement au Tarif de 1664.

Les droits de celui de la Douane de Lyon sont de 3 s. 4 d. pour les anciens quatre pour cent, & 7 s. 7 d. pour leur nouvelle reapréciation si ce sont des olives étrangeres.

A l'égard des olives du crû de France, elles ne payent que 10 s. du quintal.

Les olives se vendent en-gros à barils & par bouteilles, & en détail à la pinte & à la chopine.

OLIVETTES. Fausses perles, ou rasades, de la figure d'une olive dont on fait commerce avec les Négres du Senegal; elles sont ordinairement blanches. *Voyez* Virotterie.

OLIVIER. Arbre qui porte les olives.

Cet arbre est très-commun en quelques Provinces de France, sur tout en Provence & en Languedoc; il est assez bas, ces feuilles sont longues, étroites & pointuës, ses fleurs sont blanches & forment des espéces de grapes. Son fruit assez connu pour n'avoir pas besoin d'être décrit, est d'abord verd, puis pâle, enfin d'un rouge très-foncé quand il est mûr. On fait confire les olives avant qu'elles soient en maturité, & quand elles sont très-mures on en tire de l'huile. *Voyez* Olive. *Voyez aussi* Huile d'Olive.

Outre ces deux marchandises que l'olivier fournit pour le commerce, on on fait encore un très-considerable du bois de son tronc & de ses racines, qui prennent parfaitement le poli; les ouvrages de tour & de marqueterie qu'on en fait sont très-agreables par la diversité des couleurs, des veines & des nœuds qui s'y rencontrent.

Le bois d'olivier paye en France les droits d'entrée à raison de 20 s. du cent pesant.

OLONE, qu'on nomme aussi PETITE OLONE & LOCRENAN. Sorte de toile propre à faire des voiles de vaisseaux, qui se fabrique en quantité dans plusieurs endroits de la Bretagne. *V.* Toile, *où l'on parle de celles de Bretagne.*

OMELETTE. Les Cabaretiers & Marchands de vin nomment ainsi des œufs cassez & battus qu'ils jettent (jaune, blanc & coquilles ensemble) par le bondon d'une piece de vin, pour l'éclaircir quand il reste trop long-tems trouble.

Cette maniére d'éclaircir n'est propre que pour les vins couverts, & sur lesquels la cole de poisson ne prend pas. Elle est très-innocente & nullement préjudiciable à la santé. *Voyez* Vin.

OMPHACIN. On nomme Huile Omphacin, ou Huile Omphacine, une sorte d'huile que l'on prétend qu'on tire des olives acerbes, ou vertes. L'Auteur de l'Histoire des Drogues soûtient que c'est être charlatan que de se vanter d'avoir de cette huile, n'étant pas possible d'en tirer aucune avant que les olives soient en parfaite maturité. *Voyez* Huile d'Olive.

ONCE. Petit poids qui fait la huitiéme partie du marc, ou la seiziéme partie d'une livre de Paris: il y a des endroits où la livre est composée de plus ou moins d'onces. *Voyez* Livre.

L'once du poids de marc, ou l'once de Paris, se divise en 8 gros, ou drachmes, le gros en 3 den. ou scrupules, & le den. ou scrupule en 24 grains; chaque grain estimé peser un grain de bled. L'once entiére est composé de 576 grains, une demi-once est 4 gros, & un quart d'once est 2 gros.

Parmi les Monnoyeurs & les Marchands Orfévres, la division de l'once se fait en 20 estelins, l'estelin en 2 mailles, la maille en 2 felins, & le felin en 7 grains & un cinquiéme de grain.

Les marchandises & choses précieuses se vendent à l'once, comme l'or, l'argent, la soye, &c. Les perles à l'once sont celles qui sont si menuës qu'elles ne peuvent être comptées; on les nomme ordinairement Semences des Perles. *Voyez* Perles.

On appelle Cotons d'once, certians Cotons filez que l'on tire de Damas, qui sont d'une qualité superieure à toutes les autres sortes de Cotons. *Voyez* Coton.

Once. C'est aussi une monnoye imaginaire ou de compte, dont on se sert en Sicile, particulierement à Messine & à Palerme, pour évaluer les changes, & pour tenir les Ecritures & Livres de Commerce. L'once vaut trente tarins, ou soixante carlins, ou six cens grains. Le tarin vaut vingt grains, & le grain six piccolis.

Once. On appelle Pierre d'Once, une espece d'ambre jaune, ou karabe, qui a presque les mêmes vertus que le véritable *succinum*, & qui outre celà a, dit-on, la proprieté de rompre la pierre dans la vessie. *Voyez* Ambre jaune.

ONDE. Mouvement de l'eau qui s'éleve & qui s'abaisse, ou par le vent, ou par quelque chose qui l'agite.

C'est à l'imitation des ondes qui paroissent sur la superficie de l'eau legérement agitée, que les ouvriers ont donné à divers de leurs ouvrages ou étoffes, des figures qu'ils nomment des ondes.

Dans plusieurs étoffes de soye, ou de laine, comme dans les moires, les tabis, les camelots, même dans quelques toiles, ou treillis, les ondes se font par le moyen de la calandre, dont les rouleaux gravez, appuyant inegalement sur l'étoffe qu'on passe entre deux, s'y impriment plus ou moins suivant qu'il la presse avec plus ou moins d'effort. *Voyez* Calandre.

ONDES. Petites étoffes de soye, de laine & de fil, dont les façons sont ondées, qui se font par les Hautelisseurs de la Sayetterie d'Amiens. Elles doivent avoir vingt aunes un quart à vingt aunes & demie de longueur, sur un pied & demi & un pouce de Roi de largeur.

Ondes. Se dit aussi des differens desseins qui se representent dans quelques tapisseries que l'on travaille à l'aiguille sur du canevas. On dit, Les ondes du point de Hongrie, du point de la Chine, du point d'Angleterre. On les nomme de la sorte, parce qu'ils se continuënt en montant & baissant le long de l'ouvrage à la maniére que les ondes d'une eau courante se suivent les unes les aurres. Il y a aussi des bergames à ondes. *V.* Bergame.

ONDE'. Ce qui est fait en ondes. De la moire ondée, Du tabis ondé, Du camelot ondé, Du treillis ondé. *Voyez toutes ces étoffes à leurs propres articles.*

ONGLE ODORANT, qu'on nomme en Latin *Unguis odoratus*, ou *Blatta Bizantia*. Espece de petit coquillage qui est de quelque usage dans la Médecine. *V.* Unguis odoratus.

ONIX, ou ONYCE. Espece d'agate opaque, de couleur noire & blanchâtre. *V.* Agate.

ONZE. Nombre impair composé d'une dixaine & d'une unité: Dix & un font onze. En chiffre commun, ou Arabe, onze s'écrit de cette maniere (11); en chiffre Romain ainsi (XI); & en chiffre François, de compte, ou de finance, de la sorte (xj).

ONZIE'ME, que l'on écrit aussi ONZIESME. C'est une partie du tout divisé en onze portions égales.

En matiere de nombres rompus ou fractions de quelque tout que ce soit, un onziéme se marque ainsi, $\frac{1}{11}$. On dit aussi, Deux onziémes, Trois Onziémes, Quatre onziémes, &c. jusqu'à dix onziémes, au de-là desquels c'est le tout. Pour les marquer on se sert des chiffres suivans, $\frac{2}{11}$, $\frac{3}{11}$, $\frac{4}{11}$, $\frac{5}{11}$, &c. Dix onziémes se chiffrent ainsi, $\frac{10}{11}$.

OPALE. Pierre précieuse de diverses couleurs. On y voit le bleu, le pourpre, le verd, le jaune & le rouge, quelquefois le noir, le blanc, ou la couleur de lait. Si l'on casse la pierre, toutes ces couleurs disparoissent; ce qui fait croire qu'elles ne naissent que de la réflexion d'une ou deux couleurs simples, comme il arrive dans le prisme.

Cette diversité de couleurs qui paroît rassembler toutes celles des autres pierres précieuses, lui fait disputer le prix au saphir & au rubis; elle n'a toutefois pour l'ordinaire de rang qu'après eux parmi les Marchands Jouailliers habiles.

Tavernier dans le second tome de ses Voyages, où il traite des pierres de couleur, assure, peut être un peu trop positivement, qu'il n'y a de mines d'opale qu'en Turquie. En effet, suivant divers Auteurs anciens & modernes, l'Isle de Chypre, l'Arabie, l'Egypte, même la Bohême & la Hongrie, partagent l'avantage de produire une si belle pierre; aussi en fait-on deux espéces, l'Orientale & l'Occidentale; & l'on donne le prix à la première.

Le girasol est une fausse opale; & l'on met aussi de ce nombre la pierre précieuse qu'on nomme Oeil de chat. *Voyez ces deux articles.*

L'opale est si mole, qu'au poliment elle ne peut soûtenir l'étain, ni le plomb, & qu'on est obligé de la polir avec le tripoli. Elle ne peut être contrefaite, à cause de la diversité de ses couleurs que l'Art ne peut imiter.

Pline parmi les Anciens, & parmi les Modernes le Napolitain, à Porta, & Albert le Grand, ou plûtôt l'Auteur qui a supposé à ce sçavant homme quelques petits Traitez bien indignes de lui, ne s'épuisent point sur les vertus secrettes de l'opale; & parce qu'elle brille de toutes les couleurs des autres pierres précieuses, ils ajoûtent aux qualitez ocultes qu'ils lui croyent, presque toutes celles que leur crédulité feconde a attribuées à chacune des pierres en particulier.

OPIUM. Suc que l'on tire de la tête des pavots.

Les pavots sont trop connus pour qu'il soit nécessaire d'en faire la description: tous nos jardins en sont pleins; & il y en a de doubles, de simples & de panachez.

Les Botanistes les divisent néanmoins en pavots que l'on cultive & en pavots sauvages. Le pavot sauvage est celui que l'on nomme en François Coquelicot, Ponceau & Consanon. Il y en a une troisiéme espéce qu'on appelle Pavot cornu, à cause des gousses où il porte sa graine, qui sont courbées en cornet; & une quatriéme auquel on a donné le nom d'Ecumant, à cause que sa tige & ses branches sont couvertes d'une maniere d'écume blanche.

C'est de la tête du pavot noir que l'on tire l'opium. Quand ce suc en sort par l'incision qu'on y fait, il garde son nom d'opium; mais quand c'est par expression, il prend celui de Meconium.

Il y a une grande différence de qualitez & de vertus entre ces deux sucs, & l'opium est preferable à toutes sortes d'égards au Meconium: aussi est-il rare que l'on envoye en France de l'opium de la premiere sorte; les Turcs qui, comme tout le monde sçait, en font grand usage, & le nomment Amphiam, ne permettant pas qu'on le transporte, & le gardant pour eux.

C'est donc seulement du Meconium que les Marchands Epiciers-Droguistes vendent ordinairement pour Opium. Il leur vient du Levant, & particuliérement du Caire par la voye de Marseille; encore n'est-il pas bien parfait ni bien pur; les Levantins pour avoir plûtôt fait, & pour multiplier leur suc, le tirent également des têtes & des feuilles des pavots par expression, & ensuite le reduisent en consistance d'extrait par le moyen du feu.

Cette drogue ainsi mal préparée se reçoit en masses noirâtres, enveloppées dans des feuilles des pavots même; delà vient qu'on donne l'opium en France à si bon marché; & il ne faut pas s'en étonner, sur tout s'il est vrai qu'on y mêle souvent le suc du Glaucium, plante assez semblable au pavot cornu.

Quoi qu'il en soit, il faut choisir le Meconium, ou pour parler avec le vulgaire, l'Opium, le plus sec, le plus uni & le plus noirâtre que l'on pourra, d'une odeur pour ainsi dire assoupissante, & qu'il ne soit ni gromeleux, ni adherant, ni tout en une masse.

C'est une erreur qu'il y ait de l'Opium blanc; car quoi que ce suc en coulant de la tête du pavot par l'incision qu'on y fait soit de la couleur du lait, il est certain qu'en s'épaississant cette couleur se change, & devient enfin très brune.

Il est vrai que dans les caisses que les Marchands reçoivent il s'en trouve de jaunâtre; mais c'est seulement une marque que ce suc n'a pas été suffisamment cuit: ce qu'on peut dire aussi de celui qui est mol, qui ne l'est que parce qu'il n'a pas eu une parfaite coction, ou qu'il n'est pas assez meur.

L'Opium préparé se nomme Laudanum. Il y en a de simple qui s'extrait par le moyen de l'eau de pluye & de l'esprit de vin; & il y en a de composé qu'on appelle *Laudanum Opiatum*, où il entre bien des ingrédiens.

L'opium & le Laudanum simple sont deux drogues dont il est dangereux d'user sans le conseil d'habiles Médecins; & il est à craindre, comme il n'arrive que trop souvent, qu'au lieu de rappeller simplement le sommeil, ils n'en procurent un qui dure toûjours.

L'on se sert quelquefois des têtes des pavots blancs & noirs qui croissent en quelques endroits des environs de Paris, pour en exprimer un suc approchant de l'Opium du Levant, mais qui n'agit pas avec tant de force: on l'appelle Diacodum simple.

Il y a aussi un syrop de Diacodum dont on peut voir la composition dans les pharmacopées: aussi-bien que du Diacodum composé.

Il se fait une très-grande consomption & un commerce considérable d'Opium dans tout le Levant. De Smirne seul on en peut tirer jusqu'à mille ocos par an, encore plus du Caire, & des autres Echelles à portion.

L'Opium paye en France par le Tarif de 1664, 20 liv. le cent pesant de droits d'entrée; & par celui de la Douane de Lyon 4 liv. du quintal pour l'ancienne taxation, 40 s. pour la nouvelle reapreciation, 3 liv. 2 s. 6 den. pour les anciens quatre pour cent, & 5 liv. pour les nouveaux.

Cette drogue est du nombre des marchandises venant du Levant, sujettes au droit de vingt pour cent, suivant l'Arrêt du 15 Août 1685.

OPO-BALSAMUM. Suc, gomme ou résine qui coulent de l'arbre, que les Latins nomment *Balsamum*, & les François Baume. On nomme vulgairement ce suc Baume du Levant, pour le distinguer de plusieurs autres baumes. *Voyez* Baume.

OPOPANAX, communément OPOPONAX, en Latin *Panaces Heracleum*, du nom d'Hercules qu'on prétend qui l'a inventée, ou plûtôt qui en a découvert les vertus specifiques. C'est un des trois celebres panacez, ou médicamens universels dont les Anciens racontent tant de merveilles. Les deux autres sont l'*Asclepium* & le *Chironium*, le premier trouvé par Esculape, & le dernier par Chiron.

L'Opopanax est une gomme qui découle par incision d'une plante qui croît en abondance dans l'Achaïe, la Beotie, la Phocide & la Macedoine, d'où elle est apportée en France par la voye de Marseille.

La racine de cette plante est blanche, couverte d'une écorce épaisse, & d'un goût un peu amer. Sa tige est assez haute, & chargée d'une espece de coton. Ses feuilles presque semblables à celles du figuier pour la figure, en ont aussi l'âpreté. Ses fleurs qui sont jaunes, & qui viennent tout à la cime de la plante, forment des ombelles comme celles de l'aneth. Le fruit que produit la tige est bon à manger; celui des branches ne vaut rien. Enfin la graine est d'une odeur forte, & d'un goût acre & brûlant.

La gomme que donne la racine de cette plante par les incisions qu'on y fait, est blanche tant qu'elle est liquide; mais elle prend un beau jaune doré à mesure qu'elle se séche & qu'elle durcit.

Les Marseillois envoyent aux Marchands de Paris de trois sortes d'Opopanax: celui en larmes, celui en masse & l'Opopanax contrefait, ou applatti.

L'Opopanax en larmes qui est le plus excellent, doit être en larmes blanches au dedans & dorées au dehors, d'une odeur forte, d'un goût amer & peu agréable, bien sec, & avec le moins de menu qu'il sera possible, y etant fort sujet.

L'Opopanax en masse est d'autant meilleur, qu'il est plus plein de larmes, & qu'il approche du premier pour la couleur & pour l'odeur; mais à l'égard de la troisiéme espéce d'Opopanax, le plus sûr est de ne s'en point charger; n'étant qu'un mauvais mêlange du véritable Opopanax, & d'une autre gomme de bas prix, que les gens sans conscience qui le sofistiquent ne connoissent que trop bien.

L'Opopanax est d'une odeur si violente quand il est nouveau, qu'il est dangereux d'en ouvrir alors les caisses; & c'est à quoi doivent prendre garde les Marchands Epiciers qui le font venir; mais cette odeur diminuë avec le tems.

Cette gomme a presque les mêmes vertus que le Sagapenum pour la guérison des playes; ce qui fait qu'il entre dans la composition de l'onguent divin avec le Galbanum, l'Ammoniac & le Bdelium.

L'Opopanax paye en France les droits d'entrée à raison de 15 liv. du cent pesant, conformement au Tarif de 1664.

Les droits de la Douane de Lyon sont de 3 liv. 2 s. 6 den. le quintal d'ancienne taxation, 3 liv. pour la reapreciation, 6 liv. pour les anciens quatre pour cent, & 3 liv. pour les nouveaux.

L'opopanax est du nombre des marchandises du Levant, sujettes au droit de vingt pour cent ordonné par l'Arrêt du 15 Août 1685.

OQUE, qu'on nomme plus ordinairement OCOS, ou OCQUA. Poids de Turquie dont on se sert dans la plûpart des Echelles du Levant. *Voyez* Ocos.

OR. Métail jaune, le premier & le plus précieux de tous les métaux, sans doute parce qu'il en est aussi le plus pesant, le plus ductile, le plus brillant & le plus pur.

C'est selon toute apparence à cause de la beauté de ce métail, & du prix qu'il a au dessus de tous les autres métaux, que les Chimistes lui ont donné le nom de Soleil; voulant faire comprendre qu'il les surpasse tous autant que cet astre surpasse les autres planettes, sous les différens noms desquelles les six métaux inferieurs à l'or sont connus parmi les Artistes.

Toutes les parties du monde connuës produisent de l'or, quoi qu'avec beaucoup de différence pour l'abondance & pour la pureté. L'Europe si riche en autres choses, est la moins féconde en or. L'Amérique est celle qui fournit davantage de ce riche métail, sur tout dans les mines du Pérou & du Chilly. L'or d'Asie est estimé le plus fin, du moins celui de Menariçabo dans les Indes Orientales. Il s'en tire de quelqnes mines du Pérou, dont le titre est de vingt-trois carats avant d'avoir été affiné. L'or d'Axime sur la Côte d'Afrique est de vingt-deux à vingt-trois carats.

Ordinairement l'or se tire des mines; mais l'on en trouve aussi dans les sables de quelques rivières & de quelques torrens; & ce dernier s'appelle Or en poudre, Poudre d'or, ou Paillettes.

Il y a une troisiéme espéce d'or qu'on ne trouve guére que dans les coulées des montagnes du Chilly, qu'on sépare re de la terre par le moyen du lavage, d'où les lieux où ils se trouvent sont appellez Lavaderos. Cette terre est ordinairement rougeâtre & mince vers la surface : à hauteur d'homme elle est mêlée de grains de gros sable, & c'est où commence le lit d'or: plus bas sont des bancs de fond pierreux comme d'un rocher pourri un peu bleuâtre, mêlé de quantité de pailles jaunes, qui ne sont pourtant point de l'or, mais seulement des pirites, ou marcassites. Au dessous il ne se trouve aucun or.

Lors que par les indices, qui sont presque toûjours certains, on a découvert de ces terres abondantes en or, on tâche d'y faire passer quelques ruisseaux, qui sont fréquens dans ces montagnes & faciles à détourner, afin d'enlever par l'écoulement rapide des eaux cette premiére terre qui couvre celle où se trouve l'or; & pour avancer plus promptement l'ouvrage, on se sert de pioches & de péles pour la remuer & délayer.

Aussi-tôt que le banc de terre à or se découvre, il faut en détourner l'eau, & creuser à force de bras cette terre précieuse qui s'enleve sur des mulets, & se porte aux lavaderos.

Les lavaderos sont des bassins, dont la figure pour leur plan horisontal revient assez à celle d'un soûflet dont les Forgerons se servent pour exciter le feu de leurs forges. La terre y ayant été mise, on y fait couler un ruisseau d'eau vive proportionné à la terre qu'on veut laver; & pour aider la rapidité de l'eau, on se sert d'un crochet de fer avec lequel on remuë & délaye cette terre, ensorte qu'elle puisse être entraînée entiérement, & qu'il ne reste plus dans le bassin qu'un sediment d'un sable noir avec lequel l'or se trouve mêlé, & duquel on ne le distingue guére, à moins que les grains du métail ne soient de la grosseur d'une lentille. Il est vrai qu'il se trouve assez souvent des morceaux d'or pur du poids de six, de huit & même de dix marcs, que l'on nomme *Pepitas* en langue du Païs, & qui pour leur grosseur n'ont pas besoin d'être mis aux lavaderos; mais pour l'ordinaire ces grains d'or sont si menus, qu'on les distingue difficilement du sable qui reste au fond du bassin. *Voyez* PEPITAS.

La terre bien lavée, ce résidu se met dans une espéce de grand plat de bois, enfoncé dans son milieu de quatre ou cinq lignes, où à force de le laver à plusieurs eaux & de l'agiter fortement, ensorte que l'eau entraîne avec elle ce sable noir par-dessus les bords, il ne reste plus qu'un sable de pur or, & propre sans autre préparation à être fondu & à être employé en toutes sortes d'ouvrages.

Cette maniére de tirer l'or dans les lavaderos est d'un grand profit; les fraix en étant peu considérables en comparaison de ce qu'il faut dépenser pour l'exploitation des mines, où l'on consume de grandes sommes en Ouvriers, en machines, en fourneaux & en vif-argent.

On trouve un grand nombre de ces lavaderos dans toutes les coulées du Chilly; mais le plus riche de tous est celui de la Estancia del Rey, à douze lieuës de la Conception, Port & Ville de la Mer du Sud. La Thuringe & quelques endroits le long du Rhin sont les seuls en Europe où l'on recueille de l'or de cette maniére.

L'or des mines est de deux sortes; l'un en grains, ou en morceaux de diverses formes & de différentes pesanteurs. De ceux-ci, parmi les échantillons que Christofle Colomb envoya en Espagne, pour faire juger de la richesse de sa découverte, il y en avoit de deux marcs quatre onces; & les Relations assurent qu'en 1502, il s'en trouva un de trente-deux livres.

L'autre sorte d'or est en pierre; & cette pierre est ce qu'on appelle proprement la Mine, ou Mineray. Pour en tirer l'or on la casse & on la pile d'abord avec des maillo-ches de fer; puis on la porte aux moulins pour la réduire en poudre très-déliée; & enfin on la passe à travers de certains tamis de cuivre, qui ne sont pas moins fins que des tamis de soye.

Cette poudre ainsi préparée ayant été mise dans des auges de bois avec une quantité proportionnée de vif-argent & d'eau, y est pêtrie au Soleil pendant deux fois vingt-quatre heures; après quoi l'eau & la terre inutile ayant été évacuées des auges par le moyen d'autres eaux chaudes qu'on fait couler par dedans, il n'y reste plus qu'un masse composée de vif-argent & de tout l'or qui étoit dans la mine, qu'on sépare encore l'un de l'autre par le moyen du feu & de grands alambics.

L'or en cet état s'appelle Or vierge, aussi-bien que celui qui se trouve en grains dans les mines, ou qu'on recueille en poudre dans les riviéres & torrens, c'est à dire, qu'il n'a point passé par le feu, mais pour l'ordinaire on le fond dans de grands creusets, & l'on le réduit en lingots, ou en plaques.

L'Auteur de la Dissertation sur les métaux dont la France est remplie, donnée au Public en 1706, cet Auteur, dis-je, qui parle des mines d'or & d'argent sur de bons & fidèles mémoires, a raison de louer beaucoup la maniére de séparer ces métaux d'avec la terre de la mine par le moyen du vif-argent, qui épargne les grands fraix des fourneaux & de la fonte; mais il se trompe certainement sur l'époque qu'il donne à cette utile invention, qu'il ne fait ancienne que de 60 ans; puis que dans une Relation du Perou écrite vers l'an 1625, & imprimée en Hollande en 1705, dans le Recueil des Voyages faits pour l'établissement de la Compagnie des Indes formée dans les Provinces-Unies, il en est parlé comme d'un usage déja bien établi dans les mines du Potosi & du Chilly; & il n'y est fait au contraire aucune mention des autres maniéres de travailler aux mines d'or & d'argent.

Les mines d'or du Chilly, du Pérou & de tous les autres Etats du Roi d'Espagne dans l'Amérique appartiennent à qui les découvre le premier; ce qui est aussi d'usage pour les mines d'argent & des autres métaux. Celui qui en fait la découverte presente requête pour se les faire ajuger: l'Officier Royal à qui il appartient d'en faire l'ajudication, en mesure d'abord quatrevingt varres en longueur & quarante en largeur, la varre environ de trois pieds, pour celui qui l'a trouvée. Pareil mesurage se fait ensuite pour le Roi; ce qui se réitére tant que le peut permettre la surface de la mine découverte. Pour l'ordinaire le Roi vend sa part au Propriétaire, qui par-là en reste seul le maître.

La pierre minérale de l'or des mines du Chilly, qu'on nomme Mineray dans le langage des mines, n'a rien de certain pour la couleur; y en ayant de blanche, de noirâtre, & d'autre tirant sur le rouge.

Il en est de même pour la dureté, quelques minerays étant très-durs, & d'autres assez friables. Pour l'exploitation elle s'en fait à peu près comme on l'a dit ci-dessus, suivant la qualité de la pierre minérale & la richesse des veines.

Un caxon, c'est à dire cinquante quintaux de mineray, don-

donne quatre, cinq & six onces d'or : quand il n'en donne que deux, le Mineur ne retire que ses frais.

De toutes les mines métalliques les mines d'or sont les plus inégales; &, pour ainsi dire, les plus capricieuses. La même veine qui est riche d'abord, la devient souvent bien moins en la suivant; & au contraire souvent une veine très-médiocre en son commencement, augmente en richesses dans la suite.

L'or aux mines Espagnoles se pese par castillans. Le castillan est la centiéme partie d'une livre poids d'Espagne, & six tomines font un castillan; de sorte que six castillans & deux tomines font une once : mais il faut remarquer qu'il y a six & un tiers pour cent de moins au poids d'Espagne qu'au poids de marc de France.

On ne paye au Roi d'Espagne que le vingtiéme de l'or & le cinquiéme de l'argent. Ce droit s'appelle Covo.

Il y a peu de mines d'or dans la partie du Sud du Pérou: on y trouve cependant quelques lavoirs très-riches; & l'on y parle encore avec admiration de deux pepitas, ou morceaux d'or pur découverts dans la Province de Guanuco, du côté de Lima, l'un de soixante-quatre marcs, & l'autre de quarante-cinq marcs; ce dernier d'autant plus merveilleux qu'il étoit composé d'un or de trois alois différens, d'onze, de dix-huit & de vingt-un carats; ce qui est peut-être l'unique de cette sorte dont l'on ait entendu parler.

Quoi que les vaisseaux des Compagnies Françoises des Indes, de la Chine, de Gambie, du Senegal, de Guinée, &c. apportent quelques parties d'or dans leurs retours, néanmoins on peut dire que presque tout celui que l'on voit en France vient du Pérou; non pas en droiture, le commerce y étant interdit aux Etrangers, mais par les Galions d'Espagne qui arrivent à Cadix; les Négotians Espagnols étant, par raport à ce négoce, d'une fidélité à toute épreuve pour leurs Correspondans, de quelque Nation qu'ils soient, même dans les tems des guerres les plus longues & les plus allumées.

L'or du Pérou qui se tire d'Espagne est pour l'ordinaire en lingots, ou en plaques de huit ou dix marcs, sur lesquels le titre est marqué par carats & grains de fin, & le négoce s'en fait sur ce pied-là: mais comme le titre ne s'y trouve pas toûjours bien juste, on ne s'en doit raporter qu'à l'essai.

On partage les degrez de l'or en vingt-quatre carats aux Indes & en Espagne de même qu'en France; mais chaque carat y est divisé en vingt-quatre grains; & c'est pour cela que les Indiens & les Espagnols marquent le titre de l'or sur les lingots ou plaques par carats & grains de fin. Ces carats au Chilly s'appellent Quilates.

La poudre d'or de Guinée & du Senegal est ordinairement au titre de vingt-un carats trois quarts de carat, & même au dessus de vingt-deux carats, lors qu'elle est pure & sans mêlange: on dit, pure & sans mêlange, parce qu'il arrive quelquefois que les Négres la chargent de poudre de léton, ou de poudre d'émeril, qui sont approchantes de la couleur de l'or: c'est pourquoi elle ne doit être achetée que sur le pied de l'essai.

En France l'or se pese & se vend au marc, qui est de huit onces. Son titre, c'est à dire, sa pureté ou affinage s'estime par carats. Le plus fin est à vingt-quatre carats un seiziéme, ou un trente-deuxiéme de carat moins. Les Affineurs prétendant qu'ils ne peuvent le pousser plus loin, parce qu'il y reste toûjours quelque legére impureté. L'or au dessous de dix-sept carats perd son nom & sa qualité d'or: il n'est plus qu'argent tenant or, s'il est allié sur le blanc, ou cuivre tenant or, s'il paroît rouge.

Il y a trois principales maniéres d'affiner l'or; la premiére avec l'antimoine, la seconde avec le sublimé, & la troisiéme avec l'eau forte, qu'on appelle Départ d'or. On a parlé des deux premiéres à l'article de l'Affinage; & l'on s'est réservé de parler ici de la troisiéme, comme la plus commune & la plus usitée.

Pour l'opération du départ, ou affinage à l'eau-forte, il faut prendre un marc de bas or & deux marcs d'argent: (sur cette proportion il est aisé d'en faire plus grande quantité) : ces trois marcs de métail ayant été fondus ensemble & bien brassez dans le creuset avec l'instrument qu'on appelle Brassoir, on les jette dans de l'eau commune, où ils se réduisent en grenaille de la grosseur de petits pois, ou de grains d'orge : cette grenaille retirée de l'eau & sechée au feu, est mise dans le pot à départir, qui est un matras, ou pot de grès, & l'on y joint trois livres d'eau-forte, c'est à dire, livre pour marc; après quoi le pot bien lutté avec de la terre glaise ayant été mis sur des charbons fort allumez, au bout d'une heure l'affinage est fait; & le pot étant ouvert, on n'y voit plus que l'eau-forte avec l'or réduit en sable, ou, comme on dit en termes de l'Art, reduit en chaux.

Ordinairement pour pousser l'or à son véritable titre, on lui donne encore deux fois l'eau-forte, la premiére d'une demi-livre & la seconde d'un quarteron par marc; & à la troisiéme eau, si cette eau est bonne, l'opération est achevée, quelque charge d'impuretez que l'or puisse avoir.

Au reste, les deux marcs d'argent & les impuretez de l'or s'incorporent si-bien avec cette eau, qu'à n'en juger seulement qu'à la vûë, elle ne paroît ni augmentée, ni impregnée d'aucune autre matiére. Cependant cet argent n'est point perdu, comme on va le dire, après qu'on aura ajoûté que l'affinage fini, on lave l'or en chaux dans plusieurs eaux, & qu'ensuite on le met fondre dans un creuset, en le poussant au feu d'abord lentement, puis plus fortement, pour enfin le mettre en lingots.

Pour donner à l'argent son premier être, & le retirer des eaux-fortes, on sépare ce qu'on en a dans plusieurs grandes poëles, ou terrines de grès, qu'on acheve de remplir d'eau de fontaine, en observant d'y en mettre sept ou huit fois plus que d'eau-forte; après quoi l'on met dans chacune un ou plusieurs lingots de cuivre rouge, qu'on y laisse pendant vingt-quatre heures qu'il faut pour l'opération : au bout des vingt-quatre heures les esprits de l'eau-forte ayant quitté l'argent pour s'incorporer le cuivre, ce premier métail se trouve au fond des terrines en forme de chaux, ou de cendre, d'où il est appellé Argent de cendrée, qui est estimé à douze deniers.

Lors que l'on veut ménager les eaux-fortes, ensorte qu'elles puissent servir à une seconde opération, on les distille dans un alambic de terre, ou de verre, dont on change le récipient pour en mettre un autre, quand la distillation est environ au tiers. L'eau du premier récipient s'appelle Eau simple, & celle du second Eau repassée, qui toutes deux sont propres aux départs, l'une pour les commencer, & l'autre pour les perfectionner.

La distillation achevée, on casse le matras, & l'on en tire l'argent pour le fondre & recuire au creuset, & en faire des lingots.

 Outre

Outre les trois affinages, du sublimé, de l'antimoine & de l'eau forte, on peut encore affiner l'or de quelques autres maniéres, particuliérement de celle qu'on nomme à la Coupelle, c'est à dire, avec le plomb & des cendres; ou avec le ciment, qui est une pâte composée de brique, de sel commun, de sel armoniac, de sel geme & d'urine. On en parle ailleurs. *Voyez* Essai & Coupelle.

L'or s'essaye avec la pierre de touche, & l'on juge à peu près de son titre par sa couleur, sur tout en la comparant avec celle qu'impriment sur la pierre certains morceaux d'or appellez Touchaux, dont le titre a été auparavant fixé. L'essai au feu est néanmoins le plus sûr.

La proportion du poids de l'or à celui de l'argent est de onze à vingt, & la proportion de leur valeur, est que celle de l'or est environ quatorze fois celle de l'argent.

Le prix de ces deux riches métaux qui dans tous les Etats dépend de la volonté du Prince, est trop incertain pour vouloir ici en fixer quelque chose. En France quand il arrive quelque changement dans leur fixation, cela se fait par des Edits, des Déclarations & des Arrêts du Conseil, que les Marchands, Négocians & Banquiers ne peuvent avoir avec trop d'éxactitude aussi-tôt qu'ils paroissent.

En Hollande le marc d'or fin, c'est à dire qui est à vingt-quatre carats, est réglé par les Ordonnances de l'Etat, à 55 florins argent courant. Le marc de cet or se divise en 24 carats, le carat en 12 grains, & le grain en vingt-quatre vingt-quatriémes.

On appelle à Amsterdam or brut celui qui est au dessous de 24 carats, le poids s'en exprime par marcs, par onces, par angels, demi, quart & huitiéme d'angels. Le marc est de 8 onces, & l'once de 8 angels.

On nomme Essayeurs Jurez, des Officiers commis par le Magistrat pour essayer l'or & l'argent; leur droit est de 30 sols par lingot pour l'essai de l'or, & de 10 sols pour l'essai de l'argent.

Or trait, que l'on appelle aussi fil d'or. C'est un lingot d'argent de forme cylindrique, superficiellement doré au feu, que les Tireurs d'or ont fait passer successivement par une infinité de pertuis, ou trous de filiére très-ronds, toûjours en diminuant de grosseur, & qu'ils ont réduit par ce moyen à n'être pas plus gros qu'un cheveu, sans rien perdre de sa dorure. L'or trait de Lyon, après celui de Paris, est le plus estimé.

Or en lame. Est de l'or trait qu'on a écaché, ou applatti entre deux rouleaux d'acier poli, pour le mettre en état d'être filé sur la soye, ou pour être employé tout plat sans être filé, dans la composition de quelques étoffes, broderies, dentelles & autres semblables ouvrages qu'on veut rendre plus riches ou plus brillans; on lui donne aussi le nom d'or battu.

Or filé, que l'on nomme ordinairement du filé d'or. Est de l'or en lame dont on a couvert un très long brin de soye, en le tortillant dessus par le moyen d'un rouet, & de quelques rochets, ou bobines, passées dans de menuës broches de fer. Il y a de l'or trait faux, de l'or en lame faux, & de l'or filé faux.

Les différentes manieres de tirer l'or & l'argent tant fin que faux, destiné à être employé en diverses sortes de Manufactures, soit en trait, en lame, ou en filé, ont paru si curieuses & si utiles, qu'on a crû ne pouvoir se dispenser de les rapporter ici.

Maniére de tirer l'or & l'argent fin, pour le disposer à être employé en trait, en lame & en filé.

D'abord l'on prend un lingot d'argent du poids de trente-cinq à trente-six marcs, que l'on réduit, par le moyen de la forge en forme de cylindre de la grosseur à peu près d'un manche à ballai.

Après que le lingot a été ainsi forgé, on le porte à l'argue où on le fait passer par huit, ou dix pertuis d'une grosse filiére, que l'on nomme Calibre, tant pour l'arrondir plus parfaitement, que pour l'étendre jusques à ce qu'il soit parvenu à la grosseur d'une canne, ce qui s'appelle tirer à l'argue, ou apprêter pour dorer. *Voyez* Argue & Filiere.

Le lingot ayant été tiré, comme il vient d'être dit, est reporté chez le tireur d'or, où il est limé avec éxactitude sur toute sa superficie, pour ôter la crasse qui peut y être restée de la forge, puis on le coupe par le milieu, ce qui forme deux lingots d'égale grosseur, longs chacun d'environ vingt-quatre à vingt-cinq pouces, que l'on fait passer par quelques pertuis de calibre, soit pour abaisser les crans, ou inégalitez que la lime y a pû faire, soit aussi pour le rendre le plus uni qu'il est possible.

Lors que les lingots ont été ainsi disposez, on les fait chauffer dans un feu de charbon pour leur donner le degré de chaleur propre à pouvoir recevoir l'or que l'on y veut appliquer; ce qui se fait de la maniére suivante.

On prend des feuilles d'or chacune du poids d'environ douze grains, & de quatre pouces au moins en quarré, que l'on joint quatre, huit, douze, ou seize ensemble, suivant qu'on desire que les lingots soient plus ou moins surdorez; & lors que ces feuilles ont été jointes de maniére à n'en plus former qu'une seule, on frote les lingots tous chauds avec un brunissoir, puis on applique en longueur sur toute la superficie de chaque lingot, six de ces feuilles préparées, par dessus lesquelles on passe la pierre de sanguine pour les bien unir.

Après que les lingots ont reçû leur or, on les met dans un nouveau feu de charbon, pour y prendre un certain degré de chaleur, & lors qu'ils en sont retirez, on repasse par dessus une seconde fois la pierre de sanguine, soit pour bien souder l'or, soit aussi pour achever de le polir parfaitement.

Les lingots ayant été ainsi dorez sont reportez à l'argue, où on les fait passer par autant de pertuis de filiére qu'il est nécessaire, (ce qui peut aller environ à quarante) pour les réduire à peu près à la grosseur d'une plume à écrire.

Ensuite on les reporte chez le Tireur d'or pour les dégrosser, c'est à dire les faire passer par une vingtaine de pertuis d'une sorte de filiére moyenne qu'on appelle Ras, ce qui les reduit à la grosseur d'un feret de lacet.

Le dégrossage se fait par le moyen d'une espéce de banc scellé en plâtre, que l'on nomme Banc à dégrosser, qui n'est qu'une maniére de petite argue que deux hommes peuvent faire tourner.

Après que les lingots ont été dégrossez & réduits, comme on le vient de dire, & à la grosseur d'un feret de lacet, ils perdent leur nom de lingots pour prendre celui de fil d'or. Ce fil est ensuite tiré sur un autre banc, que l'on nomme Banc à tirer, où on le fait passer par vingt nouveaux pertuis d'une espéce de petite filiére appellée *Pregaton*; après quoi il se trouve en état d'être passé par la plus petite filiére, qu'on nomme Fer à tirer, pour le porter à son dernier point de finesse; ce qui se pratique de la maniere suivante.

Pre-

Premiérement on passe le fil d'or par le trou du fer à tirer appellé *Pertuis neuf*, qu'on a auparavant retressi avec un petit marteau sur un tas d'acier, & poli avec un petit poinçon d'acier très-pointu, que l'on nomme *Pointe*. Ce pertuis est ainsi retressi & repoli successivement avec de pareilles pointes, toûjours de plus fines en plus fines, & le fil y est aussi successivement tiré jusques à ce qu'il soit parvenu à la grosseur d'un cheveu.

Ce qui paroît de plus admirable, est que tout délié & tout fin que soit ce fil, il se trouve si parfaitement doré sur toute sa superficie, qu'il seroit assez difficile de s'imaginer, sans le sçavoir, que le fond en fût d'argent.

Le fil d'or en cet état s'appelle, Or trait, & peut s'employer en crêpines, boutons, cordons de chapeau, & autres semblables ouvrages.

Il faut remarquer qu'avant que l'or trait soit réduit à cet extrême point de finesse, il a dû passer par plus de cent quarante pertuis de calibre, de filiére, de ras, de pregaton & de fer à tirer, & que chaque fois qu'on l'a fait passer par un de ces pertuis, on l'a froté de cire neuve, soit pour en faciliter le passage, soit aussi pour empêcher que l'argent ne se découvre de l'or qui est dessus.

Pour disposer l'or trait à être filé sur la soye, il faut l'écacher, ou applattir; ce que plusieurs appellent Battre l'or & le mettre en lame. On lui donne cette façon, en le faisant passer entre deux rouleaux d'une petite machine nommée Moulin à battre, ou Moulin à écacher.

Ces rouleaux qui sont d'un acier très-poli, environ de trois pouces de diamétre, c'est à dire, épais de douze ou quinze lignes, & très-serrez l'un contre l'autre sur leur épaisseur, sont tournez par le moyen d'une manivelle attachée à l'un des deux, qui fait mouvoir l'autre; ensorte qu'à mesure que le fil trait passe entre les deux rouleaux, il s'écache & s'applattit, sans pourtant rien perdre de sa dorure; & il devient en lame si mince & si fléxible, qu'on peut aisément le filer sur la soye par le moyen d'un rouet & de quelques rochets, ou bobines passées dans de menuës broches de fer.

Lors que l'or en lame a éte filé sur la soye, on lui donne le nom de filé d'or.

Quand on ne veut avoir que l'argent trait, de l'argent en lame, ou du fil d'argent, on ne dore point les lingots; à cela près tout le reste se pratique de la même maniére que pour l'or trait, l'or en lame & le filé d'or.

L'or & l'argent trait, battu, ou en lame de Lyon, se vend par bobines de demi-once & d'une once net, c'est à dire, sans comprendre le poids de la bobine, & ses différens degrez de finesse se distinguent par des P, depuis un jusqu'à sept, toûjours en diminuant de grosseur; en sorte que celui d'un P est le plus gros, & que celui de sept P est le plus fin, que l'on appelle à cause de cela du Superfin.

L'or & l'argent trait, battu, ou en lame, qui se fabrique à Paris, se débite en bobines de differens poids; & ses divers degrez de finesse, ou de surdorure sont indiquez par des numeros depuis cinquante jusqu'à soixante-douze, qui vont toûjours en diminuant de grosseur, & en augmentant de sur-dorure; de maniére que celui du numéro cinquante est le plus gros & le moins surdoré, & celui du numero soixante-douze est le plus fin & le plus surdoré, & ainsi des autres numéros à proportion.

Les filez d'or & d'argent de Lyon se vendent tout dévidez sur des bobines de différens poids, & leurs divers degrez de finesse sont distinguez par un certain nombre d'S; ensorte que l'on commence par une S, qui est le plus gros, & que l'on finit par sept S, qui est le plus menu: ainsi l'on dit, Du une S, Du deux S, Du trois S, Du quatre S, Du quatre S & demi, Du cinq S, Du cinq S & demi, Du six S, & Du sept S. autrement Du superfin. Ceux d'une, deux, trois & quatre S sont par bobines de quatre onces; & ceux de quatre S & demi, de cinq, de cinq & demi, de six & de sept S, sont en bobines de deux onces, le tout net.

Il y a des filez d'or & d'argent que l'on nomme Filez rebours, parce qu'ils ont été filez à contre-sens, c'est à dire, de gauche à droit. Ces sortes de filez ne s'employent qu'en certains ouvrages particuliers, comme crêpines, franges, molets & autres semblables, qui ont des filets pendans. Il en entre aussi dans la boutonnerie.

On compte de cinq sortes de filez d'or & d'argent rebours, qui se distinguent par une demie S, par une S, par deux S, par trois S & par quatre S, qui vont en diminuant de grosseur: de maniére que celui d'une demie S est le plus gros, & celui de quatre S le plus fin. Ces sortes de filez d'or & d'argent sont ordinairement par bobines de quatre onces net.

Ce qu'on appelle Or de Milan, est de l'argent trait qu'on a écaché, ou applatti en lames très-minces & très-déliées d'une certaine longueur, qui ne sont dorées que d'un côté; de sorte que venant à être filées on n'apperçoit plus que de l'or, le côté de l'argent se trouvant entiérement caché.

La maniére de ne dorer les lames que d'un côté est un secret très-ingenieux & très-particulier, dont les seuls Tireurs d'or de Milan sont en possession depuis long tems. Ceux de Paris & de Lyon ont plusieurs fois tenté de les imiter; mais ç'a toûjours été sans un succès parfait.

Les filez d'or de Milan viennent par bobines de deux & de quatre onces net; & leurs degrez de finesse se distinguent par un certain nombre d'S, de même que ceux de Lyon, ainsi qu'il a été ci-devant dit.

Maniere de tirer l'or & l'argent faux, pour le disposer à être employé en trait, en lame, ou en filé, ainsi que le fin.

On prend du cuivre rouge appellé Rozette, dont on forme, par le moyen de la forge, un lingot semblable à celui d'argent; on le tire à l'argue, puis on fait des canelures, ou filets sur toute sa longueur avec une espéce de lime platte dentelée par les bords en façon de peigne, que l'on nomme Griffon: après quoi on applique dessus six feuilles d'argent, chacune du poids d'environ dix-huit grains: ensuite on chauffe le lingot dans un feu de charbon, d'où étant retiré on passe le brunissoir par dessus jusqu'à-ce que les feuilles soient bien unies; puis on y applique encore six nouvelles feuilles d'argent semblables aux précedentes, & l'on employe ainsi une once & demie d'argent en feuille sur un lingot de cuivre d'environ vingt marcs.

Le lingot ainsi argenté se remet dans un feu de charbon, où il chauffe jusqu'à un certain degré de chaleur; & lors qu'il a été retiré du feu, on passe par dessus le brunissoir, soit pour souder l'argent, soit aussi pour le rendre tout à fait uni.

Ensuite on le fait passer par autant de trous de filiére qu'il est nécessaire, pour le réduire de même que l'or & l'arl'argent fin à la grosseur d'un cheveu: en cet état c'est ce qu'on nomme du Faux argent trait, ou de l'Argent trait faux.

Quand on désire avoir de l'or trait faux, on porte le lingot tout argenté à l'argue, où on le fait passer par sept ou huit pertuis de calibre, puis on le dore de la même maniére que les lingots d'argent fin; & l'on observe au surplus toutes les circonstances marquées pour les autres espéces de fils traits.

L'or & l'argent traits faux s'écachent & se filent de même que le fin; avec cette différence néanmoins que le fin doit être filé sur la soye, & que le faux ne le doit faire que sur du fil de chanvre ou de lin, conformément aux Ordonnances de France, particuliérement à celle de Henri III. de l'année 1586, titre 47, art. 9.

L'or & l'argent faux, soit trait, soit battu, ou en lame, vient la plus grande partie d'Allemagne, particuliérement de Nuremberg, par bobines de deux & de quatre onces net; & leurs différens degrez de finesse se distinguent par des numéros depuis un jusqu'à sept, toûjours en diminuant de grosseur; de sorte que le premier numéro est le plus gros, & que le dernier est le plus fin. Il s'en fabrique quelque peu à Paris, qui est fort estimé pour sa belle dorure, dont les bobines ne sont point numérotées se vendant au poids, à proportion qu'il est plus ou moins fin, ou plus ou moins argenté ou surdoré.

L'or & l'argent traits faux & filez payent en France les droits de sortie à raison de 6 s. de la livre pesant, conformément au Tarif de 1664.

Les droits de la Douane de Lyon sont de 3 s. par marc d'ancienne taxation, & encore 3 s. de nouvelle réapreciation.

Or en feuille, que l'on appelle aussi Or battu. C'est de l'or que les Batteurs d'or ont réduit en feuilles si minces & si déliées, qu'il est surprenant qu'il soit possible que l'industrie & la patience des Ouvriers puisse aller jusques-là; car on a remarqué qu'une once d'or se peut multiplier en 1600 feuilles de 37 lignes en quarré, qu'on dit être 159092 fois plus que son premier volume.

L'or se bat sur un bloc de marbre ordinairement noir, très-uni, d'un pied en quarré, élevé de terre de trois pieds. On se sert pour le battre de trois espéces de marteaux en forme de masses ou maillets de fer poli; l'un du poids de trois à quatre livres, sert pour chasser; l'autre d'onze ou douze livres, sert pour fermer; & ce dernier de quatorze à quinze livres, sert pour étendre & achever. Ce sont trois termes de l'Art, qui comprennent depuis la premiere jusqu'à la derniere façon de l'or qu'on bat en feuille.

On se sert aussi de quatre moules de differentes grandeurs; sçavoir ceux de vélin, dont le plus petit, de quarante à cinquante feuilles, se nomme Petit moule à caucher; & l'autre d'environ deux cens feuilles, est appellé Grand moule à caucher.

Les deux autres de cinq cens feuilles chacun, sont d'un certain boyau de bœuf bien dégraissé & préparé, auquel on a donné le nom de Baudruche. Le plus petit s'appelle Chaudret, & le plus grand se nomme le Grand moule à achever. Chaque moule se met dans deux morceaux de parchemin appellez Fourreaux, parce qu'effectivement le moule se fourre dedans pour le tenir en état.

Pour ce qui est de la méthode de préparer & de battre l'or, elle se pratique de la maniere suivante.

D'abord l'on fond de l'or très-fin & très-pur, dont on forme un lingot que l'on réduit par le moyen de la forge à l'épaisseur d'une feuille de papier. Après que cet or a été ainsi forgé, on le coupe par petites feuilles d'environ un pouce en quarré, qu'on met dans le petit moule à caucher, pour commencer à les étendre; ce qui s'appelle les dégrossir.

Lors que les feuilles ont été dégrossies, on les coupe en quatre, & on les met dans le grand moule à caucher, pour les étendre davantage, puis on les coupe en quatre, & on les met dans le chaudret pour les étendre encore plus; & enfin on les coupe de nouveau en quatre, pour les mettre dans le grand moule à achever, où on les bat pour les étendre jusqu'à-ce qu'elles soient réduites au point d'épaisseur que l'on desire par raport à l'emploi qu'on en veut faire.

L'ouvrage achevé, on tire les feuilles du moule, dont on emplit certains petits livrets de papier préparé avec du bol rouge, pour que l'or ne s'y puisse attacher. Chaque livret se nomme un Quarteron, parce qu'il contient vingt-cinq feuilles d'or.

Il se fait des livres, ou quarterons de deux grandeurs, dont l'une de trois pouces en quarré s'appelle Petite mesure; & l'autre de quatre pouces aussi en quarré se nomme Grande mesure. Les vingt-cinq feuilles d'or de la petite mesure ne pesent pas plus de cinq à six grains, & les vingt-cinq de la grande en pesent neuf à dix.

Il faut remarquer que l'or se bat plus ou moins, suivant la qualité des ouvrages ausquels il doit être employé; car celui pour les Tireurs d'or, dont ils se servent pour dorer leurs lingots d'argent qu'ils veulent réduire en trait, est beaucoup plus fort & plus épais, & par conséquent moins battu que celui qui s'employe à dorer les bordures de tableaux & autres semblables ouvrages.

L'argent se prépare & se bat pour le mettre en feuilles, de la même maniere que l'or, il en est de même des autres métaux, avec cette différence neanmoins, que l'or s'étend avec beaucoup plus de facilité que l'argent, l'argent que le cuivre, le cuivre que l'étain, & l'étain que le plomb.

On peut voir plus bas les droits d'entrée & de sortie de l'or fin battu en feuilles.

A l'égard de l'or battu qu'on nomme or d'Ulme, il paye à la Douane de Lyon 12 liv. 10 s. de la caisse pesant cent cinquante livres pour l'ancienne taxation, & 50 s. du cent pesant pour la réapreciation.

L'or faux en feuille clinquant & brillant, & l'or de bassin, y payent 3 liv. 5 s. du quintal d'anciens droits, & 15 s. de nouveaux.

L'or en coquille se fait des rognures des feuilles d'or, même des feuilles entiéres réduites en poudre impalpable, & broyées sur un marbre avec du miel, dont on met une très-petite portion dans le fond d'une coquille où elle reste attachée. On l'employe avec l'eau gommée en differens ouvrages, mais particuliérement pour la mignature.

Il y a aussi de l'or faux en coquille, qui est fait de léton, ou cuivre jaune, à peu près preparé comme le fin. Le meilleur vient d'Allemagne. C'est encore l'ouvrage des Batteurs d'Or.

Or Monnoyé. C'est de l'or qu'on a mis en flaons, ou morceaux ronds & plats qu'on a ensuite frappez sous le balancier, ou au marteau par l'ordre du Prince, marquez le plus ordinairement de son image, ou des armes de l'Etat, dans lequel les piéces ont été fabriquées. Le prix n'en est

point

point fixé, & il augmente ou baisse suivant la volonté du Souverain & les besoins de ses Etats & de ses peuples. L'or ducat est estimé le meilleur or monnoyé, parce qu'il y a plus de fin & moins d'alliage ou de reméde (terme de monnoye) que dans les autres.

Il est défendu à toutes sortes de personnes, sous peine de confiscation & d'amende, même de punition corporelle, d'acheter de l'or monnoyé soit du coin de France, ou autre, pour le fondre, difformer, résoudre, ou recharger; ce qui est conforme à l'Ordonnance de Louïs XII. du mois de Novembre 1506, art. 7; à l'Edit de François I. du 21 Septembre 1543, art. 19; aux Lettres Patentes de Henri II. du 14 Janvier 1549; & encore à l'Edit de ce même Prince du mois de Mars 1554, art. 18.

L'or monnoyé, ou non monnoyé est du nombre des marchandises de contrebande qu'il n'est pas permis de faire sortir du Royaume sans passeports du Roi, conformément à l'article 3 du titre 8 de l'Ordonnance de 1687.

On peut cependant faire sortir de l'or sans passeports, pourvû qu'il soit battu, trait, ou filé, ou en ouvrages d'orfévrerie, ou filegrame, comme boucles d'oreilles, de ceinture & de souliers, agraphes, boutons, chaînes, tabatiéres, boîtes à portraits & à mouches, étuis de poche, &c. en payant les droits; sçavoir pour le battu à raison de 36 s. par millier de feuilles; pour le trait & filé sur le pied de 3 liv. 4 s. de la livre pesant; & pour celui en ouvrages d'orfévrerie & filegrame à raison de six pour cent de la valeur suivant l'estimation.

A l'entrée l'or est exempt de tous droits, il n'y a que le battu, le trait & le filé qui en doive payer, le battu sur le pied de 30 s. par millier de feuilles, & le trait & filé à raison de 6 liv. de la livre pesant, tout cela conformément au Tarif du 18 Septembre 1664.

Les droits de la Douane de Lyon pour l'or & l'argent filez sur soye sont de 56 s. la livre pesant, ou 28 s. le marc.

Or bruni. C'est de l'or que l'on a lissé & poli avec un instrument de fer qu'on appelle Brunissoir, si c'est de l'or ouvré, ou de la dorure sur métail; ou avec une dent de loup si c'est de la dorure sur détrempe. *Voyez* Dorure en detrempe & Dorure au feu.

Or mat. On appelle ainsi l'or qui n'a point été poli avec le brunissoir. *Voyez comme ci-dessus.*

Or verd. C'est de l'or en feuille appliqué sur ce que l'on nomme l'Assiette parmi les Doreurs après l'avoir brunie. Cet or est moins brillant que l'or bruni; mais il a beaucoup plus d'éclat que l'or mat; on s'en sert ordinairement pour dorer les visages, les mains & les autres parties nuës des figures qu'on dore en détrempe. *Voyez* Dorure en detrempe.

Or couleur. C'est une espéce de couleur grasse & gluante dont les Doreurs se servent pour appliquer leurs feuilles d'or battu qu'ils veulent employer à l'huile. *Voyez* Dorure, *où il est parlé de la maniere de dorer à l'huile.*

Or d'essai. Est de l'or qui a passé par l'essai, qui après cela est très-fin, & dont le titre est fort approchant de 24 carats.

Or en chaux, que l'on appelle aussi Or de depart, ou Or moulu. Est de l'or bien épuré, prêt à fondre dans le creuset, que l'on retire à l'instant du feu, & que l'on fait refroidir. C'est de cet or dont on se sert pour faire le vermeil doré.

Or en paste. Est de l'or prêt à fondre dans le creuset.

Or en bain. Est de l'or entiérement fondu dans le creuset.

Or bas, ou Bas Or. Est de l'or au dessous du titre des espéces jusques à douze carats; lors qu'il est plus bas on l'appelle Billon d'or. *Voyez* Billon.

Un Million d'Or. C'est un million d'écus à trois livres tournois piéce, autrement trois millions de livres.

Une Tonne d'Or. (Maniére de compter dont on se sert en Hollande & en quelques autres Païs.) C'est cent mille florins.

Un Marc d'Or. C'est huit onces pesant d'or. Le marc d'or se divise en vingt-quatre carats, le carat en huit deniers, & le denier en vingt-quatre grains; en sorte qu'un marc d'or est composé de 4608 grains.

On obmet ici quantité de choses curieuses qui ont du rapport à l'or, parce qu'elles n'en ont pas assez au commerce. On peut les voir, ou en abregé dans les Dictionnaires de Furetiére & de Trevoux, ou plus au long dans les Traitez même d'où ces Auteurs les ont tirez.

Or novellan. On appelle ainsi dans le Royaume de Pegu l'or qui est au plus haut titre, comme qui diroit en France à 24 carats.

ORANGE, que l'on écrit aussi ORENGE. Fruit que produit l'oranger.

Ce Fruit trop connu pour en faire la description, fournit une si grande quantité de diverses marchandises que vendent les Epiciers & Droguistes, qu'il ne peut être oublié dans ce Dictionnaire.

Nice, la Ciouta, Graces, les Isles d'Hieres, Gennes, le Portugal, les Isles de l'Amérique, & même la Chine, sont les lieux d'où l'on tire ordinairement les oranges qui se consument en France. Cependant la plus grande partie vient presentement de Provence.

Les oranges prennent leur nom spécifique, ou des lieux d'où on les tire; comme les oranges de la Chine, de Portugal, de Provence; ou de leur nature & qualité, comme les oranges douces, les oranges aigres. Ces dernieres se nomment ordinairement des Bigarrades.

On dit aussi, des Oranges vineuses quand elles ont le goût relevé, & des Oranges pisseuses quand elles ont beaucoup de jus.

Les oranges communes payent en France les droits d'entrée à raison de 20 s. le millier en nombre, & celles de Portugal & de la Chine sur le pied d'une livre le cent aussi en nombre. Les droits de sortie sont de 10 s. le millier, les uns & les autres conformément au Tarif de 1664.

Les droits de la Douane de Lyon sont de 2 s. de la charge, ou de 3 s. le millier en nombre, si elles sont vertes & à jus, & de 12 s. du quintal si elles sont séches.

On confit les oranges entiéres, par moitié, ou par quartiers, après les avoir pelées & vuidées, & ensuite on les séche à l'étuve. C'est ce qu'on appelle Ecorce d'orange confite. La plus belle vient de Tours.

L'Orangeat est de l'écorce d'orange coupée en lardons & confite. Lyon fournit le meilleur.

On fait venir de Provence & d'Italie de la fleur d'orange confite, séche ou liquide.

Les écorces d'orange confites payent les droits d'entrée & de sortie comme confitures, conformément au Tarif de 1664.

Et par celui de la Douane de Lyon 12 s. du quintal si elles sont séches.

La bonne eau de fleurs d'orange, qu'on appelle aussi Eau de

de naphe, se fait en Provence; elle doit être amére au goût, d'une odeur douce & agréable, & de l'année, cette eau ne pouvant conserver son odeur plus d'un an.

Les eaux de fleurs d'orange ou de naphe payent en France les droits d'entrée & de sortie à raison de 3 l. v. le cent pesant; conformément au Tarif de 1664.

Les droits de la Douane de Lyon sont de 30 s. de la charge.

On tire bien des sortes d'huiles de la fleur, des zestes & du fruit entier de l'orange. L'huile de Neroli est celle que donnent les fleurs par la distillation: la plus parfaite se fait à Rome; elle n'est guére moins bonne en Provence, mais il y a des Artistes à Paris qui la font encore meilleure qu'en Provence & à Rome.

L'huile qui se tire des zestes & de la peau de l'orange par le moyen de l'eau & de l'alambic, est aussi excellente pour la douceur & la bonté de son odeur.

On appelle Huile de petit grain celle qui se fait avec de petites oranges, ou orangelettes, qu'on fait tremper 5 ou 6 jours dans de l'eau, & qu'on distile avec la même eau dans un alambic. Cette huile est d'un jaune doré & d'une odeur forte, mais agréable.

La plûpart de ces huiles qu'on croit bonnes pour faire mourir les vers des enfans, se font à Graces, à Bioit à trois lieuës de Graces, aux Canettes & à Nice, mais à moins de les avoir de bonne main, l'on n'est guére sûr qu'elles ne soient pas sofistiquées avec l'huile de ben ou d'amande-douce.

Les petites oranges, ou orangelettes se vendent pour faire des chapelets, & reduites en poudre elles entrent dans la composition de cette poudre cordiale & universelle qu'on estime souveraine à plusieurs maladies de chevaux.

ORANGE'. Ce qui est de couleur d'orange, & qui tient presque également du jaune & du rouge. Un taffetas orangé, un ruban orangé.

L'orangé nacarat des étoffes se fait en France avec le jaune & le rouge de garance, ou avec celui de bourre. On y employe rarement le rouge écarlate, parce qu'outre qu'il est plus cher, la couleur ne se fait pas si commodément.

L'orangé de garance veut le jaune de gaude, avec un peu de terra-merita dans le garançage.

Les soyes orangées se doivent teindre sur un feu de pur raucourt, après avoir été alunées & gaudées fortement; si la couleur en est brune, ils sont de nouveau alunez, & même s'il en est besoin on leur donne un petit bain de bresil.

Les laines couleur de feu, orangez & nacarats se teignent de bourre teinte en garance; & les fils orangez, isabelle couvert, isabelle pâle jusqu'au clair, aussi-bien que l'aurore, se teignent avec le fustel, le raucourt & le gaude.

ORANGEADE. Boisson que l'on fait avec du jus d'orange, de l'eau & du sucre. Cette boisson fait partie du commerce des Limonadiers.

ORANGEAT. Ecorce d'orange coupée en morceaux longs & étroits, confite au sec, ou couverte de sucre en dragée. *Voyez ci-dessus l'article des Oranges.*

ORANGER. Arbre qui produit les oranges. Ses feuilles sont larges, grosses, lissées, odorantes & pointuës par le bout; sa fleur est blanche avec plusieurs petits dards garnis d'une étamine jaunâtre. Il conserve sa feuille toute l'année & se plaît dans les Païs chauds; on en éleve & on en conserve cependant dans les climats froids, en les mettant l'hyver dans des serres, & en les y tenant dans une chaleur modérée.

ORCANETTE. Drogue dont les Teinturiers se servent pour teindre en rouge.

Il y a de deux sortes d'orcanette; l'orcanette de France qui croît en Provence & en Languedoc, l'orcanette de Constantinople qu'on nous apporte du Levant.

L'orcanette de France est une racine de moyenne grosseur & d'une longueur proportionnée à sa grosseur, d'un rouge foncé au dessus & blanche au dedans. Ses feuilles sont vertes, rudes & semblables à la buglose, d'où vient que l'on l'appelle quelquefois Buglose sauvage; du milieu de ses feuilles s'éleve une tige droite garnie de petites feuilles & de fleurs en forme d'étoiles d'un bleu mourant.

La bonne orcanette doit être nouvelle, souple quoi que séche, d'un rouge foncé au dessus & blanche en dedans, avec une petite tête de couleur bleuë, & qui mouillée ou séche teigne d'un beau vermeil en la frotant sur l'ongle ou sur la main.

Cette orcanette dont la teinture ne consiste que dans le rouge dont elle est couverte sur la superficie, sert à donner une couleur rouge aux cires, à certaines huiles & à quelques graisses.

L'orcanette du Levant est aussi une racine assez souvent grosse comme le bras & longue à proportion. Elle ne paroît à la vûë qu'un amas de feuilles assez larges, roulées & tortillées à la maniére du tabac; au haut il y a une espéce de moisissure blanche & bleuâtre qui est comme la fleur. Cette racine est mêlée de différentes couleurs, dont les principales sont le rouge & le violet; dans le milieu il y a une espéce de mouelle, ou cœur couvert d'une écorce très-mince, & le cœur est rouge par dessus & blanc en dedans.

Cette sorte d'orcanette est celle qui doit être défenduë aux Teinturiers du grand & du petit teint, parce qu'elle fait un rouge brun tirant sur le tanné, qui est une très-mauvaise couleur & peu assurée.

L'orcanette paye en France les droits d'entrée sur le pied de 25 s. du cent pesant, conformément au Tarif de 1664.

ORCHEL, ou URSOLLE, autrement ORSEILLE. Espece de mousse ou de drogue qui sert à diverses teintures tirant sur le rouge. *Voyez* ORSEILLE.

ORDINAIRE. Jour de poste, jour auquel les Couriers ont coûtume de partir d'un lieu, ou d'y arriver. Je vous ai écrit l'ordinaire dernier, c'est à dire, par le dernier Courier. J'attends de Lyon une remise de vingt mille livres par l'ordinaire prochain; c'est à dire, par le Courier de la premiére poste qui arrivera de Lyon.

On dit l'Ordinaire de Paris, de Lyon, de Venise, &c. pour signifier la poste établie pour porter les paquets de lettres destinez pour ces differentes Villes, ou le jour que les Couriers en partent, ou y arrivent.

Les Marchands, Négocians & Banquiers qui sont chargez de beaucoup d'affaires, doivent être exacts à ne point laisser passer d'ordinaires sans écrire à leurs Correspondans. *Voyez* POSTE.

COURIER ORDINAIRE. C'est un Courier dont le départ est fixé à un jour marqué.

COURIER EXTRAORDINAIRE. C'est celui qu'on fait partir exprès suivant les affaires qui se présentent, ou pour faire plus de diligence.

ORDINAIRE. C'est aussi en terme de commerce de mer ce que chaque Matelot peut porter avec lui sur un vaisseau Marchand, de hardes ou de petites marchandises. On le nomme autrement Portée, ou Pacotile.

ORDINAL. Terme d'Arithmétique qui se dit des nombres qui marquent l'ordre des choses ou en quel rang elles sont placées. Le premier, le dixiéme, le centiéme, &c. sont des nombres ordinaux.

ORDONNANCE. Loi, précepte, commandement d'un Souverain, ou d'un Superieur.

Le terme d'Ordonnance est en quelque sorte consacré dans la Jurisprudence Françoise pour signifier les Loix établies par la seule autorité des Rois. On le dit néanmoins de ces Réglemens généraux faits dans les Assemblées des Etats pour la réforme des abus & le rétablissement du bon ordre; mais ces Ordonnances, quoi que dressées sur les avis des Députez des trois Etats, n'ayant de force qu'autant qu'elles sont approuvées des Rois, & n'étant publiées ni executées qu'en leur nom; elles ne doivent être regardées que comme émanées du Prince qui a bien voulu avoir égard aux représentations de ses Sujets assemblez par ses ordres.

De ces derniéres sortes d'Ordonnances celles qui sont le plus connuës, & dont on fait encore le plus d'usage dans le Barreau par rapport au Droit François, sont celles de Moulins, d'Orleans & de Blois.

Entre les articles de celle d'Orleans qui concernent le commerce, le 98 est le plus remarquable, & c'est à lui que l'on doit ce grand nombre de Statuts & Réglemens des Corps & Communautez des Arts & Métiers, dressez sous le régne de Charles IX. dont on rapporte les extraits dans les articles particuliers de chacune de ces Communautez, qui sont une des principales matiéres de ce Dictionnaire.

Il n'y a point, ou du moins peu de Rois de France qui n'ayent publié des Loix, & fait dresser des Ordonnances pour le gouvernement de leur Royaume. Les anciens Capitulaires de la seconde race, les Ordonnances de S. Louïs & des autres Rois de la troisiéme qui l'ont précedé ou suivi, sont & seront toûjours des monumens de l'attention des Princes François pour le repos & le bon gouvernement de leurs peuples; mais aucunes de ces Ordonnances ne peuvent entrer en comparaison avec celles de Louïs XIV. soit pour leur nombre, soit pour la sagesse & l'équité avec laquelle elles ont été dressées.

Il n'y a presque point de ces Ordonnances de Louïs XIV., qui n'ait au moins un rapport éloigné au commerce, & l'on en voit des articles citez en bien des endroits de cet ouvrage. On va pour cette raison donner les dates de toutes ces Ordonnances, & extraire de plusieurs ce qu'elles contiennent concernant le commerce dont il n'est point parlé ailleurs, l'on se contentera d'indiquer les endroits où l'on pourra trouver le reste.

ORDONNANCE CIVILE, qu'on nomme aussi CODE CIVIL, & plus ordinairement CODE LOUÏS. Est une Ordonnance de Louïs XIV. donnée à S. Germain en Laye au mois d'Avril 1667, pour régler les procédures & poursuites des procès en matiere civile. Elle est composée de 35 titres subdivisez en quantité d'articles.

Le 16. de ces titres qui concerne spécialement les Négocians, traite de la forme de procéder par devant les Juges & Consuls des Marchands, & c'est à ce titre qu'ils sont renvoyez pour s'y conformer, par l'article 12 du titre 12 de l'Ordonnance de 1673, servant de Réglement pour le commerce.

ORDONNANCE CRIMINELLE. Elle est aussi donnée à S. Germain en Laye au mois d'Août 1670.; il y est expliqué en 28 titres tout ce qui concerne les matieres criminelles; elle n'a rien de particulier par rapport au commerce.

ORDONNANCE, OU REGLEMENT POUR LE COMMERCE. On la nomme aussi CODE MARCHAND. Elle est encore datée de S. Germain en Laye au mois de Mars 1673. *Voyez* CODE MARCHAND.

ORDONNANCE SUR LE FAIT DES GABELLES. Elle est du mois de Mai 1680, donnée comme les précédentes à S. Germain en Laye. Elle contient en 20 titres tout ce qui regarde l'achat du sel sur les marais, les greniers à sel soit d'impôt, soit de vente volontaire, le quart bouillon des salines de Normandie, les salaisons, le commerce du sel des Païs redimez, le faussonnage, & les Officiers établis pour la Jurisdiction des Gabelles. Presque toutes ces choses étant traitées ailleurs, on peut y avoir recours.

Voyez SEL, SALINES, GABELLE, FAUSSONNAGE, BOUILLON, GRENIERS A SEL, *& autres semblables articles qui peuvent avoir rapport au commerce du sel.*

ORDONNANCE DES AYDES. Cette Ordonnance donnée à Fontainebleau au mois de Juin 1680, ne concerne pas seulement les droits dûs au Roi pour les entrées du vin & autres boissons dans la Ville & Fauxbourgs de Paris; les droits de gros, ceux de la vente en détail, le huitiéme & autres semblables; mais encore plusieurs autres droits, comme le pied fourché, le droit sur le poisson de mer frais & salé, ceux sur le bois, les droits de la marque du fer, de l'acier & mines de fer, la marque & le contrôle du papier, & les droits sur le papier & parchemin timbré.

Tant de différentes matiéres sont traitées dans cette Ordonnance en quatre titres principaux; le premier regarde les droits d'entrées dans la Ville & Fauxbourgs de Paris sur le vin & autres boissons; le second, les droits de gros sur le vin; le troisiéme, les droits de détail sur le vin; & le quatriéme, le droit de subvention.

Chacun de ces quatre titres généraux sont encore subdivisez en d'autres titres particuliers; le premier en a sept, le second neuf, le troisiéme aussi neuf, & le quatriéme seulement deux. Les uns & les autres ont quelques paragraphes, particuliérement le second & le quatriéme qui sont comme autant de titres séparez.

Comme c'est sur cette Ordonnance que doivent se régler ceux qui font le commerce des vins & autres boissons, ou des marchandises, métaux, denrées & animaux, dont les droits y sont aussi réglez, on a répandu dans tous les articles de ce Dictionnaire ce qui leur est convenable par rapport à ce négoce; on peut sur tout avoir recours aux articles des Marchands de vin, Cabaretiers, Taverniers, Hôteliers, Vendeurs de vin, Vendeurs de marée, Voituriers, Tonneliers, Vinaigriers, &c. *Voyez aussi les articles des* VIN, EAUX-DE-VIE, CIDRE, POIRE', BIERE, PIED FOURCHE', BOIS, PAPIER, FER *&* ACIER.

ORDONNANCE SUR PLUSIEURS DROITS DES FERMES DU ROI ET SUR TOUS EN GENERAL. C'est comme une suite de l'Ordonnance des Aydes, & en même tems une préparation à celle des cinq grosses Fermes, qui ne fut pourtant dressée que six ans après; la date de cette Ordonnance générale pour tous les droits du Roi, est du 22 Juillet 1681, & Versailles la maison Royale d'où elle est datée. Cette Ordonnance est un mêlange de plusieurs choses qui n'ont rien de commun ensemble que d'être également sujettes à plusieurs droits, les uns de plus ancienne, & les autres de plus nouvelle imposition.

Autant de titres qu'il y a de droits différens, ou plûtôt de diverses choses, sur quoi ces droits se levent, composent cette Ordonnance, qui chacuns sont encore divisez en quantité d'articles. Le commerce du Tabac dans le Royaume, la marque sur l'or & l'argent, les octrois & deniers communs, les parisis, douze & six deniers sur les droits des Officiers des cuirs; le tiers retranché sur les cendres, soudes & gravelles; les droits sur l'étain, les droits de sortie sur les vins transportez hors du Royaume, par les Provinces de Champagne & Picardie; ceux sur les toiles, basins, futaines & canevas; ceux d'abord & de consomption sur le poisson, & enfin le droit de fret; sont les matiéres de dix titres qui avec deux autres titres généraux, l'un des publications, enchéres & adjudications des fermes & enregistrement des baux, & l'autre qui est commun pour toutes les Fermes, font comme douze differentes Ordonnances réünies en un seul corps.

Le tabac, l'or, l'argent, l'étain, les toiles, basins, futaines, canevas, cendres, soudes, gravelles & autres telles étoffes, métaux & marchandises mentionnées dans les dix premiers titres de cette Ordonnance, ayant leurs articles particuliers dans ce Dictionnaire, on y renvoye le Lecteur. Qu'il voye aussi l'article du Fret.

Ordonnance de la Marine. Il y a diverses sortes d'Ordonnances sur cette matiére; l'une pour les Armées navales & arcenaux de marine du Roi du 15 Avril 1689; & deux autres pour le commerce de mer en général, l'une du mois d'Août 1681, pour tout le Royaume à la réserve de la Bretagne, & l'autre du mois de Novembre 1684. pour cette Province.

L'Ordonnance de 1689. pour les Armées navales n'a guére de rapport au négoce; on y voit cependant quelques articles qui le concernent, comme dans le titre premier du livre 6, & dans les titres premier & troisiéme du livre 11, où il est parlé de la garde & police des ports, & du lestage. Pour toutes les deux autres Ordonnances de Marine elles sont toutes entiéres pour le commerce; celle pour les Côtes de Bretagne étant plus ample que l'autre, c'est celle dont on va parler ici, étant d'ailleurs assez semblable.

Cette Ordonnance de Bretagne contient en quatre livres qui ont chacun dix titres, & chaque titre plusieurs articles, tout ce qui peut rendre le négoce maritime sûr & honorable. On y a ajoûté un cinquiéme livre qui regarde la pêche qui se fait en mer.

Le premier livre comprend tout ce qui concerne la compétence des Juges connoissans des causes de mer, & l'on y traite particuliérement des congez & rapports, des ajournemens & délais, des prescriptions & fins de non recevoir, des jugemens & de leur exécution, de la saisie & vente des vaisseaux, & de la distribution de leur prix.

Le second livre traite des gens & des bâtimens de mer, de l'emploi & du devoir des Officiers & Mariniers, de la police sur les vaisseaux, des Propriétaires des navires, de quoi ils sont responsables, à quoi sont tenus les Associez Freteurs entr'eux; enfin, des ports & des jaugeages des navires, qui sont déclarez simples meubles, & comme tels nullement sujets aux retraits lignagers, ni à aucuns droits Seigneuriaux.

Dans le troisiéme livre on explique les différens contracts maritimes, leur forme, leur clause, leur usage, leur autorité. Ces contracts sont les chartes-parties, les affretemens, ou nolissemens, les connoissemens & police de chargement, le fret, ou nolis; les contracts à grosses avantures ou à retours de voyage, les assûrances, les testamens, & en conséquence la succession de ceux qui meurent sur mer; enfin, l'engagement & loyer des Matelots. On parle encore dans ce livre des avaries, du jet en mer, de la contribution & des prises. Toutes ces choses si importantes dans le commerce maritime, ont leurs propres articles où l'on peut avoir recours.

Le quatriéme livre est pour la police des Ports, Côtes, Rades & rivages de la mer; on y régle entr'autres choses ce que sont tenus de faire les Maîtres des navires Marchands en entrant dans les Ports, & tant qu'ils y demeurent; du lestage & délestage des vaisseaux, des Pilotes, Lamaneurs ou Locmans, des naufrages, bris & échouëmens & de la coupe du varech, sar, ou gouesmon. *Voyez tous ces articles.*

Enfin, le cinquiéme livre qui est de la pêche & qui n'a que sept titres, comprend ce qui regarde celle du haran, de la moruë & des poissons royaux; du nombre de ces derniers sont les dauphins, esturgeons, saumons, truites, baleines, marsouins, veaux de mer, thons, souffleurs, & tous autres poissons à lard: on y régle aussi ce qui concerne les parcs & pêcheries, & l'on y explique aussi leurs espéces & la maniére de les tendre s'ils sont de filets; de les construire s'ils sont de pierre, & de les élever & planter s'ils sont de bois. Toutes ces choses sont amplement expliquées ailleurs. *Voyez* Morue, Haran, Baleine, &c. *Voyez encore* Parc, Pesche *&* Pescheries.

Ordonnance touchant la Police des Isles Françoises de l'Amérique, & ce qui doit s'y observer principalement par rapport aux Négres: elle est du mois de Mars 1685. c'est ce qu'on appelle dans ces Isles de Code Noir. *Voyez* Code Noir.

Ordonnance sur le fait des cinq grosses Fermes. Cette Ordonnance donnée à Versailles au mois de Février 1687, contient en quatorze titres, non seulement la police qui doit s'observer par le Fermier & ses Commis dans les Douanes & Bureaux où se payent & se perçoivent les droits du Roi, soit à l'entrée & à la sortie du Royaume, soit à celles des Provinces réputées étrangéres, mais aussi tout ce que les Marchands négocians, leurs Facteurs & Commissionnaires, aussi-bien que les Voituriers, doivent sçavoir & pratiquer par rapport à l'aquit desdits droits, tant pour les marchandises qu'ils tirent du dehors, que pour celles qu'ils y envoyent; ce qui rend cette Ordonnance d'une égale utilité pour ceux qui font le commerce, soit de terre, soit de mer.

Le premier des quatorze titres traite des droits de sortie & d'entrée, des droits d'aquits, de payement & à caution, & des certificats de descente.

On y marque quand, comment & en quel cas il faut payer ou ne pas payer les droits d'entrée & de sortie; sur quels tarifs ils doivent être payez; quelles sont les Provinces censées être enfermées dans l'étenduë de la Ferme, & quelles réputées étrangéres. On y fixe aussi les droits des aquits de payemens & à caution, ceux des certificats de descente & décharge & d'aquits; ceux des congez, passavans, brevets de contrôles, &c. *Voyez tous ces termes à leurs articles. Voyez aussi* Provinces réputées étrangeres.

Le second titre désigne les Bureaux ausquels se doit faire le payement des droits du Roi, soit à l'entrée, soit à la sortie;

fortie; à quelles déclarations font tenus les voituriers & conducteurs des marchandifes, tant par mer que par terre; ce qu'elles doivent contenir ; dans quel tems elles doivent fe faire; comment les marchandifes doivent être vifitées, pefées, mefurées, & nombrées, en prefence de qui, & en quel cas, & contre qui leur confifcation a lieu pour fauffe déclaration: enfin, on y parle de la délivrance des aquits par les Commis, & de ce qui doit y être contenu; de la représentation desdits aquits par les voituriers, de la route qu'ils doivent tenir, par les bureaux qui y font marquez, & non par d'autres. Prefque toutes ces matiéres ont leurs propres articles où l'on peut avoir recours.

Le troifiéme titre ordonne par quels bureaux certaines fortes de marchandifes doivent feulement entrer; comme les Drogueries & Epiceries venant des païs étrangers, par la Rochelle, Rouen & Calais, pour les Provinces réputées de la Ferme; & par Bordeaux, Lion & Marfeille, pour celles réputées étrangéres. Les chevaux par Dourlens, Peronne, Amiens, Abbeville, faint Quentin & Guife, s'ils viennent par la Picardie; par Rocroi, Meziéres, Torcy, fainte Menehout, faint Diziers & Langres, s'ils viennent par la Champagne; & par Fontaine-Françoife & faint Jean de Laune s'ils entrent par la Bourgogne. Les points & dentelles de fil, celles du Comté de Bourgogne, par Auzonne & faint Jean de Laune; d'Angleterre par Calais, Dieppe & le Havre; de Loraine par Chaumont; de Sedan par Torcy; d'Oriliac par Gannat; & des Païs-Bas par Peronne. Enfin, les bas, camifoles & dentelles de foye & autres ouvrages de femblables qualitez venant d'Angleterre, doivent paffer par Calais, Dieppe & le Havre. *Voyez* Epicerie, Droguerie, Dentelle, Bas & Chevaux.

Le quatriéme titre ordonne la marque des Toiles & autres Etoffes, comme camelots, draps, ferges, &c. qui fe fabriquent & manufacturent à faint Quentin, Ham, Guife, Peronne & autres lieux des frontiéres de Picardie, ou des Provinces de la Ferme. *Voyez* Toiles, & *les articles de ces Etoffes.*

Dans le cinquiéme il eft parlé des marchandifes fauvées du naufrage, & il y eft expliqué en quel cas les droits n'en font point dûs, en quels cas au contraire les Propriétaires, les Seigneurs de Fiefs & autres, à qui les effets naufragez doivent appartenir de droit, font tenus d'en faire le payement, & pour quelle quotité ils y font tenus. *Voyez* Naufrage, Bris & Echouement.

Les aquits à caution font la matiere du fixiéme titre. Il y eft marqué dans quelles occafions & en quels lieux les voituriers font obligez d'en prendre, comment fe doivent faire leurs déclarations & foumiffions de rapporter certificat de la defcente des marchandifes. On y parle auffi de la forme de ces aquits, de leur ufage, de ce qu'ils doivent contenir, de leur reprefentation à tous les Bureaux des paffages; & enfin, de la décharge defdits aquits qui doit être fignée par les Commis du Bureau des lieux de leur deftination s'il y en a, ou par les Juges Echevins & Syndics defdits lieux s'il n'y a point de Bureau : cette décharge doit toûjours fe mettre au dos defdits aquits, & être faite & rapportée dans le tems qui y eft exprimé dans l'aquit, pour que les droits confiquez par les marchands ou voituriers, puiffent être retirez, ou leurs cautions déchargez. *Voyez* Aquit a Caution.

Le feptiéme titre ordonne les inventaires des vins & eaux-de-vie dans les quatre lieuës proche des limites de la Ferme. Dans les Provinces d'Anjou, du Maine & du Bas-Poitou. Permet aux Commis la vifite dans les caves & celliers, & la marque des futailles & tonneaux avec la rouane & le fer chaud. *Voyez* Vin & Eau-de-vie.

Le huitiéme titre regarde les marchandifes de contrebande, foit pour l'entrée, foit pour la fortie, leur confifcation, la vente des chofes confifquées, l'application des deniers qui en proviennent, & les paffeports & permiffions pour faire entrer dans le Royaume ou pour en faire fortir les chofes comprifes fous la qualité de contrebande. *Voyez* Contrebande & Marchandise de contrebande.

Le neuviéme titre ordonne l'établiffement d'un magazin d'entrepôts, dans autant de Villes du Royaume où font les principaux Bureaux de la Ferme, & prefcrit les conditions fous lefquelles les marchandifes deftinées pour être envoyées à l'étranger, y doivent être reçûës, & le tems qu'elles y peuvent refter, fans être fujettes au payement des droits.

On oblige par le dixiéme titre tous les Marchands & Voituriers qui amenent des marchandifes à Paris, de les conduire directement à la Douane pour y être vifitées, & y reprefenter leurs aquits, congez & paffavans. On y ordonne auffi que les balots plombez ne pourront être ouverts qu'au dernier Bureau de la route, que l'empreinte du plomb fera mife au Greffe de l'Election, & qu'elle ne pourra être contrefaite à peine de faux.

Les quatre derniers articles qui font des faifies, de la Jurifdiction des Juges, des droits de forties & d'entrées, des amendes & confifcations, & de la police generale de la Ferme, ayant un rapport trop éloigné au Commerce, on fe contente d'en indiquer les matieres fans entrer dans aucun détail.

Prefque toutes les Ordonnances qu'on a jufqu'ici rapportées s'éxecutent en leur entier, à l'exception de peu d'articles de celles du Commerce, des Aydes & des cinq groffes Fermes qui ont été changez en vertu de Déclarations ou d'Arrêts du Confeil, comme font l'article de Billets au porteur, celui du fret & celui des entrées du vin dans la Ville de Paris, mais on parle de ces changemens dans leur propre article où l'on peut avoir recours.

Ordonnance concernant la Jurifdiction des Prevôt des Marchands & Echevins de la Ville de Paris.

La plûpart des Ordonnances, dont on vient de donner les extraits, font communes à toutes les Provinces & Villes du Royaume, & il y en a même qui s'étendent au dehors, & jufques dans toutes les parties de la terre où les François portent leur commerce. Celle-ci ne regarde que la capitale, & particuliérement le négoce des marchandifes qui y arrivent par les riviéres, ou qui fe debitent fur les ports, places & étapes de cette grande Ville.

La Compilation des Ordonnances de la Ville de Paris faite dès l'an 1415. étant devenuë comme inutile, non feulement à caufe de divers articles furannez, & hors d'ufage, mais encore parce qu'il y avoit quantité de nouveaux Réglemens faits depuis par les Prevôt des Marchands & Echevins, qui ne s'y trouvoient point: Louïs XIV. qui faifoit travailler dans fon Confeil à la réforme des anciennes Ordonnances, ne négligea pas celles de fa capitale, & elles parurent en meilleure forme & de beaucoup augmentées en l'année 1672.

Les Lettres Patentes qui en ordonnent l'éxecution, sont du mois de Decembre, & leur enregistrement au Parlement du 20. Fevrier de l'année suivante.

Vingt-trois chapitres, ou titres, dont la plûpart regardent le Commerce qui se fait sur les Ports où les marchandises arrivent & se déchargent, & dans les halles, marchez, places & étapes où elles se vendent & se distribuent, composent cette nouvelle compilation.

Le premier chapitre contient en onze articles tout ce qui concerne les rivieres & leurs bords, ou rivages, pour la commodité de la navigation, & en attribuë l'inspection aux Prevôt des Marchands & Echevins.

Les principales sur lesquelles cette inspection s'étend, sont la Marne, l'Yonne, l'Oise, Loing, la Seine & autres rivieres navigables & flotables y affluentes, avec pouvoir, & en même tems injonction ausdits Prevôt des Marchands & Echevins de visiter & faire visiter lesdites riviéres; de recevoir les plaintes des Marchands & Voituriers; d'informer des éxactions si aucunes y sont faites, & d'empêcher toutes levées de droits qui n'auront pas été établis en vertu de Lettres Patentes bien & dûëment vérifiées.

Le second chapitre régle aussi en onze articles, ce qui regarde la conduite des marchandises par eau. On trouve ailleurs ce qu'il y a de plus important sur cette matiére. *Voyez* VOITURE & VOITURIER PAR EAU.

Les vingt-quatre articles du troisiéme chapitre, regardent l'arrivée des bateaux & des marchandises aux Ports de la Ville de Paris. Le quatriéme article en particulier, parle des priviléges des Bourgeois pour la décharge de leurs provisions. *Voyez comme dessus* VOITURES & VOITURIERS. *Voyez aussi* PORTS, COMPAGNONS DE RIVIERE, MARCHANDS FORAINS & GAGNE-DENIERS.

Vingt-neuf articles composent le quatriéme chapitre, & servent de réglement pour les fonctions des Maîtres des Ponts, leurs Aides, Chableurs, Maîtres des Pertuis, Gardes de Nuit, Boueurs, Planchéyeurs, Débacleurs, Chargeurs & Déchargeurs de bateaux, Gagne-Deniers & Chartiers. On parle de tous ces petits Officiers de Ville, & des Forts, ou Manouvriers qui travaillent & charient sur les Ports, à leurs articles propres où l'on peut avoir recours.

L'on voit dans les dix articles du cinquiéme chapitre, la police qui doit s'observer pour les bateaux, ou coches par eau, & par les Maîtres Passeurs d'Eau. *Voyez* COCHE & BATELIERS.

Les six & septiémes chapitre comprennent, l'un en douze articles, & l'autre en sept, ce qui regarde la marchandise des grains & les fonctions de Jurez Mesureurs & Porteurs desdits Grains, Bled Ségle, Orge, &c. *Voyez* GRAIN, BLED, SEGLE, ORGE, &c. *Voyez aussi* MESUREUR & PORTEUR DE GRAINS.

Sept chapitres depuis & y compris le huitiéme jusqu'au quatorziéme inclusivement, traitent en cinquante-cinq articles de la marchandise de Vin, Cidres & autres Liqueurs, de leurs mesures, des Jurez Vendeurs, des Courtiers, des Jaugeurs, des Déchargeurs & Crieurs de Vin. *Voyez* CIDRES; VIN, POIRE', BIERE, &c. *Voyez aussi les articles* MARCHAND DE VIN, TONNELIER, JAUGEUR & JAUGE, JAUGEAGE, LABOURAGE, ROULAGE, CABARET, CABARETIER, CRIEUR, DECHARGEUR, COURTIER DE VIN, & *encore l'article des Mesures des liquides.*

La marchandise de Poisson d'eau douce, fait la matiére des cinq articles du quinziéme chapitre. *Voyez* POISSON D'EAU-DOUCE & VENDEURS DE MARE'E.

Le seiziéme chapitre qui n'a que trois articles est pour la marchandise de Foin. *Voyez* FOIN.

Les 17, 18, 19, & 20. chapitres parlent, l'un en trente-quatre articles du bois neuf, du bois flotté & du bois d'ouvrage; l'autre en quatre autres articles du merrain à treilles, de l'osier & du ploion; le troisiéme aussi en quatre articles, des Mouleurs de bois & des Contrôleurs de Quantité; & le dernier seulement en deux articles des Aydes aux Jurez Mouleurs, & des Déchargeurs de Bois en Charrette. *Voyez* MOULEURS DE BOIS, CONTRÔLEURS DES QUANTITEZ, &c. *Voyez aussi sur tout l'article des Bois & ceux des Tonneliers, de l'Osier & des Cercles, ou Cerceaux.*

La Marchandise de Charbon, tant de bois que de terre, & les fonctions des Jurez-Mesureurs, & des Jurez-Porteurs de Charbon, font le sujet des 21, 22, & 23. chapitres composez en tout de dix-huit articles. *Voyez* CHARBON, & *les articles des Mesureurs & Porteurs de Charbon.*

Le vingt-quattriéme chapitre rapporte divers Edits, Déclarations, Arrêts & Réglemens sur les étalonnages des mesures, & sur les hauteurs & largeurs des mesures de bois servant à la distribution des grains, farines, légumes, fruits, charbon de bois & de terre. *Voyez* MESURE & ETALONNAGE.

Deux chapitres qui sont le vingt-cinq & le vingt-six, réglent en dix-huit articles les fonctions des Jurez-Mesureurs de sel, Etalonneurs de mesures de bois, Compteurs de salines sur la riviere, Porteurs, Briseurs & Courtiers de sel. *Voyez tous ces articles. Voyez aussi* SEL, SALINE & GABELLE.

Le vingt-septiéme chapitre en deux articles, parle des Courtiers de lard & graisses; le vingt-huit en quatre articles, des Jurez-Visiteurs & Mesureurs d'ails, oignons & autres fruits & gueldes. Le vingt-neuviéme en six articles, du plâtre crû, chaux, moilon, carreau de grès & ardoise venant par la riviére. Enfin, le trentiéme en trois articles; des Courtiers de chevaux pour la marchandise d'eau. *Voyez ces petits Officiers de Ville à leurs propres articles, aussi-bien que les marchandises dont il est parlé dans ces quatre chapitres.*

Les trois derniers chapitres qui concernent les rentes sur l'Hôtel-de-Ville, les constructions, les réparations & entretenement des portes, remparts, quais, ports, &c. & les fonctions des Prevôt des Marchands & Echevins, Procureur du Roi, Greffier, Receveur & autres Officiers de la Ville; ayant peu ou point de rapport au commerce, on se contentera de les indiquer sans recourir à aucun article de ce Dictionnaire, à la réserve néanmoins de celui des Prevôt des Marchands & Echevins que l'on peut consulter.

ORDRE. En terme de commerce de lettres & billets de change, est un endossement, ou écrit succint que l'on met au dos d'une lettre, ou billet de change pour en faire transport, & la rendre payable à un autre.

Quand on dit qu'une lettre, ou billet de change est payable à un tel, ou à son ordre; c'est à dire, que ce tel peut, si bon lui semble, recevoir le contenu en cette lettre, ou en faire transport à un autre, en passant son ordre en faveur de cet autre. *Voyez* ENDOSSEMENT.

Ordre parmi les Négocians signifie aussi le pouvoir, ou commission qu'un Marchand donne à son Correspondant, ou Commissionnaire, de lui faire telles & telles emplettes à tel, ou à tel prix, ou sous telle autre condition qu'il lui pres-

prescrit. Un Commissionnaire, ou Correspondant qui fait quelque chose sans ordre, ou qui va au de-là de l'ordre qui lui a été donné par son Commettant est sujet à désaveu.

Ordre se dit encore de la bonne régle qu'un Marchand tient dans le maniement des affaires de son commerce. Ainsi l'on dit, ce Négociant est d'un grand ordre, il tient ses écritures en bon ordre. Les livres d'un Marchand qui ne sont pas tenus en bon ordre ne peuvent faire de foi en Justice.

OREILLE. Partie double de la tête de l'animal qui lui sert à ouïr les sons.

Il y a quantité de choses dans les Arts & Métiers ausquelles les Ouvriers donnent ordinairement le nom d'oreilles, soit parce qu'elles ont quelque sorte de ressemblance, bien qu'éloignée, avec les oreilles naturelles, soit seulement à cause qu'elles sont doubles comme elles.

Les oreilles d'un ancre sont les deux bouts plats & pointus faits en langue de chat qu'on appelle aussi Pattes, qui lui servent à mordre & à tenir dans le sable. *Voyez* ANCRE.

Les oreilles d'un minot à mesurer les grains sont les deux piéces plattes qui sont attachées au cintre pour y affermir la potence. *Voyez* MINOT.

Les oreilles d'un chauderon, d'un seau, d'une marmite, sont les morceaux de fer plat dans lesquels l'anse est mobile. *Voyez* CHAUDERONNIER.

On dit aussi les Oreilles d'une écuelle, les Oreilles d'un soulier, les Oreilles d'un peigne, les Oreilles d'un balot, & quelques autres. Comme celles du peigne & du balot semblent plus considérables que les autres par rapport au commerce, l'on en a fait des articles particuliers. *V.* OREILLES DE PEIGNE & OREILLES D'EMBALEUR.

OREILLER, que l'on appelle quelquefois COUSSIN ou CARREAU. C'est en terme de Passementier-Boutonnier une espece de petit pupitre quarré fait de bois leger plus long que large, couvert de quelqu'étoffe, ou toile ordinairement verte, rembourrée un peu ferme, qui se met sur les genoux, pour fabriquer à la main avec des fuseaux & des épingles les dentelles, guipures & autres semblables ouvrages dépendans du métier de Passementier-Boutonnier.

Les Ouvriéres qui travaillent aux dentelles d'Angleterre, soit de soye, soit de fil, & toutes celles qui font des dentelles de Malines, du Havre, d'Aurillac, & autres semblables qui se font au fuseau, se servent aussi de l'oreiller; mais celui-ci est plus ordinairement rond que quarré. *Voyez* DENTELLES.

OREILLER. Chez les Couteliers est une espéce de coussin de toile, rempli de paille d'avoine, ou de bourre, que ces Ouvriers mettent sur le chevalet de leur roue à remoudre, afin de n'en être pas incommodez dans la situation contrainte où ils sont en rémoulant. *Voyez* COUTELIER.

OREILLES DE PEIGNES, *Voyez* PEIGNE.

OREILLES. Terme d'Embaleur. Ce sont des morceaux de toile qu'on ménage aux quatre coins d'un balot ou d'une bale, lors qu'on en fait l'embalage, afin que les Crocheteurs, Forts, ou Gagne-deniers, qui ont coûtume de les charger, ou décharger, ayent plus de prise pour les remuer & changer de place. On leur a donné le nom d'Oreilles, parce qu'en effet ils ont quelque ressemblance avec celle de ces animaux qui les ont les plus grandes. *Voyez* EMBALEUR.

OREILLONS, ou ORILLONS. Ce sont les rognures des cuirs, ou peaux de bœufs, vaches, veaux, moutons, &c. dont on se sert pour faire la cole-forte; on les appelle Oreillons, ou parce que les oreilles de ces animaux se trouvent en quantité parmi ces rognures, en sorte que le tout a pris sa dénomination d'une partie, ou parce qu'en effet les plus grands morceaux de ces rognures ne le sont pas plus que les oreilles de ces bêtes. *Voyez* COLE-FORTE.

Les oreillons de toute sorte à faire cole payent de droits de sortie 4 s. du cent pesant, & 3 s. pour ceux d'entrée.

ORELLANE. Plante qui croît en quelques lieux du continent de l'Amérique, particuliérement Brebice, Colonie des Hollandois près de la riviére de Surinam en terre-ferme. Cette plante se cultive de la même maniére que l'indigo & en lui donnant à peu près les mêmes apprêts.

On en tire une teinture qu'on nomme aussi Orellane comme la plante, qui n'est pas moins bonne que l'indigo. *Voyez* INDIGO.

ORENGE. *Voyez* ORANGE.

ORFEVRE. Artisan & Marchand tout ensemble, qui fabrique, qui vend & qui achéte toute sorte de vaisselle & d'ouvrages d'or & d'argent. Les femmes & Veuves d'Orfévre sont nommées Orfévresses du nom de leurs maris.

Le terme d'Orfévre a été tiré d'or & feuvre, ancien mot François imité du Latin *auri Faber*, comme qui diroit Artisan en or.

Les Orfévres sont aussi appellez Jouailliers, parce qu'il leur est permis de faire négoce de joyaux, de perles & de pierres précieuses, même de les monter & mettre en œuvre. Charles VI. par Lettres Patentes de l'an 1407 les qualifia d'Orfévres Changeurs, duquel titre ils ont joui jusques au régne de Charles VIII.

Ce sont les Orfévres qui forment le sixiéme Corps des Marchands de Paris, qui de leur nom se nomme le Corps de l'Orfévrerie. *Voyez ci-après* ORFEVRERIE.

Le nombre des Orfévres de la Ville de Paris avoit d'abord été fixé à 100 Maîtres; ils s'étoient depuis considérablement augmentez; mais ils ont été réduits à 300 qui est le nombre où ils sont restez.

Par leurs Statuts les Orfévres sont tenus d'avoir leurs forges & fourneaux scellez en plâtre dans leurs boutiques & sur la ruë, & il leur est défendu de fondre & de travailler ailleurs, & hors les heures réglées par la Police.

Chaque Orfévre est obligé d'avoir son poinçon particulier pour marquer son ouvrage, & ce poinçon doit être insculpé, ou frappé sur une lame de cuivre, tant à la Cour des monnoyes qu'au Bureau du Corps des Orfévres, qui a aussi un poinçon commun marqué d'une des lettres de l'alphabet, qui change tous les ans lors de l'élection des Gardes.

Ce dernier poinçon qui est pareillement insculpé à la Cour des Monnoyes & au Bureau, sert à contremarquer tous les ouvrages d'orfevrerie, qui y doivent être portez par les Maîtres qui les ont fabriquez.

Les Veuves des Maîtres Orfévres ne peuvent avoir de poinçon, il leur est seulement permis de continuer le commerce de l'orfévrerie & de la jouaillerie en boutique ouverte, en faisant travailler sous le poinçon d'un Maître Orfévre tenant actuellement boutique.

Les Orfévres qui ne tiennent point de boutiques ouvertes, ne peuvent se servir de leurs poinçons, étant obligez de les remettre entre les mains des Maîtres & Gardes de leur Corps pour être cachetez & déposez dans le Bureau.

Il est défendu à tous Marchands & Artisans, autres que les Orfévres & leurs Veuves, de faire aucun commerce d'orfévrerie

févrerie du poinçon de Paris ; il est cependant permis aux Marchands Merciers de la même Ville de vendre de la vaisselle & autres piéces d'orfévrerie venant d'Allemagne & autres Païs étangers, à la charge d'en faire leur déclaration au Bureau des Orfévres qui les doivent marquer d'un poinçon particulier destiné à cet usage.

Les Orfévres ont la faculté de graver toutes sortes d'ouvrages d'orfévrerie, sceaux & cachets, & de faire & graver les poinçons & lames d'acier dont ils ont besoin pour fabriquer & orner leurs ouvrages, le tout conformément au Réglement géneral du 30 Décembre 1679.

Outre les Maîtres d'apprentissage on compte encore, comme faisant partie du même Corps, les Orfévres qui travaillent & qui demeurent dans les Palais de nos Rois, particuliérement aux Galeries du Louvre; Henri IV. ayant ordonné, à l'égard de ces derniers, par ses Lettres Patentes du 22 Décembre 1608, qu'après cinq années de résidence actuelle & de travail assidu ausdites Galeries, les Ouvriers seroient admis à la maîtrise sans être assujettis à faire Chef-d'œuvre.

Ces lettres furent enregistrées au Parlement le 6 Janvier 1609, ensuite confirmées par Louïs XIII. & encore depuis par Louïs XIV. au mois de Mars 1671.

Par Lettres Patentes de Henri II. du 14 Janvier 1549, il est défendu aux Orfévres d'acheter, de fondre, ou de difformer aucunes espéces d'or ou d'argent ayant cours, ou décriées, pour employer en leurs ouvrages; & il leur est enjoint, quand ils en sont requis, de donner des bordereaux écrits & signez de leur main à ceux qui achétent d'eux des ouvrages d'or & d'argent, lesquels Bordereaux doivent contenir les poids & loi des pieces qu'ils ont venduës, ensemble le prix tant de la matiére que de la façon, l'or & l'argent devans être vendus séparément de la façon.

Orfevre-Boutonnier. L'on appelle ainsi depuis la fin du dix-septiéme Siécle ceux du Corps de l'Orfévrerie qui fixent leur art & leur profession à la fabrique & à la vente des boutons d'argent emboutis. *Voyez* Bouton de metail en lame.

ORFÉVRESSE. Femme, ou Veuve d'un Marchand Orfévre. *Voyez* Orfevre.

ORFEVRERIE. Signifie toutes sortes d'ouvrages d'or & d'argent travaillez, ou fabriquez par les Orfévres. Ainsi l'on dit: l'Orfévrerie de Paris est fort estimée, tant à cause de son titre que pour sa façon. Les boutons d'orfévrerie sont d'un bon user.

Orfevrerie. Se dit aussi du négoce qui se fait des ouvrages d'or & d'argent fabriquez par les Orfévres. En ce sens on dit, ce Marchand ne fait aucun commerce de jouaillerie, il se renferme uniquement dans le trafic de l'Orfévrerie. Les Marchands Merciers de Paris sont en droit de vendre toute sorte d'Orfévrerie d'Allemagne & des autres Païs Etrangers.

Orfevrerie. Se dit encore du Corps des Orfévres, qui est le dernier des six Corps des Marchands de Paris.

L'Orfévrerie fut érigée en Corps par Philippes VI. dit de Valois en l'an 1330. Ce fut ce même Prince qui lui donna ses premiers Statuts au mois d'Août 1345, & qui l'honora des armoiries qu'on lui voit encore aujourd'hui, qui sont une croix d'or dentelée en champ de gueule, accompagnée de deux Couronnes & de deux couppes aussi d'or, à la banniére de France en chef.

Aucun ne peut être reçû Maître dans le Corps de l'Orfévrerie, s'il n'a fait un apprentissage de huit ans, servi les Maîtres deux autres années en qualité de Compagnon, fait Chef-d'œuvre, & donné caution de la somme de mille livres.

Les Maîtres nouvellement reçûs sont obligez de prêter serment à la Cour des Monnoyes, & d'y faire insculper leurs poinçons aussi bien qu'au Bureau de l'Orfévrerie. Chaque Maître ne peut avoir qu'un Apprentif à la fois.

Le Corps de l'Orfévrerie, ainsi que les autres Corps des Marchands, a ses Maîtres & Gardes particuliers préposez pour tenir la main à l'éxécution de ses Statuts & Réglemens, & veiller à la conservation de ses Privileges. Leur nombre est de six; le premier desquels, qui est appellé Grand-Garde, est regardé comme le Chef de tout le Corps, & c'est lui qui préside aux Assemblées, & qui porte la parole dans toutes les occasions. Celui d'après se nomme Second Garde, ou Ancien Garde, & les quatr'autres s'appellent Jeunes Gardes.

Tous les ans dans le mois de Juin après la translation de S. Eloy, Patron du Corps de l'Orfévrerie, on procéde à une élection nouvelle de trois Gardes, l'un ancien & les deux autres jeunes. Cette élection se fait à la pluralité des voix dans une Assemblée générale convoquée par les Gardes en Charge dans le Bureau de l'Orfévrerie, & qui se tient en présence du Lieutenant-Général de Police & du Procureur du Roi du Châtelet. Ainsi chaque année il sort de Charge trois Maîtres & Gardes, qui sont le Grand Garde & les deux premiers des jeunes Gardes: à la place du Grand-Garde monte celui qui étoit le second, & à la place du second l'ancien nouvellement élû. Ce sont les deux derniers Gardes qui doivent faire la Charge de Maîtres de Confrairie pendant la premiére année de leur élection.

Aucun Marchand du Corps de l'Orfévrerie ne peut être élû second Garde, qu'il n'y ait au moins dix ans qu'il ait été Garde; & l'on ne peut parvenir à la Charge de jeune Garde, que l'on n'ait au moins dix ans de réception de Maîtrise.

Les trois Gardes nouvellement élûs sont tenus de prêter deux sermens; l'un pour ce qui regarde la Police, par devant le Lieutenant Général de Police, qui leur donne des Commissions pour les autoriser dans la fonction de leurs Charges, & l'autre pour ce qui concerne le fin & le faux des matiéres d'or & d'argent & les poinçons, par devant la Cour des Monnoyes, dont il leur est donné Arrêt de prestation de serment.

Les Maîtres & Gardes de l'Orfévrerie sont en droit, dans toutes les céremonies publiques où ils sont appellez, de porter la robe de drap noir à colet & manches pendantes parementées & bordées de velours de semblable couleur. Cette robe n'est autre chose que la robe Consulaire.

Lors qu'il arrive le décès d'un Garde, soit qu'il soit en Charge, ou qu'il ait passé par les Charges, les Maîtres & Gardes actuellement en place sont dans l'obligation d'assister à son convoi & enterrement en robe, & de tenir les coins du poêle, qui est fourni par le Bureau avec l'argenterie nécessaire & six flambeaux de poing de cire blanche aux armes du Corps de l'Orfévrerie peintes sur des cartons. La même céremonie s'observe à l'égard des femmes & veuves des Gardes, tant anciens que nouveaux.

Le Roi Jean I. permit au Corps de l'Orfévrerie de faire construire une Chapelle sous le nom & invocation de S. Eloy, & lui fit en même tems donner des Reliques de ce

Saint

Saint par le Pape Innocent VI. qui tenoit alors le Saint Siége à Avignon. C'est dans cette Chapelle, l'une des plus magnifiques de Paris, & que l'on appelle vulgairement la Chapelle aux Orfévres, que le Corps de l'Orfévrerie fait celebrer le Service Divin pendant tout le cours de l'année, & qu'il fait prier Dieu publiquement pour la personne sacrée de Sa Majesté, & pour le repos des ames des Marchands du Corps qui sont trépassez. Il ne décede aucun Garde de l'Orfévrerie, que l'on n'y fasse pour lui un Service solennel qui est ordinairement suivi d'une distribution d'aumônes assez considerable, qui se fait pour l'ordinaire par les parens du défunt, ou à leur défaut par les Maîtres & Gardes en Charge aux depens du Bureau.

Les Maîtres & Gardes du Corps de l'Orfévrerie ont l'honneur, conjointement avec ceux des autres Corps des Marchands, de porter le dais sur la tête des Rois, Reines, Princes & Princesses qui font entrée publique dans Paris. *Voyez* CORPS.

Ceux qui voudront avoir une connoissance parfaite des Statuts, Ordonnances, Réglemens & privileges concernant le Corps de l'Orfevrerie, peuvent avoir recours au Recueil qui en a été imprimé à Paris chez Lambert Roulland en 1688, aux frais du Bureau, & par les soins des Maîtres & Gardes qui étoient pour lors en Charge.

Ce Recueil est d'une si grande utilité pour le bien des affaires de ce Corps, que cela devroit bien exciter les Maîtres & Gardes des autres Corps d'en faire imprimer de semblables pour ce qui les concerne chacun en particulier.

ORGAGIS. Toile blanche de coton qui vient des Indes Orientales. C'est une des sortes de baffetas. On les appelle Orgagis du lieu où elles se fabriquent. *Voyez* BAFFETAS.

ORGANDY. Sorte de mousseline, ou toile de coton. *Voyez* BETILLE.

ORGANSIN, ou ORGENSIN. C'est de la soye ouvrée & apprêtée, c'est à dire, qui est filée & moulinée.

L'organsin est composé de quatre brins de soye, qui ont d'abord été filez & moulinez séparément deux à deux; & qui étant une seconde fois remis au moulinage tous quatre ensemble, ne composent plus qu'un seul fil.

Les organsins empruntent ordinairement leur nom des Païs & Villes où on les apprête, & d'où on les tire; tels sont les Organsins de Milan, de Bologne, de Bergame, de Reggio, de Piémont & de Bresse. Ceux de Messine, Ville du Royaume de Sicile, se nomment Organsins de Sainte-Lucie. Ils sont avec ceux de Bologne les plus estimez. *Voyez* SOYE

ORGE. Grain que l'on met du nombre de ces petits blez qu'on appelle ordinairement les Mars, parce qu'ils se sement dans le mois de Mars, ou dans le commencement d'Avril.

La plante qui produit l'orge a sa tige plus petite & plus fragile que celle du ségle, & sa feuille plus large & plus rude que celle du froment. A sa fleur succéde une graine pointuë par les deux extrêmitez, particuliérement par celle qui sort au dehors; ce qui rend son épi hérissé d'une barbe longue & piquante, capable de le défendre des oiseaux.

Il y a deux sortes d'orges; l'une qu'on appelle Orge quarré, ou Orge d'Autonne, parce qu'elle se seme dans cette saison en même tems que le méteil: elle demande une terre grasse & bien labourée. L'autre qui se nomme Orge du printems, qui est l'orge commune, commence à se semer à la mi-Avril, & se plaît dans une terre legére & séche, étant sujette à se convertir en avoine dans les terres fortes & humides.

Il y a encore de l'orge blanche, de l'orge rouge, & même de quelques autres couleurs, suivant le sol & les terres.

La farine que l'on tire de l'orge est blanche & bonne à faire du pain, sur tout mêlée avec celle de quelques autres grains. Il y a des Provinces de France où elle sert de nourriture ordinaire; & dans les disettes de blé on y a recours dans les autres Provinces au défaut de la farine de froment, ou de ségle; comme il arriva en 1709, que presque tout le peuple de la campagne & une partie de celui des Villes, même de celle de Paris, lui doivent leur conservation & la vie.

Outre cet usage de l'orge, il s'en consume une grande quantité par les Brasseurs de biére, qui après l'avoir fait germer, fermenter & bouillir, en font cette boisson qui a une partie des qualitez du vin, & qui en sert dans les lieux où le sol ne permet pas qu'on cultive la vigne.

On se sert aussi de l'orge pour la nourriture & l'engrais des bestiaux, des volatiles & autres oiseaux domestiques.

Ce sont les Marchands de blé, les Blâtiers & les Fermiers de la campagne qui vendent en gros l'orge qui se consume à Paris; les Grainiers & Grainiéres la débitent en détail.

Il est défendu par l'Ordonnance de la Ville de Paris de 1672, aux Brasseurs, Maîtres Grainiers & Regrattiers, d'aller au devant des Marchands & Laboureurs pour acheter leurs orges, ni d'en acheter ailleurs que sur les Ports. Et afin que les Ports ne soient point dégarnis, non seulement il n'est point permis ausdits Grainiers & Regrattiers d'en acheter hors des jours de marché, & lesdits jours qu'après-midi; mais encore il leur est fait défenses d'en enlever plus de deux septiers à la fois, & d'en avoir dans leur maison en réserve plus de huit septiers.

L'orge se visite & se mesure sur les Ports & Marchez de Paris par les Jurez Mesureurs de grains.

L'orge paye en France les droits d'entrée à raison de 24 s. le muid mesure de Paris, contenant deux tonneaux & le tonneau six septiers; ce qui cependant ne s'entend que de celle qui entre par la Province d'Anjou.

Les droits de sortie sont de 13 l. du muid aussi mesure de Paris; sçavoir, 20 s. pour l'ancien droit, & 12 l. pour la traite domaniale, le tout conformément au Tarif de 1664.

L'orge du crû du Royaume est du nombre des marchandises de contrebande pour la sortie, suivant l'Ordonnance de 1687, titre 8, art. 6.

ORGE MONDÉ. C'est de l'orge qui a été dépouillée de sa premiére peau, ou envelope. La meilleure vient de Vitry-le-François. Il s'en fait néanmoins d'assez bonne à Charenton près de Paris. Il y en a de blanche & d'autre moins blanche. On la doit choisir nouvelle, séche, grosse & bien nourrie, qui ne sente point la rance, ni le moisi. L'orge mondé se vend à Paris par les Epiciers & Grainiers. L'on s'en sert dans la composition de plusieurs tisannes qu'on ordonne aux malades, où même aux personnes en santé, pour les rafraîchir. On estime toutefois les tisannes faites avec l'orge mondé un peu trop nourrissante.

L'orge mondé paye les droits d'entrée à raison de 10 s. du cent pesant.

ORGE. On appelle Futaine à grains d'orge, une sorte de futaine ouvragée, sur laquelle le Tisseran a relevé des façons assez semblables au grain de l'orge. *Voyez* FUTAINE.

Les Ciseleurs appellent Grains d'orge, de petits ciselets dont la pointe est ronde & fort aiguë.

Les Imprimeurs donnent aussi le nom de Grains d'orge aux Caracteres en lozange qui leur servent à imprimer les notes du Plein-chant qui doivent être bréves.

ORGUEIL. Les Ouvriers nomment ainsi le coin, appui, ou billot qu'ils mettent sous leurs pinces & leurs leviers, lors qu'ils veulent faire des pesées pour remuer & lever quelque fardeau. Plus l'orgueil est avancé sous le levier, plus l'effort de la pesée en est grand. On lui donne ce nom par une métaphore & une comparaison trop aisée à entendre pour en faire l'application. *Voyez* LEVIER.

ORIENT. Ce terme s'entend de toutes les parties du monde qui sont situées à notre égard vers les lieux où nous voyons lever le Soleil. Il ne se dit neanmoins communément que de celles qui sont les plus éloignées de nous, comme la Chine, le Japon, le Mogol & le reste de l'Inde, l'Arabie & la Perse. Les autres dont nous sommes plus voisins, comme les Isles de l'Archipel & les Côtes de la Méditerranée, où sont Constantinople, Smirne, Alep, Seyde, &c. même le Caire, ne sont connuës dans le commerce que sous le nom du Levant. *On peut voir dans l article du Commerce celui qui se fait dans tout l'Orient.*

ORIENTAL. Ce qui est situé vers l'Orient. Il se dit particuliérement des grandes Indes, ces vastes Païs où il se fait, par les Nations d'Europe, un si grand & si riche négoce. *Voyez* INDES ORIENTALES.

ORIENTAL Se dit aussi de ce qui naît en Orient, de ce qui en vient. Des perles Orientales, Des marchandises Orientales.

ORIGINAIRE. Quelques Marchands appellent Marchandise originaire, celle qui croît & qui se fait dans un Païs, & avec des matiéres du Païs même. Il est peu d'usage.

ORIGNAC, ou ORIGNAL. C'est ainsi que les peuples de Canada & de toute l'Amérique Septentrionale nomment une sorte d'animal sauvage que nous appellons ordinairement Ellend, qui s'écrit aussi Elan. *Voyez* ELLEND.

ORILLAC, ou AURILLAC. On appelle Points ou Dentelles d'Orillac, les dentelles qui se fabriquent en Auvergne. Ce nom leur vient de la petite Ville d'Orillac située dans cette Province, où en sont établies les meilleures manufactures. *Voyez* DENTELLE & POINT.

ORILLONS, que l'on nomme plus proprement OREILLONS. Ce sont des rognures de cuirs, ou peaux destinées à faire de la cole forte. *Voyez* OREILLONS, *ou* COLE-FORTE.

ORIPEAU. Lame de léton fort mince & fort battuë, qu'on employoit autrefois dans les étoffes de faux or. On ne s'en sert plus; & le nom n'en est resté que pour mépriser les vieilles étoffes, ou galons d'or qui ne sont plus de mode, & pour tourner en ridicule ceux qui s'en servent. Cette étoffe n'est que de l'oripeau. Cet homme croit être bien paré avec son oripeau.

ORME. Arbre de haute futaye, dont l'ombrage agréable fait qu'on s'en sert souvent à former des avenuës, des alées & des sales pour l'ornement des jardins & parcs des maisons de campagne.

Il y a de deux sortes d'ormes; l'un qui croît dans les champs, & l'autre sur les montagnes. Le dernier vient le plus haut; du reste ils sont assez semblables, soit pour le bois, l'écorce, les feuilles, &c. L'on veut que l'écorce, les rameaux & les feuilles de l'orme ayent une qualité astringente, qui les rend propres à consolider les playes.

L'orme ne fournit pour le commerce que son bois qui est jaunâtre, dur & difficile à fendre; ce qui fait qu'il est très-bon pour le charronnage. Il se debité ordinairement en moyeux, essieux, empanons, fléches, armons, jantes, lisoires, moutons, timons, brancards, &c.

Le bois d'orme destiné pour les moyeux, essieux, fleches, armons & empanons se débite & s'envoye en grume, ou gourme, c'est à dire, par tronçons, ou buches de différentes grosseurs & longueurs garnies de leur ecorce.

Le bois pour les moyeux est de six pieds & demi de long, & de dix jusqu'à seize pouces de diamétre par le bout le plus menu. Le moyeu est le noyau, ou milieu de la rouë d'un carrosse, charriot, ou charrette, qui est percé pour y faire passer l'essieu, autour duquel la rouë tourne: les rayes ou rayons de la rouë sont enchassez dans le moyen.

Le bois pour les essieux a six pieds de long, & sept à huit pouces de diamétre du côté du plus menu bout. L'essieu est la piéce qui entre dans le moyeu des rouës.

Le bois pour les empanons qui ne sont point chantournez est de même longueur que celui pour les essieux, & à peu près semblable en grosseur: mais quand les empanons sont chantournez, ils ne sont pas de si forts échantillons. Les empanons sont ces morceaux de bois qui sont placez sur le derriére du train d'un carrosse, & qui passent entre l'essieu & la lisoire, pour former les branches sur lesquelles montent les Laquais. Il y a aussi de petits empanons qui servent à joindre avec des liens de fer l'arc avec le bout de la fleche; mais ces derniers sont debitez par les Charrons mêmes.

Le bois pour les fléches des carrosses à arcades, ou arcs, est de dix à douze pieds de long; & celui pour les fléches des carrosses sans arcs, ou pour les charriots, de douce à quinze pieds aussi de longueur. Ce bois doit être, s'il se peut, naturellement courbé, sans nœuds & d'un bon braquement. La fléche est la principale piéce d'un carrosse, ou d'un charriot: c'est elle qui joint le train de devant à celui de derriére.

Le bois pour les armons des carrosses à arcs est ordinairement de quatre pieds & demi de longueur sur neuf à dix pouces de gros; & celui pour les carrosses à longues fléches, de six pieds de long & de huit à neuf pouces de diamétre par le menu bout. Les armons sont ces deux piéces de bois un peu courbées, qui portent d'un côté sur l'essieu de devant, & qui aboutissent de l'autre au timon. Ils servent à soûtenir une cheville sur laquelle le timon est mobile pour le pouvoir lever & baisser quand on veut.

Le bois pour les jantes est en piéces, ou morceaux chantournez depuis deux jusqu'à trois pieds de long. Les jantes sont ces morceaux courbez qui forment la circonférence, ou le cercle de la rouë d'un carrosse, charriot, ou charrette sur lesquels sont clouées les bandes de fer.

Le bois pour les lisoires moutons & timons, est appellé bois de sciage; parce qu'il se debite à la scie.

Celui pour les lisoires, est de six pieds & demi de long, & de six & sept pouces de large sur quatre à cinq pouces d'épaisseur. Les lisoires sont certaines piéces de bois placées au dessus des essieux d'un carrosse, lesquelles portent les moutons.

Les moutons sont ces quatre piéces de bois posées debout sur les lisoires, sur lesquelles le corps du carrosse est suspendu: ils doivent avoir six pieds sept à huit pouces de long

long & cinq à six pouces de large sur trois à quatre pouces d'épaisseur.

Les piéces de bois pour les timons sont pour l'ordinaire de neuf pieds de long sur trois pouces & demi en quarré par le menu bout, & quatre pouces aussi en quarré par le gros bout. Le timon est ce long morceau de bois du train d'un carrosse, ou charriot où sont attelez les chevaux, qui les sépare, & qui sert à gouverner le carrosse, soit pour reculer, soit pour tourner à droit, ou à gauche.

Il y a encore d'autres bois pour la charronnage, qui s'employe en brancards, limons de charrettes & autres piéces; mais ce sont les Charrons eux-mêmes qui les débitent; les bois destinez à ces usages leur étant amenez en grume de plusieurs longueurs & grosseurs. *Voyez* BRANCARDS *&* LIMONS.

Les branchages droits, même les tortus lors qu'ils ne sont point trop nouailleux, sont pareillement amenez en grume, ou gourme, pour être débitez par les Charrons; c'est ce qu'ils appellent Bois à débiter, dont ils forment toutes sortes de moyennes piéces pour les carrosses, charriots & charrettes.

Le gros tronçons d'orme de deux à deux pieds & demi d'équarrissage se débitent, ou se scient par tables, ou planches de quatre à six pouces d'épaisseur, qui sont très-recherchées pour faire des tourtes & des rouets de lanternes de moulins.

Le bois d'orme, ou bois de rouage paye en France les droits d'entrée à raison de 10 *s. le cent en nombre.*

OROBE. Plante dont la semence & la racine sont de quelque usage dans la Médecine & pour la teinture.

Les orobes payent en France les droits d'entrée à raison de 20 *s. du cent pesant.*

ORPIMENT, ou ORPIN. C'est un mineral qui se trouve le plus ordinairement dans les mines de cuivre. L'on croit qu'il contient quelques petites parties d'or qu'on pourroit en tirer par le moyen de la chimie; mais que ce qu'on en auroit tiré ne suffiroit pas pour les frais.

L'orpiment est en pierres de différentes grosseurs & figures. Pour sa couleur elle est toûjours jaune, mais mêlée de quelques autres nuances, comme jaune-doré, jaune-rouge & jaune-verd; quelquefois même il y en a de presque rouge, qui est le vrai sandarac des Grecs: mais ce qu'on appelle communement Orpiment rouge, ou Arsenic rouge, ce n'est que de l'orpiment jaune poussé au feu, & ensuite mis dans un creuset avec de l'huile de chenevis, d'olive, ou de noix.

Les Peintres, les Maréchaux & quelques autres Ouvriers font une assez grande consumtion de ce minéral; mais comme c'est un poison très-dangereux & un corrosif très-violent, les Marchands qui en sont chargez doivent le vendre avec précaution & à gens connus.

Ce sont les Anglois & les Hollandois qui l'envoyent aux Marchands Epiciers Droguistes de France, particuliérement à ceux de Paris qui en font le plus grand débit.

L'orpiment jaune-doré, en beaux morceaux, facile à s'écailler, dont les écailles sont minces, petites & luisantes, comme de l'or, est le meillenr de tous: celui qui est moitié jaune, moitié rouge, ou rempli de veines rougeâtres, est encore assez bon, pourvû qu'il soit aussi en gros morceaux: mais pour l'orpiment qui est verdâtre & en petites pierres, il le faut rejetter.

L'orpin, ou orpiment, paye en France par le Tarif de 1664, 100 *s. le cent pesant d'entrée,*

Et par celui de la Douane de Lyon, 13 *s.* 4 *den. du quintal pour l'ancienne taxation, &* 20 *s. pour les anciens quatre pour cent.*

ORPIN. Sorte de mineral plus connu sous le nom d'Orpiment. *Voyez ci-dessus* ORPIMENT.

ORSEILLE, qu'on appelle aussi ORCHEL & URSOLLE. Drogue propre pour la teinture.

Le nom d'Orseille est commun à plusieurs drogues qui s'employent par les Teinturiers pour faire une nuance depuis la fleur de pêcher, sivie, aubifoin & gris-de-lin jusqu'au passe-velours & amarante; quoi que néanmoins ces drogues soient assez différentes les unes des autres.

Il y a de l'orseille de Hollande, de l'orseille de Lyon & d'Auvergne, de l'orseille des Canaries, de l'orseille de Roussillon, de Genes, de Nimes, de Montpellier, de Galargues en Languedoc, &c.

Ce qu'on appelle communément Orseille, & qui est la véritable, est une petite mousse, ou croute qui se forme sur les pierres & les rochers des montagnes; & qui étant apprêtée avec la chaux & l'urine fait une fort belle nuance de couleurs.

L'orseille des Canaries, qu'on nomme Orchel, ou Ursolle, n'est autre chose que cette mousse: elle est la plus estimée de toutes. & c'est la seule véritable.

L'orseille de Hollande, qu'on appelle aussi Tournesol, est une composition faite avec le tournesol en drapeaux, qui se tire de France, de la perelle, de la chaux & l'urine. Cette drogue vient en pâte ou en pierre, dans de petits barils d'environ trente livres. L'orseille en pierre est facile à falsifier; ce qui n'est pas si aisé de celle qui est en pâte. Cette orseille, ou tournesol, est absolument défenduë aux Teinturiers de l'un & de l'autre teint *Voyez* TOURNESOL.

L'orseille de Lyon se fait simplement avec la perelle, la chaux vive & l'urine: mais en composant la pâte, quelques-uns y mettent une teinture de bois de Bresil. Les autres orseilles se composent à peu près de même, & ne cédent toutes guére à celle de Hollande.

La véritable orseille, qui est celle des Canaries, fait une belle couleur, mais qui n'est pas de durée. Elle est une des drogues permises aux Teinturiers du petit teint pour les basses couleurs de sa nuance; qui sont difficiles à imiter avec d'autres drogues, & pour le bel œil des racinages.

Cette permission a été accordée aux Teinturiers du petit teint; parce que ne pouvant teindre des étoffes d'un grand prix, les étoffes de moindre conséquence qu'ils mettent à la teinture ne sçauroient supporter la dépense des fortes couleurs.

L'orseille est plûtôt permise que le bresil, quoique sa couleur ne soit pas beaucoup plus assurée; parce qu'outre qu'il s'en fait un grand commerce en France, & que le bresil vient des Païs Etrangers, les couleurs de sa nuance sont fort difficiles à imiter, & que celles du Bresil peuvent s'imiter facilement avec la garance, la bourre, ou la cochenille.

Par le Tarif de 1664, *les droits d'entrée de l'orseille, ou Tournesol en herbe, en barils & non apprêtée, ne sont que de* 10 *sols par cent pesant; mais la même drogue en barils apprêtée paye* 3 *liv. du cent. Les droits de sortie de l'orseille non apprêtée sont de* 34 *s. & de celle qui est apprêtée de* 40 *s. aussi par cent pesant.*

Les Commis de Gannat & de Vichy ayant voulu confondre la perelle à teinture qui vient d'Auvergne avec l'orseille qu'on tire des Païs Etrangers, & leur faire payer les mêmes droits, il fut ordonné par un Arrêt du Conseil du mois de Fevrier 1718,

que

que les droits de la parelle ne se payeroient pas comme Orseille, mais sur l'ancien pied de 8 s. ces deux drogues, quoi que toutes deux propres à la teinture n'ayant rien de commun ni de semblable. Voyez Perelle.

Les droits que les orseilles payent à la Douane de Lyon sont de 32 s. 6 d. pour l'ancienne taxation & 20 s. pour les anciens quatre pour cent par quintal.

ORT. Terme de Douane & de commerce. Peser ort, signifie peser les marchandises avec les embalages.

Le Tarif de 1664, & l'Ordonnance des cinq grosses Fermes de 1684, portent, que toutes marchandises qui payent les droits aux poids, à la reserve de celles d'or & d'argent, & des épiceries, seront pesées avec leur embalage. *Voyez* Brut.

ORTIE. Plante très-commune en France dont on tire une espéce de filasse propre à faire de la toile

Il y en a de plusieurs sortes; celle qui fournit la filasse est appellé grande Ortie, ou Ortie commune; elle pousse ses tiges de la hauteur de trois pieds garnies de feuilles opposées réguliérement deux à deux, larges à leur base, finissant en pointe, dentelées & couvertes d'une espéce de duvet très-piquantes, & dont la piqûre cause une extrême douleur.

Cette sorte d'ortie se rouït & se brise comme le chanvre, & sa filasse se peigne, se file & se tisse de même. *Voyez* Chanvre.

On appelle Toile d'ortie la toile qui est faite de la filasse qui se tire de cette plante; elle est un peu grisâtre, & l'on s'en sert le plus souvent en écru. *Voyez l'article des toiles.*

ORTOLAN. *Voyez* Hortolan.

OS. Partie dure & solide des animaux, qui soûtient toute la masse de leur corps & de leurs chairs.

Il ne paroît pas d'abord que cette partie des animaux quoi que très-connuë, puisse être après leur mort de quelqu'utilité au commerce; cependant elle ne laisse pas de lui fournir plusieurs sortes de marchandises dont il se fait même une assez grande consomption.

Les os de bœuf, de vache, &c. brûlez & calcinez, servent à faire cette sorte de noir que l'on nomme Noir d'os, si en usage chez les Peintres. *Voyez* Noir.

Ces mêmes os servent encore à faire plusieurs ouvrages de tabletterie, de tour & de coutelerie à la place de l'yvoire, & s'ils ne sont pas si blancs au commencement, du moins ils ne jaunissent pas si-tôt dans la suite.

Les os de bœufs & de vaches payent en France les droits d'entrée à raison de 10 s. du millier; & pour ceux de sortie 13 s. conformément au Tarif de 1664.

Os. On appelle Os de cœur de bœuf, l'os, ou cartilage qui se rencontre dans le cœur du bœuf; on le substituë quelquefois à celui de cerf. *Voyez* Boeuf.

Les droits d'entrée sont semblables à ceux de l'os de cœur de cerf, c'est à dire, cent sols du cent pesant.

Os. On nomme aussi Os de cœur de cerf, cet os, ou cartilage qui se trouve dans le cœur de cet animal; il est estimé un excellent cardiaque & entre dans la composition de la confection d'hyacinthe. *Voyez* Cerf.

Les droits se payent en France comme à l'article précedent.

Os. Ce qu'on appelle Os de séche n'est autre chose qu'une espéce d'os qui se rencontre sur le dos d'un poisson qui porte ce nom. Cet os est fort en usage chez les Orfévres & chez les Fondeurs pour faire des moules. *Voyez* Seche.

Les os de séches payent en France les droits d'entrée à raison de 15 s. du cent pesant, conformément au Tarif de 1664.

Et 2 s. 6 d. du quintal par celui de la Douane de Lyon.

Os de corne de cerf. C'est ainsi que le bois ou corne de cerf est appellé dans le Tarif de la Douane de Lyon, si pourtant ce n'est point une faute d'impression & qu'il n'y faille lire Os de cœur de cerf.

Cette drogue paye 13 sols 4 deniers du quintal d'ancienne taxation, & 10 sols pour les quatre pour cent.

OSIER. Arbuste dont les branches sont très-flexibles. C'est une espéce de saule nain qu'on taille presque à fleur de terre tous les deux ou trois ans, ce qui lui fait une tête comme au saule.

On en fait des clayes, des panniers, des hottes & plusieurs autres ouvrages du métier de Vannier; les Tonneliers en le fendant en trois s'en servent aussi à lier les cercles & cerceaux qu'ils mettent à leurs cuves, futailles & autres tonneaux; & les Jardiniers en employent les brins les plus petits & les plus plians a palissader leurs espaliers, ou a faire des perches & des treillages.

Il y a deux sortes d'osier, l'osier franc & celui de riviére; le franc est le meilleur.

La plûpart de celui que les Tonneliers & Vanniers employent à Paris vient de Champagne & d'Orleans en paquets de quatre pieds de long, qu'on appelle Molles, qui sont liées de trois liens.

L'osier rond, qui est celui des Vanniers doit être de cent brins à la molle, & l'osier fendu de trois cens, ce qui revient au même, chaque brin de ce dernier étant fendu en trois; une partie de l'osier rond est apporté tout pelé & en blanc. Il vient aussi une assez grande quantité d'osier des deux sortes des environs de Paris. *Voyez* Tonnelier.

OSTADE. Etoffe toute de laine dont l'usage s'est entiérement perdu; il en est parlé dans les Statuts du Corps de la Mercerie, & l'article 34 de ceux des Tissutiers-Rubaniers avant qu'ils fussent réduits à la petite navette, leur permettoit de faire toutes sortes de camelots, ostades, demi-ostades, serges, burails, étamines, le tout de laines & sayettes bonnes & valables.

Le Tarif de 1664 & celui de la Douane de Lyon en font aussi mention.

Les droits d'entrée des ostades & demi-ostades sont suivant le premier, de 8 liv. la piéce de 18 aunes; & par le second, lors qu'elles sont d'Angleterre, de 20 livres la charge de quatre quintaux d'ancienne taxation, & 20 s. du cent pesant de réapreciation.

OSTERLINS. On appelle à Anvers, Ville du Brabant, la Maison des Osterlins un vaste & superbe bâtiment composé de quatre grands corps de logis avec une cour dans le milieu & une haute tour sur la porte d'entrée, qui servoit autrefois de comptoir aux Villes Hanseatiques, du tems qu'elles en avoient dans les principales Villes de commerce de l'Europe.

C'étoit dans cette espéce de Palais que résidoit le Directeur ou Consul de cette célebre société de Marchands, & qu'étoient d'immenses magazins de toute sorte de marchandises, non seulement du Nord où avoit commencé la confédération, mais encore de toutes les Parties du monde alors connuës, où ces Villes fameuses portoient leur commerce.

Les plus considérables comptoirs après celui d'Anvers étoient ceux de Londres, de Novogorod en Russie, & de Berghen en Norwege. On voit encore dans cette derniere

Ville

Ville une pareille maison à celle des Osterlins d'Anvers, qui sert de demeure à des Marchands qui y vivent sous de certaines loix, dont une des principales est de ne se point marier, tant qu'on y veut avoir son habitation, ce qui lui a fait donner le nom de Cloître. *Voyez* Cloître. *Voyez aussi* Hanse *&* Villes Hanseatiques.

OUATE. Espéce de coton très fin & un peu lustré.

Quoi que quelques Auteurs prétendent que la véritable ouate se trouve en Orient autour de quelques fruits à qui elle sert de premiére envelope; il est néanmoins certain que la ouate est produite dans les gousses d'un plante qui croît communément en Egypte, & que quelques Curieux cultivent en France par rareté.

Cette plante se plaît dans les lieux humides & marécageux; ses feuilles sont assez larges, longues & arrondies par le bout; ses fleurs sortent en bouquets qui forment une maniére d'ombelle, & elles ont leurs feuilles renversées comme celles de martagon. La ouate est renfermée dans des gousses qui s'ouvrent quand elles sont en maturité; la semence qui s'y trouve mêlée est petite, ronde, plate, tirant sur le gris-brun. C'est d'Alexandrie que l'on tire cette marchandise, & elle vient en France par la voye de Marseille.

Il y a encore une sorte de coton que l'on nomme aussi Ouate, quoi qu'improprement; ce n'est autre chose que la bourre, ou premiere soye qui couvre la coque des vers à soye; on la fait bouillir, & après cette seule préparation on la vend pour la véritable ouate, quoi qu'elle n'en approche en aucune maniére, ni pour la finesse, ni pour la beauté.

Ces ouates ne servent que pour fourer des robes de chambre, des courtepointes & autres meubles, ou habillemens qu'elles rendent très-chauds sans les rendre pesants. Elles ont communiqué leur nom à presque toutes les autres fourures qui se mettent entre deux étoffes, & l'on appelle communément Ouatée, une robe fourée, un jupon, &c. quoi que le plus souvent on n'y employe simplement que du coton ordinaire, ou de la laine.

OUBAN-D'OR. Monnoye de compte du Japon. *Voyez* Oeban

OUBLAYERIE. Art de faire des oublies.

OUBLAYEUR. Celui qui fait des oublies. On dit presentement Oublieur.

OUBLIE, qu'on nommoit autrefois Oublaye. Sorte de pâte déliée & legére, mêlée de sucre, d'œufs & quelquefois de miel, qui se cuit entre deux fers.

Il y a trois espéces d'oublies; les grandes oublies qui sont celles que les Patissiers, ou leurs Garçons, vont crier la nuit dans Paris, à commencer le jour de la S. Michel; elles s'appellent autrement Oublies plates. Les oublies de supplications ce sont les gauffres; & les oublies qu'on nomme d'étriers ce sont les petits métiers.

Les Patissiers sont qualifiez dans leurs Statuts Maîtres de l'art de Patissier & Oublayer, & sont obligez de faire Chef-d'œuvre d'oublayerie aussi-bien que de patisserie. On appelle une Main d'Oublie cinq oublies; c'est ordinairement à la main que se jouent les oublies. On joue quelquefois tout le coffin, ou corbillon. *Voyez* Patissier.

OUBLIEUR. Celui qui fait des oublies, ou qui les va crier la nuit dans les ruës de Paris.

Il est défendu aux Oublieurs de jouer en pleine ruë, & même de jouer autre chose que des oublies dans les maisons, où ils sont appellez. Ce qu'ils appellent presentement un Corbillon se nomme Coffin dans leurs Statuts. *Voyez* Patissier.

OUPELOTE. Racine d'une plante qui croît en quelques endroits des Indes Orientales, particulierement dans les Etats du Grand Mogol. Les Orientaux la mettent au nombre des drogues médecinales. Elle se vend à Surate jusqu'à quatorze mamoudis le mein.

OURDIR. Terme de Manufacture qui signifie préparer, ou disposer sur une machine faite exprès les fils de la chaîne d'une étoffe, d'une toile, d'une futaine, d'un basin, &c. pour la mettre en état d'être montée sur le métier, afin de la tisser en faisant passer à travers avec la navette le fil de la trême.

Après que la chaîne d'une étoffe de laine a été ourdie, on la cole & on la fait sécher, sans quoi il seroit difficile de la pouvoir bien travailler. *Voyez* Chaîne.

Ourdir, en terme de Vanier. Signifie tourner & placer l'osier autour d'un moule pour commencer à monter l'ouvrage.

Ourdir. Les Maçons disent Ourdir un mur, pour signifier qu'ils y mettent le premier enduit.

Ourdir a la tringle. Terme de Nattier en paille. C'est bâtir & arrêter les cordons de la nate sur les clous de deux grosses & longues piéces de bois que les Nattiers nomment des Tringles. *Voyez* Tringle. *Voyez aussi* Natte.

Ourdissoir. Espéce de machine dont les Tisseurs, Tisserans & Tissutiers se servent pour ourdir les chaînes de leurs étoffes, toiles, futaines, basins, &c. Il y a des ourdissoirs que l'on appelle Tours, qui sont en façon de dévidoir ou petits moulins tournans debout sur un pivot; d'autres stables & sans mouvement composez de deux piéces de bois placées debout, un peu en talus contre la muraille à certaine distance l'une de l'autre, ausquelles sont attachées plusieurs chevilles du haut en bas.

L'Ourdissoir pour ourdir & monter les métiers des Gaziers, ou Faiseurs de gaze, est un moulin haut de six pieds, ou environ. Il consiste en un chassis à quatre piliers & autant de traverses haut & bas, & en un axe posé perpendiculairement au milieu du chassis; cet axe a 6 grandes aîles sur lesquelles s'ourdit la soye. *Voyez* Gaze. *Cette machine y est décrite, & la maniére d'ourdir la chaîne des gazes expliquée.*

OURDISSURE. Action par laquelle on ourdit la chaîne d'une étoffe, &c.

OURDON, ou PETIT SENE'. C'est une espéce de plante dont les feuilles se trouvent dans le fond des couffes, ou bales de sené; souvent ce n'est que du plantin séché & brisé que les Colporteurs vendent pour du véritable sené. *Voyez* Sene'.

OURLET, ou ORLET. C'est chez les Ouvriers en couture l'extrêmité d'une étoffe ou d'une toile redoublée & cousuë, en sorte qu'elle y fasse une espéce de petite bordure.

Les Maîtres Coffretiers-Maletiers, Maîtres Selliers & Bourreliers appellent un Ourlet le cuir mince, long & étroit avec lequel ils bordent les gros cuirs qu'ils employent en certains de leurs ouvrages. Les ourlets des males, étuis & foureaux de pistolets que font les Coffretiers doivent être suivant les Statuts de leur Communauté, de cuir de veau, ou ou de mouton cousus à deux chefs de bonne ficelle bien poissée. *Voyez* COFRETIER.

OURLET, en terme de verrerie. C'est le tour du plat de verre qui paroît, & qui est en effet plus ferme & plus épais que le reste. Cet ourlet se fait avec la branche, lors qu'en branchant la bosse on en refoule & replie les bords. *Voyez* VERRE EN PLAT.

OURS. Animal féroce assez connu pour qu'il ne soit pas nécessaire d'en faire la description.

On peut distinguer de deux sortes d'ours, de terrestres & de marins; les terrestres se retirent ordinairement dans les montagnes, les marins viennent au milieu des glaces de la mer Septentrionale; il s'en trouve de cette derniére espéce d'une grandeur presque incroyable dans la nouvelle Zemble.

La peau d'ours est une pelleterie fort estimée, & il se fait un grand commerce de cette sorte de fourure, soit qu'elle soit de jeunes bêtes qu'on appelle Oursins & Oursons, soit qu'elle soit de vieux animaux. La peau de ces derniers s'employe ordinairement en housses, ou couvertures de chevaux, & en sacs pour tenir les pieds chauds pendant les plus grands froids de l'hyver; des oursins on en fait des manchons & autres ouvrages de pelleterie.

Les peaux d'ours payent en France les droits d'entrée à raison de 20. s. la douzaine, & ceux de sortie sur le pied de 21 s.

Outre la grande quantité de peaux d'ours que vendent les Marchands Pelletiers, les Epiciers-Droguistes en vendent aussi la graisse ou suif qu'ils font venir ordinairement de Suisse, de Savoye & de Canada.

Cet axonge est un souverain remede pour la guérison des humeurs froides & des rhumatismes; on s'en sert heureusement pour la goute, & on l'employe dans plusieurs compositions Galeniques.

La graisse d'ours, pour être de bonne qualité, doit être nouvelle fonduë, grisâtre, gluante, d'une odeur forte & assez mauvaise, & d'une consistance moyenne; celle qui est trop blanche est sofistiquée & mêlée de suif ordinaire.

OURSIN, que l'on appelle aussi OURSON. Petit ours dont la peau est fort estimée pour les fourures. *Voyez ci-dessus* OURS.

OURSON. C'est la même chose qu'Oursin. On appelle aussi Oursons les manchons qui sont faits de la peau d'un jeune ours. *Voyez comme dessus.*

OUTIL. Instrument dont les Ouvriers & Artisans se servent pour travailler aux differens ouvrages de leur profession, art & métier.

Tels sont les marteaux, les compas, les rabots, les équerres, les villebrequins, &c.

A la fin de chaque article où l'on traite des Communautez des Arts & Métiers, on fait mention des machines, instrumens & outils dont chacun des Maîtres qui les composent se servent, & ils sont encore décrits en particulier & assez au long dans tout le corps de ce Dictionnaire.

OUTIL CROCHU. Les Sculpteurs & Marbriers ont un outil au nombre de ceux dont ils se servent, à qui ils ne donnent point d'autre nom que d'outil crochu, ce qui lui vient de la figure qu'il a.

Cet outil est une espéce de ciseau tranchant, tout d'acier, ou du moins de fer bien aceré par un bout qui est à demi-courbé en crochet. C'est avec ce ciseau qu'ils atteignent dans les endroits où les ciseaux quarrez ne peuvent entrer & où les pointus ne suffisent pas; ils sont propres sur tout pour bien tourner les cheveux des bustes & statuës & bien évider les plis des drapperies.

Les Artisans mettent quelque différence entre les outils & les instrumens; tout outil étant instrument; & tout instrument n'étant pas un outil.

OUTIL A FUST. On appelle ainsi parmi les Menuisiers un instrument qui est composé d'un fût, c'est à dire, d'une piéce de bois en forme de long billot, de diverses épaisseurs suivant son usage, d'un fer plat & tranchant, quelquefois uni par le bout, qui coupe, & quelquefois taillé autrement, & d'un coin de bois pour affermir le fer dans la lumiére.

Les outils à fût des Menuisiers s'appellent en général des Rabots. Leurs noms propres sont le Rabot, le Riflart, la Galére, les Varlopes, les Guillaumes, les Mouchettes, le Bouvement, les Bouvets & les Feuillerets. *Voyez ces articles.*

OUTIL A MANCHE. C'est tout outil de fer qui est emmanché de bois, comme les ciseaux, les fermoirs, le bec-d'âne, les gouges, &c.

OUTIL PLAT. Les Lapidaires appellent ainsi un petit cylindre, soit d'acier, soit de cuivre, attaché au bout d'un long fer, dont ils se servent dans la gravure des pierres précieuses. Ils le nomment Plat, parce que la section du cylindre tournée du côté de la pierre, est platte & unie; ce qui distingue cet outil de celui qu'on appelle une charniére, qui est aussi en forme de cylindre, mais creusé comme une virole.

OUTIL A ONDES. C'est un outil, ou plûtôt une machine ingénieuse & très-composée, dont les Menuisiers de placage, qu'on appelle Ebénistes, se servoient beaucoup autrefois, lors qu'ils travailloient à ces belles tables & à ces magnifiques cabinets d'ébéne qui ne sont plus à la mode, depuis que la marqueterie a été poussée en France à la perfection où on la voit.

C'étoit avec cet outil qu'on poussoit les moulures ondées qui faisoient une partie de la beauté de ces ouvrages, & qui servoient comme d'enquadrement à ces sculptures d'un si grand prix, dont le dessus des tables & les guichets des cabinets étoient ornez.

M. Felibien qui a donné la description de cette machine, & qui l'a fait graver dans ses Principes d'Architecture, la conservera apparemment à la posterité, où un ouvrage aussi utile que le sien ne manquera pas de passer; n'y ayant plus guére, ou peut-être point du tout d'Ebéniste qui s'en serve présentement.

OUTRE, que l'on appelle aussi simplement BOUC. C'est la peau de l'animal appellé Bouc, qui étant encore garnie de son poil, cousuë & préparée d'une certaine façon, sert comme de baril pour renfermer les liqueurs, afin de les pouvoir transporter avec plus de facilité.

En Espagne les outres sont d'un assez grand usage pour les vins; & en France on s'en sert très ordinairement pour les huiles. *Voyez* BOUC & PEAUX DE BOUC.

OUTREMER. Nom qu'on donne au bleu qui se fait avec la pierre d'azur, ou *Lapis Lazuli*. Ce bleu est regardé comme la couleur la plus précieuse que les Marchands Epiciers & Droguistes ayent dans leurs boutiques, & dont ils fassent commerce. Son plus grand usage est pour la peinture.

L'outremer se fait avec le plus beau lapis, qu'on calcine d'abord dans un mortier de fer, & qu'ensuite on broye très-subtilement sur le porphire: l'ayant après cela mêlé dans un pastel, ou pâte composée de cire, de poix grasse & d'huile, on lave bien cette pâte dans de l'eau très-claire pour en séparer la partie colorante, qui se précipite au fond en une poudre très-fine & très-belle; puis on verse l'eau par inclination, & l'on fait sécher la poudre qui reste, qui est le véritable outremer.

Ceux qui préparent cette sorte de couleur en font jusqu'à quatre espéces par le moyen des différentes lotions; la premiere étant plus belle que la seconde, & ainsi de suite en diminuant toûjours de bonté.

Il y a de l'outremer jusqu'à cinquante écus l'once, & d'autre qui ne coûte que dix ou douze livres.

Quelques-uns disent que l'on lui a donné le nom d'Outremer, à cause que le premier que l'on a vû en France y est venu des Indes & de Perse par la voye de Smirne, ou d'autres lieux au de-là de la mer; mais d'autres veulent simplement que c'est parce que son bleu est plus fort que celui de la mer.

On croit communément que le secret en a été trouvé en Angleterre; & qu'une personne de la Compagnie des Indes, qui avoit eu quelque démêlé avec ses Associez, crût ne pouvoir mieux se venger d'eux, qu'en rendant leur secret public.

Pour bien choisir l'outremer, il faut qu'il soit haut en couleur & bien broyé; ce qui se peut connoître en le mettant entre les dents; ou s'il est sableux, c'est une marque qu'il n'a pas été assez broyé. Pour sçavoir s'il est véritable & sans mêlange, on en peut mettre quelque-peu dans un creuset que l'on fera rougir au feu; si la couleur n'est point changée après cette épreuve, il est certain qu'il est pur; si au contraire on y remarque du changement ou quelques taches noires dedans, c'est une preuve qu'il a été falsifié. *Voyez* Azur, pierre minérale.

Il y a une autre espéce d'outremer, que l'on appelle Outremer commun, ou de Hollande, qui n'est autre chose que de l'azur en pierre, ou du smalte bien pulvérisé & broyé, dont la couleur, quand il est employé par les Peintres, approche beaucoup de celle du véritable outremer, quoi que cependant beaucoup moins estimé. *Voyez* Azur en poudre

L'outremer ou azur de roche fin paye en France les droits d'entrée à raison de 40 liv. du cent pesant, & l'azur d'émail gros & commun 3 liv. suivant le Tarif de 1664.

Les droits de la Douane de Lyon pour l'azur fin sont de 2 s. 4 den. la livre d'ancienne taxation, 8 l. le quintal d'anciens quatre pour cent, & 3 liv. de nouvelle réapreciation.

L'azur moyen y paye 30 s. du quintal d'anciens droits & 2 s. de réapreciation.

OUTRE-MOITIE'. Ce qui est au de-là de la moitié. La lézion outre-moitié suffit pour faire revenir un Acheteur contre le contract d'une chose achetée.

OUVERT. On appelle entre Marchands, Négocians & Banquiers un compte ouvert, celui qui n'est point arrêté, où l'on ajoûte journellement des articles, soit en recette, soit en dépense. *Voyez* Compte.

On dit aussi que les Ports sont ouverts, quand les vaisseaux marchands y peuvent entrer, ou en sortir, & y faire leur commerce en liberté. *Voyez* Port.

OUVERTURE. On appelle l'Ouverture d'une Foire, le jour fixé par le Magistrat pour y commencer l'achat & la vente des marchandises. L'ouverture de la Foire de S. Germain & de la Foire de S. Laurent se publie à Paris à son de trompe, & se fait en vertu d'une Ordonnance du Lieutenant Général de Police qu'on affiche aux principaux carrefours de la Ville. *Voyez* Foire.

OUVRABLE. Jour ouvrable, c'est celui où il est permis aux Marchands & Artisans d'ouvrir leurs boutiques, & d'y vendre, acheter & travailler en toute liberté. Il se dit par opposition aux jours de Fêtes, pendant lesquels les boutiques restent fermées, où il n'est permis aucun commerce que des denrées les plus necessaires à la vie, & seulement des autres marchandises que dans une nécessité & des cas extraordinaires. On dit aussi Jour ouvrier.

OUVRAGE. Se dit dans le négoce de ce qui est fait par la main des Ouvriers, Manufacturiers & Artisans, chacun suivant le privilége, ou permission qu'ils en ont par les Statuts & Réglemens de leurs Corps & Communauté. En ce sens on dit, Des ouvrages de bonneterie, de pelleterie, de menuiserie, de cordonnerie, & ainsi du reste, pour signifier les choses que les Bonnetiers, Pelletiers, Menuisiers, Cordonniers & autres Marchands & Artisans ont droit de fabriquer & de vendre.

Ouvrages-noirs. Ce sont les gros ouvrages de fer que peuvent forger les Maîtres Maréchaux en vertu de leurs Statuts, comme sont des socs de charrues, des houës, des fourches, &c. *Voyez* Marechal.

Ouvrages. Comme il y a beaucoup de marchandises qui sont employées dans les Tarifs, particuliérement dans le Tarif de la Douane de Lyon sous le nom d'ouvrages, on va, pour la commodité du Lecteur, les mettre ici dans l'ordre qu'ils s'y trouvent, avec les droits qu'ils payent en France, soit pour l'entrée, soit pour la sortie du Royaume.

Tarif de la Douane de Lyon.

Les ouvrages, cannetilles d'or ou d'argent, pour fond, matiere & manufacture, 4 liv. 4 s. de la livre d'ancienne taxation, & 10 s. pour la nouvelle réapreciation.

Ouvrages, cannetilles à ornemens & habillemens, étant de fil d'or & d'argent, d'une ou plusieurs sortes ensemble, 56 s. de la livre pour l'ancienne taxation & 6 s. pour la nouvelle.

Ouvrages, comme passemens de soye, housses, chausses de soye sans cramoisi, 14 s. de la livre d'ancienne taxation, & 2 s. pour la réapreciation.

Ouvrages faits d'or ou de soye, 56 s. la livre.

Ouvrages avec or & argent, piéces de chamois en broderie, 56 s. de la livre.

Ouvrages de fer, le quintal 3 s. d'ancienne taxation, & 1 s. de nouvelle réapreciation.

Ouvrages de fer étranger, 8 s. le quintal.

Ouvrages de Flandres & d'ailleurs, en lingerie de lin grosse & moyenne, comme, toilettes, mouchoirs, chemises & autres, non compris les dentelles & points coupez, la livre. V. Lingerie.

Ouvrages d'orfévrerie & pierreries payeront suivant l'estimation deux & demi pour cent.

Tarif de 1664. Entre'es.

Ouvrages de Flandres faits d'osier fin, le cent pesant 30 s.

Ouvrages de Flandres sur toile, la livre payera comme lingerie 18 s.

Sorties.

Ouvrages faits d'osier fin, soit de Flandres, ou d'ailleurs, le cent pesant comme mercerie, 3 liv.

Ou-

Ouvrages de fil fin, soit de Flandres, ou d'ailleurs, faits sur toile, 18 *s. de la livre*.

OUVRAGER. C'est enrichir un ouvrage de divers ornemens. On le dit des brocards à fleurs, des velours à ramage, des damas, &c. comme aussi de plusieurs autres choses que fabriquent divers Artisans, Menuisiers, Orfévres, Sculpteurs, &c.

OUVRÉ. Qui est travaillé. On dit du fer, du cuivre, du léton ouvré, &c.

Ce terme est très-commun dans les Tarifs pour la perception des droits d'entrée, ou de sortie qui se levent sur les marchandises; & l'on lui oppose presque toûjours celui de non-ouvré, c'est à dire, qui n'est pas travaillé. Le fer non-ouvré est du fer en barres; le cuivre non-ouvré est le cuivre en lames, & ainsi des autres métaux. *V. leurs articles*.

Le linge ouvré est celui sur lequel le Tisserant a fait divers ouvrages, & représenté des figures, des fleurs, des compartimens. On l'appelle aussi Linge damassé. Ce linge ne s'employe qu'au service de la table, ou tout au plus à faire des rideaux de fenêtres. *Voyez* Toile.

OUVREAUX. C'est dans les fourneaux à verre les bouches, ou ouvertures où sont les pots dans lesquels se fondent les matiéres propres à la vitrification. C'est aussi par les ouvreaux que l'on cueille, c'est à dire, que l'on prend le verre au bout de la felle pour le souffler, qu'on le chauffe, & qu'on l'ouvre.

On appelle le grand Ouvreau, une ouverture du fourneau qui a plus du double des autres ouvertures, & qui est assez grande pour que le plat de verre, dont le diamétre a plus de deux pieds & demi, puisse s'y ouvrir, & en sortir sans courir aucun risque d'être cassé en le retirant. Les deux ouvreaux des côtez s'appellent les Ouvreaux des aîles, & plus ordinairement les Ouvreaux à cueillir. *V.* Verre.

OUVRIER. Se dit en général de tout Artisan qui travaille de quelque métier que ce soit.

On appelle Ouvriers en draps d'or, d'argent & soye & autres étoffes mêlangées, ou Ouvriers de la grande navette, les Fabriquans & Manufacturiers qui fabriquent & font sur le métier avec la navette toutes sortes d'étoffes d'or, d'argent & de soye, ou mêlées d'autres matiéres, comme fleuret, laine, coton, poil & fil; telles que sont les velours, les damas, les brocards & brocatelles, les satins, les taffetas & tabis, les moires, les papelines, les gazes, les crêpes & autres semblables marchandises dont les largeurs sont d'un tiers d'aune & au dessus; celles au dessous étant réservées aux Maîtres Tissutiers-Rubanniers.

Les Ouvriers de la grande navette & les Tissutiers-Rubanniers ne faisoient autrefois qu'un Corps & Communauté; mais l'Arrêt du Conseil d'Etat du Roi du 8 Avril 1666, les a désunis, & en a fait deux Corps de métiers séparez. *Voyez* Tissutier-Rubannier.

A Paris, à Lyon & à Tours, les Ouvriers de la grande navette forment des Communautez considérables. Ces Communautez ont six Maîtres & Gardes-Jurez pour la conservation de leurs Privileges, & pour tenir la main à l'éxecution des Statuts, Ordonnances & Réglemens qui les concernent.

Les Statuts de la Communauté de Paris sont du mois de Juillet 1667, ceux pour Lyon du 19. Avril de la même année, & ceux pour Tours du 27 Mars aussi de la même année. On leur y donne le titre de Marchands Maîtres Ouvriers en draps d'or, d'argent & de soye & autres étoffes mêlangées.

Suivant ces Statuts aucun ne peut être admis à la Maîtrise, s'il n'a fait apprentissage, servi les Maîtres en qualité de Compagnon & s'il n'a fait Chef-d'œuvre.

A Lyon & à Tours, l'apprentissage doit être de cinq ans, & le service des Maîtres en qualité de Compagnon de cinq autres années. A Paris l'apprentissage doit être aussi de cinq ans; mais le service des Maîtres en qualité de Compagnon ne doit être que de trois années.

Pour ce qui est du Chef-d'œuvre il doit être fait tant dans l'une que dans l'autre de ces Villes, sur l'un des quatre draps ordonnez, qui sont le velours plein, le satin plein, le damas & le brocard d'or, ou d'argent.

Ces Statuts veulent encore que les six Maîtres & Jurez en Charge assistent aux enterremens des Maîtres & de leurs femmes qui viennent à déceder.

On parlera plus amplement des Réglemens faits pour les Ouvriers en drap d'or, d'argent & de soye, de Paris, de Lyon & de Tours à l'article général des Réglemens des Manufactures, où chacune de ces Villes, si célebres par les riches étoffes qui s'y fabriquent, aura un paragraphe particulier. *Voyez* Reglement.

Ouvriers en fer blanc et noir. Ce sont ceux que l'on nomme autrement Fer-Blantiers. Ils sont de la Communauté des Taillandiers, & se qualifient Maîtres Taillandiers, ouvriers en fer-blanc & noir. *Voyez* Taillandier.

Ouvriers, termes de Monnoyes. On appelle ainsi dans les Hôtels des Monnoyes, & particuliérement dans l'Hôtel de la Monnoye de Paris, ceux qui coupent, taillent & ajustent les flaons pour les réduire au poids des espéces, & les rendre conformes au deneraux ou poids matrices. On leur a donné le nom d'Ouvriers pour les distinguer des autres Ouvriers qui frapent les espéces qu'on nomme Monnoyers. Les femmes & les filles de ces Ouvriers à qui les Rois, de toute ancienneté ont accordé le droit d'être reçûes à travailler avec leurs péres & méres à tailler les espéces, sont aussi appellées Ouvriéres; mais plus ordinairement Taillereffes.

Les Ouvriers & Tailleresses doivent l'être d'estoc & de ligne, c'est à dire, descendant, ou des Ouvriers, ou des Tailleresses, pour être reçus à faire la taille des espéces, & n'ont besoin pour cela d'aucune Lettre, ou Provision du Roi, mais seulement de la prêtation du serment.

Les aînez des Ouvriers, Tailleresses & Monnoyers, ont droit d'être Monnoyer: mais tous les autres enfans, même ceux des Monnoyers, ne peuvent être reçûs qu'Ouvriers & Tailleresses.

Quand du mariage des filles des Tailleresses il n'est resté que des filles, ces filles n'ont plus droit de tailler dans les Monnoyes, non plus que les enfans des Ouvriers dont les péres ont manqué à se faire recevoir. Dans ces deux cas cependant on peut obtenir des Lettres d'interruption, & en conséquence être rétabli dans son ancien droit de famille. Mais ces nouveaux Ouvriers & Tailleresses sont tenus d'un an d'apprentissage qu'on appelle Accueillement. Les uns & les autres, tandis qu'ils sont Apprentifs sont nommez *Recuiteurs*, parce qu'autrefois, pendant qu'on faisoit la monnoye au marteau, ils faisoient recuire les lames & les carreaux.

Les Ouvriers sont en droit d'élire deux d'entr'eux, l'un pour

pour Prevôt & l'autre pour son Lieutenant. Ils ont aussi un Greffier, mais qui leur est commun avec les Monnoyers avec qui ils ne font qu'un seul Corps, bien qu'ils soient separez en deux Compagnies. Ces Officiers sont à vie, & sont reçûs pour les Juges-Gardes.

La fonction du Prevôt, ou de son Lieutenant, est d'aller recevoir des Maîtres des Monnoyes, par compte & par poids les lames qui sont à ouvrer, pour les distribuer aux Ouvriers & Tailleresses; étant responsables des pertes & déchets qui peuvent arriver pendant que l'ouvrage est entre leurs mains.

Les Ouvriers, aussi-bien que les Monnoyers, ont de grands Privileges accordez & confirmez successivement par presque tous les Rois de France depuis l'année 1211. jusques en l'année 1690. on les peut lire dans les Ouvrages de Messieurs Bouteroue, le Blanc & Boissard, & autres Auteurs qui ont écrit des Monnoyes. *Voyez* Monnoyage.

Ouvriers en Bas au Metier. *Voyez* Bas. *Voyez aussi* Bonnetier.

Ouvriers au Tricot. *Voyez comme dessus.*

Ouvriers de Forge. On nomme ainsi dans les anciens Statuts des Maîtres Selliers Lormiers, ceux d'entr'eux qu'on appelle autrement Lormiers Eperonniers; c'est à dire, ceux qui forgent & vendent les mords, éperons, étriers & autres piéces de fer servant aux harnois des chevaux, ou qui sont propres à monter & suspendre des carrosses, chaises roulantes & autres sortes de voitures. Les autres Maîtres s'appellent Selliers Garnisseurs.

Ces deux sortes d'ouvriers, qui ne faisoient autrefois à Paris qu'une même & seule Communauté, sont presentement separez en deux Corps de Jurande; l'un qu'on nomme vulgairement des Maîtres Eperonniers, quoi qu'ils conservent toûjours leur commune qualité de Selliers-Lormiers; & l'autre des Maîtres Selliers, qui à ces deux anciens noms ajoûtent encore celui de Carrossiers. *Voyez* Sellier. *Voyez aussi* Eperonnier.

Ouvriers a façon. On appelle ainsi dans les Manufactures de Draps d'or, d'argent & de soye de la Ville de Lyon, les Maîtres-Ouvriers qui travaillent, ou font travailler pour les Maîtres-Marchands, & à qui on ne paye que la façon de leurs ouvrages; le reste comme l'or, l'argent, la soye, &c. leur étant fourni par ceux qui les leur commandent. *Voyez* Maîtres-Marchands & Maîtres-Ouvriers a façon.

OUVRIR LA LAINE, c'est la battre sur une claye pour en faire sortir la poussiére & les ordures, & la passer ensuite entre les deux grosses cardes qu'on nomme Cardasses en Languedoc, dont le Cardeur en tient une à la main, & l'autre est attachée sur une espéce de chevalet. *Voyez* Cardasses.

Ouvrir les peaux. Terme de Chamoiseur. C'est les faire passer sur l'apalisson ou poinçon pour les rendre plus moles & plus maniables. *Voyez* Chamois, *où il est parlé de la maniére de passer les peaux de moutons en huile, ou comme on dit plus ordinairement Chamois.*

Ouvrir la bosse. Terme de Verrerie. C'est lors qu'après que le verre soufflé à plusieurs reprises, a pris enfin la forme d'un bocal, ou d'une calebasse, ce que les ouvriers appellent Bosse, & qu'il a été incisé & branché, on le presente au feu du grand ouvreau, & qu'on l'y tourne en rond jusqu'à ce que cette bosse s'etende d'elle-même, & s'ouvre tout à fait; ensorte qu'elle forme ce qu'on appelle un plat, ou rond de verre.

On dit aussi ouvrir le verre à l'égard du verre en table, lors que le Gentilhomme Verrier ayant incisé en long le cylindre qu'il a soufflé, & l'ayant coupé par les deux extrémitez, le reporte à l'ouvreau; & qu'après qu'il est suffisamment chauffé, il l'ouvre & l'applatit avec une verge, ou baguette de fer. *Voyez l'article du verre.*

Ouvrir un compte. C'est le placer dans le grand Livre. *Voyez* Compte.

OUVROIR. Vieux mot qui signifie Boutique. Il signifie encore aujourd'hui, ces legéres boutiques mobiles, faites de bois, qu'ont les Maîtres Savetiers de Paris presque à tous les coins des ruës, & derriére lesquelles ils étalent leur marchandise, & travaillent de leur Métier. On les appelle autrement des Etals, ou Etaux. Ces deux termes sont employez en ce sens dans les sept & trentiéme articles de leurs nouveaux Statuts. *Voyez* Savetier.

Ouvroir. C'est aussi dans les Manufactures de Lainage, le lieu où sont montez les métiers, & où les Ouvriers travaillent. Cette Manufacture est considérable, elle a vingt ouvroirs & vingt métiers battans dans chaque Ouvroir.

OXICEDRE. C'est un arbre de différentes grandeurs, ordinairement tortu, dont les feuilles sont longues & piquantes, toûjours vertes, & ce semble même davantage en hiver. Son fruit verd dans son commencement, devient rouge en meurissant.

L'on tire du tronc de cet arbre en y faisant des incisions, une gomme très-claire & très-transparente, qui est le véritable Sandarac, mais que l'on voit rarement en France, & à laquelle on substituë la gomme du Genévre.

C'est du bois de l'Oxicédre que l'on tire par la cornuë la vraye huile de Cade, autrement Cedria, pour laquelle, à cause de sa rareté, on employe ou l'huile tirée du grand & petit genévre, ou l'huile claire de la poix, à qui le nom d'huile de Cade est resté.

La véritable huile de Cade est souveraine pour les dartres vives & farineuses; on s'en sert aussi utilement pour guérir la gale des chevaux, des bœufs & autres bestiaux. *Voyez* Huile de Cade & Sandarac.

OYE. Gros oiseau avec le col long, les jambes courtes & les pates fenduës & faites peu differemment de celles des cannes. L'Oye est proprement amphibie, vivant sur la terre & nageant sur l'eau. Il y en a de deux sortes, l'Oye domestique & l'Oye sauvage. On donne le nom de Jars au mâle.

Cet oiseau est d'un grand rapport, & l'on en tire plusieurs marchandises pour le Commerce, outre le profit qu'il fait pour la cuisine lors qu'on l'engraisse.

Le duvet, qui en est une plume fine & délicate, se tire du col, de dessus le ventre, & de dessous les aîles. Quelques-uns en font trois récoltes par an, & d'autres seulement deux. Ceux qui n'en font que deux, ôtent la premiére plume au Printems & la seconde au mois de Novembre: cette derniére plus modérément à cause de l'approche de l'hyver.

Quand on veut faire trois récoltes de duvets, l'une se fait à la fin de Mai après leur premiere ponte; l'autre à la saint Jean, & la troisiéme au mois d'Août. Mais dans quelque tems qu'on ôte le duvet il faut attendre qu'il soit mûr, ce qui se reconnoît lors qu'il commence à tomber de lui-même;

même; autrement les vers s'y mettent à cause du sang qui sort au bout du tuyau lors que la plume n'est pas en maturité.

La plume d'Oye morte n'est pas si bonne que celle de l'Oye vivante, & a ordinairement une odeur forte & de relend.

Les Marchands Epiciers & Droguistes en gros, les Tapissiers & Merciers, font le commerce du duvet. Il y a même de ces derniers qui ne font que ce négoce. Les Tarifs appellent le duvet, Plume à Lit. *Voyez* Duvet.

Les plumes à écrire sont une seconde marchandise que l'Oye fournit au Commerce; elles se tirent des aîles de l'oiseau au mois de Mars & au mois de Septembre.

Il y en a de deux sortes, les grosses plumes & les bouts d'aîles. Elles se vendent par les Merciers-Papetiers, au millier, au cent, au quarteron après les avoir préparées & affermies en les passant legérement sous de la cendre chaude, & les avoir mises en paquets qui sont liez ordinairement en trois endroits. *Voyez* Plume a ecrire.

Les cuisses d'Oyes salées qu'on tire de Bayonne & d'Auch, & qui sont fort estimées, sont une troisiéme marchandise que fournissent ces oiseaux.

Enfin, la graisse d'Oye est une quatriéme marchandise qu'on en tire. Elle sert en Médecine, & pénétre, resout & rarefie facilement. On lui donne plusieurs qualitez, mais ces propriétez ne sont pas de ce Dictionnaire.

On appelle Merde d'Oye une couleur jaunâtre mêlée de verd, qui ressemble en quelque sorte à l'excrément de cet oiseau. *Voyez* Merde d'Oye.

OYER. Celui qui vend des Oyes. Les anciens Statuts des Maîtres Rotisseurs de la Ville & Fauxbourgs de Paris, leur donnent la qualité de Maîtres du Métier d'Oyers & Rotisseurs. *Voyez* Rotisseur.

P.

P Quinziéme lettre de l'Alphabet François. Les teneurs de Livres, Banquiers & Négocians, s'en servent pour les abréviations suivantes. P. signifie protesté, ou payé. AP. à protester. ASP. accepté sous protest. ASPC. accepté sous protest pour mettre à compte. P $\frac{o}{o}$ pour cent.

PAC, PACT, PACTE. Châcun de ces termes signifie Traité, Accord, Promesse, Convention. On s'en sert quelquefois dans le Commerce, particuliérement dans les Provinces. Les termes de Traité, Accord, Promesse, Convention, sont plus d'usage. On les trouve néanmoins dans la Porte & autres Auteurs modernes qui ont écrit du Commerce.

PACO. Le Paco est une des sortes de minerais, ou pierre metallique, qui se tire des mines d'argent du Chilly & du Perou; il est d'un rouge jaunâtre, mou & naturellement tout brisé en morceaux; il est peu riche; c'est à dire qu'il produit peu d'argent. *Voyez* Argent.

PACOS. C'est aussi une espéce extraordinaire de Brebis qui se trouve dans le Pérou, dont la laine est très-longue & très-fine, & peut s'employer à quantité de beaux ouvrages. *Voyez* Brebis *où il est parlé de celles du Pérou.*

PACOTILLE, que quelques uns écrivent aussi PAQUOTILLE. Terme de commerce de mer, qui signifie un certain poids, volume ou quantité de marchandises qu'il est permis aux Officiers, Matelots & gens de l'équipage, d'embarquer pour en faire commerce pour leur compte: on l'appelle aussi Portée.

La Pacotille ne paye aucun fret, ni pour l'aller, ni pour le retour, il n'en est pas même ordinairement fait de mention dans les engagemens; étant une convention particuliére & verbale, qui se fait entre l'équipage & les propriétaires des navires marchands, singuliérement de ceux destinez pour aller négocier dans les Païs éloignez par des voyages de long cours.

PACTION. Signifie accord & convention. On le dit aussi des diverses clauses qu'on met dans quelque marché, ou traité.

PADOUE, ou PADOU. Espéce de Ruban, ordinairement composé de soye & de fleuret; il y en a aussi de pur fleuret, & même quelquefois de fleuret & de fil. Cette sorte de Ruban sert à border les jupes, jupons, robes de chambres, & autres habillemens de femmes; on en borde aussi les soûtannes des Gens d'Eglise, les robes de Palais, &c. enfin, on l'employe à plusieurs sortes d'ouvrages de Couturiéres, de Tailleurs, de Tapissiers & de Chasubliers.

L'on fabrique en France des Padouës en divers endroits, mais les meilleurs qui se fassent, sur tout de ceux où il entre de la soye & du fleuret, sont les padouës de Lion, qu'on appelle de la sorte, non qu'ils s'y fabriquent tous; mais parce que c'est de cette Ville que les Marchands de Paris les tirent, quoi que les Ouvriers qui les travaillent ayent pour la plûpart leurs Métiers à saint Etienne petite Ville de Forêt, & à saint Chaumont autre petite Ville du Lionnois.

Il y a des padouës de toutes couleurs & de toutes largeurs. Il ne s'en fait pourtant que de quatre numéros; c'est à dire de quatre sortes dans les fabriques du Lionnois & du Forêt. Ces numeros sont,

N°. 2. qui porte neuf lignes, ou les trois quarts du pouce de Roi, de largeur.

N°. 3. qui est d'un pouce trois lignes.

N°. 5. qui est d'un pouce six lignes.

Le dernier numero, qui n'a pas toutefois de chifre qui le désigne, est très-large, & a au moins trois pouces dix lignes qui est la plus grande largeur qui se fabrique en padouë.

Les piéces de padouë sont ordinairement de 24 aunes.

Cette espéce de Ruban qui est mis dans le Tarif de 1664. sous le nom de Ruban de Filozelle, paye en France les droits d'entrée sur le pied de Ruban de soye; c'est à dire quatre francs la livre, & pour ceux de sortie 8 *liv.* 8 *sols le cent pesant.*

PAGALLE. Sorte de rame, ou d'aviron dont on se sert à canoter; c'est à dire, à conduire les canots dans plusieurs endroits de l'Amérique.

Pagalle. Se dit aussi dans les Sucreries des Isles Antilles, d'une grande espatule de bois semblable à la pagalle des canots, hors qu'elle est plus petite. On s'en sert pour remuer le sucre quand il rafraîchit afin d'en former le grain. *Voyez* Sucre.

PAGAMENT. Quelques Marchands se servent dans le Commerce de ce terme demi-Italien, pour signifier payement. Mais il n'est guére d'usage qu'en Provence & en Dauphiné. *Voyez* Payement.

PAGIAVELLE. Certain compte des piéces de marchandise dont on se sert en quelques lieux des Indes Orientales, lors que l'on vend en gros; ce qui est à proportion comme ce qu'on appelle en France une. Grosse. Les toiles se vendent à Pégu au Pagiavelle de quatre piéces.

PAGODE. Monnoye d'or qui a cours en quelques Royaumes & Etats des Indes Orientales, particuliérement dans ceux des Royaumes de Golconde & de Visapour, & des Rayas de Carnatica & de Velouche. On s'en sert aux mines de diamans pour le payement de cette précieuse marchandise.

Les pagodes sont rondes du poids à peu près des demi-pistoles d'Espagne, mais elles sont à beaucoup plus bas titre: il y a aussi des demi-pagodes. Les unes & les autres, c'est à dire, les Pagodes & les demies, se distinguent en vieilles & nouvelles; ce qui fait une grande différence. Les vieilles quoi qu'à peu près du même or que les nouvelles, valent quelquefois quinze & vingt, & souvent vingt-cinq pour cent davantage que ces derniéres.

Les nouvelles Pagodes portent différentes empreintes, ou figures suivant les divers Princes qui les font frapper; mais communément les vieilles n'ont qu'un petit point couvert, & comme couronné d'une espéce de chevron brisé.

Il y a aussi des Pagodes que quelques Nations d'Europe, qui ont de grands établissemens aux Indes, y font frapper. Les Anglois en fabriquent au Fort de S. Georges, autrement Madras-patan; elles sont du même poids, du même titre, & passent pour la même valeur que celles du Païs.

Celles que les Hollandois font battre à Palicate sont du même poids que celles des Anglois, mais le titre en est meilleur de deux ou trois pour cent, & par cette raison sont plus estimées & plus recherchées que les Angloises, & même que celles des Rois & des Rajas du Païs.

Pagode. C'est aussi une monnoye d'argent qui se fabrique à Narsingue, Bisnagar & quelques lieux voisins. Ces pagodes sont ordinairement marquées d'un côté de la figure monstrueuse d'une Idole Indienne, ce qui leur a donné le nom de Pagode, qui est le nom général de toutes les fausses Divinitez des Indiens, & des Temples où il les adorent; de l'autre côté, au revers de l'Idole, est un Roi assis sur un char tiré par un élephant.

Il y a des Pagodes de divers prix & à divers titres; les moindres sont de huit tangas, à prendre le tanga pour quatrevingt-dix ou cent basarucos des Indes. *Voyez* Bazaruco.

PAIGNES. Espéces de tapis, ou couvertures dont les Négres des Côtes de Guinée se couvrent. Elles sont ordinairement teintes avec de l'indigo. Il s'en fait un très-grand commerce par les Portugais qui sont établis à Cachea & en d'autres lieux de cette Côte; ils en font la traite avec les Négres qui les revendent ensuite à ceux chez qui il ne s'en fait pas. *Voyez à l'article général du Commerce celui des Côtes d'Afrique.*

PAILLE. Le tuyau & l'épi des gros & menus bléz lors qu'ils ont été battus.

Non seulement la paille sert pour l'engrais des terres après avoir été réduite en fumier, & il s'en fait un grand commerce pour la nourriture de toutes sortes d'animaux, mais il y a même à Paris des Communautez des Arts & Métiers dont tous les ouvrages des Maîtres ne consistent qu'en paille, ou du moins qui font beaucoup d'ouvrages où il y en entre; tels sont entr'autres des Nattiers, & tels encore, les Tourneurs-Empailleurs de chaises. *Voyez* Nattier *&* Tourneur.

Les Chandeliers, les Regrattiers & Regrattiéres font aussi un petit trafic de paille qu'ils débitent à la botte. *Voyez* Chandelier *&* Regrattier.

L'on se sert aussi de paille dans le négoce pour faire les embalages des balots, & caisses de marchandises qu'on veut transporter au loin par des voitures. *Voyez* Embalage.

Les droits d'entrée qui se payent en France pour la paille, sont de 4 sols par char, & ceux de sortie de 2 sols.

Paille. Signifie aussi en terme de jouaillerie un défaut qui se trouve dans les pierres précieuses, particuliérement dans les diamans, c'est à dire, quelque petit endroit obscur, étroit & un peu long, qui se trouve dans le corps de la pierre, & qui en interrompt l'éclat & le brillant.

Quelques-uns confondent la paille avec la glace & la surdité, mais ces trois défauts sont différens. Les pailles diminuent considérablement le prix du diamant. *Voyez* Diamant *&* Pierre precieuse.

Paille. C'est encore un endroit défectueux dans les métaux, qui les rend cassans & difficiles à forger; on le dit sur tout du fer & de l'acier. Ce fer est plein de pailles, L'acier aigre a toûjours des pailles. *Voyez* Fer *&* Acier.

Pailles de fer, Pailles d'acier. Ce sont des espéces d'écailles qui tombent de ces métaux quand on les forge à chaud. Elles servent à faire le noir & quelques autres couleurs des Peintres sur verre. *Voyez* Peinture sur verre.

PAILLET. Il ne se dit que des liqueurs & particuliérement du vin. Le vin paillet est du vin rouge, mais d'un rouge foible & très-clair. *Voyez l'article des Vins.*

PAILLETTE. Petite particule d'or que l'on recueille dans les lavadores, dans quelques riviéres, dans des torrens & dans les lieux où il y a des mines de ce riche métail. Il se fait sur les Côtes d'Afrique & sur tout le long de la Côte d'or, un grand négoce de ces paillettes d'or. On les y appelle de la Poudre d'or. *Voyez* Poudre d'or.

Il y a aussi des paillettes d'argent, mais elles ne se trouvent que dans les mines de ce métail. On appelle Arpailleurs les Ouvriers des mines qui ont soin d'y recueillir tous ces petits grains d'or échapez à la premiére recherche. *V.* Arpailleur.

Paillette. Se dit aussi des petits grains d'or ou d'argent ronds & applattis, & percez au milieu, dont on parséme quelquefois les broderies pour leur donner plus d'éclat. On ne s'en sert plus guére que pour des ornemens d'Eglise & pour des habits de théâtre & de masque; mais ces derniéres ne sont que de léton doré, ou argenté. On fait aussi des paillettes d'acier qu'on mêle dans les jays blancs & noirs dont on fait des broderies pour le petit deuil des femmes.

PAILLEUR, ou PAILLEUX. Celui qui fait le commerce des pailles. Chaque grande maison a son Pailleur qui a soin de fournir ce qu'il en faut pour entretenir les écuries, pour le ratelier & pour la litiére. Ce négoce est libre & se fait ordinairement par les Fermiers de la campagne des environs de Paris, en payant le droit de barrage aux entrées de la Ville, à tant par cent.

PAILLEUX. Métail qui a des pailles. C'est un grand défaut pour le fer & pour l'acier d'être pailleux; outre que cela les rend cassans, ils souffrent un grand déchet à la forge.

PAILLON DE SOUDURE. Se dit chez les Marchands Orfévres d'un certain petit morceau de soudure, ou métail mince & allié, qui sert à souder les ouvrages d'orfévrerie. Lors qu'on veut souder quelque chose on coupe la soudure par paillons.

PAILLONS. Est encore un nom que l'on donne à de petites feuilles quarrées de cuivre battu très-minces, colorées d'un côté, que l'on met par petits morceaux au fond des chatons des pierres précieuses & cristaux. *Voyez* BOÎTE A LA FEUILLE.

PAIN. Masse de pâte cuite qui sert de principale nourriture à l'homme.

Ce sont les Maîtres Boulangers de la Ville de Paris qui paîtrissent, qui font cuire, & qui débitent le pain aux Habitans de cette grande Ville.

Il est néanmoins permis aux Boulangers des petites Villes & Villages des environs d'y apporter leurs pains & de les exposer en vente les jours de marchez fixez aux Mécredi & au Samedi de chaque semaine. Les Boulangers de la Ville & ceux des Fauxbourgs qui composoient autrefois des Communautez séparées ont été réünis sous le régne de Louïs XIV. par un Edit du mois d'Août 1711. *V.* BOULANGER.

Les grains dont on se sert le plus communément en Europe, pour en tirer la farine de laquelle on fait le pain, sont le froment, le ségle & le méteil; ce dernier est un mélange des deux autres. Dans les grandes chertez de grains, les pauvres gens font du pain d'orge & d'avoine; le bled farrazin est aussi un grain dont l'usage est assez ordinaire dans quelques Provinces de France.

Le pain se fait de farine de mays dans plusieurs endroits de l'Asie, de l'Afrique & de l'Amérique; outre le mays l'Amérique a encore la racine de cassave dont le suc est un poison, mais dont la farine que l'on en tire en la rapant fait un pain délicat & nourrissant.

Les diverses espéces de farines dont les Boulangers de Paris font leur pain, sont la pure fleur de farine pour le pain molet, la farine blanche d'après la fleur pour le pain blanc; les fins gruaux mêlez avec cette derniére pour le pain bis-blanc; les gros gruaux avec partie de farine blanche & de fin gruau pour le pain bis; enfin dans la rareté des grains & des farines on mêle aussi des recoupettes parmi les farines dont on fait le pain bis. Quelques Boulangers de Paris font remoudre les gruaux pour en faire des petits pains, parce qu'il bouffe plus que la fine fleur; mais il n'est pas si bon.

Les Boulangers de Paris aussi-bien que ceux de la campagne, qui apportent leur pain aux Marchez les Mécredis & les Samedis, doivent le marquer par dessus, afin que le Bourgeois qui l'achette en puisse connoître le poids.

Pour rendre ce poids juste il faut observer une certaine proportion entre la pâte avant de la mettre au four, & le pain lors qu'il est cuit, à cause du déchet de la cuisson qui est toûjours plus considérable pour le petit que pour le gros pain.

Le pain qui s'expose au marché est ordinairement de 12 livres pour le plus gros qu'on appelle Pain de brasse, & de deux livres pour le moindres qu'on nomme petits Pains. La proportion du poids de la pâte cruë & de celui de pain au sortir du four, pour les diverses pesanteurs qui sont depuis les pains de douze livres jusqu'à ceux de deux livres, est d'une livre pour les pains de douze, de trois quarts pour ceux de dix & de huit, de demi-livre pour ceux de six & de cinq, & d'un quart pour ceux de trois & de deux. Il se fait aussi des pains de neuf, de sept & de quatre livres, dont on régle le déchet sur le pied de ceux dont ils approchent le plus.

Les anciens Statuts des Boulangers de Paris parlent de plusieurs espéces de pains qui ne sont plus connuës, comme sont le pain Chailly, le pain Faitis, le pain de Brode & le pain de pot.

Ceux que font & débitent presentement les Boulangers de petit pain, sont le pain de Chapitre, le pain à la Reine, le pain à la Montauron, le pain de Segovie, le pain de Gentilly, le pain de condition, le pain long & le pain cornu.

Les défauts du pain suivant les Réglemens, sont d'être reboutis, ratez, durs, ars, échaudez & métournez.

Le pain chaland est un pain très-blanc, fait de pâte broyée. Ce qu'on appelle Pain de Chapitre est comme le pain molet du pain chaland.

Le pain chapelé est du pain dont on a enlevé le plus gros de la croute avec un couteau. La chapelure du pain sert à épaissir plusieurs ragoûts & se vend au litron.

PAIN A CHANTER. C'est du pain sans levain qui sert à la Consécration dans le Sacrifice des Catholiques. Il est fait de la plus pure farine de froment entre deux plaques de fer gravées en forme de gaufrier, que l'on frote d'un peu de cire blanche pour empêcher que la pâte n'y tienne. Ce sont les Patissiers-Oublieurs qui les font; il y a plusieurs Maîtres qui ne vivent que de ce métier. *Voyez* PATISSIER.

PAIN BENIT. Pain que l'on offre à l'Eglise pour le benir, & qui se partage & se distribuë aux Fidéles qui assistent au service divin dans les Eglises Catholiques. Il semble tenir lieu des agapes, ou festins sacrez des premiers Chrétiens, ce sont les Patissiers qui le font. *Voyez* PATISSIER.

PAIN DE MOUTON. Petit pain molet doré par dessus avec du jaune d'œuf, & couvert de quelques grains de froment. Ce pain qui ne se fait que vers le tems des étrennes, & qui sert à faire de petits presens dans les premiers jours de l'année, est du métier de Patissier & non pas du Boulanger.

PAIN D'EPICE. Sorte de pain assaisonné d'épices, qu'on paîtrit avec l'écume de sucre, ou avec le miel jaune. *Voyez* EPICE & MIEL *vers la fin de l'article.*

On appelle Pain-d'épicier celui qui fait ou qui vend le pain d'épice. A Paris les Pain-d'épiciers forment une Communauté particuliére qui a des Statuts & des Jurez pour les faire executer.

Le pain d'épice paye en France les droits d'entrée à raison de 30 s. du cent pesant, & pour ceux de sortie 13 s.

PAIN. Se dit aussi de plusieurs corps ou matiéres que l'on réduit en masse pour en faciliter le transport & le commerce.

PAIN DE BOUGIE. C'est de la bougie filée que l'on a tortillée ou pliée d'une certaine maniére pour s'en pouvoir servir plus commodément. *Voyez* BOUGIE *vers la fin de l'article.*

PAIN DE CIRE. C'est une masse de cire platte & ronde, d'environ un pied de diamétre & de trois pouces de hauteur. *Voyez* CIRE.

Pain de Sucre. C'est du sucre affiné que l'on dresse dans des moules de figure conique, & que l'on vend envelopé de gros papier bleu ou gris. *Voyez* Sucre.

Pain de savon, qu'on appelle plus ordinairement Table de savon. C'est du savon dressé dans des moules d'un pied & demi en quarré & d'environ trois pouces de hauteur.

Il y a cependant quelque différence entre la table & le pain de savon, la table s'entendant du savon au sortir du moule, & le pain lors que la table a été coupée en morceaux. *Voyez* Savon.

Pain de Craye. C'est un morceau de craye de forme quarrée, arrondie, long de six pouces & épais de trois à quatre. *Voyez* Craye.

Pain de lie. C'est la lie séche que les Vinaigriers tirent de leurs presses après en avoir exprimé tout le vin pour faire leur vinaigre. *Voyez* Vinaigrier.

Pain d'Acier. C'est une sorte d'acier qui vient d'Allemagne; il est différent de celui que l'on appelle Acier en bille. *Voyez* Acier.

Pain de rose, qu'on nomme aussi Chapeau de roses. C'est le marc des roses qui reste dans les alembics après qu'on en a tiré l'eau, l'huile ou les autres extraits. *Voyez* Rose fleur.

Pains, que l'on appelle autrement Meules & quelquefois Piéces. Ce sont de grands fromages plats & ronds, de la forme des meules à rémouleurs. Il en vient d'Italie, de Suisse & d'Angleterre de diverses grandeurs & de différens poids. *Voyez* Fromage.

PAINES, ou PESNES. Les Corroyeurs nomment ainsi les morceaux de drap ou d'étoffe de laine dont ils font leur gipon. *Voyez* Gipon.

PAIR. Terme d'arithmétique qui se dit des nombres qui peuvent être divisez en deux parties égales sans reste. *Voyez* Nombre pair.

Parmi les Marchands, Négocians & Banquiers, on dit que le change est au pair, pour faire entendre qu'il est égal de part & d'autre, c'est à dire, qu'il n'y a rien à gagner ni à perdre dans les négociations que l'on fait d'argent & de lettres de change, en sorte que pour une somme qu'on donne en un endroit, on reçoit pareille somme dans un autre, sans qu'il en coûte de change ou de remise.

Quelques Négocians, particuliérement les Banquiers Provençaux se servent en ce sens du mot étranger Pari, au lieu de Pair.

Pair. Se dit aussi de l'égalité des monnoyes entr'elles, c'est à dire de ce qu'il faut donner d'une sorte d'espece pour y rencontrer juste la valeur d'une autre.

L'on va donner ici le pair de l'écu de France de soixante sols de neuf au marc, avec les monnoyes étrangéres, soit réelles, soit de compte, des principales Villes de commerce de l'Europe, ce qui servira en même tems pour connoître le rapport de toutes les autres monnoyes entr'elles.

L'écu de soixante sols de France vaut cent deniers de gros de Hollande & cent un de Cologne.

Cinquante-quatre deniers sterlins d'Angleterre.

Quarante-huit sols lubs d'Allemagne & de Hambourg.

Quatrevingt-huit creuxs d'Ausbourg. Quatrevingt-dix de Francfort. Quatrevingt-neuf de Nuremberg. Quatrevingt-trois de Bolzam, & quatrevingt-quatre de Suisse.

Huit jules & demi de Rome, autant d'Ancone.

Trois testons de Florence.

Cinquante-huit soldi, ou sols de Livourne. Quatrevingt-trois de Boulogne. Soixante & trois de Genéve. Quatrevingt-quatorze de Milan. Soixante de Nove.

Cinq lires ou livres de Gennes. Quatre lires & dix soldi de Luques. Huit lires de Bergame. Trois lires quinze soldi de Savoye.

Neuf carlins de Naples. Autant de Sicile.

Vingt & un gros & trois cinquiémes de Venise. Vingt-quatre gros de Naumbourg.

Trois cens soixante & douze maravedis d'Espagne.

Six cens rays de Portugal.

Quatre tarins & quinze grains de Malte.

Cent vingt aspres de Constantinople.

Un demi-hongre d'or de Hongrie.

Deux florins de Liége. Trois de Strasbourg. Vingt de Raconis.

Quatrevingt-dix grochs de Pologne. Vingt-quatre de Berlin.

Vingt-quatre marcs de cuivre de Suéde.

Cinquante grives, ou grifs de cuivre de Moscovie.

Enfin, quatre hors de Dannemarck.

Il faut remarquer, comme on l'a insinué d'abord, qu'une partie des monnoyes qu'on a réduites au pair de l'écu de France sont monnoyes de compte, & les autres monnoyes courantes. Elles sont toutes expliquées à leur article particulier.

Paire. Signifie deux choses parfaitement semblables, & dont l'une ne se vend presque jamais sans l'autre. Une paire de Pendans d'oreilles, une paire de bas, de gans, de jartiéres, de souliers, de pantoufles, de chaussons, de chaussettes, de manches, de manchettes, de chenets, de pistolets d'étriviéres, d'étriers, &c.

Paire. Se dit aussi de certaines marchandises composées de deux parties pareilles, encore qu'elles ne soient point divisées. Une paire de lunettes, de mouchettes, de cizeaux, de forces, de tenailles, de pincettes, de sangles, &c.

Paire. Se dit encore par extension d'une chose seule qui n'est point appariée. Ainsi l'on dit une paire de tablettes, une paire d'heures, une paire de vergettes, de décrotoires, &c. pour dire des tablettes, un livre d'heures, des vergettes, des décrotoires.

PAIREMENT-PAIR, PAIREMENT-IMPAIR. Terme d'Arithmétique. *Voyez nombre pair.*

PAISSEAU. Nom que l'on donne dans quelques Provinces à ce qu'on appelle à Paris & ailleurs des Echalas. *Voyez* Echalas.

Paisseau. C'est aussi une étoffe de laine croisée, une espéce de serge qui se fabrique en Languedoc, particuliérement à Sommiers & aux environs. *Voyez* Serge.

PAITRAIN. Vaisseau dans lequel l'on paîtrit & l'on fait la pâte.

Les Paîtrins des Boulangers sont des espéces de huches, ou coffres de bois à quatre ou six pieds, suivant la grandeur, y en ayant où l'on peut paîtrir jusqu'à vingt & vingt-quatre boisseaux de farine à la fois. Aux petits paîtrins, c'est à dire, ceux qui ne peuvent contenir que sept ou huit boisseaux, le couvercle est attaché avec des couplets, & se leve sur le derriére comme aux bahus. Pour les grands ils ont un couvercle coupé en deux qui se tire à coulisse par le moyen d'une piéce de bois à rainure qui traverse la largeur du du Paîtrin; & qui étant mobile, s'ôte & se remet à volonté. Près du Paîtrin se placent deux tables, l'une qu'on appelle le Tour, ou Tables à tourner, & l'autre la Table à coucher. *Voyez* TOUR & TABLE.

PAITRIR. Faire de la pâte pour en faire ensuite du pain, ou des pâtisseries en les mettant cuire au four. L'on commence toûjours à paîtrir la pâte destinée à faire du pain avec les mains; mais souvent lors que l'ouvrage est difficile, & qu'il y a beaucoup de farine, on l'achéve avec les pieds, quelquefois nuds, & quelquefois, pour plus de propreté, enfermez dans un sac. Cette maniére de paîtrir aux pieds se fait assez souvent dans les paîtrains mêmes s'ils sont grands & solides, mais plus souvent encore sur une table placée à terre où l'on étend la pâte qu'on veut achever aux pieds. Les Pâtissiers paîtrissent sur une espece de dessus de table mobile qui a des bords de trois côtez, qu'ils appellent un Tour, & quelquefois sur une table ordinaire. *Voyez* PASTE. *Voyez aussi* TOUR.

PALABRE. On appelle ainsi sur les Côtes d'Afrique, particulierement à Loango de Boirie, à Melimbo & à Cabindo, situez sur celles d'Angola, ce qu'on nomme Avanie dans le Levant; c'est à dire un présent qu'il faut faire aux petits Rois & aux Capitaines Négres, pour le moindre sujet de plainte qu'ils ont véritablement, ou qu'ils feignent d'avoir contre les Européens qui font la traite avec eux, sur tout s'ils se croyent les plus forts.

Ces Palabres se payent en marchandises, en eau-de-vie, en rassade & autres choses semblables, suivant la qualité de l'offense, ou plûtôt la volonté de ces Barbares. *Voyez dans l'article général du Commerce, l'endroit où il est parlé de celui qui se fait sur la Côte d'Angole.*

PALAN, terme de marine. C'est une ou plusieurs cordes, selon la pesanteur du fardeau, qui avec des poulies, ou des moufles, servent à embarquer ou desembarquer les marchandises.

PALANCHE. Ce terme est employé dans le Tarif de 1664. On n'a pû en appprendre la signification.

Les Palanches payent en France les droits d'entrée à raison de 30 s. du cent pesant.

PALANQUER. Se servir des Palans pour charger les marchandises dans les navires, ou pour les en déchargèr.

Il y a des espéces de marchandises que les Matelots des navires marchands sont tenus de palanquer, c'est à dire de charger & décharger, sans qu'ils en puissent demander de salaire au Maître, ou au Marchand. Tels sont par éxemple, les planches, le mérain, & le poisson verd & sec; ce qui se comprend tout sous le terme de Maleage. *Voyez* MALEAGE.

Ils sont aussi tenus de la décharge des grains, des sels, &c. ce qui s'appelle Paleage. *Voyez l'article suivant.*

PALEAGE. Action de mettre hors d'un vaisseau les grains, les sels & autres marchandises qui se remuent avec la pelle. Il se dit aussi de l'obligation qu'ont les Matelots de travailler gratis à cette décharge: il n'est rien dû aux Matelots pour le maneage & le paleage: mais ils sont payez pour le guindage & le remuage.

PALETTE, petit battoir, ou instrument de bois qui sert aux enfans à jouer. C'est de cette palette que plusieurs outils ou instrumens qui servent à divers Artisans & Ouvriers, ont pris leur nom: quoi qu'il y en ait plusieurs qui n'y ont guére de rapport, soit pour la matiére, soit pour la figure.

PALETTE. Les Potiers de Terre Fournalistes, c'est à dire ceux qui ont été reçûs à la Cour des Monnoyes pour faire exclusivement tous les fourneaux & creusets qu'on employe à la fonte des métaux, ont diverses palettes de bois, qui sont presque leurs seuls instrumens pour dresser, battre & arrondir leur ouvrage.

Les plus grandes de ces palettes sont ovales avec un manche en tout parfaitement semblable à la palette des enfans; les autres sont rondes ou échancrées en forme triangulaire; d'autres enfin sont faites à la maniére d'un grand couteau, & ont une espéce de tranchant. Ces dernieres servent à ôter & ratisser ce qu'il y a de trop sur les moules, ou aux ouvrages que ces Potiers font à la main, comme les fourneaux & les rechaux à blancheuses. *Voyez* FOURNALISTE.

PALETTE. C'est chez les Doreurs un instrument fait de la queuë de l'animal qu'on appelle Petit-gris. Il sert à prendre les feuilles d'or de dessus le coussinet pour les placer & les étendre sur l'or couleur, si l'on dore en huile, ou sur l'assiette si c'est en détrempe. *Voyez* DORURE, *où il est traité de la maniere de dorer.*

PALETTE chez les Peintres. Est une petite tablette de bois, ou d'ivoire, mince & fort unie, sur & autour de laquelle ils placent les diverses couleurs dont ils ont besoin. Le milieu leur sert à les mêler & à en faire les teintes qui conviennent à leur ouvrage.

PALETTE. Les Imprimeurs appellent aussi Pallette un instrument de fer plat, arrondi par un bout, & emmanché de bois par l'autre, qui leur sert à ramasser leur encre dispersée sur l'encrier par le frapement des bales. *Voyez* IMPRIMERIE.

PALETTE. Les Relieurs & Doreurs de Livres, nomment aussi de la sorte quelques-uns des fers qui leur servent à dorer. *Voyez* RELIEUR.

PALETTE à forer. C'est un instrument qui sert aux Serruriers & autres Ouvriers en fer lors qu'ils veulent percer, ou forer quelque piéce. La palette est de bois, de forme ovale d'un pouce d'épais avec un manche & quelquefois deux, le tout d'un pied ou environ de long. Une bande, ou morceau de fer de quatre à cinq pouces de longueur, & de quatre ou cinq lignes d'épaisseur, percée de quelques trous qui ne la traverse pas tout à fait, est attachée dans le milieu de la palette. Lors que l'ouvrier veut forer il appuye la palette sur son estomac, & mettant la tête du foret dans l'un des trous de la bande de fer, il le fait tourner par le moyen de l'arçon, ou archet, dont la corde passe sur la boîte du foret.

PALISSON, que quelques-uns nomment aussi PINCON. Espece d'instrument de fer plat & poli planté debout dans un pieu, dont les Chamoiseurs se servent pour ouvrir les peaux, c'est à dire pour les rendre plus moles & plus maniables, en les passant les unes après les autres sur cet instrument. *Voyez* CHAMOIS *à l'endroit où il est parlé de la maniére de preparer ou passer les peaux de mouton en huile, autrement dit en Chamois.*

PALIXANDRE. Espéce de bois violet propre au tour & à la marqueterie. Ce sont les Hollandois qui envoyent cette sorte de bois aux Marchands Epiciers & Droguistes de Paris. Il est ordinairement debité en de très-grosses buches. Le plus beau est celui qui est le plus plein de veines, tant dehors que dedans, & qui a le moins d'obier.

PALME, PAN, ou EMPAN. Mesure étenduë, qui a du raport à la longueur de la main, lors qu'elle est tout

à

à fait étenduë, ainsi nommée de ce que la paume de la main s'appelle en Latin *Palma*.

Le Palme antique Romain contenoit huit pouces six lignes & demie.

A l'égard du Palme moderne, il est différent suivant les différens lieux où il est en usage. A Rome il contient environ huit pouces & trois lignes: à Maroc & à Fez huit pouces juste.

A Genes, en Languedoc & en quelques autres Provinces de France, le palme a neuf pouces deux lignes, ce qui fait cinq vingt-quatriémes d'une de Paris, l'aune de Paris faisant quatre palmes quatre cinquiémes de palme; ensorte que vingt-quatre palmes des Génes, ou de Languedoc font cinq aunes de Paris; & cinq aunes de Paris font vingt-quate palmes de Génes.

A Livourne l'on se sert de deux sortes de palmes; l'une pour les étoffes de lainerie, & l'autre pour les soiries. La premiére est près d'un tiers plus foible que la derniere; ensorte qu'il ne faut que deux cens trente-huit de celle-ci pour cent aunes d'Amsterdam, & trois cens quarante-neuf de l'autre.

PALMER LES AIGUILLES. C'est les applattir avec un marteau sur l'enclume par le bout opposé à la pointe, pour commencer à en former le chas, ou le cul. *Voyez* Aiguille, *à l'endroit où il est parlé de la maniére de les fabriquer*.

PALMIER. Arbre qui produit les dates. Il croît en Egypte, dans la Mauritanie & dans les Païs chauds. Son fruit est excellent à manger, & est aussi de quelqu'usage dans la Médecine. *V.* Dates.

On fait avec les feuilles du palmier de grands & de petits paniers qui servent à mettre des fruits secs, comme figues & raisins. On les nomme Cabats. *Voyez cet article. Voyez aussi celui de la* Figue.

Palmier des Indes. C'est l'arbre qui porte les noix de coco. *Voyez* Coco.

PALO DE CASENTURAS. Nom que les Espagnols donnent à l'arbre dont se tire cette écorce médecinale & febrifuge, qu'on nomme communément Quinquina. *Voyez* Quinquina.

PAN, ou EMPAN. Mesure étenduë. *V.* Palme.

PANACHE. Espéce de bouquet de plume qui n'est plus en usage. Les hommes de guerre en portoient sur leurs casques, les Courtisans sur leurs chapeaux, & les Dames sur leurs coifures. Ces bouquets ne se mettoient que d'un côté de la tête au dessus de l'oreille, & étoient relevez avec des aigrettes de heron. C'est d'eux que les Maîtres Plumassiers de Paris ont pris le nom de Maîtres Panachers-Bouquetiers. *Voyez* Plumassier.

PANACHER. Celui qui vend, ou qui fait des panaches. *Voyez* Plumassier.

PANCARTE. Affiche. On le dit plus particuliérement de celles qu'on met à la porte des Bureaux des Douanes & autres lieux & passages où l'on leve quelques droits, ou impositions sur les marchandises. Elles doivent contenir la taxe qui en est faite, & souvent le titre en vertu duquel on leve les droits. *Voyez* Tarif.

Fermier de la Pancarte. Celui qui afferme les droits taxez par la Pancarte.

PANCE DE VACHE. *Voyez* PANSE DE VACHE.

PANCE. Terme de Fondeur. On nomme les Pances d'une cloche, les endroits où se fait la percussion du battant quand elles sont en branle. *Voyez* Fondeur de Cloches.

PANCER UNE FOSSE. Terme de Tanneur. *Voyez* Fosse au Tan.

Pancer un Plain. Autre terme de Tanneur, qui est aussi en usage parmi les Megissiers & Chamoiseurs. *Voyez* Plain.

PANEAU. Espéce de chevalet qui soûtient une des extrêmitez de la corde de l'arçon des Chapeliers, & sur lequel pose la chanterelle qui sert à la bander, & à lui donner, pour ainsi dire, le ton qui fait connoître qu'elle est assez tenduë pour faire voguer l'étoffe. *Voyez* Chapeau.

Paneau. Terme de Vitrier. C'est un assemblage de plusieurs morceaux de verre taillez de diverses figures, & attachez les uns aux autres par des plombs à rainures tirez dans le tire-plomb. Les vitrages des Eglises sont composez de divers paneaux. *Voyez* Verre & Vitrier.

PANELLE. Espéce de sucre brut qui vient des Isles Antilles. *Voyez* Sucre.

Les panelles payent en France les droits d'entrée à raison de 4 liv. du cent pesant.

PANERE'E. Plein un panier, ce que peut contenir un panier. Une panerée de fruit, Une panerée de pain. *Voyez* Panier.

PANETIER. Le Grand Panetier de France avoit autrefois toute Jurisdiction sur les Boulangers de la Ville & Fauxbourgs de Paris. Il recevoit les Apprentifs & les Maîtres, faisoit faire des visites chez eux, leur donnoit des Statuts & Réglemens, & recevoit le serment des Jurez lors de leur élection. Il avoit même une Jurisdiction composée d'un Lieutenant & de divers Officiers, où se portoient les contraventions en fait de Police concernant le métier de Boulanger.

Depuis le commencement du dix-huitiéme Siécle les Boulangers sont rentrez sous la Jurisdiction du Lieutenant Général de Police; celle du Grand Pannetier ayant été supprimée moyennant une indemnité considerable que les Boulangers lui ont payée; leur Communauté jouït depuis ce tems-là du droit commun à tous les Arts & Métiers. *V.* Boulanger.

PANIER. Vaisseau d'osier propre à contenir plusieurs choses, comme diverses marchandises, des fruits, des légumes, du poisson, &c. Il se dit aussi de la chose qui y est contenuë. Un panier de pommes, Un panier de cérises; pour dire, un panier plein de ces fruits; ce qu'on nomme aussi une Panerée.

Les paniers suivant leur usage sont faits de différentes matiéres & de différentes façons, & ont des formes & des noms qui leur sont propres.

Il y en a à claire-voye & d'autres pleins, la plûpart d'osier, ou avec son écorce, ou sans écorce, quelques-uns de châtaignier refendu & plat, les uns ronds, les autres longs, ceux-ci carrez, plusieurs profonds, d'autres très-plats: enfin, il y en a à fond pointu, à fond rond & à fond applati, à anse, sans anses, ou avec deux anses; de fort grands & de très-petits.

Les paniers dont les Marchands Merciers se servent pour embaler plusieurs de leurs marchandises, les Epiciers quelques drogues, & les Chapeliers leurs chapeaux, s'appellent des Mannes & des Mannettes. On appelle aussi Manne le panier carré que les Marchandes de petit métier portent devant elles.

On nomme dans le négoce des fruits, des Cueilloirs, des Noguets, des Verveux, trois sortes de paniers qu'on y employe ployé. Le Noguet sert aussi aux Laitiéres à porter sur leur tête la crême & le lait caillé qu'elles vendent l'Eté.

La Torquette, le Maniveau, & une sorte de panier en forme de mannequin, ou comme on disoit autrefois, de Mannequis, servent dans le commerce du poisson de mer frais.

Le Corbillon est le panier des Oublieux.

L'Inventaire celui des Regrattiéres & petites Marchandes, qui portent & crient leurs marchandises par les ruës de Paris.

Enfin, on appelle des Desserts, ces paniers ou corbeilles d'osier fin qui servent à servir sur table les fruits frais ou confits & autre ouvrages de sucre inventez par ces Domestiques Confiseurs, que dans les grandes Maisons on nomme des Officiers.

Tous ces différens paniers qui ont des noms particuliers, & qui sont de quelqu'usage dans le commerce, sont expliquez & décrits à leurs propres articles.

Quelques Artisans se servent de paniers pour porter, ou leurs outils, ou leurs ouvrages. Les Serruriers ne vont jamais sans le leur; & les Boulangers de petit pain de Paris en ont de très-grands à claire-voye, dans lesquels leurs Garçons portent les petits pains dont ils fournissent les tables délicates de la Ville. On appelle aussi Paniers, ou Corbeilles, des paniers ronds & plats dans lesquels les mêmes Boulangers dressent leurs grands pains. *Voyez* CORBEILLE.

PANIER. Les paniers des Chandeliers sont quarrez, afin que les chandelles qu'ils y arrangent, soit pesées en livres, soit autrement, s'y placent plus aisément, qu'il y en tienne une plus grande quantité, & qu'elles se cassent moins. Ils sont ordinairement d'osier blanc, faits par les Vaniers-Mandriers, c'est à dire, ceux qui font des ouvrages de vannerie clos & non à claire-voye. Ces paniers ont des anses comme les paniers communs. *Voyez* CHANDELLE.

PANIER DE VERRE. L'on nomme ainsi dans le commerce du verre à vitre, non seulement le panier dans lequel se transporte cette marchandise, mais encore la marchandise même qui y est contenuë. Chaque panier, qu'on appelle aussi une Somme, est composé de vingt-quatre piéces ou plats de verre. *Voyez* VERRE EN PLAT & VITRIER.

PANIER DE MESSAGER. Les Messagers qui font leurs voitures sur des chevaux de somme appellent Paniers, deux grands & profondes corbeilles d'osier qui pendent des deux côtez des bâts de leurs chevaux, dans lesquelles ils enferment les boîtes & petits paquets de marchandises. *Voyez* MESSAGER.

Les Coquetiers & Poulaillers, soit qu'ils apportent leur volaille, leur beurre & leurs œufs sur des fourgons, soit que ce soit sur des chevaux, se servent aussi de paniers. Quelques Boulangers Forains en ont pareillement pour mener leur pain aux marchez de Paris. *Voyez* COQUETIER, POULAILLER & BOULANGER.

PANIER. Les coches, carrosses & autres voitures qui servent à transporter par terre les personnes, les hardes & les marchandises, ont ordinairement quelques paniers, le plus souvent deux, l'un à l'avant & l'autre au derriére de leurs coches & carrosses, où ils enferment les paquets qu'on leur confie. On les nomme des Magazins. *Voyez* MAGAZIN.

PANIER DE MARE'E. C'est une espéce de mannequin de près de deux pieds de hauteur & de dix à douze pouces de diamétre, dans lequel les Chasses-marée apportent à la Halle de Paris la marée pour la provision de la Ville. Chaque panier suivant la qualité & grosseur du poisson est composé d'un certain nombre de chaque espece. Ce sont ces paniers que les Vendeurs de marée en titre d'Offices publient & délivrent au plus offrant & dernier Enchérisseur, & sur lesquels ils ont un certain droit réglé par les Déclarations du Roi. *Voyez* MARE'E, VENDEUR DE MARE'E, & CHASSE-MARE'E.

PANIER, en termes de pêche de mer. Signifie une espéce de mannequin d'osier, dont l'on se sert à prendre sur la gréve à basse-eau des crevettes, grenades, ou salicots, sortes de petites écrevisses. Les Ordonnances de la Marine de France défendent de prendre ces poissons avec ruches & paniers depuis le premier Mars jusqu'au dernier Mai. *Voyez* PESCHE DE MER.

PANISTON. *Voyez* PENISTON.

PANNE, ou PANE. Etoffe de soye veloutée qui tient le milieu entre le velours & la pluche, ayant le poil plus long que celui-là, & moins long que celle-ci. Il se fabrique à peu près de même que le velours, & son poil provient d'une partie de la chaine coupée sur la régle de cuivre.

L'article 48 du Réglement pour les Ouvriers en drap d'or, d'argent & de soye de la Ville de Paris de 1667, met la panne au rang des velours figurez, ras coupez & tirez, tant pour les largeurs que pour la qualité des soyes qui doivent y être employées; les chaînes & poils des uns & des autres devant être d'organsin filé & tordu au moulin, & la trême de pure soye cuite & non cruë. A l'égard de la largeur elle doit être d'onze vingt-quatriémes, à peine de confiscation & de soixante livres d'amende.

Il se fait en Flandres & en Picardie, particuliérement à Amiens, des pannes de poil de chévre de toutes couleurs. Les pannes de laine s'appellent plus ordinairement Tripes & Moquettes. *Voyez ces deux articles.*

PANNE. C'est aussi en Anjou, & particuliérement à Doué, une espéce de cuvier de bois, dont on se sert pour lessiver les toiles que l'on veut mettre au blanchiment. *Voyez* BLANCHIR & BLANCHIMENT.

PANNE. Se dit encore de la graisse des animaux, particuliérement de celle du porc. C'est de la panne de ce dernier battuë & fonduë que se fait le sain-doux. La panne de cochon fait partie du commerce des Chaircuitiers. *Voyez leur articles.*

PANNE. Se dit chez les Artisans qui se servent du marteau, de la partie de la masse qui est opposée à la tête, & qui va en diminuant. *Voyez* MARTEAU.

PANQUE. Plante qui croît dans le Chilly, grande Contrée de l'Amerique dans la Mer de Sud. On se sert de sa tige pour teindre en noir, en la faisant bouillir avec le Maki & le Gouthiou autres arbrisseaux du Païs. Outre qu'elle fait un parfaitement beau noir, la teinture qu'on en tire ne brûle point les étoffes comme les noirs d'Europe.

Cette plante ne se trouve que dans les lieux marécageux. Sa feuille est ronde, tissuë comme celle de l'Achante, & n'a guére moins de deux ou trois pieds de diamétre. Sa tige qui est rougeâtre se mange cruë. Elle rafraîchit, & a une qualité fort astringente.

PANSE DE VACHE, ou PANCE DE VACHE. Nom que l'on donne à une des espéces de linge ouvré qui se fabrique en Picardie. *Voyez* LINGE.

PANSES DE DAMAS ET DE SMIRNE. Ce sont de fort gros raisins qu'on fait sécher au Soleil, comme on fait en Provence. *Voyez* RAISIN.

PANSY. Sorte d'étoffe de soye de la Chine.

PANTALON. Terme de Papeterie. C'est une des moyennes sortes de papier qui se fabrique aux environs d'Angoulême. Il est ordinairement marqué aux armes d'Amsterdam, parce qu'il est presque tout destiné pour les Marchands Hollandois. *Voyez* PAPIER.

PANTE. C'est ainsi que l'on appelle une espéce de chapelet composé de plusieurs de ces petites coquilles blanches qu'on nomme Porcelaine, qui servent de monnoyes dans plusieurs endroits de l'Asie, de l'Afrique & de l'Amérique. *Voyez* PORCELAINE.

PANTINE. C'est un certain nombre d'écheveaux de soye, de laine, ou de fil encore en écru, liez ensemble pour être envoyez à la teinture.

Il est défendu aux Maîtres Teinturiers en soye de défaire les pantines qu'on leur donne à teindre ni devant ni après la teinture. *Voyez* SOYE.

La pantine de cette espéce de laine qu'on nomme ordinairement Fil de sayette, est composée de six écheveaux. *Voyez* FIL DE SAYETTE

Les écheveaux de la pantine des fils destinez à la teinture, ne sont pas réglez, y ayant des pantines plus grosses & d'autres plus foibles. *V.* FIL.

PAO-D'AQUILA. Mot Portugais qui signifie bois d'aigle. C'est une des sortes de bois d'aloés. *Voyez* ALOE'S.

PAON, ou PAN. Grand oiseau dont le plumage, particuliérement celui de la queuë est diversifié de plusieurs couleurs changeantes. Les plumes de cet oiseau font un grand objet du commerce dans la Chine, à cause que les Dames en ornent leurs coîfures, & s'en servent en forme d'aigrettes. Elles se vendent en paquet, qui en contient plus ou moins suivant leur finesse & leur beauté. *Voyez le Commerce de la Chine.*

PAPELINE. Ainsi nommée, à ce que croit M. Furetiére, de ce qu'elle a d'abord été fabriquée à Avignon & autres lieux du Comtat, qu'on appelle Terre Papale, parce qu'il appartient au Pape.

La papeline est une étoffe très-legére, dont la chaîne est de soye & la trême de fleuret, ou filoselle. Il s'en fait de pleines, de figurées & de toutes couleurs. La plûpart de ce qu'on appelle présentement en France des Grisettes, ne sont que de véritables papelines. Elles se font à deux, à quatre fils, & même au dessus; mais toutes, quelque nom qu'on leur donne, & à tel nombre de fils qu'elles soient travaillées, doivent avoir de largeur ou une demie-aune entiére, ou une demie-aune demi quart; & pour les discerner des étoffes de fine & pure soye, elles doivent avoir d'un seul côté une lisiére de differente couleur à la chaîne. *Art. 56 du Réglement pour Paris de 1667.*

Le Réglement de Lyon ajoûte. Que les chaînes seront de bon organcin tordu & filé au moulin, de l'apprêt de Tours, & les trêmes de fleuret, galettes & autres bourres de soye.

PAPETERIE. Lieu où se fabrique le papier. Les papeteries d'Auvergne sont les plus estimées du Royaume, & celles de Roüen sont les moindres de toutes.

PAPETERIE. Se prend aussi pour le négoce qui se fait du papier. Ainsi l'on dit: La papeterie est un bon commerce: Ce Marchand ne fait que la papeterie; il a gagné tout son bien dans la papeterie.

PAPETIER. C'est le Manufacturier qui fait faire le papier, ou l'Ouvrier qui travaille à le fabriquer.

PAPETIER. Est aussi le Marchand qui vend & debite le papier.

Il y a à Paris plusieurs Corps & Communautez qui ont la faculté de vendre le papier.

Les Marchands du Corps de la Mercerie sont ceux qui en font le plus grand commerce, soit en gros, soit en détail, en magazin, ou en boutique. Les Merciers Privilégiez suivant la Cour ont le même pouvoir.

Les Marchands Epiciers en vendent aussi; mais ce ne sont que des gros papiers rouges, bleus & gris de Roüen, qui ne peuvent tout au plus servir qu'à empaqueter des marchandises.

Il est encore permis aux Chandeliers d'en vendre, pourvû que ce soit à la main.

Les Maîtres Cartiers-Cartonniers-Feuilletiers-Dominotiers, & les Maîtres Papetiers Coleurs de feuilles & feuillets, peuvent aussi faire négoce de papier. *Voyez ci-après* PAPETIER-COLEUR DE FEUILLES.

Enfin, ceux qui ont des Lettres de regrat, que l'on nomme vulgairement Regrattiers, en peuvent pareillement vendre; mais ce ne peut être qu'à la feuille.

PAPETIER PRIVILEGIE' SUIVANT LA COUR. Est celui qui a des Lettres de Privilége du Grand Prevôt de l'Hôtel du Roi, par lesquelles il lui est permis de faire negoce de papeterie.

PAPETIER FORAIN. C'est un Marchand qui fait fabriquer son papier hors de Paris, & qui l'y fait amener pour le vendre aux Marchands de la Ville.

PAPETIER-COLEUR DE FEUILLES. C'est un Artisan qui fait & fabrique des cartes & cartons de toutes sortes, en colant plusieurs feuilles de papier les unes sur les autres.

On l'appelle aussi Papetier travaillant en cuves, à cause qu'il fait pourrir de vieux chiffons dans des cuves, à peu près de la maniere qu'on fait pour la fabrique du papier, & qu'il se sert ensuite des ces chiffons bien consumez, & reduits en une espéce de bouillie assez épaisse pour en dresser des cartons de toute grandeur & épaisseur, suivant les ouvrages ausquels ils sont destinez.

Il y a à Paris une Communauté de Maîtres de ce métier, qui prennent la qualité de Maîtres Papetiers, Coleurs de feuilles & feuillets, Travaillans en cuves, Faiseurs d'étuis à chapeaux, boîtes de cartes, & toutes sortes de porte-feuilles, Coleurs de papier sur chassis de la Ville, Fauxbourgs & Banlieuë de la Prevôté & Vicomté de Paris.

Cette Communauté n'est pas ancienne; elle n'a des Statuts & des Jurez que depuis le Régne de Henri IV qui leur accorda ces Statuts par des Lettres Patentes du mois d'Avril 1599, registrées en la Chambre du Procureur du Roi au Châtelet. Ces Statuts furent réformez, & les nouvaux contenus en vingt articles confirmez en 1659 par des Lettres de Louis XIV. données à Toulouse au mois de Décembre, & enregistrées au Parlement le 26 Janvier de l'année suivante.

Deux seuls Jurez, qui demeurent deux années en Charge, & à qui on en substituë deux autres tous les deux ans, ont soin des affaires de la Communauté.

Chaque Maître ne peut avoir qu'un Apprentif obligé au moins pour 4 ans, & tenu de servir encore deux ans de Compagnon après son apprentissage.

Les Veuves tenant boutique peuvent continuër leur Apprentif, mais non en prendre un nouveau: elles peuvent aussi affranchir un Compagnon en l'épousant.

L'on

L'on n'est reçû à la Maîtrise qu'après avoir fait Chef-d'œuvre, dont pourtant sont exempts les Fils de Maîtres.

On a déja remarqué au commencement de cet article des Papetiers, mais seulement en passant, que de tous les Marchands ou Artisans qui ont la faculté de faire à Paris le négoce de papeterie, les Marchands Merciers étoient ceux qui en debitoient le plus; soit en gros ou en détail, soit en boutique ou dans des magazins. On ajoûtera ici, que ce n'est cependant qu'après de longues contestations qui ont duré jusqu'à la fin du dix-septiéme Siécle, que le Corps de la Mercerie s'est conservé ce commerce.

Deux sortes de Communautez disputoient ce négoce aux Marchands Merciers, & les attaquoient à différens égards.

Les Papatiers-Coleurs de feuilles & les Cartiers-Cartonniers en vouloient au fond du commerce même, prétendant qu'il n'appartenoit qu'à eux de vendre & debiter du papier dans la Ville de Paris, ou du moins des cartes & cartons de toutes sortes.

Les Maîtres Relieurs de Livres leur contestoient aussi le négoce du papier, mais seulement dans la maniére de le débiter; consentant qu'ils le vendissent comme ils le tirent des manufactures, mais ne voulant pas qu'ils le pussent vendre battu, lavé & coupé, ou du moins qu'ils le fissent battre, laver & couper par leurs Garçons & Apprentifs; leur disputant outre cela la facu'té de relier des regiltres, comme pareillement d'avoir des cousoirs à relier, des presses à rogner, des marteaux & pierres à battre & autres outils semblables qui paroissent propres aux Relieurs.

Deux Arrêts du Parlement rendus sur les conclusions du Procureur Général du Roi, ont maintenu le Corps de la Mercerie dans sa possession, & pour le fond du négoce de la papeterie, & pour la maniére de le faire; leur ayant été néanmoins défendu de le relier des regiltres autrement qu'à dos quarré; ceux à dos rond ayant été conservez aux Maîtres Relieurs, comme trop semblables à la relieure des livres ordinaires, qui sont du commerce de la Librairie & du metier de Relieur.

Ceux des Marchands Merciers qui s'appliquent au commerce de la papeterie, vendent outre toutes les sortes de papiers qui servent pour l'écriture, pour l'Imprimerie & pour les embalages, tout ce qui y a du raport, comme regiltres, porte-feuilles, cartes, cartons, plumes, écritoires, encre, poudre de buis, cire d'Espagne, pain à cacheter, canifs, &c.

Il leur est aussi permis de tenir chez eux tous les outils & instrumens des Relieurs, tant pour couper & battre leur papier que pour relier leurs regiltres, dont on ne parlera pas néanmoins ici, devant être tous décrits plus commodément ci-après à l'article des Relieurs où l'on peut avoir recours.

On ne parlera pas non plus de la composition de l'encre que font & vendent les Papetiers, en ayant été traité amplement en son propre article, aussi-bien que de ses usages & de son negoce. *Voyez* ANCRE, *ou* ENCRE.

PAPIER. Espece de feuille factice, très-mince, de figure quarrée, & de différentes grandeurs, couleurs & finesse. Le plus grand usage du papier est pour l'écriture à la main & pour l'impression des livres & estampes: il s'en fait néanmoins une très-grande consumtion pour empaqueter & envelopper diverses sortes de marchandises, ainsi qu'à quantité d'autres ouvrages.

Le papier moderne n'a guére que le nom & l'usage de commun avec celui des Anciens, qu'ils appelloient *Papyrus*, du nom d'une espéce de roseau qui croissoit en Egipte dans les marais le long du Nil.

Ce roseau, dont on lit dans Pline une description assez obscure, étoit couvert d'une écorce feuillue, que par le moyen d'une aiguille on séparoit aisément en plusieurs feuilles très-legéres & très-minces, sur lesquelles on pouvoit écrire; mais parce que l'encre s'y imbiboit aisément, & qu'elles étoient trop foibles pour durer long tems, on s'avisa d'en coler plusieurs ensemble, de les mettre en presse & de les lisser, ce qu'on appella *Carta*; à quoi ressemble assez ce que du mot Latin nous nommons aussi des Cartes.

Pour ce qui est de notre papier, qui est bien d'une autre beauté, d'une autre utilité & d'une autre durée que celui des Anciens, on ne sçait point à qui l'on en doit l'invention; & Polidore Virgile dans son Traité *de Inventoribus rerum*, avouë qu'il ne l'a pû découvrir, à moins qu'on n'en voulût donner la gloire aux Chinois, qui depuis un grand nombre de Siécles fabriquent leur papier à peu près comme celui d'Europe, à la reserve qu'il le font de chiffons, ou vieux drapeaux de soye, & que celui d'Europe n'est que de chanvre & de lin.

Fabrique du papier dans les Manufactures de France.

Le papier se fait avec de vieux linge de chanvre ou de lin, que l'on appelle vulgairement Chiffons, & que les Manufacturiers nomment Drapeaux, Peilles, Chiffes, Drilles, où Pates. Des chiffons les plus fins se fait le plus beau papier, & des plus grossiers le plus commun.

Après que les chiffons ont été lavez, on les met tout mouillez pourrir dans des maniéres de cuves ou lieux faits exprès, que l'on appelle Pourrissoirs; d'où le Réglement du 21 Juillet 1671 défend qu'on les tire qu'ils ne soient dûëment pourris, & propres pour les reduire en ouvrage.

Cette premiére préparation, d'où depend en partie la bonté du papier, étant finie, on met les chiffons ainsi pourris dans des espéces de mortiers garnis dans le fond d'une plaque, où platine de fer, qu'on nomme Piles à drapeaux, dans lesquelles par le moyen de plusieurs maillets ou pilons aussi garnis de fer par le bout, qui tombent alternativement dans chaque pile, & à qui des moulins à eau donnent le mouvement, ils sont réduits en une façon de bouillie, ou de pâte, qui est le nom que les Ouvriers lui donnent.

Cette pâte est ensuite remise de nouveau dans d'autres mortiers, qu'on appelle Piles à fleurer. Celui qui a le soin des moulins & des piles, s'appelle Gouverneur, ou Gouverneau.

La pâte ainsi disposée se met dans des espéces de caisses de bois où elle se séche, & d'où on la retire pour la mettre dans des lieux de réserve; & lors que l'on s'en veut servir pour fabriquer le papier, on la fait passer pour la troisiéme fois par un mortier que l'on nomme Pile de l'Ouvrier, dont les maillets ne sont point garnis de fer; & c'est dans cette troisiéme pile où elle prend sa derniére façon.

L'on fait ordinairement de trois sortes de pâte, la Commune, ou Bule, autrement Gros-bon; la Moyenne ou Vanante, & la Pâte fine, qui servent suivant leur degré de finesse, à faire du papier, ou très-gros, ou médiocre, ou très-fin.

La pâte perfectionnée, ainsi qu'on vient de le dire, se met dans de grandes cuves pleines d'une eau très-claire & un un peu chaude, où elle est remuée & brassée à plusieurs reprises avant que de l'employer, afin que l'eau en soit également chargée, & que le papier qu'on en doit faire soit d'une même finesse.

Les moules dans lesquels se fait chaque feuille de papier séparément, & l'une après l'autre, se nomment Formes. Ce sont des petits chassis de bois quarrez, plus grands ou plus petits suivant la qualité du papier qu'on fabrique.

Le fond du chassis d'un côté est fermé par quantité de menus fils de léton très-serrez les uns contre les autres, & joints de distance en distance par de plus gros fils nommez Verjules, ou Verjures. En deux endroits du fond, & justement au milieu de chaque demi-feuille se mettent d'un côté la marque du Manufacturier, conformement à l'article six du Réglement, & de l'autre une empreinte convenable à la sorte du papier qui se fait; comme des grappes de raisin, des serpens, des noms de Jésus, &c. & comme ces marques, ou empreintes, sont de fil de léton aussi-bien que les verjules, & qu'elles excédent un peu le fond, elles s'impriment dans le papier, & paroissent au jour plus transparentes que le reste. Il y a des Manufacturiers assez curieux pour former leurs marques sur les moules avec du menu fil d'argent en maniére de filagrame,

Pour travailler au papier, chaque forme se plonge dans la cuve pleine de l'eau épaissie par la pâte faite de chiffons; & lors qu'on l'en retire, elle se trouve couverte du plus épais de cette matiére; le plus clair s'écoulant par les intervales imperceptibles des fils de léton; en sorte que ce qui reste se congéle dans l'instant, & devient assez solide pour que le Coucheur (Ouvrier destiné à cet effet) puisse renverser la feuille de papier sur le feutre, ou flôtre, c'est à dire, sur un morceau de revêche, ou autre étoffe de laine écruë.

Tandis que le Plongeur fait une seconde feuille de papier en plongeant une seconde forme dans la cuve, le Coucheur couvre la premiére d'un second feutre pour recevoir l'autre feuille qui se fabrique, & ainsi successivement jusqu'à-ce qu'il y ait une pile suffisante de feuilles de papier & de feutres pour être mise à la presse qui en doit exprimer la plus grande partie de l'eau.

Au sortir de cette presse l'Ouvrier que l'on nomme Leveur léve ses feuilles de dessus les feutres, & les met les unes sur les autres sur une planche quarrée, appellée le Drappant; puis elles sont remises une seconde fois sous la presse, afin de les bien unir & d'achever d'en exprimer toute l'humidité. Quand elles ont été suffisamment pressées on les met sécher sur des cordes dans les étendoirs, lieux où l'air se communique à proportion qu'on le juge nécessaire, par le moyen de certaines ouvertures faites exprès, que l'on ouvre & que l'on ferme par des coulisses.

Lors que le papier est bien sec, on le cole, ce qui se fait en plongeant plusieurs feuilles ensemble dans une chaudiére de cuivre remplie d'une cole très-claire & un peu chaude, faite de rognures de cuir ou de ratures & morceaux de parchemin, dans laquelle on jette quelquefois de l'alun de glace, ou de la couperose blanche en poudre.

La meilleure cole est celle de parchemin; mais soit qu'on se serve de l'une, ou de l'autre, le Réglement porte que le Saleran, ou Seleran, c'est à dire, le Chef de la sale où l'on cole & où l'on donne les derniers apprêts & façon au papier, la fera bouillir seize heures, & ne l'employera pas qu'il ne l'ait coulée à travers d'une chausse, ou drapeau.

Après que le papier est bien & dûëment colé, on le met en presse afin d'en faire sortir le superflu de la cole; puis on tire les feuilles les unes après les autres pour les jetter sur les cordes qui sont dans les étendoirs, ce qui se fait par le moyen d'un instrument de bois de la figure d'un T, que l'on nomme Ferlet, & quand les feuilles sont entiérement séches, on les ôte de dessus les cordes (ce que l'on appelle les recueillir, ou les ramasser) pour les remettre encore sous la presse.

Lors qu'elles sont retirées de cette presse on les trie pour séparer les défectueuses d'avec les bonnes; puis on les lisse avec une pierre legérement frotée de graisse de mouton, on les plie, on les compte pour en former des mains, & lors que ces mains sont formées on les remet de nouveau en presse; en suite on les ébarbe (c'est à dire que l'on en rogne legérement les extrémitez) & l'on les met par rames, chaque rame s'envelopant de gros papier que l'on appelle Maculature, ou Trace: enfin, après qu'elles sont liées d'une ficelle, on les met pour la derniére fois sous la presse, ce qui est la derniere façon qu'on donne au papier, étant pour lors en état d'être vendu, ou employé.

Suivant le Réglement déja plus d'une fois rapporté, chaque main de papier doit être de vingt-cinq feuilles, & chaque rame de vingt mains; la premiére & la derniére main de chaque rame doivent être de même pâte & de même compte que le reste de la rame.

Il est défendu de mêlanger les rames de diverses qualitez, grandeurs ou forme de papier, aussi-bien que d'y fourrer des feuilles cassées & defectueuses; & afin que le Public n'y puisse être trompé, le Manufacturier doit mettre sur l'enveloppe de chaque rame la quantité & l'espéce du papier qui y est contenu.

La bonté du papier consiste à être bien colé & bien lissé, en sorte qu'il ne boive point, c'est à dire, que l'encre ne s'y imbibe pas, mais se séche sur la superficie. Il est néanmoins permis de faire du papier sans cole propre à certains usages, & on l'appelle Papier fluant.

SORTES ET QUALITEZ DE PAPIER.

On distingue le papier en trois sortes; les grandes sortes, les moyennes & les petites.

Les petites sortes sont:

La petite Romaine.
Le petit Raisin, ou bâton Royal. } Qui prennent leurs noms des marques qu'ils ont.
Le petit nom de Jésus.
Le petit à la main.

Le Cartier, propre à couvrir par derriére les cartes à jouer.

Le Pot, qui sert à mettre du côté des figures des cartes à jouer.

La Couronne qui a ordinairement les armes du Contrôleur Général des Finances qui est en place.

Celui à la Telliére avec les armes de feu Mr. le Chancelier le Tellier, & un double T.

Le Champy, ou papier à chassis.

La Serpente, du serpent dont il est marqué. Ce papier qui est extrêmement fin & delié sert aux Evantaillistes.

Les moyennes sortes sont:

Le grand Raisin simple.
Le Carré simple. } Pour l'Impression.
Le Cavalier.
Le Lombart.

L'Ecu,

L'Ecu, ou papier de compte simple.

Le Carré double.
L'Ecu double.
Le grand Raisin double.
La Couronne double.
} Appellez Doubles à cause qu'ils sont plus forts que les simples.

Le Pantalon, ou Papier aux armes de Hollande.

Le grand Cornet qui prend son nom de la marque qu'il a.

Les grandes sortes sont :

Le grand Jésus.
La petite & grande Fleur-de-Lys.
Le Chapelet.
Le Colombier.
Le grand Aigle.
Le Dauphin.
Le Soleil.
L'Etoile.
} Ils ont tous leur nom des figures qu'ils portent, & sont propres à imprimer des estampes & des thèses, même à faire des grands livres de Marchands, & à dessiner des plans.

Le grand Monde, c'est le plus grand de toutes les sortes de papiers.

Papiers gris & autres couleurs.

Outre ces papiers que l'on appelle les trois sortes, qui sont tous blancs, quoi qu'avec quelque différence, & qui servent tous à l'écriture ou à l'Impression, il s'en fait encore une grande quantité d'autres de toutes couleurs, soit colez, soit sans cole.

Les principaux sont :

Les papiers gris & bleu pour dessiner.

D'autres gris appellez Papiers à patrons.

Les gargouches de la même pâte, mais plus forts.

Du papier à sucre qui est bleu.

Encore un autre bleu moins fort pour couvrir les livres en feuilles ou brochures.

Les papiers, bas à hommes & bas à femme, colez & non colez pour les Bonnetiers.

Les raisins colez & les raisins fluans pour empaqueter diverses marchandises.

Le joseph fluant & le carré fluant pour l'impression des livres de peu de conséquence.

Le joseph colé qu'on peint en rouge, verd, jaune, &c.

Le joseph à soye dont on envelope les soyes en bottes.

La main brune qu'on appelle aussi Trace, qu'on employe à faire le corps des cartes à jouer.

La licorne pour des envelopes.

Le papier à Demoiselle gris, qui est ce papier brouillard qui sert aux Chandeliers à mettre leurs chandelles.

Le même en blanc qu'on nomme Papier deux feuilles dont on envelope la laine.

Deux sortes de papiers rougeâtres que les Epiciers mettent en sacs pour leurs drogues.

Le camelotier.

Celui appellé Maculature, qui est grisâtre & très gros, dont on se sert dans les Papeteries pour enveloper les rames de papier; on lui donne aussi quelquefois le nom de Trace, parce qu'il a beaucoup de rapport à celui qui porte ce nom.

Et enfin, peut-être qu'elqu'autre échapé moins à la diligence de l'Auteur qu'à la mémoire des personnes qu'il a consultées.

L'on tire quelques papiers des Païs étrangers, mais en petite quantité, dont celui de Rome est le plus en réputation, du moins celui qui sert à écrire. On tire aussi quelques Papiers bleus à dessiner de Flandre & de Hollande; de sorte que la plus grande consomption de papier qui se fasse en France n'est que de celui qui se fabrique dans le Royaume même.

Outre ce qui s'y consume on fait aussi un commerce & des envois considérables de papiers dans les Païs étrangers, particuliérement en Angleterre, en Espagne, en Hollande, en Levant & dans tout le Païs du Nord; il s'en envoye même jusques dans les Indes Orientales, les Indiens, s'en servant présentement pour écrire au lieu de feuilles de bananier séchées au Soleil, qu'ils mettoient en usage avant qu'on leur en eût porté de France & d'ailleurs.

Il est remarquable que le papier qu'on fait dans les Manufactures de France pour la Hollande, est ordinairement aux armes d'Amsterdam.

Ceux qui font déja le négoce de papier, ou qui voudront l'entreprendre, ne seront peut-être pas fâchez de trouver ici un état des lieux principaux où il se fabrique en France, & des sortes de papiers qui se font en chaque endroit.

AUVERGNE.

Il se fait à Ambert & à Thiers de toutes les trois sortes de papiers marquez ci-dessus; outre cela du papier gris & bleu pour dessiner, & toutes ces différentes éspéces de papiers sont estimées les meilleures qui se manufacturent en France.

On a remis à cet endroit la remarque qu'on auroit pû faire d'abord, qu'à la reserve de l'Auvergne le papier se vend à la rame dans toutes les Papeteries de France.

Dans cette seule Province il se vend au poids sur le pied de 14 onces à la livre, & chaque rame suivant sa sorte doit peser net, c'est à dire, sans maculature, envelope ni ficelle, un certain nombre de livres fixé par un Tarif.

Poids des rames de papier qui se fabrique dans les Papeteries d'Auvergne.

Petit à la main, ou papier à Procureur, bule.	8 liv.
Petit Raisin moyen & bule. - - -	10 liv.
Petit Nom de Jésus fin & moyen. - -	9 liv.
Petite Romaine fine & moyenne. - -	10 liv.
Couronne ordinaire fine, moyenne & bule. - -	12 liv.
Couronne double fine & moyenne. - -	14 liv.
La Telliére fine & moyenne. - - - -	14 liv.
Le petit Cadran fin & moyen. - - - -	12 liv.
Papier de Compte, ou Ecu fin, moyen & bule.	18 liv.
Carré au raisin fin, bule & moyen. - -	18 liv.
Grand Raisin fin, moyen & bule. - -	30 liv.
Grand Nom de Jésus moyen & fin. - -	60 liv.
Chapelet moyen & bule. - - - - -	75 liv.
Colombier fin & moyen. - - - -	110 liv.
Grand Aigle fin, moyen & bule. - -	150 liv.

Papier pour les Païs étrangers.

Le Pantalon pâte vanante, ou moyenne pour Flandre. - -	14 liv.
Amsterdam aux armes de Hollande pâte vanante ou moyenne, pour Flandre & Hollande. - -	14 liv.
Fleur-de-Lys moyenne & bule, pour Flandre.	11 liv.

Il y a à Thiers quinze fabriques de papier & à Ambert environ cinquante.

LIMOGES.

Il s'y fabrique, comme en Auvergne, du papier des trois

trois sortes, qui s'employe presque tout à l'impression des Livres & des Estampes, ne pouvant guére servir à écrire, n'étant pas si bien colé que celui d'Auvergne. Il s'y fait aussi de la Main brune propre à mettre dans le milieu des cartes à jouër, & du papier gris que l'on appelle Trace, destiné au même usage.

ANGOUMOIS.

Le papier qui se fait à Angoulême & dans quelques autres lieux de la Province, est fort estimé, il en vient peu à Paris, la plus grande consomption s'en faisant pour les païs étrangers, & particuliérement pour la Hollande; aussi y met-on ordinairement les armes d'Amsterdam.

BEAUJOLOIS.

Les papiers de cette Province sont aussi de très-bonne qualité. Ceux qu'on y fait le plus ordinairement sont, le Carré, le Cavalier, le Cartier, de la Couronne, du petit & grand Raisin, de l'Ecu, &c.

BRETAGNE.

Il se fait quantité de papier en Basse-Bretagne, sur tout aux environs de Morlaix, mais grossier & de mauvaise fabrique. Le meilleur s'employe pour l'impression, dont les Anglois enlévent la plus grande partie. On y fait aussi du Pot & Main-brune, du Champy, & plus que de tout autre de deux façons de Carré.

NORMANDIE.

Le papier que l'on fait à Roüen est de plusieurs sortes, mais presque toutes des moindres qualitez, comme papier à Patron, Gargouche, papier bleu à sucre & à brochure, Raisin fluant, Raisin colé, & enfin, de presque toutes les qualitez de papier dont on a parlé à l'article des Papiers gris & de couleurs. Il se fait aussi aux environs de Roüen beaucoup de papier marbré dont on parlera dans un article séparé. A Caën on fabrique du Carré pour l'impression, du Champy, du Pot, ou Main-brune, & peu d'autres sortes. Presque tout s'enléve pour l'Angleterre.

A Evreux, du Pot, ou Main-brune, & du petit à la Main, ou papier à Procureur.

A Dreux, même fabrique qu'à Evreux.

LE PERCHE ET LE MAINE.

On y fait du petit à la main, du Pot, de la Main-brune. Le Pot de sainte Suzanne au Maine; est le plus estimé.

ESTAMPES.

Comme au Maine.

LE BOUCHET PROCHE ESSAUNE.

On y fait du Carré & du Champy de fort bonne qualité.

BRIE.

Il ne s'y fait pour l'ordinaire que du petit à la main.

CHAMPAGNE.

Aux environs de Troyes on fait de gros Papier de différentes qualitez, qui peuvent servir aux moyennes impressions, & même à écrire.

DAUPHINE'.

A Vigile près de Grenoble, il se fait de très-beau papier fin des petites & moyennes sortes pour l'écriture; ainsi qu'à Chabeille près de Valence, aux environs de Bourgouin, de Rives & de saint Jean de Moiran, il se fait du papier commun. Une partie de ces papiers se consument en France, & l'autre partie s'envoye dans le Levant.

VIVARAIS.

A Anonay il se fait du papier de toutes les sortes, qui est très-blanc & bien colé, qui a le même débouchement que ceux du Dauphiné.

GUYENNE.

On fait en cette Province des papiers qui approchent beaucoup de ceux de Limoges.

POITOU.

A peu près pareils à ceux de Limoges.

PROVENCE.

Presque semblables à ceux qui se fabriquent en Dauphiné.

Le papier paye en France les droits de sortie & d'entrée, ou suivant le Tarif de 1664. ou suivant l'Arrêt du Conseil du 3. Juillet 1692.

Les droits de sortie pour le papier blanc & noir de toutes sortes, soit à écrire, ou à imprimer, sont à raison de 16 s. le cent pesant; conformément au Tarif de 1664. & ceux d'entrée pour tout papier venant des païs étrangers, sur le pied d'une livre dix sols de la rame, par l'Arrêt de 1692.

Le Tarif de 1664. fixe aussi les droits d'entrée du papier blanc de Limoges, d'Auvergne & autres Provinces du Royaume, à huit sols le cent pesant, & ceux du papier gris & noir, & du papier cassé, seulement à 3 s. aussi le cent pesant.

Les droits de la Douane de Lyon pour les papiers de fabrique de France sont; sçavoir:

Le papier fin blanc & bleu la bale, 7 s. 6 d.

Le papier de Trasse de Paris 3 s.

Le papier blanc 3 s. de la bale, & de réapreciation 2 s. du cent pesant.

Papier fin du païs 7 s. le quintal.

Et le papier de Trasse, aussi du Païs, 2 s. du quintal.

Outre ces droits qui se lévent à l'entrée ou sortie du Royaume sur le papier, il y en a qui ne se payent que pour le papier qui entre dans la Ville & Fauxbourgs de Paris.

Loüis XIV. ayant, par un Edit du mois d'Août 1704. fait une création de 50 Contrôleurs-Visiteurs & Marqueurs de toutes sortes de papiers entrant dans Paris, leur attribua pour droit de marque 5 s. par chacune rame de papier. Par une autre Déclaration du 20. Janvier 1705. leur droit fût de nouveau réglé. Il fut ensuite ordonné par Arrêt du 4. Août 1705. qu'il seroit payé 10 s. aussi par rame de papier, appellé grand Raisin double du poids de 25 l. & au dessus entrant pareillement dans Paris. Enfin, Sa Majesté ayant fait en 1713. par un Edit du mois de Février, une nouvelle création de cinquante Contrôleurs-Visiteurs-Marqueurs de Papiers pour la même Ville, & ceux-ci ayant été réünis aux anciens par une Déclaration du 20 Juin en suivant; les droits furent encore augmentez & doublez.

Réglement pour la fabrique & vente du Papier.

L'on a parlé en quelques endroits de cet article d'un Réglement concernant la fabrique du Papier. On va en donner ici l'extrait.

Ce Réglement fut dressé sous le régne de Loüis XIV. Sa Majesté informée des abus qui se commettoient dans la fabrique du papier, & dans la vente & debit qui s'en faisoit dans le Royaume, ordonna par un Arrêt de son Conseil du 3. Juin 1671. que par devant Monsieur de la Reynie, Conseiller d'état, alors Lieutenant Général de Police, il seroit fait une Assemblée de trois Imprimeurs, trois Libraires & trois Marchands de Papiers, pour y convenir des moyens d'empêcher à l'avenir le desordre, & rétablir la fabrique du papier en toute sa bonne qualité & perfection.

L'Assemblée ayant été tenuë en la maniére ordonnée le

27. du même mois de Juin, & un projet du Réglement rédigé en dix-sept articles y ayant été examiné, pour servir de Statuts pour les Maîtres Fabriquans & Marchands Papetiers, il fut unanimement approuvé, à la réserve de l'onziéme article concernant les grandeurs & le poids du papier, qu'on estima peu utile; en sorte qu'ayant été retranché, le Réglement ne fut plus composé que de seize articles que Sa Majesté arrêta en son Conseil le 21. Juillet 1671. & en ordonna l'éxécution, tant par les Maîtres des Papeteries, Ouvriers & autres travaillant à la fabrique du papier, que par les Marchands qui en font le commerce & debit, voulant même qu'il fut signifié aux Maîtres des Papeteries du Royaume, à la diligence des Procureurs Généraux de Sa Majesté, pour qu'ils eussent à s'y conformer.

Par le premier article de ces Réglemens & Statuts, il est enjoint aux Maîtres travaillant dans les moulins, de tenir toûjours leurs cuves fournies de peilles, ou vieux drapeaux, en sorte qu'ils ne chomment faute de matiére, & leur défend de les retirer des cuves qu'ils ne soient suffisamment pourris & propres à être employez.

Le second article veut que les peilles ne s'achétent qu'au poids du Roi.

Par le troisiéme il est ordonné, que les cuves soient nettoyées de huitaine en huitaine, & les formes bien encouvertées afin que le papier soit plus carré.

Il est défendu par le quatriéme de faire aucun papier fin gris, ou gros bon, gris brun, ou tracé, ni de quelque nature que ce soit sans cole, excepté celui qu'on appelle Papier fluant.

Le cinquiéme parle des salerans, & regle la façon de faire bouillir la cole, & la maniére de l'employer au colage du papier; ordonnant pour le premier qu'elle bouilliroit seize heures, & pour le second qu'on l'appliqueroit incontinent après qu'elle auroit été coulée à travers un drapeau.

Le sixiéme ordonne, la marque que tous les Maîtres & Marchands travaillans à la fabrique du papier, doivent appliquer sur chaque feuille de leur ouvrage, qui ne peut être contrefaite par d'autres, à peine de mille livres d'amende. Cette marque consiste aux deux premiéres lettres de leur nom & surnom.

Le septiéme défend de mêler ensemble diverses sortes de papiers dans mêmes rames, qui doivent être au contraire si éxactement triées, que le fin ne se trouve jamais mêlé d'autre pâte; l'étroit fourré avec le large; le mauvais avec le bon, ni le cassé avec l'entier.

Il est dit par le huitiéme, que la qualité du papier sera marquée sur chaque rame, comme le bon côté, les crochets, les feuillets, le fin, le gris, le brun, &c. afin qu'à la seule inspection on en puisse connoître la bonté, ou la défectuosité, à peine de confiscation & de cinq cens livres d'amende encouruë, sans autre éxamen que du simple défaut de marque.

Par le neuviéme, les rames doivent être composées de vingt mains & la main de vingt-cinq feuilles, la premiére & derniére main devant être de même pâte & de même compte que les autres.

Le dixiéme défend de faire aucun mêlange dans les mains de papier, du vanant avec le fin, en sorte que le fin soit tout fin, & ainsi de chaque sorte.

L'onziéme parle de la vente du papier qui ne sera vendu que pour la qualité dont il est; le fin pour fin, le moyen pour moyen, & le gros pour gros; & que pour éviter toute surprise, chaque sorte sera venduë séparément & marquée sur la rame.

Le douziéme défend d'exposer en vente aucun papier, soit en gros, soit en détail, qui ne soit bien & dûëment colé & lissé, à l'exception du papier fluant, c'est à dire qui est sans cole, qui sera vendu pour tel.

Les quatre derniers articles concernent les Apprentifs, Compagnons & Ouvriers, & défendent, ou ordonnent:

1. Qu'aucun des Compagnons, Ouvriers & Apprentifs travaillant actuellement dans les moulins à Papier, ne quiteront leurs Maîtres ni abandonneront leur ouvrage qu'après six mois consécutifs de service, & qu'ils n'ayent demandé leur congé six semaines auparavant, à peine de cent livres d'amende, aplicable moitié aux pauvres, & moitié à leurs Maîtres.

2. Qu'aucun Maître ne pourra pareillement congédier ses Compagnons & Apprentifs qu'en les avertissant six semaines avant l'expiration de leur terme; sinon, à faute dudit avertissement, les Maîtres seront tenus de les garder six autres semaines après le terme fini aux mêmes gages.

3. Que les Maîtres ne recevront dans leurs moulins aucuns Compagnons ni Aprentifs, qu'ils n'ayent fait aparoître un congé des Maîtres qu'ils auront quitté.

4. Que s'il arrive qu'un Compagnon pour forcer son Maître de le congédier gâte sa besogne, & qu'il en soit convaincu, il sera condamné, outre le dommage, à la peine portée par l'article 13. c'est à dire, à cent livres d'amende.

L'article 16. qui est celui qui ordonne cette amende en punition de la malice des Compagnons, laisse aux Maîtres la liberté d'employer tels Compagnons qu'ils veulent & de quelque part qu'ils leur viennent, sans que les autres Compagnons les en puissent empêcher à peine de punition corporelle.

PAPIER MARBRÉ. C'est un papier peint de diverses nuances qui se fait en appliquant une feuille de papier sur de l'eau, où l'on a jetté plusieurs couleurs détrempées avec de l'huile, ou du fiel de bœuf.

On se sert d'une espéce de peigne pour donner aux couleurs les desseins que l'on veut, comme des ondes, des panaches, des fleurs, &c.

La plus grande partie du papier marbré qu'on voit en France se fait à Paris & aux environs de Roüen: celui de Paris est le plus estimé; son usage est si connu qu'il seroit comme inutile d'en parler; on dira cependant qu'il s'en consume beaucoup pour le relieure des Livres, aussi-bien qu'à couvrir des boîtes de carte, & autres semblables ouvrages.

L'on a tenté, & assez heureusement, de mêler de l'or & de l'argent dans les papiers marbrez destinez pour la relieure des Livres de la Bibliothéque du Roi, & les modèles qu'on en a faits étoient très-beaux, mais la dépense peut-être trop considérable a empêché l'éxécution de ce dessein.

Il vient aussi du papier doré & marbré d'Ausbourg & de quelques autres endroits d'Allemagne qui est très-beau.

PAPIER TIMBRÉ. C'est du papier marqué d'une certaine empreinte suivant les diverses Généralitez du Royaume, qui ne sert que pour les expéditions des Notaires & Actes, ou procédures de Justice. Ce ne sont pas les Marchands Papetiers qui le vendent, mais des Commis des Traitans dans les Bureaux destinez pour cela: l'on prétend que l'invention en vient d'Espagne.

PA-

Papier. Se dit aussi des Livres Journaux, des liasses de Lettres Missives & de Voitures & de Factures des Marchands. Ainsi l'on dit : Ce Négociant a un grand ordre dans ses papiers.

Papier. Parmi les Banquiers, Agens de Change & autres qui se mêlent de commerce d'argent, s'entend quelquefois des Lettres & Billets de Change, comme quand un Négociant dit : Je n'ai point d'argent à vous donner, mais seulement du papier, ce papier vaut de l'argent comptant ; il veut faire entendre que les Billets, Lettres de Change, &c. qu'il offre seront bien payez.

Papier, On dit du bon papier, pour dire des Billets, Promesses, Obligations, &c. bien éxigibles, & où il n'y a rien à perdre ; & mauvais papier, quand il n'y a pas d'apparence d'en recevoir facilement & éxactement le payement.

Papier. Les Miroitiers qui mettent les glaces au teint, appellent ainsi une longue bande de fort papier, composée de plusieurs morceaux colez ensemble, dont la largeur n'est guére que de sept ou huit pouces, & la longueur proportionnée au volume des glaces qu'on veut étamer ; en sorte neanmoins qu'elles les passent de huit ou dix pouces de chaque côté.

Ce papier sert à couvrir le bord de devant de la feuille d'étain après qu'elle a été chargée de vif argent, afin d'y poser la glace, & qu'en la glissant la feuille ne puisse être endommagée. *Voyez* Glace.

Papier. Terme d'Eventailliste. Le papier d'un Eventail, est ce qui est étendu sur le bois, & qui sert en l'agitant, à rafraîchir l'air & à le pousser contre le visage de la personne qui cherche ce soulagement dans la chaleur. On l'appelle Papier, non pas que les Eventails soient toûjours de papier, mais parce qu'ils en sont le plus communément. C'est de cette sorte de papier (qu'on appelle Papier à la Serpente) que les Eventaillistes employent comme le plus propre à cet usage. Les autres matiéres dont on se sert à la place du papier, sont le canepin, le vêlin, le taffetas & la gaze. *Voyez* Eventail.

Papier blanc. Les Imprimeurs nomment ainsi le premier côté de la feuille qu'on couche sur la forme.

Papier brouillard. C'est du papier qui n'est point collé & qui s'imbibe facilement. Les Commis teneurs de livres & Ecrivains s'en servent au lieu de poudre de buis pour secher leurs écritures : c'est aussi à travers de cette sorte de papier que les Droguistes, Epiciers & Apoticaires filtrent diverses sortes de leurs liqueurs & de leurs drogues, où l'on ne peut se servir de la chausse.

Les Marchands se servent aussi quelquefois du terme de papier brouillard pour signifier leur brouillon, c'est à dire, cette espéce de petit agenda dans lequel ils écrivent sans aucun ordre les affaires qu'ils font journellement. *Voyez* Livres de Marchands.

PAQUAGE. Terme de Negoce de Saline, qui se dit de l'arrangement qui se fait du poisson salé dans les gonnes, hambourgs, barils & autres futailles, en les y foulant & pressant bien fort pour y en faire entrer le plus qu'il est possible. Ainsi l'on dit ; le Paquage d'un tel lieu est le meilleur, pour faire entendre que le poisson qui en vient est mieux conditionné & mieux arrangé dans les futailles qu'aucun autre. Ce terme, ainsi que les deux suivans, se dit également du saumon, du haran & du maquereau.

PAQUE', Haran paqué. C'est du haran arrangé & mis par lits dans un baril ; ce qui les distingue du haran en vrac, qui est bien enfermé dans des barils, mais qui n'y est pas arrangé.

La différence de ces deux sortes de harans consiste en ce que lors que les pêcheurs sont à la mer & qu'ils ont pris du haran, ils le jettent sur le tillac de leurs vaisseaux, le saupoudrent de sel, & l'ayant mêlé avec une pèle, le mettent confusément dans des barils pour le porter à terre. Alors on dit que le haran est en vrac.

Quand les Pêcheurs sont arrivez à terre, ils vuident leurs barils & en jettent le poisson dans une cuve, d'où, après l'avoir salé de nouveau, ils le tirent & l'arrangent proprement dans des barils y mettant par dessus une saumure pour le conserver. On dit alors que le haran est paqué. C'est en cet état qu'on a coûtume de le vendre. *Voyez* Haran.

PAQUER. Signifie presser & fouler le poisson salé à mesure qu'on le lite, ou qu'on l'arrange par couches dans les futailles. Il se rencontre plus ou moins de poisson dans les gonnes, hambourgs, ou barils, suivant qu'il est bien ou mal paqué.

PAQUET. Assemblage de plusieurs marchandises qu'on joint, qu'on lie, ou que l'on enveloppe ensemble. Un paquet d'étoffes, un paquet de bas, un paquet de gants. C'est un des premiers & des principaux soins d'un Apprentif de bien faire les paquets de la marchandise dont il veut entreprendre le négoce.

Paquet de Lettres. Ce sont plusieurs Lettres Missives que l'on met sous la même enveloppe. Avez-vous porté ce paquet à la poste.

Paquet. S'entend aussi du Courier qui apporte les paquets. Le paquet de Londres, d'Amsterdam n'est pas encore arrivé, pour dire que le Courier n'est pas encore venu.

PAQUETER, mettre de la marchandise en paquet. Ce mot est moins en usage que celui d'empaqueter.

PAQUETEURS. On nomme ainsi en Angleterre ceux qu'on nomme en France, Embaleurs. C'est un des priviléges qu'on n'oublie guére dans les Lettres Patentes pour l'établissement des nouvelles Compagnies de Commerce, que celui de pouvoir choisir leurs propres Paqueteurs. *Voyez* Emballeur.

PAQUEUR. Celui qui paque le poisson salé, qui le foule & qui le presse en l'arrangeant dans les futailles.

PAQUOTILLE, que l'on écrit plus communément Pacotille, terme de commerce de mer. *Voyez* Pacotille.

PARA, PARAT, ou PARASI. Petite monnoye d'argent altéré, qui vaut en Turquie dix-huit deniers de France. Les 36 pésent autant que la Piastre d'Espagne, dont on en donne pourtant jusqu'à 50, à cause de l'altération plus ou moins suivant que les Piastres sont recherchées pour la Perse & les Indes. On l'appelle autrement Meidin. *Voyez* Meidin.

Para. C'est aussi une Mesure de continence dont les Portugais se servent dans les Indes Orientales, à mesurer les poids, les féves, le ris & les autres légumes secs. Le Para pese vingt-deux livres d'Espagne, & est la vingt-cinquiéme partie du Mourais.

PARACHEVER. Terme de doreur sur métail. C'est étendre sur l'argent, ou le cuivre qu'on veut dorer, l'or moulu & le vif-argent amalgamez ensemble, avec l'avivoir, ou le gratte-boesse. *Voyez* Dorure au feu.

Parachever. C'est aussi un terme de Teinturier, qui se

se dit particulierement des noirs qui se commencent avec le Guesde, l'Indigo & le Pastel, suivant leur qualité, & qui se parachévent en noir avec de la gale & de la couperose, &c. *Voyez* TEINTURE.

PARADA-BRAVA, *Voyez* PAREIRA-BRAVA.

PARAGOUANTE, ou PARAGUANTE. Terme demi Espagnol, qui signifie une gratification que l'on fait aux personnes qui viennent apporter de bonnes nouvelles, ou quelque présent considérable.

PARAGOUANTE. Se prend le plus souvent en mauvaise part pour un présent que l'on donne à une personne pour tenter sa fidélité, ou du moins se la rendre favorable dans les conjonctures d'affaires où son crédit peut servir.

Les Intendans des grands Seigneurs & leurs Gens d'Affaires, sont soupçonnez de recevoir de ces Paragouantes, des Marchands dont ils arrêtent les parties, ou dont ils sont chargez de procurer le payement. Aussi l'Auteur du Parfait Négociant scrupuleux avec justice, & sagement rigide, instruisant les jeunes Marchands dans le 7. chap. du 4. liv. de la premiere partie de son Ouvrage, de la maniére qu'ils doivent se conduire dans la vente de leur marchandise, leur remontre qu'il vaudroit mieux ne rien vendre du tout que d'en augmenter le prix excessivement à cause des paraguantes qu'il faut donner aux Intendans, & des remises qu'ils sont obligez de faire aux Fermiers sur lesquels on leur donne ordinairement des mandemens.

PARAGUAY, qu'on nomme aussi PARAGOUE' & MATE'. Plante, ou plôtôt arbrisseau, qui croît dans quelques Provinces de l'Amérique méridionale, particuliérement dans le Paraguay, dont elle a pris son nom.

Cette Plante qui ne s'éléve guére de terre plus d'un pied & demi, a des rameaux très-foibles, & des feuilles assez semblables à celles du Sené. On la peut regarder comme une espéce de Thé occidental, qui de même que celui d'Orient, se prend infusé dans de l'eau chaude, à laquelle elle communique une couleur & une odeur assez approchante de celles du meilleur Thé qu'on voye en Europe.

Il y a deux sortes de Paraguay; l'un qui retient le nom d'herbe de Paraguay, & l'autre que l'on appelle Herbe Camini, en Espagnol, *Yarva-Camini.* Cette derniére est la plus estimée, & se vend un tiers plus cher que le Paraguay, tant parce qu'elle est l'élite de toute celle qui se recueille, & qu'il y a moins de déchet, que parce qu'elle a quelque chose de plus agréable que l'autre.

Le Paraguay commun s'appelle en Espagnol, *Yerva onpalos*, ce qui signifie herbe avec ses petits bâtons, parce qu'en effet elle est remplie de plusieurs petites branches rompuës. Celle-ci comme la moins bonne, ne sert qu'aux domestiques & aux esclaves; l'autre est la boisson des gens riches & accommodez; mais toutes deux sont d'un usage si grand, si commun & si nécessaire, que personne dans cette partie de l'Amérique ne pouvant, ou ne voulant s'en passer, il s'en vend au Perou, au Chilly & à Buenos-Aires, pour plus de deux millions par an, qui presque tout passe par les mains des Jesuites qui ont soin des Missions du Paraguay, du Gouverneur Général de la Province, & des Gouverneurs Particuliers des Villes.

L'on a parlé ailleurs du commerce de cette herbe, qui est un des plus considérables qui se fasse dans l'interieur de l'Amérique Espagnole. *Voyez à l'article du Commerce le Titre de celui de l'Amérique en général, & les Paragraphes où il est traité du négoce particulier du Paraguay, du Chilly, du Pérou, & du Buenos-Aires.*

La mode ou la nécessité de cette herbe est si-bien établie dans toutes ces parties méridionales du nouveau Monde, sur tout au Pérou, que les Espagnols, les Indiens & les Négres ne s'en peuvent passer; & que l'ouvrage des mines du Potosi cesseroit si les Maîtres n'avoient soin d'en pourvoir les malheureux esclaves qui y travaillent. Aussi les domestiques ne s'engagent-ils avec personne, qu'entr'autres conditions, & comme une partie de leurs gages, on ne leur donne du Paraguay pour boisson.

L'usage de cette herbe commence insensiblement à s'établir aussi dans l'Europe, & les Anglois entr'autres, ne l'estiment, ou du moins feignent de ne l'estimer pas moins que le Thé; peut-être autant par intérêt que par goût, étant à portée d'en avoir, & seuls, & beaucoup, à cause du commerce qu'ils font avec les Espagnols de l'Amérique Méridionale, & à Buenos-Aires, depuis le Traité d'Utrecht de 1713.

Ce fut par les Vaisseaux de la Compagnie Françoise de l'Assiente, qu'on apporta pour la prémiere fois directement de cette herbe en France.

Quelques uns croyent pourtant que Monsieur de Chabert, Chef d'Escadre des Vaisseaux du Roi, en avoit déja apporté; mais apparemment c'étoit peu de chose, & comme un essai.

Les sacs dans lesquels cette herbe est transportée de l'Amérique en Europe, sont faits de peaux crûës de taureau ou de vache, cousuës avec des laniéres, ou courroyes de même cuir. Quand les Espagnols veulent les remplir, ils les pendent au plancher à quatre cordes pour les tenir ouverts; & à mesure qu'ils y mettent de l'herbe, qui doit être extrêmement séche, ils la foulent avec des bâtons, ce qui sert à la conserver. Quand les sacs sont pleins, on acheve de les coudre.

Ces sacs sont quarrez, du poids de cinq ou six arobes; c'est à dire de cent vingt-cinq ou cent cinquante livres chacun poids de France, à prendre l'arobe à vingt-cinq livres.

Lors qu'on ouvre les sacs, & qu'on en veut tirer l'herbe, elle est si dure & si serrée que ce n'est pas sans peine que l'on la brise, & qu'on la réduit en une espéce de poudre un peu grosse mêlée de ces petits morceaux de bois dont on a parlé.

Pour préparer cette herbe & en faire de la boisson, il n'y a rien de différent de ce qui s'observe pour le Thé, à la reserve que l'on infuse & bois & herbe tout semble. Le trop d'herbe, ou le trop d'infusion la rendent trop forte, & en couleur, & en goût: mais en cet état on lui croit plus de vertu.

Outre toutes les qualitez que les Orientaux donnent à leur Thé, comme d'être bon aux maux de tête, à la poitrine, à l'estomac, contre la pituite, & à réparer le sommeil, les Amériquains lui croyent celle de purifier toutes sortes d'eaux, quelqu'impures & quelque corrompuës qu'elles soient, en la faisant infuser dedans, soit à chaud, soit à froid. Aussi comme ils en ont toûjours avec eux, s'ils ne trouvent que de mauvaise eau dans les montagnes & dans les vastes campagnes, presque toutes inhabitées, qu'ils sont obligez de traverser pour aller de Buenos-Aires au Pérou & au Chilly, il ne craignent point d'en boire après y avoir mis quelque tems infuser leur herbe, & prétendent que cette

cette confiance qu'ils y ont, est justifiée par le succès & par une longue expérience.

On la croit aussi très-souveraine pour le scorbut & les fiévres putrides; l'on s'en est servi heureusement pour la guérison de ces maladies sur les vaisseaux du Roi.

PARAISONNIER. Terme de Verrerie. C'est celui qui soufle les glaces à miroir. Le Métier de Paraisonnier est très-difficile à apprendre, & le travail en est très-dur. A peine après dix ans d'apprentissage un ouvrier est-il capable de bien soufler une glace. Aussi éleve-t-on pour cela de jeunes enfans qu'on accoûtume peu à peu au feu & au maniement du verre. *Voyez l'article des glaces souflées.*

PARANGON. On appelle Perle Parangon, Diamant Parangon, les perles & les diamans qui se distinguent par leur grosseur, par leur beauté, & par leur prix. *Voyez* PERLES *&* DIAMANS.

PARANGON. Se dit aussi dans le même sens à l'égard des Rubis, des Saphirs, & des autres pierres précieuses, excellentes, qui n'ont pas de semblables.

PARANGON. Est encore un terme en usage parmi les Marchands Libraires & chez les Imprimeurs & Fondeurs de Lettres. C'est la deuxiéme grosseur des caractéres d'Imprimerie après le gros Canon & le petit Canon.

Il y a deux sortes de Parangons, le gros Parangon & le petit Parangon. Le gros est le caractére qui est entre les deux points de Cicéro & le petit Parangon: & le petit est celui qui est entre le gros Parangon & le gros Romain.

PARC, qu'on nomme encore PARQUET. Il se dit de différens bassins ou séparations que l'on fait dans les marais salans pour y recevoir & faire entrer l'eau de la mer dont se fait le sel. Ces bassins ou parquets n'ont guére plus d'un pied de profondeur, & sont séparez les uns des autres par de petites levées de terre entrecoupées d'écluses pour y recevoir & y retenir l'eau, ou l'en faire sortir. Le fond de chaque parc est uni & comme battu. C'est dans ces parcs qu'on met aussi parquer les huîtres, & où elles s'engraissent & prennent cette couleur verte qui les rend également délicieuses au goût & agréables à la vûë. *Voyez* SEL MARIN.

PARC. Se dit aussi des Pécheries construites sur le bord de la mer.

Le titre troisiéme du cinquiéme livre de la Marine de France, distingue deux sortes de Parcs, les hauts Parcs & les bas Parcs.

Les hauts Parcs sont ceux qui sont tendus en telle sorte que le bas du filet ne touche point au sable, & qu'il en soit éloigné d'un quart de pouce au moins.

Les bas parcs sont ceux qui sont tellement attachez aux pieux qui les soûtiennent, que les rets touchent le sable, mais ne sont point enfouïs.

Il y a aussi des Parcs bâtis de pierre, d'autres bâtis de bois & de filets, & d'autres qu'on nomme des Bouchots. *Voyez* PESCHERIE, *où toutes les sortes de Parcs sont expliquées, aussi-bien que la largeur de leurs pertuis & filets.*

Par l'article 4. des mêmes Titre & Livre de l'Ordonnance, tous Parcs dans la construction desquels il entre des bois & de la pierre, doivent être démolis à la réserve de ceux construits avant l'année 1544.

PARCHEMIN. Peau de Belier, Mouton, ou Brebis, & quelquefois de Chévre, préparée d'une certaine maniére qui la rend propre à divers usages, mais particuliérement pour écrire, ou pour couvrir des Livres, des Registres & des Porte-feuilles.

Le Parchemin se commence par le Mégissier & s'achéve par le Parcheminier.

On appelle Parchemin en cosse, ou Parchemin en croûte celui qui est tel qu'il est sorti de la main du Mégissier; c'est à dire qui n'a point encore été raturé par le Parcheminier avec le fer sur le sommier.

Le Parchemin en cosse s'envoye par les Mégissiers, en paquets de trente-six peaux chacun, que l'on nomme des Botes de Parchemin.

Les Villes de France d'où l'on tire le plus de Parchemin en cosse, sont, Issoudun, Bourges, Chasteau-roux, Vierzon, Aubigny, Orleans, Roüen, Argenton, Bernay, Orbée, Gisors, Coutance, Bayeux, Amiens, Abbeville, Senlis, Poitiers, Chartres, Quimpercorentin, Fontenay, Limoges, saint Leonard, Agen, Castres & Troyes; il s'en tire aussi de Flandres, particuliérement de Lille, Tournay & Ypres.

Le Parchemin est une sorte de marchandise dont il se fait une prodigieuse consomption dans le Royaume, & des envois considérables dans les Païs étrangers, particuliérement dans la Flandre Espagnole, en Hollande, en Angleterre, en Espagne & en Portugal.

Celui qui se débite par les Parcheminiers, après l'avoir raturé, préparé & marqué de leur marque particuliére, se vend ou à la bote, ou au cent en compte.

La bote de Parchemin sans être équarrié; c'est à dire dont les bords n'ont point été coupez sous la régle, est composée de trente-six peaux.

La bote de Parchemin équarrié, pour servir aux Expéditions des Chancelleries, est aussi de trente-six peaux.

La bote de Parchemin en cahiers contient dix-huit cahiers de quatre feuilles chacun; ce qui fait en tout 72 feuilles, ou 144 feuillets.

Les demi-peaux pour les Chancelleries, les quarrez pour Commissions, Brevets & Expéditions des Greffiers & des Notaires, & ceux destinez pour quitances de l'Hôtel de Ville, de l'Extraordinaire des guerres, du Trésor Royal, &c. se vendent au cent en compte.

Ce que les superstitieux nomment du Parchemin Vierge, qu'ils disent être fait de la coîfe que quelques enfans apportent en venant au monde, n'est autre chose qu'une espéce de parchemin très-mince & très-delicat, propre à certains usages particuliers, comme pour faire des éventails, & d'autres semblables ouvrages, qui se fait avec la peau d'un chévreau, ou d'un agneau mort-né, ou très-jeune.

Le parchemin Timbré est du parchemin ordinaire raturé, préparé & équarrié par les Parcheminiers, que les Fermiers des Aydes de chaque Généralité du Royaume ont fait marquer de leur marque particuliére, portant les armes du Roi, le nom de la Généralité, & le prix qu'il doit être vendu, suivant qu'il est plus ou moins grand.

C'est de ce parchemin dont on est obligé de se servir dans toutes les expéditions de Justice. La distribution & la vente s'en fait aux Greffiers, Notaires & autres qui en ont besoin, par des Commis établis par les Fermiers des Aydes dans des bureaux publics destinez à cet effet.

Maniére de fabriquer le parchemin.

Lors que la peau a été pelée & plannée par le moyen de la chaux & du plain (comme il se trouve expliqué à l'article du Chamois, à l'endroit où il est parlé de la maniére de passer les peaux de mouton en huile, autrement dit en

Chamois) le Mégiffier l'étend fur la herfe qui eft une efpéce de grand chaffis compofé de quatre membres de bois équarriez & emmortoifez l'un dans l'autre par les angles, & percez dans leur longueur de diftance en diftance de trous dans lefquels font fourrées des chevilles de bois qu'on peut tourner quand on veut de même que celles d'une baffe de violon.

Pour étendre la peau fur la herfe, on y fait de petits trous tout autour dans lefquels l'on paffe de deux en deux une petite brochette de bois à laquelle on attache une menuë ficelle que l'on nouë aux chevilles de la herfe; en forte que venant à les tourner également, les cordelettes bandent fortement, ce qui fait que la peau s'étend de toutes parts comme celle d'un tambour.

La peau étant bien étenduë fur la herfe, on l'écharne avec le fer qui eft un inftrument d'acier tranchant propre à cet ufage; & lors qu'elle a été écharnée; c'eft à dire, qu'on a enlevé le plus gros de la chair qui peut être deffus, on la mouille avec un torchon; puis on féme par deffus du groizon qui eft une efpéce de pierre ou craye blanche réduite en poudre fine.

Après que la peau a été fuperficiellement parfemée de groizon, l'on prend une groffe pierre ponce platte par deffous, à peu près femblable à la molette dont on fe fert pour broyer les groffes couleurs, que l'on paffe fur toute la peau, comme fi l'on vouloit broyer le groizon qu'on a mis deffus, ce qui achéve d'ôter le refte de la chair.

Lors que toute la chair a été exactement ôtée de deffus la peau, l'on paffe de nouveau le fer par deffus; puis on la remouille avec le torchon fans y mettre de groizon, fe contentant feulement de la froter avec la pierre ponce, ce qui adoucit beaucoup le côté de la chair que l'on égoute enfuite avec le fer en l'appuyant fortement deffus fans en rien emporter.

Le côté de la chair ayant été bien égouté, l'on paffe le fer par deffous, qui eft le côté où étoit la laine, ou le poil, puis l'on rebande bien fort la peau par le moyen des chevilles de la herfe, & lors qu'elle eft fuffifamment bandée, l'on paffe encore le fer du côté de la chair, ce qui achéve de l'égouter entiérement; plus la peau eft égoutée & plus elle devient blanche.

Après que la peau a été égoutée de la maniére qu'il vient d'être dit, on rejette du groizon par deffus que l'on balaye avec une peau d'agneau garnie de fa laine, ce qui l'unit & lui donne cette fleur blanche que l'on apperçoit fur toute la fuperficie du parchemin lors qu'il fort de la main du Mégiffier.

Quand la peau a reçû toutes les façons qu'on vient de dire, ce que les Ouvriers appellent le Travail à mouiller, on la laiffe en repos fécher, & quand elle eft bien féche on la leve de deffus la herfe en la coupant proprement tout autour avec un couteau, & c'eft en cet état qu'on l'appelle du Parchemin en coffe, ou en croute.

La peau ayant été préparée par le Mégiffier de la maniére qu'on vient de l'expliquer, le Parcheminier la prend pour la raturer à fec fur le fommier par le moyen d'un fer femblable à celui dont on a déja parlé, fi ce n'eft qu'il eft plus fin & plus tranchant, qu'il coule à force de bras depuis le haut de la peau jufques en bas, dont il enléve environ moitié de l'épaiffeur de la peau.

La peau ainfi raturée à fec fur toute fa fuperficie le plus également qu'il a été poffible, tant du côté de la fleur que du côté du dos, on paffe la pierre ponce par deffus pour la bien unir des deux côtez, ce qui s'appelle Poncer le parchemin, & c'eft cette derniére façon qu'on lui donne fur une efpéce de forme, ou banquette, couverte d'une toile rembourrée, que l'on nomme Selle à poncer, qui le met en état de pouvoir recevoir l'écriture.

C'eft le côté de la peau où étoit la chair que l'on nomme la Fleur du parchemin, & celui où étoit la laine, ou poil, s'appelle le dos du parchemin.

La façon de raturer les peaux à fec fur le fommier eft la plus difficile de toutes celles qui fe donnent au parchemin; c'eft pourquoi les Mégiffiers ne s'attachent guére à la lui donner, laiffant cet ouvrage à faire aux Parcheminiers qui en ont un plus grand ufage.

Le fommier fur lequel le Parcheminier rature le parchemin, eft une peau de veau bien tenduë fur la herfe, qui fert comme de foûtien à la peau qui y eft attachée par le haut avec un inftrument de bois qui a une coche enfoncée; l'on appelle cet inftrument un Clan, ou un Gland. Enfin, pour que l'on puiffe paffer plus facilement le fer par deffus, l'on met entre le fommier & la peau qu'on rature, une peau de parchemin en coffe bien unie que l'on appelle le contre-fommier.

On appelle Ratures de parchemin ce que le Parcheminier enléve avec le fer de deffus le parchemin en coffe; on en fait de la cole dont fe fervent plufieurs Ouvriers. *Voyez* RATURES DE PARCHEMIN.

Le vélin, ainfi nommé de ce qu'il eft fabriqué de la peau d'un veau mort-né, ou de celle d'un veau de lait, eft auffi une efpéce de parchemin, mais plus fin, plus blanc & plus uni que le parchemin ordinaire.

Le vélin de même que le parchemin eft d'abord preparé par le Mégiffier, & enfuite achevé par le Parcheminier, avec cette différence néanmoins que le vélin ne paffe point par la chaux, & qu'on y fait paffer le parchemin.

On employe le vélin à divers ufages, mais particuliérement à écrire des livres d'Eglife, ou d'autres livres de conféquence, à deffiner des généalogies & des plans, à peindre en mignature, à imprimer des images & à couvrir quelques livres d'importance.

Les Flamans donnent au vélin le nom de Francin, & il y a de l'apparence qu'ils l'appellent ainfi à caufe qu'ils en ont tiré l'invention de France.

La Ville d'Anvers en confume confidérablemenr par rapport à la grande quantité d'images qu'on y fait imprimer fur le vélin, dont il fe fait de gros envois à Paris & dans plufieurs autres Villes d'Europe.

Il fe fabrique du vélin dans tous les endroits où l'on fait du parchemin; mais celui de Lille en Flandre, de Bayeux, & de Coutance en Normandie, eft le plus eftimé.

Le Parchemin paye en France les droits d'entrée; fçavoir, le parchemin de Flandre, Bretagne & autres Païs à raifon de 30 f. la groffe de peaux.

Et le parchemin vieux 6 f. du cent pefant.

Les droits de fortie font pour le parchemin neuf 40 f. de la groffe, & pour le vieux 6 f. du cent pefant, le tout conformément au Tarif de 1664.

A l'égard de la Douane de Lyon les droist font de 10 f. par bale pour l'ancienne taxation & de 3 f. pour la nouvelle réapreciation.

Le parchemin vieux paye 3 *f. du quintal.*

PARCHEMINERIE. Lieu où l'on prépare le parchemin. Il se dit aussi de l'art de le fabriquer & du négoce qui s'en fait.

Dans le premier sens l'on nomme à Paris Ruë de la Parcheminerie une ruë où sont établis la plûpart des Parcheminiers; Dans le second sens il est très-véritable de dire que c'est à Paris où l'on travaille le mieux en parcheminerie; & enfin dans le troisiéme sens on dit qu'un Marchand fait un très-grand négoce de parcheminerie, pour dire qu'il vend & débite beaucoup de parchemin.

PARCHEMINIER. Ouvrier & Marchand qui achéte des Mégissiers le parchemin brut, autrement dit en cosse, ou en croûte, qui ensuite le prépare d'une maniére propre à recevoir l'écriture en le raturant superficiellement sur le sommier avec un fer tranchant.

Chaque Maître Parcheminier a sa marque particuliére dont il marque le parchemin qui est apprêté dans sa boutique par lui ou par ses Compagnons.

A Paris les Parcheminiers forment une Communauté d'Artisans dont les Statuts sont des 1 Mars 1545, & 14 Mars 1550. sous les régnes de François I. & de Henri II. & qui depuis ont été augmentez par Louïs XIV. par Lettres Patentes du mois de Décembre 1654.

Suivant ces Statuts & Lettres Patentes, aucun ne peut être reçû Maître Parcheminier s'il n'a été Apprentif pendant 4 ans, servi les Maitres trois années en qualité de Compagnon, & fait Chef-d'œuvre, ou expérience tel qu'il plaît aux Maîtres Jurez de la Communauté de lui prescrire.

Les Fils de Maîtres sont éxemts de l'apprentissage & du Chef-d'œuvre; il suffit pour être admis à la maîtrise qu'ils ayent éxercé le métier dès leur jeunesse, & qu'ils soient certifiez capables & suffisans par les Maîtres chez lesquels ils ont travaillé.

Un Compagnon qui épouse la Veuve, ou la Fille d'un Maître, peut être reçû Maître sans faire Chef-d'œuvre, pourvû qu'il ait fait apprentissage.

Il y a à la tête de la Communauté des Parcheminiers deux Maîtres Jurez préposez, tant pour en soûtenir les priviléges que pour tenir la main à l'éxecution de ses Statuts & Réglemens.

Ces Jurez se renouvellent tous les deux ans par l'élection qui s'en fait par les autres Maîtres de la Communauté, & sont tenus, de même que les Apprentifs, Fils de Maîtres & Compagnons qui épousent des Veuves, qui sont admis à la maîtrise, de prêter serment par devant le Procureur du Roi du Châtelet.

Lors que les Maîtres Jurez en charge veulent aller en visite chez les autres Maîtres de leur Communauté, ils sont obligez de se faire assister des quatre Maîtres Jurez Parcheminiers de l'Université, qui sont des Maîtres Parcheminiers distinguez, qui agissent sous les ordres du Recteur dont ils ont pris des Lettres.

PARDAO, ou PARDO-XERAFIN. Monnoye d'argent de mauvais aloi que les Portugais fabriquent aux Indes Orientales, qui a cours à Goa & sur la Côte de Malabar.

Le pardao a pour empreinte d'un côté un S. Sebastien & de l'autre un paquet de quatre fléches; il vaut environ trois cens rays; on donne vingt fanos, ou fanons d'argent, pour le pardao. Il y a des demi-pardaos & des quarts qui valent à proportion: il paroît même par quelques Relations qu'il y a des doubles pardaos.

Il n'y a guére de monnoye dans les Indes qui se falsifie davantage que celle-là; ce qui arrive moins par la mauvaise foi des Portugais, que par celle des Indiens Payens qui les contrefont, & qui en fabriquent quantité de fausses dans des lieux assez avant dans les terres, & qui ensuite les transportent sur les Côtes & dans les Villes du plus grand commerce.

Il n'y auroit guére moyen de recevoir de ces pardaos sans courir risque d'être trompé, si des espéces de Changeurs qu'on appelle Xaraffes, qui sont des Indiens Chrétiens, ne se tenoient exprès au coin des ruës pour les éxaminer; ce qu'ils font au seul toucher, & sans autre précaution. Ils y sont néanmoins si expers & si sûrs, que les Européens avec le trebuchet & la pierre de touche ne le sont pas davantage. *Voyez* XARAFFES.

PARDAOS DE REALES. On nomme ainsi les réales, ou piéces de huit, qui sont les seules de toutes les monnoyes d'Espagne qui ayent cours aux Indes.

Ces pardaos, ou piastres, car la reale de huit & la piastre ne sont que la même chose, ont un certain prix fixe, au dessous duquel elles ne baissent jamais; mais elles haussent assez considérablement, lors que quelquefois les Marchands en veulent amasser quelques parties considérables pour envoyer à la Chine, où elles sont fort estimées. On les échange avec de l'or.

Quand on vend ou qu'on achéte aux Indes, (ce qui ne doit s'entendre que des lieux où les pardaos ont cours,) il faut toûjours convenir de l'espéce de monnoye en laquelle se doivent faire les payemens, & s'ils se feront en pardaos xerafins, en pardaos de reale, ou en pardaos d'or. Ces derniers sont les sequins, ou ducats d'or de Venise & de Turquie, qui valent ordinairement deux doubles pardaos de reales.

Lors que ce sont des perles, des pierreries, de l'or, de l'argent, ou des chevaux que l'on veut acheter ou vendre, il suffit de marquer le nombre de pardaos qu'on en offre ou que l'on en demande, sans les spécifier davantage, parce qu'en ce cas on entend toûjours des pardaos de six tangas; mais pour toutes les autres marchandises, si l'on ne spécifie rien, ce ne sont que des pardaos de cinq tangas. *V.* TANGAS.

Les pardaos xerafins servent aussi de monnoye de compte dans toute la Côte de Malabar, & particuliérement à Goa.

PARDOS. Espece de monnoye d'argent qui a cours à Mosambique & le long de la Côte d'Afrique. Le pardos vaut deux cens rais.

PARE'. Du cidre paré est celui qui a perdu sa douceur, soit par artifice, soit à force de le laisser cuver. *V.* CIDRE.

PAREAUX. Signifie, en termes de Pêcheurs, de gros cailloux, ronds, pesans & percez par le milieu, qu'ils attachent de distance en distance le long de la coulure d'en bas du filet qu'ils appellent une Seine, afin de la parer quand ils l'ont jettée à l'eau; c'est à dire, pour en arrêter le bas au fond, tandis que le haut flotte, à cause des liéges qui le soûtiennent. *Voyez* SEINE.

PAREIRA BRAVA. Plante qui croît aux Indes Occidentales, & sur tout dans le Méxique & dans le Bresil. Sa racine qui a aussi le même nom, & qui a été apportée en France pour la premiére fois par M. Amelot présentement (1706) Conseiller d'Etat & Ambassadeur en Espagne, au retour de son Ambassade de Portugal, est regardée comme un reméde specifique pour la guérison de la pierre & de la gravelle.

Son nom, qui en Portugais veut-dire Vigne sauvage, ou bâtarde, a beaucoup de raport à la nature de la plante, qui porte des branches chargées de feuilles tout à fait semblables à la vigne, & qui rampent le long des murailles & des arbres.

Il ne se fait pas encore un grand commerce en France de cette racine, que les Portugais estiment néanmoins sur le pied de l'Ipecacuanha. Quelques Droguistes François l'appellent par corruption Parada Brava, & d'autres lui donnent encore le nom de Botua.

PAREMENT. Terme de Manufacture. Les Mursquiniers, ou Tisserands, nomment ainsi une sorte de cole faite d'eau & de farine, dont ils enduisent les chaînes de leurs toiles, lors qu'elles sont montées sur le métier; ce qu'ils appellent les Parer. Ce terme n'est guére en usage que dans la Picardie. Ailleurs on dit simplement: Coler la chaîne.

PAREMENS, ou TRIQUES DE FAGOTS. Terme de commerce & d'exploitation de bois de chauffage. Ce sont les plus gros morceaux de bois dont les Bucherons ont coûtume de parer les fagots qu'ils font, d'où leur est venu leur nom. *Voyez* FAGOT.

PARER. Se dit de quelques préparations que l'on donne à certaines espéces de marchandises, pour les rendre plus éclatantes, ou pour les disposer à faire un meilleur service.

Les Bonnetiers parent leurs bas & les Marchands & Manufacturiers leurs marchandises par des eaux qu'ils leur donnent, ou par la maniére de les presser, comme aux tabis, aux taffetas, aux camelots, aux calmandes, &c.

PARER. Chez les Corroyeurs, Peaussiers, Parcheminiers, &c. Veut dire, grater ou racler superficiellement les cuirs ou peaux avec la lunette, ou quelqu'autre instrument d'acier tranchant, pour en ôter le superflu, afin de les rendre plus belles, plus unies & d'une meilleure vente. *Voyez* LUNETTE.

Les cuirs & les peaux se parent ordinairement du côté de la chair. On dit en ce sens, Un cuir paré, Une vache parée, une peau parée.

PARER. *Voyez ci-dessus* PAREMENT.

PARER. Est aussi un terme fort usité dans les manufactures & fabriques de lainages. *Voyez* LAINER.

PARER. Les Relieurs de Livres appellent Parer une couverture de veau, ou d'autre cuir, en enlever avec un tranchoir, qu'ils nomment Couteau à parer, ce qu'il y a de trop épais sur les bords du cuir, afin qu'ils se colent plus facilement sur le carton. On pare la couverture sur un marbre ou pierre de liais, aprés que la peau a été mouillée, ratissée & coupée. *Voyez* RELIEURE.

PARER, en termes de Pêcheur. Signifie tenir la seine au fond de l'eau. *Voyez* PAREAUX.

PARER, en termes de Maréchal. C'est couper la corne d'un cheval avec le boutoir, pour la rendre plus unie & plus facile à y placer le fer. *Voyez* BOUTOIR.

PARER. Se dit aussi de quelques liqueurs, particuliérement des cidres & des poirez. C'est leur ôter le goût douçâtre qu'elles ont naturellement, & leur en donner un qui approche davantage de celui du vin. Quelques-uns se servent pour cela de l'eau-de-vie.

PARERE. Terme de commerce, plus Italien que François. Il signifie l'avis ou conseil d'un Négociant; parce que répondant en Italien ce qu'il juge à propos sur la demande qu'on lui fait, il dit en cette langue, *Mi pare*, qui signifie *il me semble*, en François.

La pratique du négoce, particuliérement de celui des Lettres de change, étant venuë d'Italie, on a conservé presque dans toutes les Places de France, singuliérement en celle de Lyon, l'usage des Pareres, qui sont les avis des Négocians, qui tiennent lieu d'actes de notorieté, lors qu'ils ont été donnez de l'autorité du Juge Conservateur, ou par une consultation particuliére pour appuyer le droit de celui qui consulte.

Depuis l'érection des Chambres particuliéres de commerce dans quelques principales Villes de France, en conséquence de l'Edit de 1700, & de l'Arrêt du Conseil de 1701, les Pareres faits sur les places de la Bourse, ou du Change dans les Villes où ces Chambres sont établies, ne peuvent avoir d'autorité qu'aprés avoir été présentez & approuvez par lesdites Chambres. *Voyez* CHAMBRE DE COMMERCE.

M. Savary Auteur du Parfait Négociant a donné au Public en 1688, un Livre intitulé, *Parere ou Avis & Conseils sur les plus importantes matiéres du Commerce.*

Ce livre contient la résolution des questions les plus difficiles concernant les banqueroutes & faillites, les lettres & billets de change, les ordres sans dates & sans expressions de valeur, les signatures en blanc, les novations des billets & lettres de change, celles qui sont tirées ou acceptées par des femmes en puissance de mari, la minorité des Tireurs, les différentes Sociétez, la compétence des Juges & Consuls, & d'autres matiéres touchant le fait du commerce; ensemble plusieurs Arrêts des Parlemens rendus en conformité des Pareres donnez sur toutes ces sortes de questions.

Ce Livre a depuis été réimprimé en 1715. par Guignard Libraire, avec une augmentation de trente-neuf Pareres sur différentes questions toutes nouvelles tirées des Mémoires de l'Auteur, par celui de ses Fils à qui on est redevable de la meilleure partie de ce Dictionnaire, & qui se préparoit à le donner au Public, quand il mourut au mois d'Avril 1716.

On peut dire sans aucune prévention que ce Livre des Pareres avec ses Augmentations (qui est proprement une suite du Parfait Négociant) ne peut être que très-utile aux Marchands, Banquiers & Négocians pour la décision des difficultez qui naissent tous les jours entr'eux touchant les affaires de leur commerce. *V.* PARFAIT NEGOCIANT.

PAREUR DE DRAPS. C'est un des noms que les Lettres Patentes des Rois & les Statuts de la Communauté des Maîtres Foulons de la Ville de Paris leur donnent. *Voyez* FOULON.

PAREUR. Se dit aussi dans les manufactures de lainage, de l'Ouvrier qui les pare. On le nomme plus ordinairement Laineur. *Voyez* LAINEUR.

PARFAIRE, en termes de négoce. Signifie achever, rendre complet un compte, une somme. Il faut parfaire ce payement, c'est à dire, achever de payer. Il me devoit mille livres, j'en ai reçû huit cens comptant, & je me suis contenté de son billet de deux cens livres pour parfaire mon payement.

PARFAIT. Signifie accompli; où il n'y a rien à desirer ni à ajoûter. Ce drap est parfait, il est bien fabriqué, il n'y a rien à redire. Cette piéce de satin est parfaite, aussi est-elle du meilleur Façonnier.

PARFAIT NEGOCIANT. Celui qui entend parfaitement le négoce, le commerce, & tout ce qui y a du raport.

Feu M. Savary pére des Auteurs de ce Dictionnaire, a donné

donné au Public un Ouvrage de commerce sous le nom de *Parfait Négociant* : Il contient une instruction sur tout ce qui regarde le négoce des marchandises de France & des Païs Etrangers; pour la banque, le change & rechange; pour les sociétez ordinaires, en commandites & anonymes, pour les faillites, banqueroutes, séparations, cessions & abandonnement de biens, pour la maniére de tenir les livres journaux, d'achats, de ventes, de caisse & de raison; avec des formulaires de lettres & billets de change, d'inventaire, & de toutes sortes de societez.

Il y a joint l'application des Ordonnances & Arrêts rendus sur toutes les questions les plus difficiles qui arrivent entre les Marchands, Négocians & Banquiers sur toutes sortes de matiéres concernant le commerce des lettres & billets de change.

Il y est aussi parlé des poids & mesures tant de France que des Païs étrangers, du Banco de Venise, du commerce des soyes de Messine, & du négoce qui se fait par la mer Méditerranée dans toutes les Echelles du Levant, &c.

Le grand nombre des éditions de cet excellent Ouvrage, & les diverses traductions qui en ont été faites doivent suffire pour son éloge; & il ne siéroit pas aux Auteurs de ce Dictionnaire d'en dire davantage: ils ajoûteront seulement que feu M. Savary a donné encore au Public un autre Ouvrage non moins considérable, intitulé, *Parere, ou Avis & Conseils sur les plus importantes matiéres du Commerce.* C'est proprement une suite du Parfait Négociant. *Voyez* PARERE. *Voyez aussi* MARCHAND & PROFESSION MERCANTILLE.

PARFAIT, Les Arithméticiens appellent un Nombre parfait, celui dont les parties aliquotes ajoûtées ensemble font le même nombre dont elles sont les parties. Ainsi 6 ou 28 sont des nombres parfaits, parce que 1, 2 & 3, qui sont les parties aliquotes du premier, font 6, & que 1, 2, 4, 7 & 14, qui sont celles de 28, font aussi 28. *Voyez* PARTIES ALIQUOTES.

PARFOURNIR. Achever de fournir ce qui manque à une chose pour la rendre complette. J'ai payé ma part, c'est à vous à parfournir le reste.

Ce terme commence à vieillir, même dans le commerce: on dit simplement, C'est à vous à fournir, ou à payer, ou quelquefois à faire le reste.

PARFUM. Senteur agréable qui flate l'odorat.

La plûpart des parfums se font ou se composent avec le musc, l'ambre-gris, la civette, les bois de rose & de cédre, l'iris, la fleur d'orange, la rose, le jassemin, la jonquille, la tubéreuse, & autres fleurs odorantes.

On y fait aussi entrer le storax, l'encens, le benjoin, le girofle, le macis & autres semblables drogues, que l'on nomme communément des aromats. *Voyez* AROMATS.

On compose encore quelques parfums avec des herbes aromatiques, telles qui peuvent être la lavande, la marjolaine la sauge, le tim, la sarriette, l'hisope, &c. *Voyez* AROMATIQUE.

Autrefois les parfums étoient fort en usage en France, particuliérement ceux où entroient le musc, l'ambre-gris & la civette; mais depuis que l'on s'est apperçû qu'ils incommodoient le cerveau, l'on s'en est presque deshabitué.

Les parfums sont encore très à la mode en Espagne, en Italie, & en quelques autres Païs.

Par Arrêt du Parlement de Paris du 26 Novembre 1594, il est défendu aux Maîtres Gantiers-Parfumeurs de vendre ni de débiter séparément aucuns parfums ni autres senteurs que ceux qu'ils ont faits & composez.

PARFUM. Se prend aussi pour les corps mêmes d'où s'exhalent les parfums. Les meilleurs parfums se tirent d'Orient & des Païs chauds.

PARFUM. Se dit encore en Médecine & parmi les Apoticaires, de quelques remédes topiques ou extérieurs composez de poudres & de gommes particuliéres; lesquelles mêlées l'une avec l'autre, & jettées sur les charbons ardens, produisent une vapeur ou fumée capable de guérir plusieurs sortes de maladies. Ordonner un parfum : Préparer un parfum.

PARFUME', PARFUME'E. Se dit des choses qui ont reçû l'impression de quelque agréable parfum. Des gants parfumez: Des peaux parfumées.

La France tiroit autrefois d'Espagne & d'Italie quantité de peaux de chévres, ou boucs, toutes parfumées, qui s'employoient à faire des gants, des pourpoints, des poches, des bourses, à couvrir des corps de jupes, &c. quoi que ces peaux fussent d'un grand prix & fort à la mode: cependant on ne les peut plus souffrir à cause de leur odeur trop violente; en sorte qu'elles ne tiennent présentement aucun rang considérable parmi les autres marchandises dont il se fait négoce dans le Royaume.

Les peaux parfumées payent en France les droits d'entrée à raison de 4 liv. la douzaine, & ceux de sortie sur le pied de 12 s, conformement au Tarif de 1664.

Les droits de la Douane de Lyon sont de 3 liv. la douzaine d'ancienne taxation & 20 s. de nouvelle reapreciation, à la reserve des peaux de chevrotins lavées en jasmin qui ne payent que 4 s. de la douzaine, & les grandes peaux de cabrons passées en fleurs d'orange qui payent 15 s. aussi la douzaine, tant d'ancienne que de nouvelle taxation.

PARFUMER. Action par laquelle on communique l'odeur d'un parfum à quelque corps capable de le recevoir. On parfume des peaux, des gants, de la poudre, du savon, de la pommade, du tabac, des liqueurs, &c. avec le musc, l'ambre-gris, le jasmin, la tubéreuse, la jonquille, &c.

L'Italie & l'Espagne sont les Païs où l'on sçait le mieux parfumer.

PARFUMEUR. Marchand & Ouvrier tout ensemble, qui compose, vend & employe toutes sortes de parfums, qui fait & vend de la poudre pour les cheveux, des savonnettes, de la pâte pour les mains, des pastilles, eaux de senteur, essences, gants parfumez, sachets de senteur, pots pourris, cachou, &c.

Le métier de Parfumeur étoit fort en vogue parmi les anciens Grecs & les anciens Romains.

Quelques Marchands Merciers de Paris ont voulu autrefois se qualifier Marchands Merciers Maîtres Parfumeurs; mais par Arrêt du Parlement du 26 Novembre 1594, il leur a été défendu de prendre le titre du Parfumeur, qui n'est reservé qu'aux seuls Maîtres Gantiers, suivant qu'il est porté par leurs Statuts & Reglemens. *Voyez* GANTIER.

PARI. Ce mot est de quelque usage parmi les Marchands & les Banquiers qui sont en commerce avec les Italiens, ou qui habitent les Provinces de France qui les avoisinent. Il signifie Pair. *Voyez* PAIR.

PARISIS. Monnoye de compte, autrefois monnoye réelle qui se fabriquoit à Paris, en même tems que les tournois se fabriquoient à Tours.

Les parisis étoient d'un quart plus forts que les tournois; ensorte que la livre parisis étoit de vingt-cinq sols, & la livre tournois de vingt; les sols & les deniers à proportion. On compte encore en livres, sols & deniers parisis. *Voyez* LIVRE.

PARISIS. S'entend aussi dans les Bureaux des Douanes du Roi & des Péages des Seigneurs, du quart en sus des droits réglez par les Tarifs & Pancartes. *Voyez* QUART EN SUS.

PARLOIR AUX BOURGEOIS. C'étoit anciennement à Paris ce qu'on nomme présentement l'Hôtel-de-Ville, c'est à dire, le lieu où les Magistrats Municipaux tenoient leur Jurisdiction, & terminoient les differens qui étoient de leur compétence, & qui survenoient entre les Bourgeois en fait de police & de négoce. Ce Parloir étoit près de la porte S. Jaques. *Voyez* HÔTEL-DE-VILLE. *Voyez aussi* PREVÔT DES MARCHANDS.

PARMESAN. Fromage qui vient de Parme en Italie, ou qui a la reputation d'en venir; tous les fromages qui portent ce nom & celui de Milan ne se faisant qu'à Lodi. *Voyez* FROMAGE, *où il est parlé des Fromages d'Italie.*

PAROIR. Instrument sur lequel les Corroyeurs & quelques autres Ouvriers en cuir parent ceux qu'ils préparent.

Le paroir est une espéce de chevalet sur le haut duquel, & le long de sa traverse, est étenduë une corde sous laquelle on engage un bout du cuir, tandis que de l'autre bout il est attaché avec une tenaille qui tient à la ceinture de l'Ouvrier, qui peut aussi tirer & lâcher à son gré la peau à mesure qu'il la ratisse avec la lunette. *V.* COURROYER.

PAROIR. Signifie aussi l'instrument de fer avec lequel les Maréchaux parent le pied des chevaux. On le nomme plus communément Boutoir. *Voyez* BOUTOIR.

PAROIRE. On nomme quelquefois ainsi un outil tranchant fait en fer de pique, avec lequel les Chauderonniers gratent & nettoyent le dedans des marmites, casseroles, tourtiéres, coquemarts & autres ustenciles de cuisine faits de cuivre qu'ils veulent étaimer. Son vrai nom est un Gratoir ou Gratoire. *Voyez cet article.*

PARPIROLLE. Petite monnoye de Savoye fabriquée à Chambery. Elle est de billon, c'est à dire, de cuivre tenant deux deniers d'argent. C'est une espéce de sol. Il y a d'autres parpirolles, qu'on nomme à la petite Croix: celles-ci sont frappées à Gex, & n'ont qu'un denier dix grains de fin.

PARQUER DES HUITRES. C'est les laisser pendant quelque tems dans les parcs ou parquets des marais salans pour s'y engraisser, & y prendre cet œil verd qui fait une des bonnes qualitez de ce poisson testacé. *Voyez* HUITRE.

PARQUET. On nomme ainsi, & quelquefois Parc, chaque séparation des marais salans. *Voyez* SEL.

PART Signifie, en termes de commerce, l'intérêt, la portion qu'on a dans une Societé, dans une Compagnie de commerce, dans une Manufacture, &c. J'ai pris part pour un sixiéme dans la ferme du castor. Je ne veux plus prendre de part dans aucun armement, je n'y ai pas été heureux.

PART. S'entend aussi de l'autre côté d'un feuillet de papier opposé à celui où l'on écrit actuellement. J'ai reçû le contenu de l'autre part; pour dire, la somme contenuë & exprimée dans le billet, lettre de change ou autre acte obligatoire écrits & libellez au dos de la quittance qu'on en donne.

PART. Les Teneurs de livres, ou ceux qui dressent des comptes en portant l'arrêté du folio recto qu'ils viennnent de finir, mettent ordinairement au folio verso qu'ils recommencent, *Pour le montant de l'autre part*; c'est à dire, ce à quoi monte le total calculé au bas de la page de derriére.

On appelle Quote-part, la portion que des Associez doivent porter du gain ou de la perte, suivant qu'ils ont chacun dans le fond de la société. *Voyez* QUOTE-PART.

PARTAGE. Division qui se fait d'une chose en plusieurs parties & portions. Il faut faire le partage de nos marchandises.

PARTAGER. Diviser quelque chose, en faire le partage.

PARTAGEUR. Terme dont on se servoit autrefois en Arithmétique, pour dire, Diviseur ou Partiteur. *Voyez* DIVISEUR.

PARTI. Traité que l'on fait avec le Roi, recouvrement de deniers dont on traite à forfait. Le parti du tabac: Le parti de la paulette. Il ne se dit guére que des Fermes du Roi.

PARTICIPATION. On appelle Société en participation, une des quatre sociétez anonymes que font les marchands. *Voyez* SOCIETÉ.

PARTICIPE, en termes de finances. Est celui qui a part secrettement dans un Traité ou dans une Ferme du Roi. Les Traitans & leurs Participes ont été également soûmis aux taxes de la Chambre de Justice.

La différence qu'il y a entre un Traitant & un Participe, consiste en ce que le Traitant s'engage au Roi, & s'oblige sous son nom à être la Caution de l'Adjudicataire, & que le Participe n'a part à la ferme que par un traité secret qu'il fait avec le Traitant, & non pas avec le Roi.

PARTICIPE, en termes de commerce de mer. Signifie celui qui a part au corps d'un vaisseau marchand.

Ce terme aussi-bien que celui de Parsonnier, veut dire sur la Méditerranée, la même chose que Co-Bourgeois sur l'Ocean. *Voyez* BOURGEOIS *&* CO BOURGEOIS.

PARTICIPE. Se dit aussi dans le commerce tant en gros qu'en détail d'une des quatre sociétez anonymes que les Marchands ont coûtume de faire entr'eux. On la nomme quelquefois Société en participation.

Dans cette sorte de société les Associez ne s'obligent point les uns pour les autres, mais chacun agit en son propre & privé nom. Quelquefois ces sociétez ne sont que verbales; quelquefois elles se font par écrit; mais en ce cas presque toûjours par des lettres missives. Rarement elles contiennent plus d'un article, ne se faisant ordinairement que pour l'achat ou la vente comme momentanez de quelques marchandises; aussi ne durent-elles qu'autant que l'occasion de négoce qui les fait naître subsiste. *Voyez* SOCIETÉ ANONYME.

PARTICIPER. Avoir part à quelque chose. Un Associé participe à tous les droits d'une société; il en partage de même les profits, & en supporte les pertes.

PARTIES. On nomme ainsi dans le commerce tant en gros qu'en détail, aussi-bien que parmi les Artisans & Ouvriers, les mémoires des fournitures de marchandises ou d'ouvrages qu'on a faits pour quelqu'un. *Voyez* MEMOIRE.

Il faut aussi ajoûter aux parties les sommes reçûes à compte, afin de les déduire de la somme totale de l'arrêté des parties.

Les parties des Marchands ou Ouvriers, conformément aux articles 7 & 8 du titre 1. de l'Ordonnance du mois de Mars 1673, doivent être arrêtées dans l'an après la délivrance des marchandises pour les uns, & de six mois de la délivrance des ouvrages pour les autres, sans quoi on peut se servir contr'eux de la fin de non-recevoir; auquel cas néanmoins

moins ils peuvent faire interroger les Débiteurs sur faits & articles, & les obliger de se purger par serment, s'ils ont payé les marchandises contenuës aux parties, ainsi qu'il est porté à l'article 10 du même titre de l'Ordonnance. *Voyez* FIN DE NON-RECEVOIR.

PARTIES ARRESTÉES. Ce sont les mémoires au bas desquels ceux à qui les marchandises & ouvrages ont été livrez & fournis, reconnoissent qu'ils les ont reçûs; qu'ils sont contens des prix, & promettent d'en faire le payement, soit que le tems de ce payement soit exprimé, soit qu'il ne le soit pas.

Dès que des parties sont arrêtées, ou qu'il y a promesse de payer les marchandises fournies, les Marchands & Ouvriers sont à couvert de la fin de non-recevoir, & leur action contre leurs Débiteurs subsiste pendant trente années.

PARTIES D'APOTIQUAIRE. On nomme ainsi les parties des Marchands & Ouvriers qui estiment leurs marchandises ou leurs ouvrages, & qui en demandent le payement beaucoup au de-là de leur juste valeur.

PARTIES SIMPLES, PARTIES DOUBLES, termes de Marchands, Négocians & Banquiers, ou de Teneurs de livres. Ils se disent des maniéres différentes de tenir les livres de commerce, & de dresser des comptes. *Voyez* COMPTES. *Voyez aussi* LIVRES DES MARCHANDS.

PARTIES ALIQUOTES. Terme d'Arithmétique, qui signifie les parties de quelque tout que ce soit, qui sont contenuës plusieurs fois en icelui, & qui peuvent se diviser en parties égales, sans qu'il y ait de reste. 2 est une partie aliquote de 8, il y est compris quatre fois. 16 est un nombre composé de quatre parties aliquotes, dont chacune est 4, ou de deux parties aliquotes, dont chacune est 8. Tous les nombres impairs, tels que sont 3, 5, 7, 9, 11, &c. n'ont point de parties aliquotes, ne pouvant se diviser en parties égales sans reste. *Voyez* MULTIPLICATION.

Une partie aliquante est celle qui étant prise plusieurs fois avec une de ses parties aliquotes, compose le tout. 8 est une partie aliquante de 20, & aliquote de 24; car 8 étant pris deux fois avec 4, qui est une des parties aliquotes, fait 20; & étant pris trois fois, il fait 24. Quelques-uns la définissent plus simplement par une partie qui ne mesure point son tout éxactement: d'autres qui croyent s'expliquer encore mieux, disent que les parties aliquantes sont celles qui sont composées de plusieurs parties aliquotes, comme 19 s. qui est une des parties aliquantes de la livre de 20 s. se trouve composée de trois parties aliquotes; sçavoir 10 s. la moitié, 5 s. le quart, & 4 s. le cinquiéme.

PARTIR. On dit en termes de Carrier, Faire partir la pierre, pour dire, la séparer & l'ouvrir avec les coins de fer & les pomelles. *Voyez* CARRIER & CARRIERE.

PARTITEUR. Terme d'Arithmétique, qui signifie diviseur. Dans la régle de division on met le partiteur ou diviseur au dessous du premier nombre à diviser avec une barre entr'eux deux. *Voyez* DIVISEUR.

PARTITION. C'est la derniére des quatre premiéres régles d'Arithmétique qui sert à diviser un grand nombre par un plus petit. Cette régle se nomme plus ordinairement Division. *Voyez* DIVISION.

PARUM. Marchandise employée dans le Tarif de la Doüane de Lyon de 1632. *La charge paye 4 s. d'ancienne taxation, & 1 s. du cent de nouvelle reapreciation.*

PAS. Terme de Tisseran. C'est le passage du fil dans la lame. Estre hors du pas, C'est prendre un fil pour un autre, ou en échapper un sans le prendre.

PAS. Signifie, en termes de Carrier, chaque tour que le gros cable fait sur l'arbre de la roue d'une carriére. Ainsi lors que les Carriers d'en-bas crient à ceux d'en-haut de lâcher un pas pour débrider, ils veulent faire entendre qu'il faut lâcher un tour de roue pour débrider la pierre qui a été mal bridée, & la brider plus sûrement. *Voyez* CARRIER.

PAS-DUR. C'est chez les Fabriquans-Gaziers la partie de leur métier où répond une des trois marches. Il sert à foncer la soye, c'est à dire, à la baisser. On l'appelle Pas-dur, parce qu'il est le plus pesant & le moins facile à faire mouvoir. *Voyez* GAZE.

PASSAGE. Droit de passage. C'est une imposition que quelques Princes ont mis & font percevoir par leurs Fermiers ou Officiers dans quelques endroits serrez, &, pour ainsi dire, fermez de leurs Etats, soit par terre, soit par mer; sur les voitures, vaisseaux & marchandises, & même quelquefois sur les personnes qui entrent & qui sortent par les lieux où les Bureaux sont établis.

Le Passage du Sund (ce Détroit si fameux qui donne entrée de la mer Germanique dans la mer Baltique) est en Europe le plus celebre de ces passages. Les droits en appartiennent au Roi de Dannemarck, & se payent à Elseneur, ou à Cronembourg, Villes & Forteresses des Danois.

Toutes les Nations qui trafiquent dans cette partie du Nord ont toûjours été sujettes à ce droit de passage, à la réserve des Suédois qui en avoient été exemptez par le Traité de Paix de 1658, à cause qu'ils occupent l'autre côté du Détroit.

Mais la Guerre du Nord, dont les évenemens ont été si malheureux à ces derniers, leur a fait perdre ce privilege, & par la Paix concluë en 1720 entre le Dannemarck & la Suéde, leur condition n'est devenuë guére meilleure que celle des autres Nations.

Les François y ont aussi quelque exemption; mais elle ne regarde pas les droits, mais seulement la visite de leurs vaisseaux & Marchandises, & le tems du payement pour lequel il leur est accordé trois mois. *Voyez l'article du Commerce où il est parlé de celui de la mer Baltique.*

PASSAGE. Est aussi un droit que l'on paye pour le transport par mer des personnes & marchandises. On le nomme autrement Fret. *Voyez* FRET.

PASSAGE. Terme d'Ouvrier en cuir. Il se dit de la préparation que l'on donne aux peaux en les passant dans diverses drogues pour les rendre maniables, & propres à différentes sortes d'ouvrages.

Le second article des Statuts des Peaussiers-Teinturiers en cuirs leur permet de mettre toutes especes de peaux en teinture, soit sur cuir blanc passé en mégie, soit sur cuir tanné, soit sur cuir passé en graisse, ou en huile, soit enfin de tout autre passage que les cuirs ayent été apprêtez. *V.* PASSIER.

PASSAVANT. *Voyez ci-après* PASSE-AVANT.

PASSE. Raisin de passe. C'est du raisin seché au Soleil, dont on fait du vin en Afrique & au Levant.

Ce vin se fait en mettant environ deux cens pesant de raisins de passe dans une barrique qu'on emplit d'eau, & qu'on laisse bouillir de soi-même pendant cinq ou six jours, qui suffisent ordinairement pour qu'il soit en état d'être bû. Il est blanc, un peu trouble, & qui ne laisse pas d'enyvrer ceux qui en boivent avec excès. *Voyez* RAISIN.

Les passes & raisins du Levant sont du nombre des marchandises sujettes au droit de vingt pour cent ordonné par l'Arrêt du 15 Août 1685.

PASSE. Excedant, ou ce qu'une chose a plus qu'une autre, ou plus qu'elle ne doit avoir. On le dit aussi du supplément que l'on fournit pour égaler deux choses inégales.

Ce terme n'est guére d'usage que dans le commerce, particuliérement pour faciliter les comptes des monnoyes dans la valeur desquelles il y a quelques fractions. Quand on fait, par exemple, un payement de vingt sols en piéces de trois sols six deniers, & que pour avoir plûtôt fait on les met sur le pied de quatre sols chacune, il en faut donner cinq, & deux sols six deniers de menue monnoye pour la passe, à raison de six deniers par piéce. De même dans les diverses augmentations ou diminutions des monnoyes que les besoins de l'Etat ont souvent renouvellées en France sous & depuis le Régne de Louis XIV. les comptes en espéces se faisoient ou en donnant, ou en recevant de la passe, ainsi qu'on le trouvoit tout calculé dans les differens Tarifs qui étoient publiez à chaque nouvelle fonte & nouvelle conversion d'espéces.

PASSE. Se dit aussi de cette monnoye que les Caissiers, lors que les écus blancs sont à trois livres, mettent à part dans un petit papier dans chaque sac de mille livres, pour achever leur compte, & retenir leur droit de sac.

PASSE. Est aussi un terme de Teinturier qui se dit de la derniére façon qu'on donne à certaines couleurs, en les passant legérement dans une cuve de teinture. On donne une passe de cochenille aux gris tannez. *Voyez* TEINTURE.

PASSE-AVANT. Terme de finance, qui est aussi en usage dans le commerce. C'est un billet ou maniére d'aquit que délivrent les Commis des Bureaux des Douanes ou des Entrées, pour donner permission ou liberté aux Marchands, ou Voituriers, de transporter & mener leurs marchandises plus loin, soit après avoir payé les droits, soit pour marquer qu'il les faut payer à un autre Bureau, soit enfin quand elles ne doivent rien, & que c'est un simple passage sans commerce.

Les Marchands & Voituriers doivent être exacts à prendre des passe-avans des Commis des Fermes dans les lieux où il y en a d'établis, pour les marchandises qu'ils envoyent, afin d'éviter l'embaras aux Bureaux des Fermes qui se peuvent trouver sur leur passage, où souvent les marchandises sont arrêtées; ce qui retarde la vente, ou en fait perdre le tems, & consume les Marchands & Voituriers en fraix.

PASSE-DEBOUT. Aquit que les Commis des Douanes & Bureaux des entrées donnent aux Marchand & Voituriers pour les marchandises qui doivent seulement traverser le Royaume, ou seulement quelques Provinces & quelques Villes, sans y être déchargées. *Voyez ci-après* PASSER DEBOUT. *Voyez aussi* AQUIT.

PASSE'E. Les Mégissiers appellent une Passée, deux douzaines de peaux de mouton, qu'ils plongent tout d'un coup dans une espéce de grande huche remplie d'une mixtion propre à leur faire prendre le blanc. *Voyez* MEGIE, *à l'endroit où la maniére de passer les peaux en mégie est expliquée.*

PASSE'E. On nomme aussi Passée chez les Basselissiers, l'aller & le venir de la flûte qui leur sert de navette, entre les fils de la chaîne de leur ouvrage, levez ou baissez par le moyen des marches, des lames & des lisses. *Voyez* BASSE-LISSE.

PASSEMENT, que l'on nomme plus communément DENTELLE. C'est un ouvrage d'or, d'argent, de soye ou de lin filé, qui se fabrique sur un oreiller avec des fuseaux & des épingles, en suivant les traits du dessein ou patron qui est au dessous de l'ouvrage. *Voyez* DENTELLE.

Les dentelles & guipures de soye payent en France les droits d'entrée à raison de 8 francs la livre, suivant le Tarif de 1667.

Les dentelles ou passemens de fil d'Angleterre, Bruxelles, Malines & autres Païs Etrangers, entrant dans la Flandre Françoise, 40 francs de la livre; conformément à l'Arrêt du 24 Août 1668. Ces derniers ne peuvent entrer que par Rousselaar & Condé en conséquence de l'Arrêt du 14 Juin 1689.

A l'égard des droits de sortie, les passemens & dentelles de fil payent comme dentelles de fil; c'est à dire, 40 liv. du cent pesant.

Et les passemens, rubans & ceintures de capiton, bourre de soye, filoselle & fayette, 8 liv. 8 s. aussi du cent pesant, suivant le Tarif de 1664.

Les droits de la Douane de Lyon payent; sçavoir,

Les passemens, rubans, profilures, franges, ceintures & autres tissures & ouvrages de passemens de fil d'or ou d'argent filé ou trait, la livre 3 liv. 18 s.

Les mêmes de fil d'or, d'argent & de soye mêlez ensemble, 2 liv. 16 s. de la livre.

Les mêmes de soye rouge-cramoisi, 2 liv. 8 s.

Enfin, les passemens, tresses & autres ouvrages semblables sans soye cramoisi, 14 s. de la livre d'ancienne taxation & 8 s. de nouvelle réapreciation.

Les passemens de S. Chaumond payent de la livre 3 s. tant d'ancienne que de nouvelle taxation.

PASSEMENTER. Garnir un habit ou un meuble de passemens.

PASSEMENTIER. Ouvrier & Marchand tout ensemble, qui fait & qui vend des passemens, ou dentelles. Les autres ouvrages & marchandises du métier de Passementier, sont des Guipures, des Campanes, des Crespines, des Houpes, des Tresses, des Gances, des Lacets, des Eguilleites, des Cordons de chapeau, des Boutons, des Cordonnets, des Resnes, des Guides, & autres semblables ouvrages & marchandises qui seront plus amplement expliquées dans la suite de cet article.

A Paris les Passementiers forment une Communauté considérable, dont les nouveaux Statuts du mois d'Avril 1653, sont composez de quarante-quatre articles tirez des anciennes Ordonnances, qui leur avoient été accordez par Henri II. le 22 Mars 1558.

Par ces Statuts ils sont appellez Maîtres Passementiers-Boutonniers-Enjoliveurs.

Aucun ne peut être reçû en cette qualité, s'il n'a fait cinq ans d'apprentissage, servi les Maîtres quatre autres années sous le titre de Compagnon; & fait Chef-d'œuvre.

Les Fils de Maîtres sont exempts de toutes ces formalitez, n'étant tenus que d'une simple expérience. Ils ne peuvent cependant faire d'Apprentifs qu'après avoir atteint l'âge de dix-huit ans.

Lors qu'un Compagnon qui a fait apprentissage, épouse une fille de Maître, il peut être reçû à la Maîtrise après le mariage consommé, en faisant une legére expérience; ensorte que ce mariage le dispense des quatre années du service des Maîtres & du Chef-d'œuvre.

Les Veuves de Maîtres peuvent exercer la Maîtrise tant

qu'elles

qu'elles sont en viduité; & pendant ce tems les Apprentifs qui ont été obligez du vivant de leurs maris, peuvent parachever leur apprentissage chez elles, mais elles n'en peuvent pas obliger de nouveaux.

Aucun Maître ne peut faire ni vendre des passemens, boutons & autres ouvrages de son métier, soit d'or & d'argent fin, ou de soye fine, s'ils ne sont faits de bonne & loyale étoffe, suivant la qualité de l'ouvrage; ne lui étant pas permis de mêler l'or & l'argent fin avec l'or & l'argent faux filé ou non filé, quand même il en seroit requis par les Bourgeois.

Les Jurez de la Communauté sont au nombre de quatre, dont deux sortent de Charge toutes les années, à la place desquels il s'en élit deux autres; en sorte que chaque Juré reste deux ans en fonction.

L'élection des deux nouveaux Jurez se fait le premier mardi d'après la Chandeleur, à la pluralité des voix, en la Chambre & par devant le Procureur du Roi du Châtelet, où ont été mandez à cet effet tous les anciens Bacheliers de Jurande, & le tiers de tous les autres Maîtres; sçavoir un tiers des anciens Maîtres qui n'ont point encore passé les Charges, un tiers des modernes, & l'autre tiers des jeunes Maîtres, chacun à leur tour; sans que ceux qui ont été appellez une année puissent être de rechef appellez que la troisiéme année suivante.

Les Jurez en Charge ne peuvent intenter ni soûtenir aucuns procès concernant les droits, réglemens & affaires de la Communauté, qu'auparavant ils n'ayent fait assembler tous les anciens Bacheliers de Jurande dans la Chambre de la Communauté, pour prendre leur avis, & se régler suivant iceux au plus grand nombre de voix.

Lors que les Jurez sortent de Charge, ils sont tenus quinze jours après qu'ils sont sortis, de rendre compte de la recette & dépense qu'ils ont faites pour la Communauté pendant le tems de leur Jurande; lesquels comptes doivent être rendus en presence des Jurez en Charge & de tous les anciens Bacheliers de Jurande assemblez en la Chambre commune.

Il y a peu d'Ouvriers en France qui soient en droit de fabriquer & de vendre plus de sortes d'ouvrages ou marchandises, ni d'employer plus de différentes espéces de matiéres, que les Maîtres Passementiers-Boutonniers de Paris.

1. Ils peuvent faire & vendre toutes sortes de passemens, de dentelles sur l'oreiller, aux fuseaux, aux épingles & à la main, d'or; d'argent, tant fin que faux; de soye, de fil blanc & de couleur, fins & communs, tant grands que petits.

2. Toutes sortes de passemens & dentelles pleins & à jour, de noueure & à la main, garnis & enjolivez.

3. Toutes sortes de houpes & campanes coulantes ou arrêtées, montées sur moules & bourrelets, nouées & à l'aiguille, pour garnir toutes sortes d'ouvrages, soit pour ornemens d'Eglise ou emmeublemens.

4. Toutes sortes de crespines grandes & petites, doubles & simples.

5. Toutes sortes de bourses nouées, au crochet & à la main, pleines & à jour, garnies & sans garnir.

6. Toutes sortes de tresses à gros & à petit point, ganses rondes, quarrées & Italiennes, pratiques à cœur & sans cœur, nattes à petit cœur, bracelets, resnes, guides & cordons, chaînes & tours de col, éguillettes tressées, sinets de livres, ceintures d'aubes & de soûtanes: tresses, lacets, ganses & raiseaux, cordons de rabats & tous autres enjolivemens qui se font sur le boisseau, à la jatte & au fuseau.

7. Toutes sortes de cordons de chapeaux, bonnets, toques & affulemens; comme cordons à l'Angloise, à jonchées, à la Turque, à la Moresque, à l'Armenienne, à l'Indienne, à olives & à boutons, à lanternes, à cordeliéres, à deux, à trois & quatre branches, ou plus grande quantité; cordons à filets ronds & demi-ronds, plats & demi-plats, quarrez & à cannetilles & cartisannes; cordons d'or & d'argent trait faux & façonnez au crochet; cordons d'or & d'argent fin; cordons d'or & d'argent faux filé, cordons de crin & de cheveux, cordons à boutons, cordons encadenacez; cordons façon de broderie, enrichis & enjolivez, qui se façonnent à l'aiguille, aux doigts, au crochet & aux fuseaux.

8. Toutes sortes de boutons à vases & olives, boutons à l'aiguille, à l'étoile, à la Turque, à points de Milan, à points de Florence, à roses, à carreaux, à grapes, à téte de More, à la Moresque, à la Royale, à l'Indienne, en lasts d'amour; boutons à la Polonoise, à longues queuës; & toutes autres sortes de boutons lassez & garnis, à freluches & à cordeliéres, enrichis & enjolivez, & de toutes autres façons qui se font au crochet, au doigt, à l'aiguille & au dé.

9. Toutes sortes de cordons cordonnets qui se façonnent au rouet; comme ganses, canetilles pleines & creuses, chaînes & chaînettes, frisons satinez & chevillez, bouillons, frisures, guipures plattes & rondes, guipures à dentelles or & argent grapé & frisé, milanoises, millerets, cartisanes, frisades, & toutes autres sortes de retords & enjolivemens qui se font au rouet, guipoir, crochet, au moulin, chevalet, sabot, émerillon & à la molette.

10. Toutes sortes de pots, vases & pommes de lits pleins & à jour, cousus & colez, garnis & chamarrez de passemens & tissus de rubans figurez & non figurez.

11. Toutes sortes de bouquets après le naturel, guirlandes, éventails, fers de collets montez & porte-fraises, nœuds, roses, ceintures, guirlandes & galands, nœuds & aigrettes garnis & enjolivez; houpes ballantes, masques, chaînes encadenacées, chapelets garnis de boutonniéres & de gallands, chapeaux de fleurs après le naturel, coiffures & affulement montez sur fer, cuivre, baleine, léton; fond de cartes & cartons, campanes encolées, roses & rosettes servant à garnir & enjoliver les habits, bouquets, coiffures & affulemens, qui se font avec la pince & le glissoir, au rouet, à l'aiguille & au dé.

12. Toutes sortes de ceintures, de noueures, lassures de tresses au crochet, pleines & à jour, rondes & quarrées, plattes & à demi-plattes, au boisseau, aux fuseaux, à la jatte, à la resne & au chevalet, garnies de fer; chevilles, boucles, portes, boutons & autres enjolivemens.

13. Enfin, toutes sortes de bardures & harnois de chevaux, de noueures, lassures pleines & à jour, rondes, quarrées, plattes, garnies & enjolivées de toutes façons.

Les Passementiers-Boutonniers peuvent employer dans leurs différens ouvrages toutes sortes d'étoffes d'or & d'argent, tant fin que faux, de soye, fleuret, filoselle, fil, laine, coton, crin, cheveux, cuivre, léton, baleine, ferblanc, bois, pailles, talc, verre, jais, émail, parchemin, vélin, brodé, enluminé & doré, toques, taffetas, satin, velours, gaze, tabis & toutes autres sortes d'étoffes, pourvû que le faux ne soit point mêlé avec le fin, ainsi qu'il a déja été dit.

Il est encore permis aux Maîtres Passementiers-Boutonniers de garnir toutes sortes de sacs, toilettes, porte-manteaux, valises & fourreaux de pistolets, & de faire toutes sortes de moules à boutons; comme glands, poires, vases, pommes, olives, coulans, boutons plats chevilles, émerillons, molettes, & tous autres moules qui se font tant à l'arçon qu'au rouet servant à leur métier; leur étant aussi permis de se servir pour leur travail de toutes sortes d'outils, machines & engins, à l'exception seulement de la haute & basse-lisse, la marche, le peigne, la tire & la navette.

S. Louïs est leur Patron; & leur Confrairie est établie dans l'Eglise des Grands Augustins.

Passementier. A Amiens on appelle Passementiers, certains Ouvriers Maîtres qui composent une très-petite Communauté, & qui font des rubans ou rouleaux de laine en blanc, pour ensuite être teints dans les couleurs que veulent les Marchands qui en font négoce. Les largeurs de ces sortes de rubans se distinguent par numeros depuis quatre, qui est la plus petite largeur, jusqu'à vingt-quatre, qui est la plus grande.

L'article 264 des Réglemens de la Sayecterie de 1666, ordonne aux Ouvriers Passementiers de mètte au bout de chaque piéce leurs marques & entre-battes. *Voyez l'article des* Reglemens.

PASSE-PAR-TOUT. Espéce de grande Scie dont les dents sont fort entr'ouvertes & détournées, & qui n'a que deux morceaux de bois à chaque bout pour lui servir de bras. Les bucherons & ceux qui debitent le bois dans les forêts, s'en servent à scier les plus gros arbres. *Voyez* Scie.

PASSE-PERLE. On nomme ainsi à Ligourne un Fil-de-fer très-fin qui sert à faire des Cardes. Il fait partie des Marchandises que les Ligournois tirent de Hollande.

PASSE-PIERRE, ou PERCE-PIERRE. Plante qui est bonne en salade quand elle a été confite dans une saumure faite avec le vinaigre, le sel & quelques épices.

Il y en a de deux sortes; l'une qui est la Passe-pierre de nos jardins, & l'autre la Passe-pierre marine. Celle-ci est une espéce de fenouil qui croît parmi les rochers & les dunes de la mer, ses feuilles sont charnuës & étroites, mais un peu plus larges & plus courtes que celles du fenouil commun.

A l'égard de la Passe-pierre des jardins, elle est peu différente de la Passe-pierre marine, à la réserve du goût que celle-ci a de salé à cause de la proximité de la mer, & qui est assez doux dans l'autre.

La Passe-pierre paye en France les droits d'entrée à raison de 15 sols du cent pesant.

PASSE-PORT. Ordre par écrit donné par le Souverain, ou par celui qui a pouvoir de lui, pour la liberté & la sûreté des personnes, hardes & marchandises de ceux en faveur de qui il est expédié.

Passe-port. Signifie aussi la permission que le Prince accorde de faire entrer dans ses Etats ou d'en faire sortir des hardes, meubles & marchandises sans en payer les droits. Les Marchands en obtiennent quelquefois de cette sorte pour certaines espéces de Marchandises, & l'on en expédie toûjours aux Ambassadeurs & Ministres pour leurs hardes, meubles & équipages.

Passe-port. C'est encore la licence que les Marchands ou autres personnes obtiennent de faire entrer ou sortir, en payant néanmoins les droits, les marchandises estimées de contrebande, & déclarées telles par les Ordonnances & Tarifs, comme sont l'or & l'argent monnoyé, ou non monnoyé, les pierreries, les munitions de guerre, les salpêtres, les chevaux, les bleds, & plusieurs autres semblables.

L'Ordonnance des cinq grosses Fermes du mois de Février 1684, veut que toutes les Permissions & Passeports qui seront donnez pour l'entrée ou sortie des marchandises de contrebande soient contre-signez d'un Secrétaire d'Etat, & visez du Contrôleur General des Finances: Elle défend à tous Gouverneurs & Lieutenans Generaux des Provinces d'en accorder aucun, ni aux Fermiers ou Commis d'y avoir égard.

Le Passeport s'accorde aux amis, & les Saufs-conduits aux ennemis. L'usage cependant l'emporte. Passeport se dit également pour l'ennemi & pour l'ami.

Les Marchands qui veulent aller dans les païs étrangers pendant la guerre, ont besoin de Passeports pour sortir du Royaume, sans quoi ils pourroient être arrêtez sur les frontiéres.

Passeport. En terme de Commerce de mer, signifie aussi ce qu'on nomme autrement Congé. *Voyez* Conge'.

PASSER. On nomme ainsi à Gamron, autrement Bender-abassi, Ville du plus grand Commerce du Royaume de Perse, ce qu'ailleurs & à Hispaham même on appelle *Bazar*, ou Marché.

Le Passer de Gamron est une grande place toute voutée avec des boutiques autour, & une allée ou corridor au milieu pour la commodité du commerce. C'est-là que l'on étale les marchandises les plus précieuses, & que les Benjanes, les plus habiles Négocians de l'Asie, tiennent leur Banque, & font leur négoce. *Voyez* Bazar. *Voyez aussi l'article du Commerce de Bender-Abassi.*

Passer. Ce terme s'employe pour signifier plusieurs apprêts & façons que l'on donne à diverses sortes de marchandises.

Passer. Chez les teinturiers, c'est mettre les laines, les soyes, les fils, ou les étoffes qui en sont faites, dans des chaudiéres ou cuves pleines de drogues, ou ingrédiens qu'ils employent pour leur teinture. Ainsi l'on dit *Passer* en alun, ou aluner les soyes, pour dire les faire tremper dans de l'eau d'alun. *Passer* un drap en vieille gale, ou en gale fine, pour signifier le mettre dans une infusion faite de cette sorte de noir, ou qui a déja servi, ou qui est nouvelle. *Passer* une étoffe en noir, la *passer* en jaune, pour dire la faire bouillir dans des cuves remplies des ingrédiens & drogues qui servent à faire ces couleurs & ainsi des autres. *Voyez* Teinture.

Passer. On passe les cuirs en suif, en huile, en alun, en sumac, &c.

Passer les cuirs en suif de chair et de fleur. C'est les imbiber de suif bouillant des deux côtez. C'est ainsi que les Corroyeurs passent les vaches & les veaux à chair grasse.

Passer le cuir en suif, seulement de fleur et en huile de chair. C'est la maniére de passer les vaches & les veaux à chair blanche. Les moutons passez en noir ne se passent aussi qu'à chair blanche.

Passer seulement en suif du côte' de la fleur, et ne mettre ni suif ni huile du côte' de la chair. C'est comme on passe ce que les Corroyeurs appellent, la Vache dure.

Passer en huile du côté de la chair, et en alun du côté de la fleur. C'est l'apprêt des vaches, veaux & moutons que les Corroyeurs veulent corroyer en rouge, jaune & verd.

Passer en sumac. C'est se servir du Sumac pour donner aux veaux noirs des Corroyeurs, une couleur orangée du côté de la chair.

On peut lire l'article Courroyer où toutes ces différentes maniéres de passer les cuirs, sont expliquées au long.

Passer en megie. C'est donner à un cuir tous les aprêts que donnent ordinairement les Ouvriers en cuir, qu'on nomme Mégissiers. *Voyez* Megie.

Passer par la calandre. Se dit des étoffes de soye & de laine, & des toiles de diverses fabriques & couleurs, qu'on met sous les plaques de la machine qu'on appelle une Calandre, pour leur faire prendre des ondes. *Voyez* Calandre *ou* Calandrer.

Passer par la Filiere de l'or, de l'argent, du cuivre, de léton, de l'étain, du fer. C'est réduire en fil de différens échantillons & grosseurs, tous ces métaux en les tirant successivement à travers des trous, plus grands d'abord & ensuite plus petits, d'une filiere d'acier. *Voyez* Fil d'or, fil d'argent, Fil de fer, &c. *Voyez aussi* Filiere *&* Tireur d'or.

Passer en teinture. C'est teindre les étoffes toutes faites, où les matiéres dont elles doivent être tissuës & fabriquées, comme de la soye, de la laine, du fil, &c. *Voyez* Teinture *&* Teinturier.

Passer. C'est aussi épurer quelques liqueurs ou matieres liquides en les coulant à travers d'une chausse d'Apoticaire & de chimiste, ou d'un sas, ou tamis; ou enfin, en les filtrant à travers du papier brouillard. Le vif argent se passe à travers la peau de chamois. *Voyez* Vif argent, *& les divers articles des Drogues où il est parlé des opérations Chimiques.*

Passer. Se dit encore de la réception d'un Aprentif à quelque Maîtrise après les examens qu'il faut subir, ou le Chef-d'œuvre qu'il faut faire pour entrer dans les six Corps des Marchands, & dans les Communautez des Arts & Métiers. En ce sens on dit: il va se faire passer Marchand Mercier: Orfévre, Epicier, Drapier, &c. On dit de même: Il est passé Maître Cordonnier, Tapissier, Serrurier, &c.

Passer en blanc, terme de Monnoyeur. C'est passer les lames de métail dont on doit fabriquer des espéces, entre les rouleaux du laminoir, avant de les avoir fait recuire. Il n'y a que les lames d'argent & de cuivre qui se passent en blanc. Les lames d'or ne se passent point sans être recuites. *Voyez* Monnoyage.

Passer en carton. Terme de Relieur de Livres. C'est percer avec un poinçon le carton qui doit soûtenir la couverture d'un livre, & y passer le bout des nerfs, c'est à dire des ficelles qui en font la nervûre. On fait ordinairement trois trous en triangle pour chaque nerf, afin de l'arrêter plus fortement. *Voyez* Relieure.

Passer en parchemin, autre terme de Relieur. C'est mettre du parchemin au dos du livre; le coler avec de la cole de farine, & puis ensuite l'encoler par dessus avec de la cole-forte. *Voyez comme-dessus.*

Passer son ordre. Terme de Banque & de Commerce de Lettres & Billets de Change. C'est mettre son ordre au dos d'une Lettre ou Billet de Change en faveur de quelqu'un; c'est à dire déclarer qu'on les céde à celui dont le nom est exprimé dans l'ordre, qu'elles lui doivent être payées; en un mot, qu'on les lui transporte. *Voyez* Ordre *&* Endossement.

Passer. Traverser quelqu'endroit, aller d'un lieu à un autre.

Passer debout, en terme de Commerce. C'est transporter des marchandises à travers d'un Etat, d'une Province, d'une Ville, ou par quelque Bureau, sans les y arrêter, décharger, ni débaler pour y être visitées, ou pour en payer les droits.

Les Marchands & Voituriers, qui veulent faire passer debout des marchandises, doivent prendre des aquits de Passe-debout dans les Bureaux d'où ils partent, & rapporter des certificats du passage & sortie de leur marchandise & balots par les lieux marquez par leur Passe-debout. *V.* Aquit.

Passer des marchandises en fraude. C'est les faire entrer ou sortir par d'autres endroits que par ceux où les Bureaux sont établis pour le payement des droits, afin de les frauder & ne les pas payer.

Passer par haut. C'est la même chose que passer en fraude; mais ce terme n'est guere commun en France, & n'est d'usage ordinaire qu'en Espagne, & particuliérement à Cadis, où il se dit des marchandises que les Nations qui ont part au Commerce de l'Amerique avec les Espagnols, ont coûtume de faire entrer sans en payer les droits.

Comme ces droits sont très-considerables, & montent au moins à vingt-trois pour cent, il n'est guére d'Etrangers qui ne hazardent à passer par haut le plus important de sa cargaison, & cela avec d'autant plus de sécurité que le Garde que les Officiers de la Douane envoyent sur chaque vaisseau qui entre dans la baye de Cadis, est lui-même le complice & l'aide de la fraude, recevant ordinairement deux écus pour chaque balot de toiles, & quatre pour chaque balot de soyerie qu'il souffre qu'on mette à terre sans les déclarer au Bureau.

Une autre raison qui engage les Etrangers à passer par haut leurs marchandises, est que lors qu'ils sont surpris en contravention, ils en sont quites pour payer les droits ordinaires pour ce qu'ils n'ont pas déclaré. Il est vrai que lors que les marchandises passées en fraude sont surprises hors du vaisseau ou des maisons que les Etrangers ont tous à Cadis, elles sont confisquées.

Il faut aussi remarquer qu'on n'ouvre jamais à la Douane que les balots de toiles & de soyeries, & point du tout ceux qui contiennent d'autres marchandises.

Passer. Se dit aussi du cours des Monnoyes dans le commerce. Les pistoles d'Espagne passent sur le pied des louïs d'or de France, c'est à dire, sont reçûës pour la même valeur. Il est défendu de passer des espéces legéres, pour dire qu'il est défendu d'en donner ni d'en recevoir qui ne soient de poids.

Passer. Se dit aussi des métaux que l'on éprouve pour en connoître la bonté, ou le titre. Cet or a passé par le creuset, par la coupelle, par le feu.

PASSÉ, PASSÉE. On dit d'une étoffe, qu'elle est passée quand elle n'a plus sa premiére beauté, son premier lustre. Que la mode d'une marchandise est passée, quand la vente s'en refroidit & qu'elle cesse d'être recherchée; que des drogues; que des vins; que des fromages & autres telles denrées, sont passées, quand elles commencent à se gâte, ter, & que pour les avoir trop gardées, ou en lieu non convenable, elles font devenuës hors de vente.

On fe fert auffi de ces termes dans le Commerce en tous les fens où l'on employe celui de paffer. Cette étoffe eft paffée fous calandre. Ce cuir eft mal paffé en mégie, &c. *Voyez ci-deffus* Passer.

PASSETS, ou RAYONS. Ce font des féparations qui font dans des efpéces d'armoires que les Marchands mettent dans leurs boutiques & magazins pour placer & mettre les marchandifes en bon ordre, chacune felon leur efpéce & qualité, comme les velours avec les velours, les fatins avec les fatins, &c.

Il faut que les Paffets, ou Rayons, foient couverts de papier blanc colé fur le bois, & qu'il y ait un rideau de toile par devant qui puiffe fe tirer, afin de tenir les marchandifes proprement, particuliérement quand elles font précieufes. On dit des armoires à Paffets, des armoires à Rayons.

PASSEURS D'EAU. Ce font à Paris des Bateliers établis par les Prevôt des Marchands & Echevins, pour paffer les Bourgeois & autres particuliers, avec leurs hardes & marchandifes, d'un rivage à l'autre de la riviére de Seine, qui coupe en deux cette capitale.

Ces Bateliers compofent une efpéce de Communauté, qui a fes Statuts, fes Aprentifs, fon Chef-d'œuvre, mais qui n'a eu des Lettres Patentes que fur la fin du dix-feptiéme Siécle qu'ils furent érigez en titre d'Offices fous le nom de Maîtres Officiers Paffeurs-d'eau. *Voyez* Batelier.

PASSIVE. On appelle dette paffive une dette à laquelle nous fommes obligez envers quelqu'un ; au contraire de dette active qui eft celle à laquelle quelqu'un eft obligé envers nous. *Voyez* Dette.

PASTE. Farine paîtrie & préparée pour faire du pain.

La farine paîtrie dont on fait le pain eft ordinairement levée, ou avec du levain de pâte, fi c'eft du gros pain, ou quelquefois avec de la mouffe ou écume de biére fi c'eft du pain leger & molet.

Avant de paîtrir la pâte, on prépare le levain, c'eft à dire qu'on met un morceau de pâte aigrie & refervée à cet ufage, ou une quantité de levûre de biére dans une petite partie de la farine qu'on veut paîtrir, & qu'après les avoir paîtris enfemble avec de l'eau chaude, on les laiffe fermenter.

Cette premiére pâte fuffifamment levée, fe mêle avec le refte de la farine en la délayant de même avec l'eau chaude, qu'on met en moindre ou plus grande quantité, fuivant la température de l'air moins fi le tems eft doux, plus s'il eft froid.

La pâte réduite à une certaine confiftance qui fe régle fuivant que le pain doit être ferme ou leger, on la coupe avec le coupe-pâte, on la péfe à la balance, fi ce font des Boulangers qui paîtriffent, on la tourne fur le tour, & on la dreffe fur la table à coucher; ou on la laiffe jufqu'à ce qu'elle foit affez levée, & propre à mettre au four.

On paîtrit ordinairement la farine, & on la réduit en pâte avec les mains, en la repliant plufieurs fois & en la foulant avec les points fermez, ce qui fe fait dans des paîtrins, ou des baquets.

Quelquefois pour certaine forte de pains, lors qu'elle eft en confiftance de bonne pâte, on la paîtrit encore avec les pieds, ou dans les paîtrins, ou fur une table à terre. Les Boulangers les plus propres paîtriffent les pieds dans un fac. Dans cette maniére de paîtrir au lieu de replier la pâte ou la coupe avec le coupe-pâte, & l'on en met les morceaux les uns fur les autres. *Voyez* Paîtrin. *Voyez auffi* Levain & Leveure.

Paste. Se dit auffi de la farine que les Cuifiniers & Patiffiers préparent pour faire diverfes piéces de four, foit avec de la viande comme les grands & petits pâtez, les godiveaux, les tourtes de pigeons & de béatilles, &c. foit avec des fruits, de la crême, des œufs & du fucre, comme les tourtes de confitures, les gâteaux, les bifcuits, les tartelettes, les échaudez, &c.

C'eft du mot de Pâte que vient celui de Pâtifferie qui a donné le nom à une des Communautez de Paris. La plûpart des pâtes des Patiffiers fe font fans levain, il y en a néanmoins où il en faut, comme à ce qu'on appelle le pain benit. *Voyez* Patisserie.

Paste. Efpéce de bouillie dont fe fabrique le papier. Elle eft faite de vieux chiffons ou morceaux de toile de chanvre & de lin, que l'on appelle Drapeaux, Peilles, Chiffes, Drilles & Pattes. *Voyez* Papier.

Paste mole. Efpece de fromage de Hollande gras & molet, qui s'appelle auffi Côte blanche. *Voyez* Fromage *où il eft parlé de ceux qu'on tire de Hollande.*

Paste. Les Cordonniers appellent auffi de la pâte, la cole de farine de fégle dont ils fe fervent pour coler les cuirs des pâtons avec l'empègne de leurs fouliers & autres ouvrages de Cordonnerie.

Pasté. Piéce de four de viande cuite qui s'enferme dans une croute faite de pâte.

Pasté de veille. C'eft un pâté que l'on donne aux Garçons, Compagnons & Aprentifs dans certains Corps & Communautez de Marchands & d'Artifans, lors que l'hyver aprochant ils commencent à veiller & travailler à la chandelle.

Les Marchands Pelletiers donnent leur pâté de veille à la Fête de la mi-Août, & c'eft de ce jour-là que leurs garçons commencent à fe remettre au travail après fouper.

Chez la plûpart des Artifans le pâté ne fe donne que le jour de la faint Remi.

Pasté de cheveux. C'eft une quantité de cheveux mis & fortement roulez fur des bilboquets pour leur donner la frifure, qu'on enferme dans de la pâte faite avec cette partie de la farine qui eft la moindre de toutes, qu'on appelle des recoupettes, après qu'ils ont été bouillis & fechez.

Les Perruquiers pour faire ce pâté dreffent leurs cheveux entre deux feuilles de papier, & les Pâtiffiers y mettent la pâte qu'ils font cuire dans leur four jufqu'à ce qu'elle ait à peu près les trois quarts de fa cuiffon. *Voyez* Cheveux.

Pasté. Se dit auffi en terme de Brocanteur de plufieurs petites curiofitez qu'on affemble pour vendre ou acheter en bloc, n'étant pas affez confidérables pour les eftimer & évaluer en particulier. C'eft quelquefois dans l'achat de ces fortes de pâtez que l'on trouve de bons hazards, s'y trouvant affez fouvent telle piéce qui fuffit pour payer toutes les autres.

PASTEL, que l'on nomme auffi Guefde. Drogue qui fert aux Teinturiers pour teindre en bleu.

Le Paftel vient d'une graine qu'on féme tous les ans au commencement du mois de Mars. Cette graine produit une plante dont les feuilles font femblables à celles du Plantain. Elle croît & fe cultive en Languedoc dans les Diocéfes de Touloufe, faint Papoul, Mirepoix, Lavaur & Alby.

Il

Il se fait ordinairement quatre récoltes par an de la feuille de cette plante, souvent cinq, & quelquefois jusques à six. L'on n'estime que les quatre premiéres récoltes; la premiére étant la meilleure; & ainsi successivement. Le pastel qui se fait de la cinquiéme est très-foible, & celui de la sixiéme est absolument mauvais: on le nomme Marouchin.

Quand la feuille du pastel est mûre & qu'on l'a cueillie, on la laisse flêtrir quelque tems avant que de la mettre sous la rouë pour la piler, & cela exprès pour la meurir davantage, & lui ôter une partie de son suc huileux qui pourroit nuire au pastel.

Après que ces feuilles ont été pilées ou mouluës, on les laisse huit ou dix jours en piles, & ensuite on les réduit en espéces de boules semblables à des petits pains qu'on appelle Cocs, ou Cocaigne, & qu'on met sécher à l'ombre sur des clayes jusques à ce qu'on veuille mettre le pastel en poudre.

Le pastel étant rompu avec des masses de bois, on le mouille avec de l'eau croupie; & après l'avoir d'abord bien remué & mêlé, on continuë de le mêler pendant quatre mois, environ quarante fois; après quoi il est en état d'être embalé & employé dans la teinture.

Le pastel vieux est le meilleur, il se peut garder dix ans entiers. Une forte couleur de Pastel est d'un bleu foncé quasi noir, & est la base de tant de sortes de couleurs, que les Teinturiers ont une échelle qui leur sert à composer les différentes nuances du pastel, depuis la plus claire jusques à la plus obscure.

Il y a encore une espéce de pastel qu'on appelle pastel Bourg, ou Bourdaigne, mais qui n'est qu'un pastel bâtard bien différent du véritable; leur graine à la vérité se ressemble, mais non pas la feuille. Celle du bon Pastel étant unie & sans poil, & le bâtard ayant la feuille veluë.

Le Vouede qui croît en Normandie, & dont on se sert aussi pour teindre en bleu, est une espéce de Pastel. *Voyez* Vouede.

Le Pastel sauvage qui est une quatriéme espéce de pastel, a les feuilles plus grandes que le pastel cultivé, & fort semblables à celles de la laituë. Ses tiges s'élévent de deux coudées de haut: à leur cime il y a de petites vessicules qui contiennent sa graine. Ses fleurs sont jaunes. *Voyez* Bleu & Cocaigne.

Le Pastel des Açores & autres Païs Etrangers paye en France les droits d'entrée à raison de 15 s. du cent pesant, & ceux de sortie sur le pied de 46 s. sçavoir, 6 s. pour l'ancien droit, & 40 s. pour la traite domaniale, conformément au Tarif de 1664.

Les droits de la Douane de Lyon sont, sçavoir, pour le pastel étranger 2 s. 3 den. de la bale d'ancienne taxation, & 6 s. du cent de nouvelle reapreciation.

Le pastel de France 1 s. 6 den. du quintal, d'anciens droits, & 3 s. 6 den. de nouveaux droits; & s'il est en charge de trois quintaux, 4 s. 6 den. de la charge d'ancienne taxation, & la nouvelle comme dessus, à proportion.

Pastel d'Ecarlate. C'est la poudre qui se trouve dans la graine d'écarlate quand elle est nouvelle. *V.* Ecarlate.

Le pastel d'écarlate venant des Païs Etrangers paye les droits de la Douane de Lyon à raison de 6 l. du quintal d'ancienne taxation, & 3 liv. de nouvelle reapreciation.

Pastel. Se dit aussi de certains crayons de toutes couleurs, faits de diverses sortes de terres réduites en pâte avec de l'eau de gomme. *Voyez* Crayon.

On nomme pareillement des Pastels, les ouvrages que les Peintres font avec ces crayons. *Voyez* Peinture.

PASTER. Terme de Cordonnier. C'est coler les cuirs des ouvrages de cordonnerie avec une sorte de cole qu'on appelle Pâte. *Voyez* Paste.

PASTES. Espéces de confitures presque séches qui se font avec du sucre, des fruits, ou des fleurs. *V.* Confiture.

Les droits que les pâtes de confitures payent à la Douane de Lyon sont de 8 den. du quintal, s'ils sont du dedans du Royaume, & 2 s. si elles viennent de l'Etranger.

PASTISSER. Faire de la pâtisserie.

PASTISSERIE. Ouvrage de cuisine fait avec de la pâte, qui se cuit ordinairement au four. On appelle aussi Pâtisserie, l'art d'assaisonner & dresser toutes les préparations de pâtes que font les Pâtissiers.

PASTISSIER. Celui qui fait & qui vend de la pâtisserie.

La Communauté des Pâtissiers n'est pas une des moins anciennes de celles qui ont été érigées en Corps de Jurande dans la Ville de Paris.

Les Maîtres de cette profession prennent la qualité de Maîtres de l'art de Pâtissier & Oublayer.

Les Statuts qui leur ont été donnez par Charles IX. en 1566, en conséquence de l'Ordonnance d'Orleans, consistent en trente-quatre articles tirez en partie des anciens, & en partie ajoûtez & dressez de nouveaux. L'enregistrement en Parlement des Lettres Patentes de confirmation est du 10 Février de l'année suivante.

Les Jurez sont au nombre de quatre, dont l'élection de deux se fait chaque année; ensorte qu'ils sont deux ans de suite en Charge.

Outre les Jurez il y a un Clerc de Communauté chargé des fonctions ordinaires à cette sorte d'Officiers, & encore institué pour l'ordre qui se doit tenir dans la distribution des Garçons aux Maîtres qui en ont besoin, qui doivent s'adresser au Clerc; les uns pour trouver Maîtres, les autres pour avoir des Garçons.

L'apprentissage est de cinq années consécutives. Trois mois d'absence sans le sçû & contre la volonté du Maître casse & annulle le Brevet, quelque tems que l'Apprentif ait déja servi.

Le Chef-d'œuvre est d'obligation à tous Aspirans à la Maîtrise, même aux Maîtres de Lettres: il consiste pour la pâtisserie en six plats complets faits & cuits en un seul jour à la discrétion des Jurez; & pour l'oublayerie, en cinq cens de grandes oublayes, ou oublies, comme on parle présentement, trois cens de supplications & deux cens d'estriers, qu'il peut faire en un autre jour, mais dont lui-même doit préparer la pâte.

Les Garçons ou Serviteurs sont tenus de servir chez les Maîtres le tems dont ils sont convenus; autrement il est fait défenses aux autres Maîtres de les prendre à leur service, que le premier Maître n'y consente.

Les Veuves, tant qu'elles ne se remarient point, peuvent tenir boutique, & jouïssent de tous les droits des Maîtres, à la réserve de celui de faire des Apprentifs; ne leur étant permis seulement que d'achever l'Apprentif commencé par leur mari.

Outre les visites que les Jurez doivent faire chez les Maîtres, ils ont encore droit de visitation sur les fromages de Brie, les œufs & les beurres, & il leur est permis de les lotir entr'eux.

Le pain à chanter Messe, grand ou petit, fait à Paris, ou apporté d'ailleurs, ne peut être exposé en vente par les Maîtres Pâtissiers qui s'appliquent à cette espéce particuliére de pâtisserie; qu'il n'ait été vû & visité par les Jurez.

Les Maîtres sont conservez dans le droit de mesurer leur blé à la hale à l'heure accoûtumée, parce que l'article 19 porte, Que le plus beau blé n'est pas trop bon pour faire pain à chanter Messe, & à communier, où le Corps de Jesus-Christ est célébré.

Il est défendu aux Maîtres de vendre aucunes piéces de four mal conditionnées ou réchauffées, de les envoyer crier dans les ruës, ni d'en faire porter aux cabarets & tavernes, même de bonnes, qui ne leur ayent été commandées.

Il n'appartient qu'aux Maîtres de l'art de pâtisserie de faire toutes les piéces de four pour les nôces & festins qui s'ordonnent dans la Ville & Fauxbourgs de Paris.

Enfin, il n'y a que les Pâtissiers ou leurs Garçons qui ayent droit de crier, de vendre & de jouër dans Paris des oublies pendant la nuit: il leur est néanmoins défendu de les jouër dans les ruës: & même dans les maisons où ils sont appellez, ils ne peuvent jouër autre chose que leurs oublies, & non de l'argent; ce qui leur est interdit sous peine arbitraire.

Il est défendu aux Pâtissiers par l'article 7 du chapitre 6 de l'Ordonnance de la Ville de Paris 1672, d'aller au devant des Marchands & Laboureurs pour acheter leurs grains, ni en acheter ailleurs que sur les Ports.

Et par l'article 10 du même chapitre il est réglé que les mêmes Pâtissiers ne pourront enlever de dessus les Ports par chacun jour plus grande quantité que six septiers de blé & trois septiers de farine, à peine de confiscation de ce qu'ils auroient acheté au de-là de ladite quantité.

PASTREMENS. Ce sont les peaux de bœufs & de vaches qui se levent en hyver. Ce terme n'est en usage qu'à Constantinople. Elles sont moins bonnes que les premiers couteaux qui se levent depuis Juin jusqu'en Novembre; aussi s'achétent-elles une demi-piastre moins que les autres. On prend toûjours moitié peaux de bœufs & moitié peaux de vaches de cette espéce; au lieu que des premiers couteaux l'on n'est obligé que de prendre dix vaches par cent de bœufs. *Voyez* COUTEAUX.

PASTURAGE. Herbe de pâturage. C'est une plante dont les Teinturiers se servent pour leur teinture en fauve. *Voyez* GENESTROLLE.

PATAC. Monnoye d'Avignon qui vaut un double ou deux deniers de France. Il a cours & est assez commun dans la Provence & dans le Dauphiné.

PATACA. C'est ainsi que les Portugais nomment la piastre d'Espagne ou piéce de huit. Il y a des demi-patacas & des quarts de patacas. Le pataca vaut 750 reis, les demis & les quarts à proportion. *Voyez* PIASTRE *&* REIS.

Samuel Ricard qui dans son Traité général du Commerce les appelle aussi Patagons, en distingue de deux sortes, qu'il n'évaluë pas tout à fait sur le pied rapporté ci-dessus.

Les unes sont des pataques marquées & les autres des pataques non marquées. Suivant cet Auteur les premiéres valent jusqu'à 600 reis, & les autres seulement 500.

PATACH, ou CENDRE. Cette cendre se fait d'une herbe qu'on brûle qui se trouve aux environs de la Mer Noire & des Châteaux des Dardanelles: elle sert pour faire le savon & pour dégraisser les draps, mais elle n'est pas estimée. Celles de la Côte de Syrie & sur tout de Tripoli sont meilleures.

PATACHE. Petit bâtiment ancré dans un Port de mer, ou dans une riviere, sur lequel résident & sont continuellement en garde le jour & la nuit les Commis des Fermes du Roi pour visiter les bâtimens & bateaux qui entrent ou qui sortent, pour éxaminer les lettres de voiture & passeports, & pour faire payer les droits des marchandises qui arrivent par eau. Ces pataches tiennent lieu des Bureaux qui sont aux barriéres des Villes où il se paye des droits d'entrée.

Il y a à Paris deux pataches sur la riviére de Seine; l'une au dessus de la Porte S. Bernard pour les bateaux & voitures d'eau qui descendent la riviére; l'autre un peu au dessous de la porte de la Conférence pour ceux qui la remontent.

Les bâtimens & bateaux sont obligez d'approcher ou aborder la patache pour y faire leur déclaration; & les Commis qui résident dessus doivent y avoir affiché en lieu apparent les Tarifs de Pancartes contenant les droits qui sont dûs pour chaque espéce de marchandise.

En bien des Ports de mer & embouchures de riviéres de France, on dit Gabare au lieu de Patache. *Voyez* GABARE.

Les Fermiers Généraux tiennent aussi dans quelques Rades & Ports de mer, & particuliérement aux Isles de l'Amérique, des pataches armées de canons pour courir dessus ceux qui fraudent les droits de la ferme, ou qui font des commerces étrangers & défendus.

PATAGON, que quelques-uns écrivent & prononcent PATTACON. Monnoye de Flandres faite d'argent, qui a cours à peu près sur le pied de l'écu de France de soixante sols; & qu'à cause de son prix & de sa figure cornuë & mal frappée l'on confond avec les richedales & les reaux de huit.

Les patagons n'ont long-tems été reçûs en France que pour quarante-huit sols; ils y ont ensuite eu cours pour cinquante-huit sols; & enfin sur le pied de soixante sols. Ils y sont présentement (1718) décriez, & se reçoivent seulement au poids dans les Hôtels des Monnoyes suivant le prix fixé par les Ordonnances. Les diminutions du patagon sont les demis & les quarts.

Outre les patagons de Flandres, il s'en fabriquoit aussi autrefois quantité en Franche-Comté; quelques-uns au poids & au titre de ceux de Flandres, c'est à dire, pesant vingt-deux deniers, & tenant de fin dix deniers sept grains; & quelques autres un peu plus forts; comme ceux qui avoient une croix à feuillages couronnée d'un côté, & de l'autre les armes de Bourgogne, qui pesoient vingt-deux deniers douze grains, & tenoient de fin dix deniers quatorze grains.

Quelques Auteurs donnent aussi le nom de Patagon à la pataca, ou pataque de Portugal; & en effet le prix n'en est guére différent. *Voyez* PATACA.

PATAQUE, en Portugais *Pataca*. Monnoye d'argent qui vaut environ l'écu de France de soixante sols, *V.* PATACA.

PATARD. Petite piéce de monnoye toute de cuivre, qui a cours en Flandres & dans les Provinces voisines. C'est à peu près le double, ou liard de France: aussi les Picards donnent-ils à ces deniers le nom de Patard.

PATARD. C'est aussi en Hollande une monnoye de compte. Lors qu'on tient les livres en florins, patards & penins. Le patard vaut deux deniers de gros.

PATE. Maſſe de farine pêtrie avec de l'eau, & fermentée avec du levain ou de la leveure de biére. *V.* PASTE.

PATELET, ou VALIDE. Eſpéce de moruë verte qui tient le cinquiéme rang dans le triage que l'on fait en Normandie des diverſes ſortes de moruës. *Voyez* MORUE.

PATENOTRERIE. Marchandiſe de chapelets. Cette eſpéce de marchandiſe eſt appellée Patenôtrerie, parce que les grains qui compoſent les chapelets ſont nommez vulgairement Patenôtres.

Le négoce de la patenôtrerie eſt aſſez conſidérable en France, particuliérement à Paris, où il fait partie de celui de la mercerie, ſuivant qu'il eſt porté par les Statuts des Marchands Merciers-Groſſiers-Jouailliers du mois de Janvier 1613, art. 12.

PATENOTRES. Chapelets ou grains enfilez ſur leſquels on dit diverſes priéres, particuliérement le *Pater noſter*, ou Priére Dominicale, d'où vient le mot de Patenôtres.

Les patenôtres, ou chapelets de bois, payent en France les droits de ſortie ſur le pied de mercerie, quand ils ſont avec de la mercerie, & ſeulement 40 *ſ. du cent peſant, quand ils ſont ſeuls, conformément au Tarif de* 1664.

Les droits de la Douane de Lyon pour les patenôtres qu'on nomme Patenôtres Turquines, ſont de 5 *liv. par chacune caiſſe d'ancienne taxation, &* 10 *ſ. du cent de nouvelle reapreciation.*

A l'égard des patenôtres & chapelets de S. Claude, leurs anciens droits ſont de 12 *ſ. de la bale, & les nouveaux de* 12 *ſ. par cent peſant.*

PATENOTRIER. Celui qui fait des patenôtres, qui les enfile & qui les vend.

Il y a à Paris trois Corps de Patenôtriers: les uns ſe nomment Patenôtriers-Boutonniers d'émail, verre & criſtalin: on les nomme plus communément Emailleurs. Ceux-ci ont été réünis aux Verriers-Marchands de fayance par Arrêt du Conſeil du Roi de l'année 1706. *Voyez* EMAILLEUR.

Les autres s'appellent Patenôtriers en bois & en corne; & les troiſiémes ſe qualifient Maîtres Patenôtriers en jayets, ambre & corail. On va parler ici des Maîtres de ces deux Communautez.

PATENOTRIERS EN AMBRE, JAYETS ET CORAIL. Ces Patenôtriers ont été érigez en Corps de Jurande ſous le Régne de Charles IX. trois ans après les Patenôtriers Emailleurs. Leurs Lettres Patentes ſont de 1569, confirmées ſucceſſivement preſque par tous les Rois juſqu'au Régne de Louïs XV.

La matiére qu'ils doivent employer eſt naturelle & non factice; & ils doivent tailler le jayet, le corail & l'ambre ſur des rouës de grès; en quoi ils ſont différens des Emailleurs qui ſoufflent leurs ouvrages à la lampe; & des Lapidaires, qui outre la rouë de grès, en ont encore de fer, de plomb & d'étain.

Cette Communauté étoit autrefois conſidérable, & avoit, comme la plûpart des Corps des Arts & Métiers de Paris, quatre Jurez pour la gouverner, & pour recevoir ſes Apprentifs, dont l'apprentiſſage n'étoit que de trois ans & demi.

Le métier étant beaucoup déchû, à cauſe du peu de cas que l'on faiſoit en France, particuliérement à Paris depuis le milieu du dix-ſeptiéme Siécle, des colliers & chapelets d'ambre, de jayets & de corail, le peu de Maîtres qui reſtoit penſa en 1718 à ſe réünir aux Patenôtriers-Emailleurs; moins pourtant pour ſe fortifier par l'union de ces Maîtres, qui en 1706 avoient eux-mêmes été joints aux Fayanciers, que pour terminer les longues conteſtations qui étoient entre les deux Corps pour la fabrique des fauſſes perles.

Le Roi ſur la rémontrance des Patenôtriers en Ambre, Jayets & Corail, ayant donné au mois de Septembre de la même année 1718. des Lettres Patentes d'Union de leur Communauté avec les deux Communautez déja réünies, les Patenôtriers Emailleurs s'oppoſérent à leur enregiſtrement, & c'eſt de l'événement de cette oppoſition qui n'eſt pas encore jugée (1719.) que dépend leur état, ou plûtôt la fin de leurs continuels démêlez, qui ne ſubſiſteroient plus s'il leur étoit également permis à tous de faire de fauſſes perles, dont la fabrique eſt proprement partagée entr'eux; quoi que les uns & les autres prétendent ſe l'approprier entiérement à l'excluſion de leurs parties; ce qui fait le prétexte, ou le fondement de leur procès.

Quoi que l'ambre, le jayet & le corail ſoient véritablement la ſeule matiére du Métier des Patenôtriers dont on parle dans ce Paragraphe; il ſemble néanmoins que l'invention des fauſſes perles, de la maniére qu'on les fait préſentement en France, venant d'un Maître de leurs Corps, on ne peut ſans une eſpéce d'injuſtice leur en interdire la fabrique, du moins concurremment avec les Emailleurs, à qui il appartient de faire le grain de verre qui forme la perle.

Fabrique des fauſſes Perles.

C'eſt au Sieur Janin à qui cette curieuſe invention eſt dûë; invention d'autant plus belle, qu'outre qu'elle eſt ſimple, elle remédie aux mauvais effets des fauſſes perles faites avec le vif-argent mis au dedans, ou avec la cole de poiſſon miſe en dehors.

Cet Artiſan ingénieux ayant découvert, peut être par hazard, que l'écaille d'un petit poiſſon qu'on nomme Able, qui ſe trouve en quantité dans la riviére de Marne, non ſeulement avoit tout l'éclat & tout l'œil des perles fines, mais encore qu'après s'être facilement diſſous dans l'eau, il reprenoit en ſéchant le même brillant qu'il avoit auparavant, imagina d'introduire cette matiére dans la cavité du grain de giraſol, c'eſt à dire dans le grain de verre, tirant un peu ſur cette pierre précieuſe, qui fait le corps de la perle.

La difficulté étoit de l'y introduire, & quand elle y ſeroit introduite de la répandre également dans tout le grain.

Un petit tube de verre de ſix ou ſept pouces de longueur & d'une ligne & demie de diamétre, mais très-pointu par un bout & un peu recourbé, lui ſervit pour introduire la matiére en la ſoufflant avec la bouche, après en avoir pris une goute par l'extrêmité pointuë du petit tuyau, & pour la répandre dans la circonférence intérieure de la perle, il ſe contenta de la ſaſſer legérement & long-tems dans un petit panier d'oſier quarré, doublé de papier.

L'écaille diſſoute, s'étant attachée pour ce mouvement dans le dedans du criſtalin, reprend ſon éclat en ſéchant; mais pour le lui donner encore plus grand, ſi c'eſt en hyver on met les perles dans un ſas de crin, ou d'étamine, qu'on ſuſpend au plancher, ſous lequel on met à ſix pieds de diſtance des terrines de cendres chaudes; & ſi c'eſt en Eté, on les met dans le ſas que l'on ſuſpend de même, mais ſous lequel on ne met point de feu.

Les perles bien ſéches & bien brillantes s'empliſſent de cire fonduë avec un tube ſemblable à celui pour introduire l'écaille diſſoute de l'Able; & quand la cire eſt raiſonnablement priſe, l'on en nétoye les bavûres, enſuite on perce les

les perles avec une aiguille, on les enfile & on y met des rubans, si l'on en veut faire des coliers.

Les Perles en colier se vendent, ou en détail par piéce, ou à la douzaine, ou à la grosse, les autres se vendent au cent & au millier.

Des douze ou quinze Maîtres qui composent présentement la Communauté des Patenôtriers en Ambre, Jayets & Corails, à peine y en a t-il deux qui travaillent encore sur ces matiéres, tous les autres s'étant adonnez à la fabrique de perles fausses, dont le débit est plus considérable, la façon plus prompte & plus facile, & le profit plus grand & plus certain par le goût des femmes qui ne peuvent se passer de cet ornement. *Voyez* PERLES.

PATIN. Soulier de femme qui a une semèle de liége fort élevée. On le dit aussi du liége taillé en semèle.

L'usage des Patins étoit autrefois très-commun en France, & il se faisoit un si grand commerce de ces semèles toutes taillées, que les droits en sont tarifez pour la Douane de Lyon, à raison de 4 sols 3 den. le millier d'ancienne taxation, & 1 s. 3 d. de nouvelle réapreciation.

PATRON. Modèle, ou dessein sur lequel on fait quelqu'ouvrage.

PATRON. Ne signifie quelquefois qu'un morceau de papier, de carton, ou de parchemin, taillé & coupé de certaine maniére sur lequel quelques Artisans réglent leur besogne. Les Tailleurs, par exemple, ont de ces sortes de Patrons pour la coupe des différentes piéces de leurs habits: les Cordonniers pour tailler les empègnes & les quartiers de leurs souliers, & les Marchandes du Palais & autres Ouvriéres qui travaillent en linge de femmes pour dresser & couper les coiffures & engageantes suivant les différentes modes qui ont cours ou qu'elles imaginent. Il y a encore quantité d'autres Ouvriers qui se servent de ces sortes de Patrons.

PATRON, dans les Manufactures d'Etoffes d'or, d'argent & de soye, figurées. Est le dessein fait par le Peintre & rehaussé de couleurs, qui sert à monter le métier, & à représenter sur l'ouvrage les différentes figures de fleurs, d'animaux ou de grotesques dont le Fabriquant veut l'embellir. La beauté & la nouveauté des Patrons servent beaucoup au débit des étoffes.

PATRON. Se dit aussi des desseins sur lesquels les Ouvriéres en Points & en Dentelles à l'aiguille, travaillent à leurs ouvrages. On le dit pareillement des desseins des Dentelles au fuseau, soit d'or, d'argent, de soye, ou de fil, & des broderies.

PATRON DE HOLLANDE. Sorte de Linge ouvré qui vient de Flandres. *Voyez* LINGE.

PATRON DE CHEF-D'OEUVRE. On appelle ainsi dans les Statuts des Maîtres Epingliers de la Ville & Fauxbourgs de Paris, le modèle ou échantillon des Epingles sur lequel l'aspirant à la Maîtrise doit travailler pour être reçû. *Voyez* EPINGLIER.

PATRON, ou NOCHER. C'est sur la Méditerranée, le Maître d'un vaisseau, d'une barque, ou de quelqu'autre bâtiment chargé en marchandise. Dans le Ponant on dit Maître. *Voyez* MAÎTRE DE VAISSEAU MARCHAND.

PATRON. Les Vitriers appellent Patron, ou Table à Patron, une table de bois blanchie sur laquelle ils tracent & dessinent avec de la pierre noire les différentes figures des compartimens d'après lesquels ils veulent couper les piéces de leurs panneaux. Cette table qui est ordinairement de quatre à cinq pieds de long, & de trois à quatre de large, est mobile, & couvre la futaille où ils jettent leur groisil.

PATROUILLE, qu'on nomme plus ordinairement Escouvillon: Espece de balai fait de vieux drapeaux dont l'on se sert pour nettoyer l'âtre d'un four avant d'y mettre le pain. *Voyez* ESCOUVILLON.

PATTE. Signifie chez les Etaliers Bouchers, de petits crochets à queuë d'ironde qu'ils clouent en plusieurs endroits de leurs boutiques pour y attacher avec des allonges, la viande à mesure qu'ils la dépecent.

Ils nomment aussi Pattes, des chevilles de bois de cinq ou six pouces de long avec un mantonnet au bout, qu'ils scellent en plâtre & qu'ils employent au même usage.

PATTE DE GINGEMBRE. *Voyez* GINGEMBRE.

PATTE. C'est un des noms que l'on donne aux vieux morceaux de chiffons de toile de lin & de chanvre dont on se sert dans les papeteries pour fabriquer le papier. *Voyez* PAPIER & CHIFFONNIER.

PATTE D'OYE. C'est une des marques dont les Charpentiers se servent pout marquer leurs bois après qu'ils sont façonnez, afin de ne les point mêler à l'assemblage.

Cette marque est appellée Patte-d'oye, parce qu'elle est composée de plusieurs traits faits avec la Roinette, ou le Traceret, qui ont quelque ressemblance à l'empreinte que la patte de cet oiseau aquatique laisse sur le sable. *Voyez* MARC-FRANC.

PATTIER. *Voyez* CHIFFONNIER.

PATTURE, ou PASTURE DE CHAMEAU. Plante médecinale, qu'on nomme plus ordinairement *Juncus odoratus. Voyez* JUNCUS ODORATUS.

PAU. Mesure pour les longueurs ou espéce d'aune dont on se sert à Loango de Boirie & dans quelques autres lieux de la Côte d'Angole en Afrique.

Il y a à Loango trois sortes de paux; le pau du Roi & de son Favori, ou premier Ministre & Capitaine, le pau des Fidalgues & Capitaines, & le pau des particuliers.

Le pau du Roi a vingt-huit pouces de longueur & vaut trois macoutes, la macoute se comptant dix.

Le pau des Fidalgues est de vingt-quatre pouces, & le pau des Particuliers seulement de seize pouces & demi; mais tous deux contenant & s'estimant trois macoutes comme celui du Roi & la macoute se comptant de même.

C'est à ces différens Paux que les Européens qui font la traite des Négres mesurent les étoffes & les toiles qu'ils donnent en échange des esclaves & des autres marchandises, comme poudre d'or, morfil, cire, &c. qu'on tire de la Côte d'Angole; d'où l'on conçoit aisément qu'il est plus avantageux de faire la traite avec les particuliers qu'avec les Fidalgues, & encore avec les Fidalgues qu'avec le Roi; aussi cet excédent d'aunage qu'on accorde au Roi & à ses Capitaines, n'est-il que pour avoir la permission de la traite; nul particulier n'osant faire le moindre négoce avec les Européens que les Coûtumes n'ayent été payées & le commerce ouvert par la permission du Roi & des Grands. *V.* MACOUTE. *Voyez aussi l'article general du Commerce où il est parlé de celui des Côtes d'Afrique.*

PAVAGE. Terme de Paveur. Il se dit de l'ouvrage qui se fait avec du pavé, aussi-bien que de l'action de celui qui pave. Le pavage est un métier bien rude: Voila de beau pavage. *Voyez* PAVE' & PAVEUR.

PA-

PAVAME. Bois qui vient de la Floride & qui avec son écorce & sa racine est bon pour la guérison des maladies secrettes. *Voyez* SAXAFRAS.

PAVE'. On appelle Pavé, tout ce qui sert à couvrir les lieux qu'on veut affermir pour y marcher, ou y faire rouler des voitures commodément.

En France le pavé des grands chemins, des ruës & des places publiques des Villes, des cours, écuries, cuisines & autres lieux bas des maisons particuliéres se fait ordinairement de grès ou de rabot, qui est une espéce de pierre dure un peu semblable à la pierre de liais.

On pave aussi tous ces lieux dans les Provinces où ces deux sortes de pierre ne sont pas communes, comme dans le Lyonnois, avec du cailloutage soit jetté à l'aventure, soit arrangé & battu comme le grès, ou avec d'autres pierres dures, telles que sont les pierres de rocaille & de meuliéres.

Il y a aussi des endroits où l'on pave les ruës & autres lieux avec de la brique placée de champ.

A Amsterdam & dans quelques principales Villes de Hollande, ce pavé s'appelle Pavé de Bourgue-Maître, pour le distinguer du pavé de pierre ou de caillou qui occupe le milieu des ruës & qui sert de voye aux voitures, la brique qui borde celui-ci n'étant que pour les gens de pied. *Voyez* BRIQUE.

Le pavé de grès dont on pave les grands chemins, les ruës & les places publiques s'employe & s'assied avec le sable seul; & le pavé des cours & des écuries & autres lieux bas des bâtimens, avec la chaux & le sable, ou à chaux & à ciment, sur tout s'il y a des voutes & des caves dessous.

Celui dont on se sert à Paris vient presque tout du Gastinois, particuliérement des environs de Fontainebleau.

On en distingue de deux sortes, l'un gros qui sert pour les lieux & passages publics, l'autre menu qui n'est propre qu'aux ouvrages particuliers; on pouroit aussi les distinguer en grès tendre & en grès dur, y en ayant de ces deux especes.

Le gros pavé, qu'on appelle aussi Pavé du grand échantillon, & qui est nommé Carreau dans les Statuts des Maîtres Paveurs, porte de sept à huit pouces en quarré; le menu ou du petit échantillon n'est que de quatre à cinq.

Ce dernier est encore de deux sortes; l'un de tout échantillon; c'est à dire, qui n'est pas taillé également, ni de largeur, ni de hauteur; & l'autre d'un égal échantillon, c'est à dire, réduit à la même épaisseur & taillé bien quarrément. Ce dernier n'est guére que pour les plus belles cours & pour les grotes & autres tels ouvrages de distinction; aussi pour le rendre plus agréable on y mêle ordinairement du pavé noir qu'on dispose avec cimetrie, & dont on fait une espéce de mosaïque.

Le pavé de grès se vend sur la carriére à la toise cube, & s'employe à la toise courante & quarrée.

PAVE'. Se dit aussi des marbres, pierre de liais, pierres communes, ardoises, carreaux de fayance & de terre; enfin, de toutes les matiéres semblables propres à cet usage, qu'on employe avec le plâtre, ou le ciment, pour couvrir & rendre unis & solides les planchers des bâtimens, soit au rez de chaussée, soit des étages d'enhaut ou sur les toîts plats & les terrasses.

On parle ailleurs de tous ces pavez. *Voyez* MARBRE, LIAIS, FAYANCE, CARREAUX DE TERRE, ARDOISE, &c.

PAVER. Couvrir de pavé quelqu'endroit.

Quand on dit simplement Paver, sans rien ajoûter qui en spécifie la matiére, on l'entend de l'ouvrage de grès. Quand on se sert de carreaux de terre cuite, ou de fayance, on dit carreler; & si l'on employe le marbre, le liais, la brique, on dit Paver de liais, de brique, ou de marbre.

PAVER A BAIN DE MORTIER. C'est ne pas épargner le mortier en pavant, ce qui se fait ordinairement quand on pave des cours qui sont voutées par dessous.

PAVEUR. Ouvrier qui employe le pavé, qui en couvre les grands chemins, les ruës, les places publiques, &c.

Les Maîtres Paveurs composent à Paris une des Communautez des Arts & Métiers. Leurs premiers Statuts leur furent donnez sous le régne de Louïs XII. le 10. Mars 1501, par Jaques d'Estouville Garde de la Prevôté de cette capitale sur le vû & les Conclusions des Gens du Roi du Châtelet.

Ces Statuts ont depuis été confirmez par des Lettres Patentes de Henri III. du mois d'Avril 1579; par d'autres de Henri IV. du mois de Juin 1604, & enfin sous le régne de Louïs XIV. par plusieurs Edits, Déclarations & Arrêts du Conseil; lors que cette Communauté à l'éxemple de toutes les autres Communautez de Paris se fit réünir & incorporer les divers Offices qui furent créez depuis l'année 1691 jusqu'en 1707, entr'autres les Offices de Jurez, de Greffiers, d'Auditeurs des comptes, de Gardes d'archives & quelques autres semblables.

Dix-neuf articles composent ces Statuts, dont les deux premiers érigent les Maîtres Paveurs en Corps de Jurande, & déclarent qui sont ceux qui doivent à l'avenir former cette nouvelle Communauté.

Les Jurez sont ordonnez au nombre de 4, desquels au moins deux doivent être changez chaque année, & deux autres élûs en leur place pour faire les visites en la Ville & Banlieuë de Paris de tous les ouvrages & carreaux qui y seroient amenez pour vendre; faire corriger & réparer les fautes & abus qui y seroient commis, & faire tous autres exploits que les Jurez des autres métiers ont coûtume de faire.

Chaque Maître ne peut tenir qu'un Apprentif à la fois, outre & avec ses enfans, lequel Apprentif il ne peut céder, vendre ni transporter à d'autres que du consentement de Justice & des Jurez.

Le tems de l'Aprentissage est de trois années consécutives chez les Maîtres, après lesquelles les Apprentifs aspirans à maîtrise peuvent être reçûs en faisant le Chef-d'œuvre qui consiste à faire une pointe, ou un tournant, soit en coin, soit en ruë, tel qu'il semble bon aux Jurez.

De ce Chef-d'œuvre sont éxemts les Fils de Maîtres qui ont été Apprentifs audit métier.

Les Compagnons étrangers qui passent chemin ne peuvent travailler librement chez les Maîtres que pendant un mois, après quoi ils sont tenus de payer le droit de compagnonnage s'ils veulent continuer le travail.

Aucun Maître ne peut mettre en besogne les Compagnons déja employez en d'autres ateliers qu'après que lesdits Compagnons ont achevé le tems de leur service, ou fini l'ouvrage entrepris.

Nul Maître ne doit aller hors la Ville au devant des Marchands Forains pour acheter Carreaux (ce sont les pavez taillez) ou autres ouvrages propres audit métier.

Enfin, nul Marchand Forain n'a permission de vendre ou distribuer Carreaux, qu'ils n'ayent été auparavant visi-

tez

tez par les Jurez & trouvez loyaux & marchands, c'est à dire, de six à sept pouces en quarré.

Les autres articles des Statuts concernent la pente que les Maîtres Paveurs doivent donner à leurs ouvrages pour l'écoulement des eaux & vuidanges des ruës & maisons de Paris, le prix qu'on donnoit alors de la toise desdits ouvrages & la qualité des Carreaux ou pavez qui y doivent être employez.

Les outils nécessaires aux Paveurs de grand échantillon, sont une pèle, une pince, divers marteaux, entr'autres un marteau à refendre, un autre à paver, un troisiéme à fouiller la terre, un épinçoir, une Demoiselle & un niveau; A l'égard des ouvrages du petit échantillon on y employe outre quelques-uns des précédens, plusieurs outils de Maçon, comme la truelle, l'auge, la hachette, la rabot pour corroyer le mortier, l'oiseau pour le porter & peu d'autres semblables.

Tous ces outils sont décrits & expliquez à leurs propres articles.

PAVIE. C'est ainsi qu'on appelle une espéce de linge ouvré qui se manufacture en Flandre & en Basse-Normandie. *Voyez* LINGE.

PAVILLON. Terme de Marine. C'est une banniére, ordinairement d'étamine, qu'on arbore sur le bâton de l'arriére ou à la pointe de quelque mât, pour distinguer les Nations d'où sont les vaisseaux, le rang des Officiers généraux qui les montent, & la qualité du vaisseau par rapport à son usage & à son armement, c'est à dire, pour faire connoître s'il est armé en guerre, ou en marchandise.

Les Pavillons en général sont de diverses couleurs & sont chargez de diverses armes suivant les Princes & les Nations; ils sont aussi coupez de différentes façons pour distinguer le rang que chaque vaisseau tient dans une flotte, ou celui de l'Officier qui y commande.

PAVILLON MARCHAND. C'est le Pavillon ou banniére qui distingue un vaisseau armé en marchandise d'avec un vaisseau armé en guerre.

L'Ordonnance de la Marine de 1689. porte, que le Pavillon ou enseigne de poupe des vaisseaux Marchands François sera bleu avec une Croix blanche traversante, & les armes du Roi sur le tout, ou telle autre distinction qu'ils jugeront à propos, pourvû que le Pavillon ne soit pas entiérement blanc.

Outre le Pavillon les vaisseaux Marchands mettent quelquefois aux mâts d'artimont de petits Pavillons où sont les armes de la Ville ou du lieu dans lesquels le Maître fait son domicile ordinaire; & au mât d'avant les armes des Villes & lieux où demeurent les Affreteurs.

Non seulement les vaisseaux Marchands des plus puissantes Nations de l'Europe qui font le commerce de mer, comme les François, Anglois, Espagnols, Hollandois, &c. ont des Pavillons qui les distinguent des vaisseaux de guerre; mais encore toutes les Villes Anseatiques, & celles qui sont situées sur l'Ocean Germanique, dans le Nord, & dans la mer Baltique, ont le leur; telles sont entr'autres Hambourg, Emden, Bremen, Berghen, Lubek, Dantzic, Conisberg, Elbing, Stralsundt, Stetin, Riga, Revel, &c. mais il seroit trop long de les rapporter toutes, & l'on peut les voir dans le Dictionnaire de Marine, imprimé à Amsterdam chez Pierre Brunel en 1702.

Amener le Pavillon. C'est le baisser ou le mettre bas par respect; les vaisseaux Marchands aménent celui qui est arboré à leur poupe.

Faire Pavillon. C'est arborer le Pavillon par lequel on veut se faire connoître.

On fait Pavillon blanc quand on veut traiter & avoir pratique dans des lieux ennemis ou suspects; on fait aussi Pavillon blanc quand on demande quartier & qu'on se rend à des vaisseaux de guerre, à des Corsaires, des Pirates, ou des Armateurs.

PAUME. Espéce de mesure qui se dit de la hauteur de la main fermée, ce qui fait environ quatre doigts, ou trois pouces; on ne le dit plus guére que de la maniére de mesurer les chevaux. *Voyez* CHEVAL.

Quelques-uns confondent la paume avec l'ampan, ou palme; mais il y a certainement de la différence, l'empan étant de beaucoup plus grand.

PAUME. Jeu d'éxercice auquel on jouë avec des raquettes & des pelottes, ou bales. *Voyez ci-après* PAUMIER.

PAUMELLE. Morceau de bois plat plus long que large, dentelé par dessus que l'on tient d'une main par le moyen d'une espéce de manicle.

Cet instrument sert aux Corroyeurs à tirer leur cuir sur la table pour les rendre plus maniables, ou, comme ils disent, plus molians.

Les Maroquiniers se servent aussi de Paumelles de bois & de liége, pour faire sortir & relever le grain des peaux de maroquins noirs qu'ils fabriquent. *Voyez* CORROYEUR & MAROQUINIER.

PAUMIER. Celui qui fait des raquettes & des bales, ou autre chose servant au jeu de paume. C'est aussi celui qui tient un jeu de paume, & qui fournit aux Joueurs les bales & des raquettes.

Il y a à Paris une Communauté de Maîtres Paumiers, Raquetiers, Faiseurs d'estœufs, pelotes & bales.

Leurs Statuts sont du commencement du 17. Siécle, enregistrez au Châtelet le 13 Novembre 1610.

Quatre Jurez gouvernent cette Communauté, veillent à ses priviléges, reçoivent les Apprentifs & les Maîtres, & font les visites tous les mois. On renouvelle chaque année deux de ces Jurez.

Les Apprentifs doivent être obligez pour trois ans par devant Notaires, & leur brevet d'apprentissage porté aux Jurez huit jours après la passation pour être enregistré.

Tout Aspirant à la maîtrise doit faire Chef-d'œuvre à l'exception des Fils de Maîtres.

Il n'y a qu'aux Maîtres de la Communauté qu'il soit permis de fabriquer & vendre des raquettes, de estœufs, & des bales, & d'en ouvrir boutique; comme il n'est aussi permis qu'à eux de tenir jeu de paume.

Ceux des Maîtres qui tiennent jeu de paume peuvent bien travailler aux ouvrages du métier pour leur propre usage, mais non en faire trafic & les exposer en vente.

Les Marqueurs doivent être pris d'entre les Apprentifs & Compagnons, & doivent faire apparoître leur brevet d'apprentissage.

Enfin, les veuves restant en viduité peuvent tenir boutique, & continuer les Apprentifs commencez par leurs maris, mais non en faire de nouveaux.

PAVOT. Plante d'où l'on tire l'opium. *Voyez* OPIUM.

PAUTONNIER. Celui qui est commis pour la perception des droits de pontenage, ou pontonage, qui se lé-

lévent sur les marchandises. *Voyez* PONTONNIER & PONTENAGE.

PAYAS. Soyes blanches du Levant, qu'on tire particuliérement d'Alep. Elles se pésent à la rotte de sept cens dragmes, qui reviennent à sept livres sept onces & demie, poids de Marseille. *Voyez* SOYES DU LEVANT.

PAYAS. Ce sont aussi des cotons filez qu'on tire du Levant par Alep. On se sert de ce nom & de celui de Gondozolettes pour en distinguer la filage. Les plus gros s'appellent Filez payas, & les plus fins, Fils Gondozolettes. *Voyez* COTON DU LEVANT.

PAYAS DE MONTASIN. Sorte de coton filé qui a peu de debit en France. *Voyez* COTON.

PAYABLE. Qui doit être payé, qui doit être aquité dans un certain tems ou à certaines personnes.

Une lettre de change payable à vûë, est une lettre de change qui doit être aquitée sur le champ dans le moment qu'elle est présentée.

Une lettre payable à jour préfix, ou à jour nommé, est celle qui doit être payée à un certain jour fixe qui est marqué dans la lettre.

Une lettre payable à tant de jours de vûë, est celle qu'on doit aquiter dans un certain nombre de jours désignez par la lettre, à compter de la date de son acceptation.

Une lettre payable à une ou plusieurs usances, est celle qui doit être payée dans autant de fois trente jours qu'il y a d'usances marquées dans le corps de la lettre, à compter du jour de sa date, chaque usance étant de trente jours.

Un billet payable au porteur, est un billet dont le payement doit être fait à la premiére personne qui le présente, sans qu'il soit besoin d'ordre ni de transport.

Un billet payable à un tel, ou à son ordre, est celui qui doit être payé à la personne dénommée dans la lettre qui en a donné la valeur, ou à telle autre en faveur de laquelle il aura passé son ordre au dos du billet.

Un billet payable à volonté, est un billet qui n'a point de tems limité, & dont on peut éxiger le payement toutes fois & quantes qu'on le juge à propos.

Un billet payable en lettres, ou billets de change, ou en autre papier, est celui qui doit être aquité en bonnes lettres, ou billets de change, ou en tel autre papier désigné dans le billet, & dans le tems y marqué.

On dit qu'une obligation, qu'une promesse, qu'une assignation, qu'un mandement, &c. est payable; pour dire, que le tems ou terme du payement est échû, qu'il n'y a qu'à l'aller recevoir.

PAYE. Espéce de monnoye de compte dont on se sert dans le Royaume de Siam.

PAYE. La paye est une monnoye courante à Ormus dans le Sein Persique. Elle vaut dix besorchs ou liards du Païs, qui sont de petites espéces d'étain. Quatre payes font le soudis. *Voyez* BESORCH.

PAYE. Est aussi un poids dont la pesanteur est du double du clain. On évaluë le clain à douze grains de ris: ainsi la paye pese vingt-quatre grains.

PAYE', PAYE'E. Un billet payé, une lettre de change payée, c'est un billet, ou une lettre de change qui a été aquitée, ou dont le contenu a été compté ou délivré à celui qui en étoit le porteur, ou à qui il étoit payable.

Il se dit de même à l'égard des promesses, rescriptions, assignations, mandemens, obligations, &c.

Une lettre de change n'est point réputée payée tant qu'elle n'est point endossée de son payement, c'est à dire, que le reçû n'est point au dos.

Quand on dit que des Créanciers seront payez au sol la livre, ou au marc la livre par contribution, cela veut dire qu'ils recevront chacun à proportion de ce qui leur peut être dû sur la somme qui est à partager entr'eux, provenant des effets mobiliaires de leur Debiteur commun qui a fait faillite, ou banqueroute. *Voyez* CONTRIBUTION.

PAYELLES. Grandes chaudiéres dont on se sert en Flandre pour le raffinage du sel. Elles sont plates, de douze à quinze pieds en carré, & d'un pied de profondeur. Le sel gris qu'on y raffine y perd beaucoup de son acrimonie, mais rien du tout de son grain. *Voyez* SEL MARIN.

PAYEMENT. Somme qu'on compte réellement en deniers, ou qu'on fait en lettres de change, billets, promesses, marchandises, ou autres effets éxigibles, pour s'aquiter de ce que l'on doit. J'ai fait ce payement en argent comptant. Il a bien voulu prendre en payement des promesses de la Douane, des lettres de change sur Lyon. Je ne puis faire ce payement qu'en marchandises, n'ayant ni argent dans ma caisse, ni papier dans mon porte-feuille.

PAYEMENT. Se dit aussi du tems qu'un Débiteur a obtenu de ses Créanciers pour les pouvoir payer plus facilement. Ce Marchand s'est accommodé avec ses Créanciers; il doit les satisfaire en quatre payemens égaux, de six mois en six mois, dont le premier écherra un tel jour.

PAYEMENT. On appelle en Hollande, particuliérement à Amsterdam, Prompt payement, lors qu'un Débiteur s'aquite & paye ce qu'il doit avant l'expiration du terme que son Créancier lui a accordé.

L'évaluation du prompt payement sur la plûpart des marchandises se fait ordinairement à raison d'un pour cent. Il y en a néanmoins quelques-unes dont l'évaluation est plus haute, & d'autres dont elle est plus basse. On va seulement rapporter ici celles dont l'évaluation est plus haute ou plus basse qu'un pour cent; leur nombre étant beaucoup moins considérable que des autres.

Les amandes douces & celles de Provence, deux pour cent.

L'Anis d'Alicante, celui de Rome & de Magdebourg, deux pour cent.

L'assa-fœtida, deux pour cent.

Le bois de girofle, deux pour cent.

Les câpres, deux pour cent.

La cire du Païs, demi pour cent.

Les crêpes n° 18, & ceux nommez Crêpes à l'enclume, du même n°, deux pour cent.

Le cumin, *idem*.

Damas du Païs, *idem*.

Etoffes de soye & de laine du Païs, depuis trois jusqu'à quatre pour cent.

Figues en cabat, ou en baril, deux pour cent.

Fil à coudre, *idem*.

Fil de léton, *idem*.

Futaines, *idem*.

Maniguette, *idem*.

Raisins de Corinthe & raisins longs, *idem*.

Ris, *idem*.

Savon d'Alicante & de Génes, *idem*.

Scammonée, *idem*.

Sené, *idem.*

Serges à deux & à trois plombs, *idem.*

Syrop brun ou prun de France, de Hambourg & de Païs, *idem.*

Suc de régliſſe, *idem.*

Tabac en poudre, *idem.*

Taffetas, *idem.*

Térébentine de Bordeaux & de Bayonne, *idem.*

Vitriol d'Angleterre, *idem.*

PAYEMENT. Signifie encore certains termes fixes & arrêtez, dans leſquels les Marchands, Négocians & Banquiers doivent aquiter leurs dettes, ou renouveller leurs billets.

Payemens de la Ville de Lyon.

Il y a à Lyon quatre payemens, de même que quatre Foires franches; ſçavoir :

Le payement des Rois, qui commence le premier Mars, & dure tout le mois.

Le payement de Pâques, qui commence la premier Juin, & dure tout le mois.

Le payement d'Août, qui commence le premier Septembre, & dure tout le mois.

Et le payement de Touſſaint, qui commence au 1. Décembre, & dure pareillement tout le mois.

Suivant le Réglement de la Place des changes de ladite Ville de Lyon du 2. Juin 1667, l'ouverture de chaque payement ſe doit faire le premier jour du mois non ferié de chacun des quatre payemens ſur les deux heures de relevée, par une Aſſemblée des principaux Négocians de la Place, tant François qu'Etrangers, en préſence du Prevôt des Marchands; ou en ſon abſence, du plus ancien Echevin.

C'eſt de cette Aſſemblée que commencent les acceptations des lettres de change payables dans le payement, qui continuënt juſqu'au ſixiéme dudit mois incluſivement; après quoi les Porteurs des lettres peuvent les faire proteſter faute d'acceptation pendant le reſte du courant du mois.

Le troiſiéme jour du même mois non ferié l'on établit le prix des changes de la place avec les Etrangers, en une Aſſemblée qui ſe fait en préſence du Prevôt des Marchands: & le ſixiéme jour ſuivant non ferié on fait l'entrée & l'ouverture du bilan & virement des parties; ce qui continuë juſqu'au dernier du mois incluſivement; après lequel il ne ſe fait plus d'écritures ni de virement de parties; & s'il s'en faiſoit quelques-unes, elles ſeroient de nul effet.

Les lettres de change acceptées payables en payement, & qui n'ont point été payées pendant icelui juſqu'au dernier mois incluſivement, doivent être payées en argent comptant, ou proteſtée dans les trois jours ſuivans, dans leſquels les Fêtes ne ſont point compriſes.

Payement des autres Villes du Royaume.

Quoi qu'à Paris, Bordeaux, Amiens, Tours, Reims, Roüen & autres Villes de France où il ſe fait un commerce conſiderable, & où il y a des manufactures établies, il n'y ait point de payemens reglez, cependant les Marchands, Banquiers & Négocians de ces Villes ne laiſſent pas de ſuivre à peu près l'uſage de Lyon, ſoit pour faire valoir leur argent, ou pour ſa diſpoſition en lettres de change, ſoit auſſi pour le tems, ou pour le change; c'eſt à dire, de payemens à autres, qui ſont de trois en trois mois.

Il eſt vrai que les acceptations & les payemens des lettres & billets de change ne s'y font pas de la même maniére: premiérement, parce que les lettres qu'on tire ſur toutes les Villes du Royaume, à l'exception de Lyon, doivent être acceptées purement & ſimplement dès le moment qu'elles ſont préſentées, ſi elles ſont tirées à un certain nombre de jours de vûë, autrement elles ſont proteſtées faute d'acceptation, & à l'écheance faute de payement dans les dix jours de faveur: & en ſecond lieu, parce qu'elles ſe payent en deniers comptans ſans virement de parties; n'y ayant qu'à Lyon où cet uſage ſoit établi : auſſi cette Ville a-t-elle des priviléges que les autres n'ont pas, qui ont été confirmez par l'article 5 du titre 7 de l'Ordonnance du mois de Mars 1673, dont voici la teneur: *N'entendons rien innover à notre Réglement du 2 Juin 1667, pour les acceptations, les payemens & autres diſpoſitions concernant le commerce dans notre Ville de Lyon.* Voyez BILAN, VIREMENT, & VIRER PARTIES.

Payemens des ſoyes greges & des ſoyes prêtes & ouvrées.

Il y a deux Réglemens particuliers touchant les tems des payemens, pour la vente & achat des ſoyes greges, des ſoyes prêtes & ouvrées, & des marchandiſes fabriquées; l'un pour la Ville de Lyon, par Ordonnance des Juges de la Conſervation du 14 Mars 1678; & l'autre pour la Ville de Tours, par Arrêt du Conſeil d'Etat du Roi du 26 Août 1686, dont voici l'extrait & les diſpoſitifs.

POUR LYON.

Défenſes ſont faites à tous Marchands négocians ſur la Place des changes de cette Ville, de vendre toutes ſortes de ſoyes ouvrées & fleurets, tant de France, d'Italie, qu'autres lieux, & toutes autres ſortes de ſoyes greges, tant de mer, France, que d'ailleurs, à l'exception des ſoyes de Sicile, Reggio & Calabre, à plus long terme que d'un payement franc; ſçavoir, pour le payement des Rois, le premier Septembre précédent; pour le payement de Pâques, le premier Décembre; pour le payement d'Août, le premier Mars; & pour le payement des Saints, le premier Juin.

A l'égard des ſoyes greges de Meſſine, de Palerme, Reggio & Calabre, défenſes ſont faites de les vendre que pour trois payemens francs, aux conditions de l'excompte à l'ordinaire aux plus prochains payemens; & ſera l'ouverture deſdites ventes faite au 20 Décembre pour le payement des Saints de l'année ſuivante, pour être excompté aux payemens des Rois auſſi ſuivant; au vingtiéme de Mars, pour être excompté aux payemens de Pâques ſuivant; au vingtiéme Juin, pour être excompté aux payemens d'Août ſuivant; au vingtiéme Septembre pour être excompté aux payemens des Saints auſſi ſuivant.

Comme auſſi de vendre toutes ſortes de draps & d'étoffes d'or, d'argent & de ſoye mêlez, ou non mêlez avec fil, rubans de ſoye & crêpes, ſoit de France, d'Italie & autres Païs, pour plus long terme que d'un payement franc: ſçavoir, pour le payement des Rois, au vingt Novembre; pour le payement de Pâques, au 20 Février; pour celui d'Août, au 20 Mai; & pour le payement des Staints, au 20 Août auſſi précédent.

POUR TOURS.

A l'avenir les payemens pour les ſoyes greges ſe feront à raiſon de quatre payemens francs; la rupture deſquels payemens ſe fera pour leſdites ſoyes greges, à commencer du 20 Août de la préſente année 1686, pour le payement d'Août 1687; le 20 Novembre 1686, pour le payement de Touſſaints 1687; le 20 Février 1687, pour le payement des Rois

Rois 1688; & le 20 Mai 1687, pour le payement de Pâques 1688.

Et à l'égard des soyes prêtes & ouvrées, à raison de trois payemens francs; sçavoir, le 20 Août 1686, pour le payement de Pâques 1687; le 20 Novembre 1686, pour le payement d'Août 1687; le 20 Février 1687, pour le payement de Toussaints de la même année; & le 20 Mai 1687, pour le payement des Rois 1688.

Et pour les marchandises fabriquées, à raison de deux payemens francs; sçavoir, le 20 Août 1686, pour le payement des Rois 1687; le 20 Novembre 1686, pour le payement de Pâques 1687; le 20 Février 1687, pour le payement d'Août ensuivant; & le 20 Mai 1687, pour le payement de Toussaints audit an.

Que l'excompte se pratiquera à l'avenir à raison de deux pour cent par payement pour lesdites soyes greges, qui sera huit pour cent pour les 4 payemens.

Pour les soyes ouvrées & prêtes, à raison aussi de deux pour cent par payement, qui seront six pour cent pour lesdits trois payemens.

Et pour les marchandises fabriquées, à raison d'un & demi pour cent par payement, qui seront trois pour cent pour lesdits deux payemens.

PAYEMENT. On nomme ainsi en Hollande toute la petite monnoye de billon & de cuivre qui entre dans le commerce journalier des denrées & menuës marchandises. Les plus communes de ces monnoyes sont le schelling & les piéces de deux, de trois, de huit & de douze sols six deniers. La plus petite est la duyte, ou denier, qui vaut environ deux deniers de France.

PAYENS. On nomme ainsi, en termes de Potiers de terre, deux piéces de bois qui ont diverses hoches ou entailles de distance en distance, sur lesquelles l'Ouvrier pose ses pieds de chaque côté; lors qu'il tourne quelque vase ou autres ouvrages de poterie sur la girelle de la grande rouë. *Voyez* POTIER DE TERRE.

PAYER. Action par laquelle on s'aquite de ce qu'on doit, ou se libére d'une dette.

Payer le prix d'une chose achetée, c'est en donner le prix convenu.

Payer comptant, c'est payer sur le champ & dans le moment que la marchandise est livrée.

Payer en papier, c'est donner en payement des lettres ou billets de change, des promesses, ou autres semblables effets, sans donner aucun argent ni marchandise.

Payer en marchandises, c'est donner de la marchandise au lieu d'argent, ou de papier, pour se décharger d'une dette qu'on a contractée.

Se payer par ses mains, c'est se payer soi-même sur les deniers ou effets qu'on a entre les mains, appartenans à son Débiteur.

PAYER. Se dit aussi des choses inanimées qui doivent un certain droit. La marchandise paye tant du cent pesant à la sortie du Royaume & des Provinces réputées étrangéres. L'eau-de-vie paye tant par pipe à l'entrée de Paris.

On dit, qu'il faut payer à César ce qui est dû à César; pour faire entendre, qu'il faut aquiter exactement les droits qui sont établis par les Princes. Cette espéce de proverbe est respectable, & doit être religieusement observée, puis que Jesus-Christ lui-même a ordonné qu'on payât le tribut de César.

On dit aussi en proverbe, que Qui répond paye; pour dire, que celui qui s'est constitué la caution d'un autre, doit payer pour cet autre, en cas qu'il devienne insolvable: Qu'on ne veut ni compter, ni payer, quand on refuse tous moyens raisonnables de satisfaire à ce qu'on doit: Qu'on paye bien, quand on paye comptant: Qu'on paye en chats & en rats, quand on paye par parcelles & en mauvaises marchandises, ou denrées: Qu'on paye en monnoye de singe, ou en gambades, quand on se moque de son Créancier par de vaines & d'inutiles promesses: qu'on paye en louïs, lors qu'on obtient des Lettres de répi, à cause qu'elles commencent par ces mots, *Louïs, &c.* On dit au contraire de celui qui paye éxactement ce qu'il doit, Qu'il paye comme un Changeur, Qu'il paye en Saunier. On dit aussi par ironie à celui à qui on a fait banqueroute: Vous voila payé.

PAYEUR. Celui qui paye, ou qui s'aquite des sommes qu'il doit.

On dit qu'un Marchand est bon payeur quand il ne se fait point tirer l'oreille pour aquiter les Billets qu'il a faits, ou les Lettres de Changes qu'il a acceptées; qu'il les paye ponctuellement aux termes de leurs échéances, & dans le moment qu'on les lui presente. Les Négocians qui ont réputation d'être bons payeurs, ne manquent jamais de crédit.

Les mauvais payeurs sont ceux qui font difficulté de payer qui souffrent des protêts, ou des Assignations, qui laissent obtenir des Sentences contr'eux, pour gagner du tems. Rien n'est plus préjudiciable à un homme de commerce, que de passer pour mauvais payeur.

PAZAN. On nomme ainsi l'animal qui fournit le Bezoard oriental. *Voyez* BEZOARD.

PEAGE. Droit local qu'on prend sur les personnes, les marchandises & les voitures qui passent par de certains endroits.

Ce droit se léve ordinairement pour la réparation des chemins, des ponts & chaussées, des bacs, & du pavé des Villes.

En quelques lieux les droits de Péage sont du domaine du Roi, en d'autres ils appartiennent aux Villes, ou aux Seigneurs.

On leur donne des noms differens suivant la différence des passages où ils sont dûs & où ils se perçoivent.

Aux entrées des Bourgs fermez & des Villes, on les appelle Barrages à cause des barriéres qui s'ouvrent & qui ferment pour arrêter, ou laisser passer les voituriers. Aux passages des ponts on les nomme Pontenages. Billettes & Branchiéres aux passages qui sont en pleine campagne; Billettes, à cause du billot de bois qui marque l'endroit du peage; & Branchiere, parce que ce billot est attaché à quelque branche d'arbre.

En quelques Provinces ce sont des droits de Coûtume; en d'autres des droits de Prevôté; sur quelques frontiéres, des droits de travers, ou de traverse. Enfin, on appelle simplement Payages les droits qui se lévent, soit pour le Roi, soit pour les propriétaires des Canaux, aux passages des Ecluses qui y sont établies, comme au canal pour la jonction des deux mers, au canal de Briare, à celui de Montargis, &c.

En général lors que les péages sont augmentez, doublez, quatruplez par des Edits & Déclarations du Roi, ou des Arrêts du Conseil, cette augmentation est censée ne regarder que ceux qui sont du domaine de sa Majesté, ou qui tournent à son profit.

PEAGER. Fermier du Peage, ou le Commis établi pour éxiger & faire payer le droit.

Les Peagers sont tenus de faire mettre des billettes de bois en des lieux apparens près de leurs Bureaux, pour marquer que le droit est dû, & des tableaux ou pancartes contenant le tarif du droit.

PEAU, en géneral. Signifie le cuir qui couvre & enveloppe le corps & toutes les autres parties des animaux.

Le terme de peau chez les Marchands & Artisans, se dit plus particuliérement de cette dépouille de l'animal qui est différemment apprêtée ou preparée par les Pelletiers, Tanneurs, Megissiers, Chamoiseurs, Peaussiers, Corroyeurs, Parcheminiers, Maroquiniers, Gantiers, &c. *Voyez* CUIR.

Les Maroquins se font avec des peaux de Bouc & de Chévre, ou d'un autre animal a peu près semblable que l'on nomme Menon. *V.* MAROQUIN.

Le Parchemin se fabrique d'ordinaire avec des peaux de belier, de mouton & de brebis, & quelquefois de chévre. *Voyez* PARCHEMIN.

Le vélin, qui est aussi une espéce de Parchemin, se fait de la peau d'un veau mort-né, ou d'un veau de lait. *Voyez* PARCHEMIN *à la fin de l'article.*

Le vrai chamois se fabrique de la peau d'un animal du même nom, que l'on appelle aussi Isard, & il se contrefait avec des peaux de bouc, de chevre & de mouton. *V.* CHAMOIS.

Les basanes sont des peaux de belier, mouton, ou brebis passées en tan ou en redon, & quelque-fois en mégie. *Voyez* BASANE & MEGIE.

Les fourures ou pelleteries se font de peaux de martres, d'hermines, de castors, de tigres, de loutres, de vautours, de cygnes, de petits gris, de fouïnes, d'ours & oursons, de loups, de putois, de lapins, de liévres, de renards, de chats, de chiens, d'agneaux, &c. dont on conserve le poil en les préparant d'une certaine maniére particuliére. *Voyez* PELLETERIE & MEGIE *vers la fin de l'article.*

Les peaux de boucs & de chévres en poil, qu'on a cousuës & disposées d'une maniére propre à pouvoir contenir des liqueurs; se nomment simplement Boucs, & quelques fois Outres. Quand elles n'ont été employées qu'à transporter des huiles, on peut encore les passer en chamois, au lieu de les laisser sécher & se perdre, *Voyez* BOUC, OUTRE & CHAMOIS.

PEAUX PASSÉES EN MEGIE, autrement dit en blanc. *Voyez* MEGIE.

PEAUX FRAÎCHES. C'est un nom que l'on donne quelquefois aux maroquins façon de Barbarie, qui se fabriquent à Roüen. *Voyez* MAROQUIN.

PEAUX EN MERLUT. *Voyez* MERLUT.

PEAUX PASSÉES EN HUILE. *Voyez* CHAMOIS, BUFLE & ELAN.

PEAUX, OU CUIRS TANNEZ. *Voyez* TANNER.

PEAUX PASSÉES EN MESQUIS. Ce sont des basanes qui ont été apprêtées avec le redon au lieu de tan. *Voyez* Basane.

PEAUX CORROYÉES. *Voyez* CUIR CORROYÉ.

PEAUX, OU CUIRS COUDREZ, OU PASSEZ EN COUDREMENT. *Voyez* TANNER.

PEAUX VERTES. Se dit de celles qui n'ont encore reçû aucune préparation, & qui sont telles qu'elles ont été levées de dessus le corps des animaux.

PEAUX, OU NAPPE DE CERF. *Voyez* CERF.

PEAU, OU CUIR EN CROUTE. *V.* TANNER.

PEAUX D'ESPAGNE, OU PEAUX DE SENTEUR. Ce sont des peaux bien passées, puis parfumées de différentes odeurs dont on faisoit autrefois des gans, des corps de jupes, des pourpoints, des poches, &c. Ces sortes de peaux parfumées qui s'envoyoient presque toutes d'Espagne, & qui ont eu si fort la vogue en France, ne sont presque plus d'usage; elles faisoient une portion du négoce des Marchands Merciers, Parfumeurs & Gantiers. A Constantinople la peau de chagrin est faite de la partie de derriére de la peau de cheval, mulle, ou âne du païs; on la prépare & on la tane, & lors qu'elle est devenuë souple & maniable on l'étend sur un chassis, & l'on l'expose au Soleil, ensuite l'on répand sur cette peau de la graine de moutarde qu'on a soin de repasser plusieurs fois avec la main; & cette graine aidée de la chaleur du Soleil, éléve le grain qui se durcit ensuite. Ces peaux sont grises ordinairement, mais on les teint en telle couleur qu'on veut. La partie de derriére de l'animal, est plus propre que toutes les autres pour être mises en chagrin. *Voyez* CHAGRIN.

PEAU DE CHAGRIN. *V.* CHAGRIN.

PEAU DE BELIER. *V.* BELIER.

PEAU DE MOUTON. *V.* MOUTON.

PEAUX DE MOUTONS EN LAINE, autrement appellées Housses, ou Bisquains. *V.* MEGIE *à la fin de l'article.*

PEAUX DE BREBIS. *V.* BREBIS.

PEAU D'AGNEAU. *V.* AGNEAU.

PEAU DE SANGLIER. *V.* SANGLIER.

PEAU DE CHIEN. *V.* CHIEN.

PEAU DE CHIEN DE MER. *V.* CHIEN DE MER.

PEAU DE DOUCETTE. *V.* DOUCETTE.

PEAU DE ROUSSETTE. *V.* ROUSSETTE.

PEAU DE VAUTOUR. *V.* VAUTOUR.

PEAU DE CYGNE. *V.* CYGNE.

PEAU DE MARTRE. *V.* MARTRE.

PEAU D'HERMINE. *V.* HERMINE.

PEAU DE TIGRE. *V.* TIGRE.

PEAU DE CASTOR. }
PEAU DE BIEVRE. } *V.* CASTOR.

PEAU DE LOUTRE. *V.* LOUTRE.

PEAU DE PETIT-GRIS. *V.* PETIT-GRIS.

PEAU DE LIEVRE. *V.* LIEVRE.

PEAU DE LAPIN. }
PEAU DE CONIL. } *V.* LAPIN.

PEAU DE FOUÏNE. *V.* FOUÏNE.

PEAU DE LOUP. *V.* LOUP.

PEAU DE PUTOIS. }
PEAU DE PICTOIS. } *V.* PUTOIS.

PEAU DE CHAT. *V.* CHAT.

PEAU DE RENARD. *V.* RENARD.

PEAU D'ELLEND. }
PEAU D'ORIGNAC. } *V.* ELLEND.
PEAU D'ORIGNAL. }

PEAU DE BOUC. *V.* BOUC.

PEAU DE CHEVRE. *V.* CHEVRE.

PEAU DE CHEVREAU. *V.* CHEVREAU.

PEAU DE MENON. *V.* MENON & MAROQUIN.

PEAU D'ISAR. }
PEAU DE CHAMOIS. } *V.* CHAMOIS.

PEAU DE BOEUF. *V.* BOEUF.

PEAU DE VACHE. *V.* VACHE.

PEAU DE VACHE EN GRAIN. *V.* CUIR CORROYE', *à l'endroit où il est parlé de l'apprêt de la vache grasse.*

PEAU DE VEAU. *V.* VEAU.

PEAU DE CHEVAL. *V.* CHEVAL.

PEAU DE JUMENT. } *V.* JUMENT.
PEAU DE CAVALE. }

Droits d'Entrée & de Sortie qui se payent en France pour toutes sortes de peaux.

ENTRE'ES. TARIF DE 1664.

Peaux de veau à poil, *la douzaine* 4 *sols.*

Peaux d'agneaux avec la laine, *la douzaine* 2 *s.*

Peaux de moutons & brebis en laine, *le cent en nombre* 15 *s.*

Peaux de chévres non aprêtées, venant de Barbarie, *la douzaine* 10 *s.*

Peaux de boucs & chévres non aprêtées, venant d'Ecosse & d'ailleurs, *la douzaine* 12 *s.*

Peaux d'orignaux & d'ellends, à poil, *la piece* 5 *s.*

Peaux d'ours, *la douzaine* 1 *l.*

Peaux d'ours marins aprêtez, tant grandes que petites, *la douzaine,* 1 *l.* 10. *s.*

Peaux de loups, *la piece* 3 *s.*

Peaux de loups marins, *la douzaine* 12 *s.*

Peaux de lou cerviers de Levant, *la piéce* 3 *l.*

Ces peaux sont du nombre des marchandises qui payent vingt pour cent de leur valeur, conformément à l'Arrêt du 15 *Août* 1685.

Peaux de chiens d'Ecosse, *le cent pesant* 24 *s.*

Peaux de chiens de mer, *la douzaine* 30 *s.*

Peaux de cerfs & chevreuils, tant grandes que petites, avec le poil, l'une portant l'autre, *la piece* 4 *s.*

Peaux de cerfs apprêtées en bufles. Comme bufles, *le cent pesant* 15 *l.*

Peaux de senteur, *la douzaine* 4 *l.*

Peaux de chagrin, *la douzaine* 25 *s.*

Peaux de castor. *V.* CASTOR.

Peaux de vautours aprêtées, *la piéce*, 10 *s.* non aprêtées, 4 *s.*

Peaux de lapins, cruës & non ouvrées, ne servant à fourures, *le cent pesant* 40 *s.*

TARIF DE 1667. *& Arrêts du Conseil rendus depuis.*

Peaux de chamois, ou peaux de chévreaux & de moutons habillez en blanc ou jaune, ou façon de chamois, suivant le Tarif de 1667. & l'Arrêt du 15. Février 1689. *la douzaine* 3 *l.*

Peaux de bœuf & vaches passées en bufles, ou aprêtées en couleur, suivant les Arrêts du 10. Mai 1689, & 7. Septembre 1688. *vingt pour cent de la valeur.*

Peaux de chévres aprêtées, *la douzaine* 18 *s.* suivant les Arrêts des 15. Février & 10 Mai 1689.

Peaux de veaux aprêtées, *la douzaine* 6 *l.* suivant l'Arrêt du 10. Mai 1689.

Peaux de veaux passées en couleur, *vingt pour cent de leur valeur*, suivant les Arrêts des premier Février & 10. Mai 1689.

TARIF *de la Douane de Lyon.*

Peaux de senteur. *V.* PARFUM *&* PARFUME'.

Peaux de romagne, pistoye & peaux de mer, *la bale* 8 *l.* 15 *s. d'ancienne taxation, &* 40 *s. du cent de nouvelle reapreciation.*

Peaux de païs habillées en jambes, *la bale* 10 *s. d'anciens droits, &* 3 *s. du cent pour les nouveaux.*

Peaux d'agneaux crûës étrangéres, *la bale* 11 *s. d'ancienne taxation, &* 3 *s. du cent pour la nouvelle.*

Peaux d'agneaux crûës de païs, chevreaux & moutons, 6 *sols de la bale d'ancienne taxation, & de nouvelle reapreciation,* 3 *s. du cent.*

Peaux de renard sauvagines, *la piéce* 9 *d. ou* 40 *s. de la bale, la réapréciation à proportion.*

Peaux de loups communes, *la piéce, un s.* 4 *d.*

Peaux de loups cerviers, *la piéce* 7 *s.* 6 *d.*

Peaux de pourceaux du païs, *la bale* 8 *s. d'anciens droits, &* 3 *s. le cent de réapreciation.*

Les mêmes venant de païs étrangers, 12 *s. de la bale d'ancienne taxation, &* 4 *s. du cent pesant de la nouvelle.*

Peaux de chévres, moutons, veaux & chevreaux étrangers, *la bale* 9 *s. d'ancienne taxation, &* 6 *d. la douzaine de réapreciation.*

Les mêmes, 2 *s.* 3 *d. la douzaine.*

Les mêmes, *le quintal* 6 *s. d'anciens droits, &* 6 *d. la douzaine de reapreciation.*

Peaux de moutons, chévres & veaux de païs, 1 *s.* 4 *d. tant d'anciens que de nouveaux droits.*

Peaux de chien, *la charge* 17 *s.* 6 *den. d'ancienne taxation, &* 2 *s.* 6 *d. du cent de réapréciation.*

Peaux de moutons & de chévres habillées en chamois. *Voyez ci-dessus au Tarif de* 1667.

Peaux de veaux & moutons crûës, étrangeres, 8 *s. pour l'ancien & nouveau droit.*

Peaux rases, la charge de trois quintaux, *une liv.* 6 *den.*

Peaux d'aneaux & chévreaux, *la douzaine un s.*

Peaux de conils, *la douzaine* 6 *d.*

Peaux de cerf, 3 *s. la piéce.*

Peaux de chien de mer, 3 *l.* 10 *s. de la bale d'ancienne taxation, &* 5 *s. du cent pesant de réapréciation.*

Peaux d'agneaux de Rome, de senteur, *la douzaine,* 7 *s.* 6 *d.*

Peaux crûës de biévres, 3 *s. la piéce.*

Peaux de Bufles habillées en jaune, 20 *s. la piéce.*

Peaux de veaux d'Angleterre, & peaux de veaux habillées en bufles. *V. ci-dessus au Tarif de* 1667.

Peaux de chamois crûës, *la piéce un sol.*

Peaux de chagrin, *la piéce un sol.*

Peaux de chevreuils en poil, *la piéce un s.* 6. *d.*

Peaux de moutons en trippe, *le quintal* 6 *s.*

Peaux d'ellend crûës, *la piéce* 5 *s.*

Peaux blanches étrangéres. *Voyez ci-dessus au Tarif de* 1667.

Peaux de chamois habillées, & chamois habillez en blanc. *Voyez comme dessus.*

Peaux de veaux habillées à Annonay, *la douzaine* 10 *sols.*

Peaux de vaches habillées à Annonay, *la piéce* 4 *s.*

Peaux de cerfs habillées, *la piéce* 10 *s.*

Peaux de loups marins, *la piéce* 2 *s.*

Peaux d'orignaux, *la piéce* 5 *s.*

Peaux en jambes étrangéres, 15 *s. du quintal.*

Peaux de lapins, étrangéres, 25 *s. le quintal.*

Peaux de lapins du païs, 12 *s.* 6 *d. le quintal.*

SORTIES. TARIF DE 1664.

Peaux de moutons & chévreaux passées & aprêtées en façon de chamois, *la douzaine* 16 *sols.*

Peaux

Peaux d'agneaux avec la laine, *la douzaine* 3 *sols.*
Peaux de cuir blanches, comme Merceries, 3 *l. du cent pesant.*
Peaux de veaux tannées, *la douzaine comme basane*, 6 *sols.*
Peaux de veaux corroyées, *la douzaine* 16 *s.*
Peaux de chévres tannées, *la douzaine* 9 *s.*
Peaux d'orignacs & ellends avec le poil, *la piéce* 10 *sols.*
Peaux d'ours, *la douzaine* 21 *s.*
Peaux d'ours marins apprêtées avec le poil, ou passées en mesquis de toutes sortes, 48 *s. le cent pesant.*
Peaux d'ours marins non apprêtées, tant grandes que petites, *la douzaine* 18 *s.*
Peaux de loups, *la piéce* 3 *s.*
Peaux de loups marins, *la douzaine* 18 *s.*
Peaux de loups cerviers de Levant, *la piéce* 3 *s.*
Peaux de loups cerviers d'Espagne & autres païs, *la piéce* 13 *s.*
Peaux de chiens non apprêtées, *le cent pesant* 20 *s.*
Peaux de chiens de mer apprêtées, *le cent pesant* 6 *l.*
Peaux de bœufs ou de vaches apprêtées & passées en couleur, *la piéce* 10 *s.*
Peaux de vaches de roussi, *la piéce* 12 *s.*
Peaux de cerfs & chevreuils non apprêtées, tant grandes que petites, l'une portant l'autre, *la piéce* 6 *s.*
Peaux de castors & biévres. *Voyez* CASTOR
Peaux de senteur. *Voyez* PARFUM & PARFUMÉ.

TARIF de 1667.

Peaux ou Cuirs de bœufs & de vaches avec le poil, 6 *l. la douzaine de peaux.*
Peaux de veaux en poil, *la douzaine* 20 *s.*
Peaux de boucs & de chévres non aprêtées, *la douzaine* 12 *s.*

PEAUSSERIE. Marchandise de peaux & de cuirs, tels que sont les maroquins, bazannes, chamois, vaches de Russie, bufles, veaux, moutons, chevrotins & autres semblables peaux d'animaux passées & préparées pour faire divers ouvrages.

En France le Commerce de la Peausserie est très-considérable, particuliérement à Paris où cette marchandise fait une partie du négoce de la Mercerie, y ayant des Marchands de ce Corps qui ne font d'autres trafic que de Peausserie, ainsi qu'il leur est permis par l'article XII. de leurs Statuts, du mois de Janvier 1613.

La Peausserie fait aussi l'emploi & le négoce de ces sortes d'Artisans que de leur profession on appelle des Peaussiers; avec cette différence que ceux-ci préparent & vendent les peaux, & que les Merciers les vendent seulement sans les préparer.

PEAUSSIER. Marchand qui vend ou qui prépare les peaux.

L'on distingue à Paris deux sortes de Peaussiers. Les uns sont des Marchands Merciers qui s'appliquent uniquement au Commerce de la Peausserie, mais à qui la qualité de Peaussiers ne convient qu'improprement, étant du Corps des Marchands Merciers, ne se gouvernant que par les Statuts de la Mercerie, & n'ayant rien de commun avec les Peaussiers, que le négoce qu'ils font de peaux en qualité de Merciers. *Voyez* MERCIERS.

Les autres Peaussiers dont-on va parler dans la suite de cet article, & qui sont les seuls à qui ce nom appartient véritablement, sont des Artisans qui donnent de nouvelles preparations aux peaux après qu'elles sont sorties des mains des Chamoiseurs & des Mégissiers qui les mettent en teinture & qui après leur avoir donné diverses couleurs, tant de fleur que de chair, en font plusieurs ouvrages qu'ils ont permission de vendre en détail ou en gros dans leur boutique.

Ce sont ces Peaussiers qui levent de dessus les peaux de moutons cette espéce de cuir leger, ou plûtot cette pellicule que l'on nomme Cuir de Poule, ou Canepin, dont les Maîtres Gantiers font des gans & les maîtres Eventaillistes des éventails *Voyez* CANEPIN.

Ces derniers Peaussiers que Mr. de Furetiére dit qu'on appelloit autrefois Pellissiers, quoi qu'on n'en trouve rien dans leurs plus anciens Statuts, composent à Paris une Communauté dont les Maîtres prennent la qualité de Maîtres Peaussiers, Teinturiers en cuirs, & Calçonniers de la Ville, Fauxbourgs, Banlieuë, Prévóté & Vicomté de Paris.

Ces Maîtres ont été érigez en Corps de Jurande vers le milieu du quatorziéme Siécle, & leurs premiers Statuts leur furent donnez par le Roi Jean le 18 Fevrier 1357.

Soit négligence, soit autre raison, il ne paroît aucuns nouveaux Réglemens, non plus qu'aucune confirmation des Rois Successeurs du Roi Jean, jusques en 1664 que le Roi Louis XIV. autorisa leurs anciens Statuts, ou plûtot leur en donna de nouveaux. Les Lettres Patentes qui les autorisent sont du mois de Novembre de la même année, & leur enregistrement au Parlement du 9 Janvier de l'année suivante.

Trente sept articles composent leurs Réglemens, dont dix qui sont les 1. 2, 3, 4, 6, 7. 8, 9, 33 & 34, contiennent les marchandises qu'il leur est permis de fabriquer & de vendre, soit seuls, soit concurremment avec les Maîtres de differentes Communautez qui travaillent en cuir, & les vingt-sept autres expliquent la discipline des Maîtres entr'eux, & ce qui regarde les Jurez, les Apprentifs, les Maîtres, les Visites & le Lottissage.

A l'égard des marchandises & ouvrages propres à cette Communauté, il n'appartient qu'aux Maîtres Peaussiers de pouvoir mettre ou faire mettre en teinture & couleur, soit sur fleur, soit sur chair, soit par teinture froide & chaude, ou par simple brossure, toutes sortes de peaux, de quelque passage qu'elles ayent été apprêtées & passées; ce qui comprend les cuirs blancs passez en megie, les cuirs tannez, ceux passez de gale ou en huile, & toute autre sorte de peaux, comme veaux, moutons, chamois, agneaux, chévreaux, peaux de cerfs, biches, fans, chevreuils, dains, porcs, peaux de chiens, &c. à la réserve néanmoins des gros cuirs & vaches tannez.

Il leur étoit pareillement permis de fabriquer, vendre & debiter toutes sortes de caleçons, camisoles, chaussons faits de chamois, ou d'autres sortes de peaux, même des colets & coletins de bufle, & de relaver & mettre en couleur les cuirs qui ont servi à ces sortes d'ouvrages, comme aussi de reteindre les vieux baudriers & ceinturons; & c'est encore à eux seuls qu'il est permis de parer, égratigner & lever le canepin sur les peaux de moutons, agneaux chevreaux & toute autre sorte de cuirs que se puisse être, comme on l'a déja dit.

Quelques autres Communautez prétendant avoir un droit exclusif, ou du moins de concurrence pour la fabrique ou la vente de plusieurs de ces ouvrages & marchandises, celle des Peaussiers a souvent eu de longs procès à soûtenir contr'elles, particuliérement contre celle des Maîtres Corroyeurs & celle des Maîtres Bourliers; & ce n'est que bien avant dans

dans le dix-septiéme Siécle que leurs différens ont été terminez par plusieurs Arrêts.

Ceux rendus entre les Peaussiers & les Corroyeurs sont de 1657 & 1669, confirmez par un troisiéme du 23 Juin 1695, qui ordonne l'éxécution des deux premiers; ces trois Arrêts maintiennent les Maîtres Corroyeurs dans la possession de corroyer & baudroyer seuls en suif, graisse & huile toute sorte de cuirs, & de les mettre en couleur; & les Maîtres Peaussiers-Teinturiers dans le droit & possession de vendre toute sorte de cuirs tant mis en teinture que ceux qui seront par eux apprêtez ou mis en couleur, en sortant des boutiques des Tanneurs & Mégissiers, ou par eux achetez aux Hales; avec défenses aux Corroyeurs d'acheter, vendre ni débiter aucunes peaux de veaux, & autres passez en alun ou dits d'alun; & aux Peaussiers pareillement de vendre ni debiter aucuns cuirs & peaux en la même maniére qu'ils les achéteront des Tanneurs & Mégissiers, ni de corroyer & baudroyer aucuns cuirs en suif, graisse & huile. *Voyez* CORROYEUR.

A l'égard des contestations entre les Peaussiers & les Boursiers, elles cessérent & furent réglez par deux Arrêts l'un de l'année 1664, & l'autre du 15 Mars 1667, ayant été défendu par ce dernier aux Peaussiers, malgré leur Requête civile, de plus faire & debiter caleçons, camisoles de chamois & autres ouvrages mentionnez dans les sixiémes articles de leurs anciens & nouveaux Statuts, avec permission seulement de les laver & repasser quand ils ont servi. *Voyez* BOURSIER.

Les Officiers de la Communauté des Maîtres Peaussiers sont deux grands Jurez ou Maîtres & Gardes, deux Maîtres de Confrairie, deux petits Jurez, & le Doyen des Maîtres; les six premiers se choisissent à la pluralité des voix; le dernier est de droit, & est, non le plus ancien Maître de toute la Communauté, mais le plus ancien de ceux qui ont passé par les charges.

Il se fait chaque année l'élection d'un grand Juré pour entrer à la place du plus ancien des deux qui sont en charge, en sorte que chacun d'eux y demeure deux années.

Les qualitez pour avoir droit d'être élû, sont outre la probité, d'avoir été petit Juré & Maître de Confrairie, & de tenir actuellement boutique.

L'élection des Maîtres de Confrairie dont S. Jean-Baptiste est le Patron, se fait pareillement d'un par chaque année sous les Charniers de l'Eglise de S. Eustache où elle est érigée, & c'est aussi tous les ans que l'on élit un des deux petits Jurez.

La différence qu'il y a entre ces petits Jurez & les grands Jurez, consiste en ce que ceux-ci sont chargez de toute la discipline du Corps, comme des visites, réceptions à l'apprentissage, ou à la maîtrise, poursuite des affaires, &c. & que ceux-là ne sont que pour prendre garde aux Colporteurs & Chambrelans, étant même obligez lors qu'ils font quelques saisies, de les remettre aux grands Jurez pour en faire le raport par devant le Procureur du Roi au Châtelet.

Chaque Maître ne peut obliger qu'un seul Apprentif à la fois, dont l'apprentissage est de cinq années; & le service chez lez Maîtres en qualité de Compagnons, de deux autres années après l'apprentissage.

L'Apprentif qui quite son Maître avant la fin des cinq années, est exclus de tout droit à la maîtrise, & ne peut même répeter ce qu'il auroit payé par avance à son Maître d'apprentissage en passant son brevet.

Les Apprentifs ne peuvent servir de Compagnons qu'après avoir été enregistrez sur le livre de la Communauté & avoir payé le droit de l'enregistrement.

Le Compagnon qui a fait apprentissage à Paris est déchu de la maîtrise s'il travaille chez d'autres que chez les Maîtres de la Ville; & par une espéce de compensation les Maîtres ne peuvent se servir de Garçons qu'ils ne soient Apprentifs de Paris.

Nul, s'il n'est Fils de Maître, n'est reçû à la maîtrise qu'il n'ait fait le Chef-d'œuvre, ou l'expérience.

Les Veuves restant en veuvage jouïssent de tous les privilèges des Maîtres, à la réserve de faire des Apprentifs; elles peuvent cependant achever celui que leur mari aura commencé.

Le lottissage des marchandises de cuirs de veaux d'alun, propres à couvrir des livres, se fait en commun par les Maîtres Peaussiers & les Maîtres Libraires & Relieurs, qui sont obligez de se faire mutuellement avertir par un acte, qu'ils veulent lottir; & qu'au préalable lesdites marchandises n'ayent demeuré vingt-quatre heures à la Hale. Les autres peaux & cuirs se lottissent entre les Maîtres Peaussiers qui en ont besoin, pourvû néanmoins que les Maîtres qui demandent le lottissage tiennent boutique ouverte, & qu'ils mettent au lot pour eux-mêmes.

Toutes les marchandises achetées dans les vingt lieuës des environs de Paris doivent être lotties entre les Maîtres, même celles achetées au de-là, à moins qu'il n'apparoisse par un marché par devant Notaire qu'elles ont été achetées hors des vingt lieuës, & qu'elles n'arrivent à Paris dans les deux mois depuis l'achat, pour être vûës & visitées par les Jurez.

Enfin, pour la sûreté & conservation des titres, papiers, Arrêts & Sentences, &c. de la Communauté, ils sont enfermez dans un coffre à trois clefs, dont l'une est entre les mains du Doyen, l'autre dans celles de l'ancien Juré, & la troisiéme en la possession de l'ancien Maître de la Confrairie.

Outre ce droit de clef qui appartient au Doyen, on ne peut entreprendre aucune affaire sans la lui communiquer.

La Communauté des Peaussiers a souffert à peu près les mêmes changemens que les autres Communautez de Paris, depuis la création des Jurez en titre d'Offices de l'année 1691, qui lui furent incorporez au mois de Juillet de la même année; les Maîtres ont aussi demandé & obtenu comme les autres à prix de finances, l'incorporation des Charges d'Auditeurs créez en 1694, de Trésoriers en 1701, & de quelques autres Officiers jusqu'en 1706, qui ont augmenté les droits de réception, de visite & de Confrairie.

PEC, ou PECQUE. Haran fraîchement salé, qui se mange crû, de même que les anchois. *Voyez* HARAN, *vers la fin de l'article.*

PECHA, que quelques-uns prononcent & écrivent PESSA. Petite monnoye de cuivre qui a cours dans plusieurs lieux des Indes, particuliérement dans les Provinces maritimes des Etats du Mogol, sur tout dans le Royaume de Guzarate, dont les principales Villes sont Surate, Baroche, Cambaye, Bondra & Amadabad.

Le pecha vaut six deniers ou environ monnoye de France. Dans les endroits des Indes où les coris, ou coquilles des Maldives ont cours, on en donne cinquante à soixante pour le pecha; & dans ceux où les amandes de Caramanie, servent

servent de menuë monnoye, le pecha vaut quarante à quarante-quatre amandes. *Voyez* Coris & Amandes.

Il est assez difficile de réduire les roupies & les mamoudis en pechas, à cause que selon les lieux ces monnoyes d'argent augmentent ou diminuent de valeur. On peut voir néanmoins l'article des roupies & celui des mamoudis, où l'on trouvera de quoi aider à faire ces reductions, les différens prix de ces deux principales monnoyes des Indes y étant assez éxactement fixez.

PECK, ou PICOTIN. Mesure dont on se sert en Angleterre pour mesurer les grains, graines, légûmes & autres sortes de semblables corps solides.

Le peck tient deux galons à raison d'environ huit livres poids de Troyes le galon. Quatre pecks font un boisseau, quatre boisseaux un comb ou carnok; deux carnoks, une quarte, & dix quartes un lest qui tient 5110 pintes, ce qui revient à environ autant de livres poids de Troyes.

PECUNE. Vieux mot qui signifioit autrefois de l'argent monnoyé; on s'en sert encore quelque-fois, mais toûjours en plaisantant. Il a bien de la pécune: Je n'ai point de pécune.

Ce mot vient du Latin *Pecunia*, qui veut dire la même chose, & qui avoit pris son nom de *Pecus*, qui signifie Brebis, ou Mouton; parce que la prémiere monnoye des Romains portoit l'empreinte d'un de ces animaux.

Les deux dérivez *Pecuniaire* & *Pecunieux*, sont plus en usage.

PECUNIAIRE. On appelle Amendes pécuniaires celles qui se payent en argent.

Les punitions des contraventions aux Ordonnances sur le fait des marchandises de contrebande qu'on fait entrer ou sortir du Royaume, ou quand on fraude les droits, sont toûjours la confiscation & l'amende pécuniaire, & selon les cas, même les peines afflictives. Il en est à peu près de la sorte des contraventions aux Réglemens des Manufactures, mais moins souvent les peines afflictives que les autres. A l'égard des Arts & Métiers, à moins qu'il n'y ait du monopole, les peines des contraventions aux Statuts ne sont que la confiscation & l'amende pécuniaire. *Voyez les Ordonnances, les Reglémens & les Statuts des Communautez.*

PECUNIEUX. Celui qui a beaucoup d'argent comptant; il vient du mot de Pécune qui signifioit autrefois la même chose. *Voyez* Pecune.

PEIGNE. Instrument qui sert à démêler & décrasser les cheveux.

On fait des peignes de diverses matiéres & de différentes façons. Il y a des peignes de buis, d'ivoire, d'écailles de tortuës, de cornes de divers animaux & de plomb. Ces derniers servent à donner une couleur ardoisée aux cheveux roux & trop ardens.

On a parlé ailleurs des peignes qui se font des dents ou os de mamorts qui se trouvent enfouïs en terre en plusieurs endroits de Moscovie; ces peignes ne sont pas moins beaux que ceux d'yvoire. *Voyez* Dent.

Il est défendu par les Statuts du métier de Peignier de faire ou de mettre en vente des peignes de bois blanc; on peut néanmoins en fabriquer s'ils sont commandez.

A l'égard de la forme des peignes il y en a à dos, à deux côtez de dents, à l'Indienne, à macaron & de recourbez; ceux-ci sont toûjours de corne, très-petits & à dents à demi serrées; ils sont propres à relever les cheveux sur le front; mode qui a cours en France depuis le commencement du dix-huitiéme Siécle.

Les peignes à dos sont arrondis d'un côté & n'ont qu'un rang de dents, qui s'enfonçant un peu dans le milieu forment une espéce d'arc.

Les peignes à deux côtez ont double rang de dents qui sont séparées par une traverse où aboutissent le fond des dents.

Les peignes à l'Indienne sont ceux dont les deux côtez ne sont pas également enfoncez.

Enfin, les peignes à macaron sont à peu près de forme ovale, & assez semblables à cette espéce de patisserie, qu'on appelle Macarons, d'où ils ont pris leur nom; ils ont aussi deux rangs de dents.

Les Maîtres Peigniers de Paris tirent de Roüen presque tout le buis, dont ils font leurs peignes. Ce sont les Hollandois qui l'apportent à Roüen & qui le vont charger en Levant du côté de l'Archipel, Smirne & Constantinople; il s'achette au cent pesant, & vient en buches; ce sont les Maîtres Peigniers qui le debitent.

C'est aussi de Roüen que vient la corne propre à la fabrique des peignes; elle y est apportée d'Angleterre. Il s'en fait à la vérité à Paris & même d'assez bonne: mais soit habitude (ce qui décide souvent en fait de négoce) soit qu'en effet la corne d'Angleterre convienne mieux au métier de Peignier, la corne Angloise a la préférence sur la corne Parisienne.

Les feuilles d'écaille de tortuë & l'yvoire ou dents d'éléphans se tirent pareillement de Rouen; mais il en vient encore en plus grande quantité de Nantes, de la Rochelle, de Bordeaux, & des autres Ports de France où les vaisseaux François les apportent; sçavoir les écailles de tortuës, des Isles Antilles ou autres lieux de l'Amérique; & les dents d'éléphans, de plusieurs endroits des Côtes d'Afrique, sur tout de cette partie qu'on appelle la Côte des Dents, à cause de la quantité qui s'y en trouve.

Les instrumens dont les Peigniers se servent, sont, la Scie, l'Escouene, l'Escouenette, le Carlet, l'Estadou, le Gland, la Grelle, le Tourne-fil & l'Allumelle.

La scie est trop connuë pour en faire ici une éxacte description, outre qu'il en est amplement parlé à son propre article. Celle des Peigniers est toute d'acier, à la réserve du manche qui est de bois, un peu recourbé pour le mieux empoigner. Elle sert principalement à debiter les bûches de buis & les dents d'éléphans, pour les réduire en copeaux.

L'escouene est de fer, d'un pouce & demi de largeur, & de six à sept pouces de longueur. Elle a par dessous des dents d'acier qui y sont ajoûtées & rivées. Ces dents qui en traversent la largeur en forme de rainures, sont fort affilées & tranchantes, mises un peu en talus, & tournées vers le bout de l'instrument. Elles ont trois à quatre lignes de hauteur, & sont à pareille distance l'une de l'autre. La queuë qui est aussi de fer, mais armée de bois pour la facilité de l'usage, est tournée sur le dos de l'escouene, & lui sert de manche ou de poignée. C'est avec cet instrument, qui est une espéce de rape, que les Peigniers dégrossissent leurs coneaux. (Ils appellent ainsi les morceaux de buis qu'ils ont debitez en petites tables de deux ou trois lignes d'épaisseur & de grandeur convenables aux peignes qu'ils veulent faire.)

L'escouenette est une petite escouene; ce qui s'entend seu-

seulement de la forme & de la longueur des dents, étant pour le reste toute semblable à l'escouéne. Leur seule différence est que l'escouenette est entiérement d'acier & toute d'une piéce; c'est à dire, que les dents sont prises & limées dans son épaisseur, qui n'est en tout que de deux ou trois lignes; aussi ne s'en sert-on que pour achever de parer le copeau, & en faire, comme ils disent, un peigne en façon.

Le carlet est un instrument d'acier de forme triangulaire, de quatre ou cinq lignes dans son plus épais; finissant en pointe d'un bout, avec un manche de bois de l'autre. Deux des côtez ont des dents fort fines: celui de dessus est uni. On se sert du carlet pour apprêter le peigne, c'est à dire, commencer, ou, comme on parle parmi ces Artisans, amorcer les dents. Il faut trois sortes de carlets pour chaque peigne.

L'estadou sert à former, à séparer & à enfoncer les dents. Cet instrument est le plus composé de ceux dont se servent les Peigniers, & aussi le plus difficile à conduire. Les deux principales piéces de l'estadou sont ce qu'on appelle les deux Feuillets: ils se nomment ainsi, parce qu'en effet ce sont deux feuilles de scie très-minces, dont les dents sont très-fines & fort acerées.

L'une de ces piéces se nomme le haut Feuillet, & l'autre le bas Feuillet; ayant cette diverse dénomination de la différente situation qu'ils ont, & de leur inégalité; le haut feuillet étant de toutes ses dents plus large que le bas. Ils sont d'ailleurs semblables, soit pour l'épaisseur, soit pour la longueur; celle-ci de six à sept pouces, celle-là de demi-ligne ou environ.

Un morceau de bois rond, en tout de quinze pouces de long, dont la moitié sert de manche, & deux pouces & demi de diamétre, sert de monture aux deux feuillets, les soûtient & les unit par le moyen d'une double rainure dans chaque ouverture de laquelle l'un & l'autre s'enfonce avec force. Cet instrument ainsi monté ressemble à une scie à main, & c'en est en effet une, à la réserve qu'ayant double feuille, elle a doubles dents.

C'est avec cet estadou que, comme on l'a dit ci-dessus en passant, l'on sépare les dents des peignes; outil d'autant plus commode, qu'il peut également servir pour les grosses & les menuës dents; suffisant pour faire fin, de ne point ou peu séparer les feuillets; & pour faire gros, de mettre entre les deux une petite languette de parchemin ou de carte, pour les tenir plus entr'ouverts.

Le gland est un outil ou espece de tenailles tout de bois, qui sert à tenir le peigne lors qu'il est en façon, & qu'on veut en faire les dents. Il a deux parties, toutes deux faites en façon de battoir carré; mais dont celui d'en-bas a un long manche pour l'affermir sur l'établi. Ces deux parties du gland sont posées l'une dessus l'autre, & unies par le milieu avec une cheville mobile de fer ou de bois seulement; en sorte que lors qu'on y veut mettre le copeau & l'y arrêter, il suffit d'enfoncer un coin aussi de bois entre les deux manches; ce qui en les séparant fait baisser les deux parties opposées, & y serre fortement le morceau de buis ou d'yvoire dont on veut séparer les dents.

La gresle sert à dresser le peigne, c'est à dire, à l'achever: on s'en sert sur tout à finir les grosses dents. C'est une espéce de scie.

Le tourne-fil est d'acier avec un manche de bois. Il est de figure quarrée, long de quatre ou cinq pouces, & d'environ quinze lignes de large, épais de deux lignes dans le milieu, & finissant en une espéce de taillant, mais qui est émoussé de trois côtez. C'est avec cet outil qu'on affûte l'escouene, l'escouenette & les carlets, & qu'on leur donne le fil à peu près comme les Bouchers affilent leurs couteaux avec le morceau de fer rond qu'ils appellent un Fusil.

Enfin, l'alumelle, qui le plus souvent est faite d'un morceau de lame d'épée, mais dont le tranchant est rebouché, sert à polir & à lisser les peignes lors qu'ils sont achevez; ce qui est la derniere façon qu'ils reçoivent de la main du Peignier.

On appelle les oreilles d'un peigne, ces deux especes de grosses dents qui le terminent des deux côtez, & qui renferment les véritables dents. C'est de ces oreilles que l'on commence à compter ce qu'on nomme les Tailles des peignes par lesquelles on distingue leurs numeros, c'est à dire, leur grandeur. Chaque taille est à peu près estimée, sur le pied de six lignes de largeur.

Le commerce des peignes est très-considérable en France; & il s'en fabrique de toutes les sortes en plusieurs de ses principales Villes: mais c'est principalement à Paris & à Roüen qu'il s'en fait & qu'il s'en debite de meilleurs & en plus grande quantité.

Les envois de Roüen se font ordinairement par numeros, dont il y en a de deux sortes pour ce qui regarde les peignes de buis, & d'une seulement pour les peignes de corne.

Les plus petites espéces de buis se désignent par des numeros de lettres, & les plus grandes par des numéros de chiffres.

Les lettres sont n° A, n° B, n° C, n° D & n° O, après quoi commencent les numeros de chiffres, qui sont n° 1, n° 2, n° 3, & ainsi de suite jusqu'à n° 12, qui sont les plus grands.

Le n° A, qui est le plus petit, n'a guére que deux pouces de largeur d'une oreille à l'autre; & de cette mesure tous les autres numeros tant de lettres que de chiffres, s'augmentent successivement de tailles en tailles, c'est à dire, de chacun environ six lignes; en sorte que les plus grands peuvent avoir huit à dix pouces.

Comme on ne fait point de peignes de corne aussi petits que de buis, les numeros de ces premiers ne commencent qu'au n° 4 des autres; mais aussi vont-ils plus loin, & l'on en compte depuis le quatriémé n° jusqu'à n° 15 avec la même proportion des tailles que pour ceux de buis.

Il n'y a point de numéro pour les peignes d'écaille ou d'yvoire; la beauté & le prix de ces matiéres les ôtant de la régle commune, outre qu'il ne s'en fait guére qu'à Paris.

Ce qu'on vient de dire de ce qui s'observe par raport aux numeros dans le négoce des peignes qui se fabriquent & se vendent à Roüen, suffit pour donner une idée de tous les autres; n'y ayant aucune ou peu de différence.

Les peignes de bois, de buis & de corne payent en France les droits d'entrée & de sortie sur le pied de mercerie; sçavoir 4 liv. le cent pesant d'entrée, & 3 liv. de sortie aussi le cent pesant, conformement au Tarif de 1664.

S'ils viennent des Païs Etrangers, ils payent aussi comme mercerie, mais à raison de 10 liv. du cent pesant, suivant l'Arrêt du 3 Juillet 1692; & à la sortie; s'ils sont déclarez pour l'Etranger, seulement 2 liv. conformement au même Arrêt.

Les droits de la Douane de Lyon sont; sçavoir,

Les peignes de Roince 3 f. de la caisse d'ancienne taxation, & 1 f. du cent pesant de nouvelle reapreciation.

Les peignes de Languedoc 8 f. 9 den. de la caisse d'anciens droits, & 3 f. du cent pesant de nouveaux.

Et la charge 17 f. 6 den. la reapreciation, comme dessus.

PEIGNE. C'est aussi parmi les Ouvriers qui travaillent sur le métier avec la navette une espéce de chassis long & étroit, qui est divisé en quantité de petites ouvertures.

Ces ouvertures sont formées par de menus fils d'archal un peu applattis, & quelquefois avec de petits morceaux de cannes ou roseaux coupez fort déliez, & attachez très près les uns des autres en égale distance entre deux maniéres de régles de bois.

C'est dans les petites espaces qui restent entre les fils de fer ou les roseaux, qu'en termes du métier on nomme des Dents, qu'on fait passer les fils qui composent les chaînes des étoffes, des toiles, des basins & autres tels ouvrages de navette.

Les deux grosses dents ou morceaux de bois qui sont aux deux extrêmitez ou bouts des peignes, sont appellez Gardes.

Le peigne est enchassé dans le bas de cette partie mobile du métier que l'on nomme la Chasse ou le Battant, & est aussi long que l'étoffe ou la toile doit être large. On l'appelle aussi Rot ou Rocq, à cause de ces petits morceaux de roseau dont la plûpart des peignes sont composez. *Voyez* CHASSE. *Voyez aussi l'article des Métiers des Manufactures.*

Les peignes de Tisserant payent les droits de la Douane de Lyon; sçavoir 20 f. la bale pour l'ancienne taxation, & 4 f. pour la nouvelle reapreciation.

Les peignes à faire les velours & futaines payent 25 f. de la bale, tant d'anciens que de nouveaux droits.

PEIGNE. C'est encore une sorte d'instrument en forme de grande carde de fer, dont les dents sont longues, droites, & fort pointuës par le bout, dont on se sert dans les manufactures de lainage à peigner la laine destinée pour faire la chaîne de certaines étoffes. C'est cette laine ainsi peignée que l'on appelle ordinairement Estaim.

On se sert aussi de peignes dans quelques autres manufactures, pour peigner diverses sortes de matiéres, comme bourre de soye, chanvre, &c. lesquels sont en quelque maniére semblables à ceux pour la laine, mais plus petites.

PEIGNE. On appelle encore de la sorte un instrument dentelé dont se servent les Hautelissiers pour battre & serrer leur ouvrage. Il est de bois dur & poli, de huit à neuf pouces d'épaisseur du côté du dos, d'où il va toûjours en diminuant jusqu'à l'extrêmité des dents. On s'en sert à la main.

Le peine des Bassélissiers est à peu près de même, hors qu'il a des dents des deux côtez. Les uns & les autres sont ordinairement de buis ou d'yvoire. *Voyez* HAUTE-LISSE.

PEIGNE. Les Tonneliers nomment le Peigne d'une futaille, l'extrêmité des douves à commencer depuis le jable. On dit Remettre un peigne à une piéce de vin, pour dire, ajoûter une alonge à une douve qui s'est rompuë sur le jable.

PEIGNE', PEIGNE'E. De la soye peignée, Du chanvre & du lin peignez, De la laine peignée. Ce sont celles de ces matiéres qui ont passé par cette espéce de grandes cardes qu'on nomme des Peignes.

PEIGNER LA LAINE. C'est la tirer ou la faire passer à travers les dents d'une espéce de grande carde que l'on nomme Peigne, pour la disposer à être filée.

Lors que la laine a passé par le peigne, & qu'elle a été peignée, on l'appelle Laine Estaim; & quand elle a été filée après avoir été peignée, on lui donne le nom de Fil d'Estaim. *Voyez* CARDES & ESTAIM.

PEIGNEUR DE LAINE. Ouvrier qui démêle la laine, qui la peigne avec une espéce de grande carde de fer, que l'on nomme Peigne.

Les Maîtres Cardeurs de Paris sont qualifiez par leurs Statuts, de Maîtres-Cardeurs-Peigneurs & Arçonneurs de laine, &c. *Voyez* CARDEUR.

PEIGNIER. Celui qui fait des peignes.

Les Peigniers font une Communauté des Arts & Métiers de la Ville & Fauxbourgs de Paris.

Ils sont qualifiez dans leurs Statuts Maîtres Peigniers, Tablettiers, Tourneurs & Tailleurs d'images d'yvoire.

Ces Statuts leur furent donnez, ou plûtôt renouvellez par Jaques Toutteville Prevôt de Paris en 1507; Henri III. les confirma par ses Lettres Patentes du mois de Juin 1578; & Henri IV. par les siennes de 1600, dont néanmoins l'enregistrement au Greffe du Châtelet fut reculé jusqu'en 1604: enfin, les charges de Jurez en titre d'Office créez au mois de Mars 1691, ayant été réünies & incorporées à cette Communauté le 12 Juin de la même année, Louis XIV. par ses Lettres Patentes de réünion les confirma de nouveau, y ajoûtant quelques articles de discipline pour les droits de réception à l'apprentissage & à la maîtrise.

La Communauté est gouvernée par des Jurez dont l'élection & les visites se font comme dans les autres Communautez.

L'apprentissage est de six ans.

Chaque Maître ne peut avoir qu'un Apprentif à la fois; il lui est néanmoins loisible d'en prendre un second pourvû qu'il soit Fils de Maître.

Le fils de Maître n'est point tenu au Chef-d'œuvre, non pas même à l'expérience, le témoignage des Jurez leur en tient lieu; tout autre Aspirant le doit.

L'Apprentif étranger, c'est à dire, qui a fait apprentissage dans les Villes du Royaume où il y a maîtrise, ne peut être reçû à celle de Paris qu'il ne justifie de son apprentissage, & qu'il n'ait servi encore trois ans chez les Maîtres.

Aucun Compagnon n'a licence de travailler en chambre, ni les Maîtres de leur fournir de la besogne, ou d'acheter celle qu'il a faite, sous peine d'amende.

Enfin, toute marchandise foraine doit être visitée & celle de la Ville marquée au poinçon de chaque Maître, dont l'empreinte doit se conserver sur le Tableau déposé dans la chambre du Procureur du Roi.

Il faut remarquer que cette marque ne s'observe ordinairement que pour les peignes, & que presque toûjours elle ne consiste qu'en quelques lettres majuscules de l'alphabet, comme un A couronné, & autres semblables.

Un autre remarque, c'est que les Maîtres de cette Communauté semblent s'être partagez les ouvrages de leurs métiers, les uns ne faisant que des peignes & les autres que de la tabletterie. *Voyez* TABLETTIER.

Le Patron de cette Communauté est S. Hildevert Evêque de Meaux dont elle célébre la Fête dans l'Eglise de sainte Croix de la Cité, où est érigée la Confrairie de ce saint.

PEIGNONS, ou PIGNONS. Sortes de laines d'une très-mauvaise qualité qui ne sont proprement que les rebuts, ou plûtôt ce qui reste des laines qui ont été peignées avant que d'être filées pour faire la chaîne de certaines sortes d'étoffes.

Les

Les peignons sont du nombre des méchantes laines qu'il n'est pas permis aux Ouvriers & Façonniers de mêler avec celles de bonne qualité pour la fabrique des draps, serges, ratines, & autres semblables étoffes de prix. L'article 11 du Réglement du 30 Mars 1700, fait pour la fabrique des bas & autres ouvrages au métier, ordonne qu'il ne pourra être employé dans lesdits ouvrages aucunes laines peignons.

PEIGNURES. Cheveux qui tombent quand on se peigne. On met les peignures au nombre des cheveux morts, qui sont moins propres à faire des perruques que ceux qu'on appelle Cheveux vifs. *Voyez* CHEVEUX.

PEILLES. Vieux chifons, ou morceaux de toile de chanvre & de lin qui s'employent dans la fabrique du papier. *Voyez* PAPIER. *Voyez aussi* CHIFONS.

PEILLIER. Celui qui ramasse des peilles ou chifons; on le nomme plus communément Chifonnier. *Voyez* CHIFONNIER.

PEINDRE. C'est employer des couleurs pour representer quelqu'objet. On peint en huile, à fresque, en détrempe, en mignature, en pastel, en émail.

Les matiéres les plus ordinaires sur lesquelles on peut peindre sont la toile, le bois, l'or, le cuivre, le vélin, le papier.

Les enduits de plâtre servent aussi pour les grands ouvrages, sur tout aux dômes ou coupoles des Eglises, aux plafons des palais & grands bâtimens, aux perspectives des jardins ou autres lieux, & dans tous les endroits qui peuvent être exposez aux intempéries de l'air.

Les couleurs qui servent à la peinture sont les blancs de chaux, de plomb, de céruse, les massicots jaunes & blancs, l'orpin, la mine de plomb, le cinnabre, ou vermillon, la laque, les cendres bleuës & vertes, l'inde, le stile de grain, les noirs de fumée, ou d'yvoire, le verd de gris, l'émail; diverses terres, comme le jaune de Naples, le verd de Veronne, le rouge violet d'Angleterre, la terre d'ombre, la terre de Cologne, l'ocre de Ruth & les ocres jaunes & rouges, le verd d'iris, le verd de montagne, enfin le carmin & l'outremer; ces deux derniéres sont précieuses & de grand prix.

Ces couleurs se vendent par les Marchands Epiciers-Droguistes; il en est parlé de toutes dans leurs articles où l'on peut avoir recours.

Les liqueurs qui lient & délayent les couleurs sont, pour la peinture en huile, les huiles de noix, de lin, d'aspic & de térébentine; Pour celles à trempe, ou comme on dit ordinairement, en détrempe, la cole-forte, ou celles faites avec des rognures de gans, ou de parchemins, quelquefois de la gomme bien bouillie; & pour la mignature, de simple eau raisonnablement gommée.

C'est aussi chez les Epiciers-Droguistes que se vendent ces drogues, aussi-bien que les différens vernis, soit qu'ils soient faits avec la térébentine & le sandarac; ou avec l'esprit de vin, le mastic, la gomme laque & l'ambre blanc.

On parlera de la peinture sur l'émail & sur le verre à leur article particulier.

A l'égard des différens objets que l'on peut representer à l'aide du dessein & de la diversité des couleurs, ils sont, pour ainsi dire, infinis, parce que le Peintre ne se borne pas seulement à ceux qui frappent ses yeux, mais à tous ceux qu'une imagination féconde est capable de diversifier, comme dans des grotesques au de-là de ce qu'on peut dire. *Voyez* PEINTRE, *ou* PEINTURE.

PEINT, PEINTE. On appelle Satins peints, Toiles peintes, des satins & des toiles de coton des Indes, ou contrefaites en Europe, sur lesquelles sont représentées en couleurs très-vives diverses figures d'hommes, d'animaux & de fleurs.

Les satins des Indes peints, autrement nommez Furies; & les toiles peintes aussi des Indes qui ont quantité de noms différens suivant leurs différentes qualitez & les lieux d'où on les tire, ont fait autrefois un grand objet de commerce en France; & ce n'est pas sans raison que le négoce & l'usage en ont été interdits par tant d'Edits, de Déclarations & d'Arrêts du Conseil, soit sous le régne de Louïs XIV. soit au commencement de celui de Louïs XV.

En effet, on a vû long-tems les manufactures des legéres étoffes propres à faire des habits aux femmes du commun, ou à être employées en meubles de campagne, négligées & abandonnées, & l'entêtement pour ces satins & ces toiles étoit venu à un tel point à la Cour & à Paris, que contre le goût ordinaire des Dames qui aiment la parure & la magnificence, elles ne vouloient plus s'habiller d'autres étoffes; ensorte que les manufactures de Lyon & de Tours pour les riches étoffes qui servent aux habits d'Hiver, ou pour les taffetas simples ou façonnez pour ceux d'Eté, avoient eu le même sort, & que le commerce de ces deux Villes s'en alloit entiérement être perdu.

On pourroit ici entrer en quelque détail du négoce & des qualitez de ces toiles & de ces satins; mais peut-être auroit-il été plus à propos de n'en avoir point du tout parlé, & de laisser dans un oubli éternel des marchandises & un entêtement qui ont réduit à la mandicité un si grand nombre de malheureux Ouvriers

PEINTRE. Celui qui exerce l'art de Peinture.

Il y a à Paris une Communauté des Maîtres de cet art, à laquelle celle des Maîtres Sculpteurs fut unie dès le commencement du dix-septiéme Siécle.

Quoi que ce ne soit que depuis le régne de François I. le restaurateur des sciences & des beaux Arts en France, que la peinture ait commencé de s'y perfectionner & de s'y élever à ce point de goût & de génie où on la voit parvenuë depuis le milieu du dix-septiéme Siécle; cependant il paroît assez que cet art, tout informe qu'il étoit alors, y a toûjours été en estime & en réputation, puis que la Communauté des Peintres est une des plus anciennes, & depuis plusieurs Siécles une des plus considérables de celles qui se sont établies dans la Capitale du Royaume.

Les Statuts de cette Communauté ne sont à la vérité que de l'année 1591; mais les huit articles qui composoient tous leurs premiers Statuts, & qui y sont rapellez, sont d'un stile si simple & si naïf, qu'on ne peut douter qu'ils ne soient au moins du même âge que la troisiéme race des Rois de France.

Charles VI. en 1430 ajoûta aux priviléges contenus dans ces Statuts, l'exemption de toute taille, subsides, guet, garde, &c. Henri III. les confirma par des Lettres Patentes du 5. Janvier 1583, & y ajoûta deux articles concernant les Apprentifs; l'un qui régle leur apprentissage à cinq ans, & l'autre qui les oblige à servir encore quatre autres années chez les Maîtres en qualité de Compagnons.

L'union des deux Communautez des Peintres & des Sculpteurs ayant été faite, comme on l'a dit, il fut ordonné par Sentence du mois de Mars 1613, confirmée par Arrêt du

 mois

mois de Septembre de la même année, que l'union subsisteroit; & pour mieux l'entretenir, que des quatre Jurez de la Communauté deux seroient Peintres & deux seroient Sculpteurs, & qu'aucun Chef-d'œuvre ne seroit donné ni fait qu'en présence des uns & des autres.

Trente-quatre nouveaux articles furent dressez en 1619, pour être ajoûtez aux anciens Statuts, & sur le vû des Officiers du Châtelet en date du 10 Octobre 1620, ils furent confirmez par Lettres Patentes de Louïs XIII. au mois d'Avril 1622; mais y ayant eu quelque défaut dans les Lettres pour l'adresse qui n'avoit pas été faite au Parlement, il falut encore deux Arrêts du Conseil, l'un de 1623, & l'autre de 1637 pour leur vérification & entérinement.

La Communauté des Maîtres Sculpteurs & Peintres de la Ville de Paris demeura en cet état jusqu'en l'année 1651, que l'érection de l'Académie de Peinture & Sculpture, faite à Paris trois ans auparavant en vertu des Lettres Patentes de Louïs XIV. y apporta quelque changement.

Ce fut cette année que se fit la jonction des deux corps, & que pour entretenir la paix & ménager reciproquement leurs priviléges, il fut dressé un Réglement en 12 articles pour leur servir de Statuts communs.

Le premier de ces articles ordonne, que l'union se fera sous le nom d'Académie Royale de Peinture & Sculpture, & qu'il y aura un lieu destiné aux Assemblées; & par un autre article ce lieu est appellé la Chambre de la jonction.

Le deuxiéme accorde à tous les Académiciens & aux Maîtres qui ont passé par les Charges, la faculté d'assister, s'ils veulent, aux Assemblées.

Par le troisiéme les enfans des Académiciens & des Maîtres sont également reçûs à dessiner à l'Académie; & par le sixiéme les Académiciens sont déchargez de la visite des Jurez des Maîtres. Les autres sont moins importans.

Le Contract de l'union est du 4 Août 1651; & l'Arrêt du Parlement qui le confirme, obtenu en conséquence du douziéme & dernier article, est du 7 Juin 1652.

Depuis les Statuts de 1622 il est intervenu plusieurs Arrêts du Conseil & de la Cour du Parlement, & quantité de Sentences des Lieutenans Civil & de Police qui les ont confirmez en certains articles & changez en d'autres.

Les principaux sont une Sentence du 19 Décembre 1639, pour la visite qui se doit faire tous les mois, même dans les lieux privilégiez; une autre du 20 Juillet 1660, qui défend aux Maîtres d'avoir plus d'un Aprentif; une du Lieutenant de Police en forme de Réglement pour la distribution des jettons d'argent aux quatre Jurez, aux douze anciens Maîtres & aux six jeunes, qui assistent aux receptions des Aspirans du 20 Septembre 1669; une du 16 Juin 1671, pour la rédition des comptes; une du 30 Septembre 1676, pour l'élection des Jurez, qui porte que tous les anciens Maîtres qui ont passé par la Jurande, vingt modernes & vingt jeunes seront mandez aux Assemblées; un Arrêt du Parlement du 9 Mars 1679, qui augmente du double la distribution des jettons d'argent ordonnée par la Sentence de 1669, qui en attribuë quatre à chacun des anciens Maîtres, & deux à chacun des six jeunes qui assistent aux réceptions; enfin, un Arrêt du Conseil du Roi du 15 Mai 1696, portant réünion & incorporation à la Communauté des quatre Charges de Jurez en titre d'Offices créées par l'Edit de 1691, & de celles d'Auditeurs-Examinateurs des Comptes aussi créées par celui de 1694.

Il y en a quantité d'autres qui conservent aux Maîtres de la Communauté le droit qu'ils ont seuls de faire & vendre toutes sortes de tableaux & ouvrages de peinture & sculpture, & qui en défendent le commerce & la fabrique aux Maîtres des autres Communautez, particuliérement aux Maîtres Maçons, Charpentiers, Parfumeurs, Merciers, Fondeurs, Selliers, Tourneurs, Doreurs sur cuirs, &c. même aux Huissiers, ou autres Particuliers, de faire des ventes publiques de tableaux, si ce n'est en cas d'inventaire & saisie, ou en vertu d'une Ordonnance obtenuë du Lieutenant Civil.

Cette Communauté comprend plusieurs autres professions qui y ont rapport, & elle se qualifie la Communauté des Maîtres de l'art de peinture, sculpture, gravûre & enluminure de la Ville & Fauxbourgs de Paris.

Ce qu'on a dit ci-dessus de la jonction de l'Académie Royale avec la Communauté des Peintres est une espéce d'engagement d'en donner au moins une légére idée avant que de finir cet article.

L'Académie Royale de Peinture & de Sculpture doit son établissement à M. Sublet des Noyers Secrétaire d'Etat, Intendant des Finances, & Sur-Intendant des bâtimens du Roi; elle est redevable de son accroissement au Cardinal Mazarin & au Chancelier Seguier; mais pour son entiére perfection elle la doit à M. Colbert à qui la France doit aussi tant d'autres établissemens si utiles pour l'avancement des beaux Arts & des Manufactures.

Les Lettres Patentes du Roi pour l'érection de cette Académie sont du mois de Février 1648, mais seulement enregistrées au mois de Juin 1652 par le même Arrêt, qui (comme on l'a dit plus haut) confirma le Contract de jonction des Académiciens & des Maîtres Peintres qui avoient fait opposition aux Lettres.

En 1654 il fut ajoûté vingt-un articles de Réglement aux anciens Statuts de l'Académie confirmez par de nouvelles Lettres Patentes du 4 Décembre, vérifiées & enregistrées au mois de Juin de l'année suivante. Le 28 du même mois de Décembre le Roi accorda à l'Académie par un Brevet la Galerie du Colege Royal pour y tenir les Assemblées, & y faire les leçons publiques & exercices de l'Académie.

Il faut remarquer qu'elles furent depuis transférées dans cette partie du Palais Royal qu'on nommoit alors le Palais Brion, & qu'y ayant été tenuës jusqu'en 1692, elles furent enfin fixées dans un des Appartemens du vieux Louvre; honneur que cette Académie partage avec l'Académie Françoise & les deux Academies des Médailles & des Sciences.

Le même Brevet de 1654 assigne un fond de mille livres pour les gages des Officiers & Modèles, il donne aussi droit de committimus à 30 des Officiers ou anciens Académiciens.

D'autres Lettres Patentes de 1655. confirment & augmentent les priviléges jusques-là accordez à l'Académie, nomment le Cardinal Mazarin pour Protecteur & révoquent toutes Lettres jusques-là données aux Particuliers pour faire leçons publiques de peinture & sculpture, ou poser modèle ainsi qu'il y en eût aussi en 1663. qui révoquérent toutes Lettres de Peintre du Roi, avec obligation à ceux qui les avoient de s'unir à l'Académie s'ils en vouloient jouïr.

Enfin, au mois de Décembre de cette même année, le Roi ajoûtant toûjours de nouveaux témoignages de sa protection

tection Royale pour l'Académie de Peinture & Sculpture, augmenta le fond de 1000. livres jusqu'à 4000. livres pour les pensions des Professeurs, distribution des prix, payemens des modèles, &c. & nomma pour remplir la place de Protecteur vaçante par la mort du Cardinal, le Chancelier Seguier, & pour Vice-Protecteur M. Colbert pour lors Intendant des Finances; qui depuis devenu Secrétaire d'Etat, Contrôleur Général des Finances, Sur-Intendant & Ordonnateur Général des Bâtimens & Jardins du Roi, Arts & Manufactures de France, fut aussi Protecteur après la mort du Chancelier.

C'est dans ces mêmes Lettres que les Eléves des Académiciens sont déclarez capables après trois ans d'étude, d'être Aspirans à la Maîtrise, & d'être reçûs Maîtres des Arts de Peinture & Sculpture dans toutes les Villes du Royaume, de même que les autres Apprentifs des Maîtres. Elles ne permettent néanmoins aux Académiciens d'avoir qu'un seul Eleve à la fois.

C'est de cette Ecole Françoise que sont sortis tant d'excellens Peintres & d'habiles Sculpteurs, qui l'emportent de bien loin sur tous ceux des Ecoles modernes, & qui suivent de si près, s'ils ne les égalent pas, ces Peintres & ces Sculpteurs célébres qui ont rendu les Ecoles d'Italie si fameuses.

PEINTRE AU GROS PINCEAU. Il se dit des Ouvriers qui impriment des peintures en huile, ou en détrempe sur toutes sortes d'ouvrages, & qui ne se servent que d'une grosse brosse pour appliquer les couleurs.

PEINTRE EN EMAIL. *Voyez* EMAIL.

PEINTRE SUR VERRE. *Voyez* VERRE.

PEINTRE EN MIGNATURE. *Voyez* MIGNATURE.

PEINTRE EVENTAILLISTE. *Voyez* EVENTAILLISTE.

PEINTURE. C'est un des Arts libéraux qui enseigne à représenter les objets, & à leur donner une espéce de vie par le contour des traits & les diverses teintes des couleurs.

La peinture a pris, dit-on, naissance chez les Egyptiens; mais les Grecs qui l'apprirent d'eux, la poussérent à sa derniére perfection, si l'on en croit les merveilles que l'on raconte des Apelles & des Zeuxis.

Il y eut aussi de grands Maîtres en cet Art chez les Romains dans les derniers tems de la République, & sous les premiers Empereurs; mais l'inondation des Barbares qui ruinérent l'Italie, fût fatale à la peinture, & elle y revint presque à ses premiers élémens.

Ce fut néanmoins en Italie qu'elle reprit son ancien honneur: on la vit fleurir dès le quinziéme Siécle dans les Ecoles de Rome, de Florence, de Lombardie. Enfin, les François l'apportérent de chez eux sous le Régne de François I. & elle s'y est élevée sous celui de Louïs le Grand à un point de perfection que la France ne doit guére envier la gloire de la Gréce, ou de l'Italie.

Il y a à Paris deux Corps célébres qui font profession de Peinture; l'un est l'Académie Royale de Peinture & de Sculpture, où sont aussi reçûs les habiles Graveurs; l'autre est la Communauté des Maîtres de l'Art de Peinture, Sculpture, Gravûre & Enluminûre. *Voyez ci-dessus* PEINDRE & PEINTRE.

PEINTURE. Se prend quelquefois pour l'ouvrage du Peintre. Voila une belle peinture; une peinture bien finie.

Les peintures en toiles payent les droits de la Douane de Lyon; sçavoir,

Les peintures étrangéres de toutes sortes, 25 s. du quintal; & la réapréciation sur le pied des Images.

Et les peintures du païs à raison de 15 s. & la réapréciation aussi comme Images.

PEINTURE. Il se dit aussi des couleurs que les Peintres employent à leurs ouvrages. On se sert plus ordinairement du terme de couleurs. *Voyez* COULEURS.

PEINTURE. Ce qui n'est peint ou enduit que d'une seule couleur sans dessein ni sans compartimens. On le dit comme par opposition à *Peint*, qui signifie une chose peinte avec art. Ainsi on dit: une galerie bien peinte lors que le Peintre l'a ornée de différens ouvrages de peinture, ou tableaux: & une galerie bien peinturée quand elle a été bien imprimée d'une seule couleur.

PELACHE. Espéce de peluche grossiére faite de fil & de coton, dont les piéces portent dix à onze aunes de longueur.

Les Pelaches payent en France les droits d'entrée à raison de 36 s. de la piéce, conformément au Tarif de 1664.

PELADE. C'est le nom de la laine que les Megissiers & Chamoiseurs font tomber par le moyen de la chaux de dessus les peaux de moutons & brebis provenantes des abatis des Bouchers. On l'appelle aussi, Pelure, Pelis, Avalis.

Les laines pelades sont inférieures aux laines de toison; & il n'est pas permis aux Ouvriers en bas au Métier d'en employer dans leurs ouvrages, ainsi qu'il est porté par l'article 11. de leur Réglement du 30. Mars 1700.

Leur usage le plus ordinaire est pour faire les trêmes de certaines sortes d'étoffes, celles de toison étant plus propres à faire les chaînes. *Voyez* LAINE.

PELAINS. Ce sont des Satins de la Chine, mais qui passent par les mains des Indiens de qui les Commis de la Compagnie les reçoivent & les achétent. Leur longueur est de huit aunes sur sept seiziémes de largeur.

PELARD. Sorte de bois à brûler dont on a ôté l'écorce pour faire du Tan. *Voyez* BOIS A BRULER.

PELE'. Ce dont le poil est ôté. Un velours pelé, une panne pelée, un drap pelé, une couverture de laine pelée, un manchon pelé, une fourrure pelée, &c. Dans toutes ces choses pelé se prend en mauvaise qualité & comme un défaut dans les étoffes & dans les peleteries.

PELER. Oter le poil ou l'écorce à quelque chose.

PELER LE BOIS. C'est en ôter l'écorce. Les Marchands de Bois disent plus ordinairement, écorcer le bois. *Voyez* ECORCER LE BOIS.

PELER UN CUIR. C'est en ôter le poil. *Voyez* PLAMER UN CUIR.

SE PELER, perdre son poil. Les velours à quatre poils, les draps bien couverts, bien tondus & bien aprêtez, ne se pelent pas si facilement que les autres. Cet aumuce, cette pèlatine se pèlent tout.

Il se dit aussi des bois dont on léve l'écorce; le chêneau, le châteigner, le liége se pèlent aisément.

PELEURE, ou PELURE. Sorte de laine que l'on nomme aussi Pelade, Pelie & Avalie.

L'article X. des Réglemens de la Sayetterie d'Amiens de 1660. porte que les Houpiers, ou peigneurs de laine ne se serviront que de mére-laine ou de bonne pelure non procédant de mortain. *Voyez* PELADE. *Voyez aussi* HOUPPIERS.

PELIE. Sorte de laine qu'on nomme autrement Pelade. *Voyez* PELADE.

PELISSONS, ou PELLISSONS. Jupes ou Jupons faits de peaux & de fourrures communes.

Les

Les Pelissons payent les droits de la Douane de Lyon à raison de 50 s. de la charge pesant trois quintaux pour l'ancienne taxation, & de 5 s. du cent pesant pour la nouvelle réapréciation. Leurs droits de sortie suivant le Tarif de 1664, sont le 9 s. de la piéce.

PELE. Utencile de ménage qui fait partie de ce qu'on appelle le feu d'une cheminée. Elle est de fer en forme de palette quarrée, plus ou moins large suivant l'usage, avec un long manche aussi de fer pour la tenir.

Quand les feux qui servent dans les cheminées des plus beaux appartemens ont des ornemens d'argent, ou de cuivre doré, la pêle a aussi le sien de l'un ou de l'autre métail qu'y mettent les Orfévres, s'ils sont d'argent, & les Fondeurs & Doreurs sur métail s'ils sont de cuivre.

Les pêles de fer communes se font par des Serruriers de Province, & se vendent à Paris par les Clinquailliers. Les pêles polies & d'un ouvrage achevé se fabriquent par les Maîtres de la Ville.

PELE. C'est aussi un instrument de bois propre à divers Artisans & Ouvriers. Celle qui sert aux Boulangers & Pâtissiers pour enfourner leur pain & pâtisserie, a le manche plat & très-long afin de pouvoir atteindre au fond du four. Sa palette qu'on nomme aussi Pêlatre, est large, ou étroite, suivant les piéces de four, ou les pains qu'on y veut placer, mais toûjours très-mince & très-plate, afin qu'ils puissent couler sur l'âtre avec plus de facilité.

Les pêles des pâtissiers & des Boulangers les plus étroites se nomment des Pêlerons.

La pêle des Maçons, Paveurs, Jardiniers, & autres tels Artisans & Manouvriers, a le manche rond & la palette un peu creusée en dedans & convexe dehors pour la facilité du service.

Toutes ces pêles de bois payent en France de droits d'entrée & de sortie 6 s. du cent en nombre, suivant le Tarif de 1664.

La pêle des Gagnedeniers Mesureurs de charbon, que de-là on nomme Garçons de la Pêle, a la palette très large & presque quarrée: le manche qui est rond & assez court, n'y est pas attaché tout droit comme aux autres pêles, mais forme avec elle une espéce d'angle irrégulier. Le manche par le bout & la palette tout autour sont ferrez. *Voyez* CHARBON, *ou* GARÇON DE LA PELE.

PELERON. Pêle longue & étroite dont les Pâtissiers & Boulangers se servent; ceux-ci pour enfourner leurs plus petits pains, & les autres pour mettre au four les petits pâtez, tartelettes & darioles, & autres plus legéres piéces de pâtisserie. *Voyez* PELE.

Les Pélerons payent les droits comme Pêles de bois.

PELETERIE. Signifie toutes sortes de peaux garnies de poil destinées à faire des fourrures, telles que sont les peaux de martres, d'hermines, de castors, de loutres, de tigres, de petits-gris, de fouïnes, d'ours & ourçons, de loups, de putois, de chiens, de chats, de renards, de liévres, de lapins, d'agneaux, & autres semblables qui se trouvent expliquées chacune à leur article.

Les plus belles & les plus précieuses pèleteries viennent des païs froids, particuliérement de la Laponie, de Moscovie, de Suéde, de Dannemarc & de Canada; celles des païs chauds leur sont inférieures; aussi les appelle-t-on ordinairement Pèleteries communes.

On nomme Pèleteries cruës, ou non aprêtées, celles qui n'ont encore reçû aucune façon ni aprèt, & qui sont telles qu'elles ont été levées de dessus le corps des animaux.

Ce qu'on appelle Sauvagine n'est autre chose que de la pèleterie cruë, ou non aprêtée, provenant de la depouille de plusieurs animaux sauvages, qui se trouvent communément en France. *Voyez* SAUVAGINE.

La Péleterie aprêtée, ou ouvrée, est celle qui a passé par la main de l'ouvrier, qui l'a façonnée & mise en état d'être employée en fourrures.

Les plus grosses péleteries se préparent & s'aprêtent par les Mégissiers, & les plus fines par les Marchands Péletiers; mais ce sont les derniers qui les mettent en œuvre. *Voyez* MEGIE.

La Péleterie paye les droits d'entrée & de sortie de France, ou à la piece, ou à la douzaine, ou au cent pesant, suivant son espéce & qualité. Il n'y a que les martres zibelines, & les hermines, ou rosereaux qui payent au timbre, chaque timbre composé de vingt couples de peaux.

On peut voir aux articles du castor, de la martre & des autres animaux qui fournissent les plus précieuses péleteries, les droits d'entrée & de sortie, qu'elles payent chacune suivant leur qualité, & l'on ne mettra ici que ceux qui se payent pour péleteries communes.

Les Péletries communes de toutes sortes non aprêtées, payent les droits d'entrée à raison de 10 liv. du cent pesant, & si elles sont aprêtées 18 liv. conformement au Tarif de 1664.

Les droits de sortie fixez par le même Tarif, sont pour toutes les menuës péleteries cruës ou ouvrées, c'est à dire aprêtées ou non aprêtées, 3 l. pareillement du cent pesant.

Les droits de la Douane de Lyon sont: sçavoir,

La péleterie noire de Naples 5 l 5 s. de la bale d'ancienne taxation, & 20 s. du cent de réapreciation.

La Péleterie blanche 35 s. de la bale d'anciens droits, & quinze sols du cent de nouveaux.

La péleterie acoûtrée 8 l. 15 s. de la bale d'ancienne taxation, & 30 s. du cent de nouvelle.

Les péleteries d'agneaux & étrangéres 5 l. 5 s. de la bale pour les anciens droits, & 20 s. du cent pesant pour la nouvelle reapréciation.

La péleterie commune 3 l. le quintal.

Plusieurs mettent au rang des péleteries les peaux de vautours & de cygnes, quoi qu'elles ne soient garnies que de duvet. *Voyez* VAUTOURS & CYGNES.

PELETERIE. Veut dire aussi Commerce, Negoce, Trafic ou Marchandise de peaux propres aux fourrures. Ainsi l'on dit: les Hollandois font un grand commerce de péleteries de celles qu'ils tirent de Moscovie.

Il est permis aux Marchands Merciers de Paris de faire négoce en gros, en bale & sous corde, de toutes sortes de péleteries & fourrures. Le trafic des Marchands Fourreurs ne consiste qu'en péleterie & fourrures. La marchandise de péleterie est de difficile garde étant sujette à s'échauffer & à être mangée des vers.

PELETERIE. Se dit encore du Corps des Péletiers, qui est le quatriéme des six Corps des Marchands de Paris.

Quelques-uns prétendent qu'anciennement il étoit le premier, & qu'il a cédé son droit de primogéniture à celui de la Draperie, qui en jouït encore à présent.

Quoi qu'il en soit il est certain que dans toutes les cérémonies publiques où les six Corps des Marchands de Paris sont appellez, la Péleterie le dispute à la Mercerie pour le troisiéme rang. Mais quelques protestations & instances que la la péleterie ait pû faire, la Mercerie s'est toûjours maintenuë dans son rang de préséance sur la péleterie.

Les Statuts du Corps de la péleterie sont de l'année 1586. sous le régne de Henri III. Ils furent confirmez & augmentez en 1618. par Louïs XIII. & encore confirmez & augmentez en 1648. par Louïs XIV.

Autrefois les Péletiers Haubanniers Fourreurs formoient deux Corps de Communauté distinctes & séparées, dont l'une étoit composée des Péletiers Haubanniers, & l'autre des Fourreurs. Ces deux Communautez ont été unies & incorporées par Henri III. quelque tems avant les Statuts de 1586.

Personne ne peut être admis dans le Corps de la Péleterie, s'il n'a fait quatre ans d'Aprentissage, servi les Maîtres pendant quatr'autres années en qualité de Compagnon, & s'il n'a fait Chef-d'œuvre.

Chaque Marchand Péletier ne peut avoir qu'un Aprentif à la fois, lequel ne doit être ni marié, ni forain, ni étranger; & le Brevet d'Aprentissage doit être enregistré au Bureau du Corps de la Péleterie huit jours après sa passation.

Le Corps de la Péleterie a six Maîtres & Gardes, dont la fonction est de gérer les affaires du Corps, de veiller à la conservation de ses privileges, & de tenir la main à l'execution de ses Statuts & Réglemens.

Trois de ces Maîtres & Gardes sont appellez Anciens, parce qu'ils ont déja passé par la Garderie, & les trois autres sont nommez Nouveaux, ou Modernes, à cause que c'est pour la premiére fois qu'ils ont été élûs Gardes.

Des trois Anciens le premier est le grand Garde ou premier Garde du Corps de la Péleterie, & il est regardé comme le Chef. C'est lui qui préside dans toutes les Assemblées, & qui porte la parole dans les occasions importantes qui se présentent.

Le dernier des trois nouveaux Gardes est chargé du détail des affaires: c'est lui qui fait la recette & dépense, dont il rend compte devant les Maîtres & Gardes en charge, & ceux du Corps qui ont déja passé par les charges, lesquels sont mandez à cet effet au Bureau de la Péleterie.

Tous les ans le Samedi d'entre les deux Fêtes du Saint Sacrement, après les Vêpres, dans la Sale des Chevaliers de l'Ordre de saint Lazare, établie aux Carmes des Billettes, en présence du Procureur du Roi & d'un Greffier du Châtelet, on procéde à l'élection de deux Gardes; sçavoir, d'un Ancien & d'un Nouveau, & il en sort ainsi deux, un Nouveau & un Ancien.

L'élection se fait à la pluralité des voix, après que l'Huissier du Bureau a fait l'appel de tous ceux qui doivent composer l'Assemblée où tous les Marchands du Corps ont droit de se trouver; les Marchands qui ont été en Charge, sont appellez suivant leur ancienneté dans les Charges, & les autres suivant l'ordre de leur réception dans le Corps, C'est le Greffier du Châtelet qui recueille les voix.

Les Maîtres & Gardes en charge ont le pouvoir de porter dans toutes les cérémonies où ils sont mandez, & dans les occasions où ils sont obligez de paroître, pour les affaires du Corps, la robe de drap noir à colet & manches pendantes, bordée & parmentée de velours de semblable couleur, qui est proprement la robe Consulaire.

Le Corps de la Péleterie a sa Confrairie établie en l'Eglise des Carmes des Billettes. Sa Fête est celle du saint Sacrement dont le Service est remis au Dimanche de l'Octave à cause de celui de l'Eglise. Il prend aussi pour Patronne la sainte Vierge, & il en fait la Fête au mois de Septembre, le Dimanche d'après la Nativité Nôtre-Dame.

Lors qu'un Marchand du Corps de la Péleterie qui a été Garde, ou qui l'est actuellement, ou sa femme vient à déceder, les quatre derniers Gardes sont tenus d'assister à la cérémonie funébre en robe, & de tenir les quatre coins du poële qui est fourni par le Bureau, avec six flambeaux de poing de cire blanche, aux armes du Corps de la Péleterie, qui sont au champ d'azur chargé d'un Agneau Pascal d'argent à la banniére de gueule, ornée d'une croix d'or. L'écu de ces armoiries est soûtenu par deux hermines d'argent, & surmonté d'une Couronne Ducale d'or mêlée de fleurs-de-lys, & par derriére un aulmuce d'argent, dont la partie qui se voit placée au bas de l'écu, forme un espéce de petit manteau Ducal.

Le Corps de la Péleterie prétend avoir eu pour Chef ou Protecteur un Duc de Bourbon, Comte de Clermont, grand Chambellan de France, qui vivoit en 1368. sous le régne de Charles V. & que c'est de lui qu'il tient la Couronne Ducale dont ses armoiries sont timbrées. *V.* Corps.

PELETIER. Marchand qui achéte & qui vend tant en gros qu'en détail, qui aprête ou qui prépare toutes sortes de péleteries ou peaux garnies de poil, & qui en fait des ouvrages de fourrures.

Les Péletiers de Paris sont appellez par leurs Statuts Maîtres Marchands Péletiers Haubanniers Fourreurs.

L'on prétend que ces divers noms leur ont été donnez; sçavoir, celui de Péletier à cause du pouvoir qu'ils ont de faire commerce de Péleteries crûës & préparées destinées à faire des fourrures; celui d'Haubannier, parce qu'anciennement ils payoient au domaine du Roi un droit que l'on nommoit Droit de Hauban, pour avoir la faculté de lotir leurs marchandises dans toutes les Foires, hales & marchez de Paris. Ce droit de Hauban avoit encore cours sous le régne de Louïs le Gros. Enfin, on leur donne le nom de Fourreur à cause que ce sont eux qui fourrent ou qui garnissent de peaux aprêtées avec leur poil, les juste-au-corps, robes, manteaux, gans, mitaines, &c. & qu'ils font aussi des manchons, des aulmuces, & autres semblables ouvrages de fourrures.

Il est défendu aux Pélletiers par les Statuts de leur Corps,

1. De prendre aucuns Compagnons à leur service, s'ils n'ont des congez, ou certificats en bonne forme des derniers Maîtres qu'ils ont servi.

2. De mêler du vieux avec du neuf.

3. De fourrer des manchons pour les Merciers.

4. De travailler & fourrer pour les Fripiers.

5. De faire le courtage de la marchandise de Péleterie & Fourrure.

Enfin, de contracter aucune société avec les Marchands Forains ou autres qui ne sont pas de leur Corps.

Suivant les mêmes Statuts, les Péletiers sont obligez, sous peine d'amende, de se rendre au Bureau de la Péleterie pour délibérer sur les affaires de la Communauté toutes les fois qu'ils en sont requis de la part des Maîtres & Gardes actuellement en Charge. *Voyez* Peleterie.

PELISSIER. Celui qui fait ou qui vend des Pelisses, ou des Pelissons. On le dit aussi de ceux qui préparent les peaux. *Voyez* Peaussier.

On appelle Pelisses, des Robes de chambre fourrées faites à peu près comme les vestes de dessus que portent les Turcs; & Pelissons, des espéces de Jupons de fourrures dont les vieilles femmes se servent pour les garantir du froid. *Voyez* Peleterie. *Voyez aussi* Pelissons.

PELOIR. Outil de Chamoiseur & de Megissier, qui leur sert pour peler sur le chevalet les peaux de moutons, brebis, agneaux, & autres semblables qu'ils veulent passer en mégie, ou en chamois. Le Peloir est une espéce de cylindre, ou bâton rond d'un peu plus d'un pouce de diamétre, & d'environ un pied & demi de longueur. *Voyez* Megie & Chamois.

PELOTAGE. Laine pelotage de vigogne, c'est la troisiéme sorte des laines de vigogne. On l'appelle Pelotage, parce qu'elle vient d'Espagne en pelotes. *Voyez* Vigogne-Laine.

PELOTE. Masse que l'on fait en forme de boule de diverses choses. Une pelote de fil, de laine, de soye, de coton.

Pelote. C'est dans les fours à verre une espéce de petit établi de terre couverte de braise éteinte, sur laquelle on met quelque tems reposer le plat de verre au sortir du grand ouvreau avant de le mettre dans les arches du four à recuire. *Voyez* Verre en plat.

Pelote. C'est aussi une marque blanche qui vient au front des chevaux. On l'appelle autrement, Etoile.

Les Marchands de Chevaux, Maquignons & autres qui se mêlent du commerce des chevaux, mettent les pelotes au nombre des marques qui dénotent un bon cheval. *Voyez* Cheval.

Pelotes. Les Fondeurs de petits ouvrages nomment ainsi le cuivre en feuilles qu'ils ont préparé pour mettre à la fonte.

On réduit le cuivre en pelote afin de le mettre plus commodément dans le creuset avec la cuillere du fourneau, qui de-là est appellée cuillere aux pelotes.

On nomme aussi Mortier & Maillet aux pelotes ceux de ces outils qu'on employe à cet usage dans les atteliers des Fondeurs.

La préparation des pelotes est ordinairement le premier ouvrage des Aprentifs. *Voyez* Fondeurs de petits ouvrages.

Pelotes, que l'on appelle aussi Pelotons. Ce sont en terme de Paumiers, les bales à jouër à la paume avant qu'elles ayent été couvertes de drap.

Suivant les Statuts des Maîtres Paumiers, la pelote, ou peloton doit être bien ronde, faite de morceaux de rognures de drap, avec une bande de toile seulement, serrée bien ferme avec de bonne ficelle. L'instrument avec lequel on fait les pelotes, est un billot qu'on nomme autrement une chévre.

Les Maîtres Paumiers prennent dans leurs Statuts la qualité de Maîtres Paumiers Raquetiers Faiseurs de Pelotes. *Voyez* Paumier.

Les Pelotes ou Pelotons payent en France les droits d'entrée comme Mercerie à raison de 10. liv. du cent pesant, suivant l'Arrêt du 3. Juillet 1692.

Pelotes. L'on nomme ainsi dans le commerce des soyes, les soyes gréges & non ouvrées qui viennent ordinairement de Messine & d'Italie, & qui sont pliées, ou plûtôt roulées en grosses pelotes. *Voyez* Soye.

Pelotes. Terme de Chandelier. Les Chandeliers appellent Pelotes de coton les écheveaux de coton qu'ils ont dévidez pour faire la mêche de leur chandelle.

On nomme Tournettes aux pelotes les dévidoirs sur lesquels on les dévide; & panier aux pelotes une petite corbeille d'osier dans laquelle on les met quand on veut les couper. *Voyez* Couteau a meche & Tournettes.

Outre les petites pelotes de coton dévidé, les Chandeliers en composent d'autres très-grosses du poids de vingt à trente livres & davantage, qu'ils nomment *Pelotes-d'Etalage*. Celles-ci sont faites d'écheveaux entiers qu'on tourne ainsi en forme spherique pour les mieux conserver. On les pend ordinairement au plancher des boutiques, ce qui leur a fait donner le nom de Pelotes d'étalage. *Voyez* Coton.

PELOTON. Petite pelote de soye, de laine, de fil, de coton & autres matiéres, filée, dévidée en rond. Un peloton de laine, un peloton de fil, &c.

Peloton, ou Ploton, bale à jouër à la paume. On le dit ordinairement de celles qui ne sont pas encore couvertes, & qui ne sont encore qu'en corde. *Voyez ci-devant* Pelote de Paumier.

PELUCHE, que l'on écrit & qu'on prononce souvent PLUCHE. Etoffe veloutée du côté de l'endroit, composée d'une trême d'un simple fil de laine & d'une double chaîne, dont l'une est de laine de fil retors à deux fils, & l'autre de fil de poil de chévre.

La peluche se fabrique de même que les velours & les pannes, sur un métier à trois marches. Deux des marches séparent & font baisser la chaîne de laine, & la troisiéme fait lever la chaîne de poil; alors l'ouvrier lance ou jette la trême, & la fait passer avec la navette entre les deux chaînes de poil & de laine, mettant ensuite une broche de léton sous celle de poil sur laquelle il la coupe avec un instrument destiné à cet usage, que l'on appelle communément Couteau, ce qu'il fait en conduisant ce couteau sur la broche, qui est un peu cavée dans toute sa longueur, & c'est ce qui rend la surface de la pluche veloutée.

Quelques-uns prétendent que l'invention de la peluche soit venuë d'Angleterre, d'autres veulent qu'elle ait été tirée de Hollande, particuliérement de Haerlem. Quoi qu'il en soit, il est certain que ce n'est guére que vers l'année 1690. qu'on a commencé d'en fabriquer en France.

Les Villes du Royaume où il s'en manufacture le plus, sont, Amiens, Abbeville & Compiégne; les Lyonnois en font aussi, de même que les Flamands, particuliérement ceux de Lille; mais la plûpart de celles qui viennent de ces derniers endroits ont une chaîne de fil de chanvre, ce qui les rend de beaucoup inférieures à celles qui se font dans les autres lieux. Les bonnes qualitez de la peluche sont d'avoir le poil court & si serré, qu'on ne puisse appercevoir le fond de l'étoffe.

Il s'est fait en France des peluches de plusieurs largeurs jusqu'à la fin de l'année 1716, dont les plus ordinaires se réduisent à quatre; sçavoir, demi-aune moins un seize, ou sept seize, demi-aune moins un vingt-quatriéme ou onze vingt-quatriémes, qui est la même que celle des velours & des pannes; d'un quart & demi, ou trois huit, & d'un tiers; chaque piéce contenant depuis vingt jusqu'à vingt-cinq aunes de longueur, le tout mesure de Paris.

Mais par Arrêt du 5. Décembre 1716, la largeur des peluches d'Amiens & autres fabriques de Picardie a été fixée à une demi-aune moins un douze au sortir du métier pour les plus étroites.

A l'égard des portées, le même Réglement ordonne, Que

Que la chaîne de laine sera composée de trente à trente-deux portées de vingt-quatre fils chacune, & de douze fils, ou buhots par demi-portée ; & que les fils seront doubles & deux fois retors.

Pour la chaîne de poil, elle doit être de quinze à seize portées de fil de chanvre sans mêlange, chaque portée de vingt-quatre fils doubles retors, non compris les lisiéres ; en sorte que les piéces teintes, & ayant reçû leur dernier apprêt, ayent au moins un quartier & demi & un pouce de largeur entre les deux lisiéres, & vingt-quatre aunes de long : avec liberté néanmoins aux Fabriquans de donner plus de largeur & de longueur à ces étoffes, mais sans diminuer le nombre de fils & de portées spécifiées par l'Arrêt, sous peine de 50. livres d'amende ; avec injonction sous même peine aux Maîtres de mettre leur nom & surnom au chef de la piéce, lors qu'elle sera mise sur le métier.

On fabrique des peluches de toutes les couleurs, dont le principal usage est pour des culotes, des vestes & des jupons d'hyver. On s'en sert aussi très-souvent à faire des meubles, & quelquefois des paremens d'Autels.

Peluche. C'est aussi une sorte d'étoffe toute de soye, dont le côté de l'endroit est couvert d'un poil un peu long. Cette espéce de peluche se manufacture sur un métier à trois marches, ainsi que les autres peluches, les velours & les pannes.

Sa chaîne & son poil doit être d'orgensin filé & tordu au moulin, sa trême de pure & fine soye cuite, & sa largeur d'onze vingt-quatriémes d'aune. *Art. 48. des Statuts des Marchands-Maîtres-Ouvriers en draps d'or, d'argent & soye de la Ville de Paris du mois de Juillet 1667.*

Il se fabrique encore une autre espéce de peluche toute de soye, qui a du poil des deux côtez, dont l'un, qui est celui de l'endroit, est court & d'une couleur ; & l'autre, qui est du côté de l'envers, est plus long & d'une autre couleur. Cette derniére sorte de peluche est extraordinaire, & de très peu d'usage.

Les peluches de fleurs & fil faites à Genève payent les droits de la Douane de Lyon, à raison de 7 s. de la livre d'antienne taxation, & 2 s. de nouvelle reapreciation.

PEN. *Voyez* PENNY.

PENAL. Espéce de mesure de grains, différente suivant les lieux où elle est usitée. En Franche-Compté le penal est semblable au boisseau de Paris. A Gray les huit penaux font quinze boisseaux de Paris ; ce qui est égal à l'ânée de Lyon ; en sorte que le penal est à peu près le double du boisseau de Paris.

PENDULE. Petite Horloge de chambre. Il y en a de plusieurs sortes. *Voyez* Horloge & Montre.

PENIN, ou PENNING. C'est le denier de Hollande. Il vaut un cinquiéme plus que ne valoit le denier tournois de France.

Le penin sert de monnoye de compte, quand on tient les livres par florins & patards. Douze penins font le patard, & vingt patards le florin de la valeur de vingt-cinq sous de France.

A Nuremberg & à Hambourg le penin de compte est juste de la valeur du denier tournois. Il en faut huit pour le kreux, soixante pour le florin de ces deux Villes, & quatre vingt-dix pour l'écu de France de soixante sols, de neuf au marc.

PENISTON, ou PANISTON. Etoffe de laine qui se fabrique en Angleterre. C'est une espéce de molleton.

Les penistons payent en France les droits d'entrée à raison de 14 liv. la piéce de vingt-cinq aunes, suivant l'Arrêt du 20 Decembre 1687.

Ils ne peuvent entrer que par Calais & S. Vallery, conformement aux Arrêts des 8 Novembre 1687, & 3 Juillet 1692.

PENNES, PAINES, PESNES, ou PIENNES. Ce sont les bouts de laine, ou de fil qui restent attachez aux ensubles, lors que l'étoffe, ou la toile est levée de dessus le métier.

Les pennes de fil servent à enfiler les chandelles en livres.

Les pennes de laine se hachent & se passent au tamis, pour faire de la tapisserie de tonture.

Les pennes de fil, ou de laine de toutes sortes payent en France les droits d'entrée à raison de 30 s. du cent pesant, & ceux de sortie sur le pied de 20 s. conformément au Tarif de 1664.

PENNY. C'est ainsi qu'on appelle en Angleterre le denier sterling.

Penny. C'est aussi une petite monnoye d'argent, & la plus petite de celles qui se frappent de ce métail en Angleterre : elle vaut six pennys, ou deniers sterling. La piéce de douze pennys s'appelle Schilling, ou Schelling.

Outre les espéces d'argent de douze & de six pennys, qui se fabriquent & qui ont cours en Angleterre, il y a encore des piéces de trente pennys qu'on nomme Half-croones, & d'autres de treize pennys & demi. Il faut quatre fardins, ou liards sterling pour faire un penny. *Voyez* Schilling.

PENSÉE. On appelle Couleur de pensée, une espéce de violet tirant sur le pourpre. *V.* Teinture, *ou* Teinturier.

PEPITAS, en François PEPINS. Morceaux d'or pur que l'on trouve dans quelques mines du Chilly & du Perou, mais particuliérement dans les lavaderos des montagnes de ce premier Royaume. Il est assez ordinaire de voir des pepitas de 4, de 6, de 8 & de 10 marcs pesant ; mais les plus gros dont les Espagnols conservent la mémoire, & dont nos François qui ont navigué dans la mer du Sud depuis le Régne de Philippes V. parlent avec admiration, sont les deux pepitas trouvez dans un lavadero de la Province de Guanum près Lima ; l'un de 64 marcs, l'autre de 45. Ce dernier avoit cela de singulier, qu'il étoit composé d'or de trois alois, de 11, de 18 & de 21 carats. *Voyez* Or.

PERCALLES-MAURIS. Toiles de coton blanches, plus fines que grosses, qui viennent des Indes Orientales, particuliérement de Pondichery. Les percalles portent sept aunes & un quart de long sur une aune & un huit de large.

PERCE-PIERRE. Espéce de fenouil marin. *Voyez* Passe-pierre.

PERCER L'AIGUILLE. C'est en former le trou par le moyen d'un petit poinçon d'acier bien trempé, que l'on frappe avec un marteau sur l'enclume, de chaque côté du plat de la tête de l'aiguille. *Voyez* Aiguille, *à l'endroit où il est parlé de la maniére de les fabriquer.*

Percer une Etofe. Terme de manufacture de lainage. Il se dit des étofes qui à force d'être foulées deviennent trop étroites, & perdent de la largeur ordonnée par les Réglemens. On dit aussi Echaufer, ou Vuider. *V.* Echaufer.

PERCHE. Morceau ou piéce de bois long en forme de grosse gaule, ayant un bout beaucoup plus menu que l'autre.

Les perches sont ordinairement de bois de châtaignier, ou de bois d'aulne. Elles servent à faire des espaliers, des treilles & des perchis, ou clôtures de jardins. On les vend à la bote, chaque bote composée d'un certain nombre, suivant qu'elles sont plus ou moins grosses.

L'Ordonnance de la Ville de Paris du mois de Décembre 1672, ch. 18, art. 3, porte, Que les perches servant aux treilles auront; sçavoir,

Celles dont les botes ne sont composées que de quatre perches, dix pouces de tour depuis le gros bout, sur la longueur de six pieds de haut.

Celles dont la bote est de six perches, pareille grosseur de dix pouces jusqu'à trois pieds & demi de haut.

Celles dont la bote contient douze perches, au moins huit pouces au gros bout, & deux pouces au moins par le haut.

Celles dont il y a vingt-six perches à la bote, au moins six pouces au gros bout, & à l'extrêmité au moins un pouce.

Et pour ce qui est des botes composées de cinquante perches, chacune perche doit avoir du moins quatre pouces par le gros bout, & un pouce à son extrêmité. L'on peut mêler parmi ces derniéres jusqu'à treize perches de moindre grosseur, pour servir de lozanges dans les jardins.

Perche. Se dit aussi de certains longs bâtons placez en l'air pour y poser les choses que l'on veut faire sécher. Les Teinturiers ont des perches à leurs fenêtres pour y faire sécher les étofes, les soyes, les laines & les fils qu'ils ont teints. Les Blanchisseurs d'étofes en ont aussi pour étendre leurs draps & leurs serges après les avoir blanchis.

Les Statuts des uns & des autres réglent la hauteur à laquelle leurs perches doivent être placées, lors qu'elles sont sur la ruë. *Voyez* Teinturier.

Perche. Est aussi une mesure dont on se sert pour l'arpentage ou mesurage des terres. La perche a plus ou moins de longueur suivant les diférentes coûtumes des lieux.

En fait de mesurage des bois & forêts la perche est uniforme dans tout le Royaume. Elle doit contenir vingt-deux pieds de douze pouces chacun, & le pouce doit être de douze lignes. Les cent perches quarrées font un arpent. *Ordonnance de Bois & Forêts du* 13 *Août* 1669, *art.* 14. *du Titre concernant la police & conservation des forêts. V.* Arpent.

Perche de Lisses. Terme de fabrique de tapisseries de haute-lisse. C'est un long morceau de bois rond fait au tour, de trois pouces de diamétre, & de toute la longueur du métier. Cette perche pose des deux bouts sur les fiches & crochets de fer qu'on nomme des Hardilliers. Elle sert à ouvrir & croiser la chaîne de l'ouvrage par le moyen des lisses qui y sont enfilées. *Voyez* Haute-lisse.

Perche. Se dit dans les manufactures de lainage, d'un certain morceau de bois de la grosseur du bras, long d'environ quinze pieds pendu en l'air par les deux bouts, sur lequel les Emplaigneurs ou Laineurs étendent l'étoffe pour la lainer ou tirer à poil. On dit Tirer un drap à la perche, pour dire, le lainer, en tirer le poil avec les chardons sur la perche.

Perche. Les Tourneurs nomment aussi une Perche, un morceau de bois faisant ressort, qu'ils attachent au plancher, & d'où pend la corde qui donne le mouvement spherique à leurs ouvrages. *Voyez* Tour.

PERCHIS. Terme de Jardinier. Il signifie quelquefois une clôture faite avec des perches, & quelquefois un treillage qui n'est pas fait avec des échalats. *Voyez* Perche. *Voyez aussi* Echalats.

PERÇOIR, ou PERÇOIRE. Instrument avec quoi on perce. Les Ouvriers en fer disent plus ordinairement Poinçon, ou Mandrin, que Perçoir ou Perçoire, quand ils veulent signifier l'instrument de fer pointu & acéré avec lequel ils percent le fer, ou à chaud, ou à froid. *Voyez* Poinçon & Mandrin.

PERCOUERE. Outil dont se servent les Serruriers, Taillandiers, Maréchaux & autres Ouvriers qui travaillent les métaux, & particuliérement le fer.

La percouére est un morceau de fer rond & troué, ou une espéce de grosse virole percée à jour, sur laquelle on appuye une piéce de métail pour y faire un trou avec le poinçon, ou le mandrin.

Les Serruriers ont des percouéres d'enclume & d'autres d'établi. Il y a des unes & des autres, de rondes, de quarrées, de plates, de barlongues, d'ovales, &c. suivant la figure du trou qu'on veut percer.

PERDRE. Souffrir quelque dommage, ne pas faire quelque profit. Il faut qu'un Marchand sçache perdre & gagner. Je perds moitié sur ces marchandises.

PERDU, faire floter du bois à bois perdu. Terme de marchandise de bois. C'est le jetter dans de petites riviéres qui ne peuvent porter ni train, ni bateau, pour le rassembler à leurs embouchures dans de plus grandes, & en former des trains, ou en charger des bateaux.

Lors qu'il y a plusieurs Marchands qui jettent leurs bois à bois perdu dans le même tems & dans le même ruisseau, ils ont coûtume de marquer chacun le leur à la tête de chaque buche, avec un marteau de fer gravé des premiéres lettres de leur nom, ou de quelqu'autre figure à leur volonté, afin de les démêler quand on les tire à bord.

Ils ont aussi à communs frais des personnes qui parcourent les rives de ces petites riviéres des deux côtez, & qui avec de longues perches armées d'un croc de fer remettent à flot les bois qui donnent à la rive, & qui s'y arrêtent. *Voyez* Bois flotté.

PERÉ, ou POIRÉ. Jus exprimé des poires, dont on fait une boisson assez agréable, qui sert en Normandie & ailleurs à la place du vin & des autres liqueurs. *V.* Poiré.

PERELLE. Espéce de terre grise en petites écailles, que les Marchands Epiciers & Droguistes font venir de saint Flour, Ville de la Haute-Auvergne.

Cette terre se trouve attachée sur les rochers où elle est portée par les vents, & où ensuite ayant été mouillée de la pluye, elle se calcine par l'ardeur du Soleil, & devient comme une espéce de croute, ou de mousse.

Ce sont les païsans Auvergnacs qui vendent après l'avoir ratissée avec des instrumens de fer, de dessus les rochers, où elle est ordinairement de l'épaisseur d'une piéce de quinze sols, & sur lesquels elle se reproduit peu de tems après.

Cette terre n'est d'usage que pour faire une espéce d'orseille, quoi qu'elle soit néanmoins bien différente de la véritable Orseille. Aussi les Commis des Bureaux de Gannat & de Vichy les ayant voulu confondre ensemble afin d'augmenter les droits d'entrée de la Perelle, & la faire payer sur le pied de vraye Orseille, il fut ordonné par un Arrêt du Conseil du premier Février 1718;

Que la Perelle venant de la Province d'Auvergne, appellée communement Perelle à teinture, continuëroit de ne payer que huit sols du cent pesant, conformément au Tarif de 1664. Par le même Tarif les droits de sortie de cette drogue sont de 9 s. aussi le cent pesant.

On distingue trois sortes de Perelles dans le Tarif de la Doua-

ne de Lyon: sçavoir, la Perelle en terre, la Perelle du païs, & la Perelle du Puy. Cette derniére paye 22 s. 6 d. de la charge d'ancienne taxation, & 5 s. du cent pesant de nouvelle réapréciation. A l'égard de la Perelle en terre elle ne paye qu'un sol 4 d. le quintal pour les anciens droits, & 4 s. 8 d. pour les nouveaux.

La Perelle du païs paye 26 s. 6 d. de la charge.

Il faut choisir la Perelle en belles écailles, fort grise & fort séche, & la moins remplie de menu & d'ordure qu'il se peut. *Voyez* ORSEILLE.

PERIDOT. Quelques-uns disent PELIDOR. Pierre précieuse tirant sur le verdâtre; elle est dificile à tailler: c'est une espéce d'émeraude. Ce qui la distingue c'est qu'elle est plus dure, & qu'il s'en trouve des morceaux d'un bien plus grand volume que de la véritable Emeraude. Elle prend bien le poliment, & est ordinairement très-nette.

PERIER, ou PERRIERE. C'est chez les Fondeurs des gros ouvrages de fonte, comme statuës, cloches, canons, &c. un morceau de fer, ou espéce de pince enmanchée dans du bois dont ils se servent pour déboucher l'ouverture du fourneau d'où doit couler le métail fondu. *V.* FONDEUR.

PERIGORD. Sorte de pierre que l'on nomme plus ordinairement Perigueux. *Voyez l'article suivant.*

PERIGUEUX. Espéce de pierre dure pesante & noire comme du charbon de terre, dificile à pulveriser. Elle se trouve dans de certaines mines en Dauphiné & en Angleterre, d'où elle vient en morceaux de differentes grosseurs; elle se vend aux Emailleurs & aux Potiers de Terre: on l'appelle autrement Périgord, ou pierre de Perigord.

PERLE. Substance dure, blanche & claire, qui se forme au dedans de certaine espéce d'huîtres.

Le poisson testacé où se trouvent les perles, est trois ou quatre fois plus grand que les huîtres ordinaires: on le nomme communement *Perle* ou *Mere-perle.*

Chaque mere-perle en produit ordinairement dix ou douze; cependant un Auteur qui a traité de leur production, prétend en avoir vû dans une huître jusques à cent cinquante, mais dans divers degrez de perfection. La plus parfaite se pousse toûjours la premiére, les autres restent sous l'huître au fond de l'écaille.

Il se pêche des perles dans les mers des Indes Orientales, dans celles de l'Amérique, & en quelques endroits de l'Europe.

Les *Pêcheries* de l'Orient sont,

1. L'isle de Bahren, ou Baharem, dans le golphe Persique. Les Portugais ont été les maîtres de cette pêcherie, tant qu'ils ont possédé Ormus & Mascaté, mais elle est retournée au Roi de Perse depuis qu'à l'aide des Anglois ce Prince leur a enlevé Ormus, & que les Arabes ont repris Mascaté.

2. La pêcherie de Catifa sur la Côte de l'Arabie heureuse, vis à vis de Bahren.

3. Celle de Manar, gros Bourg maritime de l'Isle de Ceylan. Les perles qu'on y pêche sont les plus belles de toutes celles de l'Orient pour l'eau & pour la rondeur, mais rarement en trouve-t-on qui passent trois ou quatre carats.

4. Enfin, il y a aussi des huîtres à perles sur la côte du Japon; elles sont grosses & fort baroques; mais comme les Japonnois font peu d'estime des joyaux, on n'y pêche point de perles, ou au moins très-peu.

Les perles de Bahren, ou de Catifa, se vendent pour la plûpart aux Indes: elles tirent un peu sur le jaune; mais dans une partie de l'Orient, on ne les en estime pas moins, & l'on dit qu'elles sont mûres, ou cuites, les Orientaux estimant que celles qui ont naturellement cette couleur jaunâtre, ne changent jamais de couleur, & que l'eau blanche au contraire ne dure que trente ans, & prend dans la suite un vilain jaune à cause de la chaleur du païs, & de la sueur des personnes qui s'en parent. On en porte aussi à Balsora.

Les perles qui sont destinées pour la Perse, ou la Moscovie, se vendent au Bender-Congo à deux journées d'Ormus.

Les pêcheries de l'Amérique sont toutes dans le grand golfe du Mexique, le long de la côte de Terre-ferme. Il y en a cinq qui se suivent d'Orient en Occident.

1. La pêcherie de Cubagna, Isle à cinq lieuës de la nouvelle Andalousie, à dix degrez & demi de latitude Septentrionale.

2. La pêcherie de l'Isle de la Marguerite, autrement l'Isle des perles, à une lieuë de Cubagna.

3. Celle de Comogote assez près de la Terre-ferme.

4. Celle de la riviére de la Hache, qu'on nomme la Rencheria.

5. La pêcherie de sainte Marthe, à soixante lieuës de la riviére de la Hache.

Les perles de ces trois derniéres pêcheries sont d'assez bon poids, mais d'ordinaire elles sont mal formées, & ont l'eau plombeuse. Celles de Cubagna ne passent pas cinq carats, mais elles s'y trouvent en abondance. La plus grande quantité & les plus belles, tant pour leur poids que pour leur eau, sont celles de la Marguerite.

Il y a aussi quelques pêcheries de perles dans la mer du Sud, mais c'est peu de chose. Il s'en fait une dans la Tartarie Chinoise, dont on parlera ci-après.

Les pêcheries d'Europe sont dans quelques endroits des côtes d'Ecosse & dans une riviére de la Baviére. On en fait des coliers qui vont jusques à mille écus & au de-là; mais ces perles ne peuvent nullement entrer en comparaison avec les perles Orientales, ou celles de l'Amérique.

Maniere de pêcher les perles en Orient.

La pêche des perles s'y fait deux fois l'an; la premiére en Mars & Avril; la seconde en Août & Septembre. Pour la vente elle se fait depuis Juin jusques en Novembre. Plus il tombe de pluye pendant l'année, plus la pêche est abondante. On pêche depuis quatre jusques à douze brasses de profondeur.

Il se trouve quelquefois sur les bancs jusques à deux cens cinquante barques. Dans les plus grandes il y a deux plongeurs, & dans les petites un seul. Chaque barque part de la côte avant le Soleil levé, par un vent de terre qui ne manque jamais, & reviennent par un vent de mer qui lui succéde sur les onze heures, ou midi. Ces bancs sont environ à six lieuës en mer.

Quand les barques y sont arrivées, on lie une corde sous les bras du plongeur dont l'extrêmité reste attachée à la barque, & on lui lie aussi une pierre de vingt ou trente livres au pied pour plonger plus promptement. Le plongeur porte avec lui un fer pour arracher les huîtres du rocher, & un panier pour les y mettre.

Lors que le panier est rempli, ou quand le plongeur n'a plus assez d'haleine pour rester sous l'eau, il délie la pierre qu'il a au pied, & secouë la corde qu'il a sous les bras pour avertir qu'on le retire, ce qui se fait avec une grande promptitude. Chaque plongeur descend plusieurs fois pendant dix ou douze heures que dure la pêche, & n'a guére qu'un quart-d'heure pour se reposer.

Les barques étant revenuës à terre, ceux qui ont besoin d'argent vendent d'abord ce qu'ils ont pêché, autrement ils gardent toutes leurs huîtres jusques à ce que la pêche soit finie. On les met ordinairement dans du sable où elles se corrompent par la chaleur extraordinaire du Soleil; & en s'ouvrant d'elles-mêmes, elles font paroître leurs perles; non pas également, quelques huîtres en ayant plusieurs, d'autres moins, & d'autres point du tout.

Après que les perles ont été nettoyées & sechées, on les fait passer par des espéces de cribles suivant leurs differens degrez de grosseur. Les plus petites se vendent au poids pour semence de perles, & les autres sont mises à l'enchére & données au plus offrant.

Maniére de pêcher les Perles dans les Pêcheries de l'Amérique.

La pêche s'y fait pour l'ordinaire depuis le mois d'Octobre jusqu'au mois de Mars. Dans ce tems il part de Cartagéne dix ou douze barques sous l'escorte d'un navire de guerre, qu'on nomme *Larmadilla*. Chaque barque a deux ou trois esclaves plongeurs. Entre les barques il y en a une qui se nomme *la Capitana*, où toutes les autres sont obligées d'apporter le soir ce qu'elles ont pêché pendant la journée, afin de prevenir toute tromperie. Les Esclaves plongeurs ne durent guére à cause des grands efforts qu'ils font, demeurant quelquefois plus d'un quart d'heure sous l'eau. Le reste s'y passe à peu près comme dans les pêcheries de l'Orient.

Avant la découverte de l'Amérique les Indiens connoissoient déja le prix des perles, & les Espagnols y en trouvérent quantité d'amassées, dont les Américains faisoient cas. Elles étoient néanmoins presque toutes imparfaites, & leur eau jaune & enfumée, parce qu'ils se servoient du feu pour ouvrir les huîtres, & en tirer les perles.

Perles de Tartarie.

Il se fait une pêche de perles dans la Tartarie Chinoise près de la Ville de Nipehoa, située sur un lac du même nom. Elles sont moins belles que celles de Baharem dans le sein Persique, & la pêche n'y est pas si abondante.

C'est cette pêche de Nipehoa qui avoit causé la guerre entre les Chinois & les Moscovites, qui fut heureusement terminée sur la fin du dix-septiéme Siécle par les Péres Pereira & Gerbillon Jésuites. Le Lac qui est d'une grande étenduë, ayant été en quelque sorte partagé entre les deux Nations, qui chacune le prétendoient tout entier.

La perfection des perles, soit qu'elles soient rondes, en poires, en olives, ou baroques, consiste particuliérement dans l'éclat & la netteté de leur eau. Il y en a dont l'eau est blanche, & ce sont les plus estimées en Europe. D'autres dont l'eau tire sur le jaune, que quelques Indiens & les Arabes préférent aux blanches. D'autres qui sont plombées. D'autres enfin tirant sur le noir, & même toutes noires: telles étoient ces six perles parfaitement rondes aussi noires que du jays, qui pesoient l'une portant l'autre douze carats qui étoient venuës en France de l'Amérique par un retour des Galions d'Espagne, & dont Tavernier parle dans ses Voyages.

Les perles en Europe se vendent aux poids de carat, le carat pesant quatre grains. En Asie les poids pour peser les perles sont differens suivant les Etats des divers Princes. *L'abas* des Perses pese un huitiéme moins que le carat. *Le Ratis* du Mogol, de Golconda & de Visapour pese comme l'Abas Persien; & à Goa les Portugais ont leur *Chegos* dont les quatre ne pésent que le carat.

On appelle Perles *Baroques* celles qui sont d'une figure irréguliére. Les Perles *Parangon* sont celles dont la grosseur est extraordinaire.

L'on peut mettre de ce nombre toutes celles dont le même Tavernier nous a laissé les figures gravées, & dont la plus grosse est entre les mains des Rois de Perse; le Prince qui régnoit en 1633. l'ayant achetée d'un Arabe trente-deux mille tomans, qui à quarante-six liv. six deniers le toman reviennent à quatorze cens soixante & douze mille huit cens livres de vingt-sept livres au marc d'argent.

Le Négoce des perles se fait en France par les Marchands Orfévres & Jouailliers qui ne font qu'un Corps. *Voyez leurs articles.*

Les Epiciers Droguistes en font aussi quelque commerce, mais c'est seulement de celles qu'on appelle Perles à l'once, Perles à pister, ou communément Semence de Perles, qui sont les plus menuës de toutes. Elles se trouvent dans les huîtres & coquilles qui se pêchent dans la mer à la côte des Indes. Pour être de la qualité réquise, il faut qu'elles soient blanches, claires, transparentes, & véritablement orientales. L'usage de ces sortes de perles est pour la médecine, où on en fait des potions cordiales, autrefois fort estimées, & présentement extrêmement déchûës de leur premiére réputation. Les habiles Médecins méprisent ces drogues, & les laissent aux charlatans.

L'entêtement des Dames pour leur beauté donne encore quelque cours à plusieurs préparations, où on leur fait croire qu'il entre beaucoup de perles; telles sont les blancs de perles, ou arcannet, les fleurs, les esprits, les essences, les teintures, & quelques autres semblables: mais ce qu'il y a de plus réel dans toutes ces drogues, c'est l'argent qu'elles coutent & les mauvais effets qu'elles font, en gâtant pour l'ordinaire le teint de celles qui s'en servent pour s'embellir.

Toutes sortes de personnes peuvent apporter des perles dans le Royaume, en payant les droits d'entrée; sçavoir, pour les rondes de compte à raison de cinq pour cent de leur valeur; pour celles au poids sur le pied de cent sols de l'once, & pour la semence soixante sols de la livre pesant.

Quant à la sortie les perles sont regardées comme marchandise de contrebande, & en cette qualité sont sujettes à la saisie & confiscation, à moins qu'elles ne soient accompagnées d'un passeport du Roi, auquel cas les droits en doivent être perçûs de même que pour les pierreries, à raison de six pour cent de leur valeur, suivant l'estimation qui en doit être faite, conformément au Tarif de 1664.

Les droits de la Douane de Lyon pour les perles au poids, sont de 7 l. 2 s. 6 d. le quintal d'ancienne taxation, & pour la nouvelle réapréciation, suivant l'estimation qui en est faite à l'once, ou à la livre, par rapport aux lieux d'où elles viennent; & pour les anciens quatre pour cent, vingt-huit livres du cent pesant, avec leur réapréciation comme dessus.

NACRE DE PERLE, qu'on nomme aussi Mere-perle. C'est la coquille de l'huître perliére. Elle est en dedans d'une aussi belle eau que la perle même, & elle n'a pas moins d'éclat par le dehors lors qu'on l'a découverte par le moyen de l'eau-forte & du touret. On en fait divers ouvrages de bijouterie, comme tabatieres, étuis & boîtes à mouches; elle

entre

entre aussi dans la damasquinerie & les ouvrages de piéces de rapport. *Voyez* Nacre.

LOUPES DE PERLES. Ce sont des écroissances en forme de demi-perles, qui s'élévent sur la superficie intérieure des nacres des perles, que les Jouailliers sçavent scier adroitement & qu'ils mettent en œuvre au lieu de véritables perles dans divers bijoux. *Voyez* Loupes.

COLIER DE PERLES, ou FILET DE PERLES. Ce sont plusieurs perles assorties & enfilées ensemble que les femmes mettent autour de leur col pour leur servir d'ornement. On dit aussi un Esclavage de perles; un Bracelet de perles, une attache de perles; pour signifier divers autres ouvrages faits avec des perles, que les Dames font entrer dans leur parure.

Blanc de Perle. C'est une espece de fard dont les femmes croyent s'embellir. *Voyez ce qu'on en a dit ci-dessus. Voyez aussi* Bismuth.

Gris de Perle. Couleur qui approche de celle de perles. *Voyez* Gris.

Dans les Mémoires dont on s'est servi pour composer les articles des pierres précieuses dont il est parlé dans cet ouvrage, il s'en est trouvé un concernant l'évaluation des perles. Comme ce Mémoire vient de bonne main, & qu'il a paru pouvoir être de quelqu'utilité à ceux qui font déja le négoce de cette sorte de marchandise, ou aux jeunes gens qui voudront l'entreprendre, on a crû ne pouvoir mieux faire que de l'insérer à la fin de cet article.

Evaluation de toutes sortes de perles par raport à leurs différens poids.

SEMENCES DE PERLES.

Semence de perles non percées, propres à broyer peut être achetée	6 liv. l'once.
Belle semence de perles percées pour broderies, ou petits coliers.	14
Autre dite un peu plus grosse.	24
Autre dite encore un peu plus grosse.	30

PERLES BAROQUES.

De 500 à l'once peut valoir	40
De 400.	60
De 300.	80
De 200.	100
De 150.	150
De 120.	180
De 100.	240
De 80.	350
De 60.	450
De 40.	800
De 30.	1000

PERLES RONDES PARFAITES.

Une d'un demi-grain peut valoir		2 s.	6 d.
Une d'un grain		5	
Une d'un grain & un quart		10	
Une d'un grain & demi		13	
Une d'un grain trois quarts	1 liv.		
Une de 2 grains	1	15	
De 2 grains quart	2	5	
De 2 grains & demi	3		
De 2 grains 3 quarts	4		
De 3 grains	5		
De 3 grains & demi	8		
De 3 g. 3 quarts	10 liv.		
De 4 g. ou 1 carat	12		
De 4 g. & demi	16		
De 5 g.	20		
De 5 g. & demi	24		
De 6 g.	30		
De 6 g. & demi	36		
De 7 g.	42		
De 7 g. & demi	50		
De 8 g. ou 2 carats	60		
De 8 g. & demi	72		
De 9 g.	80		
De 9 g & demi	100		
De 10 g.	110		
De 10 g. & demi	115		
De 11 g.	130		
De 12 g. & demi	150		
De 13 g.	180		
De 14 g.	210		
De 15 g.	280		
De 16 g. ou 4 carats	300		
De 17 g.	380		
De 18 g.	400		
De 19 g.	430		
De 20 g. ou 5 carats	500		
De 21 g.	600		
De 22 g.	700		
De 23 g.	900		
De 24 g. ou 6 carats	1100		
De 25 g.	1250		
De 26 g.	1320		
De 27 g.	1400		
De 28 g. ou 7 carats	2000		
De 29 g.	2500		
De 32 g. ou 8 carats	3000		
De 36 g. ou 9 carats	3500		
De 40 g. ou 10 carats	4000		

Pour ce qui est des perles en poires, encore qu'elles soient des mêmes poids, & aussi parfaites que les rondes, elles ne sont pas pour cela plus estimées, au contraire leur valeur est beaucoup moindre; cependant lors qu'il s'en rencontre deux bien égales, elles ne diminuent que d'un tiers de prix.

Perles Fausses. Ce sont de perles contrefaites ausquelles on donne une eau, ou couleur qui approche assez de celles des vrayes perles.

Autrefois on les faisoit seulement de verre avec une sorte de teinture de vif-argent en dedans; depuis on s'est servi de cire couverte & enduite d'une cole de poisson fine brillante; enfin, on a inventé en France une maniére de les faire si approchante de l'éclat & de l'eau des perles fines, que les yeux y sont trompez, & qu'il n'est guére de Dames, qui ne s'en servent au défaut des vrayes perles dont elles méprisent les petits coliers, & dont les gros sont quelquefois d'un trop grand prix. Le commerce de ces sortes de perles qui imitent le naturel est très-considérable à Paris; & il s'en fait aussi des envois non seulement dans les Provinces, mais encore dans les Païs étrangers. *Voyez-en la fabrique à l'article des Patenôtriers en Ambre & Jays.*

Perles. On appelle Perles en terme de fabrique de gaze, de petits globes d'émail percez par le milieu avec une petite queuë ouverte; cette queuë sert à les attacher aux lisses, & le le trou du milieu à y passer les soyes de la chaîne: De toutes les étoffes de soye il n'y a que la gaze qui se fasse à la perle. *Voyez* Gaze.

PERLOIR. Les Fourbisseurs, Arquebusiers, Eperonniers & autres Ouvriers qui ornent leurs ouvrages de ciselure & damasquinerie, appellent ainsi de petits ciselets, ou poinçons gravez en creux, avec lesquels ils forment d'un seul coup de marteau ces petits ornemens de relief, qui sont faits en forme de perle. *Voyez* Ciselet.

PERMISSION. On nomme en Flandre, en Brabant & en Zeelande, Argent de permission ce qu'on nomme ordinairement dans le commerce Argent de change, c'est à dire l'évaluation sur laquelle se font les remises & les changes de ces Provinces dans les Païs étrangers. *Voyez* Argent de permission.

PEROT. Terme d'exploitation & de marchandise de bois. Il se dit d'un arbre qui a deux âges de coupes; de sorte que si la coupe se fait tous les vingt-cinq ans, le perot en a cinquante.

Il y a trois sortes de baliveaux, les étalons, les perots & les tayons. *Ordonnance des Eaux & Forêts de France.*

PEROU. Province de l'Amérique méridionale sur les Côtes de la mer du Sud, riche particuliérement en mines d'or & d'argent.

Les Espagnols en firent la découverte en 1525. & la conquête en 1531; ils en sont depuis restez les Maîtres, & il n'est permis à aucun étranger d'y faire commerce sous peine de la vie.

Cependant, l'on peut dire que de toutes les Nations de l'Europe ce sont les Espagnols qui profitent le moins de ses richesses, & que presque tout le négoce qui s'y fait, bien qu'il paroisse sous le nom des Marchands de Cadis & des autres Villes de commerce d'Espagne, est néanmoins pour le compte principalement des François, des Anglois & des Hollandois.

On parle ailleurs très-amplement des marchandises qui sont propres pour le Pérou, & que ces trois Nations portent en Espagne sur leurs vaisseaux, de celles qui en viennent par les retours des vaisseaux Espagnols, & de tout ce qu'il y a de curieux & de considérable concernant le commerce qui se fait au dedans & au dehors de cette vaste & riche partie de l'Amérique. *Voyez l'article du Commerce particuliérement où il est parlé de celui du Pérou & d'Espagne.*

Perou. Ce terme est passé en proverbe dans le commerce, pour signifier un négoce, une entreprise où il y a beaucoup à gagner. Ce Négociant s'enrichira en peu de tems dans la Manufacture qu'il a établie à Abbeville, c'est un Pérou.

PERPETUANNE. Sorte d'étoffe de laine croisée qui vient ordinairement d'Angleterre. *Voyez* Sempiterne.

PERRAU. Sorte de grand chauderon de cuivre étamé, étroit, rond & profond, dont les Marchands Epiciers-Ciriers se servent pour faire chaufer l'eau dans laquelle ils font amolir la cire qu'ils employent dans la fabrique des cierges à la main.

PERRE'E. Mesure de grains dont on se sert à Vannes & à Auvray en Bretagne. La perrée n'est pas égale dans ces deux Villes, celle de Vannes étant plus forte de dix pour cent que celle d'Auvray. Dix perrées font le tonneau dans l'une & l'autre Ville, avec cette différence que le tonneau d'Auvray est egal à celui de Vannes, & que celui de Vannes rend à Nantes dix pour cent de bénéfice. Le tonneau de Nantes est un peu plus que les trois quarts du muid de Paris.

PERRIERE. Carriére d'où l'on tire des pierres. Il se dit principalement en Anjou des ardoisiéres. *Voyez* Ardoise.

Perriere, qu'on nomme aussi Perier. Instrument de Fondeurs de grands ouvrages. *Voyez* Perier.

PERROQUET. Nom que l'on donne quelquefois à la plante qu'on appelle plus communément Aloës. *V.* Aloes.

PERRUQUE. Longue chevelure que les Latins appelloient *Coma*, d'où une partie de la Gaule a été appellée *Gallia comata*, à cause des longs cheveux que les Gaulois portoient en signe de liberté. Présentement Perruque, signifie ces faux cheveux avec lesquels on tâche d'imiter la chevelure naturelle en les tressant, les étageant & leur donnant une frisure qui en approche.

Les faux cheveux n'ont point été inconnus aux Anciens; mais il n'y a pas encore un Siécle que l'usage s'en est établi en France & depuis dans la plus grande partie de l'Europe, du moins sur le pied qu'il est à present; il y avoit même une espéce de honte aux jeunes gens à s'en servir dans les commencemens, à cause que la perte des cheveux à cet âge étoit attribuée à une maladie dont le nom seul est un reproche: Mais enfin, la mode l'a emporté sur le scrupule, & presque tous, jeunes & vieux, jusqu'à l'artisan & au peuple, s'en servent présentement, & renoncent sans nécessité aux commoditez de la chevelure naturelle.

Les premiéres perruques que l'on fit à Paris vers l'année 1620, étoient composées de peu de cheveux passez un à un par le moyen d'une éguille au travers d'un léger callepin pour mieux imiter la nature, & toutes pour lors étoient à calote. Les tresses furent enfin imaginées, & l'on s'en est tenu jusqu'à present à cette industrieuse invention, capable de tromper les yeux sur le naturel, si l'assujettissement à la mode n'avoit même entraîné les plus sages, & ne les avoit forcez à se cacher la tête dans une forêt de cheveux frisez à l'excès, dont il n'est pas possible que la pesanteur n'incommode beaucoup.

Ces grandes perruques s'appellent des Perruques quarrées; après sont les perruques nouées, ainsi nommées des nœuds qui en ratachent & racourcissent les devans; puis les perruques à l'Espagnole, qui sont plus légéres & plus courtes, ne tombant que sur les épaules; enfin, les perruques naturelles dont la frisure est très-légére, & qui ont peu de cheveux; les perruques d'Abbez, ou avec couronne, ou sans couronne; les simples coins qui ne sont que de quelques tresses de cheveux qu'on mêle & qu'on cache parmi ses propres cheveux à l'endroit des oreilles, ou pour les épaissir s'ils sont trop clairs, ou pour les allonger s'ils sont trop courts; & les tours qui environnent toute la tête, & qui sont tressez comme les coins.

On fait des perruques d'autant de couleurs que la nature en donne aux cheveux dont elle couvre la tête des hommes; de blondes, de noires, de châtaignes, de cendrées; & afin que la vieillesse trouve aussi son ornement & sa commodité convenable à l'âge, il s'en fait de mêlées de blanc & d'autres de toutes blanches.

Ce sont pour l'ordinaire des Ouvriéres qui tressent les cheveux; & l'article 23 des Statuts des 200 Maîtres Barbiers-Etuvistes & Perruquiers de la Ville de Paris, porte, que nul Barbier & Perruquier ne pourra prendre la Tresseuse de l'un de ses Confréres sans qu'elle lui fasse apparoître d'un congé par écrit du Maître d'où elle sera sortie, à peine de 200 livres d'ad'amende contre le Perruquier qui la prendra ou retiendra à son service, & de 50 livres d'amende contre la Tresseuse & Ouvriére.

A l'égard de la monture de la perruque, c'est l'ouvrage du Maître lui-même, ou des plus habiles de ses Compagnons & Apprentifs.

On appelle la Coîfe de la perruque ce réseau ordinairement de soye, sur lequel sont montées & étagées les tresses des cheveux, & qu'on tient de largeur & de profondeur capable de contenir tout le haut de la tête depuis le front jusques à la nuque du col, en passant sur l'une & l'autre oreille. Pour tenir cette coîfe de réseau plus ferme, on la borde d'un large tissu, & on la traverse d'un autre encore plus large, depuis le milieu du front jusques à l'endroit qui touche la nuque du col; on appelle celui-ci Ruban de plaque, & celui-là Ruban de tour. *Voyez l'article suivant & celui des cheveux.*

PERRUQUIERS. Celui qui fait des perruques ou qui en fait négoce.

Lors que la fabrique des perruques s'établit en France, le débit en fut si peu considérable qu'il ne parût pas si-tôt nécessaire de mettre les Ouvriers qui les fabriquoient en maîtrise ni en Communauté. Quelque tems après, & à mesure que l'usage s'augmenta, on créa quarante-huit Barbiers-Baigneurs, Etuvistes, Perruquiers suivans la Cour; & on les voit confirmez en cette qualité par deux Arrêts du Conseil des 11 Avril & 5 Mars 1634.

En 1659. le Roi Louïs XIV. créa par Edit du mois de Décembre un Corps & Communauté de 200. Barbiers, Perruquiers, Baigneurs, Etuvistes, pour la Ville & Fauxbourgs de Paris, mais l'Edit n'eût point d'éxecution. Enfin, par un autre Edit du mois de Mars 1673, il s'en fit une nouvelle création à peu près sur le pied de celle de 1659, & c'est cette Communauté qui subsiste encore aujourd'hui.

Les Statuts de ce Corps dressez au Conseil le 14 Mars 1674, & enregistrez en Parlement le 17 Août ensuivant, consistent en 36 articles dont les trois premiers parlent de l'élection des Prevôts, Syndics & Gardes au nombre de six, dont les trois anciens seront changez chaque année, en sorte qu'ils restent chacun en charge deux années entiéres. Ils réglent aussi la quantité de voix nécessaires pour ladite election & la qualité de ceux qui ont droit de la donner.

Le quatriéme article ordonne que les bassins qui pendront pour enseigne à leurs boutiques, seront blancs pour les distinguer des Chirurgiens qui n'en mettront que de jaunes; il marque aussi la diversité des vitrages que doivent avoir les boutiques des uns & des autres.

Les 5, 6, & 7e. articles parlent des visites & saisies que pourront faire les Prevôts, Syndics & Gardes.

Les huit articles suivans traitent des Apprentifs & de leur réception à la maîtrise.

Le 13 défend de prendre la Tresseuse de son Confrére sans congé par écrit; cet article est plus au long rapporté sur la fin de l'article précedent.

Les 24 & 25 établissent la Fête de la Communauté & la Confrairie de S. Louïs qui en est le Patron.

Le 26 marque à qui il appartient de convoquer les Assemblées.

Le suivant parle des titres & registres.

Le 28, du droit accordé aux Perruquiers de faire & vendre dans leurs boutiques des poudres, opiats, savonnettes, &c.

Enfin, le 29 leur donne la faculté de vendre les cheveux, & defend à tous autres d'en faire le commerce, sinon en apportant leurs cheveux au Bureau des Perruquiers.

Les autres articles qui ne sont pas rapportez ici sont de discipline & de peu de conséquence. *Voyez ci devant* PERRUQUE *& l'article des Cheveux.*

PERS. Ce qui est de couleur bleuë, ou tirant sur le bleu; on le dit particuliérement du filet, ou fil à marquer le linge.

L'article 59 des Statuts & Réglemens de 1669 pour les Maîtres Teinturiers en soyes, laines & fils, portent que le fil pers appellé vulgairement Fil à marquer, retors & simple, & le bleu brun clair & mourant, seront teints avec inde plate ou indigo. *Voyez* BLEU.

PERTE. Dommage que l'on souffre: diminution de bien & de profit. Ce Marchand est de bonne foi; s'il a manqué, ce sont les grandes pertes qu'il a faites depuis 2 ans qui sont cause de sa faillite.

Vendre sa marchandise, donner sa marchandise à perte; c'est la vendre, c'est la donner à moins qu'elle ne coûte. Je vous donne ce velours, cette panne à perte; ils me reviennent à beaucoup plus que vous ne m'en payez.

PERTE. Se dit aussi d'une sorte de toile de chanvre ordinairement écruë, qui se fabrique à Vitré & à la Guerche en Bretagne, mais plus particuliérement en un Village des environs de ces lieux appellé Perte, d'où cette toile a tiré son nom.

Les pertes ont toutes trois quarts de large mesure de Paris, & s'achétent sur le pied de l'aune courante de Bretagne qui est de sept sixiémes d'aunes de Paris. Il s'en fait de fines & de fortes ou communes. Les premiéres s'employent ordinairement à faire des draps de lits, & l'on se sert des autres pour faire de menuës voiles de navires. Il s'en envoye beaucoup aux Isles Françoises de l'Amérique, en Angleterre & en Espagne. *Voyez* VOILE.

PERTUIS. Ancien mot qui signifie un trou, qui n'est plus guére d'usage en ce sens que parmi les Tireurs d'or, ou autres Ouvriers qui réduisent les métaux en fil, pour signifier les ouvertures ou trous des filiéres à travers desquels ils font passer successivement ces métaux. Chaque pertuis a son embouchure & son oeil; l'embouchure est le côté par où entre le fil, & l'autre par où il sort. On passe le lingot par plus de sept vingt pertuis avant de le porter jusqu'au superfin. *Voyez* FILIERE.

PERTUIS. Signifie aussi en terme de Voituriers par eau & de gens de riviére, un passage étroit fait par le moyen des digues & des jettées dont l'ouverture se ferme en forme d'écluse par des barres & des aiguilles.

Comme ces pertuis construits pour hausser & retenir l'eau sont préjudiciables au commerce qui se fait par les riviéres, plusieurs Ordonnances y ont pourvû en France, entr'autres celle du Roi Louïs XIV. pour la Ville de Paris du mois de Decembre 1672.

L'article 4 du chapitre 1 de cette Ordonnance défend en général de mettre aucun empêchement sur les riviéres, à peine de tous dépens, dommages & interêts des Marchands & Voituriers.

Le 5. enjoint à ceux qui par concessions bien & dûëment obtenuës ont droit d'avoir arches, gors & pertuis, de leur donner 24 pieds au moins de largeur, de les tenir ouverts en tout tems, & la barre tournée, en sorte que le passage soit libre aux Voituriers montant & avalant leurs bateaux & trains,

trains, lors qu'il y a deux pieds d'eau en riviére, & quand les eaux sont plus basses, de faire l'ouverture de leurs pertuis toutes & quantes fois ils en sont requis, avec défense aux Gardes des pertuis de rien recevoir pour l'ouverture ou fermeture des pertuis, à peine de fouet & de restitution du quadruple.

L'article 6. veut, que lors qu'il conviendra de faire quelques ouvrages aux pertuis, gors, arches, vannes, moulins, &c. pour leur réparation, ou autrement, les proprietaires soient tenus d'en faire faire la publication dans les Paroisses voisines un mois auparavant de les commencer, & d'y déclarer quand lesdits ouvrages pourront être faits & la navigation rétablie, à peine de dépens, dommages & intérêts pour le retard des Marchands & Voituriers.

Enfin, l'article 7 du même titre & chapitre ordonne, que toutes chaînes & barriéres mises aux ponts, passages, écluses & pertuis pour la perception des droits & péages qui ne sont pas établis avant cent ans, ou réservez par Déclaration du Roi, seront levées & ôtées. *Voyez* VOITURIERS PAR EAU.

PERTUISANE. Espéce de halebarde qui a le fer plus long & plus large que les autres.

Les pertuisanes sont du nombre des marchandises de contrebande pour la sortie hors du Royaume suivant l'Ordonnance de 1687.

PESANT. Terme relatif opposé à Léger, ce qui tend à occuper le lieu le plus bas: de tous les métaux l'or est le plus pesant. Ce tonneau, ce balot, ce fardeau de marchandise est extraordinairement pesant.

PESANT. Se doit entendre aussi de ce qui a un poids certain & réglé. Une piéce d'or, une piéce d'argent monnoyé est reputée pesante, lors qu'elle est du poids ordonné par les Réglemens du Prince. Dans le commerce on ne peut obliger à recevoir que des espéces ou monnoyes pesantes. On vend tant le cent pesant de cuivre, de fer, d'étain, de plomb, &c.

PESANT. Se dit aussi parmi les Tapissiers, Coûturieres, Tailleurs, Chasubliers & autres Ouvriers qui travaillent en coûture, d'un morceau de plomb couvert d'étoffe qu'ils mettent sur leur ouvrage pour le tenir. On dit plus ordinairement un plomb à cause de la principale matiere dont il est fait.

PESCHE. Action par laquelle on prend du poisson. L'art de prendre du poisson.

Il y a plusieurs sortes de pêches qu'on peut regarder en quelque maniére comme autant d'espéces différentes qui ont leurs subdivisions; les principales sont la pêche de mer, la pêche de riviére & la pêche d'étang. Ces deux derniéres appartiennent à ceux qui sont propriétaires des étangs & qui ont le droit de pêche sur les riviéres qui traversent leurs Terres & Seigneuries. Pour la pêche de mer elle est libre en France & la fait qui veut; mais cependant conformément à certains Réglemens portez dans les Ordonnances de Marine. On va d'abord parler de la pêche de mer.

Pêche de Mer.

Le titre premier du titre cinquiéme de l'Ordonnance du mois de ~~Novembre 1684~~, déclare la pêche commune à tous les Sujets du Roi, soit en pleine mer, soit sur les gréves, mais seulement avec les filets & engins permis par la même Ordonnance.

Ces filets sont les folles, les dreiges, les tramaux, les tramaillades, les picots, les fichures, les bastudes, les bouliers, &c. On parle ailleurs de ces engins & filets. *Voyez leurs propres articles. Voyez aussi* PESCHERIE.

Les Pêcheurs qui vont aux grandes pêches comme à celles des morues, harans & maquereaux sur les Côtes d'Irlande, d'Ecosse, d'Angleterre & de l'Amérique, & sur le banc de Terre-neuve, & généralement dans toutes les mers où elles se peuvent faire, sont tenus de prendre un congé de M. l'Amiral, ou du Gouverneur du lieu d'où ils partent pour chaque voyage. *Voyez* CONGE'.

A l'égard des Pêcheurs de poisson frais avec bateaux portant voiles & gouvernail, ils sont seulement tenus d'en prendre un par chaque année sans être obligez de faire aucun rapport à leur retour, si ce n'est de choses importantes, comme s'ils ont vû quelque débris, découvert quelque flotte, ou fait quelque rencontre extraordinaire, dont ils doivent faire déclaration, qui doit être reçûë sans fraix par les Officiers ordinaires.

On peut voir ci-après à l'article des Pêcheurs, ce à quoi sont tenus les Pêcheurs de mer, & la police qu'ils doivent observer entr'eux.

On appelle grandes pêches la pêche des baleines, du valrus, des moruës, du haran, des maquereaux & des sardines, ausquelles on peut ajoûter celles des poissons royaux, comme dauphins, esturgeons, saumons, truites, marsoins, veaux de mer, tons, souffleurs & autres poissons à lard. Voyez *l'article général des poissons, & les articles particuliers de chacune de ces diverses espéces.* Voyez *encore pour la pêche de la baleine ce qu'on on dit ci-après à l'article des Pêcheurs de mer.*

Il y a encore quelques-autres pêches plus importantes qui se font dans les mers des Indes Orientales, dans celles de l'Amérique, & dans la mer Méditerranée: telles sont la pêche des perles, la pêche du corail, & la pêche de la tortuë. *Voyez ces trois articles.*

Outre les pêches de poissons frais qui se font avec bateau portant voiles, il s'en fait encore sur les gréves de la mer & aux bayes & embouchûres des riviéres navigables avec diverses sortes de filets, entr'autres ceux qu'on nomme hauts & bas Parcs, Ravoirs, Courtine & Venets; bien entendu qu'ils soient de la qualité & en la maniere prescrite par le titre 3. du livre 5. de la même Ordonnance. *Voyez ci-après* PESCHERIE.

Il se fait aussi de petites pêches permises dans certaines saisons de l'année, & défenduës dans d'autres. De ce nombre sont celles des crevétes, grenades, ou salicots, qu'il n'est pas permis de faire avec bouteux ou bouts de quiévres, ruches, paniers, &c. depuis le premier Mars jusqu'au dernier du mois de Mai, étant pareillement defendu de pêcher en aucune saison de l'année avec colerets, seines ou autres semblables filets qu'on traîne sur les grêves de la mer.

La pêche des moules a aussi trouvé place dans l'Ordonnance, & il est pareillement fait défenses, sous peine d'amende de dreiger dans des mouliéres, d'en racler les fonds avec couteaux, ou autres semblables ferremens; d'arracher le frai des moules, & d'enlever celles qui ne sont pas encore en état d'être pêchées.

Enfin, il est defendu de faire la pêche du guanguy, du bregin, du marqueseque & du nonnat, pendant les mois de Mars, Avril & Mai, comme pareillement de pêcher pendant ledit tems avec des bouliers à deux cens brasses près des embouchûres des étangs & rivieres.

Pêche

Pêche sur rivières & de poisson d'eau douce.

Cette pêche se fait de deux maniéres, ou avec des lignes, ou avec filets, harnois ou engins.

La pêche à ligne & verge, c'est à dire, avec une ligne de crin armée de quelques ameçons ; & attachée au bout d'une longue & legére baguette, est libre & permise à tout le monde. La pêche à engins & à ligne de fond ne se peut faire que par ceux qui ont droit de pêche sur les riviéres, *ou par les pêcheurs* à qui ils afferment ce droit. Pour la pêche à ligne dormante elle est défenduë à tout le monde. *Voyez* LIGNE.

Il n'y a que la pêche à engin, ou harnois & à lignes de fond, qui mérite véritablement le nom de pêche, la pêche à la ligne de crin n'étant qu'un divertissement, & celle à la ligne dormante étant un crime que les Loix punissent, hors dans les tems & avec les filets prescrits par les Ordonnances des Eaux & Forêts.

La pêche à engins ne se peut néanmoins faire en France.

Le tems de la pêche en riviére ne doit commencer qu'à Soleil levant & doit finir à Soleil couchant, celle pendant la nuit étant défenduë.

Les mailles des filets & engins doivent se faire sur un moule ou morceau de bois d'environ un pouce de diamétre; il n'est pas néanmoins permis de se servir de toutes sortes de filets, & l'on ne peut pêcher avec l'épervier & le gille.

La pêche avec la coque de Levant, drogue qui enyvre le poisson, est sévérement defenduë, même sous peine de galére.

Les gors pour la pêche des anguilles qui sont sous les ponts doivent avoir au moins vingt-quatre pieds de largeur, & s'ouvrir pour le passage des bateaux & des trains. A l'égard des gors en pleine riviére, qui ordinairement n'ont que quatre ou cinq pieds d'ouverture, ils doivent être placez en sorte qu'ils n'empêchent point la navigation.

Enfin, on ne doit se servir de la seine que depuis Pâques jusques à la saint Remy.

Les harnois, engins & filets dont on se sert à cette pêche, sont le bateau avec ses deux avirons, son croc, son affiche, son mâts & son cordeau. La seine, l'épervier, le verveu, l'échiquier, la trouble, la nasse, le gort, le gille, la ligne de fond & les hameçons armez pour le brochet. *Voyez tous ces termes à leurs propres articles.*

La pêche des étangs, viviers, fossez & autres eaux qui ne sont pas courantes, se fait quelquefois à la découverte, c'est à dire, en les vuidant, & n'y remettant l'eau qu'après qu'on en a tiré le poisson qu'on prend partie à la main, & partie avec de petites troubles.

PESCHER. Prendre du poisson. Pêcher un étang, un vivier. Pêcher dans la riviére, dans la mer.

PESCHERIE. Lieu où l'on fait quelque pêche.

PESCHERIE. Se dit particuliérement de quelques plages de la mer, ou Orientale, ou Occidentale, & même de quelques riviéres où l'on pêche des huîtres perliéres.

Les pêcheries d'Orient sont celle de l'Isle de Bahren dans le Golfe persique, de Carifa sur la Côte de l'Arabie heureuse, de Manar sur les Côtes de l'Isle de Ceylan, & de quelques endroits de celles ou Japon. Les pêcheries des Indes d'Occident sont toutes dans le Golfe du Mexique le long de la Côte de Terre-ferme de l'Amérique, entr'autres à la Cutagna, à la Marguerite, à Comogote, à la Rencherie & à sainte Marthe. Enfin, les Pêcheries d'Europe qui sont les moins considérables sont le long des Côtes d'Ecosse, & dans une riviére des Etats de l'Electeur de Baviére en Allemagne. *Voyez l'article des Perles & dans l'article général du Commerce celui qui se fait en Asie & dans l'Amérique.*

PESCHERIE. S'entend aussi des lieux ou parcs destinez à la pêche sur les gréves & Côtes de la mer, & aux bayes & embouchûres des riviéres.

Ces Pêcheries ont différens noms suivant leur construction, & les divers filets dont on se sert pour y arrêter & prendre le poisson.

Les unes s'appellent Parcs, dont il y a de deux sortes, les hauts & les bas ; les autres se nomment Ravoirs, d'autres Courtines, d'autres encore Venets, & d'autres Bouchots.

Toutes ces Pêcheries sont permises par les Ordonnances de la Marine de France de 1681. & 1684. mais sous les conditions & les réserves portées par les divers articles du tit. 3. du cinquiéme livre de ces Ordonnances.

Les mailles des bas parcs, ravoirs, courtines & venets, doivent avoir deux pouces en quarré, & être attachez à des pieux plantez dans les sables sur lesquels les rets sont tendus sans les y pouvoir enfouir. A l'égard des mailles des hauts parcs, elles doivent être d'un pouce ou neuf lignes au moins, & tendus ensorte qu'ils ne touchent point la sable, & qu'ils en soient éloignez au moins de trois pouces.

Les parcs de pierre doivent être en forme de demi-cercle, de quatre pieds de haut au plus, sans chaux, ciment, maçonnerie, avec une ouverture de deux pieds dans le fonds du côté de la mer, fermée d'une grille de bois, dont les trous en forme de maille doivent être d'un pouce en carré, depuis la saint Remy jusques à Pâques, & de deux pouces depuis Pâques jusques à la saint Remy.

Les Bouchots sont construits de bois entrelassez en maniére de clayes avec une ouverture de deux pieds par le bas du côté de la mer. Cette ouverture ne peut être fermée de filets, grilles de bois ni paniers, depuis le premier Mai jusqu'au dernier Août.

A l'égard des parcs faits partie de bois & partie de filets, ils doivent être de simples clayes, & les filets seulement d'un pouce de maille. L'ouverture de deux pieds qu'ils ont au fonds comme les autres parcs, ne doit être fermée que d'un filet dont les mailles ne soient que d'un pouce en quarré depuis la saint Remy jusqu'à Pâques, & de deux depuis Pâques jusqu'à la saint Remy.

Tous parcs & bouchots ne peuvent se construire à l'embouchure des riviéres navigables, ou sur les gréves de la mer, qu'à deux cens brasses du passage ordinaire des vaisseaux, & au dessous: ce qui est aussi ordonné pour les guideaux. *V.* GUIDEAUX.

Enfin, il est fait défenses à tous Gouverneurs, Officiers & Soldats des Isles, Forts, Villes & Châteaux construits sur le rivage de la mer, d'apportera aucun obstacle à la pêche qui se fera dans le voisinage de leurs Places.

PESCHEUR. Celui qui fait le Métier de Pêcher.

Les Ordonnances de la Marine réglent la police des Pêcheurs de mer ; & les Ordonnances des Eaux & Forêts & de la Ville de Paris, celle de Pêcheurs sur riviéres.

On distingue ordinairement trois sortes de Pêcheurs de mer, les uns qui font les grandes pêches comme ceux qui vont aux moruës, à la baleine & aux harans; les autres qui font la peche du poisson frais, mais qui y vont avec bateau, portant mât, voiles & gouvernail; & les troisiémes qui pêchent aussi du poisson frais, mais qui se servent de pêcheries & de parcs construits sur les gréves de la mer & aux embouchûres & baye des riviéres.

L'on peut voir aux articles de la moruë, du haran, de la baleine, &c. à quoi sont tenus les pêcheurs qui vont à ces grandes pêches, & à l'article précédent comment doivent se construire les pêcheries & parcs de la troisiéme sorte de Pêcheurs. On ne parlera donc ici que de ce qui concerne les Pêcheurs de poisson frais qui en font la pêche avec des bateaux à voiles, mât & gouvernail.

Tout Pêcheur qui veut pêcher la nuit, doit montrer trois différentes fois un feu quand il met les filets en mer.

Les bateaux dreigeurs qui ne peuvent dériver à cause de quelque accident, doivent montrer un feu tant qu'ils sont sur le lieu où leurs filets se sont arrêtez.

Aucun Pêcheur arrivant en mer ne doit se mettre ou jetter ses filets en lieu où il puisse nuire à ceux qui y sont ayant lui.

Les Pêcheurs qui vont en flotte ne peuvent quiter leur rumb ou rang pour se placer ailleurs quand les autres pêcheurs de la même flotte ont mis leurs filets à la mer.

Chaque Maître de bateau est tenu de prendre un congé tous les ans, & en le prenant de mettre au Greffe une liste de ceux qui composent son équipage contenant leur nom, âge & demeure.

Enfin, tout Pêcheur de l'âge de dix-huit ans & au dessus, allant en mer, est obligé au premier jour de Carême de chaque année, de se faire inscrire sur le rôle. Et dans les lieux où il y a jusqu'à huit Maîtres Pêcheurs, il doit aussi se faire par chacun an l'élection de l'un d'eux pour Garde & Juré de leur Communauté, qui prête serment, & qui fait journellement la visite des filets, & le rapport des contraventions aux Ordonnances.

Les Pêcheurs sur riviére de la Ville & Fauxbourgs de Paris, n'y sont pas érigez en corps de Jurande. Ils furent néanmoins employez en cette qualité dans l'état arrêté au Conseil le 10. Avril 1691. en éxecution de l'Edit du mois de Mars de la même année, portant création des Maîtres & Gardes & Jurez en titre d'Office; & on les y voit non seulement sous le nom de Pêcheurs à Engins, mais encore sous celui de Pêcheurs à Verge. Il ne paroît pas pourtant que cet Edit & état ayent eu aucune éxecution à leur égard.

On peut lire ci-dessus ce qu'on a rapporté de leurs Réglemens en parlant de la pêche sur riviére, & encore ce qu'on en dira plus bas à l'article du Poisson d'eau-douce.

Pescheurs de Baleines. Il se dit également & des Propriétaires des vaisseaux qui vont à la pêche de la baleine, & des Matelots qui montent sur ces vaisseaux.

On nomme en Hollande le Corps des Pêcheurs de la Baleine une association des principaux Marchands des Villes qui envoyent à cette pêche, ou des Maîtres & Pilotes qui y vont avec leurs propres navires.

Ce Corps n'a point de privilége exclusif, & il est permis à tous particuliers d'y aller ou d'y envoyer, quoi qu'il ne soit pas de cette espéce de Compagnie, mais tous, s'ils veûlent aller en flotte, sont également obligez de se soûmettre aux Réglemens qui ont été dressez par les Commissaires députez de l'Association; & avant de partir de jurer entre les mains de ces Commissaires, de s'y conformer.

Réglement général pour la Pêche de la Baleine.

Les Réglemens pour la pêche de la Baleine, consistent en douze principaux articles.

1. Lors qu'un vaisseau pêcheur a fait naufrage, & que le Capitaine & l'équipage se sont sauvez, le premier navire qui les trouve est obligé de les prendre. Si l'on fait rencontre d'un second vaisseau, celui-ci doit se charger de la moitié de l'équipage sauvé, & cette moitié de l'équipage doit y passer, à moins que ce bâtiment ne fût déja occupé par d'autres Matelots naufragez, auquel cas le partage des uns & des autres se doit faire également entre les deux vaisseaux: ce qui s'observe pareillement pour tous les autres qu'on rencontre ensuite.

2. Les victuailles que les équipages naufragez portent à bord des vaisseaux où ils se sauvent, doivent être consumez par eux-mêmes, & partagez avec ceux d'entr'eux qui passent sur d'autres bâtimens; & en cas qu'ils n'apportent aucuns vivres, ils doivent être nourris par charité, à la charge de travailler avec l'équipage des navires où ils sont reçûs.

3. Si un vaisseau s'échouë avec sa charge, le Capitaine du vaisseau, le Pilote, ou autre qui les represente peut faire sauver les effets naufragez & traiter avec qui il lui plaît pour les sauver & les charger; mais il reste au choix des Capitaines des autres vaisseaux qui s'y trouvent de se charger desdits bâtimens & effets sauvez, ou de les refuser.

4. Si quelque Capitaine de vaisseau vient ou se rencontre en un lieu où il se soit fait quelque naufrage, & que les effets naufragez soient abandonnez; il peut s'emparer de tout ou de partie de ce qu'il trouve, soit agrez, ustencilles, lard, fanons, &c. Et étant arrivé dans le Port de Hollande d'où il est parti, il est obligé d'en délivrer la moitié aux Propriétaires du navire naufragé, quitte de fret & autres fraix, tels qu'ils soient.

5. Si un navire fait naufrage & est abandonné par l'équipage, ledit équipage ne peut rien prétendre des effets sauvez, soit qu'il soit engagé à la part, ou par mois, & tout ce qui en revient doit appartenir uniquement à l'Armateur.

6. Lors cependant que l'équipage du vaisseau naufragé est présent quand quelqu'autre en sauve les effets, & a lui-même aidé à les sauver, cet équipage doit avoir le quart des choses sauvées; sçavoir les gens naufragez engagez par mois, leurs gages ainsi qu'ils ont été accordez; & ceux engagez à la part, pour leur travail; à raison de vingt florins par mois jusqu'au jour de la perte du vaisseau: si la quatriéme partie des choses sauvées n'est pas suffisante pour payer tout l'équipage sur ce pied, tant les engagez à mois, que ceux engagez à part, doivent perdre à proportion; mais s'il y a du reste, il doit rester aux Armateurs.

7. Le Capitaine du vaisseau qui sauve quelques effets naufragez, partage à ce qui en provient, aussi-bien que ceux de son équipage qui sont engagez à la part, mais ceux de l'équipage qui sont accordez au mois n'entrent point en partage.

8. Les Marchandises & effets sauvez qui sont chargez dans quelque vaisseau, sont sujets aux avanies, pertes & dommages, comme les propres effets du vaisseau.

9. Celui qui ayant tué un poisson dans les glaces ne peut le conduire à bord du navire, en demeure néanmoins le propriétaire aussi long-tems qu'il le fait garder par quelqu'un de ses gens; mais s'il n'y laisse personne, le Capitaine qui sur-

survient peut s'en emparer ; quoi que le poisson soit attaché à une piéce de glace.

10. Si celui qui a pris un poisson est près de terre, il peut l'attacher à un ancre ou à une corde qui tiendra à terre & y laisser une marque ou bouée, & pour lors il lui appartient sans qu'il puisse être pris par un autre.

11. Si allant à la pêche, ou en revenant en flotte quelqu'un est blessé ou estropié en se défendant contre les ennemis, les Commissaires de la pêche de la baleine se chargent de lui faire donner une récompense raisonnable à laquelle toute la flotte doit contribuer.

12. Enfin, s'il arrivoit quelque cas dont il n'auroit pas été fait mention dans le Réglement, il doit être réglé par des Arbitres.

Outre ce Réglement général que tous les Capitaines, Pilotes & Maîtres qui commandent les vaisseaux destinez à la pêché de la baleine, doivent jurer d'observer avant de mettre à la mer, il y en a encore un autre qui regarde chaque équipage particulier, & que tous les Officiers & Matelots, lors qu'ils passent en revûë avant le départ, sont tenus de jurer d'executer en presence d'un des Commissaires deputez de la pêche de la baleine qui se rend à bord de chaque vaisseau pour la protestation du serment.

Ce Réglement est une espéce de charte-partie, le contract est conçû en ces termes.

Charte-partie, ou Réglement particulierement entre les Capitaines, Pêcheurs de baleine & leurs équipages.

NOUS Officiers & Matelots nous sommes louez au Capitaine N. N. . . . . Commandant le navire N. N. . . . . pour aller cette année . . . à la pêche de la baleine pour le prix auquel chacun de nous est convenu, promettant d'obéïr en toutes choses audit Capitaine tant en mer qu'à terre, & à celui qui lui succédera s'il vient à mourir.

Premiérement, nous promettons de nous rendre le matin & soir aux priéres, & de les écouter avec dévotion & modestie, à peine de payer telle amende que le Capitaine ordonnera.

2. Promettons de ne pas boire jusqu'à s'enyvrer, de ne faire querelle ni mutinerie, de ne lancer rien sur quelqu'un, ni frapper, ni tirer le couteau, à peine de perdre la moitie des gages.

3. Si quelqu'un ayant querellé vient à se battre & en blesse un autre, il perdra tous ses gages, sera mis à terre ou entre les mains du Magistrat suivant l'éxigence du cas.

4. Aucune personne de l'équipage ne pourra faire de gageure sur la bonne ou mauvaise pêche, ni acheter ni vendre à ces sortes de conditions, *si on prend un ou plusieurs poissons*, à peine de vingt-cinq florins.

5. Si le Capitaine trouve à propos de faire société avec quelqu'autre pour pêcher en compagnie, l'équipage promet d'aider à celui avec qui il fera entré en société, comme si c'étoit leur propre Capitaine, aussi à peine de vingt-cinq florins.

6. L'équipage promet de se contenter des victuailles qui seront distribuées par le Maître-Valet par ordre du Capitaine, à peine desdits vingt-cinq florins.

7. Si par la longueur du voyage, ou à cause qu'on auroit sauvé quelques Matelots, ou autres gens naufragez, les vivres se trouvoient fort diminuez, ils promettent de se contenter de la ration que le Capitaine ordonnera suivant qu'il le trouvera expédient, à peine de vingt-cinq florins.

8. Promettent pareillement de ne point allumer de feu, de chandelle, ni de méche, soit de jour ni de nuit, sans la permission du Capitaine ; sous la même peine de vingt-cinq florins.

9. Le Capitaine de sa part promet, que si quelqu'un est blessé & estropié, en défendant le vaisseau, de le satisfaire suivant les loix du Païs, ou par accommodement dont les Parties seront contentes.

10. Si quelqu'un de l'équipage avertit de quelque mal ou préjudice qu'on voudroit faire au navire, ou marchandises, ou s'il donne quelqu'avis profitable, il recevra une bonne récompense.

11. Les cas qui n'auront pas été spécifiez dans cette Charte-partie, seront réglez suivant les usages & coûtumes de la mer ; & le provenu des amendes appartiendra, sçavoir les deux tiers à la Communauté des pauvres du domicile du Directeur de l'armement, & l'autre tiers au Bailly du même lieu.

Fait à bord du navire, &c.

Après que la lecture de ce réglement a été faite, le Commissaire député & le Capitaine s'étant placez dans la chambre du vaisseau, on y appelle tout l'équipage pour y recevoir ce qu'on nomme le pot de vin, c'est à dire, une gratification que l'on fait avant le voyage, & une assurance d'une autre somme qu'on leur régle pour le retour suivant que la pêche aura été abondante ou non.

Le Capitaine reçoit comptant pour son pot de vin depuis cent jusqu'à cent cinquante florins, même davantage suivant son habileté & sa réputation, outre vingt-cinq ou trente sols par quartaut de lard qu'on lui paye au retour, ainsi qu'il en est convenu avec l'Armateur.

Le Pilote pour le pot de vin, depuis quarante jusqu'à soixante florins ; & au retour treize, quatorze ou quinze sols par quartaut.

Chaque Harponneur, qu'on nomme aussi Harponnier, pour pot de vin ; depuis quarante jusqu'à cinquante florins, & au retour douze & quatorze sols par quartaut de lard.

Chaque Découpeur ou Trancheur de lard qui sont ordinairement aussi Harponneurs, reçoivent au retour cinq florins de chaque baleine, outre le droit de quartaut comme les Harponneurs.

Le Charpentier qui va au mois reçoit - -	36 fl.
Le Chirurgien - - - - - - -	28 fl.
Le Contremaître - - - - - -	26 fl.
Le Maître-Valet, qui a soin des vivres, - -	26 fl.
Chaque Matelot expérimenté, depuis 18 jusqu'à - - - - - -	20 fl.
Chaque Matelot peu expérimenté 12 à -	13 fl.

Ce qui s'entend de tous ceux qui vont au mois.

Ceux des Matelots qui gouvernent les chaloupes ont outre leurs gages 2 ou 3 fl. pour chaque baleine qu'on prend. Quelquefois ils sont accordez à 6, 7 & 8 f. par quartaut de lard, & en ce cas ils reçoivent pour pot de vin depuis 16 jusqu'à 20 fl. mais alors ils ne sont pas au mois.

Le Matelot qui a soin de la ligne dans la chaloupe, reçoit outre ses gages 30 ou 40 f. par baleine.

Enfin, les Matelots qui vont *à la part*, & non au mois, reçoivent comptant pour pot de vin depuis 6 jusqu'à 15 fl. & au retour pour chaque baleine 15 ou 16 fl.

Ce n'est guére que depuis le milieu du dix-septiéme Siécle que les Hollandois se sont sérieusement appliquez à la pêche

pêche de la baleine; mais il faut avouer qu'ils y ont si bien réüssi, que présentement cette pêche fait un des principaux objets de leur commerce.

Ils tentérent d'abord de faire leurs établissemens en Groenlandt; mais n'y ayant pas réüssi, ils se fixérent à faire leur pêche du côté de Spitsberg, qui s'étend Nord & Sud depuis 76 degrez 40 minutes jusqu'au 80 degré de latitude Septentrionale, & dont l'étenduë d'Orient en Occident est environ de 80. lieuës de France.

C'est au côté Occidental de ce païs, environ à cinquante ou soixante lieuës au large que les Pêcheurs s'établissent pour harponner la baleine; le côté Oriental y étant moins propre, à cause qu'il est presque toûjours rempli de glaces.

Le lieu de l'assemblée de leur flotte pour le départ n'est pas fixe, mais ils choisissent souvent la Baye de Kokbay où se trouve Klokrinier.

Les particuliers qui veulent envoyer un vaisseau à la pêche & y aller en flote, après avoir fait choix d'un Capitaine expérimenté & avoir mis leur navire en état, font éxaminer l'un & visiter l'autre par les Commissaires des Villes qui composent le Corps des Pêcheurs de baleine, & qui ont soin de veiller à la sûreté de cette navigation. C'est après cet éxamen & cette visite que les Commissaires prennent le serment des Propriétaires & Armateurs pour l'observation du Réglement général rapporté ci-dessus.

Quand tout s'est trouvé en état, les Propriétaires & les Capitaines forment leurs équipages, & dès qu'ils sont prêts ils se rendent au Texel, où les Commissaires députez éxaminent de nouveau les vaisseaux, font la revûë des équipages, leur font lecture de la charte-partie & leur font payer le pot de vin.

Il faut observer que lors que les Armateurs veulent équiper un vaisseau neuf, ils doivent commencer dès l'Automne, afin que le corps du vaisseau, les victuailles & les choses nécessaires pour la pêche puissent être prêtes dès le commencement de l'année pour partir au mois d'Avril.

S'ils frettent un vaisseau qui ait déja été en mer pour ce commerce, il suffit d'y travailler pendant l'Hyver & d'arrêter leurs équipages vers le commencement de l'année.

Quand les vaisseaux qui partent en flotte sont prêts de mettre à la mer, les Commissaires observent toûjours de faire prendre un Pilote Côtier à chaque vaisseau pour les conduire hors des bancs jusqu'en pleine mer, après quoi le Pilote Hauturier du navire en prend la conduite.

La flotte prend ordinairement sa route sur les Isles d'Island qui s'étendent depuis 60 jusqu'à 61 degrez de latitude; après quoi les laissant à l'Ouest elle single au Nord par 73, 74 & 75 degrez de latitude où l'on commence à trouver les glaces.

C'est à travers des grands morceaux de glaces dont tout ce parage est rempli que l'on commence à voir des baleines, & c'est-là où la plûpart des vaisseaux s'arrêtent pour faire leur pêche. Mais comme en avançant vers le Nord les Baleines y sont plus grandes & plus grasses, il y a des Capitaines qui se hazardent d'aller jusqu'à 80 ou 82 degrez de latitude en courant vers le Nord.

On parle ailleurs de la pêche de la baleine & du commerce des marchandises que l'on en tire. *Voyez* Baleine. On ajoûtera cependant ici quelques particularitez qui ont pû échaper dans l'article indiqué, sur tout une cargaison d'un navire Hollandois allant à cette pêche, qui n'a été communiquée qu'après l'impression du premier volume de ce Dictionnaire. On donnera aussi l'état du produit d'une pêche faite en 1697, qui est la plus considérable qui ait été faite depuis 60 ans & plus.

Pendant la route de la flotte depuis sa sortie du Texel jusqu'au lieu de la Pêche, les Harponneurs après avoir tiré entr'eux au sort pour le choix des chaloupes & ceux qui les doivent gouverner, pour les Rameurs, & même pour les rames, on les met en bon état, & on dispose les harpons, les lances, les lignes & tous les autres ustenciles servant à la Pêche.

Un vaisseau de trois cens à trois cens vingt tonneaux, a six chaloupes, sur chacune desquelles on met six Harponneurs & cinq Matelots pour ramer. Avec ces cinq Rameurs il y a un Harponneur qui rame sur l'avant de la chaloupe, & un autre sur l'arriere; n'y ayant point de gouvernail dans ces chaloupes.

Il faut sept lignes de trois pouces de circonférence dans chaque chaloupe, sçavoir cinq derriére & deux devant, pour servir au besoin. Les cinq de derriére font ensemble six cens brasses; & en y ajoûtant les deux autres, la longueur totale est de huit cens quatrevingt brasses. Si la baleine plonge plus avant, ou fuit sous la glace, il faut couper la ligne, afin que la chaloupe à laquelle elle est attachée ne perisse pas.

Il y a dans chaque chaloupe deux coffres pratiquez dans la longueur, qui servent à mettre les harpons, les lances, les couteaux & les autres instrumens servant à la Pêche, qui n'en sortent point qu'elle ne soit finie, afin que tout soit prêt au premier ordre.

Après qu'un poisson est harponné & pris de la maniére qu'on le dit à l'article de la baleine, on lui coupe la queuë & les nageoires; & la liant avec une longue corde à l'endroit où étoit la queuë, on la méne au vaisseau, qui de son côté s'avance au devant des chaloupes qui se mettent de fil pour la tirer.

Tant qu'on voit des baleines en mer, on ne perd point de tems à couper celles qu'on a prises, mais on continuë à en pêcher d'autres.

Lors qu'on n'en voit plus, ou qu'on en a assez de prises, on travaille à en enlever le lard & les fanons de la maniére suivante.

La baleine étant attachée le long du vaisseau, on la tourne sur le côté, & l'on met deux palans, l'un sur la tête, & l'autre à l'endroit de la queuë, afin de tenir ces deux extrêmitez élevées sur la surface de l'eau. De l'autre côté de la baleine vers la mer, on poste deux chaloupes prêtes à recevoir les piéces de lard, les ustenciles & les hommes qui pourroient tomber à l'eau de ce côté-là.

Après cette disposition & ces précautions prises, trois ou quatre hommes descendent sur la baleine, avec des crampons de fer sous les pieds pour les empêcher de glisser.

On ouvre d'abord la baleine par la côté en allant vers le ventre, & l'on en coupe des piéces larges de trois pieds & longues environ de huit, dans le bout desquelles on fait entrer un croc attaché à un palan, que l'on tourne au cabestan ou au guindeau. Outre le lard des côtes on coupe encore la gorge & la babine de dessous jusqu'à la machoire; observant de ne point embarquer de maigre.

Quand tout le lard est levé, on coupe avec une hache faite exprès les fanons qui sont attachez à la machoire supérieure

rieure du poisson. Avant de les couper on saisit tous ceux d'un même côté, afin qu'ils se tiennent fermes; ce qui en facilite la coupe, & empêche qu'il n'en tombe à la mer; & quand ils sont à bord, on en fait des paquets de cinq ou six fanons qu'on met à fond de calle entre les quartauts.

Tout le lard & les fanons étant levez, on laisse dériver la carcasse & ce qui reste de la baleine, qui servent de pâture aux ours qui en sont très-friands.

A mesure que les grandes piéces de lard s'embarquent dans le vaisseau, ce qui y reste de l'équipage s'employe à les mettre en plus petites piéces, & à en ôter le maigre qui s'y peut trouver: en cet état on les jette en bas sous le pont, où elles demeurent jusquà-ce qu'on ait plus de loisir, & que tout le lard des baleines prises soit à bord.

Alors on les coupe encore en de plus petits morceaux que l'on porte dans des bailles, dans les endroits du fond de cale où les quartauts sont placez; les faisant entrer à force par l'ouverture du bondon des pièces, qui est d'une largeur raisonnable, & les y pilant afin qu'il en tienne davantage.

Quand le vaisseau est en charge, & qu'il a bien été nétoyé en jettant du sable sur les ponts, afin de les dégraisser, le Capitaine appareille & fait route pour les Ports de Hollande, si c'est en tems de paix; mais si les Provinces-Unies sont en guerre, les Capitaines des vaisseaux pêcheurs ont un ordre secret de se trouver à certain lieu de rendez-vous que les Etats indiquent aux Commissaires de la Pêche, où ils sont trouver une Escadre de vaisseaux de l'Etat, pour conduire la Flotte en sûreté.

Cargaison d'un vaisseau Hollandois allant à la pêche de la baleine.

Les navires Hollandois qui sont employez à la pêche de la baleine sont ordinairement des flûtes de deux cens à trois cens tonneaux, & de trente-six à quarante-deux hommes d'équipage.

Ces navires s'affrétent à raison de deux mille sept cens cinquante florins, s'ils sont de deux cens cinquante tonneaux, & à proportion s'ils sont plus ou moins forts.

Pour chaque navire il faut trois, quatre ou six chaloupes, suivant la grandeur du vaisseau.

Autant de mâts de chaloupes, leurs vergues & leurs voiles.

Autant de preslats, ou toiles gaudronnées, qui servent à couvrir les chaloupes lors qu'il fait de la pluye.

Six gaffes pour les chaloupes. La gaffe est une espéce de croc de fer emmanché d'une longue perche de bois.

Six petits marteaux pour frapper sur les chevilles de fer qui tiennent les rames.

Six compas de chaloupe pour trouver la route dans le tems obscur.

Dix cornets pour se faire entendre lors qu'il fait de la brume.

Vingt ou trente petits marteaux-ferrez pour pousser les glaces.

Cinquante avirons de chaloupe.

Soixante-cinq lances à attaquer la baleine quand elle est harponnée.

Cinquante bois de lances de rechange.

Soixante-dix ou quatrevingt harpons.

Quarante bois de harpons de rechange.

Huit harpons plus petits de fer & plus longs de bois.

Six couteaux à couper la queuë & les fanons.

Vingt-quatre lances à vache marine.

Douze couteaux à couper le lard sur la baleine.

Six grands couteaux que les Matelots portent lors qu'ils vont à terre pour se défendre des ours, ou pour tuer des vaches marines.

Dix-huit couteaux pour couper le lard à bord.

Douze petits gaffes emmanchez.

Douze autres gaffes plus grands, que les Hollandois nomment Malemokahaak.

Huit couteaux à hacher.

Douze couteaux plus petits pour porter dans les chaloupes.

Deux gros maillets de bois.

Six chandeliers pour coucher le mât de la chaloupe dessus.

Douze crocs à deux branches pour prendre le lard.

Quatre haches pour couper les fanons, & les séparer de la machoire de la baleine en frappant sur la tête de la hache.

Vingt-quatre haches pour couper la glace.

Six paires de crampons de fer que les Coupeurs mettent sous leurs souliers, pour se tenir sur la baleine quand elle est amenée & amarée au vaisseau.

Six ancres à crochets, sortes d'instrumens qui servent à tenir les fanons qui sont dans la gueule de la bête lors qu'on les coupe.

Deux crocs pour mettre dans le nez de la baleine, quand il faut faire lever la tête qui s'enfonce dans l'eau.

Douze haches pour accommoder & couper les fanons.

Dix-huit crochets à main pour prendre les piéces de lard.

Soixante lignes de trois pouces de circonférence pour les harpons.

Des palans pour hisser les chaloupes contre les vaisseaux.

Deux caisses pour mettre les instrumens servant à la pêche dans le navire.

Deux caisses pratiquées dans chaque chaloupe pour y mettre les mêmes instrumens de la pêche.

Trois ciseaux de Charpentier pour couper les fanons.

Six grapins pour les chaloupes avec leurs cableaux.

Deux pinces de fer, six pêles ferrées, & six racles pour racler le lard.

Six coins de fer pour fendre les os de la baleine & les séparer, & pour fendre la glace.

Six amarres pour remorquer ou touer les baleines.

Trois amarres pour amarrer à terre ou sur les glâces, & deux palans pour roidir dessus.

Quatre chevalets pour haler les amarres dessus.

Un grand palan du grand mât.

Deux autres palans, un à poulie double, & l'autre à poulie simple.

Un grand palan du grand mât de mizaine.

Deux autres palans, un à poulie double, & l'autre à poulie simple.

Un autre palan portatif pour servir où il est nécessaire.

Quatre palans à potence pour hisser les chaloupes à côté du vaisseau.

Vingt-quatre gros palans de rechange.

Deux petits palanquins.

Dix eslingues de diverses grandeurs.

Six barres de capestan.

Dix bancs à trancher dessus la baleine.

Dix bailles à porter le lard.

Un dalle de bois qui conduit le lard à fond de cale.

Six grandes cuilliéres de cuivre.

Deux chaudcrons avec un bec de corbin.

Trois

Trois chaudiéres de cuivre.

Deux entonnoirs de cuivre.

Deux facs ou conduits de cuir pour clouer au bout de la dale d'où fort le lard.

Trois paffoires de cuivre.

Quatre culotes de-cuir pour ceux qui coupent le lard fur les balcines.

Quatre paires de botes pour les mêmes.

Trois bariques de fcieure de bois pour froter les mains quand elles font graffes.

Huit ou neuf cens quartauts vuides, dont fix font un laft, & trois un tonneau.

Un millier de bondons pour boucher les quartauts.

Une meule à aiguifer & fix pierres fines pour affiler les outils.

Une affette de Tonnelier, un tire-fond & une tarriére.

Douze picoux ou chandeliers à deux pointes pour ficher dans le bois.

Huit maillets ou petits marteaux de fer qu'on porte dans les chaloupes pour dreffer les outils.

Et généralement toutes les munitions, victuailles, agrez & uftenciles néceffaires pour la navigation & les rechanges ordinaires, ainfi que les autres vaiffeaux font équippez lors qu'ils partent des Ports à proportion de leur grandeur & du tems qu'ils doivent refter à la mer.

Produit d'une Pêche de baleine.

On a choifi pour régler ce produit la pêche que les Hollandois firent en l'année 1697, comme la plus heureufe qui ait été faite depuis foixante ans. On y ajoûtera auffi la pêche que firent les autres Nations qui allérent cette année au Spitsberg, parmi lefquelles on ne trouvera point de vaiffeaux François, à caufe que la Guerre qui fut heureufement terminée cette même année par la Paix de Ryfwick, duroit encore.

Il fe trouva en 1697 cent quatrevingt-neuf vaiffeaux de diverfes Nations à la pêche de la baleine.

Ceux de Hollande étoient au nombre de cent vingt-un: leur Flotte avoit été compofée de cent vingt-neuf, mais fept firent naufrage.

Les Hambourgeois en avoient quarante-fept, qui leur reftoient de cinquante-un; les quatr'autres ayant péri.

Les Suédois en avoient deux, les Danois quatre, ceux de Breemen douze, ceux d'Embden deux, & ceux de Lubeck un.

Toutes les baleines qui furent prifes montérent à 1868; fçavoir 1255 par les Hollandois, 449 & demie par les Hambourgeois, 113 par les Suedois, 52 par les Danois, 96 par les Breemois, & deux par ceux d'Emden.

La pêche des Hollandois rendit 41344 quartauts de lard, celle des vaiffeaux de Hambourg 16414, celle des Suédois 540, celle des Danois 1710, celle des Breemois 3790, & celle d'Emden 28.

Eftimation totale de la Pêche.

En eftimant le quartaut de lard à 30 florins, fuivant le prix courant de l'année 1697, le total de cette pêche montant à 63126 quartaux, fait - - 1914780 fl.

Pour les fanons, à raifon de 20000 livres pefant de fanons par baleine, fur le pied de 50 florins le quintal de fanons, - - - - - - - 1868000 fl.

Total, - - - 3782780 fl.

Eftimation particuliére de la Pêche des Hollandois.

41344 quartauts de lard à raifon de 30 florins le quartaut, font - - - - - - 1240320 fl.

2350000 livres pefant de fanons, à 50 florins le quintal, - - - - - - - 1255000 fl.

Total, - - - 2495320 fl.

qui font argent de France, fuivant le cours du change de ladite année 1697, qui étoit de 85 gros argent courant pour 60 fols de France, 3522805 liv.

Il faut remarquer que les baleines, quand elles font graffes, rendent ordinairement 40 à 50 quartauts de lard; & que celles qui furent prifes en 1697, n'en rendirent guére que 33 à 34 quartauts l'une portant l'autre: mais leur nombre fuppléa à leur peu de graiffe; chaque vaiffeau, évaluation faite du fort au foible, ayant pêché dix baleines neuf vingt-quatriémes; ce qui fait une bonne pêche, & qui n'arrive prefque jamais.

PESE'E. Ce qui fe péfe en une feule fois.

Un Marchand qui vend une groffe partie de marchandife d'une même efpéce fujette au poids, eft dans l'obligation de faire plufieurs pefées.

Chaque pefée de marchandifes doit avoir fon trait, c'eft à dire, être trebuchante, & emporter le poids qui eft dans l'autre baffin de la balance. *Voyez* TRAIT.

PESE'E, en Perfe, où les facs d'argent fe péfent & ne fe comptent pas. On fait cinquante pefées de chaque fac d'abaffis, qui doit être compofé de deux mille piéces de cette monnoye; en forte que chaque pefée n'eft que d'un toman, ou de cinquante abaffis; mais lors qu'on foupçonne qu'il y a dans les facs des piéces ou fauffes, ou legéres, les péfées ne font que de vingt-cinq abaffis qu'on péfe, non contre un poids, mais les uns contre les autres; ce qui en découvre la legéreté, ou le faux.

PESER. C'eft éxaminer la pefanteur de quelque chofe, la confronter avec un poids certain, réglé & connu, tel que peut être la livre, le marc, le cent, le quintal, &c.

Pour pefer les métaux, les drogueries & épiceries, les cotons, les laines, les huiles, & autres femblables marchandifes d'œuvres de poids que l'on vend en gros, l'on fe fert de la romaine, ou des grandes balances à plateaux.

A l'égard des mêmes marchandifes qui fe vendent en détail, c'eft de la petite balance à baffins ou du pefon dont on fe fert. Le trébuchet eft pour pefer l'or, l'argent, & autres chofes précieufes.

On dit qu'il faut pefer des marchandifes net, pour faire entendre qu'elles doivent être pefées fans embalages, caiffes, ni barils. Au contraire, quand on dit qu'elles doivent être pefées ort ou brut, cela veut dire qu'il faut les pefer avec leur embalage, leurs caiffes & leurs barils.

PESER LA PIERRE, terme de Carrier. C'eft la foulever de deffus le tas avec la groffe barre pour la mettre fur les boules. *Voyez* CARRIER & CARRIERE.

PESEUR, celui qui péfe. Il fe dit plus ordinairement de la perfonne qui tient le poids du Roi. Dans toutes les Villes de commerce bien policées, les pefeurs Royaux, ou publics, font obligez de prêter ferment devant le Magiftrat, & de tenir bon & fidéle Regiftre de toutes les marchandifes qui fe pefent à leur poids. Ce font eux qui réglent ordinairement les conteftations qui arrivent entre les Marchands pour raifon du poids de leurs marchandifes.

Peseurs. Les Peseurs qui servent dans les poids publics de la Ville d'Amsterdam, sont au nombre de douze établis en titre d'Offices pour peser toutes sortes de marchandises sujettes au poids. Comme il leur étoit autrefois permis de toucher aux cordes des balances en pesant, il leur étoit facile de favoriser le vendeur ou l'acheteur selon qu'ils recevoient davantage de l'un ou de l'autre. Mais pour prévenir & arrêter cet abus, il leur a été défendu par une Ordonnance des Bourguemestres de 1719. de toucher de quelques maniéres que ce soit, aux balances en faisant les pesées.

Peseurs de Fils. Petits Officiers de Police établis dans la Ville d'Amiens pour peser les fils de sayette & autres fils de laine que les Filattiers apportent dans les marchez.

Ils sont au nombre de douze qui tiennent leur Bureau dans de petites loges où ils sont obligez de se trouver aux jours & heures desdits marchez avec une balance & des poids de cuivre marquez aux armes de la Ville, & repalez chaque année au poids étallon.

Le Réglement de la Sayetterie de 1666. leur défend de peser ailleurs que dans leurs loges, ni de peser plus de trois poids à la fois.

Leur droit est deux deniers par chacun desdits poids.

Ils peuvent se transporter aux hôtelleries & maisons où les Filattiers arrivent & déchargent leurs fils pour en voir la quantité & en compter les botes, afin d'obliger lesdits Filattiers de representer au marché la même quantité de fils qu'ils ont fait entrer dans la Ville.

Peseurs de fils de chanvre et de lin. Ce sont aussi d'autres petits Officiers établis au nombre de quatre dans la même Ville d'Amiens pour y peser toutes ces sortes de fils qui se vendent dans les hales & marchez. Ils sont obligez d'observer une semblable police que les Peseurs de fils de sayette.

PESNES, ou PENNES, terme de Tisserant. Ce sont les bouts de fils qui restent attachez aux ensubles des Tisserans lors que la toile est finie, & qu'elle est levée de dessus le métier. C'est de ces pesnes dont les Chandeliers se servent pour enfiler & mettre en livres la chandelle commune. *Voyez* Chandelle plongée, *ou* commune.

Pesnes. Se dit aussi dans la même signification dans les Manufactures de Lainage, des laines qui restent sur les ensubles lors qu'on en a détaché les piéces. *Voyez* Pennes.

PESO. Monnoye de compte d'Espagne. Les dix mille pesos valent douze mille ducats. *Voyez* Ducat.

PESON A CONTREPOIDS. C'est une espéce de balance qui sert à peser diverses sortes de marchandises. On l'appelle aussi Crochet, ou Balance Romaine. *V.* Balance.

Peson a ressort. Sorte de machine assez ingénieuse, dont on se sert pour peser certaines espéces de marchandises, comme le foin, la paille, le fil, la filasse, la chair, &c.

Ce sont les petits Marchands qui vont aux Foires; les Etapiers, les Fouriers & les Vivandiers d'Armée, qui se servent le plus ordinairement du Peson à ressort.

Il y en a de différentes grandeurs pour peser depuis une livre jusques à cinquante. Les premiers qui parurent à Paris furent apportez de Besançon ; ce qui a donné lieu à quelques-uns de croire que c'est à cette Ville que l'on a l'obligation de l'invention de cette machine; cependant bien des gens veulent qu'elle vienne d'Allemagne.

Le Peson à ressort est composé de plusieurs piéces.

1. D'un anneau qui sert à le suspendre en l'air.

2. D'une menuë branche presque carrée, ordinairement de cuivre, & quelquefois de fer, ou de buis, sur l'une des faces de laquelle sont marquées les différentes divisions des poids. C'est au haut de cette branche que l'anneau est attaché par une esse.

3. D'un ressort de fil d'acier en forme de tire-boure arrêté au bas de la branche par un écrou, la branche passant de haut en bas au travers du ressort.

4. D'une boîte ou canon de figure cylindrique qui renferme la branche & le ressort.

Enfin, d'un crochet attaché par une esse au bas de la boîte, qui sert à acrocher la marchandise que l'on veut peser.

Pour se servir du Peson à ressort, il faut le tenir par l'anneau suspendu en l'air perpendiculairement; ce qui fait que le poids de la marchandise tirant le crochet en embas resserre le ressort; de sorte que la branche sortant par le haut de la boîte à proportion du poids, l'on découvre les divisions qui y sont marquées par des rayes & des chiffres, ce qui dénote la pesanteur de la marchandise.

Ce peson, quoi qu'assez industrieusement fait, & assez commode en apparence, n'est cependant pas si juste que le peson à contre poids ou romaine. Le défaut de justesse provient de ce que le ressort est sujet à se relâcher & à s'affoiblir par son trop grand usage.

Les Chinois se servent aussi d'une espéce de peson qui ressemble assez à la balance romaine. On en peut voir la description à l'article de la balance.

PESSA. Petite monnoye de cuivre des Indes, de la valeur de six deniers de France. On la nomme plus ordinairement Pecha. *Voyez* Pecha.

PETENUCHE, ou GALLETTE DE COCOLE. C'est une bourre de soye d'une qualité inférieure à celle qu'on appelle Fleuret.

Quand elle est filée, teinte & bien apprêtée, on l'employe à la fabrique de certaines étoffes, comme papelines, &c. On s'en sert aussi à faire des padouës, des galons de livrée, des lassets, & d'autres semblables ouvrages.

La petenuche ou galette de cocole en bourre & sans être filée, paye les droits de la Douane de Lyon à raison de 23 s. 6 den. de la bale pour l'ancienne taxation, & 10 s. du cent pesant pour la nouvelle reapreciation.

La petenuche filée paye 45 s. de la bale.

PETIT-GRIS. Nom que l'on donne à une sorte de riche fourrure faite des peaux d'une espéce de rats ou d'écureuils, dont le poil de l'échine est d'un très-beau gris cendré, & celui de la queuë & du ventre d'un blanc tirant un peu sur le gris.

Ces sortes de rats ou d'écureuils se trouvent communément dans les Païs froids, sur tout dans la Ziberie, Province dépendante du Grand Duc ou Czar de Moscovie, d'où les Hollandois en tirent quantité par la voye d'Archangel, de Hambourg & de Lubeck. Le grand négoce qu'ils en font est cause que quelques-uns les appellent Ecureuils de Hollande.

Furetiére dit, que le petit-gris étoit autrefois une fourrure précieuse que portoient les Dames & les grands Seigneurs, & qu'il étoit défendu aux Courtisanes d'en avoir. Présentement elle se porte indifféremment par toutes sortes de personnes qui veulent en porter, & en ont le moyen.

Le petit-gris destiné pour la Turquie se vend en Moscovie par millier de peaux assorties depuis numéro un jusqu'à qu'à numéro quatre, qui vont toûjours en diminuant de beauté & de prix depuis le premier numéro jusqu'au dernier. Les Turcs, particuliérement ceux de Constantinople, en consument une prodigieuse quantité pour leurs vestes, dont ils en font onze d'un millier de peaux entiéres; sçavoir, cinq de l'échine, qui est le plus beau & le plus cher; & six du ventre, qui est le moins estimé.

Presque tout le petit-gris qui se voit en France y est envoyé, ou de Hollande, ou d'Angleterre. Ce sont à Paris les Marchands Merciers & les Pelletiers qui en font tout le négoce. Les premiers le vendent en gros au cent de peaux; & les autres l'employent en fourrures, comme bas, manchons, aumusses, jupons, couvre-pieds, manteaux de lit, robes de chambre, vestes, juste-au-corps, &c.

On nomme aussi quelquefois, mais mal à propos, Petit-gris, les peaux de lapin dont le poil est d'un gris approchant de celui du véritable petit-gris. Quoi que le petit-gris de lapin s'employe aux mêmes usages que le véritable petit-gris, il est cependant beaucoup moins estimé. *Voyez* LAPIN.

PETIT-GRIS. Se dit encore d'une espéce de duvet, ou petites plumes qui se tirent du ventre & du dessous des aîles de l'autruche. Ce Petit-gris est regardé comme le rebut des autres plumes de cet oiseau, & par conséquent peu estimé. Il se vend au poids. *Voyez* AUTRUCHE.

PETIT-NOIR. C'est une sorte de plume noire qui provient aussi de l'autruche. Elle n'est pas fort estimée, quoi que plus chére des trois quarts que le petit-gris dont il a été parlé dans l'article précédent.

PETIT GIROFLE ROND. C'est un des noms que l'on donne au poivre de Thevet. *Voyez* POIVRE.

PETIT MOULE A CAUCHER. Terme de Batteur d'or. *Voyez* MOULE.

PETITE MESURE. Autre terme de Batteur d'or. *V.* QUARTERON.

PETIT COMPTE. Terme de commerce de saline. *Voyez* MORUE.

PETIT-PIED. Terme de teinture. *Voyez* PIED.

PETIT GRAIN. Nom que l'on donne aux orangelettes, ou petites oranges, dont on fait l'huile appellée Huile de Petit-grain. *Voyez* ORANGE.

PETIT VERDUN. Sorte de dragée. *Voyez* CONFITURE, *vers la fin de l'article, où il est parlé des diverses espéces de dragées.*

PETIT CANON, PETIT PARANGON, PETIT ROMAIN, PETIT TEXTE. Termes dont se servent les Marchands Libraires, les Imprimeurs & les Fondeurs de caractéres pour exprimer & distinguer quelques corps, ou assortimens de lettres qu'ils employent dans l'impression des Livres. *Voyez* CANON, PARANGON, ROMAIN & TEXTE. *Voyez aussi* CARACTERE & IMPRIMERIE.

PETIT-TEINT. C'est le nom que l'on donne à la Communauté de cette sorte de Teinturiers qui n'employent que des drogues communes dans leurs teintures, & qui ne peuvent aussi teindre que les moindres étoffes; au contraire des Teinturiers du grand & bon teint, à qui les bonnes étoffes sont réservées, mais qui aussi ne doivent se servir que des meilleures drogues. *Voyez* TEINT.

PETIT-BARRAGE. Sorte de linge ouvré qui se fait aux environs de Caën. *Voyez* LINGE.

PETIT-LION. Autre espéce de linge ouvré qui se fabrique à Reygnie & en quelques autres endroits de la petite Province de Beaujolois. *Voyez* LINGE.

PETIT CORPS. On appelle ainsi dans la Sergetterie de Beauvais, les Sergers qui ne fabriquent que de petites serges, & de certaine qualité & nature.

Les Statuts & Réglemens de ladite Sergetterie de 1667, confirmez & homologuez au mois de Février de la même année, par le Roi séant en son Conseil Royal des Finances, contiennent quatre articles concernant les portées des étoffes permises aux Sergers du Petit Corps; sçavoir, les 45, 46, 47 & 48.

Par le premier de ces quatre articles il est dit, Qu'il leur est loisible de faire des serges blanches & grises de soixante-dix portées, à vingt-huit fils chaque portée; qui seront, apprêtées pour vendre, de vingt & une aunes de longueur au moins, & de trois quarts de largeur au plus; dans lesquelles ils employent leurs moyennes laines, sans qu'elles ayent néanmoins de lisiéres, ni qu'elles puissent être lavées ni enversées.

Le second ordonne, Que les sergettes drapées blanches & grises, façon de Mouy, auront quarante-six portées au moins, à vingt-huit fils chaque portée; & au retour du moulin demi-aune demi-quart de largeur & vingt aunes & demie de longueur au moins; & que les chaînes seront de leur longueur ordinaire.

Le troisiéme parle des revêches qui pourront être fabriquées par le Petit Corps, qui n'excéderont pas le nombre de vingt-sept portées, à vingt-huit fils chacune, & qui auront demi-aune demi-quart de large au moins, sur vingt aunes de longueur aussi au moins, qui seront bien lavées & enversées, évrées & ébuquées.

Enfin, le quatriéme article ordonne la visite desdites marchandises du Petit Corps, ainsi qu'il en est usé pour celles des deux Corps réünis de la Draperie & Sergetterie dudit Beauvais, conformément à l'article 10. des mêmes Statuts, à la réserve néanmoins de la marque, qui ne doit pas être du Sceau Royal, mais seulement du plomb ordinaire de la Ville. *Voyez* SERGETTERIE.

PETITE BORDURE. Sorte de ruban, ou bord de laine plus étroit que les autres, qui se fabrique à Amiens. *Voyez* BORD.

PETITE EPICE, ou EPICE BLANCHE. Noms que l'on donne au gingembre battu, & réduit en poudre. *Voyez* GINGEMBRE.

PETITE ETOFFE, BASSE ETOFFE, CLAIRE ETOFFE, ou CLAIRE SOUDURE. Ce sont les différens noms que les Potiers d'étain donnent à une espéce d'étain moitié plomb & moitié étain neuf. *Voyez* ETAIN, *vers le milieu de l'article.*

PETITE VENISE. Nom que l'on donne à une espéce de linge ouvré qui se fabrique en Basse-Normandie. Il y a aussi une autre sorte de linge ouvré appellé Rosette, ou Petite Venise, qui vient de Flandres. *Voyez* LINGE.

PETITE TOILE. Toile qui se manufacture en Normandie. Il y en a de rayées & d'autres à carreaux. *Voyez l'article général des* TOILES, *au titre de celles de Normandie.*

PETITE OLONE. C'est le nom que l'on donne à une sorte de toile de chanvre écruë propre à faire des voiles de navire & autres bâtimens de mer.

Cette toile se fabrique à Medrignac & aux environs de ce petit Bourg de Bretagne; ne s'en faisant point de cette espéce dans la Ville d'Olone en Poitou, quoi qu'elle en ait

pris

pris le nom, à cause que ce sont les Olonois qui en ont fait les premiers le négoce.

Ces sortes de toiles qui ont vingt pouces de Roi de large, se vendent à la piéce, qui contient ordinairement quatorze à quinze aunes mesure de Paris. *Voyez* VOILE.

PETITS DRAPS. Ce sont des étamines, ou autres étoffes semblables qui se fabriquent à Argentan & à Escouché, petites Villes du Duché d'Alençon, dont la consumtion se fait toute dans le Païs. *Voyez* ETAMINE.

PETITS FINS. C'est la seconde sorte de fils de sayette, ou laines filées du filage de Flandres.

PETITS PAINS DE SAVON. Morceaux de savon blanc presque quarrez, pesant depuis une livre & demie jusqu'à deux livres, qui viennent par caisses, ou tierçons & par demi-caisses. *Voyez* SAVON.

PETREOL, ou PETROLE. Huile minérale qui se tire de quelques endroits d'Europe, particuliérement d'Italie. *Voyez* HUILE DE PETROLE.

PETRICHERIE. Terme de Marine, qui se dit de tout l'appareil qui se fait pour la pêche des moruës, comme chaloupes, hameçons, couteaux, lignes, &c.

Les Basques & les autres Terre-neuviers qui vont à cette pêche, ont emprunté ce mot des Espagnols, qui appellent Petrechos un équipage de guerre, ou de chasse. *Voyez* MORUE.

PETROLE. Espéce d'huile extrêmement inflammable, qui brûle dans l'eau, & qui est de quelqu'usage dans la Médecine. Elle est du nombre des drogues qui font partie du négoce des Epiciers Droguistes. *V. l'article général des Huiles.*

PETROLEUM. Huile de Petrole noire, qu'on nomme aussi Huile noire de Gabian. *Voyez* HUILE DE PETROLE.

PETUN. C'est le nom que les Amériquains qui habitent le continent, donnent à la plante que ceux des Isles appellent Yoli, & que nous nommons vulgairement Tabac. Le mot de Petun est cependant de quelqu'usage en France, l'ayant pris de ces Indiens; mais on ne s'en sert guére que pour marquer l'excès que l'on en fait en le fumant, ou l'endroit où on le prend en fumée. *Voyez* TABAC.

PEUILLE, terme d'Affineur. C'est un petit morceau de métail dont on fait l'affinage, sur lequel on fait l'essai, & qui sert à juger du titre du reste. *V.* AFINAGE, *ou* ESSAI.

PEUPLE, ou PEUPLIER. *Voyez ci-après* PEUPLIER.

PEUPLER, une étoffe en boutons, terme de Manufacture de Lainage. C'est la friser, soit par l'envers comme certains draps, soit par l'endroit comme des ratines.

On dit qu'une étoffe est bien peuplée lorsque les boutons de la frisure y sont si épais & si drus que l'on a peine à apercevoir le fond de l'étoffe. *Voyez* FRISER.

PEUPLIER, que l'on nomme aussi PEUPLE. C'est un arbre très-haut qui croît le long des riviéres, sur les bords des fossez, & dans les endroits aquatiques & marécageux. Quelques-uns le distinguent en stérile & en fertile, ou en mâle & en femelle. D'autres en admettent de trois espéces, qui sont le blanc, le noir & le lybique, qu'on appelle communément Tremble. *Voyez* TREMBLE.

On ne s'arrêtera point ici à expliquer les différentes natures de Peupliers, non plus qu'à faire la description de toutes leurs parties, on se contentera seulement de rapporter ce que l'on en tire de propre pour le négoce.

Le bois du Peuplier se debite pour l'ordinaire en volilles, ou petites planches depuis trois jusques à cinq lignes d'épaisseur sur dix pouces de large, & six pieds de long, pour foncer des cabinets & faire des biéres. On en debite aussi quelquefois en planches d'un bon pouce d'épaisseur, & d'onze à douze pouces de large, dont on se sert à faire des portes, des fenêtres, & autres semblables ouvrages de Menuiserie.

Les Sculpteurs employent beaucoup de ce bois à faire des statuës & des ornemens de sculpture, & les charrons s'en servent quelquefois à faire des Brancards pour de petits carrosses.

PHARMACIE. Deuxiéme partie de la Médecine qui enseigne la maniére de préparer toutes sortes de remédes propres pour le corps humain. La Pharmacie n'est autre chose que la profession des Apoticaires.

PHARMACIEN, celui qui travaille en Pharmacie: on le nomme plus ordinairement Apoticaire. Les Pharmaciens, ou Apoticaires, font partie du Corps de l'Epicerie. *Voyez* APOTICAIRE & EPICERIE.

PHARMACOPE'E. Traité de Pharmacie, qui enseigne l'élection, la préparation & la mixtion des médicamens. Divers Auteurs ont donné au public des Livres de Pharmacie, dont les plus connus sont Querçetan, Zwelfer, Bauderon, Lemery, Charras, Penicher, &c.

PHARMACOPOLE. Nom de dérision que l'on donne aux Apoticaires. *Voyez* APOTICAIRES.

PHILIPPE, ou PHILIPPUS, monnoye d'or de Flandres, d'un titre assez bas. On la nomme Ride en Allemand. *Voyez* RIDE.

Il y a aussi des Philippus d'argent qui pésent près de six deniers plus que les écus de France de neuf au marc, mais qui ne prennent de fin que neuf deniers vingt grains.

Les Philippes d'Espagne qui ont un grand cours en plusieurs Villes d'Allemagne, où on les appelle *Philippe Daller*, particuliérement à Francfort & à Nuremberg, s'y reçoivent sur le pied de cent creutzers communs, ou de quatrevingt-deux creutzers de change.

C'est ordinairement sur cette espéce de monnoye que se réduisent & s'évaluent les payemens qui se font.

Les Philippes, lors qu'ils sont considérez comme monnoye réelle & courante, se mettent à Milan pour sept lires, ou livres courantes; mais quand ils sont monnoye de change, ou de compte, ils ne sont évaluez & calculez qu'à cinq lires cinq sols; la lire de vingt sols, & le sol de douze deniers.

Il y a aussi des ducats, ou écus de change à Milan, mais la monnoye de change la plus ordinaire de cette Ville sont les Philippes, à peu près comme les écus de trois livres en France, & les ducats d'argent de six livres quatre sols à Venise.

PHILOSOPHIE. Les Imprimeurs appellent de la sorte un des corps de caractéres dont ils se servent quelquefois pour l'impression des livres. Il est du nombre de ceux qu'on nomme Interrompus, & à qui les Fondeurs doivent mettre le cran dessus pour ne les pas confondre avec les corps réguliers. *Voyez* CARACTERE. *Voyez aussi* IMPRIMERIE.

PIASTRE. Monnoye d'argent, d'abord fabriquée en Espagne, & ensuite dans plusieurs autres Etats de l'Europe, qui a cours dans les quatre parties du monde.

On l'appelle aussi Piéce de huit & Réale de huit, parce qu'elle vaut huit Reaux d'argent. Elle est a peu près au titre & du même poids que les écus ou louïs blancs de France de neuf au marc. *Voyez* REALE.

Il y a deux sortes de piastres ou écus d'Espagne. Les unes qui se fabriquent au Potosi, que l'on appelle Piastres du Pérou : les autres qui viennent du Méxique, que l'on nomme Piastres Mexiquaines. Ces derniéres pesent un peu plus que les autres, (mais comme par compensation) elles ne sont pas d'un argent aussi pur que celles du Potosi.

La piastre a ses diminutions qui sont la dimi-piastre, ou réale de quatre; le quart de piastre, ou réale de deux; le huitiéme de piastre, ou réale simple; & le seiziéme de piastre, ou demi-réal.

La piastre de huit réaux d'argent, vaut quinze reaux de vellon, ou comme on le prononce en Espagnol de *Veillon* : en sorte que par rapport à cette différence de réaux d'argent, ou de vellon, il faut pour chaque piastre seulement 272 maravedis d'argent, & jusqu'à 510 maravedis de vellon.

Il arriva en 1687. quelque changement en Espagne au sujet des anciennes piastres, ou piéces de huit qui furent augmentées jusqu'à dix réaux d'argent, & à qui l'on donna le nom d'écu d'argent. Mais en même tems l'on en fabriqua de nouvelles de moindre poids qui eurent cours sur le pied de huit réaux comme avoient eu auparavant les anciennes. Ce changement néanmoins n'a point empêché que la piastre n'ait toûjours eu cours sur le premier pied.

Le change d'Espagne en Angleterre se fait par piastres, ou piéces de huit.

On nomme Dallers les piastres, ou réales de huit que l'on fabrique en Hollande & en plusieurs lieux des Païs-Bas & d'Allemagne. Les Hollandois se servent des leurs dans leur commerce du Levant, où elles sont appellées Aslani, à cause de la figure d'un lion qu'elles ont pour empreinte d'un côté. *Voyez* ASLANI. *Voyez aussi* DALLER.

Le Piastre est reçûë aux Indes Orientales pour deux Roupies six Pessas, chaque Roupie valant quarante-cinq Pessas.

PIC. Gros poids de la Chine dont on se sert, particuliérement du côté de Canton, pour peser les marchandises. Il se divise en cent catis, quelques-uns disent en cent vingt-cinq; le catis en seize taels, chaque tael faisant une once deux gros de France, en sorte que le pic de la Chine revient à cent vingt-cinq livres poids de marc.

PIC. On se sert aussi du pic à Siam pour peser les marchandises de grand volume; mait il contient le double des catis Siamois qui ne valent que la moitié des catis de la Chine. *Voyez* SOHANG.

PIC, ou PICQ. C'est aussi une mesure des longueurs dont on se sert à Constantinople & presque par toutes les Echelles du Levant. *Voyez* PICQ.

PIC. C'est aussi un instrument de fer un peu courbé, pointu & acéré avec un long manche de bois qui sert aux Maçons & Terrassiers à ouvrir la terre, ou à démolir les vieux bâtimens. Les Carriers s'en servent aussi pour déraciner & découvrir les pierres dont ils veulent trouver le banc. Cet outil est peu différent de la pioche pointuë, à la réserve que le fer en est plus long, plus fort & mieux acéré.

PICARDANS. Espéce de raisins secs à peu près semblables à ceux que l'on appelle Raisins aux Jubis. *Voyez* RAISINS PICARDANS.

PICHINA DE HAUBOURDIN. Etoffe qui se fabrique à Haubourdin près la Ville de Lille en Flandre; elle est de laine brune, croisée, d'une aune de large ou de cinq quarts, sur environ vingt-trois & vingt-quatre aunes de longueur mesure de Paris. Ces sortes d'étoffes servent ordinairement à habiller les Carmes.

PICHOLINES. Petites olives. *Voyez* OLIVES.

PICK, ou PIC. Gros poids de Siam qui revient à cent vingt-cinq livres poids de Paris, d'Amsterdam, de Strasbourg & de Besançon. *Voyez* PIC.

PICOL. Poids dont on se sert à la Chine pour peser la soye. Il contient soixante & six catis & trois quarts de catis; ensorte que trois picols font autant que le bahar de Malaca, c'est à dire, deux cens catis. *Voyez* BAHAR.

PICOL. Est aussi un poids en usage dans divers lieux du Continent & des Isles des Indes Occidentales. Il pése environ vingt livres poids de Hollande.

PICOLETS. Les Serruriers appellent de la sorte deux petites piéces de fer rivées au côté de chaque poupée de leur tour, à travers desquelles passent les bras qui soûtiennent le suport. *Voyez* TOUR.

PICOLI. Monnoye de compte dont on se sert en Sicile, particuliérement à Messine & à Palerme, pour les changes & pour tenir les livres, soit en parties doubles, soit en parties simples. Huit Picolis valent un ponti & six Picolis font le grain.

On compte par onces, tarins, grains & Picolis qu'on somme par 30, par 20 & par 6; l'once valant 30 tarins, le tarin 20 grains & le grain 6 Picolis.

PICOT. C'est la partie qui forme le bas d'une dentelle, ou passement, & qui régne d'un bout à l'autre. Il y a de l'apparence qu'on lui a donné ce nom à cause qu'elle se termine en petites pointes placées les unes contre les autres. On estime fort les dentelles dont le picot est bien travaillé & bien serré, parce qu'elles durent plus que les autres. *V.* DENTELLE.

PICOTE, ou GUEUSE. Etoffe toute de laine d'un très-petit prix qui est une espéce de petit camelot.

Cette sorte d'étoffe se fabrique à Lille en Flandre où il s'en fait de plusieurs longueurs, largeurs & qualitez. Elle est à peu près semblable aux lamparillas & polimites, mais non pas de si bonne qualité; sa destination la plus ordinaire est pour l'Espagne, car pour en France il ne s'y en consume presque pas. Il y aussi des picotes qui sont mêlées de soye. *V.* CAMELOT, LAMPARILLAS & POLIMITES.

Les Picotes sans soye payent en France les droits de sortie & d'entrée sur le pied de mercerie ; sçavoir ceux-ci à raison de 10 liv. du cent pesant conformément à l'Arrêt du 3 Juillet 1692; & pour ceux de sortie 3 liv. ou même seulement 2 liv. suivant le même Arrêt, si elles sont destinées & déclarées pour les Païs étrangers.

PICOTIN. Sorte de petite mesure à alloine qui contient quatre litrons, c'est à dire, le quart d'un boisseau de Paris. Le picotin dont se servent les Bourgeois pour la distribution de l'avoine à leurs chevaux, est ordinairement d'osier; mais celui dont se servent les Regrattiers & Maîtres Grainiers doit être de bois. L'Ordonnance de la Ville de Paris du mois de Décembre 1672, art. 9 du chap. six, leur défendant expressément de se servir, ni d'avoir chez eux aucuns picotins ni mesures d'osier, mais seulement des mesures de bois étalonnées & marquées de la Lettre courante de l'année.

Il faut remarquer que chez ces sortes de petits Marchands détailleurs de grains & de graines, cette mesure est appellée tantôt un quart de boisseau & tantôt un picotin ; & qu'ils qu'ils ne se servent du dernier nom que lors qu'il s'agit de mesurer l'avoine; car lors qu'ils l'employent pour les autres grains & graines, ils lui donnent absolument le nom de Quart de boisseau.

Le picotin de bois qui n'est autre chose, ainsi qu'il vient d'être dit, que le quart de boisseau de Paris, doit avoir 4 pouces 9 lignes de hauteur, sur 6 pouces 9 lignes de diamétre ou de large entre les deux fûts, ce qui est conforme à une Sentence du Bureau de ladite Ville du 29 Décembre 1670, insérée dans le chapitre 24 de l'Ordonnance de 1672, ci-devant rapportée.

PICQ, ou PIC. Mesure étenduë dont on se sert en Turquie, ainsi que l'on fait de l'aune en France, pour mesurer les corps de longueurs, comme étoffes, toiles, &c.

Le picq contient deux pieds deux pouces deux lignes qui font trois cinquiémes d'aune de Paris, ensorte que cinq picqs font trois aunes, ou trois aunes font cinq pics.

On appelle à Smirne Tapis de picq la seconde sorte de tapis de Turquie, ou de Perse, qui s'y achétent par les Nations qui font le commerce du Levant. Ils sont ainsi nommez parce qu'ils ne se vendent pas à la piéce, mais au picq quarré. *Voyez* Tapis.

PICTOIS. Terme corrompu de Putois. Animal sauvage dont la peau est du nombre des pelleteries communes. *Voyez* Putois.

PIECE, en terme de Commerce & de Manufactures. Signifie quelquefois un tout; & quelquefois seulement une partie d'un tout.

Dans la premiére signification on dit, une Piéce de drap, une Piéce de velours, une Piéce de ruban, une Piéce de toile; pour dire, une certaine quantité d'aunes de toutes ces choses réglée par les Ordonnances, ou par l'usage, qui n'est point encore coupée ni entamée.

Dans l'autre signification on dit, une Piéce de tapisserie, pour dire un morceau de tapisserie travaillé séparément, qui avec plusieurs autres morceaux compose une tenture entiére. On dit aussi dans le même sens, quoi que dans une signification un peu différente, une Piéce de bœuf, une Piéce de pain, une Piéce de fromage.

On appelle une Piéce de vin, une Piéce de cidre, une Piéce de biére, un tonneau plein de l'une de ces liqueurs.

Couper à la piéce, c'est ne point prendre le reste d'une piéce, mais faire couper ce qu'on veut d'étoffe, de toile, &c. ou d'une piéce entiére, ou d'une piéce où l'on n'a pas encore fait beaucoup de levées.

Entamer une piéce de drap, d'étoffe d'or ou de soye, de ruban, &c. c'est y faire la premiére levée.

Les étoffes qui doivent être marquées au chef du nom du Fabriquant, ou qui doivent y avoir des plombs, ou de fabrique, ou des Inspecteurs des Manufactures, s'entament toûjours par la queuë afin de laisser les enseignemens qui sont au chef.

Lever une aune, deux aunes, &c. d'une piéce; c'est en couper cette quantité d'aunes. Quand on dit qu'on n'a encore rien levé d'une piéce, c'est faire entendre qu'elle est encore toute entiére & qu'on ne l'a point entamée.

Piece, en terme de monnoye. Signifie quelquefois la même chose qu'espéce. Cette piéce est bien frappée, cette piéce est légére, cette piéce est fausse.

Quelquefois on s'en sert en y ajoûtant le prix de l'espéce, pour parler de celles qui n'ont point de nom particulier. Une Piéce de trente sols, une piéce de vingt-cinq sols, une piéce de quinze sols.

Piece, en Angleterre. Signifie tantôt la guinée & tantôt la livre sterling, ce qui revient pourtant au même, la guinée valant vingt schellings qui font le pundt, ou la livre sterling. Ce diamant m'a coûté vingt Piéces; c'est comme si on disoit, m'a coûté vingt guinées, ou vingt livres sterlings. *V.* Guine'e. *Voyez aussi* Livre Sterling.

Piece de Huit. On appelle ainsi en Espagne la piastre parce qu'elle vaut huit reaux. *V.* Piastre, *ou* Reale.

Piece de dix sols. Espéce d'argent fabriquée dans les Monnoyes de France faisant le sixiéme de l'écu de soixante sols, & le dixiéme de celui de cent sols.

La fabrication des piéces de dix sols a commencé en France dès l'an 1685 sous le régne de Louïs XIV. qui ordonna par son Edit du mois de Septembre, qu'il seroit fait dans la monnoye de Lille des piéces de quatre livres, de quarante sols, de vingt sols, de dix sols & de cinq sols, au coin & aux armes de France écartelées de Bourgogne; mais pour avoir cours seulement dans les Provinces & Villes conquises par Sa Majesté dans les Païs-Bas.

Près de 20 ans après & sous le même régne, il fut ordonné qu'il se fabriqueroit dans toutes les monnoyes du Royaume des piéces de dix sols pour y avoir cours & y être reçûës dans le négoce comme les anciennes espéces.

L'Edit qui en ordonna la fabrication est du mois de Mai 1703; il porte que ces nouvelles espéces seroient fabriquées du poids de deux deniers neuf grains trébuchans, au titre de dix deniers de fin, à la taille de soixante & dix-neuf piéces au marc, & au remede de trois grains de fin & d'une piéce & demie par marc.

Ces piéces furent depuis diminuées à proportion de l'écu, de six deniers en 1706, & ensuite à diverses reprises encore de dix-huit deniers; en sorte qu'elles avoient été réduites sur la fin du régne de Louïs XIV. à huit sols piéce; mais l'écu ayant été remis à cent sols au commencement du régne de Louïs XV. les piéces de dix sols reprirent aussi leur ancienne valeur, & même furent mises depuis à 12 sols, lors qu'en 1718 les écus furent mis à six livres.

Le 19 Décembre de la même année par Déclaration du Roi enregistrée à la Cour des Monnoyes le 29 ensuivant, il fut ordonné la fabrication de nouvelles piéces de vingt sols & de dix sols au même titre des écus fabriquez en conséquence de l'Edit du mois de Mai précédent, pour tenir lieu des quarts d'écus, dixiémes & vingtiémes auparavant ordonnez, lesquelles nouvelles piéces furent nommées des sixémes & douziémes, & pour les distinguer, marquées du côté de l'écusson par ces chiffres de leur valeur. XX. S. X. S.

Piece de quatre sols. Piece de deux sols. Ce sont deux petites especes d'argent qui commencérent d'être fabriquées & d'avoir cours en France en 1674.

La Déclaration qui en ordonna la fabrication porte, qu'elles seront frappées dans les Monnoyes de Paris & de Lyon, à dix deniers de fin au remede de trois grains, à la taille, celles de deux sols de trois cens piéces au marc, & celles de quatre sols de cent cinquante piéces; au remede de trois piéces par marc pour celles de deux sols, & pour celles de quatre sols d'une piéce & demie, le fort portant le foible.

Ces espéces furent réduites en 1679, celles de quatre sols à trois sols six deniers & celles de deux sols à un sol neuf deniers; on les appella alors par dérision, des Invalides, nom que l'on donne en France aux Soldats qui ont été mutilez de quelqu'un de leurs membres. Depuis elles furent converties & réformées par une Déclaration du mois d'Août 1691, qui ordonna qu'il en seroit fabriqué de nouvelles qui auroient cours pour quatre sols. Il s'en fabriqua encore d'autres en exécution d'une Déclaration du 8 Avril 1704; enfin, elles ont été tout à fait décriées par un Arrêt du Conseil d'Etat du Roi de l'année 1711.

Il y a quantité de semblables petites piéces fabriquées dans les Païs étrangers, qui valent plus ou moins suivant leur poids, ou suivant qu'elles tiennent de fin. Voici les principales.

Celles de Piémont de 1629 & 1630 pesant 3 d. 12 g. tiennent 3 d. de fin. Celles de même fabrique de 1640 & 1642, qu'on nomme Soldes, ou Soldi, pésent autant, mais n'ont que 2 d. 6 g. de fin, les demi-soldes du poids d'un d. 8 g. tiennent de fin 3 d.

Les piéces de 4 f. de Piémont tiennent de fin 3 d. 12 g. celles de Savoye 4 d. 17 g. les piéces de 3 f. aussi de Savoye 2 d. 23. g. celles de Gennes pesant 3 d. tiennent de fin 4 d. 22 g. d'autres seulement 3 d. 8 g.

Les piéces de 6 f. du même Etat ne tiennent de fin que 5 d. 14 g. quelquefois 8 g. encore de moins. Toutes ces monnoyes sont moins espéces d'argent qu'espéces de billon, les espéces n'étant réputées d'argent que lors que l'argent est au dessus de 6 d.

Il y a néanmoins des piéces de 8 f. de 6 f. de 4 f. & de 3 f. de Gennes, qui sont des monnoyes d'argent & qui tiennent de fin depuis 11 d. 6 g. jusqu'à 13 d. 6 g.

PIECE. Se dit aussi de quelques espéces de billon & de cuivre qui se fabriquent en France, & qui n'ont pas de nom particulier, comme sont les Piéces de 6 blancs, de 30, de 15, de 6, de 4 & de 2 deniers. *Voyez* LIARD *&* DENIER. *Voyez aussi* SOU.

PIECE. C'est aussi une espéce de monnoye de compte, ou plûtôt de maniére de compter en usage parmi les Négres de la Côte d'Angole en Afrique, particuliérement à Malimbo & à Cabindo.

Le prix des esclaves, des autres marchandises & des rafraîchissemens qui se traitent dans ces deux lieux, aussi bien que les coûtumes qui se payent aux petits Rois à qui ils appartiennent, s'estiment de part & d'autre en piéces; c'est à dire, que si ces Barbares veulent avoir dix piéces pour un esclave tête d'Inde ; les Européens de leur côté évaluent pareillement en piéces les denrées & les marchandises qu'ils en veulent donner en échange.

Par exemple dix anabasses valent une Piéce, un fusil une Piéce, un baril de poudre de dix livres une Piéce ; une piéce de Salampouris bleuë quatre Piéces ; dix bassins de cuivre une Piéce; une piéce de toile Indienne deux Piéces; & une piéce nicannée une Piéce; ce qui fait les dix piéces fixées pour le prix d'un esclave, lors que la convention en a été faite pour cette valeur. Cela doit s'entendre à proportion de toutes les autre marchandises qui servent au commerce de la Côte d'Angole & qu'on y échange pour des Négres, ou pour de la poudre d'or, du morfil, de la cire, des cuirs, &c. *Voyez l'Article du Commerce au paragraphe où il est traité de celui des Côtes d'Afrique qui sont baignées par l'Ocean.*

PIECE D'INDE. On appelle dans la traite ou commerce des Négres, Négre Piéce-d'Inde, un homme ou une femme depuis quinze jusqu'à vingt-cinq ou trente ans au plus, qui est sain, bien fait, point boiteux & avec toutes ses dents.

Il faut trois enfans au dessus de dix ans jusqu'à quinze pour deux Piéces, & deux au dessus de cinq ans jusqu'à dix pour une Piéce. Les Veillards & les malades se réduisent aux trois quarts. *Voyez* NEGRE. *Voyez aussi* ASSIENTE.

PIECE. Sorte d'outil fait de cuivre avec un manche de même métail qui sert aux Chapeliers à étamper leurs chapeaux. *Voyez* CHAPEAU *&* ETAMPER.

PIECE DE RAPORT, On appelle Ouvrage de Piéces de raport, un ouvrage composé de plusieurs petits morceaux de pierres precieuses, de marbres les plus riches, ou de bois de diverses couleurs disposées & arrangées avec art pour representer quelque dessein de grotesque, de compartimens, de fleurs, d'oiseaux, &c. Ce sont les Menuisiers de placage & de marquetterie, si les ouvrages ne sont que de bois, ou les Marbriers & les Lapidaires, s'ils sont de marbre ou de pierres précieuses, qui travaillent en piéces de raport. *Voyez* MOSAÏQUE, MARQUETTERIE *&* MENUISIER DE PLACAGE.

PIECE, qui s'appelle aussi PAIN & quelquefois MEULE. C'est une sorte de fromage plat & rond, semblable à peu près à ces meules de Rémouleurs qu'on nomme des Gagnepetits. Il vient de ces fromages d'Italie, de Suisse & d'Angleterre. *Voyez* FROMAGE *aux endroits où l'on parle de ceux de ces différens Païs.*

PIECE. Se dit aussi parmi les Artisans, de certains outils, ou instrumens qui ne sont pas distinguez par des noms spécifiques, mais qui s'appellent simplement Piéces.

PIECE QUARRE'E. Outil dont se servent les Menuisiers pour voir si les bois de leurs assemblages se joignent quarrément. Il est simple & ne consiste qu'en la moitié d'une planche éxactement quarrée, coupée diagonalement d'un angle à l'autre.

PIECE DE RENCONTRE. Les Tourneurs appellent ainsi un morceau de fer attaché au haut de la lunette d'un poupée, qui par sa rencontre avec la piéce ovale fait baisser ou hausser l'arbre sur lequel on tourne des ouvrages de figures irréguliéres.

La piéce ovale ou les autres piéces irréguliéres de cet arbre sont ordinairement de cuivre, afin que la rencontre en soit plus douce. *V.* TOUR.

PIED DE ROI. Mesure des longueurs dont on se sert en France.

Le pied de Roi se divise en douze pouces, le pouce en douze lignes & la ligne en six points. Six pieds de Roi font une toise longue.

L'étalon ou mesure originale du pied de Roi se trouve attaché contre la muraille au bas de l'escalier du grand Châtelet de Paris en montant à main gauche.

Le Pied Chinois est presque semblable au Pied de Roi, le dernier ne surpassant l'autre que d'un centiéme.

Le Pied de Londres & de toute l'Angleterre est de quatre lignes & demie plus long que le Pied de Roi.

Ses subdivisions sont la poignée, l'inch, ou pouce, & le grain d'orge, ou ligne; 3 grains font l'inch, 4 inchs font une poignée & 3 poignées un Pied; un pied & demi fait 1 cubit, ou coudée, 2 cubits font un yard, un yard & un quart fait une aune. Cinq pieds font un pas géométrique ; six pieds une brasse ; seize & demi la perche, qu'on appelle aussi

aussi Gaule, ou verge Quarante perches font un furlong & huit furlongs le mille d'Angleterre.

Le Pied des anciens Romains avoit quatre palmes, ou onze pouces, & il se nommoit Pied Romain, ou Pied du Capitole.

Le Pied Rhenan, ou le Pied de Leiden en Hollande, sert de mesure à tout le Septentrion; sa proportion avec le Pied Romain est comme de 950. à 1000. Casimir Simieirowics Polonois, dans sa Pyrotechnie, a fait la réduction au pied Rhenan de tous les autres Pieds des plus considérables Villes de l'Europe; le Lecteur curieux peut y avoir recours.

PIED. Se dit aussi d'une mesure de cuivre, de fer, de bois, ou de quelqu'autre matiére que ce soit dont les Geométres se servent, & qui sert aussi à la plûpart des Ouvriers, entr'autres aux Charpentiers, Menuisiers, Maçons, Couvreurs & autres semblables pour mesurer leurs ouvrages.

Il y a de ces Pieds qui sont tout d'une piéce d'autres qui se plient & sont brisez, d'autres encore qui en s'ouvrant portent leur équerre. Ce sont les Faiseurs d'instrumens de mathematique qui font ordinairement les pieds de cuivre; ils en font aussi d'argent pour mettre dans des étuis portatifs: les uns & les autres sont divisez en pouces & le premier pouce en lignes.

Les pieds de fer, ou d'ouvrage commun, se vendent par les Clinquailliers.

PIED. Signifie aussi une mesure de proportion. Toutes les monnoyes d'or se réglent pour leur poids & leur valeur sur le pied de l'écu sol à proportion de son titre. Le prix de l'argent dans le commerce est sur le pied de tant pour cent. Le change de Paris pour Amsterdam est sur un tel pied. On a fait cette contribution sur le pied de 20000 liv.

PIED FORT, en terme de monnoye. Se dit d'une piéce d'or, d'argent, ou d'autre métail, plus forte ou plus épaisse que les monnoyes ordinaires, quoi que presque toûjours frappée au même coin, mais qui n'a point de cours dans le commerce comme les autres espéces.

Ce sont les Monetaires, ou Monnoyeurs qui les font fraper par curiosité, soit pour les garder, soit pour donner à leurs amis. On voit à Paris dans les cabinets des Curieux, des Pieds forts de quatre Louïs d'or, de huit, de douze & de seize, presque tous gravez par le célebre Varin cet habile Monetaire, à qui la monnoye de France est redevable de sa perfection.

Outre les pieds forts qui sont frappez sur de l'or, on en a aussi quantité d'argent & de cuivre gravez par cet excellent Tailleur, qui égalent la beauté des Médailles les plus estimées.

PIED D'ALEXANDRIE. Racine Médicinale, qui est une espéce de Pirethre. *Voyez* PIRETHRE.

PIED, en terme d'exploitation & de commerce de bois. Se dit aussi des arbres dont une coupe doit être composée. Il y a tant de pieds d'arbres dans cette forêt.

On nomme Pieds Corniers les gros arbres qui sont dans les encoignures des ventes, qui se font dans les forêts, & qui se marquent par le Garde-marteau.

PIED, en fait de teinture. C'est la premiére couleur qu'on donne à une étoffe avant que de la teindre dans une autre couleur, comme le bleu avant que de teindre en noir: ce qui s'appelle, Pied de Pastel, ou de Guede.

On dit de même, Pied de Garance, Pied de Gaude, Pied de Racine; & ainsi des autres drogues dont est composée une teinture.

Une seule étoffe a autant de pieds de couleur, qu'elle est successivement teinte en différentes couleurs; & les Teinturiers sont obligez d'y laisser autant de roses, ou rosettes, que de pieds, pour faire voir qu'ils ont donné les pieds de leur couleur, en conformité du Règlement de 1669. Ce qui se peut aussi connoître par le débouilli. *Voyez* ROSE & DEBOUILLI.

PETIT PIED DE GARANCE, DE GAUDE, DE GUEDE, &c. C'est lors que la teinture en ces sortes de couleurs est foible & n'a pas toute sa perfection.

PIED FOURCHÉ. Des Marchands de Bétail appellent Bestiaux à pied fourché, les animaux qui ont le pied fendu en deux seulement, comme sont les bœufs, vaches, cochons, moutons, chévres, &c.

Le pied fourché est aussi un droit qu'on léve aux Entrées de quelques Villes de France, sur les bestiaux à pied fourché qui s'y consument, dont il est fait une Ferme. La Ferme du Pied fourché est différente de celle du pied rond.

PIED, en fait de dentelle. Se dit d'une dentelle très-basse qui se coud à une plus haute, engrêlure contre engrêlure. *Voyez* DENTELLE.

PIED DE CIRE. C'est ainsi qu'on appelle le Cédiment, ou ordure de la cire qui s'échappe à travers la toile, ou par les trous du pressoir, & qui tombe au fond des moules, où l'on a jetté la cire étant encore chaude. On se sert d'un couteau, ou d'un autre instrument de fer fait exprès pour séparer la bonne cire d'avec le pied de cire, qui se trouve toûjours au dessous des pains, après qu'on les a retirez des moules. Moins la cire a de pied, & plus elle est estimée. *Voyez* CIRE.

PIED POUDREUX. Se dit parmi les Marchands & Négocians de ceux dont la réputation & solvabilité ne sont pas bien connuës. C'est un pied poudreux que cet homme, il n'y a pas de sûreté à lui prêter sa marchandise.

Quand on dit qu'un Marchand est réduit au petit pied, cela veut dire que son commerce est tombé manque de crédit, & qu'il est obligé de n'avoir plus qu'une petite boutique, & point de garçons. Au contraire, lors que l'on dit qu'un Négociant est sur un bon pied, cela signifie que son commerce est considérable, & son crédit bien établi.

En fait de commerce de mer, on dit que des marchandises sont en pied, pour faire entendre qu'elles sont encore en nature, & que les Marchands les peuvent revendiquer, en payant les frais de sauvement.

PIED-COURT. C'est le nom que l'on donne aux Moquettes de bas prix, qui n'ont que cinq douziémes de large. *V.* MOQUETTES.

PIED, L'on appelle en terme de Fondeur de caractéres d'Imprimerie, le pied d'une lettre, l'extrêmité qui est opposée à l'œil, c'est à dire, à cette partie gravée en relief qui sert à l'empreinte de la lettre.

C'est au dessous du pied qu'est cette petite cavité faite au rabot, qu'on appelle la rainure de la lettre. Il faut qu'une lettre bien fonduë ne soit ni forte en pied, ni forte en tête, & que les deux extrêmitez du pied contiennent ensemble la moitié du corps. *Voyez* FONDEUR DE CARACTERES.

PIED DE CHEVRE. Espece de pince de fer recourbée & refenduë par le bout, dont les Charpentiers, Maçons, Tailleurs de Pierres & autres Ouvriers se servent pour remuër leurs bois, leurs pierres & semblable fardeau. *Voyez* PINCE.

PIED DE CHEVRE. C'est aussi en terme d'Imprimeurs l'outil

til dont ils se servent pour démonter leurs bales.

Pied de chevre. C'est encore la piéce de bois qu'on ajoûte à l'engin que les Charpentiers appellent une Chévre, lors qu'on ne peut l'appuyer contre un mur. V. Chevre.

PIERRE. Corps solide & dur, qui se forme dans les entrailles de la terre, & même quelquefois dans celles des hommes & des animaux. Il y a aussi des pierres qu'il semble que la mer produise, comme la pierre Ponce & la pierre d'Eponge; & d'autres encore qui sont un effet de la vertu de l'eau de certaines fontaines capables, dit-on, de pétrifier toutes sortes de matiéres. Ce sont de ces petrifications que les curieux se vantent de conserver dans leurs cabinets.

De ce grand nombre de pierres, qui sont toutes l'ouvrage de la nature, les unes ne servent simplement que pour la magnificence & l'ornement; comme toutes celles qu'on appelle par excellence, Pierres Précieuses, qui font le commerce des Lapidaires & des Jouailliers. D'autres plus utiles, si toutes les vertus qu'on leur attribuë étoient certaines, s'employent dans la Médecine & se vendent par les Apoticaires Droguistes & Epiciers; telles sont les divers Bezoars, la Pierre Judaïque, la Pierre d'Aigle, & quelques autres semblables. D'autres encore sont d'usage dans la peinture, soit pour en préparer diverses couleurs en les calcinant & broyant, soit pour servir en crayons aux dessinateurs; de ce nombre sont la pierre Armenienne, la Plombiére, la Sanguine, la pierre Noire, &c. qui font partie du commerce des Epiciers en gros & en détail: Enfin, la plus grande quantité qui sont aussi d'un usage plus nécessaire & plus commun, servent aux bâtimens, & en font, ou l'élévation, ou la liaison, ou l'ornement; de celles-là sont la Pierre de Taille, le Libage, le Moilon, la Pierre à chaux & la Pierre à Plâtre.

On parlera dans la suite de cet article de plusieurs de ces pierres, autant néanmoins qu'elles auront rapport au Commerce: les autres seront renvoyées à leurs propres articles.

Pierre a bastir. Cette sorte de pierre se forme par lits, ou comme on dit en terme de Carrier, par bancs. Ces lits qui sont posez les uns sur les autres, sont de différentes qualitez, soit pour la dureté, soit pour l'épaisseur, soit pour leur résistance à l'air, soit enfin pour la facilité à prendre le poli; ce qui fait qu'on les employe à divers ouvrages..

Les lieux soûterrains d'où l'on tire ces pierres, s'appellent des Carriéres, & les ouvriers qui y travaillent des Carriers; les uns & les autres sans doute, à cause que les lits ou bancs de pierre se coupent & se debitent par grosses masses, ou carreaux, afin de les enlever plus aisément du fond de la carriére.

Les instrumens dont on se sert pour les couper & les remuer, sont des masses, des coins, plusieurs sortes de marteaux, divers cizeaux & des pinces de fer, des leviers & des rouleaux de bois. Les engins & machines qu'on employe pour les monter, sont des tourniquets & des rouës, celles-ci doubles ou simples ausquelles des hommes donnent le mouvement, ou en marchant dans la cavité des rouës doubles, ou en montant le long des chevilles ou échelliers des rouës simples. Une longue échelle à chevilles posée perpendiculairement dans l'ouverture de la carriére, donne aux ouvriers la commodité ou d'y descendre, ou d'en remonter. Il y a néanmoins des carriéres où l'on travaille à découvert, & où les Carriers n'ont besoin ni d'échelles, ni de rouës, les charrois pouvant venir prendre leur charge jusqu'au lieu du travail.

L'Italie si féconde en beaux marbres a aussi quantité de carriéres de pierre à bâtir. Tivoli est renommé pour son Trevertin, les environs de Rome par le Piperno, & l'Etat de Florence par la Serena.

La France qui a aussi ses marbres, ne céde pas non plus à l'Italie pour les pierres à bâtir. Sur tout les pierres des environs de Paris sont excellentes pour être employées à toutes sortes d'ouvrages, & les carrieres en sont si abondantes & pour ainsi dire si inépuisables, qu'elles ont sufi jusqu'à présent, non seulement à ce nombre incroyable de magnifiques Eglises, de superbes Palais, & d'autres beaux bâtimens presque tous de pierre de taille qu'on continuë d'y élever depuis un Siécle, mais encore à ces agréables maisons de campagne dont les environs de cette Capitale sont embellis.

Les principales carriéres d'où se tire la pierre qui s'employe à Paris, sont celles des Chartreux dans un des Fauxbourgs de la Ville, de Vaugirard, de S. Cloud, d'Arcueil, d'Yvry, de la Vallée de Fescamp, de S. Maur, de Passy, de Charenton, de Montesson, de S. Leu, de Seran de Trossi, de S. Maximin, du Camp de César, de Meudon & de Senlis. Celle-ci est plus éloignée de quelques lieuës que les autres.

C'est d'une carriére de Meudon qu'ont été tirées les deux pierres si extraordinaires qui couvrent le fronton de la façade du Louvre, & qui y furent montées au mois de Septembre 1674, par le moyen d'une machine également simple & ingénieuse. Ces pierres qui n'en faisoient qu'une sur la carriére, portent chacune mises en œuvre cinquante-deux pieds de long sur huit pieds de large & dix-huit pouces d'épaisseur.

On n'entrera ici dans aucun détail des différens noms & des differentes qualitez des pierres qu'on tire de toutes ces carriéres: l'on trouvera dans les Principes d'Architecture de M. Felibien ce que c'est que le haut & bas Cliquart, le Bonbanc, le Souchet, le Franc-liais, le Liais-ferault, le Vergelé, le S. Leu, le Coquilliart, le Banc de marche, &c. aussi bien que les lieux des édifices où elles doivent être employées suivant leur plus ou moins d'épaisseur, de dureté & de résistance aux impressions de l'air. On peut voir néanmoins les articles des Carriers & des Carriéres, où l'on est entré dans le détail de quelques-unes de ces differentes choses.

La pierre de taille ordinaire se vend à Paris au chariot qui contient deux voyes, & chaque voye cinq carreaux, c'est à dire, environ quinze pieds de pierre cubes.

La pierre qu'on appelle de Libage se vend aussi à la voye, qui ne se nomme néanmoins de la sorte, lors qu'il y a six ou sept libages à la voye.

On appelle Quartier de voye, quand il n'y en a qu'un ou doux.

La pierre de S. Leu & de Vergelé se vend au tonneau, chaque tonneau contenant quatorze pieds de pierre cubes. Le tonneau se divise en deux muids, à raison de sept pieds cubes de pierre le muid.

Le moilon, qu'on nomme aussi Blocage, se mesure & se vend à la toise cube, qui contient deux cens seize pieds; ce qu'on appelle moilon, qu'on écrit aussi moëllon & moîlon, est de la pierre debitée en médiocres morceaux, ou plûtôt ce sont des morceaux des diverses grosseurs que les Car-

Carriers font obligez de rompre pour débarasser la pierre de taille & les carreaux qu'ils veulent avoir.

La pierre à bâtir paye les droits d'entrée & de sortie sur le pied du tonneau pesant deux milliers; ceux de sortie sont de 8 s. par tonneau, & ceux d'entrée seulement de 4 s.

Pierre a Plastre. C'est une sorte de pierre qui étant cuite & calcinée dans un four propre à cette cuisson, & ensuite battuë & réduite en poudre, sert à faire ce qu'on appelle du Plâtre. *Voyez* Plastre.

Pierre a Chaux. C'est de la pierre propre à brûler pour faire de la chaux. *Voyez* Chaux.

Pierre a feu, Pierre a fusil, Pierre a arquebuse. Ce sont des cailloux qui étant cassez & taillez ensorte qu'ils ayent une espéce de tranchant produisent facilement des étincelles de feu, lors qu'on les frape avec un morceau d'acier qu'on appelle Fusil. Ces pierres font une partie du négoce des petits Marchands Merciers, des Clinquaillers, de quelques Marchands de fer, & de ceux qui vendent de la poudre & du plomb à gyboyer. Elles servent aux petites armes à feu, comme fusils, carabines, mousquetons, pistolets, &c. & à ce qu'on nomme des Fusils de chambre & de cuisine.

Elles payent en France 1 *liv.* 6 *s. de droits de sortie, &* 15 *s. de droits d'entrée le cent pesant.*

Les droits de la Douane de Lyon, sont de 10 *s. de la bale d'ancienne taxation, & de* 2 *s. du cent pesant de nouvelle reapreciation.*

Pierre a Faucheur, Pierre a afiler, Pierre de Faux, ou Dail, Pierre de Levant, Pierre de Liege, Queue ou Pierre de Gre's, Pierre a huile, & Pierre Emouloire. Ce sont toutes pierres qui servent pour aiguiser les outils de fer qui sont tranchans.

Les plus fines, que vendent ordinairement les Couteliers en détail, & les Merciers en gros, servent à affiler les couteaux, les rasoirs, les ciseaux, & tous instrumens de chirurgie.

Celles de moindre qualité que debitent les Marchands de crêpin & les Clinquaillers, sont pour les tranchets, couteaux de pied, & autres outils des Cordonniers, Savetiers, Selliers, Carossiers, Bourreliers, &c.

Enfin, les plus grosses, que vendent aussi les Clinquaillers, sont propres aux Faucheurs, Charpentiers, Charrons, Menuisiers & autres Ouvriers en bois, pour affûter leurs faux, leurs haches, leurs divers ciseaux & les méches, ou fers de leurs outils à fûts.

Ces pierres payent 8 *s. d'entrée &* 12 *s. de sortie le cent pesant, suivant le Tarif de* 1664.

Les droits de la Douane de Lyon sont de 8 *s. par bale pour les pierres émouloires de Païs, &* 15 *s. pour les étrangéres.*

La pierre de Levant est jaunâtre à peu près comme la cire des abeilles au sortir de la ruche. C'est pour les ciseaux.

La pierre de liége est blanc de lait par dessus & noir d'ardoise par dessous. Elle sert aux rasoirs.

La pierre à lancette est verte: c'est une espéce de caillou.

La queuë ou pierre de grès n'est qu'un morceau de grès grisâtre taillé en long. On y affile les couteaux.

Enfin, la pierre à huile est assez semblable à la pierre du Levant. C'est sur cette pierre que plusieurs Ouvriers affûtent les petits instrumens d'acier, comme les pointes, les échopes, les burins, &c qui servent à ciseler & à graver, soit au burin, soit à l'eau-forte, soit en bois.

Les Graveurs de medailles & de jettons & les Tailleurs des monnoyes s'en servent aussi pour plusieurs de leurs outils; mais outre cela ils les employent à polir les carrez par dessus, quand ils ont achevé de les travailler en creux. *Voyez ces quatre sortes de Graveurs. Voyez aussi l'article des Couteliers.*

Pour la commodité ces pierres s'enchassent dans du bois, à la réserve de la queuë & de la pierre du Levant.

Pierre. Il y a plusieurs sortes d'Artisans qui se servent de pierres pour diverses préparations de leurs ouvrages. Les uns les appellent simplement Pierres, quoi qu'elles soient de marbre; d'autres au contraire les nomment des Marbres, bien que ce ne soit que des pierres. On a expliqué à l'article des Marbres toutes celles à qui les Ouvrires donnent ce nom: l'on va parler ici de celles à qui les Artisans conservent celui de Pierre.

Les pierres dont on se sert dans les Manufactures des glaces, sont de plusieurs sortes, & ont différens noms suivant leurs divers usages; les unes servant à les adoucir, d'autres à les polir, & d'autres encore à les mettre au teint.

On nomme simplement la Pierre dans les atteliers de l'adouci, une grande table de liais sur laquelle se pose la glace brute. On appelle Pierre du teint, une semblable pierre de liais où l'on étend la feuille d'étain battuë, pour la charger de vif-argent, & y couler la glace. Enfin, les pierres qui servent à dégrossir les glaces de petit volume s'appellent, les unes des moîlons d'assiette, & les autres des moîlons de charge. Il y a aussi des blocs de marbre pour battre & étendre les feuilles d'étain, qu'on nomme quelquefois des Pierres, mais pour l'ordinaire ils conservent leur véritable nom. *Voyez* Glace, Mouellon & Marbre.

Les pierres des Tourneurs & des Natiers leur servent à battre les pailles dont les uns & les autres empaillent leurs chaises, & dont les derniers font leurs nattes. *Voyez* Tourneur & Nattier.

La pierre des Fondeurs de caractéres d'Imprimerie, sur laquelle ils frotent & usent les lettres nouvellement fonduës, est de grès d'Angleterre. Ils la nomment plus ordinairement Grès, ou Meule. *Voyez ces deux articles.*

Pierre precieuse. C'est une nature de pierre très-dure & brillante: la rareté, ou la mode en font ordinairement le prix. Le diamant cependant a toûjours obtenu & gardé le premier rang entre les pierres précieuses: les autres, comme le rubis, le saphir, l'émeraude & l'opale en ont si souvent changé, qu'il est difficile de le leur fixer, toutes seront expliquées à leur ordre & à leur propre article.

Ce sont les Jouailliers & Orfévres qui font ordinairement commerce de pierres précieuses. Les Marchands Epiciers-Droguistes en vendent aussi, mais de celles qu'on croit de quelqu'usage en Médecine, & qui pour l'ordinaire ne sont que des pierres très-petites, de peu de prix, & qu'on ne pourroit ni tailler, ni polir, ni mettre en œuvre.

Pierre-bonne. Nom que l'on donne aux cabochons d'émeraudes. *Voyez* Emeraude.

Les pierreries, ou pierres précieuses fines de toutes sortes sont déclarées marchandises de contrebande à la sortie du Royaume par l'article 3 *du titre* 8 *de l'Ordonnance de Louïs XIV. sur le fait des cinq grosses Fermes du mois de Mars* 1687, *& en conséquence sujettes à confiscation, aussi-bien que de l'équipage sur lequel elles sont trouvées, & de toutes les marchandises quoi que permises avec lesquelles elles se trouvent, & en outre sous*

sous peine de cinq cens livres d'amende contre les Marchands, ou Voituriers & autres Contrevenans.

Lors néanmoins que lesdites pierres fines, soit en œuvre, ou autrement, sortent du Royaume sous des permissions, ou passe-ports, qui toutefois ne sont valables que lors qu'ils sont contre-signez par un Secrétaire d'Etat, & visé du Contrôleur Général des Finances, les droits de sortie en sont dûs suivant le Tarif de 1664, c'est à dire, sur le pied de six pour cent de leur prix suivant l'estimation qui en est faite.

Les droits d'entrée desdites pierres sont de cinq pour cent de leur valeur.

PIERRE-PONCE. Espéce de pierre spongieuse, poreuse & friable.

Les Auteurs Naturalistes ne conviennent pas trop de la nature & de l'origine de cette pierre. Quelques-uns l'estiment des morceaux de roche à demi brûlez & calcinez que jettent les volcans ou montagnes enflammées, tels que le Vesuve & le Mont Ethna ; & qui à force d'avoir été lavées par les eaux de la mer perdent la couleur noire que l'impression des feux soûterrains leur avoit donnée, & en prennent une plus blanche, & quelquefois seulement grise, suivant le plus ou le moins qu'elles ont surnagé sur la mer, ou y ont été agitées des vents.

D'autres Auteurs croyent que la Pierre-ponce se détache du fond de la mer, où par le moyen des feux soûterrains elle contracte avec le tems cette qualité legére & poreuse qu'elle a ; ce qu'ils croyent justifier par le goût salé qu'elle conserve toûjours, & encore plus parce qu'il s'en trouve quantité dans des plages de mer, où elles n'ont pû être lancées par l'effet d'aucun volcan ; outre que plusieurs Relations assurent qu'on en a quelquefois vû des endroits de l'Archipel presque tout à coup entiérement couverts, & seulement après quelque mouvement intérieur, & quelques secousses arrivées au fond de la mer.

Quoi qu'il en soit, il n'y a guére de pierre qui soit d'un plus grand commerce, ni d'un usage plus commun parmi plusieurs Ouvriers que la Pierre de ponce.

Comme il y en a de plusieurs grosseurs, de diverses figures & de différentes couleurs, il semble que tous les Ouvriers qui s'en servent se les soient comme partagées entr'eux. Les Parcheminiers & les Marbriers prennent les plus grosses & les plus legéres ; les Corroyeurs employent les plus pesantes & les plus plattes ; les Potiers d'étain les plus petites ; & pour la Médecine où elle a aussi quelqu'usage, quoi que bien moindre que celui que, selon Pline, on en faisoit autrefois, on choisit les plus fines & les plus blanches.

La pierre-ponce paye de droits d'entrée 16 s. du cent pesant, conformément au Tarif de 1664.

Les droits de la Douane de Lyon sont de 2 s. 6 den du quintal d'ancienne taxation, 3 sols 6 den. de nouvelle reapreciation ; & pour les 4 pour cent 8 s.

PIERRE DE TOUCHE, que les Anciens appelloient Pierre Lydienne. C'est la pierre qui sert aux Monnoyeurs & aux Orfévres & Jouailliers à faire l'essai des métaux. *Voyez* TOUCHE.

PIERRE DE CERF. *Voyez* CERF.

PIERRE D'ECREVISSE. *Voyez* ECREVISSE, *ou* YEUX D'ECREVISSE.

PIERRE D'EPONGE. *Voyez* EPONGE.

PIERRE NAXIENNE. C'est la pierre qu'on nomme autrement Queux. *Voyez ci-devant* PIERRE A COUTELIER.

PIERRE PHRYGIENNE. Les Teinturiers s'en servoient autrefois à dégraisser les étoffes qu'ils vouloient mettre à la teinture, comme ils font à present du savon, ou de la terre-glaise.

Cette pierre étoit spongieuse, pesante, mal liée, de couleur pâle, traversée de veines blanches, d'un goût âcre, & d'une qualité un peu corrosive.

PIERRE JUDAÏQUE, en Latin *Lapis Judaïcus*, nom que le Tarif des Entrées de France de l'année 1664 lui a conservé. C'est une pierre de la grosseur d'un gland pour l'ordinaire, quelquefois blanche, quelquefois grise, & assez souvent rougeâtre. De quelle de ces trois couleurs elle soit, elle est presque toûjours couverte de petites lignes qui la traversent d'un bout à l'autre, tracées avec tant d'industrie, qu'à les voir on croiroit que l'art a un peu aidé la nature à les tirer avec tant de justesse.

Quoi que cette pierre soit une espéce de caillou, elle n'est pas néanmoins fort dure. Cassée elle paroît luisante & d'un blanc grisâtre.

Elle est de quelqu'usage dans la Médecine, sur tout réduite en sel par le moyen du souffre & de quelques vinaigres distilez. On la croit souveraine pour la pierre. Le nom de cette pierre marque assez le principal lieu d'où on l'apporte, qui est la Judée. Il en vient aussi de Syrie & de Phenicie, qui portent pareillement les noms des endroits d'où elles viennent.

La pierre Judaïque, ou Lapis Judaïcus, *paye en France les droits d'entrée à raison de 3 liv. 15 s. du cent pesant, suivant le Tarif de 1664.*

PIERRE D'EMERIL. *Voyez* EMERIL.

Le cent pesant paye 18 s. d'entrée, & autant pour la sortie.

PIERRE ARMENIENNE. Petite pierre d'un bleu verdâtre, parsemée par dessus de petites particules blanchâtres & luisantes en forme de diamans. C'est de cette pierre bien broyée & bien lavée qu'on fait la cendre verte, ou verd de terre dont se servent les Peintres, & que quelquefois on nomme Bergbleau.

Le verd de terre étant à bien meilleur marché que le verd de montagne, il ne se trouve que trop souvent des Marchands de couleurs qui mettent moitié du premier sur moitié de l'autre, & qui vendent le tout pour véritable verd de montagne. Cette friponnerie est difficile à découvrir, mais non pas impossible. *Voyez* VERD DE MONTAGNE.

PIERRE PLOMBIERE. Dioscoride appelle ainsi une sorte de pierre minérale qui ressemble beaucoup à du plomb, & à laquelle il donne les mêmes proprietez qu'à l'écume de ce métail. Quelques-uns prétendent ; & c'est le sentiment de Matthiole, que la véritable Pierre-plombiére est la mine de plomb qui n'a pas encore souffert le feu ; cette mine ayant beaucoup de ressemblance au plomb, soit pour sa couleur, soit pour sa pesanteur, *Voyez* PLOMB.

PIERRE HEMATITE que le Tarif des entrées de France de 1664, en lui conservant son nom Latin, appelle *Lapis Hematites*. C'est une sorte de mineral rouge qui se trouvera expliqué à son article. *Voyez* HEMATITE.

La pierre hematite paye en France les droits d'entrée à raison de 3 l. du cent pesant, conformément au Tarif de 1664.

PIERRE INFERNALE, que les Artistes nomment plus ordinairement Lune Caustique. C'est de l'argent dissous dans de l'eau-forte, qu'on laisse cristaliser.

PIERRE

Pierre d'Aigle. Espéce de pierre estimée souveraine pour les femmes enceintes. *Voyez* Aigle.

Pierre Calaminaire. Sorte de minéral ou terre fossile, que l'on appelle aussi Calamine; ou Cadmie. *Voyez* Calamine.

Pierre de Fiel, que l'on appelle autrement Bezoard du Bœuf. Est une sorte de pierre qui se trouve quelquefois dans la vessicule qui renferme le fiel de cet animal. *Voyez* Fiel & Boeuf.

Pierre Divine. *Voyez* Jade.

Pierre d'Aimant. *Voyez* Aimant.

Pierre de Perigord. *Voyez* Perigueux.

Pierre de Syrie. *Voyez* Pierre Judaïque.

Pierre de Phenicie. *Voyez* Pierre Judaïque.

Pierre d'Essai. C'est le nom que les Potiers d'Etain donnent à une sorte de petit moule de pierre de Tonnerre, qui leur sert à faire l'essai de leurs étains. *Voyez* Etain, *à l'endroit où il est parlé de la maniére d'en faire l'essai.*

Pierre d'Agate. *Voyez* Agate.

Les pierres d'agate ouvrées payent les droits de la Douane de Lyon à raison de 10 s. de la livre.

Pierre Noire. *Voyez* Craye.

La pierre noire paye à Lyon les droits d'entrée sur le pied de 3 s. le quintal.

Pierre de Rochon. *Cette sorte de pierre dont on n'a pû trouver l'explication, paye à Lyon 1 s. 6 den. du quintal.*

Pierre de Mangayer. Espéce de pierre propre à souder, qu'on ne trouve que dans le Tarif de Lyon. *Elle paye 1 s. 2 d. du quintal.*

Pierre, ou Steen. Sorte de poids plus ou moins fort, suivant les lieux où il est en usage.

A Anvers la pierre est de huit livres, qui en font sept de Paris, d'Amsterdam, de Besançon & de Strasbourg; y ayant égalité de poids entre ces quatre Villes.

A Hambourg la pierre est de dix livres, qui font à Paris, à Amsterdam, &c. neuf livres douze onces six gros, peu plus.

A Lubeck la pierre est aussi de dix livres; mais ces dix livres ne font que neuf livres huit onces trois gros de Paris.

A Dantzick & à Revel il y a la petite & la grosse pierre: la premiére qui sert à peser les marchandises fines est de vingt-quatre livres, qui font à Paris, Amsterdam, &c. vingt-une livres cinq onces cinq gros; & la seconde qui est en usage pour les grosses marchandises, comme cire, amandes, ris, &c. est de trente-quatre livres, qui rendent à Paris trente livres quatre onces un gros.

A Stetin il y a aussi une petite & une grosse pierre; la petite est de dix livres, qui font neuf livres quatorze onces de Paris; & la grosse est de vingt & une livres, qui reviennent à vingt livres onze onces six gros peu plus du poids de Paris.

A Conilberg la pierre est de quarante livres, qui en font trente-deux de Paris.

PIERRERIES. Amas de pierres précieuses.

Les perles, quoi qu'elles ne soient pas des pierres, se mettent au nombre des pierreries. Ainsi celui qui fait, ou qui a droit de faire négoce de pierreries, le fait également de perles, comme de diamans, de rubis, &c. *V.* Pierre Precieuse.

PIERRIERES, ou PERRIERES. L'on nomme ainsi en Anjou les carriéres d'où se tire la pierre propre à faire des ardoises. *Voyez* Ardoisiere.

PIERRIERS de Pierres naturelles. Les Maîtres Lapidaires de Paris avoient cette qualité dans leurs anciens Statuts de l'an 1290. *Voyez* Lapidaire.

PIETRE. Ce qui est sale, mal propre, vilain, gâté, dont on ne peut pas facilement se défaire. On dit qu'une étoffe est piétre, lors qu'elle est fripée, sans éclat, hors de mode, qu'il y a trop long-tems qu'elle garde la boutique.

PIETRERIE. Marchandise qui est piétre, hors de vente, ou qui est de très-bas prix & de peu de conséquence. Il n'y a que de la piétrerie, que du rebut dans cette boutique. Un Marchand doit être éxact à bien replier sa marchandise, & soigneux de l'empaqueter comme il faut, s'il veut éviter qu'elle ne devienne de la vraye piétrerie.

PIGEON. Oiseau domestique qu'on éléve & qu'on nourrit dans des colombiers. On appelle Pigeons ramiers, les pigeons sauvages qui perchent sur les arbres comme les autres oiseaux.

On a parlé ailleurs des pigeons couriers, dont ceux qui font le commerce d'Alexandrette & d'Alep tirent un si grand secours pour donner & recevoir des nouvelles de l'arrivée des vaisseaux d'Europe. *Voyez dans l'article général du Commerce du Levant.*

On ajoûtera seulement ici qu'on se sert assez ordinairement de ces pigeons dans les Etats du Grand Mogol; & que même en Europe l'usage n'en est pas inconnu; & que ç'a été quelquefois par leur moyen que des Gouverneurs de Places assiégées ont reçû des nouvelles du dehors, ou en ont donné des leurs.

Pigeon. Les clous à pigeon sont de grands clous à crochet, qu'on nomme autrement Bec-de-canne. Ils servent à attacher dans les volets & colombiers les paniers où l'on met pondre & couver les pigeons. *Voyez* Clou.

PIGNATELLE, autrement PINATELLE. Petite monnoye de billon qui se fabrique à Rome, & qui y a cours à peu près sur le pied des sous marquez de France; & les pignatelles prennent de fin depuis trois deniers cinq grains jusqu'à trois deniers vingt grains.

PIGNATOLIS, en Italien *Pignatella.* Petite mesure qui est en usage dans cette partie de l'Italie qu'on nomme la Pouille, pour mesurer les liqueurs. On s'en sert aussi en quelques endroits de la Calabre. C'est à peu près la pinte de Paris.

PIGNES. C'est ainsi qu'on nomme dans le Pérou & le Chilly des masses d'argent poreuses & légéres, faites d'une pâte desséchée qu'on forme par le mêlange du mercure & de la poudre d'argent tirée des miniéres.

Quand la pierre métallique, qu'on appelle autrement le Minerai, a été tirée des veines de la mine, on la concasse pour être en état d'être mouluë dans des moulins destinez à cet usage, ausquels l'eau donne ordinairement le mouvement, & qui ont des pilons de fer du poids de 200 livres.

Le minerai reduit en poussiére se passe par des cribles de fer, ou de cuivre, pour être ensuite bien pêtri dans de l'eau, en sorte qu'il soit reduit en une espéce de bouë assez épaisse.

Cette bouë à demi séche se coupe en table d'un pied d'épais & d'environ vingt-cinq quintaux pesant. Chaque table qu'on nomme *Cuerpo*, est de nouveau pêtrie avec du sel marin qui s'y fond & s'y incorpore; il en faut ordinairement 200 livres par table: suivant la qualité du minérai on l'augmente, ou on le diminuë.

Après cette préparation où l'on employe trois jours, on lui donne le mercure depuis dix jusqu'à vingt livres suivant la richesse de la mine ; plus si elle est riche, moins si elle ne l'est pas. On recommence ensuite à repêtrir chaque table jusqu'à ce que le mercure ait bien ramassé & se soit bien incorporé dans tout l'argent.

Cet ouvrage très-dangereux à cause des mauvaises qualitez du vif argent, est le partage des malheureux Indiens, qui le recommencent huit fois par jour. Neuf ou dix jours suffisent pour cette amalgamation dans les lieux tempérez; mais dans les païs froids on y employe quelquefois un mois ou six semaines.

Les chaux & les minerais de plomb, ou d'étain, qu'on est souvent obligé d'y mêler, facilite beaucoup l'opération du mercure; il faut même dans de certaines miniéres se servir du feu pour en avancer l'effet.

Quand on croit le mercure & l'argent bien amalgamez, on en fait l'essai en prenant un peu de terre de chaque *Cuerpo*, & la lavant dans de l'eau sur une assiette; si le mercure est blanc il a eu son effet, s'il est noirâtre il faut le pêtrir de nouveau en y ajoûtant du sel, ou autre drogue.

Quand enfin l'essayeur est content, on l'envoye aux lavoirs qui sont trois bassins construits en pente, qui se vuident successivement l'un dans l'autre, & d'où la terre qui est mise dans le plus élevé, s'écoule à force d'être bien délayée par l'eau d'un ruisseau qui y tombe, & qu'un Indien agite avec les pieds, ce que font aussi deux autres Indiens dans les deux bassins suivans.

Lors que l'eau sort toute claire des bassins, on trouve au fond, qui est garni de cuir, le mercure incorporé avec l'argent, ce qu'on appelle la *Pella*, & c'est de cette Pella que se forment les Pignes après qu'on en a exprimé le plus que l'on peut de mercure en la mettant d'abord dans des chausses de laine de vigogne qu'on presse & que l'on bat fortement, & ensuite en la foulant dans un monde de bois de figure piramidale octogone, au bas duquel est une plaque de cuivre percée de plusieurs petits trous.

On fait les pignes de divers poids à discrétion; & pour connoître la quantité que chacune peut contenir d'argent, on les pése, & en déduisant les deux tiers de leur pesanteur pour le mercure, on sçait à peu près ce qu'il doit y avoir d'argent net.

La pigne tirée hors du moule & soûtenuë de la plaque de cuivre trouée, se pose sur un trépié au dessous duquel est un grand vase rempli d'eau. Tout cela se couvre d'un grand chapiteau de terre qu'on environne de charbon qu'on allume & qu'on entretient bien ardent. Le mercure que contient encore la pigne réduit alors en fumée par l'ardeur du feu, & ensuite condensé dans l'eau où il se précipite, laisse comme une masse de grains d'argent de différentes figures, qui se joignant par leur extrêmité, la rendent fort poreuse & legére, & ce sont ces sortes de Pignes que les mineurs tâchent de vendre en cachette aux vaisseaux étrangers qui vont dans la Mer du Sud, & qui ont fait faire de si grands profits aux Négocians qui se sont hazardez dans les derniéres guerres à ce commerce de contrebande.

Ceux qui achétent l'argent en pignes doivent bien se donner de garde de la mauvaise foi des Mineurs Espagnols, qui pour les rendre plus pesantes en remplissent le milieu de sable, ou de fer. La précaution la plus sûre est de les ouvrir; on peut aussi les faire rougir au feu; & si elles sont falsifiées, elles noircissent, ou jaunissent. On fraude encore l'acheteur en mêlant dans la même pigne, de l'argent de différent aloi.

Les Pignes, comme on vient de dire, sont marchandises de contrebande hors des miniéres, & il est défendu d'en vendre aux étrangers, & même aux Espagnols, à cause du Quint du Roi qui est dû quand on les porte aux Caisses Royales. *Voyez* ARGENT.

PIGNOLAS. C'est le Pignon blanc quand il est encore dans sa coque. *Voyez ci-après* PIGNON.

PIGNON BLANC. Espéce de petites amandes longuettes & à demi-rondes, d'un goût très-doux. Lorsqu'elles sont encore couvertes de leur coque qui est ligneuse & très-dure, on les appelle *Pignolas*.

Ces coques, ou noyaux, se trouvent dans les pommes de pin où elles sont enfermées dans plusieurs cellules, ou cavitez. Pour les en tirer avec plus de facilité, on met les pommes de pin, ou sur les charbons, ou dans des fours chauds. On envoye les pignons mondez de leur coque; & pour les vendre & s'en servir il faut encore les monder d'une petite pellicule mince, legere & rougeâtre, que quelques gens estiment être ce qui les conserve.

Les Pignons viennent le plus ordinairement de Catalogne; il en vient néanmoins de Languedoc & de Provence, & de toutes les autres Provinces de France où les montagnes sont couvertes de l'arbre qui porte la pomme de pin. Il faut choisir les Pignons blancs, gros, nouveaux, peu remplis de coques & de pellicules, & qui ne sente ni l'huile, ni le moisi.

Le Pignon étoit autrefois à la mode. Il entroit dans tous les ragoûts, & sur tout il n'y avoit point de bonne maison où l'on n'en fît sa provision pour la Carême; mais il est bien déchû présentement, & d'autres assaisonnemens ont pris sa place sur les tables délicates. Il s'en fait néanmoins encore un assez grand commerce, soit dedans, soit dehors le Royaume.

On peut tirer du Pignon une huile très-douce, & qui a toutes les autres qualitez de l'huile d'amande; & du marc des Pignons dont l'huile a été exprimée, on peut faire de la pâte à laver les mains.

Les Pignons payent en France les droits d'entrée à raison de 24 s. le cent pesant, & pour ceux de sortie comme fruits secs, 12 sols, conformément au Tarif de 1664.

Les droits de la Douane de Lyon sont 4 s. 3 d. du quintal d'ancienne taxation, 4 s. 6 d. de nouvelle réapréciation, 10 s. pour les anciens quatre pour cent, & 5 s. pour leur réapréciation.

Les Pignons sont du nombre des marchandises venant du Levant sujettes au droit de vingt pour cent, suivant l'Arrêt du 15. Août 1685.

PIGNON D'INDE. C'est une espéce de petit fruit purgatif qu'on nomme aussi *Grain de Tilli*, qui est apporté des Indes.

La plante qui le produit est peu connuë en Europe; quelques uns croyent que c'est le *Ricinus fructu glabro* de Monsieur Hermans dans son *Paradisus Batavus*, auquel on peut avoir recours: quoi qu'il en soit le Pignon d'Inde que débitent les Marchands Epiciers & Droguistes de Paris, est une petite amande de la grosseur d'un pois, d'un blanc jaunâtre, d'un goût âcre & desagréable. Chacune de ces amandes est couverte d'une petite pellicule blanche & mince, & par dessus la pellicule d'une coque dure & épaisse.

Ces

Ces fruits sont très-purgatifs, & ne doivent être employez que pour des personnes très-robustes, & encore avec de sages précautions; il faut les choisir nouveaux & pesans.

Il y a plusieurs autres sortes de Pignons étrangers propres à la Médecine, comme les gros Pignons de Barbarie, les gros & petits Pignons de l'Amerique qui sont très-rares en France, & ne se trouvent que chez des Marchands Droguistes des plus curieux.

Le fruit du *Palma Christi* est aussi une espéce de Pignon, & souvent on le substituë au Pignon d'Inde, sur tout s'il n'est point marbré, y en ayant de deux sortes, comme tout le monde sçait.

PIGNON. Se dit aussi de tout ce qui sort du cœur du chanvre quand on l'aprête & qu'on l'habille en le passant par les serans. *Voyez* CHANVRE.

PIGNON, ou PEIGNON. C'est encore une laine de médiocre qualité, qui tombe de la laine fine lors qu'on la peigne avec les cardes & cardasses.

Il y a de trois sortes de Pignons de laine; sçavoir, de bons & fins Pignons, de moyens & de gros, qui chacun selon leur qualité peuvent être employez dans diverses natures d'étoffes de laine.

Les Statuts pour les Manufactures de Draperie & Sergetterie de Beauvais, du 18 Août 1670. reglent dans quelles étoffes il est défendu ou permis d'employer des Pignons de ces trois sortes ou qualitez, & dans quels lieux de la Ville ils peuvent être exposez en vente.

Le troisiéme article permet les bons & fins plis & pignons dans les serges façon de Londres.

Le quatriéme les défend dans les ratines dites finettes, de 4 tiers & d'une aune; & le cinquiéme dans les ratines doubles ou fines fortes, & dans les serges à deux envers & à poil, façon d'Espagne.

Le sixiéme article souffre qu'on en mêle dans les termes des ratines ou serges à deux envers, & à poil, dites entre fines & moyennes.

Le septiéme ordonne, qu'il ne sera employé tant aux chaînes qu'aux trêmes des serges à poil-bures, que des plis & pignons les plus fins & de la meilleure qualité; ce qui est aussi reglé par le huitiéme pour les revêches.

Il est défendu aux Drapiers par le dix-septiéme article, d'acheter & faire provisions de moyens & gros plis & pignons, sous prétexte de faire les cardeaux & lizieres de leurs étoffes, en plus grande quantité qu'ils n'en peuvent employer pendant six mois, suivant le nombre de leurs métiers; laquelle quantité est évaluée par le dix-huitiéme article, pour chaque métier de ratines & serges à deux envers, & autres telles qualitez d'étoffes, à 60 livres. Pour chaque métier à serges razes, à 120 liv. & pour un métier de revêche à 110 liv.

L'article dix-neuf ordonne, que la visite de plis & pignons, de quelque qualité qu'ils soient, se fera par le plus ancien Garde de la Draperie, par deux Drapiers drapans du Boujon, & par deux Maîtres Egars Sergers de semaine; & par le vingt-uniéme article il est défendu à tous Drapiers d'exposer en vente aucuns des plis & pignons qui leur sont défendus, ni d'en tenir chez eux ou ailleurs.

Les articles concernant l'exposition en vente des plis & pignons, sont, le 14, le 15 & le 16, dont le premier enjoint aux Forains de ne les exposer, s'ils sont gros & moyens qu'en la cour de la hale & dans la petite galerie à côté. Les deux autres donnent aux Marchands de la Ville le marché pour les moyens & gros pignons, & la place vis à vis l'Hôtel de Ville pour les bons & fins pignons propres aux Drapiers.

PILE. Masse de plusieurs choses entassées, élevées & rangées les unes sur les autres. Une pile de piéces de draps, une pile de moruë, une pile de bois.

On dit en terme de Foulon, mettre une piéce de drap dans la pile; pour dire, la mettre dans le vaisseau où elle doit être foulée.

La plûpart des moulins à fouler les étoffes de laines, sont à deux piles. *Voyez ci-après* PILES.

PILE, terme de monnoyage au marteau. C'est le poinçon ou coin sur lequel (quand on frappoit encore en France les monnoyes au marteau) étoient gravez en creux les armes, la croix ou autres figures & inscriptions, qui devoient faire le revers des espéces. C'est ce qu'on appelle présentement les Matrices ou Carrez d'écusson. *Voyez* MONNOYAGE AU MARTEAU.

On nomme encore aujourd'hui la pile d'une espéce d'or, d'argent ou de cuivre, le côté de l'écusson; & l'on dit jouer à croix & à pile; pour dire, se divertir à un jeu de hazard, qui se jouë en jettant en l'air quelque espéce de monnoye, & en devinant, avant qu'elle soit retombée, sur lequel des deux côtez elle doit tourner. Dans ce jeu l'écusson se nomme Pile & la tête s'appelle Croix, parce qu'anciennement dans la plûpart des Monnoyes de France, une croix tenoit lieu de l'effigie du Prince qu'on y met présentement.

PILE des Chartreux. Ce sont des laines primes d'Espagne, qui, avec la pile des Jésuites, passent pour les meilleures de toutes les laines Espagnoles. *Voyez* LAINE, *où l'on parle des laines de Segovie.*

PILE'E. Terme de manufacture de lainage, qui veut dire la quantité d'étoffe que l'on met dans l'auge ou vaisseau de bois destiné pour la faire fouler.

Quelques-uns, particuliérement du côté d'Amiens, disent Vaissélée. Le mot de Pilée vient de Pile; y ayant bien des endroits où les vaisseaux à fouler s'appellent ainsi. *Voyez* VAISSEAUX A FOULER, & FOULON.

PILE'E. C'est aussi, en termes de Couverturier, la quantité de couvertures que la moulin à foulon peut fouler à la fois.

Cette quantité s'estime ordinairement au poids; ensorte que si un moulin peut fouler quatrevingt livres, & que chaque couverture pese vingt livres, la pilée est de quatre couvertures, & ainsi à proportion des pilées de tous les autres moulins.

PILER. Réduire un corps en menuës parties, en le cassant ou broyant avec des instrumens de fer, de cuivre ou de bois dans des mortiers ou autres vaisseaux de diverses matiéres, suivant la qualité de ce qu'on a à piler. Piler des drogues dans un mortier. Piler le tan avec les pilons d'un moulin.

PILER LE SUCRE. Terme de Sucrerie. C'est le briser par morceaux dans des bacs ou dans des canots faits exprès pour cela, lors qu'il sort de l'étuve. *V.* PILON A SUCRE.

PILES, ou POTS. Espéces d'auges ou vaisseaux de bois dont on se sert pour fouler les étoffes de laine, *Voyez* VAISSEAUX A FOULER & FOULON.

PILES. Se dit aussi des mortiers qui servent dans les Papeteries pour préparer la pâte qui doit être employée à faire le papier. Il y a de trois sortes de piles; les unes que l'on nomme Piles à drapeaux, les autres Piles à fleuret, & les autres Piles de l'Ouvrier. *Voyez* PAPIER.

PILES. Ce sont encore de grands vaisseaux de pierre dure, dont les Italiens & les Provençaux se servent pour mettre les huiles qu'ils veulent garder, en attendant le tems favorable de les vendre. On les met aussi dans des jarres, qui sont de grands vaisseaux de terre cuite.

PILLARDS, ou PILLIERS. C'est ainsi que les piastres qui ont pour empreinte deux colomnes sont quelquefois appellées en Hollande. *Voyez* PIASTRE.

Par l'Ordonnance des Etats Généraux des Provinces-Unies renduë en 1699, pour fixer le prix du fin des matiéres & monnoyes d'or & d'argent, les pilliers, ou pillards, sont estimez à vingt-deux florins six sols de banque le marc, qui font argent courant vingt-trois florins quatre sols.

PILON. Ce qui sert à piler, écraser, reduire en poudre, battre, fouler, amolir, &c.

On se sert de pilon dans plusieurs manufactures & à différens ouvrages. Quelques étoffes se foulent au pilon; le tan s'y coupe & s'y hache; les drapeaux dont on fait le papier s'y battent & s'y réduisent en bouillie. Quelques sortes de cuirs s'y préparent; & les matiéres dont on fait la poudre à canon s'y broyent. *Voyez* FOULON, DRAP, PAPIER, TAN, CUIR, *&c.*

PILON A SUCRE. On appelle ainsi dans les sucreries, des especes de grosses masses d'un bois dur & pesant, emmanchez aussi de bois. La masse doit avoir 8 pouces de hauteur sur 5 de diamétre, & le manche 6 pieds de long. Ils servent à piler le sucre terré au sortir de l'étuve, & à le réduire en cassonnade avant de le mettre dans les bariques. *Voyez* SUCRE TERRÉ.

PILON. L'on dit en termes de Librairie, Envoyer des Livres au pilon; pour dire, les déchirer par morceaux, en sorte qu'ils ne puissent plus servir qu'aux Cartonniers, pour être pilonnez & réduits en cette espéce de bouillie dont on fait le papier & certaines sortes de carton. *Voyez* CHAMBRE ROYALE DE LA LIBRAIRIE. *Voyez aussi* LIVRES.

PILONNER. Se servir du pilon.

PILONNER LA LAINE. C'est la remuer fortement avec une pèle de bois, dans une chaudiére remplie d'un bain plus que tiéde, composé des trois quarts d'eau claire & d'un quart d'urine, pour la dégraisser au sortir de la bale, avant que d'être battuë sur la claye.

PILORI. Lieu infame où l'on expose certains Criminels par ignominie un ou plusieurs jours de marché à la vûë & à la dérision de la populace.

Le Pilori de Paris est une tour antique de pierre de taille, élevée au milieu des hales, ouverte par en haut de tous côtez. Dans le centre est un échafaud de bois qui tourne sur un pivot, en sorte qu'on puisse faire voir successivement l'endroit où est attaché le Criminel aux diverses ouvertures de la tour.

Le malheureux qui y est condamné est debout, le col & les deux poignets engagez dans des trous de deux planches qui se rejoignent; & c'est en cet état que l'Exécuteur de la haute-justice faisant tourner l'échafaud sur son pivot, lui fait faire les tours ordonnez par son Arrêt; l'arrêtant quelque tems à chaque ouverture, pour qu'il y serve de spectacle au peuple.

Cette punition infamante s'ordonne pour plusieurs crimes; mais ce sont particuliérement les Banqueroutiers frauduleux, & ceux qui les ont aidez de leurs conseils & secours pour faciliter leur faillite & détourner leurs effets, qui y sont condamnez.

Autrefois ceux qui faisoient cession de biens à leurs Créanciers, étoient obligez de faire quelques tours au pied du Pilori, avec le bonnet verd sur la tête, qui étoit alors, c'est à dire, assez avant dans le dix-septiéme Siécle, la marque infamante de ceux qui étoient réduits à cette extrêmité.

PILORIER. Exposer un Criminel au pilori, lui faire faire les tours ordonnez par sa Sentence, ou par son Arrêt de condamnation.

PILOTAGE, ou LAMANAGE. Terme de commerce de mer, qui signifie les droits qui sont dûs aux Pilotes, ou Lamaneurs qui aident aux navires à entrer dans les Ports ou à en sortir. *Voyez* LAMANAGE.

PIMENT, autrement Poivre de Guinée, ou Corail de jardin. *Voyez* POIVRE.

PIN. Grand arbre qui produit cette espéce d'amande qu'on nomme du Pignon blanc. Son fruit vient en forme de grosses pommes longues, écailleuses, dures & ligneuses, dont chaque écaille contient une coque osseuse où est renfermé le pignon. On tire aussi du Pin une sorte de résine par les incisions que l'on fait dans son tronc & dans ses plus grosses branches. *Voyez* PIGNON *&* RESINE.

PINASSES. Etoffes des Indes Orientales, qui sont faites d'écorce d'arbre. *Voyez* ECORCE.

PINCE. Gros levier de fer rond, de quatre pieds de long & de deux pouces de diamétre, coupé d'un côté en biseau, pour lui donner plus de prise & d'entrée dans les joints des pierres, ou autres matiéres qu'il sert à remuer, à disjoindre & à démolir.

Il y a aussi de petites Pinces qui servent seulement à mettre en place des ouvrages de menuiserie, de charpente, ou ceux des Marbriers & Tailleurs de pierre. Les Pinces qu'on appelle Pieds de chévres, sont recourbées & refenduës par le bout; en sorte qu'elles ont assez la figure du pied de l'animal dont elles ont pris le nom.

Plusieurs Ouvriers se servent de la pince; entr'autres les Maçons, Charpentiers, Paveurs, Tailleurs de pierre, Carriers, &c.

Ce sont les Taillandiers qui font & qui vendent les pinces quand elles sont grosses: les petites se font par les Serruriers. Il s'en trouve aussi dans les boutiques des Clinquailliers.

PINCE. C'est encore une espéce de tenaille de fer de dix à douze pouces de longueur, dont la tête est très-massive, ordinairement de figure cubique & dentelée en dedans, en sorte que les dents d'un des côtez s'engrénent dans les dents du côté opposé.

Cette pince est particuliére aux Cordonniers, qui s'en servent pour mettre le soulier sur la forme, après que l'empègne & les quartiers ont été cousus.

Quand cette pince est fermée, ils usent de la tête comme de marteau, pour coigner les clous à brocher; & des bouts des branches qui sont fendus, comme de tenailles pour les retirer; mais son plus grand usage est pour tirer le cuir & l'étendre sur la forme, & comme ils disent, pour le brocher, c'est à dire, pour le bâtir & le mettre en état qu'on y couse la semelle de dedans. La masse est large & dentelée, afin qu'elle tienne fermement le cuir, sans pourtant le pouvoir déchirer.

Ces

Ces pinces se vendent par les Marchands de crêpin. Les autres Clinquailliers en font aussi commerce; mais les Cordonniers s'en fournissent plus volontiers chez les premiers.

PINCE. C'est aussi un outil de Relieur de Livres, en forme de tenailles de fer. Le mors de cette petite tenaille, c'est à dire, l'endroit par où elle pince, est plat. On s'en sert pour pincer les nervûres; ce qui se fait en approchant avec la pince, de chaque côté des nerfs, les ficelles dont le livre est fouetté. *Voyez* RELIEURE.

PINCE, qu'on nomme plus communément PINCETTE. Est encore une petite tenaille dont le mors est, ou plat, ou rond, qui sert aux Horlogeurs, Arquebusiers & autres Ouvriers, pour prendre ou placer les goupilles & autres légéres piéces de leurs ouvrages. Les Fourbisseurs se servent aussi de diverses pinces, de rondes, de pointuës, de carrées, la plûpart petites; à la réserve de la pince à tourner le crochet, qu'on met au haut des fourreaux d'épées, qui n'a guére moins de dix pouces de long, & qui est forte à proportion de sa longueur. *Voyez* PINCETTES.

PINCE. Est pareillement un petit instrument de fer, aussi en forme de tenailles pointuës, dont se servent les Passementiers-Boutonniers, pour redresser les fleurs de leurs campanes & autres semblables ouvrages.

PINCE. Les pinces des Chauderonniers sont des tenailles de fer assez semblables à celles des Serruriers, Maréchaux & Taillandiers, mais beaucoup plus petites. Il s'en servent pour tenir leur ouvrage; quand il est nécessaire de le mettre au feu.

PINCE A PINCE. On dit Auner une étoffe pince à pince; pour dire, l'auner juste, sans donner de bonne mesure. *Voyez* AUNER.

PINCEAU. Instrument dont se servent les Peintres pour appliquer leurs couleurs.

Il y a des pinceaux de diverses sortes, & faits de différentes matiéres. Les plus ordinaires sont ceux de poil de blaireau & de petit-gris; ceux de duvet de cigne & ceux de poil de sanglier. Ces derniers sont attachez au bout d'un bâton plus ou moins gros, suivant l'usage auquel on les destine. Quand ils sont gros, on les appelle des Brosses. Les autres sont enfermez dans le tuyau d'une plume. Il y en a de cette sorte qui sont d'une finesse extraordinaire. Les plus gros servent aux Doreurs pour étendre leur or après qu'ils l'ont mis sur l'or-couleur, ou sur l'assiette avec la palette.

Ce sont les Marchands Epiciers qui font le négoce des pinceaux. Les Maîtres Brossiers-Vergetiers en font & en vendent aussi, mais seulement de soye, ou poil de sanglier. *Voyez* PEINTRE *&* VERGETTIER.

Les pinceaux payent en France les droits d'entrée comme mercerie, c'est à dire, à raison de 10 l. du cent pesant, conformément à l'Arrêt du 3 Juillet 1692.

PINCER UN LIVRE. Terme de Relieur. C'est approcher avec de petites pinces de fer, de chaque côté des nerfs qui sont au dos d'un livre, les ficelles qui n'en sont pas assez proches quand on l'a fouetté. *Voyez* RELIEURE.

PINCETTES. Ustencile de ménage, qui sert à attiser le feu.

PINCETTES. Ce sont aussi de petites tenailles, les unes simples, & les autres à ressort, dont se servent divers Ouvriers pour placer les différentes piéces de leurs ouvrages, qui sont trop petites pour être mises à la main; comme sont les goupilles, les petites vis & autres semblables, particuliérement dans l'Horlogerie. Les deux branches de ces tenailles sont courbées en demi-cercle, pour donner plus de force & de tenuë au mors lors qu'on les presse. A l'égard du mors, il est toûjours étroit & sans courbure; mais aux unes plat & carré, & aux autres plat & pointu.

Les Joüailliers se servent aussi de pincettes très-fines pour prendre les pierres précieuses qui sont d'un très-petit volume, & les ranger sur les desseins des diverses piéces de joüaillerie qu'ils veulent monter.

PINCEURE. Petit faux-pli que les draps prennent quelquefois au foulon. *Voyez* LIZER.

PINCHINA. Sorte d'étoffe de laine non croisée, qui est une espéce de gros & fort drap qui se fabrique à Toulon & aux environs, dont la largeur est d'une aune, & la longueur des piéces de vingt & une à vingt-deux aunes mesure de Paris.

Il se fait des Pinchinas tout de laine d'Espagne, & d'autres entiérement de laine de Païs. Les premiers se consument pour l'ordinaire en France; & les autres s'envoyent pour la plûpart en Italie, en Barbarie & dans l'Archipel. Cette espéce d'étoffe a une odeur de violette, qu'on lui fait prendre par le moyen de l'iris.

Châlons en Champagne fournit une étoffe de laine très-forte, d'une aune de large, à laquelle on donne aussi le nom de Pinchina, parce que sa qualité approche assez de celle des véritables Pinchinas de Toulon. Ce sont les Sieurs Moreau & Darras très-habiles Manufacturiers qui les premiers en ont établi la fabrique.

On appelle encore Pinchina, une sorte d'étoffe croisée toute de laine, d'une aune de large sur vingt & une à vingt-deux aunes de long, qui se tire de Berry; laquelle n'a d'autre raport aux Pinchinas de Toulon que par sa largeur; ne devant être regardée tout au plus que comme un corda, ou grosse serge drapée, qui n'est propre qu'à vêtir des gens de basse condition. Les Pinchinas de Berry sont faits pour l'ordinaire de grosses laines de Païs naturelles; c'est à dire, telles qu'elles ont été tirées des moutons, n'ayant point passé par la teinture.

Depuis quelque tems les Fabriquans & les Marchands de France se sont avisez de donner le nom de Pinchina à quantité d'étoffes de demi-aune, de demi-aune demi-quart, & de deux tiers, qui ne sont proprement que des droguets. *Voyez* DROGUET.

PINÇON, ou PALISSON. Terme de Chamoiseur. *Voyez* PALISSON.

PINE'E. Nom que l'on donne à une sorte de moruë séche, qui est la plus estimée de toutes. *Voyez* MORUË.

PINTE. Espéce de moyen vaisseau, ou mesure dont on se sert pour mesurer le vin, l'eau-de-vie, l'huile & autres semblables marchandises que l'on débite en détail, même les olives.

La pinte de Paris, qui, à ce qu'estiment les Sçavans, est à peu près la sixiéme partie du Conge Romain, se divise en deux chopines que quelques-uns appellent Septiers; la chopine est de deux demi-septiers, & le demi-septier contient deux poissons, chaque poisson étant de six pouces cubiques. Les deux pintes font une quarte, ou quarteau que l'on nomme en plusieurs endroits Pot.

La pinte de S. Denis en France est presque le double de celle de Paris, ne s'en manquant guére que la valeur d'un verre, ce qui fait qu'on lui donne en divers lieux le nom de Pot.

La

La Pinte d'Angleterre est la plus petite des mesures dont on se sert pour les liquides dans ce Royaume; elle pése environ une livre d'avoir du poids, c'est à dire 16 onces. Deux pintes font une quarte; deux quartes un pot; deux pots un galon, ou broc. *Voyez* GALON.

PINTE. Se dit aussi des choses que l'on a mesurées avec la pinte. Une Pinte d'olives, une Pinte d'eau-de-vie, une Pinte de vin, &c.

PIOCHE. Outil de fer avec un long manche de bois qui sert aux Terrassiers, Carriers & Maçons pour remuer la terre, tirer des pierres, saper, démolir, &c. Il y en a de plusieurs sortes; les unes dont le fer a deux côtez, comme un marteau, & un œil au milieu pour l'emmancher; chaque extrêmité de cette pioche est pointuë.

Deux autres sortes de pioche s'enmanchent par le bout du fer; toutes deux sont un peu courbes, mais l'une est pointuë comme le Pic, & l'autre qu'on nomme Feuille de sauge, a le bout large & tranchant.

PIPE. C'est une des neuf espéces de futailles ou vaisseaux réguliers propres à mettre du vin & d'autres liqueurs.

La pipe qui est particuliérement en usage en Anjou & en Poitou, est composée de deux bussards ou busses, ce qui est égal à deux demi-queuës d'Orleans, de Blois, de Dijon, de Nuys & de Mâcon, qui font un muid & demi de Paris, le muid composé de 36 septiers, chaque septier faisant 8 pintes, de maniere que la pipe contient 54 septiers qui font 432 pintes de Paris.

On dit aussi une Pipe de bled, comme l'on dit en d'autres endroits un Muid.

En Bretagne la Pipe est une mesure des choses séches, particuliérement pour les grains, les légumes & autres semblables denrées.

La Pipe entenduë de cette sorte contient dix charges, chaque charge composée de quatre boisseaux, ce qui fait quarante boisseaux par Pipe; elle doit peser six cens livres lors qu'elle est pleine de bled.

PIPE. Espéce de long tuyau délié fait ordinairement de terre cuite très-fine, qui sert à fumer le tabac. A l'un des bouts du tuyau qui est recourbé, est une façon de petit vase que l'on appelle le Fourneau, ou la tête de la pipe, dans lequel on met le tabac pour l'allumer & le fumer, ce qui se fait avec la bouche en aspirant la fumée par le bout du tuyau opposé à celui du fourneau.

Il se fabrique des pipes de diverses façons, de courtes, de longues, de façonnées, d'unies, de blanches sans être vernissées, & de vernissées de différentes couleurs. On les tire ordinairement, ou de Hollande, ou de Roüen.

Celles de Hollande sont les plus estimées, étant droites, d'une belle forme & d'une terre très-fine; il y en a d'une longueur extraordinaire: elles sont envoyées dans des caisses de sapin avec de la paille, ou coque de bled sarazin, pour empêcher qu'elles ne se cassent; les caisses ont coûtume de contenir depuis quatre jusques à vingt-quatre grosses de douze douzaines chacune. L'on prétend que celles qui viennent en petites caisses de quatre grosses sont moins sujettes à se briser.

La plûpart des pipes de Hollande se font à Gouda, qu'on nomme autrement Tergouw. Il s'y en débite une quantité incroyable.

Les pipes qui se manufacturent à Roüen, quoi qu'à l'imitation de celles de Hollande, sont cependant beaucoup moins estimées, la terre en étant plus grossiére, d'une vilaine couleur, la plûpart tortuës & mal formées; elles sont apportées dans de petits caissons de bois de hêtre qui ne contiennent pour l'ordinaire qu'une grosse; on y met du foin pour les mieux conserver.

Ceux qui font commerce de pipes en gros, les vendent aux Détailleurs sur des échantillons, sans faire l'ouverture des caisses, en sorte que celles qui se trouvent rompuës & cassées restent pour le compte de l'Acheteur. C'est un usage établi parmi les Marchands qui font ce négoce.

Les Turcs se servent de pipes de trois ou quatre pieds de long; ou plus ou moins grandes, de roseaux, ou de bois troué comme des chalumeaux, au bout desquelles ils attachent une espéce de noix de terre cuite qui sert de fourneau & qu'ils détachent après avoir fumé.

Ce qu'on appelle un Brûle-gueule, n'est autre chose qu'une Pipe dont le tuyau a été cassé à cinq ou six doigts du fourneau.

Pipe grasse est celle qui à force d'avoir servi à fumer est devenuë d'un brun obscur presque noir; quelques-uns prétendent que la Pipe grasse pulvérisée & prise dans du vin blanc est très-spécifique pour le flux de sang.

Les Pipes à tabac de fabrique de Hollande payent en France les droits d'entrée à raison de 5 liv. la grosse de douze douzaines, suivant le Tarif de 1699.

Et les Pipes à tabac, autres que celles de Hollande, payent 24 s. de la grosse, conformément à l'Arrêt du 3 Juillet 1692.

PIQUE. Arme offensive faite d'un long bois de douze à quatorze pieds, ferré par un bout d'un fer plat & pointu.

Les piques ont été long-tems en usage dans l'Infanterie Françoise; mais elles leur ont été ôtées sur la fin du dix-septiéme Siécle, les bayonnettes qu'on met au bout du fusil leur ayant été substituées.

Les piques sont du nombre des marchandises de contrebande pour la sortie du Royaume conformément à l'Ordonnance de 1687.

Elles payent les droits d'entrée soit qu'elles soient ferrées ou non, à raison de 20 s. le cent pesant, & pour la sortie avec passeport 18 s.

PIQUE. On dit Traiter à la Pique avec des Nations sauvages; pour dire, faire commerce avec elles en se tenant sur ses gardes, & pour ainsi dire la pique à la main. On traite particuliérement de cette sorte avec quelques sauvages voisins du Canada & avec quelques Négres des Côtes d'Afrique. *Voyez à l'article général du Commerce celui des Côtes d'Afrique & de l'Amérique Septentrionale.*

Traiter à la Pique, s'entend aussi du négoce de contrebande qui se fait par les Anglois & les Hollandois dans plusieurs endroits de l'Amérique Espagnole voisins des colonies que ces deux Nations ont dans les Isles Antilles. Peut-être faudroit-il dire Traiter à Pic, c'est à dire, le vaisseau sur ses ancres, parce que ce commerce qui est défendu sur peine de la vie, ne se fait que dans des rades où les vaisseaux restent à l'ancre & attendent les Marchands Espagnols, qui quelquefois en cachéte, mais le plus souvent d'intelligence avec les Gouverneurs & autres Officiers du Roi d'Espagne, viennent échanger leur or, leurs piastres, leur cochenille & les autres riches productions du païs contre des marchandises d'Europe.

Ceux qui veulent qu'on dise en cette occasion Traiter à la Pique, entendent que c'est traiter à la longueur de la pique, à cause d'une certaine distance à laquelle les étrangers so it obligez de se tenir pour faire ce commerce, ne leur étant jamais permis d'entrer dans les Ports, & n'étant même soufferts dans les rades que par une espéce de collusion, y ayant des armadilles, ou vaisseaux de guerre qui veillent, ou doivent veiller sans cesse pour empêcher ce négoce comme trop préjudiciable à celui que les Espagnols d'Europe font en Amérique par leur flotte & leurs galions. *V. à l'article du Commerce de l'Amérique celui que les Anglois de la Jamaïque & les Hollandois de Curaço font sur les Côtes Espagnoles des Indes Occidentales.*

PIQUE', PIQUE'E. Ce sur quoi un Ouvrier a fait de la piquûre. Un satin piqué, un taffetas piqué, une couverture piquée, un baudrier piqué d'or.

PIQUE'. Se dit aussi des taches que l'humidité causé quelquefois sur des étoffes de soye, comme de jaune sur le blanc, de blanc sur le jaune. Ce gros de Tours est tout piqué.

PIQUE'. S'entend encore des piquûres de vers qui se trouvent dans les draps & autres étoffes de laine. Un drap piqué, une serge piquée.

PIQUER. Ce terme est d'un assez grand usage dans les Manufactures & les Communautez des Arts & Métiers.

Les Tapissiers piquent des matelats, des couvertures ou courtepointes, des chantournez & des dedans & doublûres de lits, les Matelats d'espace en espace avec une longue aiguille de fer, de la ficelle & des flocons de coton pour les dresser & arrêter la laine entre les toiles; les autres avec de la soye & sur des desseins donnez par les Dessinateurs pour leur servir d'ornement.

Les Tailleurs pour femmes piquent des corps de jupe & des corcets entre de la baleine ou de la corde pour les affermir.

Les Ceinturiers piquent des baudriers & ceinturons avec de la soye, de l'or & de l'argent pour les enrichir, &c.

PIQUER, en terme de Découpeur. C'est enlever avec un fer quelque partie d'une étoffe & y faire quantité de petites mouchetures.

On pique de cette sorte les satins, les taffetas, les draps & les cuirs, particuliérement ceux qui sont parfumez & dont on fait quelques ouvrages pour l'usage des Dames, tels que sont des corps de jupes & des souliers.

PIQUER, en terme de maçonnerie. Signifie faire sur les matériaux qu'on employe à la construction extérieure des bâtimens, plusieurs petits points ou creux qui leur servent d'ornement.

On pique de cette sorte la pierre de taille, le moîlon & le grès, particuliérement pour l'ordre Toscan.

On dit aussi piquer du moîlon, pour dire, le tailler un peu grossiérement; on l'employe ordinairement de la sorte aux voûtes des caves, aux puits & aux murs de clôture des meilleurs ouvrages.

PIQUER LE BOIS. Veut dire en terme de Charpentier, le marquer d'une certaine maniére. *V.* CHARPENTIER.

PIQUER LA VIANDE. Signifie en terme de Rotisseur & de Cuisinier, la larder proprement & la couvrir entiérement de petits lardons, ou morceaux de lard, conduits également avec la lardoire.

PIQUER UNE PIECE DE VIN. Se dit de la petite ouverture que le Tonnelier, le Marchand de vin, ou les Cabaretier y font avec le foret pour essayer & goûter le vin, soit pour le vendre, soit pour le mettre en perce. *Voyez ces articles.*

PIQUETTE. Méchant vin, ou qui est foible, dont on ne fait nul cas. *Voyez* VIN.

PIQUEUR. C'est dans les grands atteliers de maçonnerie un homme préposé & commis pour tenir le rôle des Ouvriers, & marquer ceux qui manquent à l'ouvrage qui y arrivent trop tard, ou qui en sortent avant l'heure. Il se dit aussi de l'Ouvrier qui pique du moîlon. *V.* MAÇON.

PIQUURE. Ornement que l'on fait sur une étoffe par compartiment & avec cimétrie en la piquant & coupant avec un emporte piéce de fer tranchant.

C'est aussi un corps de femmes piqué par le Tailleur avant qu'il soit couvert d'étoffe.

PIQUOT. Espéce de petites dents que l'on met aux dentelles & aux points à l'opposite de l'engrêlure. *V.* PICOT.

PIRETHRE, PIRETTE, ou PIRESTRE. Racine médecinale qui vient du Royaume de Tunis par la voye de Marseille dont on se sert pour appaiser la douleur des dents, & que les Vinaigriers employent aussi dans la composition de leurs vinaigres.

La Pirethre est une racine de moyenne longueur, de la grosseur du petit doigt, grisâtre au dehors, blanchâtre en dedans, garnie de quelques fibres & d'un goût âcre & brûlant. La plante qu'elle produit a ses feuilles vertes & très-petites, & ses fleurs incarnat semblables à nos marguerites.

On veut que Pyrrhus Roi d'Epire lui ait donné son nom; mais sans y chercher tant de mystére, il y a bien plus d'apparence qu'elle l'a pris de sa qualité brûlante, & qu'elle lui vient du mot Grec Πῦρ, qui signifie Feu.

On doit choisir la Pirethre nouvelle, bien nourrie, séche, mal-aisée à rompre, du goût & de la couleur qu'on vient de dire.

On appelle aussi la Pirethre Racine salivaire, parce qu'elle fait beaucoup cracher.

Il y a une autre espéce de Pirethre qu'on nomme autrement Pied d'Aléxandre, qui est communement apportée de Hollande, bien qu'il vienne d'autres endroits. Sa racine est longue d'un demi-pied, gris-brun à l'extérieur, blanche dessous, garnie de quelques fibres & entourée d'une espéce de frange, ou barbe, à l'endroit d'où ses tiges commencent à sortir. Ses feuilles sont petites, d'un verd-jaune & ses fleurs par ombelle, d'un rouge pâle. Le goût âcre & mordicant de sa racine fait qu'on la substituë quelquefois à la véritable Pirethre; mais si elle est aussi bonne pour le vinaigre, elle n'a pas la même vertu pour le mal de dents.

La Pirethre paye en France les droits d'entrée à raison de 30 s. du cent pesant, conformément au Tarif de 1664; & par celui de la Douane de Lyon 18 s. 8 d. tant d'anciens que de nouveaux droits du quintal, elle est du nombre des drogues & marchandises venant du Levant, sur lesquelles suivant l'Arrêt du 15 Août 1685, il doit être levé vingt pour cent.

PIS-ASPHALTUM. Asphaltum sofistiqué & mêlé avec de la poix noire. *Voyez* ASPHALTUM.

PISTACHE. Fruit que l'on apporte de plusieurs endroits de l'Asie, & particuliérement d'Alep & de Perse.

Ce fruit est de la grosseur & de la figure des amandes vertes, quand il est couvert de toutes ses envelopes; mais quand on en a levé la premiere & qu'il ne reste qu'avec sa coque, il ressemble à nos noisettes; l'amande qui est enfermée sous cette coque est d'un verd mêlé de rouge par dessus & toute verte en dedans; elle est d'un goût très-agréable.

L'arbre qui produit la Pistache est de la hauteur d'un noyer;

noyer; ses feuilles sont jaunâtres & presque rondes; & son fruit qui vient en forme de grape, est très-agréable à voir à cause du verd mêlé de rouge dont sa premiére envelope est colorée.

Les Pistaches viennent d'Alep, Alexandrette, & autres Ports de cette Echelle, & les Marchands Epiciers de Paris les tirent de Marseille.

Il faut choisir celles qui sont en coques, nouvelles, pesantes & bien pleines; à l'égard des pistaches cassées, les plus nouvellement cassées, les plus entiéres & celles qui ont le mieux conservé leur couleur tant dehors que dedans doivent être préférées; car pour la grosseur c'est suivant la fantaisie ou l'usage qu'on en veut faire.

Les Pistaches entrent dans quantité de ragoûts, & l'on en fait ces excellentes dragées qui n'en ont guére de pareilles pour la bonté.

Les Pistaches payent en France les droits d'entrée à raison de 40 s. du cent pesant, suivant le Tarif de 1664.

Les droits de la Douane de Lyon sont de 23 s. 9 d. le quintal pour tous droits.

Elles sont du nombre des marchandises venant du Levant, sur lesquelles il doit se lever 20 pour cent conformément à l'Arrêt du 15 Août 1685.

Outre les Pistaches d'Asie qui sont les seules dont les Marchands Epiciers fassent commerce en France, il y a encore de fausses Pistaches que l'on appelle Pistaches des Isles, parce qu'il en croît quantité dans les Isles Antilles de l'Amérique. Quelques-uns les confondent mal à propos avec les véritables Pistaches dont elles sont néanmoins très-différentes, soit par raport à l'arbre ou plûtôt à la plante qui les produit, soit par raport à leur qualité & à leur bonté.

La plante qui porte les fruits que les Habitans des Isles nomment des Pistaches, ne s'éléve guére plus d'un pied hors de terre, où elle rampe ordinairement à cause de la foiblesse de sa tige; ses feuilles ressemblent assez à celles de cette espéce de capres qu'on nomme Capucines, à la réserve qu'elles sont plus jaunes avec un peu de rouge aux extrêmitez. Le fruit n'est point attaché aux branches, mais se trouve adhérant à la racine & comme enfermé dans son chevelu. Chaque gousse est ordinairement de douze jusqu'à dix-huit lignes de longueur, & de quatre, cinq ou six de diamétre. Quelquefois la cosse ne contient qu'une seule amande, & pour lors elle a la figure d'une olive; mais comme ordinairement il s'y en trouve deux ou trois, la Pistache a une forme irréguliére. La substance de ce fruit est blanche, compacte & pesante, & a un peu l'odeur & le goût du gland.

Ce fruit se mange rarement crû à cause de ses mauvais effets; il est meilleur & moins nuisible rôti, mais ordinairement on le met en dragées & en masse-pains. On s'en sert aussi dans les ragoûts en forme de marons, & l'on en fait des ratafias; mais alors il faut qu'il soit rôti. De quelque maniére qu'on le mange il est toûjours indigeste: en un mot, il n'a de ressemblance à la vraye Pistache que parce qu'il échauffe beaucoup.

PISTACHIER. Arbre qui produit les pistaches. *Voyez l'article précédent.*

PISTOLE, ou DOUBLON. C'est une monnoye d'or au titre & du même poids qu'étoient autrefois les Louïs d'or de France, ayant toutes les refontes, conversions & augmentations arrivées en fait de monnoye depuis le milieu du régne de Louïs XIV.

La pistole a plusieurs augmentations & diminutions; entr'autres les quatruples ou piéces de quatre Pistoles; les doubles Pistoles & les demi Pistoles.

Il y a plusieurs sortes de Pistoles, c'est à dire, frappées en divers lieux, dont la plus connuë & qui a le plus de cours, est la Pistole d'Espagne. Les autres sont les Pistoles d'Italie, entr'autres celles de Rome, de Milan, de Venise, de Florence, de Savoye & de Genes. Il y en a aussi de Mourgues, ou Monaco, d'Orange, de Dombes, d'Avignon, de Besançon, de Dole; enfin de Lorraine & de Zurik en Suisse, toutes à peu près du même poids de celles d'Espagne, c'est à dire, de cinq deniers six grains; la plus grande différence n'étant que de deux grains, à la réserve de celles d'Italie qui sont encore de moindre poids.

La Pistole en Espagne y vaut

2 écus d'or.
4 piastres d'argent.
32 reaux plate vieille, réelle.
40 reaux plate nouvelle, imaginaire.
60 reaux de vellon, ou billon.
1088 maravedis monnoye vieille.
1360 maravedis monnoye nouvelle.
2040 maravedis de vellon, ou billon.

Il y a en Espagne Monnoye vieille & Monnoye nouvelle.

La Monnoye vieille qui a cours à Seville & Cadis, dans l'Andalousie & quelques autres lieux, vaut vingt-cinq pour cent plus que la monnoye nouvelle (imaginaire) dont on compte à Madrid, Bilbao, S. Sebastien, &c. c'est à dire, que 100 de monnoye vieille vaut 125 de monnoye nouvelle.

Ce fut le Roi Charles II. qui augmenta ses monnoyes (en 1686) de 25 pour cent pour en empêcher la sortie hors du Royaume; mais il n'y pût réüssir qu'en partie puis que diverses Provinces conservérent l'ancien prix.

Les changes d'Espagne en France & en Italie, à l'exception de la Foire de Nove, se font par Pistoles, c'est à dire, que l'on paye tant par Pistole.

Quand on dit simplement une Pistole, cela s'entend d'une Pistole de dix livres. Par une Pistole d'or on veut dire la Pistole sur le pied qu'elle a cours.

Les Pistoles se reçoivent au poids de marc à Venise, mais sur différens pieds suivant leur fabrique; celles de Venise, de Florence & d'Espagne se prennent par l'Ordonnance du Prince pour 29 livres ou lires du Païs. On les pése vingt, quarante & jusqu'à cent à la fois; & l'on déduit pour chaque grain de légereté 4 s. 6 d. Comme ces Pistoles sont les plus estimées, les Marchands les font souvent valoir jusqu'à 30 lires & quelque fois davantage.

Les Pistoles d'Italie (on comprend principalement sous ce nom celles du Pape, de Genes, de Turin, de Milan, de Parme, de Mantouë, de Modéne & de Genéve) comme moins bonnes, ne se prennent à Venise que pour 28 lires. On les pése de même que les autres, & la déduction de ce qui manque au poids est aussi semblable.

La Pistole de Florence ne vaut dans cette Ville & dans tous les Etats du Grand Duc que vingt lires ou trente jules; mais les Marchands la prennent pour vingt & une lire juste.

PISTOLET. Petite arme à feu que les Cavaliers portent à l'arçon de la selle; il y a aussi des pistolets de ceinture & des pistolets de poche.

Les pistolets payent en France les droits d'entrée comme ar-

mes de fer, c'est à dire, à raison de 40 s. du cent pesant suivant le Tarif de 1664.

Les droits de la Douane de Lyon sont pour ceux qui viennent d'Allemagne, de Milan & autres Païs étrangers, 15 s. de la piéce; & pour les Pistolets garnis de rouets montez, 40 s. de la douzaine

A l'égard de la sortie ils sont réputez marchandise de contrebande suivant l'Ordonnance de 1687 ; mais lors qu'ils sortent avec passeport, ils payent cinq pour cent de leur valeur.

PITE. Monnoye imaginaire qui est le quart d'un denier tournois, ou la moitié d'une maille, ou obole. La pite se divise en deux semipites. *Voyez* Maille.

PITIS. Les Javans appellent ainsi une petite monnoye de très-bas aloi, moitié plomb & moitié écume de cuivre, qui leur est apportée de la Chine, & qui a grand cours à Bantan & dans tout le reste de l'Isle de Java, aussi-bien que dans plusieurs Isles voisines.

Le nom Chinois de cette monnoye est Caxa, dont les deux cens valent neuf deniers de Hollande, ce qui ne revient pas tout à fait à onze deniers de France. *V.* Caxa.

PIZE, qu'on nomme aussi BIZA. Poids dont on se sert dans le Royaume de Pegu. *Voyez* Biza

PLACAGE. Terme de menuiserie. Il se dit des ouvrages faits de diverses feuilles, ou bandes de différens bois précieux très-minces, appliquées & colées sur des fonds bâtis d'autres bois communs & ordinaires.

Tous les Maîtres Menuisiers ont droit de travailler en placage. Il y en a néanmoins, qui parce qu'ils ne font que de ces sortes d'ouvrages à compartiment, sont appellez Menuisiers de placage, pour les distinguer des autres que l'on nomme Menuisiers d'assemblage.

Outre les bois de diverse nature que l'on employe au placage, on se sert aussi de l'écaille de tortuë, de l'yvoire, de l'étain & du cuivre; de ces deux derniers battus & reduits en tables très-plates; & des autres debitez en feuilles très minces.

L'on peut, pour ainsi dire, distinguer comme deux sortes de placage; l'un qui est le plus commun, ne consiste qu'en quelque compartiment de différens bois ; l'autre où il y a beaucoup plus d'art représente au naturel des fleurs, des oiseaux & d'autres choses semblables. Celui-ci s'appelle proprement Marqueterier. On ne va parler dans cet article que du placage par compartiment, ayant déja traité de l'autre à l'article de la Marqueterie.

Le bois destiné au placage se debite avec la scie à refendre, en feuilles environ d'une ligne d'épaisseur. Pour le debiter, les buches ou les planches, suivant le bois qu'on employe, se mettent dans ce qu'on appelle la presse à scier debout, dont on peut voir la description à l'article des Presses. Les feuilles se coupent en bandes, & se contournent en différentes figures conformes au dessein qu'on s'est proposé, & après que les joints en ont été réguliérement faits, & qu'elles ont été mises d'épaisseur & de largeur avec différens rabots propres à cet usage, on les cole sur un fond de bois bien sec avec de forte cole d'Angleterre.

Quand toutes les feuilles sont plaquées, jointes & colées, on les met dans une presse, si ce sont de petits ouvrages, ou s'ils sont grands on les laisse sur l'établi; & les ayant couverts par dessus de quelque ais, ou morceau de planche proportionné à l'ouvrage, on les serre avec des *goberges*, c'est à dire, avec des perches capables de faire un peu de ressort, dont un bout touche au plancher de la boutique, & l'autre porte sur l'ais qui couvre l'ouvrage; & afin d'affermir davantage les goberges, & qu'elles serrent plus fortement le placage, on les cale avec un morceau de bois taillé en coin.

Après que la cole est parfaitement séche, & qu'on a levé les goberges, on achéve l'ouvrage d'abord avec de petits rabots dont le dessous du fût est garni d'une plaque de fer, & ensuite avec les outils qu'ils nomment Racloirs.

Comme quelques-uns de ces rabots ont des dents à peu près semblables à celles des limes, ou des truelles bretées, on les employe plûtôt pour limer le placage que pour le raboter.

Les racloirs qui sont des morceaux d'acier ou de fer bien acérez, bien tranchans & affûtez sur une pierre à huile, servent à emporter les rayes, ou bretures que les rabots ont laissées.

L'ouvrage raclé se polit avec la peau de chien marin, la cire, la brosse & le polissoir de prêle, qui est la derniére façon qu'on lui donne.

On appelle ordinairement Ebenistes les Menuisiers qui travaillent en Placage. On ne répétera pas ici ce qu'on a dit à leurs articles de leur art & de leurs outils. *Voyez* Ebeniste.

PLACE DU CHANGE, ou PLACE COMMUNE DES MARCHANDS. C'est un lieu public établi dans les Villes de négoce, où les Marchands, Négocians, Banquiers, Agens, ou Courtiers de change, & autres personnes qui se mêlent du commerce des lettres & billets de change, ou qui font valoir leur argent, se trouvent à certains jours de la semaine pour y parler & traiter des affaires de leur commerce, & sçavoir le cours du change.

A Paris on dit simplement la Place ; elle est située dans la Cour du Palais sous ce qu'on appelle la Sale, ou Galerie Dauphine. A Lyon on la nomme aussi la Place; mais quelque fois on dit la Place du Change; dans quelques Villes de France comme à Toulouse c'est la Bourse. C'est aussi le nom que l'on lui donne dans presque tous les Païs étrangers, particuliérement à Londres & à Amsterdam ; celle-ci s'appelle néanmoins quelque fois Place Lombarde. *Voyez* Bourse. *Voyez aussi l'article du Change.*

Faire des traites & remises de Place en Place, c'est faire tenir de l'argent d'une Ville à une autre par le moyen des lettres de change, moyennant un certain droit qui se régle suivant que le change est haut, ou bas. *Voyez* Remise.

Il est très-dangereux à un Négociant, ou Banquier qui a coûtume de paroître sur la Place, de s'en absenter sans cause légitime, une absence de quelques jours de Place étant quelque fois capable de lui faire perdre son crédit.

Quelque fois le mot de Place se prend pour tout le Corps des Marchands Négocians & Banquiers d'une Ville. Dans ce sens on dit, que la Place de Lyon est la plus considérable & la plus riche de France, pour dire qu'il n'y a point dans le Royaume de Marchands & de Banquiers si riches & si accréditez que ceux de Lyon. Le principal Réglement qui ait été fait pour la Place de Lyon, est celui de l'année 1667. il contient tout ce qui regarde les payemens en Foires, autrement dits les quatre payemens des Rois, de Pâques, d'Août & des Saints; les présentations des Lettres de Change; le virement des Parties; le prix du Change; enfin tout ce qui concerne le Commerce des Lettres de Change qui se fait dans la Place de cette importante Ville. On en parle le ailleurs. *Voyez* Payement. *Voyez aussi* Foires de Lyon.

On dit en termes de Commerce : C'est demain jour de Place; je vais à la Place ; il y a peu d'argent sur la Place; l'argent de la Place est à tant; ce Marchand a perdu son crédit sur la Place; le Change est haussé ou est baissé sur la Place, &c. Toutes expressions où le nom de Place ne signifie autre chose que l'assemblée & le concours des Marchands qui négocient les uns avec les autres.

Place. On appelle encore Places certains endroits destinez dans les Ports de mer pour mettre les bâtimens Marchands.

L'Art. 4. du tit. 3. du liv. 12. de l'Ordonnance de Marine du 15 Avril 1689. porte que le Capitaine de Port marquera les places des bâtimens Marchands, en observant qu'ils ne soient point mêlez ni engagez parmi ceux de Sa Majesté.

Les bâtimens Marchands ne peuvent prendre leur place dans le Port qu'ils n'ayent auparavant déchargé leurs poudres & les autres matiéres combustibles qu'ils peuvent avoir sur leur bord.

Place. C'est encore un lieu public dans lequel se tiennent les Foires & marchez, où les Marchands ont leurs échoppes ou petites boutiques, & où ils étalent leurs denrées & marchandises.

Quelque fois ces places sont franches, c'est à dire, qu'on y étale sans payer aucun droit; quelque fois au contraire il y est dû un droit d'étalage ou au Roi, ou aux Seigneurs particuliers. *Voyez* Hale, Foire & Marche'.

A Paris les Marchands & Marchandes d'herbages & de légumes verds, & d'autres semblables denrées qui viennent de la campagne les apporter à la Ville chaque matinée pour les vendre aux hales, devoient autrefois un leger droit à l'Exécuteur de la Haute-Justice, qui l'envoyoit recueillir par ses valets, qui marquoient chaque Marchand avec de la craye à mesure qu'ils en recevoient le payement; mais ce droit est supprimé, & on lui a assigné un fond annuel.

Place. Se dit aussi du lieu que les Maîtres de quelques Communautez des Arts & Métiers de Paris ont droit d'avoir aux hales pour y étaler les jours de marché les marchandises qu'ils y portent pour vendre. La place des Potiers de terre; la place des Maîtres Savetiers.

Les Statuts de ces Communautez portent la plûpart des Réglemens concernant l'ordre & la police qui doivent s'observer dans ces places par les Maîtres qui y étalent. On peut avoir recours aux articles de ce Dictionnaire, où l'on traite de ces Métiers & Professions.

Place. S'entend pareillement des endroits où les vendeurs d'Images & les petits Merciers qui ne vendent que des jouets d'enfans & de la menuë Mercerie, étalent leur marchandise, comme sont à Paris les charniers du cimetiére des saints Innocens, & les murailles des Eglises & des grands hôtels. La place est contre l'hôtel de Sully. Cet Imager a sa place sous les Charniers.

PLACER. Mettre une chose en sa place, la ranger.

Un Marchand en détail doit placer ses marchandises avec ordre dans sa boutique, en sorte qu'il les ait toûjours sous la main quand il vient des chalans.

Placer son argent. C'est l'employer à quelque chose; quelque fois c'est le mettre à profit. Je viens de placer mes fonds; pour dire, je viens d'en disposer. J'ai placé mon argent à la grosse avanture. Je l'ai placé sur un tel vaisseau.

Il faut qu'un Marchand soit attentif à bien placer ses fonds s'ils veut réüssir dans le Commerce.

On dit placer un jeune homme; pour dire, le mettre en apprentissage. J'ai bien placé mon fils, je l'ai obligé à un Mercier aussi honnête homme qu'habile Marchand.

Une boutique bien placée, c'est celle qui est bien exposée à la vûë des chalans, qui est dans un quartier achalandé & de grand debit. On dit aussi un Marchand bien placé, pour signifier la même chose.

PLAIN, que l'on écrit quelque fois plein. PLEIN. Sorte de grande cuve profonde, de bois ou de pierre massiquée en terre, dont on se sert dans les Tanneries pour mettre les cuirs ou peaux que l'on veut plamer, c'est à dire, dont on veut faire tomber le poil ou boure par le moyen de la chaux détrempée dans l'eau, pour les mettre ensuite dans la fosse au tan. Le bord du plain se nomme la Traite. On dit mettre un cuir en plain, pour dire le mettre dans la cuve; le tirer du plain ou le mettre sur la traite, pour dire le tirer de la cuve pour le mettre égouter sur le bord du plain.

Pancer un plain. C'est tirer les cuirs de la cuve pour y mettre de la chaux nouvelle.

Plain. Se dit aussi de l'eau de chaux qui est dans la cuve. Ainsi l'on dit Plain mort ou mort plain; plain vieux ou vieux plain; pour dire un plain qui a déja servi. Plain neuf ou plain vif; nouveau plain ou plain nouveau; pour dire un plain qui n'a point encore servi. *Voyez* Tanneur.

Les Megissiers, les Chamoiseurs & les Maroquiniers, se servent aussi du plain pour la préparation de leurs cuirs & peaux. *V.* Megissiers, Chamoiseurs & Maroquiniers.

PLAINDIN. Serge qui se fabrique en Ecosse, qui porte ordinairement vingt-cinq aunes de longueur. Ils ne peuvent entrer en France que par les ports de Calais & de saint Vallery, suivant les Arrêts du 20 Novembre 1687, & 3. Juillet 1692. *& payent 8 liv. d'entrée la piéce de vingt-cinq aunes, soit qu'ils soient larges, demi-étroits, blancs ou teints, neuf ou vieux, conformément au même Arrêt du 20. Novembre 1687.* *Voyez* Serge.

PLAMER UN CUIR. C'est lui faire tomber le poil ou boure après qu'il a passé par le plain, pour le disposer à être tanné. Quelques-uns disent Peler au lieu de Plamer. *Voyez* Plain & Tanner.

PLANCHE. Ais ou piéce de bois de sciage, large & peu épaisse. Les bois dont on fait le plus ordinairement les planches sont le chêne, le hêtre, le sapin, le noyer, le poirier, & le peuplier. *Voyez ces termes*, vous y trouverez leurs différentes longueurs, largeurs & épaisseurs, de même que les choses à quoi elles peuvent être propres.

Les planches payent en France les droits d'entrée & de sortie suivant leur qualité. A l'égard de l'entrée les planches de cédre payent 20 s. du cent pesant.

Les planches de sapin de toutes longueurs, 50 s. le cent en nombre.

Pour ce qui est des planches de chêne à bâtir navires, elles sont exemptes de droits d'entrée, mais elles payent ceux de sortie à raison de 40 s. le cent de piéces lors qu'elles sont de deux pouces d'épaisseur & d'un pied de largeur.

Les droits de sortie des planches de sapin sont de 3 l. 10 s. du cent en nombre.

Planche de Graveur en Tailles-douces. C'est une feüille de cuivre polie, sur laquelle on grave au burin fin ou à l'eau-forte. *Voyez les articles de ces sortes de Gravures.*

PLANCHE DE GRAVEUR EN BOIS. C'est un petit ais plat de bois de poirier, de buis ou de quelqu'autre bois dur, uni & sans nœuds, sur lequel on grave en relief avec des canifs, des échopes & des ciselets. *V.* GRAVEUR EN BOIS.

PLANCHE A SOUDER. Les Chauderonniers nomment ainsi une planche sur laquelle ils mettent d'un côté leur soudure, & de l'autre l'écuelle au borax, ou celles du zin, du sel armoniac & de la poix résine lors qu'ils se préparent à souder quelque piéce.

PLANCHE, ou PLAQUES. Dans le commerce du cuivre on nomme ainsi de grandes piéces de cuivre, plattes, plus longues que larges, dont les Graveurs en Taille-douce se servent pour graver, & que les Chauderonniers employent à divers de leurs ouvrages. Il y en a de différentes grandeurs & de différent poids. *Voyez* CUIVRE.

PLANCHEYEURS, ou PLANCHEYERS. Petits Officiers de Ville, commis & établis sur les Ports de Paris par les Prevôt des Marchands & Echevins, pour poser des planches, madriers & traîteaux sur les bateaux chargez de marchandises qui y arrivent, soit pour entrer dans ceux qui sont les plus près du rivage, soit pour traverser & passer d'un bateau à l'autre, & faciliter le transport des marchandises.

Les droits & les fonctions des Officiers Plancheyeurs sont réglez par les Ordonnances de la Ville.

Il est defendu aux Déchargeurs de vins, cidres & autres brûvages & liqueurs, de rouler & labourer les vins qu'ils déchargent par dessus les planches posées par les Plancheyeurs, mais seulement par des chemins construits & établis par eux-mêmes avec de grosses & fortes piéces de bois.

PLANCHETTE, terme de Tissutiers-Rubanniers C'est une petite planche de bois carrée & très-mince, qui soûtient la chaîne à l'endroit où le Tissutier travaille. *Voyez* TISSUTIER-RUBANNIER.

PLANE. Instrument qui sert à préparer, unir & polir le bois. Il y a aussi des planes pour l'étain, pour le plomb & pour d'autres matiéres, mais qui sont différentes de la plane ordinaire. On en parle aux articles de ces métaux, ou à ceux des Ouvriers qui y travaillent : on en a aussi réservé quelques-unes pour cet article.

La plane ordinaire est de deux sortes, c'est à dire, à un tranchant, ou à deux tranchans. L'un & l'autre sont de fer acéré, longues de dix-huit à vingt pouces, & ont deux manches pour les tenir & s'en servir. Ces manches sont néanmoins diversement tournez; ceux des planes à un tranchant plus courbez, & les manches de celles à deux tranchans presque droits.

Plusieurs ouvriers se servent de la plane, particuliérement les faiseurs de treillages en échalats, les Layetiers & les Tonneliers, &c. Ces derniers, outre la plane platte dont ils préparent leurs douves, ont encore une plane ronde dont ils réparent leurs futailles en dedans quand elles sont montées. On en fait ailleurs la description. *V.* TONNELIER.

Les planes des Plombiers sont de trois sortes, la plane de cuivre, la plane droite, & la plane ronde, qu'on nomme aussi Débordoir rond. On parle de cette derniére à son propre article.

La plane de cuivre n'est pas un instrument tranchant, mais une petite table de ce métail de 7 à 8 pouces en quarré, épaisse d'un pouce, platte par dessous, avec une poignée aussi de cuivre; cette plane a deux usages, l'une pour planer ou planir le sable après qu'il a été labouré, & battu ensuite avec une batte ou un maillet, afin d'achever de l'unir & dresser avant d'y couler la table de plomb; l'autre pour unir & dresser cette table, même par dessus, après qu'elle a été coulée.

On se sert de la plane droite, qui n'est autre chose que la plane commune dont on a donné ci-dessus la description, pour couper les bavûres des bords de la table nouvellement fonduë; ce qu'on appelle déborder une table: on l'employe aussi pour dresser les morceaux de plomb que l'on a débitez pour les souder ensemble.

La plane ronde sert à l'un & l'autre usage. *V.* DEBORDOIR.

La plane des Arquebusiers est la plane à un ou à deux tranchans, dont on a parlé ci-dessus. Ils la nomment Couteau à deux manches. C'est avec cet instrument qu'ils ébauchent & dégrossissent les fûts des armes qu'ils veulent monter.

PLANER DE L'ETAIN. C'est le battre avec le marteau sur une platine de cuivre placée sur une enclume, avec un cuir ou deux de castor entre l'enclume & la platine; ce qu'on fait pour le rendre uni, tant dessus que dessous.

On appelle Marteau à planer le marteau dont on se sert pour battre l'étain. *Voyez* ETAIN *à l'endroit où il est parlé de l'étain plané.*

PLANER DU PLOMB, terme de Plombier. C'est l'unir & le dresser; ce qui se fait avec une plane de cuivre. On le dit aussi de la façon qu'on lui donne après qu'il a été fondu, en coupant & dressant les bavûres avec une plane de fer, ce qu'on appelle plus ordinairement déborder, & la plane dont on se sert, un Débordoir. *Voyez ces deux articles,* PLOMB *&* PLOMBIER.

PLANER, ou PLANIR LE SABLE, autre terme de Plombier. C'est l'unir & le dresser avec la plane de cuivre après qu'il a été mouillé & labouré avant qu'on y verse le plomb. *Voyez* PLOMBIER.

PLANER DU BOIS, DES DOUVES, DES ECHALAS. C'est les préparer, les unir & les polir avec la plane platte. On dit aussi planer le dedans d'une futaille, c'est à dire, en égaler les joints avec la plane ronde. *Voyez* TONNELIER.

PLANEUR, Ouvrier qui travaille avec la plane. On le dit particuliérement des Compagnons qui planent l'étain, c'est à dire, qui le battent chez des Potiers d'Etain. On se sert aussi de ce terme chez les Orfévres.

PLANTER UNE FORME, terme de sucrerie. C'est la mettre sur son pot pour lui faire son fond & la préparer à recevoir la terre qui blanchit la cassonade. *Voyez* SUCRE TERRE'.

PLANTEURS. Les Anglois nomment ainsi les Habitans qui passent dans de nouvelles Colonies pour établir des Plantations, ce qui les distingue des Avanturiers qui sont ceux qui prennent des Actions dans les Compagnies formées pour soûtenir ces Colonies. Les Planteurs se nomment en France Habitans Colons, ou Concessionnaires; & les Avanturiers, Actionnaires.

PLANTOIR. Instrument de Jardinier avec lequel il plante.

Il y en a de deux sortes; le grand Plantoir qui sert à planter le buis des parterres dans les naissances & contours des broderies où l'on ne peut planter à la rigole. Celui-ci est plat, large d'un pouce & demi, & armé de fer par le bout; son manche est recourbé par le haut.

Le petit plantoir n'est qu'une cheville ronde d'une médiocre

cre grosseur, pointuë d'un bout & courbée de l'autre; c'est avec ce plantoir qu'on transplante & qu'on met en place les plantes qu'on a semées & élevées sur des couches.

PLAPPER. Petite monnoye de billon qui se fabrique à Basle en Suisse, & qui n'a point de cours dans les autres Cantons.

Le Plapper vaut six raps, ou un sol de France, à prendre le raps pour deux deniers tournois. On donne deux schellings de Lucerne pour le plapper de Basle.

PLAQUES. Nom que l'on donne à certains morceaux d'or, ou d'argent, de divers poids & titres, qui ont retenu la figure des vaisseaux dans lesquels ils ont été fondus. On tire des Indes & d'Espagne de l'or & de l'argent en plaque. *Voyez* OR & ARGENT.

PLAQUES, ou PLANCHES. Se dit aussi de certaines grandes piéces de cuivre peu épaisses, plus longues que larges dont les poids sont differens, qui s'employent par les Graveurs en Tailles-douces & par les Chauderonniers. *Voyez* CUIVRE.

PLAQUE-SEIN. Espece de petite écuelle de plomb un peu en ovale, dans laquelle les Vitriers detrempent le blanc dont ils signent ou marquent les endroits des piéces de verre qu'ils veulent couper au diamant.

PLAQUÉ. Cuirs plaquez. On appelle ainsi les cuirs forts qui ont été plamez & tannez, & qu'on a fait sécher après avoir été tirez de la fosse au tan. *Voyez* TANNER.

PLASMES. Emeraudes brutes propres à broyer pour faire entrer dans quelques medicamens. Les meilleures sont celles qui sont d'un verd un peu gai. *Voyez* EMERAUDE.

PLASTRE. Pierre fossile qui sert à plusieurs usages dans les bâtimens, & que l'on employe aussi dans la sculpture pour mouler & faire des statuës, des bas reliefs & autres ornemens d'architecture.

Il y a deux sortes de plâtre; l'un que l'on appelle Plâtre crû & en pierre, & l'autre que l'on nomme Plâtre cuit & battu.

Le plâtre crû, c'est à dire, qui est tel qu'on le tire de la carriére, est du nombre des pierres que l'on nomme Moîlons; il se mesure & se vend à la toise comme les autres moîlons, & est propre ainsi qu'eux à être employé dans les édifices, mais seulement dans les fondemens, à cause qu'il s'amolit aisément à l'air.

Le Plâtre cuit est celui que le Plâtrier, ou Chaufournier a mis au feu & calciné dans un four, & qu'il a ensuite battu & reduit en poudre; celui-ci qui sert de liaison & comme de ciment dans les bâtimens, se vend au muid qui est de trente-six sacs; chaque sac suivant les Ordonnances de Police doit être de deux boisseaux radez, en sorte que le muid de plâtre contient soixante & douze boisseaux.

C'est ce plâtre qui bien tamisé & réduit en poudre impalpable, sert aux ouvrages de sculpture & d'architecture; il est bon aussi à enlever les taches de graisse de dessus les étoffes de soye & de laine.

Le plâtre qui se tire des carriéres de Montmartre près Paris est estimé le meilleur de ceux qu'on employe dans les bâtimens qui s'élévent sans cesse dans cette grande Ville. Il s'en fait aussi d'assez bon à Gagny, Montreuil & près de Creteil autres Villages des environs de Paris. Celui qui vient par la riviére est le moins bon.

L'on trouve dans les carriéres qui produisent le plâtre une espéce de faux talc qui sert à contre-faire toute sorte de marbre; on en parle ailleurs. *Voyez* GYP.

L'article premier du chapitre vingt-neuf de l'Ordonnance de la Ville de Paris de 1672, défend que la marchandise de plâtre arrivant par la riviére soit déchargée autre part que dans le Port de sa destination, qui de-là est appellé le Port au Plâtre; & le second article du même chapitre enjoint aux Toiseurs (on nomme ainsi les Mesureurs de plâtre) d'avoir de bonnes mesures, & d'empêcher qu'il ne soit vendu aucun plâtre défectueux, à peine d'interdiction de leur Charge.

Le muid, ou comme porte le Tarif de 1664, le mont de plâtre paye 20 s. de droits d'entrée & seulement 3 s. de sortie.

PLASTRIER. Celui qui le brûle, qui bat, qui vend le plâtre & qui le voiture.

PLASTRIERE. La carriére d'où l'on tire le plâtre. On le dit aussi de quelques femmes qui en voiturent aux environs de Paris.

PLAT. On nomme ainsi quelque fois les bassins des grandes balances, particuliérement de celles qui sont destinées à peser les marchandises de grand poids, ou de grand volume. On les appelle ainsi de la forme qu'ils ont ordinairement, ces bassins étant faits de planches quarrées & plates, à chaque angle desquelles sont attachées les cordes qui les soûtiennent. *Voyez* BALANCE.

PLAT. Se dit encore dans le commerce du cuivre des plaques de la rosette qui n'ont reçû aucune façon, & qui sont telles qu'on les apporte des mines. *V.* CUIVRE.

Le Tarif de la Douane de Lyon les appelle des Plattes. *Voyez ci-après.*

PLAT DE VERRE. C'est un grand morceau de verre de figure ronde, au milieu duquel il y a un gros nœud qu'on nomme Oeuil de bœuf, ou Boudine.

Le plat de verre a un peu plus de deux pieds de diamétre; il sert à faire des vitres. Il se vend au panier, ou à la somme de 24 plats chacun. *Voyez* VERRE EN PLAT.

PLATA. Ce terme Espagnol signifie de l'Argent; & de même le mot de Vellon qu'on prononce Veillon, signifie du Cuivre.

On se sert de ces deux termes non seulement pour exprimer les espéces de ces deux métaux qui sont fabriquées en Espagne, ou qui y ont cours, mais encore pour mettre de la différence entre plusieurs monnoyes de compte dont les Espagnols se servent pour tenir leurs livres dans le commerce.

L'on dit dans cette derniere signification, un Ducat de Plata & un Ducat de Vellon; un Real de Plata & un Real de Vellon; enfin, un Maravedis de Plata & un Maravedis de Vellon: ce qui augmente, ou diminuë, les sommes de près de la moitié, trente-quatre Maravedis de Plata faisant soixante & trois Maravedis de Vellon, & la Piastre, ou piéce de huit ne valant que 272 Maravedis de Plata & 510 Maravedis de Vellon. *Voyez* PIASTRE, REAL, DUCAT, MARAVEDIS.

PLATA-BLANCA. C'est une sorte de minerai, ou de métail, comme on parle au Perou & au Chilly; qui se retire des mines d'argent, du Potosi, de Lipes, & de quelques autres montagnes de ces deux parties de l'Amérique Espagnole.

Ce minerai est blanc, tirant sur le gris, mêlé de quelques taches rouges & bleuâtres, d'où apparemment il a pris son nom, Plata-blanca signifiant Argent blanc en Espagnol. *V.* ARGENT.

PLATEAU. Espéce de planche quarrée & platte. C'est entre

entre deux plateaux que l'on met les étoffes sous la presse.

PLATEAU. Se dit aussi des bassins des grosses balances, particuliérement quand ils sont de bois. *Voyez* BALANCE.

PLATILLE. On appelle ainsi certaines espéces de toiles de lin très-blanches, qui se fabriquent en plusieurs endroits de France, particuliérement à Cholet en Anjou, & à Beauvais en Picardie.

Les Platilles se vendent en petites piéces de cinq aunes de long sur trois quarts & demi de large mesure de Paris; les unes plus grosses, les autres plus fines. Ce sont les Espagnols à qui elles sont toutes envoyées, qui leur ont donné le nom de Platilles.

Elles sont pareillement propres au commerce qui se fait en quelques endroits des Côtes d'Afrique, particuliérement au de-là de la riviere de Gambie.

Il se tire de Silesie, particuliérement de Breslaw Capitale de cette Province d'Allemagne, quantité de toiles ausquelles l'on donne pareillement le nom de Platilles. Ces sortes de toiles qui sont à peu près semblables à celles d'Anjou & de Picardie, sont aussi destinées pour les mêmes Païs, c'est à dire, pour l'Espagne, l'Amérique & l'Afrique, & y sont portées par les Hambourgeois. *Voyez l'article des Toiles, où il est parlé des toiles Françoises & étrangéres qui sont bonnes pour le commerce des Indes & d'Espagne.*

PLATINE, ou ROULOIR. Instrument de buis dont se servent les Marchands Epiciers-Ciriers pour rouler leurs bougies & leurs cierges sur la table. *Voyez* ROULOIR.

PLATINE, en terme de Pâtissier. Signifie un rond d'étain sonnant avec un pied en forme de grande soûcoupe qu'ils mettent à l'étalage de leurs boutiques. C'est sur ces Platines qu'ils placent les grands ouvrages de pâtisseries, comme sont les pains benis & les pâtez.

PLATINE. On nomme la Platine d'un moulin à sucre une piéce de fer acéré, longue de six pouces & large de trois, sur le milieu de laquelle on a pratiqué deux ou trois enfoncemens pour recevoir la pointe du pivot du grand rôle. Elle s'emboîte dans ce qu'on appelle la Table du moulin. *Voyez* MOULIN A SUCRE.

PLATINE, terme d'Imprimerie. C'est cette partie de la presse qui est au dessous de l'arbre, & qu'on fait hausser ou baisser par le moyen du barreau. *Voyez* IMPRIMERIE.

PLATINE. Ce que les Tissutiers-Rubanniers appellent les Platines du métier sur lequel ils travaillent aux tissus d'or & d'argent & aux rubans façonnez, sont de petites lames de plomb qui pésent environ un quarteron chacune, & qui sont attachées au bout des ficelles qui font tomber les hautes-lisses & les marches du métier. *Voyez* TISSUTIER-RUBANNIER.

PLATTE, en Espagnol PLATA. C'est de la monnoye d'argent.

On se sert en Espagne de deux sortes de monnoye de Platte, sçavoir de vieille Platte & de nouvelle Platte; cette derniére est de vingt-cinq pour cent moindre que l'autre. La vieille Platte a cours à Cadis & à Seville; & la nouvelle à Madrid, à Bilbao & à S. Sebastien; ce qui fait que le change sur Cadis & sur Seville est toûjours plus haut à Amsterdam, que sur Madrid & Bilbao. *Voyez* PLATA.

PLATTE. C'est le nom que le Tarif de la Douane de Lyon donne à cette sorte de cuivre qu'on appelle Rosette, parce qu'il vient ordinairement en plaques très-minces.

La Platte, ou Rosette, paye à Lyon 8 s. du quintal d'ancienne taxation, & 12 s. pour la nouvelle réapréciation.

PLATTE. Espéce de grand bateau dont les bords sont très-plats.

La Platte, ou grand bateau, paye en France les droits de sortie à raison de 10 l. la piéce; & la Platte moyenne 5 l.

Les droits d'entrée de la grande Platte sont de 3 l. aussi la piéce; & ceux de la moyenne 40 s.

PLEIGE. Caution qui s'oblige en Justice de representer quelqu'un, ou de payer la somme ordonnée par le Juge en cas qu'il ne le représente pas au jour marqué.

En France, & particuliérement à Paris, les Marchands arrêtez prisonniers pour dettes se servent assez souvent de ces pleiges ou cautions judiciaires pour se procurer la liberté pendant quelque tems, & avoir le loisir de traiter euxmêmes avec leurs créanciers & d'acommoder leurs affaires. Cela s'appelle se mettre en la garde d'un Huissier; ce qui certainement a son utilité, mais qui aussi est très-dispendieux & va à grands fraix; ces Officiers se faisant payer chérement à tant par jour, & prenant d'ailleurs leurs précautions par de bons effets qu'on leur consigne & autres sûretez contre la fuite du Prisonnier, qu'ils sont obligez de représenter & de remettre en prison sur la première Ordonnance du Juge; sinon de payer pour lui les sommes pour lesquelles il avoit été constitué prisonnier & écroué.

On ne peut joüir de cette liberté à caution & sortir de prison en la garde d'un Huissier, que le Juge ne l'ait ordonné contradictoirement avec la partie.

PLEIGER. Cautionner en Justice, répondre pour quelqu'un, s'engager de le représenter; ou de payer certaine somme arbitrée par le Juge, ou celles pour laquelle ses créanciers l'avoient fait arrêter. *Voyez l'article précédent.*

PLEIN, ou PLAIN. Espéce de grande cuve dans laquelle les Ouvriers qui préparent les cuirs les mettent pour en faire tomber le poil. *V.* PLAIN.

PLEURES. Ce sont les laines qui se coupent sur la bête après qu'elle est morte; elles sont d'une très-mauvaise qualité, aussi ne les employe-t-on qu'à la fabrique des couvertures les plus grossiéres, en les mêlant avec les laines de Barbarie. Il en vient de Mulhosen, de Wismard, du Rhin, &c. *Voyez* LAINE.

PLEYON. Menu osier dont se servent les Vanniers & les Tonneliers. *Voyez* OSIER.

PLEYON. Se dit aussi de la paille de ségle la plus grosse & la plus longue. *Voyez* PAILLE.

PLI. Ce qui fait qu'une chose n'est pas unie. Il faut prendre garde de donner de mauvais plis, de faux plis aux étoffes, cela les appiétrit & les met hors de vente.

PLI. Signifie aussi la marque qui reste le long d'une étoffe qu'on a pliée par le milieu dans toute sa longueur. Le Pli d'un drap, le Pli d'une serge. Le Pli de ce drap de Hollande est tout mangé; on a donné la presse trop forte à cette serge; elle est coupée à l'endroit du Pli.

PLIAGE, Maniére de plier les étoffes. Le pliage des étoffes de lainage se fait sur une espéce de table ou métier qu'on appelle Plioir; lors que le pliage est achevé, on l'assure en mettant la piéce entre deux plateaux & la serrant raisonnablement dans une presse. On plie les étoffes après qu'elles ont été faudées & devant que de les appointer. *V.* FAUDER & APPOINTER.

Les Manufacturiers & Marchands ne peuvent avoir trop de précautions dans le pliage de leurs étoffes, mais sur tout ils

ils le doivent faire avec beaucoup de bonne foi, y ayant des pliages frauduleux & qui peuvent faire paroître les étoffes plus larges qu'elles ne le sont.

Lors que les Marchands achétent des marchandises qui sortent des Manufactures sujettes au mauvais pliage, ou qui en sont soupçonnées, ils doivent les bien examiner, & sur tout prendre garde si le pli est bien au milieu.

Le pliage des petites étoffes se fait avec un instrument de bois plat en forme de grand couteau; les Marchands de drap s'en servent aussi pour replier les draps qu'ils ont dépliez sur leur bureau pour la montre & pour la vente. *V. ci après* Plioir.

Pliage des soyes. C'est la maniére, ou l'action de plier les soyes au sortir de la teinture pour ensuite les mettre en botes. Les Ouvriers qui font ce pliage s'appellent Plieurs de soyes. *Voyez* Plieur. *Voyez aussi* Bote *&* Soye.

Pliage. Se dit aussi des fils qu'on met à la teinture, & qu'au sortir de chez le Teinturier on met en botes. *V.* Fil.

PLIER LES ETOFES. C'est leur faire un pli au milieu dans toute leur longueur, & leur en faire ensuite plusieurs dans leur largeur également distans les uns des autres, qu'on range alternativement en dedans & en dehors. Il y a bien de l'art à plier juste & proprement un drap.

Plier. Se dit aussi chez les Marchands, pour remettre une étoffe dans ses premiers plis. A quoi vous amusez-vous, que ne pliez-vous ces draps?

Plier des Soyes. C'est mettre les écheveaux de soye, au sortir de la teinture, en deux, ou en trois, suivant la longueur qu'on veut donner aux botes; & ensuite, si ce sont des soyes plattes, les tordre & les arrêter par le bas d'un nœud facile à défaire. On dit aussi Plier du fil.

Plier un Eventail. Terme d'Eventailliste. C'est le monter, y mettre le bois. Il se dit quelque fois seulement des plis qui se font au papier, pour le mettre en état de recevoir la monture. *Voyez* Eventail.

PLIEUR. Celui dont le métier est de plier. On appelle Plieurs dans les manufactures de lainage, des Ouvriers qui ne sont occupez qu'à faire le pliage des étoffes.

Il y a aussi des Plieurs de soye & des Plieurs de fil, qui n'ont d'autre occupation que d'en faire le pliage, & de les mettre en botes. Ces Plieurs ont de grosses & longues chevilles de bois sur lesquelles ils dressent & plient leurs soyes & leurs fils, en les secouant & les tirant plusieurs fois à eux.

PLINGER LA CHANDELLE. Terme de Chandelier. C'est donner la premiére trempe à la chandelle commune, c'est à dire, à celle qu'on fait en plongeant les méches dans le suif fondu.

La seconde couche se nomme Retourner, la troisiéme Remettre: pour la pénultiéme on dit Mettre prêtes, & pour la derniere Rachever.

Entre la troisiéme trempe, qu'on appelle aussi Remise, & la pénultiéme, il y en a quantité d'autres suivant la grosseur & le poids des chandelles, mais qui n'ont point de nom particulier. *V.* Chandelle plongée, ou commune.

PLIOIR. Métier ou instrument qui sert à plier.

Dans les Manufactures de lainage il y a deux sortes de plioirs; l'un qui est pour les draps & les étoffes qui sont larges, qui est une espéce de table ou de métier sur lequel on les met pour en faire le pliage; l'autre qui sert aux petites étoffes, est une lame ou couteau de bois très-mince, large de quatre ou cinq pouces, & long de deux pieds & davantage, avec une poignée ronde aussi de bois. C'est sur ce couteau, ou plioir, qu'on dresse les plis, en le mettant entre les deux parties de l'étoffe qui composent chaque pli. Les Drapiers se servent aussi de ce plioir.

Plioir. Les Fabriquans-Marchands-Faiseurs de gaze appellent aussi Plioir, & plus souvent Lanterne, un instrument composé de plusieurs legers morceaux de bois, qui sert à ourdir & monter les soyes dont ils font la chaîne de leurs gazes. On en fait ailleurs la description. *Voyez* Gaze.

Plioir. Les Relieurs & les Marchands Merciers-Papetiers ont aussi des plioirs; les uns pour plier les cahiers & les feuilles des livres qu'ils préparent pour la relieure; les autres pour plier le papier qu'ils veulent battre & rogner, particuliérement le grand & petit papier à lettres. Les plioirs des uns & des autres sont d'yvoire, de buis, ou d'autres bois qui prennent le poli. Ils sont en forme de régle très-mince, arrondie par les deux bouts de huit ou dix pouces de long & d'un pouce & demi de large.

Plioir, en termes de Layetier. Est une espéce de pince de fer en maniére de petite tenaille, de sept à huit pouces de longueur, de laquelle ils se servent pour couper & plier le fil de fer, dont ils usent presque toûjours au lieu de clous. *Voyez* Pince.

PLIS. Sortes de laines de la moindre qualité, qui se lévent de dessus les bêtes tuées pour la boucherie.

Il y a de trois sortes de Plis; de fins, de moyens & de gros. Les fins s'employent dans des ratines, des serges & des revêches de certaines qualitez; les autres servent à faire les cordeaux & lisiéres des étoffes. Le Réglement pour la Draperie & Sergeterie de Beauvais de 1670, marque en plusieurs articles, dans quelles sortes d'étoffes les bons & fins plis peuvent être mis, & dans quelles il est défendu de les employer. On ne répétera pas ici ce qui a été raporté de ce Réglement à l'article des pignons, autre sorte de laine, qui sont permis ou défendus comme les Plis. *V.* Pignon laine.

PLOC. Signifie proprement poil; cependant il ne se dit guére que des poils de vaches, de chévres, de chévrotins & de chiens.

Dans le Tarif de 1664 la laine d'autruche est regardée comme une espece de Ploc; aussi donne-t-on quelquefois à cette laine le nom de Poil. *V.* Autruche, *ou* Poil d'autruche.

Le Ploc de vache sert particuliérement à faire des couvertures. Il y a de ces couvertures qu'on appelle Couverture à ploc, & d'autres Couvertures à poil. *Voyez* Couverture.

Le ploc, ou poil de vache & de chien blanc & gris, paye en France les droits d'entrée à raison de 15 f. du cent pesant, & ceux de sortie sur le pied de 13 f. conformément au Tarif de 1664.

PLOK-PENIN. On nomme ainsi à Amsterdam ce qu'on donne dans les ventes publiques au dernier Encherisseur d'une marchandise. C'est une espéce de denier-à-Dieu, par lequel on signifie qu'elle lui a été adjugée. Le Plok-penin est différent suivant la qualité des marchandises & le prix des lots, ou cavelins. Ordinairement il est depuis vingt sols jusqu'à cinquante sols. Quelquefois il est arbitraire & dépend de la volonté de l'Acheteur, & quelque fois il est réglé par les Ordonnances des Bourguemaîtres. Par exemple, les Plokpenins des vins de France sont fixez à deux florins, ceux du vin muscat de Frontignan à vingt sols, ceux des vins du

Rhin

Rhin & de la Moselle à deux florins; pour les vinaigres vingt sols & pour les eaux-de-vie trente sols; ce qui s'entend néanmoins suivant la qualité du cavelin, ou lot, qui est pareillement fixée par l'Ordonnance. Il y a aussi des marchandises où l'on ne donne point de Plok-penins, & d'autres où les Plok-penins sont souvent du double de ce qu'on a dit jusqu'ici. *V.* VENDU-MEESTER.

PLOMB. Métail très-grossier, le plus mou & le plus facile à fondre de tous les métaux quand il est purifié. Les Chimistes l'appellent Saturne.

Ceux qui en ont fait l'analyse trouvent qu'il y entre un peu de mercure, quelque souffre, & beaucoup plus de terre bitumineuse.

Pline & les Anciens confondant l'étain avec le plomb, en ont fait de deux sortes, du noir & du blanc. Ambroise Calepin & le Pére Kirker parmi les Modernes croyant ne suivre que leur autorité, ont suivi leurs erreurs; & ceux qui pour justifier le sçavant Naturaliste ont prétendu que par le plomb blanc il entendoit le bismuth, ou l'étain de glace, ne se sont pas moins trompez; puis que ce qu'il raporte des propriétez de ce plomb, sur tout pour les soudures des autres métaux & les opérations chimiques, ne peut convenir qu'au véritable étain.

La mine, ou minerai, du plomb, qu'on nomme aussi Plomb mineral, est noire, cependant en la cassant elle paroît pleine de ces aiguilles ou filets brillans qu'on voit dans l'antimoine. Elle se tire de la terre en assez gros morceaux, quelque fois purs & nets, mais le plus souvent mêlez avec de la roche.

Pour la fondre on la met dans un fourneau fait exprès, avec beaucoup de feu de charbon par dessus: le plomb fondu coule par un canal ménagé à côté, & la terre, les pierres & les scories restent avec les cendres du charbon.

On purifie le plomb en l'écumant avant qu'il soit refroidi, ou en y jettant du suif & d'autres sortes de graisses. Les moules où l'on le reçoit ont la forme de saumons, ou de navettes; ce qui donne ces noms aux masses de plomb qu'on en tire.

Les Marchands les nomment ordinairement Saumons, & les Plombiers Navettes.

D'habiles Physiciens ont crû que le poids du blomb augmentoit à l'air; l'expérience a appris aux Ouvriers que cette opinion est fausse, aussi bien que celle de quelques autres qui se sont imaginez que le plomb pouvoit se reproduire dans les mines épuisées de métail, en les laissant longtems reposer.

Outre que le plomb sert à la fonte & à l'affinage de quelques métaux, comme de l'or, de l'argent & du cuivre, à qui l'on dit qu'il communique son humidité, il s'employe encore à divers autres usages; & sur tout il est d'une grande utilité pour toutes sortes de bâtimens.

Les Basiliques, les grandes Eglises, les édifices publics, particuliérement les dômes & coupoles, ont ordinairement leurs couvertures toutes entiéres de plomb. Aux Palais des Princes & aux plus belles maisons des Particuliers, on en couvre les faîtes, les plates-formes, les balcons, les lucarnes des combles; & dans toutes les autres on en fait les goutiéres & les conduits pour la chute des eaux de pluye.

Les canaux des fontaines & les réservoirs en consument aussi quantité. On en fait des statuës & des ornemens d'architecture de toutes sortes: & enfin les ouvrages des Vitriers, Bimblotiers, Potiers d'étain & de terre, Balanciers, Chauderonniers, aussi bien que le plomb pour la guerre, ou pour la chasse, n'en font pas une médiocre consomption.

Presque tout le plomb qui se voit en France vient d'Angleterre: on en tire pourtant d'Allemagne par la voye de Hambourg; & les Hollandois en apportent de Pologne. Celui d'Angleterre est le meilleur. La France a aussi quelques miniéres de plomb: on ne parle pourtant guére que de celles du Limosin; encore ne sont-elles pas beaucoup abondantes. Celles de Linarés en Espagne sont à peu près sur le même pied.

Combmarton, Newcastel & Derby, sont les endroits d'Angleterre d'où il s'en tire davantage; & sur tout le Peak; Canton de cette derniére Province, en a des mines très-abondantes.

Childrey dans son Histoire Naturelle d'Angleterre, remarque deux choses singuliéres sur les mines du Peak: l'une, que la pierre minerale se trouve presque sur la superficie de la terre; ce qui fait qu'on les exploite facilement, & presque toûjours comme de plein-pied & à découvert: l'autre, que quoi que la mine de plomb soit très-facile à fondre, les Fondeurs Anglois non seulement y employent de grands feux, mais encore sont très-attentifs à ne dresser leurs fourneaux que sur des lieux élevez, & à les exposer au vent d'ouest, pour en rendre par cette exposition la chaleur plus grande & plus vive.

Le plomb en Angleterre se vend à la foudre, qui est, pour ainsi dire, une espéce de quintal extraordinaire, ou plûtot un poids qui n'existe pas, mais qui signifie dix neuf cens quintaux, à cent livres le quintal.

Ce sont les Marchands Merciers & les Epiciers en gros qui font à Paris le négoce de plomb en navettes & en saumons. Ces masses sont de différens poids: les petites sont de cent à cent cinquante livres; il y en a de trois à trois cens cinquante; & les plus grosses sont de cinq cens.

Suivant l'Arrêt du 25 Novembre 1687, le plomb doit payer à l'entrée du Royaume & des Provinces réputées étrangéres, 40 f. du cent pesant, & à la sortie 12 f. soit qu'il soit ouvré ou non ouvré.

Les droits de la Douane de Lyon sont différens suivant la qualité du plomb, ou suivant les lieux d'où il vient.

Le plomb de France ou réputé François paye 3 f. du quintal d'ancienne taxation, & 2 f. pour la nouvelle.

Le plomb étranger 4 f. 4 den. aussi du quintal d'anciens droits & 3 f. 9 den. de reapreciation.

Le plomb en dragée 9 f. le quintal.

Et le plomb de mer 11 f.

Le plomb destiné pour la guerre, ou pour la chasse, se fond en bales de différentes grosseurs. Il y en a de vingt-deux à vingt-quatre à la livre, qui s'enfoncent dans des barils de deux cens enchapez, ou de cent sans chapes. Il y en a pour les arquebuses à croc & les mousquets de remparts, dont le calibre est plus fort. Celui pour les pistolets & les petites armes est plus petit. Enfin, il y a de la dragée & de la cendrée ou poudre de plomb de différentes grosseurs propres à giboyer.

PLOMB DE VITRIER. C'est du plomb réduit en petites bands plattes & étroites, avec des feuilleures des deux côtez, dont les Vitriers se servent pour monter & assembler leurs paneaux. Ils en font aussi de plus étroites sans feuillures, desquelles ils font les liens pour attacher les

les vitrages sur les verges de fer. *Voyez* VERRE, ou VITRIER.

DU PLOMB EN TABLE. Est du plomb fondu & coulé de plat sur une longue table couverte de sable bien uni. Sa largeur ordinaire est depuis quinze pouces de Roi jusqu'à soixante-douze, & son épaisseur plus ou moins forte, suivant les choses à quoi il peut être destiné.

Les Maîtres Plombiers sont tenus, suivant l'article 35 de leurs Statuts, de jetter le plomb en table avec telle égalité, que tous les bouts, endroits & côtez soient d'une épaisseur pareille, sans qu'ils en puissent vendre, ni mettre en œuvre, qu'elles ne soient débordées; c'est à dire, que les deux côtez ou bords des tables n'ayent été coupez & unis avec la plane, qui est un instrument ou outil tranchant propre à cet usage. On donnera à l'article des Plombiers la maniére de jetter le plomb en table.

Les Plombiers appellent du Plomb blanchi, les tables de plomb qu'ils ont étaimées ou colorées avec de l'étain de même que le fer-blanc. Dans les bâtimens neufs les Plombiers sont obligez, suivant l'article 33 de leurs nouveaux Statuts, d'employer du plomb blanchi sur les enfestures, enusures & amortissemens, chêneaux, cuvettes, tuyaux de descente, & autres endroits qui sont en vûë.

DU PLOMB EN CULOT. C'est du vieux plomb qui a servi, & qu'on a fait refondre & épurer dans une poîle de fer. On lui donne le nom de Plomb en culot, à cause de la forme ronde de culot que le fond ou cul de la poîle lui a donnée, ou pour le distinguer du plomb neuf, qui s'appelle du Plomb en saumon ou navette. Il est défendu à toutes personnes autres que les Maîtres Plombiers, d'acheter, fondre & mettre en culot les vieux plombs. *Article 37 de leurs nouveaux Statuts.* Voyez PLOMBIER.

PLOMB MINERAL. Il y en a de trois sortes: l'un que l'on nomme ordinairement Alquifoux, qui n'a autre usage en France que pour les Potiers de terre, qui s'en servent, après l'avoir pulvérisé, à vernir leur poterie. *V.* ALQUIFOUX.

L'autre est une drogue qu'on confond souvent avec le premier, quoi qu'elle soit de nulle valeur. Pour n'y point être trompé, en voici la différence. Il est plus dur, & ne se fond point au feu. Quand il est cassé, il paroît d'un gris de souris, & est d'un grain fort aigre, quoi qu'assez doux par dessus, ce qui lui donne quelque ressemblance avec le crayon noir.

Le troisiéme est proprement ce qu'on appelle Mine de plomb noire, Plomb de mine, ou Crayon. Il y a aussi de la mine de plomb rouge appellée Minium. *Voyez* MINE DE PLOMB, *&* MINIUM.

PLOMB EN POUDRE. Les Potiers de terre s'en servent au lieu de l'alquifoux, ou plomb minéral pour vernir leurs ouvrages. Il se fait en jettant du charbon pilé dans du plomb bien fondu, & en les remuant long tems. Pour en séparer le charbon, l'on n'a qu'à le laver dans l'eau & le faire sécher. Les Potiers se servent aussi de la cendre, ou écume de plomb, qui n'est autre chose que les scories du plomb que l'on a purifié pour quelqu'usage, ou qu'on a employé pour faire du menu plomb & de la dragée.

PLOMB BRULÉ. C'est une préparation chimique qui a quelqu'usage dans la Médecine. Des lames de plomb commun fonduës avec du souffre dans un pot, se réduisent en une poudre brune: & c'est-là le plomb brûlé des Chymistes.

Ce qu'on appelle du Blanc de plomb, n'est autre chose que du plomb dissous avec du fort vinaigre. *V.* BLANC DE PLOMB.

On nomme Chaux de plomb, ou Ceruse, du blanc de plomb réduit en poudre & broyé à l'eau. *Voyez* CERUSE.

Les Massicots de diverses couleurs & le sandic sont pareillement des préparations du blanc de plomb poussé au feu à divers degrez. *Voyez* SANDIX *&* MASSICOT.

La Litarge d'or, ou d'argent, n'est autre chose que le plomb qui a servi à purifier le cuivre sortant de la mine pour le mettre en rosette. *Voyez* LITARGE.

L'on tire encore du plomb par le secours de la chymie, des sels, des baumes, des huiles, du vinaigre & un magister, ausquels on ajoûte le nom de Saturne, ou pour les déguiser aux ignorans; ou pour faire souvenir les Sçavans qu'on les tire du métail à qui il leur a plû de donner le nom de Saturne, à cause de la froideur que l'on lui croit commune avec cette planette. On laisse aux Chymistes à expliquer l'usage de ces excellentes drogues, & la maniére de les préparer.

PLOMB, en termes de manufacture & de négoce. Se dit d'un petit morceau de plomb fondu exprès, de figure ronde & platte, qui s'imprime de quelque marque particuliére, & qui s'applique sur les étoffes d'or, d'argent, de soye, de laine, &c. sur les basins, futaines, toiles de coton, mousselines, bas, &c. même sur les bales, balots, paquets & caisses de marchandises dont les droits de Douane ont été payez. *Voyez* MARQUE.

PLOMB DE FABRIQUE. C'est un plomb qui s'applique aux étoffes dans les endroits de leur manufacture après qu'elles ont été éxaminées par les Gardes, Jurez, ou Esgards des lieux.

PLOMB DE VISITE, OU DE VUE, que l'on appelle aussi PLOMB FORAIN. C'est un plomb apposé sur les étoffes, après que la visite en a été faite par les Maîtres & Gardes dans les foires, hales & bureaux des Villes & lieux où elles ont été envoyées ou apportées par les Marchands Forains, ou Manufacturiers, pour y être venduës & débitées.

PLOMB DE LOYAUTÉ. C'est le nom que l'on donne dans la Manufacture de la Sayetterie d'Amiens au plomb qui s'applique sur les étoffes apprêtées, que les Jurez Sayetteurs, ou Hautelisiers, trouvent loyales & marchandes, lors qu'elles leur sont apportées dans la Hâle en noir.

PLOMB D'ARREST. Se dit des plombs ou marques que l'on appose sur les étoffes de laine défectueuses que les Maîtres & Gardes, Jurez, ou Esgards arrêtent lors de leurs visites dans les Bureaux, Hales & Foires.

PLOMB D'AUNAGE. C'est un plomb que les Jurez Auneurs, les Presseurs, les Marchands Fabriquans, &c. appliquent aux étoffes, pour faire connoître le nombre d'aunes qu'elles contiennent, suivant l'aunage qui en a été fait.

PLOMB DE CONTRÔLE. C'est un plomb qui s'appose aux étoffes de laine, dans les foires & marchez, ou lieux de fabrique, par ceux qui ont pouvoir de les contrôler, & de percevoir quelques droits sur chacune piéce.

Les Marchands Drapiers & Merciers mettent des plombs ou marques particuliéres à leurs étoffes, lors qu'ils les envoyent chez les Ouvriers pour les aprêter, afin de les pouvoir reconnoître plus facilement.

La Compagnie des Indes Orientales de France met aussi son plomb, ou marque particuliére sur les toiles de coton, mousselines & autres marchandises qu'elle a permission de vendre & débiter dans le Royaume.

Les Tondeurs de draps & autres étoffes de laine appellent Plombs, certaines masses de plomb, ordinairement du poids de cinq, dix & vingt livres, dont ils se servent pour charger plus ou moins les forces dont ils tondent les étoffes. Plus la force est chargée de ces plombs, & plus elle tond de près.

PLOMB. Se dit aussi d'une espéce de chaudiéres plattes & quarrées faites de plomb, dans lesquelles on travaille au sel blanc dans les salines de Normandie. Chaque plomb est environ de trois pieds de long, de deux de large & de six pouces de profondeur. Quatre plombs font une saline. *Voyez* SEL DE NORMANDIE.

PLOMB. L'on appelle Plombs parmi les Ouvriers-Miroitiers qui mettent les glaces au teint, des plaques de plomb longues d'un pied, larges de cinq à six pouces, & de trois à quatre lignes d'épaisseur, avec une poignée de fer par dessus pour les prendre & manier commodément.

Ces plombs servent à charger la glace quand elle a été placée sur le vif-argent; après néanmoins avoir pris la précaution de la couvrir de revêche, ou de molleton, de crainte qu'ils ne la rayent & ne la gâtent. Quelques-uns mettent des boulets de canon posez dans des espéces de sébilles de bois, à la place des plombs; mais les bons Ouvriers ne se servent de boulets que pour arrêter les glaces, & non pour les charger. *Voyez* GLACE.

PLOMB. Les Menuisiers, Charpentiers, Maçons & autres Artisans qui sont obligez de placer leurs ouvrages d'aplomb, c'est à dire, perpendiculairement sur l'horison, ont diverses sortes d'instrumens qu'ils appellent Plomb, à cause d'un petit morceau de ce métail qui en fait partie, quoi que pourtant on y mette le plus souvent du cuivre, ou du fer.

Le plomb des Maçons & des Menuisiers est ordinairement de cuivre, en forme de petit cylindre, de six ou sept lignes de diamétre & d'un pouce de hauteur. Il pend à une ficelle qui se nomme la Corde ou Cordeau, qui passe à travers une petite platine aussi de cuivre, quarrée & très-mince, appellée le Chas. Cette plaque qui n'a que la largeur du cylindre monte & descend à volonté le long du cordeau, & sert à appuyer contre l'ouvrage qu'on veut mettre d'aplomb.

Le plomb des Charpentiers n'a point de chas: il est plat en forme de rose à jour, de deux pouces environ de diamétre. On le fait de plomb, de fer, ou de cuivre. Il est ainsi percé pour donner passage à la vûë, & que l'Ouvrier puisse mieux adresser à l'endroit où il veut piquer le bois, c'est à dire, le marquer.

Le plomb à niveau, qui est un véritable niveau, est un plomb dont la corde descend le long d'une régle, ou de bois, ou de cuivre, dressée perpendiculairement sur une autre. *Voyez* NIVEAU.

Le plomb à talus n'est autre chose que le niveau plein dont la corde se déplace. *Voyez* NIVEAU.

Le plomb à régle est une simple régle qui a une échancrure à sa base, & une ligne perpendiculaire tracée du haut en bas, sur laquelle bat la corde où est attaché le plomb.

PLOMB A LA MAIN. Terme de Graveur sur acier. C'est du plomb fondu & versé sur un morceau de papier pour tirer l'empreinte d'une médaille, ou de quelqu'ouvrage travaillé en creux. On l'appelle Plomb à la main, parce qu'il suffit de fraper le carré par-dessus avec la main, pour en imprimer la figure sur le plomb. *Voyez* GRAVEUR.

PLOMB. Les Maîtres Couteliers appellent le Plomb, une masse de ce métail, sur laquelle ils coupent avec le rosettier ces petites rosettes dont ils se servent pour monter les lancettes & les rasoirs. *Voyez* ROSETTIER.

PLOMB, en termes de Marine. Signifie la sonde avec laquelle les Pilotes sondent le fond des mers sur lesquelles ils naviguent. Ainsi l'on dit: Il ne faut aborder cette côte que le plomb à la main; pour dire, que la sonde à la main. Ils l'enduisent au bout de suif pour connoître si le fond est de vaze, de sable, ou de roc.

PLOMBACINE. C'est parmi les Modernes la glebe minérale où l'on trouve le plomb & l'argent mêlez ensemble.

PLOMBAGINE. Les Anciens appelloient ainsi la mine de plomb noire dont on fait les crayons à dessiner. Ce mot & celui de Plombacine sont trop semblables, pour ne pas croire que ce dernier n'ait pas été emprunté de l'autre, ou que peut-être ils ne signifient la même chose. La plombagine est aussi le plomb de mer des anciens, qui selon un Auteur qu'on ne garantit pas (Pomet) étoient persuadez que cette drogue étoit une production de la mer & non pas un minéral sorti des entrailles de la terre, ce qui est peu croyable.

PLOMBE'. Terme en usage chez les Marchands Libraires & parmi les Relieurs. Il se dit d'une certaine composition faite de mine de plomb & de cole détrempée & broyée avec de l'eau, qui sert à plomber à colorer la tranche de quelques livres d'Eglise, ou de priéres, particuliérement de ceux destinez pour les Religieux & Religieuses, ou pour les personnes qui sont en deuil.

PLOMBE'E. Etoffe plombée, marchandise ou bale plombée, sont celles sur lesquelles il a été apposé un plomb, ou marque particuliere.

Les Réglemens des Manufactures veulent que toutes les étoffes de laine qui se fabriquent dans le Royaume soient plombées des plombs, ou marques de fabrique, & des plombs de visite ou de vûë.

Les caisses & bales de marchandises qui ont été une fois plombées dans les Bureaux des Douanes ou traites, ne doivent point être ouvertes en chemin, si ce n'est au dernier bureau de la route où elles peuvent être contrôlées pour connoître s'il n'y a point eu de fraude.

PLOMBE'E. Se dit aussi d'une sorte de composition faite avec la mine de plomb, ou le minium, dont quelques Ouvriers, ou Artisans colorent leurs ouvrages en rouge.

PLOMBER. Signifie mettre, appliquer, ou apposer un plomb, une marque à une piéce d'étoffe, à une paire de bas, à une bale de marchandise, &c.

Les Marchands, les Manufacturiers & les Ouvriers, sont obligez de faire plomber ou marquer leurs étoffes dans les Bureaux, Hales, Foires & lieux où s'en doit faire la visite.

A Amiens au lieu de dire Plomber une étoffe, on dit la ferrer; ailleurs on dit la marquer, y apposer, y mettre le plomb.

Si les Marchands veulent que leurs bales, balots, ou caisses de marchandises ne soient point ouvertes ni visitées en chemin, il faut qu'ils les fassent aquitter & plomber dans les Bureaux des Fermes du Roi.

PLOMBER. C'est aussi un terme de Potier de terre qui signifie vernisser avec le plomb les ouvrages de poterie. *Voyez* PLOMMER.

PLOMBERIE. Art de fondre & de travailler le plomb. Il se dit aussi des ouvrages des Plombiers.

PLOMBEUR. Celui qui plombe, qui applique les plombs, ou marques, aux étoffes & autres marchandises.

A Amiens on dit Ferreur, & en d'autres endroits Marqueur.

PLOMBIER. Ouvrier qui fond le plomb, qui le façonne, qui le vend façonné, & qui le met en œuvre dans les bâtimens, fontaines, &c.

A Paris les Plombiers forment une Communauté considérable dont les derniers Statuts composez de quarante articles sont du mois de Juin 1648; par ces Statuts ils sont qualifiez de Maîtres Plombiers Fontainiers.

Les Chefs de cette Communauté, c'est à dire, ceux qui sont préposez pour tenir la main à l'éxécution de ses Statuts, & qui sont chargez du soin des affaires qui la regardent, sont au nombre de trois; le premier est appellé Principal, & les deux autres Jurez.

Tous les ans le mardi d'après la Trinité Patrone des Maîtres Plombiers, on fait en présence du Procureur du Roi du Châtelet l'élection d'un nouveau Principal & d'un nouveau Juré; en sorte que le Principal n'est qu'un an en fonction, & chaque Juré y reste deux années.

Suivant ces Statuts, aucun ne peut être reçû Maître Plombier à Paris s'il n'est originaire François & né sujet du Roi, ou qu'il n'ait obtenu de Sa Majesté des Lettres de naturalité.

L'Aprentissage doit être de quatre années complettes, & le Chef-d'œuvre tel qu'il plaît aux Jurez de le prescrire.

Les Fils de Maîtres sont éxemts d'Apprentissage & de Chef-d'œuvre & il suffit pour être admis à la maîtrise, qu'ils ayent servi leurs péres pendant 2 ans, & qu'ils ayent fait une simple expérience.

Les Compagnons qui ne sont pas Aprentifs de Paris ne peuvent parvenir à la maîtrise, qu'ils n'ayent auparavant servi les Maîtres pendant deux ans, & fait Chef-d'œuvre de même que les Aprentifs de Paris.

Les veuves des Maîtres Plombiers, tant qu'elles sont en viduité, peuvent faire travailler & tenir boutique ouverte, de même que leurs maris, pourvû qu'elles ayent pour la conduite de leurs travaux un Compagnon capable & expérimenté.

Les Maîtres sont tenus de marquer de leur coin particulier tous les plombs qu'ils vendent & qu'ils employent dans les ateliers & bâtimens, & cette marque qui contient ordinairement les premiéres lettres du nom & surnom du Maître, doit être apposée sur le plomb avant qu'il puisse sortir de sa boutique.

Il est défendu aux Plombiers de jetter du plomb sur toiles & de l'employer, non plus que celui passé par le moulin.

Les Plombiers se servent de quantité d'outils & d'instrumens, & même de quelques machines pour fondre, couler, souder & travailler les plombs qu'ils ont auparavant préparé suivant les divers ouvrages ausquels ils les destinent. On n'en donnera ici que les noms, se réservant d'en faire la description & d'en apprendre l'usage à leurs propres articles où l'on pourra avoir recours.

Pour fondre & couler le plomb il faut une fosse à fondre, un moule avec ses traîteaux pour le jetter en grandes tables; un autre moule pour les petites tables; une poîle de fer à verser le plomb; une cuilliére à puiser; une autre cuilliere percée & des rables pour les grandes & petites tables.

Pour travailler ces tables soit en tuyaux, soit en cuvettes ou autres choses semblables nécessaires au bâtiment, ou pour les mettre en place, les Plombiers ont des tondains, des poîles & des cuilliéres à souder des polastres; un niveau, des compas, un marteau, des maillets plats d'un côté, des bourseaux, des serpes, des serpettes, des couteaux, des planes, des gouges, des rapes, des débordoirs ronds, des gratoirs, des fers ronds à souder, d'autre fers en triangle au même usage & des atelles.

Lors que l'on veut faire des tuyaux sans soudure on se sert d'une poîle ou chaudiére de fonte posée sur son trépied, d'un établi avec son moulinet au bout, garni d'une sangle & de son crochet, d'un moule pour les tuyaux avec son boulon, ses rondelles & ses portées; enfin pour étaimer, d'un fourneau qu'on nomme Fourneau à étaimer.

L'on va seulement mettre ici la maniére de couler les grandes & petites tables, & celle de fondre des tuyaux dans des moules comme à l'endroit le plus convenable pour ces matiéres.

Maniére de fondre & couler les grandes tables de plomb.

Le plomb destiné à cet usage se met en fusion dans une fosse bâtie & maçonnée de grès & de terre cuite en forme de grande chaudiére qu'on fortifie au dehors par un massif de moîlon & de plâtre. Au bas de cette espéce de chaudiére est un endroit plus enfoncé où se place une poîle, ou marmite de fonte pour recevoir le culot du plomb, c'est à dire, ce qui peut rester de ce métail quand la table est coulée; cette fosse, ou chaudiére est élevée sur l'aire du plancher, en sorte que la poîle de fonte soit appuyée dessus.

Chaque fois qu'on veut se servir de cette fosse il faut l'échauffer avec de bonne braise qu'on met dedans, afin que le plomb fonde plus facilement & ne s'y attache pas; ensuite de quoi on y jette le plomb pêle-mêle avec du charbon ardent pour le faire fondre.

Assez près de la fosse est la table sur laquelle le plomb doit se jetter; elle est ainsi placée pour la commodité du service & pour y verser plus promptement le métail quand il est fondu.

Cette table qu'on appelle quelquefois le Monde, est faite de grosses piéces de bois bien jointes & liées de barres de fer par les bouts, soûtenuë par deux ou trois traîteaux de charpente: autour régne une espéce de chassis ou bordure aussi de bois de deux à trois pouces d'épaisseur, & d'un pouce ou deux d'élevation au dessus de la table. La largeur ordinaire des tables est de trois à quatre pieds; leur longueur de dix-huit à vingt pieds.

Sur la table est du sable très fin qu'on prépare en la mouillant avec un petit arrosoir & en le labourant avec un bâton, & ensuite pour le rendre uni & égal on le bat avec un maillet plat, & l'on le plane avec une plane ou plaque de cuivre.

Au dessus de la table est le rable qui porte sur les bords du chassis qu'en terme de l'art on appelle les éponges; il est de bois, haut & fort à discretion, entaillé des deux bouts qui sont appuyez sur les éponges, en sorte qu'il reste entre lui & le sable plané une distance proportionnée à l'épaisseur qu'on veut donner à la table de plomb; ce rable sert à pousser le métail encore liquide jusqu'au bout du moule.

Au haut de la table est une poîle de fer de figure triangulaire, qui n'a des bords que par derriere & aux côtez, afin qu'elle se vuide plus aisément quand on la veut verser; elle pose par devant sur la table même, & par derriere sur un traîteau plus bas que la table, afin qu'en cette situation elle puisse contenir le métail, n'ayant point de bord par devant pour le retenir. Il y a de ces poîles capables de recevoir quinze & seize cens livres de plomb & plus.

Tout étant ainsi disposé on puise avec une grande cuilliere de fer dans la fosse où le plomb est en fusion, le métail

tail pêle-mêle avec le charbon pour en remplir la poîle triangulaire, & lors qu'elle en est pleine on en ôte le charbon & l'on nétoye le plomb avec une autre cuilliere de fer percée en forme d'écumoir; puis on léve la queuë de la poîle, & le métail liquide coulant & se répandant sur le moule, le Plombier le conduit & le pousse jusqu'au bout avec le rable posé de champ sur les éponges, ce qui le rend par tout d'une égale épaisseur.

Les tables ainsi jettées on les déborde, c'est à dire, qu'on les dresse des deux côtez avec des planes à déborder. On a déja dit à l'article du Plomb, qu'il est défendu aux Plombiers par leurs Statuts, de vendre ni mettre en œuvre des tables, qu'elles n'ayent été debordées.

Maniére de couler des tables de plomb sur la toile.

Quoi qu'on ait remarqué en faisant l'extrait des Statuts des Plombiers au commencement de cet article, qu'il leur est défendu de jetter du plomb sur toile, de le vendre, ou de l'employer, on ne laissera pas d'en expliquer ici la métode, y ayant des occasions où non seulement ces sortes de tables de plomb sont permises, mais dans lesquelles mêmes elles sont nécessaires, sur tout pour la construction des grands édifices, comme celui du Louvre, par éxemple, où au lieu de mortier on a mis de ces lames jettées en toile, pour remplir les joints des pierres de taille.

La table, ou moule pour jetter du plomb sur toile est de bois, longue & large à volonté suivant l'ouvrage, & seulement bordée par un côté. Sur cette table au lieu de sable s'étend un long morceau de drap, ou d'autre étoffe de laine que l'on clouë par les deux bouts pour le tenir mieux tendu, & sur le drap se met encore une toile très-fine (on peut aussi se servir de treillis.) Cette table qui est soûtenuë sur des traîteaux inégaux ne se place pas de niveau, mais doit avoir une pente raisonnable.

Un rable de bois, mais bien différent du rable qu'on a décrit dans le paragraphe précédent, sert à contenir & à conduire le plomb liquide qu'on veut couler: c'est une espéce de boîte de bois sans fond, seulement fermée de trois côtez, raisonnablement élevée sur le derriére, & dont les deux ais paralléles vont toûjours en diminuant jusqu'au bout, depuis l'endroit où ils se joignent au troisiéme ais, qui a sept ou huit pouces de haut. La largeur de cet ais qui fait celle du rable, est plus ou moins grande suivant la largeur que l'on veut donner à la table de plomb qu'on veut jetter.

Le rable se place sur le haut du moule que l'on a auparavant couvert en cet endroit d'une carte qui sert alors comme de fond à cette espéce de boîte, ce qu'on fait crainte que la toile ne brûle pendant qu'on le remplit de plomb liquide. On comprend assez que l'endroit par où le rable est ouvert doit être tourné en haut, parce qu'autrement il ne pouroit retenir le métail.

Le rable étant plein de plomb suivant la quantité qu'on en veut couler, deux hommes, un de chaque côté du moule, ne font que laisser aller le rable en bas, ou bien le tirent avec vitesse, ce qui fait la table plus ou moins épaisse, son plus ou moins d'épaisseur dépendant du plus ou moins de promtitude avec laquelle le rable descend le long du moule, qui, comme on l'a dit, est disposé en penchant.

Il faut observer qu'il n'y a qu'un certain degré de chaleur qu'il faut donner juste au plomb pour le couler sur la toile, soit crainte de brûler la toile s'il étoit trop chaud, soit de peur qu'il se refroidisse avant la fin de l'opération s'il ne l'étoit pas assez. Pour trouver ce degré convenable on éprouve la chaleur du plomb en fusion avec du papier; si le papier qu'on met dedans s'enflame, le métail est trop chaud; s'il ne roussit pas il ne l'est pas assez; une couleur tirant sur le jaune est la marque de la chaleur convenable.

Maniére de faire des tuyaux sans soudure.

Pour faire ces tuyaux il faut une espéce de fourneau composé d'une grande poîle, ou chaudiére de fonte, soûtenuë sur un trepied de fer assez haut. Autour de la poîle & jusqu'au bord s'éleve un massif de briques maçonnées de terre franche auquel on réserve par devant une ouverture assez large pour y mettre du bois & y allumer du feu, & par derriére une autre ouverture, mais plus petite pour servir de ventouse.

C'est dans cette poîle que l'on fait fondre le plomb après l'avoir échauffé par le feu qu'on fait dessous. Pour avancer la fusion on met de la braise ardente avec le plomb; le métail s'écume & se puise avec les mêmes cuilliéres dont on a parlé ci-dessus. *Voyez le paragraphe de la fonte des grandes tables.*

Près du fourneau doit être un établi garni par un bout d'un moulinet avec ses bras, ou leviers, pour le tourner quand il en est besoin; une forte sangle armée d'un crochet de fer à une de ses extrêmitez, est attachée par l'autre au treuil ou cylindre du moulinet, autour duquel elle se roule quand on le tourne. C'est sur cet établi que se pose horizontalement le moule des tuyaux, & c'est avec le moulinet & la sangle que lors que les tuyaux sont fondus on en retire le boulon de fer qui en fait le noyau.

Le moule de ces tuyaux est de cuivre, fait de deux piéces qui s'ouvrent par le moyen des charniéres qui les joignent & qui se ferment avec des crochets; le calibre, ou diamétre intérieur, est à volonté suivant la grosseur du tuyau qu'on veut fondre; la longueur est ordinairement de deux pieds & demi.

Dans le milieu du moule se place le boulon, c'est à dire, un morceau de cuivre ou de fer rond un peu plus long que le moule. Pour soûtenir le boulon suspendu au milieu de la cavité du moule il y a deux rondelles de cuivre, une à chaque bout, avec chacune une portée, qui font de petits tuyaux de l'épaisseur qu'on veut donner à l'ouvrage. Ces quatre piéces sont de cuivre & serrent les rondelles pour fermer les deux bouts du moule & les portées pour tenir le boulon; à un bout du moule est le jet qui est un petit entonnoir de cuivre par où se verse le métail.

Lors que le moule a son boulon & qu'il est fermé par ses rondelles, on le couche sur l'établi où il est affermi par des liens de fer, & on y verse le plomb fondu par le jet avec une cuilliére à puiser, qui sert à le prendre dans la chaudiére après qu'il est en parfaite fusion & qu'on l'a bien écumé avec la poîle percée.

Quand le moule est plein, & après que le métail est assez refroidi, on passe le crochet de la sangle dans un trou qui est au boulon, & en tournant le moulinet à force de bras, on fait sortir le boulon du moule; ensuite on ouvre le moule, & en ayant tiré le tuyau (si on veut l'alonger) on en met un bout à la place de la rondelle d'en bas, & replaçant le boulon, en sorte que le tuyau nouvellement fondu lui serve de rondelle & de portée, on referme le moule en mettant par en haut sa rondelle & sa portée ordinaire, & l'on verse de nouveau du plomb par le jet; ce qu'on qu'on recommence autant de fois qu'on veut augmenter la longueur de l'ouvrage.

A l'égard des tuyaux soudez ils se font sur des tondins. *Voyez* TONDIN. *Voyez aussi* TUYAU.

Quand les Plombiers veulent étaimer & blanchir les tables & autres ouvrages de plomb ausquels ils sont tenus de donner l'étain par leurs Statuts, ils se servent d'un fourneau à étaimer, sur lequel deux Compagnons tiennent & font chauffer l'ouvrage, tandis qu'un troisiéme Ouvrier y applique des feuilles d'étain avec de la poix-résine qu'il étend & fait tenir en les frottant par dessus avec des étoupes lors que l'étain commence à fondre. *Voyez* ETAMER. *Voyez aussi* FOURNEAU.

Pour la matiére qui sert aux soudures & la maniére de souder. *Voyez* SOUDER & SOUDURES.

PLOMBIERE. Femme ou Veuve d'un Maître Plombier, qui continuë le métier & le commerce de la plomberie.

PLOMBIERE. C'est aussi une pierre minérale qui ressemble beaucoup au plomb. *Voyez* PIERRE PLOMBIERE.

PLOMMER. Terme de Potier de terre. C'est la même chose que Plomber; c'est à dire, vernisser la poterie de terre, parce que le vernis se donne avec du plomb, ou du moins des minéraux qui en tiennent lieu, & des drogues tirées de ce métail.

Les Potiers se servent ordinairement à cet usage de l'alquifoux, ou plomb minéral; du plomb en poudre, qui se fait en jettant du charbon pilé dans du plomb en fusion; & des cendres de plomb, qui ne sont autre chose que son écume & ses scories. *Voyez* ALQUIFOUX, PLOMB EN POUDRE & POTIER DE TERRE.

PLOMO-RONCO. C'est le plus riche de tous les minerais d'argent qui se tirent des mines du Chilly & du Pérou, le plus facile à exploiter, & celui dont l'exploitation se fait à moins de fraix. Il est noir & mêlé de plomb, d'où il a pris son nom. Ce mêlange aide à le fondre sans avoir recours au vif-argent; le plomb poussé au feu s'évaporant aisément; & l'argent restant aussi net que si on l'avoit amalgamé.

Les Indiens avant l'arrivée des Espagnols à l'Amérique n'ayant aucune connoissance du mercure & de son usage dans le travail des mines, ne fondoient que de ce minerai. *Voyez* ARGENT.

PLONGE', PLONGE'E. On appelle de la Chandelle plongée, ou plingée, celle qui se fait en plongeant la méche dans le suif. *Voyez* CHANDELLE.

MECHE PLONGE'E, OU PLINGE'E. C'est la méche qui n'a encore eu que la premiére façon, c'est à dire, qui n'a été mise qu'une fois en suif. *Voyez comme dessus.*

PLONGER DE LA CHANDELLE. C'est lui donner plusieurs couches de suif, en la trempant dans l'abîme, ou moule qui en est rempli.

PLONGEUR. Celui qui se plonge & se cache sous les eaux.

On appelle Plongeurs dans la pêche des perles, ceux des Pêcheurs qui vont au fond de la mer détacher des bancs & des rochers les huitres qui les produisent. *Voyez* PERLES.

PLONGEUR. C'est aussi dans les manufactures & moulins à papier, un Ouvrier dont la seule occupation est de plonger les formes, ou moules, dans la cuve où est la pâte, & de les remettre entre les mains du Coucheur. *Voyez* PAPIER.

PLUCHE, ou PELUCHE Sorte d'étoffe le plus souvent partie laine & partie poil de chévre; quelquefois de fil de chanvre & de poil de chévre, & quelque fois toute de soye. *Voyez* PELUCHE.

PLUIE. Espece de droguet dont la chaîne est de soye, ou de poil, & la trême en partie d'or, ou d'argent. On lui donne le nom de Pluie, à cause des petits brillans dont la superficie de cette étoffe est toute parsemée, qui paroissent comme une légére brouïne qui y seroit tombée. On en fait des habits d'hommes & de femmes pour l'Eté. *V.* DROGUET.

PLUMASSIER. Marchand, ou Ouvrier qui teint, blanchit, aprête, monte & vend toutes sortes de plumes d'oiseaux, particuliérement d'autruche, soit véritables, soit imitées, propres à faire des capelines, bouquets & tours de chapeaux, bouquets pour l'ornement des hauts dais & des lits, aigrettes, attaches de heron, & enfin tous autres ouvrages de plumes pour les entrées, mascarades, carousels, comédies & cérémonies publiques.

Les Maîtres Plumassiers de la Ville & Fauxbourgs de Paris n'ont été érigez en Communauté & en Corps de Jurande que sous le Régne de Henri IV. Leurs Lettres d'érection & leurs premiers Statuts sont du mois de Juillet 1599, confirmez par Louïs XIII. en 1612, & par Louïs XIV. en 1644. De nouveaux Statuts leur furent donnez en 1659 & en 1692. Les Charges de Jurez créez en titre d'Offices par l'Edit de 1691, furent unies & incorporées à leur Communauté avec quelques legers changemens par rapport aux droits de réception, de visite, & autres choses semblables.

Les Maîtres Plumassiers sont qualifiez par leurs anciens & nouveaux Statuts, Marchands-Maîtres de la Communauté des Plumassiers, Panachers, Bouquetiers & Enjoliveurs de la Ville, Fauxbourgs, Banlieuë, Prevôté & Vicomté de Paris.

Deux seuls Jurez, dont l'un s'élit tous les ans, gouvernent les affaires de la Communauté, font les visites, veillent sur les Brevets des Apprentifs, leur donnent Chef-d'œuvre; & s'ils sont jugez capables, assistent au serment qu'ils prêtent chez le Procureur du Roi au Châtelet, & leur délivrent des Lettres de Maîtrise.

Chaque Maître ne peut avoir qu'un seul Apprentif, obligé par devant Notaires au moins pour six ans: permis néanmoins à lui d'en obliger un second à la fin de la quatriéme année du premier.

Aucun Apprentif n'est reçû à Chef-d'œuvre, comme Aspirant à la Maîtrise, qu'il n'ait achevé son apprentissage, & servi quatre autres années de Compagnon chez les Maîtres.

Les Fils de Maîtres ne sont point obligez au Chef-d'œuvre, non plus que les Apprentifs qui épousent leurs Filles, ou Veuves.

Les Assemblées générales sont composées des Jurez qui y président, de tous les anciens Bacheliers, c'est à dire, des Maîtres qui ont passé par la Jurande, de six Maîtres qui ont été Administrateurs de la Confrairie & de deux Modernes: il est néanmoins permis à tous les Maîtres modernes & jeunes de s'y trouver; mais on n'est pas obligé de les en avertir.

Enfin, il n'y a que les Maîtres de cette Communauté qui ayent la faculté de faire tous ouvrages de plumes de quelqu'espéce d'oiseaux que ce soit, même de les enjoliver & enrichir d'or, ou d'argent, fin, ou faux: leur étant néanmoins défendu de mêler aucune plume de heron faux parmi les plumes de heron fin; non plus que les plumes de vau-

vautours, cygnes, paons, oyes, &c. parmi les plumes d'autruches, linon dans les ouvrages de balets & mascarades. *Voyez* AUTRUCHE.

PLUME. Ce qui couvre l'oiseau, qui lui sert à voler & à se soûtenir en l'air.

Les plumes de certains oiseaux font en France, particuliément à Paris, un très grand objet de commerce.

Les Marchands & Artisans qui en font le négoce, qui les apprêtent ou qui les employent, sont les Maîtres Plumassiers, les Marchands Merciers-Papetiers, les Marchands Merciers-Ferronniers, les Marchands Epiciers, les Marchands Fourreurs, les Chapeliers & les Tapissiers.

Les Maîtres Plumassiers font le commerce des plumes d'autruche, de celles du heron, des aigrettes, des queuës de paon, & de toutes sortes d'autres plumes fines & précieuses qui servent à la parure des hommes & des femmes, & aux ornemens de certains enmeublemens, comme aux hauts dais, aux imperiales de lit, & de quelques autres semblables. *Voyez* PLUMASSIER.

Les Marchands Merciers-Papetiers vendent les plumes d'oye, de cygne & de corbeau, qui sont propres pour l'écriture & pour les desseins à la main. *Voyez* PAPETIER.

Les Marchands Merciers-Ferronniers, c'est à dire, ceux des Merciers qu'on nomme Marchands de fer, font négoce en gros de duvet ou plumes à lit. *V.* MARCHAND DE FER.

Les Epiciers font aussi le commerce en gros de duvet d'oye & autres volailles, de l'édredon ou duvet de faucon, des plumes d'autruche, & des plumes & pinceaux de cygne. *Voyez* EPICIER.

Les Marchands Fourreurs préparent & vendent les peaux de cygne & de vautour garnies de leur duvet, en font des manchons & palatines, aussi bien que de diverses autres sortes de plumes teintes ou naturelles. *Voyez* CYGNE *&* VAUTOUR.

Enfin, les Tapissiers employent en lits de plumes, en traversins & autres meubles le duvet & l'édredon, les Chapeliers la laine fine ou poil d'autruche dans la fabrique de quelques-uns de leurs chapeaux, & les Manufacturiers de draps du gros d'autruche pour faire les lisieres de ces sortes d'étoffes.

PLUMES D'AUTRUCHE. Ce sont les plumes que l'on tire des aîles & de la queuë de ces oiseaux. Les Marchands Plumassiers en comptent de plusieurs sortes; entr'autres les premieres, les secondes, les tierces, les femelles claires, les femelles obscures, les bouts de queuë, les bailloques, le noir grand & petit & le petit gris. *Voyez* AUTRUCHE, *on y traite à fond de ce commerce.*

PLUMES EN MASSE. On appelle masse de plumes d'autruche, un paquet de plumes qui en contient cinquante. Il n'y a que les plumes blanches & fines qui se vendent à la masse; les autres se vendent au cent.

PLUMES EN FAGOT. Ce sont des plumes d'autruche qui sont encore en paquets.

PLUMES BRUTES. Ce sont des plumes d'autruche telles qu'on les reçoit de la premiere main, & qui n'ont pas encore eu les divers apprêts qu'ont coûtume de leur donner les Maîtres Plumassiers.

PLUMES D'AUTRUCHE APPRESTE'ES. Ce sont celles qui ont été teintes ou blanchies, & qui sont propres à être montées, ou qui le sont déja en bouquets en plumes, en plumets, & en d'autres ouvrages de plumasserie.

LAINE, PLOC OU POIL D'AUTRUCHE. Ce sont les différens noms que l'on donne au duvet de cet oiseau. *Voyez* AUTRUCHE.

On appelle Bouquet de plumes, diverses plumes d'autruche élevées en divers rangs sur un chapeau. Ces sortes de bouquets de plumes ne sont plus d'usage en France que dans les grandes cérémonies: le plumet leur a succedé. *Voyez* PLUMET.

Les Plumes d'autruche de Barbarie ou d'autres lieux payent en France les droits d'entrée à raison de 20 f. de la livre; & ceux de sortie; sçavoir celles non apprêtées, y compris les bouts, 3 f. de la livre; & celles qui sont apprêtées 6 f. conformément au Tarif de 1664.

Les droits de la Douane de Lyon se payent différemment suivant les différentes qualitez des plumes, ou suivant les lieux d'où elles viennent.

Les plumes d'autruche d'Orient, la caisse pesant environ cent livres, payent 35 liv. d'ancienne taxation, & 7 l. 10 f. de nouvelle reapréciation.

Les plumes d'autruche d'Alexandrie, la caisse 25 l. d'anciens droits, & 5 liv. de nouveaux.

Les plumes d'autruche nommées Plumes d'aigrettes ou Plumes apprêtées, 9 f. de la livre.

Celles non apprêtées 6 f.

Les Plumes d'autruche sont du nombre des marchandises du Levant sur lesquelles il doit être levé vingt pour cent suivant l'Arrêt du 15 Août 1685.

PLUMES A ECRIRE. Ce sont des plumes d'oye, de cygnes, de corbeaux & de quelques autres oiseaux, mais particuliérement d'oyes, qui servent à l'écriture à la main, en les ouvrant & taillant d'une certaine maniere.

On a dit ci-dessus que les Papetiers en faisoient le plus grand commerce. Ils les tirent de plusieurs Provinces du Royaume, entr'autres de Guienne, de Normandie & du Nivernois. Celles qui leur viennent de Hollande sont estimées les meilleures; peut-être seulement à cause qu'elles sont apportées de dehors. *Voyez* OYE.

Ces plumes se tirent des aîles de l'oye. On en distingue de deux sortes, les grosses plumes & les bouts d'aîles. Elles se vendent au millier, au cent & au quarteron, & même en détail à la piéce. On en trouve aussi chez les Papetiers de toutes taillées pour la commodité de ceux qui n'en sçavent pas la maniére.

PLUMES HOLLANDE'ES. Ce sont des plumes préparées à la maniére de Hollande, c'est à dire, dont on a passé le tuyau sous la cendre pour l'affermir & en faire sortir la graisse.

Les Plumes à écrire payent en France les droits d'entrée à raison de 10 liv. du cent pesant, suivant l'Arrêt du 3 Juillet 1692, à l'exception de celles du crû de Hollande, qui ne payent que 4 liv. conformément au Tarif de 1699, les droits ayant été ainsi moderez en faveur des seuls Hollandois.

Les droits de sortie pour les plumes à écrire de toutes sortes se payent comme mercerie, c'est à dire, à raison de 3 liv. du cent pesant, conformement au Tarif de 1664, & seulement 2 liv. suivant l'Arrêt du 3 Juillet 1692, dans les cas portez audit Arrêt.

PLUMES A FAIRE LITS. C'est ce qu'on nomme autrement du Duvet. *Voyez* DUVET. *Voyez aussi* OYE.

Les plumes à faire lits payent en France les droits d'entrée à raison de 22 f. du cent pesant, & pour ceux de sortie 32 f. conformément au Tarif de 1664.

Les droits de la Douane de Lyon sont ; sçavoir,

Les plumes pour lits 5 s. de la bale d'ancienne taxation, & 5 s. de reapréciation.

Et celles qu'on appelle Plumes de duvet, 10 s. aussi de la bale, & 5 s. de nouveau droit.

PLUMET. C'est ainsi qu'on nomme à Paris des Gagne-deniers ou gens de peine qui travaillent sur les Ports, Places & Hales de la Ville à porter sur la tête, le charbon, les grains & la farine. Ce sont proprement les Aydes des Jurez Porteurs de grains, farine & charbon. *V.* Porteur.

Plumet. Les Plumassiers nomment aussi de la sorte une simple plume d'autruche qui fait à peu près tout le tour du chapeau, & qui en couvre entiérement le bord. Le Plumet a succedé au bouquet de plume.

PLUMETTE. Petite étoffe, quelquefois avec de la soye, mais plus ordinairement toute de laine.

Les plumettes payent les droits d'entrée à raison de 10 liv. du cent pesant suivant l'Arrêt du 3 Juillet 1692, & pour ceux de sortie 3 liv. conformément au Tarif de 1664, ou seulement 2 liv. dans les cas portez dans ledit Arrêt de 1692.

PLUMOTAGE. Terme de rafinage du sucre. Il se dit d'une façon que l'on donne à la terre qui sert au rafinage, en la rafraîchissant & la paîtrissant sans l'ôter de dessus le sucre, & en y versant dessus une ou deux cuillerées de terre claire. Les Connoisseurs défendent aux Rafineurs de faire le plumotage, à cause du dommage que le Maître de la sucrerie en reçoit ordinairement. *Voyez* Sucre.

PLUMOTER. Faire le plumotage. *V. l'article précédent.*

POCHE, ou POCHETTE, qui en est le diminutif. C'est une espéce de petit sac de toile, ou de cuir, qui est attaché à quelques habillemens des hommes & des femmes, & qui servent à serrer & porter diverses choses qu'on veut avoir sur soi. Il y a ordinairement des poches aux juste-aux-corps, aux sur-touts, aux vestes & aux culotes: celles des culotes se font de cuir de mouton passé en mégie. Ce sont les Maîtres Boursiers qui les taillent & fabriquent, d'où ils ont pris un de leurs noms.

Poche de Navette. Terme de manufacture. C'est la partie creuse qui est au milieu de la navette, dans laquelle l'Ouvrier place l'espoulle, ou petit tuyau de roseau sur lequel on dévide le fil de la trême des étoffes, ou des toiles. On l'appelle aussi Boîte de navette. *Voyez* Navette.

Poche. Est aussi un sac de Meunier, qui contient un sac de grain, ou de farine. Il y a à Paris sur les ports & dans les hales & marchez où se vendent les grains des personnes qui ne vivent que du gain qu'ils font en louant des poches, ou sacs, aux Marchands, Meuniers, ou Particuliers pour le transport des blez, farines & autres grains qu'ils y achétent.

Poche. C'est une espéce de poche, ou de sac, dans lequel les Cloutiers de Tanchebray près Falaize, vendent les différentes sortes de broquettes qu'ils fabriquent. Chaque poche contient soixante livres pesant de broquettes, à la réserve des broquettes d'un quart au millier, qui ne pésent, ou dont les sacs ne sont que de trente livres.

Pochée, qu'on appelle aussi sachée. C'est la quantité de broquettes qui peut tenir dans une poche, ou sac, d'une certaine grandeur. Il n'y a qu'à Tanchebray en Basse-Normandie où l'on vende les broquettes à la pochée. *Voyez ci-dessus* Poche, *ou l'article des clous.*

Poches, en terme de Pêcheurs. Signifie certaines parties creuses qui se font autour du filet qu'on nomme Epervier, en les relevant avec de la lignette. C'est dans ces poches que se prend le poisson. *Voyez* Epervier.

POCHETIER. Celui qui taille & fait des poches. Il ne se dit proprement que de l'Artisan qui en fait de cuir. Les Maîtres Boursiers de la Ville de Paris prennent la qualité de Boursiers, Colletiers, Pochetiers, &c. *Voyez* Boursier.

POELE, ou POUELE. Ustencile de cuisine fait de tole, ou fer battu, avec une longue queuë aussi de fer. Elle sert à cuire, fricasser & frire diverses sortes de mets & de ragoûts que les Cuisiniers aprêtent. *Voyez* Traiteurs.

La poele à confiture est de cuivre, sans queuë, mais avec deux mains, ou poignées de fer pour la mettre sur le fourneau, ou l'en ôter.

Il y a aussi des poeles dans les Hôtels des Monnoyes pour y faire recuire les lames & les flaons. *Voyez* Monnoyage.

Poeles des Plombiers. Les Plombiers ont diverses sortes de poeles pour fondre leur plomb, ou pour le verser lors qu'il est fondu.

Celle qu'ils mettent au fond de la grande fosse est de fonte, plus semblable à une petite marmite qu'à une poele; elle sert à rassembler le plomb lors que la fosse en est épuisée.

La Poele à fondre le plomb pour jetter en moule les tuyaux sans soudure, est aussi de fonte faite en maniére de chaudiére large & profonde, soûtenuë sur un trépied de fer; elle est maçonnée tout au tour en forme de fourneau. *V.* Plombier, *où l'on parle des tuyaux sans soudure.*

La Poele à verser le métail pour couler les grandes tables, est pareillement de fonte, de forme triangulaire, platte par dessous, ouverte par devant, beaucoup plus longue que large, avec une forte queuë par derriére pour la lever quand on veut verser le métail. *Voyez comme dessus, où l'on explique la maniére de fondre les grandes tables de plomb.*

Enfin, ils ont encore des poeles communes de fonte à trois pieds, dans lesquelles ils font chauffer leurs fers à souder & fondre leur soudure dans une cuilliére de fer.

Celle des Doreurs sur métail où ils mettent au feu les piéces qu'ils dorent, est toute semblable à cette derniére. *V.* Plombier & Doreur sur metail.

La Poele du fourneau des Peintres sur verre, est de terre bien cuite & propre à résister au feu, de forme carrée, comme le fourneau même, profonde de sept à huit pouces. C'est dans cette poele que se mettent les piéces de verre après qu'elles sont peintes, pour y incorporer les couleurs. *Voyez* Verre *où il est parlé de la peinture sur verre.*

Poele. Les Chauderonniers ont aussi une poele de fonte garnie de sa cuilliére de fer pour faire fondre l'étain, dont ils font l'étaimure des marmites, des casseroles & autres tels ustensiles de cuivre qui servent à la cuisine.

Il faut remarquer à l'égard de cette étaimure, que le cuivre rouge s'étaime avec la poix-résine, & le jaune avec le sel armoniac.

Poele a Chandelle. Les Maîtres Chandeliers nomment ainsi en terme du Métier, ce qu'on appelle communément une chaudiére. Cette poele, dans laquelle ils font fondre leur suif, est de cuivre jaune avec un bord de deux ou trois pouces de large & d'un demi-pouce d'enfoncement. *Voyez* Chandelle.

Poelon, petite poele. On appelle chez les Chauderonniers, poelon à poix-résine un petit poelon de cuivre dans lequel ils tiennent leur poix-résine toute écrasée lors qu'ils veulent étaimer, ou souder. *Voyez* Chauderonniers.

POET,

POET, ou POEDE. Gros poids dont on se sert en Moscovie, particuliérement à Archangel; il pése quarante livres du païs, qui reviennent environ à trente-trois livres de Paris. Dix poets font un Berkewits, autre poids qui pése 400 l. d'Archangel. C'est à ce dernier poids que se pésent les marchandises grossiéres comme le chanvre & les potasses.

POIDS. Qualité naturelle à tous les Corps graves, qui les fait tendre naturellement en bas, vers ce qu'on appelle le centre de gravité, avec plus ou moins de vitesse, suivant ce qu'ils ont plus de densité & de volume, ou selon que le milieu par où ils passent, leur fait plus, ou moins de résistance.

POIDS. Signifie dans le commerce les instrumens qui servent à connoître, & pour ainsi dire, à mesurer la pesanteur de certaines espéces de marchandises, pour en fixer le prix à proportion de ce qu'elles pésent.

Les deux instrumens les plus ordinaires, ou pour mieux dire, les seuls dont on se sert pour juger de cette pesanteur, tous les autres ayant rapport à l'un, ou à l'autre, sont la Balance & la Romaine, qu'on nomme autrement Crochet & Peson. On se contente de les indiquer ici; leur description & leur usage dans le commerce se trouvant à leurs propres articles, où l'on peut avoir recours.

Le Trébuchet qui est une petite balance propre à peser les espéces d'or & d'argent & les pierreries, sera aussi décrit en son lieu. *Voyez* TREBUCHET.

POIDS. On appelle bon poids en Hollande, & particuliérement à Amsterdam, un excédent de poids que le vendeur accorde à l'acheteur par gratification.

On peut en distinguer de deux sortes; l'un qui est établi depuis long tems & qu'on paye toûjours sans contestation; l'autre qui est nouveau & qui cause souvent des disputes. Les Marchands acheteurs voudroient établir ce dernier pour leur tenir lieu d'un excédent de poids indirect qu'ils ne manquoient jamais de trouver lors qu'il étoit permis aux peseurs publics de mettre la main à la balance, & qu'ils ont perdus depuis qu'il a été defendu aux mêmes peseurs de procurer à qui que ce soit ce profit indirect.

La déduction pour le bon poids anciennement établie, va pour l'ordinaire à un pour cent, au plus à deux suivant les marchandises. Par exemple, l'alun de Rome, l'amidon, la baleine en fanons, le borax, &c. n'ont qu'un pour cent de déduction de bon poids. Au contraire, l'anis d'Alicante, l'assa fœtida, le bois de girofle, le cacao de carraque, la cassia lignea, la cole d'Angleterre, les cubebes & plusieurs autres, ont une déduction de deux pour cent de bon poids, mais la plus grande partie est des marchandises qui n'ont aucune réduction de bon poids; ce qui seroit ici trop long à rapporter, & sur quoi on pourra consulter la table qu'en a donne le Sieur Ricard dans son Négoce de la Ville d'Amsterdam, imprimé en 1722.

A l'égard du nouvel excédent de bon poids que les acheteurs voudroient établir, & que les vendeurs se défendent autant qu'ils peuvent de payer, il est tout à fait arbitraire, les uns en demandant le plus qu'ils peuvent, & les autres ne leur en accordant que le moins qu'il leur est possible.

POIDS-DU-ROI, *ou* POIDS-LE-ROI. C'est en France une balance publique établie dans la Douane de Paris pour peser toutes les marchandises qui y arrivent, & qui sont contenuës dans les Tarifs dressez à cet effet.

Le droit attribué pour peser ces marchandises, dont il est tenu regiftre par les Commis du Poids, est de deux sortes; l'un qui est de dix sols cinq deniers par cent pesant, & du plus ou du moins par proportion jusqu'à une livre, se paye sur toutes les drogueries & épiceries; & l'autre qui n'est que de trois sols aussi le cent pesant, & du plus ou du moins jusqu'à vingt-cinq livres, se perçoit sur toutes les autres marchandises communes d'œuvre de poids, comme parlent les Ordonnances.

Ce droit de poids-le-Roi qui appartenoit autrefois au Chapitre de l'Eglise de Paris, & qui a été depuis réüni au Domaine, se paye conformément à deux Tarifs enregistrez au Parlement par Arrêt du 12 Mai 1661. & encore en conséquence de l'Arrêt du Conseil du seize Juin 1693. qui a ordonné ladite réünion.

Amsterdam, que l'on peut regarder comme la Ville du plus grand commerce de l'Europe, & peut-être du monde, a aussi ses poids publics, dont l'un est établi dans la place du Dam, devant l'Hôtel de Ville; les droits qui s'y payent font un des principaux revenus de cette Ville. Les deux autres qui sont dans le marché neuf & dans le marché au beurre, sont moins considérables. Le revenu en appartient aussi à la Ville. Dans le poids public établi sur le Dam, il y a sept balances pour peser les marchandises grossiéres, comme les sucres, les prunes, les fanons, les laines, &c. & une pour peser les marchandises fines, comme les soyes, la cochenille, l'indigo, le safran, &c. Dans le poids du marché neuf il y a cinq balances, & dans celui du marché au beurre seulement quatre.

L'on ne se sert à Amsterdam que du poids de marc, dont la livre est de seize onces, mais pour réduire certaines marchandises, comme les soyes, la cochenille & le corail au poids de Brabant, on y ajoûte quatre pour cent; en sorte que si une bale de cochenille pesant 225 liv. revient à 3105 sols de gros, on augmente la somme de 124 sols 4 den. qui font en tout 3229 f. 4 d.

En Angleterre les droits du Poids-le-Roi, sont de cinq sols sterling pour une pesée d'un millier, & deux sols pour une pesée de deux cens dont les François payent deux tiers plus que les Anglois.

POIDS. Se dit aussi des corps de métail ou d'autres matiéres destinées à opposer aux choses dont on veut connoître la pesanteur. Ces poids sont ordinairement de cuivre, de plomb, ou de fer. Il y en a néanmoins en quelques endroits des Indes Orientales qui ne sont que de simples cailloux, ou même seulement des espéces de petites féves, comme le Conduri & le Saga dont on parlera ailleurs.

La sûreté & la bonne foi du commerce dépendant en partie de la fidélité & de la justesse de ces poids, il n'y a guére de Nation pour peu qu'elle soit policée, qui n'ait pris des précautions pour en empêcher la falsification; la plus sûre de ces précautions est ce qu'on appelle communément l'étalonnage, c'est à dire la vérification & la marque des poids par des Officiers publics sur un poids matrice & original, qu'on appelle Etalon, déposé dans un lieu sûr pour y avoir recours quand on en a besoin.

Cet usage est ancien, & bien des Auteurs croyent que ce qu'on appelloit chez les Juifs le Poids du Sanctuaire, étoit moins un poids différent du poids commun, que le poids étalon & original qui se gardoit dans le Sanctuaire, & sur lequel il n'appartenoit qu'aux Prêtres de véri-

vérifier les poids dont on se servoit dans le public.

En France le poids étalon se garde sous plusieurs clefs dans le cabinet de la Cour des Monnoyes. Chaque Monnoye des Provinces a aussi son étalon, mais vérifié sur celui de Paris.

En Angleterre l'étalon est gardé à l'Echiquier, & reste entre les mains d'un Officier que l'on nomme le Clerc, ou Contrôleur du Marché. C'est sur ce poids que le chapitre 27 de l'Ordonnance, que les Anglois appellent la grande Chartre, veut que tous les poids d'Angleterre soient étalonnez. *Voyez les articles du* MARC, *des* BALANCIERS, *de l'*ETALON *& de l'*ETALONNAGE. *Voyez aussi celui de la* MONNOYE.

POIDS-DE-MARC. Ce sont des poids de cuivre qui viennent pour la plûpart de Nuremberg, & qui étant subdivisez & emboîtez l'un dans l'autre, servent, en les séparant, à peser les marchandises les plus précieuses. On les appelle Poids-de-marc, parce que tous ensemble, la boîte y comprise, ils pésent juste huit onces, ou le marc. *V.* MARC.

Les poids-de-marc de cuivre, ou de léton, payent en France les droits de sortie sur le pied de Mercerie, c'est à dire, 3 l. du cent pesant, conformément au Tarif de 1664.

LES POIDS qu'on appelle Cloches, de la figure qu'ils ont, sont massifs. Ils se font par les Fondeurs, & s'achévent par les Balanciers.

LES POIDS DE FER sont ordinairement carrez, & ont un anneau aussi de fer pour les prendre plus commodément, sur tout ceux dont la pesanteur est considérable. La plus grande quantité de ceux dont on se sert à Paris, viennent des forges de fer qui sont dans les Provinces, quoi que néanmoins il s'en fonde aussi quelques-uns dans cette Ville. Il y en a depuis un quarteron jusqu'à cent livres. C'est de ces Poids dont on se sert pour peser les marchandises les plus pesantes & du plus grand volume.

LES POIDS DE PLOMB servent au contraire à peser les marchandises les plus legéres, ou celles qui sont en plus petite quantité. Tous ces poids se font ou s'achévent par les Maîtres Balanciers, & s'étalonnent sur ceux de la Cour des Monnoyes. *Voyez* BALANCIER. *V. aussi l'article de la livre.*

L'Ordonnance du mois de Mars 1673. enjoint à tous Négocians & Marchands, tant en gros qu'en détail, d'avoir chacun à leur égard des poids étalonnez, & leur fait défenses de s'en servir d'autres à peine de faux, & de 150 liv. d'amende.

POIDS DONT ON SE SERT DANS LES QUATRE PARTIES DU MONDE.

La plûpart des peuples, sur tout ceux qui plus policez, ou peut-être seulement plus attentifs au gain que les autres, s'appliquent au commerce, ont des poids qui leur sont propres; chaque Etat même en a souvent presqu'autant que de Provinces ou de principales Villes.

Cette diversité de poids irremédiable pour tous les peuples en général, & très-difficile à changer pour chaque Etat en particulier, est sans doute une des choses des plus embarassantes du Négoce, à cause des réductions continuelles que les Marchands sont obligez de faire d'un poids à un autre, & de la facilité de se tromper dans ces opérations arithmétiques.

On a tenté plus d'une fois en France, où, plus qu'en aucun autre Etat, on trouve cette différence de poids, de les réduire en un seul, mais toûjours inutilement.

Charlemagne fut le premier qui en forma le dessein, & s'en tint au Projet. Philippes le Long, bien long-tems après, alla jusqu'à l'éxécution; mais à peine commença-t-il, que ce dessein, quoi que si louable & si utile, causa une révolte presque générale dans le Royaume, & que le Clergé & la Noblesse se liguérent avec les Villes pour l'empêcher.

On voit encore diverses Ordonnances de Louïs XI., de François I, de Henri II., de Charles IX., & de Henri III. à ce sujet, qui toutes n'ont point été éxécutées. Enfin, lors que sous le régne de Louïs XIV. on travailla au Code Marchand, ce Projet fut de nouveau proposé: mais les plus habiles Négocians de Paris, entr'autres Monsieur Savary, Auteur du Parfait Négociant, qui étoit du Conseil de la Réforme, ayant été consultez; ce dernier donna d'excellens Mémoires, qu'on a encore, qui montrent également, & les seuls moyens de faire réüssir ce Projet, & les difficultez presque insurmontables qu'il apréhendoit qui n'empêchassent qu'il ne réüssît jamais.

On trouve dans quelques Chapitres du Parfait Négociant de cet Auteur, non seulement le rapport de tous les poids de France les uns aux autres, mais encore de ceux de Paris avec tous ceux de l'Europe; ce qui en quelque sorte peut tenir lieu comme d'un poids universel pour cette partie du monde; mais afin de remplir son dessein, on a ajoûté dans ce Dictionnaire les réductions des Poids des lieux des trois autres parties de la terre où les Européens portent leur commerce, aux poids dont on se sert en Europe, & particuliérement en France. On peut avoir recours aux divers articles des poids dont on trouvera un Catalogue à la fin de celui-ci.

LIVRE POIDS DE MARC. A Paris & dans toutes les Villes de l'Europe, quand on parle d'une livre poids de marc, on l'entend toûjours d'une livre de seize onces, ou de deux marcs. En Hollande, particuliérement à Amsterdam, le poids de marc se nomme Poids de Troyes.

Il y a plusieurs Villes en France & dans les païs étrangers, où il y a deux poids différens pour peser diverses marchandises.

A Lyon le poids que l'on nomme Poids de Ville, & à qui on donne aussi quelquefois le nom de Poids subtil, ou leger, n'est que de quatorze onces poids de marc; & celui qu'on appelle poids de soye parce qu'il sert à peser les soyes, est plus fort d'une once, c'est à dire, que la livre en est de quinze onces aussi poids de marc.

Il est defendu par le cinquiéme article des Statuts des Maîtres Tireurs & Ecacheurs d'or & d'argent, à eux & à tous autres Marchands, soit de la Ville de Lyon, soit Forains qui y trafiquent, de vendre l'or & l'argent trait, battu, filé, ou non filé, & mis en œuvre de canetilles, tafferans & frisons, tant fin que faux, soit en gros, soit en détail, au poids subtil, autrement dit poids de Lyon, mais seulement au poids du Roi de huit onces au marc, & de huit gros à l'once, à peine de trois cens livres d'amende.

Roüen a aussi deux sortes de poids; l'un est le poids de marc, l'autre le poids de Vicomté: la livre de ce dernier poids est plus forte d'une demi-once six cinquiémes que celle du poids de marc, en sorte que les cent livres du poids de Vicomté rendent cent quatre livres poids de marc, & c'est d'où vient que les poids de fer, ou de plomb, dont on se sert pour peser au poids de Vicomté sont de cent quatre, de cinquante-deux, de vingt six & treize livres pesant; mais

mais il faut remarquer qu'au dessous de treize livres on ne se sert plus du poids de Vicomté, & que l'on vend les marchandises au poids de marc.

Poids de table. C'est encore un poids différent du poids de marc dont on se sert en Provence & en Languedoc; il est vrai que la livre poids de table est composée de seize onces aussi bien que celle poids de marc; mais les onces n'en sont pas si fortes, les seize onces poids de table ne faisant guére que 13 onces, ou 13 onces & demi poids de marc, un peu plus, un peu moins suivant les lieux; celui de Marseille, par exemple, étant moins fort que celui de Toulouse. *Voyez* Livre.

A Londres & dans toute l'Angleterre & l'Irlande il y a pareillement deux poids; l'un qu'on nomme Pois de Troyes, & l'autre Avoir du poids. Au poids de Troyes vingt-quatre grains font le denier sterling d'Angleterre, vingt deniers l'once & douze onces la livre; on se sert de ce poids pour peser les perles, les pierreries, l'or, l'argent, le bled & toute sorte de grains: c'est aussi le poids des Apoticaires, mais qui se divise autrement; vingt grains font un scrupule, trois scrupules une dragme, & huit dragmes une once.

L'Avoir du poids est de seize onces; mais il s'en faut près d'un douziéme; c'est à dire, quarante-deux grains, que l'once d'Avoir du poids soit aussi pesante que l'once du poids de Troyes. C'est à l'Avoir du poids que se pésent toutes les grosses marchandises, comme filasse, cuir, cire, beurre, fromage, fer, &c. Cent douze livres d'Avoir du poids font le quintal qu'en Angleterre on appelle Hundred.

Les Marchands Anglois qui font le Négoce des soyes se servent aussi de ce qu'ils appellent l'Once de Venise qui ne pése que treize deniers & douze grains, de sorte que douze onces de Venise ne font que huit onces quatre deniers poids de Troyes & neuf onces d'avoir du poids; mais ce poids n'est point autorisé par le Magistrat, il n'est que toléré, & l'usage en est volontaire.

Le poids de Hambourg qu'on appelle Poids de Ville, est de deux pour cent plus foible que le poids de marc; il sert à peser seul toute sorte de marchandises; ce qu'il y a de particulier en cette Ville par rapport au poids, c'est qu'il y a des Jurez Peseurs qui tiennent regitres de toutes les marchandises qui s'y pésent; ils sont à peu près comme les Commis du Poids-le-Roi de Paris.

A Venise il y a le gros poids & le poids subtil; la livre de l'un & de l'autre est de onze onces, mais les onces ne sont pas semblables, cent cinquante-huit livres poids subtil font cent livres poids gros. On se sert pour l'une & pour l'autre de la romaine du Prince, & les Peseurs vont chez les Particuliers pour la commodité publique.

En Perse on fait distinction entre le poids civil & le poids légal; le poids civil est encore de deux sortes, celui du Roi & celui de Tauris; le poids du Roi qu'on nomme aussi grand Poids, est le double de celui de Tauris. *Voyez* Man, *ou* Batman.

Les Persans mettent aussi de la différence entre le poids commun & les poids qui servent à peser les pierreries & les drogues propres à la Médecine, qui sont encore de deux sortes.

Dans les Etats du grand Mogol le poids du Roi & le poids commun sont différens; celui du Roi est d'un quart plus fort que le commun. *Voyez* Man.

Le poids de Goa Capitale du Royaume de Decan, & la résidence du Viceroi des Portugais aux Indes Orientales, pése un tiers moins que le poids commun du Mogol. *Voyez aussi* Man.

Poids étalonné. C'est un poids qui a été marqué par les Officiers de la Cour des Monnoyes après avoir été vérifié & pesé sur le poids matrice qui se garde dans le cabinet de cette Cour. L'étalonnage se fait avec un poinçon d'acier.

Outre le poinçon d'étalonnage, chaque Balancier est tenu d'y mettre sa propre marque, qui ordinairement est la première lettre de son nom. *Voyez* Balancier, Etalon, Etalonnage, Etalonner.

Poids dormant. On appelle ainsi en Flandre & dans le reste des Païs conquis, le poids, ou marc matrice & étalon qui se garde dans la Monnoye de Lille; il fut réformé sous le régne de Louïs XIV. en 1686; & a depuis pour marque une *L* couronnée à la place du Soleil & de la Fleur-de-lys qu'il avoit auparavant. *Voyez* Marc.

Poids dont on se sert en Europe & dans les Echelles du Levant & autres Etats du Grand Seigneur.

Le quintal, la livre, le marc, l'once, le gros, le denier, l'esterlin, les mailles, le felin & le grain, sont les poids en usage en France pour toutes sortes de marchandises, à l'exception de l'or, de l'argent, des pierreries, & des drogues pour la Médecine qui ont leurs poids particuliers.

Pour l'or & les pierreries on a le carat, le denier & le grain; pour l'argent le denier & le grain; & pour la Médecine l'once, la dragme, le scrupule, l'obole & le grain.

Chacun de ces poids ont comme leurs divisions, & il y a le demi-quintal, le quart de quintal, la demi-livre, le quarteron, le demi-quarteron, la demi-once, le demi-gros & ainsi du reste; il y a encore le sextule, le treseau & le sicilique.

C'est aussi de ces poids dont on se sert dans la plus grande partie de l'Europe, mais sous différens noms, différentes divisions & différentes pesanteurs.

L'Espagne a en particulier son quintal macho, ses arobes, ses adarmes; & pour l'or ses castillans & ses tomins.

L'Angleterre a ses hundreds, ses jods, ses stones & son pundt.

L'Italie, particuliérement Venise, se sert de miglieri, de mirre & de saggi; en Sicile ce sont des rottolis.

A Gennes on se sert de cinq sortes de poids; du gros poids qui est celui de la Douane où se pésent toutes les marchandises; du poids de caisse pour peser les piastres & autres espéces; du cantaro ou quintal pour les marchandises les plus grossiéres; de la grosse balance pour les soyes cruës & non fabriquées, & de la balance legére pour les marchandises fines.

Le Portugal pése à l'arate, au chego & au faratelle; il a encore comme en Sicile ses rottolis.

L'Allemagne, les Villes Anseatiques, la Suéde, le Dannemarc, la Pologne, &c. ont leurs schifponds; quelques-unes des Villes du Nord & d'Allemagne leurs lyspondts; & en particulier le Brabant, Conisberg, Dantzik, Lubec, Revel & Stetin leurs grosses & petites pierres qu'on nomme autrement Steens; presque toutes à la vérité de différens poids.

A Archangel & dans toute la Moscovie on pése les marchandises de grand volume au bercheroct, & les moindres au pund, ou ponde; les Moscovites ont de plus le poet.

A Constantinople & à Smirne c'est au batman, à l'ocos, ou

ou ocqua, & au chequi; à Aléxandrette, Alep & Alexandrie à la rotte, rottons, ou rottolis, dont il y a de trois sortes.

Dans l'Isle de Chypre à l'ocos; à Seyde au damasquin; & à Acre & au Caire au rottol, à l'ocos & au quintal gerouin.

Toutes les autres Echelles du Levant qu'on ne nomme pas ici, se servent de quelques-uns de ces poids, principalement de l'oco, ou ocqua, du rotoli & de la rotte, ainsi qu'on l'explique, & suivant les évaluations qu'on en donne à chacun des articles de ce Dictionnaire où l'on traite de ces poids en particulier.

Poids de la Chine, de la Perse, de l'Indoustan & de toutes les Isles & Etats des Indes Orientales & de l'Asie.

La Chine a pour poids le pic, le picol, le bahar, babaire, ou barre, trois noms du même poids; le tael, le catis, que suivant la diverse prononciation des Européens ils appellent encore cattis & cate; le mas qu'on nomme aussi Mase, & les condorins, ou conduris.

Le Tunquin a tous les poids de la Chine comme il en a les mesures & les monnoyes.

Le Japon n'a qu'un seul poids qui est le catti, différent pourtant de celui qui est commun à la Chine & au Tunquin; mais les Etrangers y pésent les soyes au pancado, poids dont les Portugais se servent à Goa, & quelquefois à la mase & au tael.

A Surate, à Agra & dans tous les Etats du Mogol on se sert du mein & de la serre, qu'on nomme aussi Ser; ce mein peut être regardé comme le poids commun & général des Indes Orientales: mais avec quelque diversité de nom, ou peut-être seulement de prononciation; à Cambaye on l'appelle Mao, & en d'autres endroits Man. La serre qui est proprement la livre Indienne est aussi d'un usage presque universel; on en peut dire autant du grand & petit bahar, du tael & du catti dont on a parlé ci-dessus.

Les poids de Siam sont le pic, le schang, le tamling, le baat, le seling, le fouang, la sompaye, la paye & le clam; il faut observer que les poids de ce Royaume n'ont guére d'autres noms que les monnoyes mêmes, & que l'on se sert de ces derniéres pour peser quantité de choses, en sorte que les Etrangers peu instruits s'imaginent qu'il y a des denrées assez communes qui se vendent leur poids d'argent pesant. En général les Siamois appellent Dingt toutes sortes de poids. *Voyez cet article.*

Le Gantan est propre à Bantan & à l'Isle de Java. Golconde, Visapour & Goa ont aussi des furatelles, des mangelins, ou mangalis, pour peser les diamans & autres pierreries; des chegos, des rotolis, des metricols, ou metricoli, & des paucados pour les soyes & autres marchandises; & des vals pour peser les piastres & les ducats.

En Perse l'on se sert de deux batmans, ou mans, dont l'un se nomme Cabi, ou Cheray, & l'autre Batman de Tauris. Le ratel, le derheim, le mescal, le dung, le vachié, le toman, ou tumein, & le sah-cheray sont encore des poids qui y sont en usage, aussi bien qu'à Ormus & dans toutes les Villes du sein Persique qui appartiennent au Roi de Perse.

Tous ces poids de l'Orient sont expliquez à leurs articles particuliers.

Poids de l'Amérique & de l'Afrique.

On ne dit rien des poids de l'Amérique, les Nations Européennes qui l'occupent se servant dans leurs Colonies de ceux qui sont en usage dans les Etats des Princes de l'Europe de qui elles dépendent; car pour l'arouë du Pérou qui pése vingt-cinq livres, on voit assez que ce n'est autre chose que l'arobe Espagnole avec un nom un peu déguisé à l'Indienne.

A l'égard des poids de l'Afrique, n'y ayant guére que l'Egypte & les Côtes de Barbarie où il y ait des poids, on en a parlé dans ce qu'on a dit ci-dessus des Echelles de la Méditerranée & des Etats du Grand Seigneur; & pour les Côtes, depuis le Cap Verd, Guinée, Royaume de Congo, jusqu'à Sofola, Mosambique & au de-là, ou bien il n'y a point de poids, ou bien les François, Anglois, Hollandois, Portugais & Danois qui y ont des établissemens & qui y trafiquent, y ont porté les leurs.

L'Isle de Madagascar a pourtant les siens, mais qui ne passent point la dragme, ou gros, & qui ne servent qu'à peser l'or & l'argent; les autres choses, marchandises & denrées ne se pesant point.

Le gros se nomme Sompi, le demi-gros Vari, le scrupule, ou denier Sacare, le demi-scrupule, ou obole Nanqui, les six grains Nangue; pour le grain il n'a point de nom.

On a crû que l'on feroit plaisir au Lecteur d'ajoûter ici une table de la réduction du poids d'Amsterdam à celui des principales Villes d'Europe; peut-être auroit-on dû la mettre à l'article de la Livre, mais la nouvelle Edition de l'excellent ouvrage de M. Ricard imprimé en 1722., d'où on l'a tirée, étant tombée trop tard entre les mains du Continuateur de ce Dictionnaire, il l'a placée en cet endroit, comme au lieu le plus convenable après celui de la Livre.

Table Alphabetique du raport des poids d'Amsterdam avec ceux des Villes du plus grand Commerce de l'Europe.

Cent livres d'Amsterdam sont égales à

108 liv. d'Alicant.	87 rottes de Constantinople.
105 liv. d'Anvers.	113 liv. & demie de Dantzik.
120 liv. d'Archangel, ou trois poedes.	100 liv. de Dordrecht.
105 liv. d'Arschot.	97 liv. de Dublin.
120 liv. d'Avignon.	97 liv. d'Edimbourg.
98 liv. de Bâle en Suisse.	143 liv. de Florence.
100 liv. de Bayonne, en France.	98 liv. de Francfort sur le Mein.
166 liv. de Bergame.	105 liv. de Gand.
97 liv. de Berg-op-zom.	89 liv. de Genéve.
95 liv. un quart de Bergue en Norwegue.	163 liv. de Gennes, poids de caisse.
111 liv. de Berne.	102 liv. de Hambourg.
100 liv. de Besançon.	100 liv. de la Rochelle.
100 liv. de Bilbao	106 liv. de Leyden.
105 liv. de Boisleduc.	105 liv. de Leipzic.
151 liv. de Bologne.	105 liv. & demie de Liége.
100 liv. de Bordeaux.	114 liv. de Lille.
104 liv. de Bourg en Bresse.	116 liv. de Lyon, poids de Ville.
103 liv. de Bremen.	106 liv. & demie de Lisbonne.
125 liv. de Breslaw.	143 liv. de Livourne.
105 liv. de Bruge.	109 liv. de Londres du grand quintal de 112 liv.
105 liv. de Bruxelles.	105 liv. de Louvain.
105 liv. de Cadis.	105 liv. de Lubec.
105 liv. de Cologne.	141 liv. & demi de Luques, poids léger.
125 liv. de Coninsbergen.	
107 liv. & demie de Coppenhague.	

114 liv. de Madrid.
105 liv. de Malines.
123 liv. & demie de Marseille.
154 liv. de Messine, poids leger.
168 liv. de Milan.
120 liv. de Montpellier.
125 bercheroots de Moscou.
106 liv. de Nancy.
100 liv. de Nantes.
169 liv. de Naples.
98 liv. de Nuremberg.
100 liv. de Paris.
112 liv. & demie de Revel.
109 liv. de Riga.
146 liv. de Rome.
100 liv. de Rotterdam.
96 liv. & demie de Roüen, poids de Vicomté.
100 liv. de S. Malo.
100 liv. de S. Sebastien.
158 liv. & demie de Sarragosse.
106 liv. de Seville.
114 liv. de Smirne.
110 liv. de Stetin.
81 liv. de Stokholm.
118 liv. de Toulouse & Haut-Languedoc.
151 liv. de Turin en Piedmont.
158 liv. & demie de Valence.
182 liv. de Venise, poids subtil.

Monsieur Ricard remarque que quelque soin & quelque précaution que l'on prenne pour trouver l'égalité des poids entre une Ville & une autre, il arrive rarement qu'on y réüssisse dans la pratique, n'arrivant que trop souvent que l'incapacité, ou la mauvaise foi des Peseurs, ou des Commissionnaires fassent trouver du mécompte sur les marchandises qu'on tire d'un lieu, ou qu'on y envoye ; en sorte, dit-il, qu'il faut presque toûjours compter sur un ou deux pour cent de moins que les évaluations rapportées dans la table précédente.

Poids. Les clous au poids sont proprement ceux qui dans le négoce de Clouterie sont distinguez des clous legers, & qui font la seconde espéce des clous ordinaires; c'est à dire, de ceux qui sont plus forts que les broquettes, & qui commençant où elles finissent, sont depuis deux livres jusqu'à quarante livres au milier.

Les clous au poids n'ont que la longueur des clous legers dans les mêmes sortes, mais ils sont plus matériels & plus lourds; d'où leur vient le nom de clous au poids.

Ils s'achétent presque tous à la somme composée de douze miliers; cela s'entend quand on les tire de la premiére main, car pour le détail, c'est, ou à la livre, ou au compte. *Voyez* Clou.

Les clous de la plus grande & de la plus grosse sorte, se nomment particuliérement Clous au poids.

POIGNARD. Petite dague pointuë & affilée des deux côtez. Cet arme étoit autrefois de grand usage, mais à présent il n'y a plus guére que des assassins ou des gens qui méditent quelque mauvais coup qui en portent. L'assaut à l'épée & au poignard est cependant toûjours une des expériences de l'Art & exercice des Maîtres en Fait-d'Armes. *Voyez* Maître en Fait-d'Armes.

Les Poignards sont en France du nombre des marchandises de contrebande dont la sortie du Royaume est défenduë par l'Ordonnance de 1687.

POIGNE'E, terme en usage dans le négoce de la Saline, qui signifie deux moruës. Ainsi l'on dit, une poignée de moruë, pour dire deux moruës.

En France les moruës se vendent sur le pied d'un certain nombre de poignées au cent, & ce nombre est plus ou moins grand suivant les lieux. A Paris le cent est de cinquante-quatre poignées, ou cent huit moruës; à Orleans, à Roüen, & dans tous les Ports de Normandie, le cent est de soixante-six poignées, ou cent trente-deux moruës, à Nantes & dans tous les autres Ports du Royaume, le cent est de soixante-deux poignées, ou cent vingt-quatre moruës.

Poigne'e. Se dit aussi chez les Marchands Merciers de plusieurs écheveaux de fil attachez ensemble ; ainsi l'on dit vendre le fil à la poignée. *Voyez* Fil.

Poigne'e, est aussi un terme d'Embaleur; il signifie une certaine oreille ou pointe de toile que les Embaleurs laissent aux quatre coins d'un balot pour le pouvoir remuer plus facilement *Voyez* Embalage.

POIL. Filets déliez qui sortent par les pores de la plûpart des animaux à quatre pieds ; & qui sert de couvertures à toutes les parties de leur corps.

Il se fait en France & dans les païs étrangers un commerce & une consomption considérable de plusieurs sortes de poils qui s'employent en diverses espéces de Manufactures. Les uns sont filez, & les autres encore tels qu'ils ont été levez de dessus la peau des animaux qui les ont fournis.

Les principaux sont le castor, ou biévre, la chévre, le chameau, le lapin, le liévre, le chien, le bœuf, la vache & le veau. *Voyez les articles particuliers où il est parlé de ces différentes sortes d'animaux, vous y trouverez à quoi l'on employe leurs poils, & le négoce qui s'en fait.*

Les poils d'animaux payent en France les droits d'entrée & de sortie suivant leurs différentes natures & qualitez.

Entre'e.

Le poil de castor & de loutre, autrement castor & biévre en poil, paye de la livre 15 liv. 7 s. 2 den. & demi, c'est à dire 1536 liv. le cent pesant, conformément à l'Arrêt du 17. Mars 1693. & ne peut entrer que par Roüen, Dieppe, le Havre & la Rochelle.

Le poil de chévre 12 l. du cent pesant, suivant le Tarif de 1667.

Le poil de chien & autres semblables, comme ploc.

Le poil de lapin & de chameau, le cent pesant 50 s. Ces deux articles par le Tarif de 1664.

Le poil de chameau, qu'on nomme aussi laine de chévron, est du nombre des marchandises du Levant sur lesquelles on léve vingt pour cent de leur valeur, outre les droits ordinaires, conformément à l'Arrêt du 15 Août 1685. dans les cas spécifiez audit Arrêt.

Les droits de la Douane de Lyon sont,

Pour le poil de chameau, 8 s. du quintal.

Pour le poil de lapin étranger, 50 s.

Pour le poil de lapin de païs, 25 s.

Pour le poil de porc de païs non ouvré, 10 s.

Sortie.

Le poil de chévre paye 50 s. du cent pesant suivant le Tarif de 1667

Le poil de chien & autres semblables, comme ploc, 13 s. du cent pesant.

Le poil de lapin & chameau 6 l. Ces deux derniers articles selon le Tarif de 1664.

L'Autruche fournit une sorte de duvet que l'on appelle aussi poil, ou laine. Il y en a de deux sortes ; l'un fin & l'autre gros, dont le premier entre dans la fabrique des chapeaux communs, & l'autre sert à faire les lisiéres des draps blancs les plus fins destinez pour être teints en noir. *Voyez* Autruche & Lisiere *à l'endroit où il est parlé de celles des draps de laine. Voyez aussi* Laine d'Autruche.

On appelle un chapeau à poil, celui qui n'est point ras & qui est extérieurement velu.

On dit tirer le poil, ou tirer à poil, une revesche, une sommiére, un ratine, une espagnolette, un molleton, une bayette, une flanelle, une serge, une couverture, &c. pour dire, en faire sortir le poil, en tirer le poil sur la perche par le moyen du chardon à Drapier, ou à Bonnetier, pour couvrir l'étoffe & la rendre plus molette & plus chaude.

Les bas drapez se tirent aussi à poil avec le chardon.

Poil. Se dit pareillement de la laine qu'on laisse sur le drap, ou sur quelqu'autre étoffe de laine, après l'avoir tirée du fonds de l'étoffe avec le charbon, & qu'elle a été tonduë. Ainsi l'on dit, ce drap, cette ratine est trop chargée de poil, le poil en est trop long, il faut le tondre de plus près.

Les Tondeurs couchent le poil des draps & autres étoffes qu'ils tondent avec un instrument appellé Tuile.

Poil. Se dit encore de la soye & du poil de chévre qui couvre la chaîne de certaines étoffes, telles que sont les velours, les pannes, les pluches, &c. Les velours à trois poils se distinguent par le nombre des lignes jaunes marquées sur la lisiére. On dit, cette panne est bonne, elle a le poil bas & serré. Cette pluche n'est pas assez couverte de poil, on en apperçoit le fonds.

La tripe est une espéce d'étoffe dont le poil est de laine, & qui est travaillée comme le velours.

La moquette est fabriquée comme la tripe, mais le poil en est de fil & de laine.

Poil de cheveux. Les cheveux à faire perruques sont ainsi tarifez dans le Tarif de la Douane de Lyon. *Voyez* Cheveux.

Le poil de cheveux paye à Lyon 5 s. de la livre.

Poil noir. Espéce d'ardoise. *Voyez* Ardoise.

Poil roux. Autre sorte d'ardoise. *Voyez aussi* Ardoise.

POINÇON. Coin, ou morceau de fer acéré, sur un des bouts duquel est gravé en creux, ou en relief, quelque figure, lettre ou marque dont on fait des empreintes sur quelque métail, ou autre matiére, en le frapant avec un marteau par le bout où il n'y a rien de gravé.

Il y a beaucoup d'ouvriers des Corps & Communautez des Arts & Métiers de Paris, particuliérement de ceux qui travaillent sur l'or, l'argent & les autres métaux, qui par leurs Statuts sont obligez d'avoir des poinçons pour marquer leurs ouvrages. Tels que sont par exemple les Orfévres & Jouailliers dans les six Corps des Marchands, & les Taillandiers, Couteliers, Tabletiers, faiseurs des Peignes, Balanciers, les Potiers d'Etain, & plusieurs autres dans les Communautez des Artisans, comme on le peut voir dans les divers articles de ce Dictionnaire où leurs Statuts sont rapportez.

Les empreintes de ces poinçons pour qu'ils ne puissent être changez ni altérez; & afin qu'on puisse y avoir recours, sont ordinairement contretirées sur une table de cuivre, ou de plomb, qui se met dans la chambre du Procureur du Roi au Châtelet de Paris; quelquefois même il s'en met une seconde dans la Chambre, ou Bureau, où se tiennent les Assemblées des Corps ou Communautez qui sont assujetties à cette Police.

C'est sur ces empreintes, qui sont comme les matrices & étalons de tous les poinçons des Maîtres de chaque Corps & Communauté, que se font les comparaisons par les Experts, lors qu'il y a soupçon de faux, & c'est ce qu'on appelle Rengrenner, & l'opération Rengrennement. *Voyez ces deux articles.*

Outre le poinçon duquel les Orfévres, plus particuliérement que les autres Marchands, ou Ouvriers, sont obligez de marquer leurs ouvrages, il faut qu'ils soient de plus marquez de deux autres poinçons, l'un qu'on appelle la marque de l'or & de l'argent, qui est un droit ou imposition à tant par marc, que les besoins de l'Etat obligérent Louïs XIV. de mettre sur ces deux métaux dès la Guerre de Hollande commencée en 1672; & l'autre est le poinçon qui marque le lieu de la fabrique & en quelque sorte le titre de l'or & de l'argent.

Le Poinçon de Paris est plus estimé que celui des Païs étrangers; sur tout on n'en fait nulle comparaison pour le titre & la beauté avec le Poinçon d'Allemagne, qui est toûjours d'un titre bien au dessous.

Poinçon. Chaque Marchand drapier a son Poinçon sur lequel est gravé son nom, ou son chiffre, pour marquer les étoffes qu'ils envoyent aux apprêts afin d'empêcher qu'elles ne soient changées contre d'autres, ou par mégard, ou par malice.

Il y a aussi des Poinçons dans chaque Manufacture pour apposer aux draps & autres étoffes le plomb de fabrique. *Voyez* Plomb.

Poinçon, en terme de monnoye & de fabrique de médailles. Est un morceau de fer acéré, c'est à dire, d'acier mis sur le fer, sur lequel le Tailleur, ou Graveur, grave en relief les differentes figures, écussons, ou lettres, qui doivent servir pour faire les matrices & carrez qu'on employe pour la marque des monnoyes.

Les Monnoyers distinguent trois sortes de Poinçons, qui sont, le Poinçon d'effigie, les Poinçons de croix, ou d'écusson, & les Poinçons des légendes.

Le Poinçon d'effigie, est celui où le Graveur taille en relief l'effigie du Roi, qui sert à faire ce qu'on appelle la Matrice d'effigie, dans laquelle doit être ensuite frapé le côté du flaon, qui doit porter la tête, ou portrait du Roi. Ce Poinçon a plus ou moins de diamétre suivant que les espéces doivent avoir plus ou moins de circonférence.

Les Poinçons de croix, *ou* d'ecusson, sont petits; le Tailleur n'y gravant qu'une partie ou portion des piéces qui composent les croix ou écussons. Comme par exemple une fleur-de-lys & une Couronne pour les écussons, & une L quand les croix se font avec cette lettre, ou une petite Couronne pour mettre dessus; ce qui compose en les rassemblant sur les matrices de croix ou d'écusson, les écussons & les croix telles qu'elles conviennent à chaque espéce.

Enfin, les Poinçons des legendes, ne contiennent chacun qu'une lettre, & servent également à faire les creux pour la legende de l'effigie & pour celle de l'écusson.

Il y a aussi des Poinçons pour les millesimes, pour les différens, soit des Villes, soit des Graveurs & pour les grenetis.

L'on a parlé ailleurs de la maniére dont se gravent les Poinçons, & l'on y a dit comment ils se trempent, & de quelle sorte on s'en sert pour en faire les empreintes en creux sur les Matrices. *Voyez* Graveur sur acier & médailles.

On se sert aussi de Poinçons pour graver en creux les matrices dans lesquelles se fondent les caractéres d'Imprimerie. *Voyez* Imprimerie.

Poinçon. Se dit pareillement de divers ferremens de plusieurs grosseurs & figures dont se servent les Graveurs en creux sur les métaux. Les Graveurs de Cachets sur tout, en ont un grand nombre pour les différentes piéces des armoiries qu'ils veulent graver. *Voyez* GRAVEUR & GRAVURE.

POINÇON. C'est aussi un outil dont se servent plusieurs Ouvriers & Artisans.

Il y a diverses sortes de poinçons suivant les matiéres sur lesquelles on les employe, & les usages ausquels ils servent.

Les Sculpteurs, sur tout ceux qui travaillent sur les métaux, & qui jettent des statuës en fonte ou en plomb, ont des poinçons d'acier bien aceré pour les réparer au sortir des moules. Les Sculpteurs en marbre & en pierre en ont aussi; mais ils les appellent plus communement des Pointes. Il y en a néanmoins un qu'ils appellent spécialement Poinçon, qui est d'acier renforcé par le bout, par lequel on le frappe, & pointu en demi-rond par l'autre.

Les Serruriers sont ceux de tous les Ouvriers qui se servent de poinçons qui en ont de plus de differentes sortes. Ils en ont pour percer à chaud, & d'autres pour percer à froid: ceux-ci conservent le nom de Poinçons; pour les autres on les appelle des mandrins. *Voyez* MANDRIN.

Des poinçons à froid il y en a de quarrez, de ronds & en ovale, pour percer les ouvrages chacun suivant sa figure. Les poinçons plats, qu'on appelle communément Poinçons à piquer, servent à piquer les rouets des serrures & autres piéces limées en demi-rond. Il y a d'autres poinçons à piquer dont se servent les Arquebusiers, avec lesquels ils ouvrent les trous des piéces qu'ils veulent forer ou fraser. Ceux-ci ont une petite pointe ou cône pointu très-aceré, qui fait une ouverture raisonnable à la piéce sur laquelle on le frappe.

Les poinçons barlongs servent à percer les trous des pieds des ressorts, des coques & autres piéces de cette façon. Les contre-poinçons dont les Serruriers en ont d'autant de façons qu'il y a de poinçons, servent à contre-percer les trous, & pour river les piéces. Outre ces poinçons à percer, il y a encore ceux qu'ils appellent Poinçons à emboutir & poinçons à relever rosettes. Ces deux sortes leur servent à travailler le fer en relief sur le plomb, ou sur quelqu'autre matiére, comme est le mastic des Orfévres. Ce sont des especes de ciselets.

POINÇON. Les Relieurs de Livres, Papetiers, Tailleurs, Tapissiers, Selliers, Bourreliers, Couturieres, &c. ont aussi un petit outil de fer emmanché de bois qu'ils appellent un Poinçon, dont ils se servent pour percer des trous dans les différentes matiéres, cuirs, étoffes, cartons qu'ils employent dans leurs ouvrages.

Les Couteliers nomment pareillement un Poinçon, ce petit outil d'acier poli, quelquefois percé par le haut en forme d'aiguille, qu'ils mettent assez souvent dans un même étui avec une paire de ciseaux.

Le poinçon des Maîtres Layettiers est ordinairement un bout de vieille lame d'épée très-appointée & affutée sur le grès avec un manche de bois grossierement fait.

POINÇON. Les Chauderonniers ont des poinçons de plusieurs sortes, particuliérement de ronds & de quarrez. Ils s'en servent pour faire des trous dans les ouvrages de chauderonnerie où ils employent des clous de cuivre.

POINÇON. Outil de Vanier. C'est une grosse cheville de fer, pointuë par un bout, avec une forte tête de l'autre. *Voyez* VANIER.

POINÇON. Est encore en quelques lieux de France, particuliérement à Nantes & en Touraine, une des mesures pour les liquides.

Le poinçon dans la Touraine & le Blesois est la moitié d'un tonneau d'Orleans, ou d'Anjou.

A Paris c'est la même chose que la demi-queuë.

A Rouën il contient treize boisseaux. *Voyez* MESURE.

POINÇON. Signifie en termes de Sucrerie, un fer, ou un bâton long d'un pied, avec lequel on perce la tête des formes à sucre pour les faire purger. *Voyez* SUCRE.

POINDRE EPINGLE. C'est en faire la pointe, la passant sur la meule, & ensuite sur le polissoir. *Voyez* EPINGLE.

POINT. Terme de manufacture de dentelle. Il se dit de toutes sortes de dentelles & passemens de fil faits à l'aiguille, comme Point de France, Point de Paris, Point de Venise, &c. quelquefois il s'entend aussi de celles qui sont faites au fuseau; comme Point d'Angleterre, Point de Malines, Point du Havre, Point d'Aurillac; mais pour ces derniéres espéces on les appelle plus ordinairement Dentelles. Il y a en France plusieurs manufactures de Points *V.* MANUFACTURE DE POINT. *Voyez aussi* DENTELLE.

Conformément à l'Ordonnance de 1687, article 4, titre 3, les Points & Dentelles de fil du Comté de Bourgogne, d'Angleterre, de Lorraine, de Sedan & d'Aurillac ne peuvent entrer: sçavoir,

Celles du Comté de Bourgogne, que par Auxonne & S. Jean de Laune.

Celles d'Angleterre, par Calais, Dieppe & le Havre.

Celles de Lorraine, par Chaumont.

Celles d'Aurillac, par Gannat.

Et celles de Sedan, par Torcy.

POINTE. Extrémité d'un corps aigu, propre à percer, ou à trancher quelque chose.

Il y a plusieurs Ouvriers & Artisans qui donnent le nom de Pointes à quelques-uns de leurs outils, mais qui sont bien différens les uns des autres, soit pour la forme, soit pour l'usage.

POINTE DE RELIEURS DE LIVRES. C'est un outil qui sert à couper le carton de la couverture d'une largeur & longueur convenables à la tranche. Il est de fer avec un manche de bois, de dix-huit ou vingt pouces de long, y compris le manche. Le bout de l'outil est coupé en chanfrain & très-tranchant. *Voyez* RELIEURE.

POINTE A TRACER. Les Menuisiers de placage & de marquetterie s'en servent pour tracer leurs desseins sur les feuilles de métaux ou de bois qu'ils veulent contourner avec la scie. Elle a encore quelques autres usages dont on parle ailleurs. Cet outil est une espéce de poinçon d'acier, avec un manche de bois proportionné à sa petitesse. *Voyez* MARQUETTERIE.

POINTE. C'est encore un outil de Graveur en taille-douce. Il est tout d'acier, de huit ou neuf pouces de long, tourné en spirale par le milieu, & terminé en deux pointes très aiguës. *Voyez* GRAVEUR EN TAILLE-DOUCE.

POINTE. L'outil que les Fourbisseurs nomment une Pointe, est un morceau de fer, de bon acier, de dix à onze pouces de long, de forme triangulaire, dont les angles qui sont très-tranchans, se terminent en pointe d'un côté, & en une queuë de l'autre, qui sert à le monter dans un manche de bois. Cet outil sert à percer & ouvrir le pommeau, qui est la derniére piéce de la monture d'une épée.

POINTE. Les Ciseleurs appellent aussi Pointes, de petits ciselets,

ciselets pointus dont ils se servent pour achever & rechercher les figures, & leur donner plus de relief.

POINTE. Les Graveurs à l'eau-forte se servent aussi de pointes pour leur gravûre ; mais ce ne sont que des aiguilles de différentes grosseurs, entêtées & enmanchées dans de petits manches de bois. C'est avec ces pointes qu'ils tracent, qu'ils dessinent & qu'ils achevent tout leur ouvrage sur le vernis. *Voyez* GRAVEURE A L'EAU-FORTE.

La Pointe des Sculpteurs en marbre & des Tailleurs de pierre est une espéce de ciseaux de fer acéré, aigu par un bout, avec une tête de l'autre. Ils servent, les uns pour ébaucher leur ouvrage ; ce qu'on appelle Approcher à la pointe : les autres pour percer des trous, & travailler dans les endroits étroits & profonds où les ciseaux quarrez ne pourroient approcher. Les Sculpteurs nomment Pointe double, ou Dent de chien, un ciseau quarré partagé en deux par le bas en forme de dents : ils s'en servent après avoir approché à la pointe.

La pointe des Vitriers est d'acier, longue de huit à neuf pouces, terminée des deux bouts par un petit triangle très-aigu & très acéré. On s'en sert pour percer des piéces de verre en rond, & même quelquefois pour les decouper en diverses figures.

Les Lapidaires appellent aussi des Pointes, de petits morceaux, ou piéces de fer qu'ils rapportent sur leur tour, & au bout desquels ils enchassent une pointe de diamant. Elles servent à percer les pierres précieuses quand ils en ont besoin.

Les Tourneurs donnent le nom de Pointes à deux piéces de fer pointuës par un bout, qui s'entaillent dans les poupées de leur tour. Elles forment à peu près la figure d'un Z. dont la ligne du milieu seroit perpendiculaire & non diagonale. *Voyez* TOUR.

La Pointe des Imprimeurs est un petit poinçon avec lequel ils déplacent dans les formes d'Imprimerie les lettres qu'il y faut changer sur l'épreuve corrigée par le Correcteur. *Voyez* IMPRIMERIE.

POINTE. L'on nomme la Pointe des cheveux, en termes de Perruquier, cette extrêmité par où l'on commence à tourner la boucle de la frisure : l'autre bout s'appelle la Tête. C'est par la tête que les cheveux se tressent. *V.* CHEVEUX.

POINTER. Terme de Manufacture, qui signifie faire quelques points d'aiguille avec de la soye, du fil, ou de la ficelle à une piéce de drap ou autre étoffe, pour conserver ses plis, & empêcher qu'elle ne se chiffonne. *V.* EMPOINTER.

POINTER L'AIGUILLE. C'est en former la pointe avec la lime. *Voyez* AIGUILLE.

POINTES. Ce sont des clous qui n'ont point de tête. Ils servent aux Serruriers à ferrer les fiches qui s'attachent aux portes, croisées & guichets.

On les achéte en gros, ou à la somme, qui est de douze milliers, ou au compte quand ce sont de celles qu'on appelle Fiches au poids. Dans le détail on les vend à la livre & au compte.

Il y a encore une autre sorte de pointes dont se servent les Vitriers pour attacher leurs paneaux & carreaux de verre sur les bois des croisées & chassis. Ce ne sont pas ordinairement des clous faits exprès, mais seulement le bout des clous que les Maréchaux employent à ferrer les chevaux. *Voyez* CLOU.

POINTES. Les Tireurs d'or nomment ainsi certains petits poinçons d'acier très-fins & très-pointus, qui vont toûjours en diminuant de grosseur, dont ils se servent pour polir les pertuis ou trous neufs de cette sorte de petite filiére qu'ils appellent Fer à tirer. Il y a de ces pointes si fines, que le fil d'or que l'on tire par les pertuis qu'ils ont polis n'a pas la grosseur d'un cheveu. *Voyez* TIREUR D'OR, *&* FILIERE.

POINTES NAÏVES. Nom que les Diamantaires & Lapidaires donnent à certains diamans bruts d'une forme extraordinaire, qui se tirent particuliérement de la mine de Soumelpour, autrement la riviére de Gouel, au Royaume de Bengale. *Voyez* DIAMANT *à l'endroit où il est parlé de cette mine.*

POINTUS. Les Chapeliers appellent de la sorte les quatre petits morceaux d'étoffe ordinairement plus fine que celle du fond du chapeau, qu'ils couchent sur les capades ; ce qui en termes du métier se nomme Faire le dorage du chapeau. *Voyez* DORAGE.

POIRE, qu'on nomme aussi MASSE, ou CONTRE-POIDS. Signifie, en termes de Balancier, ce morceau de métail, ordinairement de cuivre, ou de fer, attaché à un anneau qu'on coule le long de la verge de la romaine ou peson, pour trouver la pesanteur des marchandises qu'on met au crochet de cette balance. *Voyez* MASSE. *Voyez aussi* BALANCE *&* ROMAINE.

POIRE. Se dit aussi des fournimens faits de carton couvert d'un cuir mince coloré, qui servent à mettre de la poudre à canon ou à giboyer. Il y a de grosses & de petites poires ; les unes qu'on met dans la poche, les autres qu'on porte penduës en écharpe avec une grosse tresse de soye. On les nomme Poires, parce qu'elles ont assez la figure du fruit à qui on donne ce nom.

Ce sont les Marchands Merciers-Clinquailliers qui en font le négoce : ils les tirent presque tous de Rouen.

Elles sont aussi bien que les fournimens du nombre des marchandises de contrebande pour la sortie du Royaume, conformément à l'Ordonnance de 1687.

POIRE. Sorte de fruit dont il y a bien des espéces. Les Epiciers-Confiseurs font un grand commerce de diverses poires cuites & séchées au four, qu'on met au nombre des fruits de Carême. Les plus estimées sont les gros Rousselets de Reims. Ils vendent aussi quantité de ces poires en confitures liquides & séches : celles-ci leur viennent la plûpart de Roüen, quoi qu'ils en tirent aussi de Reims. *Voyez* CONFITURE.

Il se tire aussi des poires fraîches, après qu'elles ont été pilées, un jus clair & assez bon à boire, qu'on nomme Poiré. *Voyez l'article suivant.*

POIRÉ. Boisson faite avec des poires écrasées, C'est une espéce de cidre. *V.* CIDRE.

Il s'en faut bien que le poiré soit aussi bon que le cidre fait de pommes ; aussi ne paye-t-il guére que la moitié des droits fixez par l'Ordonnance des Aydes de 1680, soit pour les entrées du cidre à Paris, soit pour la vente en gros & en détail.

Suivant cette proportion le Poiré arrivant à Paris, par terre ou par eau, ne paye que 17 s. 6 den. par muid mesure de Paris, 2 s. 6 den pour droit d'augmentation, le quart de ce qui se paye sur le vin pour la vente en détail, à pot ou à assiette, & 6 s. 8 den. pour le droit de subvention.

A l'égard du droit de gros, le Poiré paye le vingtiéme du prix qu'il est vendu, comme les autres boissons ; & à la sortie du Royaume ou des Provinces réputées étrangéres, 26 ſ. le tonneau, comme la biére.

POIRIER. Arbre fruitier qui produit les poires. Il y en a de deux ſortes; l'un qui ſe cultive, l'autre qui vient naturellement ſans culture; ce qui fait qu'on lui donne le nom de Poirier ſauvage. Le premier devient beaucoup plus grand que l'autre.

Il ſe fait un grand négoce de bois de poirier; & on l'employe en divers ouvrages de menuiſerie; de tabletterie & de tour. On s'en ſert auſſi pour faire des inſtrumens de muſique à vent, particuliérement des baſſons & des flûtes.

Une de ſes principales qualitez eſt de prendre un auſſi beau poli & un noir preſque auſſi brillant que l'ébene; ce qui fait qu'on le ſubſtituë à ce dernier en bien des occaſions.

Les Marchands de bois le font débiter pour l'ordinaire en planches, poteaux & membrures.

Les planches ſont d'onze à douze pouces de large ſur treize lignes d'épaiſſeur franc-ſciées, & ſix, neuf & douze pieds de longueur.

Le poteau a quatre pouces de gros en quarré, ſur depuis ſix juſqu'à dix pieds de long.

Et la membrure vingt-cinq lignes franc-ſciée d'épaiſſeur, ſur ſix, ſept & huit pouces de large; & ſix, neuf & douze pieds de long ainſi que les planches. *V.* Planche, Poteau & Membrure.

POIS. Eſpéce de légume dont il ſe fait un aſſez grand commerce en France.

On ne ſçait que trop le prix exceſſif que l'opinion, ou la bonne chére ont coûtume de mettre tous les ans aux pois verds dans leur nouveauté; mais on ne parle ici que des pois ſecs, à cauſe que les Marchands Epiciers & Grainiers de Paris en font quelque négoce.

Il y a de pluſieurs ſortes de pois ſecs; des blancs, des jaunes, des verds, des pois chiches, des pois à cul noir, des lupins, &c.

Il en vient quantité de Normandie, particuliérement d'Iſigny & de Ducler près de Roüen, Gallardon en fournit auſſi beaucoup. La plus grande conſomption s'en fait dans la Carême. Il s'en fait auſſi de Grands envois pour les Ports de mer, où ils ſervent de nourriture aux équipages de marine.

Les pois chiches & autres ſortes de pois entrant par la Province d'Anjou, payent en France les droits d'entrée à raiſon de 1 liv. 5 ſ. le muid meſure de Paris, contenant deux tonneaux, & le tonneau ſix ſeptiers.

Les pois du crû du Royaume ſont du nombre des marchandiſes de contrebande qu'il eſt défendu d'en faire ſortir ſans permiſſion, conformément à l'article 6 du titre 8 de l'Ordonnance de 1687.

Lors qu'ils ſortent avec permiſſion, ils payent comme légumes 12 liv. du muid meſure de Paris; ſçavoir 30 ſ. pour l'ancien droit, & 10 liv. 10 ſ. pour la traite domaniale.

Pois-rouges, autrement Pois de l'Amerique. Ce ſont les fruits de deux arbres de différente eſpéce, mais qu'on appelle tous deux Arbres de corail. *Voyez* Corail.

POISSE. Faſcine, ou petit fagot enduit & trempé de poix, dont on ſe ſert dans la défenſe des Places de guerre.

Les poiſſes ſont du nombre des aſſortimens de guerre qu'il eſt défendu de faire ſortir du Royaume, ſuivant l'Ordonnance de 1687.

POISSON. Animal qui vit dans les eaux.

Il y a des poiſſons de mer, comme la baleine, la moruë, le haran, &c. des poiſſons d'eau-douce, comme le brochet, la carpe, &c. & d'autres qui viennent également dans l'eau de mer & l'eau douce, comme les ſaumons, les aloſes, &c.

On parlera d'abord des poiſſons de mer par raport au grand commerce que l'on en fait, & aux diverſes marchandiſes & drogues que l'on en tire. L'on dira enſuite quelque choſe des autres, & de la police qui doit s'obſerver pour la marchandiſe du poiſſon d'eau-douce.

Poisson de Mer.

Les poiſſons ſalez ſont ceux qui compoſent le commerce que l'on appelle Commerce de ſaline. Il s'en compte de ſix principales ſortes; ſçavoir le ſaumon, la moruë, le haran, la ſardine, l'anchois & le maquereau. On les trouvera tous expliquez à leurs articles.

Le poiſſon verd eſt celui qui vient d'être ſalé, & qui eſt encore tout humide: ainſi l'on dit, De la moruë verte.

Le poiſſon mariné eſt du poiſſon de mer frais qu'on a rôti ſur le gril, puis frit dans l'huile d'olive, & mis dans des barils avec une ſauſſe compoſée de nouvelle huile d'olive & d'un peu de vinaigre aſſaiſonné de ſel, de poivre, de clou de girofle & de feuilles de laurier, ou de fines herbes. Les meilleurs poiſſons marinez & dont il ſe fait quelque négoce, ſont le thon & l'eſturgeon. *Voyez leurs articles.*

Les poiſſons ſecs ſont des poiſſons qui ont été ſalez & deſſéchez, ſoit par l'ardeur du Soleil, ſoit par le moyen du feu: tels ſont la moruë que l'on nomme Merluche, ou Merlu, le ſtockfiſch, le haran ſor & le ſardine ſorette. *Voyez leurs articles, ils y ſont expliquez.*

Les poiſſons que l'on appelle en France Poiſſons Royaux; ſont les dauphins, les eſturgeons, les ſaumons & les truites; ils ſont ainſi nommez, parce qu'ils appartiennent au Roi quand ils ſe trouvent échouez ſur les bords de la mer.

Des poiſſons à lard ſont les baleines, les marſouins, les thons, les ſoufleurs, les veaux de mer & autres poiſſons gras; lors qu'il s'en rencontre d'échouez ſur les gréves de la mer, ils ſont partagez comme épaves, ainſi que les autres effets échouez.

Il faut remarquer que les poiſſons tant Royaux qu'à lard qui ſont pris en pleine mer, appartiennent à ceux qui les ont pêchez.

Ce qui vient d'être dit concernant les poiſſons Royaux & à lard, a été tiré du titre 7 du livre 5 de l'Ordonnance de la Marine du mois d'Août 1681.

Poiſſon Marchand; grand Poiſſon; Poiſſon piné; Poiſſon gris; Poiſſon grand, petit & moyen Marchand. Ce ſont les divers noms que l'on donne tant aux moruës vertes qu'aux moruës ſéches ſuivant leur grandeur & qualité. *V.* Morue.

Par le Tarif de 1664 le poiſſon de mer ſalé de toutes ſortes dont il n'eſt point fait mention ſpéciale dans ledit Tarif, paye 5 liv. le cent peſant de droits de ſortie: & le poiſſon pecque ſoit en ſel ou en ſauce, dans le même cas paye d'entrée 7 liv. 10 ſ. du leth qui eſt de douze barils.

Le poiſſon nourrain qu'on nomme autrement Tillette, paye d'entrée 5 ſ. du millier en compte.

La cole de poiſſon eſt faite des parties nerveuſes & mucilagineuſes d'une eſpéce de gros poiſſon qui ſe rencontre très-ordinairement dans les mers de Moſcovie. *Voyez* Cole de poisson.

L'huile de poiſſon n'eſt autre choſe que de la graiſſe ou lard de poiſſon fonduë, ou que l'on a tirée du poiſſon en le preſ-

pressant : c'est de la baleine dont on en tire le plus. *Voyez* Baleine & Huile.

Poisson d'Eau douce.

Le poisson d'eau douce est celui qui, comme on l'a dit ci-dessus, se pêche dans les riviéres, viviers, étangs, canaux, &c. comme la truite, la carpe, le brochet, la perche, la tanche, &c. On parle ailleurs de la pêche qu'on en fait, & des filets & engins dont on se sert pour la faire. *Voyez* Pesche & Filet.

Le Chapitre 15 de l'Ordonnance de la Ville de Paris de l'année 1672, contient en cinq articles les Réglemens pour l'arrivée & vente de la marchandise de poisson d'eau douce dans les Marchez & Ports de cette Capitale du Royaume.

Par le premier il est enjoint à tous Pêcheurs tant de la Ville que des environs à deux lieuës de distance, d'envoyer ou apporter leur poisson aux marchez publics, avec défense de les vendre à aucun Marchand de poisson.

Le second défend aux Marchands de Paris d'acheter des Forains aucunes marchandises de poisson, soit en gros, soit en détail, pour les revendre, à peine de confiscation desdites marchandises & d'interdiction du Commerce.

Par le troisiéme il est défendu aux Regrattiéres de poisson, d'en faire achat aux boutiques qui sont aux Ports de la riviére de Seine à Paris, avant neuf heures du matin, à peine aussi de confiscation.

Le quatriéme article régle le port où les Marchands Forains doivent faire arriver leurs boutiques à poisson, & l'établit à ce qu'on appelle l'Arche *Beaufils*, à commencer quatre toises au dessus de la descente de pierre joignante la derniére maison de l'aîle du Pont-Marie jusqu'audit Pont, enjoignant au Débâcleur du Pont de tenir libre cet espace pour les boutiques desdits Marchands Forains.

Enfin, le cinquiéme & dernier article marque deux Ports où les Marchands de Paris pourront faire arriver leurs boutiques & marchandises de poisson & les y tenir ; l'un depuis le Pont-Marie jusqu'au Port au foin, & l'autre depuis le Pont au Change jusqu'à l'Abrevoir Pepin ; leur ordonnant, pour que leurs dites boutiques n'incommodent pas le chemin de la navigation, de faire survuider dans leurs grandes boutiques & réservoirs les poissons qui leur arriveront, sans laisser les petites boutiques dans les Ports où elles arrivent, à peine d'amende.

Outre ces boutiques de Marchands de poisson où les Poissonnieres & Regrattiéres vont acheter celui qu'elles débitent, soit dans les places qu'elles ont aux Hales & Marchez de Paris où elles le conservent & étalent dans des baquets à trois pieds pleins d'eau, soit par les ruës de Paris sur des inventaires couverts de cuir ciré, les Pêcheurs des riviéres de Seine & de Marne qui sont dans les deux lieuës marquées par l'Ordonnance de la Ville, en apportent aussi beaucoup ou qu'ils vendent eux-mêmes aux Bourgeois, ou que les Poissonniéres & Regrattiéres achettent d'eux.

La Hale du poisson d'eau-douce de Paris est située dans la ruë de la Cossonnerie, & c'est là pareillement, aussi-bien que tout le long de cette même ruë que se vend le poisson qu'on appelle Poisson de somme.

Poisson de somme, c'est un poisson assommé au sortir de l'eau, que l'on envoye empaillé dans des paniers d'osier, ordinairement sur des chevaux & autres bêtes de somme d'où il a pris son nom.

Il n'y a guére de poisson de somme que celui qui se pêche dans les étangs situez dans des lieux où il ne peut y avoir de communication avec Paris & autres principales Villes par les riviéres, & que ne trouvant pas à débiter dans les Provinces, on aime mieux risquer d'envoyer de la sorte, que de le perdre entiérement. Ce poisson est beaucoup moins estimé que le poisson en vie, & l'on n'en sert point sur les bonnes tables.

En quelques Provinces de France & en plusieurs Etats de l'Europe & des autres Parties du monde, le poisson se vend à la livre. Dans d'autres lieux comme à Paris, le débit s'en fait à la piéce, au cent, au millier.

Le poisson qui se vend à la piéce, lors qu'il est au dessus d'une certaine longueur, se mesure aux pouces que l'on compte depuis les ouyes du poisson, jusqu'où commence la nageoire de la queuë, ce qu'on appelle entre œil & batte, cette nageoire s'appellant la Batte du Poisson, parce qu'il s'en sert pour battre l'eau. Ainsi l'on dit ; Je veux un cent de carpes de vingt pouces entre œil & batte. Ce brochet étoit monstreux, il avoit 36 pouces entre œil & batte.

Poisson. Est aussi l'une des plus petites mesures pour les liqueurs ; elle ne contient que la moitié d'un demi-septier ou le quart d'une chopine, ou la huitiéme partie d'une pinte mesure de Paris. Le poisson est de six pouces cubiques ; on lui donne encore les noms de Poisson, ou de Roquille.

Poisson. Se dit encore de la liqueur mesurée. Un Poisson de vin, un poisson d'eau-de-vie, &c.

POISSONNERIE. Lieu, marché, hale où l'on vend du poisson soit de mer, soit d'eau-douce, soit salé, soit frais, soit vivant, soit de somme.

A Paris on dit ordinairement Hale : la Hale à la marée, la Hale au poisson d'eau-douce. A Lyon & presque dans toutes les Provinces qui sont au de-là, on se sert plus communément du terme de Poissonnerie. Je viens de la Poissonnerie. Avez-vous été à la Poissonnerie ?

POISSONNIERE. Celle qui vend du poisson.

A Paris les Poissonniéres étalent dans les Hales & Marchez, dans des baquets qu'elles ont devant elles où le poisson vivant nage & se conserve dans l'eau dont ils sont remplis. Il ne se dit que des Marchandes de poisson d'eau-douce ; les autres se nomment Marchandes de marée, si leur négoce est de poisson de mer frais ; ou Marchandes de saline, si elles font commerce de poisson de mer salé. *Voyez* Saline, Marée, & *ci-devant* Poisson.

Poissonniere. Ustencile de cuisine qui sert à cuire le poisson.

POITRINIERE. Les Tissutiers-Rubanniers appellent la Poitriniére du metier où ils travaillent la traverse de devant, sur laquelle ils s'appuyent la poitrine. Ils nomment Rouleau de la Poitriniére un petit cylindre de bois qui y est attaché avec des tenons, & sur lequel l'ouvrage passe à mesure qu'il s'avance avant que d'être roulé sur la grande ensuble. *Voyez* Tissutier-Rubannier.

POIVRE. Fruit aromatique qui a une qualité chaude & séche, qui vient en grains, dont on se sert pour l'assaisonnement des sauces.

Ce fruit si connu en Europe par le grand commerce & la grande consomption qu'il s'en fait, est produit par une plante ou arbrisseau qui croît dans divers endroits des Indes Orientales.

Cette plante est foible & rampante, ce qui oblige ceux qui la cultivent de la planter au pied de quelques grands arbres

bres tels que l'areca & le cocos ; ses feuilles ressemblent assez à celles du lierre pour la figure ; mais pour la couleur elles sont moins vertes & plus jaunâtres, ayant d'ailleurs une odeur forte & un goût piquant.

Le poivre sort par petites grapes à la façon de nos groseilles; les grains dont ces grapes sont composées paroissent verts au commencement; ensuite ils deviennent rouges à mesure qu'ils meurissent, & enfin noirs après qu'on les a laissé quelque tems exposez au Soleil, c'est à dire, tels qu'on voit ici le grain du poivre noir.

Il n'y a point deux sortes de poivre dont l'un soit blanc & l'autre soit noir; & il paroît qu'on s'en doit tenir à cette opinion, malgré ce qu'en dit le Sieur Pomet dans son Histoire des drogues, depuis que la Relation des Indes Orientales de M. Dellon Médecin fameux, Auteur de l'Histoire de l'Inquisition de Goa, est devenuë publique; cet habile Voyageur disant positivement & sur la foi de ses yeux & d'une longue expérience que toute la différence entre le poivre blanc & le poivre noir que l'on voit en Europe ne vient que de ce que le noir a sa peau, & que le blanc en est dépouillé, ce qu'on fait en le battant avant qu'il soit tout à fait sec, ou lors qu'il est séché en le laissant tremper quelque tems dans l'eau.

Quoi que le poivre vienne en plusieurs endroits des Indes, il croît plus abondamment qu'en aucun autre lieu depuis Rajapour jusques au Cap de Comorin ; celui des terres de Malabar, c'est à dire, depuis le mont d'Eli jusques à l'extrêmité méridionale de la Côte est plus petit, mais il produit davantage, & c'est-là principalement que les Européens s'en fournissent pour le transporter en Europe.

Le poivre qui se consume en France vient en partie par les vaisseaux de la Compagnie Françoise des Indes, mais on en tire encore quantité de Hollande & d'Angleterre.

Le poivre noir que les François tirent des Anglois & des Hollandois est de trois sortes; le Malabar, le Jamby & le Bilipatham ; ce dernier est le moins estimé en Europe à cause de sa petitesse & de son aridité, ce qui au contraire lui donne un grand prix parmi les Indiens qui n'aiment que le petit poivre qu'ils trouvent moins chaud.

Il faut choisir le poivre blanc véritable Hollande, gros, bien nourri, pesant, sans mélange de grains noirs ni de pousse, (c'est ainsi qu'on nomme le grabeau ou poussiére de l'un & l'autre poivre) qu'il n'ait point été blanchi, & qu'étant réduit en poudre sa farine soit belle & d'un gris tirant sur le blanc.

A l'égard du poivre noir, avec presque toutes les qualitez du blanc, il faut encore prendre garde que les grains ne soient point ridez, qu'il y en ait beaucoup de blancs parmi, & que les plus gros n'en ayent point été séparez pour les blanchir; métier dont se mêlent bien des gens tant en Hollande qu'à Paris & à Roüen.

Une grande partie du poivre tant blanc que noir se vendant tout battu, il est facile aux mal-honnêtes gens de le sofistiquer, ce que font ordinairement les Colporteurs en mêlant dans le noir des épices grises d'Auvergne, de la maniguette, de la pousse de poivre & de la croute de pain ; & dans le blanc, des épices blanches ou du poivre noir blanchi avec du ris battu; ce qui est très difficile à reconnoître, & ne se peut éviter qu'en l'achetant de personnes fidelles & de connoissance.

Le poivre ainsi que les autres drogueries & épiceries ne peuvent entrer en France que par Roüen, la Rochelle, Calais, Bordeaux, Lyon & Marseille, suivant l'Ordonnance de 1687, titre 3, article 1.

Le poivre de toutes sortes, à la réserve du poivre long & du poivre de Bresil ou piment, paye en France les droits d'entrée à raison de 14 liv. du cent pesant, conformément au Tarif de 1664.

Les droits de la Douane de Lyon sont, sçavoir:

Le poivre 3 liv. 2 s. 6 d. le quintal d'ancienne taxation, & 6 liv. pour les anciens quatre pour cent.

Le poivre appellé Poivre leger, 47 s. 6 d. d'ancienne taxation, & 3 liv. 2 s. 6 d. pour les anciens & nouveaux quatre pour cent.

Il y a quantité d'autres sortes de poivre que vendent les Marchands Epiciers & Droguistes, & dont divers Voyageurs ont fait la description dans leurs Relations, comme le Poivre de Madagascar, le Poivre de Mascarene, ou Isle Bourbon, le Poivre de la Chine, le Poivre long des Indes Orientales, de l'Amérique & d'Ethiopie, le Poivre de Guinée, ou Piment, le Poivre de la Jamaïque, le Poivre de Thevet, le Poivre d'Afrique, &c.

Le poivre de Madagascar dont parle le Sieur de Flacour s'appelle en langue Madecasse *Lalé Vit sic*; il est blanc & croît d'une plante qui rampe sur terre, dont la tige & les feuilles ont la même odeur que le fruit qui meurit aux mois d'Août, Septembre & Octobre.

Le poivre de Mascarénne qui vient aussi de l'Isle de Java, s'appelle Cubebe, ou Poivre à queuë; il est tout semblable au poivre noir, à la réserve qu'il a une queuë & qu'il est plus gros. La plante qui le produit est rampante, & il y est attaché en forme de grapes; il le faut choisir gros, bien nourri & point ridé.

Le poivre de la Chine décrit par le Pére le Comte dans ses sçavans & agréables Mémoires, a les mêmes proprietez que celui des Indes. L'arbre qui le produit est grand comme nos noyers. Son fruit est de la grosseur d'un pois, de couleur grise mêlée de quelques filets rouges. Quand il est meur il s'ouvre de lui-même, & fait voir un petit noyau noir comme du jays. Après qu'on l'a cueilli on l'expose au Soleil pour le fecher, & l'on en jette le noyau qui est d'un goût trop fort, ne réservant que l'écorce. L'odeur de ces arbres à poivre est si violente, qu'il faut en cueillir le fruit à plusieurs reprises crainte d'en être incommodé.

Le poivre long, qui est comme une espéce d'amas de plusieurs petits grains serrez fortement les uns contre les autres, croît sur un arbrisseau dont les feuilles sont minces, vertes, & avec une queuë assez courte.

Ce poivre est de trois sortes; celui des Indes Orientales, que les Marchands Epiciers & Droguistes de France tirent d'Angleterre & de Hollande; celui de l'Amérique & celui d'Ethiopie, qu'on appelle aussi Grain de zelim. Il n'y a proprement que celui des Indes qui soit le véritable poivre long; les autres même lui ressemblent assez peu.

Le bon poivre long doit être nouvau, bien nourri, gros, pesant, mal-aisé à rompre, point carié, sans pousse & sans mélange de terre. Son usage est pour la Médecine, où il entre dans quelques compositions galéniques, même dans la thériaque. On le mêle aussi quelquefois avec les épices.

Le Poivre long paye en France les droits d'entrée à raison de 10 l. du cent pesant, conformément au Tarif de 1664.

Et par celui de la Ville de Lyon 3 liv. 2 s. 6 den. d'ancienne taxation, & 6 liv. pour les anciens quatre pour cent.

Le poivre de Guinée est un poivre rouge de couleur de

corail, qui se cultive en Languedoc, sur tout dans des Villages auprès de Nîmes, & dont l'on voit assez communément dans nos jardins, & sur les boutiques des Droguistes & Epiciers. Les Vinaigriers s'en servent pour faire leur vinaigre. On le confit aussi au sucre. Il doit être choisi nouveau, en belles gousses, séches, entiéres & bien rouges.

Les Habitans de l'Amérique, d'où ce fruit est passé en Europe, en font beaucoup de cas. Ils l'appellent Chile, les Espagnols Piment, & les François Corail de jardin.

Il y en a de quatre sortes: le premier se nomme Chilchotes; le deuxiéme, qui est fort petit, Chilterpin; (ces deux espéces sont d'un goût âcre & fort piquant); le troisiéme est le Tonalchiles, qui est médiocrement chaud, & que les Indiens mangent comme d'autre fruit avec du pain; le quatriéme se nomme Chilpelagua: il n'est ni si piquant que les deux premiers, ni si doux que le troisiéme; & c'est celui dont les Espagnols font le plus d'estime; s'en servant ordinairement dans la préparation du chocolat.

Il y a encore une cinquiéme espéce de piment qui ne croît qu'au Pérou, où on l'appelle Agy. Il s'en cultive une grande quantité dans une petite plaine de six lieuës près le Village de S. Michel de Sapa, peu distant de la Ville d'Arica sur la Côte du Pérou, & dans les Vallées de Sama, Tacna & Cocumba. Ces quatre lieux, quoi que de peu d'étenduë, & quoi que le piment y soit à très-grand marché, en fournissent tous les ans pour plus de six cens mille piastres; ce qui paroîtroit presque incroyable, si l'on ne sçavoit que cette fiente d'oiseaux, qu'on nomme Guana, dont les Peruviens fument leurs terres, les rendent si fécondes, que les grains qu'on y séme, & particuliérement l'agy, y rendent quatre & cinq cens pour un.

Le poivre de Guinée, qu'on nomme aussi dans les Tarifs Poivre de Bresil & Piment, paye en France les droits d'entrée, suivant celui de 1664, à raison de 3 liv. le cent pesant.

Le poivre de la Jamaïque, autrement Amomi, est le fruit que produit l'arbre qui fournit le bois d'inde. *V.* Inde.

Le poivre de Thevet, que les Hollandois appellent Amomi, à cause de sa ressemblance avec le vrai amomi, ou poivre de la Jamaïque, est un petit fruit rond, de la grosseur du poivre blanc, un peu rougeâtre, & avec une espéce de petite couronne à un des bouts. On lui donne encore le nom de Petit girofle rond, à cause qu'il a le goût du véritable girofle.

A l'égard du poivre d'Afrique, que l'on nomme autrement Maniguette, Malaguette, ou Cardamome, on peut avoir recours aux articles de Cardamome & Maniguette, il y est expliqué assez au long.

Le Sieur Furetiere parle aussi d'un poivre verd & d'un poivre d'eau; mais il n'a pas été possible d'en trouver la description dans aucun Auteur, & elle manque dans son Dictionnaire.

On appelle Moulin à poivre, un petit moulin qu'on tourne avec une manivelle, qui sert aux Epiciers à broyer & réduire en poudre le poivre en grain. *Voyez l'article des Moulins.*

POIVRIER. Arbrisseau qui produit le poivre. *Voyez les articles précedens.*

Poivrier. Marchand qui fait commerce de poivre.

Il ne se dit guére que de ces petits Marchands qui courent la campagne, & qui vont de Village en Village débiter du poivre & des épiceries ordinairement sofistiquées.

A Paris ce sont les Marchands Epiciers qui font le commerce du poivre tant en gros qu'en détail.

POIX. Espéce de gomme qui se tire des pins par l'incision qu'on y fait. Elle a divers noms suivant ses préparations, ses couleurs ou ses qualitez. Quand elle coule de l'arbre elle se nomme Barras; mais ensuite elle prend double dénomination. Celle qui est la plus belle & la plus claire, a le nom de Galipot; & celle qui est moins propre & plus chargée d'ordures, & de couleur, s'appelle Barras marbré, ou madré. Le galipot sert à faire toutes les différentes sortes de poix qui font la matiére de cet article.

Poix grasse, qu'on appelle aussi Poix blanche de Bourgogne. C'est du galipot fondu avec de l'huile de térébentine. Quelques-uns prétendent néanmoins que cette poix coule naturellement de quelques arbres résineux qui se trouvent dans les montagnes de la Franche-Comté. *Voyez* Galipot.

Poix-résine. C'est, suivant quelques Auteurs, une gomme qui coule du Térébinte, du Meleze, du Lentisque, ou du Cyprès: mais il y a bien plus d'apparence, à ce que d'autres assurent, fondez sur l'expérience, que ce n'est que du galipot cuit jusqu'à certaine consistance, & réduit en pain de cent ou de cinquante livres.

La meilleure poix-résine vient de Bayonne & de Bordeaux. Il faut la choisir séche, blonde, point remplie d'eau, ni de sable. Les Ferblantiers, Chauderonniers, Plombiers, Vitriers, & autres Ouvriers qui doivent souder & étaimer avec l'étain, en employent beaucoup.

La poix noire, qui est proprement celle qui se connoît & se vend sous le nom de Poix, n'est aussi que du galipot brûlé & réduit en arcançon, où l'on met quand il est encore tout chaud, certaine quantité de goudron pour le noircir. Il y en a de dure & de mole qui ne différent que par cette seule qualité.

On lit dans les Voyages de Wheler une autre maniére de faire la poix noire, dont l'on se sert dans le Levant, qui n'est pas beaucoup différente de celle que M. Furetiére raporte dans son Dictionnaire. La voici.

On choisit un monceau de terre, que l'on creuse en y faisant une fosse d'environ deux aunes de diamétre par le haut, mais qui va toûjours en étrecissant jusqu'au fond: on emplit cette fosse de branches de pin, en choisissant celles qui ont le plus de gomme, après les avoir fenduës en petits éclats, que l'on met les uns sur les autres jusqu'à ce que la fosse soit remplie: lors que cela est fait, on couvre le dessus de cette fosse de feu, qui brûle ce bois jusqu'au fond, & qui fait distiler la poix, qui sort par un petit trou que l'on a fait au bas de cette fosse.

La meilleure poix noire vient de Norwege & de Suéde: celle qu'on fait en France ne lui est comparable en aucune maniére. La bonté de la poix noire dure consiste à être d'un noir luisant, bien cassante & bien séche, formant des espéces de Soleils quand on la casse. Quantité d'Ouvriers se servent de poix noire; & il s'en consume aussi beaucoup pour calfater les vaisseaux.

Ce que l'on appelle Poix navale en Médecine, devroit sans doute être de la poix véritablement raclée des navires qu'elle a servi à calfater; mais il est certain que la plûpart des Apoticaires n'y font pas tant de façon, & que la poix noire commune leur tient lieu de cette poix navale.

On tire de la poix noire une huile à laquelle pour les

gran-

grandes vertus qu'on lui attribuë, on donne le nom de Baume de poix.

Les differentes sortes de poix, soit la blanche, la noire, ou la poix-résine paye également les droits d'entrée en France à raison de 15 s. le cent pesant, conformément au Tarif de 1664.

Les droits de la Douane de Lyon que paye la poix blanche de Bourgogne, sont de 9 s. le quintal.

La poix-résine paye 9 den. le quintal d'ancienne taxation, & 1 s. 4 den. de réapréciation.

La poix en bouillon 6 den. d'anciens droits le bouillon, & 8 den. du quintal pour les nouveaux.

A l'égard de la sortie, toutes sortes de poix payent 16 s. du cent pesant, suivant le même Tarif de 1664.

POLASTRE. Epéce de poîle de cuivre fort mince, de deux ou trois pieds de long, sur quatre ou cinq pouces de large & autant de haut, avec un long manche de bois, arrondie par le bas, & quarrée par l'ouverture. Elle sert aux Plombiers à chauffer par dedans les grands tuyaux de plomb qu'ils veulent souder. *Voyez* TUYAU DE PLOMB.

POLDINGUE, ou DINGUE. Monnoye d'argent qui se fabrique & qui a cours en Moscovie. Il faut six dingues pour faire un altin, vingt-deux dingues pour faire une grive, & deux cens dingues pour faire un rouble.

POLEMIT. C'est un des noms que les Flamans donnent à une sorte de petit camelot qui se fabrique ordinairement à Lille. *Voyez* POLIMITE.

POLI. Le lustre, l'éclat, le brillant d'une chose. Il se dit particuliérement des pierres précieuses, des marbres & des glaces.

On appelle le Poli d'un glace, la derniére façon qu'on lui donne avec l'émeril, ou la potée; & l'on nomme dans les Manufactures l'Attelier du poli, le lieu destiné à donner aux glaces cette derniére façon. *Voyez* GLACE.

POLICE. Se dit en général de toutes les Loix, Ordonnances & Réglemens dressez pour la conduite d'un Peuple, d'une Ville, ou d'une Communauté.

POLICE. Plus spécifiquement se prend pour les Ordonnances, Statuts & Réglemens dressez pour le gouvernement & discipline des Corps des Marchands & des Communautez des Arts & Métiers, & pour la fixation des taux & prix des vivres & denrées qui arrivent, soit dans les hales & marchez, soit sur les Ports des grandes Villes, ou qui se débitent à la suite de la Cour, & dans les Camps & Armées.

POLICE. Se dit encore des conditions dont des Contractans conviennent ensemble pour certaines sortes d'affaires; ce qui pourtant n'a guére lieu que dans le commerce. En ce sens on dit, Une Police d'assurance; & presque au même sens, Une Police de chargement. *Voyez ci-après.*

Enfin, POLICE. Signifie quelquefois un état, un tarif sur lequel certaines choses doivent se regler. C'est de ces sortes de Polices qu'ont, par exemple, les Fondeurs de caractéres d'Imprimerie, pour fixer le nombre de caractéres que chaque corps & fonte de lettres doivent avoir. *V. plus bas.*

OFFICIERS DE POLICE. Magistrats, ou Personnes publiques commises pour veiller à l'éxécution des Loix, Ordonnances & Réglemens de Police.

A Paris, c'est particuliérement le Lieutenant Général de Police, & avec lui le Procureur du Roi au Châtelet, qui ont soin de faire éxécuter les Statuts des Corps des Marchands & des Communautez des Arts & Métiers, & sous eux les Maîtres & Gardes de chaque Corps & les Jurez de chaque Communauté.

Il y a néanmoins de certaines Communautez dont la Police est commise à la Cour des Monnoyes & à son Procureur Général, comme sont les Distillateurs, Fournalistes, Affineurs, Graveurs sur métail, & plusieurs autres.

Le Prevôt des Marchands & les Echevins de Paris veillent sur la Police des Ports, & sur celle que doivent observer les Voituriers par eau, les Vendeurs & Crieurs de diverses sortes de marchandises, & sur quantité de petits Officiers, comme Forts, Gagne-deniers, Déchargeurs, Rouleurs, Poseurs de planches, Bouttes-à-terre & autres semblables. Ils mettent aussi le taux à certaines denrées & marchandises qui arrivent & se déchargent ausdits Ports pour y être venduës, tels que sont le bois, le foin, le charbon, &c. Enfin, c'est à eux à qui il appartient d'ordonner des minots & autres mesures pour les charbons; & des chaînes, anneaux & membrures pour les bois de corde, de moule, fagots, falourdes, coterets, &c.

Le Grand Prevôt de France, qu'on nomme aussi Grand Prevôt de l'Hôtel, est chargé de la Police de tous les Privilégiez des Corps & Métiers & des Marchands suivans la Cour. Il met pareillement le taux aux vivres à la suite du Roi.

Enfin, le Grand Prevôt de la Connétablie & ses Lieutenans sont chargez de la Police de tout ce qui regarde le commerce qui se fait dans les Camps & Armées, & de la vente des vivres & denrées par les Vivandiers & Vivandiéres.

Il seroit inutile de dire que chaque Ville, & même chaque Village a ses Officiers de Police. Les Jurats, les Capitouls, les Maires, &c. sont ceux des grandes Villes; les Procureurs Fiscaux des Seigneurs particuliers & leurs Voyers sont ceux des Villages.

POLICE D'ASSURANCE. Terme de commerce de mer. C'est un contract, ou convention, par lequel un Particulier que l'on appelle Assureur se charge des risques qui peuvent arriver à un vaisseau, à ses agrés, apparaux, victuailles & aux marchandises de son chargement, soit en tout ou partie, suivant la convention qu'il en fait avec les Assurez, & moyennant la prime qui lui en est par eux payée comptant.

Le terme de Police est Espagnol, & vient de *Poliça*, qui signifie *Cédule*; mais il est venu des Italiens & des Lombards, & originairement du Latin *Policitatio*, qui veut dire *Promesse*. Ce sont les Négocians de Marseille qui l'ont mis en usage dans le Commerce.

Autrefois il se faisoit des Polices simplement de parole, qu'on appelloit Police de confiance, parce qu'on suposoit que l'Assureur les écrivoit sur son Livre de raison; mais à present que la bonne foi n'est pas si commune parmi les Négocians qu'elle étoit dans les anciens tems, on les fait toûjours par écrit. *Voyez* ASSURANCE. Vous y trouverez tout ce qui concerne les Polices d'Assurance qui se font en France. On ajoûtera seulement ici les diverses Polices qui se font à Amsterdam.

Des Polices d'Assurance qui se font à Amsterdam.

Il n'y a point de Ville au monde où il se fasse autant d'assurances que dans la Ville d'Amsterdam. Son grand Commerce par mer & le nombre extraordinaire de vaisseaux qui en partent tous les jours, suffiroient sans doute pour occuper une quantité considérable d'Assureurs; mais ce-

ce qui en augmente encore le Négoce, & qui, pour ainsi dire, y multiplie à l'infini les Polices d'assurance, c'est la réputation & la probité des Négocians de cette grande Ville, qui engagent la plûpart des Marchands étrangers de les préferer à ceux de leur propre Nation, & d'assurer à Amsterdam leurs vaisseaux & leurs marchandises, quoi qu'il leur fût néanmoins facile de trouver des Assureurs dans les Ports où ils font leurs armemens.

Le nombre des Assureurs d'Amsterdam ne monte pas toutefois à plus de cinquante ou soixante; mais ce petit nombre de Négocians qui se mêlent des assurances est si riche & si accrédité, qu'en tout tems & pour toutes sortes de Païs on n'y manque jamais d'Assureurs, quelque richement chargez que soient les vaisseaux, & quelque pleins de risques que paroissent les voyages qu'ils entreprennent.

L'Ordonnance, pour ainsi dire, primitive qui régle les Polices d'assurance qui se font à Amsterdam, est de la fin du seiziéme Siécle. Elle fut d'abord rédigée en trente-six articles; mais quantité de ces articles ont été depuis réformez, ou expliquez par onze Ordonnances subséquentes, dont les principales sont celles des années 1600, 1601, 1606, 1607, 1614, 1626 & 1688.

C'est par cette derniére Ordonnance que la forme des Polices d'assurance fut, pour ainsi dire, fixée pour toûjours, les Seigneurs de la Justice ayant statué qu'à l'avenir on n'imprimeroit & on ne présenteroit aucune Police qui ne contint mot à mot les termes des formules qui en furent alors dressées; & qui ne fussent parafées par le Secrétaire de la Chambre des Assurances, à peine de cinquante florins d'amende contre les Courtiers des Polices faites dans une autre forme, ou qui les présenteroient aux Marchands pour les signer.

Les Polices d'assurance qui se font à Amsterdam sont de trois sortes; sçavoir, celles qui se font pour assurer les corps des navires, celles par lesquelles on assure les marchandises qui sont chargées sur ces vaisseaux, & celles qui regardent la liberté des personnes.

Les Polices pour les corps des navires doivent contenir le nom de l'Assureur & de l'Assuré, celui du vaisseau, le lieu d'où il doit partir, où il doit aller, le voyage qu'il doit faire, le tems pour lequel on l'assure, ceux & quel est le Capitaine qui le doivent commander: après ce premier détail l'Assureur déclare qu'il prend sur son compte les risques, périls & avantures dudit vaisseau, avec son artillerie, ses munitions, ses agrès & dépendances; lesdits périls & dangers consistant en tous ceux qui peuvent arriver par le feu, la tempête & le vent, & autres fortunes de mer, même par arrêt d'amis ou ennemis, lettres de marque & contremarque, imprudence du Capitaine, baraterie de Matelots & autres telles avantures, sans exception d'aucune, pourvû qu'elles arrivent sans intention ou participation de l'Assuré, pour être toutes payées & réparées par l'Assureur au prorata de la somme pour laquelle il aura signé, & cela dans un mois après avoir été averti de la perte ou du dommage; consentant l'Assureur que l'Assuré ou autres en sa place puissent dans tous lesdits cas vendre & aliéner ledit corps de vaisseau; & en distribuer les deniers à l'avantage ou à la perte de l'Assureur, qui s'engage d'ailleurs de payer tous les frais faits en ces occasions, dont ceux qui en fourniront le compte en seront crûs sur leur serment. Enfin, pour derniére clause de la Police on ajoûte la somme qui doit être payée à l'Assureur par l'Assuré pour le prix ou prime de son assurance.

Les Polices d'assurance sur marchandises doivent être dans la forme suivante:

„ Nous soussignez assurons à vous
„ ou à tous autres qu'il appartiendra, soit
„ en tout, ou en partie, ami ou ennemi, sçavoir chacun
„ pour la somme signée ci-dessous de
„ & cela sur les effets, marchandises ou denrées
„ de quelque sorte ou nature qu'elles puissent être, cor-
„ ruptibles ou incorruptibles, sans exception d'aucunes,
„ chargées ou encore à charger dans le navire, que Dieu
„ veuille garder, nommé
„ commandé par le Capitaine
„ ou par quelqu'autre Capitaine (ou Capitaines) qui puis-
„ sent être mis en sa place, ou de quelqu'autre maniére
„ que le nom du Maître, ou du navire soit ortographé,
„ ou épélé dont nous
„ prenons les risques, périls ou avantures à notre charge,
„ dès l'heure & jour que lesdites marchandises auront été
„ portées par Nous ou nos Commis sur le quai ou rivage,
„ pour de-là être chargées sur ledit vaisseau, ou sur des ba-
„ teaux, barques ou alléges pour les transporter à bord du-
„ dit vaisseau, & durera jusqu'au tems que ledit navire
„ sera arrivé au lieu sus-mentionné, & que la marchandi-
„ dise aura été déchargée & mise à terre librement, paisi-
„ blement & sans aucun dommage, entre les mains de
„ Nous Assuré, ou de celui qui en aura reçû l'ordre. *Le reste est comme à la Police précédente sur les engagemens que prennent les Assureurs de réparer tous les dommages qui pourroient arriver ausdites marchandises; après quoi la présente Police finit par ces mots*: „ Moyennant quoi il Nous sera
„ payé en argent comptant pour le prix de cette assurance
„ pour cent, sous soûmissions de
„ nos personnes & biens présens & à venir: renonçant com-
„ me gens d'honneur à toutes chicanes & exceptions qui
„ pourroient être contraires à la Presente. Ainsi fait à Am-
„ sterdam, &c.

La Police d'assurance pour la liberté des personnes doit être conçuë en ces termes:

„ Nous soussignez assurons à vous
„ ou à qui il appartiendra, sçavoir chacun pour la somme
„ ci-bas signée de à condition d'aller
„ de tous côtez pendant tout le voyage, & de pouvoir
„ toucher en tous lieux & en tous Païs en chemin, d'a-
„ vancer, de reculer, de relâcher, décharger & charger à
„ la volonté du Capitaine, ou du Commis, soit du gré
„ ou du consentement de l'Assuré ou du Commis, ou
„ non, & cela sur le corps & la personne de
„ allant pour sur le navi-
„ re, que Dieu garde, nommé
„ commandé par le Capitaine Et en cas
„ que le navire vint à se perdre, ou ne pas achever le voya-
„ ge, Nous courons le même risque sur le navire (ou sur
„ les navires) sur lesquels ledit pourra s'embarquer pour
„ poursuivre & achever son voyage, soit sur mer,
„ soit sur terre; courant seulement le risque de sa
„ prise par quelque Nation que ce puisse être, soit Tur-
„ que, Môre, Barbare, ou autres Pirates infidèles, des-
„ quels, au cas que ledit vienne à être
„ pris,

„ pris, enmené ou rançonné, (ce qu'à Dieu ne plaise) „ Nous promettons de payer promptement à l'Assuré, ou au „ Porteur de la présente sans aucun rabais, chacun la somme par Nous assurée pour son rachat avec les autres frais „ qui pourroient être faits pour ce sujet, & cela aussi-tôt „ qu'on aura reçû avis & qu'il Nous aura paru qu'il a été „ relâché, ou que l'on aura payé sa rançon, & que les lettres de change auront été acceptées; mais les sommes „ par Nous assurées ne pourront être employées que pour „ son rachat & ses dépendances, & à rien autre. Pour „ l'accomplissement de ce que dessus Nous engageons nos „ personnes & nos biens, &c. & nous avons accordé pour „ la prime Ainsi fait à Amsterdam, &c.

POLICE DE CHARGEMENT, terme de commerce de mer qui signifie la même chose sur la Méditerranée, que Connoissement sur l'Ocean. C'est la reconnoissance des marchandises qui sont chargées dans un vaisseau. Elle doit être signée par le Maître, ou par l'Ecrivain du bâtiment. *Voyez* CONNOISSEMENT.

POLICE. Signifie aussi Billet de Change, mais ce terme n'est presque en usage que sur la mer & sur les côtes.

POLICE, en terme de Fondeur de caractéres d'Imprimerie. Est un état ou tarif qui sert à régler le nombre de chaque lettre ou caractére dans une Fonte complette, c'est à dire, combien à proportion du total d'un corps entier il doit y avoir de chaque espéce de caractére en particulier.

Par exemple, un corps de cent mille caractéres doit avoir onze mille caractéres pour l'*e* courant, cinq mille pour l'*a*, trois mille pour l'*m*, trente seulement pour le *k*, autant ou peu davantage pour l'*x*, l'*y* & le *z*, & à proportion pour les autres lettres, les grandes & petites capitales, les initiales, les points, les virgules, les lettres doubles, celles à accens, les guillemets, les réglets, &c. *Voyez* FONDEUR DE CARACTERES.

POLIMENT. L'action qui donne le lustre & l'éclat à quelque chose. Il se dit aussi du lustre même & de l'éclat qu'une chose a reçû de l'ouvrier qui l'a polie. Cette Emeraude a pris un beau poliment; le poliment de ces marbres est parfait. *Voyez* POLI.

POLIMITTES, POLEMITS, ou POLOMITTES. Ce sont les divers noms que les Flamands donnent à certaines étoffes fort legéres, qui ne sont autre chose que des espéces des petits camelots de la fabrique de Lille, dont la largeur est d'un quart & demi, ou trois huitiémes d'aune de Paris. Il s'en fait de différentes longueurs; les unes toutes de laine, les autres de laine mêlées de fil de lin, d'autres dont la chaîne est de laine & la trême de poil, & d'autres toutes de poil de chévre.

On prétend que ce sont ces derniéres qui sont les véritables Polimittes, & qu'on ne les appelle ainsi que parce qu'elles sont faites de pur poil, tant en chaîne qu'en trême; celles qui sont fabriquées d'autre matiére étant plus ordinairement appellées Lemparillas, ou Nompareilles. *Voyez* LEMPARILLAS & CAMELOT.

POLIR. Rendre unie une surface, lui ôter toutes ses inégalitez, lui donner du lustre & de l'éclat.

POLIR UNE GLACE DE MIROIR. C'est lui donner sa derniére façon avec l'émeril, ou la potée. *Voyez* GLACE.

POLIR LES AIGUILLES. C'est les dérouiller avec de l'huile & de l'émeril. *Voyez* AIGUILLE.

POLIR AU PAPIER, terme de Lunetier. C'est après qu'un verre a été travaillé au bassin & poli avec l'émeril, ou la potée, en achever le poliment sur un morceau de papier qu'on cole au fond du bassin où il a été fait. *Voyez* VERRE DE LUNETTE.

POLISSEURS. Nom que l'on donne dans les Manufactures des Glaces aux Ouvriers qui travaillent au Poli. *Voyez* GLACE.

POLISSOIR, qu'on nomme quelquefois Brunissoir. C'est un instrument avec lequel l'on polit où l'on brunit l'or, l'argent, les autres métaux qu'on dore & qu'on argente, & les matiéres propres à prendre le poli.

POLISSOIR. C'est souvent le lieu ou l'établi où se fait le poliment, & c'est ainsi que les Aiguilliers appellent la table sur laquelle ils dérouillent leur marchandise, & donnent le poli à leurs aiguilles. *Voyez* AIGUILLE.

LES POLISSOIRS sont différens suivant les ouvrages & les Ouvriers. Les Doreurs sur métail en ont de fer pour préparer les métaux avant de les dorer, & de pierre de sanguine pour les brunir à clair après qu'ils sont dorez. Les Doreurs en détrempe se servent aussi de la sanguine, & encore de dent de loup, ou de chien, enmanchée dans un bois. *Voyez* DORURE.

LE POLISSOIR DES EPERONNIERS, qui leur sert à polir les mords, étriers, éperons & autres ouvrages étaimez, est partie de fer & d'acier, & partie de bois.

Cet instrument est un archet de fer, qui a d'un bout un manche de bois pour le tenir, & de l'autre un crochet pour l'attacher à un autre morceau de bois qu'on serre dans le mord de l'étau quand on travaille. Au milieu de l'archet en dedans, est ce qu'on nomme proprement le Polissoir, qui est un morceau d'acier triangulaire, avec une queuë par laquelle il est rivé à l'archet.

LE POLISSOIR DES SERRURIERS, & de quelques autres Ouvriers, est tout de fer, mais moins composé que celui des Eperonniers. *Voyez les divers articles des Ouvriers qui travaillent en fer. Voyez aussi* BRUNISSOIRS; *ces termes étant souvent synonimes, & la plûpart des Artisans qui s'en servent les confondant.*

LES POLISSOIRS dont on se sert dans les Manufactures des Glaces pour leur donner le poli, n'ont rien de semblable à ceux dont on vient de parler. Ceux-ci sont composez de deux piéces de bois; l'une platte, qu'on appelle la Plaque qui est doublée de chapeau épais; l'autre plus longue & demi-ronde qui est attachée par dessus la plaque; celle-ci s'appelle le manche. Cette derniére piéce qui excéde la plaque de quelques pouces des deux côtez, afin que le Polisseur la puisse empoigner, a par dessus un trou, où quand on travaille au poliment on fait entrer ce qu'on appelle le Bouton de Fléche. Il y a de ces Polissoirs de diverses grandeurs, les plus grands ayant huit à dix pouces de longueur, & les plus petits seulement trois ou quatre. Ceux-ci ne servent qu'au poli des Bizeaux.

POLISSOIRS. Ce que les Couteliers appellent de la sorte, sont des espéces de meules de bois de noyer, d'un pouce environ d'épaisseur, & d'un diamétre à volonté. C'est sur ces meules que la grande rouë fait tourner, qu'ils adoucissent & polissent leur ouvrage avec de l'émeril & de la potée, suivant l'ouvrage.

Il est défendu par le 20 article des Statuts des Maîtres Couteliers de Paris, aux Rémouleurs, ou Gagnes-petit, rémoulant par les ruës de cette Capitale, d'avoir aucun polis-

polissoir s'ils ne sont Maîtres : & par le 27. il est pareillement fait défenses à tous Marchands Merciers d'avoir meules, ou polissoirs de Couteliers chez eux. *V.* COUTELIERS.

POLISSOIRS. Les Polissoirs des Menuisiers de Placage & de Marquetterie, sont des espéces de brosses rondes, faites ordinairement de jonc, dont ils se servent pour achever leurs ouvrages, après qu'ils l'ont raclé avec les racloirs & nettoyé à la presse. *V.* PLACAGE, *ou* MARQUETTERIE.

POLISSOIRS. Les Maîtres Miroitiers-Lunetiers nomment Polissoirs, des morceaux de bois d'un pied & plus de longueur, de 7 ou 8 pouces de largeur, & de dix-huit lignes ou environ d'épaisseur, couverts par dessus d'un vieux feutre de chapeau de castor, sur lesquels ils polissent les chasses d'écaille ou de corne, qui servent à monter leurs lunettes.

POLIUM MONTANUM. Plante qui entre dans la composition de la Tériaque.

Cette plante qui croît dans les lieux montagneux de la Provence & du Languedoc, ne s'élévent guére plus d'un demi-pied; ses feuilles sont petites, épaisses & dentelées, garnies par dessous d'un petit duvet d'un jaune doré; ses fleurs sont rondes, & en s'épanouïssant forment de petites étoiles couleur d'or.

Il le faut choisir nouveau & avec ses fleurs, d'un goût amer & désagréable.

Il y a une seconde espéce de Polium qui croît le long des chemins, & au milieu des sables de ces mêmes Provinces; mais il est bien différent de l'autre, ses feuilles sont plus petites, moins cotonnées; il est aussi plus amer & tout blanc.

POLIZEAUX. Espéce de Toile qui se fabrique en Normandie. *Voyez* TOILE *à l'endroit de l'article où il est parlé de celles de cette Province.*

POLOMITTE. Espéce de Camelot très-leger, qui se fabrique en Flandre, & particuliérement à Lille capitale de la Flandre Françoise. On le nomme plus ordinairement Polimitte. *Voyez* POLIMITTE.

POLOSUM. Espéce de cuivre rouge que l'on allie avec de l'étain pour en faire ce métail composé que l'on appelle de la Fonte verte. *Voyez* FONTE.

POLUSKE. Petite monnoye d'argent qui se fabrique & qui a cours en Moscovie. Le Poluske vaut la moitié du Copec. *Voyez* COPEC.

POLYPODE. Plante de la hauteur d'environ huit pouces de Roi, semblable à la fougére.

Les Droguistes & Epiciers en vendent de deux sortes, le Polypode commun, & le Polypode de chêne. Le commun croît ordinairement sur les murailles de la campagne parmi la mousse dont elles sont couvertes sur le chaperon. Le Polypode de chêne se trouve sur les branches de cet arbre à l'endroit où elles se fourchent, s'y nourrissant d'un peu de terre qui s'y amasse par la poussiére que le vent y éléve, humectée de l'eau de pluye qui y croupit.

Il faut choisir le Polypode de chêne qui est infiniment meilleur que l'autre nouveau, bien nourri, sec, facile à casser, d'un rouge tanné au dessus, verdâtre au dedans, d'un goût doux & sucré, assez approchant de celui de la reglisse.

Cette plante s'employe en Médecine, particuliérement la racine, que l'on estime laxative, propre pour empêcher les obstructions des viscéres, pour le scorbut, & pour l'affection hypocondriaque.

POLLE-DAVY. C'est ainsi que l'on nomme une espéce de grosse toile de chanvre écrüe, qui a pris son nom de la Paroisse de Polle-davy, située dans l'Evêché de Cornouaille en Basse-Bretagne, où elle se fabrique ordinairement.

Cette sorte de toile s'achéte à la piéce, contenant trente aunes de longueur sur trois quarts de largeur mesure de Paris : elle sert à faire des voiles aux bâtimens de mer, particuliérement aux grandes & petites chaloupes qu'on envoye à Plaisance pêcher de la moruë. En tems de Paix les Anglois en tirent beaucoup.

Il se fait encore en Basse-Bretagne aux environs de Quimpercorentin, une sorte de toile tout à fait semblable, & propre aux mêmes usages que celle ci-dessus ; ce qui fait qu'on lui donne aussi le nom de Polle-davy. *Voyez* VOILE.

POMELLE, ou POMMELLE. Instrument dont on se sert pour l'apprêt des cuirs corroyez. Il y en a de trois sortes, deux de bois, & l'autre de liége montée sur du bois.

La grande pomelle de bois est un instrument plat, épais d'environ un pouce & demi ou deux pouces, long de douze, & large de six; le dessous est coupé en travers par des espéces de dents qui tiennent toute sa largeur, & dessus il y a une manicle de cuir par où le corroyeur passe la main pour la faire aller & venir sur le cuir. Cette Pomelle sert à le manier & à le rendre plus moliant, c'est à dire, plus maniable & plus doux.

La Pomelle moyenne qui est aussi de bois, sert à étirer le cuir pour lui couper le grain, & la Pomelle de liége qui est toute semblable à l'autre, à la réserve qu'à la place des dents elle a un morceau de liége fortement attaché sur le bois, elle s'employe à étirer & manier le cuir après qu'il a été rebroussé. *Voyez* CORROYER.

POMELLE. C'est aussi un instrument dont se servent quelquefois les Fouleurs & Apprêteurs de bas pour tirer la laine des ouvrages de Bonneterie en les foulant & apprêtant.

L'article 32 des Statuts des Bonnetiers de Paris, du mois de Juillet 1618, & l'art. 18 du Réglement des Bas au Métier du 30 Mars 1700, défendent aux Fouleurs & Apprêteurs de Bas, Bonnets, Camisoles, & autres ouvrages de Bonneterie de laine, de se servir de pomelles & cardes de fer, pour apprêter & appareiller ces sortes de marchandises.

POMELLE. On appelle aussi Pomelles en terme de Carrier, les deux petits coins ou morceaux de bois de chêne qu'on met des deux côtez des coins de fer pour faire *partir la pierre*, c'est à dire, l'entr'ouvrir & la séparer du banc dont elle fait partie.

Ces Pomelles sont si nécessaires à cet usage, que si le coin n'en étoit point appuyé, quelque gros qu'il fût, & avec quelque force qu'on le poussât, il ne feroit jamais partir la pierre. *Voyez* CARRIER.

POMMADE, composition faite avec des pommes & des graisses, qui sert à divers usages.

On appelle Pommades de jasmin, de fleurs d'orange, de jonquille, &c. celles où l'on fait entrer les fleurs, ou les essences de toutes ces choses. Celles-ci se trouvent ordinairement sur les toilettes des Dames, & servent à entretenir leurs cheveux, ou leur teint.

Ce sont les Maîtres Gantiers Parfumeurs qui font le commerce des Pommades. Les meilleures sont celles d'Italie.

Les pommades de jasmin & autres senteurs payent à la Douane de Lyon 4 l. 10 s. du quintal.

POMME, fruit à pepin, excellent à manger, & propre à faire diverses confitures séches ou liquides. Ce fruit vient en Eté & en Autonne. Les pommes qui se cueillent en Autonne se peuvent conserver tout l'Hyver; les pommes d'Eté doivent se manger à mesure qu'elles se cueillent.

Les Provinces de France les plus abondantes en pommes sont, la Normandie, particuliérement cette partie qu'on nomme Basse-Normandie, & l'Auvergne, sur tout ce canton si abondant & si beau que l'on connoît sous le nom de la Limagne d'Auvergne.

La Bretagne en produit aussi beaucoup. Une partie est envoyée à Paris, dans les autres Provinces, & jusques dans les Païs étrangers pour y être mangez crûs, ou en compotes & confitures; mais la plus grande consomption s'en fait en cidre. Celui qui vient de Normandie est le meilleur.

POMMÉ. Boisson qui se fait avec le jus, ou suc, qu'on exprime des pommes en les écrasant sous une pierre, & en les mettant au pressoir. On le nomme plus ordinairement Cidre. *Voyez* Cidre.

POMMELLE. *Voyez* POMELLE.

POMMIER. Arbre qui produit les Pommes.

POMMIER. Se dit aussi d'un petit ustencile de ménage qui sert à faire cuire des pommes, des poires & autres fruits devant le feu. Les Ferblantiers en font de fer blanc en forme de demi-cylindres qui se soûtiennent avec de gros fils-de-fer. Les Potiers de Terre en fabriquent aussi de terre. Ils font les uns & les autres du nombre des ouvrages qu'il leur est permis de faire par leurs Statuts.

POMPHOLIX, qu'on appelle autrement *Calamine blanche*, *Fleurs d'airain*, & quelquefois, *Cendre de bronze*, quoi qu'improprement. C'est une matiére blanche, legere & friable que produit la fonte du cuivre jaune, & que l'on trouve attachée aux carreaux qui couvrent les creuzets, ou aux tenailles dont les Fondeurs se servent.

La meilleure Calamine blanche vient de Hollande; on en a cependant d'aussi bonne à Paris, & pourvû qu'on la choisisse bien blanche, il est assez indifférent de laquelle on prenne. Le Pompholix est de quelqu'usage dans la Médecine, particuliérement pour toutes sortes de fiévres. Son effet est néanmoins trop violent pour s'en servir sans précaution.

PONANT. Terme de Marine en usage parmi les Marchands & Négocians qui font le commerce de la mer. Il signifie la Mer Oceane Athlantique par opposition à la Mer Méditerranée, qu'on appelle la Mer du Levant.

Négocier dans le Ponant signifie négocier chez toutes les Nations qui habitent les côtes de l'Ocean.

PONCE. Sorte de pierre spongieuse. *V.* Pierre Ponce.

Ponce, dans le négoce des Toiles. Se dit d'une sorte d'encre composée de noir de fumée broyé avec de l'huile, dont on se sert pour imprimer certaines marques sur le bout des piéces de toiles; ce qui se fait avec un morceau de cuivre ou de fer gravé que l'on noircit ou qu'on frotte de cette encre par le moyen d'une espéce de bale à imprimer qui en est imbibée. La ponce ne peut être ôtée ni s'en aller au blanchissage, & c'est la raison pour laquelle on s'en sert pour marquer les toiles.

PONCEAU. Se dit d'un rouge foncé qui fait un très-beau couleur de feu. Les étoffes & les rubans de soye teintes en ponceau sont d'un prix considérable. Les rubans d'Angleterre de cette couleur sont fort estimez & ne peuvent guére être imitez, ni pour la teinture, ni pour la fabrique dans les Rubanneries des autres Nations.

Cette couleur a pris son nom de la fleur du ponceau, qui n'est autre chose que le petit pavot simple, appellé vulgairement Coquelicoc, qui croît naturellement dans les bleds, & dont la couleur est d'un parfaitement beau rouge.

PONCER UNE TOILE. C'est la marquer à l'un des bouts de la piéce avec une sorte d'encre faite de noir de fumée broyé avec de l'huile.

Les Marchands de Paris avant que d'envoyer leur toile au blanchissage ou ailleurs, doivent les faire poncer ou marquer par les Jurez Auneurs, s'ils veulent éviter de payer une seconde fois les droits d'aunage.

La Compagnie des Indes Orientales de France a fait en divers tems poncer ses toiles de coton, ses mousselines & ses étoffes, au lieu de les faire plomber.

Toutes les toiles qui se fabriquent dans le Royaume doivent être marquées ou poncées dans les lieux de leur fabrique.

Poncer. C'est se servir d'une pierre de Ponce pour enlever de dessus quelque superficie ce qui la rend moins unie & moins douce.

Poncer. Se dit aussi chez les Orfévres lors qu'on rend la vaisselle d'argent matte en la frotant avec de la pierre de Ponce.

Poncer. Est encore un terme de Chapelier, qui signifie tondre un chapeau avec la pierre de Ponce, en ôter les plus longs poils pour le rendre plus ras. On dit Rober lors que l'on en ôte le poil avec la peau de chien marin. *V.* Tondre.

Poncer un cuir. C'est enlever avec une pierre de Ponce très-rude les petits morceaux de chair qui peuvent rester sur les peaux qu'on corroye après qu'ils ont été boutez & écharnez par le Corroyeur. Cette façon ne se donne qu'aux peaux de veaux. Ce qui s'appelle Poncer de chair. *Voyez* Corroyer.

Poncer le parchemin. C'est passer la pierre de Ponce par dessus pour le bien unir après qu'il a été raturé sur le sommier. On ponce le parchemin sur une espéce de forme ou banquette couverte de toile & rembourée, qu'on appelle selle à poncer. C'est la derniére façon que l'on donne au parchemin pour le rendre capable de recevoir l'écriture.

PONDE, qu'on nomme aussi Pund. Poids de Moscovie dont on se sert particuliérement à Archangel.

La Ponde est de quarante livres poids du païs, qui revient environ à trente-trois livres de France; le poids de Moscovie étant près de dix-huit par cent plus foible que celui de Paris.

PONDT-VLAEMS. C'est une des monnoyes imaginaires dont on se sert dans les Changes de Brabant & de Flandres, qu'on nomme autrement Livre de Gros. Le Pondt-vlaems vaut vingt sols de gros, ou deux cens quarante gros.

PONT, ou PUNT, mesure des longueurs dont on se sert à la Chine. Il faut dix ponts pour un cobre, le cobre revenant à treize pouces deux lignes de France. *V*, Cobre.

PONTANIER. Celui qui perçoit sur les marchandises un droit de Pontenage. *Voyez* Pontonnier & Pontenage.

PONTENAGE, ou PONTONAGE. C'est un droit local que certains Seigneurs particuliers sont en possession de lever sur les marchandises qui passent sur les ponts & dans les bacs qui sont sur les riviéres qui leur appartiennent, & qui sont dans l'étenduë de leurs Terres & Fiefs.

PONTIL, terme de Verrerie. C'eſt un inſtrument de fer dont on ſe ſert dans la fabrique des Glaces qui ſe ſouflent à la felle.

Il eſt compoſé de deux piéces; l'une eſt une forte verge ou baguette de fer, longue d'environ cinq pieds; l'autre une traverſe auſſi de fer, depuis huit juſqu'à dix-huit pouces de long, qui eſt attachée à l'une des extrêmitez de la verge, & qui forme avec elle une eſpéce de T. Le Pontil ſert à reprendre la glace quand on l'a coupée du côté oppoſé à la felle, afin qu'en ayant été détachée il tienne lieu de felle pour reporter la glace au grand ouvreau où elle doit être chauffée afin d'en élargir le diamétre. *Voyez* GLACE, *où il eſt parlé de celles qui ſe font à la felle.*

PONTILLER. C'eſt ſe ſervir du pontil pour reprendre la glace à l'oppoſite de la felle. *Voyez l'article précédent.*

PONTIVY. Toiles de lin qui ſe fabriquent à Pontivy petite Ville de Bretagne. *Voyez* TOILE, *à l'endroit de l'article où il eſt fait mention de celles de cette Province.*

PONTONAGE. *Voyez* PONTENAGE.

PONTONNIER, PAUTONNIER, ou PONTANIER. Celui qui eſt commis par un Seigneur pour percevoir les droits de pontenage ſur les marchandiſes qui y ſont ſujettes, au paſſage des riviéres dans l'étenduë de ſon fief.

POQUELLE. Plante que l'on trouve dans le Chilly partie de l'Amérique ſur les Côtes de la Mer du Sud; ſa fleur qui eſt une eſpéce de bouton d'or, ſert à teindre en jaune & ſa tige en verd.

PORC, que l'on appelle auſſi COCHON & POURCEAU. Animal domeſtique à quatre pieds fourchus, dont la peau eſt couverte d'un long poil fort & rude, qu'on a châtré & qu'on nourrit pour engraiſſer.

Lors qu'il n'a point été châtré on le nomme Verrat, & ſa femelle encore jeune s'appelle Truye, & lors qu'elle eſt vieille & graſſe & qu'elle a fait bien des portées, on la nomme Coche. Le petit de la truye qui ne fait encore que teter, eſt nommé Cochon de lait & quelquefois Goret; quand il a ſix mois on l'appelle Porcelet.

Il y a des perſonnes qui ne font d'autre négoce que de porcs & de truyes en vie, ce qui fait qu'on les appelle Marchands de porcs ou de cochons; ce ſont eux qui les vont vendre dans les Foires & Marchez où ils les font conduire par troupes comme des moutons, par des valets que l'on nomme Porchers. *Voyez* FOIRES GRASSES.

Ce ſont les Chaircuitiers qui font à Paris le commerce de la chair de porc fraîche & cuite & de toutes les marchandiſes & iſſuës qu'on peut tirer de cet animal. *V.* CHAIRCUITIER.

Outre l'utilité que l'on tire du porc par raport à la vie, il fournit pour le négoce & les manufactures pluſieurs ſortes de marchandiſes; ſçavoir les jambons, qui viennent des Provinces, ou des Païs étrangers, qui font partie du commerce des Epiciers. *Voyez* JAMBONS.

Le poil ou ſoye qui ſe vend par les Merciers-Clinquailliers. *Voyez* SOYE DE PORC.

Le ſain-doux dont on ſe ſert dans les Manufactures pour l'enſimage des étoffes de laine. *Voyez* SAIN-DOUX.

La graiſſe fonduë que l'on appelle Flambart, ou Suif de porc, qui s'employe dans la fabrique des ſavons, & que les Chandeliers de mauvaiſe foi mêlent avec les ſuifs de mouton & de bœuf dont ils font de la chandelle. Les Tondeurs de draps ſe ſervent auſſi de cette ſorte de graiſſe au lieu de ſain-doux pour enſimer les étoffes, ce qui leur eſt néanmoins défendu par les Réglemens généraux des Manufactures. *Voyez* FLAMBART, SUIF & ENSIMAGE.

Enfin, l'on tire du porc certains grands morceaux de graiſſe ou panne longs & étroits que l'on nomme des Fleches de lard, dont les Chaircuitiers, particuliérement ceux de Paris, font un négoce aſſez conſidérable. *Voyez* FLECHE DE LARD.

Les porcs payent en France les droits d'entrée & de ſortie ſuivant leur âge & qualité, ou ſuivant les lieux d'où ils viennent.

ENTRE'ES.

Les porcs gras vifs ou tuez & habillez, venant des Païs étrangers payent 20 ſ. de la piéce.

Et ceux des Provinces de France où les Aydes n'ont point cours 5 ſ.

Les Porcs communs venant des Païs étrangers 10 ſ. & ceux des Provinces de France 2 ſ.

Les porcelets de ſix mois venant des Païs étrangers 4 ſ. & ceux venant des Provinces de France 1 ſ. le tout conformément au Tarif de 1664.

SORTIES.

Les porcs & truyes la piéce 15 ſ.

Les porcelets de ſix mois 5 ſ.

Le ſanglier n'eſt autre choſe qu'un porc ſauvage, qui ne vit que dans les Forêts & qui ne peut jamais être apprivoiſé.

Sans parler de la chair & de la hure ou tête de cet animal qui ſervent de mets ſur les tables des plus grands Seigneurs; on en tire de trois ſortes de choſes pour le négoce, qui ſont:

La peau qu'on apprête avec ſon poil pour couvrir des coliers de chevaux de harnois, des panniers & des coffres de campagne. *Voyez* MEGIE *vers la fin de l'article.*

La ſoye ou poil dont pluſieurs Ouvriers & Artiſans ſe ſervent comme d'aiguille pour coudre leurs différens ouvrages.

Et ſes jambons qui ſont fort eſtimez lors qu'ils ſont bien ſalez & fumez. *Voyez* SOYE DE PORC *ou* SOYE DE SANGLIER, & JAMBONS.

PORCELAINE. Eſpéce de coquillage blanc qui ſert de monnoye en divers endroits d'Aſie, d'Afrique & d'Amérique. *Voyez* BOUGES, CORIS & ZAMPI.

Les Porcelaines ont auſſi quelqu'uſage dans la Médecine, & on les employe broyées ou pilées en forme de perles.

Ce ſont les Marchands Epiciers-Droguiſtes qui font à Paris le commerce de ce coquillage médecinal; on le leur envoye de Hollande enfilé en maniére de chapelets qu'on appelle Pantes. Chaque paquet eſt compoſé de pluſieurs pantes & contient environ un millier de coquilles.

Les plus petites & les plus blanches ſont les plus eſtimées.

PORCELAINE. C'eſt auſſi une eſpéce de poterie fine & précieuſe qui ſe fait particuliérement à la Chine, mais qui eſt apportée en Europe de pluſieurs endroits de l'Orient & ſur tout des grandes Indes, comme du Japon, de Siam & de Surate; il en vient auſſi de très-belle de Perſe.

Quelques Sçavans du premier ordre ont crû que ce que les Romains appelloient *Vaſa myrrhina*, que l'on vit pour la premiére fois à Rome au triomphe de Pompée, & qui y devinrent enſuite ſi chers & ſi précieux, étoient la même choſe que la Porcelaine d'aujourd'hui. Cela peut être; mais ſi, comme le cite M. Furetiére, cette opinion n'eſt fondée que ſur la deſcription que Pline a faite de ces vaſes dans ſon hiſtoire naturelle, on n'y reconnoît point la porcelaine, mais une eſpéce de pierre précieuſe preſque blanche & veinée

née de différentes couleurs, qui se trouvoit dans quelques endroits de la Perse.

Sans davantage entrer dans ces curieuses antiquitez, on va se contenter de parler ici de la Porcelaine de la Chine sur les plus sûres Relations.

C'est une ancienne erreur (peut-être inventée pour faire valoir la Porcelaine) que la matiére dont elle est composée soit faite de coquilles d'œufs, ou des écailles d'une espéce d'huître pulverisées; c'en est encore une que cette matiére soit des cent & deux cens ans à se préparer & à se meurir.

La Porcelaine, comme toutes les autres poteries, se fait avec de la terre, ou plûtôt avec une espéce de pierre mole & blanche qu'on tire des carriéres du Quangsi.

Cette terre après avoir été pilée d'abord assez grossiérement, se lave pour en séparer le sable; ensuite on la broye plus éxactement & on la reduit en poudre très-subtile presque impalpable pour en faire une pâte que l'on brasse & que l'on bat encore long-tems; lors que cette pâte est suffisamment voquée, on en forme des vases ou autre vaisselle de porcelaine, soit à la main, soit dans des moules, soit à la roue, comme l'on fait en France la poterie de terre.

Ces ouvrages finis suivant le goût & l'intelligence de l'Artisan, ou les desseins que les Marchands lui ont fourni, on les expose au Soleil soir & matin, prenant garde néanmoins que la chaleur ne soit trop grande, crainte qu'ils ne se tourmentent; quand ils sont secs on les peint de différentes couleurs & de divers ornemens, & afin de leur doner cet œil & ce lustre qui fait en partie le prix des Porcelaines, on passe par dessus à plusieurs reprises une espéce de bouillie très-claire faite avec la même matiére dont sont formez les vases; enfin, on les met au fourneau où on les cuit par le moyen d'un feu lent & uniforme.

Il n'est pas facile de s'imaginer combien la Porcelaine est commune dans toutes les Provinces de la Chine; on en fait non seulement toutes sortes d'ustenciles de ménage; mais on s'en sert à couvrir le toît des maisons, & à incruster les murailles; aussi y en a-t-il de très-vilaine, & celle qui se fait à Fokien est si noire & si grossiére qu'elle n'aproche pas même de notre fayance la plus ordinaire.

La Porcelaine la plus fine & la plus estimée est celle de Quangsi, & l'on croit que sa beauté vient de la qualité des eaux dont on se sert à préparer la matiére. Parmi les plus belles de cette Province on en distingue de trois couleurs, de jaune, de grise & de blanche peinte en bleu: les jaunes, quoi qu'elles ne prennent pas si bien le poli, & qu'effectivement elles n'aprochent pas de la finesse des autres, sont toutes réservées pour l'usage du Palais de l'Empereur & de sa propre Personne. Les grises sont hachées d'une quantité de petites lignes irréguliéres qui dans leur confusion même font un très-bel effet; on n'en a point encore vû en Europe, quoi qu'elles ne soient pas moins belles que celles qu'on y apporte: les blanches & bleuës sont semblables à celles qui viennent par le retour des vaisseaux des Compagnies de France, d'Angleterre, de Hollande, & qui sont devenuës si communes en France, qu'à peine les estime-t-on quelquefois autant que de belles fayances.

L'on fait une grande différence parmi les Curieux de l'Europe entre ce qu'on appelle de l'ancienne & de la nouvelle Porcelaine, non qu'en effet celle qui se travaille presentement à la Chine soit moins belle que celle qui s'y travailloit autrefois; mais parce que les Marchands Européens, ou n'ont point de goût pour en faire le choix sur les lieux, ou n'ont plus commerce avec les bons Ouvriers, ne se souciant que de la quantité & du débit, sans se mettre en peine de la finesse & du beau.

Quoi qu'il soit difficile de dire précisément en quoi consiste la perfection de la Porcelaine, n'étant qu'une beauté d'opinion, il semble néanmoins qu'on peut la mettre dans la finesse de la matiére, la blancheur, le poli, le dessein des figures & des ornemens, la vivacité des couleurs & la forme des vases.

Il y a quinze ou vingt ans que l'on a commencé en France à tenter d'imiter la Porcelaine de la Chine; les premiéres épreuves qui furent faites à Roüen réüssirent assez bien, & l'on a depuis si heureusement perfectionné ces essais dans les Manufactures de Passi & de S. Cloud près Paris, qu'il ne manque presque plus aux Porcelaines Françoises pour égaler celles de la Chine que d'être apportées de cinq ou six mille lieuës loin, & de passer pour étrangéres dans l'esprit d'une Nation accoûtumée à ne faire de cas que de ce qu'elle ne posséde point, & à mépriser ce qu'elle trouve au milieu d'elle.

En effet, pour la finesse du grain de la matiére, pour la beauté de la forme des vases, pour l'éxactitude du dessein & pour l'éclat des couleurs, sur tout du bleu, il faut avouer que les Porcelaines de Quangsi ne sont pas plus parfaites que celles de France; une seule chose manque à ces derniéres, c'est l'œil du blanc qui est encore un peu louche, ou quelquefois trop matte, & qui poussé à la perfection dont les Ouvriers ne doivent pas désespérer après leurs premiers succès, ne laissera plus guére appercevoir de différence entre les Porcelaines Françoises & les étrangéres.

La Porcelaine fine ou moyenne, grande ou petite, paye en France les droits d'entrée à raison de douze liv. le cent pesant, conformément au Tarif de 1664.

Les droits de la Douane de Lyon sont de 37 s. 6 d. le quintal d'ancienne taxation, & 40 s. pour les anciens quatre pour cent.

PORCELAINE. On nomme fausse Porcelaine cette poterie blanche peinte de bleu, qu'on appelle plus communément Fayance. *Voyez* FAYANCE.

La Porcelaine contrefaite, même celle de Hollande, paye en France les droits d'entrée sur le pied de 10 liv. du cent pesant, suivant le Tarif de 1664 & celui de 1699 arrêté entre la France & les Etats Généraux des Provinces-Unies.

Cet article de la Porcelaine avoit été composé avant la mort de Monsieur Savary de Bruslons, & paroît avoir été fait principalement sur les Mémoires de la Chine du Pére le Comte Jésuite.

Une lettre du Pére d'Entrecolles autre Religieux de la Compagnie de Jésus, écrite au Pére Orry de Jaotcheou le premier Septembre 1712, ayant été du depuis donnée au public, & contenant quantité de choses curieuses sur la maniére de faire la Porcelaine qui étoient échapées au Pére le Comte, ou dont il n'avoit pû être informé, on a crû qu'on feroit plaisir au Lecteur d'en donner ici un Extrait, d'autant plus qu'on y traite en quelques endroits du commerce que les Européens font à la Chine de cette sorte de marchandise, & des tentatives que quelques Anglois, ou Hollandois, ont faites d'en apporter le secret en Europe.

L'ART DE FAIRE LA PORCELAINE, Tiré d'une Lettre du Pere d'Entrecolles Missionnaire de la Chine.

Les Chinois nomment Thski les ouvrages de cette poterie fine & précieuse, qu'en Europe, & particuliérement en France, on appelle Porcelaine ; ce dernier nom qui n'est guere connu dans la Chine que par quelques Ouvriers, ou quelques Marchands qui en font commerce avec les Européens, semble venir de Porcellane qui en Langue Portugaise signifie une tasse, ou une écuelle, y ayant bien de l'apparence que les Portugais qui ont été les premiers d'entre les Nations Chrétiennes qui ont eu connoissance de la Chine, & qui y ont fait quelque négoce à Canton, donnérent d'abord à tous ces ouvrages du Thski le nom qui ne convenoit qu'aux tasses & aux écuelles, ces ustenciles de ménage ayant sans doute été les premiers ouvrages de Porcelaine qui leur furent présentez. Ce qui doit paroître cependant assez bizarre, c'est que les Portugais par qui ce nom semble être passée a toutes les autres Nations d'Europe, ne l'ont pas conservé pour eux, & appellent Loca en leur Langue ce que les autres nomment communément Porcelaine.

L'on ne sçait qui a été l'inventeur de la Porcelaine, & les Annales générales de l'Empire Chinois, qui contiennent tout ce qui y arrive de mémorable, non plus que les Annales particuliéres des Provinces qui conservent la mémoire des faits singuliers qui s'y passent, n'en font aucune mention.

On n'est guére mieux instruit de l'époque de cette invention, & tout ce qu'on en sçait est, qu'elle doit au moins être du commencement du cinquiéme Siécle de l'Ere Chrêtienne; les Annales de Feoulam rapportant ; que depuis la seconde année du régne de l'Empereur Tam, ou Te, de la dinastie de Tam, c'est à dire, vers l'an 442 de Jésus-Christ, les Ouvriers en Porcelaine de cette Province en avoient seuls fourni aux Empereurs qui y envoyoient deux Mandarins pour présider à l'ouvrage.

Il se fait de la Porcelaine dans diverses Provinces de la Chine, particuliérement dans celles de Fou-kien, de Canton & de Kimtetchim, mais celle qui se fabrique dans les atteliers de cette derniére, est la plus estimée, & c'est elle que par distinction on appelloit autrefois en langage Chinois, & comme en espéce de proverbe, les Bijoux précieux de Jaotcheou.

On doit considérer quatre choses essentielles dans la fabrique de la Porcelaine : sçavoir, la matiére dont on la fait, l'art d'en former des vases, ou d'autres sortes d'ouvrages; les couleurs qui servent à la peindre, & enfin la cuisson, & pour ainsi dire la science de la pousser au feu jusqu'au degré qui lui est propre. On va traiter de ces quatre choses en quatre différens paragraphes.

Matiére dont est composée la Porcelaine.

Il entre dans la composition de la Porcelaine deux sortes de terre & deux espéces d'huile, ou de vernis. Des deux terres, l'une s'appelle Petuntse, & l'autre Kaolin. A l'égard des huiles celle qui se tire des Petuntse se nomme Yeou de Petuntses, c'est à dire, Huile de Petuntse, ou Tsi de Petuntse, ce qui signifie vernis de Petuntse. L'autre qui se fait avec la chaux, s'appelle Huile de Chaux.

Le Kaolin est parsemé de corpuscules qui ont quelqu'éclat. La Petuntse est simplement blanche, mais très-fine & très-douce au toucher. Toutes ces deux terres se trouvent dans des carriéres à vingt ou trente lieuës de Kimtetchim, Ville où sont établis les atteliers dans lesquels se font les plus belles Porcelaines de toute la Chine, & où ces terres, ou plûtôt les pierres dont on fait ces terres, sont transportées sur un nombre infini de petites barques qui montent & descendent sans cesse la Riviére de Joatcheou.

Les Petuntses arrivent à Kimtetchim en forme de briques ayant été taillées de cette sorte sur la carriére où elles ne sont naturellement que des morceaux d'une roche très-dure. Le blanc de la bonne Petuntse doit tirer un peu sur le verd.

La premiére préparation des briques de Petuntse est d'être brisées & réduites à force de bras en poudre assez grossiére, avec des maillets de fer. On achéve ensuite de les broyer dans des mortiers avec des pilons dont la tête est de pierre armée de fer, qui ont leur mouvement ou par le secours de l'eau, ou par le travail des hommes, à peu près comme dans nos moulins à tan, ou à poudre à canon.

Quand la pierre est assez broyée & que la poudre est presque impalpable, on la jette dans une grande urne remplie d'eau, & on la remuë fortement avec une espéce de pèle de fer. Après que l'eau s'est reposée quelque tems, on léve de dessus la superficie une substance blanche qui s'y forme de l'épaisseur de quatre ou cinq doigts, & l'on met cette espéce de crême dans un autre vase rempli d'eau : continuant alternativement de remuer l'eau de la premiére urne, & de l'écrêmer jusqu'à-ce qu'il ne reste plus que le gravier des Petuntses, qu'on remet de nouveau au moulin pour en tirer une nouvelle poudre.

A l'égard de la seconde urne où l'on a jetté ce qui a été recueilli de la premiére, lors que l'eau en est bien reposée, & qu'elle est devenuë tout à fait claire, on la vuide par inclination, & du sédiment qui reste & qui s'épaissit en forme de pâte, on en remplit des espéces de moules, d'où, quand elle est presque séche, on la tire pour la couper en carreaux, qui sont proprement ce qu'on appelle des Petuntses, qu'on met en réserve pour les mêler avec le Kaolin dans la proportion qu'on expliquera dans la suite.

Ces carreaux se vendent ordinairement au cent, mais il est rare qu'ils ne soient point falsifiez. Les Ouvriers de Petuntses, qui comme tous les autres Chinois, sont de très-mauvaise foi dans leur commerce, y mêlant souvent du marc; en sorte qu'on est presque toûjours obligé de les purifier avant de s'en servir.

Le Kaolin qui, ainsi qu'on l'a déja remarqué, est la seconde terre qui entre dans la composition de la Porcelaine, est beaucoup moins dur que le petuntse quand on le tire de la carriére, & c'est cependant son mêlange avec celui-ci qui donne de la fermeté à l'ouvrage. Le Pére d'Entrecolles remarque, que quelques Anglois, ou Hollandois, ayant fait acheter en secret des petuntses, & ayant essayé d'en faire de la Porcelaine à leur retour en Europe, ils n'y avoient pû réüssir faute d'avoir pris du Kaolin : ce que les Chinois ayant sçû, ils disoient en plaisantant, que les Européens étoient admirables de vouloir avoir un corps dont les chairs se soûtinssent sans ossemens.

Les montagnes d'où l'on tire de Kaolin sont couvertes au dehors d'une terre rougeâtre; les mines en sont profondes, & il s'y trouve en grumeaux à peu près comme la pierre de craye si connuë en Europe. L'Auteur croit que la terre blanche de Malte, qu'on appelle terre de saint Paul, n'est guére

guére différente du Kaolin, à l'exception des petites particules argentées qui ne se trouvent point dans celle de Malte.

La préparation du Kaolin n'est point différente de celle des petuntses, hors que le travail en est moins rude, à cause du peu de dureté de la matiére. On la réduit aussi en carreaux comme les petuntses.

L'huile ou vernis qui est la troisiéme matiére que les Chinois font entrer dans la composition de leurs Porcelaines fines, est une substance blancheâtre & liquide que l'on tire de la petuntse, c'est à dire, de la pierre dure dont on fait les petuntses. Toute sorte de pierre n'y est pas également propre, & l'on n'y employe que celle qui est la plus blanche, & dont les taches sont les plus vertes. On va d'abord parler de la maniére de la faire, après quoi l'on ajoûtera comment se fait l'huile de chaux qui n'est pas moins nécessaire que celle de petuntse pour donner un beau vernis aux ouvrages de Porcelaine.

Quand on a choisi les pierres de petuntses, les plus belles on les lave, après quoi on leur donne les mêmes préparations que pour faire les carreaux de petuntse, à la réserve qu'on ne met pas la matiére de la seconde urne dans des moules, mais qu'on en prend le plus pur & le plus fin pour en composer l'huile.

Sur cent livres ou environ de cette matiére, on jette une livre d'une pierre minérale assez semblable à l'alun. (Les Chinois l'appelle Chekao.) Cette pierre se rougit auparavant au feu, & ensuite se réduit dans un mortier ou sur le marbre en une poudre impalpable. C'est comme la presure qui donne la consistance à cette huile, que d'ailleurs on a soin d'entretenir toûjours liquide.

La préparation de l'huile de chaux est bien plus longue & bien plus diversifiée. On prend d'abord de gros quartiers de chaux vive qu'on dissout & qu'on reduit en poudre, en y jettant légérement de l'eau avec la main. Sur cette poudre on fait un lit de fougére seche, & sur la fougére une autre couche de chaux amortie, & ainsi alternativement jusqu'à-ce qu'il y en ait une hauteur raisonnable; après quoi on met le feu aux fougéres.

Lors que tout est consumé, on partage les cendres qui restent sur de nouveaux lits de fougére séche : où l'on met pareillement le feu; ce qu'on recommence jusqu'à cinq ou six fois de suite, & même davantage, l'huile en étant d'autant meilleure que les cendres sont plus recuites.

On lit dans les Annales de Feouleam, qu'outre la fougére on se servoit autrefois du bois d'une espéce de nefflier, & que c'étoit ce qui donnoit aux anciennes Porcelaines cet œil admirable qu'on ne peut imiter dans les modernes: mais ce bois est devenu si rare, qu'il a fallu se réduire à la fougére seule; il est vrai que l'on croit que la nature de la fougére & de la chaux contribuë beaucoup à la bonté de l'huile; celles qui viennent de certains endroits étant bien plus estimées que celles qui viennent d'ailleurs.

Après qu'on a ramassé des cendres de chaux & de fougére jusqu'à une certaine quantité, on les jette dans une urne pleine d'eau en y mêlant sur cent livres de cendres, une livre de Chekao qu'on y fait dissoudre, le reste se fait à peu près comme quand on prépare la terre des petuntses, & le sédiment qui se trouve au fond de la seconde urne, & qu'on a soin de conserver toûjours liquide, est ce qu'on nomme huile de chaux, que les Chinois regardent comme l'ame de la premiere huile, sans laquelle l'émail des Porcelaines n'est proprement qu'un émail mort & sans vivacité.

Cette huile est très-facile à sofistiquer, suffisant d'y mettre de l'eau pour en augmenter le volume, & d'y ajoûter du Checkao à proportion pour la conserver dans la consistance qu'elle doit avoir.

L'on met ordinairement dix mesures d'huile de petuntse contre une mesure d'huile de chaux; quelques-uns par épargne n'en mettent que trois de la premiére. Pour que le mélange soit juste, il faut que les deux huiles soient également épaisses; ce qu'on éprouve avec des carreaux de petuntse qu'on plonge dans l'une & dans l'autre jusqu'à-ce qu'ils en sortent avec la même épaisseur de liqueur.

Maniére de former les vases & autres ouvrages de Porcelaine.

Le premier travail consiste à purifier de nouveau le Petuntse & le Kaolin pour en ôter entiérement le marc qui peut y être resté, ce qui se fait à peu près pour le Petuntse de la maniére qu'on a décrite ci-devant pour la préparation des carreaux de Petuntse; car à l'égard du Kaolin, comme il est plus mou & qu'il se dissout aisément, il suffit sans le briser ni le broyer, de le plonger dans une urne pleine d'eau enfermée dans un panier très-clair. Le marc qui reste de l'un & de l'autre est inutile, & l'on en vuide les atteliers après qu'on en a amassé quelque quantité.

Ces atteliers sont de vastes enceintes de murailles où sont élevez divers grands appentis de charpente sous lesquels travaillent les ouvriers, & quantité d'autres bâtimens qui leur servent de demeures, étant presque inconcevable combien est grand le nombre des personnes qui sont occupées à ces ouvrages, n'y ayant guére de morceau de Porcelaine qui ne passe dans plus de vingt mains avant que d'être porté aux atteliers des Peintres, & par plus de soixante pour avoir leur entiére perfection.

Pour faire un juste mélange du Petuntse & du Kaolin, il faut avoir égard à la finesse des Porcelaines qu'on veut faire. On met autant de l'un que de l'autre pour les Porcelaines fines; quatre parts de Kaolin sur six de Petuntse pour les moyennes, & jamais moins d'une part de Kaolin sur trois de Petuntse, même pour les Porcelaines les plus grossiéres.

Le plus pénible du travail est de pêtrir ensemble ces deux terres, ce qu'on fait dans des espéces de grands bassins ou de creux bien pavez & bien cimentez, dans lesquels des ouvriers qui se relayent les uns les autres les foulent continuellement aux pieds jusqu'à-ce que cette masse bien mêlée se durcisse & prenne le degré de consistance qu'elle doit avoir pour être employée par les Potiers.

La terre au sortir des bassins se pêtrit une seconde fois, mais par morceaux & à la main sur de larges ardoises destinées à cet usage: c'est proprement de cette façon que dépend toute la perfection de l'ouvrage, le moindre corps étranger qui resteroit dans la matiére, ou le moindre vuide qui pourroit s'y trouver, étant capable de tout gâter; & le plus petit grain de sable, quelquefois un seul cheveu, est suffisant pour que la Porcelaine se felle, éclate, coule, ou se déjette.

La Porcelaine se fait ou à la rouë, ou dans des moules. Les Porcelaines unies comme les tasses, les urnes, les soucoupes, se fabriquent toûjours à la rouë; les autres, c'est à dire, celles qui sont de relief, comme les figures d'hommes, ou d'animaux, se font de la derniére maniére, mais elles s'achévent au ciseau: il y en a aussi qui sont faites partie

tie à la rouë & partie au moule; ce sont celles ausquelles après qu'elles sont tournées on ajoûte quelques ornemens.

Les grandes piéces de Porcelaine se font à deux fois, une moitié est élevée sur la rouë par trois ou quatre ouvriers qui la soûtiennent jusqu'à-ce qu'elle ait pris sa figure; & lors qu'elle l'a, on y applique l'autre moitié qui a été fabriquée de même, les unissant toutes deux avec de la terre à Porcelaine qu'on rend liquide en y ajoûtant de l'eau, & qu'on polit avec une espéce d'espatule de fer. C'est aussi de cette maniére qu'on réünit les diverses piéces de Porcelaines qui se font au moule, ou à la main, & que l'on ajoûte des ances aux tasses & autres semblables ouvrages qui ont été faits à la rouë.

Les moules se font à peu près comme ceux dont se servent les sculpteurs pour mouler des figures de rond, de bosse, ou des bas-reliefs, c'est à dire, qu'ils se font de diverses piéces, qui prennent séparement l'empreinte des parties du modèle qu'on veut représenter, & qui ensuite se réünissent pour former le creux d'une figure entiére.

La terre dont on fait ces moules est jaune & grasse. Elle a ses propres carriéres où on la trouve comme en grumeaux. Il en y a beaucoup aux environs de Kimterchim. Elle se paîtrit comme la terre glaise; & lors qu'elle est suffisamment voquée & qu'elle est douce, fine & raisonnablement durcie, on en prend autant qu'il en faut pour le moule qu'on a dessein de faire; & après l'avoir battuë fortement, on lui donne la forme que l'on souhaite, soit sur le tour pour les ouvrages unis, soit à la main pour les ouvrages façonnez. Ces moules sont extrêmement chers, mais ils durent fort long tems quand on en a soin.

Tous les ouvrages qui se font dans des moules, s'achévent & se perfectionnent à la main avec divers instrumens propres à creuser, à polir & à rechercher differens traits qui échapent au moule; ainsi c'est plûtôt l'ouvrage de Sculpteur que du Potier. Il y a des ouvrages où l'on ajoûte des reliefs tout préparez comme sont les dragons & les fleurs qu'on voit sur quelques-unes des Thétiéres qu'on apporte en Europe. Il y en a d'autres qui ont des empreintes en creux; ceux-ci se gravent avec des espéces de poinçons ou de cachets.

En général toutes sortes d'ouvrages de Porcelaines doivent être mis à couvert du froid, leur humidité les faisant éclater quand ils ne séchent pas également. Aussi est-il assez ordinaire d'allumer du feu dans les atteliers pour prévenir cet inconvénient.

Pour mieux faire comprendre par combien de mains il faut que passe une piéce de Porcelaine avant que d'avoir sa derniére perfection, on va finir ce paragraphe par ce que dit le Pére d'Entrecolles du nombre d'ouvriers qui ont part à la fabrique d'une simple tasse seulement pour être en état d'être portée aux Peintres. Une tasse, dit cet exact Auteur, commence par le Potier qui a soin de la rouë où elle reçoit sa premiére forme, sa hauteur & son diamétre. Cet ouvrier n'a que trois deniers de chaque planche garnie de vingt-six piéces, aussi sortent-elles de ses mains d'une figure très-imparfaite, & particuliérement vers les pieds qui ne sont que des morceaux de terre informes qu'il faut ensuite tailler au ciseau, quand les tasses sont séches & qu'elles ont de la consistance.

Au sortir de la rouë la tasse est reçûë par un second ouvrier qui l'asseoit sur sa base. Un troisiéme la prend presqu'aussi-tôt, & l'applique sur son moule pour la réduire à sa véritable forme; ce moule est sur une espéce de tour.

Un quatriéme ouvrier polit la tasse avec le ciseau, sur tout vers les bords, & la rend déliée autant qu'il le faut pour lui donner de la transparence, ce qu'il fait en la mouillant légérement de tems en tems de peur qu'étant trop séche elle ne se brise. Un autre quand elle a été mise d'épaisseur, la roule doucement sur son moule pour l'unir en dedans, prenant garde de le faire également, crainte qu'il ne s'y forme quelques cavitez, ou qu'elle ne se déjette. D'autres ouvriers y ajoûtent, ceux-ci des ornemens en reliefs, ceux-là des empreintes en creux, d'autres seulement des anses, suivant que la qualité de la tasse le demande; enfin, on arrondit & l'on creuse son pied en dedans avec le ciseau, ce qui est aussi l'ouvrage d'un ouvrier particulier qui ne travaille point à autre chose.

L'experience a fait connoître que loin que cette multiplicité d'ouvriers retarde l'ouvrage, il n'en va que plus vîte, & ne s'en fait que plus parfaitement, chaque ouvrier qui n'a qu'une chose à faire étant plus capable de s'y perfectionner, pouvant achever sa portion de l'ouvrage sans être obligé, ou d'attendre qu'il soit sec, ou de changer d'outils, ce qui ne laisse pas d'occuper du tems quelque diligence qu'on fasse.

Des Peintres qui travaillent aux Porcelaines, & des couleurs qu'on y employe.

En géneral tous les Peintres de la Chine, particuliérement ceux qui font la figure, sont de très-médiocres ouvriers, & il faut avouer que la peinture est un Art que cette Nation, d'ailleurs si ingénieuse en toutes autres choses, semble avoir entiérement négligé.

Ce défaut se trouve parmi les Hoapei, ou Peintres de Porcelaine, encore plus ce semble que parmi les autres, & à la réserve des fleurs, des animaux & des païsages, qui sont supportables & qui ont quelque régularité, il est certain que les plus médiocres Apprentifs d'Europe surpassent aisément leurs plus grands Maîtres pour la beauté & l'éxactitude des desseins.

Il n'en est pas de même des couleurs que ces Hoapei employent, elles sont si vives & si brillantes qu'il est difficile d'espérer que les ouvriers d'Europe puissent jamais les imiter dans leurs ouvrages de Porcelaines fines.

Le travail de la Peinture est partagé dans un même laboratoire entre un grand nombre d'ouvriers. L'un a soin uniquement de former le premier cercle coloré qu'on voit près des bords de la Porcelaine; l'autre trace des fleurs que peint un troisiéme; celui-ci est pour les eaux & les montagnes; celui-là pour les oiseaux & pour les autres animaux. Les figures humaines ont aussi leurs ouvriers particuliers; mais comme on l'a remarqué, elles sont les plus maltraitées de toutes.

Il se fait à la Chine des Porcelaines de toutes couleurs, soit pour les fonds, soit pour les représentations dont on les orne.

A l'égard des couleurs des païsages & autres desseins, quelques-unes sont simples, comme de toutes bleuës; ce sont celles-là qu'on voit le plus communément en Europe: d'autres sont mêlées de toutes sortes de teintes; d'autres encore relevées d'or. Les Européens en apportent aussi quelques-unes de ces dernieres; & quand elles sont de bonne main, elles sont fort estimées.

Le bleu se fait avec de l'azur qu'on prépare en le faisant brûler

brûler pendant vingt-quatre heures dans un fourneau, où on l'ensévelit dans du gravier de la hauteur d'un demi pied. Quand il est cuit on le réduit en une poudre impalpable, non sur le marbre, mais dans des mortiers de Porcelaine qui ne sont point vernissez & avec des pilons dont la tête est de même matiére.

Pour le rouge on se sert de couperose que les Chinois nomment Haosan. Ils en mettent une livre dans un creuset couvert, au couvercle duquel on laisse une petite ouverture qui le couvre aussi de telle sorte qu'on le puisse aisément découvrir quand il en est besoin; ensuite de quoi on pousse le creuset à un feu de reverbere. Tant que la fumée s'éleve noire, la cuisson n'est pas en état; mais lors qu'il n'en sort qu'un nuage fin & délié, le rouge est dans sa perfection. On en fait néanmoins l'essai sur une planche de sapin en délayant dans l'eau un peu de la matiére, & s'il vient un beau rouge on retire le creuset du feu, & on le laisse refroidir. Une livre de couperose donne quatre onces de rouge qu'on trouve en culot au fond du creuset. Il s'en attache toutefois quelque partie au couvercle, & celui-là est le plus fin.

Outre la blancheur naturelle de la Porcelaine, augmentée encore par l'huile ou le vernis dont on la couvre, il y a un blanc particulier dont on fait les fonds de la Porcelaine de diverses couleurs. Ce blanc se fait d'une poudre de caillou transparent, qui se calcine au feu de même que l'azur, & que l'on mêle avec de la céruse pulvérisée. La proportion de ces deux poudres est d'une once de céruse sur une demi-once de poudre de caillou.

Cette poudre de caillou entre aussi dans la composition de presque toutes les autres couleurs. Par exemple, pour faire le verd il faut trois onces de tomhoapien, ou scories de cuivre battuës, sur une demi-once de poudre de caillou & une once de céruse. Le violet se fait en ajoûtant une dose de blanc au verd préparé. Plus il y a de verd, plus le violet est foncé. Pour le jaune il faut sept dragmes de blanc & trois dragmes de rouge de couperose.

La plûpart de ces couleurs s'appliquent avec de l'eau gommée, dans laquelle on a dissout un peu de salpêtre, de céruse, ou de couperose, mais plus ordinairement avec la céruse seule.

Quand on fait des Porcelaines entiérement rouges, le rouge s'applique le plus souvent à l'huile; ce qui s'entend de l'huile ordinaire de la Porcelaine, ou d'une autre huile faite de caillou blanc.

Il se fait encore un autre rouge, qu'on appelle du Rouge soufflé, parce qu'en effet on le soufle avec un tuyau, dont une des ouvertures est couverte d'une gaze très-fine: on applique legérement le bas du tuyau sur la couleur dont la gaze se charge; ensuite de quoi on soufle contre la Porcelaine, qui se trouve toute semée de petits points rouges. Cette Porcelaine est très-rare & très-chére.

La Porcelaine noire a aussi son prix & sa beauté: on l'appelle Oumien. Ce noir est plombé, & semblable à celui des miroirs ardens de métail. Cette sorte de Porcelaine est ordinairement rehaussée d'or. On fait cette couleur avec trois onces d'azur sur sept onces d'huile ordinaire de pierre; mais plus ou moins de l'un ou de l'autre, suivant qu'on la veut plus ou moins foncée. On ne donne le noir à la Porcelaine que quand elle est séche; & il faut aussi laisser sécher cette couleur avant de mettre l'ouvrage au feu. L'or ne s'applique qu'après la cuisson, & se recuit dans un fourneau particulier.

Pour appliquer l'or on le broye & on le dissout dans de l'eau au fond d'une porcelaine, jusqu'à-ce qu'il s'éleve sur la superficie de l'eau un petit nuage doré. Il s'employe avec l'eau de gomme; & pour lui donner du corps, on met trois parties de céruse avec trente parties d'or.

Il se fait aussi une espéce de Porcelaine marbrée, non pas en y appliquant les marbrures avec le pinceau, mais en ne se servant pour la vernir que de l'huile de cailloux blancs, qui fait gerser l'ouvrage, & qui le coupant en mille traits bizarrement jettez, en forme une sorte de mosaïque. La couleur que donne cette huile est d'un blanc un peu cendré. Cette Porcelaine se nomme Tsoniki.

Il y a encore diverses autres sortes de Porcelaines, mais plûtôt pour la curiosité que pour l'usage. Les plus agréables sont les Porcelaines découpées & les Porcelaines magiques, c'est à dire, celles dont les figures ne paroissent que lors qu'elles sont remplies de quelque liqueur.

Les Porcelaines découpées sont doubles: au dehors est une découpure à jour faite en compartimens, & au dedans est une coupe solide propre à contenir la liqueur, qui ne fait qu'un corps avec l'ouvrage découpé. [On a vû en France des tasses & des pots de cette sorte de découpure, mais dont la coupe intérieure étoit de verre; ce qui fait un bien meilleur effet qu'une coupe de Porcelaine. Ces ouvrages découpez sont ordinairement de Porcelaine blanche, & la coupe de dedans de Porcelaine de couleur.]

A l'égard des Porcelaines magiques que les Chinois appellent Kiatsim, c'est à dire, azur mis en presse, le secret en est presque perdu. Voici néanmoins, dit le P. d'Entrecolles, ce qu'on en a retenu.

La Porcelaine que l'on veut peindre ainsi doit être très-mince. On la peint en dedans au contraire des autres Porcelaines, qui se peignent en dehors. Lors que la couleur est séche, on la couvre d'une légére couche d'une cole faite de la terre même de la Porcelaine; ce qui l'enferme entre deux espéces de lames de terre: après que cette cole est parfaitement séchée, on jette de l'huile au dedans de la Porcelaine; & quand il y en a sufisamment, on la remet sur le moule & au tour, pour la rendre au dehors la plus mince & la plus transparente qu'il est possible; ce qu'elle supporte aisément, à cause qu'elle est renforcée en dedans, comme on le vient de dire. Quand le tout est sec, on la cuit dans le fourneau ordinaire. C'est toûjours du plus bel azur dont on se sert dans ces sortes de Porcelaines; & les figures qu'on y fait sont des poissons, comme plus convenables à la liqueur qu'on met dans le vase, où ils semblent nager.

Lors que toutes les diverses sortes de Porcelaines dont on vient de parler, sont entiérement peintes des différentes couleurs qui conviennent à leurs espéces, & que ces couleurs sont parfaitement séches, on achéve de les polir, pour les préparer à recevoir l'huile; ce qui se fait avec un pinceau de plumes très-fines qu'on humecte d'un peu d'eau, & qu'on passe par tout très-légérement, pour en ôter jusqu'aux plus petites inégalitez.

L'huile ou vernis (que les Fayanciers de France appelleroient de l'émail) est la derniére façon qu'on donne à la Porcelaine avant de la porter au fourneau. Elle se donne plus ou moins épaisse & à plus ou moins de reprises suivant la qualité de l'ouvrage. Aux Porcelaines qui sont fort minces

ces & fort déliées il en faut deux couches, mais fort légéres; aux autres il n'en faut qu'une, mais qui toute seule en vaut deux pour son épaisseur.

Il faut un grand art pour appliquer l'huile, soit pour n'en pas mettre plus qu'il n'en faut, soit pour la répandre par tout également. Les couches du dedans se mettent, pour ainsi dire, par aspersion, & celles du dehors par immersion, c'est à dire, que pour celles-ci on plonge la piéce qu'on veut vernir dans l'urne qui est remplie d'huile, & que pour les autres on jette au dedans avec la main autant qu'il faut de cette huile pour l'arroser par tout. On commence toûjours par les couches du dedans; en observant néanmoins de ne donner l'autre, que quand la premiére est entiérement séche.

Il faut remarquer que ce n'est qu'après que la Porcelaine a reçû son huile qu'on en achéve le pied, qui jusques-là étoit demeuré massif; ce qui se fait sur le tour; & c'est alors qu'après qu'on l'a creusé, on y peint un petit cercle de couleur, & souvent une lettre Chinoise. Quand cette peinture est séche, on vernit aussi le creux du pied; & c'est par où finit l'ouvrage, qu'on porte de l'attelier au fourneau pour y être cuit.

L'Auteur avouë qu'il a souvent été surpris de voir qu'un homme tienne en équilibre sur ses épaules deux planches longues & étroites sur lesquelles sont rangées les Porcelaines, & qu'il passe ainsi par plusieurs ruës fort peuplées sans briser sa marchandise. Il est vrai, ajoûte-t-il, que chacun évite sa rencontre, crainte d'être obligé de réparer le dommage qu'on lui auroit fait: mais toûjours est il étonnant qu'il puisse lui-même tellement ménager sa marche, qu'il ne perde jamais rien de son équilibre.

De la cuisson de la Porcelaine, & des fourneaux où on la fait cuire.

On se sert de deux sortes de fourneaux pour la cuisson de la Porcelaine; de grands fourneaux pour celle qu'on ne met qu'une seule fois au feu, ce qui est l'usage le plus commun; & de petits fourneaux pour celle qui a besoin d'une double cuisson. On parlera des uns & des autres, mais plus amplement des premiers par où l'on va commencer.

Les grands fourneaux à Porcelaine sont présentement beaucoup plus élevez, plus profonds & plus vastes qu'ils n'étoient autrefois: anciennement ils n'avoient que six pieds de largeur & autant de hauteur; aujourd'hui on leur donne deux brasses Chinoises de hauteur, & presque quatre de profondeur.

Ils sont faits du mêlange de trois sortes de terres, dont l'une qui est jaune & assez connuë, y domine par la quantité, & en fait comme la base; les deux autres sont plus râres, & se tirent de certaines mines très-profondes où l'on ne peut travailler qu'en hyver; l'une qu'on nomme Laotou, est une terre forte; l'autre qu'on appelle Yeoutou, est une terre huileuse.

Les parois & la voûte du fourneau sont si épais, qu'on peut y toucher ou marcher dessus, lors que le feu y est le plus ardent, sans craindre d'être offensé de la chaleur. Au haut de la voûte, qui en dedans est assez de la forme d'un entonnoir, est une grande ouverture pour donner passage aux tourbillons de flamme & de fumée, qui en sortent sans cesse quand on a mis le feu au fourneau. Outre cette principale ouverture, il y en a encore cinq ou six plus petites autour, qui servent pour augmenter ou diminuer la chaleur, comme sont les trous des fourneaux des Chymistes, qu'on appelle des Regiltres. On s'en sert aussi pour voir au dedans du fourneau si la Porcelaine est suffisamment cuite.

Le foyer du fourneau qui en occupe toute la largeur, & qui est placé sur le devant précisément à l'ouverture de la porte, est profond de deux ou trois pieds, & large d'un ou deux: on le passe sur une planche pour entrer dans la capacité du fourneau, lors qu'on veut y arranger les caisses de Porcelaine. Quand on a allumé le feu du foyer, on mure aussi-tôt la porte, n'y laissant que l'ouverture nécessaire pour y jetter du bois. Enfin, l'âtre du fourneau est couverte de sable pour y enterrer une partie des premiéres caisses de Porcelaine, qu'on y arrange ainsi qu'on le dira dans la suite.

Ces fourneaux se placent ordinairement à l'extrêmité d'un vestibule long & étroit, qui leur sert comme de souflet, à cause que l'air ou le vent qui s'y engouffrent viennent fraper droit au foyer qui est sur le devant de chaque fourneau. C'est aussi des deux côtez de ce vestibule que se rangent les caisses dans lesquelles on enferme les Porcelaines avant que de les exposer au feu.

Ces caisses ou étuits sont faits de la même terre dont sont construits les fourneaux. Chaque Porcelaine, pour peu considérable qu'elle soit, a sa caisse, à la réserve des plus petites, comme les tasses à thé, ou à chocolat, dont on en enferme plusieurs dans une seule caisse. Elles n'ont point de couvercles, mais elles s'en servent mutuellement, le fond d'une seconde caisse s'emboîtant sur l'ouverture de la premiére, & ainsi de suite jusqu'au haut de chaque colonne que l'Ouvrier en forme au dedans du fourneau; n'y ayant que la derniére caisse de la pile qui ait son propre couvercle, qui pourtant n'est aussi qu'une petite caisse.

Chaque caisse, qui ordinairement est de figure cylindrique, afin que le feu se communique plus également aux Porcelaines qui sont au dedans, a au fond un petit lit de sable très-fin qu'on couvre encore de poussiére de kaolin, afin que le sable ne s'attache pas à l'ouvrage. On prend garde aussi que la Porcelaine ne touche point aux parois de son étui.

Lors que les caisses où l'on met les plus petites Porcelaines sont un peu larges, on n'en place point au milieu, à cause que celles qu'on y mettroit n'auroient pas le feu aussi vif qu'il le faut pour une cuisson parfaite. Chacune de ces sortes de petites Porcelaines se met sur un petit pied ou massif de terre de l'épaisseur de deux écus, qu'on couvre aussi de poudre de kaolin. Les caisses des petites Porcelaines n'ont environ que quatre pouces de hauteur.

Lors que ces petites tasses sont d'une Porcelaine très-fine, l'Ouvrier ne les met pas à la main dans leurs caisses. Il a pour cela une petite fourchette de bois legére, aux fourchons de laquelle sont attachez des cordons. C'est avec cet instrument qu'il les enléve de dessus la planche; tenant la fourchette aussi entr'ouverte qu'il le faut suivant le volume de la piéce, par le moyen des cordons qu'il a auparavant croisez l'un sur l'autre.

Le Pére d'Entrecolles remarque qu'on donne ces étuits aux Porcelaines, pour empêcher que l'impression du feu, si elles la soûtenoient immédiatement, n'en diminuât l'éclat; & il ajoûte agréablement qu'à la faveur de ces voiles épais la beauté, ou, s'il l'ose dire, le teint de la Porcelaine n'est point hâlé par l'ardeur du feu.

A mesure que les caisses se remplissent, un Ouvrier les arrange dans l'intérieur du fourneau, & en forme des colonnes

lonnes, en les emboîtant les unes dans les autres, dont celles qui sont au milieu ont au moins sept pieds de hauteur. Les deux caisses qui sont au bas de chaque colonne sont vuides; parce qu'étant en partie enfoncées dans le sable dont l'âtre du fourneau est couvert, le feu n'y peut agir assez fortement; & c'est aussi par la même raison qu'on ne remplit pas la caisse qui est placée au haut de chaque pile, outre qu'elle ne sert proprement que comme de couvercle à celle qui est au dessous. Tout le fourneau se remplit ainsi de ces sortes de colonnes, à la réserve néanmoins de l'endroit qui est précisément sous la grande ouverture où l'on n'y en léve point.

On observe en arrangeant les caisses de placer au centre les piles de la plus fine Porcelaine, dans le fond celles qui le sont moins, & à l'entrée celles qui sont un peu fortes en couleur, qui sont composées d'une matiére où il entre autant de petuntse que de kaolin, ou ausquels on a donné l'huile de la moindre qualité, c'est à dire, qui est faite avec de la pierre qui a des taches rouges ou un peu noires.

Toutes ces piles sont placées fort près les unes des autres, & sont liées & unies en haut, en bas & au milieu par des morceaux de terre; en telle sorte néanmoins que la flamme puisse avoir un passage libre pour s'insinuer également de tous côtez; ce qui n'est pas la moindre partie de l'art de l'Ouvrier qui arrange les piles, & ce qui contribuë le moins à la parfaite cuisson de la Porcelaine.

Une autre observation qui est importante, c'est de ne pas faire une fournée toute entiére de caisses nouvelles, & qui n'ayent pas été cuites, mais d'en mettre moitié des unes & moitié des autres; au haut & au bas des piles celles qui ont déja servi, & dans le milieu celles qui sont nouvellement faites. Le mieux seroit qu'elles eussent toutes été cuites dans un fourneau à part avant que de les faire servir à la Porcelaine, comme on faisoit autre-fois: mais comme on va présentement à l'épargne, on se contente de les mêler.

Ces caisses, du moins celles dont parle le Pére d'Entrecolles, s'apportent toutes préparées d'un gros Village qui est au bas de la riviére, à une lieuë de Kimtetchim. Avant qu'elles soient cuites elles sont jaunâtres; & quand elles ont été au feu, elles deviennent d'un rouge fort obscur.

Quand le fourneau est entiérement rempli de caisses, on en mure aussi-tôt la porte, à la réserve d'une petite ouverture, par laquelle, comme on l'a dit ci-dessus, on jette dans le foyer le bois qui doit y entretenir le feu. Ce bois est ordinairement coupé en morceaux de la longueur d'un pied, mais assez étroits.

On chauffe d'abord le fourneau pendant un jour & une nuit en y poussant la chaleur par degrez; mais ensuite deux hommes qui se rélevent ne discontinuënt point d'y jetter du bois.

On brûle communément pour une fournée jusqu'à cent quatrevingt charges de bois; ce qui est peu en comparaison de ce qui s'en consumoit autrefois; chaque fourneau ayant besoin de deux cens quarante charges de bois, & même de vingt de plus, si le tems étoit pluvieux; ce qui provient sans doute de ce qu'anciennement les Porcelaines avoient plus de corps, & par conséquent demandoient une plus forte cuisson.

Pour sçavoir si la Porcelaine est assez cuite, on ouvre l'œil du fourneau qui est devant le grand soûpirail, & avec des pincettes de fer on léve le couvercle de l'une des piles. Si le feu paroît extrêmement vif & clair, si les piles sont également enflammées, & sur tout si les couleurs des Porcelaines qu'on a découvertes saillissent avec beaucoup d'éclat la cuisson est achevée: on discontinuë le feu, & l'on achéve de murer pour quelque tems le trou qu'on avoit réservé à la porte du fourneau.

Si les fourneaux ne sont remplis que de petites Porcelaines, on les en retire douze ou quinze heures après que le feu en a été éteint: si la fournée est de grosses Porcelaines, on différe deux ou trois jours à ouvrir le fourneau; en quoi la pratique est différente de celle d'autrefois, où l'on ne démuroit point la porte qu'après dix jours pour les grandes piéces, & seulement après cinq pour les petites.

Comme après l'ouverture du fourneau la Porcelaine est encore brûlante, l'Ouvrier qui la retire s'aide pour la prendre de longues écharpes penduës à son cou.

Une chose surprenante & presque inconcevable, c'est qu'on ne trouve aucunes cendres dans le foyer, quelque grande quantité de bois qui s'y soit consumé. Une autre chose qui n'est pas moins admirable, c'est que les Ouvriers qui travaillent aux fourneaux se désaltérent en bûvant continuellement du thé dans lequel ils font fondre du sel.

Il se fait à la Chine une sorte de Porcelaine que l'on peint & que l'on cuit à deux fois; & c'est à la seconde cuisson de cette Porcelaine que les petits fourneaux sont destinez.

On peut faire ces fourneaux de fer quand ils sont très-petits; mais pour l'ordinaire quand ils sont un peu grands, on les construit avec des carreaux de terre cuite, épais d'un peu moins d'un pouce, hauts d'un pied, & larges d'un pied & demi. Ils se font avec cette terre dont on fait les caisses à Porcelaine. Les plus grands de ces fourneaux n'ont guére que cinq pieds de hauteur & trois pieds de diamétre. Comme ils sont à peu près de la forme d'une ruche, de mouches à miel, on donne aux piéces de terre cuite dont ils sont composez un peu de courbure pour élever l'ouvrage en rond.

L'âtre du fourneau est élevé de terre d'un demi pied, & formé de deux ou trois rangs de briques ordinaires, épaisses, mais peu larges: sur ce massif se construit le fourneau. A mesure que sa construction avance, on bâtit tout au tour, environ à un demi-pied de distance, une enceinte de briques communes qu'on joint au fourneau par des espéces d'éperons ou d'arcboutans de terre qui servent à le fortifier. On en fait ordinairement quatre ou cinq éloignez également les uns des autres; au bas de l'enceinte sont quelques soûpiraux pour donner de l'air au feu quand il y est allumé.

Le haut du fourneau se fait en voûte avec des piéces de la même poterie que le fourneau, qui portent les unes sur les autres, & qui sont bien cimentées avec de la terre. Tout au haut est une ouverture que l'on couvre aussi d'un morceau de terre cuite, quand les Porcelaines ont été mises dans le fourneau: c'est par cette ouverture que les Ouvriers voyent si la cuisson s'avance.

Les Porcelaines ne s'enferment pas dans des caisses comme aux fourneaux ordinaires; ce fourneau lui-même leur en servant, & étant si exactement fermé, qu'elles n'y reçoivent d'autre impression du feu que celle de la chaleur du charbon que l'on allume dans le foyer qui est au dessous du fourneau, aussi bien que sur sa voûte, & dont on remplit les vuides qui sont entre lui & l'enceinte extérieure qui est faite de briques.

Pour que la Porcelaine soit propre à être recuite, il faut qu'elle ait reçû son huile à la maniére ordinaire, & qu'elle ait

ait été mise au grand fourneau : en cet état on la peint de diverses couleurs ; & sans lui donner d'autre vernis on la range en piles dans le petit fourneau, en mettant les petites dans les grandes, & les élevant ainsi en forme de pyramide. Quelque-fois on donne aux Porcelaines cette seconde cuisson pour conserver plus d'éclat, & donner en même tems une espéce de relief à ses couleurs : mais le plus souvent ce n'est que pour en cacher les endroits défectueux, en les couvrant de peinture : il est facile toute-fois d'en connoître l'artifice, y restant toûjours des inégalitez que l'on sent à la main.

Lors que l'Ouvrier juge la cuisson assez avancée, il léve la piéce qui couvre l'ouverture : si la Porcelaine lui paroît éclatante & peinte de couleurs vives & animées, il retire tout le charbon ; & quand le fourneau est suffisamment refroidi, il en ôte la Porcelaine.

Quelque bien fabriquée, & quelque belle que puisse être la Porcelaine moderne, le goût de l'antiquité qui regne aussi-bien dans la Chine qu'en France, donne un prix à la Porcelaine ancienne ; qui la met beaucoup au dessus de celle d'aujourd'hui. On trouve pourtant des Défenseurs du travail moderne.

Il est vrai que la Porcelaine d'autre-fois semble être plus fine pour la matiére, plus parfaite pour la cuisson, & d'un œil plus agréable, soit pour le blanc, soit pour les couleurs, que la plûpart des ouvrages que l'on fait présentement ; mais il est certain aussi qu'il est facile d'y tromper même les plus habiles & les plus connoisseurs ; & qu'il y a des Ouvriers Chinois qui imitent, pour ainsi dire, l'art du Padouan, & qui font des Porcelaines anciennes, comme celui-ci faisoit des médailles antiques. L'on appelle Koutom la Porcelaine qui a plusieurs Siécles ; & c'est le même nom que l'on donne à la Porcelaine moderne faite à la mode ancienne.

La matiére de ces faux koutoms est une terre jaunâtre qui se trouve assez près de Kimtetchim. Il n'y a rien de particulier dans le premier travail de leur fabrique, sinon qu'on les fait plus épais, & qu'on leur donne une huile faite de pierre jaune mêlée avec l'huile ordinaire. Cette huile donne à la Porcelaine une espéce de verd de mer.

Quand cette Porcelaine est tirée du fourneau, on la jette dans un bouillon très-gras fait avec des chapons & d'autres viandes, où elle se cuit une seconde fois. Enfin, on l'ensévelit dans un égoût le plus bourbeux qu'on puisse trouver, d'où on ne la retire qu'après qu'elle y est restée un mois ou six semaines, & même davantage, selon qu'on veut lui donner plus ou moins de Siécles d'antiquité. Outre leur épaisseur & leur couleur, ces fausses antiques ont encore cela de semblable avec les véritables, qu'elles ne résonnent point lors qu'on les frappe, & qu'il ne s'y fait aucun bourdonnement quand on les approche de l'oreille.

On croit communement en Europe que la Porcelaine aquiert de la perfection en restant plusieurs années ensévelie sous terre ; mais les Chinois rient de cette opinion qui n'a aucun fondement. Il est vrai néanmoins qu'on découvre quelque-fois par hazard, soit en démolissant de vieux bâtimens, soit en nétoyant des puits encombrez depuis long-tems, des piéces admirables d'ancienne Porcelaine, mais qui n'y avoient pas été mises pour y aquérir quelque nouveau degré de beauté ; y ayant seulement apparence qu'elles y avoient été cachées dans les tems des révolutions causées par les Tartares ; & que dans cette précaution on préféroit toûjours les plus précieuses à celles qui l'étoient moins, dans l'espérance de les trouver après les troubles. Tout ce que la Porcelaine aquiert en vieillissant dans la terre, est quelque changement dans son coloris qui la fait reconnoître pour être ancienne.

Malgré le grand nombre de Porcelaines qui se fabriquent presque dans toutes les Provinces de l'Empire de la Chine, elles ne laissent pas d'y être extrêmement chéres, mais non pas autant qu'elles l'étoient autre-fois. Les Annales conservent la mémoire des tems où une seule urne coûtoit jusqu'à quatrevingt-dix écus & davantage ; & encore n'y en avoit-il pas suffisanment pour satisfaire l'empressement des Curieux, qui les enchérissoient même avant qu'elles fussent tirées du fourneau.

Ce qui cause présentement la cherté de la Porcelaine, & sur tout le prix extraordinaire qu'elle se vend en Europe, c'est, qu'outre les gros gains que font les Marchands Européens, & ceux que font sur eux leurs Commissionnaires Chinois, il est rare qu'une fournée réüssisse entiérement ; que souvent même elle est toute perduë ; & qu'il arrive assez ordinairement qu'en ouvrant le fourneau, au lieu de trouver de belles Porcelaines, on ne trouve qu'une masse informe & dure, dans laquelle ont été réduites & les Porcelaines & leurs caisses, soit que celles-ci fussent mal conditionnées, soit qu'on leur eût donné un trop grand feu aux unes & aux autres.

Une autre raison qui tient toûjours (même parmi les Chinois) le prix des Porcelaines assez haut, est que les matiéres qui entrent dans leur composition & les bois qui servent à leur cuisson devenant tous les jours plus rares, deviennent aussi plus chers ; outre que les vivres sont enchéris, & que les Ouvriers étant moins habiles, ne peuvent fournir assez d'ouvrages aux Marchands.

On peut ajoûter une troisiéme cause qui augmente le prix de la Porcelaine, mais qui ne regarde que les Européens ; elle consiste en ce que presque toute celle qu'on transporte en Europe se faisant ordinairement sur des modèles nouveaux, souvent bizarres, & où il est difficile de réüssir, pour peu qu'il y ait de défauts elle est rebutée de ceux qui l'ont commandée, & reste entre les mains de l'Ouvrier ; qui ne pouvant pas la vendre aux Chinois, à cause qu'elle n'est pas à leur usage, ni de leur goût, augmente le prix de la Porcelaine qu'il livre, afin que les piéces qu'on prend portent les frais de celles qu'on rebute.

PORCELET. Petit porc qui a atteint l'âge de six mois. *Voyez* PORC.

PORPHYRE. Marbre précieux, rouge & fort dur. *V.* MARBRE.

PORT. C'est un lieu commode situé à l'embouchûre de quelque riviére, ou sur quelque côte de mer, capable de recevoir & de contenir plusieurs Vaisseaux, où ils peuvent rester à l'abri des vents, & à couvert des entreprises des Flottes ennemies.

Il y a deux sortes de Ports ; des Ports naturels, que la Providence semble avoir ménagez pour faciliter par mer la communication & le Commerce des peuples les uns avec les autres ; & des Ports artificiels, que les Souverains font construire dans leurs Etats, ou pour augmenter le Negoce qui est déja établi chez eux, ou pour l'y attirer, en pourvoyant par-là à la sûreté des bâtimens de mer.

Les Ports naturels font ordinairement formez par l'enfoncement dans les terres de quelque anse, ou de quelque petit golfe, dont les passes & les entrées étroites sont faciles à défendre, & qui sont à couvert des vents par la situation un peu haute des terres voisines. Pour les Ports artificiels, formez par des moles & des jettées, ils imitent en quelque sorte ce que la nature a fait en faveur des premiers, & servent à les couvrir des attaques du dehors. Le Port de Brest en Bretagne est un des plus beaux Ports naturels qu'il y ait au monde; & celui de Dunkerque étoit le plus fameux des Ports artificiels, avant qu'il eût été comblé & son risban ruiné en éxécution du Traité d'Utrecht.

Comme il n'y a rien qui enrichisse davantage un Etat que le Commerce de mer, il n'y a rien aussi qui favorise davantage ce Commerce, que la quantité & la sûreté des Ports & des Havres qui s'y rencontrent.

L'on peut dire que la France a ce double avantage par dessus tous les autres Etats de l'Europe, & peut-être de tout le monde; mais un troisiéme avantage qui n'est pas moins considérable, c'est la Police qui s'observe dans tous les Ports, soit à l'égard des vaisseaux de guerre, soit pour les navires marchands qui y entrent, qui y séjournent & qui en sortent.

L'on peut voir dans l'Ordonnance de la Marine de 1689, les Réglemens qui concernent les vaisseaux de guerre de Sa Majesté, quand ils sont dans les Ports & quand ils y arrivent, ou qu'ils en partent; & l'on se contentera ici d'en extraire seulement le peu d'articles qui regardent les navires marchands lors qu'ils se trouvent dans les Ports où sont les vaisseaux de Roi.

Par ces articles, qui sont le trois, le quatre & le cinquiéme du Titre de la Police des Ports, tous vaisseaux marchands, de cent tonneaux & au dessus, qui veulent entrer dans lesdits Ports, sont tenus de prendre des Pilotes pour les conduire & éviter les abordages, à peine de 50 liv. d'amende & de réparation des dommages. Ils sont aussi tenus avant que d'y entrer, de faire décharger les poudres, pour être portées dans les magazins du Roi, pour ne le reprendre qu'après leur sortie: Et enfin, si les bâtimens sont chargez de chaux vive & non éteinte, les Maîtres & Patrons sont obligez de les tenir éloignez des vaisseaux du Roi, sans en pouvoir approcher ni y attacher aucune amarre.

Les Ordonnances de la Marine de 1681 & de 1685 étant proprement des Ordonnances de Marine marchande, & qui ne traitent que de la Police des vaisseaux marchands, soit lors qu'ils sont dans les Ports, soit lors qu'ils y entrent ou qu'ils en sortent, on ne peut se dispenser d'entrer dans quelque détail, & d'en raporter au moins les principaux articles, sur tout ceux qui sont les plus nécessaires, & qui ne doivent être ignorez d'aucun Négociant qui fait le commerce de mer; renvoyant néanmoins pour quantité d'autres aussi importans, mais qui ne regardent pas les Ports aux Ordonnances mêmes, ou aux différens endroits de ce Dictionnaire où il est parlé de ce commerce.

Voici donc en quoi consiste la Police des Ports.

1. Tout navire étant dans le Port doit avoir des Matelots à bord, pour faciliter le passage des vaisseaux entrans & sortans.

2. Les navires ne peuvent être amarrez qu'aux anneaux & pieux destinez à cet effet.

3. Les vaisseaux dont les Maîtres ont les premiers fait leur raport, sont les premiers rangez à quay; d'où néanmoins ils sont obligez de se retirer après leur décharge.

4. Les Maîtres & Patrons qui veulent se tenir sur les ancres dans les Ports, sont tenus d'y attacher hoirin, bouée ou gaviteau, à peine de 50 liv. d'amende, & de réparer les dommages qui en pourroient arriver.

5. Si les navires ont des poudres, ils sont tenus aussi sous la même peine de les faire porter à terre incontinent après leur arrivée, & de ne les reprendre qu'après être sortis du Port.

6. Les Marchands-Facteurs & Commissionnaires ne peuvent laisser sur les quais leurs marchandises plus de trois jours, sous peine d'amende arbitraire.

7. Les radoubs, calfats des navires, gaudronnage des funains & cordages, & autres ouvrages où il s'employe du feu, ne peuvent se faire qu'à cent pieds au moins de distance des autres vaisseaux, & de vingt pieds des quais.

8. Dans les Ports où il y a flux & reflux, chaque vaisseau doit avoir deux poinçons d'eau sur le tillac pendant qu'on en chauffe les souttes; & dans les Ports d'où la mer ne se retire point, être muni d'écoppes, ou longues pêles creuses propres à tirer l'eau.

9. Il est ordonné que les vaisseaux en charge soient en une place, les déchargez dans une autre, & ceux destinez à être dépécez & rompus aussi en une autre.

10. Il est défendu de porter & allumer pendant la nuit du feu dans les navires étant dans les bassins & havres, sinon en cas de nécessité pressante, & en la présence ou par la permission du Maître du Quay.

11. Dans les Ports dont l'entrée & la sortie sont difficiles, & où il y a des Pilotes Lamaneurs établis, les Maîtres des vaisseaux sont obligez de s'en servir, ou à leur défaut de Pêcheurs; & lors que le Lamaneur est à bord, de leur déclarer combien leurs bâtimens tirent d'eau, à peine de 25 liv. d'amende au profit du Lamaneur pour chaque pied recelé; lequel Lamaneur ne doit être payé de ses salaires que conformément au tableau déposé au Greffe, & affiché sur le quay.

12. Que les Maîtres des vaisseaux ne peuvent non plus être contraints de payer aucuns droits de Coûtume, Quayage, Balissage, Lestage, Délestage & Ancrage, que ceux inscrits dans une pancarte approuvée par les Officiers, & affichée sur le Port.

13. Tous Maîtres & Capitaines de navires arrivant de la mer sont obligez de faire leur raport au Juge ordinaire vingt-quatre heures après leur arrivée dans le Port, représenter leur congé, & déclarer le lieu & le tems de leur départ, le port & le chargement de leur vaisseau, la route qu'ils ont tenuë, les hazards qu'ils ont courus; enfin, toutes les circonstances de leur voyage; même la quantité de lest qu'ils ont dans leur bord, à peine de 25 liv. pour l'omission de ce dernier article de leur déclaration.

14. Il est défendu à tout Maître de vaisseau de décharger aucune marchandise après son arrivée, qu'il n'ait fait auparavant son raport, sinon en cas de péril éminent, à peine de punition corporelle, & de confiscation des marchandises.

15. Si un vaisseau est obligé de relâcher en quelque Port, le Maître ou le Capitaine est tenu de déclarer au Lieutenant de l'Amirauté du lieu la cause de son relâchement, & de lui représenter son congé, mais non d'en prendre un nouveau pour remettre en mer.

16. Il est défendu à tous Capitaines & Maîtres de navires de jetter leur lest dans les Ports, Canaux, Bassins & Ra-

des, sous peine de 500 livres d'amende pour la premiére fois, & de saisie & confiscation des bâtimens en cas de récidive. Il leur est aussi défendu de travailler ou faire travailler au lestage ou délestage de leur vaisseau pendant la nuit, & de faire porter leur lest ailleurs que dans les lieux destinez par les Syndics & Echevins des Villes, pour y recevoir ledit lest.

17. Enfin, tout Maître de navire voulant aller en mer, ne peut sortir des Ports sans un congé des Officiers de l'Amirauté, ou même du Gouverneur de la Province, si c'est en Bretagne; lequel doit contenir le nom du Maître, celui du vaisseau, son port & sa charge, le lieu d'où il part, & celui de sa destination.

Port Franc, en termes de commerce de mer. C'est un Port où il est libre à tous Marchands, de quelque Nation qu'ils soient, de décharger leurs marchandises, & de les en retirer lors qu'ils ne les ont pû vendre, sans payer aucun droit d'entrée ni de sortie.

Les Marchands jouissent de cette franchise dans le Port de Génes. Il y a même assez près du Port un vaste bâtiment qu'on appelle *Porto Franco*, à cause de la liberté dont les marchandises y jouissent, & où il se trouve des magazins grands & commodes pour les y mettre en dépôt.

Depuis que l'Empereur, en conséquence des Traitez d'Utrecht & de Rastadt, est resté en possession des Etats d'Italie qui appartenoient à la Maison d'Autriche Espagnole, il semble s'être déterminé à établir un semblable Port franc dans quelqu'une des Villes qu'il posséde sur la Mer Adriatique.

Port Franc. Se dit aussi de la franchise totale & de l'exemption qu'ont les Marchands, de tous droits, soit pour les marchandises qu'ils apportent dans les Ports de quelque Etat, soit pour celles du crû du Païs qu'ils en veulent remporter. Tel fut le Privilége des Anglois pendant plusieurs années, après qu'ils eurent découvert le Port d'Archangel, Ville de la Moscovie, situé sur la Mer Blanche; le Czar, ou le Grand Duc qui régnoit, alors leur ayant accordé cette franchise générale pour attirer le commerce dans ses Etats. L'on parle ailleurs des raisons qui firent perdre à la Nation Angloise un si grand avantage. *Voyez l'article du Commerce, où il est parlé de l'Angleterre & du Nord.*

Port Franc de Marseille.

La Ville de Marseille a toûjours été célébre par son grand commerce.

Bien avant que l'Empire des François se fût établi dans les Gaules, & que la Provence fût devenuë une de ses Provinces, les vaisseaux de cette Ville fameuse avoient porté son négoce chez les Nations les plus éloignées de l'une & l'autre Mer; & les richesses que la bonté de son Port, le nombre de ses navires, la hardiesse & l'habileté de ses Pilotes & de ses Matelots, & la sagesse de son gouvernement y avoient attirées, l'avoient renduë si puissante, que Rome déja la maîtresse d'une partie du monde, s'étoit fait un honneur de l'avoir pour une de ses premiéres & de ses principales Alliées.

Depuis que dans le quinziéme Siécle, Marseille, ainsi que le reste de la Provence, eût été réünie à la Couronne de France, les Rois pour soûtenir la réputation du commerce d'une Ville si importante, avoient affranchi son Port de tous droits; mais cet affranchissement & ces Priviléges avoient eu le sort de la plûpart des plus utiles & des meilleurs établissemens; & en 1669, époque si remarquable pour le commerce & les manufactures de France, Marseille étoit autant surchargée de droits d'entrée & de sortie qu'aucune autre Ville du Royaume.

Louïs XIV. qui depuis qu'il avoit pris lui-même le gouvernement de son Etat, faisoit une de ses principales occupations d'y faire refleurir le négoce, pensa non seulement à rétablir la franchise du Port de Marseille sur l'ancien pied, mais voulut encore, en y ajoûtant des priviléges & des avantages extraordinaires, y rapeller le négoce que la surcharge de tant de droits avoit fait passer chez les Etrangers.

L'Edit pour cet affranchissement & les Lettres Patentes en éxécution sont du mois de Mars 1669, enregistrées au Parlement de Provence les 9 & 12 Avril ensuivant.

Par cet Edit le Port & le Havre de la Ville de Marseille sont premiérement déclarez francs & libres à tous Marchands & Négocians, & pour toutes sortes de marchandises, de quelque qualité & nature qu'elles soient: Sa Majesté entendant que tous Etrangers & autres personnes de toutes Nations & conditions puissent y aborder & entrer avec leurs vaisseaux, bâtimens & marchandises; y charger & décharger, y séjourner, magaziner, entreposer & en sortir par mer librement quand bon leur semble, sans être tenus de payer pour lesdites marchandises & vaisseaux entrans & sortans par mer aucuns droits d'entrée & de sortie; Sadite Majesté supprimant à cet effet tous droits, tant à Elle appartenans qu'à la Ville & aux Particuliers; même réduisant les marchandises de contrebande à un nombre bien moins considérable que celui porté par le Tarif de 1664.

Secondement, toutes marchandises qui sont transportées par mer de la Ville de Marseille hors du Royaume, sont pareillement déclarées éxemptes de tous droits; sans que les bâtimens & vaisseaux qui sortent de son Port soient tenus de raisonner au Bureau des Foraines & Douanes qui y sont établis; ce qui s'entend aussi des marchandises, qui par violence du tems, par la crainte des Corsaires, même par fortune de naufrage, ou pour réparer les vaisseaux, seroient mises à terre; à la charge néanmoins pour celles-ci, & dans tous ces cas, d'en avertir les Commis, & d'en faire le chargement sur d'autres vaisseaux en leur présence dans le terme de deux mois pour tout délai.

En troisiéme lieu, non seulement il est permis à tous Marchands Etrangers d'entrer par mer dans lesdits Ports & Havres, y charger, décharger & sortir leurs marchandises sans payer aucuns droits, quelque séjour qu'ils y ayent fait; mais encore ils sont déchargez de tous droits d'aubaine; & leur décès arrivant, leurs enfans, héritiers & ayans cause peuvent recueillir leurs biens & successions mobiliaires, comme s'ils étoient vrais & naturels François; étant aussi déclarez éxempts de tous droits de répréfailles, en cas de rupture & de déclaration de guerre entre la France & les Etats dont ils sont sujets; auquel cas il leur est accordé trois mois pour transporter en toute liberté leurs effets, biens & facultez hors du Royaume.

Enfin, pour engager les Marchands Etrangers à venir s'établir à Marseille, il est déclaré que tout Etranger qui y prendroit parti, qui épouseroit une fille de la Ville, ou qui y aquéreroit une maison dans l'enceinte du nouvel agrandissement, du prix de dix mille livres & au dessus, qu'il auroit habitée pendant trois ans, ou de cinq cens livres jusqu'à dix mille livres, dans laquelle il auroit pareillement fait sa demeure durant cinq années; même ceux qui sans y avoir

aquis-

aquis de biens ni de maisons y auroient établi leur domicile, & fait un commerce assidu pendant douze années consécutives, seroient censez naturels François, & réputez Bourgeois de Marseille, & comme tels participeroient à toutes les libertez, droits, privileges & exemptions attribuées aux Bourgeois; excepté seulement pour les charges municipales, à l'égard desquelles les anciens Réglemens seroient éxécutez.

L'Edit & les Lettres Patentes contiennent encore quelques autres dispositions : comme elles ne regardent pas la franchise du Port de Marseille, mais seulement son commerce dans la Méditerranée & les Echelles du Levant, & un Réglement pour l'entrée des soyes & autres marchandises dans le Royaume par le Port de cette Ville & celui de Roüen, elles sont raportées plus convenablement dans d'autres articles de ce Dictionnaire. *V.* Soye & Epicerie.

Fermer un port. C'est empêcher que les vaisseaux qui y sont n'en sortent, ou que ceux qui viennent de dehors n'y entrent. Quelquefois les Ports ne sont fermez que pour l'entrée, & quelque-fois seulement pour la sortie. Souvent c'est raison de commerce, plus souvent encore ce sont raisons de politique qui obligent de tenir les Ports fermez.

Port. Se dit aussi sur les riviéres des lieux où abordent les bateaux, comme à Paris le port de saint Paul, le port de saint Nicolas, le port de l'Ecole, le port au Foin, le port au Plâtre, &c.

Port de charge. C'est un port où les voituriers par eau prennent les marchandises dont ils composent la voiture de leurs bateaux.

Par l'article 8. du second chapitre de l'Ordonnance des Prevôt des Marchands & Echevins & de la Ville de Paris, de l'année 1672. il est défendu à tous Voituriers de partir des ports de charge sans Lettres de Voiture. *Voyez* Voiturier.

Port de décharge, qu'on nomme aussi, Port de Vente. C'est un port où les Voituriers par eau doivent conduire les marchandises chargées sur leurs bateaux pour y être venduës.

La même Ordonnance de 1672. art. 11. du 3. chapitre, oblige les Voituriers qui ont amené des grains, foins, bois, charbons, &c. dans les ports de Paris pour les y vendre, d'y rester, ou comme porte l'article, d'y tenir port pendant quinze jours. Le terme pour les vins est du double, ils doivent tenir port pendant un mois. *Voyez comme dessus.*

Port. Signifie aussi la charge d'un vaisseau, ce qu'il peut porter. Cette charge ou port s'évaluë par tonneaux de deux mille livres pesant chaque tonneau. Aussi quand on dit, un bâtiment du port de cent tonneaux, on entend un bâtiment capable de porter, tant en marchandises qu'en lest, munitions, armes & hommes d'équipage, cent fois deux mille livres, ou deux cens mille livres pesant, ou deux mille quintaux; ce qu'on doit entendre à proportion de ceux de mille & de deux mille tonneaux & au-de-là, qui sont les plus grands, & qu'en fait de guerre l'on nomme vaisseau du premier, du second rang, &c. dont le port, suivant cette évaluation passe souvent le poids de quatre millions de livres.

Port. S'entend encore de ce qu'il en coute pour les salaires des Crocheteurs & Porte-faix. J'ai payé vingt sols à cet homme pour le port de ma valise & de mes hardes.

Il se prend aussi pour les frais de voitures que l'on paye aux Messagers Maîtres de Carrosses & autres Voituriers soit par eau, soit par terre. Ce Roulier a pris un sol pour livre pour le port de mes marchandises.

Enfin, il se dit du droit taxé pour les Lettres qui arrivent par les Couriers des Postes. Les Commissionnaires ne mettent point ordinairement en compte à leurs commettans les ports des lettres qu'ils en reçoivent pour le fait de leurs Commissions, mais bien celles qui regardent d'autres affaires.

Un paquet, un balot franc de port, c'est un balot ou un paquet dont les droits & fraix de voiture ont été affranchis, & payez par celui qui l'envoye.

Port de Lettres, ce qu'il en coute pour l'envoi d'une Lettre par la poste. On appelle une Lettre affranchie ou franche de port celle dont le port a été payé au Commis de la Poste d'où elle est partie, ou qui n'étoit tenuë d'aucun droit, comme sont les Lettres pour les affaires du Roi, qui sont envoyées des Bureaux des Ministres & Secrétaires d'Etat, dont le cachet des armes & le nom mis sur l'enveloppe marquent l'affranchissement.

Tenir Port. C'est rester dans un Port de décharge le tems prescrit par les Ordonnances & Réglemens de Police. *Voyez ci-dessus* Port de décharge. *Voyez aussi l'article* Tenir.

PORTAGE, action de porter. Il faudra tant de chariots, tant de mulets pour le portage de ces marchandises.

Portage. Se dit encore sur mer, & particuliérement sur les vaisseaux Marchands, des voitures franches que l'on donne aux Officiers & Matelots, des hardes & marchandises qui leur appartiennent jusqu'à une certaine quantité. On l'appelle autrement Ordinaire. *Voyez* Ordinaire.

Portage. Est aussi un trajet que les coureurs de bois & ceux des habitans de la nouvelle France à qui on accorde la traite avec les Sauvages, qu'ils font ordinairement avec des canots ou petits bateaux sur les riviéres & étangs aux bords desquels se trouvent les habitations de ces Sauvages, sont obligez de faire à pied lors qu'ils trouvent des sauls & des endroits difficiles dans leur chemin, pendant lequel ils doivent porter sur leur dos leurs canots, hardes, marchandises & provisions. *Voyez* Coureurs de bois. *Voyez aussi* Traite.

PORTE-AUNE. Machine de Bois dont se servent quelques Marchands, pour soûtenir leur aune, afin de faire eux seuls l'aunage de leurs draps, étoffes, toiles, rubans, & autres marchandises. *Voyez* Aune *à la fin de l'article.*

PORTE-BALE. Petit Mercier qui court la campagne, & qui porte sur son dos une petite Bale, ou une Caisse legére remplie de menuë mercerie qu'il débite dans les Villages. Il y en a qui ne vendent que des toiles, & d'autres de petits bijoux ; ces derniers étant la plûpart Savoyards, qui ont été Ramonneurs, s'appellent aussi quelque-fois des Haut-à-bas. *Voyez* Mercier.

PORTE-BROCHES. Outil dont se servent les Arquebusiers. C'est un manche mobile fait de bois avec une virole de fer, où peuvent s'emmancher les différentes broches qui sont propres à ces ouvriers. *Voyez* Broche.

PORTE-CEDULE. Petit Porte-feuille long & étroit, ordinairement couvert de cuir, dans lequel les Marchands, Négocians, Banquiers & Gens d'Affaires portent sur eux les Lettres & Billets de Change, Mémoires, Promesses & autres Papiers de conséquence qu'ils doivent avoir à la main. *Voyez* Cedule.

PORTE-CHAPPE. C'eſt une des quatre qualitez que prennent dans leurs Statuts les Maîtres Traiteurs de Paris, du mot de *Chappe* qui ſignifie le Couvercle, ordinairement de fer blanc, fait en forme de cone, qui ſert à couvrir les plats des divers ſervices des grandes tables afin de les maintenir chauds. *Voyez* QUEUX.

PORTE-COL, terme de Gabelle. On appelle ainſi celui qui fait le fauſſaunage dans des facs qu'il porte ordinairement pendus au col. *Voyez* FAUSSAUNAGE.

PORTE-COL, terme des Aydes. C'eſt auſſi le nom que l'Ordonnance de 1680 donne à de pauvres gens qui gagnent leur vie en revendant à petites meſures, depuis quatre deniers juſqu'à douze, l'eau-de-vie qu'ils ont achetée des Détailleurs au pot ou à la pinte. *Voyez* EAU-DE-VIE, *ou bien*, VENDEUR *&* VENDEUSE D'EAU-DE-VIE.

PORTE-FAIX, celui qui porte des fardeaux à prix d'argent & pour la commodité du public. On le nomme plus communément Crocheteur, à cauſe des crochets dont il ſe ſert, & Fort à cauſe de l'extrême force qu'il faut avoir pour cette profeſſion. Ce dernier terme n'eſt en uſage que ſur les Ports de la Ville de Paris. *Voyez* CROCHETEUR. *Voyez auſſi* FORT.

PORTE-LETTRE, qu'on nomme autrement Porte-cédule. *Voyez ci-deſſus* PORTE-CEDULE.

PORTE-RAMES. C'eſt une planche percée d'une large rainure, au milieu de laquelle eſt un cylindre roulant ſur lequel gliſſent les ficelles qui s'appellent Rames. On s'en ſert dans les métiers de pluſieurs ouvriers qui travaillent de la navette, particuliérement dans ceux des Tiſſutiers-Rubanniers. *Voyez* TISSUTIER-RUBANNIER.

PORTE-TARRIERE, outil dont on ſe ſert dans les ouvrages d'Arquebuſerie. Il n'eſt différent du Porte-broche, que parce qu'il ſert à enmancher les tarriéres. *Voyez ci-devant* PORTE-BROCHE.

PORTE'E. Terme de Manufacture de Lainage. C'eſt un certain nombre de fils qui font partie de la chaîne d'une étoffe.

La chaîne d'une étoffe de laine doit être compoſée d'une certaine quantité de portées, & chaque portée d'un certain nombre de fils. Le nombre des portées que chaque étoffe doit avoir, eſt fixé par les Statuts & Réglemens du lieu, où elle ſe fabrique, ſuivant la largeur, ſon eſpéce & ſa qualité. Ainſi lors que l'on dit que la chaîne d'une étoffe aura ſoixante-ſept portées de quarante fils chacune, cela doit s'entendre que cette chaîne doit contenir en tout deux mille ſix cens quatrevingt fils.

Les chaînes des étoffes de laine s'ourdiſſent ordinairement par demi-portées, c'eſt à dire, que chaque portée eſt partagée en deux, & cela pour avoir plus de facilité à les mettre ſur le métier. Il y a des lieux de Manufactures où les demi-portées ſont appellées Cuiſettes. *Voyez* CHAÎNE. *Voyez auſſi l'article des Réglemens.*

PORTE'E, eſt auſſi un terme de Manufacture de Soyeries. Il ſignifie comme dans les Manufactures de Lainages, un certain nombre de fils de ſoye, qui font une portion de la chaîne d'une étoffe; en ſorte que lors que l'on dit qu'un taffetas de onze vingt-quatriémes d'aune de largeur entre les liziéres, aura vingt-quatre portées de quatrevingt fils chacune, cela doit s'entendre que toute la chaîne qui eſt employée à faire ce taffetas, doit être compoſée de dixneuf cens vingt fils.

En fait de velours les portées ſe diſtinguent en portées de poil, & en portées de chaîne. Un velours à trois poils doit avoir ſoixante portées de poil & ſoixante portées de chaîne, & chacune de ces portées doit être de quatrevingt fils.

Les portées que doivent avoir toutes ſortes de velours, taffetas & tabis, ſuivant leurs différentes largeurs, eſpéces & qualitez, ſont réglées par les Statuts des Ouvriers en Draps d'or, d'argent & de ſoye, des Villes de Paris, Lyon & Tours, faits en 1667. On peut y avoir recours. *Voyez l'article des Réglemens.*

PORTE'E, en terme de Commerce de mer. Signifie une certaine quantité de marchandiſe qu'on permet aux gens d'Equipage d'un vaiſſeau marchand, de porter & d'embarquer pour leur compte ſans payer de fret: c'eſt ce que l'on nomme auſſi Pacotille. Lors qu'il n'y a que leurs coffres & leurs hardes on l'appelle l'Ordinaire; ce qui doit être chargé le premier. *Voyez* PACOTILLE.

PORTE'E. Eſt encore un terme de marine qui ſignifie la capacité d'un navire. Déſigner la portée d'un navire, c'eſt en exprimer la grandeur & le port. *Voyez* PORT.

PORTE'ES. Les Plombiers nomment les portées d'un moule à fondre les tuyaux ſans ſoudure, deux petits tuyaux de cuivre de deux pouces de long ou environ, & de l'épaiſſeur que l'on veut donner aux tuyaux de plomb qui traverſent les rondelles qui ſont aux deux bouts du moule. *Voyez* PLOMBIER, *où l'on explique la maniére de fondre des tuyaux ſans ſoudure.*

PORTER. Terme de Teneur de Livres. C'eſt la même choſe qu'écrire ou mettre un article, une partie, une dette, un payement à l'endroit d'un regiſtre ou d'un compte, qui leur convient ſuivant leur différente nature. On dit porter ſur le grand livre, porter ſur le journal, porter à compte, porter en débit, porter en crédit, porter en recette, dépenſe, en repriſe, &c. *Voyez tous ces termes. Voyez auſſi l'article des Livres des Marchands & celui de* COMPTE.

PORTER. En terme de Manufacture & Commerce d'étoffes & de tapiſſerie, veut dire la longueur & la largeur qu'elles ont. Ce drap porte vingt aunes de longueur ſur une aune de largeur; cette ſerge doit porter deux tiers de large ſur vingt-deux aunes de long. Cette tapiſſerie porte tant d'aunes.

PORTER. Se dit auſſi en même ſens dans la marchandiſe du bois carré. Cette poutre porte trente pieds. Ce chevron porte ſix pouces ſur quatre d'écarriſſage, & vingt-deux pieds de long.

PORTER. Se dit quelquefois de la charge dont un vaiſſeau marchand eſt capable, & des équipages & canons dont il eſt monté. Le vaiſſeau que la Compagnie de la Chine y a envoyé cette année, eſt conſidérable, il porte vingt piéces de canon, cent ſoldats, à proportion de matelots & d'Officiers, mariniers, & plus de deux mille tonneaux de marchandiſe.

Un navire qui porte de la marchandiſe de contrebande, c'eſt à dire, qui en eſt chargé, eſt ſujet à confiſcation.

PORTER PAROLE. Signifie faire des offres. On m'a porté parole de cent mille livres pour la part que j'ai dans le retour du vaiſſeau l'Amphitrite: pour dire, on m'en a offert cette ſomme.

PORTER LA PAROLE. Signifie parler au nom d'une Aſſemblée, d'une Communauté, d'un Corps.

Dans chacun des ſix Corps des Marchands de la Ville de Paris,

Paris, c'est le grand Garde qui porte la parole; & lors que les six Corps sont assemblez, c'est le grand Garde de la Draperie.

Les Syndics & les Jurez dans les Communautez des Arts & Métiers, portent la parole chacun pour leur Corps.

PORTEUR. Celui qui porte pour autrui. Il y a à Paris des Porteurs de Sel, des Porteurs de Grains & Farines, & des Porteurs de Charbons, qui sont des Officiers du Roi, ou de la Ville.

Les Porteurs de Sel que l'Ordonnance de la Ville du mois de Décembre 1672. chap. 26. nomme Jurez Hanouard Porteurs de Sel, ont été établis pour porter le Sel du bateau au grenier, & du grenier aux maisons des Bourgeois, moyennant un certain droit qui leur est attribué sur chaque minot de cette marchandise.

Ce sont les Porteurs de Sel qui doivent fournir de Radoires aux Jurez Mesureurs. Le mot d'Hanouard est très-ancien, il signifioit Porteur de Sel; il en est parlé dans la grande Ordonnance du Roi Jean du 30 Janvier 1350. c'étoit alors des Officiers qui dépendoient absolument de la Ville, les Gabelles n'étant pas encore établies en France.

Les Jurez Porteurs de Grains & Farines doivent resider actuellement dans la Ville, ils sont tenus de se trouver sur les ports & places dans les tems nécessaires pour faire les fonctions de leurs Charges, qui consistent à décharger les sacs de grains & farines à mesure qu'ils arrivent du dehors, & à les charger après que la vente en a été faite. Ils ont la faculté de se faire aider par des gens de peine ou Gagne-deniers, que l'on appelle ordinairement Plumets, lesquels ne doivent rien prendre ni éxiger des Marchands & Bourgeois, les Jurez Porteurs étant seuls tenus de satisfaire à leurs salaires.

Il est défendu aux Jurez Porteurs de Grains de s'associer avec les Marchands de Grains, ni de s'entremettre en l'achat d'aucuns grains sur les ports & places, s'ils n'ont avec eux les Bourgeois acheteurs; il leur est encore défendu de prendre de la Marchandise de Grains en payement de leurs droits. *Ordonnance de la Ville du mois de Decembre* 1672. *Art.* 3, 4, 5, 6 & 7. *chap.* 7.

Les Jurez Porteurs de Charbon sont obligez de se rendre tous les jours sur les ports & places de la Ville pour faire le portage du charbon acheté par les Bourgeois. Ils peuvent néanmoins, ainsi que les Porteurs de Grains, se faire aider par des Plumets ou Gagne-deniers, en les satisfaisant de leurs salaires, les Bourgeois n'en étant point tenus. Ce sont les Porteurs de Charbons qui doivent porter au Bureau de la Ville les échantillons des charbons qui doivent servir à en fixer le prix sur le rapport des Jurez Mesureurs. *Art.* 1, 2, 3, *du chap.* 23. *de l'Ordonnance ci devant rapportée.*

PORTEURS D'ARGENT. C'est ainsi que dans les caisses considérables, & chez les gros Marchands, Négocians, Banquiers & autres qui font un grand négoce d'argent, on appelle certains serviteurs qui sont uniquement employez à porter l'argent sur leur dos dans de petites hotes ou paniers d'ozier faits exprès.

Ce sont ordinairement les porteurs d'argent qui vont faire accepter les Lettres de Change, qui les reçoivent à leurs échéances, & qui ont soin de faire faire les protests faute de payement ou d'acceptation. Ils aident aussi à peser & à compter les sacs, à reporter ceux qui ne se trouvent pas bons: enfin, ce sont eux qui font tout le gros ouvrage qui regarde la caisse.

Ceux qui sont dans l'obligation de se servir de ces sortes de gens, n'en doivent point prendre sans répondant, ni qui ne sache lire, écrire & calculer, étant nécessaire pour le bon ordre de la caisse, que les Porteurs d'argent tiennent un petit livre de bordereau de toutes les parties qu'ils vont recevoir en Ville.

PORTEURS. Se dit aussi en fait de Lettres de Change, de ceux qui les ont en main, & en faveur desquels les derniers ordres ou endossemens ont été passez.

L'Ordonnance de 1675 renferme plusieurs dispositions importantes concernant les Porteurs de Lettres de Change; elles sont rapportées dans l'article qui parle de ces sortes de Lettres. *Voyez* LETTRE DE CHANGE.

Quand on dit qu'un Billet est payable au Porteur, cela doit s'entendre qu'il est payable à celui qui l'a entre les mains, & qui le presentera à son échéance. Pour être payé de ces sortes de Billets, on n'a besoin ni d'ordre ni de transport: il est cependant bon de sçavoir à qui l'on paye. *V.* BILLET.

PORTO FRANCO. C'est à Genes un magazin où tous les Marchands & Négocians Etrangers, de quelque Nation qu'ils soient, peuvent apporter leurs marchandises, & où elles sont reçûës sans payer aucun droit pour le simple dépôt.

Lors que ceux à qui les marchandises appartiennent ont trouvé à s'en défaire, soit totalement, ou en partie, ils en payent alors les droits aux Bureaux de la République à proportion de la vente; mais s'ils ne vendent rien, il leur est permis de les enlever & de les retirer du magazin, sans qu'il leur en coûte quoi que ce soit. *Voyez ci-devant* PORT FRANC. *Voyez aussi l'article général du Commerce, où il est parlé de celui de Genes.*

PORTO A PORTO. C'est ainsi que l'on nomme quelquefois chez les Droguistes & Epiciers le sumac qui vient du Port de Porto en Portugal. *Voyez* SUMAC.

PORTRAIT. Les Maîtres Paveurs appellent ainsi un des marteaux dont ils se servent pour fendre & tailler le pavé de grès, particuliérement celui qu'on nomme du Petit échantillon. Il est tout à fait semblable au gros marteau à fendre, à la réserve qu'il est plus leger. *Voyez* MARTEAU A FENDRE DES PAVEURS.

PORTUGAISES, ou PORTUGALOISES, comme le Maréchal de Bassompierre les appelle dans le Journal de sa vie. Etoient de grosses piéces d'or frappées en Portugal, du poids d'une once trois deniers, au titre de vingt-trois carats trois quarts. Ces espéces d'or ont eu cours en France bien avant sous le Régne de Louis XIII.; mais le peu qui s'en trouve encore ne se reçoit plus qu'au marc dans les Hôtels des Monnoyes, suivant le prix fixé par les Edits & Déclarations.

POSER. Mettre quelque chose en certaine situation.

POSER. Se dit en terme d'arithmétique des chiffres qui se mettent au dessous des sommes ajoûtées pour en former le total par l'adition. Sept & huit font quinze, pose cinq & retient un. Poser des chiffres, placer des chiffres.

POSER UNE FORME. Terme d'Imprimerie. C'est la même chose que la dresser. *Voyez* DRESSER.

POSEUR. C'est dans les grands atteliers de maçonnerie un Maçon habile & Expert qui prend le soin de poser chaque pierre, après qu'elle a été taillée, à l'endroit qui lui convient & avec l'aplomb & fruit qu'elle doit avoir; le reste de l'ouvrage se fait par les Maçons ordinaires, ou par de simples Limosins. *Voyez* MAÇON.

POSITION. Terme d'arithmétique qui veut dire supposition. Une régle de fausse position simple ou double se fait lors que calculant sur de faux nombres & qui ne subsistent que dans l'imagination, on découvre par les différences qui s'y rencontrent le véritable nombre inconnu que l'on cherchoit. *Voyez* Regle.

POSSON, que l'on nomme aussi Poisson ou Roquille. Petite mesure pour les liqueurs qui contient la moitié d'un demi-septier, ou un quart de chopine de Paris. *V.* Poisson.

POSTE. Diligence que fait un Courier en changeant de chevaux de tems en tems. Il se dit aussi de l'homme même qui court, & encore des maisons disposées de distance en distance sur les grands chemins pour y tenir des chevaux prêts pour ceux qui veulent s'en servir.

Dans ces différens sens on dit: Je suis arrivé en poste de Rome, c'est à dire en diligence: C'est la poste de Lyon qui passe, pour signifier le Courier qui apporte la male de Lyon. Enfin, on dit, Il y a des postes à Lonjumeau, à Linas, à Châtres, &c. pour dire qu'on trouve des chevaux de relais dans tous ces lieux.

Les postes, sur le pied qu'elles sont en France, sont d'une invention assez moderne, & quoi qu'on les veuille faire remonter jusqu'à Charlemagne, il est certain qu'on les doit à la politique, ou si l'on veut à la défiance de Louis XI. Ce Prince si inquiet les établit par une Ordonnance du 19 Juin 1464, pour être plûtôt & plus sûrement instruit de tout ce qui se passoit & dans son Royaume & dans les Etats de ses voisins.

Le commerce a heureusement profité de cette invention, & c'est par cette voye que se fait le plus grand négoce de lettres de change & les remises d'argent les plus considérables, soit dans les principales Villes de France, soit dans les Païs étrangers; aussi les jours de poste, ou comme l'on dit, les jours d'ordinaires sont-ils les plus importans de la semaine pour les Marchands, Négocians & Banquiers exacts, & qui font un grand commerce. On en parle ailleurs. *V.* Ordinaire. *Voyez aussi* Remises.

POT. Vase ou vaisseau qui est un des plus communs ustenciles du ménage. Il signifie plus précisément le vase où l'on boit & où l'on conserve les boissons dont on se sert journellement.

On fait des pots de bien des matiéres, de bien des formes & pour bien des sortes d'usages. L'argent, l'étain, le cuivre, le fer, la porcelaine, la fayance, la terre glaise ou terre à potier & le grès, en sont les matiéres les plus ordinaires. La forme dépend du goût de l'Ouvrier, de celui qui commande l'ouvrage, & des usages ausquels on le destine. Pour ces usages ils sont en trop grand nombre pour entrer dans tout le détail; les plus communs néanmoins sont des pots à boire, des pots au lait, des pots à biére, des pots à confitures, des pots à fleurs, &c.

Ces derniers, quand ils sont ornez de moulures & de sculpture, s'appellent des Vases. Le mot & la fabrique des pots ont donné le nom à deux Communautez de la Ville & Fauxbourgs de Paris; ce sont celles des Maîtres Potiers d'étain & des Maîtres Potiers de terre. *Voyez leurs articles.*

Les pots & plats de terre payent en France les droits d'entrée à raison de 2 s. la douzaine; & les pots de terre garnis d'étain 6 s. conformément au Tarif de 1664.

Les droits de la Douane de Lyon pour les pots de fer sont de 16 s. 8 d. du quintal, ou 2 d. de la piéce.

A l'égard de la sortie, les pots & marmites de fer payent comme fer ouvré 8 s. du cent pesant; & les pots & plats de terre tant grands que petits, 8 d. de la douzaine.

Pot a paîtrir. Les Boulangers nomment ainsi un grand vase de cuivre avec une anse mais sans col, dont l'ouverture est presque aussi large que le fond. Ils s'en servent lors qu'ils paîtrissent, à puiser l'eau chaude dans la chaudiére, soit pour rafraîchir le levain, soit pour le faire, soit pour paîtrir à forfait. *Voyez* Paîtrir.

Pot a sucre. On appelle Pot à sucre dans les sucreries & les rafineries, de grands pots de terre que l'on met sous les formes lors qu'elles sont remplies, afin de recevoir les syrops qui en coulent après qu'on en a ôté le tampon & qu'on les a percées avec le poinçon. *Voyez* Sucre, *où l'on parle des ustenciles des sucreries.*

Pot. Espece de vaisseau ou mesure des liqueurs que l'on appelle aussi Quarte ou Quarteau.

Le Pot en plusieurs endroits est de deux pintes mesure de Paris, chaque pinte composée de deux chopines, la chopine de deux demi-septiers, & le demi-septier de deux poissons, le poisson estimé être de six pouces cubiques. En d'autres endroits le Pot ne tient que pinte; & à S. Denis en France, où la pinte est à peu près le double de celle de Paris, elle est nommée par quelques-uns Pot.

Pot. Vendre du vin à Pot. C'est le vendre en détail, mais sans pouvoir donner à manger à ceux à qui on le débite, ce qui n'est permis qu'aux Cabaretiers, Taverniers & autres qui le vendent à l'assiéte.

L'Ordonnance des Aydes de 1680 régle les droits qui sont dûs pour le vin vendu à Pot; ces droits dont on parle à l'article des Vins, sont différens suivant les lieux. *Voyez* Vin, *où il est traité de la vente en détail.*

Les Bourgeois de Paris ont droit de vendre à Pot le vin de leur crû, mais à la charge de n'y mêler aucun vin d'achat, à peine d'être déchûs de leur privilége, & que le vin de leur cave, tant celui de leur crû que celui d'achat, en soit tiré pour être vendu sur les Ports pour la premiére fois, & de confiscation de l'un & de l'autre vin en cas de récidive. *Voyez l'article second du titre 8 de l'Ordonnance de la Ville de 1672.*

Pot de Vin, dans sa signification naturelle. S'entend d'une certaine mesure remplie de cette liqueur. L'on dit aussi dans ce sens un Pot de biére, un Pot de cidre, &c.

Pot de Vin. Se dit aussi figurément, & alors c'est un présent que l'Acheteur fait au Vendeur, ou le Preneur à ferme au Propriétaire qui lui passe bail, au de-là du prix convenu entr'eux.

Souvent le Pot de vin se donne à l'Entremetteur ou à celui qui passe bail pour un autre, ce qui ne se fait guére du consentement des Proprietaires des choses venduës ou affermées, qui souvent n'en sçavent rien, & à qui ces conventions secrettes sont toûjours préjudiciables.

Les Commissionnaires parmi les Marchands sont tenus de faire bon à leurs Commettans, des Pots de vin qu'on leur donne pour les marchez, ventes ou achats qu'ils font, à moins que ces derniers ne consentent qu'ils le retiennent. *Voyez* Commissionnaires.

Pot a Suif. On appelle ainsi dans la fabrique des chandelles moulées un pot de fer blanc avec son anse & son goulot, dont les Chandeliers se servent pour remplir les moules d'étain qu'ils ont préparez & dressez sur la table à mon-

moules. Ce pot contient environ pinte de Paris. *Voyez* CHANDELLE MOULE'E.

POT. Se dit encore de certains Vaisseaux ou vases de grès dans lesquels les beurres salez & fondus sont envoyez; ils sont de différentes formes, figures & poids.

Ceux qui viennent de Bretagne sont un peu plats & très-petits, ne contenant tout au plus qu'un quarteron, ou une demi-livre.

Les Beurres fins que l'on appelle Beurres d'herbes, qui sont envoyez de Basse-Normandie, particuliérement d'Isigni, sont pour l'ordinaire dans de petits pots plus hauts que ceux de Bretagne, aussi contiennent-ils davantage, leur poids étant d'une livre, ou d'une demie-livre.

A l'égard des gros beurres salez & fondus qui viennent du même Païs, ils sont pour la plûpart dans des pots très-hauts & étroits, de figure cilindrique que l'on nomme Tallevannes; ils pésent depuis six livres jusques à quarante livres.

On dit un Pot de beurre de Bretagne, un Pot de beurre de Normandie, pour dire, un Pot rempli de beurre venant de ces Provinces.

POT. On appelle dans les verreries communes Pots à cueillir, deux des six Pots du fourneau à verre; c'est dans ces deux pots seulement où l'on cueille, c'est à dire, où l'on prend avec la selle le verre liquide pour le soufler. *Voyez* VERRE.

POT. Dans les Manufactures de Glaces, il y a de deux sortes de pots, les uns qu'on appelle simplement Pots, & les autres qu'on nomme Cuvettes. Les premiers servent à fondre les matiéres, & les autres à les porter jusqu'à la table à couler. *Voyez* GLACE DE GRAND VOLUME.

POT. On nomme aussi chez les Foulons les Pots du moulin, certains vaisseaux de bois en forme d'auges dans lesquels on foule les étoffes de laine; on les appelle autrement Piles. *Voyez* VAISSEAU A FOULER, & FOULON.

POT. C'est aussi le nom que l'on donne à une des petites sortes de papier qui se fabrique dans plusieurs Papeteries de France. Il sert aux Faiseurs de cartes à jouer pour mettre du côté de la figure. *Voyez* PAPIER.

POTAKI. C'est ainsi qu'on nomme à Constantinople les cendres & potasses qui viennent de la Mer Noire. Les Potaki font une partie du Négoce des Anglois & des Hollandois dans cette Echelle; ces deux Nations en enlévent tous les ans une très-grande quantité pour l'aprêt de leurs draps, ces sortes de cendres étant très-propres pour les dégraisser. *Voyez l'article suivant.*

POTASSE. Espéce de cendre gravelée que les Marchands Epiciers de Paris tirent de Moscovie, de Pologne & de Dantzick. C'est une des drogues dont les Teinturiers se servent. On la nomme quelque-fois Vedasse. *Voyez* GRAVELE'E.

POTEAU. Piéce de bois de sciage, quand elle est au dessous de six pouces, quoi que de brin, & quarrée, & d'équarrissage quand elle est au dessus; ordinairement de chêne, de hêtre, de noyer, de poirier, de cormier, ou d'aune. *Voyez les articles de ces six différens arbres, vous y trouverez les diverses grosseurs des poteaux qu'on en peut tirer & les différens ouvrages où ils peuvent être employez.*

POTE'E D'EMERIL. *Voyez* EMERIL *à la fin de l'article.*

POTE'E D'ETAIN. *Voyez* ETAIN *sur la fin de l'article.*

POTE'E. C'est aussi une sorte d'ocre presque noir qui vient d'Angleterre. *Voyez* OCRE.

POTE'E. Signifie encore en terme de Fondeurs de grands ouvrages une espéce de terre préparée dont ils couvrent la cire de leurs moules avant que d'y mettre le plâtre. *Voyez* FONDEURS DE GRANDS OUVRAGES.

POTELEUR. On nomme ainsi en fait d'Aydes les Bourgeois qui ont droit de vendre le vin de leur crû au pot. *Voyez* POT.

POTELOT. Espéce de pierre minérale qu'on appelle communément Mine de plomb, & quelque-fois Plomb minéral, Plomb de mine & crayon. C'est cette pierre que les anciens nommoient Plombagine, ou Plomb de Mer. *Voyez* MINE DE PLOMB.

POTENCE. On appelle la Potence d'un minot à mesurer les grains une verge de fer qui traverse diamétralement le minot d'un bord à l'autre & qui sert à le lever. C'est par dessus cette verge que l'on passe la radoire quand on mesure raz & non à comble. *Voyez* MINOT.

POTENCE. C'est aussi un outil d'Arquebusier, qui prend son nom de sa figure qui n'est guére différente de celle de l'équerre. Une des branches de la potence a divers trous, elle est toute de fer, & sert à limer dessus cette partie des armes à feu montée sur des fûts qu'on appelle la platine.

POTERIE. Marchandise de pots & de vaisselle de terre, ou de grès.

Il se fait en plusieurs endroits de France & des Païs étrangers, un grand Négoce de poterie. Celles de Beauvais, de Champagne, du Pont S. Esprit, de Normandie & des Païs-Bas, tant de ceux qui sont soûmis à la France que des autres, sont les plus estimées, & il s'en transporte quantité jusqu'à Paris, où néanmoins il y a une Communauté de Maîtres Potiers de terre.

La poterie Foraine qui arrive à Paris doit être descenduë aux Hales pour y être visitée par les Jurez, à qui il est dû pour droit de visitation deux sols parisis par chariot, seize deniers par charrette, huit deniers pour charge de cheval, & au fur pour l'emplage. *Voyez* POTIER DE TERRE.

POTIER. Celui qui fait ou qui vend des pots & de la vaisselle. Si les pots & vaisselles sont d'étain, on l'appelle Potier d'étain; & Potier de terre, s'il ne travaille qu'en vaisselle & poterie de terre.

Ces diverses sortes d'ouvrages donnent le nom à deux Communautez de Paris; l'une est la Communauté des Maîtres Potiers d'étain dont on va parler; & l'autre celle des Maîtres Potiers de terre dont on parlera ensuite. *Voyez les deux articles suivans.*

POTIER D'ETAIN. Artisan qui fabrique ou qui fait fabriquer, qui vend & qui achette toutes sortes de vaisselle, ustenciles & ouvrages d'étain, comme pots, éguiéres, bassins de commodité, bassins à laver les mains & à savonner le linge, jattes, plats & assiettes de toutes sortes, écuelles, cuilliéres, fourchettes, saliéres, marmites, chenets, seringues, écritoires, calices, patenes, ciboires, croix, soleils, lampes, burettes, chandeliers, &c.

A Paris les Potiers d'étain forment une Communauté considérable qui a pour Patron S. Fiacre; ses derniers Statuts sont du mois de Mai 1613. Par leurs Lettres de Maîtrise ils sont appellez Potiers d'étain & Tailleurs d'armes sur étain, étant en droit de graver & armorier toutes les sortes d'ouvrages d'étain qu'ils fabriquent ou font fabriquer.

Suivant les Statuts & Réglemens de cette Communauté aucun n'y peut être reçû Maître par Chef-d'œuvre, s'il n'a fait six ans d'aprentissage, servi les Maîtres trois autres années après l'Aprentissage en qualité de Compagnon, & fait le Chef-d'œuvre.

Le Chef-d'œuvre consiste à faire, sçavoir, par le Potier rond un Pot dont le Corps doit être tout d'une piéce; par celui qui veut être passé Maître de forge, une jatte & un plat au marteau d'une rouelle; par le Menuisier (c'est à dire, par celui qui ne veut s'attacher qu'aux menus ouvrages & piéces de rapport) une écritoire.

Les Fils de Maîtres sont éxemts de tous droits, & ne sont point tenus de l'aprentissage non plus que du Chef-d'œuvre, suffisant pour être admis à la Maîtrise qu'ils ayent travaillé pendant trois ans chez leur pére, ou sous quelqu'autre Maître de la Communauté.

Les Veuves de Maîtres peuvent faire travailler & tenir boutique ouverte tant qu'elles sont en viduité.

Tous les Maîtres Potiers d'étain, soit qu'ils ayent été reçûs par Chef-dœuvre ou par lettres, sont tenus d'avoir chacun leurs poinçons ou marques particuliéres pour marquer leurs ouvrages, & ces marques doivent être empreintes ou insculpées sur les tables ou rouelles d'essai qui sont dans la Chambre du Procureur du Roi du Châtelet, & dans celle de la Communauté des Maîtres Potiers d'étain pour y avoir recours en cas de suspicion de fraude; & aucun ne les peut changer sans encourir la peine de faux & une amende de cent livres.

Chaque Maître Potier d'étain a ses deux marques, l'une grande & l'autre petite; la grande contient la première lettre de son nom de batême & son nom de famille en toutes lettres; & la petite ne contient que deux lettres qui sont la premiére du nom & la premiére du surnom; outre ces noms & lettres, chaque marque contient encore la devise du Maître, qui est telle qu'il l'a voulu choisir.

Les ouvrages d'étain d'antimoine, d'étain plané & d'étain sonnant, se marquent par dessous l'ouvrage, & ceux d'étain commun par dessus. *Voyez* ÉTAIN.

Il est permis aux Maîtres Potiers d'étain de faire toutes sortes d'ouvrages de bon & fin étain sonnant, allié de fin cuivre & d'étain de glace; & d'en fabriquer d'autres avec de bon étain commun, allié de telle sorte qu'il puisse venir à la rondeur de l'essai avec la blancheur requise, à l'exception des calices & des paténes qui ne doivent être que d'étain sonnant. Il leur est cependant défendu d'enjoliver aucuns de leurs ouvrages avec l'or, ou l'argent, s'ils ne sont destinez pour l'usage de l'Eglise.

Les Potiers d'étain ne peuvent travailler du marteau avant cinq heures du matin, ni après huit heures du soir; ils ne doivent vendre ni avoir dans leurs boutiques aucuns ouvrages neufs s'ils n'ont été faits à Paris, ou par un Maître de Paris, & il leur est défendu d'en vendre de vieux pour de neufs.

La Communauté des Maîtres Potiers d'étain a quatre Jurez & Gardes préposez pour tenir la main à ce que les Statuts & Ordonnances qui la concernent soient éxactement gardez & observez; & pour vaquer aux affaires qui la regardent; chacun de ces Jurez doit rester deux ans en charge, en sorte que tous les ans les deux plus anciens sortent de fonction & soient remplacez par deux nouveaux qu'on doit élire le 26 Janvier à la pluralité des voix de tous les Maîtres de la Communauté tenant boutiques, ou travaillant, assemblez par devant le Procureur du Roi du Châtelet; autre-fois cette élection se faisoit le 2 Janvier au lieu du 26.

POTIER DE TERRE. Artisan qui travaille en vaisselle & autres ouvrages de terre.

La Communauté des Maîtres Potiers de terre est ancienne à Paris; ils étoient érigez en Corps de Jurande & avoient des Statuts bien avant le régne de Charles VII. Robert Destouville Prevôt de Paris leur en ayant dressé d'autres au mois de Juillet 1456, ou plûtôt ayant donné son avis sur ceux que les Maîtres lui avoient présentez, Charles alors régnant abrogea les anciens & confirma les nouveaux par ses Lettres Patentes du mois de Septembre de la même année données à Ganat. Henri IV. donna aussi ses Lettres de confirmation au mois d'Avril 1607, & c'est encore par ces Réglemens rédigez en dix-huit articles que la Communauté se gouverne.

Les Jurez qui ont soin des affaires du Corps, qui font les visites, & qui reçoivent à l'apprentissage & à la Maîtrise, sont au nombre de quatre, dont il se fait tous les ans élection de deux nouveaux, à la place de deux anciens, en sorte que chacun d'eux reste deux ans en charge.

Les Maîtres ne peuvent avoir qu'un seul Apprentif à la fois, qu'ils sont tenus d'obliger au moins pour six ans.

L'Aspirant à la Maîtrise doit Chef-d'œuvre, les Fils de Maîtres nez de légitime mariage en sont éxemts, & ne tiennent point lieu d'Apprentif chez leur pére, en quelque nombre qu'ils soient.

Les Compagnons cherchant Maîtres sont distribuez par les Jurez chez ceux du métier qui en ont besoin: néanmoins les Maîtres qui n'en ont point sont préférez aux autres qui en ont déja.

Les Compagnons engagez au mois ou à l'année, ne peuvent quiter leurs Maîtres, ni d'autres Maîtres les recevoir, qu'ils n'ayent achevé leur tems.

La marchandise foraine doit se décharger à la hale pour y être visitée. Celle des Maîtres de Paris y peut être portée, s'ils le veulent, tous les samedis pour y être venduë; à la charge, comme il est porté dans le seiziéme article, *de tournoyer & changer place à tour par chacun samedi.*

Les Regratiers ayant Lettres Royaux ne peuvent vendre que de la poterie appellée de Beauvais, comme bouteilles, pots à boire, godets, &c.

Il n'est permis qu'aux seuls Maîtres de la Communauté de tenir en leurs ouvroirs roués assises à tourner pots, & pieux fichez pour ennancer.

Enfin, il est défendu à tous Potiers de terre d'embourer, allumer ni étouper leurs ouvrages; & au contraire il leur est ordonné de les bien plommer & rannir.

La roue & le tour sont presque les seules machines & les

les seuls instrumens dont les Potiers de terre se servent pour donner la forme à leur poterie. La rouë sert pour les grands ouvrages, le tour pour les petits; mais dans le fond ils ne sont guére différens l'un de l'autre pour la maniére de s'en servir.

La rouë des Potiers consiste principalement dans la noix, qui est un arbre ou pivot posé perpendiculairement dans une crapaudine de grès, qui est dans le fond de ce qu'on appelle l'Emboiture. Des quatre coins de cet arbre, qui n'a guére moins de deux pieds de hauteur, sortent par en haut quatre barres de fer, qu'on nomme les Rais de la rouë; qui formant chacune avec l'arbre des lignes diagonales, tombent & sont attachées par en bas sur les bords d'un cercle de bois très-fort, de quatre pieds de diamétre, semblable en tout aux jantes d'une rouë de carrosse, à la réserve qu'il n'a ni essieu ni rayons, & qu'il ne tient à l'arbre qui lui sert comme d'essieu, que par les quatre barres de fer.

Le haut de la noix est plat, de figure circulaire, & d'un pied de diamétre: c'est-là où se pose le morceau de terre-glaise qu'on veut tourner. Cette partie de la noix se nomme Girelle, ou la Tête de la rouë.

La rouë ainsi disposée est entourée des quatre côtez de quatre diverses piéces de bois, soûtenuës par un chassis aussi de bois.

La piéce de derriére, qui n'est qu'une simple planche, s'appelle le Siége; & c'est en effet où l'Ouvrier est assis en travaillant: elle est posée en panchant vers la rouë.

La piéce de devant sur laquelle se mettent les morceaux de terre préparez pour être mis sur la girelle, se nomme le Vaucourt: on y met aussi l'ouvrage quand il a été tourné: c'est une espéce de table moins haute que le Siége.

Enfin, les deux piéces de bois des côtez, qu'en termes de l'Art on appelle les Payens, sont très-fortes, & ont des coches de distance en distance. Comme elles sont disposées en panchant, & appuyées par le haut contre le siége de l'Ouvrier, il s'en sert pour y arrêter ses pieds, à telle hauteur qu'il est nécessaire pour la grandeur du vase ou du pot qu'il veut tourner.

A côté droit de l'Ouvrier est le terra ou tera, c'est à dire, un auget plein d'eau, dont il mouille de tems en tems ses mains, pour empêcher que la terre-glaise ne s'y attache.

Pour se servir de cette rouë, le Potier ayant préparé sa terre, & en ayant mis sur la girelle un morceau convenable à son ouvrage, se met sur son siége, les cuisses & les jambes fort élargies, & les pieds appuyez sur telles des coches des payens qu'il trouve à propos.

En cette situation il prend à la main le tournoir; (on nomme ainsi un bâton de grosseur & de longueur raisonnable propre à tourner la rouë, en l'appuyant & la poussant avec force sur les rayes de fer qui la soûtiennent;) & lors qu'il trouve le mouvement de sa rouë assez vif, il quite le tournoir; & ayant mouillé ses mains dans l'eau du terra, il creuse le vase en l'élargissant par le milieu, ou bien lui donne en dehors la figure qu'il veut; reprenant le tournoir chaque fois que le mouvement s'affoiblit, & mouillant ses mains pour achever, adoucir & polir l'ouvrage.

Lors que le vase se trouve trop épais, on se sert de l'atelle pour en diminuer l'épaisseur.

Cette atelle est un morceau de fer plat, d'une ligne ou deux d'épaisseur & de quatre ou cinq pouces en carré, avec un trou au milieu pour le tenir. C'est avec cet outil qui est un peu coupant d'un côté, que les Potiers enlévent ce qu'il y a de trop de terre au vase, à peu près comme les Tourneurs en bois se servent de leurs ciseaux à deux biseaux pour dégrossir leurs ouvrages. Il faut mouiller l'atelle quand on s'en sert.

Enfin, lors que le vase est fini, on le détache de dessus la girelle avec un fil de fer qui a comme deux mains de parchemin ou de vieille toile pour ne point se blesser, lors que l'Ouvrier le passe & le tire par dessous le vase. On l'appelle la Scie.

Le tour des Potiers de terre est aussi une espéce de rouë, mais moins forte & moins composée que celle qu'on vient de décrire.

Les trois piéces principales du tour sont un arbre de fer de trois pieds & demi de hauteur; & de deux pouces de diamétre; une petite rouë de bois toute d'une piéce, d'un pouce d'épaisseur, & de sept ou huit de diamétre, posée horisontalement au haut de l'arbre qui sert de girelle; & une autre plus grande rouë aussi de bois, & toute d'une piéce, de trois pouces d'épaisseur, & de deux à trois pieds de large, attachée au même arbre par en bas, & pareillement parallelé à l'horison.

L'arbre porté par le pivot qu'il a par en bas, dans une crapaudine de fer, & est enfermé par en haut, à un demi-pied au dessous de la girelle, dans un trou virolé de fer percé dans la table que l'Ouvrier a devant lui.

Ce sont les pieds de l'Ouvrier assis devant la table qui donnent le mouvement au tour, en poussant la grande rouë de dessous alternativement avec l'un & l'autre pied, & lui donnant plus ou moins de vivacité suivant qu'il convient à l'ouvrage.

On travaille au tour à peu près de la même maniére & avec les mêmes instrumens qu'à la rouë; avec cette différence néanmoins qu'on a déja remarquée, que les grands ouvrages se font à la rouë, & les petits au tour.

Tant la rouë que le tour ne servent qu'à former & tourner les corps des vases & des pots; les pieds, les anses, les queuës & les ornemens, s'il y en a, hors les moulures, se faisant & s'appliquant ensuite à la main.

Quand il y a de la sculpture à l'ouvrage, elle se fait ordinairement dans des moules de terre ou de bois préparez par le Sculpteur, à moins que l'Ouvrier ne soit assez habile pour la faire à la main; ce qui est assez rare.

On ne dit rien ici de la maniére de rannir ou vernisser les ouvrages de poterie, en ayant parlé ailleurs. *Voyez* PLOMB *&* PLOMBER. *Voyez aussi* VERNIS.

POTIN. Espéce de cuivre. Il y a de deux sortes de potin; l'un qui est composé de cuivre jaune & de quelque partie de cuivre rouge; l'autre qui n'est composé que des lavûres ou excrémens qui sortent de la fabrique du léton, ausquels on mêle du plomb ou de l'étain, pour le rendre plus doux au travail. La proportion de ce mélange est d'environ sept livres de plomb pour cent.

La premiére espéce de potin, que l'on appelle ordinairement Potin jaune, peut s'employer dans des ouvrages considérables; & en y mêlant de la rosette, ou cuivre rouge, il sert fort bien dans la confection des mortiers, canons & autres piéces d'artillerie.

De l'autre potin on ne fait que des robinets de fontaine, des canelles pour les tonneaux, & des uſtenciles groſſiéres de cuiſine, ſur tout quelques eſpéces de pots, d'où peut-être il a pris ſon nom. On en fond auſſi des chandeliers & autres ouvrages d'Egliſe de peu de conſéquence. Ce dernier potin n'eſt point net, point ductile, & ne peut ſe dorer. On le nomme communément Potin gris, à cauſe de ſa couleur terne & griſâtre: quelquefois il eſt appellé Arcot, & c'eſt le nom qu'il a chez les Fondeurs. Le potin gris ſe vend pour l'ordinaire un à deux ſols par livre moins que le jaune. *Voyez* CUIVRE.

Le potin gris paye en France les droits d'entrée à raiſon de 10 ſ. le cent peſant. Le potin jaune paye comme cuivre.

POUCE, que l'on écrit quelque-fois POULCE. Eſt la douziéme partie d'un pied de Roi, qui contient douze lignes. Chaque ligne ſe partage en ſix points; le pouce quarré contient cent quarante-quatre lignes; & le pouce cubique mille ſept cens vingt-huit. *Voyez* PIED DE ROI.

POUCE EVENT, en fait d'aunage d'étoffe de laine. Signifie mettre le pouce de la main devant le bout de l'aune en aunant les étoffes, afin d'en augmenter la meſure.

Le Réglement général des Manufactures du mois d'Août 1669, art. 44, veut que toutes les étoffes ſoient aunées bois à bois & ſans évent; n'étant pas permis aux Auneurs d'en uſer autrement, ſous peine de cent livres d'amende pour chacune contravention. *Voyez* AUNAGE.

POUCHOC. Drogue qui ſe trouve à Siam, & qui fait une partie du Négoce des Siammois avec la Chine, particuliérement à Canton.

Cette drogue eſt également propre pour la médecine & pour la teinture en jaune. Les Chinois en portent beaucoup au Tunquin, où elle eſt de bon débit. Elle coûte à Canton quinze taels, & ſe vend vingt raels au Tunquin.

POUDE, ou POUTE. Poids de Moſcovie qui revient à quarante livres du Païs, c'eſt à dire, à trente-deux livres poids de marc de France. On s'en ſert ſur tout pour peſer le ſel à Aſtracam Ville fameuſe de Tartarie ſur le Wolga, à douze lieuës de ſon embouchûre dans la Mer Caſpienne. Le ſeipod ou eſquipon contient dix poudes.

Les marchandiſes qui ſe vendent au ſeipod & au poude payent à Archangel un pour cent pour le droit du poids. Tout ſe péſe entre deux fers.

La livre eſt partagée en 96 parties, qui ſe nomme Zoledenie; mais cette diviſion n'a lieu que dans le détail.

POUDRE. Petite partie d'un corps qui a été broyé, concaſſé & réduit en atomes preſque imperceptibles, ſoit naturellement, ſoit par les opérations de la chymie ou de la mécanique.

POUDRE A CANON. Compoſition qui ſe fait avec du ſalpêtre, du ſouffre & du charbon. La proportion de ces drogues eſt d'un quart de ſouffre & de charbon ſur les trois quarts de ſalpêtre. Le charbon donne le corps à la poudre, & empêche que la vivacité de l'opération du ſalpêtre n'éteigne le feu du ſouffre; le ſouffre enflamme la compoſition; & le ſalpêtre lui donne la force par l'extrême facilité qu'il a de ſe rarefier.

On ſe ſert de moulins à eau pour incorporer enſemble ces trois drogues. Les piles & les pilons ſont de fer, ce qui rend cette fabrique très-dangereuſe; n'étant que trop ordinaire que les pilons frapant à vuide ſur quelque partie des piles, & y excitant des étincelles, cauſent des incendies ſubites où il n'eſt pas poſſible de remédier.

La poudre bien préparée au moulin, ſe gréne par le moyen de certains cribles, dont les ouvertures plus ou moins larges font la différence des diverſes poudres dont les Marchands font commerce.

POUDRE GRENUE. C'eſt une poudre dont le grain eſt très-gros: elle ſert à charger les piéces d'artillerie, & même les mouſquets, ſoit les plus legers qu'on porte en campagne, ſoit les plus peſans qu'on employe à la défenſe des Places.

POUDRE FINE. C'eſt celle dont le grain eſt extrêmement délié. Son uſage eſt pour amorcer l'artillerie, & pour charger les petites armes, comme fuſils, piſtolets, carabines, mouſquetons, &c.

POUDRE NEUVE. C'eſt, en termes de Marine, de la poudre qui n'a point encore été portée à la Mer.

POUDRE SOURDE, qu'on nomme auſſi POUDRE MUETTE & POUDRE BLANCHE. C'eſt de la poudre qui a les mêmes effets que la poudre ordinaire; mais qu'on ſuppoſe qui ne fait aucun bruit en s'enflamant.

Le Sieur Aubin dans ſon Dictionnaire de Marine dit, qu'elle ſe compoſe avec de la poudre commune, en y ajoûtant du borax, de la calamine, ou du ſel armoniac, ou des taupes vives calcinées, ou de la ſeconde écorce de ſureau.

POUDRE A FEU. C'eſt la même choſe que Poudre à canon.

La poudre à feu eſt du nombre des marchandiſes & aſſortimens de guerre dont la ſortie eſt défenduë hors du Royaume & des Terres & Païs de l'obéïſſance du Roi, conformément au titre 8 de l'Ordonnance de 1687.

Les poudres à canon venant des Païs Etrangers payent en France les droits d'entrée à raiſon de 3 l. le cent peſant; & celles venant des Provinces du Royaume ſeulement 20 ſols, conformément au Tarif de 1664.

Les droits de la Douane de Lyon ſont de 15 ſ. 6. den. du quintal d'ancienne taxation, & encore 12. ſ. pour les anciens quatre pour cent.

POUDRE DE PLOMB, qu'on nomme auſſi CENDRE'E. C'eſt le plus petit plomb à giboyer. *Voyez* PLOMB.

POUDRE D'ETAIN. *Voyez* ETAIN, *vers la fin de l'article, à l'endroit où il eſt parlé de la potée d'étain.*

POUDRE. Terme de Tanneur. C'eſt le tan pilé dont ils ſe ſervent pour tanner leurs cuirs.

Les cuirs forts reçoivent juſqu'à cinq poudres, c'eſt à dire, qu'on y remet cinq fois de nouveau tan. *Voyez* TANNER.

POUDRE DE TROIS, autrement POUDRE CORNACHINE. C'eſt une poudre dans la compoſition de laquelle il entre de la ſcamonée & quelques autres drogues. *Voyez* SCAMONE'E.

POUDRE A CHEVEUX. C'eſt de la farine bien ſaſſée & préparée pour ſécher les cheveux naturels & les perruques. On en fait de farine de froment & de farine de féves. La moins bonne eſt celle où il entre de l'amidon. Ce ſont les Gantiers & Parfumeurs qui la fabriquent & qui en font le Commerce.

POUDRE DE SENTEUR. Ce ſont des poudres tirées des fleurs ou des drogues aromatiques, comme ſont la poudre de violette, la poudre de chypre, la poudre d'iris & quelques autres: elles ſervent à donner de l'odeur aux poudres à cheveux.

Les poudres de violette payent en France les droits d'entrée sur le pied de 5 liv. le cent pesant, & les poudres de chypre 7 liv. 10 s. suivant le Tarif de 1664.

Les droits de la Douane de Lyon sont de 4 liv. le quintal, tant d'ancienne que de nouvelle taxation.

POUDRE DE CHYPRE. C'est la poussiére du bois de pin pourri que l'on détrempe avec de l'eau, & dont on fait une pâte que est recherchée à Venise, où on la parfume.

POUDRER. Terme de Teinturier. Il se dit d'une certaine poudre qui sort des étoffes après qu'elles ont été teintes en noir, & qui y reste des différentes drogues & ingrédiens qu'on a coûtume d'employer à cette teinture.

Les Réglemens enjoignent aux Teinturiers de laver les noirs quand ils sont achevez jusqu'à-ce qu'ils ne poudrent plus. *Voyez* TEINTURE.

POUDRIER. L'Ouvrier qui fait la poudre à canon, ou le Marchand qui la vend.

Les Marchands Poudriers de Paris sont du Corps de la Mercerie. Par les Ordonnances du Roi & les Réglemens du Grand Maître de l'Artillerie de France, il leur est défendu de se fournir de poudre ailleurs qu'aux magazins de Sa Majesté, d'en tenir chez eux une trop grande quantité, & d'en vendre ni débiter à la chandelle. Ces deux derniers articles de Police sont à cause des accidens du feu.

POUF. Terme de Sculpteur & de Marbrier. On dit que le marbre est pouf quand il se gréne aisément, & qu'il se réduit en poudre en le taillant.

Les Paveurs le disent aussi du grès.

POULAILLE. Se dit de toutes les sortes d'oiseaux domestiques qui se nourrissent dans les basses-cours des fermes & maisons de campagne, comme poules, poulets, chapons, poulets d'Inde, dindons, cannes, cannetons, oyes, oisons, &c.

Le Commerce de la poulaille est très-considérable dans quelques Provinces de France qui sont à portée de la faire voiturer à Paris; il en vient sur tout une grande quantité du Païs du Maine & de Normandie, particuliérement du Païs de Caux.

Ce sont les Marchands Poulailliers & les Coquetiers qui en font le Négoce, & qui les aportent ou dans de grands paniers ronds & profonds sur des chevaux de bâts, ou dans d'autres Paniers faits en forme de manes quarrées sur des fourgons. Il en vient aussi beaucoup par les Messagers de ces Provinces, mais seulement pour les particuliers.

A l'égard des Coquetiers, ils sont obligez de mener ce qu'ils en aportent au Bureau, pour de-là être étalé à la place appellée la nouvelle Valée, sur le quay des grands Augustins près le Pont-neuf de Paris, afin que les Bourgeois & ensuite les Rotisseurs puissent s'en pourvoir. *Voyez* VOLAILLE & ROTISSEUR.

POULAILLE SAUVAGINE. C'est ainsi qu'est appellée dans les Statuts des Maîtres Rotisseurs toute sorte de gibier à plume, comme faisans, perdrix, beccasses, coqs de bruyére, pluviers, canards, hallebrais, ortolans, grives, moviettes, cercelles, cailles, &c. aussi bien que tous les jeunes petits de ces oiseaux. *Voyez* ROTISSEUR.

POULAILLIER. Celui qui fait Commerce de poulaille. Il se dit proprement de ces Voituriers qui arrivent deux fois la semaine à Paris avec la volaille qu'ils ont ramassée dans les Provinces voisines de cette Capitale du Royaume & qui se servant des Vendeurs de volaille qui y sont établis en titre d'Offices, débitent leurs marchandises aux Bourgeois & aux Rotisseurs dans la place qui est destinée à ce Négoce. *Voyez ci-dessus* POULAILLE. *Voyez aussi* ROTISSEURS & VENDEURS DE VOLAILLE.

POULAIN. C'est le petit de la jument: on la nomme Pouline & Pouliche quand c'est une femelle. Les poulains ne s'appellent Chevaux que lors qu'ils sont en état de travailler, ce qui ne se permet pas avant l'âge de trois ans dans les haras de France. *Voyez* CHEVAL & HARAS.

POULAIN. Instrument dont les Tonneliers se servent pour descendre les futailles pleines dans les caves, ou pour les en retirer.

Il y en a de deux sortes; le petit poulain qui est une espéce de traîneau; & le grand poulain qui est une sorte de grande échelle. *Voyez* TONNELIER.

POULAIN. C'est aussi une espéce de traîneau sans roues, sur lequel on voiture de gros fardeaux, particuliérement les bales & balots de marchandises. Il ne consiste qu'en deux grosses piéces de bois pareilles l'une à l'autre, assemblées par trois ou quatre traversiéres aussi de bois; on le fait tirer par un ou deux chevaux qu'on y attelle à deux forts crochets de fer qui sont aux deux jumelles sur le devant: sur le derriére sont deux trous pour y mettre deux longues chevilles de fer qui soûtiennent & arrêtent les balots.

POULANGIS. Sorte de grosse tirtaine laine & fil, fabriquée en Bourgogne, particuliérement aux environs d'Auxerre. Il s'en fait aussi beaucoup à Beaucamps le vieux en Picardie. *Voyez* TIRTAINE.

POULCE. La douziéme partie de la mesure des longueurs qu'on appelle Pied. *Voyez* POUCE.

POULCIER. C'est ainsi que les Ouvriers Laineurs ou Eplaigneurs d'étoffes de laine nomment un petit morceau de corne de bœuf qu'ils s'attachent au pouce de la main qu'ils appellent Main de derriére avec laquelle ils tiennent la croix où sont montez les chardons morts dont ils se servent pour leur aider à lainer ou éplaigner les étoffes sur la perche. *Voyez* LAINEUR.

POULIE. Instrument ou machine qui sert à élever ou tirer en haut les fardeaux.

La poulie est composée de trois piéces; du moufle qui en est comme le chassis dans lequel elle est enfermée; du cylindre ou roue cannelée sur quoi roule la corde; & du goujon, c'est à dire, de l'axe ou essieu sur lequel elle tourne & qui l'attache au moufle. On fait des poulies de toute grandeur & de plusieurs matiéres; le cuivre, le fer, le bois y servent le plus ordinairement. Les poulies à diverses roues s'appellent des Moufles: ce sont les plus fortes de toutes les machines pour élever des fardeaux, & un seul homme avec des moufles peut élever sans beaucoup de peine des poids que vingt hommes n'éléveroient pas avec une poulie simple. *Voyez* MOUFLE.

POULINE; POULICHE. Cavale nouvellement née qui conserve ce nom jusques à trois ans qu'on commence en France à la faire travailler. *Voyez* CHEVAL.

POULIOT DE VIRGINIE. Plante qui entre dans la composition de la tériaque & qu'on tient souveraine contre la morsure des serpents. *V.* SERPENTAIRE DE VIRGINIE.

POUNDAGE. Droit qui se leve en Angleterre sur les Vaisseaux Marchands, à raison de tant par livre sterling de la valeur des marchandises dont ils se trouvent chargez.

Cet impôt est nommé Poundage, parce qu'une livre sterling s'appelle Pound en Anglois. Ce droit de poundage fut accordé à Charles II. Roi d'Angleterre pour sa propre Personne par un Acte de l'année 1660; il en a été de même du droit de Tonnage. *Voyez* TONNAGE.

POUPART. Figure de carte peinte grossiérement faite dans un moule de plâtre ou de terre qui represente un jeune enfant en maillot, c'est à dire, avec les bras enfermez dans ses langes. C'est le premier jouet que l'on donne aux enfans. *Voyez l'article suivant.*

POUPE'E. Se dit en général de tous les jouets d'enfans que font les Bimblotiers, lors que ces jouets ont une figure humaine; c'est de ces jouets dont il se fait un si grand Négoce à Paris & particuliérement au Palais. Ce terme s'entend néanmoins plus ordinairemenr de ces figures proprement habillées & coîfées, soit d'homme, soit de femme, qu'on envoye dans les Païs étrangers pour y apprendre les modes de la Cour de France, ou qu'on donne aux enfans d'un moyen âge pour les amuser. *Voyez* BIMBLOT.

POUPE'E, en terme de Tourneur. Signifie les deux piéces de bois ordinairement mobiles, qui se mettent entre les jumelles du tour pour soûtenir l'ouvrage qu'on veut tourner.

Il y a de plusieurs sortes de poupées, entr'autres des poupées à pointes, des poupées à lunette, & des poupées à faire des vis. Il y en a aussi qui au lieu de pointes n'ont qu'une couette, ou crapaudine; d'autres dont les pointes sont à vis pour les avancer & reculer sans déplacer la poupée.

Des poupées à lunettes quelques-unes sont simples, c'est à dire, dont les lunettes sont simplement percées dans une plaque de fer: d'autres sont brisées, celles-ci ont des lunettes de deux piéces qui se joignent avec des vis & des écrous; & enfin, d'autres qui sont composées de quelques piéces ajoûtées pour tourner en ovale, ou en d'autres figures irréguliéres. On parle ailleurs de toutes ces sortes de poupées de Tourneur, on en fait la description & l'on en explique l'usage. *Voyez l'article du* TOUR.

POUPETIER. Marchand qui fait ou qui vend des poupées & autres jouets d'enfans. M. Furetiére l'appelle ainsi dans son Dictionnaire, on ne sçait sur quel fondement; son véritable nom est Bimblotier. *Voyez* BIMBLOTIER.

POURCEAU. Animal domestique qui fournit diverses espéces de marchandises qui entrent dans le Négoce, & dont on se sert aussi dans quelques Manufactures. *Voyez* PORC.

POURCEAU DE MER. Grand poisson que l'on nomme plus communément Marsouin. *Voyez* MARSOUIN.

POURCELAINE. Sorte de poterie très-fine & très-estimée, que l'on nomme plus ordinairement Porcelaine.

C'est aussi un petit coquillage qui sert de monnoye en quelques lieux d'Asie, d'Afrique & d'Amérique. *Voyez* PORCELAINE.

POURPOINTIER. Marchand Pourpointier, celui qui fait ou vend des pourpoints. Le pourpoint est un vêtement dont l'on se servoit autre-fois beaucoup en France; il descendoit jusques au défaut des reins où il finissoit par des basques, & avoit des manches dans lesquelles on mettoit les bras. La Communauté des Marchands Pourpointiers étoit très-considérable à Paris; elle a été réünie en 1655 à celle des Tailleurs d'habits. *Voyez* TAILLEUR.

POURPRE. Couleur rouge tirant sur le violet, dont il a plusieurs nuances depuis la plus claire jusques à la plus foncée. Elle se fait avec la cochenille, ou la graine d'écarlate, & un pied de pastel. *Voyez* COULEUR.

La pourpre étoit fort estimée des anciens, sur tout la pourpre Tyrienne, à cause qu'on lui donnoit plus de teintes qu'aux pourpres ordinaires; & la beauté & la rareté de cette couleur l'avoient renduë comme propre aux Empereurs, aux Rois & aux premiers Magistrats. Cette pourpre n'étoit pas néanmoins plus belle que celle qui est presentement en usage, & l'on n'a apparemment cessé de s'en servir que parce que la pourpre moderne se fait à moindre fraix & est plus éclatante. L'ancienne se teignoit avec le sang d'un poisson de Mer testacé, dont l'on voit la description dans plusieurs Auteurs & des coquilles dans les cabinets de quantité de Curieux.

Il se trouve dans les Mers des Indes Occidentales Espagnoles, une espéce de coquillage ou de poisson à coquille tout à fait semblable, & qui peut être est le même que celui qui donnoit la pourpre des Anciens. Voici comme Thomas Gage en parle.

Le poisson qu'on nomme Pourpre & qui est enfermé dans un coquillage, se trouve dans les Mers des Indes Espagnoles aux environs de Micoza. Ce poisson vit ordinairement sept ans; il se cache vers le lever de la canicule, & continuë ainsi caché 300 jours durant; on en ramasse au Printems, & en les frottant l'un contre l'autre, ils rendent une certaine salive ou glaire épaisse comme de la cire mole; mais la teinture de pourpre est dans la gueule du poisson, & la plus fine est dans une petite veine blanche, n'y en ayant point dans le reste du corps qui est de nul usage. Le drap de Segovie qui en est teint se vend jusques à vingt écus l'aune, & il n'y a que les plus grands Seigneurs Espagnols qui s'en servent.

Les Isles Antilles Françoises ont aussi leur pourpre marine; le poisson dont on la tire se nomme Burgan de teinture, il est de la grosseur du bout du doigt, & ressemble aux limaçons ordinaires qu'on nomme des Vignaux; sa coque est assez forte quoi qu'elle soit fort mince, elle est de couleur d'azur brun; sa chair est blanche, ses intestins sont d'un rouge très-vif dont la couleur paroît au travers de son corps, & c'est ce qui teint l'écume qu'il jette quand il est pris, qui est d'abord d'un violet tirant sur le bleu.

Pour obliger ces animaux à jetter une plus grande quantité d'écume, il n'y a qu'à les mettre dans un plat, les agiter & les battre les uns contre les autres avec la main ou avec des verges; dans un moment ils remplissent & couvrent le plat de leur écume, laquelle étant reçûë sur un linge se change en rouge de pourpre à mesure qu'elle se séche.

L'Auteur François (le Pére Labat) du voyage duquel on a tiré cette description, plus modeste que l'Auteur Anglois, n'ose assurer comme lui que la pourpre que produit son poisson soit la même que celle des Anciens; & il il se contente de dire que si c'est la véritable pourpre Tyrienne, on a du moins perdu le secret de fixer & de cuire cette couleur qui s'affoiblit peu à peu & qui se dissipe presque entiérement à mesure qu'on lave le linge qui en a été teint.

On trouve encore aux Antilles une autre sorte de teinture qui aproche beaucoup de la pourpre marine, mais qui se tire d'une plante qu'à cause de la couleur qu'elle donne on appelle Lianne à sang.

La feuille de cette plante est tout à fait semblable à celle du lierre; son écorce est brune, épaisse & spongieuse comme le liége: le bois & l'écorce ont ordinairement trois à quatre pouces de diamétre; elle est fort simple, de couleur brune quand elle est séche; mais quand on la coupe sur pied elle paroît toute rouge, à cause d'une liqueur épaisse comme du sang de boeuf & de la même couleur dont elle est remplie. Les toiles qu'on y trempe deviennent d'un beau rouge; mais cette teinture a le même défaut que celle de la pourpre marine; c'est à dire, qu'elle se décharge beaucoup en lavant l'étoffe qui en est teinte.

Il paroît que le Pére Labat à qui on est redevable de plusieurs recherches curieuses dont on a enrichi ce Dictionnaire, & de qui l'on a emprunté cette description de la lianne à sang, ne désespére pas qu'on puisse fixer cette couleur, l'ayant lui-même tenté avec quelque succès.

En effet, ayant fait bouillir cette liqueur avec de l'alun qu'il y fit dissoudre, non seulement il s'apperçût que la toile & les étoffes de laine & de coton qu'il y trempa prirent une couleur plus vive & plus belle; mais encore qu'après avoir été à la lessive & savonnées cinq ou six fois, elles se déchargeoient peu & ne teignoient point les autres toiles; il remarqua même que les étoffes de laine & de coton réüssissoient mieux, prenoient plus aisement la couleur & la conservoient mieux.

POUSET. C'est le pastel, c'est à dire, cette couleur rouge qui se trouve dans la graine d'écarlate & qui sert pour la teinture. *Voyez* Ecarlate.

POUSSE. C'est la poussiére ou le grabeau du poivre & de quelques autres drogues & épiceries, entr'autres du gingembre, de la muscade, du macis & de la graine d'écarlate. *Voyez ces articles.*

La pousse du gingembre pointé paye en France les droits de la Douane de Lyon à raison de 1 liv. 9 s. 3 den. le quintal d'ancienne taxation & 3 liv. des premiers quatre pour cent.

La pousse d'écarlate de France 6 liv. pour tout droit.

L'Etrangere 14 liv. 10 s.

La pousse de muscade ou macis 47 s. 6 d. d'anciens droits & 6 liv. pour les quatre pour cent.

POUSSÉ. Vin poussé: c'est du vin gâté & aigri pour avoir bouilli & fermenté dans la futaille par quelque accident. *Voyez* Vin.

POUSSER. On dit en terme de Doreur sur cuir & de Doreur Relieur, pousser des filets, pousser des nervures, &c. pour signifier former sur le cuir ces sortes d'ornemens, en y appliquant de l'or en feuilles par le moyen des petits fers à dorer. *Voyez* Doreur sur cuir, & Relieur.

Pousser au trou, terme de Carrier. C'est conduire la pierre sur les boules ou rouleaux jusqu'au dessous du trou où l'on doit la brider avec le cable & son crochet pour la tirer ensuite sur la forme de la carriére par le moyen de la roue & de son arbre. *Voyez* Carrier.

POUT, ou POU DE SOYE. Etoffe toute de soye tant en chaîne qu'en trême, forte & pleine de fils, dont le grain tient le milieu entre celui du gros de Naples & du gros de Tours, moins serré que celui-ci, mais plus que l'autre, son grain étant d'ailleurs plus gros & plus élevé que celui de l'une & l'autre de ces étoffes: c'est une espéce de ferandine mais toute de soye. Le pout de soye étoit autrefois très de mode, & il n'y avoit que les gens de conséquence qui s'en habillassent: présentement il n'est plus guére d'usage, & les Réglemens de 1667 pour les Manufactures de soye n'en parlent point parmi tant d'autres étoffes même assez anciennes dont ils font mention. *Voyez* Ferandine.

Le pout de soye de Tours paye les droits de la Douane de Lyon à raison de 6 s. de la livre.

POUTE, ou POUDE. Poids de Moscovie. *Voyez* Poude.

PRALINES, ou AMANDES A LA PRALINE. *Voyez* Confitures, *à l'endroit où il est parlé des dragées.*

PRATIQUE. Terme de Commerce de Mer. Il signifie Traité, communication de Commerce qu'un Vaisseau Marchand obtient dans les Ports où il aborde, ou sur les Côtes des Terres & Isles qu'il reconnoît ou qu'il découvre. Nous n'avons jamais pû avoir pratique avec les Habitans de la nouvelle Zemble. De même: ces Sauvages sont des gens doux & paisibles; nous avons eu facilement pratique dans leur Isle; nous avons fait avec eux un assez bon Commerce.

Obtenir Pratique, c'est avoir la liberté de hanter un Port, de descendre à terre, de commercer avec les Habitans, de vendre & d'acheter.

Refuser Pratique, c'est ne vouloir pas souffrir qu'un Vaisseau aborde une terre, qu'il y fasse Négoce & y ait communication. On refuse ordinairement Pratique aux Vaisseaux qu'on soupçonne qui viennent des lieux infectez de mal contagieux, où on ne la leur accorde qu'après les avoir obligez à faire quarantaine.

Les Maîtres des Vaisseaux Marchands ne doivent pas celer en arrivant dans les Ports s'ils ont eu Pratique dans des lieux affligez de peste ou d'autres maladies épidemiques. Les Ordonnances prononcent de grandes peines contre ceux qui ne le font pas.

Pratique. Se dit aussi de la chalandise des Marchands & des Artisans: Il est néanmoins plus en usage pour les gens de métier. Ce Cordonnier a tant de pratique, qu'il faut lui commander des souliers six mois d'avance. Ce Marchand meurt de faim, il n'a pas grande pratique.

Pratique. Signifie encore celui à qui un Marchand a coûtume de vendre, ou pour qui un Ouvrier travaille ordinairement. Ce Seigneur est ma pratique: Je suis la pratique de ce Drapier.

On appelle bonne Pratique, celui avec qui il y a beaucoup à gagner, qui paye libéralement & réguliérement: mauvaise Pratique, celui qui fait peu travailler, ou qui paye mal.

PRE, ou PERE', nom que les Normands donnent à une sorte de boisson faite de jus de Poire, qu'on appelle plus ordinairement Poiré. *Voyez* Poiré.

PRECAIRE. Commerce Précaire, c'est celui qui se fait par une Nation avec une autre Nation son ennemie, par l'entremise d'une troisiéme qui est neutre. Ainsi l'on dit que les Anglois font un Commerce Précaire avec les Espagnols par le moyen des Portugais, lors que les deux premiéres Nations étant en Guerre, la troisiéme leur prête ses Vaisseaux, ses Pavillons & son Nom pour continuer leur Négoce. *Voyez* COMMERCE.

PRECOMPTER. Déduire les sommes qu'on a reçûës d'un débiteur sur le total de la dette lors qu'il en achéve l'entier payement. Vous devez précompter sur les mille livres que je vous dois par mon billet, cent livres que j'ai payées à votre aquit, & deux cens livres pour les marchandises que je vous ai fournies ; ainsi reste sept cens livres que voila comptant.

Les intérêts usuraires, quand on les peut prouver, se précomptent, c'est à dire, se déduisent sur le principal de l'obligation.

PREFIX, tems certain & déterminé. On appelle jour préfix dans le Commerce de Lettres & Billets de Change, le jour marqué précisément pour leur payement. *Voyez* LETTRES DE CHANGE.

PREGATON. Sorte de petite Filiere dont les Tireurs d'Or se servent pour disposer le fil d'or, d'argent, ou de cuivre, & être passé par une autre plus petite filiére qu'ils appellent Fer à tirer. *Voyez* FILIERE.

PRELE. Sorte d'herbe qui sert à polir le bois. *Voyez* PRESLE.

PRÊLER, se servir de la Prêle pour adoucir un ouvrage. Il est particuliérement en usage chez les Doreurs en détrempe. *Voyez* DOREUR.

PRE'LEVER. Lever une somme sur le total d'une société avant de la partager. Nos profits montent à cent mille livres, sur quoi il faut prélever onze mille livres pour l'obtention de nos Lettres Patentes & frais de notre établissement; ainsi reste quatrevingt-neuf mille livres à partager.

PREME, ou PRESME D'EMERAUDE. *Voyez* EMERAUDE *à la fin de l'article.*

PREMIE D'ASSURANCE, terme de Commerce de Mer. C'est ce qu'on nomme communément Prime d'Assurance. *Voyez* PRIME D'ASSURANCE.

PREMIERES COULEURS, sorte d'Emeraude qui se vendent au marc. C'est ce qu'on appelle plus ordinairement Négres-Cartes. *Voyez* EMERAUDE.

PRENEUR, celui qui prend. On donne ce nom dans le Commerce à celui qui prend une Terre & des héritages à ferme, ou une maison à loyer. Le Copreneur est celui qui s'oblige solidairement avec le Preneur: c'est un second Preneur.

PREOLIER. C'est ainsi que sont nommez dans leurs Statuts & Lettres Patentes, les Maîtres Jardiniers de la Ville, Fauxbourgs & Banlieuë de Paris. *Voyez* JARDINIER.

PREPARER UN PEIGNE, terme de Tabletier-Peignier. C'est en amorcer les dents avec le Carrelet, c'est à dire, faire sur le Peigne après qu'il est mis en façon, la premiére ouverture de chaque dent, pour ensuite les achever avec l'estadiou. *Voyez* PEIGNE.

PRESCRIPTION. *Voyez* FINS DE NON RECEVOIR.

PRESCRIRE. Signifie ordonner précisément à quelqu'un ce qu'il doit faire, limiter un pouvoir. Tout Commissionnaire qui passe son pouvoir, & les bornes qui lui ont été prescrites par son Commettant pour l'achat de quelques marchandises, est sujet à desaveu, & les marchandises doivent rester pour son compte.

PRESENTER UNE LETTRE DE CHANGE. C'est la porter au Marchand, Négociant, Banquier, ou telle autre personne que ce soit, sur qui elle est tirée, & la lui mettre entre les mains pour l'accepter, & ensuite la payer au tems de l'échéance. Cette Lettre m'a déja été presentée, je ne puis l'acccepter. *Voyez* LETTRE DE CHANGE.

PRESLE, autrement Queuë de Cheval, en Latin *Equi Setum.* C'est une espéce d'herbe dont les Ebenistes & autres ouvriers en bois se servent pour polir leurs ouvrages après qu'ils les ont rapez & à demi polis avec la peau du chien de Mer.

PRESME, ou PREME D'EMERAUDE. *Voyez* EMERAUDE.

PRESSE. Machine de fer, de bois, ou de quelqu'autre matiére qui sert à serrer étroitement quelque chose.

Les Presses ordinaires sont composées de six piéces; sçavoir, de deux ais ou planches plattes & unies, entre lesquelles on met les choses qu'on veut presser; de deux vis qui sont attachées à la planche de dessous, & passent par deux trous dont la planche de dessus est percée; & de deux écrouës taillez en forme d'S qui servent à presser la planche de dessus qui est mobile, contre celle de dessous qui est stable & sans mouvement.

Les PRESSES pour exprimer les liqueurs, sont de plusieurs sortes; les unes ont presque les mêmes parties des presses communes, à la réserve que la planche de dessous est percée de quantité de trous pour faciliter l'écoulement des sucs qu'on exprime, & qu'il y a au dessous une espéce de cuvette pour les recevoir; d'autres n'ont qu'une vis, ou arbre au milieu auquel est attachée la planche mobile qui descend dans une espéce de boîte ou Vaisseau de bois quarré percé de tous côtez par où s'écoulent les sucs & les liqueurs, à mesure qu'on tourne l'arbre par le moyen d'un petit levier, ou de fer, ou de bois, suivant la matiére de la presse.

La PRESSE des Menuisiers qui leur sert à serrer les bois qu'ils ont colez, & sur tout les paneaux des lambris, est très-simple; elle n'a que quatre piéces, deux vis & deux morceaux de bois de quatre ou cinq pouces en carré, & de deux ou trois pieds de longueur, dont les trous qui sont aux deux bouts servent d'écrouës aux vis.

PRESSE. Il y a aussi des Presses de marqueterie & des Presses à Fondeurs. Celles de Fondeurs qu'on appelle Presses à Coins, & quelque-fois des Serres, sont de Forts chassis de quatre piéces de bois carré bien emboitées les unes dans les autres par des tenons & des chevilles: elles sont de diverses largeurs suivant l'épaisseur des chassis à moule qu'on y doit mettre. Il en faut deux pour chaque moule, aux deux bouts desquels on les place; en sorte qu'en chassant avec des maillets des coins de bois entre le moule & les côtez de la presse, on puisse fortement unir les deux chassis dans lesquels on doit couler le métail. Quand les chassis des moules sont peu épais, on se sert de la presse commune.

La PRESSE des Ouvriers en Marqueterie est presque sem-

semblable à celle des Ménuisiers, à la réserve que les bois en sont plus épais, & qu'il n'y en a qu'un de mobile: l'autre qui est faite en forme de chevalet étant soûtenuë par deux jambes ou pilliers emboitez à tenons, dans chacune de ses extrêmitez, qui sont fortement scellez dans le plancher. Cette presse sert à refendre & scier de bout les bois propres à ces sortes d'ouvrages. Quand les piéces sont trop longues on leur donne de l'échappée dans un trou qui est fait au dessous dans la terre ou dans le plancher.

Presse d'Imprimerie. C'est une machine très-composée qui sert à serrer sur les formes que l'ouvrier a imbibées d'encre, le papier qui est attaché au tympan, en sorte que les caractéres dont les formes sont composées, puissent s'y imprimer. Les parties de cette presse sont les deux jumelles, les trois sommiers, le derriére de la presse où se met l'encrier, le brayon & les bales, la grande vis & son écrou où tiennent la grenouille & le pivot; la crapaudine & la platine, & son rouleau, le berceau avec ses bandes, le train avec ses crampons, le marbre, le coffre, les corniéres, les vaches, le chevalet, les tympans & leurs blanches ou blanchets, la frisquette; enfin, la manivelle pour faire avancer ou reculer le train, & le barreau pour faire agir l'arbre & baisser la platine sur les formes. On explique ailleurs la forme & l'usage de toutes ces piéces. *Voyez* Imprimerie.

Presse. Est aussi la machine avec laquelle les Imprimeurs en Taille-douce impriment ou tirent leurs Estampes & Images; elle est moins composée que celle des Imprimeurs de Livres. *Voyez* Imprimeur en Taille-douce.

Presse. En terme de Monnoyeurs, est une des machines qui servent à fraper la monnoye; elle est différente du balancier en ce qu'elle n'a qu'une barre de fer pour la mettre en mouvement & presser les carrez; qu'elle n'est point chargée de plomb à son extrêmité, & qu'on ne se sert point de cordage pour la tirer. *Voyez* Monnoye & Balancier.

La Presse a rogner dont se servent également les Maîtres Relieurs Doreurs de Livres, les Marchands Merciers, qui font le Commerce du Papier, & les Maîtres Cartonniers-Papetiers, consiste en deux grosses piéces de bois en forme de jumelles, qui sont jointes par deux fortes vis aussi de bois, qui étant tournées avec une barre de fer, peuvent approcher ou reculer les jumelles autant qu'il est nécessaire pour mettre entre deux les Livres, ou les Papiers qu'on veut rogner.

Ces jumelles sont placées à plat sur un pied aussi de bois en forme de bahu, que l'on nomme l'Asne, dans lequel tombent & se gardent les rognûres.

A côté des vis des jumelles sont deux piéces de bois aussi longues que les vis mêmes; elles servent pour diriger les jumelles & les empêcher de s'approcher ou de s'éloigner inégalement quand on tourne les vis.

Au dessus des jumelles est ce qu'on appelle le Fût auquel le coûteau à rogner tient avec une vis qui a sa clef pour le démonter quand il a besoin d'être aiguisé.

Le Fût a plusieurs parties, entr'autres une vis aussi de bois, qui s'engrainant dans les écrouës des deux pieds qui la soûtiennent sur les jumelles, font approcher le couteau du papier ou du livre qui est serré dans la presse entre deux ais à rogner. Cette vis qui a un assez long manche, a ses deux directoires; c'est à dire, deux piéces de bois qui font le même effet, & qui sont à peu près semblables à celles des vis des jumelles.

Pour faire couler d'équerre le fût sur les jumelles, & que le coûteau fasse une rognûre égale quand le Relieur le pousse, un des pieds du fût, qui est celui où ne tient pas le coûteau, a une espéce de coulisse dont le coulisseau qui la dirige est attaché le long de l'une des jumelles.

Enfin, le coûteau est une piéce d'acier de six à sept pouces de long, plat & fort mince, tranchant & finissant en pointe de lame d'épée par un bout, & de forme carrée par l'autre bout qui sert à l'attacher au fût.

Outre la presse à rogner, les Relieurs ont la grande presse pour mettre les livres dessouettez.

Presse. Dans les Manufactures de Lainages, c'est une grande machine de bois qui sert à presser les draps, les ratines, les serges, &c. pour les rendre plus unies, & leur donner le cati, qui est cet œil luisant que l'on remarque à la plûpart des étoffes de laine.

Cette machine est composée de plusieurs piéces dont les principales sont les jumelles, l'écrouë & la vis accompagnée de sa barre qui sert à la faire tourner & descendre perpendiculairement à force de bras sur le milieu d'un épais plateau, ou planche de bois quarrée, sous laquelle on place les piéces d'étoffes que l'on veut presser, ou catir. *Voyez* Cati & Catir.

Il y a une autre sorte de Presse plus petite que la précédente, à laquelle l'on donne le nom de Guinda, dont on se sert aussi à presser les étoffes de laine. *Voyez* Guinda.

La Calandre est encore une espéce de Presse, qui sert à presser ou calandrer certaines étoffes & toiles. *Voyez* Calandre.

Il y a quantité de Marchands qui ont chez eux de petites Presses portatives qui leur servent à presser les étoffes qui ont pris de faux plis, ou qui se sont fripez en les dépliant pour les faire voir. Cette derniére espéce de Presse est la Presse ordinaire dont on a donné la description au commencement de l'article.

PRESSER. Serrer avec une Presse quelque étoffe, quelque toile pour la rendre plus polie, plus lustrée & plus unie qu'elle n'étoit auparavant. C'est ce que l'on appelle dans les Manufactures de Lainages, Catir, & dans celles de Soyeries & de Toileries, Calandrer. *Voyez* Catir, Calandre & Calandrer.

Presser. En terme de Commerce de Mer. Signifie obliger ou contraindre les équipages des bâtimens Marchands à servir sur les Vaisseaux de Guerre. Cette maniére de parler n'est guére en usage qu'en Hollande & en Angleterre. En France on dit ordinairement Fermer les Ports, & quelques-uns disent mettre un Embargo. *Voyez* Embargo.

PRESSEUR. Ouvrier dont l'emploi est de presser sous une presse les étoffes, les toiles, les bas, &c. Ceux qui pressent les étoffes de laine sont ordinairement appellez, Catisseurs; & ceux qui pressent celles de soye & les toiles, sont vulgairement nommez Calandreurs.

PRESSIER. Ouvrier qui est à la presse d'une Imprimerie. *Voyez* Imprimerie.

PRESSOIR. Les Maîtres Eventaillistes appellent ainsi une pelote de linge fin remplie de coton, dont ils se servent à appliquer l'or ou l'argent en feuilles sur les papiers dont ils font leurs Eventails. *Voyez* EVENTAIL.

PRESSOIR. C'est aussi une machine propre à exprimer des liqueurs.

Les Vinaigriers se servent d'un Pressoir pour pressurer leurs lies, & en tirer un reste de vin qu'ils mettent sur les rapez dont ils font leur vinaigre; ou qu'ils font distiler pour en faire de l'eau-de-vie.

Il est défendu par l'article 37 des Nouveaux Statuts des Maîtres Vinaigriers de Paris, aux Taverniers, Cabaretiers Regratiers & Marchands de Vin, d'avoir dans leurs caves ou selliers des bacules & pressoirs à faire vinaigre. *Voyez* VINAIGRIER.

PRESSOIR, terme de chaircuitier. C'est une espéce de grand saloir dans lequel ils font la salaison de leurs lards.

PREST. Action par laquelle on donne à quelqu'un, ou une somme d'argent, ou quelqu'autre chose dont il a besoin, à la charge de les rendre, ou dans un tems marqué, ou quand il en sera requis par le Prêteur. Prêt s'entend aussi quelque-fois de la chose qui a été prêtée. Un prêt d'argent, un prêt de marchandises.

PREST GRATUIT. C'est celui dont on ne retire ni intérêt ni autre chose qui en puisse tenir lieu, & qui ne se fait que par pure générosité & pour faire plaisir à celui à qui on prête. En un mot, c'est le prêt Evangélique qui doit se faire gratuitement & sans en rien espérer.

PREST USURAIRE. C'est celui dont on a tiré un intérêt défendu par les Loix. *Voyez* USURE.

PREST SUR GAGES. Celui qui se fait en donnant ou recevant des meubles, marchandises, hardes, pierreries, vaisselle d'argent, &c. pour la sûreté de l'argent prêté.

En général tout prêt sur gages est défendu par les Loix & les Ordonnances. Celle du mois de Mars 1673. semble cependant y faire quelque exception pour ce qui regarde les prêts sur gages qui se font entre Marchands, & les articles 8. & 9 du titre 6. prescrivent la maniére dont ils doivent être faits pour que le Prêteur puisse avoir privilége sur les gages qu'il a reçûs. *Voyez* GAGE. *La disposition de ces deux articles y est rapportée.*

PRESTER, action de celui qui prête. Il signifie aussi faire un prêt. Je viens de prêter cent pistoles. Il se dit dans toutes les significations de prêt. Prêter sans intérêt, prêter sur gages, prêter à usure. *Voyez ci-dessus.*

PRESTER. Signifie aussi vendre sa marchandise à crédit.

L'Auteur du Parfait Négociant parlant des trois causes les plus ordinaires des faillites des Marchands (qu'il estime être leur ignorance, leur imprudence & leur ambition,) fait consister cette derniére dans leur convoitise, qui pour s'enrichir en peu de tems les engage à prêter inconsidérément, ou aux grands Seigneurs qui ne les payent que quand il leur plaît, ou à de jeunes gens qui se font relever en majorité des dettes qu'ils ont contractées étant mineurs.

PRESTER. Se dit encore de ce qui s'allonge, de ce qui s'élargit aisément: c'est quelque-fois une bonne, & quelque-fois une mauvaise qualité.

Un drap qui prête c'est celui qui est trop lâche, qui n'est pas assez frappé sur le métier. Un bas qui prête, celui qui n'étant pas tricoté serré s'élargit facilement. L'un & l'autre ne se dit guére en bonne part étant un défaut de fabrique.

Au contraire, un gant qui prête, du maroquin, du veau qui prêtent, se prennent comme une bonne qualité, qui veut dire qu'ils sont maniables, molets & bien passez.

PRESTEUR. Celui qui prête son argent, ses marchandises. Les prêteurs sur gages sont regardez comme des usuriers.

PRESURE. C'est un composé d'eau, de sel, & de vessie de veau, dont les Suisses, particuliérement ceux de Griers & de Berne, se servent ponr faire cailler le lait, qu'ils employent à fabriquer le premier fromage. *Voyez* FROMAGE *à l'endroit où il est parlé de ceux de Suisse.*

PREVOST DES MARCHANDS. C'est ainsi que se nomme dans quelques Villes de France le premier Magistrat Municipal, qu'ailleurs on appelle ordinairement Maire.

La Ville de Paris Capitale du Royaume, & Lyon cette autre Ville si célébre par son florissant Commerce, ont leur Prevôt des Marchands.

Celui de Paris préside au Bureau de la Ville, & conjointement avec les Echevins juge toutes les causes des Marchands pour fait de marchandises qui arrivent par eau sur les Ports. Il connoît aussi des causes des Officiers de la Police de la Ville pour raison de leurs Offices & fonctions; des délits commis par les Marchands, Commis & Facteurs au fait desdites marchandises; des rentes constituées sur l'Hôtel de Ville; des immatricules & des différens qui naissent pour raison desdites rentes, tant entre les Payeurs & Rentiers, qu'entre les Payeurs, autres Officiers des rentes & leurs Commis. Il met le taux aux marchandises & denrées qui abordent sur les Ports; & cela sur les échantillons qui lui en sont représentez par les Officiers de la Ville. Il a Jurisdiction sur la Riviére de Seine tant en remontant qu'en descendant, pour en tenir les rivages & la navigation libres. Il est l'Ordonnateur de la construction, réparation & entreténement des ponts, remparts, quais, abreuvoirs, fontaines & autres ouvrages qui regardent la décoration & la commodité de la Ville. Il régle les Cérémonies publiques quand il en a reçû l'ordre du Roi; & y représente, accompagné des quatre Echevins & autres Officiers de Ville, les Bourgeois & le Peuple de Paris. Enfin, il a droit de Justice & Jurisdiction ordinaire en plusieurs ruës de la Ville.

Les principaux Officiers des Ports & autres sur lesquels le Prevôt des Marchands a jurisdiction, sont, les Jurez Mesureurs & Porteurs de grains; les Jurez Vendeurs, Courtiers, Jaugeurs & Déchargeurs de vins; les Crieurs de corps & de vins; les Jurez Mouleurs de bois & Contrôleurs des quantitez; les Aydes à Mouleurs & Chargeurs de bois dans les charettes; les Jurez Mesureurs & Porteurs de charbon; les Jurez Mesureurs de sel, Etalonneurs de mesures de bois & Compteurs de salines sur la riviére; les Porteurs, Briseurs & Courtiers de sel; les Courtiers de lard & graisses; les Jurez Visiteurs & Mesureurs d'aulx, oignons & autres fruits & gueldes; les Courtiers de Chevaux de la marchandise de l'eau; les Toiseurs de plâtre; les

les Jurez Mesureurs & Porteurs de chaux; les Maîtres des ponts, leurs Aydes, les Chableurs & les Maîtres des pertuits; les Gardes de nuit, les Planchéeurs, les Débacleurs, les Maîtres Passeurs & les Boueurs des Ports, &c.

On parle de tous ces Officiers à leurs articles particuliers où l'on peut avoir recours.

Le Prevôt des Marchands tient son Audience à l'Hôtel-de-Ville tous les lundis, mardis, jeudis & vendredis de chaque semaine depuis onze heures du matin jusqu'à une heure après midi; & les appellations de ses Sentences ressortissent & sont directement portées au Parlement.

Tous les Historiens attribuent la création de la Charge de Prevôt des Marchands & de celles des Echevins de la Ville de Paris à Philippes Auguste. Du Haillan en fixe l'époque vers l'an 1190. Ce n'est pas que cette grande Ville eût été jusques-là sans un premier Magistrat Municipal; & les Assemblées de Ville qui se tenoient au Parloir aux Bourgeois, que Grégoire de Tours nomme *Domus Negotiantium*, avoient sans doute un Chef & un Président qui y tenoit lieu de Prevôt des Marchands. Ce que Philippes-Auguste fit par cette nouvelle création, ce fut de donner de nouveaux noms, de nouveaux droits & un nouveau lustre aux Magistrats qui jusques-là avoient eu soin des affaires & des intérêts de cette Capitale de son Royaume.

Plusieurs des Rois de France ont depuis ajoûté des Priviléges à ceux que leur avoit attribué Philippes. Charles V. par ses Lettres du 9 Août 1371, Charles VI. par les siennes du 5 Août 1390, & Louis XI. par celles de Septembre 1449, ont donné même aux Bourgeois le droit de tenir fiefs sans payer finance, de porter des armoiries timbrées, & de se servir des marques de Chevalerie, comme s'ils étoient nobles de race.

C'est sur tout à Henri III. que les Prevôt des Marchands & Echevins sont redevables de leurs plus grands avantages. Ce Prince, par ses Lettres Patentes du mois de Janvier 1577, les ayant annoblis, eux & leurs enfans à l'avenir, sans être tenus de faire d'autres preuves de noblesse, que de montrer qu'eux & leurs péres ont été dans l'une de ces Charges, & qu'ils n'ont point depuis dérogé; accordant de plus au Prevôt des Marchands en particulier, le titre de Chevalier avec les droits attachez à cette qualité; & déclarant qu'il auroit ses causes commises aux Requêtes du Palais, comme s'il étoit Officier Commençal de la Maison Royale.

Louis XIV. par son Edit perpétuel & irrévocable du mois de Novembre 1706, a de nouveau confirmé tous les Priviléges accordez par ses Prédécesseurs aux Prevôt des Marchands & Echevins de Paris, & nommément ceux contenus dans les Lettres Patentes des Rois Charles V. de l'an 1371, Charles VI. de l'an 1411, Henri III. de l'an 1577; & en conséquence ledit Prevôt des Marchands est maintenu dans le titre, dignité & qualité de Chevalier, avec droit de manteau, armes timbrées, &c. & les Echevins, Procureur du Roi, Greffier & Receveur de la Ville, & leurs enfans nez & à naître sont pareillement confirmez dans les droits & prérogatives de Noblesse à eux ci-devant accordez par Edit de 1656; & à ceux d'entr'eux qui sont Marchands & Négocians & à leurs enfans, a donné la faculté de continuer leur Négoce & trafic en gros, sans dérogeance à ladite Noblesse.

Par le même Edit de 1706 sont créez quatre Conseillers-Intendans des fontaines, regards, aqueducs & conduits publics, un Conseiller-Syndic général des Communautez dépendantes de l'Hôtel-de-Ville de Paris, & un Trésorier des deniers destinez à l'entreténement des Hôtels des deux Compagnies des Mousquetaires du Roi.

Le Prevôt des Marchands est à peu près à Paris ce qué étoit à Rome le *Præfectus Urbis*; & leurs fonctions sont assez semblables. Le Magistrat Romain avoit toute-fois, ce semble, un droit de Police plus étendu que le Parisien; & pour une plus parfaite ressemblance, il faudroit joindre à la jurisdiction du Magistrat Municipal de Paris, celle de Lieutenant de Police de cette même Ville.

Le Prevôt des Marchands est élû de trois ans en trois ans, & peut être continué: l'élection s'en fait dans l'octave de l'Assomption de la Vierge au mois d'Août. Dans les cérémonies il marche en robe de Palais, mi-partie de velours rouge & tanné par dessus une soûtane de satin rouge-cramoisi, avec boutons, ceinture & cordon d'or. Quand il a l'honneur de parler au Roi au nom de la Ville, & à la tête des Echevins & autres Officiers, il harangue à genoux.

Ce n'est que sous le Régne de Henri IV. & par Edit du mois de Decembre 1595, que la Ville de Lyon a commencé d'avoir un Prevôt des Marchands pour premier Magistrat Municipal, & quatre Echevins, pour tenir avec lui la Jurisdiction des Bourgeois de ladite Ville. Henri II. avoit bien eu dessein de faire cet établissement, & en avoit même donné son Edit, mais il étoit demeuré sans éxécution. Avant ce tems-là douze Conseillers ou Consuls, dont six étoient élûs chaque année en la place des six plus anciens qui sortoient de Charge, étoient chargez du Consulat; (c'est ainsi que se nommoit cette Jurisdiction des Bourgeois de Lyon.) L'Edit le plus ancien portant Réglement pour l'élection, droits & Priviléges de ces douze Conseillers, est de Charles VIII. en Décembre 1495. Il y est dit néanmoins que de toute ancienneté les affaires communes de cette Ville avoient été régies, gouvernées & administrées par douze Conseillers.

Le principal Privilége accordé à ces douze Magistrats Municipaux étoit le titre & Privilége de Noblesse & le droit de franc-fief. Louis XII. en Juin 1498, François I. en Février 1514 & Janvier 1544, Henri II. en Septembre 1550, François II. en Octobre 1559, Charles IX. en 1570, & enfin, Henri III. en Octobre 1574, ont donné leurs Lettres Patentes confirmatives de tous les Priviléges contenus dans l'Edit de Charles VIII.

Henri IV. faisant le changement raporté ci-dessus au nom & au nombre des Officiers de la Ville de Lyon, ne changea rien à leurs Priviléges, mais au contraire il les confirma par ses Lettres du mois de Novembre 1602. Outre le Prevôt des Marchands & les quatre Echevins, il est aussi créé & érigé par ledit Edit de 1595, un Procureur du Roi & un Secrétaire, ou Greffier de ladite Ville. La Jurisdiction de ces Magistrats Municipaux de Lyon s'étend à peu près sur les mêmes Officiers, & les mêmes droits & affaires que celles du Prevôt des Marchands & Echevins de la Ville de Paris, à l'instar desquels, comme parle l'Edit, ils ont été établis.

Prevost de Sale. C'est celui qui apprend chez les Maîtres en fait d'armes l'éxercice de l'escrime, pour en donner lui-même leçon. Le Prevôt avant d'être reçû Maître doit servir deux ans ; & quand il a été reçû, encore quatr'autres années avant de pouvoir tenir sale. *Voyez* MAISTRE EN FAIT D'ARMES.

PREVOSTS. Ce sont aussi ceux qui ont soin des affaires, qui font les visites & qui veillent à l'éxécution des Statuts de la Communauté des Maîtres Chirurgiens Jurez de Paris. Ils sont à proportion ce que sont les Jurez dans les Communautez des Arts & Métiers. *Voyez* CHIRURGIEN.

PREVOSTS. Ce sont encore une espéce d'Officiers subalternes dans les Monnoyes de France. Il y en a de deux sortes, les Prevôts des Ouvriers & Taillceresses, & ceux des Monnoyers. Ils sont à vie, & se font par élection.

C'est au Prevôt des Ouvriers de se charger des lames d'or, d'argent & de cuivre pour les leur distribuer, afin qu'ils les taillent au coupoir, & qu'ils leur donnent les autres façons qui les rendent flaons, c'est à dire, propres à recevoir la marque qui leur fait avoir cours dans le public. Le Prevôt des Monnoyers en fait autant des flaons; & c'est de sa main qu'ils les reçoivent pour les frapper au balancier. L'un & l'autre répond des lames ou des flaons tant qu'ils restent entre leurs mains. *Voyez* OUVRIER & MONNOYER. *Voyez aussi* MONNOYAGE.

PREUVE. Terme d'Aritmétique. C'est une opération par laquelle on vérifie une régle. La preuve de la Multiplication est la Division; la Soustraction sert de preuve à l'Addition; & l'Addition à la Soustraction. *Voyez les articles où l'on traite de ces régles.*

PREXILLAS-CRUDOS. C'est ainsi qu'on appelle en Flandre une espéce de toile d'étoupe de lin qui se manufacture particuliérement aux environs de Bruges, Courtray, Gand & Ypres. On la nomme encore dans le Païs, Brabante. *Voyez* TOILE, *à l'endroit où il est parlé de celles de Flandre.*

PRIAPE, ou NERF DE CERF. *Voyez* CERF.

PRIEUR. C'est le nom que l'on donne en quelques Villes de France, comme à Roüen, à Toulouse, à Montpelier, à celui qui préside au Consulat des Marchands: il y tient la place que le Grand Juge tient à la Jurisdiction Consulaire de Paris. *Voyez* CONSULS.

PRIMA, ou PRIMO. Terme dont les Marchands & Négocians Provençaux se servent quelque-fois dans leurs écritures pour signifier premier. Le voisinage d'Italie l'a fait passer en France.

PRIME. Nom que l'on donne à la premiére sorte de laine d'Espagne, qui est la plus fine & la plus estimée pour la fabrique des étoffes, bas & autres ouvrages de laine. On lui donne aussi, à cause de sa grande finesse, le nom de Refin; & pour faire connoître le lieu précisément d'où elle vient, on ajoûte ordinairement le nom de la Ville. Ainsi l'on dit. Prime Ségovie, Refin Ségovie. *Voyez* LAINE, *où il est traité des laines d'Espagne.*

PRIME, dans la division du marc d'argent. Se dit de la vingt-quatriéme partie d'un grain ; en sorte qu'un grain est composé de vingt-quatre primes.

PRIME, en fait d'Aritmétique. Signifie une dixiéme partie de l'unité.

PRIME. Se dit aussi dans le Commerce de la moruë séche de celle qui arrive en Europe de la premiére pêche de ce poisson, & qui par conséquent y est du meilleur débit, à cause de sa nouveauté.

La moruë prime s'entend particuliérement de celle qui donne au Cap-Breton, cédé à la France par le Traité de 1713, & que les François nomment présentement Louïs-bourg. Les endroits où la pêche commence la premiére sont, sur tout le Fourillon, le Cap Nord & Neganiche ; aussi ces trois lieux, entr'autres Neganiche, quoi que ce dernier ne puisse au plus contenir que trois Vaisseaux à la fois, sont toûjours les premiers occupez par les Pêcheurs François, tant à cause que la moruë y est toûjours prime, que parce que le poisson y est excellent. *Voyez* MORUE. *Voyez aussi à l'article général du Commerce de l'Amérique, ce qu'on y dit de celui du Cap-Breton.*

PRIME D'ASSURANCE. Terme de Commerce de Mer, qui signifie la somme que l'Assureur reçoit comptant en signant la police d'Assurance de celui qui fait assurer sa marchandise ou son Vaisseau. On la nomme Prime, à cause qu'elle se paye premiérement & par avance. En quelques lieux elle est appellée Primeur, Premie, Coust, ou Agio d'Assurance. Elle se trouve autorisée par l'Ordonnance de la Marine du mois d'Août 1681, livre 3, art. 1 du titre 6. *Voyez* ASSURANCE & POLICE D'ASSURANCE.

PRIMEUR D'ASSURANCE. *Voyez l'article précédent.*

PRIMITIF. Terme d'Aritmetique. On appelle un nombre primitif, celui qui ne peut être éxactement mesuré que par l'unité, comme sont les nombres de sept, de onze, de vingt-sept, &c.

PRIMO. *Voyez* PRIMA.

PRINCIPAL. Le capital d'une somme dûë ou prêtée. Il se dit en ce sens par opposition à intérêt, qui signifie le profit que l'on tire de son argent en le prêtant, ou en le donnant à constitution. Les intérêts montent présentement plus haut que le principal. Les Intérêts usuraires doivent se précompter sur le principal.

On s'en sert aussi par opposition aux frais. Dans ce procès il ne s'agissoit pas de cent écus de principal, il y a pour mille écus de frais.

On dit, Imputer un payement sur le principal & non sur les intérêts ou les dépens; ou au contraire, l'Imputer sur les dépens & intérêts & non sur le principal; pour dire, en tenir compte sur les uns ou sur les autres.

PRINCIPAL. Fonds principal. S'entend du premier fonds que des Associez ont mis dans une société; ce qui le distingue des fonds qu'on est quelque-fois obligé de faire subsidiairement, quand le premier n'est pas suffisant. Notre fonds principal n'est que de cent mille écus, mais nous avons été obligez de faire de nouveaux fonds qui montent presque aussi haut.

PRINCIPAL COMMERCE D'UN MARCHAND. Est celui auquel il s'applique par préférence aux autres Négoces. Le principal Commerce de cet Epicier sont les drogues pour la médecine & la teinture. Le principal Commerce des Hollandois est celui des Indes Orientales.

PRISE. Se dit des Vaisseaux & bâtimens enlevez & pris en Mer sur les Ennemis de l'Etat, ou sur les Pirates, par des Vaisseaux du Roi, ou par des Armateurs ayant Commission de l'Amiral; ce qui s'entend pareillement des Vaisseaux & Bâtimens que les Ennemis ou Pirates enlévent sur les Marchands.

L'Or-

L'Ordonnance de la Marine du mois d'Août 1681, titre 9 du livre 3, article 4, 5, 6, 7, 8 & 12, déclare de bonne prise,

1° Tous Vaisseaux appartenans aux Ennemis du Roi, ou commandez par des Pirates, Forbans & autres courans la Mer sans commission d'aucun Prince ni Etat Souverain.

2. Celui qui combat sous autre Pavillon que celui de l'Etat dont il a commission, ou ayant commission de deux différens Princes ou Etats.

3. Les Vaisseaux avec leur chargement, dans lesquels il ne se trouve point de charte-partie, connoissement ni factures.

4. Ceux qui se trouvent chargez d'effets appartenans aux Ennemis du Roi.

5. Les marchandises des Sujets & Alliez de Sa Majesté, qui se rencontrent dans des Vaisseaux ennemis.

6. Les bâtimens des Sujets du Roi repris sur les Ennemis, après être restez entre leurs mains vingt-quatre heures.

7. Les Vaisseaux qui refusent d'amener leurs voiles, après la semonce qui leur en a été faite par les Vaisseaux de Sa Majesté, ou par ceux de ses Sujets armez en guerre, peuvent y être contraints; & s'ils font résistance, & qu'ils combattent, ils sont de bonne prise.

Cette même Ordonnance, titre 2 du livre 1, veut que ce soient les Juges de l'Amirauté qui connoissent privativement à tous autres, des contestations qui arrivent concernant les prises.

Les marchandises provenant des prises faites en Mer par les Vaisseaux de guerre François, ne sont sujettes à aucuns droits, soit qu'elles soient déclarées de bonne prise, ou que main-levée en ait été faite aux Propriétaires, pourvû qu'elles soient transportées hors le Royaume un mois après leur arrivée, sans y avoir été venduës; mais elles sont sujettes aux droits d'entrée, si elles sont venduës dans le Royaume; & elles sont encore sujettes aux droits de sortie, si elles sont portées hors du Royaume après avoir été venduës. *Ordonnance des cinq grosses Fermes du mois de Février* 1687, *titre* 1, *article* 10.

PRISE. Se dit aussi chez les Marchands Epiciers, Droguistes & Apoticaires, de quelque dose de drogue propre à la Médecine. Une prise de quinquina. Une prise de poudre de vipére.

PRISE'E. La valeur d'une chose estimée ou à l'amiable, ou par autorité de Justice; soit par les Officiers qui ont titre de le faire en conséquence de leurs Charges, comme sont les Huissiers-Priseurs & les Experts Jurez; soit par des personnes intelligentes convenuës par les Parties intéressées.

PRISER. Mettre le prix à une chose. Ce sont les Huissiers-Priseurs qui mettent le prix aux meubles, ustenciles de ménage & marchandises qui se vendent par Autorité de Justice dans les encans publics. Les Maîtres Jurez Experts Charpentiers & Maçons prisent les ouvrages de charpente, maçonnerie & couverture, dont les prix sont en contestation entre les Bourgeois & les Entrepreneurs & Ouvriers. *Voyez les divers articles de ces Officiers de Police.*

PRISEUR. Officier qui met le prix aux choses dont la vente se fait par Ordonnance du Juge. *Voyez comme dessus.*

PRIVILEGE. Permission que l'on obtient du Prince ou du Magistrat de fabriquer & vendre quelque marchandise, ou faire quelque Commerce, soit à l'exclusion des autres, soit concurremment avec eux. Le premier s'appelle Privilége exclusif, & l'autre simplement Privilége.

Les Priviléges exclusifs ne devroient s'accorder que rarement, à cause du préjudice qu'ils apportent ordinairement au Commerce, en ôtant l'émulation qui le fait fleurir. Ils sont néanmoins justes & nécessaires en certains cas, puis qu'ils sont comme une espéce de récompense de la peine que donne l'invention des Manufactures, des ouvrages & des machines utiles au public, ou des grandes entreprises de Commerce. Il arriveroit même assez souvent que les Inventeurs s'étant engagez dans des dépenses grandes & indispensables pour des choses dont l'éxécution ne coûte quelque-fois presque rien, ne se hâteroient pas de les rendre publiques si un Privilege exclusif ne leur ôtoit la crainte de l'imitation, & ne leur donnoit l'espérance de se rembourser.

A l'égard du Privilége exclusif de faire le Commerce étranger, il ne s'accorde ordinairement qu'aux conditions suivantes. 1. Pour des choses qui viennent des lieux fort éloignez, où l'on ne peut aller sans courir de grands risques, & qui servent plûtôt aux commoditez superfluës qu'aux nécessitez absoluës de la vie. 2. Que le Privilége ne soit pas perpétuel, parce qu'il restraint la liberté naturelle, mais qu'il soit limité à un certain tems proportionné pour que les Privilégiez puissent amplement s'indemniser. Ce tems est aisé à connoître par la vûë du Commerce qu'on entreprend, & des lieux où il doit se faire. 3. Qu'il ne soit pas permis à ces Privilégiez de monopoler, c'est à dire, de hausser le prix de leurs marchandises à leur fantaisie, mais que la vente en soit proportionnée aux armemens, & frais, aux avances & intérêts d'avances, aux prix des achapts sur les lieux, aux risques de la Mer, & au gain qui se peut légitimement faire, toutes considérations balancées. 4. Que les Privilégiez secourent l'Etat dans ses besoins sur les gains considérables qu'ils font, & cela à la décharge des autres contribuables qui sont privez par l'exclusion de la part qu'ils auroient pû avoir à ce gain. 5. De remettre au public la liberté de ce Commerce aussi-tôt que le tems est expiré sans le prolonger, à moins qu'il n'y ait des nécessitez pressantes & intéressantes pour l'Etat, afin que tous les Citoyens puissent partager à un gain légitime, & qu'un petit nombre n'acumule pas des richesses immenses, qui quelque fois portent à la désobéissance & à la révolte.

PRIVILEGE POUR L'IMPRESSION DES LIVRES. Ce Privilége est proprement exclusif; c'est une Permission qu'un Auteur, ou un Libraire obtient au grand Sceau, pour avoir seul la Permission d'imprimer ou faire imprimer un Livre, avec deffense à tous autres de l'imprimer, vendre & débiter pendant un certain nombre d'années, avec les clauses & sous les peines qui y sont exprimées.

Ce n'est guére que depuis le commencement du seiziéme Siécle que les Libraires & les Imprimeurs ont pris des Permissions d'imprimer. Le Roi, le Parlement & le Prevôt de Paris les accordoit indifféremment, suivant qu'on s'adressoit à l'un ou à l'autre pour les avoir. On ne voit point de Permission accordée par les Rois avant celles de Louïs XII. de 1507. ni aucune obtenuë du Parlement avant

avant 1508: il y en a quelques-unes du Prevôt de Paris depuis 1517.

Il étoit alors libre de prendre & de ne prendre pas de ces Permissions. Ce ne fut d'abord que pour éviter cette jalousie si ordinaire parmi les personnes de même profession, qui excitoit quelques Imprimeurs à contrefaire les Ouvrages de leurs Confréres aussi-tôt qu'ils paroissoient, que l'on eut recours à l'Autorité du Souverain ou des Magistrats qui le représentent pour arrêter cet abus.

Dans la suite l'intérêt de la Religion & celui de l'Etat fixérent cette liberté, & rendit les Permissions de necessité. Dès que l'on vit la France inondée des livres de Luther & de Calvin, & troublée par les Libelles infames qui ne respiroient que l'hérésie & la révolte qui s'y répandoient sans cesse contre les Puissances les plus respectables, on songea à arrêter cette licence ; mais les premiéres tentatives n'ayant pas réüssi, Charles IX. donna enfin cette célébre Ordonnance du 10 Septembre 1563, qui défend, sous peines de confiscation de corps & de biens, à toutes personnes de faire imprimer aucun Livre, Lettre, Harangue, &c. sans permission scellée de la Chancellerie, & à tous Libraires d'en imprimer sans pareille Permission sous peine de la vie.

Cette injonction d'ailleurs si juste & si raisonnable de prendre des Priviléges du grand Sceau pour l'impression des Livres, a néanmoins eu besoin que les Rois Successeurs de Charles IX. l'ayent souvent de nouveau ordonné par quantité d'Edits, de Déclarations & d'Arrêts du Conseil. L'Edit du 21 Août 1686, & les Arrêts du 2 Octobre 1701, & 13 Août 1703, contiennent les Réglemens qui s'observent en France dans la Librairie sur le fait des Priviléges.

Par l'article 66 de cet Edit en forme de Statuts pour les Imprimeurs & Libraires, il leur est défendu d'imprimer ou faire imprimer aucun Livre sans Lettres Patentes du grand Sceau, où de les imprimer ou faire imprimer autre part qu'au lieu de leur résidence.

L'Article 4 ordonne que les Priviléges ou Extraits des Priviléges soient inserez à la fin ou au commencement des Livres ; mais l'Arrêt de 1701 ordonne qu'ils y seront imprimez tout au long, & non par Extrait.

L'Article 2 de l'Arrêt de 1703, veut pareillement que les Lettres Patentes desdits Priviléges, & même leur cession, soient enregistrées fidèlement & tout au long dans les Registres de la Communauté des Libraires & Imprimeurs dans les trois mois du jour de l'obtention desdites Lettres, & dans pareil terme de la date de leur cession.

L'Article 65. du même Edit de 1686, défend à tous Libraires & Imprimeurs de contrefaire, vendre ni débiter les Livres pour lesquels il aura été accordé des Priviléges ou continuation de Priviléges.

Enfin, l'Article 67 explique les différens ouvrages d'Imprimerie pour lesquels il n'est pas nécessaire, mais qu'il est même défendu d'obtenir des Priviléges, comme sont les Factums, Requêtes, Placets, Billets d'Enterrement, Pardons, Indulgences, Monitoires, &c. à la réserve néanmoins des Pardons, Indulgences & autres ouvrages propres à chaque Diocèse qui peuvent être imprimez sur les Priviléges spéciaux qu'en auront obtenus les Evêques.

Privilege. Il y a à Lyon un Juge Conservateur des Priviléges des Foires franches dont la Jurisdiction se nomme, La Conservation, & les Magistrats Juges Conservateurs. *Voyez* Conservation.

Privilege. C'est encore un droit que le Roi accorde à des particuliers d'être reçûs Maîtres dans des Corps & Communautez sans y avoir fait d'Apprentissage, & sans être obligez d'y faire de Chef d'œuvre, mais seulement une simple expérience.

Il y a plusieurs occasions où les Rois, même quelques Princes, par la concession des Rois, ont la faculté de donner une certaine quantité de ces Priviléges dans chaque Communauté, comme les joyeux avénemens, les mariages, les entrées, les Batêmes, les naissances de Dauphins & de premier Prince du Sang, &c. Autre-fois aucun Corps ni Communautez n'en étoient éxempts. Présentement une grande partie en a obtenu l'éxemption, & s'en est rachetée par le payement de quelque finance portée aux coffres du Roi. Ces sortes de Maîtres sans Apprentissage & sans Chef-d'œuvre, sont appellez simplement Privilégiez, ou Maîtres de Lettres, pour les distinguer des Maîtres Chef-d'œuvriers.

PRIVILEGIEZ. Ce sont des particuliers qui en vertu des Lettres Patentes du Roi, ont droit d'éxercer certains Commerces ou certains Arts & Métiers sans avoir fait Apprentissage, ni avoir été reçû Maîtres dans les Corps & Communautez. Ces Privilégiez sont obligez de faire enregistrer leurs Lettres au Greffe du Châtelet, sont sujets aux visites en certains cas, & n'ont aucun droit à la Jurande ni aux autres Priviléges des Maîtres de Communautez. *Voyez* Maîtres de Lettres.

Privilegiez suivant la Cour. Ce sont des Marchands ou Artisans qui ont droit d'éxercer leur Négoce ou métier dans tous les lieux où la Cour se trouve. Ils sont sous la protection, justice & visite du Grand Prevôt de l'Hôtel.

Privilegiez. On appelle à Paris Lieux Privilégiez, ou Plûtôt prétendus Privilégiez, ceux dans lesquels des Artisans & Ouvriers, sans avoir été reçûs à la Maîtrise dans aucun Corps ou Communautez des Arts & Métiers, ont la liberté de les éxercer sans être sujets à la jurisdiction & à la visite des Maîtres de ces Communautez. Il y a cependant de certains cas où les Jurez ont droit de visite chez eux & sur leurs ouvrages, mais alors ils se doivent faire accompagner d'un Commissaire du Châtelet, & même le plus souvent, suivant les lieux & les occasions, obtenir une Ordonnance du Lieutenant Civil ou de celui de Police.

Les lieux Privilégiez ou prétendus Privilégiez de Paris, sont le Fauxbourg saint Antoine, le cloître & parvis Notre-Dame, la cour saint Benoît, l'enclos de saint Denis de la Chartre, celui de saint Germain des Prez, celui de saint Jean de Latran, la ruë de Lourfine, l'enclos de saint Martin des Champs, la cour de la Trinité, & celle du Temple.

On peut mettre aussi de ce nombre les galeries du Louvre, l'Hôtel Royal des Gobelins, & les maisons des Peintres & Sculpteurs de l'Academie, qui méritent avec tant de raison par l'excellence des Arts qui s'y exercent, & par l'habileté de ceux qui en font profession, les grands Priviléges qui leur ont été accordez, quand d'ailleurs à l'égard des deux premiers ils ne seroient pas véritablement des Maisons Royales.

Les

Les Palais & Hôtels des Princes du Sang sont aussi respectez comme des lieux privilégiez, & même les Colléges de l'Université, ont des espéces de Priviléges, particuliérement pour les Ouvriers & Artisans qui leur servent de Portiers; mais bien moins fondez que ceux des lieux dont on vient de parler, & ausquels souvent on n'a pas beaucoup d'égard.

PRIX, valeur, estimation d'une chose.

Le prix des marchandises dépend ordinairement de leur abondance & de la rareté de l'argent, quelque-fois de la nouveauté & de la mode qui y mettent la presse, plus souvent de la nécessité & du besoin qu'on en a. Mais par rapport à elles-mêmes leur prix véritable & intrinséque doit s'estimer sur ce qu'elles coûtent au Marchand, & sur ce qu'il est juste qu'il y gagne, eu égard aux différentes dépenses où il est engagé par le Négoce qu'il en fait.

Vendre au prix coûtant, c'est vendre une étoffe ou autre marchandise sur le pied qu'elles reviennent au Marchand rendues dans son magazin.

Faire le prix d'une chose, d'une denrée, d'une marchandise, c'est en fixer la valeur. Les Prevôt des Marchands & Echevins de Paris, fixent le prix des bois, charbons, chaux, &c. qui arrivent sur les Ports de cette Ville. Le Lieutenant Général de Police a aussi le droit de fixer certaines denrées, grains, &c. dans les hales & marchez de la Ville, & il appartient pareillement au Grand Prevôt de l'Hôtel de fixer celui des denrées qui se vendent à la suite de la Cour, comme le grand Prevôt des Maréchaux, le fixe dans les Camps & Armées du Roi.

On dit ordinairement: Cette marchandise est très-bonne, vous n'avez qu'à vous défendre du prix, pour dire, tâchez de n'en donner que le moins que vous pourrez.

Une marchandise hors de prix est une marchandise qui se vend beaucoup au de-là de sa juste valeur.

PRIX FAIT. C'est le prix d'une marchandise ou d'un ouvrage dont on est convenu avec le Marchand ou l'ouvrier qui la doit livrer. On le dit aussi du prix qu'une chose vaut communément dans le Commerce. Pourquoi marchander, c'est un prix fait.

PRO. Terme usité parmi quelques Négocians, qui veut dire par, ou pour. Ainsi l'on dit, *Pro cento*, *Pro mille* & *Pro resto*, pour signifier par cent, par mille & par reste; ou, pour cent, pour mille ou pour reste. On dit pareillement, *Pro comtant*, pour dire pour-comptant.

PROCEDIDO NETTO. Quelques Marchands se servent de ce terme pour signifier ce qu'on entend en François par, provenu net, ou net provenu. *Voyez* NET PROVENU.

PROCE'S VERBAL DE CONTRIBUTION. *Voyez* CONTRIBUTION AU SOL LA LIVRE.

PROCURATION. Acte par lequel on donne pouvoir à quelqu'un d'agir, traiter, recevoir, &c. en son nom; & de faire dans une affaire particuliére quand elle est spéciale, ou même quand elle est générale dans toutes les affaires qui concernent celui qui donne la Procuration, comme s'il étoit présent & s'il agissoit en personne.

Ainsi de ces deux sortes de Procurations, l'une s'appelle Procuration spéciale, & l'autre Procuration générale.

C'est une maxime que l'Auteur du Parfait Négociant estime, que les Syndics & Directeurs des Creanciers d'un failli, doivent observer de n'admettre personne aux Assemblées, qui ne soient du nombre des Créanciers, ou du moins qui n'y assiste comme porteur de Procuration spéciale d'un ou de plusieurs des Créanciers, pour consentir & accorder tout ce qui sera fait & délibéré à la pluralité des voix.

PROCUREUR, PROCURATRICE. Celui ou celle qui est chargé de la Procuration d'un autre pour agir en son nom. Ce Commissionnaire n'agit en cette banqueroute que comme Procureur: cette femme traite tant en son nom que comme Procuratrice de son mari. Elle a les Procurations & autorisations nécessaires.

C'est un proverbe mercantil, que celui qui fait ses affaires par Procureur, va ordinairement en personne à l'hôpital.

PRODUIRE, en terme d'Aritmétique. Se dit du nombre qu'on fait resulter de plusieurs nombres ajoûtez ou multipliez; six & six ajoûtez ensemble produisent douze. Six multipliez par soi-même produit trente-six.

PRODUIT. Ce qui résulte de plusieurs nombres ajoûtez ensemble ou multipliez l'un par l'autre. Le produit de vingt multipliez par cinq c'est cent; le produit de cinq ajoûtez à dix & à quinze, c'est trente.

PRODUIT. Se dit aussi en terme de finance & de Fermes du Roi, de ce à quoi monte une Ferme. Le produit des Aydes de cette Election est de deux cens mille francs par an; pour dire, que les droits que les Fermiers reçoivent chaque année montent à cette somme.

PRODUIT. En terme de Commerce, signifie le profit qui revient d'une société, le capital ou le fond qu'on y a mis, & les dépenses déduites. Le produit de notre société a été de dix mille écus en trois ans, revenant à chacun des Associez.

PROFESSION MERCANTILLE. Signifie Condition, état de Marchand, de celui qui fait marchandise, Commerce, Négoce ou trafic. *Voyez* MARCHAND.

La Profession mercantille doit être regardée comme noble & indépendante. En France Louis le Grand par deux de ses Edits, l'un du mois d'Août 1669, & l'autre du mois de Décembre 1701 a permis à sa Noblesse de faire le Commerce en gros tant par Mer que par terre, sans déroger, & on a souvent vû des Marchands François & Etrangers annoblis par nos Rois, en considération de l'utilité de leur Commerce, ou pour avoir fait à Paris & dans les Provinces des établissemens importans de Manufactures.

En Bretagne le trafic même en détail ne déroge point à la Noblesse: lors que les Nobles de cette Province veulent entreprendre le Négoce, ils laissent dormir la Noblesse, c'est à dire, qu'ils ne la perdent point, mais seulement qu'ils cessent de joüir des Priviléges des Nobles tant que leur Commerce dure; & qu'ils reprennent la Noblesse en quitant le trafic, sans qu'ils soient tenus de prendre aucunes Lettres de réhabilitation.

Dans beaucoup d'autres Etats, sur-tout dans les Républiques, la Profession mercantille est très-estimée; la plûpart des Nobles s'y engagent sans s'en croire deshonorez, & particuliérement en Angleterre il n'est pas extraordinaire de voir les fils & les fréres puînez des Milords l'embrasser, qui ensuite rentrent dans les droits & dans les honneurs de leur naissance, lors que leurs aînez viennent à mourir.

Ce

Ce feroit un grand bonheur pour la France fi les gros Négocians des principales Villes du Royaume & fur tout de Paris, étoient auffi perfuadez que les Etrangers de l'excellence de la Profeffion mercantille; & s'ils étoient affez fages, fuivant en cela les intentions du Roi & l'éxemple des autres Nations, pour ne point quiter fi legérement le Négoce lors qu'ils s'y font enrichis: la fortune des Particuliers en feroit plus grande & plus affurée; le Commerce en deviendroit de jour en jour plus floriffant, & les entreprifes importantes fe foûtiendroient plus facilement & auroient de plus heureux fuccès; au lieu que l'empreffement qu'ont la plûpart des Négocians de fe tirer du Commerce pour entrer eux-mêmes dans les Charges, ou pour y faire entrer leurs enfans, arrête non feulement la fource de toutes leurs richeffes, mais les épuifent fouvent de telle forte, que de Marchands très à leur aife, & qui le pouvoient devenir davantage, ils deviennent & reftent toute leur vie des Officiers & des Magiftrats très-incommodez.

PROFIT. Avantage, gain, bénéfice qu'on retire d'un Négoce, foit par l'achat, foit par l'échange, foit par la vente des marchandifes dont on fait Commerce.

Il y a de grands coups à faire dans le Commerce de Mer; les rifques font grands, mais les profits font quelque-fois immenfes, ils vont fouvent à plus de 100 pour cent. J'ai fait un profit de quinze pour cent fur les draps de Languedoc que j'ai achetez fur la fin de cet Eté.

La vente a été bonne cet Hyver, j'ai fait de grands profits.

Profit permis et legitime. Celui qui fe fait dans un Commerce jufte & qu'on éxerce avec probité.

Profit illicite et odieux. Celui qui fe fait par de mauvaifes voyes & dans un Négoce défendu par les Loix, comme font les prêts fur gages & les prêts à ufure.

Profit. L'on dit qu'un Marchand vend à profit, non pas quand il gagne beaucoup fur une marchandife, mais quand il fixe fon profit fur le pied de tant par livre de ce que la marchandife lui revient renduë dans le magazin. C'eft la maniére la plus commode pour le Marchand & pour l'Acheteur, l'un ne vendant qu'à un mot & l'autre fçachant précifement ce qu'il veut bien que le Marchand gagne avec lui; mais comme on l'a dit ailleurs, il eft dangereux de fe fier à l'équité des hommes: il faut une confcience bien fûre & une probité bien éprouvée pour ne pas quelque-fois abufer de la confiance que le Public peut avoir en vous fur le prix que l'on met foi-même à fa marchandife.

Une des claufes que l'on n'obmet guére de mettre dans les actes de focieté entre Marchands eft: *Pour partager entre nous les profits & pertes qu'il plaira à Dieu nous envoyer pendant le tems de notre prefente focieté.*

PROFITER. Tirer du gain, de l'avantage de quelque chofe. Ce Marchand fait profiter fon argent fur la Place, à la Bourfe, dans les Armemens. Les Ufuriers font profiter leur argent au denier fort.

PROHIBER UN COMMERCE. C'eft le défendre, c'eft empêcher qu'une marchandife n'entre dans le Royaume ou s'y débite. Les étoffes des Indes & les toiles peintes font prohibées en France par plus de quarante Edits, Déclarations & Arrêts du Confeil.

PROHIBITION. Défenfe de faire une chofe. Il fe dit particuliérement en ftile de Déclarations, des défenfes générales qui fe font d'acheter, vendre & débiter, même de fe fervir, foit en vêtemens foit en meubles, de certaines fortes de marchandifes.

On appelle Contrebande ou Marchandifes de Contrebande, celles dont on fait Commerce contre & nonobftant les prohibitions portées par ces Déclarations.

Les plus importantes de ces Prohibitions par rapport aux Manufactures de France, font celles des étoffes étrangéres, particuliérement de celles qui viennent d'Orient, *Voyez* Etofes de la Chine.

PROJET. On appelle ainfi fur la Côte de Barbarie, & fur tout au Baftion de France où fe fait la pêche du corail, celui des Corailleurs qui jette l'efpéce de filet ou de chevron avec lequel on tire le corail du fond de la Mer. Il a pour fes peines deux parts de treize que l'on fait dans chaque fatteau ou barque coralliére du corail qui fe pêche chaque jour. *Voyez* Corail.

PROMESSE. Cédule, écrit qu'un Négociant fait à un autre pour une fomme qu'il lui doit payer dans un tems, ou pour des lettres de change & des marchandifes qu'il lui doit fournir. Les fimples Promeffes ne portent point d'hypotéque jufqu'à-ce qu'elles foient reconnuës en Juftice; & celui qui les a faites, quoi que Négociant, ne peut pas non plus avant cette procédure être contraint par corps à leur payement; il faut même une condamnation en Juftice qui ne peut être obtenuë que contre les Négocians.

PROPOLIS. C'eft le nom que l'on donne à la cire vierge qui n'eft autre chofe qu'une efpéce de cire rouge dont les mouches à miel fe fervent pour boucher & maftiquer les trous ou fentes de leurs ruches. Le propolis eft eftimé très-fouverain pour les maladies des nerfs. *Voyez* Cire.

PROPORTION, terme d'Aritmétique. Quelques-uns nomment Régle de Proportion ce que d'autres appellent Régle de trois, ou Régle d'or. *Voyez* Regle.

Proportion multiple. Autre terme d'Aritmétique. *Voyez* Multiple.

PROPRE. On nomme ainfi dans les fucreries des Ifles Françoifes de l'Amérique la feconde des fix chaudiéres dans lefquelles on cuit le fuc des cannes à fucre. On l'appelle de la forte parce que le vefou ou fuc qu'on y met au fortir de la premiére eft déja purgé de fes plus groffes écumes, outre que quand on travaille en fucre blanc, on y paffe ce fuc dans des blanchets ou morceaux de draps blancs & propres. *Voyez* Sucre.

PROPRIETAIRE DE NAVIRE, ou DE VAISSEAU MARCHAND. C'eft celui qui a fait conftruire à fes dépens ou acheté de fes deniers un bâtiment de Mer.

Il eft permis à toutes fortes de perfonnes de faire conftruire ou acheter des Navires, les équiper pour eux, les freter à d'autres, & faire le Commerce de la Mer par eux ou par perfonnes par eux interpofées, fans que pour raifon de ce les Gentilshommes foient réputez faire acte de dérogeance, pourvû toute-fois qu'ils ne vendent point en détail.

Le Propriétaire d'un navire eft refponfable des faits du Maître, mais il en eft déchargé en abandonnant fon bâtiment & fon fret. Cependant les Propriétaires des Navires équipez en guerre ne font point refponfables des délits & dépredations commis en Mer par les gens de guerre étant

étant sur leurs Vaisseaux, ou par les équipages; sinon jusques à concurrence de la somme pour laquelle ils auront donné caution, si ce n'est qu'ils en soient participans ou complices.

Un Propriétaire de navire peut congédier, quand bon lui semble, le Maître en le remboursant s'il le requiert, de la part qu'il peut avoir au Vaisseau au dire de gens à ce connoissans. En tout ce qui concerne l'interêt des Propriétaires, l'avis du plus grand nombre doit être suivi; & est réputé le plus grand nombre, ceux des intéressez qui ont la plus grande part au Vaisseau. *Tout cela est conforme au tit.* 8 *du livre* 2 *de l'Ordonnance de Marine du mois d'Août* 1681.

PRORATA. Terme dont se servent assez ordinairement les Marchands & Négocians pour signifier proportion. Ainsi, quand on dit en parlant de quelqu'entreprise de Commerce, que chacun partagera le profit ou supportera la perte au prorata de son interêt; cela doit s'entendre que chacun profitera ou perdra à proportion du fonds qu'il aura mis dans la chose entreprise.

PROROGATION. Terme, délai que l'on accorde pour le payement d'une dette ou l'éxécution d'une chose.

PROROGER. Donner un délai, accorder un terme plus long que celui dont on étoit convenu ou qui étoit porté par un Acte. Il faut proroger notre compromis. Voulez-vous que nous prorogions le pouvoir que nous avons donné à nos Arbitres.

Les termes de Prorogation & de Proroger sont très en usage dans le Commerce & parmi les Marchands. Quelques-uns disent, Prolonger un délai, pour Proroger; mais l'autorité de l'Auteur moderne qui s'en sert dans un Traité de Commerce, ne paroît pas suffisante pour lui donner cours.

PROTEST. Acte de sommation que le Porteur d'une Lettre de change est obligé de faire dans un certain tems à celui sur qui elle est tirée, lors qu'il fait refus de l'accepter ou de la payer. Cet Acte est nommé Protest, parce qu'il contient des protestations de répéter toutes pertes, dépens, dommages & intérêts; même de prendre de l'argent à change, & de renvoyer la lettre au Tireur.

Il y a de deux sortes de Protest; l'un que l'on appelle Protest faute d'acceptation, & l'autre que l'on nomme Protest faute de payement.

Le Protest faute d'acceptation se fait dans le tems que les Lettres sont presentées par les Porteurs à ceux sur qui elles sont tirées, au cas qu'ils fassent refus de les accepter soit pour les tems ou pour les sommes y mentionnées, ou qu'ils alléguent le défaut de provision ou d'avis.

Le Protest faute de payement se fait à l'échéance des Lettres de change, lors que ceux sur qui elles sont tirées refusent de les payer, soit qu'ils les ayent acceptées ou non, soit qu'elles soient payables à vûë, à jour nommé, ou à une ou deux usances, ou à tant de jours ou de semaines de date, ou en payement des Rois, de Pâques, d'Août ou des Saints, ainsi qu'il se pratique à Lyon.

Les Porteurs des Lettres de change qui ont été acceptées, ou dont le payement échoit à jour certain, sont obligez de les faire payer ou protester dans les dix jours de faveur accordez après le tems de l'écheance, & ces dix jours doivent être comptez du lendemain de l'écheance, sans que le jour de l'écheance y puisse être compris; mais seulement celui du protest, des Dimanches & des Fêtes, même des Solemnelles. *Ce qui est conforme à l'article 4 du titre 5 de l'Ordonnance du mois de Mars* 1673, & *à la Déclaration du Roi du* 10 *Mai* 1686.

Il faut cependant remarquer, qu'il n'en est pas de même à l'égard des Lettres de change qui sont tirées sur la Ville de Lyon payables en payemens; car celles-là doivent être protestées dans trois jours non fériez après le payement échû qui dure jusqu'au dernier jour du mois inclusivement, ce qui a été ainsi déterminé par l'article 9 du Réglement de la Place du Change de Lyon du 2 Juin 1667.

Suivant les articles 8, 9 & 10 du même titre de l'Ordonnance de 1673, ci-devant raportée, les Protests ne peuvent être faits que par deux Notaires, ou par un Notaire accompagné de deux témoins, ou par un Huissier ou Sergent assisté de deux Recors, & il y doit être fait mention des noms & domiciles des témoins ou des recors. Les Lettres de change doivent être entiérement transcrites dans l'Acte de Protest, ensemble les ordres s'il y en a, & la copie du tout signée doit être laissée à la Partie sous peine de faux, & des dommages & intérêts. Cet Acte de Protest ne peut être supléé par aucun autre Acte public, soit demande, sommation ou assignation. Il faut absolument pour avoir son recours contre le Tireur ou Endosseur, protester au refus d'acceptation ou de payement.

Par une Déclaration du Roi du 23 Avril 1712, les Protests des Lettres & Billets de change qui sont faits & passez par les Notaires & Tabellions, sont non-seulement sujets au Contrôle des Actes des Notaires, établi par l'Edit du mois de Mars 1693; mais encore au droit de Contrôle des Exploits créé par l'Edit du mois d'Août 1669, conformément aux Déclarations des mois de Mars 1671 & Fevrier 1677, qui les y avoient assujettis.

Le Protest a tant de force, que par son seul moyen les intérêts du principal & du premier change sont dûs, sans qu'il soit nécessaire de les demander en Justice; mais à l'égard du second change que l'on nomme Rechange, des fraix du protest & du voyage, s'il en a été fait, ils ne sont dûs que du jour de la demande, encore faut-il qu'il y ait une Sentence qui les adjuge.

Les Billets de change doivent se protester faute de payement ainsi que les Lettres de change.

Les Places étrangéres de l'Europe ont leurs différens usages touchant le tems que les Protests doivent être faits. Voici ce qui en est rapporté par Dupuis de la Serra dans le chapitre 14 de son Traité de l'Art des Lettres de Change, qui se trouve à la fin du Parfait Négociant de M. Savary imprimé à Paris en 1713 & 1721 par Guignard & Robustel.

„ A Londres l'usage est de faire le Protest dans les trois „ jours après l'écheance, à peine de répondre de la né„ gligence; & il faut encore observer, que si le troisié„ me des trois jours est férié, il faut faire le Protest la „ veille.

„ A Hambourg, de même pour les Lettres de chan„ ge tirées de Paris & de Roüen; mais pour les Let„ tres de change tirées de toutes les autres Places, il y „ a dix jours, c'est à dire, qu'il faut faire le Protest le „ dixiéme jour au plus tard.

„ A Venise l'on ne peut payer les Lettres de change qu'en

„ qu'en Banque ; & le Protest faute de payement des „ Lettres de change doit être fait six jours après l'écheance; mais il faut que la Banque soit ouverte, parce „ que lors que la Banque est fermée, l'on ne peut pas „ contraindre l'Acceptant à payer en argent comptant, „ ni faire le Protest : ainsi lors que les 6 jours arrivent, „ il faut attendre son ouverture pour demander le payement & faire les Protests, sans que le Porteur puisse „ être réputé en faute. La Banque se ferme ordinairement quatre fois l'année pour quinze ou vingt jours, „ qui est environ le 20 Mars, le 20 Juin, le 20 Septembre & le 20 Décembre ; outre ce en Carnaval elle „ est fermée pour huit ou dix jours, & la Semaine sainte quand elle n'est point à la fin de Mars.

„ A Milan il n'y a pas de terme réglé pour protester faute de payement, mais la coûtume est de différer peu de jours.

„ A Bergame les Protests faute de payement se font „ dans les trois jours après l'écheance des Lettres de „ change.

„ A Rome l'on fait les Protests faute de payement „ dans quinze jours après l'échéance.

„ A Ancone les Protests faute de payement se font „ dans la huitaine après l'échéance.

„ A Boulogne & à Livourne il n'y a rien de réglé „ à cet égard, l'on fait ordinairement les Protests faute „ de payement peu de jours après l'échéance.

„ A Amsterdam les Protests faute de payement se font „ le cinquiéme jour après l'échéance, de même à Nuremberg.

„ A Vienne en Autriche la coûtume est de faire les „ Protests faute de payement le troisiéme jour après „ l'échéance.

„ Dans les Places qui sont Foires de change, comme „ Nove, Francfort, Bolzan & Lintz, les Protests faute „ de payement se font le dernier jour de la Foire.

„ Il n'y a point de Place où le délai de faire le Protest des Lettres du change soit si long qu'à Génes, „ parce qu'il est de trente jours, suivant le chapitre 14 „ du quatriéme livre des Statuts.

„ Les Négocians de quelques Places, comme ceux de „ Rome, se persuadent n'être pas obligez de protester „ faute de payement ; mais cette opinion choque non seulement l'usage universel, mais encore la raison naturelle, parce que tant qu'ils ne feront pas apparoir à „ ceux contre qui ils prétendent recourir, que l'Acceptant au tems de l'échéance a été refusant de les payer, „ ils ne pourront pas établir leur recours ; c'est pourquoi „ il faut tenir pour constant que tout Porteur de Lettres „ de change est obligé de protester à l'échéance, suivant „ les usages des Places où les Lettres de change doivent „ être payées, & le Protest est d'une nécessité si indispensable qu'il ne peut être supléé par aucun Acte.

Samuel Ricard dans son Traité général du Commerce, de l'édition de 1714, ajoûte que les Lettres de change tirées d'Anvers ou d'Amsterdam sur l'Espagne, y doivent être protestées faute de payement le quatorziéme jour après celui de l'échéance, après lequel tems la Lettre non protestée reste aux risque & fortune du Porteur & non des Tireurs & Endosseurs, en cas que les Accepteurs vinssent à faillir après ledit quatorziéme jour. Il remarque cependant qu'à cet égard on n'est ni si sévére, ni si exact qu'en France & en Hollande, ou en plusieurs autres Villes de Commerce, le Porteur ne courant aucun risque pour avoir négligé quelques jours de faire protester sa Lettre.

PROTESTER une Lettre ou Billet de change. C'est en faire le Protest au refus que l'on fait de les accepter ou de les payer à l'échéance. *Voyez ci-dessus* PROTEST.

PROVEDITEUR DE LA DOUANE. On nomme ainsi à Ligourne celui qui a l'Intendance & le soin général de la Douane & des droits d'entrée & de sortie de cette Ville d'Italie, si célébre par son grand Commerce. Il tient le premier rang après le Gouverneur : on appelle Sous-Provéditeur celui qui a soin de la Douane en son absence.

C'est à cette Douane que l'on est obligé de venir déclarer toutes les marchandises qui arrivent à Ligourne par Mer ou par Terre, & où ces déclarations sont enregistrées par des Commis.

Les marchandises qui ont pratique, c'est à dire, qui ne viennent point de lieux suspects de contagion, entrent d'abord dans la Ville, & celles qui viennent de lieux suspects sont déchargées dans des Lazarets situez hors de la Ville, sur les ordres du Chancelier de la Douane. *Voyez* LAZARET.

Après que les marchandises y sont restées le tems ordonné, le Chancelier en fait faire la délivrance aux Propriétaires sur un billet du Douanier, qui leur est délivré conformément à la déclaration qu'ils en ont faite sur le registre de la Douane. Deux mois après, à compter du jour de la Déclaration, on est tenu de payer le droit d'étalage, à peine, ledit tems passé, de payer le quart en sus du droit qui est très-modique, n'allant guére qu'à un écu par bale. A l'égard des droits du lazaret ils se payent au Sous-Provéditeur de la Douane. Ce droit revient à un pour cent ou environ du prix des marchandises.

Outre le Provéditeur & le Sous-Provéditeur, il y a encore à la Douane de Ligourne un Chancelier & un Sous-Chancelier qui expédient les Patentes & les expéditions nécessaires aux Marchands, & un Receveur général ou Trésorier qui reçoit tous les deniers.

Il y a encore à cette Douane un Corps de Facchini ou Gagne-deniers qui peuvent seuls charger & décharger les marchandises qui viennent à Ligourne & les porte dans les maisons des Négocians : leur salaire est de 20 sols par millier dans les endroits qui sont proches de la marine, & de 2 livres pour ceux qui sont plus éloignez. Ils rendent au Grand Duc une partie de ce droit suivant l'adjudication qu'on leur fait de cette espéce de ferme.

Le poids public est aussi à la Douane, & c'est à ce poids que se pésent les soyes, les fils de chévres & autres marchandises fines ; à l'égard des marchandises plus grossiéres, elles se pésent chez les Marchands mêmes avec une romaine ; mais dans l'un & l'autre cas c'est toûjours par le ministére des Peseurs publics qui sont du nombre des Facchini : on paye pour le droit du peseur une livre par millier.

Les droits qui se payent à Ligourne sont, le droit d'ancrage de 40 livres monnoye du Païs, qui reviennent à 21 livres de France pour chaque Vaisseau de deux cens tonneaux; le droit du Capitaine du Port & autres menus Officiers 15 livres de France; le droit de chapelle 40 sols de France; & pour les Patentes de la Douane, 4 livres monnoye de France. Le reste se paye conformément aux Tarifs.

On paye le droit de Consulat suivant le Tarif établi pour chaque Nation.

Il arrive communément en tems de Paix à Ligourne trois cens Vaisseaux par an, huit à neuf cens barques & un grand nombre de felouques. *Voyez l'article général du Commerce où il est parlé de celui d'Italie.*

PROVENU-NET. *Voyez* NET-PROVENU.

PROVINCES REPUTE'ES ETRANGERES. On appelle ainsi en France les Provinces où encore bien qu'elles soient du Royaume, l'on paye aux Bureaux du Roi les droits d'entrée & de sortie. Ces Provinces sont:

L'Alsace.	La Bretagne.
La Franche-Comté.	La Navarre.
Le Dauphiné.	La Flandre Françoise.
La Provence.	Le Haynault.
Le Languedoc.	Le Rethelois.
Le Roussillon.	L'Auvergne.
La Gascogne.	La Guyenne.
Le Limosin.	Le Païs d'Artois.
La Bresse.	

Et généralement tous les Païs où les Aydes n'ont point de cours.

Toutes ces Provinces sont réputées étrangéres parce qu'en effet elles l'étoient autre-fois, & qu'elles ont été réünies à la France successivement & en divers tems.

PROVISION. Terme de Commerce de Lettres de change. C'est le fonds que celui qui tire une Lettre de change a coûtume de remettre à son Correspondant sur qui il l'a tirée, pour qu'il soit en état de la payer à son échéance.

Un Marchand Banquier ou autre, n'est pas obligé de payer une Lettre ou Billet de change, pour lequel il n'a point de provision entre les mains: mais quand il fait honneur à la Lettre de son Ami ou de son Correspondant, c'est à dire, qu'il l'accepte sans provision, il en fait sa propre dette par son acceptation; & le Porteur de la Lettre, sans être tenu de la faire protester faute de payement pour avoir son recours sur le Tireur, peut s'en faire payer par l'Accepteur, & le contraindre par les voyes de Droit de l'aquiter. *Voyez* LETTRE DE CHANGE.

PROVISION. Signifie aussi le salaire d'un Commis, d'un Facteur, d'un Commissionnaire, qui ordinairement s'estime à tant par cent de l'achat ou de la vente des marchandises qu'ils font pour le compte du Commettant. Je donne à mon Commissionnaire de Génes demi pour cent de provision.

PROXIMA. Terme de quelqu'usage parmi les Négocians, qui signifie Mois prochain. Ainsi quand dans leurs écritures ou dans leurs discours ils disent qu'une Lettre de change est payable au six Proxima, cela doit s'entendre, que cette Lettre écherra au six du mois prochain.

PRUDHOMME. Se disoit autre-fois d'un homme sage, prudent, expérimenté, équitable.

Dans plusieurs des anciens Statuts des Communautez des Arts & Métiers de la Ville & Fauxbourgs de Paris, les Jurez y sont appellez Prudhommes; dans d'autres on donne ce nom aux anciens Maîtres du Corps, qu'on a nommé depuis Bacheliers, c'est à dire, à ceux qui ont passé par les Charges.

On appelle encore dans la Hale aux cuirs de Paris, Prudhommes, des Officiers créez par Déclaration du Roi pour la visite des cuirs.

A Marseille les Prudhommes sont les Juges des Pêcheurs qui connoissent de tout ce qui concerne la pêche. Ces Prudhommes peuvent condanner jusqu'à deux sols d'amende sans appel.

PRUNEAUX. Ce sont des prunes séchées & cuites dans le four, ou au Soleil.

Les Marchands Epiciers font un grand Commerce de pruneaux de toutes sortes. La plus grande quantité vient de Touraine, particuliérement de Tours, de S. Maur & de Chinon, comme les gros & petits Sainte-Catherine, les Saint-Julien, les petits pruneaux noirs de damas, &c. Il s'en envoye aussi beaucoup de Bordeaux, où il s'en fait en tems de Paix un Négoce assez considérable avec les Etrangers; les Anglois & les Hollandois en enlevant beaucoup. Les pruneaux de Bordeaux sont gros, longs & noirs. Il y a encore les pruneaux de Montmirel, qui sont les Perdrigons, les Impériales ou dattes, &c. Les boîtes dans lesquelles viennent les plus beaux pruneaux, sont des espéces de petits boisseaux qu'on appelle Galons. Les communs se mettent ordinairement dans des tonneaux.

Les pruneaux de toutes sortes payent en France les droits d'entrée à raison de 6 s. le cent pesant, conformément au Tarif de 1664; & suivant celui de la Douane de Lyon, 3 sols.

Les droits de sortie se payent comme fruits secs; sçavoir 12 s. du cent pesant.

PRUNES DE BRUGNOLES. *Voyez* BRUGNOLES.

Les prunes de Brugnoles payent en France les droits d'entrée sur le pied de 30 s. du cent pesant.

PRUNES SECHES, OU CUITES. *Voyez ci-dessus* PRUNEAUX.

PUE. Terme de manufacture de lainage, qui est particuliérement en usage dans celles de Poitou. Il se dit de l'arrangement & de la disposition des fils de diverses matiéres, dans la chaîne des droguets & autres étoffes.

Le Réglement des Manufactures de 1698, pour la Province de Poitou, ordonne, Que les chaînes des droguets mêlez de soye & de laine, seront montées de 34, 35, ou 36 portées, de 16 fils chacune, moitié soye & moitié laine; en sorte qu'il n'y ait pas moins de deux fils de soye en puë, ni moins de deux fils de laine aussi en puë. *Voyez* DROGUET.

PUITS. Ouverture que l'on fait dans la terre, pour y découvrir quelque source d'eau.

Les Cureurs de puits forment avec les Cureurs de retraits une des Communautez des Arts & Métiers de la Ville & Fauxbourgs de Paris. Leurs Lettres Patentes leur donnent, aux uns & aux autres, la qualité de Vuidangeurs. *Voyez cet article.*

PUL. Les Perses nomment ainsi en général toutes sortes d'espéces de cuivre qui se fabriquent dans leurs monnoyes, &

& qui ont cours dans leur Empire. En particulier ils appellent Kabesqui & Demi-kabesqui, deux petites monnoyes de ce métail, dont l'une vaut environ cinq deniers & une maille de France, & l'autre la moitié.

Ces espéces ont d'un côté la devise ou hieroglife de la Perse moderne, qui est un lion avec un Soleil levant; & de l'autre l'année & le lieu de leur fabrication.

Adam Olearius, qui a fait une Relation de Perse fort estimée, & qui étoit à Ispaham en 1637, à la suite des Ambassadeurs de Holstein, remarque & donne comme une chose certaine, que chaque Ville a sa monnoye de cuivre & sa marque particuliére qu'on change tous les ans, & qui n'a cours que dans le lieu où elle a été fabriquée & dans son ressort; de sorte qu'à chaque commencement d'année, qui est à l'équinoxe du printems, l'anciennne monnoye se décrie, & la nouvelle paroît en sa place.

L'interet de l'Etat en général & celui du Prince en particulier se rencontrent dans ce fréquent changement. Le Prince y trouve le sien, n'achetant la livre de cuivre que dix-huit sols six deniers, & la taille des kabesquis étant de soixante-quatre à la livre; ce qui est plus d'un tiers de profit, le kabesqui valant près de deux liards de France. A l'égard du Public, la monnoye de cuivre y est moins fréquente, & s'y réduit à une certaine quantité qui est presque égale chaque année.

Dans le tems que l'Auteur dont cette particularité est tirée, étoit en Perse, les kabesqui étoient marquez à Ispaham du lion, à Scamachie d'un diable, à Kaschan d'un coq, & en Kilan d'un poisson.

PUMICIN. C'est ainsi qu'on nomme l'huile de Palme, autrement l'huile de Sénégal. *Voyez* Huile de Palme.

PUNDAGE. Droit qui se léve en Angleterre sur les Vaisseaux à raison de tant de livres sterling sur le prix des marchandises dont ils sont chargez. Cet impôt s'appelle Pundage, parce qu'une livre sterling se nomme Pundt. Il fut accordé à Guillaume III. pour sa Personne, par Acte de 1689. Il est différent du droit du tonnage, qui ne se léve que sur la quantité de tonneaux qui peuvent faire la charge d'un Vaisseau.

PUNDT. Monnoye de compte d'Angleterre, qu'on appelle autrement Livre sterling & Piéce. *Voyez* Livre, monnoye.

Pundt. C'est aussi le poids ou livre dont on se sert à Londres. Elle est d'un neuviéme par cent moins forte que celle de Paris; en sorte que cent livres Angloises ne font que quatrevingt-onze livres Parisiennes.

Pundt, qu'on nomme plus ordinairement Ponde. Est encore un poids dont on se sert à Archangel, & dans les autres Etats du Grand Duc, ou Czar de Moscovie. *Voyez* Ponde.

PUNTAS DE MOSQUITO. Espéce de dentelles qui sont propres pour le Commerce de l'Amérique Espagnole. Les Hollandois qui font ce Négoce les envoyent à Cadis par assortimens de vingt piéces, dont il doit y en avoir la moitié d'un même dessein, depuis trois jusqu'à huit ou dix doigts de large; & l'autre moitié d'un autre dessein, depuis quatre jusqu'à dix doigts de largeur.

PUREAU. Terme de Couvreur. C'est la portion de chaque tuile qui reste découverte, après que la couverture est finie. Le plus ou le moins du pureau se régle sur ce que porte de longueur la qualité des tuiles qu'on employe; le grand moule en ayant davantage que le moule bâtard, & celui-ci plus que le petit moule. Cette partie de la tuile qui demeure à l'air se nomme aussi quelque-fois Echantillon. *Voyez* Tuile.

PURGER DU SUCRE. Terme de sucrerie. C'est en ôter toutes les immondices, ou en faire couler les syrops qui ne peuvent pas se grener. Le sucre brut se purge dans des bariques, les cassonades & les sucres blancs dans des formes. *Voyez* Sucre.

PURGERIE. Terme de rafinage de sucre. L'on nomme ainsi à la Martinique & dans les autres Isles Françoises de l'Amérique, le lieu où l'on met les formes de sucre pour les blanchir.

La purgerie doit être séparée de la sucrerie, autant qu'il se peut, crainte que la fumée & l'exhalaison grasse des chaudiéres qui se répandent de tous côtez, pénétrant jusqu'à la purgerie, ne s'attachent au sucre qu'on y travaille, & ne le gâtent.

On fait ordinairement les purgeries beaucoup plus longues qu'elles ne devroient être à proportion de leur largeur; par exemple, de cent vingt pieds de long sur vingt pieds de large. Quelques-unes n'ont qu'un étage, d'autres en ont deux; mais lors qu'elles sont à deux étages, les ais qui composent le plancher du second, doivent être parfaitement joints, afin que si quelque pot venoit à se renverser, ou à se casser, le syrop qui seroit répandu ne puisse gâter le sucre qui seroit dans l'étage de dessous.

Une purgerie, dans la proportion qu'on vient de donner ci-dessus pour exemple, peut contenir jusqu'à dix-huit cens formes par étage.

Il faut beaucoup de jour dans une purgerie; mais il faut que les ouvertures & fenêtres qu'on y fait puissent se fermer avec des contre-vents lors que le sucre est sous terre, afin que l'air & le vent ne desséchent point trop la terre, & ne consument point l'eau qui doit filtrer à travers le sucre.

On observe de mettre à l'un des bouts de chaque purgerie deux chaudiéres montées pour y cuire les syrops fins, & les y rafiner, aussi-bien qu'un appenty pour y mettre les bacs où l'on fait tremper la terre d'afinage, & les balances pour la peser: il faut pareillement que l'étuve ne soit pas éloignée de la purgerie, & qu'on puisse y aller à couvert. *Voyez l'article du* Sucre.

PUTAIS. C'est ainsi qu'on nomme par corruption le Putois, qui est un animal sauvage dont la peau s'employe en fourrures communes. *Voyez l'article suivant.*

PUTOIS. Animal sauvage à quatre pieds, qu'on nomme ainsi à cause de son extrême puanteur. Le Putois qui est fort connu en France, a le poil brun, & ressemble assez pour la forme à la fouine. Sa peau est du nombre des pèleteries que l'on appelle Sauvagines, & ne sert qu'aux ouvrages communs. Quelques-uns lui donnent le nom de Pictois, d'autres celui de Putais. Son véritable nom est Putois.

PYRITES. Nom que les Chymistes donnent à une espéce de marcassite de cuivre, c'est à dire, à la matrice où se forme le métail parmi la pierre. C'est de cette marcassite d'où l'on tire le vitriol romain. Ce terme a été tiré du Grec Πῦρ, qui signifie feu: aussi cette matiére conçoit-elle le feu avec plus de facilité qu'aucune autre pierre:

on

on l'appelle autrement Quis. Ses pailles sont dorées, ou argentées. Anciennement on s'en servoit à faire des pierres d'arquebuses à rouet. *Voyez* VITRIOL.

PYRITES. Se dit généralement de la marcassite de tous les métaux, dont le nom est différent suivant le métail dont elle participe; comme Chrysites celle de l'or, Argyrites celle de l'argent, Chalcites celle de cuivre, Molybdites celle du plomb, Siderites celle du fer, &c.

Q.

QUA

QUADRAN. *Voyez* CADRAN.

QUADRAT. Terme d'Imprimerie. Il se dit de certaines piéces de plomb, ainsi appellées de leur figure quarrée, dont les Compositeurs se servent pour remplir les divers endroits de leurs formes qui doivent rester blancs; comme sont la fin des lignes, les intervales des titres, les vuides des citations que l'on met en marge, &c.

Les grands Quadrats se nomment des Quadrates, & les petits, des Quadratins. Ils sont tous de la même hauteur, mais de diverses épaisseurs. On les place dans les derniers cassetins du casseau inférieur, chacun suivant son espéce, c'est à dire, suivant son plus ou moins d'épaisseur. *Voyez* IMPRIMERIE.

QUADRIN. C'est proprement le denier Romain moderne. Il faut cinquante quadrins pour le jule.

A l'égard du quadrin de Florence, que par mépris on appelle *Quattrino Nero*, il en faut trois pour le soldo, ou sou, qui n'est pas une espéce réelle, mais une espéce de compte. Cinq quadrins font la grace, qui est une monnoye de billon, c'est à dire d'argent mêlé de cuivre. Quarante quadrins font le jule.

QUADRUPLE, que quelques-uns écrivent & prononcent QUATRUPLE. C'est une somme ou nombre multiplié par quatre, ou compté quatre fois.

QUADRUPLE. Monnoye d'or qui vaut quatre fois autant que l'espéce dont elle est une des augmentations.

Le Quadruple de la pistole d'Espagne s'appelle aussi Piéce de quatre pistoles, qui sur le pied d'onze livres la pistole, vaut quarante-quatre livres, monnoye de France.

Le Quadruple du louïs d'or, qui est une espéce qui se fabrique en France, n'est pas la même chose dans les Hôtels des Monnoyes & dans le public. Dans les Monnoyes ce n'est que le double-louïs, c'est à dire, vingt-deux livres sur le pied d'onze livres le louïs; mais dans le public c'est quarante-quatre livres sur la même évaluation du louïs. Cette différence vient de ce que lors que Louïs XIII. ordonna en 1640 la fabrication des louïs, le louïs que depuis le public s'accoûtuma à appeller Demi-louïs, ne fut que de cinq livres dix sols, ou, pour parler plus éxactement, de cinq livres qui fut sa premiére fixation, le double de dix, & le quadruple de vingt.

Sur le pied de trente livres que le louïs simple vaut présentement (1718) en France, le quadruple seroit de cent vingt livres dans le Commerce, mais il ne s'en est pas fabriqué; la seule augmentation étant le double louïs, c'est à dire, la piéce de soixante livres. Il y a au contraire deux diminutions, les demi-louïs & les quarts, l'un de quinze livres, & l'autre de sept livres dix sols.

Quelque-fois par Quadruple l'on n'entend que le double-louïs, à cause de ce qu'on vient de dire de la premiére fabrication des louïs; alors pour signifier une piéce de quatre louïs, on dit un Double-quadruple.

QUADRUPLER UNE SOMME. C'est la multiplier par quatre.

QUAI. } *Voyez* { QUAY.
QUAIAGE. } { QUAYAGE.

QUAISSE. } *Voyez* { CAISSE.
QUAISSIER. } { CAISSIER.

QUALITE', en termes de Commerce. Se dit de la nature bonne ou mauvaise d'une marchandise, ou de la perfection ou du défaut d'une étoffe. Ce blé, ce vin, ne sont pas de bonne qualité; ou au contraire, sont d'une qualité excellente. La qualité de ce drap, de ce velours est défectueuse; ou bien, est admirable.

QUALITE'. Signifie aussi ce qui distingue une chose d'avec une autre, soit parce qu'elles ne sont pas de même nature, comme l'or & l'argent sont de différente qualité entr'eux & avec les autres métaux; soit parce que bien que semblables de nature, elles ont quelqu'apprêt ou quelques perfections différentes, comme les métaux quand ils sont ouvrez, ou non ouvrez.

L'article 4. du titre 2. de l'Ordonnance sur le fait des cinq grosses Fermes du mois de Février 1687, veut, Que les déclarations contiennent la qualité, le poids, le nombre, & la mesure des marchandises. *Voyez* DECLARATION.

QUANTAL, ou CANTAL. C'est une espéce de gros fromage qui prend son nom d'une montagne de la Haute-Auvergne où il s'en fait beaucoup. On l'appelle quelque-fois Tête de Moine. *Voyez* FROMAGE, *à l'endroit où l'on fait mention de ceux qui se tirent d'Auvergne.*

QUANTITE'. C'est le nombre de plusieurs choses rassemblées dans un même lieu.

En terme de Commerce Quantité s'entend du nombre des marchandises enfermées dans une bale, un balot, une barique, un paquet, &c. ou de celles qui composent la charge d'un Vaisseau Marchand, ou d'un Voiturier, soit par terre, soit par eau.

L'Ordonnance des cinq grosses Fermes porte, que les Déclarations des Marchands & Voituriers contiendront la qualité, le poids, le nombre ou quantité, & la mesure des marchandises.

La Facture que les Commissionnaires & Facteurs envoyent à leurs Commettans, doit aussi contenir la quantité des piéces & balots dont ils ont chargé les Voituriers. *Voyez* DECLARATION *&* LETTRES DE VOITURE.

QUARANTAINE. Nombre de quarante. Ainsi l'on dit une Quarantaine de pistoles, une Quarantaine d'écus, une Quarantaine de livres, &c. pour dire, Quarante pistoles, Quarante écus, Quarante livres, &c.

QUARANTAINE. Se dit aussi du séjour de quarante jours que les Vaisseaux Marchands & autres Bâtimens de Mer venant des Païs soupçonnez de contagion sont obligez de faire dans certains endroits marquez, pour s'airier avant que d'entrer dans les Ports. Ce Navire a fait sa quarantaine, il n'y a plus rien à craindre ; il est facheux à un Navire Marchand d'être obligé de faire Quarantaine.

Les Capitaines & Maîtres de Navires Marchands sont tenus en arrivant dans les Ports d'y déclarer les lieux où ils ont eu pratique, afin que le Magistrat leur ordonne, la quarantaine entiére, ou la réduise à un moindre tems, ou même les en décharge tout à fait, suivant que les lieux de leur départ sont plus ou moins soupçonnez de contagion, ou ne le sont point du tout.

QUARANTAINE. C'est encore un terme de marine qui signifie une corde de la grosseur du petit doigt dont les Matelots se servent pour racommoder leurs cordages.

QUARANTAINS. Terme de Manufacture de Draperie qui se dit particuliérement en Languedoc, en Dauphiné & en Provence, des draps de laine dont la chaîne est composée de quarante fois cent fils qui font en tout quatre mille fils. Dans les autres Provinces de France ces sortes de draps sont appellez des quarante cent. On prétend que le terme de Quarantains est passé d'Angleterre dans les Manufactures Françoises.

QUARANTE, que quelques-uns écrivent Quarente, & que l'on prononce Karante. Nombre pair composé de 4 fois 10, ou de 10 fois 4; ou de 5 fois 8, ou de 8 fois 5. En chiffre commun, ou Arabe, quarante s'écrit ainsi (40.) En chiffre Romain de cette maniére (XL.) & en chiffre François, de compte ou de finance, de la sorte (*xl.*) Quarante se joint aussi aux nombres simples; ainsi on compte, Quarante-un, Quarante-deux, Quarante-trois, &c. jusques à Quarante-neuf; puis l'on dit Cinquante, ce qui se marque en chiffre commun de cette maniere (41. 42. 43. &c.) en chiffre Romain de la sorte (XLI. XLII. XLIII. &c.) & en chiffre François ainsi (*xlj. xlij. xliij.* &c.)

QUARANTIE'ME, que l'on écrit quelque-fois Quarentiesme. C'est la partie d'un tout divisé en quarante portions égales. Ainsi l'on dit: J'ai un Quarentiesme en cet armement; pour dire: Je suis intéressé pour une quarantiéme portion.

En fait de fractions ou nombres rompus de quelque tout que ce soit, un quarantiéme s'écrit de cette maniere. ($\frac{1}{40}$) On dit aussi un Quarante & uniéme, un Quarante-deuxiéme, un Quarante-troisiéme, &c. & ces différentes fractions s'écrivent de même que celle ci-dessus, à l'exception que l'on met un 1, un 2, un 3, &c. au lieu du zéro qui est après le quatre, ce qui se marque ainsi. ($\frac{1}{41}$ $\frac{1}{42}$ $\frac{1}{43}$, &c.) On dit encore deux Quarantiémes, trois Quarantiémes, &c. que l'on écrit de cette maniere. ($\frac{2}{40}$ $\frac{3}{40}$ $\frac{4}{40}$, &c.) Le quarante-huitiéme de vingt sols est cinq deniers, qui est une des parties aliquotes de la livre tournois.

QUARRE. Terme de Chapelier qui signifie le tour de la forme du chapeau par le haut. *Voyez* CHAPEAU.

QUARRE. Les Cordonniers disent aussi la Quarre d'un soulier, pour en signifier le bout; & les Tailleurs la Quarre d'un habit, pour dire la Taille du haut d'un habit.

QUARRE. Les Chauderonniers appellent la Quarre d'un chauderon, d'un poîlon ou d'une marmite, l'endroit où le fond de ces ouvrages se joint au bord.

Faire la Quarre d'un chauderon, c'est l'arrondir avec le maillet de buis sur cette espéce d'enclume ronde qu'en terme de chauderonnerie on nomme une Boule. *Voyez* BOULE DE CHAUDERONNIER.

QUARRE'. On appelle Bois quarré le bois de charpente & de sciage dont on fait les poutres, les solives, les poteaux, & autres sortes de bois qui se débitent pour les ouvrages des Charpentiers & les assemblages des Menuisiers.

Un Marchand de bois quarré est celui qui ne fait Commerce que de bois d'équarrissage. On donne aussi ce nom aux Marchands d'alumettes; mais seulement en plaisantant. *Voyez* BOIS.

QUARRE', terme de Monnoyeur. C'est la matrice ou coin d'acier gravé en creux, avec lequel on imprime en relief sur les monnoyes les différentes figures qu'elles doivent avoir pour être reçûës & avoir cours dans le public. On appelle aussi Quarré ce qui sert au même usage dans la fabrique des médailles & des jettons. *Voyez* MATRICE. *On y parle amplement de tout ce qui concerne cette matiére.*

QUARREAU. Signifie tantôt un oreiller, ou coussin, tantôt une sorte de fer à repasser; & tantôt une sorte de pavé de marbre, de fayance, de pierre & de terre cuite. Dans toutes ces significations il s'écrit plus ordinairement Carreau. *Voyez cet article. Voyez aussi* OREILLER.

QUARREAUX, terme de monnoye au marteau. Ce sont les lames d'or, d'argent, ou de billon réduites à peu près à l'épaisseur des espéces à fabriquer & coupées en morceaux quarrez approchant du diamétre des mêmes espéces. *Voyez* MONNOYAGE AU MARTEAU.

QUART. Signifie la quatriéme partie d'un tout ou entier divisé en quatre portions égales. Ainsi, cinq sols est le quart d'une livre tournois valant vingt sols, & quinze sols le quart d'un écu de soixante sols ou de trois livres tournois.

Quand il s'agit d'aditions de fractions d'aunages, vergeages, &c. un quart se marque en chiffre Arabe ainsi, ($\frac{1}{4}$) & trois quarts de cette maniére, ($\frac{3}{4}$)

Lors que l'on dit qu'il n'y a eu qu'un quart pour cent (ce qui se met ainsi en écriture mercantille $\frac{1}{4}$ p. $\frac{0}{0}$) de bénéfice ou de perte sur une Lettre ou Billet de change négocié sur la Place; cela doit s'entendre qu'on a gagné ou perdu autant de fois cinq sols (qui est le quart d'une livre tournois) que cette Lettre ou Billet contient de fois 100 livres; en sorte que si la Lettre ou le Billet étoit de 900 livres, il y auroit ou à perdre, ou à gagner quarante-cinq sols sur cette somme.

Quand on dit qu'un Marchand, ou Négociant, a pris un quart d'intérêt dans un armement ou autre entreprise de Commerce, cela veut dire qu'il s'y est associé, ou qu'il y a pris part pour cinq sols sur le pied de vingt sols au total, & qu'ayant fait ses fonds sur ce pied, il doit avoir le quart dans le profit, ou supporter le quart de la perte.

QUART. Se dit aussi d'une petite mesure qui fait la quatriéme partie d'une plus grande : ainsi un quart de muid, un quart de boisseau, un quart d'aune, un quart de verge, &c. signifie une petite mesure qui est la quatriéme partie de celles qui portent ces différens noms.

Le quart d'un muid de vin que l'on appelle quelquefois aussi Quartaut, ou Quarto, doit contenir neuf septiers, ou soixante & douze pintes mesure de Paris. *Voyez* QUARTAUT.

Le quart du boisseau mesure de Paris doit être de quatre pouces neuf lignes de haut sur six pouces neuf lignes de diamétre. *Voyez* BOISSEAU.

Un demi-quart est la moitié d'un quart, ou la huitiéme partie de toute la mesure.

QUARTS. Se dit encore de certaines caisses de sapin plus longues que larges, dans lesquelles l'on envoye de Provence des raisins en grapes, que l'on nomme Raisins aux Jubis. *Voyez* RAISINS, *à l'endroit où il est parlé de ces espéces de raisins.*

QUART-EN-SUS, que l'on appelle aussi Parisis. (Terme en usage dans les anciens contracts de constitution & de vente, & dans quelques Bureaux des Fermes du Roi ou des peages des Seigneurs.) Signifie une augmentation du quart de la somme énoncée, qui se paye avec & outre la somme même. Ainsi, lors que l'on dit qu'une marchandise doit payer quarante sols du cent pesant avec le quart-en-sus, ou le Parisis, cela veut dire qu'il faut qu'elle paye en tout cinquante sols pour chaque cent pesant.

QUART D'ECU. Monnoye d'argent qui commença à avoir cours en France sous le régne de Henri III. & qui a cessé d'être reçû dans le Commerce dans les premiéres années de celui de Louis XIV. Il valut d'abord quinze sols, & monta ensuite jusqu'à seize; il étoit du poids de sept deniers treize grains, au titre d'onze deniers. *Voyez* ECU.

QUARTAL. Sorte de mesure de grains en usage en quelques lieux de France, particuliérement dans le Païs de Bresse & à Beaurepaire en Dauphiné.

Le quartal de Bresse est égal au bichet de Châlons sur Sône, lequel contient quatorze boisseaux de Paris.

A Beaurepaire le quartal, dont les quatre font le septier du même lieu, tient un boisseau de Paris quelque peu plus.

QUARTAS. Petite monnoye de cuivre dont on se sert en Espagne dans les payemens de peu de conséquence. Le quartas vaut quatre maravedis d'où il a pris son nom. Il y a des doubles quartas qui valent huit maravedis. *Voyez* MARAVEDIS.

QUARTAUT, que l'on écrit quelque-fois Quarto. Petit vaisseau ou futaille propre à mettre les liqueurs; particuliérement le vin.

Le quartaut est plus ou moins grand suivant la diversité des lieux où il est en usage. En France il y en a de deux sortes, lesquels sont du nombre des vaisseaux réguliers marquez sur la jauge ou bâton dont on se sert pour jauger les divers tonneaux à liqueurs; l'un est le quartaut d'Orleans, & l'autre celui de Champagne.

Le Quartaut Orleanois est la moitié d'une demi-queuë, ou le quart d'une queuë du Païs; il contient treize septiers & demi, chaque septier de huit pintes de Paris, ce qui revient à cent huit pintes. A Blois, à Nuys, à Dijon & à Mâcon, le quartaut est semblable à celui d'Orleans.

Le Quartaut de Champagne est aussi la moitié d'une demi-queuë, ou le quart d'une queuë de cette Province. Il contient ordinairement douze septiers faisant quatrevingt-seize pintes ou le tiers d'un muid de Paris.

Il y a aussi des demi-quartauts qui tiennent à proportion des quartauts.

Quelques-uns appellent Quartaut ou Quarto une sorte de petite futaille à vin qui est la quatriéme partie d'un muid de Paris, mais c'est improprement qu'on lui donne ce nom, d'autant que ce Vaisseau s'appelle ordinairement Quart. Il est, ainsi que les quartauts d'Orleans & de Champagne, un des vaisseaux réguliers marquez sur le bâton de jauge. Le quart de muid doit contenir neuf septiers ou soixante & douze pintes de Paris, le muid étant composé de deux cens quatrevingt-huit pintes, ou trente-six septiers.

Il y a quelques Païs étrangers où l'on se sert de même qu'en France du mot de Quartaut. En Allemagne les quatre quartauts font le muid, & en Angleterre le muid contient trente-deux quartauts. En Espagne les quatre quartauts font le sommer, les huit sommers la robe & les vingt-huit robes la pipe.

QUARTE, en Italien *Quartario.* Mesure des liquides en usage à Venise. Quatre quartes font le bigo, huit quartes la bote, & seize quartes l'amphora.

QUARTE. C'est pareillement à Venise une des mesures des grains. La quarte pése environ 32 livres gros poids; quatre quartes font le staro, cent quarante-quatre quartes quatre cinquiémes font le last d'Amsterdam.

QUARTE. Mesure des liqueurs qui se nomme en plusieurs endroits Quartot, ou Pot. Elle contient à peu près deux pintes mesure de Paris. *Voyez* POT.

QUARTE. Est aussi une sorte de mesure de grains, particuliérement en usage à Briare; elle approche assez du boisseau de Paris, car les onze quarts de Briare font un septier de Paris qui est composé de douze boisseaux.

QUARTERON. Compte qui fait le quart d'un cent.

Il y a beaucoup d'endroits en France, particuliérement à Paris, où le quarteron de haran, de coterets, de fagots, de foin, d'aiguilles & d'autres semblables marchandises est composé de vingt-six, sçavoir vingt-cinq qui est le quart du cent & un qu'on donne au par-dessus.

Le demi-quarteron est treize, dont le treiziéme est compté pour le par-dessus, & ces par-dessus se donnent ainsi, parce que presque toutes ces sortes de marchandises se vendent sur le pied de cent quatre pour cent. Il n'en est pas de même des épingles dont les quarterons ne sont composez que de vingt-cinq juste.

QUARTERON, chez les Batteurs d'or. Signifie un petit livret de papier quarré qui contient vingt-cinq feuilles d'or ou d'argent battu. Il y a des quarterons de trois pouces en quarré qui se nomment petite mesure, & des quarterons de quatre pouces aussi en quarré qui s'appellent grande Mesure. Il ne s'en fait que de ces deux grandeurs. *Voyez* BATTEURS D'OR.

QUARTERON, en fait de poids. Veut dire le quart d'une livre. Le quarteron poids de marc est de quatre onces & le demi-quarteron de deux onces qui est la huitiéme partie d'une livre. *Voyez* LIVRE.

QUARTERON. Se dit aussi de la chose pesée. Un Quarteron de girofle, de poivre, de fromage, de sucre, d'huile, de broquettes, de clous de fer, &c. Dans le même sens on dit un demi-quarteron, pour signifier la moitié d'un quarteron.

QUARTIER. Une partie du tout divisé en quatre; il se dit particuliérement des mesures. Un Quartier de drap, de toile, de ruban, &c. c'est le quart d'une aune de toutes ces choses.

QUARTIER, en terme de marchandise de bois. Se dit quelque-fois par opposition à du bois qui n'est point scié ou fendu; ainsi on dit du bois de quartier & du bois de pied.

Des échalats de quartier sont des échalats faits de bois de chêne fendu en plusieurs morceaux: on le dit pour le distinguer des échalats de bois blanc comme de saule, de tremble, &c. qui sont des branches de ces arbres seulement émondées & coupées de longueur. *Voyez* BOIS & ECHALATS.

QUARTIER DE PIERRE DE TAILLE. C'est une grosse pierre de taille qui suffit seule pour faire une voye. Au dessous des quartiers sont les carreaux dont il en faut cinq pour faire la voye. *Voyez* PIERRE A BATIR.

QUARTIER DE VOYE. C'est à peu près la même chose que quartier de pierre de taille, à la réserve qu'il y en a quelque-fois deux à la voye.

QUARTIER. On dit en terme de Corroyeur, dresser un cuir des quatre quartiers, quand on le plie des quatre côtez, de pate en pate. Le dresser des quatre faux quartiers, c'est le plier des quatre coins un peu en biaisant. Le dresser de travers, c'est le plier d'abord en deux œil contre œil, & puis encore la queuë contre la tête. Ces façons se donnent ou avec l'étire, ou avec la pomelle. *Voyez* CORROYER.

QUARTIER. C'est aussi une mesure de grains en usage à Morlaix en Basse-Bretagne. Les dix-huit quartiers font le tonneau de Morlaix, qui est de dix pour cent plus fort que le tonneau de Nantes. Celui-ci revient environ à neuf septiers & demi de Paris, c'est à dire un peu plus de trois quarts du muid.

QUARTO, que l'on appelle plus ordinairement Quartaur. Petite futaille qui fait le quart d'un muid, d'une queuë, ou de quelqu'autre semblable tonneau. *Voyez* QUARTAUT.

QUARTO, terme de compte & de Teneur de Livres. Il signifie quatre, ou quatriéme, mais il ne se dit point qu'il ne soit précédé du mot *folio*. Cet article est porté au grand Livre *folio quarto*, c'est à dire, au quatriéme feuillet.

QUARTO. On appelle en terme de Libraire un Livre *in quarto* celui dont les feuilles sont pliées en quatre. *Voyez* LIVRES.

QUARTOT, mesure des liqueurs qui contient à peu près deux pintes. Elle se nomme plus ordinairement Quarte, ou Pot. *Voyez* POT.

QUATAS, petite mesure du Portugal pour les liquides. Il faut quatre Quatas pour un Cavadas; six Cavadas pour un Alquier, & deux Cavadas pour l'Almude. Le Cavadas est semblable au Mingle, ou Bouteille d'Amsterdam: ainsi le Quatas qui est le quart du Cavadas, est environ un demi-septier.

QUATORZE, que l'on prononce Katorze. Nombre pair composé d'une dixaine & de quatre unitez, ou de deux fois sept, ou de sept fois deux. Quand on dit que le muid de vin contient quatorze vingt pintes, cela doit s'entendre qu'il renferme en soi deux cens quatrevingt pintes mesure de Paris. Quatorze en chiffre Arabe s'écrit ainsi (14,) en chiffre Romain de cette maniere (XIV,) & en chiffre François de compte ou de finance de cette sorte (*xiiij*.)

QUATORZIE'ME. C'est la partie d'un tout divisé en quatorze portions égales. Je suis intéressé pour un quatorziéme en cette affaire.

En matiéres de fractions ou nombres rompus de quelqu'entier que ce soit; un quatorziéme, trois quatorziémes, cinq quatorziémes, &c. s'écrivent de cette maniere: ($\frac{1}{14}$ $\frac{3}{14}$ $\frac{5}{14}$ &c.)

QUATRE. Nombre pair composé de trois & un ou de deux fois deux. En chiffre commun ou Arabe, un quatre s'écrit ainsi (4,) En chiffre Romain de la sorte (IV;) & en chiffre François de compte ou de finance de cette maniere (iiij ou iv.) Le nombre quatre se joint aussi à plusieurs autres nombres; quatrevingt; quatrevingt-dix; quatre cens; quatre mille; quatre millions, &c.

Quatre sols est le quint, ou la cinquiéme partie de vingt sols, qui est une des parties aliquotes de la livre tournois. *Voyez* CINQUIE'ME.

QUATRE POUR CENT. Droit qui se paye à Lyon sur la plûpart des marchandises qui y entrent conformément au Tarif de 1632. Outre les anciens quatre pour cent, il y a un second droit qu'on nomme la réapréciation des quatre pour cent.

Quatre pour cent, c'est aussi une nouvelle imposition qui fut mise sur tous les droits qui se payoient en France dans les derniéres années du Régne de Louïs XIV. & dans les plus pressans besoins de l'Etat. Cette imposition fut ôtée au commencement du Régne de Louïs XV. & a été rétablie en 1722.

QUATRE MANDIENS. Assortiment de quatre sortes de fruits secs que vendent les Epiciers pour servir aux colations de Carême. *Voyez* MANDIENS.

QUATRIE'ME. Partie d'un tout divisé en quatre parties égales. Avoir un quatriéme dans une affaire de Commerce, dans un armement, dans une société, c'est y être intéressé pour une quatriéme portion. *Voyez* QUART.

QUATRUPLE, qui est répété quatre fois, qui contient quatre unitez. On dit plus ordinairement, Quadruple. *Voyez* QUADRUPLE.

QUAI. Espace sur le rivage d'un Port de Mer, ou d'une Riviére, destiné pour la charge & décharge des marchandises.

On appelle dans les Ports de Mer de France, Maîtres de Quais, des Officiers qui sont chargez d'y faire observer la police réglée par les Ordonnances de la Marine.

Ces Officiers sont reçûs par les Lieutenans des Amirautez des lieux de leur résidence, & leurs Commissions y doivent être enregistrées au Greffe de cette Jurisdiction.

Leurs fonctions sont, 1. De faire ranger & amarer les Vaisseaux dans les Ports, & de faire exécuter tout ce qui concerne leur police.

2. De faire en l'absence du Capitaine du Port tout ce que le Capitaine lui-même feroit s'il étoit présent, comme de

de faire toutes les rondes & coucher à bord de l'Amiral quand il y a des Vaisseaux de Roi dans les Ports.

3. D'empêcher qu'il ne soit fait de jour ou de nuit aucun feu dans les Navires & autres Bâtimens marchands entrez & amarez dans les Ports, quand il s'y trouve des Navires de Sa Majesté.

4. D'indiquer les lieux propres pour chauffer les bâtimens, goudronner les cordages, travailler aux radoubs & calefats, & pour lester & délester les Vaisseaux; comme aussi de poser & entretenir les feux, balisses, tonnes ou bouées aux endroits nécessaires.

5. De visiter une fois le mois & toutes les fois qu'il y a eu tempête, les passages ordinaires des Navires pour connoître si les fonds n'ont point changé, & d'en faire leur rapport.

6. Il leur est permis en cas de nécessité de couper les amares que l'on refuseroit de débarquer après en avoir réïtéré les injonctions verbales. *Ordonnance de la Marine tit. 2 du liv. 4.*

QUAYAGE, terme de Commerce de Mer. C'est un droit que les Marchands payent pour avoir la faculté de se servir du quai des Ports où arrivent leurs Navires, & d'en occuper quelques endroits pour la décharge des marchandises qui leur sont venuës. *Voyez* QUAI. *Voyez aussi* PORT.

En France, il y a des Seigneurs particuliers qui ont droit de Quayage. Ceux qui en jouïssent sont tenus par les Ordonnances de la Marine d'entretenir à leurs dépens les anneaux qui servent à attacher les Vaisseaux, & de faire toutes les réparations qui sont nécessaires aux quais.

En Angleterre le droit de Quayage se paye par les François le double de ce qu'en payent les Anglois.

QUAYAGE. Se dit aussi de l'occupation du quai par les marchandises déchargées d'un Vaisseau.

L'on paye des droits de Quayage pour la décharge & demeure des marchandises sur les quais & Ports de la Ville de Paris, à proportion du quayage, c'est à dire, à proportion de l'espace que les marchandises y occupent, & quelque-fois du tems qu'elles y restent. *Voyez* PORT, DEBACLEUR *&* DECHARGEUR.

QUEMKAS, autrement BOUILLE-COTONIS, ou BOUILLE-CHARMAI. C'est une sorte d'Atlas ou de satin qui vient des Indes Orientales. *Voyez* ATLAS.

QUENOUILLE. C'est un bâton, ou roseau, d'environ trois pieds & demi de longueur, & de sept ou huit lignes de grosseur, ordinairement tournée autour, sur le haut duquel on attache, ou bien l'on étend les chanvres, lins, cotons, soyes, ou laines que l'on veut filer. Les quenouilles pour les filasses sont différentes de celles pour les laines, ou soyes, en ce que ces derniéres ont seulement un croissant de métail, ou de bois au bout; pour y attacher ce que l'on veut filer, & que les autres sont enflées & grossies vers ce même bout, soit avec une espéce de cône de bois, ou de liége, soit avec de la boure couverte de toile ou d'étoffe, pour y étendre les filasses. L'on se sert également de quenouille, soit que l'on file au fuseau, soit que l'on file au rouet. *Voyez* FUSEAU *&* ROUET.

QUENOUILLE. Se dit aussi de tout le fil qui a été tiré de la quenouille, & dont le fuseau est chargé. On se sert plus ordinairement du terme de Quenouillée.

QUENOUILLE'E. *Voyez* QUENOUILLE.

QUENOUILLETTES. Verges ou tringles de fer, qui ont à l'un des bouts une espéce de cylindre aussi de fer, arrondi par l'extrêmité, de quelque pouce de hauteur & d'un diamétre convenable. Les Fondeurs s'en servent pour boucher les godets ou entrées des jets qui aboutissent à l'écheno, jusqu'à-ce qu'il soit suffisamment rempli de métail liquide pour qu'il tombe en même tems dans le moule par tous les jets dont on retire les quenouillettes. *Voyez* FONDEUR.

QUENTA. Mot étranger, ou plûtôt à demi barbare, dont quelques Marchands, Négocians & Banquiers se servent dans leurs écritures mercantilles pour signifier Compte. *Voyez* COMPTE.

QUEUE. Mesure pour les liquides, particuliérement pour les vins, dont on se sert en plusieurs Provinces & Villes de France. Les queuës d'Orleans, de Blois, de Nuys, de Dijon, de Mâcon, sont semblables, & reviennent à un muid & demi de Paris, c'est à dire, qu'elles contiennent chacune 420 pintes de Paris.

QUEUE. C'est ainsi qu'on appelle le dernier bout d'une piéce d'étoffe ou de toile lors qu'elle n'a point été entamée; au contraire du premier bout que l'on nomme Chef, Tête, Cap. *Voyez* CHEF.

Les queuës ou bouts d'étamines payent les droits de la Douane de Lyon à raison de 10 s. le quintal, tant d'ancienne que de nouvelle taxation.

Les queuës de drap que le même Tarif nomme autrement Cappes, & les queuës d'étain, payent les droits sur le même pied; sçavoir, 8 s. d'ancienne taxation, & 2 s. de nouvelle réapréciation.

Enfin, les autres marchandises que l'on y appelle Queuës de Fonte, & celles nommées Queuës de Singes, payent les unes onze sols du quintal, & les autres onze sols 9 den. la bale.

QUEUE DE CHEVAL, que l'on nomme Presle. *Voyez* PRESLE.

QUEUE DE RAMES. On appelle ainsi dans les métiers à fabriquer de la gaze brochée, ce qui tient les fourches, c'est à dire, les ficelles qui passent sur les poulies du Cassin. *Voyez* GAZE.

QUEUX. Vieux mot qui signifie Cuisinier.

Il ne sembleroit pas que ce terme, non plus que ceux qui lui sont synonimes, ou qui y ont rapport, deussent avoir place dans ce Dictionnaire de Commerce. Cependant l'engagement qu'on a pris de n'omettre aucune des Communautez de la Ville de Paris qui ont Jurande, est cause qu'on a crû devoir au moins donner une legére idée de celle-ci & de quelques autres, moins à cause de cette espéce de Négoce qu'elles font, que pour rendre plus parfait le Traité de ces Communautez, qu'on a, pour ainsi dire, répandu dans tout ce Dictionnaire.

La Communauté des Maîtres Queux-Cuisiniers-Portes-Chapes & Traiteurs de la Ville & Fauxbourgs de Paris, ne fut établie en corps de Jurande que sur la fin du seiziéme Siécle. Elle doit ses premiers Statuts à Henri IV. qui en accorda ses Lettres Patentes au mois de Mars 1599. Louïs XIII. par les siennes du mois de Novembre 1612. les confirma, & enfin, ils furent de nouveau examinez, réformez & confirmez par celles de Louïs XIV. du mois d'Août 1663, enregistrées au Parlement le 29 Janvier 1664.

La réünion des Charges de Syndic, Jurez & Auditeurs des

des Comptes créez en titre d'Office en 1691 & 1694, & l'incorporation de celle de Tresorier, Receveur & Payeur, pareillement créée en 1702, ayant apporté quelque changement dans la discipline de cette Communauté, les Maîtres obtinrent une Déclaration en forme de Réglement du 15 Décembre 1704, enregistrée le 14 Janvier suivant, qui porte non seulement lesdites réünions & incorporations, mais qui en confirmant les anciens Statuts, y ajoûte huit nouveaux articles, & ordonne l'éxécution de plusieurs Sentences & Arrêts rendus à l'occasion des entreprises de quelques autres Communautez sur les Priviléges accordez par les Statuts de 1663.

Les Maîtres de cette Communauté ont seuls le droit de faire toutes Nôces, Festins, Banquets, Colations, Ambigus, & autres choses dépendantes du Métier de Traiteur, & il n'appartient aussi qu'à eux de tenir sales & maisons propres à cet effet.

Quatre Jurez ont soin des affaires de la Communauté, & quatre Administrateurs de celles de la Confrairie établie en l'Eglise des saints Innocens sous l'invocation de la Nativité de la sainte Vierge.

L'élection des Jurez, dont deux sortent chaque année, se fait le 15 Octobre, & l'élection des Administrateurs le 8 Septembre, dont pareillement deux nouveaux sont élûs.

L'Apprentissage est de trois années, & chaque Maître ne peut obliger qu'un Apprentif à la fois.

Les Veuves joüissent des Priviléges des Maîtres.

Les Aspirans à la Maîtrise, s'ils ne sont fils de Maîtres, doivent Chef-d'œuvre en chair & en poisson, selon la saison & à leurs dépens; ce qui pourtant ne s'entend pas des Ecuyers de Cuisine, Potagers, Hâteurs & Enfans de Cuisine du Roi, des Reines, Princes & Princesses, qui sont reçûs sur la simple exposition de leurs Lettres & Certificats; mais néanmoins en payant les droits.

Enfin, leurs Statuts finissent par un article d'une police pleine de piété. Il est défendu à tous les Maîtres, à peine de punition éxemplaire, d'entreprendre aucun Festin, Repas, &c. en viande ni chair défenduë pendant le saint tems de Carême, vigiles, jeûnes, & autres jours maigres réservez & qui sont de commandement.

QUEUX. Pierre dure, sur laquelle plusieurs Ouvriers, particuliérement les Couteliers, aiguisent & avivent les instrumens de fer destinez à couper. Il y a différentes sortes de queux; les unes pour les razoirs, les autres pour les couteaux; d'autres pour les lancettes, & d'autres encore pour les cizeaux. *Voyez* PIERRE A AIGUISER, *ou* COUTELIER.

QUEUX, ou QUEUXE, terme de Tanneur. C'est une espéce de pierre à aiguiser, qui sert au quiossage des cuirs. *Voyez* QUIOSSE.

Les Queux ou Queuxe payent en France les droits d'entrée à raison de 3 sols du cent pesant, conformément au Tarif de 1664.

QUIBUS. Espéce de Myrabolans, qu'on appelle autrement Chepule. *Voyez* MYRABOLANS.

QUIGNETTE, ou QUINETTE. Sorte de Camelot qui se fabrique à Lille en Flandres & à Amiens. *Voyez* QUINETTE.

QUILBOQUET. Instrument de Menuisier pour sonder le fond des mortoises, & voir si elles sont taillées carrément. Il est fait de deux petits morceaux de bois dont l'un traverse l'autre à angles égaux.

QUILLE. Terme de Marine qui signifie la plus grosse & la principale piéce de bois d'un Vaisseau, qui régne depuis la poupe jusqu'à la prouë, qui est comme la base & le fondement de tout le corps du bâtiment. L'on fait des assurances sur le corps & quille du Vaisseau, ses agreils, apparaux, & victuailles. *Voyez* ASSURANCE.

QUILLE. C'est aussi un instrument dont se servent les Gantiers. Il est de bois dur & poli, d'environ dix-huit pouces de long, ressemblant à une véritable quille, si ce n'est qu'il est beaucoup plus menu par le haut. Il sert à allonger les doigts des gans pour leur donner une meilleure forme.

QUILO. Monnoye d'argent qui se fabrique & qui a cours à Florence & dans tous les Etats du grand Duc. Il vaut treize sols quatre deniers monnoye du païs.

QUINA-QUINA. C'est ce fameux febrifuge, si sûr & dont l'on se sert avec tant de succès dans la Médecine. *Voyez* QUINQUINA.

QUINCAILLE, que l'on écrit & qu'on prononce quelque-fois, quoi qu'improprement, CLINQUAILLE. C'est un terme général de Négoce qui renferme une infinité d'espéces différentes de marchandises d'acier, de fer & de cuivre ouvré, qui font partie du Commerce de la Mercerie. Les principales de ces marchandises sont des coûteaux, cizeaux, razoirs, canifs, instrumens de Chirurgie, tirebouchons, & autres ouvrages de Coutellerie.

Des haches, faux, couperets, faucilles, croissans, cizailles, doloires, planes, bêches, houes, hoyaux, cizeaux, tondres, ratissoires, & autres marchandises de Taillanderie.

Des cadenats, serrures, gaches, veroux, tarjettes, fiches, couplets, briquets, pentures, gonds, heurtoirs, loquets, loquetaux, clous à vis, & autres pareils menus ouvrages de Serrurerie.

Des marteaux, tenailles, étaux, alicattes, bigornes, forets, vrilles, méches de villebrequins, tire-fonds, enclumes, lingotiéres, filiéres, limes, burins, poinçons, alênes, carrelets, aiguilles à embaler, scies, compas, équierres, niveaux, régles, porte-crayons, pieds de Roi, & autres instrumens & outils propres à toutes sortes d'Ouvriers & Artisans.

Enfin, des boucles de souliers, boutons, anneaux de rideaux, chaînes à chiens, mouchettes, porte-mouchettes, binets, éteignoirs, cuilliers, fourchettes, perçoirs & fontaines à vin, moules à dragées & à bales de plomb, éprouvettes à poudre, marteaux d'armes, tire-boures, tournevis, fers de bandouliéres, mords de brides, caveçons, filets, mastigadours, étrilles, éperons, étrillers, bandes, panneaux, & boucles de selles, en un mot, toutes autres menuës marchandises de semblable nature.

Plusieurs mettent encore au rang de la Clinquaille les ouvrages d'Arquebuserie, telles que sont les arquebuses, pistolets, fusils, mousquets, mousquetons, carabines & canardiéres, même les armes blanches, comme sabres, épées, bayonnettes, halebardes, espontons & piques.

On appelle de la Clinquaille de bale, celle qui est envoyée de loin dans des bales, qui étant pour l'ordinaire fabriquée avec peu de soin, ou trop à la hâte, par de mauvais ouvriers, avec de méchante matiére, est bien au dessous

dessous de celle qu'on commande & qu'on fait faire à de bons Maîtres que l'on voit travailler devant soi. Ainsi l'on dit, ces serrures, ces mords de brides, ces razoirs, ces pistolets ne valent pas grande chose, ils ne sont que de bale.

La plus grande partie des marchandises de Clinquaille qui se voyent en France, particuliérement à Paris, se tirent de saint Etienne en Forez, & de Thiers en Auvergne. Il en vient cependant beaucoup de Liége, d'Aix-la-Chapelle, de Nuremberg, de Francfort, & de quelques autres endroits d'Allemagne. L'Angleterre en fournit aussi, mais en petite quantité, ordinairement très-fine & fort estimée.

QUINCAILLERIE, marchandise de Clinquaille. Il vient d'Allemagne quantité de Clinquaillerie; il y a des Marchands qui ne font Commerce que de Clinquaillerie.

La Clinquaillerie paye en France les droits d'entrée, sçavoir, celle de cuivre 6 l. du cent pesant, & la grosse Clinquaillerie de fer ou d'acier, 3 l. conformément à l'Arrêt du 3 Juillet 1692; ce qui semble s'entendre de celle qui vient de l'étranger. La Clinquaillerie du Royaume ne payant suivant le Tarif de 1664. que 5 l. quand elle est de cuivre, & 32 s. si elle est de fer ou d'acier.

Les droits de sortie suivant le dernier Tarif, sont de 2 liv. du cent pesant pour celle de cuivre, & 1 liv. pour celle de fer.

QUINCAILLIER, QUINCAILLIERE, Marchand, ou Marchande, dont le principal Négoce est de Clinquaille, ou Clinquaillerie. Quelques-uns prétendent que le mot de Clinquaillier soit dérivé du Latin *Quinzalarum*. A Paris les Marchands Clinquailliers sont du Corps de la Mercerie. *Voyez* MERCERIE. On appelle aussi Clinquailliers, les Ouvriers ou Artisans qui fabriquent la Clinquaille.

QUINCAILLIER. Les Maîtres Vanniers de la Ville & Fauxbourgs de Paris, ont cette qualité dans les Lettres Patentes de leur érection en corps de Jurande. *Voyez* VANNIER.

QUINETTE, ou QUIGNETTE. Espéce de Camelot ordinairement tout de laine, & quelque-fois mêlé de poil de chévre, qui se fabrique à Lille en Flandres & aux environs, dont la largeur est de deux tiers, & la longueur des piéces de vingt à vingt & une aunes mesure de Paris. La destination la plus ordinaire de ces sortes de camelots, est pour l'Espagne.

Il se fait à Amiens en Picardie, certains petits camelots de demi-aune de large, ausquels on donne aussi le nom de Quinette. *Voyez* CAMELOT *à l'endroit où il est parlé de ceux qui se manufacturent à Amiens.*

QUINQUINA, ou KINKINNA, que quelques-uns appellent aussi QUINAQUINA, ou CHINACHINA. C'est l'écorce d'un arbre qui croît aux Indes Occidentales, que les Espagnols ont nommé *Palo de Cassenturas*, c'est à dire, Bois de fiévre, à cause des qualitez surprenantes & spécifiques qu'elle a pour arrêter toutes sortes de fiévres intermittentes.

L'arbre qu'on dépouille de cette utile & précieuse écorce, se trouve uniquement au Perou dans la Province de san Francesco de Quitto, ou Quinto: sur tout il y en a abondamment dans les montagnes qui sont près de la Ville de Loxa; on dit néanmoins qu'il s'en rencontre aussi dans celle du Potosi, qu'on estime même le plus excellent.

Cet arbre ne s'éléve guére plus haut que nos cerisiers, ou nos poiriers; ses feuilles sont assez semblables à celles du trefle, à la réserve qu'elles sont dentelées: sa fleur longue & rougeâtre produit une espéce de gousse dans laquelle est renfermée sa graine qui est platte comme une amande; son écorce quand il en est encore couvert, est lissée d'un jaune blanchâtre par dehors, d'un tanné pâle par dedans. Les Indiens le nomment aussi, Arbre à enyvrer. Ce nom qui est le plus commun au Pérou, lui vient de la propriété qu'il a d'enyvrer les poissons, lors qu'après avoir battu son bois ou son écorce, on le met enfermé dans un sac dans les étangs & autres eaux dormantes.

Il n'y a guére plus de soixante ans que cet excellent febrifuge est connu en France, où le Cardinal de Lugo l'apporta en 1650. On l'appella d'abord du nom de ce Cardinal, & ensuite la Poudre des Jésuites, parce qu'ils le distribuoient; ce Prélat qui avoit été de leur Societé leur en ayant beaucoup laissé. On dit que la prise s'en vendoit alors un écu d'or.

Ce prix trop considérable, ou peut-être le peu d'effet que cette drogue produisoit faute d'en bien sçavoir la préparation, en fit négliger l'usage; & elle commençoit à n'être plus guére connuë lors que le Chevalier Talbot Anglois en 1706, la remit en vogue par le grand nombre de guérisons surprenantes qu'il fit à la Cour & à la Ville avec cette poudre préparée à sa maniére, dont le secret devint public par la magnificence de Louïs XIV. qui récompensa en grand Roi cet habile Anglois pour l'obliger à communiquer sa préparation, à laquelle depuis nos plus sçavans Médecins ont changé, augmenté & diminué chacun suivant leurs découvertes & leurs expériences.

Le Quinquina se vend chez les Marchands Epiciers & Droguistes, en écorce, ou en poudre. Ceux qui l'achétent en écorce doivent le choisir d'une substance compacte & très-sec, qui n'ait point été mouillé, & qui ne se réduise point trop facilement en poudre en le rompanr. Les petites écorces fines, noirâtres, chagrinées par dessus, rougeâtres par dedans, d'un goût amer & desagréable, sont les plus estimées.

Pour le Quinquina en poudre il doit être bien passé au tamis, & le prendre chez des Marchands fidéles & de connoissance, étant très-facile de le sofistiquer, & très difficile à s'en appercevoir.

L'on avoit toûjours crû, & c'est l'opinion que l'Auteur de ce Dictionnaire a suivie. L'on avoit, dis-je, toûjours crû que l'arbrisseau qui produit le Quinquina ne se trouvoit que dans le Pérou; mais le Pére Labat dans la Relation qu'il a donnée des Isles Antilles en 1722, revendique, pour ainsi dire, cette précieuse écorce, & veut faire part de ce trésor à l'Isle de la Guadeloupe.

L'arbre que cet Historien veut faire passer pour celui qui produit le Quinquina, s'appelle aux Isles Paletunier, & est un espéce de Mangle noir. Il est vrai qu'il s'y éléve beaucoup plus haut, & qu'il y devient bien plus gros qu'au Pérou, mais à cette seule diversité près qu'on peut attribuer à la différence du terroir, l'habile naturaliste n'y en trouve aucune autre.

Comme cependant il avertit qu'il a écrit à la Guadeloupe pour avoir de ces écorces, & en faire des expériences, on ne doute point qu'il n'en fasse part au public, qui jusqu'à cet éclaircissement, doit au moins suspendre son juge-

jugement & le parti qu'il doit prendre dans cette nouvelle découverte.

La racine de Gentiane qui est aussi un fébrifuge, est appellée par quelques-uns, Quinquina d'Europe. *Voyez* GENTIANE.

Le Quinquina ne se trouve tarifé dans aucun des Tarifs de France, à l'exception de celui de la Douane de Lyon, où il paye 3 s. de la liv. Ainsi, conformément au dernier article du Tarif de 1664. les droits doivent s'en payer à raison de cinq pour cent de sa valeur, dont l'estimation doit être faite à l'amiable entre les Marchands & les Fermiers; ou, en cas de contestation, par les Officiers de Traite.

QUINT. La cinquiéme partie d'un tout divisé en cinq parties égales. J'ai mon quint dans cette société dans cet armement, c'est à dire, j'y suis intéressé pour un cinquiéme.

En fait de Parties Aliquotes, quatre sols sont le quint, ou la cinquiéme partie de la livre tournois, ce qui s'exprime par cette figure. ⅕ *Voyez* CINQUIE'ME.

QUINT. Ce terme est particuliérement en usage dans l'Amérique Espagnole, pour signifier ce qui est dû au Roi pour le droit qu'il léve sur tout l'or & l'argent qui se tire des mines, ou que l'on y recueille autrement.

Ce droit est si considérable, qu'on prouve par les Regîtres de l'or & de l'argent quintez, que des seules mines du Potosi le Roi d'Espagne a tiré en moins de cinquante ans plus de cent onze millions de Pesos, à treize Réales un quart le Peso.

Le quint est dû aussi au Roi pour toutes sortes de Pierreries; & sous ce nom sont compris, non seulement les pierres qu'on appelle Précieuses, & qui ont de l'éclat, mais encore le Bézoard, le Corail rouge, l'Aimant, le Jays, l'Arcanson & le Vitriol. *Voyez* QUINTER.

QUINTAL, signifie le poids, ou la pesanteur de cent livres. Ce terme est plus en usage dans la Provence & dans le Languedoc, que par tout ailleurs: on s'en sert cependant en différentes autres Provinces de France pour signifier un cent pesant.

L'on voiture des marchandises par Mer, par les Riviéres & par Terre, sur le pied du quintal, ou du cent pesant. L'on vend, l'on achéte, & l'on estime certaines marchandises à raison du quintal.

Le quintal, quoi que de cent livres, n'est pas égal par tout; il différe quelque-fois de cinq, de dix, ou de vingt pour cent plus ou moins, suivant que la livre est composée de plus ou de moins d'onces, ou que les onces sont plus fortes ou plus foibles dans les lieux où l'on charge & où l'on achéte & vend les marchandises.

Par éxemple, le quintal poids de Paris rend à Marseille cent vingt-trois livres, & le quintal poids de Marseille ne rend à Paris que quatrevingt-une livre. Cette différence provient de ce que la livre de Paris est composée de seize onces, & que celle de Marseille n'est composée que de treize onces, ce qui se doit entendre poids de marc; car la livre de Marseille est aussi de seize onces poids de table.

Quand on convient du prix d'une voiture, ou que l'on fait quelqu'achat, ou quelque vente de marchandise sur le pied de tant le quintal poids de marc, cela doit s'entendre que le quintal doit peser cent livres de seize onces chacune, parce que la livre poids de marc est toujours composée de seize onces. Au contraire quand on traite sur le pied du quintal sans autre explication, le quintal se prend sur le pied de la livre des lieux; c'est à dire que si la livre n'est que de treize onces poids de marc comme celle de Marseille, le quintal ne sera que de quatrevingt-une livres poids de marc. Il en doit être de même des autres lieux où la livre est composée de plus ou de moins d'onces poids de marc.

La livre de quintal sur Mer, lors qu'il s'agit du fret, ou nolis d'un Vaisseau, n'est réputée que de quinze onces, & par conséquent le quintal de Mer ne doit peser que quatrevingt-treize livres, à prendre la livre sur le pied de seize onces poids de marc.

QUINTAL. Le quintal de Constantinople est estimé le plus pesant de tous les quintaux dont on se sert au Levant: il est de quarante-cinq ocques, l'ocque pesant quatre cens dragmes, ou deux livres neuf seiziémes d'Amsterdam.

Ce quintal pése cent douze livres trois quarts d'Amsterdam, cent quatrevingt-une de Venise, & cent soixante de Livourne.

On peut aussi diviser le quintal en rottes, à raison de cent rottes par quintal. La rotte de cent quatrevingt dragmes.

QUINTAL. Le quintal est un des quatre poids ausquels se pésent & s'achétent à Smirne les marchandises qu'on en tire pour l'Europe. Il est composé de cent rotes que l'on nomme aussi rotons, ou de quarante-cinq ocos qui doivent faire cent quarante livres dix onces poids de Marseille, quoi que les Coagis ou les Commissionnaires n'en donnent compte à leurs Commettans que de cent trente-trois livres.

Ce qu'on nomme au Caire Quintal Gerouin, est le poids le plus fort dont on se serve dans cette Capitale & dans les autres Villes de Commerce de l'Egypte pour peser les marchandises les plus pesantes, ou du plus grand volume. Il est de deux cens dix-sept rotols, ou rotolis du Caire dont les cent dix font cent huit livres de Marseille.

LE QUINTAL d'Angleterre qu'on nomme Hundred, est composé de cent douze livres d'avoir du poids; le demi quintal de cinquante-six livres; & le quart qu'on appelle Jod de vingt-huit.

QUINTAL-MECHO. On appelle ainsi en Espagne, à Buenos-Aires, & dans le reste de l'Amérique Espagnole, un quintal qui est de moitié plus fort que le quintal commun. Il est de six arobes, & ce dernier seulement de quatre; c'est à dire, l'un de cent cinquante livres, & l'autre de cent, à prendre l'arobe sur le pied de vingt-cinq livres; ce qui rend poids de Paris quatrevingt-treize livres pour le quintal commun, & cent trente-neuf livres & demie pour le quintal mecho.

A Livourne le quintal est plus ou moins fort suivant les marchandises qu'on y pése. Par éxemple, le quintal de l'alun de Rome, de la moruë, du haran fumé, ou salé, & du saumon aussi salé, est de cent cinquante liv. & le quintal des moscouades & des sucres du Bresil, de cent cinquante-une liv.

QUINTAL. On dit sur la Méditerranée charger au quintal, pour signifier ce qu'on entend sur l'Ocean par charger à cueillette, c'est à dire rassembler des marchandises de divers Marchands pour faire toute la charge d'un Navire. *Voyez* CUEILLETTE.

QUINTE, ou QUINTIN. Sorte de toile de lin très-fine & très-transparente qui se fabrique à Quintin en Bretagne & aux environs. *Voyez* TOILE *où l'on parle de celles de Bretagne.*

QUINTE-ESSENCE. C'est ainsi que les Marchands Apoticaires & Droguistes nomment ce qu'il y a de plus exquis, de plus pur & de plus subtil dans les corps naturels, tiré ou extrait par le moyen du feu. Chez les Chimistes ce terme signifie la même chose.

QUINTE-ESSENCE DE ROMARIN. *Voyez* ROMARIN.

QUINTE-ESSENCE D'ANIS. *Voyez* ANIS.

QUINTE-ESSENCE DE CANELLE. *Voyez* CANELLE.

QUINTELAGE, ou QUINTILAGE. Terme de marine dont on se sert dans quelques endroits pour signifier ce qu'on nomme plus communément Lest. Les Flamans disent Quincelage. *Voyez* LEST.

QUINTELAGE. Signifie aussi en Basse-Bretagne l'ordinaire ou le port des hardes des Matelots, c'est à dire ce qu'il est permis à chaque matelot qui s'embarque, de porter avec soi; ce qui se régle au poids, & dont ils conviennent en s'angageant. Ailleurs il se nomme Matelotage. *Voyez* MATELOTAGE.

QUINTER L'OR ET L'ARGENT. C'est le marquer après l'avoir essayé & pesé, & en avoir fait payer le droit de quint au Roi.

Ce terme est particuliérement en usage dans les mines du Potosi, du Chilli & de la nouvelle Espagne, d'où il a passé en Europe parmi ceux qui font le Commerce de l'or & de l'argent en matiére, & non en espéce. *Voyez les articles de ces deux métaux.*

QUINTE', QUINTE'E. On appelle un lingot d'or quinté, une barre d'argent quintée, ces métaux en barres ou en lingots, qui ont été essayez, pesez & marquez par les Essayeurs & Commis Royaux. *Voyez comme dessus.*

QUINTIN. *Voyez* QUINTE.

QUINZAINE que l'on prononce KINZAINE. Nombre qui renferme en soi quinze unitez ou choses d'une même espéce, une quinzaine de pistoles, une quinzaine d'écus, de livres, &c.

QUINZE, que l'on prononce KINZE, Nombre impair composé de 10 & de 5, ou d'une dixaine & de la moitié d'une dixaine, ou de trois fois cinq, ou de cinq fois trois. Quinze en chiffre commun, ou Arabe, s'écrit de cette maniére (15) en chiffre Romain de la sorte (xv) & en chiffre François de compte ou de finance ainsi (*xv.*)

On dit par maniére de proverbe qu'une personne en veut faire passer quinze pour douze, pour faire entendre qu'il ne dit pas les choses comme elles sont dans la vûë de tromper quelqu'un.

QUINZIE'ME, qu'on prononce KINZIE'ME. Se dit de la partie d'un tout divisé en quinze portions semblables. J'ai mon quinziéme dans cet armement.

Lors qu'il s'agit de fractions ou nombres rompus, un quinziéme, trois quinziémes, cinq quinziémes, sept quinziémes, &c. s'écrivent en chiffres, ($\frac{1}{15}$ $\frac{3}{15}$ $\frac{5}{15}$ $\frac{7}{15}$, &c.) Le quinziéme de vingt sols est un sol quatre deniers, qui est une des parties Aliquotes d'une livre tournois.

QUIOSSAGE. Terme de Tanneur, qui se dit des cuirs qui ont passé sous la quiosse. Le quiossage des cuirs ne se fait qu'après qu'ils ont été lavez & écharnez à la riviére. Les Mégissiers se servent du même terme à l'égard des peaux qu'ils préparent. *Voyez ci-après* QUIOSSE', QUIOSSE & QUIOSSER.

QUIOSSE'. On appelle un cuir quiossé, celui sur lequel on a fait passer la quiosse étant sur le chevalet.

QUIOSSE, que quelques-uns appellent aussi Queux, ou Queuxe. Est une espéce de pierre à éguiser, dont les Tanneurs & les Mégissiers se serven pour préparer leurs peaux & leurs cuirs. *Voyez* QUEUX.

QUIOSSER LES CUIRS, ou LES PEAUX. C'est les froter à force de bras sur le chevalet avec la quiosse pour faire sortir toute la chaux & les ordures qui peuvent être restées du côté de la fleur; c'est à dire du côté où étoit le poil & la laine. Les Tanneurs ne quiossent les cuirs qu'après avoir été lavez & écharnez à la riviére, & c'est la derniére façon qu'ils leur donnent avant que de les mettre dans la fosse au tan. Les Mégissiers quiossent les peaux pour en adoucir la fleur afin qu'elle se puisse conserver dans les diverses façons qu'ils leur donnent avant que de les mettre dans la cuve avec le son. *Voyez* TANNER & MEGIE.

QUIRAT. Petit poids dont on se sert au Caire & dans le reste de l'Egypte. La dragme vaut seize quirats & le quirat quatre grains.

QUIS, ou PIRITEE. Espéce de Marcassite de cuivre dont on tire le vitriol Romain. *Voyez* PIRITES.

QUITALE. Mot Espagnol qui signifie la même chose que Carat. *Voyez* CARAT.

QUITANCE. Acte ou écrit par lequel on décharge quelqu'un d'un payement, d'une dette, ou d'autre chose qu'il s'étoit obligé de faire ou d'aquiter.

Il y a des quitances par devant Notaires, & des quitances sous seing privé; toutes également valables, mais non également sûres pour les évenemens, les derniéres étant quelque-fois sujettes à de grands inconvéniens.

Le reçû que l'on met au dos d'une Lettre de Change aquitée, est une véritable quitance, mais qui par l'usage a obtenu un autre nom. On l'appelle endossement. *Voyez cet article.*

QUITANCER. Donner une quitance, un reçû, un aquit, au pied ou au dos de l'Acte par lequel le débiteur étoit obligé à son créancier. On quitance des mémoires, & des parties arrêtées de marchandises fournies lors qu'on en reçoit le payement. Les obligations & autres Actes obligatoires qui ont minutes, se quitancent au dos de la minute, & la grosse se rend à ceux qui les aquitent.

On ne dit pas quitancer une Lettre de change; mais, l'endosser, quoi qu'effectivement ce soit la même chose. *Voyez* ENDOSSER.

On dit simplement Donner quitance, quand la quitance se donne séparément, & non sur l'Acte qui obligeoit le débiteur.

QUITE. Celui qui ne doit rien, qui a payé tout ce qu'il doit. Ce Marchand a donné de bons effets pour demeurer quite envers ses créanciers. Je vous envoye mille écus pour rester quite avec vous de toutes choses.

QUITER, donner quitance, ou déclarer qu'on ne demandera rien d'une déte. J'aime mieux le quiter de tout que d'avoir un procès avec lui. Je l'ai quité pour la moitié de ce qu'il me devoit.

QUOAILLE, qu'on écrit plus ordinairement COAILLE. Laine très-grossiére & comme le rebut des toisons qui se lévent de dessus les brebis. *Voyez* COAILLE.

QUOTE, ou QUOTTE, qui s'écrit plus ordinairement Cote. *Voyez* COTE.

QUOTIENT. Terme d'Aritmétique qui exprime le nombre provenant de la partition ou division qui se fait d'un plus grand nombre par un plus petit, & qui fait connoître combien le plus petit est compris de fois dans le plus grand; ou combien de fois le partiteur ou diviseur est contenu dans le dividende ou nombre à diviser.

Le quotient est proprement le résultat de la division, & renferme autant d'unitez que le dividende contient de fois le diviseur. Le quotient se place pour l'ordinaire à droite au bout de la ligne du nombre à diviser, avec une petite barre ou ligne perpendiculaire entre deux.

Le quotient de quinze divisé par trois est cinq. Ce terme a été tiré du mot Latin *Quoties*, qui signifie combien de fois tel nombre inférieur est-il dans un autre supérieur? Par exemple, combien trois est-il de fois en quinze, cinq fois, parce que cinq fois trois sont quinze.

R.

R Dix-septiéme lettre de l'Alphabet. Elle sert dans le Commerce pour les abreviations suivantes: Rs, Remises: R, Reçû: R, Recto: Rx ou Rle, Richedale, ou Rixdale.

RABAIS. Diminution de valeur ou de quantité. Il se dit des monnoyes & des marchandises, même quelque-fois des liqueurs & des grains; mais on dit plus ordinairement Déchet, quand il s'agit de diminution de quantité. On a publié le rabais des monnoyes. Il y a beaucoup de rabais à faire sur ce damas, il n'est plus à la mode. Les étoffes de soye ne se vendent pas le même prix que l'année derniére, il y a plus de dix pour cent de rabais.

RABAIS. Se dit aussi quand on retire moins qu'on ne l'espéroit d'un fonds ou d'une entreprise de Commerce. Le retour de ce Vaisseau devoit me raporter 30000 livres de profit, mais il y a bien du rabais, la meilleure partie se trouve consumée en avaries & en fraix.

RABAIS. Se prend encore pour la remise dont on convient pour payer une somme avant l'échéance du payement. Voulez-vous me faire un tel rabais, je vous payerai comptant? Quelques-uns disent Rabat, mais plus improprement que Rabais. Le véritable mot est excompte. *Voyez* EXCOMPTE.

RABAISSE & RABAISSEMENT. Se disent à peu près dans la même signification que Rabais; mais ils sont moins en usage, particuliérement Rabaisse, dont on ne se sert presque jamais.

RABAISSER. Diminuer de prix. Le blé est bien rabaissé: Les monnoyes sont rabaissées.

RABAISSER LE CARTON. Terme de Relieur de livres. C'est couper avec une pointe d'acier le carton, qui fait la partie la plus solide de la couverture d'un livre, & le rendre de tous côtez égal à la tranche; en sorte néanmoins qu'il l'excéde de quelques lignes. *Voyez* RELIEURE.

RABAT. Terme de Commerce très-usité à Amsterdam. C'est un excompte ou diminution que l'on fait sur le prix de certaines marchandises, lors que l'Acheteur avance le payement de la somme dont il étoit convenu avec le Vendeur. *Voyez* EXCOMPTE.

Le rabat s'estime par mois, & s'accorde seulement pour certaines sortes de marchandises. Ces marchandises sont, suivant l'usage d'Amsterdam,

Les laines d'Allemagne	qui se vendent à	15	mois de rabat.
Les cendres & potasses		18	
Les soyeries d'Italie		18	
Les sucres de Bresil nommez Moscouades		18	
Les laines d'Espagne		21	
Les soyes d'Italie		33	

c'est à dire, que ces marchandises se vendent à payer comptant, en déduisant ou rabatant l'intérêt de l'argent qu'on ne devroit payer qu'au bout de quinze, de dix-huit, de vingt-un, ou de trente-trois mois. Cet intérêt qu'on appelle Rabat est pour l'ordinaire réglé à huit pour cent par an, qui sont incorporez dans le prix de la marchandise par le Vendeur; lequel pouvant donner sa marchandise pour cent florins argent comptant, la vend cent huit florins, s'il la vend à un an de terme.

Les Marchands n'étant pas toûjours en état de payer comptant les marchandises qu'ils achétent, on a imaginé le rabat, tant pour donner le moyen à ceux qui le font de payer comptant, que pour engager les autres à se libérer le plûtôt qu'ils le peuvent en vûë de cet excompte.

RABAT DE COULEUR. Terme de teinture. C'est quand une drogue faisant une couleur trop haute ou trop vive, on se sert d'une autre drogue pour la rabattre ou diminuer. C'est presque la même chose que Brunissure.

Il se dit aussi d'une legére façon qu'on donne aux étoffes de peu de valeur pour les achever. Le rabat des couleurs d'olive passées en verd se donne avec de la suye de cheminée.

RABATTRE. Oter, retrancher, déduire, diminuer. On dit, C'est un prix fait, je n'en puis pas rabattre un denier: Je vous rabattrai quatre pour cent si vous payez comptant.

RABATTRE. Terme de Tireur d'or. C'est par le moyen d'un rouet faire passer sur la rochette le trait qui est autour de la bobine. Rabattre du trait: Trait rabattu.

RABATTRE. Terme de tannerie. On rabat les cuirs en

en les jettant dans un vieux plain au sortir de l'eau. *Voyez* Tanneur.

RABETTE. Graine d'une espéce de choux dont on fait de l'huile. *Voyez* Navette.

RABLE, qu'on nomme plus ordinairement FOURGON. Grand crochet de fer enmanché d'une longue perche de bois, dont les Patissiers, Boulangers, Pain-d'Epiciers, &c. se servent pour attiser le bois dont ils chauffent leurs fours.

Rable. C'est aussi un instrument de bois, dont les Plombiers se servent pour étendre & faire couler également le plomb sur leurs moules, lors qu'ils fondent des tables de ce métail.

Ces Ouvriers ont deux sortes de rables qui n'ont que le nom & l'usage de commun, étant fort différens dans tout le reste. Un de ces rables sert pour les grandes tables de plomb, l'autre pour les petites.

Le rable aux grandes tables est une piéce de bois, d'un pouce d'épaisseur, ou environ, de quatre de hauteur, & de toute la largeur des moules ou tables à jetter le plomb, sur les éponges ou bords desquelles le rable doit porter, & être comme enchassé par deux entailles qu'il a aux deux bouts. Au milieu du rable est un long manche de bois pour le conduire. C'est avec cet instrument que quelques-uns nomment aussi un Rabot, que lors qu'on a levé la poile à verser, & que le métail liquide commence à se répandre sur le moule, les Compagnons le poussent & le conduisent jusqu'au bout. *Voyez* Plombier.

Le rable pour les petites tables est une espéce de caisse de bois sans fond, & seulement fermée de trois côtez. La principale piéce qui joint les deux autres, est de cinq à six pouces de hauteur, & d'autant de longueur qu'on veut que les petites tables ayent de largeur. Les deux piéces paralleles sont taillées en triangle, c'est à dire, qu'elles diminuënt depuis le bout où elles sont jointes à la piéce du milieu, & se terminent en pointe. C'est dans cette espéce de caisse que l'on verse le plomb fondu pour couler les petites tables. *Voyez l'usage de cet instrument à l'article des Plombiers.*

Les Facteurs d'orgues se servent aussi de ce rable pour couler les tables d'étain avec lesquelles ils font les tuyaux dont leurs orgues sont montées. *Voyez* Orgue, *ou* Facteur d'Orgues.

RABOT. Outil à corroyer le bois & à le rendre uni. Il y en a de plusieurs sortes, de différentes grandeurs & à divers usages, mais qui tous ont leurs noms particuliers.

L'instrument qu'on nomme proprement Rabot, est composé de trois piéces, deux de bois & une de fer. De celles qui sont de bois la principale s'appelle le fût. C'est une espéce de billot de dix à douze pouces de longueur, & de deux pouces ou deux pouces & demi d'équarrissure. La face de dessous est fort polie pour couler plus aisément sur le bois. Au milieu de ce billot est une entaille diagonale, qu'on appelle la Lumiére, plus ou moins large suivant la qualité du fer qu'on y veut placer: elle traverse de la partie supérieure du fût à la partie inférieure. Le coin est la seconde piéce de bois; elle est échancrée par le bas & coupée en chanfrain; elle sert à arrêter le fer dans la lumiére à la hauteur convenable. Le rabot n'est que pour polir l'ouvrage après qu'on l'a corroyé & dégrossi avec la varlope ou la demi-varlope, &c.

Les autres sortes de rabots qui servent aux Menuisiers, sont le Riflard, la grande & petite Varlope, la Varlope à onglet, divers Guillaumes, les deux Mouchettes, le Bonnet, le Bouvet, le Bec de canne & le Feuilleret. *Voyez ces outils à leurs propres articles.*

Les Menuisiers Ebenistes, c'est à dire, ceux qui travaillent en placage & en marquetterie, ont tous les rabots des Menuisiers ordinaires; & outre ceux-là ils en ont d'autres dont les fers sont différens, & qu'ils taillent ou font tailler suivant la dureté des bois qu'ils employent. Les uns ont le fer demi-couché, d'autres où il est debout, & quelques autres qui ont des dents en façon de limes, ou en maniére de truelles bretées; ceux-là servent à dégrossir leur bois. Ils ont aussi des rabots de fer, c'est à dire, dont le fût est garni par dessous d'une plaque de fer fort unie: ceux-ci servent à raboter l'ouvrage quand les piéces de raport ont été colées, afin de courir moins de risque d'en emporter quelqu'une. *Voyez* Ebeniste & Marquetterie.

Les rabots des Charpentiers sont le Rabot rond semblable à celui des Menuisiers, & la Galére. *Voyez* Galere.

Le rabot des Serruriers sert à planir le fer & à y pousser des filets & des mouleures.

Rabot. C'est aussi un instrument dont se servent les Fondeurs de caractéres d'Imprimerie, pour pousser cette petite cavité ou rainure qui est sous le pied de chaque Lettre. Il n'a de ressemblance avec tous les rabots dont on a parlé jusqu'ici que par le nom & par l'usage: pour le reste il en est tout à fait différent. On en fait ailleurs la description, & on y parle de la maniére de s'en servir. *Voyez* Fondeur de caracteres d'Imprimerie.

Rabot. Ce que les Fondeurs de gros ouvrages appellent un Rabot, est une bande ou plaque de fer plate, en forme de douve de tonneau, de douze ou quinze pouces de longueur, & de cinq ou six de hauteur, qui a un long manche, partie de fer, partie de bois: elle sert à ces Ouvriers comme d'écumoire pour ôter les crasses ou scories qui s'élevent sur le métail fondu. *Voyez* Fondeur de gros ouvrages.

Le Rabot dont on se sert aux verreries de saint Gobin pour couler les glaces de grand volume, & celui des Plombiers pour faire ce qu'ils appellent les Tables de plomb, sont de bois: on les nomme plus ordinairement des Rables. *Voyez* Rable.

Rabot. C'est aussi un des instrumens dont se servent les Maçons, Limousins, Paveurs, &c. pour éteindre la chaux & pour la corroyer avec le ciment, ou le sable, dont ils se servent au lieu de plâtre dans plusieurs de leurs ouvrages. C'est un billot de bois de huit à dix pouces de longueur, & de deux ou trois pouces de grosseur, enmanché par le milieu d'une longue perche. *Voyez* Maçon & Paveur.

Rabot. Celui des Jardiniers est simplement une des douves du fond d'une futaille, qui est la plus ceintrée, percée au milieu d'un trou de terriére pour y attacher la perche qui lui sert de manche. Ils s'en servent pour tirer les allées de leurs jardins après qu'ils ont employé le rateau. *Voyez* Jardinier.

Rabot. Le diamant à rabot est un instrument dont se servent

servent les Miroitiers pour équarrir leurs glaces, & les Vitriers pour couper les verres épais, comme celui qu'on nomme Verre de Lorraine. On l'appelle diamant, parce que véritablement la principale piéce consiste en une pointe de diamant fin. *Voyez* DIAMANT DE VITRIER.

RABOTER. Se servir du rabot. *Voyez les articles précédens, particuliérement où il est parlé des Rabots des Menuisiers, Ebenistes, Charpentiers & autres Ouvriers en bois.*

RABOUGRI. Terme d'exploitation & de Commerce de bois. On appelle du bois rabougri, celui qui n'est pas de belle venuë, & qui ne profite pas bien. *Voyez* BOIS.

RACAILLE. Terme de mépris qui se dit de ce qui est de moindre valeur en chaque chose. Il n'y a que de la racaille dans cette boutique; pour dire, qu'on n'y vend que de la marchandise de rebut, que de la piétrerie.

Payer en racaille, c'est faire des payemens en espéces de cuivre, ou de billon. Je n'ai que faire de cette racaille, je vous ai prêté mon argent en beaux écus.

RACHALANDER. Remettre une boutique en chalandise, faire revenir les Chalans. Le bon marché, la bonne marchandise & les agréables façons du Marchand, ou de la Marchande font les meilleurs moyens de rachalander une boutique, un magazin.

RACHETER. Acheter une seconde fois. Cette étoffe ne me plaît pas, j'en rachéterai une autre. Je m'étois défait de mes toiles, il m'a falu en racheter une partie de celui à qui je les avois venduës, il m'a obligé de lui en donner cinq pour cent de profit.

RACINAGE. Terme de teinture. C'est le bouillon ou la décoction de la racine, écorce & feuille de noyer, & coque de noix. *Voyez* FAUVE.

RACINAUX. Terme de Charpentier qui a différentes significations. Les racinaux d'une gruë sont les huit extrémitez des quatre piéces de bois qui composent son empatement. *Voyez* GRUE.

Les racinaux d'un pont, ou de quelqu'autre bâtiment qu'on construit sur pilotis, sont de grosses piéces de bois posées de champ qui servent comme de fondement.

On nomme aussi Racinaux, les petits poteaux ou piéces de bois dans lesquels sont assemblées les longues traverses qui font les auges ou mangeoires des écuries.

RACINE. Partie des arbres, plantes ou herbes, qui reçoit d'abord le suc de la terre, & qui le distribuë ensuite à toutes les autres. Cette partie, qui est ordinairement fibreuse & couverte d'une écorce plus ou moins épaisse, se trouve presque toûjours cachée dans la terre, y en ayant peu qui paroisse au dehors.

Il y a de plusieurs sortes de racines qui entrent dans le Commerce, dont le plus grand nombre fait partie du Négoce des Marchands Epiciers Droguistes & Apoticaires; les unes étant propres pour la médecine, les autres pour la teinture; plusieurs pour les épices, & quelques-unes pour divers usages.

Les racines médecinales sont l'Esule, le Doronic Romain, le Jalap, le Turbit, la Salsepareille, le Souchet qu'on appelle aussi Cyperus, la Régliffe, le Rapontic, la Rubarbe, la Pirethre, le Pied d'Alexandre, le Mechoacam, la Gentiane, l'Esquine, l'Ipecacuanha, le Costus Arabicus, l'Azarum, autrement Cabaret, ou Nard sauvage, l'Azarina, le Galanga, l'Acorus verus, l'Angelique, autrement Archangelique, ou Racine du Saint Esprit, & le Meon.

Les Racines propres aux teintures sont le Terra merita, autrement Concoume, l'Orcanette & la Garance.

Le Gingembre est la Racine d'une plante qui entre dans la composition de ce qu'on appelle communément les quatre Epices.

Les Racines propres à différens usages sont celles de l'Iris, de l'olivier & du noyer.

Toutes ces différentes espéces de Racines sont expliquées chacune à leur article.

Le Tarif de la Douane de Lyon régle les droits de trois sortes de marchandises sous le nom de Racines.

La premiére, qu'il appelle simplement Racines, paye 4 s. de la bale d'ancienne taxation, & 1 s. du cent pesant de nouvelle réapreciation.

La seconde qui est tariffée sous le nom de Racines de Savoye, paye 5 s. de la bale d'anciens droits & 1 s. du cent pesant pour les nouveaux.

Enfin, les Racines de Brionias payent 12 sols du quintal.

RACINE. On appelle Couleur de racine en terme de Teinturier, la couleur fauve qui est une des cinq couleurs simples & matrices. *Voyez* COULEUR MATRICE.

RACINE. Veut aussi dire la Racine de noyer qui sert à faire cette couleur; mais sous le nom de Racine on comprend l'écorce & la feuille du noyer & encore la coque de noix.

La Racine du noyer n'est bonne en teinture que dans l'hyver, parce que la séve de l'arbre s'y trouve comme retirée; l'écorce, lors que l'arbre est en séve; la feuille, quand les noix ne sont pas encore bien formées; & la coque de la noix, lors que les noix sont encore dans leur coque verte, & qu'on les a ouvertes pour en tirer le cerneau.

Pour conserver long tems la teinture de ces différens ingrédiens que fournit le noyer, il faut les mettre dans une cuve bien remplie d'eau, & ne les en tirer que pour les employer. *Voyez* COULEUR.

RACINER, terme de teinture. C'est donner aux étoffes la couleur fauve qui se fait avec la racine, l'écorce & les feuilles du noyer, & coque de noix. *Voyez* COULEUR.

RACLER. Ratisser quelque chose, en ôter quelque partie, quelques inégalitez, ou ce qui y est de superflu.

Les Parcheminiers & les Corroyeurs raclent; ceux-ci leurs cuirs, & les autres les peaux des animaux dont ils font leur parchemin & leur velin. *Voyez les articles de ces Artisans, vous y trouverez la description des outils & instrumens qu'ils employent à cet usage, & la maniére dont ils s'en servent.*

RACLER, en terme de Mesureurs de grains. Signifie ôter avec la racloire ou radoire ce qu'il y a de trop de grain sur les minots, boisseaux & autres telles mesures, lors qu'elles ne doivent pas être données combles. On dit plus ordinairement Rader que Racler. *Voyez* RADER.

RACLER la tranche d'un livre. Terme de Doreur-Relieur de livres. C'est l'unir avec le racloir pour la préparer à la dorure. *Voyez ci-après* RACLOIR.

RACLOIR. Instrument avec quoi on racle. Les Chauderonniers ont des racloirs pour grater les ustenciles de cuisine qu'ils veulent étaimer; les Graveurs au burin pour ratisser les faux traits de leur gravure; les Tonneliers, pour nettoyer les douves par le dedans des futailles

futailles. Ceux des Graveurs & Chauderonniers se nomment plus proprement des Gratoirs, & le Racloir des Tonneliers est ce qu'on appelle une essette. *Voyez ces articles.*

RACLOIR. Ce que les Doreurs de livres appellent de la sorte, est un instrument de fer composé d'une petite platine très-mince & arrondie d'un côté, & d'une queuë aussi de fer attachée au milieu du dos de la platine, avec laquelle elle forme un angle droit. Cet outil sert à unir la rognure de la tranche, avant que d'y mettre l'assiette pour la dorer. *Voyez* DORURE DES RELIEURS.

RACLOIR. C'est aussi un outil dont se servent les Menuisiers de placage & de marquetterie. Il est partie d'acier & partie de bois: ce qui est d'acier est une espéce de lame très-tranchante de trois à quatre pouces de longueur, & de deux ou trois de haut; la partie de bois qui lui sert de poignée est de même longueur, arrondie par en haut, & avec une rainure par en bas, dans laquelle la lame est engagée. *Voyez* MARQUETTERIE & PLACAGE.

RACLOIRE, ou RADOIRE. Instrument de bois fait en forme de régle qui sert à racler ou rader les mesures de grain quand elles sont trop pleines & qu'on veut les vendre radées & non combles. *Voyez* RADOIRE.

RACLURE. Ce qui se détache d'un corps qu'on racle. On le dit particuliérement de l'yvoire & de la corne, ou bois de cerf. *Voyez* CERF & YVOIRE.

RACOUR. Se dit des étoffes de laine qui au retour de la teinture & des apprêts se trouvent racourcies & diminuées de leur longueur. Cette piéce de drap avoit vingt-deux aunes de long avant que d'avoir passé par la teinture; à present qu'elle est teinte elle n'en a plus que vingt & demie, c'est une aune & demie de racours.

Les Marchands se font exactement tenir compte des racours par les Ouvriers & Manufacturiers. Les étoffes de laine doivent être reguliérement aunées au retour de la teinture & des apprêts pour en bien connoître les racours.

Les racours proviennent ordinairement de ce que les étoffes étant encore en blanc ont été par trop tirées & alongées par le moyen des rames & moulinets, ou parce qu'elles ont été mal fabriquées.

L'article 20 du Réglement de la Draperie-Sergetterie de Beauvais, porte que les serges à deux envers blanches & grises, &c. auront la largeur & longueur prescrites par le même article, étant apprêtées & exposées en vente; & sans aucuns racours; & que pour connoître s'il y en a, pourront les Acheteurs faire jetter lesdites piéces à l'eau vingt-quatre heures après l'achat & délivrance d'icelles; & où il s'en trouveroit, le Vendeur sera tenu d'en déduire la valeur sur le pied de la vente.

RADE. Lieu d'ancrage à quelque distance de la Côte, à couvert des vents, où les Navires trouvent fond, & où ils mouillent ordinairement en attendant le vent ou la marée propre pour entrer dans le Port, ou pour faire voile. Bonne Rade se dit d'un endroit où le fond est net de roches, où la tenuë est bonne, & quand on est à l'abri d'un certain vent. Les grands Bâtimens se mettent à la Rade lors qu'ils ne trouvent pas de Ports qui ayent assez de profondeur, ou quand ils en sont trop éloignez.

Les Rades qui sont dans l'étenduë de la domination du Roi de France, sont libres à tous les Vaisseaux Marchands des Sujets de Sa Majesté, même à ceux de ses Alliez; & il est défendu à qui que ce soit de les troubler ni empêcher à peine de punition corporelle.

Les Capitaines & Maîtres des Navires qui sont forcez par la tempête de couper leurs cables & de laisser quelques ancres dans les Rades, sont obligez d'y mettre des hoirins, bouées & gaviteaux, sous peine d'amende arbitraire & de perdre leurs ancres, lesquels en ce cas doivent appartenir à ceux qui les ont pêchez.

Les Maîtres de Navire qui viennent prendre Rade, doivent mouiller à telle distance les uns des autres que les ancres & cables ne puissent se mêler & porter dommage, à peine d'en répondre, & d'amende arbitraire.

Lors qu'il y a plusieurs Bâtimens en même Rade, celui qui se trouve le plus avancé vers l'eau est obligé d'avoir du feu à son fanal pendant la nuit, afin d'avertir les Vaisseaux qui viennent de la Mer.

Si un Navire qui est en rade veut faire voile pendant la nuit, le Maître est tenu dès le jour précédent de se mettre en lieu propre pour sortir sans aborder ou faire dommage à aucuns de ceux qui sont dans la même rade, à peine de tous dépens, dommages & intérêts, & d'amende arbitraire.

Titre 8 du livre 4 de l'Ordonnance de la Marine du mois d'Août 1681.

RADER. Se mettre à la rade.

RADER, en terme de Mesureurs de grains. Signifie passer la radoire par dessus les bords de la mesure pour en ôter ce qu'il y a de trop & la rendre juste. On dit aussi Racler. *Voyez ci-après* RADOIRE.

RADEUR. Celui qui est chargé de la radoire lors qu'on mesure des grains, des graines, ou du sel. Il y avoit autrefois des Radeurs en titre d'Offices dans les Greniers à sel. *Voyez* MESUREUR DE SEL & MESUREUR DE GRAINS.

RADIX DICTAMI. *Voyez* DICTAME.

Le radix dictami paye en France les droits d'entrée à raison de 3 l. du cent pesant.

RADOIRE, que l'on nomme aussi Racloire. Instrument de bois plat en maniére de régle, d'environ deux pieds de long, dont les côtez, l'un carré & l'autre rond s'appelle Rives. Les Jurez Mesureurs de grains s'en servent pour rader ou racler les mesures par dessus le bord quand elles sont pleines, afin de les rendre justes & sans comble, ce qui s'appelle Mesurer ras.

Les grains, la farine, les graines, &c. se radent ou se raclent du côté de la rive quarrée, & l'avoine par le côté de la rive ronde à cause que ce grain est long & difficile à rader autrement. Les Mesureurs de sel se servent aussi de radoires.

RAFFES. Ce sont les rognures des peaux que les Tanneurs & Mégissiers ont preparées, ou que les divers Ouvriers qui travaillent en cuir ont débitées.

Les raffes de peaux payent les droits de la Douane de Lyon à raison de 2 f. de la bale d'ancienne taxation & 1 f. du cent pesant de nouvelle réapréciation.

RAFFES DE VERRE. C'est ce qu'on nomme plus ordinairement du groisil. *Voyez* GROISIL.

Les raffes de verre payent à Lyon 1 f. la caisse d'ancient droits, & 6 d. le cent pesant de nouveaux droits.

RAFINAGE, ou RAFFINAGE. On le dit des métaux, du

du sucre & du sel; de celui-ci quand à force de le faire bouillir on le fait devenir blanc; de celui-là lors que le clarifiant à plusieurs reprises & en le faisant cuire à diverses fois, on lui donne certain degré de blancheur & assez de solidité pour le mettre dans des moules & le dresser en pains; & des métaux, en leur donnant plusieurs fusions. *Voyez* Sel, Sucre, *&* Metail.

Rafinage. Signifie aussi le sucre même rafiné. Donnez-moi du rafinage de Roüen, de la Rochelle, d'Orleans, pour dire du sucre rafiné dans ces Villes.

Depuis quelques années le rafinage des sucres se fait aux Isles Antilles Françoises, ce qui a presque fait tomber tous les rafinages de France.

RAFINE'. Sucre rafiné, celui qui a passé par le rafinage; l'autre se nomme Moscouade.

RAFINER. Afiner une seconde fois; il se dit particuliérement des métaux qui se rafinent par plusieurs fusions. *Voyez les articles particuliers de chaque métail.*

On dit aussi, Rafiner du sucre, Rafiner du sel; le terme d'afiner est cependant plus d'usage.

RAFINERIE. Lieu où l'on rafine.

Il n'y a guére de Ville en Europe où il y ait plus de Rafineries de toutes sortes qu'à Amsterdam; il y en a jusqu'à soixante seulement pour le sucre, & à proportion encore davantage pour le camphre, le vermillon, le soufre, l'azur, le sel, le borax, le brai & la résine. *Voyez tous ces articles.*

RAFINEUR. Ouvrier qui rafine les métaux, le sucre & le sel. *Voyez* Afineur. *Voyez aussi* Sucre.

RAFRAICHIR. Réparer, remettre les choses en meilleur état, leur donner un nouveau lustre. On rafraîchit une tapisserie de haute-lisse en lui donnant plusieurs lessives & en ravivant les couleurs. Les Chapeliers rafraîchissent les chapeaux en rognant leur bord, & en les lustrant avec de l'eau.

RAFRAICHISSOIR, terme de sucrerie. On nomme ainsi aux Isles Antilles Françoises un vaisseau de cuivre rouge, dans lequel les Ouvriers en sucre mettent rafraîchir les syrops qu'on a travaillez en sucre blanc. *Voyez* Sucre.

RAGUET. C'est une sorte de petite moruë verte.

En Bretagne dans le triage que l'on fait des différentes espéces & qualitez de moruës, le Raguet tient le troisiéme rang; & en Normandie il tient le quatriéme; mais il faut remarquer que dans cette derniére Province le Raguet se confond toûjours avec une autre espéce de moruë que l'on nomme Lingue, en sorte que la Lingue & le Raguet se vendent ordinairement ensemble. *Voyez* Moruë.

RAILLETTE, terme d'Aiguillier. *Voyez* Canelle.

RAIS. Ce sont les bâtons ou morceaux de bois d'une rouë, qui portent d'un bout dans le noyau ou moyeu, & de l'autre dans les jantes. Dans quelques machines de mécanique on les appelle bras.

Rais, en terme de Potier de terre. Signifie les quatre barres de fer qui suspendent & attachent la rouë à la noix. Ces rais ne sont pas placez comme dans les rouës ordinaires; mais pendent en ligne diagonale du haut de l'arbre. Ils ont deux usages, l'un de lier & former la rouë, l'autre de lui donner le mouvement lors que l'Ouvrier les pousse avec le tournoir. *Voyez* Potier de terre.

RAISEAUX DES INDES. Ce sont des ouvrages de soye propres à faire des ceintures ou des jarretiéres. Ceux qui sont destinez pour des ceintures sont apportez des Indes garnis aux deux bouts de houpes d'or, ou d'argent. Ils ont deux aunes ou environ de longueur, sur un tiers ou cinq douziémes de largeur.

RAISIN. Fruit de la vigne, duquel en le foulant dans une cuve, ou en le mettant sous le pressoir, on tire le vin, cette liqueur si délicieuse & si utile à l'homme. *Voyez* Vin.

Il y a un nombre très-grand de différentes espéces de Raisins qui se mangent frais ou secs; mais l'on ne parlera ici que de ceux dont les Marchands Epiciers & Droguistes font Négoce, soit qu'ils soient utiles à la médecine, soit qu'ils servent à la nourriture, comme ceux qui sont du nombre des fruits qu'on nomme Fruits de Carême.

Raisins de Damas. Ces raisins sont fort d'usage pour la composition de ptisannes, & on les y employe ordinairement avec les jujubes, les sebestes & les dattes. Ils sont nommez de Damas du nom de la Capitale de Syrie, aux environs de laquelle ils se cultivent, & d'où ils s'envoyent dans des espéces de boîtes de sapin à demi-rondes qu'on appelle Bustes, qui sont de différentes grandeurs, y en ayant du poids depuis quinze livres jusques à soixante.

Ces raisins tels qu'on les apporte à Paris sont égrenez, plats, de la longueur & grosseur du bout du pouce, ce qui doit faire juger de leur grosseur extraordinaire quand ils sont frais, & empêcher qu'on trouve tout à fait incroyable ce que des Voyageurs ont écrit dans leurs Relations, qu'il y a des grappes de ces Raisins qui pésent jusques à vingt-cinq livres.

Il faut choisir les Raisins de Damas nouveaux, gros & bien nourris, & sur tout prendre garde que ce ne soit des Raisins de Calabre, ou des Raisins aux Jubis applattis & mis dans les bustes ou boîtes des véritables Damas, ce qu'on reconnoîtra aisément au goût, ceux-ci l'ayant fade & désagréable, & ceux qu'on leur substituë étant doux & sucrez.

Les Raisins de Damas payent en France les droits d'entrée à raison de 40 s. du cent pesant, conformément au Tarif de 1664, & suivant celui de la Douane de Lyon 10 s. du quintal d'ancienne taxation & 2 sols 6 d. nouvelle réapreciation.

Ils sont du nombre des marchandises venant du Levant, sujettes au droit de vingt pour cent de leur valeur, suivant l'Arrêt du 15 Août 1685.

Raisins de Corinthe. Ce sont des petits Raisins égrenez de différentes couleurs, rouges, noirs ou blancs, de la grosseur des groseilles communes, qu'on apporte de plusieurs endroits de l'Archipel, & entr'autres de l'Istme de Corinthe d'où ils ont pris leur nom.

Ils viennent ordinairement par la voye de Marseille dans des bales du poids de deux à trois cens livres où ils sont extrêmement pressez & entassez. Les Anglois & les Hollandois, en tems de Paix, en apportent aussi quantité à Bordeaux, la Rochelle, Nantes & Roüen.

Les Raisins de Corinthe doivent se choisir nouveaux, petits, en grosses masses, & prendre garde qu'on ne vende en leur place de petits raisins d'Espagne. Quand ils sont font bien embalez ils peuvent se garder deux ou trois ans en ne les remuant point & ne leur donnant aucun air. Ils entrent dans l'assaisonnement de plusieurs ragoûts & dans quelques compositions médecinales où ils peuvent tenir lieu de Raisins de Damas.

Ce que M. Wheler rapporte dans son Voyage de Dalmatie & de Gréce, des Isles d'où se tirent ces sortes de Raisins & de la maniére qu'on les y prépare est si curieux, qu'on ne sera peut-être pas fâché de le voir ici dans les propres termes du Traducteur.

„ Zante, Isle de la Mer Ionienne, au midi de Cephalonie, vers la Côte Occidentale de la Morée sous „ la domination des Veniciens, est le principal endroit „ d'où viennent les Raisins de Corinthe dont on fait plusieurs ragoûts en Angleterre, en France & en Hollande. Ils ont pris leur nom de Corinthe cette fameuse „ Ville proche l'Isthme de la Morée; c'est de-là que les „ Latins les ont appellez *Uvæ Corinthiacæ*, c'est à dire, „ Raisins de Corinthe, quoi qu'il n'y en croisse point à „ présent, y ayans peut-être été négligez, parce qu'ils „ n'en avoient pas la vente, la jalousie des Turcs ne „ permettant pas aux grands Vaisseaux d'entrer dans le „ Golfe. Ils ne croissent pas sur des buissons comme nos „ groseilles rouges & blanches, quoi qu'on le croye ordinairement, mais sur des vignes comme l'autre raisin, „ excepté que leurs feuilles sont un peu plus épaisses, & „ que la grappe est un peu plus petite: ils n'ont aucun „ pepin, & en ce Païs ils sont tout rouges ou plûtôt „ noirs. Ils croissent dans une plaine fort agréable qui „ est environnée de montagnes & de côteaux dont l'Isle „ est couverte; cette plaine est séparée en deux vignobles. On vendange ces raisins dans le mois d'Août „ lors qu'ils sont mûrs, & on en fait des couches sur la „ terre jusques à ce qu'ils soient secs: après qu'on les a „ rassemblez, on les nétoye & on les apporte dans la „ Ville pour les mettre dans les magazins que les Habitans du Païs appellent des Seraglio, & où ils les versent par un trou, jusqu'à-ce que le magazin soit rempli jusques au haut; ils s'entassent tellement par leur „ propre poids, qu'on est obligé de les fouïr avec des „ instrumens de fer, ce qu'ils appellent les remuer. Lors „ qu'ils les mettent en baril pour les envoyer en quelque lieu, des hommes se graissent les jambes & les pieds „ nuds, & les pressent avec les pieds afin qu'ils se conservent mieux & qu'ils ne tiennent pas tant de place. On „ les vend environ douze écus le millier, & on paye autant de coûtume à l'Etat de Venise. L'Isle de Zante „ en porte assez tous les ans pour en charger cinq ou six „ Vaisseaux; Cefalonie pour en charger trois ou quatre; „ & Nathaligo, ou Anatolico, Messalongi & Patras, „ pour en charger un; on en transporte aussi quelque peu „ du Golfe de Lepante.

„ Les Anglois ont un Comptoir à Zante qui est conduit „ par un Consul & cinq ou six Marchands pour faire ce „ Commerce: les Hollandois y ont un Consul & un ou „ deux Marchands; & les François n'y ont qu'un Commis „ qui fait le Consul & le Marchand tout ensemble. Les „ Anglois y font le principal Commerce de cette marchandise, étant certain qu'ils en consument plus dans „ leurs ragoûts six fois que la France & la Hollande ensemble. Ceux de Zante n'ont pas beaucoup de connoissance de ce que nous en faisons; mais ils sont persuadez que nous ne nous en servons que pour teindre „ les draps, & ils ignorent encore le luxe des pâtez de „ Noël, des ragoûts, des gâteaux & des tartes, ou poudins, &c. dont les Anglois se régalent.

Les Raisins de Corinthe payent en France les droits d'entrée à raison de 40 sols du cent pesant, conformément au Tarif de 1664.

Les droits de la Douane de Lyon sont de 10 s. pour les anciens quatre pour cent.

Ils sont du nombre des marchandises venant du Levant, sur lesquelles outre les droits ordinaires il doit être levé vingt pour cent de leur valeur, en conséquence de l'Arrêt du 15 Août 1685, ce qui empêche les Anglois d'en apporter en France autant qu'ils faisoient autre-fois.

Raisins aux Jubis, que l'on appelle communément Raisins en caisse, ou Raisins de caisse. Ce sont des Raisins qu'on tire pour l'ordinaire de Provence, particuliérement de Roquevaire, d'Orriol & des environs de ces lieux. Quand ces Raisins sont mûrs on les cueille en grappe, & après les avoir trempez dans une lessive de barille, on les met sur des clayes pour les sécher au Soleil, en les retournant de tems en tems, & quand ils sont secs on les met dans des caisses de sapin plus longues que larges, ordinairement de deux grandeurs; les plus petites appellées Caissetins sont de dix-sept à dix-huit livres, & les autres qu'on nomme des Quarts sont d'environ quarante livres. Ces sortes de Raisins sont d'un goût doux, sucré & très agreable; ils servent aux desserts & colations du Carême. Les plus nouveaux, les plus secs & en plus belles grappes sont ceux qu'il faut choisir. *Voyez ci-après les droits d'entrée & de sortie que payent ces sortes de Raisins.*

Raisins Picardans. Ces sortes de Raisins approchent assez des Jubis, mais ils sont plus petits & plus secs. Ils viennent de Provence & de Languedoc en grappes, dans de longues caisses de sapin qui pésent depuis quatrevingt livres jusques à cent. *Ils payent les droits comme les Jubis.*

Raisins de Calabre. Ce sont des Raisins d'un très-bon goût, quoi qu'un peu gras, qui viennent par petits barils, du poids de quatrevingt-dix à cent livres, les grapes enfilées d'une menuë ficelle, à peu près comme des morilles. *Voyez ci-après pour les droits.*

Raisins Muscats. Ces raisins sont très-bons, de moyenne grosseur, ou en grappes, d'un goût musqué & fort délicat; ils se tirent de Languedoc, particuliérement des environs de Frontignan en petites boîtes de sapin quasi rondes, qui pésent depuis cinq livres jusques à quinze. *Voyez ci-après pour les droits.*

Raisins d'Arco & au Soleil, que l'on nomme communément Raisins Sol, ou Sor. Ce sont des Raisins égrenez de couleur rougeâtre, bleüâtre ou violette, très-bons à manger, que l'on tire d'Espagne, en barils de quarante à cinquante livres; mais l'on appelle particuliérement Raisins d'Espagne de petits Raisins un peu plus gros & moins secs que ceux de Corinthe qui viennent dans des barils du poids d'environ cent livres. Il y a encore les Maroquins qui sont des Raisins d'Espagne très-peu connus à Paris.

Suivant le Tarif de 1664, tous ces Raisins doivent payer les droits d'entrée & de sortie du Royaume & des Provinces réputées

réputées étrangéres ; sçavoir à la sortie à raison de 12 sols du cent pesant ; & à l'entrée sur le pied de 10 s.

Les droits de la Douane de Lyon pour les Raisins secs ; sçavoir, sont.

Les Raisins du crû de France 5 s. le quintal.

Les Raisins de Savoye, 5 s. d'ancienne taxation & 3. sols de nouvelle réapréciation.

RAISON, terme de Teneur de Livres à Parties doubles. On appelle Livre de Raison parmi les Négocians, Marchans & Banquiers, un gros regiſtre ſur lequel on forme tous les comptes en débit ou crédit dont on trouve les Sujets, c'eſt à dire, les articles ſur le livre Journal. On le nomme Livre de Raiſon, parce qu'il ſert à ſe rendre raiſon à ſoi-même & à ſes Aſſociez de l'état de ſon Commerce: on lui donne plus ordinairement le nom de grand Livre, & aſſez ſouvent de Livre d'extrait; ce dernier à cauſe qu'on y porte tous les articles extraits du livre Journal, & l'autre parce qu'il eſt le plus grand par ſon volume de tous les livres dont on ſe ſert dans le Négoce. *Voyez* LIVRES DES MARCHANDS. *On y parle amplement du Livre de raiſon & de la maniére de le tenir.*

RAISON. Signifie auſſi la part d'un Aſſocié dans le fond d'une ſociété. On dit, ma raiſon eſt du quart, ſa raiſon n'eſt que d'un douziéme. Votre raiſon eſt des trois quarts dans cet Armement, dans cette Manufacture; pour dire, que les Aſſociez y contribuent ſuivant cette proportion, & qu'ils doivent porter les pertes & avoir part aux profits ſur ce pied-là.

RAISON. Veut dire encore proportion, rapport. Je vous payerai cette étoffe à raiſon, c'eſt à dire, ſur le pied de vingt livres l'aune. Le Change d'Amſterdam eſt à raiſon de dix pour cent. C'eſt un Uſurier, il prête ſon argent à raiſon de deux ſols par écu la ſemaine.

On dit qu'une marchandiſe, qu'une choſe eſt hors de raiſon, quand le prix en eſt exceſſif, ou qu'elle ſe trouve difficilement. Le bled eſt hors de raiſon, on le vend cinquante livres le ſeptier. L'argent eſt hors de raiſon, on n'en peut trouver qu'à dix pour cent d'intérêt par an.

RAISON, en terme d'aritmétique. Signifie la proportion que des nombres ont entr'eux. La raiſon de quatre à huit eſt comme de deux à quatre.

RAISON, en terme de Commerce de Mer. Eſt la quantité de biſcuit, de boiſſon & autres vivres que l'on régle pour chaque Matelot ſur les Navires Marchands pour leur pitance de chaque jour. En quelques endroits on l'appelle l'Ordinaire, ſur les Vaiſſeaux du Roi on dit Ration.

RAISONNER, terme de Commerce de Mer. Il ſe dit de l'obligation qu'ont les Capitaines & Maîtres des Navires Marchands lors qu'ils rentrent dans les Ports, d'envoyer montrer à l'Officier ou Commis qui eſt en garde ſur la patache leur congé & leur charte-partie, leur manifeſte de chargement & autres papiers & inſtructions qu'ils ſont obligez de communiquer en conſéquence des Ordonnances de la Marine. J'ai envoyé raiſonner à la patache, je puis me faire lammaner pour entrer dans le Port.

RAISONNER. Signifie encore expliquer, déclarer la marchandiſe dans les Bureaux des Douanes & des Traites, pour en payer les droits portez par les Tarifs, ſuivant leur poids, meſure, nombre & qualité. Il faut aller raiſonner à ce Bureau; pour dire, y faire ſa déclaration & payer les droits d'entrée ou de ſortie s'il en eſt dû. Ce terme n'eſt guére en uſage que dans les Provinces de France du côté du Rône. *Voyez* DECLARATION.

RAMAGE. On appelle Velours à ramage celui où ſont repréſentez divers grands ornemens en maniére de rinceaux, ou de palmes veloutées ſur un fond ſatiné, ou de gros de Tours. On le nomme ainſi pour le diſtinguer du velours ciſelé & du velours plein, dont le premier n'a que de petites façons, & le dernier n'en a point du tout. *Voyez* VELOURS.

RAMAGE. Se dit auſſi de la façon que l'on donne aux draps & étoffes de laine en les mettant & étendant ſur une machine qu'on appelle Rame. *Voyez* RAME & RAMER.

RAMAILLAGE. Action de Ramailler. Terme de Chamoiſeur. *Voyez l'article ſuivant.*

RAMAILLER. C'eſt donner aux peaux de boucs, de chévres & de chévreaux, la façon néceſſaire pour les paſſer en chamois, ce qui ne ſe fait que lors qu'elles ont été paſſées en huile. *Voyez* CHAMOIS.

RAMASSER LE PAPIER. Terme de Papeterie. *Voyez* RECUEILLIR LE PAPIER.

RAMASSER L'EMAIL, terme d'Emailleur. C'eſt le prendre chaud & liquide dans la cuilliére de fer où il a été mis en fuſion avec du verre, pour en faire ce que les Emailleurs appellent du Canon, c'eſt à dire, ces bâtons ou filets d'émail de diverſes groſſeurs dont on travaille les ouvrages à la lampe.

Pour ramaſſer l'émail on ſe ſert de deux bouts de tuyaux de pipes à fumer du tabac, qu'on plonge enſemble dans la matiére fonduë, & que tenant des deux mains on éloigne à volonté. Si l'on veut des filets plus longs que l'étenduë des bras de l'ouvrier, un compagnon en tire un des bouts toûjours attaché au morceau de tuyau de pipe; ce qui s'appelle tirer l'émail à la courſe. *Voyez* EMAIL.

RAMBOURAGE. Terme de Manufacture de Draperie. C'eſt un des apprêts que l'on donne aux laines de diverſes couleurs qu'on a mélées enſemble pour la fabrique des draps mélangez. *Voyez* FEUTRE.

RAMBOURG. Eſpéce de futaille qui ſert à mettre du ſaumon ſalé & de la biére. On l'appelle plus communément Hambourg. *Voyez* HAMBOURG.

RAME. Machine, ou inſtrument dont on ſe ſert dans les Manufactures de Draperies, pour allonger ou élargir les draps, ou ſeulement pour les unir & les dreſſer quarrément.

Cette machine qui eſt haute environ quatre pieds & demi, & qui a plus de longueur que la plus longue piéce de drap, eſt compoſée de pluſieurs petites ſolives, ou morceaux de bois quarrez, placez de même que ceux qui forment les barriéres d'un manége; en ſorte néanmoins que les traverſes d'embas puiſſent ſe hauſſer & baiſſer ſuivant qu'on le juge à propos, & être arrêtées ſolidement par le moyen de quelques chevilles. Il y a le long des traverſes, tant hautes que baſſes, des clous à crochet placez de diſtance en diſtance.

Maniére de mettre une piéce de drap ſur la Rame.

La piéce de drap étant encore toute mouillée, le chef en eſt attaché à l'un des bouts de la Rame, puis on la tire à force de bras par le côté de la queuë pour la faire aller au point.

point de longueur que l'on s'est proposé. La queuë du drap étant bien arrêtée, on acroche la lisiére d'en haut aux traverses d'en haut, & la lisiére d'embas aux traverses d'embas, que l'on fait descendre par force jusqu'à-ce que le drap soit à la largeur qu'on desire. Ayant été ainsi bien étendu & arrêté, tant sur son long que sur son large, on brosse la piéce à poil, & on la laisse sécher; en suite on la léve de dessus la rame, & tant qu'elle n'est point remouillée, elle conserve toûjours la même largeur & longueur que cette machine lui a donnée.

On dit qu'une piéce de drap est à la rame, pour dire qu'elle est étenduë sur la machine qui porte ce nom. *Voyez ci-après* RAMER.

RAME. C'est aussi un paquet de papier composé de vingt mains, chaque main de vingt-cinq feuilles, en sorte que la rame contient en tout cinq cens feuilles. La premiére & la derniére main doit être de même pâte & de même compte que le reste de la rame. *Article 9 du Réglement du 21 Juillet* 1671. *Voyez* PAPIER.

RAME DE BOUC, *ou* BARBE DE RENARD. *Voyez* ADRAGANTH.

RAME. Terme de Tissutier Rubannier, & de quelques autres ouvriers qui travaillent de la navette.

On appelle Rames dans le métier de ces Artisans, de longues ficelles qui ont à un bout des fuseaux, ou aiguilles de fer, pour les apesantir, & qui de l'autre sont attachées aux fils de la chaîne. Elles servent à ouvrir & baisser la chaîne pour y passer ou y serrer la trême. On appelle Porte-rames des planches de bois ouvertes par le milieu d'une large rainure, dans laquelle est attaché un long cylindre mobile, sur lequel roulent les rames pour se lever & se baisser plus facilement. Il y a deux Portes-rames dans chaque métier, l'un devant, l'autre derriére. *Voyez* TISSUTIER RUBANNIER.

RAMEAU. Il se dit dans les mines des métaux, particuliérement dans celles de l'or & de l'argent, des veines, ou filons, qui se séparent en différentes parties. *Voyez les differens articles des métaux.*

RAMENDABLE. Ce qui peut se ramender. *Voyez les articles suivans.*

RAMENDER. Diminuer de prix. Etre à meilleur marché.

RAMENDER UNE ETOFE. Se dit en terme de Teinturier, quand ayant été jugée defectueuse par les Gardes & Jurez, on est obligé de la remettre à la teinture. Une étoffe ramendée est toûjours plus dure & moins bonne que celle qui a eu sa perfection dès le premier teint.

RAMENDER. Se dit aussi de toute autre besogne & ouvrage des Artisans, où ils sont obligez de retoucher pour les remettre en meilleur état; & lors qu'ils sont poursuivis en Justice pour un mauvais travail, ils sont reçûs à ramender si la chose est ramendable.

RAMENDER, en terme de Doreur. C'est réparer & recouvrir les endroits de l'or qui se sont gersez ou cassez en l'appliquant. On ramende d'abord avec de petits morceaux du même or; mais quand c'est pour finir l'ouvrage, on se sert d'or à coquille; ce qui s'appelle boucher d'or moulu. *Voyez* DORURE EN HUILE ET EN DETREMPE.

RAMER, ou ARRAMER. Terme de Manufacture de Draperie, qui signifie mettre une piéce de drap encore toute mouillée sur une espéce de machine, ou instrument de bois que l'on appelle Rame, pour en tirant l'étoffe à force de bras, la faire venir au point de la longueur & de la largeur que l'on s'est proposée. *Voyez ci-devant* RAME.

Quoi que le ramage des draps soit présentement en usage dans la plûpart des Manufactures de Draperies, & qu'il semble même comme toléré, les Marchands, Manufacturiers & Ouvriers le prétendant absolument nécessaire pour dresser quarrément les draps: cependant les inconvéniens qui en pouvoient arriver ont donné lieu à plusieurs Ordonnances & Réglemens qui font assez connoître qu'il a toûjours été jugé préjudiciable au public & aux Manufactures.

Charles VI. par Lettres Patentes en forme de Statuts données en faveur des Tondeurs de Draps de la Ville de Paris, en l'an 1384, art. 13. fait défenses d'étendre aucuns draps mouillez sur l'esselette à peine d'un marc d'argent pour chacune piéce de drap. Il faut remarquer que l'esselette étoit une maniére de rame à peu près semblable à celle dont on se sert à présent.

Charles IX. par Ordonnance donnée à Orleans en 1560, art. 147, défend aux Ouvriers & Marchands de faire tirer leurs draps avec des rouets, poulies & autres semblables instrumens, sous peine d'amende.

Le même Roi par les Statuts donnez aux Drapiers de Paris, le 13. Decembre 1573, art. 38. donne pouvoir aux Gardes de ce Corps de faire abattre par un Commissaire, ou par un Sergent, toutes sortes de poulies & autres machines servant à étendre & à tirer les draps.

Louis XIV. a ordonné par le Réglement général concernant les Manufactures de Lainages du mois d'Août 1669, art. 52. que les Maîtres Drapiers Sergers Ouvriers, Foulons & autres, ne pourront tirer, allonger, ni arramer aucunes piéces de marchandises, tant en blanc qu'en teinture; de telle sorte qu'elles se puissent racourcir de sa longueur, & étressir de sa largeur, à peine de cent livres d'amende, & de confiscation de la marchandise pour la premiére fois; & en cas de récidive, d'être déchûs de leur Maîtrise.

Enfin, par Arrêt du Conseil du 3. Octobre 1619, il est défendu, conformément à ce qui est porté par l'article ci-dessus, & sous les mêmes peines, de tirer, allonger, ni arramer aucunes piéces d'étofes, tant en blanc qu'en teinture.

L'attention que l'on voit qu'on a toûjours eu à empêcher le ramage, ou tirage des étoffes de laine, doit faire comprendre que l'on s'est apperçû qu'il étoit très-pernicieux. Et en effet, il est certain que le tirage de la rame trop outré rend l'étoffe d'une très-mauvaise qualité, qu'il l'éfondre en désunissant la chaîne d'avec la trême; & qu'ainsi il la rend lâche, creuse & inégale; en sorte que la rame est proprement un instrument qui détruit ce que le foulon a tâché de faire, qui est de bien serrer & bien unir la chaîne avec la trême.

Aussi des personnes très-intelligentes dans les Manufactures de Draperies, sans se laisser éblouir de quelques legers avantages qu'on ne peut disconvenir qu'apporteroit l'usage de la rame, si l'on n'en abusoit pas, avouent de bonne foi, que deux principaux motifs engagent la plûpart des Manufacturiers à la vouloir soûtenir. L'un est d'éviter la rigueur des Réglemens sur la largeur des étofes;

& l'autre d'augmenter considérablement l'aunage de leurs piéces.

Pour le premier, on voit assez, que si pour avoir épargné une partie des fils de la chaîne, une étoffe au sortir du foulon ou de la teinture, ne se trouve que d'une aune moins un seize en la tirant sur sa largeur, par l'effet de la rame on lui donne aisément l'aune entiére ordonnée par les Réglemens; & au contraire, il est d'expérience, que si une piéce au sortir du foulon, ou de la teinture, n'est que de dix-huit aunes, on la peut pousser à l'aide de la rame jusqu'à vingt-une aunes en la tirant sur sa longueur. En sorte que dans l'un & l'autre cas le public est trompé, & les Réglemens sont méprisez par le seul amour d'un gain illicite & criminel. Ce qui fait voir qu'il ne faut pas abuser de ce qu'on a dit ci-devant, que le ramage des draps paroissoit être toléré.

En effet, puis que cette tolérance semble n'être fondée que sur un Arrêt du Conseil en forme de Réglement fait le 20. Novembre 1708, touchant les draps destinez pour le Levant, dont l'article 22. porte que les draps ne pourront être tirez par le moyen des rames au de-là de trois quarts d'aune, sur une piéce de trente aunes, & ainsi à proportion de plus ou moins grand aunage. L'on juge assez qu'à le bien prendre c'est plûtôt une interdiction qu'une permission de ramer les draps. L'article proprement ne regardant que ceux qui sont destinez pour le Levant; ce qui est en quelque maniére donner l'exclusion aux autres.

Cet abus avoit été poussé si loin qu'il paroît par un procès verbal fait par Monsieur Blondel Consul de France à Smirne, du 10. Octobre 1690, que sur des draps d'une Manufacture du Languedoc, il s'étoit trouvé dix-sept pour cent de diminution, tant en longueur qu'en largeur, après avoir souflé dessus de l'eau, & les avoir passez sous le fer chaud, suivant l'usage & pratique du païs avant de les employer, au lieu d'un & demi ou deux pour cent au plus qu'ils devoient racourcir de la longueur & étrecir de la largeur.

Les Mémoires que ce Consul envoya pour lors à la Cour, concernant le Commerce des Draps que les François font en Levant, ont servi de matiéres à plusieurs Réglemens qui ont été faits depuis touchant ce Commerce; & l'attention qu'on a eu de les faire exécuter, leur a donné tant de réputation, qu'à présent les draps de France sont plus recherchez en Turquie que ceux des Anglois & des Hollandois.

Quoi qu'il soit arrivé quelqu'adoucissement sur la défense de l'usage des rames dans la fabrique des draps, depuis la mort de l'Auteur, l'on n'a pas crû devoir rien changer à cet article qu'il avoit composé sur la fin du Régne de Louïs XIV. sur tout, ses observations étant si sages & soûtenuës de si bonnes raisons, que ce seroit priver les Lecteurs d'un des meilleurs endroits de son Dictionnaire par rapport aux Draperies, que d'en retrancher des réfléxions si sensées. On a donc crû qu'il suffisoit de mettre ici, comme par addition, ce qui concerne la nouvelle permission que les Fabriquans Drapiers ont obtenuë de se servir de rames dans leurs Manufactures.

Cette permission a été accordée par un Arrêt du Conseil du 12 Février 1718.

Les Fabriquans de draps de la Manufacture d'Elbeuf, & de quelques autres lieux de la Généralité de Roüen, ayant représenté qu'il étoit nécessaire qu'il fut dressé un Réglement concernant l'usage des rames, compatible avec les apprêts qu'ils étoient obligez de donner à leurs draps; & la Requête qu'ils avoient présentée au Conseil, ayant été communiquée par ordre du Roi à l'Intendant de ladite Généralité, à la Chambre du Commerce de Normandie, aux Marchands Drapiers-Merciers unis de la Ville de Roüen, & à l'Inspecteur des Manufactures de Lainerie de la Généralité de Roüen, Sa Majesté en raprochant en quelque sorte les divers avis, dont les uns condamnoient absolument l'usage des rames, & les autres l'étendoient trop, a ordonné.

1. Que les piéces de drap fabriquées dans toutes les Manufactures du Royaume, qui après avoir été tirées à la rame, se trouveront n'avoir augmenté de longueur que de demi-aune sur vingt aunes, au dessus de l'aunage qu'elles avoient au sortir du foulon, ne seroient point regardées comme défectueuses, & pourroient être marquées du plomb de fabrique.

2. Qu'à l'égard des piéces de drap, pareillement de vingt aunes, qui se trouveroient avoir augmenté de longueur au dessus d'une demi-aune, jusqu'à trois quarts à proportion, les Manufacturiers qui les auroient fabriquées seroient condannez à l'amende depuis vingt livres jusqu'à quarante.

3. Que pour les draps de même aunage qui seroient augmentez au dessus de trois quarts sur vingt aunes & à proportion, ils seroient saisis & confisquez, & les Fabriquans condannez à cent livres d'amende.

4. Qu'à l'égard de la largeur les piéces de cinq quarts, qui après avoir été ramées n'auroient augmenté que d'un seiziéme au dessus de ce qu'elles avoient au sortir du foulon, & à proportion pour les draps de moindre largeur, ne seroient point pareillement regardées comme défectueuses, & pourroient être marquées du plomb de fabrique.

5. Que pour lesdites piéces de cinq quarts qui auroient augmenté de largeur au dessus d'un seiziéme jusqu'à un demi-quartier, & à proportion, les Ouvriers seroient condannez comme dessus, depuis vingt livres jusqu'à quarante.

6. Enfin, que les draps de ladite largeur qui seroient augmentez d'un demi-quart, seroient saisis & confisquez, & les Fabriquans condannez à cent livres d'amende.

RAMES. On nomme Coton de Rames des cotons filez de médiocre qualité, qui viennent de Judée. On s'en sert à faire la trême des toiles cotonnines dont on fait les grandes & petites voiles des bâtimens de Mer. *Voyez* Coton.

RAMETTE. Les Imprimeurs appellent ainsi un chassis de fer, qui n'a point de barre au milieu. Il sert à dresser les formes d'Imprimerie pour les ouvrages qui n'ont qu'une seule page, ou du moins un seul feuillet, comme les Placards, Monitoires, Affiches, &c. *Voyez* Imprimerie.

RAMILLES. Terme d'exploitation & de Commerce de bois. Ce sont les petites branches qui se ramassent dans les ventes, après qu'on en a tiré le bois de corde, les coterets & les fagots. Les Ramilles ne sont bonnes qu'à faire des bourées. *Voyez* Bois.

RAMONETTE. *Voyez* Raquette.

RAN. C'est ainsi quon appelle quelque-fois l'animal à

à laine qu'on nomme communément Belier. *Voyez* Belier.

RANCHES. Grosse cheville qui traverse de pied en pied ce qu'on appelle le rancher d'un engin, ou d'une gruë, & qui sert comme d'échelons pour monter en haut.

RANCHER, ou ECHELLIER. Piéce de bois garnie de chevilles qui passent à travers; c'est une maniére d'échelle pour monter ou descendre dans des lieux profonds, où élevez. Les engins, les gruës & les gruaux ont leur échellier; il y a aussi des ranchers pour les Carriers avec lesquels ils vont au fond de leurs carriéres & en remontent. *Voyez* Echellier. *Voyez aussi* Engin *&* Grue.

RANGE. Terme de Paveur de petit échantillon. C'est un rang de pavé de même grandeur le long d'un ruisseau sans caniveaux, ni contre-jumelles.

RANGER le poil d'un drap, ou d'une étoffe de laine. C'est en coucher le poil avec le cardinal, la brosse ou la tuile, après qu'elle a été tonduë à fin. *Voyez aux articles de ces trois instrumens, on y explique comment cette façon se donne.*

RANNIR. Ancien terme des Statuts des Maîtres Potiers d'étain. C'est ce qu'on appelle présentement vernisser. Il leur est ordonné par le huitiéme article de ces Réglemens, que leurs ouvrages soient bien & suffisanment plommez & rannis, c'est à dire, plombez & vernis. *Voyez* Vernisser *&* Potier d'Etain.

RAPATELLE. Nom que l'on donne à une espéce de toile claire faite de crin de cheval, qui sert à faire des tamis, ou sas pour passer l'amidon, le plâtre & autres choses semblables que l'on veut mettre en poudre fine. Ce qui fait qu'on l'appelle quelque-fois Toile à tamis, ou à sas.

Cette toile qui se fabrique par morceaux presque carrez, depuis un quart jusques à environ trois quarts d'aune de Paris, quelque-fois plus suivant la longueur du crin, se vend par paquets de douze morceaux chacun, dont les plus grands sont appellez Amidonniers, du nom des Ouvriers qui s'en servent le plus.

Les Rapatelles se fabriquent pour la plûpart dans la Basse-Normandie aux environs de Coutance, particuliérement dans les Villages de Guyebert, de Beauchamps, de Mesnil Rogue & dans le Bourg de Gauray. C'est en ce dernier lieu où il s'en fait le plus, & où les Ouvriers des autres endroits les apportent chaque semaine pour les vendre au marché.

La plus grande partie des Rapatelles s'envoyent en Bretagne, & celles que l'on voit à Paris y sont apportées par des Colporteurs qui les vendent aux Boisseliers, Crainiers, & Faiseurs de sas, ou tamis. Ces sortes d'Ouvriers ne laissent pas cependant d'en tirer quelque-fois de Rouën, les Marchands de cette Ville en faisant venir des endroits mêmes où elles se fabriquent.

Quoi qu'il ne se fasse pas un grand Négoce de cette marchandise, néanmoins le Tarif de 1664 ne laisse pas d'en parler & d'en fixer les droits sur le pied de 12 s. du cent pesant tant à l'entrée qu'à la sortie.

RAPE. Outil de fer trempé en forme de lime qui est parsemé de plusieurs dents, ou pointes de fer, & qui est monté par un bout d'un morceau de bois arrondi qui lui sert de manche.

Les rapes sont ordinairement plates d'un côté & d'une figure sphérique de l'autre. Il y a encore une sorte de rapes qui ont les dents ou rainures tranchantes; celles-ci s'appellent des Escouennes si elles sont grandes, & des Escouennettes si elles sont petites. Ce sont les Ouvriers des monnoyes & les Peigniers Tabletiers qui se servent de ces derniéres.

Les autres sont du nombre des outils des Cordonniers, Tourneurs, Menuisiers, Serruriers, Sculpteurs, Plombiers, Ebénistes, Arquebusiers, Fourbisseurs, &c. *Voyez* Escouenne *&* Escouennette.

Rape. C'est aussi une petite monnoye de cuivre qui se fabrique dans presque tous les Cantons Suisses, & qui y a cours à peu près sur le pied du double de France, c'est à dire, pour deux deniers tournois. Il faut dix rapes pour faire un bon bat & seulement neuf pour le bat court, ou de Suisse. On nomme ainsi les bats qui se fabriquent à Berne, Lucerne & Fribourg. Trois rapes font le schelling de Lucerne.

RAPE'. Tonneau rempli à demi de raisins en grains triez & choisis, sur lesquels on passe les vins usez & affoiblis pour leur redonner de la force & les mettre en état d'être bûs & vendus.

L'Ordonnance des Aydes de 1680, titre deux de la vente du vin en détail, régle la quantité de Rapez de raisins que les Vendans vins en détail peuvent tenir dans leurs caves, à un rapé de demi-muid s'ils y ont actuellement vingt muids de vin; & à un rapé d'un muid en une ou deux piéces s'ils ont quarante muids, & au dessus, à peine de confiscation des rapez qui sont en plus grande quantité, & cent livres d'amende.

Rape' de copeau. Tonneau entiérement rempli de copeaux neufs faits de bois de hêtre, bien séchez, bien propres & bien imbibez auparavant d'excellent vin, sur lesquels on passe le vin qu'on veut éclaircir promtement & conserver toûjours clair quelque vin qu'on jette dessus. Il est défendu par la même Ordonnance de 1680 à tous ceux qui vendent du vin en détail de se servir d'aucun rapé de copeau en quelque maniére que ce soit, sous les mêmes peines de confiscation & de cent livres d'amende.

RAPONTIC DU LEVANT. Racine que l'on confond quelque-fois avec la rubarbe. *Voyez* Rubarbe.

Rapontic de montagne, ou Rubarbe des Moines. *Voyez* Rubarbe.

Le rapontic, ou comme l'appelle le Tarif de 1664, Responti, paye en France les droits d'entrée conformément audit Tarif à raison de 10 liv. du cent pesant.

Les droits de la Douane de Lyon dans le Tarif de laquelle il est nommé Responti, sont de 4 l. 1 s. 3 d. d'ancienne taxation, 4 l. pour la nouvelle réapreciation, & 25 l. pour les quatre pour cent.

Le rapontic est du nombre des marchandises venant du Levant, sur lesquelles, outre les droits ordinaires, il doit être levé vingt pour cent de leur valeur, en conséquence de l'Arrêt du 15 Août 1685.

RAPORTON. Masse de pierre propre à fendre en ardoise. On l'appelle autrement Callot. *Voyez* Ardoisiere.

RAPPORT, en terme de Commerce de Mer. Signifie une Déclaration que le Maître d'un Vaisseau Marchand doit faire à l'Amirauté vingt-quatre heures après son arrivée dans le Port, par laquelle il déclare le lieu d'où il est parti.

parti, le tems de son départ, & en quoi consiste le chargement de son Navire, les hazards qu'il a courus, les desordres qui sont arrivez dans son bord, & toutes les circonstances essentielles de son voyage; en faisant cette déclaration il doit représenter le congé qu'il a eu de l'Amiral pour aller en Mer.

La vérification des Rapports peut être faite par la déposition de l'équipage, sans préjudicier aux autres preuves; mais les Officiers de l'Amirauté ne peuvent pas contraindre les Maîtres de vérifier leur Rapport; il faut cependant observer que les Rapports qui n'ont point été vérifiez ne peuvent faire foi pour la décharge des Maîtres.

Il n'est pas permis aux Maîtres & Capitaines des Vaisseaux, non plus qu'aux Marchands, de faire décharger aucunes marchandises après l'arrivée du Bâtiment, lors que le Rapport n'a pas encore été fait.

Quand une prise est amenée dans un Port ou Rade du Royaume, le Capitaine qui l'a faite, s'il y est en personne, sinon celui qu'il en a chargé, est tenu de faire son rapport aux Officiers de l'Amirauté, de leur représenter & mettre entre les mains les papiers & Prisonniers, & de leur déclarer le jour que le Vaisseau a été pris, en quel lieu, à quelle heure; si le Capitaine a refusé d'amener les voiles, ou de faire voir sa Commission, ou Congé; s'il a attaqué, ou s'il s'est défendu; quel Pavillon il portoit, & les autres circonstances de la prise & de son voyage.

Les droits qui se payent aux Greffes des Amirautez pour les Rapports ne sont point du nombre des avaries, ils doivent être aquitez par les Maîtres des Vaisseaux.

Les Greffes des Amirautez doivent être ouverts en tout tems depuis huit heures jusques à onze heures du matin, & depuis deux heures après midi jusques à six, pour recevoir les Rapports.

Tout ce qui vient d'être dit est conforme à l'Ordonnance de la Marine du mois d'Août 1681, *articles* 4, 5, 7, 8, 9 *&* 10 *du tit.* 10 *du liv.* 1, *art.* 9 *du tit.* 7 *du liv.* 3, *&* *art.* 21 *du tit.* 9 *du même livre.*

RAPPORT. On appelle Ouvrages de Rapport des ouvrages faits de plusieurs pierres, ou de bois de différentes couleurs dont on forme des desseins & des représentations de compartimens, d'oiseaux, de feuillages & même de figures humaines. La mosaïque & la marquetterie sont des ouvrages de Rapport. *Voyez ces deux articles.*

RAPS. Monnoye qui a cours à Bâle & dans quelques autres lieux de la Suisse. Le bon bats est de dix raps; le gros, de sept raps & demi; & le plapper, de six.

RAPURES D'YVOIRE, ou RAZURES EBORIS. C'est de l'yvoire rapé assez grossiérement. *Voyez* YVOIRE.

Les rapures d'yvoire payent en France les droits d'entrée à raison de 20 *s. du cent pesant, conformément au Tarif de* 1664; *& par celui de la Douane de Lyon, où elles sont aussi appellées Raclures d'yvoire,* 10 *s. du quintal.*

RAPURES. On nomme aussi Rapures de Bresil, de Sandal, & des autres bois qu'on employe à la teinture, ou à la médecine, ces bois, ou rapez à la main par des Ouvriers, ou moulus dans des sortes de moulins propres à cet usage. On appelle à Amsterdam Rasphuys, le lieu où l'on rape les bois des Teinturiers. *Voyez* RASPHUYS.

RAQUETTE, ou RAMONETTE. Maniére de palette dont on se sert à jouer à la paume & au volant, qui est composée d'une espéce de treillis de cordes à boyaux dont les unes s'appellent Travers, & les autres Montans. Ces cordes sont très-tenduës sur un tour de bois, qui a un manche de moyenne longueur garni & entortillé d'une bande de peau de mouton. L'un des côtez de la Raquette se nomme les Nœuds, & l'autre les droits.

Ce sont ordinairement les Maîtres Paumiers qui font les Raquettes. Il est cependant permis aux Maîtres Vergettiers-Brossiers d'en fabriquer, mais ils en font peu. Les uns & les autres en vendent aux petits Marchands Merciers qui en débitent, particuliérement de celles propres pour le jeu du volant. Il en vient beaucoup de Roüen de ces derniéres sortes. *Voyez* BOIS DE RAQUETTE.

Les raquettes, ou ramonettes payent en France les droits de sortie sur le pied de mercerie, c'est à dire, 3 *liv. du cent pesant, conformément au Tarif de* 1664; *& seulement* 2 *liv. si elles sont déclarées pour être envoyées à l'Etranger, suivant l'Arrêt du* 3 *Juillet* 1692.

RAQUETTIER. Ouvrier qui fait des raquettes. Les Maîtres des tripots, ou jeux de paume, prennent la qualité de Paumiers & de Raquettiers. *Voyez* PAUMIER.

RAQUETTIERS. C'est aussi comme se qualifient les Maîtres Vergettiers-Brossiers de Paris, parce qu'il leur est permis concurremment avec les Paumiers de faire & vendre des raquettes. *Voyez* VERGETTIER.

RAQUETON. Grande raquette dont les Joueurs de paume se servent pour mieux garder ce qu'en termes de ce jeu on appelle Le dedans. *Voyez* RAQUETTE.

RAS. Mesure de longueur dont on se sert en Piémont pour mesurer les étoffes.

Le Ras de Piémont est semblable à la brasse de Luques, qui contient un pied neuf pouces dix lignes, ce qui fait une demi-aune de Paris; en sorte que deux ras de Piémont, font une aune de Paris, ou une aune de Paris fait deux ras de Piémont.

RAS. Se dit aussi de la chose mesurée avec le ras. Un ras de drap: Deux ras de taffetas.

RAS. Se dit aussi de plusieurs sortes d'étoffes de laine croisées, qui sont des espéces de serges particuliéres fort unies, dont le poil ne paroît point, ou très-peu. Ainsi l'on dit, du Ras de S. Lo, du Ras de Châlons, ou du Ras à la Cordeliére, du Ras de S. Mexent, du Ras de Lusignan, du Ras de la Mothe, &c. Quand on joint le mot de Serge à celui de Ras, on parle en feminin; & l'on dit, une Serge rase, au lieu de dire tout court, un Ras. *Voyez* SERGE.

Un drap de laine ras de poil, est celui dont le poil a été tondu, ou coupé de près. Les draps ras de poil sont plus estimez que les autres, pourvû qu'ils ne soient point trop découverts; c'est à dire, que l'on n'en apperçoive point le fond, ou la tissure. *Voyez* DRAP.

Les velours ras sont des velours dont les poils n'ont point été coupez sur la petite régle, en les travaillant sur le métier: ils se coupent aux autres Velours que l'on nomme Velours à poil. *Voyez* VELOURS.

RAS DE SAINT MAUR. Sorte d'étoffe croisée en maniére de Serge, qui se manufacture à Paris, à Lyon & à Tours.

Les Ras de S. Maur sont tout noirs, de demi-aune de large; les uns entiérement de soye, les autres dont la chaîne est de soye & la trême de fleuret, & les autres dont la trême est de laine finement filée & la chaîne de soye. Ceux de Paris sont les plus estimez. Ils ont pour l'ordinaire soixante-quinze aunes à la piéce, quelque-fois même jusqu'à quatrevingt-dix: ceux de Tours & de Lyon n'en ont que cinquante à cinquante-deux.

Les soyes qui s'employent pour faire les chaînes des Ras de S. Maur qui se fabriquent à Paris, sont des organcins de Sainte-Lucie, qui se tirent de Messine; mais les chaînes de ces Ras qui se font à Lyon & à Tours, ne sont que d'organcin de Piémont. A l'égard des soyes qui servent aux trêmes des uns & des autres, elles viennent de Boulogne en Italie.

Les Ras de S. Maur tout de soye, s'employent ordinairement à faire des habits de cérémonie & de petit deuil. Ceux de soye & fleuret servent dans les grands deuils; & ceux de soye & de laine ne sont propres que pour les veuves.

Cette sorte d'étoffe a pris son nom de Ras de S. Maur, d'un gros Bourg près Paris, appellé S. Maur des Fossez, où le Sieur Marcelin Charlier, le plus habile Manufacturier de son tems, en établit en 1677 la première fabrique.

Ras de Saint Cyr. Nom que les Marchands & les Manufacturiers donnent à une espéce d'étoffe toute semblable au Ras de S. Maur, à l'exception qu'elle est grise, & que la trême en est toûjours de fleuret. *Voyez ci-devant* Ras de Saint Maur.

Ras de Chypre. Etoffe à gros grain, non croisée, toute de fine soye noire, tant en chaîne, qu'en trême, qui a beaucoup de raport pour le travail à une sorte de taffetas, que l'on appelle vulgairement Gros de Tours. Les Ras de Chypre ont une demi-aune demi-quart de large, & quarante à quarante-deux aunes à la piéce, quelque-fois plus, quelque fois moins. Les lieux de leur manufacture sont Paris, Tours & Lyon.

Ras. Les Tireurs d'or nomment ainsi une espéce de moyenne filiére dont ils se servent pour dégrossir leurs lingots d'or, d'argent & de cuivre. *Voyez* Filiere.

RASADE. Se dit de plusieurs petites étoffes rases & sans poil. En quelques lieux on les appelle Rasettes.

Rasade, qu'on nomme aussi Rocaille, mais qui s'appelle plus proprement Rassade. Petits grains de verre teint de diverses couleurs, dont il se fait un grand trafic sur les Côtes d'Afrique, & presque par toute l'Amérique. *Voyez* Rassade. *Voyez aussi* Verroterie.

RASE. Serge rase. *Voyez* Ras.

Rase. Est aussi un terme de Marine, qui signifie de la poix mêlée avec du brai pour servir à calfater les Bâtimens de Mer.

RASER. Terme de Commerce de chevaux. Il se dit des chevaux qui passent sept ans, & qui ne marquent plus. *Voyez* Cheval.

RASETTE. Petite étoffe sans poil. *Voyez* Rasade.

RASIERE. Mesure de grains dont on se sert en Flandres.

Il y a de deux sortes de Rasiéres; l'une que l'on nomme à Dunkerque Rasiére, ou mesure de Mer; & l'autre que l'on appelle Rasiére de terre. La première pése deux cens quatrevingt livres, & quelque-fois jusqu'à deux cens quatrevingt-dix livres; & la seconde ne pése que deux cens quarante-cinq livres.

A Bergue la rasiére a son poids particulier, qui est de deux cens soixante livres. Tous ces différens poids doivent s'entendre poids de marc, dont la livre est de seize onces.

A Ostende la rasiére est de deux pour cent plus grande qu'à Dunkerque.

Il y a aussi les rasiéres de Lille & d'Aire: quarante-une rasiéres de Lille font dix-neuf septiers de Paris, & trente-deux rasiéres d'Aire vingt-un septiers aussi de Paris.

RASPHUYS. On nomme ainsi à Amsterdam une maison de correction, où l'on met les Malfaiteurs & les jeunes gens incorrigibles.

Cette maison, par un Privilége des Etats de Hollande & de West-Frise du 11 Mai 1602, confirmé en 1646 & 1660, a seule le droit de faire raper & couper les bois qui servent à la teinture, comme les bois de Bresil, de Sandal & de Sainte Marthe, le bois de Rose, le bois de Campêche, le Sassafras & plusieurs autres.

Les Administrateurs de cette Maison ont établi près de la Ville un moulin à vent, pour débiter, moudre & raper toutes ces sortes de bois; mais le plus fort de l'ouvrage se fait à la Maison même, où ceux qui y sont enfermez, s'ils sont un peu vigoureux, doivent fournir à deux, cinquante livres de bois rapé par jour, & les moins forts une certaine quantité de bois haché, ou coupé en morceaux.

On paye trente sols par cent livres pour la rapure, & vingt-quatre sols pour la mouture, outre vingt-cinq sols pour le sac. On accorde cinq livres de tarre par sac.

Il n'est pas permis de moudre ni raper des bois de teinture en aucun endroit des Provinces de Hollande & de West-Frise, autre part que dans cette Maison, à peine de deux cens florins d'amende; excepté dans les Villes où il y a de pareilles Maisons de correction qui en peuvent raper ce qu'il en faut pour leur consomption; mais la différence des rapures d'Amsterdam & des autres Villes est grande; celles-ci rapent toutes sortes de bois qu'on leur apporte; & le mauvais bois au contraire est rejetté dans le Rasphuys d'Amsterdam.

RASSADE, que quelques-uns prononcent & écrivent RAZADE, mais assez improprement. C'est une espéce de verroterie, ou petits grains de verre de diverses couleurs, dont les Négres des Côtes d'Afrique & les peuples de l'Amérique se parent, & qu'on leur donne en échange de quantité de riches marchandises.

Toute sorte de rassade n'est pas propre pour les Côtes d'Afrique. Sur celles d'Angole, particuliérement à Loango de Boirie & à Malimdo & Cabindo, il n'en faut guére que de noire & de blanche & noire. Cette derniére s'appelle du Contre-brodé. La noire se vend, ou, pour mieux dire, s'échange à la masse pesant trois livres & demie; & le contre-brodé aussi à la masse, mais non au poids. Chaque masse contient un certain nombre de colliers.

Dans une cargaison pour traiter six cens douze Négres, principalement entre la Riviére de Sestre & la Riviére d'Ardres, il faut environ trois mille livres de rassade; sçavoir douze cens livres de contre-brodé, huit cens livres de rassade noire, & mille livres de toutes les autres couleurs. *Voyez* Verroterie.

RASTEAU. } *Voyez* { RATEAU.
RASTELIER. } { RATELIER.

RASURES ou RAZURES EBORIS. Yvoire grossiérement rapé. *Voyez* YVOIRE.

RAT. Les Ouvriers Tireurs d'or appellent Rats, les trous médiocres des filiéres qui leur servent à dégrossir l'or, l'argent & le léton, pour les réduire en fils, en les faisant passer successivement par d'autres trous plus petits jusqu'à celui qu'ils nomment Superfin. *Voyez* FILIERE, *ou* TIREUR D'OR.

RAT. Terme de Teinturiers. On appelle Gris-de-rat, une couleur qui est semblable à celle de la peau de l'animal qu'on nomme Rat. Cette couleur est de quelques nuances plus brune que celle qu'on nomme Gris-de-souris.

RAT. On appelle Queuë de rat, une lime ronde raisonnablement longue & pointuë, qui sert à limer & arrondir les trous percez dans les métaux. *Voyez* LIME.

RATEAU. Terme de Cordier. C'est une piéce de bois garnie de dents aussi de bois, qui est élevée horisontalement au bout de l'attelier des Cordiers. C'est entre les dents du Rateau que l'Ouvrier met ses fils, ou ses cordons, à mesure que l'ouvrage s'avance. *Voyez* CORDE & CORDIER.

RATEAU. Est aussi un outil de Jardinier dont il se sert pour tirer les allées des jardins, après qu'on en a arraché les herbes avec la ratissoire. Il y a des rateaux à dents de fer, & d'autres à dents de bois.

RATEL. Poids dont on se sert en Perse, qui revient environ à la livre de seize onces de France. Le Ratel est la sixiéme partie du petit batman, qu'on appelle autrement Batman de Tauris. *Voyez* BATMAN.

RATELIER. Terme de bonneterie, qui se dit d'une espéce d'instrument sur lequel on foule les bas, les bonnets & autres semblables ouvrages de laine, qui se font au tricot, ou au métier.

Par l'article 16 du Réglement du 30 Mars 1700, il est défendu de se servir d'autres instrumens que de rateliers de bois ou à dents d'os, pour fouler les bas & autres ouvrages de bonneterie de laine qui se font sur le métier.

RATIERE. Terme de Rubannier. C'est le métier dont les Rubanniers se servent pour faire cette espéce de petit tissu rond en forme de cordonnet, qu'on appelle une Gance. *Voyez* GANCE.

RATIFICATION. Acte qui approuve ce qui a été fait par un autre en notre nom.

RATIFIER. Approuver, confirmer ce qu'un autre a fait. Je ratifie volontiers tous les marchez & achats que vous avez faits pour moi.

Il y a quantité d'occasions où les Correspondans, Commissionnaires, Facteurs & Commis doivent faire ratifier par leurs Commettans ce qu'ils ont fait en conséquence de leur Commission.

RATINE. Sorte d'étoffe de laine croisée, qui se fabrique sur un métier à quatre marches, de même que les serges & autres semblables étoffes, qui ont de la croisure.

La Ratine est une maniére de tissu fait de fils de laine entrelassez les uns dans les autres d'une certaine maniére qui en forme la croisure. Les fils qui vont en longueur depuis le Chef jusqu'à la queuë de la piéce, se nomment fils de chaîne; & ceux qui sont placez de travers sur la largeur de l'étoffe sont appellez Fils de trême; en sorte qu'une piéce de Ratine est composée d'une chaîne & d'une trême.

Il y a des Ratines drapées, ou apprêtées en draps, des Ratines à poil non drapées, & des Ratines dont le poil est frisé du côté de l'endroit; ce qui fait qu'on les appelle ordinairement Ratines frisées. Les unes sont blanches & les autres de différentes couleurs, soit que la laine en ait été teinte avant que d'être filée, ou que l'étoffe ait été mise de blanc en teinture après avoir été fabriquée.

Les lieux de France où il se fabrique le plus de ratines, sont Sommiéres en Languedoc, Roüen en Normandie, & Beauvais en Beauvoisis. Il s'en fait aussi à Caën, à Elbeuf & à Dieppe en Normandie, mais en petite quantité. Celles de Caën & d'Elbeuf, qui sont pour l'ordinaire ou drapées, ou frisées, tiennent le premier rang; celles de Sommiéres vont après, ensuite celles de Roüen, puis celles de Dieppe, & enfin celles de Beauvais.

Les Ratines de Sommiéres, de Roüen, de Dieppe & de Beauvais se tirent pour l'ordinaire en blanc & à poil, sans être ni drapées, ni frisées; & ce sont les Marchands qui s'en chargent qui les font apprêter & teindre de la maniére dons ils le jugent à propos pour les mieux débiter.

L'article 7 du Réglement général des Manufactures du mois d'Août 1669, porte, Que les Ratines larges de Roüen, Dieppe, Beauvais & d'autres lieux, auront une aune & un tiers de large lisiéres comprises, & les étroites une aune de large & de quinze à seize aunes de long, les demi-piéces & les doubles piéces à proportion.

Il se tire de Hollande, particuliérement de la Ville de Leyden, des Ratines de deux tiers, de cinq quarts & de quatre tiers de large, sur, depuis quinze jusqu'à trente-deux aunes de long mesure de Paris, les unes drapées, ou apprêtées en draps, & les autres frisées. Quoi que ces Ratines étrangéres soient fort estimées, ce n'est pas paroître partial, que de dire qu'il s'en voit de Caën & d'Elbeuf aussi belles, aussi bonnes & aussi bien fabriquées que les Hollandoises; ce qui doit faire juger que les Manufacturiers François sont capables d'imiter toutes sortes de manufactures.

Florence en Italie fournissoit autrefois à la France quelques Ratines très-fines & très-estimées; mais depuis que les François se sont avisez d'en fabriquer & d'en tirer de Hollande, il ne leur en reste plus guére que le souvenir. Les Ratines de quelque espéce qu'elles puissent être, sont des étoffes d'hyver qui servent à faire plusieurs sortes de vétemens tant pour hommes que pour femmes. On se sert aussi des larges qui sont à poil pour faire des couvertures de lit.

Par le Tarif du 29 Mai 1699, arrêté entre la France & les Etats Généraux des Provinces-Unies, les Ratines fabrique de Hollande payent; sçavoir,

Les Ratines drapées, ou apprêtées en draps de cinq quarts ou quatre tiers de largeur, la piéce de ving-cinq aunes 55 liv. les plus grandes, & les moindres à proportion.

Les Ratines drapées de deux tiers de large, la piéce de vingt-cinq aunes 27 liv. 10 s.

Les Ratines frisées de cinq quarts ou quatre tiers, la piéce de vingt-cinq aunes 42 liv.

Les Ratines frisées de deux tiers, la piéce de vingt-cinq aunes 21 liv.

Toutes

Toutes ces Ratines Hollandoises ne peuvent entrer que par Calais & S. Vallery, conformément à l'Arrêt du 8 *Novembre* 1687.

Les Ratines de toutes sortes, d'autre fabrique que celles de Hollande, la pièce de vingt-cinq aunes 80 *l. ne peuvent pareillement entrer que par Calais & S. Vallery, suivant le même Arrêt du* 8 *Novembre* 1687.

RATIS. Les Bouchers appellent ainsi la graisse qu'ils ôtent des boyaux des animaux qu'ils tuent, particuliérement des boyaux du bœuf. Ils lui ont donné ce nom, parce qu'ils la ratissent avec un couteau, que de son usage ils nomment Couteau aux Ratis. Ils appellent aussi Table aux Ratis, une petite table sur laquelle ils dégraissent les boyaux. Ces ratis fondus font une partie des suifs qu'ils vendent aux Chandeliers & aux Corroyeurs.

RATIS. Poids dont on se sert pour peser les diamans à la mine de Soumelpour dans le Royaume de Bengale.

Le Ratis est de sept huitiémes de carat, c'est à dire, trois grains & demi. On se sert du même poids dans tout l'Empire du Mogol; & l'on s'en sert aussi pour peser les perles.

RATISSER, Racler quelque chose pour en ôter l'ordure, ou le superflu, ou pour la réduire à une certaine épaisseur.

RATISSER LE PARCHEMIN. *Voyez* RATURER LE PARCHEMIN. *Voyez aussi* PARCHEMIN.

RATISSER UNE LETTRE. Terme de Fondeur de caractéres d'Imprimerie. C'est l'unir avec un canif des deux faces laterales, avant de la froter sur le grès. Cette façon se donne à chaque lettre en particulier. On appelle aussi quelque-fois Ratisser, cette façon que l'on donne aux caractéres pareillement avec le canif, quand on les a mis en ligne sur le compositoire. Cela néanmoins se nomme plus communément Composer. *Voyez* COMPOSER. *Voyez aussi* FONDEUR DE CARACTERES.

RATISSOIRE. Instrument avec quoi on ratisse. Il se dit particuliérement de celui dont se servent les Jardiniers pour ôter les herbes des allées de leurs jardins. Ils en ont de deux sortes; l'une platte, & qui se pousse en avant; l'autre qui forme un angle avec son manche qu'on tire devant soi. Toutes deux sont de fer plat, un peu tranchant, avec un long manche de bois.

RATISSOIRE. C'est aussi un petit instrument tout de fer, large de quatre ou cinq pouces, étroit par un bout, & recourbé par l'autre, pour lui servir de manche, dont se servent les Boulangers & Patissiers pour ratisser la pâte qui s'attache à leurs fours, ou à leurs paîtrins.

RATISSURE, ou RATURE DE PARCHEMIN. C'est ce qu'on appelle ordinairement Cole de parchemin. *Voyez ci-après* RATURE DE PARCHEMIN.

RATTARS. Mot Persan qui signifie Commis des Douanes, & quelque-fois Gardes établis sur les grands chemins pour la sûreté des Voyageurs & des Marchands.

Les Rattars des Douanes de Perse font rarement des avanies aux Francs, & le plus souvent n'ouvrent pas même leurs valises, ou leurs balots & caisses de marchandises; ils se contentent de leur simple déclaration, & n'éxigent que les droits d'entrée & de sortie qui leur sont légitimement dûs.

Il n'en est pas de même des Rattars, ou Gardes des grands chemins, qui sont ordinairement de plus grands voleurs que ceux dont ils devroient garantir les Marchands; ce qu'il ne faut pourtant entendre que des Rattars qui se rencontrent sur les chemins de Tauris à Ispaham: ceux d'Ispaham à Bender-Abassi (qui sont les deux routes que les Francs tiennent en entrant en Perse, ou en sortant de ce Royaume) sont aussi humains & aussi peu concussionnaires, que les autres semblent l'être beaucoup.

RATURE. Trait de plume qui efface quelque mot, ligne, ou page d'un écrit.

Il faut, autant qu'il est possible, que les Marchands, Négocians & Banquiers, ne fassent aucune rature dans les livres qu'ils tiennent pour leur Commerce; les livres raturez étant souvent soupçonnez de faux, & faisant difficilement foi en justice. Comme il est néanmoins facile de se tromper dans le corps des articles & dans la position des sommes, les plus habiles sans raturer la faute se contentent de la rectifier, en écrivant à côté, je veux dire telle chose, au lieu de telle autre chose, où ils restornent la partie mal posée.

RATURE, OU RATISSURE DE PARCHEMIN. C'est la raclure du parchemin, ou plûtôt cette superficie que les Parcheminiers enlévent de dessus les peaux de parchemin en cosse, ou en croute, lors qu'ils les raclent à sec avec le fer sur le sommier, pour en diminuer l'épaisseur, afin de le mettre en état de recevoir l'écriture.

Les Parcheminiers lui donnent aussi le nom de Cole de parchemin, parce qu'elle sert à plusieurs Ouvriers pour faire une sorte de cole très-claire qu'ils employent dans leurs ouvrages. Ceux qui s'en servent le plus sont les Manufacturiers d'étoffes de laine, pour empeser les chaînes de leurs étoffes; les Papetiers, pour coler leur papier; & les Peintres en détrempe, ou Peintres à la grosse brosse, pour faire tenir le blanc, l'ocre & les autres couleurs dont ils impriment, ou barbouillent les murailles & planchers.

La cole de ratures qui se fait pour empeser dans les manufactures les chaînes des serges, doit bouillir pendant environ deux heures, & ensuite se passer dans un tamis. Pour une chaîne de dix à douze livres, il faut environ un seau d'eau & une livre de ratures. *Voyez* COLE.

Il se fait en France un assez grand Négoce de Rature de parchemin, par raport à la consomption considérable qui s'en fait dans les manufactures de lainage. Il s'en tire de tous les endroits où l'on fabrique du parchemin; mais les Provinces qui en fournissent le plus sont le Berry, la Normandie, la Picardie, le Limousin & le Poitou, à cause du grand nombre de Parchemineries qui y sont établies.

La Rature de parchemin se vend en détail à la livre, & en gros au quintal par sachées; les sacs étant propres à en faciliter le transport.

Pour faire la cole de parchemin, il faut faire bouillir la rature dans de l'eau claire plus ou moins de tems, suivant que l'on veut qu'elle soit plus ou moins forte par raport à l'usage qu'on en veut faire, & ensuite la passer ou couler à travers une chausse, drapeau, ou tamis. *Voyez* PARCHEMIN.

RATURE D'ETAIN, ou ETAIN EN RATURE. C'est de l'étain en petites bandes très-minces, larges d'environ deux lignes, dont les Teinturiers se servent pour leurs teintures, en le faisant dissoudre dans l'eau-forte. *Voyez* ETAIN, *sur la fin de l'article.*

RATURER. Effacer d'un écrit un ou plusieurs mots, soit comme inutiles, soit pour en substituer d'autres en leur place. *Voyez* RATURE.

RATURER, ou RATISSER LE PARCHEMIN. C'est le racler fortement à sec sur le sommier avec un fer tranchant pour en diminuer l'épaisseur, & par cette façon le rendre propre à recevoir l'écriture. *Voyez* PARCHEMIN, *où il est parlé de la manière de le fabriquer.*

RATZE. Petite monnoye de billon, c'est à dire, de cuivre allié d'un peu d'argent, qui se fabrique en quelques Villes des Cantons Suisses, ou de leurs Alliez.

Les Ratzes tiennent de fin depuis quatre deniers seize grains jusqu'à deux deniers douze grains. Celles de Montbelliard sont au premier titre, & celles de Lucerne au second. Les autres sont les Ratzes de Fribourg, de Neuchâtel & de Soleure. Elles ont toutes cours environ pour un sol marqué de France. Les blazes de Berne sont à peu près sur le même pied.

RAVALER. Terme de Doreur sur métail. On appelle Ravaler l'or ou l'argent, la façon qu'on donne à chaque couche de feuilles de ces métaux, en les étendant avec le brunissoir de fer sur la piéce qu'on dore, avant de la mettre au feu. *Voyez* DORURE AU FEU.

RAVALER. Terme d'Ouvrier en cuir. Ravaler un cuir, c'est le ratisser & le rendre moins épais. *Voyez* CORROYEUR & MEGISSIER.

RAVAUDER. Racommoder, mettre des piéces à de vieux bas & à de vieilles hardes.

RAVAUDEUR, ou RAVAUDEUX, RAVAUDEUSE, celui ou celle qui ravaude.

Les Fripiers sont les véritables Ravaudeurs; on ne leur donne pourtant guére ce nom, & il est, pour ainsi dire, resté à de pauvres Coûturiéres qu'on nomme Ravaudeuses, & qui étalent & travaillent aux coins des ruës dans de petites échopes semblables à celles que les Savetiers appellent Etals, ou Etaux.

RAUCOURT. Drogue qui sert à la teinture. *Voyez* ROCOU.

RAVENSARA. Nom que les habitans de l'Isle de Madagascar donnent à l'arbre qui produit la canelle girofléé. *Voyez* CANELLE GIROFLE'E.

RAVES. Oeufs de certains poissons de Mer dont on se sert pour la pêche des sardines. *Voyez* RESURE. *Voyez aussi* SARDINE.

RAVESTANS. Espéces de Paniers dont l'on se sert dans les Verreries, pour mettre en dépôt les plats de verre au sortir du four à cuire, jusqu'à-ce qu'on les empaille dans les paniers où on les met pour les transporter à Paris & ailleurs. *Voyez* VERRE EN PLAT.

RAVOIR. Terme de pêche de poisson de Mer. C'est une espéce de parc, partie de claye & partie de filets, qu'on tend sur la gréve pour y prendre du poisson, au monter & à la descente des marées. Les mailles des Ravoirs sont réglées par les Ordonnances de Marine. *Voyez* PESCHE & PESCHERIE.

RAYAUX. Terme de Monnoyer. Il se dit des moules ou canaux dans lesquels on jette les métaux pour les réduire en lingots, de l'épaisseur & largeur propres pour la fabrication des différentes espéces. *Voyez* MONNOYE.

RAYE. Trait ou ligne qui marque, qui sépare ou qui diversifie les choses.

Les livres des Marchands ont différentes rayes, ordinairement du haut en bas, pour marquer la position des chiffres, suivant leur valeur en livres, sols & deniers. *Voyez* LIVRES DES MARCHANDS, *on y a donné des modèles de leurs différentes rayeures à leur usage.*

Les velours à deux & trois poils, &c. se marquent & se distinguent par quelques rayes de soye de couleur, que l'ouvrier est obligé de mettre à la lisiere. *Voyez* VELOURS.

On fait des étoffes d'or, d'argent, de soye, de laine, de fil, de coton, &c. à grandes, moyennes & à petites rayes, de deux ou de plusieurs couleurs. Ce sont les diverses couleurs de la chaîne qui font cette rayeure.

RAYE. Se dit aussi de la ligne, ou barre que l'on tire au dessous de quelques régles d'Arithmétique, pour séparer les chiffres qu'on veut calculer, soustraire, ou multiplier, d'avec ceux que produit l'opération. *Voyez* ARITHMETIQUE.

RAYONS, ou PASSETZ. Séparations qui sont dans des armoires propres à mettre les marchandises dans les boutiques & magazins. *Voyez* PASSETZ, *ou* ARMOIRES.

RAYURE. Changement de couleur qu'on fait par rayes sur une étoffe. La rayure d'un drap, d'un taffetas, d'un satin, d'une moire.

RAYURE. C'est aussi un défaut qui se trouve dans les étoffes pleines & toutes d'une couleur, lors qu'il y paroît différentes rayes plus brunes & plus claires que les autres.

Ces rayures proviennent de ce que les soyes ou les laines n'ont pas été filées également, ou qu'elles ne sont pas de même qualité.

RAZ. Mesure de continence pour les grains & les légumes, qui est en usage dans le Païs de Bresse. C'est proprement le Bichet. *Voyez* BICHET.

RAZE. Aussi Mesure de grains dont on se sert en quelques lieux de Bretagne, particuliérement à Quimpercorentin, à Pont-l'Abbé, à Concarnau. C'est une espéce de grand boisseau.

Trente razes de Concarnau font le tonneau de cette Ville, qui est égal à celui de Nantes; celui-ci revient environ à neuf septiers & demi de Paris.

Les razes de Pont-l'Abbé & de Quimpercorentin, sont un peu plus fortes que celles de Concarnau; en sorte que les trente razes, qui font aussi le tonneau de ces deux endroits, rendent à Nantes cinq pour cent de bénéfice.

REAGAL. Minéral, ou espéce d'arsenic rouge, qu'on appelle aussi Reisgar & Risagal; il n'est guére différent de l'arsenic blanc que par la couleur, & l'un & l'autre sont des poisons violens; on s'en sert néanmoins en Chirurgie, & les Maréchaux en font quelqu'usage. Il y a du réagal factice. Si toute-fois il est vrai qu'il y en ait de naturel, d'habiles Droguistes estimant que le réagal n'est qu'une composition. *Voyez* ARSENIC.

Le Réagal paye en France les droits d'entrée à raison de 30 s. du cent pesant, conformément au Tarif de 1664.

Les droits de la Douane de Lyon sont, sçavoir, 13 s. 4 d. du quintal d'ancienne taxation, 12 s. pour les anciens quatre pour cent, & 3 s. pour leur nouvelle réapréciation.

REALE, ou REAL, qu'on prononce au pluriel; REAUX. Monnoye d'Espagne, qui est d'argent.

La réale vaut la huitiéme partie d'une piastre de plata ou d'ard'argent; c'est à dire, environ sept sols six deniers monnoye de France, en comptant la piastre sur le pied de soixante sols, le sol de douze deniers aussi de France. Cette proportion de la réale simple à la piastre, ou piéce de huit, fut changée en 1687, & l'on donna dix réaux pour la piastre: présentement la réduction se fait sur l'ancien pied.

Une réale de plata, ou d'argent, vaut trente-quatre maravedis d'argent. Une réale de veillon vaut aussi trente-quatre maravedis de veillon, mais qui ne reviennent qu'à dix-huit maravedis d'argent. On a expliqué ailleurs la différence de la plata & du veillon; c'est à dire, de l'argent & du cuivre. *Voyez* Veillon & Plata.

Il y a des réales, ou réaux de huit; des réaux de quatre, des réaux de deux, & des demi-réaux. Les réaux de huit sont les piastres; les reaux de quatre sont les demi-piastres, les réaux de deux sont le quart de la piastre, & la demi-réale en est le seiziéme.

Les réaux de huit d'Espagne sont du poids de vingt-deux deniers huit grains, & tiennent de fin onze deniers deux grains, à la réserve de ceux fabriquez dans le Royaume d'Arragon en 1611. qui ne pésent que vingt-un deniers neuf grains, & qui ne prennent de fin que dix deniers vingt-deux grains. Les réaux au moulin de 1620. pésent vingt-un deniers douze grains, & ne prennent de fin que dix deniers vingt-un grains.

En 1673. les réaux de vingt-un deniers huit grains trébuchans, eurent cours en France par Déclaration du Roi Louis XIV. d'abord pour cinquante-huit sols piéce, & ensuite pour soixante; ils ont été depuis décriez, & ne sont reçûs qu'au marc dans les Hôtels des Monnoyes suivant le prix courant ordonné par les Déclarations. *Voyez* Piastre.

L'on porte quantité de réales ou réaux de huit dans les Indes Orientales, mais qui n'y sont pas reçûs sur un même pied; les Marchands Indiens en faisant comme trois classes, qui sont, la réale vieille d'Espagne, la réale seconde, & la réale nouvelle. La vieille se connoît quand il n'y a point de chapelet autour: la seconde, quand les grains du chapelet sont gros, & que les branches de la croix se terminent en tête de clou: enfin, la nouvelle quand les grains sont petits, & la croix simplement potencée. Toutes ces réales doivent peser soixante-treize vals, sinon, celui qui les vend en doit suppléer le prix. Sur ce pied on donne deux cens quinze roupies un quart pour cent réales vieilles; deux cens douze un quart pour la réale seconde; & deux cens huit & un quart pour la réale nouvelle.

Re'ale. C'étoit aussi autre-fois une monnoye d'or qui se fabriquoit en Flandres; elle étoit du poids de quatre deniers, & tenoit de fin vingt-trois carats un quart.

Reale de Vellon. Ce n'est en Espagne qu'une monnoye de compte, comme en France la livre, ou le franc. Il faut quinze réales de vellon pour faire la piastre de plata ou d'argent; en sorte que la piastre étant à soixante sols de France, la réale de vellon ne vaut que quatre sols de la même monnoye.

REALISER. Ce terme qui n'étoit guére connu qu'au Palais, a passé dans le Commerce en 1719; c'est à dire, en même tems qu'on a vû en France ces immenses fortunes que des particuliers y ont faites par le Négoce des Actions.

On entendit alors par le mot de réaliser, cette précaution qu'eurent la plûpart de ceux qui avoient fait ces fortunes énormes, de convertir leurs papiers en effets réels, tels que sont des terres, des maisons, des rentes, de riches meubles, des pierreries, de la vaisselle d'argent, & sur tout grand nombre d'espéces courantes. Précaution à la vérité, capable de ruiner l'Etat, si la sagesse & l'application de ceux qui le gouvernent ne leur avoit inspiré de prendre de justes mesures pour faire rentrer dans le public l'argent que l'on tenoit caché.

REAPRECIATION. Seconde apréciation d'une chose, d'une marchandise. Ce terme est sur tout en usage dans le Tarif de la Douane de Lyon de 1632. dans lequel tous les droits sont distinguez en ancienne taxation & en nouvelle réapréciation; c'est à dire, en droits d'ancienne & de nouvelle imposition.

REBROUSSE, terme de Tondeurs. C'est un instrument de fer en forme de petit peigne rond par le dos: il y en a de deux sortes; l'un qui a des dents pointuës, & l'autre qui n'en a point.

La Rebrousse sert aux Tondeurs de Draps pour rebrousser, ou relever le poil, ou la laine sur la superficie de l'étoffe, afin de la pouvoir tondre plus facilement. Il y a bien des endroits où l'on ne se sert point de Rebrousses dentées, parce que l'on prétend qu'elles peuvent énerver, ou altérer le fonds des étoffes.

REBROUSSER, ou REBOURSER. C'est se servir de la Rebrousse pour relever le poil du drap avant que de le tondre. *Voyez l'article précédent.*

Rebrousser le cuir, terme de Corroyeur. C'est après qu'on a coupé le grain du cuir qu'on a étendu sur la table du côté de la chair, & qu'on a tiré à la moyenne pomelle, le retourner de l'autre côté; c'est à dire, du côté de la fleur, pour lui donner la même façon. *Voyez* Corroyer.

REBROUSSOIR, ou REBOURSOIR. Quelques Tondeurs de Draps appellent de la sorte l'instrument que plus communément on nomme Rebrousse. *Voyez* Rebrousse.

REBUT. Se dit en terme de Commerce, d'une marchandise passée, de peu de valeur, hors de mode, que tout le monde rejette & ne veut point acheter. Je veux du plus beau, & vous ne me montrez que le rebut de vôtre boutique.

Mettre une étoffe, une marchandise au rebut, c'est la ranger dans un coin de sa boutique, ou de son magazin, où on a coûtume de placer celles dont on fait peu de cas, & desquelles on n'a pas d'espérance de se défaire aisément.

REBUTER UNE MARCHANDISE. Ne vouloir pas la mettre du nombre de celles qui accommodent & qu'on veut bien acheter; la mettre à l'écart & hors du rang des marchandises qui plaisent. Nous ne ferons point d'affaire ensemble; vous rebutez tout ce que je vous montre.

Rebuter. Signifie aussi recevoir mal les Marchands, les dégoûter par des maniéres brusques & peu polies, ou en leur surfaisant trop la marchandise.

L'un & l'autre est également d'une dangereuse conséquence dans le Commerce. L'on peut voir les sages conseils que donne là-dessus l'Auteur du Parfait Négociant, dans plusieurs endroits de la premiére partie de son Ouvrage.

RECAMER, terme de Manufactures de Soye. C'est enrichir un brocard d'or, d'argent ou de soye, en y ajoûtant une espéce de broderie élevée ; faite au métier comme le reste de l'étoffe, mais comme après coup, & en mettant de nouvelles chaînes & de nouvelles trêmes d'or, d'argent & de soye.

Les brocards recamez sont les plus riches & les plus chers; cette maniére d'enrichir & de relever la beauté des étoffes aussi-bien que le mot qui l'exprime, viennent d'Italie. Les Italiens disent, *Ricamare*.

RECENSEMENT. Se dit dans les Bureaux de Traites & Douanes, des marchandises dont on fait une nouvelle verification, un nouvel examen, pour connoître si leur poids & leur qualité sont conformes à ce qui est porté par l'aquit de payement, & si les droits en ont été bien tirez par les Commis qui en ont fait les expéditions.

Lors que par le récensement on a remarqué qu'il y a de l'excédent sur les marchandises, on en fait payer les droits par supplement: le récensement ne se fait ordinairement que dans les derniers Bureaux, ou dans les Bureaux de Contrôle.

Les Marchands demandent le récensement de leurs marchandises, quand ils croyent avoir trop payé de droits, afin que le trop ou excédent leur soit remboursé.

Recensement. Les Marchands font aussi des récensemens dans leurs magazins & boutiques, pour connoître si les marchandises qui leur ont été envoyées par leurs Correspondans ou Commissionnaires sont conformes aux factures.

Ils sont aussi tenus par l'Ordonnance de 1673, de faire tous les deux ans de nouveaux inventaires, ou du moins le recensement des anciens. *Voyez* Inventaire.

RECENSER. Signifie vérifier, éxaminer de nouveau des marchandises, pour sçavoir si les droits en ont été bien ou mal payez, ou si elles sont conformes aux factures.

RECEPISSE', ou RECEPICE'. Ce terme est plus en usage au Palais que dans le Négoce; cependant, les Négocians ne laissent pas de s'en servir en plusieurs occasions. Il signifie écrit, billet, ou acte sous seing privé, par lequel on se charge de quelques Lettres & Billets de change ou autres papiers qu'on reçoit en dépôt, ou dont on doit faire le recouvrement.

J'ai donné mon récépissé de cette Lettre de change. Avant de vous payer il faut me rapporter mon récépissé. Je lui ai confié ce dépôt sur sa bonne foi, je n'en ai point voulu de récépissé.

Recepisse'. Se dit aussi de la reconnoissance que l'on donne de quelque somme que l'on reçoit pour une autre; ce qui est différent de la quitance qu'on donne de ce qu'on reçoit pour soi-même. *Voyez* Quitance.

RECEPTE, ou RECETTE. Se dit, en termes de Comptable, du premier des trois chapitres qui composent ordinairement un compte: la Récepte contient les deniers reçûs ou censez reçûs; les deux autres chapitres sont la Dépense & la Reprise.

Mettre en recepte une somme, c'est l'écrire sur un compte dans son ordre de datte, avec le nom de celui de qui elle a été reçûë, & souvent avec d'autres notes, ou enseignemens nécessaires, ou pour la sûreté du comptable, ou pour l'éclaircissement de celui à qui on doit rendre compte.

Les Marchands doivent être éxacts à écrire en recepte sur leurs livres tous les payemens, qu'on leur fait, & les mettre à compte, pour ne pas demander deux fois la même dette.

Recette. Est encore parmi les Marchands, particuliérement ceux qui font le Commerce en détail, les sommes en deniers comptans qu'ils reçoivent chaque jour, du débit qui se fait dans leurs magazins & boutiques. La recette journaliére de ce Marchand monte à plus de cent écus.

On dit que le Commis d'un Banquier est allé à la récette, quand il est allé recevoir le payement des Lettres de change & autres Billets, ou obligations échûës. Chez les gros Négocians il y a ordinairement un Garçon dont tout l'emploi est d'aller chaque jour à la recepte, & de solliciter les dettes.

RECEU, ou REÇU. Aquit, quitance, décharge, acte par lequel il paroît qu'une chose a été payée & aquitée. Ce Marchand m'a donné son reçû au pied de son mémoire de fourniture. Avez-vous écrit le reçû de cette somme sur votre livre?

On dit aussi, Mettre son reçû au dos d'une Lettre; mais en ce sens on se sert plus ordinairement des termes d'aquit & d'endossement.

RECEVABLE. Ce qui est bon, qui est de qualité à ne pouvoir être refusée. Ce blé est recevable, il est bon & marchand. On dit au contraire non recevable, de ce qui est mauvais, ou décrié. Ces écus ne sont pas recevables dans le public, l'exposition en a été défenduë par le dernier Arrêt du Conseil. Cet ouvrage n'est pas recevable, il n'est qu'à demi fini.

RECEVOIR. Prendre, accepter ce qu'on nous paye, ce qui nous est dû. Je viens de recevoir le contenu en votre Billet. Il faut être éxact à recevoir les Lettres & Billets de change à leur échéance, & faute de payement les faire protester.

RECHANGE. C'est un second droit de change, ou plûtôt le prix d'un nouveau change dû pour les Lettres de change qui reviennent à protest, lequel doit être remboursé aux Porteurs des Lettres par ceux qui les ont tirées, ou endossées.

Ce qui produit le Rechange, c'est lors que le Porteur d'une Lettre de change, après l'avoir fait protester faute d'acceptation ou de payement, emprunte de l'argent sur sa promesse, ou obligation, ou qu'il prend dans le lieu où le payement a dû être fait une Lettre de change sous protest, tirée sur celui qui avoit fourni la premiére Lettre, pour raison de quoi il paye un second change, qui étant joint au premier qu'il a déja payé au Tireur de la premiére Lettre, font deux changes, que l'on nomme proprement Change & Rechange, le premier étant le change, & le second le rechange.

Le Porteur d'une Lettre protestée est en droit de repéter l'un & l'autre sur celui qui a tiré la Lettre: cependant la simple protestation que fait un Porteur de Lettre par l'Acte de protest, de prendre pareille somme à rechange faute de l'acceptation ou du payement de la Lettre, n'est pas suffisante pour le mettre en état de demander son remboursement du rechange, il faut conformément à l'article 4 du titre 6 de l'Ordonnance du mois de Mars 1673, qu'il justifie par piéces valables avoir pris de l'argent dans le lieu sur lequel la Lettre a été tirée, autrement le Rechange ne seroit que pour la restitution du change avec l'intérest, & du voyage, s'il en a été fait après l'affirmation en justice.

Suivant

Suivant les articles 5, 6 & 7 du même titre de l'Ordonnance ci-devant raportée. Une Lettre de change, même payable au porteur, ou à ordre, étant protestée, le Rechange n'en est dû par celui qui l'a tirée, que pour le lieu où la remise a été faite, & non pour les lieux où elle a pû être négociée; sauf à se pourvoir contre les Endosseurs pour le payement du Rechange des lieux où elle a été négociée suivant leur ordre.

Le Rechange est dû par le Tireur des Lettres négociées pour les lieux où le pouvoir de négocier est donné par les Lettres, & par tous les autres, si le pouvoir de négocier est indéfini, & pour tous les lieux.

Enfin, l'intérêt du Rechange, des fraix du protest & du voyage n'est dû que du jour de la demande.

L'on prétend que ce furent les Gibelins chassez d'Italie, par la faction des Guelphes, qui les premiers établirent à Amsterdam où ils s'étoient réfugiez, l'usage du Rechange, sous prétexte des pertes, dépens, dommages & intérêts qu'ils souffroient, lors que les Lettres de change qui leur étoient fournies pour les effets qu'ils avoient été obligez d'abandonner en quitant le Païs, n'étoient pas aquitées, & qu'elles revenoient à protest.

Les Auteurs qui ont traité le plus amplement du Rechange, sont M. Savary dans son Parfait Négociant: Du Puys dans son Art des Lettres de change, & Bornier dans sa Conférence des nouvelles Ordonnances; le Lecteur y peut avoir recours pour une plus grande instruction. *Voyez* CHANGE & LETTRE DE CHANGE.

RECHANGE, en termes de Commerce de Mer. Signifie toutes les manœuvres qu'on met en réserve dans les Vaisseaux, pour s'en servir au défaut de celles qui sont en place: ainsi l'on dit, Voile, Vergue, Funin, &c. de Rechange, ou Agrès & Apparaux de Rechange; pour faire entendre, que ce sont des choses qu'on tient toutes prêtes pour en changer en cas de nécessité. Dans le Levant, on se sert dans le même sens, des termes de Respect, ou de Respit, au lieu du mot de Rechange.

RECHAUD. Ustencile de ménage qui sert à mettre du feu pour cuire, ou réchauffer les choses refroidies. On en fait de fer, de cuivre, & quelque-fois d'argent. Les deux premiéres sortes sont du métier de Chauderonnier; la derniére de celui d'Orfévre.

Les Réchauds de fer payent en France les droits de sortie comme chauffrettes de fer, c'est à dire, à raison de 10 s. du cent pesant.

RECHAUD. Terme de Teinturier de grand-teint. On dit, Donner le premier, ou le second rechaud; pour dire, Donner le premier, ou le second feu; ce qui veut dire, passer une premiére ou seconde fois l'étoffe que l'on veut teindre dans la chaudiére où est la teinture chaude. *Voyez* TEINTURE & TEINTURIER.

RECHAUSSER CARREAUX. Termes de monnoyes au marteau. C'est rabattre les pointes des carreaux pour les arrondir, en les frappant doucement sur la tranche avec le rechaussoir pour en ôter & rabattre toutes les pointes. *Voyez* MONNOYAGE AU MARTEAU.

RECHAUSSOIR, ou RECHAUSSOIRE. Marteau leger dont les Ouvriers ou Taillereſſes se servoient pour rechausser les carreaux. *Voyez l'article précédent.*

RECHERCHER. L'on dit, en termes de Commerce, Qu'une marchandise est de recherche, quand elle est fort à la mode, qu'on en demande beaucoup, & qu'il s'en débite quantité. *Voyez* DEBIT.

RECHINSER. Terme de manufacture dont on se sert dans la Sayetterie d'Amiens.

RECHINSER LA LAINE. Signifie la rincer, la laver dans de l'eau claire pour la bien dégraisser. Les Réglemens de cette Sayetterie de 1666. enjoignent aux Maîtres & Ouvriers Houppiers de bien laver ou faire laver leurs houppes, c'est à dire, les laines qu'ils peignent en lessive claire ou en suif avec savon noir & les rechinser en eau pure claire & nette. *Voyez* HOUPPIER.

RECLAME. Terme d'Imprimerie. C'est le premier mot d'un cahier d'un livre que l'on met au bas de la derniére page du cahier précédent pour faire connoître la suite de tous les cahiers, & par-là en faciliter le pliage & la relieure. *Voyez* IMPRIMERIE.

RECOMMANDER UNE CHOSE VOLE'E. C'est faire courir chez les Marchands qui pourroient l'acheter, des Billets contenant sa nature, sa qualité, sa forme, &c. afin que si elle leur étoit apportée, ils pussent la retenir, & en donner avis. On m'a volé des flambeaux d'argent, je les ai fait recommander chez les Orfévres.

RECOMPTER, que l'on écrit aussi RECOMTER, & que l'on prononce RECONTER. C'est compter de nouveau pour voir si l'on ne s'est point mépris en comptant la premiére fois. Recompter son or, ou son argent: Recompter un mémoire.

RECONNOISSANCE. Acte ou écrit par lequel on demeure d'accord qu'on est redevable, ou que quelque chose nous a été mise entre les mains. Je lui ai confié dix mille écus, je n'en ai point de reconnoissance. Je lui ai donné ma reconnoissance des Lettres de change qu'il m'a mises entre les mains.

RECONNOISTRE. Avouer, déclarer par écrit qu'on est obligé de payer ou de faire quelque chose, ou qu'on en est dépositaire.

RECONVENTION. Nouveau marché, nouvelle convention qui se fait entre Marchands. J'avois fait marché de ses blez à cent écus le muid; mais par notre reconvention, le prix en est diminué.

RECOUPE. Farine que l'on tire du son remis au moulin. Il n'y a guére que les pauvres gens qui mangent du pain de Recoupe. *Voyez* GRUAU & FARINE.

RECOUPETTE. Troisiéme farine que l'on tire du son des recoupes mêmes: quelque-fois il se prend pour le gruau des recoupes. *Voyez comme dessus.*

RECOURS. Garantie, action par laquelle on est en droit de se faire payer par un tiers, d'une somme qu'on est en danger de perdre par l'insolvabilité du véritable Débiteur.

Le Porteur d'une Lettre de change dont l'Accepteur a fait banqueroute, a son recours sur le Tireur & l'Endosseur, à son choix, pour se faire rembourser du contenu dans la Lettre de change, pourvû néanmoins qu'il ait fait ses diligences dans le tems de l'Ordonnance.

RECOURS, en termes de monnoye. Se dit d'une permission que le Prince accorde de quelque foiblage sur le poids de l'espéce. Il signifie aussi le raport de l'espéce au marc & du marc à l'espéce; c'est à dire, la quantité d'espéces, comme d'écus ou de pistoles, par exemple, qui doit se faire de chaque marc d'or ou d'argent. *Voyez* MONNOYE.

RECOUS. Terme de Commerce de Mer, qui se dit d'un Vaisseau repris sur les Ennemis. Les Ordonnances de la Marine réglent le tems qu'un Vaisseau doit rester entre les mains des Ennemis, pour être déclaré simplement recous, ou censé une nouvelle prise. *Voyez* NAVIGATION. *Voyez aussi* RECOUSSE.

RECOUSSE. Terme de Commerce de Mer qui veut dire Reprise sur les Corsaires, Pirates, Forbans, Ecumeurs de Mer & ennemis de l'Etat, des Vaisseaux Marchands & autres effets qu'ils avoient volez & pris sur Mer. On dit ordinairement; c'est un tel Armateur ou un tel Capitaine qui a fait la recousse d'un tel Bâtiment Marchand; pour dire, que c'est cet Armateur ou ce Capitaine qui l'a repris.

Lors qu'un Navire François est recous ou repris sur l'ennemi de l'Etat, après qu'il a été en ses mains pendant vingt-quatre heures, la prise en est réputée bonne, & si la reprise est faite avant les vingt-quatre heures, le Vaisseau doit être restitué au Propriétaire avec tout ce qui étoit dedans, à l'exception d'un tiers qui doit appartenir au Navire qui a fait la recousse.

Quand un Navire sans être recous ou repris est abandonné par l'ennemi, ou que par tempête ou autre cas fortuit il revient en la possession d'un Armateur François avant qu'il ait été conduit dans aucun Port ennemi, il doit être rendu au Propriétaire qui en doit faire la reclamation dans l'an & jour, quoi qu'il ait été plus de vingt-quatre heures dans les mains de l'ennemi.

Les Vaisseaux Marchands & effets des Sujets du Roi & de ses Alliez, repris sur les Corsaires, Pirates, Forbans & Ecumeurs de Mer, qui sont reclamez dans l'an & jour de la déclaration qui en a été faite en l'Amirauté, doivent être rendus aux Propriétaires en payant le tiers de la valeur du Vaisseau & des marchandises pour les frais de recousse.

Tout cela est conforme à l'Ordonnance de Marine du mois d'Août 1681, *livre* 3, *art.* 8, 9 & 10 *du titre* 9.

On se sert encore du terme de Recousse en ce sens: On a bien sauvé quelques marchandises d'un Bâtiment qui étoit échoüé à la Côte; mais c'est une pauvre Recousse pour les Marchands qui y ont intérêt. *Voyez* CORSAIRE & ARMATEUR.

RECOUVREMENT. Recherche que l'on fait de ses dettes & de ses effets. Ce Marchand a quité le Commerce, il s'occupe présentement à faire le recouvrement de ce qui lui est dû.

RECOUVREMENT. Se dit aussi de la recette dont un Commis est chargé. Je suis chargé du recouvrement des effets de la Compagnie du Sénégal.

RECOUVRER. Recevoir ce qui nous est dû, ou retrouver ce qu'on a perdu.

RECTO. Folio recto, qu'on écrit ainsi en abregé. F. Ro. Terme dont se servent les Marchands & Teneurs de livres pour indiquer la page où ils ont porté quelque article, ou quelqu'autre chose & affaire concernant leur Commerce.

Il signifie la premiére page d'un feuillet celle qui se présente d'abord à la vûë. Le seconde s'appelle Folio Verso & s'abrége ainsi F. Vo. *Voyez* FOLIO.

RECUEILLIR LE PAPIER. C'est l'ôter de dessus les cordes des étendoirs après qu'il a été colé & bien séché afin de le mettre en presse. On dit aussi Ramasser le papier. *Voyez* PAPIER.

RECUEILLOIR. Terme de Cordier. C'est un outil de bois dont se servent les Cordiers pour tortiller leur ficelle, ce qu'on appelle Recueillir la ficelle.

RECUIRE LES LAMES. Terme de Monnoye. C'est les mettre au feu avant que de les passer au laminoir; ce qui se fait dans une espéce de fourneau dont l'âtre est de carreaux, ou de brique, avec une grille de barres de fer posées sur leurs arrêtes. Les lames s'arrangent sur la grille, dessous se fait un feu de bois, tandis que par dessus on les couvre de braise. Les lames d'or se recuisent toûjours avant que d'être mises au moulin. Pour celles d'argent & de cuivre on les passe d'abord une fois en blanc, après quoi on les fait recuire. *Voyez* MONNOYAGE.

RECUIT. Mettre au recuit. Il se dit des métaux & du verre. Les Monnoyeurs disent qu'un flaon a été au recuit quand on l'a mis au fourneau qui sert à recuire les espéces avant qu'on les frappe. Les Ordonnances veulent que les Ouvriers mettent les flaons & carreaux au recuit à toutes les façons qu'ils donnent à l'ouvrage. *Voyez comme dessus.*

Le recuit du verre consiste à être mis dans une arche du fourneau des Verriers pour achever d'y prendre sa parfaite cuisson. *Voyez* VERRE.

RECUITEURS. Ouvriers des monnoyes qui ont soin de recuire les flaons; ce sont proprement les Apprentifs. On leur donne ce nom parce que c'est ordinairement la fonction des nouveaux Ouvriers, & comme leur apprentissage en fait de monnoyage, de donner le recuit aux lames & aux flaons. *Voyez* MONNOYAGE.

REDANT, ou REDENT. Terme de Commerce de bois quarré. *Voyez* BOIS QUARRE'.

REDEVIDER. Dévider une seconde fois. Les Ouvriers des Manufactures sont obligez de redévider souvent leurs soyes & leurs laines suivant les différentes fabriques de leurs étoffes. *Voyez* DEVIDER & DEVIDAGE.

REDON, que plusieurs appellent aussi Rodon, ou Roudon. Sorte d'herbe ou plante qu'on séme toutes les années, de même que le chanvre qui croît en plusieurs lieux de France, mais plus abondamment dans la Haute-Gascogne aux environs de Laytour, Armagnac, Condom & Auch.

Cette sorte d'herbe étant bien séche & mise en poudre, se substituë quelque-fois à la place du tan, dont elle a la vertu pour passer les peaux de beliers, moutons & brebis en basane, que l'on appelle autrement Peaux passées en mesquis.

Les Tanneurs Gascons s'en servent aussi pour donner aux peaux de vaches & de veaux, ce qu'ils appellent la premiére nourriture; & les Russiens chez lesquels cette herbe est très-commune, l'employent dans la préparation des peaux de vaches qu'on nomme communément Vaches de Russie.

REDRESSER LES PEAUX. Terme de Chamoiseur. C'est les faire passer pour la seconde fois les unes après les autres sur le palisson, ou pinçon, qui est une espéce d'instrument de fer plat & poli, planté debout dans un pieu.

Le redressage des peaux est la derniére façon qu'on leur donne après qu'elles ont été passées en huile, & qui les met en état d'être venduës & employées. *Voyez* CHAMOIS *à l'endroit où il est parlé de la manière de préparer ou passer les peaux de mouton en huile, autrement dit en Chamois.*

REDRESSER LES PEAUX. Est aussi un terme de Mégissier, qui signifie détirer les peaux, les étendre avec les mains sur une table, afin qu'il ne leur reste aucuns plis. *Voyez* MÉGIE *vers la fin de l'article.*

REDRESSER LES GANS. Terme de Gantier. C'est leur donner la derniére façon en les détirant & rafraîchissant avec la main. On dit aussi redresser les estavillons, pour dire Ouvrir les Gans en large & les étendre en long avec les fuseaux, ou bâtons à gans.

REDRESSOIR. Instrument de Potier d'étain qui sert à redresser la vaisselle d'étain quand elle est bossuée. C'est une espéce de boule de buis qui est attachée au bout du manche en forme de marteau.

REDUCTION. Terme d'arithmétique. Il se dit des nombres, des poids, mesures, monnoyes, &c. lors que l'on veut savoir le rapport qu'elles ont les unes aux autres. Ainsi l'on dit, Faire la réduction des nombres entiers en fractions, & des fractions en nombres entiers; faire la réduction des poids étrangers en poids de France, & des poids de France en poids étrangers; faire la réduction des mesures étrangéres en mesures de France, & des mesures de France en mesures étrangéres; faire la réduction des deniers en sols & des sols en livres, ou des livres en sols & des sols en deniers, & ainsi du reste. *Voyez les divers articles de ce Dictionnaire où il est parlé des poids, des mesures, ou des monnoyes, vous y trouverez leurs réductions à celles de France.*

REDUIRE. Faire la réduction. Il s'entend & se dit en arithmétique des mêmes opérations où l'on peut se servir du terme de Réduction. Ainsi l'on dit; réduire des verges d'Angleterre en aunes de France; réduire les livres tournois en livres sterling, pour dire; faire la réduction des unes aux autres.

REFAIRE LE CUIR. Terme de Tanneur. C'est le remettre une seconde fois au tan. *Voyez* TANNER & TANNEUR.

REFAIT. Cheval refait. Il se dit dans le Commerce des chevaux d'un cheval ruiné, ou qui a quelque défaut, qui a passé par la main du Maquignon, qui l'a mis en état d'en affronter quelqu'un. *Voyez* CHEVAL.

REFAIT. Beurre refait. C'est de vieux beurre ou de mauvaise qualité qu'on a remis en état de vente en le lavant dans diverses eaux. *Voyez* BEURRE.

REF. Mesure des longueurs dont on se sert à Madagascar: c'est environ ce qu'on appelle une Brasse en Europe.

On mesure à la refe les pagnes, les cordes & autres choses semblables qui entrent dans le Commerce par échange que font ensemble ces Insulaires. Ils se servent aussi de la demi-refe, c'est à dire, de l'ouverture de la main depuis l'extrêmité du pouce jusques au bout du petit doigt, ce qui fait l'empan qu'en leur langue ils nomment une Main.

REFIN. Terme de Manufacture de lainage qui se dit d'une sorte de laine très-fine. Ainsi l'on dit, Refin Segovie, pour dire Laine prime, ou laine premiére de Segovie qui est la plus fine laine de toutes celles qui viennent d'Espagne; Refin Villecastin & autres semblables, suivant les lieux d'où elles se tirent. *Voyez* LAINE *où l'on parle des laines d'Espagne.*

On se sert aussi des termes de Refin, de Refino & de Superfin pour exprimer une étoffe très-fine, ou qui a été fabriquée avec de la laine ou autre matiére la plus fine. *Voyez* SUPERFIN.

REFLEURET, qu'on appelle aussi seconde Laine. C'est la meilleure espéce des laines d'Espagne, après celle qu'on nomme Prime, ce qui n'est pourtant vrai que pour les laines de Castille & d'Arragon, le refleuret de Roussillon tenant le premier lieu parmi les laines qu'on tire de cette Province. *Voyez* LAINE D'ESPAGNE.

REFORME. Terme de Commerce en détail. Il se dit de la note qu'un Marchand met sur le Billet ou numéro attaché à une piéce d'étoffe entamée, de la quantité d'aunes qui en a été levée, ce qui réforme les premiers aunages. *Voyez* NUMERO.

REFOULER. Terme de Manufacture. Fouler une seconde fois. Il faut refouler ce chapeau, le remettre à la foulerie. A-t-on porté cette piéce de drap au Moulinier pour la refouler. *Voyez* FOULER.

REFOURNIR. Le fournir de nouveau. Il faut que j'aille à la Foire de la Guibray pour me refournir de plusieurs marchandises qui sont sorties de mon magazin.

REFRACTION. Terme de quelqu'usage dans le Commerce, dont des Auteurs modernes qui en ont fait des Traitez, se sont servis dans leurs ouvrages.

Il se dit lors qu'un Marchand s'étant trompé dans un compte à son préjudice, ou au désavantage d'un autre, demande ou fait restitution des sommes omises ou ajoûtées par erreur. Il faut me faire réfraction de trente livres que vous avez oubliez dans votre compte. Je vous ferai réfraction de quarante livres que j'ai mis de trop sur mon mémoire; c'est autant que faire raison, tenir compte.

REFRAYER. Terme de Potier de terre. C'est achever un ouvrage de poterie avec le doigt pour la polir & la rendre plus unie.

REGARNIR un drap, une ratine, ou quelqu'autre étoffe de laine. C'est en tirer une seconde fois le poil avec un chardon. Il faut renvoyer cette ratine chez l'Aplaigneur pour la faire regarnir. *Voyez* APLAIGNEUR.

REGAYER. Terme de Filassier. C'est repasser le chanvre dans le regayoir pour en faire sortir toutes les ordures.

REGAYOIR. Instrument qui sert à préparer le chanvre. C'est une espéce de seran dont les dents achévent de nétoyer la filasse; il sert aussi à l'affiner. *Voyez* CHANVRE.

REGAYURES. Ce sont les restes de la filasse qui demeure entre les dents du regayoir quand on y a fait passer le chanvre.

REGISTRE. Grand livre de papier blanc, ordinairement couvert de parchemin, & comme disent les Relieurs & Papetiers, relié à dos plat, qui sert à écrire & enregistrer les Actes, Délibérations, Arrêts, Sentences, Edits, Déclarations, & autres telles choses de conséquence dont on veut conserver la mémoire.

La relieure des registres a fait la matiére d'un long procès entre les Maîtres Relieurs & les Marchands Papetiers de la Ville de Paris, ceux-là voulant interdire aux autres toute sorte de relieure, soit à dos quarré, soit à dos rond; & ceux-ci voulant au moins se conserver la relieure des registres à dos quarré. On parle ailleurs de l'Arrêt qui a ter-

terminé ces contestations, & qui par une espéce de partage a laissé aux Relieurs seuls la relieure à dos rond, & a rendu commune aux uns & aux autres la relieure à dos quarré. *Voyez* PAPETIER.

Les registres, soit à dos quarré, soit à dos rond, sont d'un grand usage dans le Commerce, n'y ayant point de Marchands, Négocians & Banquiers, non plus que de Fabriquans & Manufacturiers qui n'en doivent tenir de plusieurs sortes, pour y écrire journellement les affaires de leur Négoce. On les appelle plus communément des livres que des registres parmi les Négocians. On dit pourtant quelque-fois les Registres d'un Banquier & d'un Agent de Banque. *Voyez* LIVRE.

Les six Corps des Marchands & toutes les Communautez des Arts & Métiers de la Ville & Fauxbourgs de Paris, ont des registres parafez par les Officiers de Police, ou par le Procureur du Roi, du Châtelet, pour y écrire & enregistrer non seulement leurs délibérations, mais encore les élections de leurs Maîtres & Gardes, Syndics, Jurez, ou autres Officiers & Administrateurs de leurs Confrairies, les obligez des Apprentifs, les réceptions à la maîtrise; enfin, tout ce qui regarde & concerne les affaires & la Police de ces Corps & Communautez.

Les Inspecteurs des Manufactures, les Gardes de hales & magazins, les Receveurs, Contrôleurs, Visiteurs & autres Commis des Douanes & Bureaux des fermes & recettes des deniers Royaux, aux entrées ou sorties du Royaume, se servent aussi de registres pour y écrire en détail & journellement, les uns le payement des droits, les autres la réception des marchandises dans leurs dépôts; ceux-ci le nombre & la qualité des étoffes ausquelles ils apposent leurs plombs, & ceux-là la visite des bales & balots qui passent par les Bureaux, les Lettres de voiture, les aquits à cautions & autres tels Actes qu'on leur présente ou qu'ils délivrent aux Marchands & Voituriers.

Tous ces registres doivent aussi être parafez, mais diversement; ceux des Inspecteurs des Manufactures par les Intendans des Provinces, à la réserve des registres de celui de la Douane de Paris qui doivent l'être par le Lieutenant Général de Police; & ceux des Commis des Fermes générales des Aides & Gabelles, &c. par les Fermiers généraux de ces droits, chacun suivant le département qui leur est donné par le Contrôleur Général ou le Président des Finances.

REGISTRE. On appelle dans les Indes Occidentales de la domination Espagnole, Navires de Registre, ceux à qui le Roi d'Espagne, ou le Conseil des Indes, accorde la Permission d'aller trafiquer dans les Ports de l'Amérique; ils sont ainsi nommez de ce que cette Permission doit être enregistrée avant qu'ils mettent à la voile du Port de Cadis où se font le plus ordinairement les chargemens pour Buenos-Ayres & les autres Ports pour lesquels il part des Navires de registre.

Ces Navires ne doivent être que du Port de trois cens tonneaux, & les Permissions le portent ainsi; mais l'intelligence des Maîtres à qui ils appartiennent, avec les Officiers du Conseil des Indes résidens en Europe; & les présens considérables qu'ils font à ceux de l'Amérique, & aux Gouverneurs des Ports où ils arrivent, font cause que ce réglement n'est nullement observé, y ayant souvent de ces Navires de cinq cens cinquante, & même jusqu'à six cens cinquante tonneaux.

Les Permissions coûtent jusqu'à trente mille piastres chacune, mais elles en coûteroient cent mille que les Marchands qui frettent ces Vaisseaux ne trouveroient encore que trop leur compte, & que le Roi d'Espagne n'y auroit jamais le sien.

Le Conseil des Indes prend néanmoins des précautions qui sembleroient devoir empêcher l'abus que l'on peut faire de ces Permissions, en voulant que chacune de celles qu'on accorde porte & la qualité & la quantité des marchandises dont la cargaison des Vaisseaux de registre doit être composée en partant d'Europe; & que les certifications des Gouverneurs & Officiers du Roi qui résident à l'Amérique expliquent pareillement en détail la nature & le nombre de celles qui doivent faire leurs retours. Mais cette double précaution qui devroit assurer le droit du Roi, est précisément ce qui fait qu'on le fraude plus hardiment, & que les Gouverneurs & Officiers Royaux y font doublement leurs affaires.

Les présens que les Propriétaires & Armateurs des Navires leur donnent en arrivant, font qu'ils permettent de débarquer bien au de-là de ce qu'ils devoient apporter de marchandises d'Europe suivant leur Permission; & ceux qu'on leur fait au départ, font aussi qu'ils en obtiennent aisément des certifications que ces Vaisseaux ne sont chargez pour le retour que de telles marchandises de l'Amérique & en telle quantité, mais toûjours bien au dessous de leur véritable chargement.

On a des Mémoires certains & de bonne main qu'il y a eu souvent des Navires de registre dont la certification ne portoit que douze mille cuirs, & seulement cent mille piastres & à proportion des autres marchandises du retour, qui avoient à bord des trois & quatre millions en or & en argent; vingt-six mille cuirs & plus, & ainsi du reste, en sorte que le quint du Roi d'Espagne & ses autres droits n'alloient presque à rien en comparaison de ce à quoi ils eussent dû monter.

Outre ces gains indirects du Marchand les profits qu'il fait sur les marchandises d'Europe sont immenses, & l'on a vû en 1703 & 1705 tel de ces Navires de registre vendre celles qu'il avoit apportées l'une portant l'autre à plus de trois cens pour cent de profits; en sorte qu'un chapeau se vendoit dix-huit piastres, l'aune de drap commun douze piastres, le plus fin seize & dix-huit, la soye vingt-cinq piastres la livre, vingt piastres la paire de bas de soye pour homme & dix ceux de femmes; le fil de Bretagne six piastres, & ainsi à peu près sur le même pied les autres marchandises.

Il est vrai qu'elles baissérent de plus d'un tiers les deux années suivantes, à cause de cinq ou six Vaisseaux de France qui y arrivérent, & qui en apportérent trop grande quantité; inconsidération assez ordinaire dans le Commerce où les Négocians ne font pas autant de réfléxion qu'ils le devroient, que la rareté ou plûtôt un assortiment médiocre de marchandises apporte plus de profit que quand l'abondance en est trop grande; mais indiscrétion que les François plus que les autres devroient éviter après l'expérience qu'ils en ont faite pendant la Guerre pour la succession d'Espagne, où ceux de leurs premiers Vaisseaux qui passérent dans la Mer du Sud en revinrent avec des profits immenses & presque incroyables, & où au contraire

traire ceux qui y allérent négocier les derniers n'arrivérent en France qu'à demi-charge & avec très-peu de gain, pour ne pas dire avec perte.

L'on peut mettre au nombre des Navires de regiſtre à qui il eſt permis de faire le Commerce des Indes Eſpagnoles, un Navire de cinq cens tonneaux que le Roi d'Eſpagne permet que la Compagnie Angloiſe de l'Aſſiente, ou plûtôt la Compagnie du Sud de cette Nation qui en a pris la ferme, envoye chaque année aux Foires qui ſe tiennent à Porto-Bello, à Carthagéne & autres Villes maritimes de l'Amérique. On parle ailleurs de la conceſſion de ce Vaiſſeau, & l'on ajoûtera ſeulement ici que ces nouveaux Marchands ont pris tout le génie de ceux d'Eſpagne, & qu'ils ſçavent auſſi bien & mieux qu'eux, parce qu'ils ne craignent point les ſuites, gagner les Gouverneurs & les Officiers Royaux, même par des préſens publics & d'éclat, faits en conſéquence des déliberations de la nouvelle Compagnie de l'Aſſiente. *Voyez* ASSIENTE.

REGISTRE. En terme d'Imprimerie. C'eſt la rencontre des lignes & des pages déja imprimées d'un côté d'une feuille de papier avec celles qu'on veut imprimer de l'autre. On appelle être de Regiſtre quand les deux pages d'un même feuillet ſont juſte l'une ſur l'autre. Le regiſtre ſe fait par le moyen des deux pointes du grand tympan. *Voyez* IMPRIMERIE.

REGISTRE, Les Fondeurs de caractéres appellent auſſi Regiſtre, une des piéces intérieures du moule dans lequel ils fondent leurs Lettres. Il ſert à rejoindre avec juſteſſe les deux parties du moule quand on l'a ouvert pour en retirer la Lettre lorsqu'elle eſt fonduë. *Voyez* FONDEUR DE CARACTERES.

REGISTRER. Ecrire quelque choſe dans un regiſtre. On ſe ſert plus ordinairement du mot d'Enregiſtrer. *Voyez* ENREGISTRER.

REGLE. Se dit en Arithmétique de certaines opérations qui ſe font ſur le papier avec des caractéres que l'on nomme Chiffres, pour connoître des ſommes, ou nombres qui ſont inconnus.

Chaque régle d'Arithmétique a ſon nom particulier ſuivant l'uſage à quoi elle peut être deſtinée. Les quatre premiéres qui ſervent de fondement à tout ce grand Art, s'appellent Addition, Souſtraction, Multiplication & Diviſion, ou Partition: de ces quatre premiéres régles qui ſe trouvent expliquées chacune à leur article, ſe forment toutes les autres dont les principales & les plus en uſage parmi les Marchands & Négocians, ſont la Régle de trois, ou de proportion, que quelques-uns nomment auſſi Régle d'or, & que l'on diſtingue en Régle de trois ſimple directe en nombres entiers, Régle de trois ſimple en fractions, Régle de trois double ou compoſée de cinq termes en nombres entiers, Régle de trois double en entiers & fractions, ou en fractions ſeulement, Régle de trois inverſe en entiers, & Régle de trois inverſe en fractions; la Régle de Compagnie ſimple & à divers tems; la Régle d'alliage, ou d'alligation; la Régle de change; la Régle d'eſcompte; la Régle de dépenſe pour ſçavoir à tant par jour combien par an, la Régle de gain ou perte pour cent; la Régle pour tirer la tarre; enfin, la Régle de fauſſe poſition ſimple & double.

Ceux qui deſireront s'inſtruire amplement ſur toutes ces différentes ſortes de Régles, pourront conſulter les Ouvrages des Sieurs Jean Savary, Irſon & le Gendre, dont celui du dernier paroît être le plus clair & le plus facile à entendre à ceux qui n'ont pas encore aquis beaucoup de lumiéres en Arithmétique.

REGLE. Bonne conduite. On dit qu'un Marchand a une grande régle dans ſon Commerce, ou qu'un autre ne tient aucune régle dans ſes affaires; lors que l'un eſt éxact, attentif, qu'il paye éxactement, qu'il tient bien ſes livres, & a un grand ordre, ſoit au dehors avec ſes Correſpondans, les Manufacturiers & Ouvriers; ſoit au dedans en veillant ſur ſon magazin, ſa boutique & ſes Garçons, & que l'autre fait le contraire de toutes ces choſes.

REGLE. Inſtrument qui ſert à tracer une ligne droite ou à meſurer les longueurs. Cet inſtrument eſt le plus ſimple de tous ceux qui ſervent dans la geometrie & pour les mécaniques, & ne conſiſte qu'en une tringle aſſez mince, ordinairement de bois, dont les deux côtez ſont éxactement dreſſez paralleles l'un à l'autre. On en fait auſſi, de fer, de cuivre & d'yvoire. Les Ouvriers qui ſe ſervent le plus communément de la régle, ſont les Charpentiers, les Maçons, les Menuiſiers, les Vitriers & les Serruriers. Cet inſtrument eſt auſſi d'un uſage indiſpenſable, non ſeulement aux Géométres, aux Deſſinateurs & aux Ecrivains, mais encore dans tous les Arts & Métiers où l'on a beſoin de dreſſer & meſurer quelque choſe.

REGLE A MOUCHETTE. C'eſt une longue régle de bois, le long de l'un des côtez de laquelle eſt pouſſée avec le rabot une eſpéce de moulure; elle ſert aux Maçons à faire des mouchettes, c'eſt à dire, cette eſpéce d'iſtel, ou quart de rond enfoncé qui eſt au deſſous d'une plinthe. Outre cette régle ces Ouvriers en ont pluſieurs autres de diverſes longueur & épaiſſeur, ſoit pour faire les feuillures des portes & des croiſées, celles-là ont un pouce & demi d'équarriſſage, ſoit pour prendre leur niveau; celles-ci ſont les plus longues de toutes.

Ils ont auſſi ce qu'ils appellent un Plomb à régle, qui eſt une ficelle chargée d'un petit plomb par un des bouts, & attachée par l'autre au haut d'une régle ſur laquelle eſt tracée une ligne perpendiculaire. *Voyez* PLOMB.

Les régles des Charpentiers ſont de bois; ils en ont deux, l'une qu'ils appellent la grande régle pour tracer les piéces en longueur; l'autre qu'ils nomment la petite régle plate pour les tracer en largeur. Les mortoiſes, les tenons, &c. ſe tracent avec les diverſes équerres, dont l'une des jambes ſert de régle.

Les régles de fer des Serruriers leur ſervent pour dreſſer leurs piéces, ſoit à chaud, ſoit à froid.

Outre la régle commune de bois dont les Vitriers ſe ſervent pour tracer leurs panneaux, ils en ont encore une petite auſſi de bois qu'ils nomment Régle à main, le long de laquelle ils coupent le verre au diamant. Cette régle a deux petits mantonnets, ou ſeulement une petite piéce de bois de cinq ou ſix pouces de longueur attachée par deſſus, avec laquelle ils l'appuyent d'une main ſur la piéce de verre, tandis que de l'autre ils conduiſent le diamant le long d'un de ſes côtez.

La Régle des Menuiſiers s'appelle plus communément un Réglet qu'une Régle par ceux qui ſavent les termes du métier.

REGLEMENT. Ordre prescrit, régle donnée par un Supérieur.

On se sert particuliérement de ce terme pour signifier les Statuts accordez par les Rois ou par les Magistrats pour entretenir la Police, la subordination & l'uniformité dans les Corps des Marchands & les Communautez des Arts & Métiers. *Voyez* STATUTS.

REGLEMENT. Se dit aussi des Ordonnances des Rois pour l'administration de la Justice civile ou criminelle, la perception des droits & impositions, & la Jurisdiction des Magistrats Municipaux; telles sont les Ordonnances des Aydes, des cinq grosses Fermes, des Gabelles, de la Ville de Paris, & celle de 1673 concernant le Commerce. *Voyez* ORDONNANCE.

REGLEMENT. S'entend encore des Edits, Déclarations, Lettres Patentes, Ordonnances, Arrêts du Conseil, Ordres par écrit des Ministres, enregistrez aux Siéges Royaux; enfin, des Délibérations des Communautez des Marchands & Fabriquans autorisées par des Arrêts, ou du Conseil, ou des Parlemens, concernant la fabrique, nature, qualité, largeur & longueur des étoffes d'or, d'argent, de soye, de laine ou d'autres matiéres.

Ce sont ces sortes de Reglémens qu'on va rapporter ici plus ou moins en détail selon qu'on les estimera plus ou moins importans; renvoyant, pour ceux dont on pourroit avoir déja parlé dans quelques articles de ce Dictionnaire, aux articles mêmes où l'on en aura fait mention.

REGLEMENS POUR LES LONGUEURS, LARGEURS, QUALITEZ ET FABRIQUES DES DRAPS, SERGES ET AUTRES ETOFFES DE LAINE, DEPUIS 1401, JUSQU'EN 1601.

Quoi que ce ne soit proprement que sous le Régne de Louïs XIV. & le ministere de Monsieur Colbert, Sur-Intendant des Arts & Manufactures, que la fabrique des draps & autres étoffes de laine ait commencé à être poussée à ce degré de perfection où elle est enfin parvenuë, & qui ne laisse plus regréter les fabriques Etrangéres; il y a eu néanmoins plusieurs Rois de France, qui de tems en tems ont fait dresser des Réglemens pour perfectionner les Manufactures de Lainage, & maintenir le nombre des fils ou portées que les étoffes qui s'y font doivent avoir.

Louïs XII. par son Ordonnance du 20 Octobre 1508. donnée à Roüen, enjoint que les draps seront faits suivant les lez ou largeurs, & le nombre de fils accoûtumez, & défend qu'ils soient pressez à fer ni à airain sous peine d'amende arbitraire, & de plus grande punition s'il y échet.

Charles IX. aux Etats d'Orleans tenus en 1560, fit insérer l'article 147, qui porte entr'autres choses, Que les étoffes seroient remises à leur mesure & largeur ancienne, &c. & que les draps ne pourroient être vendus qu'après avoir été mouillez & rafraîchis, & ensuite bien & dûëment sechez non tirez à rouet, poulies & semblables engins, ni pressez en fer ni airain, à peine de confiscation & d'amende.

En 1567 on mit encore dans l'Edit de la Police générale du Royaume, donné à Fontainebleau le 25 Mars, un article concernant les draps de laine, qui seroient remis à l'ancienne largeur d'une aune & un quart; commettant les Juges des Siéges Royaux & subalternes pour les entretenir dans cette largeur.

Le même Roi par un Edit du mois de Mars 1571 concernant la Draperie & les Etoffes de laine, régla en vingt articles la mesure & moison de toutes les sortes de draps, serges & autres sortes d'étofes de laine qui se fabriquoient alors dans les Manufactures du Royaume, & fixa en vingt-deux autres articles le droit de marque ou plomb qu'il avoit ordonné par le même Edit être apposé à chaque piéce de lainerie qui seroit de bonne fabrique, & des portées & aunages fixées par les vingt premiers articles.

L'on a cinq Réglemens d'Henri III. concernant les Draperies & Etoffes de laines, contenus dans autant d'Edits & de Déclarations, des 22 Mars 1571, du mois de Février 1582, de celui de Décembre de la même année, du 22 Avril 1583; & enfin, du 14 Mai 1584, ce dernier donné à saint Maur.

L'Edit du mois de Décembre 1582, & les deux suivans, regardent l'établissement des Contrôleurs des Manufactures de Draperies pour la marque des Etoffes de laine, ordonnée par l'Edit de Charles IX. du mois de Mars 1571.

Enfin, l'on trouve dans l'Ordonnance de Henri IV. donnée à Fontainebleau le 8 Juin 1601. plusieurs articles de Réglement concernant la fabrique & apprêt des Draperies, & la vente des Etoffes de laineries.

Outre tous ces Réglemens généraux donnez jusqu'en 1601, il y a eu encore des Réglemens particuliers pour quelques Manufactures de Draperies établies dans différentes Villes & lieux du Royaume.

De ces derniers, les plus considérables sont ceux qui concernent les Manufactures des Draps, Serges & autres Etoffes de laine de la Ville de Roüen, entr'autres le Réglement du 29 Octobre 1401, pour les Foulons, Laneurs & Tondeurs de cette Ville: celui de 1408 pour les Maîtres Boujonneurs & Drapiers de la grande Draperie de Roüen: celui de 1451 servant de Statut à la même Draperie: ceux du 29 Novembre 1452 & de 1462, qui réglent les contestations entre les Drapiers drapans, & les Foulons, Laneurs & Tondeurs. Enfin, celui du 24 Novembre 1490, concernant la visite sur les Métiers & dans la maison du Boujon.

L'on peut mettre aussi de ce nombre les Statuts & Réglemens pour la Manufacture des Draps, Serges & autres ouvrages de laines du Bourg & Vallée de Darnetal lès Roüen, dressez par le Bailly de Roüen le 15 Septembre 1586, & ratifiez par Lettres Patentes du Roi Henri III. de 1587.; mais attendu qu'ils ont été réformez partie en 1605 & 1608. sous le Régne de Henri IV., & partie en 1626, sous celui de Louïs XIII., & ensuite confirmez en 1644 par Louïs XIV. On les met parmi les Réglemens des 17 & 18 Siécles, dont dans la suite on parlera plus ou moins au long suivant qu'ils paroîtront plus ou moins importans.

1401.

Le Réglement de 1401 pour les Maîtres & Ouvriers Fouleurs, Laneurs & Tondeurs en la Draperie Foraine de de Roüen, par le Bailly de cette Ville sous le Régne de Charles VI. & confirmé par Lettres Patentes de ce Prince de la même année, est le premier qui ait été donné par écrit pour ces sortes d'Ouvriers, & ne contient que dix Articles.

Par le 6e l'Apprentissage pour obtenir la franchise des trois Métiers, est de trois ans; mais si l'Apprentif ne veut être que de deux Métiers, seulement de deux ans; & par le 9e chaque Maître ne peut avoir qu'un seul Apprentif à la fois.

Le 8e régle les droits qui doivent se payer aux Gardes & Compagnons pour la Maîtrise par ceux des Apprentifs qui veulent lever ouvroir des trois Métiers, ou de l'un d'iceux.

Le 10e défend à tous Maîtres ou Ouvriers du Métier, & à tous tisserans, de porter, fouler, laner, tistre, ni apprêter ses draps qu'aux Maîtres du bon aunage & visitation.

Le 5e fait pareillement défenses aux Maîtres Laneurs de laver seuls en l'eau des draps qui ont plus de cinq aunes.

Les autres articles traitent des Ouvriers Etrangers, comment ils peuvent devenir Ouvriers Jurez, & à quelle heure eux & les Maîtres doivent commencer & finir l'ouvrage.

1408.

La grande Draperie de Roüen n'ayant point eu de Statuts jusqu'en l'année 1408; & la Police ne s'y observant que par une espéce de tradition, qui dépendoit en partie des Maîtres & Gardes. Le Bailly de Roüen, après avoir tenu plusieurs Assemblées où furent appellez les notables de tous états & condition, & les principaux Drapiers drapans & Tisserans, dressa un Réglement en cinq articles, qui se ressentent de la simplicité de ces tems, où les Manufactures de France étoient, pour ainsi dire, dans leur berceau & dans la premiére enfance.

Les deux premiers articles réglent l'heure du travail qui ne doit commencer qu'au Soleil levant, & qui doit finir les jours ordinaires après les Complies chantez en la grande Eglise, & les Samedis & veilles de Fêtes après Nones.

Le troisiéme n'accorde la permission d'avoir des Apprentifs qu'à ceux qui auront été Boujonneurs; c'est à dire, Gardes ou Jurez, ou qui du moins entreront en l'office du Boujon. Les autres Maîtres ne pouvant se servir que de Valets & Ouvriers gagnant journées & salaire.

Le quatriéme, fixe l'Apprentissage à trois ans consécutifs chez le même Maître, dont néanmoins il éxempte les fils de Maîtres; & en cas que par le marché passé entre l'Apprentif & le Maître, le premier se fut reservé quelques jours au mois d'Août ou autre saison, pour labourage, moisson, &c. il est ordonné qu'il ne pourroit avoir la franchise, qu'il n'ait remplacé ledit tems; comme pareillement, que quand après son Apprentissage il auroit aquis la franchise, & qu'il voudroit ouvrir boutique & lever ouvroir, il seroit tenu de payer dix sols huit deniers aux Gardes pour sa Maîtrise; ce droit étant néanmoins réduit à la moitié pour les fils de Maîtres.

Enfin, le cinquiéme & dernier article déclare, que l'Apprentif dont le Maître décéderoit avant son Apprentissage accompli, le pourroit finir chez la veuve en cas qu'elle restât en veuvage, ou qu'elle épousât un Maître du Métier, sinon qu'il l'acheveroit chez un autre qui lui seroit nommé par les Gardes.

1451.

Ce peu d'articles de Réglement, & encore si mal digéré, n'étant pas suffisant pour entretenir le bon ordre & la Police dans la grande Draperie de Roüen, sur tout depuis qu'en 1424 la Draperie Foraine lui avoit été réünie, le Bailly de Roüen lui en donna de nouveaux & de plus amples en 1451, peu de tems après que cette Ville, dont les Anglois avoient été long tems les Maîtres, fut rentrée sous l'obéïssance de Charles VII.

Ces Statuts au nombre de soixante-seize articles, sont les mêmes dont on se sert encore dans cette fameuse Manufacture, à la réserve néanmoins de quelques-uns, où il a été dérogé par le Règlement général de 1669, dont on parlera ci-après suivant l'ordre de sa date, & de plusieurs qui se sont abrogez, pour ainsi dire, d'eux-mêmes, par le tems & par le non usage.

On auroit bien voulu entrer dans le détail de ce grand nombre d'articles, mais ils sont faits & dressez en partie avec si peu d'ordre, qu'il ne seroit pas possible d'en donner un extrait raisonnable. On se contentera donc de les parcourir & de rapporter quelques-uns des articles des plus remarquables & des plus importans.

Le premier article confirme autant que besoin seroit, l'union des deux Draperies pour ne faire plus qu'une seule Communauté sous le nom de Draperie de Roüen.

Par le 47 & 48; le nombre des Gardes qu'on nomme Boujonneurs, & leurs Offices Boujons, est fixé à vingt-quatre, dont une nouvelle élection se fait tous les ans la veille de Noël par ceux qui sortent de charge. De ces vingt-quatre, seize doivent être choisis parmi les anciens Boujonneurs, & huit parmi les nouveaux Maîtres qui n'ont point encore été Gardes; & de ces huit, trois doivent se prendre du Métier de Tisseur, & les cinq autres des trois autres Métiers, c'est à dire, des Foulons, Laineurs & Tondeurs.

Ce sont ces Gardes qui délibérent de toutes les affaires, qui ont soin que la Police soit observée, qui font les visites, & qui marquent les étoffes à la maison du Boujon, où six d'entr'eux sont de service chaque semaine, & sont tenus de se trouver deux fois par jour.

Ils sont aussi les gardiens du Scel ou Poinçon dont se plombent les étoffes, qui a pour empreinte d'un côté la figure d'un agneau, & de l'autre une S. & une R. couronnées accompagnées de deux fleurs-de-lys; lequel Poinçon ne doit être mis que par un des Boujonneurs, & seulement sur les draps de la fabrique de Roüen.

Il y a encore une autre sorte de Gardes, qui n'ont inspection que sur les Marchands & marchandises de laine, qui s'exposent en vente dans les hales & marchez destinez à ce Négoce.

L'article 53 veut que ces Gardes soient au nombre de quatre; savoir deux Boujonneurs actuellement en charge, & deux Maîtres Ouvriers & Marchands de la Draperie. De ces quatre il en sort deux chaque année, ausquels on supplée par une nouvelle élection d'un Boujonneur & d'un Maître Ouvrier Marchand.

Nulle laine ne peut être exposée en vente dans la Ville & Banlieuë de Roüen, qu'elle n'ait été visitée par lesdits Gardes,

Gardes, & qu'elle ne soit des qualité & nature expliquées & extrêmement détaillées dans le 54. article & les suivans au nombre de vingt-un, par où finit le Réglement.

On traite de l'Apprentissage des Apprentifs & de ceux à qui appartient le Privilége d'en faire, dans les 15, 17, 19, 37, 38, & 46 articles; & l'on y rappelle tout ce qu'on a déja rapporté sur cette matiére dans le Réglement pour les Foulons, Laneurs & Tondeurs de 1401. & dans celui pour les Drapiers de 1408. qu'on peut voir ci-dessus.

Par quelques articles on régle la laine, la forme, la couleur & la façon des lisiéres qui doivent distinguer la fabrique de Roüen d'avec celle du reste du Royaume. D'autres parlent de la qualité & bonté des laines qui doivent être employées aux Ouvrages de cette fabrique, de leur ensimage & teinture; des sortes de draps qui s'y peuvent faire; de leur portée & nombre de fils; de leur longueur & largeur; des fausses teintures & des tarres qui s'y peuvent trouver, soit au sortir du métier, soit après avoir été *pouliez*.

Le dixiéme ordonne la marque des draps en écrû; & avant d'avoir été mouillez; permettant néanmoins qu'on les puisse ébrouer avec le congé des Boujonneurs. Quelques autres déclarent quels draps peuvent & doivent être marquez, & quant, & comment.

Enfin, il y en a jusqu'à sept pour les differens apprêts des draps, cinq ou six pour les Courtiers & Regratiers desdits draps & des laines; dix ou douze pour quantité de petits droits, & deux pour l'aunage & la maniére de le faire.

Il ne faut pas oublier le cinquante-uniéme, qui ordonne que chacun Maître & Ouvrier, soit de fouler, laner, tondre & tistre, fasse son métier sans entreprendre l'un sur l'autre; article qui dès l'année suivante causa de grandes contestations, & un procès entre les Tisserans ou Drapiers drapans, & les Fouleurs, Laneurs & Tondeurs.

Le reste des articles est peu important, & ce n'est souvent qu'une simple répétition de ce qui a été dit en d'autres articles.

1452.

Ce fut l'éxécution du 51 article du Réglement de l'année 1451. qui donna lieu au Réglement de 1452.

Le sujet de la contestation consistoit dans les entreprises que les Maîtres Tisserans & les Maîtres Foulons, Laneurs & Tondeurs faisoient réciproquement les uns sur les autres.

Comme il paroissoit difficile de réduire les uns & les autres précisément à ce qui étoit de leur métier, à cause des divers apprêts qui semblent leur être communs, on les fit consentir à une espéce de partage dans lequel le fond, & comme le principal de chaque métier, restoit propre à ceux qui en faisoient profession; & seulement les dépendances, ou, ainsi que porte le Réglement, les branches & les sequelles des deux Métiers appartiendroient en commun à l'un & à l'autre.

En conséquence de cet expédient consenti par tous les Maîtres réünis de la Drapperie de Roüen dans une Assemblée de Notables convoquée à cet effet, il fut ordonné qu'à l'avenir les Maîtres & Ouvriers pourroient fouler, laner & tondre; & les Maîtres & Ouvriers de tistre, pourroient également & concurremment élire, battre, peigner & corroyer la laine, la creder, filer, bobiner, tramer, ourdir, desourdir, & toutes telles menuës choses nécessaires, jusqu'à monter la chaîne & en retenir le bout.

Qu'en outre chacun des Tisserans, avec sa famille & Domestiques, pourroient avant de mouiller les draps qu'ils auroient fabriquez, les nétoyer, en ôter les nœuds, les buques, les boueilles & généralement tout ce qui leur sembleroit y être nuisible, soit sur le métier ou autrement, sans pouvoir néanmoins y donner aucun autre apprêt, si ce n'est de les ramer quand ils seroient encuvez pour empêcher qu'ils ne s'échauffassent; les autres apprêts & l'achévement entier des draps étant conservez aux Foulons, Laneurs & Tondeurs, à qui seul il appartiendroit de les épincher, rouer, applagner, agréer, &c.

A cet article, le principal du Réglement, & qui en avoit été l'occasion, il en fut ajoûté onze autres dont le premier ordonne l'élection de quatre anciens du Boujon, qui seroit faite chaque année la veille de Noël par les 24 Gardes Boujonneurs sortant de charges, pour veiller à l'éxécution dudit article.

Les dix autres sont moins considérables, & ne contiennent que quelque Police pour les Ouvriers & Apprentifs, soit entr'eux, soit avec leurs Maîtres.

1462.

Les Tondeurs de la Draperie de Roüen ne se contentant pas de travailler à ce qui concernoit leur métier & profession, & s'étant érigez en Marchands de draps dont ils tenoient boutique ouverte, il fut dressé un nouveau Réglement par les Juges de l'Echiquier, au terme de Pâques 1462, par lequel il fut ordonné en 7 articles.

Qu'aucun drap ne s'exposeroit en vente qu'il ne fût tondu de près & marqué du plomb de la Drapperie.

Que le vendredi de chaque semaine lesdits draps ne pourroient être mis en vente qu'à la Hale aux draps.

Que les Tondeurs ne pourroient tenir en leurs maisons les draps qu'ils auroient tondus, mais seroient tenus de les rendre incessamment à ceux à qui ils appartiendroient sans en tenir boutique, ni les vendre.

Que les draps portez aux Hales qui n'y auroient pû être vendus, ne seroient point reportez dans les maisons des Tondeurs, mais dans celles de ceux à qui ils seroient.

Qu'aucuns Drapiers ou Tondeurs ne pourroient mettre les draps en presse qu'ils n'eussent été visitez & scellez.

Que les draps qu'apporteroient à Roüen les Marchands Forains seroient exposez en vente aux Hales les jeudi & vendredi de chaque semaine & non ailleurs.

Enfin, que lesdits jours les Courtiers de draps ne pourroient s'en pourvoir ni en acheter que dans lesdites Hales.

1490.

Il y avoit été ordonné par tous les Réglemens dressez jusqu'alors pour la Draperie de Roüen, que tous les draps de cette fabrique seroient portez en écru à la maison du Boujon pour y être visitez & marquez, avec permission néanmoins de les ébrouer auparavant après en avoir obtenu le congé des Boujonneurs.

Cependant, ces Gardes négligeant la visite & la marque qui se devoit faire au Boujon, se contentoient de visiter &

& marquer les draps dans les maisons des Tisserans, sous prétexte qu'on remarquoit mieux leurs défauts quand ils étoient encore sur le métier que lors qu'ils en étoient levez; & qu'il étoit plus facile d'en compter les portées & le nombre des fils, ce qui en même tems dispensoit les Ouvriers de demander permission de les ébrouer avant la marque.

Ce fut pour remédier à ces contraventions qu'il fut rendu à l'Echiquier de Roüen au terme de la S. Michel 1490, une Ordonnance en forme de Réglement, portant.

Que conformément aux Statuts anciens & nouveaux la visite & marque des draps en écru se feroit en la maison du Boujon par les six Gardes Boujonneurs de semaine.

Que le congé pour ébrouer avant la visite & marque ne s'accorderoit que par un avis unanime des six Boujonneurs.

Que cependant il leur seroit permis d'aller visiter les draps sur le métier & de les marquer, non avec un plomb, mais sur de la cire, d'un poinçon, de l'empreinte duquel lesdits Boujonneurs conviendroient, sans néanmoins pouvoir éxiger aucune chose pour ladite marque sur cire, ni rien prétendre au de-là de leur droit réglé par lesdites Ordonnances.

REGLEMENS POUR LES DRAPS ET AUTRES ETOFFES DE LAINE, DEPUIS 1601, JUSQU'EN 1721.

1605, 1626, 1644.

Le Réglement pour la Draperie du Bourg & Vallée de Darnetal est un des premiers qui ait été dressé dans le dix-septiéme Siécle.

Henri III. à la vérité avoit donné aux Maîtres de cette Communauté quelques articles de Police dès l'année 1587; mais les 13 articles qui y furent ajoûtez sous le Régne de Henri IV. en 1605, peuvent être regardez comme leurs premiers Statuts étant ceux qui ont proprement fixé leur discipline.

Les Drapiers-Façonniers de cette Draperie ayant en 1625 demandé la confirmation, interprétation & augmentation de ces treize articles, & leur requête ayant été renvoyée aux Premier Président, Avocat & Procureur Généraux du Parlement de Roüen pour avoir leur avis, il fut dressé au mois de Décembre de la même année dix articles qui avec les treize autres furent confirmez & homologuez par Lettres Patentes de Louïs XIII. du 24 Février 1626, enregistrées au Parlement de Roüen le 27 Mai ensuivant.

Ces 23 articles servant de Statuts à la Draperie de Darnetal, furent encore confirmez sous le Régne de Louïs XIV. par des Lettres du mois d'Août 1644, enregistrées aussi au Parlement au mois de Novembre de ladite année.

Par l'un de ces 23 articles, dont quelques-uns des dix derniers expliquent, changent, ou même en abrogent plusieurs des 13 autres, le nombre des Maîtres & Gardes est fixé à quatre, dont deux doivent s'élire tous les ans; de ces quatre Gardes deux doivent toûjours être du Bourg de Darnetal, & des deux autres, un de la Paroisse de Longpont & un de celle de S. Pierre de Carville, ou de S. Leger de Bour-demy.

La visite des draps, serges, frocs, catalognes & autres étoffes qui se fabriquent dans cette Draperie, doit se faire par les Gardes, tant sur les métiers que hors d'iceux, avant que d'être foulées & portées au moulin, & encore renouvellées après qu'elles ont reçû tout leur apprêt, pour être ensuite marquées d'un plomb propre à cette Manufacture, portant entr'autres choses le chiffre de l'année courante, afin que les Gardes puissent rester garans de leur visitation.

Tout Maître est obligé de faire tistre sur le métier avec une laine de couleur, son nom & surnom.

Nul Maître ne peut faire en même tems des draps, des serges & des catalognes, mais doit s'en tenir à la fabrique de l'un desdits ouvrages.

Il est loisible aux Maîtres de prendre tels Compagnons qu'ils veulent pour travailler à leurs ouvrages, en préférant néanmoins ceux de la Jurande de Darnetal à tous autres.

Les Maîtres ne peuvent retenir chez eux les Compagnons plus de huit jours, & lesdits Compagnons, aussi bien que tous autres Ouvriers desdites Manufactures, hommes ou femmes, doivent tous les lundis se trouver à la place du Bourg pour y être pris & louez par les Maîtres.

Des autres articles quelques-uns parlent du foulage, teinture, moulinage & autres apprêts des draps, serges, catalognes, frocs, &c. Quelques autres de la qualité des laines qui doivent être employées dans ces sortes d'ouvrages; & le reste des portées & nombre de fils que les étoffes fabriquées dans cette Draperie doivent avoir. *Voyez sur cette dernière matière les articles généraux des draps, serges, catalognes & frocs, suivant leur ordre alphabétique.*

1666.

Les Réglemens pour les Manufactures de laine, si fréquens & si considérables sous le Régne de Louïs XIV. commencérent à paroître en 1666.

Il y en eut trois cette année; ceux de la Sayetterie d'Amiens du mois d'Août, ceux de Sedan du mois de Septembre, & ceux de Falaise du mois de Novembre.

AMIENS.

Il semble que les Réglemens de la Sayetterie de la Ville d'Amiens ayent été les premiers où M. Colbert ait eu part.

Ils furent projettez, dressez & arrêtez dans les Assemblées qui se tinrent par l'ordre du Ministre dans l'Hôtel de cette Ville pendant tout le mois d'Octobre 1665, & furent approuvez, confirmez & homologuez par un Arrêt du Conseil & par des Lettres Patentes du mois d'Août de l'année suivante.

Ce sont peut-être les Réglemens les plus amples qui ayent été donnez à aucune Communauté, étant composez de deux cens quarante-huit articles.

Ce nombre extraordinaire surprendra moins toute-fois quand on fera réflexion que bien que la Sayetterie d'Amiens soit regardée comme une seule Communauté, elle ne laisse pas d'en comprendre jusqu'à sept ou huit qui ont tous leurs Egards & leurs Jurez particuliers, & qui trouvent dans ces deux cens quarante-huit articles chacune les Statuts qui leur sont propres rédigez sous différens titres.

Les Maîtres de ces différentes Communautez réünis sous le nom de Sayetterie, sont les Houppiers, les Sayetteurs, les Haute-lisseurs, les Foulons, les Teinturiers, les

les Tondeurs, les Retordeurs, les Corroyeurs, les Calandreurs & les Passementiers.

Comme on parle ailleurs du partage & de la distribution de ce grand nombre d'articles à chacune des Communautez de la Sayetterie, on s'abstiendra d'en rien dire ici. *Voyez* SAYETTERIE.

SEDAN.

Le Réglement pour la Draperie Royale de Sedan est du 16 Septembre 1666.

Vingt ans auparavant, le Sieur Nicolas Cadeau avoit établi dans cette Ville la fameuse Manufacture de draps façon d'Espagne & de Hollande dont on a parlé à l'article des Manufacturiers.

Son Privilége étant expiré, & le Roi voulant rendre aux Manufacturiers établis à Sedan la liberté de la fabrique de ces sortes de draps, & en même tems y former une Communauté capable d'en soûtenir la réputation, ordonna qu'il seroit dressé des Réglemens dans une Assemblée générale des Magistrats, Echevins, autres Officiers de la Ville, & des particuliers qui travailloient alors à cette Manufacture.

L'Assemblée ayant été tenuë à l'Hôtel de Ville le 24 Août 1666 en présence du Sieur de Fustemberg nommé pour y assister de la part de Sa Majesté, les Statuts dressez par les plus habiles Officiers & Fabriquans au nombre de soixante & six, y furent approuvez & reçûs, & ensuite confirmez par Lettres Patentes données à Vincennes le 16 Septembre ensuivant, enregistrées au Parlement de Mets le 8 Janvier 1667.

Par les premiers articles de ces Statuts on érigea en Communauté & en Corps de Jurande tous les Maîtres établis alors à Sedan, & les Maîtres étrangers qui voudroient s'y établir; les premiers en se faisant inscrire dans l'an & à la charge d'avoir deux mois après leur inscription au moins deux métiers battans; & les derniers en faisant apparoître de leur maîtrise en d'autres lieux ou en faisant Chef-d'œuvre.

L'apprentissage ordinaire des François est de quatre années, celui des étrangers seulement de trois.

Les Maîtres sont obligez de recevoir chaque année chacun un Apprentif en cas qu'il s'en presente, à peine d'interdiction du métier pour un an s'ils en sont refusant.

Nul Apprentif ne peut se faire passer Maître, que celui sous lequel il a fait son apprentissage ne certifie qu'il en est content.

L'Apprentif qui veut être reçû à la maîtrise doit appeller les Gardes en charge, & quelques Anciens pour être présens à son passe-Maître, & pour faire lire devant eux son obligé & son certificat, afin qu'on puisse connoître par l'obligé si son tems est fini, & par son certificat si le Maître est content de son service.

Tout s'étant trouvé en forme, le Maître qui veut mener son Apprentif au serment qui se fait devant le Juge de Police, est tenu d'aller le samedi au Bureau & d'y prendre les Gardes qui sont de semaine, pour l'accompagner & présenter l'Aspirant.

Les Fils de Maîtres sont exemts d'Apprentissage, s'ils sont nez depuis la maîtrise de leurs péres, autrement ils y sont tenus.

Survenant la mort du Maître, la Veuve peut continuer son Apprentif, sinon le remettre aux Jurez.

Chaque Maître est tenu d'avoir sa propre marque enregistrée sur le livre de la Communauté pour marquer les draps qu'il fabrique & non autres, avant de les porter à la Chambre.

Tout Maître qui use de la marque d'une autre Ville que de celle de Sedan, ou qui fait appliquer celle-ci ou la sienne à des draps étrangers, doit être mis au carcan pendant six heures au milieu de la place publique avec un écriteau portant la fausseté qu'il a commise.

Les Jurez qui doivent s'élire tous les ans le premier jour de Mai, sont au nombre de quatre, savoir deux Maîtres Drapiers, un Teinturier & un Tondeur.

Le même jour on fait l'élection d'un Marchand Drapier pour assister aux visites qui se font des draps après leur apprêt.

L'Assemblée des Gardes & Marchands pour la visite & la marque des draps doit se tenir deux fois la semaine au lieu destiné pour cet effet; auquel Bureau tous les draps qui sont fabriquez dans la Ville, doivent être marquez trois fois; l'une quand ils sont encore en toile, l'autre au retour du moulin, & la troisiéme après la teinture & leur dernier apprêt.

Les draps doivent avoir un plomb suivant leur qualité. Le plomb de la premiére sorte doit porter l'effigie du Roi avec ces mots, *Louis XIV. Restaurateur des Arts & du Commerce*; & de l'autre les armes de la Ville de Sedan, & autour *Draperie Royale de Sedan.*

Le plomb de la seconde qualité porte simplement les armes de la Ville, & de l'autre, *Draps seconds de Sedan.*

Le plomb de la troisiéme qualité est semblable au précédent, à la réserve qu'il y est écrit, *Draps de la troisiéme sorte de Sedan.*

Ces trois qualitez de draps se distinguent par celle des laines dont ils sont faits.

Les premiers sont de fine laine de Segovie sans aucun mêlange, les seconds de laine Segoviane avec le grand Albarazin seconde Segovie & laine Soris, & les troisiémes avec toutes les autres moyennes sortes de laine d'Espagne.

Les droits des Jurez pour la marque sont d'un sol pour la premiére & petite marque, & pour la seconde & la grande quatre sols.

Pour faire plus exactement les visites & mettre les marques, il doit y avoir dans la Chambre de la Communauté trois échantillons matrices des trois qualitez de draps sur lesquelles doivent être confrontez ceux qui y seront apportez.

Outre les quatre Jurez des Drapiers il y en a quatre autres qu'on nomme Gardes-Visiteurs des laines, dont deux sont élûs chaque année par les Gardes Drapiers en charge & les anciens Gardes. C'est à eux à veiller que les Marchands de laine ne les vendent qu'aux lieux, aux jours, & des qualitez portées par le Réglement.

La marque des Gardes-Visiteurs de Laines se met sur les sacs & consiste seulement en trois numéros; No. 10. pour les fines, No. 20. pour les secondes, & No. 30. pour les troisiémes.

Les Assemblées de Police doivent se tenir de six mois en six mois dans l'auditoire du Bailliage, où doivent se trouver les Maîtres & Gardes, & tous ceux qui ont assisté aux visites, avec deux Marchands Drapiers pour donner leur avis, & deux Marchands de laine pour répondre aux plaintes

plaintes qu'on peut faire contr'eux. Le résultat de ces Conseils doivent s'envoyer au Sur-Intendant des Arts & Manufactures.

Les Gardes anciens & les Gardes en Charge doivent encore tenir deux autres Assemblées, l'une à la S. Thomas, & l'autre à la S. Jean, pour traiter des affaires & rendre leurs comptes, qui après avoir été examinez, arrêtez & signez par ceux qui sont presens, doivent être portez aux Magistrats & Echevins pour les approuver, & les rendre éxécutoires contre ceux qui ne voudroient pas payer les taxes ausquelles ils auroient été imposez par lesdites Assemblées.

On ne dit rien ici du nombre des fils des portées, & des largeurs & longueurs des draps de cette Manufacture, les articles du Réglement qui les ordonnent ayant déja été raportez à l'article général des draps. *Voyez* Drap.

Enfin, il est traité en différens articles des Foulons, des Tondeurs, des Tisseurs, des Nopeuses, des Espincheuses & des autres Ouvriers qui travaillent pour les Maîtres de cette Communauté, de leurs obligations, & des amendes qu'ils encourent pour ne s'en pas bien aquiter.

Les amendes ausquelles peuvent être condannez les Tisseurs sont 20 s. par piéce pour les vilaines lisiéres, 2 s. pour les fils non tirez, 1 s. pour les ployez & les filets qui sont plus près de deux doigts, 6 den. pour les filets rompus qui courent deux doigts, 5 s. s'ils sont des bouts de navattes ou des brûlures aux draps, autant pour les grapes ou pas de chat, 6 den. pour les demi-claires voyes ou entre-bas, 2 s. pour celles qui sont entiéres, 10 s. si la chaîne n'est pas bien bandée, 20 s. si le drap n'est pas bien frappé ou inégalement tissu; enfin, 1 s. pour les fourlansures ou lardages, & 1 s. pour les douzes d'huile.

FALAISE.

Les Statuts & Réglement du Corps de la Drapperie de la Ville de Falaise sont du 11 Novembre 1666, homologuez par Arrêt du Conseil du 26 Février 1667.

Cette Communauté est composée non-seulement des Maîtres de la Ville & de ses Fauxbourgs, mais encore de tous ceux qui fabriquent des étoffes de drapperie & de fergerie dans les Bourgs, Villages & Hameaux qui sont deux lieuës aux environs.

Les Maîtres ne peuvent vendre ni débiter aucunes piéces, qu'elles n'ayent été visitées & marquées par les Jurez, à peine de confiscation & de 300 liv. d'amende pour la premiére fois, & de 500 liv. pour la seconde; & en cas de récidive, d'être dégradez du Corps.

Le plomb de visite, autrement appellé Sceau Royal, est gardé & doit être apposé dans l'Hôtel de Ville, où le Bureau des Jurez est établi; mais seulement aux étoffes fabriquées dans l'étenduë de la Maîtrise.

Ce Sceau porte pour empreinte d'un côté les armes de France, avec ces mots autour, *Louis XIV. Restaurateur des Arts & Manufactures*; & de l'autre les armes de la Ville, avec ces paroles, *Fabrique de Falaise.*

S'il arrive des contestations au sujet de cette visite & marque, elles doivent être décidées sur le champ par le Vicomte Maire, ou Procureur du Roi, de l'avis néanmoins de deux Marchands Drapiers de la Ville, appellez pour reconnoître les défauts des Manufactures contestées.

Les Tisserans sont obligez de mettre au chef & premier bout de chaque piéce la premiére Lettre du nom, & le surnom en entier de celui pour qui ils les fabriquent, & ce au métier, & non à l'aiguille; & toutes lesdites piéces doivent être marquées en écru par les Jurez, à peine de 300 l. d'amende pour la premiére fois, & de dégradation en cas de récidive.

Il est défendu aux Foulons de se servir de cartes pour lainer ou renverser les serges, mais seulement de chardons; ne leur étant pas même permis de tenir en leur maison aucunes desdites cardes, à peine de 60 l. d'amende pour la premiére contravention, & de 20 liv. en cas de récidive; & en outre d'être déchûs du prix qu'on a coûtume de leur donner pour chaque piéce.

Il est pareillement fait défenses ausdits Foulons de haller ou tirer aucune piéce de serges, lingettes ou autres, pour les allonger, à peine de 60 s. d'amende pour la premiére fois, & d'être appliquez au carcan au milieu de la place pendant deux heures en cas de récidive. Que si c'est par ordre du Marchand qu'il ait hallé la piéce, outre la confiscation le Marchand doit être condanné à 20 liv. d'amende.

Les articles 19, 20 & 21 de ces Statuts réglent le nombre des fils & des portées, les couleurs & façons des lisiéres, & les largeurs & longueurs des serges blanches & grises; des serges tremiéres & des lingettes aussi blanches & grises, qui se fabriquent dans la Drapperie de Falaise; mais attendu qu'il en sera parlé ci-après à l'article des serges, on se contente ici de les indiquer.

A l'égard des amendes où peuvent être condannez les Tisserans pour divers legers défauts de leurs ouvrages, les plus fortes sont de 5 s. par piéce pour les vilaines lisiéres, pour les coups de navettes, pour la chaîne mal tenduë, pour le tissu de la serge inégalement frappée, ou pour les deux bouts de la piéce tissus aussi avec inégalité; les autres sont de 2 s. 6 den. pour avoir laissé tomber plus de vingt fils sous les soubles, ou quand il s'en trouve plus d'un à chaque cuissette, ou enfin, s'il y a quelqu'amas de trême dans les serges; 2 s. pour les ouvrages sales, & 1 s. pour ceux dont les fils n'ont pas été tirez.

1667. BEAUVAIS.

Le Réglement pour la Drapperie & Sergetterie de la Ville de Beauvais suivirent de près ceux de Falaise.

M. Colbert les fit dresser par ordre du Roi; & ayant ensuite été lûs dans une Assemblée tenuë à l'Hôtel de Ville de Beauvais le 24 Février 1667, où se trouvérent, outre le Maire, les Pairs & les autres Officiers de la Ville, les principaux Drappiers tant au tient que Façonniers & les Sergers, ainsi que les Gardes & Jurez des métiers de Laneurs, Tisserans, Peigneurs & Boujonneurs, où ils furent unanimement approuvez, Sa Majesté étant dans son Conseil Royal de Commerce, les confirma par Arrêt & par des Lettres Patentes des mêmes mois & an.

Cinquante-six articles composent ces Réglemens, dont les 20, 21, 22, 23, 24, 25, 26, 45 & 47, ordonnent la largeur & la longueur que doivent avoir les ratines, serges, revêches, sergettes & autres étoffes qui se fabriquent dans la Drapperie & Sergetterie de Beauvais, estimées sur le nombre des fils & portées que doivent avoir leurs chaînes. *Voyez* Serge, Ratine & Revesche.

Le reste des articles du Réglement établit la police des différens corps qui composent la drapperie & sergetterie, la réception des Apprentifs & des Maîtres, l'élection des Esgards, Jurez & Boujonneurs, leurs visites & fonctions; enfin, la marque des étoffes. On en parle ailleurs. *Voyez* SERGETTERIE.

Les Drappiers & Sergiers de Beauvais qui avoient été réünis par Arrêt du Parlement de Paris du 30 Août 1661; en sorte néanmoins qu'il y avoit quelque distinction entr'eux, ces derniers s'appellant toûjours Sergiers réünis, ayant eu quelque contestation sur les laines qu'il étoit permis ou défendu aux uns ou aux autres d'employer, & les étoffes qu'ils pouvoient fabriquer, il fut arrêté dans une Assemblée tenuë à l'Hôtel de Ville de Beauvais dans les formes ordinaires le 18 Août 1670; Qu'à l'avenir les Drappiers, tant de la Ville que des Fauxbourgs, & d'une lieuë à la ronde de la Ville, & les Sergiers réünis par ledit Arrêt de 1661, ne feroient ensemble qu'une même Communauté sans aucune différence, & que tous également ils seroient appellez & réputez Sergiers.

Il fut en même tems dressé vingt-huit articles de Réglement au sujet de cette réünion concernant les différentes sortes de laines qui pourroient être employées suivant les diverses espéces d'étoffes de laine qui se fabriquent à Beauvais; ensemble, des lieux, heures & maniére que pourroient être exposées en vente les laines foraines fines, & les bons, moyens & gros pignons; leurs visites par les Boujonniers & Esgards, & la quantité de moyens, gros plis & pignons que chaque Drappier pourroit avoir chez soi pour faire leurs cordeaux & lisiéres.

Ce Réglement ayant été envoyé à M. Colbert, il l'agréa, & en ordonna l'éxécution par sa Lettre du 2 Septembre 1670, enregistrée au Greffe de l'Hôtel de Ville de Beauvais.

Ces deux Réglemens de 1667 & 1670 sont ceux qui continuënt de s'observer dans la Sergetterie.

ELBEUF.

Le Réglement pour la Manufacture des draps d'Elbeuf est aussi de l'année 1667. Il y fut envoyé par M. Colbert, & reçû dans une Assemblée des Maîtres de cette Communauté tenuë le 19 Avril en présence du Bailly du Duché d'Elbeuf. Son homologation par Arrêt du Conseil Royal du Commerce est du 13 Mai, & son enregistrement au Greffe du Duché d'Elbeuf du 2 Août ensuivant.

Trente-six articles composent le Réglement, qui pour la plûpart paroissent copiez sur ceux de la Drapperie Royale de Sedan, raportez ci-dessus sous l'année 1666. Ainsi, pour éviter la répétition, on se contentera d'ajoûter ici ce qu'il a de différent, soit pour la Police, soit pour les autres chefs qui sont ordinairement la matiére des Statuts.

Le Corps du métier fut d'abord composé de tous les Maîtres qui, avant le premier Janvier 1666, travailloient aux drapperies, & continuoient d'y travailler, quoiqu'ils n'eussent point fait d'apprentissage, dont ils furent dispensez, à la charge de se faire inscrire dans le mois de la publication des Lettres Patentes sur le Regîstre de la Communauté.

L'Apprentissage pour l'avenir fût fixé à trois ans consécutifs, dont furent néanmoins éxemtez les Maîtres forains ou étrangers qui feroient apparoître de leur réception à maîtrise dans les lieux qu'ils auroient quitez, & les Fils de Maîtres qui auroient servi chez leurs péres pendant pareil tems de trois années. Ces derniers peuvent être reçûs à quinze ans gratis, & seulement en faisant le serment.

Les Forains & Etrangers, soit qu'ils entrent dans la Communauté en justifiant de leur maîtrise ailleurs, soit qu'ils y soient reçûs après l'apprentissage, sont déclarez Naturels & Regnicoles, dispensez des droits d'aubaine, & traitez en tout, même sans avoir besoin de Lettres de Naturalité, comme véritables & anciens François, à la charge toute-fois de ne pas quiter le Royaume pour s'aller établir en Païs étrangers, auquel cas leurs biens appartiennent à Sa Majesté.

Le Chef-d'œuvre est donné par les Jurez, & fait en leur présence & de deux anciens Maîtres qui ont passé par les Charges, que les Jurez sont tenus d'y appeller.

Chaque Maître ne peut prendre qu'un seul Apprentif par chaque année, dont il doit d'abord faire enregistrer le brevet, & ensuite le certifier après les trois ans de service de chacun des Apprentifs.

Deux seuls Jurez gouvernent la Communauté. Un d'eux, qui est toûjours le plus ancien, sort de Charge chaque année le jour de la S. Louïs, & un autre est élû en sa place à la pluralité des voix par tous les Maîtres du métier.

Les visites générales sont fixées au nombre de quatre par an, dans lesquelles les Jurez doivent être accompagnez de deux Anciens.

Les visites particuliéres peuvent se faire une fois chaque semaine, outre celles qui dépendent de la volonté desdits Jurez, & qui se font suivant le besoin.

L'Assemblée des Jurez en Charge & des Anciens pour la visite des draps en cru doit se tenir chaque semaine dans le Bureau de la Communauté; & celle pour la marque des draps revenus de chez le Foulon, réparez & tondus, deux fois. A l'égard des Assemblées pour les comptes, il ne doit y en avoir que deux par an.

Le Sceau Royal de cette Manufacture, dont doivent être plombez tous les draps qui s'y fabriquent, porte d'un côté les armes du Roi, avec ces mots gravez autour, *Louïs XIV. Restaurateur des Arts & Manufactures*, & de l'autre côté la marque de la fabrique d'Elbeuf.

Enfin, il doit se tenir tous les trois mois dans le lieu accoûtumé, mais en présence du Bailly, un Conseil de Police, où doivent assister les Marchands, Gardes & Maîtres Jurez en Charge, ensemble les Anciens; pour le Résultat desdits Conseils être envoyé au Sur-Intendant des Arts & Manufactures.

Quatre articles, qui sont les 17, 18, 19 & 20, réglent les portées, largeur & longueur de tous les draps qui se fabriquent dans cette Manufacture; mais attendu qu'ils ont été rapportez à l'article des draps, on s'abstiendra d'en parler ici.

1669.

Le Réglement de 1669 est le principal de tous ceux qui ont été faits en France pour les manufactures de lainage, celui que par excellence on nomme simplement le Réglement ou l'Ordonnance, quand il s'agit de la fabrique des étoffes de laine, de leurs portées, longueurs & largeurs, & de ceux qui les fabriquent; celui enfin qui continuë d'être d'être observé par tout le Royaume, si l'on en excepte peu de manufactures particuliéres, qui ont obtenu des Réglemens particuliers par des Arrêts du Conseil, qui dérogent à quelques articles de ce Réglement général.

Ce Réglement a pour titre : *Statuts, Ordonnances & Réglemens pour les longueurs, largeurs & qualitez des draps, serges & autres étoffes de laine & fil que Sa Majesté veut être observez par tous les Marchands Drappiers, Maîtres Drappans, Sergers, Ouvriers & Façonniers des Villes, Bourgs & Villages de son Royaume.*

Les Maîtres & Gardes des Marchands Drappiers de la Ville de Paris ayant dressé ces Réglemens, & les ayant présentez au Roi, comme les seuls moyens de remédier aux abus qui se commettoient dans la fabrique des étoffes de laine, ils furent renvoyez par Arrêt du Conseil Royal de Commerce tenu à Fontainebleau le 22 Juillet 1669, au Lieutenant Général de Police, & au Procureur du Roi au Châtelet, pour les éxaminer & en donner leur avis.

Ces Magistrats y ayant satisfait le 8 Août ensuivant, & leur avis ayant été qu'ils les trouvoient très-nécessaires pour le rétablissement & perfection des manufactures des étoffes de laine & fil de France, Sa Majesté les confirma & approuva par des Lettres Patentes données à S. Germain, & enregistrées au Parlement le 13 du mois, le Roi y seant en son Lit de Justice.

Ces Réglemens contiennent cinquante-neuf articles, partie pour les longueurs & largeurs de toutes les étoffes de laine & fil, partie pour la police des Marchands & Ouvriers qui les vendent & les façonnent. Les articles des longueurs & largeurs sont au nombre de trente-trois, & les autres vingt-six articles regardent la discipline.

Des articles concernant les étoffes, les six premiers réglent la longueur & la largeur de toutes sortes de draps; le 7 celles des ratines ; les suivans jusqu'au 10 inclusivement, & les 24, 25, 26 & 29, celles des serges, à l'exception pourtant du 16 qui est pour les razes façon de Châlons : le 18 est pour les longueurs & largeurs des camelots; le 19 pour celles des baracans ; le 20 & 22 pour celles des étamines; le 21 pour celles des razes; le 23 pour celles des frocs; le 28 pour celles des droguets; enfin, le 27 fixe la longueur & largeur des tiretaines.

On n'entre pas ici dans un plus grand détail sur cette matiére importante, tous les articles étant raportez en leur entier aux divers endroits de ce Dictionnaire où l'on parle de toutes ces étoffes & de leur fabrique, & où l'on raporte pareillement les différens Réglemens qui ont été faits depuis, par lesquels il est dérogé à quelques articles de celui-ci. On peut y avoir recours selon l'ordre alphabétique.

Des quatr'autres articles du Réglement général qui concernent encore la fabrique des étoffes, le trentiéme ordonne, Que desormais il ne sera fait aucunes étoffes, de si petit prix qu'elles puissent être, qu'elles n'ayent une demi-aune de large mesure de Paris : le trente-uniéme enjoint à tous Maîtres Drappiers-Drappans & Sergers de faire les lisiéres des draps de pareille longueur que l'étoffe: le trente-deuxiéme veut, Que les étoffes de laine & de fil de même nom, ou même sorte & qualité que celles cidessus, & qui n'ont pû être spécifiées, auront uniformément même longueur & largeur, force & bonté que les susdites, sans aucune différence; & que les Tisserans & Ouvriers n'en pourront ourdir les chaînes, sinon sur les largeurs, ni employer des laines ou autres matiéres plus fines à un bout de la piéce que dans tout le reste, sous peine de 20 liv. d'amende pour chaque contravention. Enfin, le trente-troisiéme article accorde quatre mois après la publication du Réglement pour changer les laines & rots des métiers, & les réduire à la largeur & grandeur ordonnées, après lesquels ils seroient actuellement rompus pour être refaits sur lesdites grandeur & largeur, & ceux à qui ils appartiendroient condamnez à l'amende de 3 liv. pour chaque métier.

C'est au trente-quatriéme article que commencent ceux qui concernent la police des manufactures de laine, & des Maîtres Fabriquans & Ouvriers qui y travaillent, qui, comme on l'a dit, sont au nombre des vingt-six.

Ce trente-quatriéme article ordonne la réunion en Corps & Communauté de tous les Drappiers & Sergers des Villes & Bourgs du Royaume, qui avoient été reçûs Maîtres ausdits métiers, ou qui les éxerçoient en vertu de Lettres Patentes, à la charge de se faire inscrire dans un mois de la publication du Réglement sur les Régistres des Juges de Police des Manufactures, & sur ceux de leur Communauté, après quoi ils ne pourroient éxercer la maîtrise sans permission nouvelle, ou sans faire Apprentissage.

Le trente-cinquiéme article ordonne & régle l'élection des Gardes & Jurez des métiers de Drappiers & Sergers en nombre convenable, eu égard aux lieux & aux Maîtres dont seroit composée chaque Communauté.

Les fonctions des Auneurs sont fixées par les deux articles suivans, aussi-bien que l'aunage par le quarante-quatriéme ; avec défenses aux Auneurs d'auner aucunes marchandises qu'elles ne soient marquées de la marque du lieu, & où le nom de l'Ouvrier ne soit sur le chef, fait au métier, & non à l'aiguille : leur étant pareillement fait défenses d'être Courtiers, Commissionnaires ou Facteurs, ni d'acheter ou faire acheter pour eux ou pour qui que ce soit, aucunes laines & marchandises de drapperie & sergetterie, pour les revendre à leur profit. Les Courtiers ne peuvent pas non plus être Auneurs.

A l'égard de l'aunage, il est ordonné, pour le rendre uniforme par tout le Royaume, Que toutes sortes de marchandises seront aunées bois à bois & sans évent; & que pour celles où l'usage est de donner un excédent d'aunage, il ne pourra être que d'une aune & un quart au plus sur vingt-une aune & un quart, & pour les demi-piéces à proportion. On explique ailleurs ce que c'est qu'Event excédent d'aunage & Auner bois à bois. *Voyez ces articles.*

Les 38, 39, 40, 41, 42 & 43, articles parlent tant des visites générales des Officiers de Police des Manufactures, que des visites particuliéres des Gardes & Jurez, soit chez les Maîtres, soit dans les Hales & aux Foires. On y ordonne aussi la marque de toutes les marchandises, & on régle la maniére, le tems & les lieux qu'elle doit se faire. *Voyez* MARQUE *&* VISITE *dans leur ordre alphabétique.*

Outre la visite des laines enjointe par le quarante-uniéme article, il est défendu aux Marchands desdites laines de les mouiller ou mettre en lieux humides, ni de mêler & embaler ensemble celles qui sont de différentes qualitez; ce mêlange rendant les draps creux & imparfaits.

Les Marchands Drappiers des Villes & Bourgs du Royaume qui auront acheté des marchandises des Drappiers-Drappans & Sergers, soit aux Hales ou aux Foires & autres lieux, sont tenus par le quarante-cinquiéme article de faire & arrêter leurs comptes dans deux ou trois jours au plus tard après la vente & délivrance desdites marchandises, à peine contre les Marchands Drappiers en cas de retard, de 40 f. par chacun jour du séjour desdits Drappans & Sergers, depuis la protestation qu'ils en auront faite jusqu'au jour de l'arrêté du compte.

L'Apprentissage, le Chef-d'œuvre, la réception à la Maîtrise, les obligations des Apprentifs & Compagnons & le Privilége des veuves, font la matiére des 46, 47, 48, 49 & 50e articles.

Pour toutes ces choses il est renvoyé aux Réglemens particuliers des Communautez qui ont obtenu des Statuts, confirmez & homologuez au Conseil Royal de Commerce; & à l'égard de celles qui n'ont point de Statuts, il est ordonné & statué:

1. Qu'aucun ne sera reçû à la Maîtrise qu'il n'ait fait Apprentissage chez un Maître; savoir de deux années pour les Drappiers, & de trois pour les Sergers, dont il y aura Brevet par devant Notaires, enregistré sur le Livre de la Communauté.

2. Que les Maîtres ne pourront débaucher ni attirer chez eux l'Apprentif ou Compagnon des autres Maîtres, ni leur donner emploi directement ou indirectement à peine de 60 liv. d'amende.

3. Que les Maîtres ne pourront avoir plus de deux Apprentifs à la fois, ni les congédier sans cause légitime jugée telle par le Juge de Police; & qu'aussi les Apprentifs ne pourront s'absenter de la maison de leurs Maîtres que sous les mêmes conditions.

4. Que l'Apprentissage étant fait, l'Aspirant à la Maîtrise fera son Chef-d'œuvre, & étant jugé capable, sera reçû, & ses Lettres délivrées en payant six livres pour tout droit; & qu'en cas de contestation pour la réception du Chef-d'œuvre, il sera vû & visité par le Juge de Police, ou autre par lui commis.

5. Que les Fils de Maîtres seroient reçûs à seize ans accomplis & non moins, en faisant une simple expérience.

6. Enfin, que les Veuves des Maîtres pourront tenir ouvroir & faire travailler, mais non s'associer avec aucun autre qu'un Maître: qu'elles pourront achever l'Apprentif commencé, non pas en faire un nouveau: Et que les filles de Maîtres épousant un Compagnon, l'affranchiront du tems qu'il seroit obligé de servir les Maîtres suivant les Réglemens, en faisant néanmoins Chef-d'œuvre, mais ne payant aucun droit que ceux dûs par les fils de Maîtres.

Le 5. article enjoint à tous Maîtres, Ouvriers & Façonniers de mettre leur nom sur le chef & premier bout de chaque piéce, fait sur le métier & non à l'aiguille, à peine de douze liv. pour chaque contravention.

Il est défendu par le 52, article à tout Maître Drappier, Sergier, Ouvrier, Foulon & autres, de tirer, allonger ni aramer aucune piéce de marchandise, tant en blanc qu'en teinture, de telle sorte qu'elle se puisse racourcir de la longueur, & étressir de la largeur, à peine de cent liv. d'amende & de confiscation de la marchandise pour la premiére fois; & en cas de récidive d'être déchû de leur Maîtrise.

Il a été depuis dérogé en partie à cet important article, & l'usage des rames a été permis; mais pourtant avec restriction par un Arrêt du Conseil d'Etat du Roi du 12 Février 1718. On en parle amplement à l'article des rames où l'on peut avoir recours.

Le 53 article fait défenses aux Tondeurs de se servir de flambart pour l'ensimage des draps & des serges; mais seulement de saindoux de porc du plus blanc, ni de cardes pour les coucher; mais seulement de chardons. *Voyez* FLAMBART, ENSIMAGE & TONDEUR.

Le 54 ordonne que les pauvres Maîtres du métier de draperie & sergeterie qui travailleront pour les autres Maîtres, subiront les mêmes Loix que les Compagnons, & ne pourront vendre, engager, ni retenir les marchandises ou les matiéres & outils servant à les faire qui leur auront été confiez pour travailler, à peine de punition exemplaire.

Le Roi accorde par le 55 article en faveur des Manufacturiers, le Privilége qu'il ne poura être procédé par Justice, éxécution, ni vente forcée en Justice, des moulins, métiers, outils & ustenciles servant à quelque manufacture que ce soit, pour quelque dette, cause & occasion que ce puisse être, ni même pour les deniers des tailles, ou impôt du sel, à peine de 150 livres d'amende & de tous dépens, dommages & intérêts des parties saisies, contre les Huissiers & Sergens qui feroient lesdites saisies & vente, exceptant néanmoins de ce Privilége les loyers des maisons occupées par lesdits Ouvriers & Façonniers.

Ce Privilége ne paroissant concerner que les Manufactures de lainage, & causant de fréquentes contestations, il fut donné 35 ans après, sous le Régne de Louis XIV. à qui on étoit redevable du Réglement de 1669, une Déclaration du 19 Août 1704 en interprétation de cet article 55, portant défenses de saisir les métiers, outils, ustenciles & instrumens servant à toutes sortes de Manufactures d'or, d'argent, de soye, de laine, &c. On l'a rapportée à l'article des Manufactures où l'on peut avoir recours.

Le 56 article ordonne l'enregistrement du Réglement dans les registres des Communautez.

Le 57 régle les Assemblées ordinaires des Jurez à chaque premier lundi de tous les mois à deux heures de relevée, dans la Chambre de la Communauté, avec permission d'en tenir plus souvent s'il est besoin, & même dans les affaires de conséquence d'en convoquer de plus nombreuses où assisteront ceux qui auront été en Charge les deux années précédentes & au moins 5 des autres Maîtres.

Les amendes encouruës & ordonnées sont partagées par le 58 article; sçavoir, moitié au Roi, un quart aux Gardes, & l'autre quart aux pauvres.

Enfin, le 59 & dernier article ordonne une Assemblée générale au mois de Janvier de chaque année, convoquée & indiquée par les Juges de Police des Manufactures, à laquelle se trouveront les Gardes & Jurez en Charge des métiers, ceux qui seront sortis de Charge l'année précédente, quatre autres Maîtres au choix du Juge de Police, & deux notables Bourgeois, pour y être traité des moyens de de les perfectionner, des contraventions & inobservations du Réglement & des remedes convenables, pour de tout être dressé un procès verbal qui sera envoyé un mois après au Sur-Intendant des Arts & Manufactures de France.

Réglement pour les Marchands Maîtres Teinturiers en grand & bon teint des draps, serges & autres étoffes de laine.

Le même jour que le Réglement pour les longueurs & largeurs des étoffes de laine fut enregistré au Parlement; le Roi y séant en son Lit de Justice, on y fit aussi l'enregistrement du Réglement pour les Teinturiers.

Il avoit été projetté & dressé comme le précédent par les Maîtres & Gardes des Marchands Drapiers de la Ville de Paris, & renvoyé par Arrêt du Conseil d'Etat du Roi du 20 Mai 1669 aux Officiers de Police, pour en donner leur avis, que ces Magistrats donnérent le 13 Juillet, & sur le vû duquel Sa Majesté l'approuva & confirma par ses Lettres Patentes données à S. Germain au mois d'Août de la même année.

Ce Réglement consiste en 62 articles qu'on peut diviser en deux classes, dont l'une qui en contient le plus grand nombre établit & sépare les deux Corps du grand & petit teint, régle leur police & discipline, & leur est donnée pour Statuts; l'autre en 22 ou 25 articles, déclare quels sont les bons & mauvais ingrédiens, ceux réservez aux Teinturiers du grand teint, ou permis à ceux du petit teint, & enfin, desquelles de ces drogues & ingrédiens on doit se servir dans les différentes teintures des étoffes de laine. On a déja parlé de quelques articles de cette derniére Classe à celui des drogues, & on traitera des autres à l'article de la Teinture. Pour ce qui concerne la premiére Classe, on peut voir à l'article des Teinturiers les deux paragraphes des Maîtres du grand & petit teint.

1670.

Réglement entre les Drapiers drapans, les Sergers & les Tissiers en toile pour les Manufactures, vente & debit des droguets, tirtaines, ou autres étoffes dont la chaine est composée de lin ou de chanvre & la tréme de laine.

Ce Réglement qui fut donné par un Arrêt du Conseil Royal du Commerce du 29 Septembre 1670 rendu sur les prétentions respectives de ces Ouvriers qui vouloient se donner réciproquement l'exclusion pour la vente de ces sortes d'étoffes, ordonne que les uns & les autres pouroient faire, vendre & débiter des droguets, tirtaines & autres étoffes de la qualité ci-dessus, à la charge d'y mettre une lisiére rouge, & sur chaque piéce le nom de l'Ouvrier, fait sur le métier & non à l'aiguille, avec défenses de se troubler ni empêcher à l'avenir dans la façon, vente & débit desdites marchandises, à peine contre les Contrevenans de cent livres d'amende, & de tous dépens, dommages & intérêts.

Réglement ou Arrêt du Conseil du 24 Decembre 1670, qui ordonne des peines contre les Marchands & Ouvriers qui fabriquent & exposent en vente des marchandises défectueuses & non conformes aux Réglemens.

Les peines ordonnées par cet Arrêt sont, que les étoffes défectueuses de fabrique Françoise seront exposées sur un poteau de la hauteur de 9 pieds garni de son carcan, élevé devant la principale porte du lieu où les Manufactures doivent être visitées & marquées, avec un écriteau portant le nom & surnom du Marchand, ou de l'Ouvrier trouvé en faute, pour lesdites marchandises y demeurer pendant deux fois vingt-quatre heures, ensuite de quoi elles en seront ôtées, pour être coupées, déchirées, brûlées, ou confisquées; & en cas de récidive, le Marchand ou l'Ouvrier tombez en faute sujette à confiscation pour la seconde fois, seront blâmez en pleine Assemblée par les Gardez ou Jurez de leur profession, outre l'exposition de leur marchandise; & pour la troisiéme fois mis eux-mêmes & attachez audit carcan pendant deux heures, avec des échantillons des marchandises sur eux confisquées.

1671.

Le Réglement du 19 Février 1671 donné sur les remontrances des Maîtres & Gardes & Jurez des Marchands & Ouvriers des Communautez de plusieurs Villes du Royaume, ordonne, attendu qu'il se fait dans divers lieux qui ne sont pas de l'obéissance du Roi, différentes Manufactures pareilles à celles de France, & où les longueurs & largeurs fixées par le Réglement de 1669 ne sont pas observées, qu'à l'avenir lesdits Ouvriers & Fabriquans pourroient faire des draps, serges, droguets, tiretaines, telons & baracans sur d'autres longueurs & largeurs prescrites par ce nouveau Réglement, qui seroient marquez par les Gardes & Jurez, & ensuite débitez dans le Royaume, pourvû qu'ils eussent la force, finesse & bonté uniformément en toute l'étenduë des piéces requises à leur espéce & qualité, & qu'ils fussent teints en conformité des Réglemens.

Le même Arrêt permet pareillement aux Marchands d'envoyer toutes lesdites étoffes dans telles Villes que bon leur semblera, pour les apprêter & teindre, à la charge néanmoins qu'au sortir de l'apprêt elles seront directement portées aux Bureaux destinez pour la marque & visite des marchandises pour y être visitées & marquées, sinon saisies.

On ne rapporte point ici les différentes longueurs & largeurs permises par le Réglement; il en est parlé à chacun des articles particuliers de ces sortes d'étoffes où l'on peut avoir recours.

1672.

Réglement pour la largeur des estamets & enversins.

Le Réglement de 1669, ni les Réglemens suivans n'ayant rien déterminé pour la largeur de ces deux étoffes dont il se fabrique une assez grande quantité à Châlons, les Juges des Manufactures ordonnérent le 24 Août 1672, sur la remontrance de l'Inspecteur au Département de Champagne, que conformément à l'article 11 des anciens Réglemens, les enversins auroient sur le métier deux aunes mesure de Châlons, & les étamets une aune sept huit, pour revenir bien & dûëment foulez, ceux-ci à trois quarts & demi au moins, aunage de Paris, & ceux-là à trois quarts.

1673.

L'Arrêt du Conseil du 11 Mars 1673, quoi que particulier pour la nouvelle Manufacture des camelots façon de Bruxelles & de Hollande établie à Amiens en 1669 par le Sieur Marisal, semble néanmoins porter un Réglement général pour ces sortes de camelots.

Par cet Arrêt le Roi en dérogeant à l'article des Ré-

Réglemens de 1669, qui ordonne que les camelots qui se fabriqueront en France qui seroient au dessus de demi-aune, auront trois quarts au moins, permet audit Marisal d'en faire de demi-aune demi-quart de large, attendu que les camelots de Bruxelles & de Hollande ne sont ordinairement que cette largeur.

Plusieurs Marchands Ouvriers de la Province d'Auvergne, particuliérement des Villes de Sauxillanges, Curilhas & Olliergues, ayant remontré au Conseil du Roi qu'il s'étoit toûjours fabriqué dans la Province des étamines de six différentes largeurs, depuis un tiers d'aune & un pouce, jusqu'à un tiers & demi, destinées pour l'Allemagne où elles servent à couler le lait, & pour la Rochelle, Rochefort, Brest & Toulon où elles étoient employées en banderoles pour les Vaisseaux, n'étant propres qu'à cet usage, & que néanmoins les Inspecteurs des Manufactures vouloient obliger les Ouvriers à les faire toutes au moins d'une demi-aune mesure de Paris, conformément à l'article 30 du Réglement de 1669, ce qui en feroit tomber absolument la fabrique & le Commerce. Sa Majesté, par l'Arrêt de son Conseil du 13 Mai 1673, accorda aux Marchands & Ouvriers desdits lieux & de toute la Province d'Auvergne, la permission de continuer la fabrique de leurs étamines, de la largeur & longueur qu'ils faisoient avant le Réglement de 1669, sans être tenus de leur donner demi-aune de large, les déchargeant même de l'obligation de les porter au Bureau des Marchands pour y être visitées & marquées.

Au mois de Juillet de la même année 1673, le Roi accorda pareillement par un Arrêt de son Conseil aux Marchands Drapiers drapans & Sergers de la Ville d'Alby, de continuer la fabrique des cordelats & bayettes suivant l'ancien usage & largeur, c'est à dire, de deux pans deux quarts revenant aunage de Paris à demi-aune moins un seize, nonobstant le trentiéme article du Réglement de mil six cens soixante-neuf; à la charge néanmoins que les draps & autres étoffes de plus grand prix qui se fabriquent dans ladite Ville d'Alby, seroient faites de la largeur & longueur établies par ledit Réglement, sous les peines portées par icelui.

Il fut encore rendu un Arrêt du Conseil d'Etat du Roi le 14 Octobre de cette année 1673, sur les remontrances des Etats de Languedoc, lequel dérogeant en faveur des Manufacturiers des Païs de Vellay, Gevaudan, Sevennes & lieux circonvoisins, aux articles 20 & 30 des Réglemens pour les largeurs & longueurs, & 21 & 36 pour les teintures; leur permet de fabriquer les étoffes appellées Cadis seulement de deux pans, avec défenses de les faire de moindre largeur, sous les peines portées par lesdits Réglemens généraux de 1669; Sa Majesté accordant pareillement permission ausdits Ouvriers Manufacturiers, & à ceux d'Auvergne, de teindre en rouge avec le Bresil les cadis & burattes, au lieu de les teindre avec la garance, à la charge que les draps & autres étoffes qui se fabriquent dans lesdits lieux, seroient faits de la largeur & teinture ordonnées par lesdits Réglemens.

Par un quatriéme Arrêt aussi du Conseil d'Etat du 18 Novembre de la même année 1673, le Roi, sur la Requête des Maîtres & Gardes du métier de Drapiers drapans du Bourg de Bollebec en Normandie, & conformément au Procès verbal de l'Intendant de la Généralité de Roüen, permet ausdits Drapiers drapans de fabriquer des serges de trois quarts & demi, propres à faire les affublets des femmes du Païs, ainsi qu'ils en faisoient avant le Réglement de 1669, à la charge qu'elles seront de la bonté & qualité portées par les Réglemens & Statuts du Corps desdits Drapiers, & que toutes autres serges qui se font pareillement audit lieu de Bollebec, y seroient fabriquées de la largeur, longueur & qualité ordonnées par l'article 11 dudit Réglement de 1669.

1676.

Réglement pour les largeurs & qualitez des draps qui se fabriquent en Languedoc pour les Echelles du Levant.

Par ce Réglement du 15 Mai 1676, il est ordonné que dans les Manufactures du Languedoc & autres du Royaume, il ne seroit fabriqué pour le Commerce du Levant que de trois sortes de draps; sçavoir,

La premiére sorte, de ceux qu'on nomme Refins & trente dixains pour les couleurs doubles, & vingt-huit ou trentains pour les couleurs simples, de pure laine de Segovie tant en chaîne qu'en trême.

La seconde sorte, de ceux nommez Fins vingt-sixains, de laine du Païs dans la chaîne, & de laine d'Espagne dans la trême.

Et la troisiéme sorte de ceux nommez Communs vingtains, de laine du Païs tant en chaîne qu'en trême.

Lesquelles trois sortes de draps doivent être toutes d'une aune & un sixiéme de largeur entre les deux lisiéres marquées de la marque de l'Ouvrier qui les aura façonnez, & du lieu de la fabrique, avec une inscription de la qualité du drap & de sa destination pour le Levant.

Le même Réglement ordonne de plus, que pour éviter toute surprise, chaque sorte de drap auroit ses toilettes particuliéres; la premiére sorte des toilettes, de taffetas; la seconde sorte, moitié taffetas & moitié cannevas ou treillis; & la troisiéme sorte, toute de treillis.

Cet Arrêt du Conseil n'ayant pas paru suffisant pour remédier aux abus qui se commettoient dans la fabrique des draps destinez pour les Echelles du Levant, ni pour en assurer la perfection, il en fut rendu successivement deux autres; l'un du 22 Novembre 1697, plus ample & plus détaillé, & l'autre du 20 Novembre 1708 encore plus étendu que ces deux premiers, dont on parlera ci-après suivant l'ordre de leur date. C'est celui de 1708 qui s'observe encore aujourd'hui dans toutes les Manufactures dont les draps doivent être transportez dans le Levant.

1687.

Les Intendans de Picardie & d'Artois ayant donné deux Ordonnances en forme de Réglement, l'une du 9 Juin 1677, & l'autre du 29 Septembre 1686, concernant les portées que doivent avoir les serges qui se fabriquent à Aumale, Gramilliers, Feuquiers & Creve-cœur; Sa Majesté les confirma & en ordonna l'éxécution par un Arrêt de son Conseil d'Etat du 20 Février 1687, dont on ne rapportera pas ici le dispositif, attendu qu'il en sera parlé plus convenablement à l'article des Serges où l'on peut avoir récours.

Les Manufactures de draperie de Sedan établies par le Sieur Cadeau & poussées par ses soins & son habileté à la derniére perfection, s'étoient jusqu'en l'année 1666 conduites par

par les articles de Réglemens contenus dans les Lettres Patentes qui lui avoient été accordées.

A l'expiration de son Privilége qui n'étoit que de 20 années, il fut dressé un Réglement particulier pour les Manufactures de draperie de la Ville de Sedan en 66 articles, confirmé par un Arrêt du Conseil du 16 Septembre de la même année 1666, & observé nonobstant le Réglement de 1669 jusqu'en 1687, que l'Inspecteur des Manufactures au Département de Champagne voulut, à ce que prétendoient les Echevins, les Maîtres & Gardes de la Draperie, & les plus gros Marchands de Sedan, les troubler dans leur possession, & les réduire à l'éxécution du seul Réglement de 1669.

La contestation ayant été portée au Conseil d'Etat, le Roi en amplifiant l'un & l'autre Réglement y ajoûta par un Arrêt de son Conseil du 9 Avril 1687, treize nouveaux articles pour être éxécutez & gardez tant par l'Inspecteur que par les Maîtres & Gardes, Marchands & Manufacturiers.

Le premier & le second ordonnent aux Jurez de tenir regiſtre des étoffes qu'ils marqueront, & de rendre leurs comptes par devant les Juges des Manufactures un mois après qu'ils seront sortis de Jurande.

Le troisiéme défend aux Auneurs d'auner aucune piéce qui ne soit marquée du plomb de fabrique, & qui n'ait au chef le nom de l'Ouvrier fait au métier.

Le quatriéme enjoint aux Ouvriers de mettre leur nom au chef, travaillé au métier & non à l'aiguille.

Le cinquiéme défend de tirer, allonger & arramer aucune piéce de marchandise, tant en blanc qu'en teinture; en sorte qu'elles ne se puissent racourcir de la longueur & étrecir de la largeur; voulant à cet effet qu'elles puissent être tirées jusqu'à deux aunes par piéce ourdie de treize ou quatorze enseignes, qui pourront rapporter venant de la foulerie 27 à 28 aunes en tout; pour la vérification de quoi le Tondeur, avant de mettre la piéce à la teinture, y apposera son plomb contenant sa longueur; ce qu'il observera aussi pour les draps ou ratines de couleur avant de les porter à la rame, pour les rendre unies & quarrées, afin de vérifier si elles n'auront pas allongé.

Le sixiéme permet aux Tondeurs de se servir d'huile vierge fine au lieu de graisse ou sain-doux pour l'ensimage, avec défenses de se servir de cardes pour coucher le poil à la rame.

Le septiéme renouvelle en faveur des Manufactures de Sedan le Privilége accordé à toutes les autres; savoir, que les moulins, métiers, outils, &c. servant ausdites Manufactures, ne pourront être saisis ni vendus en Justice.

Le huitiéme régle le partage des amendes, conformément au Réglement de 1669.

Le neuviéme défend de se servir des marques d'un autre lieu, ni de les contrefaire, à peine de 1500 liv. d'amende, & d'interdiction de tout Commerce.

Le dixiéme régle les visites des Jurez à une fois par mois, & ordonne que leurs procès verbaux seront certifiez par les Juges des Manufactures, qui jugeront des contraventions.

Il est défendu aux Jurez par l'onziéme article, de transporter leurs marques pour aller marquer chez les Ouvriers, à peine de 100 liv. d'amende.

Enfin, le douziéme & le treiziéme enjoignent aux Teinturiers de mettre leur plomb à chaque piéce qu'ils auront teinte, & de laisser une rose bleuë au chef des noirs, & ainsi des autres couleurs.

1688.

Le Réglement particulier pour les Manufactures de lainerie de la Ville de Reims du 4 Octobre 1666, confirmé par Arrêt du Conseil du 13 Septembre 1669, étant en quelques articles différent du Réglement général du mois d'Août de la même année 1669; & S. M. voulant pourvoir aux contestations qui survenoient souvent à ce sujet entre les Marchands & Ouvriers desdites Manufactures, ordonna par un Arrêt de son Conseil d'Etat du 14 Février 1688, que l'un & l'autre Réglement seroient éxécutez selon leur forme & teneur, à la réserve des articles ausquels il seroit dérogé par l'Arrêt; ce qui ne consiste néanmoins qu'en deux chefs.

1. Il est dit que sans avoir égard aux articles 21 & 22 du Réglement particulier, suivant lequel les étoffes y mentionnées ne doivent avoir en toile que demi-aune entre les deux lisiéres, l'article 30 du Réglement général, qui porte qu'il ne sera fait d'étoffes de si bas prix qu'elles puissent être, qu'elles n'ayent au moins demi-aune mesure de Paris toutes apprêtées, sera suivi & éxécuté même pour les étoffes de nouvelle mode inventées, & faites depuis.

2. En dérogeant aux articles 36 du Réglement particulier & 51 du Réglement général, il est permis aux Ouvriers des Manufactures de Reims de marquer, si bon leur semble, leur nom & celui de leur demeure sans abréviation au chef de leurs étoffes, avec de la laine d'une couleur différente de celle de l'étoffe, au lieu de la faire au métier; en sorte néanmoins qu'étant portée au Foulon, cette marque s'y incorpore, & ne puisse non plus en être ôtée, que si elle étoit faite au métier.

1689.

La plûpart des Ouvriers employez dans les fabriques & manufactures des draps & autres étoffes de laine s'étant avisez, pour augmenter l'aunage de leurs étoffes, de les tirer par le dos ou faîte, en sorte qu'une piéce de vingt aunes mesurée par les lisiéres, en avoit quelque-fois vingt-deux ou vingt-trois mesurée par le dos; Sa Majesté, pour remédier à cet abus capable de décrediter les fabriques du Royaume, ordonna par un Arrêt de son Conseil d'Etat, en forme de Réglement du 3 Octobre 1689, que conformément à l'article 52 du Réglement général, aucune étoffe, soit en blanc, soit en teinture, ne pourroit être tirée, allongée ni arramée de telle sorte qu'elle se pût racourcir de la longueur & étrecir de largeur, à peine de cent livres d'amende contre les contrevenans pour la premiére fois, & en cas de récidive d'être déchûs de la Maîtrise. Permet Sa Majesté à tous Marchands & autres qui achéteroient des marchandises, de faire auner la piéce tant par la lisiére que par le dos, & d'en payer le prix sur le pied du moindre aunage.

1697.

Le Réglement de 1676 concernant les draps destinez pour les Echelles du Levant, n'ayant pas paru suffisant, comme on l'a dit ci-dessus, il en fut dressé un nouveau par Arrêt du Conseil d'Etat du 22 Octobre 1697, qui prescrivit en vingt-trois articles les longueur & largeur de ces sortes de draps, les laines qui devoient y être em-

employées, la maniére de les travailler & fabriquer, la marque contenant le nom de l'Ouvrier & le lieu de la fabrique, la façon de les fouler avec du savon & non avec de la terre, leur tonture & apprêt, leur teinture, leurs visites par les Gardes & Jurez en Charge, leur arramage, leur aunage, les fonctions des Inspecteurs par raport à ces sortes de draps, & leur visite à Marseille, avant que d'être embarquez pour le Levant, par lesdits Inspecteurs accompagnez de deux Marchands.

On n'est entré dans aucun détail de ces vingt-trois articles, parce qu'ils se trouvent tous fort étendus & augmentez dans le Réglement de 1708, dont on parlera ci-après très-amplement.

1698.

Les Ouvriers des Manufactures des serges & autres étoffes de laine, établies dans tout le Duché d'Aumale: & dans l'étenduë de la Prevôté de Grandvilliers, n'observant presque aucun article, soit de leur Réglement particulier du 23 Octobre 1666, soit du Réglement général du mois d'Août 1669, concernant la visite & la marque des étoffes, l'obligation d'y mettre leur nom au chef, l'établissement des Chambres & Bureaux dans des lieux commodes pour faire lesdites marques & visites, l'élection des Jurez des Communautez; il fut ordonné par un Arrêt du Conseil d'Etat du 13 Mai 1698, que conformément ausdits Réglemens:

1. Tous les Fabriquans du Duché d'Aumale & Prevôté de Grandvilliers mettroient leur nom & celui du lieu de leur demeure au chef de chaque piéce, au métier & non à l'aiguille, avant que d'être portée au Foulon.

2. Que pour la visite & marque des étoffes il seroit établi des Chambres & Bureaux dans la Ville d'Aumale, à Grandvilliers, à Ligniéres & à Mollieu, à chacun desquels, suivant la destination faite par l'Arrêt, tous les Fabriquans & Ouvriers des endroits y dénommez, seroient obligez de porter leurs étoffes.

3. Qu'il se feroit élection chaque année de Gardes & Jurez aux lieux où seront établis lesdits quatre Bureaux de visite, pour faire lesdites marques & visites, conformément aux Réglemens particuliers & généraux.

4. Qu'aucun Fabriquant ou autres, ne pourroient vendre ni exposer en vente aucunes piéces d'étoffe, sans les avoir fait visiter & marquer du plomb de fabrique du Bureau, auquel elles doivent être visitées & marquées suivant le présent Arrêt, & non d'autre, sans préjudice néanmoins des Bureaux établis à Feuquiers & Hardivillers où les étoffes desdits lieux & autres circonvoisins continuëront d'être portées.

Le Réglement pour les Manufactures de la Province de Poitou du 4 Novembre 1698, consiste en trente-trois articles, dont partie prescrit les portées, longueurs & largeurs des diverses étoffes de laine qui se fabriquent dans cette Province, & les laines dont elles doivent être faites; & l'autre partie regarde leurs marques & visites & autres articles de police & de discipline, qui doivent être observez par les Gardes & Jurez, Maîtres & Ouvriers desdites Manufactures.

Les articles concernant les étoffes sont les 1, 2, 7, 9 & 16 pour les serges; les 3, 4, 5, 6, 11, & 12, pour les droguets; les 7 & 8 pour les étamines; le 10 pour les draps; les 13, 14 & 15 pour les tiretaines; le 17 pour les revêches; les 18 & 19 articles sont de la bonne fabrique de toutes ces étoffes, dans lesquelles, à la réserve des serges drapées croisées, des tiretaines communes & des revêches croisées, il n'est pas permis d'employer des pignons. Tous ces articles étant raportez à ceux des diverses étoffes dont il y est parlé, on n'en fera ici aucun extrait. *Voyez* SERGE, DROGUET, TIRETAINE, REVESCHE, ETAMINE & DRAP.

On va présentement parcourir les articles de police & de discipline qui commencent au vingt-uniéme du Réglement.

Ce vingt-uniéme article défend la fabrique de toutes ces étoffes à tous autres qu'aux Maîtres des Communautez des Drappiers, Sergers & autres Fabriquans d'étoffes.

Le vingt-deuxiéme ordonne la visite des étoffes en toile avant que d'aller au Foulon, & enjoint que la quantité d'aunes qu'elles contiennent sera marquée à un des bouts de chaque piéce, avec un fil de laine différente de l'étoffe, aussi-bien que le numéro du rang qu'elles auront passé au Bureau; ce qui sera aussi mis sur le Registre des Gardes & Jurez.

Les vingt-troisiéme & vingt-quatriéme défendent aux Foulonniers de mettre à leur moulin aucune piéce non marquée, à peine de 3 liv. d'amende contr'eux, & de 10 liv. contre le Fabriquant, non plus que de fouler des étoffes de pure & bonne laine avec des étoffes mêlées de pignons, à peine de 10 liv. pour la premiére fois, & d'être chassez des moulins en cas de récidive.

Le vingt-cinquiéme défend pareillement à tous Foulonniers, Tondeurs & Appréteurs, du rouler aucune étoffe à chaud, soit en mettant du feu dessous, soit en faisant chauffer les rouleaux, à peine de 100 liv. d'amende pour la premiére fois, & d'être déchus de la Maîtrise en cas de récidive.

Il est ordonné par le vingt-sixiéme, que toutes les étoffes seront apprêtées à apprêt d'eau, afin qu'elles ne puissent se retirer lors qu'elles seront mouillées.

Le vingt-septiéme veut, que les étoffes soient visitées une seconde fois par les Gardes & Jurez, après avoir été foulées & apprêtées, pour être marquées d'un plomb, conformément à l'article 39 du Réglement de 1669: Et par le vingt-huitiéme il est permis ausdits Jurez, lors de la seconde visite, d'en faire mouiller quelques piéces pour vérifier la bonté de l'apprêt.

Le vingt-neuviéme enjoint ausdits Jurez de ne frapper aucun plomb, qu'il ne soit appliqué à une piéce d'étoffe, à peine de 100 liv. d'amende & de déchéance de la Jurande.

Les visites générales des Jurez sont réglées par le trentiéme article au moins à quatre par an; & le trente-uniéme leur permet, outre les visites générales, d'en faire de tems en tems de particuliéres, quand bon leur semblera.

Le trente-deuxiéme article accorde aux Jurez divers Priviléges, comme l'exemption de la colecte des tailles, de logement de gens de guerre, &c. pendant leur Jurande, qui ne pourra durer plus de deux années; le nombre des Jurez étant réglé à quatre, dont deux changeront chaque année.

Enfin, par le trente-troisiéme & dernier article l'exécution du Réglement général de 1669 est ordonnée en ce qui n'y est pas dérogé, sous les peines y portées.

1706.

1706.

La Manufacture de Drapperie de Romorantin n'est pas une des moins considérables du Royaume. Elle avoit reçû en 1666 des Réglemens qui fixoient entr'autres choses les portées ou nombre de fils dont devoient être composées les chaînes de leurs draps & de leurs serges: mais le Réglement général de 1669 ayant été donné trois ans après, les Fabriquans de cette Manufacture uniquement appliquez à faire que de quelque maniére que ce fût, la largeur & longueur de leurs étoffes se trouvassent conformes à celles prescrites par le dernier Réglement, avoient négligé de leur donner le nombre des portées fixées par leur Réglement particulier de 1666.

Un autre désordre qui s'étoit glissé dans cette Manufacture étoit sur la qualité des laines qu'ils employoient dans leurs étoffes, dont plusieurs n'y étoient pas propres, & desquelles il avoit été trouvé nécessaire de défendre l'usage.

Le Roi, pour remédier à l'un & à l'autre abus, capables de décrier & ensuite de faire tomber une fabrique si utile, particuliérement pour la consomption & le débit des laines du Berry & de Sologne, qui font la plus grande richesse de ces deux Provinces, confirma & approuva par un Arrêt de son Conseil d'Etat du 27 Avril 1706, le Projet de Réglement dressé par les Maîtres & Gardes en présence des Juges & de l'Inspecteur de la Manufacture dudit Romorantin, pour y être à l'avenir observé suivant sa forme & teneur.

Des vingt-cinq articles de ce Réglement il y en a huit qui concernent les laines qui peuvent être employées dans cette Manufacture, ou celles qui y sont deffenduës, sept qui fixent les portées, largeurs & longueurs des serges & des draps qui s'y fabriquent; & dix pour la police des visites & marques des laines & des étoffes par les Maîtres & Gardes.

Les sept articles des largeurs & longueurs des draps & des serges étant raportez où il est parlé dans ce Dictionnaire des étoffes de ces deux qualitez, on ne donnera ici l'extrait que des articles pour les laines & pour la police. *Voyez* DRAP & SERGE.

Les laines permises sont celles de Berry & de Sologne, pour les laines du Royaume; & pour les laines d'Espagne, celles qu'on nomme Prime-Segovie, Prime-Soria & Prime-Segoviane.

Les laines dont l'usage est interdit, sont les laines d'Espagne d'autres qualitez inférieures, les laines de Navarre, les laines de Barbarie, & toutes autres sortes de laines.

A l'arrivée des laines elles doivent être directement portées au Bureau des Gardes & Jurez, pour y être visitées; & les bales, si elles sont de la qualité ci-dessus, marquées avec de l'encre & de l'huile, d'une marque portant ces mots, *Bonne laine*, avec les chiffres de l'année, puis renvoyées chez le Marchand ou le Fabriquant à qui elles appartiennent.

Les laines d'autres qualitez, & qui ne sont pas permises, doivent être saisies, pour être renvoyées dans le mois hors de l'étenduë de la Manufacture, sinon confisquées.

Les laines de bonne qualité, mais mal lavées ou mêlangées, ou ayant quelqu'autre deffaut provenant de la préparation, seront pareillement saisies, mais seulement pour être réparées avant d'être employées. Toutes autres laines que de bonne qualité, même celles-ci, si elles ne sont visitées & marquées par les Gardes & Jurez, ne peuvent être reçûës chez les Marchands, Fabriquans, Teinturiers, Foulons & Hôteliers de Romorantin, à peine de 300 liv. d'amende; & toutes les laines confisquées doivent être venduës, à la charge d'être transportées hors l'étenduë de la Manufacture.

Par les dix articles de Police il est ordonné:

Que les draps & serges seront portez au Bureau au sortir du métier & en toile, pour être enregistrez avec le nom du Fabriquant & le numéro des piéces. Le travail en doit être éxaminé avant d'être envoyé au Foulon; & si elles sont trouvées défectueuses, être saisies & représentées au Juge de Police, pour en ordonner ce qu'il appartiendra par raport à leur défaut.

Qu'au retour du Foulon elles y seront de nouveau portées, pour, si elles sont de bonne qualité & bien foulées, que le plomb de fabrique y soit apposé, sinon saisies, & en être ordonné par le Juge de Police, conformément aux Réglemens généraux & aux Arrêts du Conseil; Qu'il sera tenu bon & fidéle Registre de celles où le plomb aura été mis.

Que le Bureau pour la visite & la marque des étoffes, sera ouvert tous les lundis, mécredis & vendredis de chaque semaine, depuis neuf heures du matin jusqu'à onze, & depuis deux heures après-midi jusqu'à quatre, où assisteront au moins trois Gardes Jurez chaque fois.

Que chaque année, le lendemain de l'élection des Gardes, les anciens poinçons seront rompus en présence du Juge de Police, & d'autres gravez aussi-tôt avec les chiffres de l'année courante.

Que les visites des Gardes Jurez se feront une fois le mois chez les Maîtres Fabriquans, Foulons, Teinturiers, &c.

Que les Auneurs ne pouront être Courtiers, ni les Courtiers Auneurs, Commissionnaires ou Facteurs.

Enfin, que les Réglemens, tant le particulier de 1666 que le général de 1669, seroient éxécutez en ce qui n'y étoit point dérogé par le présent Réglement.

1708.

Les draps qui se fabriquent dans les Manufactures des Provinces de Languedoc, Provence, Dauphiné, &c. faisant un des principaux objets du Commerce des François au Levant, & le succès de ce Commerce dépendant absolument de la bonne fabrique de ces draps qu'on y envoye, l'on avoit crû y avoir pourvû suffisanment par les Réglemens de 1676 & de 1697; mais l'expérience ayant fait reconnoître qu'il faloit de nouvelles précautions pour assurer la perfection de ces étoffes, il fut rendu le 20 Novembre 1708 un troisiéme Arrêt du Conseil d'Etat en forme de Réglement qui fixe pour toûjours la fabrique de ces draps, sans pourtant dispenser les Fabriquans & Négocians de l'observation des deux anciens Réglemens, en ce qui n'y seroit point dérogé par ce dernier.

Trente-quatre articles composent ce Réglement: mais comme on en a déja rapporté douze à l'article général des Draps, concernant les laines dont doivent être fabriquez ceux de Languedoc, de Provence & de Dauphiné, destinez pour le Levant, le nombre des portées, & les largeurs & longueurs qu'ils doivent avoir; on se dispensera de de les répéter ici, & l'on se contentera de parler des vingt autres, après avoir averti que les douze articles dont on a parlé ailleurs, sont les 1, 2, 3, 4, 5, 6, 7, 8, 9, 13, 14, & 22. *Voyez* DRAP.

Le 10 article ordonne que les draps qui ne seront pas de la qualité désignée par les mots qui auront été mis au chef, conformément à ce qui en est ordonné dans les huit premiers articles, seront confisquez.

Le 11 porte, que les draps seront uniformes en force & bonté dans toute l'étenduë de la piéce, sans qu'il puisse y être employé de laines d'autre qualité ou finesse, tant à un bout qu'à l'autre, ou au milieu.

Le 12, qu'ils seront clos & serrez, & non creux, ni lâches; & qu'à cet effet les Tisserans seront tenus de tremper en pleine eau la trême des draps mahouts & londrins premiers & seconds, & de les battre également sur le métier, les remplissant bien de trême, & ne laissant pas courir les fils.

Il est défendu par le 15 article aux Marchands Fabriquans & Entrepreneurs, d'acheter en toile les draps spécifiez dans l'article précédent, d'autres Fabriquans, & d'y mettre leur nom.

Les cinq articles suivans veulent, que les draps ne soient dégraissez & foulez qu'avec du savon, & non de la terre, ou autre lessive; Qu'ils soient tondus de bien près avant d'être envoyez à la teinture : Qu'ils reçoivent des Tondeurs & Aprêteurs toutes les tontures & apprêts nécessaires pour les rendre parfaits en bonté & en beauté: Que les Tondeurs & Pareurs ne se serviront point de cardes de fer pour les coucher & garnir, & ne les pourront garnir de long: Que les draps seront tondus d'affinage avant de les envoyer à la teinture, en donnant trois façons au moins, aux draps fins, & deux au moins aux communs: Et que les Teinturiers ne les pourront recevoir ni mettre à la teinture qu'ils n'ayent été tondus comme il vient d'être dit.

Les 22, 23, 25, & 26 articles, ordonnent qu'il sera fait trois visites des draps dans le Bureau. La premiére en toile au sortir du métier; la seconde au retour du foulon, dans laquelle ils seront marquez d'un plomb contenant l'aunage des piéces; & la troisiéme, après avoir été aprêtées & teintes pour reconnoître s'ils n'ont point été tirez avec excès par le moyen des rames; savoir, de plus de trois quarts d'aune sur une piéce de trente aunes, & ainsi à proportion pour le plus & moins grand aunage; pour lesquelles trois visites les Gardes Jurez qui les feront, ne tiendront qu'un seul & même Registre suivant le modèle représenté dans l'un de ces deux articles. Enfin, que lesdits Gardes & Jurez seroient tenus à chaque visite de saisir les piéces défectueuses, pour les faire juger par les Juges des Manufactures contre les contrevenans; & qu'en cas que le défaut provienne de l'abus des rames, les Marchands Fabriquans seront condamnez à cent liv. d'amende avec confiscation des draps pour la première fois, & déchûs de la Maîtrise pour la récidive.

Il est permis aux Foulonniers par le 24 article, d'ôter des draps teints en bleu, ou en verd, avant de les dégorger, le plomb qui y aura été mis à la seconde visite, en marquant néanmoins auparavant à un bout de la piéce, avec du fil blanc, l'aunage marqué sur le plomb.

Le 27 article rend les Foulonniers, Teinturiers, Tondeurs, Affineurs & autres travaillans aux apprêts des draps, responsables envers les Marchands Fabriquans, chacun pour ce qui concerne leur travail, des amendes & autres peines prononcées.

Par le 28 les Marchands Fabriquans, & Entrepreneurs, qui seront convaincus d'avoir ordonné la fabrique des draps & leurs aprêts en contravention du présent Réglement, payeront le double des amendes, suivant les défauts des draps fabriquez par leur ordre.

Le 29 ordonne l'aunage des draps par le dos & non par les lisieres, & de se servir de l'aune de Paris, sous les peines portées par les Arrêts du Conseil des 14 Juin & 27 Octobre 1687.

Il est dit par les 30 & 31 articles, que les draps tant blancs que teints destinez pour le Levant, seront présentez aux Inspecteurs des Manufactures du département où ils auront été fabriquez avant que d'être envoyez à Marseille, ou aux Foires de Beaucaire, Pezenas & Montagnac, pour être marquez sans fraix d'un nouveau plomb par ledit Inspecteur, s'il y trouve celui des Gardes & Jurez, & qu'ils soient conformes aux Réglemens: Ordonnant en outre, qu'en cas qu'ils ne fussent pas marquez du plomb des Gardes, ils leur seront renvoyez pour être visitez, & leur dit plomb y être apliqué; après quoi l'Inspecteur y ajoûtera le sien, avec permission dans l'un & l'autre cas de les saisir & arrêter s'ils sont défectueux pour les faire juger par les Juges des Manufactures; & en cas que les piéces défectueuses eussent été marquées par les Gardes Jurez, faire condanner lesdits Gardes solidairement à cent livres d'amende.

Il est ordonné par le 32 article, qu'il seroit fait à Marseille une troisiéme visite de ces draps avant que de pouvoir les envoyer au Levant. Celle-ci par l'Inspecteur qui y est établi, & par deux Marchands nommez par les Maire & Echevins députez du Commerce, pour en être les qualitez, matiéres, aprêts, longueurs, largeurs, & teintures par eux de nouveau examinées, sous les peines, en cas de contravention, ordonnées par l'Arrêt du Conseil d'Etat du premier Septembre 1693, & que s'il se trouvoit que lesdits draps n'eussent point été marquez par les Gardes-Jurez, ou par l'Inspecteur du département où ils auront été fabriquez, pour leur être renvoyez, & leur plomb y être apposez, afin d'être ensuite rapportez à Marseille, sans que lesdits draps non marquez puissent l'être par l'Inspecteur de Marseille, quand même ils se trouveroient conformes aux Réglemens. Il est de plus ordonné par le 33 article, que si les draps marquez du plomb des Gardes-Jurez & de l'Inspecteur du département où ils ont été fabriquez, sont jugez défectueux à Marseille, les Maire & Echevins de cette Ville remettront entre les mains de l'Intendant de Provence, une copie de leur Jugement, ou Procès verbal, pour être par lui envoyée au Contrôleur Général des Finances, afin qu'il soit pourvû contre l'Inspecteur qui les auroit marquez.

Enfin, le 34 & dernier article, ordonne l'éxécution des Réglemens généraux de 1669, en ce qu'il n'y est changé ni dérogé par le présent Réglement.

1716.

La première année du nouveau Régne de Louïs XV. arriére petit-fils & successeur de Louïs XIV. commença,

mença, pour ainsi dire, par un Réglement de Commerce.

L'inobservation des Réglemens généraux de 1669. pour les fabriques de lainage, l'introduction des Draperies étrangéres, & l'usage des étoffes & toiles des Indes & de la Chine dans les Villes & Païs des trois Evêchez de Mets, Toul & Verdun, avoient obligé le défunt Roi d'établir à Mets un Inspecteur des Manufactures, pour y veiller, ainsi qu'il se fait dans les autres départemens du Royaume; mais les différentes Communautez des Marchands & Ouvriers de la Ville de Mets, s'y étant opposez, & l'affaire qui avoit été portée au Conseil étant restée indécise par la mort du Roi, elle fut reprise sous le nouveau Régne; & par un Arrêt du Conseil d'Etat du Roi, Monseigneur le Duc d'Orleans Régent du Royaume, présent, du 25 Janvier 1716. il fut ordonné;

Que les Ordonnances, Arrêts & Réglemens concernant les Manufactures de France, les Draperies étrangéres, & les toiles peintes & étoffes de la Chine & des Indes, seroient observez, notamment l'Arrêt du Conseil du 4 du même mois de Janvier, dans toute l'étenduë des trois Evêchez: Qu'à cet effet il y seroit établi un Inspecteur, & que pour favoriser les sujets de Sa Majesté dans lesdits Evêchez & Païs Messin, les Draperies & étoffes de laine de toute sorte qui s'y transporteroient de toutes les Provinces du Royaume, seroient dores-en-avant exemptes de tous droits de sortie passant par les bureaux de Châlons & de sainte Menehout.

Il se donna encore la même année un autre Arrêt du Conseil portant Réglement pour les étoffes appellées Frocs, qui se fabriquent à Lizieux, Bernai, Tardouet, Fervaques & aux environs.

Ces étoffes se trouvant pour la plûpart défectueuses, soit pour la qualité des laines, soit pour le nombre des fils, & la largeur des rots, Louïs XIV. avoit ordonné, quelque tems avant sa mort, qu'il seroit fait des Assemblées des principaux Marchands & Fabriquans de tous ces lieux en présence des Inspecteurs des Manufactures du Département d'Alençon; lesquelles Assemblées ayant été tenuës les premier Juillet 1713 & 19 Octobre 1714. & leurs Actes portez au Conseil, aussi-bien que l'Avis de l'Intendant de cette Généralité, l'Arrêt rédigé sous le régne précédent, ne parût que sous celui de Louïs XV. le 4 Février 1716. Cet Arrêt en forme de Réglement porte en huit articles.

I. Qu'il ne se fabriquera plus à l'avenir à Lizieux, Bernai, &c. que des Frocs de deux qualitez; savoir, ceux appellez Frocs en fort, & ceux nommez Frocs en foible, à peine de trois cens livres d'amende contre ceux qui en fabriqueront d'autres.

II. Que les Frocs en fort auroient au moins trente portées en chaîne de trente-deux fils chacune, faisant neuf cens soixante fils, sans y comprendre les liteaux & lisiéres. Qu'ils seroient fabriquez dans des rots de demi-aune & demi-quart au moins entre les liteaux, pour être au retour du foulon d'une demi-aune de large aussi sans les liteaux; & qu'ils ne pourroient excéder vingt-quatre à vingt-cinq aunes de long.

III. Que les Frocs en foible pour doublure, auroient au moins vingt-six portées aussi de trente-deux fils, faisant huit cens trente-deux fils, dans des frocs au moins de demi-aune un douze entre les liteaux, pour être au retour du foulon d'une demi-aune de large, avec pareille longueur que les précédens.

IV. Que les liteaux ou lisiéres des Frocs en foible seront composez de trois fils au moins de laine bege, ou de couleur bleuë de bon teint, pour les distinguer des Frocs en fort.

V. Que l'article 51. des Réglemens généraux de 1669. & l'Arrêt du Conseil du 7 Avril 1693. seroient éxécutez; & en conséquence, que les Fabriquans seroient tenus de mettre leur nom & demeure, faits à l'aiguille au chef des piéces, avant de les envoyer au foulon.

VI. Que nuls Fabriquans ne pourroient employer ausdits Frocs, tant en fort qu'en foible, ni avoir chez eux aucunes matiéres de mauvaises qualitez, comme pleures ou plis d'agnelins, boures, méchans pignons, moraines & autres semblables laines.

VII. Qu'il ne poura être exposé en vente, ni se vendre aucuns Frocs pendant tout le cours de l'année, qui ne soient bien secs.

VIII. Enfin, il est ordonné que les contraventions seroient jugées conformément ausdits Réglemens généraux, & Arrêts du Conseil; & enjoint à l'Intendant de la Généralité d'Alençon, de tenir la main à l'éxécution du présent Arrêt, qui seroit publié & affiché où besoin seroit.

1717.

Le Roi ayant été informé que plusieurs Fabriquans d'Aumale, Grandvilliers, Feuquiéres, Crevecœur, Blicourt, Tricot, Beaucamp-le-vieil & autres lieux des environs, s'étoient relâchez sur les largeur, longueur & qualité des étoffes qu'ils fabriquoient; & voulant y pourvoir par un Réglement qui remît l'uniformité & le bon ordre dans toutes ces Manufactures, Sa Majesté, de l'avis de S. A. R. Monseigneur le Duc d'Orleans Régent du Royaume, en fit dresser un dans son Conseil, & en ordonna l'éxécution par un Arrêt du 17 Mars 1717.

Ce Réglement contient vingt-un articles, dont les neuf premiers concernent les longueurs, largeurs & portées des étoffes qui se fabriquent dans ces Manufactures, & les qualitez des laines dont elles doivent être composées; & les douze autres sont de discipline & de police pour l'observation des neuf premiers.

Par le I. article, les Serges moyennes d'Aumale, Grandvilliers & Feuquiéres, tant blanches que grises, doivent être au moins de quarante portées de trente-huit fils chacune, faisant quinze cens vingt fils, dans des rots de trente-un pouces trois quarts pour revenir au retour du foulon à demi-aune demi-quart de large mesure de Paris, avec permission néanmoins aux Fabriquans d'augmenter le nombre des portées & la largeur des rots, si bon leur semble.

II. Chacune piéce desdites serges n'auront plus que quarante à quarante-deux aunes; & en cas de plus d'aunages, l'excédant sera coupé pour être distribué aux pauvres Ouvriers; & celui à qui appartiendra la piéce, condamné à six livres d'amende.

III. Les serges larges de Crevecœur, Hardivilliers, Blicourt, Pisceleu, Tilloy & autres lieux où il s'en fait de pareille qualité, doivent avoir cinquante-deux portées de trente-quatre fils chacune, pour être en toile de trois quarts de large, & au retour du foulon de demi-aune demi-

demi-quart, & les étroites de quarante-deux portées au moins, aussi de trente-quatre fils, pour être au sortir du métier de demi-aune un douze, & un pouce, & au retour du foulon de demi-aune de largeur, les piéces étant de vingt aunes & demie de long.

IV. Les serges de Tricot & autres lieux où il s'en fait de semblable qualité, tant blanches que grises, se doivent faire de quarante-cinq portées de trente- fils chacune dans des rots de trente-neuf pouces de largeur, pour être au retour du foulon de deux tiers d'aune de large & de vingt-une aunes de long.

Nota. Il a été dérogé à cet article par un Arrêt du Conseil du 7 Août 1718. *Voyez ci-après.*

V. Les tiretaines fil & laine qui se fabriquent à Beaucamp-le-vieil & autres lieux des environs, tant blanches que grises, doivent être faites dans des rots de quarante-un pouces de largeur, & avoir trente portées de vingt fils chacune, pour revenir au retour du foulon à demi-aune de largeur, & avoir trente-cinq à quarante aunes de long.

VI. Les chaînes de ces tiretaines doivent être d'un fil fin & uni, & la trême filée de loquets peignon & boures de draperie, avec défenses d'y employer aucune boure provenant des Vaisseaux à foulon des tiretaines, ni de boures de bœuf, à peine de confiscation, & de dix livres d'amende pour chaque contravention.

VII. S'il se trouve sur les métiers de ces sortes d'étoffes montées à moins de portées que celles fixées ci-dessus, ceux à qui elles appartiendront seront condamnez à trois livres pour le défaut d'une portée, à six pour deux portées, & à douze livres pour trois; & s'il en manque plus grand nombre, les étoffes seront coupées de cinq aunes en cinq aunes, & distribuées aux pauvres Ouvriers de la Communauté, & celui à qui elles appartiendront, condamné à dix livres d'amende.

VIII. Si les étoffes se trouvent trop étroites au retour du foulon, ceux à qui elles sont doivent être condamnez à trois livres d'amende pour un pouce; à six liv. pour deux, & à douze liv. pour trois; & au de-là, lesdites étoffes doivent être coupées & distribuées comme dans l'article précédent, sauf à l'Ouvrier d'avoir son recours contre le Foulon, si le défaut provient de sa négligence ou autrement.

IX. Enfin, les Maîtres Sergers & autres qui seront trouvez une seconde fois en contravention de pareille nature, seront condamnez au double de l'amende prononcée la premiere fois contr'eux; au triple pour la troisiéme fois, & à cent livres pour la quatriéme fois, ensemble à la confiscation des étoffes.

Par les douze derniers articles de ce Réglement qui concernent la discipline & la police, il est ordonné;

Que les Fabriquans, sans exception, feront enregistrer leurs déclarations du nombre des Métiers qu'ils feront travailler; des piéces qui y seront montées; du lieu de leurs demeures, & des noms de leurs Ouvriers.

Qu'où les Tisserans & Maîtres Sergers déguiseroient leurs noms & fermeroient leurs portes, les Syndics des Villages, les Marguilliers, ou quelques-uns des principaux habitans des lieux où il y a fabrique, accompagneroient les Inspecteurs & Jurez dans leurs visites.

Que les Maîtres ou Ouvriers Tisseurs ne pourroient fermer leurs portes ni démonter leurs métiers avant que les piéces d'étoffes montées fussent achevées.

Qu'aucunes desdites étoffes ne pourroient être exposées en vente ni achetées si elles ne sont conformes au Réglement, & si elles n'ont le plomb de fabrique du Bureau duquel les Fabriquans & Ouvriers dépendent.

Qu'en cas que des étoffes étroites soient achetées par des Marchands ou leurs Commissionnaires, & qu'elles soient arrêtées lors de la visite du contrôle, elles seront saisies & coupées, puis renduës au Marchand qui sera condamné à vingt livres d'amende pour chaque piéce, sans recours contre l'Ouvrier Vendeur, si ce n'est que le Marchand n'ait reçû lesdites marchandises par envoi des Ouvriers.

Qu'afin que les Sergers ne puissent se dispenser de la marque & visite de leurs étoffes, les Auneurs seront tenus de donner à l'Inspecteur du Département de trois mois en trois mois, un état du nombre de piéces que chaque particulier Serger aura fait auner dans les moulins à Foulon.

Qu'aucuns Foulonniers ne pourront rendre aucunes piéces par eux foulées, qu'elles n'ayent été aunées & plombées par les Auneurs Jurez, avec défense ausdits Auneurs d'auner aucunes piéces, que le nom de l'Ouvrier ne soit au chef.

Que pour faire les visites & marques des étoffes, les anciens Gardes Jurez de chaque Bureau nommeront tous les ans un nombre convenable de nouveaux Gardes Jurez qui entreront en exercice au second Janvier de chaque année.

Que lesdits Gardes élûs seront du nombre des Fabriquans établis dans lesdits bureaux ou lieux en dépendans, & prêteront serment de bien & dûement s'aquiter de leur emploi.

Que tous les Fabriquans seront tenus de se faire inscrire dans les Registres des Jurez de leur fabrique, par noms, lieux & demeures, & de souffrir les visites de l'Inspecteur & desdits Jurez.

Que tous les rots & lames des métiers non conformes au présent Réglement, seront changez & remis à la largeur & grandeur prescrites, sinon après le délai de trois mois accordé pour les reduire au terme du Réglement, ils seront rompus & les Ouvriers condannez à trois livres d'amende pour chaque métier.

Enfin, que les Juges des Manufactures seront obligez de juger en conformité dudit Réglement sans pouvoir en modérer les peines ni les amendes à peine d'en répondre en leur propre & privé nom.

Il fut encore rendu un Arrêt du Conseil les mêmes jour & an que le Réglement précédent, portant Réglement pour les Manufactures d'Amiens dont les Fabriquans n'ont point de Statuts particuliers & pour plusieurs sortes d'étoffes qui s'y font, pour le travail desquelles il n'y avoit point eu jusques-là de régles certaines.

Treize articles composent ce nouveau Réglement, dont les quatre premiers sont pour les camelots de diverses espéces qui se fabriquent à Amiens; les quatre suivans pour les étamines, & le neuviéme pour les crêpons; les quatre derniers sont de Police, & seront les seuls qu'on rapportera ici, les autres se trouvant aux articles des trois sortes d'étoffes dont ils réglent les longueurs & largeurs, nature

nature & qualité. *Voyez* Camelot, Crespon, Etamine.

Par le Premier des articles de Police il est dit, que les Maîtres Fabriquans de ces étoffes seront tenus de mettre leurs noms & surnoms au chef de chaque piéce, & de les porter à la Hale en blanc au sortir de l'estille, ou métier, pour y être vûës & visitées conformément à l'article CII. des Réglemens des Manufactures d'Amiens de 1666, & à l'article LI. des Réglemens généraux de 1669.

Le second ordonne, que les étoffes nommées dans le Réglement seront portées aux Hales pour y être pareillement vûës, visitées, plombées & marquées par les Esgards, ou Jurez, comme il se pratique pour toutes celles qui se fabriquent à Amiens.

Le troisiéme, fait défenses à tous Maîtres Fabriquans desdites Manufactures, à leurs femmes & à tous autres, de s'ingérer du courtage desdites marchandises; ni de s'entremettre d'en vendre d'autres que celles qu'ils auront fabriquées, à peine de 20 livres d'amende.

Le quatriéme & dernier, permet aux Maîtres Fabriquans d'avoir dans leurs maisons, même hors de leurs maisons, autant de métiers qu'ils jugeront à propos, & qu'ils auront le moyen d'employer; à la charge néanmoins de ne pouvoir monter aucun desdits métiers sans en donner avis aux Jurez, à peine de 50 livres d'amende.

1718.

L'usage outré des rames a toûjours été défendu dans les Manufactures des draps & des autres étoffes de laine; l'on a des Réglemens faits à ce sujet dès l'année 1384 sous le régne de Charles II. qui ont souvent été renouvellez depuis, & Louïs XIV. en a fait un article exprès dans celui du mois d'Août 1669, confirmé ensuite par un Arrêt du Conseil du 3 Novembre 1689.

L'on a vû ci-dessus un Réglement de l'année 1708, qui le premier a accordé quelque modération pour l'aramage des draps, mais seulement pour ceux destinez pour le Levant.

L'Arrêt du Conseil du 12 Février 1718 a étendu cette permission pour tous les draps & dans toutes les Manufactures de France; mais néanmoins sous certaines proportions qui doivent être observées par les Fabriquans, à peine d'amende & de confiscation. Ce nouveau Réglement ayant été raporté ailleurs; on se contentera d'en indiquer l'endroit. *Voyez* Rame & Ramer.

Il s'étoit rendu un Arrêt au Conseil d'Etat du Roi le 7 Juin 1718, qui fait défenses aux Ouvriers de Langogne & autres lieux du Gevaudan, de rouler avec le tour les étamines ou burates de laine; mais n'y étant point parlé, ni dans aucun Réglement des portées de ces sortes d'étoffes, Sa Majesté, par un nouvel Arrêt de son Conseil en forme de Réglement du 5 Août de la même année, Monseigneur le Duc d'Orleans Régent présent, ordonna:

I. Que les chaînes desdites étamines & burates fabriquées à Langogne & autres lieux du Gevaudan, seroient composées de huit portées & trois quarts, appellées *Liens*, de quatrevingt-seize fils chacun.

II. Que les rots, ou peignes pour passer & monter ces chaînes, seroient de deux pans deux pouces.

III. Que ces étoffes au retour du Foulon auroient deux pans, mesure de Montpellier, revenant à un tiers & un douziéme, mesure de Paris.

IV. Qu'il ne sera employé ausdites étoffes que de la laine du Païs ou d'Espagne de bonne qualité, à peine de confiscation & de deux cens livres d'amende.

V. Enfin, ledit Arrêt du Conseil du 7 Juin de la même année pour le pliage des étamines ou burates, seroit éxécuté selon sa forme & teneur.

Tricot & Piennes, Villages de Picardie, dont le premier a donné le nom à une sorte de serge assez connuë dans le Commerce des étoffes de laine, avoient obtenu des Réglemens & Statuts dès le mois de Mars 1669, conformément ausquels ils avoient toûjours réglé les portées, longueur & largeur de leurs serges; mais le Réglement du 17 Mars 1717 pour les serges de Normandie & de Picardie y ayant apporté quelque changement, ce qui causoit un grand préjudice au Négoce & à la fabrique de ces deux Villages; Le Roi étant en son Conseil, de l'avis de Monseigneur le Régent, dérogeant à l'article 4 du Réglement de 1717, ordonne que l'article XVI. des Statuts des Fabriquans de Tricot de 1669, concernant les portées, longueur & largeur de leurs serges, seroit observé, & qu'en conséquence leurs dites serges auroient au moins quarante-six portées de vingt-huit fils chacune, & n'excéderoient pas le nombre de cinquante portées, & qu'elles pouroient avoir de vingt-cinq à vingt-six aunes de long; Sa Majesté veut au surplus que ledit Réglement de 1717 soit éxécuté.

Cet Arrêt, en faveur des Fabriquans de Tricot & Piennes, est du 7 Août 1718. *Voyez l'article des Serges. Voyez aussi ci-dessus le Réglement de l'année 1717.*

Le Réglement du 21 Août 1718 pour les Manufactures des Provinces de Bourgogne, Bresse, Bugey, Valromey & Gex, est le plus ample qui ait été donné pour la fabrique des étoffes de laine sous le régne de Louïs XV.

Les 37 articles, dont il est composé, peuvent se diviser comme en six diverses classes; savoir, l'une qui concerne les draps, l'autre qui est pour les serges, la troisiéme qui est commune à ces deux sortes d'étoffes, la quatriéme pour les droguets, la cinquiéme pour les apprêts, & la sixiéme pour la police des Manufactures.

La Classe des draps contient les six premiers articles; celle des serges en a douze qui sont les suivans; celle des droguets trois qui suivent pareillement; la Classe commune aux draps & aux serges quatre; celle de l'apprêt trois, & enfin, la Classe de la Police neuf articles.

L'on ne parlera ici que des deux Classes de l'apprêt & de la Police, renvoyant les quatre autres aux articles des draps, des serges & des droguets.

Articles pour les apprêts.

Ces articles sont le 28, le 29, & le 30.

Le 28e article du Réglement ordonne, que les Marchands Maîtres Teinturiers ne pouront teindre au petit teint. Que chacun d'eux mettra son plomb, autour duquel son nom sera gravé, à chaque piéce de bon teint, afin qu'au débouilli on puisse connoître qui a fait la fausse teinture, le tout à peine de cent cinquante livres d'amende pour chaque contravention.

Le 29 confirmant le premier article des Réglemens des Maîtres Teinturiers de 1669, fait deffenses à toute personne, autre que les Teinturiers, de faire aucune teinture

teinture d'étoffes, bas, marchandises de laine, foye, fils, habits neufs, ou vieux, à peine de trois cens livres d'amende, sans préjudice néanmoins de la permission accordée aux Maîtres Drapiers, Sergers, Tisserans & Droguetiers, de teindre les laines servant à la fabrique de leurs étoffes.

Le 30 enjoint aux Foulonniers, Tondeurs, Cardeurs & Apprêteurs de ne se servir que de chardons pour leurs apprêts, & leur deffend d'y employer des cardes de fer, ni même d'en avoir dans leurs maisons, à peine de cent livres d'amende.

Article de Police.

La Police contient le 26 & le 27, & depuis, & y compris le 31 jusqu'à la fin du Réglement.

Par le 26 il est défendu aux Marchands Acheteurs d'éxiger des Maîtres Drapiers-Tisserans, Droguetiers & Fabriquans d'étoffe vendeurs, sur 21 aunes & un quart plus d'une aune & un quart, vulgairement appellé 21 quart, pour 20 aunes, & des demi-piéces à proportion, à peine de cent liv. d'amende; & sous la même peine il est ordonné que toutes les piéces d'étoffes seront aunées bois à bois sans évent ni excédent d'aunage, & que pour cet effet chaque piéce aura un buletin contenant ce qu'elle contiendra.

Par le 27, conformément au Réglement de 1669, il est enjoint aux Maires, Echevins, Juges de Police & de Manufacture, d'établir un Bureau, ou dépôt, dans la Maison de Ville ou dans les Hales des Villes & lieux de fabrique, propre à y déposer les marchandises foraines & les y vendre & débiter, comme aussi pour en faire la visite & la marque, aussi-bien que de celles des fabriques du Païs.

Le 31 article du même Réglement ordonne, que les Maîtres & Gardes Jurez des Marchands Drapiers & Merciers, des Villes & lieux où se débitent les étoffes des Manufactures, du département de Bourgogne & autres Provinces du Royaume, ne se contenteront pas, en faisant leur visite, d'apposer leur marque foraine sur le plomb de fabrique, mais y ajoûteront un second plomb pour ladite marque foraine, à peine de dix livres d'amende pour chaque piéce autrement marquée; & pour connoître ceux qui y auront contrevenu, qu'il sera fait chaque année un nouveau poinçon avec le chiffre de l'année courante.

Le 32 régle les visites & marques, soit de fabrique, soit marque foraine, ainsi que les droits dûs pour chaque plomb desdites marques, fixant les droits à un sol par piéce pour le plomb de fabrique, & encore à un sol pour le plomb de marque foraine, pour être le produit desdits droits employé à payer les appointemens de l'Inspecteur du Département; déclarant en outre, que toute étoffe de laine, fil & laine, fil, poil & coton, mêlée de couleur & non mêlées, seront sujettes aux visites & marques si elles ont plus de cinq aunes de longueur, & si elles peuvent être exposées en vente, deffendant à tous Foulonniers, Teinturiers & Apprêteurs d'étoffes qui ne seront pas éloignez de plus de deux lieuës des Bureaux, de délivrer aucunes desdites étoffes, qu'elles n'ayent été préalablement portées ausdits Bureaux, pour être visitées & marquées si elles sont conformes au Réglement.

Le 33 ordonne, que dans les lieux où il se tient des Foires & Marchez, dans lesquels il n'y a point de Maîtres & Gardes établis pour y visiter & marquer les étoffes qui s'y portent & qui s'y debitent, les Juges de Police & des Manufactures nommeront & commettront un Marchand & un Maître Drapier, ou Fabriquant d'étoffes, demeurant dans les lieux les plus voisins de ceux où se tiennent lesdites Foires & Marchez, pour y faire les fonctions de Gardes Jurez, & visiter & marquer d'une marque foraine toutes les piéces d'étoffes au dessus de cinq aunes qui seront sans les plombs de fabrique & de visite, pour laquelle marque il sera payé un sol par piéce: enjoint ausdits Juges & ausdits Gardes Jurez des Fabriquans d'étoffes, ou ceux commis en leur place, d'accompagner l'Inspecteur du Département dans ses visites ausdites Foires & Marchez, s'ils en sont par lui requis, & de lui prêter main forte en cas de rebellion.

Les 34, 35 & 36 articles deffendent, sous peine de concussion, de restitution & d'amende, aux Juges des Manufactures & à leurs Greffiers, d'éxiger aucune chose des Gardes Jurez, ni lors de leurs élections & prestations de serment, ni quand ils seront par eux requis, de les accompagner dans leurs visites, enjoignant à ceux-ci de se transporter avec l'Inspecteur sur sa premiére réquisition, chez les Marchands & Ouvriers pour y faire sa visite, à peine de 300 livres d'amende en cas de refus par lesdits Gardes Jurez de le faire; enjoignant pareillement aux Juges des Manufactures d'accompagner ledit Inspecteur dans les visites chez les Fabriquans & Ouvriers, & délivrer gratuitement & sans fraix lesdits Procès verbaux de visite; permettent neanmoins aux Inspecteurs de procéder seuls à la visite & saisies des étoffes, si le cas y échoit, lors que les Gardes Jurez auront refusé de les y assister.

Enfin, le 37 & dernier article ordonne au surplus, que les Réglemens généraux de 1669 & les Arrêts du Conseil seront éxécutez selon leur forme & teneur; en ce qu'ils ne sont point contraires au présent Réglement.

1719.

Il s'étoit rendu deux Arrêts du Conseil d'Etat; l'un dès l'année 1693, & l'autre au mois de Juin 1717, qui ordonnoit qu'il seroit payé 10 livres du cent pesant, compris l'embalage, des draps & autres étoffes de laine brutes & sans leur dernier apprêt, fabriquées dans l'étenduë de la Province de Dauphiné, qui seroient transportées aux Païs étrangers.

L'expérience ayant fait voir combien l'imposition de ce droit étoit préjudiciable aux fabriques de cette Province, il fut donné un nouvel Arrêt le 8 Mai 1719, par lequel il fut sursis à l'éxécution des 2 autres jusqu'à-ce qu'autrement il en fut ordonné, avec deffenses aux Commis des Fermes unies de percevoir aucuns droits sur lesdites étoffes, que ceux qui étoient perçûs avant lesdits Arrêts.

La plûpart des Manufactures de Draperie fine établies en vertu des Lettres Patentes, ont coûtume d'avoir des marques honorables qui leur sont accordées par les Rois pour les distinguer des fabriques ordinaires.

Quelques-unes ont la permission de mettre au chef des piéces d'étoffes qu'elles ont fabriquées, les termes de *Manufacture Royale*, travaillez sur le métier, outre leur nom celui de leur demeure, & d'autres le gravent sur les plombs

que

que leurs Gardes & Jurez y attachent lors de leurs visites.

Ces marques de distinction ayant été imitées sans concession par des Fabriquans particuliers, & plusieurs Drapiers drapans & Sergers les usurpant, soit sur leurs étoffes, soit sur les plombs dont elles sont marquées par leurs Jurez afin de donner plus de relief & de réputation à leurs fabriques, en les faisant passer pour Manufactures Royales, il fut donné le 13 Mai 1719 un Arrêt du Conseil portant Réglement pour la marque des étoffes de draperie, par lequel, afin de pourvoir à cette usurpation des Fabriquans particuliers & pour maintenir les veritables Entrepreneurs des Manufactures Royales dans leurs Priviléges, il est ordonné que ceux-ci jouïroient seuls des prérogatives qui leur ont été accordées par leurs Lettres Patentes, & que ceux-là se renfermeroient pour la marque de leurs étoffes dans ce qui en est porté dans les Réglemens généraux.

On parle plus en détail de cet Arrêt en un autre endroit de ce Dictionnaire. *Voyez* MARQUE.

Il fut encore rendu un Arrêt du Conseil d'Etat le 24 Juin 1719 au sujet de l'usurpation d'une autre marque dont les Fabriquans d'Orival se servoient au préjudice de la Manufacture des draps d'Elbeuf.

Ces Ouvriers à la vérité n'usurpoient pas proprement la marque des draps d'Elbeuf; mais étant habituez à mettre sur le bout de chaque piéce de leur fabrique ces mots, *d'Orival près d'Elbeuf*, des Marchands de mauvaise foi qui se fournissoient des draps de cette Manufacture, les vendoient ensuite en détail pour vrais draps d'Elbeuf.

Pour remédier à cet abus il fut deffendu aux Fabriquans d'Orival d'ajoûter le mot d'*Elbeuf* à leurs draps, & ordonné qu'ils ne mettroient à l'avenir que le mot d'*Orival*.

1721, 22 Février.

Par cet Arrêt Sa Majesté ordonne, que les articles 8 & 25. des Réglemens généraux de 1669; ensemble les Arrêts de 1698 & 1717 pour la fabrique des serges d'Aumale, Grandvilliers, Feuquiéres & autres lieux, seront éxécutez; & ce faisant, Sadite Majesté, conformément à la Sentence du onze Août 1719, a fait & fait inhibitions & défenses aux Sergers de Feuquiéres de faire aucunes serges d'une aune de large, & de les vendre ou débiter, ou comme serges de saint Lo, ou comme façon de saint Lo; le tout à peine de trois cens liv. d'amende pour chacune contravention: Ordonne en conséquence Sa Majesté, qu'à la diligence, tant de l'Inspecteur des Manufactures de Picardie, que des Sergers de saint Lo, ou ceux qui seront par eux commis de l'autorité du Juge des lieux, les rots de tous les métiers montez pour lesdites étoffes, seront réduits à la largeur ordinaire portée par ledit article 25 des Réglemens généraux.

REGLEMENS DES MANUFACTURES DES DRAPS D'OR, D'ARGENT ET DE SOYE.

La fabrique des draps d'or, d'argent & de soye s'est établie assez tard en France où elle a été apportée d'Italie.

Les premiers établissemens s'en firent d'abord à Tours & ensuite à Lyon, & ces deux Villes portérent bien-tôt la perfection de leurs étoffes jusqu'à ne plus laisser desirer les ouvrages de Venise, de Florence & de Génes, autrefois si estimez & dont on s'étoit toûjours servi en France depuis que la Nation s'étoit accoûtumée au luxe Italien. *Voyez l'article des Soyes.*

Paris a reçû encore plus tard ces riches Manufactures. Il y avoit à la vérité dans cette Capitale du Royaume, une Communauté dont les Maîtres prenoient la qualité d'Ouvriers en draps d'or, d'argent & de soye; mais ces Ouvrages y étoient rares, & presque tous les Maîtres qui composoient cette nombreuse Communauté ne s'occupoient guére qu'à la Tissuterie Rubannerie, qui étoit alors la principale occupation de ces Artisans Marchands, comme elle l'est encore devenuë depuis 1666.

Ce fut Henri IV. ce Monarque si attentif au bonheur de ses sujets, & qui étoit si persuadé qu'il n'y avoit rien de plus capable d'y contribuer que le Commerce & les Manufactures, qui en fit établir une dans sa capitale en 1603. Ce fut celle qu'on a long tems appellée la Manufacture de la Place Royale, parce qu'elle fut placée dans l'ancien Parc du Palais des Tournelles, dont on avoit destiné une partie aux bâtimens de cette Place magnifique, qui fait un des plus beaux ornemens de Paris, & qu'on appelloit déja la place Royale.

Ces trois Manufactures de draps d'or, d'argent & de soye, établies à Paris, à Lyon & à Tours, ont eu chacune presque dans le même tems, leurs derniers Réglemens, dont on va parler séparément, parce qu'encore qu'ils conviennent en plusieurs articles, ils sont néanmoins différens en quantité d'autres.

Réglement pour Paris, 1603.

L'Edit pour l'établissement de la Manufacture des draps d'or, d'argent & de soye de la Ville de Paris, est du mois d'Août 1603, vérifié & enregistré au Parlement, en la Chambre des Comptes, à la Cour des Aydes & à la Cour des Monnoyes.

Par cet Edit, les premiers Entrepreneurs de la Manufacture, qui furent les Sieurs de Moissel, Saintot, Lumaque, Camus, Parfait, Oudart & Coullebert, furent entr'autres franchises & immunitez, honorez eux & leurs Successeurs du titre de Noblesse, à la charge de prendre soin de cet établissement pendant douze ans; & il fut accordé à tous ceux qui y auroient travaillé en qualité d'Ouvriers, Compagnons, ou Aprentifs, de joüir des Priviléges de la Maîtrise sur le seul certificat des Entrepreneurs, & sans être tenus de faire Chef-d'œuvre, ou de prendre Lettres du Roi, pourvû néanmoins qu'ils eussent servi dans la Manufacture le tems prescrit par l'Edit.

Le nombre des Ouvriers parvenus à la Maîtrise par les Prérogatives de l'Edit, étant devenu considérable pendant les douze ans écoulez depuis qu'il avoit été rendu, & paroissant suffisant pour composer une Communauté, on leur dressa des Statuts & Réglemens au mois d'Août 1615, qui furent enregistrez au Parlement le 22 des mêmes mois & an.

Quoi que ces Réglemens soient les prémices qui ayent été donnez aux Maîtres & Ouvriers en draps d'or, d'argent & de soye de Paris, on n'en donnera néanmoins qu'un leger extrait, parce que la plûpart des articles ont été réformez ou augmentez par le Réglement de 1667, qui sera rapporté dans la suite.

Les articles du Réglement de 1615, sont au nombre de 38. Les Jurez y furent fixez à trois, dont un seroit élû chaque année.

Nul

Nul à l'avenir ne devoit être reçû Maître s'il n'avoit fait Aprentissage de quatre années & Chef-d'œuvre, qui devoit se faire sur l'un des quatre draps designez, qui furent le satin plain, le damas, le velours plein, & le brocard d'or & d'argent; & après l'Aprentissage, il fut ordonné un service de quatr'autres années chez les Maîtres.

Chaque Maître ne pouvoit avoir au plus que trois Aprentifs, le premier travaillant lors qu'il prendroit les deux autres. Les fils de Maîtres ayant fait aprentissage, étoient éxemts de tous frais & de Chef-d'œuvre.

Les filles de Maîtres affranchissoient le Compagnon des frais, mais non du Chef-d'œuvre.

Les veuves pouvoient faire travailler, mais n'affranchissoient personne.

Enfin, tout Maître de Paris pouvoit demeurer & éxercer le Métier dans toutes les Villes, Bourgs & autres lieux du Royaume en y faisant seulement enregistrer l'Acte de sa Reception.

Le Privilége de la Manufacture de la Place Royale étant expiré, & la nouvelle Communauté des Ouvriers en draps d'or, d'argent & de soye, ayant de continuelles contestations avec celle des Tissutiers Rubanniers, qui alors pouvoient fabriquer les mêmes étoffes; les Jurez & la plûpart des Maîtres des deux Communautez, passérent une Transaction d'union le 10 Mai 1644, qui après deux ans de procédures de la part de plusieurs opposans des deux Corps, fut enfin confirmée par un Arrêt du Parlement du 8 Février 1648.

Tant que l'union dura les Communautez réünies furent gouvernées également suivant les anciens Réglemens des Tissutiers Rubanniers de 1585, & le Réglement des Ouvriers de draps d'or, de 1615; mais ces deux Corps ayant encore été desunis en 1666 par l'Arrêt du Conseil d'Etat du Roi, rapporté à l'article des Tissutiers-Rubanniers, il fut dressé & donné un nouveau Réglement aux Ouvriers en draps d'or & d'argent, qui est celui dont on va parler présentement.

1667.

Les Lettres Patentes qui confirment & homologuent ce Réglement, sont du mois de Juillet 1667. données sur l'Avis du Lieutenant de Police & du Procureur du Roi au Châtelet de Paris, à qui il avoit été renvoyé par Arrêt du mois de Septembre 1666.

Ce Réglement comprend en 64 articles tout ce qui regarde les Jurez & leurs fonctions; les Maîtres, leurs Aprentifs & leurs Compagnons, les ouvrages permis aux Maîtres, leurs façons, leur largeur, leur visite & leur marque; enfin, les Marchands Forains & leur marchandise.

Six Maîtres & Gardes Jurez font observer les Ordonnances & les Réglemens, & veillent au bien de la Communauté, les deux Anciens sortent de charge chaque année, après y être restez trois ans, & deux nouveaux sont élûs à leur place.

L'élection s'en fait au mois d'Août, le lendemain de la saint Roch, en présence du Procureur du Roi au Châtelet, dans le Bureau de la Communauté. A l'Assemblée pour élire doivent assister les Maîtres & Gardes en charge, les anciens Gardes sortis de charge, & soixante autres Maîtres; dont trente doivent être du nombre des Anciens, vingt des Modernes, & dix des Jeunes. Le même jour sont nommez pareillement à la pluralité des suffrages, deux Anciens du Corps pour visiter les Jurez eux-mêmes.

Tous Marchands, Maîtres & Ouvriers dudit Etat, sont sujets à la visite des Jurez, & sont tenus, à leur premiére réquisition, de leur ouvrir leurs maisons, boutiques, magazins, chambres, armoires, &c. pour leurs étoffes être vûës & visitées, même saisies, confisquées & enlevées, si le cas y échéoit.

Lors desdites visites, il est enjoint à tous Fils de Maîtres & Compagnons de donner leurs noms & surnoms aux Maîtres & Gardes, & de leur faire voir leurs obligations, quitances & certificats pour être enregistrez.

Tous Marchands & Maîtres sont tenus d'envoyer au Bureau l'empreinte de leur marque particuliére, sans la pouvoir changer par la suite, comme aussi le lieu de leur demeure quand ils prennent nouvelle boutique, magazin ou maison, afin que lesdits Maîtres & Gardes y puissent aller voir & visiter leurs ouvrages & leurs poids & mesures; leur étant aussi défendu de vendre ni débiter aucunes marchandises qu'ils auront fait venir de dehors, sans pareillement en avertir lesdits Gardes pour les visiter & marquer.

Les Visites générales sont fixées à six par année, avec permission néanmoins aux Maîtres & Gardes d'en faire de particuliéres, où & quand ils le trouveront à propos pour l'utilité publique.

Les Assemblées ordinaires se doivent tenir tous les Mardis de chaque semaine, & les extraordinaires suivant les besoins, pour, dans lesdites Assemblées, traiter des affaires de la Communauté, & visiter, marquer, acheter & lotir les marchandises foraines. En cas d'affaires importantes, les Anciens qui ont passé par les Charges de Maîtres & Gardes, doivent être appellez aux Assemblées.

Enfin, les Maîtres & Gardes sont tenus d'avoir dans leur Bureau des mesures de fer ou de métail, étalonnées des armes du Roi, de la Ville & de la Communauté, pour éviter tout abus & mécompte dans leurs visites; comme aussi d'avoir un Registre pour servir aux affaires du Corps; & d'y tenir un Rôle de tous les Maîtres, à chacun desquels une fois seulement, ils délivreront *gratis* une copie imprimée des Statuts, & leur en feront signer la Réception.

L'Aprentissage est de cinq ans consécutifs, avec demeure & service actuel chez les Maîtres à qui les Aprentifs se sont obligez; pendant lequel tems l'Aprentif ne peut s'en absenter que pour cause légitime, & jugée telle par les Maîtres & Gardes; faute de quoi le Maître le peut faire arrêter ou le sommer de revenir; sinon & à faute d'obéïr au bout d'un mois, le rayer du Registre sans que le tems passé dans le premier aprentissage puisse être compté sur un nouveau: Il est pareillement loisible à l'Aprentif que le Maître auroit quité & laissé sans emploi, aussi pendant un mois, de s'adresser aux Maîtres & Gardes pour être mis chez un autre Maître.

L'Aprentif, avant que d'aspirer à la maîtrise, est tenu de servir encore trois années chez les Maîtres, & ne peut être reçû qu'il n'ait sa quitance d'aprentissage; son certificat de service; qu'il n'ait fait Chef-d'œuvre, & qu'il n'ait été reconnu de bonnes vie & mœurs, & de la Religion Catholique, Apostolique & Romaine.

Le Chef-d'œuvre doit se faire dans le Bureau, en pré-

présence des Maîtres & Gardes & de huit Anciens qui ont passé par les charges, & doit être visité par lesdits Gardes, huit Anciens & huit Modernes & Jeunes Maîtres: il se fait, ou sur du velours plein, ou sur du satin plein, ou sur du damas, ou enfin, sur du brocard d'or & d'argent. Les Fils de Maîtres néanmoins ne sont tenus que de simple expérience.

A l'égard des Compagnons Forains & Etrangers, ils ne peuvent gagner franchise qu'ils ne se soient fait inscrire sur le Regiſtre de la Communauté, & qu'ils n'ayent travaillé cinq ans chez les Maîtres; après quoi ils peuvent être reçûs à la Maîtrise comme les Aprentifs & Compagnons de Paris, & en conséquence de leur réception, s'ils sont Etrangers ils sont déclarez & réputez regnicoles & naturels, & dispensez du droit d'aubaine, sans avoir besoin d'autres Lettres que le présent Réglement, & sans payer aucune finance.

Les veuves de Maîtres peuvent continuer leur Négoce, mais non faire des Aprentifs; les mêmes veuves & les filles de Maîtres afranchissent pour une fois seulement le Compagnon de Paris ou le Forain qui les épouse; c'est à dire, leur font remettre le tems du service chez les Maîtres, & réduisent leurs droits de réception à celui des fils de Maîtres; ils sont au surplus obligez au Chef-d'œuvre.

Les 30 & 31 articles contiennent divers Priviléges accordez aux Maîtres en considération de leur Manufacture; entr'autres que les étoffes soyes, fleurets, laines, &c. non plus que les métiers, outils, instrumens, &c. ne pourront être saisis ni vendus par vente forcée, comme aussi que le Lieutenant de Police avec sept Conseillers du Châtelet, par lui appellez, jugeront en dernier ressort les malversations & vols des Maîtres travaillant à façon, Compagnons, Ouvriers, Aprentifs, Dévideuses, Moliniéres, &c. jusqu'à 250 liv. d'amende, restitutions & réparations civiles, & aux peines afflictives de la fleur-de-lys, du fouet, application au carcan, & de toute autre condamnation, à l'exception de celles des galéres & de mort. *Voyez* PRIVILEGE.

Les Marchands & les Maîtres ne peuvent avoir qu'une boutique ouverte sur ruë, ou échoppe, tant dans la Ville qu'aux Fauxbourgs & au Palais, où il leur est loisible de mettre des tapis, & sur iceux telles étoffes que bon leur semble, de celles qu'ils font fabriquer.

Les Marchands & Maîtres de Paris peuvent aller exercer leur état & métier dans telles Villes du Royaume qu'ils jugent à propos, en faisant apparoître leur Acte de Réception, & en le faisant enregistrer au Greffe de la Justice du lieu où ils veulent s'établir.

Les Maîtres ne peuvent prendre d'Ouvriers ou Compagnons qu'ils ne sachent de ceux de chez qui ils sont sortis, s'ils en sont contens.

Le Maître voulant congédier son Compagnon, ou Ouvrier, ou l'Ouvrier & Compagnon voulant quiter son Maître, doivent s'en donner avis un mois d'avance; & de plus, le Compagnon est obligé de finir la piéce d'Ouvrage qu'il a montée, ou commencée.

Les Compagnons Forains travaillant chez les Maîtres de Paris, doivent faire apparoître par un Certificat des Maîtres & Gardes du lieu d'où ils viennent, qu'ils y étoient Compagnons, & que leur Maître étoit content d'eux.

Les Marchands & Maîtres, ou leurs veuves, faisant travailler, doivent tenir un Regiſtre de la quantité & qualité des soyes, or & argent qu'ils auront délivrées aux Maîtres travaillant à façon, ou aux Ouvriers pour mettre en œuvre, de même que des soyes & étoffes reçûës desdits Ouvriers, avec le poids, aunage & façon; ensemble l'argent compté & avancé.

Les Ouvriers sont pareillement tenus d'avoir un semblable Regiſtre, mais écrit de la main desdits Marchands & Maîtres, leurs enfans ou leurs commis, qui leur ont délivré lesdites soyes, or, ou argent, & les sommes à eux avancées, étant au surplus lesdits Maîtres & Ouvriers travaillant-façon, aussi-bien que les Dévideuses, tenus de representer toute-fois qu'ils en seront requis, les soyes qui leur auront été données pour ouvrer & dévider, lesquelles, ainsi que les autres matiéres propres à ces Manufactures, & les étoffes qui en sont fabriquées, ne peuvent être reçûës par qui que ce soit, en payement de ce qui sera dû par lesdits Ouvriers, Aprentifs, Compagnons, Dévideuses, &c. à peine, tant contre les acheteurs que les vendeurs, s'ils ne retiennent lesdites choses, & n'avertissent les Maîtres & Gardes, d'être traitez & punis comme receleurs & larrons.

Aucuns Maîtres ni veuves de Maîtres ne peuvent exercer le courtage, ni prêter leur nom ou marque pour travailler, faire travailler & vendre des marchandises & étoffes pour des Etrangers, & pour autres personnes qu'eux-mêmes.

Aucuns draps d'or, d'argent, de soye, & autres étoffes mêlées, ne pourront, ni être venduës, ni être exposées en vente, qu'elles n'ayent deux plombs, l'un de fabrique, c'est à dire, du Marchand Fabriquant, & l'autre de visite, c'est à dire, des Maîtres & Gardes; lequel second plomb aux étoffes faites par les Maîtres & Gardes eux-mêmes, sera mis par les deux anciens Maîtres à ce commis, comme il a été dit ci-dessus; & sera différent d'un côté de celui des Maîtres & Gardes; & pour éviter tout abus, il doit être tenu Regiſtre au Bureau des deux plombs de visite, avec les noms & surnoms des Fabriquans à qui les étoffes plombées appartiennent.

Le droit de marque dû aux Maîtres & Gardes, est de douze deniers tournois par chaque marque, moitié pour leur vacation, & moitié pour le profit & pour les affaires de la Communauté.

Les Marchands Forains sont tenus de faire porter au Bureau leurs marchandises, pour y être vûës & marquées dans les vingt-quatre heures par les Maîtres & Gardes; & si elles sont trouvées bonnes & de la qualité requise, y être achetées & loties par les Marchands & Maîtres, si bon leur semble, sinon renduës aux Forains pour les vendre en tems de Foire. Le droit de Marque Foraine, & l'emploi de ce qui en provient, sont semblables à ce qu'on vient de dire des droits de la Marque de visite.

Les Marchands & Maîtres peuvent tenir moulin à soye, mouliner, apareiller, acheter & vendre toutes sortes de soyes, suivant les filages marquez par le soixantiéme article. *Voyez* RETORDEMENT, SOYE & MOULINAGE.

Toutes Lettres que les Rois ont accoûtumé de donner en plusieurs occasions, comme joyeux avénement, majorité, mariage, &c. à des Maîtres sans qualité, sont suppri-

supprimées pour toujours : & il est ordonné pour la meilleure & plus exacte exécution du Réglement, que chaque Maître tiendra dans sa boutique un tableau sur lequel ledit Réglement sera mis par écrit, le tout sous les diverses peines & amendes portées par chaque article, applicables, un tiers au Roi, un tiers aux pauvres, & l'autre tiers aux Maîtres & Gardes en charges.

Enfin, pour ne pas oublier les devoirs du Christianisme, il est défendu de travailler, vendre ou faire vendre aucune étoffe les Dimanches & Fêtes commandées par l'Eglise; & il est ordonné d'assister le jour de la Saint Louïs, choisi pour Patron de la Communauté, à la Messe célébrée aux Blancs-Manteaux, & le lendemain au Service pour les Marchands & Maîtres décédez : Et pour honorer les funérailles desdits Maîtres & de leurs Veuves, leur Corps doit être accompagné des six Maîtres & Gardes en Charge, & des autres Maîtres conviez de s'y trouver par le Clerc du Bureau.

On n'a point fait ici l'extrait des treize articles contenant les qualitez, nature, fabrique, portées & largeurs des diverses étoffes que peuvent fabriquer & faire fabriquer les Marchands & Maîtres-Ouvriers en drap d'or, d'argent & de soye, quoi qu'on sache que c'est la partie la plus importante & la plus nécessaire du Réglement; mais attendu que ce ne seroit qu'une répétition inutile, puis qu'il en est suffisamment parlé dans plusieurs endroits de ce Dictionnaire, on se contentera d'indiquer les articles où l'on doit avoir recours. *Voyez* Velours, Panne, Peluche, Drap d'or & d'argent, Gros de Naples, Poul de soye, Satin, Damas, Venitienne, Damassin, Luquoise, Valoise, Serge de soye, Tabis, Taffetas, Papeline, Filatrice, Brocatelle, Echarpe de soye, Egyptienne, Camelotine, Modéne, Legatine, Etamine du Lude, Tripe de Velours, Ostades, Basin, Futaine, Montcaiart, Moires, Buràts ou Ferandines, Toile de soye, Gaze, Crapaudailles & Prisonniéres.

Réglement pour Lyon.

La Ville de Lyon, de toute ancienneté si célébre par son grand Commerce, ayant été après Tours, comme on l'a remarqué ci-dessus, la premiére Ville de France où les Manufactures des draps d'or, d'argent & de soye se soient établies, a aussi reçû de bonne heure des Statuts & des Réglemens, tant pour l'union des Maîtres en Communauté, que pour l'exercice de la Police dans ce nouveau Corps, & pour la fabrique de diverses étoffes que les Maîtres Façonniers pouvoient faire, ou desquelles il étoit permis aux Maîtres Marchands de faire Négoce.

Les premiers Statuts, Ordonnances & Réglemens touchant l'art & manufacture des draps d'or, d'argent & de soye de la Ville & Fauxbourgs de Lyon & de tout le Païs Lyonnois, sont du milieu du seiziéme Siécle, sous le Régne de Henri II. Les Rois Prédécesseurs de Henri avoient à la vérité déja donné quelques articles de Réglement; mais avant les Lettres Patentes de ce Prince de l'année 1554, la discipline de ce Corps n'étoit guére assurée, & le peu de Statuts qu'ils avoient s'observoit assez mal.

Henri IV. en 1596, & Louïs XIII. en 1619, confirmérent & autorisérent ces Statuts de Henri II. par de nouvelles Lettres; mais Louïs XIV. en 1667, & depuis en 1700 & en 1702, les réforma, changea & augmenta tellement, qu'ils doivent être regardez comme des Statuts entiérement nouveaux, qui néanmoins conservent toûjours quelques articles tirez de leurs anciens Réglemens.

C'est de ces trois derniers Réglemens dont on va donner ici un extrait.

1667.

Le Réglement de 1667, rédigé en soixante-sept articles dans plusieurs assemblées des principaux Maîtres, Marchands & Façonniers de la Ville de Lyon, signé d'eux, & vû & approuvé, sous le bon plaisir du Roi, par les Prevôt & Echevins de ladite Ville, Juges des Arts & Métiers, le 19 Avril 1667, fut autorisé & homologué au Conseil d'Etat du Roi tenu à S. Germain en Laye le 13 Mai de la même année, à la réserve toute-fois de ce qui regarde les petits Velours, à quoi il fut dérogé; les Marchands & Fabriquans de Lyon ayant sur leur remontrance été confirmez dans la faculté de les faire de soye crûë mêlée avec la cuite. *Voyez ce qu'on a dit de cette dérogation à l'article des velours.*

On ne répetera point ici ce que ce Réglement pour Lyon a de commun avec celui pour la Ville de Paris de la même année, dont on a donné ci-dessus un si long extrait; & on se contentera de raporter quelques articles de Police & de discipline, en quoi ils sont différens; étant d'ailleurs tout semblables pour ce qui regarde la fabrique, largeurs, portées, lisiéres, &c. des étoffes d'or, d'argent & de soye.

La Sainte Vierge est déclarée Patrone de la Communauté. La Fête de la Confrairie est le jour de l'Assomption, & l'Eglise des Péres Jacobins le lieu des Assemblées de Religion.

Les Maîtres & Gardes, qui jusqu'alors n'avoient été qu'au nombre de quatre, sont augmentez jusqu'à six, dont trois doivent s'élire chaque année: des trois nouvellement élûs deux sont choisis par le Prevôt des Marchands & les Echevins, & l'autre par les anciens Maîtres qui ont passé par les Charges, & par trente Maîtres nommez par lesdits Prevôt & Echevins. Les nouveaux Gardes entrent en Charge le premier jour de chaque année, après avoir prêté le serment par devant les Prevôt & Echevins & le Lieutenant Général.

Les Assemblées des Maîtres & Gardes & Anciens en leur Bureau, pour y entendre les plaintes réciproques des Marchands contre les Apprentifs & Ouvriers, & de ceux-ci contre les Marchands, & pour y pourvoir, sont réglées à une fois la semaine; & ce qui est ordonné dans lesdites Assemblées doit être éxécuté, ou jusqu'à l'Assemblée prochaine, ou jusqu'à la fin de procès, qui doit être jugé par le Prevôt des Marchands & les Echevins.

Outre les cinq années d'Apprentissage, nul Compagnon ne peut aspirer à la Maîtrise, qu'il n'en ait fait encore cinq autres de compagnonnage, c'est à dire, qu'il n'ait servi ce tems-là en qualité de Compagnon chez les Maîtres.

Les Fils de Maîtres peuvent être reçûs en faisant apparoître qu'ils ont quinze ans complets; & tant eux que les Compagnons aspirans à la Maîtrise, doivent prêter le serment par devant les Prevôt des Marchands & Echevins;

& leur nom être inscrit sur deux Registres, dont l'un reste entre les mains du Sécrétaire de la Ville, & l'autre au Bureau de la Communauté.

Il est défendu à tous Maîtres, Compagnons & Ouvriers, de faire aucune assemblée pour quelque cause & occasion que ce soit, sans permission par écrit des Prevôt des Marchands & Echevins, à peine d'être déclarez Perturbateurs du repos public, & être punis comme tels.

Les amendes adjugées pour les contraventions sont appliquables, un quart à l'aumône générale, un quart aux pauvres Maîtres de la Communauté, un quart pour les affaires d'icelle, & l'autre quart aux Maîtres & Gardes en Charge.

Enfin, il est ordonné que tous les mois il sera tenu un Conseil de Police pour les manufactures de draps d'or, d'argent & de soye en l'Hôtel de Ville, par devant les Prevôt des Marchands & Echevins, auquel assisteront les Maîtres & Gardes & anciens Maîtres en Charge, ou qui y ont passé, avec quatre Marchands ou Maîtres ordinairement employez à faire apprêter, appareiller & mouliner les soyes, pour donner leur avis, afin de perfectionner lesdites Manufactures, & empêcher les abus qui s'y commettent, pour le procès verbal qui en sera dressé, être envoyé dans le mois au Sur-Intendant Général des Arts & Manufactures de France.

1671.

Le Réglement de 1667 pour la Ville de Lyon, & le Réglement général pour toutes les Manufactures du Royaume de 1669, avoient ordonné entr'autres choses, Que toutes les marchandises de laine, de soye, ou autrement, seroient marquées des plombs de fabrique, de teinture & de visite: Et le Réglement particulier pour Lyon portoit, Que tous les Marchands, Maîtres, Ouvriers & Particuliers travaillant & faisant travailler dans ladite Ville, ses Fauxbourgs, & la Sénéchaussée du Lyonnois, seroient enregistrer leurs noms, surnoms & demeures, tant à l'Hôtel de Ville qu'au Bureau de la Communauté: mais ces deux articles importans ayant été négligez, Sa Majesté par l'Arrêt de son Conseil du 19 Février 1671, en ordonna de nouveau l'éxécution; & en conséquence que dans un mois il seroit établi un Bureau pour la marque des marchandises tant foraines que de celles qui seroient faites & fabriquées à Lyon; & que dans le même tems lesdits Maîtres, Ouvriers & Marchands se feroient inscrire sur le Livre du Consulat de la Ville, & sur celui de la Communauté, sous les peines portées par l'Arrêt.

1700.

Quoi que les Réglemens & Statuts de 1667 eussent été dressez par la plûpart, ou du moins du consentement de la plus grande partie des Marchands, Maîtres-Ouvriers en draps d'or, d'argent & de soye de la Ville de Lyon les plus accréditez, & qu'il y eût plus de trente ans qu'ils eussent été donnez & même éxécutez, Sa Majesté se trouva néanmoins obligée en 1700, d'y ajoûter douze nouveaux articles pour appaiser les troubles de la Communauté, causez par l'inégalité qui paroissoit entre les Maîtres-Marchands & les Maîtres-Ouvriers. Ces derniers au nombre de plus de sept cens, se plaignoient qu'ils n'avoient presque aucune part aux charges, aux honneurs & à l'éxécution de la Police de leur Corps, dont ils faisoient une partie si considérable; & avoient présenté requête au Conseil pour être reçûs opposans à l'Arrêt d'homologation desdits Réglemens du 13 Mai 1667.

Par le premier de ces douze articles il est ordonné, Que dans les Assemblées générales il seroit appellé avec les Maîtres & Gardes en Charge, & avec les Anciens qui auroient passé par les Charges, trente jeunes Maîtres-Ouvriers qui n'y auroient pas passé; Et que dans les Assemblées particuliéres qui doivent se tenir toutes les semaines il seroit aussi appellé quatre jeunes Maîtres qui auroient voix déliberative avec les Maîtres Gardes & Anciens dans les affaires qui se présenteroient à régler.

Le second donne pareillement entrée à six jeunes Maîtres-Ouvriers dans les Conseils de Police qui se tiennent tous les mois.

Le troisiéme veut, que dans le nombre des six Maîtres & Gardes il y ait toûjours au moins deux Maîtres-Ouvriers.

Il est défendu par le quatriéme de recevoir à l'avenir aucun Marchand-Maître qu'après avoir fait Apprentissage pendant cinq ans, & avoir fait Chef-d'œuvre de Compagnon; & qu'après avoir servi comme Compagnon chez les Maîtres de la Ville, & avoir fait le Chef-d'œuvre de Maîtrise; à laquelle obligation de faire Chef-d'œuvre, les Fils de Maîtres, ceux qui épouseront les veuves & les filles de Maîtres, & tous autres Aspirans, seroient assujettis.

Le cinquiéme fait aussi défenses aux Marchands & Maîtres de la Communauté, de faire travailler aux ouvrages des Manufactures de draps d'or, d'argent & de soye, leurs Domestiques & Serviteurs, s'ils ne sont obligez pour Apprentifs, ou s'ils n'ont fait leur Apprentissage & le Chef-d'œuvre de Compagnon.

Le sixiéme régle le nombre des Apprentifs à un seul à la fois; & le septiéme veut, Que les Marchands-Maîtres qui voudront faire des Apprentifs, ayent une boutique ouverte garnie de métiers & de toutes les choses nécessaires pour travailler.

Par le huitiéme, il est permis à tous les Marchands & Maîtres, tant les Maîtres-Ouvriers que les Maîtres-Marchands, d'entreprendre toutes sortes d'ouvrages pour toutes personnes indifféremment, même pour en faire Commerce; à la Charge néanmoins qu'ils ne pourront travailler à façon pour autres que pour les Marchands & Maîtres-Ouvriers, lesquels seuls peuvent faire travailler à façon dans la Ville de Lyon.

Il est pareillement permis par le neuviéme article aux Maîtres-Ouvriers qui ont plusieurs métiers montez dans leur boutique, d'entreprendre de l'ouvrage pour differens Maîtres-Marchans à la fois; à la Charge néanmoins que les ouvrages montez seront continuez & finis par les mêmes Ouvriers qui les ont commencez; & que les Maîtres-Ouvriers ne pourront changer ni mêler l'or, l'argent & la soye, ou autres matiéres, qui leur auront été données par les différens Maîtres-Marchands.

Enfin, le dixiéme ordonne, Qu'en cas que le Maître-Ouvrier se trouve debiteur envers le premier Maître-Marchand pour qui il aura entrepris de l'ouvrage, le second Maître-Marchand qui donnera de l'ouvrage audit Maître-Ouvrier, sera obligé de payer au premier Maître-Marchand

Marchand la huitiéme partie de la façon de l'ouvrage qu'il aura donné audit Maître-Ouvrier.

Les onziéme & douziéme articles ne contiennent rien de nouveau, mettant les parties sur les autres demandes & contestations hors de cour, & ordonnant l'éxécution du Réglement de 1667, où il n'y est point dérogé par le présent Arrêt du Conseil du 2 Novembre 1700.

1701 & 1703.

Ce dernier Réglement de 1700 n'ayant pû encore, non plus qu'une Ordonnance des Prevôt des Marchands & Echevins de Lyon, Juges des Arts & Métiers, du 25 Octobre 1701, donnée en conséquence, terminer les contestations, & rétablir la paix entre les Marchands-Maîtres-Ouvriers & les Maîtres-Ouvriers à façon, il fut arrêté le 21 Février 1702 un nouveau Projet de Réglement consenti par les Parties, approuvé au Conseil du Roi le 26 Décembre de la même année, & enfin, de nouveau confirmé & autorisé par des Lettres Patentes du 2 Janvier 1703.

Ce Réglement composé de trente-quatre articles, établit comme une nouvelle discipline pour la Communauté des Marchands-Maîtres & Ouvriers de draps d'or, d'argent & de soye de la Ville de Lyon, sans néanmoins donner atteinte aux Réglemens de 1669 & 1700, non plus qu'aux Ordonnances renduës par les Prevôt des Marchands & Echevins, en ce qui n'y est pas dérogé.

Voici ce que ce dernier Réglement contient de plus important.

1. Le nombre des Maîtres & Gardes est fixé comme auparavant à six, dont deux doivent être Maîtres-Ouvriers à façon, & de ces derniers alternativement l'un Maître-Ouvrier travaillant en plein, & l'autre travaillant en façonné, qui sauront lire & écrire, & ne seront pas rétentionnaires de soye.

2. Les Assemblées générales de Police ou celles tenuës pour l'élection des Maîtres & Gardes doivent toûjours être composées, les deux tiers de Maîtres-Marchands, & l'autre tiers des Maîtres-Ouvriers.

3. Les visites particuliéres se doivent faire par les six Maîtres & Gardes, s'ils le jugent à propos, ou par deux seulement; sçavoir, un Maître-Marchand & un Maître-Ouvrier ensemble, & non autrement.

4. Le Bureau de la Communauté doit se tenir alternativement chez les Maîtres & Gardes Marchands & chez les Maîtres & Gardes Ouvriers à façon, à la charge que les uns & les autres donneront caution de cinq mille livres pour sûreté des deniers de la Communauté.

5. Les Assemblées de chaque semaine ne doivent être composées que des six Maîtres & Gardes & de trois Anciens pour Adjoints, dont l'un sera Maître-Ouvrier à façon.

6. Les registres, comptes, papiers, titres, &c. de la Communauté, sont déclarez communs aux Maîtres & Gardes Marchands & aux Maîtres & Gardes à façon, qui pourront en prendre communication sans déplacer, après quoi ils seront remis au Bureau, & enfermez sous deux clefs.

7. Il n'est permis qu'aux seuls Maîtres-Marchands, ou Maîtres-Ouvriers tenant boutique & ayant métiers travaillans, de faire des Apprentifs.

8. Il est défendu aux Maîtres-Marchands d'avancer aux Maîtres-Ouvriers à façon plus de 150 liv. en argent, si c'est pour ouvrages pleins, ni plus de 300 liv. s'ils travaillent en façonné; au de-là desquelles sommes les autres Maîtres-Marchands de qui les Maîtres-Ouvriers à façon prendront de l'ouvrage, n'en seront point responsables.

9. Les Maîtres-Marchands sont obligez, à peine de cent livres d'amende, d'arrêter le prix des façons des Maîtres-Ouvriers un mois au plus tard après que les étoffes leur auront été renduës, & d'en marquer le prix sur les livres qui doivent être tenus de part & d'autre: Et pareillement les Maîtres-Ouvriers sont tenus, sous peine de 30 liv. aussi d'amende, d'écrire sur le livre de leurs Compagnons, les prix convenus pour la façon des étoffes huit jours après qu'elles auront été achevées.

10. Les Compagnons qui se croyent lézez dans le prix des ouvrages, n'ont que la huitaine pour se pourvoir par devant les Maîtres & Gardes, afin de se faire régler; & faute de se pourvoir dans ledit tems, le prix porté sur leur livre demeurera arrêté.

11. Le Privilége pour les avances que les Maîtres font aux Compagnons travaillant chez eux, ne va que jusqu'à la somme de 20 liv.

12. Les Maîtres & Gardes sont tenus de faire au moins une visite générale par chaque année, & les visites particuliéres le plus souvent qu'il leur sera possible; & dans lesdites visites les Maîtres sont obligez de recevoir les Maîtres & Gardes depuis sept heures du matin jusqu'à sept du soir, & de les traiter avec honnêteté.

13. Les Maîtres-Ouvriers à façon, tant en plein que façonné, ne peuvent entreprendre de l'ouvrage pour deux Maîtres-Marchands en même tems, sans un consentement exprès & par écrit du premier.

14. Les Marchands faisant fabriquer chez eux, & les Maîtres-Ouvriers travaillant à façon, ne peuvent avoir chacun plus de quatre métiers travaillant dans leurs boûtiques, à peine de confiscation des métiers surnuméraires & des marchandises montées dessus, & de 60 liv. d'amende: Et ne peuvent pareillement employer aucun Compagnon forain ou étranger, ni filles & femmes foraines & étrangéres, qui ne sont point reçûs par les Maîtres & Gardes, & enregistrez sur le Livre de la Communauté, à peine de 150 liv. aussi d'amende pour la premiére fois, & d'être privez de la Maîtrise en cas de récidive.

15. Les filles, femmes, ou veuves de Maîtres, employées par les Maîtres de la Communauté, sont tenus de justifier de la Maîtrise de leurs pére & mari.

16. Nul Maître ne peut faire d'Apprentif étranger, ou né hors la Ville & Fauxbourgs de Lyon.

17. Les Maîtres-Marchands après avoir fait banqueroute, ou faillite, ne peuvent davantage faire Commerce, ni fabriquer dans la Ville, mais seulement travailler à façon pour les Maîtres-Marchands; & en cas qu'ils l'entreprissent, les marchandises fabriquées pour leur compte, & les sommes qui leur pourroient être dûës pour icelles, appartiendront à ceux qui étoient leurs créanciers lors de leur faillite & banqueroute, & en outre seront condannez à 3000 liv. d'amende.

18. Les Maîtres travaillant à façon ne peuvent retenir les marchandises qu'ils ont faites par l'ordre & pour le compte des Maîtres-Marchands, à peine d'être déchûs pour toûjours de la Maîtrise, & d'être poursuivis extraordinairement.

19.

19. Il est permis aux Maîtres-Marchands & aux Maîtres travaillans pour leur compte, qui ont des étoffes à eux appartenant, de les porter eux-mêmes dans les maisons de la Ville pour les vendre sans l'entremise des Courtiers.

20. Enfin, il est défendu à tous Courtiers & à toutes autres personnes, excepté les Maîtres-Marchands de la Communauté, les Maîtres travaillant pour leur compte, & les autres Marchands de la Ville, de tenir magazin, ni avoir chez eux des soyes crûës ou teintes, ni des étoffes de soye, d'or ou d'argent, ni de les porter vendre dans les maisons particuliéres, cabarets, hôtelleries, comptoirs & magazins, à peine de confiscation & de 100 liv. d'amende; avec Permission néanmoins aux Courtiers ayant Provisions de Sa Majesté pour la Ville de Lyon, de s'entremettre de la vente des étoffes, en indiquant les maisons, magazins, &c. des Maîtres-Marchands, des Maîtres travaillant pour leur compte, & des autres Marchands de la Ville qui ont des marchandises à vendre.

Il y a quelques autres articles de Police dans ce Réglement qu'on ne raporte point ici, ou parce qu'ils sont peu importans, ou parce qu'ils ne sont donnez que pour un tems; comme la défense faite aux Maîtres & Gardes de recevoir aucun Compagnon forain & étranger pendant dix années; & aux Maîtres de faire des Apprentifs, même des enfans de la Ville, durant cinq ans, & quelques autres semblables.

1557. *Réglement pour la Ville de Tours.*

Les Réglemens pour le Corps & Communauté des Marchands-Maîtres-Ouvriers en draps d'or, d'argent & de soye de la Ville & Fauxbourgs de Tours de l'année 1667, sont tirez & compilez des anciens Statuts de cette Communauté, particuliérement de l'an 1557, enregistrez au Parlement en 1581.

Ces Réglemens furent d'abord projettez dans plusieurs Assemblées des Gardes du Corps des Marchands, des Jurez Gardes des Marchands-Maîtres-Ouvriers, & des principaux Bourgeois & Marchands de ladite Ville de Tours.

Le Projet en ayant été ensuite envoyé à Paris & à Lyon pour y être examiné; à Lyon par les Prevôt des Marchands & Echevins, & les principaux Bourgeois & Marchands de cette Ville; & à Paris par les Gardes des Marchands-Maîtres-Ouvriers en soye, il fut de nouveau revû & approuvé à Tours dans une Assemblée générale tenuë le 3 Mars 1667, par les ordres & en présence du Sieur Voisin de la Noraye lors Intendant de Touraine, où assistérent les Lieutenant Général & Procureur du Roi au Bailliage, le Maire de la même Ville, les Gardes du Corps des Marchands, & les Gardes Jurez du Corps des Marchands-Maîtres-Ouvriers en soye.

L'Arrêt confirmatif de ces Réglemens & les Lettres Patentes pour leur homologation sont du 27 des mêmes mois & an, & son enregistrement au papier des Remembrances du Siége Présidial de Tours du 6 Mai aussi de la même année 1667.

Ce Réglement pour les Manufactures & étoffes de soye de la Ville de Tours est si semblable à ceux de Paris & de Lyon, que pour éviter la répétition de ce qu'on a déja ci-dessus extrait des deux autres, on se contentera d'ajoûter ici le peu d'articles des soixante-quatre dont il est composé, qui peuvent n'y être pas tout à fait conformes.

1. Le Patron de la Communauté est S. Sebastien; & l'Eglise où les Maîtres en célébrent la Fête, & s'assemblent en divers tems pour y assister au Service Divin, est celle des Augustins.

2. Six Maîtres & Gardes Jurez sont préposez pour faire observer & éxécuter les Statuts, dont deux seulement s'élisent chaque année, en sorte qu'ils restent chacun trois années en Charge. On élit aussi tous les ans deux Conseillers anciens pour visiter & marquer les Manufactures des Maîtres & Gardes en Charge, & des autres Maîtres qui travaillent à façon pour lesdits Gardes Jurez.

3. Les visites générales sont réglées à six par chacun an; & les particuliéres toutes-fois & quantes les Maîtres & Gardes le trouvent à propos.

4. L'élection des Gardes Jurez & des Conseillers anciens se fait tous les ans le 23 Janvier au Bureau de la Communauté, ou au Palais en présence du Lieutenant Général & Procureur du Roi de la Ville, par cinquante nouveaux Maîtres tirez au sort, avec les Gardes Jurez en Charge, les anciens Gardes, & les Procureurs & Receveurs. C'est aussi le même jour & de la même maniére que tous les trois ans se fait l'élection des Procureur & Receveur de la Communauté.

5. Les Assemblées ordinaires se tiennent deux fois la semaine dans le Bureau de la Communauté, & sont composées des Maîtres & Gardes & des Anciens.

6. Enfin, l'apprentissage est de cinq années, & le compagnonnage ou service chez les Maîtres d'autres cinq années, comme dans les Statuts de Lyon, ceux de Paris ayant réduit le compagnonnage à trois seulement.

1688.

On peut mettre au nombre des Réglemens pour les Manufactures des étoffes d'or, d'argent & de soye de Tours & de sa Généralité, l'Arrêt du Conseil du 24 Mars 1688.

Les Maîtres-Marchands-Ouvriers en soye de la Ville de Tours prétendoient exempter leurs étoffes de la visite des Inspecteurs, parce que ces Commis n'ayant été chargez que de l'éxécution du Réglement général de 1669, qui ne regarde que la drapperie & autres étoffes de laine, & les teintures, le Roi sembloit n'y avoir point voulu assujettir les étoffes d'or, d'argent & de soye; mais Sa Majesté informée que sous ce prétexte, & par la connivence ou négligence des Gardes Jurez desdits Marchands, qui par-là restoient seuls Chargez des visites, les Réglemens étoient mal éxécutez, & qu'il se commettoit quantité d'abus dans la fabrique desdites marchandises, ordonna, ouï le raport du Marquis de Louvois alors Sur-Intendant des Arts & Manufactures, Que dorénavant lesdits Commis des Manufactures auroient inspection & droit de visite sur les étoffes de soye, qui seroient fabriquées, tant dans la Ville de Tours que dans les autres Villes du département, ou qui y seroient apportées d'ailleurs, pour y être venduës & débitées, sans qu'ils puissent y être troublez ni empêchez par la Communauté des Marchands-Ouvriers dudit Tours, ni autres, pour quelque cause & sous quelque prétexte que ce soit.

Réglement pour les Marchands de la Ville d'Orleans.

La Ville d'Orleans n'a qu'un seul Corps & Communauté de Marchands, à qui il appartient de faire indifféremment tout le Commerce de la drapperie & de toutes autres étoffes de laine, de soye, de fil & coton, ou fleuret mêlé avec la laine, même des soyes en bote, &c.

Ces Marchands jusqu'en l'année 1670, n'avoient, pour ainsi dire, ni Statuts, ni Maîtres & Gardes, ni Assemblées, ni Bureau; ou s'il s'observoit quelque police & quelque discipline entr'eux, n'ayant point été jusques-là revêtus de l'autorité du Prince, elles avoient toûjours été très-mal éxécutées.

Les premiers Statuts de ce nouveau Corps furent donc dressez & signez le 21 Juillet 1670, dans une Assemblée des principaux Marchands qui le devoient composer à l'avenir: ils furent approuvez le 2 du mois d'Août suivant par les Maire & Echevins de la Ville d'Orleans; & Sa Majesté les homologua, les autorisa, & en ordonna l'éxécution par un Arrêt de son Conseil d'Etat du 11 des mêmes mois & an.

Les articles de ces Réglemens sont au nombre de vingt-un.

Ils déclarent d'abord quels sont les Marchands qui doivent composer la Communauté naissante, & les restraint à ceux qui tenoient actuellement boutique ou magazin dans la Ville & les Fauxbourgs d'Orleans, d'étoffes de soye, de laine, de fil de coton ou fleuret, mêlez avec de la laine, ou des soyes en bote; lesquels seroient tenus dans le mois après la publication des Statuts & Réglemens, de faire leur déclaration sur le Registre de l'Hôtel de Ville d'Orleans, & sur celui de la Communauté qu'ils entendent être dudit Corps, & se soûmettent ausdits Statuts; lequel tems passé aucun ne pourroit ouvrir boutique ou tenir magazins desdites marchandises dans ladite Ville & les Fauxbourgs, qu'il n'eût demeuré trois ans consécutifs chez un Marchand du Corps, & qu'il n'eût été reçû dans icelui par les Maîtres & Gardes, si ce n'est qu'il n'eût épousé la fille d'un Marchand de ladite Ville, qui le prit en Compagnie avec lui.

Quatre Maîtres & Gardes dont deux sont élûs chaque année dans l'Hôtel de Ville, en présence des Maire & Echevins, veillent à l'observation des Statuts, & pour en découvrir & en faire punir les contraventions, sont obligez de faire six visites générales. Ils doivent s'assembler tous les quinze jours à leur Bureau pour y délibérer des affaires ordinaires de la Communauté, ils sont tenus pour les extraordinaires d'y appeller les anciens Gardes.

Les comptes se rendent tous les ans par les Gardes qui sortent de Charge, à ceux qui y entrent en presence de l'un des Echevins & des Maîtres & Gardes de l'année précédente; enfin, ils sont obligez à peine de 100 livres d'amende, de dresser chaque année le premier Janvier une liste de tous les Marchands du Corps, pour être transcrite sur le Registre de la Communauté & sur celui de l'Hôtel de Ville.

Toutes marchandises foraines ou étrangéres apportées dans la Ville & Fauxbourgs d'Orleans, pour y être debitées ou qui y sont apprêtées, n'y peuvent être exposées en vente, ni transportées ailleurs, qu'elles n'ayent été vûës, visitées & marquées par les Maîtres & Gardes d'un plomb sur lequel d'un côté est gravé, *Marchandise Foraine*, & de l'autre, *Gardes Drapiers d'Orleans*: à l'exception néanmoins des piéces qui sont en toiles, qui ne doivent être marquées qu'au retour du Foulon, & des marchandises qui ne font que passer debout qui ne sont sujettes à aucunes visite ni marque, aussi-bien que celles qui auroient deja été marquées de deux plombs en deux différentes Villes & lieux.

Les marchandises foraines ne peuvent être marquées que dans le magazin établi à l'Hôtel de Ville, ni les poinçons ou marques transportez hors dudit dépôt, sinon lors des six visites générales; les Maîtres & Gardes restant de plus responsables de toutes les marchandises déposées au magazin desquelles ils doivent tenir bon & fidèle registre, & les rendre deux jours après qu'elles y sont entrées, si elles n'y sont detenuës par saisie.

Il est deffendu à tous Marchands de prêter à qui que ce soit leurs plombs particuliers, ni de s'associer avec d'autres Marchands qui ne sont pas du Corps, non plus que de donner aucune chose aux Tailleurs qui leur feront vendre quelques étoffes, étant tenus au surplus de ne se servir que de l'aune de Paris, & de reprendre les draps & serges qu'ils auront vendus, même déja coupez, s'il y a des tarres & verjages.

Les veuves & enfans des Marchands peuvent tenir boutique de toutes les marchandises de laine, de soye & autres, & les faire apprêter & vendre, comme devant la mort de leur mari & pére, sans payer aucuns droits à la Communauté.

Il est fait deffenses à tous lesdits Marchands de travailler ou faire travailler en coûture, ni entreprendre sur le métier de Tailleur, Tapissier ou Fripier; & pareillement aux Artisans desdits métiers de vendre aucune marchandise à la piéce ou à l'aune, ni de se mêler du Commerce réservé audit Corps.

Les Commissionnaires doivent être présentez par les Maîtres & Gardes, & reçûs par les Maire & Echevins; ils sont tenus de prêter serment & de tenir registre des marchandises qui leur sont envoyées par les Marchands Forains; leur étant d'ailleurs interdit tout Commerce desdites marchandises pour leur compte particulier, si ce n'est qu'ils les eussent façonnées; ils ne peuvent aussi s'associer directement ou indirectement avec aucun Marchand.

Les Maire & Echevins sont déclarez Juges naturels de tous les différens concernant l'éxécution du présent Réglement & du Réglement général de 1669, à peine de cent cinquante livres d'amende contre ceux qui se pourvoiroient ailleurs.

Enfin, il doit se tenir le premier Janvier de chaque année dans l'Hôtel de Ville, une Assemblée générale de tous les Marchands du Corps en présence des Maire & Echevins; pour aviser aux moyens de perfectionner les Manufactures, soit dans leur fabrique, soit dans leurs apprêts, & corriger ou prévenir les abus qui s'y peuvent commettre, le Procès verbal en doit être envoyé dans la quinzaine au Sur-Intendant Général des Arts & Manufactures de France.

RE-

REGLEMENS CONCERNANT LA FABRIQUE DE DIFFERENTES SORTES DE MANUFACTURES, OUVRAGES ET MARCHANDISES.

Tous les Réglemens dont on a parlé jusqu'ici dans cet article, & desquels on a donné les extraits, ne regardent que la fabrique des étoffes d'or, d'argent, de soye & de laine, qui certainement font l'objet le plus étendu & le plus riche des Manufactures de France; mais y ayant encore divers autres Ouvrages qui se fabriquent & se vendent, soit par les Ouvriers de quelques Corps de Marchands, soit par les Maîtres de plusieurs Communautez des Arts & Métiers, qui font aussi une partie très-considérable du Négoce de Paris & des autres Villes du Royaume, on a crû ne pouvoir se dispenser d'ajoûter ici les divers Réglemens qui ont été faits de tems en tems pour porter à la derniére perfection ces différens Ouvrages & Manufactures, chacune suivant sa nature & qualité.

Les principaux de ces Réglemens sont ceux concernant les bas & autres Ouvrages de bonneterie, soit au tricot soit au métier; ceux pour la fabrique des chapeaux; ceux pour les futaines & les bazins; & ceux pour les diverses sortes de toiles qui se font en plusieurs Provinces du Royaume.

Réglement pour les Ouvrages de bonneterie tant au tricot qu'au métier.

Il y a eu pendant quelque tems à Paris ou dans les Fauxbourgs trois Corps ou Communautez différentes de Marchands ou Ouvriers faisant le Commerce & travaillant aux ouvrages de la Bonneterie.

Le plus ancien Corps qui subsiste toûjours, est celui des Marchands Bonnetiers-Aulmulciers-Mitonniers, qui tient le cinquiéme rang parmi ceux que par une distinction honorable on appelle à Paris les six Corps des Marchands.

Le second qui étoit pareillement d'une assez grande antiquité; mais qui a été réüni au premier en 1716 & 1718, étoit la Communauté des Maîtres Bonnetiers au tricot établie dans les Fauxbourgs de Paris particuliérement dans celui de S. Marcel, communément appellé de S. Marceau.

Enfin, le troisiéme Corps de Bonnetiers, de beaucoup plus nouveau que les deux autres, est la Communauté des Maîtres Ouvriers en bas au métier, dont les Lettres Paténtes d'établissement ne sont que de l'année 1672.

Les premiers Réglemens & Statuts du Corps de la Bonneterie de Paris sont anciens; ils en ont du commencement du seiziéme Siécle, & il paroît que leur érection en Corps de Marchands peut même remonter bien plus haut.

Les Statuts dont ils se servent présentement ne sont que du premier Février 1608, mais tirez & compilez des anciens, aussi-bien que de plusieurs Sentences du Châtelet, ou Arrêts du Parlement; entr'autres de l'Arrêt du 5 Août 1575 servant de Réglement entre les Marchands Merciers & les Marchands Bonnetiers; & des Sentences des 13 & 20 Novembre 1596 pour la visite & marque des marchandises foraines. Ces Statuts furent enregistrez au Parlement le 4 Juillet de la même année 1608, & au Châtelet le 4 Août suivant.

Les quarante-neuf articles qui composent ces Réglemens des Bonnetiers, contiennent non-seulement la Police du Corps concernant le nombre de Maîtres & Gardes, leurs fonctions, leurs visites, leurs Assemblées, l'apprentissage & la maîtrise, &c. dont on a déja parlé aux articles de la Bonneterie & des Bonnetiers où l'on peut avoir recours; mais encore ils expliquent assez au long quelle sorte d'ouvrages il est permis aux Maîtres de fabriquer & de vendre; d'où ils peuvent tirer ceux qu'ils ne fabriquent pas; quand & comment les Forains doivent exposer en vente les marchandises qu'ils apportent; quelle bonneterie les Marchands Merciers peuvent tenir chez eux; la Permission qui est accordée ausdits Merciers d'en vendre seulement en gros, fixains & sous corde, avec défenses de les étaler ni debiter par piéce; les visites qu'ils doivent souffrir être faites dans leurs boutiques & magazins par les Maîtres & Gardes Bonnetiers, & de quelle maniére ceux-ci doivent procéder ausdites visites; l'achat & vente des Ouvrages de Bonneterie qui se font à Dourdan & autres lieux de la Beausse les plus voisins de Paris, aussi-bien que de ceux fabriquez par les Bonnetiers des Fauxbourgs & revendus par les Fripiers & Revendeuses.

Enfin, il est traité dans trois articles qui sont les 35, 36 & 37, des Foulons & des apprêts qu'ils donnent ausdits Ouvrages, ausquels il leur est deffendu de se servir d'urine pour les dégraisser, mais seulement de savon & de terre; comme aussi de ne point employer de cardes, pomelles, ou autres outils pour tirer le poil aux Ouvrages de Bonneterie, à peine d'être déchûs de la maîtrise & de punition corporelle.

Les Réglemens des Bonnetiers-Ouvriers en bas au tricot des Fauxbourgs ayant été abrogez par leur réünion avec les Bonnetiers de la Ville, on se dispensera d'en parler ici, outre que ce qu'on en a dit ailleurs peut suffire. *Voyez* BONNETIER *&* BONNETERIE. On remarquera seulement que l'Arrêt du 23 Février 1716, qui ordonne ladite réünion, porte aussi un Réglement conformément auquel il se doit faire, & qui fixe le rang des nouveaux Maîtres réünis, leur entrée aux Charges, le payement des dettes des deux Communautez & l'union de leurs deux Confrairies, aussi-bien que de leurs ornemens & argenterie. On peut voir ce Réglement à la fin de l'article des Bonnetiers.

Quoique la Communauté des Maîtres Ouvriers en bas au métier soit la plus nouvelle, & qu'elle n'ait été établie qu'en 1672, comme on vient de le dire, c'est pour elle cependant qu'il a été fait le plus grand nombre de Réglemens dont quelques-uns à la vérité lui sont communs avec les Marchands Bonnetiers & Ouvriers en bas au tricot, mais desquels aussi la plûpart lui sont propres & particuliers.

Le premier de ces Réglemens pour les bas au métier est compris dans les Statuts de 1672 & les Lettres Patentes qui les homologuent.

Le second est un Arrêt du 12 Janvier 1684, par lequel il leur est permis outre les bas de soye ausquels ils avoient d'abord été restrains, d'en faire aussi de fil, de laine & de coton.

Le

Le troisiéme est un autre Arrêt du Conseil d'Etat du 30 Mars 1700.

Et le quatriéme encore un Arrêt aussi du Conseil du 17 Mai 1701, donné en interprétation du précédent.

Ces quatre premiers Réglemens, sur tout les deux derniers, étant rapportez presque tous entiers aux articles des bas au métier & des Bonnetiers, on se contente de les indiquer; les autres qui ont suivi sont aussi au nombre de quatre; un du 3 Octobre 1716; un autre du 19 Décembre de la même année, un autre encore du 16 Octobre 1717; & enfin, un dernier du 6 Mars 1719, desquels on va donner un extrait plus ou moins étendu suivant l'importance des articles qu'ils contiennent.

1716.

Le Réglement pour les bas au métier du 3 Octobre 1716, qui est le premier de ces quatre, ordonne que les 19, 20, 21 & 22 articles du grand Réglement du 30 Mars 1700, qui concerne la marque des Ouvrages de Bonneterie au métier, seront éxécutez; accordant néanmoins trois mois pour que lesdits Ouvrages non marquez pussent l'être par les Inspecteurs des Manufactures d'un plomb particulier qui ne pourroit servir après ledit tems: il ordonne au surplus que les marchandises qui n'auront point ledit plomb, seront confisquées après les trois mois expirez.

Les Marchands chargez de ces sortes d'Ouvrages non plombez, ayant négligé l'éxécution de cet Arrêt & refusé de payer les frais de la marque, Sa Majesté par un nouvel Arrêt qui est celui du 19 Décembre de la même année 1716, ordonna que lesdits frais de marque seroient payez par tous les Marchands qui auroient dans leurs boutiques des Ouvrages au métier sans marque, comme les ayant contre la disposition du Réglement de 1700, & régla ces frais à six deniers pour chaque plomb qui seroit apposé sur chaque camisole, caleçon, ou paire de bas, & seulement trois deniers pour la marque de chaque bonnet, paire de gans & autres menus Ouvrages au métier.

1717.

Le Réglement du 17 Octobre 1717 pour la fabrique, le poids & la teinture des bas & autres Ouvrages de Bonneterie de soye qui se font au métier, avoit été précédé par un Arrêt préparatoire du 30 Août 1716, qui ordonnoit que les Intendans des Provinces & Généralitez où est permise la fabrique de ces marchandises, assembleroient les Ouvriers & Marchands tant en gros qu'en détail, qui fabriquent & font Commerce desdits Ouvrages, pour s'informer s'il convenoit d'apporter quelque changement aux articles quatriéme & septiéme du Réglement de 1700, ou s'il faloit continuer de les faire éxécuter suivant leur forme & teneur.

C'est sur les Procès verbaux envoyez par les Intendans des Provinces, sur celui de M. Dargenson lors Conseiller d'Etat, Lieutenant Général de Police, des expériences faites par ses ordres pour justifier de la bonne ou mauvaise qualité de la soye teinte en noir, avant ou après avoir été travaillée au métier, & sur l'avis des Députez au Conseil Royal de Commerce, que les quatre articles de ce nouveau Réglement furent arrêtez, pour être éxécutez conjointement avec l'ancien Réglement de 1700. Ces articles portent,

I. Que l'article quatriéme dudit Réglement de 1700 seroit éxécuté selon sa forme & teneur; ce faisant que les soyes destinées pour lesdits Ouvrages ne pourroient être employées qu'à huit brins; & de plus, que tous les bas pour homme seront du poids de quatre onces au moins, & ceux pour femmes de deux onces & demie, à peine de confiscation des bas & des métiers, de cent livres d'amende, & d'être déchûs de la Maîtrise contre les Fabriquans, & de deux cens livres d'amende & d'interdiction de leur Commerce en cas de récidive, contre les Marchands.

II. Que néanmoins il sera permis aux Fabriquans de fabriquer des bas destinez à être envoyez en Espagne & autres Païs étrangers, en moins de brins & de moindre poids que ceux fixez par l'article précédent, en y mettant une marque où seront écrits ces mots, *Pour l'Etranger*, avec le nom de la Ville & de l'Ouvrier, sans que ces sortes de bas puissent être exposez en vente, ni vendus en détail dans leurs boutiques & magazins, ou ailleurs sous les mêmes peines.

III. Il est ordonné aussi sous les mêmes peines, que conformément à l'article sept du Réglement de 1700, les bas ou autres Ouvrages de soye destinez à être mis & usez en noir, seront travaillez de soye blanche, & ne pourront être teints qu'après avoir été achevez & levez de dessus le métier, à l'exception néanmoins des bas & autres Ouvrages de soye noire fabriquez à Lyon, qu'il leur sera libre de fabriquer avec des soyes teintes en noir avant que d'être employées, à condition que la marque de la Ville de Lyon & de l'Ouvrier y sera attachée, & que la doublûre du bord sera de soye blanche.

IV. Enfin, il est pareillement ordonné que dans les autres Villes du Royaume où les bas de soye noire doivent être travaillez avec de la soye blanche; ceux mêlez & où il entrera de l'or & de l'argent, puissent être faits avec des soyes teintes en noir; laquelle exception aura même lieu à l'égard des bas dont les coins sont de soyes différentes ou de fil d'or, ou d'argent, en tout & en partie, pour tous lesquels on poura aussi se servir de soyes teintes en noir avant que d'être employées.

1719.

Le Réglement du 6 Mars 1719 pour la fabrique des bas de filoselle, de fleuret & de soye, qui se font au métier, a été dressé ainsi que le précédent sur les Mémoires envoyez par les Intendans & sur les avis des Députez au Conseil de Commerce.

Il ne contient non plus que quatre articles.

Par le premier il est ordonné que les Arrêts du 30 Mars 1700 & 19 Decembre 1716 seront éxécutez, & en expliquant en tant que besoin seroit l'article premier de celui du 16 Octobre 1717, que sous les peines y portées tous les bas de soye, en quelque Ville & lieu du Royaume qu'ils soient fabriquez, ceux pour hommes péseront, *poids de marc*, quatre onces au moins, & ceux pour femmes deux onces & demie.

Le second article porte, Que la filoselle & le fleuret destinez à faire des bas ne pourront être employez qu'en trois brins; & que tous les bas pour hommes qui en seront faits, seront du poids de cinq onces, & ceux pour femmes de trois onces aussi *poids de marc*; & qu'ils ne pourront être fabriquez que sur des métiers depuis le jauge de vingt-deux plombs

plombs à deux aiguilles gros jusqu'à celui de vingt-deux plombs de trois aiguilles fin, à peine de confiscation des bas & des métiers, de 100 liv. d'amende, & de déchéance de Maîtrise contre le Fabriquant, & de 200 liv. d'amende & d'interdiction de leur Commerce en cas de récidive contre les Marchands.

Le troisiéme article, en ordonnant l'éxécution des articles 19, 20, 21 & 22 du Réglement de 1700, & celle de l'Arrêt du 19 Décembre 1716, enjoint à tous les Fabriquans d'apposer au bas de filoselle & de fleuret, le plomb de fabrique, sous les peines prononcées par les Arrêts.

Enfin, il est ordonné par le quatriéme & dernier article, Que conformément aux anciennes Ordonnances, Réglemens & Arrêts du Conseil, & notamment celui du 3 Février 1670, les bas & autres Ouvrages de Bonneterie provenant des Païs étrangers, & qui seront composez de soye, filoselle & fleuret, ne pourront entrer dans le Royaume par Mer que par le Port de Marseille, & par terre que par le Pont de Beauvoisin, pour être conduits directement sans aucune vente, débit ni entrepôt en la Ville de Lyon, y aquiter les droits ordinaires, comme soyeries, & y être plombez du plomb de la Douane de Lyon, à peine de confiscation desdites marchandises, & des charrettes, chevaux, mulets, bateaux & autres équipages.

Réglemens pour les toiles, coutils, basins, futaines, canevas, treillis, bougrans & linge ouvré.

On comprend ces diverses marchandises & ouvrages sous le même titre, parce qu'en effet ils ne sont tous que des tissus en forme de toile faits avec la navette & sur le métier des Tisserans avec des fils de chanvre, de lin, & de coton.

Comme il ne s'agit ici précisément que des Réglemens donnez de tems en tems pour la fabrique de toutes ces espéces de toiles, l'on peut voir à leurs articles particuliers & suivant l'ordre alphabétique, ce qui concerne leur qualité, nature, fabrique & Commerce, aussi-bien que les Provinces de France où on les fait, & les Etats & Païs étrangers d'où l'on tire ceux qui viennent du dehors.

Le Commerce des toiles ayant toûjours été très-considérable en France, il s'est fait de tout tems des Réglemens pour assurer la bonté de leur fabrique, aussi-bien que de leurs largeurs & longueurs. Il faut cependant avouer qu'on n'en a jamais tant vû ni de si importans que sous le Régne de Louïs XIV.

On en compte au moins dix-huit depuis celui de 1659, compilé de tous les anciens par le Lieutenant Général de Roüen, jusqu'aux deux Réglemens du 4 Janvier 1716, donnez dans la premiére année du Régne de Louïs XV.

Celui de 1659, & un autre de 1664, ayant été comme abrogez, ou du moins fondus, pour ainsi dire, dans ceux qui les ont suivis, on ne commencera que par le Réglement de 1676, dont on donnera des extraits, ainsi que de tous les autres rendus depuis, qu'on ne raportera pourtant que suivant l'ordre de leur date.

Il y a aussi une Instruction importante du 9 Mai 1691 pour la visite des toiles par les Inspecteurs; mais on en a parlé ailleurs. *Voyez* INSTRUCTION.

1676.

Le Roi Louïs XIV. qui bien qu'engagé à soûtenir une grande Guerre contre les Etats Généraux des Provinces-Unies, ne perdoit point de vûë le dessein qu'il avoit formé, & qui lui avoit été inspiré par M. Colbert, de pousser, s'il étoit possible, les Manufactures de son Royaume à la derniére perfection, ayant ordonné par un Arrêt de son Conseil d'Etat tenu au Camp de Kievrain, que deux des principaux Marchands & Négocians de chacune des Villes de Paris, de Roüen & de S. Malo se rendroient incessanment à Paris, pour, en présence de ce Ministre, qui étoit alors Contrôleur Général des Finances, donner leur avis sur le rétablissement du Commerce des toiles, particuliérement dans les Provinces de Bretagne & de Normandie, il parut le 14 Août de la même année 1676 un Réglement en dix articles, confirmé, autorisé & homologué par des Lettres Patentes données à Versailles, & enregistrées au Parlement de Roüen les mêmes mois & an.

Il est ordonné par ce Réglement, 1. Que les toiles appellées Blancardes, Fleurets & Réformées, seroient faites de pur lin, tant en chaîne qu'en trême, ou toutes de chanvre, ou toutes d'étoupes, sans mêlange & d'une égale bonté & filure tant aux bouts, aux lisiéres qu'au milieu.

2. Que les métiers desdits fleurets seroient montez de deux mille six cens fils au moins; ceux des blancardes, de deux mille deux cens; ceux des toiles nommées Toiles de coffre, de mille huit cens; & ceux de toiles appellées Toiles brunes, de douze cens fils & au dessous, afin qu'elles se trouvassent de trois quarts & demi un sixiéme de large; ce qu'on appelle Laize ou Largeur de bonjon.

3. Que les toiles brunes qui doivent servir à la teinture, n'auroient que dix à douze aunes de longueur; que l'excédent des piéces plus longues sera coupé, & le Tisserand condanné à cent livres d'amende.

4. Que toutes les lames & rots des métiers des Tisserans de la Province de Normandie pour la fabrique desdites toiles, seroient réformez, & auroient une aune entre les deux gardes, sans être renforcez aux lisiéres ni au milieu, à peine de cent livres d'amende pour les Rotziers qui en feroient d'autre qualité, & de vingt livres pour ceux qui s'en serviroient.

5. Qu'on ne dévideroit point de gros fil avec du fil menu dans une même piéce, ni du fil de chanvre avec du fil de lin; mais qu'ils seroient dévidez sans mêlange chacun suivant leur nature.

6. Que la visite des toiles ayant été faite par les personnes préposées pour la faire, elles seroient marquées aux deux bouts de chaque piéce avec de l'huile & du noir, de la marque des lieux où elles auroient été fabriquées; & celles qui seroient reconnuës défectueuses, saisies, confisquées & coupées publiquement en morceaux de deux aunes; avec défenses d'exposer en vente, ni acheter aucunes toiles, qu'elles n'ayent été marquées.

7. Que pareillement les Blanchisseurs & Curandiers ne pourroient en blanchir, ni les Commissionnaires ou Courtiers en acheter, ni les Embaleurs en embaler pour les Païs étrangers, si elles n'ont ladite marque.

8. Que les Marchands & Ouvriers ne pourroient apporter à Roüen des toiles *empointiées*, ni leurs Hôtes, Commissionnaires & Facteurs les garder que jusqu'au prochain jour des hales, ni les montrer ni débaler dans leurs

leurs maisons; mais qu'elles seroient portées ausdites hales dans leur embalage, pour y être débalées, visitées & marquées, & ensuite être exposées en vente, & venduës chaque vendredi de la semaine, & non ailleurs.

9. Qu'aucuns Ouvriers ni Auneurs ne pourroient acheter ni mettre en curage aucune toile pour leur compte particulier.

10. Enfin, Que les Marchands & Ouvriers en toile seront tenus de souffrir les visites des Jurez & Inspecteurs.

Les Lettres d'homologation de ce Réglement, en le confirmant & en ordonnant l'éxécution, permettent outre cela à tous les Marchands du Royaume d'acheter ou faire acheter dans la Ville de Roüen & autres lieux que bon leur semblera, des toiles écruës, même hors le tems des Foires, dérogeant en cela à tous Priviléges des Marchands de ladite Ville de Roüen. Lesdites Lettres ordonnent au surplus que les contraventions audit Réglement & les contestations entre Marchands & Ouvriers en éxécution d'icelui, seront portées en première instance par devant les Juges ausquels est attribuée la connoissance & Jurisdiction des Manufactures par l'Edit de 1669.

On peut voir ci-après quelques autres Réglemens concernant les blancardes & fleurets, comme ceux de 1683, 1684 & 1716, qui ordonnent l'éxécution de celui dont on vient de donner l'extrait, & qui y ajoûtent plusieurs nouveaux articles.

1680 & 1682.

Les Statuts & Réglemens pour les longueurs, largeurs & qualitez des toiles qui se fabriquent dans la Province de Beaujolois, furent arrêtez à Villefranche le 20 Janvier 1680, mais seulement homologuez au Conseil Royal de Commerce tenu à S. Germain en Laye le 7 Avril 1682.

Ces Réglemens consistent en treize articles, par lesquels il est ordonné:

I. Qu'il y auroit quatre Marchands Maîtres choisis & députez chaque année le 2 Novembre dans une Assemblée qui se tiendroit à Villefranche, où assisteroient les Echevins de ladite Ville, & tous les Marchands & Ouvriers en toiles de la Province de Beaujolois; lesquels quatre Députez Jurez auroient soin de faire éxécuter les Réglemens.

II. Que lesdits Jurez n'entreroient dans l'éxercice de leur commission que du jour de la prestation de leur serment.

III. Que les quatre Députez pourroient tous les jours, excepté les Dimanches & Fêtes, faire leurs visites dans les maisons des Ouvriers; les magazins, boutiques & greniers des Marchands, même dans les blancheries & autres lieux de ladite Province qu'ils trouveroient à propos.

IV. Que les visites des Députez se feroient gratuitement & sans frais, même celles dans les hales & marchez de Villefranche & de Thisy; avec permission néanmoins à eux d'enlever & déposer au Greffe du Bailliage les toiles trouvées en contravention au présent Réglement dans tous ces lieux, d'en poursuivre la confiscation & l'amende de cent livres.

V. Que dans les visites qui se feroient dans les blancheries, les Jurez éxamineroient si les crochets où les Blanchisseurs mesurent les toiles ont cinq quarts d'aune francs, afin d'en assurer l'aunage, à peine, si lesdits crochets ne sont pas de cette mesure, de 200 livres d'amende contre les Blanchisseurs qui s'en serviront.

Les articles VI. VII. VIII. IX. X. & XI. qui sont les plus importans, réglent la largeur des différentes toiles qui se fabriquent dans cette petite Province, la maniére de leur pliage, les lieux & les jours où elles doivent être exposées en vente, & venduës, & la marque qui doit y être apposée. *On peut voir toutes ces choses à l'article général des Toiles, à l'endroit où il est parlé de celle de la Province de Beaujolois.*

A l'égard des XII. & XIIIe articles qui sont les deux derniers, l'un adjuge la moitié des amendes aux pauvres de l'Hôtel-Dieu de Villefranche, & l'autre moitié aux quatre Jurez; & le XIII. article permet ausdits Députez-Jurez d'étendre leurs visites dix lieuës à la ronde de la Province de Beaujolois pour y faire observer le Réglement.

1683.

Le Réglement de cette année pour les toiles est du 10 Avril. Il y est ordonné que toutes les toiles appellées Fleurets, Blancards & Brunes qui sont fabriquées tant dans la Ville de Roüen que dans les Villes, Bourgs & Villages des environs & dans toute l'étenduë du Bailliage, seroient apportées en écru sous la hale de ladite Ville de Roüen, pour y être visitées & marquées de la marque de la Ville.

1684.

L'Arrêt du Conseil d'Etat du Roi en forme de Réglement, du 17 Juillet 1684, principalement rendu pour l'éxécution du Réglement de 1676, concernant les toiles de Bretagne & de Normandie, enjoint aux Juges des Manufactures de juger en conformité, à peine d'interdiction, & de répondre en leur propre & privé nom des amendes & confiscations qu'ils auroient dû prononcer; & d'ordonner, lors que le cas y écherroit, que les piéces de toiles jugées défectueuses seroient coupées en morceaux de deux aunes, sans qu'ils puissent modérer cette peine.

Cet Arrêt défend d'abondant aux Ouvriers, Curandiers & Blanchisseurs de tirer à l'avenir les toiles sur la longueur, ou largeur, à peine de 300 liv. d'amende; & aux Commissionnaires, Courtiers & Embaleurs de mêler dans un même balot destiné pour l'Espagne, ou les Indes, des toiles de différentes qualitez, à peine de confiscation & de 500 liv. d'amende.

Cet Arrêt est compris dans le Réglement général de 1701, dont on parlera en son rang.

1693.

Le Réglement général de 1676, n'ayant pas paru suffisant, ni assez étendu pour remédier aux abus qui se commettoient dans la fabrique des toiles de plusieurs endroits de Normandie, particuliérement dans les Généralitez de Caën & d'Alençon, il en fut projetté un particulier pour ces deux Généralitez en 1693, qui ayant été dressé & rédigé sur les avis des principaux Négocians faisant le Commerce des toiles, & des plus habiles Tisserans de cette partie de la Normandie, fut ensuite confirmé & homologué par un Arrêt du Conseil du 7 Avril de la même année.

Ce Réglement comprend non seulement toutes les sortes de toiles qui se fabriquent dans les Généralitez de Caën & d'Alençon, mais encore tous les autres linges & ouvrages faits

faits de fil par les Tisserans, comme les serviettes ouvrées, canevas, treillis, coutils, &c.

Trente-quatre articles composent ce Réglement. Vingt de ces articles depuis le sixiéme inclusivement réglent les longueurs & largeurs de toutes les toiles, linge ouvré, canevas, treillis & coutils qui se font dans cette partie de la Normandie.

Les autres articles sont de Police, & ordonnent ce qui doit être observé par les Marchands qui font le Commerce des toiles, les Tissiers & Tisserans qui les fabriquent, les Lamiers & Rotziers qui travaillent aux lames & rots des métiers, les Curandiers qui blanchissent les toiles, les Gardes Jurez & Inspecteurs qui les visitent & les marquent; enfin, où & quand les toiles doivent être exposées en vente, comment s'en doit faire le pliage, & de quelle maniére elles doivent être liées pour la vente, afin que l'Acheteur en puisse mieux éxaminer la qualité.

L'on n'extraira rien ici des vingt articles concernant les longueurs & largeurs des toiles, parce qu'on les peut voir au paragraphe de celles de Normandie, dans l'article général des toiles, ou aux articles particuliers du linge ouvré, du canevas, du treillis & du coutil; on va seulement remarquer ce qu'il y a de plus important pour la Police, qui ne soit pas compris dans le Réglement de 1676, dont l'éxécution est ordonnée par celui-ci, particuliérement les articles 6 & 7 concernant la marque.

Chaque espéce de toile doit être composée de même nature de fils, de pareille fileure, sans aucun mélange de moins bon avec de meilleur, & également serrées tant aux lisiéres qu'au milieu, d'un bout à l'autre.

Les lames, rots & peignes doivent être également compassez, en sorte que les dents des peignes ne soient pas plus larges au milieu qu'aux deux extrêmitez: Et pour éviter l'abus des dents inégales, les Tissiers ne pourront se servir, ni les Lamiers vendre que des rots, lames & peignes visitez par un Juré Lamier.

Que les fils arrivant aux marchez seront visitez par les Jurez Tissiers, & que nul Tissier n'en pourra acheter avant la visite.

Que les marchez ne pourront être ouverts, ni la vente des toiles commencer que la visite & marque des toiles ne soient finies, & le Bureau où elles se font, fermé.

Qu'outre les jours de marché, il sera indiqué un autre jour pour la visite & marque des toiles qui n'auront pû être visitées, ni marquées les jours desdits marchez; auquel jour indiqué, les Gardes & Jurez seront tenus de se trouver au Bureau à l'heure réglée.

Qu'à chaque élection de Jurez, ceux qui seront élûs feront faire une nouvelle marque avec la date de l'année de leur élection.

Que les Tissiers & Marchands ne pourront *Empointer* les piéces de toile qu'ils exposeront en vente; mais se contenteront de les lier avec des ficelles à nœud coulant seulement, les pliant par plis d'une aune de long, sans enfermer ni rouler aucun bout desdites toiles; ce qui sera aussi observé pour le pliage des piéces de serviettes, dont les plis seront de la longueur de la premiére serviette.

Enfin, que pour les contraventions qui pourroient être faites au Réglement, & les contestations qui surviendroient sur son éxécution elles seroient jugées, & les amendes & confiscations adjugées, lesquelles seroient appliquées, ainsi qu'il est porté par ledit Réglement de l'année 1676.

1700.

Les Marchands & Fabriquans de toiles de la Ville de Laval & des lieux circonvoisins, s'étant assemblez dans ladite Ville de Laval en conséquence des Ordres de Sa Majesté, le 25 Novembre 1699. pour éxaminer ce qui pourroit contribuer à la perfection des Manufactures desdites toiles, & à l'augmentation du Commerce qui s'en fait, avoient crû avantageux que les lames servant à la fabrique des toiles au dessous de quarante-huit portées, fussent également compassées, tant au lis qu'au milieu; & que celles pour les toiles au dessus desdites quarante-huit portées, fussent un peu plus pressées au lis qu'au milieu, & avoient pareillement demandé que défenses fussent faites aux Marchands qui font le Commerce des Fils, d'en mêler de différente qualité dans le même paquet.

Mais le Sieur de Miroménil alors Intendant de Touraine, ayant, sans avoir égard à cet avis des Marchands & Fabriquans, donné son Ordonnance du 72 du même mois de Novembre 1699, par laquelle il étoit dit que les Tisserans seroient tenus de se servir à l'avenir, conformément aux anciens Réglemens, de lames également compassées; & remis sur la vente des fils à ce qui en seroit réglé au Conseil, où précédemment il avoit envoyé son avis sur ladite vente des fils mélangez; le Roi en son Conseil tenu à Versailles le 30 Mars 1700., ordonna:

Que l'Ordonnance dudit Sieur Intendant seroit éxécutée selon sa forme & teneur, & qu'en conséquence les Tisserans de Laval & des autres lieux & Villes de la Généralité de Touraine, ne pourroient se servir pour la fabrique de leurs toiles de quelque largeur qu'ils les fissent, & de quelque nombre de portées qu'elles fussent composées, que de lames également compassées, tant au lis qu'au milieu; avec défenses aux Lamiers d'en fabriquer qui ne fussent pas égales par tout, & aux Tisserans de s'en servir qui ne fussent marquées.

Et qu'à l'égard du Commerce des fils il seroit défendu aux Marchands & autres personnes faisant ledit Négoce d'en mêler de différentes qualitez dans un même paquet; comme aux Tisserans d'en acheter ainsi mêlez, à peine de confiscation & de cent livres d'amende, tant contre l'acheteur que contre le vendeur, & que pour prévenir l'abus, les fils qui seroient exposez en vente dans le marché de Laval, & des autres lieux & Villes de la Généralité de Touraine, seroient visitez par les Jurez Tisserans avant l'ouverture des marchez.

1701.

Le Réglement donné le 24 Decembre 1701. pour toutes les toiles qui se fabriquent dans la Généralité de Roüen, est proprement l'interprétation & l'extension du Réglement général de 1676, & une récapitulation de tous ceux qui avoient été faits auparavant, ou dressez depuis, concernant les toiles de la Province de Normandie, dans laquelle il s'est toûjours fait, & se fait encore un si grand Commerce de toutes espéces & qualitez de toiles.

Les motifs du nouveau Réglement furent, Qu'il se trouvoit quantité de différentes qualitez de toiles dont il n'étoit fait aucune mention dans les Réglemens faits jusqu'alors.

Qu'il s'étoit glissé de grands abus, tant dans la fabrique des toiles Blancards, Fleurets & Brunes, mentionnées dans celui de 1676, que dans les envois qui s'en font dans les Païs étrangers.

Que contre la disposition du Réglement de 1683, qui ordonne que lesdites toiles seroient portées en écrû sous la hale de la Ville de Roüen, pour y être visitées & marquées de la marque de la Ville, les Fabriquans de saint Georges & des environs, les portoient aux Bureaux nouvellement établis à Bernay & à Beaumont, quoi que ces Bureaux ne fussent pas destinez pour la marque des toiles Blancards, Fleurets & Brunes, mais pour des toiles d'autres qualitez; & qu'à la faveur de ces marques surprises, les toiles défectueuses de ces premiéres espéces étoient blanchies dans les curanderies desdits lieux, & se répandoient dans le Commerce comme si elles eussent été de bonne qualité.

Enfin, qu'encore qu'il eut été défendu par un autre Réglement de 1684, de mêler dans un même balot destiné pour l'Espagne & pour les Indes, des toiles de différentes qualitez, les Marchands ni les Embaleurs ne se donnoient plus le soin de les séparer, & de n'embaler ensemble que celles des mêmes espéce & nature; toutes contraventions ou défauts si essentiels, que la fabrique & le Commerce des toiles de la Province de Normandie, & particuliérement de la Généralité de Roüen, coureroient risque s'il n'y étoit pas incessanment pourvû.

Le Réglement par lequel on y pourvoit, contient cinquante-neuf articles.

Les trois premiers & le seiziéme traitent de la nature & qualité des fils qui doivent être employez dans les différentes espéces de toiles. Les huit suivans aussi-bien que le 15, le 17, le 18 & le 23, réglent les largeurs que chaque sorte de toiles doivent avoir en écrû, & les longueurs des Fleurets & des Blancards. Trois autres qui sont le 12, le 13 & le 24, fixent le nombre des fils dont la chaîne de ces derniéres toiles doit être composée. Quatre articles depuis le 18 jusqu'au 23, ordonnent l'égalité des rots d'un bout jusqu'à l'autre, & la marque que les Rotziers qui les fabriquent doivent y mettre avant que de les vendre aux Tisserans. Il y a jusqu'à douze articles pour la visite & marque des toiles, l'élection & fonction des Marchands Inspecteurs; l'obligation à l'Inspecteur des Toiles commis par le Roi, de s'y trouver; le lieu où la visite doit se faire, & la forme & inscription des marques ou moules qui doivent être apposées: ces douze articles commencent au 24 & finissent au 35. Les six suivans jusqu'au 42 exclusivement, sont pour l'aunage & les Auneurs; & le 42 & 43, pour les Marchands & Commissionnaires. Les 44 & 45 ordonnent la saisie & confiscation des marchandises défectueuses, & réglent l'application des amendes adjugées. Les quatre qui suivent parlent des Curandiéres & Curanderies; défend aux premiers de se servir de chaux, & les soûmet à la visite de l'Inspecteur des Toiles. Tous les autres, à la réserve des deux derniers, réglent l'embalage des toiles, la marque des balots, les fonctions & obligations des Embaleurs, & la visite de l'Inspecteur du Roi, & des Inspecteurs Marchands sur tous les embalages avant que les balots soient fermez par la tête. Le pénultiéme ordonne, que tous les balots & bales de toiles qui seront déclarez à la sortie être des Toiles, Fleurets & Blancards, & qui ne seront point marquez, soient saisis dans les Douanes & Bureaux des Fermes, ainsi que les bales & balots des autres toiles non marquées, les Marchands condannez à cinq cens liv. & l'Embaleur à deux cens livres d'amende pour chaque bale & balot. Enfin, le dernier article ordonne de nouveau que le Réglement de 1676 soit éxécuté suivant sa forme & teneur, en ce qui n'y auroit point été dérogé par celui-ci.

La plûpart de ces matiéres étant expliquées & traitées ailleurs; entr'autres la qualité des fils, la façon des rots, les portées des toiles, les obligations des Curandiers par rapport à la marque, & plusieurs choses concernant cette même marque & l'embalage des toiles dans les Réglemens précédens; & les largeurs, longueurs & qualitez des toiles, à l'article général des toiles à l'endroit où il est parlé de celles de Normandie, où l'on peut avoir recours, on se contentera de noter ici ce qui peut être de particulier dans le Réglement de 1701, & qui ne pourroit se trouver dans d'autres articles de ce Dictionnaire.

1. Il est ordonné que les Toiles, Fleurets & Blancards, seroient fabriquées en chaîne & en trême, tout de fil blancard, ou tout de fil brun lessivé, sans que les Tisserans puissent faire la chaîne de fil brun lessivé, avec la trême de fil blancard, ou la chaîne de fil blancard avec la trême de fil brun lessivé.

2. Que toutes les mêmes toiles fabriquées dans la Généralité de Roüen, même celles qui se font à Bernay & à Beaumont, & aux environs dans la Généralité d'Alençon, seroient portées en écrû sous la hale seulement de la Ville de Roüen, pour y être vûës, visitées & marquées, & non aux Bureaux desdits Bernay & Beaumont, ni ailleurs.

3. Que toutes les visites & marques, tant desdites toiles que des autres, seront faites par l'Inspecteur des Manufactures commis par le Roi; par deux principaux Marchands de la Ville de Roüen, & par deux Maîtres Jurez Toiliers.

4. Que l'élection des deux Inspecteurs Marchands se feroit tous les six mois par les Prieurs & Consuls en Charge, & par les anciens Consuls: Qu'ils seroient choisis parmi les anciens Echevins, les anciens Juges Consuls, & les principaux Négocians ayant fait ou faisant Commerce de toiles: Qu'ils pourroient, s'ils y consentoient, être encore continuez six mois & non davantage, & qu'ils seroient éxempts de tutelle, curatelle, guet & garde pendant le tems de leur éxercice.

5. Que chaque piéce trouvée de bonne fabrique, largeur & qualité, seroit marquée aux deux bouts, à l'un sur un coin, & à l'autre au milieu: Que chaque qualité de toile aura sa marque particuliére: Que les moules des marques seroient enfermez sous trois clefs & trois serrures, & que l'une des clefs seroit entre les mains des Inspecteurs Marchands; l'autre entre les mains de l'Inspecteur du Roi, & la troisiéme en celles des Jurez Toiliers.

6. Que les toiles, fleurets & blancards, continuëroient d'être portées au marché de saint Georges par les Fabriquans pour y être venduës, auquel lieu les Auneurs de Toiles de Roüen seroient obligez d'envoyer deux

d'entr'eux pour auner lesdites toiles s'ils en étoient requis; qu'en ce cas ils marqueroient avec du noir & de l'huile leur aunage sur chaque piéce, duquel aunage ils seroient garans, & même en donneroient leur certificat & facture si on les leur demandoit, sans néanmoins pouvoir éxiger audit marché de saint Georges d'autres droits que ceux qui leur sont payez à Roüen, ni prétendre un nouveau droit pour les toiles qu'ils y auroient déja aunées, lors qu'elles rentreront dans ladite Ville de Roüen, à moins qu'on ne leur en demande un nouvel aunage.

7. Que tous les Marchands ou Commissionnaires qui achéteroient des toiles au marché de saint Georges, qui seroient ensuite trouvées défectueuses ou de mauvais aunage à la visite qui s'en feroit à Roüen, ne pourroient avoir aucun recours contre les Fabriquans pour les confiscations & amendes, ausquelles ils pourroient être condannez, à moins, à l'égard de l'aunage, qu'ils ne les eussent fait auner en les achetant audit saint Georges.

8. Que non seulement les Curandiers ou Blanchisseurs de la Généralité de Roüen, mais encore ceux de la Généralité d'Alençon établis à Bernay, à Beaumont & aux environs, ne recevroient dans leurs curanderies & blanchisseries aucunes piéces de toiles fleurets & blancards sans la marque de la Ville de Roüen, à peine de cent livres d'amende pour chacune piéce; & que l'Inspecteur des toiles de la Généralité de Roüen, pourroit faire ses visites sur lesdits Curandiers de la Généralité d'Alençon, & y saisir lesdites toiles qui y seroient trouvées sans la marque de Roüen.

9. Que les Curandiers ne pourroient se servir de chaux dans les blanchissages des toiles, à peine de cinquante liv. d'amende, & de l'interdiction de la profession en cas de récidive.

10. Que chaque qualité de toile seroit embalée séparément, à peine de cinq cens livres d'amende pour la premiére fois, contre le Marchand chez lequel il auroit été trouvé des balots mêlangez, & l'interdiction de Commerce pour toûjours en cas de récidive. Que les balots & bales de toiles qui seroient transportez hors de Roüen, après le blanchissage, seroient visitez & marquez par l'Inspecteur des Manufactures, & un des Inspecteurs Marchands. Que la marque destinée à y être apposée, & qui s'imprimera avec de l'encre & de l'huile sur un des côtez de chaque balot, auroit les armes de la Ville, & au dessous les caractéres suivans (F.B. Roüen B. F.) pour les blancards & fleurets, & (C. Roüen B. F.) pour les toiles de coffres. Qu'afin que la visite des bales & balots se puisse faire plus aisément, les piéces seroient pliées en sorte que le coin de la piéce, où la marque aura été mise, paroisse au dehors; & que dans l'embalage toutes les piéces auroient leurs marques tournées du côté de la tête du balot ou bale que l'Embaleur laissera ouverte jusques après la visite faite; que les Marchands & embaleurs seroient tenus d'avertir les Inspecteurs quand leurs bales & balots seroient en cet état, & lesdits Inspecteurs obligez de se transporter chez les Marchands aussi-tôt après avoir été avertis, à la réserve néanmoins des jours de la visite à la hale qu'ils ne pourroient être mandez.

1703.

La Guerre pour la succession d'Espagne ayant interrompu, ou du moins rendu très-dificile le Commerce par Mer entre la Bretagne & Dunkerque, & les autres Villes Françoises de la Manche; il fut donné un Arrêt du Conseil d'Etat le 19 Juin 1703. pour faciliter par terre le transport des toiles Noyales & autres toiles propres à faire des voiles de Navires, qui se fabriquent en Bretagne; que ces Villes pendant la Paix en tiroient par Mer.

Cet Arrêt fixe les droits dûs au Roi pour lesdites toiles, soit à titre de droits d'entrée, de sortie de payage, soit autrement, à quarante sols du cent pesant; ce qui néanmoins ne dureroit que pendant la Guerre.

1716.

Il fut fait cette année deux nouveaux Réglemens concernant les toiles, tous deux par Arrêt du Conseil du quatre Janvier; l'un pour les toiles de Laigle, Vimoutier, Mortagne & autres lieux de la Généralité d'Alençon; l'autre pour les toiles blancards & fleurets de Normandie.

Le premier fut donné pour remédier à un abus qui commençoit à s'introduire à Laigle, Vimoutier, Mortagne, &c. dont les Marchands faisoient blanchir & embaler leurs toiles de la maniére que celles appellées Blancards & Fleurets, ont coûtume d'être blanchies & embalées, & les envoyoient ensuite sous ce nom dans les Païs étrangers, bien qu'elles ne fussent fabriquées qu'avec du chanvre.

Sa Majesté ayant été informée de cette conduite si contraire à la bonne foi, qui doit être l'ame du Commerce, & ayant reçû & éxaminé les avis de l'Intendant de la Généralité d'Alençon, des Inspecteurs, & des principaux Marchands & Fabriquans de toile de ces trois Villes & des environs, ordonna qu'à l'avenir les Marchands & Fabriquans de tous ces lieux seroient tenus sous peine de cinq cens livres d'amende, de marquer en écrû les toiles de leurs fabriques d'une marque portant ces mots: *Toiles de Chanvre*, avec le nom de la Manufacture où elles auroient été fabriquées, & que la même marque seroit apposée aux balots qui en seroient faits; & qu'à l'égard de la largeur & du blanchissage desdites toiles, il en seroit usé comme auparavant, & en conformité des Réglemens.

Le second Réglement de cette année 1716. contient huit nouveaux articles pour être ajoûtez aux autres Réglemens faits jusqu'alors pour la fabrique des toiles de la Province de Normandie, appellées Fleurets & Blancards, qui, ainsi qu'on l'a pû remarquer, ont toûjours été un des principaux objets du Conseil de Commerce dans tous les Arrêts qui y ont été rendus pour les Manufactures des toiles de cette Province.

Ces huit articles furent dressez sur les représentations des Syndics de la Chambre du Commerce de Roüen, & de l'avis du Sieur Roujeaut, alors Intendant de cette Généralité, pour remédier aux abus qui s'étoient de nouveau glissez dans la fabrique, l'apprêt & le Négoce de ces toiles; & pour les maintenir en réputation, tant dans le Royaume, que dans les Païs étrangers.

Premiérement, il est ordonné, Que toutes les toiles, Fleurets & Blancards, qui étant en écrû, auroient été confisquées & coupées pour quelque contravention, ne pourroient être blanchies, sous peine aux Curandiers & Blanchisseurs de mille livres d'amende pour la premiére fois, qui ne pourroit être modérée non plus que toutes les

les autres amendes ci-après énoncées; & en cas de récidive, d'interdiction pour toûjours. Permis néanmoins de faire teindre lesdites toiles coupées en toutes sortes de couleurs, ou de les employer en écrû.

Secondement, que les Curandiers & Blanchisseurs mettroient leurs marques avec de l'huile & du noir sur les piéces de Blancards & de Fleurets qui leur seroient données à blanchir avant que de les mettre sur le pré & dans leurs cuves. De laquelle marque, qui contiendroit le nom & la résidence du Curandier, il seroit fait une empreinte sur un Regisitre de l'Hôtel de Ville destiné à cet usage; au dessous de laquelle chaque Blanchisseur signeroit & reconnoîtroit que c'est la marque dont il veut se servir, à peine pour les Curandiers trouvez en contravention, de cinq cens livres d'amende; & pour l'éxécution de cet article, les Inspecteurs seroient tenus de faire chaque année une visite dans les Curanderies de leur département.

Troisiémement, que les envois & expéditions de ces toiles pour l'Etranger, ne pourroient plus se faire à l'avenir que par le Port de Roüen, après y avoir été aquitées au Bureau de la Romaine & après la visite dûëment faite, sous peine de trois mille livres d'amende.

Quatriémement, que les Embaleurs ne pourroient tenir chez eux aucuns coupons desdites toiles blanchies, & seroient tenus de marquer les balots qu'ils feroient des Fleurets & Blancards, avant de les exposer à la visite des Inspecteurs, d'une marque qui leur seroit propre, & dont l'empreinte seroit enregistrée à l'Hôtel de Ville, comme celle des Curandiers, sous la même peine de cinq cens livres d'amende; avec défenses ausdits Embaleurs d'acheter aucunes toiles pour les Marchands, soit en écrû, soit en blanc, si auparavant ils n'ont prêté serment devant les Prieur & Juges Consuls de Roüen.

Cinquiémement, que toutes lesdites toiles seroient blanchies à fin avant de les rendre à ceux qui les auroient données à blanchir, à peine contre les Curandiers de pareille amende de cinq cens livres.

Sixiémement, que tous les Réglemens faits concernant les toiles Blancards; seront aussi éxécutez pour les toiles appellées Toiles de Coffre.

Le septiéme article accorde une marque de grace pendant deux mois pour les toiles blanchies avant le Réglement. Et le huitiéme & dernier, qu'à la diligence des Maire & Echevins, le présent Réglement seroit imprimé, & des copies distribuées aux Curandiers & Embaleurs lors qu'ils viendront apporter l'empreinte de leur marque à l'Hôtel de Ville de Roüen.

1719.

Les Tisserans d'Artois & de la Flandre Françoise, aussi-bien que les Marchands de toile de ces deux Provinces réputées Etrangéres, ayant coûtume d'envoyer blanchir leur toile à Beauvais, ou autres lieux qui sont dans l'étenduë des cinq grosses Fermes; les Commis & Receveurs des Bureaux par lesquels ces toiles entroient pour être blanchies, ou sortoient quand elles l'avoient été, prétendirent les assujettir aux droits d'entrée & de sortie que les autres toiles payent ordinairement.

La contestation ayant été portée au Conseil par les Marchands qui prétendoient au contraire être éxemts de ces droits, ne s'agissant que d'un simple blanchissage; Sa Majesté, pour conserver à ses sujets le bénéfice du blanchissage des toiles d'Artois & de Flandres, & ôter aux Marchands le prétexte de les faire passer dans les Païs étrangers pour les y faire blanchir, ordonna par un Arrêt de son Conseil du 15 Juillet 1719, qu'à l'avenir les toiles de ces deux Provinces qui entreroient dans l'étenduë des cinq grosses Fermes pour y être blanchies seulement, & retourneroient ensuite dans le lieu de leur fabrique, seroient éxemtes de tous droits, & ne payeroient que quatre sols par piéce de quinze aunes pour droits de contrôle & de marque, à la charge qu'elles ne pourroient entrer ni sortir que par les Bureaux d'Amiens, Péronne & saint Quentin, où chaque piéce seroit pesée & marquée aux deux bouts par les Commis, & qu'il seroit pris ausdits Bureaux un aquit à caution, sur la soûmission des Propriétaires ou leurs Commissionnaires, de les représenter au retour du blanchissage dans le délai de quatre mois pour être fait la vérification de la marque & du poids, mais sans déplier ni auner lesdites toiles, à peine contre les Marchands contrevenans & leurs cautions, de payer le quadruple des droits d'entrée sur le pied du Tarif de 1664; Sa Majesté ordonnant, en cas de fraude, que les toiles & équipages soient confisquez, & les Marchands & Voituriers condannez à 300 livres d'amende.

1719.

Les Réglemens qui avoient été faits tant pour la Fabrication des toiles que pour l'établissement des Commis dans les Provinces de Lyonnois, Forez & Beaujolois, n'ayant pas paru suffisans & ayant même causé des contestations entre les Prevôt des Marchands & Echevins de la Ville de Lyon & les Maire & Echevins de Villefranche, & encore entre ceux-ci & les Gardes Jurez Fabriquans de toile dans la Province de Beaujolois, soit pour l'étenduë de leur Jurisdiction, soit pour la régie qui devoit être observée dans des Provinces si voisines, soit enfin pour les lieux où les uns & les autres prétendoient avoir droit de marque & de visite; Sa Majesté crût nécessaire de donner une Déclaration en forme de Réglement capable de terminer & de prévenir toutes sortes de contestations, & de régler en même tems la police qui devroit à l'avenir s'observer dans les Manufactures des toiles de ces Provinces pour leur fabrique & blanchiment, aussi-bien que pour les visites & la marque desdites toiles.

Cette Déclaration est du 16 Decembre 1719; elle contient vingt-trois articles, dont la plus grande partie concerne les toiles qui se fabriquent dans les Provinces de Lyonnois, Forez & Beaujolois, & quelques-uns les basins, futaines & cordats qui se font dans les mêmes Provinces.

Par le premier de ces articles il est ordonné que les toiles nommées Regny auront demi-aune franche de largeur; celles appellées S. Jean, qui sont de différentes largeurs, les unes cinq huitiémes, les autres trois quarts francs, & les autres sept huitiémes; il est permis néanmoins aux Ouvriers de faire des toiles de deux tiers & des toiles fines, aussi-bien que des Auxonnes jaunes, mais qui ne pourront être moindres que des largeurs réglées par cet article.

II. Les toiles appellées Tarare & Rouleau de Beaujeu, auront de largeur sept douziémes d'aune.

III.

III. Les toiles larges de demi-aune auront vingt-cinq portées; celles de deux tiers, trente-quatre portées; les toiles de trois quarts, quarante-deux portées; & celles de sept huitiémes, cinquante portées.

IV. Aucune piéce de toile ne sera exposée en vente pliée en rouleau, mais seulement en plat, & ne pouront être que d'une piéce, sans qu'on y puisse ajoûter des coupons, ce qui sera observé sous peine de confiscation, aussi-bien que les trois articles précédens.

V. Les Ouvriers seront tenus de mettre aux deux bouts de chaque piéce une marque faite avec de l'huile & du noir contenant leur nom & surnom avec l'aunage, y compris trois ou quatre pouces d'excédent, à peine de cinq sols d'amende lors que la piéce se trouvera moindre d'un quart d'aune, dix sols pour demi-aune, quinze sols pour trois quarts, & trente sols pour une aune; & en cas qu'il manque plus d'une aune, la piéce sera confisquée & l'Ouvrier condanné à l'amende.

VI. Les toiles seront de même force, bonté & finesse au milieu & aux deux bouts, & les peignes servant à leur fabrique égaux dans toute leur étenduë, à peine de confiscation desdites toiles & de cent livres d'amende contre les Ouvriers & Marchands qui s'en trouveroient saisis; vingt livres d'amende contre les Faiseurs de peignes & rots défectueux, & destitution des Commis qui auront marqué lesdits peignes ou des toiles d'autre qualité que celles qu'elles auront.

VII. Toutes les toiles de coton, toiles barrées jaunes & de couleur, toiles appellées Montbelliard, toiles dites de ménage, seront visitées, marquées & sujettes aux largeurs ci-dessus prescrites, à la réserve de celles que les Particuliers feront fabriquer pour leur usage qu'ils seront tenus de faire ourler aux deux bouts, & d'y faire mettre au chef leurs noms ou marque avec de l'huile & du noir sur le métier, sans quoi les Blanchisseurs ne les pouront recevoir sous peine de dix livres d'amende & de confiscation desdites toiles qui sera déclarée encouruë contre lesdits Blanchisseurs, sans aucun recours contre lesdits Particuliers.

VIII. Les toiles appellées Siamoises ou Chamoises auront de largeur au moins cinq huitiémes d'aune, & pouront être augmentées de huit en huit.

IX. Les largeurs ci-devant désignées seront éxactement observées par les Ouvriers, & en cas qu'elles excédent de plus d'un pouce, les piéces seront coupées & confisquées sans qu'il soit à l'avenir loisible de fabriquer des toiles d'aucune autre qualité & largeur, sans en avoir préalablement communiqué le projet & les échantillons aux Prevôt des Marchands & Echevins de la Ville de Lyon, ou à la Chambre établie à Villefranche.

X. Il est défendu à tous Ouvriers & Fabriquans en toiles rayées & à couleurs de mêler dans leurs Ouvrages aucuns fils ou cotons gâtez & de mauvaise qualité ou de fausse teinture avec ceux de bon teint; & il leur est ordonné de fabriquer tout en petit ou tout en bon & grand teint tant en chaîne qu'en trême, à peine de confiscation de leur marchandise pour la première fois, & de plus grande peine en cas de récidive.

XI. Les Commis sont tenus de faire le débouilli desdites toiles le plus souvent qu'ils le pouront lors qu'elles seront apportées aux Hales ou à leur Bureau, pour être visitées & marquées du bon teint; & en cas de contravention ils les saisiront & en poursuivront la confiscation.

XII. Afin que les toiles, futaines, cordats & aures Ouvrages fabriquez dans le Beaujolois puissent être plus facilement visitez & marquez; il est ordonné que les Maire & Echevins de Villefranche choisiront deux Commis pour marquer lesdits Ouvrages; savoir, un dans la Ville de Beaujeu & l'autre dans le lieu de Lay, en la même forme & maniére que ceux établis à Villefranche, Thisy & Amplepluys, lesquels auront pour leurs peines chacun la somme de cent livres par an.

XIII. Lesdits Commis à peine de destitution ne pouront marquer lesdits Ouvrages ailleurs que dans leur bureau, ni en mesurer la largeur sur des tables barrées, mais seulement avec l'aune.

XIV. Les Ouvriers travaillant en toiles dans lesdites trois Provinces n'en pouront faire sortir aucunes qu'après les avoir fait marquer aux Bureaux établis; ni les Marchands en enlever aucunes non marquées à peine de cent livres d'amende & de confiscation.

XV. Dans chaque marché des lieux ci-devant nommez sera établi un coffre fermant à deux clefs, pour après le marché fini les marques y être renfermées; desquelles deux clefs l'une restera au Commis, & l'autre sera remise entre les mains du principal Officier.

XVI. Les Commis tiendront dans leurs Bureaux un registre paraphé, pour y inscrire chaque jour de suite & sans aucun blanc les piéces qu'ils auront marquées, & y faire mention des défectueuses, de la qualité de leurs défauts, des noms & demeures des Contrevenans & des condannations prononcées en conséquence.

XVII. Les toiles, futaines & autres ouvrages qui seront transportez dans lesdits lieux pour y être débitez & vendus, seront déchargez directement dans les Hales & Bureaux destinez pour la visite & marque, à peine de saisie & de confiscation.

XVIII. Les Commis seront tenus de dresser & signer les Procès verbaux de saisie qui porteront assignation aux Contrevenans pour comparoître par devant les Prevôt des Marchands & Echevins de la Ville de Lyon, ou en la Chambre de Police de Villefranche, & y mettre la contravention jugée sans aucun délai ni renvoi.

XIX. Pour la facilité du Commerce il sera permis aux Ouvriers du Lyonnois qui sont plus à portée de Villefranche, de Thisy, d'Amplepluis, de Beaujeu, ou de Lay, que de Tarare, d'y faire marquer indifférenment leurs toiles; comme aussi ceux du Beaujolois qui sont plus près de Tarare, que de Villefranche & des autres Bureaux, pouront les porter à Tarare; & pour éviter toute surprise, les Maire & Echevins de Villefranche mettront au Secrétariat de Lyon une empreinte de la marque qu'ils auront donnée aux Commis établis dans le Beaujolois, & pareillement les Prevôt des Marchands & Echevins de Lyon donneront aux Maire & Echevins de Villefranche une empreinte de la marque dont on se servira à Tarare.

XX. Si l'Inspecteur des Manufactures du Beaujolois & les Gardes & Commis de ladite Province trouvent dans leurs visites ou autrement des marchandises défectueuses marquées ou non marquées, fabriquées par des Ouvriers du Lyonnois, ils en dresseront leurs Procès verbaux qu'ils

remets

remettront aux Maire & Echevins de Villefranche, pour être par eux envoyez avec la marchandise saisie aux Prevôt des Marchands & Echevins de Lyon qui en useront de la même maniére lors que leurs Commis feront des saisies de toiles défectueuses fabriquées par les Ouvriers du Beaujolois.

XXI. Les Blanchisseurs de la Ville de Lyon & ceux établis dans le Lyonnois, Forez & Beaujolois, seront tenus d'étendre les toiles doucement sur les prez, de les porter sur leurs épaules, de les faire tirer à menu en les passant dans la serve, & de les angeller pliées en livres & non en fagots, avec défense de laisser aller les Bestiaux dans les prez pendant que les toiles y sont étenduës. Il leur est en outre ordonné de faire leurs lessives suivant l'ancien usage sans y ajoûter un excédent de chaux, & de fournir les charris nécessaires pour les lessives sur le cuvier sans y employer les toiles qu'on leur donne à blanchir, à peine de cent livres d'amende contre chacun des Contrevenans.

XXII. Il est ordonné que la moitié des amendes sera appliquée aux Hôpitaux des lieux où les contraventions seront jugées.

XXIII. Enfin, ce Réglement est déclaré commun à tous les Blanchisseurs & Ouvriers travaillant en toile dans les Provinces de Lyonnois, Forez & Beaujolois, même aux Marchands Toiliers de la Ville de Lyon.

Cette Déclaration fut enregistrée au Parlement le 9 Mars 1720, & des copies envoyées à la diligence du Procureur Général du Roi aux Sénéchaussées de Lyon & de Villefranche.

Réglement pour la fabrique des futaines & des basins.

Il y a eu de tout tems en France quantité de Manufactures de futaines & de basins, entre lesquelles les plus célébres ont toûjours été celles de Lyon, de Roüen & de Troyes.

Celle de Troyes sur tout a eu tant de réputation dès les premiers tems de son établissement pour la beauté & la finesse de ses ouvrages de coton filé, que les Statuts dressez pour la Police des Maitres Tisserans & Fabriquans de cette Ville ont depuis ordinairement servi de régle pour tous les autres Tisserans & Fabriquans de futaines & de basins du Royaume.

C'est aussi principalement pour les Manufactures de basins & de futaines établies dans cette Capitale de la Province de Champagne & des environs, qu'a été dressé le Réglement de 1701 dont on va parler ici.

Plus de cent ans auparavant Henri IV. avoit donné à la vérité des Statuts aux Tisserans & Fabriquans de Troyes qui fixoient les aunages & portées des futaines & basins qui s'y fabriquoient alors; mais ces Réglemens de 1598 étant devenus presque inutiles par les changemens arrivez depuis un Siécle entier dans ces sortes de fabriques, la plûpart des métiers qui auparavant ne travailloient que pour des ouvrages communs, n'étant plus montez que sur le fin dont il n'étoit fait aucune mention dans ces Statuts, on fut enfin obligé de donner plusieurs nouveaux articles pour servir comme de supplément aux Anciens.

Ces articles, au nombre de vingt-deux, qui avoient été projettez dans plusieurs Assemblées des principaux Marchands de Troyes qui font le Commerce des basins & futaines, de l'Inspecteur des Manufactures au Département de Champagne, & des plus habiles Maîtres de la Communauté des Tisserans & Fabriquans, ayant été arrêtez dans une derniére Assemblée tenuë le 21. Avril 1700, furent enfin confirmez & homologuez par un Arrêt du Conseil d'Etat du Roi du 4 Janvier de l'année suivante, qui ordonna au surplus l'exécution des anciens Statuts en ce qui n'y seroit point dérogé par les nouveaux.

Les seize premiers articles de ce Réglement de 1701, établissent les largeurs, longueurs & portées des piéces de futaines & de basins; réglent la qualité des fils de coton qui doivent les composer, tant en trême qu'en chaîne; ordonnent l'égalité des rots & des dents des peignes d'un bout à l'autre, & fixent le nombre des barres & des rayes qu'ils doivent avoir dans leur largeur; toutes matiéres qu'on a traitées ailleurs. *Voyez les articles particuliers de* BASIN *&* *de* FUTAINE *dans leur ordre alphabétique.*

Les six derniers articles sont de Police.

Le dix-septiéme & le dix-neuviéme assujétissent à la visite & à la marque les basins & les futaines, ainsi que les autres étoffes, & ordonnent l'établissement d'un Bureau, auquel les Jurez seroient obligez de se trouver chaque semaine aux jours marquez par les Juges de Police, pour vaquer ausdites marque & visite.

Le vingtiéme régle les droits de marque à huit deniers par piéce, qui ne pourroient jamais être augmentez.

Le suivant enjoint aux Tisserans & aux Fabriquans, de souffrir la visite de l'Inspecteur des Manufactures toutes-fois & quantes il le trouvera à propos.

Enfin, le vingt-deuxiéme adjuge les confiscations & les dix livres d'amende par piéce venduë sans être marquée, prononcées par le dix-huitiéme article, moitié aux Jurez, & moitié à l'Hôpital des Pauvres de la Ville de Troyes.

Le plomb de visite doit avoir d'un côté les armes de la Ville, & de l'autre ces mots, *Fabrique de Troyes.*

Réglement pour la fabrique des chapeaux.

Le Commerce du castor étant presque le seul ou du moins le plus important qui se fasse en Canada, & celui qui aide davantage à en soûtenir les Colonies, on a souvent tenté d'en augmenter & d'en assurer la consomption en France par plusieurs Réglemens faits pour la fabrique des chapeaux.

Ce fut le motif des Arrêts du Conseil du 21 Juillet 1666, 8 Novembre 1667, 2 Juin 1670 & 1673, & 12 Decembre 1693, qui renouvellant les articles 26 & 27 des Statuts des Maîtres Chapeliers, leur firent défenses de fabriquer aucuns chapeaux dits de Castor, autrement que de pur Castor, sans aucun mêlange d'autres étoffes de poil ou de laine, ni de faire aucuns chapeaux dits Demi-castors.

Les Arrêts du 5 Février & 12 Avril 1685, furent aussi rendus sur le même fondement; & il fut désigné un certain nombre de Maîtres Chapeliers, à qui seuls il fut permis de manufacturer & fabriquer les Castors pendant un tems fixé par lesdits Arrêts.

Enfin, il fut ordonné par un dernier Arrêt du 13 Octobre

Octobre 1699, qu'à l'avenir il ne se fabriqueroit plus en France que de deux sortes de chapeaux; les uns de pur Castor, sans aucun mêlange de quelqu'autre matiére que ce fût; & les autres de laine, dans lesquels on pourroit mêler de la vigogne & du poil de chameau seulement.

Tant de dispositifs d'Arrêts & de Réglemens pour la fabrique des chapeaux, qu'on avoit crû favorables au Commerce du Castor, ayant produit un tout autre effet que celui qu'on en avoit espéré, on fut obligé de rendre aux Maîtres Chapeliers leur ancienne liberté par un dernier Arrêt, & de leur permettre de fabriquer des chapeaux de toutes les sortes dont ils en faisoient auparavant.

Cet Arrêt en forme de Réglement est du 10 Août 1700, & contient quatre principaux articles.

Premiérement il est permis à tous Maîtres Chapeliers, dans toutes les Villes & autres lieux du Royaume, de faire des chapeaux de pur castor; ensemble des demi-castors composez de laine de vigogne & de castor seulement; & enfin, des chapeaux de poil de lapin, de chameau & autres poils mêlez avec de la vigogne; excepté néanmoins le poil de liévre, qui est absolument défendu dans la fabrique de quelques chapeaux que ce soit.

Il est ordonné en second lieu, que toutes les matiéres permises seroient bien mêlangées & cardées ensemble, de maniére qu'il ne pût faire de dorage avec le Castor ou aucune autre desdites matiéres, à peine de punition contre les Compagnons & Ouvriers qui seroient trouvez en faisant ledit dorage.

Troisiémement, que les Maîtres seroient obligez de marquer les Chapeaux de leur fabrique d'une marque à chaud sur le cordon, laquelle marque porteroit un C. pour les Chapeaux de pur Castor; un D. & un C. pour les demi-castors; une M. pour les Chapeaux mêlangez de plusieurs sortes de poil avec du Castor ou sans Castor; & une L. pour les Chapeaux de pure laine.

Enfin, pour empêcher absolument l'usage du poil de liévre dans la fabrique des Chapeaux; il est fait défenses aux Maîtres Chapeliers d'en avoir chez eux sous quelque prétexte que ce soit, & aux Maîtres & Ouvriers, Coupeurs, Arracheurs & Cardeurs, de tenir chez eux des peaux desdits liévres, & d'en arracher, couper & carder le poil.

C'est ce Réglement qui continuë d'être observé en France pour la fabrique des Chapeaux.

Un droit de marque ayant été établi sur tous les Chapeaux par un Edit du mois d'Avril 1690, il fut en même tems dressé un Réglement en quatorze articles pour la perception de ce nouveau droit, dont néanmoins on ne parlera point ici, non plus que des Arrêts des 13 Mai & 7 Août 1691, 4 Janvier 1693, 27 Août & 28 Septembre 1697, & 26 Mai 1699, rendus en conséquence, le droit ayant été supprimé depuis par une Déclaration du Roi du 20 Decembre 1701, & la fabrique des Chapeaux, aussi-bien que le Commerce qui s'en fait, déchargez des formalitez & obligations portées par ledit Edit.

REGLER, faire des Réglemens. Il se prend aussi pour servir de régle; comme quand on dit que les Statuts d'une Communauté réglent les visites à quatre par an.

On dit, que des Marchands se font régler, lors qu'ils prennent des amis communs pour décider de leurs différends sur le fait de Commerce: qu'ils seront réglez en Justice, quand ils portent leurs affaires devant les Juges; & qu'ils seront réglez par arbitrage quand ils conviennent d'arbitres. *Voyez* ARBITRAGE.

REGLER, en fait de Société, signifie liquider les affaires des Associez; compter ensemble, faire le partage des dettes actives & passives, voir ce que chacun doit porter de la perte ou avoir du gain au *prorata* & à proportion de ce que chaque Associé doit fournir à la caisse, & l'intérêt qu'il a pris au fond de la Société. *Voyez* SOCIETE.

REGLER UN COMPTE. C'est l'examiner, l'arrêter, le solder, en faire le bilan ou la balance. *Voyez* COMPTE.

REGLER LE COUP. Terme d'Imprimerie. C'est marquer avec de la craye sur le tympan l'endroit où doit poser la platine afin de donner à propos le coup de barreau. *Voyez* IMPRIMERIE.

REGLET, instrument de Menuisier. C'est proprement ce que les autres Ouvriers en bois appellent Régle. Il y a deux Réglets pour la Menuiserie; le Réglet plat qui est la Régle commune avec laquelle les Menuisiers mesurent leur ouvrage, le dressent & le tracent; & le Réglet à pied qui est une Régle montée par les deux bouts sur deux petits soûtiens d'une égale hauteur; elle est de bois équarri au moins d'un pouce en quarré, de peur qu'elle ne se courbe.

REGLET, terme d'Imprimerie. Les Imprimeurs se servent de trois sortes de Réglets; l'un pour espacer les lignes des formes, il est de bois très-mince d'environ trois lignes de hauteur, il se met de long entre deux rangées de caractéres; l'autre est de métail de huit à dix lignes de longueur, mais qu'on augmente en en arrangeant plusieurs de suite; on en fait les séparations de quelques Ouvrages à plusieurs colonnes; leur plus grand usage est pour régler le papier de plain-chant & de musique. Enfin, il y en a de cuivre ou de fer blanc, que l'on coupe de longueur convenable.

REGLETTE, est encore un terme d'Imprimerie. C'est une petite tringle de bois mince, dont le Compositeur se sert pour lever les lignes de dessus son composteur, & les mettre sur la galée à mesure qu'elles sont faites. *Voyez* IMPRIMERIE.

REGLEUR, terme de Libraire & de Relieur de Livres. C'est l'Ouvrier qui régle avec une encre qui tire sur le rouge, les feuillets des Livres qu'on veut qui soient un peu propres, & qu'on a lavez auparavant. Cette façon ne se donne plus guére présentement qu'aux Breviaires, Missels, & autres Livres d'Eglise. On régle aussi du papier blanc.

REGLISSE, en Latin GLICYRRHIZZA, ou LIQUIRITIA, & aussi RADIX DULCIS, racine douce, à cause de sa vertu douce & rafraîchissante. Il n'y a guére de racine qui soit plus connuë en France. Son usage & son débit y sont surprenans, & il s'y en consume une quantité prodigieuse, tant pour les sucs que l'on en tire, que pour les remédes, & sur tout les tisannes qu'on en compose.

La Réglisse est une plante dont la racine court entre deux terres; & se faisant jour de tems en tems produit autant de nouvelles plantes, qui toutes ne s'élévent guére plus de deux coudées. Elle a ses feuilles vertes, gluantes &

& gommeuses, épaisses, luisantes, & à demi rondes ; sa fleur est rouge, semblable au hyacinte; sa semence est renfermée dans des gousses presque rondes, & qui pressées & serrées les unes contre les autres, forment une espéce de boule.

La Réglisse croît en bien des endroits, & l'on en recueille en quelques Provinces de France: cependant, la meilleure vient d'Espagne, & particuliérement de l'Arragon. Celle qu'on apporte de Saragosse Capitale de ce Royaume, vaut incomparablement mieux que celle qu'on a par la voye de Bayonne.

Il s'en recueille encore quantité en Allemagne & en Moscovie; mais c'est sur tout en Perse que cette Racine profite d'une maniére extraordinaire, & il en vient sur les bords du Carasu, du Senki & du Kerni-arpa, dont la grosseur excéde celle du bras, & qui pour ses qualitez & sa bonté, est préférable à toutes les réglisses du monde.

Cette racine est envoyée par bales, & se débite, ou fraîche, ou séche, & l'une & l'autre est une marchandise de difficile garde, de grand déchet, & sujette à pourir si elle est venuë par un mauvais tems, ou si elle a été mal conservée.

La Réglisse fraîche ou nouvelle doit être choisie unie, de la grosseur du gros doigt, rougeâtre par le dehors, d'un jaune doré en dedans, facile à couper, & d'un goût doux & agréable.

La Réglisse séche doit avoir les mêmes qualitez, à la sécheresse près, qui y change quelque chose ; il faut sur tout prendre garde que ce ne soit le rebut des balots de la nouvelle qu'on ait fait sécher.

De tous les sucs qu'on appelle Sucs ou Jus de Réglisse, il n'y a proprement que les noirs qui méritent ce nom, & qui en soient de véritables extraits. On les tire de la Réglisse par le moyen de l'eau chaude qui en retient une teinture jaune après que cette racine y a long tems bouilli. Cette eau étant ensuite évaporée sur le feu, il reste un sédiment solide & noir qui est ce qu'on nomme Jus, ou Suc de Réglisse. Ce Suc vient ordinairement d'Espagne, de Hollande & de Marseille, en pains de différentes grosseurs, mais le plus souvent de quatre onces, ou d'une demi-livre.

Les bonnes qualitez de ce Suc sont d'être noir par dessus, & noir lustré par dedans, facile à casser, & d'un goût assez agréable. Celui qui est molasse, rougeâtre, graveleux, & qui a un goût de brûlé doit être rejetté. C'est ce seul Jus de Réglisse qui soit bon pour le rûme & le poulmon. Les Jus de Réglisse blancs & jaunes de Blois, de Reims & de Paris, en pastilles plates ou tortillées en rond, n'étant bons que pour les personnes saines qui veulent s'amuser à faire les malades, & non pas les vrais malades qui veulent guérir, puis que véritablement ils ne sont composez que de sucre, d'amidon, d'iris de Florence, de gomme adragan, & d'un peu de poudre de Réglisse.

La Réglisse paye en France les droits d'entrée, à raison de 16 s. du cent pesant conformément au Tarif de 1664.

Les droits de la Douane de Lyon sont de 4 s. 3 den. d'ancienne taxation & 1 s. 9 den. pour la nouvelle réapréciation, 2 s. pour les anciens quatre pour cent, & 6 sols pour leur augmentation.

REGLOIR. Terme de Marchand Epicier-Cirier. Il signifie un morceau de buis en forme de petite régle, sur laquelle leur nom est gravé, dont ils se servent pour marquer leurs cierges. *Voyez* CIERGE, *où l'on parle de ceux qui se font à la cuilliere.*

REGLOIR. C'est aussi un petit instrument de bois ou d'os dont se servent les Cordonniers & Savetiers. *Voyez* BISEIGLE.

REGLOIR. C'est encore un outil de Papetier pour régler le papier en blanc. Il est composé d'une planchette quarrée très-mince, sur laquelle des cordes à boyau forment de part & d'autre des parallelogrames de diverses grandeurs suivant le format du papier, y en ayant pour des *In-folio*, des *In-quarto*, des *In-octavo*, &c.

Ce Régloir se met au milieu du cahier qu'on veut régler qui prend l'impression des cordes sur lesquelles on passe un petit outil à deux dents ordinairement de bouis ou d'ivoire.

REGLURE. Ce terme se dit des régles ou rayes que les Libraires, Relieurs & Papetiers font sur leurs Livres imprimez, ou sur les Registres en blanc.

REGNY, ou REGNIE. Espéce de toile qui se fabrique en Beaujolois. *Voyez* TOILE *vers la fin de l'article où l'on traite des Toiles de cette petite Province.*

REGRAT. Petit Négoce qui se fait en détail & à petites mesures, de certaines espéces de marchandises, particuliérement des grains & légumes, du sel, du charbon, &c.

REGRATER. Faire le Regrat, vendre en détail & à petites mesures.

REGRATERIE. Trafic des choses qu'on achéte pour revendre.

REGRATIER. Marchand qui fait & qui éxerce le Regrat.

De tous les Regratiers, ceux qui se mêlent du Regrat du Sel, c'est à dire, qui le vendent à petites mesures, sont les plus considérables.

Nul en France ne peut être regratier de la marchandise de sel, qu'il n'ait une Commission enregistrée au Greffe du Grenier à Sel, dans l'étenduë duquel il éxerce le Négoce, & qu'il n'ait prêté le serment entre les mains des Officiers du Grenier.

Le sel de revente doit être sel de Gabelle pris au Grenier.

Les mesures ausquelles il doit se vendre sont, pour Paris, le boisseau, le demi-boisseau, le quart & demi-quart, & la mesurette. Pour les autres Villes & Greniers, les petites mesures ne commencent qu'au litron, & doivent être étalonnées; les premiéres, par les Contrôleurs Gardes, sur les matrices de fonte déposées au Greffe de l'Hôtel-de-Ville de Paris; & les autres par les Officiers de chaque Grenier à Sel, sur les modèles qui y sont gardez.

Tous les Regratiers, Regratiéres & Revendeuses de Sel, doivent avoir un Tarif contenant le prix de chaque mesure, affiché à la boutique ou place où ils font leur debit; & il leur est défendu, à peine de cinq années de galéres pour les hommes, du fouet & du bannissement aussi pour cinq ans pour les femmes, de vendre le sel à plus haut prix que celui du Tarif, ou d'y mêler aucun sel de salpêtre & de verreries, ou autres corps étrangers.

Ces Réglemens concernant le Regrat du sel, sont contenus

tenus dans les articles 2, 3, 4, 5, 6 & 7 du neuviéme titre de l'Ordonnance des Gabelles du mois de Mai 1680, concernant la revente du sel à petites mesures.

L'Ordonnance de la Ville de Paris du mois de Décembre 1672. régle les autres Regrats, particuliérement ceux des grains, des légumes & du charbon.

L'Article 23 du troisiéme chapitre, fait en général défenses à toutes personnes d'acheter des marchandises sur les ports & places de Paris, pour les y revendre; & à tous Regratiers d'acheter plus grande quantité de marchandise que celle réglée par les chapitres particuliers de cette Ordonnance pour chacune espéce de marchandise.

Par les articles 8 & 9 du sixiéme chapitre concernant la marchandise de grains, il est défendu à tous Regratiers d'acheter ou faire acheter par eux, ou par personnes interposées, aucun grain sur les ports, qu'aux jours de marché & après midi, afin que les Bourgeois soient préalablement fournis, & les ports ne soient point dégarnis: il est en outre ordonné qu'ils ne pourront enlever à la fois plus grande quantité que six septiers d'avoine & deux septiers des autres grains; sans pouvoir avoir dans leur maison plus de deux muids d'avoine, ni plus de huit septiers de chaque sorte des autres grains ou légumes, avec inhibition de vendre & débiter leurs grains autrement qu'à petites mesures, qui sont le boisseau, le demi-boisseau & au dessous, sans pouvoir se servir de mesures ou picotins d'osier, mais seulement de bois, bien étalonnées & marquées à la Lettre courante de l'année.

Ceux à qui il est permis d'être Regratiers de charbon, sont les Chandeliers & Fruitiers, & les femmes des Gagne-deniers, vulgairement appellez, *Garçons de la Pelle*, ou autres tels ouvriers travaillans sur les ports à la décharge des Bateaux de charbon, à l'exception des plumets & des Jurez Porteurs.

Tous les Regratiers, en conséquence des Réglemens contenus dans le 21 chap. de ladite Ordonnance, ne peuvent avoir en leur maison plus grande quantité de six mines de charbon à la fois y compris leur provision, si ce n'est les femmes desdits Garçons de la Pelle, qui ont nouvellement vuidé quelques Bateaux ou foncets chargez de charbon, & à qui le fond du Bateau a été donné pour payement de leur salaire, qui en ce cas ont un mois pour la vente & débit de leur charbon; après quoi tout ce qui se trouve excéder la quantité des six mines accordées aux autres Regratiers, doit être rapporté sur les places publiques pour y être vendu.

Le regrat du charbon ne se peut faire à plus grande mesure qu'au boisseau; & aucun Regratier ne doit se servir de mesure si elle n'est bien & duëment étalonnée & marquée à la Lettre de l'année; avec obligation d'avoir en leur boutique & étalage une pancarte contenant le prix de chaque mesure, dans lesquelles ils débitent leur charbon, sans qu'il leur soit néanmoins permis d'acheter pour leur regrat le charbon que les Marchands Forains apportent à sommes & sur des chevaux dans les ruës de Paris, qui ne doit être vendu qu'aux Bourgeois & Artisans. *Voyez* Charbon.

Pour entretenir tous ces Réglemens de Police, & particuliérement ce qui concerne l'étalonnage & épalement des mesures, le 6 art. du 25 chap. porte, que les Jurez Mesureurs de Sel qui en sont les gardiens, sont obligez de prendre chaque année une Commission des Prevôt des Marchands & Echevins pour aller faire visite dans les maisons des Marchands, qui font le regrat des grains & farines, fruits & légumes, avec pouvoir de saisir les mesures non étalonnées ni marquées de la Lettre de l'année, & d'assigner à la Ville ceux chez qui se seroient trouvées lesdites mesures.

REGULE. C'est ainsi que les Chymistes nomment la partie pure du métail qui se précipite au fond du creuset, quand on fond la mine métalique avec le nitre & le tartre.

Les Regules les plus connus & les plus en usage chez les Marchands Apoticaires & Epiciers-Droguistes, sont le Regule d'antimoine & le Regule martial.

Le Regule d'antimoine est de l'antimoine de salpêtre & du tartre fondus ensemble, & jettez dans un mortier qu'on a froté de graisse, sur lequel on frappe un petit coup de marteau, qui fait tomber ou précipiter le Regule dans le fond, où il se forme en culot. Le bon Regule d'antimoine doit être blanc, en belles écailles, & tout à fait semblable au bismuth, ou étain de glace.

A l'égard du Regule martial, ce n'est autre chose que de l'antimoine fondu avec une certaine portion de fer, le reste se pratiquant de même que pour le Regule d'antimoine. On l'appelle Regule martial, à cause du fer qui entre dedans; que les Artistes nomment communément Mars. Pour les bonnes qualitez du Regule martial, elles doivent être toutes pareilles à celles du Regule d'antimoine, si ce n'est qu'il doit paroître une forme d'étoile sur la superficie du premier.

L'on se sert de l'un & de l'autre de ces Regules pour former des gobelets qui rendent le vin qu'on y met purgatif, ou plûtôt émétique. On en fait aussi des pilules rondes comme des bales de mousquet, que l'on fait avaler à ceux qui ont les boyaux nouez, autrement la colique de miséréré. Ces sortes de pilules sont appellées Pilules perpétuelles, parce qu'après qu'elles sont sorties du corps de l'homme, on les lave bien pour s'en servir toutes les fois qu'on en a besoin. Le vin dans lequel on a fait infuser à froid pendant douze heures une de ces pilules, est un violent purgatif, qui ne doit être donné qu'à ceux dont le tempérament est assez robuste pour le soûtenir. Les Potiers d'étain font entrer du Regule d'antimoine dans l'alliage de quelques-uns de leurs étains. *Voyez* Antimoine.

On appelle Regule d'arsenic, de l'arsenic, de la cendre gravelée & du savon mis au feu dans un creuset, & jetté dans un mortier un peu graissé. On tire ce Régule de l'arsenic pour en diminuer la force, & le rendre moins crud. *Voyez* Arsenic.

REHABILITATION. Action par laquelle le Prince par des Lettres Patentes remet ceux qui ont failli ou dérogé en l'état où ils étoient avant leur faute ou leur dérogeance.

Les Marchands, Négocians & Banquiers qui ont fait faillite, banqueroute & cessions de biens à leurs Créanciers, ou qui ont obtenu des Lettres de Répy, ou des Arrêts de surséance, ou de défenses générales, sont notez d'infamie, & comme tels sont exclus de tous emplois & fonctions publiques, à moins qu'ils n'obtiennent en la Grande Chancellerie des Lettres de Rehabilitation, qui se signent en commandement ; mais ces sortes de Lettres ne leur sont accordées qu'en justifiant qu'ils ont entiérement payé leurs Créanciers, tant en principaux qu'interêts.

M. Savary dans le chap. 5 du livre 4 de la seconde partie de son Parfait Négociant, a donné quatre modèles de Lettres de Rehabilitation, ausquels ceux qui auront été assez malheureux de tomber dans quelques-uns des cas y mentionnez, & qui se trouveront par les suites en état de se faire réhabiliter, pourront avoir recours.

Le premier de ces modèles regarde ceux qui ont obtenu des Lettres de Répy contre leurs Créanciers; le second concerne ceux qui après avoir obtenu des Arrêts du Conseil portant défenses à tous leurs Créanciers de les contraindre en leurs personnes & biens, ont fait des contracts d'accord avec eux, par lesquels ils leur ont fait remise d'une partie de leur dû; le troisiéme est pour ceux qui ont fait des cessions & abandonnemens de biens à leurs Créanciers, qui les ont consentis & accordez volontairement par des Contracts d'accord; & le quatriéme peut servir à ceux qui ont fait judiciairement des cessions & abandonnemens de biens à leurs Créanciers.

REHABILITER. Signifie rétablir quelqu'un en son premier état, encore qu'il ait failli ou dérogé. Il n'y a que le Roi seul qui puisse réhabiliter un Négociant qui a fait faillite, banqueroute & cession, ou obtenu des Lettres de Répy, ou Arrêts de défenses générales.

REHAUSSER. Faire augmenter de prix. Les acaparemens sont défendus, parce qu'ils font rehausser le prix des marchandises. *Voyez* ACAPARER.

REICHDALE. Les Allemans écrivent & prononcent ainsi ce qu'on nomme en France Richedale. Monnoye d'Allemagne qui vaut un écu de soixante sols. *Voyez* RICHEDALE.

REJETTER. Mettre au rebut, ne vouloir pas recevoir; mépriser. Ce Banquier a rejetté toutes les piéces étrangéres, ou qui ne sont pas de poids. Vous êtes difficile, de rejetter ainsi ma marchandise, vous n'en trouverez pas ailleurs de plus belle.

REILBON. Espéce de garance qui se trouve au Chilly dans l'Amérique Meridionale, dont il a été raporté quelques essais par les Vaisseaux de Saint Malo qui ont fait le Commerce de la Mer du Sud pendant la Guerre pour la succession d'Espagne. La feuille du Reilbon est à peu près semblable à celle de la garance, de laquelle se servent les Teinturiers en Europe, à la réserve qu'elle est un peu plus petite. C'est de la racine de cette plante cuite dans l'eau qu'on tire une couleur rouge assez semblable à celle qu'on appelle en France Rouge de garance. *Voyez* GARANCE.

REISGAR, ou REAGAL. Espéce d'arsenic rouge. *Voyez* REAGAL.

REIS. Petite monnoye de cuivre de Portugal, qui revient environ au denier tournois de France, & qui est tout ensemble & monnoye courante & monnoye de compte; les Portugais comptant & tenant leurs livres par Reis, comme les Espagnols par maravedis.

Les Etrangers sont souvent surpris des milliers de Reis qu'on leur demande, lors qu'il ne s'agit que de quelques piastres ou de quelques pistoles, la piastre valant 750 Reis, & la pistole à proportion.

Les deux cens Reis du Bresil font la livre de vingt sols de France.

RELAIS. Terme de Haute-lissier. C'est une ouverture que l'on laisse en travaillant aux tapisseries de haute & basse-lisse, lors qu'on change de couleur ou de figure. Les Relais ne se reprennent ordinairement qu'à la fin de l'ouvrage. Il est défendu de les coudre avec du fil blanc, ni autrement qu'à l'envers.

RELEVER SUR LA TRAITE. Terme de Megissier, de Tanneur, de Chamoiseur & de Maroquinier, qui signifie retirer les peaux ou cuirs de dedans la chaux, pour les mettre égouter sur le bord du plain, qui en termes du métier s'appelle la Traite. *Voyez* PLAIN.

RELEVER UNE BRODERIE. C'est l'emboutir, c'est à dire, la remplir par dessous de laine ou d'autre matiére, pour la faire paroître davantage au dessus de l'étoffe qui lui sert de fond. *Voyez* EMBOUTIR, *ou* BRODEUR.

Un ouvrage relevé en bosse, se dit chez les Sculpteurs, les Orfévres, Ciseleurs, &c. de celui qui a du relief. Il y a des Ouvrages de pleine bosse, & d'autres de demi-bosse; ce qui s'entend du plus ou du moins que les figures ou autres ornemens ont de saillie.

RELIAGE. Terme de Tonnelier. Application de nouveaux cerceaux sur quelqu'ouvrage de tonnelerie. *Voyez* RELIER. *Voyez aussi* TONNELIER.

RELIER. Terme de Librairie. C'est coudre ensemble les cahiers d'un Livre, & leur mettre une couverture. On dit Brocher, quand on les coud seulement avec quelques points d'aiguille par dessus, sans y employer des cordes pour y faire des nervûres. Relier à la corde, c'est quand on se sert de ficelle, que l'on met au dos de distance en distance pour tenir les cahiers unis, sans pourtant y ajoûter de couverture. L'on dit simplement Relier, pour signifier une relieure parfaite avec des nervûres, des tranche-fils, des cartons & une couverture convenable. Enfin, l'on dit Relier en parchemin, en velin, en veau, en maroquin, en basane, en cuir de truïe; pour dire, couvrir un Livre de quelqu'une de ces peaux.

RELIER. Se dit aussi chez les Imprimeurs, pour signifier Mettre en réserve une partie des caractéres, ou même quelques corps entiers de Lettres dont on n'a pas besoin.

RELIER, en termes de Tonnelerie. C'est mettre des cercles ou cerceaux sur une cuve, une futaille, une pipe, ou autres semblables ouvrages des Tonneliers, pour les monter, & en tenir & joindre les douves, après qu'elles ont été dressées. On dit aussi, relier une piéce de vin; pour dire, y remettre quelques cerceaux qui y manquent, ou même y en mettre entiérement de neufs. *Voyez* TONNELIER.

RELIEUR. Celui qui relie des Livres.

La Communauté des Relieurs-Doreurs de Livres de la Ville & Fauxbourgs de Paris est très-nouvelle, quoi que la profession en soit très-ancienne. Jusqu'au mois d'Août 1686, ces Ouvriers avoient été du Corps de la Librairie, & en faisoient le Commerce concurremment avec les Libraires; même quelques-uns tenoient Imprimerie. Deux Edits de Louis XIV. l'un servant de Réglement pour les Imprimeurs & Libraires, & l'autre qui érigea les Relieurs-Doreurs de Livres en Communauté & Corps de Jurande, rompirent une union qui duroit depuis plusieurs Siécles.

Dans

Dans la premiére institution du Corps de la Librairie, il n'y avoit que deux Relieurs & deux Doreurs sous le nom d'Enlumineurs. L'invention de l'Imprimerie qui multiplia les Libraires, fit croître aussi le nombre des Relieurs & Doreurs; & bien-tôt les deux professions qui ne faisoient qu'une même Communauté furent confonduës, le Relieur devenant Libraire, & le Libraire faisant le métier de Relieur.

Les Edits de 1686 pour réformer l'abus & le prévenir pour l'avenir, conservérent au Corps de la Librairie, les Imprimeurs, les Libraires & les Fondeurs de caractéres, & firent des Relieurs & Doreurs de Livres une nouvelle Communauté, à qui il fut donné des Gardes & des Statuts particuliers.

L'on parle ailleurs du Réglement des Libraires & Imprimeurs: *Voyez* LIBRAIRIE: mais l'on va extraire ici ce qu'il y a de plus important dans celui des Relieurs & Doreurs.

Par cet Edit donné à Versailles au mois d'Août 1686, & enregistré au Parlement le 7 Septembre de la même année, le Roi ordonne:

1. Que la Communauté des Maîtres Relieurs & Doreurs sera à l'avenir entiérement séparée de la Communauté des Libraires & Imprimeurs, sans que les deux Communautez puissent jamais être unies & incorporées.

2. Que la profession des Relieurs & Doreurs demeurera érigée en titre de Maîtrise, & les Maîtres réünis en Corps de Communauté, pour être régis & gouvernez suivant les Statuts & Réglemens qui leur furent donnez par le même Edit.

3. Que ceux qui éxercent ensemble les deux professions de Libraires & de Relieurs, seront tenus de faire option, pour ensuite demeurer dans l'une ou l'autre Communauté qu'ils auront choisie, suivant les cas & circonstances qui sont expliquez dans l'Edit.

4. Enfin, que les Maîtres Relieurs & Doreurs de Livres continuëront en ladite qualité, d'être censez & réputez du nombre des Suppôts de l'Université, & comme tels jouïront de tous les Priviléges dont ils ont bien & dûëment joui auparavant. Qu'ils n'auront avec les Maîtres Libraires & Imprimeurs qu'une même & seule Confrairie, sans que pour cela ils puissent être appellez aux Assemblées, ni assister à l'élection & nomination du Syndic & Adjoints de la Librairie; mais que le lendemain de ladite Election, ils s'assembleront pour faire, à la pluralité des voix, celle des Gardes de leur propre Communauté.

Dix-sept articles composent les Statuts donnez par l'Edit de 1686.

Les Maîtres y sont appellez Relieurs & Doreurs de Livres, chacun d'eux pouvant les relier & les dorer, soit sur tranche, soit sur cuir. Pour l'ordinaire néanmoins ils font option de l'une de ces trois parties de la Relieure; les uns ne se mêlant simplement que de la Relieure, les autres seulement de la dorure sur tranche, & d'autres encore ne travaillant qu'à la dorure sur cuir. *Voyez* DOREUR, DORURE *&* RELIEURE.

Les Gardes de la Communauté sont fixez au nombre de quatre, dont deux sont élûs chaque année, pour entrer en la place des deux plus anciens. L'élection s'en fait à la pluralité des voix dans une Assemblée composée des Gardes en Charge, de tous les anciens Gardes, & de douze Maîtres mandez.

Les visites générales des Gardes sont réglées à deux par année, outre lesquelles les Maîtres Relieurs & Doreurs sont tenus de souffrir celles du Syndic & des Adjoints de la Librairie, à qui il est permis de visiter leurs boutiques, maisons & ouvroirs toutes & quantes fois qu'ils le jugent à propos, & même de saisir & enlever tous les Livres défendus ou contrefaits qui s'y pourroient trouver.

L'Apprentissage est de trois années consécutives, & le service chez les Maîtres après l'Apprentissage d'une année en qualité de Compagnon.

Les Compagnons se présentant à la Maîtrise, doivent avoir l'âge de vingt ans, savoir lire & écrire, & être certifiez capables par deux Maîtres de la Communauté. S'il y a concurrence, ils sont reçûs suivant l'ordre & la date de leurs Brevets, & comme ils se trouvent inscrits dans le Livre de la Communauté.

Les Fils de Maîtres, ou les Compagnons qui épousent la fille ou la veuve d'un Maître, sont reçûs à leur premiére réquisition, les uns en payant à la Boite les droits réglez, & les autres sans aucuns frais.

Il ne doit être reçû qu'un seul Maître par an, outre les Fils & Gendres de Maîtres, & ceux qui ont épousé des veuves de Maîtres.

Les Veuves jouïssent des Priviléges de la Maîtrise, sans pourtant pouvoir faire de nouveaux Apprentifs.

Il est défendu à tous Relieurs & Doreurs, sous les peines portées par les Ordonnances, d'avoir ni de relier aucuns Livres défendus ou contrefaits, aucuns libelles diffamatoires, ou composez contre la Religion, l'Etat & les bonnes mœurs.

La demeure de tous les Maîtres est fixée dans le quartier de l'Université; à l'exception néanmoins des Coléges & des Communautez Séculiéres ou Réguliéres qui s'y trouvent, où il leur est défendu de tenir leurs boutiques & ouvroirs. Les limites de ce qu'on doit entendre par le Quartier de l'Université sont marquées par le quatriéme article de leurs Statuts.

Enfin, il n'appartient qu'aux Relieurs de relier, dorer & orner toutes sortes de Livres qui leur sont ordonnez; de ne les relier qu'entiers & parfaits; de ne coudre au plus que deux cahiers ensemble avec de la ficelle & vrais nerfs; & de ne les endosser qu'avec du parchemin, & non du papier.

Les Libraires neanmoins peuvent plier chez eux, coudre, brocher, rogner & couvrir en papier ou parchemin simple & sans carton, toutes sortes d'ouvrages & de livres, sans être obligez d'employer les Relieurs.

Les Relieurs & Doreurs ayant fait en 1711, une Déliberation dans leur Communauté, portant entr'autres choses défenses aux Maîtres de faire des Apprentifs pendant un certain tems; & l'ayant fait homologuer par une Sentence du Lieutenant General de Police, les Syndic & Adjoints de la Librairie y formérent opposition, sur laquelle ayant été fait droit, il fut ordonné par une nouvelle Sentence du 16 Mai 1712, renduë sur les conclusions des Gens du Roi; Que conformément à l'Edit de 1686, il seroit reçû comme auparavant un Maître par chaque année, & que les Maîtres Relieurs seroient tenus de faire des Apprentifs quand il s'en présenteroit.

Toutes les Communautez des Arts & Métiers ayant été obligées de financer à diverses fois des sommes considérables pour l'union & incorporation de plusieurs Charges créées sous le Régne de Louïs XIV. depuis 1691 jusqu'en 1707, celle des Relieurs & Doreurs de Livres contribua comme les autres à secourir l'Etat dans ses besoins pressans; mais les diverses Lettres Patentes ou Arrêts du Conseil qu'elle obtint pour ces réünions ne changérent rien ou peu de chose à la discipline contenuë dans les Statuts de 1686: seulement les droits d'Apprentissage, de réception à la Maîtrise, de visite & autres semblables furent augmentez; à la charge toute-fois que cette augmentation cesseroit aussi-tôt après le remboursement des sommes empruntées pour ces sortes de finances.

Les principaux outils & instrumens dont se servent les Maîtres Relieurs & Doreurs de Livres, sont le Plioir, le Marteau à battre & sa Pierre; le Cousoir pour relier, avec les Clavettes; l'Aiguille à relier, le Poinçon, diverses sortes de Ciseaux, un Compas ordinaire & un Compas à dorer; la Presse pour rogner, garnie de son fust, de son couteau, de sa clef, & soûtenuë par cette espéce de coffre de bois qu'ils nomment l'Asne; la grande Presse, la Pointe à couper le carton, le Couteau à parer les cuirs, les Ais à rogner, à fouetter & à presser, la Pince pour dresser les nervûres, le gantelet pour fouetter, le Gratoir pour endosser; divers Pinceaux pour marbrer & pour coler, le Racloir à dorer sur tranche, le Fer à polir; enfin, divers autres Fers différenment faits & gravez pour appliquer l'or sur les couvertures, ou pour y faire des ornemens sans or, avec tout le petit équipage pour dorer sur tranche. *On peut voir la description & l'usage de tous ces outils à chacun des articles qui leur sont propres. Voyez aussi* Relieure.

Les Maîtres Relieurs ont voulu prétendre que les Marchands Merciers & les autres Maîtres des Communautez qui font à part le Commerce du papier, ne pouvoient avoir chez eux plusieurs de ces outils & instrumens, particuliérement ceux qui servent à battre, couper & relier les Livres; mais par un Arrêt du Parlement de la fin du dix-septiéme Siécle la pierre & le marteau à battre, la presse à couper & le cousoir ont été conservez aux Papetiers; à la Charge néanmoins qu'ils ne pourroient relier des Regiſtres qu'à dos quarré; & que les Registres à dos rond, comme ouvrages de Librairie, ne pourroient être faits que par les Maîtres Relieurs.

RELIEURE. Art, profession de relier les Livres. Il se dit aussi des Ouvrages des Relieurs, & plus spécifiquement encore de la couverture des Livres. Dans ce dernier sens on dit Relieure en veau, en maroquin, en parchemin, en basane, &c. pour signifier que la couverture d'un Livre est faite de l'une de ces peaux. Dans le second sens on dit, Cette Relieure est parfaite; pour dire, qu'un Livre est bien relié: On doit à ce Relieur tant de Relieures *in-quarto* & tant *in-octavo*; pour dire, qu'on lui doit ce nombre de Livres reliez. Enfin, dans le dernier sens, pour dire qu'un Ouvrier entend parfaitement l'art de relier des Livres, on dit qu'il réüssit bien en Relieure.

Il y a bien de l'apparence que l'Art de relier les Livres est aussi ancien que la science de les composer, & que l'un & l'autre ont suivi d'assez près l'invention des caractéres qui servent à les écrire.

Quelque ait été d'abord la matiére sur laquelle les hommes ont tracé ces caractéres, il paroît qu'ils ont dû en unir ensemble les diverses parties, autant pour en faire un corps que pour les mieux conserver; & de-là est venuë l'origine de la Relieure, que l'on doit assez vrai-semblablement aux Egyptiens, cette Nation si savante, & parmi laquelle les beaux Arts & les Sciences ont fleuri de si bonne heure.

La maniére de relier les Livres en volumes, c'est à dire, d'en coudre les feuilles les unes aux autres, pour les rouler sur des morceaux ou cylindres de bois arrondi, paroît la plus ancienne; quoi que celle de les relier en forme quarrée, en cousant plusieurs cahiers les uns sur les autres, soit aussi d'une grande antiquité.

La premiére de ces deux Relieures, qu'on peut appeller Egyptienne, a duré bien long-tems au de-là du Siécle d'Auguste; mais elle n'est plus présentement d'usage que dans les Sinagogues des Juifs; où l'on continuë d'écrire les Livres de la Loi sur des velins cousus ensemble, qui ne font, pour ainsi dire, qu'une longue page avec deux rouleaux, & leurs Umbilics d'or ou d'argent aux deux bouts.

Pour la Relieure quarrée, dont on fait Auteur un des Attales Roi de Pergame, qui le fut aussi de la maniére de préparer ces peaux qu'on nomme Parchemin, & en Latin du nom de la Capitale de ses Etats, *Carta Pergamea*; c'est celle dont on se sert encore aujourd'hui dans la Librairie, mais bien différente pour sa beauté & pour sa commodité, de ce qu'elle étoit auparavant.

Maniére de relier les Livres.

La premiére façon que le Relieur donne au Livre qu'il veut relier, c'est d'en plier les feuilles suivant les formats; en deux pour l'*in-folio*, en quatre pour l'*in-quarto*, en huit pour l'*in-octavo*, & ainsi du reste jusqu'aux plus petits, qui, quelque-fois plus par curiosité que par utilité, vont jusqu'à l'*in*-six-vingt.

Ce sont ordinairement des femmes qui s'occupent au pliage des Livres. On les appelle Plieuses, & l'instrument dont elles se servent Plioir. Ce plioir est une espéce de régle de bouis ou d'yvoire, très-mince, arrondie par les deux bouts, longue de huit ou dix pouces.

Les reclames & les signatures, qui sont, celles-ci au bas des pages, & celles-là à chaque cahier, dirigent le pliage, & empêchent les Plieuses de mettre les cahiers hors de leur véritable rang. *Voyez* Imprimerie.

Les feuilles pliées & mises les unes sur les autres par ordre de signatures, se battent au marteau sur la pierre pour les presser & applattir, en sorte qu'elles tiennent moins de place à la Relieure.

Des Couseuses les cousent ensuite sur le cousoir avec une longue aiguille d'acier un peu recourbée. Ce qu'on appelle Coudre un Livre, c'est y attacher au dos, à certaines distances & en nombre convenable, des Cordes qu'on nomme des Nerfs; ce qui se fait en conduisant un fil de chanvre dans le milieu de chaque cahier, à commencer du premier de ces nerfs jusqu'au dernier, & en faisant faire à ce fil un tour sur chaque nerf. On met six nerfs aux *in-folio*, & cinq à tous les autres. Les cordes de la nervûre sont de différente grosseur, suivant la grandeur du format. A l'égard du cousoir, c'est l'instrument sur lequel on on place les feuilles pour les coudre, & où sont tendües perpendiculairement les cordes des nerfs. *Voyez* Cousoir.

L'on fait la tranche dans la presse à rogner, c'est à dire, qu'on rogne les feuilles d'un Livre de trois côtez, en le mettant dans cette presse entre deux ais un peu plus longs que le Livre, & en conduisant & serrant peu à peu le couteau sur l'extrêmité des feuilles par le moyen de la vis du fût où il est attaché. De ces deux ais, qui de leur usage se nomment Ais à rogner, celui de derriére est plus élevé que l'autre, & sert à soûtenir les bords du Livre; & celui de devant qui est plus bas, sert à diriger le couteau qui coule dessus. *Voyez* Presse a rogner.

La tranche achevée, on passe le Livre en carton; c'est à dire, qu'on y met le carton sur lequel dans la suite se doit appliquer le maroquin, le veau, ou autre matiére dont on couvre ordinairement les Livres. Le carton qui avant d'être placé doit avoir été fortement battu au marteau sur la pierre, s'attache aux Livres par le moyen des nerfs, dont le bout passe dans trois trous disposez en triangle, que le Relieur perce avec un poinçon sur le bord du carton, vis à vis de chaque nerf.

On appelle Rabaisser le carton, le couper à l'égal de la tranche avec la pointe, qui est un long instrument de fer bien acéré & bien tranchant, garni d'un fort manche de bois, que l'Ouvrier pousse avec l'épaule, & conduit avec la main le long d'une régle de fer posée sur le carton qu'on veut rabaisser. *Voyez* Pointe.

Après que le carton a été rabaissé, on passe le Livre en parchemin; ce qui s'entend d'une bande de parchemin de la longueur du Livre, qu'on met de chaque côté en dedans; en sorte néanmoins que l'ayant entaillé à l'endroit des nerfs, elle puisse revenir par dehors entre le carton & les feuilles du Livre, pour en couvrir le dos lors qu'on le veut endosser. Pour lui donner cette façon on serre le Livre dans la grande presse; & après en avoir graté le dos avec un instrument de fer à dents qu'on appelle Gratoir, pour y faire entrer la cole de farine, dont d'abord on cole le parchemin: on y ajoûte pour le fortifier de la cole-forte d'Angleterre par dessus.

Le tranche-fil, qui est un ornement de fil ou de soye de diverses couleurs, ou même quelque-fois d'or ou d'argent, que l'on met aux deux bouts du dos du Livre, sur le bord de la tranche, se fait après qu'il a été passé en parchemin. C'est une espéce de tissu travaillé sur un seul morceau de papier roulé s'il est simple, ou sur deux l'un sur l'autre s'il est double. Outre l'ornement il sert aussi à arrêter le haut & le bas des cahiers du Livre. On appelle Coiffer un Livre, en arranger le tranche-fil avec le bout d'une aiguille après qu'il a été fouetté, comme on le dira ci-après.

Quand le Livre est en cet état, Il ne reste plus qu'à en faire les mords, & en marbrer, rougir, noircir ou dorer la tranche, pour ensuite le couvrir, c'est à dire, y appliquer la peau qui en doit faire la couverture. Faire les mords d'un Livre, c'est échancrer en dedans le carton, & abattre les quatre angles pour en faciliter l'ouverture. L'on entend assez ce que c'est que rougir, marbrer ou noircir un Livre sur tranche, pour qu'il soit nécessaire d'entrer là-dessus dans aucun détail; mais y ayant quelque chose de particulier à la dorure, qui se met pareillement sur la tranche, on peut avoir recours aux articles où il en est traité. *Voyez* Dorure & Doreur de Livres.

Quoi que divers Ouvriers en cuir donnent aux peaux dont l'on se sert à la couverture des Livres plusieurs façons, les Relieurs leur en donnent aussi d'autres qui sont propres à leur Art: c'est ce qu'on va expliquer, mais seulement des peaux de veau, étant celles ausquelles les Relieurs en donnent davantage, & les autres s'employant à proportion de même.

Les peaux de veau, après avoir été mouillées & largement imbibées d'eau, se ratissent sur se chevalet avec l'instrument à ratisser, qui est une espéce de couteau de fer peu tranchant, à deux manches de bois. Pour le chevalet il est très-simple, ne consistant ordinairement qu'en une longue douve de pipe à eau-de-vie, sur le haut de laquelle le Relieur s'appuye, tandis qu'il enléve de dessus la peau avec le couteau ce qui pouvoit y être resté de moins uni.

La peau ratissée & encore moite se taille avec de gros ciseaux, ou espéces de forces, en morceaux quarrez convenables aux Livres qu'on a à relier; & en cet état se pare sur le marbre avec le couteau à parer, outil assez semblable au tranchoir des Cordonniers, mais à lame plus plate & plus courte. Parer une couverture, c'est en ôter l'épaisseur des bords du côté que la peau doit se coler sur le carton.

On juge assez que toutes ces façons, à la réserve de la derniére, ne peuvent convenir au maroquin, à la basane, au velin, au velours & aux autres étoffes, dont quelquefois on couvre les Livres que l'eau gâteroit si on les mouilloit.

La couverture ayant été trempée de cole de farine (c'est le terme) ce qui se fait avec le pinceau à cole, s'étend sur le carton en dehors, & se replie sur le même carton en dedans, après qu'on en a échancré & ouvert les quatre angles, & l'avoir entaillée & aussi repliée à l'endroit des tranche-fils.

On appelle Fouetter un Livre, le serrer entre deux ais, de-là nommez Ais à fouetter, avec une sorte de ficelle que les Cordiers appellent du Fouet. On lui donne cette façon pour plus fortement appliquer la couverture sur le carton & sur le dos, aussi-bien que pour en mieux former les nervûres. Un gantelet, ou morceau de cuir ainsi nommé, sert au Relieur, qui le met autour de la main droite, à pouvoir plus fortement tirer la ficelle sans se blesser; & une petite pince de fer pour approcher cette ficelle plus près de chaque nerf. L'ouvrage qu'on fait avec cette pince s'appelle Pincer un Livre.

On met secher au feu le Livre qui vient d'être fouetté; & quand il est suffisanment sec, on le défouette, c'est à dire, qu'on en ôte la ficelle & les ais pour le mettre dans la grande presse entre d'autres ais plus épais & moins larges, qu'on nomme des Ais à presser; ensuite de quoi, avant que de le marbrer, si on lui donne cette façon, & d'en coler les gardes & le papier sur le carton en dedans, on le bat encore sur le plat avec le marteau. Les gardes sont de petits morceaux de parchemin, qui sont de chaque côté des tranche-fils, & qui se colent sur le carton; le papier, soit blanc, soit marbré, se cole par dessus les gardes. Dans les plus belles Relieures on met au lieu de papier,

du

du maroquin de diverses couleurs, qu'on orne encore de dorure.

Lors qu'on marbre la couverture, ce qui se fait avec un pinceau à marbrer trempé dans du noir qu'on fait rejaillir dessus en forme de petites taches, en frappant legérement le pinceau sur un bâton, ou seulement sur le second doigt de la main gauche, on laisse secher la marbrure avant que de la glairer.

Les couvertures de veau marbré, aussi-bien que celles de veau fauve, se glairent deux fois avec du blanc-d'œuf battu, & puis se lissent avec le fer à polir. Cet instrument qui est de fer enmanché de bois, se passe à chaud sur les couvertures glairées; ce qui y donne le lustre. *Voyez* FER A POLIR.

Au dos des Livres en veau un peu propres on cole une piéce de maroquin rouge, pour y mettre en Lettres d'or le titre du Livre: elle se met dans la seconde nervûre d'en haut; quelque-fois on y en ajoûte encore une autre dans la nervûre au dessous pour y mettre aussi en or le numéro des tomes.

Ce sont les Doreurs sur cuir, c'est à dire, ceux des Relieurs qui ne s'occupent que de cette dorure, qui mettent ces titres, & qui font sur les couvertures les divers ornemens de filets d'or & d'armoiries dont on a coûtume de les embellir. On en parle ailleurs. *Voyez* FER A DORER. *Voyez aussi* DORURE & DOREUR DE LIVRES.

On appelle Antiquer, faire sur la tranche d'un Livre avec des fers chauds, diverses figures & lineamens qui lui donnent une sorte d'agrément. Ce terme est moderne, & inventé pour signifier cette ancienne maniére d'orner la tranche des Livres, qui s'étoit perduë, & que quelques Doreurs veulent faire revivre.

Les outils dont se servent les Relieurs, & les termes usitez dans leur profession qui ne sont pas assez expliquez ou décrits dans cet article, se sont davantage & plus au long à leurs propres articles, où l'on peut avoir recours.

RELIGIEUSE. On appelle Fil à la Religieuse, une sorte de fil demi-blanc qui se fabrique à Lille en Flandres, d'où les Marchands Merciers de Paris qui en font le Négoce, ont coûtume de le tirer. *Voyez* FIL.

VOILE DE RELIGIEUSE. Espéce d'étamine très-claire dont on fait les voiles des Religieuses, d'où elle a pris son nom. Elle sert aussi à faire des doublures de juste-au-corps en Eté, & même des manteaux courts pour les Gens d'Eglise & de Robe, qui sont très-commodes pour leur legéreté. *Voyez* ETAMINE.

RELIQUAT DE COMPTE. C'est ce qui est dû par un Comptable après que son compte est arrêté. *Voyez* COMPTE.

RELIQUATAIRE. Celui qui doit par un reliquat de compte. On le dit aussi de tous ceux qui ne payent pas entiérement une dette, un billet, une obligation, un mémoire, & qui ne donnant qu'à compte, restent encore redevables.

RELOUAGE. Terme de pêche de haran. C'est le tems que ce poisson fraye, ce qui arrive vers Noël. Le haran dans cette saison est de très-mauvaise qualité; & c'est pour cela que les Anglois en défendent la pêche; outre qu'elle dépeuple la Mer de ces poissons, qui ne peuvent multiplier étant pris dans le tems que la nature a marqué pour leur génération.

Les François n'ont pas cette précaution, & font presque toute cette pêche, qui est si abondante à la hauteur du Havre-de-Grace, qu'il y a des années que dans les Ports de cette Côte on en donne jusqu'à trente-deux pour dix-huit deniers. Il n'y a guére pourtant que les pauvres qui en mangent dans ce tems-là.

REMANIER. Manier plusieurs fois. Il faut Remanier souvent un drap pour en connoître la qualité. Les étoffes de soye s'appiétrissent à force de les remanier.

REMANIER, en termes d'Imprimeur. Signifie changer quantité de lettres & de lignes, & réparer plusieurs défauts dans une forme d'Imprimerie. On dit simplement Corriger, quand il y a peu de choses à racommoder. *Voyez* IMPRIMERIE.

REMARCHANDER. Marchander plusieurs fois. Vous aurez beau marchander & remarchander, vous n'aurez pas ce satin à meilleur marché.

REMBALER. Remettre en bale ou balot des marchandises. Les quatre bales de draps de ce Marchand ont été visitées, il n'y a plus qu'à les rembaler, pour que le Visiteur y mette son plomb.

Je n'ai pû vendre mes marchandises à la Foire, il les faut rembaler.

REMBOURSEMENT. Action par laquelle on paye, on rembourse ce qui étoit dû, ou ce qui avoit été reçû. Celui qui a donné une Lettre de change en payement, en doit faire le remboursement lors qu'elle revient à protest faute d'acceptation, ou de payement.

REMBOURSER. Rendre à quelqu'un l'argent qu'il a déboursé ou avancé. Les Marchands doivent rembourser aux Voituriers les droits qu'ils ont payez pour leurs marchandises, outre la voiture.

REMBOURSER. Signifie aussi rendre le prix qu'une chose avoit coûté à son Aquereur. Il m'a cédé le lot de marchandises qui lui avoit été adjugé à la vente faite à Nantes par les Directeurs de la Compagnie des Indes Orientales, à la charge de le rembourser du prix de l'achat, & des droits & fraix de voiture, avec un profit de cinq pour cent.

REMEDE. Terme de Monnoyeur. C'est la permission qu'ont les Maîtres des Monnoyes de tenir les espéces un peu plus foibles de poids ou de titre qu'il n'est porté par les Ordonnances. Le premier s'appelle Remède de poids, & le second Remède de loi.

Le Remède de loi, qu'on appelle aussi Escharceté, regarde la bonté intérieure des espéces, qu'il est permis au Maître d'affoiblir de quelques grains, par l'impossibilité qu'il y auroit de faire les essais si justes, que l'alliage n'excédât jamais la quantité ordonnée par le Prince. Ainsi les louïs d'or qui devroient être à vingt-deux carats, ne sont qu'à vingt-un carats trois quarts; ce qui est un quart de Remède accordé au Maître; & les louïs d'argent qui devroient être à onze deniers, ne sont aussi qu'à dix deniers vingt-deux grains; ce qui fait deux deniers de remède de loi pareillement accordé au Maître. *Voyez* ESCHARCETE'.

REMEDE DE POIDS, nommé aussi FOIBLAGE. Est ce qui manque aux espéces du véritable poids qu'elles devroient avoir. Le Roi l'accorde aux Maîtres des Monnoyes, parce qu'il est difficile que les espéces d'or & d'argent puissent être toutes d'un poids égal, & que leur taille soit foit fi jufte qu'il ne fe trouve point quelques grains plus ou moins dans chaque marc d'or ou d'argent. Aux efpéces d'or, le reméde de poids permis eft de deux felins par marc, qui valent quatorze grains deux cinquiémes de grains; & aux efpéces d'argent de quarante-trois grains fept cens feptiémes de grains, qui reviennent environ à cinq fols fix deniers monnoye de France. *Voyez* FOIBLAGE. *Voyez auſſi* FORÇAGE.

REMEDE DES POIDS DE MARC. Terme de Balancier. C'eft un excédent de pefanteur que les Balanciers font obligez de donner à tous les poids qu'ils fabriquent au de-là de la véritable pefanteur qu'ils doivent avoir. Comme par éxemple, un poids de deux livres doit pefer deux livres trois grains ou environ; ce qui s'appelle Reméde fur le fort, au lieu que celui de poids des efpéces eft un reméde fur le foible.

L'Ordonnance de 1540. a réglé ce reméde, & enjoint aux Changeurs, Orfévres & Jouailliers, &c. d'avoir de bonnes & juftes balances, & des poids fans aucun reméde fur le foible, mais bien fur le fort; favoir, d'un efterlin & demi fur le poids de vingt-cinq marcs, de trois felins fur huit marcs, de demi efterlin fur quatre marcs, d'un felin fur deux marcs, & d'un demi-felin fur un marc.

A l'égard des petites piéces ou poids, pefantes enfemble depuis quatre onces jufqu'à demi-felin, ils fe font fans aucun reméde.

REMESURER, mefurer une feconde fois. J'ai remefuré cette étoffe chez moi; je n'y ai pas trouvé l'aunage du Marchand. Quand on remefure fouvent le grain on y trouve du déchet. *Voyez* MESURER.

REMETTRE un paquet, une Lettre, une fomme d'argent à quelqu'un. C'eft les lui envoyer, les lui faire tenir. J'ai remis votre Lettre à fon adreffe; je donnerai ordre qu'on remette en main propre le paquet à Monfieur votre frére.

REMETTRE. Se dit chez les Marchands, Négocians & Banquiers, du Commerce d'argent qui fe fait par Lettre de Change, ou autrement. J'ai remis cette femaine dix mille écus à mon Correfpondant de Lyon en refcriptions fur les Gabelles.

Je vous remettrai inceffanment dix mille francs en trois Lettres de change payables à vûë, tirées fur N. Banquier de votre Ville. *Voyez ci-après* REMISE. *Voyez auſſi* TRAITE, BANQUE, BANQUIER, COMMISSIONNAIRE *&* LETTRE DE CHANGE.

REMETTRE. S'entend encore en terme de Banque, de ce qu'on a coûtume de donner, & pour ainfi dire, d'excompter à un Banquier pour en avoir des Lettres de Change. Les Lettres de Change fur Amfterdam font rares; il faut remettre tant à ce Banquier fi vous voulez qu'il vous en fourniffe pour une fi groffe fomme.

REMETTRE. Signifie auffi céder à fon débiteur une partie de fon dû. Je veux bien vous remettre le quart de ce que vous me devez, en me payant le refte comptant. Il y a beaucoup à perdre dans la faillite de ce Marchand; il faudra que fes Créanciers lui remettent les trois quarts.

REMETTRE. Veut dire auffi différer. Ma dette eft trop peu de conféquence pour me remettre ainfi de jour en jour: il y a affez long-tems que vous me remettez; quand voulez-vous donc me payer?

Rien ne porte plus de préjudice à la réputation & au crédit d'un Marchand que de remettre le payement de fes billets, & ne les pas aquiter éxactement.

REMETTRE. Se prend quelque-fois pour confier. J'ai remis mes intérêts entre les mains d'un arbitre. On s'en fert auffi avec le pronom poffeffif. Je me remets à vous de cette affaire: votre facteur eft habile; vous faites bien de vous remettre à lui d'une partie de votre Commerce.

REMETTRE. Terme de Chandelier. Remettre la Chandelle, c'eft lui donner la troifiéme couche de fuif. Pour la premiére trempe on dit plinger. Pour la feconde, c'eft retourner. Les autres fuivantes qui font en plus grand ou plus petit nombre fuivant le poids de la chandelle qu'on façonne, n'ont point de nom, à la réferve des deux derniéres, dont l'une s'appelle mettre prêtes, & l'autre rachever. *Voyez* CHANDELLE PLONGE'E, *ou* COMMUNE.

REMETTEUR. Il fe dit quelque-fois dans le Commerce des Lettres & Billets de Change, de celui qui en fait les remifes dans les lieux où l'on en a befoin.

REMISE, qu'on nomme autrement Traite. C'eft le Commerce d'argent qui fe fait par les Marchands, Négocians, Banquiers & autres perfonnes, foit par Lettres & Billets de Change, foit par refcriptions, mandemens, &c. C'eft par ces traites & remifes qu'on fait paffer fans rifque & fans voiture une fomme d'argent qu'on a dans une Ville, en une autre Ville où l'on n'en a pas, & où l'on en a befoin. J'ai fait cette année pour un million de remifes à Amfterdam. Les Banquiers de Paris font des remifes pour toutes les Villes de l'Europe. *Voyez* TRAITE, BANQUE *&* LETTRES DE CHANGE.

REMISE. S'entend auffi des Lettres de Change même, que l'on remet d'une place en une autre. Les remifes font difficiles à trouver pour Copenhague; c'eft à dire, qu'on a peine à avoir des Lettres de Change pour cette Ville.

REMISE. Se dit pareillement dans le Négoce de la Banque, lors qu'en accufant le payement d'une Lettre de Change qui vous a été envoyée, vous nommez en même tems celui qui vous l'avoit adreffée. J'ai reçû fix mille francs à votre remife. J'ai été payé de mille écus à la remife de votre Correfpondant. Monfieur N. Banquier de votre Ville, doit vous avoir payé cent écus à ma remife.

REMISE. Eft encore le droit que l'on donne au Banquier, tant pour fon falaire, que pour la tarre de l'argent & la différente valeur des efpéces, dans le lieu où vous lui donnez votre argent, & dans celui où il vous le fait tenir. La remife de l'argent à Londres eft très-forte. On dit plus ordinairement Change & Rechange. *Voyez* CHANGE *&* RECHANGE.

REMISE. Signifie quelque-fois le fond en argent qu'un Négociant a remis entre les mains de fon Correfpondant ou de fon Commiffionnaire. Vous ne deviez pas faire difficulté de payer ma derniére Lettre de Change; vous avez pour vingt mille livres de remifes, & jufqu'ici je n'ai tiré fur vous que dix-huit mille livres.

REMISE. Se prend auffi pour l'excompte, ou pour les intérêts illégitimes que les ufuriers éxigent de ceux à qui ils prêtent. Je veux la moitié de remife fur ce billet; pour dire: Je ne le prendrai qu'à moitié de perte.

REMISE. Se dit encore de la perte volontaire qu'un Créancier veut bien faire d'une partie de ce qui lui eft dû pour

pour être payé avant l'échéance des billets ou obligations qu'il a de son débiteur. Souvent cette remise est stipulée dans les Actes, & alors elle n'est plus volontaire, la remise étant de droit en faisant les payemens conformément aux termes convenus.

Remise. Est pareillement ce qu'on veut bien relâcher de sa dette par accommodement avec un Marchand qu'on croit insolvable ou qui a fait banqueroute. Les Creanciers de ce Marchand lui ont fait remise des trois quarts par le Contract qu'ils ont fait avec lui.

REMPAQUEMENT. Terme de pêche & de Commerce de poisson salé. Il se dit de l'obligation où sont les pêcheurs étrangers qui apportent en France leur haran en vrac, de le tirer des barils pour le saler une seconde fois, & ensuite le paquer, c'est à dire, l'arranger par lits dans les mêmes barils.

L'article 12 du Traité de Ryswick porte, que les Hollandois pourront faire entrer & débiter en France du haran salé sans distinction & sans être sujets au rempaquement. *Voyez* Paquage, *ou* Haran paqué.

REMPAQUETER. Remettre une marchandise en paquet, en balot, dans son envelope. Rempaquetez ces toiles, ces soyes, ces gans.

REMPLACER. Remettre une chose à la place d'une autre. J'ai détourné mes fonds; je vais travailler à les remplacer.

REMPLAGE, ou REMPLISSAGE. Ce qu'il faut de liqueur pour remplir un tonneau où il y a quelque déchet, soit par la fermentation & la coulure, soit par quelqu'autre accident. Il a falu vingt pintes de remplage à cette pipe d'eau-de-vie. Cette pipe de vin est presque en vuidange; cinquante pintes ne feront pas suffisantes pour le remplage. On le dit pareillement de l'huile, du cidre, de la biére, du poiré, &c. Il se dit aussi de l'action de remplir.

Il y a à Paris des Courtiers de vin sur les ports, pour juger si les vins n'ont point été chargez d'eau ou autres mauvais remplages. *Chap.* 11 *de l'Ordonnance de la Ville de* 1672. *Voyez* Courtier.

Les Marchands qui font arriver leurs vins par les voitures d'eau, donnent aux Voituriers quelques piéces de vin pour le remplage, plus ou moins, à raison du nombre qui compose la voiture.

L'Ordonnance des Aydes défend aux Brasseurs de travailler aux remplages, ou remplissages de leurs tonneaux, ou futailles, à chaque nouveau brassin de biére, qu'ils n'ayent dûëment averti & appellé les Commis.

Remplage. Terme de Commerce de bois. C'est ce qu'on donne quelque-fois aux Marchands pour les dédommager des vuides qui se sont trouvez dans leurs coupes.

L'Ordonnance des Eaux & Fôrets défend de donner aucun bois en forme de remplage.

REMPLIR. Rendre plein un tonneau qui est vuide. Il faut deux cens quatrevingt pintes de vin mesure de Paris pour remplir un muid de la jauge de cette Ville.

Remplir. Se dit aussi pour remplacer la liqueur qu'on a tirée d'une futaille, ou qui en est sortie par accident. Il faut remplir ce baril d'huile avant de l'envoyer. Les Cabaretiers ont soin de remplir de tems en tems les vins qu'ils ont en chantier dans leurs caves & leurs selliers.

REMPLISSAGE. L'action de remplir ce qui est vuide. On le dit aussi de la quantité de liqueur qu'il faut pour remplir une futaille & la rendre entiérement pleine. *Voyez ci-dessus* Remplage.

Remplissage. Est aussi un terme de Manufacture de points & de dentelles de fil, qui signifie le travail des Ouvriers qui en refont les tissus & les toilez. *Voyez* Point.

REMPLISSEUSE. Ouvriére qui fait métier de remplir des points & des dentelles.

REMPOISSONNER. Terme de Pêcheur & de Commerce de poisson d'eau douce. C'est repeupler de poisson un étang & un vivier. Ceux qui achétent la pêche des eaux dormantes, sont ordinairement obligez de les rempoissonner, c'est à dire, d'y remettre du peuple. *Voyez* Pesche & Poisson d'eau douce.

REMPRUNTER. Emprunter de nouveau. Ce Marchand ne sera jamais quite, il n'a pas payé une partie de ses dettes, qu'il remprunte aussi-tôt; pour dire, qu'il ne fasse de nouvelles dettes.

REMUAGE. Action par laquelle on remuë quelque chose. Les Matelots sont en droit de se faire payer de leurs peines pour l'évent & le remuage des grains qui sont dans un Vaisseau.

On appelle chez les Marchands de Vin, Billet de Remuage, un certain Billet qu'ils sont tenus d'aller prendre au Bureau général des Aydes lors qu'ils sont obligez de transporter leur vin d'une cave en une autre, soit par changement de demeure, ou autrement; ce qui s'observe aussi à l'égard des Bourgeois.

REMUER UN COMPTE, en fait de teneur de Livres. C'est le porter ou renvoyer d'un folio à un autre dans le même Livre, ou à un autre folio d'un Livre nouveau lors qu'il ne reste plus de place dans l'ancien pour le continuer, & cela après qu'on en a fait la balance au pied des pages qui sont remplies.

Remuer. Se dit aussi de l'argent lors qu'il revient dans le Commerce. Pendant la Paix l'argent se remuë parce que le Commerce se rétablit avec les Etrangers. On dit d'un Marchand, d'un Négociant, d'un Banquier trés-riche, qu'il a de l'or & de l'argent à remuer à la pêle.

RENARD. Animal sauvage à quatre pieds, de la grosseur d'un moyen chien, dont le poil pour l'ordinaire tire sur le roux, qui a les oreilles courtes, le museau un peu long & presque pointu, la queuë longue & fort toufuë. La femelle du Renard se nomme Renarde, & ses petits s'appellent Renardeaux.

Ce qu'on tire du Renard pour le Commerce ne consiste qu'en sa peau, laquelle étant bien passée & aprêtée par le Pèletier, s'employe à diverses sortes de fourrures.

Outre les peaux de Renards que la France fournit, & qui sont regardées comme les plus communes de toutes, il s'en tire beaucoup des Païs étrangers, particuliérement de Suisse & d'Espagne. Celles qui viennent de Moscovie, de Suéde & de Dannemarck, sont les plus estimées; il y en a de noires, de blanches, de cendrées, & même (à ce que l'on prétend) de bleuës. Ce sont les Lapons qui fournissent aux Moscovites, Danois & Suédois, les plus belles peaux de Renards, & c'est d'eux que les Anglois, Hollandois & Hambourgeois, les achettent ou les échangent contre d'autres marchandises qu'ils leur portent de leur

leur Païs, pour les revendre ensuite aux François & autres Nations de l'Europe & d'Asie qui s'en servent.

La Natolie, l'Arménie & la petite Tartarie, fournissent aussi quantité de peaux de Renards, dont celles qui se tirent d'Asaf, de Caffa & de Krim, sont réputées les plus belles. Il s'en envoye beaucoup à Constantinople, & en quelques autres endroits de l'Europe. Celles de ces Païs-là destinées pour France, qui sont en petit nombre, viennent pour l'ordinaire par la voye de Marseille.

C'étoit autre-fois la mode en France de porter des manchons de peaux de Renards toutes entiéres, c'est à dire, avec les jambes, la queuë & la tête, à laquelle l'on conservoit toutes les dents, & où l'on ajoûtoit une langue de drap écarlate, & des yeux d'émail, pour imiter autant qu'il étoit possible la vérité de la nature; ce qui formoit un effet assez plaisant à la vûë: cependant, cette mode s'est tout à fait perduë.

Des plus belles queuës de Renards l'on en fait des cravates de campagne pour l'hiver, & les autres s'employent à ôter la poudre des tableaux & des meubles précieux que l'on veut conserver, en les attachant au bout d'un long manche en guise de balai de plumes.

Les peaux de Renards de quelque Païs qu'elles puissent venir, font une portion du Commerce de la Pèleterie, qu'il n'est permis de faire à Paris qu'aux seuls Marchands Merciers & Pèletiers; les premiers en gros & les autres en détail, après avoir donné aux peaux leurs derniéres préparations, & les avoir employées à diverses sortes de fourrures.

Les peaux de Renards payent en France les droits d'entrée comme Pèleteries communes; savoir, 10 l. du cent pesant quand elles ne sont pas aprêtées, & 28 l. lors qu'elles le sont.

Les droits de sortie sont de 3 l. aussi du cent pesant, soit qu'elles soient crûës, soit qu'elles soient ouvrées.

RENCHERIR. Devenir plus cher, augmenter de prix. Les soyes sont bien renchéries. La guerre a fait renchérir les épiceries. Il se dit aussi des Marchands qui demandent de leurs marchandises plus qu'ils n'ont coûtume de les vendre. Pourquoi voulez-vous renchérir votre farine? Vous avez renchéri votre drap, votre toile, vos étoffes, &c.

RENCONTRE. Cas fortuit, chose à laquelle on ne s'atendoit pas. Il se dit également en bonne & en mauvaise part.

Les Marchands pour faire entendre qu'ils ont eu bon marché d'une chose, disent: c'est une rencontre. Ils disent aussi: j'ai eu cela de rencontre; c'est à dire, de hazard; je ne l'ai point acheté chez les Marchands.

L'on dit encore en terme de Commerce de Lettres de Change: J'ai trouvé rencontre pour Amsterdam, pour Lyon, pour Anvers; pour signifier qu'on a trouvé des Lettres de Change pour ces Places.

RENCONTRE. Aller à la rencontre de quelqu'un, c'est aller au devant de lui.

Tous les Statuts des Communautez des Arts & Métiers défendent aux Maîtres d'aller à la rencontre des Marchands Forains qui arrivent aux Villes où il y a maîtrise; ordonnant que les marchandises, matiéres ou ouvrages convenables à chaque métier & professión soient portées aux Bureaux établis pour chaque Corps, pour y être visitées par les Jurez, & ensuite loties entre les Maîtres qui en veulent.

L'Ordonnance de la Ville de Paris de 1672, article 2 du chapitre 3. fait défenses à tous Marchands d'aller au devant des marchandises destinées pour la provision de Paris, & de les acheter en chemin, à peine contre les Marchands Vendeurs, de confiscation de la marchandise, & de la perte du prix contre l'Acheteur; & en cas de récidive, d'interdiction du Commerce.

RENCONTRE'E valeur de moi-même, ou Rencontrée en moi-même. Stile de Lettres de change. Les Lettres de change où ces termes se mettent, font la troisiéme espéce de Lettres de change: on les libelle de la sorte, afin que lors qu'un Banquier ou Négociant tire une Lettre sur son Debiteur, elle paroisse toûjours être de ses propres deniers, à cause de la créance qu'il a de pareille somme sur celui sur qui il l'a tirée; ce qui ne seroit pas, si le Tireur mettoit valeur reçûë en deniers comptans, parce qu'alors le Commissionnaire ou l'Ami à qui elle auroit été remise pour la recevoir, pourroient prétendre que la Lettre leur appartiendroit, puis qu'il paroîtroit par la Lettre qu'ils en auroient fourni la valeur. *Voyez* LETTRE DE CHANGE.

RENDAGE. Terme en usage dans les Hôtels des Monnoyes. Il signifie ce que les espéces, quand elles sont fabriquées, rendent à cause de l'alliage qu'on y mêle, au dessus du véritable prix de l'or & de l'argent avant ce mélange; ce qui comprend également le droit de Seigneuriage dû au Souverain sur les monnoyes, & le droit de Brassage accordé aux Maîtres des Monnoyes pour les fraix de la fabrication. *Voyez* SEIGNEURIAGE & BRASSAGE.

RENDETTER. S'endetter une seconde fois. Ce Marchand s'étoit aquité, il s'est rendetté plus que jamais.

RENFORCE'. On appelle Velours renforcez, la quatriéme sorte de Velours; c'est à dire, ceux qui sont du nombre des petits Velours. *Voyez* VELOURS.

RENFORMER UN GANT. *Voyez* BASTONNER UN GANT.

RENFORMOIR, que l'on appelle quelque-fois DEMOISELLE, ou SERVANTE. Espéce d'instrument de forme pyramidale, fait de bois dur, poli & tourné, à plusieurs coches, d'environ un pied de haut, dont la base est plate & la sommité ronde. C'est sur cet instrument que les Gantiers renforment leurs gans; c'est à dire, les élargissent par le moyen des deux bâtons qu'ils appellent Tourne-gans. *Voyez* GANT.

RENGRENEMENT. Ce terme signifioit dans les Hôtels des Monnoyes, lors qu'on y faisoit encore le monnoyage au marteau, l'opération du Monnoyer lors qu'il remettoit le flaon entre la pile & le trousseau, c'est à dire, entre les quarrez d'effigie & d'écusson, afin que s'il n'avoit pas été bien marqué du premier coup de marteau, on pût en achever plus parfaitement l'empreinte par un second coup.

Pour que le rengrénement fût bien fait, il faloit que chaque piéce du grenetis ou de l'empreinte rentrât dans le même creux d'où elle étoit sortie, ce qui se jugeoit quand l'espéce ne varioit point après avoir été remise entre les quarres, autrement les empreintes devenoient doubles, ce qu'on appelloit treffler. C'est du grenetis qui borde le contours des espéces qu'est venu le terme de Rengrénement & de Rengrenner. Depuis qu'on

fabrique

fabrique la monnoye au moulin & qu'on se sert du balancier, on ne fait plus guére le rengrénement des espéces.

A l'égard des médailles, comme elles sont d'un grand relief, il faut souvent en faire le rengrénement & les recuire à chaque fois qu'on l'a recommencé. Lors que le relief est excessif, comme il l'est ordinairement dans les médailles, il faut quelque-fois en recommencer le rengrénement jusqu'à quinze ou seize fois, & à chaque fois limer la matiére qui déborde au de-là de la circonférence. *Voyez* MEDAILLES.

RENGRENEMENT. Se dit aussi de la comparaison qui se fait par des Experts en conséquence d'une Ordonnance de Justice, de quelque poinçon soupçonné de faux, avec l'empreinte qui en est conservée sur une table de cuivre, ou de plomb, dans la Chambre du Procureur du Roi au Châtelet ; si le rengrennement se fait juste, c'est à dire, si le poinçon remplit aisément & parfaitement tout le creux de l'empreinte, le poinçon doit être déclaré bon par les Experts, & au contraire s'il ne rengréne pas juste.

RENGRENER, en terme de monnoyes & de médailles. C'est remettre les espéces ou les médailles entre les quarrez, & faire rentrer les différentes empreintes en relief que les unes ou les autres ont déja reçûës, dans les mêmes creux d'où elles sont sorties. *Voyez l'article précédent.*

RENGRENER. Se dit encore dans les Hôtels des Monnoyes, lors que le Graveur ou Tailleur, pour achever ou perfectionner son ouvrage ôte & remet ses poinçons & ses matrices les unes sur les autres, jusqu'à-ce qu'à force de les frapper le poinçon ait pris tout son relief, ou la matrice tout son creux.

RENGRENER, en terme de rapport d'Expert. C'est faire comparaison d'un poinçon soupçonné de faux avec l'empreinte qui s'en conserve dans la Chambre du Procureur du Roi au Châtelet. *Voyez* RENGRENEMENT.

RENOUVELLEMENT. Action par laquelle on renouvelle ou on continuë une chose. On dit, le renouvellement d'un billet, d'une promesse, d'une obligation. *Voyez l'article suivant.*

RENOUVELLER. Confirmer une chose ou la faire de nouveau : il se dit aussi de la continuation d'un écrit, ou d'un engagement. Il est ordinaire dans le Commerce de renouveller les billets, les promesses & les obligations à leur écheance, c'est à dire d'en faire de nouvelles, ou d'en stipuler la continuation au bas des anciennes.

Mes billets de la Compagnie des Indes étoient échûs, les Directeurs me les ont renouvellez & en ont augmenté l'intérêt de deux pour cent.

Les promesses de la caisse des Emprunts, établissement si commode pour le Commerce, se renouvelloient tous les ans à leur écheance, & alors les intérêts s'en payoient au Porteur de chaque promesse.

RENTIERS. L'on appelle ainsi à Maroc & dans toutes les Villes de ce Royaume, soit maritimes ou autres où il se paye des droits d'entrée & de sortie, les Juifs qui en sont Fermiers. Cette Nation qui se trouve par tout où il se fait Commerce, qui s'entend merveilleusement à le faire à son profit, s'entremet beaucoup de celui de Maroc, & il est difficile aux Marchands Chrêtiens de ne pas passer par leurs mains, ce qui cependant est très-dangereux. *Voyez le Commerce de Salé au titre de celui de Barbarie.*

RENTONNER. Remettre dans un tonneau une liqueur qu'on en a tirée, ou qu'on a tirée d'un autre. Les Ordonnances des Aydes défendent aux Cabaretiers de rentonner du vin dans une piéce marquée & en perce. *Voyez* CABARETIER.

RENTRAIRE, en terme de Tapissier. C'est recoudre les relais d'une tapisserie de haute ou basse lisse : il se dit aussi lors que quelques endroits d'une tapisserie étant considérablement gâtez, on est obligé d'y faire une nouvelle chaîne & un nouvel ouvrage sur le patron de l'ancien ; ces chaînes de la rentraiture doivent être de laine & non de fil. *Voyez* HAUTE *ou* BASSE LISSE.

RENTRAIRE, en terme de Manufacture. Signifie racommoder, rejoindre, coudre proprement avec de la soye les déchirures & trous qui se sont faits dans une piéce de drap en lui donnant l'apprêt.

Non seulement ce soin est permis, mais encore il est de conséquence qu'il y ait d'habiles Rentrayeurs dans les Manufactures : il est néanmoins défendu de rentraire les chefs de draperie étrangére sur une piéce de drap de fabrique Françoise, ou au contraire le chef d'un drap du Royaume sur une piéce fabriquée, ou en Hollande, ou en Angleterre, soit pour frauder les droits du Roi, soit pour tromper les Marchands, comme il est quelque-fois arrivé ; tromperie dont on doit la découverte à l'habileté du Sieur Savary des Bruslons, Auteur de ce Dictionnaire, quelque tems avant sa mort.

RENTRAITURE. Racommodage ou couture des déchirures & des trous qui se trouvent dans une piéce de drap. Les rentraitures passent pour tarres & doivent se diminuer sur le prix des piéces par les Manufacturiers.

M. Savary, Auteur du Parfait Négociant, établit comme une régle qui certainement est fondée sur l'équité, que tout Manufacturier de bonne foi doit marquer les rentraitures ou tarres de ses draps avec une petite ficelle attachée à la lisiére, qui en indique l'endroit aux Marchands, & que pareillement les Marchands doivent en avertir les Tailleurs ou Particuliers à qui ils les vendent, afin que dans la coupe des étoffes elles ne puissent leur porter de préjudice, y ayant même des exemples, (à ce qu'il rapporte) de Marchands condannez à reprendre leur drap tout coupé, pour n'avoir pas averti des rentraitures ou autres tarres.

On ne peut s'empêcher de rapporter & de louer à cette occasion le procédé d'un Marchand Anglois, qui envoyant à son Correspondant de Paris une piéce de drap tarrée en un endroit, mit une espéce d'or d'un prix considérable sur la tarre pour tenir lieu du déchet qu'elle devoit apporter au Marchand François.

Comme cet éxemple est peut-être unique, il faut qu'un Marchand habile déplie entiérement les piéces de drap qui lui viennent, pour les exposer au grand jour & les y éxaminer, ce qu'on appelle Mirer un drap, afin d'y découvrir les rentraitures & autres tarres dont le Manufacturier est obligé de lui tenir compte.

RENTRAYEUR. Ouvrier dont l'emploi est de rentraire les draps. Dans les Manufactures importantes il y a ordinairement un Ouvrier Rentrayeur dont toute l'occupation est de rentraire les draps, soit au retour du Foulon, soit après qu'ils ont reçû l'apprêt.

Rentrayeur. C'est aussi une des qualitez que les Tapissiers de la Ville & Fauxbourgs de Paris prennent dans leurs Statuts. *Voyez* Tapissier.

RENVELOPPER. Envelopper une seconde fois un paquet, le remettre dans l'enveloppe d'où on l'a tiré. Les Marchands ne doivent point être négligens à renvelopper leurs étoffes & autres marchandises après les avoir fait voir; c'est à dire, à les renfermer dans les toilettes ou papiers dont elles sont ordinairement couvertes pour les garentir de l'air & de la poussiére.

RENVOI. Signifie retour de quelque chose que l'on avoit envoyée en quelque lieu.

On appelle Marchandises de renvoi celles qui ont été renvoyées par un Marchand à celui de qui il les avoit reçûës. Ces sortes de renvois se font ordinairement, ou parce que les marchandises ne se sont pas trouvées des qualitez qu'on les avoit demandées, ou à cause qu'elles se sont rencontrées défectueuses, ou tarrées.

Un Marchand doit être éxact à n'envoyer que des marchandises bien conditionnées & conformes aux mémoires qui lui font envoyez, afin d'en éviter les renvois qui ne lui peuvent être que très-préjudiciables, particuliérement pour celles qui lui sont renvoyées des Païs étrangers, ou des Provinces réputées étrangéres, d'autant qu'elles sont sujettes aux droits d'entrée encore qu'elles ayent déja payé ceux de sortie, outre qu'il en coûte les ports de l'aller & du retour, ce qui surcharge extraordinairement la marchandise de frais qui tombent toûjours en pure perte sur celui à qui elle appartient, & qui en a fait l'envoi.

REODER. Mesure d'Allemagne qui est la plus haute où l'on puisse réduire celles qui servent aux liqueurs, & que l'on peut dire proprement n'être qu'une mesure de compte ou mesure idéale Le reoder est de deux feoders & demi, le feoder de six ames, l'ame de vingt vertels & le vertel de quatre masses; ainsi le reoder contient douze cens masses.

REPALLEMENT. Confrontation, comparaison que l'on fait d'un poids de cuivre, de fer ou de plomb avec l'étalon ou poids matrice, pour voir si par l'usage, ou autrement, il n'est point altéré. Ce terme n'est guére en usage qu'en Picardie, particuliérement à Amiens.

REPALLER. Confronter, comparer un poids avec l'étalon.

L'article 48 du Réglement de la sayetterie d'Amiens de 1666, enjoint aux Peseurs de fil d'avoir dans leurs loges une balance avec toute maniére de poids de cuivre, le tout justifié & marqué des Armoiries de la Ville; lesquels poids doivent être repallez tous les ans à l'étalon de la Ville dans l'Hôtel commun d'icelle.

REPARAGE. Terme de Tondeurs de draps. Il signifie donner avec les forces une deuxiéme coupe aux draps: ainsi l'on dit; Tondre en reparage, pour dire, Tondre le drap une seconde fois. *Voyez* Tondre.

Reparage. Se dit aussi chez les Laineurs ou Aplaigneurs de toutes les façons qu'ils donnent aux étoffes de laine avec le chardon sur la perche. Ainsi l'on dit: Cette piéce de drap a eu tout son Réparage; pour faire entendre que le Laineur lui a donné toutes les voyées de chardon qui lui étoient nécessaires.

On appelle un demi-Reparage ou un Couchage, la façon que cet Ouvrier donne à l'étoffe lors qu'elle lui est apportée de la teinture. *Voyez* Apprest.

Reparage. Est encore un terme de Teinturier. Il signifie Bisage. *Voyez* Bisage.

REPARE'E. Etoffe réparée. *Voyez* Bise'e; *c'est un terme de teinture.*

REPARER une étoffe de laine. C'est y faire venir le poil sur la superficie par le moyen du chardon. *Voyez* Laineur.

Reparer. Est aussi un terme de Cizeleur & de Sculpteur, qui signifie retoucher un ouvrage au sortir du moule avec des ciseaux, des rapes, des cizelets & autres semblables outils, pour l'achever & lui donner sa derniére perfection. *Voyez* Cizeleur & Sculpteur.

REPAREURS. Nom que l'on donnoit autre-fois aux Teinturiers du petit teint. *Voyez* Briseurs. *Ces termes sont synonimes.*

REPARTIR. Diviser entre plusieurs Associez les profits, ou les pertes d'une société. Il se dit particuliérement des profits qui se font par les Actionnaires dans les Compagnies de Commerce. Faire une répartition est plus en usage que répartir dont on ne se sert guére dans le Négoce.

REPARTITION. Division, partage qui se fait d'une chose entre plusieurs personnes qui y ont un intérêt commun. Il s'entend principalement parmi les Négocians, des profits que produisent les Actions que l'on a dans les fonds d'une Compagnie.

Ces sortes de répartitions de Compagnies se font ordinairement en argent à tant par cent du fonds ou actions que les interessez y ont. Quelque-fois néanmoins elles se font en espéces, c'est à dire en quelques-unes des marchandises venuës par les Vaisseaux.

En 1610 la Compagnie Hollandoise des Indes Orientales fit deux répartitions de cette maniére; l'une au mois d'Avril de soixante-quinze pour cent en macis, & l'autre au mois de Novembre de cinquante pour cent en poivre.

L'on remarque comme une chose singuliére, que toutes les Compagnies qui s'étoient formées en Hollande pour les Indes Orientales depuis l'année 1592 & qui se réünirent en 1602, n'avoient encore apporté aucun profit à leurs Actionnaires jusqu'en 1610, & qu'il ne s'y étoit fait aucune répartition; mais cette constance à soûtenir par des dépenses immenses une entreprise d'abord si infructueuse, fût amplement récompensée dans la suite, & les trois répartitions qu'on fit en 1610 montérent tant en marchandise qu'en argent à cent trente-deux pour cent; les deux de 1612 tout en argent à quatrevingt-sept & demi pour cent, & celle de 1613 aussi tout en argent à quarante-deux un tiers; éxemple qui devroit guérir les François de cette avidité impatiente qui veut dès les premiéres années d'un établissement de Commerce, faire des répartitions, & qui ne pouvant attendre le bénéfice du tems toûjours favorable dans ces sortes d'entreprises, se déconcertent & abandonnent tout quand les profits ne sont pas aussi promts & le succès aussi heureux qu'on s'en étoit flaté. *Voyez à l'article des Compagnies de Commerce celle de Hollande pour les Indes Orientales. Voyez aussi* Action.

REPASSER. Passer une seconde fois. En terme de teinture Repasser signifie reteindre de nouveau une étoffe dans une couleur qu'elle a déja; comme teindre de bleu

 en

en bleu, de noir en noir. C'eſt encore chez les Teinturiers en ſoye redonner un nouveau luſtre à une étoffe après l'avoir bien lavée & décraſſée, ce qu'on fait en la remettant à la calandre. *Voyez* TEINDRE, *& l'article de la* CALANDRE.

REPASSER LES CRASSES. Terme de Fondeurs de caractéres d'Imprimerie. C'eſt refondre les ſcories, ou l'écume qui ſe forme ſur la fonte lors qu'elle eſt en fuſion, & en y mêlant de nouvelle matiére la rendre propre à ſervir de nouveau. *Voyez* FONDEUR DE CARACTERE.

REPASSER DU VIN. C'eſt jetter du vin uſé, affoibli ou de mauvaiſe qualité, ſur un rapé de raiſin, ou le mêler avec du vin nouveau, pour lui donner de la force & le rendre potable. *Voyez* RAPE', CABARETIER *&* VIN.

REPASSER DES CUIRS. C'eſt les remettre en couleur, & leur donner un nouveau luſtre. Les Bourreliers le diſent ordinairement des harnois des chevaux, & les Selliers des cuirs des carroſſes qu'ils noirciſſent avec le noir des Corroyeurs. *Voyez* SELLIER *&* BOURRELIER.

REPASSER, ou PASSER UN CHAPEAU NEUF AU FEU. C'eſt en applatir le poil avec un fer ſemblable à celui des Lingeres ou Blanchiſſeuſes, hors qu'il eſt plus large & plus épais. Cette façon eſt nouvelle en France, & vient des Chapeliers Anglois. *Voyez* CHAPEAU.

REPASSER UN CHAPEAU VIEUX. C'eſt le remettre à la teinture, lui donner un nouvel apprêt & un nouveau luſtre.

Il y a des Maîtres Chapeliers qui ne font Commerce que de chapeaux repaſſez, tels que ſont ceux qui étalent ſous le petit Châtelet & en quelques autres lieux & places de Paris, ou aux ſolennitez des Fêtes des Paroiſſes auſquelles le concours du peuple aſſemble quelques Marchands. On parle ailleurs de ces Maîtres, qui bien que Chapeliers auſſi-bien que les autres, ne peuvent cependant faire du neuf tant que dure l'option qu'ils ont faite ſur le Regiſtre de la Communauté, de ne faire Négoce que de vieux. *Voyez* CHAPELIER.

REPASSER UN COMPTE. C'eſt l'éxaminer, le calculer de nouveau, pour voir ſi l'on n'a rien oublié, ou ſi l'on ne s'eſt point trompé.

REPASSER UNE ADDITION, UNE DIVISION, UNE SOUSTRACTION, &c. C'eſt faire de nouveau ces opérations arithmétiques, pour s'aſſurer que les premiéres ſont bonnes, & qu'il n'y a point d'erreur.

REPERTOIRE. C'eſt un des divers noms que les Négocians & Teneurs de Livres donnent à une ſorte de Livre formé de vingt-quatre feuillets, qui ſe tient par ordre alphabétique. Il ſert à trouver avec facilité ſur le grand Livre, ou Livre de raiſon, les divers comptes qui y ſont portez. Les autres noms du Répertoire ſont, Alphabet, Table ou Index. *Voyez* LIVRES, *à l'endroit où il eſt parlé du grand Livre à parties doubles.*

REPESER. Peſer une ſeconde fois. *Voyez* PESER, *ou* POIDS.

REPIT, ou REPY. Delai, terme, ſurcéance. *Voyez* REPIT.

REPIT, ou RESPECT. Terme de Commerce de Mer, dont on ſe ſert dans le Levant. *Voyez* RECHANGE.

REPLIER. Plier une ſeconde fois. On déplie les piéces d'étoffes pour les faire voir, & enſuite on les replie pour les reſſerrer.

Les Garçons & Apprentifs doivent bien prendre garde de replier les étoffes dans les mêmes plis, de peur de leur en faire prendre de faux; ce qui les gâte, les appiétrit, & les met hors de vente.

REPOUSSOIR. Inſtrument rond, ordinairement de fer, de douze ou quinze pouces de long, & de diamétre à proportion, qui ſert à repouſſer des chevilles, & à les faire ſortir des trous de tarriére où elles ont été placées.

Les Charpentiers & les Menuiſiers ont de ces ſortes de Repouſſoirs pour repouſſer ce qu'ils appellent les Chevilles d'aſſemblage, qui ſont de groſſes chevilles de fer qu'ils ne mettent pas à demeure, mais pour aſſembler leurs bois.

Les Repouſſoirs des Serruriers, dont les Menuiſiers ſe ſervent auſſi, ſont courts & moins gros. Ce ne ſont que de petites verges de fer, qui ſervent aux Menuiſiers à démonter la menuiſerie d'aſſemblage, & aux Serruriers à détacher les fiches, les couplets & autres ſemblables ouvrages qui ſont placez en bois.

Les Tailleurs de pierre & les Sculpteurs ont auſſi des Repouſſoirs, mais qu'ils employent à un uſage bien différent que les autres Ouvriers. Ce ſont de longs ciſeaux de fer, de ſeize à dix-huit pouces de longueur, avec leſquels ils pouſſent des moulures.

REPRISE, en terme de Commerce de Mer. Veut dire un Vaiſſeau ou Navire Marchand qu'un Corſaire ou Armateur Ennemi avoit d'abord pris, & qui enſuite a été repris par un Bâtiment du parti contraire. *Voyez* RECOUSSE.

REPRISE, en termes de comptes. Se dit d'un des chapitres d'un compte où l'on a employé des deniers comptez & non reçûs. La Repriſe eſt la troiſiéme partie d'un compte: la recette & la dépenſe ſont les deux premiéres. *Voyez* COMPTE.

RE'S. Monnoye de compte dont on ſe ſert en Portugal pour tenir les Livres des Marchands, Négocians & Banquiers. 400 Rès font une cruzade. Comme cette monnoye eſt la plus petite qui ait été juſqu'à préſent imaginée, & qu'il en faut un très-grand nombre pour faire une ſomme conſidérable, on les ſépare dans les comptes & factures par millions, par milliers & par centaines, ainſi qu'on le peut voir dans l'addition ſuivante:

3. 530 m. 454 Rès.
2. 620 m. 640
1. 452 m. 820
———————
7. 603 m. 914 Rès.

c'eſt à dire, 7 millions 603 mille 914 Rès. Les ducats d'or fin valent 10000 Rès, la dopio-mœda ou double piſtole 4000 Rès, la mœda, ou piſtole 2000 Rès, la mi-mœda ou demi-piſtole 1000 Rès, enfin les cruzades d'argent non marquées 400 Rès.

RESCAMPIR. Terme de Doreur en détrempe. C'eſt réparer avec du blanc de céruſe les taches que le jaune ou l'aſſiette ont pû faire en bavochant ſur les fonds que l'on veut conſerver blanc. *Voyez* DORURE EN DE'TREMPE.

RESCHAUT. *Voyez* RECHAUT.

RESCONTRER. Terme dont ſe ſervent quelques Né-

Négocians, pour signifier une compensation ou évaluation qui se fait d'une chose contre une autre de même valeur. Il faut rescontrer les 500 l. que je vous dois pour marchandises avec pareille somme contenuë en une Lettre de change que j'ai sur vous; pour dire, il faut compenser les 500 l. que je vous dois avec les 500 l. de la Lettre de change que j'ai sur vous.

RESCRIPTION. Ordre, mandement que l'on donne par écrit à un Correspondant, Commis, Facteur, Fermier, &c. de payer une certaine somme à celui qui est le porteur du mandement. Les Rescriptions ne sont ordinairement que d'un Supérieur sur son Inférieur, ou d'un Créancier sur son Débiteur.

Les grands Seigneurs donnent aux Marchands des Rescriptions sur leurs Fermiers. On prend à Paris des Rescriptions des Gabelles, des Aydes & des cinq grosses Fermes sur les Receveurs de ces Fermes du Roi dans les Provinces; ce qui est une grande commodité pour y faire passer son argent sans aucuns fraix.

Les Rescriptions des Banquiers se traitent comme Lettres de change.

MODELE DE RESCRIPTION.

Vous payerez, ou, *Je vous prie de payer à M. Robert Banquier de votre Ville, la somme de trois mille livres, de laquelle je vous tiendrai compte sur les deniers de la recette que vous faites pour moi, en rapportant la présente Rescription avec la quitance dudit Sieur Robert. A Paris ce 20 Novembre* 1719. GOBIOU.

Pour la somme de 3000 liv.

RESCRIT. Se dit en quelques lieux dans la même signification que Rescription. *Voyez l'article précédent.*

RESIDU. Ce qui reste à payer d'un compte, d'une rente, d'une obligation, d'une dette. En fait de compte on dit plus ordinairement Reliquat. *Voyez* RELIQUAT.

RESINE. Gomme, ou suc gras & visqueux, qui coule de plusieurs sortes d'arbres, & qui s'enflame aisément. *Voyez* GOMME.

RESINE DE CEDRE. *Voyez* CEDRE.

RESINE DE GAYAC. *Voyez* GAYAC.

RESINE DE JALAP. *Voyez* JALAP.

REMOUDRE. Emoudre encore une fois, refaire le taillant ou la pointe à un instrument coupant, comme à un couteau, un rasoir, une lancette, &c.

REMOULEUR. Celui qui repasse & refait la pointe ou le tranchant à quelque instrument sur une meule tournante.

Quoi que tous les Couteliers soient des Rémouleurs, il ne se dit guére que de ce qu'on appelle plus vulgairement des Gagne-petits.

Il est défendu par l'article 20 des Statuts des Maîtres Couteliers de Paris, à tous Rémouleurs de rémoudre & repolir aucune besogne de coutelerie dans les places publiques de cette Ville, ni en boutiques ou places arrêtées sur les ruës, s'il n'est Maître Coutelier. *Voyez* COUTELIER & GAGNE-PETIT.

RESPECT, ou REPIT. Terme de Commerce de Mer en usage dans le Levant. *Voyez* RECHANGE.

RESPIT, ou REPIT, que l'on écrit quelque-fois REPY. Terme, délai, surséance que le Prince accorde aux Débiteurs de bonne foi, pour les mettre à couvert des poursuites facheuses de leurs Créanciers, afin qu'ils ayent le tems de se reconnoître, pour mettre ordre à leurs affaires, & payer ce qu'ils doivent.

Les Répits s'accordent de deux maniéres; ou par des Lettres de la Grande Chancellerie, que l'on appelle Lettres de Répit; *Voyez* LETTRES DE REPIT; ou par des Arrêts du Conseil, qu'on nomme ordinairement Répits par Arrêts, par lesquels Sa Majesté accorde aux Débiteurs surséance pour un certain tems, pendant lequel défenses sont faites à tous leurs Créanciers de les poursuivre en leurs personnes & biens.

Ces sortes de Répits sont proprement des Arrêts de surséances, ou de défenses générales, qui ne s'accordent qu'au Conseil d'Enhaut, & pour des considérations très-importantes. On les signe en commandement, aussi-bien que les Commissions sur iceux qui se sellent au grand Seau. On les fait signifier aux Créanciers sans autre formalité; cette seule signification étant suffisante pour surseoir & arrêter le cours de toutes poursuites pendant le tems de la surséance ou des défenses accordées. Il y a cependant quelque-fois des conditions portées par ces Arrêts, sans lesquelles ils ne peuvent avoir leux exécution, comme de payer les arrérages à ses Créanciers, &c.

Il faut remarquer que quoi que ces Répits par Arrêts soient des graces émanées du Prince, ils ne laissent pas néanmoins de flêtrir l'honneur & la réputation des Négocians qui les ont obtenus; cela les rendant incapables de pouvoir participer à aucuns honneurs, fonctions ni charges publiques, ainsi qu'il est porté par l'article 5 du titre 9 de l'Ordonnance du mois de Mars 1673, à moins que dans la suite ils ne payent entiérement leurs Créanciers, & n'obtiennent des Lettres de Réhabilitation en la Grande Chancellerie. *Voyez* REHABILITATION.

REPONDRE. Cautionner quelqu'un, se rendre garant pour lui. Les Cautions & leurs Certificateurs répondent solidairement des dettes, faits & promesses de ceux pour qui ils s'engagent, & doivent à leur défaut les aquiter: aussi dit-on proverbialement, Qui répond paye; ce qui n'arrive que trop souvent dans le Commerce, où ces réponses & cautionnemens font souvent manquer des Négocians très-puissans & très-riches, dont les faillites ne sont causées que par leur trop grande facilité à répondre pour autrui.

C'est un des Conseils que M. Savari, Auteur du Parfait Négociant, donne aux jeunes Marchands qu'il instruit, d'être réservez à répondre pour les autres, & ne pas s'engager légérement.

REPONSE. Engagement qu'on prend pour un autre de payer en sa place une dette, ou de l'aquiter d'une chose qu'il promet en cas qu'il ne le fasse pas lui-même. On se sert plus ordinairement du mot de Cautionnement. *Voyez* CAUTIONNEMENT.

RESPONTI. Espéce de Rubarbe. *Voyez* RAPONTIC & RUBARBE.

RESSUAGE. Terme de Monnoyeur. C'est une espéce de fourneau qui sert à séparer l'argent, le plomb & le cuivre dont les culots sont composez. Il se dit aussi de l'opération par laquelle on sépare ces métaux. Dans le le premier sens on dit, Porter les culots au Ressuage; & dans l'autre, Faire le Ressuage des culots. *Voyez* MONNOYAGE.

RESSUER LES CULOTS. C'est en faire le ressuage. *Voyez comme-dessus.*

RESSUER LES CREUSETS. C'est lors qu'ils ne sont plus en état de servir, en tirer les particules du métail qui peuvent s'y être attachées. On ne fait ressuer que les creusets de fer; ceux de terre se broyent & se mettent au moulin des laveures. *Voyez les articles précédent.*

RESTANT. Ce qui demeure d'un tout, quand on en a retranché une partie. La Soustraction apprend à trouver le restant de quelque nombre ou somme que ce soit, lors qu'on en ôte un plus petit.

On dit chez les Marchands par maniére de proverbe, Qu'il faut payer le restant des anciennes parties, si l'on veut avoir crédit pour de nouvelles.

RESTAUR. Terme de Commerce de Mer. C'est le dédommagement que les Assureurs peuvent avoir les uns contre les autres, suivant la date de leur police d'assurance; ou le recours que les mêmes Assureurs sont en droit de prétendre sur le Maître d'un Navire, si les avaries proviennent de son fait, comme faute de bon guindage ou de radoub, & de n'avoir pas tenu son Navire bien étanc.

RESTE. Signifie tout ce qui demeure de quelque chose, ou qui en fait le surplus. Le Reste d'une somme d'argent: Le Reste d'une étoffe, d'une toile, &c.

Les Marchands appellent de bons Restes, les coupons d'étoffes de deux ou trois aunes, qui se trouvent à la fin des piéces d'étoffes qu'ils vendent en détail, & dont on peut faire quelques vétemens, comme juste-au-corps, culotes, cotillons, camisoles, &c. au contraire ils nomment de mauvais Restes, les petits morceaux d'étoffes qui ne peuvent être propres que pour les Fripiers.

Il faut, autant qu'il est possible, éviter les mauvais Restes, si l'on ne veut pas perdre sur sa marchandise. Chez les Marchandes Lingéres il ne se rencontre jamais de mauvais Restes; car si petits que puissent être les morceaux de toile, ils se peuvent toûjours mettre en œuvre dans leurs boutiques.

On dit qu'un Marchand, ou Négociant, jouë de son reste, lors qu'étant sur le point de faire faillite, il donne sa marchandise à vil prix, ou qu'il négocie son papier à trop de perte.

RESTE. En fait de Commerce de Mer on appelle le Lieu du Reste, celui de la derniére décharge des marchandises, lors que le voyage est fini.

RESTES. Se dit en termes de comptes, de ce qui reste dû par le Comptable. Il n'est guére en usage que dans les comptes de finances: dans ceux des Marchands on dit Debet & Reliquat. *Voyez* COMPTE.

RESTORNE. Terme de Teneur de Livres C'est la même chose que Contreposition. Ainsi lors qu'un Banquier, ou Marchand, dit à son Teneur de Livres, qu'il faut éviter les Restornes, c'est lui faire entendre, qu'il faut qu'il soit éxact à ne point faire de contrepositions; c'est à dire, à ne pas porter sur aucun compte du grand Livre, soit en débit, soit en crédit, un article pour un autre. Quelques-uns se servent du terme d'Extorne, ou d'Extorni, qui a la même signification.

RESTORNER. Contreposer un article mal porté dans le grand Livre, au débit ou au crédit d'un compte. On dit aussi Extorner. *Voyez l'article précédent.*

RESVE. Ancien droit ou imposition qui se léve sur les marchandises qui entrent en France, ou qui en sortent. On dit ordinairement Resve & Haut-passage: ces deux droits autre-fois séparez ont été depuis réünis. *Voyez* TRAITE FORAINE, *ces droits y sont expliquez.*

RESURE, autrement ROGUES, RAVES, ou COQUES. Ce sont les divers noms que l'on donne aux œufs de moruës, de gabillauds, de Stockfischs & de maquereaux, que l'on a ramassez & salez dans des barils.

Cette marchandise vient des endroits où se fait la pêche de ces différens poissons. Elle est estimée suivant sa qualité, les lieux d'où elle vient, & la grandeur des barils. Son usage ordinaire est pour jetter dans la Mer avant que de pêcher les sardines; l'appât qu'on en compose étant une espéce d'yvroye qui enyvre ce poisson, qui le faisant élever du fond de l'eau, le fait donner dans les filets.

La pêche des sardines étant considérable sur les Côtes de Bretagne, on y fait aussi un assez grand Négoce de Resure, particuliérement dans la Baye de Brest, à Douarvenez, à Conquerneau, à Belle-Isle, à Port-Louïs & à Guiberon.

La Resure des maquereaux se vend presque toute à Port-Louïs & Guiberon, les Pêcheurs de ces endroits ayant remarqué qu'elle attire beaucoup les sardines. Dans les autres lieux il ne s'y en vend que rarement, parce que l'on prétend que les petites peaux qui l'envelopent sont capables en s'attachant aux filets de les gâter & de les pourrir. Il seroit cependant aisé de remédier à cet inconvénient, en la passant dans un crible après l'avoir fait détremper dans l'eau.

L'art. 12 du tit. 2 du liv. 5 de l'Ordonnance de la Marine du mois d'Août 1681, défend aux Pêcheurs d'employer de la Resure pour attirer la sardine, & à tous Marchands d'en vendre, qu'elle n'ait été visitée & trouvée bonne, à peine de 300 liv. d'amende.

RET, ou RETS. Filet ou lacis de plusieurs ficelles qui forment des mailles quarrées, dont on se sert pour la chasse & pour la pêche.

Les Rets à pêcher payent en France les droits d'entrée à raison de 10 s. du cent pesant, & ceux de sortie sur le pied de 40 s.

RET, ou RETS. Se dit aussi de deux longs morceaux de bois d'orme, qui composent en partie la charruë des Laboureurs, & qui servent à la remuer & à la diriger.

Les droits d'entrée des Rets de charruë sont de 25 sols le millier en nombre, & ceux de sortie de 10 s.

RETAILLES DE PEAUX, qu'on nomme aussi REYFORS. Ce sont les rogneures des peaux d'animaux qui sont propres à faire de la cole-forte.

Les Retailles de peaux payent à la Douane de Lyon 6 s. de la charge; savoir 4 s. d'ancienne taxation, & 2 s. de réapréciation.

RETAILLES. Se dit aussi dans le Commerce de la moruë en détail, des petits morceaux qui restent quand on en a tiré les principales piéces. On les nomme autrement Loquets. *Voyez* MORUE.

RETEINDRE. Teindre une seconde fois. Il y a des étoffes qu'il faut reteindre d'une couleur en une autre, pour

pour leur donner une parfaite teinture. *Voyez* COULEUR.

RETEINT. Ce qui a été mis une seconde fois en couleur.

Ces deux termes ne se disent guére que des vieilles étoffes qu'on donne à repasser aux Teinturiers du petit teint & aux Dégraisseurs. *Voyez* TEINTURIER DU PETIT TEINT.

RETENDRE. Terme de Manufacture. On appelle ainsi dans les Manufactures d'Amiens, la façon qu'on donne aux étoffes de laine au retour de la teinture, en les étendant après qu'elles sont séches sur le rouleau que l'on nomme un Corroy, pour empêcher qu'elles ne se frippent, ou ne prennent de mauvais plis. *Voyez* CORROY & CORROYEUR.

RETENIR. Fouler pour retenir. Terme de Corroyeur. C'est la seconde foule ou second foulage que l'on donne aux cuirs après qu'ils ont été drilez, boutez & ébourez, suivant la qualité des peaux. Cette foule se fait avec les pieds. *Voyez* CORROYER.

RETENTIONNAIRE DE SOYE. Terme en usage dans les Manufactures des draps d'or, d'argent & de soye de Lyon. Il signifie ceux des Maîtres-Ouvriers à façon qui retiennent les soyes & autres matiéres, que les Marchands-Maîtres leur donnent pour être employées aux Ouvrages & étoffes qu'ils leur commandent.

L'article 1 du Réglement de 1702 porte, que des six Maîtres & Gardes de la Communauté des Marchands-Maîtres & Ouvriers en soye il y en aura deux Maîtres-Ouvriers à façon, qui sauront lire & écrire, & qui ne seront pas Retentionnaires de soye. *Voyez l'article des Réglemens pour la Ville de Lyon.*

RETENUE. On nomme ainsi dans la Bourse commune des Marchands de Toulouse, le choix ou nomination que les Prieur & Consuls sont tenus de faire chaque année de soixante Marchands, pour être Juges-Conseillers de ladite Bourse, & assister aux jugemens qui se rendent dans cette Jurisdiction. *Voyez* JUGES-CONSEILLERS DE LA RETENUE.

RETIRATION. Les Imprimeurs disent qu'ils sont en retiration, quand ils impriment le second côté d'une feuille, c'est à dire, le côté opposé à celui qui vient d'être imprimé. *Voyez l'article suivant.*

RETIRER, en termes d'Imprimerie. C'est achever d'imprimer une feuille, la tirer de l'autre côté.

Pour bien retirer un Ouvrage, il faut éxactement observer le registre, c'est à dire, remettre les pointes du grand timpan précisément dans les trous qu'elles ont fait au papier en imprimant la premiére forme, des deux qui sont nécessaires pour chaque feuille.

On appelle aussi retirer une Lettre, un Caractére, les ôter de la forme avec un petit poinçon de fer, pour y en remettre d'autres suivant les corrections des premiéres épreuves. *Voyez* IMPRIMERIE.

RETONDRE. Terme de Manufacture, qui signifie tondre de nouveau, tondre une seconde fois.

On retond une piéce de drap, quand le poil en est encore trop long, & qu'il n'a pas été tondu d'abord d'assez près. On retond aussi toutes sortes de draperies & étoffes de laine tirées à poil avec le chardon.

RETORDEMENT. Terme de Manufacture, qui ne se dit guére que des soyes. Les soyes fines doivent avoir six points de Retordement, qui est vingt sur quatorze; & les communes de point sur point, qui est de seize sur seize, & de quatorze sur quatorze. *Voyez* SOYE.

RETORDRE. Assembler plusieurs filets de soye, de laine, de poil ou de fil pour les doubler & les rendre plus forts, & en faire une espéce de petite ficelle. Les guipures, qui sont une sorte de dentelle, se font de fil retord ou de soye retorse.

RETORDEUR. Les Retordeurs dans la Sayetterie d'Amiens sont des Ouvriers qui retordent les fils avec des moulins à bras faits exprès pour cet usage. Ils ne font point de Corps de Communauté, & n'ont point de Maîtrise.

RETOUPER. Terme de Potier de terre. C'est refaire un ouvrage qui a été manqué. *Voyez* POTIER DE TERRE.

RETOUR. Se dit en terme de Commerce, des marchandises qui sont apportées d'un Païs où il en avoit été envoyé d'autres. Ce Marchand avoit envoyé des toiles en Espagne, & pour son retour il a eu des laines. Il faut qu'un Négociant envoye dans les Païs étrangers des marchandises qui y soient nécessaires & de promt débit; & que celles qui lui sont envoyées en retour soient utiles & de bonne vente pour les lieux où il les destine. Il ne faut qu'un bon retour à un Marchand pour le mettre à son aise; au contraire un mauvais retour peut causer sa ruine.

RETOUR. Se dit aussi des Vaisseaux Marchands envoyez pour commercer dans les Païs étrangers & éloignez, qui reviennent chargez de marchandises de ces Païs. On attend toûjours avec impatience en Espagne le retour des Galions & de la Flotte. La Compagnie des Indes Orientales de France a eu cette année un retour favorable. En Hollande chacun se rejouït de l'heureux retour des Vaisseaux de la Compagnie des Indes, parce que les Grands & les Petits y ont intérêt.

RETOUR. Signifie encore un supplément de prix; quand on troque ou qu'on échange des marchandises les unes contre les autres, qui ne sont pas d'une valeur égale. J'ai troqué dix piéces de toiles contre dix piéces de droguets, il m'a été donné de retour deux cens livres argent comptant.

RETOURNER. Terme de Chandelier. Il signifie donner la seconde trempe à la chandelle. *Voyez* CHANDELLE COMMUNE OU PLONGE'E.

RETOURNOIS, qu'on nomme aussi BATONS A GANS. *Voyez* TOURNE-GANS.

RETOURS. Les Tissutiers-Rubaniers appellent les Retours de leur métier, certaines cordes ou ficelles qui servent à hausser ou baisser les maillons de la chaîne. Ces ficelles sont placées horisontalement des deux côtez sous la main de l'Ouvrier avec un bouton de bois au bout pour les tirer quand il en est besoin: celles du côté droit servent à ouvrir la chaîne, celles du gauche la referment. *Voyez* TISSUTIER-RUBANIER.

RETRAITE. Terme de Tanneur & de Hongrieur. *Voyez* METTRE EN RETRAITE.

RETRAITE. Terme de Commerce de Lettres de change. C'est une somme tirée sur quelqu'un & par lui retirée sur un autre. Les traites & retraites ruinent les Négocians. *V.* TRAITE.

RETREINDRE. Terme de Fondeur qui veut dire la même chose qu'Emboutir. *Voyez* Emboutir.

RETRIBUTION, ou CONTRIBUTION. Terme de Commerce de Mer. C'est la répartition qui se fait du prix & valeur des choses jettées en Mer pour éviter le naufrage ou la prise d'un Vaisseau Marchand sur le corps du Vaisseau, sa cargaison & son fret. Le titre huit des Ordonnances de la Marine de France de 1681 & 1684 contient en 22 articles des Réglemens pour cette rétribution. On les rapporte ailleurs. *Voyez* Contribution.

REVENDEUR, REVENDEUSE. Qui fait métier de revendre.

On appelle à Paris Revendeuses à la toilette, certaines femmes dont le métier est d'aller dans les maisons revendre les hardes, nipes & bijoux dont on se veut défaire. Elles se mêlent aussi de vendre & débiter en cachette, soit pour leur compte, soit pour celui d'autrui, certaines marchandises de contrebande ou entrées en fraude, comme étoffes des Indes, toiles peintes, dentelles de Flandre, &c.

Ce dernier Négoce que font les Revendeuses à la toilette a été trouvé si pernicieux pour les droits du Roi & pour le bien des Manufactures du Royaume, qu'il y a plusieurs Arrêts & Réglemens qui prononcent des peines considérables contre celles qui le font.

On nomme ces sortes de femmes Revendeuses à la toilette, parce qu'elles se trouvent pour l'ordinaire le matin à la toilette des Dames pour leur faire voir les marchandises & choses qu'elles ont à vendre, & encore parce qu'elles portent ordinairement les marchandises enveloppées dans des toilettes.

Les Crieuses de vieux chapeaux sont des Revendeuses de vieilles hardes; comme les Marchands Fripiers sont des Revendeurs de vieux meubles, & d'autres semblables marchandises. *Voyez les articles des uns & des autres.*

REVENDICATION, ou VENDICATION. Action par laquelle on a droit de demander la restitution d'un meuble ou d'une marchandise qui nous appartient. Il y a des cas où la revendication peut avoir lieu, & d'autres où elle ne sauroit être admise. C'est ce que l'on pourra voir dans l'article suivant.

REVENDIQUER, ou VENDIQUER. C'est à dire, redemander, reclamer, répéter, ou saisir par autorité de Justice des meubles ou des marchandises sur lesquelles on a un droit ou une hypotéque particulier & certain.

Les choses mobiliaires dont les marchandises sont du nombre, n'ont point de suite par hypotéque quand elles sont hors de la possession du débiteur, c'est à dire, qu'on ne peut les revendiquer ou reclamer lors qu'elles ont passé dans les mains d'une tierce personne. *Art.* 170 *de la Coûtume de Paris.*

Les Receveurs des Consignations, ou autres personnes publiques, ne peuvent revendiquer les deniers comptans & ceux provenans de la vente des meubles & autres effets mobiliers d'un Marchand ou Négociant qui a fait faillite. *Art.* 9. *du tit.* 11 *de l'Ord. du mois de Mars* 1673.

On ne peut saisir ni revendiquer aucunes marchandises & autres choses réputées meubles lors qu'elles ont été venduës à l'encan en place publique par autorité de Justice.

Les marchandises & autres choses mobiliaires volées peuvent se revendiquer en quelques mains qu'elles se trouvent.

Dans les faillites ou banqueroutes un Créancier est bien reçû à revendiquer sa marchandise, pourvû qu'elle se trouve encore en nature sans altération, & revêtuë de toutes les marques & enseignemens qui peuvent faire connoître avec certitude que c'est lui qui a vendu la marchandise & qu'elle lui appartient légitimement.

Les Jurez Vendeurs ou Marchands de vin ont la faculté de reclamer ou revendiquer le vin avant la vente, & de le reprendre en payement du prix qu'ils affirment leur être dû, pourvû que le vin qu'ils reclament ait été vendu sur les places publiques, qu'il soit revendiqué dans le mois, & qu'il ait été reconnu, le Fermier des Aydes présent, ou dûement appellé. *Ord. des Aydes du mois de Juin* 1680, *article* 16 *du titre* 8 *des Contraintes pour le gros.*

REVENDRE. Vendre ce qu'on a auparavant acheté. Les Marchands Détailleurs, ou Boutiquiers revendent en détail les marchandises qu'ils ont achetées en gros des Marchands Grossiers, ou Magaziniers. La profession des Marchands Fripiers n'est autre chose que de revendre bien cher au public ce qu'ils ont acheté à bon marché du même public.

REVENIR. Se dit en terme de Commerce, du profit que l'on doit ou que l'on espére retirer d'une entreprise, d'une société, de la cargaison d'un Vaisseau ou autre affaire de Négoce. Il me reviendra, tous fraix payez, mille écus de la vente de mes Bleds. Vous ne me donnez pas mon compte, il me doit revenir encore cent écus.

Revenir, en terme d'Arithmétique & de Teneurs de livres. Se dit du total que plusieurs sommes additionnées ensemble produisent. Voyez à combien reviennent ces articles; le premier chapitre de dépense revient à dix mille livres.

Revenir. Se dit encore de ce qu'il en coûte pour l'exploitation d'une chose, pour l'achat & l'armement d'un Vaisseau, pour la façon d'une étoffe, &c. Ce velours me revient à dix écus; l'armement de l'Amphitrite reviendra à cent mille livres, &c.

Revenir. Se dit aussi proverbialement. L'on dit à tout bon compte revenir, pour signifier qu'il ne faut point craindre de recompter quand on s'est trompé la premiére fois, ou bien qu'il n'y auroit rien à perdre, quoi qu'il y eût erreur dans un compte.

REVENTE. Vente réïtérée. On nomme ordinairement Marchandises de revente celles qui ne sont pas neuves & qui ne s'achétent pas de la premiére main, comme celles qui se trouvent chez les Marchands Fripiers, ou qui sont dans les mains des Revendeuses.

REVENU. Donner le revenu aux aiguilles ou les faire revenir. Terme de Faiseur d'aiguille. C'est les mettre dans une poîle sur un feu plus ou moins vif suivant la grosseur des aiguilles, après qu'elles ont reçû la trempe, afin de leur donner du corps. *Voyez* Aiguilles, *où l'on parle de leur fabrique.*

REVERS. Terme de Paveurs. On appelle Revers de pavé le côté du pavé dont la pente aboutit au ruisseau où égoût des ruës.

REVESCHE. Etoffe de laine grossiére non croisée & peu

peu serrée, dont le poil est fort long, quelque-fois frisé d'un côté, & d'autres fois sans frisure suivant l'usage à quoi elle peut être destinée. Cette étoffe se fabrique sur un métier à deux marches de même que la bayette ou la flanelle, à quoi elle a quelque rapport, sur tout quand elle est de bonne laine & qu'elle n'est point frisée.

Autre-fois presque toutes les revêches qui se voyoient en France venoient d'Angleterre; mais depuis que les Manufacturiers François se sont avisez de les contrefaire, particuliérement ceux de Beauvais & d'Amiens, les Anglois n'en ont presque plus envoyé.

Les revêches de Beauvais se distinguent en revêches du grand corps que l'on appelle aussi revêches façon d'Angleterre, & en revêches du petit corps. Celles du grand corps doivent être composées au moins de trente portées de vingt-huit fils chacune, & avoir au sortir du moulin au moins vingt & une aunes de longueur sur trois quartiers d'aune de large; il est cependant permis d'en faire de plus larges à l'imitation de celles d'Angleterre que l'on nomme Revêches au grand corps.

Les revêches du petit corps qui sont moins estimées que les autres, la laine en étant moins fine & l'étoffe plus grossiére, ne doivent point excéder le nombre de vingt-sept portées à vingt-huit fils chaque portée, & leur largeur doit être au moins de demi-aune demi-quart sur vingt & une aunes de longueur aussi au moins, le tout mesure de Paris. *Art.* 23 & 47 *des Statuts & Réglemens de la Draperie & Sergetterie de la Ville de Beauvais de l'année* 1667.

Les revêches d'Amiens que ceux du Païs nomment aussi Boies, sont distinguées en revêches larges, en revêches moyennes, & en petites revêches.

Suivant les articles 231, 232 & 233 des Statuts de la Sayetterie de ladite Ville du mois d'Août 1666, les premiéres doivent être faites à seize buhots vingt-huit portées au nombre de neuf cens fils de la largeur de trois quartiers & de longueur de vingt-trois aunes hors de l'étille, pour revenir toutes foulées, parées & apprêtées à vingt aunes ou vingt-aunes & demie.

Les secondes doivent être faites en seize buhots vingt-quatre portées de largeur de trois quarts & demi un seiziéme, & de pareille longueur que les précédentes hors de l'étille, pour revenir toutes apprêtées à trois quartiers ou environ de large, & à vingt aunes ou vingt aunes & demie de long; & les derniéres doivent être faites en seize buhots & vingt-deux portées de largeur de trois quarts & demi moins un demi-seize sur l'étille, & de vingt-trois aunes de long, pour revenir toutes foulées à demi-aune de large & à vingt aunes de long au moins, le tout aune de Roi, ce qui doit s'entendre aune mesure de Paris.

Il faut remarquer que dans les Réglemens généraux des Manufactures faites en Août 1669, il n'y est fait aucune mention des revêches.

Les revêches payent les droits de sortie du Royaume & des Provinces réputées étrangéres, sur le pied de trois livres du cent pesant, comme petits draps; & pour ce qui est de l'entrée, elles doivent payer à raison de tant pour cent de leur valeur, suivant l'estimation, attendu qu'elles ne sont point tariffées; savoir, 5 liv. pour les revêches qui se fabriquent dans le Royaume, & 10 liv. si elles viennent des Païs étrangers, conformément au Tarif de 1664.

Les droits de la Douane de Lyon sont:

Pour les revêches de Poitou 7 s. 6 den. & pour les revêches de Florence 6 liv. 13 s. 4 d. la piéce d'antienne taxation, & 6 liv. de nouvelle réapréciation.

Les revêches se fabriquent ordinairement en blanc, & sont ensuite teintes en rouge, bleu, jaune, verd, noir, &c. On s'en sert à doubler des habits, particuliérement ceux pour les troupes de Sa Majesté Très-Chrêtienne; les femmes en doublent des jupons pour l'hyver, les Miroitiers en mettent derriére leurs glaces pour en conserver l'étain, les Coffretiers-Maletiers en garnissent le dedans des coffres propres pour la vaisselle d'argent, & les Gainiers s'en servent à doubler certains étuis.

REVIQUE'E. Etoffe de laine reviquée, c'est celle qui a été dégorgée de son trop de teinture. Ce terme n'est en usage que dans les Manufactures de lainages de Picardie, particuliérement à Amiens; ailleurs on dit Dégorgée au lieu de Réviquée. *Voyez les articles suivans.*

REVIQUER. Se dit des étoffes de laine quand on les fait passer par la foulerie ou qu'on ne fait simplement que les laver à la riviére pour les nétoyer & dégorger, de ce qu'elles ont trop pris de teinture, afin qu'elles ne puissent barbouiller. *Voyez* DEGORGER.

REVIQUEURS. Nom que les Manufacturiers Picards, particuliérement ceux d'Amiens, donnent aux Ouvriers qui reviquent ou dégorgent les étoffes de laine de leur teinture; c'est ce qu'on appelle en d'autres lieux suivant les différentes Provinces, Foulons, Fouleurs, Foulonniers, ou Mouliniers.

REYFORT. C'est ainsi que sont nommées dans le Tarif de la Douane de Lyon les retailles des peaux qui servent à faire de la cole forte. *Voyez* RETAILLES.

REYGNIE, ou REGNY. Sorte de toile qui se fait dans le Beaujolois. *Voyez* TOILE, *où il est parlé de celles de cette Province.*

REYNE. On nommoit autre-fois Herbe à la Reine ce qu'on nomme plus ordinairement du Tabac. *Voyez* TABAC.

Point à la Reine, c'est du point dont le toilé n'est pas brodé. *Voyez* POINT.

On appelle Ceinture de la Reine un ancien droit qui se léve à Paris sur différentes sortes de marchandises, particuliérement sur le charbon qui y arrive par eau.

RHA. Nom que les Habitans de Madagascar donnent à l'arbre qui produit la gomme appellée chez les Epiciers-Droguistes Sang de dragon. *Voyez cet article.*

RHAPONTIC, qu'on nomme aussi Rupontique & Responti. Racine que les Epiciers-Droguistes substituent quelque-fois à la rubarbe; sa plante qui croît à ce qu'on dit le long du Tanaïs, est une espéce de Lapathun. On estime cette racine astringente & propre à arrêter le cours de ventre. *Voyez ci-devant* RAPONTIC *& ci-après* RHUBARBE.

RHUBARBE, ou RHEUBARBE. Racine d'un grand usage dans la Médecine, & à laquelle l'on attribuë des vertus & des propriétez extraordinaires.

Il est étonnant, vû le Commerce considérable qui se fait en France de cette drogue, qu'on y connoisse si peu le véritable lieu où croît la plante que produit & que nourrit cette racine; les uns disent qu'elle vient dans le Royaume de Boutan aux extrêmitez de l'Inde, les autres qu'on la trouve dans les Provinces de Xensi & de Suchen dans la Chine, d'où elle passe en Turquie par le moyen

moyen des Marchands du Thibet & du Mogol, & delà en France par les Négocians de Marseille; d'autres la font naître sur les confins de la Moscovie, & d'autres seulement dans la Perse.

Il est certain que la Rhubarbe n'étoit point connuë des Anciens, & leur Rapontic, ou Raponticum qui à la vérité en approche assez, n'est point la véritable Rhubarbe. La vraye Rhubarbe pousse des feuilles larges & cotonnées, puis naissent de petites fleurs incarnates en forme d'étoiles, après lesquelles vient la semence. Cette racine nouvellement tirée de terre est grosse, fibreuse, noirâtre par dessus & d'un rouge marbré au dedans; quand elle est séche elle change de couleur & devient jaune en dehors, & au dedans de couleur de noix muscade.

Il faut la choisir nouvelle, en petites piéces unies, raisonnablement solides & pesantes, d'un goût astringent & un peu amer, & d'une odeur agréable & aromatique. La bonne Rhubarbe trempée dans l'eau lui donne une teinture approchante de celle de safran, & quand elle est cassée sa couleur est vive & un peu vermeille.

Quelques Marchands Epiciers & Droguistes ont l'art de renouveller leurs vieilles racines de Rhubarbe en leur donnant une teinture jaune; mais on s'en apperçoit aisément en les maniant, la poudre dont on les a jaunies s'attachant aux doigts.

On tire un extrait de Rhubarbe, & l'on en fait un sel fixe, desquels on raconte des propriétez miraculeuses.

Il y a une espéce de Rhubarbe qui vient de l'Amérique & dont les plantes qui en ont été apportées en France s'y cultivent & s'y élévent heureusement; elle est assez semblable à la Rhubarbe de Levant quand on l'a séchée & ratissée, & il seroit à souhaiter qu'on en fît des expériences, pour découvrir si elle en a la vertu comme la figure.

Pour ce qui est du rapontic, quoi que ceux qui envoyent la Rhubarbe à nos Epiciers & Droguistes de Paris, y mêlent souvent de la racine du premier, il est aisé d'en faire la différence, la Rhubarbe étant ordinairement en morceaux presque ronds, dont les lignes internes sont transversales, & le Rapontic en morceaux longs dont les lignes qui sont rougeâtres vont en long, outre que la Rhubarbe mâchée ne laisse aucune viscosité dans la bouche, ce que ne fait pas le rapontic.

La rareté du rapontic de Levant lui fait quelque-fois substituer le rapontic de montagne, autrement Rhubarbe des Moines, qui est un hypolapathum sauvage, qui a ses feuilles grandes, mais moins rondes que l'hypolapathum qu'on cultive dans les jardins; mais les Connoisseurs ne s'y trompent point; le rapontic du Levant est jaune au dehors & rougeâtre-marbré au dedans, & le rapontic de montagne est noir & chagriné par dessus, & jaune par dedans sans aucune marbrure.

La Rhubarbe paye en France les droits d'entrée à raison de 60 liv. le cent pesant, conformément au Tarif de 1664.

Les droits de la Douane de Lyon sont de 8 liv. 2 s. 6 d. le quintal d'ancienne taxation; 6 liv. 17 s. 6 d. de nouvelle réapréciation, & 50 liv. pour les anciens quatre pour cent.

La Rhubarbe est du nombre des marchandises venant du Levant, qui payent vingt pour cent de leur valeur, outre les droits ordinaires, suivant l'Arrêt du Conseil du 15 Août 1685.

RHUBARBE DES MOINES. *Voyez ci-dessus.* RHUBARBE.

RHUBARBE BLANCHE. *Voyez* MECHOCAM.

RIBAUDURE. Espéce de faux pli ou bourlet qui se fait aux draps de laine lors qu'on les fait fouler. *Voyez* LIZER.

RIBLON. Sorte de marchandise dont il est fait mention dans le Tarif de la Douane de Lyon de 1632.

Le riblon paye les droits de cette Douane à raison de 8 s. le millier pour l'ancienne taxation, & quatre s. pour la nouvelle reapreciation, ou 2 s. le quintal & 1 s. pour la reapreciation.

RIBODAGE. Terme de Marine qui se dit du dommage que les Vaisseaux Marchands peuvent recevoir en s'abordant l'un l'autre; ce dommage se paye ordinairement par moitié. *Voyez* ABORDAGE.

RIBORDAGE. C'est ce qui est réglé pour le dommage qu'un Navire Marchand peut faire à un autre en changeant de place, soit dans un Port, soit dans une Rade. *Voyez comme dessus.*

RICHARD. Fil de Richard, c'est du fer qu'on a fait passer par les trous d'une filiére. *Voyez* FIL DE FER.

RICHARD. Se dit aussi d'un Marchand qui a amassé de grands biens dans le Commerce; qui est extrêmement riche.

RICHE, qui a beaucoup de biens. Cet homme s'est fait riche en peu de tems par le Commerce de Mer. Ce Marchand seroit riche s'il ne dissipoit point ce qu'il gagne par ses débauches & son jeu.

RICHE. Se dit aussi d'un Païs où il se trouve en abondance ce qui contribuë à enrichir ou ses habitans, ou les étrangers qui y font Commerce. Les Indes d'Orient sont riches en épiceries, & celles d'Occident en mines d'or & d'argent. La France est un Païs si riche en toutes les choses absolument nécessaires à la vie, qu'elle pourroit aisément se passer des marchandises étrangéres.

RICHE. Se dit encore des étoffes dans la fabrique desquelles il entre beaucoup d'or & d'argent.

RICHEDALE. Monnoye d'argent qui se fabrique dans plusieurs Etats & Villes libres d'Allemagne. Il s'en fait aussi en Flandres, en Pologne, en Danemarck, en Suéde, en Suisse & à Genéve.

Il y a peu de différence entre la Richedale & le Daller, autre espéce aussi d'argent qui se frape pareillement en Allemagne, soit pour le poids, soit pour le titre, valant également soixante sols de France, ou la piéce de huit d'Espagne.

Il n'y a guére de monnoye qui ait un plus grand cours & plus universel que la Richedale. Elle sert également dans le Commerce du Levant, du Nord, de Moscovie & des Indes Orientales; & l'on ne peut dire combien il s'en embarque sur les Vaisseaux des diverses Compagnies qui entreprennent les voyages de longs cours.

Les quatorze Richedales de Banque pésent justement une livre à Archangel lors qu'elles ont tout leur poids. Autre-fois elles y valoient depuis 52 jusqu'à 54 copecs, parce qu'un copec revenoit environ à un sol de Hollande, mais à présent (1722) elles en valent davantage.

On a long tems payé les droits d'entrée à Archangel seulement en Richedales. Depuis la fin du 17 Siécle ils se payent en toutes sortes d'espéces, même en barres d'argent: mais si le payement se fait en Richedales, & qu'elles soient legéres, il faut ajoûter au poids ce qui manque des quatorze à la livre.

Toutes

Toutes les Richedales ne se reçoivent pas aux Indes sur le même pied & pour la même valeur. Elles s'y pésent & doivent être du poids de 77 vals chacune; & si elles ne les pésent pas, celui qui les vend doit faire bon du poids. Sur ce pied-là on donne 214 Roupies pour cent Richedales de Flandres; & 216 & un quart pour celles d'Allemagne, de Suéde & de Pologne. La Roupie vaut trente sols monnoye de France.

La Richedale est aussi une monnoye de compte, dont plusieurs Négocians & Banquiers se servent pour tenir leurs Livres. Cette maniére de compter est particuliérement en usage en Allemagne, en Pologne, en Danemarck, à Berlin, &c. Presque par tout la Richedale de compte est sur le pied de l'écu de France valant trois livres tournois, & est composée de 48 Lubes; chaque Lube de 15 deniers aussi de France. Il y a néanmoins quelque différence dans quelques Villes, comme à Nuremberg où elle vaut 62 sols 6 den. ou cent kreux, le kreux de 8 den. de France.

RICHESSE. Ce qui rend un Païs riche; ce qui met un homme à son aise. Ce Négociant a des richesses immenses. La richesse d'un Etat consiste principalement dans son Commerce, les Manufactures & la Navigation.

RICIONOIDES, ou HELIOTROPIUM. Les Botanistes nomment ainsi une plante propre à la teinture, qu'on appelle plus communément Tournesol, ou Maurelle. *Voyez* Tournesol.

RIDE, qu'on nomme autrement Philippes, ou Philippus. Monnoye d'or qui a encore quelque cours en Flandres. Cette monnoye y a été frapée du tems & au coin des anciens Comtes de Flandres. Elle pése 2 den. 12 grains, & ne tient de fin que 13 carats.

RIFLART. C'est une espéce de Rabot à deux poignées dont se servent les Menuisiers & les autres Ouvriers en bois. Il sert à dégrossir la besogne, sur tout quand le bois est gauche, ou noueux. Le fer du Riflard, pour qu'il enléve de plus gros copeaux, & qu'il morde davantage, est un peu arrondi.

Ce que les Charpentiers appellent une Galere, dont les Menuisiers se servent aussi pour le bois difficile, est un vrai Riflart, à la reserve qu'il est plus court; qu'au lieu de poignée, il a deux fortes chevilles qui en traversent le fût par les deux bouts, & qu'il faut deux hommes opposez l'un à l'autre pour le pousser.

Riflart. C'est aussi un des outils des Tailleurs de Pierre. Celui-ci est de fer en forme de ciseau très-large par en bas, & un peu rabatu en chamfrin; il a des dents, ce qui fait qu'on l'appelle communément, Riflart Breté. Son manche est de bois, & il se pousse à la main; il y en a de plusieurs grandeurs.

Riflart. C'est aussi une espéce de laine la plus longue de toutes celles qui se trouvent sur les peaux de moutons non aprêtées. Elle sert aux Imprimeurs à remplir ces sortes d'Instrumens qu'ils appellent Bales, avec lesquelles ils prennent l'encre qu'ils employent à l'impression des livres. *Voyez* Laine. *Voyez aussi* Bales.

RIFLOIR. Espéce de Lime un peu recourbée par le bout. Les Sculpteurs, les Graveurs sur acier, les Serruriers, les Arquebusiers, Eperonniers, Couteliers, &c. ont des Rifloirs, mais un peu différens les uns des autres, soit pour leur forme, soit pour la longueur.

Les Arquebusiers appellent aussi Rifloir, un outil d'acier de huit à dix pouces de longueur tourné en vis par le milieu, aplati par les deux extrémitez qui sont un peu coupantes: c'est une espéce de racloir qui peut aussi servir de Brunissoir.

RIGISCH. Monnoye de compte dont on se sert à Riga pour tenir les Livres des Marchands. La Richedale se divise en 15 Rigischs, & le Florin de Pologne en cinq. Le Rigisch se nomme aussi quelque-fois Marc.

RIPE. Outil de Maçon, de Tailleur de Pierre & de Sculpteur qui sert à grater un enduit, ou de la pierre, ou une figure. La Rippe des Maçons est une espéce de fer en forme de queuë d'irondel dentelée, ou une sorte de petite truelle triangulaire, qui a des dents d'un côté, qu'on appelle plus communément Truelle Bertée, ou Bertellée. Celle des Tailleurs de Pierre est plus large, mais peu différente de celle des maçons. Pour celle des Sculpteurs c'est un cizeau plat un peu courbé par le bout, & dentellé du côté qu'il a convexe. Ces trois Ripes sont à manches de bois. Il y a aussi des Ripes sans dents qui ne sont que des fers un peu larges pliez en équerre, trenchans & emmanchez de bois.

RIPER. Se servir de la Ripe: ratisser & grater la pierre avec la Ripe.

RIPPER. Terme usité dans les Douanes & sur les Ports des riviéres, particuliérement à Paris. Il signifie faire couler à force de bras sur les brancards d'un aquet, les bales, caisses ou tonnes de marchandises, pour les charger plus facilement.

RIS, ou RIZ. Plante qui produit une semence ou graine propre à la nourriture de l'homme & des animaux. Le Ris est aussi de quelqu'usage dans la Médecine, pour en faire des remédes, ou boissons, qui tout ensemble purifient le sang, nourrissent & rafraîchissent.

Le Ris pousse ses tiges depuis trois jusques à quatre pieds de hauteur, suivant la qualité de la terre où on le séme, & de l'eau que l'on peut donner aux risiéres. Ses tiges sont plus fortes que celles du bled, & ont plusieurs nœuds d'espace en espace. Ses feuilles sont larges, longues & charnuës, assez semblables à celles du poireau; ses fleurs naissent au sommet des tiges, & sont à plusieurs étamines, comme celles de l'orge. Enfin, ses graines disposées en bouquet, & terminées chacune par un filet, sont enfermées séparément dans des capsules jaunâtres & rudes. Le grain du Ris dépouillé de son enveloppe est court, presque ovale & d'un blanc lustré & comme transparant.

Le Ris vient dans des lieux humides & marécageux; & lors que les terroirs sont un peu trop secs, on conduit dans les risiéres, par de petits canaux, les eaux de quelque ruisseau voisin, ces canaux étant disposez de maniére qu'on peut donner ou ôter l'eau à son gré, & suivant que les terres en ont besoin.

Presque dans tout l'Orient, & dans une bonne partie du Levant, le Ris mondé sert de principale nourriture, & y tient lieu de pain. Dans les Indes Orientales ce sont ordinairement les femmes qui égrainent, mondent & nettoyent le Ris: ce qui est une occupation bien fatigante que les hommes leur laissent, ou par mépris, ou par paresse.

Des Etats de l'Europe, l'Espagne & l'Italie sont ceux où il se recueille davantage de Ris, & presque tout celui qui se consume à Paris en vient, particuliérement de Piémont;

que les Marchands Epiciers, qui en font le Commerce, estiment le meilleur.

Les Epiciers de Paris vendent le Ris en gros & en détail. Les Chandeliers, les Fruitiers, Regratiers & les Grainiéres, ne le vendent qu'en détail. Le gros se fait au minot, au boisseau, &c. Le détail au litron & à la livre.

Les droits de la Douane de Lyon pour le Ris sont de 3 s. de la bale d'ancienne taxation, & 7 s. de reápréciation.

Cette marchandise est du nombre de celles venant du Levant & d'Italie, sur lesquelles il doit être levé vingt pour cent de leur valeur, outre les droits ordinaires, conformément à l'Arrêt du 15 Août 1685.

Le Ris doit être choisi nouveau, bien mondé, gros, blanc, bien net, ne sentant ni la poudre, ni la rance. Il n'y a guere que le Ris de Piémont qui ait toutes ces qualitez; le Ris d'Espagne étant ordinairement rougeâtre & d'un goût salé.

Le plus grand Commerce de Ris qui se fasse à Paris est pour le Carême, où il se mange en grain reveriu dans l'eau & ensuite cuit dans le lait; on en fait aussi de la farine en le réduisant en poudre dans un mortier, après l'avoir mis dans l'eau bouillante & relavé dans l'eau froide. Cette farine sert à faire des bouillies excellentes. Pour que la farine de Ris soit belle & bien fine, il faut au sortir du mortier la passer dans un tamis de crin très-fin, restant toûjours très-grossiére & hors de vente, quelque fine qu'elle paroisse lors qu'elle est humide.

Dans les tems de famines comme celles qui réduisirent la France dans de si grandes extrêmitez en 1694 & 1709, le Ris est une ressource pour la nourriture des pauvres; & il en entra dans le Royaume pendant ces deux années pour des sommes extraordinaires. Ce fut Monsieur Blondel, qui avoit été Consul de France à Smirne, qui proposa cet expédient à la Cour, & qui en fit venir d'Egypte en 1694 des Vaisseaux chargez.

Les Chinois font un vin de Ris tirant sur la couleur d'ambre, & d'un goût de vin d'Espagne, dont ils se servent pour boisson ordinaire. En quelques lieux d'Europe on en tire aussi une eau-de-vie très-forte, mais elle est défendue en France aussi-bien que les eaux-de-vie de grains & de mélasse.

Le Ris paye d'entrée par le Tarif de 1664. 14 s. du cent pesant, & de sortie 12 s. comme les fruits secs.

RISAGAL, ou REAGAL. Sorte d'Arsenic rouge. *Voyez* REAGAL.

RISCO. Terme Italien dont plusieurs Négocians François, particuliérement en Dauphiné & en Provence, se servent pour signifier risque, hazard, péril, danger. *Voyez* RISQUE.

RISDALE. Monnoye d'argent de la valeur des écus de France de soixante sols, qui se fabrique dans plusieurs Villes de la Haute & Basse-Allemagne. *Voyez* RICHEDALE.

RISIERE, ou RIZIERE. Terre ensemencée de Ris. Les Risiéres sont ordinairement dans des lieux bas & marécageux, où cette plante se plaît & produit beaucoup. Il y a quantité de ces risiéres en Italie le long du Po, dont on détourne une partie des eaux pour arroser le Ris.

Ce qui rend les Indes Orientales si abondantes en cette espéce de grain, c'est que plusieurs des riviéres qui les arrosent s'y débordant périodiquement, comme le Nil en Egypte, les ris qui s'y sément en pleine campagne, restent des mois entiers sous l'eau, leurs franges ou bouquets surnageant & croissant pour ainsi dire, à mesure que l'eau s'éléve. *Voyez ci-dessus l'article du Ris.*

RISQUE. Terme de Commerce de Mer. Hazard, péril, danger qui peut causer de la perte, ou du dommage, soit au corps d'un Vaisseau, ses agrez, &c. soit aux marchandises dont il est chargé.

Pour ne point courir le risque des envois de marchandises que l'on fait par Mer, tant en Paix qu'en Guerre, il faut les faire assurer. *Voyez* ASSURANCE.

Tous Contracts à la grosse demeurent nuls par la perte entiére des effets, sur lesquels on a prêté, pourvû qu'elle arrive par cas fortuit dans le tems & dans les lieux des risques.

Lors que le tems des risques n'est point réglé par le Contract, il doit courir à l'égard du Vaisseau, ses agrez, apparaux & victuailles, du jour qu'il a fait voile jusques à ce qu'il soit ancré au Port de sa destination, & amaré à quay.

A l'égard des marchandises le risque court si-tôt qu'elles ont été chargées dans le Vaisseau ou dans des Gabares pour les y porter jusques à ce qu'elles soient délivrées à terre.

Cette Police est conforme aux art. 11 & 13 du tit. 5 du liv. 3. de l'Ordonnance de la Marine du mois d'Août 1681.

Lors qu'on écrit à un correspondant, & qu'on lui marque que les envois qu'on lui fera seront pour son compte & risque; cela veut dire que s'il il arrive quelque perte ou dommage à la marchandise qu'on lui envoyera, ce sera lui qui les supportera.

Les Négocians risquent trop volontiers leurs biens dans l'espérance de faire une grosse fortune.

On court beaucoup de risque à prêter trop librement sa marchandise aux grands Seigneurs, aux femmes qui ne sont pas autorisées de leurs maris, & aux jeunes gens qui n'ont pas encore atteint l'âge de majorité.

Lors que l'on dit qu'un Marchand ou Négociant a pris un billet, une dette, &c. à ses risques, périls & fortunes, cela signifie qu'il s'en est chargé purement & simplement sans espérance de recours sur les personnes qui les lui ont transportez ou donnez en payement, au cas de banqueroute ou d'insolvabilité de ceux qui ont fait les billets ou contracté les dettes.

Un dépositaire ne court point de risque, il n'est point tenu de la perte ou dommage de la chose déposée, l'emprunteur au contraire en est tenu.

Quelques Négocians & Marchands se servent du mot étranger *Risquo*, pour signifier risque.

RISQUER. Exposer son bien, sa marchandise, &c. sans crainte de la perdre, dans l'espérance d'un grand profit. Si l'on ne peut faire de grosses fortunes sans un peu risquer, il faut au moins que ce soit avec quelqu'espéce de jugement que l'on s'expose à la perte dans l'espérance du gain; car il y a de l'imprudence de risquer lors que le péril paroît trop évident.

On dit en matiére d'assurance, qu'il ne faut pas tout risquer sur un même Vaisseau; pour faire entendre que les assureurs doivent agir avec prudence lors qu'ils signent des polices d'assurance, c'est à dire, qu'ils ne doivent pas trop hazarder sur chaque Bâtiment, y ayant plus à espérer de plusieurs que d'un seul.

RIVAGE. On appelle à Paris Droit de Rivage un octroi qui est levé sur tous les Bateaux chargez de marchandises qui y arrivent par la riviére, & qui séjournent dans les ports.

RIVAGE. Se dit aussi du chemin que les Ordonnances réservent sur les bords des riviéres pour le tirage & hâlage des Bateaux. *Par l'Ordonnance de la Ville de Paris de* 1672., le chemin ou rivage doit être de vingt-quatre pieds de large ou de lé, comme dit cette Ordonnance. En d'autres endroits il ne faut que dix-huit pieds.

RIVES. Les Mesureurs de grains appellent ainsi les deux bords ou côtez de la radoire, ou racloire, dont ils se servent pour rader les grains de dessus les mesures. *Voyez* RADOIRE.

RIX-MARC. Monnoye de Dannemarck qui vaut vingt schillings Danois, ou dix schillings lubs.

RIX-OORTH. Autre monnoye Danoise, qui vaut vingt-quatre schillings Danois, ou un quart de Richedale; c'est à dire, environ quinze sols de France.

RIZ. *Voyez* RIS.

RIZE'. On appelle ainsi dans les Etats du grand Seigneur, un sac de quinze mille ducats, ce qui peut passer pour une espéce de monnoye de compte; comme la tonne d'or en Hollande, & le million en France.

RIZIERE. *Voyez* RISIERE.

ROBA, ou ROBE'. Terme de Commerce de Mer dont l'on se sert en Provence & dans le Levant. Il signifie marchandises, biens, richesses. Il est aussi d'usage parmi les Catalans dans la même signification. Il paroît être passé d'Italie en Provence, d'où les Provençaux l'ont porté dans les Echelles du Levant.

ROBE. Mesure pour les liquides qui est en usage en Espagne. La Robe fait huit sommes, la somme quatre quarteaux. Les vingt-huit Robes font une pipe, la bote est de trente Robes, & la Robe pése vingt-huit livres. Lors qu'on vend jusqu'au nombre de quarante Robes de quelques liqueurs, on en donne quarante-une pour quarante; & ainsi de quarante en quarante.

ROBE'E. On appelle Garance Robée celle dont l'écorce n'a pas été levée. On dit au contraire Garance non robée de celle qui est dépouillée de son écorce. *Voyez* GARANCE.

ROBER. Terme de Chapelier. C'est enlever le poil d'un chapeau de Castor avec la peau de chien marin.

Autre-fois on ne se servoit en France que de la pierre de ponce pour cet usage, ce qu'on appelloit poncer: mais depuis que la maniére de rober y est passée d'Angleterre, on ne ponce presque plus les chapeaux. Les habiles Fabriquans estiment que les peaux de chiens marins affinent davantage que la ponce. *Voyez* CHAPEAUX.

ROBES. Il vient de la Chine des Robes pour hommes & pour femmes, seulement en morceaux & non assemblées. Elles sont de satin, ou de taffetas, brodées d'or, d'argent & de soye. La Compagnie Françoise de la Chine en avoit envoyé les modèles par le Vaisseau nommé l'Amphitrite; & ce fut par le retour du même Vaisseau que furent apportées les premiéres de ces sortes de Robes qu'on a vû en France.

ROCAILLE. Espéces de petits grains de diverses matiéres, ronds, verds, ou jaunes, qui servent à mettre le verre en couleur. *Voyez* PEINTURE SUR VERRE.

La Rocaille paye les droits de la Douane de Lyon à raison de 30 s. le quintal.

ROCAILLE. C'est aussi des petits grains de verroterie qui s'enfilent en forme de chapelets, qui servent au Commerce de l'Amérique & des Côtes d'Affrique. On les appelle plus ordinairement Rassade. *Voyez* RASSADE.

ROC-FORT. Sorte de fromage qui tire son nom du lieu où il se fabrique en Languedoc. *Voyez* FROMAGE *à l'endroit où il est parlé des Fromages de France.*

ROCHE. On appelle Fromage de Roche de petits Fromages ronds & fort épais, du poids de deux livres, qui se tirent de Roanne en Forez. *Voyez* FROMAGE *au paragraphe de ceux de France.*

ROCHE. Espéce de minéral jaune qui a les propriétez du borax pour souder les métaux. Plusieurs Ouvriers se servent de la Roche pour leurs soudures, parce qu'elle est plus commune & de moindre prix. *Voyez* BORAX.

ROCHET. On appelle ainsi chez les Marchands de Soye, chez les Manufacturiers & Ouvriers en Etoffes d'or, d'argent & de soye, & chez les Teinturiers en soye, laine & fil, des bobines plus grosses & plus courtes que les bobines ordinaires.

C'est sur ces rochets que tous ces Marchands & Ouvriers dévident leurs soyes, ou pour les vendre, ou pour les employer, ou pour leur donner quelque préparation de teintures. Il est défendu aux Teinturiers d'huiler ou graisser les soyes sur les mêmes rochets ou bobines sur lesquelles elles ont été dévidées. A Lyon on les appelle Roquets.

ROCHET. Se dit aussi en terme de Tireur d'or, de certaines grandes bobines, larges & plates, qui leur servent à tirer & dévider leur or. *Voyez* TIREUR D'OR.

ROCHET. Est encore dans les Manufactures de Lainage, une sorte de très-grosses bobines sur lesquelles on dévide les fils de laine destinée à faire la chaîne des étoffes.

ROCHOIR, ou ROCHOUER. Petite Boîte de bois en forme de gourde percée par le bout d'en haut, où les Serruriers & quelques autres Ouvriers qui se servent du borax, ont coûtume de mettre cette drogue pulvérisée, qu'ils font sortir par le trou du Rochoir, en le secouant un peu lors qu'ils veulent employer le borax.

ROCOU, autrement ROUCOU, ou RAUCOURT, que les Bresiliens appellent *Achiotte* ou *Uruen*, & les Hollandois *Orleane*. Drogue qui sert à la teinture & à la peinture.

L'arbre qui porte les graines dont on compose le Rocou, & qui se nomme Rocou lui-même, n'est pas plus haut qu'un petit oranger. Ses feuilles, pointuës par un des bouts, ont la figure d'un cœur. Il porte des fleurs blanches mêlées d'incarnat, composées de cinq feuilles en forme d'étoile, qui croissent par bouquets aux extrêmitez des branches. Ces fleurs sont suivies de petites siliques, ou gousses, qui enferment plusieurs grains de la grosseur d'un pois, couverts dans leur maturité d'un vermillon le plus vif qu'on puisse s'imaginer.

Pour avoir cette précieuse couleur, on secouë ces grains dans un Vaisseau de terre; on les y lave avec de l'eau tiéde jusqu'à-ce qu'ils ayent quité leur vermillon; ensuite quand on a laissé reposer cette eau, on en prend le marc, qui est une espéce de lie dont on forme des tablettes & des petites boules très-estimées quand elles sont pures & sans mêlange, ce qui est très-rare. Quelques-uns se servent aussi

aussi du feu pour faire cuire cette drogue, & lui donner de la consistance.

La couleur que les Teinturiers font avec le Rocou est plus chére & moins assurée que celle qui se fait avec la bourre; aussi leur-est-elle défenduë. Les couleurs d'orange se teignent néanmoins de pur Rocou avec un peu de Bresil.

On doit choisir le Rocou d'une odeur d'iris, ou de violette, véritable cayenne, le plus sec & le plus haut en couleur qu'il se pourra, d'un rouge-ponceau, doux au toucher, sans aucune dureté, facile à s'étendre, & jamais si dur, qu'en le touchant un peu fortement on n'y puisse laisser quelqu'impression. Enfin, quand on le rompt, le dedans doit être encore plus vif que le dehors.

La tromperie que l'on peut faire dans cette marchandise consiste à y mêler de la terre rouge bien tamisée, ou de la brique pilée, lors que la drogue achéve de se cuire dans la chaudiére, ce qui en augmente considérablement le poids & le volume. On peut découvrir cette fraude en faisant dissoudre un morceau de Rocou dans un verre plein d'eau; s'il est pur, il se dissout entiérement; s'il est mêlé de terre, ou de brique, l'une ou l'autre tombe au fond du verre.

Aux Isles Antilles quand on pése le Rocou, on rabat cinq pour cent pour le poids des feuilles dont il est envelopé & pour l'aiguillette qui le lie.

Autre-fois il venoit de ces Isles, & même de Hollande, du Rocou en petits pains de la forme d'un écu blanc, qui étoit excellent: présentement l'on n'en apporte qu'en gros pains quarrez ou en boules, qui lui est bien inférieur, & qui est presque toûjours humide, sale, moisi, & d'une odeur insupportable.

On se sert du Rocou pour donner couleur au chocolat & à la cire jaune: il est même de quelqu'usage pour la Médecine, du moins à ce que prétend le Sieur de Blegny dans quelques-uns de ses Traitez.

Le Rocou, que le Tarif de 1664 appelle Rouge-d'Inde, paye en France les droits d'entrée à raison de 15 s. du cent pesant.

Les droits de la Douane de Lyon sont de 30 s. le quintal.

Maniére de cultiver & de faire le Rocou, tirée du Voyage du Pére Labat, Religieux de S. Dominique & Missionnaire Apostolique aux Isles Antilles, imprimé en 1722.

Le Rocou peut se planter depuis le mois de Janvier jusqu'à la fin de Mai: mais soit que le plantage s'en fasse tard ou de bonne heure, l'arbre n'en produit pas plûtôt.

Il se plante à la maniére des pois, ou du mil; c'est à dire, qu'après avoir bien nétoyé la terre, on y fait de petits trous avec la houë, dans lesquels on jette deux ou trois graines au plus. La distance ordinaire qui suffit pour chaque plan est de quatre pieds en quarré. A l'égard de la culture, elle se fait comme aux autres arbres, à l'exception que quand il s'éléve trop haut, on le châtre pour l'épaissir, & pour l'entretenir en buisson.

La récolte du Rocou se fait deux fois l'année savoir, à la S. Jean & à Noël. On le distingue comme en deux espéces; l'un qu'on nomme Rocou verd, & l'autre Rocou sec: le premier est le Rocou qu'on cueille aussitôt que quelque cosse d'une grappe commence à sécher & à s'ouvrir; le second est celui où dans chaque grappe il se trouve plus de cosses séches que de vertes. Ce dernier se peut garder six mois; l'autre ne peut guére durer que quinze jours; mais il rend un tiers plus que le Rocou sec, & le Rocou qu'il produit est plus beau.

Le Rocou sec s'écale en le batant, après l'avoir exposé au Soleil, & l'avoir remué quelque tems: à l'égard du Rocou verd, il ne faut pour l'écaler que rompre la cosse du côté de la queuë, & le tirer en bas avec la peau qui environne les graines, sans s'embarrasser de cette peau.

Après que les graines sont écalées, on les met successivement dans divers canots de bois faits tout d'une piéce, qui ont différens noms suivant leurs différens usages.

Le premier canot s'appelle Canot de trempe; le second, Canot de pile; le troisiéme, Canot à ressuer; le quatriéme, Canot à l'eau; enfin, le cinquiéme, Canot à laver. Il y en a aussi un sixiéme qu'on appelle Canot de garde, mais qui n'est pas toûjours nécessaire; un autre qui se nomme Canot de passe; & un huitiéme qu'on nomme Canot aux écumes.

La graine se met d'abord à sec dans le canot de trempe, où on la concasse legérement avec un pilon, après quoi on remplit le Canot d'eau bien claire & bien vive à huit ou dix pouces près du bord. Il faut cinq barils d'eau sur trois barils de graine. Le tems qu'elle doit rester dans le Canot de trempe est ordinairement de huit à dix jours, pendant lesquels on a soin de la remuer deux fois par jour avec un rabot, un demi-quart-d'heure environ à chaque fois. On appelle premiére eau, celle qui reste dans le Canot de trempe, après qu'on en a tiré la graine avec des paniers.

Du Canot de trempe la graine passe dans le Canot de pile, où elle est pilée à force de bras avec de forts pilons pendant un quart-d'heure ou davantage, en sorte que toute la graine s'en sente. Il faut que le Canot de pile ait au moins quatre pouces d'épaisseur par le fond, pour mieux soûtenir les coups de pilons. On met de nouvelle eau sur la graine, lors qu'elle est pilée, qui doit y demeurer une ou deux heures, après quoi on la passe au panier en la frotant avec les mains; en suite on la repile encore pour y mettre l'eau. L'eau qui reste de ces deux façons se nomme la Seconde eau, & se garde comme la premiére.

Après cette façon on met la graine dans le Canot qu'on appelle Canot à ressuer, où elle doit rester jusqu'à-ce qu'elle commence à moisir, c'est à dire, près de huit jours. Pour qu'elle se ressuë mieux, on l'enveloppe de feuilles de balisier.

Après qu'elle a ressué on la pile de nouveau, & on la laisse tremper successivement dans deux eaux, qui s'appellent les troisiémes eaux. Quelques-uns tâchent d'en tirer une quatriéme eau; mais cette derniére eau n'a plus de force, & peut tout au plus servir à tremper d'autres graines.

Quand toutes les eaux sont tirées, on les passe séparément avec un hebichet, en mêlant un tiers de la premiére avec la seconde, & deux tiers avec la troisiéme. Le Canot où se passent les eaux s'appelle Canot de passe; &

& on appelle Canot à laver, un Canot plein d'eau où ceux qui touchent les graines se lavent les mains, & lavent aussi les paniers, les hebichets, les pilons & autres instrumens qui servent à faire le Rocou. L'eau de ce Canot, qui prend toûjours quelqu'impression de couleur, est bonne à tremper les graines.

L'eau passée deux fois à l'hebichet se met dans une ou plusieurs chaudiéres de fer, suivant la quantité qu'on en a; & en l'y mettant elle se passe encore à travers d'une toile claire & souvent lavée.

Quand l'eau commence à écumer, ce qui arrive presque aussi-tôt qu'elle sent la chaleur du feu, on en léve l'écume qu'on met dans le Canot aux écumes; ce qu'on réitére jusqu'à-ce qu'elle n'écume plus: si elle écume trop vîte, on diminuë le feu. L'eau qui reste dans les chaudiéres, quand l'écume en est levée, n'est plus propre qu'à tremper les graines.

On appelle Baterie, une seconde chaudiére dans laquelle on fait cuire les écumes pour les réduire en consistence, & en faire la drogue qu'on nomme Rocou. Il faut observer de diminuer le feu à mesure que les écumes montent, & qu'il y ait continuellement un Négre à la Baterie, qui ne cesse presque point de les remuer, crainte que le Rocou ne s'attache au fond, ou aux bords de la chaudiére.

Quand le Rocou saute & pétille, il faut encore diminuer le feu; & quand il ne saute plus, il ne faut laisser que du charbon sous la Baterie; & le Négre ne lui doit plus donner qu'un leger mouvement; ce qu'on appelle Vesser.

A mesure que le Rocou s'épaissit & se forme en masse, il le faut tourner & retourner souvent dans la chaudiére, diminuant peu à peu le feu, afin qu'il ne brûle pas; ce qui y est une de ses principales circonstances de sa bonne fabrique, sa cuisson ne s'achevant guére qu'en dix ou douze heures.

Pour connoître quand le Rocou est cuit, il faut le toucher avec un doigt qu'on a auparavant mouïllé; & quand il n'y prend pas, sa cuisson est finie. En cet état on le laisse un peu durcir dans la chaudiére avec une chaleur très-modérée, en le tournant de tems en tems, pour qu'il cuise & séche de tous côtez, ensuite de quoi on le tire; observant de ne point mêler avec le bon Rocou une espéce de gratin trop sec qui reste à fond, & qui n'est bon qu'à repasser avec de l'eau & des graines.

Le Rocou au sortir de la baterie ne doit pas d'abord être mis en pain; mais il faut le mettre sur une planche en maniére de masse plate, & l'y laisser refroidir huit ou dix heures, après quoi on en fait des pains; prenant soin que le Négre qui le manie se frote auparavant legérement les mains avec du beurre frais, ou du sain-doux, ou de l'huile de *Palma-Christi.*

Les pains qu'on en fait sont ordinairement du poids de deux à trois livres qu'on envelope dans des feuilles de balisier. Le Rocou diminuë beaucoup; mais il a fait toute sa diminution en deux mois.

Quand on veut faire de très-beau Rocou, il faut employer du Rocou verd, qu'on met tremper dans un Canot aussi-tôt qu'on l'a cueilli de l'arbre; après quoi sans le batre & le piler, mais seulement en le remuant un peu, & en frotant les graines entre les mains, on le passe sur un autre Canot. Après cette seule façon on léve de dessus l'eau avec une écumoire une espéce d'écume ou de graisse qui y surnage, qu'on fait épaissir à force de la batre avec une espéce d'espatule, ou avec la main, & qu'on fait ensuite sécher à l'ombre, sans y employer aucune sorte de cuisson.

Ce Rocou à la vérité est excellent; mais on n'en fait que par curiosité, à cause du peu de profit qu'on y feroit, & que les Marchands ne voudroient pas en donner un prix proportionné à la perte que l'on feroit en quitant la maniére commune de le fabriquer & de le faire cuire à la chaudiére.

La maniére de faire le Rocou à la Caraïbe est encore plus simple, suffisant d'en prendre les graines au sortir de la gousse, & de les froter entre les mains qu'on a auparavant trempées dans de l'huile de carapat. Quand on voit que la pellicule incarnate s'est détachée de la graine, & qu'elle est réduite en une pâte trés-fine & très-claire, on la racle de dessus les mains avec un couteau, pour la faire sécher à demi à l'ombre sur une feuille bien propre; après quoi lors qu'il y en a suffisanment, on en forme des pelotes grosses comme le poing qu'on envelope dans des feuilles de balisier, ou de cachibou. C'est avec cette sorte de Rocou mêlé avec de l'huile de carapat que les Caraïbes se font peindre par leurs femmes, soit pour s'embellir à leur mode, soit pour se garantir de l'ardeur du Soleil & de la piquûre des moustiques. Ils s'en servent aussi à mettre en couleur leur vaisselle de terre; ce qui lui donne un lustre & un éclat admirables.

ROCOURT. Drogue pour la teinture. On dit plus ordinairement Rocou. *Voyez l'article précédent.*

ROCQ, qu'on nomme aussi ROT & PEIGNE. C'est une des principales piéces du métier des Ouvriers qui travaillent de la navette. *Voyez* PEIGNE.

RODER. Terme d'Arquebusier. C'est tourner dans un calibre double cette piéce de la platine des armes à feu que l'on appelle la Noix. *Voyez* CALIBRE DES ARQUEBUSIERS.

RODON, appellé aussi REDON, ou RODOU. Sorte d'herbe qui se substituë à la place du tan pour l'apprêt des cuirs. *Voyez* REDON.

Le Rodon, que le Tarif de Lyon nomme aussi Herbe de pré, paye à la Douane de cette Ville 4 s. 4 den. le quintal.

RODOUL. Petit arbrisseau qui croît sans culture dans plusieurs Provinces de France, des feuilles duquel, qui portent le même nom que l'arbrisseau qui les produit, les Teinturiers se servent pour teindre en noir.

Le Rodoul est du nombre des drogues colorantes qui sont communes entre les Teinturiers du grand & du petit teint. Pour conserver cette feuille, il faut la cueillir meure; ce qui n'est pas nécessaire si elle s'employe aussi-tôt, ou peu de tems après être cueillie.

Il est défendu aux Teinturiers de l'un & de l'autre teint de se servir de vieux Rodoul, c'est à dire, avec lequel on a passé ou mis en couleur du maroquin ou autres cuirs. *Voyez* NOIR.

ROEMALS. Mouchoirs de toile de coton qui viennent des Indes Orientales. *Voyez* MOUCHOIR *à la fin de l'article*

ROE-NEUG. C'est la plus grande des mesures pour les distances & les longueurs dont on se serve dans le

Royaume de Siam. C'eſt la lieuë Siamoiſe d'environ deux mille toiſes de France. Il faut vingt jods pour le Roéneug, quatre ſen pour le jod, vingt voua pour le ſen & deux ken pour le voua. Le ken eſt l'aune de Siam, de trois pieds de Roi moins demi-pouce, le voua ou braſſe Siamoiſe revenant à cinq pieds onze pouces de France. *Voyez* Ken.

ROGNEURE, ou ROGNURE. Ce qui eſt rogné ou retranché de quelque choſe.

Les Rognures de cartes payent en France les droits d'entrée à raiſon de 2 ſ. le cent peſant, & pour ceux de ſortie 4 ſ.

Les Rognures de peaux 4 ſ. d'entrée, & 6 ſ. de ſortie.

Les Rognures de léton 1 l. 5 ſ. du cent peſant, le tout conformément au Tarif de 1664.

Les droits de la Douane de Lyon ſont pour les Rognures de cartes 3 ſ. de la charge d'ancienne taxation, & 1 ſ. du cent peſant de reapréciation.

Et pour les Rognures de léton 5 ſ. du quintal d'anciens droits, & 3 ſ. de nouveaux.

ROGUES. On donne en quelques endroits ce nom aux œufs des petits poiſſons de Mer dont on ſe ſert pour la pêche des ſardines. *Voyez* Resure.

ROINETTE. Petit outil de fer avec lequel les Charpentiers marquent leur bois.

Cet outil eſt rond, d'un pouce de diamétre, long de ſept ou huit pouces, applati par un bout, qui ſe partage en deux dents fort pointuës. On s'en ſert comme d'une rouenne pour tirer des lignes, ou pour tracer des ronds, ſuivant la marque dont on veut ſigner les bois. *Voyez* Marcfranc.

ROLETTE. Toile de lin qui ſe frabrique en Flandres, particuliérement à Courtray & à Ypres. *Voyez* Toile, *à l'endroit de l'article où il eſt parlé de celles de Flandres.*

ROLLE. On nomme le Grand Rolle en termes de ſucrerie, ce qu'on nomme autrement le grand Tambour; c'eſt à dire, celui des trois tambours dont un moulin à ſucre eſt composé, qui eſt au milieu, & qui eſt traverſé de l'arbre du moulin. C'eſt le grand Rolle qui donne le mouvement aux petits tambours, par le moyen des dents qu'il a en haut qui s'engrénent dans celles des deux autres.

Rolle. C'eſt auſſi une étoffe de laine, qui eſt une eſpéce de molleton, ou double créſeau. *Voyez* Molleton.

Les Rolles payent en France les droits d'entrée ſur le pied de Molletons.

ROMAIN. Terme d'Imprimerie. On appelle Caractére Romain, Lettre Romaine, les Caractéres & les Lettres rondes, pour les diſtinguer des Caractéres ou Lettres italiques. C'eſt auſſi le nom qu'on donne à certains corps de Caractéres pour en ſignifier la grandeur. Il y en a deux qui portent ce nom; le gros Romain, qui eſt entre le petit parangon & le S. Auguſtin; & le petit Romain, qui eſt plus fort que le petit Texte, & moins que le Cicero. *Voyez* Caractere. *Voyez auſſi* Imprimerie.

Romain. Il y a auſſi une ſorte de papier qu'on appelle Papier Romain. *Voyez* Papier.

ROMAINE. Eſpéce de balance dont l'invention eſt fort ancienne, qui ſert à peſer diverſes ſortes de marchandiſes.

La Douane de Roüen a pris ſon nom de Bureau de la Romaine, de ce que cette ſorte de balance y eſt particuliérement en uſage. *Voyez* Balance.

ROMALLES. Ce ſont des mouchoirs des Indes Orientales ſoye & coton. Il y a quinze mouchoirs à la piéce.

ROMALS. Ce ſont d'autres mouchoirs de toile de coton peinte ſans aucune ſoye, qui ſe fabriquent dans les Etats du Mogol, qu'on en tire par Surate. La piéce eſt de ſix ou huit mouchoirs. Ils ſont défendus en France. *Voyez* Toiles peintes.

ROMARIN. Plante très-commune en France, & ſur tout en Languedoc.

Cette plante ne s'éléve pas bien haut; ſes branches d'un gris cendré, & qui paroiſſent toûjours ſéches & arides, pouſſent quantité de petites feuilles étroites, fermes & piquantes par le bout, d'un aſſez beau verd d'un côté, & blanchâtre de l'autre. Du milieu de ſes feuilles & attachées à la branche même, naiſſent un nombre infini de petites fleurs bleuâtres à quatre feuilles, qui ſont rayées de quelques filets d'un bleu plus foncé. Toute cette plante, branches, feuilles, fleurs, eſt d'une odeur très aromatique, & d'un goût fort & piquant.

On tire du Romarin diverſes marchandiſes, qui ſont d'un grand uſage dans la Médecine, & encore d'une plus grande réputation. Les principales ſont des huiles, des eſſences, des eaux, des ſels, des conſerves ſeches & liquides, ſans compter les fleurs & la ſemence de cette plante, dont on fait auſſi quelque Commerce.

L'huile de Romarin, à laquelle on donne auſſi le nom d'Eſſence, ou Quinte-eſſence, ſe fait avec les feuilles & les fleurs de la plante, qu'on met en quantité dans un alambic avec de l'eau commune, autant que l'habile Artiſte croit néceſſaire; & par le moyen du feu on en tire une huile blanche, claire, pénétrante & très odorante. La rareté & la cherté de cette huile, eſt cauſe qu'elle eſt preſque toûjours ſofiſtiquée, ſoit en y mélant de l'eſprit de vin, ſoit avec des huiles d'aſpic, de lavande, & autres ſemblables, ou même ſans prendre tant de précaution, en débitant en ſa place de ſimple huile de thérébentine préparée avec de la poix & de l'orcanette, comme font les charlatans qui courent les Provinces, ou qui aſſemblent le peuple autour de leur théâtre dans les places publiques de Paris.

L'eau de la Reine d'Hongrie, ainſi nommée, à ce qu'on dit, des merveilleux effets qu'elle opéra ſur une Reine de Hongrie, n'eſt qu'un eſprit de vin excellent & bien déflegmé, empreint des qualitez des fleurs de romarin. La grande conſomption qui ſe fait de cette eau à cauſe de ſes propriétez, ou peut-être ſeulement à cauſe de la réputation que la mode, qui en France domine auſſi-bien ſur les remédes que ſur les habits, lui a donnée, bien loin d'exciter ceux qui la font de s'attacher plus que jamais à la faire bonne, a été cauſe au contraire qu'on l'a ſophiſtiquée, & que celle qu'on vend préſentement en beaucoup de boutiques, n'eſt qu'une ſimple eau-de-vie diſtilée avec les feuilles de romarin, ſouvent toutes pures, ou quelque-fois chargées de leurs fleurs, au lieu de n'y employer que les ſeules fleurs bien mondées, avec le meilleur eſprit de vin; où bien même ce n'eſt que de l'eau-de-vie diſtilée, ſur laquelle on a jetté un peu d'huile blanche de romarin avant que de la mettre dans les bouteilles, ſur leſquelles on met

néanmoins

néanmoins des titres qui ne conviendroient qu'à la plus excellente eau de la Reine de Hongrie; les autres marchandises ci-dessus spécifiées n'étant pas d'un grand débit, c'est assez les avoir décrites que de les avoir nommées.

ROME. On appelle Serge de Rome des Serges très-fines qui se fabriquent à Amiens. Leur aunage est de demi-aune de large, & de vingt-une aune de long. *Voyez* SERGES.

ROME. Espéce d'eau-de-vie que l'on fait avec des melasses. On l'appelle aussi, eau-de-vie de canne. Le Rome est bon pour le Commerce du Sénégal. *Voyez* EAU-DE-VIE.

ROMES. Ce sont les deux principales piéces qui composent le métier où se fabrique la basse-lisse. Ces piéces sont des deux côtez du métier, & portent à leur extrêmité les deux ensubles, sur l'une desquelles se roule la chaîne, & sur l'autre l'ouvrage. C'est aussi aux romes que tient la camperche, ou barre de bois qui porte les sautereaux; & où sont attachées à des mentonniéres les cordes qui servent à serrer le dessein contre la chaîne. *Voyez* BASSE-LISSE.

ROMPRE LA LAINE. C'est faire le mêlange des laines de différentes couleurs que l'on veut employer à la fabrique des draps mêlangez. Ces laines sont teintes & non filées, & le filage ne s'en fait qu'après qu'elles ont été bien rompuës, c'est à dire, bien mêlées, en sorte que le fil de laine dont on doit composer la chaîne & la trême de cette espéce de draps tiennent également de toutes les couleurs qui sont entrées dans le mêlange. Ce qui s'entend néanmoins à proportion du plus ou du moins qu'on y a mis de chacune. *Voyez* FEUTRE. *Vous y trouverez la manière de rompre la laine.*

ROMPRE LE JET. Terme de Fondeur de caractéres d'Imprimerie. C'est séparer du corps d'une lettre nouvellement fonduë la portion de matiére qui a rempli cette espéce de petit entonnoir qui est au dedans du moule, & qui porte la fonte jusques sur la matrice du caractére.

On appelle rompure, & l'endroit par où se rompt la Lettre, & l'action de l'Ouvrier qui la rompt. *Voyez* FONDEUR DE CARACTERES.

ROMPRE UNE FORME D'IMPRIMERIE. C'est séparer les Lettres & Caractéres qui la composent, & les remettre dans les castins, afin qu'on n'en puisse plus tirer d'exemplaires. *Voyez* IMPRIMERIE.

ROMPRE UNE PLANCHE. Il se dit chez les Graveurs & Imprimeurs de Tailles-douces, pour signifier qu'on ne veut, ou qu'on n'ose plus s'en servir; ou même qu'elle a été effectivement rompuë par autorité des Magistrats de Police. Les Estampes dont les planches sont rompuës, augmentent ordinairement de prix par la difficulté d'en trouver. *Voyez* IMPRIMEUR EN TAILLE-DOUCE.

ROMPRE. Signifie aussi en terme de marchandises de vin, l'épreuve que font les Marchands & Cabaretiers pour en connoître la bonne ou mauvaise qualité.

Cette épreuve est simple & consiste à mettre du vin dans un verre, & le laisser pendant quelque tems à l'air & découvert; s'il ne rompt pas, c'est à dire, s'il ne change point de couleur il est bon; & au contraire, si sa couleur s'altére, ce qu'ils nomment se rompre, il n'est pas de garde, & est sujet à se gâter. Ce vin garde bien son essai, il ne se rompt point.

ROMPU. On appelle en Arithmétique un nombre rompu, une unité divisée en plusieurs fractions. *Voyez* NOMBRE.

ROMPURE. Terme de Fondeur de Caractéres d'Imprimerie. C'est l'endroit par où le jet a été separé de la Lettre. *Voyez ci-dessus*, ROMPRE LE JET.

RONDEAU. Plaque de fer forgé, ou de fonte, dont se servent les Miroitiers-Lunetiers, pour y travailler les verres dont la superficie doit être plane, c'est à dire, qui n'est ni convéxe, ni concave. Les Rondeaux servent aussi pour faire des bizeaux sur les glaces. Le grès, l'émeril, le tripoli, la potée d'étain, s'employent successivement, pour dégrossir, adoucir, polir & lustrer le verre ou le cristal qu'on travaille sur le rondeau. *Voyez* BASSIN DE LUNETIER, *ou* LUNETIER.

RONDELETTE. Soyes rondelettes. Ce sont les moindres & les plus communes de toutes les Soyes. On les nomme aussi Boures, Strasses & Contrailles. *Voyez* BOURES. *Voyez aussi l'article des Soyes.*

RONDELLE. Outil de fer dont se servent les Maçons pour grater & finir les membres & moulures d'Architecture. Elle n'est différente du crochet que parce qu'elle est arrondie par le bout.

RONDELLES, que l'on nomme autrement CAMIONS. Ce sont des bosses ou têtes de chardons très-petites, que l'on estime peu, & dont on se sert dans les moyennes Manufactures de Lainages, pour laver ou tirer à poil certaines étoffes de petit prix.

Les Ouvriers Laneurs & Aplaigneurs appellent les Rondelles, par dérision, Têtes de Linottes, à cause de leur extrême petitesse, qui ne passe souvent pas la grosseur de la tête de l'oiseau qui porte ce nom. *Voyez* CHARDON.

RONDELLES. Ce sont aussi des outils dont se servent les Sculpteurs: elles sont d'acier; les unes avec un manche de bois, & les autres sans manche; ce sont des espéces de cizeaux ronds.

RONDELLES. Les Plombiers nomment de la sorte deux piéces de cuivre rondes qui ferment par les deux bouts les moules où, ils fondent des tuyaux sans soudures. C'est au milieu de ces rondelles que sont placées les deux portées qui tiennent le boulon, ou noyau du tuyau suspendu au milieu du moule, & qui réglent l'épaisseur du plomb. *Voyez* PLOMBIER, *où il est parlé de la fonte des tuyaux sans soudure.*

RONDIN, ou TONDIN. Cylindre ou rouleau de bois sur lequel les Plombiers arrondissent les tables de plomb dont ils veulent faire des tuyaux. Ils ont des rondins de plusieurs longueurs & de différens diamétres suivant les tuyaux qu'ils ont à arrondir. *Voyez* PLOMBIER.

RONSTIQUE. Petite monnoye de cuivre qui se fabrique à Stocholm, & qui a cours dans toute la Suéde. Les huit Ronstiques valent le marc aussi de cuivre; c'est à dire, environ deux sols six deniers de France. Il faut vingt Ronstiques pour la petite christine d'argent, & trois pour faire le sol de Suéde.

Le Ronstique est aussi une monnoye de compte. Huit Ronstiques font le marc, & quatre marcs le dealder.

ROQUET. Nom que les Lionnois donnent à une espéce de bobine sur laquelle les Ouvriers en soye dévident celle qu'ils employent dans leurs fabriques. Ailleurs on dit Rochet. *Voyez* ROCHET.

ROQUETTE, ou CENDRE DE LEVANT. C'est de

de la Roquette, (qui est une espéce d'herbe) réduite en cendre, dont les faiseurs de Savon & de verre se servent. Il en vient d'Acre & de Tripoli de Sirie. La Roquette d'Acre est la meilleure. On l'apporte dans des sacs gris, & celle de Tripoli dans des sacs bleus. *Voyez* CENDRE.

ROQUILLE. Petite mesure des liqueurs à laquelle on donne aussi le nom de Poisson, ou Posson. C'est la moitié d'un demi-septier, ou le quart d'une chopine de Paris. *Voyez* POISSON.

ROSCONNES. Toiles blanches de lin qui se font en quelques endroits de Bretagne. *Voyez l'article des Toiles où il est fait mention de celles de cette Province.*

ROSE. Fleur très-connuë, tant pour sa beauté, que pour son excellente odeur; on la met au rang des fleurs Printaniéres, quoi qu'assez mal à propos, étant plûtôt une fleur d'Eté. Il y en a pourtant qu'on appelle Roses de tous les mois.

Il y a bien des sortes de roses, de blanches, de rouges, de panachées, de simples, de doubles, d'autres à cent feuilles; des roses muscat, des roses de Provins, des roses de Damas, & des roses de Gueldres, qui sont toute-fois une espéce bien différente des autres.

De toutes ces espéces de roses, à l'exception de celles de Gueldres, on tire une eau qui étoit autre-fois très-estimée, mais qui a beaucoup perdu de son prix; elle est néanmoins toûjours d'usage pour les maux d'yeux, aussi-bien que pour quelques parfums & quelques patisseries.

L'eau de rose est très-estimée en Perse, dans la Chine, & dans plusieurs autres endroits de l'Orient où il s'en fait un Commerce très-considérable; soit par les Nations d'Europe qui trafiquent d'Inde en Inde, soit par les Nations Asiatiques qui en chargent tous les ans plusieurs Bâtimens à Bender Abassi & autres Ports de la Perse. *Voyez l'article général de l'Asie, où il est parlé de celui de la Perse & des Indes Orientales.*

Les roses de Provins sont celles dont on fait le plus de Commerce; l'on en porte jusques aux Indes, où elles sont d'un tel debit, qu'elles s'y vendent souvent, pour ainsi dire, au poids de l'or. Quoi qu'il se trouve de cette espéce de roses presque par tout, il semble qu'elles n'ayent pas ailleurs les mêmes vertus & les mêmes propriétez qu'aux environs de Provins, Ville de la Province de Brie de qui elles ont emprunté leur nom, soit que la culture s'y fasse avec plus de soin; soit que la terre y soit plus propre, ou plûtôt que les habitans soient plus adroits & plus attentifs à les faire bien sécher.

Les roses de Provins sont ou de la grande, ou de la moyenne sorte: les unes & les autres pour être de la bonne qualité, doivent être d'un rouge noir velouté, bien séches, bien odorantes, sans graines ni petites feuilles, & que leur couleur n'ait point été augmentée par quelque acide.

Pour les conserver il faut les tenir dans un lieu sec, ne leur point laisser prendre d'air, & les presser & fouler fortement; en cet état elles peuvent durer dans leur beauté & bonté un an, & même dix-huit mois.

Il vient aussi de Provins des conserves séches, blanches & rouges faites avec les roses, & une autre conserve liquide à laquelle l'on attribuë de grandes vertus pour les maux de cœur & d'estomach. Le miel rosat qu'on en apporte est bien meilleur que celui que l'on fait ordinairement chez la plus grande partie des Apoticaires de Paris, quoi qu'il s'en fasse chez quelques-uns des plus habiles & des plus honnêtes, qui vaut encore mieux que celui de Provins.

On tire des roses, par la Chimie, des esprits, des huiles, des sels; & les marcs qui restent dans les alambics ou rosaires, comme les appellent les Artistes, ne sont pas même inutiles, puis qu'après les avoir séchez au Soleil, on les vend sous le nom de Chapeau ou Pain de Roses.

Les Roses de toutes sortes payent en France les droits d'entrée à raison de 3 l. 15 s. le cent pesant, & pour ceux de sortie cent sols, si elles sont du crû de France.

Les droits de la Douane de Lyon pour les Roses de Provins, sont de 20 s. le quintal d'ancienne taxation, & 5 s. pour la réapréciation.

ROSE. Bois de Rose, ou de Rhode, que l'on nomme aussi Bois marbré. C'est un bois que l'on compte parmi les espéces d'Aspalathe, & que bien des gens confondent avec le bois de Chypre, quoi que les Auteurs éxacts y mettent une grande différence. Il s'appelle Bois de Rose à cause de son odeur, & non pas parce qu'il porte les roses qui sont l'ornement des jardins, comme plusieurs le croyent.

Le R. P. du Tertre, & M. de Rochefort, savant Ministre, qui en ont fait, à ce qu'ils assurent, une description d'après nature, & sur les lieux où ce bois croît, quoi que le plus souvent d'accord, ne le sont pas cependant en tout dans cette description.

Cet arbre qui est très-commun dans les Isles Antilles, s'éléve fort haut & fort droit, ses feuilles longues comme celles du Châtaignier, ou du Noyer, sont blanchâtres, souples, moles & veluës d'un côté; ses fleurs qui sont aussi blanches & d'une odeur agréable, croissent par bouquets, & sont suivies d'une petite graine noirâtre & lissée; l'écorce de son tronc est d'un gris blanc, & presque semblable à celle du chêne; le bois au dedans est de couleur de feuilles mortes, & différenment marbré selon la différence des terroirs où l'arbre a pris naissance. Ce bois prend un poli admirable, & l'odeur qu'il exhale quand on le met en œuvre, ou qu'on le manie, est très-douce & très-agréable.

On employe ce bois dans les ouvrages de marqueterie & de tour, & à faire des chapelets. Les Distilateurs en tirent une eau qu'ils vendent souvent pour véritable eau de rose. Réduit en poudre on le mêle parmi les pastilles; les Chirurgiens & Barbiers en parfumoient autre-fois l'eau dont ils faisoient la barbe; la Médecine même le fait entrer dans les remédes, mais plus pour son odeur que pour sa vertu.

Les Hollandois en tirent, par la distillation, une huile blanche & fort odorante, que les Marchands Epiciers & Droguistes vendent sous le nom d'*Oleum Rhodium*, & dont les Parfumeurs se servent. Cette huile quand elle est nouvelle est tout à fait comme l'huile d'olive; avec le tems elle s'épaissit, & devient d'un rouge obscur comme de l'huile de cade. On tire aussi du bois rose par la cornuë, un esprit rouge & une huile noire & puante, propre pour la guérison des dartres.

Il faut choisir le bois de rose nouveau, sec, de couleur de

de feuille morte, d'une odeur de rose, le plus gros & le moins tortu qu'il se peut. *Voyez* ASPALATHE.

Le Bois de Rose, que le Tarif de 1664 *nomme aussi Bois Rosart, paye en France les droits d'entrée à raison de* 10 *s. le cent pesant.*

ROSE, ou ROSETTE. Terme de Teinture. C'est ainsi que l'on appelle une certaine marque ronde de la grandeur d'un écu blanc, bleuë, jaune ou d'autre couleur, que les Teinturiers sont obligez de laisser au bout de chaque piéce d'étoffe qu'ils teignent pour faire connoître les couleurs qui leur ont servi de pied, ou de fond, & faire voir que l'on y a employé les drogues & ingrédiens nécessaires pour les rendre de bon teint suivant les Réglemens.

S'il se trouvoit après les expériences qui pourroient être faites par le débouilli, que quelque piéce d'étoffe ne fût pas entiérement teinte en fonds suivant les couleurs des rosettes, elle seroit confisquée; & le Teinturier qui l'auroit teinte, condanné à l'amende, & interdit de sa Maîtrise pour toûjours comme trompeur public. *Art.* 34 *du Réglement des Teinturiers du mois d'Août* 1669. *Voyez* PIED *&* DEBOUILLY.

ROSE. On appelle, Noble à la Rose, une ancienne monnoye d'Angleterre qui étoit d'or. *Voyez* NOBLE A LA ROSE.

ROSE. Ce qu'on nomme Couleur de rose, est un rouge pâle tirant sur la couleur des roses naturelles. *Voyez* ROUGE.

ROSE-CRAN. Sorte de linge ouvré qui se fabrique en Picardie. *Voyez* LINGE.

ROSE'E. C'est une des espéces de mousselines, ou de toile de coton qui vient des Indes Orientales. On la nomme plus communément Chabnam. *Voyez* CHABNAM.

ROSE-NOBLE. Monnoye d'or qui se fabrique en Hollande, & qui y a cours pour onze florins.

Il y a aussi des Roses-nobles de Danemarck qui valent 24 marcs Dansche, ou Danois. Il y a ordinairement un agio ou profit depuis 16 jusqu'à 24 schillings Danois, sur les Roses-nobles, lors qu'on les change en richedales.

ROSEREAUX. Fourrures qu'on tire de Moscovie par la voye d'Archangel. Ces peaux sont bonnes pour envoyer en Suisse où elles servent à fourrer des bonnets.

Le Tarif de 1664 *les met sur le pied des hermines. Le tymbre qui est de vingt couples de peaux, paye* 6. *liv. de droits d'entrée.*

Les droits de la Douane de Lyon sont de 20 *s. le tymbre pour l'ancienne taxation, &* 10 *s. pour la nouvelle réapréciation.*

ROSES. Petites étoffes de soye, de laine & de fil, dont les façons représentent des espéces de roses. Elles ont vingt aunes un quart à vingt aunes & demie de longueur, sur un pied & demi & un pouce de Roi de largeur. Elles sont du nombre des étoffes de hautes-lisses qui se fabriquent dans la Sayetterie d'Amiens. *Voyez* HAUTE-LISSEUR.

ROSETTE. On appelle ainsi une sorte de craye rougeâtre aprochant de la couleur amarante, qui n'est autre chose que du blanc de Roüen à qui l'on a donné cette couleur par le moyen d'une teinture de bois de bresil plusieurs fois réitérée.

La rosette est une espéce de stil de grain dont on se sert dans la peinture.

Il y a une autre espéce de rosette semblable pour la composition à celle ci-dessus, mais dont la couleur est d'un plus beau rouge, qui sert à faire cette encre dont les Imprimeurs se servent pour marquer en rouge les titres des livres qu'ils impriment. On s'en sert aussi quelque-fois pour peindre.

Les Rosettes payent en France les droits d'entrée à raison de 15 *s. le cent pesant.*

Les droits de la Douane de Lyon sont de 9 *s. le quintal d'ancienne taxation, &* 6 *s. de nouvelle réapréciation.*

ROSETTE. Se dit chez les Teinturiers d'une certaine marque bleuë, ou d'autres couleurs qu'ils sont obligez de laisser à un des bouts des piéces d'étoffes qu'ils teignent, pour faire connoître les véritables pieds de teintures qu'ils leur ont donné. *Voyez* ROSE.

ROSETTE. Espéce de toile ou linge ouvré qui se fait en Flandre & en Basse-Normandie. On les appelle aussi Rosettes-perlées, mais plus communément, Petite Venise. *Voyez* LINGE.

ROSETTE. On nomme dans le Commerce du cuivre, & parmi les Fondeurs, Rosette, le cuivre le plus pur & de la meilleure qualité. Ce cuivre vient ordinairement en plaques de divers poids & grandeurs. *Voyez* CUIVRE.

Les Rosettes de France & autres payent les droits de la Douane de Lyon 4 *s.* 6 *den. de la lame, ou plaque, d'ancienne taxation, &* 1 *s.* 6 *den. de nouvelle réapréciation.*

ROSETTES. C'est encore de petites roses ou fleurons d'argent, ou de cuivre, dont les Couteliers se servent pour monter leurs rasoirs, lancettes & autres tels instrumens de Chirurgie & de Barberie. Ils font les Rosettes de cuivre, & prennent chez les Orfévres celles d'argent.

ROSETTES. Ce sont aussi de petits poinçons, ou ciselets d'acier, à un bout desquels sont gravées en creux des Roses, ou autres fleurs, pour les frapper, & en imprimer le relief sur les métaux où l'on fait des ciselures.

ROSETTIER. Outil dont se servent les Couteliers pour faire ces petites rosettes de cuivre avec lesquelles ils montent plusieurs de leurs ouvrages. C'est une espéce de poinçon en forme d'emporte-piéce qu'ils frappent sur un bloc de plomb, une feuille de léton entre-deux. Les Orfévres se servent aussi du Rosettier pour faire les Rosettes d'argent.

ROSSE. Marchandise ancienne, fond de boutique, vieille drogue, qui n'est plus de vente. Ce Marchand n'a que de la Rosse dans sa boutique. Il n'est point d'usage à Paris; mais malgré son antiquité il se conserve encore dans les Provinces.

ROSSICLER. Espéce de minerai noir que l'on tire des mines du Chilly & du Pérou. Son nom lui vient de ce que le mouillant & le frotant contre du fer, il rougit. Ce minerai est très-riche, & l'argent qu'on en tire est le meilleur de toutes les mines de Lipes, du Potosi & des autres de l'Amérique. *Voyez* ARGENT.

ROSSIGNOLS. Terme de Carrier. On nomme ainsi les arc-boutans des fourches qui soûtiennent l'arbre de la grande rouë des Carriers. *Voyez* ROUE DES CARRIERS.

ROSSOLI. Liqueur agréable composée d'eau-de-vie brûlée, de sucre & de canelle, où l'on ajoûte quelque-fois du parfum. Il y a aussi du Rossoli qui se fait avec de l'eau

Le Rossoli de Montpelier est excellent; on estime néanmoins davantage celui de Turin.

Le Rossoli paye à la Douane de Lyon 16 sols le quintal.

ROST. Viande rôtie à la broche. L'on distingue deux sortes de rôts, le gros rôt & le petit ou menu rôt. Le gros rôt est la grosse viande rôtie, comme aloyaux, quartiers de veaux & de moutons, &c. Le menu rôt est la volaille, le gibier, enfin, ce qu'on appelle les petits pieds. Les Maîtres Rôtisseurs de Paris peuvent apprêter chez eux du gros & du petit rôt, à la charge néanmoins de prendre la grosse viande qu'ils font rôtir à leurs âtres & boutiques chez les Maîtres Etalliers-Bouchers. *Voyez ci-après* ROTISSEUR.

ROSTI. C'est presque le synonime de rôt; Il se prend néanmoins plus communément pour le seul petit rôt, & dans les grandes tables quand on dit servir le rôti, cela s'entend du gibier, soit à poil, soit à plume, de la volaille de toute espéce & de quelques viandes de lait, comme agneaux, chevreaux, cochons & autres qui font du trafic des Rôtisseurs.

ROSTIR. Cuire de la viande en la faisant tourner avec une broche devant le feu. Les Rôtisseurs peuvent vendre leur viande, soit en plume, soit en poil, soit habillée, soit rôtie. C'est de la faculté qu'ils ont de la faire cuire & rôtir chez eux, qu'est venu leur nom de Rôtisseurs.

ROSTISSERIE. Lieu où l'on fait rôtir les viandes. Il se dit aussi quelque-fois des viandes mêmes qui sont rôties; mais en ce sens on se sert plus ordinairement du terme de Rôti, ou quand on veut user de celui de Rôtisserie, il faut y ajoûter Viande. Voila de belle Viande de Rôtisserie; il est plus d'usage de dire, Voila un beau rôti.

ROSTISSERIE. Se prend plus communément pour les boutiques des Rôtisseurs où l'on fait rôtir des viandes pour les vendre toutes cuites. On dit la Rôtisserie de la ruë de la Huchette, parce qu'il y a quantité de ces sortes de boutiques, ou âtres où l'on fait rôtir les viandes. On dit encore, Je vais envoyer à la Rôtisserie, pour dire, Je vais ordonner qu'on aille chez un Rôtisseur.

ROSTISSEUR. Celui qui fait rôtir la viande. Il ne se dit guére présentement que du Marchand qui habille, larde & pique les viandes de lait, le gibier & la volaille pour les vendre en blanc, c'est à dire cruës, ou pour les débiter cuites après les avoir fait rôtir à leurs âtres, ou cheminées.

La Communauté des Maîtres Rôtisseurs de Paris n'est pas une des moins anciennes de cette Ville, & l'on en peut juger au stile de leurs premiers Statuts. Ces Statuts portent pour titre, *Ordonnance du Métier des Oyers & Maîtres Rôtisseurs*; & cette qualité d'Oyers qui signifie Vendeurs d'oyes, sert à appuyer l'opinion que quelques Auteurs ont du goût que les anciens Habitans de Paris avoient pour cette sorte de viande qui a donné le nom à la ruë aux Houës ou aux Oyes, dans laquelle anciennement demeuroient la plus grande partie des Rôtisseurs, ou Oyers, & où il y en a encore quantité de boutiques.

Il n'y a guére de Communauté qui ait eu plus de soin & d'éxactitude à faire confirmer ses Statuts & Réglemens que celle des Maîtres Rôtisseurs. Depuis les Lettres Patentes de Louïs XII. données à Paris au mois de Mars 1509, qui contiennent leurs anciennes Ordonnances, qui les confirment, & en tant que besoin seroit, les renouvellent, elle en conserve presque de tous les autres Rois ses Successeurs jusqu'à Louïs XIV. Elle en a de François I. en 1526, d'Henri II. en 1548, de François II. en 1559, de Henri III. en 1575, de Henri IV. en 1594, & de Louïs XIII. en 1610.

Les Lettres Patentes du 30 Avril 1691, celles de l'année 1694, & d'autres encore de 1709, toutes données sous le Regne de Louïs XIV. pour la réünion & incorporation des Offices de Jurez, d'Auditeurs & de Receveurs des deniers communs, sont autant de confirmations des Statuts des Maîtres Rôtisseurs; que de même que les autres Communautez ils n'ont obtenu que par le payement des Finances réglées par ces mêmes Lettres Patentes.

La Communauté des Maîtres Rôtisseurs est gouvernée, ainsi que toutes celles de Paris, par des Jurez qui demeurent deux ans en Charge, dont la moitié se renouvelle tous les ans par élection; il y a de plus un Syndic qui est particuliérement chargé de certaines affaires du Corps.

Nul Rôtisseur n'est reçû à la maîtrise qu'il n'ait fait Chef-d'œuvre & apprentissage de cinq ans, à moins qu'il ne soit Fils de Maître.

Si le Fils de Maître est reçû & qu'il ne soit point assez expert pour tenir ouvroir, ni fenêtres (c'est ainsi qu'on nomme dans les anciens Statuts les boutiques vitrées des Rôtisseurs) il doit avoir un Compagnon, ou Garçon habile qu'il doit garder chez lui jusqu'à-ce qu'il se soit rendu capable.

Les Maîtres ne peuvent prendre de Compagnons pour habiller & larder la viande, qu'ils n'ayent au moins fait le service de deux ans.

Chaque Maître n'a droit d'obliger qu'un seul Apprentif à la fois.

Les Compagnons & Garçons travaillant au mois, ou à l'année, ne peuvent quiter leurs Maîtres qu'ils n'ayent achevé leur tems, ni aucun Maître les recevoir que du gré du premier.

Il est défendu aux Rôtisseurs d'aller ni d'envoyer au devant des Poulailliers Forains pour acheter des poulailles sauvagines (c'est le gibier) & autres viandes, ni de s'en fournir autre part qu'aux places & aux heures accoûtumées & ordonnées, dans lesquelles même les Bourgeois & Maîtres d'Hôtel des grands Seigneurs ont une heure entiére de préférence, les Rôtisseurs ne pouvant enlever ce qui leur convient qu'après le coup de la cloche, qui ne sonne pour eux qu'à neuf heures.

Ils ne peuvent garder chez eux plus d'un jour de la viande cuite pour la vendre.

Les amendes encouruës pour contraventions aux Statuts & autres cas concernant la Communauté doivent être employées à la nourriture & soulagement des pauvres Maîtres, & de ceux que leur grand âge empêche de pouvoir gagner leur vie dans l'exercice du métier.

Enfin, il n'appartient qu'aux Maîtres Rôtisseurs de tenir ouvroirs & fenêtres pour y vendre toute viande de Rôtisserie habillée, lardée, en poil, en plume, en blanc, ou rôtie, à l'exclusion de tous Poulailliers, Regratiers, Cuisiniers, Traverniers, Cabaretiers, Patissiers, & autres telles personnes à qui il en est fait défense sous peine de cinq cens livres.

La place où se vendent à Paris les volailles & gibiers, & où il est seulement permis aux Maîtres Rôtisseurs de s'en s'en pourvoir, étoit autre-fois sur le quai de cette Ville appellé vulgairement la Valée de misére, qui s'étend depuis le Pont-neuf jusqu'au Châtelet; ce marché ayant été transféré depuis sur le quai des grands Augustins, on a toûjours continué à la nouvelle place le nom de Valée, à l'exception seulement que pour la distinguer de l'ancienne on l'appelle la nouvelle Valée.

Il y a à Paris des Vendeurs de volailles qui ont d'abord été établis à peu près sur le pied des Vendeurs de marée & des Vendeurs de cuir, mais dans les fonctions & droits desquels il est survenu de grands changemens depuis leur premier établissement. On en parlera ailleurs. *Voyez* VENDEUR DE VOLAILLES.

ROT, qu'on appelle aussi Peigne & Rocq. *Voyez* PEIGNE.

ROTIERS, ou ROTZIERS. Nom que l'on donne aux Artisans qui fabriquent les rots ou peignes pour servir aux métiers des Ouvriers qui travaillent avec la navette. *Voyez comme dessus.*

ROTIN. Sorte de roseau qu'on apporte des Indes Orientales, dont on fait en les fendant par morceaux ces meubles de cannes qui font d'un si grand usage & d'un si grand Commerce en Angleterre & en Hollande, & qui commencent à passer en France. On en fait aussi des cannes à marcher ou à la main, en les garnissant des poignées & de ces petites lunettes qu'on appelle des Lorgnettes.

ROTIN. Signifie aux Isles Françoises de l'Amérique ceux des roseaux ou cannes à sucre qui ne s'élevent pas bien haut, soit à cause de la mauvaise terre où ils sont plantez, soit par trop de sécheresse, soit pour avoir été mal cultivez, ou enfin pour être trop vieux.

ROTOLO, ou ROTOLI. Poids dont on se sert en Sicile, en quelques lieux d'Italie, à Goa, en Portugal & dans plusieurs Echelles du Levant, particuliérement au Caire & dans les Villes maritimes de l'Egypte.

Quoi que le rotolo ait le même nom dans tous ces endroits, il y est néanmoins bien différent pour sa pesanteur.

A Génes & dans le reste de l'Italie où le rotolo est en usage, il y en a de deux sortes; l'un qu'on appelle Rotolo-gros-poids qui pése dix-sept onces six gros, & quelque chose de plus poids de marc; l'autre qui est le rotolo commun est de seize onces aussi poids de marc qui font une livre de Paris, d'Amsterdam & des autres Villes où la livre est égale à celle de Paris; ce qui est une différence d'une once & un peu plus de six gros entre ces deux rotolis.

En Sicile le rotolo pése quelque chose de plus qu'une livre & demie de Paris; en sorte que cent rotolis font cent soixante & deux livres de cette derniére Ville. Pour faire la réduction des rotolis de Sicile en livres de Paris, il faut se servir de la régle de trois, & dire; si cent rotolis de Sicile font cent soixante & deux livres de Paris, combien de rotolis de Sicile feront-ils de livres de Paris? & au contraire pour réduire les livres de Paris en rotolis, il faut dire en se servant de la même régle; si cent soixante & deux livres de Paris font en Sicile cent rotolis, combien tant de livres de Paris feront-elles de rotolis de Sicile.

En Portugal & à Goa le rotolo pése une livre & demie de Venise, chaque livre de Venise revenant à huit onces six gros de Paris, de maniére que le rotolo Portugais est égal à treize onces un gros de Paris.

Au Caire & dans les autres Villes maritimes de l'Egypte, qui servent comme de Port à cette fameuse Ville qui en est la Capitale & la plus célébre pour son Commerce de l'Empire Turc, le rotoli est de cent quarante-quatre dragmes, ce qui revient un peu moins qu'à la livre de Marseille, cent huit livres de cette derniére Ville faisant cent dix rotolis du Caire.

ROTOLO, ou ROTOLI. C'est aussi une mesure dont on se sert dans quelques Villes & Etats des Côtes de Barbarie pour mesurer les liquides; trente-deux rotolis de Tripoli font le matuli, autre poids qui est pareillement en usage dans cette Ville; & quarante-deux rotolis aussi de Tripoli font le mataro ou matare de Tunis. *Voyez* MATARE & MATULI.

ROTTE, ou ROTTON. Poids en usage dans le Levant, lequel est plus ou moins fort suivant les lieux où l'on s'en sert.

Les cent rottes de Constantinople & de Smirne font cent quatorze livres de Paris, d'Amsterdam, de Strasbourg & de Besançon, les poids de ces quatre Villes étant égaux.

Pour réduire les rottes de Constantinople en livres de Paris, il faut, en se servant de la régle de trois, dire; si cent rottes de Constantinople font à Paris cent quatorze livres, combien tant de rottes de Constantinople feront-elles de livres à Paris?

Et au contraire, pour réduire les livres de Paris en rottes de Constantinople, il faut, en se servant de la même régle, dire; si cent quatorze livres de Paris font à Constantinople cent rottes, combien tant de livres de Paris feront-elles de rottes à Constantinople?

Cette façon de réduire les rottes de Constantinople en livres de Paris & les livres de Paris en rottes de Constantinople, doit servir d'instruction pour les réductions que l'on aura à faire des différentes espéces de rottes dont il va être parlé.

A Seyde la rotte est de six cens dragmes ou de quatre livres onze onces de Marseille; elle s'appelle Damasquin; on y pése les soyes & les cotons. L'acre est aussi une autre rotte de cette Echelle, qui rend environ six livres poids de Marseille; elle sert à peser les cendres, les gales & les cotons en laine.

Les cent rottes ou damasquins de Seyde font trois cens quatrevingt livres de Paris.

Les cent rottes ou acres du même endroit font quatre cens quatrevingt-six livres de Paris.

A Alep il y a trois sortes de rottes; l'une de sept cens vingt dragmes qui rend cinq livres dix onces; elle sert à peser les cotons, les gales & les autres grosses marchandises; la seconde est de six cens quatrevingt dragmes qui font cinq livres cinq onces; on y pése toutes les soyes qui viennent de Perse pour être transportées en Europe, à la réserve des soyes blanches ou Payas qui se pésent à la troisiéme rotte, qui est de sept cens dragmes, c'est à dire, de cinq livres sept onces & demie.

Les cent rottes d'Alep, pour les grosses marchandises, font quatre cens cinquante-cinq livres de Paris.

Les cent rottes de la même Ville, pour les soyes de Perse, font quatre cens trente livres de Paris.

Les

Les cent rottes de la même Ville pour les soyes blanches, font quatre cens quarante livres de Paris.

ROTTON, qu'on nomme plus ordinairement Rotte. Poids dont on se sert à Constantinople, à Smirne, à Alep, à Seyde & dans quelques autres Echelles du Levant. *Voyez l'article précédent.*

ROTZIERS, ou ROTIERS. Ouvriers qui travaillent à faire les rots ou peignes des métiers des Tisserans & des Manufactures de soye, de laine, &c. *Voyez* Peigne.

ROUAGE. On appelle Bois de rouage tous les bois, & particuliérement les bois d'orme que les Charrons employent à faire les rouës des Carrosses, chariots, charrettes & autres telles voitures roulantes. *Voyez* Orme.

Le bois de Rouage paye en France les droits d'entrée à raison de 10 *s. du cent en nombre.*

Rouage. Se dit aussi d'un Droit seigneurial qui se prend sur le vin vendu en gros.

ROUAN. Terme de haras & de Commerce de chevaux. Il se dit de la couleur du poil des chevaux qui est mêlé de gris, de bay, d'alezan & de noir.

Il y a plusieurs sortes de Rouan, entr'autres Rouan vineux, Rouan cavesse, de more, &c. *Voyez* Cheval.

ROUANE. Instrument qu'on pourroit en quelque sorte appeller Compas, qui sert à marquer les bois; il est de fer avec un petit manche de buis: la partie qui est de fer se partage en deux pointes, dont l'une qui est un peu plus longue que l'autre est pointuë, & la plus courte est tranchante, en sorte que la plus longue appuyant sur la piéce qu'on veut marquer, on en peut faire un ou plusieurs cercles; de l'autre on en tire des lignes autant qu'il est besoin pour la marque de l'Ouvrier. Les Charpentiers se servent de la rouane & les Commis des Aydes & les Tonneliers de la rouanette qui est une rouane plus petite.

ROUANÉ. Ce qui a été marqué avec la rouane. Il est défendu aux Tonneliers, par l'Ordonnance des Aydes, d'ôter les fonds ou douves des futailles qui ont été rouanées, pour les mettre à d'autres muids ou tonneaux.

ROUANER. Marquer des piéces de bois ou des tonneaux avec la rouane. Les tonneaux se marquent aux douves du fond, & les bois de charpente où il plaît à l'Ouvrier.

ROUANETTE. Petite rouane dont se servent les Commis des Aydes pour marquer les piéces de vin pendant les visites qu'ils font dans les caves & celliers des Marchands de vin & Cabaretiers. Les Tonneliers ont aussi une rouanette pour marquer leur Ouvrage. *Voyez* Rouane.

ROUBLE. Monnoye de compte dont on se sert en Moscovie pour tenir les livres & y faire l'évaluation des payemens dans le Commerce.

Le rouble vaut cent copecs ou deux richedales; au dessous du rouble est le grif que d'autres appellent Grive, qui vaut dix copecs; & au dessous du grif l'altin qui ne vaut que trois copecs.

Cette division du rouble est tirée d'une Relation du voyage fait en 1636 en Moscovie par les Ambassadeurs du Duc de Holstein; mais dans la carte du pair des monnoyes de l'Europe, donnée au public en 1715 par le Sieur Bonnelin, l'altin est immédiatement après le rouble & la grive après l'altin; & encore avec cette différence, que la grive qu'on suppose être une monnoye réelle, quoi qu'il semble qu'elle ne soit véritablement qu'une monnoye de compte, n'est mise que sur le pied de quinze deniers de France.

Rouble. Quelques-uns mettent aussi le rouble parmi les monnoyes d'argent courantes de Moscovie, & prétendent qu'il y a cours pour un peu plus que les deux tiers de la valeur d'une richedale.

D'autres disent, que le rouble est une piéce d'or & que c'est une espéce de ducat d'or; cette opinion paroît fondée sur ce que les ducats d'or d'Allemagne sont à peu près de la même valeur.

ROUCHON. Sorte de marchandise employée dans le Tarif de la Douane de Lyon de 1632.

Le rouchon paye les droits dans la Douane de cette Ville à raison de 1 *s.* 6 *d. de la bale d'ancienne taxation, &* 6 *d. le cent de réapréciation.*

ROUCOU. *Voyez* ROCOU.

ROUDON, qu'on nomme aussi REDON, ou RODON. Espéce d'herbe dont les Tanneurs se servent au lieu de tan dans la préparation de leurs cuirs. *Voyez* Redon.

ROUE. Piéce de bois, ou de métail, tournée en rond, quelque-fois pleine & solide, & quelque-fois à jour, & avec des rayons, qui se tourne autour d'un axe ou essieu.

La rouë est l'aide, la plus considérable des forces mouvantes, & est employée dans quantité de machines ou instrumens propres aux Manufactures, à la fonte des métaux, aux Arts & Métiers, &c. Comme les Artisans & Ouvriers qui s'en servent leur donnent différens noms, on renvoye à leurs propres articles toutes celles qui ont des noms particuliers, ne réservant pour celui-ci que celles qui ont conservé le nom de rouë.

Roue. Ce qu'on appelle de la sorte dans les Manufactures des glaces, & dont on se sert pour adoucir celles du plus grand volume, ne tourne pas autour d'un essieu, mais est posée horizontalement & attachée sur ce qu'on nomme la table. Elle est de bois, à rayons, forte & légére; environ de six pieds de diamétre. *Voyez* Glace.

Roue. Les Potiers de terre se servent d'une rouë pour tourner & fabriquer les vases, pots & autres Ouvrages de poterie qui doivent avoir une figure ronde ou approchant de la ronde.

Leurs Statuts de l'année 1456 défendent à tous autres qu'aux Maîtres Potiers de terre d'avoir une rouë assise à tourner pots. *Voyez* Potier de terre.

Roue. Les Vitriers appellent les rouës du tire-plomb, deux petits cylindres d'acier posez l'un dessus l'autre, qui servent à refendre les plombs des panneaux & vitrages. *V.* Tire-Plomb.

Roue. Se dit aussi d'un grand assemblage de bois de charpente de figure cylindrique, qui est attachée au bout du treuil des gruës & de quelques autres engins ou machines propres à élever de pesans fardeaux.

Il y a de ces rouës qui sont doubles & au dedans desquelles les Ouvriers peuvent marcher pour leur donner le mouvement; telles sont celles des gruës. *Voyez* Grue.

D'autres sont simples & n'ont que de fortes chevilles qui traversent leur bord extérieur de pied en pied en forme d'échellier, sur lesquelles un ou deux ouvriers mis à côté l'un de l'autre, l'échellier entre-deux, montent pour les faire tourner. On se sert ordinairement de celles-ci pour les engins des carriéres de pierre. *Voyez ci-après la rouë des Carriéres.*

Roue. Les Tourneurs & les Potiers d'étain se servent d'une Roue pour tourner sur le tour les Ouvrages qui sont ou d'un trop grand volume, ou d'un trop grand poids.

Cette roue qui n'a guére moins de quatre pieds de diamétre, a tout autour de sa circonférence extérieure une cannelure dans laquelle se met la corde: son axe ou essieu qui est de fer porte de chaque bout dans les trous armez de viroles de fer de deux jambages de bois élevez d'aplomb sur des semelles aussi de bois, & pour fortifier ces jambages il y a quatre liens à contrefiches deux à chacun; chaque extrêmité de l'essieu est quarrée pour y emboîter des manivelles.

Lors qu'on veut travailler on passe la corde, dont les deux bouts sont joints ensemble avec de la ficelle, sur la cannelure de la roue, & on lui fait aussi faire un tour sur la piéce de bois, de pierre, d'étain, ou de telle autre matiére que ce soit qu'on veut tourner, ou bien sur le mandrin auquel la piéce est attachée; & alors un ou deux hommes, suivant l'ouvrage, tournant la roue avec les manivelles, font tourner la piéce que le Tourneur dégrossit, & à laquelle il donne telle figure sphérique qu'il juge à propos, avec divers outils de fer qui sont propres aux ouvrages de tour. *Voyez* Tour.

La Roue des Couteliers, qu'un Garçon tourne avec une manivelle de fer, sert à donner le mouvement aux meules & aux polissoirs sur lesquels se rémoulent, s'adoucissent & se polissent les ouvrages tranchans & coupans de coutelerie; comme les couteaux, rasoirs, lancettes, ciseaux, bistouris, &c. On en fait ailleurs la description. *Voyez* Coutelier.

La roue des Carriers est un bâti de menu bois de charpente, qui a au moins vingt-deux pieds de circonférence. Le long du cercle qui forme cette roue est l'échelier, c'est à dire, des chevilles ou échelons de bois de huit pouces de longueur & d'un pouce & demi de grosseur, qui de pied en pied traversent le bord de la roue. C'est en montant d'échelon en échelon le long de l'échelier que les Manœuvres-Carriers donnent du mouvement à la roue, ou plûtôt à l'arbre; à l'un des bouts duquel la roue est attachée & élevée perpendiculairement sur l'horison.

Les proportions les plus ordinaires de l'arbre sont de quatorze pieds de longueur sur deux pieds de diamétre. Les deux pieds droits qui soûtiennent l'arbre, qu'on nomme des fourches, ont neuf à dix pieds de hauteur sur un pied ou quinze pouces d'équarrissage. Ils sont dressez d'aplomb sur le chassis, c'est à dire, sur des semelles que forment deux piéces de bois aussi de charpente qui se croisent dans le milieu, & c'est où ces piéces se croisent, que portent les fourches, qui pour être plus assurées contre les secousses & les efforts de la roue, sont encore appuyées par deux Forts arc-boutans qu'on nomme des Rossignols, qui sont emmortoisez d'un côté dans les semelles, & de l'autre dans les fourches, un peu au dessous des trous où roule le mamelon de l'arbre; chaque fourche a son chassis & ses rossignols.

Les cables qui servent à ces roues sont proportionnez au poids qu'ils doivent tirer; y ayant des carriéres qui fournissent des bancs de pierre d'un échantillon plus ou moins fort les uns que les autres. Pour l'ordinaire ils ont depuis six pouces jusqu'à neuf pouces de diamétre. *Voyez* Carrier & Carrière.

ROUELLES D'ESSAI. Terme de Potier d'étain. *Voyez* Tables d'Essai.

ROUER DU CHANVRE. C'est le macérer & le faire pourrir dans l'eau. On dit plus ordinairement rouïr. *Voyez* Chanvre.

ROUET. Instrument propre à filer les soyes, laines, chanvres, cotons & autres matiéres semblables.

Le Rouet commun consiste en quatre piéces principales; savoir le Pied, la Roue, la Fusée & l'Epinglier. Le pied est une tablette de bois, avec des soûtiens aussi de bois. La Roue est d'environ dix-huit à vingt pouces de diamétre, & est portée par un axe de fer sur deux soûtiens attachez sur la table du pied. La fusée qui est une espéce de bobine est pareillement traversée par un axe, ou verge de fer, qui a aussi ses deux soûtiens très-bas, qui tiennent à l'extrêmité de la même table. Enfin, l'épinglier est fait de deux parties de cercle percées d'épingles, ou de léton recourbé, qui environnent la fusée, & qui tournent avec elle. L'épinglier sert à plier le fil sur la bobine ou fusée à mesure qu'on le file. L'on appelle Sillons, les rangs différens qui se forment en parcourant toutes les pointes de l'épinglier. Une manivelle sert à donner le mouvement au rouet.

Les Dames & les personnes curieuses se servent de rouets faits au tour, dont les principales piéces sont semblables à celles du rouet commun qu'on vient de décrire. La principale, ou plûtôt l'unique différence essentielle consiste en ce qu'il y a deux maniéres de leur donner le mouvement, l'une en tournant la manivelle à la main comme au premier rouet; & l'autre par le moyen d'une marche qui est au dessous du Rouet, qui étant attachée à la manivelle par un bâton d'une longueur proportionnée, suffit pour faire tourner la Roue, en appuyant ou levant le pied qu'on met dessus.

Il y a une troisiéme sorte de Rouet portatif très-commode & très ingénieusement imaginé, dont toutes les personnes de qualité se servent. Le Rouet entier n'a guére plus de six ou sept pouces de haut. Deux roues de cuivre, dont la plus grande n'a pas dix-huit lignes de diamétre, & la plus petite à peine quatre, sont engrenées l'une dans l'autre, & enfermées entre deux platines de métail, avec lesquelles elles ne font que quatre ou cinq lignes d'épaisseur. La grande roue où est la manivelle donne le mouvement à la petite qui porte la fusée & l'épinglier. Un petit pied d'ébéne, attaché à une queue de même bois qui sert à passer dans la ceinture de celles qui s'en veulent servir en marchant, ou à attacher sur une petite tablette appesantie par du plomb, & ordinairement couverte de maroquin, ou de velours, quand on veut travailler sur une table, achéve toute l'ingénieuse machine, à laquelle même tient la quenouille d'une longueur proportionnée à la petitesse du rouet. L'on ne peut dire combien ce rouet est commode, ni combien l'usage en est devenu commun en France.

Rouet a filer le plomb. Machine dont les Vitriers se servent pour applatir & refendre des deux côtez les plombs dont ils se servent aux vitreaux des Eglises & aux paneaux des vitres ordinaires. On l'appelle communément Tire-plomb. *Voyez cet article.*

ROUETTE. Ce terme qui est particuliérement en usage parmi ceux qui font Négoce de bois, signifie une longue & menuë branche de bois ployant, qu'on fait tremper dans l'eau pour la rendre plus fléxible & plus souple, dont on se sert comme de lien, ou de hare, pour joindre ensemble avec des perches les morceaux ou piéces de bois dont on veut former des trains, pour les voiturer plus facilement par les riviéres. Voyez TRAIN.

ROUGE. Une des cinq couleurs simples & matrices des Teinturiers. Il y a sept sortes de bons Rouges; savoir, 1°. L'écarlate rouge de France ou des Gobelins, 2°. Rouge cramoisi, 3°. Rouge de garance, 4°. Rouge de demi-graine, 5°. Demi-cramoisi, 6°. Rouge ou nacarat de bourre, 7°. Ecarlate de cochenille, ou façon de Hollande. On pourroit cependant les réduire à trois suivant les principales drogues qui leur donnent couleur, qui sont le Vermillon, la Cochenille & la Garance.

L'écarlate des Gobelins se fait avec de l'agaric, des eaux sûres, du pastel & graine d'écarlate, ou du vermillon. Quelques Teinturiers y ajoûtent de la Cochenille, d'autres du fenu grec; après quoi elle s'éclaircit avec les eaux sûres, l'agaric, le tartre & la terra-merita.

Le Rouge-cramoisi se fait avec les eaux sûres, le tartre & la cochenille mesteque, ou tescale.

Le Rouge de garance se fait avec la garance qui vient de Flandres, & qui se peut cultiver en France. Quelques-uns se servent du reagal, ou de l'arsenic dans le bouillon; d'autres de sel commun ou autres sels avec la farine de blé dans le garançage, ou bien de l'agaric, ou de l'esprit de vin avec la gale, ou terra-merita.

Le demi-graine se fait avec l'agaric, les eaux sûres, moitié graine d'écarlate, moitié garance, & quelque-fois le terra-merita.

Le demi-cramoisi se fait avec moitié de garance & moitié de Cochenille.

Pour le nacarat de bourre, l'étoffe doit auparavant avoir été mise en jaune; & le nacarat se fait ensuite avec le bain de la bourre fonduë, ébrouée auparavant sur un bouillon avec de la gravelle, &c.

Le Rouge écarlate façon de Hollande se fait avec l'amidon, le tartre, la Cochenille, après avoir bouilli avec de l'alun, du tartre, du sel gemme & de l'eau-forte où l'étain a été dissous. Cette couleur, quoi que des plus éclatantes, se rose & se tache aisément.

Outre ces sept Rouges qui sont bons & permis, il y a encore le Rouge de Bresil, qui est une fausse couleur, & qui est défenduë aux Teinturiers du bon teint.

Des sept sortes de bons Rouges il n'y en a que quatre qui ayent des nuances, le Rouge de garance, le Rouge-cramoisi, le Rouge de bourre & l'écarlate de Hollande.

Les nuances du Rouge de garance sont couleur de chair, peau d'oignon, flamette, ginjolin.

Celles du cramoisi sont, fleur de pommier, couleur de chair, fleur de pêcher, couleur de rose incarnadin, incarnat-rose, incarnat & Rouge-cramoisi.

Les nuances de la bourre sont les mêmes que celles du Rouge-cramoisi.

L'écarlate outre celles du cramoisi & de la bourre, a encore pour nuances particuliéres, la couleur de cerise, le nacarat, le ponceau & le couleur du feu. Voyez COULEUR.

ROUGE D'ANGLETERRE, que l'on appelle plus ordinairement Rouge-d'inde ou Terre de Perse. Voyez ROUGE D'INDE.

Le Rouge-brun d'Angleterre paye les droits de la Douane de Lyon à raison de 10 s. le quintal.

ROUGE DE CORROYEUR. Il se fait avec du bois de Bresil, dont il faut deux livres sur deux seaux d'eau, à quoi l'on ajoûte de la chaux, quand il est raisonnablement ébouilli. Voyez CORROYER.

ROUGE D'INDE, ou TERRE DE PERSE, qu'on appelle aussi, quoi que très improprement, Rouge d'Angleterre. C'est une terre ou pierre rouge assez friable & très-haute en couleur, qui bien broyée & réduite en poudre impalpable, fait un assez beau Rouge.

Le Rouge d'Inde ne s'employe guére que par les Cordonniers, qui s'en servent pour rougir les talons des souliers qu'ils font, en le détrempant avec du blanc d'œuf.

ROUGIR LES CUIRS. Terme de Tanneur. Voyez COUDREMENT, & COUDRER, ou BRASSER LES CUIRS.

ROUGIR LES CUIRS. Est aussi une façon que les Corroyeurs donnent aux cuirs qu'ils corroyent, en leur appliquant un rouge composé de bois de Bresil & de chaux mis dans de l'eau à certaine proportion, & bouillis long-tems ensemble. Les cuirs des Corroyeurs ne se rougissent que du côté de la fleur, ceux des Peaussiers se rougissent de chair & de fleur. Voyez CORROYER & PEAUSSIER.

ROUIR. Terme de Filassier. Il se dit du chanvre, du lin, des orties & des écorces d'arbres, qu'on laisse à demi pourrir dans l'eau, pour en détacher plus aisément la filasse d'avec la chénevotte.

Ces sortes de matiéres à filasse ne doivent se rouïr que dans des eaux mortes, & non en eaux vives & poissonneuses, le chanvre roui faisant mourir le poisson. Dans les lieux où il se trouve peu d'eaux propres à cette premiére préparation du chanvre, on le fait rouïr à la pluye & à la rosée. Voyez CHANVRE.

ROULAGE. Profession qu'exercent les Rouliers. Il signifie aussi le prix, le salaire qu'on paye aux Rouliers pour leurs peines. Voyez ROULIER.

ROULAGE. Se dit encore de la fonction de certains petits Officiers de Ville que l'on entretient sur les Ports, pour sortir des Bateaux les bales, balots, tonneaux & futailles, & les mettre à terre en les roulant sur des planches & madriers.

Il y a une Ordonnance de la Ville de Paris de l'année 1641, qui porte Réglement des droits que les Marchands doivent payer à ces Officiers pour le roulage de leurs marchandises. Voyez FORTS.

ROULEAU. Ce qui est roulé & plié, & empaqueté en rond.

ROULEAU DE TABAC, qu'on nomme autrement ROOLE DE TABAC. C'est du tabac en feuille, cordé au moulin, & roulé en plusieurs rangs autour d'un bâton.

La plûpart du tabac de l'Amérique s'y débite en Rouleaux de divers poids; & ce n'est guére que lors qu'il est arrivé en France, en Angleterre, en Espagne, en Hollande, &c. qu'il se prépare en poudre.

C'est du tabac en rouleau dont on se sert, soit pour raper, soit pour mâcher. Les Regratiers qui en font le Commerce, & qui le prennent au Bureau de la Ferme, le coupent en morceaux de plusieurs onces, le ficellent & l'ornent ordinairement de quelque clinquant, ou de papier marbré. Voyez TABAC.

ROULEAU DE BOURACAN. C'est une piéce de bouracan roulée

roulée & empointée par les deux bouts. *Voyez* Boucacan.

Rouleau. Ruban de fil de différentes largeurs, qui a pris ce nom de la forme dont il est ordinairement roulé. Il s'en fait d'excellent à Ambert en Auvergne, d'où les Marchands de Paris tirent une partie de celui qu'ils débitent dans leurs boutiques. Il y a aussi une espéce de ruban de laine, auquel on donne pareillement le nom de Rouleau. *Voyez* Ruban de Fil, *&* Ruban de Laine.

Le Rouleau ou Ruban de fil de Hollande paye en France les droits d'entrée à raison de 8 liv. le cent pesant, conformément au Tarif de 1699.

Et les Rouleaux ou Rubans de fil de toute autre fabrique que de fabrique Hollandoise, 20 liv. aussi du cent pesant, suivant l'Arrêt du 3 Juillet 1692.

Les droits de sortie pour les Rubans de fil se payent comme mercerie, à raison de 3 liv. du cent pesant, conformément au Tarif de 1664, ou seulement 2 liv. lors qu'ils sont destinez & déclarez pour l'Etranger, suivant l'Arrêt ci-dessus.

Rouleau de Beaujeu. Espéce de toile qui se fait à Beaujeu, & dans le reste de la petite Province de Beaujolois. *Voyez* Toile, *vers la fin de l'article.*

Rouleau. Piéce de bois de figure cylindrique, dont on se sert dans la fabrique de plusieurs ouvrages & dans diverses manufactures, mais souvent sous d'autres noms.

C'est sur des Rouleaux que se dressent les laines, les soyes, les fils, les poils, &c. dont on fait la chaîne des étoffes & des toiles. Chaque métier en a ordinairement deux: celui des Gaziers en a trois. On les nomme Ensubles, & quelque-fois Ensubleaux. *Voyez ces deux articles.*

Les Tissutiers-Rubaniers qui travaillent aux galons & tissus d'or & d'argent, appellent Rouleaux de la Poitriniére, un petit cylindre qui est attaché au devant de leur métier. C'est sur ce rouleau que passe l'ouvrage à mesure qu'il s'avance, avant de le rouler sur l'ensuble de devant. *Voyez* Tissutier-Rubanier.

Dans les Manufactures des glaces de grand volume on nomme rouleau à couler, un gros cylindre de fonte qui sert à conduire le verre liquide jusqu'au bout de la table sur laquelle on coule les glaces. *Voyez* Glace de grand volume.

Les Fondeurs en sable se servent d'un rouleau pour corroyer le sable qu'ils employent à faire leurs moules. On l'appelle plus communément Bâton. *Voyez* Fondeur.

Les Patissiers ont un Rouleau pour applatir & feuilleter leurs pâtez.

Les presses qu'on nomme Calandres, qui servent à calendrer les étoffes, sont, entr'autres parties essentielles, composées de deux rouleaux. *Voyez* Calandre.

C'est aussi entre deux rouleaux que se font les ondes des étoffes de soye, de poil, ou de laine, propres à être tabisées; comme les moires, les tabis, les camelots, &c. *Voyez* Tabis *&* Tabiser.

Les images, estampes & tailles-douces s'impriment en passant entre deux rouleaux la planche de cuivre gravée & le papier humide qui en doit prendre l'impression. *Voyez* Imprimeur en taille-douce.

Rouleaux, en terme de Monnoyeurs. Sont deux instrumens de fer de figure cylindrique, qui servent à tirer les lames d'or, d'argent ou de cuivre dont on fait les flaons des piéces que l'on fabrique. *Voyez* Monnoyé.

Rouleaux. Ce sont aussi deux cylindres ou larges poulies de bois qui sont attachées dans le milieu de ce qu'on appelle le Berceau dans les Presses d'Imprimerie, & qui par le moyen d'une corde qui passe sur l'un & sur l'autre, & d'une manivelle qui donne le mouvement à celui des deux rouleaux qui se trouve au milieu des deux barres du berceau, font avancer ou reculer le train de la presse. *Voyez* Imprimerie.

Rouleaux. On nomme quelque-fois rouleaux dans les moulins à sucre les tambours de fer qui servent à briser les cannes & à en exprimer le suc. Les tambours & les rouleaux sont cependant bien différens, ces derniers n'étant que des cylindres de bois dont les tambours sont remplis, & les autres des cylindres de métail dont ceux de bois sont couverts. On affermit les Rouleaux dans les tambours avec des serres ou coins de fer & de bois, & pour leur donner encore plus de fermeté, on remplit les vuides qui restent avec du brai bouillant. C'est dans les rouleaux que les dents des tambours sont emmortoisées. *Voyez* Moulin a Sucre.

Les Rouleaux dont les Charpentiers, Marbriers, Tailleurs de pierre, &c. se servent pour mener d'un lieu à un autre les poutres, les marbres, les pierres de taille & autres tels fardeaux qui sont lourds, mais non pas d'une pesanteur extraordinaire, sont de simples cylindres de bois, de sept à huit pouces de diamétre, & de trois à quatre pieds de longueur, qu'ils mettent successivement par devant sous les piéces qu'ils veulent conduire, tandis qu'on les pousse par derriére avec des pinces, ou des leviers.

Quand les blocs de marbre ou les autres fardeaux sont d'un poids excessif, on se sert de rouleaux sans fin qu'on nomme autrement Tours-Terriéres. Ces rouleaux qui pour leur donner plus de force & empêcher qu'ils ne s'écrasent, sont faits de bois assemblez à entretoises, ont près du double de la longueur & du diamétre des simples rouleaux, & sont outre cela garnis de larges cercles de fer aux deux extrêmitez. A un pied près de chaque bout sont quatre mortoises, ou plûtôt deux seulement, mais qui sont percées d'outre en outre; elles servent à y mettre de longs leviers de bois que des Ouvriers tirent avec des cordes qui sont attachées au bout, & que l'on change de mortoises à mesure que le rouleau a fait un quart de tour. Ce travail est long & pénible, mais sûr.

Les Plombiers ont aussi des rouleaux pour former leurs tuyaux de plomb; mais ils les nomment plus ordinairement rondins. *Voyez* Rondin.

Rouleaux. Ce sont encore de certaines enseignes ou représentations de carton que les Merciers & quelques autres Marchands mettent en étalage sur le devant de leurs boutiques, pour faire montre des marchandises qu'ils vendent en les couvrant de divers échantillons.

Rouleaux. C'étoit autre-fois un certain nombre d'espéces d'or, d'argent ou de cuivre qu'on mettoit ensemble roulées dans un papier pour en avoir des comptes tout préparez. On le disoit particuliérement des Louis de cinq sols, dont les rouleaux qui étoient de douze faisoient l'écu blanc de soixante sols; & des doubles dont les trente valoient cinq fols. On a perdu cet ufage affez commode dans le détail & pour les petits payemens, depuis que ces efpéces par leurs fréquentes augmentations ou diminutions, ont eu des fractions différentes. *Voyez* MONNOYE.

ROULER. Ce terme fignifie chez les Marchands plier une étoffe en rond, en faire une efpéce de rouleau. On ne plie guére de cette forte que les fatins & les papelines qu'on nomme communément Grifettes, les gazes & les crêpes, parce que ces étoffes fe coupent aifément & prennent de mauvais plis.

C'eft auffi de cette forte que fe plient les rubans d'or, de foye, de fil & de laine, les padous & les galons de toutes efpéces; enfin, toute la rubannerie & particuliérement ces fortes de rubans de fil & de laine appellez rouleaux de la maniére dont ils font pliez.

ROULER A CHAUD. L'Arrêt du Confeil du 4 Novembre 1698, fervant de Réglement pour les étoffes de laines qui fe fabriquent dans la Province de Poitou, fait défenfes à tous Foulonniers, Tondeurs & Appréteurs, de rouler à chaud aucune étoffe, foit en mettant du feu deffus ou deffous, foit en faifant chauffer les rouleaux ou autrement, à peine de 100 livres d'amende pour la premiére fois & de déchéance de la maîtrife en cas de récidive.

ROULER. Se dit auffi dans le Commerce d'argent lors qu'il y eft commun, quand on en trouve aifément chez les Banquiers, & que le comptant va bien chez les Marchands. En ce fens on dit que l'argent n'a jamais mieux roulé dans le Négoce; pour dire, qu'il n'y a jamais été en fi grande quantité, ni fi commun.

ROULER. Se dit encore des Marchands & des Artifans dont le travail & le Négoce fuffifent à peine pour les faire fubfifter. Ce Mercier n'a pas grande pratique, ce Cordonnier travaille peu; ils ont peine à rouler leur vie.

ROULET. Inftrument de bois dont les Chapeliers fe fervent pour fouler les chapeaux fur ce qu'ils appellent la Foule, ou Fouloire. Cet outil eft une efpéce de médiocre rouleau un peu en pointe par les deux bouts en forme de fufeau. *Voyez* FOULER *&* CHAPEAU.

ROULIER. Voiturier par terre qui tranfporte les marchandifes d'un lieu à un autre fur des chariots, charettes, fourgons & autres telles voitures roulantes.

Les marchandifes qui font en bales, en balots ou en caiffes, &c. ou qui font de matiére folide & de gros volume, fe payent au poids à tant par livre pour le tranfport; celles qui font liquides comme les vins, eaux-de-vie, cidre, biére, &c. fe payent ordinairement à la piéce.

Les Rouliers, à moins que ceux pour qui ils ont chargé, ou quelqu'un de leur part, ne les accompagne, doivent avoir la lettre de voiture des marchandifes qu'ils tranfportent; les congez, fi ce font des vins, eaux-de-vie & autres liqueurs; les aquits des Bureaux par où ils paffent, des Paffeports s'il en eft befoin & s'ils paffent par Païs ennemis.

C'eft auffi à eux à aquiter tous les petits droits de péages qui font dûs fur la route, foit pour les voitures & chevaux, foit pour les marchandifes, fauf à fe les faire rembourfer s'ils ne fe font pas engagez à les rendre franches & quites au lieu de leur deftination.

Enfin, les Rouliers répondent de tous les dommages qui arrivent aux marchandifes par leur fait; & à l'égard des autres dont, fuivant les Ordonnances & Réglemens, ils ne peuvent être tenus, ils doivent pour leur décharge en faire dreffer des Procès verbaux par les Juges les plus prochains des lieux où de tels accidens leur font arrivez. *Voyez* VOITURE *&* VOITURIER.

ROULOIR, ou PLATINE. Terme de Marchand Epicier-Cirier qui fignifie un outil ordinairement de buis, plat & uni par deffous, plus long que large, ayant une poignée par deffus, & dont la forme quoi que plus grande, eft à peu près femblable à ces morceaux de marbre taillez que l'on met fur les papiers dans les cabinets.

Le rouloir fert à rouler les bougies & les cierges fur une table après que la cire a été jettée fur les méches avec la cuilliére, ou qu'ils ont été tirez à la main.

ROULON. Ce font les petits morceaux de bois qui joignent les deux branches d'une échelle, fur lefquels on appuye le pied en montant. *Voyez* ECHELLE.

ROUP. Monnoye d'argent frappée au coin de Pologne. Le Roup vaut un quart de Réale d'Efpagne.

Dans le tems que le Négoce des Louïs de cinq fols de France étoit le plus en vogue dans les Etats du grand Seigneur, & particuliérement à Conftantinople, les Marchands Allemans qui y trafiquoient par le Danube & la Mer Noire, voulant avoir part à ce Commerce y portérent outre leurs marchandifes, ordinairement de Clinquaillerie de Nuremberg, quantité de Roups; mais comme ils imitérent dans cette monnoye la mauvaife foi des autres Nations dans l'altération des Louïs de cinq fols, dont on a parlé ailleurs, ils eurent le même fort; leurs Roups furent décriez & les Marchands qui les avoient apportez payérent plufieurs avanies. *Voyez* LOUÏS DE CINQ SOLS.

ROUP. C'eft auffi une monnoye d'argent qui fe fabrique & qui a cours dans quelques Provinces de l'Empire du grand Seigneur, particuliérement à Erzerum en Arménie. Ce Roup vaut environ un quart de piaftre d'Efpagne.

ROUPIE. Monnoye qui a cours dans les Etats du grand Mogol & en plufieurs autres lieux & Royaumes des Indes Orientales.

Il y a des Roupies d'or & des Roupies d'argent, les unes & les autres avec leurs diminutions en demi-Roupies & en quarts de Roupies.

La Roupie d'or péfe deux gros trois quarts & onze grains, ce qui revient à vingt-une livre monnoye de France, en comptant l'once d'or à cinquante-huit livres quatre deniers. La demi-Roupie d'or vaut dix livres dix fols, & le quart de Roupie cinq livres cinq fols.

La Roupie d'argent eft d'une valeur fi inégale, fon prix dépendant & de fa qualité & des lieux où elle fe fabrique, qu'il eft difficile d'en fixer un pied certain, & par conféquent d'en faire une certaine évaluation, foit par rapport à la Roupie d'or, foit par rapport aux Monnoyes d'Europe.

Les nouvelles Roupies d'argent font rondes, beaucoup des anciennes font quarrées; mais les nouvelles & les anciennes font toutes de même poids, plus ou moins eftimées toute-fois, comme on va l'expliquer.

Une obfervation générale pour la valeur des Roupies eft qu'elles font toûjours à plus haut prix dans le lieu où elles ont été frappées qu'ailleurs, & que les Roupies nouvelles valent toûjours plus que les anciennes. La raifon de cette différence vient de ce que les Indiens aimant beaucoup l'argent, & pour le conferver prenant grand foin de l'enfouïr en terre aussi-tôt qu'ils ont mis quelques Roupies ensemble, les Princes & Rajas afin de prévenir ce désordre qui épuise leurs Etats d'espéces & de matiére pour en faire sortir, font battre tous les ans de nouvelles Roupies dont ils augmentent le prix sans en augmenter le poids, en sorte que nécessairement les nouvelles diminuent à mesure qu'elles vieillissent.

Outre cette différence de vieilles & de nouvelles Roupies, les Indiens font encore trois classes des unes & des autres; les premiéres sont celles qu'ils appellent Roupies Siceas; les secondes sont les Roupies de Surate; les troisiémes les Roupies de Madras. Pour ce qu'on appelle Roupies courantes, ce ne sont pas celles qui ont plus de cours, mais celles qui sont de vieille marque & qui diminuent de prix, pour ainsi dire, à force de courir; celles-là sont les moins estimées. Un éxemple va mieux faire comprendre le secret du Commerce, de ces quatre sortes de Roupies.

Les Roupies Siceas valent au Bengal jusques à trente-neuf sols; celles de Surate jusques à trente-quatre; & celles de Madras jusques à trente-trois: ce qui s'entend toûjours des Roupies nouvelles.

Pour les Roupies courantes ou vieilles Roupies, celles de Madras ne passent pas vingt-cinq sols; celles de Surate vingt-six, ni les Siceas vingt-huit ou trente; toûjours, comme on l'a dit, au Bengal.

Ailleurs le rang ou si l'on veut le prix est différent; à Surate celles qu'on appelle Roupies de Surate & qui y ont été fabriquées, sont les premiéres, les Siceas les secondes, & les Madras les troisiémes.

Le long de la Côte de Coromandel c'est au contraire; les Madras y ont le premier rang, les Siceas après, & les Surates les derniéres; d'où l'on peut comprendre combien il est important aux Marchands Européens qui trafiquent dans les endroits des Indes où les Roupies ont cours, de ne pas ignorer cette différence d'une Roupie à une autre, où, contre l'usage ordinaire en fait de monnoye, le poids ou le titre ne décident point de la valeur, mais seulement le lieu & la nouveauté de leur fabrication; afin de ne se charger que de celles qui conviennent aux lieux où l'on veut établir son Commerce.

Les Hollandois font battre à Palicate des Roupies d'argent qui portent d'un côté la marque de la Compagnie; mais quoi qu'elles soient du même poids que celles des Rois ou Rajas du Païs, on en fait peu d'état, & elles ne passent que comme Roupies courantes, encore les Marchands n'aiment-ils guére à s'en charger, même sur ce pied-là.

ROURE. Drogue dont les Teinturiers se servent pour teindre en verd; on l'employe aussi dans la préparation de certaines peaux, particuliérement pour les maroquins noirs. Quelques-uns l'appellent Rou, son nom le plus commun est Sumac. *Voyez* SUMAC.

ROUSSABLE. Nom que l'on donne à certains lieux faits exprès pour faire sorer & sécher le haran. *Voyez* HARAN *vers la fin de l'article.*

ROUSSATRE. Qui tire sur le roux. *Voyez* ROUX.

ROUSSELET. Sorte de poire excellente qui se confit en liquide & en sec, ou qui se séche au four, dont les Epiciers & Confiseurs font quelque Négoce. Le Rousselet confit le plus estimé est celui que l'on nomme gros Rousselet de Reims. *Voyez* POIRE.

ROUSSETTE. Espéce de chien de Mer que l'on nomme plus ordinairement Doucette. *Voyez* DOUCETTE.

ROUSSI. Cuir de Roussi. Vache de Roussi. Sorte de cuir ou peau de vache qui s'est d'abord fabriquée en Russie d'où il a pris son nom, & dont la fabrique a depuis passé en plusieurs endroits d'Europe. *Voyez* VACHE DE RUSSIE.

ROUSSIN. Cheval entier & épais. *Voyez* CHEVAL.

ROUTE. On appelle Chef de Route parmi les Vaisseaux Marchands, celui qu'on choisit pour commander les Navires qui vont de conserve. *Voyez* CONSERVE.

ROUVERAIN. C'est ainsi qu'on nomme une sorte de fer cassant & difficile à forger. *Voyez* FER.

ROUX, ROUSSE. Couleur qui tire sur le jaune. Il se dit des étoffes, toiles, laines, soyes, fils & autres choses de couleur blanche, qui étant exposées à l'air, perdent une partie de leur blancheur & deviennent jaunâtres. Ce satin est tout roux. Je ne veux point de ces soyes, de ces laines, elles sont rousses.

Les Marchands qui font Commerce d'étoffes ou autres marchandises sujettes à roussir, doivent avoir grand soin de les faire plier ou serrer après qu'ils en ont fait la montre.

ROUX, ou ROURE. Drogue qui sert aux Teinturiers à teindre en verd, & que les Maroquiniers & autres Ouvriers qui préparent les cuirs, employent aussi pour les maroquins noirs & autres peaux; c'est proprement le sumac. *Voyez* SUMAC.

ROI. Signifie dans le sens propre, un Souverain, un Monarque; dans un sens figuré, il signifie le Supérieur, le premier, le Juge d'un Corps, d'une Communauté.

Il y avoit autre-fois à Paris un Roi des Barbiers, un Roi des Arpenteurs; il y a encore un Roi de la Bazoche qui est à la tête de la petite Jurisdiction que tiennent dans la cour du Palais les Clercs des Procureurs au Parlement; & un Roi des Violons, qui est le Chef de la Communauté des Maîtres à Danser & Joueurs d'Instrumens.

ROI DES MERCIERS. C'étoit autre-fois à Paris & même par toute la France, le premier, ou pour mieux dire, le seul Officier qui veillât sur tout ce qui concernoit le Commerce.

Quelques Auteurs (l'on ne sait si c'est avec assez de fondement) attribuent à Charlemagne l'institution de cette espéce de Souverain Magistrat des Marchands. Ce qui est certain, c'est qu'elle est très-ancienne; & que celui qui éxerçoit cette Magistrature de Police mercantille avoit de très-grands Priviléges.

On l'appelloit Roi des Merciers, parce qu'il n'y avoit anciennement dans le Royaume que les Merciers qui faisoient tout le Commerce; les autres Corps des Marchands qui en ont été successivement tirez, n'ayant été établis qu'assez tard, sous la troisiéme race des Rois de France.

C'étoit ce Roi qui donnoit les Brevets d'Apprentissage & les Lettres de Maîtrise; ce qu'il ne faisoit pas gratuitement, se faisant payer de grands droits pour leur expédition. Il en tiroit aussi de considérables des visites qui se faisoint de son Ordonnance & par ses Officiers pour les poids & mesures, & pour l'éxamen de la bonne ou mauvaise qualité des marchandises & Ouvrages.

Pour faire éxécuter ses ordres dans les Provinces, il avoit des Lieutenans dans les principales Villes qui éxerçoient la même Jurisdiction qui lui étoit attribuée dans la Capitale.

On remarque que les Marchands Merciers étoient reçûs noblement, & l'on a même plusieurs anciennes Lettres accordées par ce Roi du Commerce, où il leur donne la qualité de Chevaliers: aussi est-il vrai que les Merciers ne travailloient & ne fabriquoient point les Ouvrages qu'ils vendoient; ce qui s'observe encore aujourd'hui, ne leur étant permis que de les orner & enjoliver.

Les grands abus qui se commettoient dans l'éxercice de cette Charge, obligérent François Premier de la supprimer en 1544. Le grand Chambrier, Officier de la Couronne, qui avoit déja Jurisdiction sur les Arts & Manufactures, fut établi en la place, & Charles Duc d'Orleans, Fils de François Premier, fut fait Grand Chambrier, avec tous les droits de l'ancien Roi des Merciers.

Après la mort de ce jeune Prince arrivée en 1545, l'Office de Grand Chambrier fut de même supprimée, & le Roi des Merciers fut rétabli.

Henri III. au mois de Décembre 1581, en ordonna de nouveau la suppression par un Edit qui n'eut pourtant pas d'éxécution, ayant été révoqué presqu'aussi-tôt, à cause des troubles & des guerres civiles de la Religion & de la Ligue.

Enfin, Henri IV. qui avoit fort à cœur le Commerce du Royaume, & qui d'ailleurs avoit besoin de secours dans l'épuisement où étoient les finances, ordonna que l'Edit de son Prédécesseur, qui étoit proprement un Edit Bursal, comme on les nommoit alors, seroit éxécuté.

Entr'autres choses portées par la Déclaration de Henri le Grand, du mois d'Avril 1597, il supprima dans le quatriéme article le Roi des Merciers, ses Lieutenans & Officiers, & révoquant, cassant & annulant toutes Lettres d'Apprentissage & de Maîtrise données par lui ou en son nom, il lui fait défenses d'en expédier à l'avenir, ni d'entreprendre aucune visite sous peine d'être puni lui & ses Officiers comme faussaires, & de dix mille écus d'amende.

Depuis ce tems-là il ne s'est plus fait mention du Roi des Merciers, & les Lettres sont expédiées & les visites faites par les Maîtres & Gardes des Corps des Marchands, & par les Jurez des Communautez des Arts & Métiers, chacun dans son district, & sur ceux de son Métier & de sa Profession.

Roi des Violons. C'est à Paris le Chef perpétuel de la Communauté des Maîtres à Danser & Joueurs d'Instrumens. Il est pourvû par Lettres de Provision de Sa Majesté, & est un des Officiers de sa Maison. *Voyez* Danseur.

ROZETTE, ou ROSETTE. C'est le Cuivre rouge quand il a été bien épuré de ses parties les plus grossiéres par des fontes réitérées, & qu'il n'a point été mélangé ou alié d'autres métaux & minéraux. *Voyez* Cuivre.

RUB. Poids d'Italie, particuliérement en usage dans les lieux situez sur la Riviére de Génes.

A Oneille les huiles d'olive se vendent en barils de sept rubs & demi, qui pesent ensemble autant que la millerolle de Provence, laquelle revient à 66 pintes mesure de Paris, qui en font cent mesures d'Amsterdam.

RUBACELLE. Espéce de Rubis qui n'est pas estimé. *Voyez* Rubis.

RUBAN. Tissu très mince qui sert à plusieurs usages, suivant les matiéres dont il est fabriqué.

L'on fait des rubans d'or, d'argent, de soye, de capiton, de laine, de fil, &c. On en fait d'étroits, de larges, de demi-larges, de façonnez, d'unis, à deux endroits & avec un envers, de gauffrez, à raiseau, de simples, de doubles en lisse; enfin de toutes couleurs & de tous desseins suivant le génie du Rubannier, le goût du Marchand qui le commande, ou la mode qui court.

Les rubans d'or, d'argent & de soye, servent pour l'ornement des Dames, & même des Cavaliers. Ceux de capiton qu'on appelle Padouë, s'employent par les Tailleurs, Couturiéres, &c. & les rubans de laine & de fil par les Tapissiers, Fripiers, Selliers & autres semblables Ouvriers.

Les rubans se travaillent & se tissent avec la navette sur le métier. Ceux qui sont ouvragez à la maniére des étoffes d'or, d'argent ou de soye, & les unis à peu près comme le Tisserand fabrique la toile, à moins qu'ils ne soient à doubles lisses.

Les rubans de pure soye ne passent point à la teinture depuis qu'ils sont faits; & les soyes de quelques couleurs qu'elles soient, doivent avoir été teintes avant l'ouvrage.

Le Négoce des rubans, tant pour le dedans que pour le dehors du Royaume, est fort tombé en France, & l'on peut dire que la Rubannerie n'y est plus un objet considérable en comparaison d'autre-fois.

Il s'y en consume néanmoins encore quantité, & les Marchands en font toûjours de grands envois dans les Païs étrangers, où, sur tout, les rubans de la fabrique de Paris sont fort estimez; & ce qui paroîtroit sans doute bisare, si une longue expérience de tous les tems, & de toutes les Nations n'avoit apris que la rareté & l'éloignement ont coûtume de donner du prix aux choses: ce qui paroîtroit, dis-je, être bizarre, c'est qu'à Londres, où il faut avouer qu'on excelle dans ces sortes d'ouvrages, on donne la préférence aux rubans de Paris, tandis qu'à Paris, comme par compensation, on a une espéce de fureur pour ceux d'Angleterre, quoi que ceux de Paris ne leur soient pas de beaucoup inférieurs.

Il n'y a guére que l'Angleterre & l'Italie, sur tout Boulogne, de toutes les fabriques étrangéres de rubans, qui en fournissent à la France; encore les difficultez survenuës sur le Tarif depuis la Paix d'Utrecht, en empêchent-elles le Commerce avec les Anglois; ce qui fait que la Rubanerie d'Angleterre est une contrebande. Il vient aussi des rubans d'Avignon, mais qui sont regardez comme fabrique Françoise.

Les lieux de France où l'on fabrique le plus de rubans, sont Paris & Lyon pour les rubans d'or & d'argent: il n'y a même que ces deux Villes où il s'en fasse de cette sorte, dont ceux de Paris sont les plus estimez.

Les rubans de soye se font aussi à Paris & à Lion, & encore à Tours; il s'en fait quantité à saint Etienne en Forez & à saint Chaumont petite Ville de Lionnois. Ces derniers passent ordinairement pour fabrique de Lion. Celle de Paris l'emporte de beaucoup sur toutes les autres.

Les rubans de laine se font pour la plûpart à Amiens, & en quelques autres lieux de Picardie; on en fabrique néanmoins une assez grande quantité à Roüen & aux environs,

environs, & c'est dans cette derniére Ville qu'est envoyé le peu qu'il s'en fait en Auvergne.

Les rubans qu'on appelle Padouës, qui sont faits de fleuret, de filoselle ou boure de soye, aussi-bien que certaine espéce de galons qui sont de même matiére; mais croisez & travaillez différenment, & qui servent à border les étoffes que l'on employe en meubles ou en habillemens d'hommes & de femmes, se font aussi pour la plûpart aux environs de Lion en plusieurs lieux différens, particuliérement à saint Etienne de Forez. *Voyez* PADOUE.

Enfin, le ruban de fil qu'on nomme autrement Rouleau, se tire presque tout, au moins pour celui qui se débite par les Marchands Merciers de Paris, d'Ambert en Auvergne, où se fait le plus excellent de celui qui se fabrique en France. Les rubans de fil qui viennent de l'étranger, se tirent de Hollande & de Flandres.

On parlera ici seulement des rubans de soye & de laine, renvoyant le padouë, le galon & le Rouleau à leurs propres articles.

Rubans de Soye.

La plûpart des rubans de soye unis qui se font en France, à la réserve de ceux de Paris, ont de certaines largeurs fixes qui s'expriment & se connoissent par divers numéros. On en donnera une facture après avoir dit quelque chose de ceux de la fabrique de Paris.

Les largeurs de cette fabrique n'ont rien de réglé, & les Ouvriers les font suivant que les Marchands les leur commandent. Il s'y en fait pourtant très-peu d'étroits. Les largeurs ordinaires que l'on appelle, largeur de fontange, sont à peu près comme le ruban, No. 11. de Lion, dont on parlera dans la suite. Les unis & les façonnez de Paris se vendent également à la douzaine, composée de douze aunes; avec cette différence néanmoins que les pieces de ruban unis sont ordinairement de deux douzaines, & les piéces des façonnez seulement d'une douzaine. Il n'y a guére qu'à Paris que les Rubanniers fassent le façonné, les métiers de Provinces n'étant presque tous montez que pour l'uni. On ne comprend pas dans cette régle les rubans d'or & d'argent, puis qu'on a déja remarqué qu'il s'en fait à Lion comme à Paris.

Les rubans unis ou plains, comme on les appelle autrement, qui se fabriquent à Lion, ou plûtôt ceux de saint Etienne & de saint Chamon, qui passent pour fabrique de Lion, se vendent par piéces & demi-piéces. Les piéces de soixante aunes, c'est à dire, de cinq douzaines, & les demi-piéces de trente, ce qui revient à deux douzaines & demie. Comme les autres fabriques du Royaume qui usent de numéro ne font pas différentes de celles de saint Etienne, ou du moins le font peu, on se contentera de donner les numéros de cette derniére.

Il y en a de onze espéces, c'est à dire, de onze largeurs ou onze numéros: car pour les couleurs ou autres diversitez des rubans unis, ces numéros n'y ont aucun rapport.

Il faut pourtant observer que les deux premiéres largeurs ont des noms & non des numéros; ce qui les réduit à neuf numéros, mais leurs noms distinguent leur largeur. Ces noms sont la Nompareille & la Faveur.

La Nompareille est large de deux lignes.

La Faveur de cinq lignes.

Numéro ¼ est large de six lignes & demie.
Numéro 1 ½ est large de sept lignes & demie.
Numéro 2 de dix lignes.
Numéro 3 d'un pouce & une ligne.
Numéro 5 d'un pouce cinq lignes.
Numéro 7 d'un pouce neuf lignes.
Numéro 8 est large de deux pouces.
Numéro 11 de deux pouces quatre lignes & demie.

Enfin, le numero 13 est large de deux pouces neuf lignes & demie, le tout à prendre sur le pied de la mesure qu'on appelle en France, Pouce de Roi.

Autre-fois il se faisoit à saint Etienne & ailleurs, des rubans des numéros 4, 6, 9, 10 & 12, qui ne sont point employez dans l'état ci-dessus; mais ces largeurs ne sont plus en usage.

En d'autres lieux les rubans pleins se désignent par portées, en commençant par les plus larges, c'est à dire, par le plus grand nombre de fils dont la chaîne de chaque espéce de rubans est composée: ce qui se fait en cet ordre. Les premiéres largeurs sont les six portées, ensuite les cinq, après les quatre, puis les trois, & enfin les deux portées, une & demie, & une portée. Les faveurs & les nompareilles qui sont les plus petites se désignent par leurs noms comme dans l'autre facture.

En France les rubans de soye payent d'entrée quatre francs la livre pesant. Le Tarif ne parle point de ceux d'or & d'argent, parce qu'il n'y en vient aucun des Païs étrangers.

A l'égard des droits de sortie, les rubans & tous autres Ouvrages tissurez d'or & d'argent fin ou mêlé, d'or & d'argent avec soye, payent 30 s. de la liv. & ceux d'or & d'argent faux avec soye seulement 12 sols; à la réserve des rubans de soye unis ou façonnez de la fabrique de Tours, qui ne payent que 6 s. de la liv. suivant l'Arrêt du 3 Juillet 1692.

Ruban de laine.

Cette sorte de ruban se nomme aussi Rouleau, sans doute de même que le ruban de fil, à qui on donne pareillement ce nom, à cause de la maniére qu'ils sont l'un & l'autre pliez ou plûtôt roulez en figure sphérique autour d'un petit cylindre de papier ou de carte.

On a dit ci-devant que la plus grande quantité des rubans de laine venoit de Normandie, de Picardie & d'Auvergne, & sur tout des capitales de ces Provinces; il y a cependant plusieurs autres lieux où il s'en fabrique dans le Royaume; mais la plus grande partie de ce qui s'en débite à Paris vient d'Amiens ou de Roüen, ceux d'Auvergne étant envoyez dans cette derniére Ville pour y être calandrez.

Les rubans de laine sont ordinairement par piéces ou demi-piéces; mais le plus souvent ils ne se vendent que par demi-piéces de vingt-quatre aunes de longueur.

Leurs différentes largeurs se désignent par numero de même qu'on l'a dit des rubans plains de soye, & la chaîne de chaque numéro doit être composée d'un certain nombre de fils, du moins pour les rubans qui se fabriquent à Amiens, dont la quantité est fixée par les Statuts de la Sayetterie de cette Ville, du mois d'Août 1666.

Ces numéros sont au nombre de sept; on en pourroit ajoûter deux autres dont on parlera par la suite, mais les Statuts n'en disent rien.

Là premiére sorte est appellée No. 3, dont la chaîne doit être composée de 49 fils.

La seconde, No. 4 de 69 fils.

La troisiéme, No. 5 de 89 fils.

La quatriéme, No. 6 de 109 fils.

La cinquiéme, No. 7 de 129 fils.

La sixiéme, No. 10 de 169 fils.

La septiéme, No. 12 de 209 fils.

De ces sept numéros, celui qu'on nomme No. 10, est très-peu en usage, & il ne s'en fabrique guére.

Les deux autres numéros réservez pour les plus grandes largeurs, dont néanmoins il n'est point fait mention dans les Statuts, mais desquels pourtant il se fait quantité en plusieurs endroits, sont numéro 16 & numéro 18, le premier portant de large environ un demi-quart d'aune, & l'autre un demi-quart & un pouce. Ces numéros ne sont jamais qu'en demi-piéces aussi de vingt-quatre aunes comme les autres.

Tous ces rubans s'envoyent par paquets composez de plusieurs piéces ou rouleaux, & qui en contiennent plus ou moins suivant leur largeur; ces paquets sont faits en forme de gros cylindres, sur l'enveloppe desquels se met ordinairement la quantité des piéces & leurs numéros.

Les rubans de laine payent les droits comme Mercerie, savoir 4 l. d'entrée le cent pesant, & 3 liv. de sortie.

Ruban de Fil.

Il y a deux sortes de rubans de fil; l'une que l'on nomme Rouleau, & l'autre qui conserve son nom de Ruban.

Le Rouleau est, comme on l'a dit ci-dessus, roulé en rond; & le Ruban, proprement dit, est plié en long, en piéce, ou plûtôt en demi-piéce, dont le pliage est d'un pied ou environ.

Il y a des rubans de fil simple, d'unis, de sergez, de retors, de blanchis, d'écrus, quelques-uns qu'on appelle Bandes ou Bandelettes; d'autres qu'on nomme Rubans à Botes, & Rubans à border tapisseries.

Outre ce qui se fabrique en France de toutes ces sortes de Rubans que les Marchands de Paris tirent ordinairement de Roüen & de la petite Ville d'Ambert en Auvergne, comme on l'a dit; ils en font encore beaucoup venir de Hollande, de Flandre & de Cologne. Ceux de Hollande & de Flandre sont blancs, les uns unis, les autres retors, dont les deux demi-piéces tiennent ensemble par un fil d'or filé. Ceux de Cologne sont cette sorte de Rubans à qui on vient de dire qu'on donne le nom de Bandes, ou Bandelettes. Il vient aussi de cette Ville des Rubans en demi-piéces semblables à ceux de Hollande. *Voyez* ROULEAU.

RUBANERIE. Profession de Rubannier. Il se dit aussi du Commerce que l'on fait de Rubans. Dans la premiére signification on dit: Cet Ouvrier excelle dans la Rubanerie; pour dire qu'il fabrique bien ses Rubans; & dans l'autre: Ce Marchand du Palais ne fait Commerce que de Rubanerie, pour faire entendre qu'il ne vend que des Rubans.

RUBANIER. Celui qui fait des Rubans.

Il y a à Paris une Communauté de Maîtres Rubaniers qui prennent la qualité de Maîtres Tissutiers-Rubaniers de la Ville & Fauxbourgs de Paris. Ce sont ces Fabriquans qu'on appelle aussi Ouvriers de la petite Navette, pour les distinguer des Marchands Ouvriers en Draps d'or, d'argent & de soye, qu'on nomme Ouvriers de la grande Navette. Ce sont, dis-je, ces Fabriquans de la petite Navette qui font toutes sortes de Rubans & galons d'or, d'argent, de soye, de frange, frangeons, crêpines, molets, padouë, &c. & tous autres Ouvrages dépendans de la Rubanerie. *Voyez ci-devant* RUBAN. *Voyez encore* TISSUTIER-RUBANIER. On y traite amplement de cette Communauté & de ses Statuts.

RUBARBE. Racine médecinale. *Voyez* RHUBARBE.

RUBBE. Monnoye de Moscovie qui vaut environ une rischedale trois quarts.

RUBBE, ou RUBBY, en Italien Rubbia. Est une mesure des liquides dont on se sert à Rome. Il faut treize rubbes & demi pour faire la brante, qui est de quatrevingt-seize bocals; en sorte que chaque rubbe est d'environ sept bocals & demi.

RUBBE. Est aussi un poids de vingt-cinq livres. Il s'appelle en Italien indifféremment, RUBBIO & RUBBIA.

La rubbe est encore la mesure dont on se sert à Livourne pour les grains. Dix rubbes trois quarts font le last d'Amsterdam.

RUBIA TINCTORUM. C'est la racine d'une plante dont les Teinturiers se servent pour teindre en rouge: on la nomme autrement Garance. *Voyez* GARANCE.

Les droits d'entrée de cette drogue sont en France de 25 s. le cent pesant, conformément au Tarif de 1664.

Et par le Tarif de Lyon où elle est appellée Rubea Major; *elle paye 4 s. du quintal d'ancienne taxation, & 6 s. de nouvelle réapréciation.*

RUBIE. Monnoye d'or qui a cours à Alger & dans tout le Royaume qui en porte le nom, aussi-bien que dans ceux de Conco & de Labez.

La rubie se frappe particuliérement à Tremecen qui a ce Privilége, aussi-bien que celui de fabriquer des Médians & des Zians qui sont pareillement des espéces d'or que faisoient battre les Rois de Tremecen, avant que ce petit Etat fût uni à celui d'Alger.

La rubie vaut trente-cinq aspres: elles portent le nom du Dey d'Alger, & quelques lettres Arabes pour légende.

RUBIS. Pierre rouge qui jette un grand feu, & qui est fort estimée parmi les pierres précieuses.

Il n'y a que deux lieux dans l'Orient d'où l'on tire le rubis, le Royaume de Pégu & l'Isle de Ceylan. La mine du Royaume de Pégu où se trouve la plus grande quantité de rubis, est dans une montagne appellée Capelan, environ à douze journées de Siren, Ville où le Roi de Pégu fait sa résidence; il n'en sort guére pour les Païs étrangers que pour cent mille écus par an, encore les plus belles pierres n'excédent-elles pas trois ou quatre carats, le Roi se réservant celles qui sont d'un plus grand poids.

Au Pégu on appelle Rubis toutes les pierres de couleur, & on ne les y distingue que par la couleur même: ainsi le saphir est un rubis bleu, l'améthyste un Rubis violet, la topase un Rubis jaune, & ainsi du reste.

Dans l'Isle de Ceylan les Rubis se trouvent dans une riviére qui vient des hautes montagnes qui sont au milieu de l'Isle. Il s'en trouve aussi quelques-uns dans les terres. Ces Rubis & autres pierres de couleur sont ordinairement plus belles & plus nettes que celles du Pégu; mais il s'en

tire

tire très-peu, le Roi de Ceylan ne voulant pas permettre à ses sujets de les recueillir ni d'en faire Commerce.

Il y a aussi en Europe quelques endroits où l'on trouve des Rubis comme en Bohême & en Hongrie. En Bohême principalement, il y a une mine d'où se tirent des cailloux de diverses grosseurs, les uns comme des œufs, d'autres comme le poing, où en les rompant on trouve quelque-fois des Rubis aussi beaux & aussi durs que ceux du Pégu.

On ne distingue pour l'ordinaire que deux sortes de Rubis, le Rubis Balais, & le Rubis Spinelle. Quelques Auteurs en mettent quatre, le Rubis, le Rubacelle, le Balais & le Spinelle. C'est le différent degré de couleur qui en fait le prix & la beauté. Le Rubis Balais est d'un rouge de rose vermeille, le Spinelle est de couleur de feu.

L'on croit que les habitans du Royaume de Pégu ont l'art d'augmenter le rouge & le brillant du Rubis, en le mettant au feu, & en le lui faisant souffrir jusqu'à certain degré.

Le Rubis dans la matrice où il se forme, qu'on appelle, Mére de Rubis, n'a pas d'abord toute sa couleur, & ne l'aquiert que par succession. Premiérement il blanchit, en meurissant il prend du rouge, & parvient ainsi peu à peu à sa perfection; de-là vient qu'il y a des Rubis blancs, d'autres moitié blancs & moitié rouges, il y en a même de bleus & rouges qu'on nomme Saphirs Rubis, & les Peguans Nilacandi.

Quand un Rubis passe le poids de vingt carats, on peut le nommer Escarboucle, de ce nom imaginaire d'une pierre précieuse qui ne fut jamais, & dont les Anciens & les Modernes ont cependant fait comme à l'envi, tant de descriptions fabuleuses.

Furetiére assure, peut-être un peu legérement, qu'on en a vû un à Paris du poids de deux cens quarante carats. Tavernier, si fameux par ses voyages & par son grand Commerce de pierreries, en parle d'un de cinquante carats, qu'il avoit voulu acheter aux Indes, & il ajoûte, que le Roi Très-Chrêtien en a de plus gros & de plus beaux que tous ceux du Mogol qui est si riche en pierres précieuses de toutes sortes.

Le prix des Rubis depuis un carat, ou quatre grains jusqu'à dix carats, se trouve fixé dans un Mémoire donné à l'Auteur de ce Dictionnaire par un habile Négociant, qui s'est long tems mêlé du Commerce des pierres précieuses. Voici ce qu'il contient:

Un Rubis d'un carat vaut 8 écus; ce qui se doit entendre de neuf au marc.

De deux Carats.	40
De 3 C.	100
De 4 C.	150
De 5 C.	200
De 6 C.	300
De 7 C.	400
De 8 C.	500
De 9 C.	700
De 10 C.	1000

L'on contrefait le Rubis de différentes maniéres, & l'art a porté si loin cette imitation, que les yeux des plus habiles lapidaires y sont trompez.

La crédulité, ou la superstition ont attribué quantité de vertus aux Rubis. Il résiste aux venins, il guérit de la peste, il réprime la luxure, bannit la tristesse, détourne les mauvaises pensées, &c. Ce qu'on peut voir dans Pline & dans d'autres Auteurs aussi crédules & aussi superstitieux que lui.

RUBRIQUE. On nomme ainsi en termes d'Imprimerie les lettres rouges d'un livre. *Voyez* ROSETTE. *Voyez aussi* IMPRIMERIE.

RUCHE. Mesure dont on se sert dans les Sauneries & Salines de Normandie. C'est une espéce de Boisseau qui contient vingt-deux pots d'Arques, pesant cinquante livres, ou environ, mesure raze.

La Déclaration du Roi du 2 Janvier 1691, défend aux Sauniers de se servir d'autres mesures que de la Ruche; d'en vendre une moindre quantité qu'une demie-Ruche; & de la vendre à mesure comble.

RUE. On appelle les ruës d'une carriére les espaces qui restent vuides après qu'on en a tiré les differens bancs de pierre dont elle est composée. C'est par ces ruës, qu'on nomme aussi chemins, que l'on pousse les pierres au trou après qu'on les a mises sur les boules. *Voyez* CARRIERE.

RUGGI. Mesure des grains dont on se sert à Livourne. Onze Ruggi un tiers font le Last d'Amsterdam.

RUM, REUN, ou RUMB. Terme de Commerce de Mer. C'est un espace qu'on dispose dans le fond de cale d'un Vaisseau Marchand pour mettre les marchandises de sa cargaison.

On dit arrumer, ou arruner des marchandises; pour dire, les arranger à fond de cale.

Dans les ports de grands chargemens, il y a des Officiers établis exprès pour faire l'arrumage des Vaisseaux. On les appelle Arrumeurs.

RUPIEDSIE. Espéce de drogue pour teindre en noir, qui se trouve dans la Chine. Les Chinois de Canton en font un assez grand Négoce au Tunquin. Il y a ordinairement cent pour cent à gagner, sur quoi se payent les droits de sortie, & le fret pour le transport.

RUSMA. Espéce de Minéral semblable en figure & en couleur à du machefer. Il vient du Levant, & c'est le meilleur dépilatoire dont les Turcs se servent.

On commence à s'en servir en France, où on lui trouve autant de vertu & moins de danger qu'à l'orpiment & à la chaux qu'employent ordinairement les Baigneurs Etuvistes de Paris.

S.

SAB

S Dix-huitiéme lettre de l'Alphabet. Une S toute seule, soit en grand, soit en petit caractére, mise dans les mémoires, parties, comptes & regiſtres des Marchands, Banquiers & Teneurs de Livres, après quelque chiffre que ce ſoit, ſignifie *Sou tournois.*

SABLE. Eſpéce de terre legére & aride. Il y en a de diverſes eſpéces dont les Artiſans ſe ſervent à différens Ouvrages.

Le ſable dont les Verriers font leur verre, eſt blanc & graveleux, plein de petits grains luiſans. *Voyez* VERRE.

Le ſable des Fondeurs eſt foſſile; c'eſt proprement une terre jaune, graſſe & douce, dont on fait les moules pour les legers Ouvrages de fonderie, d'où l'on dit jetter en ſable, ou en terre; pour dire fondre de l'or, de l'argent, du cuivre, & autres métaux, dans des moules faits de cette eſpéce de ſable. *Voyez* FONDEUR.

C'eſt auſſi de cê ſable dont l'on ſe ſert dans les Hôtels des Monnoyes pour faire les moules où ſe fondent les lames dont on fait les eſpéces.

On appelle ſable de forge une ſorte de noir dont les Peintres ſe ſervent. *Voyez* NOIR.

Le ſable du pont de Noyant venant de Dauphiné, paye les droits de la Douane de Lyon ſur le pied de 2 ſ. de la charge.

SABLE DE CREIL. C'eſt une ſorte de ſable qui ſe trouve près de la petite Ville de Creil, qui ſert avec la ſoude d'Alicante à faire les glaces à miroirs. *Voyez* GLACE.

SABLE. Les Plombiers ſe ſervent auſſi de ſable pour mouler pluſieurs de leurs Ouvrages, & particuliérement pour jetter & couler les grandes tables de plomb.

Pour préparer le ſable de ces tables on le mouille légérement, & on le remuë avec un bâton; ce qu'on appelle labourer le ſable: après quoi on le bat & on le plane avec la plane de cuivre. *Voyez* PLOMBIER, *où l'on parle de la maniére de couler les grandes tables.*

SABLON. Menu ſable très-blanc dont on ſe ſert à Paris pour écurer la vaiſſelle. Le meilleur eſt celui qu'on nomme Sablon d'Etampes, du nom d'une petite Ville près de laquelle on en trouve quantité.

Le Sablon d'Etampes paye les droits de la Douane de Lyon à raiſon de 2 ſ. 6 d. le quintal.

SABLONNIER. Petit Marchand qui fait Commerce de Sablon.

SABLONNIERE. Terme de Fondeurs de petits Ouvrages. C'eſt un grand coffre, ou bahu de bois à quatre pieds, garni de ſon couvercle, où ils conſervent & ſur lequel ils corroyent le ſable dont ils font leurs moules.

SABOT. Petit outil de bois à pluſieurs coches, long de cinq ou ſix pouces dont les Paſſementiers-Boutonniers ſe ſervent pour cabler les cordons de chapeaux; c'eſt à dire, pour aſſembler pluſieurs cordons ou fils, & les tortiller pour en faire un plus gros.

Cet outil eſt auſſi en uſage chez les Cordiers qui s'en ſervent pour cabler la ficelle.

SABOT. Se dit auſſi d'une ſorte de chauſſure de bois leger & creuſé dont les païſans ſe ſervent en France. Les plus propres viennent du Limoſin. Ce ſont à Paris les Boiſſeliers, les Chandeliers & les Regratiers qui en font le Commerce en détail.

Les Sabots payent en France les droits d'entrée; ſavoir le chariot 15 ſ. & la charrettée 8 ſ.

Les droits de ſortie ſont de 32 ſ. le chariot, & de 16 ſ. la charrettée.

SABOTIER. Ouvrier qui fait des Sabots.

Par les Ordonnances des Eaux & Forêts, il eſt défendu aux Sabotiers, Cercliers & autres tels Ouvriers en bois, de tenir leurs atteliers plus près d'une demi-lieuë des Forêts.

SABRE. Sorte d'Epée dont la lame eſt trés-large & un peu recourbée.

Les Sabres ſont du nombre des marchandiſes de contrebande, dont la ſortie hors du Royaume eſt défenduë par l'Ordonnance de 1687, tit. 8, art. 3, & tous les Traitez de Paix. *Voyez* EPE'E.

SAC. Eſpéce de poche faite d'un morceau de cuir, de toile, ou d'autre étoffe, que l'on a couſuë par les côtez & par le bas; de maniére qu'il ne reſte qu'une ouverture par le haut. Les ſacs ſont ordinairement plus longs que larges.

On ſe ſert de ſacs pour mettre pluſieurs ſortes de marchandiſes, comme la laine, le paſtel, le ſafran, le bled, l'avoine, la farine, les pois, les féves, le charbon & beaucoup d'autres ſemblables.

On s'en ſert auſſi pour mettre diverſes monnoyes, ou eſpéces d'or, d'argent, de fonte & de cuivre; & on fait des Sacs de piſtoles, de louïs d'or; des Sacs de mille livres, d'écus blancs ou d'argent blanc; des Sacs de menuës ou petites piéces d'argent; des Sacs de ſous marquez, ou douzains; des Sacs de doubles, ou liards, & des Sacs de deniers.

Ceux qui font le Commerce d'argent, ou qui tiennent des caiſſes, doivent être exacts à bien étiquetter les Sacs d'argent; c'eſt à dire, d'y attacher avec la ficelle qui ferme le haut du Sac, un petit bulletin, ou étiquette, ſur lequel doit être marqué la qualité des eſpéces qui y ſont renfermées, la ſomme à quoi elles montent, le poids qu'elles péſent compris le Sac, & le nom de celui qui le donne en payement.

A détailler les Sacs d'argent il ſe rencontre toûjours de la tarre, parce que l'on met ordinairement quelque choſe de moins pour la valeur du Sac; c'eſt ce que l'on appelle la paſſe, qui eſt toûjours de cinq ſols par Sac de mille livres; ainſi des autres. *Voyez* PASSE.

Les Sacs d'argent blanc, ou de monnoye, ſe donnent & ſe reçoivent ordinairement ſans compter, on s'en rapporte preſque toûjours au poids; mais s'il ſe trouvoit du manque dans les Sacs, on ſeroit bien reçû à les reporter

huitaine

huitaine après le payement fait, suivant un ancien usage établi parmi les Négocians d'argent, pourvû que le nom de celui qui a payé soit sur l'étiquette, & que le poids se trouve conforme à celui qui y a été marqué de la main de la personne qui l'a donné en payement.

Dans les bordereaux que l'on fait des espéces que l'on reçoit, ou que l'on paye, il faut faire mention de la quantité des Sacs, des espéces & des sommes qui y sont contenuës.

Les Marchands Epiciers & Droguistes dans le débit qu'ils font de leurs marchandises, se servent ordinairement de Sacs de gros papier gris, ou blanc, & le poids du Sac se confond toûjours avec celui de la marchandise; c'est à dire, que l'un & l'autre se pésent ensemble.

Le Sac de charbon de bois, que l'on appelle aussi charge, parce que c'est tout ce que peut porter un homme, contient une mine, chaque mine composée de deux minots, ou seize boisseaux; le minot de charbon doit se mesurer charbon sur bord. *Voyez* CHARBON.

Le Sac de plâtre, suivant les Ordonnances de Police, doit renfermer la valeur de deux boisseaux mesurez ras, & les douze Sacs font ordinairement une voye. *Voyez* PLASTRE.

Le Sac est aussi une certaine mesure dont on se sert dans plusieurs Villes de France ou des Païs étrangers, pour mesurer les grains, graines, légumes; ou pour mieux dire, une estimation à laquelle on rapporte les autres mesures.

Agen, Clerac, Tonneins, Tournon, Valence en Dauphiné, aussi-bien que Thiel, Bruxelles, Rotterdam, Anvers, & Grenade, réduisent leurs mesures de grains au Sac, dont voici les proportions avec le septier de Paris.

Cent Sacs d'Agen font cinquante-six septiers de Paris; ceux de Clerac de même. Cent Sacs de Tonneins font quarante-neuf septiers de Paris. Cent Sacs de Tournon quarante-huit. Cent Sacs de Valence soixante-deux & demi. Vingt-cinq Sacs de Bruxelles dix-neuf. Vingt-cinq Sacs de Rotterdam aussi dix-neuf. Vingt-huit de Thiel pareillement dix-neuf; & cent Sacs de Grenade, quarante-trois septiers de Paris.

A Anvers les quatorze Sacs font le tonneau de Nantes qui contient neuf septiers & demi de Paris.

L'on se sert aussi du Sac à Amsterdam pour mesurer les grains. Trois schepels font le Sac, & trente-six Sacs le last.

SACARE. Petit poids dont les habitans de la grande Isle de Madagascar se servent pour peser l'or & l'argent. Il pése autant que le denier, ou scrupule d'Europe. Au dessus du Sacare sont le Sompi & le Vari, au dessous le Nanqui & le Nanque. *Voyez* SOMPI.

SACCHI, ou SACS, Mesure des grains dont on se sert à Livourne. Quarante Sacchi font le Last d'Amsterdam. Le Saccho de bled pése environ cent cinquante livres poids de Livourne.

SACHE'E. Ce qu'un Sac peut contenir de grains, de légumes, ou de marchandise. Une Sachée de laine, une Sachée de bled, une Sachée de pois.

SACHE'E. C'est aussi la mesure à laquelle on vend les broquettes qui se font à Tranchebray près Falaize. La Sachée est du poids de soixante livres pour toutes les broquettes communes; mais elle n'est que de trente pour celles du plus fin échantillon; c'est à dire, qui n'ont que quatre onces au milier. En d'autres endroits on appelle cette mesure une Pochée. *Voyez* CLOU.

SACQUAGE, ou SACCAGE. On nomme ainsi dans quelques Coûtumes ce qu'on nomme dans d'autres Minage; c'est à dire, le droit que les Seigneurs ont de prendre en nature, une certaine quantité de grains, ou de légumes sur chaque Sachée de ces marchandises qui s'exposent en vente dans leurs marchez.

SAFRAN. Plante qui porte une fleur du même nom, de laquelle on tire la drogue que l'on nomme aussi Safran. La racine qui produit le Safran est une espéce d'oignon couvert de plusieurs cartillages bulbeux & jaunissans comme celui du glayeul; ses feuilles sont longues, étroites, épaisses & douces à manier, mêlées de quantité de petits rameaux capilaires; sa fleur qui paroît bien long-tems avant ses feuilles est d'un bleu mourant teint d'un peu de jaune à l'extrêmité du côté de la tige; du milieu de cette fleur sortent trois filamens rougeâtres accompagnez de petites languettes couleur d'or, & ces filamens qu'on appelle Attentes, ou Fléches, sont proprement le Safran, le reste de la fleur n'étant d'aucun usage.

Les oignons de Safran se plantent au commencement du Printems par rayons un pied avant en terre & très proches les uns des autres; la premiére année ils ne produisent que de l'herbe, & la fleur ne paroît qu'au bout de deux ans: on en fait la cueillette, ou récolte en Septembre & Octobre, le cueillant chaque jour avant le lever du Soleil, parce que l'oignon n'est que 24 heures à reproduire une nouvelle fleur.

Quand la fleur est cueillie, on en sépare aussi-tôt les filamens, ou attentes, qui sont au milieu, qu'on met sur des clayes, ou dans de grands sas avec un petit feu de charbon dessous pour les sécher; lors qu'elles sont séches le Safran est dans sa perfection & propre à vendre. On a remarqué qu'il faut cinq livres d'attentes nouvelles pour en faire une livre de séches.

Les bonnes qualitez du Safran sont, que les attentes ou fléches soient belles, longues & larges, qu'il soit bien velouté d'un beau rouge, d'une agréable odeur, peu chargé de filets jaunes & très-sec.

Le meilleur Safran se cultive à Boisne & à Bois-commun en Gâtinois; cette plante faisant presque toute la richesse de cette petite Province. Il en croît encore en plusieurs autres endroits de France, comme aux environs de Toulouse & d'Angoulême, & en Normandie. On en tire aussi de la Principauté d'Orange & du Comtat d'Avignon.

Les Anglois, les Allemans, les Hollandois, les Suédois, les Danois & autres Nations qui font une grande consomption de Safran, préférent néanmoins & avec raison celui du Gâtinois à tous les autres; aussi est-il toûjours vendu d'un tiers plus cher.

Les Enlumineurs se servent de Safran pour faire du jaune doré; il est d'usage dans la Médecine, & on l'employe même dans beaucoup de ragoûts.

Le Safran qui vient d'Espagne ne vaut absolument rien à cause de l'huile que les Espagnols y mêlent pour le conserver.

Le Safran de toutes sortes paye en France les droits d'entrée à raison de 50 liv. le cent pesant; & ceux de sortie quand il est

est du crû de France, 40 liv. aussi du cent, conformément au Tarif de 1664.

Les droits de la Douane de Lyon sont: savoir,

Pour le Safran de France 8 liv. du quintal d'ancienne taxation, 3 liv. de réapréciation, 1 s. 8 d. la livre d'autres droits, & à proportion pour leur augmentation.

Le Safran étranger paye 23 liv. 6 s. 8 d. d'anciens droits, 8 liv. de réapréciation par quintal, & encore 14 s. 8 den. de la livre d'autres droits & pour leur réapréciation à proportion.

Il vient de Provence & d'Allemagne, particuliérement des environs de Strasbourg, une autre sorte de Safran qu'on nomme Safran bâtard, ou Safran-bourg, quelque-fois Carthame & Safranum. Cette plante qui est fort commune s'éléve environ de deux pieds de haut; ses feuilles sont rudes, piquantes, longues, vertes & dentelées; au bout de chaque branche il sort une tête écailleuse, blanche & de la grosseur du bout du pouce, qui jette quantité de filamens rouges & jaunes dont on fait le Safran-bourg. Ce Safran est quelque-fois employé par les Teinturiers pour faire la couleur que l'on nomme Nacarat de bourre; mais cette drogue leur est défenduë faisant une fausse couleur, & le nacarat se pouvant faire avec la bourre, & beaucoup mieux & à moins de fraix. Les Plumassiers néanmoins s'en servent pour teindre leurs plumes en incarnadins d'Espagne en mêlant dans son suc du jus de citron.

Le Safran bâtard paye en France les droits d'entrée à raison de 25 s. le cent pesant suivant le Tarif de 1664.

Et par celui de la Douane de Lyon 20 s. d'anciens droits & 5 s. de réapréciation.

Le Safran qui se recueille à Smirne est d'une assez bonne qualité; la récolte y peut aller, année commune, environ à vingt quintaux.

L'on apporte encore du Levant, sur tout d'Aléxandrie, une espéce de Safran bâtard qu'on nomme ordinairement Safranum.

C'est la fleur d'une petite plante haute de deux pieds qui a la feuille à peu près comme l'amandier; elle a une graine blanche de la grosseur du bled, renfermée dans un gros bouton que l'on séme dans la saison convenable; la récolte s'en fait au mois de Juin. On tire cette fleur trois fois à dix ou douze jours de distance: elle est rouge & jaune sur pied; mais après avoir passé au moulin elle devient toute rouge; on la met ensuite dans l'eau, & on la fait sécher à l'ombre, le Soleil lui étant contraire; elle croît sur le bord du Nil aux environs du Caire.

Les Teinturiers en soye, de Lyon & de Tours, en consument beaucoup pour les couleurs rouges-vives, comme les incarnadins d'Espagne, les incarnats, le couleur de feu, les couleurs de Rose, &c.

Safran des Indes, de Malabar & de Babylone. C'est la racine qu'on nomme communément Terramerita. *Voyez* Terramerita.

Safran de Vénus. *Voyez* Cuivre.

Safran-Bourg, autrement Cartame. C'est le Safran bâtard. *Voyez ci-dessus* Safran.

SAFRANUM. Espéce de Safran qui vient du Levant. *Voyez* Safran.

Le Safranum, ou Safran du Levant, est du nombre des marchandises venant du Levant, sujettes au droit de vingt pour cent, suivant l'Arrêt du 15 Août 1685.

SAFRE, ou ZAFRE. Minéral de couleur d'œil de perdrix que les Verriers & les Fayanciers employent pour donner une couleur bleuë à leurs verres & à leurs fayances.

Le Safre vient des Indes Orientales; ce sont les Anglois, les Hollandois & les Hambourgeois qui l'apportent de Surate en France.

Les Marchands Epiciers-Droguistes de Paris le vendent, ou en poudre, ou en pierre; celui en pierre doit être préferé parce qu'il ne peut être contrefait, & que celui en poudre est sujet à être sofistiqué, aussi ce dernier ne se prend-il guére qu'à l'épreuve.

Le Safre sert aussi à colorer quelques émaux, & le faux lapis n'est que de l'étain calciné, coloré avec ce minéral. Les saphirs factices tiennent de même leur couleur du Safre.

Le Safre que le Tarif de 1664 nomme Saffle, paye en France les droits d'entrée à raison de 3 s. du cent pesant.

SAGAPENUM, autrement SERAPINUM, en François GOMME SERAPHIN. C'est une gomme dont l'odeur approche fort de celle du pin, ce qui lui a donné son nom Latin. Elle découle du tronc d'une plante qui croît en Perse; ses feuilles sont très petites, sa graine est ronde & plate, semblable à celle du galbanum, mais beaucoup moins grosse; elle se trouve dans des ombelles qui poussent au bout de sa tige.

Il faut choisir cette gomme en belles larmes claires & transparantes, d'une odeur forte, la plus blanche & la moins remplie d'ordures qu'il se pourra. On voit quelque-fois du sagapenum dont la blancheur, tant dedans que dehors, ne céde point à celle du lait; c'est certainement le meilleur, mais il est très-rare. Cette drogue est estimée souveraine pour l'épilepsie, l'asthme & la paralisie.

Le Sagapenum n'est point tariffé dans le Tarif de 1664; ainsi conformément au dernier article des entrées de ce Tarif, il doit payer cinq pour cent de sa valeur, suivant l'estimation qui en est faite.

A l'égard des droits de la Douane de Lyon, dans le Tarif de laquelle il est employé sous le nom de Serapin, *il paye 3 liv. 6 d. du quintal.*

SAGGIO. Petit poids dont on se sert à Venise. C'est la sixiéme partie de l'once de cette Ville; cette livre a onze onces, chaque once six saggi, & chaque saggio vingt carats.

SAGU, ou SAGDU. Espéce de farine faite de la moile d'un arbre qui croît aux Moluques, aux Manilles & dans quelques autres Isles de la Mer des Indes. Cette farine y fait un grand objet de Commerce, & les Hollandois en enlévent beaucoup, soit pour l'entretien de plusieurs de leurs Colonies, soit pour le Négoce qu'ils font d'Inde en Inde. *Voyez l'article général du Commerce où il est* parlé de celui des Indes Orientales.

SAH-CHERAY. Poids de Perse qui pése onze cens soixante & dix derhem, à prendre le derhem pour la cinquantiéme partie de la livre de seize onces poids de marc. *Voyez* Batman.

SAICTEUR. On nomme quelque-fois de la sorte à Amiens les Ouvriers de la sayetterie que l'on nomme plus ordinairement Sayetteurs. *Voyez* Sayetteur.

SAIETTE,

SAIETTE. } Voyez { SAYETTE.
SAIETTERIE. } Voyez { SAYETTERIE.
SAIETTEUR. } Voyez { SAYETTEUR.

SAILLIES. Parties de la machine qui sert à tirer les pierres d'ardoise de la pierriére. *Voyez* ARDOISIERE.

SAINDOUX. Sorte de graisse très-mole & très-blanche que les Chaircuitiers tirent de la panne du porc en la faisant fondre dans une poile, ou chaudiére.

Les Réglemens des Manufactures de lainage défendent aux Tondeurs de draps de se servir pour l'enfimage des étoffes d'autres graisses que du sain-doux. *Voyez* ENSIMAGE.

SAINT-JEAN. Toile qui se fabrique dans le Village de S. Jean situé dans la petite Province de Beaujolois. *Voyez l'article général des Toiles où il est parlé de celles de cette Province.*

SAINTE-LUCIE. On appelle Soye, ou Orgensin de sainte Lucie, l'orgensin que les Marchands François tirent de Messine en Sicile.

Cet Orgensin est fort estimé, & quantité de fabriques de France ne peuvent s'en passer, particuliérement à Paris celles des férandines, des moires unies & des grisettes. On en fait aussi les chaînes des ras de S. Maur qui se fabriquent en cette Capitale; car pour celles de Lyon les Fabriquans se contentent de l'orgensin de Piedmont qui est de bien moindre qualité. *Voyez* SOYE.

SAINTE LUCIE. Bois odoriferant propre à la tabletterie; il vient de Lorraine. *Voyez* BOIS DE SAINTE LUCIE.

SAINT THOME'. Monnoye d'or que les Portugais font battre à Goa, à laquelle la figure de S. Thomas Apôtre des Indes a fait donner ce nom.

Les S. Thomé sont d'un titre plus haut que les Louis d'or de France, & pésent un grain plus que les demi-pistoles d'Espagne; ils valent pour l'ordinaire deux piastres; mais ils haussent & baissent quelque-fois.

Les Portugais les tiennent toûjours le plus haut qu'ils peuvent pour en empêcher le transport; ils se font de l'or de Soffola qui est très-bon, mais que souvent l'alliage qu'on y met diminuë beaucoup & rend de plus bas titre que toutes les autres monnoyes d'or qui se battent aux Indes.

SAISIE. Arrêt que l'on fait de quelque chose, comme marchandises, meubles, bestiaux, soit par autorité de Justice, soit en conséquence des Edits & Déclarations, soit enfin en vertu des ordres du Roi & des Ministres.

Les marchandises de contrebande, celles qu'on fait entrer en fraude, celles qu'on ne déclare pas au Bureau, ou dont les déclarations ne sont pas ou entiéres ou valables; celles qui entrent par d'autres Ports ou endroits que ceux marquez par les Arrêts, comme par S. Vallery & Calais pour les Manufactures étrangéres, & par Marseille & le Pont Bonvoisin pour les soyes du dehors du Royaume, sont sujettes aux saisies.

Les toiles peintes, les mousselines, les étoffes des Indes, même les draps, serges & autres des Manufactures du Royaume qui ne sont pas des qualitez, ni des largeurs, ni des portées de fils conformes aux Réglemens, y sont pareillement assujetties.

A l'égard de ces derniers ce sont les Inspecteurs desdites Manufactures, particuliérement celui établi à la Douane de Paris qui sont chargez d'en faire les saisies & arrêts, & d'en donner avis au Conseil Royal du Commerce pour y être pourvû.

A l'égard des saisies faites dans les Bureaux & par les Commis des Fermes générales du Roi, ceux qui les ont faites en dressent leur Procès verbal pour en poursuivre la confiscation par devant les Juges qui doivent en connoître; & quand elle a été ordonnée, ce qui provient de la vente des marchandises saisies est distribué, un tiers à la Ferme, un tiers aux Commis, & un tiers au Dénonciateur s'il y en a.

Quelques Arrêts du Conseil dans certains cas partagent le produit des saisies & confiscations, moitié au Dénonciateur, & moitié à l'Hôpital général.

Autre-fois moitié des toiles peintes & des étoffes des Indes saisies étoit envoyée à l'étranger & moitié brûlée publiquement pour servir d'éxemple; mais sur la fin de l'année 1715 l'abus & les contraventions s'augmentant sans cesse, il fut ordonné par Arrêt du Conseil qu'elles seroient toutes brûlées, & les peines & amendes portées par les premiers Arrêts éxécutées sans aucun adoucissement contre les délinquans.

Il n'est point de Négociant qui ne doive savoir qu'il est juste de payer les droits du Roi & d'obéïr à ses ordres; mais son propre intérêt doit en cela lui tenir lieu, pour ainsi dire, d'un devoir si équitable, puis qu'il est certain par plus d'une expérience, comme l'a remarqué l'Auteur du Parfait Négociant, qu'il ne faut qu'une ou deux saisies considérables pour ruiner & faire manquer un Marchand; & que d'ailleurs une seule saisie de Marchandises passées en fraude le rendant suspect, il ne peut jamais gagner la confiance des Commis qui ne cessent de le fatiguer par des attentions & des difficultez souvent même très-rigoureuses.

SAISIR. Signifie arrêter, retenir quelque chose. *Voyez* SAISIE.

SALAISON. Se dit des choses propres à manger qui se salent avec du sel pour les pouvoir conserver & empêcher qu'elles ne se corrompent. Ainsi l'on dit, Faire la salaison des harans, des saumons, des moruës, des maquereaux, des sardines, des anchoix.

Les maniéres différentes de faire les salaisons de ces divers poissons sont expliquées chacune à leur article.

On dit aussi dans le même sens, Faire la salaison des beurres, des chairs de bœuf, de cochon, &c. Il y a plusieurs dispositions dans le titre 15 de l'Ordonnance des Gabelles de France du mois de Mai 1680 touchant la salaison de toutes ces choses.

SALAISON. Se prend aussi pour la saison où l'on a coûtume de saler les poissons, les chairs, les beurres, &c.

SALAMPOURIS. Toiles que l'on fait dans plusieurs endroits de la Côte de Coromandel.

Il y en a de blanches & de bleuës; les blanches ont soixante-douze cobres de long sur deux & un quart de large; les bleuës n'ont que trente-deux cobres de longueur sur la largeur des blanches. Elles sont propres pour le Commerce des Manilles, où les Anglois de Madras en envoyent beaucoup. Les François en tirent aussi une assez grande quantité par Pondichery. Le cobre revient à dix-sept pouces & demi de France.

SALANT. On appelle Marais salans, les Marais où se fabri-

fabriquent les sels de France, particuliérement en Bretagne, en Poitou & dans le Païs d'Aunix. *Voyez* Sel.

SAL-ARMONIAC. *Voyez* Armoniac, *ou* Sel.

Le Sal-Armoniac, comme il est nommé dans le Tarif de 1664, paye en France les droits d'entrée à raison de 100 s. le cent pesant.

Le Sal, ou Sel-Armoniac paye les droits de la Douane de Lyon; savoir, 3 liv. 2 s. 6 d. d'ancienne taxation, & 3 liv. pour les quatre pour cent.

SAL DE VERRE. *Voyez* Verre, *ou* Sel.

Le Sal de verre paye 16 s. du cent pesant.

SALDO. Terme corrompu de l'Italien, qui a quelqu'usage en Provence & dans quelques autres Provinces de France voisines de l'Italie. Il signifie Soulte de compte.

SALE. On le dit des lieux où les Maîtres à danser & les Maîtres en fait d'armes reçoivent leurs Ecoliers, & leur donnent des leçons. *Voyez ces deux articles.*

Sale. Gâté, gras, plein d'ordures & de vilenies, qui n'a pas été nétoyé, ni blanchi. Des habits gras, sales & crasseux.

On appelle un Gris-sale, un gris un peu brun & foncé, qui n'est pas si sujet à se tacher, à se salir.

Sale, en termes de Marine. Se dit des Mers & des Côtes dangereuses, pleines de bancs, ou basses, ou brisans. Toutes les Mers & Côtes de Hollande sont sales & pleines de batures & de sables.

SALER LES CUIRS. C'est les saupoudrer de sel marin & d'alun, ou de natrum, après qu'ils ont été abatus ou levez de dessus les animaux, pour empêcher qu'ils ne se corrompent jusqu'à-ce qu'on les porte chez les Tanneurs. *Voyez* Boucher & Tanneur.

Saler des chairs, du beurre, du haran, de la moruë, &c. *Voyez* Salaison.

Saler. Se dit aussi en termes de Commerce, du prix excessif qu'un Marchand met à sa marchandise. Ce Marchand a de bonne marchandise, mais il la sale bien.

SALERAN, ou SELERAN. On nomme ainsi dans les papeteries une espéce de Maître Ouvrier ou d'Inspecteur, qui a soin de faire donner au papier tous ses apprêts, comme de le coler, presser, sécher, rogner, lisser, plier, le mettre en mains & en rames. On l'appelle Saleran, parce qu'il est le Maître de la sale où l'on donne ces derniéres façons au papier. *Voyez* Papier.

SALEUR. Celui qui sale. Un Saleur de moruë: Un Saleur de haran.

L'Ordonnance des Gabelles parle de Maîtres Saleurs en titre d'Office.

SAL-GEMME, ou SARGEMME, comme l'appelle le Tarif de 1664. *Voyez* Sel.

Le Sal-Gemme paye en France les droits d'entrée à raison de 26 s. le cent pesant, suivant le Tarif de 1664; & par celui de Lyon 8 s. du quintal pour tous droits.

Le Sel-Gemme est du nombre des marchandises du Levant, sur lesquelles on léve vingt pour cent de leur valeur, outre le droit ordinaire, suivant l'Arrêt du 15 Août 1685.

SALICORE, ou SALICOTE. C'est ce qu'on appelle communément Sel de soude. *Voyez* Soude.

SALIERE. Creux qui vient aux yeux des chevaux lors qu'ils sont vieux. Les saliéres servent ordinairement dans le Commerce des chevaux à juger de leur âge. Le jugement n'en est pourtant pas certain, y ayant de jeunes chevaux qui ont des saliéres. *Voyez* Cheval.

SALIGNON. Pain de sel blanc qui se fait avec l'eau des fontaines salées; qu'on fait évaporer sur le feu. Ces sortes de pains se dressent dans des éclisses comme des fromages, avant qu'ils ayent pris entiérement leur consistance. On en fait aussi dans des sebilles de bois. Le sel de Franche-Comté & de Lorraine se fait en salignons. *Voyez* Sel.

SALIN. Terme de Regratiéres de sel. Dans le Commerce du sel à petite mesure on appelle le Salin, une espéce de baquet de figure ovale dans lequel les Vendeuses renferment le sel qu'elles debitent aux coins des ruës de la Ville de Paris. Quelques-unes l'appellent Sauniére.

SALINE. Se dit ordinairement des poissons de Mer que l'on a fait saler pour les conserver.

Il se fait en France & dans les Païs Etrangers un Négoce assez considérable de saline. Les poissons qui en font le principal objet, sont la moruë, le saumon, le maquereau, le haran, l'anchois & la sardine. On les trouvera expliquez chacun à leur article.

A Paris & dans les autres Villes du Royaume il est permis à toutes personnes indistinctement de faire Commerce de saline, sans qu'il soit besoin d'être d'aucun Corps ni Communauté. On a remarqué que ce sont les Marchands Epiciers & Merciers qui s'y attachent le plus volontiers.

SALINES. Lieux où l'on fait le sel. Ce terme convient également à tous les lieux d'où se tire le sel, soit qu'il s'y fasse naturellement par la seule ardeur du Soleil, comme à Brouage; soit qu'on employe l'industrie & l'art pour le tirer de l'eau de la Mer ou des fontaines & puits salez par évaporation & avec le secours du feu, comme à Salins & en Normandie; soit enfin qu'il se tire des entrailles de la terre, où il se forme à la maniére des minéraux, comme en Pologne.

Ces trois sortes de salines ont outre cette dénomination générique, chacune un nom specifique qui les distingue. On appelle Marais salins, les salines où le sel se forme par la seule ardeur du Soleil; mines de sel, les carriéres où se coupe & d'où se tire le sel en pierre & fossile; & Salines proprement dites, les lieux où le sel se cuit & se fait par évaporation sur des fourneaux.

Les principales salines de la premiére espéce sont en France, Brouage, Marans, l'Isle de Ré dans la Saintonge & dans le Païs d'Aunis; Bourneuf, le Croisil, Guerande dans le Comté Nantois; & en Amérique l'Etang de Campêche dans la Nouvelle Espagne.

Il y en a aussi en plusieurs lieux de l'Espagne Européenne, & il s'en trouve abondanment sur la plûpart de ses Côtes Méridionales; mais particuliérement aux environs de la Baye de Cadix & dans l'Isle d'Yvice.

Les Anglois, les Hollandois & les Nations du Nord le trouvent moins bon pour les salaisons des chairs & du poisson que celui de France; & ce n'est qu'à son défaut & pendant la guerre qu'ils s'en fournissent en Espagne, comme ils font aussi à Saint-Ubez en Portugal, où il y a pareillement quelques salines.

Les mines ou salines de sel terrestre & fossile les plus célébres en Europe, sont celles de Wilisca à cinq lieuës de Cracovie; celles ouvertes à deux milles d'Eperies dans la Haute-Hongrie; & celles des montagnes du Duché de Cardonne en Catalogne.

Pour

Pour les salines de la derniére espéce, ou salines proprement dites, les plus considérables sont les salines de Salins en Franche-Comté; celles de Château-Salins, de Roziéres & de Dieuse en Lorraine ; & celles qui sont en Normandie dans les Elections d'Avranches, de Coutances, de Carantan, de Valogne, de Bayeux & de Pont-Levêque.

Dans les salines de Normandie on tire le sel de l'eau de la Mer; & dans les salines de Lorraine & de Franche-Comté il se fait avec de l'eau de fontaines & de puits salez.

Il y a quelques lieux de Normandie où non seulement le nombre des salines est fixé par l'Ordonnance des Gabelles de 1680, mais où même il est réglé combien il en doit travailler par jour, comme au Marais de S. Arnoul, de Tronville, de S. Pierre & S. Thomas de Touques, où il n'est permis d'avoir que vingt-quatre salines, dont huit seulement doivent travailler par chaque jour. *Voyez l'article du* SEL; *il y est traité au long de toutes les sortes de sels qui se font dans les trois espéces de salines.*

SALME, en Italien *Salma.* Mesure des liquides dont on se sert dans la Calabre & dans la Pouille, Provinces du Royaume de Naples.

La salme est de dix stars, & le star de 32 pignatolis ou pots, qui font à peu près la pinte de Paris: ainsi la salme contient environ 320 pots ou pintes.

SALME. C'est aussi un poids de 25 livres.

SALME. C'est encore une mesure des grains dont on se sert à Palerme. Le salme contient seize tomoli, & le tomoli quatre mondels. 10 salmes deux septiémes font le last d'Amsterdam.

SAL-NITRE. *Voyez* NITRE, *ou* SEL.

Le Sal-Nitre paye les droits d'entrée sur le pied de 40 s. du cent pesant.

SALOIR. Vaisseau de bois où l'on garde le sel. Les Chaircuitiers nomment aussi le Saloir, le Vaisseau où ils salent la chair de porc & les lards qu'ils coupent & débitent en fléches. Ces saloirs sont ordinairement de bois, quelque-fois ronds, & quelque-fois longs en forme de coffres ou de cuves. Il y a aussi des saloirs de terre cuite, dont l'ouverture est très-large. Les chairs salées se conservent mieux dans ces derniers; mais outre qu'ils se cassent aisément, ils ne sont pas capables d'en contenir beaucoup.

SALORGES. Amas de sel, ou espéces de meules de sel destiné pour en faire Commerce.

L'Ordonnance des Gabelles défend d'avoir des salorges plus près de cinq lieuës des Greniers de la Ferme.

SALPESTRE, ou SELPESTRE, que les Chymistes appellent Dragon, Cerbere, ou Sel d'Enfer. C'est une espéce de sel naturel, ou artificiel très-connu & d'un grand usage, soit dans la chymie, soit pour la composition de la poudre à canon, soit pour la teinture où il est compté parmi les drogues non colorantes, c'est à dire, avec lesquelles on prépare les étoffes à être mises en couleur.

Il s'en consume encore beaucoup dans les verreries, pour les eaux-fortes, & pour la fonte des métaux.

On donne aussi au salpêtre le nom de Nitre.

Le Salpêtre naturel, ou minéral, se trouve en plusieurs endroits du Royaume de Pégu & aux environs d'Agra, dans des Villages présentement deserts. On en trouve aussi dans quelques campagnes le long du Volga, cette riviére si fameuse, qui après avoir arrosé une partie de la Moscovie & du Royaume d'Astrakan, va se décharger dans la Mer Caspienne.

Le salpêtre naturel se tire de trois sortes de pierres, de noires, de jaunes & de blanches. Le salpêtre qui vient des pierres noires est le meilleur, n'ayant pas besoin comme les deux autres d'être purifié pour en faire la poudre à canon.

Une autre sorte de salpêtre naturel est celui qui distillant dans des cavernes, ou le long des vieilles murailles, s'y forme en cristaux. On l'appelle Salpêtre de roche: les Anciens le nommoient Aphronitre.

L'eau du Nil, ce Fleuve si fameux de l'Egypte, aidée de l'ardeur du Soleil, & ménagée à peu près de même que l'eau de la Mer dans les marais salans de Brouage où l'on fait le sel commun en France, fournit une troisiéme espéce de Salpêtre naturel, connuë des Anciens sous le nom de *Natrum*, ou *d'Anatrum*, que les Droguistes appellent communément Natron. C'est proprement ce qu'on nomme de la Soude blanche. *Voyez* SOUDE.

Autre-fois il se faisoit en France un si grand Commerce de ce Salpêtre, qu'il s'en consumoit dans la seule Ville de Paris le poids de plus de dix millions de livres. Depuis qu'il a été défendu aux Marchands d'en faire venir, ni d'en vendre, il y est devenu si rare, qu'on peut presque assurer qu'il ne s'y en trouve point du tout.

Le Salpêtre artificiel, sur tout celui qu'on fabrique dans l'Arsenal de Paris, où les Marchands Epiciers & Droguistes de la Ville & des environs, & ceux qui en ont besoin doivent s'en fournir, se fait avec des matiéres nitreuses ramassées dans les vieux Bâtimens, dans les colombiers & au milieu des vieilles démolitions, en les lessivant avec des cendres de bois & quelque-fois d'herbes, & le Salpêtre qui en provient est rafiné par trois ou quatre cuites, qu'on fait passer successivement par plusieurs lessives.

On lui donne différens noms suivant qu'il est plus ou moins rafiné, comme Salpêtre de houssage, Salpêtre de terre, Salpêtre commun, ou de la premiere eau, Salpêtre rafiné, &c. Le Salpêtre de la troisiéme eau, qu'on appelle Salpêtre en glace, & qui est le plus excellent, ne se vend point; mais après avoir été fondu & mis dans des tonneaux, se conserve pour la composition de la poudre à canon.

On fait encore une quatriéme espéce de Salpêtre, qu'on nomme Salpêtre en roche: celui-ci se fabrique en le faisant fondre sans eau dans une chaudiére de fer à force de feu; il sert à faire la poudre la plus fine, & celle qu'on doit embarquer sur la Mer.

Quelques Salpêtriers prétendent que l'on peut réanimer les terres qui ont déja servi, en les gardant quelques années, pourvû qu'on les conserve à couvert, & qu'on les arrose des écumes & des eaux inutiles des Salpêtres que l'on cuit, ou même seulement d'urine.

L'on peut voir à la page 93 du second tome des Mémoires d'Artillerie, la maniére de faire le salpêtre & de le rafner.

Le bon salpêtre commun doit être bien dégraissé, blanc, sec, & le moins chargé de sel qu'il se peut.

Le meilleur salpêtre rafiné est celui dont les cristaux sont les plus beaux, les plus longs & les plus larges.

L'on fait un grand nombre de préparations chimiques avec le salpêtre, & entr'autres l'esprit de nitre, l'eau régale, l'eau-forte, le cristal minéral, le sel polycreste, le sel antifebril ou contre les fiévres, le beurre de nitre, &c.

Le Salpêtre paye en France les droits d'entrée à raison de 20 s. le cent pesant, & pour ceux de sortie 4 liv. conformément au Tarif de 1664.

Les droits de la Douane de Lyon sont de 4 s. 3 d. le quintal d'ancienne taxation, 6 s. 9 den. de réapréciation, & 12 s. pour les anciens quatre pour cent.

SALPESTRIER. Ouvrier qui ramasse les matiéres propres à faire du salpêtre, qui les lessive, qui les cuit, ou qui rafine le salpêtre quand il est fait. On appelle aussi Salpêtrier le Marchand qui le vend.

Il y a à Paris une espéce de Communauté de Salpêtriers, qui prennent la qualité de Salpêtriers du Roi pour la confection des salpêtres de France pour le service de Sa Majesté.

Cette Communauté n'a ni Lettres Patentes d'érection en Corps de Jurande, ni Statuts qui leur ayent été donnez par les Rois, ni apprentissage, ni chef-d'œuvre, ni maîtrise: chaque particulier qui veut être reçû n'a besoin que d'une Commission, qui lui est délivrée par le Commissaire Général des poudres & salpêtres du Département de Paris, & qui doit être enregistrée au Greffe du Bailliage de l'Artillerie.

Avant le milieu du dix-septiéme Siécle il ne s'étoit point parlé de Réglement général qui fixât la discipline des Salpêtriers entr'eux; & ceux qui étoient alors pourvûs de Commissions se contentoient d'observer assez mal les Ordonnances anciennes faites par les Rois François I. Charles IX. & Henri IV. sur le fait des poudres & salpêtres.

Ce défaut de discipline, qui jettoit souvent le trouble & la division parmi eux, les ayant engagé à convenir de quelques articles de Réglement, ils leûr donnérent le nom de Statuts; & pour leur attribuer plus d'autorité, ils en requirent l'enregistrement au Greffe du Bailliage du Château du Louvre, Artillerie, Poudres & Salpêtres par tout le Royaume de France; ce qui fut éxécuté le 11 du mois de Mai 1658, sur le consentement du Procureur du Roi, & de l'Ordonnance du Lieutenant Général audit Bailliage.

Ces Statuts consistent en vingt articles.

Par le premier la Communauté, pour tenir la main à l'éxécution des anciennes Ordonnances sur le fait des salpêtres, & veiller à celle de ce nouveau Réglement, établit un Syndic & quatre Maîtres & Gardes, qui tous doivent demeurer deux ans en charge; en sorte néanmoins que l'élection du Syndic ne se fasse que tous les deux ans; & que deux Maîtres & Gardes seroient élûs chaque année à la place des deux plus anciens; les uns & les autres en l'Auditoire & par devant le Bailly de l'Artillerie, ou son Lieutenant.

Les visites doivent se faire par le Syndic & les quatre Gardes, mais seulement de l'ordre du Commissaire Général des Poudres & Salpêtres, & avec lui, ou avec une personne préposée de sa part, & toûjours accompagné d'un Huissier ou autre Officier de Justice.

Par le second article, sainte Barbe est choisie pour Patrone de la Communauté, & l'élection des Maîtres de la Confrairie est réglée, dans laquelle ne peuvent être reçûs que les Salpêtriers & les Officiers de l'Artillerie.

Le troisiéme ordonne que de quinzaine en quinzaine tous les Salpêtres qui seront faits & fabriquez par les Salpêtriers, seront portez dans les magazins du Roi, délivrez au Commissaire Général, pour être payez suivant le prix qu'il en fixera à proportion de leur bonté & qualité: & défenses sont faites, sous peine de confiscation des cuviers, d'une amende de 48 liv. parisis, & d'être privé de sa Commission, de vendre à d'autres qu'au Roi, ou receler aucun Salpêtre, soit des premiéres cuites, soit du rafiné, sous quelque prétexte que ce soit.

Le quatriéme article donne pouvoir aux Syndic & Gardes de visiter les Salpêtres, fourneaux, chaudiéres, mesures à acheter les cendres, &c. & en cas de défectuosité, de le saisir & conduire à l'Arsenal de Paris, d'en dresser leur procès verbal, pour en être raporté par devant les Officiers du Bailliage, & les Délinquans condannez à l'amende de 8 liv. parisis, & leur Commission révoquée.

Le sixiéme régle le nombre des hommes que chaque Salpêtrier pourra envoyer à la recherche des terres propres à faire le Salpêtre, à savoit deux pour les atteliers depuis huit jusqu'à douze cuviers de cuite, & seulement un pour ceux depuis deux jusqu'à sept.

Les 7, 8, 9, 10, 11 & 18 articles contiennent un Réglement pour la fouille & l'enlévement des terres.

Le douziéme parle des Assemblées des Syndic & Gardes, qui doivent se faire tous les quinze jours, le samedi à deux heures après-midi, dans la maison du Commissaire Général, pour visiter les Salpêtres livrez pendant la quinzaine, & rebutez par ledit Commissaire, pour en être le prix payé sur l'estimation qu'ils en feront; & en cas de deux mauvaises livraisons faites de suite par le même Salpêtrier, il est ordonné que son attelier sera fermé, & sa Commission révoquée.

Dans le treiziéme les cuviers des atteliers sont ordonnez d'une grandeur & hauteur égale, à la volonté du Commissaire Général, & qu'ils seront marquez aux armes de l'Artillerie.

Il est traité dans le 14, 15 & 16 du prix des cendres, qui sera réglé tous les trois mois par les Syndic & Gardes; des mesures à les acheter, qui seront étalonnées aux armes de l'Artillerie, & délivrées aux Salpêtriers par le même Commissaire; des Vendeurs & Marchands des cendres, qui ne pourront être débauchez les uns aux autres, non plus que les Compagnons, qu'on ne pourra prendre sans la permission de ceux chez qui ils auront servi.

Le dix-huitiéme fixe l'heure du travail; depuis Pâques jusqu'à la S. Remi, à commencer à cinq heures du matin jusqu'à sept du soir; & depuis la saint Remi jusqu'à Pâques à ouvrir l'atelier, depuis six heures du matin jusqu'à six du soir.

Enfin, le vingt & dernier contient attribution de toutes les contestations au sujet desdits Statuts, à la Jurisdiction du Bailliage de l'Artillerie, sous peine d'amende & de privation de leurs Charges & Commissions contre ceux qui se pourvoiroient ailleurs, & ordonne que lesdits Statuts y seroient enregistrez.

SALPESTRIERE, lieu où l'on fait le Salpêtre. La Salpêtriere Royale de l'Arsenal de Paris, est une des plus belles

belles de France. On ne donne guére le nom de Salpêtriére qu'aux grands ateliers, où il y a un nombre considérable de cuviers. Les autres s'appellent simplement Ateliers à Salpêtre.

SALSEPAREILLE, ou SARCEPAREILLE. Plante qui croît dans la nouvelle Espagne & au Pérou, & qu'on apporte aussi des Indes Orientales.

La débauche de l'un & de l'autre séxe ne fait faire qu'un trop grand Commerce de cette drogue, dont le principal usage est d'entrer dans les décoctions & les tisannes qu'on donne pour les maladies secrettes.

Cette plante se plaît dans les lieux humides & marécageux; sa racine qui est la partie de la plante qu'on employe dans les remédes, se partage en quantité de longs filamens de six ou sept pieds, & de la grosseur d'une plume à écrire: elle est grise en dehors & blanche au dedans, mais teinte de deux rayes rougeâtres. Ses branches rampent sur la terre, ou s'attachent le long des arbres comme la vigne-vierge; ses feuilles sont longues, étroites, divisées par plusieurs nervûres, & d'une couleur verte, du bas desquelles sortent de menus filets qui servent comme de crochets pour la tenir plus ferme aux arbres, autour desquels elle s'entortille; ses fleurs sont blanches en forme d'étoiles, & ses fruits rouges un peu aigrelets.

Il y a une autre espéce de Salsepareille dont les filamens de la racine sont plus gros, & qu'on appelle Salsepareille de Marignan, Isle sur la Côte du Bresil dans le continent de l'Amérique méridionale possédée par les Portugais. Elle est moins bonne que la petite dont on vient de parler.

La Salsepareille qu'on nomme de Moscovie, & qui peut-être est la même que celle de Surinam, mais dont les racines sont encore plus grosses, n'est bonne qu'à brûler.

Il vient de Hollande de la Salsepareille en petites botes coupées par les deux bouts, qui ne vaut guére mieux. Celle qu'on apporte de Marseille aussi en botes, mais qui sont plus longues & d'une couleur rougeâtre par dessus, n'est pas estimée de bonne qualité par quelques Droguistes; mais d'autres, & particuliérement le Sieur Pomet dans son Histoire générale des Drogues, ne la trouvent point différente de la véritable Salsepareille d'Espagne.

La bonne Salsepareille, outre les qualitez de la couleur dont on a parlé dans sa description, doit être séche, en longs filamens, facile à fendre en deux, dont en la fendant il ne sorte point de poussiére, & que bouillie dans de l'eau, elle la rende d'une couleur rouge.

La Salsepareille paye en France les droits d'entrée à raison de cent sols du cent pesant, conformément au Tarif de 1664.

Les droits de la Douane de Lyon sont; savoir, 3 l. 2 s. 6 d. le quintal d'ancienne taxation, & 4 liv. pour les anciens quatre pour cent.

Cette drogue est du nombre des marchandises venant du Levant, sur lesquelles il se léve vingt pour cent, suivant l'Arrêt du 15 Août 1685.

SALVAGE, ou SAUVELAGE. Droit qui se paye à ceux qui ont aidé à sauver des marchandises & autres choses qui périssoient dans un naufrage. C'est ordinairement le dixiéme de ce qu'on a sauvé. *Voyez* BRIS & ECHOUEMENT.

SAMBARAME. Espéce de Santal que l'on voit rarement en France. *Voyez* SANTAL.

SAMBOUC. Bois de senteur que les Nations de l'Europe qui négocient sur les Côtes de Guinée ont coûtume d'y porter, non pas pour aucun Commerce avec les Négres, mais pour en faire des présens aux Rois du Païs, qui en font grand cas. On y joint ordinairement de l'Iris de Florence, afin que le présent soit mieux reçû.

SAMIS, ou SAMILIS. Etoffe très-riche, lamée, ou tramée de lâmes d'or. Cette étoffe est de Manufacture Venitienne, mais peu connuë présentement. Il s'en porte pourtant encore à Constantinople. La Tradition veut que le fameux Oriflame si célébre autre-fois en France, que quelques-uns croyent n'avoir été que la Baniére de l'Abbaïe Royale de saint Denis, étoit de cette étoffe.

Il y avoit aussi des Samis tout de soye & d'autres sans soye.

L'on trouve quatre sortes de Samis tariffez dans le Tarif de la Douane de Lyon de 1632; savoir, les Samis de Florence, de Bologne & de Naples, & le Samis sans soye.

Le Samis sans soye paye 21 s. de la piéce d'ancienne taxation, & 3 s. de reâppréciation.

Le Samis de Florence 19 s 9 d. de la livre d'ancien droit, & 5 s. de nouveau droit.

Enfin, les Samis de Bologne & de Naples, comme celui de Florence.

SAMOUL-BACHA. L'on nomme ainsi à Constantinople, le col de la Martre Zibeline, qui est l'endroit de cette riche fourrure, qui est le moins estimé.

SANAS. On appelle ainsi des Toiles de Coton blanches ou bleuës, qui ne sont ni fines, ni grosses, que l'on tire des Indes Orientales, particuliérement de Bengale. Les blanches ont à la piéce neuf aunes un tiers sur trois quarts à cinq sixiémes de large; & les bleuës onze aunes un quart à douze aunes sur sept huitiémes de large.

SANDAL. Qu'on prononce & qu'on écrit plus ordinairement Santal. Bois Médecinal qui vient des Indes Orientales. *Voyez* SANTAL.

Le Tarif de 1664. & celui de la Douane de Lyon de 1632, donnent à ce Bois le nom de Sandal, & le tarifient sous cette dénomination.

Par celui de 1664, toutes sortes de Sandals payent les droits d'entrée à raison de 3 l. le cent pesant.

Et par celui de la Douane de Lyon 17 s. 6 d. le quintal d'ancienne taxation, & 20 s. pour les anciens quatre pour cent.

SANDALINE. On nomme ainsi une petite étoffe qui se fabrique à Venise. Elle est propre pour le Commerce des Indes Occidentales; & les Marchands de Ligourne y en envoyent quantité par les Vaisseaux qu'ils frettent pour l'Espagne.

SANDARAC. Espéce d'Orpiment rouge. *Voyez* ORPIMENT.

SANDARAC, ou plûtôt SANDARAQUE. C'est aussi une gomme blanche qui coule par incision du tronc & des grosses branches du Génévre. *Voyez ci-après* SANDARAQUE.

SANDARAQUE, ou SANDARAC. Espéce de gomme qui coule du tronc & des grosses branches du grand Génévre, quand on y a fait des incisions pendant les plus fortes chaleurs de l'Eté.

Le Génévre qui produit cette drogue est un arbre qui s'éléve s'éléve plus ou moins haut suivant les lieux où il croît; il est rarement droit, ses feuilles sont petites & étroites, piquantes & toûjours vertes; son fruit qui est de la grosseur d'une noisette, est verd la premiére année, brun la seconde, & enfin tout noir la troisiéme. Lors qu'il est mûr il est de quelqu'usage dans la Médecine.

Il y a une autre espéce de Génévre qu'on appelle le petit Génévre, qui est fort commun & fort connu en France, mais qui donne fort peu de Sandaraque. En récompense on tire de son fruit des huiles, des eaux, des sels, des esprits & des extraits que l'on croit souverains à bien des sortes de maux.

Le Sandaraque entre dans la composition du vernis. On en fait aussi une poudre impalpable pour froter le papier; ce qui le blanchit, empêche qu'il ne boive, rend l'écriture plus belle, & même sert à recouvrir les ratures qu'on est obligé quelque-fois de faire.

Le meilleur Sandaraque est celui qui est en larmes, belles & bien blanches, & sans poussiére. Les Suédois, les Anglois & les Hambourgeois en font un assez grand Commerce. Les habiles Droguistes prétendent que le Sandaraque du Génévre n'est pas le véritable, mais seulement celui qui coule de l'Oxicédre. *Voyez* Oxicedre.

Le Sandaraque paye en France les droits d'entrée à raison de 25 s. le cent pesant, suivant le Tarif de 1664.

Les droits de la Douane de Lion dans le Tarif de laquelle cette gomme est appellée Sandarache, sont de 4 s. 3 d. d'ancienne taxation, 6 s. 9 d. de nouvelle réappréciation, 12 s. pour les quatre pour cent, & 8 s. pour leur augmentation.

Sandaraque. C'est aussi un minéral que l'on trouve dans les mines d'or & d'argent. On divise cette Sandaraque en naturelle & en factice. La naturelle est proprement l'arsenic rouge; la factice n'est autre chose que la ceruse poussée au feu. L'un & l'autre sont un très-dangereux poison.

SANDIX. Espéce de Minium, ou plûtôt de Massicot rouge, qui se fait avec de la ceruse poussée au feu, & rubifiée. On se sert peu de sandix dans la peinture; le véritable vermillon auquel on pourroit le substituer, faisant une couleur bien meilleure, plus durable & plus brillante: *Voyez* Massicot.

SANG DE BOUC. C'est le Sang des Boucs, soit domestiques, soit sauvages, que l'on prépare avec d'assez grandes précautions pour s'en servir en médecine.

Voici les principales préparations de ce Sang auquel on attribuë tant de qualitez extraordinaires.

Il faut que les Boucs dont on veut se servir à cet usage n'ayent pas plus de quatre ou cinq ans; qu'on les ait nourris assez long tems d'herbes aromatiques, & sur tout de celles qu'on estime saxifragès; que l'on tire le Sang de la gorge ou des testicules en les leur coupant, mais qu'on ne se serve ni du premier, ni du dernier sorti, le premier étant trop plein d'humidité, & le dernier trop grossier: que cette opération ne se fasse qu'en Juillet, & que le Sang réservé soit mis dans un vase de fayance, & séché au Soleil, ou à l'ombre, & ensuite enfermé dans un vaisseau de verre pour s'en servir au besoin.

Entre plusieurs vertus spécifiques qu'on attribuë au Sang de Bouc, les deux plus considérables sont de guérir la pleuresie sans saignée, & de briser la pierre dans la vessie, en le prenant dans quelques liqueurs convenables à ces deux maladies. Le bon Sang de Bouc doit être extrêmement sec & dur, & difficile à réduire en poudre. *Voyez* Bouc.

Le Sang de Bouc paye les droits de la Douane de Lyon à raison de 10 s. du quintal.

SANG DE DRAGON, qu'on nomme quelque-fois improprement SANG-DRAGON. Est une drogue autre-fois très-estimée, mais très-peu connuë des Anciens, qui en relevoient le prix par l'origine fabuleuse qu'ils lui donnoient; la faisant passer pour du véritable sang de ces dragons, qu'ils supposoient mourir au milieu de la victoire qu'ils remportoient sur des éléphans, qui en expirant de leurs blessures empoisonnées, les écrasoient par leur chûte.

Chez les Modernes cette drogue n'est qu'une simple gomme qui découle de différens arbres qui ne se ressemblent en rien, & qui croissent en divers Païs, tels que sont entr'autres les Grandes Indes, les Isles Canaries & l'Isle de Madagascar.

Les arbres d'où distile le sang de dragon des Indes, ont de longues feuilles en forme de lames d'épées, d'un assez beau verd. Du bas de ces feuilles naissent des fruits ronds de la grosseur de nos cerises, qui sont jaunes d'abord, rougissent en meurissant, & enfin prennent un très-beau bleu dans leur parfaite maturité. On dit que ces fruits ont sous leur premiére peau une espéce de figure de dragon, qui jointe au rouge de sang qu'a cette gomme, lui a fait donner le nom qu'elle porte.

Les Habitans des lieux où croissent ces arbres font des incisions à leurs troncs, où il sort une liqueur fluide & rouge qui se durcit au lever du Soleil, & qui se forme en petites larmes friables. Après cette premiére liqueur il en coule une seconde plus épaisse & moins précieuse, que les Marchands de Paris recevoient autre-fois envelopée dans des feuilles des mêmes arbres en morceaux de la grosseur & de la figure d'un œuf de pigeon. Présentement cette gomme a bien les mêmes envelopes, mais elle n'est que de la grosseur & longueur du petit doigt: on l'appelle Sang de dragon en roseau, ou rouleau.

Celui qui est en larmes doit être choisi en petites larmes, claires, transparentes, très-friables, & que la poudre en soit d'un beau rouge foncé; mais comme il est très-rare, on n'employe pour l'ordinaire que de celui en roseaux, dont le bon doit approcher autant qu'il se peut des qualitez du premier. On peut l'éprouver en faisant des rayes avec la pointe des roseaux sur du papier, sur du verre chaud, ou sur une pierre à rasoir mouillée, & on le doit juger des meilleurs, quand il laisse des rayes d'un beau rouge. Il vient aussi du sang de dragon des Indes en masse, mais le beau est rare.

Le sang de dragon des Canaries coule de deux différens arbres, dont l'un a la feuille comme celle du poirier, mais plus longue, & les fleurs en forme d'un féret d'aiguillette d'un très-beau rouge; l'autre arbre a des feuilles semblables à celles du cerisier, & a des fruits jaunes formez en côtes de la grosseur d'un œuf de poule, qui enferment un noyau de la figure & grosseur d'une muscade où l'on trouve une amande de la même forme & couleur.

C'est de l'incision que l'on fait aux troncs & aux plus grosses branches de ces deux arbres que l'on tire le sang de dragon des Canaries, qui n'approche pas néanmoins de la

bonté

bonté de celui qui vient des Indes. Pour le déguiser, quelques-uns le font amolir dans de l'eau chaude, & le réduisent en roseaux, ou rouleaux; mais les habiles Marchands Epiciers & Droguistes ne s'y trompent pas. Le meilleur sang de dragon des Canaries est celui qui a le plus des qualitez de celui des Indes.

A l'égard du sang de dragon de Madagascar, c'est le moins estimé de tous, quoi qu'il soit d'une assez bonne qualité; mais les ordures & les corps étrangers dont il est tout plein, sont cause que les Marchands Epiciers & Droguistes n'aiment guére à s'en charger.

Les Insulaires appellent Rhaa, c'est à dire, sang, l'arbre d'où ils le tirent; & Mafoutra, ou Voafoutra, le fruit qu'il produit.

Le rhaa est un arbre grand comme un noyer, qui a la feuille semblable à celle du poirier, mais un peu plus longue. Sa fleur de couleur de feu est suivie d'un fruit de la grosseur d'une petite poire & de la même forme, hormis que le gros du fruit est du côté de la queuë, & qu'il a cinq espéces de cornes. Son bois est blanc & fort sujet à la pourriture. Il sort de son écorce, de son tronc & de ses branches, lors qu'on les pique, une liqueur toute semblable au sang humain; & c'est-là le sang de dragon qui s'épaissit & se durcit ensuite.

Il n'est point vrai, comme on le suppose, que les fruits de cet arbre ayent la figure d'un dragon sous la premiére peau, (c'est la remarque de M. de Flacour dans son Histoire de l'Isle de Madagascar;) ce qui pourroit faire aussi douter du dragon que l'on veut pareillement qui se trouve dans les fruits de l'arbre d'où découle le sang de dragon des Indes.

Cette gomme est apportée par les Vaisseaux de la Compagnie des Indes Françoises. Elle vient en pelotes de différentes grosseurs, mais, comme on l'a déja dit, très-remplie de vilenies; ce qui la rend moins de vente. Les mêmes Vaisseaux apportent aussi de petits bâtons blancs & legers couverts de sang de dragon, qui servent à nétoyer les dents: on les nomme *Bois de Palile*. Ce sont les Habitans de Madagascar qui les préparent de la sorte, en les faisant tremper dans cette gomme qu'ils ont liquefiée.

Les Hollandois envoyent encore en France deux espéces de sang de dragon; l'un est en pains plats, d'un rouge extrêmement foncé, luisant tant dedans que dehors, raisonnablement friable, d'un assez beau rouge quand il est écrasé, & de l'odeur de la cire d'Espagne lors qu'il est brûlé; mais ce n'est autre chose qu'un mêlange de sang de dragon, & de deux autres gommes qui n'ont point les mêmes qualitez; ce qui doit le faire rejetter.

L'autre sang de dragon qui vient de Hollande est encore une plus mauvaise drogue, n'étant simplement que de la gomme Arabique, ou de Senégal, avec une teinture de bresil de Fernambouc. Il n'y a que des Marchands sans honneur & sans conscience qui puissent donner pour véritable sang de dragon, cette malheureuse sophistiquerie.

L'on prétend que le sang de dragon est fort astringent; aussi les Médecins l'ordonnent-ils quelque-fois avec assez de succès dans les dissenteries & pertes de sang. On veut aussi qu'il ait la qualité de fortifier les gencives, & d'affermir les dents ébranlées.

Le sang de dragon paye en France les droits d'entrée suivant sa qualité; savoir, le sang de dragon fin 10 liv. du cent pesant, & le sang de dragon moyen seulement 100 s. l'un & l'autre conformément au Tarif de 1664.

Les droits de la Douane de Lyon sont de 3 l. 2 s. 6. d. pour l'ancienne taxation, & 12 s. pour les quatre pour cent.

Cette drogue est du nombre des marchandises venant du Levant, sur lesquelles il se léve vingt pour cent de leur valeur, suivant l'Arrêt du 15 Août 1685.

SANGLARGAN. Drogue médecinale propre à arrêter le sang. Elle vient de la Chine. Les Chinois en portent beaucoup au Japon, où ils la vendent avec grand profit. Elle ne revient ordinairement à Canton qu'à quarante-cinq taëls le pic, & les Japonnois l'achétent jusqu'à cent soixante.

Il semble que cette drogue n'est point différente du sang de dragon, dont on a parlé si amplement dans l'article précédent.

SANGLER LE FROMAGE. C'est le serrer bien fort tout autour avec une sangle de peau, ou legére écorce de sapin, pour en conserver la forme pendant qu'on lui donne le sel. Il ne se dit que des fromages de Griers & de Berne. *Voyez* FROMAGE, *où l'on parle de la fabrique de ceux de Griers.*

SANGLES. Espéces de tissus grossiers plus ou moins longs & larges, composez de plusieurs gros fils de chanvre entrelassez les uns dans les autres, qui se fabriquent par les Cordiers.

Les sangles font partie du Négoce des Marchands de fer & des Clinquailiers, qui font du Corps de la Mercerie. Elles se distinguent en Sangles pour chevaux de selle; en Sangles pour chevaux de bâts ou autres bêtes de somme; & en Sangles à Tapissier, ou pour meubles.

Les sangles pour chevaux de selle qui s'employent par les Selliers, se font ordinairement à Paris, à Argenteuil, à Châlons en Champagne & à Carbonne en Picardie. Les Parisiennes sont ou blanches, ou grises rayées de rouge & de bleu; celles d'Argenteuil sont grises sans rayes; & celles de Châlons & de Carbonne sont grises rayées de rouge. Les unes & les autres ont une aune de longueur mesure de Paris, à l'exception de celles de Carbonne qui sont plus courtes d'un demi-quart. Les meilleures & les plus estimées sont celles d'Argenteuil; celles de Paris ne vont qu'après; ensuite celles de Châlons; celles de Carbonne sont les moindres de toutes.

Les sangles de Paris, d'Argenteuil & de Carbonne se vendent à la douzaine, chaque douzaine composée de six sangles fenduës par les deux bouts, & de six autres sangles non fenduës, qui se nomment communément Surfais. Pour ce qui est de celles de Châlons, elles sont pour l'ordinaire par paquets de douze sangles, ou de douze surfais, & se vendent sur les lieux par grosses de six douzaines de sangles & de six douzaines de surfais.

Les sangles pour chevaux de bât, ou autres bêtes de somme, sont plus étroites, plus longues, plus fortes & plus grossiéres que les précédentes. Ces sangles qui s'employent par les Bourreliers, se vendent par piéces plus ou moins longues, suivant que les Cordiers qui les ont fabriquées ont jugé à propos de les faire, n'y ayant rien de réglé là-dessus, & se tirent pour l'ordinaire des mêmes endroits que celles destinées pour les chevaux de selle.

Il faut remarquer que tant que les sangles pour chevaux de bât sont en piéces, elles s'appellent du tissu; ne perdant ce nom pour prendre celui de Sangles, que lors qu'elles sont coupées par morceaux de longueur proportionnée à leur usage.

Les sangles à Tapissier sont inférieures en qualité à toutes celles dont il vient d'être parlé. Elles viennent la plûpart de Châlons en Champagne. Celles qui ont environ quatre pouces de large, & qui servent à sangler des chaises, des fauteuils, des sofas, des canapez, des formes, des lits, &c. se vendent à la grosse, chaque grosse composée de douze piéces, & la piéce contient sept à huit aunes mesure de Paris. Il s'en fait quelques-unes plus étroites de semblable qualité, qui se vendent de même, dont le principal usage est pour attacher aux métiers des Tapissiers, Brodeurs, &c. Celles de vingt à vingt-quatre lignes de large qui servent à border les tentes & les tapisseries, qui à cause de leur emploi sont appellées Bordûres, se vendent aussi à la grosse, chaque grosse composée de vingt-quatre piéces de six à sept aunes chacune.

Les Sangles de toutes sortes payent les droits de la Douane de Lyon à raison de 15 f. la charge de trois quintaux, & encore 5 f. le cent pesant pour la nouvelle réapréciation; ce qui fait en tout 30 f. de la charge.

SANGLES-BLANCS. On donne ce nom à une sorte de fils qui viennent de Hollande. Ils servent aux Ouvriéres en point à picoter leurs ouvrages, c'est à dire, à faire cette bordure en forme de petites dents qu'on appelle des Picots, dont on termine les points faits à l'aiguille, du côté opposé à celui de l'angrelure. *Voyez* FIL.

SANGLES-BLEUS BON TEINT. C'est encore une espéce de fil teint en bleu, qui sert à faire les linteaux du linge de table, particuliérement aux serviettes & aux napes. Ces fils se fabriquent & se mettent en teinture à Troyes en Champagne, d'où les Tisserans qui travaillent à cette sorte de lingerie, & les Marchands Merciers de Paris, qui font le Commerce des fils, ont coûtume de les tirer. *Voyez* FIL.

SANGLIÉR. Porc sauvage qui ne se plaît que dans les forêts. On en tire quelques marchandises pour le Commerce. *Voyez* PORC.

SANGUINE. Espéce de jaspe qui vient de la nouvelle Espagne; elle est de couleur obscure, marquée de quelques taches de sang. On la croit souveraine pour toutes sortes d'hémorragies & de pertes de sang. *Voyez* JASPE.

SANGUINE. Pierre fossile fort rouge qui a sa propre mine, & qui sert aux Peintres à faire des crayons propres à dessiner.

La meilleure sanguine vient d'Angleterre, il faut la choisir moyennement tendre, facile à se couper ou sier en longs crayons & rejetter celle qui est trop dure ou graveleuse. Les Orfévres & les Doreurs s'en servent aussi à brunir l'or en feuilles qu'ils employent.

Quelques-uns donnent à la sanguine le nom de pierre hématite, supposant qu'elle a une qualité particuliére d'arrêter le sang; mais d'autres prétendent que la véritable pierre hématite est ce que l'on appelle ordinairement Feret d'Espagne. *Voyez* FERET D'ESPAGNE.

La Sanguine paye en France les droits d'entrée à raison de 36 f. du cent pesant, conformément au Tarif de 1664.

Les droits de la Douane de Lyon où elle est appellée Rouge d'Angleterre, sont de 10 f. du quintal.

SANTA. Monnoye de compte. On appelle ainsi à Banitam & dans toute l'Isle de Java, aussi-bien que dans quelques Isles voisines, un certain nombre de caxas (petite monnoye du Païs) enfilez ensemble avec un cordon de paille.

Le santa est de deux cens caxas & vaut neuf deniers de Hollande, ou près d'onze de France. Cinq santas font le sapocou qui revient à trois sols neuf deniers de Hollande, ou quatre sols quatre deniers de France. *Voyez* CAXA.

SANTAL. Bois dur, pesant & odorant qu'on apporte des Indes Orientales.

Il y en a de trois sortes qui toute-fois ne sont pas trois espéces différentes, mais seulement qui ont diverses couleurs suivant la diversité du climat où ils naissent.

Le Santal que quelques-uns nomment aussi Sandal, est un arbre de la hauteur des noyers d'Europe; ses feuilles sont semblables à celles du Lintisque, ses fleurs sont de couleur d'asur tirant sur le noir, & ses fruits sont comme nos cerises, avec la différence qu'ils sont d'abord verds, & qu'ils noircissent à mesure qu'ils meurissent, qu'ils tombent facilement de l'arbre quand ils sont meurs, qu'ils sont d'un goût insipide & de nule valeur.

L'on appelle Santal citrin celui qui vient de la Chine & du Royaume de Siam; il est jaune, pesant, de bonne odeur; sert à la médecine & aux Parfumeurs; on l'apporte en buches & tout mondé de son écorce. Quelquefois on donne du bois de citron en sa place, & c'est à quoi il faut prendre garde en l'achetant.

Le Santal blanc approche beaucoup du citrin, la couleur seule & l'odeur les distinguent; il entre comme lui dans les remédes; ist est aussi en buche & sans écorce, mais il vient de l'Isle de Timor.

C'est de l'Isle de Tanassarin & de la Côte de Coromandel qu'on apporte le Santal rouge en grosses & longues buches; le meilleur est celui qui est noirâtre au dessus & rouge brun au dedans. Ce Santal est difficile à fendre, parce qu'il n'est pas de fil; il n'a presque pas d'odeur & est d'un goût insipide. On lui substituë souvent le bois de corail qui pourtant est bien différent.

On prétend que lés Santaux sont astringens, qu'ils fortifient le cœur & le cerveau, & qu'ils arrêtent le vomissement.

On peut voir ci-devant à l'article SANDAL *qui est le nom sous lequel ce bois est tariffé, les droits d'entrée qu'il paye en France.*

SANTAL. On appelle Santal en taffetas une sorte de taffetas qu'on apporte de Constantinople, à qui on a fait prendre la teinture du Santal rouge en poudre, en le faisant bouillir avec quelques acides; son usage est pour le mal des yeux au lieu de taffetas verd dont plusieurs se servent pour les essuyer quand ils sont pleureux & pleins de sérositez.

SANTONINE, qu'on nomme aussi Semencine & Barbotine, & chez les Epiciers-Droguistes Semen-contra. Espéce de graine propre à faire mourir les vers qui s'engendrent dans le corps humain. *Voyez* BARBOTINE.

La Santonine, ou Barbotine, paye en France les droits d'entrée à raison de cent sols le cent pesant, conformément au Tarif de 1664.

Les droits de la Douane de Lyon sont de 3 liv. du quintal.

quintal d'ancienne taxation & de 12 liv. pour les quatre pour cent.

SAPAN. Nom que les Hollandois donnent au bois de Bresil qui vient du Japon. Il y en a de deux sortes, le gros Sapan & le petit Sapan. Ce dernier se nomme aussi Sapan-Bimaës. *Voyez* BRESIL.

SAPHIR. Pierre précieuse transparente, tirant sur l'azur, ou bleu céleste.

Cette pierre est extrêmement dure & ne peut que difficilement être gravée; les différentes couleurs en font les différentes espéces. On estime les plus bleus les mâles, & les plus blanchâtres les femelles.

Les Saphirs du Pégu sont les plus estimez, ils se trouvent dans les mêmes mines que les rubis. On en tire aussi des Royaumes de Calecut & de Cananor, & il en viendroit de Ceylan d'où on en tireroit quantité, si le Roi de cette Isle n'en interdisoit le Commerce avec les étrangers.

Les Saphirs de Bohême & de Silesie sont aussi beaucoup estimez, mais non pas en comparaison des Orientaux.

Ceux qu'on trouve près du Puys en Auvergne tirent sur le verd.

L'œil de chat est aussi une espéce de Saphir estimé pour ses couleurs & pour le poliment qu'il prend comme le véritable Saphir.

Quelques Auteurs prétendent que le Saphir poussé à certain degré de chaleur entre deux creusets lutez, perd toute sa couleur & devient si parfaitement blanc, qu'il peut tromper les yeux des Jouailliers & passer pour un véritable diamant. Bien des personnes estiment le Saphir au dessus du Rubis & lui donnent le second rang parmi les pierres précieuses.

Les Chimistes font diverses préparations avec le Saphir, comme du sel, de la teinture, de l'essence, de l'eau, de l'huile, &c. & il n'est guére de maladies qu'ils ne se vantent de pouvoir guérir avec les remédes qu'ils en composent.

Les superstitieux ne lui attribuent pas moins de qualitez ocultes & de vertus toutes puissantes, qu'il seroit assez inutile & trop long de rapporter ici.

Les Marchands Epiciers-Droguistes vendent de deux sortes de Saphirs qui entrent dans la confection d'hyacinthe; les uns sont rouges, les autres sont noirâtres; ces derniers qui ressemblent plûtôt à du mache-fer qu'à une pierre précieuse, noircissent la confection d'hyacinthe, & ainsi sont peu propres pour cet électuaire: pour les saphirs rouges ce sont de petites pierres de la grosseur d'une tête d'épingle, ordinairement d'une couleur de vin, qui étant extrêmement dures sont très-difficiles à broyer. Quelques-uns supposent à la place des Saphirs des pierres vermeilles, ou petits grenats de Hollande; mais les Connoisseurs ne s'y laissent pas tromper.

On appelle Saphirs-Rubis certaines pierres précieuses bleuës & rouges, qui ne sont autre chose que des rubis dont la couleur n'est pas encore bien formée. *Voyez* RUBIS.

SAPIN. Arbre qui vient très-haut & très-droit, dont le bois est blanc, léger, combustible & couvert d'une écorce résineuse & blanchâtre.

Ses feuilles qui se conservent vertes en tout tems, & qui sont assez semblables à celles de l'if, naissent le long des branches; elles sont de figure oblongue, rondes & étroites, dures & un peu piquantes; les chatons ou fleurs ne laissent rien après eux.

Le fruit qui vient sur le pied de l'arbre est formé de plusieurs écailles en maniére de pomme de pin ou de cône; sous chaque écaille se trouve deux maniéres de grains qui sont la semence de l'arbre.

Il y a une autre sorte de sapin qui a les feuilles plus menuës, plus noirâtres, moins dures & moins piquantes que celles du précédent, dont les branches & les fruits s'inclinent vers la terre.

Le sapin fournit trois choses pour le Commerce, le bois, la térébenthine & une autre résine d'une consistance plus épaisse, qui sert à faire de la poix. *Voyez* TEREBENTHINE.

Le sapin tient un rang assez considérable dans le Négoce des bois, étant propre à la charpente des maisons, à la menuiserie & à la mâture des Vaisseaux & Bâtimens de mer.

Le sapin propre à la mâture se tire pour l'ordinaire des Païs du Nord; il en vient cependant quantité des environs de Bayonne, du Dauphiné, de la Franche-Comté & d'Auvergne; mais celui du Nord est le plus estimé.

Tout celui qui se voit à Paris tant pour la charpente que pour la menuiserie, y est envoyé d'Auvergne & de quelques endroits circonvoisins.

Le sapin d'Auvergne vient en solives ou piéces équarries ou siées depuis six jusques à dix pouces de grosseur, sur trois jusques à cinq toises de longueur, & en planches de diverses longueurs, largeurs & épaisseurs.

Les longueurs les plus ordinaires des planches sont de six, huit, neuf, dix & douze pieds; celles de six pieds ont neuf lignes d'épaisseur, & depuis dix jusques à dix-huit pouces de largeur; celles de huit pieds ont trois quarts de pouce d'épaisseur & un pied de large; & celles de neuf, dix & douze pieds ont un bon pied franc siées de largeur, sur treize à quatorze lignes d'épaisseur. Le sapin employé dans la charpente des Bâtimens est d'une très-longue durée, pourvû qu'il ne soit point couvert de plâtre, ni enfermé.

Les Sapins à faire échelles ou combles de maisons, payent en France les droits d'entrée à raison de 20 s. le cent en nombre.

Et les petits Sapins à faire pioches 15 s. Voyez l'article des Bois.

SAPINIERE. Forêt de sapin.

SAPINIERE. C'est aussi un bateau construit de sapin, dont on se sert sur la Riviére de Loire à transporter des marchandises; la sapiniére est moins longue qu'un chalant, mais elle est plus large. *Voyez* BATEAU.

SAPOCOU. Monnoye de compte de l'Isle de Java & de quelques Isles voisines.

Le sapocou est composé de cinq santas, & chaque santa de deux cens caxas, en sorte que le sapocou contient mille caxas.

A l'égard du caxa c'est une petite monnoye courante de plomb & d'écume de cuivre dont les deux cens valent près de douze deniers de France. *Voyez* CAXA.

SAR. On nomme ainsi sur les Côtes du Païs d'Aunys une espéce d'herbe marine que l'on appelle en Normandie Varech, ou Vraicq, & en Bretagne, Gouesmon. *V.* VARECH.

SARAIS. On nomme ainsi dans les Etats du grand Mogol de grands bâtimens qui sont dans la plûpart des Villes, & qui y tiennent lieu de ce qu'on appelle en Europe des Hôtelleries; ils sont moins grands que les caravenseras; & les Marchands n'y sont reçûs avec leurs marchandises qu'en payant un certain droit. *Voyez* CARAVENSERA.

SARASINOIS, ou SARRASINOIS. Ce terme se disoit autre-fois & s'entend encore dans les Statuts de divers Artisans & Ouvriers, particuliérement dans ceux des Maîtres Tapissiers de la Ville & Fauxbourgs de Paris, de toutes sortes d'ouvrages de tapisseries qui se font en Orient, comme les tapis de Turquie & de Perse.

C'est, à ce qu'on croit, sur ces ouvrages ainsi nommez du nom des Sarrazins qui occupoient la Terre sainte, & contre lesquels les Chrêtiens ont fait tant de Croisades que ces derniers ont pris le modèle des hautes & basses lisses qui ont continué depuis ce tems-là de se fabriquer en Europe.

Les Maîtres Tapissiers de Paris prennent la qualité de Maîtres Tapissiers de haute-lisse sarrazinois & de rentraiture, &c. *Voyez* HAUTE-LISSE & TAPISSIER.

SARCOCOLE. Gomme qui découle d'un petit arbre épineux dont les feuilles sont assez semblables à celles du séné de la plate.

Les Auteurs, ni les Marchands, ne sont pas d'accord sur les lieux où croît cette sorte d'arbre; les uns veulent que ce soit en Perse & les autres dans l'Arabie déserte ou pierreuse. Cette gomme coule de l'arbre, ou sans incision, ou avec incision; ses larmes sont de différentes couleurs, tantôt blanches, quelque-fois jaunes & souvent rouges; mais elles sont toutes également bonnes: il faut seulement les choisir bien séches, soit qu'elles soient restées en larmes, ou qu'elles se soient égrenées, ce qui arrive souvent. Leur goût doit être sucré, accompagné d'un peu d'amertume assez désagréable. On estime cette gomme très bonne pour la guérison des playes; elle vient par la voye de Marseille.

La sarcocole qui est en masses brunes, soit qu'elle soit une composition de plusieurs gommes, soit que ce ne soit que de la vraye sarcocole marinée & gâtée, qu'on a tâché de racommoder, comme il y a plus d'apparence, doit être absolument rejettée, aussi-bien que celle dont les grains sont bruns & qui est remplie d'ordures.

La Sarcocole paye en France les droits d'entrée à raison de 4 liv. du cent pesant, conformément au Tarif de 1664.

Elle est du nombre des marchandises venant du Levant, sur lesquelles on léve vingt pour cent de leur valeur, suivant l'Arrêt du 15 Août 1685.

SARDINE. Poisson de mer plus gros que l'anchois, mais plus petit que le haran.

La sardine a la tête dorée, le ventre blanc & le dos verd de mer, c'est à dire, un peu blanchâtre. Ce poisson mangé frais & légérement saupoudré de sel, passe pour excellent; on estime sur tout les sardines de Royan petite Ville de Xaintonge.

Il y a des saisons propres pour la pêche de la sardine, étant comme l'anchois & le haran un poisson de passage.

On les apprête & on les sale de la même maniére que les anchois, avec cette différence cependant qu'on laisse la tête aux uns & qu'on l'ôte aux autres. On reconnoît aisément l'anchois d'avec la sardine, quoi que la tête ait été arrachée à cette derniére, l'anchois ayant le dos rond & la sardine étant très-plate.

La pêche des sardines est très-considérable en France; elle s'y fait depuis la rade des sables d'Olone en Bas-Poitou, jusques à la Baye de Douarnenez, même jusques à Brest. Elle commence du côté des sables & de S. Gilles dans le mois de Juin. Ce poisson se vend dans ces endroits au sortir de l'eau à des gens qui le salent & le portent sur des chevaux dans les Villes circonvoisines où la nouveauté le fait beaucoup rechercher.

Les sardines suivent ordinairement la Côte, & peu de tems après qu'elles ont paru aux sables & à S. Gilles, on commence à en prendre à Belle-Isle, ensuite au Port-Louïs, à Crac & à Quiberon; puis à Concarneau, & enfin à Douarnenez, à Crozon & à Camaret près de Brest. On a vû pêcher des sardines dans la Baye de Douarnenez pendant les Avents de Noël.

Le long des Côtes de Bretagne depuis Belle-Isle, jusques à Brest, il se fait un très-grand Négoce de sardines; il y en a que l'on vend en sel, ou en pile; d'autres que l'on met en futailles & qui s'appellent Pressées, d'autres que l'on fait sécher au feu & à la fumée qui se nomment Sorettes, & d'autres que l'on met en sausse dans de petites boites, ou barils que l'on appelle Sardines confites. *Voyez* CONFIRE DES SARDINES.

Il ne se fait pas présentement tant de sardines en sel, ou en pile qu'autre-fois, à cause du trop d'exactitude des Commis des Gabelles qui les criblent quand elles passent par leurs Bureaux pour en faire tomber tout le sel, ce qui les fait souvent pourir.

Celles qui viennent en futailles se nomment Sardines pressées, parce qu'effectivement après qu'elles ont été quelque tems dans le sel, on les lave bien & on les met dans des barils où l'on les presse pour en tirer l'huile qui les feroit corrompre. Les futailles dont on se sert sont un peu plus grandes qu'une demi-barique; les meilleures sont faites de bois de fouteau, ou hêtre, les sardines s'y conservant mieux que dans celles qui sont d'un autre bois. Quoi que ces futailles soient petites, l'on n'en donne cependant que quatre pour un tonneau. Il y a des Réglemens pour la jauge dont elles doivent être, parce que dans toute la Bretagne on achéte presque toûjours les sardines pressées au tonneau.

Sur la fin de la pêche lors que les sardines sont un peu grandes, il s'en presse aussi en bariques de la grosseur ordinaire; mais celles-là s'achétent & se vendent au compte, pour lequel on se rapporte à la bonne foi des Pêcheurs qui les arrangent dans les bariques, & marquent sur l'un des fonds la quantité de sardines qu'elles contiennent.

Les sardines qui se pêchent dans les mois de Juillet, Août & Septembre, ne sont pas bonnes pour être pressées, parce que les grandes chaleurs rendant ce poisson mol, il s'éventre facilement en le pressant; c'est ce qui fait que les sardines pressées qui se font à Belle-Isle, à Port-Louïs, à Crac & à Quiberon, ne sont pas fort estimées, la pêche ne donnant dans ces endroits que jusques au mois de Septembre, au lieu qu'elle ne fait presque que commencer à Concarneau & à Douarnenez, où elle dure, quand le tems n'est pas trop rude, quelque-fois jusques à Noël.

C'est

C'eſt de ces deux derniers endroits & particuliérement de Douarnenez que l'on tire les meilleures ſardines, & qui ſe conſervent le mieux. Les Malouins y en vont charger des Navires entiers, pour porter en divers lieux du Levant.

Les ſardines pour être de bonne qualité doivent être bien preſſées, fermes, blanches & claires, point éventrées, ni moles, ni jaunes, d'une grandeur médiocre, qu'il en entre environ ſix mille dans chaque barique, car lorſ qu'il y en a davantage, ce qui quelque-fois va juſqu'à dix mille, elles ſe trouvent trop petites, & lors qu'il y en a moins elles ſe trouvent trop grandes, ce qui fait qu'une petite barique n'en peut contenir que deux à trois mille, en ſorte que le Marchand qui eſt obligé de les débiter en détail, n'y trouve pas ſon compte.

Les ſardines ſorettes ſe vendent & s'achétent au compte; quand elles ne ſont point grillées elles ſont plus eſtimées que les preſſées & que celles qui ſe vendent en ſel, auſſi ſe vendent-elles plus cher. C'eſt de la derniére pêche, & lors que les ſardines ſont bien fermes & grandes que l'on les fait ſorer.

Il ſe fait un grand débit de ſardines à Bordeaux, à la Rochelle & à Nantes, de même que dans quelques petits Ports du Païs d'Aunis & de la Province de Xaintonge.

Il s'en envoye quelque-fois à Bayonne & en Biſcaye; mais elles n'y ſont chéres que lors que la pêche n'a pas été favorable en Eſpagne où l'on en prend beaucoup du côté de Galice.

La pêche des ſardines qui ſe fait ſur les Côtes de Bretagne, occupe plus de trois cens chaloupes & preſque tous les Matelots du Païs dans la ſaiſon; chaque chaloupe eſt ordinairement du port de deux à trois tonneaux, montée de cinq hommes & de douze filets de 20 à 30 braſſes.

La barique s'y vend depuis vingt juſqu'à cinquante livres; la plus grande conſomption de ce poiſſon Breton eſt pour l'Eſpagne, le Portugal, l'Italie & toute la Méditerranée. La pêche eſt ordinairement ſi bonne, qu'à Port-Louis ſeul il ſe fait, année commune, juſqu'à quatre mille bariques de ſardines.

Les ſardines qui ſe pêchent en Languedoc ſe portent preſque toutes en Rouſſillon, en Dauphiné & dans le Lyonnois.

L'on pêche auſſi des ſardines à la Côte d'Angleterre; mais elles ne ſont pas tant eſtimées que celles de Bretagne, quoi qu'elles ſoient plus grandes & les futailles d'un tiers plus groſſes & plus longues qu'en Bretagne; cela provient de ce que l'on ne les ſale pas ſi bien en Angleterre, & qu'elles ne peuvent ſe conſerver long tems, outre qu'elles ne ſont pas d'un ſi bon détail.

L'huile des ſardines preſſées ſe ramaſſe & ſe met dans des bariques; elle ſert à brûler & à graiſſer; elle auroit plus de propriétez ſi elle n'étoit pas ſalée.

Il ſe fait dans les mois de Mai & Juin ſur les Côtes de Dalmatie proche de l'Iſle de l'Iſſa en tirant au midi, une pêche de ſardines ſi abondante, qu'elle ſuffit non ſeulement pour la fourniture de toute la Gréce, mais encore d'une grande partie de l'Italie; les Turcs prennent ce poiſſon comme une eſpéce de médecine lors qu'ils ſont malades.

Les ſardines ſuivent la lumiére & s'aſſemblent autour du bateau qui la porte la nuit, ce qui ne contribuë pas peu à en faciliter la pêche, pour laquelle on employe ſur les Côtes de France certains œufs de poiſſon que l'on nomme Reſure, Rogues, Raves, ou Coques, qui viennent de différens endroits, & dont il ſe fait un aſſez grand Commerce en Bretagne du côté de la mer; ces œufs étant une eſpéce d'appas pour les ſardines qui les fait élever du fond de l'eau & donner dans les filets. *Voyez* Resure.

L'article 11 du titre 2 du liv. 5 de l'Ordonnance de la Marine du mois d'Août 1681, permet de faire la pêche des ſardines avec des rets, ayant des mailles de quatre lignes en quarré & au deſſus.

Les Sardines en général payent en France les droits d'entrée à raiſon de 10 ſ. le baril contenant deux milliers de poiſſons; mais lors qu'elles entrent par Anjou & Thouars, elles payent 40 ſ. conformément au Tarif de 1664.

SARDIS. Draps aſſez communs qui ſe fabriquent à Bourg en Breſſe, à Pondevaux, à Monluet, à la Charité de Mâcon, à Cluny & en quelques autres lieux de la Province de Bourgogne. Le Réglement du 21 Août 1718 pour les Manufactures de cette Province, veut que les ſardis ſe montent dans des rots d'une aune de largeur, & qu'ils ayent une demi-aune au retour du Foulon. *Voyez* Drap *où l'on a donné l'extrait de ce Reglement.*

SARDOINE, ou CARNEOLE. Pierre précieuſe de couleur de ſang à demi-tranſparente. C'eſt la même que l'on nomme communément Cornaline.

Les plus belles ſardoines ſont celles qui viennent des environs de Babylone, celles de Sardaigne ont le ſecond rang. On en trouve près de ſainte Maure en Albanie qui ne ſont pas mépriſables, non plus que celle des Indes; les moindres de toutes ſont celles des environs du Rhin, de la Bohême & de la Sileſie. Pour donner plus d'éclat à ces pierres, on met deſſous une feuille d'argent quand on les monte.

La ſardoine ſert ordinairement à faire des cachets, ſe gravant facilement & prenant un beau poli.

L'Auteur du livre qui paſſe fauſſement pour être d'Albert le Grand, attribuë à la ſardoine des vertus qui la mettroient hors de prix ſi elles étoient véritables. *Voyez* Agate.

SARDONIX. Pierre précieuſe qui tient de la ſardoine & de l'onix, ou agate. *Voyez ci-deſſus* Sardoine. *Voyez auſſi* Agate.

SARETTE, ou SARRETE. Plante qui ſert aux Teinturiers pour teindre en jaune, qui croît en pluſieurs lieux de France; elle ne fait pas une ſi belle couleur que la gaude, & ainſi il ne faudroit l'employer que pour les verds, pour les feuilles-mortes & autres couleurs compoſées où entre le jaune; elle peut auſſi ſervir pour les jaunes des couvertures de laines les plus groſſiéres & des étoffes d'un très-bas prix.

La ſarette qu'on veut conſerver doit être cueillie très-mûre, ce qui n'eſt pas ſi néceſſaire quand on l'employe ſur le champ. *Voyez* Jaune.

SARGE. C'eſt ainſi qu'on nommoit autre-fois cette étoffe qu'on appelle préſentement Serge, & c'eſt ſous ce nom qu'elle eſt toûjours employée dans le Tarif de la Douane de Lyon de 1632. *Voyez* Serge.

SARRASINOIS. *Voyez* SARASINOIS.

SART,

SART. *Voyez* SAR, ou VARECH.

SARTIE. Terme de marine qui n'est en usage que sur la Méditerranée. Il signifie tous les agreils & apparaux qui servent à équiper & armer un Vaisseau ; quelquefois néanmoins il ne s'entend que des seuls cordages. *Voyez* APPARAUX, *ou* AVARIE.

SAS. Espéce de tamis qui sert à séparer la farine d'avec le son, ou à rendre la farine déja passée au bluteau, encore plus fine en lui ôtant le gruau.

Les Sas des Boulangers & des Patissiers qui sont ceux qui en font le plus grand usage, sont ou de figure ovale, ou de figure ronde. Les Sas ronds servent à sasser à deux mains & en l'air, & les Sas ovales à sasser sur le pétrin le long d'un ou de dix bâtons ronds qui le traversent dans toute sa longueur, & sur lesquels le Sas s'appuye & se conduit. Une étamine de laine ou de soye très-claire leur sert de fond.

Si l'étamine est placée entre deux éclisses, elle est bordée tout autour d'une corde de crin qui la tient bandée. S'il n'y a qu'une éclisse l'étamine y est clouée.

SAS. Les Maçons se servent aussi de Sas pour passer leur plâtre; ils en ont de ronds & d'ovales comme les Boulangers & Patissiers; mais au lieu d'étamine de soye, ou de laine, ils ont un tissu ou toile de crin. *Voyez* RAPATELLE.

On appelle du Plâtre au Sas celui qui y a été passé, pour le distinguer du gros plâtre & du plâtre au panier. Le plâtre au Sas est même de deux sortes, celui au Sas fin, & celui au gros Sas.

Les Chandeliers se servent aussi d'un Sas de crin pour passer leur suif fondu au sortir de la poîle avant de la mettre dans l'abîme, ou dans la tinette. *Voyez* CHANDELLE.

SASSAFRAS, que quelques-uns appellent aussi SAXAFRAS, Bois de Canelle, & Pavame. C'est le bois d'un arbre qui croît dans la Floride, où il y en a des forêts entiéres. On l'a nommé Bois de Canelle à cause de son odeur; ce qui fit d'abord espérer aux Espagnols lors qu'ils firent la conquête de la Floride, sous Ferdinand de Soto en 1538, qu'ils avoient trouvé dans les Indes Occidentales cette précieuse Epicerie qui ne croît que dans l'Isle de Ceylan aux Indes Orientales.

Cet arbre a son tronc fort droit, du haut duquel sortent quantité de branches chargées de feuilles semblables aux feuilles du Figuier. Le suc de ces feuilles est bon pour la guérison des playes.

Le bois de Sassafras, sur tout son écorce dans laquelle on croit plus de vertus que dans le bois, étoit autre-fois très-estimé en France, & on le vendoit jusqu'à quarante francs la livre, pour l'employer avec l'Esquine & la Salsepareille à la guérison des maladies vénériennes. Présentement le Commerce n'en est pas si considérable.

Il faut choisir le Sassafras garni d'une écorce grosse, rougeâtre & raboteuse, d'un goût âcre, & d'une odeur forte & aromatique. On hache, l'on rape & l'on réduit en poudre ce bois pour s'en servir. Ceux qui l'achétent de la sorte doivent prendre garde qu'il ne soit point vieux haché, rapé ou pulvérisé; car pour lors il perd son odeur, & n'est plus d'aucune vertu.

Le Sassafras paye en France les droits d'entrée à raison de cent sols le cent pesant, conformément au Tarif de 1664, *où il est employé sous le nom de Saxafras.*

Les droits de la Douane de Lyon sont de 7 l. 2 f. 6 d. d'ancienne taxation, & 9 l. pour les quatre pour cent. Il y est appellé Salsafra.

SASSENAGE. Sorte d'excellent fromage qui prend son nom du lieu où il se fabrique en Dauphiné. *Voyez* FROMAGE *à l'endroit où il est parlé de ceux de France.*

SASSER. Passer de la farine, du plâtre, ou d'autres matiéres réduites en poudre à travers d'un Sas pour en séparer le plus fin d'avec le plus gros. *Voyez* SAS.

SAT. Mesure dont on se sert à Siam pour mesurer les grains, les graines, les légumes & quelques fruits secs.

C'est une espéce de boisseau fait de bambou, entrelassé à peu près comme les Vanniers font à Paris cette petite mesure pour les avoines, qu'on appelle un Picotin, qui a la forme d'un panier d'osier.

Les quarante Sats font le Seste, & les quarante Sestes le Cohi. Il est difficile de réduire réguliérement ces mesures à celles d'Europe. Quelques-uns estiment le Seste cent Catis; mais comme on le dit en plusieurs endroits de ce Dictionnaire, le Cati n'est pas du même poids dans toutes les Indes Orientales, quoi que le nom y soit presque par tout le même.

A estimer les cent Catis 125 liv. poids de marc, le Sat seroit environ de 3 liv. & le Cohi de 5000 liv.

SATIN. Etoffe de soye polie & luisante, dont la chaîne est fort fine & fort en dehors; & la trême qui est plus grosse est cachée toute en dedans. C'est cette maniére de fabriquer le Satin, qui lui donne ce lustre & ce brillant qui en fait le prix & la beauté.

Il y a des Satins unis, des Satins brochez, des Satins à fleurs d'or ou de soye, des Satins rayez, enfin diverses autres sortes & façons suivant le génie de l'Ouvrier qui fait imaginer de nouvelles modes pour donner du débit à sa marchandise.

Toutes ces sortes de Satins doivent être faits sur des Rots de onze vingt-quatriémes; c'est à dire, avoir une demi-aune moins un vingt-quatriéme entre ses lisiéres. Ceux où il y a de l'or & de l'argent doivent être tramez d'or & d'argent fin, & leur chaîne, aussi-bien que celle des Satins, tout de soye, & la trême de ceux-ci doit être de pure & fine soye cuite sans mêlange de soye teinte sur crû, à peine de soixante livres d'amende & de confiscation.

Les façons des Satins se font en y ajoûtant de nouvelles chaînes ou trêmes.

Ce qu'on appelle des Furies sont des Satins unis imprimez & peints de diverses couleurs. Ces Satins sont sévérement défendus en France, soit qu'ils soient peints dans le Royaume, en Flandres, ou en Hollande, soit qu'ils viennent véritablement des Indes. *Voyez* ETOFFES DES INDES, *ou* FURIES.

Outre les Satins qui se fabriquent en France, les Marchands en tirent quantité d'Italie. Les plus beaux sont ceux de Florence & de Gennes, ausquels néanmoins les Satins de Lyon cédent très-peu.

Les Satins, soit avec or, soit sans or, payent en France les droits d'entrée & de sortie sur le pied des Draps d'or, d'argent & de soye. Voyez DRAPS D'OR & D'ARGENT.

SATIN DE BRUGES, qu'on nomme aussi Satin Caffard. C'est un Satin dont la premiére fabrique s'est faite à Bruges; la chaîne en est de soye, & la trême de fil.

Les

Les Satins de Bruges qui se fabriquent en France doivent avoir de largeur au moins demi-aune moins un seize, ou demi-aune entiére, ou même demi-aune & un seize, à peine de trente livres d'amende.

Ils payent d'entrée 8 liv. pour chaque piéce de trente aunes, & 13 liv. du cent pesant pour la sortie, suivant le Tarif de 1664 & par celui de Lyon 25 s. de la piéce.

Ce dernier Tarif entre dans un grand détail des droits que payent toutes sortes de Satins à la Douane de cette Ville; savoir,

Les Satins or & argent 45 sols de la livre.

Les Satins brochez aussi avec or & argent 4 liv. 10 sols.

Les Satins brochez communs 3 liv. 5 sols.

Les Satins brochez de Venise 28 sols 3 den.

Les Satins de Gennes 23 sols 4 den. la liv. & encore 3 liv. de la piéce pour le Mandement.

Les Satins de Florence 24 sols de la livre.

Les Satins de Boulogne & de Naples comme Florence.

Les Satins de Milan 23 sols.

Les Satins de Lucques 22 sols.

Les Satins violets ou incarnat cramoisi de Venise, Florence, Milan, Naples & Lucques, 48 sols.

Les Satins de soye rouge cramoisi des mêmes lieux, 2 liv. 17 sols la livre; ce qui s'entend aussi de tous les autres Satins ci-dessus tariffez.

Satin. On appelle Ruban de Satin celui qui est fabriqué à la maniére du Satin. Il y en a de simples & d'autres à double endroit. *Voyez* Ruban & Rubanerie.

Satin des Indes, qu'on nomme aussi Satin de la Chine. C'est une étoffe de soye assez semblable aux Satins qui se fabriquent en Europe. Il y en a de plains, soit blancs, soit d'autres couleurs. Il y en a aussi à fleurs d'or ou de soye, à carreaux, de damassez, de rayez & de brochez.

On les estime particuliérement parce qu'ils se blanchissent & se repassent aisément sans presque rien perdre de leur lustre, & sans que l'or en soit ni plus applati, ni moins brillant : ils n'ont pourtant ni l'éclat, ni la bonté de ceux de France. Il y en a des piéces de quatre aunes & demie, de sept, de huit & de douze de longueur, sur trois huitiémes, cinq sixiémes & cinq huitiémes de largeur.

Satin line'e. Etoffe de soye ou Satin de la Chine, pliée d'une maniére singuliére. Il y en a de deux sortes: les unes sont pliées de la forme des livres qu'on appelle gros *In-octavo*, & les autres de celle d'un *In-quarto*. Les longueurs & largeurs n'en sont pas certaines. Il y en a de onze aunes ou environ la piéce, & d'autres seulement de six. Les linées blancs à fleurs sont de la derniére mesure; les couleurs à fleurs & les brochées sont de la premiére.

Il se fait en France des Satins mêlez de fleuret & de fil, qu'on nomme Satins de la Chine. Ce sont des espéces de Satins de Bruges, mais dont la rayure est différente, étant faite en forme de rochers, & de ce qu'on appelloit autre-fois, Point de la Chine en fait de tapisserie à l'aiguille. Les Satins de la Chine doivent avoir les largeurs de ceux de Bruges. *Voyez ci-devant* Satin de Bruges.

SATINADE. Petits Satins très-foibles & très-legers, dont les Dames font des robes longues de Printems, ou d'Autonne, ou des robes à se peigner. Ils sont communément rayez.

Satinade. Est aussi une petite Etoffe à peu près comme le Satin de Bruges, mais plus foible, dont on fait des meubles, particuliérement des tapisseries de cabinet.

SATINER. Donner à un tissu ou à un ruban la façon & l'œil du Satin.

SATINE'. Ce qui a l'éclat du Satin. Il se dit dans le Négoce des étoffes assez communément, & quelquefois dans celui des pierreries. La couleur satinée en fait de pierres précieuses, est une couleur claire & brillante. C'est l'opposé de velouté. *Voyez* Veloute'.

SATTEAU. Espéce de Barque ou grosse Chaloupe dont on se sert au Bastion de France sur la Côte de Barbarie, pour la pêche du corail. *Voyez* Corail.

SAUCE, qu'on écrit aussi SAUSSE. Composition liquide dans laquelle les Cuisiniers font cuire diverses sortes de mets, ou qu'ils font à part pour manger les viandes quand elles sont cuites. C'est de cette derniére espéce de sauce que les Vinaigriers de Paris sont appellez dans leurs Statuts Maîtres Sauciers. *Voyez l'article suivant.*

SAUCIER. Celui qui compose ou qui vend des sauces. Les Maîtres Vinaigriers prennent dans leurs Statuts, tant anciens que nouveaux, la qualité de Maîtres Sauciers, à cause des diverses sauces qu'ils ont droit de composer & de débiter, & que le vinaigre même qu'ils font & qu'ils vendent passe pour une des meilleures sauces pour beaucoup de mets & de viandes.

Les sauces des Vinaigriers dont il est parlé dans le quinziéme article de leurs Statuts de 1658, sont la sauce jaune, la cameline & la sauce moutard, toutes présentement ignorées, ou du moins hors d'usage sur les tables délicates, où nos nouveaux Cuisiniers en ont introduit beaucoup d'autres moins simples & plus piquantes, & de-là plus préjudiciables à la santé. *Voyez* Vinaigrier.

SAUCISSONS, ou TURBANS. C'est le nom que nos Marchands Droguistes & Epiciers donnent à la Gomme Gutte en rouleaux. *Voyez* Gomme Gutte.

Saucissons. Ce sont aussi de grosses Saucisses qui se font en plusieurs endroits, particuliérement en Italie avec de la chair de porc cruë, bien batuë & bien broyée dans un mortier, où l'on mêle quantité d'ail, de poivre en grain & autres épices. Les meilleurs Saucissons sont ceux de Boulogne.

Les Saucissons de Boulogne payent en France les droits d'entrée à raison de 2 s. de la livre, conformément au Tarif de 1664.

Les droits du Tarif de la Douane de Lyon sont de 40 s. par quintal.

SAUDAGUER. Mot Persan qui signifie un Marchand, un homme qui fait son profit à acheter, vendre ou échanger des marchandises. *Voyez* Commerce & Negoce.

SAVETIER. Artisan qui racommode les vieilles chaussures, souliers, botes, pantoufles, &c.

Par les anciens Statuts de la Communauté des Savetiers de la Ville, Fauxbourgs, Banlieuë, Prevôté & Vicomté de Paris; ils sont appellez Maîtres Savetiers, Bobelineurs, Carreleurs de Souliers.

Leurs premiers Statuts sont du mois de Janvier 1443; dressez, accordez & autorisez par Lettres Patentes de Charles VII. depuis réformez & de nouveau confirmez par Louis

Louïs XI. au mois de Juin 1467; par François I. au mois d'Octobre 1516, par Charles IX. en Janvier 1566, & par Henri IV. en Juillet 1598.

Leurs derniéres Lettres Patentes de Réformation & Confirmation sont du mois de Mars 1659, sous le Régne de Louïs XIV. enregistrées en Parlement les mêmes mois & an.

Ces nouveaux Statuts comprennent en 47 articles toute la discipline de cette Communauté par rapport à l'Apprentissage, à la Maîtrise & à la Jurande, & expliquent au long ses Priviléges, droits & immunitez.

Les Jurez nommez anciennement Gouverneurs de la Communauté, doivent être au nombre de quatre, dont deux sont élûs tous les ans suivant l'ordre du tableau. Huit Prud'hommes d'entre les Maîtres qui ont au moins dix ans d'ancienneté de maîtrise, sont pareillement élûs pour se trouver aux Assemblées des Chef-d'œuvres & gouverner les affaires avec les Jurez, ces derniers néanmoins faisant seuls les visites dans les maisons, boutiques, étals & ouvroirs des Maîtres dudit métier.

Chaque Maître ne peut avoir qu'un Apprentif obligé au moins pour trois ans, mais qui après son apprentissage doit encore servir quatr'autres années comme Compagnon avant que d'être reçû à la maîtrise.

Les Apprentifs des autres Villes où il y a Jurande du métier de Savetier, peuvent être reçûs Maîtres en faisant apparoître de leur apprentissage & service comme Compagnons pendant le même nombre d'années que ceux de Paris.

Personne n'est reçû à la maîtrise qu'il ne fasse Chef-d'œuvre s'il n'est Fils de Maître.

L'on ne peut recevoir que quatre Maîtres par an de trois mois en trois mois, à l'exception des Fils de Maîtres ou de ceux qui épousent leurs veuves & filles qui peuvent y être reçûs en tout tems, sans diminution des quatre réceptions annuelles.

Quoi que les Maîtres ne doivent travailler qu'en vieux, ils ont cependant la faculté de faire des souliers neufs pour eux, leurs femmes & leur famille.

Enfin, la Communauté est déchargée pour toûjours de toutes Lettres qu'on avoit accoûtumé de créer à cause des avénemens des Rois à la Couronne, majorité, mariages, &c. & les Savetiers-Carreleurs suivant la Cour sont restraints au nombre de dix seulement.

Les Charges de Jurez créés en titre d'Offices par l'Edit de 1691, furent réünies & incorporées à la Communauté le 3 Juillet de la même année, & cette Communauté fut presque la premiére qui demanda l'incorporation, qui enfin fut ordonnée pour toutes les autres par un autre Edit de l'année suivante.

Les outils qui servent au métier de Savetier étant les mêmes que ceux des Cordonniers, on n'en parlera point ici. *Voyez* CORDONNIER.

SAUGE. Herbe médecinale & d'une odeur aromatique, mais agréable & propre à conforter le cerveau; il y en a de plusieurs espéces, de sauvage, de commune & de panachée.

La sauge sauvage croît par tout sans culture, elle a des feuilles plus petites, plus vertes & plus veluës que la sauge des jardins. La sauge des jardins commune pousse ses branches longues, carrées & blanchâtres, ses feuilles sont veluës & un peu chagrinées. La sauge panachée est toute semblable à la commune, à la réserve de la couleur de ses feuilles qu'elle a verte, jaune & rouge, ce qui fait un assez agréable mélange.

Bien des gens en France boivent de la sauge préparée comme le thé & s'en trouvent bien; d'autres qui en ont usé ont remarqué qu'elle porte un peu à la tête; quelques-uns ont donné à cette sauge ainsi préparée le nom de Mirlipot.

Les Chinois font plus de cas de la sauge que de leur meilleur thé, & l'on dit que les Hollandois qui leur en portent en quantité de toute séchée, en reçoivent en échange quatre livres de thé pour une de sauge.

On tire de la sauge une huile d'une odeur agréable & aromatique que les Marchands Epiciers & Droguistes de Paris font venir de Languedoc & de Provence. C'est aussi de ces deux Provinces qu'ils tirent la sauge en feuille dont ils commencent à faire un débit assez considérable.

SAUMON. Gros poisson à petites écailles argentées, ayant la chair très-rouge, qui, suivant quelques-uns, naît dans la mer, & suivant quelques autres dans les endroits les plus clairs & les plus sablonneux des riviéres vers leur embouchure. Quoi qu'il en soit il est certain que ce poisson se trouve & se pêche également & dans la mer & dans les riviéres; l'on en voit jusques dans l'Auvergne & le Forez, ce qui fait juger qu'il remonte les fleuves jusqu'à leur source.

La femelle du saumon se nomme Becard; elle différe du mâle en ce qu'elle a le bec plus long & plus crochu, les écailles moins claires, le corps parsemé de taches brunes tirant sur le noir, le ventre plus plat, la chair moins rouge, plus séche & moins délicate à manger; elle jette ses œufs ordinairement dans les mois d'Octobre, Novembre & Décembre; la pêche du saumon est défenduë pendant ce tems-là, soit pour en laisser multiplier l'espéce, soit aussi parce qu'il ne vaut rien dans cette saison.

Le saumon mangé fraix est excellent; il s'en fait beaucoup dans les lieux où la pêche est abondante & il fait un des principaux objets du Négoce de la saline qui est assez considérable.

Les endroits de l'Europe où il se pêche & où il se prend le plus de saumon, sont les Côtes d'Angleterre, d'Ecosse & d'Irlande. Cette pêche y commence ordinairement vers le premier Janvier & finit environ à la fin de Septembre; elle se fait avec des filets dans les endroits où les riviéres entrent dans la mer, & sur les bords de la mer vers ces mêmes endroits; on les y voit venir de loin cherchant l'eau douce presque toûjours en grosses troupes, mais quelque-fois n'étant que trois ou quatre ensemble.

On fait encore cette pêche plus haut en remontant dans les riviéres, soit avec des filets, soit par le moyen de certaines digues faites exprès, où il y a des barreaux de fer disposez de telle maniére que les saumons en montant les font ouvrir avec la tête, & comme ces barreaux se referment incontinent après que les saumons sont entrez, & qu'ils ne peuvent se rouvrir lors qu'ils veulent descendre pour retourner à la mer, ils se trouvent arrêtez comme dans un réservoir où il est facile de les prendre.

Il y a quelques endroits où la pêche des saumons se fait la nuit avec des flambeaux ou de la paille allumée, on observe le tems que ce poisson s'approche de la lumiére dont il est amateur, & l'on le tuë à coups de fourches.

L'on prétend qu'il y a des lieux en Ecosse où l'on les chasse à cheval le long des riviéres, & que lors qu'ils sont apperçûs dans les endroits où l'eau a le moins de profondeur, on les tuë à coups de fusil & de pistolet, ou avec des fourches.

Il y a dans quelques riviéres de ce même Royaume une espéce de truites saumonnées dont on fait une pêche considérable & un grand Négoce. Dans le mois de Mai qu'elles ne sont guére plus grandes ni plus grosses que des éperlans, elles descendent en fourmilliéres pour se rendre dans la mer; Pendant tout ce mois on ne peut aller à la pêche qu'avec des rets ou filets dont les mailles doivent avoir deux pouces d'ouverture. Ces truites reviennent de la mer & rentrent dans les riviéres pendant les mois de Juin, Juillet, Août & Septembre, & pour lors elles sont grandes, grosses & saumonnées. On leur donne le nom de Grils, ou petits saumons; il ne s'en voit guére de cette espéce que pendant le tems qu'il vient d'être marqué.

Dès que les saumons sont pris, on les habille (c'est à dire, qu'on les ouvre, qu'on en ôte les entrailles & les ouies) ensuite on les sale dans de grandes cuves faites exprès, desquelles on ne les tire que dans les mois d'Octobre & Novembre, pour les paquer ou arranger dans des futailles dont les plus grandes se nomment Gonnes, qui pésent depuis quatre cens jusques à quatre cens cinquante livres; les autres s'appellent Hambourgs, ou Rambourgs, dont le poids n'est que de trois cens à trois cens cinquante livres.

Les six Hambourgs sont réputez faire huit barils, & chaque Hambourg contient ordinairement trente à quarante gros saumons, & depuis quatrevingt jusques à cent petits, ainsi des Gonnes à proportion.

Le saumon salé qui se débite en détail dans les Hales & Marchez de Paris, se divise en hure ou tête, entredeux, queuë & loquettes.

Les plus estimez de tous les saumons salez sont ceux que l'on envoye de Barwick Ville d'Angleterre sur les frontieres d'Ecosse; ce qui les distingue des autres, c'est qu'ils sont habillez & paquez plus proprement, outre qu'ils sont naturellement d'une meilleure qualité, ces sortes de saumons viennent ordinairement en gonnes.

La riviére de Die proche Aberdein est l'une des plus abondantes en saumons qui soient en Ecosse; l'on assure que l'on y en a vû prendre jusques à cent soixante & dix d'un seul coup de filet: ce saumon, après celui de Barwick, est le plus estimé.

Les autres endroits d'Ecosse d'où il se tire le plus de saumon, sont Montrose, Spec & Bauf; celui qui vient de ce dernier lieu est le moins considéré.

L'Irlande fournit aussi une très-grande quantité de saumon, les lieux d'où il en vient davantage, sont Coulraine, Londondery, Dublin, Walrefort, Limerick & Kensal; le mieux accommodé est celui de Coulraine & de Londondery.

La pêche du saumon étoit autre-fois assez considérable en Hollande; mais depuis plusieurs années ce poisson s'en est éloigné sans que l'on en puisse bien dire la cause, en sorte que le peu qui s'y en pêche présentement est pour la consomption du Païs; il s'en envoye néanmoins quelque peu en France, mais ce n'est que par présent: il est ordinairement en dalles ou morceaux salez dans des petits barils.

Il se pêche en Terre-neuve quantité de saumon le long de la Côte de Plaisance; mais cette pêche n'est pas un objet considérable pour les Vaisseaux François qui y vont, leur principale vûë étant la pêche de la moruë: ainsi ils ne s'arrêtent guére ni à pêcher, ni à saler le saumon; s'ils en apportent en France, ce sont les Habitans du Païs qui leur vendent tout salez. L'on voit néanmoins quelque-fois des Vaisseaux faire la pêche & la salaison du saumon sur cette Côte, & qui en apportent même quantité; mais cela n'arrive que lors que la pêche de la moruë n'a pas été fructueuse; ainsi l'on ne peut regarder le Négoce du saumon de Terre-neuve que comme un Négoce accidentel.

Pour que le saumon salé soit de bonne qualité, il doit être vermeil, frais salé & ne sentant point le rance; pour le conserver de cette maniére il doit être paqué comme il faut dans de bonnes futailles bien jointes, car pour peu que la saumure qui est dedans vienne à se répandre, ce poisson perd sa couleur rouge & contracte une mauvaise odeur qui en diminuë de beaucoup le prix.

L'Ordonnance de la Marine du mois d'Août 1681, a reglé plusieurs choses touchant les saumons. Par les articles 1 & 3 du titre 7 du livre 5, ils sont mis au nombre des poissons Royaux, & comme tels ils doivent appartenir au Roi lors qu'ils se trouvent échouez sur le bord de la mer, en payant cependant les salaires de ceux qui les ont rencontrez & mis en lieu de sûreté. Pour ce qui est des saumons qui sont pris en pleine mer, ils appartiennent à ceux qui les ont pêchez, sans que les Receveurs de Sa Majesté, ni les Seigneurs particuliers & leurs Fermiers y puissent prétendre aucun droit sous quelque prétexte que ce soit.

Le Saumon frais venant des Païs étrangers paye en France les droits d'entrée à raison de 6 s. de la piéce, conformément au Tarif de 1664.

Le Saumon salé paye 15 livres des six Hambourgs suivant l'Arrêt du 4 Octobre 1691.

Les droits de sortie sont de 6 liv. le leth faisant douze barils ou six Hambourgs.

SAUMON. Se dit aussi d'une espéce de bloc ou masse de métail qui n'a reçû d'autre façon que celle qui lui a été donnée par la fonte dans la mine; il n'y a que l'étain, le plomb & le cuivre qui viennent en saumons.

Ces pesans morceaux de métail qui servent souvent de lest aux Navires Marchands, ont été appellez Saumons à cause que la plûpart ont quelque ressemblance pour la forme au poisson qui porte ce nom. Les saumons de plomb sont aussi appellez Navettes. *Voyez les articles d'*ETAIN, *de* PLOMB *& de* CUIVRE, *vous y trouverez les différens poids de ces masses de métail & les divers lieux d'où elles se tirent.*

SAUNAGE. Marchandise de sel.

Il n'appartient en France qu'à l'Adjudicataire des Gabelles de faire le Commerce du sel gabelé, & les particuliers dans les Provinces & élections où sont établis les Greniers à sel, soit d'imposition, soit de vente volontaire, ne peuvent s'en pourvoir ailleurs, sous les peines portées par l'Ordonnance sur le fait des Gabelles de 1680.

On appelle Fauſſaunage le trafic du ſel qui n'eſt pas gabelé.

A l'égard du ſel qui ſe vend ſur les marais ſalans ce ſont les Propriétaires des marais qui en font le Négoce & qui le débitent ſoit à l'Adjudicataire de la Ferme du ſel pour en fournir ſes greniers, ſoit aux Etrangers, Anglois, Hollandois, Suédois, Danois, Hambourgeois, &c. qui en viennent enlever pour faire leurs ſalaiſons, ſoit même aux Habitans des Provinces & lieux où la Gabelle n'eſt pas établie. *Voyez* SEL, GABELLE, FAUSSAUNAGE.

SAUNER. Faire du ſel. L'article premier du titre premier de l'Ordonnance des Gabelles porte, que le Propriétaire des marais ſalans ſera tenu de les ſauner ſuffiſanment, c'eſt à dire, d'y faire aſſez de ſel pour que l'Adjudicataire de la Ferme y puiſſe prendre quinze mille muids de ſel meſure de Paris pour la fourniture de ſes greniers.

SAUNERIE. Lieu où l'on fait le ſel. On ſe ſert plus communément du terme de Saline. *Voyez* SALINE.

SAUNIER. Ouvrier qui fait le ſel. On appelle Faux-Saunier celui qui trafique de faux ſel. *Voyez* FAUSSAUNAGE & FAUX-SAUNIER.

SAUNIERE. Vaiſſeau où ſe conſerve le ſel. Il y en a de deux ſortes; l'une eſt une petite boite avec une ouverture pour y paſſer la main, qu'on pend à la cheminée; on y met le ſel pour l'uſage journalier; l'autre eſt un baril rond, ou une caiſſe quarrée plus large vers le pied, fermant à clef, où ſe réſerve la proviſion de ſel pour toute l'année.

SAVON. Eſpéce de pâte, quelque-fois dure & ſéche, & d'autres fois mole & liquide, propre à blanchir le linge & à pluſieurs autres uſages, ſoit pour les Teinturiers, les Bonnetiers, les Foulons, les Couverturiers & les Parfumeurs.

Il entre dans la compoſition des ſavons, ſuivant leurs différentes eſpéces & qualitez, diverſes ſortes de drogues & ingrédiens, entr'autres des huiles d'olive, de noix, de chénevis, de lin, de navette, de colzat & de poiſſon; les faiſſes ou lies de toutes ces huiles, du flambard qui ſe trouve ſur les chaudiéres des Chaircuitiers, du ſuif, & pluſieurs autres graiſſes.

L'on fait cuire toutes ces matiéres graſſes & onctueuſes, & l'on les prépare avec des leſſives tirées de quelques corps nitreux ou ſalez, tels que peuvent être les ſoudes d'Alicant, de Carthagéne & de Cherbourg; la bourde qui eſt une autre eſpéce de ſoude, la potaſſe, la vedaſſe, la barille, & les cendres de différens bois; à quoi l'on ajoûte la chaux vive, la couperoſe, l'eau-forte, l'amidon, même du cinabre, de l'ocre rouge, de l'indigo & autres ſemblables drogues colorantes, ſoit pour faire la jaſpure des ſavons ſecs, ſoit auſſi pour colorer les ſavons liquides.

Il y a de deux ſortes de ſavon, le ſavon ſec ou dur & le ſavon mol ou liquide, qui ſe ſubdiviſent encore en pluſieurs autres eſpéces.

Les ſavons ſecs viennent d'Alicant, de Carthagéne, de Gayette, de Marſeille, de Toulon, & de quelques autres lieux. Celui d'Alicant eſt eſtimé le meilleur. Il faut le choiſir bien dur & bien jaſpé, & qu'il ſoit véritable Alicant.

Les Teinturiers en ſoye, laine & fil, ſuivant l'article 71 de leurs Statuts du mois d'Août 1669, ne peuvent employer que cette ſorte de ſavon & celui de Gennes; mais il faut remarquer qu'ils ne ſont point différens de ceux de Marſeille & de Toulon, n'étant qu'un nom qu'on leur donne pour les faire mieux valoir.

Les ſavons de Marſeille & de Toulon ſont de deux eſpéces, le blanc & le jaſpé. Le blanc doit être choiſi un peu bleuâtre, luiſant, d'une bonne odeur, le moins gras qu'il eſt poſſible, & qu'il ſe coupe uniment. Le jaſpé doit être à côte un peu rougeâtre & d'une belle jaſpure. C'eſt du ſavon blanc de Marſeille & de Toulon que les Parfumeurs ſe ſervent ordinairement pour fabriquer leurs ſavonnettes. *Voyez* SAVONNETTE.

Les ſavons de Carthagéne & de Gayette doivent être choiſis comme ceux d'Alicant, de Marſeille & de Toulon.

Les ſavons blancs viennent ou par tables, ou par morceaux preſque quarrez-longs, que l'on appelle Petits pains. Les tables ont environ trois pouces d'épaiſſeur ſur un pied & demi de long & quinze pouces de large, du poids de vingt à vingt-cinq livres, que les Marchands Détailleurs coupent en pluſieurs morceaux longs & étroits, pour en faciliter le débit. Les petits pains péſent depuis une livre & demie juſqu'à deux livres. Les tables & les petits pains ne ſont qu'une eſpéce de ſavon ſous différentes formes.

Les ſavons en tables s'envoyent dans des caiſſes de ſapin du poids de trois à quatre cens livres; & les ſavons en petits pains viennent par caiſſes auſſi de bois de ſapin, appellées Tierçons, & par demi-caiſſes du même bois; les tierçons peſans environ 300 liv. & les demi-caiſſes près de 180 liv.

Les ſavons jaſpez, que quelques-uns appellent auſſi Savons madrez, marbrez, ou de Marſeille, ſont en morceaux quarrez-longs, de pluſieurs groſſeurs, que l'on nomme des Pains ou des Briques, ordinairement du poids d'une livre & demie à trois livres. Ils viennent par tierçons & par demi-caiſſes, ainſi que les ſavons blancs en petits pains, & des mêmes poids.

Il ſe fait à Roüen une eſpéce de ſavon ſec avec du flambard; mais ce ſavon eſt tout à fait mauvais, & l'on en devroit interdire la compoſition & le débit. Il y en a de blanc & de jaſpé.

Les ſavons liquides ſont, ou noirs, ou verds, quelques-uns tirant un peu ſur le jaune. Les noirs ſe fabriquent en pluſieurs endroits de France, particuliérement à Amiens & à Abbeville. Les verds, qui ſont ceux qu'on eſtime le plus, ſe tirent partie de Hollande & d'Angleterre en tems de Paix, & partie de Calais, ou de quelques autres Villes du Royaume où l'on en a établi des manufactures.

Les ſavons liquides, tant noirs que verds, ſe vendent en gros par petits barils, que l'on nomme Quartaux, du poids de cinquante livres net, c'eſt à dire, ſans y comprendre la peſanteur du baril. Ce ſont de ces ſortes de ſavons qu'employent ordinairement les Foulons, les Bonnetiers & Couverturiers.

Il s'étoit établi à Paris quelques Manufactures de ſavons, tant durs que liquides, dont la fabrique ne paroiſſoit pas mauvaiſe; mais il a été difficile de le perſuader aux Marchands, qui ne pouvoient les avoir à auſſi bon compte que ceux qu'ils tiroient des autres Villes du Royaume,

ou

ou des Païs Étrangers : ainsi il n'y a pas d'apparence qu'elles subsistent (1713,) si déja elles ne sont tombées.

Il y a encore une autre espéce de savon liquide qui vient de Naples, dont la composition est toute particuliére & inconnuë en France. Sa bonté consiste à être nouveau, d'une bonne consistence, c'est à dire, ni trop liquide, ni trop dure, de la couleur d'un beau feuille-morte foncé, & que l'odeur en soit douce & aromatique. Les Parfumeurs qui en font presque toute la consomption & le débit, le font venir ordinairement dans des pots de fayance bien bouchez, qui contiennent depuis deux jusqu'à sept livres de savon. Il sert à laver les mains, à faire la barbe, & entre aussi dans la composition de quelques savonnettes les plus fines.

L'on prétend que les savons secs & liquides ont quelqu'usage dans la Médecine; les liquides contre les fiévres, en s'en servant pour froter la plante des pieds des malades; & les secs fondus avec l'esprit de vin, pour la guérison des humeurs froides; outre qu'on s'en sert quelquefois pour suppositoires, & qu'il en entre aussi dans la composition d'une sorte d'onguent que l'on nomme vulgairement Onguent de savon.

Il y a trois Tarifs suivant lesquels se payent en France les droits d'entrée & de sortie des Savons; savoir celui de 1664, celui de 1667, & celui de 1699.

Par le premier les droits de sortie du Savon blanc sont de 20 s. le cent pesant, & de 10 s. le Savon noir.

A l'égard des entrées, les Savons de Marseille & des environs, ainsi que des autres Provinces du Royaume où les Bureaux sont établis, payent 30 s. du cent.

Les Savons blancs de toutes sortes venant des Païs Etrangers ne payoient par le même Tarif de 1664, que 3 liv. 10 s., & les Savons noirs, mols & liquides que 2 liv.; mais par le Tarif de 1667, les droits du Savon blanc furent augmentez jusqu'à 7 liv. & ceux du Savon noir jusqu'à 5 liv. ce qui souffrit quelque changement par le Tarif de 1699 fait en faveur des Hollandois; les droits du Savon verd, noir, mol & liquide de la fabrique de Hollande ayant été reduits à 2 liv. pour cent pesant; tous les autres Savons étrangers, soit en tables, soit en pains, soit noirs, verds, mols & liquides, restant fixes sur le pied du Tarif de 1667, c'est à dire, à 7 liv. pour ceux en tables, & à 5 liv. pour les Savons mols & liquides.

A l'égard de la Douane de Lyon, les droits s'y payent, savoir :

Pour les Savons de Marseille & autres de France en petits pains, 7 s. 6 den. le quintal.

Et pour les mêmes en grands pains 10 s.

Les droits des Savons étrangers s'y payent suivant le Tarif de 1667.

SAVONNERIE. C'est le lieu où l'on travaille à la fabrique des savons. La Savonnerie de Calais pour les savons verds liquides, est une des plus considérables & des mieux construites qui soient en France.

SAVONNERIE. C'est aussi une Manufacture Royale établie au bout du Cours de la Reine de Paris : elle est célébre par les beaux ouvrages en tapisserie veloutée qu'on y fait pour des ameublemens, & sur tout pour les beaux tapis façon de Turquie & de Perse, qui s'y fabriquent, & qui égalent, s'ils ne surpassent pas, ceux qui nous viennent du Levant. On dit, Des ouvrages de la Savonnerie, Des tapis de la Savonnerie.

La France a l'obligation de l'établissement de cette incomparable Manufacture au Sieur Pierre Dupont Tapissier ordinaire de Louïs XIII. & à Simon Lourdet son Eléve.

Henri le Grand par son Brevet du 4 Janvier 1608, les avoit d'abord établis dans les Galeries du Louvre, qu'il avoit fait bâtir; & Louïs XIII. leur donna en 1631 la Maison de la Savonnerie. Trois ans auparavant cet établissement avoit été réglé, & les deux Entrepreneurs le firent en 1627, sous les ordres de M. de Fourcy Sur-Intendant des Bâtimens du Roi & des Manufactures du Royaume, en conséquence d'un Arrêt du Conseil d'Etat du 17 Avril 1627.

Le Sieur Dupont donna au Public en 1635 un petit Traité sur cette espéce de Manufacture, qu'il intitula *Stromatourgie*, ou *de l'Excellence de la Manufacture des Tapis de Turquie.* Ce Traité paroît non seulement curieux pour les personnes qui cherchent à découvrir l'origine des Arts, mais encore très-utile & très instructif pour ceux qui voudroient entreprendre une pareille Manufacture. Cet habile Artisan tire le terme de Stromatourgie du Grec *Στρῶμα ἔργον*, qui signifie ouvrage en tapisserie.

Le Roi Louïs XIV. ayant été informé dans les derniéres années de sa vie, que cette Manufacture, autrefois si célébre, dépérissoit & se trouvoit en très mauvais état, & voulant soûtenir un établissement si considérable, lui accorda par son Edit du mois de Janvier 1712 les mêmes Priviléges dont jouïssoit celle des Gobelins en vertu de l'Edit du mois de Novembre 1667, qui furent expliquez en dix articles.

Le premier article lui donne son nom, & elle y est appellée Manufacture Royale des Meubles de la Couronne, de Tapis façon de Perse & du Levant; titre qui doit être mis sur la principale porte de l'Hôtel de la Savonnerie.

Le second la met sous l'administration & dépendance du Directeur Général des Bâtimens du Roi, d'un Conducteur particulier & d'un Contrôleur; ces deux derniers à la nomination du Directeur Général.

Le quatriéme fixe la somme de 250 liv. pour six ans, pour l'entretien de chacun des Enfans qui seront choisis par le Directeur Général, pour être instruits & élevez dans ladite Manufacture.

Le cinquiéme & le sixiéme parlent en particulier des Priviléges des Eléves, comme de gagner la Maîtrise de Tapissier.

Enfin, les quatre derniers articles contiennent les Priviléges des Maîtres & Ouvriers de ladite Manufacture, qui sont entr'autres l'exemption des Gens de guerre dans douze maisons marquées pour leur logement aux environs de la Savonnerie; comme aussi de tutelle, curatelle, guet, &c. & de toutes impositions de tailles; enfin, leur droit de Committimus aux Requêtes de l'Hôtel, comme Commençaux de la Maison du Roi.

SAVONNETTE. Petit pain, ou boule de savon très-épuré & parfumé de différentes odeurs, qui sert à faire la barbe, & à laver le visage & les mains.

Les savonnettes de Boulogne en Italie étoient autre-fois d'une grande réputation; mais il y a apparence qu'elles le céderont

céderont bien-tôt tout à fait aux excellentes savonnettes moulées de l'invention du feu Sieur Bailly, que continuë de composer & de débiter à Paris (1713) le Sieur Simon Bailly son fils, & que tous les Parfumeurs tâchent d'imiter, ou de contrefaire.

Ces savonnettes ne paroissent pas composées de savon blanc de Marseille ou de Toulon, comme les autres, tant elles ont de pureté, que leur odeur est douce & naturelle, & qu'elles ont de legéreté.

En effet, l'on prétend, & il y a bien de l'apparence, que c'est un savon ou plûtôt une crême de savon d'une nouvelle invention, & dont le secret est uniquement sû par celui qui le met en pratique. Quelques-uns cependant disent qu'il y entre du savon de Naples, & que ç'en est la principale base.

Quoi qu'il en soit, il est certain qu'elles sont en une si haute estime, qu'il s'en envoye beaucoup en plusieurs Villes de France, particuliérement à Bordeaux, à Lyon & à Montpelier, d'où elles se répandent en divers lieux d'Italie & du Levant, même des Indes Orientales. Le Portugal, l'Espagne, l'Angleterre, l'Allemagne & quelques Villes du Nord en font aussi beaucoup de cas.

Ces espéces de savonnettes sont de différens prix, suivant qu'elles sont plus ou moins grosses, ou que l'odeur en est plus ou moins précieuse. Elles se distinguent par des marques particuliéres : celles numero quatre sont de quinze sols piéce; celles à la fleur-de-lis, de vingt sols; celles à l'aigle Neroli de Rome, de trente sols; celles au Soleil odeur de Naples, aussi de trente sols; celles à l'étoile odeur d'œillet & de franchipane, de soixante sols; & celles à la couronne odeur d'acazie de Rome, pareillement de soixante sols. Il s'en fait du petit moule de chacune de ces sortes, propres à mettre dans des boîtiers, qui se vendent à proportion de leurs grosseurs & qualitez.

Les Savonnettes de Boulogne payent les droits de la Douane de Lyon, comme mercerie d'Italie, c'est à dire, à raison de 7. l. le quintal.

SAVOUREUX. Fruits égruns & savoureux. On qualifie ainsi dans les Statuts des Fruitiers de la Ville & Fauxbourgs de Paris, les marchandises qu'ils ont la permission de vendre. *Voyez* FRUITIER.

SAUR, ou SOR. Nom que l'on donne au haran salé, séché & fumé. *Voyez* SOR.

SAURER, SORER, ou SORIR. Signifient faire fumer & sécher du haran. *Voyez* HARAN.

SAURET, ou SORET. Il se dit du haran sor. *Voyez* SOR.

SAUSSE, ou SAULSE. Saumure d'eau douce & de sel, dans laquelle on met saler les harans avant de les encaquer ou de les sorer. *Voyez* HARAN.

SAUTERELLE. Instrument de géométrie, qui est aussi un des outils des Charpentiers, des Menuisiers & des Tailleurs de pierre. C'est une des fausses équerres, assez semblable au buveau. *Voyez* BUVEAU.

SAUTRIAUX. Ce sont des espéces de petits bâtons dont les Basse-lissiers se servent pour attacher les lames où tiennent leurs lisses: ils sont de la forme de ce qu'on appelle le Fleau dans une balance. C'est la camperche qui les soûtient. *Voyez* BASSE-LISSE.

SAUVAGAGI. Toile de coton blanche qui vient des Indes Orientales, particuliérement de Surate. Les piéces de ces toiles ont treize à treize aunes & demie de long sur cinq huit de large.

SAUVAGINE. Nom que l'on donne aux peaux crûës ou non apprêtées de certains animaux sauvages qui se trouvent communément en France, tels que peuvent être les renards, les liévres, les lapins, les blaireaux, les putois, les fouines, les belettes, &c. La sauvagine n'est regardée que comme une pèleterie commune, qui ne s'employe que pour les fourrures de peu d'importance. *Voyez* PELETERIE.

Les Sauvagines non apprêtées payent en France les droits d'entrée à raison de 10 liv. le cent pesant, & de 28 liv. si elles sont apprêtées, conformément au Tarif de 1664.

Les droits de sortie, suivant le même Tarif, sont de 3 l. aussi du cent pesant, soit que ces pèleteries soient crûës, soit qu'elles soient ouvrées.

A l'égard de la Douane de Lyon, les Sauvagines & Renards étrangers payent 3 l. 10 s. de la bale d'ancienne taxation, & 10 s. du cent de nouvelle réapréciation.

Et les Sauvagines & Renards de France 40 s. de la bale d'anciens droits, 9 den. de réapréciation, & 26 s. 8 den. le quintal des quatre pour cent, & pour leur réapréciation à proportion.

SAUVAGUZE'ES. Toiles blanches de coton qui viennent des Indes Orientales. Il y en a qu'on appelle Balazées, qui se fabriquent à Surate; & d'autres qu'on nomme Sauvaguzées-Doutis. Elles ont treize aunes & demie sur deux tiers de large.

SAUVEMENT. Terme de Commerce de Mer. On dit qu'un Vaisseau marchand est arrivé en bon sauvement; pour dire, qu'il est arrivé à bon port, sans aucun accident.

SAUVEURS. Se dit en termes de Marine, de ceux qui ont sauvé ou pêché les marchandises perduës en mer, soit par le naufrage, soit par le jet arrivé pendant la tempête, ausquels par les Ordonnances de la Marine de France il en appartient le tiers.

SAXAFRAS, qu'on nomme autrement BOIS DE CANELLE, ou PAVAME. Bois odoriferant qui croît dans la Floride. On écrit plus ordinairement Sassafras. *Voyez cet article.*

SAXIFRAGE. Plante qu'on croit souveraine pour dissoudre la pierre dans la vessie.

Le saxifrage pousse des feuilles presque rondes, dentelées, grasses & luisantes, assez semblables à celles du lierre terrestre. Du milieu des feuilles s'élévent des tiges environ d'un pied de haut, qui portent à leurs sommitez de petites fleurs blanches à cinq feuilles disposées en rose. Sa semence qui est très-menuë est enfermée dans les capsules d'une cosse presque ronde. Sa racine se partage en plusieurs fibres, au bas desquels se forment de petits grains semblables à la coriandre. Ce sont ces grains, que l'on appelle proprement Semence de Saxifrage, qu'on employe ordinairement en Médecine. La maniére la meilleure de s'en servir, est de les prendre infusez dans du vin blanc, ou en décoction dans de l'eau commune.

Le Saxifrage paye en France les droits d'entrée à raison de 40 s. le cent pesant, conformément au Tarif de 1664.

SAYA. Etoffe de soye qui se fabrique à la Chine.

SAYE. Sorte de serge ou étoffe croisée très-légére, toute de laine, qui a quelque raport aux Serges de Caën, &

& dont quelques Religieux se servent à faire des espéces de chemises, & les Gens du monde des doublures d'habits & de meubles.

Il se fabrique beaucoup de sayes à Houdscot, à Ypres & à Turcoing en Flandres. Celles d'Houdscot & d'Ypres ont environ une aune de large; & celles de Turcoing, qui sont très-fines & toutes de laine de Segovie ou d'Angleterre, ont sept huit de large.

Il s'en fait aussi en Artois avec des laines de Païs, qui n'ont que trois quarts de large, le tout mesure de Paris.

Les piéces de sayes sont plus ou moins longues. Quelques-uns veulent que cette espéce d'étoffe ait été appellée Saye, parce qu'elle est fabriquée d'une sorte de laine filée que les Flamands & les Artoisiens nomment communément Fil de sayette.

SAYETTE. Petite étoffe de laine, quelque-fois mêlée d'un peu de soye, qui se fabrique à Amiens. C'est le diminutif de Saye, qui est aussi une étoffe qui se fait pareillement dans les Manufactures de cette Capitale de la Picardie, & aux environs.

Ce sont ces deux étoffes qui ont donné le nom au fil de laine dont elles sont faites, qu'on nomme Fil de Sayette, ainsi qu'à la Manufacture & aux Ouvriers dont ceux-ci s'appellent Sayetteurs, & celle-là Sayetterie.

SAYETTE. Est aussi une petite serge de soye ou de laine qui vient d'Italie. On donne encore ce nom à des revêches de Flandres & d'Angleterre, qui sont des espéces de ratines.

FIL DE SAYETTE. Laine peignée & filée, dont on se sert dans la fabrique de diverses étoffes, dans plusieurs ouvrages de bonneterie, & à faire des cordonnets, des boutonniéres & des boutons. Cette laine se file en Flandres, particuliérement à Turcoing & aux environs. On en parle amplement ailleurs. *Voyez* FIL DE SAYETTE.

FIL DE SAYETTE. On nomme aussi à Amiens Fil de Sayette un fil de lin très-blanc, connu plus communément sous le nom de Fil d'Epinay. *Voyez l'article des* FILS.

SAYETTERIE. On nomme ainsi la Manufacture des des étoffes de laine, ou de laine mêlée avec de la soye ou du poil, établie à Amiens, soit parce qu'elles s'y fabriquent avec cette sorte de fil qu'on appelle Fil de Sayette, soit plus vrai-semblablement à cause que les premiéres étoffes qui y ont été faites, se nommoient des Sayes & des Sayettes, étoffes dont la fabrique est encore assez commune en Picardie, & dans les Villes & Villages de Flandres qui en sont voisins.

SAYETTERIE. S'entend aussi des étoffes toutes de laine, ou tout au plus avec un fil de sayette & un fil de soye dans la chaîne, qui sont fabriquées dans cette Manufacture. En ce sens on dit, Piéce de Sayetterie, Marchandises de Sayetterie, en parlant des serges façon d'Ascot, de Nîmes, de Chartres, de Seigneur, & des camelots, baracans, étamines, rases, pour les distinguer des piéces où il y entre de la soye & autres matiéres avec la laine, qu'on appelle Piéces & Marchandises de haute-lisse. *Voyez* HAUTE-LISSE *&* HAUTE-LISSEUR. *Voyez aussi ci-après* SAYETTEUR.

Les Statuts en forme de Réglement pour la Sayetterie d'Amiens ont été presque les premiers que l'on doit aux soins de M. Colbert, ce Ministre à qui les Manufactures & le Commerce de France sont si redevables.

Ils consistent en 248 articles projettez d'abord, & ensuite rédigez & arrêtez dans quantité d'Assemblées tenuës dans l'Hôtel de Ville d'Amiens pendant tout le mois de Novembre 1665, ausquelles assistérent avec le Lieutenant Général, les Echevins, le Procureur du Roi & le Greffier de la Ville, les plus notables Marchands vendans en gros & en détail les marchandises de Sayetterie; les Drappiers, les Esgards Houppiers, les Esgards Sayetteurs, Haute-lisseurs, Teinturiers, Foulons; & les principaux Maîtres de tous ces métiers dont ladite Sayetterie d'Amiens est composée.

Les Lettres de confirmation des Statuts, & l'Arrêt qui en ordonne l'homologation où besoin feroit, sont du mois d'Août 1666, portant l'une & l'autre une dérogation à l'article 118 desdits Réglemens, & levant les défenses qui y sont faites de transporter, apprêter, vendre & débiter les serges d'Aumale en la Ville d'Amiens.

De ce grand nombre d'articles, le plus grand dont jamais Statuts de Manufactures ayent été composez, est divisé comme en onze chapitres ou paragraphes.

Les trente-un premiers concernent les Houpiers.

Les suivans jusqu'au 47 inclusivement sont pour la vente & qualité des fils qui doivent s'employer dans la Sayetterie.

On parle ensuite des fonctions des Peseurs de fil dans huit articles.

La fabrique des piéces de Sayetterie, ses Maîtres & ses Apprentifs en comprennent 19, depuis & y compris le 56.

On régle en 54 articles, qui commencent au 75, & qui finissent au 128, le nombre des buhots, portées & longueurs que doivent contenir les piéces de Sayetterie.

Le foulage des piéces de Sayetterie est expliqué dans les 12 articles qui suivent.

60 articles depuis le 140 jusqu'au 201, sont pour les Haute-lisseurs.

Les Corroyeurs, Tondeurs, Teinturiers & Calendreurs font la matiére des 34 articles suivans.

Il est parlé depuis le 234 jusqu'au 246, des bords, rubans & rouleaux de laine qu'il est permis de faire dans la Sayetterie.

Enfin, les deux derniers articles sont d'une police commune pour tous les Maîtres différens qui composent la Sayetterie, & pour les Ouvriers qu'ils y employent.

On n'entrera ici dans aucun détail de ce grand nombre d'articles, en ayant fait, pour ainsi dire, le partage entre tous les différens Maîtres de cette nombreuse Communauté aux endroits de ce Dictionnaire où l'on en a traité.

Les articles qu'on peut consulter sont ceux des Houpiers, des Sayetteurs, des Foulons, des Haute-lisseurs, des Corroyeurs, des Teinturiers, des Calandreurs, des Sayetteurs-Drappans & des Passementiers, tous différens Maîtres de la Sayetterie, dont la plûpart ont leurs Esgards particuliers, & des Statuts différens, quoi que compris & compilez, comme on vient de le voir, dans les 248 articles des Statuts communs à tout le Corps de la Sayetterie. *Voyez aussi l'article des Fils & des Peseurs de Fils.*

SAYETTEUR. Se dit des Maîtres de la Sayetterie d'Amiens, qui ne travaillent qu'en étoffes de Sayetterie; c'est c'eſt à dire, où il n'entre que de la laine, ou tout au plus un fil de ſoye & un fil de ſayette mêlez dans la chaîne, par où ils ſont diſtinguez des Hautelíſſeurs, qui ne travaillent, qu'en étoffe de hautelíſſe, ce qui s'entend de celles dont la chaîne n'eſt point de fil de ſayette, & qui ſont mêlées de fil, de ſoye, de poil, de lin, de chanvre, ou d'autres matiéres. *Voyez* HAUTELISSEUR.

Les Statuts particuliers des Sayetteurs ſont partie des Statuts généraux de la Sayetterie, & comprennent quatre-vingt ſept articles, depuis le cinquante-ſix incluſivement, juſques & y compris le cent quarantiéme.

Par ces Statuts les Eſgards (ce terme qui eſt propre à la Sayetterie d'Amiens & à la Sergetterie de Beauvais, ſignifie ce qu'on nomme ailleurs Maîtres & Gardes & Jurez) ſont au nombre de douze; & chaque année au mois d'Octobre, douze nouveaux Eſgards entrent en Charge à la place de ceux de l'année précédente, non par élection, mais ſuivant leur rang d'ancienneté & leur ordre de tableau.

C'eſt aux Eſgards à faire les viſites chez les Sayetteurs, à ferrer ou marquer les étoffes, ſoit dans les Ouvroirs ſur les eſtilles & métiers, ſoit à la hale en blanc, ſoit à la hale en noir, ſoit chez les Foulons; à en faire les aunages, à aſſiſter à la marque des Rots à l'Hôtel de Ville, à les viſiter & voir s'ils ſont conformes aux Réglemens, & ſi les piéces ont le nombre des buhots & des portées qu'elles doivent avoir chacune ſuivant ſa nature & qualité.

C'eſt encore aux Eſgards à faire enregiſtrer les Brevets d'apprentiſſage, à donner le Chef-d'œuvre aux Aſpirans à la maîtriſe, & à les préſenter aux Premier & Echevins, s'ils ſont trouvez capables, pour être reçûs Maîtres; à être préſens au ferment qu'ils prêtent à l'Hôtel de Ville.

L'apprentiſſage eſt de trois années conſécutives, & ſans interruptions, à laquelle les fils de Maîtres ſont tenus comme les étrangers, avec cette différence néanmoins qu'ils ne tiennent point lieu d'apprentifs à leur pére, & qu'ils ne payent aucuns droits.

Nul Maître, ou Maîtreſſe ne peut avoir plus d'un Apprentif, & nul n'en peut faire s'il n'a pour le moins deux eſtilles en ſon ouvroir, l'une pour lui, l'autre pour ſon Apprentif.

Tout Aſpirant reçû Maître, doit, outre la preſtation de ſerment & ſon enregiſtrement au Regiſtre de l'Hôtel de Ville, y laiſſer une empreinte de ſa marque, pour y avoir recours en cas de beſoin.

Les ouvroirs ou boutiques ne peuvent être que ſur la ruë, & dans chaque ouvroir il ne peut y avoir qu'un ſeul Maître, bien qu'il y ait pluſieurs eſtilles.

Aucun Maître & Maîtreſſe ne peut aller travailler dans les Fauxbourgs & hors de l'enceinte de la Ville, ni leur Apprentif les ſuivre, à peine de perdre la franchiſe de ladite Ville, & d'être rayé de deſſus le Regiſtre.

Les piéces de Sayetterie doivent être toutes fabriquées de fil ſuivable raiſonnablement aſſorti, non de fil de différente qualité, en ſorte qu'elles ne ſoient point barrées; ſinon elles doivent être coupées ſi le défaut eſt conſidérable.

Nul Ouvrier du Métier de Sayetteur n'en peut faire d'autre tant qu'il travaille dans la Sayetterie; & eſt tenu d'en faire ſa déclaration s'il le veut quiter.

Chaque Maître doit avoir un fer ou poinçon gravé de ſon nom & ſurnom, pour ſervir de contremarque au poinçon des Eſgards Ferreurs en blanc, qui porte les armes de la Ville; & en outre faire tiſtre par leurs Ouvriers, ou tiſtre eux-mêmes au chef de chaque piéce qui ſeront ourdies, la marque qu'ils auront miſe ſur le Regiſtre de l'Hôtel de Ville.

Toutes piéces de Sayetterie doivent au ſortir du métier être portées à la hale en blanc pour y être aunées & marquées d'un plomb, ayant d'un côté la marque du Sayetteur, de l'autre les armes de la Ville. Pour leſquels plombs qui doivent être des ſoixante à la livre, les Eſgards ne peuvent éxiger plus de deux deniers par plomb.

Il eſt défendu aux Maîtres d'expoſer en vente aucune piéce de Sayetterie, & aux Foulons de les fouler qu'elles ne ſoient ferrées & n'ayent les plombs.

Les piéces qu'on expoſe en vente, doivent être faudées d'une demi-aune de Roi; en ſorte qu'une des entrebattes, ſoit au-deſſus de la piéce, & l'autre au deſſous, afin que l'on puiſſe voir les plombs marquez & entrebattez du Maître, ſans y faire aucun double plis, ni les coudre, ſinon que de deux points dans le milieu des deux liſiéres.

Toutes les piéces de marchandiſes de Sayetterie, faites & façonnées dans la Ville, ſortant de leur dernier apprêt, ſoit teinture ou foulage, doivent, avant qu'on les envoye au dehors, être portées à la hale en noir pour y être viſitées & aunées, & le plomb de loyauté y être appoſé ſi elles ſont bonnes, loyales & de longueur, laquelle longueur doit être toute apprêtée de vingt aunes un quart ou vingt aunes & demie. Les droits de ce plomb ſont de deux deniers comme ceux de la hale en blanc.

L'heure de l'Eſgardiſe, c'eſt à dire, l'heure à laquelle les Eſgards & deux autres Sayetteurs, nommez par le Procureur du Roi, doivent ſe trouver à la hale en noir, pour faire la viſite, eſt depuis neuf heures du matin juſqu'à onze, & depuis une heure après midi juſqu'à trois.

Outre les deux poinçons ou fers de la hale en blanc & de la hale en noir, les Eſgards doivent en avoir un troiſiéme gravé d'une F pour marquer les étoffes de Sayetterie au ſortir du foulage, ſi elles ſont bien & dûëment foulées.

Il faut obſerver que la viſite du foulage ſe fait par deux Eſgards Sayetteurs, & deux Eſgards du métier de Foulon, & que les droits ne ſont que d'un denier par chaque plomb.

Les ouvrages de Sayetterie que les Maîtres Sayetteurs peuvent ourdir & fabriquer, ſont des ſerges façon d'Aſcot, des ſerges façon de Chartres, ou ſerges à la Reine; des raſes d'Amiens, auparavant appellées Raſes de Châlons; des ſerges façon de Seigneur; des ſerges Leipzis; des ſerges Ducales, autrement façon d'Aumalle; des camelots à gros grains; des camelots appellez à trois, à quatre & à cinq fils; des camelots; baracans blancs, larges; des baracans mêlez, étroits; des camelots façon de Lille de diverſes largeurs; des camelots Quignettes; des camelots façon de Hollande, mêlez d'un fil de ſoye; des camelots rayez, & des étamines dont la chaîne eſt compoſée de deux fils de laine.

Le nombre des buhots & portées de toutes ces étoffes & leurs largeurs, ſont fixées par pluſieurs articles des Statuts des Sayetteurs, avec permiſſion néanmoins d'augmenter leſdits buhots & portées, mais non de les jamais diminuer;

diminuer; & à l'égard des piéces de nouvelle invention, le Sayetteur qui les a inventées, est tenu avant de les mettre sur l'estille, d'en demander permission aux Premier & Echevins à qui il appartient seuls d'en prescrire & régler le nombre des fils & la longueur, après néanmoins avoir oüi quatre Marchands & quatre anciens Sayetteurs.

SAYETTEUR DRAPANT. On nomme ainsi dans la Sayetterie d'Amiens ceux d'entre les Sayetteurs qui ne font que des serges à chaîne double ou simple, dont les trêmes sont de laines cardées & filées au grand rouet, & des boyes ou revêches dont la trême & la chaîne sont toutes de cette derniere laine.

Le Réglement de 1666 a réservé quatre articles pour ces sortes de Sayetteurs, qui sont les 131, 132, 133, & 134. Par ces quatre articles ces Ouvriers sont tenus de faire leurs boyes ou revêches larges à seize buhots vingt-huit portées, faisant 900 fils; de trois quartiers de largeur, & de vingt aunes & demie de longueur, toutes foulées, parées & aprêtées.

Les revêches moyennes en seize buhots vingt-quatre portées & demi-aune de large, & de vingt aunes & demie de long, aussi après l'apprêt & le foulage.

Et les petites revêches en seize buhots vingt-deux portées, de trois quarts & demi moins un demi-seize sur l'estille, & de vingt-trois aunes de long pour revenir à demi-aune de large & vingt aunes au moins de long, toutes foulées.

SAYETTEUSE. C'est la femme du Sayetteur. On le dit plus ordinairement des veuves qui jouïssent du Privilége de la maîtrise de leurs maris, qui tiennent ouvroir & font travailler.

SCALIN, ou ESCALIN. Petite monnoye d'argent qui a cours en Flandres & en Hollande. Il revient à sept sols six deniers de France, sur l'ancien pied de l'écu à soixante sols de neuf au marc. Il y a des demi-scalins de trois sols neuf deniers; & des doubles & triples scalins, ceux-ci d'environ vingt-sept sols, ceux-là de treize sols. On se sert de toutes ces espéces dans le Commerce qui se fait sur les Côtes d'Affrique, particuliérement du côté du Sénégal.

SCAMMONE'E, ou ESCAMMONE'E, comme il se trouve dans quelques Tarifs. Plante médecinale, dont les feuilles vertes & presque faites en cœur ressemblent assez à celles du lierre: elle porte des fleurs blanches en forme de clochettes qui la font mettre par quelques Auteurs au nombre des volubilis; elle rampe sur terre, & a besoin de l'appui d'un arbre voisin, ou d'une muraille pour s'élever.

C'est de la racine de cette plante qui croît en plusieurs endroits du Levant, mais particuliérement aux environs de saint Jean d'Acre & d'Alep, que l'on tire par expression le suc si connu & si utile dans la Médecine qu'on nomme aussi Scammonée.

On apporte cette drogue du Levant par la voye de Marseille, enfermée dans des espéces de bourses. Les Marchands qui l'achettent en gros, doivent bien prendre garde que les bourses soient par tout égales, n'étant que trop ordinaire qu'elles soient fourrées & pleines au milieu de charbon, & d'autres vilenies, ou du moins d'une mauvaise Scammonée toute brûlée.

La bonne Scammonée doit être véritable Alep, legére, grise, tendre, friable, resineuse; qu'en l'écrasant la poudre en soit grise, que le goût en soit amer & l'odeur fade & desagréable; celle qui est pesante, dure & noirâtre doit être rejettée.

L'on a crû long-tems que le suc de la Scammonée ne s'épaississoit que par l'ardeur du Soleil; mais l'on en est désabusé, & l'on sait présentement à n'en point douter que cette opération se fait par le secours du feu.

Il n'y a guére de purgatifs plus sûrs, mais aussi plus violens que la Scammonée; ce qui fait qu'on ne s'en sert jamais sans en avoir corrigé la trop grande force par quelque préparation, & alors on l'appelle Diagredé, ou Scammonée Diagredé. On tire de ce suc une résine qui a plus de vertu que la Scammonée même, & l'on en fait aussi un syrop qui est un très-bon & très-doux purgatif.

La Poudre de Trois, autrement Poudre Cornachine, est aussi composée d'un tiers de Scammonée; la lessive de tartre & le Diaphorétique sont les deux autres drogues qui y entrent.

Outre la Scammonée d'Alep, on en vend deux autres qu'on nomme, l'une Scammonée de Smirne, & l'autre Scammonée des Indes, ou de la Compagnie: celle de Smirne est noire, pesante, molasse, remplie de pierres, de coquilles, & d'autres corps étrangers. On en peut tirer jusques à trois mille ocos, année commune, à raison de trois à quatre piastres l'oco. Elle vient par caisse. Les fraix d'une caisse de trente-sept ocos, non compris l'achat, reviennent à quatorze piastres trente & une aspres.

La Scammonée des Indes est à la vérité grise, legére, tendre & friable; mais ce n'est au fond qu'une composition de poix-résine, & de quelques poudres violentes. Ces deux Scammonées sont plûtôt des poisons que des remédes. Ce que le Sieur Pomet prouve même par un certificat dans son Histoire générale des Drogues; ce qui devroit en faire interdire la vente.

Plusieurs donnent le nom de Scammonée de l'Amérique au Méchoacam, qui est une racine ou drogue médecinale qui vient de la nouvelle Espagne. *Voyez* MECHOACAM.

Les droits d'entrée de la Scammonée sont en France, de 40 l. pour cent pesant, conformément au Tarif de 1664.

Les droits de la Douane de Lyon sont de 7 l. 2 s. 6 den. d'ancienne taxation, 3 liv. 17 s. 6 d. de nouvelle réapréciation, 9 l. pour les anciens quatre pour cent, & 9 l. pour les nouveaux.

Cette drogue est du nombre des marchandises venant du Levant, & sur lesquelles il doit être levé vingt pour cent de leur valeur, suivant l'Arrêt du 15 Août 1685.

SCAMPOULON, Marchandise employée dans le Tarif de la Douane de Lyon.

Le Scampoulon paye 30 s. par bale d'ancienne taxation, & 10 s. du cent pesant de nouvelle réapréciation.

SCAVISSON, ou ESCAVISSON. Les Marchands Epiciers-Droguistes ne conviennent pas de la nature de cette drogue, quoi qu'ils la mettent tous au nombre des épiceries. Quelques-uns la prennent pour le menu de la canelle fine; d'autres veulent que ce soit la canelle matte; & d'autres encore la *Cassia Lignea*. *Voyez ces trois articles.*

Le Scavisson paye en France les droits d'entrée à raison de cent sols du cent pesant, suivant le Tarif de 1664.

Les droits de la Douane de Lyon sont 47 s. 6 den. du quintal d'ancienne taxation; 2 s. d. de réapréciation; 3 l. par cent pour les anciens quatre pour cent, & 20 s. pour leur augmentation.

SCEAU. Poinçon de cuivre ou d'acier sur lequel sont gravées ordinairement en creux les armes du Prince, avec quelque légende & inscription, ou quelqu'autre empreinte ordonnée & prescrite par ceux qui en ont l'autoritée.

Le sceau du Prince sert à rendre les Actes autentiques; les autres (qu'ordinairement on nomme simplement des Poinçons) ont différens usages, & s'appliquent, ou pour distinguer la nature & qualité des marchandises, ou pour faire apparoître qu'elles ont été visitées aux Bureaux & Douanes, ou pour faire connoître de quelle fabrique & de quels Maîtres sont certaines étoffes.

Les Consuls de la Nation Françoise & des autres Nations étrangéres établies dans les Echelles du Levant, ou dans les principales Villes de Commerce de l'Europe, ont des Sceaux dans leurs Chancelleries avec lesquels leurs Chanceliers scellent les Expéditions concernant le Négoce, & les autres Actes dont les Marchands & particuliers de chaque Nation, peuvent avoir besoin pour la sûreté de leurs personnes & de leurs affaires. *Voyez* CONSULS.

Les Poinçons de quelques Manufactures conservent le nom de Sceau. Celui dont se marquent les étoffes de laines qui se fabriquent dans la Draperie & Sergetterie de Beauvais s'appelle Sceau Royal. Il a d'un côté les armes de France avec cette inscription: *Loüis XIV. Restaurateur des Arts & Manufactures*; & de l'autre les armes de la Ville avec ces mots: *Fabrique de Beauvais. Voyez* POINÇON, MARQUE & PLOMB.

SCEDULE, ou CEDULE. Billet, promesse, ou autre reconnoissance sous seing privé. *Voyez* CEDULE.

SCHAI, qu'on nomme & qu'on écrit plus ordinairement CHAYE'. Petite monnoye d'argent qui a cours en Perse. *Voyez* CHAYE'.

SCHAN, que les Chinois appellent CATI. Est un poids dont on se sert dans le Royaume de Siam. Le cati Chinois vaut deux schans Siamois; en sorte que celui de la Chine vaut seize taëls, & celui de Siam seulement huit. Quelques-uns mettent le cati Chinois à vingt taëls, & le Siamois à la moitié.

Le taël pése quatre baats, ou ticals, chacun d'environ demi-once; le baat quatre selings, ou mayons, le mayon deux fouangs, le fouang quatre payes, la paye deux clams, la sompaye un demi fouang. Le clam pése 12 grains de ris, ainsi le tical, ou baat pése 768 de ces grains.

Il faut remarquer que la plûpart de ces poids passent aussi pour monnoye, ou de compte, ou réelle, l'argent y étant une marchandise, & se vendant au poids.

SCHARAFI. Monnoye d'or qui se fabriquoit autrefois en Egypte. Il vaut autant que le sultanin, c'est à dire, environ l'écu d'or de France. Les Arabes l'appellent Dinar, ou Methcal-aldhegel. Les Scharafi sont présentement très-rares. Quelques-uns croyent que c'est la même espéce que les Grecs nommoient Bezans d'or.

SCHELDAL. Monnoye d'argent qui se fabrique & qui a cours en Dannemarck & dans quelques lieux d'Allemagne.

Le scheldal vaut trente-deux sols lubs, ou les deux tiers d'une richedale. Le marc-lubs qui vaut seize sols lubs, en est comme la premiére diminution: ce dernier a sous lui le demi & le quart de marc-lubs.

SCHEPEL. Mesure des grains dont on se sert à Hambourg. Le schepel est moindre que le minot de Paris. Il faut quatrevingt-dix schepels pour dix-neuf septiers de Paris.

On se sert aussi de schepels à Amsterdam. Quatre schepels font le mude, & vingt-sept mudes le last.

SCHEREFI. Monnoye d'or qui a cours dans les Etats du Roi de Perse. Il vaut huit larins, à raison de deux piéces de huit reaux d'Espagne le larin. Les Européens nomment les scherefis, des Seraphins d'or.

SCHELIN. Monnoye d'argent qui a cours en Angleterre, en Hollande & en Allemagne. Il y a aussi des schelins de cuivre qui se fabriquent en Dannemarck. *Voyez l'article suivant.*

SCHILLING, qu'on prononce en France SCHELLING. Monnoye d'argent d'Angleterre. Il vaut environ quinze sols de France, sur le pied que l'argent y est présentement (1718.) Vingt schillings font la livre sterling; ainsi le schilling est le sol sterling, composé de douze deniers sterlings.

Il y a aussi des schillings, ou schelings en Hollande, en Flandre & en Allemagne; mais qui n'étant, ni du poids, ni au titre de ceux d'Angleterre, n'ont pas cours sur le même pied. Ceux de Hollande & d'Allemagne valent à peu près sept sols six deniers de France; ceux de Flandres n'en valent guére plus de six.

Les schillings de Hollande s'appellent aussi Sols de gros, parce qu'ils valent douze gros; ce qui revient à l'évaluation qu'on en vient de faire.

Les schillings Danois sont de cuivre, & valent un peu plus de deux liards de France. Le schilling lubs vaut deux schillings Danois: au dessous du schilling Danois est le sosling danske, qui vaut environ un liard.

SCHIPPONDT. Sorte de poids dont on se sert en plusieurs Villes d'Europe, pour l'achat & la vente de certaines espéces de marchandises. Ce poids est plus ou moins fort, suivant les lieux où il est en usage.

A Anvers le schippondt est de trois cens livres, qui font à Paris, à Amsterdam, à Strasbourg & à Besançon, où les poids sont égaux, deux cens soixante-quatre livres cinq onces.

A Hambourg le schippondt est de trois cens livres, qui rendent à Paris, à Amsterdam, &c. deux cens quatrevingt-quatorze livres ou environ.

A Lubeck le schippondt est de trois cens vingt livres, qui font environ trois cens cinq livres de Paris, &c.

A Stockholm on se sert de deux sortes de schippondts, l'un pour les cuivres, & l'autre pour les marchandises de provision. Le premier est de trois cens vingt livres, qui font deux cens soixante-treize livres & demie de Paris, &c. Et le second est de quatre cens livres, qui rendent à Paris, &c. trois cens quarante-deux livres.

A Conisberg le schippondt est de quatre cens livres, qui rendent ordinairement à Paris, &c. trois cens six à trois cens sept livres; ce qui doit s'entendre lors que l'achat ou la vente des marchandises se fait de Bourgeois à Bourgeois; car lors qu'un Bourgeois achéte d'un Polonois, le dernier donne au premier quatre à cinq livres pour cent de bénéfice, ou bon poids; en sorte qu'un schippondt de mar-

marchandise achetée de la premiére main, c'est à dire, d'un Polonois, doit rendre à Paris, &c. environ trois cens vingt livres.

A Riga le schippondt est de quatre cens livres, qui font environ trois cens trente livres de Paris, &c.

A Coppenhague le schippondt est composé de trois cens vingt livres, qui rendent à Paris, &c. trois cens seize livres.

A Revel le schippondt est de quatre cens livres, qui font trois cens cinquante-six livres de Paris, &c.

A Dantzick le schippondt est de trois cens quarante livres, qui reviennent à trois cens deux livres neuf onces quatre gros peu plus de Paris, &c.

A Bergue en Norwegue le schippondt est de trois cens livres, qui font à Paris, &c. trois cens quinze livres.

A Amsterdam le schippondt est de trois cens livres, & contient vingt lyspondts, qui pésent chacun quinze livres.

SCHERIF, qu'on nomme autrement SULTANIN, & assez communément SEQUIN. C'est une monnoye d'or qui ne se fabrique guére qu'au Caire, & qui a cours dans tous les Etats du Grand Seigneur. C'est la seule espéce d'or qui se frappe en Turquie. L'or dont on fait les scherifs est apporté en Egypte par de pauvres Abissins, qui souvent font des deux & trois cens lieuës par des deserts affreux, pour venir échanger deux, trois, ou quatre livres de poudre d'or au plus, contre les marchandises dont ils ont besoin.

La valeur de ces espéces n'a pas toûjours été la même. Vers le milieu du dix-septiéme Siécle les scherifs ne valoient que quatre francs monnoye de France: ils montérent ensuite à cent sols; & ils étoient à six livres sur la fin du même Siécle. On en parle ailleurs. *Voyez* SEQUIN & SULTANIN.

Les autres espéces d'or qui se trouvent dans les Etats du Grand Seigneur y sont apportées de dehors, comme les ducats d'Allemagne, de Hongrie & de Venise. Ces derniers s'appellent Sequins.

SCHREVE, qu'on appelle autrement FERTEL. Mesure des liquides dont on se sert presque généralement par toute l'Allemagne. *Voyez* FERTEL.

SCHUITE D'ARGENT. Espéce de monnoye de compte du Japon, sur laquelle on estime les payemens dans le Commerce. Les deux cens schuites valent cinq cens livres monnoye de Hollande.

SCIAGE ou SIAGE. Action de fier. Il se dit aussi de l'effet qui s'en produit.

Il y a des moulins à vent & à eau pour le siage des bois, qui ont plusieurs sies paralleles, qui se lévent & s'abaissent perpendiculairement par le moyen de ces deux grands principes de mouvement. Ils n'ont besoin que de peu d'Ouvriers pour pousser les piéces de bois qui sont sur des rouleaux, ou suspendus avec des cables à mesure que le siage s'avance.

M. Felibien dans ses Principes d'Architecture parle aussi des longues sies inventées par un nommé Misson Marbrier, Inspecteur des marbriéres des Pyrenées, pour le siage des marbres dans le roc même d'où on les tire. Il assure qu'il y en a de vingt-trois pieds de long; mais il n'en fait ni la description, ni ne marque la maniére de s'en servir; il dit seulement qu'elles sont de fer sans dents,

SIAGE. On appelle Bois de siage, celui qui est debité avec la sie, pour le distinguer du bois de brin, qui n'est qu'équarri avec la coignée, & du bois de mairrain, qui n'est que fendu avec un instrument de fer tranchant en forme d'équerre. Les planches, les solives, les poteaux, les chevrons, sont des bois de siage. Il s'en faut bien que le bois de siage soit aussi bon que le bois de brin. Ce sont les sieurs de long qui le debitent. *Voyez* BOIS DE SIAGE.

SIE. Instrument pour fendre & diviser en plusieurs piéces, diverses matiéres solides, comme le marbre, la pierre, le bois, l'yvoire, &c.

La sie est un des outils des plus utiles qui ayent été inventez pour la Mécanique. La Fable, peut-être fondée sur quelque tradition certaine, en attribuë l'invention à Icare, qui non moins ingénieux que son pére Dedale, enrichit comme lui les Arts encore naissans, de plusieurs découvertes qui ont servi à les perfectionner. On dit qu'il l'inventa sur le modèle de l'arrête d'un poisson plat, tel, par éxemple, qu'est la saule.

La sie est de fer avec des dents, mais différenment limées & tournées, suivant l'usage auquel elle est destinée. Il y a aussi des sies sans dents qui servent au siage des marbres & des pierres.

Les Ouvriers qui se servent le plus communément de la sie, sont pour les bois, les Bucherons, les sieurs de long, les Charpentiers, les Menuisiers, les Ebénistes, les Tourneurs & les Tablettiers; & pour les pierres, les Marbriers, les Sculpteurs, les sieurs de pierre, &c.

Les Lapidaires ont pareillement leur sie, aussi-bien que les Ouvriers qui travaillent en piéces de raport, mais elle ne ressemble presque en rien aux autres.

De tous les divers Ouvriers qui se servent de la sie, ce sont les Menuisiers qui en ont la plus grande quantité, & de plus de différentes espéces.

Les principales sont la sie à refendre, qui leur est commune avec tous les autres Ouvriers en bois; la sie à débiter, la sie à tenons, la sie à tourner, la sie à enraser, la sie à main, & la sie à cheville.

Les Ebenistes qui sont du Corps des Menuisiers, outre toutes les sies qui servent à la menuiserie, en ont encore une particuliére qui s'appelle Sie à contourner. Cette sie est montée sur un archet d'acier fort élevé, afin que les feuilles des divers bois qu'ils contournent, puissent passer entre cet archet & la feuille dentelée de la sie. *Voyez* MARQUETTERIE & EBENISTE.

Les dents de toutes ces sortes de sie s'affûrent & se liment avec une lime triangulaire, en engageant la feuille de la sie dans une entaille d'une planche, & l'y affermissant avec une espéce de coin de bois.

Les Charpentiers ne se servent guére que de la sie à refendre & de celle à debiter, mais l'une & l'autre de beaucoup plus fortes & plus longues que celles des Menuisiers.

Les sies dont on se sert dans les forêts pour debiter les plus gros arbres, s'appellent des Passe-par-tout. Ils n'ont qu'un manche à chaque bout de la feuille: cette feuille a les dents fort détournées, c'est à dire, ouvertes à droit & à gauche.

Les tailleurs & sieurs de pierre ont de deux sortes de sies, les unes à dents, & les autres sans dents. Celles avec des dents sont tout à fait semblables aux passe-partout dont on vient de parler, hors qu'elles n'ont pas les dents détournées; elles servent à fier la pierre tendre. Les fies sans dents dont on fie les pierres dures, & dont les Marbriers & Sculpteurs se servent aussi pour debiter leurs marbres, ont une monture semblable à celle des fies à debiter des Menuisiers, mais proportionnée à la force de l'ouvrage & de la fie; y en ayant de telles que deux hommes ont assez de peine à l'élever pour les mettre en place. La feuille de ces fies est fort large, & assez ferme pour fier le marbre & la pierre, en les usant peu à peu par le moyen du sable & de l'eau que le fieur y met avec une longue cuiliére.

Il y a outre cela des espéces de fies à main pour les Maçons ou Poseurs de pierres de taille. On les appelle Couteaux à fie. Les unes ont des dents, & les autres n'en ont point.

Ce que les Serruriers appellent Sie à guichet, est une petite fie à main en forme de couteau dentelé, dont ils se servent pour faire dans les portes, tiroirs, ou guichets de bois, les entrées des serrures qu'ils y veulent placer & attacher.

Les Tablettiers, Peigniers & autres Ouvriers ont des espéces de fie à main qui ont un manche comme celle-ci, mais qui ont une monture de fer à peu près comme les fies communes, mais sans corde. La feuille en est ferme & un peu large, & les dents sans être renversées: elles servent à debiter l'yvoire, le buis & les autres bois durs.

Les fies des Lapidaires, qui ont le nom de fie; non pas qu'elles ayent quelque raport par la figure à aucune des fies dont on vient de parler, mais parce qu'elles servent à user, &, pour ainsi dire, à fier les pierres précieuses sur le touret; ces fies, dis-je, sont de petites plaques de fer en forme de ce qu'on appelle une pirouette avec quoi jouent les enfans, attachées au bout d'une broche aussi de fer.

Les Lapidaires ont encore une espéce de fie pour fier le diamant, qui ne consiste qu'en un fil de fer ou de léton, aussi délié qu'un cheveu, bandé sur en petit arc d'acier, ou de bois. On s'en sert avec de la poudre de diamant bien broyée avec de l'eau ou du vinaigre. Les Ouvriers en piéces de raport usent aussi de cette sorte de fie pour les pierres les plus précieuses: pour les plus grosses piéces ils ont une petite fie dont la feuille n'a point de dents. *Voyez* LAPIDAIRE, *ou* OUVRIER EN PIERRES DE RAPORT.

Toutes les feuilles de fie se vendent par les Clinquailliers, qui les tirent de Forez & de Picardie: on en trouve aussi chez eux de toutes montées, particuliérement de celles pour la marquetterie & pour les Tablettiers & Peigniers, dont la monture est toute de fer. *Voyez* CLINQUAILLERIE.

SCIER. Couper du bois, du marbre, de la pierre ou autres matiéres avec la fie, soit à dents, soit sans dents. On le dit aussi des diamans & autres pierres précieuses. *Voyez* DIAMANT, *ou* LAPIDAIRE.

SIEUR. Celui qui fie.

Les fieurs de long sont des Charpentiers qui refendent & coupent des piéces de bois dans toute leur longueur, pour les débiter en planches, ou chevrons, ou en solives. *Voyez* CHARPENTIER.

Les fieurs de pierre & de marbre sont ceux qui les debitent en morceaux avec la fie sans dents. Leur ouvrage consiste proprement à user le marbre ou la pierre par un continuel frotement du fer acéré qui sert de feuille à la fie; ce qu'ils facilitent en mettant du grès & de l'eau dans l'ouverture que fait la fie à mesure que le fiage s'avance. *Voyez* MARBRE *&* MARBRIER. *Voyez aussi* MAÇON.

Il y a aussi des fieurs de pierre tendre qui la coupent avec un passe-par-tout, ou grande fie à dents; mais ce sont moins des fieurs que des Manœuvres qu'on employe à cet ouvrage.

SIEURE. Action de celui qui fie. Il se dit aussi de la poudre qui tombe du bois que l'on fie.

La fieure du buis fait une partie du Négoce des Marchands Merciers-Papetiers & des Tablettiers-Peigniers: elle sert à mettre sur l'écriture à la main pour la sécher. On la vend au boisseau, ou au litron.

SCILLES, ou SQUILLES. Ce sont de très-gros oignons qu'on apporte d'Espagne. Il en vient aussi de Normandie, sur tout d'auprès de Quilbœuf.

Il y en a de deux sortes, de mâles & de femelles. Les mâles sont blanchâtres, & les femelles rouges. On ne trouve guére que de l'espéce femelle chez les Marchands Epiciers & Droguistes de Paris.

Les feuilles des scilles sont larges, vertes & longues, & leurs fleurs blanches en forme d'étoiles. On estime le cœur de ces sortes d'oignons un poison dangereux; & l'on a grand soin de l'ôter avant que de s'en servir. Leur usage est pour la composition de la thériaque, & pour quelques emplâtres ou onguens, comme l'*Althea* & le *Diachylum magnum*. On en fait aussi du vinaigre & du miel qu'on nomme *Scillities*.

Les scilles sont extrêmement améres, & ont un suc fort visqueux. Il faut les choisir nouvelles, pesantes, fermes, bien nourries, & observer qu'elles ne soient point pourries du côté de la tête; ce qui leur arrive très-souvent.

Les Scilles, que le Tarif de 1664 appelle Squilles marines, à cause qu'elles naissent sur les dunes & le long des rivages de la mer, payent en France les droits d'entrée à raison de 24 s. du cent pésant.

Les droits de la Douane de Lyon sont de 4 s. du quintal.

SCINC, ou SCINQUE. *Voyez* STINC.

SCORPIO JELLE. On nomme ainsi en France l'huile de scorpion, si souveraine pour guérir les piqûres de ces dangereux insectes. *Voyez l'article suivant.*

SCORPION. Insecte dont le venin est très-dangereux, mais qui en même tems porte avec lui son contrepoison, puis qu'écrasé sur la playe il en est le remede le plus sûr & le plus souverain.

Ce venimeux animal est très-commun dans les Païs chauds, l'Italie sur tout en est fort infectée; il s'en trouve aussi dans quelques-unes des Provinces de France, entr'autres en Provence & en Languedoc. L'on fait une huile de Scorpion qui au défaut de l'insecte même qu'on n'a pas toûjours la précaution ou la hardiesse d'écraser sur la playe, guérit ses dangereuses piqûres.

Il y a de deux sortes d'huile de scorpion, la simple & la composée; la simple n'est faite qu'avec de l'huile d'amandes améres & des scorpions; la composée, qu'on appelle aussi Huile de Matthiole (du nom de ce célébre Médecin qui l'a inventée) outre le scorpion qui en fait le plus essentiel, est faite avec quantité de gommes, de résines,

résines, de graines, de racines & d'aromats, ainsi que l'on peut voir dans Matthiole même dans son Traité des venins, ou dans nos meilleures pharmacopées.

Quoi qu'il se fasse des huiles de scorpion à Paris, celles de Provence & de Languedoc sont plus estimées & coûtent moins; aussi est-ce de-là, & sur tout de Montpellier que les Marchands Epiciers-Droguistes la tirent le plus ordinairement; il en vient aussi des Païs étrangers.

L'huile de Scorpion qu'en nomme aussi Scorpioselle, paye en France les droits d'entrée à raison de 3 liv. 15 s. le cent pesant, conformément au Tarif de 1664.

Les droits de la Douane de Lyon pour la drogue qui y est simplement tariffée sous le nom de Scorpion, sont de 12 s. 6 d. le quintal.

SCRUPULE. Petit poids dont on se sert en Médecine & chez les Apoticaires pour peser les drogues; il se marque ainsi ℈: il pése un denier, ou la vingt-quatriéme partie d'une once. *Voyez* ONCE.

SCULPTEUR. Ouvrier qui travaille en sculpture.

Les Sculpteurs faisoient autre-fois à Paris une Communauté particuliére; mais elle fut unie à celle des Peintres au commencement du dix-septiéme Siécle. Il y a un Arrêt du Parlement de 1613, qui confirme cette union & qui ordonne l'égalité entre les Peintres & les Sculpteurs, soit dans l'élection aux Charges, soit à l'assistance aux Assemblées pour les Chef-d'œuvres & les réceptions à la maîtrise, soit enfin pour les autres Droits & Priviléges devenus communs entr'eux. *Voyez* PEINTRE.

SCULPTURE. C'est l'art de tailler le marbre, la pierre & le bois pour en faire diverses représentations, & de travailler la cire, la terre & le plâtre pour faire des modèles & pour servir à la fonte des ouvrages de métail.

On ne peut douter de l'antiquité de cet Art, puisque les livres saints qui sont les plus anciens & les plus sûrs monumens qui nous restent des Siécles les plus reculez, en parlent en plusieurs endroits. Il est plus difficile de fixer ses commencemens par les Auteurs profanes, & ce qu'ils nous en disent n'est pas sans quelque mélange de ces fables si ordinaires aux Grecs du premier âge; ce qui est certain, c'est que ces mêmes Grecs y ont excellé, & qu'on a encore quelques-uns de leurs ouvrages qui seront toûjours admirez & qui donnent de l'émulation aux Sculpteurs modernes.

Les François ont eu & ont encore leur Phidias, leur Praxiteles, leur Policletes, leur Myrons, leur Lysippes; & l'Italie a eu aussi de grands hommes dans cet Art; mais la France de même que l'Italie l'a cédé jusqu'ici à la Grece.

L'Art de sculpture est un de ceux dont les Maîtres composent partie de la Communauté de l'Art de Peinture. *Voyez* SCULPTEUR.

L'on peut voir à l'article des Marbriers les différens outils & instrumens dont l'on se sert dans la sculpture.

SEBELINE. Quelques-uns nomment ainsi cette espéce de Marte dont la fourrure est si précieuse, qu'on appelle plus communément Zibelline. *Voyez* MARTE.

SEBESTES. Ce sont des fruits d'un verd foncé & approchant du noir, qui ressemblent assez aux petites prunes de damas; mais dont le noyau est de forme triangulaire.

L'arbre qui produit les sebestes croît dans le Levant aux environs de Seyde d'où les Epiciers & Droguistes de Paris les tirent par la voye de Marseille. Ses feuilles sont vertes & un peu rondes, ses fleurs sont blanchâtres, de la figure d'une étoile; du milieu de leur calice sort le fruit auquel ce calice qui est blanc reste attaché quand on cueille la sebeste, dont le pulpe ou chair est visqueux, molasse, d'un goût assez doux & d'une couleur rougeâtre.

Il faut les choisir nouvelles, bien nourries, charnuës, noirâtres & garnies de leur calice ou bouet; & au contraire rejetter celles qui sont dures, petites, d'un noir luisant ou rougeâtre, ce qui est une marque qu'elles ont été relavées.

C'est avec les sebestes que l'on fait cette espéce de glû qu'on nomme glû d'Aléxandrie, qui peut servir à la chasse des petits oiseaux; mais comme elle est rare en France, ou plûtôt qu'il ne s'en fait aucun Commerce, on lui a substitué la glû de houx qui se fait en Normandie & aux environs d'Orleans. *Voyez* GLU.

Les Sebestes payent en France les droits d'entrée à raison de 50 s. le cent pesant, conformément au Tarif de 1664.

Les droits de celui de la Douane de Lyon sont de 13 s. 3 d. le quintal d'ancienne taxation, & 20 s. pour les quatre pour cent.

Les Sebestes sont du nombre des marchandises venant du Levant, sur lesquelles on léve vingt pour cent de leur valeur, conformément à l'Arrêt du 15 Août 1685.

SEBILLE. Vaisseau de bois fait en rond & en forme de jate, tourné autour & tout d'une piéce. Outre les usages qu'ont les sebilles parmi les Boulangers qui y tournent leur pain avant que de les mettre au four, & les Vendangeurs qui s'en servent pour entonner le vin qui coule du pressoir, on s'en sert dans quelques Manufactures & parmi plusieurs Ouvriers des Arts & Métiers.

SEBILLE. Les Ouvriers qui mettent les glaces au teint se servent de diverses sortes de sebilles; les unes très-grandes & au moins d'un pied ou dix-huit pouces de diamétre; les autres petites & legéres, qui n'ont que quatre ou cinq pouces, ce sont proprement des sebilles à main; c'est dans les grandes que l'on conserve le vif argent, ou qu'on le reçoit lors qu'il s'écoule de dessous la glace qu'on a mise au teint. Les sebilles à main servent à puiser le vif argent dans les grandes sebilles pour en charger la feuille d'étain quand elle est avivée. *Voyez* GLACE.

SEC. Ce qui a peu ou point d'humidité.

On appelle Poisson sec, ou Moruë séche, celle qui a été séchée à l'air & préparée sur le galet. *Voyez* MORUE.

Il y avoit autre-fois à Paris une Ferme pour la perception des droits sur le poisson frais, sec & salé; elle a depuis été réünie en partie aux Offices de Vendeurs de marée. *Voyez leur article.*

SEC. Se dit aussi dans les Manufactures des étoffes qui sont cassantes & difficiles à employer. Un drap sec, un taffetas sec.

Les Artisans qui filent la laine, appellent Filer sec quand ils filent de la laine dégraissée avec du savon noir. C'est cette sorte de laine qui s'employe ordinairement dans la fabrique des serges & des étamines. *Voyez ces deux articles. Voyez aussi* FILER.

Sec. Se dit encore des métaux lors qu'ils sont trop cassans. Du fer, de l'acier sec. On dit plus ordinairement aigre.

Sec. On appelle du vin sec, du vin qui n'a point de liqueur, qui n'est ni gras, ni onctueux. Les vins d'Espagne & de Canarie ne sont estimez qu'autant qu'ils sont secs, c'est à dire, qu'ils n'ont point été mixtionnez ou sofistiquez.

On dit aussi des Confitures séches, des fruits secs, lors que ceux-ci sont séchez au Soleil, ou au four, ou que les autres ont passé par l'étuve & s'y sont ressuyées.

Argent sec. C'est de l'argent comptant. Je vous payerai cette derniére fourniture argent sec.

Estre à sec, n'avoir plus de fond. Ma caisse est à sec, je n'ai pas un sol.

SE'CHE, SEICHE. Poisson de mer d'une figure extraordinaire & fort hideuse.

La Séche n'est guére bonne à manger, cependant le peuple de plusieurs grandes Villes de France ne laissent pas de lui trouver du goût & d'en faire même une assez grande consomption.

Les Naturalistes disent des merveilles de l'instinct vrai ou fabuleux de ce poisson, qui soit pour éviter de plus gros poissons qui le poursuivent, soit pour se cacher aux yeux des Pêcheurs qui lui jettent leurs filets, fait à propos troubler l'eau avec une liqueur très-noire qu'il répand & qu'il tient enfermée dans une vessie. Cette liqueur s'appelle Ancre de Séche.

On nomme Os de Séche l'os qui se trouve sur le dos de ce poisson qui est dur & lissé du côté qu'il est convéxe, & mol de l'autre en maniére de moile ou de substance spongieuse. C'est de cet os que les Orfévres & quelques autres Ouvriers se servent pour mouler & fondre quelques petits ouvrages.

Les Chimistes en font aussi quelqu'usage ; réduite en poudre impalpable elle entre dans la composition de la laque de Venise.

Les os de Séche payent en France les droits d'entrée à raison de 15 s. du cent pesant, conformément au Tarif de 1664; *& ceux de sortie comme Hadots, c'est à dire, sur le pied de quarante sols le millier.*

SECHIE, ou CHEQUIS. Poids dont on se sert à Smirne. Le sechie contient deux oques à raison de 400 dragmes l'oque.

SECHOIR. Terme de Parfumeur. C'est un petit ais quarré sur lequel les Parfumeurs mettent sécher leurs savonnettes.

SECHYS. Mesure pour les liqueurs, qui est en usage dans quelques Villes d'Italie. Huit sechys font le mastilly de Ferare, & six sechys l'urna d'Istrie.

SECONDE, ou REFLEURET. Laine d'Espagne qui est la meilleure après celle qu'on appelle Prime. *Voyez* Laine, *où l'on traite de celles d'Espagne.*

SECRETON. Toile de coton blanche, d'une moyenne finesse, qui vient des Indes Orientales, particuliérement de Pontichery. Les piéces de secretons contiennent seize aunes de long sur cinq six de large.

SEDANOISE. Terme de Fondeur de caractéres & d'Imprimeur. C'est la plus petite lettre que l'on employe dans l'impression de livres.

Quelques-uns l'appellent la Parisienne, & c'est ainsi qu'elle est nommée dans les essais des caractéres fondus pour l'Imprimerie Royale. On croit communément qu'on l'appelle Sedannoise, parce qu'on a commencé à s'en servir dans les Editions de Sedan; mais le nom de Parisienne qu'on lui donne semble faire douter de cette premiére origine. *Voyez* Caractere.

SEGEWEUSE. Laine qui vient d'Espagne. Il y en a de plusieurs espéces, les plus connuës en France sont la Segoviane & la Moline. *Voyez* Laine.

SEGOVIANE. On appelle Laine Segoviane, ou Refleuret, & quelque-fois Seconde Segovie, la meilleure des laines de Segovie, après qu'on a fait le triage. *Voyez l'article suivant, ou l'article des Laines.*

SEGOVIE. C'est la laine d'Espagne qui vient de Segovie, Ville du Royaume de Castille, ou des environs.

Quand on dit simplement & absolument Laine de Segovie, cela s'entend des trois sortes de laines qu'on en tire, dont ensuite les espéces se distinguent en ajoûtant les mots de Prime, de Seconde ou de Tierce; ainsi l'on dit, Prime Segovie, Seconde Segovie, & enfin Tierce Segovie; il y a aussi de la petite Segovie. *Voyez* Laine, *où on parle de celles d'Espagne.*

SEIGLE, ou SEGLE. Sorte de grain suffisanment connu pour qu'il ne soit pas nécessaire de faire ici la description de la plante qui le produit.

Les Marchands Epiciers de Paris faisoient autre-fois venir du Seigle de Beausse pour le préparer comme le caffé dont il a effectivement un peu l'odeur & à ce qu'on prétendoit les qualitez; ce goût & ce Commerce sont tombez.

Le seigle fait aussi une partie du Négoce des Grainiers. *Voyez* Grainiers.

On a parlé du seigle à l'article des bleds, on ajoûtera seulement ici quelques particularitez concernant le Commerce du seigle qui se fait dans la Mer Baltique.

Le seigle se vend par last contenant vingt-sept sacs & demi d'Amsterdam, dix-neuf septiers de Paris, trois quarts de septiers de Roüen & dix-sept raziéres de Flandres.

Quand le seigle est sec le last pése ordinairement 3300 livres, s'il n'est pas sec 4200 livres : les fraix pour un last montent à 15 deniers de gros pour le mesurage, autant pour le courtage, 53 pour droits de sortie, 45 pour payage du Sund, 60 pour pilotage, ancrage, &c. 45 pour le porter du Grenier, & 64 de provision, ce qui fait en tout trois cens deniers de gros, c'est à dire, dix florins de Pologne, ou sept florins & demi de Hollande.

Le Seigle entrant par la Province d'Anjou, paye 40 *s. le muid mesure de Paris, contenant deux tonneaux & le tonneau six septiers.*

Les droits de sortie sont de 16 *liv.* 10 *s. aussi le muid mesure de Paris.*

SEIGNEUR. On appelle Serge de Seigneur une serge très-fine dont les Ecclésiastiques & les Gens de Robe avoient autre-fois coûtume de s'habiller en Eté; son nom lui venoit de sa beauté, & comme s'il n'y avoit eu que les Seigneurs qui eussent dû s'en habiller; l'usage en est beaucoup tombé. *Voyez* Serge.

SEIGNEURIAGE. Droit qui est dû au Seigneur. Il se dit particuliérement du droit qui appartient au Prince pour

pour la fabrique des monnoyes; on l'appelle quelque-fois Monnoyage du mot de la basse latinité *Monetagium*, & quelque-fois aussi Rendage & Traite. Ce droit n'est pas toûjours le même & change suivant la volonté du Prince ou les besoins de l'Etat. C'est pour le payement de ce droit que l'on a en partie inventé l'ailliage, c'est à dire, le mêlange des autres métaux avec l'or & l'argent dans la fabrique des Monnoyes.

Sous Philippe-Auguste, avant le régne duquel on n'a rien de certain sur le droit de Seigneuriage, il étoit du tiers de tout le profit qui se faisoit sur la monnoye.

Saint Louïs régla le Seigneuriage & le Brassage, autre droit dont on parle dans un article séparé, à la seiziéme partie du prix du marc d'argent, & l'or à proportion; le Roi Jean à trois livres par marc d'or. Sous Charles VII. le mauvais état des Finances & les guerres contre les Anglois firent monter ces deux droits aux trois quarts du prix du marc d'argent, & encore davantage sur le marc d'or. Sous Louïs XIII. le droit de Seigneuriage fut à six livres pour marc d'or & dix sols obole pour marc d'argent; enfin, ce droit ayant été aboli sous Louïs XIV. par sa Déclaration de 1679, il fut rétabli en 1689 sur le pied de sept livres dix sols par marc d'or & douze sols six deniers par marc d'argent.

Il faut observer que pour lever ce droit de Seigneuriage, l'on augmente le juste prix de la monnoye de la valeur du droit.

SEILLE. Vieux mot qui signifie un seau, qui est encore en usage dans quelques Provinces de France. C'est aussi sous le nom de Seilles que les seaux sont tariffez dans les Tarifs des entrées & sorties de France.

Par celui de 1664 les Seilles ou seaux payent d'entrée 2 s. la douzaine; les droits de sortie sont semblables.

Les Seilles ou berceaux payent à la Douane de Lyon 2 s. 6 d. de la charge.

SEILLES. On trouve encore dans le Tarif de la Ville de Lyon une autre sorte de marchandises employées sous le nom de Seilles. *Par ce Tarif les Seilles blanches payent 2 s. 6 d. de la charge d'ancienne taxation & 8 d. de réapréciation; & les Seilles étrangéres 4 s. 6 d. d'anciens droits aussi la charge, & 1 s. 6 d. de nouveaux.*

SEINE. Espéce de grand filet dont l'on se sert tant pour la pêche du poisson de mer que pour celle du poisson d'eau douce.

L'article 16 du livre 5 de l'Ordonnance de Marine de 1684, défend de pêcher en aucune saison avec collerets, seines ou autres semblables filets qui traînent sur les gréves de la mer.

La seine de riviére est un grand filet de treize à quatorze toises de long & de douze à treize pieds de hauteur; cette hauteur se mesure par mailles & doit en avoir six-vingt.

On appelle les Coulures de la seine deux fortes cordes de crin qui la bordent par le haut & par le bas, & les Trempées deux cordes aussi de crin qui s'attachent aux deux bouts pour la tirer à terre quand elle a été jettée à l'eau.

On nomme Pareaux des cailloux pesans & percez par le milieu, qu'on attache avec du fil agor au bas de la seine pour la parer, c'est à dire, pour la tenir au fond de l'eau; il en faut douze ou seize plus ou moins suivant que l'eau est profonde. Au haut pour la faire floter sont des liéges ronds de quatre pouces, trouez au milieu; on en met depuis 14 jusqu'à 18.

Les mailles de la seine, ainsi que de tous les autres filets de riviére, se font sur un moule d'environ un pouce de diamétre fixé à cette mesure par les Ordonnances des Eaux & Forêts.

SEING. C'étoit proprement parmi les anciens un signe, une marque, que l'on faisoit au bas d'un acte, tels qu'étoient les monogrames qui servoient tout ensemble de signature & de seau, & que l'on mettoit aux chartes & autres actes publics ou particuliers pour les confirmer & les autoriser.

SEING. S'entend présentement de deux maniéres, premiérement de la signature que les Contractans ou l'un d'eux font de leur propre main au bas de quelqu'écrit; secondement, du parafe ou de cet entrelassement de plusieurs lignes & traits que chacun imagine pour son usage & qu'on met immédiatement après sa signature.

Dans les actes sous seing privé, le seing ou signature des parties, ou même quelque-fois d'une seule suffit; dans les actes par devant Notaires les seings de deux Notaires si c'est à Paris, ou d'un Notaire & Tabellion & de deux témoins, si c'est ailleurs, sont nécessaires pour leur validité avec ceux des parties.

ACTE SOUS SEING PRIVE'. C'est celui qui n'est ni attesté ni passé par des personnes publiques. Ces sortes d'actes sont sujets à reconnoissance, & si c'est en matiére hypotéquaire ils ne portent aucun hypotéque qu'ils n'ayent été reconnus.

BLANC SEING. C'est une feuille de papier blanc au bas de laquelle on met son nom pour être remplie à la volonté de celui à qui on le confie; chose assez ordinaire, mais dangereuse.

SEIPOD. Poids de Moscovie dont on se sert particuliérement à Archangel; il contient dix poudes à raison de quarante livres le poude poids du Païs qui reviennent à trente-deux livres poids de marc.

SEIZE. Nombre pair composé d'une dizaine & de six unitez, ou de deux fois huit, ou de huit fois deux, ou de quatre fois quatre; ainsi que deux soit multiplié par huit, ou que huit le soit par deux, ou que quatre le soit par soi-même, cela ne produira jamais que seize.

En chiffre commun ou arabe seize s'écrit ainsi, (16.) en chiffre Romain de cette maniére (XVI.) & en chiffre François de compte ou de finance de la sorte (*xvj.*)

Les Marchands Libraires & Imprimeurs nomment un livre In-Seize, celui dont chaque feuille d'impression étant pliée compose seize feuillets ou trente-deux pages.

SEIZAINE, ou FIL-AGOR. Espéce de petite corde ou grosse ficelle dont les Embaleurs se servent pour leurs embalages; il y a de la grosse & de la menuë seizaine. *Voyez* FIL-AGOR.

SEIZAINE. C'est aussi comme on appelle dans le Commerce des Cerceaux qui servent au métier de Tonnelier, certains paquets ou botes qui contiennent seize cerceaux. *Voyez* TONNELIER.

SEIZAINS. Draps de laine dont la chaîne est composée de seize fois cent fils; c'est à dire, seize cens fils en tout. Quelques-uns prétendent que ce terme qui est particuliérement en usage en Provence, en Languedoc &

en Dauphiné, a été pris des Anglois. Dans les autres Provinces de France on appelle plus ordinairement ces sortes de Draps des Seize cens.

Les Seizains qui se font pour les Echelles de Levant, doivent être fabriquez avec des laines de Languedoc, Bas-Dauphiné ou d'Espagne de pareille qualité, & doivent avoir seize cens fils en chaîne dans des rots d'une aune seize huitiémes, pour revenir au retour du foulon à la largeur d'une aune entre deux lisiéres; & le mot Seizains doit être marqué au chef & premier bout de chaque piéce. *Art. 6 du Réglement du 20 Novembre 1708, fait concernant les Draps destinez pour le Levant.*

SEIZIE'ME. C'est la partie d'un tout divisé en seize portions égales. On dit, je suis pour un seiziéme dans cet armement, dans cette Compagnie, dans cette affaire. En fait d'aunage on dit aussi: Cette serge, ce drap sont plus étroits qu'il ne faut d'un seiziéme.

Lors qu'il s'agit de fractions ou nombre rompus de quelque tout que ce soit, un seiziéme s'écrit de cette maniére ($\frac{1}{16}$.) On dit aussi; trois seiziémes, cinq seiziémes, sept seiziémes, &c. ce qui se marque ainsi ($\frac{3}{16}$ $\frac{5}{16}$ $\frac{7}{16}$.)

Le seiziéme de vingt sols est un sou trois deniers, qui est une des parties aliquotes de la livre tournois.

SEL. Substance acide qui entre dans la composition de tous les corps, & qu'on en peut extraire, en les décomposant par les opérations de la Chimie.

La plûpart des sels chimiques se vendent par les Marchands Epiciers-Droguistes, & par les Apoticaires, sur tout ceux qui servent à la Médecine.

Les principaux sont les sels d'urine & de lavande, dont ceux d'Angleterre passent pour les plus excellens; ceux de vipére, de crane & de sang humain; d'absinthe, de gayac, de quinquina, de tabac, de tartre, de verre, de rubarbe, de romarin, de centaurée, de sauge, de geniévre, de soufre, de vitriol, de karabé, & les sels vegetaux, les policrêtes & ceux de saturne. On parle de tous ces sels & de beaucoup d'autres dans les différens articles de ce Dictionnaire, où l'on traite des drogues dont ils sont extraits; on peut y avoir recours.

SEL. Est aussi une espéce de cristalisation ou de substance acide, piquante, dessicative & astringente, qui sert à la salaison des chairs, des poissons, des beurres, des cuirs & autres denrées & marchandises qu'on veut conserver. Il sert encore à l'usage ordinaire du ménage, pour donner du goût aux viandes & relever leur assaisonnement.

Ce sel qu'on peut appeller le sel commun, est de trois sortes, le sel marin, le sel terrestre, ou fossile, & le sel qu'on tire des fontaines & des puits salez. Le plus grand Commerce des sels marins se fait en France; les fossiles ou terrestres se trouvent en Pologne, en Hongrie & en Catalogne; & il y a des puits & des fontaines salées en Franche-Comté, en Lorraine, dans le Tyrol & en quelques autres lieux.

Ce Commerce est si important pour les lieux où la nature produit ces différens sels, & il est si nécessaire pour toutes les Nations qui sont privées de l'avantage d'en avoir chez elles, ou du moins qui n'en ont pas de bon, particuliérement pour celles de l'Europe, que le détail où l'on va entrer, soit pour la fabrique des sels, soit pour le Négoce qu'il s'en fait, ne peut être qu'utile pour ceux qui le débitent ou qui l'achettent, & agréable pour tous les autres qui souvent ne connoissent pas une chose dont ils tirent tant de commoditez.

Sel marin.

C'est de l'eau de la mer épaissie & cristalisée que se fait cette sorte de sel, & de-là lui est venu son nom. Du sel marin on en peut distinguer deux espéces; celui qui n'a besoin que des rayons du Soleil pour prendre sa consistence, qu'on appelle Sel gris; & celui où l'on se sert de l'ardeur du feu pour la lui donner, qu'on nomme Sel blanc.

L'on employe l'une ou l'autre maniére de le faire suivant la situation des Côtes de la mer où l'on veut le fabriquer; si les Côtes sont élevées en dunes le sel se fait avec le feu dans des cuves de cuivre ou de plomb; si les Côtes sont plates & basses, sur tout si elles ont un fond un peu glaiseux, le sel se cristalise par le seul secours du Soleil.

Comme c'est en France que se fait le plus grand Commerce de l'Europe & peut-être de tout le monde de ces sels marins; on ne parlera que de ce qui s'y observe pour l'une & l'autre maniére de faire ou de recueillir le sel.

Les Côtes du Royaume de France où se recueille la plus grande partie du sel marin cristalisé par le Soleil, sont celles de la Bretagne, de la Saintonge & du Païs d'Aunis; dans ces deux derniéres sont Brouage, Maran & l'Isle de Ré; & dans la Bretagne, la Baye de Bourneuf, Guerande & le Croisil, qui sont les lieux où il y a le plus de salines.

A l'égard du sel où l'on employe le feu, la plus grande quantité se fabrique sur les Côtes de Normandie.

La Baye de Bourneuf qui peut être de 12 lieuës de circuit, & où sont l'Isle de Bouin, celle de Noirmoutiers, Beauvoir sur mer, Machecou & la Barredemont peut avoir vingt mille salines, chaque saline de 50 aires ou eillettes, & chaque eillette pouvant faire par an un quart de muid de sel mesure de Paris, c'est à dire, environ 700 livres pesant.

Les aires ou eillettes du Croisil & de Guerande étant quatre fois plus grandes que celles de Bourneuf, on estime que chaque eillette donne un muid de sel, & par estimation générale les salines de ces deux lieux environ trente mille muids, & celles du Bourneuf trente-sept mille. On peut estimer sur ce pied les salines du Païs d'Aunis & de la Saintonge.

Maniére de faire le sel gris.

L'on appelle Marais salans des terres basses & marécageuses que la nature a rendu propres par leur situation à recevoir les eaux de la mer au montant de la marée, & que l'industrie a mis en état de la retenir par des écluses qu'on y fait.

Ces marais dont l'on unit & dont l'on bat le fond avec assez de propreté, se partagent en plusieurs bassins quarrez, les uns plus grands, les autres plus petits, séparez par des espéces de petites digues de 13 à 14 pouces de large; & c'est dans ces bassins qu'on nomme les plus grands des Parcs ou Parquets, & les plus petits des Aires ou Eillettes, que lors que la saison est venuë on laisse entrer l'eau de la mer dont on fait le sel.

Le

Le tems propre à le faire est environ depuis la mi-Mai jusqu'à la fin du mois d'Août, parce qu'alors les jours étant longs & l'ardeur des rayons du Soleil dans leur plus haut degré, le sel se cuit & se cristalise, & mieux & plus promtement.

Quand on veut donner l'eau de la mer aux marais, il faut auparavant les vuider entiérement de celle qu'on y a laissée tout l'hyver pour les maintenir en état de contenir la nouvelle eau qui doit servir au sel, & qu'on y laisse entrer à peu près la hauteur de six pouces, après néanmoins l'avoir laissé se reposer & s'échaufer pendant deux ou trois jours dans de grands réservoirs qui sont au dehors des salines, en sorte qu'elle devienne comme tiéde; la quantité d'eau suffisante y étant entrée, on ferme l'écluse, & on laisse au Soleil & au vent à faire le reste de l'ouvrage.

La superficie de l'eau frappée à plomb des rayons de cet astre, s'épaissit d'abord presque imperceptiblement, & ensuite se couvre d'une legére croûte, qui enfin se durcissant par la continuation de la chaleur, est entiérement convertie en sel; l'eau en cet état est si chaude qu'on n'y peut mettre la main sans se brûler.

Lors que le sel a reçû cette cuisson naturelle, on le casse avec une perche qui a une douve au bout qu'on appelle Simange, ce qui le fait aller au fond de l'eau, d'où on le tire presque aussi-tôt avec le même rateau, & l'ayant laissé quelque tems en petits morceaux sur le bord de l'aire pour achever de le sécher, on le met ensuite en d'autres plus grands, qui contiennent plusieurs milliers de muids de sel que l'on couvre de paille ou de jonc pour les garantir de la pluye: ces monceaux de sel se nomment en Poitou des Vaches.

Huit ou dix jours, au plus quinze, ayant achevé la cristalisation du sel, on ouvre de nouveau les parcs pour les remplir d'eau à la marée montante, & l'on continuë ainsi alternativement à y mettre l'eau, à en ramasser le sel qui se forme & à les vuider, jusqu'à-ce que la saison ne soit plus propre à ce travail.

Les pluyes sont fort contraires à cet ouvrage, parce que lors que l'eau du Ciel s'est mêlée avec trop d'abondance à celle de la mer, celle-ci devient inutile, en sorte qu'il en faut faire entrer de nouvelle dans les marais, & c'est proprement les tems pluvieux qui décident de cette espéce de récolte qui n'est bonne que dans les beaux jours & pendant les plus grandes ardeurs du Soleil.

Il y a aussi quelques marais salans en Languedoc, entr'autres à Mardirac & à Sigean; ceux de Mardirac fournissent, année commune, 1500 muids de sel, ou deux cens seize mille minots qui sont pour le Bas-Languedoc, l'Auvergne, la Bourgogne & la Savoye.

Les salines de Sigean sont moins considérables & ne donnent que soixante & quinze mille minots de sel qui se consument dans le Haut-Languedoc & le Roussillon.

Le sel des marais salans est gris au sortir des parcs, & c'est celui de cette couleur qui se vend à l'Etranger & qu'on debite en France dans les Greniers à sel, soit de la vente volontaire, soit du sel d'impôt; il s'en fait cependant de blanc par le rafinage du sel gris, dans les Provinces mêmes où sont les marais salans & dans la Flandre Françoise.

Le sel blanc du rafinage de Flandre se fait dans de grandes chaudiéres plates de 12 à 15 pieds en quarré & d'un pied de hauteur, qu'on nomme Payelles; il s'en rafine quantité à Ypres, à Dunkerque, à Merville, & la préparation qu'on lui donne en le faisant bouillir, non seulement lui ôte son acrimonie, mais encore le multiplie, & ce qu'il a de plus que celui du rafinage du Comté Nantois & du Païs d'Aunis, c'est qu'il se conserve d'un grain aussi beau & aussi gros qu'avant qu'il ait soûtenu le feu.

Maniére de faire le sel blanc de Normandie.

Le sel blanc de Normandie ne se fait pas par un rafinage de sel gris, mais il a cette couleur naturellement au sortir des plombs où il se fabrique.

Pour le faire les Sauniers Normands qui travaillent aux salines ramassent sur la plage de la mer qui en est voisine, un sable limoneux que le montant de la marée a couvert & impregné de ses eaux pendant sept ou huit jours; ce sable transporté dans des fosses préparées exprès, se décharge peu à peu de toute son eau qui se filtre à travers de la paille dont le fond des fosses est rempli, & qui s'écoule dans des futailles mises pour la recevoir; c'est de cette eau qu'ils font leur sel.

Les fourneaux sont de terre, & les vases ou espéces de chaudiéres où se fait la cuisson sont de plomb, d'où leur est venu leur nom. Chaque fourneau fait bouillir quatre plombs qui sont de forme quarrée, & qui ont chacun environ trois pieds de long, deux de large & cinq ou six pouces de haut. Dans les lieux où le bois est commun, on s'en sert pour entretenir le feu des fourneaux; ailleurs où il est plus rare on brûle des ajons que dans ces quartiers-là on nomme du Jan ou de la Vigne. Quatre plombs composent une saline.

Lors que l'eau dont on a rempli les plombs commence à bouillir, on en ôte l'écume qu'elle jette en abondance, & à mesure qu'elle diminuë on y remet d'autre eau qu'on continuë aussi d'écumer; quand elle s'épaissit on la remuë continuellement avec un bâton large & recourbé par un bout, qu'on appelle une Cuilliére, & le grain s'étant formé on le retire de dessus le feu pour le faire épurer.

On appelle Epurer le sel, le laisser ressuyer dans de grandes mannes d'osier où il achéve de se sécher & de perdre une espéce d'humidité qui lui restoit encore. Le sel bien épuré se met en monceaux &, puis se porte au magazin, suivant qu'il est réglé par la Déclaration du Roi de 1680 sur le fait des Gabelles dont on rapportera dans la suite de cet article quelques dispositions concernant le Commerce des sels.

Les lieux où l'on fabrique des sels blancs en Normandie sont, Marée, Vains, Genets, le Val S. Paer, Sceaux, Courtils & Huines dans l'Election d'Avranches; Bruqueville, Créances en l'Election de Coutances; Lessay, S. Germain sur Eé, & Mont-Martin dans celle de Carentan; Port Bail, Gouay, Carteret, Rideauville, S. Vaât & Quineville dans celle de Valognes; Isigny & Neuilly dans celle de Bayeux; & dans l'Election de Pont-l'Evêque, les marais de S. Arnoul, S. Pierre, & S. Thomas de Touques & de Trouville.

Le Commerce du sel gris & blanc est d'un profit immense pour la France, mais plus encore pour l'Etat que pour les particuliers qui le font & qui le débitent.

Les droits du Roi sur le sel gris sont réglez par la Déclaration de 1680, à quarante-deux sols neuf deniers le muid mésure rase de Brouage pour celui qui s'enléve dans l'étenduë du gouvernement de cette Ville; à quarante & un sols trois deniers sur celui de l'Isle de Ré, & à trente huit sols six deniers pour celui qui pareillement se debite & sort du Païs d'Aunis, de la Rochelle & du Poitou.

Le droit sur le sel blanc de Normandie s'appelle Droit de Quart-Bouillon, parce qu'il est du quatriéme du Prix de tout le sel qui se fabrique dans cette Province, & que d'ailleurs il se léve & se perçoit sur des sels que dans le Païs on appelle Sels de Bouillons, à cause de la maniére dont on les fait.

Ces droits ne laissent pas d'être considérables par la quantité des sels qu'on fait à Brouage & lieux adjacens, aussi-bien que dans le Comté Nantois, & l'on en jugera par ce qu'on a dit ci-dessus de ce qui se fait de sel dans les seules salines du Bourneuf, du Croisil & de Guerande; mais le grand profit de l'Etat consiste en quinze mille muids de sel mesure de Paris du plus pur, du plus sec & du mieux épuré, que le Roi se réserve chaque année dans tous les marais salans, pour remplir ses Greniers à sel tant des Provinces libres & de vente volontaire, que des Provinces d'impôt.

Sa Majesté ne paye ce sel qu'au prix du Marchand, réglé à vingt livres la charge du poids de six mille sept cens vingt livres, & qu'on revend plus ou moins suivant les besoins de l'Etat, mais toûjours deux, trois ou quatre fois plus qu'il n'a coûté. L'on a parlé ailleurs plus au long de ce qui concerne la vente du sel Royal. *Voyez* GABELLE.

Ce sont les Anglois, les Hollandois, les Hambourgeois & la plûpart des Nations du Nord, sur tout les Suédois & les Danois, quand la France est en guerre avec l'Angleterre & la Hollande, qui enlévent les sels de Brouage & du Comté Nantois qu'ils achettent, année commune, depuis vingt jusques à trente livres la charge pour ceux du Croisil, & depuis trente jusqu'à trente-cinq livres pour ceux de Bourneuf, & les autres à proportion.

Celui de Guerande est plus blanc, plus leger & même meilleur, & les Anglois, les Irlandois & les Espagnols le préférent aux autres; c'est néanmoins de celui de Bourneuf, quoi que plus gris & plus pesant que l'on se sert en France & dans toute la Mer Baltique, particuliérement en Pologne, où, outre les salaisons des chairs ausquelles on l'employe, il sert encore au labourage, échauffant la terre & empêchant plusieurs petites vermines de ronger le grain; c'est aussi de ce sel qu'on transporte en Zeelande & en Flandre pour le raffinage.

Les Hollandois & les Anglois, pour tâcher de se passer des sels de France, ont souvent tenté d'ôter à ceux d'Espagne & de Portugal l'âcreté & la sérosité qui leur sont naturelles, & qui les rendent peu propres à la salaison des chairs & du poisson; pour cela ils les font bouillir avec de l'eau de mer & un peu de sel François qu'ils tâchent d'avoir par le moyen des Nations neutres, ce qui non seulement les adoucit, selon qu'ils le debitent, mais encore les augmentent d'un tiers; mais ce qui prouve que cet affinage ne leur réüssit pas autant qu'ils le publient, est l'empressement que l'une & l'autre Nation marque de revenir se fournir de sels en Bretagne & dans le Païs d'Aunis, aussi-tôt que quelque Traité de Paix avec la France leur en ouvre le Commerce.

A l'égard des sels blancs de Normandie ils se consument dans plusieurs Paroisses des Elections où ils se fabriquent, ou qui en sont voisines; dans quelques-unes de ces Paroisses il peut également s'employer pour les grosses & menuës salaisons, & pour le pot & la saliére; dans les autres les Habitans n'ont droit d'en user que pour la saliére & au pot, comme il est spécifié dans le titre quatorziéme de la même Déclaration sur le fait des Gabelles.

Sel terrestre & fossile.

Ce sel s'appelle Sel Gemme à cause d'une espéce de transparence & de lucidité qui lui donne quelque chose des pierres précieuses nommées en Latin *Gemma*, dont en effet il approcheroit, s'il n'y a rien d'éxagéré dans la Relation d'Edouard Brown savant Médecin Anglois de la Société Royale de Londres, qui descendit dans les mines de sel de Hongrie dans le voyage qu'il fit en Allemagne vers le milieu du dix-septiéme Siécle. On parlera de ces mines dans cet article.

Non seulement le sel terrestre n'a point été inconnu aux Anciens, mais encore Pline dans son excellente Histoire naturelle chapitre sept du livre 30, en raconte bien des choses qu'on pourroit abreger ici si on les croyoit toutes aussi véritables que curieuses.

On se contentera donc de rapporter ce qu'on a pû recueillir de plus certain des mines de sel de Wilisca en Pologne, de celles près d'Eperies dans la Haute-Hongrie, & de celles des montagnes en Catalogne, qui sont dans ces trois Etats de l'Europe un objet d'un grand Commerce, & dont le sel se transporte chez plusieurs Nations voisines qui ne peuvent avoir l'usage du sel marin.

Mines de Sel de Pologne.

Ces mines furent découvertes vers l'an 1252. Elles sont dans un Village appellé Wilisca, à cinq lieuës de Cracovie. C'est une chose qui effraye que la profondeur de ces salines; mais il est encore plus étonnant, quand on y est descendu, d'y trouver une espéce de République soûterraine qui a ses loix, ses familles, & même ses voitures publiques, puis qu'on y nourrit des chevaux pour traîner jusqu'à l'ouverture de la carriére les quartiers de pierre de sel, que les machines & les engins qui sont au dessus doivent tirer en haut.

Ces chevaux, quand ils y sont une fois descendus, ne revoyent plus le jour; mais à l'égard des hommes, il y en a qui ne passent guére de journées sans venir respirer l'air de leurs Villages, où ils laissent une partie de leur famille, le reste demeurant toûjours dans les salines.

Quand on est parvenu au fond de ces abîmes, où tant d'hommes sont enterrez tout vivans, & où il y en a même beaucoup qui y sont nez, & qui n'en sont point sortis, on ne peut s'empêcher d'admirer une longue suite de voûtes extrêmement élevées, & soûtenuës par de forts & gros pilastres taillez au ciseau; & qui étant également de pierre de sel, paroissent à la lueur des flambeaux qui y sont sans cesse allumez, comme autant de cristaux & de de pierres précieuses de diverses couleurs, qui jettent un éclat que les yeux ont peine à soûtenir.

Les pierres de sel se taillent en façon de gros cylindres, & les Ouvriers y travaillent avec les marteaux, les pinces & les ciseaux, à peu près comme les Carriers en France, pour détacher la pierre de taille des différens bancs où elle se trouve dans les carriéres. Lors que ces pesantes masses sont hors des salines, on les brise avec des mailloches en plusieurs morceaux propres à être mis au moulin, où l'on achève de les moudre & de les réduire en une espéce de grosse farine qui sert à tous les usages du sel marin.

Il y a dans les salines de Wilisca deux sortes de sel gemme; l'un plus dur, plus transparent, & dont la cristalisation paroît plus parfaite. C'est le véritable sel gemme des Droguistes & des Teinturiers, qui se taille comme le cristal, & dont on fait divers ouvrages de curiosité & de dévotion, comme chapelets, gobelets & petits vases: l'autre est moins compact, & ne peut servir qu'aux falaisons ou aux usages de la table & de la cuisine.

On auroit peine à croire qu'un ruisseau d'eau douce pût couler au milieu de ces montagnes de sel, sur tout dans le fonds de ces abîmes; il y en a cependant un qui suffit aux hommes & aux animaux; & certainement ce n'est pas ce qu'il y a de moins admirable dans ces merveilleuses salines.

Les mines de sel de la Haute-Hongrie ne sont ni moins fecondes, ni moins surprenantes: elles se trouvent dans les montagnes, à deux milles d'Eperies, Ville du Comté de Sarax, située sur la Riviere de Tarhz.

La profondeur de la mine est de cent quatrevingt brasses. Les veines de la pierre minérale se suivent par filons comme celles des métaux, & sont entourées de terre & non pas de rochers.

Ces veines sont ordinairement fort épaisses, s'en trouvant des morceaux de plus de cent milliers, qu'on réduit néanmoins en piéces quarrées de deux pieds de long & d'un pied d'épaisseur, pour les tirer plus facilement de la mine. Au sortir de la saline elles se concassent, & se mettent ensuite au moulin. La couleur de la pierre est un peu grisâtre; cependant quand elle a été broyée entre les meules, elle devient aussi blanche que si elle avoit été rafinée.

Parmi les pierres minérales propres à faire le sel, il s'en trouve d'aussi dures & d'aussi transparentes que le cristal. Il y en a de blanches, de jaunes & de bleuës dont on taille divers ouvrages, & sur lesquelles on grave diverses figures, avec les outils & selon l'Art des Graveurs sur pierres précieuses.

La mine est froide & humide; ce qui fait qu'on a quelque peine à réduire le sel en poudre. De l'eau qu'on en tire & qu'on fait bouillir, il se fait un sel à demi noir, que les bestiaux mangent, & qui les engraisse.

Ces salines sont d'un revenu considérable; & outre la consomption du sel qui se fait dans le Païs, il s'en transporte beaucoup dans les Provinces & les Etats voisins.

Les salines de Catalogne se trouvent dans les montagnes du Duché de Cardonne, & appartiennent en propre au Grand d'Espagne qui en porte le titre.

L'opinion des Gens du Païs est, que le sel fossile qui se tire de ces salines, croît & se reproduit après plusieurs années dans les lieux mêmes qu'on en avoit vuidez; mais cette merveille fondée sur une simple tradition, ne semble pas persuader les habiles Physiciens. Il paroît néanmoins assez certain qu'il vegette quelque-fois; & l'on n'en peut douter après ce qu'en a raporté le célébre M. de Tournefort, & ce que les Curieux en ont vû dans son cabinet pendant sa vie.

Le sel de Cardonne propre à la salaison des viandes & à l'usage du ménage, est de trois sortes, le blanc, le gris & le rouge. Le premier, presque semblable au sel marin, hors qu'il n'est pas grainé; le second de couleur de fer & d'ardoise, & à cela près avec toutes les qualitez du blanc; & le troisiéme d'un rouge de conserve de rose, qui ne différe des autres que par le mélange de quelque bol ou terre, qui lui communique sa couleur.

Il y a outre cela un quatriéme sel brillant & transparent comme du cristal, qui sert aussi aux salaisons, mais qui est le véritable sel gemme des Teinturiers. De cette derniére espéce il y en a de bleu, de verd, d'orangé, de rouge, & de quelques autres teintes, mais qui toutes deviennent blanches quand elles ont été broyées.

Ces quatre sortes de sels se trouvent les uns sur les autres par différens lits, à peu près comme sont disposez dans les carriéres de pierre commune les divers bancs qu'on appelle Coquillart, Banc de marche, Banc de pierre franche, &c. On les coupe en gros morceaux plus ou moins gros, mais assez semblables pour la figure aux moilons qui sortent des carriéres de France. Le debit de ces sels est considérable; & quand le Commerce n'est pas ouvert entre la France & les Puissances qui se fournissent ordinairement des sels de Brouage & du Comté Nantois, on en enléve beaucoup pour les salaisons de Hollande, d'Angleterre & d'Irlande.

Le sel gemme de Catalogne se taille en divers ouvrages, comme ceux de Pologne & de Hongrie.

Le sel gemme qui se vend à Paris par les Marchands Epiciers-Droguistes, & que les Maîtres Teinturiers employent pour leurs teintures, se tire ordinairement de Pologne par la voye de Dantzick, & de Catalogne par celle de Marseille. Ils n'en debitent point de celui de Hongrie; & l'on n'en voit guére en France de cette sorte que dans les droguiers des Curieux, ou dans les cabinets, travaillez en divers petits ouvrages.

Le bon sel gemme doit être en gros morceaux clairs & transparens, facile à se casser, & qui en se cassant se mette en forme de petits grains quarrez. Ce sel rougit au feu comme le fer, & se dissout facilement à l'air: cependant les Epiciers le lavent pour le rendre plus brillant & de meilleur debit; mais ils ont soin de le sécher & de l'essuyer aussi-tôt.

Le Sel gemme que le Tarif de 1664 appelle Sargemme, paye en France les droits d'entrée à raison de 26 s. le cent pesant.

A l'égard des droits de la Douane de Lyon, ils se payent sur le pied de 6 s. 4 den. d'ancienne taxation, & 1. s. 8 den. de réapréciation.

Sel que l'on tire des fontaines & puits salez.

Parmi ces derniéres sortes de salines il n'y en a point de plus célébres, ni qui fournissent du sel avec plus d'abondance, que celles de Franche-Comté. Elles ont donné le nom à Salins, qui n'est pas une des Villes des moins con-

considérables de la Comté ; & les salines elles-mêmes ont assez de l'air d'une Ville, tant l'enclos qui les environne est vaste, & tant il y a de maisons bâties, & d'Officiers & d'Ouvriers qui y demeurent.

Les sources des fontaines salées sont sous diverses grandes voûtes dans lesquelles l'on n'arrive qu'après avoir descendu environ quarante degrez. La source d'où l'eau sort en plus grande quantité s'appelle le Grand puits. Ce qu'il y a d'admirable, c'est de voir une fontaine d'eau douce sortir du roc au milieu de ces fontaines salées ; & ce qui ne l'est pas moins, c'est la maniére industrieuse dont on se sert pour faire la division de ces eaux, dont le mêlange empêcheroit, ou du moins allongeroit la fabrique du sel.

C'est sous la premiére voûte que se fait cette séparation par le moyen de plusieurs peaux de bœuf bien passées & préparées à cet usage, qui séparant les ouvertures du roc par où s'écoulent ces diverses qualitez d'eaux, les conduisent, la douce dans un grand réservoir de bois de figure quarrée, d'où elle en est tirée & vuidée en haut par des pompes qu'un cheval fait agir; & l'eau salée dans de grandes cuves, d'où pareillement par la machine hidraulique qu'on appelle un Chapelet, elle est montée dans un réservoir à portée de la distribuer dans les différens endroits des salines où se cuit & se prépare le sel.

Au milieu des sales destinées à cet usage il y a un fourneau, & sur le fourneau une vaste cuve ou chaudiére ronde de vingt-quatre pieds de large, seulement de deux de profondeur, capable de contenir environ trente muids. Cette chaudiére est faite de plusieurs plaques de fer jointes ensemble à clous rivez; & parce que le poids du métail & celui de l'eau dont elle est pleine est extraordinaire, outre qu'elle porte sur le fourneau par le bas, elle est encore soûtenuë par le haut par divers crampons & de fortes barres de fer attachées à des poutres qui traversent tout l'attelier.

L'eau dont on remplit les cuves doit bouillir huit heures, pour être réduite en sel. Quand le sel est fait, en sorte néanmoins qu'il lui reste encore quelqu'humidité, il est porté dans une autre sale pour le dresser en pains; ce qui se fait en le mettant dans ces espéces d'écuëlles de bois qu'on nomme Sebilles, qui sont faites exprès pour cet usage, & qui ont toutes environ huit pouces de diamétre & quatre de profondeur.

C'est dans ces sébilles qu'on fait sécher le sel, en les arrangeant sur des barres de fer placées au dessus d'un brasier où l'on entretient un feu modéré; & c'est au sortir de ces moules, dont il conserve la forme, qu'il est en état d'être debité & transporté.

On ne peut guére s'imaginer combien ces salines produisent de sel par an, & combien outre la consomption de la Province il s'en débite & s'en transporte dans les Païs Etrangers; on en peut néanmoins juger par la modicité du prix de ce sel, & par les droits considérables que le Roi en retire; chaque pain de sel ne se vendant pas plus de trois sols, & le Roi pour son droit recevant, année commune, environ six cens mille livres.

Les salines de Lorraine sont considérables, soit par le nombre, soit pour le produit du sel, qui seroit encore plus grand, si la fabrique en étoit établie dans toutes celles qui s'y trouvent.

Les principales sont Roziéres, Château-Salins & Dieuze. Il y en a plusieurs autres aux environs de la Riviére de Seille & de la Sarre, comme Marsal, Saloné, Surable, la Surée & Salle; mais il n'y a guére que ces trois premiéres qui travaillent.

La saline de Roziéres rend cinq à six livres de sel pour cent livres d'eau, celle de Dieuze douze à treize pour cent, & celle de Château-Salins quatorze à quinze.

Roziéres fournit par an six mille muids de sel, Dieuze huit mille, & Château-Salins seulement cinq mille cinq cens; le muid composé de seize vaxels, & le vaxel pesant trente-quatre à trente-cinq livres; ce qui revient environ à cinq cens soixante livres.

Ce qui est cause qu'on laisse tant d'autres salines de Lorraine inutiles, c'est le peu de debit qu'on en auroit: cependant l'excédent de ce qui s'en consume dans le Païs, se vend assez bien dans l'Alsace, dans le Palatinat, à Tréves, à Mayence, à Wormes, & dans quelques autres Terres de l'Empire situées en deçà du Rhin.

L'on n'a parlé dans ce long article des Sels, que de ceux qui se fabriquent & dont il se fait Commerce dans l'Europe; encore n'a-t-on fait choix que des salines les plus considérables, y en ayant beaucoup d'autres en divers endroits.

Il seroit trop long & peut-être assez inutile d'ajoûter tant d'autres salines considérables qui se trouvent dans l'Asie, l'Afrique & l'Amérique, dont parlent les Histoires & les Relations; mais pour donner du moins une idée de quelques-unes de ces salines étrangéres, on va dire quelque chose de l'étang salé qui se trouve dans la Nouvelle Espagne, assez près du Havre de Saline.

Cet étang appartient à la Ville de Campéche, située dans le Jucatan, Province de la Nouvelle Espagne. Il est assez proche de la Mer, & pas bien loin du Port que de son nom on appelle le Havre de saline, qui est à vingt lieuës de Campéche sur la même Côte.

L'eau de cet Etang se cristalise par la seule ardeur du Soleil, & vers les mois de Mai & de Juin achéve de se gréner & de se réduire en sel.

Lors que les Habitans de Campéche croyent le sel assez gréné, ils en font avertir les Indiens de leur dépendance, & les séparant en plusieurs escouades de quarante & cinquante familles, qui se relévent toutes les semaines, ils les envoyent ramasser ce sel, dont ils font au bord de l'étang de grands & hauts monceaux en forme pyramidale, assez semblables aux meules de foin qu'on éléve dans les prairies de quelques Provinces de France, pour y passer l'hyver.

Ces monceaux achevez, on les couvre entiérement de roseaux & d'herbe séche, & en y mettant le feu on brûle toute la superficie des meules; ce qui leur fait une croûte noire & épaisse, qui résiste aux plus grandes pluyes, & qui conserve le sel qui est au dedans tout à fait sec, sans qu'il puisse être endommagé d'aucune intempérie de l'air.

Ces sels se consument en partie dans la Province, en partie dans les Ports de la Baye de Méxique, particuliérement dans ceux d'Alvarado & de Tompres, deux Villes dans lesquelles il se fait un grand Négoce de poisson salé, & où les Habitans de Campéche transportent leurs sels dans des barques & autres bâtimens qu'ils en vont charger au Havre de Saline.

Com-

Commerce de Sel.

Le Commerce du sel se fait différemment suivant la diversité des Etats & des lieux où il se fabrique, & d'où il se tire.

Presque par tout le Propriétaire des salines est le maître de son sel, & le debite comme les autres Marchands font leurs marchandises & denrées, en payant les droits dûs aux Souverains & aux Seigneurs des lieux où sont situées les salines. En France c'est bien le Propriétaire des marais salans, où les Sauniers des sels blancs, qui en font le Négoce; mais le trafic ne leur en est pas libre, ni par tout, ni à toutes sortes de personnes.

Les Sauniers des sels blancs de Normandie, qu'on appelle Sels de Bouillon, ne peuvent vendre leurs sels qu'aux Habitans des Paroisses spécifiées par le titre 14 de l'Ordonnance des Gabelles. Il y a même des salines marquées dans le même titre, dont les Sauniers sont tenus de porter leurs sels chaque semaine, & même de jour à autre, dans un magazin fermé à deux clefs, dont l'une demeure au Commis, & l'autre au Saunier, & qui ne s'ouvre que les mécredis & les samedis en présence des Officiers des Greniers à sel.

A Broüage, Marans, l'Isle de Ré & le Comté Nantois, les Propriétaires des marais salans vendent leurs sels à l'Adjudicataire de la Ferme des Gabelles sur un pied fixé par les Arrêts du Conseil, & aux Etrangers suivant le prix courant que régle la bonne ou mauvaise récolte des sels; mais, pour éviter la fraude, avec de grandes précautions marquées dans plusieurs articles de la même Ordonnance.

Dans les Provinces & lieux qui ne sont pas privilégiez, tout le Commerce du sel se fait par l'Adjudicataire de la Ferme, & chaque Particulier est obligé de s'en fournir à ses greniers.

Les Greniers à sel sont de deux sortes, ceux de vente volontaire, & ceux d'impôts. On appelle Greniers de vente volontaire, les Greniers où chacun va acheter du sel, & autant qu'il en veut, & quand il lui plaît. Les Greniers d'impôts sont ceux où l'on est obligé d'aller prendre la quantité de sel pour laquelle on a été employé dans les rôles dressez de cinq ans en cinq ans par les Asséeurs & Colecteurs nommez à cet effet par les Habitans des Paroisses où le sel d'impôt a lieu.

Outre les Greniers où se vend le sel de la Ferme, il y a aussi des Regratiers, soit de sel blanc, soit de sel gris, suivant les lieux où ces sels ont cours; mais c'est l'Adjudicataire qui les commet, & qui en répond civilement; & ce n'est seulement que du sel gabelé qu'ils peuvent vendre & debiter.

Le sel sur les marais salans se vend en gros, à la charge & au muid, & se debite en détail au boisseau & au minot. Dans les Greniers à sel la distribution s'en fait au minot, demi-minot & quart de minot. Il a été néanmoins permis depuis le commencement du dix-huitiéme Siécle d'en lever dans celui de Paris, même jusqu'au demi-quart de minot.

Le sel à petite mesure que vendent les Regratiers de Paris, se debite au boisseau, demi-boisseau, quart & demi-quart de boisseau, au litron, demi-litron, quart de litron & mesurette. Dans les autres Greniers les petites mesures sont le litron, & au dessous. Celles de Paris doivent être étalonnées sur les matrices de fonte déposées au Greffe de l'Hôtel de Ville; ailleurs sur les modèles gardez dans les Greniers à sel.

Par le Tarif de 1664, le Sel paye de droit de sortie 25 s. par muid mesure de Paris, & d'entrée 18 l. aussi du muid, pour celui entrant dans les Villes de Boulogne, Montreuil & autres Ports & Havres de Picardie & Normandie; 3 liv. aussi par muid pour celui qui entre par la Riviére de Loire, pour être déchargé en Anjou; & 40 s. pour celui entrant par la même Riviére & celle de Mayenne, pour être déchargé dans quelque Païs que ce soit. Les sels pour la fourniture des Greniers de la Ferme des Gabelles sont exempts de tous droits.

En Hollande, particuliérement à Amsterdam, le sel se vend au cent, le cent contenant quatre cens quatre mesures ou schepels, pesant sept lastes, quatorze tonneaux de France, ou deux cens huit sacs. L'achat s'en fait en livres de gros plus ou moins suivant le tems. La guerre en augmente beaucoup le prix.

Le cent de sel qui se prend par les Hollandois à Marans, Brouage, la Tremblade, la Riviére de Sudre, la Rochelle & l'Isle de Ré, est composé de vingt-huit muids ras, & le muid de vingt-quatre boisseaux; lequel cent de sel rend à Amsterdam onze lastes & demi de vingt-trois tonneaux.

Les sels de ces endroits sont estimez beaucoup davantage par les Hollandois, que ceux d'Oleron & de Mornac; parce qu'étant plus pesans, ils rendent plus de lastes dans les Païs étrangers.

GRENIER A SEL. C'est le dépôt public où l'Adjudicataire de la Ferme Royale du sel le conserve & le distribuë. C'est aussi la Jurisdiction établie dans les lieux de ces dépôts, pour juger des contraventions à l'Ordonnance, & maintenir les droits du Roi. *Voyez* GABELLE.

SEL GRIS. C'est du sel tel qu'il se ramasse sur les marais salans.

SEL BLANC. C'est celui qui a été fait d'eau de mer ou d'eau tirée des fontaines & puits salez, en la faisant bouillir & évaporer sur le feu. On fait aussi du sel blanc en rafinant les sels gris. *Voyez ci-dessus.*

SEL GABELLÉ. C'est le sel qui étant demeuré deux ans en masse dans les Greniers, s'y est comme perfectionné & est en état d'être débité au public.

SEL DE GABELLE. C'est celui qui se prend au Grenier à sel & qui s'y distribuë par les Officiers & Commis aux heures, aux jours & de la maniére marquée par l'Ordonnance.

SEL BOUILLON. C'est le sel blanc qui se fait dans quelques Elections de Normandie.

SEL GRAINÉ. C'est celui qui est en gros grains, soit que ce soit l'ardeur du Soleil ou celle du feu qui l'ait réduit en grain.

SEL DE FAUX-SAUNAGE, ou FAUX SEL. C'est le sel qu'on fait entrer & qu'on debite en fraude dans les Provinces de France qui ne sont pas privilégiées & qui sont obligées de prendre leurs sels dans les Greniers du Roi. *Voyez* GABELLE *&* FAUX-SAUNAGE.

On appelle aussi Faux Sel celui que l'on fait entrer en France des Païs étrangers; l'Adjudicataire des Gabelles n'en a pas même le droit, il ne lui est permis d'en faire venir que dans le tems de disette des sels du Royaume, &

& seulement après en avoir obtenu du Roi permission par écrit.

Ferme du Sel, qu'on appelle aussi Ferme des Gabelles. C'est le Bail qui se fait par le Roi à des particuliers pour certain nombre d'années & sous certaines conditions, du droit de vendre du sel privativement à tous autres dans plusieurs Provinces du Royaume, soit dans les Greniers de vente volontaire, soit dans des Greniers d'impôt ; cette Ferme, de même que les autres Fermes du Roi, se donne à un Adjudicataire qui n'est qu'un prête-nom, & dont les véritables Fermiers sont les cautions.

Sel d'Impost. C'est la quantité de sel que chaque chef de famille est obligé de prendre au Grenier tous les ans pour l'usage du pot & saliére seulement, à laquelle il est imposé suivant le rôle dressé par les Asséeurs; cette quantité est évaluée à un minot pour quatorze personnes. Le sel d'Impôt ne peut être employé aux grôsses salaisons.

Vaches de sel. On appelle ainsi en Poitou ces monceaux de plusieurs milliers de muids de sel qu'on éléve en forme de meules de foin pour achever de le sécher & en attendant la vente. *Voyez ci-dessus où il est parlé de la maniere de faire le sel marin.*

Sel d'Estain. *Voyez* Estain.

Sel d'Enfer. Nom que les Chimistes donnent au salpêtre. *Voyez* Salpestre.

Sel de Tartre. }
Sel Vegetal, ou Tartre Solube. } *Voyez* Tartre.
Sel volatil de Tartre. }

Sel de Verre. *Voyez* Axunge, *ou* Fiel de Verre.

Sel Armoniac. *Voyez* Armoniac.

Sel gemme. *Voyez ci-dessus le paragraphe de l'article des sels où il est parlé du sel terrestre & fossile.*

Sel Nitre. *Voyez* Nitre. *Voyez aussi* Salpestre.

SELERAN. Terme de papeterie. *Voyez* Saleran.

SELING. Poids & monnoye dont on se sert & qui a cours dans le Royaume de Siam; il se nomme Mayon en Chinois. *Voyez* Mayon.

SELLE. Espéce de petit siége rembouré qu'on met sur le dos des chevaux pour la commodité des personnes qui les montent. Il y a de bien des sortes de Selles, comme des Selles à piquer, des Selles razes, des Selles à l'Angloise, des Selles à l'usage des Dames, &c. mais n'étant point du projet de ce Dictionnaire, on ne s'arrête pas à en faire la description qu'on peut voir ailleurs; la mention qu'on en fait ici n'est que par rapport aux deux Communautez d'Artisans qui en ont emprunté leurs noms, & pour en fixer les droits.

Les Selles pour cheval garnies de velours en broderie d'or, ou d'argent, ou enrichies, payent les droits de sortie à raison de six pour cent de leur valeur suivant l'estimation.

Les Selles garnies de velours, 20 s. de la piéce.

Et les Selles simples pour cheval, 6. s. aussi de la piéce.

Selle a poncer. Se dit chez les Parcheminiers d'une maniére de forme ou banquette, couverte d'une toile rembourée, sur laquelle ils poussent le parchemin après qu'il a été raturé sur le sommier. *Voyez* Parchemin.

Selle. C'est aussi un petit banc, ou siége de bois. On appelle la Selle d'un Sculpteur un petit escabellon à trois pieds, haut de trois ou quatre pieds, sur lequel il travaille ses modèles, & où il les met pour les avoir devant lui quand il les fait en grand.

Selle. Les Cordonniers, Savetiers, Boureliers & autres tels Ouvriers en cuir, ont de petites Selles rondes à trois pieds sur lesquelles ils sont assis quand ils cousent leurs ouvrages avec l'aléne.

Les Selles de bois payent en France les droits d'entrée à raison de 10 s. du cent pesant, conformément au Tarif de 1664.

SELLETTE. Petite Selle. C'est aussi un terme de Charpentier, qui signifie cette piéce de l'engin sur laquelle posent les deux liens du fauconneau. *Voyez* Engin.

Les Vanniers donnent aussi ce nom à une espéce d'instrument, ou d'établi dont ils se servent pour tourner les paniers. Il est fait d'une forte planche de bois de chêne, longue de deux pieds & d'un pied de large, soûtenuë dans sa longueur, mais d'un seul côté, de deux petits pieds aussi de bois, de deux ou trois pouces de haut seulement, en sorte que la sellette va en panchant sur le devant. L'Ouvrier qui travaille se tient derriére assis ou à genoux sur le grand établi de l'atelier. *Voyez* Vanier.

SELLIER. Ouvrier, ou Marchand qui fait ou qui vend des selles. Il y a à Paris deux Communautez de Maîtres Selliers. Les uns s'appellent Selliers-Bourreliers, & les autres Selliers-Lormiers-Carrossiers. On ne traitera dans cet article que des derniers, les autres étant renvoyez à celui des Bourreliers.

Les anciens Statuts des Selliers-Lormiers-Carrossiers de la Ville, Fauxbourgs & Banlieuë de Paris, sont les mêmes que ceux des Eperonniers dont les Selliers se sont séparez vers le milieu du dix-septiéme Siécle. *Voyez* Eperonniers. *On y rapporte tout ce qui concerne cette desunion.*

Ils furent réformez & confirmez par Lettres Patentes de Henri III. données au mois de Février 1577. Et encore depuis par celle de Henri IV. du mois de Novembre 1595. Les grands changemens arrivez dans le métier de Carrossier, à cause des nouveaux ouvrages inventez depuis près d'un Siécle pour la commodité publique, firent penser aux Maîtres de cette Communauté sous le Régne de Louis XIV. de dresser des Statuts plus conformes à l'usage moderne; ce qu'ils firent en cinquante-cinq articles, sur lesquels ils obtinrent des Lettres en date du mois de Juin 1650: mais ne les ayant point encore trouvez dans leur perfection, & les ayant de nouveau réformez & réduits en quarante-huit articles, ils furent vûs & aprouvez par les Lieutenant de Police & Procureur du Roi du Châtelet, le 6 Juin 1678, autorisez par Lettres Patentes du mois de Septembre de la même année, & enregistrez au Parlement le 20 Janvier 1679.

Non seulement les nouveaux Statuts contiennent ce qui est de la discipline de cette Communauté, mais ils entrent aussi dans un grand détail de tous les ouvrages & Marchandises qu'il est loisible aux Maîtres Selliers de fabriquer & de vendre.

Pour ce qui est de la discipline elle est confiée à quatre Jurez, qui ont aussi le nom de Gardes, de deux desquels l'élection se fait tous les ans le lendemain de la Translation de saint Eloy, Patron de la Communauté.

Aucun ne peut être élû Juré qu'il n'ait pour le moins dix ans de maîtrise, & d'établissement en boutique. Les visites

visites des Jurez se font de deux mois en deux mois; mais les anciens Bacheliers qui ont passé par la Jurande, & leurs veuves si elles tiennent boutique, ne payent point le droit dû pour la visite.

Les Apprentifs dont chaque Maître ne peut avoir qu'un à la fois, doivent être engagez pour six ans, permis pourtant d'en engager un second après les quatre premiéres années de l'apprentissage du premier.

Nul Apprentif ne peut être Maître qu'après avoir encore servi quatre autres années de Compagnon, & avoir fait Chef-d'œuvre. Pour les Fils de Maîtres, ils ne sont obligez qu'à une expérience. Le Chef-d'œuvre des uns est de charpenter de leurs mains & en présence des Jurez, un arçon à corps, & de le garnir d'armures devant & derriére. L'expérience des autres est seulement de garnir une Selle raze.

Les ouvrages & marchandises permis d'être fabriquez & vendus par les Maîtres de cette Communauté, & interdits aux autres, sont, les coches, chars, chariots & caléches garnis & couverts, tant en dedans qu'en dehors, de telles étoffes qu'il leur est ordonné, ou qu'ils le jugent à propos, montez ou non montez sur leur train, dont ils peuvent couvrir les harnois, supentes, chaînettes, courroyes, &c. Des litiéres ordinaires, litiéres à bras & bricoles, avec les selles & harnois servant ausdites litiéres; enfin, toutes autres voitures portantes & roulantes. Toutes sortes de coussinets de poste, garnis de leur valisson, coussinets de trousse, males, porte-manteaux, tant de cuir que de drap, poches grandes & petites à porter hardes, argent ou vaisselles; toutes espéces de couvertures de drap, de cuir, toile cirée, treillis, &c. tant pour chevaux de carrosses que de selle, chariots, fourgons, &c. foureaux de pistolets, chaperons, bourses, faux-foureaux, housses de toutes façons, caparassons brodez ou non brodez, bâts François & autres pour mulets & chevaux; selles de toutes sortes à piquer à la Hollandoise, selles razes à l'Angloise & selles à femmes. Il leur appartient aussi de faire toutes sortes de couvertures de chevaux, de mulets, d'impériales de carrosses & de siéges de cochers, de telle richesse & avec tels ornemens & broderies qu'il est nécessaire pour les Entrées, Carousels & autres Cérémonies, & pareillement toutes banderoles de tymbales, guidons & étendars, même de fournir les chariots des Pompes funébres, avec les couvertures de velours croisez de drap d'argent, ou autres étoffes, tant pour le chariot & le cercueil, que pour les chevaux. Enfin, il leur est permis de faire & vendre tous ouvrages de Lormerie, Ferrerie & non autres, comme filets, massigadous, cavessons, cavessines, lunettes, mords, étriers, &c. Eperons ou simples ou garnis d'or & d'argent, &c.

Le Métier des Selliers-Lormiers ayant beaucoup de connéxité avec celui des Coffretiers-Maletiers, l'article 32 des Statuts des premiers, veut que les Jurez Coffretiers n'ordonnent aucun Chef-d'œuvre, ou expérience, même n'aillent en visite, & ne fassent aucune saisie s'ils ne sont accompagnez des Jurez Selliers-Lormiers. Et par le 33 il est permis à ceux-ci de travailler & tenir boutique ouverte à Paris de Coffretier-Maletier, en faisant seulement une expérience ordonnée par leurs propres Jurez, mais en présence des Jurez Coffretiers mandez en la chambre de la Communauté des Selliers.

SEMAINES. C'est ainsi que l'on désigne dans les Statuts des Maîtres Chirurgiens Jurez de Paris, le tems que ceux des Aspirans, qui sont admis au grand Chef-d'œuvre, doivent employer à faire preuve de leur suffisance & capacité.

Chaque semaine est composée de six jours & demi, & l'Aspirant doit quatre semaines: la premiére pour l'Osteologie; la seconde de l'Anatomie; la troisiéme des Saignées, & la quatriéme des Médicamens.

La moitié des médicamens que fait l'Aspirant pendant cette derniére semaine, reste au Bureau pour être employez au pansement des pauvres. *Voyez* CHIRURGIEN.

SEMAQUE. Vaisseau à un mât, qui navige dans les Riviéres de Hollande, & qui sert à alléger les gros Vaisseaux qui sont trop chargez de marchandises, ou à les y porter quand on travaille à les mettre en charge.

SEMELLE. Piéce de bois qui se place de champ sous une autre qui est à pied droit pour l'élever ou la soûtenir.

On appelle les semelles d'un tour deux piéces de bois d'équarrissage, sur lesquelles sont posez d'aplomb chacun des deux jambages; ce sont elles aussi qui soûtiennent les quatre liens à contrefiches qui servent à les affermir. *Voyez* TOUR.

Les Tourneurs & les Potiers d'Etain donnent pareillement ce nom aux deux piéces qui servent au même usage dans les roues avec lesquelles ils tournent leurs grands ouvrages. *Voyez* ROUE.

SEMENCE. Ce qui sert à la reproduction & conservation de l'espéce, tant parmi les hommes & les animaux, que dans les arbres, les fleurs & les plantes. Il y a même d'habiles Physiciens qui soûtiennent, & peut-être assez probablement, que jusques aux pierres, aux marbres, aux mineraux, & aux métaux, tout se produit & se perpétue par le moyen des semences convenables à leur nature.

On donne ordinairement le nom de Graine à la plûpart des semences qui viennent des arbres, des fleurs & des plantes, soit qu'elles soient propres à la médecine, soit qu'on s'en serve au jardinage ou à ensemencer les terres de la campagne.

Le Commerce de toutes ces graines & semences qui est très-considérable en France, & particuliérement à Paris, se fait en partie par les Epiciers-Droguistes, en partie par quelques Marchands Merciers, & en partie par les Maîtres & Maîtresses Grainiers & Grainiéres. Ce sont les premiers & les derniers qui en font le plus grand Négoce; ceux-ci des semences de jardin; ceux-là des semences que la médecine met au nombre de ses drogues, soit qu'elles viennent du dehors, soit qu'elles croissent dans les diverses Provinces du Royaume.

Les semences potagéres sont en si grand nombre & si connu, qu'il seroit assez inutile de les rapporter ici. A l'égard des semences qui sont du nombre des drogues médecinales, on traite amplement dans plusieurs articles de ce Dictionnaire & dans leur ordre alphabétique, de celles qui viennent des Païs étrangers, particuliérement du Levant, de l'Orient & de l'Amérique; ce qu'on fait aussi de celles qui servent à la teinture & à ensemencer les terres, sur tout des graines qui viennent de la Mer Baltique.

Parmi

Parmi les ſemences des jardins, il y en a quatre que l'on nomme Semences froides, qui ſont celles de la Citrouille, de la Courge, du Melon & du Concombre; & quatre autres à qui on donne le nom de Semences chaudes, qui ſont celles d'Anis, de Fenouil, de Cumin & de Carvi.

Quoi qu'il y ait en France, & preſque dans toutes ſes Provinces, quantité de ces graines qu'on appelle les quatre ſemences froides; c'eſt cependant d'Italie, ou du moins de la Touraine, que les Epiciers-Droguiſtes de Paris ont coûtume de les faire venir, d'où ils les tirent, quelque-fois toutes montées, & quelque-fois encore dans leurs coques. La bonne qualité de ces ſemences conſiſte en ce qu'elles ſoient nouvelles; c'eſt à dire, de l'année, peſantes, ſéches, & qu'elles ne ſentent ni le rance, ni le moiſi.

L'uſage des quatre ſemences froides eſt pour faire des émulſions, des boiſſons rafraîchiſſantes, de la pâte à laver les mains, & de l'huile que les Dames croyent bonne à conſerver & embellir leur teint.

Les quatre Semences froides payent en France de droits d'entrée 25 ſ. du cent peſant. On peut voir les droits d'entrée & de ſortie des ſemences de jardin, à l'article des Graînes; & ceux des Graines ou Semences qui ſont du nombre des drogues, ou qui ſont propres à enſemencer les terres, à leurs propres articles.

Outre les quatre Semences froides il y a quelques autres drogues qui ſont auſſi tariffées ſous le nom de Semences. De ce nombre ſont la ſemence de Sauge, la ſemence de Venic, la ſemence de Ben. *Voyez* SAUGE, VENIC *&* BEN.

Par le Tarif de 1664, la ſemence de Sauge paye 25 ſ. du cent peſant, & celle de Venic 50 ſ.

Et par celui de la Douane de Lyon, la premiére paye du quintal 2 l. 3 ſ. 4 d. & la ſeconde 56 ſols 6 den.

SEMENCE DE PERLES. C'eſt le nom que l'on donne aux Perles les plus menuës. *Voyez* PERLES *vers la fin de l'article.*

La ſemence de Perles paye en France les droits d'entrée, ſuivant le Tarif de 1664, à raiſon de ſoixante ſols la livre peſant.

Les droits de la Douane de Lyon ſont de 10 ſols l'once.

SEMENCINE. } *Voyez* { BARBOTINE.
SEMEN CONTRA.

La Semencine ou Semen Contra paye 15 liv. du quintal pour les droits de la Douane de Lyon: elle paye auſſi les vingt pour cent ordonnez par l'Arrêt du 15 Août 1685, comme drogue venant du Levant.

SEMEN DANCI. *Cette drogue paye en France les droits d'entrée à raiſon de 50 ſ. le cent peſant, ſuivant le Tarif de 1664.*

SEMEN CARTAMI. *Cette drogue n'eſt point tariffée, & doit payer cinq pour cent de ſa valeur, avec les 20 pour cent, ordonnez par l'Arrêt du 15 Août 1685, pour les marchandiſes venant du Levant.*

SEMI-PITE. C'eſt la plus petite des monnoyes de compte dont on ſe ſert en France. Elle fait la huitiéme partie d'un denier tournois, ou le quart de la maille, ou obole, ou la moitié d'une pite. *Voyez* MAILLE.

SEMITE. Sorte de toile de coton qui ſe fabrique à l'Iſle de Siphanto dans l'Archipel. C'eſt la moindre des deux eſpéces de toile qui s'y font. L'autre s'appelle Demite. *Voyez* SIPHANTO.

SEMORAC. Drogue dont il eſt parlé dans le Tarif de la Douane de Lyon de 1632.

Le Semorac paye 3 ſ. 9 d. du quintal d'ancienne taxation, un ſol 4 d. de la nouvelle réapréciation, 4 ſ. pour les anciens quatre pour cent, & pour leur augmentation 2 ſ.

SEMPITERNE, ou PERPETUANNE. Eſpéce d'étoffe de laine croiſée dont la qualité a du rapport à celle d'une ſerge ſommiére, de laquelle le poil n'a point encore été tiré: elle ſe fabrique ordinairement en Angleterre, particuliérement à Colceſter, à Exceſter, & aux environs de ces lieux; elle a trois quarts de large, & vingt aunes ou environ de long, meſure de Paris.

Les Sempiternes ſont pour la plûpart deſtinées pour l'Eſpagne & pour l'Italie, mais plus particuliérement pour l'Eſpagne, où il s'en envoye beaucoup. On en fabrique depuis quelques années dans les Manufactures de France à l'imitation de celles d'Angleterre, comme à Montpellier, à Nîmes, à Caſtres, & en d'autres Villes du Bas-Languedoc. Il s'en fait auſſi à Beauvais qui ſont très-eſtimées à Cadis, où les Marchands François les envoyent toutes teintes de différentes couleurs.

En Eſpagne on ne les appelle que Sempiternes, comme qui diroit de longue durée. En France & en Angleterre on les nomme indifféremment Sempiternes, ou Perpetuannes. Les Marchands de Languedoc envoyent quantité de ces Sempiternes en Italie ſous le nom de Serges Impériales, qui ſont un peu plus fines que celles deſtinées pour l'Eſpagne. Quoi qu'il en ſoit, & quelque nom que l'on puiſſe donner à cette ſorte d'étoffe, ce n'eſt toûjours, ainſi qu'il a été dit, qu'une ſerge ou étoffe croiſée, à peu près ſemblable à la ſerge ſommiere, ſi ce n'eſt qu'elle n'a point été tirée à poil. *Voyez* SERGE *à l'endroit de l'article où l'Arrêt du Conſeil du 25 Août 1705, qui fixe la largeur de cette ſorte d'étoffe, eſt rapporté.*

Les piéces de Sempiterne de Beauvais ne doivent avoir que vingt aunes de long. Les Drapiers & Sergiers de cette Ville ne laiſſoient pas d'en faire ſur des chaînes à ſerges, qui au retour du foulon revenoient environ à vingt-quatre aunes, & pour ſe conformer au Réglement en coupoient l'excédent; en ſorte que ſur cinq piéces ils faiſoient une ſixiéme piéce toute de coupons; mais un nouveau Réglement de 1711 a ordonné aux Façonniers d'ourdir exprès leurs piéces pour revenir à vingt aunes, & les piéces de coupons ont été abſolument défenduës.

Les Sempiternes deſtinées pour l'Amérique Eſpagnole, s'envoyent ordinairement par aſſortimens de quarante piéces; ſavoir, quinze piéces verd de perroquet, quinze piéces bleu céleſte, cinq piéces muſc & cinq piéces noires.

SEMPITERNILLE. C'eſt une eſpéce de Sempiterne, mais moins fine. Il ne s'en fait guére qu'en Angleterre. Les Anglois en envoyent en Eſpagne, année commune, pour deux cens vingt mille livres, qui paſſent preſque toutes aux Indes Occidentales.

SEN. Meſure des longueurs & diſtances dont on ſe ſert dans le Royaume de Siam.

Quatre ſen font le jod, & vingt-cinq jods la roé-neug; c'eſt à dire, la lieuë Siamoiſe, qui contient un peu moins que deux mille de nos toiſes. Il faut vingt voua pour faire un un sen, deux ken pour chaque voua, deux sok pour le ken, deux keubs pour le sok, douze nious pour le keub, & huit grains ou lignes pour chaque nious. Huit lignes des Siamois reviennent à neuf des nôtres; chaque ligne se mesure par un grain de ris entier, dont la première enveloppe n'a pas été brisée au moulin. *Voyez* Ken.

SENAU. Barque longue dont les Flamans se servent pour la course; elles ne peuvent porter que 20 ou 25 hommes.

SENDAIL, ou SENDAL. Bois médecinal. *Voyez* Santal.

SENE'. Est une drogue très connuë. C'est cette feuille purgative que les Médecins, pour la déguiser, appellent quelque-fois Feuille Orientale, & qu'ils employent souvent dans leurs compositions purgatives.

L'arbrisseau qui porte cette feuille se cultive en plusieurs endroits du Levant & y croît de la hauteur de cinq à six pieds; il pousse des branches ligneuses, souples & garnies de feuilles rangées sur une côte simple; ses fleurs sont composées de cinq piéces de couleur jaune tirant sur l'oranger; elles donnent des fruits ou gousses verdâtres, applaties, courtes, larges, taillées en croissant & composées de deux cosses membraneuses qui renferment entr'elles dans des petites loges des semences qui ont la figure d'un pepin de raisin; on nomme ces gousses Follicules de séné, quelques Médecins les préférent aux feuilles de séné. Rarement voit-on dans les jardins en France ce séné qui y périt sans y donner de la graine, on y éléve plus aisément celui que l'on nomme Séné d'Italie; espéce qui se séme tous les ans & qui est commune aux environs de Florence. C'est une herbe haute d'un pied & dont les feuilles sont charnuës presque rondes & gluantes au goût; l'usage de ces feuilles en médecine est inférieur à celui du séné du Levant au rapport même des Italiens.

Le Pére Plumier a trouvé dans les Antilles une troisiéme espéce de séné qui a ses feuilles plus longues que les précédentes & plus étroites à proportion de leur grandeur; il les compare à celles du troëme.

Le séné de Moca a quelque rapport avec ce dernier séné par sa figure longue & étroite; mais comme on n'en a pas vû le fruit, on ne peut assurer que le séné de Moca soit un vrai séné.

M. Blondel qui a été long-tems Consul de la Nation Françoise dans plusieurs Echelles du Levant, nous assure néanmoins que le vrai séné ne croît que dans les bois d'Ethiopie & en Arabie aux environs de Moca, qu'on ne l'achetoit autre-fois qu'au Caire, & que celui qu'on tire de Seyde, de Tripoli, &c. y est apporté du Caire, ou d'Arabie, par des caravanes, ou d'Alexandrie par Mer.

M. Lemery & les Epiciers-Droguistes de Paris distinguent trois sortes de séné qui leur viennent toutes du Levant dans des bales qu'on appelle Couffes.

La premiére espéce est le séné qui vient de Seyde, qu'on nomme séné de l'Appalte, du mot *Appalto*, qui en Langue Franque & en Italien signifie Ferme, ou Gabelle, les Douaniers du grand Seigneur faisant payer un droit assez considérable pour en permettre le transport.

La seconde espéce est le séné qu'on tire de Tripoli ou d'Aléxandrie.

Et la troisiéme est cette espéce qu'on appelle séné de Moca, ou séné à la Pique.

Le meilleur de ces trois sortes de séné est le séné de Seyde qu'il faut choisir (suivant l'opinion de Pomet dans son Histoire générale des drogues) en feuilles étroites d'une moyenne grandeur & en forme de fer de pique, d'une couleur verd-pâle, d'une odeur pénétrante, doux à manier, le plus entier qu'il se peut, sans feuilles mortes & sans mélange d'autres corps étrangers.

Le séné de Tripoli a le second rang en bonté; sa différence d'avec celui de Seyde consiste dans sa couleur qui est très-verte, dans son odeur qu'il a très foible, & dans une certaine âpreté, ou rudesse, qu'on remarque en maniant ses feuilles: les follicules de séné qu'on tire des mêmes endroits, pour être bonnes doivent être épaisses, grandes, d'une couleur verdâtre & que leurs semences soient grosses & bien nourries.

Pour le séné qu'on nomme séné de Moca ou séné à la Pique, c'est le moins estimé de tous.

Outre ces trois sortes de séné & leurs follicules, les Marchands Epiciers & Droguistes vendent encore le grabeau ou poussiére qui se trouve au fond des bales, ce qui est une assez mauvaise marchandise, mais qui l'est assurément moins que ce que l'on appelle Ourdon, ou petit séné, que vendent aussi les Colporteurs, qui n'est qu'une certaine plante sans vertu, mise par hazard dans les bales, ou peut-être exprès pour en augmenter le poids; souvent même au lieu de cet ourdon tout mauvais qu'il est ils substituent de simples feuilles du baguinaudier séchées & hachées pour lui donner la ressemblance de cette drogue.

Le Pérou a aussi son séné, & l'on trouve une plante dans le Chilly qui non seulement ressemble au vrai séné de Seyde par ses tiges, ses feuilles & ses fleurs, mais qui en a encore la vertu purgative; les Indiens l'appellent Uno Perquen. C'est de cette drogue dont on se sert à San-Jago & presque dans tout le Chilli au défaut du séné de Levant qui y est très-rare & très-cher.

L'on employe en France, sur tout en Languedoc & en Provence, deux plantes qui ne ressemblent en rien au séné du Levant: les Botanistes nomment l'une *Gratiola*, ou *Gratia Dei*, & l'autre *Alypon montis Ceti*, autrement Turbit blanc; mais leurs vertus sont fort différentes; la premiére fait vomir & l'autre purge violenment.

Le séné de Levant de toute sorte paye en France les droits d'entrée à raison de 8 liv. le cent pesant conformément au Tarif de 1664.

Les droits de la Douane de Lyon sont de 13 s. 3 d. le quintal d'ancienne taxation, 16 s. 8 d. de nouvelle réapréciation, 40 s. pour les anciens quatre pour cent, & la même somme pour leur augmentation.

Cette drogue est du nombre des marchandises venant du Levant, sur lesquelles il doit être levé vingt pour cent, en conséquence de l'Arrêt du 15 Août 1685.

SENE' GREC. *Voyez* Senegre'.

SENEGRE'. Plante dont la graine qui porte le même nom, est propre à la teinture, entre dans la Médecine, & sert à engraisser les bestiaux; c'est ce qu'on appelle proprement Fenugrec. *Voyez* Fenugrec.

Le sénégré que le Tarif de la Douane de Lyon nomme improprement séné Grec, paye en France les droits d'entrée à raison de 10 s. le cent pesant suivant le Tarif de 1664.

Les droits de la Douane de Lyon sont de 2 s. 4 den. d'ancienne taxation, autant pour la nouvelle réapréciation,

3 s. 4 d. pour les quatre pour cent, & 4 s. 2 d. pour leur augmentation.

SENEVE'. Plante qui produit la graine que l'on appelle communément Graine de moutarde.

Il y en a de trois sortes; le sénévé sauvage, celui des jardins, & un autre qui tient le milieu entre les deux. Les sénévés des deux derniéres espéces se sement; celui des jardins a la graine noire & l'on en fait la composition qu'on appelle de la Moutarde ; la graine de l'autre est blanche & il a les feuilles comme la roquette.

Les Maîtres & les Maîtresses Grainiers & Grainiéres ne peuvent faire amener de sénévé, ou pouluré (Graines propres à faire la moutarde) ni les exposer en vente, que les Jurez de la Communauté des Vinaigriers-Moutardiers ne les ayent visitez.

Ils ne peuvent pareillement acheter des Marchands Forains arrivant à Paris & y amenant de ces deux graines, que les Maîtres Vinaigriers ne s'en soient pourvûs. *Voyez* MOUTARDE *&* VINAIGRIERS, *& dans ce dernier article les 17 & 18 des Statuts de cette Communauté.*

Le sénévé sert à préparer les peaux de chagrins, ou celles des autres animaux qu'on passe en chagrin. *Voyez* CHAGRIN.

La graine de moutarde paye d'entrée 20 s. le septier mesure de Paris, & 26 s. de sortie, c'est à dire sur le pied des graines de jardins, suivant le Tarif de 1664.

Cette graine paye à la Douane de Lyon 3 s. du quintal d'ancienne taxation, & 1 s. pour la nouvelle réapréciation.

SENSAL, qu'on écrit plus ordinairement Censal.

C'est ce qu'on appelle en Provence, dans quelques endroits d'Italie & dans les Echelles du Levant, & ce qu'on nomme ailleurs un Courtier. *Voyez* CENSAL.

Tout le Commerce de Ligourne se fait par la voye des Sensaux, ce sont eux qui font les partis, comme on dit en cette Ville, c'est à dire, les Négociations entre Marchands. Leurs journaux sur lesquels ils sont obligez de les enregistrer sont crûs en Justice, & c'est sur leurs registres qu'en cas de contestation sont jugées toutes les affaires mercantilles qui passent par leurs mains.

Ces Sensaux qui sont tous Italiens, ou Juifs, payent un droit annuel au grand Duc à proportion des affaires qu'ils ont fait pendant le cours de l'année, suivant la taxe qui en est arrêtée, par deux Notables Bourgeois de la Ville. Cette régle cependant est souvent mal observée; d'ailleurs la taxe est toûjours facilement augmentée & rarement diminuée, aussi arrive-t-il quelque-fois que ceux qui ne la peuvent soûtenir sont obligez de renoncer au métier.

SENTAL. Espéce de bois propre à la médecine, qui est apporté des Indes Orientales. *Voyez* SANTAL.

SENTENE. Terme de Commerce de fils. C'est l'endroit par où l'on commence à dévider un écheveau; ce qui fait la sentene sont les deux bouts du fil liez ensemble & tortillez sur l'écheveau.

SEPARATION de biens entre mari & femme. C'est une espéce de partage ou de division de biens qui se fait entr'eux, lequel emporte toûjours avec soi une dissolution de Communauté tant pour le passé que pour l'avenir.

Il sembleroit d'abord que dans un Dictionnaire qui ne parle que de Commerce il devroit être inutile de faire mention des séparations de biens, d'autant qu'elles ont plus de rapport au Droit & aux Coûtumes; mais à cause que parmi les Marchands, Négocians & Banquiers elles sont assez fréquentes, & qu'il en est même parlé expressément dans l'Ordonnance de 1673, on a jugé à propos d'en faire un article.

Comme il n'arrive que trop souvent que les maris par leur conduite déréglée, ou par des accidens imprévûs, font mal leurs affaires, il ne seroit pas raisonnable que les biens de leurs femmes fussent confondus avec le leur, & que la ruine des uns fut cause de celle des autres; c'est la raison pour laquelle les séparations de biens entre maris & femmes ont été introduites.

La séparation de biens doit être ordonnée en Justice, car lors qu'elle est simplement volontaire elle est contre l'honnêteté publique, & peut-être faite au préjudice de la Communauté, parce que si la Communauté est considérable, la femme qui a dessein de faire de l'avantage à son mari, n'a qu'à consentir une séparation; c'est pour cela qu'on juge ordinairement que les séparations qui sont faites par une transaction, ou même consenties en Justice, sont nulles.

Il faut que les séparations soient ordonnées en connoissance de cause, c'est pourquoi il est nécessaire que la femme prouve la dissipation par des titres, supposé qu'elle en puisse recouvrer, comme des saisies des biens de son mari à la requête de ses créanciers, des contracts de vente de ses immeubles, plusieurs entreprises & engagemens capables de le ruiner, &c. Et comme il n'est pas toûjours facile à une femme de trouver des preuves par écrit de la dissipation de son mari, elle peut, manque de titres, en faire la preuve par témoins; & si le mari ne demeure pas d'accord de la dissipation, il lui est loisible de produire des preuves de sa bonne économie, en faisant connoître qu'il a employé utilement les sommes qu'il a empruntées, ou celles qui sont provenuës de la vente qu'il a faite de ses immeubles.

Lors qu'il y a une preuve certaine de dissipation de la part du mari, il est de la régle d'ordonner la séparation de biens sans aucun Jugement interlocutoire.

Une femme séparée de biens est tenuë de renoncer à la Communauté, afin de pouvoir reprendre franchement & quitement tout ce qu'elle a apporté en mariage, comme aussi de ce qui est entré de ses biens dans la Communauté, quand la clause de reprise est stipulée dans le Contract de mariage, de maniére que la séparation de biens, ainsi qu'il a déja été dit, emporte une dissolution absoluë de la Communauté, soit pour le passé, soit pour l'avenir.

Quand une femme a obtenu Sentence de séparation de biens, il est de l'ordre qu'elle se fasse vendre & adjuger judiciairement les meubles à compte de ce qui lui est dû par son mari, d'autant qu'elle est dans l'obligation de mettre la Sentence de séparation à éxécution, autrement elle seroit inutile à l'égard des Créanciers de son mari, qui pouroient toûjours faire saisir les revenus des biens de la femme, au cas que le mari en fût resté le possesseur.

Il y a des Coûtumes qui veulent non seulement que la Sentence de séparation ait été éxécutée pour avoir son effet, mais qui veulent encore qu'elle ait été publiée en jugement à jour ordinaire, ou au Prône de la Paroisse le second Dimanche d'après qu'elle a été faite. Telles sont les Coûtumes de Berry tit. 1. §. 48 & 49, d'Orleans 178, de Bourbonnois 78, & de Dunois 58; & cela afin que la séparation ne puisse se faire en fraude des Créanciers du mari.

C'est aussi l'esprit de l'Ordonnance du mois de Mars 1673, qui au tit. 8 art. 1 & 2, veut que les Marchands tant en gros qu'en détail, même les Banquiers qui sont séparez de biens d'avec leurs femmes, soit par leur Contract de mariage, ou par Ordonnance de Justice, fassent publier leur séparation à l'Audience de la Jurisdiction Consulaire, s'il y en a, sinon dans l'Assemblée de l'Hôtel commun des Villes, & inserée dans un tableau exposé en lieu public; à peine de nullité.

Quand l'Ordonnance dit que la séparation de biens doit être inserée dans un tableau exposé en lieu public, cela doit s'entendre que le tableau doit être mis, non pas dans une place publique de la Ville, ni sur celle du Change, mais dans les Jurisdictions Consulaires, ou dans l'Hôtel de Ville (lors qu'il n'y a point de Jurisdiction Consulaire) à l'endroit le plus apparent, & où est le plus grand concours de monde, comme dans la Chambre où se tient l'Audience de la Jurisdiction Consulaire, & dans celle de l'Hôtel de Ville où se tiennent les Assemblées générales des Prevôts des Marchands des Maires & Echevins, & autres Officiers de Ville, afin que tous les Marchands, Négocians, Banquiers & autres puissent avoir connoissance des clauses dérogeantes à la communauté & des séparations de biens d'entre les maris & les femmes, & prendre là-dessus leurs mesures.

Il faut remarquer que si après la séparation de biens le mari & la femme se rassemblent, & mettent leurs biens en commun, l'effet de la séparation doit cesser, & les meubles & aquets immeubles, même ceux qui sont échûs & aquis pendant la séparation, doivent entrer en communauté, de même que s'il n'y avoit point eu de séparation: mais pour rentrer en communauté après la séparation de biens, il est nécessaire qu'il y en ait un Acte par écrit précis & formel.

Voyez *Monsieur Savary dans son Parfait Négociant chap. 2. liv. 4 de la seconde Partie.*

SEPT, que l'on prononce SET. Nombre impair composé de six & un, qui en chiffre Arabe s'écrit ainsi (7,) en chiffre Romain de cette maniére (VII,) & en chiffre François de compte de cette sorte (*vij.*)

SEPTANTE. Nombre pair composé de soixante & de dix, ou de sept dizaines, ou de cinq fois quatorze, ou de quatorze fois cinq, ou de dix fois sept. Ainsi que sept soit multiplié par dix, ou que dix le soit par sept, ou quatorze par cinq, ou cinq par quatorze, le produit sera toûjours septante. On dit plus ordinairement soixante & dix.

Septante, ou soixante & dix, en chiffre commun ou Arabe, s'écrit de cette maniére (70,) en chiffre Romain de cette sorte (LXX,) & en chiffre François de compte ou de finance, ainsi (*lxx.*)

SEPTIE'ME. Partie d'un tout divisé en sept parties égales.

En matiére de fractions un septiéme se marque ainsi ($\frac{1}{7}$;) & deux, trois ou quatre septiémes, &c. ($\frac{2}{7}\frac{3}{7}\frac{4}{7}$.)

L'aune de Hollande est composée de quatre septiémes de l'aune de Paris.

SEPTIER, que quelques-uns écrivent SETIER & SESTIER. C'est une Mesure différente suivant les lieux ou l'espéce des choses mesurées.

SEPTIER, en fait de liqueur. C'est la même chose que la chopine, ou la moitié d'une pinte. On dit aussi un demi-septier, ou les trois demi-septiers, qui sont des pots ou mesures qui tiennent à proportion: un demi-septier de vin, un demi-septier d'eau-de-vie, &c.

On dit encore un demi-septier d'olives; car cette sorte de fruit salé se vend dans le détail à la pinte, à la chopine, & au demi-septier.

SEPTIER. Se dit aussi en matiére de jauge d'une certaine quantité ou mesure de liqueur, qui est la valeur de huit pintes de Paris. Le muid de vin doit contenir trente-six septiers; le demi-muid ou feuillette dix-huit septiers; le quart de muid neuf septiers, & le demi-quart ou huitiéme de muid quatre septiers & demi.

La demi-queuë d'Orleans doit être de vingt-sept septiers; le quarteau du même endroit de treize septiers & demi, & le demi-quarteau de six septiers trois quarts.

La demi-queuë de Champagne doit contenir vingt-quatre septiers; le quarteau du même Païs douze septiers, & le demi-quarteau six septiers.

Le buffard, ou busse, est comme la demi-queuë d'Orleans de vingt-sept septiers.

La pipe doit contenir cinquante-quatre septiers, qui est le double de la demi-queuë d'Orleans & du buffard.

Le tout se doit entendre, sauf l'excédent de jauge; car il y a de ces futailles qui contiennent plus ou moins de septiers, suivant qu'elles sont bien ou mal fabriquées; ce qui se peut vérifier en les jaugeant. *Voyez* JAUGE.

SEPTIER. Est aussi une certaine mesure de grains, comme froment, ségle, orge, &c. de légumes, comme pois, lentilles, féves, &c. de graines, comme mil, ou millet, navette, chenevi, &c. de farine, de châtaignes, de noix & d'autres semblables marchandises.

Cette mesure qui est différente suivant les lieux, n'est pas un Vaisseau qui serve à mesurer toutes ces sortes de choses, mais une estimation de plusieurs autres mesures, telles que peuvent être le minot, le boisseau, &c.

A Paris le septier se divise en deux mines, la mine en deux minots, le minot en trois boisseaux, le boisseau en quatre quarts ou seize litrons, & le litron contient, suivant quelques-uns, trente-six pouces cubiques. Les douze septiers font un muid.

Le septier d'avoine est double de celui de froment; en sorte qu'il est composé de vingt-quatre boisseaux, ou deux mines, chaque mine de douze boisseaux, quoi que le muid ne soit que de douze septiers.

Les grains, les graines, les légumes & la farine, se doivent mesurer ras sans rien laisser sur le bord de la mesure; c'est à dire, que la mesure étant suffisanment pleine, elle doit être rasée ou radée avec une radoire, instrument de bois destiné pour cela. Les chataignes, les noix, & autres semblables fruits secs doivent être aussi mesurez ras, mais la mesure ne doit être rasée simplement qu'avec la main.

Le muid de bled à Orleans ne contient que deux septiers & demi de Paris.

A Roüen le septier de bled se divise en deux mines, & la mine en quatre boisseaux. Il faut remarquer qu'à Roüen, ainsi qu'à Paris, les douze septiers font le muid, mais

mais que les quatorze septiers de Paris n'en font que douze à Roüen, parce que le septier de Roüen est plus fort que celui de Paris.

A Amiens les quatre septiers de bled ne font qu'un septier de Paris.

En Berry le septier de bled est de seize boisseaux, dont les vingt & un font le muid.

A Beaurepaire en Dauphiné le septier est composé de quatre quartals, chaque quartal faisant un boisseau de Paris, très-peu plus; en sorte que le septier de Beaurepaire est à peu près égal à quatre boisseaux de Paris.

A Toulon le septier contient une mine & demie mesure du Païs, & trois de ces mines font un septier de Paris; en sorte que le septier de Paris est le double de celui de Toulon.

Outre ces cinq Villes de France, il y en a encore beaucoup de celles du Royaume, aussi-bien que des Païs étrangers, qui se servent du septier pour mesurer les grains, graines, légumes, &c. En France, comme Abbeville, Calais, Narbonne, Soissons, Toulouse: au dehors plusieurs Villes d'Allemagne, Revel & quelques autres de la Mer Baltique.

Voici la réduction des septiers de tous ces lieux au septier de Paris.

Six septiers d'Abbeville en font cinq de Paris.

Cent septiers d'Alby, soixante & quinze de Paris.

Douze septiers de Calais, treize de Paris.

Vingt-trois de Narbonne, quarante-trois septiers de Paris.

Huit septiers de Soissons, cinq de Paris.

Soixante septiers de Toulouse, quarante-trois de Paris.

Enfin, huit septiers de Revel, font cinq septiers de Paris.

Le septier est aussi une mesure de sel composée de plusieurs autres mesures. Il contient quatre minots, ou seize boisseaux, & les douze septiers font le muid. Le sel ainsi que les grains se mesurent ras.

SEPTIESME. *Voyez* SEPTIE'ME.

SEQUIN, ou CECHIN. Monnoye d'or qui se bat à Venise au titre de vingt-trois karats trois quarts. Il s'en fabrique aussi dans les Etats du grand Seigneur, particuliérement au Caire, que de-là on appelle Sequins de Turquie, ou Cherifs. On appelle à Constantinople, Sequins hongres des Ducats d'or qui se fabriquent en Allemagne à divers coins.

La valeur de ces sequins n'est pas tout à fait semblable; ceux de Turquie & d'Allemagne valant un quinziéme moins que le Vénitien. Aux Indes Orientales le sequin Vénitien y est à plus haut prix, s'y prenant pour quatre roupies six pessas; c'est à dire, pour six livres quatre sols de France; & le sequin de Turquie; seulement pour quatre roupies juste; ce qui est quatre sols moins que l'autre.

Au Caire le sequin Vénitien vaut dans le Commerce jusqu'à cent meidins à un sol six deniers de France le meidin, mais le Divan ne le prend que pour quatrevingt cinq.

Sur la fin du dix-septiéme Siécle il a valu à Constantinople jusqu'à six livres quinze sols, à cause du Commerce des Indes, où les Turcs & Arméniens en portent quantité; mais ils y ont depuis baissé quand on s'est apperçû qu'ils étoient à plus bas titre que les ducats d'Allemagne, & qu'on les avoit altérez de douze à quinze pour cent. Le sequin de Turquie s'appelle plus ordinairement Scherif, ou Sultanin. *Voyez ces deux articles.*

SER, ou SERRE. Poids dont on se sert aux Indes Orientales, particuliérement dans les Etats du grand Mogol, ainsi que l'on fait en France & ailleurs de la livre.

Il y a de deux sortes de ser, l'un qui est employé à peser les denrées & choses propres à la vie; & l'autre dont on se sert pour peser les marchandises qui entrent dans le Négoce. Le premier est de seize onces poids de marc, qui est égal à une livre de Paris, & le deuxiéme n'est que de douze onces aussi poids de marc, qui font les trois quarts de la livre de Paris; en sorte que ce dernier Ser différe d'un quart du premier.

Il faut observer que dans les Indes, particuliérement dans l'Etat du grand Mogol, l'on se sert encore de deux poids différens qui se nomment tous deux Man: l'un qui est appellé Man de Roi, pése quarante sers de seize onces chacun; & l'autre que l'on nomme seulement Man, pése quarante sers de douze onces chacun. *Voyez* MAN.

SERANCER. C'est faire passer les chanvres, lins, orties & autres matiéres propres à être filées par les serans.

Les chanvres serancez, ce sont les chanvres qui ont reçû cet apprêt, & qui sont réduits en filasse.

SERANS. Outils à préparer les chanvres, les lins, les orties & autres plantes dont les tiges sont pleines de filamens pour les mettre en état d'être filées.

Les Serans sont des ais en forme de grandes cardes, armez de dents de gros fils de fer, à travers desquels on fait passer ces plantes après qu'elles ont été auparavant grossiérement concassées avec un autre instrument de bois. Ces deux apprêts qui les réduisent en filasses & en état d'être filées au rouet, ou au fuseau, ne se donnent que lors qu'au sortir de l'eau où elles ont été rouïes, on les a bien fait sécher au Soleil. *Voyez* CHANVRE, LIN, *ou* ORTIE.

SERAPHIN. Monnoye d'or qui a cours en Perse. *Voyez* SCHEREFI.

SERAPINUM, ou GOMME SERAPHIN. *Voyez* SAGAPENUM.

SERASSES. Toiles de coton qui se fabriquent dans plusieurs endroits des Indes Orientales, particuliérement à Cambaye.

SERCHE, ou CERCHE. Sorte de bois de refente, de chêne, ou de hêtre, que l'on appelle plus communément Eclisse. *Voyz* ECLISSE.

SERGE. Etoffe de laine croisée, qui se manufacture sur un métier à quatre marches, ainsi que les ratines & autres étoffes semblables qui ont de la croisure. M. Vaugelas a décidé que l'on devoit dire Sarge, & on le trouve ainsi dans quelques Tarifs de France; mais l'usage est contraire à sa décision, & tout le monde écrit & prononce aujourd'hui serge.

La serge est une espéce de tissu composé de fils de laine entrelassez les uns dans les autres d'une certaine maniére qui forme la croisure, dont ceux qui vont d'un bout à l'autre de la piéce, s'appellent la chaîne; & les autres qui sont disposez en travers sur la largeur de l'étoffe, se nomment communément la trême, & quelque-fois l'enflure.

Les

Les serges ont divers noms qui leur ont été donnez, ou par les Marchands & Fabriquans, pour les distinguer & les faire mieux valoir, ou qu'elles ont pris de leurs différentes espéces & qualitez, ou des lieux de France où elles ont été fabriquées, ou des Païs Etrangers d'où elles ont été imitées. Ainsi l'on dit, une serge de Seigneur, une serge à la Reine, une serge impériale, &c. Une serge raze, une serge à poil, une serge drappée, une serge à deux envers, &c. Une serge de Berry, une serge de Beauvais, une serge de Mouy, une serge de S. Lo, une serge d'Aumale, une serge de Crévecœur, une serge de Blicour, une serge de Chartres, &c. Une serge façon de Londres, une serge façon d'Arscot, une serge de Rome, une serge de Segovie, &c.

Comme les serges qui se fabriquent en France, de quelques noms dont on les distingue, ou de quelques qualitez qu'elles puissent être, ont des longueurs & des largeurs différentes, suivant les lieux où elles sont manufacturées, & que ces longueurs & largeurs ont été fixées par des Réglemens ou des Arrêts, on a crû faire plaisir au Public d'en raporter ici des extraits; étant quelque-fois assez difficile aux Particuliers de pouvoir rassembler tant de différens Arrêts & Réglemens.

Extrait du Réglement général des Manufactures du mois d'Août 1669.

Art. II. Les serges à poil, serges de Segovie, serges de Beauvais à poil & à deux envers; serges de S. Lo, Falaise & Vendôme; serges de Dreux, de Neuilly, d'Orleans & de Troyes, auront une aune de large, & la piéce de 20 ou 21 aunes de long.

III. Les serges du Berry & Sologne auront une aune de large, les lisiéres comprises, & seront de 21 aunes de longueur.

VIII. Les serges rases de S. Lo, celles de Caën, Frêne, Condé & Falaise, auront une aune de large, & 35 à 40 aunes de long.

IX. Les serges façon de Londres, blanches, grises & mêlées, qui se font à Seignelay, Abbeville, Reims, S. Lo, Gournay & autres lieux, auront deux tiers & demi de large & 20 aunes de long.

X. Les serges drappées, larges, blanches & grises de Beauvais, Sedan & Mouy, seront sans lisiére, & auront une aune de large & 21 aunes de long.

XI. Les autres serges moyennes de laine pure, blanches & grises de Mouy, Merlon, Meru, Sedan, Meziéres, Donchery, Tricot, Nantes, Bouillebec, Haute-épine & d'autres lieux où il s'en fait de pareille sorte, auront deux tiers de large & 21 aunes de long; & celles qui ne seront pas de laine pure, auront la lisiére bleuë, & auront même longueur & largeur.

XII. Les serges d'Amiens façon d'Arscot, blanches & de toutes sortes de couleurs, auront une aune de largeur & 21 aunes de longueur.

XIII. Les serges façon de Chartres, appellées serges à la Reine, auront demi-aune de largeur & 20 aunes de longueur.

XIV. Les razes façon de Châlons auront demi-aune demi-quart de large & 21 aunes de long.

XV. Les serges façon de Seigneur auront trois quartiers de large & 21 aunes de longueur.

XVI. Les serges appellées d'Ypres & d'Arscot seront d'une aune de large & de 21 aunes de long.

XVII. Les serges de Colles, ci-devant appellées façon d'Aumale, auront demi-aune demi-quart de large, & 20 aunes de long.

XIX. Les serges appellées de Rome croisées & lisses, auront demi-aune de large & 21 aunes de longueur.

Il faut remarquer que les moncahiards croisez se nomment quelque-fois serges de Rome, quoi que leur longueur & largeur soient différentes de celles de Rome dont il est parlé en cet article. *Voyez* Moncahiard.

XXIV. Les serges de Chartres, d'Illiers, Nogent-le-Rotrou, Pontgouin & autres lieux des environs où il s'en fait de pareilles, fines & moyennes, auront demi-aune de large étant foulées, & 20 aunes & demie de long.

XXV. Les serges d'Aumale, Grandvilliers, Feuquiéres, & de tous les lieux circonvoisins, tant blanches que grises, auront demi-aune demi-quart de large, & 38 à 40 aunes de long.

XXVI. Les serges de Crévecœur, Blicour & de tous les lieux circonvoisins, tant blanches que grises, auront; savoir les larges demi-aune demi-quart de large, & 20 aunes & demie de longueur étant foulées; & les étroites auront demi-aune de large, & pareille longueur étant foulées.

XXIX. Les serges étroites de la Ville de Roye auront deux tiers de large & vingt aunes de long; & celles qui ne seront pas de laine pure auront la lisiére bleuë, & même longueur & largeur que les susdites.

L'Arrêt du Conseil du 19 Février 1671, veut, Que les serges façon de Londres, de dix-huit à dix-neuf aunes de long & de trois quarts de large, & les serges façon de Seigneur, de deux tiers de large & de vingt-une aunes de long mesure de Paris, soient marquées par les Gardes & Jurez des Marchands & Communautez, ce faisant débitées dans le Royaume, pourvû qu'elles soient de qualitez & teintures portées par les Réglemens.

Par autre Arrêt du Conseil du 18 Novembre 1673, il est permis aux Drappiers-Drappans du Bourg de Bouillebec, de fabriquer des serges de trois quarts & un quart de large pour les asubles, ainsi qu'ils le faisoient avant le Réglement de 1669. A l'égard des autres serges qui se fabriquent audit lieu, le même Arrêt veut, Qu'elles soient fabriquées conformément à l'art. 11 dudit Réglement.

Suivant un autre Arrêt du 20 Février 1687, les chaînes des serges communes d'Aumale, Grandvilliers, Feuquiéres & autres de pareille qualité, doivent être de 44 portées, à raison de 38 fils chacune portée, & celles des serges fines de 48 portées & 38 fils chacune portée: & à l'égard des serges façon de Crévecœur, les larges doivent être de 52 portées, de 34 fils chacune portée, & les étroites au moins de 42 portées, & 34 fils chacune portée, pour être au sortir de l'étille; savoir les larges de trois quarts de largeur & de vingt-deux aunes trois quarts de longueur, pour revenir étant foulées à une demi-aune demi-quart de largeur & vingt aunes & demie de longueur, & les étroites de pareille longueur & de demi-aune un douze & un pouce de largeur au sortir de l'étille, pour revenir, étant foulées, à demi-aune de largeur & pareille longueur.

Suivant une Lettre écrite par M. le Marquis de Louvois à M. de Bâville Intendant en Languedoc, le 27 Septembre 1689, enregistrée au Greffe de l'Hôtel de Ville d'Usès le 24 Octobre ensuivant, il est permis aux Ouvriers de Nîmes & d'Usès de fabriquer leurs serges sur le pied de demi-aune moins deux pouces de largeur étant apprêtées, nonobstant le Réglement de 1669.

Suivant une autre Lettre écrite de la part de M. le Marquis de Louvois à l'Inspecteur des Manufactures de Beauvais le 30 Novembre 1689, enregistrée au Greffe de la Prevôté dudit lieu le 6 Décembre ensuivant, il est permis de fabriquer des serges de Mouy de demi-aune un demi-quart de large, au lieu de deux tiers portez par l'art. 11 du Réglement de 1669.

Extrait d'un Arrêt du Conseil du 4 Novembre 1698, servant de Réglement pour les étoffes de laine qui se fabriquent dans la Province de Poitou.

Les serges rases de deux étaims qui se fabriquent à S. Mexant, la Mothe, Mesle, Vivonne, Lusignan & autres lieux de ladite Province de Poitou, & qui doivent avoir demi-aune de large & vingt-une aunes de long tout apprêtées, auront en toile & au sortir du métier demi-aune demi-douze, ou un vingt-quatriéme de large, & vingt-quatre à vingt-cinq aunes de long.

Les serges rases qui se font en blanc dans lesdits lieux, seront composées de 39 à 40 portées; & celles qui se font de couleur de brebis, communément appellées Beiges, seront composées de 38 à 39 portées au moins, & les portées de chacune 20 fils.

Les serges rases grises, mêlées de deux étaims, qui se fabriquent à Niort, Poitiers, Thouars & autres lieux de la Province, qui doivent avoir demi-aune de large & vingt-une aunes de long tout apprêtées, auront demi-aune & demi-douze de large, & vingt-cinq à vingt-six aunes de long en toile au sortir du métier.

Les grosses serges drappées qui se fabriquent à Niort & autres lieux de la Province, qui doivent avoir une aune de large & quinze à seize aunes de long tout apprêtées, auront une aune un quart & demi de large, & vingt à vingt-une aunes de long en toile au sortir du métier.

Les serges de deux laines, ou chaînes d'étaim, qui se fabriquent à Lusignan, Poitiers, Châtelleraulr, Vivonne, Castel-la-Chaise, Gensay, Civay, Charoux, Thouars, & dans les autres lieux de la Province, qui doivent avoir demi-aune de large & vingt-une aunes de long tout apprêtées, auront trois quarts de large & vingt-sept à vingt-huit aunes de long au sortir du métier.

Suivant un autre Arrêt du Conseil du 25 Août 1705, les serges impériales qui se fabriquent en Languedoc, doivent avoir au moins trois quarts & demi de large, ce qui revient à trois quarts d'aune de Paris. Ces sortes de serges, que l'on nomme aussi Sempiternes, ou Perpétuanes, sont presque toutes destinées pour l'Italie & pour l'Espagne. Ce sont les Anglois qui en ont été les premiers inventeurs. *Voyez* SEMPITERNE.

Extrait d'un autre Réglement du Conseil du 27 Avril 1706, servant de Réglement pour la Manufacture des Drapperies de Romorentin en Berry.

ART. X. Les serges fines drappées blanches seront composées de 56 portées de 22 fils chacune, & 34 aunes d'attache de long, & fabriquées dans des lames & rots d'une aune trois quarts, y compris les lisiéres, pour être au retour du foulon d'une aune de large, & de vingt-trois à vingt-quatre aunes de long.

XI. Les serges drappées gris-blanc, gris de fer, gris-bluté, gris-argentin & demi-gris mêlé, seront composées de 54 portées de 32 fils chacune, & de 32 aunes d'attache de long, & fabriquées dans des lames & rots d'une aune trois quarts, pour être au retour du foulon d'une aune de large, & de vingt-une à vingt-deux aunes de long.

XII. Les serges drappées gris de fer brun, gris de more & brunes, seront composées de 50 portées de 32 fils chacune, & de 32 aunes d'attache de long, & seront fabriquées dans des lames & rots d'une aune trois quarts, y compris les lisiéres, pour être au retour du foulon d'une aune de large, & de 21 à 22 aunes de long.

XIII. Les serges croisées & les cordats gris de fer & autres couleurs, seront composez de 56 portées de 32 fils chacune, & de 32 aunes d'attache de long, & seront fabriquez dans des lames & rots d'une aune & demi-quart, les liziéres comprises, pour être au retour du foulon d'une aune de large, & de 21 à 22 aunes de long.

Les serges de Tricot & Piennes en Picardie, conformément au seiziéme article des Statuts accordez aux Fabriquans de ces deux Villages en 1669, confirmez par Arrêt du Conseil du 17 Août 1718, doivent avoir tant, les blanches, que les grises, au moins 46 portées de 28 fils chacune; mais ne doivent pas excéder le nombre de 50 portées, & doivent être au retour du foulon de deux tiers de large, & de 25 à 26 aunes de long.

Extrait du Réglement particulier du 21 Août 1718, pour les serges des Provinces de Bourgogne, Bresse, Bugey, Valromey & Gex.

ART. VII. Les serges d'une aune de large drappées, façon de ratine, nommées serges du Païs ou de Marcy, qui se fabriquent à Dijon, Issurtille, Marcy, Villiers, Avelange, Avaux, Burscrot, Montenaille, Selongey & autres lieux, doivent être montées dans des rots d'une aune & demie de large, & leur chaîne composée de 2040 fils, faisant 51 portées de 40 fils chacune, y compris les liteaux qui forment une petite lisiére.

VIII. Les serges de deux tiers de même qualité, & qui se font dans les mêmes lieux, doivent avoir en chaîne 1360 fils, faisant 34 portées de 40 fils dans des rots d'une aune, y compris les liteaux de la petite lisiére.

IX. Les serges aussi de deux tiers de pareille qualité, qui se fabriquent à Margelle, seront montées dans des rots de même largeur, mais auront une portée de plus que les précédentes.

X. Les serges d'Arnay-le-Duc de deux tiers, & aussi de même qualité, auront semblablement des rots d'une aune; mais attendu que les laines sont filées plus gros, la chaîne ne fera que de 1280 fils, faisant 32 portées de 40 fils chacune, les lisiéres comprises.

XI. Les serges d'Autun, Nolay, Chagny, Beaune & Nuys,

Nuys, qui doivent avoir auſſi deux tiers de large au retour du foulon, attendu que la laine en eſt encore plus groſſiérement filée que celles d'Arnay-le-Duc, n'auront la chaîne que de 1200 fils, faiſant 30 portées de 40 fils, les liteaux compris, avec des rots auſſi d'une aune.

XII. Toutes les ſerges ci-deſſus doivent être travaillées à deux hommes ſur le métier, & batuës à deux grands coups.

XIII. Toutes les mêmes ſerges fabriquées avec des laines fines du Païs, doivent avoir des liſiéres bleuës, & les ſerges communes des liſiéres noires & jaunes, afin qu'elles ne puiſſent être confonduës.

XIV. Les ſerges nommées Felines qui doivent avoir demi-aune au retour du foulon, ſeront montées ſur des rots de trois quarts & demi, & leur chaîne être compoſée de 880 fils, faiſant 22 portées de 40 fils chacune, les liſiéres compriſes.

XV. Les ſerges demi-Londres qui ſe fabriquent à Autun, auront en chaîne 1800 fils, compoſant 45 portées, dont chacune ſera de 40 fils, pour être réduites au ſortir du foulon à deux tiers d'aune de largeur.

XVI. Les ſerges de Londres de la Manufacture Royale de Seignelay ſeront paſſées dans un rot ou peigne d'acier, & auront en chaîne 2350 fils, faiſant 72 portées de 38 fils chacune, y compris la liſiére, & ſeront travaillées à trame moulée & batuë à quatre coups, pour avoir au retour du foulon deux tiers d'aune.

XVII. Les ſerges drappées nommées Ratines, qui ſe fabriquent à Châtillon ſur Seine, attendu le filage qui eſt groſſier, n'ont en chaîne que 1344 fils, compoſant 42 portées de chacune 40 fils, & doivent être paſſées dans des rots d'une aune & demie, pour revenir au ſortir du foulon à la largeur d'une aune.

XVIII. Les ſerges de même qualité, qui ne doivent avoir que deux tiers au retour du foulon, ne ſeront compoſées que de 1280 fils, revenant à 32 portées de 40 fils chacune, & n'auront des rots que d'une aune.

XXII. Tous les rots ſervant à fabriquer les ſerges dénommées dans les articles ci-deſſus, & fixées dans leur largeur, doivent être cachetez du ſeau des armes du Roi par l'Inſpecteur, ou de ſon cachet.

XXIII. Dans les ſerges mêlées de différentes couleurs, les Sergers ne pourront en teindre la chaîne de blanc en une ſeule couleur, & la trame en diverſes couleurs; mais l'une & l'autre ſeront teintes & mêlées également des mêmes couleurs, & que toutes ces étoffes ſeront frappées à deux grands coups, à peine de 50 liv. d'amende.

XXIV. Les ſerges pour l'uſage des troupes & du commun peuple ne ſeront tirées ni arramées en longueur ni en largeur, mais ſéchées ſur les tendoires ſans extenſion, à peine de ſaiſie & confiſcation, & de 10 liv. d'amende.

XXV. Les ſerges qui ſe fabriquent dans la Généralité de Bourgogne, ſeront fabriquées en conformité des Réglemens généraux de 1669, & des articles précédens, & n'auront que 21 à 23 aunes de longueur au plus à peine de 20 liv. pour chaque contravention; & en cas qu'il y eût de l'excédent, outre l'amende il ſera coupé par les Maîtres & Gardes-Jurez, & donné à l'Hôpital du lieu.

La France a l'obligation de l'établiſſement de la Manufacture des ſerges façon de Londres, aux nommez Louïs Bezuel & Nicolas de la Coudre Aſſociez. Ce furent ces habiles Manufacturiers qui commencérent à en faire fabriquer à Aumale petite Ville de Normandie, en conſéquence d'un Privilége excluſif qui leur fut accordé pour quinze années par Lettres Patentes de Sa Majeſté du 12 Septembre 1665, ſur le raport de M. Colbert alors Sur-Intendant des Bâtimens, Arts & Manufactures de France; & à ce Privilége fut enſuite ſubrogé François le Gendre par Arrêt du Conſeil du 28 Octobre 1666. Cette Manufacture a été depuis tranſportée à Seignelay & à Gournay, & enſuite à Auxerre, Sedan, Abbeville, Beauvais, Bouflers, &c. Celle de Seignelay a toûjours conſervé la préférence, ſoit que les Ouvriers y employent de meilleures laines, ſoit qu'ils s'appliquent avec plus d'aſſiduité à les bien fabriquer, ſoit enfin que la terre & l'eau y conviennent davantage.

La fabrique des ſerges façon de Londres ayant toûjours été regardée en France comme l'une des plus importantes qui s'y ſoient etablies, on va raporter ici la maniére de les fabriquer, telle que la pratiquent les plus habiles Ouvriers de la Manufacture de Seignelay.

Maniére de fabriquer les ſerges façon de Londres.

Les meilleures laines & les plus convenables que l'on puiſſe employer pour la fabrique des ſerges de Londres ſont celles d'Angleterre; ſavoir, les plus hautes ou plus longues pour la chaîne, & les plus baſſes ou plus courtes pour la trême: mais comme il n'eſt pas facile de pouvoir tirer de ces ſortes de laines, étant défendu, ſous peine de la vie, d'en faire ſortir du Païs, l'on a recours pour la chaîne aux hautes & fines laines du Berry, & pour la trême aux primes ou ſecondes d'Eſpagne, ou de Portugal.

La laine de quelqu'endroit qu'on la puiſſe tirer, ſoit pour la chaîne, ſoit pour la trême, avant que d'être employée, doit d'abord être dégraiſſée au ſortir de la bale; ce qui ſe fait en la mettant dans une chaudiére remplie d'un bain plus que tiéde, compoſé de trois quarts d'eau claire & d'un quart d'urine: après qu'elle a reſté dans le bain autant de tems qu'il en faut pour en fondre & détacher le ſuin, ou graiſſe, qui peut y être attachée, on la remuë fortement avec une pêle de bois; ce qui s'appelle la Pilonner: enſuite on la tire de la chaudiére pour la faire égouter; & quand elle eſt bien égoutée, on la porte à la Riviére pour la laver. L'on s'apperçoit que la laine eſt parfaitement dégraiſſée, lors qu'elle eſt ſéche au toucher, & qu'il ne lui reſte d'autre odeur que l'odeur naturelle qu'elle peut tenir du mouton.

La laine dégraiſſée & lavée ſe met ſécher doucement à l'ombre; la chaleur du Soleil étant capable de lui ôter une partie de ſa douceur, & la rendre d'une mauvaiſe qualité; & lors qu'elle eſt bien ſéche on la bat avec des baguettes ſur une claye de bois, ou de corde, pour en faire ſortir la poudre & les ordures les plus groſſiéres; puis en la maniant exactement avec les mains, on en ôte le reſte des ordures que les baguettes n'ont pû en faire ſortir en la batant ſur la claye.

Après que la laine a ainſi été préparée, on l'engraiſſe avec de l'huile d'olive, ou de navette, dont la premiére eſt la meilleure; & lors qu'elle a reçû toute ſon huile, celle qui eſt deſtinée pour la chaîne (qui eſt la plus longue à laquelle l'on donne le nom d'Etaim) eſt peignée ſur

sur une espéce de grande carde, ou peigne de fer, dont les pointes ou dents sont grosses, longues & roides, qu'on a fait chauffer dans un petit fourneau fait exprès; ce qui s'appelle Tirer la laine en étaim. Pour dégraisser la laine de son huile, on la met dans un bain d'eau chaude où l'on a fait fondre du savon; d'où l'ayant tirée & torduë, & ensuite bien séchée, on la file au petit rouet, ou au fuseau.

A l'égard de la laine destinée pour la trême, qui est la plus courte, on la carde simplement sur le genou avec de petites cardes fines, & elle se file ensuite au grand rouet sans avoir été dégraissée de son huile. L'on doit observer que le fil de la chaîne doit être toûjours filé beaucoup plus fin & plus tord que celui de la trême.

La laine tant de la chaîne que de la trême ayant été filée, & le fil partagé en écheveaux, celui de la trême est mis en espoulées, c'est à dire, qu'il est dévidé sur de petits canons, ou tuyaux de roseau, propres à être placez dans la poche de la navette; & celui qui doit servir pour la chaîne est dévidé sur des rochets, ou espéces de bobines de bois un peu longues, pour le disposer à être ourdi. *Voyez* Navette, Ourdir & Ourdissoir.

Lors que la chaîne a été ourdie par cuissette, ou demi-portée, composée chacune d'un certain nombre de fils, on l'empése avec de la cole, dont celle qui se fait de rature, ou raclure de parchemin est la plus estimée, & quand elle est bien séche on la monte sur le métier. *Voyez* Chaîne & Porte'e.

La chaîne étant montée sur le métier, l'Ouvrier en fait hausser & baisser les fils qui sont passez dans les lames & rots, par le moyen de quatre marches qui sont placées sur le plancher au-dessous du métier, & qu'il fait transversalement agir également & alternativement les unes après les autres avec les pieds; & à mesure que les fils se haussent & se baissent, il lance la navette à travers d'un côté à l'autre du métier; & chaque fois que la navette est lancée, & que le fil de la trême est placé entre ceux de la chaîne, il le frappe avec la chasse où est attaché le rot, ou peigne, entre les broches, ou dents duquel les fils de la chaîne sont passez, & cela jusqu'à quatre fois; même davantage, suivant qu'il le juge à propos, pour que la croisure de la serge soit suffisanment close & serrée.

L'Ouvrier ayant continué ainsi de travailler jusqu'à-ce que la chaîne soit toute remplie de trême, la serge se trouve achevée, & en cet état est appellée serge en toile.

La serge ayant été tirée de dessus le métier, & déroulée de dessus l'ensoupleau, qui est une espéce de cylindre, ou rouleau de bois, aussi long que le métier est large, sur lequel elle a été roulée à mesure qu'elle a été travaillée, on l'emporte chez le Foulon, qui la fait fouler & dégraisser dans le godet, ou pile de son moulin, avec une sorte de terre grasse propre à cet usage, qu'on a auparavant bien purgée de toutes les pierres & ordures qui pourroient être dedans. Quand on s'apperçoit que la serge a été parfaitement dégraissée, ce qui se fait en trois ou quatre heures, on la dégorge de la terre par le moyen de l'eau claire que l'on fait entrer petit à petit dans le godet, & d'où elle n'est tirée que lors que l'on voit que toute la terre en est sortie.

Le dégorgement de la serge parfaitement achevé, on la tire du godet, puis on l'énouë & on l'espoutie pour la premiére fois, c'est à dire, qu'on en ôte avec de petites pincettes de fer les nœuds, pailles & ordures qui se rencontrent sur toute sa superficie, tant d'un côté que d'autre: ensuite on la remet fouler dans le godet avec de l'eau chaude un peu plus que tiéde, dans laquelle on a fait dissoudre du savon blanc de Génes, ou quelqu'autre d'une pareille qualité. La serge ainsi foulée dans l'eau de savon pendant près de deux heures, se dégorge ensuite jusqu'à-ce que l'eau devienne toute claire, & sans aucune marque de savon. En cet état elle est tirée du godet, & énouée & époutiée pour la seconde fois, puis mise à l'étendoir sur des perches pour la faire bien sécher; & à mesure qu'on s'apperçoit qu'elle séche, on a soin de la dresser; c'est à dire, qu'on la tire sur son long & sur son large jusqu'à-ce qu'elle soit parvenuë à la juste longueur & largeur qu'elle doit avoir.

Enfin, après que la serge a été bien séchée & bien dressée, on la léve de dessus l'étendoir; & l'ayant roulée ou pliée, on la porte au Bureau de visite où elle est plombée & marquée, si elle se trouve fabriquée en conformité des Réglemens.

Les serges façon de Londres qui se font en France, se fabriquent presque toutes en blanc, & ce sont pour l'ordinaire les Marchands qui les achettent des Fabriquans qui les font teindre, tondre, apprêter & catir de la maniére qu'ils le jugent à propos pour les rendre plus parfaites & plus approchantes des véritables serges de Londres.

On nomme serges rases de deux étaims, ou serges rases à deux étaims, les serges sans poil dont la chaîne & la trême sont entiérement composées d'une sorte de fil de laine très-tord & très-fin que l'on appelle Fil d'étaim. L'on nomme aussi serges à un étaim, ou serges sur étaim, ou serges de deux laines, celles dont il n'y a que la chaîne qui soit de fil d'étaim; le fil d'étaim est fait d'une sorte de longue laine peignée que l'on nomme communément Etaim, d'où le fil a pris son nom de Fil d'étaim. *Voyez* Etaim, *vous y trouverez plus au long ce que c'est qu'Etaim & Fil d'Etaim.*

Les serges couleur de brebis que l'on appelle aussi serges naturelles & que les Poitevins nomment communément beiges, sont celles dont la chaîne & la trême sont faites de laine noire, brune, ou tannée, telle qu'elle a été levée de dessus le mouton, ou la brebis, sans avoir passé par aucune teinture.

On appelle serges à deux envers certaines serges très-grossiéres, fortes & épaisses, d'une aune de large, qui n'ont point d'endroit, ayant autant de poil d'un côté que d'autre; c'est à Beauvais Capitale du Beauvoisis, dans le Gouvernement de l'Isle de France, où il s'en fabrique le plus; elles sont quelque-fois nommées serges fortes façon de S. Lo, parce qu'elles ont quelque raport aux serges fortes qui se fabriquent en la Ville de S. Lo en Normandie.

Serge archi-Imperiale. Sorte de serge qui se fait en quelques lieux d'Italie, & particuliérement à Ligourne & aux environs; elles font partie de la cargaison des Vaisseaux que les Marchands Ligournois envoyent à Tunis.

Quoi que la serge proprement dite soit suivant la définition qui se trouve au commencement de cet article, une étoffe de laine croisée; il se fabrique cependant en plusieurs Provinces de France & principalement dans celle de Berri, certaines étoffes de laine non croisées d'une aune de large, un peu grossiéres, ausquelles l'on donne improprement le nom

nom de serges drapées, n'étant véritablement ni serges, ni draps, mais tenant quelque chose des deux; des draps, parce qu'elles ne se font que sur un métier à deux marches comme les draps; & des serges, parce que le reste de leur fabrique approche en quelque sorte de celles des serges.

On fait la différence des serges drapées d'avec les véritables draps, parce qu'outre que les véritables draps sont beaucoup plus forts, le nombre des rayes bleuës & blanches qui se trouvent aux lisiéres est différent; celles des draps ayant ordinairement cinq rayes bleuës & sept rayes blanches, & celles des serges drapées seulement trois ou quatre rayes bleuës & trois ou quatre rayes blanches.

Il s'employe quantité de serges drappées pour l'habillement des Troupes de Sa Majesté, & en juste-au-corps de livrées; les Païsans & gens grossiers en portent aussi. Ces sortes de serges prennent pour l'ordinaire le nom des Provinces, ou des Villes où elles sont fabriquées: ainsi l'on dit; Une serge de Berry; une serge de Romorentin, une serge de Château-Roux, une serge de Bourges, une serge d'Aubigny, &c.

Furetiére dans son Dictionnaire parle d'une sorte de serge qu'il dit être drapée & croisée, qui se fait à Roüen avec de la plus fine laine d'Espagne que l'on appelle serge de Limestre du nom de celui qui en a fait le premier; il faut que le nom & l'espéce de cette serge soient fort anciens, puis qu'il n'en est aucunement parlé, ni dans le Tarif de 1664, ni dans les Réglemens tant généraux que particuliers qui ont été ci-devant raportez; il est vrai néanmoins qu'elle est tariffée dans le Tarif de Lyon de 1632.

Les serges payent en France les droits d'entrée & de sortie sur differens pieds, suivant les divers Tarifs qui en ont été dressez, ou les lieux d'où elles viennent.

Par le Tarif de 1664 toutes sortes de serges de laine & serges drapées de toutes façons & couleurs payent pour droits de sortie le cent pesant 4 liv. & par les Arrêts du Conseil des 14 Juillet & 23 Octobre 1703, & 25 Août 1705, les serges appellées Impériales, qui se fabriquent dans la Province de Languedoc, ne payent de droits de sortie; savoir, celles destinées pour l'Espagne que 10 s. du cent pesant & celles pour l'Italie 30 s. ainsi que les étoffes nommées Bayettes, Sempiternes ou Perpétuanes & Anacoste.

A l'égard des entrées, les serges de Seigneur & serges façon d'Ascot de fabrique de Hollande, payent conformément à la Déclaration du 29 Mai 1699, la piéce de vingt aunes, 8 liv. & les serges drapées façon de Florence, Angleterre & autres Païs, blanches & teintes, la piéce depuis 13 jusqu'à 15 aunes 11 liv. & ne peuvent entrer les unes & les autres que par Calais & S. Vallery suivant les Arrêts des 8 Novembre 1687 & 3 Juillet 1692.

Ces mêmes serges d'autres fabriques que celles des Hollandois payent; savoir, les drapées 30 liv. celles de Seigneur, d'Ascot, de Londres & autres semblables 24 liv., & celles d'Ecosse demi-étroites, blanches ou teintes, neuves ou vieilles, appellées Plaindins, la piéce de 25 aunes 8 liv. en conséquence de l'Arrêt du Conseil du 20 Décembre 1687, & ne peuvent non plus toutes lesdites serges entrer que par lesdits Ports de Calais & de S. Vallery.

Le Tarif de la Douane de Lyon entre dans un grand détail des droits que payent les diverses sortes de serges, ou de sarges, comme il les appelle, qui entrent par son Bureau; savoir,

Les sarges de Genéve 25 s. le quintal d'ancienne taxation & 3 s. la piéce de réapréciation.

Les sarges & étamets de Milan 40 s. la piéce d'ancient droit, & 6 s. de réapréciation.

Les sarges d'Ascot Françoises, les larges 15 s. de la piéce, & les étroites 7 s. 6 d.

Les sarges d'Arras 24 s. la piéce.

Les sarges d'Amiens larges 11 s.

Les sarges de Florence, Génes, Lucques, Milan & autres étrangéres, la bale n'excédant deux quintaux 20 liv. & de réapréciation 4 liv. de la piéce, & le balot de deux piéces 20 liv. pour tout droit.

Les sarges de Paris, Caën & autres semblables, le fond n'excédant quatre quintaux 5 liv. & de réapréciation 8 s. de la piéce.

Les sarges d'Orleans, le fond, charge ou plateau, n'excédant quatre quintaux, 5 liv. & pour nouvelle réapréciation 3 s. de la piéce.

Les mêmes ne venant qu'en piéce 8 s. de la piéce pour tout droit.

Les sarges de Tours le fond, ou charge, 3 livres & pour la réapréciation 3 s., les mêmes par piéces 6 s. pour tout droit.

Sarges & cadis de Nîmes la charge de trois quintaux 4 liv. & pour la réapréciation 3 s. de la piéce.

Les sarges du Païs 3 s. la piéce.

Les sarges façon de Londres 20 s. la piéce.

Les sarges & bayettes de Beauvais le quintal 38 s.

Les sarges de Limestre & de Dieppe le quintal 3 liv.

Les sarges barracanées, la piéce 10 s.

Les sarges de Troyes le quintal 2 liv.

Les sarges d'Espagne la piéce 3 liv.

Les sarges de Châlons la piéce 15 s.

Les sarges de Châtillon le quintal 2 liv.

Serge de Soye. Etoffe croisée toute de soye; il ne se vend plus guére de ces sortes d'étoffes en France où la plûpart y étoient apportées d'Italie. Le ras de S. Maur en est pourtant une espéce étant tout de soye, & ayant de la croisure. *Voyez* Ras de S. Maur.

Il vient aussi quelques serges de soye des Indes & de la Chine, & l'Amphitrite en avoit apporté dans ses deux retours des Indes en 1700 & 1702.

Les sarges de soyes de Venise payent à la Douane de Lyon 30 s. de la livre pour tout droit.

Les sarges de soye de Gennes 24 s. de la liv. tant d'ancien droit que de réapréciation, & 30 s. pour le mandement par piéce.

Les sarges de soye de Florence, Boulogne & Naples 25 s. 9 d. la livre pour tout droit.

Les sarges de soye violettes ou incarnates 47 s. de la livre.

Les sarges teintes en soye 15 s. de la piéce.

Les sarges mi-soye 22 s. la piéce.

SERGENT, qu'on appelle aussi Crochet. Outil, ou instrument de Menuisier dont se servent aussi quelques autres Ouvriers en bois.

Le sergent est une barre de fer quarrée, longue à volonté, recourbée en crochet par un des bouts. Le long de cette barre monte & descend un autre crochet mobile aussi de fer, qu'on appelle la main du sergent.

On se sert de cet instrument pour tenir & joindre les piéces & planches de bois lors qu'on les veut coler ensemble, ou pour faire revenir la besogne, c'est à dire, en approcher & presser les Parties les unes prés des autres quand on veut les cheviller.

Les Tonneliers ont aussi une espéce de sergent pour faire entrer les derniers cerceaux sur le peigne des futailles; ils l'appellent plus communément Tirtoire. *Voyez* TIRTOIRE.

SERGER, que quelques-uns écrivent & prononcent Sergier. Ouvrier ou Marchand qui fabrique ou qui vend des serges.

Il n'y a pas de Province en France où il y ait plus de sergers qu'en celle de Picardie; cependant, à Beauvais, ils ne forment avec les Drapiers qu'une seule & même Communauté, & sont tous reputez & appellez Drapiers; ce qui a été ainsi réglé par les Statuts & Réglemens faits pour les Manufactures de Draperie & Sergetterie de ladite Ville du 18 Août 1670, dont le premier article porte en termes exprès; *Qu'à l'avenir les Drapiers tant de cette Ville que Fauxbourg & d'une lieuë à la ronde, & les Sergers qui ont été réünis avec eux par Arrêt du Parlement de Paris du 30 Août 1661, feront ensemble une seule & même Communauté, sans qu'il y ait aucune différence entr'eux, en sorte que ci-après il ne soit plus fait mention des Sergers réünis, mais que tous seront réputez & appellez Drapiers.*

On nomme Apprentif serger un jeune homme qui apprend à fabriquer de la serge sous la conduite d'un Maître serger auquel il s'est obligé pour un certain tems; & Compagnon serger, celui qui ayant fait son apprentissage travaille à la journée chez les Maîtres sergers à la Manufacture des serges.

SERGERIE. Se dit tant de la Manufacture des serges, que du Commerce qui s'en fait. La Province de Picardie est une de celles de France où il se fabrique le plus de sergerie; A Beauvais & dans les Réglemens pour les Manufactures de laine de cette Ville on dit Sergetterie; mais il s'entend plûtôt du Corps des Drapiers & Sergers que du Commerce des serges. *Voyez* SERGETTERIE.

SERGETTE, ou SARGETTE. Diminutif de serge. Petite serge étroite, mince & legére. On met au nombre des sergettes les cadis qui n'ont qu'une demi-aune moins un douze de large, & les serges de Crevecœur, Policour, Chartres & autres semblables dont la largeur n'est que de demi-aune.

Le Réglement de 1667 pour la Draperie & Sergetterie de Beauvais ordonne, article 46, que les sergettes drapées, blanches & grises, façon de Mouy, auront quarante-six portées au moins & vingt-huit fils chaque portée, & au retour du moulin demi-aune demi-quart de largeur, & vingt aunes & demie de longueur au moins.

SERGETTE. C'est aussi une espéce de droguet croisé & drapé qui se fait en quelques lieux de Poitou. Le Réglement de 1698 pour les Manufactures de cette Province, porte que ces droguets auront, tout aprêtez, une demi-aune de large & 40 aunes de long, & que leur chaîne sera montée de quarante-huit portées au moins de seize fils chacune. *Voyez* DROGUET.

Les sargettes de Chartres payent à la Douane de Lyon les droits à raison de 55 liv. le quintal.

Les sargettes ordinaires 15 s. de la charge d'anciens droits & 12 s. de reappréciation.

Les sargettes de Milan 50 s. la piéce d'ancien droit, & 8 s. de reappréciation.

SERGETTERIE. On appelle ainsi à Beauvais Ville de Picardie, non seulement la Manufacture des serges, ou l'ouvrage des Tisserans & Sergers qui les fabriquent, mais encore le Corps & la Communauté des Maîtres qui en font profession.

La draperie & la sergetterie faisoient autre-fois deux Corps séparez, mais en 1661 ils furent réünis par Arrêt du Parlement du 30 du mois d'Août, & depuis ne font plus qu'un seul & même Corps, où sont encore joints, mais avec quelque subordination, les Laneurs, Peigneurs, Tondeurs, Tisserans & autres Appareilleurs de laine de ladite Ville & des environs.

Les Statuts & Réglemens de ce Corps projettez dans plusieurs Assemblées tenuës dans l'Hôtel Episcopal de Beauvais, desquels l'éxécution avoit été ordonnée par provision par l'Arrêt de 1661, ayant été de nouveau éxaminez par ordre de Monsieur Colbert dans une Assemblée générale des Maire, Pairs & autres Officiers de Ville, & des principaux Drapiers tant en teint que Façonniers, Maîtres Sergers, Gardes & Jurez des métiers de Laneurs, Tisserans, Peigneurs; ensemble des dix Boujonneurs en Charge, faite le 4 Février 1667 dans l'Hôtel commun de la même Ville, & ayant été unanimement approuvez, Sa Majesté étant en son Conseil de Commerce, confirma lesdits Statuts & Réglemens par un Arrêt, & les homologua par ses Lettres Patentes desdits mois & an pour être éxécutez selon leur forme & teneur.

Depuis l'union des Drapiers & des Sergers par l'Arrêt de 1661, même après les Statuts de 1667, il restoit toûjours quelque sorte de différence entre les Drapiers qui avoient gardé leur nom, & les Sergers qu'on appelloit Sergers réünis; mais par le premier article d'un Réglement qui fut fait au mois d'Août 1670, il fut dit qu'à l'avenir les Drapiers tant de la Ville de Beauvais que Fauxbourgs & d'une lieuë à la ronde de la Ville, & les Sergers réünis par ledit Arrêt du Parlement, ne feroient plus ensemble qu'une seule & même Communauté, en sorte que tous seroient à l'avenir nommez, qualifiez & reputez également Drapiers.

On parle ailleurs des principaux articles de ce Réglement de 1670, qui concerne particuliérement l'emploi des laines nommées Plis & Pignons dans les étoffes de laine des fabriques de Beauvais, sur quoi on peut voir ce qu'on en dit à l'article des Pignons; l'on va donc seulement donner ici un extrait de ce qu'il y a de plus important dans les articles des Statuts de 1667 concernant la Police de cette Communauté, renvoyant pareillement ce qui y est dit des portées, largeur & longueur des étoffes aux articles de ces mêmes étoffes. *Voyez* RATINE, SERGE & REVECHE.

Ces Statuts sont composez de cinquante-six articles. Par le premier, tout Commerce, debit & fabrique de draperie & sergetterie est défendu & interdit les Dimanches, Fêtes annuelles, ou autres commandez par l'Eglise.

Le second & le troisiéme, admettent dans la Communauté, pour cette fois seulement, sans apprentissage ou Chef-d'œuvre & sans aucuns frais que 10 sols pour le certificat, tous Maîtres qui travailloient ou faisoient travailler des métiers de Drapiers-Sergers, lanerie, tonture, tisseranderie & autres appareillages de Manufactures de laine dans la Ville de Beauvais, & une lieuë aux environs, avant

avant le premier Janvier 1666, en se présentant dans un mois du jour de la publication des Statuts pour y être reçûs, comme aussi tous Maîtres & Ouvriers Forains & étrangers, en faisant apparoître qu'ils étoient Maîtres aux lieux qu'ils auroient quitez, ou faisant apprentissage de trois ans à leur choix, sans autres fraix que de quarante-cinq sols; lesquels Ouvriers étrangers seroient déclarez naturels & regnicoles sans lettre, ni finance, & avec dispense de droit d'Aubaine, tant pour eux que pour leurs successeurs.

Les Fils des Maîtres sont déclarez affranchis d'Apprentissage par le quatriéme article, pourvû qu'ils ayent servi chez leurs péres pendant deux ans; & par le cinquiéme leurs veuves doivent joüir du Privilége de leurs maris, & leurs fils si elles en ont, de la dispense pareillement d'Apprentissage en travaillant pendant deux ans chez elles, ou chez un autre Maître.

Le sixiéme article ordonne pour la premiére fois l'élection de dix Boujonneurs (ce sont les Maîtres & Gardes;) savoir, cinq pris du Corps des Drapiers & Sergiers, deux Tisserans & deux Laneurs, & qu'à l'avenir tous les ans cinq seroient choisis pour remplir la place des cinq plus anciens.

Les 7, 8, 10, 11, 12 & 26 articles parlent des visites que les Boujonneurs ont droit de faire chaque semaine dans les maisons & ouvroirs, même aux moulins & bateaux, & chez les Ouvriers & Foulons; des raports & procès verbaux qu'ils en doivent dresser; des saisies des marchandises non visitées & marquées; de leurs confiscations, amendes & autres peines contre les contrevenans.

Le 9 régle la marque des étoffes, & déclare ceux qui doivent y assister, & se trouver chaque jour de travail à l'Hôtel-de-Ville depuis neuf heures du matin jusqu'à dix, & depuis deux de relevée jusqu'à trois, pour être présens à ladite marque: & par le même article il est ordonné, Que le poinçon du Seau Royal aura pour empreinte d'un côté les armes du Roi, & pour légende, *Loüis XIV. Restaurateur des Arts & Manufactures*; & de l'autre côté les armes de la Ville avec ces mots, *Fabrique de Beauvais.*

Les 42, 43 & 44 articles défendent qu'aucune étoffe de la fabrique de Beauvais, ni d'une lieuë aux environs, ne soit venduë, ni achetée sans avoir le Seau Royal, à peine de confiscation & d'amende; & ordonne que les Falsificateurs dudit Seau seront poursuivis & punis comme faussaires.

Il est parlé de l'Apprentissage & des Apprentifs dans les 15, 16 & 17 articles. Les Apprentifs ne peuvent être reçûs Maîtres qu'après trois ans d'Apprentissage dans l'un des quatre métiers de Peigneurs, Laneurs, Tisserans & Tondeurs, en rapportant leur Brevet dûëment certifié & quitancé; & seulement après avoir été jugez capables. A l'égard du nombre des Apprentifs, chaque Maître n'en peut avoir qu'un à la fois, deux au plus.

Les Tisserans & leurs obligations font le sujet d'onze articles, depuis & y compris le 27 jusqu'au 38 exclusivement. *Voyez* TISSERAND.

Les trois articles suivans défendent aux Maîtres de congédier aucuns Ouvriers, qu'ils ne les en ayent avertis quatre jours auparavant, ni de se débaucher les Ouvriers les uns des autres; avec liberté néanmoins ausdits Maîtres de faire travailler tels Ouvriers qu'ils trouvent à propos, Forains, Etrangers, ou Habitans de la Ville: ces derniers pourtant doivent être préferez aux autres, s'ils sont également habiles, & s'ils travaillent au même prix.

Les 45, 46, 47 & 48 articles prescrivent quelles étoffes & de quelles portées, longueur & largeur pourront fabriquer les Sergiers du petit Corps; toutes lesquelles marchandises doivent être vûës & visitées comme celles des Drappiers-Sergers, mais seulement marquées du plomb de la Ville, & non du Seau Royal. *Voyez* PETIT CORPS.

La vente des laines, soit par les Marchands Forains, soit par les Revendeurs, & les lieux où elle doit se faire, sont réglez par les 49, 50 & 51 articles; avec injonction aux premiers d'exposer leurs laines, ou à la hale ordinaire, ou sur la place, non aux hôtelleries & autres lieux; & défenses aux Vendeurs d'entrer dans la hale les jours de marché, ni y faire apporter des laines avant onze heures du matin, non plus que de marchander ni arrêter celles qui y sont arrivées les jours précédens: ordonnant de plus ausdits Marchands Revendeurs de vendre leurs laines bien séches, & leur défendant de les mêler & falsifier dans les bales.

Par le 53e article il est défendu à tous Auneurs d'être Courtiers, & aux Courtiers d'être Auneurs, Commissionnaires, Facteurs, ni d'acheter pour leur compte, ou des autres, aucune marchandise des Drappiers & Sergers.

Enfin, le 56 & dernier article ordonne, Qu'il sera tenu tous les mois un Conseil de Police & Assemblée générale en l'Hôtel Episcopal pour les Manufactures seulement, où se rendront les Maîtres, Pairs, ou leurs Députez, & singuliérement les Pairs & Echevins qui auront été présens aux visites & marques des marchandises; ensemble les anciens Boujonneurs & Esgards, & les principaux Marchands & Ouvriers de tous les Corps, les plus experts aux Manufactures, nommez, choisis & avertis par les Maire & Pairs, afin de donner leur avis pour perfectionner de plus en plus lesdites Manufactures, & de tout en informer le Sur-Intendant des Arts & Manufactures de France.

SERGIER, qu'on écrit & qu'on prononce présentement SERGER. Ouvrier, ou Marchand qui fait ou qui vend des serges. *Voyez* SERGER, *& l'article précédent* SERGETTERIE.

SERIN. Petit oiseau qui est estimé pour son chant. Il y en a de deux sortes, le Serin commun & le Serin de Canaries. Le Commerce des Serins de Canarie est très-considérable; & il se trouve aux Isles de Canarie & à Madére de gros Marchands qui ne font que ce Négoce. *Voyez l'article général du Commerce, où il est parlé de celui de ces Isles.*

La plûpart des Serins qu'on voit en France, & particuliérement à Paris, ou y sont élevez par des Oiseliers, ou y sont apportez par des Suisses.

Les Serins de Canarie de toutes sortes, mâles & femelles, payent en France les droits d'entrée à raison de 10 *liv. le cent en nombre.*

SERIN. C'est ainsi que l'on nomme en Berry une espéce d'axonge, ou graisse qui est attachée à la laine des moutons & brebis. Les Droguistes & Epiciers, qui font les Marchands qui en font Négoce, la nomment Oesype. *V.* OESYPE.

Serin. C'eſt auſſi un inſtrument de bois avec des eſpéces de dents de fer, dont on ſe ſert en quelques lieux pour ſéparer la filaſſe de chanvre de la plus groſſe chénevote, qui y reſte après que le chanvre a été broyé. Cet inſtrument s'appelle ailleurs un Eſcouſſoir, & encore en d'autres endroits un Eſchanvroir. *Voyez* Chanvre.

SERINCER, ou SERINCHER. Se ſervir du ſerin pour ſéparer la chénevote de la filaſſe.

SERMONTANT. Marchandiſe dont il eſt parlé dans le Tarif de la Ville de Lyon. *Elle paye 9 ſ. du quintal.*

SERONGE. Les chites de Seronge ſont des toiles peintes qu'on tire des Etats du Mogol par Surate. *Elles ſont du nombre de celles dont le Commerce eſt défendu en France.* Voyez Chite.

SERPE. Inſtrument de fer plat & tranchant en forme de grand & large couteau, qui a le bout courbé en croiſſant, & une poignée de bois. C'eſt après la coignée un des principaux outils des Bucherons. Les Jardiniers s'en ſervent auſſi à émonder les arbres. Les Plombiers ont pareillement des ſerpes pour divers de leurs ouvrages.

Les Vaniers, particuliérement ceux qu'on nomme Clôturiers & Mandriers, ſe ſervent de la ſerpe pour appointer les plus gros morceaux de châtaignier & autres bois dont ils font les montans de leurs ouvrages. Les petits bois & les oſiers s'appointent avec le couteau à travailler. *Voyez* Vanier.

SERPELIÉRE. Groſſe toile dont les Embaleurs ſe ſervent pour l'embalage des balots, caiſſes, bannes, &c. On dit plus communément Serpillére. *Voyez* Embalage, *ou ci-après* Serpillere.

SERPENTAIRE, ou SERPENTINE. Plante médecinale. Les Anciens n'en connoiſſoient que de deux ſortes, la grande & la petite; mais depuis la découverte de l'Amérique les Botaniſtes en ont ajoûté pluſieurs; entr'autres la Serpentaire de Virginie, celle de Canada & celle de Breſil. On prétend qu'elles ſont toutes aléxitéres, ou contre-poiſons; auſſi entrent-elles dans la compoſition de la thériaque.

La grande Serpentaire des Anciens, appellée en Latin *Dracunculus major*, a ſa tige droite, liſſée & marquée de taches rouges comme la peau d'un ſerpent; ce qui, peut-être autant que ſes vertus, lui a donné ſon nom. Elle ne croît guére que de deux coudées de haut. Ses feuilles ſemblables à la Parelle, ſont envelopées les unes dans les autres. Son fruit vient au bout de la tige: il eſt grappu, d'abord cendré, & enſuite en mûriſſant jaune & rouge. Enfin, ſa racine eſt groſſe, ronde, blanche, & couverte d'une pelure mince & délicate.

La petite Serpentaire a ſa tige preſque ſemblable à celle de la grande; mais ſes feuilles reſſemblent au lierre, & ſont marquetées de blanc. Son fruit eſt verd au commencement & jaune quand il eſt mûr. Sa racine eſt ronde & bulbeuſe.

La Serpentaire de Virginie, qu'on nomme auſſi Vipérine, Dictame, Pouliot & Contrayerva de Virginie, a les feuilles vertes & larges, preſque de la figure d'un cœur. Son fruit eſt rond, rempli de petite graine; & ſa racine qui eſt d'une odeur très-forte & très-aromatique, preſque comme l'aſpic, ou la lavande mâle, a par le bas un nombre infini de filamens longs & déliez qui repréſentent aſſez bien une eſpéce de barbe. Ce ſont les Anglois qui l'ont apportée de Virginie, où elle eſt un ſouverain antidote contre la morſure du ſerpent, qu'on nomme Serpent à ſonnettes, à cauſe d'une matiére, ou corps ſolide qu'il a enfermé ſous la queuë, qui fait une ſorte de bruit, & qui ſert comme d'avis pour qu'on ſe tienne ſur ſes gardes.

Les Relations aſſurent que non ſeulement cette Serpentaire guérit ceux que ce ſerpent a mordus, mais même qu'il fuit à ſon odeur; & que pour cela les Voyageurs Indiens & Etrangers en portent toûjours au bout d'un bâton pour la lui préſenter quand ils en rencontrent.

Il faut choiſir la Serpentaire de Virginie nouvelle, ſa racine groſſe & bien nourrie, d'une odeur forte, dont les feuilles ſoient vertes & bien nétoyées.

La Serpentaire de Canada n'a que trois feuilles: celle du Breſil n'eſt connuë que depuis 1614: mais comme on n'en fait pas de Commerce, ceux qui en voudront voir la deſcription, auront recours aux mémoires de l'Académie des Sciences.

Les Herboriſtes mettent la coulevrée & l'aron au nombre des Serpentaires.

La Serpentaire n'eſt point compriſe dans les Tarifs de France; ainſi elle doit payer les droits d'entrée à raiſon de cinq pour cent de ſa valeur, ſuivant l'eſtimation.

SERPENTE. Eſpéce de papier qui prend ſon nom du ſerpent dont il eſt marqué. Il eſt du nombre des petites ſortes de papier. Son uſage ordinaire eſt pour faire des éventails. *Voyez* Papier.

SERPENTIN. Eſpéce de marbre qui tire ſur le verd. *Voyez* Marbre.

SERPENTINE. Plante médecinale. *Voyez ci-deſſus* Serpentaire.

SERPETTE. Petite ſerpe ſemblable à celle des Vignerons & Jardiniers, dont les Plombiers ſe ſervent pour tailler & couper de legers morceaux de plomb.

SERPILLERE. Sorte de très-groſſe toile d'un fort petit prix, dont les Marchands & les Embaleurs ſe ſervent pour embaler les marchandiſes. La plûpart des Marchands qui vont aux Foires renvoyent chez eux les ſerpilléres qui ont ſervi aux embalages des marchandiſes qu'ils ont venduës. On dit, une bale de ſerpilléres; pour dire, une bale remplie de ſerpilléres: une bale en ſerpillére; pour dire, une bale dont la couverture ou l'embalage eſt fait de ſerpillére. On ſe ſert de vieilles ſerpilléres pour faire des torchons.

Serpillere. Se dit encore de certains lez de groſſe toile que quelques Marchands font pendre aux auvents de leurs boutiques, pour ôter une partie du jour, afin d'empêcher qu'on ne découvre facilement les défectuoſitez qui ſe pourroient rencontrer ſur leurs marchandiſes.

SERRES. Terme de Fondeur de menus ouvrages. C'eſt une des deux ſortes de preſſes dont ces Ouvriers ſe ſervent pour ſerrer & preſſer l'une contre l'autre les deux parties de leurs moules. *Voyez* Presse.

Serres. Ce ſont auſſi, en termes de ſucrerie, des coins longs & plats, de fer & de bois, dont on ſe ſert pour arrêter les rouleaux ou cylindres de bois dont on remplit les tambours de fer des moulins à ſucre. *Voyez* Moulin a Sucre.

SERRURE. Inſtrument de fer garni de pêne & de reſſorts, qui s'ouvre & qui ſe ferme avec une clef. On attache

attache des serrures aux portes des lieux qu'on veut tenir ouverts & fermez à sa volonté; & l'on en met aussi aux bureaux, commodes, cabinets, tiroirs, coffres, armoires, bahuts & autres meubles de cette sorte, qui servent à serrer les choses que l'on veut conserver.

Les principales piéces de la Serrure sont le Pêne, les Cramponets, le Ressort double, ou simple, la Broche si elle est forée, le Fer à rouet, la Cloison, les Vis, les Rivets, le Canon, la Couverture, le Clou à vis, le Fond sec & la Coque.

La clef qui a son paneton, son muleau, sa tige & son anneau, sert à ouvrir la serrure; & l'écusson à couvrir en dehors l'entaille qu'on a fait au bois pour faire passage à la clef.

C'est du nom de la Serrure que les Ouvriers qui forgent & fabriquent le fer, particuliérement celui qui convient aux bâtimens, ont pris leur nom, & ont été appellez Serruriers. *Voyez les art. suiv.*

Les Marchands de fer & les Clinquailliers de Paris font un très-grand Négoce de toutes sortes de serrures; & c'est d'eux que les Ebénistes, les Coffretiers, les autres Ouvriers, les Bourgeois qui en ont besoin, & les Serruriers même les achétent le plus ordinairement; ces derniers ne faisant guére de serrures que lors qu'elles sont de commande & de prix, ou de quelque façon extraordinaire.

La Picardie & le Forez sont les Provinces de France où il s'en fabrique, & d'où les Marchands de Paris en tirent davantage.

Les meilleures viennent de Picardie, sur tout des Villages des environs de la Ville d'Eu, dont les Habitans éxercent presque tous la serrurerie. Celles de Forez ne sont que des sortes les plus communes, & encore d'un ouvrage plus commun & plus mauvais.

Les Serrures que vendent les Clinquailliers sont de trois sortes, les communes, les polies & les poussées: celles-ci sont des serrures dont toutes les piéces se démontent à vis, & qui sont seulement poussées, c'est à dire, blanchies à la lime. On divise encore chacune de ces trois espéces en petites & grandes serrures. Les petites sont celles qui n'ont que depuis un pouce jusqu'à cinq ou six, & qui ne se mesurent que par demi-pouces; & les grandes, celles que l'on compte par pouces entiers, & qui vont depuis six pouces jusqu'à quatorze & quinze.

Toutes ces serrures (on ne parle que de l'ouvrage ordinaire) sont ou forées, ou bernardes. On appelle Serrure forée, elle dont la clef est percée, & qui ne peut s'ouvrir en dedans: on nomme au contraire Serrure bernarde, celle dont la clef n'est point percée, & qui s'ouvre des deux côtez.

Les Marchands mettent encore plusieurs autres distinctions pour le debit de cette marchandise. Il y a des serrures à droit, d'autres à gauche, & d'autres qui font sans différence de main. Ces derniéres servent aux tiroirs des tables, des commodes, des bureaux, &c. qui se tirent & se poussent sans changer de situation; & les autres se mettent aux portes, aux volets, &c. qui ne sont pas toûjours du même côté.

Il y a encore des serrures à demi-tour, à tour & demi & à deux tours: les uns se ferment en les poussant, & s'ouvrent sans clef en dedans, quand il n'y a que le demi-tour de fermé: les autres ont toûjours besoin de la clef pour les ouvrir & les fermer.

Les serrures des portes, soit qu'elles soient communes, polies, ou poussées, se font depuis deux pouces jusqu'à quinze. La plus grande quantité qui se consomme des serrures polies & des serrures poussées, est de celles qui sont de six à sept pouces à tour & demi-bernardes. Ces serrures sont propres à toutes portes de menuiserie à placard.

Pour les communes, la grande consomption est de six à sept pouces à tour & demi-bernardes, & de sept à huit pouces à deux tours forez: elles sont pour les portes communes & à simple emboiture.

Il se vend peu de serrures de neuf pouces à tour & demi, & point du tout de dix pouces; mais on en consomme considérablement des unes & des autres à deux tours.

Les serrures de dix à onze pouces à deux tours sont pour les portes bâtardes, celles au dessus jusqu'à quinze pour les portes cochéres: aucune de celles-là ne sont forées.

A l'égard des serrures à tiroir, on en fait des trois sortes; c'est à dire, des communes, des polies & des poussées, soit à pouce & demi, soit à deux tours; mais seulement depuis deux pouces jusqu'à cinq, en augmentant toûjours de demi-pouce.

Outre ces sortes de serrures qu'on vient d'expliquer, dont les Marchands Clinquailliers font un debit presque inconcevable, ils vendent encore en quantité des serrures de coffres, des serrures à moraillon & des serrures à bosse.

Les serrures à coffres sont fort différentes de celles dont on a parlé jusqu'ici: les unes qu'on appelle Houssettes, se ferment à la chute du couvercle, & s'ouvrent avec un demi-tour à droit: les autres qu'on nomme à pêne en bord, ont un pêne plié en équerre; & celles que l'on dit à une, deux & trois fermetures, ou un pêne simple ou fendu en deux, ou en trois, avec plusieurs ressorts. On appelle Auberon le petit morceau de fer percé qui sert comme de gâche à ces sortes de serrures, & à travers duquel passe le pêne. L'auberonniére est la plaque de fer sur laquelle s'attache l'auberon. Il doit y avoir autant d'auberons que la serrure a de fermetures.

On fait des serrures de coffres depuis un pouce jusqu'à six, de communes, de polies & de poussées, mais beaucoup moins de ces derniéres. Celles à deux fermetures ont au moins trois pouces, & celles à trois fermetures quatre pouces & plus.

Il y a de ces serrures qui ont jusqu'à dix fermetures & davantage; mais ce sont des Chef-d'œuvres de Maîtres de Paris, qui servent ordinairement à ce qu'on appelle des coffres forts, où les Marchands, Négocians, Banquiers & Caissiers serrent leur argent comptant, leurs pierreries s'ils en ont, & leurs meilleurs effets.

Les serrures quarrées qui se ferment par le moyen d'un moraillon, ne sont guére d'usage que pour les cassettes, petits pupitres & autres ouvrages des Layettiers; ou pour les valises, les coffres d'osier, & autres semblables que font les Coffretiers. Il s'en fait depuis un pouce en quarré jusqu'à six pouces en quarré.

Les serrures à bosse servent aux portes des caves, aux

écuries, laiteries, étables, bergeries, & autres pareils lieux des fermes & basse-cours de la campagne. Ces deux derniéres sortes de serrures, qui sont les moindres de toutes & du plus bas prix, se tirent de Forez & de quelques autres lieux de peu de réputation.

Les cadenats peuvent aussi être regardez comme des espéces de serrures. On en a parlé ailleurs, du Commerce qui s'en fait & de leur usage. *Voyez* CADENAT.*

Les serrures payent en France les droits d'entrée à raison de 5 s. de la piéce, conformément au Tarif de 1664.

Les droits de la Douane de Lyon sont de 4 den. de la paire, tant d'ancienne taxation que de réapréciation.

SERRURERIE. Art de travailler le fer, & d'en forger & fabriquer toutes les sortes d'ouvrages qui sont réservez par les Statuts aux Artisans qu'on nomme Serruriers.

L'on ne peut douter que l'art de Serrurerie ne soit des plus anciens ; la nécessité & la commodité qui ont fait inventer tous les arts, se rencontrant dans celui-ci autant qu'en aucun autre. Les Bâtimens sur tout en ont besoin pour leur liaison & leur solidité; & l'on ne peut se passer dans leur construction des gros ouvrages de serrurerie, tels que sont les ancres, les tirans, les crampons, les harpons, les boulons, les estrierfers, &c. Les autres ouvrages plus legers ne sont pas moins nécessaires. Les pentures, les gonds, les pivots, les fiches, les couplets servent à suspendre les portes, les chassis, les volets, les contre-vents & les guichets; & pour les fermer on se sert de loquets, de fleaux, de verroux & d'espagnolettes, invention des derniers tems aussi agréable que commode, que les François ont raportée d'Espagne au retour de ces campagnes qui ont assuré la Couronne à Philippes V. Enfin, sans entrer dans un plus grand détail de tous les autres ouvrages de Serrurerie qui servent aux ustenciles de la cuisine & du ménage, dont l'on peut voir une longue énumération dans l'article 54 & suivans des Statuts des Maîtres Serruriers. C'est à l'Art de Serrurerie que l'on doit ces balcons & ces grilles, ou balustrades travaillées avec tant de goût & de dessein, & dans lesquels il semble que le fer ait perdu sa dureté & son infléxibilité sous la main des Serruriers François, & sur tout des Maîtres de la Ville de Paris, tant il y a de délicatesse & de perfection dans les contours, les fleurons & les autres ornemens dont elles sont embellies. L'on estime entr'autres les grilles du Chœur de l'Eglise de Paris & celles de l'Eglise de S. Denis; & pour les grilles de Bâtimens, celles de Versailles & de Maisons.

SERRURIER. Artisan qui travaille à divers ouvrages de fer, & particuliérement en serrures, d'où il a été appellé Serrurier. *Voyez les articles précédens.*

Il y a à Paris une Communauté de Maîtres Serruriers, dont les anciens Statuts sont du mois de Novembre 1411, sous le Régne de Charles VI. Ils furent confirmez au mois de Mai 1543, sous celui de François I. & enfin Louïs XIV. par ses Lettres Patentes données sur le Vû des Officiers du Châtelet, les renouvella & changea en quelques articles, & les confirma en tout le 12 Décembre 1652. Ces derniéres Lettres de confirmation ne furent vérifiées & enregistrées en Parlement que le 27 Janvier 1654, à cause de l'opposition formée à leur vérification & enregistrement par quelques Maîtres de la Communauté, qui en furent déboutez par Arrêt du même jour.

Ces nouveaux Statuts contiennent en 68 articles non seulement tout ce qui regarde la discipline de la Communauté, & les divers ouvrages qu'il lui appartient de forger & de faire, mais encore des Réglemens entre les Maîtres Serruriers & les Maîtres des autres Corps, dont les ouvrages ont quelque raport avec ceux de la Serrurerie.

La Communauté des Maîtres Serruriers est gouvernée par un Syndic & par quatre Jurez. Il se fait tous les ans l'élection du Syndic & de deux Jurez. Le Syndic veille & a inspection sur les Jurez mêmes, & eux sur le reste des Maîtres, sur les Apprentifs, & sur tout ce qui dépend du métier de Serrurerie. Leurs visites d'obligation, & pour lesquelles on paye seulement le droit de visite, sont réglées à cinq par an.

Nul ne peut être reçû à la Maîtrise, qu'il n'ait été Apprentif, & qu'il n'ait fait Chef-d'œuvre, à l'exception des Fils de Maîtres, qui ne sont tenus qu'à une simple expérience, & à qui le service chez leur pére tient lieu d'Apprentissage.

Aucun Maître ne peut avoir plus d'un Apprentif à la fois, ni l'obliger pour moins de cinq ans. Il peut néanmoins avoir un proche parent pour second Apprentif, en faisant sa déclaration au Greffe du degré de parenté, & même prendre un autre Apprentif étranger la derniére année de l'Apprentissage du premier.

Tout Apprentif au sortir d'apprentissage doit servir encore les Maîtres cinq années en qualité de Compagnon, avant de pouvoir aspirer à la Maîtrise.

Les Fils & Gendres de Maîtres payent aux Jurez & anciens Bacheliers le droit entier pour leur assistance, mais seulement la moitié du droit qui est dû à la bourse de la Communauté.

Les Veuves, tant qu'elles restent en viduité, jouïssent des Priviléges de la Maîtrise de leur mari, à la réserve toute-fois de celui de faire des Apprentifs; elles peuvent seulement les continuer.

Les Maîtres de Paris ont droit d'exercer le métier dans toutes les Villes du Royaume où il y a Maîtrise, en faisant apparoître de leur réception, & enregistrer leurs Lettres au Greffe du lieu où ils veulent s'établir.

Les Apprentifs des autres Villes ne sont reçûs à la Maîtrise de Paris, qu'après huit ans de service chez les Maîtres.

Les Compagnons qui travaillent à leurs piéces, & ceux qui travaillent au mois, ou à l'année, ne peuvent quiter leurs Maîtres qu'ils n'ayent achevé, les uns les piéces qu'ils ont entreprises, & les autres le tems dont ils sont convenus.

Enfin, par une précaution sage, & qui fait la sûreté publique, aucun Maître, Compagnon, ou Apprentif, ne peut faire ouverture de serrures, de cabinets, coffres-forts ou autres, portes cochéres, portes de chambre, &c. qu'en présence des personnes à qui tous ces lieux, ou toutes ces choses appartiennent, sous peine de punition corporelle; non plus que de forger, ou faire forger des clefs sans avoir la serrure, ou sur des moules de cire & de terre.

Il ne faut pas oublier de remarquer que le Roi Louïs XIV. ayant

ayant créé par sa Déclaration du mois de Mars 1691, des Charges de Jurez en titre d'Office dans tous les Corps & Communautez de Paris, celles des Serruriers furent réünies & incorporées à leur Corps par Lettres Patentes du 22 Mai de la même année; réünion qui n'a apporté aucun changement à leurs anciens Statuts, mais qui a seulement augmenté quelques droits pour les réceptions à l'Apprentissage & à la Maîtrise.

La Communauté a pour Patron S. Eloy, dont la Confrairie a quatre Administrateurs & un Bâtonnier.

Les principaux outils qui servent à la Serrurerie & à la forge des Serruriers, sont le souflet, l'auge de pierre pour mettre l'eau de la forge, l'archet, ou archon avec ses forets & leurs boîtes. L'écouvette, les bigornes, les broches rondes ou carrées, les burins de diverses sortes, les brunissoirs, les clouviéres, les chasses carrées, rondes & demi-rondes; les limes de toutes espéces depuis les gros carreaux jusqu'aux carrelettes; les coins à fendre, les chevalets pour foirer & pour blanchir les calibres; les crochets, les cizelets, les ciseaux à divers usages & de diverses formes; les compas, les enclumes, l'équerre, les étaux, les échopes, l'établie, les étampes, la fourchette, les fraises, les filiéres; plusieurs sortes de gratoires, quantité de marteaux, divers mandrins pour percer à chaud, faire les yeux des marteaux & autres outils, ou pour former & resserrer les trous quand ils sont percez; les poinçons ronds, carrez, plats; les perçoires aussi de toutes figures & à divers ouvrages; la palette à forer, les tisonniers, les rifloirs, le rochouer, le rabot, le repoussoir, le tranchet & la tranche; plusieurs tenailles de fer, droites, crochuës, rondes, & d'autres seulement de bois; les tasfaux, les taraux, le tourne-à-gauche, le ville-brequin & les valets. Outre ce grand nombre d'outils, & quelques autres de moindre conséquence, les Serruriers se servent aussi de quelques outils de Menuisier & de Tailleur de Pierre, pour entailler la pierre & le bois lors qu'ils veulent mettre leur ouvrage en place. Tous ces outils seront expliquez chacun à son article.

SERSUKERS. Etoffes des Indes soye & coton, rayées de soye, & travaillées à peu près comme la mousseline: la longueur des piéces est de sept, de neuf, de treize & de seize aunes, sur deux tiers trois quarts & sept huitiémes de large.

SERTIR. Terme de Jouaillier. C'est enchasser une pierre précieuse dans son chaton, & rabaisser sur sa circonférence les bords du métail dans lequel on la monte. *Voyez* Jouaillier.

SERTISSURE. Maniére dont une pierre est sertie, ou montée.

SERVANTE. Qu'on nomme aussi DEMOISELLE, ou RENFORMOIR. Terme de Gantier. *Voyez* Renformoir.

SERVELETTES. Marchandises employées dans le Tarif de Lyon de 1632.

Les Servelettes du Païs & autres payent les droits sur le pied de 15 s. de la bale, tant d'ancienne taxation que de réapréciation.

SERVIETTES. Linge de table qu'on met sur chaque couvert pour manger proprement, s'essuyer les mains, & couvrir ses habits. Douze serviettes, une grande nappe & une petite font ce qu'on appelle un Service de table.

Les Serviettes en général payent les droits de la Douane de Lyon à raison de 5 s. la piéce pour tout droit.

Les Serviettes de Flandres payent 20 s. aussi de la piéce.

A l'égard des droits de sortie, les Serviettes payent comme linge de table, suivant le Tarif de 1664.

Serviettes. On apporte de la Chine des étoffes de soye, qu'on appelle communément Serviettes à Caffé; parce qu'outre que les piéces sont comme séparées & divisées en morceaux de la longueur propre à faire des serviettes, on ne s'en sert ordinairement qu'à cet usage. La longueur de chaque piéce est d'onze aunes.

SERVITEURS. On appelle Serviteurs, ou Garçons chez les Maîtres Chirurgiens de Paris, ceux qu'on nomme Compagnons chez les Maîtres des Communautez des Arts & Métiers.

Les Garçons, ou Serviteurs peuvent aspirer à la Maîtrise, & être admis à faire le grand Chef-d'œuvre quand ils ont servi six ans consécutifs chez un des Maîtres, ou sept ans chez plusieurs. *Voyez* Chirurgien.

SESTE. Mesure de continence dont on se sert à Siam pour les grains, graines & légumes secs. Il faut quarante sats pour faire le seste, & quarante sestes pour le cohi; en sorte qu'évaluant le seste sur le pied de cent catis, ou cent vingt-cinq livres poids de marc, le sat pése environ trois livres un peu plus, & le cohi cinq mille livres juste.

SESTER. C'est ainsi que les Flamans nomment une certaine mesure que l'on appelle ailleurs Verge, Velte, &c. *Voyez* Jauge.

SESTIER, qu'on nomme aussi SETIER & SEPTIER. Mesure dont on se sert à Paris & en d'autres lieux pour les grains, les graines & les légumes secs. *Voyez* Septier.

Sestier. Est aussi une mesure des liquides. *Voyez comme ci-dessus.*

SET, qu'on écrit plus ordinairement SEPT. C'est le nom d'un nombre composé de quatre & de trois. *Voyez* Sept.

SETIE. Terme de Commerce de Mer. C'est le nom que les Turcs donnent à des Barques avec lesquelles ils font le Commerce de proche en proche.

SETIE'ME, ou SEPTIE'ME. *Voyez* Septie'me.

SETIER, SESTIER, ou SEPTIER. C'est quelquefois une mesure de grains; & quelque-fois une mesure des liquides. *Voyez* Septier.

SEURETE'. Assurance, précaution que ceux qui négocient & contractent ensemble ont coûtume de prendre & doivent prendre pour n'être point trompez.

La parole, ou au plus l'écrit des hommes, devroit être, & est en effet la plus grande sûreté des honnêtes gens. Mais la malice & la chicane de la plûpart obligent souvent de prendre d'autres précautions, même avec ceux qui ont le plus la réputation de probité, & c'est ce qu'on appelle prendre ses sûretez.

Le cautionnement, le nantissement, les gages, les endossemens, les souscriptions, &c. sont autant de sûretez que l'on peut prendre suivant le caractére des gens avec qui l'on traite, ou des affaires dont il s'agit.

SEXTULE. Petit poids dont se servent les Apoticaires pour peser les drogues qu'ils composent ou qu'ils debitent. Il pése un scrupule plus que la dragme, ou gros. *Voyez* Gros.

SEYDAVI.

SEYDAVI. Ce font des foyes qui viennent de Seyde, & qui font du crû du Païs. Elles fe vendent au Damafquin de fix cens dragmes, qui font quatre livres onze onces poids de Marfeille. *Voyez* Soyes du Levant.

SHAUB, ou BAFFETAS. Etoffes des Indes, foye & coton de diverfes couleurs. Elles ont fept aunes de long fur trois quarts de large.

SI. On appelle ainfi en Normandie une forte de graiffe, ou axonge, qui fe trouve adhérante à la laine des moutons & brebis. Son nom chez les Marchands Epiciers & Droguiftes, qui font ceux qui en font le Commerce, eft Oefype. *Voyez* Oesype.

SIAMOISE. Nom que l'on donne à une efpéce de toile qui fe fabrique en quelques lieux de Normandie. *Voyez* Toile, *où il eft parlé de celle de cette Province.*

Siamoise. C'eft auffi une étoffe mêlée de foye & de coton qu'on a vû la premiére fois en France lors que les Ambaffadeurs du Roi de Siam y vinrent fous le Régne de Louïs XIV. C'eft une efpéce de mouffeline.

L'on fit dans ce tems-là dans les Manufactures de France des étoffes toutes de foye à qui on donna ce nom, qui étoit alors fort à la mode, à caufe de la fingularité de l'Ambaffade, & de la magnificence avec laquelle ces Ambaffadeurs furent reçûs; mais on n'y en fabrique plus, ou plûtôt elles fe font rangées, comme auparavant, parmi les fatins façonnez.

Les Siamoises de fil & de coton ont été plus heureufes; il s'en fait toûjours un affez grand Commerce. Les unes font à grandes & les autres à petites rayes de diverfes couleurs; leurs largeurs font de demi-aune, ou de près d'une aune. Quelques-unes fe favonnent.

SICILIQUE. Petit poids dont fe fervent les Apoticaires pour pefer leurs drogues. Il péfe un fextule & deux fcrupules. *Voyez* Sextule.

SIDRE, qu'on écrit plus communément CIDRE. Boiffon faite de Pommes. Le Poiré qui eft fait de poires, eft auffi une efpéce de Cidre. *Voyez* Cidre & Poire.

SIEGE. Ce qui fert à s'affeoir. En terme de Potier de terre, c'eft une planche un peu panchée en devant, placée derriére la roue, fur laquelle s'affied l'ouvrier quand il veut tourner un vafe, ou quelqu'autre ouvrage de Poterie. Cette planche a des deux côtez deux piéces de bois qu'on nomme des Payens, qui font fenduës en hoches de diftance en diftance pour lui fervir comme de marche-pied. C'eft fur ces hoches que l'Ouvrier met fes pieds lors qu'il travaille; ce qui les lui tient fort écartez l'un de l'autre, pour qu'il ait plus de facilité à fe fervir du tournoir avec lequel il donne le mouvement à fa rouë: les payens font mis en panchant auffi-bien que la planche. *Voyez* Potier de Terre.

SIGILLE'E. Nom que l'on donne à une forte de Craye, ou Terre médecinale. *Voyez* Terre Sigille'e.

SIGNATURE. Terme d'Imprimerie. C'eft un figne, ou marque que l'on met au bas des pages au deffous de la derniére ligne pour la facilité de la relieure, & pour faire connoître l'ordre des cahiers & des pages qui les compofent.

Les fignatures fe marquent avec des lettres initiales qui changent à chaque cahier. S'il y a plus de cahiers que l'alphabet n'a de lettres, on ajoûte à l'initiale un caractére courant de même forte, c'eft à dire, un petit *a* à la fuite d'un grand *A*, & ainfi de fuite; ce qu'on redouble tant qu'il eft néceffaire.

Pour indiquer l'ordre des feuillets qui compofent chaque cahier, on ajoûte après la lettre initiale quelques chiffres qui ne paffent pas le milieu du cahier, & qui par leurs nombres marquent le format de l'Edition. *Voyez* Imprimerie.

Signature. Soufcription, appofition de fon nom au bas d'un Ecrit, ou d'un Acte. *Voyez* Souscription & Soussigner.

On appelle un Billet, un Ecrit fous fignature privée celui qui n'eft pas paffé par devant Notaire. Une fignature en blanc eft celle qui eft au bas d'un morceau de papier blanc que celui à qui on la donne peut remplir à fa volonté; ce qu'on appelle autrement, Blanc-figné.

Il y a de l'imprudence de confier à toutes fortes de perfonnes ces efpéces de fignatures, & la fortune la mieux établie, fur tout des Négocians, peut être aifément renverfée fi par malheur on en avoit chargé des gens capables d'en abufer.

SIGNER. Ecrire fon nom de fa main au bas d'un Acte, foit par devant Notaires, foit fous feing privé, pour l'approuver, & confentir de l'éxécuter. *Voyez* Souscrire & Soussigner.

Signer, en terme de Vitrier. C'eft marquer avec la drague, trempée dans du blanc broyé avec de l'eau de gomme, ou fimplement avec de la craye, les endroits des piéces de verre que l'on veut couper avec le diamant. *Voyez* Drague.

SIGUEIES. C'eft ainfi que les Efpagnols appellent les Coris qui fe pêchent aux Philippines. La péche de ces coquillages n'y eft pas abondante; la plus grande quantité & les plus eftimez viennent des Maldives. *Voyez* Coris.

SILLONS. Terme de filage. Ce font les diverfes élévations que forme le fil fur la bobine du rouet en paffant par les différentes diftances de l'épinglier. On les appelle ainfi parce qu'elles reffemblent en quelque forte aux fillons qu'on fait fur la terre avec la charuë. Les fillons des fileufes ne doivent point être trop élevez de peur que le fil s'éboule.

SILVERGEST, ou SILVERMUNT. Monnoye d'argent qui a cours en Suéde.

SILVESTRE. Graine rouge qui fert à teindre en écarlate. L'arbre qui la produit ne croît qu'aux Indes Occidentales, particuliérement dans le Guatimala, la plus grande & la plus fertile des Provinces de la nouvelle Efpagne.

Cet arbre n'eft guére different de celui qui produit la cochenille, & à la réferve que le fruit où fe trouve la graine du Silveftre eft un peu plus long que celui du Cochenillier, on pourroit les prendre l'un pour l'autre. Lors que le fruit du Silveftre eft mûr, il s'ouvre de lui-même, & répand fa femence à la moindre agitation, que les Indiens ont foin d'amaffer dans des plats de terre qu'ils mettent deffous l'arbre.

Huit ou dix de ces fruits ne produifent qu'une once de graine, au lieu que quatre fruits du cochenillier donnent une once d'infectes. Ces deux drogues fe reffemblent fi fort qu'on peut s'y tromper aux yeux, quoi qu'à l'épreuve il y ait une grande différence, la teinture de la Cochenille étant

étant infiniment plus belle que celle du Silvestre. *Voyez* COCHENILLE.

La Cochenille Silvestre paye en France les droits d'entrée sur le pied de 10 l. le cent pesant, conformément au Tarif de 1664.

Les droits de la Douane de Lyon sont de 3 l. par quintal.

SIMBLOT. Terme de Manufacture. C'est un assemblage de quantité de petites ficelles, qui sont à côté droit du métier, que le Fabriquant a monté pour faire une étoffe figurée.

Ces ficelles qui passent sur les poulies du cassin, & qui répondent aux lisses, sont en nombre égal aux fils de la chaîne ausquels elles sont attachées, en sorte que lors que le Tireur en tire quelqu'une, il s'éléve autant de fils à travers desquels l'Ouvrier peut passer son espoulin. Pour savoir quelles ficelles doivent se tirer, on y a lû auparavant le dessein; c'est à dire, qu'on y a passé successivement autant de petites cordes à nœuds coulans, que le lisseur en a nommé. C'est cette lecture du dessein qui est ce qu'il y a de plus curieux, & aussi de plus difficile dans la monture de ces sortes de métiers, & l'on a besoin pour cela des plus habiles Ouvriers, sur tout si le dessein est beaucoup chargé. *Voyez* FIGURE & DESSEIN.

SINA. Soyes Sina. Ce sont des Soyes qu'on tire de la Chine. On s'en sert à Paris dans la fabrique des Gazes. *Voyez* SOYES DE LA CHINE.

SINA, ou CHINA. Drogue médecinale qu'on nomme en France Kinakina. *Voyez cet article.*

SINGE. C'est un des engins ou machines qui servent à élever les fardeaux.

Il est très-simple & ne consiste qu'en un treuil ou rouleau qui tourne entre quatre piéces de bois mises en croix de saint André, dont il y en a deux à chaque bout.

SIONAC. Marchandise employée dans le Tarif de la Ville de Lyon au nombre des drogues.

Le Sionac paye les droits de cette Douane à raison de 3 s. 9 d. le quintal d'ancienne taxation, 2 s. 3 d. de nouvelle réapréciation, 4 s. pour les quatre pour cent, & 3 s. pour leur augmentation.

SIPHANTO. Isle de l'Archipel. Il se fait dans cette Isle un Commerce assez considérable, entr'autres de raisins secs, de capres, & d'huiles. Les soyes y sont très-belles, mais en petite quantité. On y fait des toiles de coton qui sont assez estimées. Elles sont de deux sortes; la Scamite qui est toute unie, & la Dimite qui est croisée. Celle-ci est plus forte, plus belle & d'un plus grand debit. Le reste du Négoce de Siphanto consiste en figues, en oignons, en cire, en miel, en Sesame, & en chapeaux de paille, qu'on appelle des Castors de Siphanto.

SIVADIERE. Mesure de grains en usage en Provence, particuliérement à Marseille. Les huit sivadiéres font une hemine du País. La sivadiére de bled doit peser un peu plus de neuf livres poids de Marseille, qui font sept livres un peu fortes poids de marc.

SIX. Nombre pair composé de deux & de quatre, ou de deux fois trois, ou de trois fois deux, ou de cinq & un. Deux & quatre font six; trois & trois font six; deux & deux font quatre & deux font six; cinq & un font six.

Six se marque de cette maniére en chiffre Arabe (6,) en chiffre Romain ainsi (VI,) & en chiffre François de compte & de finance de la sorte (*vj.*)

LES SIX CORPS DES MARCHANDS. On appelle ainsi à Paris par honneur & par une espéce de distinction, la Draperie, l'Epicerie, la Mercerie, la Pèleterie, la Bonneterie & l'Orfévrerie, pour ne les pas confondre avec ce grand nombre de Communautez des Arts & Métiers dont les Maîtres de quelques-unes ont la qualité de Marchands, mais dans un rang bien inférieur pour la richesse & l'étenduë du Commerce. *Voyez* CORPS.

SIXAIN. Se dit parmi les Marchands Merciers, des paquets composez de six demi-piéces de rouleau ou ruban de laine. Il n'y a guére que les rouleaux des numeros quatre & six qui soient par sixains. *Voyez* ROULEAU.

On appelle aussi un Sixain de Cartes un petit paquet contenant six jeux de Cartes.

SIXIE'ME. C'est la partie d'un tout divisé en six portions égales. Il est intéressé pour un sixiéme en cette Manufacture.

En fait de fractions ou nombres rompus de quelque tout que ce soit, un sixiéme s'écrit de cette maniére ($\frac{1}{6}$,) & trois sixiémes, cinq sixiémes, &c. ainsi ($\frac{3}{6}$ $\frac{5}{6}$,) &c.

Un sixiéme vaut un demi-tiers; ainsi deux sixiémes font un tiers, trois sixiémes la moitié ou un tiers & demi-tiers; quatre sixiémes font deux tiers; cinq sixiémes font deux tiers & un demi-tiers, ou la moitié & un tiers; & six sixiémes font trois tiers qui est le tout.

Le sixiéme de vingt sols est trois sols quatre deniers, qui est une des Parties Aliquotes d'une livre tournois.

SMECTIN. Sorte de terre glaize très-grasse & gluante, luisante & pesante, tirant quelque-fois sur le noir, & d'autres fois sur le jaune, dont les cardeurs se servent pour la préparation de leurs laines. Ces Ouvriers l'appellent Soletards. C'est la *Terra Saponaria* des Latins, ainsi nommée parce qu'elle a les propriétez du savon.

Cette terre est assez rare en France & très-commune en Angleterre.

SOCHONS. Marchandise employée dans le Tarif de la Douane de Lyon.

Les Sochons payent au Bureau de Lyon 5 s. la tonnette d'ancienne taxation, & un sol de nouvelle réapréciation, ou 2 s. du quintal, & la réapréciation à proportion.

SOCIAL. Ce qui appartient à une Société, ou qui est fait en son nom. On dit qu'un Billet ou autres Actes sont signez du nom Social lors qu'un ou deux Associez les ont signez au nom de la Société. Dans ces signatures on met tous les noms des Associez où l'on y ajoûte le nom de Compagnie. N. N. & Compagnie. *Voyez* NOM SOCIAL, SOCIETE' & COMPAGNIE.

SOCIETE'. Contract, Acte ou Traité qui se fait entre deux ou plusieurs personnes, par lequel elles se lient ensemble pour un certain tems, & conviennent de se communiquer les profits & supporter également les pertes qui se feront dans les affaires pour lesquelles la société est contractée.

Suivant le Droit Romain le Contract de Société ne demande d'autre solennité que le seul consentement des parties, sans qu'il soit nécessaire d'aucune écriture: cependant, les Ordonnances & l'usage veulent qu'il soit rédigé par écrit, soit pour en avoir la preuve, soit aussi pour en régler les clauses & conditions.

Il n'y a guére de Contract où la probité & la bonne foi

foi soit plus nécéssaire que dans la société; aussi les Loix prononcent-elles la nullité de celles qui sont faites contre l'équité, & dans la vûë de tromper. Autre-fois ceux qui étoient convaincus de mauvaise foi dans les sociétez, étoient déclarez infames: il seroit à désirer qu'on les traitât à présent avec la même rigueur, cela prévièndroit bien des fraudes & des surprises qui ne se font que trop fréquemment à l'occasion des sociétez.

Il se fait des sociétez de plusieurs espéces, entre différentes personnes, & pour divers sujets: car il est permis à tous ceux qui ont la libre administration de leurs biens, de les pouvoir contracter; mais comme ce Dictionnaire ne regarde que le Commerce, il ne sera parlé dans cet article que de celles qui se font entre les Marchands, Négocians, Banquiers & autres qui se mêlent de Commerce.

Les societez qui se font entre les Marchands, Négocians & Banquiers sont de trois sortes; la Société générale & colective ou ordinaire, la Société en commandite, & la Société anonyme, inconnuë, ou momentanée.

La Société générale est celle qui se fait entre deux ou plusieurs Marchands, qui agissent tous également pour les affaires de la Société, & qui font le Négoce sous leurs noms colectifs, qui sont connus de tout le monde; c'est à dire que la raison de la Société est sous les noms de Jaques, Philippes & Nicolas en compagnie, qui est le nom social. *Voyez* NOM SOCIAL.

La Société en commandite est celle qui se fait entre deux personnes, dont l'une ne fait que mettre son argent dans la Société sans faire aucune fonction d'Associé; & l'autre, que l'on nomme en termes mercantils le Complimentaire de la Société, donne quelque-fois son argent, mais toûjours son industrie, & fait le Commerce sous son nom des choses dont ils sont convenus ensemble. Cette sorte de société semble être appellée en Commandite, parce que celui qui donne son argent à un autre qui n'apporte très-souvent dans la Société que son industrie, est toûjours le maître des affaires, & en état, pour ainsi dire, de commander & de faire la loi à son Associé.

Cette espéce de société est très-utile à l'Etat & au public, d'autant que toutes sortes de personnes, même les Nobles & Gens de Robe peuvent la contracter, pour faire valoir leur argent à l'avantage du public; & que ceux qui n'ont pas de fonds pour entreprendre un Négoce, rencontrent dans celle-ci les moyens de s'établir dans le monde, & faire valoir leur industrie.

Les sociétez, tant générales qu'en commandite, doivent faire mention de plusieurs choses, entr'autres du capital qu'on y a mis, du tems qu'elles doivent durer, du partage des profits ou des pertes, de la défense de négocier hors d'icelles, de la fin ou continuation en cas de mort, de ce que l'on doit aumôner aux pauvres, & autres semblables particularitez dont on veut convenir.

La Société anonyme est celle qui se fait sous aucun nom, mais dont tous les Associez travaillent chacun en leur particulier, sans que le public soit informé de leur Société; & ils se rendent ensuite compte les uns aux autres des profits & des pertes qu'ils ont faites dans leur Négociation. La Société anonyme s'appelle aussi momentanée, parce que souvent elle ne dure qu'autant de tems qu'il en faut pour acheter & pour partager les marchandises, ou les deniers provenans de la vente qui en a été faite.

Les Sociétez anonymes, quoi que fort en usage parmi les Marchands & Négocians, ne laissent pas cependant de paroître en quelque maniére réprouvées par les Ordonnances, particuliérement par celle du mois de Mars 1673, d'autant qu'il n'y en est parlé en aucune façon, & cela apparenment à cause des abus qu'elles peuvent causer dans le Commerce, par raport aux acaparemens que l'on peut faire par leur moyen de certaines sortes de marchandises; cependant, il y en a quelques-unes qui peuvent produire de bons effets comme il se verra dans la suite de cet article.

Les Sociétez anonymes se font ou verbalement ou par un écrit particulier, ou par lettres missives; les conditions en sont très bréves, n'y ayant pour l'ordinaire qu'un seul article essentiel sur lequel elles roulent.

On compte de quatre espéces de sociétez anonymes; la premiére qu'on appelle Société participe, ou par participation, se fait ordinairement par lettres missives entre un Marchand d'une Ville & un Marchand d'une autre Ville. Par exemple, il est arrivé à Nantes un Navire venant des Indes Orientales, chargé de plusieurs marchandises; un Négociant de ladite Ville qui en a la cargaison ou l'état des marchandises dont elle est composée, l'envoye à son ami de Paris, & lui demande par sa lettre s'il veut participer avec lui dans l'achat & la vente qu'il espére faire de quelques-unes des marchandises qui sont dans ce Vaisseau. L'ami de Paris ayant examiné la cargaison, répond au Marchand de Nantes qu'il ne demande pas mieux que d'entrer pour une telle portion dans l'achat qu'il fera d'une telle sorte de marchandise, & qu'il veut bien participer dans les profits & pertes qui pourront arriver sur la vente d'icelles à proportion de la part qu'il y prend. En conséquence de cette réponse le Marchand de Nantes fait l'achat & ensuite la vente, du produit de laquelle il compte avec son ami de Paris; & c'est ce qu'on nomme ordinairement Compte en participation. Voilà toutes les formalitez qui s'observent dans cette premiére espéce de Société anonyme.

La seconde sorte de Société anonyme se fait lors que les Marchands vont aux Foires & Marchez pour y acheter de la marchandise: ils conviennent trois ou quatre ensemble (pour ne pas courir sur le marché des uns des autres & n'enchérir pas les marchandises) de s'associer pour l'achat qu'ils feront pendant la Foire pour les lotir après entr'eux suivant les parts & portions de l'argent que chacun y aura mis. Comme ces sortes de Sociétez sont presque toûjours imprévûës, elles ne se font ordinairement que par des paroles verbales, en sorte qu'il n'y a que la bonne foi qui puisse les régler.

La troisiéme espéce de Société anonyme se fait entre quelques gros Marchands qui se joignent ensemble pour acaparer dans tout un Païs certaines marchandises qui sont rares, pour les porter aux Foires & Marchez, & y donner tel prix que bon leur semble, en sorte que ceux qui veulent en acheter sont dans l'obligation absoluë de passer par ce qu'ils veulent, ou de s'en retourner sans en acheter. Cette sorte de Société anonyme est très-préjudiciable au Commerce, étant proprement un monopole qui en bonne régle devroit être absolument défendu & puni.

Enfin,

Enfin, la quatriéme espéce de Société anonyme est celle qui se fait entre des Négocians, qui voyant par exemple qu'en France il y a disette de bled, & qu'en Pologne il y en a abondance, trois ou quatre Marchands s'associent pour y en aller acheter une certaine quantité, & ensuite la faire venir en France; & comme la Négociation doit être un peu longue, ils font l'Acte de leur Société sous signature privée; mais comme elle n'est faite que pour un seul achat, ils ne donnent point raison à cette Société, c'est à dire qu'il n'y a qu'un seul des Associez qui soit chargé d'aller faire l'achat des bleds dont on est convenu, & qui doit aussi avoir le soin de les vendre quand ils seront arrivez. Cette sorte de Société se nomme Anonyme parce qu'elle n'a point de raison sous des noms colectifs.

Les Sociétez anonymes se font non seulement entre Marchands & Négocians; mais encore il y a des personnes de qualité, de robe & d'épée, qui y entrent avec eux dans la vûë de faire valoir leur argent.

L'Ordonnance du mois de Mars 1673 veut non seulement que les Sociétez générales & en commandites, soient rédigées par écrit, mais encore que l'extrait de la Société soit registré au Greffe de la Jurisdiction Consulaire, s'il y en a, sinon en celui de l'Hôtel de Ville; & s'il n'y en a point, au Greffe des Juges Royaux des lieux, ou de ceux des Seigneurs, & l'extrait inséré dans un tableau exposé en lieu public, à peine de nulité, &c. signé de tous les Associez, contenant leurs noms, surnoms & demeures; les clauses extraordinaires s'il y en a pour la signature des Actes, le tems auquel elle doit commencer & finir; que la Société ne sera réputée continuée s'il n'y en a un Acte par écrit enregistré & affiché; que tous Actes portant changement d'associez, nouvelles stipulations ou clauses pour la signature, seront aussi enregistrez & publiez, & n'auront lieu que du jour de la publication.

La même Ordonnance veut aussi que tous les associez soient obligez solidairement aux dettes de la Société, quoi qu'il n'y en ait qu'un qui ait signé, pourvû qu'il ait signé pour la Compagnie & non autrement: ce qui n'a cependant pas de lieu pour les associez en commandite, lesquels ne sont obligez que jusques à concurrence de leur part.

Enfin, pour éviter les procès qui causent souvent la ruine des Marchands, cette même Ordonnance veut encore que dans toutes les Sociétez il y ait une clause par laquelle les associez se soûmettent à des Arbitres pour terminer les contestations qui surviennent entr'eux, & que si la clause étoit obmise, l'un des Associez en pourra nommer un, & au refus des autres le Juge en doit nommer d'Office.

Il a été jugé par un Arrêt notable du Parlement de Paris rendu le 25 Janvier 1677, que les femmes des Associez ne peuvent être préférées aux Créanciers de la Société sur les effets de la Société.

Les régles que le droit Romain a prescrit pour les Sociétez sont si belles & si conformes à l'équité & à la raison, que pour qu'il ne manque rien à cet article on a crû à propos d'en abreger ici les plus essentielles.

Dès l'instant qu'une Société est contractée, l'un des Associez n'a pas la faculté d'y admettre aucune personne sans la participation des autres Associez. Un Associé peut cependant céder une portion de la part qu'il a dans la Société, mais pour cela il ne fait pas entrer dans l'ancienne Société celui à qui il a cédé cette portion; c'est une Société nouvelle & particuliére qu'il contracte avec lui, par laquelle il s'engage à lui rendre le même compte que ses premiers associez lui doivent rendre. C'est ce qui a donné lieu de dire par une commune maniére de parler, que l'Associé de mon Associé n'est pas mon Associé.

Quoi que la Société soit susceptible de toutes les clauses dont les parties veulent convenir, & qu'il n'y ait là-dessus d'autres régles que leur volonté, cela doit s'entendre que la Société doit avoir pour objet une chose honnête & permise; car si elle étoit contractée pour une chose qui fût contre les Loix & contre les bonnes mœurs, elle seroit nule de plein droit, & les Associez ne pourroient avoir aucune action en Justice l'un à l'encontre de l'autre.

Quand il n'est point fait de mention dans l'Acte de Société des parts & portions que chacun des Associez y doivent avoir, ni des avances qu'ils doivent faire, tout y doit être égal, soit pour les avances, soit pour le profit, ou pour la perte; mais il est permis de stipuler que l'un des Associez fera toutes les avances, auquel cas le crédit, le travail & l'industrie, & tous les autres avantages que l'autre apporte dans la Société lui doivent tenir lieu d'avances; & par cette même raison on peut convenir que les portions du profit seront inégales; que l'un en aura plus, & que l'autre en aura moins; que l'un partagera le profit sans entrer dans la perte, pourvû que l'on ne compte pour profit dans la Société que ce qui doit se rencontrer après que les dépenses & que les pertes auront été déduites; mais il n'est pas permis de stipuler que l'un des Associez prendra tout le profit, & que l'autre supportera toute la perte. Ce seroit ce que l'on appelle, suivant la Fable, une Société LEONINE; c'est à dire, une Société de lion, où tout est d'un côté & rien de l'autre.

Lors qu'un Associé met une somme d'argent dans la Société, & que l'autre n'y apporte que son industrie & son travail, cet argent ne doit être regardé que comme une avance qui doit être reprise toute entiére par celui qui l'a faite, ne faisant point partie des effets communs de la Société. Cependant, comme il pourroit arriver que le travail de l'un des Associez seroit autant utile à la Société que le fond que l'autre auroit apporté, en ce cas les parties peuvent demeurer d'accord que l'un des Associez fournira une somme qui appartiendra à la Société, laquelle sera partagée de même que si c'étoit un gain & un profit de la Société: à cela il n'y a rien de contraire à la nature de la Société, ni aux bonnes mœurs, d'autant que c'est une juste compensation qui se fait de l'industrie & du travail de l'un des Associez avec l'argent de l'autre.

L'industrie & le travail d'un Associé étant regardé, ainsi qu'il vient d'être dit, comme une espéce de fond dans la Société, il s'ensuit de-là que cet Associé doit apporter une grande diligence & beaucoup d'exactitude dans les affaires qui regardent la Société, & qu'il doit être tenu des fautes qu'il fait, & dont la Société peut souffrir; & quand même il auroit, par son habileté, procuré quel-

quelqu'avantage à la Société, cela ne feroit pas fuffifant pour le difpenfer de la perte qu'elle auroit foufferte par fa faute, les Loix n'admettant point de compenfation de l'un à l'autre.

La Société fe contractant par le feul confentement des Parties, elle peut auffi fe diffoudre par leur feul confentement : elle fe termine par la mort civile ou naturelle des Affociez ; elle finit fi l'un d'eux perd tout fon bien, en forte qu'il fe trouve hors d'état de fournir aux dépenfes de la Société, & de répondre des pertes dont il pourroit être tenu.

On eft en droit de demander la réfolution d'une Société avant le tems de fon échéance, fuppofé que l'un des Affociez ne voulut pas en éxécuter les claufes; & fi fa conduite étoit fi mauvaife qu'elle pût produire des pertes confidérables à la Société, ou qu'il fut d'une humeur fi déraifonnable que les autres Affociez ne pûffent convenir, ni vivre avec lui.

Les Affociez ne peuvent pas ftipuler que la Société fera continuée après leur mort avec leurs héritiers, d'autant que le choix des perfonnes & leur induftrie eft un des plus importans points de la Société. Or il eft conftant que l'on ne peut connoître des héritiers, puis qu'ils font toûjours incertains jufqu'au décès de l'Affocié; de forte qu'il eft impoffible, ni de choifir, ni d'avoir aucune confiance en eux.

Voyez Monfieur Savary dans fon Parfait Négociant, chap. 1 *&* 2 *du livre I. de la II. Partie.*

SOFISTIQUER. Mêler quelques denrées ou marchandifes de moindre qualité avec de meilleures. Il fe dit communément des drogues & épiceries où l'on a mêlé quelque chofe pour en augmenter le poids, ou le volume. *Voyez* SOPHISTIQUER.

SOIN. On nomme ainfi quelque-fois une forte de graiffe ou axonge qui fe trouve attachée aux laines des brebis & moutons. C'eft cette graiffe que les Marchands Epiciers-Droguiftes, qui en font le débit, appellent Oefype. *Voyez cet article.*

SOIXANTAINE. Nombre de foixante. On dit une foixantaine de piftoles, une foixantaine d'écus. *Voyez l'article fuivant.*

SOIXANTE, que l'on prononce SOISSANTE. Nombre pair compofé de fix dixaines, ou de dix fois fix, ou de cinq fois douze, ou de douze fois cinq, ou de quinze fois quatre, ou de quatre fois quinze, ou de vingt fois trois, ou de trois fois vingt, ou de deux fois trente, ou de trente fois deux. Ainfi que fix foit multiplié par dix, ou que dix le foit par fix, ou cinq par douze, ou douze par cinq, ou quinze par quatre, ou quatre par quinze, ou vingt par trois, ou trois par vingt, ou trente par deux, ou deux par trente; cela ne produira jamais que foixante.

Le nombre de foixante multiplié par lui-même, produit trois mil fix cens.

En chiffre commun, ou Arabe, foixante s'écrit ainfi (60,) en chiffre Romain de cette maniére (LX,) & en chiffre François de compte, ou de finance de la forte (*lx.*) On dit foixante & un, foixante-deux, foixante & trois, & ainfi de fuite jufques à quatrevingt; quelques-uns difent feptante au lieu de foixante & dix.

SOIXANTIE'ME. C'eft la partie d'un tout divifé en foixante portions égales. J'ai un foixantiéme en cet armement.

En matiére de fractions ou nombres rompus un foixantiéme s'écrit ainfi ($\frac{1}{60}$.) On dit auffi un foixante & uniéme, un foixante & deuxiéme, un foixante & troifiéme; &c. & ces différentes fractions fe marquent de même que celle ci-deffus, avec cette différence néanmoins que l'on met un 1, un 2, un 3, &c. au lieu du zéro qui fuit le 6: ce qui fe pratique de cette maniére ($\frac{1}{61}$ $\frac{1}{62}$ $\frac{1}{63}$, &c.)

On dit encore trois foixantiémes, cinq foixantiémes, fept foixantiémes, &c. lefquels fe marquent de la forte ($\frac{3}{60}$ $\frac{5}{60}$ $\frac{7}{60}$, &c.

SOK, ou SOC. Mefure des longueurs dont on fe fert dans le Royaume de Siam. C'eft la demi-coudée. Deux keubs font un fok, douze nions font le keub, & chaque nion contient huit grains de ris non batu; c'eft à dire, neuf de nos lignes.

Au deffus du fok font le keu, le voua, le fen, le jod, & le rôe-nung qui eft la lieuë, qui contient deux mille voua ou toifes. *Voyez* KEN.

SOL, ou SOR. Raifin fec égrainé qui vient d'Efpagne.

C'eft un des quatre fruits fecs qui entrent dans ce qu'on appelle en France, Quatre Mandians, dont on fe fert ordinairement pour les colations de Carême. *Voyez* RAISIN. *On en parle, où il eft traité du Commerce des Raifins Darc & au Soleil.*

SOL. Qu'on écrit fouvent, & qu'on prononce le plus ordinairement, Sou. Efpéce de monnoye qui a cours en France. Elle fert auffi de monnoye de compte. *Voyez* SOU.

SOL. On appelle un payement au fol la livre le partage qui fe fait des effets mobiliers d'un débiteur entre fes Créanciers, à proportion de ce qui leur eft dû à chacun. *Voyez* FAILLITE, *ou* BANQUEROUTE.

Contribution au fol la livre, fe dit de ce que chaque intéreffé eft obligé de contribuer par rapport à la part qu'il a dans une Compagnie, dans la cargaifon d'un Vaiffeau, dans une Société, ou dans quelqu'autre entreprife de Commerce. *Voyez* CONTRIBUTION. *Voyez auffi* AVARIES.

SOLDE DE COMPTE. Somme qui fait la différence du débit & du crédit, lors que le compte eft vérifié & arrêté. *Voyez* COMPTE.

SOLDER UN COMPTE. C'eft le calculer, le régler, l'arrêter, en faire la balance. *Voyez* COMPTE.

SOLDI, ou SOUS d'Italie. Ce font des monnoyes de compte dont on fe fert en plufieurs Villes de cette partie de l'Europe, particuliérement à Florence, Livourne, Bologne, Gennes, Anconne, Milan, Luques, Bergame, Nove & Savoye. On s'en fert auffi à Genéve & à Liége.

Tous ces Soldi, ou Sous Italiens ne font pas de la même valeur; il en faut cinquante-huit de Livourne, quatrevingt-trois de Bologne, foixante & trois de Genéve, quatrevingt-quatorze de Milan, foixante de Nove, & quatrevingt-feize de Génes pour faire l'écu de France de foixante fols & de neuf au marc.

SOLE. Place publique, ou étape, où l'on décharge les marchandifes, & où on les met comme en dépôt pour être venduës.

Les

Les Marchands de Vin en gros ſont tenus de mettre dans les ſoles de l'Hôtel de Ville leurs vins pour en payer le gros.

SOLE. On nomme quelque-fois ainſi des piéces de bois propres à faire des planches qu'on connoît mieux ſous le nom de Solives. *Voyez* SOLIVE.

SOLE. C'eſt auſſi une groſſe piéce de bois d'équarriſſage, qui avec une autre piéce qu'on appelle la Fourchette, fait la baſe d'une machine à élever des fardeaux qu'on nomme un Engin.

C'eſt ſur le milieu de la ſole que poſe le poinçon & ſes bras. Les ſonnettes (autre machine pour batre des pieux) ont pareillement leur ſole de deſſus laquelle s'élévent les montans à couliſſes & leurs bras. *Voyez la deſcription de ces deux machines à leur article.*

LES SOLES. Sont encore les deux piéces de bois poſées en croix ſur un maſſif de pierre ou de maçonnerie, ſur le milieu deſquelles eſt appuyé & arcbouté l'arbre ou poinçon qui porte la cage d'un moulin à vent & ſur lequel il tourne.

En général toutes les piéces de bois qui ſe placent à terre pour ſoûtenir quelque conſtruction, machine, ou Bâtiment, & ſur leſquelles on les éléve, s'appellent des Soles.

SOLEN. Eſpéce de coquillage dont on croit le parfum bon pour appaiſer les vapeurs des femmes.

Il y en a de deux ſortes, le mâle & la femelle qui ne ſont différens que par la couleur, la forme en étant toute ſemblable.

Le Solen mâle eſt bleuâtre, ou couleur d'ardoiſe: le Solen femelle eſt blanc ou rouſſâtre. Quant à la forme ils ſont l'un & l'autre également compoſez d'une coquille de deux piéces, ou plûtôt de deux coquilles longues de quatre à cinq pouces, & larges de ſept à huit lignes, articulées enſemble par un bout. Ces deux coquilles ſont fort minces, creuſes en dedans, voutées par dehors & coupées quarrément par les extrêmitez. Ces deux eſpéces de Solen ſont aſſez connuës dans la méditerranée, & nos Droguiſtes les font venir de Provence ou de Languedoc.

On en trouve une troiſiéme eſpéce ſur les Côtes de Normandie plus longue, plus large, & d'un blanc tirant ſur le pourpre. Quoi qu'on ſe ſerve du Solen pour les vapeurs, ce n'eſt pas peut-être pour ſa grande vertu, mais ſeulement pour la ſubſtituer au *Blata Bizantia*; autrement, *Unguis odoratus*, qui eſt, à ce qu'on croit, ſouverain à ces ſortes de maux, mais qui eſt très-rare chez les Marchands Droguiſtes de Paris. *Voyez* BLATA BIZANTIA.

SOLETARD. Sorte de Terre glaiſe dont on ſe ſert en Angleterre pour dégraiſſer les laines avant que de les employer dans les Manufactures de France. On l'appelle Smectin. *Voyez* SMECTIN.

SOLIDAIRE. Il ſe dit des obligations & des cautionnemens où pluſieurs perſonnes s'engagent de payer chacune en leur particulier la ſomme totale qui leur eſt prêtée, ou à l'une d'elles, ſans que le prêteur ſoit obligé de diſcuter l'une plûtôt que l'autre.

On délivre des contraintes ſolidaires contre tous les coobligez, certificateurs & cautions.

SOLIDAIREMENT. Sans diviſion de dette, d'une maniére ſolidaire. S'obliger ſolidairement pour un autre, c'eſt ſe charger de payer pour un autre ſans que le Créancier ſoit tenu de pourſuivre d'abord ſon principal débiteur s'il ne le veut.

SOLIDITE'. C'eſt la qualité d'une Obligation où pluſieurs débiteurs s'engagent à payer une ſomme qu'ils empruntent, ou qu'ils doivent; en ſorte que la dette totale ſoit éxigible contre chacun d'eux, ſans que celui au profit duquel l'obligation eſt faite, ſoit obligé de diſcuter les autres, & l'un plûtôt que l'autre.

SOLIVE. Piéce de bois de brin ou de ſiage dont on fait les planchers des Bâtimens.

Quoi que toute ſorte de bois quand il eſt fort & d'une belle venuë, puiſſe être debité en ſolive, on ne ſe ſert guére cependant dans les ouvrages de Charpente que de ſolives de chêne & de ſapin, quelque-fois auſſi de châtaigner.

Les ſolives de bois de ſiage ſe débitent ordinairement depuis cinq juſqu'à ſept pouces de groſſeur, & celles de brin depuis ſept juſqu'à neuf pouces.

Voyez BOIS DE SIAGE & BOIS D'EQUARRISSAGE. *Voyez auſſi* CHESNE & SAPIN.

SOLIVEAU. Petite ſolive moins groſſe & moins longue que la vraye ſolive. Le ſoliveau n'a guére que quatre pouces & demi juſqu'à cinq pouces & demi de groſſeur.

SOLTAM. Eſpéce de Sucre Candi qui ſe fait au Caire, dont les Provençaux font quelque Commerce. *Voyez* SUCRE.

SOLVABILITE'. Moyen qu'on a de bien payer les dettes déja contractées, ou qu'on peut contracter. Quand il eſt ordonné en Juſtice de donner & fournir caution, il faut auſſi donner des certificateurs pour répondre de la ſolvabilité actuelle de la caution qu'on fournit.

SOLVABLE. On appelle un Marchand ſolvable celui qui eſt riche, qui a des fonds & des effets; en un mot, de quoi payer les achats qu'il fait & les dettes qu'il contracte. On dit, Donner ou demander une caution Bourgeoiſe, reſeante, bonne & ſolvable; pour dire, demander ou donner pour caution une perſonne qui eſt domiciliée & qui a des fonds ſuffiſans pour répondre du cautionnement qu'elle a fait.

SOLVER. Terme dont quelques Négocians ſe ſervent aſſez ſouvent dans leurs écritures mercantilles, pour ſignifier ſolder. *Voyez* COMPTE.

SOMME. Se dit en Arithmétique du nombre des choſes marquées par certains caractéres ou chiffres. Par l'addition on joint pluſieurs ſommes en nombre enſemble pour en tirer le total. La Souſtraction enſeigne à ôter une petite ſomme d'une plus grande; la Multiplication, à multiplier une ſomme par l'autre pour en ſavoir le montant; & la diviſion à partager une groſſe ſomme en petites ſommes, ou parties égales. Le produit de toutes ces régles ſe nomme auſſi des Sommes.

SOMME, en fait de Commerce d'argent. Se dit d'une certaine quantité de livres, ſols & deniers, que l'on reçoit, ou dont on fait payement. On dit en ce ſens: Reçû d'un tel la ſomme de ſix cens ſoixante livres dix ſols quatre deniers qu'il me devoit par ſon Billet, payé comptant la ſomme de cinq cens livres pour laines à moi venduës par un tel.

Sur les livres & dans les comptes des Marchands les

sommes se tirent en ligne sur la marge à droite, en chiffre commun, ou Arabe.

On appelle somme totale celle qui provient de l'addition de plusieurs petites sommes.

SOMME. Se dit aussi de la charge d'un cheval, ou de quelqu'autre animal propre à porter sur son dos. Les chevaux, les mulets, les ânes & les chameaux, sont des bêtes de sommes. Je vous envoye cinq sommes de draps de Vire. Les Messagers se servent ordinairement de bêtes de sommes pour le transport des marchandises & autres choses dont ils se chargent.

SOMME. Une somme de verre est un panier de verre propre aux Vitriers, qui renferme vingt-quatre plats ou piéces de verre rondes d'environ deux pieds de diamétre, qui font la charge d'un crocheteur. On peut tirer d'une somme de verre 90 ou 95 pieds quarrez de vitrage. *Voyez* VERRE.

SOMME. En matiére de Commerce de Mer, on appelle haute somme, la dépense qui ne concerne, ni le corps du Navire, ni les victuailles, ni les loyers des hommes, mais ce qui s'employe au nom de tous les intéressez pour l'avantage du dessein que l'on a entrepris. Les Marchands en fournissent ordinairement les deux tiers, & l'autre tiers se paye par le Maître du Navire.

SOMME. Terme dont on se sert dans le Négoce de la Clouterie, pour exprimer en un seul mot une certaine quantité de milliers de clous.

Toute la broquette, à la réserve de la grosse broquette estampée, ou à tête aboutie, & toutes les autres sortes de clous qui sont du nombre de ceux qu'on appelle clous legers, même quantité de clous, dits clous au poids, se vendent à la somme quand on les vend en gros. La somme est de douze milliers de compte.

Les broquettes estampées & tous les grands clous se vendent au compte. *Voyez* CLOU.

SOMME. On appelle Poisson de somme dans le Commerce de la marchandise de poisson, du poisson qu'on assomme, & qu'après l'avoir empaillé & mis dans des paniers d'osier, on transporte sur des chevaux ou sur des fourgons & charrettes. *Voyez* POISSON.

SOMME. Grand Vaisseau Chinois dont ces peuples se servent pour leur Commerce de Mer, particuliérement pour celui qu'ils font au Japon, à Siam & à Batavia.

Le Roi de Siam se sert aussi de ces sommes pour envoyer ses marchandises au Japon, à Camboye, au Tunquin, à la Cochinchine, à Surate & autres lieux des Indes: mais ce sont ordinairement des Chrétiens qui les commandent à cause du peu de pratique que ses sujets ont de la marine, sur tout quand les voyages sont un peu de long cours. *Voyez l'article du Commerce de l'Asie au paragraphe de Siam.*

SOMMER. Terme d'Arithmétique & de teneur de livres. C'est ajoûter, joindre ensemble plusieurs nombres ou sommes pour connoître à combien ils peuvent monter tous ensemble. Il y a plus de sûreté à sommer avec la plume qu'avec le jetton.

SOMMER. Mesure dont on se sert en Espagne.

Le sommer fait quatre quartaux. Il faut huit sommers pour l'arobe, & deux cens quarante sommers pour la boite.

SOMMIER. Terme de Parcheminier. On nomme ainsi dans la fabrique des parchemins cette peau de veau qui couvre la herse ou métier des Parcheminiers, & qui soûtient la peau qu'on travaille dans le tems qu'on la rature.

LE CONTRE-SOMMIER, est une peau de parchemin en cosse qu'on place entre le sommier & la peau qu'on rature, afin que le fer trouve plus de facilité à prendre. *Voyez* PARCHEMIN.

SOMMIER. Se dit aussi des bêtes de somme, dont les Voituriers & Messagers se servent pour le transport des marchandises. Le Messager de Lyon a dix sommiers; c'est à dire, dix chevaux de charge.

SOMMIER. S'entend encore dans le Commerce des bois, d'une piéce de bois ordinairement de brin qui tient le milieu pour la grosseur entre la poutre & la solive.

Le bois à faire sommiers de vingt-cinq à trente pieds de longueur, paye en France les droits d'entrée à raison de 20 s. la piéce; plus ou moins à proportion.

Les droits de sortie sont de 26 s. aussi de la piéce.

SOMMIER, en terme d'Imprimerie. Signifie tantôt les piéces de bois où est l'écrou, & où entre la vis de la presse des Imprimeurs; & tantôt ce qui soûtient le train par dessous. Le premier s'appelle le grand Sommier, & l'autre le petit Sommier. *Voyez* PRESSE D'IMPRIMERIE.

SOMMIER, dans le métier des Tonneliers. S'entend des cerceaux doubles qui terminent de chaque bout la relieure d'une futaille, & qui se mettent sur le jable pour lui donner plus de force.

SOMMIER, en terme de finance. Signifie encore un gros Registre où les Commis des Aydes, les Receveurs des Tailles, & autres Commis des Bureaux des Fermes du Roi, écrivent les sommes à quoi montent les droits qu'ils reçoivent journellement.

Quelques Marchands Négocians & Banquiers donnent aussi le nom de Sommier à celui de leurs livres qu'on appelle le grand Livre. *Voyez* LIVRE DES MARCHANDS.

SOMMIERE. Sorte d'étoffe toute de laine tant en chaîne qu'en trême, croisée, chaude & molette, qui n'est autre chose qu'une espéce de serge un peu lâche, tirée à poil, tantôt d'un seul côté, & tantôt des deux côtez, dont on se sert à faire des doublures pour l'hiver.

Les sommiéres se fabriquent en Languedoc, & particuliérement à Sommiers petite Ville de cette Province, d'où il y a de l'apparence qu'elles ont pris leur nom. Il s'en fait aussi quantité à Beauvais en Picardie.

Leurs largeurs sont différentes, y en ayant de demi-aune, de demi-aune demi-quart, de trois quarts & de deux tiers, sur vingt-deux à vingt-cinq aunes de longueur mesure de Paris.

Elles se vendent, ou en écrû, ou blanchies à la vapeur du souffre, ce qui s'appelle blanc à fleur, ou teintes en diverses couleurs. Celles de Languedoc ont toûjours été les plus estimées, étant mieux fabriquées & d'une meilleure laine que les autres.

SOMMIERS, qu'on nomme autrement Coffres de charge. Ce sont de grands coffres faits pour être portez à la guerre, ou en voyage, sur des mulets, ou des chevaux.

Les Statuts des Maîtres Coffretiers-Maletiers ordonnent que les gros sommiers seront ferrez à cinq bandes, dont

dont trois feront de fer forgé, & les moindres feulement à trois bandes, mais toutes de fer forgé. *Voyez* COFFRETIER.

SOMPAYE. C'eſt la plus petite monnoye d'argent qui ſe fabrique & qui ait cours à Siam. Elle vaut deux ſols demi-pite monnoye de France, à prendre l'once d'argent ſur le pied de trois livres dix ſols. C'eſt la moitié du foang.

On donne douze à treize caches de Siam pour une ſompaye, ou quatre cens coris. Les coris ſont des coquilles des Maldives, qui ſervent de petite monnoye preſque par toutes les Indes Orientales. Les caches ſont des eſpéces de doubles de cuivre deux ou trois fois épais comme les doubles de France. *Voyez l'article des monnoyes des Indes.*

La ſompaye ſe diviſe en deux payes; chaque paye en deux clams; mais ces deux ſortes de monnoyes ne ſont que monnoyes de compte & non eſpéces courantes. La ſompaye & ſes diminutions ſervent auſſi de poids, le clam peſant douze grains de ris, & les autres en montant à proportion.

SOMPI. Petit poids dont les Habitans de Madagaſcar ſe ſervent pour peſer l'or & l'argent.

Le ſompi ne péſe qu'une dragme, ou gros, poids de Paris; c'eſt néanmoins le plus fort de tous ceux dont ces Inſulaires ont l'uſage, ne ſachant ce que c'eſt que l'once, le marc, ou la livre, & n'ayant rien qui leur en tienne lieu, ou qui y réponde. Tout, hors l'or & l'argent, ſe négociant par échange & par eſtimation.

Les diminutions du ſompi ſont le vari, ou demi-gros: le ſacare, ou ſcrupule, le nanqui, ou demi-ſcrupule, & le nanque qui vaut ſix grains. Le grain chez eux n'a point de nom.

SON. C'eſt la peau des grains moulus ſéparée de la farine par le moyen du blutoir, du ſas ou du tamis.

Les Amidonniers ſe ſervent du ſon de froment pour faire leur amidon, qui n'eſt autre choſe que la fécule qui reſte au fond des tonneaux où ils ont mis le ſon tremper avec de l'eau. *Voyez* AMIDON.

Les Teinturiers mettent le ſon au nombre des drogues non colorantes, parce que de lui-même il ne peut donner aucune couleur. C'eſt avec le ſon qu'ils font ce qu'ils appellent des eaux ſûres qu'ils font entrer dans la préparation de leurs teintures. *Voyez* TEINTURE *&* TEINTURIER.

SONAT, ou Mouton en blancherie. Ce ſont des peaux de moutons paſſées en mégie. *Voyez* MEGIE. *Voyez auſſi* MOUTON.

Il n'y a guére qu'à Lyon où ces ſortes de peaux ſoient connuës ſous l'un ou l'autre de ces noms, & ils ſont ainſi appellez dans le Tarif de la Doüane de cette Ville.

Le Sonat y paye les droits à raiſon de 7 ſ. de la bale d'ancienne taxation, & 3 ſ. de nouvelle réapréciation.

SONDE. Ce qui ſert à ſonder & connoître la qualité, ou la conſiſtence de quelque choſe.

Les Commis des Barrages des Villes à l'entrée deſquelles il ſe paye quelques droits, & ceux des Bureaux des entrées & ſorties du Royaume, ont différentes ſondes pour découvrir ſi dans les marchandiſes qui paſſent à leurs Bureaux, & dont on leur paye les droits, il n'y en a point d'autres de plus précieuſes ou plus importantes cachées qu'on voudroit faire paſſer, ou ſans les aquiter, ou en contrebande.

A Paris les ſondes des Commis pour les entrées du Vin, ſont en forme d'une longue broche de fer enmanchée dans du bois; ils s'en ſervent pour ſonder les charettes & chariots chargez de paille ou de foin, ou autres choſes ſemblables dans leſquelles il eſt facile de cacher quelque piéce de vin ou autre liqueur pour en ſauver les droits.

Les autres ſondes ſont à proportion ſemblables, mais convenables à la qualité des matiéres qu'on veut ſonder.

SONDE. Les Chaircuitiers nomment de la ſorte une longue aiguille d'argent dont ils ſe ſervent pour ſonder les jambons, langues de bœuf & autres viandes cruës, ou cuites, qu'il leur eſt permis de vendre & débiter. *Voyez* CHAIRCUITIER.

SONDE, en terme d'Eventailliſte & d'Ouvriers qui montent les Eventails. C'eſt une longue aiguille de léton, qui leur ſert à ouvrir les papiers pour y placer les fléches de la monture. *Voyez* EVENTAIL.

SONDER. Se ſervir de la ſonde, ou pour découvrir la qualité d'une marchandiſe, ou pour ſe rendre certain s'il n'y a point de fraude dans celles qu'on veut paſſer au Bureau. *Voyez les articles précédens.*

SONNER DE L'OR, ou DE L'ARGENT. C'eſt reconnoître par le ſon d'une eſpéce ou d'une monnoye qui a mauvaiſe façon, ou qu'on croit douteuſe, ſi effectivement elle eſt bonne ou non recevable.

Les trois maniéres d'éprouver les monnoyes dans le Commerce ſont de les ſonner, de les toucher; c'eſt à dire d'en faire l'épreuve à la pierre de touche, & de les ciſailler. Il n'y a guére que cette derniére qui ſoit ſûre. On dit que les Indiens connoiſſent le titre de l'or & de l'argent en les maniant, ou en les mettant entre les dents.

SONNETTE. Petite clochette de métail, ordinairement de cuivre, mais quelque-fois d'argent. Il ſe fait auſſi des ſonnettes de gros verre. C'eſt du mot de Sonnette que les Fondeurs en terre & ſable de la Ville & Fauxbourgs de Paris, ont pris la qualité qu'ils ſe donnent dans leurs Statuts de Maîtres Sonnettiers. *Voyez ci-après* SONNETTIER.

SONNETTES. Machine propre à enfoncer profondément des pieux dans la terre. Elle ſert particuliérement à battre les pilotis des ponts ou des Bâtimens qui ſe conſtruiſent ſur un terrain ou marécageux, ou peu ſolide. On nomme auſſi quelque-fois cette machine un mouton, du nom de ſa principale piéce.

SONNETTIER. Ouvrier qui fait ou qui vend des ſonnettes. Les Maîtres Fondeurs en ſable & en terre de la Ville & Fauxbourgs de Paris, ont de toute ancienneté ajoûté aux autres qualitez que leur donnent leurs Statuts, celle de Maîtres Sonnettiers, comme n'appartenant qu'à eux de fondre des ſonnettes, les autres Marchands qui en font Commerce étant obligez de les acheter d'eux. *Voyez* FONDEURS DE PETITS OUVRAGES.

SONNEURS. Ce ſont les Ouvriers qui tirent les cordages des ſonnettes. Il y en a ordinairement ſeize pour chaque ſonnette dont on ſe ſert pour enfoncer des pieux dans la terre. *Voyez* SONNETTES.

SONTO. On appelle à la Chine Thé-ſonto un Thé qui eſt extrêmement eſtimé. On en porte beaucoup de Canton à Batavia. Il s'achette vingt taëls le pic à Canton, &

& se vend deux cens cinquante pataques à Batavia. *Voyez* THE'.

SOPHISTIQUER. Mêlanger, altérer des drogues & des marchandises en y en mêlant d'autres de différente, ou de moindre qualité. Il se dit particuliérement des remédes & drogues qui se préparent & se vendent dans les boutiques des Apoticaires & Epiciers-Droguistes qu'on soupçonne de ne pas donner des drogues & remédes purs & sans mêlange.

SOPHISTIQUERIE. Mêlange de drogues de mauvaise qualité que l'on veut faire passer avec des bonnes.

SOR, ou SAUR. On appelle ainsi le haran salé qui est devenu de couleur dorée & obscure pour avoir été fumé & seché. On le nomme aussi Soret, ou Sauret.

Dans sa primeur on l'appelle Craquelot, & on lui donne quelque-fois le nom d'Appetit; mais ce dernier terme n'est guére en usage que parmi le menu peuple de Paris. *Voyez* HARAN *vers la fin de l'article.*

SOR, ou SOL. Espéce de raisin égrainé seché au Soleil, qui s'envoye d'Espagne. *Voyez* RAISIN D'ARCQ & AU SOLEIL.

SORBEC. Pâte préparée avec du citron, du musc, ambre & autres parfums, & du sucre clarifié dont on compose une boisson fort en usage dans le Levant: celui d'Egypte est ferme & fort estimé. *Voyez* CITRON.

Le Sorbec paye en France de droits d'entrée 20 f. de la livre poids de marc outre les anciens droits, conformément à l'Arrêt du 12 Mai 1693. les anciens droits suivant le Tarif de 1664, sont de cinq pour cent de sa valeur, attendu que cette drogue n'y est point tariffée.

Les droits de la Douane de Lyon sont de 5 l. le quintal, tant d'ancienne taxation que de nouvelle réapréciation.

SORER, ou SAURER. C'est à dire, faire fumer & sécher des harans salez. Les Dieppois disent Sorir. *Voyez* HARAN *vers la fin de l'article.* On fait aussi sorer des sardines. *Voyez* SARDINE.

SORET, ou SAURET, Signifie la même chose que Sor, ou Saur. *Voyez* SOR.

SORET. Est aussi un des noms que l'on donne à une des sortes d'acier. *Voyez* ACIER.

SORI. Les Anciens appelloient ainsi une espéce de matiére vitriolique que l'on prétend aujourd'hui n'être autre chose que le Chalcitis, ou Colcotar. *Voyez* VITRIOL.

SORIE. Laine d'Espagne. Il y en a de deux sortes, la sorie Segoviane, ou *de los Rios*, & la sorie commune. *Voyez* LAINE D'ESPAGNE.

SORIN. C'est le nom que l'on donne à celui qui se mêle de faire sorer les harans. Ce mot n'est presque en usage qu'à Dieppe.

SORIR. Faire fumer & secher du haran salé. *Voyez* SORER.

SOR-SEGOVIE. C'est de la laine d'Agnelins qui vient de Ségovie Ville d'Espagne. Il y en a de lavée & de non lavée. Il vient aussi des Sors de Moline, de Castille, d'Albarasin & de Navarre. *Voyez* LAINE *où il est parlé des Agnelins.*

SORTE. Genre, espéce. On dit vendre des marchandises de toutes sortes, & ne vendre qu'une seule sorte de marchandises.

Les chapeaux qu'on appelloit autre-fois des sept sortes, que fabriquoient les Chapeliers de Paris, n'étoient que des chapeaux de Vigognes communs, nommez ainsi, parce que le public étoit persuadé qu'il entroit dans leur fabrique de sept sortes de laine, ou poil. *Voyez* CHAPEAU.

SORTE. On se sert aussi de ce terme dans le Commerce des pierreries en parlant des Emeraudes qui ne se vendent qu'au marc; ce qui en marque les différentes grosseurs qui vont en diminuant depuis la premiére sorte jusqu'à la troisiéme: on dit aussi premiére, seconde, & troisiéme couleur. *Voyez* EMERAUDE.

SORTIE. C'est le passage d'un lieu à un autre. Il n'y a guére de Souverains qui n'ayent établi des droits sur les marchandises qui entrent dans leurs Etats, ou qui en sortent. Aussi n'appartient-il qu'à eux de les imposer; & c'est une prérogative de la Souveraineté: les autres impôts qui peuvent se trouver établis, & qui se payent dans les terres de certains Seigneurs particuliers & à leur profit, ne sont qu'une émanation de la souveraine puissance qui les accorde ou permet en vertu de Lettres Patentes.

Les droits qui se payent en France à la sortie du Royaume, ou des Provinces réputées étrangéres, ne s'y peuvent percevoir que par les Commis préposez aux Bureaux, & sur les Tarifs qui en sont dressez en conséquence des Edits, Déclarations & Arrêts qui en ordonnent le payement.

Les Marchands & Négocians qui font leur Commerce au dehors du Royaume, ou dans les Provinces qui sont sujettes aux droits de sortie, ne sauroient trop être instruits de la qualité desdits droits, & pour savoir quels sont ces Tarifs qui les ordonnent, ils peuvent avoir recours à l'article de ce Dictionnaire où il en est traité. *Voyez* TARIF.

On a aussi ajoûté pour la commodité du Lecteur, à la fin de chaque article de marchandise, les droits de sortie que chaque espéce paye en France conformément au Tarif de 1664.

On peut voir pareillement à l'article général du Commerce plusieurs choses curieuses concernant les droits de sortie qui se payent dans les Païs étrangers, particuliérement en Espagne, en Angleterre, en Hollande, dans les Villes Hanséatiques, dans celle du Nord & de la Mer Baltique, & dans toutes les Echelles du Levant.

SOU, que l'on écrit & que l'on prononce quelquefois Sol. Signifie tantôt une monnoye réelle & courante, & tantôt une monnoye imaginaire & de compte. On parlera plus bas du sou monnoye de compte, après qu'on aura parlé du sou monnoye courante.

Le sou monnoye courante est une petite espéce faite de billon, c'est à dire, de cuivre, tenant un peu d'argent, mais plus ou moins suivant les lieux & les tems où il a été fabriqué.

Le sou de France a d'abord été fabriqué sur le pied de douze deniers tournois d'où il fut appellé Douzain, nom qu'il conserve encore, bien qu'il n'en ait pas toûjours la valeur.

Ce sou ayant depuis été augmenté de trois deniers & marqué avec un poinçon d'une fleur-de-lys pour lui donner cours sur le pied de quinze deniers, il fut nommé Sou marqué, & parmi le peuple Sou tapé.

En 1656 Louïs XIV, ayant ordonné par son Edit du mois

mois d'Août une fabrication de piéces de six blancs, la révoqua par ses Lettres Patentes du 19 Novembre de l'année suivante, & ordonna qu'au lieu des piéces de six blancs il seroit fabriqué des sous & des double-sous, les uns de quinze deniers & les autres de trente, à deux deniers douze grains de fin, & trois grains de reméde, à la fabrication desquels on travailleroit pendant trois années avec vingt-quatre presses & balanciers; mais à peine les Entrepreneurs Monnetaires commençoient à y travailler, que ces nouvelles espéces furent décriées à la poursuite des Prevôt des Marchands & Echevins de la Ville de Paris par un Arrêt du Conseil d'Etat du 14 Août 1658, comme préjudiciables au Commerce.

Il est arrivé depuis, sous le même régne, plusieurs autres changemens dans cette monnoye de billon.

Les anciens sous qu'on avoit remis à douze deniers ayant été réformez, & d'autres de nouveau fabriquez, ils eurent les uns & les autres également cours pour quinze deniers par un Edit de 1693; mais par un autre Edit du mois de Septembre 1709, ces mêmes sous furent augmentez jusqu'à dix-huit deniers, & une nouvelle fabrication ordonnée de piéces de trente deniers dans les Monnoyes des Villes de Lyon & de Metz.

Ces derniéres espéces sont au titre de deux deniers douze grains de fin au reméde de 4 grains par marc, & à la taille de cent piéces au marc, au reméde de quatre piéces par marc; il fut aussi fabriqué des piéces de 15 deniers les unes & les autres avec la même empreinte de deux *L* adossées d'un côté, & d'une croix fleuronnée de l'autre, pour les différencier des anciens sous qui avoient une croix de huit *L* entrelassées & couronnées pour empreinte d'effigie, & d'un écu de France pour empreinte d'écusson. Les piéces de dix-huit deniers, & celles de quinze & de trente furent baissées sur la fin du régne de Louïs XIV. les unes ayant été réduites à quinze deniers, & celles de trente à vingt-un, valeur qu'elles avoient conservée pendant les deux premiéres années du régne de Louïs XV. sous lequel elles sont remontées, celles de quinze deniers à dix-huit, & celles de vingt-un à vingt-sept, où elles sont présentement (1718.)

Il y a quantité de sous & de demi-sous qui se fabriquent dans les Païs étrangers, mais qui n'ont point de cours en France.

Pour leur valeur elle est inégale suivant l'inégalité de ce qu'ils tiennent de fin, qui est à peu près au même titre des sous de France; il y a entr'autres des sous de Savoye, d'anciens sous de Besançon, des sous d'Avignon, de Dombes, de Charleville, &c.

Avant la réforme de tous les sous en France, il s'y en trouvoit plusieurs qu'on distinguoit par les Rois sous lesquels ils avoient été frappez, comme les douzains de Henri II. les sous de Charles IX. & les sous de Henri IV. D'autres avoient le nom des Provinces où on les fabriquoit, comme les sous de Dauphiné, &c.

Il y a quelques Provinces de France où le sou marqué a un nom particulier; en Anjou il s'appelle Ferlande, & dans d'autres le bossu, à cause d'une espéce de bosse que le poinçon de la Fleur-de-Lys y laissoit, lors qu'on le frappoit pour faire reconnoître ceux qui étoient réformez.

Les sous n'avoient d'abord été fabriquez que pour servir de menuë monnoye & faire des payemens en détail, conformément à l'Arrêt de 1666; mais l'usage s'étant introduit d'en faire de gros payemens, & pour cela de les réduire en sacs de vingt-cinq, de cinquante, de cent, & même de deux cens livres, qui s'appelloient communément Sacs de douzains, & qui se prenoient sans compter & se redonnoient de même dans le Commerce de l'argent sur la foi de l'étiquette attaché à l'ouverture des sacs; l'abus en devint si grand, que pour remédier à quantité d'inconvéniens qui en étoient la suite, Louïs XIV. le défendit par un Arrêt de son Conseil d'Etat du 16 Septembre 1692.

Cet Arrêt porte, qu'à l'avenir il ne se feroit plus de sacs de douzains, qu'ils ne se donneroient qu'en détail, & que dans les gros payemens on n'y en pourroit faire entrer que pour dix livres, sous peine de trois mille livres d'amende.

Il y a eu autre-fois en France des sous, des demi-sous & des tiers de sou d'or, & même à ce que rapportent quelques Auteurs qui ont traité des anciennes monnoyes de ce Royaume, des sous d'argent à la taille à ce qu'ils disent de vingt-quatre à la livre; mais outre que ces sous, ou d'or, ou d'argent, ont à peine passé la premiére race des Rois de France, & qu'il n'y a rien de bien certain sur cette matiére; comme ils ne sont point des monnoyes courantes qui sont les seules qui doivent entrer dans ce Dictionnaire, on peut avoir recours aux Auteurs qui en ont écrit exprès, entr'autres aux savans Traitez de MM. Bouteroüe & le Blanc.

Sou. Il y a en Hollande deux monnoyes, l'une d'argent, l'autre de billon, ausquelles on donne le nom de Sous; celle d'argent s'appelle Sou de gros, & l'autre Sou commun. Le sou de gros vaut douze gros ou six sous communs, à prendre le sou pour quinze deniers de France, c'est le schelling. *Voyez cet article.* Le sou commun qu'on nomme autrement Stuyver, vaut huit duytes, ou deux gros.

Ces deux monnoyes qui sont des espéces réelles, sont aussi en Hollande des monnoyes de change. *Voyez* Monnoye de Compte *&* de Change.

Sou, monnoye de compte qu'on appelle Sou Tournois, est composée de quatre liards qui valent douze deniers tournois. Les vingt sous tournois font une livre tournois, & soixante de ces sous valent un écu.

Le sou tournois se subdivise en douze deniers, le denier en deux mailles, ou oboles, la maille ou obole en deux pites, & la pite en deux semi-pites.

Sou. Il y a en France un autre sou de compte que l'on appelle Sou Parisis; il est d'un quart en sus plus fort que le sou tournois, & semblable en valeur au sou marqué de quinze deniers. Vingt sous parisis font une livre parisis qui fait vingt-cinq sous tournois, ou une livre cinq sous tournois.

La subvention est un droit de sou pour livre qui se perçoit sur certaines espéces de marchandises.

On dit Faire une contribution au sou la livre, pour dire Faire un partage ou repartition entre des Créanciers, chacun à proportion de ce qui leur peut être dû en principal.

Quand on dit qu'un Marchand ou Négociant est entré pour cinq sous dans une entreprise de Manufacture, ou autre

autre affaire de Commerce, cela signifie qu'il s'y est associé pour un quart, & qu'il y a mis du fond à proportion.

On dit en proverbe, qu'un Marchand a fait de cent sous quatre livres & de quatre livres rien, pour faire entendre qu'il a fait de mauvais trocs ou achats sur lesquels il y a toûjours eu à perdre.

Sou. En Angleterre, en Hollande, en Flandre & en Brabant, il y a une monnoye de compte que l'on appelle aussi Sou.

Le sou d'Angleterre se nomme sou sterling; c'est la vingtiéme partie d'une livre sterling. Un sou sterling vaut douze deniers sterling, ou douze penins, & ce sou augmente ou diminuë à proportion que la livre sterling augmente, ou diminuë de valeur, ce qui se régle par le prix du change. *Voyez* Livre.

En Hollande, en Flandre & en Brabant le sou s'appelle sou de gros; il faut vingt sous de gros pour faire une livre de gros, & le sou de gros se divise en douze deniers de gros; la valeur du sou de gros est variable, de même que celle du sou sterling d'Angleterre, c'est à dire, qu'elle suit toûjours la valeur de la livre de gros, par raport au prix du change. Il y a quelque différence entre le sou de gros de Hollande, & le sou de gros de Flandre & de Brabant. *Voyez* Livre.

SOUBARDIERS. Principaux étais qui soûtiennent la machine avec laquelle on tire hors des pierriéres les masses de pierre à faire de l'ardoise. *Voyez* Ardoisiere.

SOUCHA. Crêpon de soye de la Chine rayé de bleu. *Voyez* Crespon.

SOUCHE. Terme de Commerce en détail. C'est la plus longue des deux petites piéces de bois qui composent ce que les Marchands appellent une Taille sur laquelle ils marquent avec des hoches, ou incisions, qu'ils font journellement avec un couteau, les marchandises qu'ils donnent à crédit; l'autre partie s'appelle l'Echantillon. *Voyez* Taille.

SOUCHET DES INDES, DE MALABAR, ou DE BABYLONE. C'est la Terramerita. *Voyez* Terramerita.

Outre la Terramerita, qui est le véritable souchet dont il se fait une très-grande consomption par les Teinturiers & autres Ouvriers, il y a encore deux sortes de Souchets moins connus & de moindre usage, le Souchet rond & le Souchet long.

Le Souchet rond, qu'on appelle aussi Cyperus rond, & souvent Souchet d'Angleterre & de Flandres, parce que c'étoit de-là que les Marchands Epiciers-Droguistes le tiroient autre-fois; est une racine noueuse en forme de gros grains de chapelet, brune au dehors & grise au dedans, d'un goût astringent, & presque sans odeur quand elle est nouvelle. Cette racine croît dans l'eau, ou le long des ruisseaux. Elle jette du milieu de ses feuilles qui sont longues & étroites, des tiges triangulaires, solides & lissées. Ses fleurs sont petites & rougeâtres, attachées le long des tiges par bouquets enveloppez de quelques feuilles. Cette sorte de Souchet se tire présentement d'auprès d'Etampes. On le croit bon pour la colique pris en infusion dans du vin blanc. Il ne s'en fait néanmoins qu'une très-petite consomption.

Le Souchet rond paye en France les droits d'entrée à raison de 12 s. le cent pesant, conformément au Tarif de 1664.

Les droits de la Douane de Lyon sont de 5 s. d'ancienne taxation, & 2 s. 6 den. de nouvelle réapréciation.

Le Souchet long, ou Cyperus long, que quelques-uns nomment Galanga sauvage, est une petite racine entourée de quantité de filamens, d'une odeur assez agréable, & pour tout le reste assez semblable au Souchet rond, à la réserve de ses feuilles qu'elle a longues & vertes comme celles du poireau, & de la situation de ses fleurs qui viennent presque au bout des tiges. Ce Souchet se plaît pareillement dans le voisinage des eaux. Les Païsans des environs de Paris l'apportent vendre par sachées aux Marchands Droguistes; mais à moins de bien examiner le fond des sacs, on est souvent trompé; le dessus étant toûjours sec & bien conditionné, mais le reste se trouvant presque toûjours de moindre qualité, ou même humide & gâté. Il faut choisir cette racine grosse, séche, point vermouluë, & ne sentant ni le moisi, ni l'enfermé. Son usage est pour la Médecine: les Parfumeurs néanmoins & les Gantiers s'en servent à cause de son odeur.

Souchet. Terme de Carrier. On nomme ainsi une assez mauvaise pierre qui se trouve quelque-fois entre les bans qui composent une carriére, particuliérement sous le dernier banc. Le plus souvent le souchet n'est qu'une espéce de terre & de gravois. *Voyez* Carriere.

SOUCHEVER. } *Voyez* { SOUSCHEVER.
SOUCHEVEUR. } { SOUSCHEVEUR.

SOUCIS, ou SOUTIS. Ce sont des mousselines de soye rayées de diverses couleurs, qui viennent des Indes. On les appelle Mousselines, quoi qu'il n'y entre aucun coton dans leur fabrique, comme dans les véritables mousselines. Ce qui leur a fait donner ce nom, c'est une espéce de bourre legére qui paroît sur la superficie de la toile comme sur les mousselines. Ce sont de vrayes toiles de soye.

Il n'y a que les Indiens qui ayent la maniére de travailler ainsi ces sortes d'étoffes.

Les Soucis sont de différentes longueurs & largeurs; y ayant des piéces qui n'ont que huit aunes de long sur trois quarts de large, & d'autres vingt aunes sur deux tiers.

SOUDE. Plante avec laquelle on fait la soude en pierre. *Voyez l'article suivant.*

Soude. Sel gris artificiel très-poreux & très-lexivial. Les Verriers s'en servent pour faire leur verre, & les Savonniers l'employent dans la composition de leurs savons: mais la plus forte consomption de la soude, dont les Marchands Epiciers & Droguistes de Paris font un Commerce considérable, se fait par les Blanchisseuses des environs & des Fauxbourgs de cette grande Ville, qui s'en servent pour lessiver & blanchir le linge.

La soude se fait avec une plante qui croît le long des côtes de la Mer. Les Botanistes la nomment Kali, & prétendent que c'est d'elle que certains sels sont appellez Sels Alkalis. Les Ouvriers qui la brûlent la nomment la Marie.

Cette plante jette une tige de la hauteur d'un pied & demi, nouée à plusieurs endroits, & de ses nœuds sortent de petites feuilles fort étroites. Sa graine est enfermée dans de médiocres gousses rondes, qui viennent à l'extrêmité de ses branches. On la séme tous les ans; & quand elle est d'une grandeur raisonnable, on la coupe &

& on la fene comme l'on fait ordinairement le foin. Lors qu'elle est féche, l'on en remplit de grands trous faits exprès, on y met le feu, on la couvre; & quand elle est réduite en cendre, il s'en forme après quelque tems une pierre si dure, qu'on est obligé de la casser avec des maillets. C'est cette pierre que nous appellons Soude, & à qui les Anciens ont donné le nom de Salicore, Salicot, ou Alun Catin.

Il y a de quatre sortes de soudes; la soude d'Alicant; celle de Carthagéne; celle qu'on nomme Soude de Bourde; & enfin la Soude de Cherbourg, qu'on appelle aussi Varech, du nom d'une herbe qu'on trouve sur le bord de la Mer en Normandie, & dont elle est faite.

La soude d'Alicant est la meilleure; celle de Carthagéne, quoi que moins bonne, ne laisse pas de s'employer avec assez de succès; mais pour les deux autres, elles sont très-mauvaises, étant ordinairement humides, d'une couleur verdâtre approchant du noir, puantes, mêlées de quantité de pierres, & quelque-fois de chaux; ce qui gâte & brûle le linge.

Pour bien choisir la soude d'Alicant, il faut qu'elle soit séche, sonnante, d'un gris bleuâtre dedans, & dehors percée de petits trous en forme d'œil de perdrix, & que mouillée elle ne sente point un goût marin & de marécage. Sur tout qu'il n'y ait aucun mêlange d'autres pierres, & que celles de soude ne soient point couvertes d'une croûte verdâtre; ces deux défauts gâtant le linge, outre que le premier augmente encore inutilement le poids de la marchandise.

Il faut aussi observer que la soude trop grosse, ou trop menuë, peut plus facilement se fourrer d'autres drogues; & que la médiocre, de la grosseur des cailloux, appellée pour cela Cailloti, doit leur être préférée.

Pour la soude de Carthagéne, elle doit avoir les mêmes qualitez que celle d'Alicant à proportion; n'étant jamais si bleuë, ayant de plus petits trous, & étant plus couverte de cette croûte verdâtre qui est un défaut. Elle vient aussi en des bales plus grosses que l'autre.

On tire de la soude, par le moyen de l'eau commune, un sel blanc qui est le véritable sel alkali, & qui doit seul en porter le nom par préférence, & sans d'autre dénomination ajoûtée, à la différence des autres sels alkali qu'il faut faire connoître par la matiére, soit plante, soit autre dont ils ont été tirez, comme sel alkali d'absinthe, de centaurée, &c.

Il y a encore une sorte de soude que l'on appelle Soude blanche, qui est une espéce de sel ou salpêtre naturel, que les Droguistes appellent communément Natron. Il se forme de l'eau du Nil aidée de l'ardeur du Soleil, & ménagée à peu près de même que l'eau de la Mer dans les marais salans.

Soude de Barille. C'est la véritable soude d'Alicant, ainsi nommée de l'herbe de Barille qui se séme, se cultive, se recueille & se brûle aux environs de cette Ville d'Espagne. On la tire rarement toute pure d'Espagne; les Espagnols la mêlant souvent avec la soude de bourdine, qui est une autre herbe qui ressemble à la barille.

C'est la véritable soude de Barille qu'il faut employer pour la fabrication des glaces à miroirs, la bourdine n'y étant pas propre. Elle s'envoye en masse dans de grands cabats de jonc.

Soude de Bourdine. *Voyez l'article précédent.*

Les Soudes payent en France les droits d'entrée & de sortie à raison de 10 s. le cent pesant, conformément au Tarif de 1664.

Les droits de la Douane de Lyon, dans le Tarif de laquelle elles sont appellées Souldes, sont 2 s. du quintal d'ancienne taxation, & 1 s. de nouvelle réapréciation.

Soude de Compte. *Voyez* Compte.

SOUDER UN COMPTE. C'est la même chose que Solder un compte. *Voyez* Compte.

Souder. Signifie parmi les Ouvriers & les Artisans qui travaillent sur les métaux, attacher & joindre ensemble deux piéces de même métail, ou de deux métaux différens, par la fusion & application de quelque composition métalique sur les extrêmitez des métaux qu'on veut unir.

Les Orfévres soudent avec l'or, l'argent & le cuivre mêlez ensemble; les Plombiers avec le plomb & l'étain. Le cuivre se soude avec l'étain, & quelque-fois, suivant l'ouvrage, avec un mêlange de cuivre & d'argent. Pour souder tous ces métaux, on employe ordinairement le borax en poudre, & quelque-fois la poix-résine.

A l'égard du fer, il suffit de le mettre chauffer jusqu'à ce qu'il soit devenu tout à fait blanc, & comme on dit en termes de l'Art, tout dégoûtant: en cet état il se soude, c'est à dire, il se bat avec le marteau; ce qui de deux morceaux n'en fait qu'un. *Voyez ci-après* Soudure.

Souder. Les outils qui servent à souder les ouvrages de plomberie sont la cuilliére, le gratoir, les fers à souder garnis de leurs attelles, & les polastres, si ce sont des tuyaux.

Les Vitriers & les Ferblantiers n'ont besoin que de fers à souder, mais plus petits que ceux des Plombiers. Les uns & les autres se servent de poix-résine pour faire mieux prendre la soudure. Quand on veut au contraire qu'elle ne prenne pas en de certains endroits, on les salit avec la main ou avec de la craye. *Voyez à l'article des Tuyaux la maniére de faire & de souder ceux de plomb.*

On appelle Fers à souder, des fers ronds avec une queuë de même, dont se servent les Plombiers, Ferblantiers, Fontainiers, Vitriers, &c. pour fondre & appliquer la soudure sur leurs ouvrages. Les morceaux de bois fendus en deux, qui leur tiennent lieu de manche, se nomment des Attelles par les Plombiers, & des Mouflettes par les autres.

Souder les bras du flambeau. Terme de Marchand Epicier-Cirier. C'est joindre ensemble les quatre grosses méches, dont on forme les flambeaux de poing, après qu'elles ont eu leurs deux premiers jets de cire. *Voyez* Flambeau de poing & Soudoir.

SOUDIS. Petite monnoye qui a cours à Ormus dans le Sein Persique.

Un Soudis vaut quatre payes & la paye dix besorchs, qui sont à peu près comme les liards de France. *Voyez* Besorche.

SOUDOIR. Sorte d'outil ou d'instrument de fer, dont les Ciriers se servent pour souder ensemble les bras des flambeaux de poing. Il est long d'environ deux pieds, fait en fer de pique un peu arrondi. Il a un manche de bois pour le tenir.

SOUDURE. Composition ou mêlange de divers métaux & minéraux, qui sert à souder & joindre ensemble d'autres métaux. On fait des Soudures d'or, d'argent, de cuivre, d'étain commun, d'étain de glace & de plomb; observant de mettre toûjours dans la composition quelque partie du métail qu'on veut souder avec une partie d'un métail supérieur.

Les Orfévres font de quatre sortes de soudures, que pour distinguer ils nomment Soudures à huit, à six, au quart & au tiers qui est la plus foible. Ils entendent par Soudure à huit, celle qui n'a qu'un huitiéme de cuivre ou de léton sur sept parties d'argent; la seconde a un sixiéme de cuivre; la troisiéme en a un quart; & la quatriéme a un tiers. C'est ce mêlange de cuivre dans la soudure d'argent qui fait que la vaisselle montée est toûjours moins chére que la vaisselle plate.

La soudure des Plombiers se fait de deux livres de plomb avec une livre d'étain. On éprouve sa bonté dans la fonte, lors que versant de la largeur d'un écu de cette soudure en fusion sur le plancher ou sur une table, il s'y forme ce qu'on appelle des Yeux de perdrix, c'est à dire, de petites étoiles claires & brillantes.

La soudure du cuivre se fait comme celle des Plombiers, mais avec le cuivre & l'étain; quelque-fois si ce sont des ouvrages délicats qu'on veut souder, on met quelque portion d'argent à la place de l'étain.

Enfin, la soudure de l'étain se fait avec les deux tiers d'étain & le tiers de plomb; mais quand on veut que l'ouvrage soit délicat comme aux tuyaux d'orgues, où la soudure est difficile à appercevoir, on la fait avec une partie d'étain de glace & trois parties d'étain fin. *Voyez* ETAIN, *à l'endroit où l'on parle de la claire-soudure.*

Les Potiers d'étain vendent aux Chauderonniers, Ferblantiers, Vitriers, Plombiers, Faiseurs d'orgues, &c. une sorte de bas étain moitié plomb & moitié étain neuf, qu'ils appellent Claire-soudure, Basse-étoffe, Petite-étoffe, &c. C'est la moindre de toutes les sortes d'étain qu'il est défendu aux Potiers d'étain d'employer à leurs ouvrages, si ce n'est pour des moules à chandelle. *Voyez comme dessus.*

La Soudure d'étain paye les droits de la Douane de Lyon à raison de 9 s. du quintal, tant pour l'ancienne que pour la nouvelle taxation.

SOUFLAGE. L'Art de soufler le verre. On le dit aussi de l'action du Paraissonier qui le soufle.

On appelle dans les manufactures des glaces à miroirs le four du souflage, celui où se fond & se prépare le verre pour faire les glaces souflées. Le four des glaces de grand volume se nomme Four à couler. *Voyez* GLACE.

SOUFLER le verre, Soufler une glace. C'est avec une fele ou canne de fer qu'on trempe dans le verre liquide, en former en le souflant avec la bouche les différens ouvrages qui se font dans les verreries & dans les manufactures des glaces. *Voyez* GLACE. *Voyez aussi* VERRE.

SOUFLER. Les Emailleurs disent aussi Soufler l'émail, en faire en le souflant avec un petit tuyau de verre cet émail creux qu'on nomme du Jais. *Voyez* EMAIL.

SOUFLET. Instrument qui sert à attirer l'air & à le repousser, dont on se sert dans les cheminées des chambres & des cuisines, & aux forges, fourneaux & fonderies, pour y aviver & exciter le feu; comme aussi aux orgues & autres instrumens & machines pneumatiques pour leur donner le degré de vent dont elles ont besoin.

Le souflet est composé de deux ais plats, ordinairement de forme presque triangulaire, avec chacun une queuë taillée du même bois. Deux ou plusieurs cerceaux pliez de la figure des ais, sont placez entre deux: un cuir large par le milieu, & étroit par les deux extrêmitez où il finit presque en pointe, est cloué sur le bord des ais qu'il unit ensemble, & encore sur les cerceaux qui séparent les ais, afin que le cuir se plie ou s'ouvre plus aisément. Un tuyau de fer ou de cuivre, même quelque-fois d'argent, aux souflets de chambre, termine le souflet, & est attaché à l'ais de dessous. Enfin, un cuir qui est au dedans, & qui couvre les trous de l'ais d'en-bas, sert comme de sou-pape pour donner entrée à l'air, ou pour le retenir: on l'appelle l'Ame du souflet.

Les souflets qui servent aux forges des Orfévres, des Serruriers, des Maréchaux, des Taillandiers, des Fondeurs, &c. soit qu'ils soient doubles, soit qu'ils soient simples, s'élévent & se baissent par le moyen de la branloire & d'une chaîne qui y est attachée, & que tire l'Ouvrier.

Les souflets des fonderies & des fourneaux où se cuisent & se liquifient les métaux, aussi-bien que ceux de forges où se travaillent les gros ouvrages, comme sont les ancres des Vaisseaux & la plus grosse taillanderie, reçoivent leur mouvement par les rouës de quelque moulin à eau.

D'autres souflets, entr'autres, ceux des Emailleurs l'ont par une ou plusieurs marches que l'Ouvrier a sous ses pieds. *Voyez* EMAIL.

Enfin, les souflets d'orgues se lévent par un homme, qui de-là a le nom de Soufleur; les petits souflets de cuisine ou de chambre s'ouvrent & se ferment avec l'une & l'autre main.

Les souflets d'orgues qui donnent le vent aux divers tuyaux qui forment les tons & les jeux de l'orgue, sont d'une fabrique & d'une forme différentes des autres, & en sont comme une espéce à part. On en parle ailleurs. *Voyez* ORGUE.

Les Bouchers se servent aussi de souflets d'une structure extraordinaire pour soufler & enfler leurs viandes après que les bêtes ont été assommées, afin de les habiller & dépecer plus facilement.

Divers Ouvriers travaillent à ces différens souflets, mais qui pourtant ne sont que d'une même Communauté qui est celle des Boisseliers. *Voyez* BOISSELIER.

Les Souflets de Maréchal payent en France les droits d'entrée à raison de 25 s. de la piéce, conformément au Tarif de 1664.

Les droits qu'ils payent à la Douane de Lyon sont de 4 s. de la paire tant d'ancienne taxation que de nouvelle réapréciation.

Les petits souflets en conséquence du même Tarif de 1664 payent 4 s. de la douzaine.

A l'égard des droits de sortie, les souflets de Maréchal payent 6 s. de la paire, & les petits souflets 3 s. de la douzaine.

SOUFRANCE. Terme de comptes. Il se dit des articles de la dépense d'un compte, qui n'étant pas assez justifiez pour être allouez, ni assez peu pour être rayez, restent comme en suspens pendant un tems, afin que durant

durant ce délai le Comptable puisse chercher & raporter des quitances ou autres piéces pour sa décharge.

Les articles en souffrance se rayent après le délai fini, s'ils ne sont pas justifiez, ou s'allouent s'ils le sont. *Voyez* COMPTE.

SOUFRE. *Voyez* SOULFRE.

SOULEGE. On appelle en quelques endroits des Soulleges, ce qu'on nomme presque par tout des Alléges, & en Bretagne des Gabares. *Voyez* ALLEGE *&* GABARE.

SOULFRE, qu'on écrit & qu'on prononce SOUFRE. C'est un minéral fossile, onctueux & inflammable.

Il y a de deux sortes de soulfre naturel, c'est à dire, qui n'a point été passé par le feu pour le purifier; le soulfre vif & le soulfre minéral.

Le soulfre vif, ainsi nommé de ce qu'il est tel qu'il sort de la mine, est une espéce de glaise grise facile à prendre feu, & qui en brûlant jette une odeur de soulfre. Sa couleur lui fait quelque-fois donner le nom de Soulfre gris. Il vient pour l'ordinaire de Sicile, quoi que l'on en tire aussi de quelques autres endroits. Il se consume peu de ce soulfre à Paris, si ce n'est pour quelques compositions galéniques, ou pour soulfrer le vin, afin de le conserver après l'avoir soûtiré; ce que les Cabaretiers font en mettant du soulfre vif avec de la fleur de soulfre, du sucre, de l'anis, de la canelle, de la muscade, du clou de girofle, &c. & en trempant un linge dans cette mixtion, qu'ils font brûler dans leurs futailles.

Il faut choisir le soulfre vif, tendre, friable, uni, doux & luisant, d'un gris de souris, & point chargé de menu.

Le soulfre minéral est une espéce de bitume dur & terreux, d'un jaune assez luisant, d'une odeur forte & puante, facile à fondre & à brûler. On trouve assez de ce soulfre aux environs des volcans ou montagnes qui jettent du feu, telles que le Mont Vésuve, l'Ethna, &c. Il a néanmoins ses mines particuliéres; & il en vient d'excellent de quelques lieux d'Italie & de Suisse; mais le meilleur est celui de Quitto & de Nicaragua dans l'Amérique Espagnole. C'est de ce soulfre minéral, que par le moyen du feu & de l'huile de baleine on tire le soulfre commun qui entre dans la composition de la poudre à canon, & qui sert à tant de divers Ouvriers.

Ce soulfre se nomme ordinairement chez les Marchands Epiciers-Droguistes de Paris, Soulfre en canon, à cause de sa forme; ne se vendant guére qu'en espéces de billes ou bâtons ronds de diverses grosseurs, que quelques-uns nomment aussi Magdelons ou Magdaleons. Il est de meilleure ou de moins bonne qualité, suivant l'affinage d'où il vient. Celui de Hollande a eu long-tems la vogue; l'on donnoit le second rang à celui de Venise, & celui de Marseille étoit le moins estimé. Il semble que les rangs soient présentement changez; & l'on préfére le soulfre de Marseille aux deux autres, ou du moins on l'estime autant; les Marseillois s'étant apparenment appliquez à le mieux rafiner.

Il faut choisir le soulfre en canon, soit qu'il vienne de Hollande, de Venise, ou de Marseille, (n'y ayant que de ces trois endroits que les Marchands de Paris le tirent,) il faut, dis-je, le choisir en canons gros & longs, d'un jaune doré, leger, facile à casser, & que cassé il paroisse brillant & comme cristalisé. Il est vrai que la grosseur des canons ne fait rien pour la qualité du soulfre; mais il est plus de vente de cette sorte.

Outre l'usage du soulfre pour composer la poudre à canon dont on vient de parler, ce minéral en a un peu dans la Médecine, & davantage dans la Chymie.

Les Ouvriers en soye & en laine s'en servent pour blanchir les uns leurs soyes, & les autres leurs étoffes de laine; la vapeur du soulfre y étant très-bonne. Il est néanmoins ordonné aux premiers de mettre les soyes blanches dans le bain d'alun sans y mêler du soulfre.

L'on ne parlera point ici des soulfres verds ou d'autres couleurs, en grands ou petits moules, qui se font à Marseille & ailleurs, n'étant tous que le soulfre commun, ou en canon diversement purifié, poussé au feu, & mis dans des moules différens.

Le Soulfre vif & commun paye en France les droits d'entrée à raison de 12 s. le cent pesant, conformément au Tarif de 1664.

Les droits de la Douane de Lyon sont, savoir 4 s. 3 den. du quintal d'ancienne taxation, 9 d. de nouvelle réapréciation, 2 s. pour les anciens quatre pour cent, & pour leur réapréciation 12 s.

FLEUR DE SOULFRE. C'est le plus pur du soulfre, que l'on a fait évaporer par le moyen de la sublimation, en le brûlant dans des pots faits exprès, & que l'on recueille dans le chapiteau de la cucurbite où la vapeur s'attache. La meilleure fleur de soulfre se tiroit autre-fois de Hollande; & celle que l'on fait à Marseille, quoi que d'assez bonne qualité n'en approche pas. Pour celle de Roüen & de Paris, du moins telle que quelques Colporteurs la vendent dans cette derniére Ville, il faut absolument la rejetter, n'étant pour l'ordinaire qu'un mauvais mélange de soulfre poussé à grand feu, & d'amidon, ou de farine, ou bien même seulement de la poussiére de soulfre passée au tamis.

La fleur de soulfre de Hollande doit être choisie en pain de la forme de ceux du stile de grain, ou du moins en gros morceaux, légére, douce, friable, & plus blanche que jaune. Si l'on en veut en poudre, il faut qu'elle soit très-fine, d'un jaune tout ensemble blanchâtre & doré, & d'un goût agréable. Plus la fleur de soulfre de Marseille approchera de ces qualitez, plus elle sera excellente.

Cette drogue est d'un grand usage dans la Médecine; on la croit fur tout très-amie du poumon.

Les fleurs de Soulfre payent en France les droits d'entrée à raison de 100 s. du cent pesant, conformément au Tarif de 1664.

Les droits de la Douane de Lyon sont de 1 liv. 7 s. 4 den. le quintal pour tous droits.

On tire aussi du soulfre par les opérations chymiques, des huiles, des esprits, des sels, des laits & des baumes, dont on peut voir la maniére dans les Pharmacopées, ou dans l'Histoire générale des Drogues du Sieur Pomet. Il s'apporte quelques huiles de soulfre des Païs Etrangers.

L'huile de soulfre paye en France les droits d'entrée à raison de 20 l. le cent pesant, conformément au Tarif de 1664.

SOULIER, ou SOULIE'. Chaussure de cuir ou de quelqu'étoffe qui couvre le pied depuis ce qu'on en appelle la Cheville. Le soulier est composé d'une ou de plusieurs semelles, d'un talon de cuir ou de bois, de l'empeigne, l'empeigne, des quartiers, & des oreilles. *Voyez* CORDONNIER. *Voyez aussi l'article des* TALONS *&* *des* TALONNIERS.

Les Souliers neufs payent en France les droits d'entrée à raison de 20 f. la douzaine de paires, conformément au Tarif de 1664.

Les droits de la Douane de Lyon sont de 10 f. de la charge d'ancienne taxation, & 5 f. de nouvelle réapréciation.

A l'égard des droits de sortie, les Souliers neufs payent 8 f. de la douzaine de paires, & les vieux 6 d.

SOUPE DE LAIT. Terme de manége & de Commerce de chevaux. Il se dit du poil qui tire sur le blanc. *Voyez* CHEVAL.

SOUPIER. Terme de Carrier. C'est une espéce de banc ou lit de pierre qui ne se trouve que dans les carriéres de S. Maur, Village à deux lieuës de Paris, & qui y tient lieu de ce qu'on appelle le Souchet dans les autres carriéres; avec cette différence que du soupier il se tire d'excellent moilon, & que le souchet n'est souvent qu'un amas de gravois & de terre sur lesquels est posé le grand banc. *Voyez* CARRIERE.

SOURBASTIS, ou SOURBASSIS. Les soyes qu'on appelle Sourbastis sont des soyes de Perse, les plus fines & de la meilleure qualité de toutes celles qu'on tire du Levant.

Il y en a de blanches & de jaunes, mais toutes ordinairement gréges & en matasses. Leur pliage est en masses, & chaque bale contient cent vingt masses.

Le plus grand Commerce s'en fait à Smirne, où elles sont apportées de Perse par caravannes. On en tire aussi d'Alep & de quelques autres Echelles du Levant. Il en vient encore une assez grande quantité par le retour des Vaisseaux que les Nations d'Europe envoyent dans le Golfe Persique.

Gamron, autrement Bender-Abassi est le Port de Perse où elles se chargent, & où elles sont conduites d'Ispaham sur des chameaux qui en portent chacun deux bales. *Voyez* SOYES DU LEVANT.

SOURD. Terme de Jouaillerie. On dit qu'une pierre est sourde, ou qu'elle a quelque chose de sourd, quand elle n'a pas tout le brillant & tout l'éclat que les pierres d'une semblable espéce doivent avoir pour qu'elles soient parfaites. Les pailles & les glaces qui sont de grands défauts dans les pierres précieuses, & un certain œil sombre, obscur & brouillé que d'autres ont quelque-fois, font proprement le sourd de la Jouaillerie.

SOURD. Se dit aussi dans l'Arithmétique d'un nombre qui n'a point de proportion avec un autre; c'est à dire, qui n'a point de mesure commune, & qu'on ne peut diviser sans fraction. C'est ce que les Géométres appellent un nombre irrationnel, 31 est un nombre sourd.

SOURD. On appelle un Couteau sourd, en termes de Corroyeur, une espéce de plane qui n'est pas extrêmement tranchante, qui leur sert à préparer leurs cuirs. *Voyez* CORROYER.

SOURIS DE MOSCOVIE. C'est un des noms que l'on donne dans le Commerce de la Pèleterie à la martre zibeline, cette espéce de fourrure qui est du nombre des plus précieuses. *Voyez* MARTRE.

On appelle Gris de souris, une couleur qui approche de celle de la peau de la souris. *Voyez* COULEUR. *Voyez aussi* TEINTURE.

SOUSCHET. *Voyez* SOUCHET.

SOUSCHEVER. Terme de Carrier. C'est proprement couper le souchet, c'est à dire, la pierre ou moilon qui se trouve dans les carriéres, au dessous du dernier banc de pierre.

Il se dit néanmoins plus communément de tout l'ouvrage que les Garçons Compagnons Carriers font dans le fond de la carriére sous chaque banc ou lit de pierre, pour les séparer les uns des autres. C'est l'ouvrage le plus difficile & le plus périlleux de tous, qui ne se fait que sous œuvre, & dans une posture très-contrainte, le Carrier étant ordinairement couché de son long sur de la paille, pour pouvoir détacher & couper la pierre avec le marteau en croissant, qu'en termes du métier on appelle une Esse *Voyez* CARRIER *&* CARRIERE.

SOUSCHEVEUR. Ouvrier qui travaille dans les carriéres à ôter le souchet. *Voyez l'article précédent.*

SOUSCRIPTEUR. Celui qui souscrit pour l'édition d'un Livre, ou pour quelqu'autre entreprise, & qui avance une partie du prix.

SOUSCRIPTION. C'est proprement la signature que l'on met au bas de quelqu'écrit.

SOUSCRIPTION, en matiére de Commerce. C'est l'engagement que celui qui souscrit un Billet, Lettre de change, Promesse ou Obligation, prend en y ajoûtant sa signature d'être la caution de celui qui les a faits, & de payer pour lui les sommes qui y sont contenuës, & d'aquiter toutes les clauses qui y sont spécifiées & énoncées; en sorte que celui ou ceux au profit desquels sont faits lesdits billets, lettres de change, promesses & obligations, ont autant de Débiteurs tenus de l'aquit de leur dette, & de l'éxécution des engagemens pris dans ces actes, qu'il y a de personnes qui y ont mis leur signature ou souscription. On ne demande des souscriptions que pour plus de sûreté; c'est un vrai cautionnement.

SOUSCRIPTION. Se dit aussi en Angleterre, de l'intérêt que les Particuliers prennent dans un fonds public, ou dans un établissement de Commerce, en signant sur un Regîstre pour combien ils veulent y prendre part. Presque toutes les grandes affaires se font en Angleterre par voye de souscription.

SOUSCRIPTION. Ce terme est pareillement devenu très-commun en France dans le Commerce des actions de la Compagnie d'Occident, nommée ensuite Compagnie des Indes, établie à Paris dans les premiéres années du Régne de Louis XV.

La souscription est différente de l'action, en ce que la premiére n'est proprement qu'une action commencée, & seulement un engagement en faisant le premier payement, d'aquiter le reste dans les tems marquez; & que l'autre est, comme on dit, une action toute entiére & toute nourrie. *Voyez* COMPAGNIE DES INDES. *Voyez aussi* ACTION.

SOUSCRIPTION. Est encore un terme en usage parmi les Libraires Anglois, qui commence à s'introduire dans la Librairie de France.

Il signifie l'engagement où l'on entre de prendre un certain nombre d'éxemplaires d'un Livre qui va s'imprimer, & l'obligation réciproque du Libraire qui l'imprime, de délivrer chaque éxemplaire à un certain prix à celui qui a souscrit.

Les conditions ordinaires de ces souscriptions sont de la part

part du Libraire de faire un tiers meilleur marché au Souscripteur; & de la part de celui-ci de payer comptant avant l'impression la moitié du prix, & l'autre moitié quand on lui délivre les exemplaires: convention également avantageuse à tous les deux, puis que le Libraire y trouve de quoi faire les avances d'une Edition souvent au dessus de ses forces, & le Souscripteur reçoit comme l'intérêt de son argent par le prix médiocre que lui coûte un Livre.

SOUSCRIRE. Se prend dans les trois significations qu'on vient d'expliquer.

Dans la premiére il veut dire, se rendre caution de quelqu'un, en ajoûtant & joignant sa propre signature à celle du premier Débiteur, au bas de quelque obligation, promesse ou billet qu'il a fait.

Dans les deux autres sens on dit, Ce Marchand a souscrit pour cent mille écus sur les fonds du dernier subside; pour dire, qu'il y a pris intérêt pour cette somme: Et l'on dit aussi, Bien des Gens souscrivent pour l'Ouvrage du Pére de Montfaucon; pour signifier, que beaucoup de Gens de lettres ou de Libraires se sont engagez par écrit d'en prendre un certain nombre d'exemplaires, & qu'ils en ont avancé la moitié du prix sous les conditions proposées.

SOUS-FERME. Partie d'un bail ou d'une ferme que l'on céde à un autre.

Les Fermiers Généraux des Aydes de France ont coûtume de donner en sous-fermes la plûpart des Elections du Royaume où les droits des Aydes sont établis; ne se réservant guére que la régie générale & celle des Aydes de la Généralité de Paris.

SOUS-FERMER. Prendre ou donner à ferme une partie de ce qui compose une ferme générale.

SOUS-FERMIER. Celui qui tient une ferme ou une partie d'une ferme sous un autre.

On appelloit autre-fois simplement Sous-Fermiers, ceux qui prenoient des sous-fermes sous les Fermiers Généraux de Sa Majesté; mais ils se donnent présentement celle d'Intéressez aux Fermes du Roi.

SOUS-FRETER. Terme de Commerce de Mer. C'est louer à un autre un Navire qu'on avoit loué pour soi.

Il est défendu par les Ordonnances de la Marine à tous Courtiers, Commissionnaires & autres, de sous-freter un Navire à plus haut prix que celui porté par le premier contract.

SOUS-LOCATAIRE. Celui qui loue une portion de maison de celui qui en est le principal Locataire.

SOUS-LOUER. Louer une partie de ce qu'un autre loue.

SOUMISSION. Signifie une promesse que l'on fait à quelqu'un de s'aquiter de certaines choses, à de certaines conditions, & dans certains tems, sous des peines ou fixées par les Loix & Ordonnances, ou convenuës par les Contractans.

Les Soûmissions sont fort ordinaires parmi les Négocians: ils en font aux Bûreaux des Fermes du Roi qui sont sur les frontiéres du Royaume pour les marchandises qui n'y font que passer debout, & qui sont destinées pour d'autres Etats: ils en font aussi à ceux de la Douane de Paris pour les transits & aquits à caution, aussi-bien qu'à l'Inspecteur du Roi qui y est établi pour l'envoi de certaines marchandises à l'Etranger.

Toutes ces Soûmissions portent engagement de raporter des Certificats des Commis ou Magistrats des lieux où ces marchandises sont destinées, qu'elles y sont arrivées; & des Bureaux par lesquels elles doivent seulement passer, qu'elles y ont été ouvertes ou visitées; & enfin de l'éxécution de tout ce qui est contenu dans leur Soûmission; faute de quoi les Marchands & Négocians encourent les peines sous lesquelles les aquits & permissions leur ont été accordées.

SOUS-MULTIPLE. Terme d'Arithmétique. *Voyez* MULTIPLE.

SOUS-PENTES. Terme de Bourelier. Ce sont de grosses courroyes de plusieurs cuirs cousus ensemble, qui tiennent suspendu le corps d'un carrosse, & qui s'allongent ou s'accourcissent suivant qu'il en est besoin, par le moyen de fortes boucles de cuivre relevées en bosses, que fondent les Fondeurs en sable, & que dorent les Doreurs sur métail. *Voyez* CARROSSE, *ou* BOURELIER.

SOUS-PENTES, en terme de Charpentier. Sont les deux piéces de bois qui soûtiennent le treuil d'une gruë. *Voyez* GRUE.

SOUS-PENTES. Les Serruriers & les Maçons appellent aussi de la sorte les barres de fer, ou les morceaux de bois qui servent à soûtenir le faux manteau d'une cheminée.

SOUSSIGNER. C'est mettre sa signature au pied de quelqu'Acte, ou Ecrit, pour l'agréer, le faire valoir, & consentir à son éxécution. La signature consiste ordinairement au nom de la personne qui signe, qui le met & l'écrit de sa propre main au bas de l'Acte, ou Ecrit; on y ajoûte quelque-fois un paraphe, c'est à dire, un certain entrelassement de lignes & de traits que chacun imagine à sa maniére pour le rendre plus difficile à être contrefait. Les personnes qui ne savent pas écrire se contentent de faire, au lieu de leur signature, quelque marque qui leur est propre, si c'est sous seing privé; mais quand c'est par devant Notaire, il faut faire mention dans l'Acte que l'un des contractans, ou même tous deux ont dit ne savoir signer. Les consultations des Avocats, & celles des habiles Négocians qui donnent leur conseil, commencent ordinairement par ces mots: *Le Conseil soussigné*; & les Promesses, Quitances, Certificats, par ceux-ci assez semblables: *Je soussigné*, ou *Nous soussignez, confessons, certifions, &c.*

SOUTENABLE. Couleur soûtenable. Il se dit dans les ouvrages de Teinture, des couleurs qui ne se déchargent pas beaucoup à l'user, & qui ne noircissent ou ne teignent pas après qu'elles sont achevées.

Le Réglement de 1669, ordonne: Afin que les couleurs soient belles & soûtenables, que les draps soient dégorgez à blanc au moulin à foulon avant de les donner au Teinturier. *Voyez* TEINTURE.

SOUSTRACTION. C'est la deuxiéme des quatre premiéres Régles de l'Arithmétique, dont on se sert pour défalquer, déduire ou ôter d'un grand nombre un plus petit de même espéce afin d'en connoître le restant.

La Soustraction est composée de trois nombres ou sommes, dont le premier qui est toûjours le plus grand se nomme la Dette: le second qui est à défalquer, s'appelle la la Paye; & le troisiéme qui est inconnu & que l'on cherche, est nommé, le Reste.

Pour faire cette Régle il faut poser les deux premiers nombres l'un sous l'autre; c'est à dire, la paye sous la dette, suivant l'ordre de la numération des chiffres, & une ligne dessous. Puis pour trouver le troisiéme nombre inconnu, on doit ôter les figures inférieures des figures supérieures, de colonnes en colonnes, l'une après l'autre, en allant de droit à gauche, disant: Qui de tant paye tant, reste tant: comme, qui de 7 paye 3 reste 4, & ce 4 se pose au dessous du 3, la ligne entre deux.

Lors que dans une colonne les figures de la Paye & de la Dette se trouvent semblables, comme s'il y avoit un 6 dessus & un 6 dessous, il faudroit dire, qui de 6 paye 6, ne reste rien; & ce rien qui s'exprime par un o ou zéro, se met sous le 6 de la Paye.

Quand la figure de la dette est plus forte que celle de la paye; comme 8 la dette, & 2 la paye; on dit: Qui de 8 paye 2 reste 6, & ce 6 se met au dessous du 2.

Au contraire si la figure de la dette est moindre que celle de la paye, comme 2 la dette & 8 la paye; il faut emprunter une dizaine sur la figure voisine à gauche, sur laquelle il faut mettre un point pour marquer l'emprunt, & cette dizaine se joint au 2 de la dette, ce qui fait 12, duquel on ôte la figure 8, en disant qui de 12 paye 8 reste 4, & ce 4 se pose au dessous du 8.

Si la dizaine a été empruntée d'un 5, ce cinq ne vaut plus que 4; en sorte que supposé que sous le 5 qui ne vaut plus que 4, il y ait un 3, on doit dire: Qui de 4 paye 3 reste 1 qu'il faut poser sous le 3.

Un éxemple de Soustraction composé des mêmes chiffres ou nombres entiers qui viennent d'être proposez, pourra mieux faire comprendre la maniére de bien opérer en cette régle.

EXEMPLE.

Je dois cinquante-deux mille huit cens soixante-sept livres, sur quoi j'ai payé trente-huit mille deux cens soixante-trois livres: Je veux savoir combien je dois de reste.

OPERATION.

	Colonnes. A B C D E
Dette . . .	5 2 8 6 7 l.
Paye . . .	3 8 2 6 3
Reste . . .	1 4 6 0 4

EXPLICATION.

Les deux sommes ayant été posées comme il paroît ci-dessus, savoir la dette sur la paye, & une ligne dessous; je commence à soustraire par la colonne E, en disant: qui de 7 paye 3 reste 4, que je pose sous le 3, la ligne entre deux.

Ensuite je passe à la colonne D, & je dis: qui de 6 paye 6 ne reste rien, & ce rien s'exprime par un o ou zéro que je pose sous le 6.

Puis je vais à la colonne C, en disant: qui de 8 paye 2 reste 6 que je pose sous le 2.

Après je passe à la colonne B, & je dis; qui de 2 paye 8 ne peut; j'emprunte une dizaine sur le 5 de la colonne A que je joins au 2 de la colonne B ce qui fait 12, & je dis: qui de 12 paye 8 reste 4, que je pose sous le 8.

Enfin, je vais à la colonne A dont le 5 ne vaut plus que 4, à cause de la dizaine empruntée, marquée par un point, & je dis: qui de 4 paye 3 reste 1 que je pose sous le 3.

Après que j'ai fait comme il vient d'être dit, toutes ces petites soustractions les unes après les autres, colonne par colonne, je nombre de suite tous les chiffres restans que j'ai posez, & je trouve que je dois de reste la somme de quatorze mille six cens quatre livres: ainsi qu'il se voit à l'endroit de l'opération de ce premier éxemple de Soustraction.

Lors que dans l'ordre de la numération des chiffres, il se rencontre un zéro à la dette & un zéro à la paye, on dit: qui de zéro paye zéro reste zéro, & ce zéro se met sous le zéro de la paye, une ligne entre deux.

S'il se trouvoit un zéro à la dette & un 4 à la paye, on diroit: qui de zéro paye 4 ne peut; j'emprunte une dizaine sur le chiffre le plus proche à gauche, & je dis: qui de 10 paye 4 reste 6, & ce six doit être mis sous le 4 de la dette.

Et au contraire, s'il y avoit un 4 à la dette & un zéro à la paye, il faudroit dire: qui de 4 paye zéro reste 4; & ce 4 se mettroit sous le zéro de la paye: mais si l'on avoit emprunté une dizaine du 4, qui par cette raison ne vaudroit plus que trois, pour lors il faudroit dire: qui de 3 paye zéro reste 3, au lieu de dire: qui de 4 paye zéro reste 4.

Quand il y a plusieurs zéros de suite à la dette, & que les chiffres de la paye qui sont au dessous ne sont pas des zéros, la dizaine doit être empruntée du chiffre qui avoisine le dernier zéro, en retrogradant de la droite à la gauche; en sorte que le dernier zéro en dégradant de gauche à droit vaut dix, & ceux qui le précédent ne valent que neuf.

Pour faire mieux entendre les principes de Soustraction qui viennent d'être proposez, on a jugé à propos de donner ici un second éxemple qui comprendra en soi tous les chiffres ou nombres entiers dont il a été parlé ci-dessus.

EXEMPLE.

Il m'est dû deux cens mille quatre cens livres; sur quoi il m'a été payé cinquante-trois mille quarante livres. Je veux savoir combien il m'est dû de reste.

OPERATION.

	Colonnes. A B C D E F
Dette . . .	2 0 0 4 0 0 l.
Paye . . .	5 3 0 4 0
Reste . . .	1 4 7 3 6 0

EXPLICATION.

Après que les deux sommes ont été posées comme ci-dessus; savoir la dette sur la paye, & une ligne dessous.

Je

Je commence à soustrairie par la colonne F en disant : qui de zéro paye zéro reste zéro, que je pose sous le zéro, la ligne entre deux.

Puis passant à la colonne E, je dis : qui de zéro paye 4 ne peut ; j'emprunte une dizaine du 4 de la colonne D, que je joints au zéro de la colonne E, ce qui fait 10, & je dis : qui de 10 paye 4 reste 6 que je pose sous le 4.

Ensuite je vais à la colonne D dont le 4 ne vaut plus que 3 au moyen de la dizaine empruntée, & je dis : qui de 3 paye zéro reste 3 que je pose sous le zéro.

Après je passe à la colonne C, & je dis : qui de zéro paye 3 ne peut ; j'emprunte une dizaine du 2 de la colonne A, qui étant jointe au zéro de la colonne B le fait valoir 10, duquel nombre j'emprunte aussi une dizaine que je joints au zéro de la colonne C ; ce qui le fait valoir pareillement 10, & je dis : qui de dix paye 3 reste 7 que je pose sous le 3.

Puis je passe à la colonne B dont le zéro vaut 9 à cause de la dizaine empruntée sur lui qui valoit 10, au moyen de la dizaine empruntée du 2 de la colonne A, pour joindre au zéro de la colonne C, & le faire valoir aussi 10. Ainsi je dis : qui de 9 paye 5 reste 4 que je pose sous le 5.

Enfin, je viens à la colonne A dont le 2 ne vaut plus que 1, en ayant été emprunté une dizaine pour joindre au zéro de la colonne B, & je dis : qui de 1 ne paye rien, reste 1, que je pose sous le 2 de la colonne A, toûjours la ligne entre deux.

Toutes ces petites Soustractions ayant été faites de suite, comme je viens de l'expliquer, je nombre les chiffres ou nombres restans que j'ai posez, & il se trouve qu'il m'est dû de reste la somme de cent quarante-sept mille trois cens soixante livres, comme il se voit à l'opération de ce second éxemple de Soustraction.

Supposé que la dette & la paye soient composées de livres, sols & deniers tournois, on doit commencer par soustraire les deniers des deniers, puis les sols des sols, & ensuite les livres des livres, en observant que lors qu'on emprunte pour les deniers, l'emprunt doit être toûjours d'un sol de 12 deniers qu'on doit joindre aux deniers, & que l'emprunt pour les sols, doit être toûjours d'une livre de vingt sols qu'il faut joindre aux sols.

Il en est de même de toutes les autres Soustractions, soit qu'elles soient composées de marcs, onces, gros, &c. de toises, pieds, pouces & lignes, ou d'autres semblables choses.

Pour faire une Soustraction de livres, sols & deniers, dont les sols & les deniers de la dette sont plus forts que ceux de la paye, il faut se servir de l'éxemple suivant.

Exemple.

Je dois soixante-sept livres quinze sols huit deniers, sur quoi j'ai payé trente-six livres neuf sols trois deniers, je veux savoir combien je dois de reste.

Operation.

Dette	67 l.	15 s.	8 d.
Paye	36	9	3
Reste	31	6	5

Explication.

Les deux sommes ayant été posées comme il est marqué ci-dessus, savoir la dette sur la paye, une ligne dessous.

Je commence par la colonne de deniers de la dette, en disant : qui de huit paye 3 reste 5, que je pose sous le 3 de la paye, la ligne entre deux.

Ensuite je vais à la colonne des sous de la dette, & je dis, qui de 15 paye 9 reste 6 que j'écris sous le 9 de la paye ; puis je passe à la colonne des nombres de livres de la dette, & je dis qui de 7 paye 6 reste 1 que je pose sous le 6.

Enfin, je vais à la colonne des dizaines de livres de la dette, & je dis qui de 6 paye 3 reste 3 que j'écris sous le 3.

Tous ces nombres ou chiffres restans ayant été posez de suite suivant leur ordre de numération & valeur, je trouve que la dette excéde la paye de trente & une livres six sols cinq deniers, qui est justement le reste marqué à l'opération de ce troisiéme éxemple de soustraction.

Après avoir donné la maniére de faire la soustraction par livres, sols & deniers, les sous & les deniers de la dette étant plus forts que ceux de la paye, on a jugé à propos de donner en cet endroit un éxemple qui puisse faire connoître comme l'on s'y doit prendre lors que les sous & les deniers de la dette sont moins forts que ceux de la paye.

Exemple.

Il m'est dû la somme de cinquante-sept livres quatre sous sept deniers, & il m'a été payé sur cette somme celle de trente-quatre livres quinze sous onze deniers, je veux savoir combien il m'est dû de reste.

Opération.

Dette.	57 liv.	4 s.	7 d.
Paye.	34 liv.	15 s.	11 d.
Reste.	22 liv.	8 s.	8 d.

Explication.

Après que les deux sommes ont été posées ainsi qu'il paroît ci-dessus, savoir la dette sur la paye une ligne dessous :

Je commence par la colonne des deniers de la dette, & je dis qui de sept paye 11 ne peut, j'emprunte un sou du 4 de la colonne des sous, que je joint au 7, qui font en tout 19 deniers, & je dis qui de 19 paye 11 reste 8, que je pose sous les 11 deniers de la paye, la ligne entre deux.

Ensuite je passe à la colonne des sous de la dette dont le 4 ne vaut plus que 3 à cause du sou emprunté, & je dis qui de trois paye 15 ne peut, j'emprunte une livre de vingt sous du 7 de la colonne des nombres de livres & je la joints avec le 3, ce qui fait en tout 23 sous, & je dis, qui de 23 paye 15 reste 8, que je pose sous les 15 sous de la paye.

Puis

Puis je vais à la colonne des nombres de livres de la dette, dont le 7 ne vaut plus que 6 à cause de l'emprunt d'une livre qui a été fait dessus, & je dis qui de 6 paye 4 reste 2 que je pose sous le 4.

Enfin, je passe à la colonne des dizaines de livres de la dette, & je dis qui de 5 paye 3 reste deux que je pose sous le 3.

De sorte qu'en nombrant tous les chiffres restans mentionnez dans cette explication, suivant leur ordre de numération & valeur, je trouverai qu'il me restera dû vingt-deux livres huit sous huit deniers, ce qui est conforme au reste marqué en l'opération de ce quatriéme & dernier exemple de soustractions.

Pour connoître si une soustraction est bonne, il en faut faire la preuve, & cette preuve se fait par l'addition en joignant ce qui reste à payer avec ce qui a été payé, dont le total doit être égal à la dette.

Ceux qui voudront avoir de plus amples instructions sur ce qui concerne la Soustraction & toutes les autres régles d'arithmétique, peuvent consulter Savary, le Gendre, Barême, Boyer, Iison, & tant d'autres habiles gens qui ont très-savanment écrit sur cette espéce de matiére.

Soustraction. Se dit aussi en parlant d'une action de fraude, ou de larcin, par laquelle on divertit, on recéle, on dérobe, ou l'on met à couvert quelques marchandises, meubles, papiers, &c. les Marchands, Négocians & Banquiers qui font des banqueroutes frauduleuses, font pour l'ordinaire soustraction de leurs effets les plus liquides, pour tromper leurs Créanciers.

SOUSTRAIRE. Signifie défalquer, déduire, ôter un petit nombre d'un plus grand, par le moyen d'une régle d'arithmétique appellée Soustraction. *Voyez ci-devant* Soustraction.

Soustraire. Veut dire aussi détourner, voler, dérober, enlever, ôter, receler, divertir. Ce Négociant, avant de faire banqueroute, n'a pas manqué de soustraire ses meilleurs effets pour tromper ses Créanciers.

SOUS-TRAITANT. Celui qui traite d'une Ferme adjugée à un autre, ou qui en tient une partie du Traitant général. Il se dit plus particuliérement dans les Fermes du Roi.

SOUS-TRAITE. Sous-ferme qui fait partie d'une plus grande.

SOUS-TRAITER. Prendre une sous-ferme, la tenir de celui qui a la Ferme générale.

SOUTE DE COMPTE. *Voyez* COMPTE.

SOUTIS. Espéce de mousseline de soye qui vient des Indes Orientales. *Voyez* Soucis.

SOUVERAIN. Monnoye d'or qui se fabrique & qui a cours en Hollande; le souverain vaut quinze florins.

SOYE. Fil doux extrêmement délié & lustré qui est l'ouvrage d'un ver, ou espéce de chenille.

Le ver qui produit la soye est un insecte moins merveilleux encore par la matiére précieuse qu'il fournit pour diverses étoffes, que par les différentes formes qu'il prend, soit avant, soit après s'être envelopé dans la riche coque qu'il se file lui-même.

Voici ses diverses métamorphoses; de graine ou semence qu'il est d'abord, il devient un ver assez gros, d'un blanc tirant sur le jaune; devenu ver il s'enferme dans sa coque où il prend la forme d'une espéce de féve grisâtre à qui il semble ne rester ni mouvement, ni vie; il ressuscite ensuite pour devenir papillon après s'être fait une ouverture pour sortir de son tombeau de soye; & enfin mourant véritablement il se prépare, par la graine ou semence qu'il jette, une nouvelle vie que le beau tems & la chaleur de l'Eté lui doivent aider à reprendre.

C'est de cette coque où le ver s'étoit enfermé, qu'on nomme Cocon, ou Coucon, qu'on tire les différentes qualitez des soyes qui servent également au luxe & à la magnificence des riches, & à la subsistance & à la nourriture des pauvres qui les filent, les dévident, ou les mettent en œuvre.

Ce n'est que bien tard que les vers à soye ont été connus en France, & que leur dépouille y a été filée pour être employée dans nos Manufactures. Un de nos meilleurs Historiens en attribuë l'invention aux Peuples de l'Orient, & particuliérement aux Perses, cette Nation mole & magnifique. Il dit que les Romains la méprisérent & qu'elle ne passa dans l'Asie mineure & dans la Gréce, devenuës Provinces de leur Empire, que vers le tems de Justinien; que ce ne fut que sous le régne d'un Roger de Sicile, environ l'an 1130, qu'on vit dans cette Isle & dans la Calabre des Ouvriers en soye qui furent une partie du butin que le Prince rapporta d'Athénes, de Corinthe & de Thebes, dont il fit la Conquête dans son Expédition de la Terre-sainte. Enfin, le judicieux Auteur ajoûte que le reste de l'Italie & de l'Espagne ayant appris des Siciliens & des Calabrois à nourrir les vers qui font la soye, à la filer & à la mettre en œuvre, nos François, par droit de voisinage, & particuliérement ceux des Provinces les plus méridionales, s'avisérent de les imiter peu d'années avant le régne de François I. qui en établit des Manufactures en Touraine, & il remarque que les ouvrages de soye étoient encore si rares, même à la Cour, que Henri II. fut le premier qui porta un bas de soye aux nôces de sa sœur.

Tout ceci est abregé de Mezeray qui semble néanmoins se tromper, du moins pour ce qui regarde les Manufactures des soyeries de Tours qu'il dit que François Premier y établit; Louis XI. bien avant lui les y avoit introduites en 1470, les premiers Ouvriers qui y travaillérent y furent appellez de Génes, Venise & Florence, & même de la Gréce, & en 1480 au mois d'Octobre, ce Roi, également habile dans l'Art de dissimuler & de régner, leur donna ses Lettres Patentes qui contiennent de grands Priviléges dont une partie leur est encore conservée.

Avant que d'entrer dans le détail des différentes sortes de soyes, & de parler du Négoce qui s'en fait, soit dans le Royaume, soit dans les Païs étrangers, on va faire une courte description de la maniére de les tirer de dessus les cocons & de les préparer à être mises en œuvre dans les diverses étoffes, marchandises & ouvrages où on les employe.

Filage & dévidage des soyes qu'on veut lever & dévider de dessus les cocons.

Lors que le ver à soye est devenu au point de grandeur & de force qui lui convient pour commencer son cocon, il fait son araignée, c'est ainsi qu'on nomme cette legére toile qui donne commencement à ce merveilleux ouvrage,

ouvrage, c'est à quoi il employe le premiér jour; le second, il forme le cocon, & même se couvre presque tout de soye; le troisiéme, on ne le voit plus, & les jours suivans il épaissit son cocon, travaillant toûjours par un seul bout qu'il ne rompt jamais par sa faute, & qui est si fin & si long, que ceux qui en ont examiné attentivement, ne s'imaginent pas se rendre incroyables en assurant que chaque cocon contient assez de ce fil pour atteindre la longueur de deux lieuës de France.

Les cocons ont leur perfection en dix jours, & c'est alors qu'il faut les ôter des rameaux où les vers les ont suspendus en les travaillant dans leurs atteliers, ce qui demande une grande attention, y en ayant de plus paresseux les uns que les autres, & étant très dangereux d'attendre qu'ils perçassent eux-mêmes leurs coques, ce qui arrive presque toûjours vers le quinziéme jour de leur travail, même quelque-fois plûtôt.

Les premiers, les plus beaux & les plus forts cocons se conservent pour la graine, les autres se dévident diligemment; ou si l'on en veut conserver, ou qu'on en ait trop grande quantité pour les dévider tous à la fois, il faut ou les mettre quelque tems dans un four raisonnablement chaud, ou les exposer plusieurs jours de suite à la plus forte ardeur du Soleil, afin de faire mourir la féve qui est au dedans, qui ne manqueroit pas, sans cette précaution, de s'ouvrir elle-même une voye pour aller se servir au dehors des nouvelles aîles qu'elle a aquise au dedans.

L'on ne dévide ordinairement que les cocons les plus parfaits; ceux qui sont doubles, ou trop foibles, ou trop grossiers, sont mis au rebut, non pas pour les rejetter absolument, mais parce que n'étant pas propres au dévidage on les réserve pour les tirer en flottes & en écheveaux.

Les cocons sont de différentes couleurs dont les plus communes sont le jaune, l'oranger, l'Isabelle & la couleur de chair; il y en a aussi de celadons & de couleur de souffre, & même quelques-uns de blancs; mais il est inutile d'en séparer les nuances pour les dévider à part, se perdant toutes dans le décrusement des soyes.

Pour le dévidage de la soye de dessus les cocons il faut préparer deux machines; l'une est un fourneau chargé de son chauderon, & l'autre un dévidoir, ou métier à tirer les soyes.

Le dévidoir est un chassis de bois soûtenu sur quatre pieds d'une hauteur proportionnée au fourneau, derriére lequel il se doit mettre, en sorte que les verges de fer dont on va parler s'avancent jusques au milieu du chauderon, qui est sur le fourneau, & soient à un pied & demi d'élévation au dessus de l'eau dont il est rempli.

Ces verges de fer sont au nombre de deux ou de trois au plus suivant le nombre des écheveaux qu'on veut placer sur le dévidoir, sur lequel il n'en peut tenir plus de trois; elles sont attachées vers le milieu de la traverse antérieure du chassis, & sont percées d'un trou pour recevoir les fils qui doivent servir aux écheveaux qu'on veut dévider.

Sur la même traverse & vis-à-vis les verges de fer qui y sont attachées, s'élévent autant de morceaux de bois de trois pieds de haut, qui portent chacun à leur extrémité supérieure, ou une bobine, ou une petite poulie mouvante, sur lesquelles doivent rouler les fils que l'on y croise, pour que la soye soit rondelette; au de-là sont trois fils d'archal attachez sur un bâton qui traverse tout le chassis, & qui est rendu mobile par le moyen d'une rouë de dix pouces de diamétre, sur laquelle roule une corde qui roule en même tems sur l'arbre du dévidoir qui est presque à l'extrémité du chassis.

Ce mouvement du bâton qui avance & qui recule, & qui se communique au fil d'archal qui y tient & par où les fils passent, achéve de les croiser sur le dévidoir, ce croisement étant le plus important de l'ouvrage; enfin, est le dévidoir lui-même dont les deux bouts de l'arbre posent sur les côtez du chassis, & qui est garni de sa manivelle pour être tourné avec égalité & avec vitesse par le Dévideur qui en est chargé.

La machine ainsi dressée, le Fileur assis auprès du fourneau qui est au devant, met dans l'eau du chauderon qui est dessus le fourneau, & qu'il a fait chauffer & bouillir jusqu'à un degré qu'il n'y a que l'usage qui aprenne, une poignée ou deux de cocons qui ont été auparavant bien purgez de leur boure ou fleuret; ensuite il les remuë & les agite avec des verges de bouleau ou de bruyére bien séches, liées & coupées en forme de brosses, & lors que la chaleur & l'agitation ont détaché des cocons les bouts de soyes qui se prennent à ces verges, il les alonge jusqu'à-ce qu'aucun fleuret n'y paroisse plus, & les joignant dix ou même douze & quatorze ensemble, il en forme les fils de la grosseur convenable aux ouvrages ausquels ils sont destinez, huit bouts suffisant pour la rubannerie; & les pannes, velours & autres étoffes de soye, ne pouvant être travaillées qu'avec des fils de douze à quatorze bouts.

Ces bouts ainsi réünis en trois divers fils, se passent d'abord dans les trous des trois verges de fer qui sont au devant du dévidoir, puis sur les bobines, ou poulies, ensuite dans le fil d'archal qui tient au bâton; enfin, étant allongez jusqu'au dévidoir même, ils y sont attachez, deux aux deux bouts des barres ou bras du dévidoir, & le troisiéme au milieu, si l'on veut trois écheveaux, ce qui est assez difficile à conduire; mais quand on n'en veut que deux, ce qui est l'ordinaire, c'est aux deux bouts seulement qu'il les faut mettre, afin que les fils tirent & bandent également.

Tandis que le Dévideur tourne la manivelle du dévidoir qui donne le mouvement à toute la machine, le Fileur conduit ses fils, en substituë de nouveaux lors qu'il s'en rompt, ou que les cocons finissent, les fortifie s'il est nécessaire en y en ajoûtant d'autres, ôte les cocons ou déja dévidez, ou qui étant percez se remplissent d'eau. Enfin, ces deux Ouvriers, s'ils s'entendent, peuvent filer & dévider en un jour jusques à trois livres de soye, ce qui est bien d'une autre avance & d'un profit bien plus grand, que ce qui se peut filer par le fuseau ou le rouet dont on va parler, après avoir fait deux courtes remarques sur cette premiére maniére de filer & de dévider les cocons.

L'une de ces remarques est, que si le Fileur ne peut conduire trois, ou même deux fils, & se contente d'un seul, il faut qu'il charge tour à tour les deux barres du dévidoir, afin qu'il tourne avec égalité; car autrement l'unique fil qu'il conduit se romproit trop souvent; ce qui fait perdre bien du tems, & rend la soye inégale: l'autre remarque consiste en ce qu'il ne faut lever les écheveaux de dessus

dessus le dévidoir que d'un jour à l'autre, sans quoi la soye se froisse & perd son lustre.

Toutes les soyes ne pouvant être filées & dévidées à la machine dont on vient de faire la description, soit parce que les cocons ont été percez par les vers à soye mêmes, soit parce qu'ils étoient doubles & trop foibles pour souffrir l'eau, soit parce qu'ils étoient trop grossiers, soit enfin parce que sur les cocons filez il reste ordinairement quelque peu de soye. On fait de tous ces résidus une soye que l'on nomme Fleuret, & qui néanmoins est de deux qualitez bien différentes.

Les fleurets fins qui ressemblent assez à la plus belle soye, se font des bourres de tous les cocons, & des soyes qu'on peut lever ou arracher de dessus les cocons qui n'ont pas été mis à l'eau. Cette bourre peignée, ou cardée, ou même telle qu'elle sort de dessus les cocons, se file au fuseau, ou au rouet. Les soyes propres à coudre qu'on en fait, ne sont pas moins lustrées que les plus belles soyes; & les étoffes même qu'on en fabrique ne sont pas sans lustre & sans beauté.

A l'égard de toutes les coques, après les avoir ouvertes avec les ciseaux, & en avoir tiré les féves, qui, non plus que les papillons, ne sont pas inutiles, servant à la nourriture des volailles, on les laisse tremper trois ou quatre jours dans des terrines, où l'on change d'eau chaque jour, pour empêcher qu'elles ne s'empuantissent, & pour faire plûtôt blanchir les fleurets. Quand ils se sont amolis par ce décrusement, qui leur ôte cette espéce de gomme dont le ver a enduit le dedans de la coque, & qui la rend impénétrable à l'eau & à l'air même, on les fait bouillir pendant une demi-heure dans une lessive de cendre bien coulée & bien claire; & lors qu'ils ont été bien lavez à la Riviére, & ensuite bien séchez au Soleil, on les carde pour les filer, comme les autres fleurets, au fuseau ou au rouet. Ces fleurets, quoi que moindres que les premiers, ne laissent pas de faire des soyes à coudre assez lustrées & des étoffes assez fines, mais presque sans lustre.

Les soyes des Païs Etrangers, qui viennent en France sans être filées, y reçoivent cette façon, & c'est ordinairement dans les lieux où sont établies des manufactures & des fabriques d'étoffes de soye; & l'on a vû longtems les Fabriquans de Tours ne vouloir se servir que du filage & du dévidage de leur Ville.

Les différens apprêts que l'on donne aux soyes pour les rendre propres à être employées dans les manufactures des étoffes de soye, sont le filage, le dévidage, le moulinage & la teinture. L'on a déja parlé d'un filage & dévidage qui n'est propre qu'à tirer la soye de dessus les cocons. Ici c'est proprement du filage & dévidage des soyes graizes & en matasses, qui sont du cru du Royaume, ou qui se tirent des Païs étrangers. Ce filage se fait ou au rouet, ou au fuseau. Pour le dévidage on se sert ou de dévidoirs à main, ou de dévidoirs montez sur une machine qui peut dévider plusieurs écheveaux ensemble: & à l'égard du moulinage, on employe un moulin composé de plusieurs piéces, qui peut mouliner deux ou trois cens bobines à la fois, & en faire autant d'écheveaux. Il est traité du filage, dévidage & moulinage dans des articles particuliers où l'on peut avoir recours; ce que l'on fera aussi pour leur teinture dans les articles de Teinture & de Teinturier.

Espéces & qualitez des Soyes.

SOYE GRESSE, GRAIZE, OU GREGE. C'est de la soye telle qu'elle est tirée de dessus les cocons, avant que d'avoir été filée ni reçû aucun autre apprêt. On l'appelle aussi soye en matasse. Ces sortes de soyes viennent par pelottes, ou en masse, & ce sont pour l'ordinaire des soyes étrangéres. *Voyez plus bas sous le titre des Soyes de Sicile & des Soyes de Perse.*

SOYE CRUE. C'est de la soye qu'on tire sans feu, & qu'on dévide sans la faire bouillir. La plûpart de ce qui se recueille en France de cette sorte de soye ne passe guére que pour une espéce de fleuret très-fin, dont on file des soyes à coudre fort belles & fort lustrées, & dont on fabrique des étoffes de soye, de médiocre qualité à la vérité, mais qui ne laissent pas d'avoir quelque lustre & quelque beauté; ce que n'a pas le véritable fleuret.

Les soyes cruës des Païs Etrangers, & sur tout du Levant, d'où il n'en vient guére d'autres, sont très-belles & très-fines. Cette différence vient de ce qu'en France les plus beaux & les plus parfaits cocons sont filez & dévidez à l'eau bouillante, & que c'est des moindres & du rebut qu'on y fait des soyes cruës; & qu'au contraire dans le Levant on ne fait aucun filage ou dévidage au feu, & qu'elles sont envoyées en pelotes, ou en masses, telles qu'elles sont tirées de dessus les cocons; de sorte qu'on ne les distingue que par leur qualité de fines, de médiocres & de grosses. *Voyez ci-après aux titres des Soyes de Perse & autres Soyes étrangéres.*

SOYE CUITE. C'est celle que l'on a fait bouillir pour en faciliter le filage & le dévidage. Elles sont les plus fines de toutes les soyes dont on se sert dans les manufactures de France; aussi ne s'employent-elles que dans les plus beaux ouvrages de rubannerie & dans les plus riches fabriques, comme velours, satins, taffetas, damas, brocards, crêpes & autres étoffes de soye du premier rang. Il y a néanmoins une autre sorte de soyes cuites, ce sont celles qu'on prépare pour le moulinage, qui ne pourroient recevoir cet apprêt, si elles n'avoient auparavant passé par l'eau bouillante.

Il est défendu par le quatriéme article du Réglement pour les manufactures d'étoffes or & argent & soyes de Lyon du 19 Avril 1667, de mêler la soye cruë avec la cuite; premiérement parce qu'elle est de fausse teinture; secondement, parce que la cruë corrompt & coupe la cuite. *Voyez ci-dessus le titre du Filage & Dévidage des Soyes de France, & ci-après l'article du Moulinage.*

SOYES DE SAINTE LUCIE, autrement Orgencin de Sainte Lucie. Ce sont des soyes toutes apprêtées & moulinées que l'on tire de Messine, Ville du Royaume de Sicile, & de quelques autres Villes d'Italie, comme Milan, Boulogne, Bergame, Reggio, &c. Il y a aussi des orgencins de Piémont & de Bresse.

Il s'employe quantité de ces soyes dans la fabrique des férandines, grisettes & moires unies qui se fabriquent à Paris. On en fait aussi les chaînes des ras de S. Maur de la même fabrique; car pour celles de Lyon, les Fabriquans se contentent de l'orgencin de Piémont, qui est d'une qualité inférieure. Les orgencins de Bologne sont en grande réputation; les plus belles étoffes, les velours, les satins en sont en partie fabriquez.

Cette

Cette soye est torse, & a passé deux fois par le moulin; c'est à dire, que deux brins de soye ayant d'abord été filez séparément sur les moulins, sont tors ensemble aussi au moulin; en sorte que l'orgencin est composé de quatre brins de soye.

Il y a une espéce de soye, qu'on appelle Tors sans filer, qui est très-difficile à distinguer d'avec le véritable orgencin avant la teinture. Il y a quatre brins comme à l'orgencin; mais ils n'ont pas été filez deux à deux & séparément sur un premier moulin, avant que de l'être de nouveau tous quatre.

L'article 62 du Réglement de 1667, pour les étoffes d'or, d'argent & de soye de la Ville de Lyon, défend de vendre le tors sans filer pour orgencin filé.

Une troisiéme sorte d'orgencin est celui qu'on appelle Clochepied. Il est ordinairement de soye Sina, & s'employe dans la fabrique des gazes. La différence de l'orgencin & du clochepied consiste dans les nombres des fils; l'orgencin en ayant quatre, comme on vient de le dire; & le clochepied seulement trois, deux tors & un non tors.

Soyes Tremes. Ce sont des soyes qui servent à faire les trêmes de plusieurs étoffes. Les trêmes de Boulogne s'employent dans les ras de S. Maur.

Soyes Sourbastis, Legis, Ardassines, Ardasses, Legis Bourmes, ou Bourmis, Chauf, ou Chouf, Cherbassis, Suries, Belledines, Houffet, Payas, Seidavi, Chaufettes, Buratines, Tripolines, Chipriottes, Sina, Nanquin, &c. sont toutes soyes graizes & en matasses, qui viennent du Levant, de Perse, ou des Indes & de la Chine, dont il sera traité ci-après au titre des Soyes étrangéres.

Soyes Plates. Ce sont des soyes non torses, que l'on prépare & que l'on teint pour travailler en tapisseries à l'aiguille, en broderies & en quelques autres ouvrages.

Soyes Torses. Ce sont celles qui ont eu leur filage, dévidage & moulinage. Elles le sont plus ou moins, suivant qu'elles ont passé plus ou moins de fois au moulin. On appelle néanmoins plus particuliérement Soyes torses, certaines soyes dont les fils sont assez épais, & sont plusieurs fois retors. On en employe dans les brochures des brocards; mais la plus grande consomption s'en fait en crêpines ou franges de meubles, d'écharpes, de jupes, jupons, gans d'hommes, &c.

Soyes Apprestées. Ce sont celles qui sont filées & moulinées, & toutes prêtes à être mises à la teinture. On les appelle aussi Soyes montées & Soyes ouvrées.

La plûpart des soyes qui s'employent aux fabriques de Paris sont teintes par les Teinturiers de cette Ville, à la réserve des couleurs ponceau, rose, incarnadin & noir qui se teignent à Lyon.

Soyes en Botes. Ce sont des orgencins de Sainte Lucie, ou autres orgencins, qui après la teinture sont mis en botes par les Plieurs. Ces botes sont des paquets quarrez-longs, environ d'un pied sur deux pouces d'épaisseur en tout sens. Les soyes plates ont le même pliage; & chaque bote des unes & des autres pése une livre, à raison de quinze onces par livre, qui est le poids auquel se pésent les soyes en France.

On appelle Marchands de soye en botes, ceux qui en font le Commerce.

Soyes en Mosche. Ce sont des soyes non encore teintes, & qui n'ont point eu tous leurs apprêts, qui viennent en paquets longs environ d'un pied & demi, du poids de trois livres, roulez par le milieu en forme de colonnes torses & nouées par les deux bouts à quatre doigts de leur extrêmité.

Soyes en Pantine. Ce sont plusieurs écheveaux de soyes liez ensemble pour être envoyez à la teinture.

L'article 47 du Réglement du 19 Avril 1667, pour les étoffes or, argent & soye de Lyon, défend aux Teinturiers de défaire ou dévider les pantines de soye cruë ni teinte, & ordonne qu'ils les rendront en la forme qu'ils les auront reçûës.

Soyes en Echeveau. Ce sont des soyes dévidées sur des dévidoirs, soit lors du dévidage qui se fait après le filage, soit lors du moulinage quand on les prépare pour la teinture.

Les écheveaux de soyes plates propres aux tapisseries, qui ne se filent ni ne se moulinent, se plient en deux; & les deux parties se roulant l'une sur l'autre, forment une espéce de colonne torse, liée par un bout d'un nœud fait de l'écheveau même. De plusieurs de ces écheveaux se font des botes ordinairement d'une livre. *Voyez ci-devant* Soyes en Bote.

Les soyes à coudre se vendent en gros & en détail, mais toûjours en écheveaux.

Soyes de Grenade. Ce sont des soyes très-belles, très-fines & très-unies, qui viennent d'Espagne, & prennent leur nom d'un des Royaumes qui composent cette Monarchie. Elles s'employent le plus ordinairement à la couture, où elles sont extrêmement propres. Il s'en fait aussi des lacets, ganses, tissus, même des franges & houpes de bonnets quarrez. Les plus belles soyes des autres Païs passent souvent pour soyes de Grenade; mais il est difficile que les Connoisseurs s'y laissent tromper.

Soyes Contades. Sont aussi des soyes à coudre, qu'on préfére même à celles de Grenade pour certains ouvrages.

Bourres & Stresses de Soye, qu'on appelle aussi Rondelettes ou Coutailles. Sont les moindres de toutes les soyes, ou, pour mieux dire, en sont le rebut. Elles sont faites, ou de cette espéce d'étoupe soyeuse qui couvre l'extérieur des cocons, & qu'il faut lever avant que de pouvoir découvrir la soye; ou de tout ce qu'il y a de plus mauvais sur les coques les plus grossiéres. Les bourres ne peuvent servir qu'à faire des fleurets, plus ou moins fins, suivant qu'elles sont plus ou moins fines, mais toûjours de mauvaise qualité: il y en a cependant quelquefois d'assez passables, pour que des Marchands peu consciencieux hazardent d'en fourrer dans les masses ou paquets des soyes communes. L'expérience apprend aisément à ne s'y pas laisser tromper.

Soyes d'Orient. La soye qui porte plus particuliérement ce nom n'est pas l'ouvrage des vers à soye; elle provient d'une plante qui la produit dans une gousse à peu près semblable à celle des cotonniers. La matiére que cette gousse contient est extrêmement blanche, déliée, & assez lustrée. Elle se file aisément; & l'on en fait une espéce de soye qui entre dans la fabrique de plusieurs étoffes des Indes & de la Chine.

Soye d'Araignées. Un savant Académicien de la Société

Société Royale des Sciences de Montpellier, a fait un essai curieux de l'usage que l'on pourroit faire de cette espéce de soye que file certaine nature d'araignées. L'épreuve a réüssi, plus à la vérité à la satisfaction des Savans, qu'au profit que le Commerce en pourra tirer; & l'on a vû des bas & des gans fabriquez de cette soye. Les Curieux de ces sortes d'expériences (toûjours glorieuses à ceux qui les entreprennent, mais non pas toûjours aussi utiles qu'on le voudroit persuader) peuvent avoir recours, ou à la Dissertation que M. Bon en a donnée au Public, ou à l'Extrait que les Journalistes de Trevoux en ont fait dans leur Journal du mois de Mai 1710. *Voyez aussi* ARAIGNE'E.

COMMERCE DES SOYES.

Soyes de France.

Il n'y a que les Provinces les plus méridionales de la France qui fassent la culture de la soye, qui plantent des meuriers & en nourrissent les vers qui la produisent; les Dames même des principales Villes de ces Provinces ne rougissent pas d'en faire pour elles en particulier une espéce de petit Commerce, & après en avoir échauffé la graine qu'elles portent dans leur sein, on les voit manier sans répugnance ces insectes & ces vers naissans & leur donner à manger de leurs mains jusques à ce qu'ils soient assez forts pour produire la soye & s'enfermer dans leurs cocons.

Le Languedoc, année commune, recueille douze à quinze cens quintaux de soye, & il s'y en fabrique à peu près la même quantité. Les étoffes de soye qui se font en Languedoc sont des burats, des taffetas façon d'Avignon, des tabis, des crêpons, des fleurets & des grisettes ou férandines. Depuis environ vingt ans on y a entrepris des brocards & des damas qui n'y réüssissent pas mal. On estime que le Commerce des soyeries de cette Province monte à 1800000 livres, dont il en sort pour 1500000 livres qui va à l'étranger & dans les autres Provinces du Royaume. Il se recueille aussi quelques soyes dans le Vivarez qu'on appelle Soye Vivaraise.

Dauphiné. Il se fait une assez grande récolte de soye dans cette Province, sur tout dans le haut & bas Valentinois & dans les Baronnies; les meuriers qu'on y cultive y profitent parfaitement bien. La Manufacture de Vienne pour le moulinage & le dévidage des soyes est considérable; elle entretient un grand nombre d'Ouvriers. Le filage des soyes occupe aussi quantité de femmes & de filles du petit peuple.

Provence & Avignon. Les soyes qui se recueillent dans la Provence se consument en partie dans la Province où elles sont employées en étoffes façon de Perse & des Indes, & en quelques autres légéres étoffes de soye, & particuliérement en taffetas d'Avignon qui se font à Avignon même; il s'en transporte cependant assez considérablement à Lyon où l'on s'en sert dans les Manufactures de cette grande Ville.

La Savoye qui par sa proximité peut presque être mise au nombre des Provinces Françoises, fournit aussi quelques soyes; mais ce qu'on en tire est peu considérable.

Lyon. Quoi que Lyon & le Lyonnois ne produisent point ou peu de soyes de leur crû, on ne peut cependant se dispenser de regarder cette célébre Ville qui est l'entrepôt de toutes les soyes étrangéres qui entrent en France, comme si elle les produisoit véritablement, puis que c'est de-là que les Marchands de Paris, de Tours & des autres Villes ou Provinces qui se servent de ces sortes de soyes, doivent les tirer, ou du moins par où ils sont obligez de les faire passer, après qu'elles sont entrées dans le Royaume, soit par Marseille pour la Mer, soit par le Pont de Beauvoisin pour la terre.

Ce Privilége accordé à la Ville de Lyon est ancien, & a été établi & conservé par quantité d'Edits, Déclarations, Ordonnances & Arrêts; la derniére Déclaration qui le lui conserve est du 11 Juin 1714.

Quand la Guerre n'interrompt point le Commerce, & que la récolte des soyes est raisonnable, il en peut entrer à Lyon 6000 bales, la bale évaluée à 160 livres pesant; de ces 6000 bales il y en a à peu près 1400 du Levant, 1600 de Sicile, 1500 du reste de l'Italie, 300 d'Espagne, & 1200 du Languedoc, Provence & Dauphiné; ce qui doit s'entendre à proportion, quand la récolte n'a pas été bonne généralement, ou quand seulement elle a manqué dans quelques lieux de ceux d'où on les tire.

Dans le tems que les fabriques de Lyon étoient florissantes, on comptoit jusqu'à dix-huit mille métiers travaillant de toutes sortes d'étoffes de soyes or & argent. On refuseroit volontiers la croyance à ce grand nombre de métiers, si l'on ne l'avoit tiré d'un Mémoire dressé par l'ordre du Roi même; mais il est presque aussi incroyable que ce nombre soit tellement diminué, qu'à peine en 1698 il y en avoit quatre mille bien occupez.

Outre les Manufactures pour le moulinage des soyes, qui sont où à Lyon, ou dans ses Fauxbourgs, il y en à quantité à S. Chamond, S. Etienne, Virieux & Neuville, où se préparent principalement les soyes destinées aux rubans, passemens, tapisseries, broderies, ou autres ouvrages semblables.

Tours. Cette Ville après Lyon, est toûjours la Ville du Royaume où il se consume une plus grande quantité de soye dans ses diverses Manufactures; elle lui disputoit autre-fois le premier rang, & il faut convenir qu'il y a des fabriques d'étoffe où elle l'emporte encore sur Lyon.

On ne répétera pas ce qu'on a dit ailleurs du tems où les soyeries ont été établies à Tours, & de celui de nos Rois à qui le premier établissement en est dû; on ajoûtera seulement, comme on l'a fait en parlant des Manufactures de Lyon, une comparaison de leur ancien état si florissant avec l'état, on peut dire si médiocre, où elles sont aujourd'hui réduites. Sept cens moulins à dévider, mouliner & préparer les soyes, 8000 métiers pour en fabriquer des étoffes, 40000 personnes employées à dévider la soye, à l'apprêter & à la fabriquer, & tout cela réduit à 70 moulins, à 1200 métiers & à 4000 personnes seulement qui subsistent de l'ouvrage des soyes, serviront long tems de tristes témoignages des malheurs d'une longue Guerre, augmentez encore par les horreurs de plusieurs années de famine. Il ne faut pas oublier qu'il n'y a plus à Tours qu'environ 60 métiers de rubannerie au lieu de 3000 qu'il y avoit autre-fois, soit dans la Ville, soit aux environs.

SOYES ÉTRANGERES.

Sicile.

Le Commerce des soyes de Sicile est très-considérable; ce sont les Florentins, Génois & Luquois qui en font le principal Négoce. Ils en tirent une grande quantité tous les ans, particuliérement de celles de Messine, dont ils employent une partie dans leurs propres fabriques, & revendent l'autre avec profit, particuliérement aux Tourangeaux qui ont peine à s'en passer dans leurs Manufactures: ce n'est pas que les Marchands de Tours & les autres François n'en tirent quantité de la premiére main, plusieurs ayant leurs Commissionnaires sur les lieux; mais les Italiens, sur tout les Génois, ont de grands avantages sur eux, parce que la plûpart ayant de grands établissemens dans l'Isle, en sont réputez naturels, & ne payent aucun droit de sortie.

Une partie des soyes de Sicile sont graizes, & en matasse, l'autre consiste en orgencins ou soyes ouvrées, dont les orgencins de Sainte Lucie ou de Messine sont les plus estimez. Les soyes ouvrées, orgencins ou trêmes, s'achettent quelque-fois en échange d'autres marchandises; mais pour les soyes graizes & en matasses il faut de l'argent comptant, les Païsans les portant au marché comme leur bled & autres denrées, ce qui se pratique pareillement en plusieurs lieux d'Italie. Les plus belles soyes de Sicile s'employent en étoffes, sur tout à Tours, les autres demeurent pour la couture.

Soyes d'Italie.

Les soyes que l'on tire d'Italie sont moitié soyes gréges & moitié soyes apprêtées & ouvrées.

Milan les fournit toutes apprêtées.

Génes, la plûpart greges & en matasses.

Boulogne, partie moulinées & prêtes à mettre en teinture, qu'on appelle Orgensin de Boulogne, & qui entrent dans les fabriques des plus riches & des plus belles étoffes de Lyon & de Tours; l'autre partie sont soyes greizes & en matasses.

Parme, Modéne, Luques, Reggio n'en fournissent que de gréges.

Soyes d'Espagne.

Toutes les soyes d'Espagne sont des soyes gréges & en matasses, qu'on file, dévide & mouline en France, suivant les divers ouvrages & fabriques d'étoffes où on les veut employer. Les plus belles soyes torses sont faites de soyes d'Espagne, & c'est de la même soye que se font les lacets tissus qu'on dit Soye de Grenade, aussi-bien que les soyes à coudre qui portent ce nom.

Soyes du Levant.

Les soyes du Levant sont toutes gréges & en matasses; une espéce d'avantage que l'on trouve dans le Commerce de ces soyes, qu'on n'a pas dans celles de Sicile, c'est que le Négoce des soyes Siciliennes ne se fait que dans une seule saison, & que les soyes du Levant peuvent s'acheter en tout tems.

Les soyes du Levant se tirent de plusieurs endroits; les principaux sont Tripoli, Seyde, Alep & autres Ports de cette Echelle; l'Isle de Chypre, celle de Candie, quelques autres de l'Archipel comme Tino, Andro, Naxis; il en vient aussi de la Morée, mais le principal Négoce, particuliérement de celles de Perse, se fait à Smirne.

Alep. Les soyes qu'on tire de cette Ville & qu'on embarque à Alexandrette qui en est le Port, sont des soyes cherbassis, autrement bourmes, des soyes ardasses, des soyes blanches barutines, soyes blanches de Tripoli, soyes blanches d'Antioche, Beilan, Pajasse & de Mone, soyes blanches Bedouines, ou Arabes, Alep & Hadenau; ces derniéres se pésent à la rotte de 680 dragmes qui reviennent à 5 livres 5 onces poids de Marseille.

Seyde. Cette Ville fournit des soyes Choufs, Choufettes, Barutines, Tripolines & Seydauvis; elles se pésent toutes au poids damasquin, la rotte de 600 dragmes rendant cinq livres un quart poids de Marseille. Les Coagis ou Commissionnaires établis sur les lieux, ne comptent cette rotte à leurs Commettans que sur le pied de cinq livres, ce qui est un bénéfice pour eux d'environ quatre onces par rotte, outre une once qui leur est encore accordée sur les soyes de Seyde à cause de la tare qui s'y trouve, & que cette soye n'est pas nette; mais ces avantages sont connus de leurs Commettans qui traitent avec eux sur ce pied-là.

Chypre. On tire de cette Isle des soyes qui y sont cultivées & recueillies, qu'on nomme Chypriottes; on y achette aussi des soyes Tripolines qui viennent de la Ville dont elles portent le nom; les unes & les autres se vendent à l'ocos de 400 dragmes, qui revient à 3 livres 2 onces pareillement poids de Maseille.

Les soyes de Tino, Andros & Naxis, ne se tirent guére en droiture de ces trois Isles, non plus que celles de quelques autres Isles de l'Archipel, mais elles sont portées à Smirne où elles se vendent en masses de douze jusqu'à seize onces. Ces soyes sont jaunes & un peu frisées, & approchent fort de la soye Vivaraise qui se recueille en France, mais de meilleure qualité; il n'en vient guére par an que 20 à 30 quintaux.

La Morée donne aussi quelques soyes jaunes qui sont plus fines que celles des Isles; il ne s'en fait qu'un Commerce très-médiocre.

L'on n'a pas expliqué les différentes soyes qui s'achettent dans les Echelles dont on vient de parler, parce qu'étant à peu près les mêmes que celles qu'on tire de Smirne, qui vont être traitées amplement dans le titre suivant, ce n'eût été qu'une répetition assez inutile.

Smirne.

C'est dans cette Ville autre-fois si fameuse & qui l'est encore par son grand Commerce, que se fait le principal Négoce des soyes du Levant, & particuliérement de celles de Perse; elles y arrivent par Caravanes depuis le mois de Janvier jusques au mois de Septembre. Les caravanes de Janvier sont chargées des plus belles soyes, celles de Février & Mars n'en apportent que de médiocres, & les autres seulement des ardasses qui sont les plus grossiéres de toutes.

Toutes ces soyes sont tirées de diverses Provinces de Perse,

Perse, principalement de celles de Quilan & de Schiruvan, aussi-bien que des environs de Schamachi grande Ville située près les bords de la Mer Caspienne où elles se recueillent en si grande abondance, qu'un Auteur Hollandois n'a pas craint de passer pour fabuleux quand il a écrit que de ces 3 endroits on pouvoit tirer par an jusques à 30000 bales de soyes.

Ardeuil, autrement Ardebil, autre Ville de Perse, qui n'est pas éloignée de ces contrées si propres à la culture des soyes, est le lieu où on les met comme en dépôt, & d'où partent les caravanes qui les transportent à Smirne, à Alep & à Constantinople; c'est aussi cette Ville avec Derbent & Schamachi dont on a déja parlé, qu'on a toûjours regardées comme le centre du Commerce de soyes qu'on a quelque-fois tenté d'enlever à Smirne & à la Mer Mediterranée pour en faire un présent à Archangel & à la Mer Blanche, en les y conduisant à travers la Moscovie à la faveur du Volga & de la Duvina, deux grandes Riviéres qui arrosent & traversent les principales Provinces de ce vaste Empire.

On espére que la curiosité de la matiére fera excuser une courte digression qu'on va faire sur cette nouvelle route, par laquelle on a plus d'une fois entrepris de faire passer les soyes de Perse en Europe.

La date la plus ancienne de cette entreprise ne va pas au de-là du Pontificat de Leon X. Paul Centurion Génois la proposa alors au Czar Bazile, tant pour les soyes, que pour les autres marchandises des Indes.

En 1626 la France conçut le même dessein, & si l'on eût pû se flater de quelque succès, c'eût été dans cette conjoncture où le Cardinal de Richelieu, ce génie le plus fort & le plus vaste qui ait jamais eu part au Gouvernement de la France, sembloit le desirer & l'apuyer.

Le Duc Fréderic de Holstein voulut aussi en 1633 faire une tentative sur ce Commerce, & ce fut à cette occasion qu'il envoya en Moscovie & ensuite en Perse, Philippe Crusius & Otton Brugman ses Ambassadeurs, dont Adam Olearius a si agréablement & si fidèlement décrit en Allemand les Voyages & les Négociations, qui furent donnez en François en 1666 de la traduction du célébre M. de Wicquefort.

Enfin, le Czar Aléxis-Michel tenta lui-même l'entreprise en 1668, pour enrichir ses Etats par le transport de cette précieuse marchandise, & dans le dessein d'établir des Manufactures de Soyeries dans ses principales Villes. Mais la révolte des Cosaques & la surprise d'Astracan, Ville située à l'embouchure du Volga dans la Mer Caspienne, par ces Rebelles, rompit toutes les mesures, ainsi qu'on le peut voir dans les Voyages de Jean Struys, un des Hollandois que ce Prince avoit fait venir pour la construction & la conduite des Vaisseaux qu'il destinoit pour l'établissement de ce Commerce.

En 1688 le Commerce des Soyes de Perse qui se fait par Smirne, courut aussi grand risque d'en être détourné par un tremblement de terre arrivé au mois de Juillet de cette année, qui renversa presque de fond en comble cette Ville si importante pour ce Commerce, principalement le quartier des Marchands. Tous leurs magazins furent détruits; le Consul de France & une partie des Négocians furent accablez sous les ruines de leurs maisons; les autres se dispersérent. La Porte allarmée de voir périr cette Ville qui lui étoit si nécessaire, & craignant que le Commerce des soyes ne passât dans quelqu'un des Ports du Sein Persique, où les Arméniens & les Persans pourroient les y faire voiturer à moindres fraix, sans être exposez aux courses des Arabes, ni obligez d'y aller avec de si fortes caravanes, ne sortant point de leur Païs; & où les Européens qui commençoient à naviguer fréquemment dans ces Mers en doublant le Cap de Bonne-Espérance, les viendroient acheter aussi volontiers qu'à Smirne, dans l'espérance de les avoir à meilleur marché; persuadé aussi que lors que le Commerce a une fois changé de route, il est difficile de le faire revenir dans l'endroit d'où il est sorti: La Porte, dis-je, n'oublia rien pour engager le reste des Négocians de toutes les Nations établies à Smirne qui avoient échappé de ce tremblement de terre, à ne point abandonner. M. Blondel y fut envoyé par le Roi de France, tant afin de pourvoir à la sûreté des marchandises & effets de ses sujets sauvez de ce tremblement, que pour aviser aux moyens d'y rétablir & conserver le Commerce; lequel profitant de la bonne disposition des Turcs, obtint pour les François, des Puissances du Païs, tout ce qui pouvoit favoriser leur Négoce, & fit bâtir en cette Ville de Turquie deux Eglises au lieu de deux petites Chapelles qui avoient été détruites par le tremblement de terre; en sorte que le Commerce devint en peu de tems plus florissant qu'il n'avoit été auparavant, & qu'il s'est toûjours maintenu depuis.

Smirne est donc restée dans son ancienne possession de voir arriver chez soi les soyes de Perse. C'est de-là que les diverses Nations de l'Europe envoyent chaque année les enlever par un grand nombre de Vaisseaux; & elle jouïra apparenment encore long tems de son Privilége, à moins que le Czar Pierre qui régne présentement (1718;) & qui est, sans contredit, un des plus grands Princes qui ayent régné sur les Moscovites, n'ajoûtât ce dernier trait à tant d'éloges qu'il a si justement méritez de ses Sujets pour les avoir également aguerris & policez, en introduisant parmi eux les belles Lettres, le Commerce, la discipline militaire, tant sur Terre que sur Mer; & tant d'autres connoissances utiles, ou agréables, dont cette Nation, jusqu'alors plus que barbare, n'avoit fait aucun cas. Il paroît même que ce grand Prince songe à enrichir ses Peuples de ce Commerce, ayant publié & accordé dans le commencement de cette même année 1718, une liberté entiére pour tous les Marchands qui voudroient faire entrer dans ses Etats, ou y faire passer les soyes de Perse & du reste de l'Orient.

On peut ajoûter qu'en cette anne 1722, le Czar paroît plus que jamais être dans le dessein de se rendre Maître du Commerce des Soyes de Perse pour le faire passer par ses Etats en Europe, ayant, pour ainsi dire, pris possession de la Mer Caspienne, dont il a fait faire une carte très-éxacte, où les Ports & Rades y sont très-réguliérement décrites, particuliérement les Côtes des Païs où il croît le plus de soye, *Quilan*, *Schiruven*, & les environs de *Schamachi*. En effet, il s'est transporté lui-même sur cette Mer, s'est emparé de la Ville d'Andreof dans la Province de Daghestan, & a fait jetter les fondemens d'une Ville & d'un grand Port près de Derbent, à laquelle il a donné le nom de Peters-haven, ou le havre de Pierre. Enfin, il a réduit les Habitans de Derbent

de

de recourir à sa Protection, & de se soûmettre à ses Loix.

Les soyes de Perse qui arrivent par les caravanes à Smirne, sont les Sourbastis, les Legis, les Ardassines & les Ardasses.

Les deux premiéres sortes s'achettent dans la Province de Huilan, que quelques Auteurs nomment Inguilan; il n'en vient par an à Smirne qu'environ 400 bales de vingt battemans chacun, le battemant de six ocos, ce qui réduit au poids de Marseille, font dix-huit livres douze onces le battemant. Chaque chameau porte deux bales.

Les Soyes Sourbastis sont les plus fines; il y en a de blanches & de jaunes. Leur pliage est en masse d'une demi-aune de long, dont la tête est liée d'un filet de soye très-fin qui sort en dehors. Les blanches sont les plus belles. Les bales sont assorties en premiére, seconde & troisiéme, qui font en tout cent vingt masses. Onze masses de soyes plus grossiéres enveloppent la bale en dedans. Ces soyes s'employent à Tours en pannes, gros de Tours & autres étoffes qui se vendent à la livre.

Les Soyes Legis. Sont les plus grosses qu'on tire des sourbastis; elles sont pliées en masse d'une aune ou environ, & ont la tête liée comme la sourbastis. Le poil en est plus gros & moins lustré. La masse pése depuis deux, jusqu'à trois livres. Elles servent en France pour la trame des étoffes & rubans qu'on vend à l'aune. A Seyde, Tripoli, &c. on les appelle Legis, Bourines & Bournio. Il y en a de trois sortes; savoir, les Legis Bourines qui sont les plus belles; les Legis Ardasses qui sont les plus grossiéres, & les Legis ordinaires qui sont celles de moyenne qualité. Les choufs de ces Echelles sont aussi des Legis qui sont de qualité aussi nette, & qui prennent aussi beau lustre & teinture que celles de Messine, étant d'ailleurs d'aussi fin dévidage & moulinage.

Les Soyes Ardassines. Sont celles qu'en France on nomme Ablaques. Elles ont la même couleur, & sont presqu'aussi fines que les Sourbastis. La masse est d'environ deux pieds de long, & ne pése guére moins d'une livre. On s'en sert peu en France, parce qu'elle ne souffre pas l'eau chaude dans le dévidage. Il n'en vient guére que cent bales à Smirne.

Les Soyes Ardasses. Sont les plus grossiéres de celles de Perse, & comme le rebut des Ardassines. On nomme aussi Ardasses les Legis de la plus basse qualité. La masse en est d'environ trois quarts d'aune & forme comme deux têtes; elle ne pése pourtant qu'une livre. Pour être belles elles doivent être lustrées, rondelettes & peu chargées. On appelle quelque-fois la soye Ardasse Soye rondelette. C'est de cette espéce de soye dont il vient la plus grande quantité à Smirne, & on n'y en apporte chaque année pas moins de 2400 bales.

Le Commerce des soyes de Perse se fait aussi par le Golfe, ou Sein Persique. Ce Négoce que les Portugais avoient attiré à l'Isle d'Ormus pendant qu'ils en étoient les maîtres, a été transféré à Gameron, ou Gambron, que les Perses nomment Bender-Abbassi; Port à l'entrée du même Golfe, depuis qu'en 1622 ces derniers, à l'aide des Anglois, se furent remis en possession d'Ormus. C'est-là qu'arrivent les Caravanes qui partent d'Ispaham, & qui voiturent les soyes sur des chameaux; les diverses Nations d'Europe qui font ce Négoce ayant leurs Agens ou Commis dans cette Capitale de Perse qui en font les achats. Les droits de sortie s'en payent sur différens pieds suivant que ces Nations ont fait leurs capitulations plus ou moins avantageuses.

Les plus fines des soyes de Perse & du Levant qui arrivent en France, sont propres pour les ouvrages de Tours & de quelques fabriques de Paris. Les plus grossiéres s'apprêtent pour la couture, & pour servir aux filez d'or & d'argent.

Soyes de la Chine, du Japon & des Indes.

Plusieurs Provinces de la Chine sont si propres pour les muriers, & leur climat est si conforme à la nature des vers à soye, qu'il est presque incroyable combien il s'y cultive de ces arbres, & combien il s'y recueille de soye.

La seule Province de Tchekiam pourroit en fournir à toute la Chine, & même à une grande partie de l'Europe. Les soyes de cette Province sont estimées les plus belles, quoi que Nanquin & Canton en produisent aussi d'excellentes.

Le Commerce des soyes est un des plus grands qui se fasse en la Chine, & qui y occupe un plus grand nombre d'ouvriers. Les Marchands d'Europe qui le font, & sur tout de celles qui sont ouvrées, doivent prendre garde à leur filage: car bien qu'à la vûë & au toucher les soyes aprêtées de la Chine paroissent souvent plus belles que les organcins de sainte Lucie, ou de Bergame, elles sont, pour l'ordinaire d'un si mauvais dévidage; & le déchet en est si considérable, que les Fabriquans de France, & sur tout de Paris, en sont entiérement dégoûtez; les déchets des soyes ouvrées venduës par la Compagnie de la Chine qui étoient du retour du Vaisseau l'Amphitrite, ayant été jusqu'à trois onces par livre, quoi que ceux des soyes d'Italie de même qualité n'aillent même jamais jusqu'à une once.

Outre la soye ordinaire qu'on tire de la Chine, il y en a une autre sorte qui ne se trouve que dans la Province de Canton, mais qui ne passe guére à l'Etranger, se consumant toute dans le Royaume où elle est fort estimée. Les vers qui la produisent sont sauvages, & ne font leurs cocons que dans les bois, d'où il est difficile, & peut-être impossible de les transporter pour les nourrir dans les maisons où ils réüssiroient mal.

Cette soye est grise & sans aucun lustre, & les étoffes qu'on en fabrique ne paroissent à la vûë que comme de la toile rousse assez commune, ou des droguets fort grossiers. Ce qui leur donne le prix & qui les fait acheter plus cher que les plus beaux satins, c'est qu'elles durent très-long-tems; que quoi que fortes & serrées, elles ne se coupent jamais; qu'on les lave comme la toile, & que l'huile même ne les peut tacher. Ces étoffes se nomment Kien-tcheou.

Les Soyes Sina, qu'on employe en France dans quelques fabriques, & particuliérement à Paris dans celles des Gazes, sont du nombre des soyes de la Chine.

Le Japon ne fourniroit guére moins de soyes que la Chine si les Japonnois, Nation superbe & défiante jusqu'à la cruauté, n'avoient presque interdit tout Commerce dans leurs

leurs Isles aux Etrangers, sur tout à ceux qui font profession du Christianisme, à l'exception néanmoins de certain peuple de l'Europe qui y est, dit-on, reçû sous des conditions qu'on peut lire dans les Relations du fameux Tavernier; mais qu'on avouë qu'on ne peut croire tant elles doivent faire horreur à toute sorte de Chrétiens: aussi ce peuple qui seul des Européens fait le Commerce du Japon, a-t-il pris soin de s'en justifier par la plume de plusieurs célébres Auteurs.

Quelques Relations assurent qu'il se fait dans toutes les Isles du Japon jusqu'à cent mille picols de soye par an, à raison de cent vingt livres pesant le picol, & près de quatre cens mille picols de filoselle, qui est une espéce de fleuret ou soye moins fine: mais bien loin que l'Europe profite d'une si grande quantité de soye, on dit que les Hollandois portent au contraire au Japon la plus grande partie de celles qu'ils tirent de la Chine & des Indes.

Les Soyes des Etats du grand Mogol se tirent presque toutes de Kasem-bazar, lieu situé assez avant dans les terres d'où elles sont apportées à la Mer par un Canal de quinze lieuës qui tombe dans le Gange, sur lequel après en avoir encore fait quinze autres elles arrivent jusqu'à l'embouchure de ce fameux Fleuve de l'Indoustan.

La Soye de Kasem-bazar est jaunâtre comme toutes les soyes écruës qui viennent de la Perse & de la Sicile, n'y en ayant de blanche naturellement que celle de la Palestine; mais les Indiens la savent blanchir avec une lessive faite des cendres de l'arbre qu'on nomme Figuier d'Adam, & lui donnent le même blanc qu'à la soye de Sirie. Cependant comme il y a peu de ces arbres dans le Païs, & que les Habitans manquent de cendres pour ce blanchiment, les Européens ne tirent pas une grande quantité de ces soyes blanches, & sont obligez de s'accommoder des jaunes.

Kasem-bazar peut fournir tous les ans jusqu'à vingt-deux mille bales de soye, chaque bale pesant cent livres. Ce sont les Hollandois qui font la plûpart de ce Commerce, n'y ayant guére d'année qu'ils n'en enlévent six à sept mille bales. Ils en enléveroient même davantage sans les Marchands de Tartarie & des Etats du Mogol qui s'y opposent, & qui veulent au moins partager ce Négoce avec eux.

Il ne passe guére de cette soye en Europe, comme on l'a dit en parlant des soyes du Japon, les Hollandois les portant presque toutes, & les changeant contre de riches marchandises, particuliérement contre de l'argent en barres & du cuivre.

L'Isle de Ceylan fournit aussi quelques soyes de son crû, mais c'est peu de chose, & elles ne sont presque point comptées parmi les marchandises que les Européens, & sur tout les Hollandois en tirent.

En France, les principaux Ouvriers qui travaillent aux soyes, soit pour les ouvrer, apprêter, monter, appareiller; soit pour les employer, tant celles du crû du Royaume, que celles des Païs étrangers, quand elles sont entiérement apprêtées, sont les Fileurs, les Dévideurs, les Moulineurs, ou Mouliniers, les Teinturiers, les Plieurs, & les Fabriquans de plusieurs sortes, comme Férandiniers, Gaziers, Rubanniers, Manufacturiers en Draps d'or, d'argent, de soye, velours, satins, taffetas, & quantité d'autres qui sont tous expliquez dans leurs articles.

Le grand Commerce de soye de toutes sortes qui se fait à Lyon & à Tours, a donné lieu à plusieurs Réglemens considérables, dont les principaux sont une Ordonnance des Juges de la Conservation de Lyon du 14 Mars, & un Arrêt du Conseil du Roi du 26 Août 1686.

Ce seroit ici le lieu de les rapporter, ceux qui font ce Négoce ne pouvant s'en passer; mais un extrait très-ample de l'un & de l'autre se trouvant à l'article des Payemens, il seroit également inutile & ennuyeux de les répeter ici. *Voyez* Payement.

Il y a plusieurs Tarifs, Arrêts du Conseil, ou Déclarations du Roi, qui réglent en France les droits pour les soyes à l'entrée & sortie du Royaume.

Par le Tarif de 1664, la soye cuite, teinte & à coudre de toutes sortes de couleurs, paye 12 s. la livre de droits de sortie, & la soye cruë 20 s.

Par le même Tarif les droits d'entrée sont de 20 s. la livre pour la soye à coudre, & de 16 liv. le cent pesant pour la soye cruë.

Par Arrêt du Conseil du 12 Juillet 1689. les soyes Ardasses teintes ou torses venant tant de la Ville d'Anvers & autres lieux de la Flandre Espagnole, que des Païs étrangers, doivent payer à l'entrée des Païs conquis & cédez, 15 s. la livre pesant, auquel droit les Hollandois même sont sujets, en conséquence de la Déclaration du 8 Décembre 1699, & de l'Arrêt du Conseil d'Etat du Roi du 30 Mai 1713.

L'Arrêt du 15 Août 1685, ordonne que conformément à l'Edit du mois de Mars 1669, toutes les soyes & marchandises du Levant apportées en droiture dans le Royaume & qui y entreroient par le Port de Marseille, seroient éxemtes de tous droits: mais que celles qui auroient été interposées continueroient de payer les vingt pour cent de leur valeur; & qu'à l'égard des soyes & marchandises de pareille qualité qui entreroient par la Ville de Roüen, soit qu'elles y arrivassent en droiture, soit qu'elles eussent été interposées, elles seroient sujettes au même droit de vingt pour cent.

Les Marchands Négocians des Villes de Lille, Tournay, Valencienne, Dunkerque, &c. ayant représenté au Roi le préjudice que recevoit leur Commerce & leurs Manufactures par rapport à la défense portée par l'Arrêt de 1685, de faire entrer les soyes & autres marchandises par d'autres Ports que celui de Marseille, obtinrent par un Arrêt du 2 Février 1687, que les soyes, cotons filez, & autres marchandises du Levant servant à leurs Manufactures, pourroient entrer librement par le Port de Dunkerque, mais seulement pour être employées dans les Païs conquis, en payant néanmoins les droits portez par le Tarif de 1671, ainsi qu'elles faisoient avant l'Arrêt de 1685.

Par ce Tarif arrêté au Conseil le 13 Juin 1671, les soyes de toutes qualitez sont éxemtes de droits d'entrée, & payent pour ceux de sortie; savoir,

La soye cuite, ou teinte, à coudre & à piquer, & autres semblables, 7 s. 6 d. la livre.

La soye cruë fine organcine de Boulogne, Messine, Naples, Bassan, Bergame, Milan & autres lieux, 6 l. le cent pesant.

La soye cruë, dite trême, ou poil filé, 2 l. le cent pesant, non filé, 3 l.

La soye cruë, dite Ardasse, le cent pesant aussi 3 liv.

Ici

Les droits dûs pour les soyes à la Douane de Lyon, en vertu du Tarif de 1632, sont pour les soyes de Mer, Rege, Mamodée, Caderne, Ardasse, &c. 12 *l.* 10 *s. la bale de cent soixante livres poids de marc, &* 5. *s. de réapréciation par chaque liv.*

Pour les soyes cruës de Messine, Barbarie, Bassio, Vicence, Alsine, & Armerie, la bale de même poids, 13 *l.* 10 *s. &* 6 *s. de réapréciation la livre.*

Pour les soyes cruës de Vicence & autres lieux, ouvrées, filées, torses & manufacturées, la bale de même poids, 19 *l.* 10 *s. &* 7 *s.* 6 *d. de réapréciation la livre.*

Pour les soyes teintes noires & couleurs sans cramoisi, la livre 10 *s.* 6 *d., réapréciation* 3 *s.*

Pour les soyes rouge-cramoisi 25 *s. la liv. réapréciation* 5 *s.*

Pour les soyes violettes, incarnates, ou cramoisi de Tours, 8 *s. la livre,* 2. *s. de réapréciation.*

Enfin, pour les soyes teintes en France 2 *s.* 6 *d. la livre, & de réapréciation* 1 *s.* 6 *d.*

Sur le point qu'on alloit donner l'article des soyes à l'Imprimeur, il a paru un Edit du mois de Janvier 1722, *enregistré à la Chambre des Comptes & Cour des Aydes de Paris au mois de Février ensuivant, par lequel Sa Majesté accorde la permission de faire entrer dans le Royaume toutes sortes de soyes étrangeres, même celles du Comtat d'Avignon, soit ouvrées ou non ouvrées, cruës, torses, ou teintes, à condition qu'elles n'entreront que par la Ville de Lyon, à la Douane de laquelle il sera payé pour tous droits* 14 *s. de chaque livre pesant. Et qu'à l'égard de celles du crû du Royaume, qui ne passeront aussi que par ladite Ville, elles payeront seulement* 3 *s.* 6 *d. Sa Majesté défendant de faire entrer aucunes soyes dans le Royaume, & de les y vendre qu'elles n'ayent auparavant été transportées à Lyon, à peine de* 3000 *l. d'amende & de confiscation.*

SOYE. Les étoffes que l'on appelle simplement des *Soyes* en Chinois, sont de petits taffetas qui se fabriquent à Canton. Ils s'y vendent neuf mas six condorins les dix taëls, & se revendent au Tunquin un taël deux mas la piéce.

SOYE DE PORC, *ou* SOYE DE SANGLIER. C'est le grand poil qui se trouve dessus le dos de ces sortes d'animaux. *Voyez* PORC & SANGLIER.

La soye de porc se tire de divers endroits de France, & s'employe à plusieurs usages, mais particuliérement pour faire des brosses à peignes, des vergettes, des décrotoires & des goupillons, tant pour jetter de l'eau-benite, que pour nettoyer les pots où la main ne peut entrer. Elle s'envoye pour l'ordinaire dans des tonneaux, ou futailles, par paquets de différentes grosseurs, qui se vendent au poids.

La soye de sanglier est beaucoup plus forte que celle de porc, aussi est-elle bien plus chére & plus estimée: elle sert aux Cordonniers, Savetiers, Boureliers, Selliers, &c. à mettre en guise d'éguille au bout du fil dont ils se servent pour coudre avec une aléne leurs différens ouvrages. On en fait aussi des décrotoires qu'on veut qui soient rudes, soit pour froter les planchers, soit pour décroter les souliers.

Il s'en tire beaucoup de Moscovie & de Lituanie par la voye de Hambourg & de Hollande, d'où elle est envoyée par petits paquets liez par le milieu, dans des boîtes de sapin longues d'environ un pied & larges de deux ou trois doigts que l'on nomme Caisses. Elle se vend pour l'ordinaire au poids.

Les soyes tant de porc que de sanglier font une portion du Négoce des Marchands Merciers Clinquailliers, qui les font venir en gros, pour les vendre en détail aux Ouvriers qui les employent, ou qui en ont besoin.

Par le Tarif de 1699, *les droits d'entrée des soyes de porc préparées & fabriquées en Hollande, ont été réduits en faveur des Hollandois seulement, à* 4 *liv. le cent pesant.*

Toutes les autres soyes de porc autres que celles du crû & fabrique de Hollande, payent 10 *l. du cent pesant, suivant l'Arrêt du* 3 *Juillet* 1692.

Les droits de la Douane de Lyon, où cette sorte de soye est appellée Soye Cordonniére, sont sur le pied de Mercerie d'Allemagne, c'est à dire 3 *l.* 5 *s. du quintal d'ancienne taxation, &* 15 *s. de nouvelle réapréciation.*

SOYE. Terme de Coutelerie. C'est la queuë de fer d'une lame de couteau de table, qui sert à l'emmancher. Entre la lame & la soye est ce qu'on appelle la mitre; c'est à dire, un petit rebord plat & rond qui arrête le manche. On parle ailleurs de la maniére de forger & retenir cette mitre. *Voyez* TAS.

SOYE. C'est aussi, en terme de Fourbisseur, le fer qui sert de poignée à une épée, à une bayonnette, ou à de semblables armes. C'est sur la soye qu'on range toutes les piéces de la monture, telles que sont la plaque, le corps, la branche, la poignée & le pommeau. La soye qui se rive sur cette derniére piéce les affermissant & les liant toutes ensemble. *Voyez* FOURBISSEUR.

SOYERIE. Toutes sortes de marchandises de soye. On dit les Soyeries de Lyon, de Tours, du Levant; pour dire toutes les étoffes de soye qui se font dans ces lieux ou qui en viennent. On dit de même qu'un Marchand entend bien le Négoce de la Soyerie.

SOYERIE. Se prend encore pour la maniére de préparer la soye, ou pour le lieu où on la prépare. Etablir une Soyerie.

SOYEUX, qui est doux comme de la soye. Cette étoffe est fabriquée d'une laine très-soyeuse. Le castor est un poil soyeux.

SOYEUX. Signifie aussi plein de soye, bien garni de soye. Ce satin est bien soyeux.

SOYETEURS. Ouvriers qui travaillent en étoffe de soye. Il n'y a guére qu'à Lille, Capitale de la Flandre Françoise, où on leur donne ce nom. Ailleurs on les appelle Manufacturiers, Fabriquans, ou Ouvriers en Soye. *Voyez ces trois articles.*

SPALT. Pierre blanche, écailleuse & luisante que l'on employe assez souvent pour faciliter la fonte des métaux. Cette pierre s'apporte quelque-fois du Levant, mais elle vient plus communément d'Angleterre & d'Allemagne. Le bon Spalt doit être en longues écailles, tendre & facile à être réduit en poudre. Le Spalt d'Angleterre est presque toûjours très-dur.

Le Spalt n'étant point tariffé doit payer en France les droits d'entrée à raison de cinq pour cent de sa valeur, conformément au dernier article du Tarif de 1664.

SPARAGON. Etoffe de laine très-méchante, qui se fabrique en Angleterre où elle se consume presque toute. Les Anglois en envoyent néanmoins quelques-unes en Espagne, mais ces envois ne passent guére huit ou dix mille livres par année.

SPECACUANHA. C'est cet excellent reméde pour la

 diffendissenterie, qui a passé de l'Amérique en Europe. On l'appelle plus ordinairement IPECACUANHA. *Voyez cet article.*

SPECIA. Terme dont quelques Marchands Négocians & Banquiers se servent assez souvent dans leurs écritures, pour signifier ce qu'on nomme communément Solde, Soute, ou Soude d'un compte. *Voyez* COMPTE.

SPECULATION. Sorte d'étoffe non croisée, qui se fabrique pour l'ordinaire à Paris dont la chaîne est de soye cuite, ou teinte, & la trême de fil blanc de Cologne, ou de fil de coton blanc. Sa largeur est communément de demi-aune moins un seize mesure de Paris. Il s'en fait de moirée & de non moirée, de différentes couleurs.

SPERMA-CETI, en François SPERME, ou BLANC DE BALEINE. Drogue que vendent les Epiciers, dont on se sert dans quelques mixtions inventées pour embellir, on pourroit plûtôt dire pour gâter le teint des Dames. *Voyez* BALEINE.

Le Sperme, ou Blanc de baleine n'étant point tarissé, doit payer en France les droits d'entrée à raison de cinq pour cent de sa valeur estimée à l'amiable, ou réglée par les Juges des Fermes, conformément au Tarif de 1664.

Les droits de la Douane de Lyon sont 3 l. 2 s. 6. d. le quintal d'ancienne taxation, 7 s. 6 d. de nouvelle réapréciation, 4 l. pour les anciens quatre pour cent, & 3 l. pour leur réapréciation.

SPHERE, ou BOULE. Instrument dont se servent les Miroitiers-Lunetiers, pour travailler les verres concaves qui sont propres aux opérations d'optique, ou autres ouvrages de miroiterie. *Voyez* BOULE.

SPIC-NARD, ou NARD. Plante médecinale qui entre dans la composition de la thériaque. C'est le *Spica-nardi* des Droguistes & des Botanistes. *Voyez ci-après* SPICA-NARDI.

SPICA-NARDI, chez les Droguistes & Epiciers SPIC-NARD. Plante qui entre dans la composition de la thériaque, & que les Apoticaires devroient employer dans le syrop de chicorée composé, au lieu de la canelle dont ils se servent, à cause qu'elle est à meilleur marché.

Il y a trois sortes de Spic-nard, ou de nard, car on lui donne aussi quelque-fois simplement ce nom; le Nard Indique, le nard de Montagne, & le nard Celtique, ou François.

Le nard Indique, ainsi appellé parce qu'il vient des Indes, est de deux sortes, le grand & le petit. Le petit nard, auquel le grand ressemble presque en tout, à la réserve de la couleur qui est plus brune & plus rougeâtre (ce que l'on croit même venir de quelque teinture) est une espéce d'épi de la longueur & de la grosseur du doigt, tout garni de petit poil brun & rude, que produit une racine assez approchante de celle de la pirette, mais pas toutefois si longue. Il sort à fleur de terre plusieurs épis de la même racine, & du milieu il s'éléve une tige longue & mince. Le goût de l'un & de l'autre nard des Indes est amer, & leur odeur forte & désagréable.

Le nard de montagne qui vient de Dauphiné, est d'un gris de souris. Sa racine est de la grosseur du bout du petit doigt, tournée comme au tour, & garnie de petits filamens, & sa tige qui sort du milieu des épis est rougeâtre.

Enfin, le nard Celtique qui se trouve sur les montagnes des Alpes & en d'autres endroits, & que les Marchands de Paris reçoivent par la voye de Marseille & de Roüen, est une plante dont la racine est écailleuse & remplie de fibres. Ses feuilles sont longues, étroites par en bas, larges par le milieu, pointuës par le bout. Sa tige n'a guére plus d'un demi-pied, à l'extrêmité de laquelle sont quantité de petites fleurs d'un jaune-doré en forme d'étoiles. Ce nard est ordinairement apporté par botes.

De ces trois sortes de nard, l'Indique est le plus estimé & le plus cher; le Celtique suit après; & pour celui de montagne, les habiles Marchands Droguistes & Epiciers croyent qu'il faudroit en abandonner le Commerce, étant de peu de vertu. Les deux premiers doivent se choisir nouveaux & odorans autant qu'il est possible.

L'on trouve quelque-fois mélées parmi ces deux nards d'autres plantes étrangéres, qu'il faut savoir en démêler, comme le nard bâtard, l'hirculus, ou bouquain, &c. qui n'ont aucune des vertus des véritables nards.

Outre l'épi du Spica-nardi, les Epiciers-Droguistes en vendent aussi la semence, qui a presque les mêmes vertus que l'épi, & peut entrer dans les mêmes compositions de médecine.

Le Spica-nardi des Indes est du nombre des drogues & marchandises venant du Levant, qui outre les droits ordinaires payent vingt pour cent de leur valeur, conformément à l'Arrêt du 15 Août 1685.

Les droits qu'ils payent en France, suivant le Tarif de 1664, sont à raison de 7 liv. 10 s. le cent, & ceux du Spica-Celtica de 3 liv. 15 s. aussi du cent pesant.

A l'égard des droits de la Douane de Lyon, ils se payent; savoir,

Pour le Spica-nardi Indique 3 liv. 2 s. 6 den. d'ancienne taxation, du quintal, 22 s. 6 den. pour la nouvelle réapréciation, 5 liv. pour les anciens quatre pour cent, & 3 liv. pour leur réapréciation.

Pour le Spica-Celtica 13 s. 3 den. le quintal d'ancienne taxation, 11 s. 9 den. de nouvelle réapréciation, 16 s. pour les quatre pour cent, & pareille somme pour leur réapréciation.

Pour le Spica-semence 37 s. 6 den. d'ancienne taxation, & 11 s. 9 den. de réapréciation.

SPINELLE. Sorte de rubis couleur de feu. *Voyez* RUBIS.

SPITZBERG. C'est le Païs le plus Septentrional que l'on connoisse dans notre hémisphére. Il fut découvert en 1595 par Guillaume Barens & Jean Corneille Hollandois, qui cherchoient un chemin pour aller à la Chine par la Mer Glaciale. Les baleines qui se trouvent dans ce Parage sont plus grandes & plus grasses qu'en aucun endroit de la Mer du Nord; ce qui a obligé les Hollandois d'abandonner le Groenland, où ils avoient d'abord établi leur pêche, & de lui préférer les Côtes du Spitzberg; en quoi ils ont été suivis des Anglois, Hambourgeois, & des autres Nations qui vont à la pêche de la baleine. *Voyez* BALEINE. *Voyez aussi* PESCHEURS DE BALEINE, *& encore l'article des Compagnies de Commerce, au paragraphe où il est parlé de celles des Hollandois.*

SPODE. Espéce de cendre qui sert dans la Médecine, qu'on estime un assez bon cardiaque, & à qui l'on attribuë les mêmes qualitez du corail.

Le Spode des Anciens étoit fait de racines de roseaux & de cannes brûlées. Ils appelloient aussi Spode, une maniére de de cendre qu'on trouve au pied des fourneaux où l'on fait l'airain.

Les Modernes font leur Spode d'yvoire brûlé & calciné en blancheur. Il faut le choisir en belles écailles, blanc dessus & dedans, pesant, facile à casser, &, s'il se peut, sans menu & sans ordures. On peut le contrefaire avec des os de bœuf, ou de chien; mais il n'est de nule valeur.

L'Anti-spode que les Anciens substituoient quelque-fois à leur Spode, étoit composé de feuilles de myrrhe, de pommes de Caïn, de noix de gale, & quelques autres drogues calcinées.

Les Spodes payent en France les droits d'entrée à raison de 3 liv. du cent pesant, conformément au Tarif de 1664.

Les droits de la Douane de Lyon sont de 13 s. 4 d. le quintal d'ancienne taxation, & 20 s. pour les quatre pour cent.

SPODIER. Terme dont quelques Négocians se servent, pour dire ce qu'on entend dans le Négoce par Expédier. Ce dernier mot est le seul en usage; & il n'y a guére d'apparence que la Porte qui s'en est servi dans sa Guide pour les Négocians, puisse lui donner cours.

SPORCO. Les Négocians des Provinces de France qui avoisinent l'Italie, usent quelque-fois de ce terme en parlant d'une marchandise où il n'y a point de tare.

SPUTER. Espéce de métail blanc & dur, qui n'est connu en Europe que depuis que les Hollandois l'y ont apporté. Quelques-uns ne le mettent qu'au rang des demi-métaux; parce que quoi qu'il rougisse avant que de fondre, de même que l'argent, le cuivre & les autres vrais métaux qui soûtiennent l'ignition, il n'est nullement ductile, ne pouvant souffrir le marteau à cause de son aigreur qui le rend cassant; en sorte qu'il ne peut être employé tout au plus que dans les ouvrages de fonte.

SQUÆNANTHE. Plante aromatique & odoriférante, qu'on nomme plus ordinairement *Juncus Odoratus. Voyez cet article.*

Le Tarif de la Douane de Lyon le nomme Squinant. Les droits qu'il y paye sont de 15 s. le quintal d'ancienne taxation, & 10 s. de nouvelle réapréciation.

SQUILLES, ou SCILLES. Gros oignons qui viennent d'Espagne, qui entrent dans la composition de la thériaque. *Voyez* SCILLES.

SQUINANTI, ou LIN D'EGYPTE. C'est le meilleur & aussi le plus cher des lins qui se vendent au Caire, où il s'y en fait un très-grand Négoce. Il coûte ordinairement jusqu'à dix piastres le quintal de cent dix rotols. *Voyez* LIN.

SQUINE, ou ESQUINE. Racine médecinale qui vient de la Chine & des grandes Indes. *Voyez* ESQUINE.

STACTE'. Espéce de gomme que l'on appelle autrement Mirrhe. *Voyez* MIRRHE. *Voyez aussi* STORAX.

STÆCANANTHE. C'est le Juncus odoratus. *Voyez* JUNCUS ODORATUS.

STAFISAGRE, ou STAPHISAGRE. Graine qui sert à faire mourir la vermine.

La plante qui la produit croît en abondance en divers endroits de la Provence & du Languedoc. Ses feuilles sont vertes, grandes, fort découpées & assez épaisses. Ses fleurs sont d'un bleu céleste, ausquelles succédent des gousses remplies d'une semence de la grosseur d'un pois. La figure de cette semence est triangulaire, sa couleur noirâtre & comme chagrinée par dessus. Au dedans elle est d'un blanc tirant sur le jaune, d'un goût mordicant, amer, & fort désagréable.

Outre l'usage du Stafisagre pour faire mourir la vermine des enfans, on s'en sert encore pour appaiser la douleur de dents; & pour faire des vesicatoires en la faisant cuire dans le vinaigre. Il est néanmoins quelque-fois dangereux de s'en servir pour les dents.

Il faut choisir le Stafisagre bien nourri, le plus nouveau & le moins rempli d'ordures qu'il se peut.

Le Stafisagre paye en France les droits d'entrée à raison de 25 s. le cent pesant, conformément au Tarif de 1664.

Les droits de la Douane de Lyon sont 5 s. 6 den. le quintal d'ancienne taxation, 4 s. 6 d. de nouvelle réapréciation, 4 s. pour les quatre pour cent, & 26 s. pour leur augmentation.

STAR, en Italien *Staro* ou *Staio* & *Stara*. Mesure des liquides dont on se sert à Florence.

Le Star est de trois barils, & le baril de vingt fiasques.

On se sert aussi du Star dans la Calabre & dans la Pouille. Dans ces deux Provinces du Royaume de Naples il faut 10 Stars pour la salme, 32 pignatolis pour le Star. *Voyez* SALME.

Le Staro est aussi le boisseau dont on se sert en plusieurs Villes d'Italie pour mesurer les grains, particuliérement à Venise, à Livourne & à Luques.

Le Staro, ou Stara de Livourne pése ordinairement 54 livres. 112 Stari sept huitiémes font le last d'Amsterdam.

Les grains se mesurent aussi à Luques au Staro, dont les 119 font un last d'Amsterdam.

Le Staro de Venise pése 128 livres gros poids; chaque Staro contient 4 quartes. 35 Stari un cinquiéme, ou 140 quartes quatre cinquiémes font le last d'Amsterdam.

STARIE. Terme de Commerce de Mer, particuliérement en usage dans le Levant.

Les Hollandois nomment Staries, le tems que ceux qui commandent les escortes que l'Amirauté de Hollande accorde aux convois qui vont au Levant, restent à Smirne au de-là de celui qui leur est permis par leur Commission.

Au retour des Convois les Commandans des Escortes sont tenus de remettre un Journal de leur voyage entre les mains du Procureur Général de l'Amirauté; lequel, s'il n'approuve pas les staries faites extraordinairement, en rejette la dépense sur le compte des Commandans. *Voyez* LEVANT.

STATUE. Ouvrage de Sculpture de ronde-bosse & de plein-relief, qui représente une figure humaine, de quelque séxe, de quelqu'âge & en quelque attitude que ce soit. On fait des Statuës au ciseau de plusieurs matiéres, comme de marbre, de pierre, de plâtre, &c. On en fond de tous les métaux, mais particuliérement d'or, d'argent, de bronze, & de plomb. Toutes se modélent ordinairement en petit avec de la cire ou de la terre-glaise, pour ensuite les réduire en grand; & c'est aussi avec de la cire qu'on fait les moules où se jettent celles qui se fondent. *Voyez* SCULPTEUR, SCULPTURE, FONDERIE & FONDEUR.

STATUTS, en fait de Commerce, & suivant l'usage d'àprésent. Ce sont des Réglemens faits par autorité publique, & confirmez par Lettres Patentes des Rois,

 pour

pour servir à la conduite, gouvernement & discipline des Corps des Marchands & des Communautez des Arts & Métiers.

Les Statuts en général sont aussi anciens que l'union des particuliers en certains Corps & Communautez, n'étant pas possible d'entretenir la paix entre plusieurs personnes, sur tout si elles sont d'une condition égale, qu'elles ne conviennent de certaines loix communes, suivant lesquelles elles s'engagent de vivre & de se conduire par rapport à l'intérêt commun.

C'est de-là que sont venus les premiers Statuts, où le Magistrat n'avoit point de part. Mais comme il est de la sûreté des Etats qu'il ne s'y tienne point d'Assemblées, ou que celles qui s'y tiennent soient sagement disciplinées, les Officiers des Princes, & ensuite les Princes eux-mêmes ont trouvé bon d'y avoir l'œil.

C'est ce qui est arrivé en France sur la fin du douziéme Siécle; car quoi qu'il y ait des Communautez qui produisent des Statuts qui leur ont été donnez, à ce qu'elles prétendent, dès le commencement du onziéme Siécle, il est aisé de juger par les Lettres Patentes même des Rois qui les ont depuis confirmées, qu'on doutoit dès-lors un peu d'une si grande antiquité.

Le premier Réglement général qui ait été fait au sujet des Statuts des Corps & Communautez, est celui des Etats Généraux tenus à Orleans au mois de Decembre 1560. L'article 98 ordonnant que tous les Statuts desdits Corps & Communautez seroient revûs & corrigez, réduits en meilleure forme, mis en langage plus intelligible, & de nouveau confirmez & autorisez par Lettres Patentes du Roi.

L'éxécution de cet article donna lieu à cette grande quantité de Lettres Patentes de confirmation qui furent expédiées sous le Régne de Charles IX. & il y a apparence que tous les autres Statuts & Réglemens eussent été pareillement renouvellez sans la continuation des guerres de Religion qui avoient commencé sous Henri II. & qui ne finirent que sous Henri IV.

Louis XIV. donna aussi un Edit au mois de Mars 1673, pour le renouvellement général de tous les Statuts des Corps & Communautez, & il fut même réglé au Conseil un Rôle des sommes qui leur en devoit couter.

Il paroît par ce Rôle que ces Communautez n'étoient alors dans Paris qu'au nombre de quatre vingt-quatre; mais par celui aussi dressé au Conseil au mois d'Avril 1691, pour l'éxécution de l'Edit du mois de Mars précédent, portant création des Maîtres & Gardes, & Jurez en titre d'Offices, les Corps & Communautez de cette grande Ville se trouvérent augmentées jusqu'à cent vingt-quatre, y en ayant eu plusieurs nouvelles d'érigées par Lettres Patentes depuis l'Edit de 1673.

Il faut remarquer que depuis que les Rois ont trouvé à propos de donner leurs Lettres de confirmation des Statuts & Réglemens des Communautez, elles sont obligées de demander cette confirmation à chaque mutation de Rois; mais il est vrai aussi qu'il y a eu bien des Rois qui n'ont point voulu user de leur droit. *Voyez les articles propres à chacun de ces Corps & Communautez. Voyez aussi ceux de Jurande & de Jurez.*

STECAS. *Voyez* STHÆCAS.

STEEM. Poids de Brabant & de quelques Villes Anséatiques. On l'appelle plus ordinairement Pierre. *Voyez* PIERRE.

L'on se sert aussi du Steem à Amsterdam & dans quelques autres lieux des Provinces-Unies. Le Steem pése huit livres.

STEKAN, ou STECKAN. Mesure de Hollande pour les liquides, & particuliérement pour les huiles. Les botes, ou pipes d'huile contiennent depuis 20 jusqu'à 25 stekans.

A Amsterdam on nomme cette mesure Stekaimen. Le Stekaimen contient 16 mingles, ou mingeelles, à raison de deux pintes de Paris le mingle; ainsi il est de trente-deux pintes.

La barique de Bourdeaux rend douze stekans & demi. Le tonneau de Bayonne, Tutsun & Chalosse, 240 stekans, & le poinçon de Nantes douze.

STEKAIMEN. Mesure des liquides. *Voyez l'article précédent.*

STELLIONAT. Crime de fausse vente, en vendant les choses autrement qu'elles ne sont, ou des effets appartenans à un autre, ou en vendant deux fois une même chose.

STELLIONATAIRE. Faux vendeur, celui qui commet un stellionat.

STENOMAGRA. Espéce de minéral. *Voyez* AGARIC.

STERCUS DIABOLI. C'est ainsi que les Allemands nomment l'Assa Fœtida, à cause de son extrême puanteur. *Voyez* ASSA FOETIDA.

L'Assa Fœtida paye les droits de la Douane de Lyon à raison de 5 l. 15 s. du quintal, tant d'anciens que de nouveaux droits.

STERLING. Terme Anglois fort commun dans le Commerce & dans les Monnoyes d'Angleterre, qui ne se dit jamais tout seul, mais qui ajoûté à d'autres signifie diverses monnoyes de compte qui sont en usage dans la Grande Bretagne; comme la livre sterling, le sol sterling, & le denier sterling.

Les Négocians Anglois tiennent leurs Livres par livres, sols & deniers sterlings, en mettant la livre sterling pour dix livres communes; le sol sterling pour dix sols, & le denier pour dix deniers. *Voyez* LIVRE STERLING.

Il y avoit autre-fois en Angleterre une espéce courante qui se nommoit Sterling; elle étoit d'argent, & avoit pris son nom d'un Château où d'abord elle avoit été frappée.

STHÆCAS, ou STICADE. Nom d'une plante qui entre dans la composition de la thériaque.

Il y a de deux sortes de Sthæcas, le Sthæcas Arabique, & le Citrin.

Le Sthæcas Arabique (on ne sait pourquoi ainsi nommé puis qu'il vient de Provence & de Languedoc, & sur tout des Isles d'Yeres & non pas d'Arabie) est une plante dont les feuilles sont étroites & verdâtres; ses fleurs sont petites, bleuës, approchantes de la violette, & sortent d'une espéce d'épi de figure piramidale qu'elles couvrent & environnent.

Ce n'est que des fleurs du Sthæcas dont les Epiciers-Droguistes de Paris font Négoce, encore n'en ont-ils pas beaucoup de débit.

Il faut les choisir d'un beau bleu, & en épis bien entiers.

LE

LE STHÆCAS CITRIN, qu'on nomme autrement Amarante jaune, n'est guére différent de l'Arabique que par la couleur que désigne assez son nom. Il croît aussi en Languedoc & en Provence, mais il est très-rare dans les boutiques de Paris, à cause qu'il ne s'en consume presque point.

Les Sthæcas Arabiques, les Citrins & toutes autres drogues qui passent sous ce nom, payent en France les droits d'entrée à raison de 50 f. le cent pesant, conformément au Tarif de 1664.

Les droits de la Douane de Lyon, dans le Tarif de laquelle ils sont nommez Sticados, sont par quintal de 2 f. 4 d. d'ancienne taxation; 5 f. 2 d. de nouvelle réapréciation; 8 f. pour les quatre pour cent, & 4 f. pour leur réapréciation.

STICADE, ou STICADOS. *Voyez l'article précédent.*

STILAGE, ou STELAGE. Droit qui se perçoit sur les grains en quelques endroits de France. C'est un droit de Seigneur qu'on nomme ailleurs, Minage, Halage & Mesurage. Il consiste ordinairement en une écuellée de grain par chaque sac qui se vend dans une hale, ou marché.

Il y a des lieux où le Stelage se léve aussi sur le sel, comme dans la Souveraineté de Bouillon.

STIL DE GRAIN, qu'on nomme autrement STIL DE GRUN. C'est une composition ou couleur dont les Peintres en huile & en mignature se servent pour peindre en jaune. Il vient ordinairement de Hollande, où les Hollandois le composent avec de la graine d'Avignon qu'ils font bouillir dans de l'eau avec de l'alun de Rome, ou d'Angleterre, & du blanc de Troyes, ou d'Espagne. Quand tous ces ingrédiens sont réduits en consistence de pâte, ils en forment de petits pains tortillez qu'ils font sécher, & c'est ce qu'on appelle Stil de Grain. La bonté du Stil de Grain consiste à être d'un jaune doré, tendre, friable, & point sale ni graveleux. *Voyez* GRAINE D'AVIGNON.

Le Stil de Grain que le Tarif de 1664 nomme mal à propos Isquil de Grain, paye en France les droits d'entrée conformément à ce Tarif, à raison de 30 f. le cent pesant.

STILE. Façon particuliére d'exprimer ses pensées ou de bouche, ou par écrit.

On appelle Stile Marchand, ou Stile Mercantoriste, la maniére dont les Marchands & les Négocians ont coûtume de parler dans les affaires de leur Négoce & Commerce, ou de s'exprimer dans les écritures mercantilles qu'ils font pour eux-mêmes, ou pour leurs Associez, Correspondans, Commissionnaires & Facteurs.

Ce Dictionnaire est en partie composé de ce stile, & comme il y a des expressions consacrées aux Sciences & aux Arts, & aux autres différentes Professions, qui diversifient les emplois des hommes, qu'il est honteux de ne pas savoir quand on y a pris parti; on ne doit pas non plus trouver étrange que le Commerce ait aussi les siennes, & que les jeunes Négocians les étudient avec le même soin que l'Ecclésiastique, le Magistrat, ou l'homme de guerre, font les termes qui conviennent à leur profession, ni qu'on ait tenté de les leur faciliter en composant cet Ouvrage.

STILE. Signifie aussi la supputation différente que quelques Nations de l'Europe font de la révolution des jours pendant le cours de chaque année.

En ce sens on distingue deux sortes de stiles, l'ancien stile & le nouveau stile.

La diversité de leur calcul est de dix jours, retranchez en 1582 par Gregoire XIII. Pape, que les Catholiques observent, & que les Protestans ont refusé, malgré l'utilité de cette réformation.

On en parle ailleurs assez au long à cause de la nécessité où sont les Marchands Banquiers & Négocians Catholiques de ne la pas ignorer, leur étant très-importante pour les dates & les chéances de leurs Lettres & Billets de Change, & autres écritures mercantilles dans leur Commerce avec les Etrangers des différentes Confessions Protestantes. *Voyez* NOUVEAU STILE & VIEUX STILE.

STILLIARD. On nommoit autre-fois en Angleterre la Compagnie du Stilliard une Compagnie de Commerce établie en 1215 par Henri III. en faveur des Villes libres d'Allemagne. Cette Compagnie étoit maîtresse de presque toutes les Manufactures Angloises, particuliérement des Drapiers. Les préjudices que ces Priviléges apportoient à la Nation, la firent casser sous Edouard IV. Elle subsista néanmoins encore quelque tems en faveur des grandes avances qu'elle fit à ce Prince, mais enfin elle fut entiérement supprimée en 1552 sous le Régne d'Edouard VI.

STINC MARIN. Espéce de petit lézard amphibie assez semblable au crocodile pour la figure; mais si petit, que les plus grands ne passent guére quinze pouces de longueur. Il s'en trouve quantité en Egypte le long du Nil, & c'est de-là qu'on les apporte en France par la voye de Marseille.

Le stinc est tout couvert d'écailles d'un gris argenté depuis l'extrêmité de sa queuë qui est assez longue, jusqu'au bout du museau qu'il a très-pointu. Ses yeux sont petits & vifs; sa gueule qui est fenduë jusques aux oreilles, est armée de quantité de petites dents blanches & rouges; il a quatre pieds, mais très-courts & très-foibles, en sorte qu'il rampe plûtôt qu'il ne marche; son cri est affreux, & il le diversifie comme une espéce de chant. Il ne va guére que de nuit; & quand il paroît de jour, tout petit qu'il est, il est capable d'imprimer de la frayeur par la maniére terrible dont il se traîne.

Aux Isles Antilles où il se trouve quantité de cette sorte de lézard, on le nomme Brochet de mer, & l'on attribuë à sa chair les mêmes qualitez qu'à celle du Stinc du Nil; c'est à dire, qu'on la croit bonne contre les poisons, & propre à ranimer la chaleur des vieillards.

Il faut choisir le Stinc gros, long, large, pesant, sec, entier, & point mangé de vers s'il se peut. Il manque à tous ceux que l'on apporte d'Egypte, les entrailles & le bout de la queuë, apparemment à cause de quelque malignité qu'ont ces parties.

Le Stinc entre dans la composition du mitridate.

Le Stinc marin paye en France les droits d'entrée à raison de 6 l. le cent pesant, conformément au Tarif de 1664.

Les droits de la Douane de Lyon sont de 12 f. 6 d. du quintal.

Il est du nombre des marchandises venant du Levant, sur lesquelles on paye vingt pour cent de leur valeur, suivant l'Arrêt du 15 Août 1685.

STIVES, Drogue employée dans le Tarif de 1664.

Les Stives payent en France les droits d'entrée à raison de 5 liv. le cent pesant.

STOCKFISCH, ou STOKFISSE. Poisson de mer salé & desséché, couleur de gris cendré, ayant néanmoins le ventre un peu blanc; sa longueur ordinaire est d'un pied ou deux. La moruë séche ou parée, que l'on appelle autrement Merlu, ou Merluche, est une espéce de stockfisch.

Les Hollandois font un Négoce assez considérable du stockfisch; car outre qu'ils en mangent beaucoup dans leurs Païs, ils en fournissent aussi leurs Vaisseaux pour la nourriture des équipages, ils le nomment Stockvisch, ce qui signifie Bâton de Poisson. L'on prétend qu'ils le nomment ainsi soit à cause qu'il est dur & sec comme un bâton, soit parce que l'on est obligé de le battre avec un bâton pour le mettre en état d'être mangé.

Le Stockfisch entrant en France par les Provinces de Poitou, Picardie, Champagne, Bourgogne, Bresse, Berry & Bourbonnois, paye 15 s. du cent en nombre, conformément au Tarif de 1664; & venant des Païs étrangers 4 liv. aussi du cent pesant, suivant l'Arrêt du 4 Octobre 1691.

Les droits de sortie en conséquence du même Tarif de 1664, sont de 4 liv. 10 s. de la bale contenant un millier en nombre.

STONE. Poids dont les Bouchers Anglois se servent pour peser la viande qu'ils débitent. Le stone est de huit livres d'avoir du poids, c'est à dire, de la livre la plus pesante des deux dont on se sert en Angleterre. *Voyez* LIVRE.

STORAX. Gomme résineuse & odorante qui vient d'Arabie & de Syrie par la voye de Marseille.

Il y a de trois sortes de Storax; le Storax rouge, le Calamite & le Liquide.

Le Storax rouge que l'on nomme aussi Encens des Juifs, est une gomme, ou résine, qui coule par incision du tronc & des plus grosses branches d'un arbre de moyenne hauteur, assez approchant du coignier par la forme & la couleur de ses feuilles qu'il a pourtant plus petites; son fruit qui est de la grosseur d'une aveline, renferme une amande blanche & huileuse, d'une odeur tout à fait semblable au Storax; ses fleurs sont blanches comme celles de l'oranger.

Cette gomme doit être choisie en masse d'une couleur rougeâtre, molasse & grasse, d'une odeur agréable & qui ne ressemble point à celle du Storax liquide.

On vend quelque-fois pour du véritable Storax rouge du Storax en pain, en boule & en marons; mais tous ces Storax sont sofistiquez, & ne sont qu'une mauvaise composition de Storax liquide, de farilles ou ordures du véritable Storax, & de quantité d'autres drogues de peu de valeur. L'on vend aussi du Storax en poussiére, qui est encore plus méchant, n'étant que de la sieure de bois. Le Storax rouge est de quelqu'usage dans la médecine; les Parfumeurs s'en servent, & l'on l'employe aussi au lieu d'encens.

Le Storax Calamite, ainsi nommé des roseaux ou des tuyaux de plume, en Latin *Calamus*, dans lesquels il étoit autre-fois apporté, n'est proprement qu'une composition de différentes drogues excellentes, & entr'autres du Storax rouge, quoi que plusieurs Auteurs l'ayent pris jusques-ici pour une gomme naturelle différente du vrai Storax.

Le Storax Calamite vient aux Epiciers de Paris, de Marseille & de Hollande, d'où il est apporté en masses rougeâtres, remplies de larmes blanches qui quelque-fois sont mêlées avec cette substance rouge, & qui quelquefois n'en sont que simplement couvertes, d'une consistence moyenne, & d'une odeur douce, qui approche assez de celle du baume noir du Pérou: il faut le choisir en belles larmes, sec & point amer.

Le Storax liquide est une espéce de résine factice, de couleur grise, composée de vrai Storax, de galipot, d'huile & de vin, batus avec de l'eau pour le rendre en consistence d'onguent; les Marchands Apoticaires l'appellent quelquefois Stacté, pour le déguiser.

Il faut le choisir de gris de souris, d'une odeur de Storax, d'une bonne consistence, sans ordures ni humiditez, & véritable Hollande; on le conserve aisémenr à la cave en y mettant de tems en tems de l'eau dessus; il entre dans la composition d'un onguent que l'expérience a fait reconnoître pour souverain contre le scorbut & la gangréne.

Il vient assez grande quantité de Storax liquide de plusieurs Echelles du Levant, particuliérement de Smirne; on en tire, année commune, de cette derniére Ville jusqu'à deux mille occos.

Du Storax & du benjoin, ausquels on ajoûte du musc, de la civette, ou de l'ambre, suivant qu'on aime ces odeurs, on fait d'excellentes pastilles dont on brûle au lieu d'encens ordinaire dans les principales Eglises des Catholiques.

On compose aussi du lait virginal avec ces deux gommes que l'on fait dissoudre dans de l'esprit de vin; cette drogue que les Dames employent pour leur teint, & dont se servent aussi les Barbiers-Etuvistes, doit être d'un beau rouge, claire, odorante & qui ne sente point l'esprit de vin.

Les Storax rouges & liquides payent en France les droits d'entrée à raison de 3 liv. 15 s. le cent pesant, conformément au Tarif de 1664; & le Storax Calamus 5 liv.

Les droits de la Douane de Lyon pour ces trois Storax sont; savoir,

Le Storax rouge 6 liv. 2 s. le quintal; le Storax liquide 2 liv. 13 s. 3 d. & le Storax Calamus, ou Calamit, comme l'appelle ce Tarif, 5 liv.

Cette drogue est du nombre des marchandises venant du Levant qui payent vingt pour cent, suivant l'Arrêt du 15 Août 1685.

STRACTION. Terme d'Imprimerie. Il se dit particuliérement lors qu'on ôte avec une pointe quelques lettres d'une forme déja imprimée, pour en remettre d'autres à la place, qui ayent été lessivées, afin de les imprimer en rubrique, & que l'ancre noire ne gâte point la rouge.

En général Straction signifie Tirer un caractére, ou un quadrat, pour les remplacer par d'autres. *Voyez* IMPRIMERIE.

STRASSE. Boure de soye, ou le rebut de la soye; ce qui en est le moins propre à être filé ou employé en soyes plates. *Voyez* BOURE. *Voyez aussi* SOYE.

Les Strasses payent les droits de la Douane de Lyon à raison de 3 liv. le quintal.

STUYVER. C'est le sou commun de Hollande; il vaut

vaut huit duites, ou deux gros. *Voyez* Sou *à la fin de l'article.*

SUAGE. Terme de Marine. Il se dit du coût des suifs & graisses dont de tems en tems on enduit les Vaisseaux pour les faire couler sur l'eau avec plus de facilité.

Dans la Mer du Levant, particuliérement à Marseille, on l'appelle Sperme, d'où est venu Espalmer, ou Esparmer; c'est à dire, Enduire un Vaisseau de sperme.

Le suage des Vaisseaux Marchands se met au nombre des menuës avaries. *Voyez* Avarie.

Suage. Se dit aussi de quelques instrumens qui servent à divers Ouvriers. Le suage des Serruriers est propre à forger & enlever les barbes des pênes; ils s'en servent aussi pour forger les piéces en demi-rond; à l'égard du suage des Chauderonniers, c'est une espéce de tas, ou de petite enclume, sur laquelle on fait les bordures de plusieurs ouvrages de chauderonnerie.

SUBLIMÉ. Préparation chimique dont la base est le mercure, ou vif argent; il y en a de deux sortes, de corrosif & de doux.

Le sublimé corrosif est un des plus violens poisons qu'on puisse imaginer, & comme tel les Marchands Epiciers-Droguistes, ou Epiciers qui en font Négoce, & qui en tiennent chez eux, ne peuvent trop prendre de soin qu'il ne soit donné qu'à des personnes connuës.

Ce sublimé est composé de mercure ordinaire, ou de mercure revivifié, du cinabre, d'esprit de nitre, de vitriol lessivé en blancheur, & de sel marin décrépité; le tout réduit en une masse blanche & brillante par le moyen des Vaisseaux sublimatoires.

Il faut le choisir bien blanc, bien brillant, peu pesant & peu compact.

Outre le sublimé que l'on fait en France, il en vient beaucoup de Hollande, de Venise & de Smirne; ce dernier est le moins bon, & l'on soupçonne qu'il est fait avec de l'arsenic; aussi est-il plus pesant que les autres & plein de miroirs, ce qui peut servir à le faire reconnoître; pour plus de sûreté il faut y jetter quelques goutes d'huile de tartre faite par défaillance, ou le froter de sel de tartre; s'il jaunit il est bon, s'il noircit il ne l'est pas.

Le sublimé doux est le même que le corrosif, mais adouci par le moyen du mercure doux & réduit en masse blanche, pleine de petites éguilles dures & brillantes à force de le passer sur le feu à plusieurs fois & par plusieurs matras de verre. Pour lui ôter toute sa malignité il faut qu'il soit dulcifié au moins trois fois.

Il vient aussi de Venise & de Hollande; le bon doit être blanc, brillant, plein de petites éguilles dures; que posé sur la langue il soit d'un goût insipide, & que réduit en poudre il tire sur le jaune. Il est bon pour faire mourir les vers des enfans; & l'on s'en sert aussi dans ces maladies dont le mercure est le souverain reméde.

Le Sublimé paye en France les droits d'entrée à raison de 10 *liv. du cent pesant, conformément au Tarif de* 1664.

Les droits de la Douane de Lyon sont de 3 *liv.* 13 *s.* 4 *d. le quintal d'ancienne & nouvelle taxation, & de* 4 *liv.* 2 *s. pour les anciens & nouveaux quatre pour cent.*

Les sublimez de Smirne & de Venise sont du nombre des marchandises venant du Levant, sur lesquelles il doit être levé vingt pour cent, suivant l'Arrêt du 15 *Août* 1685.

SUC. Signifie parmi les Physiciens une substance liquide qui fait une partie de la composition des plantes, & qui sert à leur nourriture & à leur accroissement.

Chez les Marchands Epiciers-Droguistes on entend par le mot de Suc une liqueur épaisse que l'on tire des vegetaux, ou de quelques-unes de leurs parties, & que par le moyen du Soleil, ou du feu, on réduit en consistence d'électuaires liquides ou d'extraits solides propres à se garder très-long-tems, tels que sont la scamonée, l'opium & plusieurs autres.

Suc, ou Jus de Reglisse. *Voyez* Reglisse.

SUCRE. Jus ou suc extrêmement doux & agréable, exprimé de cette sorte de cannes, ou roseaux, qu'on appelle Cannes à sucre, autrement Cannamelles, qui croissent abondanment dans l'une & l'autre Inde, sur tout à Madére, au Bresil & aux Isles Antilles.

C'a été toûjours une question & qui dure encore entre les plus habiles Botanistes modernes, de savoir si les anciens ont connu cette espéce de cannes, & s'ils en ont sû tirer le suc.

Ce que l'on peut ce semble conclure de plus vrai-semblable des divers sentimens des uns & des autres, c'est qu'il y a bien de l'apparence que ces cannes n'ont point été inconnuës dans l'antiquité, mais qu'il paroît aussi très-certain que si l'on y a sû en exprimer le suc, on n'y a du moins jamais eu l'art de le condenser, le durcir & le blanchir, & que par conséquent on n'y a eu aucune connoissance de notre sucre.

Une autre question est, de savoir si les cannes à sucre sont originaires des Indes Occidentales, ou si elles y ont été apportées des Indes Orientales. Les Savans de ces derniers Siécles ont été partagez sur cette question; mais il paroît qu'après la dissertation qu'en a fait le Pére Labat Religieux & Missionnaire Dominiquain, qu'il a donné au Public en 1722 dans son excellente Relation des Isles Antilles, il n'y a plus lieu de refuser à l'Amérique ce precieux roseau où il est aussi naturel qu'aux Indes d'Orient, & que tout ce qu'on peut dire en faveur de ces derniéres, c'est que les Espagnols & les Portugais ont appris des Orientaux à en exprimer le suc, à le faire cuire, & à le réduire en sucre.

Le roseau dont on tire cet utile & délicieux suc est presque semblable aux autres roseaux que l'on voit dans les marais & aux bords des étangs; leur seule différence ne consistant qu'en ce que la peau des derniers est dure & séche, & leur pulpe sans suc, & qu'au contraire la peau du roseau à sucre n'a jamais beaucoup de dureté, & que la matiére spongieuse qu'il renferme est pleine de beaucoup de suc, plus ou moins doux néanmoins, & plus ou moins abondant suivant la bonté du terrain où il est planté, son exposition au Soleil, la saison où on le coupe & l'âge qu'il a; ces quatre circonstances contribuant également à sa bonté & à sa grosseur.

La canne à sucre croît ordinairement de cinq ou six pieds de haut & d'un pouce & demi de circonférence; il s'en trouve néanmoins dans l'Isle de Tabago de neuf à dix pieds de haut & de grosseur à proportion; & le Pére Labat

Labat rapporte qu'on en a même vû de vingt-quatre pieds de haut, & qui sans leurs têtes pesoient vingt-quatre livres.

La tige est divisée par plusieurs nœuds éloignez d'un demi-pied environ les unes des autres; elle pousse au sommet quantité de longues feuilles vertes & touffuës, du milieu desquelles sort la fleur & la semence. Il sort aussi des feuilles de chaque nœud, mais celles-ci tombent ordinairement à mesure que la canne s'éléve, & c'est une marque ou que la canne n'est pas bonne, ou qu'elle est loin de sa maturité, lors que l'on voit les nœuds garnis de feuilles.

La feuille de la canne est longue & étroite, & n'a qu'une nervure qui la partage par le milieu dans toute sa longueur; cette nervure est cassante quand elle est séche, mais elle est liante comme l'osier quand elle est verte, ou amortie. Enfin, les deux côtez sont tranchans & armez de petites dents de sie qui coupent la main quand on la passe par dessus à rebours.

La terre la plus propre à porter des cannes est celle qui est legére, ponceuse & profonde, & qui est assez en pente pour que la pluye ne s'y arrête pas; il faut aussi qu'elle soit exposée au Soleil depuis qu'il se léve, jusqu'à-ce qu'il soit prêt à se coucher.

Les morceaux de cannes qu'on met en terre se prennent ordinairement à la tête de la canne, un peu au dessous de la naissance des feuilles; ils doivent avoir quinze à dix-huit pouces de long: plus ils ont de nœuds, plus on doit espérer qu'ils jetteront de rejettons, & prendront plus promptement.

Les cannes sont quelque-fois meures au bout de neuf à dix mois, quelque-fois seulement au bout de quinze; alors elles sont entiérement remplies d'une moile blanche & succulente, de laquelle on tire la liqueur dont on fait le sucre. On peut pourtant conserver les cannes à sucre sur terre des deux ou trois ans & même plus sans qu'elles dépérissent. Le plus sûr toute-fois est de les couper tous les ans.

Lors qu'elles sont meures on les coupe, on les émonde de leurs feuilles, & on les porte en botes aux moulins. Ces moulins qui sont composez de trois rouleaux de bois revêtus de lames d'acier, ont leurs mouvemens par le secours de l'eau, par le moyen des bœufs, ou même par les seuls bras des Négres. *Voyez* MOULIN A SUCRE.

Il faut observer que les cannes qu'on envoye au moulin ne soient pas plus longues de quatre pieds ni moins de deux & demi, à moins que ce ne soient des rotins produits dans des terres maigres & usées qui n'ont guére ordinairement que cette longueur.

Une autre observation est de ne jamais couper de cannes qu'autant qu'on juge en pouvoir consumer en 24 heures, parce qu'autrement elles s'échauffent, se fermentent & s'aigrissent.

Le suc qui sort de la canne pressée & écrasée entre les rouleaux, coule par un petit canal dans la sucrerie qui est près du moulin, & tombe dans un bac, ou canot, d'où il est mis dans la premiére chaudiére où il reçoit sa premiére préparation, échauffé seulement par un feu lent sur lequel il ne fait que fremir, & qui lui fait jetter une écume épaisse qui sert à la nourriture des animaux. Cette premiére chaudiére s'appelle la grande chaudiére.

Ce suc est ensuite purifié dans une seconde chaudiére, où un feu plus violent le fait bouillir à gros bouillons, & où on l'aide à pousser son écume (comme on a déja fait dans la premiére) par le moyen d'une forte lessive composée d'eau de chaux & d'autres ingrédiens. Cette seconde chaudiére se nomme la propre.

Il est encore purifié & écumé dans une troisiéme chaudiére appellée la Lessive, parce qu'on commence à jetter dans le vesou une autre sorte de lessive qui le fait purger davantage, qui en amasse les immondices, & qui les fait monter à la superficie où elles sont enlevées avec une écumoire.

La quatriéme chaudiére se nomme le Flambeau, parce que le vesou s'y purifiant davantage, & le feu vif qu'on fait dessous en augmentant les bouillons, le syrop qui se forme semble s'allumer & flamber.

La cinquiéme chaudiére est le syrop, parce que c'est-là où le vesou prend sa consistence & devient Syrop.

Enfin, la sixiéme est la Baterie. C'est dans cette derniére chaudiére que le syrop prend son entiére cuisson, & qu'on lui ôte ce qui pouvoit y rester d'impureté par le moyen de la lessive & de l'eau de chaux & d'alun qu'on y jette. Cette derniére chaudiére ne tient guére que le tiers de la premiére, à cause du déchet des écumes qui en sont déja sorties.

Dans les sucreries qui ont sept chaudiéres, on compte deux Flambeaux au lieu d'un, le grand & le petit; dans celles où il n'y en a que cinq on n'y compte point de Lessive, celle qu'on nomme la Propre servant à la place de celle de la Lessive. Enfin, lors qu'il n'y en a que quatre la Propre sert en même tems de Lessive & de Flambeau.

C'est en passant successivement par un si grand nombre de chaudiéres, que le suc des cannes se purifie, se cuit, se réduit en syrop & devient propre à être converti dans les différentes sortes de Sucre dont on parlera dans la suite.

La grandeur des chaudiéres est différente, & leur diamétre diminuë suivant certaine proportion depuis la premiére jusqu'à la derniére. Dans les équipages de cinq chaudiéres qui sont les plus communs, si la premiére, qui comme on l'a dit ci-dessus, s'appelle la Grande, & qui l'est en effet, a quatre pieds de diamétre, la quatriéme n'en a que deux trois quarts; celles qui se trouvent entre ces deux ont une diminution proportionnelle à celles-ci. Il en est de même de la profondeur, lors que la premiére est profonde de trois pieds, la quatriéme ne l'est que de deux.

Ces chaudiéres se placent en pente, mais en sorte que la baterie qui est la cinquiéme soit plus élevée d'environ sept pouces que la grande; ce qui se fait de peur que le syrop des premiéres chaudiéres, lors qu'il bouillonne, ne puisse gâter celui des derniéres qui est plus cuit & plus parfait, s'il couloit dedans.

Chaque chaudiére a son fourneau où l'on entretient un feu proportionné au progrès de la cuisson du syrop; le premier fourneau ne se chauffe qu'avec des paille, ou des bagaces, le second avec du menu bois, & les autres avec de gros bois.

Les chaudiéres sont de cuivre rouge, l'épaisseur se régle sur

sur leur grandeur & sur leur poids, une chaudiére du poids de trois cens livres étant ordinairement épaisse d'un écu sur les bords & de deux fois autant dans le fond.

A l'égard des bateries elles sont fonduës & tout d'une piéce, au lieu que les autres sont de plusieurs piéces batuës au marteau & jointes ensemble avec des clous rivez à tête plate. Quelques-uns se servent de chaudiéres de fer, parce qu'elles coûtent moins que celles de cuivre; mais l'expérience a fait connoître qu'elles étoient moins propres que ces derniéres à la fabrique du sucre.

C'est au sortir de la baterie que l'on porte les syrops dans la purgerie; où l'on lui donne les divers apprêts & les différentes façons qui conviennent au sucre qu'on veut faire.

Outre les chaudiéres dont on a parlé jusqu'ici il y a encore dans les grandes sucreries d'autres chaudiéres particuliéres pour y cuire les écumes & les syrops.

Les ustenciles des sucreries sont les rafraîchissoirs, les becs de corbin, les cuiliéres, les écumoires, les caisses à passer, les blanchets, les barils à lessive, les poinçons, les couteaux à sucre, les pots, les formes, les bailles, les canots, les louchets, les pagalles, ou spatules, & les balais.

Les rafraîchissoirs sont des vaisseaux de cuivre rouge d'une forme cylindrique, dont le diamétre est depuis trois jusqu'à quatre pieds, & la hauteur depuis douze jusqu'à dix-huit pouces. Le fond en est plat, & ils ont deux anneaux mobiles aussi de cuivre pour la facilité du transport. C'est dans ces vaisseaux qu'on met rafraîchir les syrops qu'on a travaillé en sucre blanc.

Les becs de corbin sont aussi de cuivre rouge. Leur forme est ronde, allongée & courbée par un bout; ce qui leur fait une espéce de bec. Ils ont ordinairement un pied de diamétre, & huit à neuf pouces de profondeur: le bec est de sept à huit pouces: ils ont une poignée de cuivre, ou de fer. C'est avec cette espéce de grande cuiliére qu'on prend le sucre au sortir du refraîchissoir pour le mettre dans les formes.

Les cuiliéres sont rondes à peu près comme la forme d'un chapeau; elles ont huit à neuf pouces de diamétre & six à sept pouces de profondeur: le haut est fortifié d'un cercle de fer qui se termine en une queuë faite en douille, dans laquelle on met un manche de cinq pieds de long. On s'en sert à passer le vesou, ou syrop d'une chaudiére à l'autre, & quelque-fois à prendre le sucre dans le rafraîchissoir pour le mettre dans les becs de corbin.

Les écumoires sont aussi de cuivre; elles servent à enlever de dessus les chaudiéres les écumes & les autres immondices que la chaleur du feu & la force de la lessive ont fait monter sur la superficie du vesou. On leur donne depuis neuf jusqu'à douze pouces de diamétre. Leur manche partie de fer & partie de bois, est ordinairement de la longueur de celui des cuiliéres. Les trous de ces écumoires sont différens suivant la différence des chaudiéres, étant plus grands pour les premiéres que pour les derniéres. Chaque chaudiére doit avoir sa cuiliére, son écumoire & son balai. Les balais se font aux Isles avec des feuilles de latanice, ou de palmiste.

La caisse à passer le vesou a quatre pieds de long sur deux pieds & demi à trois pieds de large: sa profondeur est de quinze à dix-huit pouces. Son fond & ses côtez qui doivent être d'un bois liant, & qui ne teigne point ce qu'on y met, sont percez de trous de tarriére. C'est dans cette caisse qu'on étend le blanchet à travers lequel passe le vesou, après qu'il a été écumé dans la premiére chaudiére, & qu'on le veut mettre dans la seconde. On appelle Blanchet un morceau de gros drap blanc large d'une aune & long d'une aune & demie, qui fait à peu près l'effet des chausses d'Apoticaire à travers desquelles on fait filtrer les liqueurs. On lave les blanchets à chaque chaudiére qu'on a passée; ce qui fait qu'il faut en avoir au moins six de rechange pour une sucrerie qui travaille raisonnablement, & même les renouveller tous les trois ou quatre mois, à cause qu'à force de servir le poil se brûle; & ils deviennent si clairs, que les ordures passent aisément à travers avec le vesou.

On appelle Baril à lessive, les vaisseaux où l'on prépare la lessive qui sert à purifier & clarifier le sucre. Ordinairement ce n'est qu'un baril vuide qui a servi à des chairs salées, ou à quelques autres denrées, qu'on perce par le bas, & dont on bouche le trou avec de la paille; comme on fait en France aux cuviers à Blanchisseuses. Ce baril a une sellette pour le porter, & sa cuvette au dessous pour recevoir la lessive à mesure qu'elle coule. Lors qu'on fait ces barils exprès, on leur donne la figure d'un cône tronqué & renversé. On parle ailleurs de cette lessive. *Voyez* Lessive a Sucre.

Les poinçons sont de fer, ou de bois, environ d'un pouce de diamétre à la tête, & long d'un pied. C'est avec ces poinçons qu'on perce le sucre qui est dans les formes.

On appelle Couteaux à sucre, des espéces de couteaux de bois de caraïbe, longs de trois pieds sur trois pouces de large, épais de cinq lignes, & finissant des deux côtez en forme de taillant émoussé, avec un manche du même bois. Ces couteaux servent à remuer & couper le sucre dans les formes. On s'en sert aussi à faire l'épreuve du syrop dans la baterie, pour savoir s'il a une entiére cuisson.

Les formes sont des espéces de moules dans lesquels on dresse le sucre quand il est en état de parfaite consistence. Leur figure est la même qu'on voit aux pains de sucre qui en sortent. Elles sont ordinairement de terre: les meilleures viennent de Bordeaux. Il s'en fait neanmoins aux Isles, mais elles ne sont pas tant estimées. Le bout pointu de la forme est percé pour l'écoulement du syrop quand le sucre a pris corps: c'est par ce trou qu'on débouche de son tampon, qu'on enfonce le poinçon environ de huit pouces, pour faciliter l'évacuation.

Les formes de Bourdeaux sont de terre blanche, & celle des Isles d'une terre rougeâtre. Les unes & les autres sont de deux sortes; les ordinaires qui ont dix-huit à vingt pouces de hauteur, & les bâtardes qui ont près de trois pieds.

Ce qu'on nomme Pots à sucre, sont des vaisseaux de terre qu'on met sous les formes pour les soûtenir, & pour recevoir le syrop qui en coule. Ceux qui se font aux Isles sont plus commodes que ceux de France, parce qu'ils sont plus grands, & qu'ils sont tous sans pieds. Leur hauteur doit être de quinze ou seize pouces; l'ouverture où se place la pointe de la forme est de quatre

pouces

pouces & demi ou environ; leur fond de huit ou dix; & leur ventre, c'est-à dire, l'endroit où elles sont les plus larges, quinze ou seize.

Les canots à sucre sont des auges d'une seule piéce de bois, dans lesquels le sucre achéve de se refroidir avant que de le mettre dans les bariques.

On nomme des Pagales, des espéces de grandes spatules semblables aux avirons avec lesquels on conduit sur mer les Canots, mais plus petites: elles servent à remuer le sucre quand il est mis dans les canots à sucre pour rafraîchir, afin que le grain & le syrop soient bien mêlez ensemble, que le grain qui est formé se grossisse, ou qu'il aide à celui qui ne l'est pas encore.

Enfin, ce qu'on appelle des Louchets, sont des instrumens de fer longs de trois pieds, faits en pêle par un bout, mais dont le pêleron n'a que trois pouces de large sur six de long: ils servent pour grater & faire tomber le sucre qui s'attache aux bords des canots, qui ordinairement est le plus beau, & celui dont le grain est mieux formé.

Outre ces ustenciles des sucreries, il y a aussi des tisonniers & des crochets pour le service des fourneaux, les uns pour y pousser le bois dans le fond, & les autres pour en retirer le charbon. Chaque fourneau a aussi son abavent, qui est une espéce d'appenti qui le couvre.

Des différentes espéces de sucres qui se font aux Isles Antilles, & du Commerce qu'on y fait de ces Sucres.

On parlera dans la suite des diverses sortes de sucre dont il se fait Commerce par les Epiciers-Droguistes de France, de leurs noms, de leurs poids, de leurs enveloppes, enfin, de tout ce qui regarde ce Négoce, sur tout par raport à Paris. Ici on a crû faire plaisir au Lecteur de ne le point priver de ce qu'en a écrit le plus exact & le plus habile de tous les Auteurs qui ont jusqu'ici traité de la fabrique des sucres.

Suivant le Pére Labat, si souvent cité dans ce Dictionnaire, il se fait aux Isles Françoises dix sortes de sucres différens; savoir,

Le Sucre brut, ou Moscouade.
Le Sucre passé, ou Cassonade grise.
Le Sucre terré, ou Cassonade blanche.
Le Sucre rafiné, pilé, ou en pain.
Le Sucre Royal.
Le Sucre tappé.
Le Sucre candi.
Le Sucre de sirop fin.
Le Sucre de gros sirop.
Le Sucre d'écume.

LE SUCRE BRUT, OU MOSCOUADE. Est le premier qu'on tire du suc de la canne, & celui dont tous les autres sont composez.

Pour le faire, lors que les cannes ont passé au moulin, & que leur suc est dans le canot, ou même dans la grande chaudiére, on mêle dans ce suc, qu'on nomme aussi vesou, des cendres, ou de la chaux pulvérisée, suivant la qualité du vesou. S'il est verd & gras, il en faut une pinte de Paris par chaudiére; s'il est brun, visqueux & gluant, & d'une odeur douce & aromatique qui en est la meilleure qualité, il faut une chopine de cendres avec un tiers de chaux; & s'il est noirâtre & épais, qui est une marque que les cannes sont trop vieilles, il faut une pinte de cendres avec chopine de chaux.

L'effet de ces deux drogues mêlées dans le vesou est de le dégraisser, & d'en séparer les parties onctueuses qui s'assemblent & se réduisent en écume sur la superficie de la grande chaudiére à mesure qu'elle s'échauffe.

On ne commence à enlever ces écumes que quand le vesou en est tout couvert; mais alors on se hâte de les ôter, pour ne lui pas donner le tems de bouillir tout à fait, crainte que les bouillons en s'élevant ne les remêle avec le vesou.

Après que la grande chaudiére a été suffisamment écumée, on vuide le vesou dans la Propre, qui, comme on l'a dit ci-dessus, est la seconde chaudiére des sucreries; ce qui se fait avec la cuiliére, & très diligemment, pour ne pas donner le tems à celui qui reste dans la grande de brûler, comme il arrive quelque-fois. Aussi-tôt que celle-ci est vuide, on la remplit de nouveau vesou, où l'on mêle de nouvelles cendres & de nouvelle chaux.

Quand la propre commence à écumer, on enléve son écume avec soin; & pour l'aider à la jetter plus promptement, on y jette, lors qu'elle bout, de la lessive dont on donne ailleurs la composition. *Voyez* LESSIVE.

De la propre le vesou se vuide dans le flambeau ou dans la lessive, c'est à dire, dans la troisiéme ou quatriéme chaudiére, suivant le nombre qu'il y en a dans la sucrerie, & de-là successivement dans le sirop & dans la baterie, qui sont les deux derniéres chaudiéres quand la sucrerie en a six.

Le vesou est purgé & écumé avec plus de soin dans la troisiéme & la quatriéme chaudiére, que dans la premiére & la seconde, & l'on y met plus de lessive; ce qui se fait non pas en l'y jettant tout à la fois, mais en y en mettant de tems en tems plein une cuiliére à bouche, lors qu'on s'apperçoit que l'écume cesse de venir.

C'est dans la chaudiére qu'on appelle le syrop que le vesou change, pour ainsi dire, de nature, & que s'épaississant il prend la consistence de syrop. On ne discontinuë pas pourtant ni d'y jetter de la lessive, ni de l'écumer, jusqu'à-ce qu'il soit presque entiérement purifié, & en état d'être mondé dans la baterie.

Pour mettre le syrop dans la baterie, on le coupe, c'est à dire, qu'on n'en met d'abord que la moitié, & qu'on réserve l'autre moitié pour l'y jetter de tems en tems, à mesure que le syrop s'avance; & pour appaiser les bouillons, qui, à cause de l'ardeur du feu & de la diminution du vesou, y montent beaucoup plus haut que dans les autres chaudiéres, non seulement on éleve souvent le syrop avec une écumoire pour lui donner de l'air, mais encore on y jette de tems en tems de petits morceaux de vieux beurre, ou de graisse qui les font baisser, & qui donnent plus de commodité pour écumer.

Quand tout le syrop est passé dans la baterie, & que l'on s'apperçoit qu'il approche de son entiére cuisson, si l'on reconnoît qu'il est gras & verd, on y jette une pinte d'eau de chaux dans laquelle on a fait dissoudre de l'alun, plus ou moins suivant la qualité du vesou, mais

mais jamais plus d'une once par pinte. Quelques-uns au lieu d'alun mêlent dans le syrop de la baterie environ une livre de plâtre en poudre; mais c'est une véritable friponnerie, le plâtre gâtant le sucre, quoi qu'il en perfectionne le grain, & qu'il en augmente le poids.

Dès que le sucre qui étoit dans la baterie en a été tiré, ce que l'on fait avec toute la diligence possible, & qu'on l'a mis dans le rafraîchissoir, on le remuë avec une pagalle, afin d'en reprendre le grain également par tout; ensuite on le laisse reposer jusqu'à-ce qu'il s'y soit formé une croûte de l'épaisseur environ d'un écu, ou même davantage, suivant qu'il est plus ou moins chargé de grains. La croûte étant faite, on remuë une seconde fois ce qui est dans le rafraîchissoir, afin de mêler la croûte de dessus avec ce qui s'est attaché aux bords; après quoi on le porte dans des canots de bois destinez à cet usage, où il continuë de se rasseoir & de se refroidir autant qu'il le faut pour être mis dans les bariques; après néanmoins y avoir été remué de nouveau avec la pagalle.

Les bariques où l'on met le sucre brut au sortir des canots doivent avoir leurs fonds percez de trois trous suivant les Ordonnances du Roi, mais on se contente d'y en faire deux. Ces trous sont faits pour achever de purger le sucre qui est dans les bariques, que l'on place à cet effet sur les soliveaux qui couvrent des citernes faites exprès pour recevoir le syrop qui coule par ces trous.

La barique ordinaire de sucre brut bien fait, bien purgé, bien ensutaillé & bien sec, doit peser six à sept cens livres, dont la tarre étant diminuée à raison de dix pour cent, il reste cinq cens quarante, ou six cens trente livres de sucre net.

Le Sucre passé, quoi que plus blanc & plus dur, n'est guére différent du sucre brut; il tient néanmoins le milieu entre ce dernier & le sucre terré, qui est la cassonade blanche; & c'est pour cela qu'on le nomme aussi Cassonade grise. Ce sucre se fabrique comme le sucre brut; avec cette seule différence, que pour le faire blanchir on passe le vesou dans des blanchets au sortir de la grande chaudiére, quand on le vuide dans la propre; & que lors qu'il est fait on l'ensutaille dans des bariques percées, garnies de deux ou trois cannes, afin qu'il puisse purger plus facilement.

L'invention du sucre passé vient des Anglois; mais les Sucriers de cette Nation ne se contentent pas de le passer dans des draps de laine, ils le mettent encore quand il est cuit dans des formes de bois quarrées, de figure piramidale; & quand il y a bien purgé, ils le coupent par morceaux, le font sécher au Soleil, & puis le mettent en barique. La maniére des Isles Françoises est plus simple & plus courte, mais aussi beaucoup moins bonne.

Sucre terré. On appelle ainsi la cassonade blanche, c'est à dire, le sucre qu'on a blanchi par le moyen de la terre dont on couvre le dessus des formes dans lesquelles on le met pour le purger.

Ce sucre se commence comme le sucre brut, à l'exception qu'on n'y employe que les meilleures cannes; qu'on le travaille, s'il se peut, avec plus de propreté; que lors que le vesou est dans la grande chaudiére, les cendres qu'on y met ne sont mêlées que de peu ou point de chaux, de peur de le rougir; enfin, qu'on le passe à travers des blanchets & de la caisse à sucre, quand on le vuide dans la chaudiére qu'on appelle la Propre, & même quelquefois dans une toile blanche de Vitré assez serrée, avant de le couler au blanchet.

Lors que le syrop a passé dans la baterie, & qu'il y est suffisanment cuit, on le tire avec la cuiliére dans le rafraîchissoir, d'où avec le bec de corbin on en remplit des formes qu'on a auparavant tappées, c'est à dire, dont on a bouché le trou qui est au bas avec un tampon de linge ou d'étoffe, & qu'on a arrangées devant le fourneau, en sorte que les bords de leurs ouvertures soient bien de niveau.

Celui qui porte le bec de corbin observe de ne commencer à remplir qu'autant de formes qu'il y a de syrop dans la baterie pour leur emplissage; & il observe encore de ne les pas remplir d'abord tout à fait, mais de le faire par parties; en sorte que s'il n'a que pour quatre formes, il partage entr'elles ce que contient son bec de corbin, recommençant ce partage chaque fois qu'il prend d'autre syrop, jusqu'à-ce que toutes les formes soient remplies. Le sucre qui reste dans le rafraîchissoir se met dans la baterie ou dans la citerne aux syrops.

Après que le syrop a été un quart d'heure dans les formes, on le coupe avec le couteau à sucre, c'est à dire, qu'on le remuë, ou, comme on dit aux Isles, qu'on le mouve de tout sens; ce qu'on recommence encore environ une demi-heure après. Cette façon se donne au sucre non seulement pour aider au grain à se former & à se répandre également par tout, mais encore pour déterminer la graisse du sucre à monter à la superficie, d'où il est facile de l'ôter.

Les formes étant demeurées en cet état douze ou quinze heures, on les perce en enfonçant dans le trou d'en-bas qu'on débouche, les poinçons de bois ou de fer destinez à cet usage; ce qui se fait pour donner passage au syrop lors qu'il se purge, & le déterminer à prendre cette voye qu'on lui ouvre.

C'est en cet état qu'on les laisse quelque tems sur les citernes aux syrops, où elles restent jusqu'à-ce qu'on les porte à la purgerie.

Lors qu'on a rempli assez de formes pour en faire une étuvée, c'est à dire, pour en remplir l'étuve qui contient ordinairement cinq à six cens formes, on loche le sucre, c'est à dire, qu'on visite le sucre qui est dans toutes les formes, afin d'en connoître la qualité, & voir s'il quite aisément la forme, afin de lui donner la terre, suivant que l'Affineur qui le loche, le trouve nécessaire, ou de le refondre s'il est mal fait.

Le sucre loché, on plante les formes, c'est à dire, qu'on les met chacune sur son pot, après avoir ôté du pot ce qui peut y être déja de syrop. Après que les formes sont plantées, on fait leur fond; ce qui signifie qu'on enléve le dessus, qu'on appelle la Fontaine, pour y mettre à la place du sucre en grain jusqu'à un pouce près du bord; ce vuide restant pour lui donner la terre qu'on lui a préparée.

La meilleure terre & la plus propre pour terrer le sucre, est celle qui vient de Roüen: il s'en fabrique aussi à Nantes & à Bordeaux, mais elles sont moins bonnes, & ont la réputation, particuliérement celles de Nantes, d'être sofisti-

sofistiquées & mêlées de craye. La terre de Roüen est presque blanche, fine, déliée, douce, sans mélange de pierres, ni de sable, & assez grasse pour se réduire en petites pelotes de la grosseur d'une bale de jeu de paume, qui est la maniére dont elle est apportée aux Isles. En tems de Paix on peut l'avoir pour dix écus la barique; mais pendant la guerre elle coûte quelque-fois jusqu'à vingt-cinq & trente écus.

Il se trouve à la Guadeloupe une terre grise très-bonne à terrer le sucre; mais elle s'engraisse facilement, & l'on ne peut guére s'en servir plus de trois fois. Les bonnes qualitez de toutes ces terres sont; premiérement, de ne pas teindre l'eau qu'elles renferment; en second lieu, de la laisser filtrer aisément; enfin, de ne pas s'imbiber de la graisse du sucre.

Pour préparer les terres il faut les laisser tremper huit ou dix jours dans de l'eau douce très-claire & très nette; ce qui se peut faire ou dans un bac, ou cuve de maçonnerie, ou dans un canot de bois, mais toûjours sous un toît & à l'abri du Soleil pour l'empêcher de fermenter & de s'aigrir.

La cuve ou le canot ne s'emplissent de terre qu'à moitié, le reste se réservant pour l'eau; au bout de vingt-quatre heures on en tire l'eau qui surnage & l'on met en piéce les morceaux de terre pour les aider à se dissoudre, prenant soin de les bien remuer & corroyer, après quoi on remet dans la cuve de nouvelle eau; ce qui se recommence toutes les vingt-quatre heures, tant qu'on voye l'eau qui surnage bien claire & bien nette, & sans cette couleur verdâtre qu'elle contracte au commencement.

Quand la terre est bien corroyeé & bien épurée, & que les formes sont en état de la recevoir, on en ôte la plus grande partie de l'eau qui surnage; en sorte qu'il n'en reste sur la terre qui est au fond, que trois ou quatre doigts: ce qui reste dans la cuve d'eau & de terre se remuë bien avec une pagalle, & après avoir été passée dans un canot à travers d'une grande passoire de cuivre, se porte dans des bailles à la purgerie.

Le Rafineur, à mesure que les bailles arrivent, remplit les formes jusqu'aux bords de cette terre liquide qu'il puise avec une cuiliére de cuivre à long manche, qui tient environ une pinte de Paris. Cette terre pour être bonne doit avoir la consistence de la bouillie des enfans quand elle est prête d'être cuite.

Dès que la terre est sur le sucre on ferme toutes les fenêtres de la purgerie afin que l'air ou la chaleur ne desséche pas la terre; lors qu'on voit que la terre est tout à fait séchée, ce qui arrive ordinairement en neuf ou dix jours, on léve cette premiére couche de dessus le sucre, & après qu'on en a nétoyé la superficie avec des brosses à longs poils, on le fouille avec la petite tille, environ à un pouce de profondeur, & l'ayant applani & affermi avec la truelle comme la premiére fois on lui donne sa seconde terre.

On voit dès la premiére terre la blancheur du sucre de chaque forme, l'expérience ayant fait reconnoître qu'une seconde ou une troisiéme terre ne rendoient pas le sucre plus blanc, & que tout ce qu'elles faisoient étoit seulement de blanchir la tête de la forme.

Il faut laisser travailler cette nouvelle terre autant que la premiére; & tenir aussi pendant qu'elle travaille les fenêtres de la purgerie fermées comme on a fait pour l'autre.

Quelques Rafineurs rafraîchissent cette seconde terre en la pêtrissant sur la forme même & en y ajoûtant une ou deux cuilerées de terre claire, ce qu'ils appellent Plumoter le sucre; mais cette façon qui, peut-être, peut servir à blanchir un peu la tête de la forme, cause au haut un déchet de six ou sept livres, la forme ne manquant jamais en ce cas de diminuer beaucoup de hauteur.

La seconde terre étant levée on nétoye la superficie du sucre avec la brosse, & l'on grate avec un couteau les bords de la forme où il pourroit s'être attaché quelque terre, afin que la forme, ou le pain de sucre, ne soient point gâtez quand on en tire le dernier.

Après cette façon qu'on donne aux formes on les laisse encore huit ou dix jours dans la purgerie dont toutes les fenêtres sont alors ouvertes, afin que l'air & la chaleur y entrant le sucre puisse sécher plus vîte & plus facilement.

Pendant que le sucre achéve d'égouter son eau, qu'il s'essuye & qu'il se séche dans les formes; on prépare l'étuve pour le recevoir.

Cette étuve est un grand bâtiment couvert dont les murs sont fort épais, & dont le dernier plancher est revêtu par dessus d'une maçonnerie de neuf ou dix pouces d'épaisseur; tout au haut du bâtiment est une ouverture qui ferme avec une trape, & qui sert à donner de l'air & à laisser s'exhaler les premiéres vapeurs du sucre. Une seule porte donne entrée à l'étuve; encore pour en éloigner davantage toute sorte d'air, y ajoûte-t-on de doubles ventaux, l'un en dedans & l'autre en dehors.

Au dessus de la porte qui a six pieds de hauteur sont deux planchers à jour composez de solives mises à quelque distance les unes des autres & traversées de lates d'un pouce d'épaisseur sur deux pouces de large, qui y sont clouées & qui doivent être espacées tant plein que vuide. C'est sur ces lates qu'on arrange les pains de sucre au sortir de la purgerie.

Vis à vis de la porte à l'autre bout de l'étuve se place le fourneau qui est principalement composé de ce qu'on appelle le Coffre, c'est dire, d'une espéce de cube ou de quarré de fer fondu dont le bout & le dessous sont ouverts; c'est dans ce coffre que s'allume le feu de l'étuve, le bois s'y mettant par la bouche du fourneau qui est au dehors de l'étuve.

Après que cette étuve a été bien nétoyée & bien chauffée, & qu'on la croit suffisanment séché, on loche les formes sur le bloc les unes après les autres, & l'on y porte celles qui sont blanches d'un bout à l'autre, & même les autres qui ne le sont pas tout à fait, après en avoir coupé ce qui n'est pas blanc, qu'on réserve pour être rafiné.

Quand tous les sucres sont rangez dans l'étuve on y fait un feu médiocre pendant deux jours, & c'est pendant ce tems-là qu'on visite souvent l'étuve pour voir si tout y est en bon état, & réparer les désordres qui peuvent y arriver. Après ces deux jours on ferme la trappe & l'on augmente le feu, de sorte que le coffre est rouge; huit jours & huit nuits d'un feu vif & continuel sufisent ordinairement pour sécher une étuvée de sucre.

Le

Le fucre étant refté un tems convenable dans l'étuve, lors qu'on le croit fufifanment fec on ouvre la trape & l'on choifit un jour chaud & fec pour le piler. Cette façon fe donne au fucre dans des bacs, ou des canots, ceux-ci faits tout d'une piéce de bois, & ceux-là compofez de madriers de deux pouces de bois faits en forme de coffres quarrez de dix à douze pieds de longueur, de deux & demi de large & d'autant de profondeur.

Les pilons à piler le fucre font de bois dur & pefant, tels que l'acomas, le balatas, le bois de Savonettes, le bois rouge, ou le bois de fer; on leur donne huit à neuf pouces de hauteur fur cinq de diamétre, & ils ont un trou dans le centre pour y mettre un manche de fix pieds de long & d'un pouce de diamétre.

Après que le fucre eft pilé, & lors qu'un bac ou un canot en eft rempli, on le porte aux bariques qui ont été auparavant numérotées & pefées, où il eft enfutaillé à travers d'une efpéce de crible qu'on nomme un Hebichet; ceux qui rempliffent les bariques prenant foin de le bien fouler à mefure qu'on y en a mis fept ou huit pouces de hauteur, ce qu'on fait afin qu'il y en tienne davantage. Les morceaux qui ne peuvent paffer par l'hebichet font pilez de nouveau: une barique bien foulée doit contenir fix à fept cens livres de fucre net.

Sucre d'écumes. On ne fe fert pour faire les fucres d'écumes que des écumes des deux derniéres chaudiéres, c'eft à dire, du fyrop & de la baterie, les autres fe réfervant pour les eaux-de-vie.

Les écumes deftinées à faire du fucre fe confervent dans un canot qui ne fert qu'à cet ufage, & tous les matins elles fe cuifent dans une chaudiére montée exprès pour cela dans la fucrerie; on les met dans cette chaudiére avec un quart d'eau afin de retarder leur cuiffon & avoir le tems de les purger. Lors qu'elles commencent à bouillir on y jette de la leffive ordinaire, & on les écume avec foin; quand elles approchent de leur cuiffon on y jette de l'eau de chaux & d'alun, & quand on eft prêt de tirer la baterie, on les faupoudre d'un peu d'alun pulvérifé.

Sucre de Syrop. Il y a trois fortes de fyrops qui s'écoulent du fucre; celui qui coule des bariques de fucre brut, c'eft le plus gros de tous; celui qui coule des formes dès qu'elles font percées & avant qu'elles ayent reçû la terre; enfin, celui qui coule du fucre quand il a été terré; ce dernier eft le plus fin, l'autre tient le milieu.

Les gros fyrops ne devroient être employez qu'en eau-de-vie; mais les fucres étant devenus chers, on a effayé d'en faire avec ces fyrops, & on y a en quelque forte réüffi.

Ces fyrops fe clarifient avec de l'eau de chaux, & lors qu'ils font cuits ils fe mettent dans des barils avec une canne au milieu pour le faire purger. Lors qu'ils ont purgé quinze ou vingt jours on les charge de fix pouces de groffe terre graffe pour leur faire jetter le refte de leur fyrop, & les mettre en état d'être repaffez en fucre brut. Ce font les Rafineurs Allemans & Hollandois qui ont les premiers appris aux Ifles à convertir les gros fyrops en fucre.

Le fecond fyrop, c'eft à dire, celui qui coule des formes avant qu'on leur ait donné la terre, fe travaille différenment.

Après qu'on en a rempli à moitié la chaudiére qui eft deftinée à le cuire, on y jette huit ou dix pots d'eau de chaux; on chauffe avec un feu clair & vif, & on écume diligenment à mefure qu'il s'éléve: quelques Rafineurs y mettent de la leffive, d'autres n'y en mettent point. Le Pére Labat croit la premiére pratique meilleure, quoi qu'elle donne plus de peine & qu'elle demande plus d'attention. Ce fucre peut être terré feul, ou du moins rafiné avec les têtes des formes, les fontaines féches & autres telles natures de fucres qui ne peuvent être incorporées dans le fucre terré, & qu'on ne doit point mêler avec le fucre brut. Il eft d'un tel profit pour ceux qui en fabriquent, que dans une habitation réglée il doit fuffire avec les eaux-de-vie pour la dépenfe & l'entretien du Maître, de fes domeftiques, de fes négres, & de tout le refte de l'attirail d'une fucrerie.

A l'égard du fyrop fin qui coule des formes quand elles font terrées, après qu'il a été cuit & écumé, comme le précédent, on le paffe promtement dans des rafraîchiffoirs, ce fucre ne pouvant être trop tôt refroidi pour empêcher fon grain de fe convertir en une mouffe épaiffe qui ne peut faire corps.

On couvre tout le fond des rafraîchiffoirs de l'épaiffeur d'un doigt de fucre blanc bien pilé & bien fec.

Lors que le fyrop eft cuit, fi la baterie eft grande on la partage en deux rafraîchiffoirs, & dès qu'il y eft on le remuë bien avec la pagalle pour incorporer le fucre pilé qu'on y a d'abord mis avec le fucre liquide qu'on y vient de mettre; enfuite on faupoudre toute la fuperficie du fucre qui eft dans les rafraîchiffoirs avec d'autre fucre bien fec & bien pilé qu'on y met de l'épaiffeur d'une ou deux lignes, cela aidant au fucre à former fon grain, & l'empêchant de mouffer ou de jetter de petits bouillons.

Quand les rafraîchiffoirs font repofez & que la croûte s'y eft faite, on fait une ouverture à cette croûte de cinq ou fix pouces de diamétre, & on cerne tout le tour des rafraîchiffoirs pour en détacher la croûte. C'eft par l'ouverture qu'on a faite à la croûte que l'on remplit les rafraîchiffoirs du fyrop d'une nouvelle baterie qu'on y jette très-doucement, & qui foûléve infenfiblement la premiére croûte qu'on a détachée des bords.

Après qu'on a achevé de cuire tous les fyrops, & que les rafraîchiffoirs font pleins, on rompt toutes leurs croûtes, & après les avoir bien mêlez avec la pagalle, on porte ce fucre dans des formes deftinées à cet effet, en obfervant de partager les morceaux des croûtes dans toutes les formes à mefure qu'on les remplit. Tout le refte fe fait comme au fucre terré dont il n'eft guére différent que parce qu'il n'a pas fon luftre & fon brillant, étant même quelque-fois plus beau & plus blanc, mais d'un blanc plus mat.

Quelques-uns font auffi un autre fucre du fyrop des fyrops fins; mais il a toûjours une odeur de brûlé & un goût très-amer, de forte qu'il vaut mieux l'employer en eau-de-vie.

Sucre rafiné. Le fucre brut, le fucre paffé, les fontaines féches, & les têtes des formes qui n'ont pas bien blanchi, font la matiére de ce fucre.

Dans les rafineries il y a ordinairement deux chaudiéres mon-

montées; elles ont quatre pieds de diamétre & deux & demi de profondeur, outre un cuvage, ou faux bord de sept à huit pouces qu'on met ou qu'on ôte suivant le besoin; leur fond est plat & uni. L'ouverture des fourneaux qui sont sous ces chaudiéres est au dedans du bâtiment & leurs soûpiraux au dehors; une porte de fer qui en bouche l'entrée empêche que les Ouvriers ne soient incommodez du feu.

De ces deux chaudiéres l'une sert à clarifier, l'autre à cuire le syrop clarifié; quelque-fois on clarifie dans toutes les deux & l'on cuit ensuite. Dans les sucreries où l'on ne veut pas faire la dépense de ces deux chaudiéres on se sert de la grande pour clarifier & de la propre pour cuire.

Pour travailler au rafinage on met dans la chaudiére autant pesant d'eau de chaux qu'on y a mis de sucre; quand les écumes excitées par la chaleur commencent à pousser, on les léve, & lors qu'elles cessent de venir, on passe le syrop par le drap; après cette première façon on le clarifie, c'est à dire, qu'on y jette une douzaine d'œufs, blanc, jaune & coquilles, qu'on a auparavant cassez & bien batus dans de l'eau de chaux avec des verges pour les faire mousser, ce qu'on fait néanmoins à plusieurs reprises.

Lors que la graisse & les autres impuretez du sucre, que cette composition rassemble sur la superficie du syrop, ont été écumées, on y rejette quelques cuillerées d'œufs batus & l'on écume de nouveau, ce qu'on recommence jusqu'à-ce que le sucre soit sufisanment clarifié, après quoi on le passe encore au drap.

Au sortir de cette premiére chaudiere on le cuit dans la seconde, & lors que la cuisson est achevée on le porte dans les rafraîchissoirs dont auparavant on a couvert les fonds d'un demi-doigt de beau sucre blanc & bien pilé. Aussi-tôt qu'il y a été mis, on le mouve avec une pagalle, & on le saupoudre de suc pilé, faisant le reste comme pour le sucre des syrops fins dont on a parlé ci-dessus, ou pour le sucre terré, soit pour le mettre dans les formes, soit pour lui donner ses deux terres; observant néanmoins plus de propreté, de diligence & de circonspection que dans le travail de tous les autres sucres dont on a parlé ci-dessus, parce que la matiére en est plus chére, & les fautes plus préjudiciables.

Sucre Royal. La matiére du sucre Royal doit être le plus beau sucre rafiné qu'on puisse trouver. On le fond avec de l'eau de chaux foible, c'est à dire, dans laquelle on a éteint très peu de chaux: quelque-fois pour le rendre plus blanc, & empêcher que la chaux ne le rougisse, on se sert d'eau d'alun. On le clarifie trois fois, on le passe autant de fois dans un drap fort & serré, & on lui donne la terre la meilleure & la mieux préparée. Quand il est travaillé avec ces précautions, il est plus blanc que la nége, & si transparent, qu'on voit l'ombre des doigts qui le touchent, même au plus épais du pain.

Le véritable sucre Royal est très-cher, douze cens livres de sucre rafiné ne produisant communément que six cens livres du premier: aussi la plûpart des Rafineurs & des Marchands font-ils passer le plus beau sucre rafiné pour sucre Royal; se contentant de le mettre en petits pains depuis trois livres jusqu'à cinq.

Sucre Tappé. Ce n'est que du sucre terré préparé d'une certaine maniére, & mis en petits pains depuis trois jusqu'à sept livres. Comme il est blanc, uni, pesant, assez lustré, & envelopé proprement dans du papier bleu, on le fait quelque-fois passer aux Isles pour sucre Royal; & c'est de ce faux sucre Royal que les Passagers, les Matelots & d'autres personnes qui retournent en France, ont coûtume d'emporter pour faire des présens à leurs amis.

Pour faire ce sucre, on rapelle plus fin qu'il est possible du sucre terré, avant qu'il soit en état d'être mis à l'étuve, & l'on en remplit peu à peu une forme, après qu'elle a été bien lavée, & sans lui donner le tems de se sécher; à mesure qu'on y met le sucre, on le bat avec un pilon; & quand elle est pleine & bien foulée, on la renverse sur une planche pour faire sortir le pain de sucre qu'on y a formé. On mouille la forme à chaque pain qu'on veut faire; & quand la planche sur laquelle on arrange ces pains est pleine, on la porte à l'étuve pour la faire sécher.

Le défaut du sucre tappé est de n'avoir ni liaison, ni consistence; en sorte qu'à la premiére humidité les parties s'en séparent, & qu'il se réduit en cassonade blanche. Le moyen de découvrir la tromperie, c'est de voir si la tête du pain est percée; si elle ne l'est pas, c'est certainement du sucre tappé.

Sucre Candy. Ce Sucre se fait mieux avec du sucre terré qu'avec du sucre rafiné, parce que le premier a plus de douceur. On fait dissoudre le sucre qu'on y veut employer dans de l'eau de chaux foible; & après qu'on l'a clarifié, écumé & passé au drap, & qu'il est sufisanment cuit, on en remplit de mauvaises formes qu'on a auparavant traversées de petits bâtons pour retenir & arrêter le sucre lors qu'il se cristalise. Ces formes se suspendent dans l'étuve déja chaude, avec un pot au dessous pour recevoir le sirop qui en sort par l'ouverture d'enbas qu'on bouche à demi pour qu'il filtre plus doucement. Quand les formes sont pleines on ferme l'étuve, & on lui donne un feu très-vif. Alors le sucre s'attache aux bâtons dont les formes sont traversées, & y reste en petits éclats de cristal. Lors que le sucre est tout à fait sec, on casse les formes, & l'on en tire le sucre candi.

On fait du sucre candi rouge en jettant dans la bassine où l'on cuit le sucre, un peu de jus de pommes de raquettes, & si l'on veut lui donner du parfum, on jette quelque goute d'essence dans le sucre en le mettant dans les formes.

Cette maniére de travailler le sucre candi est du Pére Labat. Celle qui suit est du Sieur Pomet dans son Histoire des Drogues, qui ne parle que de celui qui se fait en France, & particuliérement par quelques Epiciers Droguistes & Apoticaires de Paris. Ainsi on y trouvera quelque chose de différent de la maniére de le faire, rapportée par l'éxacte Missionnaire des Antilles.

Le sucre candi blanc de France se fait avec du sucre blanc & de la cassonade de Bresil fonduës ensemble & cuits à la grande poîle. Il se candit à l'étuve où on le porte enfermé dans des poîles de cuivre traversées de petits bâtons autour desquels s'attachent les cristaux à mesure qu'ils se forment. Le feu de l'étuve doit être toûjours égal pendant quinze jours après lesquels on tire le sucre des poîles pour l'égouter & le sécher.

Le sucre candi rouge, ou roux, comme on l'appelle à Paris,

Paris, se fait comme le blanc, à la réserve qu'on n'employe que des moscouades brunes qu'on cuit à la feuille ou à la plume, & qui se fait dans des pots de terre.

En général tout le sucre qui n'est pas en pain s'appelle Cassonade. On appelle Cassonade grise le beau sucre brut bien sec & bien purgé, & Cassonade blanche le sucre terré, pilé & mis en barique. Le nom de Cassonade vient du mot Espagnol Cassa, qui signifie Caisse, ou Coffre, parce qu'avant qu'on fît des sucres aux Isles Françoises, tout le sucre qui venoit en France du Bresil, ou de la nouvelle Espagne, étoit dans des caisses.

Aux Isles Antilles on pése les bariques de sucre avec la romaine, ou avec des balances ordinaires. La balance ordinaire est plus sûre, & les poids de plomb bien étalonnez, de meilleur usage que ceux de fer.

Lors qu'on livre une partie de sucre, le Marchand qui la reçoit & celui qui la livre doivent écrire chacun en particulier le numéro & le poids de chaque barique à mesure qu'elle est pesée; & si c'est du sucre blanc, il faut encore écrire la tarre ou le poids de la barique vuide qui doit y être marqué dessus. Lors que l'on a achevé de peser toutes les bariques, on confronte les produits qui ont été faits de chaque côté, & l'on soustrait le total des tarres du total des poids. Les bariques où l'on met le sucre brut ne sont point atarrées, on se contente d'ôter dix pour cent du poids entier du sucre enfutaillé.

Les Marchands rendent ordinairement les futailles qu'on leur livre à moins qu'on n'en convienne autrement. Le sucre blanc, & même le sucre passé, se doivent toûjours mettre dans des futailles neuves, ou du moins reblanchies; sur tout dans celles où il n'y a point eu de vin, n'étant jamais bien possible d'en ôter la teinture qui se communique au sucre, & qui le rend de moindre qualité. Lors que le Sucrier fournit les bariques, il les passe au Marchand sur le pied de quatre livres dix sols ou cent sols la piéce.

Les bariques se font aux Isles avec un bois que les Négres nomment communément Bois à Bariques, parce qu'on ne l'employe qu'à cet usage. Son véritable nom est Sucrier de montagne. Il est leger & un peu rougeâtre, & se fend mieux qu'il ne se Sie. Toutes sortes de bois est bon pour les fonds. Les cercles se font avec des liannes qu'on nomme croces de chiens.

Il vient aussi d'Europe des bariques en botes que les Marchands font monter aux Isles, & alors ils rendent bariques pour bariques à ceux qui leur livrent des sucres. Elles sont ordinairement très-mal jointes, & encore plus mal cerclées. Ces deux défauts sont une adresse des Marchands; le premier afin que le sucre brut qu'on met dedans se purge plus facilement; & le second pour diminuer la tarre de la barique en diminuant l'épaisseur des cercles.

Les Sucriers aussi habiles & aussi interessez que les Marchands, tournent ces défauts à leur profit, soit en couvrant par dedans avec de la terre grasse fort épaisse les jointures trop larges des bariques, soit en y mettant leur sucre à demi-froid, en sorte qu'il ne peut guére se purger. Les honnêtes Marchands & les Sucriers de bonne foi ne se servent jamais de ces voyes.

Commerce des Sucres qui se fait à Paris par les Marchands Epiciers.

Les sucres qui se vendent chez les Epiciers de Paris ne font que des moscouades, des Cassonades, du sucre de sept livres, du sucre Royal, ou du moins ce qu'ils nomment ainsi; du sucre demi-Royal, du sucre candi & du sucre rouge, qu'on appelle autrement du Chipre.

La bonne moscouade doit être blanchâtre, la moins grasse qu'il se peut & qui ne sente guére le brûlé.

La Cassonade qu'on nomme aussi Sucre des Isles, doit être choisie blanche, séche, grenuë, d'un goût & d'une odeur de violette. La plus belle vient du Bresil, mais le Commerce en est presque tombé; celle de Cayenne a le second rang, & celle des Isles ensuite. Les Confiseurs employent beaucoup de Cassonade du Bresil & des Isles dans leurs confitures, & en font même plus de cas que du sucre afiné, les confitures qui en sont faites étant plus belles, plus de garde, & moins sujettes à se candir.

Le sucre de sept livres (on ne sait pourquoi ainsi nommé puis qu'il en pése douze) est le moindre de tous les sucres en pain, & n'est simplement que de la Cassonade grise clarifiée, mise en pain & sechée à l'étuve.

Les autres sucres communs, mais qui sont infiniment meilleurs que celui de sept livres, sont ceux qu'on appelle Sucres d'Afinage; ils sont en pain de livre & demie, de deux, de trois, de quatre, & de six livres. Ceux-ci doivent se choisir bien secs & d'un grain fin, serré & brillant.

Le Sucre Royal qui n'est proprement que le sucre rafiné avec plus de soin & d'attention, ne se vendant guére en France de véritable sucre Royal, doit être blanc, égal par tout, d'un grain fin, serré & brillant, ferme, facile à se casser, & qui sonne comme le verre quand on le frappe du doigt. Les pains sont de differens poids, & sont tous envelopez dans du papier bleu, aussi-bien que les sucres d'afinages.

Le demi-Royal qui vient de Hollande dans des papiers violets, est un peu moindre que le Royal, mais au dessus des sucres communs. En petits pains on le nomme Afinage de Hollande.

Les Hollandois envoyoient aussi autre-fois des sucres en pains de dix-huit ou vingt livres, d'assez bonne qualité, qu'on nommoit Sucre de Palme, à cause qu'ils étoient envelopez dans des feuilles de palmier. Mais depuis qu'on ne se sert presque plus en France que des sucres des Isles, le Commerce en est entiérement tombé, aussi-bien que celui du sucre de Madére dont les Epiciers de Paris faisoient pareillement un assez grand Négoce.

Avant que l'on eût établi des rafineries aux Isles, la plûpart des sucres bruts qui venoient en France, se rafinoient à Roüen, à Dieppe, à Orleans, &c. Présentement la plûpart de ces sucres arrivent tout rafinez. De ceux qui se rafinent encore dans ces trois Villes, les sucres des afinages d'Orleans & de Dieppe, passent pour les meilleurs. Autre-fois c'étoit l'afinage de Roüen qui étoit le plus estimé.

On appelle Sucre Royal des Confiseurs, l'amidon qu'ils employent assez souvent dans leurs dragées pour ménager le véritable sucre.

Les meilleurs sucres candis qu'on vende à Paris, viennent de Hollande, à ce que font souvent accroire les Epiciers qui le vendent; il s'en fait cependant d'excellens à Paris même, à Orleans & à Tours. Celui de Hollande coute ordinairement quatre sols par livre plus que celui de France, ce qui suffit pour lui donner la préférence parmi une Nation qui n'estime guére que ce qui vient de dehors. Le sucre candi blanc doit se choisir blanc, sec, clair & transparent; pour le candi rouge il sufit qu'il soit sec & bien roux.

Le Chipre est une espéce de sucre rouge que les Faiseurs d'oublies & de petits métiers, employent pour faire leur marchandise; ce qui leur doit bien être permis pour un tel Négoce. Mais à l'égard des Apoticaires qui s'en servent dans leurs sirops, on dévroit bien les leur défendre absolument à cause des conséquences pour la santé, ce sucre n'étant que le rebut des autres sucres, & par conséquent une très-mauvaise drogue. C'est de ce sucre que provient ce qu'on appelle Melasse, Doucette ou Sirop de sucres. *Voyez* Melasse.

Les Sucres rafinez en pain, ou en poudre, candis, blancs & bruns, venant des Païs étrangers, payent en France les droits d'entrée à raison de 22 l. 10 s. le cent pesant, conformément à l'Arrêt du 25. Avril 1690, confirmatif de celui du 25 Janvier 1671, & du Tarif de 1667.

Les mêmes Sucres aussi-bien que les Cassonades blanches, entrant par les Provinces de la Ferme, payent 15 liv. suivant le Tarif de 1664.

Les Cassonades étrangéres blanches ou grises, fines ou moyennes, 15 l. en conséquence du Tarif de 1667, & l'Arrêt du 25 Avril 1690.

Les Moscouades du Bresil 7 l. 10 s. & les Barboudes, Panelles & Sucre de saint Thomé, 6 l. conformément au Tarif de 1667.

Sucre d'Orge. C'est une espéce de Caramel à demicuit, que l'on colore avec du safran, & que l'on dresse en bâtons tortillez sur un marbre graissé d'huile d'amande douce. On le croit excellent pour guérir le rûme. Le bon sucre d'orge doit être d'une belle couleur d'ambre, sec, nouveau fait, & ne tenant point aux dents quand on le mâche.

Sucre Rosat. C'est du sucre blanc clarifié & cuit en consistence de tablettes dans de l'eau de rose; quelque-fois on le réduit en petites grenailles de la grosseur d'un pois. Il faut le choisir sec, bien travaillé, difficile à casser, d'un goût & d'une odeur de rose.

On tire du sucre, par les opérations de la Chimie, une huile & un esprit qu'on croit propres; celui-ci pour la gravelle, l'hydropisie & la dissenterie; & l'autre pour les maux d'estomac, aussi-bien que pour embellir le teint des Dames.

On fait aussi des eaux-de-vie de sucre qu'on nomme autrement Eau-de-vie de Cannes, dont l'usage est défendu en France, mais dont il se fait une grande consomption dans les Isles Françoises de l'Amérique pour la boisson des Négres & des Engagez. Il en passe aussi quantité dans les Païs du Nord & en Canada. On peut voir à l'article de l'Eau-de-vie les Arrêts qui défendent celles de sucre, l'on ajoûtera seulement ici la maniere de le faire, extraite des savantes & agréables Relations du Pére Labat.

De l'Eau-de-vie de Canne.

L'Eau-de-vie de Canne est appellée Guildive par les François, & Taffia par les Négres. Le lieu où l'on la fait se nomme une Vinaigrerie, apparenment parce qu'on n'y use que des sirops aigres & gâtez, comme on ne se sert que de mauvais vin pour faire le vinaigre. On devroit plûtôt l'appeller un Distilatoire à cause des distilations qui s'y font.

Les ustenciles d'une Vinaigrerie consistent en quelques canots de bois, une ou deux chaudiéres avec leurs chapiteaux & leurs couleuvres, une écumoire, quelques jarres, des pots & des bailles, ou cuvettes. Les canots de bois sont meilleurs que les bacs de maçonnerie, parce que s'imbibant facilement de la liqueur qui s'y est déja aigrie, ils avancent beaucoup l'aigreur & la fermentation de celle dont on les remplit ensuite.

Quand on veut faire de l'eau-de-vie on emplit les canots d'eau jusqu'aux deux tiers, & quelque-fois jusques aux trois quarts, le reste suffisant pour les gros sirops & les écumes qu'on y met, après quoi on les couvre de feuilles de basilic & de planches.

Ce mélange s'aigrit & fermente au bout de deux ou trois jours suivant la bonté des sirops & des écumes. Lors qu'il a aquis le degré de fermentation nécessaire, c'est à dire, lors que sa couleur est jaune, son odeur forte, & son goût très-aigre, on l'écume & on le met dans les chaudiéres.

Ces chaudiéres sont de cuivre d'environ deux pieds & demi de diamétre sur quatre pieds de hauteur. Leur fond est plat, percé à côté d'une ouverture dans laquelle est soudé un tuyau avec son robinet pour vuider la liqueur qui reste après que les esprits ont été extraits. Le haut de la chaudiére est en dôme avec une ouverture ronde d'un pied de diamétre & un rebord, environ de deux pouces de hauteur: c'est par cette ouverture qu'on charge la chaudiére, c'est à dire, qu'on la remplit. Elle est montée sur un fourneau de maçonnerie dont la bouche est en dedans de la vinaigrerie, & l'évent percé au dehors. La maçonnerie enferme la chaudiére jusqu'aux deux tiers de sa hauteur.

Lors que la chaudiére est pleine on couvre son ouverture avec un chapiteau de cuivre rouge étaimé en dedans, & on les lute exactement. Le bout du bec du chapiteau, qui a dix-huit ou vingt pouces de long, entre dans l'extrêmité d'une couleuvre qui est de cuivre, ou d'étain, & qui traverse un tonneau fait exprès, qui doit être toûjours rempli d'eau. Il faut remarquer que plus la couleuvre a de plis & de circonvolution, plus l'eau-de-vie est bonne. A l'autre extrêmité de la couleuvre qui sort du tonneau, on met un pot de rafinerie, ou une grosse cruche pour recevoir la liqueur qui en doit sortir.

Quand tout est ainsi préparé on donne le feu au fourneau. La premiére eau qui sort s'appelle la petite eau; & en effet, elle n'a pas beaucoup de force. On conserve tout ce qu'on fait de petite eau pendant les cinq premiers jours de la semaine pour la repasser le Samedi, alors l'esprit qu'elle produit est la véritable eau-de-vie qui est très-forte & très-violente.

Dans les Sucreries où il y a deux chaudiéres à eau-de-vie, on en doit faire par semaine cent soixante pots mesure de Paris. On la vend ordinairement dix sols le pot, & quelque-fois davantage, quand les eaux-de-vie & les vins de France sont rares.

Quand on veut rendre cette eau-de-vie meilleure & lui ôter l'odeur trop forte & l'âcreté qu'elle a, outre qu'il faut avoir soin de laver les chaudiéres & les couleuvres, l'on n'a qu'à qu'à suspendre dans le chapiteau un bouquet d'anis, ou de fenouil.

SUCRERIES EN GENERAL. On appelle Sucrerie une habitation dans laquelle on cultive des cannes à sucre, & où, du suc qu'on en tire, l'on fait du sucre. En ce sens une Sucrerie est composée de terres propres à la culture des cannes, d'un moulin, de la sucrerie proprement dite, de la purgerie, de l'étuve & de la vinaigrerie. *Voyez ci-devant l'article du Sucre.*

La Sucrerie proprement dite, est un grand bâtiment en forme de sale élevé près d'un moulin à sucre, dans lequel est conduit par un canal le suc des cannes qui sont écrasées dans le moulin, & où on le cuit pour en faire du sucre. La grandeur d'un tel bâtiment doit être proportionnée à la quantité de sucre qu'on peut faire en deux ou trois semaines.

Une Sucrerie à cinq chaudiéres doit avoir trente-cinq à trente-six pieds de large dans œuvre, & cinquante pieds de long. Les chaudiéres s'attachent ordinairement au pignon qui est du côté du moulin, & entrent environ six pieds dans la sucrerie. Le long des chaudiéres est un chemin de neuf à dix pieds de large, tant pour le passage d'une porte à l'autre, que pour mettre les canots où le sucre brut se refroidit. Le reste de la sale jusqu'au pignon opposé à celui des chaudiéres, est creusé de cinq à six pieds, & revêtu par les côtez de bonne maçonnerie: c'est ce qu'on appelle la Citerne où coule le syrop lors qu'on fait purger les bariques de sucre brut. Pour soûtenir ces bariques, le dessus des citernes est couvert de soliveaux de quatre pouces en quarré, éloignez les uns des autres de six pouces. C'est aussi sur ces soliveaux qu'on arrange les formes & leurs pots quand on travaille en sucre blanc; mais alors on y met des planches par dessus. *Voyez ci-devant la maniére de purifier les syrops.*

SUCRERIE. Il se dit aussi en Europe des affineries, c'est à dire, des lieux où l'on raffine le sucre, & où on le forme en pain. *Voyez comme dessus.*

SUCRIERS. Ouvriers qui travaillent dans les sucreries. Il y a deux sortes de principaux Ouvriers dans les sucreries des Isles Françoises de l'Amérique; les uns qu'on appelle simplement Sucriers, les autres qu'on nomme Rafineurs. Les Sucriers sont ceux qui purifient le vesou ou suc de cannes, qui le cuisent, & qui en font le sucre brut: les Rafineurs sont ceux qui travaillent sur le sucre blanc, c'est à dire qui le rafinent.

On appelle aussi Sucriers ceux qui font le Commerce du sucre, & qui ont une sucrerie.

SUEUR. Ouvrier qui autre-fois travailloit les cuirs au sortir de la main du Tanneur. C'étoit celui qui les mettoit en suin, ou en graisse, qu'on nommoit alors Souin.

Les Sueurs, comme on le voit dans les anciens Statuts des Corroyeurs, faisoient une Communauté particuliére, qui aussi-bien que celle des Baudroyeurs & des Cordouaniers a été réünie à la Communauté des Corroyeurs. *Voyez* CORROYEUR.

SUIF. Graisse d'animaux fonduë & clarifiée.

Il n'y a point d'animaux dont on ne puisse tirer du suif; mais ceux dont on en tire davantage, & des suifs desquels il se fait le plus de Commerce, sont le cheval, le bœuf, la vache, le mouton, la brebis, le porc, la truye, le bouc, le cerf & l'ours.

Quelques-uns de ces suifs ne sont propres qu'à la Médecine; la plûpart des autres s'employe pour la fabrique des chandelles, dans la préparation des cuirs, pour la lampe des Emailleurs, pour les manufactures des savons, & pour espalmer & enduire les Navires.

Les suifs de mouton & de brebis que vendent les Bouchers de Paris, sont estimez les meilleurs de tous. On les appelle Suifs de place, parce qu'ils se vendent dans une place publique destinée à ce Négoce. Ils sont par pains ou masses rondes en forme de culs-de-jates, du poids de cinq livres & demie chacune, que l'on nomme des Mesures de Suif.

Les suifs de mouton & de brebis appellez Suifs de marque qui se tirent de Hollande, tiennent le second rang; ils s'envoyent dans des futailles de différentes grosseurs & poids.

Il vient encore en France des suifs de mouton & de brebis en futailles, qui se tirent de divers Païs étrangers, mais en petite quantité, & qu'on estime beaucoup moins que ceux de Place & de marque.

Les bons suifs de mouton & de brebis doivent être choisis blancs, clairs & durs; quand ils sont mélangez de suif de bœuf ou de vache ils sont d'un blanc tirant un peu sur le jaune.

Les suifs de bœuf & de vache, outre ceux de place que les Marchands Bouchers de Paris debitent par mesûres, comme les suifs de mouton & de brebis, viennent en futailles de différentes grandeurs & poids, ou des Provinces du Royaume, ou des Païs étrangers, particuliérement de Hollande, d'Irlande, de Pologne & de Moscovie.

Ceux de France, singuliérement de Paris, tiennent le premier rang; ceux de Hollande vont après, puis ceux d'Irlande, & ensuite ceux de Pologne qui se tirent de Dantzick. Pour ce qui est des suifs de bœuf de Moscovie qui viennent par la voye de Hambourg, on les estime très-peu, parce qu'ils sont pour la plûpart salez, & l'on n'y a recours que lors qu'ils sont rares, soit en France, soit dans les autres Païs.

Pour que les suifs de bœuf & de vache soient de bonne qualité, ils doivent être nouveaux, point puants & d'un beau blanc, quoi-que jaunâtre.

On appelle du Suif en branche la panne ou graisse de bœuf, de vache, de mouton ou de brebis, telle qu'elle a été tirée par les Bouchers du corps de ces animaux, sans avoir encore été fonduë.

Quand le suif en branche a été fondu, ce qui reste dans le fond de la chaudiére se nomme les cretons du suif, dont on fait de grands pains ronds de la forme d'un fromage de Gruyére, qui servent à faire de la soupe pour les chiens de meute & de cour. C'est du suif en branche que se fait le suif de Place.

Pour faire de la bonne chandelle il faut moitié suif de mouton, ou brebis, & moitié suif de bœuf, ou vache, sans mélange d'autres graisses, qui ne servent qu'à la rendre jaune & coulante, & à empêcher qu'elle ne donne une belle lumiére.

Ce qu'on nomme à Paris & en quelques autres endroits du petit Suif, ou du Suif de tripe, n'est autre chose que de la graisse qui se trouve sur le bouillon refroidi, dans lequel on a fait cuire les tripes des bœufs, vaches, moutons

 &

& brebis que l'on a fait ensuite refondre dans une chaudiére avec d'autre graisse qui a été tirée des boyaux des mêmes animaux.

Ces sortes de suifs sont peu estimez, ne pouvant servir tout au plus qu'à la préparation de quelques cuirs dont ceux façon de Hongrie sont du nombre; on s'en sert aussi dans la fabrique des savons.

Le moindre de tous les suifs est celui de porc & de truye que l'on nomme du flambart, aussi s'apperçoit-on bien aisément quand il y en a dans les chandelles, ce mêlange les rendant d'une mauvaise odeur, molasses, d'un blanc jaune & sale, & faciles à couler. *Voyez* FLAMBART.

Le suif de bouc se tire presque tout d'Auvergne, des environs de Lyon & de Nevers; il est de quelqu'usage en Médecine, mais la plus grande consomption s'en fait par plusieurs Artisans & Ouvriers qui ne peuvent s'en passer dans leur profession. Il doit être sec, d'un blanc clair dessus & dedans, sur tout sans aucun mêlange d'autres suifs, ou graisses.

Les suifs de cerf & d'ours ne servent qu'en Médecine. *Voyez* CERF & OURS.

Les Suifs de toutes sortes payent en France les droits d'entrée à raison de 30 s. du cent pesant, conformément au Tarif de 1664; & pour les droits de sortie 25 s.

SUIF. Mettre les cuirs en suif. Terme de Corroyeur & de Hongrieur, qui signifie imbiber les cuirs avec du suif chaud, par le moyen d'une espéce d'éponge faite de laine appellée Gipon. *Voyez* CUIR, *aux endroits où il est parlé de l'apprêt de la vache grasse, & de la maniére de fabriquer les cuirs de Hongrie.*

SUIF. On nomme à la Chine Arbre à Suif, un arbre qui produit une substance semblable au suif.

Cet arbre est de la hauteur d'un cerisier; ses feuilles sont taillées en cœur d'un rouge vif & éclatant, & l'écorce en est unie.

Le fruit est enfermé dans une espéce de gousse ou d'enveloppe à-peu près comme les châtaignes, il consiste en trois grains blancs & ronds de la grosseur & de la forme d'une noisette qui ont chacune leur capsule particuliére, & au dedans un petit noyau.

La substance blanche qui entoure ce noyau, a toutes les qualitez du véritable suif, sa consistence, sa couleur, même l'odeur: aussi les Chinois en font-ils des chandelles qui seroient aussi bonnes que celles d'Europe, s'ils savoient purifier ce suif végetal comme nous faisons le suif des animaux. Toute la façon qu'ils y font est d'y mêler un peu d'huile pour rendre la pâte plus douce & plus maniable. Il est vrai que les chandelles qu'on en fait rendent une fumée plus épaisse & une lumiére moins claire & moins vive que les nôtres; mais ces défauts viennent des méches qui ne sont pas de coton, mais d'une petite verge de bois sec & leger qu'on entoure d'un filet de moile de jonc.

SUINT. Espéce de graisse, ou axonge, qui se trouve adhérente à la laine des moutons & brebis. Les Marchands Epiciers-Droguistes qui en font le Négoce, la vendent sous le nom d'Oesype. *Voyez* OESYPE.

SUINT. On appelle laines en suint les laines grasses & qui se vendent sans avoir été lavées ni dégraissées. On les nomme plus ordinairement Laines Surges. *Voyez* SURGE.

SUIVABLE. Fil Suivable. Terme de Manufacture d'étoffes de laine, qui n'est en usage que dans la Sayetterie d'Amiens. Il signifie des fils de laine qui sont d'un filage égal, en sorte que l'étoffe qui en est faite ne soit point barrée.

L'article 65 des Statuts de cette Sayetterie, enjoint à tous Sayetteurs de faire leurs piéces d'ouvrages de fil suivable raisonnablement assorti; & en cas qu'il se trouve quelques piéces barrées de fils de différente qualité, les condanne à une amende arbitraire pour les legers défauts; & pour les défauts considérables ordonne que les piéces seront coupées, le bon d'un côté & le mauvais de l'autre.

SULTANIN. Monnoye d'or qui se fabrique au Caire, & qui a cours dans tous les Etats du Turc. C'est la seule espéce d'or qui se fasse au coin du grand Seigneur. On l'appelle aussi Scherif & Sequin. Il vaut à peu près le Ducat d'or. *Voyez* SCHERIF. *Voyez aussi* SEQUIN.

On nomme aussi Sultanins des espéces d'or qui se frapent à Tunis: mais outre que ces Sultanins sont d'un tiers plus forts que ceux d'Egypte, l'or en est à plus haut titre, & tout du plus fin qu'il puisse être; c'est à dire, au plus près de vingt-quatre Carats.

SUMAC. Drogue propre pour teindre en verd.

Cette drogue dont on se sert aussi dans l'apprêt des maroquins noirs, & de quelques autres peaux, n'est autre chose que les feuilles & les jeunes branches d'un arbrisseau pilées dans un mortier.

Cet arbrisseau est assez semblable au petit cormier; ses feuilles sont oblongues, pointuës, veluës & dentelées; ses fleurs sont ramassées en grappes, elles sont rouges & assez semblables aux roses des jardins; son fruit que les Epiciers & les Apoticaires nomment Sumac rouge en grappe, est une espéce de petit raisin rouge d'une qualité très-astringente; sa semence est presque ovale, & est renfermée dans des capsules de même figure.

Cet arbre se nomme Sumac, mot Arabe, dont la drogue a pris aussi son nom. Les Latins l'appellent aussi *Rhus Obsoniorum*, ou *Rhus Coriaria*; ce qui fait que par corruption plusieurs Marchands Epiciers-Droguistes, Teinturiers, Maroquiniers, & autres qui se mêlent de la préparation des peaux, lui donnent aussi les noms de Roux & de Roure.

Quoi que le Sumac soit du nombre des drogues colorantes qui sont communes aux Teinturiers du grand & du petit Teint; il est néanmoins défendu aux uns & aux autres d'en employer de vieux; c'est à dire, qui a déja servi à passer les maroquins, ou autres peaux.

Le meilleur Sumac pour la teinture, est celui qui est verdâtre & nouveau. C'est du Port de Porto en Portugal que vient la plus grande partie du Sumac qui se consume en France; ce qui fait que par un mauvais jeu de mots les Marchands qui en font Négoce l'appellent assez souvent du Sumac de Port en Port. *Voyez l'article général du Commerce à l'endroit où il est parlé de celui de Portugal, & particuliérement de Porto.*

Il croît beaucoup de Sumac dans le Païs de Vosges, & on le cultive dans plusieurs Provinces de France, mais les Ouvriers François l'estiment peu.

Le Sumac que les Tarifs nomment aussi Sommac, & Herbe à Maroquin, paye en France les droits d'entrée à raison

raison de 10 *s. le cent pesant, conformément au Tarif de* 1664.

Les droits de la Douane de Lyon sont de 23 *s.* 3 *den. le quintal pour tous droits.*

A l'égard des droits de sortie, le Sumac du crû de France à faire teinture, paye 20 *s. du cent pesant.*

SUPERFIN. Terme dont les Marchands & les Manufacturiers se servent pour exprimer superlativement la finesse d'une étoffe. Ainsi, un drap, un camelot, &c. Superfin est celui qui est le plus fin de tous ceux que l'on puisse fabriquer, ou qui a été manufacturé avec de la laine, de la soye, ou autre matiére extrêmement fine.

On dit aussi dans le même sens Refin & Refino, comme qui diroit deux fois fin, ou doublement fin.

Superfin. Se dit aussi chez les Tireurs d'Or & parmi les Marchands de Dorure, du fil d'or ou d'argent trait, tant fin que faux, qui après avoir passé par une infinité de pertuis, ou trous de filiére, toûjours en diminuant de grosseur, est enfin parvenu à n'être pas plus gros qu'un cheveu.

Soit que ce fil ait été batu, écaché, ou mis en lame, ou qu'on l'ait ensuite filé sur la soye, ou sur le fil de chanvre ou de lin, on ne laisse pas toûjours de lui donner le nom de superfin; en sorte que l'on dit indiférenment de l'or & de l'argent trait superfin; de l'or ou de l'argent batu, écaché ou en lame superfin; du fil d'or ou d'argent superfin.

Superfin. S'entend encore des fils de sayette ou laines filées qui viennent de Turcoin en Flandres, & qui ne sont faits qu'avec de la laine de Hollande. *Voyez* Fil de Sayette.

SUPPLEMENT. Ce qui manque à quelque chose, & qu'on y ajoûte pour la rendre, ou entiére, ou parfaite.

Supplement en matiére de finance. Se dit d'une taxe ou augmentation qu'on fait payer aux aquereurs des Domaines du Roi, qu'on croit aliennez au dessous de leur juste valeur; ou à des Officiers pourvûs de Charge dont le prix paroît trop médiocre; ce qui n'arrive guére dans le dernier cas, que pour des Offices de nouvelle création.

Supplement. Se dit aussi des droits de Douane qui n'ont pas été aquitez en leur entier dans les premiers Bureaux suivant les Tarifs, Déclarations ou Arrêts du Conseil, & que l'on fait payer par supplément dans les Bureaux de Contrôle ou derniers Bureaux par où passent les marchandises qui y sont sujettes, après que l'on en a fait le récensement & la visite.

SUPPORT. Ce qui soûtient quelque chose, sur quoi elle est appuyée.

Supports, en terme de Tourneur. Signifient les piéces de bois ou de fer sur lesquels l'Ouvrier appuye & affermit son outil lors qu'il travaille.

Dans les grands tours de bois, & lors qu'on tourne entre deux pointes, le support est une longue barre de bois de deux pouces d'épaisseur & de trois ou quatre de hauteur que le Tourneur a devant lui, & qui porte des deux bouts sur les bras des poupées.

Lors qu'on tourne en l'air, & qu'on veut creuser & évider un ouvrage, le support coupe transversalement les jumelles, & s'arrête dans l'espece qui les sépare comme les poupées.

Les supports pour tourner les quadres ronds, sont deux piéces de bois triangulaires qu'on ajoûte à une des poupées, & une troisiéme piéce qui n'est qu'une tringle de bois qu'on attache en équerre au bout de celles de ces deux piéces qui est du côté du Tourneur: les deux piéces triangulaires s'appellent des aîles.

Enfin, si l'on tourne du métail, ou que l'ouvrage soit difficile, on ajoûte au dessus du support de bois, une piéce de fer qui n'en est éloignée que de l'épaisseur de l'outil dont on se sert, & l'on passe l'outil dans cette espace, ce qui le tient plus ferme & l'empèche de varier, ou d'être élevé par le mouvement du tour.

Les Supports des petits tours de fer sont aussi de fer, forgez ordinairement par en haut en queuë d'hirondelle assez large, pour donner plus d'appui & de champ à l'outil qu'on tient dessus en tournant. Ces supports s'alongent, se reculent, se haussent, se baissent & s'arrêtent avec des vis devant l'Ouvrier si c'est pour tourner entre deux pointes, & transversalement si c'est pour tourner en l'air & par le côté. Quelque-fois au lieu de ces supports à queuë d'hirondelle, on se sert d'une petite barre de fer qui porte sur deux bras passez dans les picolets des poupées.

Le Support des grands tours s'appelle souvent simplement la Barre du Tour, quelque-fois aussi l'Appui, mais plus ordinairement le Support. *Voyez* Tour.

SUPPUTATION. Se dit des comptes, calculs, ou examens que l'on fait de certaines sommes, ou nombres, soit à la plume, soit aux jettons: cette supputation est bonne, celle est éxacte, on ne s'y est point trompé. Les plus habiles gens se peuvent tromper dans leurs supputations.

SUPPUTER. Action de compter, calculer, ou éxaminer par voye d'Arithmétique, en additionnant, soustrayant, multipliant, ou divisant certaines sommes, ou nombres. En supputant les sommes de ce compte, de cette facture, on s'est trompé, il faut les supputer de nouveau.

Supputé. Un compte supputé, est celui que l'on a calculé, éxaminé & arrêté, soit pour la recette, soit pour la dépense, pour connoître ce qui est dû, ou ce qu'on doit.

SUR. Ce qui a un goût acide & aigre. On appelle Eau sure en terme de Teinturier, une eau qu'on prépare avec du son, &. qu'on fait aigrir jusqu'à certain degré. *Voyez* Eau sure. *Voyez aussi* Teinturier & Débouilli.

SUR-ACHETER. Acheter une chose plus qu'elle ne vaut. Ce terme est relatif à survendre.

SUR-ARBITRE. Troisiéme arbitre dont les parties conviennent, lors que les deux arbitres qu'ils ont nommez pour terminer leurs contestations, sont de différens avis. Il se dit aussi des nouveaux arbitres qu'on choisit pour départager plusieurs arbitres lors qu'ils sont en égalité de suffrages & de sentimens. *Voyez* Arbitre.

SURFAIRE. C'est demander d'une marchandise beaucoup au de-là du prix qu'elle vaut, ou qu'on a résolu de la vendre. C'est toûjours une mauvaise maxime à un Marchand, ou Négociant de surfaire sa marchandise.

Si on l'en croit à son mot, & qu'il la fasse payer sur ce pied-là, il engage sa conscience; & si au contraire il rabat considérablement du prix qu'il a demandé, il perd sa réputation, & l'on s'accoûtume à lui mesoffrir. Quelques Marchands du Palais à Paris en ont le bruit, & font ordinairement moins bien leurs affaires que d'autres leurs voisins qui ne surfont jamais, ou qui du moins en ont la réputation.

Les Quakers dont il y a quelques-uns en Hollande, & beaucoup plus en Angleterre, se font un point de Religion, s'ils sont dans le Négoce, de ne jamais surfaire, & ne font qu'à un mot. Le Commerce sans doute n'en seroit que plus aisé si tous les Marchands étoient Quakers, du moins dans ce point de leur Religion qui ôte la surprise, & qui empêche de perdre bien du tems en de mutuels efforts de se tromper, le vendeur en surfaisant, l'acheteur en mesoffrant.

SURFAIS, ou SURFAIX. Espéce de tissu grossier, ou sangle non fenduë par les deux bouts, composée de plusieurs fils de chanvre, qui se fabrique par les Cordiers, & qu'on met par dessus les autres sangles du cheval, pour rendre la selle plus assurée. *Voyez* SANGLES.

SURGE. On appelle Laines Surges les laines grasses ou en suint, qui se vendent sans être lavées, ni dégraissées. Il en vient beaucoup du Levant, & particuliérement de Constantinople, de Smirne, d'Alep, d'Aléxandrie & de Chipre, de Barbarie & de Tunis. On en tire aussi quantité d'Espagne.

Les Négocians de Montpellier achétent ordinairement des Marchands de Marseille & de Bayonne ces sortes de laines qu'ils font ensuite laver & préparer pour les envoyer en sacs de trois à quatre quintaux chacun, aux Foires de Pézenas & de Montagnac, où les Fabriquans & Drapiers de Languedoc les vont acheter. *Voyez* LAINES.

SURLO. Poids dont on se sert dans le Levant, particuliérement à Alep. Le surlo pése vingt-sept rottolis un quart, à raison de sept cens vingt dragmes le rottoli; c'est à dire de quatre livres huit treiziémes poids d'Amsterdam. *Voyez* ROTTOLI.

SURON, ou CERON. Balot couvert de peau de bœuf, fraîche & sans aprêt, le poil en dedans, cousu avec des filets & laniéres de la même peau.

Ces balots viennent ordinairement de la nouvelle Espagne & du Buenos-Aires dans l'Amérique Méridionale. Ceux-ci sont remplis d'herbe de paraguay; ceux-là de cochenille & autres marchandises. Le mot est Espagnol, mais Francisé. Surone en Espagnol signifiant un balot.

SUR-PAYER. Payer une chose plus qu'elle ne devroit valoir, en donner au de-là de son véritable prix.

SURPLUS. Ce qui est au de-là d'une certaine quantité, ou d'un certain prix.

Les Marchands font quelque-fois des conventions pour la vente de leurs marchandises, dans lesquelles le surplus, c'est à dire, ce qui excéde le prix auquel ils se sont fixez, est pour le Commissionnaire qui la leur fait vendre; ce qui a ses inconvéniens. Souvent aussi dans leurs restes, ou dans l'excédent de leurs aunages, ils donnent aux acheteurs le surplus; ce qui s'entend de ce qui est au de-là de la juste mesure que l'acheteur a demandée; cela passe pour une petite gratification.

SURPOINT. On nomme ainsi la raclure que les Corroyeurs ont levée de dessus les cuirs après qu'ils leur ont donné le suif. Les Maréchaux se servent de Surpoint dans quelques maladies des chevaux. *Voyez* CORROYER.

SURSEANCE. C'est le terme, le délai que l'on accorde pour le payement de quelque dette ou l'éxécution de quelque chose.

Il y a une surséance volontaire, c'est celle qu'un Créancier donne à son débiteur de lui-même, avec liberté & sans contrainte, soit qu'il le fasse par un Acte, ou Contract, soit qu'il n'y intervienne que sa simple parole.

La surséance forcée est celle que le debiteur obtient des Puissances & des Juges par le mérite de sa cause, & sans le consentement de son Créancier, par des Lettres en Chancellerie, qu'on appelle Lettres de Répit, ou par des Arrêts de Défense. *Voyez* ATERMOYEMENT, ARREST DE DEFENSE, REPIT, &c.

SURSEOIR. C'est différer l'éxécution d'une chose, surseoir le payement d'une dette, la poursuite d'une action contre un debiteur; c'est suspendre le droit que l'on a de se faire payer de son débiteur, ou de le poursuivre en Justice.

SURVENDRE. C'est vendre une chose plus haut prix qu'elle ne vaut.

Il est certain que c'est ôter la bonne foi du Commerce que de ne pas garder la proportion qui doit toûjours être entre la chose qu'on veut vendre, & le prix que l'acheteur en doit donner. Un gain raisonnable, même quelque-fois un peu haut, suivant les circonstances, est véritablement le fruit honorable des peines d'un Marchand, & il seroit injuste de le lui envier; mais ce qu'il prend au de-là n'est plus un profit, c'est une éxaction, même une espéce de larcin dont il ne lui est pas permis de s'enrichir.

SURVENTE. Excès du prix d'une marchandise, ce que le Marchand éxige au de-là de sa juste valeur.

SUSCES. Espéces de Taffetas qui se font au Bengale. Ils ont quarante cobres de long sur deux de large, à raison de dix-sept pouces & demi le cobre. Ils sont propres pour le Commerce des Manilles, où les Anglois de Madras en envoyent beaucoup.

SUSCRIPTION. Adresse qui est écrite sur le dos d'une Lettre Missive.

La suscription doit contenir le nom, les qualitez, la profession & la demeure de celui à qui on écrit. Sous le mot de demeure est compris le nom de la Province, de la Ville, ou même du quartier & de la ruë où celui à qui la Lettre s'adresse, fait actuellement son sejour.

L'Auteur du Parfait Négociant a remarqué qu'il n'étoit pas indifférent à un Marchand d'être éxact à mettre les dessus & les adresses de ses Lettres; les erreurs dans la suscription ayant souvent causé la perte de plusieurs Lettres & Billets de Change, qui donnent bien des peines & des inquiétudes, qu'un peu de soin & d'attention eussent pû épargner.

SUYE. Partie terrestre & volatille qui s'éléve du bois avec la fumée par le mouvement que lui donne l'action du feu.

Les Teinturiers se servent de suye pour faire une couleur

leur fauve qui eſt aſſez belle; il eſt vrai qu'elle eſt d'une très-mauvaiſe odeur, mais en récompenſe elle conſerve les draps & autres étoffes de laine contre cette eſpéce de vers, qu'on appelle Teigne, qui les percent & les rongent. Elle eſt auſſi plus propre que la racine de Noyer pour faire les feuilles-mortes & couleurs de poil de bœuf, ſur tout quand elle eſt employée dans un garançage où il y a eu du Terramerita. *Voyez* FAUVE.

Les Teinturiers en Soye, Laine & Fil, appellent la Suye, Bidauſt. *Voyez ce terme.*

SUYE D'ENCENS. C'eſt le menu de l'Encens, appellé Oliba, ou Encens mâle, que l'on a fait brûler, ainſi que l'arcançon, pour faire du noir de fumée. *Voyez* ENCENS.

SYNDIC. Officier qui prend ſoin des affaires d'une Communauté; qui en indique les Aſſemblées; qui fait les repréſentations & les ſolicitations auprès des Miniſtres ou des Magiſtrats, ſelon l'éxigence des cas; qui eſt mandé par les Supérieurs pour rendre compte, & répondre de la conduite du Corps; qui fait & reçoit les propoſitions pour ſon utilité; qui ſyndique & corrige les défauts des particuliers qui regardent la Communauté, ou du moins qui en demande la correction dans l'Aſſemblée; en un mot le Syndic eſt tout enſemble & l'Agent & comme le Cenſeur des Communautez. Les Communautez des Arts & Métiers à Paris ont preſque toutes leur Syndic, qui eſt élû à la pluralité des voix.

Le malheur des Guerres avoit donné naiſſance à quantité d'Offices de Syndics dans tous les Villages & Paroiſſes de France avec de grands Priviléges & Exemptions, qui étoient à la charge du peuple; mais le retour de la Paix, bien qu'il ne les ait pas tout à fait ſupprimez, les a du moins réduits dans des bornes où ces Officiers peuvent être utiles au public, ſans pouvoir lui être à charge comme auparavant.

SYNDIC. Eſt auſſi celui qui ſe charge de ſolicitet une affaire commune à laquelle il a part; ce qui arrive particuliérement parmi pluſieurs Créanciers d'un même Debiteur, ou qui eſt mort inſolvable, ou qui a fait l'abandonnement de ſes biens; ou qui ayant diſparu, a fait une banqueroute, ſoit préméditée & frauduleuſe, ſoit ſubite & de pur malheur qu'on appelle Faillite.

Dans tous les cas & quelques autres ſemblables il ſe fait l'élection d'un Syndic, qui avec les Directeurs, qui ſont comme lui choiſis à la pluralité des voix, régit & conduit les affaires, & prend ſoin des effets de leur Debiteur commun; & cette Aſſemblée ainſi reglée s'appelle une Direction.

Pour que les choſes ſoient en régle, après que le Syndic eſt élû, l'Acte qui a été dreſſé de ſon élection, s'il s'agit de Négocians, doit être homologué à la Juriſdiction Conſulaire du lieu, s'il y en a, ou à ſon défaut en quelqu'autre Juriſdiction.

Le Syndic eſt ordinairement chargé de la levée du ſcellé, s'il y en a eu un d'appoſé; de l'inventaire des effets, papiers & regiſtres, & de leur éxamen; de la vente des marchandiſes, meubles, &c. pour l'argent en être mis au dépôt ordonné par les Directeurs; enfin, de faire le recouvrement des dettes, & l'éxamen des créances de ceux qui prétendent leur être dû par celui dont les biens ſont en direction; auſſi eſt-ce entre les mains du Syndic que chaque Créancier doit remettre ſes titres & papiers. *Voyez* DIRECTION.

SYNDIC. C'eſt auſſi le nom que le Roi Louïs XIV. a accordé par les Arrêts de ſon Conſeil d'Etat pour l'érection des Chambres particuliéres de Commerce dans quelques Villes de ſon Royaume, aux Marchands, Négocians, ou autres qui compoſent leſdites Chambres. Ceux de Roüen ſont appellez Syndics du Commmerce de la Province de Normandie, à Lille ſimplement Syndics de la Chambre de Commerce; dans les autres Villes ce ſont des Députez, ou des Directeurs. *Voyez* CHAMBRE DE COMMERCE.

SYNDICAT. C'eſt la Charge ou fonction de Syndic.

SYROP. Compoſition ou liqueur d'une conſiſtence raiſonnablement épaiſſe, que les Epiciers-Droguiſtes, Apoticaires & autres font avec du ſucre ou du miel fondus dans de l'eau & affinez ſur le feu, où ils mêlent diverſes ſortes de fleurs, de fruits, de plantes, &c. ſoit pour la ſanté, ſoit pour le plaiſir.

SYROP D'ALKERMES.	*Voyez*	ECARLATE.
SYROP DE DIACODE.		OPIUM.
SYROP DE CAPILAIRES.		CAPILAIRES.
SYROP DE LIMON.		CITRON.
SYROP DE SUCRE.		MELASSE.
SYROP DE VIOLETTE.		VIOLETTE.

Le Syrop d'Alkermes paye en France les droits de ſortie à raiſon de 4 ſ. de la livre peſant.

SYROP. Se dit auſſi du ſuc qu'on exprime des cannes à ſucre, lors qu'il eſt cuit juſqu'à un certain degré. *Voyez* SUCRE.

SYROP. C'eſt encore le nom d'une des chaudiéres dans leſquelles on cuit le veſou ou ſuc de cannes, dans les ſucreries ou ateliers où l'on travaille au ſucre brut. On l'appelle de la ſorte, parce que c'eſt dans cette chaudiére, qui eſt la cinquiéme, par laquelle le véſou paſſe avant que de devenir ſucre, où il prend ſa conſiſtence, & commence à devenir ſyrop. *Voyez comme deſſus.*

T.

T.

T. Dix-neuviéme lettre de l'Alphabet. On s'en sert pour quelques abréviations mercantilles, TRA ou TRS abrégent Trait ou Traites; & pour abreger Livres sterling, on met L. ST.

TABAC. Plante ou herbe médecinale, qu'on ne connoît en Europe que depuis la découverte de l'Amérique par les Espagnols, & qui n'a été apportée en France que vers l'an 1560.

Les Ameriquains qui habitent le Continent l'appellent *Petun*, mais ceux des Isles le nomment *Yoli*. Les Espagnols qui lui ont donné le nom de *Tabac*, l'ont emprunté de celui de *Tabaco*, une des Provinces du Royaume de Jucatan, où la première fois ils en trouvérent, & où, à l'imitation des Indiens, ils firent usage de cette herbe présentement si commune.

Les François lui donnérent d'abord differens noms. Premiérement ils l'appellérent *Nicotiane*, ou *Herbe de l'Ambassadeur*, de Jean Nicot Ambassadeur de François II. en Portugal; en second lieu, *L'Herbe à la Reine*, à cause de Catherine de Médicis à qui ce Ministre en fit présent; ensuite, *L'Herbe du Grand Prieur*, à cause d'un Grand Prieur de France de la Maison de Lorraine, qui fut des premiers à s'en servir; puis *L'Herbe de Sainte-Croix* & *L'Herbe de Tournabon*, du nom de deux Cardinaux, dont le dernier étoit Nonce en France, & l'autre en Portugal: mais enfin, on s'est réduit à ne plus l'appeller que *Tabac*, à l'éxemple des Espagnols; le nom même de *Petun* n'étant plus guére en usage, que pour exprimer la débauche qu'on en fait en le fumant, ou le lieu où l'on le fume, qu'on nomme aussi Tabagie.

Le tabac se cultive en plusieurs endroits de l'Amérique, mais sur tout dans les Isles Antilles. La culture en étoit autre-fois très-commune dans quantité de Provinces de France, & l'on en cultive encore dans plusieurs, particuliérement en Guienne du côté de Bordeaux & de Clerac; en Bearn vers Pau; en Normandie aux environs de Léry, du Vandreuil & de Pont-de-l'Arche; & en Artois près S. Paul; mais les Particuliers ne le peuvent vendre qu'aux Fermiers Généraux du Tabac, ou à leurs Sous-Fermiers. Cette ferme est d'un produit très-considérable, quoi qu'il s'achéte à assez bas prix.

Voici de quelle maniére se fait la culture de cette plante, trop connuë pour faire la description de ses feuilles, de ses fleurs & de ses propriétez, mais dont on ne sera peut-être pas fâché de savoir les différentes façons qu'on y employe, & qui devroient ce semble la rendre encore plus chére qu'elle n'est.

L'on commence par préparer avec grand soin un quarré de terre pour y semer la graine, que l'on mêle toûjours avec de la cendre, pour l'empêcher de lever trop épaisse. On arrose tous les jours cette graine pour l'avancer, soit qu'il fasse Soleil, soit qu'il n'en fasse pas; mais quand il fait Soleil, il faut de plus la couvrir, de peur qu'elle ne soit brûlée par ses rayons à mesure que ses feuilles commenceroient à paroître.

Lors que le tabac est levé, & qu'il est d'une grandeur convenable, on le replante à peu près comme on fait les laituës en France, mais à trois pieds de distance, & dans un autre terrain disposé avec autant de soin que le premier.

Quand il est replanté, il faut sans cesse arracher les mauvaises herbes, qui, partageant le suc & l'humidité de la terre avec le tabac, l'empêcheroient de profiter. Lors que la plante est prête à fleurir, on l'arrête par en haut, & l'on émonde sa tige souvent & avec éxactitude, en ôtant les feuilles les plus basses & les rejettons qu'elle pousse; en sorte que les douze ou quinze feuilles les plus belles qu'on réserve, puissent attirer toute la nourriture.

Ces feuilles réservées étant mûres, ce qui se voit quand, en les pliant, elles se cassent, on coupe les tiges qu'on laisse essorer deux ou trois heures au Soleil, & qu'on attache ensuite deux à deux pour les mettre plus aisément sécher sur de longues perches disposées dans des loges qui n'ont qu'un toît & point de murailles; ce qu'on fait pour empêcher la pluye de les mouiller, & pour laisser néanmoins le passage libre au vent & à l'air, sans quoi le tabac s'échaufferoit & se pourriroit.

Enfin, quand les feuilles sont assez séches, on les sépare de la tige, on les met en paquets que l'on appelle Magnottes, ou Manoques; & après les avoir trempées dans de l'eau de la mer, si l'on en a la commodité, ou dans de l'eau commune, on les tord en façon de cordes pour en faire des rouleaux, que l'on nomme communément Rôles, qui se forment autour d'un bâton, par le moyen d'une espéce de moulinet.

Le tabac se vend en France par les Fermiers du Roi, au poids, ou en corde, ou en poudre.

Le tabac en poudre a tant de noms si bizarres, & l'on en invente si souvent de nouveaux, qu'il seroit assez inutile & peut-être tout à fait impossible de les raporter tous; on dira cependant qu'il s'en fait de trois sortes; le premier est grainé; le second en poudre presque impalpable; & le troisiéme est le son ou le gros qui reste après que le second a été tamisé.

A l'égard du tabac en corde, on le distingue ordinairement en Tabac de Bresil, qui est noir & de la grosseur du doigt; en Tabac à l'andouille, dont la feuille est séche & rougeâtre, & la corde grosse comme une forte canne; en petit Briquet, ou Tabac de Dieppe, qui est noir & menu; en Tabac de Canasse, qui est très-sec, & dont la corde n'est guére plus grosse que le doigt, & la couleur tirant sur le feuille-morte; en Tabac de Vérine, de S. Domingue, &c.

Le tabac de Vérine est le meilleur de tous les tabacs en corde, du moins il en a la réputation, quoi que d'habiles Artistes le croyent moins bon pour l'usage qu'on qu'on en fait quelque-fois en Médecine. Il est appellé de Vérine du nom d'un Village situé sur la Côte de Terre-ferme de l'Amérique Espagnole, auprès de la Ville de Comana, à l'entrée d'un lac, ou bras de mer, qu'on nomme la Laguna de Venezuela.

Le tabac nommé de Seville, qui est un tabac en poudre très-fine, & qui est extrêmement estimé, vient du Bourg du S. Esprit, & de la petite Ville de la Trinité dans l'Isle de Cuba.

Il vient aussi de la Havane, Ville de la même Isle, de Barcelone & de Portugal, des tabacs en poudre à peu près semblables à celui de Seville: mais celui de Portugal qui est ordinairement de couleur d'olive, est très-peu estimé à cause de son odeur forte & désagréable.

Il vient aussi de Hollande beaucoup de tabac en corde, qui est plus estimé que celui qui se fabrique à Morlaix, à Dieppe & à Mondragon, principaux lieux où les Fermiers Généraux font fabriquer leur tabac en corde. On en envoye pareillement de Flandres & du Païs d'Artois, que l'on appelle Tabac en carotes, parce qu'il est en rouleaux à peu près semblables aux racines que nous nommons Carotes.

Celui qui est apporté d'Allemagne, particuliérement de Strasbourg, est en petits bâtons de différentes grosseurs & longueurs, ornez par dessus de morceaux de clinquant avec de petits clous dorez & argentez, dont quelques-uns sont couverts de papier marbré colé. Cette derniére espéce de tabac est sur tout propre à raper, pour prendre en poudre par le nez.

Il en vient encore beaucoup du Levant, des Côtes de Gréce & de l'Archipel en des feuilles attachées ensemble.

Il se fait aussi dans l'Isle de Malte & dans l'Italie plusieurs sortes de tabacs grenez.

Les marques du bon tabac en corde sont une coupe belle & luisante, une odeur agréable, & qu'il soit de bonne garde.

On tire du tabac par les préparations chymiques une liqueur qui excite le vomissement, & qui guérit les dartres, la gale & d'autres maux. On en tire aussi de l'huile & du sel.

TABERNACLE. Il se dit parmi les Catholiques du lieu où l'on enferme le Saint Sacrement de l'Autel.

Les Tabernacles payent les droits de la Douane de Lyon; savoir, ceux de bois peints & dorez 7 liv. de la piéce, & ceux qui ne sont pas dorez 3 liv.

TABIS. Espéce de gros taffetas ondé qui se fabrique comme le taffetas ordinaire, hors qu'il est plus fort en chaîne & en trême; on donne des ondes aux tabis par le moyen de la calandre, dont les rouleaux de fer ou de cuivre diversement gravez, & appuyant inégalement sur l'étoffe, en rendent la superficie inégale, en sorte qu'elle réfléchit diversement la lumiére quand elle tombe dessus.

Les taffetas ou tabis pleins comme les appelle le Réglement de 1667, doivent avoir de largeur entre les deux lisiéres, ou onze vingt-quatriémes d'aune, ou demi-aune, ou cinq huitiémes, c'est à dire, demi-aune demi-quart, pouvant même être augmentez proportionnellement au dessus de cinq huitiémes, en augmentant aussi les portées dans les peignes, soit de quatre, soit de six, soit de huit ou de douze fils par dent.

Les portées fixées par l'article 51 du Réglement, doivent être de vingt-quatre pour la largeur de onze vingt-quatriémes, de vingt-six pour demi-aune, & de trente-six pour cinq huitiémes, chaque portée de quatrevingt fils.

Les tabis, de quelque largeur qu'ils soient, doivent être faits en deux ou trois fils pour chaque dent de peigne, & doivent avoir leurs chaînes d'organcin filé & tordu au moulin, & les trêmes doublées & montées aussi au moulin; le tout de fine & pure soye cuite, sans y employer aucun fleuret, galette ni bourre de soye; & pour les distinguer, les tabis à trois fils doivent avoir une lisiére à chaînette de différentes couleurs.

Le Tabis paye en France les droits d'entrée & de sortie sur le pied de draps de soye, suivant le Tarif de 1664. Voyez Drap à la fin de l'article.

Les droits de la Douane de Lyon sont; savoir,

Les tabis de soye de Venise brochez d'or, 3 liv. 5 sols.

Les tabis de Venise simplement de soye, la livre 28 s. ou la piéce 30 s.

Les tabis de Venise avec or battu, 2 liv. 6 s. de la livre.

Et les tabis avec or frisé & relevez, 4 liv. 12 s. pareillement de la livre.

TABISÉ. Ce qui a des ondes comme le tabis. De la moire tabisée, du ruban tabisé.

TABISER. Passer sous la calandre une étoffe pour y faire paroître des ondes comme au tabis. On tabise la moire, les rubans, des toiles à doublures, des treillis, &c.

TABLE. Ustencile de ménage qui est ordinairement de menuiserie. Ce terme a diverses significations dans le Commerce, soit parmi les Marchands, Banquiers & autres qui tiennent les livres & registres des Négocians, soit pour exprimer certaines sortes de marchandises, soit enfin dans les Manufactures & dans les Arts & Métiers dont il est traité dans ce Dictionnaire; on les trouvera toutes expliquées dans la suite de cet article.

Table a Patron, ou simplement Patron. C'est une table de bois blanchie sur quoi les Vitriers dessinent leurs piéces & les coupent. *Voyez* Patron.

Table. Terme de sucrerie. On appelle la Table d'un moulin une longue piéce de bois qui est placée au milieu du chassis du moulin; c'est dans cette piéce que sont enchassées la platine du grand rôle & les embasses des petits tambours, c'est à dire, les crapaudines dans lesquelles roulent les pivots des trois tambours. *Voyez* Moulin a Sucre.

Table a Moule. Terme de Chandelier. C'est une longue table percée de divers trous en forme d'échiquier, sur laquelle on dresse les moules à faire de la chandelle moulée lors qu'on veut les remplir de suif; au dessous de la table est une auge pour recevoir le suif qui peut se répandre. On appelle une jettée de chandelle tout ce qui peut tenir de moules sur une de ces tables. *Voyez* Chandelle moulée.

Table a tondre. Il se dit chez les Tondeurs de draps d'une espéce d'ais ou planche de chêne, ou de noyer, épaisse d'environ trois pouces & demi, large de quinze à seize pouces, & longue de neuf à dix pieds. Cette planche est garnie par le dessus de plusieurs bandes d'une grosse étoffe appellée Tuf, mises l'une sur l'autre, entre lesquelles sont plusieurs lits de paille d'avoine ou de bourre tontisse très-fine, & par dessus le tout est une couverture de treillis atachée par les bouts & lassée par dessous.

La table à tondre est posée sur deux tréteaux de bois inégaux,

inégaux, en sorte qu'elle se trouve un peu en talus, ce que les Ouvriers appellent placée en chasse; elle sert à étendre l'étoffe dessus pour la tondre avec les forces.

Les Tondeurs se servent encore d'une autre table assez semblable à la premiére, à la réserve qu'elle est faite en forme de pupitre long; & parce que c'est sur cette table qu'ils rangent ou couchent le poil de l'étoffe avec le cardinal & la brosse, & qu'ensuite ils la nétoyent avec la tuile; ils l'appellent, suivant ces différens usages, tantôt Table à ranger & à coucher, & tantôt Table à nétoyer.

Table. Les Ouvriers qui travaillent à l'adouci des glaces brutes, appellent la Table le bâti de grosses planches sous lequel est mastiquée avec du plâtre une des deux glaces qui s'adoucissent l'une contre l'autre; c'est au dessus de cette table qu'est couchée orizontalement la rouë dont les Adoucisseurs se servent pour user les glaces. *Voyez* Glace.

Table. Les Miroitiers qui mettent les glaces au teint nomment pareillement Table une espéce de long & large établi de bois de chêne, soûtenu d'un fort chassis aussi de bois, sur lequel est posée en bascule la pierre de liais où l'on met les glaces au teint. *Voyez* Glace.

Table de Verre. C'est du verre qu'on appelle communément Verre de Lorraine, qui se soufle & se fabrique à peu près comme les glaces de miroirs; il est toûjours un peu plus étroit par un bout que par l'autre, & a environ deux pieds & demi en quarré de tout sens: il n'a point de boudine & sert à mettre aux portiéres des carrosses de louage, ou de ceux où l'on ne veut pas faire la dépense de véritables glaces; on en met aussi aux chaises à Porteur.

Les tables de verre se vendent au balot, ou balon composé de plus ou moins de liens, suivant que c'est du verre commun, ou du verre de couleur. *Voyez* Verre de Lorraine.

Table de Plomb, ou Plomb en Table. C'est du plomb fondu & coulé par les Plombiers sur une longue table de bois couverte de sable. *Voyez* Plomb *&* Plombier.

Table. Les Plombiers appellent aussi quelque-fois de la sorte ce qu'ils nomment autrement des Moules, c'est à dire, des espéces de longs établis garnis de bords tout autour, & couverts ou de sable, ou d'étoffe de laine & de toile, sur lesquels ils coulent les tables de plomb. Il y en a de deux sortes; les unes posées de niveau pour les grandes tables de plomb, & les autres qui ont de la pente pour les petites tables. On en parle & l'on en fait la description ailleurs. *Voyez comme dessus.*

Table a couler. Ce qu'on nomme ainsi dans les Manufactures des glaces de grand volume, est une table de fonte de plus de cent pouces de longueur & du poids de douze ou quinze milliers, sur laquelle on coule le verre liquide dont on fait les glaces. La largeur de cette table s'augmente ou se diminuë à volonté par le moyen de deux fortes tringles de fer mobiles qu'on place aux deux côtez, plus proches, ou plus éloignées, suivant le volume de la piece qu'on coule; c'est sur ces tringles que pose, par ses deux extrêmitez, le rouleau de fonte qui sert à pousser la matiére jusqu'au bout de la table. *Voyez* Glace de grand volume.

Table de Multiplication. *Voyez ci-après* Table de Pythagore.

Table de Pythagore, ou Table Pythagorique. Nom que les Mathématiciens & Arithméticiens donnent à un certain quarré formé de cent autres plus petits quarrez qui contiennent les multiplications des nombres simples l'un par l'autre jusques à dix; c'est ce qu'on appelle communément la Table de Multiplication, ou le Livret.

Comme il est d'une nécessité indispensable à ceux qui veulent savoir l'arithmétique d'apprendre par cœur les multiplications contenuës en cette Table, on a jugé à propos de la donner ici avec un éxemple qui pourra suffire pour faire connoître la maniére de s'en servir.

Table de Pythagore.

1	2	3	4	5	6	7	8	9	10
2	4	6	8	10	12	14	16	18	20
3	6	9	12	15	18	21	24	27	30
4	8	12	16	20	24	28	32	36	40
5	10	15	20	25	30	35	40	45	50
6	12	18	24	30	36	42	48	54	60
7	14	21	28	35	42	49	56	63	70
8	16	24	32	40	48	56	64	72	80
9	18	27	36	45	54	63	72	81	90
10	20	30	40	50	60	70	80	90	100

Exemple.

Supposé qu'on veuille trouver le produit de 6 multiplié par 8, il faut chercher 6 dans la premiére colonne qui commence par 1, puis multipliant ce 6 par le 8 de la premiére ligne, on dira six fois huit font 48 qui se trouve à la huitiéme colonne vis à vis du 6.

Il y a une autre maniére de disposer la table de Pythagore plus simple que la précédente; & plus facile pour les jeunes gens dont le jugement n'est pas encore formé. On a crû qu'il étoit aussi nécessaire de la rapporter ici sous le titre de Livret, ou de Table de Multiplication, qui sont les noms les plus ordinaires qu'on lui donne.

Livret, ou Table de Multiplication.

2 fois 1 font 2	5 fois 1 font 5	8 fois 1 font 8
2—2— 4	5—2—10	8—2—16
2—3— 6	5—3—15	8—3—24
2—4— 8	5—4—20	8—4—32
2—5—10	5—5—25	8—5—40
2—6—12	5—6—30	8—6—48
2—7—14	5—7—35	8—7—56
2—8—16	5—8—40	8—8—64
2—9—18	5—9—45	8—9—72
2- 10—20	5- 10—50	8- 10—80
3 fois 1 font 3	6 fois 1 font 6	9 fois 1 font 9
3—2— 6	6—2—12	9—2—18
3—3— 9	6—3—18	9—3—27
3—4—12	6—4—24	9—4—36
3—5—15	6—5—30	9—5—45
3—6—18	6—6—36	9—6—54
3—7—21	6—7—42	9—7—63
3—8—24	6—8—48	9—8—72
3—9—27	6—9—54	9—9—81
3-- 10—30	6-- 10—60	9-- 10—90
4 fois 1 font 4	7 fois 1 font 7	10 fois 1 font 10
4—2— 8	7—2—14	10—2—20
4—3—12	7—3—21	10—3—30
4—4—16	7—4—28	10—4—40
4—5—20	7—5—35	10—5—50
4—6—24	7—6—42	10—6—60
4—7—28	7—7—49	10—7—70
4—8—32	7—8—56	10—8—80
4—9—36	7—9—63	10—9—90
4-- 10—40	7-- 10—70	10-- 10-- 100

Table du grand Livre, que les Marchands, Négocians, Banquiers & Teneurs de livres nomment aussi Alphabet, Répertoire, ou Index. C'est une sorte de livre composé de vingt-quatre feuillets, dont on se sert pour trouver avec facilité les endroits du grand livre où sont debitez & créditez les personnes avec lesquelles on est en compte ouvert.

Les autres livres dont se servent les Négocians, soit pour les parties simples, soit pour les parties doubles, ont aussi leurs tables ou alphabets particuliers; mais ces tables ne sont point séparées, elles se méttent seulement sur deux feuillets à la tête des livres. *Voyez* Livres, *à l'endroit où il est parlé du grand Livre à partie double.*

Table. Chez les Marchands Jouailliers se dit des diamans & autres pierres précieuses qui sont taillées en table, c'est à dire, dont la surface du dessus est tout à fait plate & les côtez en biseaux. Ainsi l'on dit, Ce diamant, cette émeraude est en table, pour dire que le dessus, ou la superficie en est plate, & que les côtez sont rabatus en biseaux quarrément & sans aucunes facettes.

On appelle Table de brasselet la pierre précieuse qui est taillée en table quand elle est sertie ou enchassée dans un chaton d'or ou d'argent, disposé à passer un ruban pour l'atacher aux bras des personnes.

Table. On nomme Poids de Table une sorte de poids en usage dans les Provinces de Languedoc & de Provence. *Voyez* Poids.

TABLEAU. Se dit d'un quadre qui contient les noms de plusieurs, ou de toutes les personnes d'un même Corps, Communauté, métier ou profession par ordre de date & de réception, ou selon qu'elles ont passé dans les Charges.

Ces tableaux se mettent ordinairement dans les chambres, ou bureaux de ces Corps & Communautez, quelque-fois aussi dans les Greffes des Jurisdictions des Villes où elles sont établies; c'est de ces sortes de tableaux que l'on voit dans le Châtelet de Paris, où sont inscrits les Maîtres Jurez Maçons, Charpentiers, Greffiers de l'écritoire, Ecrivains-Vérificateurs des écritures, &c.

On dit qu'on parvient aux Charges d'un Corps ou d'une Communauté par ordre du tableau, lors que ce n'est pas par le choix du Magistrat, ou par l'élection des Maîtres, mais selon la date de sa réception qu'on devient Garde, Juré ou Esgard, &c.

Tableau. On donne aussi ce nom à certaines pancartes, où, en conséquence des Ordonnances, ou par ordre de Justice, l'on inscrit les choses que l'on veut rendre publiques.

Ces tableaux lors que les affaires concernent le Commerce, se déposent dans les Greffes des Jurisdictions Consulaires où il y en a, sinon dans ceux des Hôtels-de-Ville, des Juges Royaux, ou des Juges des Seigneurs.

L'article 2 du titre 4 de l'Ordonnance de 1673 veut que l'extrait des Societez qui se font entre Marchands & Négocians soit inséré dans un tableau exposé en lieu public; & l'article premier du titre 10 de la même Ordonnance porte, que la déclaration des personnes reçûes au bénéfice de cession soit publiée par le Greffier, & inférée dans un tableau public.

Tableau. C'est encore l'image ou la représentation d'un objet faite par le Peintre avec des pinceaux & des couleurs.

Les tableaux & peintures de toutes sortes avec leurs bois & bordures non enrichis, payent en France les droits d'entrée à raison de cent sols le cent pesant; & si les bordures en sont enrichies d'or, d'argent & de cuivre doré, ils payent cinq pour cent de l'estimation de leur valeur, suivant le Tarif de 1664, lors qu'ils passent par les Bureaux des Provinces réputées étrangéres.

S'ils viennent du dehors ils payent, les cadres compris, 20 f. la livre pesant, conformément à l'Arrêt du 23 Novembre 1688.

Par le Tarif de la Douane de Lyon les tableaux de Flandres sur bois payent 25 f. du quintal.

Les tableaux de toutes sortes sans enrichissement payent les droits de sortie comme mercerie à raison de 3 liv. le cent pesant; & s'ils sont déclarez pour les Païs étrangers seulement 2 liv. conformément à l'Arrêt du 3 Juillet 1692.

Tableau. Terme de Corroyeur. C'est un morceau de cuir fort dont la figure est quarrée. *Voyez* Corroyer.

TABLE'E. Terme de Tondeur de draps. Il se dit de l'étoffe qui est attachée avec des crochets sur la table à tondre, lors que cette partie de l'étoffe a été entiérement ton-

tonduë. Chaque tablée porte ordinairement un tiers d'étoffe de long, de maniére qu'il faut trente-six tablées de tontures à un drap de douze aunes, ainsi des autres piéces à proportion de leurs longueurs.

Lors qu'une tablée est entiérement tonduë, on tire l'étoffe pour la faire tomber dans le fodet qui est une espéce de manne faite de barreaux de bois, placée sous la table à tondre.

TABLES, ou ROUELLES D'ESSAI. Terme de Potier d'étain, qui signifie 2 plaques d'étain, dont l'une est dans la Chambre du Procureur du Roi du Châtelet, & l'autre dans celle de la Communauté. C'est sur ces tables que les maîtres Potiers d'étain sont obligez d'empreindre, ou insculper les marques des poinçons dont ils doivent se servir pour marquer leurs ouvrages afin d'en assurer la bonté. *Voyez* Potier d'Etain.

Tous les Corps & Communautez des Arts & Métiers de la Ville de Paris, qui sont obligez d'avoir des poinçons pour marquer leurs ouvrages & marchandises, ont aussi de semblables tables pour conserver l'empreinte de ces poinçons.

Tables de Savon. Ce sont de grands morceaux de savon blanc d'environ trois pouces d'épaisseur sur un pied & demi en carré, du poids de vingt à vingt-cinq livres. *Voyez* Savon *où il est traité des savons blancs.*

Table de Calandre. On appelle ainsi deux piéces de bois fort épaisses, plus longues que larges, qui font la principale partie de la machine qui sert à calandrer les étoffes, ou les toiles. C'est entre ces tables que se mettent les rouleaux sur lesquels sont roulées ces toiles & ces étoffes. *Voyez* Calandre.

TABLETTE. Petit meuble proprement travaillé, composé de deux ou plusieurs planches d'un bois léger & précieux, qui sert d'ornement dans les ruelles, ou dans les cabinets, particuliérement des Dames, & sur lequel elles mettent des livres d'usage journalier, des porcelaines & des bijoux de toutes sortes. C'est de ces espéces de tablettes qu'une Communauté des Arts & Métiers de Paris a pris son nom. *Voyez* Tablettier.

Tablette. Se dit aussi d'une espéce de petit livre, ou agenda, qu'on met en poche, qui a quelques feuilles de papier ou de parchemin préparé, sur lesquelles on écrit avec une touche, ou un crayon, les choses dont on veut se souvenir.

TABLETTERIE. Art de faire des ouvrages de marquetterie, des piéces curieuses de tour & autres semblables choses, comme des triquetracs, des dames, des échecs, des tabatiéres, & principalement des tablettes agréablement ouvragées, d'où cet Art a pris Sa dénomination. *Voyez l'article suivant.*

TABLETTIER. Celui qui travaille en tabletterie.

Les Maîtres Tablettiers ne font à Paris qu'une seule & même Communauté avec les Maîtres Faiseurs & Marchands de peignes, qui se qualifient dans les Statuts de la Communauté Maîtres Peigniers, Tablettiers, Tourneurs & Tailleurs d'Images.

L'on a dit à l'article des Peigniers que ces Ouvriers s'étoient comme partagé les ouvrages de l'Art, les uns ne travaillant qu'en peignes, & les autres qu'en tabletterie: les ouvrages de ceux-ci, quoi qu'il soit permis aux autres d'en faire aussi, sont des tabliers pour jouer aux échecs, au triquetrac, aux dames, au renard, avec les piéces nécessaires pour y jouer; des billes & billards, des Crucifixs de bois ou d'ivoire, d'où ils sont appellez Tailleurs d'images d'ivoire; enfin, toutes sortes d'ouvrages de curiosité de tour, tels que sont les bâtons à se soûtenir, les montures de cannes, de lorgnettes & de lunettes; les tabatiéres, ce qu'on appelle des Cuisines, des boites à savonnettes, &c. où ils employent l'ivoire & toutes les espéces de bois rares qui croissent en France, ou qui viennent des Païs étrangers, comme bois, ébéne, bresil, noyer, merisier, olivier, &c. *Voyez* Peignier; *il y est traité de la Communauté des Maîtres Tablettiers.*

TACAMACHA, ou TACAMAHACA. C'est une espéce de gomme, ou résine liquide & transparente, qui découle du tronc d'une sorte de très-gros arbres qui croissent dans la nouvelle Espagne, mais plus abondamment dans l'Isle de Madagascar.

Ces arbres s'appellent en langue Madecasse, Harame; ils sont semblables aux peupliers, mais plus gros & plus hauts. Leurs feuilles sont petites & vertes, leurs fruits sont rouges de la grosseur de nos noix & extrêmement résineux.

Le bois de l'harame est très propre à être débité en planches pour la construction des Navires, & la gomme qu'il distile peut servir au lieu de brai pour calfater. Le plus grand usage du Tacamacha est néanmoins pour la médecine où on le croit propre pour guérir les fluxions froides & pour appaiser le mal de dents; il est aussi un baume excellent pour les playes.

Les Marchands Epiciers & Droguistes de Paris le reçoivent & le vendent sous trois noms; savoir. 1. Le Sublime qu'on nomme aussi Tacamacha en coque. 2. Le Tacamacha en masse. Enfin, le Tacamacha en larmes.

Le Tacamacha sublime est la résine qui tombe d'elle-même & sans qu'il soit besoin de faire d'incisions à l'arbre. Les Insulaires le recueillent dans de petites gourdes coupées en deux, sur lesquelles ils appliquent une espéce de feuille de palmier. Cette gomme sublime pour être bonne doit être séche, rougeâtre, transparente, d'un goût amer & d'une odeur forte qui tient de celle de la lavande.

Les Tacamachas en larmes & en masse sont ceux qui coulent par le moyen des incisions; il faut les choisir secs, nets & approchant de l'odeur du Tacamacha sublime.

Le Tacamacha que les Tarifs mettent au nombre des gommes, & que celui de 1664 nomme Gomme Tamacha, payent en France les droits d'entrée suivant ce Tarif à raison de 5 liv. 5 s. le cent pesant.

TACON. Terme d'Imprimerie assez nouvellement inventé, aussi-bien que la chose qu'il signifie.

On appelle Tacon les morceaux de la frisquette que l'Imprimeur y entaille pour donner jour aux endroits de la forme qu'on veut imprimer en rouge, & qu'il cole sur le grand tympan, pour voir si l'ouverture de la frisquette & les morceaux qu'on en a enlevez se rencontrent parfaitement.

Cette invention, qui, comme on l'a remarqué, n'est pas ancienne, est ingénieuse & utile pour la perfection des

des livres d'usage & de tous les autres ouvrages qu'on imprime noir & rouge, qui consiste particuliérement dans le juste raport des titres & des lignes imprimées de ces deux différentes couleurs. *Voyez* IMPRIMERIE.

TACQUES. Le Tarif de la Douane de Lyon nomme ainsi les ustenciles & ouvrages de ménage & de cuisine qui sont faits de fer fondu. *Voyez* FER.

Les tacques payent les droits de la Douane de cette Ville à raison de 4 s. du quintal.

TAEL, que les Portugais des Indes Orientales appellent aussi Telle, & qu'en Chinois on nomme Leam. C'est un petit poids de la Chine qui revient à une once deux gros de France poids de marc; il est particuliérement en usage du côté de Canton. Les seize taëls font un catis, & cent catis font le pic, chaque pic faisant cent vingt-cinq livres poids de marc.

Comme il n'y a point dans la Chine de monnoye d'argent qui soit marquée au coin du Prince, on se sert dans la distribution de ce métail de trois poids différens, qui sont le Taël, le Mas & le Condorin. Chaque taël n'étoit autre-fois estimé juste que quatre livres deux sols vingt-deux soixante-douziémes monnoye de France; mais son évaluation a augmenté à proportion que les monnoyes ont aussi augmenté en France, & lors que la Compagnie Françoise de la Chine y envoya ses Vaisseaux en 1699 & 1701 le taël valoit cent sols de France, le mas dix sols & le condorin un sol; en sorte que le taël étoit pour lors composé de dix mas, ou de cent condorins.

TAEL. C'est aussi une monnoye de compte du Japon, qui, comme dans la Chine, peut encore y passer comme vraye monnoye. Le taël d'argent Japonnois vaut trois gultes & demi de Hollande.

TAFFETAS. Etoffe de soye très fine, fort legére, & pour l'ordinaire extrêmement lustrée.

Il se fait des taffetas de toutes couleurs, de pleins ou unis, de glacez, de changeans & de rayez à rayes d'or, d'argent & de soye; il y en a aussi à flammes, à quarreau, à fleurs, à point de la Chine, ou de Hongrie, & beaucoup d'autres à qui la mode ou le caprice des Fabriquans donnent des noms si bizarres qu'il seroit aussi difficile qu'inutile de les rapporter tous ici, outre qu'ils durent rarement au de-là de l'année qui les a vû naître.

Les anciens noms des taffetas & qu'on leur conserve toûjours en France, sont Taffetas de Lyon, de Tours, d'Espagne, d'Angleterre, de Florence, d'Avignon; Taffetas à la bonne femme & Taffetas Armoisins.

Les taffetas qui portent encore les noms des Païs étrangers, d'où autre-fois ils étoient apportez en France, se fabriquent néanmoins pour la plûpart dans le Royaume, & particuliérement à Lyon & à Tours, ce qu'il en vient de dehors étant très-peu considérable en comparaison de ce qu'il s'en fait dans ces deux Villes si célébres par leurs Manufactures d'étoffes d'or, d'argent & de soye.

La plus grande consomption des taffetas se fait pour des habits d'Eté à l'usage des femmes, pour des doublures, des écharpes, des coiffes, des housses de lits ou de chaises, des rideaux de fenêtres, des courte-pointes & autres meubles.

Trois choses contribuent le plus à la beauté & à la perfection des taffetas, la soye, l'eau & le feu: la soye non seulement doit être des plus fines & des meilleures qualitez; mais il faut encore que les Fabriquans la fassent long-tems & beaucoup manier avant de l'employer. L'eau, outre qu'elle doit être donnée legérement & à propos, semble ne produire ce beau lustre que par une espéce de propriété naturelle qui ne se trouve pas dans toutes les eaux; & l'opinion commune est, que c'est à celle de la Sône que Lyon doit ce brillant & cet éclat qui distingue ses taffetas, particuliérement les noirs de tous les autres, & qu'il n'est pas possible de bien imiter ailleurs: enfin, le feu qu'on fait courir par dessous pour sécher l'eau qu'on y a donnée, a encore sa maniére propre & spécifique d'être apliqué, qui fait le moins ou le plus de beauté des taffetas.

On croit un certain Octavio Mai le premier Auteur de la fabrique des taffetas lustrez de Lyon, d'où elle a passé à Tours & dans tous les autres lieux, ou du Royaume, ou des Païs étrangers, où l'on en fait présentement. Pour rendre la chose plus admirable, la Tradition y mêle une avanture dont on peut douter, quoi qu'elle ne passe pas la vrai-semblance, & que dans le fond elle puisse être véritable.

Octavio, dit-on, mal dans ses affaires, que la fabrique des taffetas tels qu'on les faisoit alors, n'avoit pû rendre meilleure, rêvoit à ses malheurs, & mâchoit en rêvant quelques brins de soye qu'il avoit par hazard dans sa bouche. Sa rêverie passée, la soye mâchée qu'il voulut cracher lui parut brillante, & par-là mérita son attention. Les réflexions suivirent, & après en avoir fait de plus meditées, il conclut que l'éclat de cette soye venoit. 1. De ce qu'elle avoit été pressée avec les dents. 2. De ce qu'elle avoit été mouillée de sa salive qui a quelque chose de gluant: & 3. De ce qu'elle avoit été échauffée par la chaleur naturelle de sa bouche où elle étoit restée quelque tems. Il éxécuta à peu près tout cela sur les premiers taffetas qu'il fabriqua, & de-là lui vinrent à lui-même des richesses immenses, & à la Ville de Lyon, la réputation qu'elle conserve encore de donner le lustre aux taffetas mieux qu'en lieu du monde.

On a crû qu'il ne seroit pas moins utile que curieux de mettre ici la description de la machine inventée par Octavio Mai pour lustrer ses taffetas; d'y joindre sa maniére de leur donner le lustre, & de parler de la composition de l'eau dont il se servoit pour le leur donner.

La machine à lustrer est assez semblable au métier sur lequel se fabriquent les toiles de soye, à la réserve qu'au lieu de se servir de pointes de fer il faut y mettre des aiguilles un peu courbées en dehors pour empêcher que le taffetas ne glisse. Aux deux extrêmitez sont deux ensubles; sur l'une se roule le taffetas qui doit recevoir le lustre, & sur l'autre le même taffetas à mesure qu'il l'a reçû. La premiére ensuble se tient ferme par un poids d'environ deux cens livres, & l'autre se tourne par le moyen d'un petit levier passé par les mortoises qui sont à un des bouts. Plus le taffetas est fortement bandé, plus il prend un beau lustre; il faut user néanmoins de discrétion, & voir jusqu'à quel point il peut souffrir le bandage.

C'est aussi de l'habilité du donneur de lustre de proportionner les portées du taffetas qu'il veut lustrer, à la largeur du taffetas même. Celui de demi-aune porte deux pieds, & celui de cinq huitiémes environ deux pieds & demi.

Outre cette premiére machine pour tenir le taffetas tendu, il en faut une seconde pour lui donner le feu. C'est une espéce de brasier de tole de la forme d'un quarré-long de la largeur du taffetas que l'on veut lustrer. Ce brasier est soûtenu sur un pied de bois garni de roulettes, afin de le conduire aisément sous le taffetas, dont il doit aprocher environ d'un demi-pied. Le charbon dont on se sert pour y entretenir le feu, doit être de bois très-sec & point fumant.

Ces deux machines préparées, & le taffetas monté, on y met le lustre avec un peloton de lisiéres de drap fin, ce qui se fait très-legérement à mesure qu'il se roule d'une ensuble sur l'autre, le brasier étant en même tems conduit par dessous pour le sécher. Aussi-tôt qu'une piece est lustrée, elle se met sur de nouvelles ensubles pour y être tirée pendant un jour ou deux, & cette derniére façon plus elle est réïtérée, plus elle augmente l'éclat du lustre.

Le lustre pour les taffetas noirs, se fait avec de la biére double & du jus d'orange ou de citron; mais ce dernier y est moins propre étant sujet à blanchir. La proportion de ces deux liqueurs est d'un demi-septier de jus d'orange sur une pinte de biére, que l'on fait bouillir ensemble un bouillon. Pour les taffetas de couleur on employe de l'eau de courge ou calebasse distilée dans un alambic.

Les Taffetas noirs. Quelques noms qu'ils portent, sont ou étroits, ou larges, ou lustrez, ou sans lustre. Les blancs & ceux de couleur ont aussi ou des largeurs, ou des qualitez qui les distinguent.

Taffetas Bonne-femme noir & large. Ce taffetas est d'une qualité supérieure à tous les autres taffetas, & se nomme Bonne-femme, comme par un nom de distinction, &, pour ainsi dire, de prééminence. Il n'a point de lustre, & il s'en fabrique aussi sans apprêt. Il s'en fait de différente force qui ne se distingue que par le nombre des portées de soye qui y entrent. Il a cinq huitiémes de large, & se fabrique à Lyon. La piéce entiére doit contenir soixante aunes. On en fait des coiffes & des écharpes.

Le Taffetas Bonne-femme, noir, étroit, n'a que demi-aune de large sur même longueur & avec les mêmes qualitez que le large, son usage est pour les coiffes.

Taffetas d'Espagne, noir, large. C'est un taffetas lustré, moins fort que la Bonne-femme; aussi les Dames s'en servent-elles plus ordinairement en Eté qu'en Hyver, à cause qu'il est plus leger. Il a les mêmes largeur & longueur que la Bonne-femme large; on l'employe aux mêmes usages, & il se fabrique ordinairement dans la Ville de Lyon.

Taffetas d'Espagne, noir, étroit. Ce taffetas est lustré comme le large, & il s'en fait de même force & qualité. Sa largeur n'a que demi-aune, la longueur de la piéce soixante aunes.

Taffetas d'Espagne, blanc, étroit. Il s'appelle Taffetas d'Espagne, parce qu'il a même qualité que l'Espagne noir; il n'est point aprêté & n'a de lustre que le lustre naturel d'une belle soye. On en fait des coiffes d'enfant. Les piéces sont de soixante aunes. C'est aussi à Lyon qu'il se fait.

Taffetas d'Angleterre, noir, large; il se fabrique à Lyon; il est très-lustré & très-fort, mais l'aprêt qu'on lui donne pour augmenter son éclat & sa force, le rend sec &, sujet à se casser. Il s'employe à des coiffes & des écharpes. Les piéces portent cinq huitiémes de large sur soixante aunes de long.

Taffetas d'Angleterre, noir, étroit. Il a les mêmes qualitez, les mêmes usages, & les mêmes fabriquans que le large, à la réserve qu'il est plus étroit, n'ayant que demi-aune.

Taffetas d'Angleterre, de couleur. Ce taffetas qui se fabrique à Lyon, est très-fort & s'employe ordinairement en habits de femmes, en doublûres, en meubles & rideaux. Les piéces ont cinq huitiémes de large sur soixante aunes de long. Il s'en fait de toutes sortes de couleurs, de pleins, de glacez, de rayez; il y en a aussi des mêmes qualitez seulement de demi-aune de large, qui servent à faire des habits, mais plus ordinairement des jupons.

Taffetas de Tours, noir, large. Il n'a point de lustre, quoi qu'aprêté. Il s'en fait de différentes forces qui se distinguent par les portées de soye. Sa largeur est de cinq huitiémes, les piéces de soixante aunes, & il s'employe en écharpes & doublûres d'habits. Tours, dont il porte le nom, est le lieu de sa fabrique.

Taffetas de Tours, noir, étroit: mêmes qualitez que le large; la seule différence est dans la largeur qui n'a que demi-aune; on en consume peu, n'étant pas propre à tout. C'est aussi à Tours qu'il se fait.

Taffetas de Florence. Il se fait à Lyon; les piéces sont de cinq huitiémes de large & de soixante aunes de long. Il est très-mince & d'une qualité médiocre. Les demi-florence valent encore moins; les uns & les autres servent à faire des doublûres d'habits de femmes. Il y en a de toutes sortes de couleurs.

Taffetas d'Avignon. C'est un taffetas encore plus mince que le Demi-florence. Il y en a de toutes les couleurs, & même de noir; ce dernier n'est fort que par l'aprêt. Les couleurs dont les piéces ont soixante aunes de long sur cinq huitiémes de large, s'employent en meubles & rideaux, & à quelques doublûres d'habits. Il s'en fabrique à Lyon & à Avignon.

Taffetas Armoisin. C'est le moindre de tous les taffetas. Il y a néanmoins des Demi-armoisins qui sont encore plus mauvais. Il s'en fait de toutes les couleurs dont les piéces ont soixante aunes. Ils servent aux mêmes usages que ceux d'Avignon. *Voyez* Armoisin.

Les articles 52 & 53, des trois Réglemens de 1667, pour les Manufactures de Soye de Paris, Lyon & Tours, réglent les portées & largeurs de toutes ces sortes de taffetas.

Par le premier de ces deux articles, il est ordonné que les taffetas noirs lustrez, & de toutes couleurs, tant à quatre fils, & huit par chaque dent de peigne, qu'au dessus, auront; savoir, pour les taffetas à quatre fils, appellez vulgairement Taffetas ordinaires, ceux de demi-aune de largeur quarante-huit portées en chaîne, & ceux de cinq octaves ou demi-aune demi-quart, soixante portées de quatrevingt fils chacune.

A l'égard des taffetas forts de demi-aune, leur chaîne doit être de soixante portées, & celle des cinq octaves de de soixante & quinze. Quant aux noirs qui seront de onze vingt-quatriémes, ils doivent avoir une ou deux lisiéres de couleurs différentes à la chaîne, qui aussi-bien que les chaînes de tous les autres taffetas spécifiez dans l'article, doivent être d'organsin filé & tordu au moulin, & les trêmes doublées & montées pareillement au moulin.

Le 53 article enjoint que tous taffetas figurez à la marche, rayez en long & à travers, mouchetez & nuancez; tapis figurez, & généralement de quelque maniére & couleur qu'on les puisse faire, tant à quatre, cinq, six fils par dent de peigne, qu'au dessus; seront de bonne & pure soye d'onze vingt-quatriémes d'aune entre les lisiéres; ou de demi-aune, ou de demi-aune demi-quart, à peine de quatre livres parisis d'amende, & de confiscation.

TAFFETAS DES INDES. Il se fait aux Indes quantité de taffetas, mais tous d'une fabrique assez foible, & peu soyeux. Il y en a d'unis & de façonnez, de rayez d'or & d'argent, de mouchetez, d'autres à chaînettes, d'autres à fleurs & d'autres à carreaux. Les Calquiers sont des taffetas à flammes qu'on nomme ordinairement Point de Hongrie, ou à la Turque. Les taffetas Longuis sont tous à carreaux. Les Arains sont des espéces d'Armoisins. *Voyez* ARAINS *&* ARMOISINS DES INDES. Les Kemeas sont des taffetas à fleurs de soye. Les longueurs sont de quatre aunes & demie, de cinq & demie, de sept & demie, de huit, de onze & de vingt-cinq sur différentes largeurs, depuis deux tiers jusqu'à sept huitiémes.

TAFFETAS D'HERBE, *ou* D'AREDAS. C'est une espéce de taffetas d'une qualité assez commune, qui se fabrique aussi aux Indes avec une sorte de soye ou fil doux & lustré que l'on tire de certaines herbes. Ce taffetas se nomme simplement Herbe. Les piéces ont huit aunes de long sur trois quarts ou cinq sixiémes de large.

TAFFETAS DE LA CHINE. Il y en a de toutes sortes & de toutes couleurs, de larges, d'étroits, de rayez, à fleurs de soye & à fleurs d'or. Il y en a même que les Commis de la Compagnie de la Chine appellent dans leurs Factures, Taffetas d'Angleterre, & d'autres Gros de Tours, à cause, sans doute, de quelque ressemblance qu'ils ont crû remarquer entre ces sortes d'étoffes; les piéces des gros de Tours portent dix-huit aunes, celles des taffetas à fleurs d'or six aunes & demie, & les taffetas de couleurs onze aunes & demie.

TAFFETAS A FAILLES. C'est une sorte d'étoffe de soye à gros grain, en maniére de Gros de Tours, qui sert à faire des écharpes de femmes, que l'on appelle en Flandres Failles. Cette étoffe qui se fabrique ordinairement à Bruges, a une aune de large mesure de Paris; il s'en fait de double & de simple. Le Négoce en est assez considérable en Flandres, particuliérement à Dunkerque où il s'en fait un grand debit.

TAFFETAS CIRE'. C'est un taffetas enduit de cire liquide, dont la fabrique est presque en tout semblable à celle de la toile cirée. Il sert à faire des parapluies & des parasols, des capes, ou capotes, & quelques autres pareils ouvrages. *Voyez* TOILE CIRE'E.

Les Taffetas avec or & argent fin, payent en France les droits d'entrée comme draps de soye avec or & argent; c'est à dire, 6 l. de la livre pesant, & s'ils sont sans or & argent 3 l. conformément au Tarif de 1664.

S'ils viennent de la Flandre Autrichienne, & qu'ils entrent dans les Païs cédez & conquis, ils payent 20 l. de la livre, suivant l'Arrêt du 23 Novembre 1688.

Les droits de la Doüane de Lyon sont; savoir,

Les Taffetas avec or & argent 2 l. 6 s. de la livre pour tous droits.

Les Taffetas de Florence, Boulogne & Naples, 1 l. 5 s.

Les Taffetas de Milan 24 s.

Les Taffetas de Lucques 22 s. 6 d.

Les Taffetas de soye rouge cramoisi de Venise, Florence, Milan, Naples & Lucques, 2 l. 17 s.

Les Taffetas violets ou incarnats cramoisi, 2 liv. 9 sols.

Les Taffetas de Tours ordinaires, 10 s.

Les Taffetas de Tours cramoisi, 16 s.

Les Taffetas à feuillages d'or, de France, 20 s.

Les Taffetas de France rayez d'argent, 15 s.

Les Taffetas de Gennes & Armoisin, 1 l. 6 s. de la livre, & 30 s. la piéce pour les mandemens.

Les Taffetas de Genéve & Avignon, 1 l. 6 s. aussi de la livre.

Enfin, le Taffetas ciré, 6 s. Tous ces droits se payent à raison de la livre pesant.

Les Taffetas payent les droits de sortie, conformément au Tarif de 1664. savoir, ceux qui sont mêlez d'or & d'argent fin, 2 l. & ceux qui sont sans or & argent, 14 s. la livre.

TAFFIA. Les Négres des Isles Antilles nomment ainsi l'Eau-de-vie de Cannes; c'est à dire, celle qui se fait avec les écumes & les gros syrops du sucre. Les François l'appellent Guildive. *Voyez* SUCRE *à la fin de l'article où il est parlé des Eaux-de-vie de Cannes.*

TAFFOUSSA, ou TAFOUSI. Drogue médecinale que l'on trouve dans les Royaumes de Camboya & de Siam. Les Chinois & quelques autres Peuples des Indes Orientales en font grand cas, & elle est une des principales marchandises qui font ordinairement la cargaison de leurs Vaisseaux lors qu'ils reviennent de Camboya & de Siam.

TAILLANDERIE. Ouvrages que font les Taillandiers. On appelle aussi Taillanderie l'Art de fabriquer tous ces ouvrages.

L'on peut réduire à quatre classes les ouvrages de Taillanderie; savoir, les œuvres blanches, la Vrillerie, la Grosserie, & les ouvrages de Fer blanc & noir.

Les œuvres blanches sont proprement les gros ouvrages de fer tranchans & coupans qui se blanchissent, ou plûtôt qui s'éguisent sur la meule, comme les coignées, besiguës, ébauchoirs, ciseaux, terriers, essettes, tarrots, planes, haches, doloires, arrondissoirs, grandes scies, grands couteaux, serpes, bêches, ratissoires, couperets, faux, faucilles, houes, hoyaux, & autres tels outils & instrumens servant aux Charpentiers, Charrons, Menuisiers, Tourneurs, Tonneliers, Jardiniers, Bouchers, Patissiers, &c. On met aussi dans cette premiére classe les griffons & outils des Tireurs d'or & d'argent, & les marteaux & enclumes pour Potiers d'Etain, Orfévres & Bateurs de Paillettes.

La classe de la Vrillerie, ainsi nommée des Vrilles, petits instrumens qui servent à faire des trous dans le bois, comprend tous les menus ouvrages & outils de fer & d'acier qui servent aux Orfévres, Graveurs, Chauderonniers, Armuriers, Sculpteurs, Tablettiers, Potiers-d'Etain,

Tour-

Tourneurs, Tonneliers, Libraires, Epingliers & Menuisiers; tels que sont toutes sortes de limes, feuilliéres, tarots, foirets, ciseaux, cisailles, poinçons, tous les outils servans à la Monnoye, enclumes, enclumeaux, bigorneaux, burins, étaux, tenailles à vis, marteaux, gouges de toutes façons, terriers, villebrequins, vrilles, vrillettes, perçoirs à vin, tire-fonds, marteaux à ardoises, fers de rabot, fermoirs, effettes, ciseaux en bois & en pierre, & quantité d'autres dont à peine les noms & les usages sont connus à d'autres qu'à ceux des professions qui les font & qui s'en servent.

Dans la classe de la Grosserie sont tous les plus gros ouvrages de fer, qui servent particuliérement dans le ménage de la cuisine, quoi qu'il y en ait aussi à d'autres usages: voici les principaux. Toutes sortes de crémilliéres communes ou à trois barres, des sommiers, des hâtiers, des poîles, poîlons, léchefrites, marmites, chaînes & chaînons de cuisines, chapelles pour l'Armée, grands & petits trépiez, pêles & broches de toutes espéces, chenets de fer, pincettes, feux de cuisines & de chambres, chevrettes de fer carré & fondu, tenailles à feu, fourneaux à distiler & faire confitures, réchaux de fer, fies, fourches à fumier, truelles, essieux de fer, batans de cloches, fléaux, ferrures de canons, de moulins, de bateaux, de presses: & enfin, toutes les montures de fer qui sont nécessaires aux ustenciles de cuivre servant au ménage; comme chauderons, platines, marmites, &c. C'est aussi dans la grosserie qu'on met les pilliers de boutiques, les masses, pinces, marteaux & pinsoirs & couperets à Paveurs, les coins à bois & à Carriers, les valets & sergens des Menuisiers, les crocs à puits & à fumiers, toutes les espéces de têtus, marteaux & desseintroirs des Maçons, Limousins & Tailleurs de pierres, les fers des poulies & autres semblables.

Enfin, la quatriéme classe comprend tous les ouvrages qui se peuvent fabriquer en fer blanc & noir par les Taillandiers Ferblantiers; comme des plats, assiettes, flambeaux, éguiéres & autres meubles pour le service de la table & de la chambre, lanternes, entonnoirs, rappes, lampes, boites à rasoirs, garde-vûë, garde-vent, girouettes, tourtiéres pour Patissiers, moules pour Chandeliers, plaques de tole, chandeliers d'écurie, & quantité d'autres.

Tous ces différens ouvrages de grosse & menuë Taillanderie se peuvent faire également par tous les Maîtres Taillandiers de Paris. Mais comme on le dira dans l'article suivant, ils forment, pour ainsi dire, quatre sortes de métiers dans la même Communauté.

La Taillanderie est comprise dans ce qu'on appelle Clinquaille ou Clinquaillerie, qui fait une des principales parties du Négoce de la Mercerie. *Voyez* CLINQUAILLE.

TAILLANDIER, Artisan qui travaille aux ouvrages de Taillanderie.

La Communauté des Taillandiers de Paris est très considérable, & l'on peut dire qu'il y a en quelque sorte quatre Communautez réünies en une seule.

Les Maîtres de cette Communauté sont qualifiez Taillandiers, Travaillans en œuvres blanches, Grossiers, Vrilliers, Tailleurs de limes & Ouvriers en fer blanc & noir. La qualité de Taillandier est commune à tous les Maîtres, les autres qualitez, sans diviser la Communauté, se partagent entre quatre espéces d'Ouvriers qui sont les Taillandiers travaillans en œuvre blanche; les Taillandiers-Grossiers; les Taillandiers-Vrilliers Tailleurs de limes; & les Taillandiers-Ouvriers en fer blanc & noir. *Voyez l'article précédent où il est traité des ouvrages de ces quatre sortes de Taillandiers.*

Les Statuts des uns & des autres sont les mêmes à proportion de ce qui peut être propre à chacun d'eux, dont il est traité dans des articles particuliers. Ils furent réformez, ou plûtôt il en fut dressé de nouveaux en 1572 en conséquence de la Déclaration de Charles IX. concernant la Jurande donnée peu de tems auparavant.

Quelque omission ayant été faite dans les premiéres Lettres Patentes, les Taillandiers en obtinrent d'autres le 9 Janvier 1573 du même Roi, & encore de troisiémes de Henri III. en 1575, enregistrées au Châtelet & au Parlement la même année.

Ce sont ces Réglemens qui s'observent encore à l'exception d'un seul article concernant les Apprentifs, qui fut ajoûté dans les Lettres de confirmation obtenuës de Louïs XIII. en 1642, & de ce qui peut être arrivé de changement sous le régne de Louïs XIV. par rapport à l'augmentation des droits, à cause de l'union & incorporation faite à la Communauté au mois d'Avril 1691 pour les Charges de Jurez en titre d'Office, en l'année 1694, de celles d'Auditeurs des Comptes, & en l'année 1704 des Offices de Trésoriers-Receveurs des deniers communs.

Quatre Jurez gouvernent la Communauté, veillent à l'observation des Réglemens, font les visites, donnent les Chef-d'œuvres & reçoivent à l'Apprentissage & à la maîtrise.

Deux des Jurez sont élûs tous les ans, en sorte néanmoins qu'il y en ait toûjours un de chacune des 4 sortes de Taillandiers qui composent tout le Corps.

Les Apprentifs doivent être jeunes, non mariez, & obligez par brevet au moins pour cinq ans. Aucun Maître n'a droit d'avoir un Apprentif qu'après trois ans de Maîtrise, & n'en peut avoir qu'un à la fois; il est permis néanmoins d'en avoir un second dans la quatriéme année du premier.

Le Chef-d'œuvre se donne à ceux qui en sont tenus par les quatre Jurez & par huit Bacheliers, dont deux doivent être de chacun des Métiers de la taillanderie. A l'égard du Chef-dœuvre il doit être des ouvrages dont l'Aspirant a fait apprentissage.

Le Fils de Maître ne doit ni Chef-d'œuvre, ni expérience; l'Apprentif qui épouse une fille de Maître jouït de la même franchise; & si c'est un Compagnon de dehors, pourvû qu'il ait servi trois ans à Paris, il n'est tenu que de l'expérience. Un fils de Maître, soit dans la boutique de son pére, soit chez un autre, ne tient point lieu d'Apprentif.

Les Veuves jouïssent de tous les Priviléges hors de celui de donner des brevets d'apprentissage.

Les visites pour lesquelles il est dû des droits aux Jurez sont fixées à quatre par an, au de-là la visite est libre, mais il ne se paye rien. La marchandise Foraine est sujette à être visitée.

Tous les Maîtres doivent avoir un poinçon pour marquer leurs ouvrages; ceux qui se forgent se marquent

à

à chaud, les autres seulement à froid. De cette derniére sorte sont seulement ceux des Taillandiers Ouvriers en fer blanc & noir.

Enfin, quoi que ces quatre espéces d'Ouvriers semblent n'avoir guére de rapport ensemble pour leurs ouvrages, il leur est néanmoins permis à chacun d'eux de travailler à tout ce qui se peut fabriquer dans les quatre Métiers.

TAILLE. Incision qui se fait sur les métaux ou sur d'autres matiéres, particuliérement sur le cuivre, l'acier & le bois, par les Ouvriers qu'on appelle Graveurs.

TAILLE-DOUCE. Se dit des estampes dont la gravûre se fait avec le burin sur des planches de cuivre; & Taille de bois, de celles qui sont gravées sur le bois. *Voyez* GRAVURE, GRAVEURS & IMPRIMEUR EN TAILLE-DOUCE.

Les Sculpteurs & Fondeurs appellent Basses-Tailles les ouvrages qui ne sont pas de plein rond de bosse; on les nomme autrement Bas-Reliefs. *Voyez* SCULPTEUR & FONDEUR.

TAILLE. Se dit aussi de la gravûre des poinçons & quarrez qui servent pour frapper les diverses espéces de monnoyes, d'où les Ouvriers qui y travaillent sont appellez Tailleurs. *Voyez* TAILLEURS & GRAVEURS.

TAILLE. Se dit encore des diverses figures & facettes que les Lapidaires donnent aux diamans & autres pierres précieuses, en les siant, les limant & les faisant passer sur la rouë. *Voyez* LAPIDAIRE & DIAMANTAIRE.

TAILLE. Signifie quelque-fois un bois tailli & quelque-fois la coupe que les Bucherons en font. *Voyez* BOIS.

TAILLE. Chez les Marchands en détail est un morceau de bois sur lequel ils marquent par des hoches, ou petites incisions, la quantité de marchandises qu'ils vendent à crédit à leurs divers chalans, ce qui leur épargne le tems qu'il faudroit employer à porter sur un livre tant de petites parties. Chaque Taille est composée de deux morceaux de bois blanc & leger, ou plûtôt d'un seul fendu en deux dans toute sa longueur, à la réserve de deux ou trois doigts de l'un des bouts; la plus longue partie qui reste au Marchand se nomme la Souche, l'autre qu'on donne à l'Acheteur s'appelle l'Echantillon. Quand on veut tailler les marchandises livrées on rejoint les deux parties, en sorte que les incisions se font également sur toutes les deux; il faut aussi les rejoindre quand on veut arrêter de compte. L'on ajoûte foi aux Tailles représentées en Justice, & elles tiennent lieu de parties arrêtées.

TAILLE. On nomme Taille dans la fabrique & le Commerce des peignes à peigner les cheveux, la différence qui se trouve dans leur longueur, & ce qui sert à en distinguer les numéros. Chaque Taille est environ de six lignes qui ne commencent à se compter que depuis les oreilles, c'est à dire, entre les grosses dents que les peignes ont aux deux extrêmitez. *Voyez* PEIGNE.

TAILLE, en fait de Monnoyes. C'est la quantité d'espéces que le Prince ordonne être faites d'un marc d'or, d'argent, ou de cuivre, ce qui fait proprement le poids de chaque piéce. On dit que des espéces sont de tant à la taille, pour signifier qu'on en fait une certaine quantité au marc. Ainsi l'on dit que les Louïs d'or sont à la taille de trente-six piéces, & les Louïs d'argent ou écus à la taille de huit piéces, lors qu'on fait trente-six Louïs d'or d'un marc d'or, & huit écus d'un marc d'argent.

La taille des espéces a de tout tems été réglée sur le poids principal de chaque Nation, comme de la livre chez les Romains qui étoit de douze onces; en France la taille se fait au poids de marc qui est de huit onces: c'est aussi au marc que se fait la taille de la monnoye en Angleterre, en Allemagne & dans quantité d'autres Etats, ce qui s'entend selon que le marc est plus fort ou plus foible dans tous ces endroits. *Voyez* MONNOYE & MONNOYAGE.

TAILLER. Couper, diviser, façonner, faire des entailles. On dit dans toutes ces significations:

TAILLER du marbre, de la pierre, du bois, &c.

TAILLER des diamans, des rubis, des saphirs, des émeraudes, &c.

TAILLER de la besogne, des meubles, des habits, des rabats, &c. & ainsi du reste.

TAILLER LA FRISQUETTE. Terme d'Imprimerie. C'est découper le morceau de parchemin qui couvre la frisquette; pour que la forme ne porte que sur les endroits qui doivent être imprimez dans les feuilles qu'on tire. *Voyez* IMPRIMERIE.

TAILLER le pain, le vin, ou les autres denrées ou marchandises qu'on vend ou qu'on prend à crédit. C'est faire des entailles sur un double morceau de bois, dont l'un est pour le Vendeur & l'autre pour l'Acheteur, afin de se souvenir des choses qu'on livre ou qu'on reçoit, ce qui sert comme une espéce de livre journal. On appelle une Taille les deux morceaux sur lesquels se font ces hoches ou entailles. *Voyez ci-dessus* TAILLE.

TAILLER. Terme de Monnoyes. C'est faire d'un marc d'or, d'argent ou de cuivre, la juste quantité des espéces qui sont ordonnées par les Réglemens sur le fait des monnoyes. Il y a dans chaque Monnoye des Ouvriers & Ouvriéres (ces derniéres s'appellent plus ordinairement Tailleresses) qui taillent & coupent les flaons, ou flans, c'est à dire, les morceaux d'or, d'argent, ou de cuivre destinez à être frappez, & qui les liment & les ajustent au juste poids des espéces. *Voyez* OUVRIERS & TAILLERESSES.

TAILLERESSES, qu'on nomme aussi Ouvriéres. Ce sont les femmes, ou les filles des Ouvriers & Monnoyers, qui travaillent avec eux à tailler les flaons dans les Hôtels des Monnoyes, & qui les coupant & limant avec des rapes, qu'on nomme Escouennes, les réduisent au poids des déneraux sur lesquels les espéces doivent être fabriquées. *Voyez* OUVRIERS. *Voyez aussi* MONNOYAGE.

TAILLETTE. C'est une des espéces d'ardoise que l'on taille sur les carriéres d'Anjou. *Voyez* ARDOISE.

TAILLEUR. Celui qui taille, qui façonne, qui découpe quelque chose.

TAILLEUR, en terme de Monnoye. Est celui qui grave les poinçons & les quarrez des monnoyes qui servent à frapper & fabriquer les espéces d'or, d'argent, ou de cuivre.

Ceux qui font les poinçons & les quarrez pour les médailles & les jettons, quoi qu'ils soient de la même profession & souvent employez pour les Hôtels des Monnoyes, ne s'appellent que Graveurs & non pas Tailleurs, ce nom étant propre aux Graveurs en titre d'Offices, créez, comme on le va dire, pour fournir tous les Hôtels des Monnoyes de France des quarrez & des poinçons qui y sont nécessaires.

N'y ayant aucune différence entre la taille des poinçons, des matrices & des quarrez pour la fabrique des espéces, & celle pour les médailles & les jettons, & les uns & les autres se gravant de la même maniére & avec les mêmes outils, soit en relief, soit en creux, on ne répétera rien ici de ce qu'on a dit de cette gravûre dans un autre article de ce Dictionnaire. *Voyez* GRAVEUR SUR ACIER.

Il y a en France un Tailleur général des Monnoyes & plusieurs Tailleurs particuliers. On parlera des fonctions de ces derniers après qu'on aura dit quelque chose du Tailleur Général.

TAILLEUR GENERAL DES MONNOYES. C'est celui à qui il appartient seul de graver & tailler les poinçons & matrices sur lesquelles les Tailleurs particuliers doivent frapper & graver les quarrez qui doivent servir à la fabrique des espéces dans les Hôtels des Monnoyes, où suivant leur Office ils sont attachez.

Cet Officier Graveur, le premier & comme le Chef de tous les autres Tailleurs, fut créé en 1547; il doit faire sa résidence en la Ville de Paris pour être comme au centre de tous les Hôtels des Monnoyes du Royaume, afin que les Tailleurs particuliers puissent savoir où & comment s'adresser à lui pour être fournis de poinçons d'effigie & de matrices de croix & d'écussons.

C'est à lui d'en fournir aux Tailleurs particuliers à tems & en telle quantité qu'il en est besoin, en sorte que (comme porte les Ordonnances de 1549 & 1554) ils ne choment pas après lui, à peine de suspension & de privation de son état.

Il est tenu de mettre aux ouvrages que les Tailleurs particuliers reçoivent de lui, son différent & le millesime de l'année en laquelle il les a taillez.

Enfin, il lui est défendu, sous peine de punition corporelle, privation & suspension de son Office, suivant l'éxigence des cas, de délivrer les poinçons d'effigie & les matrices d'écusson & de croix, autrement qu'en plein Bureau de la Cour des Monnoyes, de laquelle délivrance doit être fait registre par le Greffier dont le Tailleur Général est obligé de retirer Acte.

TAILLEUR PARTICULIER DES MONNOYES. C'est un Tailleur, ou Graveur, attaché par son Office à l'un des Hôtels des Monnoyes qui sont établis dans quelques Villes du Royaume, pour tailler & graver sur les poinçons du Tailleur Général les quarrez nécessaires ausdites Monnoyes.

Les mêmes Ordonnances dont on a parlé ci-dessus, & encore celle de 1586 ayant défendu à tous Maîtres des Monnoyes de fabriquer aucunes espéces sur d'autres quarrez que ceux qui auront été fabriquez des poinçons d'effigie, de croix & d'écusson du Tailleur Général, enjoignent en conséquence aux Tailleurs particuliers d'en recouvrer de lui quand ils en ont besoin.

Les poinçons & matrices leur ayant été délivrez, ils sont tenus de ne travailler autre part que dans les Hôtels des Monnoyes, & encore seulement dans le lieu qui leur y a été marqué.

Tous les quarrez à Monnoyes qu'ils font, doivent, sous peine de faux, être frappez avec les poinçons d'effigie du Tailleur Général & avec les poinçons qui ont été tirez des matrices de croix & d'écusson du même Tailleur Général.

Les quarrez qu'ils gravent doivent être bien polis & bien gravez, les lettres de la légende y être assises d'une même distance, & les différens des Villes, des Maîtres & du Tailleur particulier bien apparens.

Outre les différens de chaque Tailleur particulier qui doivent être mis au dedans de la légende, aussi-bien que l'année pour laquelle les quarrez ont été taillez, il doit y avoir un autre différent au coin des quarrez que le Tailleur par qui lesdits quarrez ont été gravez, est tenu de déclarer aux Gardes pour en faire registre.

Il leur est défendu, à peine de faux, de changer la forme établie de tailler & graver les quarrez, desquels ils doivent toûjours tenir les Hôtels des Monnoyes suffisamment garnis, afin qu'ils ne choment pas faute d'iceux.

Enfin, ils sont obligez de délivrer aux Gardes tous les fers qu'ils font, c'est à dire, tous les quarrez qu'ils gravent, de tenir registres de leur délivrance, lequel pour leur décharge doit être signé desdits Gardes; d'assister aux délivrances qu'ils en font aux Monnoyers, & de les signer pour la conservation de leur droit de Ferrage.

Ce droit est de seize deniers par marc d'or, & de huit par marc d'argent, à la charge de fournir les fers nécessaires pour monnoyer les espéces. *Voyez* MONNOYAGE, CARREZ, MATRICES, POINÇONS, FERRAGE, *&c.*

TAILLEUR D'ARMES SUR ETAIN. C'est la qualité que les Maîtres Potiers d'Etain de la Ville & Fauxbourgs de Paris prennent dans leurs Lettres de maîtrise, à cause de la faculté & du droit qu'ils ont de graver & armorier toutes sortes de marchandises & ouvrages d'étain qu'ils fabriquent & qu'ils vendent. *Voyez* POTIER D'ETAIN.

TAILLEUR D'IMAGES SUR IVOIRE. Les Statuts des Peigniers, Tablettiers de Paris donnent cette qualité aux Maîtres de cette Communauté, à cause qu'il leur est permis de faire & de vendre des crucifix d'ivoire. *Voyez* PEIGNIER.

TAILLEUR DE LIMES. Ce sont les mêmes que parmi les Maîtres Taillandiers de la Communauté de Paris on nomme Taillandiers Vrilliers. Ils ont le nom de Tailleurs de limes, parce qu'entr'autres ouvrages ils taillent & coupent les limes d'acier de diverses hachures avant que de les tremper. On les appelle Vrilliers, parce que les vrilles, petits outils des Menuisiers, sont du nombre de ceux qu'ils fabriquent. *Voyez* TAILLANDIERS. *Voyez aussi* LIMES.

TAILLEUR de diamans, rubis, saphirs & autres pierres précieuses. *Voyez* LAPIDAIRE *&* DIAMANTAIRE.

TAILLEUR D'HABITS. Celui qui taille, coud, fait & vend des vêtemens & habits pour hommes & pour femmes.

Les Maîtres Marchands Tailleurs d'habits & les Maîtres Marchands Pourpointiers faisoient autre-fois à Paris deux Communautez différentes, qui avoient chacune leurs Statuts & Ordonnances; l'union des deux Communautez ayant été faite en 1655 sous le nom des Maîtres Marchands Tailleurs d'habits & Pourpointiers, il fut dressé de nouveaux Statuts qui ayant été approuvez par le Lieutenant Civil & Procureur du Roi au Châtelet le 22 Mai 1660, le Roi Louïs XIV. les confirma par ses Lettres Patentes des mêmes mois & an, enregistrées au Parlement le 22 aussi du même mois. La lecture & l'acceptation s'en s'en fit dans une Assemblée tenuë à la Trinité le 23 Décembre ensuivant en présence du Procureur du Roi qui en dressa & délivra l'Acte.

Ces Statuts & Ordonnances contiennent trente articles dont les principaux sont.

Le premier qui ordonne par chacun an l'élection de deux Jurez Maîtres & Gardes de ladite Communauté la veille de la Fête de la sainte Trinité en présence du Procureur du Roi, pour, avec les deux qui resteront en charge & les anciens Bacheliers d'icelle, la regir & gouverner.

Le deuxiéme abolit les deux anciennes Communautez conformément aux Contracts passez entr'elles le 28 Juillet 1655, & les Sentences & Arrêts des mois de Septembre & Décembre de la même année, & des deux Communautez réünies n'en fait plus qu'une seule.

Le 3. défend à tous Marchands Grossiers, Jouailliers, Clinquailliers, Privilégiez, Drapiers, Brodeurs, Découpeurs, Fripiers, Boursiers, &c. qui ne seront reçûs Maîtres Tailleurs, de faire ni vendre aucun habit fait d'étoffe neuve ou de façon neuve.

Le sixiéme parle des Apprentifs dont chaque Maître ne peut avoir qu'un seul à la fois, & du tems de l'Apprentissage qui n'est que de trois ans, après lesquels les apprentifs seront tenus encore de servir trois autres années chez les Maîtres.

Le septiéme est de la réception à la maîtrise, à laquelle dix Apprentifs seulement pourront être reçûs par chacun an, & après avoir fait Chef-d'œuvre.

Le dix-septiéme régle les exemptions des Tailleurs Privilégiez & suivant la Cour.

Les visites sont ordonnées & réglées à un jour par semaine dans le 20, 21 & 22, & il y est marqué comment & par qui elles seront faites.

Enfin, par le trentiéme la Communauté des Maîtres Marchands Tailleurs Pourpointiers sont déchargez de toutes réceptions de nouveaux Maîtres pour naissances & Batêmes de Dauphins, avenemens à la Coûronne & autres occasions pour lesquelles les autres Corps & Communautez de la Ville de Paris sont tenus suivant l'usage d'en recevoir.

Tailleur-Graveur sur Me'tail. On le dit des Maîtres d'une des Communautez des Arts & Métiers de la Ville de Paris, à qui il appartient exclusivement à tous autres de graver sur l'or, l'argent, le cuivre, le léton, le fer, l'acier & l'étain, tous seaux, cachets, poinçons pour divers Ouvriers, armoiries, chiffres, &c. soit en creux, soit en relief.

Cette Communauté ne raporte point de Lettres Patentes d'érection en Corps de Jurande avant le Régne de Louis XIII. & dans les Lettres Patentes de Louis XIV. du mois de Juin 1660, il n'en est point rappellé de plus anciennes que celles données à Fontainebleau au mois de Mai 1631, enregistrées en la Cour des Monnoyes le 12 Août 1632; quoi qu'à la vérité il y soit fait mention en général d'autres Statuts & Ordonnances donnez d'antiquité, & confirmez de Régne en Régne par les Rois.

Bien que les Lettres de 1660, vérifiées en Parlement au mois de Mai 1662, ne portent que confirmation des anciens Réglemens, il paroît néanmoins que ceux qui y sont ratifiez & confirmez, avoient été de nouveau dressez & compilez par les Maîtres qui pour lors composoient cette Communauté.

Ils se fixent eux-mêmes au nombre de vingt Maîtres, qui ne pourra être à l'avenir augmenté, mais dont les places vacantes par mort seront remplies par les anciens Apprentifs; & par préférence aux Etrangers, par les Fils de Maîtres qui auront fait leur Apprentissage, ou servi chez leurs péres.

L'Apprentissage est de six ans entiers & consécutifs. Le brevet de ceux qui s'obligent doit être enregistré à la Cour des Monnoyes; & après l'Apprentissage l'Apprentif est encore obligé de servir chez les Maîtres pendant deux autres années.

Les Fils de Maîtres n'ont d'exemption que des deux années de service & du Chef-d'œuvre; & tout leur Privilégé d'ailleurs n'est que la préférence à la Maîtrise dont on vient de parler, & la Permission de faire leurs six ans d'Apprentissage chez leurs péres.

Lors que le Fils de Maître est devenu en âge d'apprendre la Profession, son pére doit déclarer s'il veut qu'il suive le métier de Graveur: s'il l'y destine, il ne peut plus prendre d'autre Apprentif pendant six années, son fils lui en tenant lieu: si au contraire il fait sa déclaration qu'il le destine à autre chose, il peut bien obliger un Apprentif, mais son fils ne peut plus rien prétendre à la Maîtrise.

La Fille de Maître qui épouse un Apprentif, l'affranchit des deux années de service qui suivent l'Apprentissage, & lui donne la préférence à tous pour les places vacantes.

Les Veuves pendant leur veuvage jouïssent des Priviléges de la Communauté, même peuvent continuer l'Apprentif commencé, s'il y a plus de deux ans qu'il soit obligé; autrement il est loisible à l'Apprentif de se retirer, & de demander aux Jurez un autre Maître pour achever son Apprentissage.

Chaque Maître ne peut avoir qu'une seule boutique ouverte: il ne peut vendre ailleurs ni exposer en vente les seaux & les cachets qu'il grave: il ne lui est pas non plus permis d'en vendre aux Marchands Merciers, Jouailliers & autres pour en faire revente; & il leur est défendu de faire graver en chambre par des Compagnons étrangers, le tout sous peine d'amende & de confiscation, à cause des faussetez qui en peuvent arriver.

Les Maîtres ont la liberté de fondre & apprêter les métaux pour faire leurs seaux & cachets, même l'or & l'argent; comme aussi de faire leurs modèles en cire, en bois, ou en plomb; n'étant même sujets pour les malversations & abus qui s'y peuvent commettre, qu'à la visite de leurs propres Jurez.

Il n'appartient qu'aux Maîtres de tenir chez eux des alphabets à droit, servant à la gravûre des cachets, non plus que des fleurs-de-lys couronnées, des écussons & autres outils & poinçons propres au métier, à cause de l'abus qu'on en peut faire contre la sûreté publique.

Enfin, pour veiller à l'éxécution de ces Statuts & Réglemens, la Communauté a deux Maîtres & Gardes, ou Jurez, dont l'un sort de Charge chaque année, & un autre est élû en sa place le lendemain de la S. Eloi, en présence du Procureur, ou de l'Avocat Général du Roi en la Cour des Monnoyes.

C'est aux Maîtres & Gardes à faire les visitations de deux mois en deux mois, en vertu néanmoins d'une Commission de la Cour des Monnoyes ; & c'est aussi à eux seuls qu'il appartient de faire les raports en Justice dans les cas de falsification de cachets & seaux, ou de rupture de sellé, à moins que les parties ne conviennent de quelques autres Maîtres avec eux.

Les Jurez créez en titre d'Office par l'Edit de 1691, furent incorporez à la Communauté des Maîtres Tailleurs-Graveurs sur métail, en vertu de Lettres Patentes du 3 Juillet 1692, comme aussi dans la suite les Auditeurs des comptes créez en 1694, & autres tels Officiers créez à cause des besoins de l'Etat dans les derniéres années du Régne de Louïs XIV.

Il ne sera pas hors de propos de remarquer ici que le Roi, dans ses Lettres Patentes, portant confirmation des nouveaux Statuts des Tailleurs & Graveurs en métail, déclare, Qu'il n'entend point y comprendre les Graveurs en taille-douce sur planches, soit au burin, soit à l'eau-forte, ni en telle autre maniére que ce soit, désirant qu'il n'y ait aucune Maîtrise dudit Art, conformément à l'Arrêt du Conseil du 26 Mai de la même année 1660. *Voyez* Graveur en taille-douce.

Tailleur de pierre. Ouvrier qui taille & coupe la pierre quand elle a été tirée de la carriére, & qui la dresse & façonne après que l'Appareilleur la lui a tracée, ou qu'il l'a tracée lui-même sur les desseins, cartons & panneaux qu'on lui en fournit. *Voyez* Maçon.

TAILLIS. Bois que l'on met en coupes réglées, ordinairement de neuf ans en neuf ans. On le dit par opposition à bois de futaye. *Voyez* Bois Taillis.

TAIN. Feuille, ou lame d'étain fort mince, qu'on applique derriére la glace d'un miroir pour y fixer la représentation des objets. *Voyez* Glace a miroir.

TAISSON, que l'on écrit aussi TESSON. Animal sauvage à quatre pieds, qu'on appelle plus communément Blaireau, ou Blereau. Cet animal fournit quelques marchandises expliquées à l'article du Blaireau.

TALANCHE. Droguet qui se fabrique dans plusieurs lieux de la Généralité de Bourgogne. Il est fait avec de la laine sur fil, mais dont le fil est filé gros, & la laine est commune & grossiére. Les rots sur lesquels sa chaîne doit être montée, sont fixez par le Réglement de 1718 à trois quarts d'aune de largeur, & le nombre des fils & portées à proportion du filage, en sorte qu'au retour du foulon l'étoffe ait une demi-aune de largeur.

TALC. Pierre luisante & squammeuse qui se léve aisément en feuilles déliées & transparentes.

Autre-fois on ne trouvoit guére de talc qu'en Espagne; il s'en découvrit ensuite quelques mines en Chypre, en Cappadoce, & ensuite plus tard en Arabie & en Afrique : mais présentement on en fouille dans les Alpes, dans l'Appenin, dans plusieurs montagnes de l'Allemagne, & en quantité d'autres endroits de l'Europe & de l'Asie.

Le talc qui vient de Venise est le plus estimé. Il est en grosses pierres verdâtres & luisantes; mais il devient blanc, argenté & très-transparent quand il est mis en œuvre. Il semble gras au toucher, quoi qu'il n'y ait point de pierre plus séche. Malgré sa sécheresse néanmoins on le pulvérise difficilement ; il n'est même pas bien aisé de le calciner.

Le talc ne sert guére présentement qu'à couvrir des tableaux de miniature ou de pastel, après avoir été levé en feuilles; & il ne paroît pas effectivement qu'il puisse être propre à autre chose. Cependant, si l'on en croit Pline, liv. 36, chap. 22 de son Histoire Naturelle, les Romains l'employérent quelque-fois à bâtir des Temples & des Palais, & ils en pavérent le Colisée de Rome.

Il ne tient pas non plus à quelques Chymistes d'aujourd'hui, ou crédules, ou qui en veulent faire accroire aux autres, qu'ils ne leur persuadent qu'ils peuvent employer le talc à des usages encore plus importans; & pour flater tout ensemble & l'un & l'autre séxe, ils promettent aux femmes d'en pouvoir tirer la précieuse huile de talc, si souveraine pour conserver & augmenter la beauté; & aux hommes d'y trouver une menstruë pour la transmutation des métaux en or, ou en argent; promesses également vaines & dangereuses, mais qui pourtant ne laissent pas de trouver des dupes qui y croyent, & qui les payent.

Outre le talc blanc de Venise, on apporte encore de Moscovie & de Perse un autre talc, qu'on appelle Talc rouge, à cause de sa couleur rougeâtre quand il est encore en pierre, mais il vient le plus ordinairement tout en feuilles. Il est plus propre que celui de Venise pour mettre sur les tableaux, étant très-blanc & très-transparent. Il faut le choisir en grandes feuilles très-claires.

Le Talc de Venise paye en France les droits d'entrée à raison de 5 liv. le cent pesant, conformément au Tarif de 1664.

Les droits de la Douane de Lyon, dans le Tarif de laquelle il est nommé Talc de Venise, sont en tout 30 s. du quintal.

Il est fait mention dans le même Tarif d'un autre Talc qui paye 50 s. d'ancienne taxation, & 3 l. pour les quatre pour cent. Ne seroit-ce point celui de Perse ou Talc rouge qui est assez rare en Europe? Voyez ci-devant.

TALLER, qu'on nomme plus ordinairement DALLER. Monnoye d'argent qui a cours en Allemagne, en Hollande & dans le Levant sur le pied des écus de soixante sols de France de neuf au marc. *Voyez* Daller.

TALLEVANNES. Pots de grès propres à mettre du beurre. C'est ordinairement dans ces sortes de pots que viennent les beurres salez ou fondus d'Issigny & de quelques autres endroits de Basse-Normandie. Les tallevannes sont du poids depuis six livres jusqu'à quarante.

TALON. Partie postérieure du pied.

Il se dit en termes de Cordonnerie & de Savaterie, de la partie de la chaussure qui l'éléve par derriére, & qui est placée sous le talon du pied. En termes de Bonneterie, c'est la partie du bas qui couvre le talon.

Les Cordonniers se servent de deux sortes de talons dans leurs ouvrages; les uns de cuir, les autres de bois : ceux de cuir qui sont composez de plusieurs cuirs mis ensemble & colez, se taillent par le Maître, & se dressent & se placent par les Garçons, ou Compagnons : ceux de bois font un Commerce à part, & les Ouvriers qui les font & qui les vendent se nomment Talonniers. *Voyez ci-après* Talonnier.

Le Négoce des talons de bois est très-considérable à Paris,

Paris. En gros ils se vendent à la grosse, & en détail à la douzaine.

Il s'en fait pour hommes & pour femmes dont la figure est différente, mais l'usage semblable. Les bois qu'on y employe sont le noyer, l'orme, le hêtre & l'aulne. Ceux de ce dernier bois se couvrent d'un cuir leger; les autres se peignent de diverses couleurs, ordinairement de noir ou de rouge. Les meilleurs sont ceux de noyer. La plûpart des talons pour Paris se fabriquent dans les Forêts de Villiers-Coterets & d'Osoy. Il s'en fait pourtant par les Talonniers de la Ville & des Fauxbourgs.

Le prix ordinaire des talons de noyer est de 24 s. la douzaine, celui des talons d'aulne 18 s. & celui d'orme & de hêtre 14 ou 15 s.

Quoi que les talons de bois soient à peu près finis par les Talonniers, il est souvent besoin que les Cordonniers qui les employent, les repassent & les rendent propres aux ouvrages où ils les veulent attacher.

Les Talons de cuir paye en France les droits d'entrée à raison de 40 s. le cent pesant, conformément au Tarif de 1664; & lors qu'ils viennent des Païs étrangers 20 pour cent de leur valeur, suivant l'Arrêt du 7 Septembre 1688.

TALONNIER. Celui qui fait ou qui vend des talons de bois.

Il n'y a point à Paris de Communauté particuliére de Talonniers; ce sont les Cordonniers qui ont seuls le droit d'en faire le Commerce; & ce sont ordinairement les pauvres Maîtres qui s'y appliquent. Il y a néanmoins quantité d'Artisans sans qualité qui en font, & qui se nomment des Formiers. *Voyez* Formier.

Les Talonniers Forains, c'est à dire, ceux qui apportent leurs marchandises du dehors, sont obligez de les porter au Bureau des Cordonniers pour être lotis. Cela ne s'observe guére; & les Maîtres s'en fournissent chez les Cordonniers-Talonniers.

TAMARINS. Espéce de fruit médecinal & purgatif, d'un goût aigret & assez agréable.

L'arbre qui produit ce fruit croît en plusieurs lieux des Indes Orientales. Il s'éléve aussi haut que les noyers, ou les frênes, & étend beaucoup ses branches. Ses feuilles sont longues & étroites, un peu semblables à la pimprenelle: arrangées, comme elles sont le long des deux côtez d'une façon de nervûre, elles représentent assez bien une panache. Ses fleurs sont d'abord rouges comme celles du pêcher, & ensuite blanches comme celles de l'oranger: elles ont de grands filamens qui s'allongent en dehors, & produisent le fruit. Au coucher du Soleil les fleurs se serrent autour du fruit comme pour le garantir du froid; & quand le jour paroît elles se rouvrent. Les gousses qui succédent aux fleurs sont d'abord vertes, ensuite rouges, & brunissent en mûrissant. Elles contiennent une pulpe noire & un peu aigre. Sa semence est semblable aux lupins ou poix quarrez.

Les Indiens nomment ces arbres *Tamarindi*, & les Portugais *Tamarindos*; ce qui a donné le nom aux fruits. On les apporte ou en grappes, ou mondez de leurs rafles.

Les tamarins doivent être choisis gras, nouveaux, d'un noir de jayet, & d'un goût aigrelet & agréable; qu'ils n'ayent point été mis à la cave, ni gourrez, c'est à dire, falsifiez, avec des melasses de sucre & du vinaigre. On monde les tamarins comme la casse, & l'on en peut faire une confiture qui, à ce que l'on prétend, ne seroit pas sans vertu.

Il se trouve aussi quantité de tamarins en Afrique, entr'autres au Sénégal. Les Négres, après en avoir ôté les noyaux & les rafles, en forment des pains qui sont rougeâtres, & fort rares en France. On les estime bons pour étancher la soif.

Les tamarins payent en France les droits d'entrée à raison de 50 s. le cent pesant, conformément au Tarif de 1664.

Les droits de la Douane de Lyon sont de 17 s. 6 den. le quintal d'ancienne taxation, 7 s. 6 den. de nouvelle réapréciation, 20 s. pour les anciens quatre pour cent, & autant pour leur réapréciation. Le Tarif de cette Douane les appelle Tamaris.

Les Tamarins sont du nombre des marchandises du Levant, sur lesquelles on léve vingt pour cent suivant l'Arrêt du 15 Août 1685.

TAMARIS, ou TAMARISE. Arbre de moyenne grandeur qui croît en Languedoc. Il a ses feuilles fort petites, & ses fruits en façon de grappes, d'une couleur tirant sur le noir. Les Teinturiers s'en servent au lieu de noix de gale pour teindre en noir.

Le bois de tamaris est aussi de quelqu'usage dans la Médecine, & on le croit bon pour desopiler la rate. Il faut le choisir garni de son écorce, blanc en dedans, d'un goût presque insipide & sans aucune odeur. On en fait des gobelets & des petits barillets dans lesquels ceux qui sont attaquez du mal de rate mettent du vin pour leur boisson ordinaire.

Le sel de tamaris est un sel blanc par cristaux, qu'on tire du tamaris par les opérations chymiques. Ses bonnes qualitez sont d'être bien sec, & le moins en poudre qu'il se peut, y étant très-sujet.

TAMBAC, ou TAMBAQUE. Mêlange d'or & de cuivre, que les Siamois trouvent plus brillant & estiment plus que l'or. Quelques Relations le donnent comme un métail qui a ses propres mines; mais on ne sait sur quel fondement. L'Abbé de Choisy, dans son Journal de Siam, doute si ce n'est point l'*Electrum* de Salomon. Les ouvrages de tambac que les Ambassadeurs de Siam apportérent à Paris sous le Régne de Louïs XIV. ne parurent pas aussi beaux qu'on se l'étoit imaginé.

Tambac, autrement Calembac. Il se dit aussi d'un bois précieux de la Chine, qui est une espéce de bois d'aigle ou d'aloés. *Voyez* Aloe's.

TAMBOURS. Espéces de gros cylindres de fer qui servent à écraser les cannes & en exprimer le suc dans les moulins à sucre. On les nomme quelque-fois Rouleaux, mais c'est improprement, le rouleau n'étant que le cylindre de bois dont on remplit le tambour, à travers duquel passe l'axe ou pivot sur lequel il tourne.

Il y a trois tambours dans chaque moulin à sucre. On nomme celui du milieu le grand Rôle; les deux qui sont à ses côtez s'appellent les petits Tambours. *Voyez* Moulin a Sucre.

TAMETES. Mouchoirs de toile de coton qui se fabriquent à Botton dans les Indes Orientales. On les estime beaucoup aux Moluques & dans les Isles voisines où ils se débitent presque tous, n'en venant que fort peu en Europe.

TAMIS, quon nomme quelque-fois S A S. Instrument qui sert à passer des drogues pulvérisées, quand on en veut séparer la partie la plus fine d'avec celle qui est plus grossiére. On s'en sert aussi pour couler les liqueurs composées, & en ôter le marc.

Le tamis est fait d'un cercle de bois mince & large à discretion, au milieu duquel est placé un tissu de toile de soye, de crin, ou de quelqu'autre toile claire, suivant l'usage qu'on en veut faire. C'est dans la partie supérieure du tamis que l'on met la drogue pulvérisée, & où l'on verse la liqueur qu'on veut épurer.

Lors que les drogues qu'on a dessein de tamiser s'évaporent facilement, on met un couvercle au tamis quelque-fois tout de bois, & quelque-fois avec le cercle de bois & le dessus de cuir.

Plusieurs Marchands & Ouvriers se servent du tamis, entr'autres les Epiciers, Apoticaires & Droguistes; les Gantiers-Parfumeurs, sur tout ceux qui préparent la poudre pour les cheveux. On s'en sert aussi pour grainer la poudre à canon, &c.

Tamis. Les Chapeliers se servent aussi de tamis de crin au lieu de l'instrument qu'ils appellent Arçon, pour faire les capades de leurs chapeaux. *Voyez* Chapeau.

Tamis. Les Laineurs qui travaillent aux tapisseries de tonture de laine, ont pareillement plusieurs tamis; de grands pour passer & préparer leurs laines hachées; & de très-petits qui n'ont pas quelque-fois deux pouces de diamétre pour placer ces laines sur le coutil peint & préparé par le Peintre. *Voyez* Tonture, & Tapisserie de tonture.

TAMISER. Passer par le tamis.

TAMLING. C'est le nom que les Siamois donnent à cette espéce de monnoye & de poids que les Chinois appellent Taël.

Le taël de Siam est de plus de la moitié plus foible que le taël de la Chine; en sorte que le cati Siamois ne vaut que huit taëls Chinois, & qu'il faut vingt taëls Siamois pour le cati Chinois.

A Siam le tamling, ou taël se subdivise en quatre ticals, ou baats, le tical en quatre mayons, ou selings, le mayon en deux fouangs, chaque fouang en deux sompayes, la sompaye en deux payes, & la paye en deux clams, qui n'est qu'une monnoye de compte; mais qui en qualité de poids pése douze grains de ris; en sorte que le tamling, ou taël de Siam est de sept cens soixante-huit grains. *Voyez* Tael.

TAMPON. Les Graveurs en taille-douce se servent d'une espéce de molette faite d'une bande de feutre roulée, qu'ils appellent un Tampon. *Voyez* Graveur en taille-douce.

TAN. Ecorce de chêneau, ou jeune chêne, batuë & réduite en grosse poudre dans des moulins à tan.

Le tan est une marchandise très-commune en France; il sert à préparer ou tanner les cuirs après qu'ils ont été plamez, c'est à dire, après qu'on en a fait tomber le poil par le moyen de la chaux détrempée dans l'eau.

Le tan nouveau est le plus estimé. Quand on le laisse trop suranner, il perd beaucoup de sa qualité, qui consiste à condenser ou resserrer les pores du cuir; en sorte que plus les cuirs restent dans le tan, & plus ils aquiérent de force pour résister aux différens usages à quoi ils peuvent être destinez.

Le tan se debite, ou en écorce, ou en poudre; en écorce il se vend à la bote, chaque bote étant d'une certaine grosseur & longueur: en poudre il se vend au muid, le muid composé de vingt ou vingt-quatre sacs, suivant que la mesure est plus ou moins grande dans les lieux où la vente & le debit s'en fait.

Le tan usé, ou vieux tan que l'on a tiré de la fosse après que les cuirs y ont été tannez, se nomme Tannée. C'est avec cette tannée qu'on fait des motes à brûler, qui sont d'une grande utilité au menu peuple de Paris pour faire du feu pendant l'hyver. *Voyez* Mote a bruler.

Le Tan est employé dans le Tarif de 1664, sous le titre d'écorce de chêne. Les droits d'entrée & de sortie, tant du Royaume que des Provinces réputées étrangéres, doivent être payez; savoir à l'entrée,

Le Tan, ou écorce de chêne non hachée, le charriot 16 s. & la charretée 8 s.

A la sortie le charriot 20 s. & la charretée 10 s.

TANGA. Monnoye de compte dont on se sert dans quelques endroits des Indes Orientales, particuliérement à Goa & sur la Côte du Malabar.

Il y a deux sortes de tanga; l'un que l'on appelle de Bon aloi, & l'autre de mauvais aloi; étant très-commun aux Indes de compter par monnoye de mauvais & de bon aloi, à cause de la grande quantité d'espéces, ou fausses, ou altérées qui y ont cours.

Le tanga de bon aloi est d'un cinquiéme plus fort que celui de mauvais aloi; en sorte que si l'on donne quatre tangas de bon aloi pour un pardao xerafin, il en faut cinq quand on estime le pardao en tangas de mauvais aloi.

Il faut quatre vintins de bon aloi pour un tanga aussi de bon aloi, & quinze bons barucos pour un bon vintin; le bon barucos pris sur le pied du reys de Portugal, c'est à dire, d'un denier de France. Quand ce sont des barucos de mauvais aloi, les trois ne font que deux reys.

TANI. C'est la meilleure des deux espéces de soye cruë que les Européens tirent du Bengale; l'autre s'appelle Monta, qui n'est proprement que le fleuret. *Voyez* Soye, *où il est parlé de celles de Bengale.*

TANJEBS. On appelle ainsi certaines mousselines, ou toiles de coton doubles, cependant un peu claires, qui viennent des Indes Orientales, particuliérement de Bengale. Les unes sont brodées de fil de coton, & les autres unies. Les brodées ont seize aunes à la piéce sur trois quarts de large, & les unies seize aunes de long sur sept huit de large. *Voyez* Mousseline.

Tanjebs. Sont aussi des mouchoirs de mousseline brodée qui viennent par piéces. Ils ne sont pas différens des mallemolles pour la fabrique, sinon que la broderie des tanjebs est toute de soye, & que les mallemolles sont brodées soye & or, ou tout or, ou seulement bordez d'or.

Il y a aussi une mousseline brodée de soye qui vient pareillement des Indes, mais en piéces courantes & sans être divisées en mouchoirs. Elles sont de seize à dix-huit aunes de long sur diverses largeurs, dont les plus étroites sont de trois quarts, & les plus larges de cinq sixiémes d'aune. *Voyez* Mallemolle.

TANNE'. Se dit du cuir qui a été plainé & apprêté avec le tan & l'eau. *Voyez ci-après* Tanner & Tanneur.

Tan-

TANNE'E. Tan usé que l'on a tiré de la fosse après que les cuirs y ont été tannez. La tannée s'employe à faire des motes à brûler. *Voyez* MOTES A BRULER.

TANNE'E. Se dit aussi en terme de Teinturier, d'une sorte de couleur qui ressemble à celle du tan ou de la châtaigne, & qui tire sur le roux obscur. Une étoffe tannée; un drap tanné. *Voyez* COULEUR.

TANNER, ou TANER. Mettre les cuirs dans une fosse avec du tan & de l'eau, après en avoir fait tomber le poil ou bourre dans le plain par le moyen de la chaux détrempée dans l'eau.

Maniére de tanner les cuirs de bœuf, que l'on nomme communément Cuirs forts, ou gros Cuirs.

Après que les cuirs ont été abatus de dessus les bœufs; c'est à dire, après que les Bouchers les ont levez de dessus ces animaux qu'ils ont tuez, on les sale avec du sel marin & de l'alun, ou avec une sorte de salpêtre ou soude blanche appellé Natron, lors qu'on les veut garder, sinon on les aprête aussi-tôt qu'ils ont été abatus sans les saler, le sel ne leur étant nécessaire que pour empêcher qu'ils ne se corrompent jusqu'à-ce qu'ils soient portez dans les Tanneries.

Soit que les cuirs ayent été salez, ou qu'ils ne l'ayent point été, on commence par en ôter les cornes, les oreilles & la queuë, que les Tanneurs appellent l'Emouchet; après quoi on les jette dans l'eau courante, où ils restent environ trente heures, pour les dégorger du sang & des autres impuretez qui peuvent être dedans.

Ensuite on les met pendant une nuit dans un vieux plain dont la chaux est usée, d'où on les retire pour les laisser deux ou trois jours en retraite sur le bord du plain pour les faire égouter.

Ce premier & leger aprêt donné, on les remet dans un plain vif durant deux jours, & en retraite durant quatre, & pendant six semaines on les retire, & on les remet deux fois la semaine dans le plain. Au bout des six semaines ils sont replongez dans un plain vif où ils demeurent huit jours & en retraite autant, & cela alternativement pendant un an ou dix-huit mois, suivant la force du cuir, ou le tems qu'il fait; car dans les grandes chaleurs on pence les plains deux fois la semaine, c'est à dire, qu'on en retire les cuirs pour y remettre de la nouvelle chaux; & quand il gèle, on est quelque-fois trois mois sans y toucher.

Les Tanneurs ont plus ou moins de plains suivant la quantité plus ou moins considérable des cuirs qu'ils ont à tanner; & toutes les fois qu'ils retirent les cuirs du plain pour les mettre en retraite, ils les rejettent ensuite dans un meilleur plain, c'est à dire, dans un plain dont la chaux a toute sa vivacité.

Au bout de quatre, cinq ou six semaines, suivant que les Tanneurs le jugent à propos, on ôte le poil des cuirs sur le chevalet, avec une sorte de coûteau rond qui n'a point de tranchant, ce qui s'appelle les Plamer, ou Peler; & après un an ou dix-huit mois qu'ils ont été bien pencez dans le plain, & qu'on en a fait tomber entiérement le poil, on les porte à la Riviére pour les laver, les écharner sur le chevalet avec un autre espéce de couteau tranchant, & les quiosser, c'est à dire, les froter à force de bras sur le chevalet avec une espéce de pierre à éguiser, que l'on nomme Quiosse, ou Queux, pour achever d'ôter la chaux, & les ordures qui peuvent être restées du côté de la fleur, qui est l'endroit où étoit le poil. Le quiossage des cuirs ne se fait que le lendemain du jour qu'ils ont été lavez & écharnez à la Riviére.

Après que les cuirs ont été quiossez, on les met aussitôt dans le tan; ce qui se fait en les poudrant avec du tan à mesure qu'on les étend dans la fosse. Si les cuirs sont forts on leur donne jusqu'à cinq poudres; & quand ils ne le sont pas, trois ou quatre peuvent suffire.

La premiére poudre dure six semaines, quelque-fois plus, quelque-fois moins, suivant que le Tanneur le trouve à propos; la seconde deux mois, & les trois derniéres autant: on pourroit néanmoins les faire durer davantage; car pour qu'un cuir soit parfaitement tanné, il faut qu'il aye été au moins un an dans le tan. Toutes les fois que l'on donne aux cuirs une nouvelle poudre, on l'imbibe d'eau pour leur donner de la nourriture, ainsi que disent les Tanneurs.

Lors que les cuirs n'ont pas été assez de tems dans le plain, & qu'ils n'ont pas été suffisamment tannez, en les fendant par le milieu on apperçoit une certaine raye blanche que l'on appelle la Corne, ou la Crudité du cuir, défaut qui fait connoître qu'il n'a pas été assez nourri dans le plain & dans la fosse; & c'est ce défaut qui est cause que les semelles des souliers & des botes s'étendent au porter, se pourrissent & tirent l'eau si facilement.

Après que les cuirs ont été suffisamment tannez, on les tire de la fosse pour les faire sécher en les pendant en l'air, puis on les nettoye de leur tan, & on les met dans un lieu, ni trop sec, ni trop humide, bien étendus & empilez les uns sur les autres avec des poids de fer & de plomb, ou de grosses pierres par dessus pour les bien redresser, alors ils sont en état d'être vendus; & c'est en cet état que les Tanneurs & autres qui se mêlent du Négoce des cuirs tannez, les appellent Cuirs Plaquez, pour les distinguer des cuirs de vaches, de veaux & de chevaux tannez, que l'on nomme Cuirs en Croute, desquels il va être parlé.

Les cuirs des vaches & chevaux s'apprêtent par les Tanneurs, de même que ceux des bœufs, à l'exception que les premiers ne restent dans le plain que quatre mois, & que les autres y séjournent un an ou dix-huit mois, outre qu'avant de mettre les cuirs de vaches & de chevaux dans la fosse au tan, on les rougit, ce qui s'appelle les mettre en coudrement, dont voici la maniére.

Maniére de mettre les Cuirs en coudrement.

D'abord on verse de l'eau froide dans une cuve de bois appellée Emprimerie, dans laquelle on a arrangé les cuirs que l'on remuë en tournant. En même tems on fait chauffer d'autre eau dans une chaudiére; & quand cette eau est un peu plus que tiéde, on la verse doucement dans la cuve le long du bois, ensuite on jette par dessus plein une corbeille de tan en poudre, pendant quoi on tourne toûjours les cuirs, afin que l'eau & le tan ne les puisse brûler: ce qui s'appelle les Coudrer, ou brasser pour leur donner le grain.

Après,

Après que les cuirs ont été ainsi tournez dans la cuve pendant une heure, on les met pour un jour dans l'eau froide, puis on les remet dans la même cuve & dans la même eau qui a servi à les rougir, dans laquelle ils restent huit jours. Au bout des huit jours on les retire pour les mettre dans la fosse, où on leur donne trois poudres de tan, dont la premiére dure cinq semaines, la seconde six semaines, & la troisiéme deux mois, & tout le reste se pratique de même que pour les cuirs forts.

Quand on dit qu'un cuir de vache ou de cheval a été tanné en fort, cela signifie que le Tanneur ne l'a point fait passer par le coudrement, ne lui ayant donné que les mêmes apprêts qu'aux cuirs forts, ainsi qu'il a été ci-devant expliqué.

Les peaux & cuirs des veaux reçoivent les mêmes façons & les mêmes apprêts que ceux des vaches & chevaux qu'on a mis en coudrement, avec cette différence néanmoins que les premiers doivent être rougis ou tournez dans la cuve au moins pendant quatre heures, & que les derniers ne le font au plus que l'espace d'une bonne heure.

Quand les cuirs ou peaux de vaches, de veaux & de chevaux ont été plamez, coudrez & tannez, & qu'on les a fait sécher au sortir de la fosse au tan, on les appelle Cuirs ou peaux en Croute.

Il faut remarquer qu'en quelques lieux de Champagne & de Brie, le premier apprêt des Tanneurs se fait avec de l'orge au lieu de chaux, ce qui s'appelle plamer à l'orge pour tanner; mais comme cet apprêt n'est presque pas d'usage, on a crû pouvoir se dispenser d'en parler.

Les basanes qui se font avec des peaux de béliers, moutons, ou brebis, sont aussi de la dépendance des Tanneurs; ils leur donnent différens noms, suivant les divers apprêts qu'ils leur donnent. *Voyez* BASANE.

TANNERIE. Lieu destiné pour tanner les cuirs.

Les Tanneries s'établissent pour l'ordinaire le long des petites riviéres. Les meilleures de France sont celles de Paris, de Troyes, de Coulommiers, de Rheims, de Meziers, de Laon, de Soissons, de Roüen, de Caën, de Bayeux, de Nonnancour, de Verneuil au Perche, de Mante, de Vernon, de Chartres, d'Orleans, de Tours, de Provins & de Beauvais. *Voyez* TANNEUR.

On dit en proverbe qu'à la Tannerie tous bœufs sont vaches, & qu'à la Boucherie toutes vaches sont bœufs; pour faire entendre qu'il y a de la tromperie par tout.

TANNEUR. Ouvrier qui travaille à la Tannerie, & qui prépare les cuirs avec la chaux & le tan.

Les Tanneurs ne sont proprement que des Artisans, cependant on les nomme ordinairement Marchands Tanneurs, & ils méritent en quelque sorte ce nom, puis qu'ils achétent les cuirs à poil provenant des abatis des Bouchers, & qu'ils les revendent quand ils les ont préparez par la chaux, & achevez avec le tan.

Les Tanneurs de Paris forment une communauté considérable, qui a des Statuts dès l'an 1345. Ces Statuts accordez par Philippes de Valois Roi de France, sont rédigez en quarante-quatre articles, qui tous néanmoins ne concernent pas les Tanneurs, n'y en ayant que seize pour leur Communauté, & les vingt-huit autres étant pour celles des Corroyeurs-Baudroyers, Cordouanniers & Sueurs de la même Ville.

Ce qu'il y a encore de singulier dans ces Statuts, c'est que les articles particuliers aux Tanneurs de Paris, sont communs à tous ceux des autres Villes du Royaume, qui doivent s'y conformer, soit pour le nombre de leurs Jurez, soit pour les Apprentifs & autres Réglemens.

La Communauté des Tanneurs de Paris est gouvernée par quatre Jurez, dont deux sont élûs chaque année; en sorte que chacun d'eux reste deux ans en Charge. Ils jouïssent de tous les droits, fonctions & priviléges attribuez aux Jurez de tous les Corps & Communautez de Paris. *Voyez* JUREZ.

Outre ces quatre Jurez, qui aussi-bien que ceux dont on va parler, doivent être élûs dans la Hale aux Cuirs en présence du Procureur du Roi au Châtelet, il y en a deux autres qu'on nomme Jurez du Marteau, ou Jurez du Cuir Tanné. Ces deux-ci sont destinez pour faire chaque jour la marque des cuirs que les Tanneurs Forains & ceux de la Ville & Fauxbourgs de Paris, sont tenus d'apporter à la hale; ce qu'ils font conjointement avec quatre autres Jurez du Marteau, dont deux sont de la Communauté des Corroyeurs, & deux de celle des Cordonniers. *Voyez* JUREZ DU MARTEAU, VENDEUR DE CUIRS, *&* HALE AUX CUIRS.

Nul ne peut être reçû Maître qu'il ne soit ou fils de Maître, ou Apprentif de Paris. L'un & l'autre est tenu, quand il aspire à la Maîtrise, de faire apparoître de sa capacité au fait de Tannerie: l'Apprentif par un Chef-d'œuvre, & le fils de Maître par la seule expérience.

L'Apprentissage ne peut être de moins de cinq années; il est loisible néanmoins aux Maîtres d'obliger leurs Apprentifs pour davantage, & pour tel prix & à telle condition qui leur convient; le nombre des Apprentifs est d'un seul, au plus de deux.

Tout Maître Tanneur reçû à Paris doit y résider & y travailler, & ne peut tenir tannerie, ni jouïr des Priviléges & Franchises de la Communauté par Tanneurs & Ouvriers étrangers.

Chaque Tanneur est obligé de porter ses cuirs aux Hales pour y être visitez & marquez, n'étant permis ni à eux d'en vendre, ni aux Artisans travaillant en cuirs d'en acheter, qu'après la visite & la marque des Jurez du marteau.

Si les cuirs visitez sont d'un mauvais apprêt, mais qu'ils puissent être amendez, ils sont rendus aux Tanneurs à qui ils appartiennent, pour les remettre au tan; mais en cas qu'ils soient tannez secs & qu'ils ne puissent recevoir d'amendement, ils doivent être brûlez, & le Tanneur condanné à une amende qui doit être pour la premiére fois de la valeur des cuirs mal tannez, & pour la récidive d'une plus forte qui est arbitraire & dépend des Officiers de Police.

Les Tanneurs à qui on rend leurs cuirs faute de bon apprêt, doivent faire serment de les remettre au tan avant de les exposer de nouveau en vente, & s'ils les vendent sans être retannez, les cuirs doivent être brûlez & les Tanneurs condannez comme dans l'autre article.

Il est défendu à tout Tanneur, soit Forain, soit de Paris, d'exposer en vente des cuirs encore chargez de leur tan, parce que, disent les Statuts, que le tan ne profite point depuis que le cuir est tiré de la fosse, & que c'est grand dommage pour ceux qui l'achétent, qui à cause de cela le payent plus cher.

Les

Les Bouchers ne peuvent mouiller, ni abreuver d'eau les cuirs à poil qui proviennent de leurs abatis, ni les Tanneurs en acheter par connivence avec eux, sous peine d'être les uns & les autres condannez à une amende de la moitié de la valeur des cuirs qui auront ainsi été mouillez & abreuvez d'eau.

Enfin, l'article seize & dernier, qui est le plus important de tous, & qui a été long-tems le moins éxécuté & le plus long tems debatu & disputé par les Tanneurs, Corroyeurs & autres vendant & amenant cuirs dans Paris, ordonne que tous Marchands Baudroyeurs, Cordouanniers, Sueurs, &c. qui vont acheter des cuirs tannez non signez, soit dans le Royaume, soit dehors, pour les amener à Paris, ne pourront ni les vendre, ni les mettre en œuvre ou corroi, qu'ils n'ayent averti les Jurez pour les voir & visiter, & que les Tanneurs, tant Forains que de ladite Ville & Fauxbourgs, ne vendront pareillement lesdits cuirs tannez que seulement aux Hales, ou Foires publiques, qui s'y tiennent cinq fois l'année.

L'inobservation de cet article & de ceux où il est parlé ci-dessus de la marque des cuirs auquel il est relatif, a donné lieu à plusieurs créations d'Offices, comme de Contrôleurs, Visiteurs, Marqueurs, Vendeurs & Lotisseurs de cuirs, & à quantité d'Arrêts pour obliger les Tanneurs, tant Forains que de la Ville, à ce transport des cuirs à la Hale pour y être visitez, marquez, lotis & vendus; mais tous ces Arrêts ont été presque assez inutiles jusqu'en 1662 qu'il fut donné une Déclaration du Roi portant Réglement sur le fait des cuirs, qui depuis & jusqu'à présent a été assez réguliérement éxécutée.

Plusieurs articles de cette Déclaration regardent les Tanneurs; mais comme on en parle ailleurs assez amplement, on se contentera d'y renvoyer. *Voyez* Vendeurs, *& l'endroit où il est parlé des Vendeurs de cuirs.*

Les Offices de Jurez créez en 1691 pour chacun des Corps & Communautez de la Ville de Paris, dont presque toutes demandérent l'incorporation, furent incorporez à celle des Tanneurs par Arrêt du Conseil du 12 Novembre 1692, de même que le furent depuis les Auditeurs des Comptes créez en 1694, & les Trésoriers & autres Officiers en 1702, 1704 & 1707.

Les Tanneurs apprêtent les cuirs de diverses maniéres; quelques cuirs comme les peaux de bœufs & de vaches sont tannez en coudrement, ou bien comme ils disent Plaquez, qui est un autre apprêt beaucoup meilleur. Ces cuirs ne servent ordinairement que pour faire les semelles fortes que l'on met sous les souliers & les botes.

Les vaches en coudrement servent aux Cordonniers à faire les empégnes & les quartiers des souliers & des botes; les Selliers les employent aux carrosses & aux selles; les Maliers aux males, & les Bourreliers aux harnois des chevaux, quand ils ont été passez en Hongrie, qui est un apprêt que les Tanneurs font en huit jours; mais la plûpart de ces Artisans ne se servent de ces cuirs qu'après qu'ils ont encore été apprêtez par les Corroyeurs. *Voyez* Corroyer.

Les veaux en coudrement servent aux mêmes ouvrages que les vaches; ceux passez en alun sont propres à couvrir les livres, à faire des foureaux d'épées, des gaines & étuis à couteaux, &c.

Les moutons en coudrement, qu'on appelle vulgairement Bazanes, s'employent par les Cordonniers aux talons des souliers & des botes; & quand ils ont été passez & apprêtez par les Peaussiers qui les mettent en diverses couleurs, on s'en sert pour les Tapisseries de cuir doré, pour des tapis de table, pour des couvertures de livres communs, &c.

Enfin, les Tanneurs passent pareillement en coudrement & en alun des peaux de sanglier, de cochon, ou de truye, qui servent aux coffres & bahuts, ou aux grands livres de chant des principales Eglises.

L'on a expliqué plus haut les différentes maniéres de mettre les cuirs au tan. *Voyez* Tanner.

Quoi qu'il y ait quantité de Tanneurs à Paris & dans ses Fauxbourgs, où ils composent des Communautez en quelque sorte différentes de celle de la Ville, il s'en faut bien qu'ils puissent fournir assez de cuirs aux vingt-quatre Communautez de cette Capitale qui en font le Commerce, ni qu'il leur soit possible de tanner toutes les peaux qui proviennent des abatis qui se font dans ses boucheries; aussi la plus grande partie des cuirs tannez qui se consument à Paris, y vient des tanneries des Provinces, ou même des Païs étrangers, d'où ils sont tous apportez à la Hale aux cuirs pour y être marquez & vendus en vertu des Ordonnances, mais particuliérement en éxécution du Réglement de 1662, comme on l'a déja dit ci-dessus.

Avant de donner l'état de toutes les tanneries du Royaume dont les cuirs sont envoyez à Paris, tel qu'on l'a trouvé dans un Traité manuscrit de l'Auteur du Parfait Négociant; on remarquera que de tous les cuirs à poil que les Tanneurs Forains enlévent des boucheries de cette Ville, ils sont obligez d'en donner leur déclaration au Bureau des Vendeurs de cuirs, & de faire leur soûmission, même de donner caution qu'ils en rapporteront à la Hale les deux tiers de tannez.

Etat des Villes & Bourgs de France dont les Tanneurs aménent les cuirs à Paris.

Chevreuse.
Châtres.
Montargis.
Avalon.
Nonnancourt.
Verneuil.
Meulan.
Bernay.
Argentan.
Troyes.
Dieppe.
Pont-l'Evêque.
Mantes.
Dreux.
Beauvais.
La Ferté-Bernard.
Le Mans.
Pontoise.
Estampes.
Lisieux.
Laigle.
Andely.
Amiens.

Provins.
Corbeil.
Magny.
S. Denis en France.
Nemours.
Espernon.
Mortaigne.
Bonnestable.
Gournay.
Gisors.
Chartres.
Vendôme.
Bar-sur-Aube.
Luzarche.
Ferriére.
S. Julien du Sault.
Mont-Doublet.
S. Arnould.
Loigny au Perche.
Sens.
Rheims.
Nevers.
Charny.

Lory.	Auxerre.
Blois.	Pointry.
Bois-commun.	Rouvray.
S. Florentin.	Autou.
Montoire.	Vaudreuil.
Noyon.	Roüen.
Sommevoire.	La Charité.
Neufchastel.	Châtelleraut.
Blangny.	Joigny.
Peronne.	Neuilly S. Fron.
Rethel.	Toussy.
Herrisse.	S. Nicolas-lez-Villeneuve-le-Roi.
Cerisy.	Brou.
Aumale.	Châtillon.
Alençon.	Bayeux.
La Ferté-Milon.	Boullebec.
Caudebec.	Montreau-sur-Yonne.
Nogent-sur-Seine.	Sezanne en Brie.
Poissy.	La Louppe.
S. Cloud.	Soissons.
Moret.	Châteaudun.
Belême.	Vernon.
Oudan.	Maulle.
Villemontiers.	Gien-sur-Loire.
Lislebonne.	Soye.
Marseille en Beauvoisis.	Melun.
Vendœuvre.	Livarot.
Dourdan.	Château-Thierry.
Ponteau-de-mer.	Aubusson.
Saumur.	Brie-Comte-Robert.
S. Lubin des Ponchers.	S. Loup.
Nogent le Rotrou.	Yury.
Courville.	Lille en Flandre.
Claye.	Villenox.
Meaux.	Marche.
Neuvy.	S. Malle.
S. Lo.	Langres.
Cherance.	Tours.
Noyers.	Maestricht.
Abbeville.	
Tonnerre.	

Il y a quantité d'autres Villes ou Bourgs du Royaume dans lesquels sont aussi établies quantité de très-bonnes Tanneries, comme on le peut voir dans l'article du Commerce aux différens paragraphes qui traitent en détail de celui des Provinces de France; mais il n'y a que cescent vingt-six, dont les Tanneurs aménent leurs cuirs à Paris, pour la consomption de la Ville & des environs.

A l'égard des diverses Communautez d'Artisans qui ont droit de lotir les cuirs tannez qui sont conduits à la hale, on en parle ailleurs. *Voyez l'article des Cuirs, & les articles particuliers de ces Communautez.*

TANQUEURS. Espéce de Forts, ou de Porte-faix qui aident à charger & décharger les Vaisseaux sur les Ports de Mer. On les nomme aussi Gabarriers, du mot de *Gabarre*, qui signifie une Allége ou Bateau dans lequel on transporte les marchandises du Vaisseau sur les quais, ou des quais aux Navires. *Voyez* GABARRE.

TAPER, ou TAPPER. Terme de Doreur. On met le blanc en tapant quand c'est pour dorer des ouvrages de Sculpture; c'est à dire, qu'on le couche en frapant plusieurs coups du bout du pinceau afin de mieux faire entrer la couleur dans les creux des ornemens. *Voyez* DORURE EN DE'TREMPE.

TAPER UNE FORME DE SUCRE. Du sucre tapé. *Voyez ces deux mots avec deux* PP.

TAPIS. Espéce de couverture d'étoffe, ou d'autre ouvrage, travaillée à l'aiguille, ou sur le métier, qui fait une partie des meubles d'une maison, & qu'on étend sur les tables, les estrades, Prié-Dieu, bahuts, coffres, &c.

Il se fait plusieurs sortes de tapis en France & dans les Païs étrangers; & des uns & des autres le Commerce en est considérable.

Il y a à Paris à la sortie du Cours-la-Reine, une Manufacture de tapis façon de Perse, qui ne cédent guére aux véritables Perses. On les appelle Tapis de la Savonnerie, du nom du lieu où ils se fabriquent. *Voyez* SAVONNERIE.

Ces sortes de tapis imitez de ceux du Levant se font en forme de tissu, dont la chaîne & la trême serrent & contiennent les soyes & les laines, qui étant coupées de très-près, font une espéce de velours, ou de tripe: ils sont aussi mêlez de fils d'or & d'argent frisez; ce qui en augmente le prix & la beauté.

Il se fait outre cela d'autres sortes de tapis à Roüen Capitale de Normandie, à Arras qui l'est de l'Artois, & à Felletin petite Ville de la Basse-Marche, qu'on nomme Tapis de tapisserie. Ceux de Tournay s'appellent Tapis de Moucades. *Ces quatre sortes de marchandises payent de droits de sortie du Royaume; savoir, 3 l. le cent pesant pour celles de Roüen, de Tournay & d'Arras, & 4 l. pour celles de Filetin, d'Auvergne & de Lorraine.*

Les tapis qui viennent en France des Païs Etrangers, sont les tapis de Perse & de Turquie; ceux-ci, ou velus, ou ras, c'est à dire, ou à poil court ou à long poil. Les uns & les autres se tirent le plus ordinairement par la voye de Smirne, où il y en a de trois sortes.

Les uns qu'on appelle Mosquets se vendent à la piéce depuis six piastres jusqu'à trente piastres le tapis, suivant leur grandeur & leur finesse. Ils sont les plus beaux & les plus fins de tous.

Les autres se nomment Tapis de Pic, parce qu'on les achéte au pic quarré. Ce sont les plus grands de ceux qui s'apportent du Levant. Leur prix est communément de demi-piastre le pic.

Les moindres de tous sont ceux qu'on appelle Cadene: ils peuvent valoir depuis une piastre jusqu'à deux piastres le tapis.

Il vient aussi des tapis d'Angleterre, qu'on employe, soit pour servir de tapis de pied, soit pour faire des chaises & autres ameublemens.

Il y a encore des tapis d'Allemagne; les uns qui sont d'étoffes de laine, comme serge, ou autres semblables, qu'on appelle Tapis quarrez; d'autres qui sont aussi de laine, mais travaillez à l'aiguille, & assez souvent rehaussez de soye; enfin les tapis de poil de chien.

Ces diverses sortes de tapis payent de droits d'entrée aux Bureaux de France; savoir,

Les tapis velus de Turquie & ceux de Perse, 7 l. la piéce, les plus grands à proportion.

Ces tapis sont du nombre des marchandises venant du Levant, sujettes

sujettes au droit de vingt pour cent, suivant l'Arrêt du 15 Août 1685.

Ceux d'Angleterre pour faire ameublemens, 50 l. le cent pesant.

Ceux d'Allemagne & les tapis quarrez, 3 l. la piéce l'un portant l'autre. Tous lesquels droits sont réglez par la Déclaration du Roi Louis XIV. de 1667. en forme de Tarif. Les suivans le sont par celui de 1664.

Les tapis de laine faits à l'aiguille, ou rehaussez de soye, & les tapis de serge avec passemens aussi de soye, dix pour cent de leur valeur.

Enfin, les tapis de poil de chien seulement un sol la piéce.

Les droits de la Douane de Lyon sont,

Pour les tapis de Turquie communs, 40 s. la piéce, tant d'ancienne que de nouvelle taxation.

Pour les mêmes avec soye & or, 6 l. 5 s. de la piéce d'anciens droits, & 4 l. de réapréciation.

Les tapis d'indienne quand l'entrée en est permise, 5 sols.

Les tapis poil de chien, 3 s.

On ne parlera point ici de ces beaux tapis de toile peinte qui viennent des Indes, en ayant été traité ailleurs. *Voyez le Commerce d'Asie, où il est parlé de Masulipatan. Voyez aussi l'article des Toiles.*

TAPIS PALEMBOUX. *Voyez l'article suivant.*

TAPISSENDIS. Sorte de toiles de coton peintes, dont la couleur passe des deux côtez. On en fait des tapis & des courtepointes. Il y en a d'autres qu'on nomme Tapis Palemboux, du lieu où on les fabrique. Ils viennent de Surate. La plûpart sont piquez.

TAPISSER. Tendre une tapisserie, en couvrir les murailles d'un appartement, ou de quelqu'autre lieu. C'est ordinairement l'emploi des Maîtres Tapissiers & de leurs Garçons. *Voyez* TAPISSIER.

TAPISSERIE. Piéce d'étoffe ou d'ouvrage, qui sert à parer une chambre, ou quelqu'autre appartement d'une maison; ce avec quoi on en couvre les murailles.

Cette sorte d'ameublement se peut faire de toutes espéces d'étoffes, comme de velours, de damas, de brocards, de brocatelle, de satin de Bruges, de calmande, de cadis, &c. mais quoi que toutes ces étoffes taillées & montées se nomment Tapisseries, ce qu'on doit néanmoins appeller proprement ainsi, ne sont que les hautes & basses-lisses, les bergames, les cuirs dorez, les tapisseries de tontures de laine qui se font à Paris & à Roüen, & ces autres tapisseries d'une invention assez nouvelle que l'on fait de coutil, sur lequel, avec diverses couleurs, on imite assez bien les personnages & les verdures de la Haute-lisse.

On ne parlera point ici de toutes ces sortes de tapisseries dont on a traité ailleurs, on va seulement indiquer les articles où l'on peut avoir recours.

TAPISSERIE DE BASSE-LISSE. *Voyez* BASSE-LISSE.

TAPISSERIE DE HAUTE-LISSE. *Voyez* HAUTE-LISSE. *Voyez aussi pour l'un & pour l'autre l'article des Gobelins.*

TAPISSERIE DE BERGAME.
TAPISSERIE DE LA RUE S. DENIS. } *V.* BERGAME.
TAPISSERIE DE LA PORTE DE PARIS.

TAPISSERIE DE CUIR DORÉ. *Voyez* CUIR DORÉ.

TAPISSERIE DE TONTURE DE LAINE. *Voyez* TONTURE DE LAINE.

TAPISSERIE DE COUTIL. *Voyez* COUTIL.

TAPISSERIE DE PAPIER. *Voyez* DOMINOTIER.

On fabrique en France de toutes ces sortes de tapisseries; mais il en vient outre cela quantité des Païs Etrangers, particuliérement d'Angleterre & de Flandres; à la réserve pourtant des trois derniéres espéces, qui sont d'invention & de fabrique Françoise.

Toutes ces tapisseries payent différens droits d'entrée & de sortie du Royaume ou des Provinces réputées étrangéres, les unes au cent pesant, les autres à la piéce & d'autres encore à l'estimation.

Le Tarif de 1664 régle tous les droits de sortie & quelques-uns d'entrée; & la Déclaration de 1667, aussi-bien que l'Arrêt du 21 Août 1691, seulement quelques-uns d'entrée. Les droits d'entrée réglez par cet Arrêt sont:

Pour les tapisseries d'Oudenarde neuves & vieilles & autres lieux, excepté Anvers & Bruxelles, 120 l. le cent pesant.

Pour les tapisseries vieilles & neuves d'Anvers, de Bruxelles & d'Angleterre, 240 liv.

Et pour les tapisseries rehaussées d'or & d'argent, vingt pour cent de leur valeur.

Les droits suivans sont réglez par le Tarif de 1664; savoir,

Pour les tapisseries de Filetin & d'Auvergne, 4 l. le cent pesant.

A l'égard de celles de Beauvais, on a dit à l'article de la Haute-lisse, que ces tapisseries ne payoient rien d'entrée & de sortie dans les Bureaux du dedans du Royaume, & seulement 20 francs par tenture de sortie aux Bureaux des frontiéres.

Les tapisseries de Bergame, 10 liv. le cent pesant.

On parle à l'article du Cuir doré des droits que cette marchandise paye.

A l'égard des droits de sortie, ceux portez par le Tarif de 1664 sont,

Pour les tapisseries, ou droguets de Roüen, ou autres lieux avec un filet de soye, d'or ou d'argent faux, le cent pesant, 3 liv.

Les tapisseries, ou bergames de Roüen, le cent pesant comme mercerie 3 liv.

Les tapisseries neuves & vieilles de la Marche, Flandres & d'ailleurs, mêlées d'or & d'argent, à raison de six pour cent de leur valeur.

Les tapisseries fines de la Marche vieilles & neuves sans or ni argent (ce sont celles d'Aubusson & de Filerin) 26 liv. le cent pesant.

Et les tapisseries de Flandres, ou d'ailleurs, excepté Filetin, le cent pesant 13 liv.

Les droits que toutes sortes de tapisseries payent à la Douane de Lyon sont; savoir,

Les tapisseries de Venise avec soye & fil, 14 s. de la livre pesant.

Les tapisseries de cuir doré d'Espagne & autres lieux étrangers, 10 liv. de la bale.

Les tapisseries de cuir ouvrées de soye, 6 s. la douzaine.

Les tapisseries de Flandres, le fond, ou charge de quatre quintaux 24 liv. & pour la réapréciation 4 liv. du cent.

Les mêmes avec or, argent & soye 18 l. 15 s. la piéce d'ancienne taxation, & 6 liv. pour la nouvelle réapréciation.

Les mêmes avec soye sans or, ni argent, 35 l. le fond de quatre quintaux d'ancienne taxation, & 6 l. 5 s. de nouvelle.

Les tapisseries de Feuilletin, la charge de trois quintaux 50 s. d'ancienne taxation, & 24 s. le cent pesant de nouvelle taxation, ou 16 s. 8 d. du quintal, & la réappréciation comme à la charge.

Les tapisseries d'Auvergne & de la Marche, la charge 50 s. d'ancienne taxation, & pour la nouvelle 4 liv. 15 s. le cent pesant.

Tapisseries de Bourgogne, Bergame & Espagne, cuir doré, 8 l. la charge d'anciens droits, & 40 s. le cent pesant de nouveaux.

TAPISSIER. Marchand qui vend, qui fait, ou qui tend des tapisseries & des meubles.

La Communauté des Marchands Tapissiers est très-ancienne à Paris. Elle étoit autre-fois partagée en deux; l'une sous le nom de Maîtres-Marchands Tapissiers de Haute-lisse, sarazinois & rentraiture; l'autre sous celui de Courtepointiers, Neustrez & Coustiers.

La grande ressemblance de ces deux Corps pour leur Commerce donnant occasion à de fréquens différens entr'eux, la jonction & l'union en fut ordonnée par Arrêt de la Cour du Parlement du 11 Novembre 1621, & par trois autres Arrêts des 3 Juillet 1627, 7 Décembre 1629, & 27 Mars 1630. Il fut enjoint aux Maîtres des deux Communautez de s'assembler pour dresser de nouveaux Statuts, & les compiler de ceux des deux Corps; ce qui ayant été fait, les nouveaux Statuts furent approuvez le 25 Juin 1636 par le Lieutenant Civil du Châtelet de Paris, sur l'approbation duquel le Roi Louis XIII. donna ses Lettres Patentes de confirmation au mois de Juillet suivant, qui furent enregistrées en Parlement le 23 Août de la même année.

Ces nouveaux Statuts sont rédigez en cinquante-huit articles. Le premier permettoit aux Maîtres d'avoir deux Apprentifs, qu'ils ne devoient prendre toute-fois qu'à trois ans l'un de l'autre, à la charge de les engager au moins pour six ans. Ce grand nombre d'Apprentifs étant devenu à charge à la Communauté, & les Maîtres dans une Assemblée générale ayant délibéré sur les moyens de remédier à ce désordre, leurs délibérations présentées au Lieutenant de Police, il fut réglé par jugement du 19 Septembre 1670, Qu'à l'avenir les Maîtres ne pourroient engager qu'un seul Apprentif, & non à moins de six ans.

Le dix-septiéme parle de la réception des Apprentifs à la Maîtrise, après avoir servi, outre leur apprentissage, trois ans de Compagnons chez les Maîtres, & après avoir fait Chef-d'œuvre.

Le 32 aussi-bien que les articles suivans jusqu'au 47 inclusivement, réglent la largeur, longueur, matiére & tissures des coutils dont le Commerce est permis aux Maîtres Tapissiers.

Dans le 48 jusqu'au 52 inclusivement, il est pareillement établi les qualitez, longueurs & largeurs des mantes ou couvertures de laine dont le Négoce est aussi accordé ausdits Maîtres.

Dans le 56 on traite de l'élection des Maîtres de la Confrairie le lendemain de la S. Louis, & de celle des Jurez le lendemain de la S. François. Les Jurez doivent être au nombre de quatre, un de Haute-lisse sarazinois, deux Courtepointiers & un Neutré. Deux des quatre Jurez sortent chaque année, en sorte qu'ils sont tous deux années de suite en Charge. Ils sont obligez de faire leurs visites de deux mois en deux mois.

Les autres articles sont de discipline, & marquent les marchandises que les Maîtres Tapissiers peuvent vendre, & les ouvrages qu'ils peuvent faire.

Tapissier-Lainier. C'est l'Ouvrier qui dans les manufactures où se fabriquent les tapisseries de tonture de laine applique cette laine réduite en poussiére sur les parties de l'ouvrage du Peintre à mesure qu'il le peint, & avant que la peinture soit tout à fait séche. *Voyez* Tonture, *où l'on traite de ces sortes d'ouvrages.*

Tapissier en papier. C'est une des qualitez que prennent à Paris les Dominotiers-Imagers, c'est à dire, ces sortes de Papetiers-Imprimeurs qui font le papier marbré, ou qui en mettent en diverses autres couleurs. Ils sont appellez Tapissiers, parce qu'en effet ils gravent, impriment & vendent des feuilles de papier où sont représentez par parties différens desseins, dont en les réünissant & les colant ensemble on compose des tapisseries rehaussées de couleurs qui font un assez agréable effet. *Voyez* Dominotier. *Voyez aussi* Gravure en bois.

TAPPE', ou TAPE'. On appelle du Sucre tappé, du sucre, que des Affronteurs vendent aux Isles Antilles pour du sucre royal; quoi que ce ne soit véritablement que du sucre terré, c'est à dire, de la cassonade blanche préparée d'une certaine maniére. On l'appelle Sucre tappé, parce qu'on le tappe & qu'on le bat fortement en le mettant dans les formes. *Voyez* Sucre Tappe'.

TAPPER UNE FORME. Terme de sucrerie. C'est boucher le trou qui est à la pointe d'une forme de sucre avec du linge, ou de l'étoffe, pour empêcher qu'elle ne se purge, c'est à dire, que le syrop n'en sorte, jusqu'à-ce qu'elle soit en état d'être percée avec le poinçon. *Voyez* Sucre terre'.

TAPSEL. Grosse toile de coton rayée, ordinairement de couleur bleuë, qui vient des Indes Orientales, particuliérement de Bengale.

Cette sorte de toile a dix aunes de long sur trois quarts à cinq six de large. C'est une des meilleures marchandises que les Européens portent sur les Côtes de Guinée pour la traite des Négres. *Voyez l'article du Commerce d'Afrique.*

TAQUIS. On appelle Toiles en Taquis, des toiles de coton qui se fabriquent à Alep & aux environs. Ces toiles font une partie du Négoce des Nations Chrêtiennes dans cette Echelle, particuliérement des François. *Voyez* Toile de Coton.

TARAGAS. Animal dans le ventricule duquel se trouve le bézoard Occidental. *Voyez* Bezoard du Perou.

TARARE. Sorte de toile qui prend son nom du lieu où elle se fabrique. *Voyez* Toile, *où il est parlé de celles de Beaujolois.*

TARAU, ou TAROT. Morceau d'acier rond, taillé en vis & bien trempé, qui sert à faire des écrous. Il y a des taraux pour des écrous de fer, & d'autres pour des écrous de bois. *Voyez* Filiere.

Les Taraux payent les droits de la Douane de Lyon à raison de 9 l. de la caisse.

TARAUDER. Faire un écrou avec un tarau.

TARC, ou BRAI LIQUIDE. C'est ce qu'on nomme autrement Goudran. *Voyez* Goudran.

TARE,

TARE, ou TARRE. Monnoye de la Côte de Malabar. La tare est une petite monnoye d'argent qui vaut six deniers. Les seize tares valent un fanon, qui est une petite piéce d'or qui vaut huit sols monnoye de France.

TARE. Se dit aussi de toutes sortes de défauts ou de déchets qui se rencontrent sur le poids, sur la qualité, ou sur la quantité des marchandises. Le Vendeur tient ordinairement compte des tares à l'Acheteur.

TARE. Se dit encore du rabais ou diminution que l'on fait sur la marchandise par raport au poids des caisses, tonneaux ou embalages.

Les tares sont différentes suivant les différentes sortes de marchandises; y en ayant même où il ne s'en accorde aucune. Elles sont beaucoup plus communes & bien plus en usage en Hollande qu'en France; & un Auteur moderne qui a traité du Négoce d'Amsterdam, estime que c'est une des choses qu'un Marchand doit le moins ignorer, s'il veut faire son Commerce avec sûreté.

Quelque-fois la tare est, pour ainsi dire, réglée par l'usage; mais le plus souvent, pour éviter toute contestation, l'Acheteur doit en convenir avec le Vendeur.

On va donner quelques exemples des tares qui s'accordent à Amsterdam, renvoyant le Lecteur, pour un plus grand détail, à la Table que le Sieur Ricard en a donné dans le septiéme chapitre de son Négoce d'Amsterdam de l'édition de 1722.

Les laines d'Espagne ont, pour ainsi dire, deux sortes de tares. Premiérement on déduit la tare qui est marquée sur les bales, après quoi on donne 24 liv. de tare sur 175 liv. pesant; & encore on en réduit 21 mois de rabat, & un pour cent de prompt payement. Il est vrai que pour les laines communes les Vendeurs ne veulent donner ordinairement que 14 pour cent de tare en tout; mais c'est en ce cas qu'il faut faire auparavant sa condition pour l'évaluation de la tare.

La tare de l'alun de Rome est de 4 liv. par sac.

De l'azur 32 liv. par baril.

Du beurre de Bretagne & d'Irlande vingt pour cent.

Du borax brut 15 liv.

Du brai de Bayonne 120 liv. par barique, & de celui de Bordeaux 90 liv.

De la canelle 17 liv. par fardeau.

Des câpres 33 pour cent.

Du gingembre confit 60 liv. par baril.

De l'huile de laurier 20 pour cent.

Du poivre blanc 40 liv. par baril.

Du poivre brun 5 liv.

Du quinquina 12 & 14 liv. par seron.

TARE D'ESPECES. Diminution que l'on souffre par raport au changement des monnoyes.

TARE DE CAISSE. Perte qui se trouve sur les sacs, soit sur les fausses espéces, soit sur les mécomptes en payant & recevant. On passe ordinairement aux Caissiers des tares de caisses.

TARJETTE, ou TERJETTE. Petit morceau de gros cuir, que les Ouvriers Laineurs, ou Eplaigneurs s'attachent sur le dos des doigts de la main qu'ils nomment Main de devant, pour empêcher de se les écorcher en travaillant avec la croix où sont montées les bosses de chardon vif dont ils se servent pour lainer, ou éplaigner les étoffes sur la perche. *Voyez* LAINEUR.

TARIF, ou TARIFFE. Table, ou catalogue ordinairement dressé en ordre alphabétique, qui contient en détail le nom de plusieurs espéces de marchandises, le prix qu'elles se vendent, ou les droits qu'elles doivent payer.

En France l'on ne peut lever aucuns droits dans les Bureaux des Douanes, dans ceux des entrées des Villes; enfin, sur aucune espéce de marchandises, soit à l'entrée, soit à la sortie du Royaume, ou des Provinces réputées étrangéres, qu'en conséquence des Tarifs arrêtez au Conseil du Roi, & ordonnez par des Edits, Déclarations & Arrêts du Conseil de Sa Majesté.

Les principaux Tarifs, soit généraux pour tout le Royaume, soit particuliers pour quelques Villes, ou Provinces, sont ceux du 27 Novembre 1632 pour la Douane de Lyon; du 14 Décembre 1651 pour celle de Valence; du 21 Août 1661, & du 18 Septembre 1664, pour tout le Royaume & pour toutes sortes de marchandises; du 18 Avril 1667 seulement pour quelques espéces de marchandises; du 13 Juin 1671, & du 22 Septembre 1688, pour la Flandre Françoise; du 29 Mai 1699 pour les marchandises du crû des Hollandois; enfin, quantité d'Arrêts rendus en divers tems qui augmentent ou diminuent les droits réglez par tous ces Tarifs; entr'autres les Arrêts du 15 Janvier 1671, Juillet 1681, 15 Août 1685, 8 & 25 Novembre & 20 Décembre 1687; 14 Août, 7 Septembre, 29 Novembre & 7 Décembre 1688; 10 Mai, 14 Juin & 12 Juillet 1689; 24 Janvier & 25 Avril 1690; 30 Janvier & 21 Août 1691, 22 Mars & 3 Juillet 1692; enfin, 17 Mars, 12 Mai & 16 Octobre 1693, & quelques autres, tous rendus sous le Régne de Louïs XIV. Il y en a aussi quelques-uns du Régne de Louïs XV, particuliérement ceux du premier Août 1716, du mois d'Avril 1717, & deux du 26 Mars 1722.

On ne parlera que des Tarifs de 1664 & 1667, à cause des changemens qui y sont arrivez, & des exceptions ou explications qui les diminuent ou les augmentent en certains cas.

Le premier article du titre premier de l'Ordonnance sur le fait des cinq grosses Fermes ordonne, Que les droits de sortie & d'entrée seront payez suivant les Tarifs arrêtez au Conseil és années 1664 & 1667, & Arrêts depuis intervenus; ce qui s'entend principalement de l'Arrêt du 30 Août 1678 en faveur des Sujets des Etats Généraux, qui les décharge du Tarif de 1667, & qui les réduit à celui de 1664. Ceci a été changé depuis par le Tarif de 1699, qui a augmenté les droits de plusieurs marchandises du crû des Hollandois, comme on le dira plus bas.

Le motif de ce Tarif de 1664 fut la plus grande facilité du Commerce, embarrassé & interrompu jusques-là par un grand nombre de divers petits droits que Sa Majesté trouva à propos de réünir & de réduire en un seul, pour être payé à la sortie ou entrée du Royaume, ou des Provinces réputées étrangéres par toutes sortes de personnes & sur toutes sortes de marchandises; le tout compris, caisses, tonneaux, bales, cordages, serpilliéres & tous autres embalages, à l'exception cependant des marchandises d'or, d'argent & de soye, & des drogueries & épiceries, sur lesquelles le poids des embalages doit être déduit; ce qui a été depuis confirmé par le deuxiéme article du premier titre de l'Ordonnance des cinq grosses Fermes.

Les droits pour les sorties qui furent supprimez en conséquence de ce Tarif, sont les droits appellez Resue, ou Domaine forain, le haut passage, les impositions foraines, les traites domaniales, le Trépas de Loire, les traites & nouvelles impositions d'Anjou, leurs augmentations & réappréciations & les droits y joints, avec le parisis douze & six deniers pour livre.

Les droits pour les entrées aussi abolis par le même Tarif, sont les droits nommez Entrées des drogueries & épiceries, grosses denrées & marchandises, Ecu pour quintal d'alun, Ecu pour tonneau de mer, réappréciations d'iceux & des augmentations faites sur certaines espéces de marchandises en conséquence des Déclarations des années 1638, 1647 & 1654, des autres droits y joints, & du parisis douze & six deniers pour livre de tous lesdits droits.

Les exceptions, interprétations, ou diminutions, concernant le payement desdits droits de sortie établis par le nouveau Tarif; sont,

1. Que les marchandises & denrées qui seront venduës & échangées, & qui sortiront durant les Foires qui se tiennent en la Ville de Roüen dans le tems de la Chandeleur & de la Pentecôte, ne payeront que la moitié des droits.

2. Que les denrées & marchandises qui pareillement sortiront de la Ville de Lyon hors le tems des Foires de ladite Ville, ne payeront aussi que la moitié des mêmes droits, en représentant l'aquit des anciens droits engagez en ladite Ville, certifié par les Commis de la Douane.

3. Qu'il ne sera non plus payé que ladite moitié des droits pour les marchandises & denrées qui sortiront toute l'année pour aller & être consumées en la Ville de Sedan.

4. Que sur celles transportées par les Ecossois en leur Païs, il ne sera payé que les trois quarts desdits droits, en se purgeant par eux par serment en la maniére accoûtumée; a l'exception néanmoins dans tous lesdits cas des droits de la traite domaniale, qui seront toûjours levez en leur entier.

5. Enfin, les drogueries & épiceries venuës des Païs étrangers, & dont les droits d'entrée se justifieront avoir été payez, & qui ressortiront le Royaume, sont déchargées de tout droit de sortie.

Il n'y a qu'une seule exception pour les droits d'entrée en faveur des Habitans de la Ville de Lyon, qui sont déchargez des trois quarts des droits de toutes les marchandises qui entreront pour eux, & qui seront conduites directement à Lyon, en prenant pourtant par les Marchands, Facteurs & Conducteurs desdites marchandises, des aquits à caution pour aller payer les droits de la Douane de ladite Ville de Lyon.

Les Provinces de France à l'entrée & à la sortie desquelles les droits doivent s'aquiter, sont la Normandie, Picardie, Champagne, Bourgogne, Bresse, Poitou, Berry, Bourbonnois, Anjou, le Maine, Thouars & Châtellenie de Chantoceaux & leur dépendance.

Le Tarif de 1667 qui augmente considérablement les droits d'entrée de marchandises & manufactures étrangéres, & où l'on régle si peu de chose sur les droits de sortie, semble n'avoir été dressé, & son exécution ordonnée sous les mêmes peines portées par le Tarif de 1664, que pour favoriser l'établissement des manufactures en France, & la consomption des marchandises de fabrique Françoise dans le Royaume, à quoi M. Colbert donnoit alors toute son attention.

Dix ans après que ce Tarif eût été établi, & au sortir de cette Guerre dont les commencemens avoient pensé être si fatals à la République de Hollande, les Hollandois rentrez dans les bonnes graces de Louis XIV. demandérent d'être renvoyez & remis à celui de 1664; ce qu'ils obtinrent, comme on l'a dit ci-dessus; celui de 1667 restant d'ailleurs dans toute sa force pour les autres Nations & pour les François même.

La Ligue d'Ausbourg & l'invasion d'Angleterre en 1688, ayant de nouveau engagé la France dans une Guerre avec la République de Hollande, qui finit en 1697 par le Traité de Ryswick; & ayant été dit par l'article 12 du Traité de Commerce, qui fut conclû au même lieu entre les deux Nations, qu'on feroit un Tarif commun suivant la convenance réciproque, il en fut en effet dressé un à Paris par des Commissaires du Roi & des Etats Généraux le 29 Mai 1699, ratifié le 30 Juillet ensuivant, mais qui ne commença à s'éxécuter que du premier Janvier 1700.

A peine l'éxécution en étoit-elle commencée que l'acceptation du Testament de Charles II. Roi d'Espagne en faveur du Duc d'Anjou, alluma dans l'Europe une Guerre sanglante; mais le Traité d'Utrecht l'ayant terminée en 1713, le Tarif de 1699 reprit force & fut remis sur pied; & c'est de lui que l'on se sert aujourd'hui entre la France & la Hollande.

Outre la qualité des marchandises & la qualité du droit qu'elles doivent payer, expliquées dans ce Tarif par ordre alphabétique, selon la forme accoûtumée de tous les autres Tarifs, les Commissaires y ont réglé en dix articles ce qui peut concerner les droits & marchandises qui n'y sont pas exprimez.

Par les principaux de ces articles il est dit:

1. Que toutes lesdites denrées & marchandises du crû, des pêches & de la fabrique des Sujets des Etats Généraux, spécifiées dans cette convention, payeront les droits qui y sont marquez à toutes les entrées du Royaume.

2. Que lesdites denrées & marchandises comme dessus non comprises dans la convention, ensemble toutes les marchandises de leur Commerce contenuës dans le Tarif de 1667, ou dans les Déclarations & Arrêts postérieurs, payeront les droits ordonnez par les Tarifs, Arrêts & Déclarations de 1667, & années suivantes.

3. Que toutes les autres denrées & marchandises du crû, de la pêche & fabrique des Sujets des Etats Généraux, ensemble celles de leur Commerce non comprises dans le présent Tarif, ni dans celui de 1667, non plus que dans lesdites Déclarations & Arrêts, payeront les droits d'entrée & de sortie suivant le Tarif de 1664 où il a cours, & suivant les autres Tarifs où il y en a de particuliers.

4. Que toutes les denrées & marchandises dont les droits ne sont fixez par aucun de ces Tarifs, Déclarations & Arrêts, payeront cinq pour cent à la sortie, & cinq ou dix pour cent à l'entrée suivant les deux derniers articles du Tarif de 1664, ou suivant qu'il est réglé par les Tarifs particuliers.

5. Que les Edits, Déclarations & Arrêts qui fixent les Ports

Ports & les Bureaux par où doivent entrer dans le Royaume certaines sortes de marchandises, & ceux qui défendent l'entrée de certaines autres espéces, seront éxécutez.

6. Que pareillement les denrées & marchandises du crû, fabrique & Commerce des Sujets du Roi, comprises dans la convention, ne payeront les droits que sur le pied qu'ils y sont réglez; & qu'à l'égard de celles qui n'y sont pas spécifiées, elles les payeront suivant qu'ils sont portez par les Tarifs des Provinces-Unies alors établis.

On a crû à propos d'ajoûter à la fin des articles des marchandises, drogues & épiceries contenuës dans ce Dictionnaire, les droits qu'elles sont obligées de payer, soit à l'entrée, soit à la sortie de France, conformément aux Tarifs de 1664 & 1667, aussi-bien que par celui de la Douane de Lyon de 1632, & tous les Arrêts rendus depuis 1664 jusqu'en 1722, persuadé qu'on a été que ce détail ne peut être que très-utile, particuliérement aux jeunes Négocians.

C'est aussi dans le même dessein qu'outre l'article général de la Contrebande, on a remarqué à chaque article les marchandises qui y sont comprises, soit pour l'entrée, soit pour la sortie.

Outre ces Tarifs généraux pour toutes sortes de marchandises sortant du Royaume & des Provinces réputées étrangéres, ou y entrant, dont on vient de parler, il y en a plusieurs autres pour le payement des droits sur quantité de marchandises ou denrées particuliéres, comme sur les toiles, canevas, coutils, futaines & treillis; sur les huiles de toutes sortes; sur le poisson de mer frais & salé, soit pour l'abord, soit pour la consomption; enfin, sur beaucoup d'autres diverses espéces de marchandises sur lesquelles on les a perçûs de toute antiquité, ou que les longues Guerres du Régne de Louïs XIV. l'avoient obligé d'imposer: mais outre qu'il seroit long & ennuyeux de les raporter tous, il seroit peut-être assez inutile, quelques-unes de ces impositions étant supprimées depuis le Régne de Louïs XV. & y ayant même espérance de voir les plus onéreuses des autres abolies dans la suite.

Les Tarifs étant inutiles, s'ils ne sont connus aux Voyageurs, aux Marchands & aux Voituriers, il est ordonné par plusieurs Edits, Déclarations, Ordonnances, Réglemens & Arrêts du Conseil & de la Cour des Aydes, de les afficher à la porte des Bureaux, ou en quelque lieu au dedans apparent & à la vûë de tout le monde, pour empêcher également, & que les droits du Roi ne soient fraudez, & que les Commis n'en éxigent plus qu'il n'en est fixé.

L'inéxécution de ce sage Réglement étant très-préjudiciable au public, la Cour des Aydes de Paris, sur la réquisition de son Procureur Général, a crû nécessaire en 1718, d'ordonner de nouveau par un Arrêt du six Août, Que l'article 39 du Titre commun de toutes les Fermes, l'article 6 du Titre 14 de l'Ordonnance de 1687, l'Edit du mois de Juin 1716, & l'Arrêt de la même Cour en forme de Réglement du 20 Mars 1717, seroient éxécutez selon leur forme & teneur; & en conséquence que les Fermiers & les Commis, notamment ceux des Douanes, seroient tenus de mettre au dehors sur la porte du Bureau, ou autre lieu apparent, des tableaux ou inscriptions contenant en général les droits de la Ferme; & de mettre dans le Bureau, aussi en lieu apparent, un Tarif éxact & en détail de tous lesdits droits, pour que les Marchands & autres puissent en prendre communication, sous les peines portées dans lesdites Déclarations, Edits, Arrêts, &c.

Ce seroit ici le lieu de raporter les Tarifs des Nations étrangéres avec lesquelles la France entretient son principal Commerce; comme sont entr'autres, les Espagnols, les Anglois & les Hollandois; mais comme on ne les a eu jusqu'ici que par extraits, on s'est contenté d'en parler aux articles des droits d'entrée & de sortie, ou à celui du Commerce de ces Nations.

TARIF. On appelle aussi Tarif en fait de monnoyes, non seulement cette partie des Déclarations & Edits qui marque le titre des nouvelles especes, & combien il doit y en avoir de chacune à la taille du marc de l'or ou de l'argent; mais encore ces petits livrets que dressent d'habiles Arithméticiens, pour aider au public à faire plus facilement leurs calculs, & qui ont été si nécessaires dans les fréquentes remarques, refontes, augmentations & diminutions des espéces d'or & d'argent qui ont été faites dans ces derniers tems.

TARIF, ou PANCARTE. Se dit encore d'une espéce de tableau, ou affiche qui se met aux portes des Bureaux établis de la part du Roi, ou des Seigneurs particuliers aux entrées des Villes, ou sur les ponts, ports, peages & passages, &c. où se lévent certaines impositions sur diverses sortes de marchandises & de denrées. Ces Tarifs servent à faire connoître aux Marchands & Voituriers la taxe qui a été faite de ces droits, & quelles sortes de marchandises y sont sujettes.

TARIF. La Compagnie des Glaces établie à Paris a aussi son Tarif, qui contient toutes les largeurs & hauteurs des glaces qu'elle fait fabriquer, & le prix qu'elle les vend; ce qui est d'une grande commôdité pour les Bourgeois & pour les Miroitiers.

Ces derniers, à qui seuls il est permis aux Commis de la Manufacture d'en vendre, profitent des fractions de pouces; le Tarif n'employant point les lignes depuis ce qu'on appelle Glace de numéro. *Voyez* GLACE, *on y entre dans un plus grand détail sur ce Tarif.*

TARIFS, ou COMPTES FAITS. Ce sont des espéces de tables dans lesquelles on trouve des réductions toutes faites de différentes choses, comme des poids, mesures, monnoyes, rentes à divers deniers, &c. Rien n'est si commode dans le Commerce que ces sortes de Tarifs; mais il est bon de les avoir vérifiez avant que de s'en servir, on en parle par expérience. *Voyez* COMPTES FAITS.

TARIN. Monnoye de compte dont les Banquiers & Négocians de Naples, de Sicile & de Malte se servent pour tenir leurs livres.

Le tarin à Naples vaut environ treize sous de France. A Malte il vaut vingt grains; ce qui revient presque au même.

Au dessus du tarin de Palerme & de Messine est l'once, au dessous sont les grains & les piccolis: ainsi les changes s'évaluent & les livres de Commerce se tiennent dans ces deux Villes par onces, tarins, grains & piccolis, qui se somment par trente, par vingt & par six, en prenant l'once sur le pied de trente tarins, le tarin pour vingt grains, & le grain pour six piccolis.

TERNANTANE-CHAVONIS, Mousseline, ou toile de

de coton blanche très-claire, qui vient des Indes Orientales, particuliérement de Pondichery. La piéce de ces mousselines porte six aunes & demie de long sur trois quarts de large.

Il y a encore deux sortes de toiles de coton à qui on donne le nom de Tarnantane; savoir les betilles Tarnantanes, & les mallemolles tarnantanes. Les premiéres se tirent aussi de Pondichery, les autres du Bengale. *Voyez* Betille & Mallemolle. *Voyez aussi l'article général des Mousselines.*

TARRIERE. Outil qui sert pour percer le bois, & y faire des trous considérables. Il y en a de grandes, qui font celles qu'on appelle proprement Tarriéres; de petites qu'on nomme Lacerets, & d'autres qu'on appelle Amorçoirs. Les tarriéres & les lacerets ne sont différens que par la grandeur & par la force. La méche des uns & des autres est de fer acéré, creusé en demi canal par le bas, dont l'extrémité est un peu détournée pour mieux mordre le bois, à peu près comme la méche d'un villebrequin. L'amorçoir sert à commencer le trou de la tarriére. Sa méche est plate & faite en langue de chat.

Les Charpentiers & les Charrons se servent de ces trois sortes de tarriéres; les Menuisiers n'ont guére que des lacerets. Les Tonneliers ont aussi une espéce de tarriére, mais différente de celle-ci; elle leur sert pour percer les trous des bondons qu'ils font aux ouvrages neufs de tonnelerie. *Voyez* Tonnelier.

TARTRE. Espéce de sel qui s'éléve des vins fumeux, & qui s'attachant au haut des tonneaux, forme une croûte qui s'endurcit, & qui prend la consistence de la pierre.

Le tartre est blanc, ou rouge, suivant la couleur du vin d'où ce sel s'est élevé. Le meilleur est celui qui vient d'Allemagne, parce qu'il se tire de ces foudres monstrueux dont quelques-uns tiennent jusqu'à mille pipes de vin, & qu'ainsi il y peut prendre plus d'épaisseur, qui est une des qualitez qu'on doit observer pour la bonté du tartre: celui de Montpellier est ensuite le plus estimé; & celui de Lyon après, qu'on appelle vulgairement Gravelle, qui ne différe en rien de celle de Paris, sinon qu'elle est un peu plus épaisse & plus haute en couleur.

Le tartre blanc est préféré au rouge, étant effectivement le meilleur. Les marques du bon tartre, soit blanc, soit rouge, sont, qu'il soit épais, facile à casser, brillant & peu terreux.

Les Teinturiers mettent le tartre au nombre des drogues non colorantes; c'est à dire, qui ne servent point à donner de la couleur aux étoffes, mais qui les préparent à la recevoir. Cette drogue bien ou mal employée dans les bains ou bouillons, met une grande différence dans les teintures.

La crême ou cristal de tartre qu'employent les Teinturiers du grand teint, n'est autre chose que le tartre blanc ou rouge mis en poudre, & ensuite par le moyen de l'eau bouillante, de la chausse & de la cave, réduit en petits cristaux blancs.

La meilleure crême de tartre est apportée de Montpellier. Il s'en fait aussi à Nismes & aux environs, mais elle n'est pas si bonne.

Les Artistes font bien des préparations chymiques avec le sel de tartre, & entr'autres le sel vegetal, ou tartre soluble, le tartre chalibé, ou martial, le tartre martial soluble, le tartre émétique, l'esprit de tartre, l'huile de tartre, de la teinture de sel de tartre, du tartre vitriolé, du sel volatile de tartre, &c. que l'on peut voir dans les Pharmacopées, ou dans les ouvrages de chymie.

La crême de tartre paye en France les droits d'entrée à raison de 3 l. le cent pesant, conformément au Tarif de 1664.

Les droits de la Douane de Lyon sont de 10 s. le quintal.

TAS. Amas de plusieurs choses mises ensemble en un monceau. Un tas de blé, Un tas d'avoine, Un tas de pierres, &c. On se sert de ce terme dans le Commerce, lors qu'on fait ce qu'on appelle des Marchez en bloc & en tas. Ainsi on dit, Voulez-vous me vendre, Voulez-vous acheter ce tas de fagots, ce tas d'échalas, lors qu'on ne veut pas entrer dans le détail ni dans le compte des échalas ou des fagots qu'on veut acheter, ou vendre.

Tas. Signifie aussi parmi plusieurs Ouvriers le lieu où ils doivent placer leur ouvrage lors qu'il est fini, sur tout quand ils se proposent de l'achever entiérement en le plaçant. Nous finirons cela sur le tas: il faudra scier cette corniche sur le tas.

Tas. Est encore une sorte d'outil ou d'instrument assez semblable à une petite enclume soûtenuë sur un pied de fer, ou de plomb, dont quelques Ouvriers, comme les Serruriers, Fourbisseurs, Arquebusiers, &c. se servent sur leur établi pour travailler aux ouvrages les plus legers. Les Orfévres s'en servent pareillement, & en ont toûjours sur leurs bureaux, ou comptoirs peur les petits ouvrages de jouaillerie & d'orfévrerie.

Tas. Les Monnoyeurs appellent quelque-fois le Tas, ce que plus communément ils nomment le Sepeau. *Voyez* Monnoyage.

Tas. C'est chez les Ouvriers qui font des boutons de métail en lame, la matrice dans laquelle ils frappent les lames d'or, d'argent, de cuivre, &c. dont doivent être faits leurs boutons, pour leur donner les diverses empreintes qui servent à les embellir. Cette matrice est un morceau d'acier de forme cubique, d'environ deux pouces en carré. Le dessus est gravé en creux, & par dessous il a une espéce de pied de fer qui se termine en pointe, qui sert à l'affermir dans un trou du billot de l'établi, sur lequel l'Ouvrier emboutit son ouvrage, c'est à dire, le frappe dans la cavité du tas.

Ce sont les Maîtres Graveurs & Tailleurs sur métail qui font ces matrices, & qui gravent les poinçons qui servent à les frapper; ce qui se fait à peu près de la maniére qu'on travaille les carrez ou matrices de la monnoye & des médailles.

Tas. Signifie encore l'instrument dont se servent les Couteliers pour retenir les mitres des couteaux de table; c'est à dire, y former ce rebord qui est entre la lame du couteau, & la soye ou queuë qui sert à l'emmancher.

TASCHE. Ce qu'un Ouvrier peut faire d'ouvrage pendant un certain tems qu'on lui fixe, ou qu'il se fixe lui-même. Voila ma tâche pour toute la semaine. Vous ferez cela pour votre tâche ce matin.

Tasche. Se dit encore de l'ouvrage même. J'ai achevé ma tâche: Vous ne finirez jamais votre tâche.

Tasche. S'entend quelque-fois par opposition à journée. Ce

Ce Compagnon eſt à ſa tâche, & non pas à la journée; c'eſt à dire, qu'il doit rendre une certaine quantité d'ouvrage qu'il entreprend pour un prix convenu, ſans être obligé de travailler toute la journée, mais ſeulement quand il veut, &, comme on dit, à ſes peines & aiſemens. *Voyez* JOURNÉE.

TASCHE. On dit auſſi, Faire un marché en tâche & en bloc, pour ſignifier un marché en gros, où l'on n'entre point dans le détail, & qu'on fait ſans mettre prix ſur chaque piéce. J'ai acheté le reſte de ſa marchandiſe, le fond de ſa boutique en tâche & en bloc.

TASOT. C'eſt la vingt-quatriéme partie du cobit, ou aune de Surate. Chaque taſot a un peu plus qu'un pouce de Roi, en ſorte que le cobit eſt de deux pieds ſeize lignes. *Voyez* COBIT.

TASSEAU, que l'on appelle auſſi MANICLE. Inſtrument qui ſert aux Tondeurs de draps pour faire aller les forces avec leſquelles ils tondent les étoffes. *Voyez* MANICLE.

TASSEAU. C'eſt auſſi une eſpéce de petite enclume qui ſe met ſur un établi de Serrurier, ou d'autres Ouvriers. Il y en a de deux ſortes, l'un qui eſt tout quarré, & l'autre qui a un bec comme la bigorne. C'eſt ſur le taſſeau que l'on coupe & que l'on perce les petites piéces de fer: il ſert auſſi à les dreſſer & à les river.

TAVELÉ, TAVELÉE. Qui a des taches ou des marques ſur la peau. Ainſi l'on dit, qu'une peau de tigre ou d'autre animal, propre à faire des fourrures, eſt bien tavelée; pour dire, qu'elle eſt également tachetée, ou mouchetée.

TAVELER. Les Pelletiers & Fourreurs diſent Taveler l'hermine; pour dire, la moucheter, ou la tachèter de petits morceaux de peau d'agneau de Lombardie, dont la laine ou le poil eſt très-luiſant & très noir.

TAVELLE. Eſpéce de Paſſement fort étroit qu'on met quelque-fois en guiſe de paſſepoil ſur les coutures des habits pour les marquer.

TAVELLE. C'eſt auſſi une eſpéce de petite tringle de bois très-plate, qui ſert à batre la trême de ce qu'on appelle un petit Métier. *Voyez* METIER.

TAVELURE. C'eſt la bigarure d'une peau qui eſt tavelée. La tavelure de cette peau de tigre eſt parfaitement belle.

TAVERNE, lieu où l'on vend du vin en détail. On mettoit autre-fois de la différence entre une Taverne & un Cabaret; celui-ci étant le lieu où l'on vendoit le vin à pot, & celle-là où on le débitoit à aſſiette. Préſentement on ſe ſert de l'un & de l'autre à peu près dans la même ſignification; à la réſerve pourtant, que le mot de Taverne eſt plus injurieux que celui de Cabaret, lors qu'on veut reprocher à quelqu'un qu'il fréquente ces ſortes de lieux. *Voyez* CABARET.

TAVERNIER. Celui qui tient Taverne. Il y a dans les Ordonnances de la Ville de Paris, & dans celles des Aydes, divers articles qui ſervent de Réglement aux Taverniers pour la vente du vin en détail: mais comme ils leur ſont communs avec les Cabaretiers, & qu'ils ſont rapportez à l'article de ces derniers, on peut y avoir recours. *Voyez* CABARETIER.

TAURE. Que l'on appelle auſſi Geniſſe. Jeune vache qui n'a point encore porté de veau, & dont le taureau n'a point approché. La chair de jeunes taures bien graſſes, eſt fort eſtimée à la boucherie. Elles fourniſſent outre cela pour le Commerce les mêmes marchandiſes que l'on tire de la vache. *Voyez* VACHE.

TAUREAU. Animal domeſtique à quatre pieds, qui mugit, qui rumine, qui a des cornes ſur le front, & les pieds fourchus. Lors que le taureau eſt jeune on l'appelle d'abord Veau, & enſuite Taurillon. S'il eſt châtré on le nomme Bœuf. Sa femelle eſt la Vache. L'on n'éléve le taureau en Europe que pour la propagation de l'eſpéce, ſa chair étant peu bonne à manger, & lui n'étant guére propre au tirage. C'eſt en quelques lieux un droit de Seigneur d'obliger ſes Vaſſaux d'amener leurs vaches au taureau de la Seigneurie, qu'on appelle de-là un Taureau Banal.

Les Taureaux & Taurillons venant des Païs étrangers payent en France les droits d'entrée à raiſon de 3 l. la piéce. S'ils viennent des Provinces du Royaume où les Bureaux ne ſont pas établis, ils payent ſeulement 8 ſ.

Les droits de ſortie pour les Taureaux de deux à trois ans, ſont de 26 ſ. la piéce; les uns & les autres conformément au Tarif de 1664.

TAUREAU SAUVAGE. Se dit par oppoſition à taureau domeſtique. C'eſt un taureau non aprivoiſé qui eſt né, & qui vit en liberté dans les forêts & dans les plaines des Païs peu habitez.

Pluſieurs Iſles de l'Amérique & quelques Provinces de ſon continent, nourriſſent quantité de ces ſortes de taureaux, dont les peaux font une partie de leur Commerce, & un Commerce très-avantageux & très-riche. Il s'en trouve auſſi beaucoup, mais de moins beaux & de moins forts, ſur pluſieurs Côtes de l'Affrique, deſquels les Vaiſſeaux Européens qui y vont en traite, font une partie de leur retour. Les Côtes de Barbarie, du Cap verd, &c. ſont celles d'Affrique où il s'en charge le plus; & pour l'Amérique, l'Iſle de S. Domingue, la Havanne, & Buenos-Aires; qui ſont des Ports de la domination Eſpagnole.

Les taureaux de l'Amérique qui s'y trouvent préſentement, ſur tout dans quelques parties du continent, en ſi grande quantité, qu'il ſemble qu'on n'en puiſſe épuiſer les forêts & les plaines, y ont été apportez d'Europe; & l'on dit que ceux de Buenos-Aires qui ſont en ſi grand nombre, qu'on eſt preſque tenté de croire qu'il y a de l'éxagération dans ce qu'on en rapporte, viennent tous d'un taureau & de ſept vaches qui y paſſérent avec quelques-uns des premiers Conquérans de ce nouveau monde.

L'on va ſeulement parler ici du Commerce des peaux de taureaux qui ſe fait à Buenos-Aires, ayant traité ailleurs des cuirs de S. Domingue & de la Havanne, auſſi-bien que de ceux de Barbarie & des Côtes d'Affrique. *Voyez l'article du Commerce aux Paragraphes où il eſt traité de celui de ces divers lieux.*

La chaſſe des taureaux ne ſe fait pas dans le continent de l'Amérique méridionale comme dans l'Iſle de S. Domingue, où les Boucanniers François les ſuivent avec des chiens, & les tuent à bale ſeule avec des fuſils. A Buenos-Aires les Eſpagnols chaſſent les taureaux à cheval, armez pour principale arme d'une eſpéce de longue lance au bout de laquelle, au lieu du fer ordinaire, eſt un croiſſant d'acier bien tranchant & bien afilé.

Les Chasseurs s'étant associez plusieurs ensemble, se séparent dans la campagne pour former une plus grande enceinte; & poussant devant eux toutes les bêtes à cornes qu'ils rencontrent, & qui fuyent à leur vûë, ils les réünissent comme en un seul troupeau. Alors voltigeant autour & choisissant les taureaux, (les vaches étant négligées dans cette chasse) chaque Taurador ou tueur de taureau tourne le sien avec tant d'adresse, que lui gagnant la croupe il lui coupe le nerf d'un des jarets de derriére avec le croissant tranchant de sa lance; & quand les Chasseurs en ont ainsi démonté autant qu'il leur est possible, ce qui empêche ces animaux de fuir, ils viennent les achever ou avec une lance, ou avec un javelot qu'ils leur lancent avec une adresse & une force infinie, ou au milieu des cornes, ou au défaut de l'épaule; en sorte qu'il y en a peu qui ait besoin d'un second coup pour mettre la bête à bas.

Ces taureaux sont d'une grandeur demesurée, & les cuirs qu'on en tire, que pour toute préparation on se contente de faire sécher, & de vendre en poil, pour être ensuite tannez en Europe, sont les plus beaux de toute l'Amérique, & par conséquent de tous les lieux où l'on fait le Négoce des cuirs verds, qui n'approchent en aucune maniére de ceux-ci.

Lors que les François faisoient le Commerce de Buenos-Aires, où étoit le principal établissement de la Compagnie de l'Assiente, les cuirs de taureau y revenoient environ à cinq livres monnoye de France, y compris les droits, & se vendoient jusqu'à vingt-une livre piéce; mais les Vaisseaux en ayant beaucoup apporté, ils baissérent à seize livres.

Voici ce qu'on a tiré d'un mémoire très éxact & très-fidèle, concernant les droits qui se payent aux Caisses Royales de Buenos-Aires pour la sortie de cette marchandise.

Il y a deux sortes de droits sur les cuirs; l'un qui est appellé *il quinto* le cinquiéme; l'autre auquel les Espagnols donnent le nom d'*Almoxarisfasgo*.

Le droit de cinquiéme des cuirs qui s'embarquent, ne s'évaluë qu'à raison de quatre réaux chaque cuir, c'est à dire, à trente sols monnoye du Païs. L'*Almoxarisfasgo*, est de deux & demi pour cent du véritable prix de l'achat des cuirs.

Pour faire la réduction de ces deux droits, on se sert de la régle suivante.

Par éxemple, si un Navire a chargé vingt mille cuirs, on voit sans aucune opération arithmétique que le droit de cinquiéme évalué à quatre reaux, se monte à deux mille piastres: mais pour voir ensuite à quoi va le droit de deux & demi pour cent de la juste valeur, c'est à dire, l'*Almoxarisfasgo*, supposé que les cuirs coutent dix réaux qui valent une piastre & deux réaux: il faut multiplier 20000 par dix qui font 200000, & pour avoir des piastres, diviser 200000 mille par huit, qui font 25000; après quoi ayant barré la derniére figure de cette somme, on prend le quart de ce qui reste, qui fait précisément ce qui est dû de droits pour les deux & demi pour cent de la véritable valeur des 20000 cuirs sur le pied de dix réaux la piéce.

20000 Cuirs à	
10 Réaux	
200000	
25000	
Pour le quart de 2500, c'est . .	625 Piastres.
Ajoûtez pour le quint . .	2000 Piastres.
Les deux droits montent à	2625 Piastres.

Taureau Cerf. C'est une espéce d'animal qui se trouve communément dans les Indes, ainsi appellé de ses cornes qui sont branchuës à peu près comme le bois d'un cerf. Il est privé & sert au labour & pour voiturer les marchandises comme le bœuf en Europe. Le taureau-cerf d'Ethiopie est à peu près semblable à celui des Indes, mais il est très-sauvage & ne s'apprivoise jamais.

On parle ailleurs des autres marchandises, qu'outre le cuir, on peut tirer du taureau. *Voyez* Boeuf.

TAUX. Prix établi & fixé sur des marchandises, & denrées par autorité publique, ou quelque-fois par la seule volonté ou fixation du Marchand.

C'est le Grand Prevôt de l'Hôtel qui fixe le taux de certaines Marchandises qui se vendent à la suite de la Cour. Les Prevôts des Armées, ou leurs Lieutenans, ont le même droit sur ce qui se débite aux Troupes quand elles sont campées.

A Paris le Prevôt des Marchands & les Echevins mettent le taux sur le bois, le charbon, le foin & les autres sortes de Marchandises qui arrivent par eau, & qui se vendent sur les Ports de cette Capitale du Royaume. Quelque-fois le Lieutenant de Police fixe le taux des grains dans les marchez & celui du pain qui se fait chez les Boulangers de la Ville & des Fauxbourgs, ou qui s'apportent tous les Mécredis & Samedis par les Boulangers de dehors.

Les Quakers, en Angleterre & en Hollande, mettent un prix fixe sur tout ce qui fait l'objet de leur Commerce, & ils regardent ce taux qui ôte à l'acheteur la nécessité de marchander, & au vendeur celle de surfaire, comme une espéce d'Acte de Religion.

Quelques Marchands de Paris ne se trouvent pas mal de cette métode de vendre, & l'on en voit plusieurs faire de grosses fortunes en établissant un taux pour chaque sorte de marchandises qu'ils ont dans leur boutique. Peut-être ce trafic seroit-il le plus commode également pour ceux qui vendent ou qui achétent; mais comment compter toûjours & entiérement sur la bonne foi du Marchand; & comment ôter à l'acheteur cette maniére de marchander après même qu'il a éxigé qu'on lui dise en conscience le dernier mot d'une marchandise?

Taux. Se dit aussi de tout ce qui peut entrer dans le Commerce comme des Charges de Judicature, des Rentes, de la Monnoye, &c. Il n'appartient qu'au Roi de mettre, d'augmenter ou diminuer ces sortes de taux; & c'est pour cela qu'on dit ordinairement, le Taux du Roi, pour signifier la fixation du prix qu'il lui a plû de faire pour toutes ces choses par ses Ordonnances & Réglemens. Le taux du Roi pour les rentes ou intérêts a beaucoup changé en France. Avant l'année 1634 il étoit au denier seize; depuis il a été mis à diverses reprises & par differens

Edits

Edits & Déclarations, au denier dix-huit, au denier vingt, & enfin au denier vingt-cinq, où il a été porté dans la derniére année du Régne de Louïs XIV. On l'a encore mis plus bas au commencement de celui de Louïs XV.

Taux. En fait de monnoyes, signifie la valeur que le Prince leur donne par ses Ordonnances, & pour laquelle il veut que les espéces soient reçûës dans le public.

Taux pour les Charges. C'est la fixation de leur prix que le Roi est quelque-fois obligé d'ordonner pour le restraindre dans de justes bornes.

Taux. S'entend encore de la cote ou cotisation, soit pour les Tailles, soit pour le Sel d'impôt. Quand on est taxé plus qu'il n'est juste, & qu'on ne peut porter, on appelle cela Surtaux, & l'on dit, Se pourvoir en surtaux, pour dire, intenter action pour se faire décharger d'une trop haute imposition.

TAYOLLES. Espéces de Ceintures de fil ou de laine.

Les Tayolles payent à la Doüane de Lyon 6 f. de la douzaine.

TCHEOUZE. Espéce de Taffetas de la Chine dont les Chinois font des caleçons, des chemises & des doublures. Il est assez serré, & néanmoins si pliant, qu'on a beau le presser, on ne peut lui faire prendre de pli. La commodité qu'on a de le laver comme de la toile, fait qu'on s'en sert aux mêmes usages.

TECCALIS. Poids dont on se sert dans le Royaume de Pégu. Les cent teccalis font quarante onces de Venise. Un giro fait vingt-cinq teccalis, & un abucco douze teccalis & demi.

TEILLER LE CHANVRE. C'est le briser sur les doigts pour séparer la filasse d'avec la chénevote. *Voyez* Chanvre.

TEINDRE. Mettre quelque matiére ou étoffe dans une couleur qu'elle n'avoit pas auparavant. Ainsi l'on dit Teindre des étoffes, des soyes ou des laines blanches, en bleu, en rouge, en jaune; pour faire entendre qu'avec de certaines drogues & ingrédiens on change leur couleur blanche en quelqu'une de ces trois couleurs.

Teindre. Se dit aussi quelque-fois de la même couleur que l'on redonne à quelques laines, étoffes ou soyes qui l'avoient déja; comme teindre de bleu, en bleu, de noir en noir; ce qui s'appelle néanmoins plus proprement, repasser.

Les laines, les soyes, les chanvres, les lins, les cotons, les écorces d'arbres filées, les poils d'animaux, & toutes les étoffes qui en sont fabriquées peuvent se teindre. L'on teint aussi les peaux, les cuirs, les cheveux, les bois, les cires, les gommes & les liqueurs. *Voyez les articles suivans, où il est traité des Teintures & des Teinturiers.*

Laisser un chapeau se teindre à froid, c'est le retirer de la chaudiére, & ne l'y remettre que lors qu'il est refroidi. Les Chapeliers-Teinturiers estiment que l'étoffe mord mieux la teinture quand on la laisse teindre à froid, & qu'on la remet dans la teinture chaude à plusieurs reprises.

TEINT. Ce qui est mis dans une couleur qu'il n'avoit pas auparavant. Un drap teint en verd, des soyes teintes en écarlate.

Teint. Art de teindre. Cet Art, par raport aux étoffes de Lainerie, se distingue à Paris & dans toutes les principales Villes de France, dans lesquelles il y a des Communautez de Teinturiers, en grand & bon teint, & en petit teint.

Le grand teint est celui où il ne s'employe que les meilleures drogues, & celles qui font des couleurs assurées. Le petit teint au contraire est celui où il est permis de se servir de drogues médiocres, & qui font de fausses couleurs. Il y a cependant des drogues également défenduës au grand & au petit teint. *Voyez* Drogue.

Une autre différence du grand & du petit teint, consiste en ce que les meilleures & les plus riches étoffes sont destinées au grand teint, & que les moindres, c'est à dire, qui ne passent pas quarante sols l'aune en blanc, sont réservées au petit teint. *Voyez* Teinturiers.

Le bleu, le rouge & le jaune, appartiennent par préférence au grand teint. Le fauve & le noir sont communs au grand & petit teint.

A l'égard du noir, il se commence par les Teinturiers du grand teint, & s'achève par ceux du petit; ce qui s'appelle Achévement. Les premiers doivent laisser des rosettes pour qu'on puisse juger de la bonté du pied du pastel ou autres couleurs qu'ils ont données aux étoffes: les autres doivent aussi laisser des rosettes, mais on juge de leur achévement par le débouilli. *Voyez* Debouilli & Achevement.

Le partage des étoffes & des drogues attribué au grand & au petit teint, a été fixé par le Réglement pour les teintures du mois d'Août 1669, dont il est amplement parlé dans l'article des Teinturiers. On peut y avoir recours, ou bien aux articles 8 & 30 du Réglement même.

Teint. Se dit aussi d'une feuille ou lame d'étain fort mince appliquée par le moyen du vif argent derriére les glaces des miroirs, qui sert à recevoir & représenter les objets. *Voyez* Glaces *à l'endroit où est expliquée la maniére de les mettre au teint.*

TEINTURE. Action par laquelle on teint. Il se dit aussi de la couleur même qui sert à teindre. Dans ce dernier sens on dit, Mettre une étoffe à la teinture: Voila de belle teinture: Cette teinture ne durera pas.

L'invention de la teinture, qui est très-ancienne, comme on le peut voir également dans les Livres saints & dans les Auteurs profanes, est dûë au hazard, & sa perfection au luxe.

Les racines, les feuilles, les graines, ou les fruits de quelques plantes écrasées fortuitement, ont donné les premiéres couleurs; & ce sont celles dont, au raport de Pline, se servoient nos anciens Gaulois: des terres colorées & des minéraux lavez & détrempez par les pluyes, en ont ajoûté d'autres; & la pourpre elle-même autrefois si précieuse, qui se faisoit du sang de ce poisson testacé, que les Latins nommoient *Murex*, n'a servi d'ornement aux Rois qu'après qu'on eût remarqué que ce sang avoit eu la proprieté de teindre en écarlate les poils & le museau d'un chien qui avoit trouvé & devoré un de ces coquillages.

La pourpre Phenicienne, dont il y en avoit de deux sortes, qui étoient plus ou moins riches, suivant qu'elles avoient été plus ou moins de fois teintes du sang précieux du *Murex*, a long-tems été la seule qui fût en estime. Le Conchilliou, autre sang de poisson à écaille, lui fut ensuite ajoûté: & le même Pline dit, que jusqu'au tems d'Aléxandre le Grand on ne parloit guére de teintures en d'autres couleurs; & que ce ne fut que sous ses Successeurs que les Grecs inventérent, ou du moins perfectionnérent les

les teintures en bleu, en verd, en jaune & en tant d'autres couleurs qui se composent des couleurs matrices.

L'écarlate des Modernes ne donne pas lieu de beaucoup regretter la perte du Murex & du Conchilliou, dont on ne connoît plus guére que le nom; & le degré de perfection où l'on a poussé, sur tout en France, les autres couleurs de teintures, doit consoler de savoir si peu les drogues dont les Anciens se servoient pour les leurs.

C'est proprement à M. Colbert, & aux Réglemens faits sous son ministére, que sont dûs les grands succès des teintures Françoises, particuliérement de celles de Paris.

Cet habile Ministre ne s'étant pas contenté de faire dresser des Statuts pour la discipline de trois Communautez de Teinturiers, dont il sera parlé dans l'article suivant, fixa encore par plusieurs expériences le pied de toutes sortes de teintures: & afin que ce ne fût point un secret caché entre quelques Maîtres habiles qui en auroient pû abuser ou en profiter seuls, il le rendit public par l'impression; n'enviant pas même aux Etrangers l'Art de faire de bonnes teintures, que par ses soins & ses ordres on avoit perfectionné en France.

Pour entrer dans l'esprit d'un Ministre si habile, & pour contribuer à l'utilité publique, on va d'abord parler de la teinture des étoffes de lainage, conformément aux Instructions & au Réglement de 1669, & ensuite on traitera de celle des soyes, des laines & des fils sur le pied ordonné par les Statuts des Teinturiers de ces sortes de matiéres du mois d'Août de la même année.

Teinture des draps, serges & autres étoffes de laine.

La teinture des étoffes n'étant pas de moindre conséquence que leur fabrique, & une mauvaise teinture étant capable de gâter une bonne étoffe, il n'est pas surprenant si dans les Réglemens & les instructions pour le Commerce, on est entré dans un grand détail, non seulement des drogues permises & non permises, & de celles qu'on peut employer, soit dans le grand & bon teint, soit dans le petit teint; mais aussi de la maniére de s'en servir, de ce qu'il y faut observer, & de quels ingrédiens chaque sorte de teinture des étoffes se doit faire, suivant sa nature & qualité.

On a parlé ailleurs des drogues permises ou non permises, & de leur distinction en ingrédiens colorans & non colorans; on ne va parler ici que de la maniére de les employer, & des étoffes où il faut s'en servir. *Voyez ci-devant* DROGUE *&* INGREDIENT, *& ci-après* TEINTURIER.

Les noirs des étoffes de haut prix, comme sont les draps façon de Hollande & d'Espagne, de Carcassonne, Languedoc, &c. les serges de Berry, de Beauvais, &c. & les ratines & droguets de laine fine, &c. se font de fort guesde d'un bleu-brun nommé Bleu-pair, pour la bonne qualité duquel on ne mêle que six livres d'indigo tout apprêté avec chaque bale de pastel, lors que la cuve sera à doux, c'est à dire, quand le pastel commence à jetter une fleur bleuë, & sans qu'après l'assiette de la cuve elle puisse être réchauffée plus de deux fois; après quoi ils seront bouillis avec de l'alun & du tartre, ou gravelle, pour être ensuite garancez avec de la garance commune ou croûte de belle garance, & parachevez en noir avec de la gale d'Alep, de la couperose & du sumac, puis adoucis en les repassant sur la gaude pour leur donner la perfection du noir.

Il faut observer qu'afin que les couleurs soient belles & soûtenables, & que les draps & autres étoffes des qualitez réservées aux Teinturiers du grand teint ne noircissent point par leur usage; les Réglemens ordonnent aux Marchands, de faire dégorger leurs draps en blanc au moulin à foulon avant de les donner aux Teinturiers, à qui il est défendu de les guesder avant leur dégorgement; & enjoint, quand ils ont été guesdez, de les fouler aux pieds dans de l'eau, puis les garancer, & quand ils sont noirs, de les laver jusqu'à-ce qu'ils ne poudrent plus, à peine de 200 liv. d'amende.

Les étoffes de prix médiocre, telles que sont les petites ratines, revêches, serges, molletons, &c. qu'on veut mettre en noir, doivent seulement être guesdées & passées en bleu, & ensuite parachevées en noir avec la gale & la couperose, ne pouvant soûtenir les frais de la garance.

Il faut encore remarquer qu'il est défendu à tout Teinturier sans exception, de teindre aucune étoffe de blanc en noir, pour quelque cause que ce soit, à peine d'interdiction de la Maîtrise, de confiscation des étoffes, & de 500 liv. d'amende pour chaque contravention.

L'écarlate rouge se teint avec de la graine d'écarlate & de vermillon, ou du pastel d'écarlate, où l'on peut mêler l'agaric & l'arsenic.

L'écarlate incarnate-cramoisi se fait avec de la cochenille maestreck, de l'eau-forte jusqu'à deux onces par piéce de drap, du sel armoniac, du sublimé & de l'esprit de vin, pour lui donner le bel œil & le lustre.

Les écarlates violettes, pourpres, amarantes, rose séche, pensée, gris-de-lin, passe-velours, gris-brun, surbrun, gris-lavandé, gris-argenté, gris-vineux, gris-blanc, gris de ramiers, ardoises, &c. le tout cramoisi, se teignent de guesde ou pastel, avec cochenille & inde pur sans mélange de bois d'inde, bresil, orseille, ni autres ingrédiens défendus par les Réglemens.

Les gris-bruns, minimes & tannez se font de guesde, mais plus clair & bouilli plus fort qu'au noir, avec l'alun & la gravelle. On les garance aussi plus que les noirs, afin que la couleur soit plus belle; y ajoûtant pour les minimes de la garance non robée; & en cas que la garance commune soit trop obscure, les brunissant moins que les noirs. A l'égard des tannez, il faut leur donner une passe de cochenille.

Nota. Il est défendu de teindre les minimes avec de la racine de noyer brunie sur le noir, attendu que c'est fausse teinture.

Les gris de perle, de castor, &c. doivent se faire avec la gale & la couperose: il est même des gris qu'il est permis de commencer avec très-peu de racine de noyer, en les achevant pareillement avec ces deux drogues; mais pour les rendre de meilleur service, il faut les repasser légérement sur les restes des bains de cochenille les plus foibles.

Les couleurs de Roi & de Prince doivent être guesdées & garancées comme les noirs.

Les verds-herbus, verds-gais, verds-naissans, verds de mer & verds-bruns, doivent être guesdez & parachevez

de

de gaude de Picardie, de Normandie & de Champagne. Dans la teinture de ces verds il est défendu de donner la gaude avant la guesde; le pied & le fond en bleu rendant l'étoffe de meilleur usé que celui du jaune.

Les celadons & verds de mer doivent aussi être guesdez avant que de recevoir la gaude, sans qu'il soit néanmoins besoin de les passer sur le noir.

Il est défendu pour toutes ces couleurs d'employer du bois d'inde au bouillon, ni après qu'elles sont gaudées, non plus que de les brunir sur le bois d'inde avec le verdet, ou sur le bain restant des noirs, à peine de confiscation des étoffes, & de 300 liv. d'amende pour chaque contravention.

Les rouges ordinaires appellez Rouges de garance, se teignent avec garance pure, sans aucun mêlange de bois de bresil, ni autres ingrédiens.

Les écarlates anciennes, dites Ecarlates de France & des Gobelins, doivent se faire de pure graine d'écarlate, de Languedoc & de Provence.

Les rouges-cramoisis, incarnats de rose, de chair & flamettes, comme aussi les fleurs de pêcher & de pommier, & toutes autres couleurs cramoisies, doivent se teindre suivant leur nuance, de pure cochenille maestrick, sans mêlange de garance, de bourre, &c. Pour le rouge-cramoisi, il doit être préparé avec l'alun de roche qui vient de Rome, & parachevé avec la cochenille. Et à l'égard des fleurs de pommier & de pêcher, il faut pour leur donner le bel œil, qui doit être un peu violent, leur donner un leger rabat avec un peu de gale & de couperose, ou quelqu'autre legére façon.

Les orangers isabelle, aurore, gingeolin, jaune-doré, couleur de tuile, de chamois & pelure d'oignon, doivent, suivant leur nuance, être teints de guesde & garancez.

Les bleu-bruns sont faits les premiers, & dans la force du pastel; & les plus clairs en diminuant, à mesure que le pastel s'affoiblit par le travail.

Les jaune-pâles, citrons & couleurs de soufre, se teignent seulement avec la gaude.

Les couleurs d'olive, depuis les plus bruns jusqu'aux plus clairs, ayant été passez en verd, sont rabatus avec de la suye de cheminée; & on leur donne le rabat plus ou moins fort, suivant l'œil qu'il leur faut, ou plus clair, ou plus brun.

Les feuilles-mortes, couleurs de cheveux, couleurs de musc, de noisette, de canelle & de Roi, se font avec gaude & garance.

Les nacarats que l'on nomme Nacarats de bourre, sont teints de gaude & de bourre de poil de chévre fonduë avec de la cendre gravelée, avec défenses d'y employer le fustel, qui est un faux ingrédient.

Les laines destinées pour être employées aux tapisseries doivent se teindre de bon teint, de la même sorte que les étoffes de draperie, à la réserve néanmoins des noires, qui doivent seulement être teintes de guesde & noircies.

A l'égard des laines noires destinées aux manufactures de draps & de serges pour être mêlées avec d'autres, elles peuvent être racinées de racine ou écorce de noyer, avec la coque de noix en suffisante quantité, comme les couleurs de musc, & puis passées en noir; étant néanmoins défendu d'employer ausdites teintures de l'écorce d'aulne, de la moulée, de la limaille de fer, ou de cuivre, ni du bois d'inde, à peine d'interdiction de la Maîtrise, de confiscation, & de 150 liv. d'amende.

Pour connoître si les étoffes sont teintes en bon teint, pour remédier aux abus de la teinture, & pour la pousser à la perfection pour toutes sortes de couleurs, les Réglemens ont imaginé & prescrit diverses précautions ausquelles ils ont assujetti les Marchands & les Teinturiers sous peine de diverses amendes.

Entre ces précautions, les principales sont les roses, ou rosettes, pour connoître le pied ou fond de la teinture des étoffes; le litage des étoffes destinées à être teintes en certaines couleurs, ou leur dégorgement avant de les envoyer au Teinturier; les échantillons matrices qui se conservent dans les Bureaux des Maîtres & Gardes de la Drapperie; le débouilli des étoffes fait sur ces échantillons, la visite & marque des piéces d'étoffes chez les Teinturiers tous les jours de travail par un Marchand Drappier, ancien Garde Commis par le Bureau; celles des Maîtres & Gardes de la Drapperie, accompagnez, s'ils le veulent, du Juré Teinturier, de toutes les marchandises foraines apportées aux Foires, ou déchargées aux hales; enfin, la visite du Juré Teinturier chez les autres Teinturiers, pour éxaminer les teintures & les drogues & ingrédiens dont ils se servent.

On parle de toutes ces choses en plusieurs endroits de ce Dictionnaire. *Voyez entr'autres articles* Rose, *ou* Rosette, Litage, *ou* Liter, Dégorger *&* Dégorgement, Echantillon matrice, Débouilli, Marque, Visite, Plomb, Poinçon, &c. *Voyez sur tout ci-après l'article des Teinturiers, au paragraphe de ceux du bon & grand-teint.*

Teinture des Soyes.

Le lustre de la soye étant la principale qualité de cette précieuse marchandise, rien n'est plus important que de la savoir donner parfaitement; ce qui ne se peut faire que par le décreusement, qui est aussi la premiére préparation qu'elles doivent recevoir du Teinturier avant de les mettre à la teinture.

Décreuser la soye, c'est la faire bouillir, ou, comme on dit en termes de l'Art, la faire cuire avec de bon savon blanc, étant défendu d'y employer du noir; après quoi elle doit être bien dégorgée, en la mettant & la lavant à la riviére, pour ensuite la mettre dans un bain d'alun de Rome, à froid & non à chaud, attendu que la chaleur de l'alun perd le lustre de la soye, & de plus la rend rude & âcre.

A cette préparation, commune à toutes les soyes, il en faut ajoûter une autre à celles destinées à teindre en cramoisi, qui consiste, après qu'elles ont été bien alunées, à les dégorger de nouveau pour les mettre dans un bain de cochenille, chacune selon sa couleur.

Le cramoisi, qui est la plus riche de toutes les teintures, est de trois sortes; savoir le rouge ou écarlate cramoisi, le violet cramoisi, & le canelé ou tanné cramoisi, qui toutes trois ont un pied différent.

Le rouge-cramoisi se fait de pure cochenille maestrecht, en y ajoûtant la gale à l'épine, la terramérita, l'arsenic & le tartre de Montpellier, le tout mis ensemble dans une chaudiére pleine d'eau claire presque bouillante, dans laquelle la soye qui y est mise avec toutes les drogues, doit bouillir continuellement pendant une heure & demie, après quoi le feu ayant été ôté, & la soye refroidie, elle se remet dans le reste du bain de cochenille de la première préparation, pour y rester à fond jusqu'au lendemain. Le bresil, l'orseille, le rocou, & tous autres ingrédiens que ceux ci-dessus, sont défendus en France dans cette teinture, sous peine de 150 liv. d'amende pour chaque contravention.

Le violet cramoisi se fait aussi de pure cochenille avec l'arsenic, le tartre & la gale à l'épine, mais en mettant de cette dernière drogue plus modérément qu'au rouge; & encore avec cette différence, qu'au sortir de la chaudiére, il doit être bien lavé & passé dans une bonne cuve d'inde dans toute sa force, & sans mêlange d'autres ingrédiens.

Les cramoisis tannez, ou couleur de canelle, se commencent comme les violets; mais pour les achever, s'ils sont clairs, on les rabat avec la couperose, & s'ils sont brunis & violets, on les passe sur une cuve d'inde médiocre, aussi sans autres ingrédiens.

Les bleus-pâles & bleus-beaux, comme parlent les Teinturiers, se teignent dans une cuve de pur Inde; mais les bleus célestes & complets doivent avoir leur pied d'orseille de Lyon, avant de les mettre dans l'inde.

Les gris-de-lin, silvies ou aubifoins se font avec l'orseille de Lyon, ou de Flandres, & se rabatent avec un peu de cuve d'inde ou de cendre gravelée. Ces couleurs sont des sortes de bleus.

Les citrons sont alunez, puis teints de gaude, avec un peu de cuve d'inde. Les jaunes de graine sont aussi alunez, ensuite teints forts de gaude, & même couverts avec un peu de vin de rocou, suivant la couleur. Les jaunes-pâles après avoir été alunez sont teints de gaude seule. Les aurores-pâles & bruns ayant été mis en alun, sont gaudez fortement, puis rabatus avec le rocou préparé & dissous avec la cendre gravelée, la potasse, ou la soude.

Les isabelles pâles & dorez se teignent avec un peu de rocou préparé comme aux aurores sur le feu; enfin, la teinture des orangers se fait sur le feu de pur rocou préparé comme aux aurores & aux isabelles, à la réserve que s'ils sont bruns il faut les aluner après le rocou & leur donner un petit bain de bresil.

Les soyes couleur de feu, qu'on nomme autrement Ratines, ont le même pied de rocou que les orangers, puis sont alunées & enfin mises dans un bain ou deux de bresil suivant la couleur. Les écarlates ou rouges rancez ne doivent avoir de pied de rocou que la moitié des ratines, mais l'alun & les bains de bresil comme elles.

Les céladons verds de pomme, verds de mer, verds naissans & verds gais, doivent s'aluner & ensuite être gaudez avec gaude, ou sarrette, suivant la nuance, puis passez sur la cuve d'inde. Les verds bruns se font de même, mais ils se rabatent avec le verdet & le bois d'inde. Les olives & verds roux après avoir été alunez se teignent en gaude & fustel, & sont rabatus avec le bois d'inde & la couperose. Les feuilles-mortes se font comme les olives, à la réserve qu'on ne se sert que de la couperose pour les rabatre.

Le rouge incarnat & le couleur de rose s'alunent & ensuite se font de pur bresil; pour les cannelez & rose fraîche, après qu'ils ont eu l'alun, on les fait en bresil & en bois d'inde.

Le gris violent s'alune, puis se fait de bois d'inde. Les gris violets se montent de bresil, de bois d'inde & d'orseille, & sont ensuite passez sur la cuve d'inde. Les gris plombez sont faits de fustel ou avec de la gaude, ou sarrette, le bois d'inde, de l'eau de gale & de la couperose. Enfin, les muscs-minimes, couleurs de Roi & de Prince, tristamie, noisette & autres couleurs semblables, sont faits de fustel, bresil, bois d'inde & couperose.

Toutes les couleurs dont on a parlé jusqu'ici se doivent teindre sans surcharge de gale, cette surcharge appesantissant les soyes & causant de notables pertes à ceux qui les achétent & qui les employent; aussi est-elle traitée en France de fausseté, & comme telle punie d'une amende de 150 liv. pour chaque contravention.

De toutes les soyes qui se mettent en couleur il n'y a guére que celles destinées pour le noir qui s'engalent, encore se chargent-elles de gale différemment suivant leurs diverses qualitez ou les divers ouvrages ausquels elles doivent être employées.

Les grosses soyes pour mettre en noir se décreusent avec le savon blanc, comme on l'a dit des autres couleurs, ensuite ayant été bien lavées & bien torses, elles sont mises en corde, ou dans des bâtons; puis ayant fait bouillir pendant une heure & demie un bain de vieille gale, on les y met pour y rester un jour & demi ou deux jours. Au sortir de ce bain elles sont encore lavées avec de l'eau claire, ensuite torses pour être mises le même espace de tems dans une chaudiére de gale neuve & fine, dont la proportion ne doit être que de la moitié de la pesanteur de la soye; après quoi ayant été pour la troisiéme fois lavées & torses, & passées sur la teinture noire, à laquelle on donne trois feux au plus & non davantage, elles sont batuës, bien lavées, adoucies avec de bon savon blanc & enfin torses pour la quatriéme fois & mises sécher.

Il faut remarquer qu'en France il n'est point permis aux Teinturiers de passer ces sortes de soyes plus de deux fois dans la gale, ni de les passer dans l'alun, non plus que de leur donner aucun noir entre deux gales, ou de mêler le noir dans les gales qu'on leur donne, le noir ne devant être donné sur la gale blanche, étant pareillement défendu de faire aucun biscuit ou faux noir, le tout à peine de deux cens livres d'amende pour chaque contravention, de fermer boutique pendant six mois pour la première fois, & d'interdiction de la maîtrise pour toûjours, attendu que ces fausses préparations brûlent & surchargent les soyes.

Il est encore fait défense aux Teinturiers sous les mêmes peines, de passer en gale, outre les noirs, aucune autre couleur si ce n'est le gris-brun, qui même après avoir été décreusé, lavé & tord, ne doit être mis qu'à froid dans une vieille gale & ensuite bien lavé & bien séché.

Enfin, il est interdit aux mêmes Teinturiers, & sous de semblables peines, de se servir d'aucune moulée de Taillandier pour quelque noir que ce soit.

Les soyes noires fines se décreusent, se lavent, & se tordent de même que les grosses; mais après cette première préprapréparation elles se passent une seule fois dans de la gale neuve qui n'a bouilli qu'une heure; ensuite de quoi ayant été lavées, torses & passées sur le noir deux ou trois fois au plus, elles sont encore lavées, puis adoucies avec du savon blanc, & après mises sur les perches pour les sécher.

Les soyes fines organcinées, moulinées & appareillées pour être employées aux étoffes de soye; même les poils ou trêmes de quelque qualité qu'ils soient, ne doivent être teintes qu'avec des galès légéres; savoir, quatre onces de gale fine pour chaque livre de soye, sans alun ni aucune sur charge, à peine de confiscation & de cent livres d'amende.

Enfin, les gris-noirs, vulgairement appellez Gris-Minimes, doivent être engalez comme les noirs & passez une fois seulement sur la teinture noire qu'en terme de Teinturier on appelle un Feu, parce qu'elle n'a bouilli qu'une seule fois.

Une troisiéme remarque sur la teinture des soyes qu'il faut ajoûter aux deux qu'on a faites ci-dessus, est qu'aucune soye noire ou couleur ne peut être mise à demi-bain, ce qu'on appelle Teindre sur le crû, & que toutes sortes de qualitez de soyes doivent être bien & dûëment cuites & décreusées sous peine de confiscation & d'amende. Attendu néanmoins que pour les petits velours à un poil qui se font seulement dans la Ville de Lyon, & pour les crêpes, ou crêpons, les gazes & les toiles de soye qui se font en plusieurs lieux du Royaume, on a nécessairement besoin des soyes teintes sur le crû, il se nomme tous les ans par les Officiers de Police des Manufactures un des Teinturiers en soye de chaque Communauté dans les lieux où il y en a d'établies, à qui il est permis de teindre, à l'exclusion de tous autres, des soyes sur le crû, à la charge de tenir regiſtre desdites soyes ainsi teintes, pour justifier qu'elles n'ont point été employées à d'autres fabriques qu'à celles des petits velours de Lyon, ou des crêpes, crêpons, gazes & toiles de soye.

Teinture des laines en écheveau & de quelques légéres étoffes de lainerie.

La beauté des tapisseries tant de haute & basse-lisse que de celles qui se font sur du canevas à l'éguille, soit au gros, soit au petit point, & de quantité d'autres ouvrages où l'on employe des laines teintes de diverses couleurs dépendant de la teinture de ces mêmes laines, les Statuts de 1669 y ont aussi pourvû par douze articles qui réglent la maniére de les teindre, ausquels en sont ajoûtez cinq autres concernant la teinture de quelques étoffes légéres qu'il est aussi permis aux Teinturiers Lainiers de mettre en diverses couleurs.

Pour suivre l'ordre observé dans ces Statuts on va commencer par les laines en écheveau.

Laine en écheveau.

Les laines violettes & amarante-cramoisi se font de cuve de cochenille sans mélange, d'orseille, ou d'autres ingrédiens.

Les couleurs de rose & pourpre sont faites de cochenille sans les rabatre d'orseille; les rouge-bruns de bon teint se font de cuve & se rabatent de garance sans y méler de bresil; & les écarlates & incarnats, couleur de feu, orangers, jaune doré & isabelle se teignent de bourre teinte en garance sans y méler de fustel.

Les bleus, verd gai, verd de pomme, verd de choux, verd d'olive, verd de mer, verd d'œillet, & celadon doivent être gaudez & passez en cuve sans les brunir avec du bois d'inde.

Les more doré, feuille morte & verd roux sont gaudez & passez en cuve.

Le noir de bon teint doit être teint en bleu & rabatu de gale à l'épine & couperose, sans y méler de moulée de Taillandier.

Les couleurs communes se teignent de gale à l'épine & de toutes sortes d'ingrédiens que les Teinturiers jugent plus propres pour leur bonté.

Les gris & noirs communs sont seulement teints de gale à l'épine & de couperose.

Enfin, les couleurs de feu orangers & nacarats doivent être teints de bourre teinte en garance.

Etoffes légéres de laine.

Les ratines de Beauvais, Mouy, Merlou, serges de Londres & d'Aumalle, baracans & revêches, pour être faites rouges doivent être teintes en garance.

Toutes sortes de serges, camelots, étamines, ratines de Roüen, Dieppe, Beauvais, Londres, façon de Londres, Aumalle, Châlons, Chartres, Mouy, revêches & baracans, pour être mis en couleurs de nacarat & incarnadin se teignent de bourre teinte en garance.

Les mêmes serges de Londres, ou façon de Londres; celles de Mouy, Châlons, Chartres, Aumalle, camelots & étamines pour cramoisy, violet, pensée, gris & rouge, sont teintes de cochenille.

Les serges de Merlou, Mouy, Aumalle, Châlons, Chartres, Londres, façon de Londres, Yprès, Ascot, camelots, étamines, ratines de Roüen, Beauvais, Dieppe, revêches de Beauvais & d'Angleterre, aussi-bien que les baracans, pour faire noir, doivent être teints en bleu, puis avec gale & couperose.

Enfin, toutes ces mêmes étoffes destinées au verd ou au bleu doivent être teintes de pastel de Languedoc.

Teinture des fils.

La premiére préparation pour la teinture des fils est, qu'ils soient bien décrusez ou lessivez avec de bonnes cendres, & ensuite retords & lavez dans l'eau de riviére ou de fontaine, au sortir de laquelle il faut encore les retordre de nouveau.

Les fils pers, appellez vulgairement Fils à marquer, soit simples, soit retords, & le bleu clair brun, clair & mourant, se teignent avec l'inde plate & l'indigo.

Le verd gai se fait d'abord bleu, puis se rabat avec du bois de campêche & du verdet pour être ensuite gaudé.

Le verd brun se fait de même à la réserve qu'il se brunit davantage avant de lui donner la gaude.

Le citron, jaune pâle & citron doré se teignent avec la gaude mêlée d'un peu de rocou.

L'oranger, l'isabelle couvert, l'isabelle pâle jusqu'au clair & à l'aurore, se font avec le fustel, le raucourt & la gaude.

Le

Le rouge clair & plus brun, la ratine ou couleur de feu, clair ou plus couvert, doivent être teints avec du bresil de Fernambourg, ou à son défaut d'autre bresil & du rocou.

Le violet, rose séche, l'amarante, ou claire, ou brune, se font avec du bresil & se rabatent avec la cuve d'inde ou d'indigo.

Le feuille morte, clair ou brun, & le couleur d'olive, se brunissent avec la gale & la couperose, & se rabatent avec la gaude, le rocou, ou le fustel suivant l'échantillon.

Le minime brun & clair, & le musc aussi clair & brun, doivent être brunis & rabatus comme le feuille morte.

Le gris blanc, gris sale, gris brun, gris de castor, de Breda & de toutes autres sortes de gris sont brunis avec gale à l'épine & couperose, & rabatus avec la gaude, le fustel, le bresil, le campêche & tous autres ingrédiens nécessaires suivant l'échantillon & le jugement de l'Ouvrier.

Enfin, le noir doit être fait de gale à l'épine & de couperose, lavé & achevé avec le bois de campêche ; il y a aussi quelques noirs qui doivent être corroyez avec de bonne huile d'olive & de la cendre gravelée.

Teinture chaude. C'est lors qu'on fait bouillir les liqueurs, drogues & ingrédiens qui servent à mettre en couleur les étoffes, laines, soyes, fils, cuirs ou autres ouvrages & matiéres avant de les employer à teindre. Il se dit aussi lors que toutes ces choses se mettent dans les chaudiéres pour bouillir avec les drogues colorantes.

Teinture froide. C'est celle qui se fait en faisant dissoudre les drogues sans se servir du feu, ou en les appliquant à froid, c'est à dire, en les laissant refroidir après qu'elles sont bouillies. Les Peaussiers-Teinturiers en cuir ont droit, par leurs Statuts, d'user de l'une & de l'autre teinture. *Voyez* Peaussiers.

Teinture des chapeaux.

La teinture des Chapeliers se compose de bois d'inde, de noix de gale, de couperose & de verd-de-gris qu'on fait bien dissoudre & bouillir ensemble dans une chaudiére, capable ordinairement de contenir, outre la teinture, jusqu'à douze douzaines de chapeaux montez sur leur forme de bois.

Lors que cette teinture est bien préparée on y fait bouillir quelque tems les chapeaux, & ensuite les en tirant on les laisse se teindre à froid, ce qu'on fait alternativement à plusieurs reprises plus ou moins, suivant que l'étoffe mord facilement, ou mal-aisément la teinture. *Voyez* Chapeau.

TEINTURIER. Celui qui fait métier de teindre. Il y a dans Paris & dans les meilleures Villes du Royaume trois sortes de Communautez qui font profession de teinture; la premiére est la Communauté des Maîtres Teinturiers du bon & grand teint; la seconde, la Communauté des Maîtres Teinturiers du petit teint; & la troisiéme, la Communauté des Maîtres Marchands Teinturiers en soye, laine, & fil.

Ces trois Communautez partagent, pour ainsi dire, entr'elles toutes les diverses sortes de teintures qui se font & se peuvent faire pour mettre en couleur soit les matiéres dont se fabriquent les étoffes & autres ouvrages, soit ces ouvrages & ces étoffes mêmes quand elles sont fabriquées.

Aux Teinturiers du grand teint il appartient de teindre les draps d'une aune & demie de largeur & d'une aune & un tiers façon d'Espagne & de Hollande, les draps de Languedoc, Carcassonne, Sedan, Abbeville, Dieppe, Fécamp, Elbœuf; les draps d'Usseau, de Roüen & Darnétal, & ceux de Valogne & de Cherbourg; les draps & serges de Berry & de Sologne, les draps de Dreux, les serges de Segovie, de Limestre, de S. Lo & de Beauvais; les ratines & droguets de laine fine appellez Droguets demi-foulez ; les ratines larges & étroites qui se font en Normandie, & toutes autres marchandises de draperie & de lainerie des meilleures qualitez & fabriques.

Les Teinturiers du petit teint ont pour leur partage les frisons, tiretaines, petites sergettes à doubler, façon de Chartres & d'Amiens, & autres pareilles marchandises, jusqu'à quarante sols au plus l'aune en blanc. Ils peuvent aussi teindre en noir, gris, tristamie, noisette, musc, & autres semblables couleurs, toutes sortes d'étoffes destinées pour les doublures assortissantes aux échantillons qui leur sont donnez par les particuliers, Marchands, ou autres, comme pareillement toutes sortes de hardes de soye, laine ou fil fabriquées, neuves ou vieilles.

Enfin, les Marchands Teinturiers en soye, laine & fil ont pour eux la teinture de toutes ces matiéres en écheveau, & avant qu'elles ayent été employées en étoffes, rubans; tapisseries, franges, crêpines & autres tels ouvrages; ils peuvent néanmoins mettre aussi en teinture quelques étoffes marquées & réservées par leurs Statuts dont on parlera dans la suite de cet article.

Les drogues propres à la teinture sont aussi comme divisées entre ces trois sortes de Maîtres Teinturiers, ne leur étant pas permis d'employer indifféremment tous les ingrédiens qui servent à teindre, & leurs Statuts particuliers, aussi-bien que le Réglement général pour les teintures en ayant fait plusieurs classes, & pour ainsi dire plusieurs lots qu'ils adjugent à chacun des Maîtres de ces trois Communautez, comme on l'a expliqué à l'article de la teinture & à l'article des drogues où l'on peut avoir recours.

Chaque Communauté de Teinturiers ayant des Statuts & Réglemens particuliers, il en sera parlé dans la suite en trois paragraphes séparez, dont les deux premiers seront pour les Maîtres du grand & du petit teint, & la troisiéme pour les Marchands Teinturiers de soye, laine & fil; mais auparavant on traitera ici des instructions générales qui regardent également les trois Communautez.

Personne n'ignore que c'est à M. Colbert, Ministre & Secrétaire d'Etat, Contrôleur Général des Finances & Sur-Intendant des Bâtimens du Roi, Arts & Manufactures de France sous le Régne de Loüis XIV. qu'est dûë la perfection où l'on est arrivé en France, soit en fait de Manufactures, particuliérement pour celles de lainerie & de soyerie, soit aussi pour ces belles teintures des étoffes & des matiéres qui servent à leur fabrique qui égalent en toutes couleurs celles des étrangers, & qui même en quelques-unes les surpassent de beaucoup.

Il est vrai qu'avant l'année 1669 que furent donnez les Réglemens particuliers & généraux pour les teintures & Teinturiers, & que parurent les instructions si propres à porter

porter cet Art à sa derniere perfection desquelles il est ici question. Les teintures des Gobelins (ainsi nommées du nom des deux Fréres Gobelins qui en firent le premier établissement sur la petite Riviére de Biévre, dans un des Fauxbourgs de Paris) étoient déja en réputation; mais l'on peut dire que ce ne fut que depuis 1669 que tous les Teinturiers de France devinrent capables, suivant leurs diverses professions, de faire d'aussi belles teintures, même pour l'écarlate, que celles qui s'étoient faites jusques-là au Fauxbourg S. Marceau par ces deux habiles & célebres Teinturiers, qui, disoit-on, avoient profité de la nature de l'eau de cette petite Riviére qu'on croit très-propre aux teintures.

Dès le mois d'Août de la même année 1669 le Roi avoit fait enregistrer au Parlement en sa présence trois Réglemens en forme de Statuts, l'un pour les longueurs, largeurs & qualitez des draps, serges & autres étoffes de laine & de fil; l'autre pour les Marchands Maîtres Teinturiers en grand & bon teint, contenant aussi quelques articles pour les Teinturiers du petit teint; & le troisiéme pour les Marchands Maîtres Teinturiers en soye, laine & fil, que Sa Majesté vouloit tous trois être observez dans toutes les Villes, Bourgs & autres lieux de son Royaume.

A ces trois Réglemens le Roi en avoit encore ajoûté un quatriéme pour l'attribution des différens & contestations concernant les Manufactures, lesquelles furent attribuées aux Maire & Echevins des Villes ou autres Officiers faisant pareille fonction, à l'exception des Villes de Paris & de Lyon ausquelles leurs anciens usages à cet égard furent conservez.

Ce n'étoit pas assez d'avoir fait dresser de si sages Ordonnances, il faloit encore en hâter & en assûrer l'éxécution; pour cela l'on établit & départit dans les Provinces quantité de Commis ou Commissaires qui depuis ont été appellez Inspecteurs, pour veiller à la fabrique des étoffes, faire observer aux Maîtres Teinturiers leurs nouveaux Statuts, & réduire chacune des trois Communautez aux drogues différentes & aux diverses teintures qui leur étoient attribuées par les Réglemens.

Les Inspecteurs furent donc chargez au commencement de 1680 de deux Instructions; l'une générale concernant principalement les teintures & Teinturiers; & l'autre particuliére & qui leur étoit propre, contenant ce qu'ils devoient observer & comment se conduire pour faire éxécuter les quatre Réglemens du 13 Août 1669.

La premiére de ces Instructions qui a pour titre, *Instruction générale pour la teinture des laines & Manufactures de laine de toutes couleurs, & pour la culture des drogues ou ingrédiens qu'on y employe*, est composée de trois cens dix-neuf articles divisez en douze titres ou parties, avec une courte préface à la tête.

La préface rend d'abord une espéce de compte au public des quatre Ordonnances de 1669; elle passe ensuite à la nécessité & à l'utilité des bonnes teintures qui reviennent même, à ce qu'on assure, à meilleur marché que celles du mauvais teint; & après avoir établi que les drogues & les ingrédiens qui croissent & qui se trouvent en France sont préférables aux autres qui viennent du dehors, qui sont plus chers & moins bons que ceux du Royaume, elle répond à quelques objections, particuliérement à celle qui pouroit imputer aux Auteurs de l'Instruction de trop découvrir aux étrangers le secret de la teinture, objection si souvent & si injustement répétée, & presque toûjours renouvellée, lors qu'un Auteur a plus en vûe l'intérêt du Public que celui des Particuliers.

Dans la premiére partie de l'Instruction qui contient seulement sept articles; il est traité des cinq couleurs simples de la teinture qui sont le bleu, le rouge, le jaune, le fauve & le noir; on y parle aussi des préparations nécessaires aux étoffes pour bien recevoir la couleur de l'ingrédient colorant.

La seconde parle en vingt-quatre articles de la maniére de bien employer les drogues de la teinture, & de faire en perfection les cinq couleurs simples.

La troisiéme qui n'a que treize articles explique les diverses nuances & couleurs qui dérivent des cinq premiéres que de-là on appelle Couleurs Matrices.

La quatriéme marque en vingt-trois articles quelles sont les couleurs composées, c'est à dire celles qui se font par l'addition d'une ou de plusieurs couleurs simples sur une autre couleur simple.

On trouvera plus au long aux articles des couleurs, des drogues & de la teinture, ce qu'on ne fait qu'indiquer dans ce court extrait des quatre premiéres parties de l'instruction.

On traite dans la cinquiéme partie, qui comme la quatriéme est composée de vingt-trois articles, de la division du Corps des Teinturiers en grand & petit teint, des raisons de cette division, des couleurs & teintures permises à chaque Corps, de leurs Apprentifs & du Chef-d'œuvre. *Voyez ci-après les divers paragraphes de trois Communautez de Teinturiers.*

On trouve dans les vingt-quatre articles de la sixiéme partie ce qui concerne la maîtrise, la maniére de teindre les laines servant aux tapisseries, & la nécessité de la marque, des plombs & des rosettes, pour empêcher le dégradement des étoffes & la falsification des couleurs. *Voyez ci-dessous les Statuts des Teinturiers. Voyez aussi les articles de la teinture, des plombs & des rosettes.*

Dans les quatorze articles de la septiéme partie on fait la division des drogues propres au grand teint, de celles permises au petit teint, & de celles absolument défenduës à l'un & à l'autre. On y parle aussi des livres que doivent tenir les Maîtres Teinturiers, & des visites qui se font chez eux. *Voyez ci-dessus l'article du teint, & ci-après les Statuts des Teinturiers, & encore l'article des drogues.*

La huitiéme partie rend raison en trente-deux articles pourquoi il y a des drogues qui doivent être permises, & d'autres qui doivent être défenduës, & pourquoi encore il y en a qui sont permises en certaines couleurs & défenduës en d'autres. *Voyez l'article des drogues à l'endroit où il est parlé de celles des Teinturiers.*

Dans la neuviéme partie on explique en trente-six articles les drogues & la façon du bon noir avec les pieds de guêde & de garance nécessaires suivant la qualité & la durée des étoffes, ensemble l'engalage & l'achevement des noirs. *Voyez* NOIR, ENGALAGE, GUESDE & GARANCE.

Les quarante-deux articles de la dixiéme partie traitent encore des différens noirs des laines servant au mélange, & de la façon & drogues nécessaires pour le debouilli. *Voyez* DEBOUILLI.

L'onzié-

L'onziéme partie a vingt articles dans lesquels il est parlé de la teinture des fils & toiles de chanvre, lin, ou coton, de ce qui est nécessaire pour la perfection de la teinture de la soye, & de ce qui regarde la fabrique & bonne teinture des chapeaux. *Voyez l'article des chapeaux, & ci-dessus celui de la teinture, où il est parlé de la maniére de teindre la soye & le fil.*

Enfin, la douziéme & derniére partie qui est la plus longue, mais aussi la plus curieuse, est composée de soixante-trois articles où il est fait une éxacte & ample description de toutes les drogues colorantes & non colorantes qui croissent ou qui se trouvent en France. On y parle aussi de leur culture & du fruit que le Public en peut retirer en s'y appliquant.

Ces drogues & ingrédiens du crû de la France que l'Instruction préfére aux étrangers, sont le pastel, le vouede, la garance, la gaude, la racine, l'écorce & la coque du fruit du noyer; le vermillon, ou graine d'écarlate, le pousset ou pastel d'écarlate, la sarrette, la genestrole, le rodou, le fouic, le tartre, la gravelle, le verdet, la cendre cuite ou potasse, la cendre gravelée, l'alun & la couperose de France, la cassenolle, l'écorce d'aulne, le fustel, le trantanelle, la malherbe, la garouille & l'orseille.

Toutes ces drogues sont expliquées à leurs articles, & l'on y peut voir leur qualité, leur culture, les Provinces du Royaume d'ou elles se tirent, & leur usage par rapport à la teinture.

On n'entre pas dans un plus grand détail de cette Instruction générale concernant les teintures & Teinturiers, parce qu'il en est parlé suivant les matieres & les occasions en plusieurs endroits de ce Dictionnaire qu'on a pris soin de marquer, & où l'on peut avoir recours; ce qui s'entend aussi de l'Instruction particuliére des Inspecteurs des Manufactures dont on va présentement parler & où l'on suivra la même métode.

Cette seconde Instruction est intitulée, *Instruction générale donnée de l'ordre exprès du Roi, par M. Colbert Conseiller de Sa Majesté en tous ses Conseils, &c. aux Commis envoyez dans toutes les Provinces du Royaume pour l'éxécution des Réglemens généraux des Manufactures & Teintures, registrez en présence de Sa Majesté au Parlement de Paris le 13 Août 1669.*

Elle consiste en soixante-cinq articles, dont les quarante-quatre premiers réglent & expliquent la Police des manufactures de lainerie, & les onze suivans regardent celle des Maîtres Teinturiers en laine & en soye, les teintures & les drogues propres pour les faire. Les neuf derniers marquent quels sont les devoirs des Commis par raport aux teintures, & ce qui peut les rendre plus parfaites.

Les quarante-quatre premiers articles n'appartenant point à la matiére des Teintures & Teinturiers dont on traite dans celui-ci, on remarquera seulement qu'on les cite & qu'on en fait l'explication & l'application en plusieurs articles de ce Dictionnaire, particuliérement dans ceux des diverses sortes de draps, serges, droguets, camelots, ratines & autres étoffes de lainerie qui se fabriquent dans les manufactures de France.

A l'égard des onze articles concernant les teintures, le premier, qui est le 45 de l'Instruction, parle de la réduction des Maîtres en Communautez, de l'élection des Jurez, & du reste de leur discipline; le 46 traite des Teinturiers du grand teint, des moulins à dégorger, de la petite enclume, & du marteau pour la marque des étoffes teintes: le 47 est des visites chez les Maîtres, & des échantillons matrices: le 48 du débouilli: le 49 des roses & litage des étoffes: le 50 d'une seconde visite, & d'une nouvelle marque des étoffes teintes dans les Foires & hales où elles sont portées pour être debitées: & le 51 interdit la teinture des étoffes à d'autres qu'aux Maîtres Teinturiers.

Ces sept articles sont pour les Teinturiers en laine; les quatre suivans, qui sont les 52, 53, 54 & 55 sont pour les Teinturiers en soye; & il y est traité des Maîtres de cette profession, parmi lesquels il ne doit y en avoir qu'un seul pour les soyes à demi-bain. On y régle aussi le nombre de leurs Jurez, & l'on y parle des échantillons matrices, de la marque de la soye en botes, & des divers engalages des soyes noires. Tout cela est expliqué dans les différens articles déja citez.

Enfin, les autres articles jusqu'à la fin de l'Instruction contiennent les devoirs des Inspecteurs, soit dans leurs tournées, soit dans leurs visites; leurs Privileges & prérogatives; leur séance dans les assemblées de Commerce & de manufactures, & d'autres droits & fonctions qu'on peut lire à l'article des Inspecteurs.

Teinturiers du grand & bon teint.

Il y a toûjours eu de la distinction entre les Teinturiers du grand teint & ceux du petit teint, ainsi qu'on le peut voir par une Sentence en forme de Réglement rendue entr'eux par le Prevôt de Paris le 17 Novembre 1383: cependant bien long tems avant le Réglement de 1669, on ne remarqueroit presque plus de différence entre les Maîtres des deux Communautez; & si ceux du petit teint entreprenoient des teintures au dessus des prix & des qualitez qui leur appartenoient, ceux du grand teint ne croyoient pas au dessous d'eux de faire les plus médiocres & les plus foibles teintures.

Le Réglement de 1669 ayant été donné pour remettre les deux Communautez en régle, on y trouve plusieurs articles qui leur sont communs. Ce n'est proprement néanmoins que pour les Teinturiers du grand teint qu'il a été dressé, & pour leur servir de Statuts; les Teinturiers du petit teint n'ayant reçû la confirmation de ceux de leur Communauté que dix ans après par des Lettres Patentes du mois de Décembre 1679.

Ces nouveaux Statuts des Teinturiers du grand teint contiennent soixante-deux articles, que l'on peut diviser comme en quatre classes, ou titres.

La premiére classe en dix articles traite de la séparation & établissement des deux Communautez, de leur différence, des Jurez, des échantillons matrices, des drogues & ingrédiens permis & non permis, &c.

La seconde, depuis & y compris l'onziéme article jusqu'au vingt-neuf inclusivement, prescrit les pieds & façons des bonnes teintures, suivant les couleurs & les qualitez des étoffes.

La troisiéme qui comprend les articles trente & suivans jusqu'au quarante-quatriéme, régle l'ouvrage des Teinturiers du petit teint, les teintures permises aux Drappiers-Drappans, & ordonne les roses, le litage, le débouilli & les visites.

Enfin,

Enfin, la quatriéme & derniére classe, qui commence au quarante-quatriéme article, & comprend tout le reste du Réglement, ordonne de la police des Maîtres Teinturiers, de leurs Veuves & de leurs Apprentifs.

De ces quatre classes on ne fera ici l'extrait que de ce qui est de plus important dans la premiére & les deux derniéres, ayant été traité ailleurs des teintures des laines comprises dans la seconde. *Voyez* TEINTURE.

On ne parlera non plus ici que de la Communauté des Teinturiers de la Ville de Paris; toutes celles des Provinces ayant été créées & réglées sur le même pied.

Lors du Réglement de 1669, il ne se trouvoit à Paris que trois Teinturiers du grand & bon teint des manufactures de laine: ainsi pour commencer à former un Corps un peu plus considérable, il est dit d'abord dans le Réglement, Que trois Teinturiers du petit teint seront choisis & nommez par le Lieutenant Général de Police, pour travailler à l'avenir à la grande & bonne teinture, en faisant néanmoins par ceux qui seroient nommez & choisis le Chef-d'œuvre du grand teint.

Ensuite, l'on sépare pour toûjours les Teinturiers du grand teint d'avec ceux du petit teint; & il est ordonné qu'ils ne pourroient être gouvernez par les mêmes Jurez, ni entreprendre les uns sur les autres les ouvrages qui seront attribuez à chacune des deux Communautez.

Le troisiéme article veut, Que chaque année il se fasse l'élection d'un Juré pour veiller à l'éxécution des nouveaux Statuts & Réglemens accordez aux Maîtres de la grande teinture.; & par le suivant le Juré entrant en Charge est tenu aux frais & dépens de la Communauté, de faire teindre quinze jours après son élection, en présence des Officiers de Police & des Maîtres & Gardes de la Draperie, douze morceaux de drap de Valogne, ou de Berry, & quatre morceaux de ratine des couleurs requises pour servir d'échantillons matrices. *Voyez* MATRICE, *ou* ECHANTILLON.

On passe de-là aux drogues & ingrédiens permis aux Maîtres du grand & petit teint, & à celles défendues aux uns & aux autres. *Voyez* DROGUE.

Le huitiéme article explique quelles sont les marchandises & étoffes qui ne peuvent & ne doivent être teintes qu'en bonne & grande teinture. *Voyez plus haut, où il est parlé des trois Communautez de Teinturiers en général.*

Enfin, les neuviéme & dixiéme articles, qui sont les derniers de la premiére classe, ordonnent le dégorgement des draps teints en noir & l'établissement des moulins à les dégorger: on y explique aussi quelques préparations des noirs, qu'on peut voir à l'article des teintures. *Voyez* DEGORGEMENT *&* MOULIN A DEGORGER.

La troisiéme classe commence par les étoffes appartenantes au petit teint, qu'on ne répéte pas ici, se trouvant, comme on l'a dit de celles du grand teint, au commencement de cet article des Teinturiers en général.

Ensuite, on défend aux Maîtres Tondeurs & autres qui travaillent aux apprêts des draps, de se servir d'autres graisses que de celle du sain-doux.

On distingue après cela les laines qui doivent être teintes au grand teint d'avec celle qu'il est permis de teindre au petit teint; & il est ordonné que toutes les laines destinées pour être employées aux tapisseries, se feront en bonne teinture, & de la maniére prescrite pour les étoffes de drapperie, à la réserve des noires, qui seront seulement de guesde & noircies. Il est en même tems défendu de se servir aux teintures des laines au petit teint, d'écorce d'aulne, de moulée, de limaille de fer, ou de cuivre, non plus que de bois d'inde.

On ne s'arrêtera pas à ce qui est prescrit par plusieurs articles pour les roses & rosettes, les litages des étoffes teintes en cramoisi, & les différens débouillis; toutes ces choses étant expliquées à leurs propres articles.

A l'égard des visites & des marques qui font une partie des plus essentielles du Réglement, il en est ordonné de quatre sortes; celles des Drappiers chez les Teinturiers; celles du Juré Teinturier chez les Maîtres de la Communauté; celles des Maîtres & Gardes de la Drapperie pour les marchandises foraines & étrangéres qui se déchargent aux hales; & enfin celles des mêmes Maîtres & Gardes pour les marchandises qui se portent aux Foires.

La visite des Drappiers chez les Teinturiers permise ou ordonnée par le trente-huitiéme article, doit se faire par un ancien Drappier qui a passé par les Charges, commis à cet effet par le Corps de la Drapperie.

A cette visite non seulement sont sujets tous les Maîtres particuliers du grand teint, mais encore leur Juré même. Pendant les quinze jours que dure la Commission du Marchand Drappier, qui est ensuite relevé par un autre, & ainsi sans interruption pendant toute l'année, il éxamine non seulement les drogues & ingrédiens dont chaque Maître compose sa teinture, mais aussi les étoffes & marchandises qu'il teint; les marquant de l'un des cinq poinçons pour la teinture, gardez au Bureau de la Drapperie, qui tous cinq ont le nom des Villes où se font les teintures, & chacun outre cela une inscription qui lui est propre.

Sur le premier poinçon est gravé, *Guesde pour passer en garance*; sur le second, *Guesde & garance pour passer en noir*; sur le troisiéme, *Bleu pour passer en noir*; sur le quatriéme, *Gaude*; & sur le cinquiéme, *Cramoisi*. Enfin, pour que l'on connoisse par quel Maître a été faite la teinture, son nom est aussi gravé sur la petite enclume que chaque Teinturier est tenu d'avoir chez soi; de sorte qu'en mettant un plomb entre l'enclume & le poinçon qu'on veut appliquer, le plomb puisse du même coup de marteau recevoir la double empreinte du nom du Maître, & de la qualité de la teinture où doit être mise la piéce d'étoffe qu'on plombe.

Ces cinq marques servent pour assurer les teintures, les Teinturiers ne pouvant garancer les guesdes, qu'après qu'ils ont été marquez en guesde; ni passer en noir les guesdes garancez, qu'après qu'ils ont été marquez en guesdes garancez, & ainsi des bleus en noirs, des gaudes en autres couleurs & des cramoisis; ces derniers entr'autres ne pouvant être délivrez aux Marchands à qui ils appartiennent, qu'ils n'ayent été pareillement frappez du poinçon qui leur convient, le tout sous peine de saisie & confiscation des étoffes, & de 150 liv. d'amende contre le Teinturier, sauf le recours du Marchand contre le même Teinturier trouvé en contravention.

La visite du Juré chez les Maîtres, qui est la seconde des quatre visites ordonnées, n'est point différente de celles qui se font dans les autres Corps & Communautez; & il est tenu d'éxaminer les teintures, les drogues, les étoffes

 teintes,

teintes, &c. & de faire son raport des contraventions aux Statuts & Réglemens.

La troisiéme visite, qui est celle des Maîtres & Gardes du Corps de la Drapperie dans les hales, a été instituée, tant pour voir si les étoffes de lainerie des manufactures de France ont les plombs & marques du Drappier-Commissaire, & si elles leur ont été éxactement & fidèlement apposées, que pour éxaminer si les étoffes de laine de teintures étrangéres ont été teintes de bon teint, & les marquer en cas que la teinture ait été reconnuë bonne.

Pour faciliter cette visite, qui n'est pas une des moins importantes des quatre, il est ordonné que toutes ces sortes de marchandises, excepté celles qui doivent aller aux Foires, seront directement menées & déchargées aux hales & autres lieux des Villes destinez pour y faire lesdites visites, pour y rester pendant trois jours entiers; avec défenses, sous peine de confiscation des marchandises, de 1000 liv. d'amende, & de tenir boutique fermée pendant six mois, à tous Marchands Drappiers, Merciers & Privilégiez suivant la Cour, de les faire décharger ni recevoir dans leurs maisons, boutiques & magazins, qu'après qu'elles auront été visitées & marquées.

Enfin, la visite & marque qui se font aux Foires par les mêmes Gardes Drappiers, étant & pour les motifs, & pour l'utilité, & pour les peines des saisies, confiscations & amendes, toutes semblables à celles ordonnées dans les hales, ce qu'on vient de dire des unes suffit pour donner une idée des autres; les unes & les autres d'ailleurs se faisant absolument sans autres fraix que d'un sol par piéce pour le dépôt & garde des marchandises dans les lieux destinez à cet effet dans lesdites Foires & hales.

La Police de la Communauté des Maîtres Teinturiers, qui fait, comme on l'a dit, la quatriéme classe des articles de leurs Statuts, consiste:

1. En ce que nul ne peut être reçû à Maîtrise, qu'il n'ait fait apprentissage chez les Maîtres l'espace de quatre ans entiers, & qu'il n'ait servi trois autres années en qualité de Compagnon.

2. En ce qu'aucun Maître ne peut prendre plus de deux Apprentifs à la fois, ausquels huit jours après la fin de l'Apprentissage le Maître est tenu de faire faire à ses fraix une expérience de teinture en présence du Juré en Charge, pour être ensuite enregistrez au Registre des Compagnons.

3. En ce que les Apprentifs ne peuvent s'absenter pendant leur Apprentissage sans cause légitime, jugée telle par les Officiers de Police, à peine, après une sommation faite par les Maîtres desdits Apprentifs, d'être rayez de dessus le Livre de la Communauté, sans qu'ils puissent se prévaloir dans un nouvel Apprentissage, du tems qu'ils auront déja servi dans le premier.

4. En ce que les Compagnons après leur Apprentissage de quatre années, & leur service de trois autres années ne peuvent être reçûs Maîtres, s'ils n'ont Privilége particulier, ou s'ils ne font Chef-d'œuvre en présence du Juré & de deux anciens Maîtres; lequel Chef-d'œuvre doit être composé par l'Aspirant de trois bales de pastel de Languedoc, desquelles après les avoir mises & préparées dans une cuve, il est tenu d'en tirer la teinture du bleu, depuis la nuance la plus brune jusqu'à la plus claire, & l'appliquer sur des étoffes de drapperie, & ce durant six jours consécutifs, & non plus; auquel Chef-d'œuvre néanmoins ne sont tenus les Fils de Maîtres, mais seulement d'une expérience de bonne teinture pendant deux jours.

5. En ce que les Veuves de Maîtres ont droit de tenir ouvroir chez elles, & d'y faire travailler à la bonne teinture, mais non de faire de nouveaux Apprentifs, mais seulement de continuer les anciens; & que lesdites Veuves & les Filles de Maîtres affranchissent les Compagnons qui les épousent, du service de trois ans, en faisant néanmoins par eux le Chef-d'œuvre à leur réception à la Maîtrise.

Outre ces cinq articles de Police, deux autres réglent les jours des Assemblées, dont il y en a de deux sortes; savoir, celles du Bureau pour les affaires de la Communauté, qui doivent se tenir tous les premiers lundis de chaque mois, sauf au Juré d'en indiquer d'autres extraordinaires quand il en est besoin; & l'Assemblée générale qui ne se convoque qu'une seule fois l'année au mois de . . . . & où doivent être invitez & se trouver en la présence des Officiers de Police, les Gardes en Charge de la Drapperie, avec ceux qui en sont sortis l'année précédente, & six autres personnes de l'un & de l'autre Corps & Communauté, ensemble deux notables Bourgeois.

C'est dans cette Assemblée générale que se font les raports de ce qui a été remarqué pendant toute l'année des contraventions au Réglement, & qu'il est consulté & délibéré des remédes propres à les prévenir & corriger; de quoi il est fait mention sur les Registres des deux Corps; & dont il doit être donné avis un mois après l'Assemblée au Sur-Intendant Général des Arts & Manufactures.

Il ne faut pas obmettre que par l'Article 56 des Statuts, il est permis aux Maîtres Teinturiers, conformément à l'Arrêt du Parlement du 10 Mars 1610, de mettre & tenir des perches à leurs maisons, pour y étendre & sécher les étoffes & ouvrages qu'ils ont teints, pourvû néanmoins que lesdites perches ne passent point la moitié de la ruë, & que les ouvrages & étoffes qui y sont attachez ne descendent que trois toises près de terre.

Teinturiers du petit teint.

Les Statuts de ces petits Teinturiers sont anciens, & dès l'an 1383 ils avoient reçû des Réglemens du Prevôt de Paris, sur l'avis & du consentement des Teinturiers du bon teint, & des Maîtres & Gardes & Jurez de divers Corps & Communautez, dont les ouvrages passent ordinairement par la teinture, tels que sont les Drappiers, Tisserans, Foulons & Chapeliers.

Tous les Corps de Jurande ayant été obligez par l'Ordonnance d'Orleans de faire reformer leurs Statuts, & de prendre de nouvelles Lettres Patentes de confirmation, les Teinturiers du petit teint en obtinrent de Charles IX. au mois de Mai 1575; qui ayant encore été depuis confirmées par Henri IV. en 1604, & par Louïs XIII. au mois de Juin 1618, le furent enfin pour la derniére fois par Louïs XIV. au mois de Décembre 1679, & les Lettres Patentes de confirmation enregistrées au Parlement le 6 Février 1680.

Outre l'expression générale & commune à toutes ces sortes de lettres qui portent l'approbation des anciens Statuts

&

& l'exécution des Réglemens qu'elles confirment, il est dit en particulier dans celles-ci, que ces Maîtres Teinturiers qui ne sont à Paris qu'au nombre de douze en conséquence du Réglement général pour les teintures de 1669, sont maintenus & gardez en leur Art & Métier du petit teint, de gale, couperose, écorce d'aulne, bois d'inde, orseille, bresil, moulée & gaude servant à adoucir les noirs, comme aussi à teindre en noir, musc, tristamie, noisette & toute sorte de petit gris, &c. ce qui proprement fait la distinction de cette Communauté des petits Teinturiers d'avec les deux autres Communautez à qui ces sortes de drogues sont absolument défendues.

Les Statuts confirmez en 1679 consistant presque dans les mêmes articles qui ont été ci-devant rapportez, en parlant de ceux des Teinturiers du grand teint, à proportion de leurs ouvrages; on se contentera d'en extraire ici ce qui est de plus important & particulier à ceux du petit teint.

L'Apprentissage doit être de quatre années consécutives, indifféremment chez les Maîtres du grand & du petit teint, & le service de trois années aussi consécutives, mais seulement chez les Maîtres du petit teint, afin que l'Aspirant puisse en apprendre la façon.

Le Chef-d'œuvre, après l'Apprentissage & le service, consiste en quatre piéces de teinture, deux de draps, & deux de legéres étoffes: les deux draps doivent se mettre en noir; savoir, l'un auquel le Teinturier du bon teint a donné le pied de guesde & de garance, & l'autre qui n'a reçû que le pied de guesde seulement: des deux piéces de petites étoffes, l'une doit être teinte en castor, & l'autre en pain bis, mais sans participation du grand teint.

Les fils de Maîtres ne sont obligez qu'à deux ans d'Apprentissage, & à autant de service en qualité de Compagnons, ou chez leur pére, ou sous un Maître étranger; & lors de leur réception à la maîtrise, ils ne sont tenus qu'à la simple expérience, qui consiste en la teinture d'une piéce de drap noir & d'une piéce d'étoffe légére à leur option. Les Compagnons qui épousent les filles ou veuves des Maîtres jouissent aussi de la même exemption du grand Chef-d'œuvre.

Il est défendu à tous Compagnons ou Apprentifs de teindre ni reteindre pour eux & à leur profit, en leurs maisons, dans les boutiques de leurs Maîtres ou ailleurs, à peine de punition éxemplaire.

Enfin, outre les visites de leurs propres Jurez, ils sont obligez de souffrir celles des Jurez de la Communauté des Maîtres du grand teint.

Avant l'année 1679 les Marchands Teinturiers en Soye, Laine & Fil, prétendoient aussi ce droit de visite chez ceux du petit teint, concurremment avec les Maîtres du grand teint; mais les Lettres Patentes de la même année ne l'ont conservé qu'à ces derniers, en ayant debouté les autres.

Teinturiers en Soye, Laine & Fil.

Quoique la Communauté de ces Teinturiers ne soit considerée que comme une seule Communauté, qu'elle soit gouvernée par les mêmes Jurez, & que les Statuts qui reglent sa police, comprennent également les Maîtres qui travaillent sur ces trois differentes matieres; cependant l'on peut dire qu'à certains égards ce sont trois Communautez toutes différentes, réünies néanmoins dans un seul corps.

En effet, il n'est pas libre aux Maîtres qui la composent, de teindre indifféremment la soye, la laine & le fil, ni même de demeurer & travailler ensemble dans les mêmes ouvroirs & boutiques. La teinture de chacune de ces matiéres forme comme autant de professions qui ont leurs Maîtres, leurs Apprentifs, leurs Chef-d'œuvres, leurs drogues, leurs échantillons matrices & leurs débouillis; & quand l'option de l'une de ces trois Maîtrises a été faite, le Maître qui l'a faite n'a plus la liberté de passer dans les deux autres.

Ces trois espéces de Maîtres Teinturiers, réünis ainsi dans une même Communauté, sont en quelque sorte considérez comme Teinturiers du grand teint, & les Edits, Déclarations, Statuts & Ordonnances, leur donnent quelque-fois cette qualité, à cause qu'ils sont tenus d'employer les meilleures drogues en plusieurs de leurs teintures; cependant, il est certain qu'elle est plus particuliérement attribuée dans l'usage ordinaire aux grands Teinturiers des Manufactures & étoffes de Lainage, dont il a été traité au premier paragraphe de cet article.

Les premiers Statuts de cette Communauté sont très-anciens; mais comme ils sont ou rappellez, ou abolis par le Réglement de 1669, on se contentera de parler de celui-ci, & d'y ajoûter les changemens qui y sont arrivez depuis l'année 1691, que les Charges de Jurez créez en titre d'Offices lui furent réünies jusqu'en 1707 que cette Communauté obtint encore la réünion de plusieurs autres Offices de nouvelle création.

Quatrevingt-dix-huit articles composent le nouveau Réglement, dont seulement les trois premiers, & les dix-huit derniers regardent la police de la Communauté en général: les autres partagez en trois classes traitent en particulier de ce qui regarde la teinture des soyes, celle des laines & celle des fils. Ces trois sortes de teintures ayant été expliquées ci-dessus à l'article des teintures, on se contentera de donner ici l'extrait des vingt-un articles de discipline.

Le premier article, après avoir réüni dans une même Communauté les Teinturiers en soye, laine & fil, déclare que néanmoins les Teinturiers en soye ne pourront teindre ni vendre que de la soye, comme aussi les Teinturiers en laine & fil, ne vendre ni débiter que de la laine ou du fil, ou des étoffes de même qualité; & il est pareillement ordonné que chaque Maître qui sera reçû à l'avenir ne fera son Chef-d'œuvre que sur celles des trois teintures qu'il aura choisies, & sur lesquelles il aura déclaré vouloir travailler.

Le deuxiéme article traite de l'Election des Jurez, dont la moitié doit toûjours être de Maîtres Teinturiers en soye, & l'autre moitié partagée entre les Maîtres Teinturiers en laine & les Maîtres Teinturiers en fil: en sorte que de quatre Jurez, deux doivent être pour la teinture en soye, un pour celle en laine, & l'autre pour la teinture en fil. Que si néanmoins la Communauté n'est composée que de Teinturiers en laine & fil, l'Election des Jurez doit être également partagée entr'eux, c'est à dire, qu'il y en ait toûjours deux des uns & des autres.

La moitié des Jurez se renouvelle tous les ans avec la pro-

proportion précédente. Le jour de l'éléction, deux Maîtres du Corps sont aussi choisis à la pluralité des voix, pour faire les visites chez les Jurez eux-mêmes; ausquels Jurez il appartient néanmoins de faire seuls les visites chez le reste des Maîtres de la Communauté.

Par le troisieme article les visites générales des Jurez sont fixées à quatre par an, & les droits à dix sols par chaque visite, ausquelles visites & droits sont pareillement soûmis les Plieurs de soye. Outre les contraventions au Réglement, & les défectuositez des Teintures, que les Jurez doivent observer dans leurs visites, pour en faire leur rapport, suivant l'éxigence des cas, ils sont encore tenus de prendre les noms des Teinturiers, de leurs fils, Apprentifs & Compagnons, pour connoître & vérifier s'ils ont été enregistrez sur le livre de la Communauté.

L'article quatrevingt-troisiéme qui reprend la police du Corps, interrompuë par les articles des teintures, ordonne que nul ne pourra s'ingérer ni s'employer dans le Négoce & l'Art de Teinture des soyes, laines, fils & étoffes, s'il n'a été Apprentif & Compagnon pendant le tems ordonné, & s'il n'a fait son Chef-d'œuvre & n'est reçû Maître.

Par le quatrevingt-quatriéme article chaque Maître est tenu d'avoir un poinçon gravé d'un côté du nom & armes de la Ville de sa demeure, pour en être les empreintes mises sur des plombs attachez aux botes de soye, laine ou fil par lui teintes; de chacun desquels poinçons il doit y avoir trois empreintes matrices, l'une dans le Bureau de la Communauté desdits Teinturiers, & les deux autres dans les Bureaux des Marchands Merciers, & des Marchands-Maîtres Ouvriers en Draps d'or, d'argent & de soye; ne pouvant lesdits Teinturiers vendre ni livrer lesdites matiéres & étoffes teintes, ni aucunes personnes les recevoir sans lesdites marques & plombs, à peine de cent livres d'amende pour chacune contravention, & confiscation des ouvrages teints non marquez.

Le quatrevingt-cinquiéme article ordonne la tenuë d'un Registre par chaque Teinturier pour y être inscrits toutes les soyes, laines & fils, &c. qui leur seront donnez à teindre; le même article défend que les pantines de soyes cruës ou teintes soient défaites ni divisées, ni chargées d'huile ou d'autres graisses par les Teinturiers en soye, avant ou après la Teinture.

Il est déclaré par le quatrevingt-sixiéme article quelles sont les marchandises qu'il est permis aux Maîtres de la Communauté de vendre & debiter chacun par rapport à la profession qu'il a optée & choisie.

Les marchandises que les Teinturiers en soye peuvent teindre, vendre & debiter tant en gros qu'en détail, sont toutes sortes de soyes crûës ou teintes, les fleurets, capitons, trames & autres soyes de ces qualitez: celles des Teinturiers en laine sont des laines teintes & des canevas propres aux tapisseries; & celles des Teinturiers en fil, toutes espéces de fil de lin, de chanvre & de coton, fils à marquer, fils à sangles & retors blanc, & autres couleurs, & des rubans de fil de toutes couleurs, dont pareillement se servent les Tapissiers.

Le quatrevingt-septiéme parle des perches sur la ruë, qui, comme on l'a dit des autres Teinturiers, ne peuvent passer la moitié de la ruë, ni les ouvrages qu'on y fait sécher descendre plus près de terre que de trois toises.

Il est dit par le quatrevingt-huitiéme, que les poids & mesures des Teinturiers seront celles dont l'usage se trouvera établi dans le lieu de leur demeure.

Par le quatrevingt-neuviéme, il est conservé aux Teinturiers le Privilége de préférence sur les marchandises par eux teintes, qui pourroient être saisies & venduës, mais seulement pour les deux derniéres années, & en cas que leurs parties ayent été arrêtées.

Les quatre articles suivans contiennent tout ce qui regarde l'Apprentissage, les Apprentifs, les Compagnons, le Chef-d'œuvre, la réception à Maîtrise, & le Privilége des Veuves.

L'Apprentissage doit être de quatre années actuelles & consécutives chez un Maître. Chaque Maître ne peut avoir plus de deux Apprentifs à la fois, dont le second ne peut même être obligé qu'après l'expiration de deux années du premier. Après l'Apprentissage le service est encore de deux années chez les Maîtres en qualité de Compagnon, à la réserve néanmoins des Compagnons Forains, qui sont tenus d'un service de quatre années pour pouvoir aspirer à la Maîtrise.

Le Chef-d'œuvre que l'Aspirant doit faire en présence des Jurez en Charge, de six Anciens & de trois Modernes, consiste à asseoir une cuve d'inde ou fleurée, & à la bien user, ce qui doit durer cinq ou six jours au plus. Les fils de Maîtres ne sont tenus qu'à la simple expérience qui dure deux jours, & à laquelle n'assistent que les Jurez en Charge, & quatre Anciens qui ont été Jurez.

A l'égard des Veuves il leur est permis de continuer leur Négoce & profession de Teinture, même d'achever les Apprentifs commencez par leurs maris, mais non pas d'en obliger de nouveaux.

Le quatrevingt-quatorziéme article défend aux Maîtres d'occuper plus d'une boutique ou ouvroir, comme aussi de prêter leur nom à d'autres pour les tenir en leur place.

Enfin, les quatre derniers articles traitent des Assemblées particuliéres de la Communauté, de la garde des titres & papiers, des amendes & de l'Assemblée générale.

Les Assemblées particuliéres sont fixées à une chaque mois, avec liberté néanmoins aux Jurez d'en convoquer d'extraordinaires s'il est nécessaire.

Les Papiers, Titres & Réglemens, doivent être mis, après l'inventaire préalablement fait, dans un coffre fermant à deux clefs, déposé dans le Bureau de la Communauté; desquelles deux clefs l'une doit toûjours être entre les mains de l'un des Jurez Teinturiers en Soye, & l'autre alternativement & par année dans celles des Jurez Teinturiers en Laine & en Fil.

Les amendes & confiscations adjugées appartiennent moitié au Roi, un quart aux Jurez qui ont fait la saisie, & l'autre quart aux pauvres.

L'Assemblée générale est toute semblable, & pour la maniére de la tenir, & pour les motifs, & pour ce qui doit s'y traiter, à l'Assemblée ordonnée par les Statuts des Teinturiers du grand teint, dont on a parlé ci-dessus dans leur paragraphe, avec cette seule différence, qu'au lieu des Gardes de la Draperie, ce sont ici un Marchand Mercier & un Marchand-Maître Ouvrier en Soye, qui doivent y être appellez.

Ces Statuts & Réglemens de 1669, furent observez san

sans aucune altération ni changement jusqu'en 1691 que les besoins de l'Etat ayant obligé Loüis XIV. de chercher des secours dans la création de plusieurs nouvelles Charges, il fut créé des Jurez en titre d'Offices pour tous les Corps des Marchands & Communautez des Arts & Métiers de Paris.

Ces Offices ayant été depuis réünis & incorporez aux Communautez, celle des Teinturiers en soye laine & fil en demanda comme les autres la réünion & incorporation, & pour trouver des fonds pour la finance qui fut payée suivant un rôle dressé au Conseil, on augmenta de beaucoup les droits de réception à l'Apprentissage & à la maîtrise, ceux des visites annuelles, & ceux de l'enregistrement des Compagnons sur le registre de la Communauté.

La même chose étant arrivée en 1694 & 1701, pour l'incorporation & réünion des Offices d'Auditeurs des Comptes des Communautez & autres semblables, il se fit encore une nouvelle augmentation des mêmes droits.

Enfin, deux Edits des mois de Janvier & d'Août de l'année 1704 ayant créé l'un des Offices de Contrôleurs-Visiteurs des poids & mesures, & l'autre de Greffiers pour l'enregistrement de tous les Actes concernant la Police des Communautez des Arts & Métiers, il en coûta une nouvelle finance à celle des Teinturiers en soye, laine & fil qui en demanda & en obtint la réünion par des Lettres Patentes de 1707.

Ces Lettres Patentes données en faveur de cette derniére réünion sont en forme de Réglement qui en dix articles établit en partie une nouvelle Police sur divers chefs, & en partie augmente encore les droits déja accrus si considérablement par les incorporations faites en 1691, 1694 & 1701.

Les articles qui augmentent les droits sont le premier, le second, le quatriéme & le cinquiéme; les autres sont de discipline.

A l'égard des droits, ceux pour les brevets d'Apprentissage, transport de brevets & ouvertures de boutiques, sont fixez à trente livres outre les droits accoûtumez & ordinaires. Les droits de l'enregistrement des noms des Apprentifs au nombre des Compagnons à quinze livres; ceux de la Maîtrise, à six cens livres pour les Maîtres de Chef-d'œuvres, & aux trois quarts de cette somme pour les enfans nez avant la maîtrise de leurs péres; enfin, les droits des quatre visites annuelles à quarante sols pour chacune desdites visites.

Pour la Police il est permis aux Jurez de recevoir six Maîtres sans qualité. Les enfans nez avant la maîtrise de leurs péres ne sont tenus que de la seule expérience. Tous les Maîtres de la Communauté de Paris ont droit de maîtrise dans toutes les Villes du Royaume, nommément dans celles de Lyon, Roüen, Bordeaux, Toulouse, Caën, Orleans, Tours & Amiens. Les Jurez peuvent visiter chez tous les Teinturiers Privilégiez, ou retirez dans des lieux Privilégiez. Quoi que les Maîtres n'ayent droit que d'avoir une boutique ou ouvroir, ils peuvent néanmoins établir une calandre dans une autre maison dont ils auront fait bail par devant Notaire, à la Charge pourtant de ne passer à ladite calandre que leurs propres ouvrages de teinture. Enfin, il est défendu à tous Maîtres de faire venir en leurs maisons & boutiques aucunes laines qu'elles n'ayent été déchargées au Bureau pour y être visitées par un des Jurez, & que le droit de visite n'y ait été payé sur le pied accoûtumé de deux sols six deniers par bale ou balot.

Au reste, il est ordonné par le sixiéme article de ce nouveau Réglement, que conformément à ce qui est porté dans toutes les autres Lettres Patentes de réünion d'Offices & d'augmentations de droits, que lors que la Communauté aura été remboursée de toutes les diverses finances payées pour les besoins de l'Etat, il ne se lévera plus que les droits anciens & accoûtumez.

Teinturier en cuir. Artisan qui met les peaux en couleur, soit de fleur, soit de chair; soit à teinture chaude, soit à froide; soit enfin à simple brossure. Ces Artisans qu'on nomme autrement Peaussiers, composent une des Communautez des Arts & Métiers de Paris. *Voyez* Peaussier.

Teinturier-Chapelier. Il se dit des Maîtres Chapeliers qui s'adonnent particuliérement à la teinture des chapeaux; en effet, quoi qu'il n'y ait qu'une seule maîtrise dans cette Communauté, les Maîtres semblent cependant se l'être partagée comme en trois professions distinguées, les uns fabriquant les chapeaux, les autres les mettant au teint & les autres les apprêtant & les vendant. *Voyez* Chapelier.

TELA. Espéce de Monnoye, ou plûtôt de Médaille d'or qui se frape à l'avénement à la Couronne de chaque Roi de Perse, que l'on distribuë, & dont on fait largesse au peuple.

Les telas sont du poids des ducats d'or d'Allemagne. Ils n'ont aucun cours dans le Commerce, ni parmi les Marchands, & valent tantôt plus, tantôt moins, suivant la rareté, ou l'envie qu'on a d'en avoir.

Il se frappe aussi des telas au commencement de chaque nouvelle année; ce sont comme ces jettons d'or dont en France le Prevôt des Marchands & quelques Corps & Tresoriers font present au Roi, aux Princes & aux Ministres, qui, non plus que les autres telas, ne sont point regardez comme monnoye courante, en sorte qu'il est certain qu'il ne se fabrique aucune espéce d'or en Perse, & que toutes celles de ce métail qui y ont cours ne sont que des monnoyes étrangéres.

Les telas se nomment aussi Cherasis, c'est à dire, des Nobles.

TELIER. On nomme ainsi dans quelques Provinces de France l'Ouvrier qui travaille en toile, en linge ouvré & en canevas. Il s'appelle ailleurs Tisserand. *Voyez* Tisserand.

TELLE, qu'on nomme ordinairement Taël, & que les Chinois appellent Leam. Espéce de monnoye d'argent de la Chine, ou plûtôt morceau d'argent qui s'y prend au poids. C'est aussi une monnoye de compte du Japon. *Voyez* Tael.

TELON. Sorte d'étoffe dont la chaîne est de lin ou de chanvre, & la trême de laine. C'est une espéce de tiretaine, ou de droguet; le Réglement du 19 Févrer 1671 permet de faire les tiretaines, droguets & telons, seulement d'une demi-aune de large.

TEMIN. L'on nomme ainsi au Levant les Loüis de cinq sols de France. Le Commerce de cette petite monnoye d'argent après avoir eu long tems la vogue dans les Etats du du grand Seigneur, y fut enfin défendu, à la réquisition de l'Ambassadeur de Sa Majesté très-Chrêtienne, lors qu'on se fut apperçû que les Nations d'Europe n'y en portoient plus que de très-altérées, ou même d'entiérement fausses. *Voyez* Louïs de cinq sols. *Voyez aussi* Commerce du Levant.

TENAILLE. Instrument ou outil qui sert à arracher ou à tenir quelque chose.

Quand on dit simplement une tenaille, sans y rien ajoûter qui en spécifie l'usage, on l'entend de la tenaille commune, c'est à dire, celle dont se servent les Serruriers, Menuisiers, Tapissiers & tant d'autres Ouvriers; les uns pour arracher les clous & les chevilles qui tiennent trop pour les pouvoir tirer à la main; les autres pour tenir & bander les sangles qui soûtiennent le rembourage des meubles & les étoffes qui les couvrent ou autres choses semblables.

On appelle le Mord de la tenaille les deux demi-cercles qui sont à un bout, parce qu'en se rencontrant quand on les ferme, ils mordent, pour ainsi dire, avec ces deux larges dents toutes les choses qui se trouvent entre-deux.

Outre cette sorte de tenaille il y en a quantité de propres à certains métiers.

Les Forgerons sur tout, ou ceux qui travaillent sur les métaux, tels que sont les Orfévres, les Serruriers, les Maréchaux, les Taillandiers, les Fondeurs, les Monnoyeurs, &c. en ont plusieurs qui leur sont particuliéres. Il y a aussi des tenailles pour les Lapidaires & pour les Vitriers.

De tous ces Ouvriers & Artisans les Serruriers sont ceux qui ont le plus grand nombre de tenailles & les plus différentes, soit pour leur forme, soit pour leur usage. Trois sortes de grandes tenailles leur servent à la forge; les unes, qu'on appelle simplement Tenailles de forge; d'autres qu'on nomme Tenailles à crochet & à chaufer; enfin, les Tenailles à faire boutons, qui, à la réserve que les branches sont très-longues & fort étroites, sont toutes semblables à la tenaille commune.

Les autres tenailles des Serruriers sont les Tenailles à faire des vases à chaud, & celles pour les emboutir; les Tenailles à chamfraindre, les Tenailles à liens & les Tenailles à fer à rouet. Tous ces outils sont de fer & ne sont composez que de deux piéces liées par le bout par un clou rivé, à la réserve de la derniére qui n'est qu'une régle de fer un peu épaisse, pliée en deux & faisant ressort.

Ces Ouvriers ont encore la Tenaille à vis ou étau à main dont on parle à l'article des Étaux, & une Tenaille de bois qu'on met dans le grand étau quand on veut polir quelqu'ouvrage.

La Tenaille des Lapidaires n'est autre chose que l'instrument qui serre la coquille de cuivre à laquelle le diamant qu'ils veulent tailler sur la rouë est soudé. *Voyez* Lapidaire.

La tenaille des Vitriers, du moins celle dont les plus habiles se servent, est une espéce de pince dont la tête est plate & assez large; ils ont aussi la Tenaille commune.

La Tenaille des Fondeurs de grands ouvrages est semblable à celle qui fait partie de ce qu'on appelle le feu d'une cheminée. *Voyez* Fondeurs de grands ouvrages.

Tenailles a croissant. Ce sont des tenailles de fer dont se servent également les Fondeurs des Hôtels des Monnoyes, & les Fondeurs en sable pour retirer leurs creusets de dedans le fourneau & les porter jusques à leurs moules & chassis pour y couler & verser leurs métaux lors qu'ils sont en bain, c'est à dire en fusion.

Ces tenailles ont à chacune de leurs branches d'en bas une portion de cercle qui en forme un tout entier lors qu'on les serre; c'est avec ce cercle qu'ils prennent le creuset par le colet & qu'ils les portent sûrement & commodément jusqu'à l'endroit de l'attelier où sont leurs chassis. *Voyez* Monnoyage. *Voyez aussi* Fondeur en sable et terre.

TENDOIRES. Terme de Manufactures de lainage. Ce sont des morceaux de bois de charpente ou de simples perches préparées pour faire sécher les étoffes après qu'elles ont reçû leurs apprêts.

L'article 24 du Réglement pour les manufactures de Bourgogne de 1718 défend de tirer ni aramer les draps & les serges pour l'usage des troupes & le commun du peuple, & ordonne qu'elles seront mises sur les tendoires pour sécher sans aucune extension.

TENDRE. Terme de Tapissiers. On dit Tendre un lit, une tapisserie, un appartement, pour signifier, élever, monter la couchette d'un lit, y mettre le dossier, l'impériale, les rideaux & la housse; atacher les tapisseries, & placer les meubles, miroirs, tableaux, &c. dans un appartement.

TENEUR DE LIVRES. Le Commis d'un Banquier, ou celui qui chez un Négociant a soin de porter sur les livres en debit & crédit toutes les affaires du Commerce de leurs Maîtres. J'ai un habile Teneur de livres, personne ne les sait mieux tenir en parties doubles. *Voyez* Livres.

Teneur. Ce qui est porté par un écrit, ce que contient une lettre. J'éxécuterai la teneur de votre lettre. Le dernier Arrêt du Conseil ordonne que les Réglemens généraux pour les Manufactures du mois d'Août 1669 seront éxécutez suivant leur forme & teneur.

TENG-CHIOU. Petite balance en façon de romaine dont on se sert dans la Chine pour peser l'or & l'argent. *Voyez* Balance & Romaine.

TENIR. On se sert de ce terme en tant de maniéres dans le Commerce, qu'il feroit difficile & peut-être assez inutile de les rapporter toutes. On se contentera donc de mettre ici les principales & du plus grand usage dans le Négoce de Mer & de Terre, & dans les Manufactures des Arts & Métiers.

Tenir Port. C'est rester un certain tems fixé par les Réglemens de Police dans les Ports où les Voituriers par eau arrivent pour y vendre les grains, bois, vins, charbons & autres marchandises dont les bateaux sont chargez. A Paris les Voituriers par eau doivent tenir port 15 jours pour toutes sortes de marchandises, à l'exception des vins pour lesquels ils les doivent tenir pendant un mois. *Voyez* Voiturier.

Tenir magazin. Se dit des Marchands en gros qui n'étalent pas leurs marchandises dans des boutiques sur la ruë, mais qui les tiennent renfermées dans des magazins où ils les vendent, ou en piéces, ou en bales.

Tenir ouvroir. C'est parmi les Tireurs d'or de la

Ville

Ville de Lyon, travailler dans ces espéces de boutiques fermées où ils tiennent leurs bancs, leurs filiéres & autres instrumens nécessaires à leur métier. *Voyez* TIREUR D'OR.

TENIR LA CAISSE. C'est chez les Marchands, Négocians & Banquiers, être chargé de recevoir & de payer les sommes qui entrent dans la caisse ou qui en sortent, & d'en tenir regiſtre.

TENIR LA BANQUE. C'est faire le Négoce d'argent que font les Marchands Banquiers. *Voyez* BANQUIER.

TENIR DE CHAIR. Terme de Chamoiseur. C'est donner aux peaux de mouton & de chévre, & autres peaux de cette sorte qu'on passe en huile ou en chamois, une façon sur le chevalet; après qu'elles ont été éfleurées, & avant que de les mettre à la riviére pour les faire boire. Cette façon se donne avec le couteau de riviére qu'on passe le plus ferme qu'il est possible sur les peaux du côté de la chair, afin d'en enlever tout ce qui pourroit y être resté des premiéres préparations, & par-là les rendre plus unies, plus douces & plus maniables. Quelques Ouvriers appellent cette façon Echarner. *Voyez* CHAMOIS.

TENIR LES LIVRES. Terme de Négoce & de Banque. C'est avoir soin de porter & d'écrire sur des regiſtres qui ont différens noms suivant les usages ausquels ils sont destinez, les marchandises qui sont achetées ou venduës par un Négociant, l'argent qui entre dans une caisse, ou qui en sort, les dettes actives ou passives, & quantité d'autres semblables choses concernant le trafic des Marchands & Banquiers. *Voyez* LIVRES; *non seulement il y est expliqué ce que c'est que tenir les livres en parties doubles & en parties simples; mais on y donne aussi des modèles de tous les différens livres dont les Marchands Négocians & Banquiers ont coûtume de se servir; & des exemples pour y porter facilement toutes sortes de parties, soit pour la dépense, soit pour la recette.*

TENIR COMPTE. C'est faire entrer quelque marchandise, ou quelque somme qu'on a reçû d'un autre dans le chapitre de la recette de son compte. Je vous ai tenu compte de la piéce de drap & des dix pistoles que vous m'avez envoyez, c'est à dire, j'en ai chargé la recette du compte que j'ai avec vous.

TENIR BOUTIQUE. C'est occuper une boutique & y faire un Commerce de quelque marchandise. On dit, Cet homme tient boutique depuis peu; pour faire entendre qu'il y a peu de tems qu'il fait Négoce. On dit au contraire, Cet homme ne tient plus boutique; pour dire qu'il a quité le Commerce. *Voyez* BOUTIQUE.

TENTURE DE TAPISSERIE. C'est un certain nombre de piéces ou d'aunes de tapisseries suffisantes pour tendre & tapisser une chambre ou un appartement. Cette tenture de Haute-lisse est composée de six piéces qui font vingt aunes courantes.

TENTOI. On appelle ainsi parmi les Haute-lissiers les barres qui servent à tendre & tourner les deux rouleaux ou ensubles, où sont attachez les fils de la chaîne de l'ouvrage, lors qu'on monte le métier. La barre de l'ensuble d'en haut s'appelle le grand Tentoi, & celle du rouleau d'en bas le petit Tentoi. *Voyez* HAUTE-LISSE.

TEPIS. Etoffe de soye & coton qui se fabrique aux Indes Orientales; il y entre fort peu de soye ce qui la rend des plus communes de celles qui viennent en France par le retour des Vaisseaux de la Compagnie. Les tepis ont depuis cinq aunes jusques à sept aunes de longueur sur deux tiers environ de largeur.

TERCELIN. Marchandise qui est employée parmi les drogues dans le Tarif de la Douane de Lyon de 1632.

Le Tercelin paye les droits de cette Douane à raison de 7 s. 6 d. la piéce.

TEREBENTINE. Gomme ou Résine qui coule par incision, ou naturellement de divers arbres gras & résineux, tels que sont le vrai Térébinte, les Melesses, les Pins, les Sapins, &c.

On distingue trois sortes de Térébentines; la Térébentine de Chio, celle du bois de Pilatre, faussement nommé Térébentine de Venise; & la Térébentine de Bordeaux.

La Térébentine de Chio, qui est la seule véritable, & qui a donné la dénomination à toutes les autres, est une résine d'un blanc tirant sur le verd, claire, visqueuse & peu odorante, qui se tire par incision de l'arbre appellé Térébinte, dont la description est donnée à l'article qui suit.

Il faut la choisir en consistence solide, sans presqu'aucun goût, ni odeur, & sur tout qu'elle tienne peu, ni aux doigts quand on la touche, ni aux dents quand on l'éprouve dessous; ce qui doit servir à la faire reconnoître d'avec la fausse Térébentine de Venise qu'on lui substituë souvent, qui est d'une odeur forte, d'un goût amer, & très adhérente.

La Térébentine de Chio seroit sans contredit la meilleure pour être employée en médecine; mais sa cherté & sa rareté sont cause qu'on n'en use presque pas.

La Térébentine de Venise, ou plus véritablement, comme on l'a ci-devant insinué, la Térébentine du bois de Pilatre, vient de Forez, & est envoyée aux Marchands Epiciers-Droguistes de Paris par ceux de Lyon. Les Païsans de cette petite, mais agréable Province, la recueillent dans le bois de Pilatre, elle y coule des melesses, des pins & des sapins, soit naturellement & sans incisions pendant les grandes chaleurs, soit par les incisions que l'on fait à ces arbres quand ils ont cessé de la jetter d'eux-mêmes.

Celle qui coule naturellement s'appelle Bijon, & est une espéce de baume qui n'a pas moins de vertu que le baume du Pérou, à qui on la substituë quelque-fois: à quoi il n'y a de tromperie que de nom, les qualitez du Bijon ne cédant en rien à celles de ce baume.

A l'égard de la Térébentine qui sort par incision, on la vend à Paris pour Térébentine de Venise où il s'en fait un très-grand Commerce, plusieurs Ouvriers s'en servant, mais sur tout parce qu'on en compose le vernis. Il faut la choisir claire & blanche, & prendre garde qu'elle n'ait point été contrefaite avec l'huile de Térébentine. La Térébentine de Bordeaux, qu'on appelle aussi Térébentine commune & de Bayonne, est blanche & épaisse comme du miel; elle ne découle pas des arbres de la maniére qu'elle est envoyée, mais c'est proprement une composition, dans laquelle il entre, entr'autres ingrédiens, cette résine blanche & dure, qu'on appelle ordinairement Galipot, & que les Montagnards nomment Baras.

Il y a encore des Térébentines de Chypre, de Pise & de Strasbourg; mais il ne s'en fait aucun Commerce à Paris;

Paris; & quand on en demande aux Epiciers & Droguistes, au lieu de celle de Chypre ils donnent celle de Chio; pour celle de Pise une autre qui vient de Comté; & quant à celle de Strasbourg, elle se débite presque toute en Hollande.

On met aussi au nombre des Térébentines une espéce de liqueur que produit l'arbre appellé Cedre. *Voyez* Cedre *vers la fin de l'article.*

La Térébentine paye en France les droits d'entrée suivant le Tarif de 1664; savoir,

Celle qu'on nomme Térébentine de Venise, 50 s. du cent pesant, & la Térébentine commune 10 s.

Les droits de la Douane de Lyon sont,

Pour la Térébentine de Venise 32 s. 6 d. d'ancienne taxation, & 30 sols pour les anciens quatre pour cent.

Pour la Térébentine du Païs, 2 s. du quintal d'ancienne taxation, & 13 s. de réapréciation.

Et pour la grosse Térébentine de Suisse, 12 s. 6 d. d'ancienne taxation, 10 s. pour les quatre pour cent, & 2 s. pour leur réapréciation.

On tire de la Térébentine par le moyen de la distilation, deux sortes d'huiles, l'une blanche & l'autre rouge, qui sont regardées comme une espéce de baume propre à la guérison des playes & des engelures; mais l'on se sert si peu de ces huiles, qu'il est assez difficile d'en pouvoir trouver dans Paris.

Ce que les Marchands Epiciers-Droguistes vendent ordinairement sous les titres d'Huile de Térébentine, d'Huile Ætherée, d'esprit, ou d'essence de Térébentine, & dont il se fait un Commerce assez considérable, n'est autre chose qu'une distilation de la résine nommée Galipot, nouvellement sortie de l'arbre. Cette huile qui s'employe avec succès dans la guérison des playes nouvelles, & dont les Peintres, les Maréchaux, &c. font une si grande consomption, est presque toute envoyée des environs de Marseille & de Bordeaux. *Voyez* Galipot.

L'huile de Térébentine pour être bonne, doit être claire & blanche comme de l'eau, d'une odeur forte & pénétrante. Ceux qui en voudront faire Négoce en gros, sont avertis qu'elle est sujette à de très-grands déchets, & fort aisée à s'enflâmer; c'est pourquoi ils n'en doivent approcher avec le feu qu'avec beaucoup de précaution.

L'huile de Térébentine paye en France les droits d'entrée à raison de 30 s. le cent pesant, conformément au Tarif de 1664, & par celui de Lyon pareille somme de 30 s. du quintal.

TEREBINTE. Arbre résineux d'où coule la véritable Térébentine qui a communiqué son nom à quantité d'autres résines dont il est parlé dans le précédent article.

Le Térébinte croît en abondance dans les Isles de Chio & de Chypre, & dans quelques endroits de France & d'Espagne. Cet arbre est toûjours verd, ses feuilles sont semblables à celles du Frêne, mais plus grosses & plus grasses; son bois est dur & noir, son écorce comme celle du Lantisque, & sa fleur comme celle de l'olivier. Il y a deux sortes de fruits; l'un de la grosseur de nos noisettes, & de la forme des pistaches; & l'autre, semblable aux grains de genévre.

TEREC. *Drogue employée dans le Tarif de 1664, elle paye 15 s. du baril pour droits d'entrée.*

Il y a encore dans le même Tarif une marchandise appellée Terecq, qui ne paye que 5 s. du baril.

TERENIABIN. Espéce de Manne liquide. *Voyez* Manne.

TERJETTE. Terme de Manufacture de Lainage. C'est une espéce de Manicle de cuir dont se servent les Laineurs-Applaigneurs. *Voyez* Tarjette.

TERJETTER. Terme de Verrerie. C'est vuider dans les pots à cueillir la matiére propre à faire le verre, qui a été préparée & mise en parfaite fusion dans les deux pots du grand ouvreau, & dans les deux autres pots du derriére du fourneau à verre. *Voyez* Verre.

TERINDANNES, ou TERINDAINS. Mousseline, ou Toile de coton fine, qui vient des Indes Orientales, particuliérement de Bengale. Ces Toiles ont seize aunes de long sur trois quarts à sept huit de large. *Voyez* Mousseline.

TERME. Tems réglé & prescrit pour faire quelque payement, ou s'aquiter de quelque obligation. Le payement des rentes de l'Hôtel de Ville de Paris, se fait en deux termes; celui des rentes ordinaires, des loyers de maisons, des fermes & héritages en quatre.

Terme. Signifie aussi delai, tems que l'on accorde à un débiteur pour payer ce qu'il doit. Je ne puis vous payer présentement, donnez-moi terme jusqu'à Pâques. Je veux bien vous accorder trois mois de terme, mais je veux être payé à jour nommé.

TERNEUVIER. Vaisseau ou Bâtiment de mer destiné & équipé pour aller en Terre-neuve faire le Commerce & la pêche des moruës. Les Vaisseaux François Terneuviers sont ordinairement à deux ponts, du port de cent à cent cinquante tonneaux, & montez de vingt à vingt-cinq hommes d'équipage, compris le Capitaine & les Mousses. Les Hollandois les nomment Terrneuf-Vaarder. *Voyez* Morues.

TERRAMERITA, ou CONCOUME, en Latin *Curcuma*, qu'on appelle aussi Safran, ou Souchet des Indes, de Malabar & de Babylone; est une racine qui sert aux Teinturiers pour teindre en jaune. Elle est jaunâtre en dedans & en dehors, dure & comme pétrifiée, presque semblable en figure & en grosseur au gingembre; les feuilles qu'elle produit sont larges, longues & vertes, & ses fleurs viennent en maniére d'épi. Cette racine est apportée des grandes Indes; il en vient aussi quantité de l'Isle de saint Laurent, ou de Madagascar.

On doit choisir la Terramerita grosse, nouvelle, résineuse, difficile à casser, pesante, point vermouluë & sans pourriture.

Bien des gens s'imaginent qu'il y a de la Terramerita rouge; ce qui n'est pas vrai, n'y en ayant que d'une sorte: mais la cause de leur erreur est que cette racine en vieillissant brunit, & que réduite en poudre, elle paroît plus rouge que la nouvelle.

Les Gantiers & Parfumeurs se servent de la Terramerita pour mettre leurs gans en couleur, & les Fondeurs pour donner une couleur d'or au métail; mais sur tout elle est d'un grand usage chez les Teinturiers.

Elle est du nombre des drogues colorantes qui appartiennent aux Teinturiers du grand teint, à l'exclusion des Teinturiers du petit teint. Il est vrai que cette drogue ne fait pas un jaune aussi assuré que celui de la gaude, mais

mais il n'y en a point de plus propre pour faire jaunir, éclaircir, ou tirer sur le nacarat les couleurs qui se font rouges, soit avec le vermillon, comme les écarlates de France, soit avec la cochenille comme le rouge cramoisi; soit avec la garance comme le nacarat de garance: l'eau-forte fait néanmoins le même effet sur la cochenille aux écarlates façon de Hollande.

La Terramerita, ou Cucuma, comme l'appelle le Tarif de 1664 paye en France les droits d'entrée conformément à ce Tarif, sur le pied de 45 s. le cent pesant.

Les droits de la Douane de Lyon dans le Tarif de laquelle elle est nommée Courconnie sont de 13 s. 3 d. d'ancienne taxation, 6 s. 9 d. de nouvelle réapréciation, 10 s. pour les anciens quatre pour cent, & 12 s. pour leur augmentation.

La Terramerita est du nombre des marchandises du Levant, qui payent vingt pour cent de leur valeur, suivant l'Arrêt du 15 Août 1685.

TERRA SAPONARIA. C'est le nom Latin d'une espéce de terre glaize, qui peut servir au lieu de Savon au dégraissage des laines: on l'appelle en François Smectin, & en Anglois Soletard. *Voyez* SMECTIN.

TERRA, ou TERA. On nomme ainsi en terme de Potiers de Terre, un Auget de terre plein d'eau que ces Ouvriers, quand ils travaillent quelque ouvrage à la rouë, tiennent auprès d'eux pour y tremper de tems en tems leurs mains, & l'instrument qu'ils nomment une Attelle, afin que la terre glaize ne s'y puisse attacher. *Voyez* POTIER DE TERRE.

TERRAILLE. Poterie fine, jaunâtre, ou grisâtre, qui se fabrique à Escrome près le Pont saint Esprit, petite Ville de France située sur le Rône.

Les Fayanciers de Paris qui en font un Commerce assez considérable, l'appellent Terre du Saint-Esprit. On en fait des Caffetiéres, des Tétiéres, des Chocolatiéres & des Cabarets entiers garnis de leurs Tasses & Soucoupes pour faire & prendre ces liqueurs qui leur ont donné leur nom. Elles soûtiennent la chaleur de l'eau bouillante de même que les vrayes Porcelaines des Indes.

TERRASSE. Terme de Tireur d'Or. C'est une espéce de vaisseau fait en forme de cuvette un peu longue, formé de brique, ou de pavé de grais, avec de hauts rebords, dans lequel ces Ouvriers font chauffer le gros fil d'argent qu'ils veulent dorer avant de le passer aux filiéres. *Voyez* TIREUR D'OR.

TERRE. Substance solide & pesante dont le globe terrestre est composé. Les Philosophes mettent la terre au nombre des quatre Elémens qui entrent, à ce qu'ils prétendent, dans la composition de toutes choses; mais cette terre, comme ils l'entendent, n'est pas proprement celle sur laquelle nous marchons.

La discution de cette matiére n'étant point du dessein de ce Dictionnaire, on se contentera de parler ici des terres médecinales, & de celles que les Peintres & les Teinturiers mettent au nombre de leurs drogues, ou qui servent dans les Manufactures de Lainage.

TERRE A DE'GRAISSER. Dans les Manufactures de Lainages on employe beaucoup d'une sorte de terre grasse qui n'est autre chose que celle que l'on appelle ordinairement Terre Glaize, ou Terre à Potier.

Elle sert à dégraisser les laines avant que d'être filées, à fouler & dégraisser les draps, les ratines, les serges & autres telles étoffes après qu'elles ont été fabriquées sur le métier. Les Foulons, Bonnetiers en employent aussi pour fouler & dégraisser les ouvrages de Bonneterie. L'Urine est quelque-fois substituée à la place de la terre pour le foulage & dégraissage, mais la terre est la meilleure quand elle a été bien maniée pour en ôter jusques aux plus petites pierres. *Voyez* FOULON. *Voyez aussi* POTIER DE TERRE.

TERRE A SUCRE. On nomme ainsi une sorte de terre avec laquelle on blanchit le sucre pour en faire de la cassonade blanche. Celle qu'on employe aux Isles Françoises de l'Amérique, vient de France, particuliérement de Roüen, de Nantes & de Burdeaux. Il s'en trouve aussi à la Guadeloupe. *Voyez* SUCRE *à l'endroit où il est parlé de la maniére de faire le sucre terré.*

TERRE CITRIN. *Voyez ci-après* TERRE SIGILLE'E.

TERRE D'OMBRE. Espéce de terre, ou de pierre fort brune, qui sert aux Peintres & aux Gantiers. Il y en a de deux sortes; l'une d'une couleur minime tirant sur le rouge, & l'autre seulement grise. La premiére est la meilleure; l'une & l'autre vient du Levant, & particuliérement d'Egypte; il faut la choisir tendre & en gros morceaux.

Avant que de broyer la terre d'ombre, soit pour peindre, soit pour mettre des gans en couleur, il faut la brûler, ce qui la rend plus rougeâtre, & par conséquent de meilleure qualité; mais en la brûlant il faut en éviter la fumée qui est, & nuisible, & puante.

Il y a encore une espéce de Terre d'ombre qu'on appelle Terre de Cologne, mais elle est beaucoup plus brune que l'autre. Son nom aprend d'où on la tire. Il faut la choisir tendre, friable, bien nette & sans menu.

La Terre d'ombre paye en France les droits d'entrée à raison de 10 s. du cent pesant, conformément au Tarif de 1664.

Les droits de la Douane de Lyon sont aussi de 10 s. du quintal.

Elle est du nombre des marchandises venant du Levant, sur lesquelles on doit lever vingt pour cent de leur valeur, suivant l'Arrêt du 15 Août 1685.

TERRE DE PERSE. Que l'on nomme aussi Rouge d'Inde; & quelque-fois, quoi qu'improprement, Rouge d'Angleterre. *Voyez* ROUGE D'INDE.

TERRE DE PIERRE. Espéce de minéral dont on se sert pour la fonte du fer. On le nomme plus ordinairement Castine. *Voyez cet article.*

TERRE ROUGE. Terre propre à la Peinture. *Voyez* ROUGE. *Voyez aussi* BOL.

La Terre rouge paye en France les droits d'entrée à raison de 3 s. du cent pesant, conformément au Tarif de 1664.

Les droits de la Douane de Lyon sont 1 s. 3 d. du quintal.

TERRE DE MOULARD. Terre qui se trouve au fond des auges des Rémouleurs. On en fait quelqu'usage dans la teinture, particuliérement pour les noirs; mais elle n'est permise par les Réglemens qu'en certaines occasions. *Voyez* TEINTURE.

La Terre de Moulard paye les droits de la Douane de Lyon à raison d'un sol du baril, & ceux du Tarif de 1664 sur le pied de 2 s.

TERRE DE BELLIEVRE. On nomme ainsi dans les Manufactures des Glaces, la terre avec laquelle on construit le le dedans & les glacis des fours ; elle sert aussi à faire les pots à verre & les cuvettes qui servent à couler les glaces de grand volume : elle se tire d'une carriére près de Forge en Normandie. *Voyez l'article des Glaces.*

TERRE SIGILLE'E, qu'on appelle aussi TERRE LEMNIENNE, du nom de l'Isle de Lemnos, d'où les Anciens la tiroient. C'est une espéce de terre ou de craye de différentes couleurs, à qui l'on a donné l'épitéte de Sigillée, à cause des cachets dont elle porte ordinairement l'empreinte.

Cette terre est pesante, mole & friable, le plus communément rouge, mais assez souvent blanchâtre & couleur de citron, d'où le Tarif de 1664, l'appelle Terre Citrin : elle est fort astringente ; ce qui fait qu'on s'en sert dans les hémoragies ; on l'estime aussi bonne contre les venins & contre la peste.

Pline lui attribuë bien d'autres vertus que l'expérience n'a pas apparenment justifiées, puis qu'on n'en fait pas présentement le cas qu'on en faisoit autre-fois. Elle entre néanmoins dans la composition de la thériaque. Celle qui est en petits pains rougeâtres est la plus estimée.

On prétend qu'on a découvert aux environs de Blois une sorte de Bol très-semblable à la terre Lemnienne, & qui n'est pas moins souveraine qu'elle. Un peu de tems pourroit bien en augmenter la réputation ; & en tout cas, puis qu'on soupçonne quelques Apoticaires & Droguistes de substituer des terres inconnuës à la véritable terre sigelée, peut-être feroient-ils mieux de se servir de celle de Blois, en la vendant sous son vrai nom, que de tromper le public par leur fausse terre Lemnienne.

Cette Terre pêtrie & préparée sert à faire de petits vases qu'on estime & qui font l'ornement des cabinets des curieux.

La Terre Sigelée paye en France les droits d'entrée à raison de 40 s. le cent pesant, conformément au Tarif de 1664.

Les droits de la Douane de Lyon sont de 50 s. du quintal pour tous droits.

Elle est du nombre des marchandises venant du Levant, sujettes au droit de vingt pour cent, suivant l'Arrêt du 15 Août 1685.

TERRE VERTE. Il y a deux sortes de Terre verte, la terre verte de Véronne, qu'on nomme aussi Chipre, & la commune. La premiére se trouve en Italie aux environs de la Ville dont elle porte le nom : elle doit être bien verte, très-pierreuse, & prendre garde qu'elle n'ait point en dedans quelques veines de terre ordinaire.

La terre verte commune se trouve en plusieurs endroits, & même en France. Plus elle aproche de celle de Véronne, plus elle est bonne ; elle sert à peindre, & sur tout à fresque.

Il y a encore une troisiéme terre verte que le Tarif de la Douane de Lyon nomme Terre Verte de Mine.

Ces trois sortes de Terres payent les droits de cette Douane ; savoir,

Le Chipre, ou Terre de Veronne 10 s. le quintal. La Terre Verte commune 3 s. Et la Terre Verte de Mine, comme la précédente.

TERRER DU SUCRE. C'est le blanchir par le moyen d'une sorte de terre grasse dont on couvre le fond des formes où on le fait purger. *Voyez* SUCRE TERRE'.

TERTIA. Terme corrompu du Latin, ou qui a passé d'Italie dans les Provinces de France qui en sont voisines. Il signifie un tiers, ou la troisiéme partie d'un tout. *Voyez* TIERS.

TESCARET, ou THESKERE'. On nomme ainsi dans les Echelles du Levant, particuliérement à Smirne, un certificat que donnent les Commis de la Douane lors que les marchandises y ont payé les droits d'entrée. En représentant ce Teskeré elles doivent passer franches dans les autres Villes des Etats du Grand Seigneur où on les peut envoyer ; c'est à dire, dans l'étenduë de la Ferme où elles ont payé ; car dans les autres, comme dans celle du Caire, elles doivent payer un nouveau droit. *Voyez* THESKERE'.

TESSON, que l'on écrit quelque-fois TAISSON. Animal sauvage à quatre pieds, dont la peau entre dans le Commerce des Pèleteries. On le nomme plus ordinairement Blaireau. *Voyez* BLAIREAU.

TESTE. Signifie dans le sens propre la partie supérieure & antérieure de l'animal. Il se dit aussi dans le sens figuré de tout ce qui semble en tenir lieu dans les choses inanimées, qui en a la forme, ou qui en est la partie la plus élevée. La Tête d'un pavot, la Tête d'une épingle, la Tête d'un arbre.

Il y a pareillement dans le Commerce & dans les Arts & Métiers quantité de choses à qui on donne le nom de Tête.

TESTE. On appelle Clous à Tête ceux qui ont une tête, ou petit morceau de fer plat à l'extrêmité opposée à leur pointe ; il y en a de diverses sortes, comme clous à tête emboutie, à tête à trois coups, à tête rabatuë, à tête de champignon, à tête plate, à tête ronde & à deux têtes.

TESTE EMBOUTIE. Broquette à tête emboutie, c'est la plus grosse de toutes les broquettes ; il y en a à deux livres le millier, & d'autres à deux livres & demie & trois livres. *Voyez* BROQUETTE.

TESTE A TROIS COUPS, ou TESTE RONDE. Ce sont les clous ordinaires, ainsi nommez pour les distinguer des clous à crochet & des clous à tête plate. Ce nom de Tête à trois coups leur vient de ce qu'on en forge la tête en la frappant trois fois du marteau, ce qui forme trois espéces de triangles irréguliers. *Voyez* CLOU.

TESTE RABATUE. Les clous à tête rabatuë sont de gros clous qui servent à clouer & attacher les bandes de fer qu'on met aux rouës de charrette.

Ceux qui sont destinez aux rouës de carrosses & de chaises ne sont pas si forts, & s'appellent simplement Clous à bandes. *Voyez* CLOU.

TESTE DE CHAMPIGNON. Ce sont de grands clous dont la tête est ronde, de près d'un pouce de diamétre, & presque d'autant de hauteur, creuse en dedans & de la figure d'un champignon ; ils ont deux pointes soudées ensemble, longues d'environ six pouces, qui s'ouvrent & se rivent séparement quand elles ont percé les planches & traverses où on les attache ; ils servent aux portes cochéres dont elles arrêtent les barres qui sont derriére, & forment en devant une espéce d'ornement en quinconce. *Voyez* CLOU.

TESTE PLATE. On nomme ainsi les clous à ardoises & à lates qu'on appelle autrement Clous à bouche. *Voyez* CLOU.

TESTE DE CHEVEUX, en terme de fabrique de perruques. C'est le côté par où les cheveux ont été coupez, l'autre extrêmité s'appelle la pointe; c'est par la tête que l'on tresse les cheveux pour en faire des perruques, des coins & autres ouvrages semblables. *Voyez* CHEVEUX.

TESTE DE NEGRES. C'est ainsi qu'on nomme sur les Côtes d'Afrique où les Européens font la traite des Négres, ceux qui sont âgez depuis seize ou dix-sept ans jusqu'à trente. On leur donne le même nom aux Isles Antilles. *Voyez* NEGRES.

TESTE DE LISSES. C'est le haut des lisses dont se servent les Ouvriers à la navette, à l'endroit où elles sont arrêtées sur les lisserons. *Voyez* LISSES & GAZE.

TESTE DE MORE. C'est le nom que l'on donne à la guipure la plus étroite. *Voyez* GUIPURE.

TESTE OU CUL D'AIGUILLE. *Voyez* CHAS.

TESTE, OU BOSSE DE CHARDON. *Voyez* BOSSE DE CHARDON & CHARDON.

TESTE D'ARGUE. Terme de Tireur d'or qui se dit de la partie supérieure d'un gros billot quarré élevé de deux pieds de terre; qui a deux entailles, dont l'une sert à placer, & appuyer les filiéres, & l'autre à faire passer les lingots par les pertuis des mêmes filiéres pour les tirer à l'argue. *Voyez* ARGUE.

TESTE ET QUEUE. On dit chez les Manufacturiers & chez les Marchands qu'une piéce d'étoffe ou de toile a tête & queuë, quand elle n'a point été entamée, qu'elle est toute entiére. *Voyez* CHEF.

TESTE DE LINOTES. Nom que les Laneurs & Aplaigneurs donnent quelque-fois par dérision aux têtes ou bosses de chardon les plus petites qu'on appelle autrement Rondelles & Camions. *Voyez* CHARDON.

TESTE DE MOINE. L'on nomme ainsi le gros fromage d'Auvergne que l'on appelle aussi Quantal. *Voyez* FROMAGE *où il est parlé de ceux que l'Auvergne fournit.*

TESTE. Se prend quelque-fois parmi les Fondeurs de caractéres d'Imprimerie pour ce qu'on nomme autrement l'Oeil de la lettre; l'on doit pourtant y faire quelque différence, l'œil étant proprement la gravûre en relief de la lettre, & la tête le haut ou table de la lettre, où est cette gravûre. Une lettre bien fonduë ne doit être ni forte en pied, ni forte en tête. *Voyez* FONDEUR DE CARACTERES.

TESTE. Ce qu'on appelle en terme de Potier de terre la tête de la rouë à tourner les ouvrages de poterie, est le haut de la noix, ou arbre de cette rouë sur lequel se place le morceau de terre glaise qu'on veut travailler; son vrai nom est la Girelle. *Voyez* POTIER DE TERRE.

TESTON. Ancienne Monnoye d'argent qui se fabriquoit en France & dans plusieurs autres Etats; mais qui n'a plus de cours dans le Royaume, & peu dans les Païs Etrangers, hors en Italie, où il est également monnoye courante & monnoye de compte.

Le teston a augmenté de prix à proportion de la valeur de l'argent. Lors qu'on en fabriqua pour la premiére fois sous Louïs XII. il ne valoit que dix sols, ensuite il a valu quinze sols; & lors qu'il a cessé en France d'être reçû dans le Commerce, il étoit monté à dix-neuf sols six deniers, c'est à dire, à peu près au tiers de l'écu de soixante sols.

Les testons frapez en France, ainsi appellez de la tête qu'ils avoient pour empreinte d'éfigie, étoient du poids de sept deniers dix grains, tenant de fin dix deniers quatorze grains.

Une partie des testons fabriquez dans les monnoyes étrangéres, sont du poids qu'étoient ceux de France, mais avec différence de quelques grains pour le fin. L'autre partie est, non seulement avec moins de fin, mais encore beaucoup inférieure en poids.

Du nombre des premiers, c'est à dire, de ceux qui se trouvent du poids des testons de France, sont les testons de Dombes, de Lorraine, d'Orange, de Rome, de Portugal, de Milan, de Savoye, de Berne, de Soleure, de Lucerne, &c. Des autres les plus aprochant de ceux de France pour le poids, sont, les testons du Cardinal de Lorraine fabriquez au moulin, ceux de Metz, quelques-uns de Savoye & de Gennes, ceux de S. Gal, de Strasbourg, de Besançon, de Basle, de Chaffouge & de Dole. Les testons de Suisse des années 1620 & 1621, sont les moindres de tous, & pour le poids, & pour le fin, le poids n'étant que de cinq deniers, & ne tenant de fin que huit deniers seize grains. Personne n'ignore que c'est par le poids & par le fin que s'estime le prix des espéces. On peut voir là-dessus MONNOYE & MONNOYAGE. *Voyez aussi* TITRE.

Le teston de Florence vaut deux lires ou trois jules monnoye de cette Ville. Le jule sur le pied de quarante quadrins, & le quadrin du prix de deux deniers tournois de France; en sorte que le teston de Florence revient à vingt sols de France.

Le teston Romain vaut trois jules, ou trente bayoques; la bayoque prise sur le pied de cinq quadrins, & le quadrin pour trois deniers.

TESTU. Outil de Maçon qui sert à démolir les anciens ouvrages de Maçonnerie. C'est une espéce de gros marteau, dont la tête qui est fort large par un bout, se termine en pointe par l'autre extrêmité. Le manche qui est de bois est long & fort à proportion, ordinairement de plus de vingt pouces de longueur.

Le têtu à arrête qui sert aussi aux Maçons pour la démolition des Bâtimens, est propre à briser & rompre les pierres qui sont trop dures & qui résistent au têtu. Comme c'est une espéce de masse de fer dont les deux bouts, qui chacun se séparent en deux coins en forme de dents, sont tranchans & fort acérez, il n'a guére que huit à dix pouces de longueur, mais est fort épais. Son manche est plus long qu'au têtu ordinaire pour lui donner plus de coup.

Le têtu à Limousin, qu'on nomme aussi un Gurlet, tient des deux têtus dont on vient de parler aux articles précédens; il a la tête fenduë d'un côté comme le têtu à arrête, & est pointu de l'autre comme le têtu commun. *Voyez* GURLET.

TEXIER. C'est un des noms que l'on donne à l'Ouvrier qui travaille à la fabrication des Toiles, des Canevas, & des Linges ouvrez. On l'appelle plus ordinairement Tisserand. *Voyez* TISSERAND.

TEXTE. Terme d'Imprimerie. On appelle Petit-Texte le corps de caractére qui est entre le Petit-Romain & la Mignonne. Il y en a de plusieurs sortes qu'on distingue de diverses façons. Premiérement en gros œil & en œil ordinaire: & ensuite en numéros. Ces numéros sont, no. 1, no. 2, no. 3. *Voyez* CARACTERE. *Voyez aussi* IMPRIMERIE.

THAMALAPATRA, qu'on nomme quelque-fois Malabatrum, & plus ordinairement *Folium Indum.* C'est la feuille d'un arbre qui croît aux Indes, que les Apoticaires font entrer dans la composition de la Thériaque. *Voyez* FOLIUM INDUM.

THAPSIC. Plante d'une acrimonie extraordinaire, & qui n'entre que dans les remédes violens. Il y en a de deux sortes, la blanche & la noire. La blanche a ses feuilles comme le Fenouil, & des ombelles comme l'Aneth; ses fleurs sont jaunes & sa graine large: on l'appelle aussi Turbit gris, & les Apoticaires ignorans, ou de mauvaise foi, ne le substituent que trop ordinairement au vrai Turbit. La Thapsic noire n'est guére différente de la blanche que par la couleur. *Voyez* TURBIT.

THAULACHES. Sorte d'Arme qui étoit autre-fois en usage, dont il est fait mention dans le Tarif de la Douane de Lyon de 1632. Les unes étoient des armes offensives en forme de hallebarde ou d'épieu, les autres étoient du nombre des armes défensives & étoient des espéces de rondelles ou petits bouclers.

Les Thaulaches, ou épieux de Milan, payent par ce Tarif 6 s. 8 d. de la piéce, & les Thaulaches, ou rondelles garnies de velours, 10 s. aussi de la piéce.

THE', ou, comme le nomment les Chinois, TCHA. C'est la feuille d'un arbre ou arbrisseau qui croît dans plusieurs Provinces de la Chine, du Japon & de Siam.

L'arbre de Thé se plaît dans les valées & au pied des montagnes; les terroirs pierreux lui convenant le mieux, ensuite les terres legéres, & après les terres jaunes. On en séme ordinairement la graine dans des terres exposées au Midi, & ils portent trois ans après avoir été semez. Leurs racines ressemblent à celles du pêcher. Leurs feuilles sont vertes, allongées par la pointe & assez étroites, d'un pouce ou d'un pouce & demi de long, dentelées tout au tour. Leurs fleurs sont assez faites comme les roses blanches sauvages. Leur fruit de differente figure, tantôt rond, tantôt long, quelque-fois triangulaire, est de la grosseur d'une féve, & renferme deux ou trois pois d'un gris de souris au dessus, & qui ont une amande blanche au dedans. Ce sont ces pois qui servent de semence pour les multiplier.

Ces arbres s'élévent en hauteur depuis un pied jusqu'à cent; & l'on en trouve que deux hommes auroient de la peine à embrasser, tandis qu'il y en a qui n'ont que quelques foibles tiges, & qui rampent presque comme les moindres plantes.

Le tems le plus propre pour faire la récolte des feuilles de Thé, est lors qu'elles sont encore petites, tendres & pleines de suc. Quand elles ont été cueillies, on les passe sur la fumée de l'eau bouillante pour les amoitir, & ensuite sur des plaques de cuivre qu'on fait chauffer, & qui les séchent peu à peu jusqu'à-ce qu'elles se roulent de la maniére qu'on les apporte en Europe.

Il est rare de trouver du Thé parfaitement pur, les Chinois y mêlant presque toûjours d'autres herbes pour en augmenter le volume, & en tirer plus d'argent; aussi ne le vendent-ils chez eux qu'environ trois sols la livre, au plus dix.

On ne fait à la Chine ce que c'est de fleur de Thé, de Thé Impérial, & de tant d'autres noms qui en distinguent en Europe la bonté & le prix. Outre le Thé ordinaire, il semble néanmoins qu'on y en reconnoisse de deux autres espéces, le Thé Soumlo & le Thé Voui, ou Thé-bou, qui sont réservez aux plus grands Seigneurs & aux malades.

La boisson du Thé se fait à la Chine, & presque dans tout l'Orient, à peu près comme elle se fait en France, à la réserve qu'on y met peu ou point de sucre. L'usage de cette boisson est devenu si commun en Europe, sur tout en Angleterre & en Hollande, qu'à proportion il ne s'en fait pas moins de consomption par les Anglois & les Hollandois que par les Orientaux. Il s'en consume aussi assez considérablement en France; mais pas tant cependant qu'autre-fois, le caffé, ce semble, l'ayant emporté sur le thé.

Depuis que la Compagnie de la Chine en a rempli ses magazins par deux retours heureux du Vaisseau l'Amphitrite, on l'a eu à Paris à assez bon compte; mais bien des gens ont crû que ce thé n'étoit pas des plus excellens. Ne pourroit-on point croire plûtôt, que suivant l'esprit de la Nation, la diminution du prix en a diminué l'estime?

On apporte le Thé dans des boîtes d'étain, que l'on nomme Barses, qui en contiennent jusqu'à cinquante livres. Il en vient aussi dans des boîtes de même matiére de différentes grandeurs, d'une demi-livre & au dessus.

Il faut choisir le Thé, verd, odorant, le plus entier qu'il se peut, & sur tout prendre garde qu'il ne soit point éventé.

A l'égard de toutes les propriétez & de toutes les vertus extraordinaires que tant de gens en Europe lui attribuent, & dont tant d'autres refusent de convenir, il est vrai que les Orientaux en paroissent presque autant prévenus que les Européens les plus entêtez de cette boisson: mais ne seroit-il peut être point vrai aussi, que c'est parce que l'imagination n'a pas moins de pouvoir & de privilege parmi eux que parmi nous?

THE'-BOU. Sorte de thé qui s'achéte à Nanquin. Les Chinois de Canton en portent beaucoup à Batavia. Il coûte 55 taëls le pic à Canton, & se vend deux cens cinquante pataques à Batavia. Les Hollandois en ont apporté en Europe, où il commence à être très-estimé, particuliérement à Paris, où les Connoisseurs le préférent aux autres thez; ne seroit-ce point parce qu'il coûte davantage?

Le Thé, de quelque qualité qu'il soit, paye en France les droits d'entrée à raison de 8 s. de la livre, conformément au Tarif de 1664. Outre ce droit il paye encore 10 liv. la livre pesant poids de marc en conséquence de l'Arrêt du 12 Mai 1693.

THERIAQUE. C'est une composition de diverses drogues choisies, préparées, pulvérisées, & réduites en opiat ou électuaire liquide par le moyen du miel.

Comme la plûpart des drogues qui servent à composer la thériaque sont extrêmement chaudes, on se sert de ce reméde pour la guérison des maladies froides, & où la chaleur naturelle se trouve affoiblie & languissante. Son plus grand & son premier usage est néanmoins contre les poisons.

Andromaque, célébre Médecin du tems de Néron, passe pour l'Inventeur de la Thériaque; du moins en a-t-il fait le le premier la defcription en vers élégiaques, fon fils l'a faite en profe, & Damocrates en vers ïambes. Quelques Modernes ont fait auffi des Traitez de ce remede; & le Sieur Charas, entr'autres, eft Auteur de celui qui a pour titre, *Hiftoire des animaux, des plantes & des minéraux qui entrent dans la compofition de la Thériaque d'Andromaque*; Traité véritablement digne de la réputation de fon Auteur.

Autre-fois la Thériaque de Venife avoit prefque feule la vogue; & même encore aujourd'hui bien des gens confervent pour elle l'ancienne prévention; il faut avouer cependant que depuis que Meffieurs Charas, Geoffroy, Joffon, Bolduc, Rouviére, &c. ont pris le foin d'en préparer fous les yeux de Meffieurs les Magiftrats de la Police de Paris, & à la vûë du Public, il n'y a plus d'apparence que les Artiftes étrangers doivent l'emporter fur nos François, qui joignent tout enfemble l'habileté & la probité, qualitez également néceffaires à ceux qui compofent cet excellent reméde.

La Thériaque de Montpellier, quand elle fort des mains des habiles Apoticaires de cette Ville, n'eft pas moins bonne que celle de Paris, ou de Venife; mais il eft fi rare qu'elle arrive toute pure, fur tout fi l'on la tire des Foires de Beaucaire & de Guibray, ou qu'on l'achéte des Colporteurs qui courent le Païs, qu'il ne faut point s'y fier, à moins que de l'avoir reçûë & de bonne main & en droiture.

L'on voit fouvent une forte de Thériaque en pots de fayance, avec le faux titre de *Thériaque fine de Venife*, enfermée entre deux vipéres qui forment un cercle couronné de fleurs-de-lis; mais il ne faut point s'arrêter au titre, ce n'eft qu'une mauvaife drogue compofée à Paris, ou à Orleans, où il n'entre que du miel jaune fondu avec quelques méchantes racines gâtées & vermoulues, & qui devroit être défenduë par l'autorité des Magiftrats.

On peut voir dans le Traité de M. Charas, dont on a donné le titre dans cet article, ou dans l'Hiftoire générale des Drogues du Sieur Pomet, celles qui entrent dans la compofition de la Thériaque.

L'eau thériacale & le vinaigre thériacal viennent ordinairement de Montpellier: on en fait auffi d'excellens à Paris. On les tient bons contre le mauvais air, foit qu'on fe contente de les fentir, foit qu'on s'en frote les poignets, les temples, ou les narines.

La Thériaque de Venife paye en France les droits d'entrée à raifon de 10 liv. du cent pefant, conformément au Tarif de 1664.

Les droits de la Douane de Lyon font de 5 liv. du quintal d'ancienne taxation, & de 3 liv. 10 f. de nouvelle réapréciation.

THESKERE'. L'on nomme ainfi dans le Levant les aquits des droits qui fe payent dans les Doüanes des Etats du Grand Seigneur. *Voyez le Commerce de Smirne & Tescaret.*

THIM, THYM, ou TIN. Petite herbe odoriférante & un peu forte. Elle rampe prefque fur terre. Ses branches petites, étroites & menuës, font entourées de quantité de petites feuilles rondes & vertes. Ses fleurs, qui ordinairement fe trouvent à la cime des branches, tirent un peu fur le rouge, & produifent une graine fi menuë, que n'en pouvant être féparée, on eft obligé de les femer enfemble.

On tire une huile très agréable des feuilles & des fleurs de cette herbe, que les Epiciers & Droguiftes de Paris font venir de Languedoc & de Provence. *Voyez* Huile.

THIMELE'E. Plante dont la racine eft du nombre des drogues médecinales.

Les feuilles de la Thimelée font vertes, épaiffes & gluantes, affez femblables à celles de l'olivier. Elle produit un fruit de la groffeur d'un grain de poivre, verd dans fon commencement, & d'un beau rouge dans fa maturité. Sa racine, qui eft la feule chofe qui foit utile dans cette plante, eft legére, ligneufe & fibreufe, rougeâtre par deffus & blanche par dedans; d'un goût affez agréable quand on commence à la mettre dans la bouche, mais cauftique & brûlante lors qu'elle y refte quelque tems. On s'en fert beaucoup à Lyon pour purger le cerveau, & en attirer les humeurs âcres, particuliérement celles qui tombent fur les yeux. La meilleure eft celle de Languedoc, & elle doit être préférée à celle de Bourgogne.

THON, ou TON. Grand poiffon de mer maffif & ventru, qui a la peau déliée, de grandes écailles, le mufeau pointu, & des dents.

Ce poiffon fe trouve en abondance en plufieurs endroits, foit de l'Ocean, foit de la Méditerranée, mais fur tout fur les Côtes de Provence, particuliérement vers S. Tropes & Nice, où il s'en fait un grand Commerce tant au dedans du Royaume qu'au dehors. C'eft de-là auffi que les Marchands Epiciers de Paris le tirent le plus ordinairement.

Comme le Thon eft un poiffon de paffage & de faifon, la pêche s'en fait en Provence dans les mois de Septembre & d'Octobre, qui eft le tems que paffant le Détroit en grandes troupes, il entre dans la Méditerranée. Les rêts ou filets dont les Pêcheurs fe fervent font faits de joncs cordez: ils les nomment Madrague, & les partagent comme en plufieurs appartemens. Dès qu'un premier Thon a donné dans la madrague, on peut compter fur une bonne pêche, ce poiffon nageant de compagnie, & entrant à lafi le tant que les filets foient pleins; alors les Pêcheurs les retirent dans leurs Bateaux, ou fur les rivages, où les Thons meurent auffi-tôt: ils font enfuite vuidez & dépecez par tronçons, puis rôtis fur de grands grils de fer, & frits dans l'huile d'olive. Après cette premiére façon on les affaifonne de fel, de poivre, de clou de girofle & de quelques feuilles de laurier, & on les encaque dans de petits barils avec de nouvelle huile d'olive, & un peu de vinaigre.

Le Thon ainfi préparé s'appelle Thonine. On en diftingue néanmoins de deux fortes; l'une qui eft de Thons déroffez, c'eft à dire, fans arrêtes; & l'autre de thons avec leurs arrêtes. La thonine défoffée vient ordinairement dans de petits barils de bois blanc, larges par le bas & étroits par le haut. Les barils de la thonine commune font ronds.

L'ufage du Thon eft très-commun: il a le goût du veau, & fa chair reffemble affez à celle de cet animal terreftre. Il faut choifir le Thon nouveau, bien enhuilé de bonne huile, & d'une chair ferme.

L'Ordonnance de la Marine du mois d'Août 1681, met le thon au nombre des poiffons à lard. Ceux qui fe trouvent échouez fur les grêves, doivent être partagez comme

comme espaves; pour ce qui est des thons pris en pleine mer, ils appartiennent à ceux qui les ont pêchez; mais il n'est pas permis à tout le monde d'avoir des madragues; c'est un droit Seigneurial.

THONINE, ou TONINE. C'est ainsi qu'on appelle le thon quand il est apprêté & mis en barils. *Voyez l'article précédent.*

La Thonine paye en France les droits d'entrée à raison de 20 s. du cent pesant, conformément au Tarif de 1664, & 18 s. de droits de sortie.

THORA. Plante qui vient sur les plus hautes montagnes. C'est une espéce d'aconit dont le poison est très-dangereux. Sa racine est grumeleuse comme celle du Renoncule de Constantinople. Ses feuilles longues, fermes & dentelées sont soûtenuës par des queuës très-déliées; & ses fleurs sont jaunes, composées simplement de quatre feuilles.

La nature lui a préparé un contre-poison dans une autre espéce d'aconit, qu'on nomme, à cause de sa propriété spécifique, *Anthora.* La racine de cette plante est divisée en deux navets assez courts, très-amers, blancs & charnus en dedans, mais bruns au dehors, & chargez de quantité de fibres. Sa tige s'éléve environ deux pieds de haut. Ses feuilles sont comme celles du pied d'alouette. Ses fleurs jaunâtres ressemblent à une tête couverte d'un casque. Ses graines sont noirâtres & ridées, & sont enfermées dans des gaines ou cornets membraneux.

On veut que l'Anthora, outre sa vertu specifique contre le Thora, soit encore souverain contre la morsure des chiens enragez, & pour la colique. Il se fait peu de Commerce de l'Anthora; pour le Thora il ne s'en fait aucun; & l'on n'en a parlé que pour raison de son contre-poison.

THYM. *Voyez* THIM.

TIBIR. Nom que l'on donne à la poudre d'or en plusieurs endroits des Côtes d'Afrique. *Voyez* POUDRE D'OR.

TICAL. Monnoye d'argent qui se fabrique & qui a cours dans le Royaume de Siam. Il pése trois gros & vingt-trois grains; ce qui revient, mettant l'once d'argent à trois livres dix sols, à trente-deux sols quatre deniers monnoye de France.

Du tems que le Chevalier de Chaumont étoit Ambassadeur de France à Siam (1686), l'évaluation du Tical, sur le pied que l'argent étoit alors, alloit à trente-sept sols & demi. On donne deux cens caches de Siam pour un tical. La cache est une espéce de gros double de cuivre. *Voyez l'article des Monnoyes des Indes.*

Le Tical est aussi un poids dont on se sert dans le même Royaume, qui a juste la pesanteur du Tical monnoye. Les Siamois le nomment en leur langue Baat, le mot de Tical étant Chinois. Le Tical pése quatre mayons, en Siamois Seling, le mayon deux fouangs, le fouang quatre payes, & la paye deux clams. Il y a aussi des sompayes qui valent la moitié d'un fouang. Tous ces poids sont aussi des monnoyes, ou du moins des morceaux d'argent qui tiennent lieu de monnoye, tant à la Chine qu'à Siam.

TIERCE. Terme du Commerce des laines d'Espagne. On appelle Laine tierce, la troisiéme sorte de laine qui vient de ce Royaume; c'est la moindre de toutes.

Cette espéce de laine se distingue ordinairement par les noms des Villes & des lieux d'où on la tire. Ainsi on dit Tierce Segovie, Tierce Villecastin, & de même des autres. *Voyez* LAINE, *où l'on traite de celles d'Espagne.*

TIERCE, en termes d'Imprimeur, signifie la troisiéme épreuve qu'on tire pour la corriger avant que de la tirer à fond.

TIERCONS. Sortes de caisses de bois de sapin, dans lesquelles on envoye les savons blancs en petits pains, & les savons jaspez en pains ou briques. *Voyez* SAVON.

TIERÇONS. Sont aussi des mesures qui font le tiers des mesures entiéres: ainsi les tierçons de muids contiennent environ quatrevingt-quatorze pintes, qui font le tiers de deux cens quatrevingt pintes à quoi se monte le total d'un muid. Il en est de même des tierçons des autres mesures, comme bariques, poinçons, &c.

TIERS. Signifie la troisiéme partie d'un tout, soit nombre, soit mesure. Le tiers de vingt sols est six sols huit deniers, qui est une des parties aliquotes de la livre tournois. L'aune est composée de trois tiers. Dans les additions de fractions d'aunages un tiers se met ainsi ($\frac{1}{3}$,) & deux tiers de cette maniere ($\frac{2}{3}$.)

Les Négocians, particuliérement en Provence, Dauphiné & Languedoc, se servent quelque-fois du terme *Tertia,* pour dire, un tiers, soit qu'ils l'ayent pris du Latin, soit qu'il leur vienne de l'Italien.

TIERS. Se dit aussi en quelques lieux de France, d'un petit pot ou mesure qui est entre la chopine & le demi-septier. *Voyez* PINTE.

TIGRE. Animal féroce & cruel, qui a les yeux brillans, le col court, les dents & les ongles fort aigus, dont la peau tavelée ou tachetée est une très-précieuse fourrure. La femelle du Tigre se nomme Tigresse.

De tous les Païs Orientaux le Malabar est celui où l'on trouve le plus de Tigres. Il y en a de trois sortes, qui se distinguent par la grandeur. Le plus petit est comme un gros chat d'Espagne, qui a un cri effrayant & semblable au mugissement du bœuf.

Le Tigre de la seconde espéce est gros comme un mouton, ou un petit veau: c'est le plus commun, & il est très-cruel; mais il ne l'est pas tant que celui de la troisiéme espéce.

Ce dernier s'appelle Tigre Royal, & il n'est guére moins grand qu'un cheval. Sa peau peut couvrir un lit de six pieds.

La peau de toutes sortes de Tigres est à peu près de la même couleur. Son agréable variété la rend d'un prix considérable. Les Guerriers de l'Antiquité en paroient leurs chevaux; & souvent ils se servoient eux-mêmes de cet ornement comme d'une espéce de cote d'armes. Aux Indes on en pare les lits & les palanquins. En France on en fait des manchons, des housses de chevaux & quelques autres fourrures; & en Pologne & dans les autres Païs du Nord ils en fourrent leurs cimares & leurs robes.

Presque toutes les peaux de Tigres qui se voyent en France, se tirent de Hollande & d'Angleterre, ou du Levant par la voye de Marseille. A Paris elles font une portion du Négoce des Marchands Merciers & Peletiers. Ce sont les derniers qui les préparent, & qui les employent en manchons, en housses, &c.

TILLAC. Terme de Marine. C'est la couverture d'un

d'un Navire, le plus haut pont d'un Bâtiment de mer, l'endroit où les Matelots se tiennent pour être prêts à faire les manœuvres.

L'Article 12 du titre 1 du livre 2 de l'Ordonnance de Marine de 1681, défend aux Maîtres & Patrons de mettre aucune marchandise sur le tillac de leurs Vaisseaux sans la permission des Marchands, à peine de répondre en leur nom de tout le dommage qui y peut arriver.

TILLE. Ecorce du tilleul, dont on se sert à faire des cordes à puits. *Voyez ci-après* TILLEUL.

TILLE. C'est aussi un petit instrument de cuivre, fait en forme de couteau, avec lequel on fouille le fond des formes de sucre avant de leur donner la terre. *Voyez* SUCRE TERRE'.

TILLET. Terme de Librairie. Il signifie la même chose que Billet. C'est une permission par écrit que donnent les Syndic & Adjoints, de retirer des livres des Voituriers & de la Douane.

Il est défendu par les anciens & nouveaux Réglemens à tous les Libraires, Imprimeurs, & autres personnes, de retirer aucune marchandise de Librairie, soit en blanc, reliée, fripée, &c. de la Douane, des Messagers & Voituriers tant par eau que par terre, sans le Tillet des Syndic & Adjoints. *Voyez* LIBRAIRIE.

TILLET. Se dit aussi parmi les Marchands Libraires, des Billets qu'ils s'écrivent les uns aux autres pour avoir de la marchandise. J'ai encore vôtre Tillet : Je conserve vôtre Tillet. En ce sens il n'est guére en usage qu'à Paris.

TILLEUL, TILLEAU, ou TILLOT. Gros & grand arbre, dont les branches & les feuilles font un ombrage très-agréable. Cet arbre est si connu, qu'il est inutile de le décrire; ainsi on se contentera seulement d'en parler par raport à l'utilité que l'on en tire pour le Commerce.

Le bois de Tilleul est tendre, leger & blanchâtre. Quand il est d'une grosseur raisonnable, il se débite en tables de deux, trois, quatre & cinq pouces d'épaisseur, qui se vendent aux Cordonniers, Bourreliers, Selliers & Ceinturiers, pour couper leurs cuirs dessus.

Les Religieux s'en servent à faire des socques & des sandales, & les Sculpteurs en employent beaucoup dans leurs ouvrages; il s'en fait aussi des fléches & du charbon qui entre dans la composition de la poudre à canon.

L'écorce du tilleul que l'on appelle autrement Tille, est unie, pliante & maniable, ce qui fait qu'on s'en sert ordinairement à faire des cordes à puits, ou pour tirer le foin & la paille dans les greniers; il y a même des Païs où l'on en forme des cables.

La plûpart des cordes à puits d'écorce de tilleul qui se voyent à Paris, viennent de Normandie, particuliérement de Gaillon & de la Roche-Guyon.

Anciennement on se servoit de l'écorce intérieure du tilleul en guise de papier; l'on prétend même qu'il s'en voit encore des livres écrits depuis près de mille ans.

Des fleurs du tilleul on tire par la distilation une eau très-claire que l'on estime excellente pour rafraîchir le teint du visage.

TILTRE, ou TITRE. Terme de Manufacture, particuliérement en usage dans la Sayetterie d'Amiens. C'est la même chose que la marque que tout Ouvrier est tenu de mettre au chef de chaque piéce de sa fabrique. Ce titre doit être fait au métier & non à l'aiguille & doit contenir le nom de l'Ouvrier en abregé s'il le veut, mais son surnom tout du long. Dans la maniére de fauder ou plier les piéces ordonnée par les Réglemens, le titre doit toûjours paroître au dessus de la piéce, pour la facilité des visites des Maîtres & Gardes, Esgards & Inspecteurs des Manufactures. *Voyez* MARQUE.

TIMBRE. Se dit dans les Bureaux des Douanes ou Traites, & chez les Marchands qui se mêlent du Négoce de la Pèleterie, d'un certain nombre de peaux de martres zibelines ou d'hermines atachées ensemble par le côté de la tête, qui viennent ainsi de Moscovie & de Lapponie. Chaque timbre que l'on appelle aussi Masse est composé de vingt paires ou couples de peaux, c'est à dire, quarante peaux. Une caisse de martre zibeline assortie, telle qu'elle vient de Moscovie, contient dix timbres qui font quatre cens peaux. On dit aussi un demi-Timbre, pour dire vingt peaux, ou la moitié d'un timbre. Autrefois le timbre étoit en France de trente paires, ou soixante peaux. Le lunde de peaux contient trente-deux timbres. *Voyez* MARTRE & HERMINE.

Le Timbre de martres zibelines paye à la Douane de Lyon 50 liv. l'un portant l'autre d'ancienne taxation, & pour la nouvelle réapréciation 10 liv.

TIMBRE. Se dit aussi d'une certaine marque que les Fermiers du Roi mettent au papier qui sert aux expéditions des Greffes, Actes des Notaires & aux écritures des Avocats & Procureurs, pour le distinguer du papier commun & en marquer le droit. Il y a aussi des timbres pour le parchemin qui s'employe au même usage & pour les Actes de Chancellerie.

On appelle Papier & Parchemin timbré celui où l'on a apposé le timbre. Timbrer du parchemin, du papier, c'est y apposer la marque de la Ferme.

TIMMIN, TEMIN, ou TIMIN. Monnoye de France qui a eu cours en Turquie. *Voyez* LOUÏS DE CINQ SOLS & TEMIN.

TIMMIN. Se dit aussi d'une petite monnoye d'argent qui a cours dans l'Isle de Scio sur le pied de cinq sols de France.

Chaque livre de soye paye les droits de sortie à la Douane du grand Seigneur à raison de quatre timmins, c'est à dire, de 20 s.

TIMON. Longue piéce de bois de frêne, ou d'orme, qui fait partie du train d'un carrosse, ou d'un chariot. *Voyez* FRESNE. *Voyez aussi* ORME.

TIMPAN. Les Imprimeurs appellent de la sorte deux chassis minces & légers, partie de bois, partie de fer qui sont attachez avec des couplets au bout du train de la presse; l'un est le grand timpan où se met la feuille qu'on veut imprimer, que recouvre ensuite la frisquette; l'autre est le petit timpan qui s'emboite dans le grand, & qui y enferme les blanchets. *Voyez* IMPRIMERIE.

TIMPFEN. Monnoye de compte dont on se sert à Coningsberg & à Dantzick pour tenir les livres des Marchands. Le Timpfen qu'on nomme aussi Florin Polonois vaut trente gros Polonois. Il faut trois Timpfens pour la richedale.

TIN. *Voyez* THIM.

TINET. Espéce de machine dont se servent les Bouchers pour

pour suspendre par les jambes de derriére les bœufs qu'ils ont assommez, vuidez, souflez & écorchez.

Cette machine est composée du tinet proprement dit, c'est à dire, d'une piéce de bois ronde de quatre pouces de diamétre & de cinq à six pieds de longueur, qu'on passe dans les nerfs des deux jarets de derriére de l'animal; d'une poulie attachée à une potence de fer, ou de bois; d'un cable qui tient au tinet, & qui passant sur la poulie va se rouler sur un moulinet qu'on fait agir avec deux bras, ou leviers.

Le bœuf élevé & suspendu par cette machine non seulement se conserve mieux, mais est encore bien plus commodément placé pour être coupé par quartiers, qui est le premier partage que le Boucher en fait.

TINETTE. Espéce de Vaisseau approchant de la figure conique, le bas étant plus étroit que le haut, fait de douves reliées de cerceaux, ayant du côté le plus large deux espéces d'oreilles chacune percée d'un trou pour y passer un bâton au travers afin d'en arrêter le couvercle.

Les tinettes servent à mettre diverses sortes de marchandises; mais particuliérement les beurres salez & les beurres fondus; il y en a de différentes grandeurs, celles qui viennent de Dixmude sont ordinairement du poids depuis vingt jusques à soixante livres, & celles qui sont envoyées de Normandie & du Boulonnois pésent pour l'ordinaire depuis vingt livres jusques à 200. *Voyez* Beurre.

L'Ordonnance des Gabelles défend aux Marchands qui font le Commerce des beurres de mettre aucun sel net & en nature dans les tinettes, & permet aux Commis de les visiter, sonder & suster, ce qui s'entend aussi des pots de grais remplis de beurre.

Tinette. Les Maîtres Chandeliers qui font de la chandelle moulée appellent une Tinette le Vaisseau dans lequel ils mettent leur suif liquide au sortir de la poêle. *Voyez* Chandelle.

TINF-GULDEN. Monnoye d'argent qui se fabrique en Allemagne, & qui a particuliérement cours à Dantzick, à Riga & à Conisberg. Il vaut trente gros de ces trois Villes; c'est proprement le florin. *Voyez* Florin.

TINTENAQUE. Espéce de cuivre qu'on tire de la Chine; c'est le meilleur de tous les cuivres que produisent les mines de ce vaste Empire, aussi ne s'en apporte-t-il guére en Europe, les Hollandois qui en font le plus grand Commerce, le réservant tout pour leur Négoce d'Orient où ils l'échangent contre les plus riches marchandises. Quelques-uns croyent que c'est ce cuivre qui entre dans la composition du fameux tambac. *Voyez* Tambac.

TIRAGE. Action de tirer. On appelle dans les Manufactures le Tirage des étoffes, ce que les Ouvriers font pour les alonger & leur donner plus d'aunage.

L'article 52 de l'Ordonnance de 1669, défend le tirage des marchandises, & porte que les Maîtres Drapiers, Sergers-Ouvriers, Foulons & autres, ne pourront tirer, alonger, ni arramer aucune piéce de marchandise tant en blanc qu'en teinture, de telle sorte qu'elles se puissent racourcir de la longueur & étrecir de la largeur, à peine de cent livres d'amende & de confiscation pour la premiére fois, & en cas de récidive d'être déchus de leur maîtrise. *Voyez* Rame.

Tirage. Se dit aussi dans quelques Imprimeries, soit de livres, soit de tailles-douces, de l'impression de chaque forme ou de chaque planche. *Voyez* Imprimerie.

Tirage. C'est encore ce que d'autres appellent le Trait, c'est à dire, l'espace qui doit rester libre sur les bords des riviéres pour le passage des chevaux qui tirent les bateaux. *Voyez* Trait.

TIRE. Terme en usage dans le Commerce des toiles.

On appelle une Tire de six coupons de Batiste, six coupons de cette espéce de toile attachez l'un à l'autre, en sorte qu'ils composent comme une piéce entiére.

L'Ordonnance & Tarif du 22 Juillet 1681 pour le contrôle des toiles, portent qu'il sera payé six sols neuf deniers pour chacune tire de six coupons de deux aunes & au dessus.

Tire. Signifie aussi chez les Marchands & Manufacturiers, soit d'étoffes, soit de toiles, ce que ces marchandises peuvent contenir d'aunage. Cette piéce de drap tire vingt aunes; cette toile tire trente aunes, c'est à dire, que l'une a vingt aunes de longueur, & l'autre trente.

TIRE-LISSES, qu'on appelle autrement Contre-Lames. Ce sont trois régles, ou tringles de bois qui servent dans les métiers à gaze à baisser les lisses après que les bricoteaux les ont levez. *Voyez* Gaze.

TIRE-PLOMB, qu'on nomme aussi Rouet à filer le plomb. Machine dont se servent les Vitriers pour réduire en verges plates & à rainures des deux côtez le plomb qu'ils ont auparavant fondu en lingots dans celui de leurs moules qu'on appelle Lingotiére.

Cette machine est composée de deux jumelles de fer assemblées & jointes avec deux traverses aussi de fer qu'on appelle Estoquiaux. Dans l'espace qui sépare les deux jumelles sont deux roues d'acier traversées de leurs arbres, ou essieux; ces arbres ont chacun leur pignon en dehors engrainez l'un dedans l'autre; à celui d'en bas est une manivelle de fer enmanchée de bois.

Il y a de ces machines qui sont doubles & où l'on peut tirer deux plombs à la fois; celles-ci ont trois roues d'acier.

Avant l'invention du rouet à filer le plomb qui est assez moderne, on se servoit du rabot, & l'on voit tous les plombs des anciens vitrages planez & refendus de cette sorte.

Cette machine sert aussi à tirer des liens en y ajoûtant quelques nouveaux coussinets. *Voyez* Moule a liens.

TIRE-PIED. Courroye en forme de demi-bretelle, ou bricole de porteur de chaises, dont les Cordonniers, Savetiers, Selliers, Bourreliers & autres Ouvriers qui travaillent en cuirs, & qui les cousent avec l'alêne, se servent pour affermir leur ouvrage sur un de leurs genoux.

On appelle aussi Tire-pied le cuir dont on se sert pour chausser des souliers; mais son véritable nom est Chausse-pied.

TIRE-POIL. Terme de Monnoyeur & d'Orfevre. C'est la maniére de donner couleur à l'or & de blanchir l'argent avec l'eau commune & l'eau-forte. *Voyez* Blanchiment.

TIRER UNE LETTRE DE CHANGE. C'est l'écrire, la signer & la donner à celui qui en a payé le contenu, pour le recevoir en un autre endroit. Il ne faut

faut point tirer de Lettre de Change, qu'on ne soit certain qu'elle sera acceptée & bien payée.

TIRER EN LIGNE DE COMPTE. Signifie porter sur son Livre en debit, ou en crédit, c'est à dire, en recette, ou en dépense, un article qu'on a reçû ou payé pour quelqu'un avec lequel on est en compte ouvert.

TIRER A LA PAUMELLE. Terme de Corroyeur. Il se dit des cuirs que ces Artisans tirent sur une table par le moyen de la paumelle, qui est une espéce de main, ou d'instrument de bois plat dentelé par dessous. Pour donner aux cuirs cette façon, le Corroyeur tient la paumelle d'une main, & la passe à plusieurs reprises sur le cuir qui est étendu sur la table; ce qui lui fait revenir le grain, & le rend plus doux & plus maniable, ou, comme ceux de l'Art disent, plus moliant.

TIRER A LA PERCHE. Terme de manufacture de lainage. C'est lainer une piéce de drap, ou autre étoffe de laine; c'est à dire, en tirer le poil avec le chardon tandis qu'elle est étenduë du haut en bas sur une perche. *Voyez* PERCHE.

TIRER UN CHAPEAU A POIL. C'est en faire sortir le poil en le tirant avec le carrelet. *Voyez* CARRELET.

TIRER LE CIERGE. C'est le fabriquer à la main; c'est à dire, ne le pas couler avec la cire liquide & fonduë, mais étendre la cire amolie dans l'eau chaude le long de la méche; ce qui se fait en la tirant & la conduisant jusqu'au bout du cierge avec les deux mains. *Voyez* CIERGE, *où il est parlé de la maniére de les fabriquer.*

TIRER LA LAINE EN ETAIM. C'est après qu'elle a été engraissée d'huile, la peigner sur une espéce de grande carde, ou peigne de fer dont les pointes ou dents sont grosses, longues & roides, qu'on a fait chauffer dans une sorte de petit fourneau fait exprès. Il n'y a que la longue laine destinée pour la chaîne des étoffes de laine, & particuliérement des serges, qui soit tirée en étaim. C'est cette longue laine que les Manufacturiers nomment communément Laine-étaim, & dont le fil de laine appellé Fil d'étaim, prend son nom.

TIRER L'OR ET L'ARGENT. C'est le faire passer par un nombre infini de pertuits, ou trous de filiéres, pour le rendre en fil très-délié, que l'on appelle de l'Or, ou de l'argent trait. *Voyez* OR; *vous y trouverez les différentes maniéres de tirer l'or & l'argent, tant fin que faux, pour les disposer à être employez en trait, en lame, ou en filé.*

TIRER A L'ARGUE, OU APPRESTER POUR DORER. C'est un terme de Tireur d'or & d'argent, qui signifie Dégrossir les lingots d'or ou d'argent, en les faisant passer de force à travers les pertuis ou trous d'une grosse filiére appellée Calibre, par le moyen d'une espéce de machine que l'on nomme Argue. *Voyez* ARGUE.

TIRER L'EMAIL A LA COURSE. C'est en faire de longs filets très-déliez, après l'avoir ramassé dans la cuiliére de fer où il est en fusion avec du cristalin.

Pour le tirer de la sorte, il faut que deux Emailleurs tiennent chacun un des morceaux de pipe brisée avec lesquels on ramasse l'émail; & que tandis que l'un le présente au feu de la lampe, l'autre qui est debout s'éloigne autant que l'on veut que le filet ait de longueur. C'est de la sorte que l'on tire l'émail destiné à faire de fausses aigrettes, qui est quelque-fois si fin & si pliable, que malgré la nature cassante du verre qui en fait le corps, il est facile de le rouler sur un devidoir. *Voyez* EMAIL.

TIRER EPINGLES. C'est passer par la filiére le fil de léton avec lequel on veut fabriquer des épingles, afin de les rendre de la grosseur des numéros suivant les échantillons. *Voyez* EPINGLE & EPINGLIER.

TIRER UNE CUVE DE TEINTURE. C'est l'user entiérement. L'article 92 des Statuts des Teinturiers en soye, laine & fil, ordonne pour Chef-d'œuvre aux Aspirans à la Maîtrise, d'asseoir une cuve d'inde, ou fleurée, & de la bien user & tirer. *Voyez* TEINTURIER.

TIRER UNE FEUILLE. Terme d'Imprimerie. C'est l'imprimer d'un côté. On dit Retirer, pour signifier l'imprimer de l'autre côté. On dit aussi Tirer, pour dire, imprimer une feuille entiére. En ce sens on dit, Toutes les feuilles de cette Edition, de ce Livre sont tirées. On se sert aussi de ce terme pour marquer le nombre des exemplaires d'une impression. J'ai tiré quinze cens exemplaires de ce Factum. *Voyez* IMPRIMERIE.

TIRETAINE. Sorte d'étoffe dont la chaîne est ordinairement de fil & la trême de laine, & quelque-fois toute de laine tant en chaîne qu'en trême. Cette étoffe a communément demi-aune de large.

Les endroits de France où il se fabrique le plus de Tiretaines, sont Partenay, Bressuis & Niort en Poitou; Beaucamps le vieil en Picardie, & Reims en Champagne.

Celles de Poitou sont croisées, ou lisses, de plusieurs couleurs, rayées ou unies, assez fines; la chaîne de fil, & la trême de laine.

En Basse-Normandie, & particuliérement à Caën, on les appelle quelque-fois Berluche, ou Breluche.

Celles de Beaucamps le vieil, qui ne servent ordinairement qu'à habiller les pauvres gens, sont très-grosses & point croisées, la chaîne de fil & la trême de laine. Il s'en fait de plusieurs couleurs, de grises, de blanches, de bleuës, de rouges, &c. Quelques-uns leur donnent aussi le nom de Bure. En Bourgogne, particuliérement vers Auxerre, on les appelle Poulangy; & en Picardie du côté d'Amiens elles sont nommées Belinge.

Celles de Reims sont d'une mode nouvelle, le plus souvent toutes de laine tant en chaîne qu'en trême, & sans croisure, en maniére d'étamines foulées, ou de petits droguets très-legers & très-fins.

L'Article 28 du Réglement général des Manufactures du mois d'Août 1669 veut, Que les Tiretaines blanches & grises faites de laine & fil, ayent trois quarts de large & trente-cinq à quarante aunes de long mesure de Paris.

L'Arrêt du Conseil d'Etat du Roi du 19 Février 1671, portant Réglement pour les longueurs & largeurs de plusieurs sortes d'étoffes, permet d'en faire de demi-aune de large; & c'est cette largeur qui est présentement le plus en usage.

Le Réglement du 4 Novembre 1698 pour les manufactures de Poitou, régle les longueurs & largeurs de trois sortes de Tiretaines, qui se fabriquent dans cette Province.

Les Tiretaines à chaîne de fil à deux marches, qui se font à Bressuire & Montcoutan avec des laines étrangéres, ou du Païs, ou des avalles en trême, doivent avoir demi-aune de large & quarante aunes de long toutes

 appréapprêtées, & demi-aune un feize fur quarante-trois aunes de long en toile.

Les Tiretaines à petits carreaux, ou croifées, qui fe fabriquent à trois ou quatre marches, doivent porter demi-aune demi-feize de large & quarante-deux aunes de long en toile, pour revenir à demi-aune & à trente-neuf ou quarante aunes apprêtées.

Enfin, les Tiretaines communes de Vernon, Saint Meluin, la Meilleraye, Azais, Secondigué, &c. doivent avoir quarante-deux aunes de long fur demi-aune demi-feize de large en toile, pour être d'une demi-aune de largeur & trente-neuf à quarante aunes de longueur.

Le Tarif de 1664 en régle le droit d'entrée fur le pied de 30 f. par piéce d'onze à douze aunes, pour celles qui font moitié laine, lin, ou fil: quant à la fortie, elles doivent payer à raifon de cinq pour cent de leur valeur fuivant l'eftimation, attendu qu'elles ne font point tariffées.

Les droits de la Douane de Lyon, où elles font qualifiées de Tiretaines & Doublures, font de 3 liv. 6 f. de la charge d'ancienne taxation, & 10 f. du cent pefant de réapréciation.

Quelques-uns veulent que le mot de Tiretaine foit ancien, & qu'il fe difoit autre-fois des étoffes de laine les plus précieufes. Il faut que les chofes ayent bien changé là-deffus, puis que nos plus belles Tiretaines d'aujourd'hui ne paffent guére le prix de quarante-cinq fols l'aune; & encore faut-il qu'elles foient toutes de laine, & des plus fines.

TIREUR D'OR ET D'ARGENT. Artifan qui tire l'or & l'argent, qui le fait paffer de force à travers les pertuis, ou trous ronds & polis de plufieurs efpéces de filiéres qui vont toûjours en diminuant de groffeur, & qui le réduit par ce moyen en filets très-longs & très-déliez, que l'on nomme Fil d'or, ou d'argent, ou de l'Or, ou de l'Argent trait.

Les Tireurs d'or & d'argent font auffi Bateurs & Ecacheurs d'or & d'argent, parce que ce font eux qui fe mêlent de batre ou écacher l'or & l'argent trait, pour l'aplatir ou le mettre en lame, en le faifant paffer entre les deux rouleaux d'acier poli d'une forte de petite machine nommée Moulin à batre ou à écacher. *Voyez l'article de l'*Or, *vous y trouverez les différentes maniéres de tirer l'or & l'argent, tant fin que faux, pour les difpofer à être employez en trait, en lame & en filé.*

Les Tireurs & Bateurs d'or & d'argent de Paris forment une Communauté confidérable qui a fes Ordonnances particuliéres, que l'on trouve inférées dans le Recueil des Statuts, Ordonnances & Priviléges accordez en faveur des Marchands Orfévres-Jouailliers, imprimé à Paris chez Lambert Roulland en 1688. C'eft en la Cour des Monnoyes que les Maîtres Jurez & Gardes de la Communauté des Tireurs & Bateurs d'or & d'argent doivent prêter ferment.

Il y a auffi à Lyon (cette Ville fi célébre pour le Commerce des étoffes d'or & d'argent) une Communauté de Tireurs & Ecacheurs d'or & d'argent établie fur le pied de celle de Paris: leurs anciens Statuts furent corrigez, renouvellez & augmentez fous le Régne de Louis XIV. par Lettres Patentes du 16 Avril 1657, enregiftrées en la Cour des Monnoyes de Paris le 18 Novembre fuivant, & au Siége de la Monnoye de Lyon le 13 Janvier 1660.

Ces Statuts qui ne confiftoient qu'en trente-cinq articles, furent augmentez de fept autres par Arrêt de la Cour des Monnoyes du 13 Mai 1683, enregiftré au mois d'Août 1684 au Siége de ladite Monnoye de Lyon.

Ces quarante-deux articles font préfentement toute la difcipline de cette Communauté, peu différente de celle de la Communauté de Paris qui lui a fervi de modèle.

L'élection des Jurez fe fait le 3 Janvier, de même que celle des deux Maîtres Examinateurs des comptes; & le premier Décembre s'élifent les Maîtres ou Couriers de la Confrairie.

La Communauté eft réduite à quarante Maîtres de Chef-d'œuvre; & défenfe eft faite d'y plus recevoir des Maîtres de Lettres.

Tout Apprentif, même les Fils de Maîtres, doivent avoir douze ans accomplis, & ne peuvent être reçûs à la Maîtrife, qu'ils n'ayent fait un Apprentiffage de cinq ans, & qu'ils n'ayent parachevé le Chef-d'œuvre.

Chaque Maître ne peut obliger qu'un Apprentif à la fois, & chaque Apprentif doit fervir dix années chez les Maîtres en qualité de Compagnon, avant que d'avoir droit de tenir ouvroir, ni de lever chambre pour travailler en particulier.

Tout Maître doit avoir fa marque enregiftrée au Greffe de la Monnoye, & empreinte fur une table de cuivre.

L'ouvrage des Tireurs doit fe vendre au poids du Roi: de huit onces au marc, & de huit gros à l'once, & non au poids fubtil vulgairement appellé le Poids de Lyon.

L'argent fin fumé eft défendu fous peine de confifcation, & de 2000 liv. d'amende.

L'or ou l'argent fin doit être filé fur la foye teinte, & non fur la cruë, & le faux feulement fur fil.

Le Patron de la Communauté eft S. Eloy, dont la Confrairie eft établie dans le Convent des Péres Jacobins.

Le refte des articles dont on ne fait point ici l'extrait, regarde les vifites des Jurez, les droits des Veuves, le fervice que les Compagnons doivent aux Maîtres, & la maniére dont les Maîtres en doivent ufer avec eux en leur livrant de l'ouvrage pour travailler en leurs ouvroirs & chambres, quand ils ont gagné le droit de les tenir.

Tireur, chez les Férandiniers, Gaziers & autres Ouvriers en étoffes de foye façonnées ou brochées. C'eft le Compagnon qui tire les ficelles du fimblot, qui fervent à faire la figure, ou le brocher des étoffes. On dit auffi une Tireufe, quand c'eft une femme qui tire. *Voyez* Simblot.

Tireur, en fait de Commerce de Banque. Signifie celui qui tire ou fournit une Lettre de Change fur fon Correfpondant ou Commiffionnaire, portant ordre de payer la fomme y contenuë, à la perfonne qui lui en a donné la valeur, ou à celui en faveur duquel cette perfonne aura paffé fon Ordre.

Quand une Lettre de Change n'a été ni acceptée, ni payée au tems de fon échéance, le Porteur d'icelle peut fe pourvoir en garantie contre le Tireur ou Endoffeur, pourvû que le proteft en ait été fait dans les dix jours de l'échéance.

Les Tireurs ou Endoffeurs des Lettres de Change, font tenus de prouver, en cas de dénégation, que ceux fur qui elles font tirées leur étoient redevables, ou avoient prov-

provision au tems qu'elles ont été protestées ; sinon, ils sont obligez de les garantir : & si depuis le tems réglé pour le protest les Tireurs ou Endosseurs ont reçû la valeur en argent, ou marchandise par compte, compensation ou autrement, ils sont aussi tenus de la garantir. Cela est conforme aux *Art.* 16 *&* 17 *du tit.* 5 *de l'Ordonnance du Commerce du mois de Mars* 1673.

TIRTOIR. Outil du métier de Tonnelier, avec lequel on tire les derniers cerceaux d'une futaille pour les faire entrer sur les peignes du jable. *Voyez* TONNELIER.

TISART. Terme de Manufactures de Glaces. On nomme ainsi les ouvertures des fours à couler, par lesquelles le tiseur entretient le feu, en y jettant continuellement des billettes. Chaque four a deux tisarts & deux cheminées. Les Tisarts ont environ huit pouces en quarré. *Voyez* GLACES DU GRAND VOLUME.

TISER. C'est la même chose qu'attiser. Ce terme n'est en usage que dans les Verreries.

TISCHAUFFERA. C'est la plus petite mesure de Venise pour les liquides. Quatre tischaufferas font la quarte, quatre quartes le bigot, quatre bigots l'amphora, l'amphora tient soixante & seize mustaches, dont les trente-huit font la bote. *Voyez* BOTE.

TISEUR. Il se dit dans les Manufactures de Glaces du grand volume, de celui qui a soin d'entretenir le feu dans le four à couler. Ce Tiseur court sans cesse & avec vitesse autour du four, & met en passant dans les tisarts les billettes qu'il trouve toutes préparées sur son passage. Le tiseur se relaye toutes les six heures. *Voyez* GLACES DU GRAND VOLUME.

TISEUR. C'est aussi celui qui sert le Gentilhomme Verrier dans la fabrique du Verre, & qui tient au feu sa felle toutes les fois qu'il faut chauffer la matiére pour la souffler, ou que le Gentilhomme a besoin de prendre haleine. On l'appelle aussi le Fouet ; peut-être parce que ces tiseurs étant de très-jeunes gens, sont sujets à ce châtiment quand ils manquent à leur devoir. *Voyez* VERRE.

TISONNIER. Outil de fer dont les Ouvriers qui travaillent à la forge se servent pour atiser le feu. Il y en a de deux sortes ; l'un applati par le bout en forme de palette, & l'autre dont le bout est coudé & tourné en crochet.

TISSER. Terme usité dans les Manufactures de Points à l'aiguille, qui signifie coucher & ranger le tissu du point, suivant qu'il est marqué sur le dessein, ou patron.

TISSER, ou TISTRE. Est aussi un terme de Manufacture d'Etoffe & de Toiles. *Voyez* TISTRE.

TISSERAND. Ouvrier qui travaille de la Navette dans les Manufactures de Lainage, & qui fait sur le métier la toile, des draps, des ratines, des serges & autres étoffes de laine ; c'est à dire, toutes ces étoffes telles qu'elles sont avant d'avoir été au foulon, & d'avoir reçû aucun aprêt.

Dans quelques Manufactures on appelle cet Ouvrier Tissier, & quelque-fois Tisseur.

Ces Tisserans composent avec les Drapiers-Sergiers, les Tondeurs, les Laneurs & les Peigneurs, le Corps de la Draperie-Sergetterie de Beauvais ; & les Statuts dressez par ordre de Monsieur Colbert en 1667, confirmez & homologuez par un Arrêt du Conseil & des Lettres Patentes de la même année, leur sont communs avec ces autres Maîtres.

Les articles de ces Réglemens qui regardent le Métier de Tisserand, sont au nombre d'onze, depuis & y compris le 27, jusqu'au 37 inclusivement.

Par le premier de ces onze articles, les Tisserans sont tenus de faire sécher leurs chaînes étenduës de leur longueur, ou du moins penduës sur des perches à l'ordinaire, mais avec une seconde perche à travers des plis.

Le second leur ordonne de mettre au chef & premier bout de chaque piéce sur le Métier & non à l'aiguille, la premiére lettre du nom & le sur nom entier de ceux ausquels elles doivent appartenir.

Le troisiéme, leur fait défenses de mettre dans leur navette des trémes séches avec d'autres qui seroient fraîches, de peur qu'allant au foulon, & foulant inégalement à cause de cette différence des laines de la chaîne, les piéces ne deviennent douilleuses, ridées & mal unies, au lieu qu'elles doivent être quarrées & d'une égale largeur.

Les sept articles suivans décernent des amendes pour chaque faute que les Tisserans font ou peuvent faire en tissant leurs ouvrages ; de cinq sols pour de vilaines lisiéres ; de deux, si leurs ouvrages sont sales, & qu'ils n'en ôtent pas les filets ; d'un sol, s'ils ne refont pas les filets à toutes les avalées : pareillement d'un sol pour chaque trou de navette, ou pour chaque brûlure ; de deux pour les entrebas, ou les claires-voyes entiéres, & de six deniers pour les demies.

De deux sols six deniers si la chaîne n'est pas assez bandée, & de cinq sols si la piéce n'est pas bien frapée, ou si elle est inégalement tissuë.

Enfin, le trente-septiéme article qui est le dernier des onze concernant le métier de Tisserand, défend à ces ouvriers de quiter leur Maître qu'après avoir achevé la piéce qu'ils auront sur le métier, leur enjoignant, & par corps, de demander congé, & d'avertir qu'ils se retirent en montant ladite piéce ; le nouveau Maître restant garant de ce que le Tisserand sorti sans le consentement du premier, pourroit devoir, ou pour argent avancé, ou pour les fautes faites aux ouvrages.

Le quarantiéme article des mêmes Statuts enjoint aux Tisserans Peigneurs, & autres Ouvriers travaillans à Beauvais, de travailler pour les Maîtres de la Ville & Fauxbourgs, préférablement à tous autres voisins & Forains.

Les Statuts des Tisserans, Tissiers, ou Tisseurs des autres Manufactures de Lainage, étant à peu près les mêmes que ceux rapportez ci-dessus, on ne parlera ici d'aucun autre ; ceux de la Draperie-Sergeterie de Beauvais ayant paru les plus détaillez.

TISSERAND, est aussi un Artisan dont la Profession est de faire de la toile sur le métier avec la navette. En quelques lieux on le nomme Toilier, Telier, ou Tissier. En Artois & en Picardie son nom est Musquinier.

A Paris les Maîtres Tisserans forment une Communauté, à la tête de laquelle il y a quatre Jurez préposez pour la conservation de ses Priviléges, & pour tenir la main à l'éxécution de ses Statuts.

Les premiers Statuts de la Communauté des Maîtres Tisserans sont du 22 Janvier 1586, sous le Régne de Henri III. confirmez par Henri IV. en Juin 1608, & par Louïs XIII. en Mai 1640. Par ces Statuts, ceux qui composent la Communauté, sont appellez Maîtres Tisserans en Toile, Canevas en Linge ; & nul n'y peut être admis en cette qualité s'il n'a fait apprentissage pendant quatre ans sous un Maître de Paris.

Les Maîtres qui n'ont pas atteint l'âge de cinquante ans, ne peuvent avoir que deux Apprentifs à la fois ; & ceux qui ont passé cet âge en peuvent avoir trois en même tems. *Art. 17, 20 & 22, des Statuts ci-devant rapportez.*

TISSERAND. Le nom de Tisserand est encore commun à plusieurs autres Ouvriers travaillans de la Navette, tels que sont ceux qui font les draps, les tiretaines, & quelques autres étoffes de laine, qui sont appellez Tisserans Drapans, Tisseurs ou Tissiers : ceux qui fabriquent les futaines, qui se nomment Tisserans Futainiers, & ceux qui manufacturent les basins qui sont appellez Tisserans en basins.

Pour ce qui est des autres Artisans qui se servent de la navette, soit pour fabriquer des étoffes d'or, d'argent & de soye, & étoffes mêlangées, ou pour faire des tissus & rubans, ils ne sont point nommez Tisserans : les premiers étant appellez Marchands-Maîtres Ouvriers en Draps d'or, d'argent & de soye, & autres étoffes mêlangées, ou simplement Ouvriers de la grande Navette ; & les autres, Maîtres Tissutiers-Rubaniers, ou bien Ouvriers de la petite Navette. *Voyez* OUVRIER *&* TISSUTIER-RUBANIER.

TISSEUR. Ouvrier qui travaille sur le métier avec la navette, à la fabrique des étoffes de laine. *Voyez l'article précédent.*

TISSIER. Ce terme est en usage dans plusieurs Manufactures de Lainage & de Toilerie, pour signifier ce qu'on nomme ailleurs, ou Tisserand, ou Tisseur. *Voyez* TISSERAND.

TISSOTIER. Ouvrier qui fait des Tissus, des Galons, des Franges, &c. Il est peu en usage. *Voyez* TISSUTIER.

TISSU. Se dit de toutes sortes d'étoffes, rubans & autres semblables ouvrages faits de fils entrelassez sur le métier avec la navette, dont les uns sont de long, que l'on appelle la Chaîne, & les autres de travers que l'on nomme Trême.

Il se fait des tissus de fils d'or, d'argent, de soye, de fleuret, de laine, de coton, de poil, de lin, de chanvre, &c.

Les Marchands & Ouvriers en Draps d'or, d'argent & de soye, nomment particuliérement Tissu, toutes étoffes d'or ou d'argent pleines & unies, sans fleurs, frisures ni façons : quelques-uns mettent les tissus d'or & d'argent au rang des draps d'or & d'argent. *Voyez* DRAP.

On appelle aussi Tissu une espéce de bande composée de gros fil de chanvre qui se fabrique par les Cordiers, & dont les Bourreliers se servent à faire des sangles pour les chevaux de bâts & autres bêtes de somme. *Voyez* SANGLES.

TISSURE. Maniére ou Art de fabriquer le tissu. Les Tissures des brocards, des draps & des toiles, sont différentes. Il y a des tissures frapées & ferrées, d'autres lâches ; des tissures à double broche ; des tissures croisées & d'autres non croisées. Toutes ces diverses tissures sont expliquées aux articles propres à la fabrique de chaque étoffe, soit d'or & d'argent, soit de soye, ou de laine, soit enfin de fil, de coton, & autres matiéres qui sont du métier des Tisserans.

TISSUTIER-RUBANIER. Artisan qui travaille sur le métier avec la navette à faire des tissus, des rubans, des franges, des molets, & autres semblables ouvrages.

Ceux de cette profession qui ne s'appliquent uniquement qu'à faire des franges & des molets, sont ordinairement appellez Frangers, ou Frangiers. *Voyez* FRANGE.

Les Tissutiers-Rubaniers se nomment aussi Ouvriers de la petite Navette ; ce qui les distingue des Marchands-Maîtres-Ouvriers en Draps d'or, d'argent & de soye, & autres étoffes mêlangées, qui sont appellez Ouvriers de la grande Navette.

Ces deux sortes d'Ouvriers ne faisoient il y a quelques années, qu'une seule & même Communauté ; mais à présent ils en composent deux distinctes & séparées, suivant qu'il a été réglé par Arrêt du Conseil d'Etat du Roi du 8 Avril 1666, dont on donne ici l'extrait.

Le Roi étant en son Conseil, conformément à l'Arrêt dudit Conseil du 18 Juillet dernier, a ordonné & ordonne, que les Maîtres Ouvriers en Draps d'or, d'argent & de soye, dits de la Place Royale, demeureront à l'avenir séparez d'avec les Maîtres Tissutiers & Rubanniers de la Ville de Paris, & feront deux Corps de Maîtrise ; ce faisant a déclaré & déclare commun entr'eux les Réglemens ci-devant faits entre les Ouvriers de semblables Maîtrises des Villes de Tours & Lyon, & conformément à iceux lesdits Ouvriers en Draps d'or, d'argent & de soye, pourront seuls travailler aux grandes Manufactures des Etoffes d'or, d'argent, & de pure & fine soye, des façons, largeur & bonté d'Italie ; comme aussi à toutes autres étoffes, & de toutes largeurs, des fabriques particuliéres de France, & autres Païs, soit qu'elles soient de pure & fine soye, ou mêlées de fleuret, poil, fil, laine, ou coton ; à la charge néanmoins que toutes lesdites étoffes, tant d'or, ou d'argent, que pure & fine soye, ou mêlées, seront en largeur d'un tiers d'aune & au dessus ; défenses ausdits Ouvriers de faire fabriquer aucuns rubans & autres étoffes de largeurs au dessous dudit tiers d'aune, même de tenir chez eux des étoffes qui se travaillent à la petite navette, à peine de cent livres d'amende & de confiscation desdites étoffes & métiers : Pourront aussi lesdits Maîtres Tissutiers-Rubaniers seuls travailler à la Manufacture des Rubans, & de tous autres ouvrages d'or ou d'argent, ou de fine & pure soye, ou mêlées de poil, fleuret, fil, laine ou coton, pourvû que lesdits ouvrages soient en largeur au dessous d'un tiers d'aune : défenses ausdits Maîtres Tissutiers Rubaniers de faire & fabriquer aucune étoffes excédantes ladite largeur, & de tenir dans leurs maisons & ailleurs aucuns métiers des étoffes de la grande navette, aussi à peine de cent livres d'amende, & de confiscation desdites étoffes & métiers.

Les premiers Statuts des Maîtres Tissutiers-Rubaniers, ou Ouvriers de la petite navette, de la Ville de Paris, sont de 1403. sous Charles VI. Ils en eurent d'autres en 1524, confirmez par des Lettres Patentes de Louïs XII. Enfin, ils furent encore changez, augmentez & renouvellez au mois d'Août 1585, par d'autres Lettres Patentes de Henri III. enregistrées au Parlement le 6 Juin 1586, depuis confirmez par Henri IV. en 1594, & par Louïs XIII. en 1611.

Les

Les Statuts de 1403 & de 1514, ne leur donnent que la qualité de Maîtres Tissutiers-Rubaniers: mais dans ceux de 1585, ils prennent de plus celle d'Ouvriers en Draps d'or & d'argent, & soye; tissus, rubans, passemens d'or, d'argent & soye, fleuret, filoselle, laine, fil & coton, tant en la grande que petite Navette, haute & basse-lisse, tant large qu'étroite, de la Ville, Cité, Fauxbourgs & Banlieue de Paris.

Cette différence de qualitez, vient de ce que depuis 1514 ils s'étoient mis en possession de fabriquer le peu d'étoffes d'or, d'argent & de soye, qui se faisoient alors à Paris; travaillant aussi à quantité d'autres ouvrages mêlez de diverses matiéres, tels que sont les serges, camelots, gazes, crêpes & beaucoup d'autres qui sont amplement rapportez dans leurs Statuts de 1585.

Toutes ces différentes étoffes que les Tissutiers-Rubaniers de Paris avoient droit de fabriquer, furent cause que les Ouvriers de la Manufacture des Draps d'or, d'argent & de soye, établie par Henri IV. à la Place Royale en 1603, qui faisoient d'abord une Communauté, & avoient des Statuts à part, leur furent ensuite réünis par une Transaction du 10 Mai 1644, confirmée par Arrêt du Parlement du 28 Février 1648, afin de terminer & de prévenir les continuelles contestations que la concurrence des mêmes ouvrages faisoient naître sans cesse entre les deux Communautez.

On a vû ci-dessus, que l'union des deux Corps ne dura que jusques en l'année 1666, qu'ils furent de nouveau séparez; les Maîtres conservant néanmoins également la qualité d'Ouvriers en Draps d'or, d'argent & de soye, avec cette différence que ceux de l'ancienne Communauté de la Place Royale furent appellez Ouvriers de la grande Navette, avec permission de fabriquer toutes sortes d'étoffes au dessus d'un tiers d'aune de large: & les Tissutiers-Rubaniers Ouvriers de la petite Navette, comme réduits à des ouvrages qui ne peuvent excéder le tiers de l'aune.

Les ouvrages autre-fois permis aux Tissutiers-Rubaniers comprenoient tout ce qui fait aujourd'hui l'objet des deux Communautez de la grande & petite Navette; c'est à dire, non seulement comme ils font encore présentement, toutes sortes de tissus, rubans, passemens, franges, frangeons, molets, &c. d'or, d'argent, de soye, de fleuret, &c. au peigne, à la marche, à la navette, à la tire, à l'épée, à la griffe, au carlet, au moulin, à la navelle, au bas métier, &c. qui leur sont restez en partage, avec les tissus & étoffes d'or, d'argent & de soye au dessous d'un tiers d'aune; mais encore les velours, satins, damas, taffetas, draps d'or & d'argent fin, plains, frisez, figurez, façonnez, rayez, &c. qui ont été accordez & réservez par préférence aux Ouvriers de la grande navette, comme on vient de le dire.

On parle ailleurs de toutes les étoffes permises à la grande navette; & l'on peut, entr'autres articles de ce Dictionnaire, avoir recours à celui des Ouvriers en draps d'or, d'argent & de soye, & à celui de Réglemens, aux paragraphes où sont rapportez ceux de 1667, pour les Manufactures de ces sortes d'étoffes de Paris, de Lyon & de Tours.

Quarante-huit articles composent les Statuts des Maîtres Tissutiers-Rubaniers, dont les uns concernent les Apprentifs, l'Apprentissage, le Chef-d'œuvre & la réception à la Maîtrise; les autres le compagnonnage & les Compagnons; Quelques-uns le nombre & l'élection des Jurez, leurs fonctions & les visites; enfin la plus grande partie les ouvrages permis aux Tissutiers-Rubaniers.

Ces derniers articles au nombre de dix-sept, entrent dans un grand détail, mais présentement inutile, la plûpart des étoffes alors permises à ces Maîtres ayant été, ou revendiquées par d'autres Communautez, ou restées à celles de la grande navette; & les Tissutiers-Rubaniers ne faisant plus que des tissus, rubans, galons, franges, guipures, passemens, dentelles, & tels autres ouvrages d'or, d'argent, de soye, &c.

L'Apprentissage est de quatre ans consécutifs, & le compagnonnage d'autres quatre années; l'un & l'autre avec engagement & brevet, mais l'Apprentissage sans gages, & le compagnonnage avec un salaire raisonnable.

Les Maîtres résidens & travaillans hors la visitation de la Communauté ne peuvent faire d'Apprentifs; & ceux qui ont droit d'en faire, n'en peuvent avoir qu'un, au plus deux.

Les fils de Maîtres apprenant le métier sous leur pére, ne tiennent pas lieu d'Apprentifs; ils peuvent être reçûs à la Maîtrise à vingt ans, & ne sont point tenus de faire de Chef-d'œuvre.

L'Apprentif, après ses huit ans de service, s'il veut être reçû Maître, doit demander Chef-d'œuvre, qui après information faite de ses vie & mœurs, lui est donné par les Jurez, & jugé par eux & par six Bacheliers.

Le Chef-d'œuvre consiste en deux aunes, soit larges, soit étroites, d'ouvrages de Tissutier fait à la marche, à l'épée, à la tire, au peigne, ou à la navette.

Aucun Maître ne peut avoir plus d'un Compagnon obligé pour gagner la franchise & maîtrise, ni mettre en besogne aucun autre Compagnon non obligé, qu'il n'ait fait aparoître de son Brevét d'Apprentissage.

Le Compagnon étranger s'il veut aspirer à la Maîtrise de Paris, doit s'obliger pour quatre ans à un Maître, mais en gagnant salaire; à la fin de son tems faire Chef-d'œuvre, & payer les droits de près du double de ceux des Apprentifs de la Communauté.

Le Compagnon, Apprentif de Paris, épousant la fille, ou la veuve d'un Maître, son Compagnonnage fini, est reçû comme fils de Maître.

Les Compagnons ne peuvent quiter leurs Maîtres que le tems pour lequel ils se sont engagez, ou que l'ouvrage commencé ne soit fini; ni d'autres Maîtres les recevoir sans congé, encore moins les débaucher.

Les Veuves jouïssent du Privilége de faire travailler, & de tenir boutique; non de faire des Apprentifs. Elles ni les Maîtres ne peuvent avoir à la fois plus d'une boutique, ou ouvroir.

Les Jurez de la Communauté sont au nombre de quatre, dont deux sont élûs chaque année à la place des deux Anciens: l'élection se fait en la chambre du Procureur du Roi au Châtelet, & en sa présence.

C'est aux Jurez à faire les visites, soit ordinaires, soit extraordinaires, les saisies & les rapports des contraventions.

C'est pareillement à eux à voir & visiter les ouvrages & marchandises foraines, les Forains ne pouvant les déliers, yenvendre ni exposer en vente que les Jurez n'en ayent été avertis, & les marchandises visitées, à quoi ils sont tenus de vaquer sans délai, à peine du retard, & des dommages & intérêts du Forain.

A peine y avoit-il onze ans que les Tissutiers-Rubaniers avoient obtenu ces Statuts, que leur inobservation en plusieurs de leurs principaux articles obligea le Prevôt de Paris, sur la remontrance du Procureur du Roi, d'y pourvoir par un Réglement du 19 Juillet 1596. Ce Réglement porte entr'autres choses;

1. Que tout fil d'or & d'argent fin sera filé sur pure soye.

2. Que tous passemens d'or & d'argent fin ne seront mêlez qu'avec pure soye.

3. Que tous bons passemens seront de pure soye; & que néanmoins il s'en pourra faire de soye & fleuret pour être de moindre prix.

4. Que nul ne pourra faire ni vendre passement de soye qui soit trêmé de fil ou de laine; néanmoins permis de faire passemens de laine mêlée de soye, pourvû qu'il y ait une dentelle de laine des deux côtez, & que distinctement on voye les deux étoffes.

5. Enfin, que quant à l'or & à l'argent faux filé sur fil, il ne pourra être employé avec la soye.

Un second Réglement du même Prevôt de Paris, du 28 Août de la même année 1596, ayant défendu, sous peine d'amende arbitraire, à tous Marchands Merciers, & Tissutiers-Rubaniers d'aller colporter par la Ville leur marchandise, sinon aux boutiques des Maîtres de leurs Communautez: les Tissutiers-Rubaniers remontrérent qu'ils avoient toûjours eu la liberté de porter leurs galons, tissus & rubans aux Princes, Seigneurs, Gentilshommes & Bourgeois, en leurs Hôtels & maisons; & sur leur remontrance obtinrent un nouveau Réglement du 28 du même mois d'Août, qui les maintint dans la faculté de porter & faire porter leursdites marchandises par les maisons, à la charge qu'ils les porteroient empaquetées & non à découvert.

Il avoit été ordonné par deux Sentences du Châtelet des 2 Octobre 1598, & 29 Août 1599, renduës entre les Maîtres de Paris & les Marchands Forains, qu'il seroit établi une maison ou bureau pour y recevoir & visiter les marchandises foraines, en éxécution de quoi il fut déclaré par une troisiéme Sentence du 17 Août 1600, que ledit bureau des Tissutiers-Rubaniers seroit & demeureroit à l'avenir dans une maison scise en une petite ruë sans chef aboutissante en la ruë Quimquempoix, pour y être apporté & descendu par les Marchands Forains toutes les marchandises dépendantes dudit métier, pour y tenir bureau pendant vingt-quatre heures, & durant ledit tems y être visitées & marquées par les Jurez, avec défense aux Maîtres de Paris d'aler au devant desdits Forains pour acheter leurs marchandises, à peine de confiscation & de vingt écus d'amende.

Le Réglement du 29 1604 convenu du consentement de tous les Maîtres Tissutiers-Rubaniers, & confirmé & approuvé par Sentence du Châtelet desdits jours & an, porte, qu'à l'avenir les Jurez, lors de la réception des Compagnons à la Maîtrise, pourront appeller huit Bacheliers ausquels & à chacun des Jurez sera donné soixante sols tournois sans autres fraix, & un écu pour l'occupation de la maison de celui chez qui se fera l'Assemblée, sans qu'il s'y fasse plus grand concours de Maîtres, ni festins & banquets, conformément aux défenses qui en avoient été faites à toutes les Communautez & Corps de Métiers par un Arrêt du Parlement du 11 Août 1600.

Enfin, l'Arrêt du Conseil d'Etat du Roi du 8 Mai 1609, ordonne que l'élection des Jurez continuëra de se faire à la pluralité des voix, suivant qu'il s'étoit jusques-là observé; mais qu'aucun Maître ne pourra être élû à la Jurande qu'il n'ait dix ans de Maîtrise, avec défense de faire aucunes Assemblées illicites, fraix & dépenses pour parvenir à ladite élection.

La Police ordonnée par les Statuts des Tissutiers-Rubaniers, & par ces différens Réglemens qui les ont suivis, n'a guére souffert de changement, à la réserve de l'augmentation des droits d'Apprentissage, de ceux des réceptions à la Maîtrise, soit des Compagnons, soit des Maîtres sans qualité, & de ceux des visites des Jurez, accordez par divers Edits, Déclarations ou Arrêts du Conseil à cette Communauté pour la rembourser des grandes sommes qu'elle avoit été obligée d'emprunter & de fournir aux coffres du Roi depuis 1691 jusqu'en 1707, pour se faire unir & incorporer les Offices de Jurez & de tant d'autres Charges créées en titre d'Offices dans tous les Corps des Arts & Métiers à cause des besoins de l'Etat; augmentation de droits qui ne doit néanmoins durer que jusqu'à l'entier payement des sommes empruntées, ainsi qu'il est porté & ordonné par toutes ces Lettres Patentes, Edits, Déclarations, &c. donnez pour ces réünions & incorporations.

Métier des Tissutiers Rubaniers.

Le métier sur lequel travaillent les Maîtres Tissutiers-Rubaniers Ouvriers de la petite navette, est plus ou moins composé suivant les ouvrages qu'ils veulent y fabriquer, les rubans unis ne demandant pas tant de parties que les rubans façonnez, & ceux-ci beaucoup moins que les galons & tissus d'or & d'argent. Comme cependant les principales piéces & les plus essentielles de ces divers métiers sont à peu près les mêmes, on se contentera de décrire ici un métier à travailler les galons & tissus d'or & d'argent, en faisant cependant remarquer les différences des uns & des autres suivant que l'occasion s'en présentera.

Le chassis, ou, comme on dit en terme plus propre, le bâti de ce métier est composé de quatre piliers de bois dressez perpendiculairement & placez sur un plan parallelogramme, ou de figure quarré-longue. Quatre traverses aussi de bois joignent ces piliers par en haut & quatre autres traverses dont celle de devant qui est un peu plus élevée s'appelle la Poitriniere, les unissent à peu près au milieu de leur hauteur. Enfin, il y a une neuviéme traverse au bas du bâti sur le devant pour mettre les pieds de l'Ouvrier, où sont attachées les marches qui font lever ou baisser les fils de la chaîne, comme on le dira dans la suite.

Les piliers ont six à sept pieds de hauteur éloignez l'un de l'autre de presque autant dans la partie la plus longue du parallelogramme, & seulement de trois pieds dans la plus étroite.

Au dessus du métier, & appuyé sur les deux plus longues traverses d'en haut, est ce qu'on appelle le Châtelet; c'est à dire un chassis de forme à peu près triangulaire dans lequel sont renfermées des poulies au nombre de vingt-quatre, douze de chaque côté, autant qu'il y a de marches sous les pieds du Fabriquant. C'est sur ces poulies que passent les cordes qui font hausser & baisser les marches. Pour les rubans simples, où il ne faut que quatre marches, on ne se sert que de quatre poulies & à proportion pour les façonnez.

Deux ensubles dont l'une est de toute la longueur du métier, & l'autre seulement de quinze ou dix-huit pouces, servent la plus petite à mettre la chaîne dessus, & la plus grande à rouler l'ouvrage à mesure qu'il s'avance. La grande ensuble est sur le devant & au dedans du métier à un pied ou environ de la poitriniére; la petite est attachée à la traverse du milieu du fond du métier: l'une & l'autre ont leurs tourillons & leur cran pour les monter, les lâcher & les arrêter.

Au milieu de la poitriniére est ce qu'on appelle le Rouleau de la poitriniére avec ses tenons. Il est de bois de huit ou dix pouces de long, & d'un pouce & demi de diamétre; l'ouvrage passe sur ce rouleau avant que d'être roulé sur la grande ensuble. Il est inventé pour élever la chaîne sous les yeux de l'Ouvrier, l'ensuble qui est beaucoup plus basse ne pouvant servir à cet usage.

Deux porte-rames, c'est à dire, deux planches un peu échancrées par les deux bouts d'un pied de large, & d'un peu moins de trois pieds de longueur, sont placées l'une au devant & l'autre à l'arriére du métier, suspenduës avec des ficelles aux longues traverses d'en haut. Elles sont ouvertes d'une entaille au milieu que remplit un rouleau de bois qui est mobile; c'est sur ce rouleau que passent & que glissent les rames du devant & du derriére, c'est à dire, les ficelles où sont attachez les fuseaux.

Entre le premier porte-rames & la traverse d'en haut du devant du métier, est aussi suspendu le batant; c'est avec ce batant que se bat & se serre le fil d'or ou d'argent que l'on passe avec la navette à travers les fils de la chaîne; il est en forme de petit chassis de bois large d'un pied & haut de deux, ayant au bas ce qu'on appelle le Peigne dans tous les métiers à navette.

Pour bander ce batant, en sorte qu'il retourne de lui-même en sa place, lors que l'Ouvrier le quite après avoir frappé sa trême, il y a au dessus de la tête de cet Ouvrier une espéce de poulie ou rouë de buis, de deux pouces d'épaisseur & de huit de diamétre, qu'on nomme le Bandoir. Plusieurs cordes le traversent par des trous percez autour de son axe; & pour le monter & l'arrêter au point convenable de ressort, cette rouë a sur l'épaisseur de sa tranche quantité d'autres trous où l'on met une cheville mobile qu'on appelle le Manche du Bandoir, que l'on monte plus ou moins suivant qu'on veut bander ou relâcher le batant auquel cette cheville communique par une corde.

Entre les deux porte-rames, aussi-bien qu'à travers de l'entaille qu'ils ont au milieu, passent perpendiculairement quantité de ficelles au bout desquelles sont pendus, ou des fuseaux, ou des platines.

Les fuseaux sont de fer du poids d'un quarteron & d'un pied de longueur; ils servent à ouvrir la chaîne & à la faire retomber.

Les platines sont de plomb plates & quarrées, mais avec les angles d'enhaut rabatuës à peu près du poids des fuseaux; elles servent à faire retomber les haute-lisses & les marches. Les ficelles qui ouvrent & referment la chaîne servent à faire le fond de l'ouvrage; les ficelles des hautes-lisses sont pour en faire les façons.

Enfin, il y a d'autres ficelles qu'on appelle des Retours, qui haussent les maillons à travers desquels passent les fils de la chaîne. Ces retours sont posez horisontalement d'un bout à l'autre du métier & ont chacun à leur extrêmité du côté de l'Ouvrier, un bouton pour les tirer.

Ce qu'on appelle la Planchette est une petite planche de bois très-mince, de sept a huit pouces en quarré; deux cordes l'arrêtent par un bout à la poitriniére, & deux autres par l'autre bout l'atachent au haut du métier. Elle sert à soûtenir la chaîne à l'endroit précisement où le Tissutier passe sa navette.

Cette navette des Tissutiers est de bouis, ferrée par les deux bouts, dont l'un est un peu recourbé; elle a au moins six pouces de long & dix-huit lignes de hauteur. La chambre, c'est à dire la cavité de cette navette où l'on met le canon est profonde, & ce canon qui est aussi de bouis a deux petits bords par les extrêmitez en forme de bobine. C'est sur ce canon que l'on dévide le fil d'or ou d'argent qui sert à l'ouvrage.

Pour monter le métier, il faut nommer le Dessein, c'est à dire qu'il faut qu'un Compagnon dicte au Tissutier le nombre des points noirs ou blancs qui sont sur son dessein, & que le Tissutier attache aux ficelles des hautes-lisses autant d'autres petites ficelles qu'on lui nomme de points noirs. Les points blancs en terme du métier s'appellent des Laissez, & les points noirs des Pris. On parle ailleurs des desseins dont se servent les Tissutiers-Rubaniers. *Voyez* DESSEIN.

Lors qu'après que le métier est monté le Tissutier veut travailler, il se place au devant sur une espéce de banc de bois de près de trois pieds de haut dont la planche est à demi panchée vers le métier, en sorte que l'Ouvrier reste presque debout. En cet état il s'appuye la poitrine sur la traverse du milieu qui de cet usage a pris le nom de Poitriniére; & pour ne point retomber en devant à cause d'une situation si contrainte, il se passe entre les bras deux fortes bretelles de lisiéres de drap qui le soûtiennent. Ces bretelles sont atachées d'un bout à la traverse d'enhaut & de l'autre à la poitriniére.

TISTRE. Action de fabriquer ou travailler une étoffe, une toile, un tissu, sur le métier & avec la navette. On dit aussi Tisser. *Voyez* TISSERAND.

TITRE. Dans le Commerce de l'or & de l'argent signifie le fin, l'aloi & la bonté intérieure de ces deux métaux.

Le titre de l'or se mesure & s'évaluë par carats, le titre de l'argent par deniers. L'or le plus fin, c'est à dire, celui qui a le moins de mélange d'aucun autre métail, s'appelle de l'or à vingt-quatre carats qui est le plus haut titre que l'on ait fixé pour exprimer la bonté de l'or. Le titre de l'argent est de douze deniers.

L'or & l'argent que les Orfévres & les Tireurs & Batteurs d'or & d'argent peuvent employer dans les ouvrages de de leur Art & Métier, doivent toujours être d'un plus haut titre que celui des Monnoyes, pour empêcher que les espéces ne soient fonduës.

Par l'Ordonnance de 1586 confirmée par celle de 1679, l'argent qu'il est permis aux Orfévres de travailler est à onze deniers douze grains, au reméde de deux grains, & l'or à vingt-deux carats au reméde d'un quart de carat.

Par la même Ordonnance de 1586 l'or des Bateurs & Tireurs d'or est à vingt-quatre carats au reméde d'un quart de carat, & l'argent à douze deniers au reméde de quatre grains. Il a été cependant accordé aux Tireurs d'or de Lyon en 1657 six grains de reméde de l'argent qu'ils employent qui est deux grains plus qu'à ceux de Paris.

A l'égard des Affineurs & Départeurs d'or & d'argent ils doivent travailler l'argent au titre de onze deniers dix-huit grains, & l'or à vingt-trois carats vingt-six trente-deuxiémes au moins, c'est à dire, au plus près du plus fin, conformément à l'Ordonnance de 1689.

Titre, en terme de monnoye. Signifie particuliérement la qualité de l'or ou de l'argent employé à la fabrique des espéces, estimé par rapport à l'aliage de quelqu'autre métail que le Souverain permet qu'on y mêle, & du reméde ou diminution aussi permis par les Ordonnances. Ainsi l'on dit qu'un louïs d'or est au titre de vingt-deux carats & un quart de carat de reméde, quand il a de fin vingt-un carats trois quarts. L'on dit de même d'un écu qu'il est au titre d'onze deniers & deux grains de reméde, quand il a dix deniers vingt-deux grains de fin.

Le titre de l'or & de l'argent qu'on employe dans les Hôtels des Monnoyes de France, aussi-bien que dans les lieux de fabrique des Etats & Royaumes étrangers, dépend de la volonté du Souverain, & l'on voit des espéces d'or du titre depuis vingt-trois carats trois quarts jusques à vingt carats & même dix-sept carats & au dessous, & des espéces d'argent depuis onze deniers huit grains de fin jusqu'à sept deniers & même au dessous, ce qui n'est guére que du billon.

C'est aussi par le titre de l'argent, c'est à dire, à raison de douze deniers, que l'on évaluë les billons; ainsi l'on dit qu'un douzain, ou un carolus tient deux deniers de fin, pour dire qu'il est composé d'une sixiéme partie d'argent & de cinq parties de cuivre. *Voyez les articles de l'Or & de l'Argent, du Carat & du Denier, & celui de la Monnoye.*

TLAPALCYPATLY. Espéce de bois qui croît dans la nouvelle Espagne. *Voyez* Nephretique.

TLIXOCHITI. Nom que les Habitans du Pérou donnent à ce qu'on appelle Vanille en Europe. *Voyez* Vanille.

TOCOUY. Sorte de toile qui se fait dans divers endroits de l'Amérique Espagnole, sur tout du côté de Buenos-Aires. Les Espagnols l'appellent plus ordinairement *Lienzo de la Terra*, toile ou linge du païs, pour la distinguer de ce grand nombre de toiles qui leur vient du dehors, & que les François, les Anglois & les Hollandois fournissent aux Marchands de Cadix pour envoyer dans l'Amérique.

Les Tocouis sont peu fins, & ne servent ordinairement qu'aux Indiens & aux Négres. *Voyez le Commerce de Buenos-Ayres à l'article général du Commerce.*

TOCQUE. *Voyez* TOQUE.

TOILE. Nom que l'on donne à une sorte de tissu fait de fils entrelassez, dont les uns (que l'on appelle Fils de Chaîne) s'étendent en longueur, & les autres (que l'on nomme Fils de Trême) sont placez de travers.

Les toiles se font sur un métier à deux marches par le moyen de la navette, de même que les draps, les étamines, & autres semblables étoffes non croisées. Les matiéres que l'on employe le plus ordinairement pour les fabriquer sont le coton, le lin & le chanvre, il s'en fait aussi de soye, & d'or & d'argent filé.

Ceux qui fabriquent les toiles de coton, de lin & de chanvre, se nomment communément Tisserans; & ceux qui manufacturent celles d'or, d'argent & de soye, s'appellent ordinairement Ouvriers en draps d'or, d'argent & de soye.

Il seroit difficile de pouvoir dire certainement à qui l'on doit l'invention de la toile, à moins qu'on ne voulût l'attribuer à l'araignée, cet admirable, mais venimeux insecte, qui tire de sa propre substance certains filets presque imperceptibles, dont il forme avec ses pates ce merveilleux tissu, que l'on appelle vulgairement Toile d'Araignée, qui lui sert comme de filet ou de piége pour prendre les mouches dont il se nourrit. Quoi qu'il en soit il n'y a guére de marchandise dont le Commerce soit plus étendu que celui des toiles, particuliérement de celles de lin, de chanvre & de coton, y ayant peu de Païs où il ne s'en consume beaucoup.

Toile ecrue. C'est celle dont le fil n'a point été blanchi, & qui est telle qu'elle est sortie de dessus le métier. Les toiles de lin écruës sont pour l'ordinaire grisâtres, qui est la couleur naturelle du lin; & les toiles de chanvre écruës sont jaunâtres, qui est aussi la couleur que la nature a donné au chanvre. *Voyez* Chanvre & Lin.

Toiles mi-blanc, ou Toiles boulvardées. Sont des toiles de chanvre qui n'ont été qu'à demi blanchies.

Toiles blanches. Sont des toiles écruës que l'on a fait blanchir entiérement à force de les arroser sur le pré, & de les faire passer par diverses lessives. *Voyez* Blanchir.

Toiles de menage. Se dit des toiles que les Bourgeois font faire pour leur usage, & dont le chanvre ou le lin qui les composent a été filé en leurs maisons.

Toiles a matelas. *Voyez ci-après aux endroits où il est parlé des toiles d'Allemagne, de Flandres & de Normandie.*

Toiles a chapeaux, ou Treillis. *Voyez ci-après aux endroits où l'on parle des toiles de Suisse & de Normandie.*

Toiles d'ortie. *Voyez ci-après à l'endroit où il est fait mention des toiles de Picardie.*

Toiles bises. *Voyez ci-après à la fin de l'endroit où il est fait mention de celles qui se manufacturent dans la Province du Perche.*

Toiles de Senlis. *Voyez ci-après à l'endroit où il est parlé de celles qui se font dans le Païs du Maine.*

Toiles Nantoises. *Voyez ci-après à l'endroit où il est parlé de celles qui se fabriquent en Bretagne.*

Toiles de Halle assorties, autrement Grands ou hauts Brins. *Voyez ci-après vers la fin de l'endroit où l'on parle des toiles qui se manufacturent en Bretagne, particuliérement à Dinan.*

Toiles de coffres. *Voyez ci-après vers le milieu de l'endroit où il est fait mention des toiles qui se font en Normandie, singuliérement à Louviers & à Evreux.*

Toiles brunes, Toiles legeres, Toiles a doubler. *Voyez ci-après vers la fin de l'endroit où il est parlé des toiles qui se fabriquent en Normandie, particuliérement à Orville.*

Toiles ouvre'es, que l'on appelle plus ordinairement Linge ouvre'. Est une sorte de toile de chanvre, ou de lin, sur laquelle il paroît divers ouvrages, façons & figures. *Voyez* Linge.

Toile en coupons. Ce sont certains morceaux de batiste claire, ordinairement de deux aunes, qui sont envoyez de Picardie en petits paquets quarrez, couverts de papier brun. *Voyez* Batiste.

On nomme aussi Coupons de toile ces morceaux d'une ou deux aunes, plus ou moins, qui ne sont que les restes des piéces qui ont été venduës.

Toiles a voiles. Ce sont certaines grosses toiles de chanvre écruë, qui ne servent uniquement qu'à faire des voiles de Vaisseaux, Navires & autres Bâtimens de mer. *Voyez* Noyalle, Pirte, Locrenan, Poldavy, petite Olone & Canevas, tous divers noms que l'on donne à ces sortes de toiles. *Voyez aussi ci-après l'endroit où il est parlé des toiles de coton des Indes Orientales; il y est fait mention d'une espéce de toile à voile. Voyez encore* Voile.

Toile a Tamis, *ou* Toile a Sas. Sorte de toile très-claire faite de fil de lin, dont on se sert à tamiser ou à sasser les choses que l'on veut mettre en poudre fine. C'est encore une autre espéce de toile faite de crin, que l'on appelle Rapatel. *Voyez* Rapatel, *& aussi l'endroit ci-après où il est parlé des toiles de Bretagne.*

Toile d'Embalage. *Voyez ci-après à l'endroit où il est fait mention des toiles de Picardie & d'Anjou.*

Toile a Sacs. *Voyez ci-après à l'endroit où il est parlé des toiles de Picardie.*

On dit qu'une toile a tant de laise pour faire entendre qu'elle a tant de large.

Un lé de toile, c'est toute la largeur de la toile, d'un bord de la lisiere à l'autre. Ainsi l'on dit qu'il faut tant de lez de toile pour faire un rideau de fenêtre; pour faire concevoir qu'il y faut employer tant de fois la largeur de la toile pour le rendre complet.

On dit aussi un demi-lé de toile, pour dire la moitié de la largeur de la toile.

Les principales choses qu'il faut observer pour qu'une toile de chanvre ou de lin soit bien fabriquée & de bonne qualité, sont:

1. Qu'elle soit bien tissuë; c'est à dire, bien travaillée & également frapée sur le métier.

2. Qu'elle soit faite, ou toute de fil de lin, ou toute de fil de chanvre sans aucun mêlange de l'un ou de l'autre, ni dans la chaîne, ni dans la trême.

3. Que le fil qu'on y employe, ou de lin, ou de chanvre, ne soit point gâté; qu'il soit d'une égale filure, tant celui qui doit entrer dans le corps de la piéce, que celui dont les lisiéres doivent être faites.

4. Que la chaîne soit composée du nombre des fils que la toile doit avoir par rapport à sa largeur, finesse & qualité, conformément aux Réglemens généraux des Manufactures, & aux Statuts des lieux.

5. Que la toile ne soit point tirée ni sur sa largeur, ni sur sa longueur.

6. Qu'elle soit de même force, bonté & finesse au milieu comme aux deux bouts de la piéce.

7. Enfin, qu'elle ait le moins d'apprêt qu'il est possible; c'est à dire, ni gomme, ni amidon, ni chaux, ni autres semblables drogues qui puissent couvrir & ôter la connoissance des défauts de la toile.

Ceux qui font Négoce de toiles ne doivent pas ignorer qu'il y a des Réglemens qui veulent que les toiles défectueuses soient coupées de deux en deux aunes, & qui défendent aux Tisserans, Curandiers, ou Blanchisseurs, de les tirer sur leur largeur & longueur; comme aussi aux Marchands, Commissionnaires, Courtiers & Embaleurs, de mêler dans un même balot destiné pour l'Espagne & les Indes, des toiles de différentes qualitez.

Ils doivent encore être informez qu'il y a nombre de lieux en France; où quoi que l'aune soit semblable à celle de Paris, on ne laisse pas néanmoins de trouver du bénéfice sur l'aunage des toiles qu'on y achette. C'est ce qu'ils pourront voir dans l'article d'Aunage.

La plus grande partie des toiles de lin & de chanvre qui se voyent en France, sont de la fabrique du Royaume; il s'en tire néanmoins quelques-unes des Païs étrangers, particuliérement de celles de lin.

A l'égard des toiles de coton elles viennent presque toutes des Indes Orientales & du Levant; il s'en fait cependant en France & ailleurs, mais en petite quantité.

Les Marchands & Négocians qui font déja le Commerce des toiles, ou les jeunes gens qui seront dans le dessein de l'entreprendre, ne seront pas fâchez de rencontrer ici un état des Païs & lieux d'où elles se tirent & où elles se fabriquent, & d'y voir en même tems leurs divers noms & qualitez, leurs longueurs & largeurs différentes, à quoi elles peuvent être propres, & les endroits pour lesquels elles sont destinées.

On va commencer par les toiles qui viennent des Païs étrangers.

Indes Orientales.

Il ne vient des Indes Orientales que des toiles de coton; & toutes celles de ces Païs qui se voyent en France, sont apportées par les Vaisseaux de la Compagnie qui les tirent de Surate, de Bengale & de Pontichery, n'étant permis à qui que ce soit d'en faire venir par quelqu'autre voye que ce puisse être.

La vente des toiles de coton des Indes, se fait pour l'ordinaire dans la Ville de Nantes en Bretagne, où cette Compagnie à ses magazins, & le tems de cette vente est notifié aux Marchands & Négocians par des affiches que l'on fait apposer dans les lieux publics des principales Villes de Commerce du Royaume.

Les qualitez des toiles de coton blanches, sont différentes, de même que leurs noms, dont voici ceux que l'on a pû recueillir: Tapsels, Coupis, Chillas, Caladaris, Guinées, Percalles, Mauris, Salampouris, Socretons, Baffetas, Coutelines, Berams, Chelles, Chacarts, Doutis, Katteguy, Sauvagagis, Foes, Garas, Sanas, Korathes ou Toques de Cambaye & Hamans. Toutes les sortes de toiles

toiles de coton dont les noms sont ci-dessus, se trouvent chacune expliquée à leur article, & leurs qualitez, longueurs & largeurs y sont marquées.

Il y a aussi d'autres toiles de coton blanches que l'on nomme simplement Toiles à Voiles, qui viennent particuliérement de Bengale. Ce sont de grosses toiles dont la piéce contient neuf aunes & demie à dix aunes sur trois quarts à cinq six de large, mesure de Paris.

Il y a encore des toiles de coton bleuës à carreaux qui n'ont que trois aunes trois huitiémes de long, sur deux tiers à trois quarts de large, aussi mesure de Paris. Ces derniéres se tirent toutes de Surate.

Il faut remarquer que les mousselines qui sont des espéces de toiles de coton blanches qui viennent pareillement des Indes Orientales, ne sont point comprises dans celles dont il a été parlé ci-devant, parce que l'on ne leur donne pas le nom de Toile de Coton, mais bien celui de Mousseline, qui est un terme propre à ces sortes de toiles, qui néanmoins ont des noms différens aussi-bien que des longueurs & largeurs particuliéres suivant leurs espéces, qualitez & endroits d'où elles viennent. *Voyez* Mousseline *&* Coton.

On ne parle point des toiles de coton peintes, ou imprimées, dont il se faisoit autre-fois en France un Commerce & une consomption considérable, soit de celles qui y étoient apportées par la Compagnie des Indes Orientales, soit de celles qui se tiroient en contrebande de Hollande, d'Angleterre & de Genéve, le Négoce & l'usage de ces sortes de toiles ayant été absolument défendu, pour favoriser les Manufactures des étoffes de soye & de laine établies dans le Royaume.

L'on ne peut cependant ne pas dire ici que l'obstination des Marchands pour débiter ces toiles, & celle des Particuliers pour les acheter & pour s'en servir, ont toûjours été & sont encore si grandes, que près de quarante années & plus de trente-cinq Arrêts n'ont pû jusqu'ici guérir les uns & les autres de cet entêtement de contrebande; bien qu'outre la confiscation des marchandises & l'amende de mille écus contre ceux qui les achétent & qui les vendent, on ait été enfin obligé par un Edit du 15 Décembre 1717, de joindre des peines afflictives, entr'autres celles des galéres perpétuelles, & de plus grande si le cas y écheoit, contre ceux qui feroient entrer de ces toiles dans le Royaume. L'on parle ailleurs plus amplement, & de ce dernier Edit, & de toutes les Declarations & Arrêts qui ont interdit ce Commerce. *Voyez* Etoffes des Indes.

Hollande.

C'est à Haerlem où se fait le plus grand Négoce des Toiles que l'on appelle ordinairement Toiles de Hollande, d'autant que c'est en cette Ville où elles sont presque toutes envoyées en écru des endroits de leur fabrique, pour y recevoir dans le Printems ce beau blanc que chacun admire.

Ces sortes de Toiles dont la matiére est de lin, sont très-serrées, très-unies & très-fermes, quoi que fort fines. Les plus belles & les plus estimées se font dans la Province de Frise; ce qui fait qu'on les nomme par distinction Toiles de Frise, ou simplement Frises.

Les Toiles de Hollande ont pour l'ordinaire trois quarts & deux doigts de large, chaque piéce contenant vingt-neuf à trente aunes mesure de Paris. Elles se vendent sur les lieux à l'aune du Païs par assortimens d'onze piéces, dont celle du milieu fixe le prix des autres, & s'envoyent les unes pliées en plat de toute leur largeur, les autres aussi pliées en plat, mais doublées, & les autres doublées & roulées. Celles pliées en plat viennent dans des caisses, & les roulées dans des tonneaux; les unes & les autres empaquetées d'abord dans du papier blanc, & par dessus d'un gros papier bleu lié d'une ficelle.

Il se fait encore en Hollande une sorte de grosse Toile de chanvre écruë, propre à faire des voiles de Navire, qui est appellée dans le Païs, Canefas. *Voyez* Canevas. C'est ainsi qu'on la nomme en France.

On tire de Hollande, particuliérement d'Amsterdam & de Rotterdam, certaines espéces de toiles dont la principale destination est pour l'Espagne, où elles sont appellées Hollandillas. Ces sortes de toiles, qui ne sont autre chose que des toiles de coton blanches des Indes, d'environ deux tiers d'aune de large mesure de Paris, que les Hollandois teignent chez eux en différentes couleurs, & qu'ils coupent en piéces de dix aunes aussi mesure de Paris, s'envoyent pliées en forme de rouleaux, empaquetez de papier bleu. Les François les nomment Hollandilles.

Il se fait du côté de Gand & de Courtray certaines toiles ausquelles l'on donne le nom de Toiles de Hollande. *Voyez ci-après à l'article des Toiles de Flandres.*

Il y a d'autres toiles appellées Demi-Hollande, qui se fabriquent en Picardie. *Voyez* Demi-Hollande.

Il se manufacture encore en France des toiles ausquelles l'on donne le nom de Toile demi-Hollande Truffette. *Voyez* Truffette.

Angleterre & Ecosse.

Les toiles qui se font en Ecosse sont de si mauvaise qualité, qu'il ne s'en fait que peu de Commerce au dehors: les Anglois en portent néanmoins quelques-unes en Espagne.

Celles qui se fabriquent en Angleterre, & qu'on y nomme Bombasis, sont des espéces d'étoffes de fil & de coton dont les pauvres gens font quelque-fois des habillemens. Il s'en fait un assez bon Commerce avec l'Espagne. *Voyez ci-après l'état des Toiles étrangéres propres pour l'Espagne & les Indes Occidentales.*

Allemagne.

Il se tire de Silésie, par la voye de Hambourg, certaines toiles de lin ausquelles l'on donne le nom d'Hollandilles. Ces sortes de toiles qui sont envoyées, ou en blanc, ou teintes en verd, bleu, rouge & autres différentes couleurs, sont ordinairement par piéces de dix aunes de long sur deux tiers de large mesure de Paris, chaque piéce pliée en forme de rouleau, & empaquetée d'un papier bleu. Leur usage le plus ordinaire est pour faire des doublures, & leur destination pour toutes sortes de Païs. La France en consume assez considérablement; on a voulu même

même les contrefaire à Roüen; mais les Ouvriers qui l'ont entrepris n'ont pû parvenir à les bien imiter.

Il vient encore de Silésie d'autres sortes de toiles que l'on appelle Platilles. *Voyez* PLATILLE.

On envoye de Montbéliard certaines espéces de toiles à carreaux bleus & blancs, destinées à divers usages; mais particuliérement à faire des matelas; ce qui fait qu'on les nomme souvent Toiles à matelas. Ces toiles sont en piéces d'environ vingt aunes de long sur demi-aune demi-quart ou deux tiers de large mesure de Paris. Les Troyens en font un Négoce assez considérable.

Il se fabrique à Roüen & aux environs de cette Capitale de Normandie, quantité de toiles à matelas qui se vendent sous le titre de toiles de Monbeliard, à cause du raport qu'elles ont pour la qualité aux véritables toiles de Monbeliard. *Voyez ci-après l'endroit où il est parlé des Toiles de Normandie.*

Outre toutes ces toiles qu'on tire d'Allemagne par la voye de Hambourg, il s'y fabrique encore des estoupilles, des enrolades, des bocadilles & des bombazis. Toutes ces toiles sont très-grossiéres & d'une assez mauvaise qualité. Les Hambourgeois en portent néanmoins une assez grande quantité en Espagne, dont une partie passe aux Indes Occidentales sur les Galions ou sur la Flote. *Voyez ci-après l'état des Toiles étrangéres qui sont propres au Commerce avec les Espagnols.*

SUISSE.

Il vient de S. Gal quantité de toiles de lin, blanches, & teintes en noir, bleu, verd, rouge & autres couleurs, dont les piéces contiennent onze à douze aunes de long sur deux tiers & demi de large mesure de Paris. Il y en a de fines, de moyennes & de grosses. Les plus fines sont satinées ou lissées des deux côtez, & les plus grosses seulement lissées d'un côté. On les envoye ordinairement pliées en petits paquets quarrez-longs. La plûpart de ces toiles s'employent en doublures, & les noires satinées servent particuliérement à faire des coiffes de chapeau. On les nomme pour l'ordinaire Toiles de S. Gal, & quelquefois Treillis, ou Toiles à chapeaux. Il s'en fait un grand Commerce à Lyon & à Marseille, d'où il s'en envoye quantité en Espagne, & de-là aux Indes Occidentales. *Voyez ci-après l'état des Toiles étrangéres propres pour l'Espagne.*

FLANDRES.

Il se fabrique à Gand, à Courtray & aux environs de ces Villes, des toiles de lin très-blanches & très-fines, ausquelles l'on donne le nom de Toiles de Hollande, quoi qu'inférieures en qualité & en largeur aux véritables Hollande. Ces sortes de toiles qui n'ont que trois quarts juste de large, & dont les piéces sont de trente-cinq à quarante aunes de long mesure de Paris, se plient en plat comme en Hollande, ou en rouleaux, qui est la maniére ordinaire du Païs où elles se font. Celles en plat s'empaquettent & s'encaissent comme les véritables Hollande; & pour les autres, on se contente seulement de les encaisser sans les empaqueter.

Il se fait aussi en Flandres certaines sortes de toiles de lin à carreaux de différentes couleurs, les unes d'une aune, les autres de trois quarts, & les autres de demi-aune de large. On leur donne ordinairement le nom de Toiles à matelas, parce qu'elles s'employent pour en faire. Les piéces n'ont aucune longueur déterminée, y en ayant depuis vingt-quatre aunes jusqu'à soixante, le tout mesure de Paris.

La Flandre fournit encore, particuliérement les environs de Gand, Bruges, Courtray & Ypres, quantité de toiles d'étoupe de lin, les unes écruës & les autres à demi-blanches, qui se vendent à l'aune, dont la largeur est de sept huit, chaque piéce contenant trente-cinq à quarante aunes mesure de Paris. Ces sortes de toiles, qui sont appellées dans le Païs Brabantes, ou Prexillas crudos, sont presque toutes destinées pour l'Espagne, ou pour les Isles & Terre-ferme de l'Amérique Espagnole. Il y en a de grosses, de moyennes & de plus fines.

Il se fabrique encore à Courtray & à Ypres des toiles de lin que l'on nomme Rollette, qui se vendent à l'aune, dont la largeur est de trois quarts, & la longueur des piéces de vingt-cinq à trente aunes mesure de Paris. Ces sortes de Toiles, qui sont très-claires en façon de grosse batiste, se consument presque toutes dans les Païs-Bas.

Il se tire encore de Flandres quantité de Toiles ouvrées, que l'on appelle plus ordinairement Linge ouvré. *Voyez* LINGE.

TOILES DE FRANCE ET DES PAÏS CONQUIS.

HAINAUT.

Il se fait en cette Province, particuliérement à Valenciennes, quantité de toiles de lin fort fines, que l'on appelle Batiste & Linon. *Voyez* BATISTE & LINON.

ARTOIS.

A Arras, à Bapaume & en quelques autres endroits du Païs d'Artois, il se fait aussi des batistes & linons. *Voyez* BATISTE & LINON.

CAMBRESIS.

Il se fait à Cambray des Toiles de lin semblables à celles de Valenciennes. *Voyez* BATISTE & LINON.

PICARDIE.

Il se fait à S. Quentin & aux environs de cette Ville une sorte de toile de lin grisâtre, que l'on nomme communément à Paris Toile d'ortie, laquelle n'est autre chose qu'une batiste écruë; ne se faisant plus guére en France de toiles avec le fil qu'on peut tirer de l'ortie.

Les piéces de toile d'ortie sont de douze à quatorze aunes de long sur deux tiers de large mesure de Paris. On s'en sert pour l'ordinaire à faire des vestes, des doublures de juste-au-corps, & des jupons pour l'Eté. Elles sont envoyées des lieux où elles se font par petits paquets quarrez d'une piéce chacun, de même que les batistes blanches. *Voyez* BATISTE.

A Beauvais, à Compiégne, à Bulle, & aux environs de ces lieux, il se fabrique une espéce de toile de lin fine, que l'on appelle Demi-Hollande. *Voyez* Demi-Hollande.

On fabrique aussi à Beauvais & autour de cette Ville, une autre sorte de toile de lin fine, à laquelle l'on donne ordinairement le nom de Truffette demi-Hollande. *Voyez* Truffette.

Beauvais fournit encore quelques toiles que l'on appelle Platille. *Voyez* Platille.

A Vernis, Péronne, Noyon, S. Quentin, & en quelques autres endroits des environs de ces Villes il se manufacture des toiles appellées Linons & Batistes. *Voyez ces deux termes.*

Il se fait aussi à Péronne une autre espéce de toile qui se nomme Cambray, ou Cambresine. *Voyez* Cambray.

Il vient encore de Picardie quelques toiles ou linge ouvré. *Voyez* Linge.

La Picardie fournit encore, particuliérement les environs d'Abbeville & d'Amiens, quantité de grosses toiles d'étoupe de chanvre, que l'on appelle Toiles d'embalage, parce qu'elles servent ordinairement à embaler des marchandises, dont la largeur est de sept huit, & la longueur des piéces depuis vingt-cinq jusqu'à trente-cinq aunes mesure de Paris.

Il se fabrique encore dans les mêmes endroits de grosses toiles d'étoupes de chanvre de $\frac{7}{8}$ de large sur vingt-cinq à trente-cinq aunes de longueur aussi mesure de Paris, plus fortes & plus serrées que les précédentes, que l'on nomme Toiles à sacs, à cause qu'elles s'employent communément à faire des sacs pour mettre le blé, la farine, &c.

Isle de France.

Il se blanchit à Senlis, petite Ville du Duché de Valois, quantité de toiles de Laval, qui se débitent sous le nom de Toiles de Senlis. *Voyez ci-après l'endroit où il est parlé des Toiles qui se font dans le Païs du Maine.*

Anjou.

Il se fabrique à Beaufort & aux environs de cette Ville quantité de toiles de chanvre, dont les piéces contiennent depuis soixante jusqu'à quatrevingt aunes de long sur une aune de large mesure de Paris. Ces sortes de toiles qui se vendent à l'aune courante, sont de différentes qualitez, y en ayant de grosses, de moyennes & de plus fines, dont les prix ordinaires sont depuis douze jusqu'à trente-deux sous l'aune. Les Rochelois en tirent beaucoup en écru; & il s'en envoye quantité de blanches dans les Isles Françoises de l'Amérique, dont le blanchiment se fait ordinairement à Doué, qui est une autre Ville de la Province d'Anjou. Les plus fines de ces toiles servent à faire des draps, des chemises & d'autres semblables lingeries; & pour ce qui est des autres, elles s'employent en menus voiles de Navire, & pour des embalages.

A Cholet il se fait des toiles de lin écruës, les unes bises & unies, & les autres rayées de différentes couleurs. Il y en a de fines, de moyennes & de grosses, qui sont toutes de deux tiers de large, chaque piéce contenant ordinairement vingt aunes mesure de Paris. On en sert de ces sortes de toiles pour faire des vestes & des doublures d'Eté pour habits d'hommes, & des robes de chambre pour femmes.

Il se fait encore à Cholet une autre espéce de toile de lin très-blanche, à laquelle l'on donne le nom de Platille. *Voyez* Platille.

Il se manufacture à Château-Gontier certaines sortes de toiles de lin écruës, dont les piéces contiennent depuis soixante jusqu'à quatrevingt aunes de long, sur demi-aune deux tiers & trois quarts de large mesure de Paris, dont les prix sont pour l'ordinaire depuis vingt sous jusqu'à cinquante, y en ayant de fines, de moyennes & de grosses.

Ces sortes de toiles qui s'employent ordinairement en chemises & autres pareilles lingeries, s'envoyent en plusieurs endroits du Royaume, mais particuliérement dans le Bordelois & dans le Limosin. Ce sont les Marchands de Bordeaux qui en tirent le plus.

Brètagne.

Il se fabrique en cette Province nombre de toiles de chanvre écruës, particuliérement destinées à faire des voiles de Vaisseaux, Navires & Bâtimens de mer, qui prennent la plûpart leurs noms des endroits où elles se manufacturent. *Voyez* Noyalle, Perte, Locrenan, Polledavy *&* Petite Olone; ce sont les divers noms qu'on leur donne.

On fait encore dans la même Province une espéce de toile de lin blanche appellée Clisson du lieu où elle se fabrique, dont on se sert à faire des chemises & autres sortes de lingeries. *Voyez* Clisson.

A Quintin & en quelques endroits des environs de cette petite Ville, dont les principaux sont Coudiac & Montcontour, il se manufacture nombre de toiles de lin, les unes de trois quarts, & les autres de cinq huitiémes d'aune de large mesure de Paris. Ces sortes de toiles qui se vendent en écru dans le marché de Quintin en piéces de trente à quarante aunes du Païs, & qui se coupent par petites piéces d'environ six à sept aunes de Paris, qu'on fait ensuite blanchir sur les lieux, sont de différentes qualitez, y en ayant de grosses, de moyennes & de fines. On leur donne le nom de Quintin, ou de Quinte, parce que c'est à Quintin où la fabrique en a commencé, & où elles sont toutes portées au marché.

Les plus fines de ces toiles qui sont très-claires, & qu'on appelle à cause de cela Mi-fils, ont quelque raport pour la qualité, quoi que moins estimées, aux toiles nommées Cambray, ou Cambresine, s'employant de même qu'elles à faire des rabas & des manchettes pour les hommes, & des garnitures de tête pour les femmes. *Voyez* Cambray.

A l'égard des autres toiles de Quintin, on s'en sert à faire des chemises, des mouchoirs & d'autres semblables lingeries.

Outre la grande consomption qui se fait de ces espéces de toiles dans toute la Bretagne, & dans plusieurs autres Provinces de France, il s'en fait aussi des envois considérables dans les Païs Etrangers, particuliérement en Espagne, & dans les Isles Françoises de l'Amérique.

Il se fait encore à Quintin & autour de cette Ville une sorte de toile de lin bleuâtre, extrêmement gommée & fort claire, que l'on appelle ordinairement Toile à tamis, ou à sas, à cause que l'on s'en sert à tamiser, ou à sasser les

les choses que l'on veut réduire en poudre fine. Cette espéce de toile est pour l'ordinaire en petites piéces ou coupons de quatre aunes & demie à cinq aunes de long sur demi-aune moins un seize de large mesure de Paris.

A Pontivy & aux environs de cette petite Ville il se fabrique quantité de toiles de lin de différentes qualitez, les unes fines, les autres moyennes, & d'autres plus fortes & plus grosses, dont les largeurs sont de demi-aune, de deux tiers & de trois quarts d'aune mesure de Bretagne, où l'aune est d'un sixiéme plus longue que celle de Paris. Ces sortes de toiles, qui se vendent à l'aune courante du Païs, & ausquelles l'on donne communément le nom de Pontivy, du lieu où il s'en fabrique le plus, sont ordinairement en piéces depuis vingt aunes jusqu'à quarante. Les Marchands qui les achétent des Ouvriers, & ceux qui les font fabriquer pour leur compte, les font blanchir sur les lieux. Elles s'employent à faire des chemises & d'autres sortes de lingeries. Leur prix ordinaire est depuis quinze jusqu'à quarante-cinq sous l'aune. Il s'en envoye beaucoup en Espagne & dans les Isles Françoises de l'Amérique. Il s'en fait aussi une assez grande consomption en France, particuliérement dans la Province de Bretagne.

Dans les Fauxbourgs de Nantes il se fabrique beaucoup de toiles, ausquelles l'on donne le nom de Toiles Nantoises. Ces sortes de toiles qui sont pour l'ordinaire faites de fil de lin demi-blanc, & dont la largeur est d'une aune mesure de Bretagne, qui revient à sept sixiémes de celle de Paris, se vendent à l'aune courante du Païs. Les piéces sont composées de cinquante à soixante de ces aunes.

Les toiles Nantoises sont, ou grosses, ou moyennes, & leur prix ordinaire va depuis vingt jusqu'à trente sous l'aune de Bretagne. On s'en sert à faire des chemises, des draps, &c. La plus grande partie s'envoye dans les Isles de l'Amérique, & le reste se consume dans le Païs.

Morlaix & ses environs, qui sont Roscoff, Saint Paul de Leon, Guingamps, Grace, &c. fournissent quantité de toiles qui se manufacturent avec du fil de lin, qui a été blanchi dans le Païs avant que d'être mis en œuvre. On en compte de quatre sortes principales, qui quoique fabriquées en ces divers lieux, ne laissent pas d'être toutes debitées sous le titre de Toiles de la fabrique de Morlaix. Elles ont néanmoins des noms particuliers, pour les distinguer les unes des autres; les premiéres étant appellées Cres larges trois quarts; les secondes, Cres communes; les troisiémes, Cres Graciennes; & les dernieres, Cres Rosconnes. Ces quatre espéces de toiles se vendent par piéces de cent aunes mesures de Paris.

Les cres larges trois quarts, quoi que nommées Trois quarts, n'ont cependant que deux tiers de large mesure de Paris. Ce sont les plus fines de toutes, aussi les employe-t-on ordinairement à faire de belles chemises & des serviettes. Leur destination la plus ordinaire est pour l'Espagne, d'où il s'en envoye beaucoup dans les Indes.

Les cres communes n'ont que demi-aune de large mesure de Paris, & sont moins fines que les cres larges, mais plus fines que les Rosconnes. Elles sont envoyées en quantité en Espagne; & les Anglois en tirent aussi assez considérablement en tems de Paix. Leur usage est pour faire des chemises & d'autres sortes de lingeries.

Les cres Graciennes, nommées Graciennes à cause qu'il s'en fait beaucoup de cette espéce dans la Paroisse de Grace, sont d'une largeur pareille à celle des cres communes, mais de beaucoup plus grosses. On s'en sert à faire des serviettes & des chemises pour le commun. L'Espagne & l'Angleterre sont les Païs propres pour faire le debit de ces sortes de toiles.

A Guingamps & aux environs de ce lieu, qui n'est pas bien éloigné de Grace, il se fabrique des toiles toutes semblables en qualité & en largeur aux cres Graciennes; ce qui fait qu'on leur donne aussi le même nom.

Les cres Rosconnes, appellées Rosconnes, de ce qu'elles se fabriquent presque toutes aux environs de Roscoff, petit Port de Bretagne près S. Paul de Leon, ont demi-aune de large ainsi que les Graciennes, mais elles sont de beaucoup plus fines. Leur usage le plus ordinaire est pour faire des chemises, & leur destination est presque toute pour l'Espagne.

Outre les quatre espéces de toiles dont il vient d'être parlé, il s'en fabrique encore à Morlaix & aux environs, ausquelles l'on donne simplement le nom de Toiles de Morlaix. Ces sortes de toiles, qui se fabriquent toutes de fil de lin écru, se blanchissent sur le pré autour de Morlaix. Leurs largeurs sont différentes, y en ayant de demi-aune, de deux tiers, de trois quarts, d'une aune & de cinq quarts mesure de Paris. Elles se consument presque toutes dans le Royaume, particuliérement en Bretagne, & dans les Provinces qui en sont voisines. On estime beaucoup ces espéces de toiles, étant d'un meilleur usé que celles dont le fil a été blanchi avant que d'être travaillé sur le métier. Il s'en fait de fines, de moyennes & de grosses, qui s'employent en draps, nappes, serviettes, chemises, &c.

A Dinan & aux environs de cette Ville il se fait certaines espéces de toiles que l'on appelle Grands ou Hauts-brins, & Toiles de hale assorties, lesquelles s'achétent à l'aune courante.

Il se manufacture à Fougéres, à Vitray & autour de ces lieux, des toiles très-fines, qui s'achétent aussi à l'aune courante.

NORMANDIE.

A Roüen & aux environs de cette Ville il se fabrique quantité de toiles à carreaux ou à rayes de différentes couleurs, teintes en fil, les unes de lin, les autres de chanvre, qui sont propres à divers usages, mais particuliérement à faire des matelas; ce qui fait qu'on les appelle communément Toiles à matelas. On leur donne aussi le nom de Toiles de Monbeliard, parce qu'elles approchent beaucoup de la qualité des toiles à matelas qui viennent de Monbeliard.

Ces sortes de toiles qui se vendent à l'aune courante sous la hale aux toiles de Roüen, sont ordinairement en piéces d'environ vingt aunes de Paris. Elles sont plus ou moins larges, n'y ayant rien de certain là-dessus: néanmoins le Réglement du 24 Décembre 1701, art. 18, veut précisément qu'elles ayent ou deux tiers ou trois quarts juste de large au sortir du métier. Il s'en fait cependant beaucoup de demi-aune deux pouces. *Voyez ci-devant où il est parlé des Toiles d'Allémagne, on y fait mention des veritables Toiles de Monbeliard.*

Il se fait encore à Roüen & aux environs, même dans plusieurs

plusieurs endroits du Païs de Caux, nombre de toiles façon d'étoffes, les unes à carreaux, & les autres rayées de diverses couleurs, composées ou toutes de fil tant en chaîne qu'en trême, ou de fil en chaîne & de laine en trême, ou de coton en chaîne & de fil en trême, lesquelles ne sont point sujettes à la marque. Celles toutes de fil se nomment Petites Toiles rayées ou Petites Toiles à carreaux, & quelque-fois Monbeliard: à l'égard des autres, elles sont toutes appellées Siamoises. La rayeure qui est en travers, c'est à dire, sur la largeur de la toile d'une lisiére à l'autre, se fait par le moyen de la trême, qui est d'une couleur différente à la chaîne; & pour ce qui est des carreaux, ils se forment par les fils de la chaîne, qui sont aussi de diverses couleurs.

Quoi que le Réglement du mois de Décembre 1701, art. 17, ordonne, Que ces espéces de toiles auront demi-aune ou deux tiers juste de large après avoir été levées de dessus le métier, les Ouvriers ne laissent pas cependant d'en faire de quelques autres largeurs; ce qui se tolére apparemment, à cause des différens usages à quoi elles peuvent être propres.

Il s'en fait une très-grande consomption en France, particuliérement à Paris; y étant employées au lieu de toiles peintes à faire des rideaux, des couvertures de meubles, tabliers, doublures de robes de chambre, jupons, fichus, mouchoirs, fourreaux d'enfans, &c. Outre cette consomption il s'en fait aussi quelques envois dans les Païs Etrangers.

A Caën & aux environs il se manufacture des toiles de lin blanches uniquement destinées à faire des serviettes. Ces sortes de toiles sont ordinairement par rouleaux ou paquets de quatre douzaines de serviettes; chaque serviette ayant ses deux liteaux de fil bleu, & une aune de long sur trois quarts de large mesure de Paris.

Il se fait encore à Caën, & à huit ou dix lieuës à la ronde de cette Capitale de Basse-Normandie, quantité de toiles ou linges ouvrez. *Voyez* LINGE.

Alençon & ses environs fournissent quantité de toiles de chanvre, qui ont des longueurs & largeurs différentes, aussi-bien que des noms & des qualitez particuliéres. On en compte de quatre principales sortes:

Les premiéres sont des toiles mi-blanc, que l'on appelle quelque-fois Toiles boulvardées, dont les largeurs sont de demi-aune demi-quart, de trois quarts, de trois quarts & demi, d'une aune, d'une aune & demi-quart, de cinq quarts, d'une aune un tiers & d'une aune & demie; les piéces contenant depuis quatrevingt aunes jusqu'à cent.

Les secondes sont des toiles écruës appellées Toiles jaunes, dont les largeurs sont d'une aune demi-quart, d'une aune, de trois quarts & demi, de deux tiers & demi, de trois quarts, & de demi-aune demi-quart; les piéces ayant depuis soixante-quinze aunes jusqu'à quatrevingt.

Les troisiémes sont appellées Toiles lessivées, qui ne sont autre chose que des toiles écruës qu'on a fait passer par une légére lessive, dont les largeurs sont d'une aune, de trois quarts & demi, & de demi-aune demi-quart; les piéces contenant, ainsi que les écruës, depuis soixante-quinze aunes jusqu'à quatrevingt.

Des trois espéces de toiles ci-dessus il s'en fait de grosses, de moyennes & de plus fines, qui se vendent toutes à l'aune courante, & non à la piéce.

Les quatriémes sont des toiles mi-blanc assez fortes, destinées à faire des serviettes, lesquelles se vendent par rouleaux ou paquets, de quatre douzaines de serviettes au paquet, chaque serviette ayant ses deux liteaux de fil bleu. Les longueurs & largeurs des serviettes sont différentes: les unes ont une aune de long sur trois quarts de large; les autres une aune de long sur deux tiers de large; & les autres trois quarts & demi de long sur demi-aune un seize de large.

Il faut observer que toutes les longueurs & largeurs des Toiles d'Alençon dont on vient de parler, doivent être prises sur le pied de l'aune de Paris.

Il vient encore d'Alençon une autre sorte de grosse toile de chanvre écruë, propre à faire des torchons, à laquelle on donne le nom de Canevas. *Voyez* CANEVAS.

A Louviers l'on fabrique certaines espéces de toiles de lin blanches, ausquelles l'on donne ordinairement le nom de Guibert. *Voyez* GUIBERT.

Il se fait encore à Louviers & à Evreux des toiles de lin assez fines, que l'on appelle communément Toiles de coffre. Ces sortes de toiles, dont l'usage le plus ordinaire est pour faire des chemises, sont en piéces depuis soixante jusqu'à soixante-dix aunes de long, sur trois quarts & demi & un seize de large en écru, pour revenir à trois quarts & demi en blanc, chaque piéce pliée par petits plis d'un quartier, le tout mesure de Paris.

Il s'en envoye beaucoup de blanches dans les Païs Etrangers, mais particuliérement en Espagne, d'où il s'en fait des envois considérables dans les Indes. Elles se blanchissent aux environs d'Evreux & de Louviers, & sont venduës dans les marchez de ces deux Villes & dans celui de Roüen, sur le pied de l'aune courante, & non à la piéce. Celles de Louviers doivent avoir la marque de la Ville, qui est une L couronnée; & celles d'Evreux doivent être marquées aux armes de M. de Bouillon, qui en est le Seigneur.

A Brionne, à Bernay & à Beaumont il se manufacture quantité de toiles de lin blanches un peu claires, ausquelles l'on donne communément le nom de Brionnes, & quelque-fois celui de Breaunes. *Voyez* BRIONNE.

Lizieux fournit certaines espéces de toiles très-blanches, dont la chaîne est de chanvre & la trême de lin, que l'on appelle vulgairement Cretonnes. *Voyez* CRETONNE.

Dans les Villages de la dépendance des Elections de Lizieux, du Ponteau-de-mer & de Bernay il se manufacture nombre de toiles de lin, qui se vendent sous le nom de Toiles Blancards. *Voyez* BLANCARDS.

A S. Georges il se fait de grosses toiles de lin très-blanches, un peu claires, dont les Bahutiers se servent à doubler des males & des coffres, & qui s'employent aussi à faire plusieurs sortes de lingeries, comme caleçons, chemises, &c. pour le commun. Cette espéce de toile qui se vend à l'aune courante, a trois quarts & demi de large, & les piéces contiennent depuis soixante-dix jusqu'à quatrevingt aunes de long mesure de Paris. Les Espagnols en tirent beaucoup, dont ils envoyent partie dans les Indes.

A Tiliers l'on fabrique de grosses toiles de chanvre mi-blanc, que l'on appelle quelque-fois Toiles Boulvardées, dont

dont la largeur est de trois quarts & demi, & la longueur des piéces ordinairement pliées en plat, de soixante à soixante-dix aunes mesure de Paris. On s'en sert à faire des chemises, caleçons, chaussons, chaussettes, &c. Il s'en employe aussi en doublures de culotes.

A Mamers il se manufacture des toiles de chanvre, les unes grosses, les autres moyennes, & d'autres plus fines, dont les largeurs sont de demi-aune demi-quart, trois quarts & trois quarts & demi, & d'une aune mesure de Paris. Ces sortes de toiles, qui se vendent en écru à l'aune courante, & non à la piéce, sont propres à faire des draps, des nappes, des chemises, & autres pareilles lingeries.

Il se fait encore à Mamers d'autres sortes de toiles de chanvre qui se vendent aussi en écru, lesquelles sont uniquement destinées à faire des serviettes. Ces toiles sont en paquets ou piéces roulées, chaque paquet contenant quatre douzaines de serviettes, qui ont chacune deux liteaux de fil bleu & trois quarts de long, sur demi-aune un douze de large mesure de Paris.

A Vimoutiers il se fabrique de grosses toiles de chanvre peu serrées, qui se vendent en écru, ausquelles l'on donne souvent le nom de Canevas. Il y en a de deux sortes; les unes un peu jaunâtres, qui est la couleur naturelle du chanvre; & les autres tout à fait jaunes, ayant été jaunies avec le safran. Ces sortes de toiles qui s'employent ordinairement à faire des piqûres de corps, des robes de chambre, des jupons, des cornettes de nuit, & autres choses semblables à usage de femmes, sont en piéces de soixante à quatrevingt aunes de long, sur une aune moins un douze de large mesure de Paris. Elles se vendent à l'aune courante, & non à la piéce.

Laigle fournit de grosses toiles de chanvre mi-blanc, que l'on appelle souvent Toiles boulvardées, dont la largeur est de trois quarts & demi; chaque piéce contenant ordinairement soixante aunes de long, le tout mesure de Paris. Ces sortes de toiles, qui viennent pliées en rouleaux, sont propres à faire des chemises, caleçons, chaussons, chaussettes, &c. pour le commun; quelques-uns s'en servent aussi à doubler des culottes. Les Blanchisseurs sont dans l'usage d'y mettre un peu de chaux, quoi que cela soit contraire aux Réglemens des Manufactures.

A Ourville & lieux circonvoisins jusqu'au bord de la Mer dans le Païs de Caux, il se fabrique nombre de toiles de lin, que l'on nomme ordinairement Toiles brunes, dont la chaîne doit être composée de douze cens fils & au dessous; chaque piéce contenant en écru environ soixante aunes de long sur trois quarts & demi & un seize de large mesure de Paris.

Ces sortes de toiles sont toutes portées à Ourville & à Bolbec, où les Marchands de Roüen & d'ailleurs les vont acheter, pour les faire teindre en différentes couleurs. Les divers noms qu'ils leur donnent après leur teinture, sont Toiles d'Ourville, Toiles à chapeau, Toiles legéres, Toiles à doubler. Leur usage est pour faire des vestes de deuil, des doublures d'habits pour hommes & pour femmes, des coiffes de chapeau, &c.

Il se fait encore en plusieurs endroits de Normandie certaines espéces de toiles que l'on nomme Polizeaux, dont les largeurs sont différentes, les unes ayant demi-aune un douze, les autres deux tiers, les autres deux tiers & demi, & les autres trois quarts, mesure de Paris.

Outre les diverses sortes de toiles de Normandie dont il vient d'être parlé, il se manufacture dans la même Province quantité de toiles fortes, ainsi nommées à cause de leur bonne qualité, & de ce que leurs chaînes sont composées d'un nombre de fils au dessus de ce qui est porté par les Réglemens. Ces espéces de toiles qui sont la plûpart de commande, & que les Particuliers font faire pour leur usage, sont pour l'ordinaire du prix depuis vingt sols jusqu'à quatre livres l'aune. Il s'en fait pour l'ordinaire de trois sortes de largeurs; les unes de trois quarts moins un trente-deuxiéme d'aune en écru, pour revenir à deux tiers en blanc; les autres de trois quarts & demi & un seize en écru, pour revenir à trois quarts & demi en blanc; & les autres d'une aune un douze en écru, pour revenir à une aune en blanc, le tout mesure de Paris. Pour ce qui est de la longueur des piéces, il n'y a rien de certain, les unes étant plus longues, & les autres plus courtes, suivant l'intention de ceux qui les font faire.

LE PERCHE.

Dans cette Province, particuliérement à Mortagne, il se fabrique beaucoup de toiles de chanvre assez fortes, qui se vendent en écru à l'aune courante, dont les largeurs sont de trois quarts, de trois quarts & demi, & d'une aune; les piéces contenant depuis soixante-dix jusqu'à quatrevingt aunes, mesure de Paris.

Il se fait encore dans la même Province, singuliérement à Mortagne & à Belesme, quantité de toiles de chanvre passablement fortes, destinées à faire des serviettes. Ces sortes de toiles se vendent ordinairement en écru par paquets ou piéces roulées; chaque paquet contenant quatre douzaines de serviettes, ayant chacune leurs deux liteaux de fil bleu, les unes de deux tiers de large sur trois quarts ou trois quarts & demi de long, & les autres de demi-aune un seize de large sur trois quarts de long, mesure de Paris.

On fabrique encore dans le Païs du Perche une sorte de grosse toile de chanvre écruë un peu claire, qui sert à faire des piqûres de corps-de-jupes & d'autres hardes pour les femmes. Cette toile s'appelle ordinairement Canevas. *Voyez* CANEVAS.

Les environs de Mortagne fournissent aussi une espéce de très-grosse toile de chanvre écruë, propre à faire des torchons, à laquelle on donne pareillement le nom de Canevas. *Voyez* CANEVAS.

A Nogent-le-Rotrou il se fabrique une sorte de grosse toile que l'on appelle ordinairement Treillis. *Voyez* TREILLIS.

Il se fait encore dans le Païs du Perche quelques toiles bises destinées pour les teintures.

LE MAINE.

A Laval & dans les lieux circonvoisins il se fabrique quantité de toiles de lin, les unes fines, les autres moyennes, & les autres plus grosses, qui se vendent à l'aune courante, & dont les piéces sont depuis cent jusqu'à cent trente

trente aunes sur trois quarts de large; mesure de Paris. Ces sortes de toiles en écru servent à faire des vestes & des doublures de juste-au-corps & de jupes.

Les Troyens tirent quantité de ces toiles en écru, qu'ils font blanchir, & qu'ils coupent par piéces de quinze à vingt aunes, dont les plus fines se plient en bâtons ou rouleaux, que l'on envelope de papier brun de même que les demi-Hollande, & les autres se plient en plat, & s'enveloppent d'une sorte de gros papier gris qu'on appelle Papier à Patron. Les toiles de Laval ainsi blanchies, pliées & enveloppées, se vendent à l'aune sous le titre de Toiles de Troyes; & ce nom ne leur est donné que parce qu'elles y sont blanchies.

Il se blanchit aussi à Senlis beaucoup de Toiles de Laval, qui se coupent en piéces de quinze aunes jusqu'à vingt-six. Elles sont envoyées de Senlis dans des caisses, les piéces pliées en plat sans envelope. Elles sont débitées sous le nom de Toiles de Senlis, encore qu'elles ne soient point fabriquées en ce lieu.

A la Ferté-Bernard il se fait une sorte de grosse toile que l'on nomme ordinairement Treillis. *Voyez* TREILLIS.

CHAMPAGNE.

A Troyes & aux environs de cette Ville il se fabrique quantité de toiles mi-blanc, que l'on nomme Toiles Boulvardées: il y en a de grosses, de moyennes & de fines, dont les longueurs & largeurs sont différentes.

Il se manufacture encore à Troyes certaines toiles fines pliées en carreaux, qui imitent beaucoup celles appellées Cambray, ou Cambresines. *Voyez* CAMBRAY.

L'on a parlé dans l'article des Toiles qui se fabriquent dans le Maine, de celles de Laval qui se blanchissent à Troyes & aux environs, & qui se vendent comme toiles de Troyes, on peut y avoir recours.

BEAUJOLOIS.

Ce petit Païs, qui est assez fecond en chanvre, fournit quantité de toiles, qui prennent toutes leurs noms des lieux où elles se fabriquent, & dont les largeurs sont différentes.

Celles appellées Regny, ou Reygnie n'ont qu'une demi-aune franche.

Les Saint Jean sont de trois largeurs, les unes de cinq huitiémes d'aune, les autres de trois quarts francs, & les autres de sept huitiémes d'aune aussi francs.

Il est permis aux Ouvriers de ce Païs de faire des toiles de toutes les largeurs ci-dessus, ainsi que des Aussonnes jaunes, sans qu'elles puissent être de moindre largeur.

Les Toiles nommées Tarare & Rouleaux de Beaujeu, sont de sept douziémes d'aune de large.

Le Beaujolois fournit encore nombre de toiles ou linges ouvrez. *Voyez* LINGE.

Toutes les sortes de toiles qui se fabriquent dans cette Province, ne peuvent être exposées en vente en rouleau, mais seulement en plat, & ne doivent être que d'une piéce seulement, n'étant pas permis aux Ouvriers d'y ajoûter des coupons.

Chaque Ouvrier est tenu de marquer sur sa toile de quelle qualité & de quelle largeur elle est, & de mettre aux deux bouts de la piéce une marque particuliére contenant son nom & surnom, avec le nombre d'aunes dont elle est composée; & chaque aune doit être d'un pouce au de-là de sa juste mesure.

Les toiles qui se manufacturent dans le Beaujolois doivent être toutes venduës en écru dans les marchez de Villefranche & de Thisy, qui se tiennent dans les hales de ces lieux les lundis & mécredis de chaque semaine; n'étant pas permis aux Tisserans de les porter vendre ailleurs, sous peine de confiscation & de 100 liv. d'amende, tant contre l'Acheteur que contre le Vendeur.

Cela est conforme aux Statuts & Réglemens arrêtez à Villefranche le 20 Janvier 1680, homologuez au Conseil du Commerce le 7 Avril 1682.

Outre les diverses espéces de toiles dont il a été parlé dans tout le cours de cet article, il y en a d'autres qui ont certains noms particuliers suivant les choses à quoi elles peuvent être propres, ou les différens apprêts qui leur ont été donnez, telles sont les Treillis, les Canevas, les Bougrans, les Coutils, &c. Ces différens noms se trouvent expliquez chacun à leur article.

Il y a un très-grand nombre de Réglemens qui ont été faits pour la fabrique, longueur, largeur & marque de toutes les sortes de toiles dont on a parlé dans cet article. On en a donné des extraits dans l'article général des Réglemens où l'on peut avoir recours.

Les droits d'entrée & de sortie qui se payent en France pour les diverses sortes de toiles dont on a parlé ci-dessus, ont été réglez par différens Tarifs, & entr'autres par ceux de 1664, de 1667 & de 1699, les deux premiers généraux pour toutes sortes de Nations & de marchands, & le dernier particulier pour les Hollandois. Il y a aussi plusieurs Arrêts du Conseil, comme ceux des 22 Mars & 3 Juillet 1692; & en dernier lieu, celui du 31 Août 1718, qui ont dérogé à ces Tarifs, soit en augmentant, soit en diminuant les droits d'entrée & de sortie pour les toiles.

Par le Tarif de 1664, les droits de sortie des toiles de lin de toutes façons blanches ou écruës, fines ou grosses, linge ouvré ou non ouvré pour table, sont de 10 l. le cent pesant.

Ceux des toiles de chanvre blanche ou écruës, grosses, moyennes, y compris celles de Champagne, dites Darins, Erins, & Meslins, ouvrées & non ouvrées; canevas & toiles d'Olone, toiles d'étoupes & de lin, sont de 3 l. 10 s. aussi le cent pesant.

Les toiles d'étoupes de chanvre de toutes sortes, payent 2 l. 10 s. du cent pesant.

Les vieilles toiles comme vieux linge; une liv. en sortant par les Provinces du dedans du Royaume, & 6 l. pour les Païs étrangers.

Les toiles de coton & treillis d'Allemagne, 3 l. & les toiles à tamis 12 s. ce qui s'entend toûjours le cent pesant.

L'Arrêt du Conseil du 3 Juillet 1692, régle aussi les droits de sortie des toiles peintes pour l'étranger, à 2 l. le cent pesant sur le pied de Mercerie. Il n'a point été dérogé à ces Tarifs de sortie par les Tarifs de 1667 & 1699, ni par aucun arrêté.

A l'égard des droits d'entrée il y est arrivé divers changemens.

Par le Tarif de 1664, les toiles de Hollande, Batiste, Cambrai, Gand, & autres semblables fines & ouvrées, soit écruës, jaunes, blanches & bazettes, tant fines, que moyennes

&

& grosses, ne payoient la piéce de quinze aunes aunage de Paris, que 2 l.

Le Tarif de 1667 les avoit mises depuis à 4 l. & elles avoient encore été haussées jusqu'à 8 l. par l'Arrêt de 1692; mais par le Tarif de 1699 fait en faveur des Hollandois après la Paix de Ryswick, elles furent rabaissées pour eux au premier droit de 1664 seulement; néanmoins pour celle de véritable fabrique de Hollande, & à la charge que les Hollandois ne les feroient entrer par mer que par le Port de Roüen, & par terre par la Ville de Lyon. Et à l'égard de celle de Gand, batiste & autres semblables, le droit de 8 l. d'entrée leur fut conservé, aussi bien pour les Hollandois que pour les autres, avec pareilles défenses d'entrer par d'autres Bureaux que les deux ci-dessus.

Les toiles de lin de toutes sortes qui ne sont pas de fabrique de Hollande, payent comme celles de Gand, & entrent par les mêmes endroits.

Enfin, les toiles de chanvre, boucassins, treillis, futaines, bazins, & bombazins, ne payent que 4 l. la piéce aussi de quinze aunes, & entrent par les mêmes lieux; ce qui doit toûjours s'entendre du Réglement fait avec les Hollandois en 1699.

Toutes les autres sortes de toiles dont il n'a point été parlé dans le Tarif de 1667. ni dans celui de 1699. payent conformément à celui de 1664. savoir, les toiles d'étoupes blanches façon de Boulogne & d'Allemagne, 15 s. la piéce de vingt aunes.

Les grosses toiles de Barrois, Chinchamp, &c. cent sols le cent pesant.

Les autres toiles faites d'étoupes, 4 l. aussi le cent pesant.

Les toiles d'Ollone & autres de semblables sortes à faire voiles de Navires, 3 l. du cent pesant.

Les toiles à tamis 12 s. le cent pesant.

Les toiles de coton de la Chine & autres lieux, payent 18 s. la piéce de dix aunes, & les toiles de Quintin & autres toiles fabriques de Bretagne, 10 s. aussi la piéce de dix aunes.

Pour les toiles de soye, les droits d'entrée sont de 9 l. pour chaque livre pesant.

Enfin, par l'Arrêt du Conseil du 31 Août 1718, les droits d'entrée pour les toiles communes qui se fabriquent dans la Flandre Françoise, ont été réduits & fixez à 7 liv. 10 s. le cent pesant, à condition qu'elles seront marquées par les Magistrats, d'un plomb ou marque qui désigne l'endroit de leur fabrication; & pour les toiles fines du même Païs, à 40 s. les piéces de 15 aunes, que est le droit que payent ou doivent payer les toiles de Hollande, par les Tarifs de 1664 & 1699.

Toiles de France qui sont propres pour l'Espagne & les Indes Occidentales, avec le prix qu'elles s'achétent en France sur le pied de soixante sols l'écu de neuf au marc.

TOILES DE ROÜEN.

Il y a quatre sortes de toiles de Roüen qui sont propres pour le Commerce d'Espagne; savoir, celles qu'on nomme Ouvrier, ou de Coffre, les Fleurets, les Blanquets & les Roüen réformées.

Les toiles ouvrier ou de coffre sont les plus fines & les plus belles de Roüen. On les vend depuis quarante jusqu'à soixante-cinq sols. Il s'en consume peu dans les Indes & en Espagne à cause qu'elles sont trop chéres. Les Galions en emportent cependant pour environ quatre cens mille livres.

Les fleurets & les blancarts, qui proprement ne sont qu'une même espéce, s'achétent par lots de cent piéces, dont on tire les plus belles, qui sont celles qu'on nomme Fleurets, ce qui, sur chaque lot, peut monter à quatre vingt piéces, les vingt qui restent sont les blancarts.

La largeur de ces toiles qui est de trois quarts, les fait fort estimer aux Indes & les a placées dans la premiére ligne de l'état de l'assortiment des Foires de Porto-bello, de Pouëbla, de Los-angelos & de Mexico. Il en passe ordinairement sur les Gallions pour environ deux millions quatre cens mille livres, & sur la Flotte pour dix-huit cens mille livres; ce qui s'en consume en Espagne monte à cinquante mille écus.

A l'égard des Roüen réformées il s'en fait un très-petit debit ne pouvant soûtenir les fraix des droits & du Tarif; aussi ne les met-on ici que pour ne les pas oublier.

TOILES DE QUINTIN ET DE PONTIVI.

Les toiles des ces deux fabriques propres pour les Indes sont de trois sortes; les ordinaires, les trois quarts & les deux tiers.

Le prix des ordinaires, qui sont très-estimées des Espagnols, est depuis seize sols jusqu'à vingt-trois sols l'aune, chaque piéce est de cinq aunes. Les Gallions en emportent au moins quatre cens mille piéces, & la Flotte deux cens mille. Ce qu'il en faut pour l'Espagne va à cinquante ou soixante mille piéces. On estime que tout cet article monte à trois millions de livres.

Les toiles trois quarts sont de six aunes à la piéce, & leur prix depuis vingt-huit jusqu'à quarante sols l'aune. Il en faut pour les Gallions quarante à cinquante mille piéces; pour la Flotte quinze ou vingt mille, & pour l'Espagne environ autant. Cet article peut aller à sept cens mille livres.

On n'envoye plus de toiles de deux tiers en Espagne; on en attribuë la cause à leur mauvaise qualité, les Tisserans depuis quelques années en ayant négligé la fabrique.

TOILES DE LAVAL.

Les toiles de cette fabrique se distinguent par la laise; & sont de trois sortes; savoir, la basse-laise, la haute-laise, & la laise de Roüen.

Il ne s'envoye guére de Basse-laise aux Indes, tout ce qui en passe en Espagne n'étant proprement que pour la consomption du Païs, ce qui peut aller à huit cens balotins, le balotin contenant six à huit cens varres, qui sur le pied de douze à quatorze sols la varre peut couter en France cinq cens livres.

Elles se consument à Cadix, à Seville, à Madrid & dans le reste du Païs, où elles servent à faire des chemises pour les pauvres gens. On en debite pour environ quatre cens mille livres.

La haute-laise a plus de debit aux Indes, & il en reste peu en Espagne. Ce qui en passe aux Indes va environ à sept cens mille livres, en mille balotins de huit cens à mille

mille varres chacun. Les Gallions en emportent six cens balotins & la Flotte quatre cens.

La laise de Roüen vaut dix-neuf à vingt sols la varre; ce qui fait que les Espagnols la trouvant trop chére, il n'en passe guére aux Indes que pour cent mille livres, tant par les Gallions que par la Flotte.

Toiles de Morlaix.

Ces toiles s'appellent des Crés, & se distinguent en crés larges, en crés communes, en crés rosconnes, & en crés grassiennes.

Crés large. Les Gallions emportent peu ou point de cette sorte de toile, étant trop pesante pour Lima où l'on en fait des chemises. Il en faut pour la Flotte quinze cens à deux mille piéces, & trois à quatre cens piéces pour le nouveau Royaume de Sainte Foi. La consomption d'Espagne monte aussi à quinze cens à deux mille piéces; ce qui en tout, à raison de cinquante écus la piéce, va à trois cens soixante & dix mille livres.

Les crés communes & les rosconnes ne sont propres que pour l'Espagne, n'en passant ni par les Gallions, ni par la Flotte. Ce qu'il en faut pour l'Espagne va au moins à vingt mille piéces, d'une varre de largeur, & de cent quarante-quatre & cent vingt-quatre aunes de longueur. Elles coutent en France cinquante ou soixante livres la piéce. Elles sont grossiéres & servent à faire des chemises & des caleçons aux païsans & au peuple. Il s'en debite pour un million.

Les crés grassiennes ne passent point non plus aux Indes; mais ils en consument en Espagne mille ou quinze cens piéces. Elles sont de même aunage pour la longueur, & un peu moins larges que les crés communes. Ce sont de grosses toiles dont les païsans s'habillent & font des espéces de saraux. Il en faut environ pour soixante mille livres.

Toiles de Coutance.

Ces toiles sont propres pour l'embalage. Il en faut cent cinquante mille aunes pour les Gallions, autant pour la Flotte; & pour rester en Espagne quarante à cinquante mille aunes. Ce sont de grosses toiles qui coutent soixante-dix à quatrevingt livres le cent d'aunes. Il s'en débite pour deux cens vingt-cinq mille livres.

Toiles de Dinan de cinq sortes.

Ces toiles sont fort grosses & de peu de considération. On en consume seulement pour trente à trente-cinq mille livres.

Toile de Vitré.

Les Espagnols ne les estiment guére plus que celles de Dinan: il ne leur en faut que pour huit ou dix mille francs.

Outre les toiles de Vitré on envoye en Espagne pour les Indes des bas de fil à l'aiguille qui se font dans cette Ville & aux environs; ils n'ont point de pied, & pour cela sont appellez des Chaussettes; leur prix est de dix-huit à vingt livres la douzaine. Il en passe environ deux mille douzaines de grosses & de fines par les Gallions; & autant par la Flotte. Il s'en employe pour quatre-vingt mille livres.

Toiles de Fougeres.

Ce sont de grosses toiles de dix à douze sols l'aune. On en envoye en Espagne où elles se consument toutes, trente à quarante mille balots de mille aunes chacun, ce qui peut monter à cinquante ou soixante mille livres.

Toiles de Rennes.

Ces toiles, qu'on nomme aussi Noyales, sont peu considérées en Espagne. Il ne s'y en consume que pour trente ou trente-six mille livres seulement.

Toiles de Cambray.

Ce sont des batistes dont il faut environ six mille piéces pour l'Espagne, dix mille pour les Indes par les Gallions, & trois mille par la Flotte. La piéce de seize varres vaut vingt-cinq à trente livres. Il s'en débite pour quatre cens soixante & quinze mille livres.

Toiles de Saint Gal.

On achéte ces toiles à Marseille & à Lyon; elles sont très-fines & très-claires, & valent environ neuf livres la piéce de neuf varres. Il en passe dans les Indes par les Gallions sept à huit mille piéces, & par la Flotte deux à trois mille: mille piéces suffisent pour l'Espagne.

Il faut remarquer que ce ne sont pas les François seuls qui portent en Espagne toutes ces toiles de fabrique de France, & que les Etrangers y ont une part considérable, les premiers ne faisant guére que les deux tiers de ce Négoce, & les autres faisant l'autre tiers, quoi que sous le nom des Marchands François; en sorte que les retours pour ce tiers ne viennent point en France, mais passent en Angleterre, en Hollande, à Gennes & à Hambourg.

Toiles etrangeres qui sont propres pour l'Espagne et pour les Indes.

Les Hollandois portent en Espagne des Presils & des Brabans. Ces toiles sont fort larges & fort grosses, & ne peuvent servir qu'aux embalages ou aux habillemens des pauvres gens. Les Gallions en emportent cinq à six cens mille varres, qui valent en Hollande dix à douze sols la varre. L'Espagne en consume trente à quarante mille varres, qui montent en tout environ à trois cens mille livres.

Les toiles de coton teintes font encore partie du Négoce des Hollandois en Espagne. Ils les apportent des Indes Orientales en blanc, & les font teindre chez eux de différentes couleurs. On s'en sert pour doubler des juste-au-corps. Les Gallions en emportent pour cinquante mille écus ou deux cens mille francs; la Flotte pour quarante mille écus, & il en reste pour cinquante ou soixante mille livres en Espagne.

Les Anglois font en Espagne quelque petit Commerce de toile d'Ecosse; mais elles sont de si méchante qualité que

que les Indes & l'Espagne en consument à peine pour dix mille livres.

Le Négoce des toiles de coton teintes en Angleterre, est plus considérable; & il s'en débite une assez grande quantité. Les Gallions en emportent pour cent cinquante mille livres; la Flotte pour cent mille livres, & il en faut pour l'Espagne pour cinquante mille livres.

Les bombazis qui sont des toiles, ou espéces d'étoffes de fil de chanvre & de coton, font aussi partie du Commerce des Anglois en Espagne; ils servent à faire des poches & des pourpoints aux pauvres gens. Il s'en débite environ pour cent quarante-huit mille livres; savoir, quatrevingt mille livres pour les Gallions, cinquante mille livres pour la Flotte, & dix-huit mille livres pour l'Espagne. Les bombazis se vendent ordinairement huit à dix livres la piéce.

Les toiles que les Hambourgeois destinent pour l'Espagne & pour les Indes, consistent en platilles, en estoupilles, en enrolades, en bocadilles, en bombazis, en toiles teintes, en toiles de Westphalie & de Silésie, en crés d'Allemagne, en listaos, en coitys, ou coutils, & en nappes & serviettes ouvrées.

La platille est une toile qui se fait à Hambourg & aux environs, qui a du débit en Espagne & aux Indes, par la ressemblance qu'elle a avec le quintin, quoi qu'elle lui soit bien inferieure en bonté.

Les Gallions en enlévent pour neuf cens mille livres, la Flotte pour six cens mille, & il s'en consume en Espagne pour trois cens mille livres. Il arrive même quelquefois que les Gallions en prennent jusqu'à douze cens mille livres, & la Flotte à proportion lors que les Vaisseaux Malouins arrivent trop tard avec leurs toiles Bretonnes.

Les estoupilles sont des toiles si claires & de si mauvaise qualité, que la consomption en est très-petite, personne ne s'en voulant charger qu'au défaut de quelques médiocres toiles de France à qui elles ressemblent.

Les enrolades sont très-grosses & ne valent pas plus de quatre à cinq sols la varre. Il s'en débite environ pour soixante & quinze mille livres, tant pour les Indes que pour l'Espagne.

Les bocadilles sont peu différentes des précédentes. La piéce ne porte que sept varres & demi de longueur, & elles ne valent en Allemagne que trente à trente-cinq sols la piéce. Elles servent à faire des chemises & autres lingeries pour les pauvres gens. Il en faut néanmoins pour cent mille écus, tant pour les Indes que pour l'Espagne.

Les bombazis des Hambourgeois sont toutes semblables à celles des Anglois. Les premiers en vendent en Espagne pour trente-six mille livres.

Toiles teintes en noir, bleu & gris. Il ne s'en vend au plus que pour quinze mille livres.

Toiles de Westphalie. Ces toiles n'ont un grand debit en Espagne & aux Indes que lors que le Commerce y est interdit avec la France. Ordinairement leur debit ne passe pas quatrevingt ou cent mille livres.

Toiles de Silesie. Il en est de même de ces toiles comme de celles de Westphalie qui ne se vendent bien qu'au défaut des toiles Françoises.

Toiles de Listaos. Ce sont des toiles rayées blanc & bleu, qui servent à couvrir des matelas, & quelque-fois à faire des habits aux pauvres gens. Elles valent dix sols la varre. On en débite environ pour cent mille livres.

Toiles de Coity. Les Hambourgeois nomment ainsi ce qu'on nomme autrement Coutil, elles servent aux mêmes usages que les Listaos. On en vend pour environ cent mille écus, tant pour les Indes que pour l'Espagne.

Nappes & serviettes ouvrées. Les Hambourgeois en vendent en Espagne pour cent mille livres.

Les Flamans de la domination de la Maison d'Autriche, portent aussi en Espagne diverses toiles; savoir,

Des toiles de Brabant qui répondent à celles de Roüen, & paroissent aussi fines & aussi belles; mais comme elles ne sont pas si bonnes à l'user, & que d'ailleurs elles sont plus chéres, les Espagnols n'en font pas une grande consomption. Il ne leur en faut au plus que pour trente mille livres.

Des toiles de Gand. Il en est comme des précédentes.

Des Holans, ou autrement des Batistes; comme elles sont plus fines que les Cambray, le débit en est meilleur. Il en passe aux Indes, ou il s'en consume en Espagne, pour quatre cens mille livres. Ces toiles passent en Espagne par le convoi d'Ostende.

Toile Cire'e. C'est une toile enduite d'une certaine composition faite de cire ou de résine mêlée de quelques autres ingrédiens capables de résister à l'eau.

Il s'en fait de noires, de vertes, de rouges, de jaunes & d'autres couleurs; les unes jaspées & fort unies du côté de l'endroit, & les autres toutes brutes sans jaspure.

Elles se vendent ordinairement en petites piéces ou rouleaux de quatre, huit & douze aunes. Les toiles qui s'employent le plus ordinairement pour cirer, sont de grosses toiles de lin bises, ou des toiles d'étoupe d'une aune ou d'une aune moins demi-quart de large, qui se prennent en Normandie.

La toile cirée s'employe à faire des couvertures de tentes, de chariots, fourgons & charettes pour l'Armée, des parapluyes, des casaques de campagne, des guestres, des étuis à chapeaux, des portemanteaux, des bonnets, &c. On s'en sert aussi pour embaler & empaqueter les marchandises qui craignent d'être mouillées.

Paris & Roüen sont les lieux où il s'en fabrique le plus. Outre la grande consomption qui se fait en France de ces sortes de toiles, il s'en envoye beaucoup à S. Malo, à Port-Loüis, à Nantes, & autres endroits de Bretagne, où elles sont embarquées pour la Mer du Sud. Il s'en envoye aussi quantité dans le Nord.

Il y a une autre sorte de toile cirée, que l'on appelle Toile cirée grasse, qui se fait avec de la cire, de la résine, de la térébentine, de l'huile, & quelques autres drogues qui la rendent impénétrable à l'eau. Lyon est la Ville de France où il s'en fait le plus. Paris en fournit aussi, mais en petite quantité. Cette sorte de toile cirée sert particuliérement à couvrir les caisses de marchandises qu'on embale pour envoyer dans des lieux éloignez. On ne peut s'en servir utilement, qu'elle n'ait été auparavant chauffée; ce qui fait qu'elle s'applique & s'attache sur les caisses d'une telle maniére, qu'il est assez difficile de l'en pouvoir après arracher sans beaucoup de difficulté.

La toile cirée grasse est la plus estimée pour l'embalage des marchandises que l'on veut mettre à couvert des injures du tems. Elle se vend par morceaux de diverses longueurs & largeurs, roulez sur une espéce de petite planche

 étroite,

étroite. Il y en a de fort grosses, de moyennes, & de très-fines. La plus fine n'est pas si tenace que les autres.

La Toile cirée n'étant point tarifée dans le Tarif de 1664, doit payer cinq pour cent de sa valeur par estimation.

Les droits de la Douane de Lyon sont de 40 sols du quintal.

Toile d'Or, ou Toile d'Argent. Est une espéce d'étoffe non croisée, qui se fabrique au métier avec l'or ou l'argent filé sur la soye. Les Réglemens des Manufactures faits en 1667, pour Paris, Lyon & Tours, veulent, Que ces sortes de toiles ayent onze vingt-quatriémes d'aune de large entre les lisiéres.

La Toile d'or & d'argent paye en France les droits d'entrée comme draps d'or & d'argent, conformément au Tarif de 1664.

Les droits de la Douane de Lyon sont; savoir,

Les Toiles d'or & d'argent riches 4 l. 13 s. 4 d. par chacune livre poids de marc d'ancienne taxation, & 6 s. 8 d. de réapréciation.

Les Toiles d'or & d'argent pleines & figurées, 36 s. aussi de la livre d'ancienne taxation, & 10 s. de nouvelle réapréciation.

Toile de Soye. Maniére de petite étoffe très-claire, fort légére, & point croisée, faite sur le métier avec de la soye filée, dont les femmes se servent à faire des fichus, ou mouchoirs de cou & autres hardes semblables. Les toiles de soye qui se font à Paris, à Lyon & à Tours, doivent être fabriquées, tant en chaîne qu'en trême, de bonne & pure soye. *Réglement de 1667.*

Il se fait à S. Quentin, & en quelques autres endroits de la Picardie, certaines sortes de toiles de soye très-claires, propres à passer des liqueurs, ou à faire des tamis ou sas pour passer les choses que l'on veut réduire en poudre. Elles sont par petites piéces longues de huit à neuf aunes, sur deux tiers & un vingt-quatriéme d'aune de large, mesure de Paris.

Les Toiles de soye payent en France les droits d'entrée à raison de 9 liv. de la livre pesant, suivant le Tarif de 1664.

Les droits de la Douane de Lyon sont de 27 s. 9 d. d'ancienne taxation, & 9 s. 3 d. de nouvelle réapréciation.

Par le premier Tarif les Toiles rayées de soye payent 50 s. de la piéce de douze aunes, & par celui de Lyon 12 s.

Toile. On appelle Draps en toile, les draps de laine qui n'ont point encore été foulez, & qui sont tels qu'ils sont sortis de dessus le métier. On les appelle ainsi, parce qu'ils ont quelque raport en cet état à de la grosse toile de chanvre ou de lin écruë. *Voyez* Drap.

Toile. On appelle Toile, en termes de Plombiers, un morceau de treillis, ou de toile commune, que ces Ouvriers étendent sur le moule à jetter des tables de plomb, & qui leur tient lieu du sable qu'ils employent dans la maniére ordinaire de fondre & couler ces tables. Il est défendu aux Plombiers de jetter du plomb sur toile, d'en débiter, ni d'en employer. *Voyez* Plombier.

Toile, en terme de Peinture. Signifie un quadre de bois couvert d'une toile imprimée de quelques couleurs en huile, sur laquelle les Peintres peignent leurs tableaux.

Ce sont ordinairement les Marchands Droguistes-Epiciers qui font le Commerce des drogues & couleurs des Peintres, qui font aussi imprimer & qui vendent ces sortes de toiles. Leur grandeur se distingue par leur prix: ainsi on dit, Une toile de quinze sols, de vingt sols, de vingt-cinq, &c. pour signifier une toile montée sur un quadre de quinze pouces, de dix-huit pouces, de vingt pouces, &c.

TOILE'. On appelle le Toilé d'une dentelle, ce qui dans le point à l'aiguille se nomme le Tissu ou Point fermé. Ce nom vient de ce que ce point ressemble assez à de la toile bien frappée. Plus le toilé d'une dentelle est serré, plus l'ouvrage en est bon. Ce terme ne s'applique guére qu'aux dentelles de fil.

TOILERIE. Marchandise de toile. On dit qu'un Marchand ne fait que la toilerie; pour signifier que son Négoce n'est que de toiles, qu'il ne vend que de cette sorte de marchandise. On dit aussi qu'il se fait beaucoup de toileries dans un Païs; pour faire entendre, qu'il s'y fabrique & manufacture quantité de toiles, que le Commerce des toiles y est considérable.

TOILETTE. Se dit chez les Marchands & Manufacturiers, d'un morceau de toile plus ou moins grand, qui sert à envelopper les draps, les serges & autres pareilles marchandises, pour empêcher qu'elles ne se gâtent.

Il y a des toilettes blanches & d'autres teintes en différentes couleurs, les unes unies & les autres peintes d'armoiries, de devises, ou de quelques autres ornemens; celles dont les Anglois se servent, particuliérement pour leurs serges de Londres, sont des plus belles & des plus façonnées, y en ayant où l'or & l'argent est joint aux couleurs.

On marque ordinairement sur les toilettes les numéros & les aunages des piéces qu'elles renferment, & quelquefois on y ajoûte le nom du Marchand qui en fait l'envoi. Les toiles que l'on employe le plus communément pour faire des toilettes se nomment Bougrans. *Voyez* Bougran.

Toilette. Est aussi cette espéce de nappe de toile fine, & pour l'ordinaire garnie de glands aux quatre coins, ou de dentelle tout autour, dont on couvre la table sur laquelle les hommes & les femmes qui aiment la propreté & qui sont de quelque considération, se deshabillent le soir, & où ils trouvent préparé de quoi s'habiller le matin.

On appelle pareillement Toilettes les tapis de soye ou autres riches étoffes qu'on étend au dessus du miroir & des autres choses qui ornent la toilette des Dames, ou qui sont nécessaires aux hommes, & qu'on arrange proprement & avec simétrie sur la Toilette de toile.

La Compagnie de la Chine établie en France sur la fin du dix-septiéme Siécle, entre plusieurs modéles d'étoffes & de marchandises qu'elle y envoya par ses premiers Vaisseaux, fit faire des échantillons de toilettes, & ce fut le retour de ces mêmes Vaisseaux qui en fit voir en France pour la premiére fois. Il y en avoit de brodées soye & argent, & d'autres argent & or; ces derniéres sortes se vendirent cent trente-une & cent trente-six livres la piéce, & les autres jusques à soixante & dix livres.

Toilette. On appelle Marchandes à la Toilette certaines Revendeuses qui vont de maison en maison porter de vieilles hardes, ou même quelque-fois des marchandises neuves que leur confient les Marchands, lesquelles gagnent leur vie par les petits profits qu'elles font, ou sur les hardes mêmes, ou par un certain droit volontaire que leur donnent ordinairement le Vendeur & l'Acheteur.

Ce sont ces femmes qui vendent la plûpart des marchandises de contrebande. Elles font aussi assez souvent quelque petit trafic de pierreries & de bijoux peu considérable. *Voyez* REVENDEUSE.

TOILIER. Ouvrier qui fabrique la toile, le linge ouvré & le cannevas. On l'appelle plus ordinairement Tisserand. *Voyez* TISSERAND.

TOILIERE. Marchande qui vend de la toile. Les Marchandes Lingéres de Paris sont qualifiées dans leurs Statuts Marchandes Maîtresses Toiliéres, Lingéres, Cannevassiéres & fil. *Voyez* LINGERE.

TOISE. Bâton ou régle d'une certaine longueur, qui sert à mesurer plusieurs sortes de choses.

La toise a six pieds, le pied douze pouces, le pouce douze lignes, & la ligne six points. L'Etalon ou la mesure originale de la toise se trouve à Paris attachée contre la muraille au bas de l'escalier du grand Châtelet en montant à main gauche.

TOISE D'ECHANTILLON. C'est celle de chaque lieu où l'on mesure lors qu'elle n'a pas de rapport à celle de Paris. En Bourgogne elle est de sept pieds & demi.

Les Arpenteurs, Toiseurs, Maçons, Couvreurs, &c. se servent d'une toise ronde; les Charpentiers ont une toise plate pour mesurer leur bois, parce que cette derniére s'applique plus juste sur les piéces; l'une & l'autre est divisée en pieds, en pouces & en lignes.

TOISE. Se dit aussi de la chose mesurée; une Toise de corde, une Toise de moilon, une Toise de bois quarré, &c.

Une Toise courante est celle où l'on ne mesure que la longueur.

Une toise quarrée c'est six pieds en longueur & six pieds en largeur, dont l'aire est de trente-six pieds.

Une toise cube contient six pieds de tout sens; c'est à dire, en longueur, largeur & hauteur, ce qui est deux cens seize pieds cubes.

TOISE'. Mesurage des bâtimens, ou l'Art de les toiser. Il se dit aussi de tout ce qui se mesure avec la toise.

TOISER. Signifie Mesurer quelque chose avec la toise. Il faut toiser ce bois, ce moilon.

TOISEUR. Celui qui toise. Il y a des Experts & Jurez pour faire le toisé des bâtimens lors qu'il survient quelque différent entre les Architectes, Maîtres Maçons, ou Entrepreneurs, & le Propriétaire ou Bourgeois qui fait bâtir. Les nom & demeure de ces Experts tant pour la maçonnerie que pour la charpente & couverture, sont inscrits dans un tableau attaché dans la Chambre du Présidial au Châtelet de Paris.

TOISEUR DE PLASTRE. Petit Officier de la Ville de Paris qui est chargé de mesurer cette marchandise lors qu'elle arrive au Port au plâtre de cette Ville. *Voyez* MESUREUR.

TOISON. On appelle la Toison d'une bête à laine la laine que l'on en ôte lors qu'on la tond, avant qu'elle ait reçû aucun apprêt, & qu'elle ait même été lavée.

Les Marchands qui font le Négoce de laines en gros, les achettent en toisons des Fermiers & Laboureurs, & les revendent, ou en toisons seulement lavées, ou après les avoir lavées, dégraissées & peignées. *Voyez* LAINE.

TOKAY. Sorte de vin de Hongrie extrêmement estimé. *Voyez* VIN.

TOL. C'est le plus petit poids & la plus petite mesure dont on se serve sur la Côte de Coromandel. Il faut vingt-quatre tols pour le céer, cinq céers pour le biis, huit biis pour le man, & deux mans pour le candi qui est le poids le plus fort de cette partie des Indes Orientales. *Voyez* CE'ER.

TOLE. Fer applati & reduit en feuille. *Voyez* FER.

La tole de fer propre à faire des harnois paye les droits de la Douane de Lyon; savoir, celle de France à raison de 4 s. le quintal; & celle qui vient des Païs étrangers sur le pied de 5 s.

TOLER, qu'on nomme autrement en Suéde Richedale de cuivre. C'est une monnoye de ce métail qui vaut six dallers, ou vingt-quatre marcs, c'est à dire, une richedale d'argent; elle a un demi pied de long, un pied de large & un pouce d'épaisseur, elle est marquée d'un poinçon aux quatre coins & au milieu avec cette légende ou inscription, 24 *Tolers-solf*, à laquelle est ajoûté la date de l'année qu'elle a été frappée.

Dans le Commerce que les Merciers, Clinqualiers, Chauderonniers & Fondeurs font des cuivres de Suéde, les tolers se nomment simplement Monnoye de Suéde. *Voyez* MONNOYE DE SUEDE. *Voyez aussi* CUIVRE.

TOMAN, que quelques-uns nomment aussi Tumein. C'est une monnoye de compte dont les Persans se servent pour tenir leurs livres, & pour faciliter les réductions des monnoyes dans le payement des sommes considérables.

Le toman est composé de cinquante abassis, ou de cent mamoudis, ou de deux cens chayez, ou de dix mille dinars, ce qui revient environ à quarante-cinq ou quarante-six livres monnoye de France, à prendre l'abassi sur le pied de dix-huit sols six deniers, le mamoudi pour neuf sols trois deniers, le chayé pour quatre sols sept deniers une maille, & le dinar pour le denier tournois.

TOMAN. C'est aussi un poids dont on se sert en Perse pour les Monnoyes, qui dans les gros payemens se pésent & ne se comptent pas; le toman pese 50 abassis.

TOMIN, ou TOMINE. Petit poids dont on se sert en Espagne & dans l'Amérique Espagnole pour peser l'or. Il faut huit tomins pour le castillan, six castillans & deux tomins pour l'once. Le tomin pése trois carats, & le carat quatre grains, le tout poids d'Espagne qui est environ d'un septiéme par cent plus foible que le poids de Paris.

TOMOLO, ou TOMALO. Mesure dont on se sert à Naples & en quelques autres lieux de ce Royaume & de l'Italie. Le tomolo est le tiers du septier de Paris; c'est à dire, qu'il faut trois tomoli pour le septier.

Il faut seize tomoli de Palerme pour le salme, & quatre mondili pour le tomolo; dix salmes trois septiémes, ou cent soixante & onze tomoli trois septiémes, ou six cens quatrevingt-cinq mondili deux troisiémes font le last d'Amsterdam, Le tomolo de Naples pése quarante rottoli gros poids; trente-six tomoli font le carro, & un carro & demi ou cinquante-quatre tomoli font le last d'Amsterdam.

TONALCHILES. C'est une des quatre espéces de poivre que les Européens tirent de Guinée. *Voyez* POIVRE.

TONDEUR. Ouvrier ou Artisan qui travaille dans les Manufactures de lainages à tondre avec des forces les draps, les serges & autres étoffes de laine.

A Paris les Tondeurs de draps forment une Communauté qui est fort ancienne; leurs premiers Statuts sont du du mois de Décembre 1384, du tems de Charles VI. Ils furent ensuite confirmez & augmentez par Louis XI. en 1477, puis augmentez & confirmez par Charles VIII. en Juillet 1484; & enfin augmentez & confirmez par François I. en Septembre 1531.

Par ces Statuts ils sont appellez Tondeurs de draps à table séche, ainsi nommez à table séche, parce qu'il ne leur est pas permis de tondre aucunes étoffes de laine lors qu'elles sont encore mouillées.

Il y a à la tête de cette Communauté quatre Maîtres qui ont la qualité de Jurez Visiteurs, dont la fonction est d'aller en visite chez les Maîtres Tondeurs pour veiller à la conservation de leur Art & Métier, & tenir la main à l'éxécution de leurs Statuts & Ordonnances.

L'élection des quatre Jurez se fait tous les deux ans; savoir, de deux anciens Maîtres qui ont déja passé par la Jurande, & de deux jeunes Maîtres qui n'ont point encore été Jurez.

Outre ces quatre Jurez Visiteurs il y a encore deux Maîtres que l'on nomme simplement Elûs, qui sont proprement des petits Jurez ou Sous-Jurez. Ces Elûs doivent être presens aux Chef-d'œuvres des Aspirans à la Maîtrise & aux expériences des Compagnons; ils doivent aussi tenir la main à ce que l'on ne travaille point les Fêtes & Dimanches. Ces deux petits Jurez sont élûs de même que les autres; c'est à dire, de deux en deux ans.

Avec ces quatre Jurez Visiteurs & ces deux petits Jurez ou Elûs, il y a un ancien Maître de la Communauté que l'on élit pareillement toutes les deux années, auquel on donne la qualité de grand Garde; ce dernier n'a aucune fonction, n'étant qu'une place d'honneur qui se donne au mérite & à la capacité.

Pour être reçû Maître Tondeur à Paris il faut avoir fait trois années d'Apprentissage, faire Chef-d'œuvre qui consiste à donner deux tontures ou coupes à un morceau de drap de trois aunes étant encore en blanc; savoir, une avant que le drap ait été lainé, & l'autre après le premier lainage. Outre ces deux tontures il doit encore en donner une troisiéme au même morceau de drap après avoir été teint.

Les Fils de Maîtres sont éxemts de l'Apprentissage & du Chef-d'œuvre; ils sont seulement tenus de faire une simple expérience, qui est de tondre une fois en premier deux aunes & demie de drap de couleur.

Chaque Maître Tondeur est obligé d'avoir chez lui un morceau de fer tranchant par l'un des bouts, qui est une espéce de poinçon qui sert à marquer toutes les étoffes qu'ils tondent ou qu'ils font tondre par leurs Compagnons. Cette marque se fait ordinairement au premier bout, ou chef de la piéce. Il n'est pas permis à un Maître de continuer à tondre une piéce d'étoffe déja commencée & marquée par un de ses Confréres.

Les Tondeurs de draps prennent pour Patron l'Assomption de la Sainte Vierge; ils ont une Confrairie établie dans l'Eglise des grands Augustins. Ils n'ont point de chambre de Communauté pour faire leurs Assemblées; mais quand ils jugent nécessaire d'en faire quelqu'une, elle se convoque chez le plus ancien des Jurez en Charge.

Par les Réglemens & Statuts généraux des Manufactures de lainage faits au mois d'Août 1669., art. 53, il est défendu aux Tondeurs de draps d'employer pour l'ensimage des étoffes aucunes graisses appellées Flambart; ils doivent seulement se servir de sain doux de porc le plus blanc. Il leur est encore défendu de se servir de cardes, ni d'en avoir dans leurs maisons pour coucher les draps & serges; ils doivent seulement se servir, pour faire le couchage, de chardons à Foulon.

Quoi qu'il semble par tout ce qui vient d'être dit que la profession des Tondeurs doive se renfermer dans la seule tonture des étoffes de laine, ce sont cependant eux qui se mêlent aussi de les presser, de les catir & de les friser.

Outre les Statuts faits pour la Communauté des Tondeurs de Paris, il y a une Ordonnance de l'année 1698 renduë par l'Intendant de la Généralité de Champagne, portant Réglement pour les Tondeurs de la Ville de Sedan, où il y en a un grand nombre d'établis pour le service de cette célébre Manufacture de draps qui a enfin égalé, pour ne pas dire surpassé la fabrique de ceux de Hollande.

Ce Réglement consiste en douze articles. Par le premier il est ordonné que les Compagnons Tondeurs seront payez toutes les quinzaines, ou au plus tard tous les mois, de leurs salaires en deniers & non en marchandises.

Les deux, trois, quatre, cinq & sixiémé articles fixe les prix des diverses façons que donnent les Tondeurs.

Le septiéme veut que les draps soient mesurez à l'aune de Paris avec le pouce à chaque aune suivant l'ancien usage.

Le huitiéme parle du payement des rames.

Le neuviéme de celui du striquage.

Et le dixiéme de celui pour la frisure & le couchement du poil.

L'onziéme traite des Apprentifs que les Maîtres Drapiers Tondeurs peuvent avoir; savoir, un seul quand ils n'ont que quatre tables, non compris celle à friser; deux quand ils ont huit tables, & trois quand ils en ont douze & au dessus.

Enfin, le douziéme & dernier article soûmet à cette Ordonnance tous les Manufacturiers Privilégiez & autres Drapiers & Tondeurs de la Ville de Sedan, & charge l'Inspecteur des Manufactures de la faire éxécuter.

TONDINS. Gros cylindres ou rouleaux de bois sur lesquels les Plombiers & les Facteurs d'orgues forment & arrondissent; savoir, les tuyaux de plomb que les uns font pour la conduite ou décharge des eaux, & les tuyaux d'étain que les autres fabriquent pour monter leurs orgues. Ces tondins sont gros & longs suivant ce qu'on veut donner de diamétre & de longueur à ces sortes d'ouvrages. *Voyez* TUYAU, *où il est parlé de la maniére d'arrondir & souder les tuyaux de plomb & d'étain qui ne sont pas jettez en moule.*

TONDRE. Terme de Manufacture de lainage qui signifie couper avec de grands ciseaux que l'on appelle Forces, le poil superflu & trop long qui se trouve sur la superficie des draps & autres étoffes de laine, pour les rendre plus rases & plus unies. On tond plus ou moins de fois les étoffes suivant leur finesse & qualité.

Quand on dit Tondre en premiére coupe, en premiére voye, en premiére eau, ou en premiére façon, c'est donner la premiére tonture à une piéce d'étoffe de laine. Tondre en herment signifie la même chose à Sedan.

Tondre en seconde voye, en seconde eau, ou en seconde

feconde coupe, fignifie Tondre les étoffes pour la deuxiéme fois. En quelques endroits, particuliérement à Paris, on dit Tondre en réparage.

Tondre en troifiéme voye, en troifiéme eau, ou en troifiéme coupe, c'eft donner une troifiéme tonture à l'étoffe.

Tondre une étoffe à fin, ou en affinage, c'eft lui donner autant de coupes ou tontures qu'on le juge néceffaire pour la rendre parfaite, dont les derniéres fe donnent du côté de l'envers, ce qui s'appelle Coupes, ou Tontures d'envers, ou traverfage. *Voyez* DRAP, *à l'endroit où il eft parlé de la maniére de les fabriquer.*

TONDRE, chez les Chapeliers. Signifie à l'égard des chapeaux de Caudebec & de ceux qui font faits de pure laine, les faire paffer par deffus la flamme d'un feu clair ordinairement fait de paille, ou de menu bois, pour en ôter les plus longs poils, ce qu'on appelle vulgairement Flamber le chapeau; & pour ce qui eft des autres chapeaux, comme caftors, demi-caftors & vigognes, c'eft les froter par deffus avec une pierre de ponce pour ufer le poil qui excéde trop, ce qui fe nomme ordinairement Poncer le chapeau.

TONDRE. Se dit auffi des moutons & autres animaux dont on peut tirer de la laine, de la bourre, ou du poil, propre à faire des chapeaux, des draps, des camelots & d'autres étoffes.

TONDRE LA LAINE EN SUINT. Se dit quand on la tond fur la bête avant qu'elle foit lavée: pour lors on eft obligé de la laver à la corbeille; ce qui ne fe fait que quand elle n'a pas été lavée à dos; c'eft à dire, fur la brebis avant de la tondre.

TONDU, TONDUË. On appelle un Drap tondu, une Ratine tonduë, une Serge tonduë, le drap, la ratine ou la ferge dont le Tondeur a coupé le plus grand poil avec des forces. Ainfi on dit, Ce drap eft bien tondu, on lui a donné toutes les tontures, ou couppes néceffaires.

TONLIEU, ou TONNELIEU. Droit qui fe paye par les Marchands dans les Foires & Marchez pour le lieu qu'occupent leurs marchandifes quand on les y expofe en vente. Il fe dit auffi du droit qui eft dû pour les chevaux, bœufs, vaches & bêtes blanches qui fe vendent aux Foires.

TONNA, ou TUNA. Arbre qui produit le fruit où fe trouve la cochenille. *Voyez* COCHENILLE.

TONNAGE. On appelle ainfi en Angleterre un droit qui fe léve fur les Vaiffeaux Marchands à raifon de tant par tonneau. Ce droit fut accordé en 1660 par Acte du Parlement à Charles II. pour fa perfonne feulement. Il en eft de même de cet autre droit qu'on appelle Pondage. *Voyez* PONDAGE.

TONNE. Grand Vaiffeau ou futaille de bois, de forme ronde & longue, ayant deux fonds, & qui eft reliée avec des cercles, ou cerceaux.

La Tonne a du raport au muid pour fa figure, mais elle eft plus grande & plus bougeuë, ou enflée vers le milieu, & va plus en diminuant vers les bouts. On fe fert de la Tonne à mettre diverfes efpéces de marchandifes, pour les pouvoir envoyer & voiturer plus facilement, comme fucre, caffonade, pèleteries, chapeaux, &c. Ce font les Marchands Epiciers & Merciers qui s'en fervent le plus communément.

On dit Entonner des fucres, Entonner des chapeaux, &c. pour dire, mettre ces fortes de marchandifes dans des Tonnes. L'on fe fert auffi de Tonnes pour mettre de l'eau-de-vie, de l'huile & d'autres liqueurs.

La Tonne d'huile d'Amfterdam contient fept cens dix-fept mingles; ce qui fait à deux pintes de Paris le mingle, quatorze cens trente-quatre pintes mefure de Paris.

On nomme Moruë en Tonne, celle que l'on a mife dans des futailles pour la pouvoir tranfporter avec facilité. *Voyez* MORUE VERTE, *vers la fin de l'article.*

Ce qu'on appelle en Hollande une Tonne de haran, *Een ton haaring*, eft un baril ou caque de haran. *Voyez* HARAN.

On nomme Tonne d'or (fuivant la façon de compter des Hollandois & de quelques autres Nations) une fomme de cent mille florins, qui vaut en France cent vingt-cinq mille livres, à raifon de trois livres l'écu de neuf au marc.

TONNE. Se dit encore de certains Vaiffeaux de bois extraordinairement grands, qui fervent à conferver du vin pendant plufieurs années. L'on en voit en Allemagne qui ne fe vuident que rarement, & qui tiennent cent à cent vingt muids de vin. On les nomme dans le Païs, Foudres.

TONNE. Eft auffi un gros tonneau vuide & bien bouché, qu'on fait furnager dans quelques endroits dangereux de la mer, ou de l'embouchure des Riviéres, pour indiquer aux Pilotes les rochers, bancs de fable, écueils, ou bas-fonds, où leurs Navires pourroient toucher & fe perdre.

En quelques endroits des Côtes de France & ailleurs on fait payer à chaque Navire Marchand un droit de Tonne; c'eft à dire, un certain droit pour l'entretien de ces fortes de Tonnes. C'eft le Maître du bâtiment qui eft tenu feul de l'aquiter, n'étant point du nombre des avaries. *Art. 9 du titre 7 du livre 3 de l'Ordonnance de la Marine du mois d'Août 1681.*

TONNEAU. Signifie en général toutes fortes de Vaiffeaux, ou futailles de bois, ronds & reliez de cercles, fervant à mettre diverfes fortes de marchandifes, comme vin, eau-de-vie, huile, miel, pruneaux, &c.

TONNEAU. Se dit auffi d'une certaine mefure de liqueurs.

A Bordeaux & à Bayonne le tonneau eft compofé de quatre barriques, qui font trois muids de Paris.

A Orleans & en Berry il eft d'environ deux muids de Paris.

Le muid de Paris eft de 36 feptiers, chaque feptier de 8 pintes; ce qui monte à 288 pintes. Ainfi, fur ce pied le Tonneau de Bordeaux doit être de 864 pintes, & celui d'Orleans de 576 pintes.

A l'égard des Païs Etrangers, le Tonneau d'Amfterdam contient 6 aems, ou ams, l'aem 4 ankers, l'anker 2 ftekans, le ftekan 16 mingles, le mingle 2 pintes de Paris; ce qui revient en tout pour chaque Tonneau à 1600 pintes.

Le Tonneau de Bayonne réduit en ftekannes contient 240 ftekans.

Le Tonneau d'Angleterre eft de 252 galons; la barique, dont les 4 font le Tonneau, de 63 galons, le galon de 4 pintes de Paris. Les 63 galons font 32 ftekannes d'Amfterdam.

Les 2 botes de Malgue, Alicante, Seville, &c. font le Tonneau des mêmes Villes, & rendent à Amsterdam 36 à 37 stekannes.

Pour le Tonneau de Lisbonne il faut aussi 2 botes Portugaises, qui rendent 25 à 26 stekannes.

Il y a des Jurez Jaugeurs créez pour faire la réduction de toutes les mesures différentes des Tonneaux en mesures communes.

Tonneau. Est encore une mesure ou quantité de grains, qui contient ou qui pése plus ou moins suivant les lieux.

A Nantes le Tonneau de grains contient dix septiers de 16 boisseaux chacun, & pése 2200 à 2250 liv. Il faut 3 Tonneaux de Nantes pour faire 28 septiers de Paris.

A Marans & à la Rochelle il contient 42 boisseaux, & son poids est de deux pour cent moins que celui de Nantes.

A Brest il contient 20 boisseaux, chaque boisseau pesant près de 112 liv.; ainsi le Tonneau peut peser environ 2240 liv. Le Tonneau de Brest fait 10 septiers de Paris.

A Port-Louïs & à Hennebon il pése 2950 liv.

A Rennes & à S. Malo 2400 liv.

A S. Brieux 2600 liv.

A Aire, à Quimpercorentin & à Quimperlay son poids n'est que de 1200 liv.

Il y a encore quelques Villes de France ou des Païs Etrangers qui réduisent leurs mesures pour les grains au Tonneau, entr'autres Beauvais & Copenhaghen. Le Tonneau de Beauvais est presque égal au muid de Paris, qu'il n'excéde que d'une mine; mais il faut 40 Tonneaux de Copenhaghen, qu'on nomme aussi Tonnes, pour faire 19 septiers de Paris.

Les Tonneaux de toutes ces Villes réduits à la mesure d'Amsterdam contiennent; savoir,

Le Tonneau d'Audierne, de Brest & de Morlaix, 13 muddes & demi.

Le Tonneau de Hennebon & de Port-Louïs 17 muddes.

Le Tonneau de Quimpercorentin 13 muddes.

Le Tonneau de Nantes 13 muddes & demi.

Le Tonneau de Rennes & de S. Malo 14 muddes d'Amsterdam.

Le Tonneau de S. Brieux 15 muddes & demi.

Le Tonneau de la Rochelle & de Marans 13 muddes.

Tonneau. Est aussi un terme de Commerce de Mer. Le Tonneau de Mer est estimé peser deux mille livres, ou vingt quintaux de cent livres chacun. Ainsi, lors que l'on dit qu'un Vaisseau est du port de deux cens tonneaux, cela doit s'entendre, qu'il peut porter deux cens fois la valeur de deux milliers pesant; c'est à dire, quatre cens mille livres. Par une observation curieuse on a remarqué que l'eau de la mer qu'occupe le Bâtiment en s'enfonçant pése une pareille quantité.

Pour connoître le port & la capacité d'un Vaisseau, & en régler la jauge, le fonds de cale, qui est le lieu de sa charge, doit être mesuré à raison de quarante-deux pieds cubes pour un tonneau de mer. *Art. 5 du tit. 10 du liv. 2 de l'Ordonnance de la Marine du mois d'Août* 1681. Voyez Jauge.

Le prix du fret ou voiture des marchandises qui se chargent dans les Vaisseaux, se régle sur le pied du quintal, ou sur le pied du tonneau de Mer. Ainsi l'on dit Charger au quintal, ou charger au Tonneau.

Quoi que le Tonneau de Mer soit estimé peser deux mille livres, cependant l'évaluation ne laisse pas de s'en faire pour le prix du fret de deux maniéres, ou par raport au poids des marchandises, ou par raport à l'encombrement, ou encombrance, comme l'on dit à Bordeaux, qu'elles peuvent causer dans le fonds de cale; c'est à dire, à la place qu'elles peuvent occuper dans cet endroit à cause de leur volume. Voici l'usage qui se pratique à Bordeaux à l'égard de cette évaluation.

Les quatre bariques de vin sont prises pour un Tonneau. Il en est de même du vinaigre, du miel, de la térébentine & du galipot.

Les cinq bariques d'eau-de-vie sont évaluées communément à deux Tonneaux; mais lors qu'elles sont de Mortagne, il ne faut que deux bariques pour un Tonneau.

Les trois bariques de syrop sont estimées faire un Tonneau.

Les deux demi-bariques, ou quatre barils de prunes, ou pruneaux, font un Tonneau.

Deux douzaines de tables de noyer sont estimées faire un Tonneau.

La douzaine de madriers de noyer fait un Tonneau.

La résine, ou bray, les vingt pains font un Tonneau.

Les vingt boisseaux de châtaignes font un Tonneau, si elles sont du haut Païs, & lors qu'elles sont du Périgord, il n'en faut que quinze.

Les vingt boisseaux de blé, de féves, de graine de lin, de noix & d'autres semblables marchandises, font un Tonneau.

Les dix bales de liége rompu font le Tonneau; & lors qu'il est tout entier, les cinq bales pesant chacune un quintal, font aussi un Tonneau.

Les cinq bales de plumes ou de pèleterie, pesant chacune un quintal, font un Tonneau.

Les huit bales de papier, pesant chacune cent livres, font un Tonneau. C'est la même chose à l'égard du verdet & du pastel.

Les dix pieds cubes de marbre font le Tonneau.

Les vingt quintaux de pots de fer, ou de fer en barres, sont estimez faire un Tonneau. Il en est de même du plomb.

Les trois bales de chanvre, pesant chacune deux quintaux, font le Tonneau.

Les vingt quintaux de tabac sont estimez faire un Tonneau quant au poids; mais quant à l'encombrement, il faut cent cinquante rouleaux pour faire le Tonneau.

Tonneau. En Bretagne les sardines pressées se vendent au Tonneau, & chaque Tonneau est composé de quatre barils de ce poisson. *Voyez* Sardine.

Tonneau. On nomme à Paris un Tonneau de pierre de S. Leu, ou d'autre pierre tendre, la quantité de quatorze pieds cubes. L'autre pierre se vend à la voye. Chaque Tonneau se divise en deux muids de sept pieds cubes le muid.

Les pierres à bâtir payent les droits d'entrée & de sortie sur le pied du Tonneau, le Tonneau pesant deux milliers. Voyez Pierre a bastir.

TONNELERIE. Lieu où l'on travaille à faire des tonneaux. On le dit aussi de la profession de Tonnelier.

TONNELIER. Artisan qui fait, qui relie & qui vend des tonneaux; ce qui comprend toutes sortes de Vaisseaux de bois reliez d'osier, propres à contenir des liqueurs ou des marchandises, tels que sont entr'autres, les tonnes, les cuves, cuvettes, cuviers, sauniéres, seaux, barattes; ou les diverses futailles, comme, muids, demi-muids, quarts, demi-queuës, &c. Les Tonneliers font aussi & montent toutes sortes de cuves & autres Vaisseaux reliez de fer. Ce sont eux encore qui font la descente des vins, des cidres, &c. dans les caves des Bourgeois & Marchands de vin. Enfin, il n'appartient qu'à eux de décharger sur les Ports de la Ville de Paris les vins qui arrivent par eau, & de les sortir des bateaux.

Les Tonneliers composent à Paris une nombreuse Communauté, dont les Maîtres prennent la qualité de Maîtres Tonneliers, Déchargeurs de vin de la Ville & Fauxbourgs de Paris.

Leurs Statuts sont anciens, & leur furent donnez sous le Régne de Charles VII. Il paroît même qu'il y avoit déja plusieurs années qu'ils avoient été unis en Corps de Jurande, & que par conséquent il y avoit eu des Réglemens.

Ceux de Charles VII. ne contenoient que quatorze articles: Charles VIII. y en ajoûta cinq autres; & François I. par ses Lettres Patentes de 1527, seulement enregistrées au Châtelet le 16 Novembre 1538, confirma également & les anciens & les nouveaux, qui furent rappellez dans le vû des Lettres.

L'article 98 de l'Ordonnance d'Orleans concernant la réformation, correction & augmentation des Statuts de toutes les Communautez érigées en Corps de Jurande, commençant à s'éxécuter dans le Royaume, les Maîtres Tonneliers firent dresser les leurs en vingt-un articles, en partie tirez des anciens, & en partie composez de nouveaux, qui furent approuvez & confirmez par les Lettres Patentes de Charles IX. de l'année 1566.

Ces nouveaux articles n'ayant pas encore paru suffisans aux Maîtres de la Communauté pour assurer leur état & leur police, ils en dresserent cinq autres en 1576, pour être ajoûtez aux vingt-un qui leur avoient été donnez dix ans auparavant: mais leur Requête ayant été renvoyée aux Officiers du Châtelet, pour en avoir leur avis, il ne leur en fut accordé que deux des cinq qu'ils demandoient, pour lesquels, aussi-bien que pour les vingt-un, Henri III. leur donna ses Lettres Patentes du 3 Septembre 1576, dont ils obtinrent l'enregistrement au Parlement le 6 Mai de l'année suivante.

Henri IV. au mois d'Octobre 1599, Louïs XIII. au mois de Janvier 1637, & Louïs XIV. au mois de Septembre 1651, leur donnérent aussi des Lettres de confirmation, qui toutes, outre qu'elles furent enregistrées au Parlement & au Châtelet, le furent encore à l'Hôtel de Ville, où les anciens Statuts & Réglemens de la Communauté des Tonneliers avoient commencé d'être enregistrées au mois de Décembre 1599, à cause qu'en qualité de Déchargeurs de vin sur les Ports, lesdits Tonneliers prêtoient serment par devant le Prevôt des Marchands, comme Officiers de la Ville & sujets à sa Police.

C'est donc par ces vingt-trois articles de Réglement que cette Communauté est présentement gouvernée: car quoi qu'il y soit arrivé quelque changement par l'union & incorporation de plusieurs Charges de nouvelle création, que la Communauté a été obligée de demander, & qu'elle a obtenu en payant diverses finances, comme de celles de Jurez en titre d'office en 1691, d'Auditeurs des comptes en 1694, de Greffiers en 1704, & quelques autres semblables créées pour les Arts & Métiers jusqu'à la Paix d'Utrecht, tous ces changemens arrivez concernent peu la discipline, mais seulement l'augmentation de certains droits sur les receptions, apprentissages, visites, &c. qui ne doivent durer que jusqu'au remboursement des sommes empruntées par la Communauté.

On peut distinguer comme deux sortes de Maîtres parmi les Tonneliers de Paris; les uns qui ne se mêlent que de la fabrique des tonneaux, de relier les futailles, & de descendre les vins dans les caves des Bourgeois & des Marchands de vin & Cabaretiers; les autres qui ne travaillent que sur les Ports à la décharge & labourage des vins qui y arrivent par bateaux.

Les premiers sont reçûs par le Procureur du Roi du Châtelet, entre les mains de qui ils font le serment, & les autres font outre cela le serment devant le Prevôt des Marchands, de qui même ils reçoivent une espéce de Chef-d'œuvre, n'étant reçûs qu'après avoir fait preuve en présence du Procureur du Roi de la Ville, qu'ils savent bien décharger & labourer une piéce de vin; c'est à dire, la descendre du bateau & la rouler sur le Port. Dans tout le reste il n'y a point de différence entre les Tonneliers & Déchargeurs de vin, ou plûtôt ils ont tous également ces deux qualitez, & peuvent travailler indifféremment dans la Ville ou sur les Ports. *Voyez* DESCHARGEURS DE VINS.

Ce n'est qu'après de longues contestations (souvent mêlées de voyes de fait) & qu'en conséquence de quantité d'Arrêts du Parlement & de Sentences de l'Hôtel de Ville, que les Maîtres Tonneliers se sont enfin conservé la qualité & les fonctions de Déchargeurs de vins, cidres & autres brûvages & liqueurs sur tous les Ports de la Ville de Paris, que leur disputoient les Forts, Déchargeurs & Maneuvriers, établis sur les mêmes Ports pour les bois, épiceries & autres marchandises qui y arrivent.

Les principaux de ces Arrêts sont ceux du 18 Décembre 1636, 23 Février 1646, & 29 Avril 1649, qui aussi bien que la Sentence de la Ville du 29 Octobre aussi 1649, ont été confirmez, & leur éxécution ordonnée tant par les Lettres Patentes de Louïs XIV. du mois de Septembre 1651, dont on a fait mention ci-dessus, que par l'Arrêt de leur enregistrement au Parlement du 16 Décembre ensuivant, où ils sont nommément rappellez de même que dans la Sentence de la Ville du 4 Mars 1652, qui ordonne que lesdites Lettres seront enregistrées au Greffe dudit Hôtel-de-Ville.

Quatre Jurez, dont deux se changent chaque année par élection, ont soin de la Police de la Communauté, font les visites, enregistrent les brevets, donnent le Chef-d'œuvre, & reçoivent les Maîtres; pour à quoi vaquer ils sont quites du Guet & de la Journée du Roi tant qu'ils sont en Charge.

L'Apprentissage est de cinq années entiéres & consécutives, après lesquelles l'Aspirant à la Maîtrise est tenu de faire Chef-d'œuvre ou expérience suivant sa qualité, ou Privilége.

Nul ne peut être Déchargeur de vin dans la Ville de Paris

Paris qu'il ne soit Maître Tonnelier, & n'ait fait ensuite l'expérience à ce requise.

Aucun Compagnon ne peut entreprendre d'ouvrages de tonnelerie chez les Bourgeois, ni les Bourgeois les faire travailler, à moins que ce ne soit pour mettre le vin de leur crû, & que le Compagnon ne soit avoué de l'un des Maîtres, étant fait défense ausdits Bourgeois de faire faire aucune futaille pour les revendre.

Aucune personne de quelqu'état & condition qu'elle soit, ne peut louer ou faire louer cuves à baigner, ou Cuvier à faire lessive, sinon des Maîtres du métier.

Les Compagnons ne peuvent quiter leurs Maîtres, ni un autre Maître les prendre & s'en servir, qu'ils n'ayent achevé leur tems chez l'ancien Maître; & si ce sont des Compagnons étrangers & non Apprentifs de Paris, ils ne peuvent travailler qu'ils n'ayent payé le droit de Confrairie & fait le serment accoûtumé.

Il est défendu aux Maîtres de faire & monter aucune futaille qui ne soit de la jauge portée par les Ordonnances suivant la qualité de la piéce.

Les Maîtres Tonneliers & Déchargeurs de vins, leurs gens & Compagnons, conduisant, déchargeant & labourant les vins, ne sont tenus de montrer ni faire apparoître d'aucun congé ni quitance du payement des droits, pourvû qu'ils travaillent de jour & non de nuit, ou à heure indüe, sauf aux Commis & Fermiers de se pourvoir à l'encontre de ceux à qui appartiennent les vins.

Il est permis ausdits Tonneliers de vuider & débiter, ou en taverne, ou en gros, tous & chacun les vins qui peuvent leur avoir été donnez par les Bourgeois ou Marchands pour le payement de leurs denrées & marchandises, ou pour leurs peines & salaire, outre & par dessus les vins de leur crû, en payant néanmoins les droits du Roi pour ce dûs.

Outre ces articles de discipline, plusieurs articles des Statuts concernent la qualité des osiers, cerceaux & mairain que les Marchands Forains doivent apporter dans la Ville de Paris, & que les Tonneliers peuvent & doivent employer en leurs ouvrages.

L'osier sert aux Tonneliers à joindre les deux bouts des cerceaux dont ils relient les futailles & les autres ouvrages de tonnelerie.

Il y en a de deux sortes, le rond & le fendu; c'est ce dernier que les Tonneliers employent, l'autre ne servant qu'aux Vaniers; l'un & l'autre, de quelque Païs qu'il soit apporté, doit avoir au moins quatre pieds de long, & chaque mole ou paquet être composé; savoir, l'osier fendu de trois cens quartiers, & l'osier rond de cent piéces, le tout sans être pourri, heurdri ni fardé, & dont le dedans soit aussi beau que le dehors, à peine de confiscation & d'amende, & défenses sont faites pareillement aux Tonneliers de ne point mettre en œuvre dudit osier qu'il ne soit bien loyal & marchand.

Le meilleur osier vient d'Orleans & de Champagne; on l'apporte tout fendu en trois, chaque mole a trois liens, & à l'extrêmité où l'osier est le plus mince tous les brins sont tortillez & comme nouez ensemble. *Voyez* OSIER.

Les cerceaux sont ces longs morceaux de bois leger coupez en deux dans toute leur longueur, qui servent à lier & contenir les douves & planches dont sont faites les cuves & autres futailles, & qui par la qualité du bois & par son peu d'épaisseur se tournent facilement ou en rond, ou en ovale suivant les différens ouvrages qu'on en veut relier.

Ces cerceaux sont ordinairement de châtaignier, de coudre, de frêne, de bouilleau & autres semblables bois; ils se vendent en mole ou bote composée de quarterons, de douzaines ou de seizaines, suivant leur grosseur & les ouvrages ausquels on les employe; il y en a même de trois seulement au paquet. Tous doivent être fournis loyaux, sans mécompte & de la même nature en dedans qu'ils paroissent au dehors.

Les cerceaux de châtaigniers viennent de Picardie; ceux de bois mêlé, de Champagne, sur tout de la Ferté sous Jouars. Les cerceaux de trois à la mole doivent porter quatre toises de longueur; ils servent aux cuves, ceux de douze aux cuviers & baignoires, & ceux de seize & d'un quarteron aux futailles ordinaires. *Voyez* CHATAIGNIER, COUDRE, FRESNE, &c.

C'est seulement en la Place de Gréve que cette sorte de marchandise que les Marchands Forains apportent à Paris aussi-bien que l'osier, peut être exposée & venduë, & elle ne peut être transportée ni enlevée par les Tonneliers de la campagne, qu'elle n'ait été vûë & visitée par les Jurez, & que les Bourgeois & les Maîtres n'en ayent été fournis si bon leur semble.

A l'égard du mairain qui est le bois le plus propre pour l'ouvrage de tonnelerie, quoi que pourtant il s'y employe des planches de chêne & de sapin pour les grandes cuves & cuviers; il doit être neuf aux ouvrages neufs, sans aubier, point vermoulu ni pertuisé, & les fonds bien & suffisanment entaillez. Il se peut faire néanmoins des tonneaux & futailles mêlez de mairain vieux & neuf, pourvû qu'ils soient de commande ou vendus sur le pied de neuf & vieux ensemble. *Voyez* MAIRAIN.

Enfin, il est défendu à tout Maître Tonnelier d'aller au devant des Marchands Forains venant à Paris, soit par terre, soit par eau, pour acheter ou vendre les marchandises servant au métier, sous peine d'une amende de la valeur desdites marchandises.

Les outils dont se servent les Tonneliers sont la Jabloire, les planes plate & ronde, la Bondonniére, le Compas, la Doloire, le Barroir, le Tiretoir, le Maillet, la Colombe, le Chevalet, l'Essette, le Troucher, le Sergent & la Scie. Pour transporter les vins ils ont aussi le Haquet & deux sortes de Poulains pour les descendre dans les caves, ou pour les en tirer.

La Jabloire sert à faire le jable des tonneaux; c'est à dire, cette rainure où entrent les fonds; cet instrument est de bois composé de deux piéces, dont l'une est de figure cylindrique, & l'autre de forme quarrée; celle-ci a à un de ses bouts une petite piéce d'acier dentelée qui est une espéce de sie. Pour s'en servir on appuye le demi-cylindre orizontalement & de plat sur le bord des futailles après qu'elles ont été assemblées, & le conduisant tout autour en dedans on y enfonce avec le morceau d'acier cette rainure ou jable des fonds, ce qu'on appelle Jabler une piéce.

La Plane plate est trop connuë pour en faire la description; elle sert pour tailler & planer les douves avant qu'elles soient montées.

La Plane ronde est un instrument de fer ou d'acier en forme

forme de cylindre creux, de deux pouces de diamétre, d'autant de hauteur & de quelques lignes d'épaisseur, extrêmement aiguisé & coupant par son bord supérieur. Ce cylindre est attaché à une espéce de queuë ou de manche aussi de fer où l'on peut néanmoins ajoûter un manche de bois pour l'alonger. C'est avec cette plane qu'on plane les piéces en dedans quand elles sont assemblées pour égaler & unir les joints des douves.

Bondonniére. Les Tonneliers se servent de la Bondonniére pour percer les trous où se mettent les bondons. C'est une espéce de tarriére d'un acier bien acéré, dont la méche est longue de six à sept pouces; sa figure est d'un demi-cone vuide en dedans, le diamétre de la base duquel est de près de deux pouces ; & l'autre extrêmité qui en fait la pointe est contournée en vis pour mieux amorcer l'ouvrage.

Le Compas des Tonneliers dont ils se servent à former & à marquer les douves des fonds de leurs tonneaux en figure sphérique, est d'un seul jet de bois pliant, mais faisant ressort, dont les deux bouts qui lui servent de branches, & qui ont chacun une pointe & une virole de fer, s'approchent ou s'éloignent par le moyen d'un axe à vis aussi de bois qui les traverse.

La Doloire est une espéce de hache avec un long manche de bois fort pesant par le bout pour lui servir comme de contrepoids. Ce manche rentre en dedans du côté de l'Ouvrier, aussi-bien que le dos de la doloire où il est enmanché. C'est avec la doloire qu'on prépare & qu'on dresse le mairain sur le trouchet pour en faire des douves, ce qu'on appelle Doler une douve.

Le Barroir est une longue tringle de fer de cinq ou six lignes de diamétre & de trois pieds & plus de longueur, dont l'une des extrêmitez est tournée en tarriére, & l'autre a une traverse de bois pour la tourner. Cet instrument sert à percer les trous où l'on met les chevilles qui tiennent les barres des fonds des futailles, & c'est de son usage qu'elle a pris son nom. On appelle Barrer une piéce, y mettre les barres du fond. On le dit aussi des trous qu'on fait.

Tirtoir. C'est un outil avec lequel on fait entrer à force les derniers cerceaux des futailles. Il est composé d'un morceau de bois arrondi par le côté qui sert de manche, & applati & armé de fer de l'autre, long en tout de vingt à vingt-deux pouces & gros de quatre ou cinq. Vers le milieu de ce morceau de bois il y a une mortoise dans laquelle s'attache par le moyen d'une cheville de fer le bout d'une piéce de fer mobile, longue de dix pouces ou environ, dont l'autre extrêmité est recourbée en mantonnet. Lors qu'on veut faire entrer le cerceau on l'accroche par dessus avec la piéce de fer, & appuyant sur le jable de la piéce le bout aplati du tirtoir, on pése sur celui qui sert de manche, ce qui par la force du levier attire le cerceau & le fait entrer sur le jable, où après il s'enfonce & se chasse avec le maillet.

Maillet. La masse du Maillet des Tonneliers est plate, environ de deux pouces d'épaisseur sur un pied & plus de longueur, & cinq ou six pouces de hauteur; le manche est placé au milieu de sa longueur du côté qu'il est le moins épais, & où il est un peu enfoncé en arc; il sert à chasser les cerceaux en ajoûtant, quand il est besoin, un morceau de douve coupé quarrément.

L'Essette est un marteau dont la tête est ronde d'un côté, & se termine de l'autre en un large tranchant de fer acéré, qui se recourbe du côté du manche qui est de bois; il sert pour arrondir l'ouvrage en dedans.

La Colombe est une espéce de grande varlope renversée, dont le fer a trois pouces de large & le bois quatre pieds de long ; elle est soûtenuë sur trois pieds aussi de bois, dont deux sont placez diagonalement à un bout, le troisiéme perpendiculairement à l'autre ; elle sert à faire & dresser les joints des douves.

Le Chevalet est un banc à quatre pieds, au bout duquel sont deux morceaux de bois qui se serrent l'un dessus l'autre, entre lesquels on met les douves qu'on veut planer avec la plane plate.

Trouchet. On appelle ainsi un moyeu de charette dont le trou d'en haut est rempli d'un morceau de bois plat, & le côté d'en bas est soûtenu sur trois pieds. Il sert à doler les douves dessus.

Les Poulains qui servent à tirer les piéces de vin des caves, ou à les y descendre, sont de deux sortes ; l'un qu'on appelle le grand Poulain, & l'autre le petit Poulain; le grand Poulain est composé de deux grosses, fortes & longues piéces de bois, rondes, de dix ou douze pieds de haut, jointes ensemble par quatre traverses, deux en haut & deux en bas.

Le petit poulain est une espéce de traîneau composé d'autant de parties que le grand ; la différence consiste en sa longueur qui n'est guére que de quatre pieds, & en sa forme étant fait de bois quarré dont les extrêmitez sont un peu relevées, afin qu'il puisse plus aisément couler sur les marches des caves.

L'on ne dit rien ici de la Scie, du Sergent, du Tirefond, du Foret & du Perçoir, dont se servent aussi les Tonneliers, parce qu'ils sont assez connus. A l'égard de la Rouanne, ou Rouännette, on en a parlé à son article. *Voyez* ROUANNE.

TONQUIN BLANC. Etoffe de soye ordinairement blanche qui vient de la Chine. Il y a apparence que cette étoffe s'est d'abord fabriquée dans le Tonquin d'où elle a pris son nom qu'elle a conservé dans les Manufactures Chinoises malgré la révolte des Tunquinois qui depuis sept ou huit Siécles ne font plus une des Provinces de la Chine, mais composent un Royaume séparé, reconnoissant seulement leur ancien Empereur d'un léger tribut annuel.

TONTURE DE LAINE. Ce qu'on tire, ce qu'on coupe du drap ou de quelqu'autre étoffe de laine que l'on tond. C'est ce qu'on appelle ordinairement Bourre Tontisse. *Voyez* BOURRE TONTISSE.

Les Tontures de draps, ou, comme les appelle le Tarif de 1664, les Tondures, payent en France les droits d'entrée, conformément à ce Tarif, à raison de 13 s. du cent pesant, comme bourre rouge.

TAPISSERIE DE TONTURE DE LAINE. C'est une sorte de tapisserie faite de la laine qui se tire de dessus les draps qu'on tond, colée sur de la toile ou du coutil.

Cette espéce de tapisserie s'est d'abord faite à Roüen, mais d'une maniére grossiére, ne s'y étant au commencement employé que des toiles pour fond, sur lesquelles, avec des laines de diverses couleurs hachées & qu'on coloit dessus, on formoit des desseins de brocatelles. On passa ensuite à imiter les verdures de haute-lisse ; mais

 encore

encore bien imparfaitement: enfin, une Manufacture de ces sortes de tapisseries s'étant établie à Paris dans le Faux-bourg S. Antoine, on y hazarda des personnages, des fleurs, des grotesques, & l'on y réüssit assez bien.

Le fond des tapisseries de cette nouvelle Manufacture peut se faire également de coutil ou de forte toile. Sur l'un, ou sur l'autre, tenduë éxactement sur un chassis de toute la grandeur de la piéce qu'on a dessein de faire, on trace les principaux traits & les contours de ce qu'on y veut représenter, se réservant d'y ajoûter les couleurs successivement, & à mesure qu'on avance l'ouvrage.

Les couleurs qui sont toutes les mêmes dont on se sert dans les tableaux ordinaires, se détrempent aussi de la même maniére avec de l'huile commune, mais mêlée de térebentine ou de quelqu'autre huile, qui par sa tenacité puisse haper & retenir la laine quand le Tapissier Lainier vient l'appliquer, comme on le dira dans la suite.

A l'égard des laines il en faut préparer de toutes les couleurs qui peuvent entrer dans un tableau, avec toutes les teintes & les dégradations qui sont nécessaires pour les carnations & les vêtemens des figures humaines, pour les peaux des animaux, les plumages des oiseaux, les bâtimens, les fleurs; enfin, tout ce que le Tapissier veut copier, ou plûtôt suivre sur l'ouvrage même du Peintre.

La plûpart des ces laines sortent de dessus les draps de toutes espéces que tondent les Tondeurs; c'en est proprement la tonture: mais comme cette tonture ne peut fournir toutes les couleurs & les teintes nécessaires, il y a des Ouvriers destinez à hacher des laines, & d'autres à les réduire en une espéce de poudre presque impalpable, en les passant successivement dans divers sas ou tamis, & en hachant de nouveau ce qui n'a pû passer.

Les laines étant préparées, & le dessein tracé sur la toile, ou sur le coutil, l'on couche orisontalement le chassis sur lequel l'un ou l'autre est étendu sur des trêteaux élevez de terre d'environ deux pieds; & alors le Peintre commence à y peindre quelques endroits de son tableau que le Tapissier-Lainier vient couvrir de laine avant que la couleur soit séche, parcourant alternativement l'un après l'autre toute la piéce jusqu'à-ce qu'elle soit achevée. Il faut seulement remarquer que quand les piéces sont grandes, plusieurs Lainiers & plusieurs Peintres y peuvent travailler à la fois.

La maniére d'appliquer la laine est si ingénieuse, mais en même tems si extraordinaire, qu'il ne faut pas moins que les yeux mêmes pour la comprendre. On va pourtant tâcher de l'expliquer.

Le Lainier ayant arrangé autour de lui des laines de toutes les couleurs qu'il doit employer, séparées dans de petites corbeilles, ou autres vaisseaux semblables, prend de la main droite un petit tamis de deux ou trois pouces de longueur, de deux de largeur, & de douze ou quinze lignes de hauteur. Puis ayant mis dans ce tamis un peu de laine hachée de la couleur convenable, & le tenant entre le pouce & le second doigt, il remuë legérement cette laine avec les quatre doigts qu'il a dedans, en suivant d'abord les contours des figures avec une laine brune, & en mettant ensuite avec d'autres tamis & d'autres laines, les carnations si ce sont des parties nuës de figures humaines, & les draperies si elles sont vêtuës, & à proportion de tout ce qu'il veut représenter.

Ce qui est admirable, & presque incompréhensible, c'est que le Tapissier-Lainier est tellement Maître de cette poussiere laineuse, & la sait si bien ménager par le moyen de ses doigts, qu'il en forme des traits aussi délicats qu'on les pourroit faire avec le pinceau, & que les figures sphériques, comme est, par éxemple, la prunelle de l'œil, paroissent être faites au compas.

Après que l'Ouvrier a lainé toute la partie du tableau ou tapisserie, que le Peintre lui avoit enduit de couleur, il bat legérement avec une baguette le dessous du coutil, ou de la toile, à l'endroit de son ouvrage, ce qui le dégageant de la laine inutile, découvre les figures, qui auparavant ne paroissoient qu'un mélange confus de toutes sortes de couleurs.

Enfin, quand par ce travail alternatif du Peintre & du Lainier, la tapisserie est finie, on la laisse secher sur son chassis qu'on dresse de haut en bas dans l'atelier; & lors qu'elle est parfaitement séche, on lui donne quelques traits au pinceau dans les endroits qui ont besoin de force, mais seulement néanmoins dans les bruns.

Ces sortes de tapisseries, qui, quand elles sont de bonne main, peuvent tromper au premier coup d'œil, & passer pour des hautes-lisses, ont deux défauts considérables ausquels ils n'est pas possible de remédier; l'un, qu'elles craignent extrêmement l'humidité, & qu'elles s'y gâtent en peu de tems; l'autre, qu'on ne les peut plier comme les tapisseries ordinaires pour les serrer dans un garde-meuble, ou pour les transporter d'un lieu à un autre, & qu'on est obligé, quand elles ne sont pas tenduës, de les tenir roulées sur de gros cylindres de bois, ce qui occupe beaucoup de place, & est très-incommode.

TOPASE. Pierre précieuse transparente, d'un jaune couleur d'or. C'est la véritable Chrysolite des Anciens: elle est dure, & reçoit un beau poliment. On en trouve en plusieurs endroits des Indes, en Ethiopie, en Arabie, au Pérou & en Bohême.

Les Topases Orientales sont les plus estimées, leur jaune est un peu citron, satiné & fort agréable. Celles du Pérou ont moins de dureté, & leur couleur tire sur l'oranger. Le jaune de celles de Bohême est noirâtre, & leur poliment est fort gras, à cause qu'elles sont les moins dures de toutes. Les Topases qui se trouvent près du Fort Dauphin, dans l'Isle de Madagascar, ont d'abord été fort estimées; mais l'on a reconnu qu'elles étoient de peu de valeur.

Il y a des Topases d'un poids & d'une grandeur considérable. Tavernier, parmi les pierreries du Mogol, vit une Topase Orientale de 157 carats trois quarts, qui avoit coûté 271500 l. monnoye de France; & Boece de Boot dans son Traité des Pierres précieuses, assure qu'il a vû entre celles de l'Empereur Rodolphe II. dont il étoit Médecin, une Topase de Bohême longue de plus de trois pieds, & large de près de dix pouces. C'étoit peut-être une espéce de marbre un peu transparent de couleur de Topase.

La Topase se contrefait aisément, & l'on en voit de factices qui à l'œil ne cédent point aux naturelles.

Si l'on en croit les Anciens, la Topase a de grandes vertus: l'expérience en a desabusé les Modernes. Elle a néanmoins encore quelqu'usage dans la Médecine réduite en poudre impalpable; on s'en sert avec l'eau-rose:

celle qu'on employe pour celà, & dont les Marchands Epiciers-Droguiſtes font quelque trafic, ſont des pierres de differentes groſſeurs, extrêmement peſantes, claires & tranſparentes, aſſez ſemblables au Gipe ou faux Talc qui ſe trouve dans les plâtriéres de Montmartre près Paris. Elles leur viennent ordinairement d'Allemagne.

TOQUE. Il ſe dit dans la Chine de la maniére d'y évaluer le titre ou fineſſe de l'argent, que l'on diviſe en toques, comme en France l'on fait en deniers.

L'argent le plus fin eſt de cent toques, le plus bas eſt de quatrevingt; au deſſous il ne ſe reçoit plus dans le Commerce.

L'argent de France ne ſe reçoit à la Chine que ſur le pied de quatrevingt-quinze toques, quelques-uns même ne l'eſtiment que quatrevingt-treize; ainſi de cent onces d'argent de France en eſpéces, il y a ſept onces de déchet pour l'alliage.

TOQUE. On nomme auſſi de ce nom certaines Mouſſelines ou toiles de coton fines que l'on apporte des Indes Orientales, particuliérement de Bengale, dont la piéce a ſeize aunes de long ſur ſept ſeize & demi-aune de large. *Voyez* MOUSSELINE.

On appelle encore Toques de Cambaye, ou Korathes, de groſſes toiles de coton, qui ſervent à faire des cravates. *Voyez* KORATHES.

L'on prétend que ces ſortes de toiles appellées Toques, ont pris leur nom de ce que dans les Indes on s'en ſert à mettre autour des bonnets, ou turbans.

TOQUE. Eſpéce de Monnoye de compte dont on ſe ſert à Juda & en quelques autres endroits de la Côte d'Affrique, où les Bouges, ou Cauris, ſont reçûs dans la Traite des Négres. Une Toque de Bouges eſt compoſée de quarante de ces coquillages. Cinq Bouges font une Galline. *Voyez* BOUGE.

TORAILLE. Eſpéce de Corail brut que les Européens portent au Caire & à Aléxandrie. Il eſt peu eſtimé, & ne vaut que le quart du corail brut de Meſſine. Il ſe vend 25 piaſtres le quintal gerouin, qui eſt de 217 rotols.

TORCHE. Bâton rond, plus ou moins gros, long depuis ſept pieds juſques à douze, de bois leger & combuſtible, tel que celui d'aune ou de tilleul, entouré par l'un des bouts de ſix méches, (que les Marchands Ciriers nomment les bras ou lumignons de la torche) couvertes de cire ordinairement blanche, qui étant allumées produiſent une clarté un peu lugubre.

On ſe ſert de torches dans quelques cérémonies de l'Egliſe, particuliérement aux Proceſſions du Saint Sacrement & dans les Enterremens des petites gens. Autre-fois on en portoit dans les pompes funébres des perſonnes de quelque conſidération; mais aujourd'hui on leur a ſubſtitué les flambeaux de poing.

Les torches font une des principales portions du Négoce des Marchands Ciriers de Paris.

Par l'art. 28 des Statuts de leur Corps du 28 Novembre 1638, la longueur de la cire dont les torches doivent être couvertes, eſt réglée ſuivant que le poids en doit être plus ou moins fort. Celles de deux livres doivent avoir cinq pieds de long; celles d'une livre & demie, quatre pieds & demi; celles d'une livre, quatre pieds; celles de douze onces, trois pieds & demi; & celles de demi-livre trois pieds: toutes doivent être bien & dûëment couvertes de cire.

Les torches ſe font à la main. Pour les fabriquer on commence par apliquer en longueur ſur l'un des bouts du bois, à diſtances égales, les ſix méches, après qu'elles ont été legérement enduites d'une ſorte de cire mole préparée avec un peu de térébentine pour la rendre plus tenace; enſuite on couvre ces méches éxáctement avec de la cire blanche toute pure que l'on a fait amolir dans l'eau chaude.

Les méches des torches ſont faites de fil d'étoupe de chanvre écru groſſiérement filé, que l'on nomme Lumignon, & qui eſt le même dont on ſe ſert pour la fabrique des flambeaux de poing. *Voyez* FLAMBEAU DE POING *au commencement de l'article, vous y trouverez plus amplement ce que c'eſt que cette ſorte de fil, & d'où les Marchands Ciriers le font venir.*

Le morceau de carte peint en forme d'entonnoir, que l'on met au bas de la cire des torches deſtinées pour les proceſſions du S. Sacrement, ſoit pour leur ſervir d'ornement, ſoit pour empêcher que la cire venant à ſe fondre par le haut, ne tombe ſur les mains de ceux qui les portent, ſe nomme le Chapiteau de la torche.

On dit couvrir une torche, pour dire étendre avec les mains de la cire mole ſur les méches qui ſont comme colées le long du bois.

TORCHE. Eſt auſſi un nom que l'on donne à une ſorte de réſine qui ſe tire des pins, des méleſſes, & de quelques autres arbres réſineux dont on ſe ſert pour faire de la poix. On prétend que le pin en pourriſſant ſe transforme en torche.

TORCHE. Les Marchands de Fer donnent pareillement ce nom aux paquets de Fil de fer pliez en rond en forme de cerceau. Ils le diſent auſſi du Fil de Léton. *Voyez* FIL DE FER & FIL DE LETON.

TORCHE. C'eſt du Fil de Léton en torche dont les Epingliers doivent ſe ſervir à la fabrique de leurs épingles, leur étant défendu par leurs Statuts d'y employer du Fil de Fer.

Par l'article 26 de ces mêmes Statuts, il eſt dit, que ſi quelqu'un des Maîtres manque de léton pour travailler, ceux qui en auront plus de trois torches, feront obligez de leur en bailler, en recevant vingt-ſix ſols de profit pour chaque cent peſant, ou au prorata, ſous peine de dix écus d'amende.

TORCHES. Terme de Maçonnerie. Ce ſont des nates, ou ſimplement des paquets & bouchons de paille, que les Bardeurs qui portent le bar, ou qui traînent le binard, mettent ſur l'un & ſur l'autre de ces inſtrumens lors qu'ils veulent porter ou traîner des pierres taillées, pour empêcher que leurs arrêtes ne s'écornent & ne ſe gâtent. On dit qu'un bar, ou qu'un binard eſt armé de ſes torches lors que ces nates ſont placées deſſus. *Voyez* BAR. *Voyez auſſi* BINARD.

TORCHES. On nomme auſſi de la ſorte dans le Commerce des Oignons, des bâtons couverts de paille, longs de deux ou trois pieds, autour deſquels ſont liez par la queuë divers rangs d'oignons. La torche eſt différente de la glane & de la bote. *Voyez* OIGNON.

TORD, TORS, ou TORT. Ce qui a été tordu. On appellée du fil tord, de la ſoye ou de la laine torſes; du du fil, de la soye ou de la laine qui ont reçû une double façon au filage. *Voyez* FIL TORD & SOYE TORSE.

TORD SANS FILER. C'est un faux orgensin que le Réglement de 1667 pour les étoffes d'or, d'argent & de soye de la Ville de Lyon, défend de vendre & d'employer pour le véritable orgensin. Il y a quatre brins de soye au tord sans filer, aussi-bien qu'à l'orgensin, mais ils n'ont été moulinez qu'une fois, au lieu que les quatre de l'orgensin l'ont été deux: on n'en découvre guére l'échange & la tromperie qu'à la teinture. *Voyez* SOYE.

TORDAGE. On appelle en terme de Manufacture d'Etoffes de Soye, le tordage de la soye, la façon qu'on lui donne en doublant les fils de soye sur le moulin, ce qui la rend en quelque maniere torse. Les Réglemens portent que les velours, poil & demi, seront fabriquez de soye de même nature, tordage & moulinage. *Voyez* VELOURS.

TORDEUR, TORDEUSE. Celui ou celle qui tord quelque matiére que ce soit.

On le dit communément des Ouvriers, ou Ouvriéres qui tordent les soyes, les laines & les fils, ce qui néanmoins peut s'entendre de diverses façons suivant les apprêts que l'on peut donner à toutes ces choses. *Voyez* SOYE, LAINE & FIL.

TORDRE. Ce terme a différentes significations dans les Manufactures & les Arts & Métiers.

TORDRE de la soye, de la laine, du fil, veut quelquefois dire prendre plusieurs brins de ces matiéres pour n'en faire qu'un seul fil, soit en les tournant & tordant à la main, soit avec une espéce de rouet. Ce qui résulte de cette union de brins tournez ensemble, s'appelle, ou soye torse, ou laine torse, ou fil tord.

Quelque-fois tordre ces mêmes matiéres signifie seulement les atacher sur une longue cheville, & en rouler plusieurs écheveaux ensemble. Ce qu'on appelle Tordre à la Cheville, ce sont les Teinturiers en soye, en laine & en fil, qui leur donnent cette façon.

Il y a encore une troisiéme maniére de tordre, mais qui ne convient qu'aux soyes plates. C'est ce pliage en forme de petites colonnes torses qui se fait par les plieurs de soye. *Voyez* SOYE TORSE.

TORDRE LA MECHE. Terme de Cirier & de Chandelier. C'est après qu'elle a été coupée de longueur & pliée en deux, en rouler les deux parties l'une avec l'autre, pour les tenir unies quand on veut leur donner, ou la cire, ou le suif.

TORDRE UN CABLE. Signifie en terme de Cordier, joindre en un les cordons qui le doivent composer; ce qui se fait avec une espéce de grand rouet, où sont attachez les cordons par un bout, tandis qu'ils tiennent de l'autre à une machine de bois à deux rouës chargée de plomb, ou de pierres, qui étant mobile, & le rouet restant fixe, s'approche à mesure que le cable s'appetisse en se tordant. *Voyez* CORDIER.

TORDRE UN DRAP A LA CHEVILLE. C'est en terme de Foulons le tordre sur une espéce de cheville ou gros boulon de bois, au sortir des piles ou vaisseaux dans lesquels il a été foulé, afin d'en exprimer & faire sortir toute la graisse & l'ordure qui pourroient y être restez. *Voyez* FOULON.

TORDRE. Les Peaussiers, Mégissiers & autres Ouvriers qui apprêtent des cuirs legers, les tordent aussi à la cheville, après qu'ils ont été mouillez & foulez aux pieds, afin de les essorer, & d'en ôter la plus grande partie de l'eau. *Voyez* MEGIE, PEAUSSIER, &c.

TORON, que quelques-uns nomment aussi TOURON. Terme de Cordier, qui signifie un assemblage de plusieurs fils de carret tournez ensemble, dont un grand cordage est composé. Le grand estay d'un Navire, par exemple, est ordinairement formé de quatre Torons, & chaque Toron de quarante fils. Plusieurs font un milieu entre le Toron & le fil de carret, & l'appellent Cordon. Celui-ci est fait de fils de carret, & le Toron est composé de cordons.

TOROUX, ou TAUREOUX. C'est ainsi qu'on appelle en quelques lieux de Barbarie, & particuliérement au Bastion de France & ses dépendances, les plus beaux cuirs que les Mores viennent y négocier avec les François. Ceux de la moindre espéce se nomment des Escharts; il y en a entre deux une espéce moyenne qui n'a point de nom particulier.

La différence du prix de ces trois sortes de cuirs est, que si les Toroux valent sept livres piéce, les moyens ne valent que quatre livres & les escharts seulement deux.

TORQUER. Signifie dans les Isles & dans les autres lieux où l'on cultive & fabrique du tabac, le corder, le filer pour le mettre en rouleaux. L'Ouvrier qui en fait des cordes s'appelle Torqueur. *Voyez l'article du Tabac.*

TORQUETTE. Terme de Commerce de poisson de mer frais. Il se dit d'un panier moins grand que les paniers ordinaires qu'apportent les Chasse-marées aux Hales & Marchez de Paris, qu'on remplit sur les Ports de Mer de diverses espéces du meilleur & du plus beau poisson, pour en faire des présens. Ils ne sont point sujets aux droits ni à la visite des Vendeurs de marée & autres Officiers créez pour la manutention de ce Commerce.

TORTILLON. Espéce de bourlet fait d'une toile roulée & pliée en rond, que les Laitiéres & Fruitiéres mettent sur leur tête pour n'être point incommodées, ou du pot au lait, ou du noguet qu'elles posent dessus.

TORTIN. Sorte de tapisserie de Bergame dans laquelle il entre de la laine torse. *Voyez* BERGAME.

TORTUE. Animal amphibie & testacé; c'est à dire, à écaille.

Il y a de deux espéces de Tortuës, des Tortuës de Mer & des Tortuës de terre, & ces deux espéces se subdivisent encore en plusieurs autres.

Les Tortuës de Mer sont de quatre sortes, la Tortuë franche, le Caret, la Kaouanne, ou Cahoanne, & une autre qui ressemble assez à cette derniére. Ces quatre sortes de Tortuës ne se mêlent & ne frayent jamais ensemble, mais ne cherchent que celles de leur espéce. La chair de la Tortuë franche est la meilleure à manger; l'écaille du Caret est la plus précieuse; on fait néanmoins quelque cas de celle de la Kaouanne; mais pour la quatriéme espéce de Tortuë on ne l'estime, ni pour la chair, ni pour son écaille, & elle ne sert qu'à faire de l'huile.

Les Tortuës se nourrissent d'herbes qu'elles trouvent sur certains fonds à huit ou dix brasses d'eau. Elles pondent à trois fois leurs œufs de quinze jours en quinze jours, & elles les cachent dans des trous qu'elles font dans le sable avec leurs pates de devant: à chaque fois elles

elles font quatrevingt-dix ou cent œufs. Vingt-quatre ou vingt-cinq jours après la derniére ponte les petites Tortuës sortent des trous, & gagnent la Mer.

La Tortuë franche est d'un grand secours pour les équipages fatiguez d'une longue navigation, & souvent attaquez du scorbut. Outre une quantité extraordinaire d'œufs sans coquilles, il y en a telle qui peut fournir jusqu'à deux cens livres de chair sans la graisse. Cette chair est d'un très-bon goût & assez nourrissante. Ce qu'il y a de commode, c'est qu'on les peut conserver long-tems en vie sur les Vaisseaux, en les arrosant d'eau de Mer: elles restent ordinairement trois semaines sans manger. Les François nomment le dessus de leur écaille Carapaçe, & le dessous Plastron. La chair qui tient au plastron est la plus délicate. L'écaille de la Tortuë franche est fort peu épaisse, & ne peut servir qu'à des lanternes, aussi n'en fait-on point de cas.

La Tortuë qu'on appelle Caret, ne différe de la Tortuë franche que parce qu'elle est plus petite, que l'écaille qu'elle a sur le carapace est bien plus épaisse, & que la chair n'est pas si bonne; aussi ne la pêche-t-on que pour en avoir l'écaille, & rarement en mange-t-on. On en tire pourtant une huile qu'on tient excellente pour les débilitez de nerfs & pour les fluxions froides.

Toute la dépouille du caret consiste en treize feuilles, huit plates, & cinq un peu voutées. Des huit plates il y en a quatre grandes qui doivent porter jusqu'à un pied de haut & sept pouces de large. Le beau caret doit être épais, clair, transparent, de couleur d'antimoine, & jaspé de minime & de blanc. Il y a des carets qui portent jusqu'à six livres de feuille.

Pour lever les feuilles de dessus le carapace où elles sont attachées, l'on n'a qu'à faire du feu dessous; si-tôt que le carapace s'échauffe, les feuilles se levent aisément avec la pointe d'un couteau. Les Espagnols en approchant du feu le caret, enlevent l'écaille sans tuer l'animal; & ils prétendent qu'en le rejettant à la Mer, le carapace se recouvre d'une nouvelle écaille.

C'est de ce caret que l'on fait des peignes, des étuis, des tabatiéres, des tables, des bordures de miroirs, des manches de couteaux & de rasoirs, &c. quon appelle d'Ecaille de Tortuë. Quand on l'employe en marqueterie, on lui donne la couleur que l'on veut par le moyen des feuilles qu'on met dessous.

Les Anglois appellent *Loger-hu*, & les Espagnols *Caiçava*, l'espece de Tortuë, que les François appellent *Kaouanne*. Elle est plus longue & plus large que les deux autres, & a la tête fort grosse. On mange rarement de sa chair. L'huile qu'on en tire est âcre, & n'est propre qu'à brûler: pour son écaille elle est un peu plus épaisse que celle de la Tortuë franche, mais beaucoup moins que celle du caret; & ainsi il s'en faut bien qu'elle soit autant estimée.

La quatriéme espéce de Tortuë de Mer est presque semblable à la kaouanne: elle seroit cependant tout à fait inutile au Commerce, si l'on n'en tiroit de l'huile à brûler en assez grande quantité.

Toutes ces sortes de Tortuës se prennent de trois maniéres. 1. Quand elles vont à terre pour pondre, on pose un bâton sur le sable par où elles doivent passer; & quand elles y ont les deux pates de devant, deux hommes, quelque-fois même un seul, en levant le bâton la renverse sur le dos ou sur le côté. 2. On se sert de filets que l'on nomme Folbes, & que l'on jette sur les basfonds où elles vont pâturer. 3. On les harponne, mais non pas avec des harpons ordinaires. Ceux dont on se sert pour cette pêche, sont de gros clous sans tête à quatre quarres égales, fort pointus & bien trempez, & qu'on attache fortement au bout d'une espéce de gaule que les Espagnols appellent *Vara*, & que les François à leur imitation nomment Varre. Cette varre est attachée à une ligne de cinquante ou soixante brasses, que le Varreur tient sur son bras gauche, afin de la filer quand la Tortuë a été blessée: aussi-tôt qu'elle revient sur l'eau pour respirer, on lui jette un second harpon; & quand elle est arrêtée par ces deux clous, on la tire dans le canot.

Pour ce qui est des Tortuës de terre, il y en a de trois sortes: les premiéres sont longues de deux pieds & larges d'un; elles n'ont point d'écailles sur le carapace, mais sont comme peintes de jaune & de noir par compartimens: les Espagnols de l'Amerique les nourrissent & en mangent. Les secondes sont semblables à celles que nous voyons en France dans les étangs. Enfin, les troisiémes ne sont guére plus grandes que la main, & servent à faire des tabatiéres & des poires à poudre, en joignant ensemble le caparace & le plastron avec de l'argent ou d'autre métail.

Quoi que ce dernier article ait peu de raport au Commerce, on a crû ne le pas devoir oublier, pour donner une idée de toutes les espéces de Tortuës connuës qui se trouvent particuliérement dans les Mers, ou dans les terres des Indes Occidentales.

Outre la précieuse écaille des Tortuës dont le Commerce est si considérable, & l'utilité de la chair fraîche de ces amphibies pour les équipages des Vaisseaux malades du scorbut & fatiguez de la Mer, il se fait encore un assez grand Négoce de leur chair & de leurs œufs & tripes salées dont il se consume beaucoup dans les Isles Françoises, Angloises & Hollandoises de l'Amérique.

La salaison des Tortuës se fait aussi-tôt qu'elles ont été prises & retournées sur terre. On les désosse d'abord; & après avoir simplement saupoudré de sel la viande en verd, on la met dans des barils qui pésent ordinairement deux cens livres. Il y a telle Tortuë qui fournit jusqu'à deux barils de viande désossée & salée.

Ce Négoce de Tortuës salées se fait peu pendant la guerre; n'y ayant que quelques petits bâtimens des Isles qui se hazardent d'aller à cette pêche à cause des risques.

Le Tarif de France de 1664 régle les droits d'entrée de l'écaille de tortuë; savoir, celle du caret à 12 liv. le cent pesant, celle du catnan à 6 liv. & celles de la tortuë franche à 4 liv.

Les droits de la Douane de Lyon sont de 2 liv. du quintal d'écaille de tortuë ouvrées, & 20 s. pour les écailles brutes.

TOTAL. Assemblage de plusieurs parties regardées comme composant un tout. Les quatre quarts, ou les trois tiers d'une aune en font le total.

TOTAL. Se dit aussi en fait de comptes, de plusieurs nombres ou sommes qu'on a jointes ensemble par l'adition, pour connoître le montant soit du débit soit du crédit d'un compte; c'est à dire, de la recette ou de la dépense. L'adition de plusieurs nombres forme un total, ou une somme totale.

TOUAGE. Terme de Commerce de Mer. C'eſt le travail que font les Mariniers d'une chaloupe, en tirant à force de rames un Vaiſſeau qui y eſt attaché, pour le faire entrer dans un Port, ou monter dans une Riviére.

On appelle auſſi Touage le changement de place que les Matelots font faire à un Vaiſſeau avec une anſiére attachée à une ancre mouillée, ou amarée à terre.

Les Aſſureurs ne ſont point tenus des fraix de Touage: ce ſont des menuës avaries qui doivent tomber; ſavoir, un tiers ſur le Navire, & les deux autres tiers ſur les marchandiſes. *Art.* 30 *du tit.* 6, *& art.* 8 *du tit.* 7 *du liv.* 3 *de l'Ordonnance de la Marine du mois d'Août* 1681.

TOUANSE. Etoffe de ſoye qui vient de la Chine. C'eſt une eſpéce de ſatin plus fort, mais moins luſtré que celui de France. Il y en a d'unis, d'autres à fleurs, ou à figures, & d'autres encore avec des oiſeaux, des arbres & des nuages.

TOUCHAUX. Nom que l'on donne dans les Monnoyes & chez les Orfévres à certains morceaux d'or, dont le titre a été fixé, qui ſervent à faire l'eſſai de l'or avec la pierre de touche. *Voyez* OR, *vers le commencement de l'article, après l'endroit où il eſt fait mention de l'affinage de ce métail.*

TOUCHE. On appelle Pierre de Touche, une pierre noire & polie qui ſert à éprouver les métaux.

Les Anciens l'appelloient Pierre Lydienne, de cette partie de l'Aſie Mineure qu'ils nommoient Lydie, d'où elle leur étoit apportée. Le nom de Pierre de Touche, que les Modernes lui ont donné, vient de ce que l'épreuve des métaux ſe fait en la touchant du métail qu'on veut éprouver, & en comparant la couleur de la marque qu'il y laiſſe avec la marque d'un autre métail dont on eſt ſûr.

Les Statuts des Orfévres-Jouailliers portent, qu'ils ſeront éxaminez ſur la Touche en la Cour des Monnoyes.

On dit qu'une eſpéce monnoyée a ſenti la Touche, lors qu'on l'a éprouvée non ſeulement ſur la pierre de Touche, mais encore quand on l'a tentée avec le burin, ou eſſayée avec l'eau-forte, ou miſe à quelqu'autre eſſai.

TOUCHER. Froter une piéce d'or ou d'argent ſur la pierre de Touche pour l'éprouver. Si vous doutez de ce louis d'or, vous n'avez qu'à le toucher. Apportez-moi ma pierre pour toucher ces piſtoles d'Eſpagne.

TOUCHER. Se dit auſſi, en termes de Commerce, de l'argent qu'on a reçû ou qu'on doit recevoir. Je touchai hier dix mille écus, J'ai cent mille livres à toucher au prochain payement de Lyon.

TOUR. Machine qui ſert à tourner en rond & en ovale preſque toutes ſortes de matiéres, quelque dures & quelque tendres qu'elles ſoient. On tourne entr'autres choſes de l'or, de l'argent, du cuivre, du fer, de l'étain, de l'yvoire, du bois, de la corne, de l'écaille de tortuë, de la pierre, &c.

TOUR. Se dit auſſi de l'atelier où eſt élevée cette machine, & dans lequel le Tourneur travaille.

Le Tour eſt d'un grand uſage dans les mécaniques & dans la plûpart des Arts & Métiers: Non ſeulement c'eſt le principal inſtrument de ces eſpéces de Menuiſiers, ou Ouvriers en bois, que de ſon nom on appelle Tourneurs, mais encore quantité d'autres Ouvriers ou Artiſans qui travaillent ſur les pierres précieuſes & les métaux ne peuvent s'en paſſer: & c'eſt ordinairement ſur le Tour que les Lapidaires, les Orfévres, les Horlogers, les Serruriers, les Lunetiers, les Potiers d'étain, les Tablettiers, les Patenôtriers & pluſieurs autres commencent ou achévent leurs plus beaux ouvrages.

L'invention du Tour paroît fort ancienne. Quelques-uns pour faire honneur à leur Siécle, croyent que les Modernes l'ont perfectionné: mais s'il étoit vrai, comme le raportent Pline & quelques autres Auteurs de réputation, qu'autre-fois on tournât ces vaſes précieux enrichis de figures & d'ornemens à demi-boſſe, dont on voit encore quelques-uns dans les cabinets des Curieux, il faudroit avouer que tout ce qu'on y a ajoûté dans les derniers Siécles nous dédommageroit mal de ce que nous aurions perdu de la maniére de tourner des Anciens.

Le bois eſt la matiére dont on fait les grands Tours, ſur tout ceux dont ſe ſervent les Maîtres Tourneurs & les Tablettiers. On y ajoûte néanmoins diverſes piéces de fer, de cuivre ou d'acier. Il ſe fait auſſi des Tours tout de fer, qui ſont ordinairement petits, & que l'on peut mettre & arrêter dans les étaux que la plûpart des Ouvriers qui ſe ſervent du Tour, ont toûjours ſur leur établi.

Il faut remarquer, avant que d'entrer dans un plus grand détail de la deſcription du Tour, qu'on lui donne le mouvement ſuivant ſa grandeur, ou la force des ouvrages qu'on y veut tourner. Si les ouvrages ſont peſans, on ſe ſert d'une rouë tournée par un ou deux hommes, comme quand on tourne des colonnes de bois ou de pierre tendre: ſi les ouvrages ſont plus legers, une marche & le pied de l'Ouvrier ſuffiſent pour lui donner le mouvement: & ſi l'on ſe ſert de petits Tours de fer, & que l'ouvrage ſoit délicat, on n'y employe qu'un archet, que l'on tient & que l'on pouſſe à la main.

Deſcription du Tour commun.

Les principales & les plus fortes piéces de ce Tour, ſont les jumelles, les jambages, les ſemelles avec leurs arc-boutans, les poupées, la lunette, & enfin le ſupôt, c'eſt à dire, la barre ou piéce de bois qui ſert d'appui quand on travaille. Les autres piéces ſont moins conſidérables, mais non moins néceſſaires pour l'uſage de la machine. On en parlera dans la ſuite, après avoir expliqué & comme placé ces premiéres piéces qui ſervent à monter le Tour.

Les jumelles ſont deux membrures de bois de chêne, de la longueur & de la groſſeur qu'il plaît à l'Ouvrier. Elles ſont poſées de niveau, paralleles l'une à l'autre, & ſéparées de quelques pouces, ſuivant l'épaiſſeur de la queuë des poupées qu'on doit placer entre deux. Ces jumelles portent des deux bouts dans deux jambages dans leſquels elles ſont emboîtées.

Ce ſont proprement ces deux derniéres piéces, c'eſt à dire, les jambages, qui entretiennent toute la machine: elles ont quatre pieds de haut, ou environ, & ſont poſées d'aplomb & debout ſur les ſemelles où elles ſont emmortoiſées à tenon: on les fortifie encore de chaque côté par deux liens en contrefiches,

Ce

Ce qu'on appelle les Semelles sont deux forts morceaux de bois d'équarrissage, de près de quatre pieds de longueur & de grosseur à discrétion, qui sont couchez de champ sur le plancher de l'attelier.

Dans l'intervale qui sépare les jumelles l'une de l'autre on place les poupées. Ces piéces sont toûjours doubles, d'une égale hauteur, longueur & grosseur, mais proportionnées à la force des jumelles qui les soûtiennent. Elles sont de bois, quarrées par la tête, & entaillées en tenon par la queuë; en sorte qu'elles soient réduites à l'épaisseur qui convient pour qu'elles puissent entrer entre les jumelles. A la queuë de chaque poupée est une mortoise qui la traverse d'outre en outre, où l'on chasse des coins de bois qu'on appelle des Clefs, pour serrer la poupée, & l'affermir sur les jumelles. Ces clefs se mettent par dessous.

Vers le haut de chaque poupée est un trou carré où sont placez ce qu'on nomme les Bras; c'est à dire, deux morceaux de bois de même figure que le trou, en sorte qu'ils puissent s'avancer ou se reculer à volonté. C'est sur ces bras qu'est soûtenuë la barre ou support qui sert à l'Ouvrier à soûtenir & appuyer ses outils lors qu'il travaille.

Le support, qui est presque aussi long que les jumelles, a ordinairement dix-huit lignes ou deux pouces d'épaisseur & quatre de largeur. Il est un peu moins élevé que les poupées, & est percé de distance en distance, pour y mettre de petits supports, & des clavettes pour contenir l'ouvrage, quand il est foible & a beaucoup de portée.

Au dessus des bras des poupées sont les pointes entre lesquelles se met la piéce que l'on veut tourner. Elles sont d'acier, ou de fer acéré, & forment comme un double équerre; ce qui ressemble assez à la lettre Z. On leur donne cette figure, afin qu'elles ayent plus de force, & pour les mieux affermir dans la tête des poupées où elles sont enclavées.

Ces deux pointes qui sont réguliérement placées au milieu de la tête de chaque poupée, se regardent, & doivent être si justement opposées, qu'en les approchant l'une de l'autre, elles se touchent dans le même point. Quelque-fois on se sert de pointes droites, mais dont la queuë est tournée en vis. Celles-ci traversent toute la tête de la poupée, & s'avancent ou se reculent à discrétion avec une manivelle.

La lunette est une espéce de troisiéme poupée, mais moins épaisse & sans pointe, au lieu de laquelle elle a un trou très-rond percé dans le haut de la piéce, à la hauteur des pointes des vrayes poupées. Elle sert à tourner en l'air; c'est à dire, à appuyer par un bout les piéces qu'on veut creuser en dedans, comme des boîtes & des vases, ou ausquelles on veut faire des écrous & des vis, & qui à cause de cela ne peuvent se tourner entre deux pointes, auquel cas on la substituë à l'une des poupées ordinaires. On se sert aussi de la lunette pour soûtenir le mandrin, piéce importante du Tour, dont on parlera dans la suite.

Souvent les lunettes sont de fer ou de cuivre par en haut; c'est à dire, que le trou qui soûtient le mandrin, ou les piéces qu'on tourne en l'air, est percé dans une plaque de l'un de ces deux métaux enchassée dans un pied de bois. Il y a aussi des lunettes de deux piéces pour la facilité de l'ouvrage, dont la partie supérieure est mobile.

Au bas du Tour, & précisément au dessous des pieds du Tourneur, est la marche, & au dessus de sa tête est l'archet.

Cet archet est une perche atachée au plancher de l'attelier, en sorte qu'elle fasse ressort, c'est à dire, qu'elle se reléve de soi-même. A l'égard de la marche, c'est un bâti de menuiserie de forme triangulaire, ou bien seulement une simple tringle de quatre ou cinq pieds de longueur. Une corde atachée par les deux extrêmitez au bout de chacune de ces deux piéces, fait un tour sur l'ouvrage qu'on veut tourner, ou sur le mandrin auquel il est colé; de sorte que l'Ouvrier en appuyant le pied sur la marche, & en le relevant alternativement & avec régularité, le mandrin ou l'ouvrage tourne, & donne la facilité en tenant un outil appuyé sur la barre, de faire prendre à la piéce telle figure sphérique ou ovale que l'on veut.

Les mandrins sont de plusieurs sortes, suivant la qualité & la force de l'ouvrage. Ils sont ordinairement tout de bois, mais quelque-fois on y ajoûte quelques piéces de fer. Leur principal usage dans les Tours communs est d'alonger les piéces qu'on veut tourner, quand elles n'ont pas assez d'épaisseur pour être tournées entre deux pointes. Lors que ces piéces doivent avoir un trou au milieu, comme sont les grandes & petites poulies, le mandrin doit avoir une queuë de fer si l'ouverture est étroite, & de bois si elle est grande, mais toûjours proportionnée à l'ouverture; & alors les deux bouts du mandrin sont portez par les pointes des deux poupées. Si la piéce qu'on tourne ne doit point être percée, le mandrin n'a pas de queuë; on y atache seulement la piéce avec du mastic, ou bien on l'y fait tenir par le moyen de deux ou trois pointes que le mandrin a à l'un de ses bouts; en sorte que des deux pointes l'une touche le bout du mandrin, & l'autre la piéce qui y est attachée.

Il y a encore un grand & fort mandrin à queuë, qui sert à tourner des quadres ronds, comme les appellent les Menuisiers, ou des bordures de tableaux de cette figure.

Ce mandrin est un gros cylindre ou rouleau de bois, qui n'a guére moins d'un pied de long & de deux pouces de grosseur. A l'un des boûts de ce rouleau est fortement atachée par son centre une piéce aussi de bois, de figure sphérique, & toute semblable à une poulie dont le diamétre seroit de douze à quinze pouces, & l'épaisseur environ de deux pouces. C'est à cette piéce qu'on fait tenir avec quatre vis de fer le panneau, ou la bordure qu'on veut tourner; & afin de les pouvoir tourner par le parement de devant, & faire les moulures des côtez, on ajoûte à celle des poupées qui touche l'ouvrage deux morceaux de bois d'un pied de long & de forme triangulaire, qu'on appelle des Aîles, avec une tringle pareillement de bois atachée à celle de ces deux aîles qui est du côté du Tourneur; ce qui forme avec elle une équerre. Ce sont ces piéces ajoûtées aux poupées qui servent à l'Ouvrier de support pour soûtenir & arrêter les outils.

Il faut remarquer que les pointes des poupées à aîles sont toûjours à vis pour les avancer & reculer; & que c'est toûjours avec une roue qu'on fait tourner ce mandrin, à cause de la pesanteur des ouvrages, & de la situation contrainte de l'Ouvrier, qui ne lui permet pas de se servir de la marche qu'il a ordinairement sous les pieds.

On ne fait point ici la description de la roue des Tourneurs l'ayant donnée ailleurs. *Voyez* Roue.

Toutes les espéces de mandrins dont on a parlé jusqu'ici, ne servent qu'à tourner entre deux pointes. Ceux desquels on se sert pour tourner en l'air sont aussi des cilindres de bois, mais qui d'un bout sont soûtenus par la pointe d'une des poupées, & qui par l'autre bout, où ils ont une vis de fer ou de cuivre, s'appuyent contre le trou de la poupée à lunette. C'est à cette vis que se met la boîte, c'est à dire, une piéce de bois qui a un écrou d'un côté pour recevoir la vis, & qui est plate de l'autre, pour y atacher avec des pointes ou du mastic ce que l'on veut tourner.

Tours de Fer.

Les Tours de fer ne sont guére différens du grand Tour de bois: ils ont néanmoins beaucoup moins de piéces à cause de leur petitesse, & de l'étau dans lequel on a coûtume de les placer, quand on veut s'en servir.

Ces petits Tours ne consistent ordinairement qu'en deux poupées, qui servent aussi de jambages, & qui sont jointes par en bas par une assez longue piéce de fer quarrée, quelque-fois massive, & quelque-fois ouverte dans presque toute la longueur par une espéce de rainure à jour. Dans les tours dont cette piéce est à rainure, un support mobile y est ataché avec des clavettes par dessous, & s'avance & se recule le long de cette rainure suivant le besoin de l'Ouvrier; si au contraire la piéce est massive, le support a un trou percé quarrement par en bas dans lequel elle entre, ayant pour l'arrêter une vis à côté & encore une autre par devant pour le hausser & baisser à discrétion. Ces supports sont toûjours de fer & à queuë d'ironde par en haut pour donner plus de place à l'outil qu'on appuye dessus.

Quelque-fois au lieu de ces supports mobiles on se sert d'une petite piéce, ou barre de fer, qui porte d'une poupée à l'autre, & qui y est soûtenuë par deux bras aussi de fer qui sortent de ce qu'on appelle les Picolets, c'est à dire, de deux petites piéces à jour rivées à côté de chaque poupée.

Les pointes des poupées des tours de fer sont toûjours à vis, & ces vis ont sept ou huit pouces de long; appointées si c'est pour tourner de l'ivoire ou du bois, & avec une couette ou crapaudine si c'est pour tourner des métaux, particuliérement du fer, en sorte qu'il faut faire avec la lime une pointe à chaque extrêmité de la piéce de métail qu'on veut tourner, qui alors entre dans la cavité de la crapaudine.

Les Serruriers & autres semblables Ouvriers qui travaillent sur le fer & qui veulent tourner des ouvrages en l'air, se servent ordinairement du chevalet à forer, en mettant un mandrin à vis dans la boîte à la place du foret, & y ajoûtant un support posé transversalement sur la piéce qui unit & soûtient les poupées.

C'est presque toûjours avec un archet à main qu'on donne le mouvement circulaire aux petits tours de fer. Les Serruriers l'appellent un Archelet & quelque-fois un Hameçon. *Voyez les articles du chevalet à forer, de l'Archet & du Hameçon.*

Toutes les piéces tant du tour de bois que des tours de fer dont on vient de faire la description, ne servent qu'à tourner des ouvrages réguliers, c'est à dire, de figure tout à fait sphérique; pour les irréguliers tels que sont les colonnes torses, les ovales, les roses & autres ornemens que l'on met sur les boîtes & les tabatiéres, & lors qu'on veut y faire des vis & des écrous, il faut se servir de piéces plus composées, mais dont l'usage & la position sont difficiles à décrire, & plus encore à comprendre, à moins qu'on ne les ait sous les yeux. On va pourtant en tenter la description.

Tour pour les figures irréguliéres.

La principale piéce de ce tour est ce qu'on nomme l'Arbre dont la longueur est arbitraire, mais toûjours proportionnée à la grandeur du tour où il doit servir.

Cet arbre est composé partie de cuivre, partie de fer & partie de bois. Ses parties de cuivre sont la boîte & la piéce ovale, ou de telle autre différente figure qu'il plaît à l'Ouvrier; c'est cette derniére piéce qui doit servir à former les contours irréguliers de ce qu'on veut tourner. Les piéces de fer sont la verge quarrée & ses clavettes pour y atacher & y affermir les canons & le mandrin qu'elle traverse d'un bout à l'autre. Enfin, les deux canons & le mandrin même sont de bois.

A l'égard de l'arrangement de ces piéces le long de la verge pour en composer l'arbre, premiérement est la boîte de cuivre avec son canon, ensuite la piéce ovale fermement arrêtée sur la verge entre ce premier canon & un second canon qui la presse; enfin, vient le mandrin dans lequel est emboîté ce dernier canon. Par le bout du mandrin sort l'extrêmité de la verge de fer qui se termine en une pointe pour mettre dans une crapaudine appliquée contre la poupée qui doit soûtenir l'arbre de ce côté-là; toutes ces piéces sont arrêtées sur la verge quarrée par le moyen de diverses clavettes qui les traversent & qui passent dans des trous percez de distance en distance le long de cette verge.

Cet arbre ainsi disposé tourne entre deux poupées dont l'une est à lunette & très-composée, & l'autre très-simple, n'ayant de plus que les poupées ordinaires qu'une crapaudine comme on vient de le dire pour recevoir la pointe de l'arbre qui est du côté du mandrin.

La poupée à lunette soûtient l'arbre précisément entre la boîte & la piéce ovale, en sorte que la boîte & l'ouvrage qui y est mastiqué se trouvent au de-là de la lunette, & que la piéce ovale joint en dedans la plaque de fer de cette même lunette.

Sur cette plaque est attachée ce qu'on appelle la piéce de rencontre, c'est à dire, un morceau de fer qui, lorsque l'ovale le rencontre par son grand diamétre, se recule, & lors qu'il n'est touché que par le petit diamétre se rapproche, ce qui se succédant alternativement à mesure que l'arbre tourne, fait prendre à l'ouvrage qui est mastiqué sur la boîte la figure de l'ovale ou telle autre figure irréguliére que le Tourneur a mise en sa place.

Il faut observer dans ces ouvrages de tour irréguliers que

que le Tourneur tienne toûjours son outil ferme au même endroit; & parce que lors que les matiéres qu'on tourne sont trop dures, comme quand c'est du fer, du cuivre, ou de l'argent, les mains de l'Ouvrier ne suffisent pas pour affermir l'outil, l'on a des appuis de bois faits exprès, au dessus desquels sont disposées de petites bandes de fer distantes du bois de l'épaisseur de l'outil, entre lesquelles & l'appui, l'outil se met & demeure ferme.

Comme tout le secret de ces tours à figures irréguliéres consiste dans ce mouvement alternatif de la piéce de rencontre qui hausse ou qui baisse l'arbre suivant qu'elle est touchée par le grand ou petit diamétre de l'ovale; l'on se sert de deux moyens pour que l'arbre se remette de lui-même dans la situation qu'il avoit avant que cette piéce de rencontre l'en eût déplacé.

Le premier est un fer faisant ressort tourné en forme de crochet qu'on atache d'un bout sur les jumelles, & qui de l'autre soûtient l'arbre, en sorte que baissant avec lui quand il est pressé, & se relevant aussi-tôt par sa vertu élastique lors que la piéce de rencontre ne le force plus, il repousse l'arbre sous lequel il est & le replace dans sa premiére situation, ce qui arrive toutes les fois que la piéce ovale a pour ainsi dire achevé sa révolution.

L'autre moyen de relever l'arbre est encore plus simple; ce n'est qu'une corde qui y est liée d'un bout, & qui passant sur une poulie attachée au plancher soûtient de l'autre bout un poids suffisant pour rapprocher l'arbre quand il n'est plus contraint par la piéce de rencontre.

Enfin, comme on est souvent obligé de changer d'arbre & de mandrin, & qu'il faut que l'arbre soit affermi dans la lunette jusqu'à un certain point, on met à cette lunette une piéce de fer qui se levant & se serrant par diverses vis, donne la commodité de changer ces instrumens & de les serrer suivant qu'il est convenable.

L'arbre pour faire des vis & des écrous est tout semblable à celui qu'on vient de décrire, hors qu'on n'y met point de piéce ovale, & qu'au lieu d'entrer par sa pointe dans la crapaudine d'une poupée, il s'engraine par la vis de son mandrin qui lui tient lieu de pointe, dans un écrou préparé & percé dans une plaque de fer qu'on ajoûte à la poupée, à la place de sa crapaudine, ce qui fait que l'arbre avance & recule à chaque fois que l'Ouvrier fait tourner sa piéce.

Au reste, chacune de ces plaques ont des écrouës de divers pas ou grosseurs, ausquels les vis des mandrins doivent être proportionnées. Les vis & les écrous des boîtes & des tabatiéres se font avec des fers à dents différenment taillez suivant que c'est pour travailler en dedans, ou en dehors. On fait aussi des vis & des écrous de bois à plusieurs ouvrages avec un tarot emboîté & une espéce de terriére qu'on appelle une vis. *Voyez* Vis. *Voyez aussi* Tarot.

Les Tourneurs en bois, en pierre, en ivoire, en os & en corne se servent de plusieurs outils de Menuisiers, de Tailleurs de pierre & d'autres Artisans pour débiter, dégrossir & tourner les matiéres qu'ils veulent employer aux ouvrages de tour; telles sont les sies de diverses sortes, la hachette, la serpe, les ciseaux, les gouges, les becs-d'ânes, les écouennes & les rapes.

Ils ont aussi des instrumens qui leur sont propres, comme les biseaux, les grains d'orge, les fers crochus, enfin, les fers dentelez par le bout & par le côté; & outre cela tous ceux que chaque Ouvrier invente & fait forger suivant son génie & son besoin, qui n'étant pas d'un usage général, n'ont point de noms, ou du moins en ont qui ne sont connus que de ceux qui les employent.

Tous ces outils sont expliquez à leurs articles suivant l'ordre alphabétique.

Tour. Les Potiers de terre donnent aussi ce nom à une des rouës sur lesquelles ils tournent & forment les ouvrages de poterie qui doivent être de figure sphérique. C'est sur ce tour que se font les petits ouvrages, les grands se faisant sur la rouë. *Voyez la description & l'usage de ces deux machines à l'article des Potiers de terre.*

Tour. Les Chauderonniers appellent aussi du nom de Tour la machine dont ils se servent pour donner aux chauderons & aux poîlons leur derniére façon.

Les principales parties de ce tour sont la grande rouë, l'établi, la petite rouë, la noix & le coin; la grande & la petite rouë sont semblables à celle des Couteliers, l'établi est un chassis de bois fait comme le pied d'une table.

La noix est un plateau de bois tourné en rond qui s'applique fortement sur le fond de l'ouvrage qu'on veut tourner; enfin, le coin est une piéce aussi de bois avec lequel on serre l'espéce d'arbre ou de mandrin que les rouës font tourner.

Les ouvrages de chauderonnerie se tournent avec le gratoir à étaimer, & c'est avec cet instrument que se font ces traces circulaires que l'on voit sur les poîlons & chauderons neufs.

Tour, que les Boulangers appellent aussi Table à tourner. C'est une petite table quarrée ferme & solide, placée auprès de leur paîtrin, sur laquelle ils dressent & tournent les morceaux de pâte qu'ils ont coupé & pesé, & leur donnent la figure qui convient à la qualité du pain qu'ils veulent faire. C'est au sortir de dessus le tour que l'on met le pain sur la couche pour le faire lever. *Voyez* Paîtrir.

Tour. Les Patissiers donnent aussi ce nom à une forte table qui a des bords de trois côtez sur laquelle ils paîtrissent leur farine & tournent leur pâte, soit pour ce qu'on appelle des pains benits, soit pour faire les croûtes des pâtez, tourtes, & autres piéces de four.

Tour de Cheveux. C'est une tresse de cheveux qui fait tout le tour de la tête, & qui, mêlée adroitement avec les cheveux naturels, les allonge & les épaissit; ces sortes de tours sont pour les hommes.

Les femmes se servent aussi de tours & faux cheveux, ou pour cacher leur âge, ou pour suppléer à la rareté de leurs cheveux sur le devant de la tête & sur les temples; ils s'atachent sous leur coiffures. La forme en est différente suivant les modes; tantôt frisez & élevez, tantôt plats & couchez modestement le long du front; quelquefois ce ne sont que de simples crochets un peu tournez en croissant, & quelque-fois aussi lors que les Dames se coiffent en cheveux, ce qui est devenu fort rare depuis la fin du dix-septiéme Siécle, ce sont de longues boucles qui leur pendent plus ou moins & souvent jusques sur les épaules. *Voyez* Perruque.

Tour de calandre. Donner un tour de calandre à une étoffe ou à une toile, c'est la faire passer une seule fois

fois sous la calandre. Quatre tours s'appellent une demi-Voye, & huit tours une Voye de calandre. *Voyez* CALANDRE.

TOUR DE CHARDON. Terme de Manufacture de lainage. *Voyez* VOYE DE CHARDON.

TOUR. Se dit aussi dans les Manufactures & blancheries de cire, d'un gros cilindre ou rouleau de bois dont se servent ceux qui la purifient & l'apprêtent pour la greloüer ou grainer avant de la mettre sur les toiles pour être blanchie. *Voyez* GRELOUER.

TOURBE. Terre noirâtre & sulfureuse dont l'on se sert en Hollande & en Flandre pour se chauffer.

Les tourbes de Flandres se lévent de dessus la superficie de la terre, & se coupent en maniére de grosses briques; le *Gramen* espéce d'herbe qui croît en abondance & fort épais sur la terre à tourbes, contribuë beaucoup lors qu'il est bien sec à y entretenir le feu.

Les tourbes de Hollande se tirent du fond des canaux dont la plûpart des campagnes sont traversées, ce qui sert tout ensemble à tenir ces canaux toûjours nets & navigables, & à supléer au peu de bois que la plûpart des terres des Provinces-Unies produisent.

La terre des tourbes Hollandoises est très-noire; à mesure qu'on la tire du fond des canaux on la répand sur les bords où on lui donne assez d'épaisseur pour qu'elle se puisse réduire environ à trois pouces lors qu'elle est passablement séche.

C'est en cet état qu'on la débite en morceaux de sept à huit pouces de long sur trois de hauteur; & afin d'achever de la sécher, on en fait des monceaux tant pleins que vuides, qu'on éléve dans des cabanes construites en pleine campagne, & qui n'ont que le toît soûtenu de quelques grosses perches. Les tourbes se vendent au boisseau, au panier ou au tonneau; les droits d'accise imposez sur cette sorte de marchandise sont considérables, & sont une partie du revenu de l'Etat. Le feu qui sort de ces tourbes n'est pas désagréable à la vûë, mais son odeur & sa fumée sont presque insupportables quand on n'y est pas accoûtumé.

TOURBE. La France a aussi ses tourbes qui se font avec du vieux tan. *Voyez* MOTTES A BRULER.

TOURC, ou TURQ. Monnoye d'argent de Lorraine qui vaut environ dix-huit sols de France. Il s'en fabriquoit aussi autre-fois au coin des Princes d'Orange lors qu'ils étoient Maîtres de cette Principauté. Ils passent dans les Echelles du Levant pour le tiers de l'asselani, ou écu de Hollande.

TOURET. Espéce de machine dont les Lapidaires se servent pour graver les pierres précieuses soit en creux, soit en relief. *Voyez* AMETHYSTE. *Ce touret & la maniére de s'en servir y sont expliquez.*

TOURET. Se dit aussi des anneaux qui sont aux gardes d'une romaine, ou peson. *Voyez* PESON.

TOURET. C'est encore une espéce de moulinet dont les Cordiers se servent pour corder ce qu'ils appellent du Bitord. *Voyez* CORDE, *ou* CORDIER.

TOURNE A GAUCHE. Outil de fer quelque-fois avec un manche de bois qui sert comme de clef pour tourner d'autres outils.

Les Charpentiers, Menuisiers, Serruriers & autres Ouvriers ont chacun leur tourne à gauche, mais peu différens les uns des autres.

Les tourne à gauche pour les tarots sont tout de fer; ils sont plats, d'un pouce environ de largeur, & de six ou sept pouces de longueur; ils ont au milieu une entaille quarrée où l'on met la tête du tarot quand on veut le tourner pour faire un écrou. *Voyez* FILIERE.

TOURNE A GAUCHE. Est aussi un outil de fer plat avec plusieurs entailles d'un côté & un manche de bois qui sert à détourner les dents des sies pour leur donner plus de voye.

TOURNE-FIL. Instrument d'acier quarré qui sert aux Peigniers à donner le fil à leurs écouennes & autres outils. C'est une espéce de fusil propre aux mêmes usages que celui des Bouchers, Cuisiniers & Charcutiers, avec cette différence que le fusil est rond & le tourne-fil quarré. *Voyez* PEIGNE.

TOURNER. Travailler quelque chose en rond. Il se dit principalement des ouvrages qui se font sur le tour. *Voyez* TOUR.

TOURNER LA PASTE. Terme de Patissier & de Boulanger. *Voyez* PASTE.

TOURNES-GANS, ou RETOURNOIS. Terme de Gantier, qui se dit de deux bâtons de cormier, ou de bouis très-polis, ronds & longs d'environ deux pieds, plus gros par le milieu que par les bouts, à peu près semblables à de grands fuseaux. L'un se nomme le mâle & l'autre la femelle. On les appelle aussi Bâtons à Gans. Ces bâtons se fourent dans les doigts des gans pour les pouvoir retourner avec facilité sans les salir ni chifonner. Ils servent aussi à renformer les gans, c'est à dire, les élargir sur le renformoir, pour leur donner une meilleure forme, ce qui s'appelle aussi Bâtonner les gans.

TOURNESOL, ou MAURELLE. Plante qui croît en quelques endroits du Languedoc, sur tout aux environs de Massillargues & de Lunel, & à Gallargues, Village du Diocèse de Nîmes. C'est l'Heliotropium, autrement le Ricionoÿdes des Botanistes.

La racine de cette plante qui est blanche, ronde & ordinairement assez droite, pousse une tige ronde qui se divise en plusieurs branches; ses feuilles sont d'un verd pâle & quasi cendré, ses fleurs de couleur jaune, sont renfermées dans de petits boutons qui forment une espéce de grappe: elles sont de deux sortes, les unes stériles qui séchent à mesure que la grappe croît, & les autres fécondes qui produisent le fruit.

Quelques Auteurs ont crû cette plante utile pour la guérison de diverses maladies; mais les plus habiles Modernes sont persuadez par leur propre expérience que la médecine n'en peut pas tirer de grands secours.

Son plus grand usage est pour la teinture, & l'on tire de son suc la couleur, dont avec quelque préparation on compose en France dans les lieux où elle se trouve, ce qu'on appelle le Tournesol en drapeaux.

Voici la maniére dont on le prépare, que l'on doit au savant Monsieur Nissolle de l'Académie des Sciences.

Maniére de faire le Tournesol en drapeaux.

Les paisans ramassent au commencement du mois d'Août les sommitez du Ricionoÿdes; ils les font moudre dans des moulins assez semblables aux moulins à huile; ensuite les ayant mis dans des espéces de cabas, ils en expri-

exprimeNt le suc avec des presses. Quand ce suc a été exposé au Soleil environ une heure, ils y trempent des chiffons qu'on étend à l'air jusques à ce qu'ils soient bien secs; & après les avoir quelque tems humectez sur la vapeur d'environ dix livres de chaux vive qu'on a fait éteindre dans une suffisante quantité d'urine, on les remet sécher au Soleil, pour de nouveau les tremper dans le suc du Ricinoïdes; & lors qu'ils sont séchez pour la derniére fois, ils sont dans leur état de perfection, & propres à être envoyez en différens endroits de l'Europe, où il s'en fait un Commerce assez considérable.

Quelques Auteurs, entr'autres Pomet, avancent, peut-être, un peu legérement, qu'il se prépare du Tournesol en drapeaux en Hollande, aux environs de Lyon, & en Auvergne, cette plante ne croissant en aucun de ces lieux, & ne s'y en faisant non plus aucun envoi; & si on reçoit de ces Païs du Tournesol en pâte, ou en pain, il faut certainement, ou qu'ils le composent avec le Tournesol en drapeaux qu'ils tirent du Languedoc, ou avec quelqu'autre drogue qu'ils savent préparer comme notre Tournesol.

Le Tournesol en drapeaux, ou en chiffons; car on lui donne aussi ce nom, sert à teindre les vins & autres liqueurs à qui il communique une agréable couleur. On s'en sert beaucoup en Allemagne, en Angleterre & en Hollande.

Le Tournesol de Constantinople, que les Turcs nomment Bizerere Rubré, est du crêpon, ou de la toile teinte avec de la cochenille & quelques acides.

Le Tournesol en coton vient de Portugal. C'est du coton aplati, de figure & de la grandeur d'un écu blanc, qui a été teint avec de la cochenille mesteque; il sert à donner un beau rouge aux gelées de fruits.

Le Tournesol, autrement Orseille de Hollande, est une drogue propre pour la teinture, qui néanmoins est également défenduë aux Teinturiers du grand & du petit teint. C'est cette drogue qu'on nomme aussi Tournesol en pâte, Tournesol en pierre, & Tournesol en pain. Outre l'usage qu'on en peut faire en teinture, on s'en sert pour colorer l'empois. *Voyez* Orseille.

Le Tournesol paye en France les droits de sortie comme Orseille, c'est à dire 34 f. du cent pesant.

Les droits de la Douane de Lyon sont pour le Tournesol, ou Orseille 32 f. 6 d. d'ancienne taxation, & 20 f. pour les quatre pour cent du quintal.

Le même de France en tout dix sols.

Le même de Flandre, 57 f. 6 d.

Le Tournesol en drapeaux de France, 22 f. 6 d.

TOURNETTES. Petit instrument de bois qui sert à dévider de la soye, du fil, de la laine, du coton, &c. Les Tournettes sont toûjours doubles, & sont composées de deux cilindres de bois leger, qui ont chacun leur pivot sur lequel elles tournent. Les pivots sont atachez sur une planche qui leur sert de pied.

Tournettes. Les Chandeliers appellent aussi des Tournettes, les dévidoirs sur lesquels ils dévident la méche de leur chandelle pour la mettre en pelotes. *Voyez* Chandelle.

TOURNE-VIS. Outil de fer avec lequel on tourne les vis, soit en bois, soit en fer, pour les faire entrer dans leur écrou. On l'appelle quelque-fois Tourne à gauche quoi que ces deux outils soient différens.

TOURNEUR. Celui qui travaille sur le tour. Il y a à Paris une Communauté de Maîtres Tourneurs Rempailleurs de Chaises.

Tourneurs. Les Potiers d'Etain & les Couteliers nomment aussi Tourneurs ceux qui tournent leurs rouës. *Voyez* Coutelier & Potiers d'Etain.

Tourneur. On appelle aussi Tourneurs les Maîtres Peigniers & Tablettiers de Paris à cause des petits ouvrages de tours, soit d'ivoire, soit de bois qu'il leur est permis de faire. *Voyez* Peignier.

TOURNOIR. Signifie en terme de Potiers de Terre, un bâton rond de trois ou quatre pieds de long, avec lequel l'Ouvrier qui travaille des ouvrages de Poterie à la grande rouë, donne le mouvement à cette machine; ce qu'il fait en l'appuyant successivement sur chacune des quatre rais de la rouë, le quitant & le reprenant autant de fois qu'il le croit nécessaire pour hâter ce mouvement. *Voyez* Potiers de Terre.

TOURNOIS. On appelle Livre Tournois, Sou Tournois, une sorte de monnoye à présent imaginaire, dont on se sert en France pour tenir les livres. *Voyez* Monnoye, *où il est parlé des Monnoyes de compte. Voyez aussi les articles du Sou & de la Livre.*

TOURON, qu'on nomme aussi TORON. Terme de Cordier, qui signifie un cordon fait de plusieurs fils de carret. *Voyez* Toron.

TOURS. Les Marchands Epiciers-Ciriers appellent ainsi de gros cilindres ou rouleaux de bois dressez sur des pieds, qu'ils font tourner avec des manivelles pour filer la bougie. *Voyez* Bougie.

TOURS-TERRIERES, autrement ROULEAUX SANS FIN. Ce sont de gros cilindres de bois armez de fer par les deux bouts, dont l'on se sert pour conduire d'un lieu à un autre les fardeaux extrêmement pesans, comme les blocs de marbre, ou les pierres de taille d'un grand volume. *Voyez* Rouleaux de Charpentier.

TOURTEAU. Masse que l'on compose du résidu de certains grains, fruits, ou matiéres dont on a exprimé de l'huile.

Les Tourteaux payent en France les droits d'entrée à raison de 3 f. le cent en nombre, & ceux de sortie sur le pied de 8 f. le cent pesant.

TOURTES. Se dit particuliérement du marc qui reste des noix & des graines de navette, de rabette & de lin.

Toutes ces Tourtes payent d'entrée 16 f. du millier en nombre, & de sortie; savoir,

Les Tourtes de noix 30 f. le millier en nombre.

Et les Tourtes de navettes, de rabette & de lin, 20 sols.

TOYORE. Marchandise employée dans le Tarif de la Douane de Lyon.

Les Toyores de fer payent à cette Douane 4 f. du quintal.

TRACE. Nom que l'on donne à une sorte de gros papier gris, qui s'appelle autrement Mainbrune; il sert à faire le corps des cartes à jouer.

Il y a une autre sorte de papier que l'on appelle aussi Trace, ou Maculature, qui aproche de la qualité du premier; il s'employe à envelopper les rames de papier. *Voyez* Papier.

Trace de Fragelas. *Cette sorte de Trace paye à la Douane de Lyon un sol 6 d. de la livre.*

TRACER. Dessiner le premier trait de quelque chose. On

On trace les desseins des broderies, des tapisseries, des tableaux.

TRACER LA NATE. Terme de Natiers en paille. C'est en faire les cordons au clou, c'est à dire, passer alternativement les unes sur les autres les trois branches de paille dont chaque cordon est composé. *Voyez* NATE.

TRACER. Signifie aussi parmi les Ouvriers en bois, comme les Charpentiers, Menuisiers, Charrons, &c. se servir du Traceret pour marquer la besogne.

TRACERET. Outil de fer pointu dont on se sert en mécanique pour tracer, marquer & piquer le bois. Le Traceret des Charpentiers est long de sept à huit pouces, avec une espéce de tête par le haut. Les Menuisiers se servent le plus souvent d'une des pointes de leur petit compas de fer au lieu de Traceret.

TRACOIR. Poinçon d'acier dont se servent les Orfévres & les Graveurs.

TRAFIC. Commerce, Négoce, vente ou échange de marchandises, de billets, d'argent. Il se fait en Moscovie un grand trafic de Pèleterie. Le principal trafic des Hollandois aux Indes consiste en Epiceries; presque tout le trafic d'argent se fait sur la place à la Bourse.

Le mot de trafic se dit encore en bien des sens. Un trafic permis; un trafic prohibé, défendu; un trafic inconnu, un bon trafic, un mauvais trafic; il entend bien, il fait bien son trafic, &c.

On appelle un Marchand mêlé, celui qui fait trafic de toutes sortes de marchandises.

Ce terme vient de l'Italien *Trafico*, qui a été tiré de l'Arabe. *Voyez* COMMERCE, PROFESSION MERCANTILLE & NEGOCE.

TRAFIQUANT, TRAFIQUANTE. Qui trafique, qui négocie.

TRAFIQUER. Négocier, Commercer, échanger, ou troquer. Pour trafiquer en pierreries il faut un grand fond d'argent.

TRAFIQUE'. Qui a passé par la main des Négocians, des Marchands; on fait peu de cas des billets trafiquez qui ont passé par différentes mains.

TRAFIQUEUR. Marchand qui trafique, qui fait Commerce ou Négoce. Ce terme est ancien, & peu en usage aujourd'hui.

TRAGACANTH, ou TRAGACANTHE. Espéce de gomme. *Voyez* ADRAGANTH.

TRAIN, en fait de Négoce de bois. Se dit d'une maniére de Radeau formé d'une certaine quantité de morceaux ou piéces de bois jointes ensemble par le moyen de plusieurs longues perches liées & atachées avec des espéces de liens ou hards, que l'on nomme ordinairement Rouettes.

Les bois se mettent en trains pour en faire la voiture avec plus de facilité, en les faisant floter en descendant par les riviéres; cette maniére de les voiturer ayant été inventée pour éviter les grands fraix qu'il en couteroit si l'on étoit dans l'obligation de les amener par chariots, ou par bateaux.

Presque tous les trains de bois que l'on voit descendre pour la provision de Paris, viennent d'Auvergne, du Bourbonnois, du Nivernois, de Bourgogne, du Morvant, de Champagne, de Lorraine, de Montargis, & autres lieux en remontant les Riviéres au dessus de Paris.

Il y a de trois sortes de bois qui se mettent ordinairement en trains; savoir, les bois quarrez qu'on nomme autrement les Bois d'Equarissage, ou Bois de Brin & de Charpente. Les bois de siage & les bois à brûler qui sont les bois de corde, de moule ou de compte, ces différentes espéces de bois sont expliquées à leur article. *Voyez* BOIS.

Chaque train de bois quarré est ordinairement composé de quatre brelles, chaque brelle ayant environ sept toises & demie de longueur; en sorte que le train peut avoir aprochant de trente toises de long: pour ce qui est de la largeur elle n'est nullement fixée, s'en faisant depuis quatorze pieds jusques à trois toises de large, suivant qu'on le juge à propos pour la facilité de la voiture.

Le train de bois de siage se forme ordinairement de deux éclusées, chaque éclusée ayant treize toises & demie de long sur douze pieds de large; ce qui fait en tout pour la longueur vingt-sept toises. Il faut remarquer que l'on met d'ordinaire trois solives l'une sur l'autre, ou trois poteaux, ou cinq membrures, ou quatre chevrons, ou quinze planches d'un pouce, ou dix planches d'un pouce & demi, ou huit planches de deux pouces, aussi l'une sur l'autre; en sorte que chaque train de bois de siage arrivant à Paris bien conditionné, doit contenir trois cens piéces de bois suivant le compte ou le toisé qui s'y en fait ordinairement.

Chaque train de bois à brûler est pour l'ordinaire composé de dix-huit coupons, le coupon ayant douze pieds de long, ce qui fait en tout trente-six toises en longueur: sa largeur la plus commune est de quatre longueurs de bûches, la bûche ayant trois pieds & demi, ce qui revient à quatorze pieds de large. Chacun de ces trains peut rendre à Paris vingt-cinq cordes ou cinquante voyes de bois. Il s'en pourroit trouver davantage n'étoit les bûches qui s'échappent lors que les trains flotent dans les Riviéres.

Il se fait des trains de bois à brûler qui n'ont que dix pieds & demi de large, cette largeur n'étant composée que de trois longueurs de bûches; ces derniers sont nommez Trains à trois branches, & viennent particuliérement du côté de Montargis par la Riviére de Loing, qui est étroite & profonde, les trains à trois branches, quoi que plus étroits que les autres, ne laissent pas néanmoins de contenir autant de bois, parce qu'ils sont aussi longs & plus épais, y ayant plus de bois lié l'un sur l'autre.

TRAIN. Terme d'Imprimerie. C'est cette partie de la presse des Imprimeurs sur laquelle est posée la forme, qui s'avançant & se reculant par le moyen d'une manivelle & de deux poulies atachées à ce qu'on appelle le berceau de la presse, pousse cette forme sous la platine, ou la retire suivant qu'il est nécessaire. *Voyez* IMPRIMERIE.

TRAINEAU. Espéce de machine dont les Voituriers se servent pour traîner & transporter des bales, caisses & tonneaux de marchandises.

Le Traîneau n'a point de rouë, & est seulement composé de quelques fortes piéces de bois jointes ensemble & emmortoisées avec des chevilles. Aux quatre coins de ce bâti, qui forme une figure quarrée longue, sont de forts crochets de fer pour y atteler les traits des chevaux qui les traînent. Cette sorte de Traîneaux ne sert point à la campagne, & est seulement d'usage dans les Villes.

TRAINEAU. C'est aussi une espéce de petit Chariot sans rouë

rouë dont l'on se sert dans les Païs Septentrionnaux, pour transporter sur la nége pendant l'hyver les Voyageurs, les Marchands, leurs hardes & leurs marchandises. Ils sont couverts & garnis de bonnes fourrures contre la rigueur du froid. Ce sont ordinairement des chevaux qui les traînent; mais quelque-fois on y employe des animaux très-legers & assez semblables à de petits cerfs que l'on nomme des Rennes, qui outre qu'ils sont d'une très-grande vitesse, ont cela de commode qu'ils n'ont besoin d'aucun conducteur, & que pour toute nourriture ils se contentent de quelque mousse qu'ils cherchent sur la Nége. La Laponnie, la Siberie & le Boranday, font tout leur Commerce avec des traîneaux attelez d'une de ces Rennes.

TRAIT. Ce qui est tiré & passé par une filiére. Il se dit de tous les métaux réduits en fil comme l'or, l'argent, le cuivre, le fer, &c. *Voyez* TIREUR D'OR & FILIERE. *Voyez aussi* FIL D'OR, D'ARGENT, DE LETON, DE FER, &c.

TRAIT. Or trait, argent trait, se dit par opposition à or, ou argent filé, qui sont aussi de l'or & de l'argent trait, mais filez sur de la soye ou du fil. *Voyez* DORURE & MARCHAND DE DORURE.

TRAIT. S'entend & se dit en terme de Voiturier par eau, de plusieurs bateaux vuides, atachez & accouplez ensemble, qui remontent les Riviéres pour aller charger de nouvelles marchandises aux lieux d'où ils sont partis. Quelques-uns disent Train de bateaux, mais improprement.

Par l'article 6 du second chapitre de l'Ordonnance de la Ville de Paris, les Conducteurs de Traits de bateaux montans, sont obligez, pour faciliter le passage des coches & bateaux descendans, de faire voler par dessus lesdits coches & bateaux la corde appellée Cincenelle, & empêcher que les bacules accouplez à la fin des traits ne s'écartent.

TRAIT. C'est encore l'espace que les Propriétaires des héritages situez sur le bord des Riviéres, sont obligez de laisser pour le tirage des chevaux qui servent à remonter les bateaux, ou à les descendre.

Le trait ou espace pour le tirage des chevaux, est réglé à vingt-quatre pieds par l'Art. 3 du premier chapitre de l'Ordonnance de la Ville de Paris, & il est défendu à tous Propriétaires de planter arbres, ou hayes, ni faire clôtures & fossez plus près du bord que de trente pieds, sous peine d'être les fossez comblez, les arbres & hayes arrachez, & les murs démolis aux fraix des contrevenans.

TRAIT. C'est aussi cette partie du harnois des chevaux de tirage qui sert à les atacher à la voiture qu'ils tirent. Les traits des chevaux de carrosse sont de cuir & s'atachent aux palonneaux ou palonniers du train. Ceux des chevaux de charettes ne sont que de cordes & tiennent aux limons. Ce sont les Bourreliers qui font & fournissent les uns & les autres.

CHEVAL DE TRAIT. C'est celui qui sert au tirage, particuliérement aux voitures. On le nomme ainsi pour le distinguer du cheval de selle ou de monture. *Voyez* CHEVAL.

TRAIT. Terme de Balancier. C'est ce qui fait pancher un des bassins de la balance plus que l'autre. Les bonnes balances ne doivent point avoir de trait, & leurs bassins doivent rester en équilibre.

TRAIT. Se dit pareillement chez les Marchands qui débitent leurs marchandises au poids, de ce petit excédent de pesanteur, qui doit faire que le côté de la balance où est la marchandise, emporte celui où sont les poids. On dit qu'une pistole, qu'un louïs d'or sont entre deux fers quand ils n'ont point de trait, & qu'ils ne sont point trébuchans.

Les Marchands sont obligez de donner le trait à chaque pesée de denrées & marchandises qu'ils vendent au poids; en sorte qu'une livre qui ne doit avoir qu'un seul trait, lors qu'on la pése en gros, en a seize si elle se pése par onces séparées; ce qui ne laisse pas de faire une différence considérable, à quoi les Détailleurs doivent prendre garde pour le prix qu'ils mettent à leurs marchandises.

TRAIT DE CHARDON. Terme de Manufacture de lainage. On dit plus ordinairement Voye de chardon. *Voyez* VOYE DE CHARDON.

TRAIT, en termes de Boucherie. Est un fort cordage avec un nœud coulant au bout, qu'on attache aux cornes d'un bœuf que l'on veut assommer. C'est avec ce trait, que l'on passe à travers d'un anneau de fer sellé à terre dans le milieu de la tuërie, qu'on le force de baisser la tête pour recevoir le coup de masse entre les deux cornes. *Voyez* ANNEAU DES BOUCHERS.

TRAITE. On appelle ainsi en Canada le Négoce que les François font avec les Sauvages de leurs castors & autres pèleteries.

Tant que la Compagnie de la Nouvelle France, formée en 1628, a subsisté, il n'étoit permis qu'aux Habitans de Canada, ou à ceux qui venoient s'y établir à leurs propres dépens, de faire la traite pour eux. Depuis la traite étoit devenuë génerale jusqu'en 1664, qu'elle appartint toute à la Compagnie Royale des Indes Occidentales. Enfin, le Domaine d'Occident ayant été réüni à la Couronne, & des Traitez ayant été faits, soit avec la Colonie, soit avec des Particuliers qui ont succédé à ces droits par la cession qu'elle lui en a faite, il n'a plus été permis aux Vicerois ou Gouverneurs d'accorder que jusqu'à vingt-cinq permissions pour la traite des Particuliers. *Voyez* COMPAGNIE DU CANADA, *ou* DU CASTOR.

TRAITE. Se dit aussi du Négoce des Negres qui se fait sur les Côtes de Guinée & autres Côtes d'Afrique. *V.* NEGRES.

TRAITE, en termes de Monnoyes. Se dit de tout ce qui s'ajoûte au prix naturel des métaux qu'on employe à la fabrication des espéces, soit pour les remédes de poids & de loi, soit pour les droits de Seigneuriage & de Brassage. Il signifie plus que Rendage, qui ne comprend que le Seigneuriage & le Brassage. *Voyez* RENDAGE.

TRAITE parmi les Tanneurs, Megissiers & Chamoiseurs. S'entend du bord du plein où ils mettent les peaux pour les préparer avec la chaux. Ainsi, relever les peaux sur la traite, c'est les retirer du plain, & les mettre égouter sur le bord. *Voyez* PLAIN.

TRAITE parmi les Banquiers. Signifie la remise d'argent qu'ils font d'un lieu à un autre. En ce sens on dit, qu'un Banquier, qu'un Négociant a fait de grandes traites d'argent sur Lyon, sur Bordeaux, &c. On ne se sert néanmoins guére de ce terme sans y ajoûter celui de remise. *Voyez* BANQUE & BANQUIER.

Il y a cependant quelque différence entre Traites & Remises; les Traites se prenant pour les Lettres de Change que les Banquiers ou Marchands tirent sur leurs Correspondans, pour être payées par leursdits Correspondans; & les Remises étant les Lettres de Change envoyées aux Correspondans pour être reçûës par eux: ainsi les unes sont proprement des ordres pour payer, & les autres des ordres pour recevoir.

On appelle Traites ou Remises continuées, les sommes qu'on remet en quelque place à son Correspondant, avec ordre de les remettre encore ailleurs, après s'être retenu sa provision suivant l'usage des lieux, ou les conditions faites entre le Banquier & son Correspondant.

Traite. Veut dire aussi quelque-fois achat ou vente de marchandises. On dit, Les Anglois & Hollandois font de grandes Traites de vins de France; pour dire, qu'ils en achétent beaucoup. La Traite des blez est défenduë en Pologne; pour dire, qu'il n'est pas permis aux Polonois de vendre leurs blez, ni aux Etrangers d'en acheter.

Traite Foraine. C'est en France un droit qui se léve sur les marchandises qui y entrent ou qui en sortent; ce qui s'entend aussi des Provinces du Royaume même qui sont réputées étrangéres. La Traite foraine, sur le pied qu'elle est présentement, contient quatre droits différens qui ont été réünis en divers tems. Le plus ancien de ces droits est le droit de Resve, en Latin *Jus Regni*. Le droit de Passage & le droit d'Imposition, ou Traite foraine sont aussi deux autres droits d'une assez grande antiquité: mais pour la Traite domaniale, qui est le quatriéme des droits qui se perçoivent à présent sous le seul nom de Traite foraine, elle n'est que du Régne de Henri III. qui l'établit en 1577. Cette derniére ne se léve que pour la sortie de quatre sortes de marchandises hors du Royaume, qui sont, le blé, le vin, la toile & le pastel.

TRAITE'. Marché, convention, contract, dont on tombe d'acord, & dont on régle les conditions & les clauses avec une ou plusieurs personnes. Il se dit de tout ce qui peut entrer dans le Commerce par achat, vente, échange, &c. On fait des Traitez pour des Sociétez, pour des achats de fonds de magazins ou de boutiques; pour freter des Vaisseaux, pour les assurer & les marchandises qui sont dessus. Ceux-ci s'appellent Polices d'assurance pour des Compagnies de Commerce, pour des Colonies, &c.

Traite'. Se dit aussi des articles qui sont arrêtez entre des Puissances Souveraines. Il y a des Traitez de Paix, de mariage, de confedération, de neutralité, de Trêve; enfin, des Traitez de Commerce, de Navigation & de Marine. Ces derniers ne sont pas les moins importans, & sont ordinairement suivis de divers Tarifs pour régler les droits d'entrée & de sortie des marchandises dans les divers Etats des Princes contractans.

Le dernier Traité de Commerce, Navigation & Marine entre la France & l'Angleterre fut signé à Utrecht le 11 Avril 1713. Il consiste en trente-neuf articles, dont la plûpart qui sont généraux, sont réguliérement éxécutez entre les deux Nations; n'y en ayant que quelques-uns plus particuliers qui n'ont pû encore avoir d'éxécution, à cause de quelques difficultez survenuës à l'occasion des Tarifs.

Le Traité de Paix entre la France & le Portugal, aussi signé à Utrecht les même jour & an, ne contient que dix-neuf articles, dont quelques-uns regardent particuliérement le Commerce des deux Nations, soit en Europe, soit dans l'Amérique, entr'autres les 5, 6, 8, 9 & 12.

Dans le même tems & au même lieu fut signé le Traité de Commerce entre la France & les Etats Généraux pour le tems de vingt-cinq années, à compter du jour de la signature.

Aux quarante-quatre articles qui composent ce Traité il fut ajoûté le même jour un article séparé au sujet de l'imposition de cinquante sous par tonneau établie en France sur les Navires étrangers, dont ceux des Etats Généraux sont déchargez dans tous les cas portez par ledit article, & seulement tenus de le payer, lors qu'ils chargeront des marchandises dans les Ports de France, pour les porter & décharger dans quelque Port du même Royaume.

Le quatorziéme article du même Traité concernant le droit d'aubaine, dont les biens des Sujets des Etats Généraux, décédans en France, sont déchargez, fut enregistré en Parlement par Lettres Patentes du Roi du mois d'Avril 1714.

Il s'est aussi conclû un Traité de Commerce entre la France & les Villes Anséatiques, signé le 28 Septembre 1716, confirmé & ratifié par des Lettres Patentes du 28 Avril 1718.

On s'est contenté d'indiquer ces Traitez, sans entrer dans le détail de leurs diverses clauses & conditions; ce qu'on n'auroit pû faire qu'en extrait, & qui auroit été peu utile; les Marchands & Négocians qui trafiquent au dehors du Royaume ne devant ignorer aucun des articles pour s'y conformer, & éviter les risques qu'on peut courir en y contrevenant.

TRAITER. Faire un Commerce, convenir de certaines conditions.

Traiter des Négres, Traiter des castors, c'est faire en Guinée le Commerce des Négres, & en Canada celui des castors. On dit plus ordinairement pour l'un & pour l'autre, Faire la traite.

Traiter du fonds d'un Marchand, Traiter de ses dettes, Traiter d'une action: c'est convenir des sommes d'argent, ou des conditions sous lesquelles on veut acheter toutes ces choses.

On le dit de même de la vente que de l'achat. Je veux traiter de la part que j'ai dans ce Negoce, dans cette Compagnie; c'est à dire, je veux m'en défaire & les vendre.

TRAITEUR. Cuisinier public qui donne à manger chez lui, & qui tient sales & maisons propres à faire nôces & festins. Il y a à Paris une Communauté de Maîtres Queux, Cuisiniers, Porte-chapes & Traiteurs, érigée en Corps de Jurande par Henri IV. *Voyez* Queux.

Traiteur. On appelle aussi de la sorte à la Louïsiane, les Habitans François qui vont faire la traite avec les Sauvages, & qui leur portent des marchandises jusques dans leurs habitations; c'est ce qu'on nomme en Canada Coureurs de bois. *Voyez* Coureur de bois.

TRAME, ou TREME, Terme de Manufacture qui signifie

signifie les fils que les Tisseurs, Tisserans & Tissutiers font passer transversalement avec une espéce d'outil appellé Navette entre les fils de la chaîne, pour former sur le métier des étoffes, des toiles, des basins, des futaines, des rubans, &c.

Les trames sont de différentes matiéres suivant les marchandises que l'on veut fabriquer. Dans les taffetas la trame & la chaîne sont toutes de soye; dans les moires la trame est quelque-fois de laine & la chaîne de soye: dans les draps, dans les ratines, dans les serges la trame est de laine aussi-bien que la chaîne. Les tiretaines ont la chaîne de fil & la trame de laine, &c.

Les Ouvriers de la Sayetterie d'Amiens nomment la trame de leurs étoffes Anchuë; & ceux qui fabriquent des serges à Aumale, Grandvillé, Feuquiéres, Crevecœur & lieux circonvoisins, l'appellent Enflure.

La trame des étoffes de laine ne doit point être colée, au contraire de la chaîne qui le doit être.

TRAME, ou TREME MOULE'E. Il ne se dit que dans la fabrique des serges de Londres. On entend par Trame moulée, la laine qui n'a pas été dégraissée de son huile.

Le Réglement de 1718 pour les Manufactures de la Généralité de Bourgogne ordonne, Que les serges de Londres de la Manufacture Royale de Seignelay seront travaillées à trame moulée, & batuës à quatre coups.

TRAMER, ou TREMER. Faire de l'étoffe ou de la toile, en passant la trame avec la navette entre les fils des chaînes.

TRAMEUR. Ouvrier dont l'occupation est de disposer les fils des trames, pour être employées à la fabrique des étoffes.

TRANCHOIR, ou TRENCHOIR. Espéce de plat ou d'assiette de bois.

Les Tranchoirs de bois payent en France les droits d'entrée à raison de 2 s. de la grosse, & pour ceux de sortie 8 den.

TRANSACTION. Convention, contract volontaire qui se fait entre des parties qui sont en contestation, ou procès, pour terminer leurs différens. Les Marchands raisonnables & intelligens aiment mieux faire des transactions que des procédures.

TRANSIGER. Assoupir, finir des contestations par un accommodement.

TRANSILLAS. Sortes de dentelles que les Hollandois portent à Cadis pour être envoyées à l'Amérique. On les envoye par assortimens de vingt piéces; savoir, dix d'un même patron larges de deux à quatre doigts, & dix d'un autre patron de deux à cinq doigts. On y joint aussi d'autres Transillas plus fines, d'un doigt ou de deux doigts de large. On en met pareillement dix piéces.

TRANSIT, ou AQUIT DE TRANSIT. Acte que les Commis des Douanes délivrent aux Marchands, Voituriers ou autres, pour certaines marchandises qui doivent passer par les Bureaux des Fermes du Roi sans être visitées, ou sans y payer les droits; à la Charge néanmoins par les Propriétaires, ou Voituriers desdites marchandises, de donner caution de rapporter dans un tems marqué dans l'aquit un certificat en bonne forme, Qu'au dernier Bureau elles auront été trouvées en nombre, poids, quantité & qualité, & les bales & les cordes avec les plombs sains & entiers, conformément à l'aquit. *Voyez* AQUIT DE TRANSIT.

TRANSPORT. Action par laquelle on fait passer une chose d'un lieu, ou d'un Païs en un autre. Le transport des marchandises est plus aisé par eau que par terre.

Il y a en France plusieurs marchandises dont le transport hors du Royaume est absolument défendu, si elles ne sont accompagnées de Passeports du Roi; telles sont les armes, les munitions, les instrumens & autres assortimens de guerre; les laines; le chanvre & le lin du cru du Royaume; les fils de lin, de chanvre & d'étoupe; les chardons à Drapier & à Bonnetier; les chevaux; les grains & légumes; les pierres précieuses, perles & joyaux; les rapes de raisins; les vieux linges, pattes & drilles. Toutes ces sortes de marchandises, qui sont réputées de contrebande à la sortie, se trouvent plus amplement expliquées à l'article de Marchandises de contrebande, auquel on peut avoir recours.

TRANSPORT. Se dit aussi d'un acte sous signature privée, ou par devant Notaires, par lequel on céde à quelqu'un le droit, la propriété, ou l'intérêt que l'on a à quelque chose, soit meubles ou immeubles. Il se fait des transports d'obligations, de promesses, de billets, de sommes liquidées par des arrêtez de parties, ou de comptes, ou par des jugemens, d'arrérages dûs, &c. les uns purs & simples sans garantie, & les autres portant promesse de garantie.

Celui qui fait le transport se nomme Cédant; la personne en faveur de qui il est fait s'appelle Cessionnaire; & celui sur qui il est fait est nommé Débiteur. Le Cessionnaire n'a pas plus de droit que son Cédant.

On appelle Transport sérieux, celui qui est sincére & véritable, duquel l'on n'a point pris de déclaration, ou contre-lettre; & au contraire on nomme Transport simulé, celui qui a été fait sous le nom d'un ami, ou personne empruntée, duquel l'on a tiré une déclaration, ou contre-lettre.

Les transports sérieux se font pour demeurer quites de pareille somme cédée; & les transports simulez sont faits pour certaines considérations particuliéres; comme pour mettre ses effets à couvert de ses Créanciers, ou pour ne pas poursuivre en son nom un Débiteur pour lequel on a quelques égards.

L'article 108 de la Coûtume de Paris, qui doit servir de régle à tout le reste du Royaume, veut, Que le Cessionnaire soit réputé saisi & en possession de la chose cédée, par la signification qu'il a fait faire du transport à celui sur lequel le droit est cédé & transporté.

L'Ordonnance de Henri IV. du mois de Mars 1609, déclare nuls & de nul effet & valeur tous transports, cessions, ventes & donations de biens meubles, ou immeubles, faits en fraude des Créanciers directement, ou indirectement.

Le Réglement de la Place des Changes de la Ville de Lyon du 2 Juin 1667, art. 13, porte, Que toutes cessions & transports sur les effets des Faillis seront nuls, s'ils ne sont faits dix jours au moins avant la faillite publiquement connuë, sans cependant comprendre en cet article les viremens des parties faites en bilan, lesquels seront bons & valables tant que le Failli, ou son Facteur, portera le bilan.

L'Article 4 du titre 11 des Faillites & Banqueroutes de l'Edit du mois de Mars 1673, servant de Réglement pour le Commerce des Négocians & Marchands tant en gros qu'en détail, déclare nuls tous transports, cessions, ventes & donations de biens, meubles, ou immeubles, faits en fraude des Créanciers, & veut qu'ils soient apportez à la masse commune des effets.

Et la Déclaration du Roi du 18 Novembre 1702 veut, Que toutes les cessions & transports sur les biens des Marchands qui font faillite, soient nuls & de nule valeur, s'ils ne sont faits dix jours au moins avant la faillite publiquement connuë.

Quoi qu'il soit assez difficile de prescrire des régles pour faire la découverte des fraudes qui peuvent se commettre dans les transports, cessions, ventes & donations au préjudice des Créanciers, on dira cependant qu'on les peut découvrir par certaines circonstances particuliéres du fait; comme si celui qui a médité sa banqueroute s'est servi de noms interposez pour céder ses dettes actives; & si peu de jours auparavant il a disposé de ses meubles, ou de ses marchandises; en ce cas le Cessionnaire seroit tenu de faire connoître sa bonne foi, en justifiant du payement effectif qu'il a fait, & le Banqueroutier obligé de rendre compte à ses Créanciers de l'emploi par lui fait de la somme qu'il a reçûë pour le prix des effets qu'il a transportez.

Une circonstance qui peut encore faire juger de la fraude & intelligence, c'est lors que le Failli s'est pressé de payer avant l'écheance; pour lors les indices & les conjectures peuvent tenir lieu de preuves. Les autres indices sont l'affinité particuliére qui est entre les parties, la proximité de la banqueroute, la précipitation, & autres semblables circonstances, qui peuvent donner occasion à juger que la cession n'a été faite que dans la vûë de détourner les effets du Débiteur, pour en frustrer ses Créanciers. *Voyez M. Savari dans son Parfait Négociant où il traite des Banqueroutes.*

TRANSPORT. Se dit encore parmi les Teneurs de Livres, du montant des aditions des pages qui sont remplies, que l'on porte au commencement d'autres nouvelles pages. Il faut bien prendre garde de se tromper dans le transport qui se fait dans les Livres, du montant des pages.

TRANSPORTER. Changer une chose de lieu, la porter d'un endroit en un autre. Les marchandises qu'on fait transporter hors le Royaume, ou dans les Provinces réputées étrangéres, sont sujettes à des droits de sortie. On ne peut transporter les marchandises sujettes à la coulure sans beaucoup de déchet. Les glaces de miroirs & le verre sont difficiles à transporter à cause de leur fragilité. Il est dangereux de transporter des marchandises dont la sortie ou l'entrée sont défenduës.

TRANSPORTER. Signifie aussi céder à quelqu'un la propriété, le droit, l'intérêt qu'on a sur quelque chose. Je veux bien vous transporter cette obligation, si vous voulez me transporter l'action que vous avez en cet armement, je vous donnerai tant pour cent de bénéfice.

TRANSPORTER. Est encore un terme de Teneurs de Livres, qui se dit des articles qu'ils tirent d'un Livre pour les transcrire sur un autre. Il faut être bien éxact à transporter les articles du Journal au grand Livre.

TRANTANEL, que l'on écrit plus ordinairement TRENTANEL. Plante propre à la teinture. *Voyez* TRENTANEL.

TRAQUETS. Terme de Couvreur. *Voyez* TRIQUETS.

TRASSER, ou TRACER. Terme qui est de quelque usage parmi les Négocians & Banquiers. Il signifie tirer une lettre de change sur quelqu'un, ou prendre de l'argent à change. *Voyez* CHANGE.

TRAVAIL. Occupation, application à quelque éxercice, métier, ou ouvrage. On dit qu'un Ouvrier, un Artisan est d'un grand travail, pour dire; qu'il souffre sans peine une longue application à l'ouvrage de sa Profession.

TRAVAIL. Signifie aussi l'ouvrage que fait l'Ouvrier. Voila une marquetterie d'un beau travail; une broderie d'un travail achevé.

GENS DE TRAVAIL, qu'on nomme aussi Homme de peine & Manouvrier. Sont ceux qui par leur profession sont destinez à des ouvrages laborieux, à porter de pesans fardeaux, ou à quelqu'autre éxercice violent. *Voyez* FORT, CROCHETEUR, GAGNE-DENIER, &c.

TRAVAIL. Terme de Maréchaux Ferrans. C'est un assemblage de plusieurs fortes piéces de bois de charpente en forme de grande cage, longue, garnie de divers crochets & anneaux de fer, dans laquelle on enferme les chevaux ombrageux & difficiles à ferrer, ou ceux à qui il faut faire quelque opération avec le fer, ou le feu; crainte qu'en se tourmentant ils ne se blessent eux-mêmes, ou les Garçons Maréchaux.

TRAVAIL A MOUILLER. Terme de Megissier qui se dit des peaux de mouton ou autres qu'ils façonnent sur la herse en les mouillant avec de l'eau pour en faire du parchemin. *Voyez* PARCHEMIN *à l'endroit où il est parlé de la maniére de le fabriquer; le Travail à mouiller y est plus exactement expliqué.*

TRAVAILLER. Faire quelque chose où il y a du travail.

Il se dit particuliérement des Compagnons qui gagnent leur vie chez les Maîtres. Il y a dix ans que je travaille dans la boutique de Cordonnier. Quatre cens Ouvriers travaillent tous les jours dans cette Manufacture.

TRAVAILLER A LA TASCHE. C'est faire marché & être payé à tant par piéce d'un certain ouvrage.

TRAVAILLER A LA JOURNE'E. C'est faire prix à tant par jour, sans être fixé à une certaine quantité d'ouvrage.

TRAVAILLER. Se dit aussi dans le Commerce des Marchands qui en font un considérable, & qui sont fort achalandez. Ainsi, pour signifier qu'un homme fait un grand Négoce, on dit qu'il travaille beaucoup.

TRAVAILLEURS. On nomme ainsi à Amsterdam ce qu'on nomme à la Douane de Paris, Gagne-deniers; c'est à dire, des especes de petits Officiers destinez au service des Marchands pour la conduite de leurs marchandises au poids public, ou pour les charger ou décharger des Vaisseaux.

Ce sont les Bourguemaîtres qui établissent ces Travailleurs, & qui donnent gratuitement ces Offices à qui il leur plaît lors qu'ils viennent à vaquer.

Comme ils sont un grand nombre, pour maintenir quelqu'ordre & quelque discipline entr'eux, ils sont distribuez en dix ou douze Compagnies qui se distinguent par

par différens noms. Les principales de ces Compagnies sont les Chapeaux rouges, les Chapeaux noirs, les Chapeaux bleus, les Scotse-Veen, les Zeeuwsches & les Veens.

Chaque Marchand a ordinairement ses Travailleurs affectez, à qui lors qu'il a acheté ou vendu quelque marchandise sujette au poids, il ordonne de la recevoir, ou de la livrer.

Quand la marchandise a été conduite au poids, les Travailleurs du Vendeur en réglent la tarre, & la font peser; mais après que la pesée est finie, ce sont les Travailleurs de l'Acheteur qui en restent chargez. Tous ces Travailleurs sont fidèles & connoisseurs, & savent, aussi-bien que les Marchands mêmes, quand une marchandise est livrable ou défectueuse, & quand il faut l'accepter, ou la rebuter.

Ce sont eux ordinairement qui avancent les fraix du transport des marchandises, dont ils portent tous les mois un compte à celui qui les employe, aussi-bien que des droits du poids & de leurs salaires.

TRAVERS. Droit Domanial qui se léve au passage des ponts & bacs sur les personnes qui traversent les Riviéres, aussi-bien que sur les denrées, marchandises, chevaux, charrettes & autres équipages. C'est aussi un droit de Seigneur.

TRAVERSAGE. Terme de Tondeurs de Draps. Il signifie la façon que l'on donne à un drap ou autre étoffe de laine quand on les tond par l'endroit. On dit plus ordinairement, Coupe d'envers. *Voyez cet article.*

TRAVERSIN. Terme de Balancier. C'est ce qu'on nomme plus ordinairement le Fleau, ou Flayau d'une balance. *Voyez* Fleau.

Traversin. Terme de Boucherie. C'est une grande brochette de bois, de neuf à dix pouces de long, appointée par les deux bouts, dont les Bouchers se servent pour traverser le ventre des moutons; c'est à dire, le tenir entr'ouvert après qu'ils les ont habillez, & jusqu'à ce qu'ils les dépécent.

TREBUCHANT. Qui emporte l'équilibre de la balance, qui la fait pancher plus d'un côté que d'autre. Il se dit particuliérement des monnoyes d'or & d'argent que l'on pése au Trébuchet: ainsi l'on dit, une pistole trébuchante, pour faire entendre qu'elle est bien de poids.

TREBUCHER. Signifie emporter l'équilibre en parlant des choses que l'on pése; les espéces d'or & d'argent doivent trébucher pour être de poids & de mise. Lors qu'une balance est bien juste, un demi grain est capable de la faire trébucher.

TREBUCHET. Petite Balance très-fine & très-juste, que le plus petit poids fait trébucher, ou pancher plus d'un côté que d'autre. Les Trébuchets servent particuliérement à peser les monnoyes d'or & d'argent, les diamans & choses précieuses. L'on prétend que les Affineurs en ont de si justes que la quatre mille quatrevingt-seiziéme partie d'un grain est capable de les faire trébucher. *Voyez* Balance.

TREFLER. Terme de monnoye & de médaille. C'est faire un mauvais rengrénement des espéces ou des médailles, & en doubler les empreintes, faute d'avoir rengrené juste la piéce dans la matrice, ou carré. *Voyez* Rengrenement.

TREFLIER. C'est une des qualitez que prennent les Maîtres Chaînetiers de la Ville & Fauxbourgs de Paris. Ce nom dont aucun d'eux ne savent présentement l'étimologie, vient apparenment de ces grandes agraffes d'argent, d'étain, ou de léton argenté qu'ils faisoient & qui se terminoient en une espéce de feuille de tréfle à jour pour y passer diverses chaînes ou cordons, ausquels les femmes d'Artisans & les païsannes laissoient pendre leurs clefs, leurs cifeaux & autres semblables petits ustenciles de ménage. La mode de ces agraffes à tréfle pour mettre à la ceinture, n'a fini que vers le milieu du dix-septiéme Siécle. *Voyez* Chaînetier.

TREILLIS. Nom que l'on donne à certaines espéces de toiles de chanvre écruës, très-grosses & très-fortes, qui se vendent par piéces roulées de différentes longueurs, suivant les Païs où elles ont été fabriquées.

Les largeurs les plus ordinaires des treillis sont trois quarts, ou deux tiers & demi.

Il s'en fait en Normandie, au Perche, au Maine, dans le Forez & dans le Bourbonnois. Ceux de Normandie, du Perche & du Maine, sont en grandes, ou petites piéces; les grandes ayant quarante-cinq aunes de long, & les petites n'en ayant que trente-trois.

A l'égard de ceux du Forez & du Bourbonnois, ils sont pour l'ordinaire de vingt-deux à vingt-six aunes la piéce.

Les treillis servent à faire des facs, des souquenilles, des guestres, des culotes & autres hardes semblables, pour des valets, païsans & manouvriers. On employe quelque-fois des plus fins à faire des juste-au-corps ou surtout pour la chasse.

Treillis. Est aussi une toile teinte ordinairement en noir, gommée, calandrée, satinée, ou lustrée, qui se vend par petites piéces d'environ six aunes. Les plus fins treillis sont de trois quarts de large, & les moyens & les gros d'environ trois quarts & demi. Il en vient beaucoup de S. Gal en Suisse, que l'on appelle communément Treillis d'Allemagne. Il s'en fait aussi quantité à Roüen & en quelques autres endroits de Normandie, même à Paris. Ceux de S. Gal sont les plus estimez, étant plus fins, mieux teints & mieux aprêtez que les autres. Leur usage le plus ordinaire est pour faire des coiffes de chapeaux, des vestes, des doublures d'habits, des jupes & jupons pour le deuil.

Les Treillis d'Allemagne payent en France les droits d'entrée à raison de 10 s. la piéce de dix aunes, conformément au Tarif de 1664.

Les droits de la Douane de Lyon sont de 3 l. 7 s. 6 d. de la bale d'ancienne taxation, & 12 s. 6 den. de réapréciation.

A l'égard de la sortie, les Treillis ou Toiles d'Allemagne, payent 3 l. le cent pesant; savoir pour l'ancien droit 20 s. & 40 s. pour la Traite Domaniale.

Treillis. Les Potiers d'Etain nomment pareillement de la sorte de grands ronds, ou piéces d'étain à claire-voye qu'ils pendent à leurs boutiques pour servir de montre, ou d'étalage. *Voyez* Etain *vers le commencement de l'article.*

TREIZE, que quelques-uns écrivent aussi TREZE. Nombre impair composé de dix & de trois. En chiffre Arabe on l'écrit de cette maniére (13;) en chiffre

Romain ainsi (XIII.) & en chiffre François de finances, ou de compte, de la sorte (*xiij.*)

TREIZIE'ME. C'est la partie d'un tout divisé en treize égales portions. On dit, il a un treiziéme en cette Manufacture, pour dire : il y est intéressé pour une treiziéme portion.

En fait de fractions ou nombres rompus de quelque tout que ce soit, un treiziéme se marque de cette maniere ($\frac{1}{13}$;) on dit aussi deux treiziémes, trois treiziémes, quatre treiziémes, &c. que l'on écrit ainsi ($\frac{2}{13}$ $\frac{3}{13}$ $\frac{4}{13}$ &c.)

TREMBLE, que l'on appelle aussi PEUPLIER LYBIQUE. Arbre de haute futaye dont les feuilles sont larges & presque rondes; il se plaît dans les lieux aquatiques & marécageux. *Voyez* PEUPLIER.

Le bois de Tremble est très-leger; ce qui fait qu'on l'employe ordinairement à faire des sabots, des talons de souliers, des soques & des sandales pour les Religieux. Quand il est d'une belle grosseur, on le débite par tables de deux, trois, quatre & cinq pouces d'épaisseur, pour servir aux Ceinturiers, Selliers Bourreliers & Cordonniers, d'établi à couper leurs cuirs.

TREME. On appelle Soyes Trêmes, des Soyes qui servent à faire la trême, ou trame, de diverses étoffes de soye. C'est avec des trêmes de Boulogne que l'on fait la trame des Ras de Saint Maur. *Voyez* SOYE.

TREME. } *Voyez* { TRAME.
TREMER. } *Voyez* { TRAMER.
TREMEUR. } *Voyez* { TRAMEUR.

TREMIE. Vaisseau de forme piramidale composé de quatre ais, dont la pointe est renversée, qui sert dans les moulins à faire tomber les grains sur les meules pour les réduire en farine.

TREMIE. On se sert aussi de Tremie dans les Greniers à Sel pour remplir les minots.

TREMIE. Les Marchands de Bled & d'Avoine, particuliérement ceux qui en font Commerce sur les Ports de Paris, se servent pareillement de Tremies. Celles-ci au dessous du vaisseau piramidale, ont un long conduit quarré dont le dessous est de cuir, & le dessus d'un treillis de fil de léton; en sorte que les grains se criblent en quelque sorte à mesure qu'ils tombent dans un cuvier qui est au bas.

La Tremie sert aussi pour l'étalonnage des mines & minots qui servent à mesurer les grains & les légumes secs.

TREMPE. Façon que l'on donne à l'acier & au fer pour les rendre plus compacts, plus durs & plus fermes.

TREMPE. Se dit aussi de la liqueur préparée, dans laquelle on met le fer & l'acier tout rouges pour les tremper. Quelque-fois ce n'est que de l'eau pure, & les Serruriers ne se servent pas ordinairement d'autre chose. Quelque-fois c'est une composition où il entre divers sucs & différentes liqueurs, suivant l'expérience & la pratique de l'Ouvrier; comme du vinaigre, du suc de refort, de l'eau de piloselle, de celle qui sort des verres de terre quand on les écrase, de la suye de cheminée & du sel, &c.

LA TREMPE, des limes & des aiguilles se fait avec une préparation particuliére. *Voyez ces deux articles.*

TREMPE'E. Façon que l'on donne à quelque chose en le trempant dans de l'eau, ou en y mettant de la cole. Une trempée de cole; une trempée d'eau. *Voyez ci-après* TREMPER DE COLE.

TREMPE'ES. En terme de Pêcheurs, sont les deux cordes de crin qui sont attachées aux deux bouts de la seine, & qui leur servent à la tirer à terre, après qu'ils l'ont jettée à l'eau. *Voyez* SEINE.

TREMPER DE COLE. Terme de Relieur de Livres. On le dit de la cole de farine que les Relieurs mettent sur les peaux dont ils veulent couvrir leurs livres, afin de les atacher sur le carton de la couverture. On se sert d'un pinceau ou brosse qu'on appelle Pinceau à Cole, pour le distinguer des autres pinceaux dont ces Ouvriers se servent pour marbrer les couvertures & les tranches. *Voyez* RELIEURE.

TREMPER LE FER, OU L'ACIER. C'est le rendre plus dur & plus ferme en le trempant dans quelque liqueur, ou en le préparant de quelqu'autre maniére.

TREMPER LES AIGUILLES. C'est donner la trempe aux aiguilles. *Voyez* AIGUILLES.

TREMPER LES LIMES. *Voyez* LIME.

TRENCHE, ou TRANCHE. Terme de Monnoye, qui signifie la circonférence des Espéces, autour de laquelle on imprime une légende, ou un cordonnet pour empêcher que les Faux-Monnoyeurs ne les puissent rogner.

L'invention d'imprimer les espéces sur trenche vient d'Angleterre, & elle n'est passée dans les Hôtels des Monnoyes de France qu'en 1685: cependant la machine dont se servent les Monnoyeurs François est de l'invention d'un François. On en a fait la description dans l'article où l'on parle de la fabrique des monnoyes au moulin. *Voyez* MONNOYAGE.

TRENCHE. S'entend aussi chez les Libraires & Relieurs de l'endroit du livre par où il a été rogné sur la presse; c'est à dire, de l'extrémité des feuillets que l'on dore, ou que l'on met en couleur.

On dit, dorer, noircir, rougir, & marbrer sur trenche, selon que c'est de l'or, ou quelqu'une de ces couleurs que l'on met sur la trenche. *Voyez* LIBRAIRE.

TRENCHE, qu'on nomme aussi TRENCHOIR. C'est aussi un outil dont les Seurruriers & les autres Ouvriers en Fer se servent pour couper & fendre des barres de fer à chaud. Cet outil est d'acier ou de fer bien acéré en forme d'un coin, ou gros ciseau de cinq ou six pouces de long avec un long manche de bois.

Le Trenchet qui est une petite trenche, sert à couper pareillement à chaud les piéces de fer peu fortes & legéres. Celui-ci se tient à la main. On appelle Ciseaux l'outil avec lequel on coupe à froid.

TRENCHE. Instrument de Fondeur en Sable. Il y en a de deux sortes; l'une de fer, & l'autre de cuivre. La premiére est un morceau de fer plat comme l'alumelle d'un couteau de poche, un peu recourbé par un bout, & assez trenchant; elle sert à dépouiller les modèles. La trenche de cuivre est de la même longueur & à peu près de la même figure, à la réserve qu'elle a le bout beaucoup plus recourbé. C'est avec cette derniére trenche qu'on fait le Maître jet du second chassis. *Voyez* FONDEUR EN TERRE ET SABLE.

TRENCHE-FIL. Petit ornement de fil ou de soye, que les Relieurs mettent au dos des livres qu'ils relient sur le le haut & le bas de la trenche. Il sert aussi à tenir les feuilles en état. *Voyez* RELIEUR.

TRENCHE-FIL. Les Cordonniers appellent aussi de la sorte un gros fil qu'ils cousent en forme de bordure, en dedans & le long des quartiers & oreilles des souliers, lors que le cuir n'est pas fort, & qu'on craint qu'il ne se déchire ou ne s'étende trop. *Voyez* SOULIER.

TRENCHE-FILER. Terme de Relieur de Livres. C'est mettre le trenche-fil à un Livre avant de le couvrir.

TRENCHE-LARD. Grand couteau large & très-coupant dont les Rotisseurs & les Cuisiniers se servent pour couper leur lard, & le débiter en bardes & en lardons.

TRENCHE-PLUME. C'est ce qu'on nomme autrement un Canif. *Voyez* CANIF.

TRENCHET. Outil de Cordonnier & de Savetier. C'est une espéce de long couteau de fer, fort plat & fort acéré, avec un manche de bois leger. Il sert à couper le gros cuir pour en faire les semelles de dessous, & à les redresser ou rogner quand elles sont cousuës au soulier. On en fait aussi les chevilles des talons. Les Marchands de crêpin les vendent.

TRENCHET. C'est aussi un outil de Serrurier qui sert à couper de petites piéces de fer à chaud. *Voyez* TRENCHE.

TRENCHOIR, qu'on nomme plus ordinairement TRENCHE. *Voyez* TRENCHE.

TRENCHOIR. Sorte d'assiette, ou de plat de bois. *Voyez* TRANCHOIR.

Il se dit aussi d'un billot sur lequel les Traiteurs & Cuisiniers coupent & hachent leur viande.

TRENTAINE. Ce qui contient trente unitez, ou qui est composé de trente choses. Une trentaine de pistoles, Une trentaine de piéces de drap.

TRENTAINS. L'on nomme ainsi les draps de laine dont la chaîne est composée de trente fois cent fils, qui font en tout trois mille fils.

Il y a quatre autres espéces de draps que l'on appelle Trente deuxains, Trente quatrains, Trente sixains, & Trente huitains.

La chaîne des trente deuxains est plus forte de deux cens fils que celle des trentains.

Celle des trente quatrains plus forte de deux cens fils que celle des trente deuxains.

Celle des trente sixains plus forte de deux cens fils que celle des trente quatrains.

Et celle des trente huitains plus forte de deux cens fils que celle des trente sixains.

En sorte que le nombre des fils de la chaîne de ces cinq sortes de draps va toûjours en augmentant de deux cens fils, depuis trente fois cent jusqu'à trente-huit fois cent; c'est à dire, depuis trois mille jusqu'à trois mille huit cens.

Ces divers termes de Trentains, de Trente deuxains, &c. que quelques-uns prétendent avoir été pris des Anglois, ne sont guére en usage que dans les Manufactures de Languedoc, Provence & Dauphiné. Dans les autres Fabriques du Royaume on dit plus volontiers, Un drap de trente cens, Un drap de trente-deux cens, &c.

TRENTANEL. Plante qui croît communément en Provence & en Languedoc, qui est d'une odeur très-forte, particuliérement quand elle s'employe dans les teintures. C'est une espéce de Thymecæa ou de Garou.

Cette drogue est du nombre de celles qui sont défenduës en France aux Teinturiers du grand & du petit teint, ou du moins qui ne doivent être souffertes que dans les Provinces du Royaume où l'on manque des autres meilleures drogues qui composent les couleurs où l'on fait entrer le trentanel. *Voyez* GAROU.

TRENTE. Nombre qui renferme en soi trois fois dix, ou dix fois trois. En chiffre Arabe il s'xprime en posant un trois devant un zéro, comme il se voit par ces deux figures (30;) en chiffre Romain il se marque de cette maniére (XXX;) & en chiffre François, de finance, ou de compte, de la sorte (*xxx.*)

TRENTE-SIX MOIS. Nom que l'on donne quelque-fois à ceux qui s'engagent pour aller servir aux Indes Occidentales, & particuliérement aux Isles Antilles; on les appelle ainsi parce que leur engagement se fait le plus ordinairement pour trois ans de douze mois chacun.

On les nomme plus honorablement des Engagez, quoi qu'ils servent comme les Négres pendant leurs trois années.

L'on peut distinguer comme deux sortes d'Engagez, du moins parmi les François, les uns qui servent les Habitans des Isles, & les autres qui s'engagent avec les Boucaniers; ceux-ci partagent en quelque sorte leurs peines avec leurs Maîtres qu'ils suivent à la chasse, & qui ne sont pas éxemts non plus qu'eux de revenir chargez d'un cuir qui pése souvent cent & six-vingt livres; ce qu'ils ont de moins que leurs valets, c'est que c'est à ceux-ci de préparer à manger & d'apprêter les cuirs de la maniére dont on parle ailleurs. *Voyez* CUIRS.

La récompense de ces trente-six mois des Boucaniers consiste en un fusil, deux livres de poudre, deux chemises, deux caleçons & un bonnet, avec quoi de valets ils deviennent associez de leurs Maîtres, & ont part à leur chasse & aux profits qui en reviennent; & lors qu'ils ont amassé quelques cuirs, ils les vendent aux Marchands établis sur les lieux, ou aux Maîtres des Vaisseaux Marchands qui y viennent faire leurs chargemens; quelquefois ils les envoyent en France ou les y vont vendre eux-mêmes pour en ramener des Engagez qu'ils n'épargnent pas plus qu'on les a épargnez.

A l'égard des Engagez des Habitans si-tôt qu'ils ont mis pied à terre on les conduit à l'habitation de leurs Maîtres, qui en disposent à leur gré, ou les vendent à d'autres pour y gagner, ou les gardent pour travailler aux ouvrages les plus pénibles, quoi que ces malheureux soient souvent des enfans de très-bonne famille qui se sont engagez par legéreté & par débauche, ou qu'on a séduits en leur promettant des choses qu'on n'étoit ni en état, ni en volonté de leur tenir.

Dès que ces malheureux sont levez, & c'est toûjours devant le jour, leur Maître, ou un Commandeur, si l'Habitant a plusieurs Négres & Engagez, sifle pour les appeller au travail qui est ordinairement d'abatre du bois, de cultiver du tabac, de préparer l'indigo, ou de planter des cannes de sucre suivant les lieux, & pour peu qu'ils s'arrêtent il les assomme avec la lianne qu'il a à la main, qui est un bâton d'un bois pliant assez semblable à celui d'un Comite de galére. Un leger déjeuner de patates avec la pimantade, un dîner & un souper qui ne valent guére mieux, quoi qu'on y ajoûte de la soupe & quelque méchant morceau de viande salée ou fraîche

fraîche dans les Isles où il s'en trouve, interrompent leur travail & leurs coups pour quelques momens, qu'on continuë ensuite jusques à minuit, les employant à éjamber du tabac, ou à fendre du mahot dont on se sert à lier cette plante quand elle est en rouleau.

A peine ces pauvres Engagez ont-ils du relâche les Dimanches & les Fêtes, & il y a eu des Maîtres assez barbares & assez peu touchez de Religion pour répondre (lors que leurs valets leur représentoient que le Dimanche étoit le jour du repos) que si Dieu avoit dit, *tu travailleras six jours & te reposeras le septiéme*, eux disoient, *tu cultiveras du tabac six jours, & le septiéme tu le tordras ou le mettras en rouleau.*

Cependant, ce mauvais traitement est souvent cause que les Habitans ne retirent pas de ces Engagez le service qu'ils pourroient leur rendre; & qu'ils aiment mieux se servir des Négres, parce qu'ils supportent mieux le travail.

La récompense de ces Engagez, s'ils sont assez heureux de ne pas sucomber aux mauvais traitemens de Maîtres si cruels, est de quelques milliers de sucre, ou de tabac, qui ne peuvent tenir lieu des gages les plus modiques que les Serviteurs gagnent en Europe.

On a crû qu'on feroit une chose agréable & utile au Lecteur d'entrer dans le détail des occupations, ou plûtôt des travaux presque insupportables des Trente-six mois, pour retenir la jeunesse de s'y engager; & pour rendre leurs Maîtres plus traitables & plus doux envers leurs Valets, dans la crainte de n'en plus trouver s'ils continuent de les maltraiter.

TRENTIE'ME. Partie d'un tout divisé en trente portions égales; ainsi l'on dit: j'ai mon trentiéme en cet armement; pour dire, j'y suis intéressé pour une trentiéme portion.

Lors qu'il s'agit de fractions ou nombres rompus de quelque tout ou entier que ce puisse être, un trentiéme s'écrit ainsi ($\frac{1}{30}$;) on dit aussi deux trentiémes, trois trentiémes, quatre trentiémes, &c. Un trente-uniéme, un trente-deuxiéme, un trente-troisiéme, &c. & toutes ces différentes fractions se marquent de cette maniére: ($\frac{2}{30}$ $\frac{3}{30}$ $\frac{4}{30}$ &c. $\frac{1}{31}$ $\frac{1}{32}$ $\frac{1}{33}$ &c.)

TREPAN. Outil qui sert à forer & percer les marbres & les pierres dures. On s'en sert aussi quelque-fois pour le bois. Il est du nombre des principaux outils de l'Art des Sculpteurs & du métier des Marbriers.

Il y a trois sortes de trépans. L'un qu'on appelle Trépan en vilebrequin, qui est le plus simple; c'est un vrai vilebrequin, mais avec une méche plus longue & plus acérée. *Voyez* VILEBREQUIN.

L'autre trépan se nomme Trépan à Archet. Il est assez semblable au foret à archet des Serruriers, & a comme lui sa boîte, son archet & sa palette; il est seulement plus fort, & ses méches de plusieurs figures. *Voyez* FORET.

Enfin, le troisiéme trépan est celui que l'on appelle simplement Trépan, sans rien ajoûter pour le spécifier. Il est le plus composé des trois, & le plus en usage en Sculpture.

Les parties de ce trépan sont la tige qu'on appelle aussi le Fût, la traverse, la corde de cette traverse, un plomb, une virole, & une méche.

La tige est de bois, & a à l'une de ces extrêmitez une virole qui sert à y attacher & à y affermir la méche qu'on peut changer suivant qu'on en a besoin de plus ou de moins fortes, de rondes, de quarrées, de pointuës, &c. A l'autre extrêmité du fût est un trou par où passe la corde que la traverse a attachée à ses deux bouts; cette traverse est elle-même enfilée du fût par un trou qu'elle a au milieu; au dessous de la traverse, & un peu au dessus de la virole est le plomb qui est de figure sphérique, & qui est ataché & posé orisontalement au pied du fût. C'est la corde, en s'entortillant autour du fût, qui donne le mouvement au trépan, plus prompt ou plus long, suivant qu'on léve ou qu'on abaisse la traverse où elle est attachée, avec plus ou moins de vitesse.

TRE'PAS. On appelle le Trépas de Loire un Bureau situé à l'embouchûre de la Sarre dans la Loire, où les marchandises payent un droit de Traite Foraine, soit en sortant de Bretagne, soit en y entrant, cette Province étant une de celles qui sont réputées en France Provinces Etrangéres.

TREPOINTE, ou TREPOINT. Chez les Cordonniers c'est la bande de cuir leger qui régne tout autour entre la semelle du soulier & l'empeigne, & qui sert à soûtenir la couture qui les unit toutes deux.

Chez les Maîtres Coffretiers-Maletiers, Maîtres Bourreliers-Selliers, & autres Ouvriers en cuir, c'est aussi un cuir plus mince qu'ils mettent entre deux autres cuirs plus épais qu'ils veulent coudre. Les Statuts des Coffretiers leur ordonnent de faire les trépointes des males, de bon cuir de veau ou de mouton, & de les coudre à deux chefs de bonne ficelle neuve bien poissée. *Voyez* COFRETIERS.

TRESEAU. Petit Poids qui pése le demi-quart, autrement la huitiéme partie de l'once: c'est ce qu'on nomme plus communément un Gros. On pése au treseau les drogues des Apoticaires, & la menuë marchandise que les Marchands Merciers débitent en détail, comme le fil & la soye en écheveaux. *Voyez* GROS.

TRESQUILLES. Espéce de Laine qui vient du Levant. C'est la même qualité de laine que les laines surges & en suint. *Voyez* SURGE & SUINT.

TRESSE. Espéce de cordon plat, plus ou moins large, composé de plusieurs brins de fil d'or, d'argent, de soye, de fleuret ou d'autre matiére, entrelassez les uns dans les autres en maniére de double nate qui se fabrique avec des fuseaux sur le boisseau. Quelques-uns dérivent ce terme du Latin *Trica*, qui signifie des empêchemens & des choses embrouillées. Les Italiens disent *Treccie*.

Les tresses s'employent à divers usages, mais particuliérement à faire des ceintures de femmes, des porte-manchons pour hommes, des jarretiéres, des cordons de cannes, de chapeaux, & pour lever les glaces des carrosses. Celles d'or & d'argent servent quelque-fois à enrichir les habits.

A Paris ce sont les Maîtres Passementiers-Boutonniers qui fabriquent les tresses pour les vendre aux Particuliers qui en ont besoin, ou aux Marchands Merciers pour les débiter, cette espéce de marchandise faisant une partie de leur Négoce.

Les Tresses & Tissures d'or & d'argent payent en France les droits de sortie comme rubans; c'est à dire, 40 s. de la livre.

Tresse de Cheveux. Tiſſu qui ſe fait de cheveux atachez par un bout ſur un long fil de ſoye; cette treſſe ſe fait ſur un petit métier qui conſiſte en trois piéces; ſavoir une table longue environ d'un pied & demi & large de trois ou quatre pouces, & deux petits cilindres ou colonnes d'un pouce de diamétre & d'un pied de hauteur, poſtez aux deux bouts de la table. Ces cilindres ſont mobiles afin de pouvoir dévider la treſſe ſur l'un à meſure qu'elle s'avance, & alonger la ſoye qui eſt roulée ſur l'autre, lors que l'eſpace qui eſt entre deux eſt tiſſu, c'eſt à dire, lors que les cheveux y ſont atachez avec une aiguille.

Les treſſes de cheveux ſervent à faire des perruques & des coins de cheveux pour hommes, des tours & des boucles pour femmes. *Voyez* Perruque & Cheveux.

TRESSER DES CHEVEUX. C'eſt les atacher enſemble par un bout ſur du fil ou de la ſoye pour les mettre en état d'en faire des perruques & autres ouvrages de cheveux. On dit auſſi treſſer une perruque, ce qui ſignifie coudre les treſſes des cheveux ſur le réſeau de ſoye qui fait la coiffure de la perruque.

TRESSEUR. Compagnon, ou Apprentif Perruquier qui lui ſert à faire des treſſes. On dit plus communément Treſſeuſe, parce que ce ſont ordinairement des femmes & des filles qui s'occupent de ces ouvrages.

L'Article 23 des Statuts des Maîtres Perruquiers de Paris leur défend de prendre les Treſſeuſes de leurs Confréres, ſans qu'il leur apparoiſſe d'un congé par écrit de leur dernier Maître. *Voyez* Perruque & Perruquier.

TRESTEAU. Eſpéce de chevalet de bois avec quatre pieds, deux à chaque bout, qui ſert à différens uſages dans les Arts & Métiers.

Les trêteaux des Charpentiers, ſieurs de long, ſont fort élevez, afin que le ſieur de deſſous ait de l'échappée pour retirer la ſie lors que le ſieur de deſſus la pouſſe. Il faut deux trêteaux quand ce ſont de longues piéces qu'on débite, & ſeulement un quand les piéces ſont courtes; mais alors il faut l'étançonner & bander fortement la piéce deſſus avec des cordes. *Voyez* Charpente.

Le trêteau des Maîtres Natiers eſt leur principal inſtrument; il a trois à quatre pieds de hauteur avec une traverſe de bois équarri fort peſante, plus ou moins longue ſuivant le nombre des Ouvriers; ſur le devant de la traverſe ſont autant de clous à crochet qu'il y a de Compagnons Natiers. C'eſt à ces clous que chacun d'eux atache le cordon de nate quand il le commence, & auquel il travaille aſſis ſur une petite ſelle placée vis à vis du clou qu'il a choiſi. *Voyez* Nate.

TRESTOIRE. Inſtrument de Vanier; c'eſt une eſpéce de tenaille de bois. *Voyez* Vannier.

TREU. Vieux terme de Coûtume qui ſe dit d'un péage ou impôt que le Seigneur prend ſur les marchandiſes qui paſſent d'un Païs à l'autre. On l'appelle auſſi Truage, & quelque-fois ſimplement Péage. *Voyez* Peage.

TREUIL. Rouleau ou cilindre de bois autour duquel le cable s'entortille & ſe roule lors qu'on tourne le moulinet de quelque machine à élever des fardeaux.

Les chévres, les engins, les gruës, gruaux & autres ſemblables ont tous leur treuil.

TRIAGE. Choix que l'on fait entre pluſieurs marchandiſes de même eſpéce de ce qu'il y a de meilleur.

Quoi que ce terme ſoit en uſage dans le Commerce pour ſignifier ce partage du bon d'avec le moindre & du moindre d'avec le mauvais, que les Marchands ont coûtume de faire des denrées, drogues ou marchandiſes qui font l'objet de leur Négoce; on le dit cependant plus ordinairement de celui qui ſe fait des moruës ſéches & des laines, que d'aucune autre marchandiſe.

Le triage des moruës eſt différent en France ſuivant les lieux. A Nantes il s'en fait de ſept ſortes qui ſont; le poiſſon piné, le poiſſon gris, le poiſſon grand Marchand, le poiſſon moyen Marchand, le petit poiſſon Marchand, le grand rebut & le petit rebut.

A la Rochelle, Bordeaux, Bayonne & S. Jean de Lutz il n'y a que trois triages; le poiſſon Marchand, le poiſſon moyen & le rebut.

A S. Malo il ne ſe fait pas de triage ſi ce n'eſt des moruës pouries ou rompuës, & de celles qui ſont entiéres. On entre ailleurs dans un plus grand détail de tous ces différens triages. *Voyez* Morue.

Le triage des laines ſe fait preſque par tout de même; il conſiſte principalement à ſéparer la laine du dos d'avec celle des cuiſſes & du ventre, n'étant pas également propre à toute ſorte d'ouvrages. *Voyez ce qu'on en dit à l'article des Laines.*

TRIANGLE. Figure compriſe ſous trois lignes. Les Menuiſiers, les Charpentiers & quelques autres Ouvriers ont des inſtrumens à qui ils donnent le nom de Triangle, & les ſpécifient néanmoins par quelque terme qui dénote leur uſage.

Le Triangle Onglé, ou à Onglet, n'eſt qu'une régle de bois de deux lignes d'épais, d'un pied de long & de trois pouces de large, dont l'une des extrêmitez qui eſt coupée en angle de quarante-cinq degrez, eſt emboîtée dans un autre morceau de bois plus épais qu'on nomme la Jouë. Il ſert à tracer des angles réguliers en appuyant la piéce de bois contre la jouë de l'inſtrument & en tirant une ligne le long de la régle.

Le Triangle quarré eſt une vraye équierre dont une des branches qu'on appelle la Jouë, qui eſt du triple plus épaiſſe que l'autre, a dans le milieu & tout le long de ſon épaiſſeur une eſpéce de languette. Il ſert à tracer les piéces quarrées en les appuyant ſur la languette le long de la jouë & en tirant les lignes paralleles à l'autre branche.

Pour éviter la multiplicité des inſtrumens, le Sieur Dulin en a inventé un qui contient non ſeulement ces deux triangles, mais encore une équierre & ce qu'on appelle la Piéce quarrée. *Voyez* Equierre.

TRIC. Mot inventé par les Compagnons Imprimeurs, qui leur ſert de ſignal pour quiter leur ouvrage & aller faire la débauche.

Les anciens Réglemens de l'Imprimerie & l'Ordonnance de François I. de 1541, défendent ce déſordre, & ordonnent aux Compagnons de continuer le travail ſans interruption.

On peut auſſi voir l'Ordonnance de Charles IX. de l'année 1571, qui leur défend de faire la journée blanche, ou comme ils diſent jour pour jour, qui eſt encore un autre abus aſſez ſemblable au tric.

TRICOISES. Tenailles à l'uſage des Marechaux; elles ont le mord très-tranchant pour couper les clous avec

avec lesquels ils atachent les fers aux pieds des chevaux.

TRICOLOR. Peau de chat de trois couleurs qui fait partie de la Pèleterie. *Voyez* CHAT.

TRICOT. On appelle Ouvrages au Tricot, Bonneterie au Tricot, toutes les espéces de marchandises qui se fabriquent ou se brochent avec des aiguilles, comme bas, bonnets, camisoles, gans, chaussons, &c. Il y avoit autre-fois dans les Fauxbourgs de Paris une Communauté particuliére d'Ouvriers que l'on nommoit Maîtres Bonnetiers au Tricot. *Voyez* BONNETIER.

TRICOTAGE. Travail de celui qui tricote ou qui broche à l'aiguille des bas, des bonnets & autres marchandises de cette nature dépendantes du Négoce des Bonnetiers.

Le tricotage est plus ou moins bon dans un lieu que dans un autre, suivant que les Ouvriers sont bien ou mal stilez, ou conduits, ou que les matiéres sont bonnes ou mauvaises, ou qu'elles sont plus ou moins bien filées. Le tricotage de Dourdan est fort estimé, aussi-bien que celui du Fauxbourg S. Marceau à Paris.

TRICOTER. Action par laquelle on travaille à former avec de longues & menuës aiguilles, ou broches de fer ou de léton poli, certains tissus de soye, de laine, de coton, de chanvre, de lin, ou de poil, en maniére de petits nœuds, boucles ou mailles, tels qu'on les voit aux bas, bonnets, camisoles, & autres pareilles marchandises de Bonneterie. On dit aussi dans le même sens, Brocher des bas, des camisoles, des bonnets, &c. pour dire, les Tricoter, ou les travailler à l'aiguille.

TRICOTER. Se dit aussi des dentelles de soye, ou de fil, qui se manufacturent avec des épingles & des fuseaux sur un oreiller, suivant le dessein en papier ou en vélin qui y est appliqué. Ainsi l'on dit, Tricoter une dentelle, pour dire, la travailler avec des épingles & des fuseaux sur l'oreiller.

TRICOTÉ, TRICOTÉE. Un bas tricoté, une camisole tricotée, est un bas ou une camisole qui a été travaillé ou broché à l'aiguille. Les bas tricotez valent mieux que ceux faits au métier.

TRICOTEUR, TRICOTEUSE. Celui ou celle qui tricote ou qui fait des bas, des camisoles, &c. avec des aiguilles, ou broches. On dit aussi dans le même sens Brocheur, Brocheuse.

TRIE. Nom d'une sorte de moruë verte qui est la troisiéme espéce de celles dont on fait le triage en Normandie. *Voyez* MORUE.

TRIER. Mettre à part, faire choix de ce qu'il y a de meilleur. Ce n'est-là que de la marchandise de rebut, on en a trié ce qu'il y avoit de bon.

On dit en terme de monnoyes, Trayer le fort du foible; pour dire, choisir les espéces qui ont plus de trait, qui sont plus trébuchantes. On croit que c'est de ce mot Trayer qui étoit propre aux monnoyes, que s'est fait celui de Trier qui est en usage dans le Commerce.

TRIMEGISTE. Terme d'Imprimerie & de Fondeurs de caractéres. C'est un des quatre gros caractéres qui servent à l'impression des livres; on l'appelle autrement Canon. *Voyez* CANON.

TRINGLE. Piéce de bois longue & étroite qui sert à plusieurs Marchands, Ouvriers & Artisans, soit pour travailler à leurs ouvrages, soit pour y suspendre plusieurs sortes de marchandises.

La tringle des Marchands Bouchers est bordée par en haut d'un rang de clous à crochet pour y pendre à des alonges la viande dépécée; elle a aussi par en bas une toile blanche de toute sa longueur, d'environ trois quarts d'aune de large, sur laquelle cette viande est proprement arrangée. On appelle cette toile une Nappe à Boucherie.

Les tringles des Chandeliers, Epiciers, Merciers, &c. n'ont souvent que des clous de même que celle des Bouchers, mais quelque-fois ce sont des chevilles de bois avec un mantonnet.

TRINGLE. Ce que les Maîtres Natiers appellent Tringles à ourdir, sont deux fortes & longues piéces de bois sur lesquelles ils bâtissent & ourdissent leurs nates; c'est à dire, sur lesquelles de plusieurs cordons de nates qu'ils cousent ensemble avec de la ficelle, ils font des piéces de la largeur & longueur qui leur sont commandées. *Voyez* NATE & NATIER.

TRINGLE. Les Vitriers se servent aussi de tringles pour dresser & enfermer leurs paneaux. Elles sont ordinairement de fer, mais quelque-fois simplement de bois. On les coupe en angles par les deux bouts afin qu'elles puissent mieux se dresser d'équierre.

TRINGLE. Dans les Manufactures des glaces de grand volume on appelle les tringles de la table à couler, deux grandes piéces de fer aussi longues que la table, qui se placent à discrétion des deux côtez, pour régler la largeur de la glace. C'est sur les tringles que porte le rouleau de fonte qui détermine l'épaisseur de la piéce. *Voyez* GLACE DE GRAND VOLUME.

TRINGLETTES. Piéces de verre dont on compose les panneaux de vitres. C'est aussi un outil de fer en forme de petit couteau émoussé, dont les Vitriers se servent pour ouvrir leur plomb; le plus souvent ce sont des morceaux d'ivoire, d'os, ou de bouis de quatre ou cinq pouces de long, plats & arrondis par le bout.

TRIOMPHANTE. Etoffe de soye fond gros de Tours, avec des fleurs en maniére de damassé.

TRIPE, ou TRIPPE. Sorte d'étoffe veloutée qui se manufacture sur un métier comme le velours, ou la peluche, dont le poil qui fait le côté de l'endroit est tout de laine, & la tissure qui en forme le fond est entiérement de fil de chanvre.

Les tripes se tirent presque toutes de Flandre, particuliérement de Lille, d'Orchie & de Tournay; elles ont pour l'ordinaire sept seiziémes de large sur onze aunes de longueur mesure de Paris. Il y en a de rayées de différentes couleurs, & de pleines ou unies, dont quelques-unes sont gauffrées, ce qui fait paroître des fleurs ou figures en relief comme aux velours ciselez.

La tripe s'employe à divers usages, mais particuliérement à faire des meubles, à couvrir des souliers d'enfans, & des pelotes pour les Chapeliers qui s'en servent à lustrer leurs chapeaux. Furetiére dit qu'il y a de l'apparence que ce mot vient de l'Espagnol Terciopelo, qui veut dire Velours, parce que c'est en effet du Velours de laine. *Voyez* PELUCHE.

Les Tripes de Velours payent en France les droits d'entrée à raison de 3 liv. 10 s. la piéce de dix aunes; & les tripes de soye 6 liv. conformément au Tarif de 1664.

Les

Les droits de la Douane de Lyon pour les tripes de Velours sont de 15 s. de la piéce tant d'ancienne que de nouvelle taxation.

TRIPE. Partie des entrailles de l'animal; il ne se dit guére au singulier, & rarement des entrailles de l'homme, à moins que ce ne soit en plaisantant. *Voyez ci-après* TRIPES & TRIPIERE.

TRIPERIE. Lieu où l'on lave les tripes; il se dit aussi de la place où s'en fait le Négoce. A Paris on l'appelle le Carreau. *Voyez* CARREAU.

TRIPES de Morues que l'on nomme aussi Noues, ou Nos. *Voyez* MORUE *vers la fin de l'article.*

TRIPES. On appelle ainsi à Paris les abatis & issuës des bœufs & moutons, que les Tripiers & Marchandes Tripiéres achettent des Bouchers pour les nétoyer, laver & faire cuire, & ensuite les vendre & débiter, soit en gros, soit en détail.

Les tripes & abatis de bœufs consistent aux quatre pieds, à la pance qu'on appelle Gras double; au feuillet autre partie des entrailles que les Tripiéres nomment communément le Psautier; à la franche mule ou caillette; & à la fraise qui comprend le mou, ou poumon, le foye & la rate; le palais de bœuf est aussi du nombre des issuës. Celles du mouton sont, la tête garnie de sa langue, les quatre pieds & la caillette.

TRIPIER. Marchand qui vend des tripes. On le dit plus ordinairement de ceux qui les lavent, les échaudent & les préparent pour être venduës par les Marchandes Tripiéres.

Il n'y a à Paris que sept ou huit de ces Tripiers qui demeurent tous & ont leurs échaudoirs auprès de la Porte, ou Apport de Paris, tant à cause de la commodité de l'eau, que parce que c'est dans la place qui est devant la Boucherie (place que les Tripiéres appellent communément le Carreau) que se fait le Négoce en gros de cette marchandise.

Les Tripiers font aussi quelque Négoce des graisses qu'ils lévent de dessus leurs chaudiéres, & c'est en partie avec ces mêmes graisses que se font ces excellentes savonnettes inventées par le Sieur Bailly dans le dernier Siécle, dont son fils qui en a seul le secret fait un Commerce si considérable au dedans & au dehors du Royaume. *Voyez* SAVONNETTE.

TRIPIERE. Marchande qui vend des tripes & des issuës de bœuf & de mouton échaudées, ou pour mieux dire à demi-cuites.

Les Marchandes Tripiéres de Paris ne font point de Communauté, quoi qu'on ait fait plusieurs tentatives pour les ériger en Corps de Jurande; elles vendent en vertu de Lettres de regrat, & n'ont d'autre liaison entr'elles que celle de leur Commerce.

On en distingue de deux sortes; les Marchandes de Tripes en gros, & les Marchandes en détail.

Les Tripiéres en gros qui sont environ une vingtaine, achettent des Bouchers les tripes & issuës de leurs abatis qu'elles font ensuite échauder par les Tripiers, & les vendent sur le Carreau de la Porte de Paris tous les matins à quatre heures, aux Patissiers & Cuisiniers qui enlévent les palais de bœuf pour leurs ragoûts, tourtes & patez; aux Chaircutiers qui en prennent les pieds & le cœur qu'ils vendent par morceaux, après les avoir achevé de cuire dans le bouillon de leurs porcs salez; & enfin, aux Tripiéres en détail qui étalent aux coins des ruës chaque jour dès le grand matin.

C'est cette derniére sorte de Tripiéres dont le nombre est considérable, & monte à plusieurs centaines qui débitent au peuple le foye, le gras-double, les pieds, têtes & langues de mouton, & les autres tripes & issuës dont on a parlé ci-dessus. *Voyez* TRIPES.

L'étalage des Tripiéres en détail se fait dans de grands bassins de cuivre soûtenus de quelque futaille vuide qui leur sert comme de magazin; quelques-unes mettent au fond du bassin une claye d'osier par propreté, ou afin que les tripes continuënt de mieux s'égouter. Toutes ces femmes ont un couteau pendu à leur ceinture, ordinairement taillant des deux côtez, d'où est venu le quolibet ou proverbe de Couteau de Tripiére, appliqué aux personnes qui louënt les gens en leur presence, & qui les déchirent quand ils n'y sont plus.

C'est du grand Voyer que ces Marchandes obtiennent le droit d'étalage moyennant la somme de trois livres tournois qu'elles lui payent chaque année.

TRIPOLI, que l'on nomme aussi ALANA. Espéce de craye, ou de pierre tendre & blanche, tirant un peu sur le rouge, qui sert à polir les ouvrages des Lapidaires, Orfévres, Miroitiers & Ouvriers en cuivre.

Quelques-uns estiment le tripoli une pierre brûlée & calcinée par les exhalaisons sulfureuses qui peuvent être sous les mines où cette sorte de craye se trouve. Il y a de ces mines en quantité de lieux de l'Europe, sur tout en Italie où le tripoli est très-bon; mais comme cette marchandise n'est pas d'une grande consomption, & qu'elle est à très-bon marché, les Epiciers-Droguistes & autres Marchands de Paris qui en font Négoce le tirent de Poligny en Basse-Bretagne près de Rennes, ou de Menna en Auvergne proche de Riom. Celui de Bretagne est le plus estimé à cause qu'il est propre pour polir les ouvrages de quantité d'Ouvriers, comme on l'a dit d'abord; mais celui d'Auvergne qui a moins de corps ne sert qu'aux Cuisiniéres & Servantes pour tripolir leurs ménages; c'est à dire, les chenets, chandeliers & autres ustenciles de cuivre propres à la chambre, ou à la cuisine.

Le Tripoli de Barbarie paye les droits de la Douane de Lyon à raison de 5 s. du quintal pour tous droits, & le Tripoli de France 2 s. 6 d.

TRIQUE, ou PAREMENT DE FAGOT. *Voyez* FAGOT.

TRIQUER. Séparer une chose d'avec une autre; il signifie aussi quelque-fois tout le contraire; c'est à dire, mêler plusieurs choses ensemble. Dans ce dernier sens les Ordonnances de la Ville, chap. 3, défendent aux Marchands de triquer & mêler les marchandises de différens prix & qualitez; dans l'autre signification les mêmes Ordonnances enjoignent aux Marchands de bois à brûler qu'on empile dans les chantiers, de triquer & séparer le bois blanc & de l'empiler à part.

TRIQUER parmi les Bucherons. Signifie mettre à part les triquës ou paremens; c'est à dire, les plus gros morceaux de bois dont on pare le dessus des fagots.

TRIQUETS, qu'on nomme aussi Traquets & Chevalets. Sont des assemblages de bois légers de menuiserie faits en triangle, qui servent aux Couvreurs à échafauder lors

lors qu'ils veulent couvrir les entablemens. Il faut deux triquets pour chaque échafaud; ils s'atachent avec des cordages & s'éloignent l'un de l'autre suffisamment pour la longueur des planches qu'on met dessus; l'Ouvrier y travaille ordinairement assis.

TROC. Echange d'une chose contre une autre. Un Marchand dit qu'il a troqué une marchandise contre une autre, pour dire qu'il n'a point déboursé d'argent, qu'il ne s'est donné que des marchandises de part & d'autre. J'ai beaucoup perdu sur ce troc; J'ai bien gagné sur ce troc.

Troc pour Troc, se dit quand on ne donne point de retour en argent.

Il y a beaucoup d'habileté à bien faire ses trocs, car il faut non seulement être certain du prix de la marchandise que l'on veut donner, mais il faut savoir encore celui de la marchandise que l'on veut prendre, & le moyen de s'en pouvoir défaire.

Lors que l'on dit, Acheter de la marchandise, partie comptant & partie en troc, cela doit s'entendre que l'on paye une partie en monnoye réelle & sur le champ, & que l'autre partie se paye en marchandise dont la valeur a été estimée.

Chez les Sauvages le Commerce ne se fait que par troc, en donnant une marchandise pour une autre. Avant que le Commerce fût sur le pied qu'il est à present, cela se pratiquoit aussi par les Nations les plus polissées.

TROGUE. Terme de Manufacture de drapperie. C'est la chaîne préparée par les Ourdisseurs pour la fabrique des draps mêlangez.

Chaque trogue contient en longueur de quoi ourdir & fabriquer deux piéces de drap.

Avant de les délivrer au Tisserand pour les monter sur son métier, on les cole avec de la cole de Flandre, puis on les laisse quelque tems sécher, & avant qu'elles soient tout à fait séches on en sépare les fils avec un peigne de fil de fer. *Voyez* FEUTRE.

TROIS. Nombre impair composé d'un & deux. En chiffre Arabe il s'exprime par cette figure (3) en chiffre Romain de cette maniére (III.) & en chiffre François de compte, ou de finance, ainsi (*iij.*)

TROIS. Se dit quelque-fois par abréviation au lieu de troisiéme. Le compte d'un tel est sur le grand livre à folio trois. On dit aussi dans le même sens Page trois.

Il y a une sorte de régle d'arithmétique que l'on nomme Régle de trois, à cause que par le moyen de trois nombres proposez que l'on connoît, on en trouve un quatriéme inconnu que l'on veut savoir. *Voyez* REGLE.

TROIS POUR CENT. On nomme ainsi en France un droit qui se paye au Fermier du Domaine d'Occident sur toutes les marchandises du crû des Isles & Colonies Françoises de l'Amérique.

Les Négocians François qui font la traite des Négres sur les Côtes d'Affrique ayant prétendu étendre l'éxemtion de la moitié des droits accordée au mois de Janvier 1716 pour toutes les marchandises que les Sujets de Sa Majesté apporteroient des Isles Françoises de l'Amérique provenant de la vente ou troc des Négres, sur ce droit de trois pour cent, & les Fermiers Généraux de sadite Majesté ayant soûtenu que ledit droit de trois pour cent n'étoit point compris dans l'éxemtion; pour faire cesser les prétentions réciproques des Marchands & du Fermier, il fut ordonné par un Arrêt du Conseil du 26 Mars 1722, qu'à l'avenir toutes les Marchandises du crû des Isles & Colonies Françoises, même celles provenant de la traite des Noirs, payeroient au Fermier du Domaine d'Occident à leur arrivée dans tous les Ports du Royaume, même dans les Ports francs & dans ceux des Provinces réputées étrangéres une fois seulement, trois pour cent en nature ou de leur valeur, quand même elles seroient déclarées pour être transportées en Païs étrangers.

TROISIE'ME. Portion d'un tout divisé en trois parties égales. En ce sens on dit plus ordinairement un Tiers qui a la même signification. *Voyez* TIERS.

TROISIE'ME. Se dit aussi du nombre qui est après deux & devant quatre. Voila la troisiéme Lettre de Change que je tire sur vous. Cette Lettre est payable au troisiéme du mois.

TROISIE'ME. Se dit aussi quelque-fois en terme de Commerce & marchandise de laines, de la troisiéme espéce de laine qui se tire de Ségovie. Prime Segovie, Seconde Segovie, Troisiéme Segovie; on dit plus ordinairement Tierce Ségovie. *Voyez* LAINE D'ESPAGNE.

TRONCHET. *Voyez* TROUCHET.

TROMPES. *Les Trompes d'Italie payent les droits de la Douane de Lyon à raison de 40 s. la bale d'ancienne taxation, & 10 s. de réapréciation.*

TROQUE. Terme de Commerce qui n'est guére en usage que dans les Colonies Françoises de Canada; il signifie la même chose que Troc, ou Echange. Aller faire la Troque avec les Habitans de Quebec, de Louïs-Bourg, de Montreal, &c. c'est porter des marchandises d'Europe pour échanger avec les Pèleteries & autres denrées qui se tirent de cette partie de l'Amérique Septentrionale. *Voyez l'article du Commerce où il est parlé de celui de la nouvelle France.*

TROQUER. Faire un troc; échanger une marchandise contre une autre. A Quebec & dans toute la nouvelle France on dit, Faire la troque. *Voyez l'article précédent.*

TROQUER LES AIGUILLES. C'est les faire passer les unes après les autres sur un morceau de plomb, pour faire sortir avec un poinçon le petit morceau d'acier qui est resté dans la tête après qu'elles ont été percées. *Voyez* AIGUILLE.

TROQUEUR. Celui qui est dans l'habitude de troquer. Ce Marchand est un véritable Troqueur; il n'achette jamais de marchandises comptant, tout son Commerce se fait par troc.

TROUBAHOUACHE, qu'on nomme aussi Moncha, ou Monka. Mesure des grains dont se servent les Habitans de Madagascar pour mesurer leur ris mondé; il contient environ six livres de ris. Pour le ris entier & non batu ils ont une autre mesure que l'on appelle Zatou. *Voyez* ZATOU.

TROUBLE. Filet de Pêcheurs dont on ne se sert guére qu'en hyver pour aller pêcher le long des rivages en l'enfonçant sous les bordages, ce qui ne se pouvant faire sans troubler l'eau, a donné le nom au filet. Il est fait en demi-rond que forme un morceau d'orme autour duquel le filet de la trouble est ataché; une fourchette de bois à deux ou à trois fourchons soûtient le morceau d'orme, & sert de de manche; on ne s'en sert que de dessus le bateau. Ce filet a ordinairement huit à neuf pieds de hauteur.

TROUCHET. Espéce de billot à trois pieds qui sert aux Tonneliers à doler leurs douves; c'est à dire, à les dégrossir avec la doloire. *Voyez* TONNELIER. On dit aussi Tronchet.

TROUSSE. Faisseau de paille, de foin, ou d'herbe en forme de grosses botes, que les Cavaliers d'une Armée rapportent d'un fourage pour la nourriture de leurs chevaux. Il se dit aussi des plus grosses botes de pailles que vendent les Marchands qui font ce Commerce. Dans ce dernier sens:

Les Trousses de pailles tant de froment que d'autres, payent en France les droits d'entrée à raison de 3 s. le cent en nombre.

TROUSSEAU. Terme de Monnoye au marteau. C'est ce qu'on appelle présentement la Matrice, le Coin ou le Carré d'effigie. Monsieur Felibien croit au contraire que c'est le Poinçon. *Voyez* MONNOYAGE AU MARTEAU.

TROUSSER, ou DROUSSER LA LAINE. Terme de Manufacture. *Voyez* DROUSSER LA LAINE.

TROUSSES. Ce sont les cordages de moyenne grosseur qui servent aux Charpentiers à lever à la main les petites piéces de bois.

TROUSSEUR, ou DROUSSEUR. Celui qui drousse, ou drosse la laine. *Voyez* DROUSSEUR.

TRUAGE. Impôt que quelques Seigneurs lévent sur les marchandises qui passent sur leurs terres. On l'appelle aussi Treu & Péage. *Voyez* PEAGE.

TRUBLE. Sorte de Filet. *Voyez* TROUBLE.

TRUELLE. Outil qui sert à employer le plâtre, le mortier, le ciment & la terre dans les ouvrages de Maçonnerie, de Limosinerie, & dans ceux des Couvreurs & des Paveurs. La Truelle est ordinairement de fer; il s'en fait néanmoins aussi plusieurs de cuivre. Elle consiste dans une plaque de l'un de ces métaux, coupée en triangle irrégulier & arrondie par le bout, avec un manche de bois.

LA TRUELLE DES LIMOSINS est différente de celle des Maçons seulement en ce qu'elle n'est point arrondie par le bout, mais qu'au contraire elle se termine en un angle très-aigu.

LA TRUELLE BRETE'E, OU BRETELE'E, est petite & faite presque comme un triangle parfait; elle est toûjours de fer & a des dents des deux côtez. Il y en a pourtant qui ne sont dentelées que d'un côté. Elle n'est propre qu'aux Maçons qui s'en servent à dresser les enduits de plâtre.

TRUELLE. En terme de Sucrerie, signifie un instrument de cuivre avec un manche de bois, qui est assez semblable à la truelle des Maçons. On s'en sert pour affermir & applanir le fond des formes à sucre avant de leur donner la premiére & la seconde terre. *Voyez* SUCRE TERRE'.

TRUELLE'E. La quantité de plâtre que l'on peut prendre avec une truelle. Lors qu'un Maçon n'a besoin que de peu de plâtre, il dit à son Manœuvre de ne lui gâcher qu'une truellée de plâtre.

TRUFFETTE. Nom que l'on donne à certaines toiles blanches faites de lin, qui aprochent assez de la qualité de celles qu'on appelle Toiles demi-Hollande. Aussi leur donne-t-on souvent le nom de Truffette demi-Hollande, quoi qu'elles soient d'une moindre largeur que les véritables demi-Hollande.

Les Truffettes sont ordinairement, ou d'une demi-aune demi-quart, ou d'une demi-aune un douze de large sur quatorze à quinze aunes de long, mesure de Paris.

Ces toiles qui se fabriquent en Picardie, particuliérement à Beauvais & aux environs de cette Ville, sont propres à faire des mouchoirs à moucher, & des manches pour des chemises de femmes.

Il se fait encore des Truffettes, mais rarement, de deux tiers de large qui servent à faire des chemises pour femmes. Les Truffettes se plient pour l'ordinaire en bâtons, ou rouleaux, ainsi que les demi-Hollande.

Le premier qui a fait fabriquer de ces sortes de toiles, a été le Sieur Nicolas Dance, fameux Marchand de Beauvais, très-entendu dans le Commerce & dans la Manufacture des Toiles. *Voyez* DEMI-HOLLANDE.

TRUITE, ou TRUITTE. Poisson d'eau-douce marqueté de plusieurs taches jaunes & rouges.

Il y en a de deux sortes: des petites qui se nourrissent dans des ruisseaux d'eau vive & dans les torrens; celles-ci se nomment simplement Truites: & de grosses, qu'on appelle Truites Saumonnées, non seulement parce qu'elles ressemblent aux saumons, soit pour leur grosseur, soit pour la rougeur de leur chair; mais encore parce que suivant le cours des grandes Riviéres & descendant jusqu'à leur embouchure dans la Mer, elles y prennent ce goût relevé, qui fait que souvent on les préfére au saumon.

Les Truites saumonnées d'Ecosse y font une partie du Commerce du poisson salé, s'y mettant en futailles & s'y salant à la maniére que l'on sale les vrais saumons, & de-là se transportant en France & dans les autres Païs étrangers. Ce sont ces sortes de Truites Ecossoises que l'on nomme ordinairement Grils, ou petits Saumons. *Voyez* SAUMON.

Les Truites payent en France les droits d'entrée à raison de 25 s. le cent en nombre, & pour ceux de sortie 40 s.

TRUMEAU, ou TREMEAU. Terme de Miroitier. Il se dit des glaces qui se placent dans l'entre-deux des croisées que les Architectes nomment Trumeaux, d'où ces miroirs ont pris leur nom. *Voyez* GLACE.

TRUSQUIN D'ASSEMBLAGE. Outil dont les Menuisiers se servent pour marquer l'épaisseur des tenons & la largeur des mortoises qu'ils veulent faire pour assembler leur bois, afin que les unes répondent aux autres.

Cet outil est de bois composé de deux piéces; l'une est une espéce de régle d'un pouce d'équarrissage, & de dix ou douze de longueur, qu'on appelle la Tige; l'autre est une très-petite planche ou morceau de bois plat peu épais, d'environ de quatre pouces en quarré, à travers lequel passe la régle, en sorte néanmoins qu'on puisse l'avancer ou le reculer à volonté. C'est sur la tige qu'est la pointe à tracer.

On appelle Trusquin à longue pointe un trusquin qui n'a qu'une pointe, mais très-longue; il sert à corroyer du bois, & à pouvoir atteindre dans les fentes, ou flaches, que le bois peut avoir.

TRUYE. C'est la femelle du verrat, ou porc. Outre les petits que cet animal donne en abondance deux fois l'année, elle fournit encore les mêmes choses pour le

Négoce & les Manufactures que son mâle; entr'autres ce cuir fort & épais qu'on nomme Cuir de Truye, dont à Paris les Libraires se servent pour faire les couvertures des plus beaux & des plus grands livres d'Eglise. Quand la Truye est grasse & qu'elle a fait plusieurs portées, on l'appelle Coche. *Voyez* PORC.

TUBE, en terme de Lunetier. Est le tuyau qui sert à porter les verres des lunettes à longue vûë. On le partage ordinairement en plusieurs morceaux qui s'emboîtent les uns dans les autres. On en fait de carton, de fer-blanc, & de legers copeaux de bois. *Voyez* LUNETTE, LUNETTIER & MOULE.

TUBE, en terme d'Emailleur. Est un tuyau de verre gros & long à volonté, dont ces Ouvriers se servent pour aviver le feu de leur lampe en le souflant à la bouche, lors que leurs ouvrages n'étant pas de longue haleine ils ne veulent pas se servir du souflet à émailler. Ils ont encore divers tubes aussi de verre, pour soufler & enfler l'émail. Ils s'en servent à proportion comme les Verriers font de la felle ou sarbacanne pour soufler le verre. *Voyez* EMAIL.

TUES-VENTS. Petites Cabanes mobiles faites en forme de guérites, sous lesquelles les Fendeurs & Tailleurs d'ardoises se mettent à couvert. *Voyez* ARDOISIERE.

TUF. Grosse étoffe de très-petit prix, qui a environ demi-aune de large, & dont la chaîne est de fil d'étoupe de chanvre, & la trême de ploc ou poil de bœuf filé. Cette étoffe sert ordinairement aux Tondeurs de Draps à garnir les tables à tondre. Il s'en fabrique en plusieurs lieux de France; mais c'est de Beauvais d'où il vient le plus.

TUILAGE. Terme de Tondeurs de Draps. *Voyez* TUILE A TONDEUR.

TUILE. Morceau de terre glaise, pêtrie, séchée, & cuite au four, dont on fait des espéces de tablettes peu épaisses, qui servent à couvrir les maisons & autres bâtimens.

Il se fait des tuiles de diverses figures & de differens moules. A Paris on ne se sert guére que de tuiles quarrées. En Guyenne elles sont rondes ou plûtôt en demi-cercle, ou en forme de goutiére. En Flandres elles ont la figure d'un S; c'est à dire, qu'elles sont composées de deux demi-cercles joints ensemble, mais dans une situation opposée de leur diamétre. Ces deux derniéres sortes de tuiles qu'on appelle également Tuiles rondes, & qu'on ne distingue qu'en y ajoûtant qu'elles sont ou à la maniére de Guyenne, ou à celle de Flandres, ne peuvent s'employer que sur des combles extrêmement plats à cause qu'elles n'ont point de crochet pour les arrêter sur les lates. Les tuiles carrées au contraire qui ont un crochet, sont propres à toutes sortes de couvertures quelque droites qu'elles puissent être.

Outre ces trois principales espéces de tuiles, il y a des tuiles gironnées plus étroites par en haut que par en bas, dont on coûvre les faîtes des tours rondes qu'on ne veut pas couvrir d'ardoise; des tuiles hachées qui servent à faire les noues des couvertures; des faîtiéres qui ne sont autre chose que les tuiles rondes de Guyenne, & des corniéres; celles-ci servent pour mettre aux angles & aux arrêtes; celles-là pour enfaîter les combles des bâtimens.

L'usage des tuiles plates est le plus ordinaire en France, & particuliérement à Paris où l'on ne voit plus ou peu de couvertures de tuiles rondes. Ces premiéres sont de trois sortes qu'on distingue par les moules, qui sont, le grand moule, le moule bâtard, & le petit moule.

La tuile du grand moule porte treize pouces de long & huit de large: celle du petit moule neuf à dix de long sur six de largeur; & la tuile du moule bâtard tient le milieu entre les deux. Cette derniére sorte de tuile ne s'employe plus à Paris, & l'usage commence même à s'en perdre dans les Provinces.

Toutes les tuiles plates ont un crochet par le haut pour les arrêter sur les lates; c'est à dire, une espéce de mantonnet de la même terre d'un pouce de large, & d'un demi-pouce d'épaisseur. A côté du crochet sont deux trous pour y pouvoir passer des clous, & suppléer dans l'occasion au crochet s'il s'aplatissoit, ou se cassoit.

Le milieu du grand moule fait sept toises de couvertures, en laissant à chaque tuile quatre pouces d'échantillon ou de pureau. On entend par ces deux termes qui sont synonimes ce qui reste de tuile découvert de chaque rangée de tuiles qu'on place les unes sur les autres. Le petit moule fait trois à quatre toises, & n'a que trois pouces, au plus trois pouces & demi de pureau. Le pureau du moule bâtard, & le nombre de toises de couverture qu'on en fait se régle sur sa hauteur & sa largeur, qui sont differentes suivant les lieux.

Toute la tuile du grand moule qui s'employe à Paris, se cuit en Bourgogne, d'où elle arrive par eau au Port S. Paul, pour les bâtimens de la Ville, & au Port à Langlois deux lieuës au dessus, pour la facilité du transport de celle qu'on destine pour la Campagne.

C'est aussi de Bourgogne que vient le petit moule de la meilleure qualité; celui qu'on tire de Champagne par la Marne, & qui se décharge au Pont de S. Maur, étant d'un très-mauvais usage, la tuile s'éfeuillant facilement. Pour la tuile du petit moule qui se cuit en quelques lieux des environs de Paris, elle est encore plus mauvaise que celle de Champagne.

Les faîtiers du grand moule ont un pied quatre pouces de long; celles du petit moule & du moule bâtard à proportion.

Les tuiles, de quelques moules qu'elles soient, se vendent au millier, le millier composé de mille quarante tuiles; c'est à dire, de quatre par cent d'excédent de compte. On donne aussi six faîtiers par chaque millier.

Les Tuiles à crochet payent de droits de sortie de France 10 s. le millier en compte.

TUILE. Les Tondeurs de draps appellent ainsi une sorte de petite planche ordinairement de bois de sapin, d'environ deux pieds & demi de long, & large de quatre pouces, sur un côté de laquelle est étendu & appliqué une espéce de mastic composé de résine, de grès & de limaille de fer passée au sas.

On se sert de cet instrument pour nétoyer les étoffes de laine de la tonture qui peut être restée dessus, & en même tems pour en ranger ou coucher le poil. Cette façon ne se donne qu'après que l'on a fait passer le cardinal & la brosse par dessus l'étoffe. Le tuilage est ce que les Tondeurs appellent le définitif de leur ouvrage. *Voyez* CARDINAL & BROSSE.

TUILEAU,

TUILEAU. Morceau de tuile cassée. Le ciment se fait avec des tuileaux. *Voyez* CIMENT.

TUILER. Terme de Tondeurs d'étoffes de laine. C'est faire passer sur les étoffes quand elles sont tonduës, l'instrument qu'on nomme la Tuile. *Voyez ci-dessus Tuile des Tondeurs.*

TUILERIE. Lieu où l'on fait des tuiles. *Voyez* FOUR & FOURNEAU A TUILES.

TUILIER. Marchand qui vend les tuiles, ou l'Ouvrier qui les fait.

TUMEIN, qu'on nomme plus communément Toman. Monnoye de compte en usage dans toute la Perse & dans plusieurs lieux des Indes; le tumein Persan qui est aussi un poids pour peser les monnoyes, est estimé quarante-cinq à quarante-six livres monnoye de France, à prendre l'écu de 9 au marc à 3 livres 10 sols. *Voyez* TOMAN.

TUNA, ou TONNA. Arbre qui produit le fruit où se rencontre la Cochenille. *Voyez* COCHENILLE.

TURBANS, ou SAUCISSONS. Les Marchands Epiciers-Droguistes nomment ainsi des morceaux de gomme-gute de forme cilindrique que les Chinois & les Cochinchinois apprêtent de la sorte lors que cette gomme est encore en consistance de pâte. *Voyez* GOMME GUTE.

TURBIT. Racine médecinale qui vient des grandes Indes, sur tout de Cambaye, Suratte & Goa; d'autres prétendent néanmoins que le véritable turbit vient particuliérement de l'Isle de Ceylan.

Le turbit des Modernes a si peu de ressemblance avec celui des anciens, qu'il est difficile de croire que ce soit le même; celui de nos Marchands Epiciers-Droguistes dont l'on prétend seulement parler ici, est une plante qui rampe sur la terre à la maniére du lierre; sa racine est d'une moyenne grosseur & longue à proportion, ses feuilles sont assez semblables aux feuilles de la guimauve, à la réserve qu'elles sont plus blanches, veloutées, piquantes & comme épineuses; ses fleurs sont incarnates, pareilles à celles du liseron, & lors qu'elles sont passées il reste des gousses qui enferment quatre grains noirâtres demi-ronds, & de la grosseur du poivre. Cette plante aime les lieux humides, & sur tout le voisinage de la Mer.

Le turbit doit être choisi bien mondé; c'est à dire, fendu en deux, & que le cœur ou matiére ligneuse qui est au milieu de la racine en soit ôtée, qu'il soit difficile à rompre, gris au dehors, grisâtre au dedans, pesant, point carié ni vermoulu, mais résineux aussi-bien au milieu qu'aux extrêmitez; quelques-uns le veulent en gros morceaux, d'autres en moyens; de l'une & de l'autre sorte il y en a d'excellent.

Quelques Apoticaires, ou par ignorance, ou par épargne, substituent quelque-fois la thapsie blanche, qu'on nomme aussi Turbit gris, au véritable turbit, quoi que pour les propriétez, pour la couleur & pour le goût ils ne se ressemblent guére. La Thapsie étant légére, d'un gris argenté à l'extérieur, d'un goût si acre & si chaud qu'elle enléve la bouche, & d'un effet si violent qu'on ne s'en sert guére sans danger, ce qui ne convient point à la description qu'on vient de faire du turbit.

Il y a encore une autre sorte de Thapsie qu'on appelle Thapsie noire qui est un reméde fort violent & non moins dangereux que la blanche.

Le Turbit paye en France les droits d'entrée à raison de 30 liv. du cent pesant, conformément au Tarif de 1664.

Les droits de la Douane de Lyon sont de 7 livres 2 sols 6 deniers le quintal d'ancienne taxation, & 40 livres pour les anciens quatre pour cent.

Le Turbit est du nombre des marchandises venant du Levant, sujettes au droit de vingt pour cent suivant l'Arrêt du 15 Août 1685.

TURBIT BLANC, autrement Alypon montis Ceti. Nom que les Botanistes donnent à une plante purgative qui croît en plusieurs endroits de France, sur tout en Provence & en Languedoc. *Voyez* SENE' *à la fin de l'article.*

TURQUIN. On appelle Bleu Turquin un bleu dont la nuance est très-foncée. *Voyez* BLEU.

TURQUOISE. Pierre précieuse de couleur bleuë ordinairement opaque, mais quelque-fois un peu transparente.

Il y en a d'Orientale & d'Occidentale de la vieille & de la nouvelle roche. L'Orientale tire plus sur le bleu que sur le verd, & l'Occidentale plus sur le verd que sur le bleu; celles de vieille roche sont d'un bleu Turquin; celles de la nouvelle sont plus blanchâtres & ne conservent pas leur couleur.

L'Orientale vient de Perse, des Indes & de quelques lieux de Turquie; quelques Auteurs même croyent que c'est la Turquie qui lui a donné son nom parmi les Modernes; l'Occidentale se tire de divers endroits de l'Europe, entr'autres d'Allemagne, de Bohême, d'Espagne & de Silesie; il s'en trouve aussi beaucoup en Languedoc Province de France, & ce sont celles-là qu'on nomme communément de la nouvelle Roche.

Des Connoisseurs prétendent qu'il y a des turquoises Françoises qui ne different en rien des Persiennes pour le poids & pour la dureté; & peut-être en effet seroient-elles plus estimées, si la rareté ou l'éloignement des lieux en augmentoit le prix; ce qui est pourtant certain c'est qu'elles ne prennent pas un si beau poliment, qu'il est moins doux, & qu'il est chargé de quelques rayes ou filamens.

Les Turquoises sont faciles à tailler, & outre les cachets qu'on y grave, on en voit d'assez grands morceaux dont d'habiles Sculpteurs ont fait des crucifix ou autres figures de près de deux pouces de haut. Furetiére sous la caution de Boece de Boot Médecin de l'Empereur Rodolphe II. assure pourtant qu'on n'en trouve point qui excéde la grosseur d'une noix, ce que l'on peut assurer n'être pas véritable, l'Auteur de ce Dictionnaire ayant vû une croix de Turquoise entre les mains d'un de ses amis qui étoit d'un plus grand volume.

L'on attribuë à la Turquoise une espéce de vertu sympatique; on croit communément qu'elle change de couleur ou qu'elle se rompt à la maladie, à la mort, ou même aux avantures malheureuses de celui qui la porte. Le même Auteur cité par Furetiére dans son Traité des pierreries, attribuë tout cela à des causes naturelles & assez vrai-semblables.

La Turquoise se contrefait aisément, & souvent si parfaitement qu'on peut s'y tromper à moins qu'on ne l'ôte du chaton.

TUTHIE, ou TUTIE. Suye métalique, formée en écailles voutées, ou en goutiéres de plusieurs grandeurs

&

& épaiſſeurs, dure, griſe, chagrinée en deſſus & relevée de quantité de petits grains gros comme des têtes d'épingles; elle ſe trouve atachée à des rouleaux de terre qu'on a ſuſpendus exprès au haut des fourneaux des Fondeurs en bronze pour recevoir la vapeur du métail. La Tuthie vient d'Allemagne & de quelques autres endroits; on l'apportoit autre-fois d'Aléxandrie.

Pour préparer la Tuthie on la fait rougir trois fois dans un creuſet entre des charbons ardens & on l'éteint autant de fois dans de l'eau roſe; on la broye enſuite ſur le porphyre y mêlant la quantité qu'il faut d'eau roſe, ou de plantain, juſqu'à-ce qu'elle ſoit en poudre très-fine; alors on en forme de petits trochiſques qu'on fait ſécher. La meilleure préparation de la Tuthie ſe fait à Orleans.

La Tuthie eſt propre pour les maladies des yeux délayée dans de l'eau roſe, ou l'eau de plantain, & incorporée dans du beurre frais.

Elle eſt auſſi un excellent reméde pour les hémorroïdes; la bonne Tuthie doit être en belles écailles épaiſſes & bien grainées, d'un beau gris de ſouris au deſſus, d'un blanc jaunâtre en dedans, difficile à caſſer & ſans ordures ni menu.

La Tuthie paye en France les droits d'entrée à raiſon de 3 liv. 10 ſols le cent peſant, conformément au Tarif de 1664.

Les droits de la Douane de Lyon ſont de 3 liv. 2 ſ. 6 d. le quintal.

Cette drogue eſt du nombre des marchandiſes venant du Levant ſujettes au droit de vingt pour cent ſuivant l'Arrêt du 15 Août 1685.

TUYAU. Canal, ou conduit qui ſert à faire entrer l'air, le vent, l'eau & autres choſes liquides dans quelqu'endroit, ou à les en faire ſortir.

On fait des tuyaux d'étain, de plomb, de léton, & de bois pour monter les orgues; ces derniers ſont en maniére de caiſſes quarrées, les autres ſont ronds.

Les tuyaux pour la conduite & décharge des eaux & pour les machines hydrauliques ſe font ordinairement de fer fondu, de plomb, de terre & de bois. On employe communément pour ceux-ci du bois de chêne, ou d'aulne.

Les tuyaux de fer ſe fondent dans les fonderies & forges de fer; leur diamétre eſt ſuivant la volonté de celui qui les ordonne, leur épaiſſeur proportionnée à leur diamétre, & leur longueur comme de deux pieds & demi à trois pieds; on les joint les uns aux autres par le moyen de quatre vis & de quatre écrous à chaque bout, en mettant entre deux pour étancher l'eau du cuir ou du feutre d'un vieux chapeau.

Les tuyaux de terre ſe font par les Potiers de terre; ils s'emboitent les uns dans les autres ayant tous un bout plus large que l'autre. Pour les mieux unir & empêcher l'eau de s'échaper, on les couvre de maſtic ou de poix avec des étoupes, ou de la filaſſe. Ils portent à peu près même longueur que ceux de fer; le diamétre eſt à diſcrétion; l'épaiſſeur ſuivant le diamétre.

Les tuyaux de bois ſe percent par des Charpentiers-Fontainiers avec de grandes tarriéres de fer de différentes groſſeurs & figures qui ſe ſuccédent les unes aux autres; les premiéres ſont pointuës & en fer de pique comme les amorçoirs des Charpentiers; les autres ont une forme de cuiliére par le bout, bien acérée & bien tranchante, & augmentent de diamétre depuis un pouce juſques à ſix & plus; toutes ſe tournent avec une forte piéce de bois ſemblable aux bras des tarriéres ordinaires. Ces tuyaux s'emboitent les uns dans les autres, ils ſe vendent à la toiſe.

L'on fait de deux ſortes de tuyaux de plomb; les uns ſoudez, & les autres ſans ſoudure: on ne parlera ici que des premiers, la fabrication des autres ayant été expliquée ailleurs. *Voyez* PLOMBIERS.

Lors que chaque table de plomb a été fonduë de largeur, épaiſſeur & longueur convenables à l'uſage qu'on en veut faire, & qu'elles ont été bien débordées, on les arrondit ſur des tondins de bois avec des bourſeaux & des maillets plats: ces tondins ſont des rouleaux de groſſeur & longueur à diſcrétion, qui ſervent comme d'ame ou de noyau aux tuyaux & que l'on en tire lors que l'ouvrage eſt arrondi.

Les deux bords bien revenus l'un contre l'autre, & ſe joignant parfaitement, on les grate avec un gratoir, & ayant froté de poix-réſine ce qu'on a graté, on y jette deſſus la ſoudure fonduë dans une cuiliére que l'on applatit enſuite avec le fer à ſouder, & que l'on rape avec la rape, s'il eſt néceſſaire.

Pour les petits tuyaux où la ſoudure ne s'employe pas fort épaiſſe, on la fait fondre avec le fer à ſouder à meſure qu'on l'applique; s'il y a des endroits où l'on ne veut pas que la ſoudure s'atache, on les blanchit de craye, ou on les ſalit avec la main.

Comme il y a des tuyaux d'un ſi grand diamétre & d'une épaiſſeur ſi conſidérable qu'il ſeroit difficile de les ſouder ſans les chauffer en dedans, les Plombiers ont pour cela des polaſtres; c'eſt à dire, des eſpéces de pêles quarrées, faites de cuivre fort mince, de deux ou trois pieds de long ſur quatre ou cinq pouces de large & autant de haut, dont le fond eſt en rond. Ces poêles s'empliſſent de braiſe, & avec un long manche de bois qu'elles ont à un bout, ſe coulent dans la cavité du tuyau & s'arrêtent aux endroits que l'on veut chauffer pour les ſouder.

Il ſe fait auſſi des tuyaux de cuivre par les Fondeurs en ſable & terre; ils ſervent particuliérement aux corps des pompes pour l'élevation des eaux, & aux endroits des conduits où il y a des regards & où l'on poſe des robinets.

TYMFE. Petite monnoye de Pologne qui vaut environ ſix ſols de France.

V. Vingtiéme

V.

V Vingtiéme lettre de l'Alphabet. Cette lettre suivie d'un petit o fait verso V_o. Cette même voyelle ou simple Vo, ou double W barré par le haut, signifie écu, ou écus de soixante sols, ou trois livres tournois, de neuf au marc.

VACHE. Bête à cornes, femelle, qui porte les veaux, & qui a pour mâle le taureau. Les jeunes vaches qui n'ont point encore souffert les approches du taureau se nomment Taures, ou Genisses.

De tous les animaux qui sont sur la terre il n'y en a guére dont l'on tire plus d'utilité que de la vache, soit pour la nourriture de l'homme, soit pour le Négoce. Les principales choses qu'elle fournit, outre les veaux dont on fait un article particulier, sont la chair, le lait, la peau, les cornes, les os, la graisse & le poil.

La chair de vache se vend à la livre ou à la main par les Bouchers dans les boucheries publiques, ou dans des étaux particuliers. L'on dit en proverbe, Qu'à la boucherie les vaches sont bœufs, & à la tannerie les bœufs sont vaches; pour faire entendre, qu'on fait passer la chair de vache pour celle de bœuf, & le cuir de bœuf pour celui de vache.

Le lait de vache, outre son usage de servir d'aliment aux enfans, & même aux personnes de tous âges, s'employe aussi à blanchir des toiles, à faire du beurre, & à composer du fromage. L'on prétend qu'il y a en Hollande des vaches si abondantes en lait, qu'elles en fournissent tous les jours jusqu'à vingt-sept pintes.

On parle ailleurs du Commerce des beurres & des fromages. *Voyez* BEURRE *&* FROMAGE.

Les peaux de vaches, que l'on appelle aussi Cuirs, se vendent en poil, ou vertes, ou salées, ou séches; & sans poil, ou tannées, ou passées en coudrement, ou en croûte, ou corroyées, ou apprêtées de plusieurs autres maniéres, qui se trouvent toutes expliquées dans les articles de Cuir, Peau & Tanner, ausquels l'on peut avoir recours.

Les rognûres des peaux, les cartillages & les pieds servent à fabriquer de la cole-forte, en les faisant bien bouillir & dissoudre dans l'eau. *Voyez* COLE-FORTE.

Les cornes de vaches, tant de la tête que des pieds, s'amolissent par le feu, & s'employent à divers usages; comme pour faire des peignes, des lanternes, des tabatiéres, des étuits à curedents, des écritoires de poche, &c. *Voyez* CORNE.

Les os se brûlent pour faire une sorte de noir propre à la peinture, que l'on appelle Noir d'os. Les Tabletiers, Couteliers, Patenôtriers, Tourneurs & autres semblables Ouvriers s'en servent aussi pour leurs divers ouvrages. *Voyez* OS *&* NOIR D'OS.

La graisse entre dans la composition du suif dont on fait les chandelles. *Voyez* SUIF.

Enfin, le long poil de la queuë après avoir été cordé & bouilli pour le friser, fournit aux Tapissiers & Selliers une partie du crin qu'ils employent; & avec le plus court on fait la bourre dont on rembourre les selles de chevaux, les bâts de mulets, & les meubles de peu d'importance.

L'on fait aussi entrer le poil de vache dans la fabrique des tapisseries que l'on appelle Bergame, qui se font particuliérement à Roüen & à Elbeuf en Normandie.

Les Vaches vives, ou tuées, ou habillées, venant des Païs étrangers, payent en France les droits d'entrée à raison de 30 s. de la piéce; & celles venant des Provinces du Royaume où les Aydes n'ont cours, 6 s.

A l'égard des droits de sortie, les Vaches vives ou mortes, grasses, ou maigres, payent 40 sols de la piéce.

On parle ailleurs des droits qui se payent pour les peaux de Vaches préparées par les Tanneurs & Corroyeurs. Voyez CUIR.

VACHE GRASSE & VACHE SECHE, qu'on nomme plus ordinairement VACHE BLANCHE. Ce sont des noms que l'on donne aux peaux ou cuirs de vaches apprêtées d'une certaine maniére par les Corroyeurs. *Voyez* CORROYER; *vous y trouverez les différens apprêts de ces deux sortes de peaux.*

VACHE EN GRAIN. C'est ainsi que l'on nomme une peau ou cuir de vache, dont la superficie est devenuë grenuë par les différens aprêts qu'on lui a donné. *Voyez* CUIR CORROYÉ, *à l'endroit où il est parlé de la Vache grasse. Voyez aussi* TANNER, *à l'endroit de l'article où l'on fait mention de la maniére de mettre les cuirs en coudrement.*

VACHE DE RUSSIE, que l'on appelle par corruption VACHE DE ROUSSI. Sorte de cuir ou peau de vache qui vient toute apprêtée de Moscovie, où elle se prépare d'une maniére toute particuliére, qui n'est guére connuë que de ceux qui s'en mêlent dans le Païs. L'on rapportera cependant ce qu'en dit Richelet dans son Dictionnaire François: voici comme il en parle.

„ La Vache de Roussi est du cuir de vache qu'on fa-
„ çonne hors de France, qu'on passe en redon; c'est à
„ dire, en herbe; ensuite on lui donne une charge de
„ bresil bouilli & de noix de gale pour le rougir, &
„ après on le pare, on le foule, on le travaille, on lui
„ donne toutes les façons nécessaires pour le mettre en
„ état de servir. M. Merigo, l'un des plus habiles Tan-
„ neurs de Paris, m'a dit ce que j'avance ici de la Va-
„ che de Roussi.

Tout cela est pris de Richelet, à qui il paroît que l'on n'a donné que la maniére ordinaire de passer les cuirs en rouge, comme la pratiquent tous les Corroyeurs de Paris. *Voyez* CORROYER LE CUIR.

Les Vaches de Roussi payent en France les droits d'entrée à raison de vingt pour cent de leur valeur, conformément aux Arrêts du premier Février & 10 Mai 1689.

Les droits de la Douane de Lyon sont de 8 s. de la piéce tant d'ancienne que de nouvelle taxation. Voyez les droits des autres Tarifs à l'article des Cuirs.

Les Vaches de Levant habillées payent à la même Douane 5 s. de la piéce pour tout droit. Elles sont du nombre des marchandises du Levant, sur lesquelles, outre les droits ordinaires, on léve vingt pour cent de leur valeur, suivant l'Arrêt du 15 Août 1685.

VACHE DURE. C'est une peau de vache où le Corroyeur n'a mis du suif que du côté de la fleur, & ni suif, ni huile du côté de la chair; en quoi elle est différente de la vache grasse & de la vache blanche; la première étant passée en suif de fleur & de chair, & l'autre ayant du suif du côté de la fleur, & de l'huile du côté de la chair. *Voyez* CORROYER.

VACHES. Les Imprimeurs appellent ainsi les deux cordes qui retiennent le train de la presse, crainte qu'en le retirant de dessous la platine, il ne revienne trop sur le devant du berceau. *Voyez* IMPRIMERIE.

VACHES DE SEL. On nomme aussi de la sorte en Poitou, les monceaux de sel en forme de meules de foin, où l'on met sécher le sel au sortir des salines. *Voyez* SEL.

VADE. Terme de Commerce de Mer, qui signifie l'intérêt que chacun a dans un Vaisseau à proportion de l'argent qu'il y a mis. Je suis pour un sixiéme de vade dans l'armement de l'Amphitrite; c'est à dire, j'y ai un sixiéme.

VADEMANQUE. Diminution du fond d'une caisse, qui arrive par la mauvaise conduite de celui qui la tient.

VAGUES, qu'on nomme aussi BRASSOIRS, ou BRASSOIRES. Ce sont des espéces de longs rabots de bois assez semblables à ceux avec lesquels les Limosins corroyent leur mortier. Les Brasseurs de biére s'en servent pour remuer & brasser leur biére, soit dans les cuves à matiéres où ils la préparent, soit dans les chaudiéres où ils la font cuire. *Voyez* BRASSEUR.

VAHATS. Arbrisseau de l'Isle de Madagascar, dont la racine est propre pour la teinture. Lors qu'on veut se servir de cette racine, on en léve l'écorce qui peut seule donner de la couleur; & après en avoir réduit une partie en cendres dont on fait une espéce de lessive, on met bouillir dans cette lessive avec l'autre partie d'écorce qu'on a réservée, les matiéres qu'on veut teindre; ausquelles il faut prendre garde de ne pas donner un feu trop vif. La couleur que produit cette teinture est un beau rouge couleur de feu, ou un jaune éclatant, si l'on y ajoûte un peu de jus de citron.

VAISSEAU. Ce qui peut contenir quelque chose, & singuliérement la liqueur. Un muid, une pipe, un boisseau sont des Vaisseaux à mettre le vin, l'eau-de vie, le blé, &c.

VAISSEAU MARCHAND. Signifie toutes sortes de Navires ou Bâtimens de Mer, grands & petits, qui servent à transporter des marchandises d'un lieu en un autre. *Voyez* NAVIRE.

VAISSEAU EN SACQUE. Il se dit des Vaisseaux qui vont en Terre-neuve acheter des moruës séches. *Voyez* MORUE.

VAISSEAUX A FOULER, que l'on nomme aussi PILLES ou POTS. Ce sont pour l'ordinaire, particuliérement du côté d'Amiens, de gros troncs d'arbres que l'on a creusez en façon d'auges, ou mangeoires d'écuries, où l'on a eu soin de laisser des séparations de distance en distance. C'est dans ces Vaisseaux que l'on met les étoffes que l'on veut fouler ou dégorger, ce que l'on appelle Reviquer dans les Manufactures d'Amiens.

A chaque vaisseau il y a deux pilons ou maillets qui batent alternativement sur les étoffes, & par le moyen desquels elles se retournent comme d'elles-mêmes dans les piles quand on les foule ou qu'on les revique.

Comme les pilons ont leur mouvement par le moyen d'un moulin à eau, ceux qui conduisent ces moulins se nomment Meuniers-Foulons. On peut voir ailleurs tout ce qui regarde les Foulons & la maniére de fouler & de reviquer, ou dégorger les étoffes de laine, particuliérement les draps. *Voyez* FOULON & REVIQUER.

VAISSELLE. Il se dit en général de tous les ustenciles de table, comme plats, assiettes, bassins, aiguiéres & autres semblables.

Il se fait de la vaisselle d'or & d'argent par les Orfévres, de la vaisselle d'étain par les Potiers d'étain, de la vaisselle de fer-blanc par les Ferblantiers, de la vaisselle de fayance par les Fayanciers, & de la vaisselle de terre par les Potiers de terre. *Voyez tous ces articles.*

La Vaisselle de fayance paye en France les droits d'entrée comme porcelaine contrefaite; c'est à dire, 10 liv. du cent-pesant, même celle de Hollande, suivant les Tarifs de 1664 & 1699.

Les droits de la Douane de Lyon pour la fayance de France sont de 15 s. le quintal pour tous droits; & pour celle venant d'Italie & autres Païs étrangers, 7 l. de la caisse d'ancienne taxation, & 10 s. du cent pesant de nouvelle réapréciation.

La vaisselle d'argent paye à la même Douane 20 s. du marc.

La Vaisselle d'étain 35 s. le cent pesant, tant d'ancienne que de nouvelle taxation.

Et la Vaisselle de terre 4 d. la douzaine.

A l'égard des droits de sortie réglez pour toutes sortes de Vaisselle, par le Tarif de 1664, elles payent; savoir, la Vaisselle d'argent sortant par passeports tant en foires que hors de foires, 30 s. le marc.

La Vaisselle d'étain comme étain ouvré 4 l. du cent pesant.

Et la Vaisselle de fayance tant grande que petite, 3 sols la douzaine.

VAISSELLE'E. Il se dit dans les Manufactures de lainage, particuliérement du côté d'Amiens, de la quantité d'étoffes de laine qui est contenuë dans chaque Vaisseau d'un moulin à Foulon. Quelques-uns disent aussi Pilée.

Le Réglement de la Sayetterie d'Amiens de 1666, fixe le nombre de piéces d'étoffes que chaque vaissellée doit contenir suivant leur nature & qualité; & défend aux Foulons d'y mettre plus de cinq serges à la Reine, ou quatre rases d'Amiens, ou deux cinq quarts façon de Seigneur, ou deux piéces de serges façon d'Ascot, ou deux baracans blancs gros grain, ou quatre camelots fils retors ou trois fils, ou enfin deux camelots façon de Valenciennes.

Ils ordonnent de plus, que chaque Vaisseau sera vuidé au net après avoir foulé deux vaissellées; & qu'il ne se pourra faire plus de quatre vaissellées en un jour, sans renouveller les Ouvriers, afin de les laisser reposer. *Voyez* VAISSEAUX A FOULER.

VAKIE'. Poids de Perse qui revient à une once poids de marc. *Voyez* BATMAN.

VAL. Petit poids dont on se sert dans les Indes Orientales pour peser les Piastres ou Réales de huit. Chaque Réale doit être du poids de soixante & treize Vals; sinon, celui qui les vend doit en suppléer le prix.

On

On se sert aussi du Val pour les Ducats d'or qui doivent peser neuf Vals & $\frac{1}{8}$ d'un carat poids des Indes; le Vendeur étant obligé au supplément de ce qui manque. *Voyez* DUCAT. *Voyez aussi* REALE.

VALANEDE. *Voyez* AVELANEDE.

VALE'E DE MISERE. C'étoit autre-fois à Paris le Marché à la Volaille & au Gibier, où les Marchands de la campagne, & sur tout ceux des Provinces de Normandie, du Païs du Maine, de Picardie, de Brie, & de toute l'Isle de France, appellez communément Poulailliers & Coquetiers, étaloient & vendoient aux Bourgeois & aux Rotisseurs, les gibiers & volailles qu'ils amenoient sur les chevaux & fourgons.

Ce Marché ayant été, pour la commodité publique, transferé en 16 sur le quai des Augustins du grand Convent, a conservé une partie de son nom, & on l'appelle la nouvelle Valée. On traite du Commerce qui s'y fait dans les articles des Vendeurs de Volaille & dans ceux de Poulaille, où l'on peut avoir recours.

VALET, ou VARLET. Il y a plusieurs Ouvriers qui se servent d'outils & d'instrumens qui ont ce nom, quoi qu'ils ne se ressemblent point. Ils sont tous néanmoins appellez de cette sorte, parce qu'ils tiennent lieu de valets ou serviteurs pour tenir les ouvrages fermes & dans la situation qui convient pour y travailler.

VALET DE MENUISIER. C'est une sorte piéce de fer ronde de plus d'un pouce de diamétre, & en tout à peu près de trois pieds de longueur. Cette piéce est pliée par un bout en forme d'équerre, non pas à angles droits, mais un peu aigus.

VALET. Chez les Serruriers c'est un instrument composé de quelques piéces de bois & de fer sur lequel ces Ouvriers blanchissent les targettes & autres piéces de fer plat. On l'appelle plus communément Chevalet. *Voyez* CHEVALET.

VALET. Celui des Corroyeurs est un instrument de fer avec lequel ils atachent leur cuir sur leur table ou établi lors qu'ils veulent l'étirer ou lui donner quelqu'autre façon. *Voyez* CORROYER.

VALEUR, prix, estimation des choses, ce qu'elles valent, ce qu'on en veut avoir. Je ne puis vous donner cette marchandise pour ce que vous en offrez; ce n'est pas la moitié de sa valeur.

On dit qu'une marchandise est de nule valeur quand on n'en fait aucun cas, qu'elle n'est point de débit. Une marchandise en valeur est au contraire celle qui est beaucoup demandée, & dont la vente est prompte & facile.

VALEUR INTRINSEQUE. C'est la valeur propre, réelle & effective d'une chose. Il se dit principalement des monnoyes qui peuvent bien augmenter ou baisser suivant la volonté du Prince, mais dont la véritable valeur ne dépend que de leur poids & du titre du métail. C'est ordinairement sur cette valeur intrinséque des espéces qu'elles sont reçûës dans les Païs étrangers, bien que dans les lieux où elles ont été fabriquées & où l'autorité souveraine leur donne cours, elles soient exposées dans le Commerce sur un pied bien plus fort.

C'est en partie de la différence de ces deux valeurs, dont l'une est comme arbitraire, & l'autre en quelque sorte naturelle, que dépend l'inégalité des changes qui haussent ou qui baissent, suivant que le prix pour lequel une espéce a cours, s'approche ou s'éloigne du juste prix du métail dont elle est faite.

VALEUR, en terme de Lettres de Change. Signifie proprement la nature de la chose, comme deniers comptans, marchandises, Lettres de Change, dettes, &c. qui est donnée, pour ainsi dire, en échange de la somme portée par la Lettre dont on a besoin.

On distingue quatre sortes de Lettres de Change où la valeur est différemment exprimée. La premiére porte, Valeur reçûë purement & simplement, qui comprend en soi toutes sortes de valeurs. La seconde, Valeur reçûë comptant, ou en marchandises. La troisiéme, Valeur de moi-même: & la quatriéme, Valeur entenduë.

La premiére est dangereuse, & la quatriéme n'est guére d'usage.

Aussi pour que la valeur soit bien exprimée, & ne puisse produire aucun des mauvais effets que l'Auteur du Parfait Négociant a remarquez, elle doit être conforme à *l'Article premier du tit. 5. de l'Ordonnance de 1673. qui porte, Que les Lettres de Change contiendront sommairement le nom de ceux auquel le contenu devra être payé, le tems du payement, le nom de celui qui en a donné la valeur, & si elle a été reçûë en deniers, marchandises & autres effets. Voyez* LETTRES DE CHANGE.

On appelle non-valeur dans le Commerce, non seulement les marchandises qui sont hors de vente, & qui demeurent en pure perte au Marchand, mais encore les dettes qui ne sont pas éxigibles par l'insolvabilité de ceux qui les doivent.

VALIDE, ou PATELET. Moruë verte qui tient le cinquiéme rang dans le triage que l'on fait en Normandie des différentes espéces de moruës. *Voyez* MORUE.

VALOIR. On dit dans le Commerce Faire valoir son argent, pour dire, en tirer du profit, le mettre à intérêt. *Voyez* INTEREST.

VALOISE. Etoffe de soye dont il est parlé dans le Réglement de 1669, & qui n'est plus présentement connuë sous ce nom que dans les manufactures. Elle doit être, tant en chaîne qu'en trême, de pure & fine soye cuite, sans mélange de soye teinte sur le crû. Sa largeur est d'une demi-aune moins un vingt-quatriéme.

VAN. Instrument d'osier à deux anses, courbé en rond par derriére qu'il a un peu relevé, dont le creux diminuë insensiblement jusques sur le devant. Les vans servent à vanner les grains pour en séparer la menuë paille & la poussiére. Ils sont le principal objet du métier des Vanniers-Closuriers. *Voyez leur article.*

Les Vans à vanner payent en France les droits d'entrée à raison de 6 s. de la douzaine, & ceux de sortie sur le pied de 12 s. conformément au Tarif de 1664.

Les droits de la Douane de Lyon ne sont que d'un sol la douzaine.

VANANTE. Terme de Papeterie. On appelle Pâte vanante la pâte de moyenne qualité faite des vieux drapeaux & chiffons de toile de lin ou de chanvre, qui ne sont pas les plus fins. C'est avec la pâte vanante que se font les papiers de la seconde sorte. *Voyez* PAPIER.

VANAS. Terme corrompu du Latin, dont se servent quelques Teneurs de Livres pour annuler les articles qui ont été mal portez, soit dans le journal, soit dans le grand livre. *Voyez* ANNULER.

VANILLE, que les Espagnols appellent VANILLA, ou BANILLA, & les Mexiquains TLIXOCHITL. C'est une graine ou semence d'une odeur agréable qui avec la gousse qui la contient, est le principal ingrédient dont on se sert pour donner du goût & de la force au chocolat.

La gousse où la graine de Vanille est enfermée, que les Indiens nomment Mecasulnil, est longue d'environ un demi-pied, & grosse comme le petit doigt d'un enfant. La plante qui la produit a des feuilles médiocres qui sortent des nœuds de ses tiges. Les tiges sont foibles, hautes environ de douze ou quinze pieds, en sorte qu'elles ont besoin d'un appui; ce qui oblige ceux qui cultivent cette plante de l'appuyer contre quelque mur, ou de la ramer comme on fait en France les pois & les aricots.

Les gousses sont d'abord vertes, elles deviennent ensuite jaunâtres en mûrissant; & enfin, brunes quand elles sont mûres. Dans leur parfaite maturité elles sont remplies d'un suc mielleux d'une très-bonne odeur, dans lequel est mêlée leur semence qui est presque imperceptible: on les cueille quand elles sont tout à fait mûres pour les faire sécher à l'ombre, & c'est ainsi séchées qu'on les transporte en Europe par paquets de cinquante, de cent & de cent cinquante.

Il faut choisir les gousses de Vanille bien nourries, grosses, longues, nouvelles, odorantes, pesantes, sans rides, grasses, souples, & que leur graine soit noire & luisante. Outre l'usage des Vanilles pour la composition du Chocolat, on s'en sert encore à parfumer le Tabac.

La Vanille, outre les anciens droits, paye en France 60 *s. de la livre pesant poids de marc, suivant l'Arrêt du* 12 *Mai* 1693.

Ces anciens droits sont de 5 *l. pour cent de sa valeur par estimation, conformément au Tarif de* 1664, *attendu qu'elle n'y est pas tariffée.*

VANNER. Secouer le grain, le remuer & le jetter en l'air avec un van.

VANNER LES EGUILLES. C'est après qu'elles ont été lescivées; c'est à dire, après qu'on les a lavées dans l'eau avec du savon, les faire ressuyer dans du son chaud un peu mouillé; ce qu'on fait en les enfermant avec le son dans une boîte ronde de bois suspenduë en l'air avec une corde, & en agitant cette boîte jusqu'à-ce que le son soit entiérement sec, & les aiguilles sans aucune humidité. *Voyez* AIGUILLE.

VANNERIE. Métier de Vanniers. *Voyez* VANNIER. On le dit aussi du lieu où se font & se vendent les ouvrages des Vanniers.

VANNES. On nomme ainsi à Lyon & dans quelques Provinces voisines, ce qu'on appelle ailleurs des Couvertures, ou Courtepointes piquées.

Les Vannes de toiles piquées payent à la Douane de Lyon 20 *s. de la piéce d'ancienne taxation, & 6 s. de réapréciation.*

Les Vannes de Taffetas dessus & dessous, 3. *l. de la piéce d'anciens droits, &* 20 *s. de nouveaux.*

Et les Vannes de taffetas d'un côté, & de l'autre de toile ou de futaine 40 *s. d'ancienne taxation, &* 13 *s. de nouvelle réapréciation.*

VANNETTE. Espéce de Corbeille plate & ronde, dans laquelle on vanne l'avoine avant de la donner aux chevaux.

VANNEUR. Celui qui vanne.

VANNIER. Celui qui fait ou qui vend des Vans où tous autres ouvrages d'osier, comme Paniers, Hotes, Clayes, Cages, Corbeilles, Charriéres, Verriéres, &c. Pelles, Boisseaux, Souflets, Sabots, Echelles, &c.

Il y a à Paris une Communauté de Maîtres Vanniers-Clinquailliers, dont les Statuts sont de 1467, confirmez par Lettres Patentes de Louïs XI. & réformez sous le Régne de Charles IX. par Arrêt du Conseil du mois de Septembre 1561, enregistrez au Parlement la même année.

Par l'Arrêt de réformation donné sur le vû des Lieutenant Civil & Procureur du Roi du Châtelet, les Prud'hommes ou Jurez sont augmentez jusqu'au nombre de quatre, au lieu de deux qu'il y avoit auparavant, avec la qualité de Maîtres & Gardes.

Les Apprentifs qui aspirent à la Maîtrise, sont obligez au Chef-d'œuvre; les droits de réception sont fixez à soixante-sols parisis d'une part, & à quatre livres dix sols aussi parisis d'une autre.

Les marchandises des Forains sont déclarées sujettes à la visite, & doivent être loties entre les Maîtres.

Enfin, le Service divin & la Confrairie desdits Vanniers, érigée dans l'Eglise du Sepulchre, sont confirmez, & le droit dû par les Maîtres & Apprentifs pour leur entretien, réglé.

Trois sortes d'ouvrages différens qui se fabriquent dans le Métier de Vannier, donnent le nom à trois sortes de Maîtres, qui pourtant ne composent qu'une seule & même Communauté, & n'ont que les mêmes Statuts.

Ces différens ouvrages qui distinguent ainsi les Vanniers, sont ceux de la Mandrerie, de la Clôture ou Closerie, & de la Faisserie.

La mandrerie dont les Maîtres sont appellez Vanniers-Mandriers, comprend tous les ouvrages d'osier blanc & d'osier verd qui ne sont point à claire-voye, à la réserve des vans à vanner les grains, & des hotes à vin, qui sont réservez à la clôture dont les Maîtres se nomment Vanniers-Clôturiers.

A l'égard de la faisserie, qui est là vannerie proprement dite, son partage consiste dans tout ce qui se fait d'ouvrages à jour de quelque sorte d'osier que ce soit. Cette partie du métier des Vanniers donne à ceux qui s'y occupent le nom de Vanniers-Faissiers.

Malgré cette espéce de distinction d'ouvrages & de métiers, les Maîtres Vanniers ne s'y assujétissent pourtant pas tellement, qu'il ne s'en trouve qui travaillent tout à la fois aux uns & aux autres.

Comme les ouvrages de clôture sont les plus difficiles, & demandent les plus habiles Ouvriers, & qu'il faut d'ailleurs des outils à part, les Clôturiers s'occupent rarement à la mandrerie & à la faisserie; mais au contraire les Mandriers & les Faissiers convenant en quantité de choses, & se servant des mêmes outils, il est rare que ceux qui exercent la faisserie ne travaillent pas aussi à la mandrerie.

Les outils & instrumens communs aux trois sortes de Vanniers sont, la scie montée & la scie à main, le couteau à travailler; divers villebrequins, entr'autres le villebrequin à hotriau; l'épluchoir, le poinçon de fer, les fers à à clore, le maillet, le chevalet, l'établi, la sellette, les moules & le faudoir.

Outre ces outils les Clôturiers ont encore la bate de fer, le villebrequin à Menuisier, la bécasse, le crochet & la tretoire.

On peut voir la description de tous ces outils & leur usage à leurs propres articles dans leur ordre alphabétique.

VAQUETTES. Peaux de petites vaches dont il se fait un assez grand Commerce à Smirne.

Il y en a de trois sortes, de différentes qualitez, & aussi de différens prix.

Les unes, qui sont les meilleures, viennent de Sensal, & se vendent communément un quart de piastre l'oco.

Les secondes se tirent de Meneven, & ne sont que d'une piastre les six ocos.

Les troisiémes s'achétent à peu près le même prix, & sont apportées de Meneven, de Joselassar & de Baliambord. Tout ce que ces divers lieux peuvent fournir de vaquettes, année commune, va environ à deux mille quintaux, dont la plus grande partie est transportée en Sicile & en Italie.

Les Vaquettes sont du nombre des marchandises venant du Levant, sujettes au droit de vingt pour cent, suivant l'Arrêt du 15 Août 1685. Voyez l'article des CUIRS. *Voyez aussi celui de la* VACHE.

VARANDER. Il se dit des harans salez qu'on fait égouter pour les encaquer; c'est à dire, pour mettre en barils. *Voyez* HARAN.

VARECH, ou VRAICQ. Nom que l'on donne sur les Côtes de Normandie à une sorte d'herbe qui croît en mer sur les rochers, qui se coupe & se recueille, ou que la violence des eaux arrache & jette sur les rivages de la Mer. En Bretagne cette herbe est appellée Gouesmon, & dans le Païs d'Aunis Sar.

Elle sert en quelques endroits à fumer les terres; mais son principal usage en Normandie est pour brûler, & faire cette espéce de soude que l'on appelle ordinairement Soude de Varech, ou Soude de Cherbourg. *Voyez* SOUDE.

Il se consume une très-grande quantité de soude de Varech pour fondre le verre commun, soit en table, soit en plat; mais l'on n'employe que de la soude d'Alicante pour celui que par excellence on appelle Verre blanc, à cause de sa beauté & de son éclat.

Le défaut de la soude de Varech est de rendre le verre d'une couleur qui tire sur le verdâtre. Une autre mauvaise qualité, c'est qu'elle s'employe en pure perte, ne servant que pour aider la fusion ou vitrification des matiéres, & nulement pour les augmenter; ce qui ne se trouve pas dans la soude d'Alicante, qui a précisément les deux qualitez contraires; puis que non seulement elle rend le verre plus blanc, plus brillant & plus diaphane, mais encore qu'elle l'augmente considérablement; cent livres de cette soude donnant cinquante livres de verre au de-là des matiéres avec lesquelles elle a été mise en fusion. *Voyez les articles de la* SOUDE *& du* VERRE.

Il est permis à toutes sortes de personnes de prendre le Varech que le flot de la Mer a jetté sur les gréves, & de le transporter où bon leur semble; mais il n'en est pas de même de celui que l'on est obligé de couper, le tems de la coupe en étant réglé; n'étant pas même permis aux Habitans des lieux de le couper ou cueillir ailleurs que dans l'étenduë des Côtes de leurs Paroisses, ni de le vendre aux Forains, ou de le porter ailleurs que sur leur territoire.

Il faut remarquer que les Seigneurs des Fiefs qui avoisinent la Mer, ne peuvent pas s'approprier aucun lieu où croît le Varech, ni empêcher les Habitans de la dépendance de leur district de le cueillir & de l'enlever dans le tems que la coupe en est ouverte. *Voyez titre 10 du livre 4 de l'Ordonnance de la Marine du mois d'Août 1681.*

Sur les Côtes de Normandie on appelle aussi Varech, tout ce que la Mer jette sur ses bords, soit de son crû, soit qu'il vienne de bris, ou naufrage; & dans cette même Province le droit que les Seigneurs des Fiefs voisins de la Mer prétendent sur les choses qu'elle a poussées sur son rivage, est nommé Droit de Varech. On prétend que ce terme de Varech en ces deux derniers sens a été pris du nom de l'herbe appellée Varech, dont il a été ci-devant parlé, parce que souvent cette herbe est jettée par le mouvement impétueux des eaux sur les bords de la Mer.

VARI. Petit poids en usage parmi les anciens Habitans de Madagascar, ou Isle Dauphine, comme l'appellent les François.

Le vari pése environ un demi-gros poids de marc. Il a au dessus le sompi, qui est le poids le plus fort dont ces Barbares ayent connoissance; & au dessous le saccare, puis le nanqui, & enfin le nanque. Le vari non plus que ces autres poids ne servent qu'à peser l'or & l'argent. *Voyez* SOMPI.

VARLET. Outil de Menuisier. *Voyez* VALET.

On appelle aussi Varlet le chevalet à blanchir des Serruriers. *Voyez* CHEVALET.

VARLET. Signifie dans plusieurs des anciens Statuts des Communautez des Arts & Métiers, ce que dans d'autres on nomme Serviteur, & que présentement on ne connoît plus guére que sous le nom de Compagnon. *Voyez* COMPAGNON.

VARLOPE. C'est la seconde espéce de rabot à corroyer & dégrossir le bois. Les Menuisiers en ont de deux sortes, la grande & la petite Varlope. Ils se servent successivement de l'une & de l'autre pour adoucir la besogne. La Varlope est plus longue, mais moins massive que le Riflart. Elle a comme lui deux poignées aux deux bouts au dessus du fût, & son fer est très-large & carré.

VARLOPE A ONGLET, OU ANGLÉE. Elle est sans poignée; & le fer qui est taillé carrément, est plus étroit qu'aux autres varlopes: elle sert à dégauchir les onglets des quadres.

VARRE. Mesure des longueurs dont on se sert en Espagne, particuliérement dans le Royaume d'Arragon, pour mesurer les étoffes. Sa longueur est semblable à celle de la canne de Toulouse, qui est de cinq pieds cinq pouces six lignes, ce qui revient à une aune & demie de Paris; en sorte que deux varres d'Espagne font trois aunes de Paris, ou trois aunes de Paris font deux varres d'Espagne.

On se sert aussi de varres à Goa & à Ormus, qui sont les mêmes que ceux d'Espagne que les Espagnols y avoient introduits quand ils étoient les maîtres de Goa, cette Capitale des Portugais dans les Indes ayant suivi la fortune du Portugal, & dans sa sujettion à l'Espagne, & dans la révolution qui l'en a délivrée.

Varre. Se dit aussi de la chose mesurée avec la varre; une varre de drap, une varre de serge.

Varre, que les Espagnols nomment Vara. C'est une espéce de harpon dont l'on se sert dans les Indes Occidentales pour la pêche de la tortuë. *Voyez* Tortue.

VARREUR. Celui des Matelots qui se sert de la varre pour harponner la tortuë, tandis que les autres ramant lentement l'approchent du poisson à une distance raisonnable pour lui jetter cette espéce de harpon. *Voyez* Tortue.

VATE'. On nomme ainsi dans les Indes Orientales, le ris quand il n'a pas été batu, & qu'il est encore dans sa cosse. *Voyez* Ris.

VAUCOUR. Terme de Potier de terre. C'est une espéce de table ou de large planche soûtenuë sur deux piliers placez devant la rouë dont ces Ouvriers se servent pour tourner leurs ouvrages de Poterie. C'est sur le Vaucour qu'on prépare & qu'on arrange les morceaux de terre glaise que le Potier a dessein de mettre sur la girelle de sa rouë, & c'est aussi où l'on pose l'ouvrage à mesure qu'il s'achéve, pour ensuite y ajoûter les pieds, les anses, & les autres piéces qui se font à la main.

VAUTOUR. Gros oiseau de proye qui ne se paît que de charogne. Quelques-uns l'estiment une espéce d'Aigle à qui véritablement il ressemble assez. Il y en a de diverses grandeurs & de plusieurs couleurs, de cendrez, de tannez, de bruns, de roux doré.

Les Marchands Epiciers-Droguistes vendent de la graisse de vautour fort estimée contre les maladies des nerfs.

Les Marchands Pèletiers vendent la peau de vautour, qui est une peau garnie d'un duvet extrêmement chaud, qu'on léve de dessus le ventre de cet oiseau, dont les personnes délicates se servent pour se garantir la poitrine du froid. Ces peaux sont apportées, ou apprêtées; c'est à dire, passées, ou non apprêtées, seulement séchées, & telles qu'elles sortent de dessus l'oiseau.

Les peaux de Vautours non apprêtées payent en France les droits d'entrée à raison de 4 s. de la piéce; & celles qui sont apprêtées, 10 s. conformément au Tarif de 1664.

VAXEL. Espéce de boisseau dont on se sert dans les Salines de Lorraine pour mesurer les sels. Le Vaxel pése trente-quatre à trente-cinq livres. Il faut seize Vaxels pour le muid. *Voyez* Sel.

VEAU, que l'on prononce aussi VO. Jeune animal à quatre pieds, que produit la vache de son accouplement avec le taureau qui en est le mâle.

On appelle Veau mort-né celui qui est sorti sans vie du ventre de la mére, veau de lait celui qui tette la mére, & qui n'a point encore mangé ni herbe, ni foin; & veau broutier celui qui ne tette plus, qui broute l'herbe & qui mange le foin.

Ce qu'on nomme Veaux de Riviére sont des veaux de lait très-gras qui se nourrissent aux environs de Roüen en Normandie, où les pâturages sont excellens.

La mulette du veau qui est une espéce de sac ou poche qui se trouve dans son corps rempli de lait caillé, sert de présure pour faire prendre le lait dont on compose les fromages. Dans les moutons on l'appelle Caillette, & dans les bœufs & vaches, c'est ce qu'on nomme Franche-mule.

Quoi qu'il semble que le veau ne doive être considéré que par rapport à sa chair qui se vend dans les boucheries pour la nourriture de l'homme, on en tire cependant deux sortes de marchandises pour le Négoce; savoir, la peau & le poil.

Les peaux de veau se préparent par les Tanneurs, Mégissiers, Corroyeurs & Hongrieurs, qui les vendent aux Cordonniers, Selliers, Boureliers, Relieurs de Livres, & autres semblables Artisans qui les mettent en œuvre. Les peaux de veau corroyées qui se tirent d'Angleterre sont les plus estimées. *Voyez* Tanner, Cuir Corroye', Cuir de Hongrie & Megie.

Le Vélin qui est une espéce de parchemin, se fait de la peau d'un veau mort-né, ou de celle d'un petit veau de lait. C'est le Mégissier qui commence à le préparer, & le Parcheminier qui l'achéve. *Voyez* Parchemin *à la fin de l'article.*

Le poil des veaux se mêle avec celui des bœufs & des vaches, pour faire la bourre qui sert à rembourrer les selles de chevaux, les bâts de mulets, & les meubles de peu de valeur.

Les Marchands Libraires & les Relieurs de Livres disent qu'un Livre est relié en veau fauve, pour faire entendre que le peau du veau qui le couvre est blanchâtre & toute unie, sans avoir été marbrée, ni rougie, ni noircie.

On parle ailleurs des droits d'entrée & de sortie que payent en France toutes sortes de peaux de veaux, soit par les Tarifs de 1664, de 1667, & de la Douane de Lyon, soit suivant divers Arrêts du Conseil donnez depuis. *Voyez* Peau.

A l'égard des droits d'entrée & de sortie que payent les veaux vivans;

Les veaux gras, ou maigres, venant des Païs étrangers, payent à l'entrée 10 s. de la piéce, & ceux venant des Provinces du Royaume où les Bureaux ne sont pas établis, 3 s.

Les veaux gras, ou maigres, payent à la sortie 6 s.

Veau passe' en sumac. C'est du veau corroyé en noir du côté de la fleur, auquel on donne avec le sumac une couleur orangée du côté de la chair. Ce sont les Maîtres Ceinturiers qui employent cette sorte de cuir. *Voyez* Corroyeur.

Veau a chair grasse. *Voyez* Chair grasse.

Veau a chair blanche. *Voyez* Chair blanche.

Veau d'Angleterre. Il se fait en France un grand Commerce de ces sortes de cuirs qui se passent & se préparent en Angleterre, & que l'on a jusqu'ici inutilement essayé d'imiter ailleurs.

Il se forma néanmoins à Paris en 1665 une Compagnie de Gens d'Affaires dont les principaux Intéressez étoient les Sieurs de la Salle, Monginot & du Vidal, qui entreprirent d'en établir une Manufacture aux Fauxbourg saint Marcel.

Monsieur Colbert, à qui la France doit tant d'autres établissemens, espérant soûtenir celui-ci, qui eût été d'une grande utilité pour le Royaume, à qui il auroit épargné plus de deux millions par an qui se consument dans l'achat de ces veaux étrangers, fit donner des Lettres Patentes aux Entrepreneurs, portant un Privilége exclusif pour la fabrique des veaux façon d'Angleterre; mais cette Compagnie ayant fait travailler pendant quatre ou cinq ans sous le nom de Bonnet Tanneur de Paris, à qui elle en avoit fait accorder le Privilége, fut obligée de se désister d'un d'une entreprise qui coûta aux Intéressez plus de cent mille livres en pure perte.

L'établissement de cette Compagnie quoi qu'elle eût eu un si mauvais succès, ne laissa pas de causer un grand bien aux Marchands Merciers qui font le Commerce des véritables veaux d'Angleterre.

Jusques-là les Anglois n'avoient permis aux François & aux Etrangers d'enlever de leurs veaux que ceux du poids depuis vingt-cinq livres jusques à trente-six livres la douzaine, étant défendu d'en faire sortir depuis trente-six jusques à quarante-cinq, à peine d'avoir le poing coupé.

Mais quand on sût en Angleterre que cette nouvelle Manufacture, si elle réüssissoit, ruineroit absolument le Commerce de leurs veaux, dont le plus grand débit se faisoit en France, non seulement Sa Majesté Britannique leva l'interdiction, & permit aux Etrangers d'en enlever de tous poids & de toute qualité; mais encore réduisit à trois chelins le droit de sortie qui étoit auparavant de douze; & afin d'assurer encore davantage aux Anglois un Commerce si important, il renouvella & fit éxécuter les anciennes Ordonnances de Police pour l'apprêt & la bonne fabrique de cette sorte de marchandise: ce qui en rendroit, à ce qu'on crût en Angleterre, l'imitation encore plus difficile en France.

Cette particularité du Commerce des veaux d'Angleterre est tirée d'un curieux & excellent ouvrage manuscrit de l'Auteur du Parfait Négociant composé sur le fait des cuirs & l'établissement des Vendeurs de Cuirs dans la Hale de Paris.

Cet Auteur ne croit pas toute-fois qu'il soit impossible aux François de parvenir à la perfection de l'apprêt de ces sortes de veaux, mais en même tems il est persuadé que les peaux de ces animaux qui s'élévent & qui se tuent en France, & particuliérement aux environs de Paris, n'y sont pas si propres que celles des veaux d'Angleterre.

Sa principale raison est, que les peaux de France sont trop petites & trop foibles, défaut qu'il n'est pas possible de réparer parce qu'il est naturel. Les veaux étant plus forts en Angleterre quand ils viennent au monde, qu'en France au bout de quinze jours qu'ils sont nez.

Il en apporte bien une seconde raison, considérable à la vérité, mais qui étant de pure police pouroit être facilement corrigée, c'est que les veaux de France sont sévrez trop jeunes, ne tettant guére que trois semaines, souvent que quinze jours, outre qu'on les y tuë trop tôt; ce qui les empêchant de croître & de se fortifier autant qu'il le faudroit, leurs peaux passées à la façon d'Angleterre ne peuvent jamais être du poids & de la qualité nécessaires pour être employez aux divers ouvrages ausquels les Artisans travaillant en cuir, s'en servent ordinairement. Au contraire, en Angleterre les veaux tettent même au de-là de six semaines, & l'on ne les tuë guére qu'ils ne soient très-forts. Les derniéres guerres que la France a eu avec l'Angleterre, ont fait chercher les moyens de s'en passer, & l'on y en fait à présent qui aprochent fort de la bonté de ceux d'Angleterre. *Voyez* CORROYEUR.

VEDASSE. Espéce de cendre gravelée dont se servent les Teinturiers; il en vient de Moscovie, de Pologne & de Dantzick. On lui donne aussi le nom de Potasse. *Voyez* GRAVELE'E.

VEILLE'E. On appelle Pâté de veillée, un petit régal dont le principal mets consiste en un pâté que les Maîtres de plusieurs Communautez des Arts & Métiers de Paris donnent à leurs Compagnons quand ils commencent à veiller. *Voyez* PASTE' DE VEILLE'E.

VEILLOIR. On nomme ainsi parmi les Ouvriers qui travaillent en cuir, comme Bourreliers, Maletiers, Cordonniers, Savetiers, &c. une petite table sur laquelle les Compagnons mettent leur chandelle & leurs outils lors qu'ils commencent à veiller, & autour de laquelle ils s'arrangent pour profiter tous de la lumiére.

VELIN, ou VESLIN. Espéce de parchemin plus fin & plus blanc que le parchemin ordinaire. *Voyez* PARCHEMIN, *à la fin de l'article.*

Les velins payent les droits de la Douane de Lyon à raison de 20 s. de la bale d'ancienne taxation, & 6 s. de nouvelle réapréciation. Voyez les droits des autres Tarifs à l'article du Parchemin.

VELIN. C'est aussi le nom que l'on donne en Normandie aux points de France qui se fabriquent à Alençon & aux environs, à cause que c'est sur du vélin que sont dessinez les patrons sur lesquels on travaille à ces dentelles faites & brodées à l'éguille. *Voyez* POINTS DE FRANCE.

VELLON, qu'on prononce en Espagnol Veillon; Signifie en fait de Monnoye ce qu'on appelle en France Billon; il se dit particuliérement des espéces de cuivre.

On se sert aussi de ce terme pour distinguer quelques monnoyes de compte d'Espagne. Ainsi on dit, un ducat, un real, un maravedis de vellon, par opposition à ceux que l'on nomme de Plata, ou d'Argent, les uns étant presque du double des autres, le réal, par exemple de vellon, ne valant que dix-huit maravedis d'argent, & le réal d'argent en valant trente-quatre aussi d'argent. *Voyez* PLATA. *Voyez encore* DUCAT, REALE, MARAVEDIS.

VELOURS, ou VELOUX. Riche étoffe toute de soye, couverte à l'endroit d'un poil épais, court, serré & très-doux, dont l'envers est une espéce de tissu extrêmement fort & pressé. Le velouté de cette étoffe se fait d'une partie des fils de la chaîne qu'on appelle Poil, que l'Ouvrier place sur une longue & étroite régle, ou aiguille de cuivre cannelée, qu'il coupe ensuite en conduisant un petit outil d'acier très-tranchant le long de la cannelure de l'aiguille.

Quoi qu'en disent les Etymologistes qui aiment à faire mystére de tout, le mot de Velours vient certainement de celui de Velu; c'est à dire, couvert de poil, & ne signifie autre chose qu'étoffe veluë.

Il se fabrique dans les Manufactures de France diverses sortes de velours; entr'autres des velours pleins, des velours figurez, des velours à ramage, des velours raz, des velours rayez, des velours cifelez ou coupez, & enfin les plus riches de tous, des velours à fond d'or ou d'argent.

Les velours pleins sont ceux qui sont unis & qui n'ont ni figures, ni rayeures.

Les velours figurez, ceux qui ont diverses figures & façons, mais qui n'ont point un fond différent de la façon; c'est à dire, dont toute la superficie est veloutée.

Les velours à ramages ceux qui représentent de grands bran-

branchages & rainſeaux ſur un fond ſatiné ; quelque-fois de la même couleur, & plus ſouvent d'une couleur différente du velouté ; ce ſont ces mêmes velours qu'on appelle à fond d'or & d'argent, quand au lieu de ſatin on en fait le fond de fils de l'un ou l'autre de ces métaux.

On ne peut s'empêcher de parler ici d'un des plus beaux velours à ramage qui ſoit ſorti des Manufactures de France, qui n'ayant pas été imité ſur les métiers étrangers, & n'y ayant guére d'apparence qu'il le ſoit jamais, reſtera unique dans ſon eſpéce.

Le Sieur Charlier ſi célébre par les riches & belles étoffes de toutes façons qu'il faiſoit faire dans ſa Manufacture de S. Maur près Paris, entreprit ce velours ſous le Régne de Louis XIV. pour ſervir aux emmeublemens du ſuperbe Palais de Verſailles. Il étoit monté ſur un rot de plus d'une aune, & outre le velouté ordinaire & la ſoye friſée qu'on employe quelque-fois dans les velours à ramages, l'or & l'argent friſé y étoient travaillez & ménagez avec tant d'Art, qu'on ne pouvoit le voir ſans une eſpéce de ſurpriſe & d'admiration. Chaque aune au ſortir du métier revenoit à plus de mille livres, auſſi l'Ouvrier n'en pouvoit-il faire chaque jour qu'un pouce ou dix-huit lignes ; le deſſein avoit été fait par le Sieur Berin ſi connu par ces ſortes d'ouvrages. Le peu qui a été fabriqué de ce velours ſert à quelques portiéres des appartemens de Verſailles.

On appelle Velours raz celui dont les fils ou poils qui font le velouté ont été rangez ſur la régle cannelée, mais n'y ont pas été coupez.

Velours rayé, celui qui a des rayes de diverſes couleurs le long de la chaîne, ſoit que ces rayes ſoient partie velouté & partie ſatin, ſoit qu'elles ſoient toutes veloutées.

Enfin, les velours ciſelez ou coupez ſont ceux dont la façon ou eſt de velours & le fond d'une eſpéce de taffetas, ou de gros de Tours.

On dit auſſi du Velours à quatre poils, à trois poils, à deux poils, à poil & demi, & encore du petit velours pour en diſtinguer les différentes qualitez & leurs divers dégrez de force & de bonté. On va parler des uns & des autres conformément aux Réglemens.

Il y a trois Réglemens qui fixent la fabrique des velours ſuivant leurs eſpéces & qualitez, & qui ordonnent les différentes liſiéres qui les doivent diſtinguer.

Ces trois Réglemens ſont de l'année 1667 ; celui de Tours du 27 Mars, celui de Lyon du 19 Avril, & celui de Paris du mois de Juillet, tous trois ſi ſemblables, qu'on les doit regarder comme un ſeul & même Réglement, à la réſerve néanmoins de ce qui regarde les petits velours ; Sa Majeſté, en faveur des Manufactures de Lyon & pour elles ſeulement, ayant dérogé par ſes Lettres d'homologation du Réglement pour cette Ville, à ce qui y étoit porté, qu'ils ſeroient faits tout de ſoye cuite, & ayant permis que les petits velours du prix de ſept livres & au deſſous pouvoient être fabriquez à Lyon de ſoye cruë mêlée avec la cuite, à la charge qu'ils ſeroient marquez d'un plomb ſur lequel ſeroit inſcrit, *Petit Velours de ſoye cuite & cruë*, à peine de confiſcation de ceux qui n'auroient pas ladite marque.

Velours à quatre poils.

Ces velours qu'on appelle auſſi Velours forts & Velours à ſix liſſes, ſe fabriquent ſur un peigne de vingt portées qui font ſoixante portées de chaîne, & quatre-vingt portées de poil, chaque portée de quatrevingt fils ou filets, y ayant huit fils de poil pour chaque dent de peigne, leſquels poils & chaîne doivent être d'orgenſin filé & tordu au moulin, & tramez de trame double, le tout cuit & de bonne, pure & fine ſoye, ſans y employer aucun fleuret ni boure de ſoye.

Ces velours doivent avoir onze vingt-quatriémes d'aune entre les deux liſiéres, & être marquez de quatre chaînettes de ſoye de couleur différente du velours, & quant à celui dont la chaîne, trême & poil ſont tout cramoiſy, il y doit avoir un filet d'or ou d'argent au milieu de ladite liſiére.

Velours à trois poils.

Ces velours ſe nomment auſſi Velours forts & à ſix liſſes, & ſe fabriquent ſur le même peigne que ceux à quatre poils ; ils ont comme eux ſoixante portées de chaîne, mais ſeulement ſoixante portées de poil, & n'ont que ſix fils de poil pour dent. On les diſtingue par trois chaînettes ; du reſte ils ſont faits de même ſoye & de même largeur que les précédens.

Velours à deux poils & à poil & demi.

Ces velours s'appellent Velours à quatre liſſes, ou Velours moyens ; leur peigne eſt de vingt portées, avec cette différence que les velours à deux poils ont quarante portées de chaîne & autant de poil, chaque portée de quatrevingt fils ; & que les velours à poil & demi ont bien quarante portées de chaîne, mais n'en ont que trente de poil. L'un & l'autre velours ont la même largeur que ceux à quatre & trois poils, & ſe marquent l'un par deux chaînettes de chaque côté, & l'autre par deux chaînettes auſſi d'un côté, mais ſeulement une de l'autre.

Petits Velours.

Les petits velours ſe font à dix-neuf portées de peigne qui font trente-huit portées de chaîne & dix-neuf portées de poil chacune de quatrevingt fils ; ils ont même largeur que ci-deſſus, & n'ont qu'une chaînette à chaque liſiére.

Ces velours de bas prix, auſſi-bien que ceux à deux poils & à poil & demi, doivent être faits d'orgenſin filé & tordu au moulin, & les trêmes de bonne & pure ſoye cuite ſans mêlange de ſoye cruë, parce que, dit le Réglement, cette derniére eſt doublement fauſſe ; c'eſt à dire, qu'elle eſt de fauſſe teinture, & qu'elle corrompt & coupe la ſoye cuite.

On a dit ci-deſſus qu'en faveur des Manufactures de Lyon ſeulement on avoit dérogé à cet article à l'égard de ce qui regarde le mêlange de la ſoye cuite & cruë dans la fabrique des petits velours.

Velours figurez, à ramage, raz, coupez ou ciſelez, &c.

Les Réglemens n'ordonnent autre choſe pour toutes ces ſortes de velours, ſinon que les chaînes & poils ne ſeront que d'orgenſin & tordu au moulin, tramez de pure & fine ſoye

soye cuite & non crue, & de ladite largeur de onze vingt-quatriémes; supposant que d'ailleurs ils seront travaillez suivant leur nature & qualité comme il a été dit ci-dessus.

Les pannes & les peluches de soye sont aussi des espéces de velours, & l'on peut encore mettre de ce nombre les peluches de poil & les tripes de pure laine. *Voyez* PANNE, PELUCHE & TRIPE.

Outre les velours qui se fabriquent en France il s'en tire aussi quantité de plusieurs endroits d'Italie, particuliérement de Venise, Milan, Florence, Gennes & Luques; on en a même apporté de la Chine, & il en vint quelques-uns sur la fin du dix-septiéme Siécle par le retour de l'Amphitrite Vaisseau de la Compagnie Françoise de la Chine, mais de très-médiocre qualité, & qu'on eût peine à vendre jusqu'à quatrevingt-une livre la piéce.

Il s'est aussi établi en Hollande quelques fabriques de velours que les Réfugiez François y ont portées; celle de Haerlem est la plus considérable, & les velours qui s'y font se débitent en quantité en Allemagne & dans le Nord.

Il est vrai qu'il s'en faut bien qu'ils approchent de la beauté de ceux de France; mais ils reviennent à dix ou quinze pour cent moins, ce qui est un grand atrait pour les étrangers qui cherchent en tout le bon marché. Ces velours sont à fleurs tigrées, comme on les appelle dans le Païs; ils sont grossiers & d'assez mauvais desseins lors qu'ils n'imitent pas ceux de France.

Les Velours à fleurs & fonds d'or, ou argent, payent en France suivant le Tarif de 1664 les droits de sortie à raison de 40 s. la livre pesant; & les velours de toutes sortes & couleurs sans or, ou argent, ou avec or, ou argent faux, seulement 14 s.

Par le même Tarif les droits d'entrée des premiers sont de 6 francs la livre pesant, & les droits des autres de 3 liv. à l'exception néanmoins de ceux venant de la Flandre appellée autre-fois Espagnole & entrant dans les Païs conquis & cedez, qui en conséquence de l'Arrêt du Conseil d'Etat du 23 Novembre 1688, payent 20 francs aussi la livre pesant.

Par le Tarif de la Douane de Lyon les velours payent les droits suivant leur qualité & les lieux d'où ils viennent; savoir,

Les velours de toilette & autres petits velours 26 s. la livre.

Les velours d'Avignon, Valence, Boulogne 30 s.

Les velours de Florence, Luques, Milan, Naples, Venise & Ferrare 36 s.

Les velours de Rege, Modéne & Constance 30 s.

Les velours de Gennes aussi 30 s. & pour les mandemens 7 liv. 5 s. de la piéce.

Les velours rouge-cramoisi de Gennes 50 s. la livre, & pour les mandemens 6 liv. la Piéce.

Les velours violet & incarnat-cramoisi de Gennes 45 s. la livre, & pour les mandemens 6 liv.

Les velours rouge-cramoisi de Florence, Venise & autres Païs étrangers 50 s. la livre.

Les velours violet ou incarnat-cramoisi desdits lieux 45 s.

Les velours noirs ou couleurs, de Tours, 12 s.

Les velours raz rouge-cramoisi, de Tours, 15 s.

Les velours de Genéve de toutes couleurs, 30 s.

Les velours de Villeneuve, Selon, Craux & autres lieux de Provence 12 s.

Les velours à fond d'or ou d'argent 45 s.

Tous ces droits s'entendent tant pour l'ancienne taxation que pour la nouvelle réapréciation.

Les droits sur les soyes qui entrent dans la Ville de Lyon ayant été considérablement augmentez jusqu'en l'année 1716, Sa Majesté pour entretenir l'équilibre entre les fabriques étrangéres des velours & autres étoffes de soye, & celles de ladite Ville de Lyon qui font son plus important Commerce, trouva à propos d'augmenter à proportion les droits sur lesdits velours & étoffes de fabrique étrangére, afin que ses Sujets pussent au moins les donner avec plus d'égalité de prix.

Cette augmentation qui fut ordonnée par un Arrêt du Conseil du premier Août de la même année 1716, consistoit à la moitié en sus des droits de la Douane de Lyon, tiers surtaux & quarantiéme sur toutes les étoffes de soye pure ou mêlées d'or & d'argent & autres matiéres fabriquées dans les Païs étrangers, à l'exception des velours à ramage.

Mais les droits de surtaux & quarantiéme ayant été supprimez en 1720, & les droits sur les soyes ayant été encore augmentez au mois de Janvier 1722, Sa Majesté, pour remettre une seconde fois les choses en équilibre entre les Fabriquans François & les Fabriquans étrangers, ordonna par un nouvel Arrêt du 6 Mars ensuivant, que jusqu'à-ce qu'il en eût été autrement ordonné, les droits de la Douane de Valence & de celle de Lyon qui avant l'Arrêt du premier Août 1716 étoient perçûs sur les damas, velours, satins & autres étoffes de soye pure ou mêlées d'or ou d'argent, ou d'autres matiéres, à l'exception des velours à ramage, fabriquez en Païs étrangers, même dans la Ville d'Avignon & Comtat Venaissain, seroient augmentez des deux tiers du montant desdits droits, au lieu de la moitié ordonnée par l'Arrêt du premier Août 1716, Sa Majesté ordonnant au surplus que les Réglemens pour l'entrée des soyes & étoffes de soye étrangéres seroient éxécutez suivant leur forme & teneur. On peut voir à l'article des soyes un extrait de l'Edit du mois de Janvier 1722, qui en a augmenté les droits.

VELOUTER. Terme de Rubannier. C'est donner à la soye, ou à la laine, dont on fait des galons, un poil semblable à celui du velours.

VELOUTÉ. Ce qui est fait à la maniére du velours. On appelle le Velouté d'un galon ou d'un passement, la soye ou la laine qui en font les compartimens quand elles sont coupées comme au velours sur la régle cannelée de cuivre.

VELOUTÉ. C'est aussi un terme de Jouaillier. Il se dit des couleurs des pierreries, qui sont brunes & foncées, particuliérement des rubis & des saphirs, quand les uns sont d'un rouge brun & les autres d'un bleu foncé.

VELOUTÉ. Signifie encore dans le Commerce des vins d'un vin d'une couleur chargée, mais belle.

VELTAGE. Mesurage qui se fait des bariques, tonnes, tonneaux, pipes & autres telles futailles, avec l'instrument que l'on appelle Velte, pour savoir combien ils contiennent de fois la mesure qu'on appelle aussi Velte dont on va parler dans l'article suivant.

VELTAGE. S'entend aussi du droit qui est dû au Velteur, ou Jaugeur. *Voyez* JAUGE & JAUGEAGE.

VELTE. Instrument qui sert à velter; c'est à dire, à jauger & mesurer les tonneaux pour en connoître la conti-

continence. La velte est une espéce de jauge dont on donne ailleurs la description, de laquelle on se sert en quelques Villes & Provinces de France, comme en Guyenne, à Bordeaux, dans l'Isle de Ré, à la Rochelle, à Bayonne, à Cognac, &c. & dans quelques Païs étrangers, comme à Amsterdam, Lubec, Hambourg, Emden, &c.

La velte a différens noms suivant les lieux où elle est d'usage; dans quelques-uns on l'appelle Verge, dans d'autres Verle, & dans d'autres encore Verte, Viertel & Viertelle. *Voyez* JAUGE.

VELTE. C'est aussi une mesure des liquides, particuliérement des vins & des eaux-de-vie; elle a autant de noms & sert dans les mêmes lieux que la velte à jauger.

La velte contient trois pots, le pot deux pintes & la pinte pése à peu près deux livres & demie poids de marc. Ceux qui font la velte de quatre pots se trompent. *Voyez l'article des Eaux-de-vie, on y explique quantité de particularitez concernant le veltage des bariques & la quantité de veltes qu'elles doivent contenir suivant les lieux.*

VELTER. Mesurer avec la velte. *Voyez* JAUGER.

VELTEUR. Officier qui mesure avec la velte. C'est la même chose que celui qu'on appelle ailleurs Jaugeur. *Voyez* JAUGE.

VENDEUR. Celui qui vend. Il se dit en général de toute personne qui céde & livre à une autre quelque chose, soit heritage, soit Contract, soit marchandise, pour certain prix convenu entr'eux. Dans toutes les ventes qui se font il n'y a proprement que deux personnes qui agissent & qui stipulent, l'Acheteur & le Vendeur.

Celui qui vend ce qui ne lui appartient pas, s'appelle faux Vendeur, ou Stellionataire. Le Vendeur est tenu de garantir sa vente, du moins de ses faits & promesses. *Voyez* CONTRACT DE VENTE.

VENDEUR, en fait de marchandise. Ne se dit guére que de celui qui vend de petites denrées, ou friandises, comme un vendeur d'alumettes, de lacets, &c. On le dit aussi des femmes qui font ces sortes de petits Négoces. Une vendeuse de Pain d'Epice, de pommes, &c.

VENDEUR. Se dit aussi de certains Officiers du Châtelet de Paris, instituez pour priser, crier & vendre les meubles saisis qui se vendent publiquement au plus offrant & dernier encherisseur par ordre de Justice, ou même qui se vendent volontairement après le decès des propriétaires. Les Sergens à Verge du Châtelet se disent Jurez Priseurs, Crieurs & Vendeurs de meubles.

VENDEUR. C'est encore un Officier établi par le Roi pour ce qui concerne la vente de certaines espéces de marchandises.

Ces sortes de Vendeurs ont la qualité de Jurez, à cause du serment qu'ils font lors qu'ils sont reçûs à cet Office; & aussi parce qu'ils font quelques-unes des fonctions de ce qu'on appelle Jurez dans les Corps des Marchands, & les Communautez des Arts & Métiers.

Il y a à Paris plusieurs Jurez Vendeurs, entr'autres des Jurez Vendeurs de Vin, des Jurez Vendeurs de Cuirs, des Jurez Vendeurs de Marée ou Poisson de Mer, & des Jurez Vendeurs de Volailles, & quelques autres moins considérables. On a aussi voulu établir de pareils Officiers pour la vente des bœufs, veaux, moutons & autres bestiaux dans les marchez de Sceaux & de Poissi; mais les Déclarations données pour cet établissement de tems en tems depuis plus d'un Siécle, n'ont point eu d'exécution. On parlera dans la suite en particulier de ces quatre principales sortes de Jurez Vendeurs après qu'on aura dit quelque chose en général de leurs fonctions.

Les Jurez Vendeurs sont établis pour payer comptant aux Marchands Forains, lors qu'ils sont convenus de prix avec les Acheteurs, les sommes à quoi monte la vente de leur marchandise, desquelles ces Vendeurs se chargent sur leur propre compte, & en font à leurs risques, périls & fortunes, le recouvrement sur les acheteurs.

Pour faire ces avances les Vendeurs sont tenus de faire un certain fond, ordinairement réglé par les Edits & Déclarations de leur établissement, qui, mort arrivant d'aucun d'eux, est remboursé à leurs héritiers, & remplacé par le nouveau Vendeur qui est pourvû de l'Office vaquant.

Chaque Communauté de Vendeurs doit avoir son Bureau pour s'assembler, & son Registre pour y enregistrer les ventes & prix des marchandises, les noms des Marchands Forains & ceux des Acheteurs, ils ont aussi leurs Officiers qu'ils élisent tous les ans. Ces Officiers sont un ou deux Receveurs, & deux ou plusieurs Syndics; quelques-uns n'en ont point, mais des Caissiers & Commis.

Pour les peines des Vendeurs & les intérêts des avances de leur argent, ils reçoivent de certains droits qui leur sont attribuez, lesquels leur doivent être payez par les Marchands Forains, & déduits sur le prix des marchandises qui ont été venduës.

Enfin, ceux qui ont acheté, & pour qui le prix de la vente a été avancé aux Forains par les Vendeurs, peuvent être contraints au payement, sans qu'il soit besoin d'aucune Sentence ou jugement qui les y condannent.

Chaque Communauté de Jurez Vendeurs, a outre cela de certains droits & fonctions qui leur sont propres. *Voyez les Paragraphes suivans.*

Vendeurs de Marée & de Poisson d'eau-douce.

Ces Jurez Vendeurs sont les premiers qui ont été créez en France en Titre d'Office, pour la visite, la vente ou lotissage de certaines espéces de marchandises. Ceux de Paris ne furent d'abord créez que pour le poisson de Mer frais, sec & salé; & ce n'est que bien long tems après qu'ils sont aussi devenus Jurez Vendeurs de poisson d'eau-douce.

L'Edit de leur création en forme de Lettres Patentes, est du mois de Juillet 1507, sous le Régne de Louïs XII. Ils y furent d'abord fixez au nombre de dix pour la Ville de Paris, sous les conditions & avec les droits & fonctions dont on parlera dans la suite.

Les besoins de l'Etat augmentant, il se fit sous le Régne de François Premier, & de ses Successeurs, de nouvelles créations de Vendeurs de Marée; premiérement pour Roüen & pour Orleans, &c. & depuis pour Meaux, Senlis & autres Villes du second rang.

Henri III. par son Edit du mois de Janvier 1583, en créa pareillement pour toutes les Villes, Bourgs & Bourgades, Havres & Ports du Royaume, où se fait la descente ou vente du poisson de Mer, avec la même attribution d'un sol par livre des ventes qu'ils feroient, dont

jouïs-

jouïssoient ceux de Paris, Roüen, Orleans, Meaux, Senlis, &c. mais aussi avec la liberté aux Pêcheurs & Marchands de se servir ou de ne se pas servir de leur ministére, & par conséquent de ne leur pas payer le droit; liberté qui leur fut encore conservée & confirmée long-tems après, par un Arrêt du Conseil d'Etat du 6 Mai 1645, rendu contre les Jurez Vendeurs de Marée de Paris.

Le nombre de ces nouveaux Vendeurs, créez pour les Provinces, fut réglé à six dans les principales Villes; à quatre dans celles du rang d'après; & à trois, deux ou un dans les petites Villes & les Bourgs où se font la descente, vente & trafic de toutes sortes de poisson de Mer frais, sec ou salé, avec suppression de tous Couratiers, Hôtes & Vendeurs dudit poisson, soit qu'ils se fussent immiscez d'eux-mêmes dans cette fonction, soit qu'ils en eussent obtenu des Lettres de Provision du Roi, ou des Seigneurs particuliers.

Il ne paroît pas qu'il soit arrivé de grands changemens dans les Offices des Vendeurs de Marée des Provinces, cet objet étant trop peu considérable par rapport au secours que l'Etat en peut tirer. Il n'en a pas été de même des Vendeurs de Marée de Paris, qui étant puissans & acréditez ont souvent fourni de grandes sommes, mais qui aussi ont obtenu l'attribution de quantité de nouveaux droits & l'union de plusieurs Offices de nouvelles créations, ainsi qu'on le dira ci-après lors qu'on aura parlé de leurs fonctions, qui sont à peu près les mêmes, tant pour les Vendeurs de Paris, que pour ceux des Villes de Provinces.

Les principales fonctions des uns & des autres, sur tout de ceux de Paris, sont de procéder aux ventes, de recevoir les enchéres, & de délivrer aux derniers Enchérisseurs, les poissons de Mer, soit en torquettes, paniers ou autrement, que les Chasse-marées, Voituriers & Marchands, qui veulent se servir d'eux, apportent & déchargent dans les Hales & Marchez de Paris & autres Villes où ils sont établis, rejetter & rebuter le poisson, s'il est de mauvaise qualité, tenir bon & fidèle registre des ventes & délivrances, des jours de l'arrivée des marchandises, & du nom de ceux à qui le poisson appartient, ou à qui il a été vendu; faire les deniers bons aux Marchands qui employent leur ministére; leur être responsable des ventes, même leur faire les avances des deniers dûs par les Acheteurs, & ce sans retardement, à moins que les Chasse-marées, Voituriers & Marchands n'y consentent, le tout à peine de dépens, dommages & intérêts, frais de séjour, &c.

Pour les avances que les Jurez Vendeurs font aux Marchands, leurs peines & salaires, il leur est accordé de retenir par leurs mains sur chacune desdites ventes, un sol par livre, ce qui revient à trois sols par écu, se chargeant à leur risque & fortune, & sans aucun recours contre ceux à qui ils ont fait les avances, de poursuivre le recouvrement des sommes dûës par les Acheteurs.

Les Vendeurs sont aussi tenus, par l'Edit de leur création, de donner caution, de faire bourse commune, & d'avoir & établir des Bureaux & Comptoirs aux Hales ou autres lieux plus convenables à la commodité publique.

Ces fonctions & droits des Vendeurs de Marée de la Ville de Paris, réglez par l'Edit de leur Création, leur furent de nouveau confirmez sous le Régne de Henri IV. par un autre Edit du mois de Juin 1598; & encore par plusieurs Arrêts du Conseil, ou du Parlement, ceux-là des 26 Juillet 1609, 20 Février 1610, & premier 1613: & ceux-ci des 11 Juillet 1645, 28 Avril 1674, & 27 Décembre 1689. Ces derniers, à la vérité, qui portent aussi divers Réglemens & attribution de nouveaux droits, ne leur ayant pas été accordez gratuitement, mais en conséquence de la finance payée au Roi par les vendeurs, pour les raisons & motifs qui sont expliquez dans les Arrêts du Conseil.

Jusqu'en 1696, le nombre des Jurez Vendeurs de Marée de Paris n'avoit point été accrû, & pendant près de deux Siécles entiers ils n'avoient été que dix à en exercer les fonctions, suivant la fixation portée par l'Edit de 1507. Mais alors ce nombre fut augmenté de soixante nouveaux Jurez, plus par le besoin que l'Etat avoit de secours extraordinaires pour soûtenir la guerre qui avoit suivi la ligue d'Ausbourg, & l'invasion de l'Angleterre par le Prince d'Orange, que par la nécessité qu'eût le public d'un si grand nombre d'Officiers pour la vente de la marée.

L'Edit de cette nombreuse Création fut donné à Versailles au mois de Mai de ladite année 1696, avec Faculté néanmoins aux anciens Vendeurs d'aquerir en Corps, ou chacun d'eux en particulier, un ou plusieurs Offices nouvellement créez, ou de les réünir à leur Compagnie en tout, ou en partie.

Les dix anciens Vendeurs, en conséquence de cette permission, ayant fait leurs offres pour l'aquisition des soixante nouveaux Offices, & ces offres ayant été acceptées, le Roi par un Arrêt de son Conseil du 26 du même mois de Mai, consentit à la réünion moyennant la somme de seize cens cinquante mille livres, tant pour la finance des soixante Offices Créez par l'Edit, que du droit Domanial, appellé la petite Coûtume, réüni aux dix anciens Offices, pour en joüir par eux, leurs successeurs & ayant cause, héréditairement, leur accordant d'ailleurs, & leur cédant, outre les droits attribuez à leurs anciens Offices, le droit de vingt-quatre deniers pour livre du prix de tout le poisson de Mer, frais, sec & salé, qui se vend dans la Ville & Fauxbourgs de Paris, appartenant à Sa Majesté; le droit de franc-salé d'un minot de sel par chacun Office, en cas qu'ils trouvassent plus à propos de ne se les pas réünir, & seulement d'un seul minot, pour chacun des dix anciens Vendeurs, en cas de réünion; & enfin, la confirmation de tous les Edits & Arrêts obtenus & donnez en leur faveur, jusqu'à ce dernier Edit, ainsi qu'il y est porté.

La guerre terminée en 1697 par le Traité de Ryswick, s'étant ralumée au commencement du dix-huitiéme Siécle à cause de la Succession d'Espagne, & le Roi Louïs XIV. ayant besoin de nouveaux secours, il se fit en 1700 une Création du quart en sus d'Offices, en chacune des Communautez des Officiers de Police dépendant de l'Hôtel de Ville & du Châtelet de Paris, établis sur les Ports, Quais, Hales & Marchez, avec attribution du quart en sus des droits attachez à leurs Offices.

Trois Offices de Vendeurs de Marée ayant été compris dans le Rôle de la nouvelle Création, pour avec les dix Anciens, faire le nombre de treize, ceux-ci en demandérent la suppression & la réünion à leur Communauté, ce qui leur fut accordé; avec la réduction néanmoins du quart en sus des droits, seulement à trois deniers par livre sur la vente du poisson d'eau douce, outre & par dessus les quinze deniers qu'ils avoient déja. Et en conséquence lesdits trois nouveaux Offices furent supprimez & réünis par Déclaration donnée à Versailles le 9 Février 1706.

La Cour leur accorda d'autant plus facilement cette modération de finance, qu'ils avoient déja payé en 1702, six cens mille livres pour la suppression & réünion des Offices de Contrôleurs des adjudications & ventes des Poisson de Mer, frais, sec & salé & d'eau-douce, Créez dans les mêmes mois & an; & encore neuf cens trente mille livres en 1705 pour pareille suppression & réünion des Offices de Commissaires, Inspecteurs & Syndics, Créez par les Edits des mois d'Août, Novembre & Décembre 1704; l'une & l'autre finance à la vérité avec attribution nouvelle de droits; savoir, de six deniers par livre pour la réünion des Offices de Contrôleurs, & neuf deniers pour celles des Commissaires.

Ce fut au mois de Mars 1709 que les Vendeurs de Marée devinrent aussi Vendeurs de Poisson d'eau-douce.

Dès l'année 1675 il s'étoit fait par Edit du mois d'Avril une Création de huit Offices de Vendeurs de Poisson d'eau-douce, & de huit leurs Commis, avec atribution d'un sol pour livre du prix de la vente dudit poisson: mais ces Offices n'ayant point été levez, le droit du sol pour livre avoit été uni à la Ferme générale des Aides.

Au mois de Juin 1696 on tenta par un nouvel Edit de remettre sur pied la création de 1675; & pour faciliter la vente des nouveaux Offices en diminuant le prix de leur finance, on supprima les huit Vendeurs du premier Edit, & l'on en créa trente autres héréditaires, & non domaniaux, avec la même atribution du sol pour livre, qui fut desuni & distrait de la Ferme des Aides, & dans tout le reste, avec les mêmes Privileges accordez aux soixante Jurez Vendeurs de Marée, créez par Edit du mois précédent, desquels on a parlé ci-dessus.

Le débit des trente Offices ne fut pas plus heureux que celui des huit Offices de la premiére Création; ce qui fit qu'on fut obligé de les supprimer peu de tems après, & de faire percevoir le droit de sol pour livre par le Fermier des droits sur la Volaille.

Enfin, les besoins de l'Etat augmentant de plus en plus, il parut en 1708, une derniére & plus ample Création de Vendeurs de Poisson d'eau-douce, par Edit du mois de Mai, non seulement avec l'attribution du sol pour livre, mais encore avec celle de dix-huit deniers dont jouïssoient les Vendeurs de Marée, à qui on en promettoit une indemnité.

Le nombre de Jurez Vendeurs de Poisson d'eau-douce fut fixé à soixante & dix, avec bourse commune, & avec les mêmes fonctions des Jurez Vendeurs de Marée, & quelques autres qui leur sont particuliéres, entr'autres le droit de visite, & estimation de tout le Poisson qui arrive par terre, ou par eau; la faculté de seller & cacheter les bacs, bascules, boutiques, bouticlares & autres vaisseaux servant à amener du poisson, jusqu'à-ce que les Marchands soient convenus des droits, avec l'option néanmoins déférée ausdits Marchands, Conducteurs & Propriétaires, de s'en tenir à l'estimation des Vendeurs, ou de leur abandonner le poisson pour ladite estimation; & en cas d'abandonnement, obligation aux Vendeurs de leur en payer comptant le prix sur le pied de l'estimation, à la déduction desdits droits de deux sols six deniers pour livre, qui leur doivent être pareillement payez par toutes sortes de personnes, Corps & Communautez, sans exception, qui font venir du poisson par eau, ou par terre, de quelque prix & valeur qu'il puisse être.

A l'égard de l'indemnité promise aux Vendeurs de Marée, le Roi, par le même Edit, leur atribue trois deniers pour livre du prix du poisson de Mer frais, sec & salé, & les six mille livres de gages des Conservateurs des Priviléges des Bourgeois de Paris, créez en 1707.

Les Jurez Vendeurs de Marée de Paris, à qui les clauses de cet Edit, & particuliérement la distraction des dix-huit deniers pour livre sur le prix du poisson d'eau-douce, étoient d'une grande conséquence, & leur apportoient un préjudice considérable, demandérent & obtinrent la suppression des soixante & dix Offices des Jurez Vendeurs dudit Poisson d'eau-douce, sans qu'ils pussent être à l'avenir créez ni rétablis pour quelque cause & sous quelque prétexte que ce fût; & la réünion à perpétuité desdits deux sols six deniers aux dix Offices de Vendeurs de Marée; & au surplus l'éxécution des autres choses portées par l'Edit, en payant néanmoins par eux, pour compenser le prix de la finance desdits soixante & dix Offices, sept cens mille livres & les deux sols pour livre en divers payemens, qui seroient réglez par l'Edit qui ordonneroit ladite suppression.

Cet Edit par lequel leurs offres furent acceptées, & les nouveaux Offices de Jurez Vendeurs de Poisson d'eau-douce supprimez, fut donné à Versailles au mois de Mars 1709.

Enfin, y ayant eu encore cette même année une Création d'Offices héréditaires de Gardes des archives des Communautez de la Ville & Fauxbourgs de Paris, ayant bourses communes, les mêmes Vendeurs obtinrent la suppression & l'union de celle qui les concernoit, moyennant la finance principale de quarante-cinq mille livres, & les deux sols pour livre, & par la Déclaration du Roi du 22 Fevrier 1710 qui la leur accorde, toutes les précédentes Déclarations données en leur faveur furent confirmées, & il leur fut promis entr'autres choses qu'à l'avenir leur nombre de dix ne pourroit être augmenté non plus que les droits sur le poisson tant de Mer que d'eau-douce.

Les Vendeurs de Marée ayant été compris depuis dans la suppression générale des Offices établis sur les Ports, Quais, Hales & Marchez de Paris, ordonnée par l'Edit du mois de Septembre 1719, donné dans la cinquiéme année du Régne de Louïs XV. sous la Régence de Monseigneur Philippes Duc d'Orleans, ce ne sont plus présentement que des Vendeurs par Commission, choisis par le Lieutenant Général de Police & amovibles à sa volonté, qui en font à Paris les fonctions.

La Caisse pour le payement de la marchandise de Marée que les Jurez Vendeurs en titre devoient avoir, subsiste néanmoins toûjours; mais les fonds s'en font des deniers du Roi, & pour toute remise les Commis ne peuvent retenir qu'un sol pour livre des payemens qui s'y font.

Enfin, par un Arrêt du 27 Septembre de la même année 1719, la connoissance des différens & contestations tant

tant civils que criminels concernant ladite Caisse, les Commis, les Acheteurs & Vendeurs, est attribuée au Lieutenant Général de Police, défenses ayant été faites par un autre Arrêt du 24 des mêmes mois & an au Procureur Général de la Marée d'en faire aucunes fonctions, ni recevoir aucuns droits.

Vendeurs de Vin.

Après les Vendeurs de Marée les Jurez Vendeurs de Vin sont les plus anciens qui ayent été créez en titre d'Office.

Charles IX. en ordonna l'établissement par ses Lettres Patentes données à Paris au mois de Février 1567, ils furent d'abord créez au nombre de trente-quatre sous le nom de Jurez Vendeurs & Contrôleurs des Vins. Louïs XIII. en 1633 par son Edit du mois de Fevrier verifié en la Cour des Aides, fit une nouvelle Création de neuf Jurez Vendeurs pour être incorporez aux Anciens; & en 1639 il parût encore un Edit au mois de Mars qui en ajoûta dix-sept autres, qui avec les quarante-trois des deux premiéres Créations firent en tout le nombre de soixante avec la qualité de Jurez Vendeurs-Contrôleurs des vins, cidres & autres boissons.

Ces deux derniers Edits de Création, aussi-bien qu'une Déclaration du 2 Novembre 1625, avoient augmenté les droits fixez & attribuez aux Jurez Vendeurs de vin par leur premier établissement. Louïs XIV. non seulement les confirma tout de nouveau; mais même les augmenta par sa Déclaration du mois de Février 1644 premiére année de son régne, ce qu'il a fait encore depuis plusieurs fois pendant les longues guerres qui ont duré presque jusqu'à sa mort arrivée au mois de Septembre 1715; mais on n'entrera pas dans le détail de divers Edits, Déclarations ou Arrêts du Conseil, qui, à cause des besoins de l'Etat, ont tant de fois changé & augmenté les droits des Jurez Vendeurs de vin à proportion de la finance qu'on leur demandoit, aussi-bien qu'aux autres Communautez de Paris, ces changemens n'en ayant apporté aucun considérable dans leur discipline & à leurs anciens Réglemens.

Le premier Réglement qui suivit la Création des trente-quatre Jurez, & qui fixa leurs droits & leurs contestations avec les Marchands de vin en gros & en détail, fut donné dix ans après par un Arrêt du Parlement du 14 Août 1577, confirmé depuis par plusieurs autres, & particuliérement par ceux des 8 Octobre 1594, 3 & dernier Septembre 1599, 26 Avril & 3 Septembre 1608, 9 Novembre 1614, Septembre & 24 Mars 1623, & enfin plus amplement par la Déclaration de Louïs XIV. de 1644, dont on a parlé ci-dessus.

Ce Réglement de 1577 confirmé par tant d'Arrêts, porte entr'autres choses.

1. Défenses aux Marchands de vin de Paris d'acheter ou faire acheter par personnes interposées aucuns vins aux environs de ladite Ville, mais seulement au de-là de vingt lieuës, dont sont spécialement exceptées les Villes de Chartres, Mantes, Meulan, Clermont en Beauvoisis, Senlis, Compiégne, Meaux, Melun, Moret, Pluviers & Estampes.

2. Qu'ils feront venir les vins ainsi achetez pour être vendus à Paris, ou en gros, ou en détail. Que si c'est en gros ils seront amenez sur le Port de Gréve, & à leur arrivage déclarez à l'Hôtel de Ville, pour être vendus en gros, auquel cas ils seront traitez comme Marchands Forains & sujets au rabais de huitaine en huitaine; si c'est pour le détail, ils les doivent faire descendre au Port de S. Paul ou des Célestins, pour être encavez aussi-tôt après leur arrivée.

3. Que le Port de Gréve sera commun aux Marchands Forains & à ceux de Paris, mais que ces derniers y seront distinguez par une banderole aux armoiries de la Ville.

4. Que les caves ouvertes pour vendre en détail ne pouront être fermées que tout le vin qui y a été mis n'ait été vendu.

5. Que les Marchands de Paris ne pourront acheter aucuns vins de ceux que les Marchands Forains auront fait arriver sur les Ports.

6. Qu'aucun Cabaretier n'ira acheter sa provision de vin aux champs, mais seulement sur les Ports & Places de Paris.

7. Que les Jurez Vendeurs tiendront bon & fidèle registre des vins, qui seront amenez pour vendre au Port de Gréve, & qu'ils ne pourront faire aucun trafic de vin, ni aucun Marchand être pourvû desdits Offices.

8. Enfin, il est également défendu aux Vendeurs & aux Marchands de prendre aucune ferme des impositions sur le vin, ni même d'être Associez des Fermiers.

Les Arrêts confirmatifs de ce Réglement y ont de tems en tems ajoûté de nouveaux articles, ou expliqué les anciens, aussi-bien que la Déclaration de 1644, suivant l'éxigence des cas.

L'Arrêt du 8 Octobre 1594 ordonne, que conformément aux Ordonnances de la Ville & aux anciens Arrêts, les Marchands de vin de Paris seront obligez de laisser sur les Ports & Places accoûtumées un tiers des vins qu'ils feront venir pour y être vendus au Public à la Charge du rabais; & celui du 24 Mars 1623 condanne pareillement lesdits Marchands de vin à tenir la vente garnie sans qu'ils puissent acheter pour eux lesdits vins, à peine de confiscation & de quinze cens livres d'amende pour la premiére fois, & de punition corporelle pour la seconde, ni les Vendeurs sous les mêmes peines, d'être d'intelligence avec eux pour cette fraude, défendant d'ailleurs à toutes personnes de se dire & être tout ensemble Marchands de vin & Cabaretier; & à ces derniers d'aller acheter du vin au dehors, mais seulement sur les Ports & Places de la Ville.

A l'égard de la Déclaration de 1644 non seulement elle rappelle tous les articles du Réglement de 1577 & de l'Arrêt de 1623; mais elle en ajoûte encore de nouveaux, ou interprête les anciens en faveur des Vendeurs, & leur attribuë & fixe des droits plus forts qu'ils n'avoient été payez jusques-là, mais beaucoup moins qu'ils ne l'ont été dans la suite.

Les Statuts qui avoient d'abord été donnez à la Communauté des Jurez Vendeurs Contrôleurs des vins lors de leur Création, ayant paru surannez & de peu d'usage, à cause des changemens arrivez depuis dans le Royaume, & particuliérement dans Paris pendant les guerres de la Religion & de la Ligue, les Prevôt des Marchands & Echevins leur en dressérent de nouveaux en 1610 & 1611 qui furent confirmez l'année suivante ainsi que tous les anciens Privileges, par des Lettres Patentes de Louïs XIII. en forme de Déclaration, données à Paris au mois de Janvier, enregistrées au Parlement le 22 Février, & au Châtelet le 8 Mars aussi de la même année.

Ces Statuts consistent en 23 articles, les principaux desquels réglent les fonctions des Vendeurs, le fond de leur bourse commune, le Bureau où doit se tenir le contrôle des vins, le regiftre où ils doivent être enregistrez, les élections des deux Receveurs, des deux Syndics & des six Vendeurs chargez du détail, tant de l'arrivage des vins que de leur vente à l'Etape.

Par ces Statuts chacun des deux Syndics dont un est élû tous les ans, reste deux ans en Charge à quarante livres d'émolumens pour ses peines; eux & le Doyen sont éxemts de travailler aux ventes.

Les deux Receveurs sont annuels, mais peuvent se continuer; ils ont soixante livres aussi par an.

Les six Elûs pour l'arrivage & l'étape, travaillent sans gage; ce sont les deux destinez pour l'arrivage qui distribuent au reste des Vendeurs par ordre de réception, les ventes qu'ils ont à faire, dont chacun doit s'aquiter en personne & en son rang à moins de maladie, auquel cas la Communauté en pourvoit d'un autre, & le malade jouït néanmoins de ses émolumens.

Toutes ces élections se font à la fin du mois de Juin pour entrer en Charge au premier Juillet.

Le fond que chaque Vendeur fournit à la bourse commune est de 1000 liv., nul n'a part aux émolumens qu'il n'ait payé cette somme entre les mains des Receveurs; & le décès de l'un desdits Vendeurs arrivant, son fond est rembourfé à la Veuve ou héritiers avec les émolumens jusqu'au jour dudit décès, ou même davantage s'il reste plus long-tems dans la bourse commune.

Il est permis à chaque Vendeur de prendre trois semaines, ou un mois, par an pour vaquer à ses affaires particuliéres; mais non dans la saison des vendanges, à la charge néanmoins de faire suppléer à ses fonctions par un de ses Confréres.

Enfin, pour chaque contravention aux Statuts, le Contrevenant est condanné à cinquante livres applicables à l'entretien de la Chapelle & Confrairie desdits Vendeurs, dont le Roi se déclare le premier Confrére.

L'Ordonnance de la Ville de 1672 contient un chapitre concernant les fonctions des Jurez Vendeurs de vin, qui est comme un nouveau Réglement ajoûté à ceux de 1610 & de 1611. Ce chapitre qui est le dixiéme de l'Ordonnance n'a que quatre articles.

Le premier enjoint aux Vendeurs & Contrôleurs d'avoir en leur Bureau un nombre suffisant d'Officiers pour recevoir les Déclarations des vins que les Marchands Forains feront arriver, en voir les Lettres de voitures, & tenir contrôle des ventes faites sur les Ports & Etapes, tant par les Forains que par les Marchands de Paris.

Le second leur enjoint pareillement de veiller à ce que la totalité des vins des Forains arrivant par terre, & le tiers de ceux des Marchands de Paris, soient amenez sur l'Etape pour y être vendus en gros.

Par le troisiéme il est déclaré, que ne prend Vendeur qui ne veut; mais que lors qu'un Marchand veut se servir du ministére des Vendeurs, c'est à eux de lui fournir & avancer les deniers qu'il convient tant pour le payement des droits d'entrée, que pour la voiture, même de ce dont le Marchand aura besoin pour sa nourriture & de son Facteur.

Enfin, le quatriéme ordonne, que tout Vendeur préposé à la vente des vins d'un Marchand, comptera avec lui dans les vingt-quatre heures après la vente parachevée, & lui payera ce qui lui restera dû, les avances des Vendeurs & leurs droits précomptez, à peine, en cas de refus, de lui être responsable de ses retard & séjour.

Les Vendeurs de vin en titre ayant été supprimez par un Edit du mois de Septembre 1719, leurs fonctions & leur caisse commune ont été conservées, celle-ci pour en être désormais les fonds faits des deniers du Roi, & celles-là pour être éxercées par des Vendeurs par Commission.

Le même Edit fixe le droit qui sera payé par les Marchands Forains qui voudront recevoir sur le champ le prix de leur marchandise, & prendre crédit à la caisse à six deniers par livre, sans que lesdits Forains soient tenus de payer aucuns autres droits à titre de remise, ou autrement.

Et par un Arrêt du Conseil du 12 des mêmes mois & an, le nombre des Vendeurs par Commission est réduit à soixante pour toutes sortes de vins, biéres, eaux-de-vie & autres boissons.

Vendeurs de Cuirs.

Le Commerce des cuirs est très-considérable en France, & particuliérement à Paris où il y a jusqu'à vingt-huit Corps de Communautez de Marchands & d'Artisans qui les apprêtent, qui les employent, ou qui en font Négoce. On en parle ailleurs. *Voyez l'article général des Cuirs & les articles particuliers de toutes ces Communautez.*

Les Rois de France, pour faire fleurir ce Commerce, tant dans la Capitale que dans les autres Villes du Royaume, ont de tems en tems donné des Déclarations, fait des Réglemens & même créé des Officiers pour veiller à la bonne fabrique d'une marchandise si nécessaire & d'un usage si commun & si général.

Le plus ancien Réglement que l'on ait concernant l'apprêt, la vente & le debit des cuirs, est du 6 Août 1345 sous le Régne de Philippes de Valois. Il est défendu par le seiziéme article de ce Réglement, de vendre aucun cuir, ou de le mettre en œuvre, qu'il n'ait été visité & marqué, ni d'en exposer en vente ailleurs que dans les Hales & Foires publiques.

Ce fut aparenment vers ce tems-là & à cette occasion que furent établis les Jurez du cuir tanné, à qui il appartient de visiter & marquer les cuirs qui sont portez à la Hale aux Cuirs de Paris, & les Jurez de la Visitation Royale, qui ont aussi droit de visite, mais seulement dans les maisons & boutiques des Corroyeurs, Baudroyeurs & des Cordonniers. *Voyez l'article des Jurez. Voyez aussi* CORROYEURS *&* CORDONNIERS.

Il se fit de nouveaux Réglemens sous le Régne de Charles VII. & de Louïs XI. Mais n'ayant été guére mieux observez que ceux de Philippes de Valois, à cause de la connivence des Jurez du cuir tanné avec les Tanneurs & autres Artisans préparant les cuirs, Henri III. par son Edit

Edit du mois de Juin 1585, & Henri IV. par les siens du mois de Janvier 1596, Août & Septembre 1597, y pourvûrent en créant des Visiteurs, Contrôleurs & Marqueurs des cuirs, en titre d'Offices, qui après plusieurs difficultez & oppositions furent enfin établis en la Hale aux Cuirs de Paris, & presque dans toutes les principales Villes du Royaume où l'on travaille à la préparation des cuirs; établissement qui subsiste encore à present.

Ces nouvelles Créations d'Offices n'ayant encore pû remédier aux désordres de la Hale aux Cuirs, & sur tout les Marchands Tanneurs Forains souffrant de grandes pertes, soit par le séjour qu'ils étoient obligez de faire à Paris pour retirer l'argent de leurs cuirs qui avoient été lotis à divers Artisans, soit par l'insolvabilité de plusieurs de ces Artisans; Louïs XIII. créa (par Edit du mois de Juin 1627 enregistré au Parlement le 28 du même mois, le Roi y séant en son lit de Justice) des Vendeurs de cuir dans toutes les Villes & Bourgs du Royaume, où il y a trafic & debit desdits cuirs, & particuliérement pour la Ville & Fauxbourgs de Paris.

Le Réglement pour l'éxécution de cet Edit est du 24 Septembre de la même année, publié au mois de Décembre ensuivant à la Hale aux Cuirs & à la Douane de Paris; mais seulement enregistré à la Cour des Aydes quatre ans après.

Le nombre des Offices de Vendeurs fut fixé à trente pour la Ville de Paris, avec les mêmes droits & fonctions que les Vendeurs de vin & poisson de Mer.

Ces Offices qui avoient été casuels par leur premiére création & qui étoient devenus héréditaires par une nouvelle Déclaration du mois de Juin 1630, enregistrée en la Cour des Aydes le 21 Mai de l'année suivante, furent revendus & ajugez au Cardinal de Richelieu au commencement de 1632, qui en fut remboursé par le Roi en 1638, Sa Majesté les ayant réünis à son Domaine.

Ce qui dégoûta le Cardinal de la propriété de ces Offices qui lui rapportoient soixante mille livres de rente, fut le tumulte arrivé à la Hale aux Cuirs deux ans auparavant, les Cordonniers, Tanneurs, Corroyeurs, Savetiers, &c. ayant eu la hardiesse, peu après la prise de Corbie, de piller, presque sous les yeux du Ministre, le Bureau de ses Fermiers, & de déchirer & brûler leurs registres.

Quoi que l'Arrêt du Conseil qui ordonnoit le remboursement du Cardinal, & la réünion des trente Offices des Vendeurs de Cuirs, au Domaine, portât aussi la publication de la Ferme desdits Offices, le rétablissement des droits portez par l'Edit de Création de 1627, & l'éxécution de tous les Réglemens & Arrêts donnez en conséquence sur le fait des Cuirs; le Ministre, tant qu'il vécût, ne trouva pas à propos d'entreprendre une affaire si délicate, & qui lui avoit causé tant de chagrin. Depuis la mort du Cardinal, les troubles de la minorité de Louïs XIV. ne permirent pas non plus au Cardinal de Mazarin d'y penser.

Ce ne fut donc que l'année 1658, vingt-deux ans après le tumulte de la Hale aux Cuirs, qu'on fit le rétablissement des Vendeurs, & des droits atachez à leur Office, non pas en les donnant à ferme comme il étoit porté par l'Arrêt de 1638, mais par la revente qui en fut faite à la Chambre Souveraine du Domaine le 14 Février de la même année, par Contract confirmé depuis par Lettres Patentes du 29 Fevrier, & enregistré en Parlement le 27 Août 1661.

Les nouveaux Propriétaires des trente Offices de Vendeurs de Cuirs, n'éprouvérent pas de moindres difficultez pour le rétablissement, que celles qui avoient rebuté les premiers Adjudicataires, & si on l'ose dire, effrayé le Cardinal de Richelieu lui-même, ce Ministre d'ailleurs si fier, si ferme & si intrépide: mais enfin, la conduite également pleine de prudence, de modération & de fermeté de Monsieur Savary, Auteur du Parfait Négociant, & pére des Editeurs de ce Dictionnaire, à qui appartenoient quelques-uns des Offices de Vendeurs, & qui fut chargé de la régie de cette affaire par un Magistrat riche & accrédité qui étoit propriétaire du reste, & dans la famille duquel ces Offices sont toûjours restez, surmonta tous ces obstacles, & mit à la Hale aux Cuirs, & parmi ce nombre infini d'Artisans de diverses Communautez qui y viennent chaque jour lotir des cuirs, cet ordre & cette discipline dont le projet mérita l'admiration de Monsieur Fouquet, alors Sur-Intendant, l'éxécution & les louanges de Monsieur Colbert, depuis Contrôleur Général des Finances.

Ce ne fut que par la Déclaration du Roi du 20 Juillet 1662, portant réglement sur l'ordre, façon & debit des cuirs, & des droits attribuez aux Vendeurs, & par l'Arrêt d'enregistrement au Parlement du 21 Août suivant, que furent terminées toutes contestations, & que la paix fut, pour ainsi dire, rétablie entre les Vendeurs & les Artisans travaillant en cuirs; & c'est encore par cette déclaration consentie par toutes les Communautez, & qui fut l'ouvrage de M. Savary, que tout se régle dans la Hale aux cuirs & dans les Bureaux, tant pour les droits des Vendeurs, que pour la visite, marque, vente & lotissage des cuirs, soit du crû du Royaume, soit de ceux qu'on tire des Païs étrangers.

Le Réglement porté par la Déclaration consiste en 16 articles, ausquels, l'Arrêt d'enregistrement en ajoûte cinq autres, ou plûtôt l'interprétation des 2, 5, 8, 14 & 15 de la Déclaration.

Les 16 articles dressez par le Conseil sont:

1. Que les Marchands Forains & autres amenant des cuirs, & en trafiquant dans la Ville de Paris, les feront porter à la Hale aux cuirs, pour y être vûs, visitez, contrôlez, marquez, vendus & lotis en présence des Vendeurs, auquel cas ils le déclareront à l'arrivée de leurs marchandises, faute de quoi ils ne pourront plus obliger les Vendeurs de leur faire des avances, s'ils ne le veulent.

2. Qu'en cas que les Marchands Forains ou autres se servent des Vendeurs, ils leur payeront pour tout droit douze deniers par livre de la vente de leur marchandise.

3. Que si lesdits Marchands n'entendent se servir du ministére des Vendeurs, ils ne payeront que quatre deniers par livre, moyennant quoi il leur sera délivré un état certifié des noms, qualitez & demeures des Artisans qui ont acheté leurs cuirs pour s'en faire payer.

4. Que les Marchands Tanneurs & Mégissiers de Paris & des Fauxbourgs améneront pareillement leurs cuirs à la Hale, pour y être vûs, visitez, marquez, vendus & lotis comme ceux des Forains, en payant les mêmes droits de douze ou de quatre deniers, suivant que les Vendeurs leur feront des avances ou non.

5. Que

5. Que les Corroyeurs, Cordonniers, &c. de la Ville & Fauxbourgs de Paris ne pourront acheter aucuns cuirs dans les vingt lieuës aux environs de ladite Ville; & qu'ils raporteront certificat des lieux où ils auront acheté au de-là des vingt lieuës.

6. Que tous Marchands trafiquans en cuirs aux Païs Etrangers, feront porter au Bureau des Vendeurs les cuirs tant gros que menus, passez en blanc, qu'ils en auront tirez, ou même des Provinces du Royaume, pour y être marquez, & en payer les droits de douze ou quatre deniers par livre, suivant qu'ils se serviront ou non du ministére des Vendeurs pour les avances de leur payement.

7. Que la visite des cuirs ne se fera qu'à la Hale, & en la présence des Vendeurs, aux jours & heures accoûtumez, & qu'ils seront marquez par le Contrôleur, les Jurez du cuir tanné & les Vendeurs du marteau, qui est propre à chacun d'eux.

8. Que les cuirs visitez, vérifiez & marquez seront lotis par les Lotisseurs sans remise, à peine de 500 liv. d'amende; & les marchez desdits cuirs seulement faits dans la Hale, & non ailleurs.

9. Que les Vendeurs tiendront registres, où seront écrits la quantité des cuirs vendus, le prix d'iceux, le nom des Acheteurs, la Ville ou demeure du Marchand; & que chaque déclaration sera signée dudit Marchand & de celui qui lui a donné le denier à Dieu, pour être ensuite lûë à haute voix, afin que les Artisans puissent mettre au lot si bon leur semble.

10. Que les Vendeurs feront eux-mêmes la distribution des lots, afin de prévenir la fraude des Lotisseurs; & que nul Artisan qui a droit de lotir, ne puisse prêter son lot, ni mettre au lotissage pour un autre.

11. Qu'à l'égard des marchandises de cuirs amenez de dehors, pour éviter les contestations entre les Vendeurs de Paris & ceux des autres lieux où il y en a d'établis, il en sera usé comme par le passé.

12. Que les Marchands Bouchers de la Ville & Fauxbourgs de Paris feront leur déclaration au Bureau des Vendeurs, des cuirs à poil provenans de leurs abatis, qu'ils vendront aux Marchands Forains; & que les Marchands ausquels ils auront été vendus, seront tenus de faire semblable déclaration, contenant le prix qu'ils les auront achetez; & de plus leur soûmission, en baillant même caution d'en raporter au moins les deux tiers suivant les Ordonnances.

13. Que tous Marchands Tanneurs ou Trafiquans en cuirs, ne pourront faire vendre leur marchandise par commission, mais les vendront eux-mêmes en personne, ou leurs femmes, enfans & serviteurs; & que les Tanneurs de la Ville & Fauxbourgs ne pourront vendre aucun cuir en plain.

14. Que les Artisans qui ont acheté les cuirs dont les Vendeurs auront fait les avances aux Forains, seront contraints au payement, ainsi qu'il est porté par l'Edit de Création de 1627.

15. Que les contestations, entre les Vendeurs & les Marchands seront portées en premiére instance par devant les Juges à qui la connoissance en appartient, & par appel à la Cour de Parlement; & que néanmoins les Sentences des premiers Juges seront éxécutées nonobstant oppositions ou appellations quelconques.

16. Enfin, que les Officiers du Châtelet veilleront & tiendront la main à ce que la Hale de Paris soit incessamment fournie de cuirs pour la facilité & commodité du Commerce.

A l'égard des interprêtations, l'Arrêt d'enregistrement ordonne:

1. Que les Corroyeurs & autres Ouvriers employant & achetant cuirs au de-là des vingt lieuës, suivant l'article 5e des Lettres, seront déchargez des droits sur les lieux, & tenus payer seulement les droits à Paris aux Vendeurs, à raison de quatre deniers pour livre.

2. Que les Tanneurs Forains ne payeront que les droits portez par l'article 2, & seulement à Paris, & seront déchargez de tous autres droits, en faisant déclaration aux Vendeurs des autres lieux de la quantité de cuirs qu'ils portent à Paris, & en leur raportant certificat des Vendeurs de cette Ville, qu'ils y ont été vendus.

3. Que la peine de 500 liv. portée contre les Lotisseurs par le huitiéme article sera arbitraire, & ne pourra être au dessus de 50 l.

4. Que les redevables des sommes avancées par les Vendeurs, seront contraints pour le payement d'icelles, non seulement suivant l'Édit de 1627, comme il est dit au quatorziéme article, mais aussi suivant l'Arrêt du Parlement du 27 Août 1661.

5. Enfin, qu'à l'égard du quinziéme article, les jugemens de provisions se donneront comme és autres matiéres conformément aux Réglemens de la Cour; que les Vendeurs ne pourront éxercer de contraintes solidaires contre les Marchands redevables; & que l'enregistrement ordonné & fait par le présent Arrêt ne servira nulement d'approbation des droits des Vendeurs Forains non vérifiez à la Cour.

Ces Réglemens ont été depuis éxactement éxécutez; & les Vendeurs n'ont plus été troublez dans leurs fonctions & dans la réception de leurs droits.

L'Edit du mois de Septembre 1719, portant suppression de tous les Officiers établis sur les Ports, Quais, Hales & Marchez de la Ville de Paris, sembloit devoir être plus préjudiciable à ces Vendeurs, que toutes les contradictions qu'ils avoient éprouvées jusqu'alors: mais Sa Majesté, sous la Régence de Monseigneur Philippes Duc d'Orleans, ayant été informée que ces Offices étoient différens de tous les autres dont la suppression étoit ordonnée, tant parce qu'ils étoient Offices domaniaux, & ajugez comme tels aux Aquereurs en 1627 & 1658, que parce qu'ils avoient été établis sur les demandes & instances des Débitans & Employans cuirs, & que d'ailleurs leurs fonctions étoient absolument nécessaires pour la visite, marque & lotissage des cuirs, & les avances aux Marchands Forains, Sadite Majesté ordonna, Que les Vendeurs de cuirs continueroient leurs fonctions jusqu'à ce qu'autrement il en eût été ordonné; & que néanmoins ils ne percevroient sur lesdits cuirs que quatre deniers pour livre du prix d'iceux, lors que les Tanneurs de Paris ou les Marchands Forains ne s'en feroient point avancer le prix par les Vendeurs; & douze deniers aussi pour livre, lors qu'ils en feroient les avances; Sa Majesté leur défendant d'éxiger d'autres droits, qu'elle supprime en tant que besoin seroit.

Vendeurs de Volailles.

Ces Vendeurs ont la qualité de Vendeurs de volailles, gibiers, œufs, beurres, fromages, cochons de lait, agneaux & chévreaux dans la Ville & Fauxbourgs de Paris.

La premiére Déclaration du Roi donnée pour leur établissement est du 27 Août 1660, confirmée & interprêtée par une autre du 29 Decembre de la même année. Les vingt-quatre Offices pour lors créez n'ayant point été levez, ils furent de nouveau érigez & établis en titre d'Offices héréditaires par Edit du mois de Mars 1673, registré en Parlement, & à la Chambre des Comptes le 23 des mêmes mois & an.

Les Offices de ces Vendeurs ayant été depuis supprimez, & les droits à eux attribuez réünis à la Ferme générale des Aides, les besoins de l'Etat obligérent le Roi en 1696, d'en faire une nouvelle création par Edit du mois de Mai de cette année, qui n'eût pourtant pas alors de lieu, ayant été révoqué bien-tôt par une Déclaration du 4 Février 1698, qui en ordonne encore la suppression & la réünion au Domaine du Roi.

Enfin, par une Déclaration du Roi donnée à Versailles au mois de Mars 1708, il fut érigé & créé cent Offices héréditaires de Vendeurs de volaille, gibier, beurre, œufs, &c. avec les mêmes fonctions, droits & privileges portez par les premiers Edits de création, & particuliérement par celui du mois de Mai 1696.

Les fonctions & les droits de ces Officiers sont à peu près les mêmes que ceux des Vendeurs de marée.

Ils sont chargez comme eux d'avoir des Bureaux ouverts dedans ou proche des places où se font les ventes des marchandises, dont ils sont déclarez Vendeurs : ils ont comme eux des Registres & Commis pour recevoir & enregistrer les déclarations des ventes, portant les noms, demeures & habitations, tant des Marchands Forains que des Acheteurs, soit Rotisseurs ou autres; enfin, comme les Vendeurs de Marée, ils sont tenus d'avoir une caisse, & de payer comptant aux Marchands Forains qui veulent se servir de leur ministére le prix de la vente de la marchandise, pour s'en faire ensuite rembourser à leur diligence, & à leurs risques, périls & fortunes, sans recours ni solidité contre ceux à qui ils ont fait ces avances.

Le droit qui leur est attribué pour l'intérêt de leurs avances, leurs peines, salaires, gages de Commis, frais de Bureau, &c. est d'un sol pour livre du prix de la vente desdites marchandises, qu'ils déduisent & précomptent sur les payemens qu'ils font aux Marchands Forains.

Ces Officiers font bourse commune, comme il est porté par une des dispositions de l'Edit de 1708.

Aux Vendeurs de volaille en titre d'Offices ont succédé en 1719 des Vendeurs de volaille par commission, & les Offices des Titulaires ont été supprimez.

Leur caisse subsiste toûjours; mais c'est Sa Majesté qui s'est chargée d'en faire les fonds.

Les droits des Marchands Forains qui veulent recevoir le payement de leur marchandise, & prendre crédit à la caisse, ce qui est en la liberté du Marchand, sont d'un sol par livre pour toute remise.

Enfin, par Arrêt du Conseil d'Etat du Roi du 27 Septembre de la même année 1719, la connoissance des contestations entre les Commis, les Vendeurs & les Acheteurs pour le fait de ladite caisse, est renvoyée au Lieutenant Général de Police pour en juger sommairement, & être ses jugemens éxécutez nonobstant l'appel, dont si aucun intervient, Sa Majesté se retient d'en connoître.

MARCHAND VENDEUR D'EAU-DE-VIE, MARCHANDE VENDEUSE D'EAU-DE-VIE. Ce sont à Paris de pauvres gens qui gagnent leur vie en debitant à petites mesures, depuis quatre deniers jusqu'à un sol au plus, l'eau-de-vie qu'ils ont achetée au pot ou à la pinte des Détailleurs.

Il est défendu aux Commis des Aides par l'Ordonnance de 1680, de faire payer ni éxiger aucuns droits de ces petits Regratiers, Revendeurs d'eau-de-vie, à porte col, ou au coin des ruës, à peine de concussion. *Voyez* EAU-DE-VIE.

VENDICATION. VENDIQUER. *Voyez* REVENDICATION. REVENDIQUER.

VENDRE, en général. Signifie aliéner, transporter à un autre la propriété d'une chose qui nous appartient, moyennant un certain prix, ou une somme d'argent dont on demeure d'accord.

Les marchandises ou autres choses mobiliaires se vendent ou de gré à gré par une simple tradition, ou par force à l'encan par autorité de Justice.

A l'égard des immeubles, comme terres, maisons, moulins, &c. on les vend, ou volontairement par un simple contract, ou par un contract qui doit être suivi d'un decret volontaire, ou forcement par un decret précédé d'une saisie réelle.

Tout ce qui se vend par force, soit marchandises, meubles, ou immeubles, doit être crié & ajugé publiquement au plus offrant & dernier enchérisseur, en payant par lui le prix de la chose ajugée.

Il faut remarquer qu'il y a des choses qui se vendent & s'ajugent à cri public, quoi que la vente n'en soit pas forcée; tels sont les bois, les domaines & autres choses semblables appartenantes au Roi, les marchandises venuës par les Vaisseaux des Compagnies des Indes Orientales, de la Chine, &c.

VENDRE des marchandises. Signifie précisément s'en défaire, les debiter, les livrer pour un certain prix, ou à certaines conditions. Il y a plusieurs maniéres de vendre des marchandises, lesquelles vont être expliquées.

VENDRE en gros. C'est vendre tout d'un coup & en une seule fois une grosse partie de marchandise.

VENDRE en détail. C'est debiter par petites parties, ou par le menu les marchandises qui ont été achetées en gros.

VENDRE comptant. C'est recevoir le prix de la marchandise venduë dans le moment qu'elle est livrée.

VENDRE au comptant, ou pour comptant. C'est une façon de s'exprimer des Marchands & Négocians, qui semble signifier qu'on devroit recevoir de l'argent comptant en faisant la livraison de la marchandise : néanmoins elle a une signification toute différente, d'autant que quand on vend de cette maniére, le Vendeur donne quelque-fois à l'Acheteur jusqu'à trois mois de tems pour payer.

VENDRE à crédit, ou à terme. C'est vendre à condition d'être payé dans un tems dont le Vendeur convient avec l'Acheteur.

VENDRE partie comptant, & partie à crédit ou à terme. C'est

C'est recevoir sur le champ une partie du prix de la chose vendue, & donner du tems pour le reste.

Vendre à crédit pour un tems à charge de discompte, ou d'excompte, ou à tant pour cent par mois pour le prompt payement. C'est une convention suivant laquelle le Vendeur s'engage de faire un rabais ou diminution sur le prix des marchandises qu'il a venduës, suposé que celui qui les a achetées desire de lui payer avant le tems, & cela à proportion de ce qui en restera à expirer, à compter du jour que le payement doit être fait.

Vendre à profit. C'est vendre suivant son livre journal d'achat, ou conformément à sa facture, à tant pour cent de gain.

Vendre pour payer de Foire en Foire, ou d'une Foire à l'autre. C'est proprement vendre à crédit pour un tems.

Vendre pour son compte. C'est vendre pour soi-même.

Vendre par commission. C'est vendre pour le compte d'un autre, moyennant un certain salaire ou revenant-bon, que l'on appelle Droit de commission.

Vendre partie comptant, partie en Lettres ou Billets de Change, & partie à terme ou à crédit. C'est recevoir une partie en argent comptant, une autre en Lettres ou Billets de Change, & donner du tems pour payer l'autre partie.

Vendre partie comptant, partie en promesses, & partie en troc. C'est recevoir une partie en deniers comptans dans le moment de la vente, une autre en Promesses ou Billets, dont les payemens se doivent faire en certains tems, & prendre pour l'autre partie certaines marchandises dont on demeure d'accord de prix; ce que l'on nomme Marchandise en troc.

La meilleure maniére de vendre, & celle qui apporte le plus de profit, est celle qui se fait moyennant de l'argent comptant; ce précieux métail étant le nerf & le soûtien du Négoce.

Vendre au bassin. Il se dit à Amsterdam des ventes publiques, parce que celui qui préside à ces ventes a devant lui un bassin de cuivre sur lequel il frappe avec une baguette lors qu'il veut faire la délivrance des cavelins, ou lots. *Voyez* Vendu-meester.

Vendre hors la main. C'est vendre en particulier. *Voyez* Main.

Vendre. Se dit aussi de la maniére de debiter les marchandises & denrées.

L'or, l'argent, le cuivre, l'étain, le plomb, le fer, la soye, le fil de chanvre & de lin, le coton, la laine, la plume, les drogueries, les épiceries, & autres semblables marchandises se vendent au poids.

Les étoffes, les toiles, les futaines, les basins, les rubans, &c. se vendent à l'aune, ou à la canne, ou à quelqu'autre semblable mesure étenduë.

Les grains, les graines, les légumes, les fruits secs, le charbon de bois & de terre, &c. se vendent au boisseau, au minot, au septier, ou au muid.

L'eau-de-vie, le vin, le cidre & la biére se vendent en détail à la pinte & au pot. Ces mêmes liqueurs se vendent en gros à la barique, au tonneau, à la pipe, au buffard, au muid, à la queuë, &c.

Il y a des marchandises qui se vendent au compte; c'est à dire, au cent, au quarteron, à la douzaine & à la grosse.

Les Marchands de vin, Cabaretiers & Taverniers n'ont aucune action pour vin, ou autres choses par eux venduës en détail par assiette en leurs maisons. *Coûtume de Paris*, *art.* 128.

On excommunie au Prône tous ceux qui vendent à faux poids & à fausse mesure.

Quand on dit qu'une marchandise est de requête & qu'elle se vend bien, cela veut dire qu'elle est chére, & qu'on en a un prompt debit.

Vendre. Signifie aussi tromper, trahir. Ce Marchand, ce Négociant est plus fin, plus habile que son Associé, il le vendroit à beaux deniers comptans.

Se vendre. Ce terme dans le Négoce se dit de plusieurs sortes de marchandises ou denrées, & signifie avoir debit, avoir cours. Le blé, le vin, les eaux-de-vie se vendent bien.

Le mot de Vendre chez les Marchands & Négocians s'employe souvent en proverbes. Ainsi l'on dit, A qui vendez-vous vos coquilles, à ceux qui reviennent de S. Michel; pour dire, qu'on fait le prix des marchandises, & qu'on ne veut pas les acheter plus qu'elles ne valent. On dit aussi qu'un Marchand vend bien ses coquilles, lors qu'il vend ses marchandises plus cher que les autres. On dit encore, Marchandise qui plaît est à demi venduë: Ce n'est pas le tout que de vendre, il faut livrer.

VENDU, VENDUE. Qui a été donné à prix d'argent. Vin vendu, Marchandise venduë.

VENDU-MEESTER, qu'on nomme aussi AFSLAGER. C'est à Amsterdam un Commissaire établi par les Bourguemaîtres pour présider aux ventes qui se font au bassin; c'est à dire, aux ventes publiques, soit qu'elles se fassent volontairement par le Vendeur, soit qu'elles ayent été ordonnées par autorité de Justice.

Lors que le jour de la vente est arrivé, que les placards en ont été affichez pour l'apprendre au public, & que les cavelins ou lots des marchandises ont été faits par les Courtiers, le Vendu-meester se rend au lieu où la vente doit se faire, qui est ordinairement un cabaret ou une auberge, mais différente suivant la qualité des effets & des marchandises qui doivent être venduës.

Là au milieu d'une cour est élevé une espéce de bureau, sur lequel cet Officier se place, ayant à ses côtez les Courtiers du Vendeur, & devant lui une table avec un bassin de cuivre, & une baguette pour frapper dessus lors qu'il veut imposer silence, ou qu'il veut ajuger les lots aux derniers Enchérisseurs. Les Courtiers sont chargez de ce qu'on appelle des Plok-penins; c'est à dire, des espéces de deniers à Dieu, que le Vendeur doit donner à l'Acheteur. *Voyez* Plok-penins.

La vente commence par la lecture du placard, qui contient non seulement le détail & les lots de la marchandise, mais encore les conditions ausquelles on la veut vendre. La lecture faite, le Vendu-meester propose chaque lot suivant son numéro; & lors qu'après diverses enchéres il s'apperçoit que personne n'enchérit plus, il frappe un coup sur le bassin pour ajuger le lot au dernier Enchérisseur, & jette dans la cour par une espéce de tuyau de bois un plok-penin, qui est ramassé par un domestique destiné à cet usage qui le porte à l'Achel'Acheteur, auquel la partie a été ajugée, duquel il reçoit deux sols pour sa peine.

La vente étant finie, les Courtiers qui ont tenu une note des Acheteurs & du prix de chaque cavelin, les colationnent avec celle du Vendu-meester; & le lendemain chacun vient prendre la marchandise qu'il a enchérie, qu'on lui délivre sur le champ, si elle n'est pas sujette au poids; mais que le Vendeur ne livre qu'à un des Poids de la Ville, si elle est de nature à être pesée.

Il faut remarquer qu'il y a des marchandises, comme la cochenille, les soyes, l'indigo, les sucres, &c. dont on peut faire les cavelins ou lots aussi forts ou aussi petits qu'il plaît au Vendeur; mais aussi qu'il y en a d'autres, comme les vins & les eaux-de-vie, dont les cavelins & les plok-penins sont réglez par les Ordonnances des Bourguemaîtres.

Il y a à Amsterdam huit ou dix auberges ou cabarets où se peuvent faire les ventes au bassin, mais qui ont chacun leur destination.

Au vieux Heer-logement on vend les biens fonds, les meubles précieux, les tableaux, les choses rares & curieuses de diverses fabriques, & les toiles tant des Indes que d'ailleurs.

Au nouvel Heer-logement ce sont les Vaisseaux, les sels, les chanvres, les grains & les huiles de graines & de poisson.

Les vins & les eaux-de-vie, les rubans, les dentelles, & toutes sortes de manufactures de laine, de soye & de fil, se vendent dans le Keysers-kroon.

Les drogueries, les teintures, les épiceries, les fruits secs, les huiles d'olive, &c. dans le Brakke-Gront.

On vend les bois de charpente, les planches & bois de Navires, & toutes autres sortes de bois, au Cygne blanc.

Le Colveniers-Doele est destiné pour la vente des diamans & autres pierreries, & des perles.

C'est au Burg dans le Dyk-straat que se vend le tabac en feuille, en corde ou en poudre, aussi-bien que quelques autres marchandises.

Enfin, les suifs, les beurres étrangers, les pêleteries, les verres à vitre, les merceries & les Clinquailleries se vendent dans le Burg sur le Cingle.

On ne peut faire de vente au bassin, qu'on n'en ait obtenu la permission des Bourguemaîtres par écrit, & en conséquence d'une requête qu'on leur présente qui contient la nature & la qualité de la marchandise qu'on veut vendre.

Il n'y a que les Courtiers Jurez qui puissent exposer les marchandises en vente publique, & c'est au Vendeur à payer leur courtage. L'Acheteur peut bien avoir son Courtier, mais pour celui-ci c'est à ses frais.

Lors que la vente s'est faite au comptant, on accorde ordinairement six semaines à l'Acheteur pour le payement. Il est néanmoins libre au Vendeur de se faire payer sur le champ, pourvû que cette condition ait été mise expressément dans le placard.

Les frais de la vente au bassin sont très-considérables; de sorte que cinquante piéces d'eau-de-vie, de cinquante verges chacune, à huit livres de gros les trente verges, reviennent au moins à 159 fl. 16 s., savoir; pour la Requête 10 fl. 15 s., pour le papier & l'impression des affiches 2 fl. 10 s., pour celui qui les place aux carrefours & à la Banque 1 fl. 11 s., pour une chambre dans l'auberge, & la dépense que le Vendeur y fait pendant la vente 10 fl. Pour cinquante plok-penins à trente sols la piéce 75 fl. Enfin, un & demi pour cent au Vendu-meester, tant pour son droit que pour celui de la maison des Aumôniers, 60 fl.

Les ventes au bassin ont cela de commode à l'égard des Commissionnaires, qu'ils ne peuvent être soupçonnez de mauvaise foi par leurs Correspondans sur le prix des marchandises qu'ils achétent ou qu'ils vendent, non seulement parce que le public en est témoin, mais encore parce que les Courtiers, le Vendu-meester & les Clercs de la Secrétairerie en conservent une note éxacte où l'on peut avoir recours.

VENICIENNE. Etoffe d'abord fabriquée à Venise, & ensuite imitée en France. Il y en a d'unies, de façonnées, avec de l'or & de l'argent, & seulement avec de la soye. C'est une espéce de gros de Tours, dont la tissure est extrémement fine. Leur largeur est fixée par le Réglement de 1667 à demi-aune moins un vingt-quatriéme; & elles doivent être, tant en chaîne qu'en poil & en tréme, de pure & fine soye cuite, sans aucun mélange de soye teinte sur le crû.

VENTE. Transport de propriété, aliénation, convention ou contract par lequel l'un des Contractans s'engage de livrer une chose à l'autre, & de l'en faire jouïr moyennant un certain prix.

Il y a de deux sortes de ventes; l'une regarde les marchandises & autres effets mobiliers, & l'autre concerne les choses immobiliaires, comme maisons, terres, moulins, &c.

Les ventes des effets mobiliers se font ou volontairement par une simple tradition, ou forcément à l'encan en place publique par autorité de Justice.

Les ventes des immeubles sont aussi ou forcées ou volontaires. Les forcées se font en Justice par un decret, & les volontaires se font par des contracts par devant Notaires. Il y a une autre sorte de vente volontaire d'immeubles qui se fait par decret de gré à gré, pour purger les hypothéques, & rendre l'Aquereur certain de son aquisition.

On appelle Marchandise de bonne vente, celle qui est bien conditionnée, & dont on peut se défaire avec facilité & avantage.

On dit que la vente d'une marchandise a monté haut; pour faire entendre que le produit en a été considérable, & qu'il y a eu beaucoup à gagner. Que la vente est faite, pour dire, que tout est vendu: Que la vente est bonne, pour dire, que les marchandises ou denrées se débitent sur un bon pied.

Mettre en vente, Exposer en vente une marchandise, c'est la faire voir publiquement dans une foire ou marché, afin de s'en défaire pour un prix.

VENTE au bassin. On nomme ainsi à Amsterdam toutes les ventes publiques, soit qu'elles se fassent de gré à gré, soit qu'elles soient ordonnées par les Juges. On les appelle de la sorte, parce qu'on frappe ordinairement sur un bassin de cuivre, lors qu'on veut adjuger & délivrer quelques marchandises au dernier Encherisseur. *Voyez* VENDU-MEESTER.

VENTE hors la main. Il se dit dans la même Ville d'Amd'Amſterdam des ventes particuliéres qui ſe font de la main à la main, ſoit par l'entremiſe des Courtiers, ſoit par l'Acheteur & le Vendeur ſeulement. *Voyez* MAIN.

A Amſterdam toutes les ventes des marchandiſes ſe font ou par livres de gros, ou par rixdales, ou par florins, ou par florins ſimples, ou par ſous de gros, ou par ſous communs, ou enfin par deniers de gros. *Voyez tous ces articles.*

La vente des vins de France ſe fait dans la même Ville par tonneaux de quatre bariques ou de ſix tierçons.

Celle des vins d'Eſpagne & de Portugal par tonneaux de deux botes ou pipes, la pipe de 320 mingles.

Celle des eaux-de-vie par 30 verges, excepté l'eau-de-vie de grain qui ſe vend par aam.

La vente des huiles ſe fait; ſavoir, celle d'olive par tonneaux de 717 mingles, celle de poiſſon par quarteaux de 12 ſtechans; & celle de graines, comme de lin, de navette & de chanvre, par aams.

A l'égard des biéres, elles ſe vendent à la tonne de 128 mingles; & les beurres de Hollande & de Friſe auſſi à la tonne peſant 300 livres avec le bois ou ſans bois.

VENTE. Se dit auſſi du lieu où l'on vend ordinairement certaines ſortes de marchandiſes. Acheter du vin ſur la vente. Les Marchands de vin & Taverniers ſont obligez de faire porter le tiers de leur vin ſur la vente, ſur l'étape, ou lieu public où il ſe vend.

VENTE. Se dit encore du tems que l'on doit vendre certaines marchandiſes. La Compagnie des Indes Orientales doit commencer un tel jour la vente des étoffes, des toiles, des mouſſelines, &c. qui ſont à Nantes dans ſes magazins.

L'heure de la vente, c'eſt le moment ou le tems dans lequel la vente ſe fait, ſoit dans les marchez, ſoit dans les Foires ou dans les encans, &c.

L'Ordonnance de la Ville de Paris de 1672, art. 26 du chap. 4, porte, Que les ventes des marchandiſes ſeront ouvertes ſur les Ports depuis Pâques juſqu'à la S. Remi à ſix heures du matin juſqu'à midi, & de relevée depuis deux heures juſqu'à ſept heures; & depuis le premier Octobre à ſept heures du matin juſqu'à midi, & de relevée depuis deux heures juſqu'à cinq; auſquelles heures les Officiers ſont tenus de ſe rendre ponctuels aux fonctions de leurs Offices & Charges.

On nomme Livre de vente, un certain livre dont les Marchands & Négocians ſe ſervent pour écrire journellement & de ſuite toutes les marchandiſes qu'ils vendent. *Voyez* LIVRES.

Contract de vente ſe dit d'une convention qui ſe fait de donner certaine choſe pour un certain prix. *Voyez* CONTRACT DE VENTE.

M. Savary dans ſon Parfait Négociant, chap. 8 du livre premier de la ſeconde partie, explique la maniere dont les Négocians en gros doivent ſe conduire dans la vente de leurs marchandiſes, tant dans les Villes de leur réſidence, que dans les Provinces & dans les Foires. Le Lecteur peut y avoir recours, s'il a beſoin d'inſtruction ſur cette matiére.

VENTE. Signifie encore une coupe de bois d'une certaine quantité d'arpens qui ſe fait tous les ans dans une forêt. On a mis cette forêt en coupe ou vente reglée, il y a tant d'arpens en vente chaque année. Ce ſont les Officiers des Eaux & Forêts qui vont aſſeoir les ventes, & faire les ventes dans les Forêts du Roi.

VENTES PAR RECEPAGE. Ce ſont les ventes qui ſe font dans les Forêts gâtées par délits ou par incendie, ou de jeunes taillis qui ont été exceſſivement abroutis par la gelée ou par les beſtiaux. Cette vente eſt une des ſept ventes dont il eſt parlé dans les Ordonnances des Eaux & Forêts. Les autres ſont la vente des taillis, la vente des baliveaux ſur taillis, les ventes par éclairciſſement, celles par pieds d'arbres, la futaye & les bois chablis.

On nomme pareillement Ventes, les lieux où l'on fait les coupes ou l'exploitation de ces bois. On ne peut faire dans chaque vente qu'une certaine quantité de foſſes à charbon.

Les Marchands Adjudicataires des bois ſont tenus de vuider les ventes dans les tems fixez par leur adjudication; c'eſt à dire, qu'ils doivent enlever dans le tems qui leur eſt preſcrit, tous les bois des endroits où ils ont été coupez & exploitez.

VENTIER. Marchand de bois qui achete des Forêts, & qui les fait exploiter, ainſi nommé des ventes qu'il ouvre & établit ſur les lieux de l'exploitation.

Les Ordonnances des Eaux & Forêts portent, Que les Ventiers fourniront aux Bucherons des chaînes & meſures des longueurs de bois, conformément aux Réglemens.

VENTOUSE. Ouverture que l'on laiſſe aux fourneaux pour y donner de l'air, & empêcher que le feu ne s'étouffe & ne s'éteigne.

VENTOUSE. Se dit auſſi des ouvertures que l'on laiſſe aux fourneaux à vent pour y introduire l'air qui leur ſert de ſoufflet.

VENTOUSE. S'entend auſſi dans les fours à verre de chacune des ſix ouvertures ou ouvreaux où ſont placez les pots à fondre ou à cueillir. *Voyez pour ces trois articles celui des Fourneaux, & encore pour ce dernier l'article du Verre.*

VER A SOYE. Inſecte qui produit la ſoye.

Quand cet inſecte eſt parvenu dans ſa juſte grandeur, il eſt de la groſſeur d'une plume de cygne, & a environ deux pouces de longueur. L'on appelle Graine, les œufs ou ſemence qui lui ſervent à la propagation de ſon eſpéce. Il la jette lors qu'il eſt devenu papillon; mais toute ſorte de graine n'eſt pas propre à reproduire ces précieuſes chenilles; & il n'y a que celle qui a été jettée après l'accouplement des papillons mâles & femelles d'où il puiſſe ſortir de nouveaux vers.

Les graines d'Eſpagne & de Bologne ſont les meilleures, au défaut de celles de Sicile, qu'il eſt trop difficile de recouvrer.

Quoi que la graine puiſſe éclore d'elle-même, ceux qui s'occupent à la nourriture des vers ne laiſſent pas d'en hâter la production, en ſe ſervant d'une chaleur étrangere.

Lors que l'inſecte ſort de cette graine, qui n'eſt guére plus groſſe que de la graine de pavot, il en a la couleur, qui eſt d'un gris un peu obſcur, à la réſerve de la tête qu'il a très-noire. A meſure qu'il groſſit & qu'il s'alonge, ſa couleur s'éclaircit; & après quatre muës différentes, qui autant de fois lui renouvellent ſa peau, il a ſa couleur naturelle, qui eſt blanchâtre tirant ſur le jaune.

Sa nourriture eſt la feuille de meurier blanc; qu'on lui donne pluſieurs fois par jour juſqu'à-ce qu'il travaille à ſon araignée.

Ce ver eſt d'une délicateſſe extrême. Les mauvaiſes odeurs, le trop grand bruit, & ſur tout celui du tonnerre, l'humidité, même l'haleine trop forte des perſonnes qui en approchent, ſuffiſent pour le rendre malade, ſouvent pour le faire mourir.

Le filament de la ſoye eſt ſi naturel à cet inſecte, que même en naiſſant on lui en voit ſortir au bout de ſon eſtomac, qui lui ſert à ſe pendre & à s'arrêter à la maniére des araignées; & c'eſt avec ce bout de ſoye qu'environ ſix ſemaines après ſa naiſſance il commence à travailler à ſa coque.

Quand les vers deviennent rougeâtres, c'eſt ſigne qu'ils ſont prêts à filer; ce qu'ils ſont d'eux-mêmes & ſans ſecours dans tous les endroits qui leur ſont commodes; mais pour leur aider, ceux qui les gouvernent leur préparent des étaux ou ateliers compoſez de pluſieurs rameaux de bruyére, de bouleau, ou de genet, où ils montent & travaillent à leurs cocons, qui ſont tous de la forme d'un œuf, ceux des femelles plus arrondis par un bout que par l'autre.

Pour atacher leur ſoye, & en faire ce qu'on appelle l'Araignée des vers à ſoye, ils ſe ſervent d'une gomme que la nature cuit dans leurs petits viſcéres, & qui eſt très-gluante. Ceux qui ſont pareſſeux ſe mettent dans des cornets de papier où ils ſont comme forcez à avancer leur travail.

Il leur faut un jour pour étendre & aſſurer leur araignée; le ſecond ils contournent & forment leurs cocons; le troiſiéme ils achévent de s'y cacher; & les jours ſuivans ils les fortifient & les perfectionnent.

Quand le ver eſt enfermé dans ſa coque, & que l'ouvrage eſt fini, il change comme de nature, & devient ce que l'on nomme un ver en féve, à cauſe de la reſſemblance qu'il a avec ce légume.

Pour les multiplier & en avoir la graine, on choiſit les plus beaux cocons autant de mâles que de femelles; ce qui ſe connoît à la forme du cocon, celui du mâle étant moins uni & pointu des deux bouts, & celui de la femelle étant ſeulement pointu par une extrêmité & fort arrondi par l'autre.

Quand le têms de leur fécondité eſt venu, ils ouvrent eux-mêmes leurs coques, & ſortent en forme de papillons blancs, qui ont quatre aîles, ſix jambes, deux cornes & deux eſpéces d'yeux fort noirs & ſans aucune lucidité; une partie de leur peau eſt veluë comme de la panne & du velours. Les mâles ſont plus vifs & batent des aîles; les femelles plus peſantes à cauſe de leur graine qui leur ôte une partie du mouvement.

Ces papillons ne ſe nourriſſent point tant qu'ils reſtent en vie, n'ayant pas non plus pris de nourriture dans les cocons pendant quinze ou vingt jours qu'ils y ont été enfermez. Ils y laiſſent, lors qu'ils en ſortent, deux de leurs dépouilles; l'une qu'ils avoient lors qu'ils étoient vers, l'autre qu'ils ont eu pendant qu'ils ſont reſtez féves.

Les papillons s'étant accouplez les femelles parient & jettent leur graine, les unes plus, les autres moins abondamment. Le nombre ordinaire eſt de près de trois cens. En plein air & à la campagne cette graine, comme la ſemence des autres chenilles transformées en papillons, ſe reçoit & s'atache ſur les branches les plus voiſines de celles où les vers à ſoye ont travaillé à leur coque; mais pour la graine des vers à ſoye nourris à la maiſon, elle ſe reçoit ſur des étamines, des joncs & des papiers préparez exprès par ceux qui en prennent ſoin.

Si l'on eſt curieux de ſavoir ce que deviennent les cocons & la précieuſe matiére dont ils ſont compoſez, il faut avoir recours à l'article où il eſt traité des Soyes. *Voyez* Soye.

La graine de ver à ſoye paye les droits de la Douane de Lyon à raiſon de 10 ſ. de la livre peſant.

Ver. Se dit auſſi de l'inſecte qu'on nomme Cochenille dont on ſe ſert pour teindre en écarlate. Les Auteurs parlent différenment de la nature & des propriétez de ces vers précieux. On raporte ailleurs ce que les uns & les autres en ont écrit de plus certain, ou pour mieux dire de plus vrai-ſemblable. *Voyez* Cochenille.

VERAS. Eſpéce d'aune dont on ſe ſert en Portugal pour meſurer les longueurs des draps & autres étoffes. Elle eſt de quelque choſe moindre que l'aune de France: en ſorte que cent ſix Veras de Lisbonne ne font que cent aunes de Paris.

VERD. Couleur que la nature donne aux herbes, aux plantes, aux feuilles, à quelques pierres précieuſes, à quelques marbres, & à quelques terres ou maſſicots.

Le verd des Teinturiers n'eſt pas une couleur ſimple; mais elle ſe fait du mêlange de deux des couleurs qu'on appelle Simples, ou Primitives. C'eſt de l'union du jaune & du bleu que ſe font toutes les ſortes de verd qu'on donne aux étoffes déja fabriquées, ou aux ſoyes, laines, fils & cotons qu'on met à la teinture pour en fabriquer.

Les principaux verds que produit ce mêlange ſuivant le plus ou le moins qu'on met de chacune de ces deux couleurs, ſont,

Le Verd Jaune,	Le Verd Molequin,
Le Verd Naiſſant,	Le Verd Brun,
Le Verd Gay,	Le Verd de Mer,
Le Verd d'Herbe,	Le Verd Obſcure,
Le Verd de Laurier,	Le Verd Celadon,
Et le Verd de Chou,	Le Verd de Peroquet.

Il n'eſt pas poſſible de rapporter tous les différens verds que peut produire la Teinture, ne dépendant que du Teinturier d'en faire à ſon gré de nouvelles en augmentant ou diminuant la doſe de l'une & de l'autre couleur primitive, avec leſquelles il les compoſe.

Les couleurs d'olive, depuis les plus brunes juſques aux plus claires, ne ſont que du verd rabatu avec de la racine, ou du bois jaune, ou de la ſuye de cheminée.

Tout verd doit être premiérement teint en bleu, puis rabatu avec bois de campeſche & verdet, & enſuite gaudé, n'y ayant aucun ingrédient dont on puiſſe ſe ſervir ſeul pour teindre en verd.

On appelle Verd naiſſant cette couleur vive agréable, qui reſſemble à celle qu'ont les feuilles des arbres au Printems; on la nomme auſſi Verd Gay & Verd d'Emeraude.

Le verd de Mer eſt la couleur dont paroît la Mer quand elle eſt vûë de loin: elle tire un peu ſur le bleu, ou comme on dit en terme de Teinture, elle eſt plus lavée que le verd gay.

Verd brun. Eſt un verd tirant ſur le noir; auſſi en eſt-il mêlé pour le brunir.

L'urine, le jus de citron & l'eſprit de vitriol, déteignent les verds & les rendent bleus, leur acide conſumant le jaune de la gaude.

Verd d'azur. Eſpéce de pierre, qu'on appelle autrement, Pierre Arménienne. *Voyez* Armenienne.

Verd-de-gris, qu'on nomme autrement Verdet, & en Latin *Ærugo*. Drogue propre à la teinture, qui n'eſt autre choſe que la rouille du cuivre.

Le verd de gris ſe fait avec des lames de cuivre rouge très-minces, & des raffes, ou marc de raiſin imbibez de bon vin, miſes enſemble dans des pots de terre & rangées lit ſur lit; c'eſt à dire, des raffes de raiſin & enſuite des lames de cuivre, & ainſi alternativement. Quand les pots ſont pleins on les laiſſe à la cave, d'où, de tems en tems, on les tire pour recueillir le verd-de-gris, qui eſt la rouille verte qui couvre les plaques de cuivre.

Il n'eſt pas vrai qu'on puiſſe faire du verd-de-gris avec du vinaigre, le meilleur vin n'y eſt pas trop bon, & on y employe ordinairement du vin de Languedoc; auſſi la plus grande partie de cette drogue qui ſe conſume en France, ou même dans les Païs étrangers, vient de Montpellier & des environs.

On l'envoye de Languedoc en poudre ou en pains; les pains péſent ordinairement vingt-cinq livres. L'on ne voit guére de verd-de-gris qui ſoit tout à fait pur; pour être bon il faut qu'il ſoit ſec, d'un verd foncé, & peu rempli de taches blanches.

Les Teinturiers, Pèletiers, Chapeliers, Maréchaux & Peintres, en font une conſomption incroyable.

Le verd-de-gris n'eſt permis qu'aux Teinturiers du grand teint qui s'en ſervent à faire de très-belles couleurs, comme verd celadon & couleur de ſoufre: il eſt d'ailleurs utile au noir, en l'employant en petite quantité & à demi chaud avec le bois d'Inde.

Le Verd-de-gris, ou Verdet, paye en France les droits d'entrée & de ſortie à raiſon de 50 ſ. du cent peſant, conformément au Tarif de 1664.

Les droits de la Douane de Lyon ſont de 25 ſ. la charge.

Les Apoticaires font criſtaliſer le Verd-de-gris, & le nomment Criſtaux de Verdet. Ce que l'on vend à Paris de ces criſtaux vient de Hollande & de Lyon; on les appelle quelque-fois, mais improprement, Verd diſtilé, ou Verd calciné.

Le Verd diſtilé paye en France les droits d'entrée à raiſon de 12 l. 10 ſ. le cent peſant.

Verd de Vessie. Sorte de verd qui ſe fait de la graine du Noir-prun, que les Botaniſtes appellent *Rhamnus*, en la pilant dans un mortier. On en fait auſſi avec une petite graine rouge qu'on mêle avec de l'alun, & qu'on laiſſe ſe macérer & ſe corrompre dans une veſſie de cochon qu'on pend au plancher. Ces deux couleurs qu'on confond aiſément ſe nomment Verd-de-Veſſie, parce que c'eſt toûjours dans des veſſies qu'on les conſerve, & qu'on les vend. Elles ſervent à la peinture.

Le verd de veſſie, que le Tarif de 1664 nomme auſſi Verd de Lierre, paye en France les droits d'entrée à raiſon de 3 l. le cent peſant.

Les droits de la Douane de Lyon ſont de 21 ſ. 6 den. le quintal, tant d'ancienne taxation que de nouvelle réapréciation.

Verd d'Iris. Couleur verte qui ſe fait avec les fleurs de l'Iris, & qui ſert à la mignature. *Voyez* Iris.

Verd de Corroyeur. Il eſt composé de gaude dont il faut une bote ſur ſix ſeaux d'eaux, à quoi l'on ajoûte, après que le tout a bouilli ſix heures à petit feu, quatre livres de verd-de-gris. *Voyez* Corroyer.

Verd de terre, ou Cendre verte. *Voyez* Pierre Armenienne.

Verd distilé. } *Voyez* Verd-de-Gris.
Verd calciné. }

Verd de Montagne, qu'on appelle auſſi Verd de Hongrie. C'eſt une eſpéce de poudre verdâtre réduite en petits grains comme du ſable.

Quelques-uns croyent que le verd de montagne eſt une terre naturelle, & d'autres que c'eſt une couleur factice. Ceux qui ſont de la premiére opinion diſent que cette terre vient des montagnes de Kervanſen en Hongrie, ou de celles de Moravie. Les autres prétendent qu'elle ſe fait en jettant de l'eau ou du vin ſur du cuivre de roſette, encore tout rouge, & quand il ſort du fourneau; & en recevant la vapeur qui s'en éléve ſur des plaques d'autre pareil cuivre, mais à froid; ou bien en faiſant diſſoudre des lames de cuivre dans du vin à peu près comme ſe fait le verd-de-gris.

Le verd de montagne ſert aux Peintres, tant en huile qu'en mignature. Il faut le choiſir ſec, haut en couleur, & bien grenu. On le contrefait quelque-fois en pulvériſant du verd-de-gris avec un peu de blanc de ceruſe.

Le verd de Montagne paye en France les droits d'entrée à raiſon de 4 liv. le cent peſant, conformément au Tarif de 1664.

Verd de Hongrie. *Voyez l'article précédent.*

Verd. On appelle Cuir verd, celui qui n'a point encore reçû de préparation, & qui eſt tel qu'il a été levé de deſſus le corps de l'animal. On lui donne auſſi le nom de Cuir crû. *Voyez* Cuir.

On appelle Bonnet verd, un bonnet de cette couleur que les Banqueroutiers, ſuivant les Ordonnances, ſont obligez de porter quand ils ont fait ceſſion de leurs biens. C'eſt une note d'infamie. *Voyez* Cession & Banqueroutiers.

VERDET, ou VERD-DE-GRIS. Drogue qui ſe compoſe avec le cuivre & la raſle, ou marc de raiſin; le meilleur qui ſe faſſe en France eſt celui de Montpellier en Languedoc. *Voyez* Verd-de-gris.

VERDILLON. C'eſt la partie du métier ou chaſſis des Tapiſſiers-Haute-liſſiers, à laquelle s'atachent par en haut & par en bas, les fils de la chaîne des Tapiſſeries de haute-liſſe. Le Verdillon eſt double, & chaque rouleau ou enſuble a ſon verdillon enchaſſé dans une longue rainure de la longueur même des rouleaux. *Voyez* Haute-lisse.

VERDIR. Devenir verd. Il ſe dit en terme de Teinturier, des bleus de mauvaiſe teinture dont la couleur n'eſt pas aſſurée. *Voyez* Bleu.

VERGE. Meſure des longueurs dont on ſe ſert en Eſpagne & en Angleterre pour meſurer les étoffes. C'eſt une eſpéce d'aune.

La verge d'Eſpagne, qui eſt particuliérement en uſage à Seville, ſe nomme en quelques lieux Barra. Elle contient dix-ſept vingt-quatriémes de l'aune de Paris; en ſorte que les vingt-quatre verges d'Espagne font dix-sept aunes de Paris, ou dix-sept aunes de Paris font vingt-quatre verges d'Espagne.

La verge d'Angleterre, que l'on appelle aussi Yard, est de sept neuviémes d'aune de Paris: ainsi neuf verges d'Angleterre font sept aunes de Paris, ou sept aunes de Paris font neuf verges d'Angleterre.

La maniére de réduire les verges d'Angleterre en aunes de Paris, est de dire, en se servant de la régle de trois: Si neuf verges d'Angleterre font sept aunes de Paris, combien tant de verges d'Angleterre feront-elles d'aunes de Paris?

Et si au contraire l'on veut faire la réduction des aunes de Paris en verges d'Angleterre, il faut dire: Si sept aunes de Paris font neuf verges d'Angleterre, combien tant d'aunes de Paris feront-elles de verges d'Angleterre?

Cette métode peut servir pour réduire les verges d'Espagne en aunes de Paris, & les aunes de Paris en verges d'Espagne.

VERGE. Se dit aussi de l'étoffe mesurée avec la verge. Une verge de serge, Une verge de velours.

VERGE. Est aussi une espéce de jauge ou d'instrument propre à jauger ou mesurer les liqueurs qui sont dans les tonneaux, pipes, bariques, &c. On donne aussi le nom de Verge à la liqueur mesurée. Trente verges de vin. Cette pipe contient tant de verges d'eau-de-vie.

La verge de liqueur est estimée trois pots & demi quelque peu moins. La verge a plusieurs noms, suivant les divers lieux & Païs où elle est en usage. *Voyez* JAUGE, *ils y sont tous expliquez.*

VERGE. On appelle Verges parmi les Ouvriers à la navette, des baguettes ordinairement de coudrier ou noisetier pelé, qui servent à séparer & tenir ouverts les fils des chaînes de leurs étoffes ou toiles. Il y en a quatre dans les métiers à gaze, & seulement deux dans presque tous les autres. *Voyez* GAZE.

VERGE, ou BRANCHE, que quelques-uns nomment aussi FLEAU, ou FLAIAU. C'est un long morceau de cuivre, de fer ou de bois, le plus ordinairement de bouis, sur lequel sont marquées les diverses divisions de la balance Romaine, ou peson. Cette verge a deux sortes de divisions; l'une d'un côté pour ce qu'on appelle le Fort, & l'autre à l'opposite pour ce qu'on nomme le Foible. *Voyez* BALANCE.

VERGE. Se dit encore des morceaux de fer longs & menus, ordinairement ronds, que les Marchands de fer vendent aux Serruriers; ce qui s'appelle du Fer en verge.

Cette sorte de fer s'employe ordinairement pour faire des tringles, des clefs, des pitons, & autres legers ouvrages de ferrurerie. *Voyez* FER.

VERGE. Les Tourneurs appellent la Verge d'un arbre à tourner en l'air ou en figures irréguliéres, une piéce de fer longue & quarrée qui traverse l'arbre tout entier, & qui porte & joint ensemble le mandrin, les deux canons, la piéce ovale & la boîte de cuivre. Cette verge a des trous de distance en distance pour y arrêter ces piéces avec des clavettes. *Voyez* TOUR.

VERGEAGE. Mesurage des toiles, rubans, étoffes, &c. qui se fait avec cette mesure des longueurs que l'on nomme Verge, qui est en usage en Espagne & en Angleterre. *Voyez* VERGE.

VERGEAGE. Se dit aussi du jaugeage, ou mesurage que l'on fait des tonneaux & futailles avec un instrument ou sorte de jauge que l'on appelle Verge. *Voyez* JAUGE. *Voyez aussi* VERGE, mesure des liqueurs.

VERGE'E. Une futaille vergée, c'est une futaille ou pipe de vin, ou d'eau-de-vie qui a été jaugée & mesurée avec l'instrument que l'on appelle Verge. Ainsi l'on dit: Cette pipe d'eau-de-vie a été vergée, elle contient tant de verges.

On dit aussi qu'une piéce d'étoffe a été vergée, lors qu'elle a été mesurée avec cette mesure des longueurs qu'on nomme Verge. Cette piéce de drap a été vergée, elle est de tant de verges.

VERGE'E. Est encore le nom que l'on donne aux étoffes qui ont quelques fils qui sont d'une soye ou d'une laine un peu plus grosse que le reste, ou d'une teinture plus forte, ou plus foible. C'est un défaut essentiel à une étoffe que d'être vergée. Ce défaut s'appelle Vergeage. *Voyez cet article.*

VERGER une étoffe, une toile, &c. C'est la mesurer avec la mesure des longueurs que l'on appelle Verge. *Voyez* VERGE.

On dit aussi Verger une barique, une pipe, ou autre tonneau & futaille d'eau-de-vie, de vin ou autres liqueurs; pour dire, les jauger avec la verge. *Voyez* VERGE & JAUGE.

VERGES. On nommoit ainsi autre-fois les bruyéres dont les Vergettiers-Brossiers font leurs vergettes & brosses; & c'est de-là que les mots de Vergette & Vergettier sont dérivez. *Voyez* BRUYERE.

Les Verges, ou Bruyéres à faire vergettes payent en France les droits d'entrée à raison de 20 s. le cent pesant, & 46 s. de sortie, conformément au Tarif de 1664.

Les droits de la Douane de Lyon sont; savoir,

Pour les bruyéres de France 12 s. de la charge.

Pour les bruyéres étrangéres 20 s. du quintal.

Et pour les bruyéres acoutrées de France 10 s.

VERGES A ETENDRE. Sortes de vergettes, que les Tarifs mettent au nombre de la Mercerie. *Elles payent à l'entrée 10 liv. du cent pesant, conformément à l'Arrêt du 3 Juillet 1692; & 3 liv. de sortie, ou même seulement 2 liv. si elles sont déclarées pour l'Etranger, suivant le même Arrêt.*

VERGETTE. Ustencile de ménage qui sert à nétoyer les habits, les meubles, &c. On les appelle Brosses. Quoi qu'il y ait quelque différence entre l'une & l'autre, les deux termes néanmoins sont si souvent synonimes, qu'on a crû les devoir unir dans cet article.

Il se fait des vergettes ou brosses de plusieurs matiéres, de diverses formes, & pour différens usages. Les matiéres sont de trois sortes; savoir, la bruyére, espéce d'arbrisseau dont les petits rameaux sont extrêmement pliables. Il en vient beaucoup d'Italie, où on le nomme *Scopa*; c'est à dire, Ballet. Du chiendent, qui est une plante très-commune: le meilleur se tire de Provence. Enfin, du poil, ou soye de sanglier que les Marchands font venir de Moscovie, Allemagne, Lorraine, Dannemarck, &c.

A l'égard des usages & de la forme des brosses & vergettes, il y en a de trop de sortes, pour entrer dans aucun détail; il suffit de remarquer qu'il y en a de rondes, de de quarrées, à manche & sans manche ; de doubles, quelque-fois de triples ; quelques-unes avec une manicle, comme celles pour les Cochers ; d'autres avec une courroye de pied, comme celles des Froteurs. Enfin, il y a aussi des brosses à décroter, dont les plus grossiéres se nomment Décrotoires ; & les plus fines dont le poil est assez long, des Polissoires.

De ces vergettes & brosses, les unes servent au lieu de peignes pour la tête des enfans, ou de ceux qui se font raser les cheveux ; les autres aux habits & aux meubles ; & les autres pour panser les chevaux, pour nétoyer les carrosses, froter les planchers, & quelques autres usages semblables. Il y en a aussi qui servent de balais, & qu'on appelle pour cela Balais de poil.

Toutes les vergettes & brosses de soye de sanglier, à la réserve de celles pour la tête, se fabriquent de la même maniére ; c'est à dire, en pliant le poil en deux, & en le faisant entrer par le moyen d'une ficelle qui est engagée dans le pli, par les trous dont est toute percée une légére planche où il est fortement lié, & puis assuré par de la cole-forte ; & quand tous les trous sont ainsi remplis, on coupe la soye avec des forces pour en rendre la superficie unie.

La brosse à tête, soit double, soit simple, soit de poil, soit de chiendent, est faite en façon de cilindre ou de rouleau de diverses grosseurs & longueurs. L'une & l'autre se ficelle fortement par un bout, si elle est simple, & par le milieu, si elle est double ; & l'endroit par où elle a été ficellée, qu'on cole & qu'on couvre ou d'étoffe, ou de cuir, lui sert comme de poignée pour s'en servir.

L'on a fait aussi entrer l'usage des brosses parmi les remédes topiques ; & depuis la fin du dix-septiéme Siécle, soit entêtement de nouveauté, soit expérience justifiée par le succès, quelques Médecins de Paris ordonnent aux personnes incommodées de rumatisme de se faire brosser avec des brosses douces & faites exprès ; prétendant que cette espéce de friction séche est utile pour ouvrir les pores, & en faire transpirer l'humeur qui cause le mal.

Toutes les vergettes, brosses, décrotoires, &c. payent en France les droits d'entrée comme mercerie ; c'est à dire, 10 liv. du cent pesant, suivant l'Arrêt du 3 Juillet 1692.

Les droits de la Douane de Lyon sont ; savoir pour les vergettes de Paris 16 s. tant d'ancienne que de nouvelle taxation.

Les vergettes de Roüen 40 s. le tonneau de cinq quintaux.

Et les vergettes étrangéres 24 s. le quintal.

Les vergettes payent les droits de sortie comme mercerie ; c'est à dire, 3 l. ou même seulement 2 l. du cent pesant, quand elles sont déclarées pour l'Etranger, conformément à l'Arrêt du 3 Juillet 1692.

VERGETTIER. Ouvrier qui fait des vergettes.

La Communauté des Maîtres Vergettiers-Raquettiers-Brossiers de Paris est assez ancienne ; & les anciens Statuts de 1485, dressez & enregistrez au Greffe du Châtelet sous le Régne de Charles VIII. en rappellent d'autres encore d'une plus grande antiquité.

Les cinquante articles de leurs nouveaux Statuts ayant été renvoyez aux Officiers du Châtelet pour en donner leur avis, furent, sur le vû du Lieutenant Civil, confirmez & autorisez par des Lettres Patentes de Louïs XIV. du mois de Septembre 1659.

C'est par ces Réglemens que la Communauté continuë d'être gouvernée ; & ils n'ont reçû jusqu'en 1717 d'autre changement que celui qui est arrivé dans toutes les Communautez des Arts & Métiers, par l'incorporation & union des Charges créées pour elles en titre d'Offices pendant les longues Guerres du Régne de Louïs XIV ; comme des Jurez en 1691, des Auditeurs des Comptes en 1694, & des Tresoriers-Receveurs des deniers communs en 1704, qui ne touchant point à la discipline, ont seulement augmenté divers droits de réception & de visite.

Il y a dans la Communauté des Vergettiers un Doyen & deux Jurez ; ceux-ci par élection & celui-là par ancienneté de Jurande. Le Doyen préside & recueille les voix ; les Jurez font les visites, reçoivent les brevets d'Apprentissage, donnent les Lettres de Maîtrise, & réglent le Chef-d'œuvre ou expérience.

Nul Maître ne peut être élû Juré, qu'il n'ait été Administrateur de la Confrairie. L'élection pour la Jurande se fait tous les ans d'un des deux Jurez, en sorte qu'ils soient chacun en Charge deux années.

L'Apprentissage est de cinq ans, & les Maîtres ne peuvent obliger qu'un seul Apprentif dans l'espace de dix années.

Tout Aspirant, s'il n'est Fils de Maître, doit le Chef-d'œuvre : le Fils de Maître ne doit pas même la legére expérience.

Les Veuves en état de viduité joüissent des Priviléges de la Maîtrise, sans pouvoir néanmoins faire de nouvel Apprentif.

Ceux qui ont passé par la Jurande sont sujets à visite, mais ils n'en payent pas le droit.

Les Archives ou plûtôt le coffre des papiers est mis chez le nouveau Juré. Des trois serrures qu'a ce coffre, le Doyen en a une des clefs, l'ancien Juré l'autre, & l'ancien Administrateur la troisiéme.

La matrice du poinçon sur lequel les trous des brosses doivent être mesurez, est en dépôt chez les Jurez.

Les marchandises foraines sont sujettes à visite ; & lors que quelques Maîtres en achétent, les autres qui y sont présens peuvent en demander le lotissage.

Enfin, la Patrone de la Communauté est Sainte Barbe.

Outre les vergettes & brosses de toutes sortes & à tous usages, dont on a parlé dans l'article précédent, les Maîtres Vergettiers ont droit de faire quantité d'autres ouvrages, & de vendre diverses marchandises ; entr'autres, toutes sortes de soyes de porc, ou sanglier, en gros & en détail, à l'usage des Cordonniers, Bourreliers, Selliers, &c. ensemble le rouge d'Angleterre, les bouis, les compas & autres instrumens nécessaires à ces métiers. Ils vendent aussi pareillement en gros & en détail des cordes à boyau de toutes grosseurs & espéces, mais seulement de celles faites par les Maîtres Boyaudiers de Paris ; des raquettes, qu'il leur est loisible de faire eux-mêmes ; toutes espéces de balais & houssoirs de soye, ou de plume ; toutes brosses à peindre, pinceaux de Flandres, doroirs à Patissiers, aspergès à bénitiers, goupillons à laver les brocs, lavettes pour les caserais, brosses à ligner, brosses à peigne, brosses à dents ; enfin, tous ouvrages de cette sorte faits avec la bruyere, la soye de sanglier & le chiendent.

VERJAGE. Terme de Manufacture. Il se dit des étoffes de soye unies, comme sont les velours, les satins, les taffetas non façonnez, & des draps, serges ou autres étoffes de laine dont les fils de la chaîne ou de la trême ne sont pas d'une égale filure, & d'une même teinture, ce qui raye & verge la piéce quelque-fois dans toute sa longueur & largeur, & quelque-fois seulement en de certains endroits.

Ce défaut est si considérable, que plusieurs Réglemens, entr'autres celui du 11 Août 1670 concernant le Commerce des étoffes de soye & de laine des Marchands d'Orleans, obligent les Marchands qui ont vendu des draps ou serges en gros ou en détail, ausquelles il se trouvera des tares ou verjage de les reprendre toutes coupées, si elles ne sont marquées avec une ou plusieurs ficelles pour en faire connoître les endroits défectueux.

VERICLE. Terme d'Orfévres & Jouailliers. Il signifie proprement Pierrerie fausse contrefaite avec du verre, ou du cristal.

Les Statuts des Orfévres portent, qu'il ne leur est pas permis de tailler des diamans de vericle, ni de les mettre en or, ou en argent.

Cette partie de leurs Statuts n'est plus observée, & l'on ne voit que trop de fausses pierres montées en or & si bien imitées & mises en œuvre que les plus habiles Jouailliers y sont quelque-fois trompez.

VERIN. Machine qui sert à élever de pesans fardeaux; il s'écrit plus ordinairement Verrin. *Voyez* Verrin.

VERJURES, ou VERGEURES, que l'on nomme aussi VERJULES. Morceaux de fil de léton un peu gros, qui servent à joindre les plus menus fils dont les formes ou moules à papier sont composez. Ces verjures qui excédent un peu le fond du moule, s'impriment dans le papier, de maniére qu'elles paroissent au jour plus transparentes que le reste. *Voyez* Papier.

VERJUS. Gros raisin qu'on nomme autrement Bourdelas, qui ne mûrit jamais parfaitement, ou plûtôt qui dans sa plus grande maturité conserve toûjours un acide qui empêche qu'on n'en puisse faire du vin.

Ceux qui le cultivent en France le soûtiennent ordinairement sur des treilles à cause de la pesanteur des grapes que le sarment ne pourroit porter sans cet appui. Quand ce raisin est mûr on en fait d'excellentes confitures; mais son plus grand usage est d'en tirer avant sa maturité cette liqueur que l'on appelle Verjus. *Voyez l'article suivant.*

Verjus. Liqueur que l'on tire du bourdelas ou verjus avant son entiére maturité; on en fait aussi avec des raisins doux & propres à faire du vin lors qu'ils sont encore acides, & comme on dit encore en verjus.

Le verjus ne sert guére que pour l'assaisonnement des viandes & des ragoûts; il entre néanmoins dans la préparation de quelques remédes, & les Marchands Epiciers-Ciriers s'en servent pour purifier leur cire.

Le Négoce de verjus qui se fait à Paris est considérable; ce sont les Vinaigriers qui le débitent, soit qu'ils le fassent eux-mêmes, soit qu'ils l'achétent tout fait. Il s'en fait aussi quelques envois à l'étranger & quelque consomption pour les armemens de Mer, étant un excellent anti-scorbutique.

Le Verjus paye en France de droits de sortie 24 s. par tonneau, & de droits d'entrée 100 s.

Par le Tarif de 1699. arrêté entre la France & la Hollande le tonneau de verjus composé de quatre bariques, deux pipes, trois poinçons ou six tierçons venant des Etats de Sa Majesté très-Chrétienne, ne paye d'entrée dans les Païs de l'obéissance des Etats Généraux des Provinces-Unies que 4 florins.

VERLE. Espéce de jauge, ou instrument qui sert à jauger les tonneaux & futailles remplies de liqueur, ou propres à les contenir, quand on veut savoir combien elles tiennent de ces mesures que du nom de cette sorte de jauge on appelle Vérle. *Voyez* Jauge.

VERLOOPT. Les Hollandois appellent ainsi les meilleures eaux-de-vie de France qu'ils nomment aussi Eaux-de-vie de trois quints, ou de trois cinquiémes. Ces eaux-de-vie se vendent toûjours à Amsterdam deux tiers plus que les eaux-de-vie communes. *Voyez* Eaux-de-vie.

VERMEIL. Terme de Doreur en détrempe. C'est une composition faite de gomme gute, de vermillon & d'un peu de brun rouge mêlez ensemble & broyez avec du vernis de Venise & de l'huile de térébentine. Quelque-fois ce vermeil se fait avec la seule laque fine ou le seul sang de Dragon, appliquez en détrempe, ou même à l'eau seule. Les Doreurs s'en servent pour donner un éclat d'orfévrerie à leurs ouvrages, c'est la derniére façon qu'ils leur donnent. *Voyez* Dorure en detrempe.

Vermeil doré. Les Orfévres nomment ainsi les ouvrages d'argent qu'ils dorent au feu avec de l'or amalgamé. *Voyez l'article de l'Or. Voyez aussi celui de l'argent.*

Il se dit aussi du cuivre doré à la maniére de l'argent. *Voyez* Doreur sur cuivre.

VERMICELLI. Espéce de pâte faite de farine de ris dont les Italiens font grand cas; c'est la plus petite des pâtes qui viennent d'Italie: les Lyonnois l'appellent aussi Semoulle. Le nom de Vermicelli lui vient de la ressemblance qu'elle a avec de petits vers blanchâtres. On lui donne cette forme en la forçant avec un piston de passer par les petits trous qui sont au bout d'une seringue de fer-blanc ou de cuivre.

Les Vermicelli & semoulles payent les droits de la Douane de Lyon à raison de 6 s. du quintal.

VERMILLON. Couleur rouge très-vive & très-belle. Il y en a de deux sortes, de naturel & d'artificiel. Le naturel se trouve en quelques mines d'argent en forme de sable rouge qu'on prépare par plusieurs lotions & coctions.

L'artificiel se fait avec le cinabre minéral broyé avec l'eau-de-vie & l'urine & ensuite séché. On en fait aussi avec du plomb brûlé & lavé, ou de la ceruse poussée au feu.

On ne peut guére douter que ce ne soit le véritable *Minium* des Anciens, les Apoticaires & les Peintres lui conservent encore ce nom pour en rehausser le prix. De fameux Auteurs Grecs & Latins en ont fait autre-fois des descriptions fabuleuses. Mais ce qui est de plus étonnant, c'est que des Modernes de quelque nom dans les Lettres se soient appropriez toutes leurs visions, & n'ayent pas au moins fait sentir qu'ils ne donnoient ces Relations que pour ce qu'elles sont, c'est à dire, pour des fables.

Il vient de Hollande deux sortes de vermillon, du rouge & du pâle; dans le fond c'est la même matiére; & ces divers

divers degrez de couleurs ne viennent que du plus ou du moins que le cinabre a été broyé; quand il l'est beaucoup, le vermillon en étant plus fin & plus pâle.

Il faut choisir le vermillon bien broyé, sec, point terreux, bien pur & bien net.

Le vermillon sert aux Peintres en huile & en mignature, & l'on en fait ce rouge d'Espagne dont les Dames trop pâles croyent s'embellir. *Voyez* CINABRE.

Le Vermillon paye en France les droits d'entrée à raison de 100 *s. le cent pesant, conformément au Tarif de* 1664.

Les droits de la Douane de Lyon sont de 35 *s. du quintal d'ancienne taxation,* 16 *s.* 6 *d. de nouvelle réapréciation,* 32 *s. pour les anciens quatre pour cent, &* 3 *l. pour leur augmentation.*

Les écuelles de vermillon, autrement le Rouge des Dames, payent 1 *s. de la douzaine.*

VERMILLON. Signifie aussi la graine avec laquelle se fait la teinture de l'écarlate des Gobelins. *Voyez* ECARLATE & ROUGE. *Voyez aussi* GRAINE.

VERNE. Sorte de bois qu'on nomme plus ordinairement Aulne. *Voyez* AULNE.

VERNIS. C'est une liqueur oleagineuse, luisante, & visqueuse, dont se servent les Peintres, les Doreurs & quantité d'autres Ouvriers.

Les Marchands Epiciers-Droguistes en vendent de six sortes.

Le vernis siccatif qui est de l'huile d'aspic, de la térébentine fine & du sandarac fondus ensemble.

Le vernis blanc qu'on nomme aussi Vernis de Venise, composé de l'huile de térébentine, de la térébentine fine & du mastic.

Le vernis d'Esprit de vin qui est du sandarac, du karabé blanc, de la gomme Elemy & du mastic.

Le vernis doré fait avec de l'huile de lin, du sandarac, de l'aloës, de la gomme gute & de la litarge d'or.

Le vernis à la bronze ou de la Chine où entrent la gomme laque, la colophane, le mastic en larmes & l'esprit de vin.

Enfin, le vernis commun qui n'est que de la térébentine commune fonduë avec de l'huile de la térébentine.

Outre ces vernis il y en a de durs & de mols dont se servent les Graveurs en eau-forte. *Voyez* GRAVEURS A L'EAU-FORTE.

Le vernis à peindre paye en France les droits d'entrée à raison de 4 *l. du cent pesant, conformément au Tarif de* 1664.

Les droits de la Douane de Lyon sont de 15 *s. du quintal.*

VERNIS DE LA CHINE. C'est cette espéce de gomme ou de résine dont sont enduits tant d'agréables ouvrages qui viennent de la Chine, & qui sont devenus assez communs en Europe, sur tout en France, en Angleterre & en Hollande, depuis que les Ports de ce vaste Empire autre-fois presque inaccessibles aux Etrangers, ont été ouverts aux Européens par un Edit du Prince.

L'on s'est jusqu'ici efforcé bien inutilement de contrefaire & d'imiter ce beau vernis; on dit que ceux de nos Ouvriers qui en approchent le plus se servent de fromage de Gryers délayé avec de la chaux vive & réduit en consistence de glû & qu'ils y mêlent du cinabre pour le rendre rouge, & du noir de fumée s'ils veulent qu'il soit noir; mais on aura beau faire, il n'y a pas d'apparence qu'on en puisse jamais venir à bout, si comme le rapporte le R. P. le Comte dans ses Mémoires de la Chine ce vernis n'est point une composition mais une gomme.

Voici un extrait abregé de ce qu'en dit cet Auteur qui le premier nous a parlé bien véritablement & bien solidement des merveilles que la Nature & l'Art produisent dans cet Empire jusques-ici assez peu connu, ou du moins qui ne l'étoit que par des Relations incertaines, pour ne pas dire fabuleuses.

Le Vernis, dit ce savant Pére Jésuite, est très commun dans toute la Chine, il prend toutes sortes de couleurs, on y mêle des fleurs d'or & d'argent, on y peint des hommes, des montagnes, des palais, des chasses, des oiseaux; enfin, tout ce qui plaît à l'imagination. On en fait des cabinets, des tables, des paravents, des coffres, ou bahus, &c.

Outre l'éclat & le lustre, ce vernis a la qualité de conserver le bois sur lequel on l'applique, d'empêcher les vers de s'y mettre & l'humidité d'y pénetrer, & il lui communique même une odeur assez agréable.

Ce vernis n'est point une composition ni un secret particulier, comme bien des gens l'ont crû, c'est une gomme qui degoute d'un arbre, à peu près comme la résine dans les tonneaux où on le transporte; il ressemble à du goudron fondu; on y mêle de l'huile pour le délayer.

Pour les ouvrages communs on n'y met que deux ou trois couches; pour ceux qu'on veut rendre parfaits on y en passe plusieurs. Quand le vernis est sec on y peint ce qu'on veut, & après, pour le mieux conserver & lui donner plus d'éclat, on y passe encore une legére couche de vernis.

Le vernis du Tonkin est aussi très-beau, mais celui du Japon ne céde point à celui de la Chine, & les Ouvriers y font des ouvrages aussi beaux & aussi fins, &c.

Le vernis de Perse n'est composé que de sandarac & d'huile de lin reduits en consistence d'onguent; pour s'en servir on le dissout avec de l'huile de naphte, ou de l'esprit de vin rectifié.

VERNIS, chez les Imprimeurs de livres & d'estampes ou tailles-douces, signifie une composition de térébentine & d'huile de noix ou de lin cuites séparément & puis mêlées & incorporées l'une avec l'autre dont ils font leur ancre à imprimer en la broyant avec du noir du fumée. *Voyez* ANCRE D'IMPRIMEUR.

VERNIS. Est aussi une espéce d'enduit brillant que l'on met sur les ouvrages de poterie & sur ceux de fayance. Le plomb sert à la vernissure de la premiére, & la potée pour vernisser l'autre. *Voyez* POMMER, *ou* POTIER DE TERRE.

VERNIS. Les Maîtres Ecrivains donnent le nom de Vernis à la gomme de sandarac pulvérisée; ils en frotent ordinairement le papier où ils veulent faire de belles écritures, comme ce qu'ils appellent des exemples pour leurs écoliers; ils en mettent aussi sur les ratures qu'ils font quelque-fois obligez de faire, ce qui empêche l'ancre de s'emboire.

Si l'on veut rendre ce vernis liquide on y ajoûte de l'huile de lin.

VERNISSER, qu'on dit aussi VERNIR. C'est enduire quelque chose de vernis. Chez les Potiers de terre c'est donner à la poterie avec de l'alqui-foux, ou bien du plomb fondu, une espéce de croute ou d'enduit lissé & brillant.

On

On dit pareillement Vernisser la fayance, ce qui signifie se servir de la potée pour lui donner l'émail.

VERNISSÉ. Ce qui est enduit de vernis; on le dit aussi des ouvrages de poterie & de fayance qui ont reçû le plomb fondu & la potée.

VERNISSURE. Application du vernis; on s'en sert dans toutes les significations qu'on a remarquées dans les trois articles précédens.

VERRAT. Gros porc non châtré qui est le mâle de la truye. *Voyez* PORC.

VERRE. Corps fragile & diaphane qui est l'ouvrage de l'Art & qui imite assez parfaitement le cristal ou verre naturel.

Les Chimistes prétendent qu'il n'est point de matiére qui ne se vitrifie; & l'or même, si l'on en croit les nouveaux Artistes, céde à l'ardeur des rayons du Soleil, concentrez dans un miroir ardent, & devient verre aussi-bien que les autres corps malgré le Privilége qu'il s'étoit toûjours conservé en chimie, d'être le seul qui n'en craignît point les opérations. Il y a néanmoins plusieurs autres habiles Chimistes qui ont douté de cette vitrification de l'or quoi que présens aux fameuses expériences par lesquelles on vouloit l'éprouver.

Les vitrifications curieuses de la chimie n'entrant point dans le Commerce, on ne traitera ici que du verre à vitre ou autres semblables dont il se fait quelque Négoce.

Les matiéres qu'on employe ordinairement dans les verreries pour faire le verre, sont quelques espéces de cailloux qu'on concasse, du sable de grès, ou même du sable commun, diverses sortes de soutes, des cendres de lessive & de fougére; enfin, le groisil ou verre cassé.

La meilleure soute est celle d'Alicante; l'on s'en sert ordinairement dans les verres blancs, & il n'y a qu'elle qui fasse corps dans la vitrification. Cent livres de cette soute mises dans une potée avec le sable augmentent le verre environ de cinquante livres, au lieu que les autres soutes, même celles de Vareck ne servent qu'à la fonte, & n'ajoûtent rien au poids des matiéres mises au fourneau.

Il n'y a en France que des Gentilshommes qui puissent souffler & fabriquer le verre; bien loin que ce travail attire la dérogeance, c'est une espéce de titre de Noblesse, & l'on ne peut même y être reçû sans en faire preuve. Ce Privilége que les Rois ont bien voulu accorder pour faire subsister la pauvre Noblesse, n'a point souffert jusqu'ici d'altération, & il seroit à souhaiter qu'il y eût encore plusieurs autres Manufactures qui eussent cette Prérogative.

L'Art avec lequel ces Gentilshommes soufflent le verre est si curieux & si peu connu de bien des gens, qu'on a crû que le Lecteur ne seroit pas fâché d'en voir ici une description assez détaillée pour instruire, & pourtant assez courte pour ne pas ennuyer.

Maniére de faire le Verre rond, autrement appellé Verre en plat.

Le fourneau où l'on travaille au verre en plat, qu'on nomme aussi Verre rond à cause de sa figure, a six ouvertures ou ventouses. Toutes ces bouches du fourneau s'appellent des Ouvraux; mais il y en a une particuliérement qu'on appelle le grand Ouvreau, & c'est celle où l'on chauffe & où l'on ouvre les plats de verre. Deux des autres ouvreaux beaucoup plus petits s'appellent Ouvreaux à cueillir, parce qu'ils servent à prendre ou à recueillir au bout des cannes de fer la matiére propre à faire le verre. C'est par les autres ouvreaux que se mettent dans les pots les matiéres fusibles pour les préparer à être vuidées ensuite dans les pots à cueillir.

Il y a six pots dans chaque fourneau, ces pots sont d'une terre propre à soûtenir non seulement l'ardeur du feu, mais encore l'effort de la soute qui perce ceux qui sont faits de toute autre terre. Chaque pot a trois pieds & demi de haut & deux pieds & demi de diamétre. Il n'y a que deux de ces six pots qui travaillent, & ce sont ceux, comme on l'a déja dit, où l'on cueille; c'est à dire, où l'on prend la matiére; les quatre autres ne servent qu'à remplir ces deux-ci, ce qu'on appelle Terjetter. De ces quatre, deux sont appellez Pots du grand Ouvreau, & les deux autres les Pots de derriére. Les pots où l'on cueille, sont aussi appellez Pots des Aîles, parce qu'ils sont aux deux côtez du fourneau.

Le feu des fourneaux se fait & s'entretient avec du bois très-sec qu'on y met sans intermission par les six ventouses, ou ouvertures; ce qui ne se discontinuë jamais, pas même les jours des plus grandes solennitez, à moins qu'on ne voulût interrompre entiérement l'ouvrage.

Lors que la matiére contenuë dans les deux pots à cueillir est suffisamment vitrifiée, le Gentilhomme Verrier à qui seul appartient de soufler le verre, prend la felle qui est une éspéce de sarbacanne de fer, longue d'environ cinq pieds, & la plongeant dans un des pots à cueillir, la retire chargée de matiére.

Pour chaque plat ou table de verre on cueille quatre fois, & à chaque fois on roule le bout de la felle, où est le verre liquide, sur un morceau de fer, au dessus duquel est une auge pleine d'eau, dont la fraîcheur sert à consolider plus promptement le verre, & à le mettre plus en état de se lier à celui qu'on reprend dans le pot à cueillir.

Après qu'on a cueilli la quatriéme fois, & qu'il y a assez de matiére, le Gentilhomme la souffle, en sorte qu'elle s'allonge à peu près d'un pied; & pour lui donner le poli il la roule sur un bloc ou table de marbre. En cet état elle se souffle une seconde fois, & c'est alors que se fait la bosse; c'est à dire, que le verre s'enfle & prend la figure d'un bocal, ou plûtôt d'une calebasse de dix-huit ou vingt pouces de diamétre.

Le Verre soufflé en bosse se remet au feu où la bosse s'aplatit un peu. La bosse aplatie, retirée du feu & refroidie, se met sur l'âtre du four pour être incisée au col; c'est à dire, du côté où elle tient à la felle & où son diamétre est le plus petit, ce qui se fait avec un peu d'eau froide qu'on y répand, qui par sa fraîcheur fêle & incise le verre de la longueur de deux ou trois lignes, après quoi, en frappant legérement dessus, l'incision se communique tout autour du col.

Lors que la bosse est incisée on trempe une baguette, ou verge de fer, dans un des pots à cueillir, & avec la matiére qu'elle en remporte on l'attache au plat de la bosse, précisément à l'endroit opposé à celui où s'est faite l'incision. La bosse ainsi soûtenuë par la verge de fer, se porte au grand ouvreau pour y être chauffée, & tandis qu'un Ouvrier qu'on nomme le Tiseur, ou le Fouet, en prend

 soin;

soin, son Gentilhomme se repose & se prépare à la brancher.

Brancher la bosse c'est l'ouvrir en mettant dans l'ouverture qu'a fait l'incision ou instrument de fer qu'on nomme Branche, qui à force d'y être tournée en rond augmente cette ouverture jusqu'à dix pouces de diamétre, & qui en épaississant les bords du verre qu'elle replie en quelque sorte en cet endroit, forme cet ourlet qui termine toute la circonférence du plat de verre.

La bosse branchée se reporte encore au grand ouvreau; & c'est-là qu'après être parvenuë au degré de chaleur nécessaire, le Gentilhomme la reprend & lui donne sa perfection par le mouvement sphérique dont il l'agite & qu'il augmente à mesure que la bosse s'ouvre & s'applatit, ce qu'elle fait d'elle-même aidée de la chaleur & de cette continuelle agitation.

Le plat de verre étant ainsi fini, on le porte de l'ouvreau en continuant toûjours de le tourner en rond sur ce qu'on appelle la Pelote, qui est une espéce de petit établi de terre, garni de braise éteinte sur lequel on le laisse un peu refroidir & prendre consistence, après l'avoir détaché de la verge de fer par deux mouvemens de poignet. C'est l'endroit par où cette verge tenoit au plat de verre qu'on appelle l'Oeil de bœuf, ou la Boudine du verre.

Enfin, le plat n'étant que peu de tems sur la Pelote on se sert d'une fourche de fer à deux longs fourchons pour le porter au four à recuire, où il est mis perpendiculairement dans une des ouvertures qu'on appelle des arches, d'où après 24 heures il est retiré & placé en dépôt dans des revestans, qui sont des espéces de paniers partagez par plusieurs tringles de bois jusqu'à-ce qu'on les mette dans les paniers qui servent à les transporter à Paris & dans les autres lieux où ils se débitent.

Tout ce qu'on a dit jusqu'ici de la fabrique du verre en plat convient également au verre blanc & au verre commun dont la différence ne consiste que dans la bonté des soudes qu'on y employe, & des autres matiéres qui entrent dans leur composition. On ne se sert que de soude d'Alicante pour le verre blanc; toutes les autres sont propres au verre commun; il entre dans ce dernier quantité de varech qui est une herbe marine, & on y met aussi des charrées qui sont des cendres qui ont servi aux lessives; à l'égard des groisils, ou verres cassez qu'on remet à la fonte, les blancs servent aux verres blancs & les communs au verre ordinaire.

Chaque fourneau à verre ne peut épuiser par jour que deux pots à cueillir, & chaque potée ne fait que quatre paniers, à raison de vingt-quatre plats chaque panier, & le plat de deux pieds six à sept pouces ou environ de diamétre.

Le verre en plat, soit le blanc, soit le commun, qui se consume à Paris, se tiroit autre-fois de Cherbourg & depuis de Varinpré dans le Comté d'Eu; présentement il vient tout de la Forêt de Lyons où il y a quatre verreries; savoir, Erontieux, la Haye, la Verrerie neuve & l'Hollandelle.

Il y a encore cinq autres verreries où il se fabrique de ces sortes de verre, dont il y en a quatre dans le Comté d'Eu, & l'autre à Beaumont près Roüen; mais le verre qui s'y fait ne se débite point à Paris, & s'employe en Normandie & dans les autres Provinces du Royaume.

Le verre en plat, soit le blanc, soit le commun, se consume en grande quantité pour les vitres des bâtimens de Paris; le verre blanc ne s'y employe néanmoins que dans quelques appartemens les plus magnifiques, se réservant pour mettre aux tableaux de pastel & de mignature, ou pour les estampes & tailles-douces qui sont mises en cadre. C'est aussi sur le verre blanc que l'on fait ces agréables peintures dont il sera parlé ci-après.

Ces deux espéces de verre se vendent à la somme, ou panier, & dans chaque panier il y a vingt-quatre plats; les paniers sont des maniéres de cages faites de tringles de bois blanc de quinze ou seize lignes d'épaisseur. Cette fragile marchandise s'y voiture pourtant assez sûrement jusqu'à Paris, où à son arrivée à l'Hôtellerie elle doit être visitée, & lotie entre les Maîtres Vitriers. *Voyez* VITRIER.

Le Verre en plat pour faire vitres paye en France de droits de sortie 3 liv. la charretée de quatre paniers & 2 liv. pour ceux d'entrée conformément au Tarif de 1664.

Par l'Arrêt du 29 Mai 1688 les quatre paniers du même verre paye 12 liv.

Les droits de la Douane de Lyon sont; savoir,

Le verre à faire miroirs ou vitres, 10 s. de la caisse d'ancienne & nouvelle taxation.

La charretée à un cheval, 12 s.

Le verre de Venise la caisse 7 liv.

En conséquence du Tarif de 1699 arrêté entre la France & la Hollande, les verres à faire vitres de fabrique Françoise ne payent d'entrée dans les Terres & Seigneuries des Etats Généraux des Provinces-Unies que 10 s. de Hollande le panier.

Du Verre casillieux est du verre qui se casse aisément quand on le veut couper avec le diamant. C'est le verre mal recuit qui a ce défaut, défaut qui cause un grand déchet à l'Ouvrier aussi bien que beaucoup de difficulté à le débiter.

Maniére de faire le Verre en table, ordinairement appellé Verre de Lorraine.

Le Verre en table se faisoit autre-fois dans quelques Verreries de Lorraine d'où le nom lui est resté de Verre de Lorraine. Le premier qui s'est fait en France a été fabriqué à Nevers, & c'est de-là qu'on le tiroit pour Paris; mais depuis long-tems il ne s'en fait plus que dans les neuf Verreries où se fabrique le Verre rond dont on a parlé ci-dessus, & Paris ne s'en fournit que de celui des quatre premiéres.

Ce Verre se souffle à peu près comme les glaces de miroir, & non plus qu'elles n'a point de boudine. Par ce qu'on en va dire l'on jugera s'il est vrai qu'il soit coulé sur le sable, comme quelques Auteurs l'ont dit sur de mauvais Mémoires.

Le fourneau, les pots, la matiére & le feu qu'on employe pour la fabrique du Verre en table, sont les mêmes que ceux pour le Verre rond; la différence de l'opération ne commençant qu'après que le Gentilhomme a cueilli pour la 4e fois le Verre; c'est à dire, après qu'il a chargé la felle, ou sarbacanne, ce qui est expliqué dans un autre endroit de cet article.

Lors donc que le Verre est en cet état on le souffle; mais au lieu de s'arrondir en bosse, le mouvement que le Verrier lui donne, la maniére de lui ménager le vent &

& la façon de le rouler sur le fer, font qu'il s'allonge dès la premiére fois d'environ deux ou trois pieds en forme de cilindre, qui d'abord n'est que de peu de pouces de diamétre, mais qui à force d'être remis au feu & d'être soufflé quand il en sort, s'augmente jusqu'au volume nécessaire pour la grandeur de la table qu'on veut former; en sorte néanmoins que le côté qui tient à la felle, se diminuë toûjours & se termine en une espéce de cône, ou de pyramide.

Pour rendre les deux extrêmitez à peu près du même diamétre, on moraille celle qui est opposée à la felle; c'est à dire, qu'après y avoir ajoûté un peu de verre on la tire avec des tenailles de fer qu'on appelle Morailles; ensuite on l'incise du même bout avec un peu d'eau, & quand le cilindre de Verre a été reporté à l'ouvroir, on l'incise encore en deux endroits, l'un à huit ou dix pouces de la felle, & l'autre dans toute sa longueur, ce qui se fait semblablement avec l'eau.

Ce cilindre de verre dont les deux extrêmitez ont été retranchées, se pousse au feu sur une espéce de table couverte de terre cuite, élevée un peu par le milieu, afin de l'aider à s'ouvrir à l'endroit de l'incision qui le coupe perpendiculairement, ce que fait aussi le Gentilhomme Verrier avec une baguette de fer de laquelle il se sert pour rabatre, ou soûtenir alternativement les deux côtez du cilindre qui enfin se déploye comme une feuille de papier, & s'applatit entiérement; c'est pour lors que la table est dans sa perfection, & qu'il ne lui reste plus qu'à être recuite.

Pour lui donner cette derniére façon on la retire du fourneau pour la placer sur une table de cuivre d'un pouce d'épaisseur, qui est à l'entrée du grand ouvreau où elle s'est ouverte; & quand elle a pris assez de consistence, & qu'elle est suffisamment refroidie, on la porte sur des fourches de fer dans les arches du four à recuire où elle demeure pendant vingt-quatre heures.

La quantité de tables de Verre qu'on fait recuire à la fois, qui souvent vont à plus de cent, & la situation perpendiculaire qu'elles ont appuyées les unes contre les autres, faisoit autre-fois que pour l'ordinaire celles qui étoient posées les premiéres & qui portoient tout le poids des derniéres, se cofinoient & se cambroient, ce qui les rendoit très-difficiles à employer. A présent on remédie à ce défaut en les séparant de dix en dix par une tringle de fer, ce qui diminuant le poids en le partageant, les contient & les fait rester aussi droites qu'elles sont entrées au four; invention que l'on doit au Sieur Sirois habile Vitrier de Paris qui s'est toûjours distingué dans sa profession, soit par les beaux ouvrages de peinture sur le verre qui sont sortis de ses fourneaux, soit par le grand Négoce de verre blanc qu'il a fait & qu'il a contribué à pousser à sa plus grande perfection.

Il se fabrique du Verre en table de plusieurs sortes, les plus épais sont de quatrevingt ou cent tables à la potée, & les plus minces de trois ou quatre cens. Il s'en fait aussi de diverses couleurs, qui toutes, aussi-bien que le blanc, se vendent au balot ou balon, avec cette différence que les balons de Verre blanc contiennent vingt-cinq liens, & le lien six tables; & que pour le verre de couleur il n'y a que douze liens & demi au balon & trois tables au lien.

Les tables de Verre sont toûjours plus étroites par un bout que par l'autre, ce qui vient de ce que le cilindre dont elles se forment a toûjours moins de diamétre du côté de la felle, ce qui n'arriveroit pas si les tables de Verre se couloient sur le sable. Il est vrai que les glaces, quoique soufflées comme les tables, n'ont pas ce défaut, mais on y remédie d'une maniére qui n'a jamais pû réüssir pour les tables. *Voyez* GLACES.

Le Verre de Lorraine sert au lieu de véritables glaces aux chaises à Porteurs, à celles pour courir la poste, aux carrosses de louage & même à quelques carrosses Bourgeois où l'on veut épargner la dépense.

Le Verre en table paye d'entrée & de sortie les mêmes droits que le Verre plat. Voyez ci-dessus.

Le Verre cassé se nomme du Groisil; il se remet dans les pots à Verre, & est la meilleure matiére que les Verriers puissent employer, aussi les Vitriers le conservent-ils avec soin.

Le Groisil paye en France 4 s. le baril de sortie & 5 s. d'entrée suivant le Tarif de 1664 & 20 s. conformement à l'Arrêt du 29 Mai 1688.

Des autres ouvrages de Verre qui se font aux Verreries.

Outre les neuf Verreries dont on a déja parlé qui ne s'occupent qu'à la fabrique du Verre, ou en plat, ou en table, il y en a quantité en diverses Provinces de France, dans lesquelles se font plusieurs marchandises de Verrerie; dans les unes on souffle les Verres à boire, soit de ceux qu'on appelle de cristal, soit de ceux qu'on nomme de fougére; dans les autres on ne fabrique que des bouteilles de gros Verre dont l'usage & la consomption sont devenus très-considérables, depuis que l'on a crû que les plus excellens vins se conservoient mieux dans ces bouteilles que sur leur lie.

Il y en a pour les bouteilles de Verre fin qu'on couvre d'un osier blanc; mais la fabrique en est beaucoup diminuée depuis le goût qu'on a pris pour les bouteilles de gros Verre. Il y en a même où l'on ne fait que de légers ouvrages soit d'usage, soit de curiosité, comme des Benitiers, des éguiéres, des flambeaux, des caraffes, des flacons de toutes sortes, des saliéres, des huiliers & vinaigriers, des soûcoupes, des gobelets, des cloches pour les jardins, des matras, cornuës & alambics pour la chimie, &c.

Les principales de ces Verreries sont celles de la Généralité d'Alençon, particuliérement à Nonant dans la Forêt d'Eximes, à Tortissambert dans celle de Montpinson, & les deux qui sont dans le Thimarais.

Celles de la Province d'Anjou dont la principale est la Verrerie de Chéme dans la Forêt de Veseins.

Celles du Païs du Maine, entr'autres les Verreries de Gatines, de Mareil & de S. Denis d'Orgues.

Celles du Hainaut dont il y a trois fours à Anor & un à Barbançon; deux des trois d'Anor font du Verre plat pour les vitres, mais dont la consomption n'est pas pour la France.

La Lorraine a aussi plusieurs Verreries dont les plus renommées sont celles des Bois d'Arnay & de S. Michel, & celle du Village de Tavoy à trois lieues de Nancy.

Enfin, il y a aussi plusieurs fours à verre en

Champagne & dans le Soissonnois, sur tout aux environs de la Fere.

Ce qu'il y en a dans les autres endroits du Royaume est peu de chose & se débite sur les lieux & aux environs.

L'on a vû autre-fois une Verrerie assez considérable établie à Paris dans le Fauxbourg S. Antoine, mais qui n'a pû se soûtenir, & que le prix excessif des bois fit bien-tôt tomber; on n'y fabriquoit que des Verres à boire & quelques colifichets façon de cristal.

Celle établie à S. Cloud à deux lieuës de Paris depuis le commencement du dix-huitiéme Siécle, réüssit assez bien, & c'est elle qui fournit à cette Capitale une partie de ce qui s'y consume de ces sortes d'ouvrages.

Il se faisoit autre-fois un grand Commerce de verre de toutes sortes avec les Hollandois, & ils enlevoient une partie de celui qui se fabrique dans les verreries des Normandie & de Picardie; mais ce Négoce, quoi qu'encore assez considérable, est beaucoup diminué depuis qu'il s'est établi des verreries à la Haye & à Haerlem.

Les tasses, coupes, bassins & autres tels ouvrages de cristalin de Venise & d'ailleurs, payent en France les droits d'entrée à raison de 30 l. le cent pesant, conformément à l'Arrêt du 29 Mai 1688.

Les droits de sortie de tous ces ouvrages se payent comme mercerie; c'est à dire, 3 l. du cent pesant; ou même seulement 2 l. s'ils sont déclarez pour les Etrangers.

Les bouteilles de verre payent tant d'entrée que de sortie 2 f. de la douzaine suivant le Tarif de 1664.

Voyez plus bas les droits des Verres à boire.

Peinture sur le Verre.

Les Maîtres Vitriers de la Ville & Fauxbourgs de Paris sont nommez Peintres sur verre; & c'est à eux en effet qu'il appartient exclusivement de travailler à cette sorte d'ouvrage. On auroit pû attendre à cause de cela à parler de cet Art si ingénieux à l'article où l'on traite de leur Communauté; mais l'on a crû plus commode pour le Lecteur, de pouvoir trouver réüni ensemble tout ce qui se peut dire de curieux concernant le Commerce du verre, & les usages qu'on en fait.

La premiére maniére de faire des vitrages peints étoit très-simple, & par conséquent très-facile. Ce n'étoit d'abord que quelques piéces de diverses couleurs, qu'on arrangeoit avec simétrie, & qui formoient des espéces de mosaïque. Quand on voulut ensuite faire des desseins plus réguliers, & même y représenter des figures relevées de leurs ombres, on se contenta d'en tracer avec du noir en détrempe les contours, & d'en hacher de même les draperies sur des verres des couleurs convenables à ce qu'on vouloit peindre. Enfin, le goût augmentant pour ces sortes de peintures qui sont d'un grand ornement pour les Eglises & les Basiliques, on inventa l'Art d'incorporer les couleurs avec le verre même, en les mettant au feu jusqu'à un certain degré après que les piéces ont été peintes.

Les couleurs dont on se sert pour peindre sur le verre, sont tout à fait différentes de celles qu'on employe, ou dans la peinture en huile, ou dans celle en détrempe.

Le noir se fait, les deux tiers d'écailles de fer, & l'autre tiers de rocaille bien broyées ensemble.

Le blanc avec du sablon, ou avec de petits caillous blancs calcinez à plusieurs reprises, & un quart de salpêtre, à quoi on ajoûte, quand on veut s'en servir, un peu de gyp bien cuit & bien broyé.

Il entre dans le jaune quelques feuilles d'argent fin, brûlé & mêlé dans le creuset avec du souffre, ou du salpêtre, ensuite bien batu & broyé sur le porphire, & enfin de nouveau broyé avec neuf fois autant d'ocre rouge.

Le rouge est composé de litarge d'argent, d'écaille de fer, de gomme Arabique, de ferrette, de rocaille & de sanguine, presque chacun par partie égale. C'est une des couleurs des plus difficiles à faire, & qui demande le plus d'attention; aussi n'y a-t-il que l'expérience qui en apprenne bien le vrai degré de perfection.

L'*æs-ustum*, ou cuivre brûlé, du poids d'une once, autant de mine de plomb & quatre onces de sable blanc poussez au feu, font le fond de la couleur verte des Peintres-Verriers. On y ajoûte une quatriéme partie de salpêtre après la premiére calcination, puis une sixiéme partie encore de salpêtre après une seconde cuite, & enfin on en fait une troisiéme calcination avant que de s'en servir.

L'azur, le pourpre & le violet sont composez comme le verd, en changeant le cuivre brûlé, & mettant en sa place du souffre pour l'azur, du périgneux pour le pourpre, & de ces deux drogues pour le violet.

La mine de plomb & le sable en différente proportion, font les rocailles jaunes & violettes. Il faut trois onces de mine de plomb & une once de sable pour les premiéres; & au contraire trois onces de sable & une once de mine de plomb pour les derniéres, l'un & l'autre bien calcinez.

Les carnations se font avec de la ferrette & de la rocaille.

Enfin, les cheveux, les troncs d'arbres & autres semblables teintes se composent de ferrette, de paille de fer & de rocaille.

Ces recettes pour les couleurs ont été abregées de l'excellent Livre des Principes d'Architecture de M. Felibien, duquel on s'est aussi servi en quelques autres articles de ce Dictionnaire. Il faut néanmoins avouer que tous les Peintres sur verre ne s'en servent pas, & qu'il n'y en a guére d'entr'eux qui n'en ayent inventé de particuliéres, dont ils font un grand secret; mais il est vrai aussi, & on le sait par expérience, que celles-là suffisent pour faire de très-belles peintures, quand on sait l'Art de les employer.

La premiére chose qu'il faut faire quand on veut peindre sur le verre, c'est de réduire en grand le dessein dont on veut se servir, & de partager le carton sur lequel on l'a tracé en autant de parties qu'il y doit entrer de piéces de verre, qui toutes, aussi-bien que le carton, doivent être numérotées.

Chaque piéce, de laquelle on a pris soin de diminuer l'épaisseur des plombs, étant appliquée sur la partie du dessein qu'on veut représenter, s'y dessine avec du noir délayé dans un peu d'eau de gomme; ce qui se fait en suivant avec le pinceau les contours qui paroissent à travers du verre.

Quand ces premiers traits sont bien secs, à quoi deux jours suffisent, si ce n'est qu'un ouvrage de grisaille, on lui

lui donne un lavis très-clair avec de l'urine, de la gomme Arabique & un peu de noir, & cela à plusieurs reprises, selon qu'on veut fortifier les ombres; prenant néanmoins toûjours garde de ne point mettre de nouvelles couches que les autres ne soient entiérement séchées; après quoi on donne les jours & les rehauts, en enlevant la couleur avec la hampe du pinceau aux endroits qu'on veut éclairer.

A l'égard des autres couleurs dont on a donné ci-dessus la composition, elles s'employent avec l'eau de gomme à peu près comme on fait pour la mignature; observant de les coucher légérement, pour ne point enlever les traits du dessein; ou même pour plus de sûreté les appliquant de l'autre côté, sur tout pour le jaune qui est contagieux pour les autres couleurs, avec lesquelles il se confond aisément. Il faut, comme à la grisaille, ne point mettre couleurs sur couleurs, ni couches sur couches, que les premiéres ne soient parfaitement séches.

Il n'y a guére que le jaune qui pénétre tout à fait le verre, & qui s'y incorpore au feu; les autres, particuliérement le bleu qui est très-difficile à employer, restant sur la superficie, ou du moins entrant très-peu dans la substance du verre.

Lors que toutes les piéces sont achevées de peindre, on les porte au fourneau pour cuire les couleurs.

Ce fourneau est de brique; & les mesures prises sur celui qui a servi à la cuite des peintures sur verre de la magnifique Chapelle de Versailles, a environ deux pieds six pouces de tout sens en quarré. Quatre ou cinq barres de fer assez fortes le partagent en deux dans sa hauteur, & servent à porter la poêle où doivent cuire les couleurs. Au dessous de cette espéce de grille est une ventouse, ou porte, pour y mettre & y entretenir le feu; & au dessus une autre petite ouverture de quelques pouces de large, pour retirer & remettre les essais quand la cuisson se fait.

La poêle où se cuisent les verres est aussi de forme quarrée, profonde de sept à huit pouces, de bonne terre bien cuite, & propre à résister au feu, avec un petit trou pour l'essai à un de ses côtez, qui doit répondre à celui du fourneau destiné à ce même usage. Cette poêle se met sur les barres de fer du fourneau, aux parois duquel il s'en faut deux pouces ou environ qu'elle ne touche, afin que le feu qui se fait dessous, la puisse mieux environner de tous côtez.

C'est dans cette poêle que se mettent les piéces de verre dans l'ordre suivant. D'abord le fond de la poêle se couvre de trois lits de plâtre ou de chaux en poudre, séparez par deux lits de vieux verre cassé; & cela pour parer le verre peint de la trop grande ardeur du feu: ensuite un rang de verre peint se place horisontalement sur le dernier lit de plâtre, ou de chaux.

Ce premier rang de verre se couvre à son tour de cette même poudre, de la hauteur d'un doigt, & ainsi alternativement jusqu'à-ce que la poêle soit remplie; observant toûjours que le tout finisse par un lit de plâtre.

La poêle ainsi préparée, le fourneau se couvre, ou d'une table de terre cuite, ou de plusieurs tuiles soûtenuës de petites tringles de fer qui portent sur ses côtez, & qu'on lute éxactement avec de la terre-glaise; laissant néanmoins cinq petites ouvertures, qui lui servent comme de cheminées, une à chacun des quatre angles, & l'autre au milieu.

Les choses étant en cet état, il ne reste plus qu'à donner le feu à l'ouvrage, qui dans les deux premiéres heures doit être très-modéré, mais qui s'augmente à mesure que la cuisson s'avance, qui n'est ordinairement faite qu'au bout de dix ou douze heures. Sur la fin le feu qui se faisoit auparavant de charbon, ne se fait plus que de bois très-sec; en sorte que la flamme couvre toute la poêle, & puisse même sortir par les cheminées du haut du fourneau.

Il ne faut pas oublier d'éxaminer de tems en tems les essais dans les derniéres heures de la cuisson, en les tirant par l'ouverture du fourneau qui répond à celle de la poêle, pour voir si le jaune est fait, & les autres couleurs cuites; & quand on juge aux essais que la cuisson est bonne, il faut se hâter d'éteindre le feu du fourneau, qui poussé trop loin brûleroit les couleurs, & casseroit le verre.

Verre a boire. C'est un vase fait de simple verre, ou de cristal, ordinairement de la forme d'un cône renversé, dont on se sert pour boire toutes sortes de liqueurs.

Le verre a trois parties, le calice, le bouton & la pate, qui se travaillent séparément. Rien n'est plus industrieux que l'Art de les souffler, d'en ouvrir deux des trois, & de les joindre à la troisiéme; mais ce travail ne se peut comprendre que par la vûë.

L'on ne se sert plus guére en France que de verre de fougére, & les verres de cristal n'y sont plus en estime. La fragilité de cette marchandise est cause que malgré le prix modique de chaque verre, le Commerce qui s'en fait en France est très-considérable, & que cette fabrique entretient un grand nombre de verreries dans les Provinces, comme on l'a pû voir ci-dessus.

Ce sont les Verriers, les Fayanciers & les Chandeliers qui font à Paris le Commerce des verres. A la campagne il y a des Colporteurs qui en fournissent les Villages, & même les petites Villes.

Les Verres à boire, excepté ceux de Venise, payent en France les droits d'entrée à raison de 10 l. le cent pesant, conformément à l'Arrêt du 29 Mai 1688.

Par le même Arrêt les Verres de cristalin de Venise payent 30 l.

A l'égard des droits de sortie, les Verres à boire de toutes sortes payent 20 s. & ceux de Venise 3 l. comme mercerie, suivant le Tarif de 1664.

Les Verres à boire de fabrique de France sont du nombre des marchandises dont les droits d'entrée dans les Païs de l'obéïssance des Etats Généraux des Provinces-Unies ont été moderez en conséquence du Tarif de 1699. Ils y payent cinq pour cent de leur valeur.

Verre. Les Marchands Miroitiers-Lunetiers font aussi divers ouvrages avec le verre; mais l'on en a parlé à l'article de leur Communauté. *Voyez* Miroitier.

VERRERIE. Lieu où l'on fait le verre. La Normandie, la Lorraine, le Hainault, l'Anjou, le Maine, la Champagne, & quelques endroits de Picardie, sont les Provinces de France où il y a le plus de verreries. Il n'y en a, dans une si grande quantité, guére que neuf où il se fasse du verre rond pour les vitres, & du verre en table pour les portiéres de carrosses; dans les autres il ne se travaille que des verres à boire, des bouteilles, & autres ouvrages moins importans.

Verrerie. S'entend aussi de l'Art de faire le verre & les ouvrages qui sont faits de verre. Dans le premier fens on dit, que la verrerie ne déroge point à la Noblesse; & dans l'autre, qu'il ne se faisoit que de menuës verreries dans la Manufacture qui étoit autre-fois établie au Fauxbourg S. Antoine.

VERRIER. Marchand qui vend des verres & autres ouvrages de verrerie.

Il y a à Paris une Communauté de Marchands Verriers, Maîtres Couvreurs de flacons & bouteilles en osier, fayance & autres espéces des marchandises de verre. Ce sont ces Marchands qu'on appelle communément Fayanciers, parce qu'ils font un grand Commerce de cette sorte de vaisselle de terre, dont l'invention vient de Fayance Ville d'Italie.

Les plus anciens Statuts qu'on ait de cette Communauté avoient été accordez par Lettres Patentes de Henri IV. du 20 Mars 1600, sur l'avis des Lieutenant Civil & Procureur du Roi du Châtelet, & vérifiez en Parlement le 12 Mai ensuivant.

Les nouveaux Statuts sont de 1658, aussi approuvez par les Lieutenant Civil & Procureur du Roi le 10 Décembre de la même année. Ils contiennent trente-six articles.

Par le quatriéme le tems de l'Apprentissage est réglé à cinq années, & à deux ans de service chez les Maîtres en qualité de Compagnons.

Par les cinquiéme & sixiéme les Maîtres ne peuvent avoir qu'un Apprentif à la fois, & n'ont le droit d'en obliger qu'après cinq ans de Maîtrise.

Le Chef-d'œuvre est ordonné par le huitiéme à ceux qui aspirent à la Maîtrise, & contient, aussi-bien que les suivans, les conditions ausquelles on est fait Maître.

Par le dix-huitiéme le nombre des Jurez est fixé à quatre, dont deux sont actuellement élûs chaque année le quinziéme Décembre par devant le Procureur du Roi du Châtelet.

Enfin, par le vingt-neuviéme la Fête de S. Clair est choisie pour celle de la Communauté.

Les trois articles suivans parlent de la police & des droits de la Confrairie établie sous le nom de ce Saint. Les autres sont moins importans, & de stile ordinaire dans tous les Statuts de ces sortes de Communautez. Cette Communauté a été depuis unie à celle des Maîtres Emailleurs par Arrêt du Conseil de l'année 1706. *Voyez* EMAILLEUR.

VERRIERE. C'est un morceau de verre blanc rond, ou carré, ou de telle autre figure qu'il convient, que l'on met devant les ouvrages de mignature, des pastels, ouvrages de cire, tailles-douces, &c. pour les conserver. On appelle aussi Verriére le cristal d'une montre de poche.

VERRIN, ou VERIN. Machine propre à élever des fardeaux fort gros, ou fort pesans, dont les Charpentiers se servent ordinairement. Le Verin est composé de quatre piéces principales; savoir, de deux vis & de deux écrouës. Il faut remarquer que cette machine ne peut élever le fardeau dont elle est chargée qu'autant que ces vis ont de hauteur.

VERROT. Ce n'est pas la même chose que la Verroterie dont on parle dans l'article suivant, cette marchandise étant plus grosse, & ne se comptant pas par masses de même nombre. Le Verrot blanc ou noir est très-bon pour le Commerce de la Riviére de Gambie où l'on s'en sert pour la traite des Cires.

VERROTERIE. Menus ouvrages de verre qui servent au Commerce que les Européens font en plusieurs lieux des Côtes d'Affrique, aussi-bien que des Isles & du continent de l'Amérique.

Cette Verroterie qu'on appelle autrement Rassade, ou Razade, consiste en divers grains de verre de toutes couleurs & de diverses grosseurs, percez par le milieu, pour être enfilez, & pour en faire des coliers, des bracelets, des pendans d'oreilles, & autres ornemens, dont les habitans & sur tout les femmes de ces Païs-là aiment fort à se parer.

Cette marchandise entr'autres endroits est propre pour le Sénégal & les Côtes de Guinée, & le Royaume de Congo, depuis le Cap-vert jusques au Cap de Bonne-Esperance. Il s'en débitoit aussi autre-fois une grande quantité dans l'Isle de Madagascar, pendant que les François y avoient des établissemens; & c'est encore une des choses que les peuples de la nouvelle France, particuliérement ceux que l'on a découverts au de-là des Lacs, & sur les rivages du grand Fleuve du Mississipi, aiment davantage. Le verre dont on fait cette verroterie, prend couleur dans la fusion même des matiéres qu'on vitrifie, en y mêlant diverses drogues suivant la couleur qu'on lui veut donner. La rouille de fer toute seule fait le rouge: le cuivre rouge & le safre calciné, font le bleu: pour le verd il faut du cuivre calciné, de la rouille de fer, ou du minium; & pour le violet du safre & de la manganese.

Les differentes sortes de Verroterie & de Verrots qui sont propres avec les Sauvages de l'Amérique, ou les Noirs d'Affrique, sont,

Des Ambreades rouges grosses & petites.
Des Comptes de lait gros & petits.
Des Cristaux fins gros & petits.
Du Galet rouge & d'autres rayez.
Des Grains rayez.
Des Margriétes de diverses couleurs.
Des Olivettes citron, d'autres blanches.
Du Pesant jaune, & du Pesant verd.
De la Rassade citron.
De quatre sortes de Verrots; savoir, du rouge, du jaune, du blanc, noir & du mélangé de toutes couleurs. Il y a de deux espéces de toutes ces sortes de Verrots; savoir, du gros & du menu.
Enfin, du Contre-bordé non jaune & rouge. *Voyez* RASSADE.

VERSO. FOLIO VERSO. Terme usité parmi les Teneurs de Livres. C'est la page qu'on trouve quand on a tourné un feuillet, autrement la seconde page d'un feuillet. On s'en sert pour indiquer juste la page d'un livre ou registre, dans laquelle est porté quelque article de débit, crédit, ou autre semblable chose que les Marchands, Négocians & Banquiers ont coûtume d'écrire sur leurs livres. Folio verso est opposé à folio recto. Ce dernier se met ainsi en abregé F. R°. l'autre de la sorte, F. V°. *Voyez* FOLIO.

VERT. Ce qui est de couleur verte. *Voyez* VERD.

VERTE. On nomme Peaux vertes les peaux qui n'ont point encore reçû de préparation, étant telles qu'elles qu'elles ont été levées de dessus le corps des animaux. *Voyez* CUIR.

La Couperose verte n'est autre chose que le vitriol ordinaire. C'est de cette couperose dont on se sert pour faire l'eau-forte. *Voyez* VITRIOL.

VERTE. C'est aussi un des noms que l'on donne à la jauge, instrument dont on se sert pour jauger les pipes, barils & autres tonneaux & futailles à liqueur, pour en connoître la capacité, & savoir la quantité de mesures que chacune contient. *Voyez* JAUGE.

VERTE. Signifie aussi les mesures jaugées & estimées avec la verte. Cette pipe contient soixante vertes. Il s'en faut dix vertes que ce baril soit de jauge.

VERTEL. On nomme ainsi à Heydelberg la mesure des liquides qu'on appelle Fertel dans tout le reste de l'Allemagne. *Voyez* FERTEL.

VERTEL. C'est encore une mesure de grains dont on se sert à Anvers. Trente-deux vertels & demi d'Anvers font dix-neuf septiers de Paris.

VERVEUX, qu'en quelques lieux on nomme VERVEAU. Espéce de Filet à prendre du poisson. C'est une Nasse de raiseau faite de fil & de lignette, soûtenuë & bâtie sur diverses baguettes de menu bois.

On l'appelle Verveux en boyau quand il n'est pas monté de ses enlarmes & de son archelet.

Les enlarmes sont de petites branches de l'arbrisseau nommé Troesme qu'on plie en rond, & qu'on passe de distance en distance entre les mailles du verveux dans toute sa longueur, qui est ordinairement de trois à quatre pieds. L'archelet est de saule aussi plié en rond, mais plus fort que les enlarmes; il tient le verveux ouvert par en haut.

Ce qu'on appelle des cliquettes sont des pierres que l'on attache au verveux pour le tenir au fond de l'eau; il en faut trois à chaque verveux.

Le colier est une corde qui tient au bout d'enhaut du verveux avec laquelle on le tend en l'attachant à quelque grosse pierre, ou à une perche fichée dans le fond de l'eau.

Envaller un verveux, c'est le tenir ouvert.

VERVEUX. Se dit aussi de certains paniers d'osier, qui se terminent en pointe, dont se servent les Marchands Fruitiers pour apporter leur fruit à Paris. C'est une espéce de manequin.

VESLIN, ou VELIN. Sorte de Parchemin très-fin. *Voyez* VELIN. *Voyez aussi* PARCHEMIN *sur la fin de l'article.*

VESOU. On nomme ainsi aux Isles Antilles Françoises, le suc des cannes à sucre avant qu'il ait été réduit en syrop. On lui donne aussi le nom de Vin. *Voyez* SUCRE.

VESSIE de Cerf. *Voyez* CERF.

VEUE. Signifie en terme de Commerce de Lettres de Change, le jour de la présentation d'une Lettre à celui sur qui elle est tirée, & qui la doit payer, par celui qui en est le porteur, ou qui la doit recevoir.

Quand on dit qu'une Lettre est payable à vûë, on entend qu'elle doit être payée sur le champ, sans remise, & dans le moment même qu'on la présente à la vûë de celui sur qui elle est tirée, sans avoir besoin ni d'acceptation, ni d'autre Acte équivalent.

Une Lettre payable à plusieurs jours de vûë, comme à deux, à six, à quinze jours, est au contraire celle qui ne doit être payée qu'à l'échéance des jours qui y sont marquez, lesquels ne commencent à courir que du jour qu'elle a été présentée par le Porteur, & vûë & acceptée par celui qui en doit faire le payement. *Voyez* LETTRES DE CHANGE & ECHEANCE.

VEULE. On le dit des étoffes qui sont mal fabriquées, qui ne sont pas suffisamment frappées, ou qui ne sont pas assez fournies de laine. Un drap, une serge veules.

VEULE. Se dit aussi de cette espéce de castor, qu'on appelle autrement Castor Sec, Castor Maigre, & Castor d'Eté. *Voyez* CASTOR SEC.

VEZ-CABOULI. Sorte de racine médecinale, qui a aussi quelqu'usage pour la peinture. Elle se tire des Indes Orientales par Surate. Son prix est de douze mamoudis le mein.

VICE-AMIRAL. Officier Général de la Marine qui représente l'Amiral. *Voyez* AMIRAL.

VICE-CONSUL. Officier qui fait les fonctions de Consul, mais sous ses ordres, ou en son absence.

Il y a plusieurs Echelles du Levant & quelques Places maritimes de l'Europe, où la France & les autres Nations n'entretiennent que des Vice-Consuls; ce qui dépend ordinairement de l'importance du lieu & du Commerce qui s'y fait. *Voyez* CONSUL.

VICIE', VICIE'E. Ce qui a quelque tarre, quelque défaut. Il se dit des marchandises qui n'ont pas été bien fabriquées, ou à qui il est arrivé quelque accident dans l'apprêt; ou enfin, qui se sont gâtées dans le magazin, ou dans la boutique, en sorte qu'elles sont hors de vente. Un drap vicié, de la moruë viciée, du vin vicié. Ce terme est générique, & comprend toutes les tarres & défauts qu'une marchandise peut avoir.

VICTUAILLES. Terme de Commerce de Mer qui signifie les vivres ou provisions de bouche qu'on embarque dans un Vaisseau. On appelle Victuailleur, ou Avictuailleur, celui qui s'est engagé à fournir les victuailles.

On peut faire des assurances sur le corps & quille du Vaisseau, ses agreils, apparaux & victuailles. *Art. 7 du tit. 6 du liv. 3 de l'Ordonnance de la Marine du mois d'Août 1681.*

VICTUAILLEUR. Terme de Commerce de Mer. Celui qui fournit les victuailles ou vivres d'un Vaisseau Marchand. *Voyez* AVICTUAILLEUR.

VICUNNAS. On nomme ainsi un des animaux qui donne le bézoard Occidental, ou bézoard du Pérou. *Voyez* BEZOARD.

VIDELLE. Terme de Patissier. C'est un petit instrument de métail composé d'une petite roulette & d'un manche, dont les Patissiers se servent pour couper leur pâte en longs filets pour couvrir ou servir d'ornemens à diverses piéces de four.

VIE. On appelle Eau-de-vie la première distilation qui se fait du vin. L'eau-de-vie rectifiée est ce qu'on appelle Esprit-de-vin. *Voyez* EAU-DE-VIE.

VIEIL. Il se dit également de ce qui est ancien, de ce qui a servi, & de ce qui est gâté. On dit aussi vieux.

Il y a diverses marchandises qui sont tariffez sous le nom de vieilles, comme de vieux linge, de vieux oing, de vieilles botes, de vieux souliers, de vieux manteaux & de vieux drapeaux.

Par le Tarif de 1664, le vieux linge paye les droits d'entrée à raison de 10 s. le cent pesant.

Le vieux oing 25 f. aussi le cent pesant.
Les vieilles botes 10 f. la douzaine de paires.
Les vieux souliers 2 f. la douzaine de paires.
Les vieux manteaux le cent pesant 50 f. & les vieux drapeaux 2 f. aussi du cent pesant.
Les droits de sortie du vieux oing sont de 20 f. le cent pesant.
A l'égard des vieux linges & drapeaux, qu'on nomme aussi Drilles & Pates, la sortie en est défenduë hors du Royaume, suivant l'Arrêt du 28 Janvier 1687.
Les droits de la Douane de Lyon sont; savoir,
Les vieilles caboches 4 f. le quintal.
Les vieilles armes 30 f. de la bale.
Les vieux corcelets 5 f. de la piéce.
Le vieux fer 2 f. du quintal.
Et le vieux parchemin 3 f.

VIERGE. Se dit figurément de diverses choses qui sont encore dans leur pureté naturelle, ou qui n'ont point servi.

La cire vierge est celle qui est telle qu'elle sort de la ruche. *Voyez* CIRE.

L'huile vierge, c'est celle qui n'a point été pressurée. *Voyez* HUILE.

On dit aussi de l'or vierge, de l'argent vierge, du cuivre vierge, pour signifier ceux de ces métaux qui n'ont point encore été fondus. *Voyez leurs articles.*

Parchemin vierge. C'est celui qui est fait de la peau d'un agneau, ou d'un veau mort-né. C'est proprement du vélin. On le dit aussi de cette espéce de membrane, ou de coiffe que quelques enfans apportent en naissant, dont le peuple & les personnes simples croyent que les sorciers se servent dans plusieurs de leurs prétenduës opérations magiques. *Voyez* VELIN.

Le Mercure vierge est celui qui se trouve tout liquide dans les mines, ou qu'on tire du mineret par de simples lotions sans y employer les Vaisseaux sublimatoires, ni le feu. *Voyez* VIF-ARGENT.

VIERTEL, ou VIERTELLE. Nom que les Hollandois donnent à une sorte de jauge, ou instrument qui sert à jauger les tonneaux ou futailles à liqueurs, pour découvrir la quantité des mesures qu'elles renferment; ces mesures sont aussi appellées du nom de l'instrument Viertel, ou Viertelle. *Voyez* JAUGE.

VIERTEL, qu'on appelle aussi VERGE. C'est encore une mesure à laquelle les eaux-de-vie se vendent à Amsterdam. Chaque viertel est de cinq mingles & un sixiéme de mingle; ce qui fait un peu plus de douze pintes de Paris, à raison de deux pintes par mingle. Le viertel pour le vin est de six mingles justes. *Voyez* AEM.

VIEUX. Il se dit dans toutes les significations de vieil. *Voyez* VIEIL.

On appelle Crieuses de vieux chapeaux une sorte de Revendeuses qui font Commerce de vieilles hardes. *Voyez* REVENDEUSE.

Chapelier en vieux. C'est un Maître du Corps de la Chapelerie qui a opté de ne travailler qu'au rafutage & racommodage des vieux chapeaux. *Voyez* CHAPELIER.

Les Marchands Fripiers ne font Négoce que de vieux meubles & de vieilles hardes; comme les Maîtres Savetiers ne travaillent qu'en vieux souliers, à moins que ce ne soit pour eux & pour leur famille. *Voyez* FRIPIER & SAVETIER.

VIEUX STILE. C'est une maniére de compter, ou de supputer les jours, qui se pratique chez les Protestans, par les Grecs, & par d'autres Nations qui ne reconnoissent point la Cour de Rome, & qui suivent l'ancien Calendrier, que l'on appelle Calendrier Julien, ou Romain.

Le vieux stile différe du nouveau de dix jours; en sorte qu'une Lettre de Change qui seroit tirée de Londres sur Paris, payable au onze Mars vieux stile, ne seroit éxigible à Paris que le 21 du même mois. C'est pour cette raison que d'ordinaire les peuples qui suivent le vieux stile mettent à la tête de leurs Lettres de Change les deux dates. Celle du vieux stile dessus, & celle du nouveau stile dessous. Par éxemple, à Londres ce $\frac{11}{21}$ Mars. *Voyez* NOUVEAU STILE.

VIEUX PLAIN. Terme de Chamoiseur, de Megissier, & de Tanneur. *Voyez* PLAIN.

VIF-ARGENT, ou ARGENT-VIF. Minéral, ou demi-métail liquide & très-pesant, mais qui n'étant ni dur ni maléable, ne mérite nullement le rang que quelques Chymistes veulent lui donner parmi les métaux parfaits.

Le vif-argent a un grand nombre de noms sous lesquels les Artistes le déguisent en parlant de lui, mais qui ne sont guére entendus que par ceux qui se mêlent de chimie, & qui ne sont pas bien nécessaires aux autres.

Ses noms les plus connus sont le Mercure & l'Hydrargyre; les Modernes lui donnent le premier à cause de quelques rapports qu'on suppose qu'il a avec la planette ainsi nommée, & les Anciens l'ont appellé de l'autre nom, pour marquer en quelque sorte sa nature; c'est à dire, qu'il est une espéce d'eau d'argent, ce que signifie *Hydrargyrum*.

Le vif-argent se tire, ou de ses propres mines, ou des mines des autres métaux avec lesquels il se trouve mêlé. Il faut que les mines qui produisent ce minéral soient bien abondantes, puis que n'y ayant guére en Europe que celles de Hongrie, d'Espagne, ou du Frioul, Province d'Italie, dans les Etats de la République de Venise, il s'en fait néanmoins une consomption incroyable, sur tout pour l'usage des mines d'or & d'argent, particuliérement au Pérou & autres Provinces de l'Amérique Espagnole où tout celui d'Espagne est transporté.

Ce n'est pas qu'il ne se trouve des mines de vif-argent ailleurs. On prétend qu'il y en a en France. Celui que les Hollandois apportent de la Chine marque bien qu'il y en a en Asie, & l'on fait par les Relations, que même au Pérou, assez près du Potosi, il y a une montagne nommée Juancabeluca, dont la mine profonde de cinq à six cens pieds fournit de très-bon Mercure.

On mettra à la fin de cet article ce que les Relations de la Mer du Sud de 1714, ont rapporté de plus curieux concernant cette mine.

Quoi qu'il en soit, depuis que le vif-argent d'Espagne est devenu marchandise de contrebande pour toutes les autres Nations, presque tout celui qui se consume en France est de Hongrie, ou du Frioul.

Celui de Hongrie se tire de Vienne par la voye de Hollande. Les Hollandois ayant un engagement avec les Allemans, pour prendre d'eux tout le surplus de ce minéral qu'ils ne peuvent consumer chez eux. On le transporte dans des peaux de mouton enchapées ou renfermées dans de petites futailles ou barils, dont les plus gros du poids d'envid'environ cent quatrevingt-dix à deux cens livres, se nomment Bouillons de vif-argent, & ceux qui ne pésent que quatrevingt-quinze à cent livres s'appellent demi-bouillons.

Les Anglois fournissent aussi à la France quelque peu de vif-argent qu'ils envoyent dans des bouteilles d'un verre très-épais, de différentes grosseurs & poids: mais cette derniére sorte n'est pas fort estimée, ayant déja servi à séparer l'argent de la mine, ce qui en a diminué en quelque maniére la qualité.

Il y a de deux sortes de vif-argent, le vif-argent vierge, le vif-argent commun; l'un, est celui qui n'a point souffert le feu; & l'autre celui qu'on a tiré de la mine par l'ignition.

Le vif-argent vierge est encore de deux espéces. Il y en a qui coule naturellement par les cavitez du rocher où est la mine, qui y forme de petits ruisseaux de demi-pouce de grosseur, ou même davantage, mais qui tarissent au bout d'un jour ou deux; & il y en a d'autres qu'on ne sépare de la mine que par plusieurs lotions, & après l'avoir fait passer par divers tamis. Ces deux mercures sont très-bons, mais le premier l'est encore plus que le second.

Le vif-argent commun, & qui passe par le feu, se tire de la mine lavée & réduite en poudre, qu'on met dans de grandes cornuës de fer ausquelles on lute des récipiens où la violence du feu fait monter le mercure. Le *Caput mortuum* qui reste au fond des cornuës, se pile une séconde & une troisiéme fois, & est toûjours remis au feu jusqu'à-ce que le vif-argent s'en soit entiérement exhalé. C'est de cette maniére que l'on travaille la mine en Hongrie & dans le Frioul.

En Espagne la fonte, ou exhalation du vif argent, se fait avec plus d'industrie, & dans une machine plus ingénieuse, dont l'on peut voir la description dans la Dissertation sur les mines dont la France est remplie, qui a paru en public en 1706, & qu'on fait être de Monsieur de Rhode.

A l'égard de la terre ou matiére avec laquelle se trouve mêlé le mercure, celle des mines d'Espagne n'est pas semblable à celle de Hongrie, & celle du Frioul est même différente de cette derniére. En Espagne la mine est rouge, tachetée de blanc & de noir, & si dure qu'on ne peut l'arracher qu'avec la poudre à canon; en Hongrie elle est quelque-fois en pierre assez dure; mais le plus souvent en terre brune & un peu rouge, & dans le Frioul il y a de la terre mole où le vif-argent vierge se trouve par petites larmes, & de la pierre dure dont on tire le vif-argent commun. La mine d'Idria, qui est une de celles du Frioul, est si riche, qu'elle rend toûjours moitié de vif-argent, & quelque-fois les deux tiers.

La mine de Juancabeluca, ou autrement de Guancavelica, dont on a promis de parler, est située dans le Royaume du Pérou assez près de la Ville, & dans la montagne dont elle a emprunté son nom.

Cette mine a quarante varres d'ouverture, ce qui revient environ à cent pieds mesure de France. Sa profondeur qui s'augmente sans cesse par la quantité de la matiére minérale qu'on en tire, passe six à sept cens pieds sans qu'on s'apperçoive encore que le minerai (c'est comme on l'appelle dans le Pérou) diminuë en aucune sorte.

Cette mine est proprement au Domaine Royal, quoi que les Particuliers y travaillent à leurs dépens, & elle ne s'ouvre & ne se ferme que par les ordres du Viceroi de Lima, suivant le besoin que l'on en a pour le travail des mines du Royaume ausquelles elle est toute seule suffisante.

Ceux qui tirent le vif-argent sont tenus, sous de rigoureuses peines, & entr'autres de confiscation de tous leurs biens & de bannissement ou esclavage perpétuel à Baldivia, de la remettre entiérement aux Officiers Royaux qui le leur payent sur le pied de soixante piastres le quintal pris sur les lieux, & le revendent aux Mineurs quatrevingt.

La terre qui contient ce minéral est d'un rouge blanchâtre assez tirant sur la couleur de briques mal cuites. On la concasse d'abord & ensuite on lui donne le feu, ce qui se fait en l'étendant sur un enduit de terre commune dont est couverte la grille d'un fourneau aussi de terre dont le chapiteau est de figure sphéroïde; au dessous de cette grille on allume un feu médiocre avec de l'herbe séche que les Espagnols appellent Icho, & qui est si nécessaire pour ce travail qu'il est défendu d'en couper à vingt lieuës à la ronde de cette célébre miniére. A mesure que la terre minérale s'échauffe, le vif-argent s'en éléve volatisé en fumée; mais comme cette fumée ne trouve point d'issuë par le chapiteau qui est éxactement luté, elle s'échape par un trou fait exprès qui communique à plusieurs cucurbites de terre qui se suivent & sont emboîtées l'une dans l'autre; l'eau qui est au fond de chaque cucurbite condensant cette fumée, le vif-argent y tombe, & on l'en retire quand l'opération est achevée.

On remarque deux choses dans cette pratique de tirer le vif-argent; l'une, que plus les cucurbites sont éloignées du fourneau, plus elles se remplissent de vif-argent, ce qui vient des différens degrez de chaleur & de froid que cet éloignement leur communique, le froid étant plus propre pour la condensation: l'autre, qu'à la fin elles s'échauffent toutes si considérablement qu'elles casseroient si l'on n'avoit soin de les rafraîchir de tems en tems en les arrosant avec de l'eau.

On doit choisir le vif-argent, blanc, coulant, net, bien vif, & d'une belle eau; si au contraire la couleur en est brune & plombée, qu'il s'attache aux mains, qu'il se réduise en petites boules, ou qu'il fasse des traînées, c'est signe qu'il n'est pas pur, qu'il y a quelque mélange de plomb, & par conséquent qu'il ne vaut rien, & qu'il ne faut pas s'en charger.

Par le Tarif du dix-huitiéme Septembre 1664 le Vif-argent doit payer les droits d'entrée du Royaume à raison de 100 s. du cent pesant comme argent vif; & comme dans ce Tarif cette sorte de marchandise se trouve comprise pour l'entrée à l'article des Drogueries & Epiceries, elle ne doit payer aucuns droits de sortie pourvû qu'il soit bien & dûëment justifié du payement qui a été fait de ceux d'entrée.

Les droits de la Douane de Lyon, sont; savoir 40 s. du quintal; ou s'il est en balon de cent cinquante livres pesant, 45 s. d'ancienne taxation & de réapréciation à proportion.

Par le Tarif arrêté en 1699 entre la France & la Hollande, les droits que le Vif-argent avoit jusqu'alors payé à la sortie des Terres & Païs de l'obéïssance des Etats Généraux des Provinces-Unies, furent moderez à 4 florins le cent pesant lors qu'il est déclaré pour être transporté dans les Païs de Sa Majesté très-Chrétienne.

Les Orfévres, Fourbisseurs, Doreurs, & sur tout les Miroitiers pour mettre les glaces en teint, sont les Ouvriers qui employent le plus de vif-argent.

Le cinabre minéral est une pierre rouge, pesante & brillante, de laquelle on tire du vif-argent par les opérations chimiques. *Voyez* CINABRE.

L'usage du mercure est trop connu dans la Médecine, & les maladies à la guérison desquelles on l'employe ordinairement, inspirent trop d'horreur pour qu'on entre ici dans aucun détail sur cette matiére, qui d'ailleurs n'a aucun rapport au Commerce; on ne parlera pas non plus de la fixation du mercure par rapport à ce qu'on appelle la Pierre Philosophale, à moins que ce ne soit pour donner avis aux Négocians qui seroient tentez de donner dans les illusions de cet Art chimérique & dangereux, que la véritable Pierre Philosophale pour eux est de chercher à s'enrichir par un Commerce plein de fidélité & d'honneur, & que l'or aquis par une voye si légitime ne craint point la coupelle comme le prétendu or de ces faux Philosophes, & ne se dissipe pas aussi aisément en fumée.

A l'égard des drogues qui sont composées avec le mercure & qu'on fait venir des Païs étrangers, comme le sublimé, le vermillon & quelques autres, on les trouvera expliquées dans leurs articles particuliers où l'on peut avoir recours.

Quant aux panacées mercurielles, aux précipitez blanc, rouge, jaune, verd; l'arcane cornalin, l'huile de mercure, &c. ce n'est pas un grand malheur pour un Négociant d'ignorer la métode de les faire, & c'est un grand bonheur pour lui de n'être jamais obligé de s'en servir.

VIGANS. Gros draps qui se vendent à la Foire de Beaucaire & qui font partie du Commerce des Draps que les François envoyent à Constantinople, à Smirne & dans quelques autres Echelles du Levant. Ce sont des espéces de pinchinats dont le petit Peuple se sert au Levant à faire des vestes de dessous pour l'Hyver. On en fait aussi une sorte de manteaux de pluye que les Turcs portent toûjours quand ils vont en campagne. *Voyez l'article du Commerce de Constantinople. Voyez aussi l'article des Draps.*

VIGNETTE. Terme d'Imprimerie. C'est une petite planche de bois, ou de cuivre, longue & étroite, où sont gravez différens sujets que l'on met pour ornemens en quelques endroits des livres.

Il y a aussi des vignettes de métail qui se composent de divers caractéres mobiles. Chaque corps de lettres a les siennes, & même chacun plusieurs dont les hauteurs leur sont proportionnées.

On appelle ces ornemens des Vignettes, parce qu'autrefois ils étoient le plus ordinairement chargez de raisins & de pampres de vignes. *Voyez* IMPRIMERIE. *Voyez aussi* CARACTERES *&* FONDEURS.

VIGOGNE. Animal de la grandeur d'une chévre & de la figure d'une brebis, qui se trouve dans les montagnes du Pérou depuis Arica jusques à Lima. Les Espagnols l'appellent ordinairement *Vicunna* dont nous avons fait Vigogne. Il ne faut pas le confondre avec le Llamas, ou l'Alpagne, deux autres animaux dont il a été parlé dans leurs articles particuliers, & qui leur ressemblent assez.

Le Vigogne a le pied fourchu comme le bœuf, il porte sa tête comme le chameau qu'il a assez semblable à celle de cet animal; il va assez vîte & s'apprivoise facilement.

Les plus grands qui quelque-fois le deviennent autant qu'une petite genisse ou qu'un âne de grandeur moyenne, servent au transport des vins, des marchandises & autres fardeaux, pouvant porter jusqu'à cinq arrones qui reviennent à 125 livres pesant de France. Ce sont des animaux de compagnie, & ils vont toûjours, ou par troupeaux, ou par caravannes; ils servent ordinairement à porter dans les vignes de la gouaelit qui est de la fiente d'oiseaux sauvages dont on se sert pour engraisser les terres dans le Pérou.

La laine du Vigogne est brune, ou cendrée, quelquefois mêlée d'espace en espace de taches blanches.

Lors que les Péruviens veulent prendre & chasser ces animaux ils s'assemblent le plus grand nombre qu'ils peuvent pour les pousser à la course & en faisant de grands cris dans des passages étroits qu'ils ont auparavant reconnus & où ils ont tendu leurs filets. Ces filets ne sont que de simples cordes attachées à quelques pieux de trois ou quatre pieds de haut desquelles pendent de distance en distance des morceaux de drap où de laine. Les Vigognes effrayez à cette vûë s'arrêtent sans penser à forcer ou franchir ce léger obstacle, à moins que quelques Llamas plus hardis ne leur montre l'éxemple, & alors les Péruviens ou les tuent à coups de fléches, ou les arrêtent en vie avec des lacs de cuir.

Outre la laine des Vigognes dont on parlera dans l'article suivant, & qui ne se coupe qu'une fois chaque année, on trouve encore dans leur estomac un bezoard fort estimé. *Voyez* BEZOARD.

VIGOGNE. Laine. On l'appelle en Latin *Lana Vicunia*; elle vient du Pérou qui est le seul lieu au monde où l'on trouve l'animal qui la porte & dont elle a emprunté le nom. Les Rois d'Espagne ont souvent tenté inutilement d'y faire transporter de ces sortes d'animaux dans l'espérance de les faire peupler, & de rendre par-là leur laine plus commune & moins chére en épargnant les frais & évitant les risques de la Mer; mais soit faute de pâturages qui leur convienne, soit que le climat ne leur soit pas propre, ils y sont toûjours morts, en sorte que depuis long tems les Espagnols ont abandonné ce dessein.

Dans les premiéres années de la découverte du Pérou il étoit défendu de transporter la laine de Vigogne dans les Païs étrangers, mais du depuis le Commerce en a été permis en payant un droit de sortie assez considérable, qui pourtant ne rapporte pas un grand profit au Roi d'Espagne par les fraudes qui s'y commettent; une grande partie passe en matelas comme laines ordinaires, en sorte que quoi qu'il s'en transporte toûjours beaucoup, il ne s'en déclare pourtant que très peu. Cette laine s'employe en Espagne en plusieurs Manufactures d'étoffes de laine; en France il n'est pas permis d'en mettre dans la fabrique des draps, & c'est proprement pour celle des chapeaux qu'elle est réservée.

La laine de Vigogne est de trois sortes, la fine, la carmeline, ou bâtarde & le pelotage; la derniére est très-peu estimée; elle s'appelle de la sorte parce qu'elle vient en pelotes. Toutes trois néanmoins entrent dans les chapeaux qu'on appelle Vigognes, mais non pas seules; il

faut

faut nécessairement les mêler avec du poil de lapin, ou partie poil de lapin & partie poil de liévre.

VIKIL. Nom que les Persans donnent aux Commis qu'ils tiennent dans les Païs étrangers pour la facilité de leur Négoce.

Les Persans sont les Commissionnaires du monde les plus entendus; ils savent si bien ménager le profit qui se trouve dans les affaires, que ceux qui les leur ont procuré ou qui les leur adressent, en ayent une bonne part, laquelle ils la leur ménagent pour qu'ils ne cherchent pas une autre route, & ne s'adressent point à d'autres; ils sont persuadez que de tous les moyens de faire sa fortune, le plus court & le meilleur est de mettre nos Commettans à voir clairement leurs intérêts à nous faire du bien. *Voyez* COMMERCE DE PERSE.

VILLE. Lieu ordinairement fermé de murailles où plusieurs Habitans sont réünis & y vivent ensemble sous les mêmes Loix Municipales, & sont gouvernez pour la Police & le Commerce par des Magistrats qu'ils se choisissent eux-mêmes par la permission & sous l'autorité du Souverain.

VILLE DE COMMERCE, VILLE MARCHANDE. C'est une Ville où il se fait un grand Trafic & Négoce de marchandises & de denrées soit par terre soit par Mer, soit par des Marchands qui y sont établis, soit par ceux qui y viennent de dehors. Il se dit aussi des Villes où il se fait des remises d'argent & des affaires considérables par la banque & le change. Paris, Lyon, Roüen, la Rochelle, Nante, S. Malo, Bordeaux & Marseille sont les Villes les plus marchandes de France; Amsterdam & Rotterdam de Hollande; Cadis d'Espagne; Lisbonne de Portugal; Smirne & le Caire du Levant, &c. *Voyez l'article du Commerce.*

VILLE D'ENTREPÔT. C'est une Ville dans laquelle arrivent des marchandises pour y être déchargées, mais non pas pour y être vendües, & d'où elles passent sans être débalées aux lieux de leur destination, en les chargeant sur d'autres voitures, ou par terre. *Voyez* ENTREPÔT.

VILLE FRANCHE. En général se dit d'une Ville libre & déchargée de toutes sortes d'impôts; mais par rapport au Commerce il s'entend d'une Ville aux portes de laquelle toutes les marchandises ou seulement quelques-unes ne payent aucun droit d'entrée ou de sortie, ou n'y sont sujettes seulement qu'en entrant, ou seulement en sortant. *Voyez* PORT FRANC.

VILLE DE LOY. C'est, en terme de Manufactures, une Ville où il y a maîtrise. *Voyez* LOY. *Voyez aussi* HAUTELISSEUR.

VILLE. Signifie quelque-fois non tous les Habitans, mais seulement les Magistrats municipaux qui composent ce qu'on appelle le Corps de Ville, & qui veillent à la Police, à la tranquilité & au Commerce des Bourgeois; comme les Bourguemaîtres en Hollande, en Flandre & en plusieurs lieux d'Allemagne; les Maires & Aldhermans en Angleterre; les Jurats & Capitouls en quelques Villes de France, & les Prevôt des Marchands & Echevins à Paris.

La Jurisdiction des Prevôt des Marchands & Echevins de cette Capitale du Royaume est considérable par rapport au Commerce, & s'étend non seulement sur la Police & vente des marchandises qui y arrivent par les Riviéres & qui se distribuent sur les Ports, Places & Etapes, mais encore sur quantité de Marchands & Officiers qui ont raport au Négoce, qui prêtent serment entre leurs mains, & qui doivent se pourvoir par devant leur Tribunal pour les contestations qui arrivent entr'eux, soit pour le fait de leur trafic, s'ils sont Marchands; soit pour leur salaire & fonctions, s'ils sont Officiers. On parle ailleurs de ces Marchands & Officiers sujets à la Jurisdiction du Corps de Ville de Paris. *Voyez* PREVÔT DES MARCHANDS.

ORDONNANCE DE LA VILLE. On nomme ainsi à Paris une Ordonnance de Louïs XIV. donnée à Versailles au mois de Décembre 1672, qui renouvelle & confirme les Ordonnances, Coûtumes, Statuts & Réglemens de la Prevôté des Marchands & Echevinage de cette Ville, & qui explique en détail leur Jurisdiction, soit par raport à la Police, soit par raport au Commerce & vente de certaines marchandises & en certains endroits. *Voyez l'article général des Ordonnances.*

VILLES HANSEATIQUES, ou HANSIATIQUES. Ce sont des Villes de grand Commerce, unies & alliées ensemble pour le fait du Négoce. Ces Villes presentement réduites à sept ou huit, dont les principales sont Lubeck, Hambourg, Bremen & Dantzick, étoient autre-fois & très-fameuses & en très-grand nombre; quelques-uns n'en comptent que soixante & douze, d'autres en ajoûtent huit, & on les fait monter jusqu'à quatrevingt ou quatrevingt-un, y faisant entrer tout ce qu'il y avoit alors de Villes de plus importantes pour leur Commerce, non seulement dans l'Allemagne où cette association commença, mais encore dans le reste de l'Europe, comme entr'autres Marseille, Calais, Bordeaux, S. Malo, Roüen & Bayonne pour la France, Lisbonne, Cadis, Seville & Barcelonne pour l'Espagne & le Portugal; Londres pour l'Angleterre; Ligourne, Messine & Naples pour l'Italie; enfin, Amsterdam, Rotterdam, Anvers, Dort & Dunkerque pour cette partie de la Basse-Allemagne qu'on a depuis appellée les Païs-Bas.

L'on ne convient pas trop de ce qui a donné le nom de Hanse à cette association, & celui de Villes Hanséatiques aux Villes qui s'étoient associées.

Quelques-uns qui ne paroissent peut-être pas les plus mal fondez, croyent que le mot de Hanse signifioit autre-fois Société, Compagnie; & en effet on trouve le terme de Hanse dans cette signification dans quelques anciennes Coûtumes & Ordonnances Françoises; ainsi, Villes Hanséatiques ne voudroient dire autre chose que Villes Associées; mais pourquoi, demandera-t-on, des Villes Allemandes auroient-elles pris un nom de Société qui n'étoit d'usage qu'en France?

Aussi d'autres Auteurs leur donnent une étimologie Allemande, & prétendent que les premiéres de ces Villes à cause de leur situation pour la plûpart sur l'Ocean Germanique, furent d'abord nommez *Aen-zée Steden*, Villes sur Mer; & ensuite par abréviation, *Hansée*, qui resta leur nom de société, dont depuis elles ont pris & conservé celui de Villes Hanséatiques.

Le tems de l'Association de ces Villes ne paroît guére plus certain que l'origine de leur nom, y ayant un Siécle entier de différence entre les diverses époques qu'on lui donne. Ceux qui la font remonter le plus haut la fixent

fixent à l'année 1164, & les autres la raprochent jusqu'en 1254.

La confédération de tant de Villes dépendantes de differens Souverains, qui avoient souvent divers intérêts, & qui n'étoient pas toûjours en paix les uns avec les autres, ne subsista pas long tems dans sa première étenduë, & fut réduite vers la fin du seiziéme Siécle, à ce qu'on a depuis appellé la Hanse Teutonique; c'est à dire, l'Association des Villes d'Allemagne, dont Lubeck, Brunswik, Cologne & Dantzick, furent depuis la séparation des autres, comme les quatre Métropoles.

Pendant la plus grande réputation de cet Hanse, ou Société, non seulement elle fit des Traitez d'Alliance avec plusieurs Souverains, comme celui de l'an 1370, avec le Roi de Dannemarck; mais encore elle arma souvent des flottes considérables, & leva des troupes pour diverses entreprises, & particuliérement pour se maintenir dans les Privileges & la liberté de son Commerce. Les Auteurs remarquent entr'autres l'armement que les Villes confédérées firent en 1428, contre le Roi Eric de Dannemarck, qui fut, si on les en doit croire, de plus de deux cens cinquante Vaisseaux, & de douze mille hommes de débarquement.

Les principaux comptoirs de ces Villes furent d'abord ceux de Londres; de Bruges, qui fut ensuite transféré à Anvers; de Berghen en Norwege, & de Novogord en Russie; mais le premier & comme le Chef de tous fut celui de Lubeck qui a toûjours été, & qui est encore comme le centre de l'Association où se tiennent les Assemblées, où la caisse générale est établie, & où se conservent les Archives.

On croit communément que la superbe maison des Osterlins à Anvers, & celle qu'on appelle le Cloître à Berghen servoient de Comptoirs pour ces deux Villes, & que c'étoit-là que chacune des diverses Nations qui étoient entrées dans cette grande Alliance de Commerce tenoient séparément leurs magazins, restes certainement magnifiques de la puissance de ces Marchands, qui étoient capables d'élever pour leurs Commis & pour leurs marchandises, des Bâtimens propres à loger des Souverains: ce qu'on ne doit dire cependant que de la maison des Osterlins d'Anvers; le Cloître de Berghen ayant été, auparavant que d'appartenir aux Villes Hanséatiques, le Palais de l'Evêque de cette derniére Ville, avant que la Religion Protestante en eût chassé les Catholiques. *Voyez* CLOÎTRE & OSTERLINS.

Il ne paroît pas que les Villes Hanséatiques ayent jamais eu de ces grands Etablissemens ou Comptoirs dans aucune Ville de France. On trouve cependant que plusieurs de nos Rois leur ont accordé des Privileges considérables, & l'on voit encore ceux de Louïs XI. & de Charles VIII. son fils qui les affranchit de tous droits de tributs & de péages pour leurs marchandises, & qui donne Permission à leurs Marchands de disposer librement par Testament, ou autrement, des biens qu'ils pourroient avoir dans le Royaume.

Les Comptoirs des Villes Hanséatiques établis dans les Païs étrangers, étoient dirigez par un principal Marchand, qui avoit sous lui un Greffier ou Secrétaire; c'étoit une espéce de Consul qui jugeoit en premiére Instance les différens survenus entre les Marchands de l'Association dont les appellations ressortissoient aux Magistrats des Villes associées qui en décidoient souverainement.

Ce Privilége qu'on appelloit Liberté de Cour, & qui enlevoit à la Jurisdiction des Juges des lieux la connoissance des Affaires de ces étrangers, est peut-être ce qui a contribué davantage à rompre la Confédération, les Souverains n'ayant pas voulu souffrir dans les principales Villes de leurs Etats, cette indépendance qui pouvoit avoir des suites considérables.

Ce qui reste des Villes Hanséatiques conserve encore entr'elles ce droit, mais qui n'est pas de grande conséquence, dans l'état où est présentement réduite la Hanse Teutonique, qui sous un grand nom ne jouït presque d'aucun des Priviléges de l'ancienne Confédération; ce qui doit pourtant s'entendre seulement par comparaison à l'état florissant où elle s'est vûë autre-fois, y ayant encore plusieurs de ces Villes, entr'autres Hambourg, Lubeck, Bremen, Dantzick, &c. qui se sont maintenuës dans la liberté de leur Commerce, & dans quantité de Priviléges considérables qu'elles ont obtenu de la plûpart des Puissances Maritimes de l'Europe, & qu'elles ont soin de se faire confirmer de tems en tems par de nouveaux Traitez.

On peut mettre au nombre des plus importans Priviléges que ces Villes ayent obtenus dans les derniers tems, ceux que Louïs XIV. leur accorda par le Traité de Marine & de Commerce fait entre la France & les Villes de Hambourg, Lubeck & Bremen, au mois de Mai 1665. & depuis confirmez & augmentez dans la premiére année du Régne de Louïs XV. par le nouveau Traité du 28 Septembre 1716.

Par ce Traité qui consiste en quarante-quatre articles y compris deux articles séparez, les habitans des Villes Hanséatiques doivent joüir de la même liberté de Commerce dont ils ont joui depuis plusieurs Siécles, & peuvent trafiquer & naviguer en toute sûreté, tant en France qu'autres Royaumes, Etats, Païs, &c. situez en Europe, pour y aller, venir, repasser, tant par Mer que par Terre avec leurs Navires & marchandises, dont l'entrée, sortie & transport ne sont ou ne seront point défendus aux sujets de Sa Majesté, par les Loix & Ordonnances du Royaume.

Ceux des sujets desdites Villes qui trafiquent ou demeurent en France, ne sont point assujettis au droit d'Aubaine, & peuvent disposer de leurs biens meubles & immeubles par Testament, Donation, &c. suivant qu'il leur plaît & le trouvent à propos; même leurs héritiers leur succéder *ab intestat*, sans avoir besoin de Lettres de Naturalité; le tout ainsi que peuvent faire les propres & naturels sujets du Roi.

Ils ne sont tenus à payer d'autres ni de plus grands droits, impositions, &c. sur leurs personnes, biens, denrées, Navires, &c. que lesdits naturels Sujets de Sa Majesté.

Ils sont exemts du droit de fret, de cinquante sols par tonneau dans tous les cas, si ce n'est lors qu'ils prennent des marchandises dans un Port de France pour les transporter & décharger dans un autre Port du Royaume.

Ils jouïssent conformément à l'Edit du mois de Mai 1669, concernant la franchise du Port & Havre de Marseille, de la même liberté & franchise dont jouïssent les Fran-

François mêmes, ne payant le droit de vingt pour cent pour les marchandises du Levant qu'ils y apportent, ou dans les autres Villes du Royaume où l'entrée en est permise, que dans les cas où les sujets naturels du Roi sont tenus de les payer.

Outre toutes les Franchises, Immunitez & Privileges concernant la Navigation & le Commerce par Mer contenu dans le Traité, il leur est encore accordé par avance, tous ceux qui par la suite pourroient être concédez aux Etats des Provinces-Unies & aux autres Nations Maritimes dont les Etats sont situez au Nord de la Hollande.

On se contente de rapporter ici ces divers Privilèges contenus dans six des premiers articles du Traité, le reste ne concernant que la liberté de la Navigation, les marchandises permises, ou de contrebande, la visite des Vaisseaux des Villes Hanséatiques lors qu'ils sont rencontrez en Mer par les Vaisseaux François, le tems accordé en cas de guerre aux Sujets desdites Villes pour retirer leurs effets de France, les formules des Passe-ports, & plusieurs autres semblables choses ordinaires dans les Traitez de Marine & de Commerce; remarquant néanmoins que par le XLI. article de ce même Traité, il est expressément convenu que les sujets du Roi jouïront réciproquement des mêmes Avantages, Franchises, Privilèges, &c. dans l'étenduë des Terres, Païs, Riviéres & Mers de l'obéïssance des Villes Hanséatiques, accordez aux Sujets, Navires & marchandises desdites Villes, nommément de l'exemption du fret qui se leve à Hambourg sous le nom de *Last-Gheldt*; en sorte que les sujets de Sa Majesté soient traitez aussi favorablement que leurs propres sujets, & que ceux des autres Rois, Princes & Etats le sont ou le seront à l'avenir par lesdites Villes Hanséatiques.

Il ne faut pas obmettre que le cinquiéme article de ce Traité contient une espéce de Tarif des droits d'entrées pour certaines marchandises qui sont apportées en France du Nord & de la Mer Baltique par les Vaisseaux de Hambourg, de Bremen & de Lubeck, réduits à peu près sur le pied du Tarif accordé aux Hollandois, en conséquence du Traité d'Utrecht, & qui sont beaucoup moindres que les droits portez par le Tarif du 18 Avril 1667; savoir,

La Baleine coupée le cent pesant, neuf livres, ci 9 *liv.*

Les Fanons de Baleine le cent en nombre, tant grands que petits, du poids de trois cens livres, ou environ, vingt livres, ci 20 *liv.*

L'huile & graisse de Baleine, & d'autres poissons en barique, du poids de cinq cens vingt livres, sept livres dix sols, ci 7 *l.* 10 *s.*

Le Fer-blanc, le baril de quatre cens cinquante feuilles doubles, vingt livres, ci 20 *liv.*

Le Baril de simples feuilles, dix livres, ci 10 *liv.*

Les Plumes à écrire, le cent pesant quatre livres, ci 4 *liv.*

La Soye de Porc, le cent pesant, quatre livres, ci 4 *liv.*

Ensemble les quatre sols pour livre desdits droits, pendant le tems seulement que les sujets du Roi y seront assujettis.

On parle ailleurs dans un assez grand détail du Commerce de toutes les Villes Hanséatiques. *Voyez l'article général du Commerce où il est parlé de celui de l'Europe & en particulier du Nord & de la Mer Baltique.*

VILEBREQUIN, ou VIREBREQUIN. Outil qui sert à percer, trouer ou forer diverses matiéres dures, comme le bois, le marbre & la pierre, même quelques métaux.

Le Vilebrequin est composé de quatre piéces, de la poignée, du fût ou de la manivelle, de la boîte & de la méche. La méche est de fer acéré, un peu creusé en forme d'une gouge, & amorcé par le bout. La boîte est de bois, ou de fer, suivant que la monture du Vilebrequin est de l'un ou de l'autre; elle est percée par en bas pour y mettre la queuë de la méche. Le fût ou la manivelle qui a la figure d'un arc, est attaché d'un bout solidement à la boîte, & de l'autre à la poignée du Vilebrequin, mais par cette derniére extrêmité elle est mobile. Une grande quantité d'Ouvriers & d'Artisans se servent du Vilebrequin, mais entr'autres les Charpentiers, les Menuisiers & les Serruriers: la monture des vilebrequins de ceux-ci est de fer; celle des autres est de bois.

VILEBREQUIN. Les Maîtres Vanniers se servent de trois sortes de vilebrequins; du Vilebrequin commun des Menuisiers, du Vilebrequin ou gros foret des Tonneliers, & d'un troisiéme qu'ils nomment Vilebrequin à Hottriau. Celui-ci est une espéce de tarriere à fût. Ils s'en servent pour percer le fond des hottes dans lesquelles on porte la vandange à la cuve, qu'ils nomment Hottriaux.

LES VILEBREQUINS dont se servent les Maîtres Layetiers, leur sont particuliers. Ils ont une méche longue & finissant en pointe en forme de tarriére un peu creuse en dedans. La commodité de cette sorte de vilebrequins consiste en ce qu'avec la même méche qu'on enfonce plus ou moins, on fait des trous de toutes grandeurs.

VILLE-CASTIN. Sorte de Laine d'Espagne. *Voyez* LAINE D'ESPAGNE.

VIN. Liqueur agréable, mais capable d'enivrer, qui sert de boisson à l'homme, & qu'on tire du fruit de la vigne, en foulant les raisins dans une cuve, ou en les écrasant & en exprimant le jus avec l'arbre où la rouë d'un pressoir.

Les differens noms que l'on donne au vin, lui viennent ordinairement, ou de la maniére de le faire, comme la mére goute, le surmoust, le vin de pressurage, le vin bouru, le vin de passe, le vin cuit; ou de sa qualité, tels que sont les noms de vin doux, de vin sec, de vin brusque, & de vin de liqueurs: ou de sa couleur, comme vin blanc, vin clairet, vin gris, vin œil de perdrix, vin plure d'oignon, vin rouge, vin paillet, &c. ou enfin, des divers lieux ou terroirs sur lesquels les vins se recueillent; comme en général, vins de France, vin de Hongrie, vin du Rhin, vin d'Espagne, vin de Canarie; & en détail vin de Bourgogne, vin de Champagne, vin d'Orleans, vin de Languedoc, vin de Tokai, vin de Schiras, vin de palme, & un grand nombre d'autres.

On parlera dans la suite de cet article de tous ces vins, moins par rapport à leur nature, que par rapport au Commerce qui s'en fait en France & dans les Païs étrangers. Mais auparavant on va expliquer différentes choses concernant les vins, ou qu'il est important que ceux qui en veulent faire Commerce n'ignorent pas, ou que le Lecteur pourroit trouver qu'on envieroit à sa curiosité, si l'on n'en parloit pas du moins en passant.

On appelle Mére-goute, le vin qui coule de lui-même de-

de la canelle de la cuve, où l'on met les vendanges, avant que le vendangeur y soit entré pour fouler les raisins.

On nomme Surmoust, ou simplement Moust, du mot Latin *Mustum*, le vin de la cuve, après que les raisins ont été foulez. Quelques-uns confondent la mére-goute avec le surmoust, mais ils sont différens.

Le vin de pressurage est celui qu'on exprime avec le pressoir en y mettant les raffles & les raisins plus qu'à demi écrasez quand le vin en a été tiré dans la foulerie.

Ce qui reste de ces raffles après qu'elles ont été bien pressurées, s'appelle le marc; c'est avec quoi on fait ce qu'on nomme de la Boisson, en y jettant de l'eau dessus, & en le pressurant de nouveau. Ce marc a aussi quelqu'usage dans la médecine pour la guérison des maux causez par des humeurs froides.

Le vin doux est celui qui n'a point encore bouilli. Le vin bouru, celui qu'on a empêché de bouillir. Le vin cuvé, celui qu'on a laissé bouillir dans la cuve pour lui donner couleur. Le vin cuit, celui à qui on a donné une cuisson avant qu'il ait bouilli, & qui à cause de cela conserve toûjours sa douceur. Enfin, le vin de passe, celui qui se fait en mettant des raisins secs dans de l'eau, qu'on laisse ensuite fermenter d'elle-même. *Voyez* RAISINS DE PASSE.

Ce qu'on appelle Vin de Prunelle, n'est pas de véritable vin, mais de la boisson que les Païsans font avec de petites prunelles de hayes qu'ils écrasent & qu'ils laissent fermenter.

Les vins de liqueur sont des vins naturels; quelques-uns très-doux, quelques autres doux & piquans. On ne se sert guére en France de ces vins pour la boisson ordinaire, mais on en présente assez souvent à la fin des repas comme une espéce de ragoût, pour réveiller l'appétit & ranimer la joye des convives.

La France a plusieurs de ces sortes de vins, entr'autres les vins muscats de S. Laurent & de la Ciutat en Provence; ceux de Frontignan & de Barbantane en Languedoc; ceux de Condrieux dans le Lionnois; ceux d'Arbois, ceux de Mâcon dans la Bourgogne; ceux de Pouilli dans le Nivernois. On met aussi assez souvent de ce nombre les vins de l'Hermitage, de Côte-rôtie & de Thin, quoi qu'ils puissent aussi passer autant pour vins d'ordinaire que pour vins de liqueur.

Les vins de liqueur étrangers sont les vins d'Espagne & de Portugal, ou plûtôt de Madére, dont il y a de plusieurs sortes. Les vins de Canaries qui pour se distinguer empruntent chacun le nom de celle des Isles où ils croissent. Les vins de Hongrie, sur tout celui de Tokai, plusieurs vins d'Italie, comme de Piedmont & de Montferrat, ceux qu'on nomme la Verdée & le Montefiascone, &c.

Le vin de Schiras, si estimé en Perse, & si connu en Europe par les Relations des Voyageurs, est aussi un vin de liqueur, mais dont on n'a vû en France que quelques essais où il n'a pas soûtenu sa réputation, peut-être à cause que la qualité en étoit diminuée par le transport. On n'en parle ici qu'en passant, plûtôt pour ne pas l'oublier que pour aucun Commerce qui s'en fasse par les Européens.

L'on met aussi au nombre des vins de liqueur, toutes les Malvoisies qui sont des vins qui se recueillent en Candie, à Chio, à Lesbos, Tenedos, & dans plusieurs autres Isles de l'Archipel, qui appartenoient autre-fois aux Grecs, d'où, à cause de cela, ces vins sont quelquefois appellez Vins Grecs; quoi qu'on donne aussi ce nom à un vin qui se recueille dans le Royaume de Naples. L'on fait en Provence une espece de Malvoisie, mais qu'il faut mettre parmi les vins cuits, n'étant que des vins muscats ausquels on a donné un certain degré de cuisson.

L'hypocras est encore une sorte de vin de liqueur, mais qui n'est pas naturel. Ce sont les Apoticaires qui le composent avec du vin, du sucre, de la canelle & un peu de musc ou d'ambre. *Voyez* HYPOCRAS.

L'on a dans les Indes Orientales une sorte de liqueur qu'on y appelle Vin de Palme, ou plûtôt Vin de Palmier, dont l'usage est très-commun, mais il n'est pas de garde. Ce n'est que le suc que l'on tire de plusieurs espéces de palmiers, en y faisant diverses incisions. *Voyez* PALMIER.

Enfin, il y a différentes mixtions ou remédes, que les Médecins ordonnent à leurs malades, & que les Apoticaires composent, ausquels ils donnent le nom de Vin; tels que sont le Vin d'absinthe, le Vin d'hysope, le Vin de dates, le Vin de figues, & plusieurs autres qui ne sont pas de ce Dictionnaire, & qu'on peut voir dans le Livre 14 de l'Histoire de Pline, & dans quelques Pharmacopées modernes.

Parmi ces espéces de Vins médecinaux il ne faut pas oublier le fameux Vin émétique, ce grand mais dangereux purgatif, qui malgré tant d'oppositions, s'est enfin conservé une place honorable parmi les meilleurs remédes; non plus que l'infusion du Quinquina dans le vin, que quelques-uns appellent Vin de Quinquina, cet excellent fébrifuge dont le succès est si certain, & l'usage si universel.

Les vins communs; c'est à dire, qui servent de boisson ordinaire, se distinguent en général en Vins nouveaux & en Vins vieux. Les vins nouveaux sont ceux qui n'ont pas encore passé leur premiére année, les vins vieux ceux qui en comptent plusieurs.

L'âge des vins se suppute par feuilles. On dit, Du Vin de deux, de quatre, de six feuilles; pour signifier un vin de six, de quatre & de deux années; prenant pour année chaque nouvelle pampre dont la vigne s'est revêtuë depuis que le vin a été fait.

La vieillesse des Vins étoit chez les Romains comme le titre de leur bonté; & Horace dans ses Odes admirables, qu'on peut nommer ses Chansons Bachiques, se glorifie de boire un vin de Falerne, né, pour ainsi dire, avec lui, & qui comptoit son âge par les même Consuls que lui. Pline parle de quelques vins qui passoient un Siécle, & qui étoient encore potables. Ceux de deux cens ans dont il fait aussi mention étoient réduits en une espéce de miel épais, & pouvoient pourtant encore servir à ranimer les vins plus nouveaux, mais trop foibles.

Les Modernes n'ont guére le goût pour les vins d'une si grande vieillesse. A peine s'en trouve-t-il en Allemagne & en Italie, où l'on en conserve encore assez longtems qui aillent au de-là de quinze feuilles. En France on croit les vins usez, même ceux de Dijon, de Nuits

& d'Orleans, les plus propres de tous à être gardez; quand ils vont jusqu'à la cinquiéme ou sixiéme feuille.

Les bonnes qualitez du vin consistent en ce qu'il soit droit, sec, clair-fin, entrant, sans goût de terroir, sans liqueur, d'une couleur nette & assurée, qu'il ait de la force sans être fumeux, du corps sans être âcre, & qu'il soit de garde sans être dur.

Les mauvaises qualitez au contraire sont la graisse, le poussé, le goût du fût, l'aigreur, la foiblesse, qu'il soit capiteux, difficile à s'éclaircir, qu'il s'affoiblisse en vieillissant, ou qu'il ne puisse se garder.

On appelle Vin naturel, du vin tel qu'il vient de la vigne, sans mixtion, ni mêlange; Vin frelaté, du vin où l'on a mêlé quelque drogue pour lui donner de la force, du montant, de la douceur, ou quelqu'autre qualité qu'il n'avoit pas; Vin coupé, celui qui est composé de plusieurs vins; Vin soûtiré, du vin qu'on a tiré à clair après qu'il a quelque tems reposé sur la lie. Le vin en boite est celui qui est bon à boire, & qui pourroit se passer en le gardant: le vin passé celui qui s'est affoibli pour ne l'avoir pas bû à propos: le vin au bas, celui qui est tiré bien au dessous de la barre du tonneau, & qui est près de la lie: le vin louche, celui qui n'a pû se bien éclaircir: le vin souffré, celui qu'on a mis dans des futailles dans lesquelles on a brûlé du souffre préparé, pour lui faire passer la Mer, ou le conserver: du vin colé, celui où on a mis de la cole de poisson pour l'éclaircir: du vin de teinte, de gros vin avec lequel on teint les vins qui péchent en couleur; il vient ordinairement auprès de Blois: du vin qui sent le fût, celui à qui quelque douve gâtée a donné un mauvais goût: du vin de copeau, celui qu'on a fait passer pour l'éclaircir ou l'adoucir sur des copeaux de bois de hêtre: & enfin du vin de rapé, celui qu'on jette sur un rapé de raisins. *Voyez* RAPE'.

La lie du vin est l'impureté du vin, ce sediment épais qui reste au fond du tonneau, lors que le vin, après avoir été quelque tems en repos, est entiérement tiré. La baissiére est le vin un peu au dessus de la lie, qui s'aigrit & s'évente, & qui n'est plus potable. Ce sont les Maîtres Vinaigriers qui font le Négoce des baissiéres & des lies de vin, qui les pressent pour en faire du vinaigre, & qui les réduisent en pains pour les vendre. *Voyez* LIE. *Voyez aussi* VINAIGRIER, *& ci-après le Commerce des Vins en détail.*

On appelle Bran-de-vin, de l'eau-de-vie commune; & Esprit de vin, de l'eau-de-vie rectifiée. *Voyez* EAU-DE-VIE.

VIN. Se prend aussi quelque-fois figurément. On dit Un pot de vin, pour signifier une somme qu'on convient de donner en passant un marché, un bail, ou quelqu'autre convention de Commerce, au dessus de la somme principale dont on est convenu. *Voyez* POT DE VIN.

L'on dit aussi, Le vin des Garçons, pour dire, une petite gratification qu'on donne aux Compagnons quand l'on est content de l'ouvrage que le Maître a fourni. Cette sorte de gratification s'appelle Vin, parce qu'ordinairement elle se dépense en vin au cabaret. *Voyez* GARÇONS.

On appelle Marchands de vin, non seulement ceux qui vendent & achétent du vin en gros, mais encore ceux qui le débitent en détail, comme les Cabaretiers & Taverniers.

Les Courtiers de vin sont ceux qui goûtent les vins arrivans sur l'étape, ou qui adressent les Acheteurs aux Vendeurs.

Les Jurez Vendeurs de vin sont des Officiers qui reçoivent les deniers de la vente des vins, & qui en répondent, ou les avancent aux Marchands.

Les Jaugeurs de vin, ceux qui jaugent les tonneaux de vin arrivant sur les Ports pour en savoir la capacité & continence.

Les Déchargeurs de vin sont ceux qui font la décharge des vins achetez par les Bourgeois hors des bateaux.

Les Jurez Crieurs de vin ceux qui anoncent les vins qui sont à vendre.

Enfin, les Gourmets de vin, ceux qui goûtent les vins pour juger de leur bonté.

Commerce des Vins.

Toutes sortes de climats & toutes sortes de terres n'étant pas également propres pour la culture des vignes, & le vin étant devenu comme d'une espéce de nécessité pour la boisson des hommes, particuliérement parmi quelques Nations d'Europe, l'on ne doit point être surpris que le Commerce en soit si considérable, sur tout celui qu'en font les François, les Anglois, & tous les Peuples du Nord. Mais si en général les vins sont un si grand objet de Négoce, on ne peut disconvenir que ceux de France ne soient, pour l'abondance, & pour la bonté, & pour le débit, bien au dessus de tous les autres. On va donc parler d'abord du Commerce des Vins François, & l'on parlera ensuite de celui des Vins Etrangers.

L'on peut considérer le Commerce des Vins de France de deux maniéres; l'une par raport à la consomption qui s'en fait dans le dedans du Royaume; & l'autre par raport à ceux qui s'envoyent, ou qui se transportent au dehors. On fera de l'un & de l'autre des sections différentes.

Commerce des Vins de France au dedans du Royaume.

Le Commerce des Vins au dedans du Royaume, particuliérement des vins qui viennent à Paris, est un objet d'une telle importance, qu'on le compte pour une de ces trois sources si abondantes qui fournissent presque à tous les besoins de l'Etat, & qui sont assez connuës sous le nom d'Aides, de Gabelles & de Cinq grosses Fermes.

Pour régler ce Commerce, & fixer les droits qui en doivent revenir au Roi, il y a quantité d'Edits, de Déclarations & d'Arrêts du Conseil, mais particuliérement une Ordonnance de Louïs XIV. donnée à Fontainebleau au mois de Juin 1680.

Par cette Ordonnance la vente des Vins est de deux sortes, la vente en gros & la vente en détail.

La vente en gros est celle qui se fait en muids, demi-muids, queuës, demi-queuës, pipes, bariques, & autres tels Vaisseaux suivant les lieux & les usages. La vente en détail est celle où l'on débite le vin en petites mesures, comme pintes, chopines, demi-septiers, &c.

Dans le sens de l'Ordonnance, ces deux ventes, en gros & en détail, ne doivent s'entendre que relativement aux droits qui sont dûs au Roi pour l'une & pour l'autre:

dans un autre sens on peut les prendre pour la profession des Marchands de vin, dont les uns font la vente des vins en gros, sans la pouvoir faire en détail, & les autres les vendent en détail, sans avoir permission de les vendre en gros: mais on parle ailleurs de ces deux espéces de Marchands de vin. *Voyez* MARCHAND DE VIN, CABARETIER *&* TAVERNIER. *Voyez aussi* AUBERGISTE *&* HÔTELIER.

Tout Vin qui se vend en gros dans les Généralitez, Villes & lieux où les Aides sont établies, doit au Roi le droit qui de-là s'appelle Droit de gros, qui se paye à raison du vingtiéme du prix de la vente; & tout Vin est réputé vendu en gros, non seulement à l'égard de la premiére vente, mais encore autant de fois qu'il est revendu, donné en payement, ou en échange, même de vin à vin.

Les vendanges non encore foulées ni pressurées, si elles se vendent, payent aussi le droit de gros, mais sur le pied de deux muids de vin pour trois muids de vendanges.

Le Vendeur est tenu de déclarer le véritable prix de la vente de son vin pour en payer le gros, sans déduction de futailles, voiture, &c. & en cas de fausse déclaration, le Commis peut prendre le vin pour le prix déclaré.

Il y a des personnes, des Généralitez, des Provinces & des Villes, Bourgs & Villages, qui ne sont point sujets au droit de gros pour la vente de leur Vin. On peut lire pour ces exceptions le titre 9 des droits de gros sur le Vin, de l'Ordonnance de 1680.

Les droits qui sont dûs au Roi pour la vente du vin en détail se nommoient anciennement Droits de huitiéme & d'augmentation; mais depuis l'Ordonnance ils se payent sous le nom de Droit réglé.

Ce droit est de deux sortes; l'un de cinq livres huit sols pour chaque muid de vin mesure de Paris, vendu à pot; l'autre de six livres quinze sols pour celui vendu à assiette. On explique ces termes à leur article. Il y a néanmoins des Généralitez, Elections & Villes où ces droits sont moins considérables; quelques-uns ne payant que cent sols tant à pot qu'à assiette, d'autres trente-trois sols, & d'autres seulement vingt-huit sols; sur quoi on peut lire l'article 2 du titre 1 des droits de détail sur le vin.

Les Vins de liqueur, soit du crû du Royaume, soit venant des Païs étrangers, vendus à pot ou à assiette, payent de droit de détail quinze livres pour muid.

Tout vendant vin en détail, avant de commencer son débit, doit déclarer au Bureau non seulement le vin qu'il a dessein de vendre, mais encore celui qu'il a en sa possession, & de plus s'il est de son crû, ou d'achat, & si c'est à pot ou à assiette qu'il entend le vendre. Il est pareillement tenu, après sa déclaration faite, de mettre un bouchon ou enseigne à la porte où doit se faire le debit de son vin.

Les Vins marquez pour le détail ne peuvent être vendus en gros, ni enlevez, qu'ils n'ayent été démarquez par les Commis, non plus qu'aucun remplage se faire sur les tonneaux marquez, ou démarquez, sans les y appeller, & le faire en leur présence.

Les rapez de coipeau sont absolument défendus aux Détailleurs sous peine de confiscation & d'amende; & ceux de raisin seulement permis à proportion d'une certaine quantité de Vin actuellement dans leurs caves. *Voyez* RAPE'.

L'on ne parle point ici des autres conditions portées par la même Ordonnance, & qui sont propres aux Hôteliers, Taverniers & Cabaretiers, en étant traité à leur article où l'on peut avoir recours.

A l'égard des personnes qui logent en chambres garnies, de ceux qui tiennent pensions, & des Buvetiers, qui sont en quelque sorte du nombre de ceux qui débitent du Vin en détail, on n'en parle point ici, n'ayant aucun raport au dessein de ce Dictionnaire, & l'on se contente d'indiquer le Titre 4 des Droits de détail de la même Ordonnance, où il en est traité.

On ne peut faire en France aucun achat de vin, ni l'enlever d'un lieu, ou d'une Ville en une autre, après l'avoir acheté; non pas même le transporter d'une maison à une autre maison voisine, quand ce ne seroit que pour l'encaver plus commodément, sans avoir obtenu du Fermier des Aides ce qu'on appelle un Congé; c'est à dire, une permission d'en faire le transport.

Le congé qui se donne pour seulement le déplacer, sans qu'il y ait eu de vente, se nomme Congé de Remuage. *Voyez* CONGE'.

Enfin, il est défendu à tous Marchands de vin, tant de Paris que Forains, d'en faire & en tenir magazins dans l'étenduë de trois lieuës de la Ville; ce qui s'entend aussi de toutes les autres Villes du Royaume où il y a des étapes établies pour les Vins.

Outre l'Ordonnance des Aides de 1680 qui bien que général pour tout le Royaume, semble particuliére pour la Ville de Paris, sur tout pour ce qui regarde les entrées du Vin, les entrepôts & le Commerce qui s'y fait en gros & en détail, cette Capitale a encore l'Ordonnance de la Ville de 1672, qui en sept chapitres, qui sont les 8, 9, 10, 11, 12, 13 & 14, régle non seulement la Police & le Commerce des Vins qui arrivent sans cesse dans cette grande Ville de toutes les Provinces, mais encore les fonctions des Jurez Vendeurs & Contrôleurs de Vins, des Jurez Courtiers, des Jaugeurs, des Maîtres Dechargeurs & des Jurez Crieurs de vins.

L'on peut voir à leurs propres articles les fonctions de tous ces Officiers, & la discipline qu'ils doivent observer; & l'on peut aussi avoir recours aux articles des Marchands de Vin & Cabaretiers pour ce qui leur est propre; ainsi on n'ajoûtera ici que ce qu'on ne peut mettre plus commodément ailleurs.

1. Tout Bourgeois ou Habitant de Paris voulant faire marchandise de Vin en détail, doit en faire déclaration au Greffe de la Ville, renoncer à tout autre métier s'il en a, & laisser sur l'étape un tiers des Vins qu'il fait arriver sur les Ports, pour y être vendus en gros. Les Bourgeois ont néanmoins le Privilége de vendre en détail & à pot le vin de leur crû, sans être obligez à aucune de ces conditions.

2. Il est permis à toutes personnes, même aux Bourgeois, à l'exception des Jurez Vendeurs & Contrôleurs de Vins, Courtiers, Jaugeurs & Tonneliers, de faire amener & faire vendre en gros sur les ports & étapes les Vins qu'ils ont achetez au de-là des vingt lieuës; n'y ayant que les Bourgeois non Marchands de Vin qui ayent droit d'en enlever plus près, mais seulement pour leur provision.

3. Les Vins encavez pour être vendus en détail, ne peuvent être vendus en gros sans Permission des

Prevôt

Prevôt & Echevins ; & en payant les droits des Officiers.

4. Il est défendu à tout Marchand privilégié, ou non privilégie, d'arrher les Vins sur le sep, ni aller au devant des Vins chargez pour Paris, les marchander, retenir ou acheter, à peine de confiscation des Vins à l'égard du Vendeur, & du prix de l'achat à l'égard de l'Acheteur.

5. Il est ordonné aux Hôteliers & Cabaretiers de se fournir sur les ports & étapes, des Vins propres à leur Commerce, & non ailleurs; & défendu aux Taverniers de fermer leurs caves, qu'ils n'ayent entiérement vendu leurs Vins.

6. Les Ports destinez pour l'arrivée & décharge des Vins des Marchands de Paris, sont les Ports de S.Paul, de la Tournelle & de S. Nicolas; avec cette différence entre ces Marchands & les Marchands Forains, que ceux-ci sont obligez de faire descendre au Port de vente, en Gréve, ou à la Hale, la totalité de leurs vins pour y être vendus; & que les autres peuvent en faire la vente dans leurs bateaux, où ils sont néanmoins tenus de mettre une banderole pour être reconnus.

7. La totalité des Vins que les Marchands Forains font arriver par terre, & le tiers de ceux appartenans aux Marchands de Paris, doivent être conduits à l'étape pour y être vendus; avec défenses à ceux-ci d'acheter ou faire acheter par personnes interposées ledit tiers à eux, ou à d'autres appartenant.

8. Enfin, les Marchands de Paris, aussi-tôt l'arrivée de leurs Vins, sont tenus de faire déclaration au Greffe de la Ville, de la quantité desdits Vins & du nom du Voiturier; s'il est destiné le tout pour être vendu en gros, ou le tiers seulement, ou s'ils veulent mettre ledit tiers en vente, ou à l'étape.

A l'égard des vins étrangers, dont dans certaine saison on fait un si grand debit en détail dans plusieurs caves de Paris, il est ordonné par les mêmes Réglemens de la Ville, qu'ils ne pourront être exposez en vente, que le prix n'en ait été fixé par les Prevôt des Marchands & Echevins, pour être mis en leur enseigne, afin que le public en ait connoissance, & qu'on ne puisse lui surfaire: Et afin que le Public ne soit point trompé sur la qualité, par le mêlange que les Marchands en détail pourroient faire de ces Vins avec d'autres liqueurs, il leur est fait non seulement défense de tenir dans leur cave d'autres vins que ceux qu'ils ont fait ainsi taxer à la Ville, mais encore les piéces de vin mises à prix, doivent être scellées sur les bondons par les Officiers à ce préposez.

On appelle Vins Etrangers tous les vins de liqueur dont on a parlé ci-dessus, & qui ne sont pas d'un usage ordinaire, quoi que la plûpart de ceux qui se vendent à Paris, soit du crû du Royaume, particuliérement de Provence & du Languedoc.

Commerce des Vins de France avec les Etrangers.

Il n'y a guére de vins de France, sur tout des meilleures qualitez, ou que les Vaisseaux François ne transportent dans les Païs étrangers, même les plus éloignez; ou que les Vaisseaux étrangers ne viennent eux-mêmes charger dans plusieurs Ports du Royaume.

Les lieux où les Vaisseaux François vont le plus ordinairement porter leurs vins, sont entr'autres, les Villes de la Mer Baltique & du Nord, les Isles Antilles Françoises, Cayenne, Quebec, & les autres Colonies que la France a dans l'Amérique Septentrionale; les Côtes d'Italie, Tunis, Alger, quelques autres endroits de la Méditerranée, & quelques Côtes d'Afrique.

Les Négocians François qui entreprennent le Commerce de la Mer Baltique du Nord & de l'Amérique, font le plus souvent l'armement & la cargaison de leurs Navires à Bordeaux, à la Rochelle, à Nantes, à Roüen & autre-fois à Dunkerque; les Provençaux qui font leur Négoce sur la Méditerranée, chargent à Marseille & à Toulon, & dans quelques petits Ports de leur Province.

Les Vins qui se portent aux Isles Françoises & à Quebec, y sont envoyez pour la plûpart par les Marchands de Bordeaux, de la Rochelle & de Nantes, les Normans & les Flamans s'adonnant plus volontiers au Commerce du Nord.

Les Vins qui se déchargent à Quebec ne sont que pour les François, étant défendu d'en faire aucun Commerce avec les Sauvages, ni de leur en vendre, sur tout lors qu'ils descendent des Lacs pour venir faire avec les François le Commerce de leurs pèleteries.

Bien que ces transports & ces envois de Vins de France que font les Marchands François par les Vaisseaux de la Nation, soient très-considérables, il est certain qu'ils n'approchent pas de la quantité que les Etrangers viennent eux-mêmes en enlever tous les ans.

Les Anglois, les Ecossois, les Irlandois, les Hollandois, les Flamans & les Hambourgeois, sont dans le tems de Paix les Nations qui envoyent le plus de Vaisseaux enlever des Vins François; mais quand la Guerre est déclarée entre la France, l'Angleterre & la Hollande, comme elle l'a presque toûjours été sous le Régne de Louis XIV. les Danois & les Suédois, s'ils sont en neutralité, ont coûtume de se joindre aux Hambourgeois pour faire ce Négoce, soit pour eux, soit pour les Peuples que l'interruption du Commerce empêche d'être reçûs dans les Ports de France.

C'est ordinairement à Bordeaux, à la Rochelle, à Nantes & à Roüen, que les Etrangers viennent charger les Vins de France.

Les Vins de la Riviére de Nantes n'étant guére bons qu'à brûler, la plus grande quantité de ceux qu'on y charge pour l'Angleterre, l'Ecosse, l'Irlande, la Hollande, la Flandre, la Mer Baltique, le Nord, les Isles Françoises de l'Amérique & les Colonies que la France a dans le Canada & dans le reste de ce grand Continent, se tirent par la Riviére de Loire, de Touraine, d'Anjou, de Vauvray, du Païs Blaisois & d'Orleans. On y charge aussi des Vins de l'Isle de Ré.

Les Vins d'Anjou qui sont la plûpart blancs & d'assez bonne qualité, se mettent en pipes de 60 veltes, ou en bariques longues de trois pieds qui ne contiennent que trente veltes, chaque velte de quatre pots. A l'égard des Vins Nantois qui sont à peu près de la couleur de ceux d'Anjou, mais d'une bien moindre qualité; le peu qui s'en enléve se vend en bariques courtes qui n'ont que deux pieds & demi, mais qui sont de trente-deux à trente-trois veltes.

Les Vins qui se chargent à Bordeaux se recueillent

partie dans l'Election de Bordeaux, partie dans celle de Condom & dans l'Agenois, & partie dans la Généralité de Montauban & dans le Languedoc. Autre-fois quand les années étoient bonnes & que le Commerce étoit ouvert avec les Anglois & les Hollandois, il s'en enlevoit souvent jusqu'à quatrevingt & cent mille tonneaux. La barique de vin de Bordeaux doit contenir 110 pots compris la lie, & doit peser 500 livres, & le tonneau deux mille.

Les Anglois enlévent aussi des Vins de la Basse-Navarre & du Beârn, particuliérement de ceux de la Sénéchaussée de Morlaos qu'ils ne trouvent pas moins excellens que les meilleurs qu'ils prennent à Bordeaux, Nantes & la Rochelle.

Les autres Vins de France propres aux Anglois & qui se recueillent dans le cœur du Royaume, sont ceux de Mantes, de Bourgogne & de Champagne qu'ils chargent à Rouen, à Dunkerque & à Calais. Toutes ces mêmes qualitez de Vins qui conviennent aux Anglois, conviennent aussi aux Hollandois; mais ces derniers en enlévent incomparablement davantage.

Middelbourg a toûjours passé pour l'étape des Vins que les Hollandois viennent charger dans les Ports de France; Amsterdam & Rotterdam en sont néanmoins presqu'aussi-bien fournies que Middelbourg, pour ne pas dire mieux.

Les Vins de France se vendent à Amsterdam par livres de gros de six florins chacune. Quand la vente est en deniers comptans, le Vendeur remet un pour cent du prix. Le courtage se paye à raison de 12 s. par tonneau; savoir 6 s. par le Vendeur & 6 par l'Acheteur.

Quand l'on veut se défaire promptement de son vin, on le vend au bassin; c'est à dire, après en avoir mis des affiches en plusieurs endroits, particuliérement à la Bourse, qui indique le nom du Marchand qui veut vendre, la quantité & qualité du Vin qu'on met en vente; enfin, le lieu & l'heure de la vente.

On appelle cette maniére de vendre Vendre au bassin, parce que les Marchands s'appellent au son d'un bassin de cuivre, ou d'un plat d'étain; ce qui est à peu près comme en quelques Villes de France le cri public, ou le son du tambour. La Ville d'Amsterdam retire de ces ventes au bassin un droit de demi pour cent. On explique ailleurs plus au long comme se fait à Amsterdam cette vente au bassin. *Voyez* Vendu-Meester.

Il y a dans cette Capitale de la Hollande trois mesures pour la barique de vin de Bordeaux qui sont l'Ancker, le Stekan & le Mingle. Il faut pour une barique six Anckers, ou douze Steckans, ou deux cens Mingles, chaque mingle pesant deux livres un quart; c'est à dire, à peu près la bouteille de Bordeaux.

Des vins que les Anglois & Hollandois viennent charger en France, il n'y en a qu'une partie qui se consume chez eux; le reste sert à leur Commerce du Nord & de la Mer Baltique, & à transporter dans leurs Colonies & dans les Isles de l'Amérique.

Hambourg est celle des Villes du Nord où il se fait un plus grand Négoce des vins de France; il s'y en débite par an environ six à sept mille bariques presque toutes de blancs, dont les Hambourgeois viennent eux-mêmes, comme on l'a dit, en enlever une partie à Nantes, la Rochelle & Bordeaux.

Il faut à Lubeck quatre mille bariques, à Konisberg environ mille, à Riga, Revel & Nerva, guére plus de quatre cens bariques pour chacune; les vins pour ces quatre Villes doivent être clairets & doux. Stetin n'en consume que deux cens bariques, assez souvent moins.

Les Vins de France que l'on porte à Bremen doivent être blancs & vigoureux, tels que ceux d'Anjou, de Coignac & du Haut-Païs de Guyenne; ceux qu'on porte à Dantzick ne sont que pour la Prusse, & ne passent pas mille bariques, les Vins de France étant peu estimez dans le reste de la Pologne, & les Polonnois leur préférant les Vins Hongrois.

A Archangel on n'aime que les Vins de Bordeaux & d'Anjou que leur portent les Anglois & les Hollandois, particuliérement ces derniers, qui en ont toûjours leurs celiers bien fournis. Il en faut les trois quarts de rouge, & seulement un quart de blanc.

En Norwege, & particuliérement à Bergue la Ville du plus grand Commerce de ce Royaume soûmis à la domination Danoise; il se debite mille à douze cens bariques de Vins de France: il en faut moins pour Copenhague & pour Elseneur, & davantage pour Stockholm; c'est à dire, environ mille tonneaux. Les Vaisseaux François, portent dans le Nord une partie de ces Vins, mais ce sont en tems de Paix les Hollandois qui en font le plus grand Commerce.

Les droits d'entrée qui se payent pour le vin dans toutes ces Villes du Nord & de la Mer Baltique sont différens suivant les lieux, dans quelques-uns peu considérables, dans d'autres médiocres & dans quelques endroits excessifs.

A Bremen on paye seulement un & demi pour cent; à Hambourg à peu près de même pour le fond du droit; mais outre cela une richedale par lest pour la décharge, & quatre sols encore par lest à Stade au profit du Possesseur du Duché de Bremen.

A Lubeck les droits sont encore moins forts, ils ne sont que de trois quarts pour cent. A Copenhague la barique de vin paye six richedales deux tiers; à Elseneur trois pour cent de l'estimation; en Norwege six richedales aussi par barique; à Stokholm 60 richedales par tonneau; à Riga & dans les autres Ports de la domination Suédoise à peu près sur le même pied. Enfin, à Archangel cinq pour cent sur le pied de l'estimation qu'en font les Fermiers du Czar à l'arrivée des Vaisseaux.

Ce qu'on a dit jusqu'ici du Commerce des Vins de France qu'on envoye à l'étranger, ne regarde que le Commerce qui s'en fait par Mer. Celui par terre quoi que moins considérable ne laisse pas cependant de l'être beaucoup. C'est par cette voye que la Flandre en tire quantité de Champagne & du Soissonnois, particuliérement d'Ormery, de Châtillon, de Vertus, de Dormans, de Guischy, de Pagnan & de Coussy; & les Suisses aussi beaucoup de Bourgogne & de Languedoc: enfin, c'est pareillement par terre qu'on en conduit en Allemagne un assez bon nombre de ces derniers, & en Savoye & en Piedmont beaucoup de ceux de Provence.

On peut aussi mettre au nombre des Vins François dont le Commerce est considérable avec les étrangers, ceux du Barrois desquels les Liegeois, les Luxembourgeois & les Marchands de vin des Païs-Bas enlévent, année commune, jusqu'à trente mille piéces.

Les

Les Vins destinez à l'étranger traversant Paris, & y passant, comme on dit, debout, ne sont point sujets aux droits d'entrée, en justifiant par le Marchand, ou Voiturier, de leur Lettre de voiture en bonne forme, & en fournissant caution au Bureau de rapporter certificat des lieux où le Vin aura été embarqué, & du payement des droits de sortie. A l'égard du droit de 14 s. par muid nommé Droit d'augmentation, il se paye même pour le vin qu'on transporte hors du Royaume, si c'est par eau, au Port de la derniére Ville où ce droit a cours, & si c'est par terre au dernier Bureau de la frontiére.

Les droits de sortie pour les Vins sont différens en France suivant les différentes Provinces par où s'en fait le transport.

Les Vins de quelque Païs ou crû que ce soit sortant par les Provinces de Champagne & Bourgogne, payent le tonneau, mesure de Paris faisant trois muids, dix livres.

Ceux sortant par toutes les autres Provinces de l'étenduë des Fermes, douze livres.

Ceux qui sortent de la Ville & Banlieuë de Roüen, tant pour les Païs étrangers que pour la Province de Normandie, douze livres; outre les droits de l'article précédent, ce qui fait en tout 24 livres.

Enfin, ceux sortant par les Provinces d'Anjou, le Maine, Thouars & Châtellenie, & de Clate, seize livres.

Les droits d'entrée sont pareillement différens suivant leur qualité & les lieux d'où ils viennent.

Le Vin muscat paye la pipe, ou bote, huit livres.

Celui de Lorraine & autres Païs étrangers qui ne sont pas Vins de liqueurs, trois livres la queuë.

Ceux de Gascogne, Gallac & Cognac, cinq livres par tonneau.

Enfin, ceux de Ré & autres semblables, trois liv.

On parlera plus bas des droits d'entrée sur les Vins de liqueurs qui viennent des Païs étrangers.

On ne dit rien ici des droits d'entrée que le Vin paye aux barriéres de Paris, qui sont réglez par l'Ordonnance des Aides de 1680 à 18 livres par muid entrant par eau, & 15 livres pour celui entrant par terre, & à 24 livres pour chaque muid de Vin de liqueur, soit qu'il entre, ou par eau, ou par terre, parce qu'y ayant eu depuis plusieurs augmentations qui ont aussi varié diverses fois, ce qu'on en diroit présentement ne se trouveroit peut-être plus véritable dans peu de tems.

Commerce des Vins étrangers.

La plûpart des Vins étrangers dont les François font Commerce, & qu'ils tirent, soit en droiture des lieux où ils croissent, soit d'Angleterre, ou de Hollande où ils les ont de la seconde main, sont des Vins de liqueur, à la réserve de ceux du Rhin & de la Moselle qui sont des Vins secs.

Les Vins d'Espagne, qui, pour ainsi dire, tiennent le premier rang entre ces Vins qui viennent du dehors, sont de deux sortes, de blancs & de clairets, presque tous excellens: il y en a aussi de très-couverts, comme sont ceux qu'on nomme Vins d'Alicante; mais on se sert plus volontiers de ces derniers comme d'un agréable & excellent reméde contre les foiblesses d'estomac & les indigestions.

Les François font quelque Commerce de Vins d'Espagne, & en chargent en partie leurs Vaisseaux pour les retours des marchandises qu'ils envoyent en Espagne; mais ce n'est rien en comparaison de ce que les Anglois & les Hollandois en enlévent, tant pour leur usage particulier, que pour leur Commerce du Nord, où, en plusieurs endroits, on les préfére aux Vins de France.

En tems de Paix ce qui sort de Vins de divers Ports d'Espagne, va environ à quatre mille botes par an, quelque-fois à cinq mille; mais l'on a vû souvent dans des années de Guerre avant que la Maison de France eût succédé à celle d'Autriche à la Monarchie d'Espagne, les Anglois & les Hollandois en enlever jusques à seize mille botes pour leur tenir lieu des Vins François qu'il ne leur étoit pas permis d'aller charger en Guyenne, en Bretagne, en Normandie & à la Rochelle.

Les lieux d'où l'on tire le plus de Vins d'Espagne sont Malaga, Alicante, Sainte Marie, Porto Real, San Lucar, & Rota, les uns sur la Méditerranée, les autres sur l'Ocean: on en charge aussi à Cadis.

L'on peut mettre au nombre des Vins d'Espagne les fameux Vins des Canaries, autant parce que ces Isles d'Afrique où ils se recueillent appartiennent aux Espagnols depuis que la prise de possession en eût été faite au nom du Roi de Castille en 1401, par Jean de Betancour, Seigneur François, que parce qu'une grande partie de ces Vins s'apportent dans plusieurs Ports d'Espagne où les Européens les viennent charger.

Quoi que toutes les Isles Canaries produisent d'excellent Vin, on donne néanmoins le prix à ceux de l'Isle de Palme & de Fano. Les Hollandois & les Anglois sont ceux qui en font le plus grand Commerce le plus souvent en droiture; ces derniers en enlévent par an jusqu'à seize mille tonneaux, partie pour eux, partie qu'ils portent dans le Nord.

Il s'en faut bien que les Vins de Portugal soient si excellens que ceux d'Espagne; ils ont même, outre un déboire peu agréable auquel les Etrangers s'accoûtument malaisément, une qualité préjudiciable à la santé de ceux qui n'y sont pas faits.

Les Anglois pendant la Guerre pour la succession d'Espagne ne pouvant plus tirer de Vins des Ports de ce Royaume, & les Vins de France leur manquant en même tems, voulurent substituer aux uns & aux autres ceux de Portugal; mais leur tentative ne leur réüssit pas, ils eurent beau les brasser, comme ils parlent; c'est à dire, les mixtionner & les frelater, aprés plusieurs consultations des Médecins Anglois, & diverses analyses que les chymistes en firent, ils furent rejettez & sur le point d'être défendus.

Madére, Isle d'Affrique dans la Mer Atlantique, découverte en 1410 par les Portugais, & toûjours depuis unie à leur Monarchie, a au contraire des Vins délicieux, mais qui sont meilleurs de deux ou trois feuilles que dans la premiére année, à cause d'un goût âcre & ardent qui ne se dissipe qu'avec le tems, pour se changer en douceur & en force. On en tire, année commune, trente mille fiares mesure d'Italie, qui pése environ cent quarante livres chacune. Le plan des vignes qui le produisent y fut apporté de Candie aprés que l'Isle eût été défrichée.

Ce Vin s'enléve partie par les Européens, principalement par les Anglois & Hollandois, qui quelque-fois le tirent en droiture de Madére, mais plus souvent le chargent en Portugal; & partie se porte par les Portugais mêmes sur les Côtes d'Affrique où ils ont de grands établissemens, & au Bresil dont ils sont restez les Maîtres après l'avoir reconquis sur les Hollandois. Le Vin de Madère paye au Bresil plus de huit pistoles par pipe de droits d'entrée, ce qui fait qu'il y est très-cher.

Les Vins du Rhin & de Moselle ne font pas une partie du Commerce des Vins étrangers: il en passe quelques-uns en France; mais la plûpart, outre ce qui s'en consume dans le Païs, est pour les Hollandois qui en tiennent leurs plus grands magazins à Dordrecht; ils les tirent ordinairement de Cologne où ils se conduisent par le Rhin & qui en est proprement l'étape.

Vienne en Autriche, les Païs héréditaires de l'Empereur, & les Quartiers de l'Allemagne qui sont proche du Danube, se servent assez communément des Vins de Hongrie; il s'en conduit même jusqu'en Lorraine d'où il en passe quelques-uns en France. C'est aussi des Vins de Hongrie que presque toute la Pologne se fournit. Ces Vins pour la plûpart sont vigoureux, mais fumeux à peu près de la qualité des plus forts Vins de la Riviére de Bordeaux; il faut néanmoins en excepter les Vins de Tokai qui approchent davantage de ceux de Canarie avec qui même ils disputent d'excellence: ce sont de ceux-ci dont on voit à Paris.

On dira peu de chose des Vins d'Italie parce qu'il ne s'en fait pas un grand Commerce au dehors. Les meilleurs sont ceux de Gensane, d'Albano & de Castel Gandolfe aux environs de Rome. Le Vin grec de Naples & le Lacryma Christi; la verdée, la Moscadelle & le Montefiscone de Florence; enfin, ceux de Piémont & de Montferrat. Les Italiens font plûtôt des présens de ces Vins aux étrangers, qu'ils n'en font un vrai Négoce avec eux. Dans quelques endroits d'Italie les tonneaux où l'on conserve ces Vins, sont larges & courts presque de la figure des fromages de Hollande, & dans d'autres si longs que leur longueur a sept de leur diamétre.

Les Vins d'Espagne, Canarie, Madére & autres Païs étrangers payent en France de droits d'entrée 10 *liv. la pipe, ou la bote.*

On a crû superflu de mettre ici les noms & la jauge des Vaisseaux dont on se sert dans les diverses Provinces de France & dans les Païs étrangers, pour conserver & vendre les Vins dont il est fait mention dans cet article; l'on en traite amplement en plusieurs articles de ce Dictionnaire.

Pour les noms ils se trouvent tous à l'article général des mesures des liquides, & pour leur jauge aussi-bien que leurs raports les uns aux autres, on peut avoir recours à leurs articles particuliers.

VIN. On appelle Vin de Cannes le sucre qu'on exprime des cannes à sucre avant qu'il ait été réduit en syrop; on lui donne aussi le nom de Vesou. *Voyez* SUCRE.

VINAIGRE. Vin qui s'est aigri de lui-même, ou qu'on a fait aigrir en y mêlant quelques acides, ou autres drogues, dont les Maîtres Vinaigriers font un grand mistére, & pour lesquels, à ce qu'on croit communément, ont une sorte de serment entr'eux de ne les point révéler ni communiquer aux personnes qui ne sont pas du Métier.

Il se fait du vinaigre avec d'autres liqueurs aigries que le vin, & il y a des vinaigres de cidre & de biére, & même d'eau: on en prépare aussi avec des fleurs, des herbes, des légumes & des fruits; comme avec des fleurs de roses, des fleurs d'orangers, des fleurs de sureau, des framboises, de l'ail, de l'estragon, &c.

De tous les vinaigres de vin qui se font en France, celui d'Orleans est estimé le meilleur, soit à cause que les vins y sont plus propres, soit parce que les Vinaigriers le savent mieux préparer.

Le Commerce du vinaigre est assez considérable en France. Outre la consomption du Royaume, & particuliérement de Paris, qui est très-grande, il en va quantité à l'Etranger. Les Anglois, Ecossois, Irlandois & Hollandois, en enlévent beaucoup de celui de Guyenne par Bordeaux, & de ceux de l'Orleanois, du Blesois, de l'Anjou, du Païs d'Aulnix & de la Bretagne, par la Rochelle, Nantes & Saint Malo; ce qui ne va pas moins, année commune, qu'à mille ou douze cens bariques, qu'ils transportent, ou dans leur propre Païs, ou dans le reste de l'Europe, & même jusques dans l'Amérique.

Il s'en transporte presqu'autant par les Vaisseaux Marchands François, qui font le Commerce du Nord & de la Mer Baltique, & c'est une assez bonne marchandise pour Archangel, la Norwege, Dantzick, Conisberg, Riga, Stokholm, Copenhague, Elseneur, Lubeck, Hambourg & Nerva. *Voyez à l'article du Commerce les Paragraphes où il est parlé de celui qui se fait dans la Mer Baltique & dans le Nord.*

En France le vinaigre de toutes sortes paye 20 *s. le tonneau de sortie, &* 3 *l. d'entrée.*

Par le Tarif de 1699, *arrêté entre la France & la Hollande, après la Paix de Ryswick, & depuis confirmé à la Paix d'Utrecht, les droits du Vinaigre de France entrant dans les Païs & terres de l'obéissance des Etats Généraux des Provinces-Unies, ont été modérez à* 2 *florins* 8 *s. le tonneau composé de quatre bariques, ou deux pipes, ou trois poinçons, ou six tierçons.*

VINAIGRERIE. Lieu où l'on fait le vinaigre.

VINAIGRERIE. C'est aussi un terme de Sucrerie qui signifie aux Isles Françoises de l'Amérique; l'atelier où l'on distile les écumes & gros syrops des sucres pour en faire de l'eau-de-vie. *Voyez* SUCRE *sur la fin de l'article.*

VINAIGRIER. Celui qui fait ou qui vend du vinaigre.

La Communauté des Maîtres Vinaigriers est assez ancienne à Paris; elle y fut érigée en corps de Jurande dans le quatorziéme Siécle sous le Régne de Charles VI. & ses premiers Statuts qui lui furent donnez par le Prevôt de Paris, furent homologuez & enregistrez au Châtelet par Sentence du 28 Octobre 1394.

Les Rois Successeurs de Charles VI. ont presque tous confirmé ces Statuts par leurs Lettres Patentes, & quelques-uns les ont même changez & augmentez dans quelques articles.

Les Lettres de Louïs XII. sont du mois de Septembre 1514, celles de Henri II. du mois de Janvier 1548, Celles de Charles IX. d'Avril 1567, & celles de Henri IV. de l'année 1594 au mois de Mai. Ces derniéres furent enregistrées au Parlement le 20 Juillet ensuivant.

Les Maîtres Vinaigriers ayant fait dresser en 1657 de nouveaux Statuts composez en partie des anciens, ils furent renvoyez aux Officiers du Châtelet pour en donner leurs

leurs avis; ce qu'ayant fait le 8 Juillet 1658, Louis XIV. donna ses Lettres de confirmation au mois d'Août de la même année, qui ne furent néanmoins homologuées & enregistrées au Parlement que près de trois ans après, à cause de l'opposition que les Maîtres Tonneliers formérent aux 14, 24 & 38ᵉ art. de ces Statuts. L'Arrêt d'enregistrement est du 14 Mai 1661, mais seulement à la charge de la réformation du 38ᵉ article & de l'éxécution de l'Arrêt du 16 Mai 1658, rendu entre lesdits Vinaigriers & Tonneliers, ainsi qu'on le dira ci-après.

Il n'est point arrivé depuis ce tems-là de changemens importans dans les Réglemens & la discipline de cette Communauté, que quelqu'augmentation de droits aux réceptions des Apprentifs & des Maîtres, pour aquiter les emprunts faits pour la finance des Charges de Jurez créez en titre d'Offices dans toutes les Communautez des Arts & Métiers en 1691, & incorporées à celle des Vinaigriers par Lettres Patentes du 4 Juin en 1692, & encore depuis en 1694, 1702 & 1704, &c. Celles d'Auditeurs des Comptes, de Tréforiers, & quelques autres pareillement créées pour subvenir aux besoins de l'Etat.

Les qualitez données aux Maîtres Vinaigriers par les anciens Statuts, & confirmées par les nouveaux, sont Maîtres Vinaigriers, Moutardiers, Saulciers, Distilateurs en Eau-de-vie & Esprit-de-vin, Buvotiers de la Ville, Fauxbourgs, Banlieuë, Prevôté & Vicomté de Paris.

Lors du renouvellement de leurs Statuts en 1658, ils étoient deux cens Maîtres ayant chacun trois garçons, ou travaillans chez eux, ou allant par les ruës vendre du vinaigre sur des brouettes, & de la moutarde dans des moutardiers de bois faits en forme de petits boisseaux couverts.

Quatre Jurez, ainsi que dans presque toutes les Communautez de Paris, gouvernent celle des Vinaigriers, veillent à ses Privileges, enregistrent les Brevets des Apprentifs, leur donnent le Chef-d'œuvre, & les reçoivent à Maîtrise.

L'élection des deux nouveaux Jurez à la place des deux anciens, se fait tous les ans le 20 Octobre, en présence du Procureur du Roi. Nul n'a droit d'être reçû à la Jurande, qu'il n'ait au moins dix ans de réception. Les visites générales qu'ils sont obligez de faire, sont au nombre de six par chaque année; à l'égard des particuliéres ils les font quand ils le jugent à propos, & suivant les besoins & les occurrences; mais ils sont également tenus dans les unes & les autres de faire leur rapport des contraventions dans les vingt-quatre heures.

Le Garde des Registres où doivent s'enregistrer les Brevets des Apprentifs, est aussi un Officier de la Communauté, dont l'élection se fait pareillement tous les ans, après que les comptes de la Confrairie ont été rendus.

L'Apprentissage est de quatre ans, & le service chez les Maîtres en qualité de Compagnon, de deux ans: il n'y a que les Maîtres de sept années de réception qui puissent obliger un Apprentif. L'absence de l'Apprentif de chez son Maître pendant huit jours sans permission, casse & annule son Brevet sans qu'il puisse espérer d'être reçû par aucun autre Maître.

Nul Maître ne peut prendre le Compagnon ou Serviteur d'autrui qu'il n'ait fini son tems, ou qu'il n'apparoisse un congé par écrit.

Tout Aspirant à la Maîtrise est tenu de prendre Chef-d'œuvre des Jurez, à l'exception des fils de Maîtres qui ne doivent qu'une legére expérience. On ne peut être aspirant qu'on ne soit Apprentif de Paris.

Les Veuves jouïssent de tous les Privileges des Maîtres tant qu'elles restent en viduité, à l'exception des Apprentifs qu'elles ne peuvent obliger, & du nombre des Serviteurs, Marchands & Crians par la Ville, dont il ne leur est permis de n'avoir qu'un seul.

Les ouvrages & marchandises que les Maîtres peuvent faire & vendre, exclusivement à tous Maîtres des autres Communautez, sont les vinaigres de toutes sortes, la moutarde, le verjus, la sauce jaune, le sénevé, le poluré & les lies séches & liquides. Pour les eaux-de-vie & les esprits-de-vin qu'il leur est permis de distiler, elles leur sont communes avec les Maîtres Distilateurs d'eaux-fortes, les Maîtres Limonadiers & quelques autres.

Les marchandises foraines propres au Métier de Vinaigrier, comme vins gâtez, raisins, rapez, sénévé, poluré, &c. ne peuvent être exposées en vente, ni achetées, même par les Maîtres, qu'elles n'ayent été visitées par les Jurez, & qu'elles n'ayent tenu Ports ou Marchez pendant vingt-quatre heures; & les Maîtres ne peuvent encaver pareilles marchandises qu'ils ont fait venir de dehors, qu'ils n'ayent semblablement fait avertir les Jurez pour en faire la visite.

Enfin, il est ordonné à tous Cabaretiers, Taverniers & Regratiers, de vendre les lies & les vins gâtez de leurs caves, aux Maîtres Vinaigriers & non à autres: & défenses leur est faite de pressurer leurs lies, où faire chez eux du vinaigre, ni d'avoir dans leurs caves ou celliers, pressoirs, bacules & autres instrumens & tonneaux du Métier de Vinaigrier.

Il étoit aussi défendu par le 38 article dont on a parlé ci-dessus, aux Maîtres Tonneliers d'acheter des futailles dans lesquelles il y auroit des lies ou des baissiéres: mais l'Arrêt d'enregistrement de 1661, en réformant l'article, les maintient dans leur ancienne faculté d'acheter lesdites futailles, & même de les enfoncer, à la charge néanmoins de vendre incessamment les baissieres & les lies aux Vinaigriers.

Le même Arrêt ordonnant l'éxécution de celui du 16 Mai 1658, régle aussi les outils dont les Vinaigriers peuvent se servir, & leur fait défenses d'avoir chez eux des doloires, tranchets à colombes, chevalets, compas, barrots, terriéres, sergens, essettes, rougines, maillets, & autres instrumens propres au métier de Tonnelier, mentionnez audit Arrêt.

VINDAS. Machine à tirer & conduire des blocs de marbre, des pierres de tailles, ou autres fardeaux d'un poids & d'un volume à ne pouvoir être portez sur des charettes, chariots, haquets & semblables voitures.

Le Vindas est composé de trois principales piéces, qui sont deux tables de bois épaisses & fortes, longues de sept à huit pieds, & assemblées par quatre jambettes, ou poteaux; la troisiéme piéce est un treuil, qui traversant la table de dessus, pose dans une cavité qui est dans celle d'enbas. La tête du treuil est quarrée, percée de deux larges mortaises, où l'on passe orisontalement deux leviers très-longs, qui se croisant, forment quatre bras. Ce sont ces bras qui donnent le mouvement au treuil, tandis que le reste du vindas est immobile & fortement arrêté avec des cordages & des pieux fichez en terre.

On employe aussi le vindas pour tirer du fond des bateaux les marbres & les pierres d'un trop grand volume, pour que la force des hommes soit suffisante pour les en sortir; & encore pour tirer les foncets & autres grands bateaux dans les Ports de Paris lors qu'ils montent la Riviére de Seine contre le fil de l'eau.

VINEUX. Les Teinturiers appellent Rouge Vineux, un rouge foncé qui tire sur la couleur du vin rosé.

VINGT, que l'on écrit aussi VINT. Nombre pair, composé de deux fois dix, ou dix fois deux, ou de quatre fois cinq, ou de cinq fois quatre.

Il faut observer qu'encore que l'on dise dans l'usage ordinaire de compter quatrevingt, six-vingt, & même quelque-fois sept-vingt, huit-vingt, onze-vingt, & ainsi du reste, jusqu'à dix-neuf-vingt; on ne dit cependant jamais deux vingt, trois-vingt, cinq-vingt, non plus que dix-vingt.

Le muid de Paris contient quatorze-vingt pintes, c'est à dire, cent quatrevingt pintes.

Vingt en chiffre Arabe s'exprime en posant un zéro après un deux, comme il se voit par ces deux caractéres (20.) en chiffre Romain il s'écrit ainsi (XX.) & en chiffre François de compte ou de finance, de cette maniére (*xx.*)

Pour mettre vingt pour cent en écriture mercantille abregée, il faut l'écrire de la sorte: (20 pour $\frac{0}{0}$)

VINGT-UN QUART POUR VINGT. Terme de Manufacture de Lainage. C'est la bonne mesure où le bon d'aunage que les Maîtres Drapiers drapans, Sergers, Droguetiers, &c. ont coûtume de donner aux Acheteurs.

Le Réglement pour les Manufactures de la Généralité de Bourgogne, deffend, sous peine de cent livres d'amende aux Marchands Acheteurs, de demander aux Vendeurs plus d'une aune & un quart de bon d'aunage, sur chaque piéce de vingt-une aune & un quart, & sur les demi-piéces à proportion; ce qu'on appelle vulgairement vingt-un quart pour vingt aunes.

VINGTIE'ME, que l'on écrit aussi VINGTIESME. C'est la partie d'un tout divisé en vingt portions égales. Ainsi, quand on dit qu'un Marchand, ou Négociant, a pris un vingtiéme dans un armement ou autre entreprise de Commerce, cela signifie qu'il s'est intéressé pour une vingtiéme portion dans le total de cet armement, & qu'il a fourni son fond sur ce pied-là.

En fait de fractions, ou nombres rompus, un vingtiéme se marque ainsi ($\frac{1}{20}$,) on dit aussi trois vingtiémes, cinq vingtiémes, sept vingtiémes, un vingt & uniéme, un vingt-troisiéme, un vingt-cinquiéme, &c. & toutes ces différentes fractions se marquent de cette maniére ($\frac{3}{20}$ $\frac{5}{20}$ $\frac{7}{20}$ $\frac{1}{21}$ $\frac{1}{23}$ $\frac{1}{25}$.)

Le vingtiéme de vingt sols est un sol, qui est une des parties aliquotes de la livre tournois, & dix deniers est un vingt-quatriéme de vingt sols, qui est aussi une des parties aliquotes de la livre tournois.

La levée du vingtiéme denier, ou sol pour livre sur les marchandises, est ce que l'on nomme communément, Droit de Subvention.

VINTAINE. La quantité de vingt choses qui sont ensemble: une vintaine de pistoles, une vintaine d'écus.

VINTAINE. Les Maçons appellent aussi de la sorte un petit cordage qui sert à conduire les pierres qu'ils élevent avec des engins pour mettre sur le tas. Il est attaché à la pierre; & lors qu'on tire le gros cable un Ouvrier tient le bout de la vintaine pour l'éloigner des échaffauds & des murailles, & qu'il se pose juste sur l'endroit où il est destiné.

VINTAIN, ou VINGTAIN. C'est ainsi que l'on appelle les Draps de laine dont la chaîne est composée de vingt fois cent fils, qui font en tout deux mille fils.

Il y a d'autres sortes de draps que l'on nomme Vintdeuxains; d'autres, Vintquatrains; d'autres, Vintsixains; & d'autres encore, Vinthuitains.

La chaîne des vintdeuxains excéde de deux cens fils celle des vintains; celle des vintquatrains excéde de deux cens fils celle des vintdeuxains; celle des vintsixains excéde de deux cens fils celle des vintquatrains; & celle des vinthuitains excéde de deux cens fils celle des vintsixains; de maniére que la quantité des fils de la chaîne de ces cinq espéces de draps augmente toûjours de deux cens fils, depuis vingt fois cent fils jusques à vingt-huit fois cent; ce qui doit s'entendre depuis deux milles jusques à deux mille huit cens.

Ces différens termes de Vintains, de vintdeuxains, &c. que quelques-uns prétendent être venus d'Angleterre, ne sont presqu'en usage que dans les Fabriques de Provence, Dauphiné & Languedoc; car dans les autres Manufactures de France ces sortes de draps sont appellez des Vint cent, des Vint deux cent, &c.

VINTIN, ou VINTAIN. Petite Monnoye d'argent, ou plûtôt de billon, qui se fabrique & qui a cours en Portugal. Elle vaut vingt Reis, d'où elle a été nommée Vintin.

VINTIN. C'est aussi une Monnoye de compte dont on se sert en plusieurs lieux des Indes Orientales, comme on fait en France de la livre, ou du franc, & en Hollande du Florin. L'on distingue deux Vintins, l'un que l'on nomme de bon alloi, & l'autre de mauvais alloi.

Ce dernier est un cinquiéme moins fort que l'autre. Quatre Vintins de bon alloi ou cinq de mauvais font un tanga. Il faut quinze bons basarucos, ou dix-huit de mauvais pour le Vintin, à mettre le bon bazaruco sur le pied de deux reis de Portugal, ou deux deniers de France. Ainsi le Vintin revient à trente deniers ou six blancs aussi monnoye de France.

VIOLENT. Les Teinturiers appellent Gris violent un gris extrêmement foncé. *Voyez* GRIS.

VIOLET. Couleur mêlée de bleu & de rouge qui ressemble à la fleur qui porte le nom de violette.

Les soyes violettes cramoisi doivent être faites de pure cochenille avec la gale à l'épine, l'arsenic & le tartre; & après avoir été bien bouillies & lavées, être passées dans une bonne cuve d'Inde sans mélange d'autres ingrédiens.

Les violets ordinaires doivent être montez de bresil, de bois d'Inde, ou d'orseille, puis passez à la cuve d'Inde.

Le teinture des laines violettes cramoisi se fait de cuve & de cochenille sans y mêler d'orseille, ni autres ingrédiens.

A l'égard des fils, les violets roze séche & amarante claire, se teignent avec le bresil, & se rabatent avec la cuve d'Inde, ou Indigo.

VIOLON. Instrument de musique qui est monté de quatre cordes de boyau, dont le manche n'a point de touches, & qui se jouë avec un archet.

On appelle à Paris Roi des Violons, celui qui est à la tête de la Communauté des Maîtres à Danser. Sa Charge est un Office de la Maison du Roi. *Voyez* MAÎTRE A DANSER.

VIPERE. Espéce de serpent dont la morsure est très venimeuse, soit que son poison consiste dans une liqueur jaunâtre renfermée dans deux vescicules qui couvrent ses dents, comme le prétend le Sieur Francisco Reddi, dans l'excellent Traité qu'il en a fait, soit qu'il ne provienne que de l'irritation des esprits de ce dangereux, mais utile animal, ainsi que le soûtient le Sieur Charas dans l'Ouvrage non moins excellent qu'il a donné au public sur cette matiére.

Non seulement l'on n'a plus de la vipére une aussi grande horreur qu'on en avoit autre-fois, mais même on s'en sert utilement dans plusieurs remédes, & l'on en ordonne la chair bouillie ou rôtie comme un aliment excellent & qui fait des effets surprenans dans les personnes les plus desespérées.

Le Commerce des vipéres est assez considérable en France; les Marchands Epiciers-Droguistes en font venir de plusieurs Provinces du Royaume. La plûpart néanmoins de celles qui se consument à Paris viennent de Poitou.

On les envoye, ou vivantes, ou séches. Les vivantes doivent être choisies grosses, bien vives, nouvellement prises. Il faut les conserver dans des lieux tempérez, le grand chaud & le grand froid leur étant également contraires: on met ordinairement du son ou de la mousse dans les tonneaux & dans les bouteilles de verre où on les enferme, mais non pas pour leur nourriture, la vipére pouvant vivre six mois au moins sans manger.

Il n'est guére nécessaire de recommander à ceux qui font ce Négoce de bien fermer les Vaisseaux où ils les gardent, & de ne les laisser toucher qu'à des personnes accoûtumées à la maniére de les en tirer. Le péril & souvent la mort qui suit la morsure des vipéres, ne suffisent que trop pour les obliger d'avoir cette attention.

Les vipéres séches viennent par paquets ordinairement d'une douzaine. Comme c'est une marchandise où les vers se mettent aisément, il est assez difficile de les bien conserver long tems, à moins de mettre du vif-argent, ou de l'absinte dans les Vaisseaux où l'on les garde. Il faut les choisir pesantes, grosses, longues, bien séches, nouvelles tuées, point mortes d'elles-mêmes, ce que la noirceur fait aisément reconnoître, & qui soient toutes garnies de leur cœur & de leur foye.

La poudre de vipére est une drogue facile à sophistiquer, le plus sûr est de la faire soi-même; ce qui est assez aisé n'étant que des vipéres séches réduites en poudre avec leur foye & leur cœur, & passées par le tamis. Cette poudre s'appelle quelque-fois Bezoard Animal, peut-être pour lui donner du relief par un plus beau nom.

Les sels volatils ou fixes de vipéres, leur graisse & l'huile qu'on en tire par le moyen de la chimie, viennent aussi de Poitiers.

On fait venir de Montpellier & d'Italie, sur tout de Padouë, ce qu'on appelle des Trochisques ou Pastilles de vipéres qui sont un des principaux ingrédiens dont on compose la thériaque. Ces trochisques sont une espéce de pâte faite de poudre de vipéres, ou de vipéres bouillies dans de l'eau avec de l'anet, de la racine de dictame, ou de la mie de pain, & de l'huile de muscade, ou de baume de Judée, ou du Pérou. Ceux qui sont faits avec le dictame sont les meilleurs; outre cela il faut qu'ils soient nouvellement & fidèlement composez.

VIPERINE, autrement SERPENTAIRE, ou SERPENTINE. Plante qui fait fuir les serpens qu'on nomme aux Indes Occidentales, Serpens à Sonnette, & qui guérit de leur morsure. *Voyez* SERPENTAIRE DE VIRGINIE.

VIRE', VIRE'E. On appelle Etamine virée, une petite étoffe qui se fabrique à Amiens. Il y en a de deux sortes, les virées simples qu'on nomme autrement étamines jaspées, & les virées double soye. Les unes doivent avoir trente-cinq à trente-six portées de vingt-huit fils chaque portée. Les autres ont autant de portées, mais qui ne sont que de seize à dix-huit fils: la trame de celle-ci, doit être toute de laine d'Angleterre naturelle. *Voyez* ETAMINES.

VIREMENT. Terme de Banque & de Négoce, particuliérement en usage sur la place du Change de Lyon. Il se dit lors que l'on donne en payement à un autre ce qu'on a droit d'avoir par une Lettre ou un Billet de Change; ce qui se nomme Virement de partie, c'est à dire, que l'on change de Débiteur, ou de Créancier; ce qui se fait sur le champ, en écrivant respectivement ce virement, ou changement sur un petit Livre que l'on appelle Bilan.

Tous Viremens de partie doivent être faits en présence de ceux qu'on y fait entrer, ou des Porteurs de leurs bilans, à peine d'en répondre par ceux qui ont fait écrire pour les absens. *Réglement de la Place du Change de la Ville de Lyon du 2 Juin 1667, art.* 8. Voyez BILAN.

Les Viremens de parties sont aussi en usage dans toutes les Banques de Commerce établies dans les principales Villes de l'Europe, particuliérement à Venise qui en a donné l'éxemple aux autres, & à Amsterdam qui a porté sa Banque au plus haut point de crédit qu'il y en ait encore eu jusqu'ici.

L'établissement des comptes courans, ou des Viremens de parties se fit à Amsterdam en 1608, ou, comme d'autres veulent, en 1609. Cette Ville déja si fameuse, se trouvoit accablée de dettes, à cause des emprunts qu'elle avoit été obligée de faire pour soûtenir la guerre pendant près de cinquante ans contre l'Espagne. Les Particuliers qui lui avoient prêté désespérant qu'elle pût jamais s'aquiter, demandérent qu'on fit un capital de ce qui leur étoit dû, & qu'on donnât à chacun d'eux crédit du montant de sa créance dans un Livre de comptes courans, qui seroit tenu pour cet effet à l'Hôtel de Ville, avec faculté de pouvoir assigner à leurs Créanciers particuliers ce qu'ils se devoient les uns aux autres.

Cet expédient parût si convenable, que l'établissement en fut résolu d'un consentement unanime. Le Conseil nommé des Trente-six fut chargé d'en fixer les Loix; & la Ville se rendit caution envers les Particuliers, tant des anciennes créances, que des nouvelles qui pourroient s'y établir par l'argent qu'on y porteroit.

Ce Projet fut si bien éxécuté, si bien suivi, & conduit avec tant d'ordre & de sûreté, que les Négocians trouvant une grande facilité à faire leurs payemens par le moyen des Viremens de parties sans manier d'argent, ni en garder chez eux, recherchérent avec empressement d'avoir des comptes ouverts, & de ne plus traiter d'affaires que par les Viremens de parties; en sorte que présentement il n'y a guére de Particuliers dans les Provinces-Unies, & même dans le reste de l'Europe, pour peu que leur Commerce s'étende vers le Nord, qui n'y soient intéressez directement, ou indirectement. *Voyez l'article des* BANQUES, *particuliérement où il est parlé de celles d'Amsterdam & de Hambourg. Voyez aussi* BANCO.

VIRER PARTIE. C'est changer de Débiteur, ou de Créancier. Toutes parties virées doivent être écrites sur le bilan par les Propriétaires, ou par leurs Facteurs & Agens qui en sont les Porteurs. *Art. 7 du Réglement de la Place du Change de la Ville de Lyon du 2 Juin 1667. Voyez ci-dessus* VIREMENT. *Voyez aussi* BILAN.

VIS, qu'on prononce VISSE. Morceau de fer, ou d'autre métail, rond, menu & long, autour duquel régne une cannelure que l'Ouvrier fait à la main avec une lime, ou dans les trous d'un instrument qu'on nomme une Filiére. Il y a aussi des vis de bois qui servent à plusieurs ouvrages, comme aux presses, aux pressoirs, & à quantité de semblables machines & instrumens de grand volume.

Les vis de fer qui se font à la filiére s'engrainent dans des écrous qui se font avec des taraux.

Les vis qui se font à la main sont propres à servir en bois, & sont amorcées par la pointe. La tête des unes & des autres est presque toûjours fenduë pour la commodité du tourne-vis. Il y en a cependant plusieurs qui l'ont quarrée, & qui se montent avec des clefs.

Les vis en bois ne sont jamais que de fer; mais celles à écrous; c'est à dire, qui se taraudent à la filiére, peuvent être aussi d'or, d'argent, ou de cuivre, suivant les Ouvriers, & les ouvrages.

Il se fait en Forez quantité de vis en bois de toutes grosseurs, & pour la hauteur depuis demi-pouce jusqu'à quatre ou cinq pouces. Les Clinquailliers les achétent de la premiere main à la grosse de douze douzaines, & les revendent en détail au compte & à la piéce aux Menuisiers & Serruriers, à qui elles servent à mettre en place quantité de leurs ouvrages.

Les vis à la filiére, de quelques matiéres qu'elles soient, se font ordinairement par les Ouvriers à mesure qu'ils en ont besoin; à la réserve des grandes vis à serrures, à tête plate & quarrées, qui se vendent avec leurs écrous par les Clinquailliers.

Les Vis de fer payent en France les droits d'entrée & de sortie sur le pied de Clinquaillerie. Voyez CLINQUAILLERIE.

VISITATION. C'est le droit que les Maîtres & Gardes & les Jurez des Corps & Communautez ont d'aller chez les Marchands & Maîtres de leur Corps & Communauté visiter & examiner leurs poids, mesures, marchandises & ouvrages, pour, en cas de fraude, mauvaise qualité, ou contravention aux Statuts & Réglemens, en faire la saisie, & en obtenir la confiscation des Officiers de Police par devant lesquels ils doivent se pourvoir, & faire leur raport dans les vingt-quatre heures. *Voyez les articles suivans.*

VISITATION ROYALE. On appelle Juré de la Visitation Royale, les quatre grands Jurez de la Communauté des Maîtres Corroyeurs & Baudroyeurs de la Ville de Paris: les quatre petits sont nommez Jurez de la Conservation. *Voyez* CORROYEUR.

VISITE. Acte de jurisdiction qu'éxercent les Maîtres & Gardes des Corps des Marchands, & les Jurez des Communautez des Arts & Métiers, sur tout ceux qui sont tenus de l'observation de leurs Statuts & Réglemens.

Il se fait de deux sortes de visites par les Maîtres & Gardes & les Jurez; les visites d'obligation, & les visites volontaires. Les visites d'obligation sont fixées à certains tems par les Statuts, & alors il est dû un droit aux Jurez pour leur visite. Les visites volontaires sont celles que ces Officiers des Corps & Communautez font hors du tems marqué, pour tâcher de trouver les Maîtres en contravention, soit qu'ils en ayent été avertis, soit qu'ils veuillent, par ces visites imprevûës, les tenir plus attentifs à l'observation des Statuts; pour lors le Maître visité n'est tenu au payement d'aucun droit. Dans l'un & l'autre cas l'on est également obligé de souffrir la visite sans résistance, & d'ouvrir les portes des magazins & boutiques dont on demande l'ouverture, & de représenter les poids & même les marchandises, ouvrages & outils que les Maîtres & Gardes souhaitent de voir & visiter.

Il est d'un usage presque universel dans toutes les Communautez, que non seulement les Jurez qui sont actuellement en Charge, mais encore quelque-fois les Maîtres qui ont éxercé la Jurande, ne sont point sujets à la visite, ou du moins sont éxempts d'en payer les droits; au contraire il est très-rare que les Jurez d'une Communauté éxercent ce droit sur les Maîtres d'une autre Communauté. Il y en a cependant quelques éxemples, entr'autres dans celle des Corroyeurs, dont les Jurez doivent être appellez tous les deux mois par ceux des Maîtres Cordonniers pour faire la visite chez les Maîtres de la Cordonnerie. On en voit aussi des éxemples dans la Sayetterie d'Amiens & la Sergetterie de Beauvais. *Voyez ces deux articles.*

On appelle aussi Visites, les descentes que font les Jurez de quelques Communautez accompagnez d'un Commissaire dans les chambres, boutiques, ou magazins de ceux qu'ils soupçonnent, ou qu'ils sont avertis, qui travaillent aux ouvrages qu'il n'appartient qu'à leur Communauté de fabriquer, ou de vendre, pour saisir & enlever lesdits ouvrages.

Il faut aussi que les Jurez se fassent accompagner d'un Commissaire, & même, suivant l'éxigence des cas, qu'ils obtiennent Permission des Officiers du Châtelet, pour les visites qu'ils veulent faire dans les lieux Privilégiez de Paris, comme sont le Temple, S. Jean de Latran, & autres semblables.

VISITE. Se dit pareillement de l'Assemblée qui se fait dans les Bureaux de certaines Communautez, pour visiter & marquer d'un plomb les étoffes de laine, fil, soye, coton, poil & autres matiéres qui s'employent dans les Manufactures.

Il s'en fait ordinairement deux; la premiére des étoffes en écru; c'est à dire, telles qu'elles sont au sortir du métier;

métier; & la seconde, quand elles ont tous leurs apprêts. C'est à cette derniére qu'on appose la marque qu'on appelle communément Plomb de loyauté.

Ces deux visites sont précédées d'une autre qui se fait dans l'ouvroir des Tisserans où l'on marque les piéces sur le métier, ou estille : celle-ci est pour voir si elles ont le nombre de fils & de portées ordonnées par les Réglemens.

VISITE. On appelle encore de la sorte la fonction des Inspecteurs des Manufactures, soit qu'ils se transportent chez les Fabriquans pour y examiner les matiéres qu'ils employent, les métiers dont ils se servent, & la maniére qu'ils travaillent & apprêtent les étoffes ; soit qu'ils se trouvent aux Foires assistez des Juges de Police & des Maîtres & Gardes, pour voir si elles ont les divers plombs de fabrique qu'il leur convient, & si lesdits Jurez ne les ont mis qu'à des étoffes de bonne qualité, & des largeurs & longueurs prescrites par les Statuts & Réglemens.

VISITE. C'est aussi l'examen que font les Commis dans les Douanes & Bureaux où se payent les droits du Roi, pour voir si les marchandises contenuës dans les bales, balots, caisses, &c. sont conformes aux déclarations & factures, & s'il n'y en a point de contrebande. Ces Commis s'appellent ordinairement Visiteurs. *Voyez ci-après.*

VISITE. On appelle Droit de visite dans le Commerce de Mer, le salaire qui se paye à l'Huissier-Visiteur de l'Amirauté, qui se transporte sur un Vaisseau Marchand, pour connoître de quelles marchandises il est chargé. Ce droit n'est point réputé Avarie, & doit être payé par le Maître seul. *Voyez* HUISSIER-VISITEUR, *ou* AVARIE.

VISITER. C'est faire les visites dont il est parlé dans l'article précédent.

VISITER LA LETTRE. Terme de Fondeur de caracteres d'Imprimerie. C'est après qu'on a tiré la Lettre du moule où elle a été fonduë, examiner si elle est parfaite; pour, si elle l'est, en rompre le jet, & la donner aux Ouvriers & Ouvriéres qui frotent & achévent les caractéres; ou si elle ne l'est pas, la mettre à la refonte. *Voyez* FONDEUR DE CARACTERES.

VISITEUR. Celui qui a droit, ou qui est commis pour visiter les étoffes, les marchandises, les ouvrages des Artisans, les Vaisseaux qui sortent des Ports ou qui y entrent. Les fonctions des Visiteurs consistent à voir & examiner si dans toutes ces choses & quelques autres il n'y a rien de contraire aux Edits, Déclarations & Ordonnances, & aux Arrêts, Réglemens & Statuts.

Dans ce sens général les Inspecteurs des Manufactures, les Maîtres & Gardes des Corps des Marchands, les Jurez & Esgards des Communautez, & tous les Commis des Bureaux des Fermes, traites & autres droits du Roi sont autant de Visiteurs; mais comme ils sont communément connus sous d'autres noms, on n'appelle guére Visiteurs que trois sortes d'Officiers ou Commis à qui cette qualité est, pour ainsi dire, devenuë propre.

Ces Officiers sont les Auneurs-Visiteurs de toiles, & les Huissiers-Visiteurs de l'Amirauté. On parle des uns & des autres à leurs propres articles où l'on peut avoir recours.

A l'égard des Commis-Visiteurs, ce sont ceux qui dans les Douanes de France, & particuliérement dans celle de Paris, sont établis pour la visite des marchandises sujettes aux droits d'entrée & de sortie, qui ouvrent les bales, balots, tonnes, caisses, &c. lors qu'elles arrivent, ou qui les plombent du plomb de leur Douane quand elles partent, pour qu'elles ne soient point ouvertes dans les autres Bureaux de la route. On entre ailleurs dans un plus grand détail de leurs fonctions. *Voyez* DOUANE.

VISORIUM. Terme d'Imprimeur. C'est une petite late sur laquelle le Compositeur attache sa copie.

On appelle le Mordant du Visorium une espéce de petite pince de bois qui fait ressort, & qui, pour ainsi dire, mord la copie pour la faire tenir sur la late. *Voyez* IMPRIMEUR & IMPRIMERIE. *Voyez aussi* CHEVALET.

VITRE. Verre que l'on met aux croisées, chassis, & portes des maisons, pour empêcher l'entrée du vent, & laisser passage à la lumiére. *Voyez* VERRE.

VITRER. C'est garnir de verre les lieux & les choses qui en ont besoin.

VITRIER. Ouvrier qui employe le verre, le coupe & le dresse, pour en construire des panneaux avec du plomb, en garnir des chassis à carreaux, faire des lanternes & autres ouvrages appartenans au métier de Vitrier. L'Art de peindre sur le verre est aussi de la profession de Vitrier. Il en est parlé amplement à l'article du Verre, où l'on peut avoir recours.

La Communauté des Maîtres Vitriers-Peintres sur verre de la Ville de Paris a reçû ses premiers Statuts sous le Régne de Louïs XI. qui leur en fit expédier des Patentes le 24 Juin 1467, enregistrées aux Registres du Châtelet le 26 Août de la même année.

Les Maîtres qui s'étoient depuis établis dans les Fauxbourgs faisant une espéce de Communauté à part, il fut trouvé à propos dans la suite, pour éviter les troubles qui arrivoient souvent, de les réünir à la Communauté de la Ville, d'où ils prirent le nom de Maîtres de la Réünion, & les Statuts de 1467 furent depuis ce tems-là communs aux uns & aux autres.

En 1665, en exécution d'un Arrêt du Parlement du 25 Février de la même année, les anciens Statuts furent réformez, & de nouveau dressez, qui sur l'avis du Lieutenant Civil & Procureur du Roi du Châtelet du 11 Janvier 1666, furent approuvez & confirmez par Lettres Patentes du Roi Louïs XIV. du 22 Février suivant, enregistrées en Parlement le 19 Avril de la même année.

Avant que de donner un extrait des Statuts, il n'est pas hors de propos de remarquer, que quoi que les Maîtres de la Ville & du Fauxbourg eussent été réünis, & eussent les mêmes Réglemens, le nombre de ceux de la Ville & leur crédit dans la Communauté entretenoit en quelque sorte la division d'autre-fois ; les Maîtres de la réünion n'étant point appellez ni aux réceptions des Maîtres en Chef-d'œuvre, ni aux élections des Jurez, ce qui les excluoit de la Jurande & des droits & Priviléges atachez à ces emplois. Les Maîtres de la réünion s'étant pourvûs en 1682, pour être rétablis dans la commune prérogative; enfin, après un long procès il intervint un Arrêt définitif du Parlement du 5 Août 1687, qui ordonna, Que les Maîtres du Fauxbourg jouïroient de tous les droits & Priviléges accordez à ceux de la Ville, assisteroient à l'élection des Jurez, & seroient admis à la Jurande.

Les Statuts de cette Communauté consistent en trente-cinq articles. Par le premier l'élection des Jurez est ordonnée par chacun an le lendemain du jour & Fête de S. Marc qui en est le Patron.

Ils sont au nombre de quatre, dont néanmoins il ne s'en élit que deux chaque année pour remplir la place des deux Anciens qui sortent de Charge. Ces Jurez en conséquence du vingt-troisiéme article de ces mêmes Statuts, ne peuvent être élûs que du nombre des Maîtres Chef-d'œuvriers, & non des Maîtres de Lettres, qui par ledit article sont exclus pour toûjours de la Communauté, & n'y peuvent être incorporez, ni admis à la Jurande qu'ils n'ayent fait Chef-d'œuvre.

Le deuxiéme article jusqu'au cinquiéme inclusivement traite des Apprentifs qui sont obligez pour quatre ans, & seulement un à la fois, & doivent servir encore six années en qualité de Compagnons chez les Maîtres, à moins qu'ils n'aiment mieux aller passer ces six années chez les Maîtres des autres bonnes Villes du Royaume, dont il faut qu'ils rapportent certificat.

Dans le sixiéme article & les suivans jusques & compris le neuviéme, il est parlé des Aspirans à la Maîtrise, de la maniére de les présenter, du Chef-d'œuvre qu'ils doivent faire, & les droits qu'ils payent.

Dans les douze suivans est contenu ce qui regarde les Maîtres, ce à quoi ils sont tenus, & ce qui leur est défendu.

Les 23, 24 & 25 sont pour les Veuves & les Filles de Maîtres.

Les 26 & 27 réglent qu'aucun dudit Art & Métier ne pourra être élû Juré, qu'il n'ait été Maître de la Confrairie, & qu'il n'ait dix ans de Maîtrise.

Le reste des articles n'est que de discipline, à l'exception du 34, qui ordonne que les Privilégiez feront enregistrer leurs Lettres au Châtelet, & régle la maniére dont le verre sera loti entre les Maîtres & eux.

Le Roi Louïs XIV. ayant créé par son Edit du mois de Mars 1691 des Maîtres & Gardes, Jurez & Syndics des Corps des Marchands & des Arts & Métiers dans toutes les Villes & Bourgs clos du Royaume, la réünion des Jurez du Corps des Maîtres Vitriers fut accordée à leur Communauté par Déclaration du Roi du 3 Juillet de la même année; & par Arrêt du Conseil du 16 Août 1696 furent pareillement incorporez à ladite Communauté les Offices d'Auditeurs-Examinateurs des comptes des Corps & Communautez créez par l'Edit du mois de Mars 1694.

Les outils & les autres choses nécessaires aux Vitriers sont, un fourneau avec la poile pour recuire les piéces, un fleau pour porter l'ouvrage en Ville; une grande table blanchie, qu'on appelle le Patron; deux régles, l'une grande, l'autre petite; deux compas de diverses grandeurs, un moule à liens, une lingotiére, un tire-plomb; deux diamans, l'un à rabot, l'autre à queuë; un grezoir, une drague, un plaquesin, un fer à souder avec ses mouflettes; l'ais feuillé, l'estamoi, la boîte à Poix-résine, une grande équerre, des tenailles, un marteau, une besaiguë, des brosses, des tringlettes, un couteau à racoutrer, une pointe, un barillet à cole & sa brosse; enfin, des pointes à atacher les panneaux & les piéces de verre.

Toutes ces choses sont expliquées à leur article suivant l'ordre alphabétique.

VITRIOL. Espéce de sel fossile ou de minéral, qui se trouve dans les mines de cuivre. Le Vitriol a différentes dénominations suivant les différens lieux d'où on le tire. Ils différent aussi les uns des autres par la couleur, y en ayant de blanc, de bleu & de verd. Le Vitriol Romain est blanc, celui de Chypre est bleu, & ceux de Pise & d'Allemagne tirent sur le verd. Le Vitriol blanc ne participe guére du métail, le bleu tient du cuivre, & le verd du fer.

Les Anciens nommoient *Chalcitis*, ou *Chalcite* le Vitriol naturel; c'est à dire, celui qui aquiert toute sa perfection dans les entrailles de la terre, & qui est une espéce de pierre de couleur rougeâtre. Ils lui donnoient comme trois diverses transformations. Le Chalcitis dans son premier état s'appelloit *Misi*, il se changeoit ensuite en *Melanteria*, & enfin il devenoit *Sori*.

Les Modernes prennent pour cette drogue le colcotar qui vient de Suéde & d'Allemagne. Le meilleur est celui qui est d'un rouge-brun, & d'un goût de Vitriol, qui fond aisément dans l'eau, & qui étant cassé, soit couleur de cuivre un peu brillant.

Les autres Vitriols que nous avons nommez ci-dessus sont proprement factices; & ce n'est qu'une cristalisation qu'on tire par le moyen de l'eau d'une espéce de marcassite qui se trouve ordinairement dans les mines de cuivre. On nomme quelque-fois ces marcassites *Pyrites*, ou *Quis*, qui, à ce que dit un Auteur moderne, se trouvent assez communément à Passy près Paris, au dessous des terres glaises.

Le Vitriol Romain se fait en exposant ces *Quis*, ou *Pyrites*, à l'air jusqu'à-ce qu'ils se calcinent & se convertissent en chaux de couleur verdâtre. En cet état on les jette dans l'eau, & ensuite par le moyen du feu on les réduit en ces espéces de cristaux qu'on envoye d'Italie. Tous les autres Vitriols se font de même; c'est à dire, à peu près comme l'alun en Angleterre, & le salpêtre en France.

C'est du Vitriol Romain dont on se sert dans la fameuse poudre de sympathie, dont les effets merveilleux qu'on en publie approcheroient du miracle, si l'expérience, n'en désabusoit les plus entêtez. Il faut pourtant convenir que cette poudre bien composée est excellente pour guérir les playes & arrêter le sang, pourvû que ce soit par application sur la partie blessée, & non pas de loin & en passant seulement des linges trempez dans le sang qui en est sorti, comme bien des gens osent l'assurer.

Il y a deux sortes de Vitriol de Chypre, l'un en gros morceaux qu'on appelle Vitriol de la Compagnie, parce que la Compagnie Françoise des grandes Indes en a la premiére apporté; l'aute le Vitriol taillé, parce qu'effectivement il est taillé en pointe de diamant; celui de Hongrie est tout semblable à celui de Chypre; le meilleur est celui qui étant cassé est d'un beau bleu céleste.

Les Chimistes font quantité de compositions avec le Vitriol. Ils appellent Vitriol de Mars, de Vénus, &c. de l'Esprit de Vitriol corporifié; c'est à dire, mêlé avec du fer ou d'autres métaux qui portent les noms de ces planettes.

La couperose est aussi une espéce de Vitriol. *Voyez* COUPEROSE.

Ce qu'on appelle Calcanthum n'est autre chose que du

Vitriol rubifié & non pas le Colcotar comme quelques-uns le prétendent.

Suivant le Tarif de 1664 les droits d'entrée sur le Vitriol sont fixez à 7 liv. 10 s. du cent pesant.

Quant à la sortie cette drogue ne paye aucune chose en justifiant que le droit d'entrée en a été aquité.

Les droits de la Douane de Lyon sont; savoir, le Vitriol étranger 12 s. 3 den. du quintal, & le Vitriol du Païs 6 s. 8 d.

Le Vitriol de Chypre est du nombre des marchandises du Levant sur lesquelles il se léve vingt pour cent suivant l'Arrêt du 15 Août 1685.

VIZIR-KAN. On nomme ainsi à Constantinople un grand bâtiment quarré à deux étages, rempli haut & bas de boutiques & d'ateliers où l'on travaille à peindre des toiles de coton; c'est aussi où s'en fait le Commerce.

UN. Qui est seul en nombre. Le commencement d'un nombre.

Un multiplié par lui-même ne produit jamais qu'un; une fois un est un. Un joint à un autre un fait deux; un & un font deux. Un en chiffre Arabe s'écrit ainsi (1) en chiffre Romain (I.) & en chiffre François de compte, ou de Finance, ainsi (*j.*)

UNGUIS-ODORATUS. Sorte de coquillage dont on se sert en Médecine, qu'on nomme autrement Blata-Bizantia. *Voyez* BLATA-BIZANTIA.

UNIE'ME. Terme numéral ordinal, qui ne se dit jamais seul, mais qu'on joint aux dizaines & centaines. Vingt & uniéme, trente & uniéme, cent & uniéme.

UNITE'. Le commencement d'un nombre, de même que le point l'est de la ligne. Quelque nombre que ce soit n'est à proprement parler que l'assemblage de plusieurs unitez.

VOGUER. Terme de Chapelier. Faire voguer l'étoffe. C'est faire voler sur une claye par le moyen de la corde qui est tenduë sur l'instrument qu'on appelle un Arçon, le poil, la laine, ou autres matiéres dont on veut faire les capades d'un chapeau. *Voyez* CHAPEAU *où l'on parle de sa fabrique.*

VOIDE, que l'on écrit & que l'on prononce plus ordinairement Vouede. Espéce de pastel qui croît en Normandie, & qui sert à teindre en bleu. *Voyez* VOUEDE.

VOILE. Terme de Marine qui signifie un assemblage de plusieurs lez de toile ordinairement de chanvre écru, cousus ensemble par les lisiéres, & bordez tout autour d'un cordage qu'on nomme Ralingue, qu'on attache aux vergues & aux étais d'un Vaisseau, pour le faire voguer par le moyen du vent qui s'y engoufre.

Les principales Voiles sont, la grand Voile ou grand Pacfi, le petit pacfi, ou Voile de Misaine, la Voile d'Artimont, la Sivadiére, les voiles du grand & petit Hunier, du grand Perroquet, des Perroquets de Fougue, de Foule, d'Avant & de Beaupré, &c. On les distingue encore par Voiles de l'Avant, Voiles de l'Arriére, & basses Voiles.

VOILE, Toile à Voiles. C'est de la toile propre à faire des Voiles. Il se fabrique en Bretagne une grande quantité de ces toiles à Voiles de chanvre qui se consument partie pour les Vaisseaux François de cette Province, & partie dans les Païs étrangers où elles sont envoyées. Celles dont la consomption est la plus considérable sont les Noyales, les Polledavy, la petite Olone, les Locrenan, & celles qu'on nomme Perte. *Voyez tous ces articles. Voyez aussi l'article général des Toiles.*

Les toiles à Voiles qui se fabriquent dans la petite Ville de Beaufort en Anjou, ne sont bonnes que pour les menuës Voiles. *Voyez* TOILE *où il est parlé de celles de la Province d'Anjou.*

Il se fait aussi de grosses Toiles dont la chaîne est de coton & la trême de fil de chanvre, qui sert à faire des Voiles pour les Galéres & petits Bâtimens, & pour les perroquets des grands Navires.

Il y a encore une sorte de toile à Voiles qui se fait en Hollande, à laquelle on donne le nom de Cannevas, ou de Cannefas. *Voyez* CANNEVAS.

VOILE. Est encore un nom que l'on donne à certaines étamines très-légéres qui se fabriquent ordinairement à Reims. *Voyez* ETAMINE.

VOILE. C'est aussi une espéce de toile de coton qu'on tire de Bengale, que les Vaisseaux de la Compagnie Françoise des Indes Orientales apportoient avant que le Commerce en fut défendu. *Voyez* TOILE. *où il est parlé des Toiles qui viennent des Indes.*

VOILES. On appelle ainsi en Lorraine ce qu'on nomme ailleurs des Trains; ils sont composez des planches qui se scient dans les montagnes de Volge & qu'on conduit & fait floter sur la Moselle pour les mener à Nancy, ou à Metz.

VOILEURS. Ce sont les Mariniers qui conduisent les voiles ou trains de bois de la Moselle.

VOITURE. Ce qui sert à voiturer & porter les personnes, leurs hardes, les marchandises & autres choses que l'on veut transporter & faire passer d'un lieu à un autre.

Il y a des Voitures particuliéres & des Voitures publiques, des Voitures par eau & des Voitures par terre.

On appelle Voitures particuliéres celles que les Particuliers ont chez eux pour leur propre commodité & pour celle de leur famille, qu'ils entretiennent à leurs dépens; celles-ci n'ayant aucun rapport au Commerce, on n'en dira rien davantage.

Les Voitures publiques sont celles dont chacun a la liberté de se servir en payant tant par tête pour les personnes, ou tant de la livre pesant pour les hardes, marchandises & autres effets.

Ces sortes de voitures sont encore de deux sortes; les unes qu'il n'est pas permis d'avoir & de fournir qu'en vertu d'un Privilége, comme sont les chariots, charettes, fourgons & chevaux des Messageries; les coches & carrosses qui partent à jour marqué pour certaines Villes & Provinces; & les caléches, chaises, litiéres & chevaux de poste & de louage.

Les autres voitures publiques sont celles qu'il est libre à toutes personnes d'entretenir, d'avoir & louer, comment & à qui bon il semble; comme les haquets, charettes sans ridelles & chariots des Voituriers & Rouliers, Coquetiers, Chasse-marée, &c. *Voyez* Messager, Messagerie, Coche, Carrosse, Poste, Voiturier, Roulier, Chasse-marée, Coquetier, Poulaillier, &c.

Les Voitures par eau sont en général tous les Bâtimens qui servent à transporter par Mer & sur les fleuves, Riviéres, lacs, étangs & canaux les personnes ou marchandises, soit qu'ils aillent à la voile ou à la rame, & que des hommes, ou des animaux les tirent; on ne le dit pas néanmoins si ordinairement des Navires, Vaisseaux, Frégates & autres tels grands Bâtimens de Mer.

En France les principales de ces voitures sont les Coches d'eau, les Foncets, les Chalans, les Barques, les grandes & petites Alléges, & diverses sortes de bateaux qui ont différens noms, suivant les Riviéres sur lesquelles ils servent, & les Provinces où ils ont été construits; qui toutes sont employées au transport des bois, vins, bleds, épiceries, sels, salines & autres sortes de drogues & marchandises qui s'apportent à Paris, ou qu'on envoye d'une Province à une autre.

Les Voitures par terre. Ce sont ou des machines inventées pour porter avec plus de commodité & en plus grande quantité les personnes & les bales, balots, caisses & tonneaux de marchandises, tirez par diverses sortes d'animaux suivant les Païs, ou bien ces mêmes animaux qui servent de monture, & sur les bas desquels on charge des fardeaux proportionnez à leurs forces.

Les voitures de terre pour le transport des Voyageurs & marchandises, dont l'usage est le plus commun en France & dans une bonne partie des Etats de l'Europe, sont les carrosses, chariots, caléches, berlines & coches à quatre roues; & les chaises, charettes & fourgons qui n'en ont que deux. Ces machines roulantes sont tirées par des chevaux, des mulets, des mules, des bufles & des bœufs. On se sert aussi des traîneaux en hiver, & lors que la terre est couverte de nége sur tout dans les Païs du Nord; en quelques endroits, comme dans la Laponie & la Siberie, ils sont tirez par des rennes qui sont des espéces de cerfs; par tout ailleurs & pour l'ordinaire ce sont des chevaux qui les traînent. *Voyez* Rennes *&* Traîneaux.

Tous les animaux qu'on vient de nommer à la réserve des rennes, sont propres à la charge, & peuvent transporter des marchandises sur leur dos; sur tout les mules & mulets qui sont d'un grand usage, & très-sûrs dans les Païs de montagnes.

Dans les caravanes de l'Asie & les cafilas de l'Affrique on se sert de chameaux & de dromadaires. *Voyez* Chameau *&* Dromadaire. *Voyez aussi* Caravane *&* Cafila.

En quelques endroits de l'Amérique Espagnole, & sur tout dans le Pérou & le Chilly, les vigognes, les llamas & les alpagnes qui sont trois sortes d'animaux de la grandeur d'une médiocre bourique, mais qui n'ont pas tant de force, servent non seulement pour le transport des vins & autres marchandises, mais encore pour celui des minerets & pierres métaliques des mines d'or & d'argent si communes dans cette partie de l'Amérique.

Enfin, le palanquin qui se porte sur les épaules de deux, de quatre ou de six hommes, & la litiére qui fait la charge de deux mulets sont aussi des voitures, mais seulement pour les Voyageurs. La premiére est d'usage dans les Indes Orientales, & la seconde dans presque toute l'Europe.

Voitures d'Aléxandrette à Alep.

Quelques particularitez concernant les voitures sur lesquelles on transporte les marchandises d'Aléxandrette à Alep, ayant été oubliées dans l'article général du Commerce du Levant, on a jugé à propos de les placer ici.

Toutes les marchandises qui arrivent à Alep, soit qu'elles y viennent d'Aléxandrette où on les apporte par la voye de la Mer, soit qu'elles y soient transportées par terre des autres Etats du Grand Seigneur ou du Roi de Perse, n'y sont voiturées que sur des chameaux, des chevaux, ou des mulets, ce qui oblige les Marchands qui font ce Négoce à faire leurs caisses, ou leurs balots, d'un poids & d'un embalage propre à être portées sur le dos de ces animaux, afin de n'être pas obligez de les débaler à leur arrivée à Aléxandrette.

Les chevaux & les mulets portent ordinairement deux balots de 50 à 55 rotolis d'Alep qui reviennent à 400 ou 425 livres d'Amsterdam.

A l'égard des chameaux, leur charge aussi divisée en deux bales peut être de 70 à 75 rottolis, ce qui est un tiers de plus que ce que peuvent porter les chevaux, ou les mulets.

C'est toûjours sur cette pesanteur que les Nations Françoise, Angloise & Hollandoise ont coûtume de se régler, y ayant rarement des balots d'un poids plus considérable.

Voiture. S'entend aussi des personnes & des marchandises qui sont transportées. On dit dans ce sens, une pleine Voiture, lors que les huit places d'un carrosse & les seize places d'un coche par terre sont remplies; & demi-Voiture quand il n'y en a que la moitié. De-même quand un Roulier n'a pas toute la charge des marchandises qu'il peut porter, on dit qu'il ne part qu'à demi-Voiture, qu'avec un tiers de la Voiture.

En fait de Commerce de Mer on dit, Charge, Chargement, Cargaison. *Voyez ces trois articles.*

Voiture. Est encore le droit ou le prix que chaque personne doit payer pour être menée en quelque lieu, & celui qui est dû pour les hardes & marchandises qu'on fait voiturer, soit par eau, soit par terre, soit dans des charettes, carrosses ou chaises, &c. soit sur le dos des bêtes de charge. Il m'en a tant couté de voiture pour aller à Orleans. Les Rouliers de Lyon font payer deux sols par livre de voiture.

Le terme de Fret, ou de Nolis, est plus en usage sur Mer que celui de Voiture. *Voyez* Fret.

Une Voiture d'Argent. C'est quelque-fois plusieurs chariots, charettes & mulets chargez d'espéces monnoyées; comme quand on dit, Il est arrivé une voiture d'argent à l'Armée pour payer les troupes. Quelque-fois ce n'est qu'un seul baril, ordinairement de fer, rempli d'espéces que les Receveurs particuliers envoyent aux Commis des Recettes générales, & dont ils chargent les Messagers, ou autres Voituriers à tant le cent pesant. J'ai reçû une voiture d'argent du Receveur des tailles de Nemours.

Une Voiture de Sel. C'est une certaine quantité de muids de sel qui arrive, ou sur des bateaux, ou sur des charettes, chariots, &c. pour remplir les greniers à sel, soit de dépôt, soit de distribution. *Voyez* Gabelle. On dit aussi, Une voiture de drap, Une voiture de sucre; pour dire, une charette chargée de ces marchandises.

Lettre de Voiture. Ecrit que l'on donne à un Voiturier, contenant la quantité & la qualité des piéces, caisses, bales & balots de marchandises qu'on lui confie, afin qu'il puisse se faire payer de ses salaires par celui à qui elles

elles sont adressés; & qu'aussi celui qui les reçoit puisse voir si elles arrivent bien conditionnées, au nombre qu'elles lui ont été données, ou au jour qui y est marqué.

On nomme sur Mer Charte-partie & Connoissement, ou Manifeste, l'écrit ou registre qui contient les marchandises & passagers dont un Vaisseau Marchand est chargé. *Voyez ces deux articles & celui de* LETTRE DE VOITURE.

Les Cochers des carrosses, coches & carioles publiques qui servent au transport des personnes, ont aussi leur feuille, ou lettre de voiture, qu'ils sont obligez de montrer aux Commis que leurs Maîtres mettent souvent sur les routes, pour faire connoître qu'ils n'ont pris personne en chemin, & qu'ils n'ont que la charge avec laquelle ils sont partis.

VOITURER. Transporter sur des voitures, soit par eau, soit par terre, des personnes, des hardes, des marchandises, &c. On a voituré à la Douane quantité d'argent des recettes des Provinces. Je cherche à faire voiturer à Strasbourg les habits du Régiment du Roi.

VOITURIER. Celui qui voiture, qui se charge de transporter d'un lieu à un autre des personnes, des marchandises, des papiers, de l'or, de l'argent, des vins, des bois, &c. même des Prisonniers, moyennant un prix, ou fixé par les Supérieurs & les Magistrats de Police, ou arbitraire & tel que le Voiturier en convient avec les Marchands, ou autres Particuliers qui se veulent servir de son ministére.

Dans cette signification si étenduë du terme de Voiturier, sont compris non seulement les Voituriers proprement dits, qui sont les Rouliers & les Bateliers, ou Maîtres de barques & de bateaux qui voiturent librement par toute la France, soit par terre, soit par eau; mais encore les Messagers, les Maîtres des carrosses, les Loueurs de chevaux, les Fermiers des coches par eau, les Maîtres des Postes, & autres sortes de Voituriers, qui sont Fermiers, & qui ont des Privilèges & des Pancartes; mais comme on a parlé de ces derniers dans les articles qui leur sont propres, où l'on peut avoir recours, l'on ne traitera ici que des Voituriers-Rouliers par terre, & de ceux qui font des voitures par eau sans avoir besoin de prendre des provisions, ni d'obtenir des permissions de voiturer.

L'on a toûjours considéré la liberté du roulage par terre & des voitures par eau, non seulement comme très-avantageuse au Commerce, mais encore comme d'une nécessité absoluë pour le maintenir & le faire fleurir en France; & c'est aussi ce qui a toûjours fait échouer les tentatives que des gens d'affaires peu instruits de ce qui peut être utile ou nuisible au Négoce ont souvent faites, de mettre, pour ainsi dire, en parti toutes les voitures publiques.

En effet, tant de créations en titre d'Offices, de Rouliers, Voituriers, Contrôleurs, Peseurs, Visiteurs, Intendans, Sur-Intendans, Commis & Commissionnaires des Voituriers qui ont paru de tems en tems, ont toûjours été aussi-tôt supprimées que faites, comme on le peut voir par les divers Edits, Déclarations & Arrêts des dernier Septembre 1634, 16 Mai 1635, 20 Mars 1655, 29 Mars 1656, 12 Avril 1657, 24 Juillet & mois d'Octobre 1658, & 18 Juin 1659.

L'on a parlé ailleurs de la création & suppression de quelques-uns de ces Offices, & particuliérement de ceux des Commissionnaires des Voituriers créez en 1705, & supprimez en 1706. *Voyez* COMMISSIONNAIRE DES VOITURES.

Il est vrai que quoi que ces Offices ayent été supprimez, & les Voituriers rétablis dans leur ancienne liberté, la plûpart des droits qui y avoient été attribuez ont subsisté, & ont été réünis aux Fermes du Roi; & c'est en partie pour cela que tous les Rouliers-Voituriers conduisant les bales, balots, caisses, tonneaux, &c. appartenant aux Marchands, Négocians & autres personnes, sont obligez de faire passer leurs voitures par les Douanes & Bureaux des Fermes, pour y payer ces droits conservez au profit de Sa Majesté.

Cette liberté du roulage par terre & des voitures par eau ne consiste pas néanmoins dans une entiére indépendance; & quoi que les Voituriers ne soient pas unis en Communauté, ils ont cependant leur Réglement qu'ils doivent observer, & que les Rois, ou les Magistrats de Police leur ont donné pour la sûreté publique, & comme une espéce de discipline qu'ils sont obligez d'observer entr'eux & avec les autres.

Voici en quoi les Voituriers sont libres.

1. En ce que toutes personnes qui sont en état d'entretenir des équipages, peuvent aussi entreprendre des voitures sans d'autre aveu & permission que celle qui leur vient de leur volonté & de leur faculté.

2. En ce que leur arrivée & départ ne sont point fixez à certains jours, & pour de certains lieux.

3. Enfin, principalement en ce qu'ils n'ont point d'autre prix réglé que celui dont les Marchands, ou autres personnes conviennent avec eux, qui peut augmenter ou diminuer suivant certaines occasions.

Cette derniére liberté du prix des voitures est sur tout si considérable & si importante pour le Commerce, que les six Corps des Marchands, dans un Mémoire présenté en 1701 à M. de Chamillart, pour lors Contrôleur Général des Finances, pour l'éxécution du Réglement de 1678 sur le fait des voitures, ausquelles des Déclarations & Arrêts de 1681 & 1684 avoient donné ateinte, l'appellent le Bras droit du Commerce; & ne craignent point d'avancer que ce qui leur coutoit vingt-cinq ou trente livres pour le port de leur marchandise par les Messagers, coches & carrosses à ferme, ne leur revenoit qu'à six livres par les Rouliers, à cause de la fixation du prix que les Voituriers-Fermiers ne diminuent jamais, & du prix volontaire dont on convenoit avec les autres, & dont les Marchands étoient aussi-bien les Maîtres que les Voituriers Rouliers.

Les principaux Réglemens pour les Voituriers, faits particuliérement pour ceux qui arrivent à Paris, ou qui en partent, sont les Réglemens contenus dans le deuxiéme & troisiéme chapitre de l'Ordonnance de Louis XIV. pour la Ville de Paris du mois de Décembre 1672, concernant les Voituriers par eau, & le Réglement du 25 Juin 1678, dressé au Conseil pour les Voituriers par terre.

L'Ordonnance des Aides du mois de Juin 1680, celle du 22 Juillet 1681, & celle du mois de Février 1687, des cinq grosses Fermes; aussi-bien que divers Arrêts du Conseil, entr'autres ceux du 25 Juillet 1684 & 29 Mai 1688, contiennent aussi plusieurs articles concernant également les Voituriers par terre & par eau, principalement leurs Lettres de voiture; de toutes lesquelles Ordonnances, Réglemens & Arrêts on se contentera d'exd'extraire ici ce qui paroît de plus important, & d'un usage plus commun.

Les principaux articles de l'Ordonnance de la Ville de Paris de 1672, qui concernent les Voituriers par eau, sont les 1, 2, 3, 5, 7, 8 & 9 du second chapitre, & les 6, 7, 8, 11, 12, 14, 15 & 16 du troisiéme.

Par le premier du second chapitre il est permis de voiturer tous les jours, excepté les jours des quatre Fêtes solennelles, qui sont Noël, Pâques, Pentecôte & Toussaints.

Le second défend d'aller par les Riviéres qu'entre Soleil levant & couchant, & de se mettre en chemin en tems de vent & de tempête.

Le troisiéme & le cinquiéme reglent le passage des ponts & pertuits, & la rencontre des bateaux en pleine eau; & ordonne que les bateaux qui descendent se garent jusqu'à-ce que ceux qui montent les ponts & pertuits soient passez; & au contraire si c'est en pleine Riviére, que les montans se garent vers la terre, pour laisser passer les avalans.

Le septiéme parle des naufrages arrivez par fortune de tems, & de ceux qui sont du fait du Voiturier; & veut qu'au premier cas les Voituriers soient quites de la perte de la marchandise, en faisant cession de leurs bateaux & ustenciles dans les trois jours; & dans le second cas, qu'ils soient tenus des dommages & intérêts.

Le huitiéme article défend aux Voituriers de partir des Ports de charge sans Lettres de voiture, à peine d'être déchûs du prix d'icelles; mais si c'est le Marchand qui ait fait refus de la délivrer, en justifiant du refus, le Voiturier en est crû sur la quantité des marchandises, & sur le prix de leur voiture.

Enfin, le neuviéme article explique ce que doit contenir lesdites lettres de voiture. *Pour ce dernier article voyez* Lettre de Voiture.

Des articles du troisiéme chapitre de cette même Ordonnance, le 6 veut, Que les Voituriers donnent avis aux Propriétaires ou Commissionnaires de l'arrivée de leurs marchandises vingt-quatre heures après être entrez aux Ports, & de leur exhiber leurs lettres de voiture, en marge desquelles doit être marqué par lesdits Proprietaires ou Commissionnaires le jour de l'exhibition desdites lettres.

Le septiéme permet aux Voituriers de décharger les marchandises du bateau à terre après une sommation faite au Propriétaire ou Commissionnaire à qui la lettre de voiture est adressée.

Le huitiéme régle les procédures, & devant qui elles se doivent faire, lors qu'après la sommation dont il est parlé dans l'article précédent, le Propriétaire ou Commissionnaire refuse d'accepter la lettre de voiture, & de recevoir les marchandises.

Par l'onziéme article il est statué sur le tems que les bateaux chargez de grains, vins, foins, bois, charbons & autres marchandises qui doivent tenir Port, sont obligez de rester dans lesdits Ports; ce qui est réglé à quinze jours pour tous, à la réserve des vins qui doivent tenir Port un mois. Il est aussi ordonné, Qu'en cas que la vente n'ait pû être faite pendant ledit tems, les Voituriers seront payez de leur retard, & leurs bateaux à eux restituez en bon état.

Le douziéme n'oblige les Voituriers de rendre les marchandises par compte & mesure, qu'au cas qu'elles leur ayent été délivrées de la même maniére, & que la lettre de voiture soit chargée de cette clause: si néanmoins le Marchand a mis sur le bateau un Gourmet, ou Garde, pour la conservation de sa marchandise, le Voiturier n'est plus tenu ni du compte, ni de la mesure.

Le quatorziéme rend les Marchands responsables des bateaux dès qu'ils ont été mis à Port, & tant qu'il reste de leur marchandise dans lesdits bateaux.

Par le quinziéme au contraire les bateaux répondent des marchandises, si elles ont été endommagées par la faute du Voiturier, ou s'il y a défaut dans la livraison de la quantité dont il a été chargé.

Enfin, le seiziéme article attribuë au Marchand pour qui le bateau est chargé, toute la marchandise qui s'y trouve au de-là de ce qui est porté par la lettre de voiture, en augmentant néanmoins par le Marchand le prix de la voiture à proportion de l'excédent dont il profite.

L'Arrêt du Conseil du 25 Juin 1678, portant Réglement pour les fonctions des Messagers, Maîtres des coches & carrosses, Rouliers & autres Voituriers par terre, consiste en vingt-un articles, dont quatre seulement; à sçavoir les 6, 13, 14 & 20, regardent les Voituriers-Rouliers.

Par le sixiéme il leur est fait défenses de porter aucune lettre, que les lettres de voiture des marchandises & autres choses dont ils seront chargez, qui même leur seront délivrées ouvertes.

Les treiziéme & quatorziéme laissent la liberté aux Receveurs particuliers, Fermiers des Domaines & Fermes de Sa Majesté, & à tous Marchands, Négocians & autres personnes, de faire transporter leurs deniers, marchandises ou autres choses à eux appartenans, par des chevaux, charettes & autres voitures de tels Voituriers qu'ils trouveront à propos.

Et par le vingtiéme il est fait défenses aux Messagers, Maîtres de coches & carrosses de troubler les Rouliers & Voituriers dans leurs fonctions, à la charge par eux d'observer les Edits, Déclarations, Arrêts & Réglemens.

Un second Arrêt du Conseil du 8 Août 1681, & encore un troisiéme du 24 Janvier 1684, obtenus par le crédit d'un grand Ministre à qui appartenoit la plûpart des voitures publiques, ou qui y étoit interessé, ayant ôté aux Voituriers la liberté des entrepôts sur leur route, leur ayant interdit la faculté qu'ils avoient de se charger d'or, d'argent, de pierreries; & les ayant obligé de se servir, quand leurs propres chevaux leur manquoient, des chevaux de louage dont la ferme appartenoit à ce Ministre pour lors Sur-Intendant des Postes du Royaume, toutes choses contraires ou à l'usage établi, ou au Réglement de 1678, & préjudiciable au Commerce; les six Corps des Marchands de Paris, les Négocians de Lyon, ceux de Moulins en Bourbonnois & de plusieurs autres Villes considérables pour le Négoce, s'étant unis aux Voituriers par terre & par eau de ces Villes & de quelques autres, il fut donné un quatriéme Arrêt du Conseil du 2 Avril 1701, qui interprêtant celui de 1684, maintint & garda les Marchands & les Négocians du Royaume dans la liberté où ils avoient toûjours été, d'adresser leurs caisses & balots aux Correspondans Marchands ou autres qu'ils pouvoient avoir pour leur Commerce en différentes Villes du Royaume, pour faire passer ensuite

ensuite lesdites caisses & balots, du poids néanmoins au dessus de cinquante livres, aux lieux de leur destination, par les Voituriers que lesdits Correspondans trouveroient les plus commodes.

L'on a travaillé depuis à un Réglement du Roulage qu'on n'a point encore vû paroître, mais qui seroit d'une grande utilité pour le Commerce, qui languit & qui est interrompu par les mutuelles entreprises des Rouliers & des Messagers & Maîtres des carrosses, les uns sur les autres.

Les lettres de voiture étant proprement la seule piéce nécessaire aux Voituriers tant par terre que par eau; & étant également utile ausdits Voituriers pour recevoir le prix de leur voiture & le payement de leur salaire; aux Négocians & autres personnes pour la sûreté de leurs marchandises & effets; & aux Employez, Receveurs & Commis des Aides & Fermes du Roi pour la perception des droits qui en sont dûs; il n'y a rien aussi qui soit plus éxactement établi & réglé par les Ordonnances, soit des Aides, soit des cinq grosses Fermes, & par quantité d'Arrêts, que la nécessité & la forme desdites lettres de voiture.

Les articles 2 & 3 du titre 5, & l'article 1 du titre 7 de l'Ordonnance des Aides du mois de Juin 1680, veut, Que les vins soient accompagnez de lettres de voiture faites doubles par devant Notaires, ou autres personnes publiques; qu'elles soient remplies d'une même main; qu'elles fassent mention du lieu où le vin a été chargé, du nom du Propriétaire, de sa demeure & qualité, de l'endroit de sa destination, & du nom de la personne à qui il est adressé; & qu'elles soient visées par les Commis des Bureaux où elles doivent passer, à peine de confiscation & d'amende.

Les Arrêts du Conseil du 25 Juillet 1684 & 29 Mai 1688, réglent les choses sur le même pied pour les lettres de voiture des eaux-de-vie qui se vendent & se transportent d'un lieu à un autre.

Les articles 2, 4 & 5 du titre des droits sur le poisson de Mer frais, sec & salé, ordonnent pareillement aux Voituriers qui aménent ledit poisson destiné pour la Ville de Paris, de prendre de pareilles lettres de voiture avant de l'enlever des Ports de Mer & autres lieux d'où ils partent; de les représenter aux Commis, s'il y en a d'établis dans lesdits Ports, pour y être enregistrées & contrôlées, ou s'il n'y en a point, de les faire passer par devant le Notaire, Tabellion, ou Greffier du lieu; lesquelles lettres doivent contenir la quantité, la qualité & la destination de la marchandise, & le nom du Commissionnaire ou Marchand qui l'envoye, & de celui à qui elle est adressée.

Par l'article 4 du titre des Droits sur les bois dans Paris il est enjoint aux Marchands, tant de ladite Ville qu'aux Forains qui y en font arriver, soit par terre, soit par eau, de représenter aux Commis leurs lettres de voiture en bonne forme avant de le faire décharger.

Il est pareillement ordonné par l'article 9 du titre des Droits de marque & de contrôle de papier, Que les Voituriers par eau & par terre chargez de la conduite des papiers, seront porteurs de lettres de voiture en bonne forme, à peine de confiscation des papiers, bâteaux, charettes & chevaux, & de 500 liv. d'amende.

Enfin, pour prévenir tous les inconvéniens qui s'ensuivroient de la falsification des lettres de voiture, l'Ordonnance du 22 Juillet 1681, art. 21 & 22 du titre commun pour les Fermes du Roi, veut, que ceux qui auront falsifié des lettres de voiture soient condannez pour la premiére fois au fouet, & au banissement de cinq ans de l'Election où la falsification aura été commise, avec amende, qui ne pourra être moindre que du quart de leurs biens; & en cas de récidive, aux galéres pour neuf ans, avec amende qui doit être de la moitié de leurs biens.

L'Ordonnance des cinq grosses Fermes du mois de Février 1687 a aussi deux articles, que les Voituriers par terre ne peuvent ni ne doivent ignorer.

Ces articles, qui sont le 1 & le 23 du titre 2, portent défenses à tous Voituriers qui conduisent des marchandises dans l'étenduë des cinq grosses Fermes, à quatre lieuës des environs des Bureaux, de passer par des chemins obliques & détournez, quoi qu'ils soient porteurs d'aquits, congez ou passe-avans, sous peine de confiscation des marchandises, & de 300 liv. d'amende.

On ne parlera point ici de divers droits établis sur les voitures tant par eau que par terre, comme entr'autres des doubles payages & du sol pour livre par augmentation sur le prix de toutes les voitures du Royaume, créez par Edit du mois d'Octobre 1704; parce que la plûpart des droits que le malheur des tems avoit fait imposer sous le Régne de Louïs XIV. ayant été abolis & supprimez sous le nouveau Régne de Louïs XV. & sous la sage Régence de Philippes Duc d'Orleans, on a lieu d'espérer la remise de tous les autres; & que ce ne seroit que rappeller assez inutilement le souvenir des malheurs de tant de guerres ruineuses à l'Etat, qui peut se flater qu'une heureuse & longue Paix pourra enfin les faire entiérement oublier.

VOITURIN. Signifie la même chose que Voiturier. On se sert de ce terme en quelques endroits de France, particuliérement du côté de Lyon, en Languedoc, en Dauphiné, & en Provence. *Voyez ci-dessus* VOITURIER.

VOLAILLE. Nom colectif, qui signifie tous les oiseaux domestiques, qui s'élévent dans les basse-cours des fermes & maisons de campagne. Ce sont les Coquetiers, & particuliérement les Poulailliers, qui font le Commerce de la volaille à Paris. Il y a aussi dans cette Ville des Vendeurs de Volaille établis en titre d'Offices. *Voyez* POULAILLE & VENDEUR DE VOLAILLE.

La Volaille paye en France les droits de sortie à raison de cinq sols de la douzaine.

VOLANT. Il se dit de quelques plumes rassemblées dans un tuyau d'ivoire ou de bois dont les enfans se servent pour jouer ensemble.

Les Volans payent les droits de la Douane de Lyon à raison de 14 s. le quintal.

VOLANS. On appelle les Volans d'un moulin à vent les longues piéces de bois assemblées en croix dans l'arbre tournant, & traversées tout du long de plusieurs menuës lates de bois en échelons, sur lesquelles on étend les toiles pour donner le vent au moulin. On les nomme plus ordinairement des Aîles. *Voyez* AÎLE.

VOLETS. Ce sont les planches arrangées autour de l'essieu d'une rouë de moulin à eau, sur lesquelles l'eau faisant effort en coulant par dessous ou en tombant dessus, donne le mouvement à la rouë. On les nomme autrement Aîlerons & Alichons. *Voyez* AÎLERONS.

VOLICE. C'est ainsi quon nomme une des espéces de lates qu'on débite & qu'on vend dans les Forêts en coupe,

coupe, & chez les Marchands de bois quarré de Paris. *Voyez* LATES.

VOLILLES. Petites planches de bois de peuplier, très-légéres & peu épaisses. *Voyez* PEUPLIER.

VOUA. Mesure des longueurs dont on se sert dans le Royaume de Siam. Elle revient à une de nos toises moins un pouce. Il faut deux kens pour un voua, deux soks pour un ken, deux keubs pour un sok, & douze nious pour un keub. Le niou est comme les trois quarts de nôtre pouce; huit grains de ris, qui reviennent à neuf de nos lignes faisant le niou. *Voyez* KEN.

VOUEDE, ou VOIDE. Drogue propre à teindre en bleu. C'est une espéce de pastel qui croît en Normandie, & sur tout aux environs de Caën, où on le séme dans les meilleures terres; il se cultive de la même maniére que le pastel du Languedoc, mais il s'en faut bien qu'il ait autant de force & de substance, n'en ayant guére plus que le marouchin ou derniére récolte du vrai pastel, & cela apparenment parce que la chaleur en Normandie n'étant pas à beaucoup près à même degré que dans le Haut-Languedoc, la feuille du vouede se meurit difficilement.

Ce qu'il y a néanmoins de différent dans la culture de l'un & de l'autre, c'est qu'il ne faut pas faire tant de récoltes du vouede que du pastel, & que le vouede ne doit être mouillé que médiocrement: il faut autant qu'il se peut mêler le vouede au pastel pour faire une bonne teinture, mais si c'est avec de l'indigo qu'on le mêle, il faut au plus une livre d'indigo sur cent livres pesant de vouede, sans quoi on court risque de faire de fausses couleurs.

Le Commerce du vouede de Normandie étoit autrefois très-considérable; mais il est beaucoup diminué depuis que l'indigo a été apporté des Indes, quoi que de ces deux drogues l'indigo soit la moins bonne.

Le vouede se vend ou en bote, ou au poids, & c'est aussi sur l'un & l'autre pied que se payent les droits d'entrée ou de sortie. Celui en bote qu'on nomme vouede en branche paye de sortie 4 l. le cent de botes, & seulement 4 s. d'entrée; & celui au poids paye de sortie 4 l. 12 s. la tumée du poids de huit cens liv. qui est une espéce de sachée. Le Tarif ne parle point des droits d'entrée. Voyez PASTEL & BLEU.

VOULE. Petite mesure dont se servent les habitans de Madagascar pour mesurer le ris mondé, quand on le vend en détail.

Elle contient environ une demi-livre de ris. Il faut douze voules pour faire le troubahouache ou monka; & cent pour le zatou. *Voyez ces deux articles.*

VOURINE. On appelle Soye Vourine, la soye legis de Perse, la plus fine & de la meilleure qualité. *Voyez* LEGIS.

VOYAGES DE LONGS COURS. C'est ainsi qu'on appelle les voyages qui se font sur Mer dans des Vaisseaux qui doivent être long-tems en route. Tels sont ceux de France en Moscovie, Groenlande, Canada, aux Bancs & Isles de Terre-neuve, & autres côtes du Continent & des Isles de l'Amérique, au Cap-verd, Côtes de Guinée, aux grandes Indes, au Japon, à la Chine, à la Mer du Sud, & à tous autres voyages qui se peuvent faire au-de-là du Tropique. *Art. 59 du tit. 6 du Livre 3 de l'Ordonnance de la Marine du mois d'Août* 1681.

VOYE. Se dit ordinairement des marchandises qui peuvent se transporter sur une même charette & en un seul voyage. Ainsi l'on dit une voye de bois, une voye de charbon de terre, une voye de plâtre, &c.

A Paris la voye de bois à brûler; c'est à dire, de celui qui n'est ni d'Andelle, ni de compte, & qu'on appelle Bois de Corde, est composée d'une demi-corde de bois mesurée dans une sorte de mesure de bois de charpente appellée Membrure, qui doit avoir quatre pieds de tous sens. *Voyez* CORDE DE BOIS.

La voye de charbon de terre qui se mesure comble, est composée de trente demi-minots, chaque demi-minot faisant trois boisseaux; en sorte que la voye de charbon de terre doit être de quatrevingt-dix boisseaux.

La voye de plâtre est ordinairement de douze sacs; chaque sac de deux boisseaux ras suivant les Ordonnances de Police.

La voye de la pierre de taille ordinaire est de cinq carreaux; c'est à dire, environ quinze pieds cubes de pierres. Deux voyes font le chariot. *Voyez* PIERRE A BASTIR.

La voye du libage est de six à sept morceaux de pierre. On appelle Quartier de voye quand il n'y en a qu'un ou deux à la voye.

VOYE. Se dit en terme de banque, des lieux par où on envoye de l'argent, ou des personnes dont on se sert pour le faire tenir. Je vous ferai tenir vôtre argent par la voye des Marchands d'Amsterdam. Je voudrois bien envoyer mille écus par la voye de Hambourg. Vous aurez incessamment provision pour les Lettres que j'ai tirées sur vous par la voye d'un tel Banquier de vôtre Ville.

On dit aussi dans le même sens: cette voye est sûre, cette voye n'est pas commode; pour faire entendre, ou qu'un Marchand sur qui on voudroit tirer n'est pas bon, ou qu'il est difficile, & qu'il n'est pas agréable d'avoir affaire à lui.

VOYE DE CHARDON. Terme de Manufacture de Lainage. Quand on dit donner une voye de chardon à un drap, ou autre étoffe de laine, c'est le lainer, en tirer la laine, le garnir superficiellement de poil depuis le chef jusqu'à la queuë, par le moyen du chardon. On donne aux draps devant & entre les tontures, plus ou moins de voyes de chardon, suivant leur espéce & qualité.

On dit aussi dans le même sens selon les divers endroits de fabrique, un tour de chardon, un trait de chardon, un cours de chardon.

VOYE DE CALANDRE. On dit qu'on a donné une voye de Calandre à une étoffe ou à une toile, pour faire entendre qu'elles ont passé huit fois de suite sous la calandre; ce qu'on appelle donner huit tours de calandre. On parle aussi par demi-voye, ce qui s'entend quand l'étoffe, ou la toile, n'ont eu que quatre tours. *Voyez* CALANDRE.

VRAC. On appelle Haran en Vrac celui que les Pêcheurs apportent dans les Ports au même état qu'il a été mis dans les barils au moment de la pêche. *Voyez* HARAN *vers la fin de l'article.*

VRAICQ, autrement VARECH. On nomme ainsi en Normandie cette espéce d'herbe marine qu'on appelle en Bretagne, Gouesmon, & Sar dans le Païs d'Aunis. *Voyez* VARECH.

VRILLE. Petit instrument de fer enmanché d'un morceau de bois couché de travers. Il sert au lieu de vilebrequin à faire des trous, & se tourne d'une seule main.

VRILLIER. L'on nomme ainsi dans la Communauté des

des Maîtres Taillandiers de Paris, ceux d'entr'eux qui font des vrilles & autres legers outils de fer ou d'acier propres aux Orfévres, Graveurs, Chauderonniers, Armuriers, Sculpteurs, Menuisiers, &c. On les appelle aussi Tailleurs de Limes. *Voyez* TAILLANDIERS.

URINE. Excrément liquide des animaux dont la vessie se décharge; il se dit plus particuliérement de celle de l'homme.

L'urine est du nombre des drogues non colorantes dont les Teinturiers se servent à préparer les étoffes avant de les mettre en couleur. Entr'autres usages elle aide à fermenter & échauffer le pastel, & on l'employe aussi au lieu de chaux dans les cuves de bleu.

On se sert quelque-fois d'urine pour dégraisser les laines, les étoffes & ouvrages faits de laine, comme draps, ratines, serges, &c. bas, bonnets, &c. mais l'on prétend que ce dégraissage est très-mauvais, qu'il préjudicie beaucoup aux marchandises, & que l'on ne devroit y employer que du savon, ou de la terre bien préparée.

URNA. Mesure dont on se sert en Italie pour mesurer les liqueurs. Il faux six féchis pour l'urna.

URSOLLE, ou ORCHEIL, qu'on nomme plus communément ORSEIL. Drogue propre pour la Teinture. *Voyez* ORSEILLE.

URUCU. Nom que les Bresilliens donnent à la drogue pour teindre en rouge, qu'on nomme vulgairement Rocou. *Voyez* ROCOU.

US ET COUTUMES DE LA MER. Ce sont des espéces de Loix, maximes ou usages qui servent comme de base & de principes à la Jurisprudence Maritime, soit pour ce qui concerne la Navigation, soit aussi pour ce qui regarde le Commerce de la Mer, & tout ce qui y a du rapport.

Ces Us & Coûtumes consistent en trois espéces de Réglemens particuliers, qui ont été compilez & commentez sous le titre des Us & Coûtumes de la Mer, par Etienne Clairac, Avocat au Parlement de Bordeaux.

Les premiers de ces Réglemens sont nommez Jugemens d'Oléron. Ce fut la Reine Eleonor, Duchesse de Guyenne, qui au retour de son voyage de la Terre Sainte, en fit dresser les premiers Projets sur les Mémoires qu'elle avoit recueillis des Coûtumes du Levant, où le Commerce étoit en ce tems-là très-florissant. Elle leur fit donner le nom de Rôles d'Oléron, parce qu'elle résidoit pour lors dans l'Isle de ce nom. Environ l'an 1266, son fils Richard Roi d'Angleterre, les fit augmenter lors qu'il fut aussi revenu de la Terre Sainte.

Les seconds Réglemens furent faits par les Marchands de Visbuy, Ville de l'Isle de Gotland sur la Mer Baltique autre-fois très-renommée pour le Commerce, & dans laquelle la plûpart des Nations Européennes avoient leurs quartiers, leurs boutiques & leur fondiques, ou magazins; mais cette Ville, toute importante qu'elle étoit, ne subsiste plus, ayant été entiérement détruite.

On y dressa ces Réglemens en Langue Teutonique, ausquels l'on se conforme encore aujourd'hui dans tous les Païs du Nord. La date en est incertaine; il y a cependant de l'apparence qu'ils ont été faits depuis l'an 1288, que la Ville de Visbuy fut détruite pour la premiére fois, & ensuite rétablie par Magnus Roi de Suéde.

Les troisiémes Réglemens furent faits à Lubeck environ l'an 1597 par les Députez des Villes Hanséatiques, qui sont des Villes franches & maritimes de l'Empire.

Ces trois Réglemens tout anciens qu'ils sont, n'ont pas laissé de servir de piéces fondamentales, pour dresser ces Ordonnances si judicieuses que l'on voit aujourd'hui en France, en Espagne & ailleurs, qui réglent les Contracts maritimes & la Jurisdiction maritime.

USANCE, en Italien USO. Est un tems déterminé pour le payement des Lettres de Change, suivant l'usage des lieux sur lesquels elles sont tirées, qui commence à courir, ou du jour de l'acceptation des Lettres, ou du jour de leurs dates; ce tems est plus ou moins long par rapport aux différentes coûtumes des places de Commerce de l'Europe.

Les Lettres de Change se tirent à une ou plusieurs usances, soit de vûë, soit de date. Les Italiens disent, *Uso doppio*, pour dire, deux Usances, ou double Usance.

En France les Usances sont fixées à trente jours suivant l'art. 5 du tit. 5 de l'Ordonnance du mois de Mars 1673.

A Londres l'Usance des Lettres de France, est d'un mois de date; d'Espagne de deux mois; de Venise, Gennes & Livourne, de trois mois.

A Hambourg l'Usance des Lettres de Change de France, d'Angleterre & de Venise, est de deux mois de date; d'Anvers & de Nuremberg, de quinze jours de vûë.

A Venise, l'Usance des Lettres de Change de Ferrare, Boulogne, Florence, Luques & Livournes, est de cinq jours de vûë; de Rome & d'Ancone de dix jours de vûë; de Naples, Bary, Lecée, Gennes, Ausbourg, Vienne, Nuremberg, & Sengal, de quinze jours de vûë; de Mantouë, Modéne, Bergame & Milan, de vingt jours de date; d'Amsterdam, d'Anvers & de Hambourg, de deux mois de date; & de Londres, de trois mois de date.

A Milan l'Usance des Lettres de Change de Gennes est de huit jours de vûë; de Rome, dix jours de vûë; de Sengal, vingt jours de vûë; & de Venise vingt jours de date.

A Florence l'Usance des Lettres de Change de Boulogne est de trois jours de vûë; de Rome, & d'Ancone, de dix jours de vûë; de Venise, & de Naples de vingt jours de date.

A Bergame l'Usance des Lettres de Change de Venise, est de vingt-quatre jours de date.

A Rome l'Usance des Lettres de Change d'Italie, étoit de dix jours de vûë; mais par un abus, on l'a étenduë jusqu'à quinze jours de vûë.

A Ancone l'Usance est de quinze jours de vûë.

A Boulogne il est de huit jours de vûë.

A Livourne l'Usance des Lettres de Change de Gênes, est de huit jours de vûë; de Rome, de dix jours de vûë; de Naples, trois semaines de vûë; de Venise, vingt jours de date; de Londres, trois mois de date, & d'Amsterdam, quarante jours de date.

A Amsterdam l'Usance des Lettres de Change de France & d'Angleterre, est d'un mois de date; de Venise, Madrid, Cadis & Seville, de deux mois de date.

A Nuremberg l'Usance de toutes les Lettres de Change, est de quinze jours de vûë.

A Vienne en Autriche de même.

A Génes l'Usance des Lettres de Change, de Milan, Florence, Livourne & Luques, est de huit jours de vûë; de Venise, Rome & Boulogne, de quinze jours de vûë; de Naples, vingt-deux jours de vûë; de Sicile, d'un mois de vûë ou deux mois de date; de Sardaigne, un mois

mois de vûë; d'Anvers, d'Amsterdam, & autres places des Païs-Bas, de trois mois de date.

Usance. Est encore un terme dont on se sert dans les Commerces de Terre & de Mer. Il signifie Usage, Coûtume. Ainsi l'on dit : Ce Négociant sait bien les Usances de la Mer; pour dire qu'il n'ignore rien des régles & des maximes qu'il faut savoir pour trafiquer sur la Mer. Ce Marchand entend bien l'Usance du Négoce, pour faire entendre qu'il en connoît toutes les pratiques.

USBLAT. Nom que le Tarif des droits de sortie de France de l'année 1664, donne à la cole de Poisson. *Voyez* Cole de Poisson.

L'Usblat paye en France les droits de sortie à raison de 20 s. le cent pesant.

USER une cuve de Teinture. C'est en tirer toutes les nuances ou dégradations de couleurs qu'elle peut fournir.

Le Chef-d'œuvre des Maîtres Teinturiers en soye, laine & fil, consiste à assoir une cuve d'Inde ou florée, & de la bien user & tirer. *Voyez* Teinturier.

USNE'E. Espéce de Plante ou mousse que produit le cédre, le chêne & quelques autres arbres.

L'Usnée entre dans la composition des poudres de Chypre, de Franchipane, à la Maréchale, & de quantité d'autres que les Marchands Epiciers, Droguistes & Parfumeurs font venir de Montpellier & de quelques autres endroits: on l'appelle aussi Mousse d'arbre. *Voyez* Mousse d'Arbre.

Usne'e humaine. C'est une petite mousse de couleur verdâtre qui croît sur les têtes des morts lors qu'elles sont un peu anciennes. *Voyez à la fin de l'article Momie.*

USO. Terme Italien en usage dans quelques Provinces de France; il signifie dans le Commerce la même chose qu'Usance. *Voyez* Usance.

WAGE, ou CHARIOT. Poids dont on se sert à Amiens, qui pése cent soixante & cinq livres de cette Ville revenant à cent quarante-cinq livres trois onces de Paris, de Strasbourg, de Besançon & d'Amsterdam, les poids de ces quatre Villes étant égaux.

WALRUS, ou NARHVAL, qu'on appelle aussi, quoi qu'improprement, Cheval Marin. Espéce de poisson qui se pêche dans la Mer du Nord, & qui porte une longue corne, qui est ce qu'on fait passer en Europe dans les cabinets des curieux pour la corne de licorne.

Ce poisson, qui, après la baleine, est le plus énorme de ceux qui vivent dans les eaux, se harponne de la même maniére qu'elle; mais comme le corps ne sert ni pour manger ni pour en tirer de l'huile, les Coupeurs lui coupent la tête aussi-tôt qu'ils l'ont pris.

La pêche du Walrus ne se fait que pour la corne, & sur tout pour les dents qui servent à faire toute sorte d'ouvrages comme l'ivoire, & qui se vendent beaucoup plus cher tant à cause de leur blancheur qui surpasse celle de l'ivoire, que parce que les ouvrages qui en sont faits ne se roussissent pas si-tôt.

La corne de ce poisson est très-pesante, le plus ordinairement fort droite & finissant en pointe comme une aiguille. Il y en a de plus de quinze pieds de long, & elle est tournée en limaçon vers la racine où elle a trois ou quatre pouces de diamétre allant toûjours en diminuant jusques à la pointe.

Les grandes dents pésent quelque-fois jusques à quatre livres.

Ce sont les tronçons de cette corne que l'on vend à Paris pour corne de Licorne, & on leur attribuë les mêmes qualitez contre les poisons, apparemment avec le même fondement & le même succès. *Voyez* Licorne.

WAQUE. Sorte de mesure dont on se sert pour mesurer le charbon de terre dans les Houilliéres du Hainault. La Waque de charbon revient à 15 s. dont 12 sont pour le Marchand, deux sols six deniers pour le droit des Etats de Mons, & six deniers pour de petits droits établis sur les bateaux pour la construction & entretien des écluses. *Voyez* Houille & Charbon de terre.

WICH. Terme de fabrique de basse-lisse. C'est un morceau de bois, ou si l'on veut une espéce de perche où sont atachez les fils de la chaîne de la basse-lisse. Cette perche qui est aussi longue que les ensubles ou rouleaux qui sont aux deux bouts du métier, est emboîtée dans une rainure ménagée dans toute la longueur de l'ensuble, chaque ensuble a son Wich. *Voyez* Basse-Lisse.

VUIDER une piéce d'étoffe. C'est la trop laisser à la foulerie, en sorte qu'elle perde de la largeur prescrite par les Réglemens.

Le Foulon est obligé d'aquiter le dommage arrivé par sa négligence, lequel doit être arbitré par le Juge des Manufactures. On dit aussi Percer & Echauffer. *Voyez* Echauffer.

Vuider les Lots. Terme dont se servent à Paris les Revendeuses qu'on appelle Crieuses de vieux chapeaux. Il signifie partager entr'elles les vieilles hardes qu'elles ont achetées en commun, y mettre le prix, & les lotir entre celles qui veulent ou qui doivent y avoir part. *Voyez* Crieuses de vieux chapeaux.

WINTHERUS. Ecorce odoriférante qui n'est autre chose que la canelle blanche. *Voyez* Canelle.

VUSTUM. Le Tarif de la Douane de Lyon nomme ainsi le cuivre brûlé, autrement Æs-ustum. *Voyez* Æs-ustum.

Les droits que cette drogue paye suivant le Tarif de cette Ville, sont de 3 liv. 18 s. le quintal; savoir, 13 s. 3 den. d'ancienne taxation, 16 s. 9 d. de nouvelle réapréciation, 1. liv. pour les anciens quatre pour cent, & 28 s. pour leur augmentation.

Les droits du Tarif de 1664 sont de 4 liv. le cent pesant.

X.

XAN. On nomme ainsi en quelques endroits de l'Empire Ottoman, ce qu'on nomme communément Kan, Chan & Caravansera. *Voyez ces articles.*

XARAFFES. Ce sont à Goa, & dans toutes les Villes de Commerce de la Côte de Malabar, des espéces de Changeurs, qui pour un petit profit qu'on leur donne, éxaminent les espéces d'argent, sur tout les pardaos xerafins qui ont cours dans le Négoce, & dont la plûpart sont fausses, ou altérées.

Ces Xaraffes sont des Chrêtiens Indiens qui se tiennent au coin des ruës; & qui sont si habiles & si expérimentez dans la connoissance de ces pardaos, que sans les peser, sans se servir de la pierre de touche, ni même sans les sonner, comme on fait en Europe les piéces douteuses, mais seulement au toucher, & en les comptant ils distinguent une piéce fausse entre mille, ce qu'aucun Européen, non pas même les Hollandois, n'ont jamais pû faire, bien qu'ils les manient, & les retournent mille fois.

On doit d'autant plus se fier à ces Changeurs, qu'ils sont obligez de garantir les piéces qu'ils ont visitées.

Outre cet emploi des Xaraffes, ce sont aussi eux qui changent les monnoyes, & qui fournissent aux Marchands les espéces dont ils ont besoin, en se contentant pour tout profit de quelques basarucos d'étain, petite monnoye dont les trois valent deux reys de Portugal; c'est à dire, moins d'un denier de France.

Il y a aussi de ces Xaraffes à Constantinople, au Caire, & dans les Villes de Négoce de l'Empire Ottoman.

XILO-BALSAMUM. Nom que la plûpart des Droguistes & quelques Botanistes donnent au bois de l'arbre d'où distile cette précieuse gomme que les Latins nomment *Opo-balsamum*; connuë communément sous le nom de Baume du Levant. *Voyez* BAUME.

Y.

YARD. Mesure applicative d'Angleterre pour mesurer les longueurs.

Le cubit, le pied, la poignée, l'inchs & le grain d'orge sont les diminutions: l'aune, le pas géométrique, la brasse, la perche & le furlon sont les mesures qu'on en compose en le multipliant. *Voyez* PIED.

YARD. Est aussi en Angleterre une des mesures dont se servent les Arpenteurs des terres. Trente acres font un yard, & quarante perches de long sur quarante de large font l'acre. Il faut cent yards pour faire une hide.

YCHITZE'E. Drogue médecinale qui se trouve à la Chine, que les Japonnois estiment beaucoup, & dont les Chinois font un grand Commerce avec eux. Cette drogue ne vaut à Canton que six taëls cinq mas le pic, & se vend au Japon jusqu'à trente-huit taëls; ce qui produit un profit de plus de six cens pour cent.

YEUSE. Sorte d'arbre que l'on appelle autrement Chêne-verd. *Voyez* CHESNE-VERD.

YEUX D'ESCREVISSES. *Voyez* OCULI CANCRI.

YEUX DE PERDRIX. Etoffe partie soye, partie laine, diversement ouvragée & façonnée, qui se fait par les Haute-lisseurs de la Sayetterie d'Amiens. Elle doit avoir, suivant les Réglemens de 1666, vingt-trois buhots, trente portées de largeur, revenant à un pied & demi & un pouce de Roi, & vingt aunes un quart à vingt aunes & demie de longueur.

YOLI. Nom que les Amériquains qui habitent les Isles donnent à la plante que ceux du Continent nomment Petun, & qu'en Europe on appelle ordinairement Tabac. *Voyez* TABAC.

YUNE. Mesure des liquides, dont on se sert dans le Wirtemberg.

L'yune est de dix masses, & l'ame de seize yunes. *Voyez* FEODER.

YVOIRE, ou IVOIRE. Dents ou défenses de l'éléphant.

L'éléphant, dont les Anciens & les Modernes racontent à l'envi tant de merveilles, est un animal monstrueux qui se trouve en Afrique & en Asie. Sa tête est fort peu proportionnée à la grosseur énorme de son corps. Ses yeux qui sont très-petits, ont encore moins de proportion avec sa tête. Ses oreilles sont grandes, pendantes, & faites à peu près comme les aîles des chauve-souris. Il a les jambes rondes & d'égale grosseur par tout, avec des jointures propres à les plier, & dont effectivement il se sert à se mettre à genoux, & à se coucher, malgré l'ancienne & fabuleuse opinion qui lui refusoit cette commodité. Une longue trompe lui sert comme de main pour prendre avec adresse tout ce qu'il veut, & pour puiser de l'eau, soit pour boire, soit pour la rejetter en se jouant. Enfin, des deux côtez de sa machoire sortent les deux dents ou défenses recourbées, qu'on appelle Marfil ou Morfil, quand elles ne sont point débitées; & yvoire, lors qu'elles sont en morceaux, ou fabriquées en diverses sortes d'ouvrages par les Tabletiers, les Tourneurs, & quantité d'autres Ouvriers.

Les dents des éléphans des Indes n'ont guére que trois ou quatre pieds de long; mais celles des éléphans d'Afrique, sur tout de Bombaze & de Mosambique, n'ont pas moins de dix pieds; & deux hommes auroient assez de peine à en soulever une seule.

Il se trouve en Afrique une si grande quantité d'éléphans, qu'on les voit errer par troupes dans ses vastes déserts, comme on voit ailleurs les troupeaux de taureaux & de vaches les plus nombreux. Quelques Voyageurs ne craignent pas même de passer pour fabuleux, en raportant que non seulement les jardins des Négres sont entourez des dents de ces animaux en façon de hayes; mais même que ces Barbares s'en servent comme de pieux pour palissader leurs Villages, & y tenir lieu de murailles & de fortifications à leur mode.

L'Ivoire ou Marfil se tire de toute la Côte d'Afrique, mais sur tout de Rio-Fresca, de la Riviére de Gambie, du Sénégal, & de la Côte des Dents.

Les lieux de l'Asie où il y en a davantage sont l'Isle de Ceylan, & les Royaumes d'Achem, de Pégu, de Siam & d'Angelle.

L'Ivoire de Ceylan est estimé le meilleur de tous, parce qu'il ne jaunit jamais. On en dit autant de ceux d'Achem & d'Angelle; aussi sont-ils plus chers que les autres. *Voyez l'article général du Commerce, où il est parlé de celui de l'Asie & de l'Afrique.*

Cardan parle du secret d'amolir l'Ivoire comme on fait la corne: ne pourroit-on point mettre ce secret au rang de celui de rendre le verre malleable, raporté par Petrone? Et ne seroit-il point permis d'être un peu incrédule sur l'un & sur l'autre, malgré la réputation de ces deux Auteurs?

Outre la grande consomption qui se fait d'Ivoire pour tant de divers ouvrages & d'ornemens où l'on s'en sert, il est de quelque usage dans la Médecine. On le rape pour en faire des tisannes astringentes. *Voyez* Rapures, *ou* Ratures d'Ivoire. On en tire un esprit & un sel volatile estimez pour les maladies du cœur & du cerveau. Enfin, on en fait en le brûlant & calcinant, en blancheur ce qu'on appelle Spode, à qui l'on attribue les mêmes vertus qu'au corail. *Voyez* Spode.

C'est aussi en le brûlant & le réduisant au noir, qu'on en fait ce qu'on nomme Noir d'ivoire, ou Noir de velours, dont se servent les Peintres. *Voyez* Noir d'Ivoire.

L'Ivoire paye en France les droits d'entrée à raison de 3 liv. le cent pesant, conformément au Tarif de 1664, & pour ceux de sortie 3 liv. 12 s.

Les droits de la Douane de Lyon sont de 1 l. 10 s. le quintal.

Yvoire de Moscovie. On nomme ainsi une sorte d'Ivoire qui se trouve assez avant en terre dans quelques endroits de la Tartarie Moscovite, particuliérement le long de la Lena & de la Jenicia, deux grands Fleuves qui arrosent cette vaste partie des Etats du Czar.

Le Pére Avril, Jésuite, croit que ce sont des os de poisson; & c'est l'opinion qu'il veut établir dans sa Relation de la Chine.

Les Moguls, Peuples grossiers qui habitent les bords de ces deux Riviéres, s'imaginent que ce sont de grands animaux inconnus qui vivent sous terre, & dont on trouve les cadavres quand ils sont morts.

A l'égard des Moscovites, ils ne doutent point que ce ne soient des vrayes dents d'éléphans, dont les corps ont été poussez jusqu'en Tartarie, par les eaux du déluge, des lieux où ces animaux se trouvent.

Peut-être pourroit-on les prendre pour des dents fossiles; mais quelques Relations raportent qu'on les trouve le plus souvent encore atachées dans les alveoles des machoires, & dans les crânes de vrais animaux.

Ce qui paroît le plus embarassant pour prendre parti, c'est qu'on assure qu'elles n'ont rien du véritable morfil, & qu'elles sont contournées autrement que les dents des éléphans.

Ces dents sont ordinairement blanches, mais quelquefois on en trouve de noires. Leur poids est depuis deux cens jusqu'à trois cens livres. On s'en sert à faire des peignes, & tous les autres ouvrages où l'on employe l'Ivoire. Le plus grand Négoce s'en fait dans la Moscovie même, ne s'en envoyant guére au dehors. *Voyez la Relation de l'Ambassade d'Isbrand à la Chine.*

Z.

ZAFRE. Minéral. *Voyez* Safre.

ZAIN. Sorte de minéral que l'on met au nombre des demi-métaux. *Voyez* Zinck.

ZATOU. Mesure de grains en usage dans l'Isle de Madagascar parmi les Originaires de l'Isle. On ne se sert du Zatou que pour le ris entier & non mondé; le ris mondé se mesurant au mouka & à la voule, dont l'un pése six livres, & l'autre une demi-livre, poids de Paris.

Le Zatou contient cent voules; aussi en langue Madecasse, Zatou signifie-t-il cent, nombre qui, comme en Europe, est composé de deux fois cinquante, ou de quatre fois vingt-cinq.

ZEBELLE. Quelques-uns donnent ce nom à la martre zibeline. *Voyez* Martre.

ZEBELINE, ou ZIBELLINE. Nom que l'on donne aux peaux de martres les plus précieuses. Les Zebelines se tirent de la Laponie Moscovite & Danoise. Il s'en trouve aussi une grande quantité en Siberie, Province des Etats du Czar. *Voyez* Martre. *Voyez aussi l'article du Commerce, où il est parlé de celui de la Mer Baltique & du Nord.*

ZEDOAIRE. Espéce de gingembre sauvage qui est un excellent cordial. *Voyez* Gingembre.

ZER. Les Persans appellent Zer toutes sortes d'espéces de monnoyes. Ce terme signifie or, quand on parle du métail qui porte ce nom; mais en fait de monnoyes il est générique, comme en France le mot d'argent, dont on se sert pour marquer en général toutes les espéces qui ont cours, aussi-bien celles de billon, ou de cuivre, comme les sous marquez & les liards, que celles qui sont d'or, ou d'argent, comme les louis & les écus.

En Perse quand on veut parler des espéces qui sont véritablement d'or, on se sert du mot de Dinar; & pour celles d'argent, de celui de Dirhem. L'argent métail s'exprime par le terme de Zim.

ZERO. Caractére d'Arithmétique ainsi formé (o,) qui étant seul n'est d'aucune valeur; mais posé après un chiffre, le fait valoir autant de dizaines qu'il étoit composé d'unitez: ainsi un 1 posé devant un o, vaut une dizaine, ou dix, que l'on marque ainsi (10;) un 2 posé devant un o, vaut vingt, qui s'écrit de cette maniére (20;), & ainsi des autres.

Lors que deux Zores de suite sont précédez d'un chiffre, ce chiffre vaut autant de fois cent qu'il renferme d'unitez; ce qui s'exprime ainsi, 100, qui signifie cent; 200, qui veut dire deux cens, &c.

Si trois Zéros sont de suite, & qu'il y ait un chiffre devant, ce chiffre vaut autant de fois mille qu'il est composé de fois un; ce qui se marque de cette maniére, 1000, qui veut dire mille; 2000, qui signifie deux mille, &c.

Il en est de même de quatre, de cinq, de six, de sept & de huit Zéros posez de suite, lors qu'ils sont précédez d'un chiffre, pour former des dizaines de mille, des centaines de mille, des millions, des dizaines de millions, & des centaines de millions.

Le Zéro ne s'employe que dans le chiffre commun, ou Arabe, n'étant d'aucun usage dans le chiffre Romain, non plus que dans celui de compte, ou de finance, que l'on nomme Chiffre François.

ZERUMBETH. Racine d'une espéce de gingembre sauvage, qui croît particuliérement dans l'Isle de Madagascar. *Voyez* Gingembre.

ZIAN. Monnoye d'or du Royaume d'Alger, qui se frappe à Tremecen. Elle a d'un côté le nom du Dey, & de l'autre quelques lettres, ou légendes Arabes tirées de l'Alcoran. C'est la plus forte monnoye qui se fasse dans tous les Etats dépendans d'Alger. Le Zian vaut cent aspres.

ZIM. Mot Persan qui signifie argent simplement considéré comme métail. Pour exprimer ce qu'on entend en France par argent, quand on parle de toutes espéces monnoyées, soit d'or, d'argent, de billon, ou de cuivre, les Persans disent Zer; & lors qu'ils veulent parler des espéces véritablement fabriquées d'argent, comme sont les écus de France, les richedales d'Allemagne, ou les piastres d'Espagne, ils disent Dirhem.

ZIMBI. Espéce de coquillage qui tient lieu de menue monnoye dans quelques lieux de la Côte d'Afrique, particuliérement à Angole, & dans le Royaume de Congo.

Deux mille Zimbis reviennent à ce que les Négres appellent une macoute, qui n'est pas une monnoye réelle, n'y en ayant point dans toute cette partie de l'Afrique, mais une maniére d'estimer ce qu'on vend & ce que l'on achéte.

Peut-être le Zimbi n'est-il point différent de ces coquilles, que les Européens qui trafiquent en Guinée nomment des Bouges: il semble cependant que les Péres Capucins, Missionnaires au Congo, à qui l'on doit la Relation de ce Royaume, imprimée à Lyon en 1680, qui sont les seuls qui ayent parlé du Zimbi, disent assez clairement que ce coquillage se trouve dans les Mers d'Afrique; ce qui n'est pas des bouges qui viennent des Maldives, où on les appelle Coris. *Voyez* Bouge.

ZIMMER. Terme de Commerce de fourrure, dont on se sert en quelques endroits de Moscovie, particuliérement dans les parties les plus Septentrionales. Un Zimmer fait dix paires de peaux: ainsi un Zimmer de martres est composé de vingt peaux de ces animaux.

ZINCK, ou ZAIN. Demi-métail, ou minéral, que quelques-uns confondent avec le bismuth, & d'autres avec le speuter.

Le

Le Zinck eſt une eſpéce de plomb minéral, dur, blanc & brillant, qui, quoi qu'il ne ſoit pas tout à fait ductile, s'étend néanmoins un peu ſous le marteau. Il s'en trouve quantité dans les mines de Goſſelar en Saxe. Celui que l'on vend le plus communément à Paris eſt en gros pains quarrez & épais; ce qui fait juger qu'il a été fondu au ſortir de la mine, & jetté dans des moules de cette figure.

On ſe ſert de Zinck pour décraſſer l'étain, à peu près, comme on employe le plomb pour purifier l'or, l'argent & le cuivre. Les Fondeurs & les Faiſeurs de ſoudure en uſent auſſi mêlé avec la terramérita. Il donne au cuivre une couleur d'or aſſez brillante, mais qui dure peu.

Il faut choiſir le Zinck blanc, en belles écailles, difficile à caſſer, point aigre, & s'il ſe peut en petites barres, ou lingots, ſur leſquels il paroiſſe comme des eſpéces d'étoiles.

ZINGI. Fruit des Indes Orientales, qui a la forme d'une étoile. Il eſt compoſé de ſept eſpéces de noix oblongues & triangulaires, arrangées & diſpoſées en rond. Son écorce eſt dure, rude & noire. Les amandes ſont polies & luiſantes, d'une couleur ſemblable à la ſemence de lin, d'une odeur & d'un goût pareils à ceux de la ſemence d'anis, d'où cette plante a pris en Europe ſon nom d'Anis des Indes. Les Orientaux; particuliérement les Chinois, ſe ſervent de l'amande pour préparer leur thé & leur ſorbec.

ZINZOLIN. Eſpéce de couleur qui tire ſur le rouge. *Voyez* Rouge.

ZOLEDENIC. C'eſt la quatrevingt-ſeiziéme partie de la livre Moſcovite. Cette ſubdiviſion n'a lieu que dans le détail, & n'a été inventée que pour la commodité de ceux qui s'appliquent à cette partie du Négoce.

ZOROCHE. Sorte de minerai d'argent très-brillant, & aſſez ſemblable au giſpe; c'eſt à dire, à cette pierre qu'on nomme communément Talc. Le Zoroche eſt la moindre de toutes les pierres métaliques qui ſe tirent des mines du Potoſi, & celle qui donne le moins d'argent. *Voyez* Argent.

FIN.

www.ingramcontent.com/pod-product-compliance
Lightning Source LLC
LaVergne TN
LVHW020952300926
849160LV00007B/126
* 9 7 8 2 0 1 2 5 3 9 0 7 5 *